广东企业年鉴

GUANGDONG QIYE NIANJIAN

2012

广东省企业联合会　主编

嶺南美術出版社

图书在版编目（CIP）数据

广东企业年鉴.2012/ 广东省企业联合会编. —广州：岭南美术出版社，2012.11

ISBN 978-7-5362-5047-5

Ⅰ.①广… Ⅱ.①广… Ⅲ.①企业经济—广东省—2012—年鉴 Ⅳ. ①F279.276.5-54

中国版本图书馆CIP数据核字(2012)第252931号

责任编辑： 陈积旺　李国新

责任技编： 钟智燕

广东企业年鉴 2012

出版、总发行： 岭南美术出版社（网址：www.lnaph.com)

（广州市文德北路170号3楼 邮编：510045）

经　　销： 全国新华书店

印　　刷： 广州市快美印务有限公司

版　　次： 2012年11月第1版

2012年11月第1次印刷

开　　本： 850mm×1168mm　1/16

印　　张： 52.5

印　　数： 1—1000册

ISBN 978-7-5362-5047-5

定　　价： 480.00元

广东企业年鉴·2012

GUANGDONG QIYE NIANJIAN

总　编　杨连盛

主　编　王泽新

主　管　广东省企业联合会

广东省企业家协会

主　办　广东企业年鉴编辑部

广东企业年鉴编辑部

地　址　广州市麓景西路1号

邮　编　510091

电　话　020-83505509　83583026

传　真　020-83496981　83583026

邮　箱　gdqynj2010@163.com

网　址　http://www.c-gec.cn

中国·广州

编 辑 说 明

一、《广东企业年鉴》是由广东省企业联合会、广东省企业家协会主办，广东企业年鉴编辑部主持编纂的唯一一部综合反映广东经济和企业发展的资料性纪年刊。2010年创刊，每年出版一卷。旨在全面、系统、真实、连续地记述广东经济建设取得的各项成绩和广东企业发展状况，为社会各界人士了解广东企业提供重要资料。

二、《广东企业年鉴》以编年方式，系统记载广东省社会经济发展现状，汇编广东省社会经济发展动态的各项指标和重要数据，介绍全省科学技术发展情况及行业发展概况，收录广东省年度优秀企业及企业创新成果，记录企业年度科技、经营、管理及企业文化等发展历程，总结企业的最新理念和经验，收集省委省政府领导人、经济学家和企业家及社会各界人士关于企业建设的权威性专论，荟萃广东的经济政策与法规等。

三、《广东企业年鉴》采用分类编辑法，主体内容分为篇目、类目、分目、条目四个结构层次。全书以条目为表现内容的基本形式，条目标题采用方正中等线简体字并加【　】表示，少数条目下设子目则用楷体标题标明各段资料的主题。

四、《广东企业年鉴》2012年刊着重反映2011年广东企业发展的基本情况。全书设：大事要闻、政策与法规、文献、全省经济概况、南粤明珠、企业发展、标杆典范、行业发展、创新成果、企业经营与管理、文化强省、经济论坛、先进企业、大事记、低碳经济、双转移战略、雇主组织工作、企业家活动日、行业协会、人物等20个篇目。2012年刊在保持基本框架相对稳定的前提下，对部分内容进行调整和充实。其中："全省经济概况"篇目中的"开发区"类目分为"国家开发区"和"省级经济开发区"两个分目；"南粤明珠"篇目改为以图片形式展示企业经营发展状况；"粤企标杆"类目分拆图片和文字两部分，图片用于"粤企标杆"类目，以图片形式展示企业风采，文字用于增设的"标杆典范"篇目，诠释标杆企业创新历程；"企业论坛"篇目更名为"经济论坛"；"人物"篇目删掉"全国劳动模范"类目，增设"科学技术奖突出贡献奖获得者"和"2011年广东民企突出贡献人物"两个类目。

五、年鉴编录的数据及信息除企业创新纪录及自主创新标杆企业等先进单位情况截至2012年8月底外，其他的均截止于2011年12月底。稿件部分由政府相关部门、市企业联合会、省行业协会、企业提供，广东企业年鉴编辑部撰写了部分稿件并统编全书。反映全省国民经济和社会发展情况的数据，以广东省统计局资料为准。

六、年鉴在编辑过程中，得到了全省各级有关部门及相关单位的通力合作和大力支持，在此谨致诚挚的谢意。本刊编辑有疏漏和错误之处，请读者批评指正。

广东企业年鉴编纂委员会

广东企业年鉴编辑部

主　　编（主任）：王泽新

副主编（副主任）：周炳辉

执行副主编：邓积金

编　　辑：周炳辉　邓积金　胡　艳　梁岸青　崔　娴　陈载雅

美术编辑：林锦贤

摄　　影：周炳辉　邓积金

各单位年鉴编写组组长及主要撰稿成员

（按姓氏笔画排序）

于敏之　马　俐　马仁洪　马浩然　王　辉　王　琳　王　韶　王　露　王文喜

王丹碟　王龙轩　王迎春　区艳珠　文　新　邓　永　邓景行　古智生　叶淑仪

付正伟　白　杰　冯汉忠　冯达富　冯志文　冯炳文　吕永松　邬　金　向耀银

刘　勇　刘　静　刘北京　刘次英　刘国强　关桂金　孙熙坤　孙黎黎　毕绮文

杨子微　杨文雅　杨美源　杨家华　杨理栋　苏庆民　李　华　李　佳　李　容

李宇星　李宇辉　李孟茹　李苑彬　李显华　李战韬　李健民　李鸿涛　李翰规

李燕虹　严志国　吴文博　吴启章　吴泽红　吴卓然　肖　杰　肖济佳　何　创

何柏如　邱　穗　邱逸纯　余　水　沃　鹏　汪文兵　汪圣佳　沈光林　陈　佳

陈　亮　陈艺云　陈必根　陈华仁　陈伟宏　陈守辉　陈国英　陈新华　陈静平

张　帝　张　雪　张志全　张秀莲　张勇民　张秋利　张春宜　张晚艳　张雄志

张翠梅　邵燕婷　林　玻　林文平　林黛诗　欧　凡　范　钧　罗兴安　金　璐

金世国　周　俊　周伟东　周艳华　柯　青　胡　霖　柳　佳　赵　军　赵　娜

赵立运　钟小娜　钟文书　钟伟文　钟武贞　钟玲仪　段朋丽　徐　俊　徐兰枝

郭清华　曹　莹　曹国英　黄　利　黄　健　黄　敏　黄　瑕　黄巧华　黄志红

黄启华　黄丽君　黄捍豪　黄锦达　梁　峻　梁汉坤　梁永强　梁伟雄　梁树铭

韩　晗　彭　洪　董邦宏　董荔生　温喜廉　谢广文　谢玉徽　谢诚杰　曾苑汕

赖　雅　赖正莲　路　璐　熊维煊　黎秀坤　黎俊彦　魏　恒

广东企业年鉴理事会

华侨城集团公司
中国广东核电集团有限公司
中国南方航空股份有限公司
广东电网公司
中国电信股份有限公司广东分公司
广东省邮政公司
中国建筑第四工程局有限公司
广东中烟工业有限责任公司
中石化集团茂名石化分公司
中铁二十五局集团有限公司
中国移动通信集团广东有限公司
中交第四航务工程局有限公司
广州铁路（集团）公司
广州远洋运输公司
大亚湾核电运营管理有限责任公司
广州中船黄埔造船有限公司
广州广船国际股份有限公司
广东省韶关钢铁集团有限公司
中国联合网络通信有限公司广东省分公司
广东省机场管理集团有限公司
广东省广业资产经营有限公司
云浮广业硫铁矿集团有限公司
广东省广弘资产经营有限公司
广东省广晟资产经营有限公司
广东省广晟投资集团有限公司
广东省粤电集团有限公司
广东省交通集团有限公司
广东省航运集团有限公司
广东省物资集团公司
广东省商业企业集团公司
广东省建筑工程集团有限公司
广东省广新控股集团有限公司
广东省广新外贸集团有限公司
广东中旅（集团）有限公司
广东省水电集团有限公司
广东省铁路建设投资集团有限公司
中国华西企业有限公司
广州汽车工业集团有限公司
越秀地产股份有限公司
广州港集团有限公司
广州港新沙港务有限公司
广州国际集团有限公司
广州医药集团有限公司
广州王老吉药业股份有限公司
广州白云山和记黄埔中药有限公司
广州岭南国际企业集团有限公司
广州珠江啤酒集团有限公司
广州珠江钢琴集团股份有限公司
广州市设计院
广州大厦有限公司
广州市地下铁道总公司
深圳能源集团股份有限公司
深圳华强集团有限公司
深圳市物资集团有限公司
深圳市燃气集团股份有限公司
深圳中电投资股份有限公司
珠海格力电器股份有限公司
珠海市米兰集团有限公司
珠海晟通集团有限公司
湛江港集团有限公司
广东昭信企业集团有限公司
广东新润成集团发展有限公司
深圳市建筑装饰（集团）有限公司
佛山市南美电子集团有限公司
建滔（番禺南沙）石化有限公司
深圳市建艺装饰集团有限公司
广东电白汉山锁业集团
江门市盈江科技有限公司
广东嘉达早教科技股份有限公司

目 录

大事要闻

政策与法规

文献

全省经济概况

南粤明珠

企业发展

标杆典范

行业发展

创新成果

企业经营与管理

文化强省

经济论坛

先进企业

大事记

低碳经济

双转移战略

雇主组织工作

企业家活动日

行业协会

人物

大事要闻

中国电信股份有限公司广东分公司

大事要闻

2011年6月17日，广东省省长黄华华（右二）在广州会见了中国电信集团公司总经理王晓初以及高通公司董事长兼CEO保罗•雅各布（左二）一行。广东省副省长佟星（右一），省政府秘书长唐豪，省经信委主任杨建初，省通信管理局局长古伟中，省外办副主任王世彤以及美国CDMA发展协会COO James Person，美国高通公司全球运营总裁汪静，威睿电通（杭州）有限公司董事长王雪红，摩托罗拉移动技术（中国）有限公司公司资深副总裁兼大中华区总裁孟樸，台湾亚太电信公司CEO迟焕国，日本KDDI公司VP Hideo Okinaka，中国电信集团公司总经理助理兼综合部主任郭浩、广东分公司总经理陈德兴、移动终端管理中心总经理马道杰参加了会见。

2011年5月17日，中国电信广东公司信息通信技术让广东农村生活更美好启动大会在广州举行。广东省人民政府副省长佟星、省政府副秘书长林英、省经济和信息化委员会主任杨建初、省通信管理局局长古伟中以及中国电信广东公司陈德兴总经理，麦欣、徐丛、陈志然副总经理出席了启动大会。佟星副省长、林英副秘书长、杨建初主任、古伟中局长以及陈德兴总经理共同启动了信息通信技术让广东农村生活更美好行动。

2011年 6月 17—19日，2011年天翼 3G互联网手机交易会暨 CDMA产业论坛在广州琶洲国际会展中心隆重召开。广东省委副书记、省长黄华华（前排右五），副省长佟星（前排左三），中国电信集团公司总经理王晓初、副总经理杨小伟，美国高通公司董事长兼 CEO保罗 •雅各布（前排左四），美国高通公司全球运营总裁汪静，省政府秘书长唐豪，副秘书长林英，省经信委主任杨建初，省通信管理局局长古伟中，省外事办公室副主任王世彤以及中国电信广东公司陈德兴总经理等出席了开幕式。黄华华省长、佟星副省长、王晓初总经理、保罗 •雅各布先生、杨小伟副总经理、郭浩总经理助理、陈德兴总经理共同为本次展会剪彩。

2011年 12月 29日，广东省人民政府刘志庚副省长（中间）在省政府副秘书长林英和广东省通信管理局局长古伟中的陪同下，到中国电信广东公司视察并听取汇报。陈德兴总经理作了公司总体情况汇报，刘志庚副省长作讲话，并现场视察了网络监控维护中心。

华侨城集团公司

2011年8月9日，经过多年建设的华侨城新项目——欢乐海岸一期举行了试业盛典，亚洲最大激光多媒体水秀《深蓝秘境》惊艳亮相，欢乐海岸“以海为主题，以水为灵魂”的规划建设理念，受到各级领导及来宾的赞扬。当天，欢乐海岸获“国家生态旅游示范区”、“国家级滨海湿地修复示范项目”及“国家海洋公益性行业科研专项滨海湿地生态修复示范区”等称号。欢乐海岸是华侨城集团继开创中国主题公园先河后，在主题商业、时尚娱乐、创意文化领域的又一次创新，它通过探索商业+娱乐+文化+生态的全新发展模式，并最大限度整合项目的人文及公共价值，全面促进了城市发展和市民生活品质的升级。

2011年1月22日，华侨城集团公司总经理任克雷提出“品质华侨城，幸福千万家”的新观念新口号，为华侨城创新发展、领跑中国现代服务业指引新的方向。华侨城各企业通过开展“品质服务年”系列活动、安全生产月、社区文化节、关爱员工幸福等系列主题活动，将“品质华侨城，幸福千万家”的定位和观念落实到每个单位、每个社区和每个员工，推动华侨城各项管理及服务工作再上一个新台阶。12月6日，股份公司顺利通过全国旅游标准化试点评估验收，进一步提升示范企业形象。中央电视台、光明日报等主流媒体全年多次对华侨城进行了专题报道。

2011年 6月，全球组织 TEA-AECOM联合发布 2010年全球主题公园游客量报告，华侨城主题公园游客量达到 1 930万人次，在全球八强中增长最快。东部华侨城、深圳欢乐谷、北京欢乐谷、深圳世界之窗分别占据亚太主题公园 15强第 10至 13位。2011年，欢乐谷旅游倍增计划、“百日大战”活动卓有成效，北京欢乐谷年游客量达 345万人次，创欢乐谷年度游客量新纪录，深圳欢乐谷游客量也刷新历史纪录，9月20日，武汉欢乐谷进行了品牌发布，第五家欢乐谷连锁呼之欲出。

2011年 6月 30日，深圳华侨城文化旅游科技有限公司成立，该公司的成立标志着华侨城将在文化旅游科技方面开拓新的领域。11月，股份公司成立了新业务开发与经营部，整合传媒演艺公司、哈克公司、文化旅游科技公司，以“新思维、新机制、新模式、新领跑者”为指导方针，致力于打造华侨城的“梦工厂”。3月 24日，传媒演艺最新大型原创音舞诗画《天府蜀韵》在成都华侨城正式公演，成为千年古都新名片。文化旅游科技公司自主研发的飞行影院、幻影剧场、环境 4D、互动剧场、主题 DR 等一批新项目将陆续在安徽蚌埠、武汉、成都等地亮相，哈克公司麦鲁小城也将在深圳、武汉和成都建成，新业务与高科技，为华侨城腾飞插上新翅膀。

2011年 8月 11—23日，第 26届世界大学生运动会在深圳举行，23日，大运会闭幕式在华侨城世界之窗圆满落幕。华侨城勇担央企责任，克服重重困难，全力以赴，以最佳的状态与优质的中国服务，做好了闭幕式承办及演出工作，做好了包括中共中央总书记、国家主席胡锦涛在内的中外贵宾接待工作，做好了 U站服务、大运安保等各方面工作，受到胡锦涛主席、刘延东国务委员、汪洋省委书记、王勇主任及世界各国来宾的充分肯定和高度赞扬。

中国广东核电集团有限公司

2011年 8月 7日，岭澳二期 2号机组正式投入商运，大亚湾核电基地成为全国最大的核电基地。作为中国核电“自主设计、自主制造、自主建设、自主运营”的依托项目，它的建成具有里程碑意义。图为投产仪式现场。

中广核仿真公司与环保部核与辐射安全中心签约，正式承担我国首个核安全监管技术支持系统——全范围验证模拟机项目的建设任务。

岭澳核电站一期和二期全景

2011年10月23日，台山核电站1号机组穹顶成功吊装，这是第一个在主体工程开工后24个月即实现穹顶吊装的EPR三代核电项目，也是全世界第二座完成穹顶吊装的EPR核电站。

中广核大力推进与国际核能界的合作，图为2011年中广核集团承办的世界核营运者协会双年会，世界核电业界近600位精英齐聚深圳。

广东省广业资产经营有限公司

2011年1月30日，云浮市人民政府与广东省广业资产经营有限公司合作框架协议签约仪式在云浮市迎宾馆三楼会议厅举行。广东省广业资产经营有限公司领导班子成员和云浮市市委市政府领导班子成员，以及云浮广业硫铁矿集团领导班子成员出席签约仪式。广业公司与云浮市政府签订合作协议，贯彻省委、省政府“建设幸福广东，加快转型升级”战略部署的行动，必深化省市合作共建，助推广业产业发展。广业公司采取的切实措施，为“打造百亿云硫、建设百年云硫”奠定基础、创造条件。云硫集团是广业矿业板块的核心主体，又是广业与云浮合作的切入点，支持云硫集团加快发展、科学发展、和谐发展。

（左图）广东省广业资产经营有限公司董事长何一平视察生活用纸厂。

（右图）2011年12月6日，广东省国资委将广东恒健投资控股有限公司所持广西贵糖集团有限公司股东全部权益划转至广东省广业资产经营有限公司，省广业资产经营有限公司通过贵糖集团持有广西贵糖(集团)股份有限公司25.6%股份，实现控股贵糖股份。贵糖股票于1998年11月11日在深圳证券交易所上市（股票代码000833）。公司目前股本总额为29 606.788万股。

制糖日榨甘蔗10 000吨规模，主要产品年生产能力为：白砂糖15万吨、可加工原糖30万吨、机制纸15万吨、甘蔗渣制浆15万吨、酒精1万吨、轻质碳酸钙3万吨、回收烧碱3.5万吨、复合肥3万吨。目前，公司资产总额14亿元，每年缴纳税金约1亿元。贵糖拥有国家认定的企业技术中心和博士后科研工作站。

2011年 10月 18日，中储棉广东有限责任公司揭牌仪式在广州市萝岗区中央棉库大院隆重举行。中储棉总公司总经理、党委书记姚明烨（左二）和广东省国资委副主任张晓牧（左三）、省广业资产经营公司总经理余志良（右一）、广州开发区管委会副主任孙秀清（右二）共同为中储棉广东有限责任公司揭牌。中储棉广东有限责任公司是广州中央直属棉花储备库的实体运营单位。广州棉库是由中国储备棉管理总公司和广东省广业纺织物流产业有限公司以“政府出面，企业运作”模式合作建设，占地 10万平方米，总投资约 1.3亿元，建设规模为库容 100万担（5万吨），它的成立填补了我国南部沿海口岸无标准棉库的空白，是国家战略物资储备体系中的一个重要节点。

2011年 1月 26日，省广业资产经营有限公司在广州举行成功发行企业债券 17亿元的庆祝仪式，广东省发改委、省国资委、省广业公司领导和承销商负责人共同出席庆祝仪式。省广业公司企业债券用于发展环保工程主业。

中国移动通信集团广东有限公司

2011年9月2日，2011年中国（广东）国际旅游产业博览会在广州开幕，广东省省长黄华华（左二）参观中国移动广东公司“旅游信息化应用与服务”展台。

2011年6月14日，中国移动广东公司承办的“无线城市·智慧广东”——中国无线城市高峰论坛暨无线城市发布会在广州召开，广东省副省长佟星（右五）参加启动仪式。

2011年 12月 29日，广东省副省长刘志庚（前排右三）莅临中国移动广东公司视察，参观了网络监控中心、新业务、新产品展示区并体验 TD-SCDMA终端设备。

2011年2月28日，中国移动广东公司举行“优势服务，满意100”新闻发布会，推出“优势服务八项举措”。

广东省邮政公司

2011年中国邮政储蓄银行创富大赛胜利闭幕。

广东邮政为适应市场需求，隆重推出“新春礼盒、文化礼仪、高尚礼仪”等50余种礼盒

邮乐网是中国邮政推出的综合类品牌商品 B2C购物网站。客户除了可以在线上订购商品外，还可以到线下邮政网点或拨打 11185客服电话订购邮乐网的商品。

2011年6月29日，广东邮政与湛江市政府签署合作框架协议，首批邮政便民服务站启动。

广东邮政把代理“新农保”业务作为服务“三农”的重要举措，在农村邮储营业网点开设“新农保”专窗，对办理业务的群众实行特事特办，得到广大群众的认可和政府部门的高度肯定。

深圳邮件处理中心的新型邮件自动分拣机

广东省铁路建设投资集团有限公司

2011年5月25日，广东省常务副省长朱小丹率有关单位负责人到东莞调研珠三角城际轨道交通建设情况。

2011年5月25日，广东省常务副省长朱小丹召开珠三角城际轨道建设现场会。

2011年7月21日，铁道部陆东福副部长和朱小丹常务副省长主持召开部省加快铁路建设协调小组第十三次会议。

2011年1月10日，中国共产党广东省铁路建设投资集团有限公司第一次代表大会在广州隆重召开。

越秀地产股份有限公司

2011年 2月 26日上午，临安青山湖科技城城市综合体项目在临安青山湖街道举行了开工奠基仪式。城市综合体项目是青山湖科技城继 2010年 10月科技城首批八个院所项目进入了实质性的建设阶段以来，2011年首开的重大综合性配套项目。它标志着青山湖科技走上了科学建设，和谐发展新的里程。第一期项目包括 35万平方米的酒店、写字楼、商业中心和科技成果转化服务区，以及 25万平方米的国际化社区。项目由越秀企业（集团）和临安市共同开发建设。

2011年 6月 11日，由华南美国商会主办、广州国际金融中心独家赞助的“广州外国人青少年棒球联赛”全明星赛在广州市天河体育中心正式开赛。为期两个月的“棒球季”自 4月 16日开始，吸引来自美、中、英、法、德、澳、日、韩，以及来自近 500位居住在珠江三角洲地区的华南美国商会会员及外籍家庭等介于 4至 17岁逾 250名青少年选手积极参与。

2011年12月19日，佛山市南海区越秀地产开发有限公司举行了揭牌仪式，同时，该公司旗下的越秀星汇云锦地下空间顶管工程举行首发仪式。2010年，越秀地产以13.5亿元竞得佛山南海区地块，并以越秀星汇云锦作为南海越秀地产在佛山的首个项目。该项目总用地面积约31 200㎡，由3个地块构成，其中A、B地块分别位于南海区主干道南海大道东西两侧。而C地块，为地下空间，起连接轴心作用，是利用4条并行巨型顶管进行开通，总宽度29.1米，每条顶管长59米，规模达全国之最。

越秀员工帮扶贫困党员

越秀地产在茂名茂港区开展农业综合开发科技培训

广州珠江啤酒集团有限公司

2011年 4月 7日，在广东省省长黄华华、广州市副市长甘新和梅州市市委书记李嘉、市长朱泽君等领导的共同见证下，珠江啤酒梅州生产基地年产40万吨项目正式奠基。

2011年 3月 9日，珠江啤酒与德国慕尼黑理工大学啤酒工艺和饮料技术研究所共建“珠江啤酒国际技术研究室”正式启动。

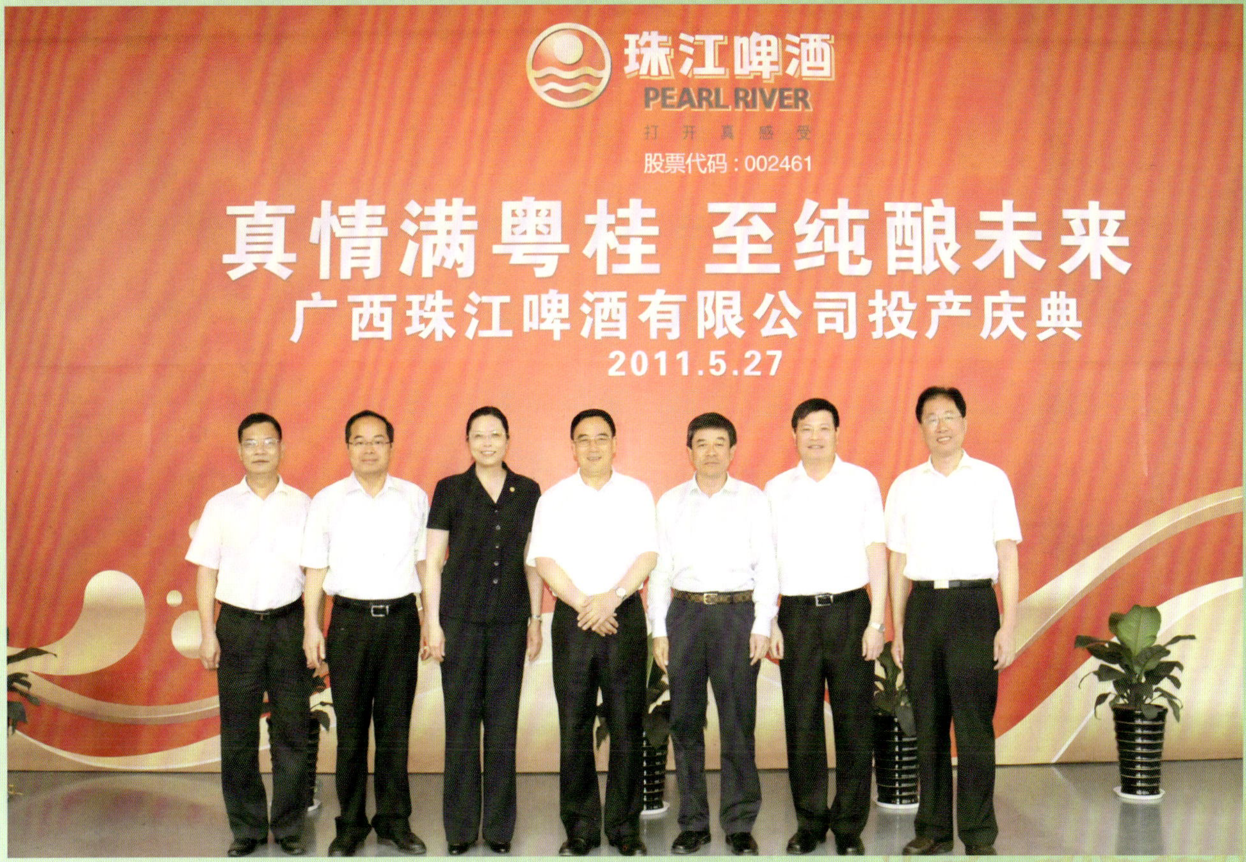
珠江啤酒
PEARL RIVER
打开真感受
股票代码：002461
真情满粤桂 至纯酿未来
广西珠江啤酒有限公司投产庆典
2011.5.27

2011年5月27日，“南宁市2011年5月份重大项目开（竣）工暨广西珠江啤酒有限公司首期年产20万吨啤酒项目投产仪式”在南宁—东盟经济开发区隆重举行。

珠江琶醍
PARTY
PIER

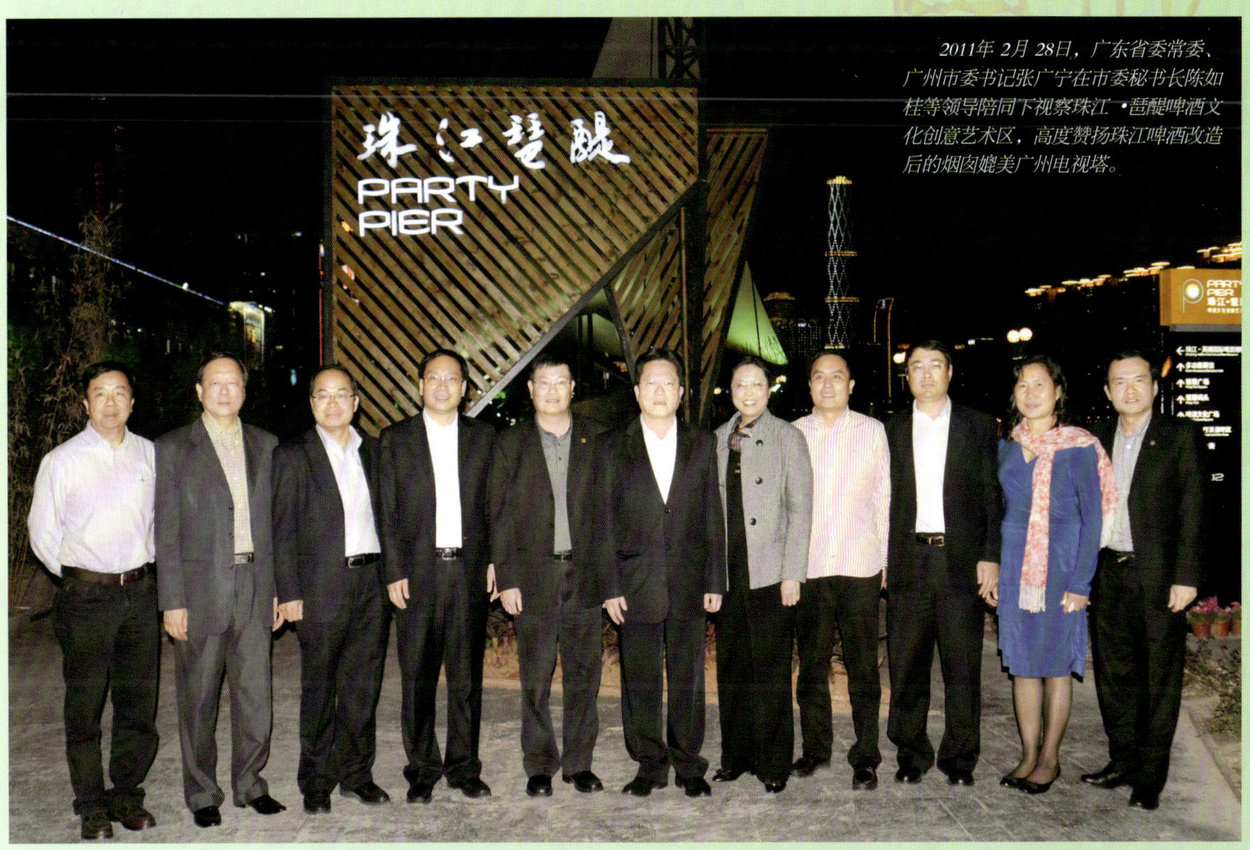

2011年2月28日，广东省委常委、广州市委书记张广宁在市委秘书长陈如桂等领导陪同下视察珠江·琶醍啤酒文化创意艺术区，高度赞扬珠江啤酒改造后的烟囱媲美广州电视塔。

广州万宝集团有限公司

2011年12月5日，万宝集团董事长周千定向进行扶贫双到视察的市领导苏志佳介绍万宝在自身发展的同时扶持贫困地区发展的新举措。

2011年1月1日，万宝开始跨越500亿营业额的新征程。

2011年9月24日，万宝推进产业转移、转型、升级，在河南省民权县建设万宝制冷工业园。

2011年3月，包括国家级技术中心、博士后工作站的万宝集团技术中心创新能力平台建成。

广东之最 2011

2011 年，广东省地区生产总值（GDP）达 52 673.59 亿元，比上年增长 10.0%，经济总量继续稳居全国首位，成为世界各国中 GDP 总额排名第 10 位的一级行政区。

2011 年，来源于广东的财政总收入、地方一般预算收入分别达到 13 668 亿元和 5 513.7 亿元，比上年增长 15.4% 和 22.1%，位居全国第一。

2011 年，广东全省国税系统完成税收收入 7 780.17 亿元，同比增长 14.5%，连续 17 年居全国首位。

2011 年，广东省地税系统累计组织税费收入 6 079 亿元，收入规模连续第 18 年位居中国内地地税系统首位。

2011 年，广东省外贸进出口总值为 9134.8 亿美元，比 2010 年增长 16.4%，跨越 8 000 亿美元直接登上 9 000 亿美元的新台阶，连续 24 年居全国首位，占全国进出口总值的 25.1%。

2011 年，广东实现社会消费品零售总额 20 246.72 亿元，同比增长 16.3%，居全国第一，占全国 1/9 比重。

2011 年，我国发明专利授权量达到 172 113 件，同比增长 27.4%，广东省以 18 242 件位居榜首。其中，中兴通讯发明专利授权量、国内专利申请量均居国内企业第一名。

2011 年，广东省 PCT 国际专利申请量 8 941 件，连续十年保持全国首位，中兴通讯有限公司和华为技术有限公司的 PCT 专利申请公布量分别位居全球企业第一位和第三位。

2011 年，广东省商标申请 231 382 件，同比增长 35%，获准注册 167 013 件；新增中国驰名商标 78 件，总量达到 343 件，连续 6 年位居全国第一位。

2011 年，广东省高新技术产业继续保持快速增长，拥有省级以上高新区 21 家，其中国家级高新区 9 家，数量位居全国第一。全省全年共有高新技术企业 5 400 多家，规模居全国前列。

2011 年，广东省软件产业的业务收入达到了 3 351.87 亿元，居全国首位。其中深圳市达到了 2 074 .4 亿元，占全省的 62%，广州市达到了 1 042.7 亿元，占全省的 31%。

2011 年，广东省金融总量达到 12.5 万亿元，在全国位居第一。

2011 年，广东省（不含深圳）实现保费收入 1 219 亿元，同比增长 8.4%，规模继续位居全国第一。

2011 年，广东省拥有手机用户量 10 792.8 万，占全国总量的 30%，居全国第一；3G 手机用户量为 1 659.4 万，占全国总量的 11%，居全国第一；网民规模也居全国第一，多达 6 300 万，占全国总量的 12%。

2011 年，广东省的电商市场交易额突破 8 000 亿元，占全国电商市场交易额的 1/6 左右，居全国首位。

2011 年，广东省网络游戏总产值达 250 亿元，全省网络文化及相关数字互动游戏产业年收入占全国三分之一，居全国第一，成为广东新文化产业的领军行业。

2011 年，广东动漫行业的总产值达到 223.8 亿元，占全国比重的 36%，位列全国第一。

2011 年，广东省海洋生产总值达 9 807 亿元，占全省生产总值的 18.6%，占全国海洋生产总值的 21.5%，第 17 年领跑全国。

2011 年，广东省林业产业迅猛发展，总产值达 3300 亿元，比上年增长 17.8%，继续稳居全国第一。

2011 年，广东省接待入境过夜游客人数（人次）达 3 358.72 万人次，居全国首位，比上年同期增长 6.3%，其中香港入境过夜游客最多，达 2 065.67 万人次，占六成以上。

政策与法规

关于贯彻落实国务院部署加快培育和发展战略性新兴产业的意见

粤府〔2011〕87号
2011年7月20日

各地级以上市人民政府，各县（市、区）人民政府，省政府各部门、各直属机构：

培育和发展战略性新兴产业，对我省推进产业结构调整，加快经济发展方式转变，抢占国际经济科技发展制高点，构建国际竞争新优势，具有十分重要的意义。为贯彻落实《国务院关于加快培育和发展战略性新兴产业的决定》（国发〔2010〕32号），加快我省战略性新兴产业发展，现提出如下意见。

一、总体思路与发展目标

（一）总体思路。深入贯彻落实科学发展观，以抢占世界产业发展制高点为目标，以提升产业创新能力为核心，坚持市场主导与政府推动相结合、自主发展与开放合作相结合、着眼当前与谋划长远相结合，着力推进科技创新和体制创新，着力完善发展环境，着力壮大骨干企业，着力培育优势产业链和产业集群，打造全国战略性新兴产业发展的重要策源地和高端产业集聚地，将广东建设成为国家战略性新兴产业发展示范区。

（二）发展目标。到2015年，高端新型电子信息、新能源汽车、半导体照明（LED）三大产业率先突破，生物、高端装备制造、节能环保、新能源、新材料等产业初具规模，全省战略性新兴产业产值超过2.5万亿元，增加值占生产总值的比重达到10%左右；在主要领域掌握一批具有自主知识产权的关键技术和标准，培育一批具有国际影响力的大企业和一批具有创新活力的中小企业，形成3~5个产业链较完整、产值超千亿元的新兴产业集群。到2020年，全省战略性新兴产业产值比2010年翻两番，增加值占生产总值的比重力争达到16%左右，广东成为全国领先、世界先进的战略性新兴产业基地。

二、重点发展领域

（一）高端新型电子信息产业。加强物联网、云计算、下一代互联网核心技术和关键产品的研发与产业化，加快推进“三网融合”，进一步强化我省在全国通信产业的领先优势，打造新一代移动通信产业链和国家级通信产业集聚区。重点发展新型显示产业，推进高世代液晶面板及其关键配套产业，着力推进有机发光二极管（OLED）材料与器件的研发及产业化，推进激光显示、三维（3D）显示等新型显示技术及下一代视频技术研发。加快发展软件和集成电路设计、数字家庭等产业，着力推动面向互联网、通信、电力、文化和教育等领域的应用软件开发和芯片设计，提升软件、网络增值等信息服务能力。推进关键元器件、专用电子设备的研发及产业化。大力发展数字虚拟技术，促进数字广播和文化创意产业发展。

（二）新能源汽车产业。依托省新能源汽车推广应用示范工程，重点推进纯电动汽车、插电式混合动力汽车以及中混以上混合动力汽车等整车研发及产业化，鼓励发展特种用途电动汽车和液化天然气（LNG）汽车，引导发展燃料电池、高效储能器等其他新能源汽车。大力发展动力电池及其管理系统、驱动电机及其控制器，积极发展整车控制系统以及电动转向、电动空调和电动制动等产品，支持动力电池关键材料、车用功率器件、轻量化技术与产品、充电充气技术与设备的研发及产业化。

（三）LED产业。加强大功率白光LED前沿技术研发和应用研究，突破LED外延及芯片制备、大功率器件封装等关键技术，开展白光LED光源系统集成及智能化、产品标准化、关键设备及原材料国产化等技术攻关。依托我省LED终端产品制造优势，重点发展外延材料与芯片规模化生产、大规模LED封装、LED背光及照明应用，以及外延、封装、测试装备和关键配套材料制造等。

（四）生物产业。大力发展用于重大疾病尤其是南方常见病防治的生物技术药物、新型疫苗和诊断试剂、化学药物、现代中药等创新药物，做强特色“南药”，积极推进南海海洋药物和海洋生物功能制品的研发和产业化。加快发展先进医疗设备、生物医学材料、组织工程和人工器官等生物医学工程产品。大力发展中医药健康产品，推进中药国际化。着力发展生物育种产业，积极培育优质、高产、高效、多抗的农业新品种，推进绿色农用生物产品的开发和推广示范，加快海水养殖新品种研发及推广应用，培育速生、高含油、高热值、高产专用能源植物品种。建设南海生物种质资源库，加强南海海洋生物基因资源的保护、研究与开发利用。

（五）高端装备制造产业。以珠海航空产业国家高技术产业基地为核心，重点发展通用飞机及公务机，以飞机维修、部装、总装带动零配件的加工制造，打造通用航空制造产业链。促进卫星导航等航天应用行业发展。

依托高速铁路和珠三角城际轨道等重点工程，大力发展城市轨道车辆、制动系统、牵引控制系统等轨道交通装备，推进广东轨道交通产业园建设。依托海洋工程装备基地建设，发展浮式生产储存卸货装置（FPSO）、自升式钻井平台、半潜式钻井平台等专业化海洋工程装备，海洋工程甲板机械等海洋工程配套设备以及操锚作业拖船（AHTS）等特色海洋工程辅助装备。强化基础配套能力，积极发展以数字化、柔性化及系统集成技术为核心的智能制造装备。支持发展高端农业机械装备。

（六）节能环保产业。重点开发推广高效节能和环保技术装备及产品。推进资源循环利用关键共性技术研发及产业化，发展固体废弃物处理处置、环境检测、土壤修复、大气和水污染防治技术及成套设备，加强共伴生矿资源、大宗工业固体废弃物资、再生资源、农林废弃物等资源的循环综合利用。开展合同能源管理示范试点，推进节能环保服务体系市场化建设，推动环保设施专业化、市场化、社会化运营。加快建立以先进技术为支撑的废旧商品回收利用体系。推进国家节能环保服务业集聚区创建工作。

（七）新能源产业。以非晶硅薄膜为主攻方向，重点发展太阳能光伏装备、电池制造等关键环节；加快推进太阳能建筑一体化，促进太阳能热利用技术和产品的推广应用。发展大功率风力发电成套装备以及电机、变速箱和电控系统等关键零部件，提高风电技术装备水平；有序推进陆上风电规模化发展，积极开发利用海上风能资源。发展以核电装备制造为重点的先进制造业和以核电设计、工程建设及技术保障服务为重点的核电高端服务业，提升核电机组核岛主设备制造和通用设备成套供货能力，发展以电气设备为主的核电站辅助设备产业群，发展核燃料组件制造；按照“集中建园为主、分散布局为辅”的模式优化产业布局。加快建设适应新能源产业发展的智能电网及运行体系。

（八）新材料产业。大力发展稀土功能材料、平板显示材料、半导体照明材料、核电专用材料、超材料、功能陶瓷、高性能膜材料、特种玻璃、集成电路用封装材料、能量转换和储能材料等新型功能材料，积极推广低能耗、轻污染、少排放、可循环的新型材料制造技术。延伸石化下游产业链，重点发展新型工程塑料、新型树脂及新型化工材料，提升碳纤维、芳纶、超高分子量聚乙烯纤维等高性能纤维及其复合材料发展水平。支持开展纳米、超导、智能等共性基础材料研究。

2011年5月31日，中国（深圳）国际节能减排和新能源科技成果产业化及投融资博览会新闻发布会在深圳市民中心圆满召开。

以上重点领域及内容将根据我省经济社会发展需要以及国际产业发展和技术进步情况进行动态调整。

三、主要工作

围绕技术创新、产业化、市场培育与环境建设等产业发展关键环节，突出抓好以下工作：

（一）开展重点领域关键核心技术攻关。围绕战略性新兴产业重点领域，积极承担国家重大科技专项和国家科技计划，组织实施省重大科技专项，继续开展粤港关键领域重点突破联合招标，制定和实施重点产业技术路线图。建立政府推动与企业主导相结合的技术研发和推广应用机制。结合广东特色与优势组织开展产业前沿技术研究。

（二）加强技术创新公共服务平台建设。加快建设散裂中子源、深圳国家高技术产业创新中心、华南新药创制中心等重大创新平台。积极争取设立一批国家重点实验室、工程中心、工程实验室和企业技术中心，推进建设国家地方联合创新平台，新建30家省级重点实验室、50家省级工程实验室、150家省级工程中心和100家省级企业技术中心。推进建设太阳能光伏产品、新能源汽车及零部件、半导体光源产品检测中心等国家质检中心和一批省级授权质检站，支持建设专业镇和产业集群公共检测服务平台。

（三）深化政产学研合作。深化省部（院）产学研合作，建立派驻企业科技特派员长效机制，实施产学研结合示范基地提升工程和示范企业行动计划。建设100家左右省部（院）产学研技术创新联盟，完善联盟运作机制。支持知名高校、科研机构联合广东企业共同承担国家各类重大科技计划和产业化专项。加快企业博士后科研工作站、科研基地和开发基地的建设步伐。

（四）大力培养和引进高层次人才。研究制定我省战略性新兴产业创新型人才队伍建设的实施意见。继续实施南粤杰出人才培养工程，打造“珠江学者”品牌工程，建立产学研用联合培养专门人才的新机制。建设省专业技术人员继续教育示范基地，加快推进专业技术人员知识更新工程。调整优化高校学科专业设置，支持有条件的高校增设与战略性新兴产业有关的学科专业。编制高层次创新型人才引进目录，深入实施创新科研团队和领军人才引进计划，引进千名高层次科技创新人才。以高新区、留学人员创业园、战略性新兴产业基地为依托，探索建立高层次人才集聚实验区。建立跨区域人才交流合作服务平台。进一步完善省引进高层次人才“一站式”服务专区。

（五）加强知识产权保护和管理。建立重大战略性新兴产业专利信息数据库和信息发布系统，开展产业专利态势分析。完善知识产权评估交易机制，组建30家左右以企业为主导的专利联盟。探索实施重大项目的知识产权评议制度。

（六）实施技术标准战略。鼓励和支持我省企事业单位围绕发展战略性新兴产业，主导或参与相关国际标准、国家标准、行业标准和地方标准的制修订。建设一批战略性新兴产业专业标准化技术委员会。建立健全技术性贸易措施（TBT）预警机制，指导和帮助企业积极应对国外技术贸易壁垒。

（七）推进科技体制机制创新。整合现有创新平台资源，加快组建省工业技术研究院等大型主体科研机构，引导其向大型综合性创新组织转变。探索完善创新平台管理开放共享机制。完善国有企业考核评价机制，将创新能力建设、创新投入、创新成效等纳入业绩考核范围。完善高校和科研机构的人才激励和考核评价机制。

（八）推进技术创新成果产业化。实施战略性新兴产业发展、高技术产业化、电子信息产业振兴和技术改造、现代信息服务业等专项，建设100个战略性新兴产业重大科技成果产业化示范工程。建立健全高等院校、科研机构创新成果转化制度，发展一批科技成果孵化器、加速器和中试基地等产业化服务机构。优先支持具有自主知识产权技术标准的推广应用。吸引和支持国家重大创新成果在我省转化。

（九）促进产业集聚发展。实施产业链（群）发展工程，组建一批新的产业联盟，打造区域特色产业链。规划建设一批省级战略性新兴产业基地，争取建设国家战略性新兴产业示范基地，加强基地的配套服务平台建设。支持和促进国家和省级高新区发展高端创新产业集群。

（十）大力培育骨干企业。集中资源重点培育100家战略性新兴产业骨干企业，打造一批国家级创新型企业和若干国际领先的创新型企业。自主创新百强企业、名牌产品评价目录重点向战略性新兴产业骨干企业倾斜。在省国有资本经营预算中安排省属企业改革与发展专项资金，遴选扶持一批省属战略性新兴产业重点项目。

（十一）积极发展创新型中小企业。实施创新型中小企业成长扶持计划，建设中小企业公共（技术）服务示范平台和创新成果产业化示范基地，培育和壮大一批具有创新活力的中小企业。

（十二）推进重大项目建设。谋划、引进一批对行业整体水平提升具有关键作用的战略性新兴产业重大项目。建立战略性新兴产业100强项目的动态管理和配套支持机制，加强项目组织、管理和服务。建立和完善重点项目库，做好项目储备。大力争取国家重大科技专项、重大产业创新发展工程、重大创新成果产业化工程、重大应用示范工程、创新能力建设项目落户广东。

（十三）实施重大应用示范工程。以公交、公务、市政行业应用为重点，实施省新能源汽车推广应用示范工程，争取到2012年新能源汽车示范规模达3万辆。自2011年起，珠三角地区所有更新或新增的公交车要采用新能源汽车。实施省LED照明产品应用试点示范工程，争取3年内全省的市政道路、主要公共场所和公共机关基本实现LED照明。建设太阳能光伏并网发电系统工程和光伏发电城市应用工程，大力开发海上和陆上风能资源。加快核电站建设，争取到2015年底形成年产5台（套）以上百万千瓦级压水堆核电机组核岛设备制造能力。实施节能惠民工程。积极开展国家和省“三网融合”试点。

（十四）完善新产品应用环境。建立健全有利于推广应用创新药物、新能源、资源性产品、节能环保产品的价格形成和收费调节机制。加快推进自主创新产品政府采购和工程首购制度，将工程建设、省属国有及国有控股企业采购重大机电装备纳入优先采购自主创新产品范围，鼓励使用具有自主知识产权的首（台）套核电重大技术装备产品，探索建立使用国产装备的风险补偿机制。支持临床必需、疗效确切、安全性高、价格合理的创新药物优先进入医保目录。探索有利于产业发展、灵活有效的市场准入管理制度。推进新能源汽车充电充气设施、新能源并网及储能等基础设施建设，完善市场配套服务体系。

（十五）支持商业模式和业态创新。推广太阳能光伏一体化建筑设计，推行合同能源管理模式。探索建立废旧物品回收利用新模式。鼓励在节能环保服务、新能源应用、新能源汽车推广、信息服务等领域，借鉴国内外先进经验，大胆探索，发展与新技术研发和新产品应用相适应的新型商业模式和新业态。

（十六）加强国内外科技和产业合作。鼓励我省企事业单位与国内重点高校、科研机构加强创新合作，吸引重大科技创新成果在我省转化；加强与中央企业的合作，着力吸引大型中央企业、知名民营企业投资我省战略性新兴产业。深化粤港澳科技合作，支持粤港两地联合开展关键共性技术攻关和联合设立研发机构，建设粤港澳联合创新区、深港创新圈、粤港澳科技产业园；加强粤港澳台在光电、LED、新能源汽车、生物、新材料等战略性新兴产业的合作，积极引进台资企业投资广东。鼓励境外企业、科研机构在我省设立研发机构，实施企业国际创新合作计划试点，设立外资企业研发服务基地；积极承接欧、美、日、韩等重点国家和地区的产业转移，提升产业转移的规模与层次。支持省内企业和研发机构开展全球研发服务外包，在境外开展联合研发、设立研发机构和申请国际专利；支持战略性新兴产业骨干企业“走出去”，设立生产、营销基地，开拓国际市场，与境外知名企业建立合作伙伴关系。

四、扶持政策

（一）落实国家税收优惠政策。全面落实企业研发费用税前加计扣除、高新技术企业所得税优惠、进口设备减免税以及国家其他促进战略性新兴产业发展的税收优惠政策。

（二）加大财政支持力度。“十二五”期间，省财政集中投入220亿元支持战略性新兴产业发展，其中安排部分资金设立战略性新兴产业发展专项资金，重点用于支持高端新型电子信息、新能源汽车、半导体照明三大产业；安排战略性新兴产业核心技术攻关专项资金30亿元；安排战略性新兴产业政银企合作资金50亿元；安排高层次人才成果奖励资金5亿元；安排创业风险投资资金10亿元；在省政府设立的创业投资引导资金中安排20亿元作为战略性新兴产业创业投资引导资金；安排战略性新兴产业再担保资金10亿元。省级重大科技专项资金、挖潜改造专项资金、现代信息服务业发展专项资金、产学研合作专项资金等专项资金要重点支持战略性新兴产业。鼓励有条件的地级以上市设立相应的财政专项资金。积极争取国家战略性新兴产业专项资金支持。

（三）完善财政支持方案。科学制定战略性新兴产业财政激励政策的具体实施方案，采取贷款贴息、担保贴息、无偿补助、以奖代补、股权投资、债权投资等多种支持方式，加强财政资金与金融资本的结合，对技术研发、产业化、平台建设、重大项目、产业集群、市场培育等环节进行全面支持。

（四）大力发展创业投资。省财政安排的创业风险投资资金，分年注资省粤科风险投资集团，支持该集团做大做强。省战略性新兴产业创业投资引导资金，用于引导和支持社会资金进入创业投资领域，鼓励发展天使投资、创业投资，以及争取国家支持实施新兴产业创投计划。进一步壮大省绿色产业投资基金，鼓励社会设立战略性新兴产业投资基金。

（五）加大金融支持力度。支持符合条件的企业在中小企业板、创业板上市融资或发行企业债券、公司债券、短期融资融券和中期票据，支持中小企业发行集合债券、集合票据。引导金融机构建立适应战略性新兴产业发展特点的信贷管理、信用评级和贷款评审制度，推进知识产权质押融资、产业链融资等金融产品创新。省财政安排的10亿元战略性新兴产业再担保资金，分年注资省级再担保机构，为战略性新兴产业企业提供再担保服务。

（六）促进产权交易。加强南方联合产权交易中心和华南技术产权交易市场建设，稳步推进区域性中小企业产权交易市场试点。

（七）减免行政事业性收费。“十二五”期间，经认定的战略性新兴产业重点领域内的企业，免缴治安联防费、劳动年审证照费、劳动合同文本费、职工养老保险手册工本费、村镇基础设施配套费、专利纠纷案件处理费、绿化费等省级权限内的行政事业性收费。

（八）优先保障土地供给。各地要优先安排战略性新兴产业100强项目用地；属省立项的战略性新兴产业100强项目用地，由省按照轻重缓急、逐年解决的原则统筹安排。进一步完善差别性供地政策，优化供地结构，“三旧”改造置换土地优先保障战略性新兴产业用地需求。

（九）降低土地购置成本。对符合省优先发展目录和集约用地条件的战略性新兴产业工业项目，允许按不低于所在地土地等级相对应工业用地出让最低标准的70%确定土地出让底价。

（十）加快项目审批进度。建立战略性新兴产业重点项目审批“绿色通道”，加快项目批准、用地预审、用地报批、环评批复、规划选址等审批事项的办理进度。

五、组织保障

省促进战略性新兴产业发展领导小组要对全省战略性新兴产业发展加强协调指导，研究确定重大项目布局、产业政策、财政资金安排等重要事项。编制广东省战略性新兴产业发展“十二五”规划及各重点产业专项规划，制定产业发展指导目录，优化产业发展格局。加强规划实施，对规划和产业目录确定的重点领域，各地要在项目布局、资金安排、用地指标等方面给予支持。建立战略性新兴产业统计调查制度，强化产业监测分析工作。建立战略性新兴产业考核指标体系，落实各地、各部门促进战略性新兴产业发展的责任，加强督促检查，定期组织考核评估。

各地级以上市人民政府、省政府各相关部门要根据本意见，结合实际，抓紧制定具体落实措施。

（上接：第032页）建市（含顺德区）要把扶持重点园区、重点产业发展工作纳入市政府工作重点，由主要领导亲自挂帅，创新思路，狠抓落实。要从重点园区、重点产业中选取需要着力推进的重点项目，列入市政府年度工作要点，细化工作方案，明确部门职责，限时推进项目建成投产，有关情况于每年1月15日前报省双转移工作领导小组办公室。

关于加强和改进政府服务促进企业转型升级的若干意见

粤府〔2011〕59号
2011年5月26日

各地级以上市人民政府，各县（市、区）人民政府，省政府各部门、各直属机构：

为贯彻落实中央关于加快转变经济发展方式的战略部署，推动政府职能转变和行政效率提高，加强政府服务企业能力建设，进一步改善我省企业经营环境，促进企业转型升级，提出如下意见。

一、切实简政减负，为企业转型升级营造良好环境

（一）清理规范行政审批。建立行政审批事项动态评估、管理和调整制度，深化行政审批制度改革，进一步清理和调整不符合经济社会发展要求、不利于企业转型升级的审批事项。建立健全行政审批信息公开、行政审批决定公示、行政审批听证及重大行政审批决定备案等配套制度，规范审批自由裁量权。积极优化行政审批流程，简化国家和省、市重点项目的审批环节和办理程序。积极创新审批方式，推行“电子政务”，加快实施“网上审批”和“并联审批”，为企业提供高效便捷服务。完善行政审批电子监察系统建设，强化对行政审批的监督。（省发展改革委、监察厅等有关部门按职责分工办理）

（二）清理修订涉企政策规章。及时清理和修改不符合市场经济发展要求、不利于企业转型升级的政策法规，严格执行规范性文件审查备案和统一发布制度，进一步规范地方性法规、政府规章和规范性文件的制定程序；畅通企业申诉渠道，及时查处侵权行为，依法保护企业的合法权益。（省监察厅、法制办等有关部门按职责分工办理）

（三）减轻企业负担。全面规范

2011年6月29日，由广东省人民政府与全国工商联共同举办的“广东与全国知名民营企业合作发展共促转型升级大会”在广州举行。本次招商活动共引进企业800多家，投资总额超过1万亿元。大会现场签约的项目164个，投资总额达4 579.82亿元。

涉企行政收费，重点清理涉及行政审批的中介服务收费、具有垄断性的经营服务收费，坚决取消未经法定程序设定以及不适应经济社会发展要求的收费项目。（省经济和信息化委、物价局等有关部门按职责分工办理）

（四）减少涉企重复鉴定和检验。涉及企业转型升级的鉴定、检验、评审等审批事项，除法律、法规另有规定外，不同部门和行业所进行的鉴定和检验结果应互相承认，不得要求重复鉴定和检验。（省发展改革委、经济和信息化委、质监局、法制办等有关部门按职责分工办理）

（五）破除行业准入壁垒。认真贯彻落实《国务院鼓励和引导民间投资健康发展若干意见》（国发〔2010〕13号），破除包括行政干预在内的各种行业隐性壁垒，支持符合法律法规规定要件的各类企业进入国家未禁止的投资经营领域。（省发展改革委、经济和信息化委、国资委等有关部门按职责分工办理）

二、加大政策支持力度，助推企业加快转型升级

（六）落实支持企业自主创新的税费减免政策。企业为开发新技术、新产品、新工艺发生的研究开发费用，符合税法规定的，可以按规定在计算企业所得税应纳税额时加计扣除。被认定为高新技术企业的，减按15%的税率征收企业所得税。企业从事技术转让、技术开发业务和与之相关的技术咨询、技术服务业务取得的收入，可按规定免征营业税。符合条件的技术转让所得，可按规定免征、减征企业所得税。（省经济和信息化委、科技厅、财政厅、地税局，省国税局等有关部门按职责分工办理）

（七）加大对企业转型升级的财政支持。统筹安排省级财政专项资金，引导企业加强技术改造、技术研发、人才引进及培养、工业设计、品牌培育、信息化建设和管理创新，加快推进企业转型升级。加强对财政专项资金使用情况的监督，确保财政专项资金按规定及时拨付到企业账户。（省发展改革委、经济和信息化委、教育厅、科技厅、财政厅、人力资源社会保障厅、质监局等有关部门按职责分工办理）

（八）加大对企业设备更新的政策支持。企业采用新技术、新工艺、新设备、新材料进行技术改造，符合税法规定的，可按规定加速折旧。企业购置环境保护、节能节水、安全生产等专用设备的投资额，可按一定比例实行税额抵免。对企业引进国内尚未生产、实行配额管理的先进设备，酌情增加相关配额指标。（省质监局、地税局，省国税局等有关部门按职责分工办理）

（九）加大对企业集聚发展的政策支持。对迁入省级产业转移工业园的企业，除国家规定的税费外，不得收取任何地方性行政事业性收费。省财政现有的节能、挖潜改造、技术创新、中小企业发展专项资金以及工程技术研究开发中心专项资金等各类专项资金，在同等条件下要优先支持进入高新区、产业转移工业园的项目和企业。（省经济和信息化委、科技厅、财政厅、物价局等有关部门按职责分工办理）

（十）加大对企业绿色发展的政策支持。大力支持高新技术产业和资金密集型、环境友好型产业的发展，积极引导新上项目采用科技含量高、资源消耗低、污染排放少的先进技术。对不符合环保法律法规和产业政策、达不到排放标准和总量控制目标的项目，一律不予审批。强化对重污染行业的强制性清洁生产审核，对实施清洁生产的企业给予资金支持。在规定的淘汰期限内，按照“早退多补、迟退少补”的原则，对已淘汰的落后产能予以补助。进一步扩大差别电价政策的实施范围，从钢铁、水泥行业扩大至造纸、纺织印染、酿造、化工、制革、建材等重污染行业。（省发展改革委、经济和信息化委、财政厅、环境保护厅、物价局等有关部门按职责分工办理）

（十一）加大对企业并购重组的政策支持。支持有核心竞争优势的中小企业通过兼并重组实现低成本扩张发展。对企业兼并重组发生的不动产所有权和相关股权转让，免收变更过户手续费。被兼并重组的中小企业原有房屋、土地应缴的房产税和土地使用税地方留成部分，可按一定比例用作奖励。鼓励民营企业参与国有企业改制重组以及与外资合作，促进各种所有制经济融合发展。鼓励和支持有条件的民营企业到境外开展并购业务，加快国际化发展。（省经济和信息化委、财政厅、国土资源厅、外经贸厅、国资委、地税局等有关部门按职责分工办理）

（十二）加大对企业提升产品质量的政策支持。积极指导企业开展质量强企活动，发挥政府质量奖励导向作用，推广先进质量管理模式，帮助企业建立健全质量管理、标准化、计量、检验检测体系。加快建立广东先进标准体系，提升标准化水平，以先进标准引导企业质量提升。深入实施名牌带动战略，努力培育国际知名品牌。加快质量诚信体系建设，提升企业诚信意识。（省质监局牵头，省有关部门参与）

（十三）加大对企业转型升级的融资支持。鼓励银行业金融机构对企业转型升级项目给予贷款政策倾斜，简化贷款审批手续，实行利率优惠；进一步探索完善动产、应收账款、仓单、海域使用权、股权和知识产权等抵质押方式，缓解企业贷款抵质押不足的矛盾；建立小企业服务专营机构。支持民间资本按照国家法律法规规定参与投资设立村镇银行等地方性、区域性中小银行。支持和规范发展多层次、多形式的融资担保机构。支持符合条件的地方法人金融机构发行金融债、次级债，增强资金实力。支持发展各类以服务小企业为主的小额贷款公司。扩大小额贷款公司试点并支持其增资扩股。拓宽企业直接融资渠道，支持符合条件的企业上市融资。鼓励各类金融机构与担保机构及其他投融资机构紧密合作，积极发行企业集合债券、企业集合票据、信托基金、短期融资券和企业信贷资产支持证券等直接融资产品。（省金融办牵头，省有关部门参与）

（十四）加大对企业转型升级的人才支持。高等院校要根据产业人才需求，及时调整专业结构和培养规模。鼓励校企合作，支持中职学校（含技工学校）、高职院校与企业共建生产实训中心，通过“校企双制”、工学结合等人才培养模式，加快培养与企业转型升级需求相适应的技能人才。建设企业人才需求信息统一发布平台，加强人才需求预测服务，根据产业发展需求及时制订和发布职业岗位能力标准。大力引进优秀高技能人才，积极推进各级政府所属人才服务机构免费为民营企业提供人事档案管理服务，支持民营企业招聘和留用人才。加大海外高级人才引进力度，进一步完善吸引海外留学人员服务企业的政策措施。（省教育厅、人力资源社会保障厅牵头，省有关部门参与）

三、强化涉企服务，建立健全支持企业转型升级的服务体系

（十五）完善重点企业直通车服务制度。认真贯彻落实省政府办公厅《转发省监察厅经贸委关于建立重点企业直通车服务制度意见的通知》（粤办函〔2009〕336号）等规定，完善对全省1 000家重点企业、现代产业500强项目、民营企业100强及自主创新100强企业的直通车服务。（省经济和信息化委、监察厅牵头，省有关部门参与）

（十六）加强面向企业的信息服务。建立服务企业转型升级的综合信息平台，及时发布有关投资、土地、人才、规划、环保、安全生产、技术标准、质量检测、检验检疫、信贷融资等政策信息，引导企业加快转型升级。（省发展改革委、经济和信息化委、教育厅、人力资源社会保障厅、国土资源厅、环境保护厅、住房城乡建设厅、质监局、安全监管局，广东银监局、广东出入境检验检疫局等有关部门按职责分工办理）

（十七）积极培育社会中介服务机构。建立健全行业协会等社会组织服务管理能力评估体系，实施行业协会等级评估制度，进一步提高行业协会等社会组织的服务管理能力，充分发挥行业协会等社会组织在促进企业转型升级中的独特作用。（省经济和信息化委、民政厅等有关部门按职责分工办理）

（十八）规范涉企中介服务市场。各类依托政府部门的涉企中介机构应与政府部门脱钩，实现市场化经营；对与审批相关并涉及收费的技术审查、评估、鉴定等事项，审批机关不得指定或变相指定承担机构。鼓励技术评定、资质认定等涉企中介服务机构跨区域服务。规范涉企中介服务收费，行政机关不得擅自或变相将行政审批过程中的具体审查工作委托其他机构代办并据此向申请人收取审查费用。（省发展改革委、物价局、质监局等有关部门按职责分工办理）

（十九）推动服务企业公共技术平台建设。支持各检测技术机构建设面向企业的公共检测服务平台，支持各专业协会、行业协会、产业园区和各类高校建设面向行业的公共技术研发和应用转化平台，支持各类民间资本、风险资本投资建设行业公共技术研发和应用转化平台，支持共性技术研发成果自主交易流转。（省经济和信息化委、教育厅、质监局、金融办等有关部门按职责分工办理）

四、加强组织领导，强化评估考核

（二十）加强组织协调和监督检查。各地、各部门要建立完善服务企业转型升级联动工作机制，制定实施方案，各司其职、密切配合、形成合力，共同做好服务企业转型升级工作。健全监督机制，加强对政府服务企业转型升级情况特别是财政资金到位、项目审批、行政服务、中介收费等情况的监督检查，及时纠正存在问题。进一步加大企业转型升级宣传力度，积极宣传报道政府服务企业转型升级的先进典型，在全社会营造关心支持企业转型升级的舆论环境。（省经济和信息化委、监察厅、新闻办等有关部门按职责分工办理）

（二十一）建立企业转型升级成效评估考核体系。建立健全反映加快经济发展方式转变的考核指标体系，把服务企业转型升级的成效作为《广东省市厅级党政领导班子和领导干部落实科学发展观评价指标体系及考核评价办法（试行）》的重要内容，考核结果作为评优评先和干部选拔任用的重要依据。（省经济和信息化委，省委组织部联合负责）

（上接：第038页）口有关政策的学习，认真分析有关行业发展情况，加强对战略性新兴产业的研究学习，深入学习有关产业政策，灵活运用，把加强学习作为提高服务水平的首要环节。

（二）强化服务。充分发挥行业协会、中介评估咨询机构的作用，为企业进口提供技术、信息等服务。推动培育进口中介机构，加快推动建立一批企业进口支撑平台。建立网上技术信息、技术咨询与网下专业化技术服务有机结合的服务系统，提高进口服务的即时有效性。完善技术改造投资备案和申报系统。

关于优先扶持产业转移重点区域重点园区重点产业发展的意见

粤府〔2011〕100号
2011年8月26日

各地级以上市人民政府，各县（市、区）人民政府，省政府各部门、各直属机构：

为深入贯彻落实省委、省政府关于加快推进产业转移和劳动力转移的重大战略部署，着力破解目前产业转移工作中遇到的瓶颈问题，进一步推动产业转移工作实现新突破，现就优先扶持产业转移重点区域、重点园区和重点产业发展提出以下意见。

一、扶持重点和扶持原则

（一）扶持重点。

——重点区域：以韶关、河源、汕尾、江门、肇庆、清远市为承接产业转移的重点扶持区域，力促区域整体经济发展速度持续高于全省其他地区，培育发展1—2个区域产业合作新机制的示范典型。

——重点园区：以东莞（韶关）、佛山顺德（英德）、深圳（汕尾）、中山（肇庆大旺）、中山（河源）、广州（阳江）、广州（梅州）、广州（湛江）以及江门、汕头等10个省产业转移工业园为重点扶持园区，力争园区经济总量2012年比2010年基本翻一番，2015年比2010年翻两番，打造一批产值规模超500亿元的园区。

——重点产业：以各重点园区的主导产业为重点扶持产业（详见附表），力争2012年重点产业占园区产值比重总体达到或超过50%，2015年发展成为园区所在地级市支柱产业，形成若干个产值规模超百亿元的产业集群。

（二）扶持原则。

——突出重点，扶优扶强。集中资源要素优先扶持重点区域、重点园区、重点产业加快发展，实现重点突破，以点带面促进产业转移工作再上新台阶。

——政府主导，市场运作。遵循市场规律，运用宏观调控手段，引导资源要素向重点区域、重点园区、重点产业集聚。

——省市联动，协调推进。加强省的统筹协调，强化地市、园区主体职责，形成合力，共同推进。

——创新机制，共建共赢。推动重点区域、重点园区合作共建体制机制改革创新，构建利益共享长效机制。

——完善政策，强化支持。完善重点区域、重点园区、重点产业扶持政策体系，加大政策支持力度，促进重点区域、重点园区、重点产业率先加快发展。

二、加大项目布局扶持力度

（三）根据重点区域、重点园区的主导产业规划，支持省级重点项目优先落户重点区域和重点园区，具体布局方案由省发展改革委牵头制订。根据重点园区产业发展定位，开展省市联合定向招商活动，引进符合重点园区产业发展方向的优质项目，具体招商方案由省经济和信息化委牵头制订。在同等条件下，省将重点园区重点产业项目优先列入省重点项目予以支持。

（四）积极引导战略性新兴产业项目向重点园区集聚，以重点园区为平台，省市共建一批省战略性新兴产业基地，支持重点园区大力发展知识技术密集、物质资源消耗少、成长潜力大、综合效益好的战略性新兴产业和本地资源禀赋型优势特色产业。

三、加大土地政策扶持力度

（五）加强土地利用计划指标管理，对急需发展用地的重点区域，省在制定全省年度土地利用计划指标时予以倾斜；省专项统筹安排重点园区的年度土地利用指标（不占已分配各市的年度用地计划指标），单列定向下达重点园区。

（六）在符合城乡规划和土地利用总体规划的前提下，支持重点园区根据发展需要依法进行调整或拓展园区空间。省有关部门要按职责分工切实提高审查审批效率，对园区用地审批、调整及拓园等工作依法开辟绿色通道，予以优先办理。国土资源部门要加强对重点区域、重点园区集约节约用地的指导和监督，促进单位土地产出率进一步提高。

四、加大财政政策扶持力度

（七）省财政在“十二五”期间安排20亿元资金，其中3亿元专项用于支持重点园区建设，每个园区3 000万元，在明确资金使用方向的前提下可一次性集中使用；其余17亿元，连同珠三角合作共建市和顺德区在“十二五”期间相应安排的13亿元配套资金（不含粤府〔2009〕54号文要求的珠三角各市每年安排不少于1亿元用于合作共建产业转移园建设的资金），省市共30亿元资金用于支持重点产业的贷款贴息等。珠三角合作共建市和顺德区的配套资金根据各市财力和合作共建情况合理分担，具体方案由省财政厅会省经济和信息化委制订。

（八）省发展改革、经济和信息化、科技、财政、人力资源社会保障、外经贸等有关部门要在本部门掌握的激励型财政资金使用用途范围内，对重点区域、重点园区、重点产业予以倾斜，每年制订具体扶持计划，并报省双转移工作领导小组办公室。

五、加大金融服务力度

（九）支持省级融资担保机构、珠三角合作共建地级以上市（含顺德区）与重点园区联合建立融资担保平台，为园区融资提供担保支持。鼓励金融机构在重点园区设立金融服务机构，加大对园区建设的信贷支持力度。支持重点园区根据实际需要依法依规成立投融资公司，按国家有关规定将园区基础设施存量资产以及财政历年投入形成的实物资产通过划转、授权等方式注入投融资公司，通过投融资公司拓宽园区建设资金来源。

（十）支持重点园区符合条件的企业通过改制上市和发行企业债券、中期票据、产业基金等方式直接融资，加强对园区企业上市改制报审工作的指导，依法减免企业改制涉及的税费，降低企业上市成本，推动一批重点产业的企业上市。

六、强化基础设施保障

（十一）以完善重点区域基础设施及配套保障系统建设为突破口，着力解决重点区域、重点园区承接产业转移的制约因素。切实提高基础设施项目审批效率，加快推进重点区域交通运输、邮电通信、电力能源等基础设施建设；对重点区域已纳入省“十二五”规划和其他省级以上综合或专项规划的重点基础设施项目，依法优先办理项目审批核准备案手续，加快开工建设。

（十二）重点园区管理机构及所在地级市政府要加快推进园区环保基础设施尤其是污水处理厂和管网建设。各级环保部门要加强指导和专项督查，确保各重点园区在2012年底前全部按要求建成污水处理厂及管网，并开始正常运营。

七、强化环境资源保障

（十三）推进重点园区按照“减量化、资源化、再利用”原则发展循环经济，实施清洁生产和资源综合利用，推动一批基础较好的重点园区建设成为省循环经济工业园。支持重点园区的相关项目申报国家及省循环经济、节能减排等有关奖励资金，落实资源综合利用税费优惠等政策。

（十四）加强重点区域、重点园区环境保护工作，积极推进节能减排，根据发展实际和环境容量，科学合理设置污染物排放总量控制指标。节能环保部门要积极做好重点产业重大项目的节能、环保政策法规咨询服务，并切实加强日常监管，为促进重点区域、重点园区的可持续发展提供有力保障。

八、强化人力资源保障

（十五）加强重点区域、重点园区农村劳动力职业技能培训，并按规定落实相应的补贴。鼓励各重点园区打造服务本园区重点产业的农村劳动力培训品牌。进一步完善各地人力资源社会保障基层服务平台相关功能，为本地重点园区企业提供针对性强的就业服务。探索建立职业资格证书、行业从业资格证书、特种职业上岗证书互认互通制度。围绕重点产业发展需要，研究制定新职业和专项职业能力标准。

（十六）各重点区域要依托现有培训资源，打造集职业培训、职业技能鉴定于一体的省级农村劳动力转移就业职业技能培训示范基地。支持在重点园区设立职业技术院校、技工学校或与技工院校合作成立分校、分教点，推广工学交替、“校企双制”的技工和职业技术教育。支持重点区域、重点园区与高校、科研机构等进行合作，积极引进重点产业发展所需国内外人才。鼓励高校和科研机构科技人员通过专职、兼职等形式，在重点园区创办科技型企业或从事科技成果转化活动。重点园区要研究制订鼓励大中专院校、技工院校毕业生就业创业的政策措施。

（十七）加强珠三角地区与重点园区开展干部交流，省按规定组织重点园区管理干部到珠三角地区和省有关部门挂职锻炼，同时从珠三角地区和省有关部门、高等院校、科研院所选派优秀干部到重点园区挂职。对挂职期间表现优秀、成绩突出的干部，按干部管理规定予以提拔使用。

九、强化体制机制保障

（十八）创新重点园区合作共建机制，鼓励和引导重点区域与珠三角地区开展多种形式的合作共建，通过利益共享构建园区建设发展长效机制。对条件较好的重点园区经批准依法赋予市级经济管理权限和相关的行政管理权限，并赋予更大的改革创新自主权，鼓励在相关领域先行先试。鼓励重点园区探索建立管理新体制，实行合作共建双方分权管理模式，建立灵活高效的运营机制。

（十九）充分利用市场机制推动珠三角地区各级政府、社会团体和企业加强与重点园区的产业合作，在重点园区打造产业配套基地。鼓励珠三角地区企业为重点园区提供商贸、物流、研发、设计、金融、法律、财会、审计、信息化等配套服务，在重点园区设立专门配套服务机构的，可参照工业项目申报享受产业转移有关资金政策扶持。

（二十）强化珠三角地区产业转移倒逼机制，珠三角产业转出地级以上市和顺德区要根据本地区产业发展需要，于2011年底前向社会公布分行业环保、最低工资、土地产出率等标准。珠三角地区要适当提高产业准入门槛，并通过分类引导、奖励补偿等形式完善企业退出机制。结合本地区企业产值、利税、用工、能耗、排污等情况，确定年度拟转出产业目录，引导相关企业以产业链或组团形式向重点园区转移。

十、加强组织领导

（二十一）在省双转移工作领导小组框架下，建立以省政府副秘书长为召集人，省有关部门、重点园区所在地级市和珠三角地区合作共建市（含顺德区）分管领导为成员的省产业转移扶优扶强工作联席会议制度，加强对重点区域、重点园区、重点产业扶持工作的统筹协调。省各有关部门要密切配合，把扶持重点区域、重点园区、重点产业有关工作列入部门工作重点，按职责分工研究制定具体配套政策和实施方案，有关情况于每年1月15日前报省双转移工作领导小组办公室。

（二十二）重点园区所在地级市和珠三角地区合作共（下转：第027页）

关于促进进口的若干意见

粤府〔2011〕126号
2011年10月24日

各地级以上市人民政府，各县（市、区）人民政府，省政府各部门、各直属机构：

在我省外经贸发展新的历史阶段，努力扩大进口具有重要的战略意义。为认真贯彻落实中央关于“稳增长、调结构、促平衡”的决策部署，加快转变我省外经贸发展方式，进一步发挥进口在推动产业结构升级、保障资源能源供应安全、促进贸易平衡、引导国内消费等方面的积极作用，现就进一步促进进口工作提出如下意见：

一、指导思想、基本原则和目标任务

（一）指导思想。以邓小平理论和“三个代表”重要思想为指导，深入贯彻落实科学发展观，以“加快转型升级，建设幸福广东”为主线，牢牢抓住重要战略机遇期，紧密结合我省产业转型升级需要，实施积极的进口促进政策，努力扩大进口规模，优化进口结构，全面提升进口的综合效应，充分发挥进口对宏观经济平衡和经济结构调整的重要作用，促进对外贸易全面协调发展，为继续实施互利共赢的开放战略创造良好条件。

（二）基本原则。坚持“稳增长、调结构、促平衡”的有机统一，以促进口来稳出口，保持外贸总量平稳增长，带动外贸结构优化，形成进口与出口相互促进的良好局面；坚持扩大进口与产业转型升级相互促进，立足转变发展方式，衔接国际国内两个市场，加大进口建设现代产业体系急需的技术、物资和装备力度；坚持市场主导与政策引导的融合互动，充分发挥市场配置资源的基础性作用，鼓励多种所有制主体发展进口贸易，为市场微观主体从事进口贸易创造良好的政策环境；坚持立足当前与着眼长远紧密结合，突出近期进口重点，实施发展进口的中长期规划，积极进行进口贸易战略布局。

（三）目标任务。在稳定出口的同时，积极扩大进口规模，确保2011年全省进口增幅超过8.5%的原定目标，努力实现两位数增长；进一步优化进口贸易方式结构、商品结构、市场结构和主体结构；实现产业转型升级所需先进技术、先进设备和稀缺资源进口有较大幅度增长，满足服务经济、推动创新、改善民生等方面需要；在促进进口领域先行先试，着力完善进口贸易可持续发展的长效机制，增创我省对外开放新优势；通过“十二五”时期的努力，力争我省进口增幅达到或超过全国平均水平，促进进出口贸易趋向平衡、协调发展。

二、积极培育各类进口需求

（四）扩大先进技术和设备进口。重点进口战略性新兴产业、传统产业技术改造、节能减排和低碳经济、高新技术和高附加值产业急需的先进技术、关键设备和稀缺资源性产品。积极引进一批有利于促进技术进步和产业升级、抢占技术发展制高点的重大工业项目。引导企业用好技术改造的优惠政策，引进先进适用技术和设备用于企业技术改造和扩大再生产。探索在有条件的地区和高新区建立进口技术转移基地，推动国际优势技术向我省转移。支持境外企业通过技术入股方式与我省企业开展合作，在我省建立研发机构和产业化基地。结合重大科技攻关项目做好技术、设备进口工作。配合省内重点项目建设，统筹规划重大先进装备设备进口。用好技术进口合同登记管理权限下放各市的便利措施，方便企业扩大技术进口。

（五）扩大重要物资和消费品进口。着眼缓解能源、原材料瓶颈约束，稳定和引导大宗商品进口。建立我省重要进口物资储备制度，编制重要物资储备规划，布局建设重点储备项目及工程。积极配合国家实施能源资源战略储备计划，争取更多项目布局我省。根据群众消费升级的需求，支持和引导企业扩大进口消费品。

（六）扩大服务进口。根据发展现代服务业需要，坚持进出口并重，协调推进服务贸易。加快发展与新一代信息技术、生物、高端装备制造、新能源、新材料、新能源汽车等产业相配套的生产性服务贸易进口。充分发掘消费者在教育培训、养老服务、医疗保障等生活服务方面的需求潜力，有序扩大相关高端生活性服务进口。

（七）巩固加工贸易方式进口。认真落实省政府与商务部、海关总署、国家质检总局签署的建设全国加工贸易转型升级示范区合作协议和备忘录，稳定加工贸易企业进口。积极推动加工贸易企业加强自主创新，培育自主品牌，巩固国际市场份额。加快加工贸易企业内销体系建设，完善内销交易平台，引导有条件的企业拓展内销渠道。简化企业以加工贸易方式内销的手续，适当扩大内销征税“集中申报”模式的适用范围，全面应用“内销征税管理系统”，实现“网上申报、快速出单”，构建加工贸易内销快速通道。

三、完善进口市场体系

（八）积极培育发展各类进口主体。推动出口型企业向进出口并重转型，培育壮大进口龙头企业，增强其对国内其他地区的辐射力。支持外商投资企业扩大进口，扶持国有、民营等内资企业提升进口能力和份额，鼓励中小企业进口。建立重点进口企业联系制度，支持企业做大做强，提高企业的议价能力。

（九）促进进口与国内流通相衔接。鼓励我省大中型流通企业与境外供应商、省内进口商建立业务合作联系，减少中间环节。支持有实力企业整合进口相关环节，打造“国际采购—进口—自营销售”一体化平台。鼓励国内企业经营代理国外品牌消费品，发展自营销售平台。根据市场需求，在广州、深圳等中心城市规划建设若干进口商品交易中心，打造全国有影响力的进口商品交易平台，提升进口组织化程度和交易市场集聚化水平。

（十）依托特殊监管区域等建立进口基地。鼓励企业在海关特殊监管区域、保税物流中心和保税仓库设立采购中心、分拨中心和配送中心，开展流通性简单加工和增值服务，通过保税监管场所扩大物资进口和储备。

（十一）促进进口市场多元化。配合实施出口市场多元化战略，优化进口国家和地区结构。拓展从发达国家进口技术和商品范围，注重从新兴市场国家和发展中国家进口。根据CEPA、ECFA等合作协议安排，扩大从港澳台地区进口。鼓励企业充分利用我国与相关国家签订的自贸区关税减让协定，推动进口市场的多元化发展。

（十二）发挥港澳台侨进口渠道优势。积极引导省内进口企业与港澳台企业合作，共建进口营销网络，依托香港等地专业人才、进口认证等优势，以联合投资、咨询指导等方式共同开展进口贸易。利用香港建设离岸人民币业务中心的优势，为我省企业进口贸易人民币结算发挥积极作用。抓住国家“十二五”末实现内地与香港服务贸易自由化的战略机遇，积极扩大从香港的服务贸易进口。发挥我省华侨多、分布广的优势，建好进口营销网络，强化信息咨询服务。

四、加大政策支持力度

（十三）设立促进进口专项资金。在整合现有促进外经贸发展专项资金的基础上，加大财政扶持的力度，设立我省促进进口专项资金。2012—2014年每年由省财政安排2.5亿元，对进口列入国家和省鼓励进口技术和产品目录的先进技术、产品和设备给予贴息；对企业进口贷款给予贴息；对进口基地、进口分销体系、投保进口信用保险、进口促进及公共服务等方面予以支持。资金的使用和管理按《促进进口专项资金使用管理办法》（粤财外〔2011〕128号）执行。

（十四）完善鼓励进口技术和产品目录。用好国家进口贴息政策，积极推动省内企业进口列入国家《鼓励进口技术和产品目录》的技术和产品，并按规定申报享受国家财政贴息。在国家贴息基础上，省促进进口专项资金再予以适当比例贴息支持。以扩大先进技术、关键零部件、省内短缺资源和节能环保产品作为重要内容，出台《广东省鼓励进口技术和产品补充目录》，并根据我省产业政策和转型升级的要求实行动态调整。强化进口贴息政策导向，逐步扩大贴息范围，提高贴息比例。

（十五）落实各项税收优惠政策。积极向国家争取降低部分能源、原材料和消费品的进口暂定关税。加强宣传引导，配合落实国家关于全部出口项目项下进口设备的进口环节增值税先征后返政策，努力解决退税周期长、应退税款大量“留底”、占用企业资金问题，提高企业进口先进设备的积极性。

（十六）加强进口企业的用地保障。对列入省优先发展目录且符合集约用地条件的战略性新兴产业重点的进口工业项目，在确定土地出让底价时可按不低于所在地土地等别相对应《全国工业用地出让最低价标准》的70%执行。

五、完善进口促进型金融工具

（十七）完善进口信贷业务支持。发挥促进进口专项资金的引导作用，以贴息、资助等方式，鼓励金融机构进一步优化、创新进口信贷产品和服务。支持政策性银行安排信贷资金扶持进口先进技术设备和大宗紧缺商品，并提供合理利率。支持商业银行开展进口信贷业务，发展进口项下的贸易融资，加大对企业进口鼓励类技术和产品的资金支持力度。

（十八）加强进口信用保险服务。创新进口信用保险业务，积极提供适合企业进口需求的保险产品和服务。对进口产品的国内销售提供保险服务，促进进口货物国内销售。探索以进口信用保险为我省进口企业增信，支持其以赊购方式与国外供应商进行交易。发挥信用保险公司的专业优势，积极为企业进口提供信息咨询、风险分析等服务。

（十九）完善企业进口结算服务。支持企业在进口贸易中使用人民币结算。大力推广企业出口收入存放境外业务，减少企业外汇资金跨境划转费用及汇兑成本。进一步放宽进口付汇名录管理，支持无对外贸易经营权企业的进口付汇，进一步缩短企业办理名录的时间。继续简化银行为企业办理付汇审核单证和业务办理的流程，进一步促进进口付汇便利化。

（二十）开展先进设备进口融资租赁试点。研究开展飞机、船舶等大型设备租赁进口试点，建立先进设备进口融资租赁市场，促进先进技术设备租赁市场健康发展。

六、提高进口贸易便利化水平

（二十一）推进海关通关便利化。进一步规范统一进口商品预归类、价格预审核和原产地预确定制度，对国内急需的重要资源等商品进口实行预约通关、门对门验放等便利措施，继续稳步推进分类通关改革，加快货物通关速度。对尚未确定商品归类、完税价格和原产地，以及尚未提供有效报关单证、纳税期限内尚未完税等情况的进口货物，经海关批准，允许在企业提供与税款相当的担保后，提前放行货物。对通过网上支付方式申请缴纳进出口税费并获得银行提供总担保的，海关允许在企业实际支付税费前先放行货物。

（二十二）优化检验检疫监管模式。运用视频监控等电子监管手段，减少相关货物在口岸移箱卸货的查验比例，对低风险进口产品采取抽查方式查验。对部分现场查验需时较长的货物，准予调离口岸到指定场所实施查验。对进口重要资源性商品实行预约报检等便利通关措施。推广应用进境废物原料电子监管系统，扩大进口可再生资源。进一步优化进口成套设备检验监管程序，加强检验检疫实验室能力建设，加快货物验放效率。

（二十三）加强口岸进口服务能力建设。加大对粮食专用码头、汽车专用码头和石油等大宗商品专用码头的建设力度，通过专业化配套，实行快速验放作业方式，为相关商品进口提供便利条件。加大南沙港等国际大港建设投入，调整优化港口合理布局，增加港口进口竞争力和辐射力。推动泛珠江三角洲区域口岸合作，促进“铁海联运”、“江海联运”物流体系建设，进一步深化粤港、粤澳口岸通关合作。推进“大通关”建设，加强口岸电子平台及口岸通关流程网络建设。

七、积极实施进口促进措施

（二十四）加强对进口的公共服务。加强审批服务信息化建设，实现业务信息、金融信息、货物信息等数据共享和交换，为企业提供一站式服务。简化进口相关行政审批程序，力争将法定办证时间缩减30%。加强国际商事法律服务，为境内外企业提供优质高效的法律咨询、仲裁、调解、海损理算等服务。加强进口环节知识产权保护和服务。在“易发网”、“广东网上博览交易会”等网站开设促进进口专区，为供需双方提供交易信息服务。加强进口贸易专业人才的培养和引进。研究建立海外高层次人才“南粤人才绿卡”制度，为海外人才来粤工作、生活和创业提供便利。

（二十五）积极搭建进口贸易会展平台。充分依托中国进出口商品交易会进口展区做好进口工作。积极开拓中国国际中小企业博览会、广东外商投资企业产品（内销）博览会等知名展会的进口功能。支持境外出口商在我省举办商品展览会和其他类型的产品推介商贸活动，探索与国外知名展览机构合作举办世界性的进口展会。定期组织我省企业赴境外开展有针对性的商品采购活动。

（二十六）发挥行业中介作用。充分发挥贸易促进机构在扩大进口中的作用。鼓励进出口商会、行业协会等中介组织加强行业指导和自律，根据需要开展进口咨询和培训等服务。推动我省行业商协会与境外商协会交流合作，搭建商务信息交流和服务平台。加强双边企业家理事会、境外广东商会的建设，共同加大进口促进力度。

（二十七）加强对进口工作的组织领导。省政府建立促进进口工作领导协调机制，研究完善促进进口的政策体系和统计指标体系，逐步建立量化考核制度，加强对各地促进进口工作的考核和督导。各地要参照省的做法，建立健全促进进口领导协调机制，切实加强组织领导和统筹协调，改变“重出口、轻进口”的观念定式、工作模式和路径依赖，从战略和全局的高度，充分认识促进进口的重要意义，切实把此项工作摆上重要议事日程，采取与支持出口同样有力的政策措施，做好促进进口的各项工作。

（上接：第041页）区实施技术标准战略工作的组织领导。

（二）加强政策法规引导。

加快推进《广东省实施〈中华人民共和国标准化法〉办法》、《广东省农业标准化示范区绩效考核办法》等政策法规的制订实施工作，加强标准化政策与科技政策、产业政策、对外贸易政策和社会事业发展政策的衔接。利用“世界标准日”、“全国普法宣传日”、“质量月”等活动，广泛宣传标准化法律法规和政策，提高全社会标准化意识，营造全面推进技术标准战略的良好氛围。

（三）加大财政投入。

逐步加大对实施技术标准战略的资金投入力度，支持TC/SC/WG建设，资助企事业单位主导或参与标准制修订，开展创建“标准化良好行为企业”活动，采用国际标准和国外先进标准，以及开展标准的科研、宣传、培训和推广等工作。完善政府采购、科研、税收、奖惩等方面的激励机制。加大对粤东西北地区农业标准化生产的扶持力度。

（四）加强人才队伍建设。

建立健全广东省标准化人才培养体系，依托高等院校、行业协会、龙头企业、农民专业合作组织等社会机构开展标准化人才培养工作。推动高校开设标准化专业及课程，推动企事业单位尤其中是小企业加强应用型标准化人才队伍建设。试行将标准制修订和标准科研成果等列入相关专业技术人员职称评价内容。制订相关鼓励政策，支持引进现代产业发展急需的高层次标准化专业人才，特别是国际型、复合型标准化人才。

（五）加强标准服务能力建设。

完善政府、企业、行业协会和标准化服务机构“四位一体”联合推动标准化工作模式。充分发挥科研机构和高等院校在实验设备、人力资源及信息资源等方面的优势，积极开展标准研制工作。加强以三院九所一中心为基础的标准化技术支撑体系建设和全省各地级市标准化研究体系建设。加强国内外标准与技术性贸易措施信息资源的采集处理，逐步建立点对点的快捷服务机制，提升技术标准科研、应用和服务能力。发挥公共检测服务平台的标准制修订功能，为技术标准的实施提供保障。

（六）加强监督考核。

完善标准实施跟踪机制，加大对质量监督、认证认可、生产许可、标签标识、建设工程、医疗卫生、环境监测、安全监测、诚信建设等工作标准实施情况的监督力度，督促企业按标准组织生产。鼓励新闻媒体对标准化推进工作进行监督。加强对地方标准制修订、标准化示范区建设、TC/SC/WG建设、科技成果转化技术标准及“标准化良好行为企业”创建活动等工作的质量评价与绩效考核。

关于促进我省工业设计发展的意见

粤府办〔2011〕9号
2011年2月21日

各地级以上市人民政府，各县（市、区）人民政府，省政府各部门、各直属机构：

加快推进工业设计发展，对构建现代产业体系，推动我省转变经济发展方式具有重要的战略意义。经省人民政府同意，现就促进我省工业设计发展提出如下意见。

一、指导思想

深入贯彻落实科学发展观，围绕产业结构调整与转型升级主线，以企业为主体，以信息技术为手段，以人才培养为支撑，以粤港合作、省市共建为依托，以提升产业和产品市场竞争力为目标，加强政策支持和引导，大力推动“产业设计化、设计产业化和设计人才职业化”，形成设计创新、技术创新、品牌创建三位一体的创新机制，加快推动我省从“广东制造”向“广东创造”转变。

二、发展目标

到2012年，全省工业设计产业发展水平和服务水平显著提高，培育1—2个辐射带动效应显著的国家级工业设计示范园区，3~5家国家级工业设计中心，10个左右省级工业设计基地，50家以上省级工业设计中心；工业设计类专利申请量显著增长，形成一批拥有自主知识产权的知名设计品牌；工业设计高等教育和职业教育取得较大发展，培养和认定一批具有综合知识结构和创新能力的高、中、初级工业设计师，设计人才队伍不断壮大，专业人才素质和能力显著提高。

到2015年，培育1—2家具有国际竞争力的工业设计企业，建成4个左右辐射带动效应显著的国家级工业设计示范园区，5—10家国家级工业设计中心，20个左右省级工业设计基地，100家左右省级工业设计中心；工业设计专利成为我省专利的重要组成部分，拥有自主知识产权知名设计品牌不断增多；培育出具有全国影响力的工业设计领军人物，以及一大批综合能力强、创新能力强的设计人才，初步建成全国领先的工业设计大省，工业设计对我省产业优化升级，转变经济发展方式的推动作用显著增强。

三、重点任务

创建工业设计产业基地。采取省市共建方式，建设一批国家级和省级工业设计产业基地，重点推进广东工业设计城建设，把广东工业设计城打造成为辐射带动效应显著、具有国际影响力的工业设计高地。

构建工业设计创新体系。提高工业设计原始创新和集成创新能力，推动产业与设计对接融合，促进工业设计成果产业化。

完善工业设计支撑平台。组建工业设计公共服务平台，开展工业设计基础研究和应用研究，加强对工业设计自主知识产权的保护。

培育工业设计人才队伍。开展工业设计职业资格制度试点工作，建立符合工业设计人才成长规律的评价服务平台，提升工业设计教育水平，建立优秀工业设计评奖制度，营造有利于工业设计人才成长的环境。

积极推进粤港工业设计合作。深化工业设计领域的粤港合作和国际交流，积极引进新的设计理念、先进技术和管理经验，促进粤港制造业与工业设计深度融合。

四、主要措施

（一）加快产业基地建设，提升产业集聚水平。鼓励各地按照国家政策法规，结合当地产业发展特点和实际条件，建设工业设计产业基地，推动工业设计企业、人才、资金等向基地集聚。开展工业设计产业示范基地创建工作，培育一批国家级和省级工业设计示范基地。加快建设广东工业设计城，吸引国内外知名设计机构、企业和设计大师进驻，推动产学研合作，建立面向全国的工业设计公共服务平台。大力支持广州、深圳、佛山工业设计产业的高端发展，积极引导珠三角其他地区工业设计聚集发展，培育发展粤东西北地区特色工业设计，打造一批区域和行业工业设计产业集群。

（二）推动专业化发展，提升工业设计创新能力。鼓励并支持设计机构、高等院校、企业开展基础性、通用性、前瞻性的工业设计研究，支持开展基于新技术、新工艺、新装备、新材料的工业设计应用研究；鼓励工业企业将设计业务外包给工业设计企业，推进工业设计企业专业化发展；鼓励制造企业、工业设计企业、高等院校、科研机构建立产学研合作机制，加大对工业设计产学研项目的扶持力度，促进制造业企业产品升级换代和品牌建设；大力扶持具有自主知识产权的工业设计成果产业化，推动现代信息技术在工业设计中的应用，支持工业设计软件的研发和推广应用，提高工业设计原始创新能力，鼓励发展具有中华民族传统文化和岭南文化特色的工业设计项目和产品。

（三）加强公共服务，完善工业设计发展平台。推进综合性工业设计公共服务平台建设，建立实用、高效的工业设计基础数据库、资源信息库和共享交流平台；鼓励有条件的企业自建或与高校院所合作建立工业设计中心，制订工业设计中心的申报、认定及扶持办法，开展省级企业工业设计中心认定工作，建立工业设计机构评级制度，开展工业设计企业资质评价和认定；强化知识产权社会中介服务，帮助企业建立知识产权保护机制，探索建立企业和个人申请工业设计专利和进行著作权登记的绿色通道。定期举办“省长杯”工业设计大赛和优良工业设计奖评选，举办广东工业设计活动周等高水平工业设计展、工业设计论坛等系列活动，推动工业设计与产业发展融合共进；支持建立设计创新竞争力指数排名及发布机制。

（四）加强人才培育，推进设计人才职业化。建立健全工业设计人才评价机制，开展工业设计职业资格制度试点工作；探索有利于工业设计人才成长的教育体系和人才培养模式，培育适应工业设计发展需求的复合型人才；加强高等院校的工业设计学科建设，积极推进具有硕士学位的工业设计研究生教育，加大对工业设计专业教学、科研、实验的软硬件支持力度，支持聘用有实践经验的工业设计人员任教；鼓励有条件的企业创建工业设计实训基地，支持建立高端工业设计人才培养基地，把广东工业设计培训学院打造成全省乃至全国重要的工业设计培训基地；探索工业设计精英培育机制，在有条件的企业或园区设立工业设计博士后科研工作站；支持有条件的单位选送优秀工业设计师参加各类国际设计活动、出国培训；参照引进科技领军人物的政策，制定引进设计创新团队、领军人物的有关资助政策和配套政策；加强海内外引才引智工作，加快完善设计技术入股等激励机制，推动各地政府和企业制定相应的引才计划，形成多层次立体式引才体系。

（五）加强粤港合作，促进对外交流。建立粤港工业设计人才、市场、信息交流协作机制，推动粤港工业设计常态化合作；积极引进香港工业设计服务，支持两地设计企业设立合资、合营设计公司；建设粤港两地设计信息、设计资源共享平台，联合建立区域设计资源库、知识库、资料库，促进两地工业设计服务平台的协作，推动工业设计重点项目合作；鼓励跨国公司和国外著名工业设计机构来粤设立工业设计机构，积极承接国际工业设计服务外包业务，推动工业设计服务出口；鼓励有条件的工业企业、工业设计企业在境外建立设计研发中心；支持企业和设计机构参与国际工业设计评奖、展览、竞赛等活动；支持国内工业企业和工业设计企业参与有关国际标准的制定。

（六）加大财税支持力度，完善投融资机制。统筹省财政现有可用于支持工业设计发展的技术改造、现代服务业发展、中小企业发展等专项资金，重点支持工业设计基础研究、数据库和知识库建设、公共服务平台建设、工业设计成果产业化、信息化技术应用与融合等项目；工业设计企业经认定为软件企业的，可按税法规定享受软件企业相关税收优惠政策；企业用于工业设计的研究开发费用，按照税法规定享受企业所得税前加计扣除政策；工业设计企业被认定为高新技术企业的，按照税法规定享受高新技术企业相关税收优惠政策。完善多元化投融资机制，拓宽工业设计项目融资渠道，鼓励并引导社会资金投向工业设计；鼓励和支持有条件的工业设计机构和企业上市，鼓励创业风险投资机构对工业设计企业开展风险投资业务；鼓励银行等金融机构面向工业设计企业，特别是拥有自主知识产权的工业设计优势企业，在风险可控的前提下，拓宽抵质押品范围，创新金融产品，积极给予信贷支持；鼓励信用担保机构为工业设计企业提供贷款担保；支持拥有自主知识产权的工业设计企业享受科技型中小企业信贷支持等有关政策。

（七）加强组织协调，营造良好发展环境。由省经济和信息化委牵头会省有关部门加强对全省工业设计产业发展的指导和协调。加快组织编制全省工业设计“十二五”发展规划，加强对工业设计产业发展的引导。建立健全工业设计产业统计制度及统计指标体系，提高工业设计统计数据的科学性和准确性，及时准确监测和分析全省工业设计产业发展状况。加强对工业设计行业协会的指导，规范各级工业设计相关协会组织建设，建立各级协会组织的信息和资源共享机制和工作协调机制。进一步加大工业设计工作宣传力度，扩大影响力，营造全社会重视工业设计的良好氛围。

2011年11月11日至13日，第四届中国（顺德）国际工业设计创意博览会于顺德北窖镇的广东工业设计城举行。

关于贯彻落实促进进口政策的实施意见

粤经信技改函〔2011〕3693号
2011年12月5日

各地级以上市经济和信息化主管部门，顺德区经济促进局：

为贯彻落实省政府《关于促进进口的若干意见》(粤府〔2011〕126号)，鼓励企业扩大进口，推动产业转型升级，增强我省产业国际竞争力。现提出如下实施意见：

一、转变观念，提高认识

促进进口是省委、省政府新时期的战略举措，是落实党中央“稳增长、调结构、促平衡”决策部署的重要体现，促进进口对进一步促进贸易平衡、推动产业转型升级具有十分重要的意义。当前，我省正处于产业转型升级攻坚期，通过促进进口，推动企业实施以更新设备、利用新材料新工艺为主要内容的活动，不断优化企业产品结构，推动产业结构优化，提升产业竞争力，十分必要。各级经济和信息化主管部门要充分认识促进企业进口的重要意义，切实转变“重出口、轻进口”的观念，提高认识，把推动企业进口作为一项重要工作抓起来。

二、进一步扩大技术改造先进技术装备进口

（一）鼓励高端技术装备进口。积极挖掘企业在新技术、新材料、新工艺、新装备等方面的需求，引导鼓励企业在技术改造设备投资中配置一定比例的国外高端技术设备，推动企业通过引进国外先进适用的生产技术和装备，实施技术改造和扩大再生产，提升企业技术装备水平，促进产业高端化发展。

（二）指导战略性新兴产业引进技术。积极推动引进一批有利于促进技术进口和产业转型升级的战略性新兴产业技术，充分利用扩大进口的有利时机，在新能源、新材料、高端电子信息等方面引进国外先进技术装备，加快产业发展步伐，壮大产业规模。对新进入战略性新兴产业领域的企业，做好服务，引导其应用国外先进技术装备，降低风险。

（三）大力推广节能环保技术应用。积极推动企业进口节能、节水、节材和环保的技术设备，特别对建材、石化、金属冶炼等高消耗行业，鼓励企业进口国外的先进适用的技术装备，推进生产环节的节能减排。大力推进淘汰落后产能，对高污染高耗能企业实施差别管理，在进口方面给予信息引导，推动企业采用新技术新设备置换新的先进产能。

（四）扩大生产服务进口。充分挖掘企业在技术研发、工业设计、人员培训、技术咨询、软件等方面需求，特别是新能源、新材料、高端装备制造、生物医药等行业的生产配套，加快推进生产性服务产品的进口，延伸生产服务产业链，推动生产的柔性化、自动化、智能化和高端化发展。

三、抓好外资企业技术改造投资

（一）简化外商投资技术改造项目审核程序。外商投资企业技术改造投资项目，是指现有外商投资企业(已设立的)利用自有资金、融资，采用先进、适用技术以内涵式为主的技术进步和扩大再生产的固定资产投资项目。各级经信部门要在加强外商投资技术改造项目管理，按照投资管理职能和投资范围，认真审核把关，认真执行国家产业政策和土地、环保、安全、卫生、节能审查等法律法规。要积极创造条件，简化办事流程，缩短办理周期，提高外商投资技术改造项目审核的效率。

（二）充分落实外商投资优惠政策。对已设立的鼓励类外商投资企业、外商投资研究开发中心、产品出口型和先进技术型生产企业为进行技术改造，除《外商投资项目不予免税的进口商品目录》所列商品外，符合条件的可享受国家有关进口关税减免优惠。各级经济和信息化主管部门要主动做好有关工作，推动外商企业享受进口设备有关优惠政策。

四、发挥财税政策激励作用

（一）加大财政扶持力度。统筹用好各项财政专项资金，以提高财政资金的引导和放大作用为目标，加强财政贴息资金的配比放大功能，支持企业进行包括引进技术装备等内容的投资活动。深化省市共建先进制造业基地模式，加大地方财政资金配套力度，集中支持共建产业、重点企业、重点平台、重点品牌，推动产业基地加大进口力度。充分利用促进进口专项资金，推动对企业进口鼓励类先进技术装备给予贴息、补助等支持。

（二）用好用足税收优惠政策。加大宣传力度，深入发动，充分推动企业享受技术改造项目进口设备免税优惠政策。做好服务，提高效率，及时组织企业申报重大技术装备进口关键零部件和原材料税收优惠，推动装备制造企业享受税收优惠政策。推动落实企业研究开发费用加计扣除政策。企业的固定资产由于技术进步原因，确需加速折旧的，可以缩短折旧年限或者采取加速折旧的方法。对经认定的高新技术企业，减按15%的税率征收企业所得税。

五、提高服务水平

（一）加强学习。各级经济和信息化主管部门要深化对推动企业进口政策的认识，加强进(下转：第030页)

广东省实施技术标准战略“十二五”规划

为深入实施技术标准战略，充分发挥技术标准对提高自主创新能力和产业核心竞争力的促进作用，推动质量强省建设，加快经济发展方式转变，根据省政府《印发广东省国民经济和社会发展第十二个五年规划纲要的通知》（粤府〔2011〕47号）要求，制定本规划。

一、实施环境

（一）工作基础。

——标准化基础工作成效显著。截至“十一五”期末，全省企事业单位主导或参与制修订国际标准311项、国家标准2 157项、行业标准1 707项、地方标准874项。74家企事业单位参与制定的64个项目197项标准达到国际或国内先进水平，荣获“中国标准创新贡献奖”，获奖数量居全国前列。10 409家企业的17 972种产品采用国际标准和国外先进标准，主要工业产品平均采标率超过80%，居全国前列。落户广东的国家级专业标准化技术委员会/分技术委员会/工作组（以下称TC/SC/WG）总数达125个，居全国第三位。通过推动科技创新成果转化为技术标准，催生了一批具有国内外竞争力和影响力的名牌产品，其中中国名牌产品299个，占全国总数的15.3%，居全国第一位。

——先进标准体系初具规模。企事业单位加大标准制修订力度，其中制定严于国际标准、国家标准、行业标准或地方标准的企业（联盟）标准8 520项。广晟数码公司的数字音频编解码技术先后成为国家标准和国际蓝光光盘标准，被国际电工委员会（IEC）认定为数字接口和通信协议领域国际标准。60个产业集群、专业镇大力推行联盟标准，引导企业共同开发应用高新技术和先进技术，逐步建成以市场为导向、企业联盟为主体、政府支持为基础的“镇（区）政府+行业协会+企业”标准化工作模式，提升了产业整体竞争力。73项节能降耗地方标准核心指标均达到或超过国内先进水平。20家先进制造业和现代服务业企业通过开展先进标准体系建设试点工作，有效推动广东先进标准体系建设。

——技术支撑体系逐步健全。以国家质检中心为龙头、省级授权质检机构为骨干、派驻实验室为补充，服务于广东产业及专业镇发展的公共检测服务平台快速发展；由广东省标准化研究院、广州市标准化研究院、深圳市标准技术研究院和珠海、汕头、佛山、惠州、东莞、中山、江门、湛江、顺德质量技术监督标准与编码所，以及广东省WTO/TBT（世界贸易组织/技术性贸易措施）通报咨询研究中心组成的三院九所一中心标准化技术机构新格局逐步形成。筹建国家质检中心39个，已建成20个，成立省级授权质检机构167个，在31个产业集群、专业镇设立了47个省级授权质检机构或派驻实验室。

——应对国外技术性贸易措施能力不断提高。充分发挥广东省WTO/TBT通报咨询研究中心等相关机构作用，指导建立覆盖各市重点行业的技术性贸易措施通报预警机制，初步实现面向名优企业点对点应对和防控技术性贸易措施的服务，成功举办100多场技术性贸易措施国家评议会，促使技术性贸易措施制定国修改或推迟实施有关条款，直接影响国外技术法规或国际标准的制定，每年为企业挽回出口贸易直接损失逾100亿美元。

（二）存在问题。

——标准化意识比较薄弱。部分地区对技术标准战略重要性认识不足，对标准化工作资金投入较少。部分企业尤其是中小企业标准化意识不强，对标准化战略价值认识不足，对企业标准制定不够重视，技术标准执行力度较弱。

——工作机制不够健全。实施技术标准战略的工作协调机制、标准化工作考核机制、激励机制等不够完善。企业制修订标准、实施标准和应对技术性贸易措施的主体地位不够明确，尚未建立自主创新成果通过技术标准转化为生产力的机制。

——技术标准基础不够扎实。人员结构不尽合理、人才流失严重。标准研究工作滞后，重要领域标准缺失，对适用性评估不足。公共检测和标准信息服务平台建设及协作共享机制难以满足现代产业发展需要。

——技术性贸易措施应对能力有待提高。应对技术性贸易措施的预警与防控体系尚不完善。实质性参与国际标准化活动的能力和水平较低。尚未建立针对主要进口产品的相关应对与应急措施，缺乏前瞻性的技术性贸易防控措施。

二、指导思想和主要目标

（一）指导思想。

以科学发展观为统领，深入贯彻落实《珠江三角洲地区改革发展规划纲要（2008—2020年）》，紧紧围绕“加快转型升级、建设幸福广东”这一核心任务，坚持“企业主体、服务发展、自主创新、国际接轨”原则，先行先试、大胆创新，完善技术标准政策法规，健全标准化运行机制，构建先进标准体系，建立技术标准支撑平台，掌握标准制定话语权，有效应对和防控技术性贸易措施，充分发挥技术标准在加快转变经济发展方式中的引领作用，进一步提高自主创新能力和产业核心竞争力，推动全省经济社会又好又快发展。

（二）主要目标。

1、建成广东先进标准体系，提升产业竞争力和自主创新能力。建立健全重点产业、行业、产品以及社会事业的国际标准、国家标准、行业标准、地方标准和企业（联盟）标准体系。

制定实施一批拥有核心技术和科技创新成果的标准，自主知识产权的标准转化率明显提高。

2、增强标准化参与能力，掌握标准制修订话语权。争取落户广东的国际和国家级TC/SC/WG达230个以上，建设省级TC/SC200个以上，企事业单位主导或参与制修订国际标准、国家标准和行业标准1 000项以上。累计创建国家级和省级标准化示范区650个以上。每年采用国际标准和国外标准的产品达1 300种以上，87.5%以上主要工业产品采用国际标准或国外先进标准。1 350家规模以上企业创建成为"标准化良好行为企业"。

3、提高应对技术性贸易措施水平，促进外贸健康发展。加强对主要贸易国和地区、重点贸易产品技术性贸易措施的战略性、前瞻性研究。建立重点产业风险预警和快速反应机制，政府部门、专业研究机构、产业集群和企业形成联合应对体系。指导500家重点企业建立技术性贸易措施应对和防控体系。

4、构建标准服务支撑体系，推动技术标准有效实施。累计建设60个服务全省现代产业体系的国家质检中心。建设150个服务于产业集群、专业镇及产业园区标准制修订、质量检测、技术研发的省级公共检测服务平台。加快建设一批以省级技术机构为依托的重点检验检测基地。重点建设集国内外标准采集、加工、研制和服务等功能于一体的标准信息公共服务平台——广东省标准馆，力争标准馆藏量达240万件。

三、主要任务

（一）加快建立现代产业标准体系。

1、在先进制造业领域，加强汽车、装备制造、船舶、钢铁、石化、核电设备、风电设备、数控机床及系统等产业先进标准制修订工作，力争覆盖产品设计、生产、检验、包装、储运、使用等全过程，提高技术标准门槛，完善先进制造业标准体系，推动先进制造业加快发展。

2、在现代服务业领域，重点做好金融、现代物流、商务会展、文化创意、科技服务、外包服务和总部经济等生产性服务业标准规划；完善文化、体育、卫生、旅游、地理信息等公共服务领域和住宿餐饮、房地产中介、零售、社区服务、家政等民生服务领域的服务业标准体系，促进现代服务业优先发展。

3、在高新技术产业和战略性新兴产业领域，以关键技术和产品为核心，重点在高端新型电子信息、新能源汽车、半导体照明、生物、高端装备制造、节能环保、新能源、新材料等产业，制定具有自主知识产权的先进标准，抢占产业发展制高点。推动龙头企业组建产业联盟，加大力度推进专利技术与标准融合，促进自主知识产权和重大专利技术转化为标准，提高标准自主知识产权含量，提升高新技术产业竞争力。

4、在现代农业领域，优先制定以优质粮食、特色园艺业、现代畜牧业、现代渔业、现代林业和农产品精深加工为重点，获地理标志认证、广东特色突出、营养特征明显的农产品标准，着力创建农业品牌。建立健全"从田头到餐桌"的农产品跟踪追溯标准体系，提升农产品附加值，促进农业增产、农民增收。

5、在优势传统产业领域，推动食品、轻纺、家电、建材、有色金属、家具、五金等传统产业转型升级。以产业集群、专业镇和产业园区为依托，以优势企业为主体，发挥行业协会作用，大力推行企业联盟标准，规范产业发展，创建一批区域品牌和国际品牌，提升广东传统产业市场竞争力。

6、在产业园建设方面，积极推进省产业转移工业园的标准化工作，加快建立标准与检测公共服务平台，完善市场准入标准，推动标准化与产业化同步，提升产业转移工业园建设水平。扩大服务业标准化（示范区）试点范围，创建高新技术产业园标准化示范区和优势传统产业标准化示范区，以农业专业合作组织和农业龙头企业为依托，开展农业标准化示范区建设。

（二）加强资源节约与环境保护地方标准体系建设。

7、在节能减排方面，积极推动珠三角地区率先制定实施一批严于国家标准或行业标准的节能减排地方标准，优先研制大型公共建筑、高耗能特种设备、重点用水行业、高耗能行业节能评价和监测等地方标准。制定钢铁、造纸、有色金属和电力等高耗能行业的强制性能耗标准。构建以低碳绿色为特征的工业、建筑、交通等领域标准体系，制定低碳企业评价标准。逐步建立生物质能领域技术标准体系，推进生物质能产业发展。

8、在环境和生态保护方面，以工业污染和机动车排放、区域环境容量等为主要控制指标，制定严于国家标准的工业固体废弃物、水污染物和大气污染物排放等地方标准。强化珠三角地区生态和环境保护能力，制定一批指标更严、限区域实施的强制性环保地方标准。提高全社会环境管理意识，在企事业单位积极推广ISO14000系列标准管理。加强环保产品尤其是高效环保设备、新型环保产品的标准研制工作，发挥龙头企业作用，将一批企业环保产品标准上升为地方标准。

9、在清洁生产和循环经济方面，建立重点行业清洁生产标准与评价指标体系，健全循环经济试点企业及重点耗能企业的循环经济和清洁生产标准体系。加快循环经济产业园标准化示范区建设，扩大循环经济标准化试点范围，强化对循环经济标准化示范区先进性标准的考核。

（三）完善重要产品质量与重点行业安全生产标准体系。

10、在重要产品质量监管方面，引导企事业单位加强对产品质量标准的研究、制修订和跟踪，主导或参与国际、国家和行业标准制修订工作，鼓励企业采用国际标准或国外先进标准。加强食品等重点消费品质量与安全的标准制修订工作。强化消费品标识标签标准的监督检查，不断提升消费标准化水平。引导企业推行ISO9000、ISO22000、国际标准与良好作业规范（GMP）、卫生标准操作程序（SSOP）和危害分析临界控制点（HACCP）等先进管理模式。

11、在安全生产方面，健全石化、冶金、建设、水利、消防、机械制造、交通运输和特种设备、危险化学品等重点行业的安全生产标准体系。推行安全生产全过程监管标准体系，引导企业积极探索工作目标、管理责任、工作网络、监控机制和考核等标准化方法，加强安全生产标准化管理，保障人民群众身体健康和财产安全。对安全生产重点设备，实施严格的验收、操作、维护、保养及报废标准和规程；对安全生产关键岗位，制定实施严格的工作行为和程序标准。

（四）推动社会公共事业标准体系建设。

12、在社会公共事业服务方面，建立健全教育、文化、卫生、人口、劳动保护、社会保障、社会管理、地理信息等领域的标准体系，促进政府服务的标准化。推动基本医疗服务标准化工作，加强公共卫生、医疗保障、农村三级卫生服务网络等领域的标准制定和实施，加快发展中医药产业和检验检疫标准化工作。推动制定老龄人和残疾人等社会保障标准。

13、在城市标准化方面，加强重大基础设施建设标准化技术保障工作，探索建立健全城市管理、城市规划、城区改造、城市布局调整、市政公用设施建设、地下空间开发设计施工及安全监控与风险评估、城市绿化建设、市容环卫、水务管理和城市公共标识等领域的标准体系。建立现代综合交通运输、能源保障、水利工程、信息网络、公共服务、城乡规划与建设、智能社区和智能城市管理、基础设施等领域标准体系，制定广东省交通智能卡应用技术等地方标准，促进珠三角区域经济一体化和基本公共服务均等化。

（五）完善技术性贸易措施应对与防控体系。

14、健全技术性贸易措施应对与防控机制。制定实施技术性贸易措施发展战略。建立高效快捷、互联互通的省、地级以上市及重点县（市、区）三级联动应对、防控及预警网络体系。完善覆盖我省主导产业和主要出口国技术法规和评定程序的信息资源库，加强对欧洲、美国、日本等重点出口市场的技术准入条件和出口产品技术竞争力的监测。研究制订《广东省重点产品进出口技术指南》和应对国外技术性贸易措施重点产品目录，帮助企业掌握目标市场技术准入条件，掌握破除国外技术性贸易措施的关键技术。创新工作模式，建立应对技术性贸易措施"产学研"联盟，指导企业建立应对技术性贸易措施防控机制，提高应对和防控技术性贸易措施的有效性。

15、深化区域技术性贸易措施应对与防控合作。以《粤港合作框架协议》、《粤澳合作框架协议》为基础，建立粤港澳标准化领域高层互动机制以及标准、检测和认证的互认机制，推进粤港澳相关职能部门对技术性贸易措施的前瞻性研究。加强与东盟地区的技术性贸易措施国际交流，争取在国际技术性贸易措施合作中发挥主导作用。

16、推动社会各界参与国际标准化活动。鼓励企事业单位、科研机构、高等院校及行业协会积极参与国际标准化活动，争取吸引更多国际和国家级TC/SC/WG落户广东，承担更多的国际标准制修订工作。科学规划、重点扶持一批龙头企业、技术机构、行业协会承担国际TC/SC/WG秘书处工作，支持广东专家担任国际和国家级TC/SC/WG主席或召集人。推动广东标准国际化，增强实质性参与国际标准化活动的能力。

（六）提高标准的技术与应用水平。

17、积极推动科技成果转化为技术标准。引导企业在技术研发、经营活动中重视和运用标准化手段，推动企业、科研机构、高等院校组成技术联盟，开展"标准与研发同步、标准与产业同步、标准与技术同步"试点工作。建立健全物联网标准体系，加快无线射频识别（RFID）技术推广应用。充分利用原始创新、集成创新和引进消化吸收再创新形成的自主创新技术建立"专利池"，鼓励发明人联合研制和实施技术标准，实现专利共享和共同维权。建立以企业和标准化科研机构为主体的"科技成果转移孵化基地"。

18、大力推行企业联盟标准。以技术标准为纽带，在产业集聚区中组建产业联盟，制定实施企业联盟标准。建立优势技术、关键技术和高新技术企业联盟标准，加快核心技术的推广应用，争取转化为国家标准乃至国际标准；建立优势传统产业企业联盟标准，统一技术门槛，规范行业竞争，提升产业竞争力和自主创新能力。

（七）加强公共检测与标准信息服务平台建设。

19、加强公共检测服务平台建设。建设一批覆盖全省战略性新兴产业、基础产业、特色产业，服务重点领域产品的国家质检中心，充分发挥国家质检中心的政府实验室、标准制修订平台、技术性贸易措施应对预警平台、检测互认平台、公共服务平台作用。根据现有检测资源布局，做大做强一批检验检测基地，发挥其在检验测试、科研攻关、信息服务和人才培训等方面的作用。在产业集群、专业镇、省产业转移工业园设立省级授权质检机构或派驻实验室，提供质量检测、技术研发等服务，推动产品更新换代，加快产业优化升级。

20、建设广东省标准馆。整合全省标准信息资源，加快建设国际一流、国内领先的广东省标准馆，打造集标准资源馆藏与信息管理、标准技术水平研究、标准化理论与战略研究、标准咨询与服务、标准实施监督与检验、标准应用与推广于一体的标准信息公共服务平台，提供准确、及时、权威、全面的标准信息服务。加强对全省标准化技术机构的资金扶持，科学规划、合理分工建设一批专业标准化服务平台，优化标准共享资源。

四、保障措施

（一）加强组织领导。

进一步完善省实施技术标准战略工作联席会议制度，加大对技术标准战略实施工作的统筹协调力度。省有关部门要按照职责分工，结合工作实际制订推进标准化工作的具体实施意见。各地政府要建立相应协调工作机制，切实加强对本地（下转：第035页）

广东省自主创新促进条例

（2011年11月30日广东省第十一届人民代表大会常务委员会第三十次会议通过）

第一章 总则

第一条 为了提高自主创新能力，推动产业转型升级，促进经济社会发展，根据有关法律、法规，结合本省实际，制定本条例。

第二条 本条例适用于本省行政区域内研究开发与创造成果、成果转化与产业化、创新型人才建设及创新环境优化等自主创新促进活动。

本条例所称的自主创新，是指公民、法人和其他组织主要依靠自身的努力，为拥有自主知识产权或者独特核心技术而开展科学研究和技术创新，运用机制创新、管理创新、金融创新、商业模式创新、品牌创新等手段，向市场推出新产品、新工艺、新服务的活动。

第三条 促进自主创新应当坚持以企业为主体，以市场为导向，以高等学校、科学技术研究开发机构为支撑，产学研相结合，政府引导，社会参与。

第四条 县级以上人民政府领导本行政区域内的自主创新促进工作，组织有关部门开展自主创新战略研究，确定自主创新的目标、任务和重点领域，发挥自主创新对经济建设和社会发展的支撑和引领作用。

县级以上人民政府科学技术主管部门负责本行政区域内自主创新促进工作的组织管理和统筹协调。

县级以上人民政府其他有关部门在各自的职责范围内，负责自主创新促进的相关工作。

第五条 县级以上人民政府应当根据国民经济和社会发展规划组织编制自主创新规划，并根据自主创新规划制定年度计划。

县级以上人民政府应当加大财政性资金投入，并制定相关的产业、技术等政策，引导社会资金投入，保障自主创新经费持续稳定增长，使其与自主创新活动相适应。

第二章 研究开发与创造成果

第六条 县级以上人民政府应当鼓励和支持开展原始创新、集成创新和引进消化吸收再创新活动，创造具有市场竞争力的自主创新成果。

第七条 省人民政府设立的省级自然科学基金，以及与国家相关部门联合设立的自然科学基金，应当资助高等学校、科学技术研究开发机构、企业、科学技术社会团体和科学技术人员开展基础研究和科学前沿探索，提高原始创新能力，创造原创性成果。

第八条 各级人民政府应当支持企业、事业单位通过技术合作、技术外包、专利许可或者建立战略联盟等方式，对各种现有技术进行集成创新，促进产业关键共性技术研发、系统集成和工程化条件的完善，形成有市场竞争力的产品或者新兴产业。

第九条 省人民政府应当根据国家和本省的产业政策和技术政策，编制鼓励引进先进技术、装备的指南，引导企业、事业单位引进先进技术、装备，并进行消化、吸收和再创新。

限制引进国内已具备研究开发能力的关键技术、装备，禁止引进高消耗、高污染和已被淘汰的落后技术、装备。

第十条 利用财政性资金或者国有资本引进重大技术、装备的，应当编制引进消化吸收再创新方案，明确消化吸收再创新的计划、目标、进度，并经地级市以上人民政府科学技术主管部门联合有关部门组织的专家委员会进行论证。

经批准引进重大技术、装备的，应当按照前款规定编制的方案进行消化吸收再创新。

通过消化吸收拥有自主知识产权或者独特核心技术、形成自主创新能力，应当作为对引进重大技术、装备进行评估和验收时的重要依据。

第十一条 县级以上人民政府应当整合本级有关自主创新财政性资金，坚持统筹使用，分项管理。

县级以上人民政府确定利用财政性资金设立自主创新项目，应当坚持宏观引导、平等竞争、同行评审、择优支持的原则；确定利用财政性资金设立自主创新项目的项目承担者，应当按照国家和省有关规定执行。

县级以上人民政府财政、科学技术主管部门应当会同有关部门建立和完善有关自主创新财政性资金的绩效评价制度，提高有关自主创新财政性资金的使用效益。

第十二条 利用财政性资金或者国有资本购置、建设的大型科学仪器设施，应当依法履行共享使用义务，为公民、法人和其他组织开展自主创新活动提供共享服务。

鼓励以社会资金购置、建设的大型科学仪器设施所在单位向社会提供共享服务。

地级市以上人民政府应当采取有效措施，支持公民、法人和其他组织共享大型科学仪器设施开展自主创新活动。

第十三条 申请利用财政性资金或者国有资本新购、新建大型科学仪器设施的，申请报告或者项目可行性研究报告应当包括共享服务承诺，明确共享时间、范围、方式等内容。

本省已有大型科学仪器设施的共享服务能够满足相关科学研究和技术

开发活动需要的，主管部门不再批准利用财政性资金新购、新建大型科学仪器设施。

第十四条 省人民政府科学技术主管部门负责对大型科学仪器设施共享进行统筹协调，建立和完善大型科学仪器设施共享服务平台，向社会提供大型科学仪器设施共享的信息查询、服务推介等服务管理工作。

利用财政性资金或者国有资本购置、建设大型科学仪器设施的管理单位，应当在完成安装、调试验收之日起一个月内，向省人民政府科学技术主管部门报送大型科学仪器设施的名称型号、应用范围、服务内容等基本信息。本条例实施前购置、建设的，应当在本条例实施之日起两个月内报送有关基本信息。

省人民政府科学技术主管部门应当在收到本条第二款规定的基本信息之日起一个月内通过统一的信息平台向社会公布。

利用财政性资金或者国有资本购置、建设的大型科学仪器设施，向社会提供共享服务需要收取费用的，收费标准由价格主管部门依法制定。收取的费用，应当用于大型科学仪器设施的建设、维护和管理。

第十五条 县级以上人民政府及其科学技术、发展改革、经济和信息化等有关主管部门应当在政策、规划、资金、人才、场所等方面支持在产业集群区域和具有产业优势的领域建立公共研究开发平台、公共技术服务平台、科学技术基础条件平台等公共创新平台，为科技型中小企业技术创新提供关键共性技术研究开发、信息咨询、技术交易转让等创新服务。

利用财政性资金资助建设的公共创新平台为企业、事业单位的自主创新活动提供服务的情况，应当作为考核其运行绩效的重要内容，但涉及国家秘密或者重大公共安全的除外。

第十六条 支持企业、高等学校和科学技术研究开发机构共建博士后科研工作站、博士后创新实践基地、产学研创新联盟或者产学研结合基地，引导人才、资金、技术、信息等创新要素向企业集聚，推进产学研合作。

第十七条 县级以上人民政府应当促进军用与民用科学技术在基础研究、应用研究开发、创新成果转化与产业化等方面的衔接与协调，推动军用与民用科学技术有效集成、资源共享和交流协作。

支持企业、高等学校和科学技术研究开发机构参与承担国防科学技术计划任务，鼓励军用科学技术研究开发机构承担民用科学技术项目。

第十八条 鼓励与香港特别行政区、澳门特别行政区、台湾地区的企业、高等学校、科学技术研究开发机构、科学技术社会团体联合开展科学技术攻关、共建科学技术创新平台等自主创新合作，推进创新要素的流动、组合、集成和共享。

第十九条 企业、高等学校、科学技术研究开发机构、科学技术社会团体和科学技术人员依法开展国际科学技术合作与交流，合作设立研究开发机构的，县级以上人民政府及其有关部门应当在出入境管理、注册登记、信息服务等方面提供便利条件。

境外的企业、高等学校、科学技术研究开发机构、学术团体、行业协会等组织，可以依法在本省独立兴办研究开发机构。

第二十条 地级市以上人民政府及其有关部门应当设立软科学研究项目，支持开展战略规划、政策法规、项目论证等方面的软科学研究，促进自然科学与人文社会科学的交叉融合，为科学决策提供理论与方法。

第二十一条 各级人民政府应当依法保护企业、事业单位的商业模式创新活动，制定激励扶持政策，引导企业、事业单位采用合同能源管理、重大技术设备融资租赁、电子商务等商业模式提升商业运营能力。

支持企业、事业单位利用互联网或者新技术，优化内部流程和整合外部资源，开发使用信息管理技术，开展产业链融合重组，推进运营模式创新。

第二十二条 县级以上人民政府应当加强自主品牌与区域品牌的培育和保护工作，重点推进战略性新兴产业、先进制造业、现代服务业、优势传统产业、现代农业等产业领域的企业品牌建设。

第二十三条 县级以上人民政府应当制定和实施知识产权战略，促进专利权、商标权和著作权等知识产权的创造和运用，加强对自主知识产权的保护和管理。

地级市以上人民政府应当组织专家，对利用财政性资金或者国有资本设立的重大自主创新项目涉及的知识产权状况、知识产权风险等进行评议。

第二十四条 县级以上人民政府应当制定激励扶持政策，有条件的设立技术标准专项资金，支持企业、事业单位、行业协会主导或者参与国际标准、国家标准、行业标准和地方标准的制定和修订，推动自主创新成果形成相关技术标准。

鼓励企业、事业单位、行业协会在自主创新活动中实行科研攻关与技术标准研究同步，自主创新成果转化与技术标准制定同步，自主创新成果产业化与技术标准实施同步。

第三章 成果转化与产业化

第二十五条 县级以上人民政府应当制定相关扶持政策，通过无偿资助、贷款贴息、补助资金、保费补贴和创业风险投资等方式，支持自主创新成果转化与产业化，引导企业加大自主创新成果转化与产业化的投入。

第二十六条 省人民政府应当定期发布自主创新技术产业化重点领域指南，优先支持高新技术产业、先进制造业、现代服务业和战略性新兴产业自主创新成果的转化与产业化活动。

支持企业、高等学校、科学技术研究开发机构利用留学人员科技交流会、高新技术成果交易会等人才与科技信息交流平台，吸引国内外高层次人才在本省实施创新成果转化与产业化。

第二十七条 高等学校、科学技术研究开发机构和企业按照国家有关规定，可以采取科技成果折股、知识产权入股、科技成果收益分成、股权奖励、股权出售、股票期权等方式对科学技术人员和经营管理人员进行股权和分红激励，促进自主创新成果转化与产业化。

第二十八条 县级以上人民政府应当支持企业发展成为具有自主知识产

权、自主品牌和持续创新能力的创新型企业。

省级以上创新型企业应当组建研究开发院，制定企业创新发展战略，整合优化各类创新资源，从事核心技术、关键技术和公共技术研究。

经省人民政府科学技术主管部门会同有关部门组织认定的省级创新型企业，可以优先承担省级自主创新重大专项，其相关研究开发和产业化涉及的资金及用地优先予以保障。

第二十九条 县级以上人民政府应当支持高等学校、科学技术研究开发机构和企业完善技术转移机制，引导高等学校、科学技术研究开发机构的自主创新成果向企业转移或者实施许可。

使用本省财政性资金的自主创新成果，项目承担者应当在项目验收之后三个月内向省人民政府科学技术主管部门报送成果信息及其技术转移情况。自主创新成果信息及其技术转移情况应当通过统一的信息平台向社会公开，但依照国家和省有关规定不能公开的除外。

第三十条 高等学校、科学技术研究开发机构将其职务创新成果转让给他人的，应当从技术转让所得的净收入中提取不低于百分之三十的比例，奖励完成该项创新成果及其转化作出重要贡献的人员。

高等学校、科学技术研究开发机构采用技术作价入股方式实施转化的，应当从职务创新成果作价所得股份中提取不低于百分之三十的份额，奖励完成该项创新成果及其转化作出重要贡献的人员。

高等学校、科学技术研究开发机构可以与完成该项创新成果及其转化作出重要贡献的人员约定高于前两款规定比例的奖励。

第三十一条 利用本省财政性资金资助的自主创新项目，项目立项部门应当与高等学校、科学技术研究开发机构和企业等项目承担者就项目形成的创新成果约定知识产权目标和实施转化期限，并在项目验收时对约定事项进行考核评价。

第三十二条 利用本省财政性资金设立的科学技术基金项目或者科学技术计划项目所形成的发明专利权、计算机软件著作权、集成电路布图设计专有权和植物新品种权，由项目承担者依法取得，但法律、法规另有规定的除外。

项目承担者应当依法实施前款规定的知识产权，采取保护措施，并向项目立项部门提交实施和保护情况的年度报告。约定的实施转化期限届满之日起两年内，项目承担者和创新成果完成人没有依法或者依照约定实施转化的，省人民政府为了国家安全、国家利益和重大社会公共利益的需要，可以无偿实施，也可以许可他人有偿实施或者无偿实施。

第三十三条 高等学校、科学技术研究开发机构取得的具有实用价值的职务创新成果，在约定的实施转化期限届满之日起一年内未实施转化的，在不变更职务创新成果权属的前提下，创新成果完成人可以根据与本单位的协议或者经本单位同意，进行创新成果转化，并依法或者依协议享受权益。

高等学校、科学技术研究开发机构主要利用财政性资金项目取得的具有实用价值的职务创新成果，本单位在约定的实施转化期限届满之日起三年内仍未实施转化的，在不变更职务创新成果权属的前提下，经项目立项部门同意，创新成果完成人可以实施转化。

第三十四条 自主知识产权首次转化使用在本省的，项目所在地的县级以上人民政府应当制定有关政策措施，在项目立项、土地、场所等方面给予支持。

第三十五条 地级市以上人民政府有关主管部门应当完善促进自主创新成果转化与产业化的科学技术人员考核评价制度。

有关主管部门应当将自主创新成果转化与产业化情况作为科学技术人员项目申报、成果奖励的依据，并作为职称评审、岗位聘用的评价内容，但基础理论研究等学科除外。

第三十六条 县级以上人民政府及其有关主管部门应当支持知识产权服务机构、技术交易机构、科技咨询与评估机构、科技企业孵化器、创业投资服务机构和生产力促进中心等科学技术中介服务机构的发展。建立和推行政府购买科技公共服务制度，对科技创新计划、先进技术推广、扶持政策落实等专业性、技术性较强的工作，可以委托给符合条件的科学技术中介服务机构办理。

科学技术中介服务机构应当为企业、高等学校、科学技术研究开发机构提供研发服务、知识产权服务、检测服务、创意设计、技术经纪、科学技术培训、科学技术咨询与评估、创业风险投资、科技企业孵化、技术转移与推广等科学技术中介服务，促进自主创新成果的转化和产业化。

科学技术中介服务机构应当将业务范围、执业人员、中介服务情况等基本信息报送地级市以上人民政府科学技术主管部门，并由地级市以上人民政府科学技术主管部门向社会公布。

第三十七条 科学技术中介服务业应当建立行业自律制度。科学技术中介服务机构及其从业人员，应当遵守相关法律、法规，按照公平竞争、平等互利和诚实信用的原则开展业务活动。

科学技术中介服务机构及其从业人员不得有下列行为：

（一）提供虚假的评估、检测结果或者鉴定结论；

（二）泄露当事人的商业秘密或者技术秘密；

（三）欺骗委托人或者与一方当事人串通欺骗另一方当事人；

（四）其他损害国家利益和社会公共利益的行为。

第三十八条 省人民政府可以根据本省产业布局、经济可持续发展等需要批准建立省级高新技术产业开发区，支持省级以上高新技术产业开发区发展成为国家自主创新示范区。

县级以上人民政府应当支持高新技术产业开发区的建设、发展，引导高新技术产业开发区发展特色和优势高新技术产业、先进制造业、现代服务业和战略性新兴产业。

县级以上人民政府应当支持发展民营科技企业，推动具备条件的民营科技产业园区和产业转移园区发展成为省级以上高新技术产业开发区。

第三十九条 县级以上人民政府应当促进主导产业集聚发展，提高专业化配套协作水平，完善产业链，促进发展形成专业镇或者产业集群。

专业镇或者产业集群应当集聚高新技术和先进技术，支持企业开展技术创新活动，提升特色和优势传统产业集群科学技术水平。

第四十条 县级以上人民政府应当支持农业基础研究、新品种选育和新技术研究开发，对地域特征明显且申请条件成熟的特色、优势农产品实行地理标志保护。

第四十一条 鼓励公民、法人和其他组织开展资源与环境、人口与健康、文化创意、节能减排、公共安全、防震减灾、城市建设等领域的自主创新活动，应用先进创新技术及成果促进社会事业发展。

第四十二条 地级市以上人民政府可以依法发起设立或者参与设立创业投资引导基金，引导社会资金流向创业投资企业，引导创业投资企业向具有良好市场前景的自主创新项目、初创期科技型中小企业投资。

鼓励和支持建立科技金融机构，开展知识产权质押融资、保险、风险投资、证券化、信托等金融创新服务。保险机构可以根据自主创新成果转化与产业化的需要开发保险品种。

鼓励创新型企业上市融资，支持未上市的创新型企业在证券公司代办股份转让系统挂牌。

第四十三条 县级以上人民政府应当健全政府采购制度，对公民、法人或者其他组织研究开发形成的新技术、新产品、新成果，在性能、技术等指标能够满足政府采购需求的条件下，政府采购应当购买；首次投放市场的，政府采购应当率先购买。

第四章 创新型人才建设与服务

第四十四条 地级市以上人民政府应当定期制定创新型人才发展规划和紧缺人才开发目录，加强创新型人才的培养和引进工作。

县级以上人民政府应当优先保证对创新型人才建设的财政投入，保障人才发展重大项目的实施。

第四十五条 地级市以上人民政府应当制定和完善培养、引进创新型人才的政策措施，并为创新型人才在企业设立、项目申报、科研条件保障和出入境、户口或者居住证办理、住房、子女入学、配偶安置等方面提供便利条件。

地级市以上人民政府科学技术主管部门应当会同有关部门组织引进优先发展产业急需的创新科研团队和领军人才。

创新型人才认定、管理与服务的具体办法由省人民政府另行制定。

第四十六条 县级以上人民政府应当支持企业、高等学校、科学技术研究开发机构建立创新型人才培养机制，以及开展岗位实践、在职进修、学术交流等人才培训活动。

第四十七条 鼓励高等学校、科学技术研究开发机构选派科学技术人员参与企业自主创新活动，开展成果转化的研究攻关；鼓励企业选派专业技术人员到高等学校、科学技术研究开发机构开展自主创新课题研究。

第四十八条 企业、高等学校、科学技术研究开发机构等有关单位应当创新人才培养模式，结合本省自主创新的目标、任务和重点领域开展相关的创新实践活动，培养急需、紧缺的创新型人才。

企业、高等学校、科学技术研究开发机构等有关单位应当建立创新型人才的激励机制，完善岗位工资、绩效工资、年薪制和奖励股票期权等分配方式。

第四十九条 鼓励有关单位和科学技术人员在自主创新活动中自由探索、勇于承担风险。

对于以财政性资金或者国有资本为主资助的探索性强、风险性高的自主创新项目，原始记录证明承担项目的单位和科学技术人员已经履行了勤勉尽责义务仍不能完成的，经立项主管部门会同财政主管部门或者国有资产管理部门组织的专家论证后，可以允许该项目结题。相关单位和个人继续申请利用财政性资金或者国有资本设立的自主创新项目不受影响。

第五十条 公民、法人或者其他组织从事自主创新活动，应当恪守学术道德，不得弄虚作假或者抄袭、剽窃、篡改他人创新成果。

公民、法人或者其他组织在申请政府设立的自主创新项目、科学技术奖励及荣誉称号，以及申请享受各种创新扶持政策时，应当诚实守信，提供真实可靠的数据、资料和信息。

政府设立的自主创新项目的管理机构，应当为承担项目的科学技术人员和组织建立科研诚信档案，并建立科研诚信信息共享机制。科研诚信情况应当作为专业技术职务职称评聘、自主创新项目立项、科研成果奖励等的重要依据。

第五章 激励与保障

第五十一条 县级以上人民政府科学技术、发展改革、经济和信息化、财政、税务等有关部门应当落实国家和省促进自主创新的税收、金融等优惠政策，加强宣传引导工作，制定办事指南，简化办事程序，为企业、事业单位和科学技术人员享受有关优惠政策提供便捷服务。

第五十二条 科学技术重点基础设施、重大科学技术工程等建设项目应当纳入土地利用总体规划、城乡规划和政府投资计划。

对高新技术企业和省级以上创新型企业的生产性建设用房、科研机构科研用房，以及省级以上的工程技术中心、企业技术中心、企业研究开发院、重点实验室、中试基地、科普场馆等建设工程，依照国家规定减免城市基础设施配套费。

第五十三条 省级以上产业园区的战略性新兴产业、高新技术产业的研究开发项目用地，依法可以采取协议出让等方式取得，但不得擅自转让、改变用途；确需转让或者改变用途的，应当报请有批准权的人民政府批准。

第五十四条 各级人民政府应当逐步提高科学技术经费的财政投入总体水平，财政用于科学技术经费的增长幅度，应当高于本级财政经常性收入的增长幅度。

引导社会加大对自主创新的投入，逐步提高研究与开发经费占地区生产总值的比例，2015年全省应当达到百分之二点三以上，此后应当逐步增长。

第五十五条 对高等学校、科学技

术研究开发机构和企业自筹资金研究开发并具有自主知识产权的自主创新项目，县级以上人民政府可以采取后补助方式予以财政性资金资助。资助资金应当用于该项目在本省的后续研究开发、成果转化和产业化活动。

第五十六条 利用本省财政性资金设立的自主创新项目，承担项目人员的人力资源成本费可以从项目经费中支出，最高不超过该项目经费的百分之三十；其中，软科学研究项目和软件开发类项目，人力资源成本费最高不超过该项目经费的百分之五十。

第五十七条 利用本省财政性资金设立的自主创新项目的主管部门，应当建立评审专家库，建立健全自主创新项目的专家评审制度和评审专家的遴选、回避、问责制度。

利用财政性资金设立的自主创新项目及其承担者的情况，应当由项目主管部门向社会公开，但依照国家和省有关规定不能公开的除外。

第五十八条 财政性自主创新资金应当专款专用，任何组织或者个人不得虚报、冒领、贪污、挪用、截留。

县级以上人民政府审计机关和财政主管部门应当依法对财政性自主创新资金的管理和使用情况进行监督检查。

第五十九条 县级以上人民政府应当建立科学技术奖励制度，创新奖励模式，对在科学技术进步活动和自主创新工作中作出重要贡献的单位和个人给予奖励。

鼓励社会力量设立科学技术奖项，对在科学技术进步活动和自主创新工作中作出重要贡献的单位和个人给予奖励。

单位和个人在申报或者推荐各类科学技术奖项时，应当提供真实可靠的科研数据和评审材料，不得骗取或者协助他人骗取科学技术奖励。

第六十条 单位和个人可以依法捐赠财产或者设立科学技术基金资助本省自主创新活动，并可以依法享受税收优惠政策。

第六十一条 省人民政府科学技术主管部门应当会同省人民政府统计机构建立健全自主创新统计制度，对全省自主创新发展状况进行监测、分析和评价，全面监测自主创新活动、能力、水平和绩效。

全省自主创新主要统计指标应当定期向社会公布。

第六十二条 省人民政府应当建立自主创新考核制度，考核市、县人民政府推动自主创新的工作实绩。

第六十三条 各级国有资本经营预算应当安排适当比例的资金用于国有企业自主创新，并逐年增加。

国有企业应当加大自主创新投入，建立健全自主创新人才建设机制和创新收益分配制度。

县级以上人民政府有关部门应当完善国有企业考核评价制度，应当将企业的创新投入、创新能力建设、创新成效等情况纳入国有企业及其负责人的业绩考核范围。

第六十四条 县级以上人民政府应当引导社会培育创新精神，形成崇尚创新、勇于突破、激励成功、宽容失败的创新文化。

机关、企业、事业单位、社会团体、新闻媒体应当开展科学技术普及和宣传工作，鼓励和支持开展群众性技能竞赛、技术创新和发明创造活动，提高公众科学素质。

第六章 法律责任

第六十五条 违反本条例第十条第二款规定，未按照编制方案进行消化吸收再创新的，由地级市以上人民政府科学技术主管部门责令其限期改正；逾期不改正的，不予通过验收，并由其主管部门对直接负责的主管人员和其他直接责任人员依法给予处分，三年内不得申请市级以上自主创新项目和科学技术奖励。

第六十六条 违反本条例第十二条第一款规定，不依法履行共享使用义务的，由省人民政府科学技术主管部门责令改正，通报批评，并由其主管部门对直接负责的主管人员和其他直接责任人员给予处分；拒不改正的，大型科学仪器设施管理单位三年内不得申请市级以上自主创新项目和科学技术奖项，且不得利用财政性资金新购、新建大型科学仪器设施。

第六十七条 违反本条例第十四条第二款、第二十九条第二款规定，不依照规定报送相关信息的，由主管部门责令改正；拒不改正的，给予通报批评。

第六十八条 违反本条例第三十七条第二款规定，由地级市以上人民政府科学技术主管部门责令改正，并予以警告，没收违法所得，并处违法所得一倍以上五倍以下的罚款；没有违法所得的，处一万元以上三万元以下的罚款；情节严重的，依法由相关部门吊销营业执照和资格证书；给他人造成经济损失的，依法承担民事责任；构成犯罪的，依法追究刑事责任。

第六十九条 违反本条例第五十条第二款、第五十九条第三款规定，提供虚假的数据、资料、信息或者评审材料的，由主管部门给予通报批评，取消已获得的荣誉称号或者科学技术奖项，追回已资助的财政性资金，并记入科研诚信档案；情节严重的，依法给予处分，五年内该单位或者直接责任人员不得申报自主创新项目或者科学技术奖项。

第七十条 违反本条例第五十八条第一款规定，虚报、冒领、贪污、挪用、截留财政性自主创新资金的，依照国家和省有关规定责令改正，追回有关财政性资金和违法所得，依法给予行政处罚；对直接负责的主管人员和其他直接责任人员依法给予处分；构成犯罪的，依法追究刑事责任。

第七十一条 科学技术等主管部门及其工作人员违反本条例规定，有下列情形之一的，由监察机关或者其主管部门对直接负责的主管人员和其他直接责任人员依法给予处分；构成犯罪的，依法追究刑事责任：

（一）未按照本条例第十条第一款规定组织专家委员会对引进消化吸收再创新方案进行论证的；

（二）未按照本条例第十三条第二款规定，予以批准新购、新建大型科学仪器设施的；

（三）未依法对财政性自主创新资金的管理和使用情况进行监督检查的；

（四）有其他滥用职权、玩忽职守、徇私舞弊行为的。

第七章 附则

第七十二条 本条例自2012年3月1日起施行。

广东省农村科技“十二五”发展规划

广东省科学技术厅
2011年9月

“十二五”期间是广东转变经济增长方式、争当实践科学发展观排头兵、全面建设小康社会、率先基本实现社会主义现代化的关键时期，也是深入贯彻落实《广东省中长期科学和技术发展规划纲要（2006—2020）》精神，推进《珠江三角洲地区改革发展规划纲要（2008—2020）》的各项战略部署，建设创新广东、低碳广东与幸福广东的重要阶段。为全面提升农业科技自主创新能力，加强我省现代农业发展和新农村建设的科技支撑，特制订本规划。

一、现状与需求

（一）国内外农业科技发展趋势。

1、现代前沿技术发展迅猛，新的农业变革全球展开。

随着现代生物技术的迅猛发展，转基因技术或分子标记辅助育种技术日益成熟，应用生物技术获得高产、优质、抗逆的作物和畜禽水产新品种，不仅保障了全球粮食和重要农产品的稳产和高产，也减少了化学农药的使用量，改善了农业生态环境，为实现农业可持续发展开辟了崭新的途径；水稻等重要的农业生物基因组计划的实施，标志着全球农业生物学的研究进入了功能基因组的时代；动物胚胎工程技术和体细胞克隆技术研究不断取得突破，形成了体细胞克隆动物产业化技术体系；农业生物资源收集、保存、评价与利用成为世界各国占领种业市场的科技制高点，国际上以动植物的重要遗传资源为基础，以基因为核心的“基因主权”争夺战日趋激烈；智能化农业信息技术中农业专家系统构造关键技术的突破与大规模、多领域的应用，是利用知识工程和信息技术改造传统农业的重要突破口，缩小数字鸿沟、依靠信息技术促进农业和农村发展成为各国的优先选择，一场由现代前沿技术引领的农业变革正在全球展开。

2、农业产业形态发生深刻变化，新的人才竞争日益激烈。

随着世界各国经济与科技关系的日益密切，越来越多的国家认识到科学技术的核心竞争力，科技全球化日益成为经济全球化的重要表现形式。目前，世界范围内正在孕育一场新的农业科技革命，新能源、新材料、信息产业、生物医药、生物育种、节能环保成为各国现代农业优先发展的战略性新兴产业。绿色食品、低碳服装、节能材料、生物质能源、环境保护等与人们生活与低碳经济息息相关的热点都可以拓展为新形态的现代农业。这将进一步推进传统农业向现代农业转变，科技必将成为实现这种转变的重要支撑。为此，各国纷纷大幅增加科研投入，加强农业基础研究和高新技术研究，大力抢占未来竞争的制高点。许多发达国家利用其经济实力和科技、人才优势，千方百计地谋取发展中国家的各种资源、争夺或占据世界市场，并保持其战略优势，对发展中国家具有局部科技优势的领域“全线”收购，实行垄断性遏制的政策。同时千方百计地以优厚的报酬、优越的科研条件吸引并争夺发展中国家的科技人才，在这场没有国界的人才争夺战中，发展中国家往往处于劣势。

3、食品安全倍受重视，新的绿色革命悄然兴起。

民以食为天，食以安为先，食品安全是关系到每个人身体健康和生活质量的重大问题，关注食品安全，构建和谐社会是一个永恒的主题。目前，食品安全事件频发，美国花生酱沙门氏菌污染事件、爱尔兰猪肉污染事件、日本“水银大米”事件以及我国的毒小龙虾、毒饺子、毒豇豆以及三聚氰胺事件等，波及面广，不仅事关消费者的健康，而且影响了国际贸易。氯霉素、孔雀石绿使我国动物源食品损失数百亿元，日本“肯定列表制度”检测项目从100多项增加到600多项，食品安全成为各国政府和公众关注的焦点，倍受重视。

为了实现食品安全保障从“被动应付型向主动保障型”的战略转变，各国十分重视食品安全风险评估技术、快速检测技术、溯源预警技术、安全控制技术的突破，围绕农产品与食品的产前—产中—产后等各个关键环节，推进绿色生产，已经成为各国农业科技自主创新和集成创新的主战场。产地环境、安全投入品、病虫害生态控制、绿色包装、安全加工、溯源等技术已成为新的农业绿色革命的热点。

4、农业发展嵌入城乡统筹，新的科技转型扑面而来。

随着工业化、信息化、城镇化的加快推进，农业发展进入了快速发展与激烈变革相并存的城乡统筹新阶段，新农村建设、城乡统筹发展也成为现代农业的基本内涵之一。农业科技必须顺应时代发展的潮流，更加注重对产业的直接支撑，更加注重产业需求导向，更加注重联合协作、更加注重资源共享；更加强调支持方式的持续与稳定，更加强调劳动力转移与素质提高。重点围绕打造科技创新高地、工农一体化产业技术创新、统筹农村和民生科技发展、科技基础设施建设、科技投融资体系、城乡一体化的科技管理等工作，创建高起点规划、高标准建设、高效益推进的农业科技示范基地，推进城乡统筹科技示范工程；整合科技资源，推进农业设施化、高效化、清洁化，农村信息化、节能化、生态化，农民新型化、富裕化、文明化的城乡统筹科技社区建设；推广节能技术、农村信息化技术、农村废弃物综合利用技术，推进城乡统筹科技惠民工程，形成适应统筹城乡发展的新型区域科技创新体系，实现农业科技重大转型，推进社会主义新农村建设。

（二）广东农业科技发展现状。

“十一五”期间，随着农业科技进步，我省农业结构不断优化，农业经济稳步增长， 农业增加值由2005年的1 442.80亿元增加到2009年的2 010.27亿元，2009年比2008年同比增长4.9%。2009年，广东省农林牧渔总产值达3 338亿元，在全国排列第六位， 全年农村居民人均纯收入6 906.93元，比上年增长7.9%，扣除物价因素，实际增长10.7%；粮食总产量1 314.50万吨，增长5.7%，肉类、水果、蔬菜、花卉、水产品、食糖等产量排名均在全国前列。

1、关键技术研究与应用有力支撑了现代农业产业的快速发展。

广东省在植物资源收集鉴评、森林生态系统演变、动植物品种选育、畜禽水产健康高效养殖、重大动物的疫病防控、土壤水肥调控、特色农产品保鲜加工、食物安全检测等领域取得了重大技术突破，26个项目获得了国家级科技成果奖励，其中国家技术发明二等奖1个；国家自然科学二等奖23个；国家科学技术进步一等奖1个、二等奖1个。上述成就有力支撑了现代农业产业的快速发展，截止到2009年底，全省有效使用绿色食品标志企业有251家，产品542个；有机农产品企业43家，有机农产品355个，总产量258万吨，监测面积80万亩；绿色食品市场份额不断扩大，出口保持稳定，去年国内销售总额61.8亿元，出口额5 856万美元。

2、创新平台的建设与完善显著提升了农业科技自主创新能力。

建设完善的创新平台是农业科技自主创新能力提升的基础。截止2009年，建成国家重点实验室2个，国家级工程中心1个，省部级重点实验室31个；涉农学科中有5个国家重点学科，16个省部级重点学科，科技创新平台位居全国前列，农业科研机构综合实力排名位居全国前列。国家现代农业产业技术体系中，广东省有3位首席科学家、45个科学家岗位和36个综合试验站站长，岗位数量居全国前列，广东农业科技自主创新能力得到显著增强。

另外，广东省农业企业在自身发展过程中，技术创新的动力作用得到普遍重视。广东温氏集团建立了研究院，105家省级以上农业龙头企业建立了技术创新中心，企业作为农业技术创新主体的作用日益显著，有力地提高了农业企业的技术创新能力，产业集聚效应进一步凸显。

3、服务能力的拓展与升级有效促进了区域科技与经济协调发展。

“十一五”期间，全省建设了26个国家级科技富民强县和7个广东省现代农业科技强县示范点，启动建设了64个城镇化技术集成应用试点和73个以行政村为单位的新农村科技示范点，在20个市建立了105个农业专业镇，覆盖东西两翼、粤北山区和珠江三角洲；建设了广东广西水产和林产化工、广东省果品2条国家级星火产业带，以及花卉、水果、茶叶、蚕桑、水稻、畜牧等20条省级特色星火产业带，带动600多家企业投入3亿多元，启动技术攻关项目236项，推广相关产业适用技术120项，推动产业带内83家农业龙头企业技术升级和产品的更新换代；共建了10个省属信息资源直通车专列，启动实施动植物医院，组建农村科技信息服务专家团；联合开展农村科技特派员队伍建设，完成了首批5 000名农村科技特派员及其工作站的认定，提供各类先进实用技术、管理经验、市场信息、农产品流通等方面服务。

“十一五”期间，以星火计划为支撑，农村科技特派员为纽带，农业科技计划项目和农业科技专项为依托，多方整合农业科技资源，充分发挥了农业科技在现代农业建设中的示范带动作用，实现了农业经济、生态环境的协调可持续发展，全方位促进了我省新农村建设科技服务能力的拓展与升级，有力地支撑了区域性特色产业的发展和科技创新能力的提升。

（三）广东农业科技发展挑战与需求。

“十二五”我省面临率先实现农业现代化和争当社会主义新农村建设排头兵的重任，农业科技发展还存在一定的差距，面临新的挑战：

1、科技创新机制欠完善，亟需进一步健全创新体系。

一是政府、企业与高等院校、科研院所之间的有效联动机制尚不完善。大量的成果仍不能及时应用到生产中，农业常规应用技术升级慢、农业高新技术产业化程度低、农业科技成果转化率不高，难以满足市场快速发展需求。二是尚未形成农业科技长期稳定投入机制。农业科技投入总量不足，特别是基础研究投入严重不足，未建立长期稳定的投入机制，直接影响到了农业科研创新活力。三是农业科技创新资源分布不平衡。迫切需要进一步集成科技资源，完善农业科技创新平台，建立健全农业科技创新体系。

2、农业高新技术欠储备，亟需进一步加大研发力度。

我省对农业领域基础研究重视程度不足，力量相对薄弱，研究手段不够，导致基础研究重大发现缺乏，农业高新技术研究后劲缺乏；对农业生物技术、农业工程技术、农业新材料技术和农业信息技术等高新技术研究投入不够，自主创新能力不足，储备不够，严重影响我省农业高新技术研究的水平和支撑生物质能源、新材料、安全农业投入品研发等农业高新技术产业与新兴产业发展的能力，导致产业化技术相对滞后。迫切需要进一步加强农业基础研究和高新技术研究的力度，提升研究与开发水平，为生物育种、生物质能源、新材料和生物医药等新兴农业产业发展提供技术支撑。

3、产业关键技术欠突破，亟需进一步加强协同攻关。

我省是农业大省，2009年广东省农林牧渔总产值在全国排列第六位，肉类、水果、蔬菜、花卉、水产品、食糖等产量排名均在全国前列。但粮食自给率偏低，重大动植物疫病时有发生，健康高效种养技术农产品和食品质量安全存在隐患，农产品附加值偏低，农产品出口遭遇技术壁垒等问题，影响了广东农业产业的健康可持续发展。育种新技术、安全高效种养技术，生物制剂与生物质能源技术、动植物病虫害防治技术、农产品质量安全技术、农业生态安全技术、农业资源高效利用技术、主要农产品保鲜加工技术、农业装备技术、数字农业技术以及城镇化技术缺乏突破，迫切需要进一步加大投入，多部门、多层次、多方位组成产业关键技术协同攻关团队，突破产业发展技术瓶颈，支撑产业健康发展。

4、科技创新人才欠丰富，亟需进一步加快培养速度。

我省有一支数量比较庞大、学科比较齐全的农业科技人才队伍，但基础研究和高层次领军人才相对不足，全省农业类院士和产业技术体系首席科学家十分缺乏；农业科技人才主要聚集在珠江三角洲地区，粤北、粤东和粤西人才比例偏小，区域分布不合理，从高级人才来看，这种集中趋势更为明显；拥有博士和硕士学历的高层次农业科技创新人才，主要分布在农业高校和科研院所（78.7%），而处于农业经济发展主战场的农业企业、农技推广、服务机构，高层次创新人才严重匮乏。迫切需要以培养高层次、高水平农业科技创新领军人才为目标，进一步集中科技资源，加大培养力度，在数量和质量上使我省农业科技创新人才于“十二五”期末位居全国前列。

5、科技成果转化欠效率，亟需进一步提升服务能力。

我省每年取得的农业科技成果不少，农业科技成果推广也取得了较大成效，但我省的农业科技成果转化率偏低，科技服务能力有限。全省基层农业技术推广机构的建设尚在不断完善之中，推广人员数量少、素质较低；农业科技中介服务机构总体上数量少、规模小、实力弱，难以满足农业快速发展的形势要求；已有的农业科技中介服务机构服务能力不足，优势不突出，尚未形成核心服务能力；缺少科技型骨干龙头企业的服务指导与带动，为农民服务为主的农村科技服务组织还不够多，指导农民进行科学生产的组织化程度低。迫切需要制定必要的激励机制和鼓励政策，进一步利用农村信息直通车工程、农村科技特派员专项行动计划、科技下乡等手段，提升科技服务三农能力。

二、发展思路

（一）指导思想。

以邓小平理论和“三个代表”重要思想为指导，深入贯彻落实科学发展观，围绕广东粮食与食品安全、生态安全、农业增效、农民增收的重大科技需求，以建设创新型广东和构建资源节约型、环境友好型的农业发展方式为目标，瞄准世界农业科技先进水平和新兴农业产业动向，突出广东特色和优势，合理配置科技要素，大力提高土地产出率、资源利用率和劳动生产率，不断增强我省农业产业国内外市场竞争力和可持续发展能力，解决我省在农业和农村科技发展的重大科技难题，提高农业科技创新和科技服务整体水平，为建设广东社会主义新农村和农业现代化提供强大的科技支撑。

（二）发展目标。

1、总体目标。

到2015年，农业科技创新体系进一步健全完善，农业科技体制机制进一步优化，农业科技对主要农产品有效供给与食品安全的保障能力、对农民增收的支撑能力不断增强，对提升农业产业水平、转变发展方式的引领能力不断增强。国际竞争力大幅上升，农业科技水平国内一流、国际先进。

2、具体目标。

广东农业科技进步水平要上一个新台阶，农业科技进步贡献率上升到58%以上，农业科技成果转化率进一步提高。

研究选育一大批优良动植物品种在生产上推广应用，其中动物良种覆盖率达到90%以上，农作物良种覆盖率达到95%以上；研究集成一批新技术并在农业生产中推广应用覆盖率达到85%以上，劳动生产率达到18 000元/人•年，农业高新技术产品产值占农业产值40%以上。

农业科技资源得到进一步优化配置，建设一批高水平的农业科技创新平台和农业龙头企业技术创新平台。围绕我省优势特色农业产业建设30个以上的省农业科技研究团队，连续稳定支持其开展针对制约我省农业发展的共性关键技术攻关，突破一批农业产业关键技术；发挥产业集聚和技术密集优势，在粤东、粤西和粤北地区建设15个左右农业区域特点突出、示范带动作用强的省级农业科技园区，重点培育3个以上省级农业科技园区申报国家级农业科技园区；培育和壮大200家以上具有市场竞争力的科技型农业龙头企业，带动当地优势特色农业的产业化发展；培养中青年农业学科带头人100人以上；完善农业和农村科技服务体系，在全省培训农民达500万人次以上。

（三）发展原则。

1、自主创新与集成应用相结合。

坚持农业科技自主创新与集成相结合，既重视基础和应用基础研究，加大农业领域的原始创新和技术储备，又要注意吸收国内外先进的技术，整合国内外优势科技资源，为我所用，注重技术的组装集成，实现新的跨越和创新。

2、支撑产业与服务社会相结合。

坚持把支撑农业产业的发展和服务社会、服务“三农”结合，坚持科研选题来源实际，科技成果服务于生产，既要加大力量突破产业的技术瓶颈，支撑现代农业发展，又要保障农产品和食品质量安全、生态安全、维护社会稳定。

3、全面推进与重点突破相结合。

坚持有所为有所不为，全面推进与重点突破相结合，在农业科技整体推进的基础上，选择优势特色的产业和急需解决的技术领域加大力度支持，打破上下游、层级、区域、行业、学科界限，联合协作攻关，重点突破。

4、区域协调与城乡统筹相结合。

坚持从农业发展的区域性和多样

性、公益性出发，立足区域协调发展与城乡统筹相结合，按照农业发展的实际水平，重视落后地区传统农业技术的改造提升，又要把城市和发达地区的先进技术要素集聚到乡村。

5、能力提升与人才培养相结合。

坚持提升农业科技自主创新能力与人才培养相结合，把承担项目、建设示范基地与人才培养结合起来，既培育科技领军人才，又要培训一大批农村实用人才和新型农民，提高新形势下改变农业发展方式的新一代农民的科技文化素质。

三、重点任务

“十二五”期间，广东省农业科技发展必须瞄准国内外农业科技发展前沿，立足提升农业自主创新水平和农业科技企业自主创新能力，突破一批现代农业产业和农业新兴产业的共性和关键技术，保障农产品安全和生态安全，合理布局开放型的农业发展与新农村建设科技创新体系，增强农业产业国际竞争力，为实现我省现代农业的发展提供科技支撑。

（一）提升农业科技创新能力和产业竞争力。

围绕我省农业生物技术、农业工程技术和农业信息技术等高新技术发展，加强农业科技自主创新建设，加强农科教、产学研紧密合作，建立政府、企业与高等院校、科研院所之间的有效联动机制，提升农业科技创新能力和农业企业的创新能力，提高我省农业高新技术产业化程度、农业科技成果转化率，提升农业产业国际竞争力，满足市场发展需求。

（二）建立健全食品安全和生态安全技术体系。

围绕我省食品安全和生态安全，加强污染产地环境修复、安全投入品研发、快速安全检测、外来农业物种的引进评估、转基因物种安全等方面技术储备，研究环境友好型的动植物病虫害高效防治技术，制定和完善特色农产品技术标准，提高产品质量检测水平，构建从“农田到餐桌”的安全生产技术体系和生态安全保障技术体系，切实保障农业与生态安全。

（三）推进生物农业产业和低碳农业产业发展。

围绕我省生物育种、生物质能源、生物质材料、生物农业投入品等农业新兴产业的科技需求，加强生物种质资源鉴评创新，开展优异种质资源的发掘和创新利用，开发高产、优质、多抗、高效、专用新品种；加强农林及生活废弃物能源转化工艺技术，推动绿色农业投入品产业的发展和技术升级；开展种养业结构评价，提高种养业效率，降低单位碳排放，培育低碳农业产业。

（四）提高农村科技服务水平和农业从业者素质。

围绕我省农村科技服务体系不完善，农业科技中介服务机构难以满足农业快速发展的要求，加强农业科技创新团体建设和农业科技领军人才和骨干人才的培养；充分利用我省发达的农村信息网络，加快农村实用人才的培养，稳定农业科技中介服务机构，壮大科技型骨干龙头企业的带动能力，提高农业从业者技术水平和科技素质。

（五）完善新农村建设和区域农业科技支撑体系。

围绕我省新农村建设发展不平衡和区域农业资源不均衡的状况，加强农村环境综合治理技术、废弃物综合利用和可再生能源开发利用技术，并进行集成应用示范，促进新农村建设发展。进一步实施外向农业带动作用，在农业技术标准、国际贸易技术壁垒、市场准入认证等方面加强研究，以高效益珠三角农业带动粤东西北特色农业的发展。

四、十大科技工程

（一）农产品与食品安全科技工程。

农产品与食品安全已成为影响社会稳定的重要因素，“十二五”期间将在原来工作的基础上，根据广东经济社会发展的需求，继续对已有科技资源进行重组优化，凝练目标，开展对广东省优势农产品安全生产全过程的共性关键技术攻关并集成示范，构建从餐桌到农田的农产品安全生产体系，推动全省农产品生产和加工健康可持续发展。

1、产地环境质量安全评价与污染控制技术。

开展产地环境质量安全适宜性评价，针对不同类型区制定安全预警；重点研究产地重金属、农药及新的有机污染物控制技术和环境修复技术，灌溉用水和养殖用水净化技术，构建产地环境安全控制技术体系。

2、安全农业投入品研制。

开展新型高效环保肥料的研究与开发、新型高效环境友好型农药的制备及应用研究、安全渔兽药制剂和饲料添加剂等各种新型投入品研制，建立农产品与食品安全投入品的保障体系。

3、安全种养技术。

开展以作物病虫草鼠害治理中的减量化使用技术研发，建立健全安全种植技术规程，畜禽和水产健康安全集约化养殖生产技术规程等，构建从餐桌到农田的农产品安全生产技术体系。

4、农产品与食品安全加工技术。

针对目前加工过程有害物质的控制以及各种生物性和化学性污染物的隐患，重点开展广东传统特色农产品安全加工关键技术研究与示范、研发新型天然安全食品添加剂等。

5、农产品与食品有害成分检测技术。

开展农产品中重金属、农药和病原微生物等有害物质快速检测技术及设备、农产品生产加工过程中非法添加物的检测技术及其标准、农产品主要污染物限量标准与安全评价分类技术、风险评估技术、流通贸易领域农产品与食品标准对比分析研究。

6、安全农产品产供销科技支撑体系。

开展农产品全程信息管理及追溯技术研究，建立安全农产品产供销科技支撑体系，整合农业生产基地和农业企业资源，建立全省安全农产品产供销联盟，打造广东省安全农产品“生产＋加工＋流通＋销售”体系并示范及推广应用。

（二）农业新兴产业科技工程。

发展战略性新兴产业是我省转变经济增长方式的重要举措。农业新兴产业科技工程围绕生物制剂、生物质能源、农业新材料等领域，研发一批前沿技术并实现产业化，抢占未来农业科技发展的制高点，推进我省农业产业转型升级。

1、高效环保生物制剂研发及产业化技术。

开展动植物生物制剂研究开发与产业化，加强猪、鸡、水产主要疫病生物疫苗及诊断制品研究开发与产业化，开展生物源型农兽药、多功能微生物肥料、微生态制剂和生物饲料添加剂的研究。

2、生物质能源品种筛选及能源转化技术。

开展适合广东应用的生物质资源筛选与新品种培育，研究厌氧微生物产氢联产甲烷关键技术、纤维素基液体燃料关键技术、生物质固体成型燃料替代技术。

3、生物反应器制备与产业化技术。

重点开展异体器官移植用转基因猪生物反应器制备；鸡蛋、鳞翅目昆虫等动物反应器制备与产业化；开展以产量高、蛋白质含量丰富、生产成本低廉的水稻、玉米、花生等种子为外源蛋白表达器官的植物生物反应器技术研究。

4、农业新材料开发应用。

以废弃农产品和非食用农产品合成新材料；开发完全可降解农用材料；通过纳米改性技术，制备新型农用薄膜，制备新型农产品包装材料；开发纳米改性新材料，提高产品的耐候性和耐老化性。开发新型吸水剂和保水剂，应用于缓释、控释肥料的产品开发。

（三）种业科技工程。

品种改良是提高农业综合生产力的关键和基础，世界范围内农业竞争首先就是良种的竞争。种业科技工程开展我省优势动植物种质资源的鉴评和利用、动植物新品种选育以及种子种苗繁育，突破品质、高产和抗性等重要性状遗传改良的技术瓶颈，培育一批优良新品种，大幅提升种业科技创新能力，保障食物安全。

1、种质资源鉴评与利用。

开展动植物种质资源鉴评、优良基因资源挖掘，重点对水稻、蔬菜、优稀水果、甜糯玉米、花生、甘薯、花卉、林木、竹藤、茶叶、甘蔗、蚕桑、猪、鸡、水产等农业生物种质资源进行重要经济性状的科学鉴评，构建核心种质库，建设和完善种质资源信息管理系统。开展特色动植物的产量、品质、抗性等性状关键基因进行标记定位、克隆与功能鉴定。

2、动植物新品种选育。

以常规育种技术、杂种优势利用技术为基础，与聚合育种、诱变育种、分子标记辅助选择育种相结合，培育高产、优质、抗病虫、抗逆性动植物新品种。完善超级稻、优质稻育种及产业化开发体系；建立畜禽水产新品种选育及繁殖技术研发体系，重点突破生猪、优质鸡和水产动物育种技术体系；建立主要园艺作物以及经济作物、林木育种技术体系。

3、转基因育种技术。

推进生物育种技术及产业化开发平台建设。分别建立和完善水稻、玉米、猪、鸡等重要动植物高效转基因技术体系，构建广东省转基因动植物安全评价技术平台与基地。培育具有抗逆或抗病虫、以及优质、高产、氮磷高效利用等优良性状的转基因水稻、玉米等作物品种。针对提高猪的饲料利用效率、减少废弃物排放以及提高猪和肉鸡的抗病性等重要经济性状，培育转基因猪和鸡育种新材料。同时开展转基因安全评价和效果检测。

4、种子种苗繁育技术及产业化。

研究植物脱毒组培苗快繁技术，规模化作物种子繁育技术，珍稀水产鱼类人工孵化及繁殖技术，畜禽蚕原种及杂交繁育技术，建立动植物种子种苗繁育技术体系并实现产业化。

（四）有害生物防控科技工程。

广东省地处热带亚热带，高温多湿，一年多次生产，动植物病虫害发生频繁，农产品进出口贸易量大，外来入侵生物危害严重。有害生物防控科技工程重点开展重大动植物疫病和外来入侵生物防控技术研究应用，以保障农业高产稳产，保护生物安全，实现农业可持续健康发展。

1、作物病虫草鼠防控技术。

开展作物病虫草鼠害监测、检验、预警技术的研究，植物主要病虫害流行规律与防控关键技术研究；农田杂草防治技术与新除草剂研发，广东不同农业生态环境鼠害防控技术，新农药的环境风险评估及控制技术研究。

2、畜禽病虫害防控技术。

开展重大畜禽疫病及人兽共患病病原生态学、流行规律、风险评估与预警、免疫与发病机理、高通量快速诊断技术研究；种畜禽场疫病净化关键技术研究与集成示范；新兽药与疫苗的创制与应用；重大畜禽疫病及人兽共患病防控技术研究。

3、水生动物病虫害防控技术。

水产动物主要疫病病原生态学与流行病学、风险评估与预警技术研究；水产动物重要疫病的快速检测技术和配套试剂盒研究；水产动物重要疫病常规疫苗和基因工程疫苗的研究；水产动物病害控制的水生环境调控技术及调控产品生产工艺研究。

4、外来入侵生物防控技术。

重要外来动植物疫病以及外来生物的流行病学研究；新外来物种和疫病的快速检测方法与防治技术研究；重要外来入侵生物的检测与监测、环境风险评估及危害控制技术研究。

（五）农产品增值科技工程。

农产品保鲜和加工是延长农业产业链、增加农产品附加值、促进农民增收的关键。农产品增值科技工程以广东大宗特色优势农产品贮运保鲜和精深加工关键技术研究与应用为重点，推进传统食品产业升级和农产品加工副产物综合利用，促进我省农业产业结构调整，保障农业增效和农民增收。

1、农产品储运保鲜关键技术。

主要开展果蔬储运保鲜关键技术研究，粮食高效安全防虫防霉储运关键技术研究，畜禽肉品保鲜技术研究，水产品保鲜与保活、低温物流链配套技术和设备研究与开发。

2、营养健康食品设计与制造关键技术。

主要开展新型健康食品研发以及功能食品配料开发。利用南方特色食药两用资源和南海海洋生物资源开发适合广东人群需求的降糖降脂、减肥、提高免疫力等功能的保健型基料和功能食品。

3、现代食品加工关键技术。

重点研究广东大宗特色果蔬深加

工关键技术，早籼米非食用途的工业转化与利用技术，南方特种油料和功能性油脂产品加工技术，水产品高效利用与精深加工技术，特色茶叶深加工关键技术，药食两用中药材与食用菌加工关键技术。

4、农产品加工副产物综合利用关键技术。

开展热带亚热带水果、稻米、甘蔗、油茶与油脂加工副产物的高值化利用，畜禽副产物综合利用技术，大宗优势水产品加工副产物精深加工技术，蚕桑资源高效综合利用技术研究。

（六）生态安全与低碳农业科技工程。

广东人地矛盾突出，经济高速发展带来的生态环境问题成为制约可持续发展的关键问题，维护农业生态安全，是确保国民社会经济的可持续发展的重要组成部分。生态安全与低碳农业科技工程开展农业面源污染控制技术、循环农业与高效种养技术、农业固碳关键技术、应对气候变化与减灾防灾技术和农业节能减排技术研究，以促进农业可持续发展和生态平衡。

1、农业面源污染控制技术。

开展农业面源污染状况和污染特征调查分析，种植业面源污染控制技术、养殖业粪污毒害物阻断技术与削减工程措施研究，在东、西、北江和重要饮用水源地开展农业面源污染物控制技术集成与示范基地建设。

2、农业废弃物循环利用技术。

开展农业废弃物厌氧发酵产气工程及综合利用示范，农业废弃物转化制备绿色生物农药技术与工艺研究，农业废弃物快速好氧堆肥技术及产业化示范，建立基于循环农业的有机废弃物可持续利用技术体系与模式。

3、高效生态种养技术。

开展主要粮油和经济作物、畜牧水产高效生态种养殖技术、中低产田改良与保护性耕作技术研究、林下资源利用技术研究；农田资源集约高效利用模式和健康养殖模式研究；轻简高效栽培技术研究与集成。

4、农业固碳与节能减排关键技术。

研究农林土壤有机碳固定与稳定机制及森林碳汇技术，基于稳产的农林土壤碳库培育与稳定化技术模式，开展广东不同区域农田土壤固碳与稳产技术集成示范，研究稻田节能减排与低碳稻作技术。

5、应对气候变化与减灾防灾技术。

研究低温、台风等极端天气对农业生产的影响，提出应对气候变化和灾害性天气、森林火灾防控技术以及稳定农业生产的技术和措施。

（七）农村信息科技工程。

信息技术是农业高新技术的重要

2011年4月1日，“2011年白云区农业科技暨放心农资下乡进村活动”在广州白云区人和镇举行。本次活动共有超过2 000名农民群众参与，提供现场咨询500多人次，起到了良好的农业科技知识宣传普及效果。

组成部分。农村信息科技工程重点开展基于物联网的安全农产品流通信息化技术、数字化建模技术及农业专家系统、涉农信息智能管理公共技术和农业信息数字化服务技术研发，跟上时代发展步伐，推进广东农业现代化进程。

1、基于物联网的安全农产品流通信息化技术。

研究基于电子标签和条码的安全农产品识别与防伪技术；研究基于传感器网络和全球定位系统的安全农产品数字化物流管理系统；集成电子标签、条码、传感器网络、移动通信网络和计算机网络等技术应用于安全农产品产供销全程跟踪和溯源信息化。

2、数字化建模技术及农业专家系统。

以华南地区特色和优势的蔬菜、果树等主要农作物为研究对象，获得作物生长发育的数字化模型，建立土壤养分、水分、光照等作物生产管理的参照系统，为作物系统预测、分析、调控、设计的数字化和科学化提供基础。以植物模型模拟技术为核心，建立一套基于模型的农业专家系统构件化开发技术和软件平台。

3、涉农信息智能管理公共技术。

研究开发主要农作物、畜牧、水产、森林等的元数据集，制定农业知识共享技术与服务标准体系，研究农村资源管理信息化技术，构建农业农村时空信息采集、处理、管理、发布、预警、决策为一体的智能信息系统，开发互动式且能满足农村不同用户需求、智能化、个性化农业知识服务平台与推广应用。

4、农业信息数字化服务技术。

研究支持图像化、立体化、互动性及可操作性强的知识服务技术；利用多媒体、三维动画、卡通、漫画等新手段、新技术，开发表现形式更为通俗化和多样化的农村信息服务数字化产品；研究短信、视频、语音等多终端农村信息服务技术；推进面向“三网融合”的农村多终端信息服务集成。

（八）农业装备科技工程。

农业机械化水平已成为衡量农业现代化水平的重要标志。农业装备科技工程重点开展农作物全程机械化、丘陵山地轻简型生产机械化、规模化健康养殖、特色农产品加工以及设施农业技术与装备研发，提高用现代物质条件装备农业的保障能力。

1、农作物全程机械化关键技术与装备。

完善广东特色优势的作物生产全程机械化技术体系和装备的研究、引进、示范与推广。开展特色经济作物生产机械化关键技术与装备研究。

2、丘陵山地轻简型生产机械化技术与装备。

研制省力化果树修剪机具；轻简型果园施肥机具；研究水肥一体化滴灌调控技术；轻简型施药机具；轻简化水果采摘机具；果园货运系统与装备；果树采摘机器人移动平台集成技术。

3、工厂化健康养殖关键技术与装备。

开展畜牧水产工厂化健康养殖环境控制装备、模式及管理系统研究，开发智能型禽畜养殖自动饲喂装备和渔业工厂化养殖及水产网箱养殖设备。

4、特色农产品加工装备。

开发特色水果、水产品高值化和传统风味食品加工机械装备，研制稻谷和肉制品干燥加工节能减排技术与装备。

5、设施农业技术与装备。

开展园艺作物周年高产和有机栽培技术与设施装备研究；开发智能化温室设施和省力化小型机械装备；开展设施农业可再生能源及资源综合利用技术与装备的研究以及利用设施农业减灾应急技术与配套装备研究。

（九）新农村建设科技工程。

新农村建设是统筹城乡发展、构建和谐广东的重要任务，科技应该在新农村建设中发挥重要的支撑作用。新农村建设科技工程重点开展新农村建设规划与产业发展模式、新农村清洁社区与污染治理、数字乡村关键技术集成与示范、休闲农业与农村美化关键技术研究，提高新农村建设的科技水平。

1、新农村建设规划与产业发展模式。

制订社会主义新农村建设总体规划、城乡美化与都市农业建设规划、社会主义新农村特色民居建设规划、循环型生态乡村发展规划等；结合广东省的实际情况，研究新农村建设过程中促进农业产业化和农村经济发展的模式。

2、新农村清洁社区与污染治理。

研究农村社区污染综合治理等技术并在不同区域进行应用示范；推广应用农村社区节约资源和保护环境的农业技术，探索适合广东不同区域的节约资源和防治污染技术应用模式；研究农村社区清洁水技术；研究农村社区清洁能源技术并推广应用。

3、数字乡村关键技术集成与示范。

开发村镇数字化服务支撑系统，包括村镇电子政务、电子商务、医疗卫生、社会保障等信息系统，形成综合服务平台。依托广东农村信息“直通车”工程的持续推进，对商会协会、种养大户、专业市场兴建、供销社等的信息服务站点进行功能改造完善和科技信息服务能力提升。

4、休闲农业与农村美化关键技术。

研究广东特色都市休闲农业发展模式，开发广东特色休闲农业技术，主要为城郊林木花卉种植技术、蔬菜种植技术、水产养殖技术等；研究农村屋顶绿化技术、农村园林规划设计技术、农村污染水治理技术、农村垃圾无害化水处理技术。

5、农村应急科技支撑体系建设。

围绕农业、农村突发性自然灾害以及重大突发性食品安全事故，构建县级综合性应急技术支撑体系，重点研究快速便携式设备研发，支持相关知识培训，组建重点领域专业应急救援队伍。

（十）现代农业示范科技工程。

农业科技示范是解决科技推广和成果转化“最后一公里”和“最后一道坎”问题的有力措施，是提高农业生产率、推进社会主义新农村建设的重要保障。现代农业示范科技工程重点开展区域农业技术示范、现代农业产业科技示范、农业科技援助和农村科技特派员，以推进我省农业科技成果新技术和新品种的转化，进一步提高推广效率，促进广东农业经济快速发展，创造农业科技成果转化环境和示范基地，形成创新机制。

1、区域农业技术示范。

以农业科技为支撑，在农业基础较好的县（县级市、区）重点开展精细农业、设施农业、信息农业、农产品加工业、生态农业以及新农村人居环境建设等；开展城镇化过程中的城镇建设技术、农业产业技术、管理技术、社会公共服务技术等开发与集成、应用和示范；以行政村为单位重点开展农作物新品种、畜禽和水产养殖新品种以及适用种养技术的应用推广和示范，安全农产品生产与加工技术以及农村卫生与环境整治技术的应用推广和示范。

2、现代农业产业科技示范。

以区域特色优势农村产业为主要载体，集成示范产业适用技术，推进一定区域内具有特色和优势的农业产业发展，引进筛选优良动植物新品种，推广先进适用农业技术，开发农业新产品，培育具有科技含量高和辐射带动能力强的农业龙头企业，形成较为完善的区域农业产业链和农业技术链，建设星火技术产业带；集成示范安全农产品与食品生产与加工技术适用技术，建设健康农业科技示范基地和安全农产品生产综合示范区；以新品种试验示范为主要内容，建设生物种业科技示范基地。

3、农业科技援助。

根据对口帮扶的河源市东源县、对口科技援助的新疆喀什、西藏林芝、四川汶川、重庆巫山等地的农业科技与农业产业发展状况及其科技需求，筛选先进适用的农业技术和科技成果到上述地区推广应用，促进当地农业科技进步和农业产业发展；开展先进适用的农业技术的培训和农业人才的培养。

4、农村科技特派员行动。

根据不同区域农业产业化发展需要和企业技术需求，组建农村科技特派员队伍，开展相关培训，提高科技特派员素质；搭建农村科技特派员工作科技支撑平台、信息服务平台、科技服务平台、科技创业平台、合作交流平台；创新农村科技特派员工作的体制机制，营造良好的政策环境，推进科技服务与创业；整合科技、资金、信息与市场等优势资源，充分发挥农村科技特派员的聪明才智和工作热情，促进现代农业发展。

五、保障措施

（一）加强组织领导。

1、成立“十二五”规划实施领导小组。

以省科技厅主要领导为组长和副组长，相关处室人员为成员，组成“十二五”规划实施领导小组。主要负责规划实施的领导与协调，指导规划的实施工作。

2、成立“十二五”规划实施专家委员会。

按专业领域聘请专家，成立“十二五”规划实施专家委员会。主要负责规划实施过程的专业指导。

3、成立“十二五”规划实施办公室。

成立“十二五”规划实施办公室，挂靠农业科技主管处室。成员主要为各地市农村科技主管领导和涉农相关单位人员。主要职责是推进规划实施、跟踪规划实施进展、协调实施过程，通报实施情况等。

（二）加大科技投入。

1、加大省科技经费在农村科技领域的投入力度。

积极争取在原有农业领域科技经费的基础上，继续增加科技投入经费额度。

2、积极争取国家科技经费在农村科技领域的投入力度。

以良好的科技工作为基础，积极争取国家科技部、农业部等部门农业相关经费投入到广东农业科技发展中。

3、与地方联合支持科技计划项目，增加科技投入力度。

整合省、市、县科技资源，以项目为载体，以地方企业、高校及研究单位为主要承担单位，实施省市联动科技计划项目，提高项目投入力度。

4、引导社会对农村科技的多元化投入。

加强宣传，采取鼓励政策，积极引导各级政府、企业、银行、金融、税务、风险投资等有关部门积极投资农业和农村科技，促进农业产业发展。

（三）加强科技创新。

1、培养一批创新人才。

设立青年农业科技创新专项，支持年轻农业科技工作者积极投身农业科技领域，培养农业科技后备人才；设立高端农业人才科技创新专项，支持省内农业行业顶尖农业科技工作者开展农业先进技术的研究与开发；积极推荐和立项支持优秀农业科技创新人才的科技计划项目，充分调动其开展农业科技创新的积极性。

2、创建一批科技创新平台。

在原有基础上继续以农业龙头企业为主要承担单位，建立农业科技创新中心，促进农业企业的自主研发能力；以广东特色优势农业产业为研究对象，成立农业产业技术研发中心，并以此为平台，集中省内优势学科和优秀人才，形成研究开发合力，共同推进农业产业技术的研究与开发。

3、实施一批重大科技项目。

以农业科技创新为目标，分期分批实施一批农业领域重大和重点科技计划项目，突破制约农业产业发展的关键技术，推进农业产业化大发展。

（四）加强合作交流。

1、组建一批产学研联盟。

按专业或领域分类成立一批产学研联盟，促进农业行业内开展科技交流与合作，加强高校研究所与企业之间的合作与交流。

2、加强与省外农业科技的合作与交流。

以资源共享、共同进步为原则，加强与省外农业科技的合作与交流，与外省共同推进区域星火技术产业带、区域农业科技创新中心、和区域农业科技示范基地建设。

3、加强与国外农业科技的合作与交流。

引进消化并吸收国外先进的农业技术，加强对外的农业技术合作与交流；以科技计划项目为载体，开展合作研究；开展国外先进技术的培训和人才培养。

文献

2011年中央经济工作会议公报

中央经济工作会议于2011年12月12日至14日在北京举行。

中共中央总书记、国家主席、中央军委主席胡锦涛，中共中央政治局常委、全国人大常委会委员长吴邦国，中共中央政治局常委、国务院总理温家宝，中共中央政治局常委、全国政协主席贾庆林，中共中央政治局常委李长春，中共中央政治局常委、国家副主席、中央军委副主席习近平，中共中央政治局常委、国务院副总理李克强，中共中央政治局常委、中央纪委书记贺国强，中共中央政治局常委、中央政法委书记周永康出席会议。

胡锦涛在会上发表重要讲话，全面分析当前国际国内经济形势，深刻阐述明年和今后一个时期经济工作必须把握好的重大问题，明确提出明年经济工作的总体要求、大政方针、主要任务。温家宝在讲话中全面总结今年经济工作，对明年经济工作的主要目标、任务和有关重大问题作出具体部署。

会议指出，今年是“十二五”时期开局之年，党中央、国务院团结带领全国各族人民，牢牢把握科学发展这个主题和加快转变经济发展方式这条主线，实施“十二五”规划，加强和改善宏观调控，正确处理保持经济平稳较快发展、调整经济结构、管理通胀预期的关系，加大解决突出问题工作力度，巩固和扩大应对国际金融危机冲击成果，促进经济增长由政策刺激向自主增长有序转变，国民经济继续朝着宏观调控预期方向发展，呈现增长较快、价格趋稳、效益较好、民生改善的良好态势。总的看，2011年，我国社会主义经济建设、政治建设、文化建设、社会建设以及生态文明建设和党的建设都取得了新的成绩，实现了“十二五”时期良好开局。在十分复杂的国内外背景下，这样的成绩确实来之不易。这是全党全国同心同德、团结奋斗的结果，是各地区各部门各方面不懈努力、顽强拼搏的结果。

会议强调，在充分肯定成绩的同时，也要清醒地看到，当前我国经济发展中不平衡、不协调、不可持续的矛盾和问题仍很突出，经济增长下行压力和物价上涨压力并存，部分企业生产经营困难，节能减排形势严峻，经济金融等领域也存在一些不容忽视的潜在风险。我们必须保持清醒头脑，加强风险评估，及早准备预案，及时采取措施，有效化解各种风险。

会议认为，今年以来，世界经济增长放缓，国际贸易增速回落，国际金融市场剧烈动荡，各类风险明显增多。展望明年，世界经济形势总体上仍将十分严峻复杂，世界经济复苏的不稳定性不确定性上升。我们要更加注重统筹国内国际两个大局，增强机遇意识、忧患意识，充分认识国际金融危机给我国发展带来的机遇和风险，从我国改革开放和社会主义现代化建设全局高度，加强战略谋划，增强应对能力，扬长避短，趋利避害，不断提高我国的综合国力和国际竞争力。

会议指出，面对复杂多变的国际政治经济环境和国内经济运行新情况新变化，必须继续抓住科学发展这个主题和加快转变经济发展方式这条主线，牢牢把握扩大内需这一战略基点，把扩大内需的重点更多放在保障和改善民生、加快发展服务业、提高中等收入者比重上来；牢牢把握发展实体经济这一坚实基础，努力营造鼓励脚踏实地、勤劳创业、实业致富的社会氛围；牢牢把握加快改革创新这一强大动力，抓住时机尽快在一些重点领域和关键环节取得突破，着力提高原始创新能力，不断增强集成创新、引进消化吸收再创新能力；牢牢把握保障和改善民生这一根本目的，加大财政投入力度，切实办好涉及民生的大事要事，注重提高发展的包容性。

会议强调，明年是实施“十二五”规划承上启下的重要一年，我们党将召开十八大。做好明年经济工作，保持经济社会发展良好势头，具有十分重要的意义。会议提出，明年经济工作的总体要求是：全面贯彻党的十七大和十七届三中、四中、五中、六中全会精神，以邓小平理论和“三个代表”重要思想为指导，深入贯彻落实科学发展观，继续实施积极的财政政策和稳健的货币政策，保持宏观经济政策的连续性和稳定性，增强调控的针对性、灵活性、前瞻性，继续处理好保持经济平稳较快发展、调整经济结构、管理通胀预期的关系，加快推进经济发展方式转变和经济结构调整，着力扩大国内需求，着力加强自主创新和节能减排，着力深化改革开放，着力保障和改善民生，保持经济平稳较快发展和物价总水平基本稳定，保持社会和谐稳定，以经济社会发展的优异成绩迎接党的十八大胜利召开。

会议认为，推动明年经济社会发展，要突出把握好稳中求进的工作总基调。稳，就是要保持宏观经济政策基本稳定，保持经济平稳较快发展，保持物价总水平基本稳定，保持社会大局稳定。进，就是要继续抓住和用好我国发展的重要战略机遇期，在转变经济发展方式上取得新进展，在深化改革开放上取得新突破，在改善民生上取得新成效。

会议提出了明年经济工作的主要任务。

一、继续加强和改善宏观调控，促进经济平稳较快发展。必须统筹处理速度、结构、物价三者关系，特别是要把解决经济社会发展中的突出矛盾和问题、有效防范经济运行中的潜在风险放在宏观调控的重要位置。要深入分析经济发展和运行趋势变化，准确把握宏观调控的力度、节奏、重点。要继续实施积极的财政政策和稳健的货币政策。财政政策要继续完善结构性减税政策，加大民生领域投入，积极促进经济结构调整，严格财政收支管理，加强地方政府债务管理。货币政策要根据经济运行情况，适时适度进行预调微调，综合运用多种货币政策工具，保持货币信贷总量合理增长，优化信贷结构，发挥好资本市场的积极作用，有效防范和及时化解潜在金融风险。财政政策和信贷政策都要注重加强与产业政策的协调和配合，充分体现分类指导、有扶有控，继续加大对“三农”、保障性住房、社会事业等领域的投入，继续支持欠发达地区、科技创新、节能环保、战略性新兴产业、国家重大基础设施在建和续建项目、企业技术改造等。要加强预算管理，严格控制“三公”等一般性财政支出。

二、坚持不懈抓好“三农”工作，增强农产品供给保障能力。要加大强农惠农富农政策力度，加快农业科技进步，努力促进农业增产、农民增收、农村发展。要毫不放松抓好粮食生产，稳步提高粮食最低收购价，增加粮食生产直接补贴，加大粮食主产区利益补偿力度。要落实好“米袋子”省长负责制和“菜篮子”市长负责制。要强化农产品全程质量安全管理，完善储运和市场体系，规范流通秩序，降低农产品流通成本。要抓好水利基础设施建设，扩大小型农田水利建设重点县范围，新建一批高标准农田。要坚持科教兴农战略，增强农业科技攻关和自主创新能力，加快农业技术推广。要深入推进社会主义新农村建设，抓好农村危旧房改造、环境整治、饮水安全、道路建设和电网改造。要办好农村义务教育和中等职业教育，提高新型农村合作医疗筹资标准和农民受益水平，实现新型农村社会养老保险制度全覆盖。要落实好中央扶贫工作会议精神和新10年扶贫开发纲要。要稳定和完善农村基本经营制度，稳步探索农村集体经济有效实现形式，鼓励发展农民专业合作社，健全农业社会化服务体系，为农户提供低成本、便利化的生产经营服务。

三、加快经济结构调整，促进经济自主协调发展。一是着力扩大内需特别是消费需求。要合理增加城乡居民特别是低收入群众收入，拓宽和开发消费领域，促进居民文化、旅游、健身、养老、家政等服务消费；加强城乡市场流通体系建设，提高流通效率，降低物流成本；强化监管和服务，坚决打击商业欺诈、制假售假行为，让广大群众放心消费、安全消费。要保持适度投资规模，优化投资结构，重点抓好在建和续建工程，确保国家已经批准开工的在建水利、铁路、重大装备等项目资金需求。二是着力推进产业结构优化升级。要坚持创新驱动，强化知识产权保护，促进产学研结合，全面落实国家中长期科技发展规划纲要，加快实施重大科技专项。培育发展战略性新兴产业，要注重推动重大技术突破，注重增强核心竞争力。改造提升传统产业，要严格产业政策导向，进一步淘汰落后产能，促进兼并重组，推动产业布局合理化。要加快重点能源生产基地和输送通道建设，积极有序发展新能源。发展服务业特别是现代服务业，要营造良好政策体制环境，建立公平、规范、透明的市场准入标准。要加快壮大文化产业，推动文化事业蓬勃发展。三是着力加强节能减排工作。要严格目标责任和管理，完善评价考核机制和奖惩制度，强化节能减排政策引导，加快建立节能减排市场机制。要加强环境保护，重点抓好大气、水体、重金属、农业面源污染防治。要坚持建设性参与应对气候变化国际谈判和合作。四是着力推动区域协调发展。东部地区要更加自觉地率先转变经济发展方式，努力提高经济发展质量，中西部地区要创新发展模式。要加强对中西部地区、东北地区等老工业基地发展的支持，切实改善革命老区、民族地区、边疆地区、贫困地区生产生活条件，扎实推进援藏援疆工作。要根据全国主体功能区规划确定的功能定位推进发展，科学引导城市群发展。

四、深化重点领域和关键环节改革，提高对外开放水平。要调整财政转移支付结构，加强县级基本财力保障。要推进营业税改征增值税和房产税改革试点，合理调整消费税范围和税率结构，全面改革资源税制度，研究推进环境保护税改革。要深化利率市场化改革和汇率形成机制改革，保持人民币汇率基本稳定。要深化农村信用社改革，积极培育面向小型微型企业和“三农”的金融机构。要完善多层次资本市场。要完善原油成品油价格形成机制，逐步理顺煤电价格关系。要继续深化国有企业、行政管理体制、文化体制等改革和事业单位分类改革。要加快落实促进非公有制经济健康发展的政策措施。要保持外贸政策连续性和稳定性，保持出口平稳增长，推动出口结构升级，加强和改进进口工作，积极扩大进口，促进贸易平衡。要引导外资到中西部地区投资，扩大服务开放，扩大境外投资合作，积极防范境外投资风险。要深化国际合作，加强同周边国家基础设施的互联互通，反对各种形式的保护主义，妥善处理贸易摩擦，努力改善我国发展的外部环境。

五、大力保障和改善民生，加强和创新社会管理。要增加教育投入，提高教育质量，推进义务教育均衡发展、布局优化。要坚持更加积极的就业政策，多渠道开发就业岗位，加强就业扶助，支持劳动密集型产业和小型微型企业发展。要完善社会保障体系，扩大养老等各类社会保险覆盖范围，提高统筹层次和保障水平，落实好各项保障措施和救助机制。要重视农民工在城镇的工作生活问题，帮助他们逐步解决在就业、居住、医疗、子女入学等方面遇到的困难，有序引导符合条件的农民工进城落户。要继续做好医药卫生体制改革工作，加快推进以县级医院为重点的公立医院改革试点，加快全科医生培养。要抓好保障性住房投融资、建设、运营、管理工作，逐步解决城镇低收入群众、新就业职工、农民工住房困难。要坚持房地产调控政策不动摇，促进房价合理回归，加快普通商品住房建设，扩大有效供给，促进房地产市场健康发展。要落实好中央关于加强和创新社会管理各项部署，妥善解决群众合法合理诉求，坚决纠正损害群众利益的行为。要有效防范和坚决遏制重特大事故发生，加强食品、药品、生产安全监管，强化社会监督，依法打击违法违规行为。

会议指出，做好明年的经济工作，要坚持统筹兼顾，切实把握好各项目标、任务之间的平衡，稳中求进。要把稳增长、控物价、调结构、惠民生、抓改革、促和谐更好地结合起来。稳增长，就是坚持扩大内需、稳定外需，努力克服国内外各种不稳定、不确定因素的影响，及时解决苗头性、倾向性问题，保持经济平稳运行。控物价，就是继续采取综合措施，保持物价总水平基本稳定，防止价格走势出现反弹。调结构，就是突出主题，贯穿主线，有扶有控，提高经济增长质量和效益，增强发展的协调性和可持续性。惠民生，就是把保障改善民生放在更加突出的位置，集中解决紧迫性问题，切实办成一些让人民群众看得见、得实惠的好事实事。抓改革，就是以更大的决心和气力推进改革开放，着力解决影响经济长期健康发展的体制性、结构性矛盾，在一些重点领域和关键环节取得新的突破，以开放促改革、促发展、促创新。促和谐，就是正确处理改革发展稳定关系，积极有效化解各种矛盾和风险隐患，促进社会和谐稳定。

会议指出，做好明年经济工作，必须加强和改进党对经济工作的领导，着力提高推动科学发展、维护社会和谐稳定能力和水平。要增强大局意识，把思想和行动统一到中央对国际国内形势的判断上来，统一到中央对明年经济工作的总体要求和决策部署上来，正确把握本地区本部门工作同全国经济发展的关系，自觉服从和服务于全党全国工作大局。要坚持统筹兼顾，处理好各方面重大关系，推动经济建设、政治建设、文化建设、社会建设以及生态文明建设协调发展。要做好换届工作，切实选好干部、配强班子，保持本地区发展规划稳定性，做好工作有机衔接。要坚持求真务实，厉行勤俭节约，把有限资源和财力用在发展经济、改善民生上。要深入开展党风廉政建设和反腐败斗争，加强对权力运行的制约和监督，坚决查处各种违纪违法案件，坚决纠正损害群众利益的不正之风。

会议强调，明年是我国发展进程中具有特殊重要意义的一年。全党全国各族人民要紧密团结在以胡锦涛同志为总书记的党中央周围，坚定信心、开拓进取、扎实工作，巩固和发展“十二五”时期开局良好势头，全面做好改革发展稳定各项工作，奋力夺取全面建设小康社会、加快推进社会主义现代化新胜利。

（上接：第072页）留问题，坚决防止强拆企业厂房、强占企业用地的情况。三是帮助台资企业缓解用工难问题。加强珠三角与粤东西北及其他省区的劳务合作，加大农村劳动力培训转移就业力度，积极推进粤台职业技术教育交流合作，重点引进和培养台资企业转型升级急需的技能型人才和适用劳动力。指导台资企业完善用工管理制度，推行工资集体协商，加强人文关怀，构建和谐双赢的劳动关系。四是进一步清理涉及台商的各种行政事业性收费，该减的减，该免的免，该取消的坚决取消。五是切实维护台商和台资企业的合法权益。省台办和省司法厅、各市台办和司法局都要成立律师服务团，为在粤台商和台资企业提供法律服务。建立完善台商权益保障工作联席会议制度和台商投诉协调工作机制。支持台商投资企业协会加快发展。六是为台湾居民和台商提供生活便利。支持台商医院、台商子弟学校及台协会馆等建设，为他们创造良好的发展条件。

女士们、先生们，朋友们：正是本着加强合作、共谋发展的宗旨，今天我们在这里隆重举办2011两岸新兴产业合作暨经济转型升级高端论坛。这次论坛以“深化新兴产业合作，加快经济转型升级”为主题，邀请了中央部委专家、两岸企业界、研究机构等有关方面的代表参加，期间将举行系列参观、座谈和讨论，共同研究推进两岸的新兴产业合作与经济转型。我们诚挚期待各位来宾积极参与论坛各项活动，进行更多面对面的交流、心连心的沟通，开展更直接、更广泛、更深入的对接，同时希望大家多关注广东转型升级带来的商机，多来广东走走看看，考察投资项目，共谋转型发展。我们相信，只要两地各界通力合作，粤台经贸文化交流合作一定能再上新水平，粤台两地的明天一定会更加美好，海峡两岸的明天一定会更加美好！

最后，祝本次论坛取得圆满成功！另外，再过几天就是中华民族的传统节日——中秋节。我想借此机会，祝各位台湾同胞中秋快乐、团团圆圆！祝各位领导、各位嘉宾朋友身体健康、工作顺利、万事如意！

谢谢大家。

政府工作报告

——2012年1月13日在广东省第十一届人民代表大会第五次会议上

广东省代省长　朱小丹

各位代表：

我代表省人民政府向大会作政府工作报告，请予审议，并请政协各位委员和其他列席人员提出意见。

一、2011年工作回顾

2011年是"十二五"开局之年，是我省转型升级与改善民生互促共进、推动科学发展取得新成绩的一年。在党中央、国务院和省委的正确领导下，在省人大及其常委会和省政协的支持监督下，省政府以邓小平理论和"三个代表"重要思想为指导，深入贯彻落实科学发展观，按照胡锦涛总书记视察广东提出的新要求，牢牢把握"主题主线"和加快转型升级、建设幸福广东的核心任务，认真实施珠三角《规划纲要》和"十二五"规划，克服各种困难和挑战，大力促进结构调整和经济发展方式转变，巩固和扩大应对国际金融危机冲击成果，保持了经济社会平稳较快发展。初步核算，全省生产总值53 000亿元，比上年增长10%；人均生产总值50 500元，增长8%.来源于广东的财政总收入达13 668亿元，增长15.4%；地方财政一般预算收入5 514亿元，增长22.1%.城镇居民人均可支配收入26 897元，增长12.6%；农村居民人均纯收入9 372元，增长18.8%，实际增幅创1983年以来新高。8年来城乡收入比首次缩小到3倍以内。省十一届人大四次会议确定的各项任务基本完成，实现"十二五"时期良好开局。

一年来，我们主要做了以下工作：

（一）有效应对国内外复杂形势，经济保持平稳较快发展。认真落实中央宏观调控政策，深入实施扩大内需战略，加大解决突出问题工作力度，促进经济增长由政策刺激向自主增长有序转变。

消费、投资、出口拉动的协调性增强。深入推动广货全国行，支持企业建立国内营销网络，加强泛珠合作，内销比重提升。消费市场保持畅旺，社会消费品零售总额达20 247亿元，增长16.3%。投资结构进一步优化，民间投资、工业技改投资、先进制造业投资快速增长，省重点项目投资任务顺利完成。固定资产投资总额16 933亿元，增长17.6%。成功组织与中央企业、知名民企、世界500强三场重大招商活动。出口总额达5 319亿美元，增长17.4%，占全国1/4强。

物价涨势得到初步遏制。加强市场供应和价格监管，发挥价格调节基金作用，实施农超、农校等产销对接，推进蔬菜大棚、冷藏设施和平价商店建设。向低收入群众发放临时价格补贴5.3亿元。居民消费价格上涨5.3%，低于全国平均水平。

各种所有制经济稳步发展。落实小型微型企业税收优惠等政策，完善融资等公共服务体系，预计民营经济对经济增长贡献率达51.8%，提高5.2个百分点。深化国有企业改革，国有经济战略性调整取得新进展。外资经济、混合所有制经济稳步发展。

（二）大力推进自主创新和产业转型升级，现代产业体系建设取得新成效。深入实施自主创新战略，推动产业结构调整和优化升级，经济增长质量效益有所提升。

自主创新能力增强。在全国率先推动出台实施自主创新促进条例。企业创新主体作用增强，开放型区域创新体系进一步完善。深化省部院产学研合作，全年合作项目5 700多项，新增产值2 760亿元。开展国家技术创新工程试点，在技术创新重点领域和关键环节实施科技专项152项。新增一批国家重点实验室、质检中心、企业技术中心、工程实验室和科技孵化器。质量强省建设取得新成效，制造业质量竞争力指数居全国前列。发明专利授权量、有效发明专利拥有量、获中国专利奖金奖数和驰名商标数均居全国第一，《专利合作条约》（PCT）国际专利申请受理量占全国的50%以上。高新技术产品产值约占工业总产值的30%。专业镇转型升级加快。引进第二批创新科研团队和领军人才。

产业结构调整步伐加快。以500强项目为引领，加快构建现代产业体系。三次产业比重调整为5.1:49.7:45.2。先进制造业增加值占制造业增加值的53.4%。积极推进广州、深圳国家服务业综合改革试点，现代服务业集聚区建设扎实推进，现代服务业增加值占服务业增加值比重达56.3%，提升0.3个百分点。战略性新兴产业呈现技术提升、规模扩大、集聚发展的良好态势，形成新型显示、软件、新材料和新一代通信等4个年产值超千亿元的新兴产业集群。推动信息化与工业化深度融合，优势传统产业改造提升步伐加快。海洋经济总量居全国首位。旅游总收入占全国1/5强。

农业农村经济稳步发展。粮食等主要农产品实现全面增产。农业基础设施得到改善，现代标准农田建设加快。民生水利建设扎实推进，城乡水利防灾减灾工程基本完成。农技推广示范县、农技试验示范基地建设取得新成效，农业科技装备建设得到加强。扶持一批农业龙头企业和农民专业合作社，农业产业化水平提升。农产品质量安全监管和动植物疫情防控有力有效。林业产业发展势头强劲。现代渔业快速发展。

节能减排和节约集约用地成效明显。国家低碳省试点工作稳步开展。实施重点节能减排工程，推行合同能源管理，加快淘汰落后产能。单位生产总值能耗和化学需氧量、氨氮、二氧化硫、氮氧化物排放量可望完成年度指标。节约集约用地试点示范省建设成效突出，超额完成国家下达的年度补充耕地任务。“三旧”改造有力推进，节地率达48%。

环境保护和生态建设扎实有效。全省环境质量保持稳定，集中式饮用水源地水质和地级以上市城市空气质量全部达标，主要江河及珠三角河网区干流水质进一步改善，地质灾害防治力度加大。林业生态工程有效推进，森林覆盖率达57.2%。

（三）深入实施“双转移”与提升珠三角带动东西北战略，区域发展协调性明显增强。坚持统筹协调、分类指导，优化资源要素配置，以产业转型转移促进区域协调发展。

“双转移”成效显著。加大“腾笼换鸟”力度，扎实推进各地产业转移工业园建设。推广深汕（尾）特别合作区、顺德清远（英德）经济合作区共建模式。东西北园区承接产业转移能力增强。省产业转移工业园实现工业总产值3 468亿元，增长77.5%。培训农村劳动力85.5万人，转移就业137.6万人，18.6万外来务工人员积分入户城镇。

以一体化为主轴提升珠三角综合竞争力。积极实施珠三角五个一体化规划。广佛同城化步伐加快，三大经济圈分别实现年票互通，城际轨道交通建设稳步推进。召开巡回检查讲评会，推动珠三角产业转型升级。珠三角地区现代服务业占第三产业比重达60%，先进制造业、高新技术产业提升发展。

东西北地区发展提速。编制实施东西北三个地区经济社会发展规划纲要。大力加强基础设施建设，交通大会战扎实推进，揭阳潮汕机场顺利建成通航。粤东能源石化产业、粤西临港重化工业、粤北资源型产业加快发展。东西北地区生产总值、工业增加值、地方财政一般预算收入、固定资产投资等增速均高于全省平均水平。县域经济加快发展。主体功能区规划试点工作和南岭山地森林及生物多样性生态功能区建设初见成效。

城市化进程加快。出台实施《关于提高我省城市化发展水平的意见》。以绿道网为抓手推进宜居城乡建设。珠三角新建城市绿道网2 828公里，东西北地区绿道网建设启动，全省城市人均公园绿地面积13.3平方米。城市供水供气、污水处理等设施不断完善。探索大运量公交导向开发模式，完成珠三角城际轨道第一批站场土地综合开发规划。中心镇集聚、辐射能力加强。名镇名村示范村创建工作有效推进。全省城镇化率达66.5%。

（四）深化体制改革，科学发展体制机制不断完善。坚持社会主义市场经济的改革方向，着力推进重点领域和关键环节改革攻坚，增创体制机制新优势。

行政体制改革扎实推进。大部门制改革、富县强镇和简政强镇事权改革深入推进，县级行政体制改革进展顺利，经济发达镇行政管理体制改革试点全面完成。行政审批制度改革继续深化，创新审批方式试点稳步推进。事业单位分类改革取得新进展，在全国率先开展事业单位法人治理结构和法定机构改革试点。

经济体制改革进一步深化。调整改革省级以下财政体制，稳步推进省直管县财政体制改革试点工作，建立县级财政保障机制，激励型财政政策逐步健全。规范政府投资管理，推行省级政府重大投资项目公示和投资项目后评价制度。推进金融改革创新综合试验区建设，深化农信社改革和城市商业银行重组改革。国有企业集团整体上市工作稳步推进。珠三角地区率先探索城乡一体化改革，山区县农村综合改革顺利推进。集体林权制度改革全面完成。华侨农场改革取得新进展。

文化体制改革取得新进展。经营性文化事业单位转企改制步伐加快。广播电视网络整合取得突破性进展。健全文化市场体系，成立南方文化产权交易所。创新文化管理体制，文化

广东省“双转移”的重点建设项目

市场专项整治深入开展。

社会体制改革实现新突破。成立省社会工作委员会，出台加强社会建设的决定及七个配套文件。社会组织登记管理进一步规范，各类社会组织健康有序发展。专业社工人才队伍不断壮大，民办社工服务机构发展迅速。城市社区管理体制改革和农村社区建设扎实推进。村居民自治制度不断健全。

（五）外经贸转型发展成效明显，开放型经济水平提升。坚持稳增长、调结构、促平衡，实施更加积极主动的开放战略，推动外经贸稳定发展、转型升级。

进出口保持稳定增长。坚持稳定出口和促进进口并重，多渠道开拓国际市场，扩大鼓励进口产品和技术目录覆盖面，推进通关便利化，积极应对贸易摩擦。进出口总额9 135亿美元，增长16.4%。

外经贸转型升级步伐加快。贸易方式结构、主体结构、市场结构和商品结构持续优化，预计一般贸易出口占全省出口比重25年来首次突破1/3。全国加工贸易转型升级示范区建设扎实推进，“委托设计+自主品牌”生产方式加工贸易出口占加工贸易出口总额近40%。

利用外资水平提升。围绕产业结构转型升级加强对外招商引资，合同利用外商直接投资347亿美元，增长41%。投资总额过亿美元的大项目、高技术产业项目明显增多。承接服务外包合同金额大幅增长。

粤港澳台合作和对外交流合作再上新台阶。落实粤港、粤澳合作框架协议。广州南沙粤港澳合作综合示范区建设加快，深港前海合作区建设扎实推进，珠海横琴新区开发有关政策获国务院批复。港珠澳大桥、广深港高速铁路等跨境重大基础设施建设顺利。粤港澳服务业合作成效明显。粤台合作进一步深化。对外交流合作取得新成绩，侨力优势进一步发挥。

（六）各项社会事业加快发展，幸福广东建设初见成效。编制实施幸福广东指标体系，加大民生投入，推进基本公共服务均等化。全省财政用于保障和改善民生支出达4 233亿元，占支出总额的63%。十件民生实事圆满完成。

就业和社会保障进一步加强。实施更加积极的就业政策。城镇新增就业177万人，城镇登记失业率2.46%．城乡养老保险体系逐步健全，城镇居民养老保险试点扎实推进，新农保覆盖面大幅扩大。城镇全民医保成效突出，基本医疗保险参保率达95.8%，城镇居民基本医保和新农合政府补助标准提高到200元以上。社会救助体系加快完善，城乡低保标准达到1 500元以上。继续提高了最低工资标准。社会福利和慈善事业加快发展。超额完成国家下达的新开工保障性住房任务。

教育、文化、卫生、体育、人口计生等工作取得新成绩。教育强省建设加快推进。义务教育规范化学校、欠发达地区乡镇中心幼儿园规范化建设全面铺开，中小学校舍安全工程建设成效显著。推广外来务工人员随迁子女凭积分免费入读义务教育公办学校。高中阶段教育全面普及。现代职业技术教育体系基本框架初步建立。高水平大学和重点学科建设步伐加快。代课教师问题基本解决，90%的县（市、区）基本实现教师工资福利待遇“两相当”。广播电视“村村通”、农村电影放映等文化惠民工程深入实施，城乡社区群众文化设施扩大覆盖。文化遗产保护工作显著加强，获多项国家级文物年度奖。成功举办纪念辛亥革命100周年系列活动。广州、江门荣获“全国文明城市”称号。深化医药卫生体制改革，政府办基层医疗卫生机构全面实施基本药物制度，基层医疗卫生机构综合改革和公立医院改革试点扎实推进。公共卫生服务均等化项目全面实施。食品药品安全监管工作得到加强。群众体育蓬勃开展，竞技体育实力提升。成功举办深圳世界大学生运动会。完成国家下达的人口控制计划。实现广东妇女儿童十年发展规划目标。参事、文史工作取得新成绩。国防建设、军民共建、双拥优抚安置工作进一步加强。民族地区加快发展，宗教界服务社会成效明显。

扶贫开发“双到”工作成效显著。累计落实帮扶资金超130亿元，扶持贫困村发展经济项目1.8万个，贫困地区生产生活条件显著改善。85%的农村贫困户提前一年实现年人均纯收入超过2 500元的脱贫目标。成功举办第二届“广东扶贫济困日”活动。援疆援藏和对口帮扶工作扎实推进。

社会保持和谐稳定。基层综治信访维稳力量有效整合。流动人口居住证适用覆盖面扩大。严厉打击各类刑事犯罪，治安防控体系进一步健全。创新公共安全管理机制，应急管理能力有新提高。推行安全生产“一岗双责”，各类事故起数、死亡人数持续下降。监狱劳教、律师公证、人民调解、法律援助、社区矫正、安置帮教、戒毒康复等工作扎实开展。

政府自身建设得到加强。自觉接受省人大及其常委会的监督和政协的民主监督，共办理全国人大代表建议17件，全国政协提案13件；省人大代表建议648件，省政协提案651件。提请省人大常委会审议地方性法规草案7项，制定及修订政府规章13项。科学民主依法决策机制不断完善。坚持依法行政，政务公开、网络问政有效开展。行政复议、行政应诉、行政执法监督工作继续加强。“六五”普法深入开展。监察、审计工作扎实推进，惩防腐败体系建设取得新进展。

各位代表！过去一年我省取得的成绩来之不易，是党中央、国务院正确领导的结果，是全省人民团结拼搏、共同奋斗的结果，离不开海内外各界人士的关心支持。在此，我代表省人民政府，向全省广大工人、农民、知识分子、干部职工，向驻粤人民解放军、武警官兵、人民警察和各民主党派、人民团体、社会各界人士致以崇高敬意！向长期关心支持我省改革发展的港澳同胞、台湾同胞、海外侨胞及国际友人表示衷心感谢！

我们也清醒认识到，制约我省科学发展的结构性、体制性问题尚未根本解决，又面临一系列新问题新矛盾：经济增速缓慢回落与物价仍处高位相互交织；外贸进出口增长下行趋势明显；基础设施投资下滑；部分企业特别是小型微型企业经营困难；节能减排形势严峻，节约集约用地压力较大；改善民生任务艰巨，社会管理难度加大；推进依法行政、建设服务型政府还存在不少薄弱环节。对此，我们要高度重视，采取有效措施认真解决。

二、2012年工作安排

各位代表！今年是实施“十二五”规划承上启下的重要一年，是加快转型升级、建设幸福广东的关键一年，我们将迎来党的十八大和省第十一次党代会的胜利召开。做好今年工作具有特殊重要意义。综观国内外形势，我省经济社会发展环境依然十分严峻复杂。世界经济复苏的不稳定不确定性上升，国际市场陷入低迷，保护主义倾向更加突出，能源资源竞争日益激烈，传统行业产能过剩和新兴产业发展不确定性并存。国内经济发展中不平衡、不协调、不可持续的矛盾和问题仍很突出，经济面临较严重下行压力，转变经济发展方式更为迫切。综合分析现阶段经济发展的长期矛盾和短期问题、结构性因素和周期性因素、国内问题和国际问题，我省正从规模扩张主导的经济高速增长期转入结构调整和质量效益主导的经济平稳增长期。世界经济格局的深刻调整变化，一方面对我国经济造成较大冲击，另一方面又有利于我们把握重要战略机遇期，加快促进经济社会转型升级。我们必须主动适应国内外环境和自身发展阶段变化，增强机遇意识和忧患意识，坚定信心，因势利导，扬长补短，趋利避害，坚定不移地加快转变经济发展方式，实现经济平稳健康可持续增长，努力提高经济发展质量，不断增进社会民生福祉。

政府工作的总体要求是：全面贯彻落实党的十七届六中全会、中央经济工作会议和胡锦涛总书记视察广东重要讲话精神，按照省委十届十一次全会的决策部署，深入贯彻落实科学发展观，牢牢把握“主题主线”和加快转型升级、建设幸福广东的核心任务，继续解放思想，坚持稳中求进，努力稳增长、扩内需、调结构、促改革、惠民生、保稳定，着力健全区域创新体系，着力推进产业转型升级，着力促进城乡区域协调发展，着力提升文化软实力，着力加快绿色低碳发展，着力加强以保障和改善民生为重点的社会建设，努力保持经济平稳健康可持续增长，提高发展质量，朝着率先全面建成小康社会、率先基本实现现代化的宏伟目标扎实迈进，以经济社会发展的优异成绩迎接党的十八大和省第十一次党代会胜利召开。

经济社会发展的主要预期目标是：生产总值增长8.5%，人均生产总值增长7.5%，固定资产投资增长15%，社会消费品零售总额增长15%，进出口总额增长7.5%，地方财政一般预算收入增长10%；服务业增加值占生产总值比重45.5%；现代服务业增加值占服务业增加值比重56.5%；先进制造业、高技术制造业增加值占规模以上工业增加值比重分别达48.5%和22%；研究与实验发展经费支出占生产总值比例1.95%；居民消费价格涨幅控制在4%左右；城镇居民人均可支配收入增长10%，农村居民人均纯收入增长10.5%；城镇登记失业率控制在3.5%以内；单位生产总值能耗下降3.99%，化学需氧量、氨氮、二氧化硫、氮氧化物排放量分别下降2.3%、2%、2.5%、2.2%。

按照上述总体要求和目标任务，必须做好以下工作：

（一）保持经济平稳健康可持续增长。

坚持扩大内需特别是消费需求。深入推进广货全国行，着力开拓辐射能力强的省（区、市）和二线重点中等城市市场。加快省外广东商贸城、广货展示中心和广东商品国际采购中心等平台建设，深化泛珠合作，完善内销网络。加强现代物流体系建设，降低商贸物流成本。实施万村千乡市场工程，完善农村流通体系。逐步增加城乡居民特别是低收入群众收入，提高居民消费能力。培育新的消费热点，拓展绿色、健康、文化、网络等新型消费，打造珠三角高档品牌消费圈。深入实施国民旅游休闲计划，扩大旅游综合消费。有力开展打击欺行霸市、打击制假售假、打击商业贿赂和建设社会信用体系、建设市场监管体系“三打两建”行动，整顿和改善市场环境。

促进投资平稳增长和结构优化。有效扩大投资需求，进一步优化投资结构。今年安排省重点项目280项，年度计划投资4 000亿元。继续加大对现代产业体系建设重点项目、“三农”、保障性住房、社会事业等领域的投资。努力扩大服务业尤其是现代服务业投资。继续提高企业技术改造投资比重。抓好高速公路、高速铁路、城市和城际轨道交通、环境保护、城乡水利防灾减灾工程等基础设施重点项目投融资，切实扭转基础设施投资下滑局面。立足扶持民营经济大发展大提高，拓宽民间投资领域和范围，积极引导民间资本投向重大项目、重点在建项目。继续做好省级政府自行发债工作。合理调节房地产建设投资规模。

加强经济运行调节。强化经济运行监测分析，运用广东制造业采购经理指数等先导性指标提高预测预警水平。加强财税运行科学分析，推动涉税信息交换与共享，提升财政税收管理科学化、精细化水平。加强煤电油气运综合协调。编制重要物资储备规划，布局建设重要物资储备基地。

构建中小企业综合服务体系。实施差别化政策，扶优扶强，促进中小微企业转型升级、加快发展。推动各级各类综合服务机构发展，加快建设中小微企业公共服务平台。完善中小微企业政务服务体系，开展中小微企业服务推广日活动。完善中小微企业融资服务体系，促进小额贷款公司和担保公司健康发展，推广区域集优债和集合票据，推进中小企业上市梯度培育工程。加强政银企合作，引导金融机构加大对中小微企业的信贷支持。健全中小企业科技服务体系，继续实施民营企业自主创新能力和企业家素质提升工程，重点扶持中小民营科技企业。

稳定物价总水平。落实“米袋子”省长负责制和“菜篮子”市长负责制。推动蔬菜大棚、冷藏设施和平价商店网络化、规模化发展。搞好商品产运销衔接。加强价格调节基金征管。完善低收入群众临时价格补贴与物价上涨联动机制。强化价格监督检查，规范价格秩序。加强房地产调控，促进房价合理回归，引导房地产市场健康发展。

（二）加快提高自主创新能力。

健全区域创新体系。完善区域创新布局，加快构建以企业为主体、以市场为导向、产学研结合的开放型区域创新体系。深化科技体制改革，引导和支持创新要素向企业集聚，推进形成企业、高校、科研院所、管理部门等多主体协同创新体系。加强重点实验室、工程实验室、工程技术开发中心、企业技术中心、国家质检中心和重点科研基地建设，健全公共创新平台体系。实施产业技术路线图计划，建设现代服务产品“超市”，启动国家级和省级创新型产业集群建设试点，完善科技服务体系。改革和完善政府创新投入的统筹使用、管理监督和绩效评估制度体系。

广东省十一届人民代表大会第五次会议闭幕

深化省部院产学研合作。完善省部院会商机制，争取更多创新资源和重大科技项目落户广东。推动企业科技特派员工作规范化、制度化。扩展产学研合作领域和范围，深化与央企所属科研院所合作。

加快突破核心关键技术。实施重大科技专项，加强与国家科技项目对接配套，重点突破战略性新兴产业核心关键技术。充分发挥国家和省自然科学基金等的作用，提升基础研究和原始创新能力。在建筑、交通、照明等领域实施节能减排重大科技行动。在生态环境、人口健康、公共安全等领域组织实施社会发展科技项目和示范工程。

深入实施人才强省战略。加强海（境）外人才智力引进，做好引进第三批高层次创新科研团队和领军人才工作。抓好南粤百杰人才培养。优化人才培养使用环境，强化科技奖励和股权激励，完善高层次人才住房、子女入学等政策措施。建立健全科学的人才评价发现机制，完善人才服务和管理体系。建立知识产权保护长效机制。今年省财政用于引进创新和科研团队、领军人才专项资金从4.2亿元增加到8.5亿元。

（三）大力推进产业转型升级。

优先发展现代服务业。出台服务业发展“十二五”规划纲要，重点发展金融保险、现代物流、信息服务、科技服务、商务会展、文化创意、服务外包、现代旅游、健康服务等现代服务业，围绕发展实体经济，着力提高生产性服务业质量和比重。推进珠三角金融改革创新综合试验区建设，发展金融后台服务。发展第三方物流、保税物流和国际物流，实施物流标准化服务示范工程。加快“三网融合”，大力发展信息传输和技术服务、内容增值服务等新业态。加强科技研发、节能环保、质量检测等专业技术服务。支持跨国公司、中央企业、大型民企在粤设立地区总部、采购中心和研发中心。培育企业管理、法律服务、会计审计等专业服务，提升发展专业会展。做大做强工业设计、建筑设计、广告创意等创意产业，打造粤港工业设计走廊。推进国家级服务外包基地城市建设。加快建设全国旅游综合改革示范区和旅游强省。鼓励发展非医疗性健康服务产业。改造提升商贸、餐饮、社区服务等传统服务业。

提升发展先进制造业。促进高端电子信息设备、汽车制造、大型船舶制造、海洋工程装备、城际轨道交通装备、智能制造、数控装备、先进医疗器械和现代农机等装备制造业集约化、高端化发展，构建核电、太阳能、风能等新能源装备制造体系，做强做大省市共建先进制造业基地。推动钢铁产业上大压小、淘汰落后产能，打造具有国际竞争力的湛江钢铁生产基地。推进中科炼化一体化等石化产业重大项目建设，延伸石化产业链，规划建设若干规模化石化产业园区。深入推进质量强省建设，实施技术标准战略。推进“两化”融合牵手工程，运用信息技术和先进适用技术改造提升传统制造业。采取“一镇一策”推动专业镇转型升级。

重点培育发展战略性新兴产业。坚持科学规划，形成战略性新兴产业加快发展、有序竞争的合理布局。组织实施一批重大应用示范项目，完善标准体系，促进市场拓展和商业模式创新，加大市场需求培育力度。以高端新型电子信息、新能源汽车、半导体照明为重点组建战略性新兴产业技术联盟，重点扶持战略性新兴产业骨干企业和共性关键技术联合攻关。推动云计算、物联网、新一代移动通讯、节能环保、生物医药、新材料等产业有序加快发展。推进与国家联合设立战略性新兴产业创业投资基金。加强战略性新兴产业专利信息资源开发利用。推进国家高技术产业基地建设。

支持中新（广州）知识城建设，充分发挥其发展知识经济的引擎作用。

加快海洋经济强省建设。全面部署海洋综合开发和区域合作，推进海洋战略资源开发，制定和实施临港产业集聚区建设规划，做强港口现代物流业，大力发展海洋新兴产业，打造现代产业“黄金海岸”。实施科技兴海战略，推进海洋科技自主创新和成果转化。加快建立区域性海洋生态保护体系，建设一批海洋保护区。开展海域环境容量评估，强化海洋污染防治。推进集中集约用海和科学围填海，探索海岛开发模式。大力发展滨海旅游业。提高现代海洋渔业发展水平。编制广东海洋经济地图，办好第二届海洋经济博览会。

推进金融、科技、产业融合发展。引导资金、人才更多投向实体经济。以高新区为重点加快科技金融创新试点。完善创新创业投融资服务体系，扩大知识产权质押融资试点，完善融资担保体系，培育发展创业投资和私募股权投资。实施青年领军企业上市孵化工程。力争我省国家级高新区开展“新三板”扩容试点。以土地资本、金融资本、产业资本“三资融合”新模式提升发展园区经济。支持广州、深圳建设区域金融中心，推进广东金融高新技术服务区建设。建设区域产权交易市场。积极开展金融创新，加大对重大产业项目和优势企业兼并重组的金融支持。

（四）切实加强“三农”工作。

落实强农惠农富农政策。完善农业补贴制度和涉农资金监管制度，加强资金使用跟踪问效。完善财政支农与金融支农配套政策。加快发展政策性农业保险。多渠道促进农民增收。大力发展农村二三产业，扶持发展农村集体经济。加强农业技术培训，强化外来务工人员就业创业指导服务。

加强农业基础设施建设。大力发展民生水利，实施农田水利万宗工程、千宗治洪治涝保安工程、千里海堤加固达标工程、村村通自来水工程和农村饮水安全工程，建设现代化水利系统。加快建设高标准基本农田、标准鱼塘渔港，实施耕地地力培肥工程。

加快转变农业发展方式。出台建设现代农业强省的扶持政策。全面提高粮食综合生产能力，促进农业稳产增产。优化农业结构布局，推进农业产业化经营，做大做强特色优势产业。加强农业科技服务体系建设，强化现代农业装备，发展现代设施农业。完善基层农机推广体系，提高农机公共服务能力。建设现代农业示范园区。加强农产品质量安全监管，落实食用农产品标识管理和市场准入制度。强化重大动植物疫情监测和防控。

深化农村综合改革。继续推进珠三角农村综合改革，全面铺开山区县农村综合改革。继续深化华侨农场改革。积极探索农业投入新机制。加快完善农业行政执法体制。加强土地流转服务体系和土地承包经营纠纷调解仲裁体系建设。加快推进农村集体土地确权登记发证，开展村级公益事业一事一议财政奖补试点工作。巩固集体林权制度改革成果，创新林地林木权属管理机制。

（五）推动城乡区域协调发展。

坚定不移推进“双转移”。集中资源优先扶持产业转移重点区域、重点园区和重点产业建设。创新竞争性扶持方式，坚持省级产业转移工业园末位淘汰制度。建立健全政府、产业转移工业园、行业协会“三结合”工作机制。围绕主导产业、特色资源招商引资，促进产业集群化发展。引导入园企业提高投入产出率和单位土地面积产出率，促进园区集约高效发展。科学规划区域劳动力转移布局，继续推进农村剩余劳动力技能培训和转移就业。

完成珠三角“四年大发展”目标任务。加快基础设施建设及管理运营一体化，重点加快珠三角城际轨道交通及公路网建设。推进高速公路不停车电子收费，实现珠三角年票互认、公共交通“一卡通”及广佛肇、深莞惠通信一体化。加强三大经济圈内外产业协调，打造基于产业链的专业化分工和产业化协作体系。加快推进基本公共服务一体化，实行社会保障“一卡通”。

推动东西北地区跨越发展。加强基础设施建设，重点加快县县通高速公路。推动粤东、粤西建设以石化、钢铁、能源生产为主的沿海重化产业带，发展特色经济、海洋经济和现代农业。推动粤北地区发展生态型、循环型特色产业，打造特色制造业集聚区和珠三角先进制造业配套基地。推进汕潮揭、湛茂阳都市区一体化发展。实施“反哺工程”，鼓励引导东西北地区在外企业家回乡投资兴业。推动环珠三角地区加快对接珠三角，促进粤东融入海西经济区、粤西融入北部湾经济区、粤北融入南岭生态区。

提高城市化发展水平。科学修编城乡总体规划，努力探索符合广东实际的文明、宜居、承载力和可持续能力强的城市化道路。与港澳携手打造世界级城市群。科学开发、从容建设广州南沙等城市新区，积极稳妥推进旧城区更新改造，注重彰显城市新建筑岭南文化特色。复兴岭南历史文化街区。推进城市公用设施建设，增强城市公共服务功能。加快智能城市基础设施建设。创新城市管理体制和城市发展投融资机制，推进提高城市化发展水平试点。加强中心镇建设，打造名镇名村示范村。

加强主体功能区建设。制定实施与主体功能区建设配套的政策措施及绩效评价考核办法。推进清远、增城、云安等主体功能区建设试点，支持韶关、河源、梅州相关县（市）开展南岭生态功能区建设与保护。推动主体功能区规划与国民经济和社会发展规划、城乡建设规划、土地利用总体规划融合衔接。

（六）促进外经贸战略转型和平稳发展。

全力推进加工贸易转型升级。落实与国家有关部门的合作协议或备忘录，加快全国加工贸易转型升级示范区及东莞试点城市建设。探索推进电子围网建设，加快外经贸、海关和加工贸易企业三方电子化联网。支持加工贸易企业不停产转型、扩大内销、延伸产业链。推动海关特殊监管区域整合发展和管理创新，探索进口保税仓和出口监管仓“两仓整合、双向运作”模式。

促进进出口协调发展。支持企业巩固传统市场，开拓新兴市场，重点扶持一般贸易、高新技术、自主品牌产品出口。加快出口退税进度。加强中小外贸企业信用融资平台建设，健全出口信用风险保障机制。积极应对国际贸易摩擦。加强外贸转型升级示范基地和自主国际品牌示范区建设。完善促进进口政策体系，引导企业扩大进口鼓励目录中的关键技术、先进设备和资源型产品。建设大宗商品进口专用码头和若干进口商品交易中心。推进通关便利化。

实行“引进来”和“走出去”并举。集中精力抓好重点优质外资大项目引进，妥善解决项目布局和大项目落地问题。引导外资投向现代服务业、先进制造业、高新技术产业、节能环保产业和现代农业。加快培育本土跨国企业，鼓励和支持企业通过并购获得国外关键技术、资源和原材料。加大国外广东产业园区建设力度，加快建立生产基地和营销网络。

深化粤港澳台合作和对外交流合作。深入实施CEPA和服务业开放先行先试政策，促进粤港澳服务贸易自由化，加快建设广州南沙粤港澳合作综合示范区和深圳前海、珠海横琴粤港澳服务业合作示范区。推进港珠澳大桥等跨境重大基础设施建设。搭建港澳台资企业转型升级新平台。支持香港人民币离岸市场建设，推动粤港澳金融IC卡的运用。打造粤港澳国际知名旅游区。加强粤台交流合作。深化与东盟合作，办好广东与东盟华商合作交流会。进一步发挥外事、侨务对促进经济社会发展的积极作用。

（七）大力实施绿色发展战略。

强化节能减排。扎实推进国家低碳省试点工作。落实节能减排目标责任制，加强节能监察。严格执行主要污染物排放总量控制和前置审核制度。优化能源结构，淘汰高能耗、高排放落后产能。抓紧出台能源消费总量控制实施方案，实行强度和总量双控制。健全固定资产投资项目节能评估审查制度，严格用能管理。推行合同能源管理，开展排污权有偿使用和交易制度试点。发展环保产业。实施节能减排重点工程，抓好建筑、交通、商贸、公共机构和农村等非工领域节能，实施绿色建筑行动，建设低碳城市。发展循环经济，推行清洁生产。

狠抓环境保护。严格环保准入和污染物排放标准，推进规划环评。实施最严格的水资源管理制度，加强饮用水源水质保护和跨界河流水质管理，强化区域流域污染联防联治。新增80万吨城镇污水日处理能力。加快推动各县（市）生活垃圾无害化处理处置设施建设，实现乡镇生活污水处理设施全覆盖。实施珠三角清洁空气行动计划，防治大气复合污染。在珠三角地区率先将细颗粒物（PM2.5）纳入空气质量监控评价体系。加强农村环境保护。强化重金属、固体废物、放射性污染、光污染和噪声污染防治。完善环境监测预警和执法监督体系，强化环境风险防范。

推进节约集约用地。严格实施新一轮土地利用总体规划，推进节约集约用地试点示范省建设。实行最严格的耕地保护和节约用地制度，推动建立耕地保护补偿新机制，维护被征地农民的合法权益。加快推进“三旧”改造，促进闲置土地重新开发利用。推进数字城市、数字广东地理空间框架建设。实施找矿突破战略行动，合理开发和保护矿产资源。

加大生态保护和建设力度。推进绿道网、珠江洁净水系、生态景观林带、北部绿色生态屏障等重点生态工程建设。加快建设现代林业强省，增加森林碳汇。抓好自然保护区示范省建设，强化林地、林木、野生动植物资源和湿地生态保护。抓好城市增绿工作，推进森林围城进城。继续以珠三角尤其是广佛地区为重点推进珠江水系生态保护和生态修复。开展生态示范、生态文明和宜居村镇创建活动。抓好地质环境保护、地质灾害防治，提高地震监测预报水平。

（八）深化重点领域和关键环节改革。

深化行政体制改革。围绕转变政府职能，加大向社会放权力度，编制实施政府转移职能目录和政府购买服务目录。扩大大部门制改革试点。开展新一轮县镇扩权试点，建立完善富县强镇动态扩权机制。在部分地级以上市城区开展城市行政层级扁平化改革试点。继续减少行政审批事项，制定省行政审批事项目录管理办法。加快推行公务员聘任制。扎实推进事业单位分类改革。深化社会体制改革，完善政社协同治理机制。

推进财政、金融和投资体制改革。完善激励型财政转移支付制度，加快建立生态补偿机制，健全县以下政权基本财力保障机制，深化省直管县财政体制改革试点。积极稳妥推进预决算及“三公”经费公开。探索保险资金以股权、债权投资方式参与大型项目建设。继续推动农信社市场化合作和产权制度改革，发展村镇银行，推广扶贫贷款。深化地方金融机构改革，组建金融控股公司。积极发展保险业。建立健全金融监管协调新机制和金融风险预警预报机制，提高金融监管水平。制定省级政府投资管理暂行办法。

深化国有企业改革。鼓励国有企业兼并重组和战略合作。加快完善公司制和法人治理结构，规范董事会运作。推动优质资源向主营业务、重要子公司集聚，加快退出低效、无效投资和长期亏损业务。积极推进国有企业主业资产整体上市。推进国企重大投资决策和收入分配制度改革。

推动住房保障制度、医疗保障制度和社会组织改革取得实质性进展。加快建立以廉租房、公租房为主体的新型住房保障制度，实行实物配租与租赁补贴相结合，建立“以需定建、分类保障、轮候解决”的保障性住房建设供给制度。创新公租房建设模式，建立多元化投融资机制，确保用地供应。改革分配管理制度，促进保障性住房资源公平分配和良性循环。健全统筹城乡的基本医疗保险制度，扩大商业保险机构参与医疗保险管理服务试点，完善基本医疗保险筹资与待遇水平调整机制。大力培育发展社会组织，建立社会组织孵化基地。创新社会组织登记管理办法，放宽准入限制。依法加强监督管理，促进社会组织规范健康发展。加强社工队伍建设，拓展社会工作人才服务领域。

深化资源要素市场改革。稳妥推进资源环境价格改革，适时实施居民用电用水阶梯价格。健全天然气价格形成机制。稳妥推进公益公用价格改革。推进省内公路收费站撤并工作，年内取消全省政府还贷二级普通公路收费。抓紧研究取消公路收费的相关问题。深化土地、技术、劳动力市场等改革。

（九）全面推进文化强省建设。

提升公民思想道德素质和社会文明程度。推进社会主义核心价值体系建设，提炼新时期“广东精神”，实施“幸福文化”培育工程，开展“崇尚道德、诚信广东”主题宣传教育活动，提升全社会思想道德水平。增强公民法制观念。推广中山全民修身行动试点经验。推进珠三角文明城市群建设。开展全民读书活动，建设学习型社会。

构建覆盖城乡的公共文化服务体系。加快基层文化设施全覆盖，推进公共文化场馆建设和免费开放。推进国家公共文化服务体系示范区（项目）创建。深入实施全国文化信息资源共享工程。广泛开展群众性文化活动。积极开展文艺下乡，推动公共文化服务“进村入户”。加强文化遗产保护，弘扬优秀岭南传统文化。

推进文化体制机制改革创新。加快国有经营性文化事业单位转企改制，完成市县两级国有文艺院团体制改革和非时政类报刊改革。实现有线广播电视网络“全省一张网”。重组整合新华书店。鼓励社会力量兴办文化事业。创新文化管理方式，加强行业管理和自律。

加快发展文化产业。建设南方传媒文化创意产业园、广东国家数字出版基地和珠江两岸文化创意产业圈等，打造文化创意产业基地和知名品牌。加快发展动漫游戏、数字出版、网络音乐等文化产业。开展文化消费补贴计划和国民文化消费卡工程试点。建设文化会展、交易和投融资三大平台，创新文化产业商业模式。加强文化市场综合执法，规范文化市场秩序。以经济交往密切的国家和地区为重点，推动文化“走出去”。

（十）加强以保障和改善民生为重点的社会建设。

稳定和扩大就业。完善实施积极就业政策。深入实施南粤高校毕业生就业推进行动。健全城乡就业创业服务体系，完善就业援助制度。开展全民技能提升储备培训。实施扶创业带就业计划，推进创业型城市（县、区）创建。建设国家级职业能力开发评价示范基地。推行企业工资集体协商制度，强化外来务工人员工资支付执法检查。

坚持优先发展教育。开展省级政府教育统筹综合改革试点，打造南方教育高地。加大教育投入，新增财力优先保障教育支出。推动学前教育扩容普及和幼儿园规范促优。实施义务教育均衡发展工程，全面推进中小学规范化学校建设。启动建设高中阶段教育优质发展工程。建设南方重要职业技术教育基地。实施高等教育发展水平提升工程。推动粤港澳和中外合作办学。建设高素质专业化教师队伍。

健全覆盖城乡的社会保障体系。完善养老保险省级统筹，加快统一养老保险缴费基数和比例。健全省级养老保险调剂办法。实现新农保全覆盖。推进医保城乡统筹，推动外来务工人员、失业人员等重点人群参保。完善失业保险市级统筹，探索建立省级统筹制度。积极扩大生育保险覆盖面，推行生育医疗费用直接结算。稳步提高各项社会保险待遇水平和灾害救助标准。

加强城乡医疗卫生服务。实施重大和基本公共卫生服务项目，扩大基本公共卫生服务范围。加强公共卫生应急机制建设和重大疾病防治。完成基层医疗卫生机构综合改革。调整省级增补药品目录，将村卫生站纳入基本药物制度实施范围。扎实推进公立医院改革，扩大试点范围。促进医药卫生信息化，启动省级卫生综合管理信息平台建设。支持民营医疗机构发展。完善城乡药品供应保障体系。推进中医药强省建设，扩大“治未病”试点范围。

完成扶贫开发“双到”任务。认真实施省扶贫开发条例和实施意见，实现3 409个贫困村、37万贫困户基本稳定脱贫。推进产业扶贫，发展“一村一业”。推进金融扶贫，扩大贫困村小额贴息贷款和农民互助资金试点范围。加强科技扶贫、智力扶贫。加快水库移民安居工程建设。继续办好“广东扶贫济困日”活动。抓好援疆援藏及对口帮扶工作。

做好人口计生、体育、民政、民族宗教等工作。深化人口计生综合改革，稳定低生育水平，促进人口均衡发展。落实妇女、儿童发展新规划，切实维护妇女儿童权益。加强校车交通安全管理。完善体育设施，深入开展全民健身活动，抓好伦敦奥运会备战和参赛工作，做强体育产业。发展养老服务事业。做好残疾人工作，完善社会救助体系。改进殡葬基本公共服务。依法加强宗教事务管理，加快民族地区发展，推进民族团结进步创建活动。完善国防动员体系，深入开展双拥共建活动，巩固军政军民团结。做好人防、统计、档案、方志、参事、文史等工作。

推进平安广东建设。健全动态治安防控体系，严厉打击各类严重刑事犯罪和多发性犯罪。加强社会管理综合治理，开展社会治安重点地区集中整治。加强未成年人犯罪预防。依法严厉打击侵犯知识产权和走私贩私、传销等违法犯罪活动。深化社会管理创新，推进警务信息化建设。做好信访、调解工作，健全矛盾排查调处和权益保障等机制。创新流动人口服务管理，全面推行“一证通”制度。强化和改善网络虚拟社会管理。引导企业加强人文关怀，创建和谐劳动关系示范区。加强社区矫正人员和刑释解教人员管理服务。强化食品安全和产品质量监管，严格食品市场准入，深入推进食品药品安全示范县（区）创建工作。加快气象现代化试点省建设。健全突发事件预防预警和应急处置机制。落实安全生产“一岗双责”和企业主体责任，强化隐患排查治理，坚决遏制重特大事故。

各位代表！今年省财政将投入446亿元，集中力量办好十件民生实事：一是千方百计扩大就业。新增城镇就业120万人，失业人员再就业60万人，促进创业10万人。新增转移农村劳动力80万人。二是加强保障性住房建设。开工建设保障性住房、棚户区改造住房14.39万套（户），新增发放廉租住房租赁补贴7 600户。完成10万户农村低收入住房困难户住房改造、1 374户渔民安居住房建设和700个不具备生产生活条件村庄1.5万贫困户搬迁安置任务，完成华侨农场危房改造5 000户。三是提高社会保障水平。落实新农保及城镇居民养老保险制度全覆盖财政资金安排。新农合和城镇居民医疗保险补助水平由200元提高到240元，政策范围内报销比例达70%左右。城乡居民医保年度累计最高支付限额提高至10万元，提高重大疾病保障水平。建立农村退役士兵老年生活补助制度。解决下乡知青的养老保险问题。四是深入开展价格惠民。向全省城市低保对象一次性发放每人450元、农村低保对象每人350元、优抚对象和建国前老党员每人510元的临时性生活补贴。提高城乡低保补差、农村五保供养水平和优抚对象等群体的补贴标准。落实对农民的农资综合直补、成品油价格、农作物良种等各项补贴。推进平价商店进社区进乡镇，确保全省平价商店不少于3 000家。五是优化城乡基本医疗卫生服务。建立长效稳定的基层医疗卫生机构经常性收支差额奖补机制。县级公立医院改革试点扩大到30%的县（市）。支持欠发达地区建设50个以上临床重点专科、转岗培训425名基层医疗卫生人员为全科医生。支持欠发达地区开展待孕夫妇地中海贫血干预项目以及免费孕前检查。六是推进文化惠民。扶持欠发达地区新建、改扩建或完善设施设备县级图书馆、文化馆和博物馆40个，乡镇（街道）综合文化站100个，城乡社区文化室1 000个。建设7 815家农家书屋，实现行政村全覆盖。完成24万场农村和外来工电影放映任务。基本实现广播电视户户通。新建乡镇农民健身工程129个。支持欠发达地区免费开放图书馆、文化馆。七是促进城乡教育协调发展。支持欠发达地区建设250所乡镇中心幼儿园和500所村级幼儿园；建立学前教育助学体系，对家庭经济困难幼儿给予补助。引导和扶持欠发达地区建设1 000所义务教育规范化学校。提高城镇义务教育公用经费补助标准，统一城乡义务教育经费补助政策。投入5亿元用于教师队伍建设。八是强化养老助残服务。新建20个养老福利机构，为社会养老提供8 000个床位。建设15个省级居家养老服务示范中心。对福利院残疾老人、“五保”、低保家庭残疾人及有需求的其他残疾人等提供免费或低偿康复器具装配服务。九是改善外来务工人员工作生活条件。新增外来务工人员参加工伤保险人数40万。将外来务工人员积分入户城镇政策适用范围扩大至在粤务工城乡劳动者，对在申请入户地长期稳定就业的外来务工人员给予加分。制定配套政策，将所有高级工以上技术职称外来务工人员88.3万人列为今年入户城镇对象。资助1万名优秀外来务工人员入读高等院校。取消流动人口治安联防费。十是抓好食品安全。建立健全覆盖省、市、县并逐步延伸到乡镇的食品安全风险监测网络。评选设立1万家食品企业和5 000家市场、大中型超市食品安全示范点。

（十一）推进法治政府和服务型政府建设。

推进依法行政。自觉接受省人大及其常委会的监督，认真落实其各项决议、决定并定期报告工作。积极支持人民政协履行政治协商、民主监督、参政议政职能，认真听取各民主党派、工商联、无党派人士和各人民团体的意见建议。认真办理好人大代表建议和政协提案。落实法治广东建设五年规划，加快法治政府建设步伐，加强和改进政府立法，推进市县领导干部法制培训，支持珠三角九市创建法治政府示范区。健全政府法律顾问制度，完善行政争议调解、依法行政考核制度。强化对行政审批许可行为的监督，规范行政执法行为。完善行政决策程序，建立健全重大问题集体决策、专家咨询、社会公示、风险评估、合法性审查、听证和决策跟踪反馈机制，促进科学民主依法决策。强化基层民主决策、民主管理和民主监督。推动公民有序政治参与，畅通群众利益诉求表达渠道。深入开展“六五”普法。

加强和改进政府服务。加快综合政务服务体系建设，创新政务服务方式，优化政务环境。扩大政府公共服务覆盖范围，建立健全涉企服务体系。推行行政审批“一站式”集中办理，加快建设省级网上审批服务平台。加快政务、厂务、村务公开，重点推进重大建设项目、政府招标采购、产权交易、土地交易等信息公开改革，促进权力公开规范透明运行。开展政府绩效管理试点，提升工作效能。加强教育培训，提高公务员整体素质和服务水平。

加强勤政廉政建设。加快预防腐败信息系统和电子监察综合平台建设。加强政府层级监督，自觉接受公众和舆论监督。加强审计监督和行政监察，强化经济责任审计和绩效审计。施行政府重大决策事项廉政风险评估制度，在重点领域和关键环节建立健全廉政风险预警防控和防止利益冲突机制。巩固扩大“小金库”专项治理成果，继续推进公务用车制度改革。加大对政府机关工作人员失职渎职案件问责力度，规范问责范围和程序。加强行风政风建设和纠风工作。弘扬艰苦奋斗精神，坚持勤俭节约，反对铺张浪费。精简会议文件，严格控制各类评比、论坛和庆典活动。

各位代表！切实当好推动科学发展、促进社会和谐的排头兵，率先全面建成小康社会、率先基本实现现代化，是党中央、国务院赋予我们的光荣历史使命。让我们更加紧密地团结在以胡锦涛同志为总书记的党中央周围，在省委的正确领导下，高举中国特色社会主义伟大旗帜，以邓小平理论和“三个代表”重要思想为指导，深入贯彻落实科学发展观，以奋发有为的精神和求真务实的作风，解放思想，锐意创新，艰苦奋斗，扎实工作，为加快转型升级、建设幸福广东戮力同心、团结奋进，以优异成绩迎接党的十八大和省第十一次党代会胜利召开！

加快转型升级 建设幸福广东

——汪洋在省委十届八次全会第一次全体会议上的报告

2011年1月6日

“十二五”时期，是广东推动科学发展可以大有作为的重要战略机遇期，同时也是广东加快转变经济发展方式攻坚克难的关键时期。中共广东省委深入贯彻落实党的十七大和十七届五中全会精神，立足新起点，把握新形势，提出要加快转型升级、建设幸福广东。这是广东“十二五”发展的核心任务。准确把握其科学内涵和基本要求，对做好全省各项工作具有重要意义。

一、加快转型升级、建设幸福广东，是结合实际落实中央关于“十二五”发展主题主线的根本要求

中央提出，“十二五”发展，要以科学发展为主题，以加快转变经济发展方式为主线。这一重要指导思想，深刻把握了我国经济社会发展阶段性新特征的根本要求，对广东尤其具有针对性和指导性。广东省委认为，把握这一主题主线，落实到广东“十二五”发展，核心就是要加快转型升级、建设幸福广东。这是因为，经过改革开放30多年快速发展，广东已全面进入经济社会发展转型期，传统发展模式难以为继，推进科学发展、转变经济发展方式任务艰巨、刻不容缓；与此同时，人民群众追求美好生活的内容形式更丰富、水准要求更高、权利诉求更强烈，追求体面、尊严和高质量生活已成为全社会的强烈呼声和价值追求，落实以人为本、增进民生福祉同样任务艰巨、刻不容缓。在这发展转型的关键时候，省委提出加快转型升级、建设幸福广东，顺应了广东经济社会发展转型的内在要求和全省人民群众过上更好生活的热切期盼，符合中央关于“十二五”发展“主题主线”的根本要求。抓住这一核心，就突出了广东“十二五”发展的主攻方向，就掌握了推动广东科学发展的主动权。

加快转型升级、建设幸福广东，是一个具有丰富科学内涵的有机整体。这其中，转型升级是手段，幸福广东是目的，二者统一于我们加快转变经济发展方式、推进科学发展的具体实践。加快转型升级，就是要着力提升自主创新能力，加快建设现代产业体系，促进内外需协调拉动经济增长，促进城乡区域协调发展，促进经济社会协调发展，从而夯实物质基础，保证人民群众有更给力的幸福，更长久的幸福。建设幸福广东，就是要坚持以人为本，维护社会公平正义，保护生态环境，建设宜居城乡，改善社会治安，保障人民权益，畅通诉求表达渠道，满足人民群众文化需求，从而强化转型升级的目的依归和价值导向，使转型升级成果更好地转化成人民群众福祉。归根到底，就是要通过转型升级增强广东经济社会发展的均衡性、协调性、可持续性和核心竞争力，不断创造社会财富和公平分配社会财富，让人民群众共享发展成果，过上好日子，增强幸福感。可以说，加快转型升级、建设幸福广东，既体现了中央要求与广东特色的统一，又体现了经济发展与社会发展、物质发展与人文发展的统一，还体现了发展路径方向与发展价值取向的统一，是一个立足实际、面向未来的科学发展愿景。

需要指出的是，加快转型升级、建设幸福广东，固然是一个长期过程，我们要做好“持久战”的思想准备和工作准备，但也绝非高不可攀、遥不可及，而是全省各个地区经过努力都可以实现的目标。在这个问题上，也要防止出现“先污染后治理”现象，就是说要防止先造成了“不幸福”，再去追求“幸福”，而是要把推进发展与增进福祉统一起来，努力实现与发展阶段和水平相适应的幸福，这就是发展的目的所在。我们要咬定青山不放松，把加快转型升级、建设幸福广东这一核心任务落实到开展“十二五”发展工作的各方面和全过程，通过扎实努力工作，把这一面向未来的美好愿景一步一步变成现实可及的幸福生活。

二、加快转型升级、建设幸福广东，必须正确处理好几个关系全局的重大关系

加快转型升级、建设幸福广东，必须解放思想、改革创新、先行先试，统筹兼顾处理好几个重大关系。

第一，处理好发展速度与发展方式的关系。转变经济发展方式，要有一定发展速度作支撑，问题是追求什么样的速度，怎样去追求速度。很明显，按照科学发展要求，有质量、有效益、可持续的速度，能搞多快搞多快，而传统模式下的速度我们绝不能再追求。我们清醒认识到，虽然长期以来广东发展速度快，经济总量大，但创新能力、产业结构、发展质量的提升与发展速度、经济总量的提升之间确实存在较大落差，发展的协调性、可持续性和核心竞争力不强。当前和今后一个时期，广东发展的主要矛盾或说矛盾主要方面，是必须更加突出加快转变经济发展方式。在这过程中，既要不断解决新矛盾新问题，又要积极消化过去积累的老矛盾老问题，可能一段时间发展速度会慢下来。省委“十二五”规划建议提出“十二五”期间全省GDP年均增长8%以上，低于我省“十一五”预期目标和实际增长速度，目的是要强化加快转变经济发展方式这个导向。从长远看，暂时的“稍慢”是为了将来的“更好”和“更快”。只要经济发展方式真正转过来了，即使一段时间速度和总量被赶超，我们还可以东山再起，迎头赶上。否则，欲速不达，最终会因为丧失持续竞争力而永远落伍。当然，就广东不同区域来说，由于发展阶段不同，我们对速度问题并不强求划一。珠三角经济发达，总量相当可观，但传统发展模式已走到尽头，其发展宁可速度低一点，也要质量好一点，集中力量促创新、调结构、转方式。粤东西北经济欠发达，总量小实力弱，在坚持不走“先污染后治理”这条老路的前提下，要加快发展，做大产业规模，做强经济实力。总之，要坚持“好”字优先，“快”在其中，争取又好又快。也就是说，坚持“好”字优先，不是不要“快”，而是要有质量的“快”。要坚定不移调结构，脚踏实地促转变，努力实现“十二五”发展目标，为更长时期又好又快发展打基础，增创广东科学发展新优势。

第二，处理好硬实力与软实力的关系。硬实力与软实力相辅相成，不可偏废，二者共同构成一个国家或地区的综合竞争力。广东作为全国第一经济大省，硬实力日益强大，软实力长足发展，但我们也清醒看到，软实力不强始终是制约广东进一步发展的软肋。比如，在科技、教育、文化、人才等方面，广东与国内先进省市区还有相当差距；在法制环境、营商环境等方面，广东与世界发达地区还有更大差距；在改革激情、创新意识、进取精神等方面，与改革开放初期相比也有明显差距。我们要正视差距，明确方向，切实克服“重硬轻软”倾向，在不断壮大硬实力的同时，更加注重增强软实力，大力推进政治建设、社会建设、文化建设，优化法治环境、人文环境，强化改革创新精神，以软实力的增强促进硬实力的提升，增创广东综合实力新优势。

第三，处理好经济增长与民生福祉的关系。经济增长为民生福祉提供物质基础，而增进民生福祉则是经济增长的根本目的和最终归宿。在这个问题上，要进一步深化认识，强化自觉。不能认为经济发展是硬道理，改善民生是软任务；也不能认为二者是“鱼和熊掌不可兼得”，抓经济就难以顾民生，搞民生会影响抓经济；更不能认为这些年来民生改善够多了，群众也该知足满足了。必须看到，与作为全国第一经济大省的地位相比，广东民生社会事业发展还有相当差距，经济社会发展不协调问题比较突出，收入分配、社会保障等领域问题比较多，人民群众呼声和诉求也比较集中和强烈。还要看到，改善民生是一个综合性、动态性发展过程。过去讲改善民生，主要是吃饱穿暖有住所有钱花，现在则重点是要提高生活质量。而且群众还有积极参与社会，表达利益诉求等新的要求。更要看到，改善民生与经济增长不是对立的，而是内在统一的。改善民生，首先要增加就业、增加收入，这将会刺激消费、拉动内需，增强经济增长的内生性和稳定性，促进形成内外需协同拉动经济增长格局，这恰恰是加快转变经济发展方式的重要着力点。同时，改善民生，还要发展文化，健全法制，完善社会管理，这些无疑是支撑经济可持续发展的重要条件。当前，我省社会转型期各种矛盾集中凸显，其中相当部分集中在民生社会领域，如果我们长期不能解决好这些问题，就难以赢得人民群众的支持和信任，我们党的执政地位和社会长治久安也将失去根基。因此，必须更加自觉地坚持以人为本，把民生福祉摆上更加突出的重要位置，围绕增进民生福祉统筹经济社会协调发展，着力促进居民增收，完善社会保障，增强社会安全感，建设宜居城乡，维护公平正义，畅通诉求表达渠道，让人民安居乐业，共建共享幸福广东。只有这样，才能真正发挥人民群众的历史主体作用，从根本上夯实经济持续增长的动力基础和社会长治久安的群众基础，增创广东经济繁荣社会和谐新优势。

第四，处理好政府与市场的关系。这是当今公共治理必须面对的基本问题，对于处在经济社会深刻转型的广东来说，正确处理这一关系尤其重要。总的来说，市场机制与政府调控相辅相成、缺一不可，市场是配置资源的有效形式，但也有缺陷。政府可以矫正市场失灵，但也绝非万能。只有适时适度发挥好市场与政府“两只手”的互补作用，才能有效促进经济持续健康发展。在应对国际金融危机中，各级政府快手重拳迅速遏制经济下滑势头，发挥了关键性作用，但我们千万不要因此对政府与市场关系产生“误读”。我们必须清醒认识到，社会主义市场经济的基本特点也是市场在资源配置中起基础性作用。改革开放30多年实践充分证明，市场化的经济改革方向是完全正确的，必须旗帜鲜明地坚持下去并深入推进，绝不能因为政府宏观调控积极有效而对政府的角色定位作出误判。要进一步发挥广东市场发育比较成熟的优势，在完善公平竞争有序的市场体系上下更大功夫，消除市场壁垒，保护合法产权，健全信用体系，优化营商环境，进一步激发各类市场主体的活力和创造力，增创广东市场经济新优势。

第五，处理好改革发展与稳定的关系。这是我国也是广东发展的基本经验。要始终坚持改革是动力、发展是目的、稳定是前提，把改革的力度、发展的速度和社会可承受的程度统一起来，在社会稳定中推进改革发展，通过改革发展促进社会稳定，全面维护社会大局稳定。在新的形势下，广东要担负起探索科学发展新路的重任，当好推动科学发展、促进社会和谐的排头兵，就必须更加坚定地高举改革开放旗帜，继续走在改革开放最前列。要进一步增强改革的勇气、胆识、智慧和操作能力，注重整体设计、重点突破，鼓励先行先试、大胆探索，围绕消除制约科学发展的体制障碍，学习借鉴先进国家和地区经验，着力在加快转变经济发展方式、推进社会民生建设、建设服务型政府、建立国际化营商制度体系等重点领域和关键环节改革取得新突破，率先构建有利于科学发展的体制机制，增创广东体制机制新优势。

三、加快转型升级、建设幸福广东，要集中力量推进重点工作取得突破

为加快转型升级、建设幸福广东，

我们提出“十二五”时期要实施扩大内需战略、自主创新战略、人才强省战略、区域协调发展战略、绿色发展战略、和谐共享战略等六大战略，并研究制定幸福广东指标体系，努力实现经济发展方式转变取得显著进展、社会软实力显著提升、民生福祉显著改善、科学发展体制机制日益完善这“三个显著一个完善”目标。为此，我们强调要善于抓主要矛盾，集中力量突破重点，带动工作全局。

一是创新驱动。这是广东加快转型升级的主攻方向。如果未来五年不在这个问题上取得突破，广东核心竞争力就无法提升，发展就不可能有新的出路。要实施自主创新战略，建设全国自主创新示范省，走出创新驱动发展新路子。为此，要着力完善自主创新的体制机制，加大保护知识产权力度，加强产学研合作，强化关键技术攻关，推进管理创新和商业模式创新，营造有利于创新的社会环境。

二是转型发展。这是广东加快转型升级的重中之重，其关键是要在产业转型升级上取得根本突破。要坚持工业化与信息化“两化融合”，先进制造业与现代服务业“双轮驱动”，新兴产业增量扩张与传统产业存量提升“两手并举”，建设现代产业体系。与此同时，要促进内外需协调发展，着力扩内需拓外需，促进消费持续稳定增长，推动加工贸易转型升级。要推动绿色低碳发展，提高资源节约集约利用水平，切实改善环境质量，增强发展可持续性。

三是区域协调。这是长期制约广东发展的最大短板，能否补齐这一短板，关系到能否实现全面转型升级、建成幸福广东，“十二五”必须取得突破性进展。要按照“五个一体化”要求，扎实推进并确保基本实现珠三角经济一体化，构建带动全省发展的强大引擎。推进珠三角经济一体化，还要携手港澳，共同打造亚太最具发展空间和增长潜力的世界级城市群。与此同时，要全力推动粤东西北跨越发展，实现粤东西北发展全面提速，努力使区域发展差距呈现拐点式转变。为此，我们提出要在基础设施、产业布局、财政体制、干部体制等方面拿出“壮士断腕”的决心和举措，争取五年取得显著进展。

四是统筹城乡。这是广东加快转型升级、建设幸福广东必须着力破解的难题。要树立以城镇带动区域发展的理念，以城乡一体化为目标，强化科学规划，优化城镇布局，提高城镇化质量，以城市转型升级发展带动产业和区域转型升级，建设宜居城乡。要着力发挥广东农业优势，建设现代农业强省，全面发展农村社会事业，提高新农村建设水平和农民生活质量。要完善城乡统筹制度建设，全方位推进“以工促农、以城带乡”，健全统筹城乡的教育、医疗、社保、就业等制度，逐步推进城乡基本公共服务均等化。

五是改善民生。这是加快转型升级的根本依归，也是建设幸福广东的主体工程，是应对转型期矛盾凸显的治本之策。要树立民生导向的社会发展理念，把民生社会建设摆在更加突出的重要位置，促进人民群众共享发展成果。着力健全公共财政保障体系、基本公共服务体系、城乡统筹的社会保障体系、现代社会管理体系，加快文化、教育、卫生、人口计生等社会事业发展，提高人民群众满意度和幸福感。

六是民主法治。这是加快转型升级、建设幸福广东的根本保障。要坚持党的领导、人民当家作主和依法治国有机结合，积极探索民主政治建设的新形式新途径，大力发展社会主义民主政治，支持人大依法监督和政协民主监督，为经济社会发展营造民主、公正、高效、权威的良好法治环境。要扩大公民有序政治参与，依法实行民主选举、民主决策、民主管理、民主监督，探索保障人民群众选举权、知情权、参与权、表达权、监督权的有效方式，引导公民依法行使权利和履行义务。要落实《法治广东建设五年规划（2011—2015年）》，全面推进依法行政，着力构建法治政府。深入开展普法宣传教育，增强全民法制观念，提升全民法律素质。

七是深化改革。这是广东赢得科学发展新优势的关键。要进一步推动改革创新、先行先试，力争在重点领域和关键环节取得突破，率先形成有利于科学发展的体制机制。要围绕市场化方向推进经济领域改革，设立一批改革试点地区，重点推进资本市场、土地市场、价格体系、国有企业等方面改革，创造与国际接轨的营商环境。要推进法治服务型政府建设，加快转变政府职能，提高行政效率，降低行政成本。要加快推进社会管理和科技、教育、文化、卫生、体育等领域体制改革，探索建立基本社会政策体系。

八是扩大开放。这是广东加快转型升级的重要途径。要坚持面向世界、服务全国，在对外开放上迈出更大步伐，加快完善内外联动、互利共赢、安全高效的开放型经济体系。深入推动“引进来”和“走出去”，全方位加强开放合作，深化与美日欧等发达国家地区经贸合作，积极参与东盟自由贸易区建设，大力开辟新兴市场，着力培育广东本土跨国公司。把粤港澳合作作为扩大开放的战略重点，全面深化和拓展合作领域和内容，共同推动区域经济一体化发展。巩固和深化对台经贸合作，促进提升在粤台资企业。落实国家区域总体发展战略，加强国内经贸合作，提高服务全国的能力和水平。

我们坚信，在党中央、国务院的正确领导下，贯彻落实“十二五”发展的主题主线，加快转型升级、建设幸福广东，就必将推动广东率先全面建设小康社会、率先基本实现社会主义现代化取得决定性进展，真正当好推动科学发展、促进社会和谐的排头兵，创造更加富裕、民主、文明、和谐的美好新生活。

黄华华在两岸新兴产业合作高端论坛上的讲话

2011年9月6日

尊敬的蒋孝严副主席、郑立中常务副主任，各位嘉宾，女士们、先生们，朋友们：大家上午好！

今天，我们在“岭南名郡”惠州市隆重召开“2011两岸新兴产业合作暨经济转型升级高端论坛”。两岸各界朋友欢聚一堂，共商深化新兴产业合作、加快经济转型升级大计，这是新时期加强粤台经贸合作、共促两岸繁荣发展的一大盛事。在此，我谨代表广东省政府，对出席论坛的各位领导、各位嘉宾表示热烈欢迎！对长期以来关心支持粤台经贸合作和广东建设发展的海内外各界人士表示衷心感谢！

广东与台湾地缘相近、人缘相亲、商缘相通，交流合作源远流长、基础厚实。改革开放30多年来，广东充分发挥地缘、人缘优势，大力推进与台湾在经贸、科技、文化、旅游等各领域的合作，促进两地交流合作领域不断拓展、合作层次不断提升。广东成为台胞投资最早、台资企业最多、台资经济发展最快的省份之一。特别是近年来，随着两岸“三通”的实现和ECFA的实施，粤台两地经贸大合作、文化大交流、人员大往来的格局进一步形成。一是经贸投资合作成果丰硕。2010年，两地贸易额达到495.7亿美元，比上年增长28.5%，占大陆与台湾贸易总额的1/3强。截至今年上半年，在粤台资企业达2.4万多家，常住广东的台商台属超过20万人，在广东各大中小学就读的台胞子女也超过5千人。全省累计实际利用台资493.3亿美元，居大陆各省区市首位，台资成为我省仅次于港资的第二大外资来源。二是在粤台资企业转型升级加快。我省先后出台了加强粤台经贸交流与合作的若干意见、进一步支持台资企业发展若干措施等一系列政策，努力构建台资企业金融服务平台、法律服务平台、转型升级辅导平台和后勤保障基地，越来越多的台资企业在广东设立了地区总部、研发机构，台资企业内销大幅增长，创品牌能力不断增强。三是产业合作蓬勃发展。粤台经贸合作逐步向精密机械、光学仪器、IT产业与资讯、生物工程、液晶显示器模组、光电产业以及新材料、新能源、环保、三高农业、服务业等高技术、高智力行业领域迈进，形成了多个产业、高层次的配套体系，呈现投资规模越来越大、技术含量越来越高、产业集聚效应越来越明显的特点。四是大型交流活动亮点纷呈。去年我省接连举办或承办了两岸经贸文化论坛、台湾·广东周、海峡两岸中山论坛、第九届粤台经济技术贸易交流会等一系列重大活动。特别是去年8月我率团赴台举行“台湾·广东周”活动，两地共签署合作协议、备忘录346项，采购协议金额近71亿美元，有3家广东民营企业还签订了入岛投资协议，整个活动取得圆满成功，为深化粤台交流合作、促进两岸关系和平发展发挥了重要作用。

粤台交流合作的扎实推进，给两地同胞带来了实实在在的利益。2010年，广东生产总值达45 473亿元，比上年增长12.2%；人均生产总值达46 821元，折合近7 000美元，进入中等收入国家地区行列。今年以来，广东经济继续保持平稳较快发展，上半年全省生产总值、来源于广东的财政总收入、地方财政一般预算收入分别同比增长10.2%、21.8%和26%。我们也高兴地看到，台湾近年来经济发展迅速，去年经济增长率达10.8%，今年上半年又增长近6%。事实证明，只要粤台增进互信、精诚合作、携手共进，就一定能促进两地经济社会的共同繁荣发展。

女士们、先生们，朋友们：当前，粤台合作站在新的历史起点上，进入了可以大有作为的关键时期。从世界经济发展趋势看，全球经济格局深度调整，新一轮科技和产业革命加速催生，国际产业和技术转移明显加快，区域经济合作更加紧密，为深化粤台合作提供了难得机遇。从两岸和平发展大局看，ECFA的正式生效和早期收获计划的实施，给两岸同胞带来实实在在的利益。两岸关系和平发展受到绝大多数两岸同胞的真心拥护，为深化粤台合作创造了良好条件。中央高度重视粤台合作，先后批准在广东设立了多个海峡两岸农业合作实验区和台湾农民创业园，并将我省汕头、潮州、揭阳、梅州四市纳入海西经济区规划，给粤台合作提供强大支撑。从粤台产业合作基础看，两地都已进入加快产业结构调整和经济转型升级的攻坚时期，深化产业合作是两地的共同需要。今年是广东“十二五”开局之年，全省上下正紧紧围绕“加快转型升级，建设幸福广东”这个核心任务，以发展战略性新兴产业为突破口，加快构建现代产业体系。最近我省出台了加快培育和发展战略性新兴产业的意见，省财政将集中安排220亿元资金，重点推动高端新型电子信息、新能源汽车、LED三大产业率先突破，促进生物、高端装备制造、节能环保、新能源、新材料五大产业协调推进，力争到2015年全省战略性新兴产业规模突破2万亿元，战略性新兴产业增加值占生产总值的比重达10%左右，努力打造全国战略性新兴产业发展的重要策源地和高端产业集聚地，建设国家战略性新兴产业发展示范区。而台湾经济科技实力雄厚，高端人才储备充足，在发展战略性新兴产业方面起点高、基础好、后劲足。今年台湾也提出了“黄金十年”中长期经济发展构想，规划发展医疗照护、观光旅游、生物科技等六大新兴产业，云计算、智能电动车等四大新兴智能型产业，以及物流等十大战略性服务业。这些与广东新兴产业发展方向一致、优势互补，为促进两地合作带来十分广阔的前景。

面对新形势、新机遇，广东愿与台湾一道，充分利用ECFA搭建的合作平台，不断拓展合作领域、完善合作机制、提高合作层次。特别要紧紧抓住两地加快转型升级带来的重大机遇，深化在产业对接方面的合作，促进资源优化配置和产业结构调整，增强双方科技创新和转化能力，联手抢占国际产业发展制高点，构建参与国际竞争的新优势。为此，我省将重点抓好以下四个方面：

（一）突出开放合作，着力加强粤台新兴产业全方位对接。充分利用ECFA相关政策，加强两地新兴产业布局规划、支持政策、发展策略等方面的交流对接，着力促进两地强化新显示、新光源、新通讯、新能源汽车、生物、新材料等领域的合作。一是加强新兴产业领域的科研合作。坚持开放式创新，探索建立深化科研合作的新模式，共同实施技术推广示范工程，联手推进新兴产业领域技术标准体系建设，联合开展人才培训，扩大新兴产业知识产权保护合作。加强科技研发机构对接，整合产、销、研优势，合建科技平台和孵化器。两地可以从协同研发产业发展关键设备和重要零部件入手，通过联合技术攻关摆脱产业发展对配套零部件的进口依赖。二是联手开拓新兴产业市场。粤台企业可在深化两地产业对接的基础上促进市场共享，建立策略联盟或产业联盟，加强品牌、标准、行销等方面的合作，联手开拓内地市场和国际市场。特别要抓住中国—东盟合作带来的商机，联手共建面向东盟的产业链，共同开拓两地产业链国际化的前沿空间。三是促进粤台新兴产业投资。鼓励台湾资金、技术密集型项目和辐射带动大、技术溢出能力强的产业进入我省发展。加快对台资企业发展高新技术产业、新兴战略性产业重点项目的审批速度。支持台资企业参与广州、深圳区域金融中心建设，欢迎台资金融控股集团将其大陆总部落户我省。大力推动粤台贸易人民币结算，促进粤台贸易投资便利化。加快建设粤台直航货物集散中心，鼓励和支持台资企业参与我省现代物流经济圈建设。

（二）突出政策扶持，着力推动台资企业加快转型升级。坚持帮助解决现实困难和促进提升长远竞争力相结合，支持台资企业做大做强。一是加强对台资企业的政策支持。全面落实《广东省进一步支持台资企业发展若干措施》，做到政策到位、扶持到位，支持台资企业提升技术水平、加强产业协作、开拓新兴领域、改善经营管理。鼓励和支持“三来一补”台资企业创立内销品牌，建立内销市场网络体系。鼓励符合条件的台资企业产品进入政府采购市场。省财政有关专项资金对符合国家产业政策及扶持范围的台资企业予以扶持。支持台资企业申请省支持流通业发展专项资金、企业挖潜改造资金、中小企业创新基金、科技奖励、节能奖励。支持台资企业申报省节能专项资金项目、资源综合利用项目。台资企业申请认定知识产权优势企业、示范企业、战略试点企业、清洁生产企业等，实行与内资企业相同的申请程序和条件。支持广州、深圳、东莞、惠州、佛山等台资企业集中地区出台帮助台资企业转型升级的具体措施。二是加强对台资企业转型升级的辅导。省外经贸厅、科技厅等有关部门联合成立台资企业转型升级服务团，进行巡回宣讲，为台资企业转型升级提供政策辅导。积极支持引导台湾企业培训、咨询辅导、管理技术开发等服务机构落户我省，对台资企业转型升级提供专业辅导和优质服务。三是加强粤台人才培训交流。鼓励粤台人力资源服务机构互设分支机构，以高等院校、科研院所、产业企业为依托，建立一批两岸人才合作培训、科研、交流基地，为加快转型升级提供人才支持。

（三）突出载体建设，着力拓展粤台产业合作新空间。以打造珠三角粤台经贸合作核心区为新契机，按照“高起点规划、高标准建设、高效能管理”的原则，重点办好一批有特色的粤台产业交流合作示范区。广州和深圳重点强化与台湾金融控股集团的联系，加强与台湾在科技、文化、物流及运输方面的交流合作，打造粤台现代服务业集聚区。珠江口东岸地区将建设粤台先进制造业集聚区，重点加强与台湾电子信息高端产品制造业的合作，形成深莞惠台资电子信息产业带；鼓励和推动台资高新技术企业进入松山湖科技产业园区发展；加快惠州市粤台石化、光电合作基地建设。珠江口西岸地区将打造粤台特色产业集聚区，推动与台湾游艇等行业协会的交流合作，进一步引进台资发展游艇、机械、汽车、摩托车等产业；鼓励和支持台资参与南海奇美新型平板显示产业基地、江门绿色光源基地的建设。粤东北四市将充分享受海西经济区对台经贸优惠政策，加快承接珠三角台资企业转移，建设粤台经贸合作试验区。

（四）突出加强服务，着力优化台资企业发展环境。积极维护台商和台资企业的合法权益，千方百计为台资企业加快转型升级解难题、创条件。一是加大对台资企业的融资支持。积极搭建台资企业融资担保平台，鼓励和推动有实力的台湾金融机构或在粤台资企业与我省金融机构合作设立台资企业融资担保公司，为台资企业提供量身定做的融资担保服务。鼓励在粤台资企业在境内上市融资，支持经营效益好、偿债能力强的台资企业探索发行企业债券，引导台资企业运用知识产权质押贷款等方式拓宽融资渠道。二是妥善解决台资企业用地历史遗留问题。按照“政府引导、市场运作、节约集约、统筹规划、明晰产权、尊重历史”的原则，在纳入“三旧”改造规划和年度实施计划的前提下，依据“三旧”改造政策平稳有序解决台资企业用地历史遗（下转：第058页）

重在全面理解　贵在持之以恒

——再谈“加快转型升级、建设幸福广东”

汪洋　2011年3月18日

省委十届八次全会提出“加快转型升级、建设幸福广东”这一核心任务后，全省上下反响十分热烈。这表明，“加快转型升级、建设幸福广东”充分反映了民意，形成了社会共识，为推进全省各项工作奠定了重要基础。但是，有些同志光谈“建设幸福广东”，忽视“加快转型升级”，对什么是“幸福广东”，如何建设“幸福广东”见仁见智，莫衷一是，特别是担心“建设幸福广东”得不到落实，幸福是“画饼充饥”。我认为，要准确把握“加快转型升级、建设幸福广东”这一核心任务的本质和内在要求，在认识上重在全面理解，在实践上贵在持之以恒，这样，才能把这一美好愿景变成看得见、摸得着的现实幸福生活。

一、“加快转型升级、建设幸福广东”是一个统一体，不能割裂

加快转型升级是手段，建设幸福广东是目的。这是一个统一的整体，不能割裂，尤其不能把手段当作目的。正如发展经济一样，发展经济是手段，其目的是为了提高人民群众的生活水平，让人民群众得到幸福。但现在有一些干部忘记了发展的本来目的，为了发展而发展，这样容易造成经济总量上去了，而人民群众却感到不幸福。比如前苏联就是将发展手段变成发展目的的典型，发展生产力的目的不是提高人民群众的生活水平，体现社会主义制度的优越性，而是与美国进行军备竞赛，“要大炮不要黄油”，国防工业虽然非常发达，但是日用品匮乏，民生得不到保障，成为后来失去人民群众支持的重要原因之一。上世纪70年代末，党中央提出要把全党工作的着重点转移到经济建设上来，目的也是要让人民群众过上幸福的生活。这一战略转移顺应历史发展规律，符合人民群众的迫切要求，得到全党、全国各族人民的衷心拥护。现在我们提出“加快转型升级、建设幸福广东”这一核心任务，就是要明确经济发展的出发点和落脚点是让人民群众得到幸福，自然引起全社会广泛关注，人民群众也是十分拥护和支持的。

要正确理解“加快转型升级、建设幸福广东”这一核心任务，就要准确把握手段与目的之间的关系。我们打个比方，就是“做蛋糕”与“分蛋糕”的关系。如果说“建设幸福广东”是“分蛋糕”的话，“加快转型升级”就是“做蛋糕”，就是奠定“建设幸福广东”的物质基础。没有加快转型升级，“蛋糕”就做不大，做不好。我们过去谈经济发展，常常强调做大“蛋糕”，很少考虑做好“蛋糕”，不注意提高“蛋糕”的质量，降低做“蛋糕”的经济成本和社会成本。现在我们讲转型升级，就是要以尽可能低的成本去做高质量的“蛋糕”，只有“蛋糕”又好又大，“建设幸福广东”才有良好的物质基础。要特别注意防止一种倾向，就是大家的注意力都集中在“分蛋糕”上，而忽视了“做好蛋糕”。

因此，我们不能片面理解“加快转型升级、建设幸福广东”，如果只强调“建设幸福广东”而不注意如何“加快转型升级”“十二五”规划的目标任务就不可能实现，“建设幸福广东”也就成了无源之水，无本之木。总之，要把“加快转型升级、建设幸福广东”体现在推动科学发展、促进社会和谐的进程之中，通过转型升级为实现科学发展和社会和谐奠定良好基础，从而达到为人民谋幸福之目的。

二、“幸福广东”包含着物质、文化、政治等多方面的丰富内涵，不能偏颇

幸福是人们对生活的追求和感受，其内涵是很丰富的，既涵盖物质生活，也涵盖文化生活，以及社会生活和政治生活。幸福虽然是主观感受，但并不是空中幻影，而是有其实实在在的物质依托的。首先，应是物质生活水平的不断提高。有的国家物质条件极端匮乏，而且大搞个人崇拜和愚民教育，虽然人民可能所谓的幸福感很强，但那不是现代文明意义上的幸福。其次，文化生活也要不断地改善。早在中共八大召开的时候，党中央就提出社会主义生产的根本目的是不断满足人民群众日益增长的物质和文化需求。人与动物最重要的区别就是人有文化需求，丰富的文化生活是建设幸福广东的重要方面。再次，社会生活方面的诉求也必须不断满足。人民群众要参与社会活动，要求有知情权、参与权、表达权、监督权，要求公平正义。现在群众的生活普遍改善，但由于部分社会成员是通过不正当手段非法牟利，人民群众依然会不满意，会认为不公平，幸福感依然不会很高。

既然“建设幸福广东”的内涵是极其丰富的，那么我们就必须全面理解，而不能孤立强调某个方面。如果过分强调幸福要有物质财富，或者过分强调幸福是主观感受，都容易出现问题。过去我们在改善物质条件方面强调得比较多，结果人民群众收入增加了，但是幸福感并没有同步增加。现在要防止走向另一个极端，过分强调幸福是主观感受，将会忽视整个社会生产力的发展，这样的幸福没有物质基础作为保障，也是容易出现问题的。我们强调幸福的内涵丰富，并不意味着没有标准，幸福不是一个箩筐，什么东西都可以往里面装。总之，要全面理解和准确把握幸福的内涵，才能保证“建设幸福广东”政策和措施的科学性和针对性，才能实现幸福生活的蓝图。

三、“加快转型升级、建设幸福广东”是一个长期的过程，不能一蹴而就

首先，加快转型升级需要付出长期艰辛的努力。这几年我们一直在抓转型升级，但是不愿转、不会转，制度制约不能转的情况还不同程度存在。转型升级的障碍，有观念的问题，有资金的问题，有技术的问题，有领导干部能力水平的问题，也有路径选择和政策设计的问题，等等。特别是转型升级的过程本身就是调整利益格局的过程。比如，近期我们宣布调整最低工资标准，在去年上涨21.1%的基础上，今年又提高18.6%，这是加快转型升级的具体举措。上调最低工资标准增加职工收入一方面可以改革收入分配格局，另一方面有利于形成倒逼机制促使劳动密集型企业提高技术水平和竞争力。如果没有外在的压力，满足于使用廉价劳动力，就没有投资更新机器设备，提高技术水平的动力。但是提高最低工资标准意味着减少企业当前的利润，就会遇到部分企业抵触的阻力。其实，从长远来看，这一举措对企业是有益的。如果不这样做，我省企业将面临“用工荒”的问题。此外，广东劳动密集型产业规模较大，3 000多万外来务工人员主要从事劳动密集型产业，推进产业升级的困难可想而知。要在广东实现转型升级任务重、难度大，需要付出长期的努力。

其次，建设幸福广东是一个与时俱进的过程。幸福是与经济社会发展阶段和发展水平相适应的，随着经济社会的不断发展，幸福的标准也会不断变化，因而幸福是永远无穷尽的。比如，解放初期有饭吃就觉得幸福，改革开放初期有钱花就觉得幸福。进入新世纪，幸福的标准也提高了，不光是有饭吃和有钱花就可以了，人民群众的诉求也不断增多。而且，我们现正处于建设幸福广东的新起点。虽然经过30多年的改革开放，广东以经济总量第一领跑全国，经济发展也带给人民群众很多实惠，但是与第一经济大省的地位相比，广东的民生社会事业发展还有比较大的差距，经济社会发展不协调问题比较突出，城乡差距比较大，收入分配、社会保障、卫生、教育等领域问题还比较多，建设幸福广东的任务还比较艰巨，需要与时俱进地不断推进方能实现。另外，制定“幸福广东”的评价指标体系也是一个与时俱进的过程。对于这个指标体系，现在是仁者见仁，智者见智。大家的认识不是一下子可以统一的，也不能一下子就拿出一个人人都满意的指标体系。这个评价体系只能是通过实践深化认识，统一认识，不断修改完善。

再次，建设幸福广东是一个共建共享的过程。广大人民群众是建设幸福广东的主体，要动员全社会共同参与，用劳动共同创造幸福美好生活。曾有一歌词说“幸福不是毛毛雨，不会自己从天上掉下来”。真正的幸福掌握在自己手中，如果大家都将建设幸福广东当成是党委、政府的事情，光是在等待享受幸福而不付出智慧和汗水，那幸福是不可能实现的。建设幸福广东应该是“共建共享”“人人是创造幸福的主体，个个是享受幸福的对象”，“我为别人的幸福努力工作，别人为我的幸福创造条件”，这样方能“众手浇开幸福花”。

四、“建设幸福广东”要考虑当前又兼顾长远，不能搞成片面的政绩工程

建设幸福广东，最重要的就是不能急功近利，不能不顾客观规律，追求贴幸福标签的政绩工程。过去过分强调追求生产总值（GDP）增长，形成了不健康的增长方式，如果现在过分追求让人民群众有幸福感，同样容易出现“幸福”政绩工程，获得形式主义的“幸福”，甚至可能会形成不可持续的“幸福”。如果领导干部在任期内，不注意人民群众长久的根本利益，寅吃卯粮，花钱让大家“幸福”，任期结束以后留下一堆“账单”，这种幸福也是不可持续的。这些方面在国际上是有教训的，比如西方一些国家在增加公共福利方面，因处理不当出现许多问题。一些国家进行社会福利制度改革，就是因为高福利必须依靠高税收来支持，税负过重影响了国家竞争力，整个社会不堪重负，难以持续。因此，我们要总结经验教训，在发展的某个阶段给人民群众相适应的幸福感，既考虑当前的幸福，又考虑可持续的幸福，这才是正确的建设幸福广东之路。如果不考虑将来和后续的发展，可能会导致当代人受益，后代人遭罪。我们要防止在过去片面追求生产总值（GDP）增长上出现的问题，在追求幸福的过程中重演。“做蛋糕”很重要，“分蛋糕”也很重要“分蛋糕”不能将蛋糕全分掉，还要考虑留一些给子孙后代，创造更好的发展基础和条件。

总之，“加快转型升级，建设幸福广东”目标已经明确，但要把这一面向未来的美好愿景变成现实，还需付出长期而艰辛的努力，关键是持之以恒地干。我们要为“加快转型升级、建设幸福广东”努力工作，为当好推动科学发展、促进社会和谐排头兵作出新的更大的贡献。

全省经济概况

广东经济

综述

【简述】 2011年，是“十二五”规划的第一年，是广东省深化改革开放、加快转变经济发展方式的关键时期，广东省牢牢把握“主题主线”和加快转型升级、建设幸福广东的核心任务，认真实施珠三角《规划纲要》和“十二五”规划，克服各种困难和挑战，大力促进产业结构调整和经济发展方式转变，保持了经济社会平稳快速发展，实现“十二五”时期良好开局，为“十二五”加快发展、率先发展和协调发展奠定了良好的基础。

【全省生产总值】 据统计核算，2011年广东省地区生产总值（GDP）达52 673.59亿元人民币，合8 155.32亿美元，比上年增长10.0%，经济总量继续稳居全国首位，成为世界各国中GDP总额排名第10位的一级行政区。

【三大产业概况】 在全省地区生产总值中，第一产业增加值2 659.83亿元，比上年增长4.0%，对GDP增长的贡献率为2.0%；第二产业增加值26 205.30亿元，增长11.3%，对GDP增长的贡献率为56.6%；第三产业增加值23 808.46亿元，增长9.1%，对GDP增长的贡献率为41.4%。三次产业结构为5.0:49.8:45.2，其中第二产业所占比重略有下降，第三产业所占比重有所提升。

在现代产业中，全年先进制造业增加值11 521.44亿元，比上年增长12.2%；现代服务业增加值13 392.59亿元，比上年增长8.5%。在第三产业中，批发和零售业增长11.1%，住宿和餐饮业增长5.4%，金融业增长6.3%，房地产业增长6.0%。民营经济增加值23 336.44亿元，增长11.9%。

【主要经济指标】 2011年广东省经济取得了平稳且快速的增长，各项经济指标都保持持续增长的趋势，居于国内前列。其中，社会消费品零售总额、进出口总额、地方财政一般预算收入、地方财政一般预算支出等经济指标在国内均居于首位。

【各种价格上涨势头】 2011年广东省居民消费价格总水平上涨5.3%，其中食品类价格上涨11.4%，居住类价格上涨4.5%。工业生产者出厂价格上涨3.7%，其中轻工业上涨3.1%，重工业上涨4.0%；生产资料上涨4.6%，生活资料上涨1.9%。工业生产者购进价格上涨7.3%，其中燃料动力类上涨8.8%，黑色金属材料类上涨7.8%，有色金属材料及电线类上涨11.6%，化工原料类上涨10.2%。固定资产投资价格上涨5.5%。农产品生产价格上涨12.4%，其中谷物上涨19.4%，蔬菜上涨0.8%，水果上涨10.0%，油料上涨29.5%，畜禽产品上涨7.1%。

【财政收入增长快，城镇就业率高】

全年城镇新增就业177.10万人，就业困难人员实现再就业18.40万人。年末城镇实有登记失业人员38.83万人，城镇登记失业率2.46%，比上年末下降0.06个百分点。年末共有省级产业转移工业园36个，组织农村劳动力培训85.5万人，转移就业人数137.6万人。

全年地方财政一般预算收入5 513.70亿元，比上年增长22.1%；其中税收收入4 547.53亿元，增长19.6%。经济社会发展中存在的主要问题：经济增速缓慢回落与物价仍处高位相互交织，外贸进出口增长下行趋势明显，基础设施投资下滑，部分企业特别是小型微型企业经营困难，节能减排形势严峻，节约集约用地压力较大，改善民生任务艰巨，社会管理难度加大等。

农业

【简述】 2011年，广东省粮食作物播种面积2 530.42千公顷，比上年下降0.1%；糖蔗种植面积140.58千

表1 2011年广东省区域主要指标

区域	GDP（亿元）	GDP增长（%）	第三产业增加值增长（%）	第三产业增加值占GDP比重（%）	地方财政一般预算收入（亿元）	地方财政一般预算收入增长（%）
珠三角	43 966.18	9.9	9.2	49.4	3 674.73	21.8
东翼	3 828.88	12.3	9.1	35.0	191.92	25.6
西翼	4 262.07	11.1	10.9	38.0	181.10	30.2
山区	3 897.34	12.3	9.0	35.1	246.27	24.4

表2 2011年广东省主要经济指标

指标	数额	增长（%）
规模以上工业增加值（亿元）	24 085.05	12.6
固定资产投资（不含跨省项目，亿元）	16 688.44	16.4
房地产开发投资（亿元）	4 899.19	33.9
社会消费品零售总额（亿元）	20 246.72	16.3
进出口总额（亿美元）	9 134.80	16.4
其中：出口总额（亿美元）	5 319.40	17.4
进口总额（亿美元）	3 815.40	15.0
居民消费价格指数 （上年同期＝100）	105.30	5.3
工业生产者购进价格指数（上年同期＝100）	107.30	7.3
工业生产者出厂价格指数（上年同期＝100）	103.70	3.7
全社会用电量（亿千瓦时）	4 399.02	8.4
工业用电量（亿千瓦时）	2 960.22	6.7
金融机构（含外资）本外币存款余额（亿元）	91 589.51	11.8
居民储蓄存款余额（亿元）	41 061.56	10.5
金融机构（含外资）本外币贷款余额（亿元）	58 611.22	13.4
来源于广东的财政总收入（亿元）	13 668.49	15.4
地方财政一般预算收入（亿元）	5 513.70	22.1
地方财政一般预算支出（亿元）	6 716.35	24.0
城镇居民人均可支配收入（元）	26 897.00	12.6

注：1、从2011年起，规模以上工业统计口径由500万元调整为2 000万元及以上；固定资产投资项目统计起点由计划总投资50万元提高到500万元，增速为可比口径。

2、国家统计局从2011年1月开始实施新的工业生产者价格统计调查制度方法。“工业品价格统计”改称为“工业生产者价格统计”，相应地将“工业品出厂价格指数”和“原材料、燃料、动力购进价格指数”改称为“工业生产者出厂价格指数”和“工业生产者购进价格指数”。

表3 2006—2011年工业增加值及其增长速度

年份	工业增加值（亿元）	比上年增长（%）
2006	12 519	17.7
2007	14 943	17.8
2008	17 305	12.3
2009	18 092	8.8
2010	21 463	14.9
2011	24 408	11.6

公顷，增长3.1%；油料种植面积343.34千公顷，增长1.8%；蔬菜种植面积1 208.50千公顷，增长2.4%。

全年粮食产量1 360.95万吨，比上年增长3.4%；糖蔗产量1 202.69万吨，增长6.0%；油料产量91.90万吨，增长4.2%；蔬菜产量2 859.96万吨，增长5.2%；水果产量1 210.43万吨，增长7.2%；茶叶产量5.81万吨，增长9.0%。

全年肉类总产量434.58万吨，下降1.5%。其中，猪肉产量270.97万吨，下降1.6%；禽肉产量150.28万吨，下降1.8%。全年水产品产量762.14万吨，增长4.5%。其中，海水养殖265.57万吨，增长6.6%；淡水养殖331.47万吨，增长5.3%。

工业和建筑业

【简述】 2011年，广东省全部工业完成增加值24 408.13亿元，比上年增长11.6%。规模以上工业增加值24 085.05亿元，比上年增长12.6%；其中国有及国有控股企业增长12.5%，民营企业增长22.8%，外商及港澳台投资企业增长8.4%，股份制企业增长18.5%，集体企业增长6.1%，股份合作制企业增长3.8%。分轻重工业看，轻工业增长12.4%，重工业增长12.8%。从地区来看，珠三角增长11.3%，东翼增长20.0%，西翼增长14.8%，粤北山区增长19.5%。

【九大支柱产业】 九大支柱产业增加值比上年增长12.3%，其中电子信息、电气机械及专用设备、石油及化学三大新兴支柱产业增长11.9%，纺织服装、食品饮料、建筑材料三大传统支柱产业增长15.3%，森工造纸、医药、汽车及摩托车三大潜力产业增长9.4%。

【高新技术产业】 高技术制造业增加值比上年增长14.7%，其中医药制造业增长14.4%，航空航天器制造业增长12.4%，电子及通信设备制造业增长18.3%，电子计算机及办公设备制造业增长1.3%，医疗设备及仪器仪表制造业增长16.1%。

【先进制造业】 先进制造业中，装备制造业增加值增长13.9%，钢铁冶炼及加工业增长8.7%，石油及化学行业增长7.9%。装备制造业中，汽车制造业、船舶制造业、飞机制造及修理业、环境污染防治专用设备制造业分别增长7.6%、16.4%、12.4%和37.7%；钢铁冶炼及加工业中，炼铁业下降15.8%，炼钢业和钢材加工业分别增长60.9%和7.7%；石油及化学行业中，石油和天然气开采业增长2.1%，石油加工、炼焦及核燃料加工业增长4.7%，化学原料及化学制品制造业增长11.7%，橡胶制品业增长10.5%。

【传统优势产业】 传统优势产业增加值增长14.6%，其中纺织服装业增长12.1%，食品饮料业增长16.9%，家具制造业增长11.3%，建筑材料增长17.5%，金属制品业增长18.7%，家用电力器具制造业增长8.6%。

【高耗能产业】 六大高耗能行业增加值增长11.3%，其中非金属矿物制品业增长16.3%，黑色金属冶炼及压延加工业增长8.7%，有色金属冶炼及压延加工业增长12.5%，电力热力的生产和供应业增长11.3%。

【利润总额平稳增长，企业亏损有所增长】 全年工业经济效益综合指数214.1%。资产贡献率13.3%，资本保值增值率118.9%，资产负债率58.2%，流动资产周转次数2.7次，成本费用利润率5.2%，全员劳动生产率16.83万元/人年，产品销售率97.2%。实现利润总额4 609.33亿元，增长2.4%。亏损企业亏损总额369.85亿元，增长56.6%。

全年资质等级以上建筑企业4 582个，增长11.2%；实现增加值1797.17亿元，增长7.2%；实现利润总额246.29亿元，增长20.1%；利税总额468.60亿元，增长19.3%。

表4 2011年主要工业产品产量及其增长速度

产品名称	计量单位	产量	比上年增长（%）
纱	万吨	43.59	0.1
布	亿米	24.46	-3.4
化纤	万吨	41.96	-9.6
成品糖	万吨	98.23	7.1
卷烟	万箱	269.11	3.2
彩色电视机	万部	4 862.42	9.6
家用电冰箱	万台	1 409.25	0.8
房间空调器	万台	6 374.63	16.2
一次能源生产总量	亿吨标准煤	5 039.73	2.1
原油	万吨	1 152.77	-10.4
发电量	亿千瓦小时	3 607.20	16.6
粗钢	万吨	1 323.81	19.9
钢材	万吨	3 176.62	12.7
十种有色金属	万吨	19.14	-56.9
其中：铜	万吨	3.69	-41.8
水泥	万吨	12 607.03	12.9
硫酸	万吨	252.66	14.0
纯碱	万吨	48.80	22.0
烧碱	万吨	31.66	14.7
乙烯	万吨	226.62	11.1
化肥（折100%）	万吨	51.87	-2.7
发电设备	万千瓦	277.32	9.6
汽车	万辆	166.95	6.9
其中：轿车	万辆	131.00	-1.3
集成电路	亿块	176.07	2.0
LED节能灯	万只	3 806.00	66.5
程控交换机	万线	2 223.83	13.0
移动电话机	万部	59 284.07	27.6
传真机	万部	182.94	3.6
微型电子计算机	万部	4 417.84	41.1
发光二极管(LED)	亿只	395.21	54.3
3G手机	万台	12 970.68	87.4
民用钢质船舶	万载重吨	459.92	52.5

固定资产投资

【简述】 2011年，广东省全年固定资产投资16 933.11亿元，比上年增长17.6%。分城乡看，城镇投资14 199.81亿元，增长17.1%；农村投资2 733.30亿元，增长20.4%。分投资主体看，国有经济投资4 430.14亿元，下降8.7%；民间投资10 053.32亿元，增长37.0%；港澳台、外商经济投资2 449.64亿元，增长11.0%。分地区看，珠三角地区投资12 448.09亿元，增长14.5%；东翼投资1 624.58亿元，增长29.7%；西翼投资1 112.83亿元，增长35.6%；山区投资1 747.62亿元，

表5　2011年规模以上工业企业实现利润及其增长速度

指　标	利润总额（亿元）	比上年增长（%）	进口额（亿美元）	比上年增长（%）
规模以上工业	4 609.33	2.4	59.73	50.5
其中：国有及国有控股企业	770.70	-15.4	144.83	20.6
集体企业	25.43	27.3	262.12	32.3
股份制企业	1 728.58	9.0	492.64	35.1
外商及港澳台投资企业	2 456.08	-1.3	465.56	29.1
民营企业	1 359.92	34.5	309.69	38.3

增长20.3%。

分三次产业看，第一产业投资213.56亿元，增长53.9%；第二产业投资5 576.43亿元，增长17.8%，其中工业投资5 548.45亿元，增长18.0%；第三产业投资11 143.12亿元，增长17.0%。

【房地产投资依然强劲】　2011年广东省房地产开发投资4 899.19亿元，比上年增长33.9%。按地区分，珠三角地区4 104.20亿元，增长31.6%；东翼175.39亿元，增长48.0%；西翼239.62亿元，增长45.9%；山区379.98亿元，增长47.1%。按用途分，商品住宅开发投资3 495.43亿元，增长37.7%。其中90平方米以下住宅投资883.93亿元，增长37.8%；140平方米以上住宅投资1 097.98亿元，增长35.6%；经济适用房投资47.50亿元，增长92.6%；别墅、高档公寓投资405.60亿元，增长17.5%。办公楼和商业营业用房投资213.65亿元和456.46亿元，分别增长47.9%和30.7%。城镇保障性住房投资234.85亿元，增长32.1%。

国内贸易

【简述】　2011年广东省社会消费品零售总额20 246.72亿元，比上年增长16.3%。分地域看，城镇消费品零售额17 348.9亿元，增长16.4%；农村消费品零售额2 897.82亿元，增长15.4%。分行业看，批发和零售业零售额18 059.41亿元，增长16.4%；住宿和餐饮业零售额2 187.31亿元，增长15.5%。

在限额以上批发和零售业商品零售额中，食品、饮料、烟酒类增长20.2%，服装、鞋帽针纺织品类增长23.9%，金银珠宝类增长35.6%，文化办公用品类增长44.4%，家具类增长24.4%，家用电器和音像器材类增长12.6%，中西药品类增长13.9%，通讯器材类增长33.9%，石油及制品类增长31.6%，建筑及装潢材料类增长21.8%，汽车类增长18.3%。

对外经济

【简述】　2011年广东省进出口总额9 134.76亿美元，比上年增长16.4%。其中，出口5 319.42亿美元，增长17.4%；进口3 815.34亿美元，增长15.0%。进出口差额（出口减进口）1 504.08亿美元，比上年增加290.74亿美元。

全年新签外商直接投资项目7 035个，合同外资金额346.92亿美元，分别比上年增长24.7%和41.0%。实际使用外商直接投资金额217.98亿美元，增长7.6%。

全年经核准境外投资中方协议投资额28.99亿美元；对外承包工程完成营业额113.42亿美元，比上年增长38.2%；对外劳务合作新签劳务人员合同工资总额4.66亿美元，劳务人员实际收入总额4.64亿美元；承包工程和劳务合作年末在外人员共4.26万人。

交通、邮电和旅游

【简述】　2011年，交通运输、仓储和邮政业实现增加值2 035.20亿元，比上年增长9.5%。

【货物吞吐量稳步增长】　全年全省港口完成货物吞吐量13 3704万吨，比上年增长9.4%；其中外贸货物吞吐量45 403万吨，增长6.9%。港口集装箱吞吐量4 614.36万标准箱，增长5.8%。

【全省民用汽车快速增长】　年末公路通车里程19.07万公里；其中高速公路里程5 049公里，比上年末增长4.4%。年末全省民用汽车保有量912.10万辆，比上年末增长16.4%；其中私人汽车746.21万辆，增长18.6%。民用轿车保有量500.24万辆，增长19.0%；其中私人轿车456.59万辆，增长20.0%。

【邮电业务】　全年完成邮电业务总量1 906.41亿元（2010年不变价，下同），增长15.8%。其中邮政业务总量283.60亿元，增长26.4%；电信业务总量1 622.81亿元，增长14.1%。年末固定电话用户3 154.36万户，其中城市电话用户2 213.26万户，乡村电话用户941.10万户。年末移动电话用户10 953.34万户，新增1 245.82万户；新增移动电话中，87.6%为3G移动电话用户，年末3G移动电话用户达1 713.36万户。国际互联网用户1 800.74万户，增长18.2%；其中互联网宽带用户1 728.57万户，增长19.2%。

【旅游】　全年口岸入境旅游人数11 085.83万人次，比上年增长5.7%。其中，外国人760.29万人次，增长16.5%；香港、澳门和台湾同胞10 325.54万人次，增长5.0%。在入境旅游人数中，过夜旅游者3 331.59万人次，增长5.5%。国际旅游外汇收入139.06亿美元，增长11.9%。国内游客达47 016.97万人次，增长18.2%，其中过夜旅游者21 174.64万人次，增长13.7%；国内旅游收入3 931.71亿元，增长32.6%。

金融、证券和保险

【简述】　2011年年末全省银行业金融机构本外币各项存款余额91 590.15亿元，比年初增长11.8%；各项贷款余额58 615.27亿元，增长13.4%。年末全省农村合作机构人民币存款余额10 936.98亿元，比年初增长12.6%；贷款余额6 784.36亿元，增长15.1%。金融机构账面净利润1 582.40亿元，增长29.8%。年末主要金融机构不良贷款的比例为1.5%。

【证券市场有所下跌】　年末全省证券市场共有上市公司339家，市价总值2.38万亿元，比上年末分别增长15.3%和-27.0%。上市公司通过证券市场筹集资金1 117.90亿元，下降19.4 %。其中，首次公开发行上市（IPO）47家，筹资303.07亿元。证券公司22家，全年实现营业收入465.05亿元，净利润163.24亿元，分别下降28.5%和44.6%。证券营业部618家，证券账户数2 702.13万户，股票交易额14.81万亿元，下降18.5%。基金公司20家，共管理328只公募基金。基金规模11 215.35亿份，比上年末增长7.1%；基金净值9 250.17亿元，比上年末下降

表6　2011年分行业固定资产投资及其增长速度

行　业	投资额（亿元）	比上年增长（%）
固定资产投资	16 933.11	17.6
农、林、牧、渔业	213.56	53.9
采矿业	74.71	62.3
其中：石油和天然气开采业	30.87	147.0
制造业	4 537.26	34.0
其中：农副食品加工业	86.31	70.8
食品制造业	87.04	44.5
石油加工、炼焦及核燃料加工业	80.45	28.8
化学原料及化学制品制造业	219.58	37.7
非金属矿物制品业	496.45	27.8
黑色金属冶炼及压延加工业	108.61	30.4
有色金属冶炼及压延加工业	105.40	93.5
金属制品业	321.44	26.0
通用设备制造业	132.39	50.5
专用设备制造业	157.94	46.4
交通运输设备制造业	301.19	28.5
电气机械及器材制造业	444.84	36.8
通信设备、计算机及其他电子设备制造业	591.12	18.0
电力、燃气及水的生产和供应业	936.48	-26.3
其中：电力、热力的生产与供应业	746.90	-19.1
建筑业	27.97	-6.8
交通运输、仓储和邮政业	1 752.35	-9.7
信息传输、计算机服务和软件业	389.10	65.2
批发和零售业	402.25	63.0
住宿和餐饮业	287.88	28.2
金融业	30.59	-13.9
房地产业	5 663.72	37.8
租赁和商务服务业	203.35	31.0
科学研究、技术服务和地质勘查业	124.04	27.2
水利、环境和公共设施管理业	1 570.65	-9.8
居民服务和其他服务业	15.02	-3.1
教育	279.14	15.8
卫生、社会保障和社会福利业	127.83	3.3
文化、体育和娱乐业	189.34	-17.1
公共管理和社会组织	107.87	-14.5

14.3%。期货公司24家，全年代理交易量2.98亿手，代理交易额43.78万亿元，分别下降34.8%和12.4%；营业收入16.92亿元，增长2.6%；利润总额5.74亿元，增长26.4%。

【保险业务发展良好】 全年实现保费收入1 578.96亿元，增长11.1%。其中，寿险业务保费收入947.90亿元，财产险业务保费收入507.53亿元，分别增长6.2%和18.1%；健康险和意外伤害险业务保费收入123.53亿元，增长24.3%。全年共支付各项赔款和给付398.66亿元，增长25.3%。其中，寿险业务赔付支出109.28亿元，增长27.7%；财产险业务赔款支出232.31亿元，增长19.3%；健康险和意外伤害险赔付支出57.07亿元，增长50.8%。

表7 2006—2011年进出口总额及其增长速度

年份	出口总额（亿元）	进口总额（亿元）	进出口总额比上年增长（%）
2006	3 019	2 253	23.2
2007	3 693	2 649	20.3
2008	4 057	2 793	8.0
2009	3 590	2 521	-10.8
2010	4 532	3 317	28.4
2011	5 319	3 815	16.4

表8 2011年进出口总额及其增长速度

指 标	绝对数（亿美元）	比上年增长（%）
进出口总额	9 134.76	16.4
出口额	5 319.42	17.4
其中：一般贸易	1 838.36	23.2
加工贸易	3 115.22	13.0
其中：机电产品	3 597.24	14.0
高新技术产品	1 975.31	12.7
其中：国有企业	567.35	4.1
外商投资企业	3 248.00	15.2
其他企业	1 504.06	28.9
进口额	3 815.34	15.0
其中：一般贸易	1 370.39	14.9
加工贸易	1 962.28	15.0
其中：机电产品	2 266.17	10.3
高新技术产品	1 657.08	11.2
其中：国有企业	470.45	-0.2
外商投资企业	2 251.01	11.1
其他企业	1 093.89	33.4
进出口差额（出口减进口）	1 504.08	24.0

教育和科学技术

【简述】 2011年广东省各级各类教育（不含非学历培训）招生645.78万人，比上年下降2.1%；在校学生2 197.61万人，增长0.1%；毕业生576.92万人，增长0.7%。其中，特殊教育学校招生0.36万人，在校生2.5万人；学前教育在园幼儿307.81万人。

【科研机构、人员、经费不断增加】 2011年年末县及县级以上国有研究与开发机构、科技情报和文献机构411个。大中型工业企业拥有技术开发机构2 272个，比上年增加180个。全省科学研究与试验发展（R&D）人员38万人年（折合全时当量），比上年增长10.2%。全省R&D经费支出约974.46亿元，增长20.5%；其中基础研究经费支出18.3亿元，增长21.8%。

【丰硕的科学技术成果】 全年获省部级以上科技成果1 540项，其中基础理论成果53项，应用技术成果1 437项，软科学成果50项。全年申请专利量196 275件，增长28.4%；其中发明专利52 012件，增长27.3%。专利授权量128 415件，增长7.6%；其中发明专利授权量18 242件，增长33.2%。《专利合作条约》（PCT）国际专利申请量8 941件，增长33.9%。全年经各级科技行政部门登记技术合同19 721项；技术合同成交额286.62亿元。

【高新技术产业】 全省高新技术企业5 475家；高新技术产品产值3.4万亿元，增长16.8%。拥有国家工程实验室8家，省级工程实验室24家，国家级工程研究中心16家；已建立省级工程研究中心552家，国家级企业

（集团）技术中心59家，省级企业技术中心600家（不含深圳）。新增国家高技术产业化示范工程项目46项；新建广东省战略性新兴产业基地23个。认定技术创新专业镇326个。

【质量监督检测机构】 全省共有国家产品质量监督检验中心45个，法定产品质量监督检验机构6个，法定质量计量综合检测机构19个，法定计量技术机构90个，标准化技术机构13个，特种设备综合检验机构28个。获得实验室资质认定审查认可授权（验收）证书机构177家，获得资质认证的实验室1 774家，获得管理体系认证企业58 628家，产品获得3C认证企业10 453家。

【气象、地震监测】 全省共有天气雷达观测站9个，比去年新增2个。卫星云图接收站点1个。共有地震台

表9　2011年主要商品出口数量、金额及其增长速度

商品名称	单位	数量	比上年增长（%）	金额（亿美元）	比上年增长（%）
钢材	万吨	260.45	25.1	39.87	77.3
纺织纱线、织物及制品	—	—	—	112.78	12.6
服装及衣着附件	—	—	—	314.34	13.6
鞋类	—	—	—	142.73	10.2
家具及其零件	—	—	—	149.29	10.4
自动数据处理设备及其部件	万台	107 008.31	8.7	485.57	4.7
手持或车载无线电话	万台	54 444.21	28.5	337.73	33.4
集装箱	万个	63.97	27.1	28.15	53.0
集成电路	百万个	15 639	44.9	62.88	43.8
液晶显示板	万个	153 888.70	-0.1	94.41	-0.7
汽车（包括整套散件）	万辆	3.32	-0.9	4.79	11.2

表10　2011年主要商品进口数量、金额及其增长速度

商品名称	数量（万吨）	比上年增长（%）	金额（亿美元）	比上年增长（%）
谷物及谷物粉	109.91	-20.0	5.37	11.7
大豆	396.85	1.9	22.41	23.7
食用植物油	87.44	21.6	10.32	66.6
天然橡胶（包括胶乳）	10.83	-1.3	3.98	43.8
合成橡胶（包括胶乳）	26.99	-18.3	8.66	7.6
铁矿砂及其精矿	810.87	-12.9	12.78	6.3
氧化铝	15.31	-65.3	0.73	-54.6
原油	1 230.55	0.3	94.41	35.7
成品油	630.92	-11.3	50.97	19.9
初级形状的塑料	833.66	-8.1	163.05	2.2
纸浆	100.21	26.8	7.25	27.2
钢材	510.11	-14.1	61.30	-4.6
未锻造的铜及铜材	95.78	-13.0	84.66	3.8

表11　2011年分行业外商直接投资及其增长速度

行业名称	合同外资（亿美元）	比上年增长（%）	实际使用（亿美元）	比上年增长（%）
总计	346.92	41.0	217.98	7.6
农、林、牧、渔业	7.31	163.3	1.59	10.8
采矿业	0.17	9.5	0.21	9.4
制造业	193.39	56.4	124.94	9.9
电力、燃气及水的生产和供应业	8.69	418.4	5.21	-20.8
建筑业	2.34	39.4	1.19	11.4
交通运输、仓储和邮政业	8.22	14.9	7.35	30.4
信息传输、计算机服务和软件业	4.65	-33.4	5.12	21.2
批发和零售业	37.87	32.6	21.04	6.4
住宿和餐饮业	4.53	169.2	2.15	40.1
金融业	2.76	137.3	1.60	133.3
房地产业	28.39	-32.8	28.51	-13.4
租赁和商务服务业	28.73	76.7	11.60	27.0
科学研究、技术服务和地质勘查业	10.54	25.6	5.34	25.4
水利、环境和公共设施管理业	5.34	550.7	0.45	57.1
居民服务和其他服务业	1.54	290.7	0.62	97.2
教育	0.00	-25.8	0.00	-23.5
卫生、社会保障和社会福利业	0.13	1451.2	0.22	1117.4
文化、体育和娱乐业	2.30	-3.7	0.84	-1.6

表12　2011年各种运输方式完成货物运输量及其增长速度

指　标	单　位	绝对数	比上年增长（%）
货运量	万　吨	234 913.02	14.7
铁路	万　吨	12 119.48	-0.2
公路	万　吨	166 566.00	17.0
水运	万　吨	48 658.00	12.9
民航	万　吨	118.35	2.3
管道	万　吨	7 451.18	6.2
货物运输周转量	亿吨公里	7 105.95	19.8
铁路	亿吨公里	322.29	-2.1
公路	亿吨公里	2 150.04	22.6
水运	亿吨公里	4 420.53	21.4
民航	亿吨公里	36.94	12.0
管道	亿吨公里	176.16	0.3

站50个，地震遥测台网6个。全省共有海洋观测、监测站点650个。测绘部门共出版地图56种。出版测绘图书15种。

文化、卫生和体育

【文化】　2011年年末全省共有各类专业艺术表演团体117个，群众艺术馆、文化馆144个，县级及以上公共图书馆133个，博物馆、纪念馆160个。全省有广播电台22座，电视台24座。广播综合人口覆盖率和电视综合人口覆盖率均为98.0%。有线广播电视用户1 804万户，有线数字电视用户1 157万户，分别比上年末增长

6.0%和22.0%。全年出版报纸46.27万份，各类期刊2.07亿册，图书2.67亿册。全省共有综合档案馆143个，馆藏1 236万卷。

【卫生】 年末全省共有各类卫生机构16 963个，其中医院、卫生院2 409个，妇幼保健机构124个，专科疾病防治机构147个，疾病预防控制机构136个，卫生监督机构140个。拥有医院、卫生院床位29.8万张，增长7.5%。各类卫生技术人员47.7万人，增长6.9%；其中执业医师和执业助理医师18.0万人，注册护士18.1万人，疾病预防控制机构卫生技术人员7 696人，卫生监督机构卫生技术人员3 388人。全省共有社区卫生服务机构2 393个，乡镇卫生院1 251个，乡镇卫生院床位5.0万张，乡镇卫生院卫生技术人员6.5万人。法定报告甲、乙类传染病发病总数210 829例，死亡1 049人；发病率202.13/10万，死亡率1.01/10万。农村自来水普及率84.76%，提高0.87个百分点。

【体育】 全省体育健儿在国内外重大比赛中，获得140项全国冠军，29项世界冠军，破全国纪录2项。

人民生活、社会保障与安全生产

【人民生活】 2011年全年农村居民人均纯收入9 371.73元，比上年增长18.8%；扣除价格因素，实际增长11.9%。农村居民家庭恩格尔系数为49.1%，比上年上升1.4个百分点。农村居民消费支出中教育文化娱乐服务所占比重为6.0%。农村居民居住住房总建筑面积人均30.73平方米。农村最高20%收入组人均纯收入20 292.35元，最低20%收入组人均纯收入3 379.01元。

2011年全年城镇居民人均可支配收入26 897.48元，比上年增长12.6%；扣除价格因素，实际增长6.9%。城镇居民家庭恩格尔系数为36.9%，比上年上升0.4个百分点。城镇居民消费支出中教育文化娱乐服务所占比重为13.1 %。城镇居民现有住房总建筑面积人均34.4平方米。城镇最高20%收入组人均可支配收入57 719.88元，最低20%收入组人均可支配收入9 927.32元。

【社会保障】 年末全省参加城镇职工基本养老保险（含离退休）3 801万人，比上年末增长18.2%。参加城镇职工基本医疗保险3 234万人，增长7.8%；其中参加城镇职工基本医疗保险的农民工1 754万人，增长7.1%。参加城乡（镇）居民基本医疗保险3 533万人，增长72.9%。参加工伤保险2 848万人，增长7.1%。参加生育保险2 340万人，增长14.8%。参加失业保险1 876万人，增长13.7%。

全省参加农村合作医疗居民2 845万人，比上年末增长4.7%。新型农村合作医疗基金累计支出总额48.3亿元，累积受益2 806.3万人次。全年城市医疗救助26.08万人次，比上年减少4.3%。农村医疗救助49.8万人次，增加78.5%。民政部门资助农村合作医疗的人数达175.25万人次。全年征收社会保险基金2 054亿元，增长34.0%；年末五种保险基金累计结余4 579亿元，增长28.8%。年末享受低保救济的困难群众达223.89万人，其中城镇40.2万人，农村183.7万人。年末领取失业保险金人数为19.6万人，下降5.8%。

各类收养性社会福利单位床位13.43万张，收养人员9万人。城镇各种社区服务设施1.36万个，其中综合性社区服务中心1 484个。共发行销售福利彩票140.7亿元，筹集福利资金42.63亿元，直接接收社会捐赠11.38亿元。

【安全生产】 全年共发生各类事故35 329起，比上年下降2.8%；死亡6 575人，受伤31 285人，分别下降3.3%和12.8%；直接经济损失48 904.9万元，上升28.7%。其中，道路交通事故26 586起，下降10.3%；造成死亡5 873人，受伤31 015人，直接财产损失9 358.8万元，分别下降2.9%、12.7%和19.0%。亿元地区生产总值生产安全事故死亡率为0.125，道路交通万车死亡人数为2.94人。

年末每万人拥有社会组织数量为2.88个，增长14.3%。社会组织接受政府购买服务的平均款项5.7万元，增长13.5%。注册志愿者人数450万人，增长9.7%。注册志愿者人均参与志愿服务时数46.67小时，增长2.9%。

表13 2011年末银行业金融机构本外币存贷款及其增长速度

指 标	绝对数（亿元）	比年初增长（%）
各项存款余额	91590.15	11.8
其中：单位存款	44915.61	11.6
储蓄存款	41061.56	10.5
各项贷款余额	58615.27	13.4
其中：境内短期贷款	16674.28	19.6
境内中长期贷款	38334.14	9.0

区域经济

珠三角经济圈

【简述】 珠江三角洲经济圈（以下简称珠三角地区）包括广州、深圳、珠海、佛山、江门、东莞、中山、惠州、肇庆9市，面积5.47万平方公里，约占全省面积的30.4%。

珠三角经济区最早由广东省政府在1994年确立，其发展主要得益于邻近香港，香港一直是珠三角经济区的主要投资来源。珠江三角洲地区是中国改革开放的先行地区，是中国重要的经济中心区域，在全国经济社会发展和改革开放大局中具有突出的带动作用和举足轻重的战略地位。

【经济总量占全省八成以上】

2011年，珠三角地区经济增长呈“低开高走，逐步企稳”态势，全年珠三角地区实现地区生产总值43 966.1亿元，同比增长11.5%，增速比上年下降1.5个百分点。珠三角九市GDP占全省地区生产总值的83.47%。

【地方财政一般预算收入增长超过20%】 2011年广东省地方财政一般预算收入达5 513.70亿元，其中珠三角地区九市的地方财政一般预算收入总和为3 674.73亿元，占全省的66.65%，比上一年增长超过20%，其中中山市增长速度最快，增幅达39.6%。

【外贸出口呈“前高后低”走势】

2011年，珠三角地区实现外贸出口额5 066.4亿美元，同比增长17.3%，全年呈“前高后低”走势。2011年，深圳进出口总额4 141亿美元，突破四千亿美元大关，增长19.4%，其中出口2 445.25亿美元，增长20.2%，居内地大中城市第一位。2011年广州市实现进出口总额超过1 150亿美元，同比增长11%，其中出口超564.73亿美元，同比增长16.7%。

【规模以上工业增加值持续下滑】

2011年，珠三角地区实现规模以上工业增加值19 828.7亿元，全年平均增速为16.1%，较上年回落5.0个百分点。自2010年上半年以来，珠三角地区规模以上工业增加值平均增速连续6个季度下滑。其中，深圳市实现规模以上工业增加值5 228.78亿元，居珠三角地区榜首。肇庆市实现规模以上工业增加值574.40亿元，增长27.9%，在珠三角地区增幅最大。

【固定资产投资和社会消费品零售总额增速有所回落】 2011年，珠三角地区实现固定资产投资12 448.1亿元，同比增长14.5%，增速比上年降低3.7个百分点。2011年，珠三角地区实现社会消费品零售总额14 575.6亿元，同比增长15.7%，增速比上年小幅回落1.1个百分点。

【建国家中心城市，促进珠三角一体化】 2008年12月，国务院批准实施的《珠江三角洲地区改革发展规划纲要》，将广州明确定位为国家中心城市，把广州城市地位上升到国家层面。至此，广州成为全国五大国家中心城市之一，为珠三角发展增添了新动力。

广州作为珠三角的中心城市，促进珠三角一体化，推动城乡经济发展一体化、广佛同城化、建设广佛肇经济圈和深化穗港澳合作，依托珠三角，发挥国家中心城市的辐射力、带动力和影响力，携领珠江三角洲地区建设世界级城市群。

【加强珠三角城市区域之间的合作】

深圳要以珠三角为腹 珠三角拥有广州和深圳两个中心。从产业角度来讲，深圳是主要发展现代服务业、高科技产业，在全国来讲经济质量最高。珠三角发展纲要将深圳定位“综合配套改革试验区”。对珠三角而言，深圳在金融服务、人才、证交所创业板方面都有优势，深圳将这些方面的优势与珠三角城市对接，加强城市区域之间的合作，尤其是与东莞、惠州之间的产业转移，具有重大意义。

横琴岛开发是珠海发展经济的重大机遇。珠海在横琴岛设计金融中心和保税区，可以实现与澳门的对接。

珠海在先进制造业和现代服务业两方面具有较大潜力。中山、江门均大力发展光电产业，珠海可以利用经济特区政策优势，通过横琴岛开发后的研发优势，帮助中山、江门升级产业结构层次，将产业承接过来。

在现代服务业方面，珠海可以成为珠三角企业走向国际的重要窗口。澳门在博彩业、酒店和旅游休闲会等方面做得不错，珠海可以通过横琴岛借助澳门优势，用会展将珠三角地区企业和产品推出去。

【十三措施推动珠三角转型升级】

2011年8月，商务部、人力资源社会保障部、海关总署联合发布《关于建设珠江三角洲地区全国加工贸易转型升级示范区的指导意见》，将采取十三项具体措施，推动建设珠江三角洲地区全国加工贸易转型升级示范区。

意见明确，将力争用三年左右的时间使示范区加工贸易初步实现四个转变：一是产品加工由低端向高端转变，提高产品技术含量和附加值；二是产业链由短向长转变，加工贸易配套体系向研发设计、品牌创建、营销服务等产业链上下游延伸；三是经营主体由单一向多元转变，实现内外资企业共同发展；四是营销市场由出口为主向国内外两个市场并举转变，拓展企业发展空间。

此次三部委的联合发文，力挺广东珠三角地区加工贸易转型升级，业界产生了重大影响。

广东加工贸易转型升级一直在积极争取中央有关部委的政策支持，并取得不少突破性进展。继2011年初，商务部与广东省政府签署关于共同建设珠江三角洲地区全国加工贸易转型升级示范区合作协议之后，海关总署也随后与广东省政府签署关于共同建设全国加工贸易转型升级示范区推进转变发展方式合作备忘录。

【交通先行打造珠三角一体化】

年票九市互认，岭南通六城互通 珠三角交通一体化的推进，不仅推动了高速公路或者城际轨道项目的开通，"跨城"的交通往来变得更快、更方便，而且成本大大降低。

继广佛肇、珠中江实现年票互通后，深莞惠三市交界21个收费站于2011年3月30日同时取消。另外，深圳市内的梧桐山隧道收费站、东莞与广州交界东莞一侧的麻涌、沙田、广园、石碣四个收费站也同时取消收费。东莞与广州交界的江南收费站，在4月1日凌晨也停止向深莞惠三市车辆进行收费，至此东莞辖区内所有收费站均停止对深莞惠三市车辆收取过路费。深莞惠三市已经达到了年票互通的效果。

"岭南通"目前已经在广州、佛山、肇庆、江门、汕尾、惠州等六个城市实现互通，珠三角居民刷"岭南通"坐公交可享受当地的优惠政策。未来待中山、珠海、东莞完成岭南通卡发行后，珠三角八座城市间（深圳除外）将可实现公交、地铁的一卡通刷。

珠三角拟建机场统一放行系统 拟建珠三角地区多机场统一放行系统及综合信息平台，统筹安排多个机场飞往相同方向的航班起飞时间，建立有序的离场交通流，实现科学的航班放行管理，以改善珠三角空域环境，减少航班延误。

广珠城轨 广珠城际轨道交通，简称广珠城轨，又称广珠城际铁路，由北面的广州市广州南站途经佛山市顺德区、中山市，南至珠海市的珠海北站，整条线路总长177.3千米。

广珠城轨于2011年1月7日正式通车，客流量与日俱增。广珠城轨的开通，将对珠江西岸的"珠、中、江经济圈"的交通一体化具有历史突破性的意义，令珠三角一小时交通圈初步形成，并对珠三角居民的消费也会产生变化。

【成立"智囊机构"，解码珠三角纲要】

自2008年珠三角规划纲要颁布以来，广东省省委书记汪洋、省长黄华华明确要求充分利用国内外高校和科研机构资源，深入研究珠三角改革发展问题。2009年开始，中山大学牵头省内各高校、研究机构等筹划共建珠三角改革发展研究院，负责实施珠三角规划纲要专家库及每年确定的珠三角改革发展研究课题有关日常管理、信息资料库建设等工作，并将成为广东贯彻落实《珠江三角洲地区改革发展规划纲要》的重要智囊机构。

研究院将围绕实施《珠三角规划纲要》，组织社会调查和研究，建立博士后科研基地，培养储备研究珠三角改革发展优秀人才；建立访问学者基地，吸引高校、科研机构和企业的科研人员研究访问；开展学术交流与合作等。研究院将重点关注珠三角一体化、外来人口融入珠三角和广东产业结构转型升级等问题。

广佛肇都市经济圈

【简述】 广佛肇是珠江三角洲地区重要组成部分，毗邻港澳，濒临南海，是全国经济的中心区域和连通海外的重要门户。广州地处珠江出海口，衔接东西两岸，珠江三角洲地区城市圈核心，是《珠江三角洲地区改革发展规划纲要（2008—2020年）》明确的国家中心城市；佛山地处珠江三角洲腹地，东倚广州，西接肇庆，产业实力雄厚，是广东省经济总量第三大城市；肇庆地处西江干流中下游，连接珠三角与粤西，大西南地区，资源丰富，是珠三角地区新增长极。

广州、佛山和肇庆是三个山水相连的城市，由"广佛同城化"催生的"广佛肇"一体化经济圈开创了广东经济发展的新实践。就"广佛同城三市一体"的经济圈发展，三市聚首描绘"广佛肇"区域发展的新梦想。广佛肇以互利共赢为基础，实现优势互补，做大优势产业链，形成区域优势、产业集群，整体提升广佛肇经济产业综合竞争力。

"广佛肇经济圈"的概念，由广东省委书记汪洋在肇庆首先提出后，随即引起国内关注。广佛肇经济圈的建设，有助于强化广州国家中心城市功能，提升佛山城市综合竞争力，增强肇庆经济社会发展动力，推动形成珠三角横向发展轴，巩固提升珠三角地区在全国的突出战略地位和辐射带动作用。

【广佛肇经济圈GDP再超京沪】

2011年，广佛肇经济圈实现地区生产总值（GDP）20 206.70亿元，比上一年增长16.7%，占广东省2011年GDP的38.36%。

2011年北京生产总值16 000.4亿元，上海生产总值为19 195.69亿元，广佛肇经济圈20 206.70亿元，广佛肇经济圈经济实力再次超过北京和上海，表明广佛肇经济圈已日渐成熟。在珠三角三大经济圈中，广佛肇经济圈是珠三角合作条件最成熟、产业综合性最强、区域互补性最明显的一个经济圈，有引领区域一体化建设的示范作用。

【广佛肇经济圈第二次市长联席会议】

2011年5月5日，广佛肇经济圈第二次市长联席会议在佛山举行。广州市长万庆良说，当前要迅速打通"三条通道"，就是感情通道、交通通道、信息通道，加快推进广佛肇一体化。会议还研究审议了《广佛肇经济圈发展规划（2010—2020年）》和《广佛肇经济圈2011年度重点工作计划（送审稿）》（以下简称《2011年工作计划》），并对下一阶段工作进行部署。会议由佛山市市长李贻伟主持，三市市长分别在会上发言。

会议听取了市长联席会议办公

室关于《广佛肇经济圈2009—2010年度重点工作计划》（以下简称《2009~2010年工作计划》）执行情况。截至2010年底，《2009—2010年工作计划》总体执行良好，37个重点合作项目中有35个项目按年度计划顺利推进。

《2011年工作计划》筛选安排了46项重大项目作为年内三市合作工作重点，其中年内完成8项、启动15项、推进23项。

2011年三市合作极重视交通基础设施对经济圈建设的先导作用，共梳理了广佛肇高速公路、广佛肇城际轨道交通、肇花高速公路等10个交通基础设施建设项目，加强肇庆通向广佛的路网衔接。产业和劳动力“双转移”合作项目共9项，涉及谋划建设广佛肇经济圈经济合作区，加强三市劳动力培训转移协作，组织企业联合参展等。同时，12项政策对接项目加大了政策对接力度，三市将继续深化科技、教育、就业、人事人才、社会治安、县域经济等方面的协作。而建立水环境监测预警合作和资源共享平台、区域固体废物监管合作等环保合作项目，也反映出加快广佛肇优质生活圈建设，加大环境共保共治的力度。

【广肇医保异地结算正式启动】

2011年4月19日，“广州—肇庆医疗保险异地就医即时结算启动暨签约仪式”在广州举行，两市人力资源和社会保障部门、两市医保经办部门的有关领导及两市异地医保定点机构代表参加了本次仪式。

在两市人力资源社会保障部门的携手合作之下，经过了申报受理、现场考核、经办培训、系统接入等多个环节，肇庆市第一人民医院、肇庆市第二人民医院、高要市人民医院、四会市人民医院正式成为广州在肇庆指定的首批异地医保定点医疗机构，广州参保人在上述医疗机构就医可在医保信息系统上即时记账享受医保待遇，改变了过去广州参保人到肇庆就医必须先办理异地就医备案手续并自行垫付全额医疗费用，再回广州办理零星报销的做法，切实减轻了参保人的医疗费负担。

同时，肇庆市目前也选定了南方医科大学珠江医院作为肇庆参保人在广州就医的定点医疗机构，肇庆参保人可在该院即时记账就医，无需垫付医疗费。据介绍，目前试点阶段肇庆市在广州仅开通了南方医科大学珠江医院，今后将根据实际情况逐步铺开到13家广州定点医疗机构。

【广佛肇经济圈发展规划（2010—2020年）】 2011年5月5日广佛肇经济圈第二次市长联席会议审议通过了《广佛肇经济圈发展规划（2010—2020年）》（以下简称《发展规划》）。

《发展规划》的规划范围包括广州、佛山、肇庆三市所辖行政区域，陆域国土面积26 232.1平方公里，2010年常住人口约2 381.3万人，地区生产总值17 321.9亿元。规划期为2010—2020年。《发展规划》明确了三市的发展目标。

2012年，基本实现广佛同城化，有效推进广佛肇一体化。区域性重大交通设施建设有效推进，经济圈公共交通有效衔接，一体化交通格局初具规模。产业转移成效显著，产业结构明显优化。跨界环境整治有效推进，区域整体环境得到改善。构建促进公共服务资源共享的信息化平台，在教育、医疗、社会治安、食品药品安全等领域推进一批具体合作项目，社会保障体系基本覆盖城乡，基本公共服务均等化推进成效明显。

2015年，全面实现广佛同城化，基本实现广佛肇一体化。网络完善、运行高效、安全有序的一体化综合交通运输体系基本建成，市政、信息、能源、口岸通关等基础设施全面对接联网。形成若干具有国际竞争力的产业集群，自主创新能力明显提升，打造若干跨区域共建产业园区，经济圈内部发展协调性显著增强。生态环保联防联治新格局基本形成，区域整体环境质量明显改善。区域一体化发展机制更加完善，三地社会管理政策基本接轨，在公共事务管理领域实现深度合作。城市功能优势互补，交界地区一体化发展取得重大突破。社会保障体系更加完善，基本公共服务均等化基本实现。

2020年，全面实现广佛肇一体化，率先实现现代化。形成综合经济实力强大、空间布局合理、基础设施

2011年5月5日，广佛肇经济圈第二次市长联席会议在佛山保利洲际酒店顺利召开。会议检查了《广佛肇经济圈建设2009—2010年度重点工作计划》执行情况，审议并原则通过了《广佛肇经济圈发展规划》和《广佛肇经济圈建设2011年度重点工作计划》，听取了交通运输、产业协作、环境保护、旅游合作和教育培训等5个专项规划编制和建立广佛肇经济圈重大新闻联合发布制度情况汇报。

联网、产业联动发展、社会事业发达、公共服务均等、城乡环境优美、人民生活幸福的优质生活圈，亚太地区最具活力和竞争力的国际大都市区，携领珠江三角洲地区建成世界级城市群，率先构建社会主义和谐社会。

《发展规划》提出，要提升广州的核心地位，增强其作为国家中心城市和综合性门户城市的聚集、辐射和带动作用；而佛山要发挥产业优势，建设成为我国南方重要的现代制造业基地、高新技术研发和转化基地；肇庆则要发挥资源与生态优势，积极承接广佛的产业与资本转移。

《发展规划》明确以广州中心城区为核心，以佛山中心城区和肇庆中心城区为副中心，形成“一主两副”的空间增长与组织中心；同时实行“两脊多极、点轴推进”，构筑两条主要发展轴线，引导产业和人口向轴带聚集；实行“双快交通、连接成网”，以高速公路、高速铁路、城际轨道为纽带，串联经济圈主要城镇、重要发展区和休闲游憩地区，构筑生产、生活与休闲发展轴线，形成广佛肇生产和生活高度一体化的一小时经济圈。

【珠三角九市产业转型升级巡回检查讲评会走进广佛肇】 5月19日至20日，珠三角九市产业转型升级巡回检查讲评会在广州、佛山、肇庆举行。会议强调，要以广佛同城化为示范，推动珠三角区域经济一体化，希望以“羊城”广州为核心的广佛肇经济圈，当好贯彻《珠江三角洲地区改革发展规划纲要》、推进产业转型升级的“领头羊”，当好带动珠三角区域经济一体化的“领头羊”，当好珠三角打造更具综合竞争力世界级城市群的“领头羊”。

《珠江三角洲地区改革发展规划纲要》实施以来，广州、佛山、肇庆积极推进基础设施一体化、密切产业协作、强化环境联合治理、拓宽公共服务合作领域，有效推进了珠三角一体化进程。

佛山大力实施“双转移”和“腾笼换鸟”，加大产业招商力度，机械装备、液晶显示、金融服务业等产业蓬勃发展，形成了转型升级的良好势头。

肇庆以重大项目、自主创新、深化改革、园区建设等为抓手推进转型升级，去年先进制造业工业增加值增长55.3%，高技术制造业增加值增长48.5%，均居珠三角首位。

广州着力优化国家中心城市产业布局，大力发展服务经济、加快建设重大产业基地、努力增强产业创新能力、完善重大基础设施，城市整体发展水平跃上了新台阶。

【广佛肇经济圈市长联席会议办公室区域处赴肇庆怀集调研】 2011年7月28—29日，区域处代表赴肇庆怀集调研广佛肇经济圈经济合作区建设相关事宜。调研组现场考察了经济合作区的初步选址，并与怀集县政府进行了座谈，怀集县县长江森源介绍了怀集县的经济社会发展情况，分析了在怀集建设经济合作区的优势和前景；中山大学李立勋教授介绍了经济合作区建设规划的研究设想；市长联席会议广州办、佛山办、肇庆办分别提出了意见和建议。接下来，将由肇庆市牵头抓紧做好经济合作区建设方案的起草工作，并提交下一次广佛肇经济圈工作协调会议讨论。

【新建12条高速公路联通广佛肇】

2011年8月24日，广州、佛山、肇庆三市交通运输主管部门召开《广佛肇交通基础设施衔接规划（2011—2020年）》专家评审会。《规划》提出，未来10年将把轨道交通建设摆在区域交通基础设施建设衔接的首位。

按照《规划》，2015年前基本完善广佛肇市际交通网络，特别是轨道交通网络，一批重大交通基础设施全面完工，初步实现区域交通基础设施的有效衔接与优化配置。

近期主要在广佛肇经济圈内新建12条高速公路、扩建广肇高速，形成三市之间的高速公路网络；新建5条、扩建9条区域干线公路，新建6条、扩建3条区域支线公路，新建4条国家铁路、5条城际轨道、3条城市轨道；扩建1个港区和2个码头，新建5个码头；推广应用公交一卡通，推动广佛肇公共交通领域和小面额支付领域的拓展。

到2020年，全面实现广佛肇经济圈交通一体化，城市公交“一卡通”全面延伸到城际轨道等公共交通领域，一体化管理体制障碍基本消除。重点推进金利S362至佛山塘九路跨西江大桥、大坦沙大桥系统工程等项目；推进肇顺南城际轨道的建设，加快城市地铁的建设，争取形成完善的地铁网络等。

《规划》还提到重点加快广佛肇经济圈的高速公路、城际轨道交通、地铁以及交通运输枢纽等基础设施建设，打通市际间“断头路”，消除“瓶颈”路段。

【《广佛肇产学研科技创新合作协议》正式签署】 2011年10月19日，在肇庆市召开的“肇庆市产学研技术合作洽谈会”上，《广佛肇产学研科技创新合作协议》正式签署，建立了三市科技行政主管部门联席会议机制的管理模式，确定了三市共同组织产学研用科技项目、共建共用公共科技服务平台、促进科技人才交流等三个方面的合作内容。

为加快推动广佛肇经济圈产业合作发展，推进三地产业转型升级，形成结构高级化、发展集聚化、竞争高端化现代产业体系，携领产学研跨地区合作一体化发展，肇庆积极开展广佛肇产学研科技创新合作。2011年8、9月份，广、佛、肇三市科技管理部门在省科技厅的指导下，多次召开工作会，研究讨论三市产学研科技创新合作的方式和内容。

此次协议的签署，标志着三市的产学研科技创新合作正式拉开序幕，同时将加快广州、佛山、肇庆三个城市的科技合作步伐，促进三市科技成果产业化，推动产学研跨地区的一体化。

【“广佛肇一体化”发展研讨会】

2011年11月30日，第二届“广佛肇一体化发展”理论研讨会在中共广州市委党校隆重召开。研讨会意在进一步落实《珠江三角洲地区改革发展规划纲要》《广佛肇经济圈建设合作框架协议》和《广佛肇经济圈发展规划（2010—2020年）》的精神，推动“广佛肇一体化”和相关区域经济社会理论和现实问题的研究。

中共广州市委常委、组织部长、党校校长方旋发表讲话，充分肯定了广州、佛山、肇庆三市党校联合举办研讨会的做法，并建议三市党校继续加强对改革发展中全局性、战略型、前瞻性问题的研究，为推动三市经济社会发展作出应有贡献。

【广佛肇旅游区专场推介会】　2011年6月1日，山西省太原市举行了2011年“多彩广佛肇，岭南真味道”——广佛肇第一站旅游专场推介会。此次推介会由广东省旅游局主办，广州市、佛山市和肇庆市旅游局共同承办。会上，广州、佛山和肇庆三地分别介绍了本地丰富的旅游文化资源，整合推出了“岭南商都、传奇佛山、山水肇庆”精品旅游线路和重点推介了“惊艳广州、新广州、新体验”后亚运广州旅游资源，“狮舞岭南，传奇佛山”的佛山市旅游品牌以及“国际化旅游休闲之都”的肇庆市旅游品牌形象。

本次推介会，旨在通过深入交流和多方接触，寻找合作机遇，拓宽合作领域和提升合作层次，推动广佛肇三地的旅游业的合作和发展。广佛肇三地在对旅游资源条件和开发背景等进行深入分析的基础上，明确提出要塑造广佛肇旅游区整体品牌形象，实现广佛肇旅游区一体化发展目标，将广佛肇旅游区建设成为国内知名并具有区域性国际影响力的旅游目的地，以此促进广佛肇经济圈的经济发展。

深莞惠都市经济圈

【简述】　深圳、东莞、惠州三市都地处珠江口的东岸，是《珠江三角洲地区改革发展规划纲要》确定的珠三角一体化的重点区域。深莞惠三市总面积高达1.56万平方公里，常住人口将近2 000万人，2011年GDP总量高达18 230亿元，占广东省GDP总量的34.61%。深莞惠三市有着很深的渊源，在1979年之前都属于惠阳地区，1979年深圳成为中国首批特区城市与惠州分开，1988年东莞独立设市也与惠州分开。30年后历史同源的深莞惠三市因为《珠江三角洲地区改革发展规划纲要》的实施，再次携手密切协作。

【深莞惠举办医疗学术论坛】　2011年1月6日，第一个医学专科合作项目——首届深莞惠手外科学术论坛在深圳举行，标志着深莞惠医疗卫生一体化合作又迈出了新的一步。深莞惠通过医疗合作，病人所有的病例和检验检查单据将实现互通，三地手外科病人将实现无缝式转诊服务，三地手外科医生进修交流也将更为紧密。三地还将开展疑难病例的会诊活动，分别派出专家、医生到各地进修交流，实现学术和技术优势互补。深莞惠手外科学术论坛今后将每年在三地轮流举办。

【深莞惠区域合作战略规划】　2011年1月13日，深莞惠（坪新清）区域合作战略研讨会在深圳市龙岗区政府举行。

“坪新清”分别是深圳市坪地街道、东莞市清溪镇、惠州市新圩镇，是深圳、东莞、惠州三市唯一交界处，属于城市边缘、后发展地区，涉及三市共一园八村。其中涉及到东莞的规划土地面积为10平方公里。

《珠江三角洲地区改革发展规划纲要（2008—2020）》的颁布实施和深莞惠合作的深入推进，使该区域的深度合作意义凸显。为实施《规划纲要》，贯彻市第五次党代会提出的“规划建设深莞惠城际高新技术产业带”，探索共建产业园区新模式的战略要求，《深莞惠（坪新清）产业合作示范区规划》提出：以高桥工业园为核心区，启动坪新产业合作园区建设，突破行政、土地、财政、税收、社会管理的制约，优势互补、互利共赢，成为深莞惠产业合作示范区，实现深莞惠经济社会一体化从设想到实践的战略性转变，为珠三角区域合作及一体化的推进提供有益的经验和借鉴。

《深莞惠（坪新清）产业合作示范区规划》为深莞惠的一体化提供了美好的蓝图。据规划研究的预测显示，坪新清的合作在未来的10年内将实现地区生产总值1 500亿元，税收150亿，地区人口达到20万人。

【港深莞惠将交通一体化】　2011年2月21日，深圳召开全市交通运输会议暨保大运交通动员会，深圳将在今后五年内全力打造以开放、畅达、可靠、公平、安全、低碳为特点的“深圳质量品质交通”，加快推进全球性物流枢纽城市、国际水准公交城市和国际化现代化一体化综合交通运输体系建设，加速推进港深莞惠交通一体化。

深圳在促进港深莞惠交通一体化方面，将加快推进穗莞深城际线、深惠城际线和深莞城际轨道的规划建设，加快推进深莞惠三市对接的8条高速公路、14条城市主干道以及次干道、支路网的规划建设，加强跨界客运公交化运营合作，加快深莞惠交通一体化进程，拓展城市发展空间。

【深莞惠召开三地旅游合作联席会议】　2011年3月4日，深莞惠三地旅游合作联席会议第一次会议在东莞市召开，深莞惠三地旅游局（文体旅游局）有关领导出席了本次会议。

会议首先对2010年深莞惠旅游区域合作工作作了回顾，去年三地旅游部门密切配合，积极贯彻落实《珠江三角洲地区改革发展规划纲要（2008—2020）》和《推进珠江口东岸地区紧密合作框架协议》，充分发挥深莞惠的地缘、市场、资源、资金和管理优势，推动旅客互送，着手联合编制旅游发展规划，促进了三地旅游协调发展，取得了较好的社会、经济效益。

会议接着对2011年旅游工作部署展开了讨论，并就下一步具体工作任务达成共识：（1）整合三地旅游资源，继续发挥深莞惠的地缘、市场、资源、资金和管理优势，推出联合线路产品。（2）联合编印《深莞惠旅游指南》，介绍三地优质的旅游资源和产品，加大三地区域旅游目的地、客源地旅游形象的宣传促销。（3）推进三地旅游网站的链接，开辟深莞惠旅游专栏，实现旅游信息互通、旅游资源共享。（4）利用三地新闻媒体宣传载体，打造一个区域互补、互动、互惠、共赢的平台，提高三地综合影响力，制造更加有效、立体广泛的信息传播，为游客提供高质量的旅游信息产品。（5）开展联合促销，在各项旅游展会及营销活动中，组成营销联盟，扩大三地区域旅游品牌的影响力。（6）继续推进三地游客互送活动，提高旅游消费水平，开展“万人互游深莞惠活动”。

【深莞惠签五协议全面推合作】

2011年4月18日，深圳、东莞、惠州三市第五次联席会议在东莞召开。三市共同签署了包括坪新清片区规划开发、产业发展合作、信息化合作、加快推进交通运输一体化、加强深惠合作在内的一揽子协议。三市共同签署的《深莞惠边界地区坪新清片区规划开发的合作框架协议》、《深圳市东莞市惠州市关于产业发展合作的协议》、《深圳市东莞市惠州市信息化合作框架协议》、《深圳市东莞市惠州市加快推进交通运输一体化补充协议三》以及《深圳市惠州市加强深惠合作的备忘录》5项合作协议引人瞩目。

其中，尤为令人关注的是，三市签署合作框架协议，决定高水平规划开发坪新清片区，深惠达成共识共同推进深惠城际轨道项目建设提前启动等。

打造产业合作和生态知识新城　坪新清片区位于深圳市龙岗区坪地街道、东莞市清溪镇和惠州市惠阳区新圩镇之间，是深圳、东莞、惠州三市接壤的唯一地区，也是三市的地理几何中心。

深莞惠三市此次进一步加强合作颇引人瞩目，根据协议，三市将成立坪新清片区规划协调工作组，合力推动三市边界地区坪地—新圩—清溪片区的高水平规划开发和协调发展，将其打造成具有全球典范的产业合作和生态知识新城。

根据三市签署的《关于推进深莞惠边界地区坪新清片区规划开发的合作框架协议》，坪新清片区的规划开发要突出体现生态低碳、知识密集、区域治理的现代理念，以世界的眼光、战略的高度、现代化的标准打造具有全球典范的产业合作和生态知识新城；要紧紧围绕科学发展的主题和加快转变经济发展方式的主线，创新体制机制、集聚高端要素、优化人文生态、促进社会和谐，努力成为管理体制高度协同、产业经济高度融合、社会文化高度认同、自然生态高度和谐“四位一体”的珠三角区域合作样板，在全国区域合作发展中发挥示范作用。

六方面加强产业合作　根据协议，三市加强产业合作的目标是：“共同建设全球电子信息产业基地、区域服务和创新中心，把‘深莞惠经济圈’打造成为珠三角区域经济一体化先行区。”

加强产业合作包括六大具体内容：加强边界地区产业合作，加快产业转移园区建设；提升三地技术创新能力，推进产业技术升级；推进产业结构调整，建设世界级电子信息产业基地；加强环大亚湾区域产业合作，共同促进环大亚湾区域产业与生态环境协调发展；加强交流与合作，提升现代服务业水平；加强劳动保障合作，提升服务管理水平。

加强信息化合作　深莞惠三市签署的《深圳市东莞市惠州市信息化合作框架协议》，提出了“逐步取消区域内长途费、漫游费，积极探索区域内区号一体化”的目标。

《信息化合作框架协议》提出，将加快无线城市群的建设，加快建设三市无线宽带网络。同时，协调推动三市通信资费统一，协调通信主管部门和三地通信运营商逐步取消区域内长途费、漫游费，积极探索区域内区号一体化。有线数字电视信息内容也有望联网和资源共享。

三地还将联手构建区域企业信用信息合作体系，逐步建立信息发布、信息共享和信息服务的区域企业信用信息合作体系，实现三地企业信用信息查询、交流及共享，并建立区域企业信用监管机制。

推进交通运输一体化　深莞惠三市签订的《深圳市东莞市惠州市加快推进交通运输一体化补充协议》，提出高质量、高标准编制深莞惠交通运输一体化规划，2011年底完成规划初稿。

进一步加强深惠合作　深圳与惠州的合作优先考虑坪山新区和大亚湾区交通一体化。深惠之间将加强产业领域的合作包括：共同推进产业结构的优化升级；加强招商合作，研究实施重点投资项目的联合招商；支持深圳社会团体、行业协会、商会和企业在符合惠州产业政策和布局的前提下，在惠州兴办产业园区；加强两市文化产业交流合作。

深惠双方将继续推进跨界交通基础设施项目的建设，将对深惠城际轨道的建设问题进行深入研究，对深圳地铁和惠州地铁的连接问题进行积极磋商，对深圳外环高速与惠州高速路网的衔接问题进行研究。深惠两市在备忘录中表示，将优先考虑深圳坪山新区和惠州大亚湾区重大交通基础设施的一体化规划和建设。

【第三届深莞惠药品安全监管工作联席会议】　2011年9月15日，第三届深莞惠药品安全监管工作联席会议在惠州市举行。会议就加强跨市药品（中药制剂）、医疗器械、保健食品、化妆品委托加工的监管，刑法（修正案）实施后药品违法案件的移送和衔接及加强药检合作服务企业发展服务群众需求等问题进行了深入的探讨和研究，会上三方签署了“三品一械”（“药品、保健食品、化妆品、医疗器械”）委托加工监管合作协议。

会议总结三年来三市药监部门按照“平等、沟通、协调、协作”的宗旨，广泛开展信息交流，相互借鉴学习，联手查办跨区域的大案要案，建立案件协查机制，一批跨市案件通过协查机制，得到及时查处。药品检验机构也进行了深入合作，在检品协作、提供药品标准、配合稽查打假、药品检验信息互通等工作上广泛开展合作，赋予药品监管协作新的内涵。

蓝镇强局长在会议总结时指出，三地药品安全监管合作的平台已经搭建，三年来的合作已经取得了丰硕成果，特别是在共享工作经验和监管信息、共同研讨寻求监管对策和监管业

2011年9月15日，第三届深莞惠药品安全监管工作联席会议在惠州市举行。会议就加强跨市药品（中药制剂）、医疗器械、保健食品、化妆品委托加工的监管，刑法（修正案）实施后药品违法案件的移送和衔接及加强药检合作服务企业发展服务群众需求等问题进行了深入的探讨和研究，会上三方签署了"三品一械"（药品、保健食品、化妆品、医疗器械）委托加工监管合作协议。

务联动方面取得了实质性进展，未来要多方位、多角度从各个领域继续积极推进合作事宜的深入。会议还安排了省委党校王巍博士作了关于"中国社会管理体制创新"的学术报告。

【深莞惠首届农产品交易会】 2011年10月20—22日，中国·惠州深莞惠首届农产品交易会在惠州市区江北惠州农产品物流配送中心举行。此次交易会以"加强合作与交流，促进农产品流通"为主题，共有348家企业参展，展出近万种农产品，主要是农、林、牧、渔行业的名优特新产品，包括无公害农产品、生产资料、土特产品、加工农产品等。

随着深莞惠一体化的推进，惠州和深圳、东莞三市在农业方面的合作将更加紧密。主办深莞惠农产品交易会，能够大大增强惠州与深圳、东莞两市农业的交流与合作，推动三市农产品流通行业快速发展，提升三市农产品的市场竞争力和影响力。

惠州将以实施《珠江三角洲地区改革发展规划纲要》以及举办深莞惠首届农产品交易会为契机，加强三市产业合作，以惠州为农产品生产和供应基地，以深圳、东莞为销售市场，建立健全农产品产销对接机制、农产品安全监督共管体系和农业信息服务共享平台，拓展区域农业联动发展空间，推动惠州与深莞农业加快实现一体化。

【深莞惠探索在公共文化服务等方面进行合作】 2011年10月25日，继深莞惠首届农产品交易会后，深莞惠三市在惠再次聚首，召开三市一体化文化合作联席会议。会议上，三市文化主管部门达成共识，共同签订《深莞惠文化合作备忘录》。

此次合作内容涉及公共文化服务、文化节庆及文化品牌、广播电视资源、文化遗产保护、文化市场执法联动、三地文化产业项目、文化人才培训等方面合作，提出充分利用三地社团文化艺术资源，联合举办一台具有浓厚客家文化氛围的艺术晚会，打造深莞惠文化活动巡演或联办品牌；举办"深莞惠地区文物普查成果展"；探索建立深莞惠文化市场突发事件快速反应机制等。

备忘录提出，三市将建设"深莞惠数字图书馆联盟"，建立三市文化信息资源共享平台，推动三市地方文献共建共享。

同时提出，指导和协调文化产业转移交流，以及三地企业参与文化创意园区发展，特别是重点推进广东（惠州）粤港澳（台）影视拍摄基地、广东（东莞）粤港澳创意产业园区等项目建设。依托中国（东莞）国际影视动漫版权保护和贸易博览会，发挥深莞惠动漫原创与东莞动漫衍生品制造的优势，实现动漫产业上下游充分对接。

在人才培训方面，备忘录提出，建立三地优秀文化人才异地挂职锻炼制度。定期组织三地文化工作技术人员的业务培训，充分利用省及各先进市的师资和学习平台，提高技术和管理人员的业务素质，促进文化共享项目的建设。

【深莞惠三市将建消费预赔金制度】

2011年11月1日，深圳、惠州、东莞三市消委会在东莞召开三市消费维权合作第六次工作会议，总结区域消费维权合作取得的成果和经验，研究部署2012年三市消费维权合作具体事宜。

会上，三市消委会针对消费投诉热点和盲点，议定编印第三套《消费指南》，内容包括电子商务、婚庆、通信、汽车维修、农资和物流六大消费领域。特别值得关注的是，三市消委会或将借鉴淘宝购物消费纠纷时，可以获得卖家放在淘宝的保证金的先行赔付的做法，计划在诚信的大型企业中开展试点消费预赔金制度。即企业准备一笔赔付金，由第三方进行监管。一旦发生查实为企业责任的消费纠纷，即可实现快速赔付，使消费者享受到便利的服务，省却维权的成本和时间。

三地消委会确定，选取与消费者日常生活密切相关的产品进行比较试验，分别是啤酒瓶安全性能的比较试验和儿童仿瓷餐具的比较试验。东莞市消委会将承担啤酒瓶安全性能的比较试验，而市民关注的儿童仿瓷餐具则由深圳市消委会承担比较试验。

珠中江都市经济圈

【简述】 珠中江都市经济圈，位于珠三角西南部，珠海位于珠江口西岸，与深圳隔江相望。珠中江都市经济圈临近港澳，发展服务产业具有重大契机；腹地广阔，拥有丰富的资源。珠中江经济圈具有良好的产业优势，其中港口物流、生产服务、航空产业、健康产业等方面均具有较好基础。珠中江三地已建和规划中的通道有港珠澳大桥、广珠轻轨、沿海铁路及广佛珠城际轨道交通、广珠西线高速等，发达的交通网络为该区域经济发展起了重要的支撑作用。

珠海、中山、江门三地处于珠江口西岸地区，总面积约1.3万平方公里，常住人口800多万。“十一五”期间，珠中江三地经济保持快速高质发展，综合实力不断增强。珠中江三市地区生产总值分别为1 403.24、2 190.82、1 830.64亿元，同比分别增长11.3%、13.0%和13.0%，均高于全省GDP10.0%平均增长速度，是珠三角重要的经济增长极。

珠三角《规划纲要》对珠江口西岸地区战略定位是：要规模化发展先进制造业，大力发展生产性服务业，做大做强主导产业，打造若干具有国际竞争力的产业集群，形成新的经济增长极。珠中江作为珠三角主要的重工业和制造业基地之一，江门轨道交通、绿色光源、清洁能源、金属制品、摩托车等产业优势明显，而中山电子机械、灯饰、纺织服装、临港装备制造、精细化工等方面产业优势突出，珠海电气机械及器材制造、海洋工程装备、临港石化等产业优势突出。分布密集的产业，以制造业为基础的经济增长，形成了广阔的物流市场空间，为珠中江经济发展提供了良好的产业基础。

【广珠城际铁路开通运营】 2011年1月7日，广州至珠海城际铁路在广州火车南站举行开通仪式，正式开通运营。省委副书记、省长黄华华出席开通仪式，铁道部副部长彭开宙，省委常委、常务副省长朱小丹出席开通仪式并致辞，副省长佟星，广州市市长万庆良，铁道部总工程师、中国工程院院士何华武，铁道部副总工程师兼运输局局长张曙光等领导出席开通仪式。出席仪式的领导共同为广州至珠海城际铁路开通剪彩。

广珠城际铁路由广州南至珠海，此次开通运营线路为广州南至珠海北段，线路全长93公里，江门支线长27公里。运营车站为北滘、顺德、容桂、小榄、东升、中山北、中山、南朗、珠海北、古镇、江门、新会站共12个车站。从广州南站出发最短41分钟即可到达珠海北，28分钟可到达中山北，45分钟即可到达江门，珠海、中山、江门将全面融入“珠三角一小时经济圈”。广珠城际铁路的开通运营标志着珠三角进入轻轨时代。

广珠城际铁路开通之前，珠三角只有东岸有轨道交通来往，西岸广州至中山、珠海的线路一直以来都只有汽车公路。经济发展跟东岸城市比较有很大差别，没有轨道交通是其中一个原因。广珠城际铁路打破珠江西岸公路格局，结束了珠江西岸没有轨道交通的历史，珠江西岸的发展发生了很大变化。

广珠城轨的开通，将对珠江西岸的“珠、中、江经济圈”的交通一体化具有历史突破性的意义。站点的设置与当地城镇的发展相关。原来珠海、中山、江门三个城市的公交线路都会因为城轨而作出调整。广珠城轨通车是个重大突破，城市布局、公共交通线网、商业网点都会发生新的变化。城轨站点附近将成为当地新的发展中心。

广珠城际铁路是珠三角城际轨道交通骨干网重点项目之一，其开通运营是不断深化省部战略合作和加快推进广东发达完善铁路网建设取得的又一重大成果。广珠城际铁路开通运营后，显著改善了珠江口西岸地区的运输条件，对于发挥珠海市的经济特区优势和珠中江地区区位优势，推动珠中江产业转型升级和经济一体化，提升珠中江经济圈整体竞争力，构建珠三角城市群优质生活圈，具有十分重要的意义。

【珠海中山江门合办商品展销会】

2011年1月15—18日，第二届珠中江进出口商品展销会在广东江门举行，来自珠海、江门、中山三市及港澳地区的330多家企业参展。除了珠中江三地企业参展外，这次展会还吸引来自香港和澳门企业，其中香港参展企业4家，澳门参展企业28家。主要产品集中在家用电器、家居用品、食品、服装等行业。

本届商展会共设置600多个展位，展区面积20 100平方米，展销的商品以珠中江三市及港澳企业生产的消费品为主，包括电子家电、服装、鞋帽箱包、照明用品、家居用品、五金建材以及食品等7大类。顾客和采购商可采购到许多原本用于出口、只在国外市场销售的优质商品。

其中，澳门贸易投资促进局组织28家澳门企业使用28个标准展位“抱团”参展，在展会期间“澳门馆”向珠中江三地市民展示“世界旅游休闲中心”和“区域商务服务平台”的魅力。此外，澳门贸易投资促进局还在展销会开幕当天，举办了“澳门——珠中江企业家商务洽谈交流酒会”。

此次展销会集“展示、对接、交易、购物”为一体，从家居用品、家电、服装、食品、电子照明等方面展示珠海、中山、江门三地产业特色。珠中江三市地域相近、文化相融、人脉相通，拥有8 000多家规模以上工业企业，通过展销会能够帮助外向型企业拓展内销市场，实现战略转型。

【珠中江三地消委会签署消费维权合作协议】 2011年3月10日，珠海、中山、江门三市消委会在珠海共同签署了消费者维权合作协议，三地将实现资源共享，共同保护三地消费者权益。中山市消委会会长刘志伟、秘书长杨伟平及部分镇区消委分会的领导出席。省消委会副会长兼秘书长罗卫光、珠海市政府有关领导，以及珠海、江门两地消委会负责人参加了协议签署仪式。

按照协议，三市消费者在三市任何一地购买商品或者接受服务时发生纠纷，消费者均可向纠纷发生地或居住地的消委会投诉，居住地消委会接投诉后5个工作日内，将投诉转交纠纷发生地消委会，由纠纷发生地消委会调查处理，并将结果函复消费者及其所在地的消委会。此外，三市消委会还将每年合作开展1至2次商品比较测试工作，在流通环节选择质量问题多、消费者投诉比较集中的商品，在三地同时开展抽样比较测试；三市任何一市消委会发布的相关消费警示，要在适当时候向其他各消委会通报，以便互相借鉴，实现信息共享；如有侵害三市消费者权益之事，三市消委会可考虑共同研讨，达成共识后联合对外发表观点。

建立珠中江消费维权合作机制是中山市消委会认真贯彻落实《珠江三角洲地区改革发展规划纲要》和《广东省实践科学发展观重点行动纲要》，推动珠中江消费维权一体化建设，为中山及珠海、江门三地消费者办的一件实事，也是该会开展今年"3.15"系列纪念活动的重要内容之一。《珠海、中山、江门消费维权框架合作协议》将为珠中江三地消费者提供畅通便捷的消费维权平台，更有效地保护三地消费者的合法权益。

【珠中江要走一条与珠三角东岸不同的发展新路】 2011年5月9日至10日，珠三角9市产业转型升级巡回检查讲评会走进珠海、中山、江门，实地检查三市实施《珠江三角洲地区改革发展规划纲要》特别是产业转型升级相关工作，总结经验，分析问题，研究部署下一步工作。

珠三角9市产业转型升级巡回检查讲评会分两阶段召开，其中第一段在珠海、中山、江门、深圳、东莞、惠州6市举行。珠中江经济圈是开展巡回检查讲评活动的第一个片区，在结束了9日对中山、江门的考察后，5月10日上午，与会代表先后考察了中航工业通飞珠海航空产业基地、银通新能源有限公司、长隆国际海洋度假区和十字门中央商务区。

中航通用飞机珠海产业基地由中国航空工业集团投资建设，是珠海实施"上天入海"战略，构建现代产业体系，填补广东产业空白的重要项目。中航通飞充分结合中航工业集团的技术优势、产业优势和广东的体制机制优势，充分结合自主研发和引进组装，充分结合国际国内市场，努力在珠海建设全国最大、国际一流的通用航空产业基地。中航通飞通过多种形式的结合，把优势充分发挥出来，创造了航空产业发展新模式。珠三角地区要规划先行，结合实际规划建设一批通用航空机场。

银通新能源产业园总投资50亿元，其中一期投资9亿元，已经形成了较为完整的产业链，是目前在产能、自动化程度等方面全球领先的动力、储能电池生产基地。汪洋在考察中指出，新能源产业的进一步发展，需要商业模式的进一步突破，只有通过合理的商业模式才有可能实现短期投入与长期效益的平衡。发展新能源产业是很有意义的事业，前景光明，但是道路曲折，只有坚持不懈，才能获得成功。

一年多来，横琴新区13个重大项目密集布局，近千亿资本强劲投入。路、水、电、气等主要基础公共设施将在明年高标准建成，一批现代服务业项目陆续开工，境内外投资纷至沓来。长隆国际海洋度假区位于横琴新区，总投资达100亿元，计划建成亚洲最大的集游乐、会展、酒店度假于一体的综合性海洋乐园，预计项目建成后年游客量将超过2 000万人次。

珠海十字门中央商务区项目首期投资超过100亿元，预计2013年基本完成。整个十字门中央商务区规划总建筑面积1 100万平方米，总投资将超过1 000亿元，将打造成为珠海的新城市中心、珠江口西岸生产服务中心、珠三角地区对外开放的重要窗口。

近年来珠海市深入实施《珠江三角洲地区改革发展规划纲要》，认真贯彻落实省委、省政府关于加快产业转型升级的战略部署，把产业转型升级作为推动珠海科学发展、实现后来居上的重大机遇，坚持走有珠海特色产业发展路子，按照"高端起步、双轮驱动、合理布局、集聚发展"的方针，坚持好字当头、集约发展、错位发展、"双型"并转，加快产业转型升级步伐，产业层次明显提升、龙头企业明显增加，一批重大项目落地开工，若干新兴产业正在崛起，存量产业结构不断优化，产业发展条件明显改善，初步呈现高端发展、错位发展、集约发展态势，走出了一条具有自身特色的产业转型升级之路。

汪洋充分肯定珠中江三市推动产业转型升级思路清晰、举措扎实、成效显现、趋势令人鼓舞，希望珠中江经济圈增强使命意识和危机意识，奋发有为，励精图治，在贯彻落实科学发展观上先行先试，推动产业转型升级取得更大成绩，努力走出一条与珠三角东岸不一样的发展道路。

近年来特别是去年以来，珠海、中山、江门三市深入贯彻落实科学发展观，全面实施《珠三角地区改革发展规划纲要》，按照"珠江口西岸要规模化发展先进制造业，大力发展生产型服务业，做大做强主导行业，打造若干具有国际竞争力的产业集群"的定位要求，认真落实省委、省政府决策部署，大力推进产业结构调整优化升级，2010年绝大多数考核指标超额完成，产业规划和政策日益完善，产业高端化发展势头良好，产业集聚发展扎实推进，产业绿色低碳特征明显，开放合作产业格局初步形成。

黄华华要求珠中江努力建设产业结构高级化、产业布局合理化、产业发展集聚化、产业竞争力高端化的现代产业体系，走出一条产业转型新路。一要加强组织领导，强化产业规划和政策支撑。二要大力推进自主创新，促进产业高端发展。三要狠抓投资和重大项目建设，增强产业发展后劲。四要加快产业园区和专业镇建设，提升产业集聚水平。五要推进产业错位发展、协同发展，提升区域产业协作水平。

【珠中江三市率先实现通信一体化】

2011年10月27日，由广东省通信管理局、珠海、中山和江门三市政府联合组织的珠中江通信一体化启动仪式在珠海举行，这标志着珠中江三市消费者期盼已久的通信一体化愿望终于在珠三角三个经济圈中率先实现。

推进珠中江通信一体化是广东省通信行业贯彻落实《珠江三角洲地区改革发展规划纲要》、实施省政府《珠江三角洲基础设施建设一体化规划（2009—2020）年》的重要工作。广东省通信管理局、珠中江三市政府和基础电信企业高度重视，科学论证，协调推进，经过一年多的共同努力，率先实现了通信一体化目标。各基础电信企业在激烈的市场竞争环境下，积极对涵盖珠中江三市 1 385 万用户的通信网络、业务系统和支撑平台进行了升级和改造，从网络、服务、资费三个方面推进珠中江通信一体化。珠中江通信一体化的实现将进一步推动珠中江经济圈的经济社会发展，促进广大人民群众的生活水平提高。

珠中江通信一体化是以使用“资费叠加包”、取消长途费和漫游费为主的方案来实施，珠中江三市无须更改长途区号，也不须升位，通信系统、网络改动较小，用户操作简单，只需到相应的基础电信企业办理一体化资费方案即可在次月享受珠中江资费一体化。珠中江通信资费一体化实现后，三市人民经济社会活动的通信费用支出将每年减少 2.87 亿元。

【珠中江三地档案资源将实现共享】 2011 年 11 月 17 日，珠海、中山、江门三地签署协议，计划打造依托互联网的档案互查互认、就近服务利用平台，并于春节前开通使用，实现互查，2012 年将实现档案证明三地互认。珠中江三地 2010 年各档案局正式签署协议，实现三地开放档案目录一站式查询。此次签署的协议核心内容，就是基于网络，通过同一审批平台，对查档申请进行审核，并在内网数据库中查询，审核通过后，再采用三地档案馆内部协调机制为查询者就近提供服务。

以涉珠海明清档案为例，珠海市档案局技术科介绍：珠海近现代档案、明清档案全部在中山市档案馆馆藏。以前市民要查这些资料，要先上网或致电查询，然后由珠海方面开介绍信，提交申请到中山馆，获批后到当地查阅，有利用需要的再由中山馆开证明。新平台开通后，珠海市民可以就近到市档案服务窗口查询，将对方馆数字化档案打印出来，珠海方面盖章确认合法性即可。

按广东省档案事业发展“十二五”规划，先实现珠中江、广佛肇、深莞惠三“城市圈”互查互认，最终实现九市档案共享。

【第三届珠中江进出口商品展销会】 2011 年 12 月 30 日，由珠海市、中山市、江门市人民政府联合举办的“第三届珠中江进出口商品展销会”在江门市五邑华侨广场举行。珠中江商展会旨在深入贯彻落实《珠江三角洲地区改革发展规划纲要（2008—2020）》和《推进珠中江区域紧密合作框架协议》，切实推进珠中江一体化进程，协助珠中江三市企业拓展内销市场。

此次珠中江商展会规模为 527 个国际标准展位，组织珠三角及港澳台地区优质外向型企业进行产品展销。展销的产品以质量安全、有竞争优势的终端消费品为主，主要包括电子家电、服装、鞋帽箱包、照明用品、家居用品、五金建材以及食品等七大类。除产品展销外，展会还举办包括企业品牌推广、内销“一站式”服务和采购对接服务等活动。此外，大量内地企业的名优出口产品和港澳台地区企业的优质进口商品同台展销。

本届商展会的档次比前两届高，展位的设置也比以往精致。由于前两届的成功举办，珠中江商展会已经形成了品牌效应。本届商展会旨在促进三地企业资源共享，帮助企业实现转型升级，推进珠中江区域经济一体化的发展。

粤东地区

【简述】 从区域经济概念来讲，粤东地区包括汕头、汕尾、潮州、揭阳四个地级市，该区域总面积 15 516 万平方公里，占全省的 8.6%；常住人口 1 689 万人（2010 年第六次全国人口普查数据），占全省的 16.2%。

改革开放以来，粤东地区经济社会发展取得显著成绩，为全省改革开放和现代化建设作出了积极贡献。特别是 2006 年省委、省政府召开粤东地区加快发展工作会议并出台《关于促进粤东地区加快经济社会发展的若干意见》以来，粤东地区抢抓机遇，解放思想，努力进取，经济社会发展迈上了新台阶。

2010 年，粤东地区实现地区生产总值 3 243 亿元，“十一五”时期年均增长率达 13.7%，根据《粤东地区经济社会发展规划纲要》，粤东地区 2015 年将实现地区生产总值 5 980 亿元，“十二五”期间年均增长率达 13%。

【粤东出口市场格局变化，东盟成第三大出口市场】 2011 年，粤东地区外贸进出口在复杂的国际国内经济形势下依然保持增长势头。从出口市场看，粤东地区出口市场格局有所变化，对欧美等传统市场出口虽有所放缓，但对新兴市场仍保持较好增势，对东盟、拉美和非洲等市场出口比重上升，东盟取代欧盟成为第三大出口市场，香港和美国仍位居前两大出口市场。

从进出口主体看，粤东地区民营企业进出口首超百亿美元，稳踞粤东地区外贸半壁江山。大型进出口企业数量也有所增加，去年粤东地区进出口总值超亿美元的大型企业 15 家，较 2010 年增加 4 家，其进出口值占粤东地区进出口总值的比重超 2 成。同期，外商投资企业进出口 91 亿美元，增长 10%。

2011 年，在粤东地区 5 市（汕头、潮州、揭阳、汕尾、梅州）中，汕头市进出口规模最大，汕尾市进出口增幅最高。2011 年汕头市进出口约 88 亿美元，较 2010 年增长 19%；汕尾市进出口约 25 亿美元，增长 22%，增幅居 5 市首位。机电产品和服装、鞋和玩具等主要传统商品是 5 市主要出口商品。

【粤东城际轨道交通网项目列入省十二五规划】 2011 年 1 月 22 日，广东省召开十一届人大四次会议。大会期间，汕头市的省人大代表曾淑琴提出了关于尽快研究规划潮汕都市区轨道交通项目的建议。

近年来，随着粤东地区城镇化、同城化步伐的不断加快，对建设城际轨道交通的呼声越来越高，2011年两会期间省人大代表曾淑琴曾表示，交通基础设施比较薄弱成为制约粤东地区加快发展的主要因素，将建议广东省在“十二五”初期加快研究规划潮汕都市区轨道交通项目，并研究建设从河源或惠州延伸到潮汕都市区环线的城际轨道，实现潮汕都市区与珠三角对接。省十一届人大四次会议闭幕时，省政府工作报告就根据汕头等地人大代表的建议，在内容中修改增加了加快建设粤东城际轨道交通等内容。粤东城际轨道交通网项目正式列入广东省十二五规划纲要。

中铁第四勘察设计院于2010年9月已对潮汕都市区轨道交通进行初步研究，提出初步规划方案为建设潮汕都市区环线，以环线为基础，向外放射，规划汕头至梅州、普宁至惠东、揭阳至海丰、普宁至惠来、潮州至饶平等5条放射线，总长772公里，其中潮汕都市区环线188公里。在《广东省国民经济社会发展第十二个五年规划纲要》中也明确提出，规划建设粤东城际轨道交通网。有关部门将按照省十二五规划纲要的要求，委托设计单位开展粤东城际轨道交通网的规划研究编制工作，适时开工建设潮汕都市区城际轨道交通网。

【粤东首个省地合作共建企业服务平台落户金平】 2011年08月27日，省中小企业局（省民营经济发展服务局）与汕头市金平区政府共同举行共建企业创新服务平台签约暨金平区民营经济发展服务局揭牌仪式，这是粤东首个省地合作共建企业服务平台，也是汕头市第一个成立民营经济服务局的县区。省中小企业局局长张文献，汕头市委常委、常务副市长郑人豪出席仪式并为金平区民营经济发展服务局揭牌。

汕头市金平区民营经济发展迅猛，民营经济总量占全区经济总量的近8成，形成机械装备、包装印刷、食品加工、医药化工、新型材料等优势产业。该区将通过此次省地合作共建的创新模式，加快完善中小企业公共服务体系，竭力为民企发展提供优质高效服务，不断提升金平区中小企业和民营经济的发展水平。

张文献表示，省中小企业局将不遗余力地支持金平区开展民营经济工作，实行政策倾斜，希望金平区民营经济发展服务局切实履行职责，从民营企业发展需求出发，提高服务水平和服务能力，创新工作思路，为汕头民营经济工作作好表率和榜样。

此外，广东融资再担保有限公司的金融服务团队也一同莅临金平区，与省中小企业局一道开展扶持“高成长性民营企业”加快发展工作，目前金平区8家“轻工装备联盟企业”已被纳入全省首批扶持“高成长性民营企业”加快发展试点工作。

【“中国锆城”东里片区奠基】

2011年10月20日，汕头市委、市政府全力推进“汕头·中国锆城”项目建设工作取得重大进展，“汕头·中国锆城”东里片区一期项目在澄海区举行奠基仪式，市领导李锋、王芸、郑家汉、林梃、张泽华以及澄海区党政领导出席仪式并为奠基石培土。

“汕头·中国锆城”东里片区一期项目总投资额超过20亿元，主要从事核反应堆堆芯关键材料锆合金元件的生产以及民用领域的陶瓷手表和陶瓷刀具等锆制品的生产，项目建成后年产锆合金元件350吨、陶瓷刀具亿把（套）以及陶瓷手表200万只，实现企业扩大产能、完善产业链和价值链，拓宽产品民用领域，是现代化高科技项目。

2011年3月14日，汕头市政府与中国核工业集团签订了战略合作框架协议，共同推进包括核级锆等项目的建设和发展。目前，东方锆业已初步确定了项目总体规划、投资规模及前期准备工作，完成了《核级锆项目建设方案》和《年产1 000吨核级海绵锆项目可行性研究》的编写。

建设“汕头·中国锆城”是汕头市委、市政府培育战略性新兴产业、推动产业转型升级的一大举措，对于汕头加快经济发展方式转变，建设现代产业体系，实现经济社会跨越式发展具有重大意义。将汕头打造成为具有国际竞争力的锆产业新城，对粤东地区经济发展具有十分重要的推动作用。

【粤东五市一区关贸联席工作会议】

2011年11月9日，由汕头市政府、汕头海关主办的粤东五市一区关贸（保税监管）联席工作会议在汕头市召开会议，探讨了扩大关贸合作、推动粤东外经贸发展。汕头市委副书记、代市长郑人豪，汕头海关关长孟杨，副市长周镇松出席会议并讲话；汕头海关副关长蔡少琼主持会议。

粤东五市一区关贸联席工作会议2007年由汕头海关发起，现已成为汕头海关和粤东五市之间实现常态化运作的交流合作平台。会议制度建立以来，海关部门出台了一系列扶持企业、促进地方经济发展的措施，推动粤东五市一区的外经贸稳健加快发展。近年来，汕头外经贸虽遭受国际金融危机的严重影响，外贸进出口额仍以年均6.8%的速度增长，2010年全市外贸进出口总额达到73.6亿美元；2011年前三季度实现外贸进出口总额64.7亿美元，同比增长20.4%。2011年以来，汕头市全力推进加工贸易转型升级，前三季度全市加工贸易进出口总值19.2亿美元，比增18.1%；加工贸易企业内销额123.6亿元，同比增长18.3%。

汕头海关与粤东五市地方外经贸部门将进一步加强双方的协作，从加工贸易转型升级、重点项目建设、现代物流业发展、社会征信体系建设、优化大通关环境等五个方面共同推动粤东外经贸科学发展。会上，汕头海关与粤东五市市政府签署《共同推进加工贸易三方联网监管合作协议》，旨在推进外经贸、海关、加工贸易企业三方电子化联网管理，实现加工贸易审批、备案、报关、核销的网上作业、在线服务和数据共享。

【大众进口汽车粤东首家4S店落户汕头】 2011年11月8日，大众进口汽车汕头4S店在汕头隆重开业，汕头市、区各级领导、大众汽车（中国）销售有限公司商务总经理彼夕乐先生及南区团队、建发股份有限公司和建发汽车有限公司董事长黄文洲、各界嘉宾、众多媒体以及汽车业界朋友共同见证了这一难忘的时刻。

进口大众品牌落户汕头，是又一个落户粤东地区的德国高端品牌，公司的顺利开业也得益于所在的汕头市政府、龙湖区委、区政府的关心和支持。汕头进口大众4S店是进口大众品牌和建发汽车在粤东地区的璀璨起点。

这次大众进口汽车落户汕头，授权汕头众驰为经销商作为粤东地区的合作伙伴，是汕头经济不断发展的体现，也将对汕头经济的发展作出贡献。汕头欢迎更多像建发集团这样有实力、有信心的企业不断在龙湖落户，为汕头经济的发展作出贡献。

随着汕头众驰店的开业，大众进口汽车已经在全国范围内布下了一张涵盖各个区域市场的销售网络，让更多的中国消费者亲身体验到大众进口汽车带来的尊贵豪华购车体验和更为人性化的定制服务。

【陈云贤赴粤东调研产业转移园区】

2011年11月27日至30日，广东省副省长陈云贤率省直有关部门负责同志，分别到潮州、汕头、揭阳、汕尾等地调研产业转移园区建设和港口经济发展情况。陈云贤一行先后实地考察了深圳（潮州）产业转移工业园、汕头市产业转移工业园、珠海（揭阳）产业转移工业园、深圳（汕尾）产业转移工业园以及潮州港、汕头港广澳港区开发建设情况，参观了相关企业并召开座谈会听取有关工作汇报。

陈云贤充分肯定了粤东四市经济社会发展情况，希望各市进一步加大工作力度，深入实施“双转移”战略，以各市省产业转移工业园为重要抓手，乘势而上，大力招商，加快发展。一是要围绕“双转移”五年大见成效的总体目标和各地经济社会“十二五”发展目标，进一步完善园区产业规划，明确园区发展目标，加大招商引资力度，加快相关配套基础设施建设，推进资源开发与市场开拓，真正把园区打造成为本地经济可持续发展新的增长极。二是要力争高起点建设园区，进一步提升园区产业发展层次，积极培育产业链和产业集群，打造本地区产业品牌；结合战略性新兴产业和高新科技产业发展方向，推动信息化与工业化融合，积极运用金融、科技、产业三位一体的方式探索园区产业发展新路。三是要继续完善园区管理体制，进一步简政放权，加大园区开发建设的自主决策权；同时要通过开展对产业转移园内各片区间的考核评比，促进竞争发展、提升发展。四是要更加注重园区节约集约用地、生态环保建设和安全生产工作，力争将有条件的园区打造成为全省产业转移园开发建设的示范园区。

【揭阳潮汕机场正式投用】 2011年12月15日，揭阳潮汕机场正式启用，成为广东第三大民用机场，正式取代了原来军民合用的汕头机场。该机场位于汕头市、揭阳市、潮州市三市交界处，将给该地区旅客的出行带来便利。

总投资37.64亿元的揭阳潮汕机场定位为国内中型机场，是国家“十一五”规划大中型工程建设项目和广东省“十一五”规划重点建设项目。潮汕机场占地5 081.7亩（含场外125亩），场址位于广东省揭阳市揭东县登岗镇与炮台镇交界处，是汕头、潮州、揭阳三市的地理中心，距离三市市区各为20公里左右，服务总面积3万多平方公里的粤东地区，辐射闽南部分地区。以2020年为目标年，规划建设两条长2 800米、宽45米的跑道及两条联络道，站坪面积16万平方米，停机位达21个，其中远机位9个，近机位12个，飞行区等级指标为4E，可满足波音767型等级的300座级以下飞机的起降要求。

揭阳潮汕机场与周围的广梅汕铁路、厦深高速铁路、国道206线、省道335线、省道232线和汕揭梅、潮揭、登洪、揭惠等高速公路及揭阳港、汕头港交错连接，共同构筑成以机场为中心的现代化立体综合交通网络。揭阳潮汕机场的启用，打造了粤东地区发达交通枢纽，成为粤东地区工业大船加速推进的“新引擎”，为工业粤东经济发展注入源源不断的强动力。

【第四届粤东侨博会签约创历史新高】

2011年12月16日，由省政府主办，省侨办、省外经贸厅、汕尾市

2011年12月16日，揭阳潮汕机场通航庆典仪式在揭阳市举行。仪式上，中国民用航空局向省机场集团公司颁发机场使用许可证，黄华华与广州军区副政委兼广州军区空军政委王玉发中将共同为揭阳潮汕机场揭牌，李家祥致辞，朱小丹致辞并宣布揭阳潮汕机场落成通航。

委市政府承办，汕头、潮州、揭阳三市市政府协办的广东省第四届粤东侨博会暨深汕特别合作区招商会在汕尾市举行。中共中央政治局委员、省委书记汪洋、省委副书记朱明国等出席了开幕式，知名港商李嘉诚发来贺函，寄望潮商家乡更繁荣。

由省政府主办、粤东四市轮流承办的侨博会是发挥侨乡优势，构建招商引资平台，粤东各市深化海内外经贸合作、加强交流、凝聚侨心、汇聚侨力的盛会。第一、二、三届粤东侨博会此前已分别在汕头、潮州、揭阳三市举行。本届侨博会的主题是“情系四海，瞩目粤东”，有来自全球16个国家和地区的海外侨商、潮人社团领袖、知名潮籍人士以及东盟有关经贸机构负责人共1 000多名嘉宾参加盛会。

第四届粤东侨博会暨深汕特别合作区招商会的成功举办，将为粤东地区经济社会科学跨越发展带来又一次新的良机。据统计，本届侨博会的经贸活动取得了丰硕成果，共签约、开工（奠基）、竣工（剪彩）项目305个，投资总规模2 347.44亿元，涉及能源、基础设施建设、高新产业和第三产业等领域。其中，粤东四市共签约项目221个，投资总额1 226.2亿元，创历届侨博会新高。

【招玉芳赴潮州开展外经贸调研】

2011年12月29日，广东省副省长招玉芳率省直和中央驻粤有关部门负责人赴潮州市开展外经贸工作调研。

招玉芳一行先后考察了三环集团、长城集团、伟业陶瓷公司、名瑞集团等，并召开座谈会听取了潮州市委、市政府的汇报和外经贸企业的意见，认真回应了企业的建议和诉求。招玉芳充分肯定了潮州市今年以来经济发展特别是外经贸工作取得的成绩，强调要提振信心、突出重点、真抓实干，吃透用足国家和省出台的扶持政策，采取更有针对性的措施帮助企业渡过难关、化危为机，促进外经贸发展规模和质量“双提升”，走出一条具有潮州特色的转型升级新路子。要强化潮州国家级和省级外贸转型升级示范区建设，促进技术创新和新产品研发，把科技、文化元素融入陶瓷、婚纱、不锈钢等传统产业产品生产，加快培育自主国际品牌，突出开拓多元化国际市场，努力稳定和扩大出口。要积极鼓励企业扩大进口，着力促进加工贸易转型升级和发展服务贸易，全方位提升开放性经济水平。要充分利用产业转移园区建设优质招商载体，打好“台牌”和“侨牌”，集中精力抓好重点优质项目招商引资。同时，加强外经贸转型升级指标体系统计分析，逐步建立量化的考核标准，提升政府服务外经贸企业转型升级的水平。

粤西地区

【简述】 根据《粤西地区经济社会发展规划纲要》，粤西地区包括湛江、茂名、阳江三个地级市，该区域总面积3.17万平方公里，占全省的17.7%；常住人口1 526万人（2010年第六次全国人口普查数据），占全省的14.6%。

发展背景 “十一五”期间，粤西三市不断解放思想，坚持科学发展，坚持改革开放，经济社会发展取得新成效，为“十二五”加快振兴发展打下了良好基础。经济综合实力明显提升，产业结构进一步优化。

粤西地区的发展面临着新的重大使命和难得的发展机遇。一是随着CEPA（内地与港澳更紧密经贸关系安排）和国家西部大开发战略的深入实施，环北部湾经济区的加快建设，以及中国—东盟自由贸易区建设的提速，处于珠三角与北部湾、大西南联结点以及粤港澳合作次前沿的粤西地区，由于发展空间和资源条件的优势，将成为各方投资者青睐的“热点地区”。二是全球性产业调整升级步伐加快，尤其是重化工业、先进制造业加快向我国沿海地区转移，珠三角地区不少企业也纷纷向外寻找新的发展空间，粤西地区凭借优越的区位优势，成为产业转移的理想之地，有利于引进带动力强、技术含量高的重大项目。三是《全国主体功能区规划》将湛江市纳入国家层面的重点开发区域——北部湾地区的范围内，这为粤西地区新一轮的发展带来新的良机。

战略定位 ——全国重化工业基地。依托粤西沿海岸线和深水良港等资源，大力发展石化、钢铁、电力、造船等重化工业，积极延伸产业链条，构建现代重化产业体系，打造世界级重化产业集群，形成具有国际影响力的重化产业基地。

——全省海洋经济发展示范区。依托滨海城市和陆域经济，加快建设粤西沿海港口群，深度开发和集约利用海洋资源，优化海洋产业结构和布局，积极构建现代海洋产业体系，推进粤桂琼海洋经济合作圈建设，成为全省海洋经济示范区。

——全省现代农业示范区。充分发挥独特的农业资源优势，积极转变农业发展方式，做特做优热带、南亚热带农业，做大做强远洋捕捞、水产养殖和加工等海洋渔业，全力打造国家级农业产业化示范区和海洋渔业基地，建设成为全省现代农业示范区。

——全省重要的经济增长极。依托有利的区位和资源环境条件，充分发挥后发优势，积极推进新型工业化和城镇化，促进区域经济一体化，提升地区经济实力和影响力，成为重要产业承接地，努力打造充满生机活力的沿海经济带和特色城镇群，形成全省新的经济增长极。

——全省参与东盟等区域合作的重要门户和桥头堡。充分发挥地处我省与北部湾、大西南和东盟地区联结点的地缘优势，加强与环北部湾经济区和大西南的对接和合作，打造成为大西南的出海主通道；积极参与中国—东盟自由贸易区建设，建设成为全省参与东盟合作的桥头堡。

【省农机总公司粤西服务中心举行揭牌仪式】 2011年1月11日，广东省农业机械总公司在湛江吴川市覃巴镇龙田村隆重举行“广东省农业机械总公司粤西服务中心”揭牌暨久保田农业机械免费检修月活动启动仪式。

揭牌仪式由省农业机械总公司久保田服务部吴育权经理主持。省农业机械总公司鲁季臬总经理、吴川市龙田农业机械服务有限公司陈亚祥董事长、省农机推广站谭恩胜站长、湛江市农业局吕胜华副局长、茂名市农业局农机办黄仁主任、省农业厅农机办副主任黎映驰副主任分别作了热情洋溢的讲话。

久保田免费检修月活动启动仪式同时进行。广东省农业机械总公司庄重承诺，粤西服务中心久保田服务人员长年常驻3人，从即日起到春节止，免费为久保田农业机械检修服务。

前来参加这次揭牌仪式与活动月启动仪式的有省农业厅、省农机推广站、茂名市农业局、湛江市农业局和有关县（市、区）农机局（总站）有关人员共计150多人。

广东省农业机械总公司粤西服务中心是由广东省农业机械总公司与吴川市龙田农业机械服务有限公司联合成立的，旨在在粤西地区更好地开展农业机械推广、宣传、服务等工作，更好地贴近农户，让更多的农户了解和使用现代化农机装备，促进粤西地区农业机械化实现跨越式发展。

【粤西LNG项目拟选址东海岛，中海油总投110亿】 2011年3月2日，湛江市领导阮日生、王中丙、马国庆等率队拜访了中国海洋石油总公司负责人，与中海石油总公司总经理助理、气电集团总经理、党委书记王家祥座谈，共商合作发展大计，双方签订了《关于清洁能源战略合作框架协议》，粤西LNG项目拟选址东海岛东头山岛。中海石油气电集团财务总监蒋鹏俊、战略规划部总经理王建文、交通新能源事业部副总经理仇山珊、粤西LNG项目筹建办公室总经理杨木生等也参加了座谈。

此次签约的粤西LNG项目，拟选址东海岛东头山岛，总投资约110亿元，建设内容包括一个8—26万立方米（13万吨）LNG专用码头、三座16×104立方米全容式储罐的LNG接收站和270公里天然气输气管线，预计2015年年底建成投产。投产后年可接收、储存、气化和外输进口液化天然气（LNG）约300万吨。达产后预计年销售收入达118亿元，产业链税收贡献超过6亿元。目前项目接收站工程、码头工程、输气管线工程预可研报告和项目市场研究报告编制工作已完成。

湛江深得中海油的支持，随着湛江和粤西地区越来越好的发展趋势，对清洁能源的需求也越来越大，中海油的清洁能源给了湛江和粤西地区很大的推动。如LNG公交车，现在用于大公交、小公交，连机关公务用车也推广了这一新能源。LNG项目，也已列入省、市“十二五”规划。LNG在湛江的投资，从发展战略来说，对粤西地区未来经济将起到极大的推动作用。湛江将全力配合中海油在湛江项目的建设，促进项目的早投产、早出效益。双方将成立工作团队，加快推进项目的相关事项，建立与央企战略合作、诚信合作的紧密关系，形成双方的有效对接机制和长期合作导向。

【2011年粤西航道工作会议】

2011年3月2日，2011年粤西航道工作会议在湛江召开，省航道局党委委员、总工程师杨明远、基建处副处长叶明波出席会议，粤西航道局机关干部、各航标与测绘所班子成员参加了会议。

会议由局党组书记傅建新主持。局长王广河在会上作了题为《加快建设步伐，提高管养水平，推动粤西航道事业科学发展》的报告，全面总结了粤西航道事业“十一五”和2010年的发展情况，提出了“十二五”的总体工作要求，以提供优质航道服务为中心，按照安全航道、数字航道、和谐航道为核心的现代化航道要求，全力加快航道建设步伐，扎实做好养护管理，稳步推进机构改革和队伍建设。力争到2015年，已有基建任务全面完成，新项目立项工作有效开展；航道养护管理信息化、科技化水平明显提高，养护质量明显提升；安全生产条件明显改善，航道公共安全和内部生产形势持续稳定；事业单位分类改革后续工作顺利开展，管理机制更加科学，队伍素质明显提高。2011年重点抓好以下工作：一全力推进航道建设，抓好海安航道整治工程前期工作、茂名航标保养基地、廉江航标保养站场等建设；二切实提高航道养护管理水平，继续拓展航道服务范围；三深入抓好安全生产工作；四不断加强内部管理；五大力加强队伍建设；六抓好党风廉政建设和精神文明建设。省航道局总工程师杨明远对粤西航道局“十一五”在航道航道建设、航道服务拓展、队伍建设等方面所取得的成绩给予了肯定，介绍了全省航道“十一五”取得的成绩和“十二五”的主要工作，要求粤西局全体干部职工紧抓机遇，乘势而上，重点做好五点工作：一是坚定发展的信念，增强抢抓机遇的信心；二是全力抓好航道建设；三是抓好人才储备；四是一如既往地抓好维护管理；五是抓好党风廉政和行风建设。

会上，傅建新书记通报了全省2010年度劳动竞赛结果，其中粤西局取得了第三名，获得“劳动竞赛优胜单位”称号。

会议套开了工会工作会议，工会主席黄福利作题为《履行职责，服务大局，助推粤西航道事业发展》工会工作报告，回顾了“十一五”和2010年局工会各项工作开展情况，提出了“十二五”的主要工作任务，对2011年的工作进行了安排。

【粤西片“双转移”档案工作现场会】

2011年6月22—23日，广东省档案局在湛江市召开粤西片“双转移”档案工作现场会。江门、阳江、湛江、茂名、肇庆、云浮等六市档案局分管业务的局长、指导科长，以及六市所辖有关县（市）档案局领导和产业转移园区企业代表参加了会议。湛江市档案局、廉江市档案局、湛江经济技术开发区管委会、广东冠豪高新技术股份有限公司、湛江包装材料企业有限公司在会上作了经验交流和情况介绍。与会代表还参观了湛江经济技术开发区组织部的劳动力培训档案管理现场、广东冠豪高新技术股份有限公司和湛江包装材料企业有限公司的企业档案管理现场。省档案局副局长李士智、湛江市人民政府副市长梁志鹏到会并分别讲话，湛江市人民政府副秘书长李卫出席了会议。

梁志鹏副市长在致辞中指出，省档案局在湛江召开粤西片“双转移”档案工作现场会，总结交流经验，对湛江市及粤西地区产业转移和劳动力转移档案工作进行指导，这对全市档案事业的发展起到重要的推动作用。湛江市委、市政府历来高度重视档案工作，把档案工作纳入经济社会发展的总体规划，列入重要的议事日程，及时研究解决档案事业发展中的重大问题。为深入贯彻落实省委、省政府，市委、市政府关于推进产业转移和劳动力转移工作的决定，积极推动湛江市转移园区和园区企业档案工作，为“双转移”工作科学发展提供优质服务，湛江市政府将产业转移园区和园区企业档案工作作为为民服务的一项重要措施来抓，加强领导、统筹安排，市政府办印发了《关于做好产业转移园区和园区企业档案工作的通知》。市领导经常过问产业转移园区和园区企业档案工作，听取工作汇报，并以市政府名义组织召开有关参建单位工作布置会，全面部署“双转移”档案工作。

李士智副局长在会上指出，我省“双转移”战略已经显现成效，档案部门作为服务性部门，积极配合、积极服务。自去年5月省档案局在韶关市始兴县召开全省产业转移园区和园区企业档案工作会议的一年来，各级档案部门做了大量工作。其中，湛江作为粤西片的代表，市县（区）两级政府分管领导亲力亲为，带队调研和现场办公，地方档案部门工作扎实，卓有成效。

李士智副局长最后要求各地档案部门按照去年全省产业转移园区和园区企业档案工作会议的精神和总体要求，继续深入做好“双转移”档案工作。他强调，有承接产业转移任务的地区档案部门，要把该项工作作为建设幸福广东的重大业务工作来抓，积极争取党委和政府以及有关部门的支持，主动服务大局。各地要继续加强指导，做好试点和典型推广工作。在抓产业转移园区和园区企业档案工作的同时，做好劳动力培训档案工作。

【省渔政总队粤西执法码头建设项目开工典礼】 2011年7月8日，广东省渔政总队粤西执法码头建设项目开工典礼在调顺岛举行，省海洋与渔业局副局长刘物开，湛江市副市长伍杰忠与各级海洋与渔业、渔政、交通、海事等部门有关负责人出席。执法码头建成后，将提高湛江乃至全省的渔业巡航执法和岛礁巡查能力，有力地保障海洋渔业经济发展和海域管理。

湛江是海洋大市，海岸线长达1 243.7公里，约占全省3成，在册渔船16 000多艘，渔港32座，全市渔业人口43.65万人，海洋渔业产量和产值位居全省前列。我市现有渔业执法船20多艘，渔政执法人员377名，为海洋经济发展做出了重大贡献。然而，我市由于没有专门的渔政执法码头和后勤保障基地，严重制约了我市渔政执法能力的提高。在省、市海洋与渔业部门和渔政部门的重视和努力下，在岸线资源有限、港口水域紧张的情况下，专门规划和预留了粤西巡航执法基地用海，使粤西巡航执法码头得以动工建设。执法码头项目已被列入农业部扩大内需项目和2011年省重点项目计划。位于调顺岛的粤西执法基地总面积14.09万平方米，其中陆域面积6.01万平方米，港池水域6.24万平方米，违规渔船滞留区水域1.84万平方米，岸线总长160米。

【粤西首家农商行开业】 2011年8月29日，阳东农村商业银行正式挂牌开业，这是粤西首家农村商业银行，也是全省以县为单位的首家农商行，标志着粤西地区农村信用社改革取得了阶段性成果。广东银监局局长刘福寿，省农信社理事长罗继东，市委常委、常务副市长陈华康等出席开业庆典并剪彩揭幕。

农村信用社是粤西地区金融体系的重要组成部分。阳东农村商业银行筹建工作去年6月启动。经过紧张筹备，各项监管指标均达到改制准入要求。

刘福寿在开业庆典上指出，阳东农村商业银行要提高核心竞争力，真正把阳东农村商业银行打造成一个运

2011年7月8日，广东省渔政总队粤西执法码头建设项目开工典礼在调顺岛举行。执法码头项目已被列入农业部扩大内需项目和2011年省重点项目计划。

转协调、制衡有效、运作规范、效益良好的现代金融企业。

罗继东在讲话中希望阳东农村商业银行坚持服务地方经济、服务三农、服务中小企业的宗旨不动摇，开拓创新，不断提升服务水平，当好农村金融主力军，坚持审慎经营、科学发展，努力在新的起点上实现改革发展的新跨越，成为“资本充足、内控严密、运营安全、效益良好”的现代农村金融企业。

陈华康要求，阳东农村商业银行要坚持“立足地方、服务地方”的经营宗旨，不断拓宽服务领域，创新服务品种，改进服务方式，为阳东乃至全市经济发展和群众的生产生活，提供丰富、灵活、全面的金融服务。

【阳春建粤西最大水泥生产项目】

2011年09月21日，华润水泥（阳春）有限公司一期竣工暨二期启动仪式在阳春市春湾镇举行。作为我省现代产业500强项目之一，华润水泥（阳春）有限公司将建设两条新型干法水泥熟料生产线及配套余热发电设施，是目前粤西最大的水泥项目。

在启动仪式上，专程前来的华润集团有限公司董事长宋林表示，“十二五”期间华润集团还将在阳江投资码头等项目，总投资额将超过50亿元。阳江市委书记林少春表示，华润集团落户对正处于加快发展、实现幸福追赶的阳江而言意义重大，该市将为企业发展提供优良的投资环境。

华润水泥阳春项目总投资额12.5亿元。项目全部建成后，年产熟料355万吨，年产水泥500万吨，可实现销售收入约17.6亿元，实现利税约1.5亿元，提供约1 500个就业岗位。

【2011年粤西专利合作会议】

2011年10月11日，2011年度粤西专利合作联席会议在茂名市召开，广东省知识产权局副局长唐毅和粤西四市知识产权局相关部门负责人20余人参加会议。

唐毅充分肯定了粤西各市知识产权工作取得的成绩，解读了目前广东省知识产权事业的发展形势。他强调，知识产权保护关键在认识、重点在行动，要着力做好队伍建设、能力建设和机制建设。他指出，知识产权创造、运用、保护和管理是有机整体，各地还要认真抓好专利申请、宣传培训以及专利评奖等方面的工作，通过树立典型、发布典型案例等措施，大力营造良好的知识产权社会氛围。

会上，粤西湛江、阳江、云浮、茂名四市总结了近年知识产权工作特别是专利执法工作的情况，并对专利行政执法有关问题进行了探讨。广东省知识产权局相关部门负责人表示，专利保护是知识产权工作的重要内容，要加强执法培训、提高执法能力；要改善执法环境、执法条件；要着力探讨专利行政执法的新模式，解决新问题；要建立完善执法监督管理系统。

【广之旅粤西中心揭牌】 2011年10月16日，广州广之旅国际旅行社粤西中心成立揭牌仪式暨粤西旅游业发展模式之探索论坛在湛江召开。湛江市旅游局副局长曹晔，广州广之旅国际旅行社股份有限公司董事长卢建旭等在探索论坛上发表了讲话，并为“广之旅粤西中心”成立揭牌。

广之旅粤西中心将广之旅目前在湛江、茂名、玉林成立的分公司，以及即将成立的阳江分公司，整合成一个更加广阔的区域平台，打破粤西及周边地区多个地市的壁垒，实现粤西旅游市场旅游产品的统一采购，扩大采购规模，使采购价格更优，从而实现旅游产品的优质优价。这种将单一品牌内的旅行社分支机构在区域内整合起来，建立旅行社多产品平台，以规模采购本地旅游资源，实现旅游产品优质优价为目的的渠道区域整合规模，为全国首创。广之旅方面介绍，该中心成立后，将实现湛江旅游市场“一升一降”：由于客源覆盖面较原来大幅扩展，旅行社成团率将随之提升；同时，本地旅游产品所涉及的酒店客房、旅游用车等旅游资源采购价格，将因规模采购而下降10%~20%，旅游团费将有所下降，湛江旅游市场将全面迎来旅游产品优质优价的全新旅游时代。

湛江是粤西地区的重镇，近年来经济发展势头良好；经济发展使人民生活水平提高，人民对外出旅游的热情正逐渐高涨，湛江旅游市场所蕴含的巨大的潜力在此时得以进一步体现。从市民报名的热门选择看来，从湛江本地出发的旅游产品，以极大地便捷优势，成为粤西市民报名的首选。广州广之旅国际旅行社粤西中心总经理、湛江广之旅董事、总经理李宏汉表示，湛江有自己的机场，并有固定的航班往返于北京、上海等国内多个旅游城市；此外，通过铁路前往云南、贵州等地也十分便捷；随着该地区旅游市场的逐步壮大，将增加开发湛江出发旅游产品的开发力度，推出更多符合具有本地特色的旅游产品，满足粤西地区市民出行的需求。

【粤西四市消委会合作维权】 2011年11月15日，茂名、阳江、湛江、云浮四市消费维权合作机制签字仪式在茂名市工商局举行，四市将“携手合作、共创和谐”，共同维护广大消费者合法权益。

随着市场经济不断发展、人们的生活质量不断提高，群众的消费理念、方式、结构也不断变化，跨区域消费也越来越多。随之而来的是跨区域消费纠纷案件增多，消费维权成本上升。粤西四市消费者委员会建立跨区域消费纠纷联合解决机制和消费维权长效合作机制，构建粤西消费和谐，促进经济社会科学发展。合作的范围包括消费投诉处理、消费社会监督、消费指导、消费维权资源共享、消费维权交流等五大方面。通过这一平台，粤西四市消委会将进一步加强联系沟通，实现消费维权信息资源共享，快速处理跨区域的消费纠纷，切实解决跨区域的消费者最关心、最直接、最现实的利益问题。

【中科炼化一体化项目开工，三大项目同时开建】 2011年11月18日，广东省湛江市隆重举行中科炼化一体化项目、湛江石化产业园、冠豪高新东海岛特种纸产业基地三大工业龙头项目的动工仪式，以及正大（湛江）现代农业综合开发基地首期项目竣工仪式。

中科合资广东炼化一体化项目是目前国内最大的合资炼化项目，项目总用地面积约12.26平方公里，首期总投资约90亿美元，规划炼油1 500万吨/年，生产乙烯100万吨/年，配套建设湛江港东海岛港区30万吨级原油码头，计划2014年建成投产。项目将建成我国石化工业的标志性、示范性工程和打造成为国家级循环经济示范区。

湛江石化产业园总投资300亿元，将利用中科炼化一体化项目的带动效应，依托良好的港口岸线资源与陆域资源，建设集存储、生产、加工、运输为一体的石化产业集聚片区，依托产业的集聚经济与规模经济效应，打造成湛江经济发展的新增长极。

冠豪高新投资76亿元在东海岛上兴建的特种纸及涂布纸产业基地，项目建成投产后年造纸能力可达75万吨，涂布能力35.5万吨，预计可实现工业产值近80亿元、利润7亿元、税收超过4亿元。项目一期预计将于2012年底投产。

4个总投资逾千亿元的重大项目集中亮相，湛江再次吸引了各界关注的目光。随着这四大项目的奠基、开工、投产，湛江发展基础进一步夯实，湛江产业正酝酿着一场“核变”。

面对千载难逢的发展良机，湛江将举全市之力为项目建设提供最优质的服务，并全面加快石化产业园区的规划建设，着力延伸产业链条，为把湛江建设成为国家级循环经济示范区、世界级石化基地，为推动粤西地区振兴发展和区域协调发展作出更大贡献。

【粤西地区产权交易机构2011年会】

2011年12月21日，“粤西地区产权交易机构2011年会”在惠州龙门顺利召开，本次会议由广东省国资委指导、珠海市产权交易中心主办、惠州市产权交易中心协办。广东省国资委产权处王雍副调研员，珠海市国资委曾建平副主任、惠州市国资委左顺全副主任及下属各区国资办有关领导，中山市国资委有关领导、珠海市行政服务中心林喜斌副主任，珠海横琴新区财金事务局池腾飞副局长，阳江市财政局宋培安副局长、阳江市人民政府投资服务管理中心佘东杲副主任、人民银行珠海市中心支行有关领导，阳江、茂名部分国企代表，惠州、中山、阳江、梅江、东莞、江门产权交易机构负责人等相关人员70多人出席了该会。

会上，广东省国资委产权处王雍副调研员就广东省国有产权交易情况进行介绍；惠州市国资委有关领导对惠州市国资委国有资产评估管理的情况做了经验介绍；横琴新区财金事务局有关领导对横琴新区发展动态、有关优惠政策、经济与金融简况进行了解读；市产权交易中心郭平主任对产权市场未来三五年业务发展前景进行了展望，对产权机构的业务转型与发展进行了深入分析；人民银行珠海市中心支行外汇管理科有关领导对产权交易外汇管理政策进行了介绍；会上，市产权交易中心还对典型产权交易案例进行了赏析、对中心信息化成果进行了展示，各与会人员在培训会上亦进行了经验交流与业务沟通。

近年来，珠海市产权交易中心在省国资委的大力支持下，粤西区域产权市场建设取得可喜的进展。目前，进入珠海市产权交易中心的扩大至六个地市，具体是惠州、中山、阳江、江门、茂名、梅州梅江区。上述各市产权交易机构作为产权经纪会员单位在产权交易业务上深化合作，有力促进了国有产权跨地区、跨行业、规范、高效、有序流转，粤西区域性产权交易平台优势凸现，影响力和辐射力大力提升。

本次会议的顺利召开，对规范国有产权交易，大力拓展与各经纪会员单位在产权交易业务上的进一步合作，产生有力的推动作用，对着力构建一个加速资本与项目对接、发现市场价格、提高成交效率的粤西区域性产权交易平台，逐步推动粤西地区产权交易市场成为广东多层次资本市场的一个重要发展极和崭新亮点亦将起到极大的推动作用。

粤北地区

【简述】 根据《粤北地区经济社会发展规划纲要》，粤北地区包括韶关、河源、梅州、清远、云浮五个地级市，该区域总面积7.7万平方公里，占全省的42.9%；常住人口1 610万人（2010年第六次全国人口普查数据），占全省的15.4%。

三大产业 “十一五”期间，粤北地区以全面实现脱贫奔康为总目标，解放思想，努力进取，经济社会面貌发生了重大历史性变化，步入由温饱型向发展型转变的新阶段。2006—2010年，粤北地区生产总值年均增长15.4%，超过全省平均水平，2010年达3 260亿元；预计“十二五”末2015年地区生产总值将达5 250亿元，实现年均增长10.0%。三次产业比重将由“十一五”的35.4:48.0:36.6调整为“十二五”的10:53:37，产业结构调整取得新进展，其中第一产业比重不断下降，二三产业比重逐年提升。逐步形成钢铁、电力、有色金属、建材等一批特色鲜明、颇具规模的资源型工业支柱产业。粮食、蔬菜、水果、烟草、南药等具有山区特色的农业种养业继续保持稳定发展势头。以旅游、物流业为龙头的第三产业发展迅猛。

发展背景 粤北地区土地、林业、矿产和旅游资源丰富，适宜发展现代采掘业和精深加　工业，延伸矿产品产业链；生态环境得天独厚，有利于建立起与国际接轨的绿色食品标准体系，有利于发展生态旅游，适宜创业和人居；土地、劳动力、水、电等要素相对充裕，发展成本相对较低，后发优势逐渐凸显；省委省政府加大对欠发达地区的政策扶持，粤北地区加快发展具有良好的政策环境。

随着世界经济在国际金融危机之后开始进入复苏轨道，国际生产要素流动和产业转移步伐加快的趋势不会改变，有利于粤北地区扩大开放、加快发展；贯彻落实科学发展观，构建和谐社会要求以人为本，建设生态文明，统筹人与自然和谐发展，有利于粤北地区的生态建设获得国家、省多方位的政策支持；国内工业化、信息化、城镇化、市场化进程加快，居民消费进入转型升级阶段，有利于促进粤北地区产业结构的调整优化；珠三角地区沿着交通干线、沿着市场辐射方向、沿着成本落差方向进行资金、技术和产业转移的趋势越来越明显，有利于粤北地区发挥山区资源禀赋和后发优势，通过融入珠三角促进自身发展。

战略定位——南粤绿色生态屏障。在加快发展的同时更加注重生态建设和环境保护。加强对自然保护区、森林公园、江河源头、湖泊水库、重要湿地、水土流失重点防治区等重要生态功能区和水源涵养区的保护，加强生态公益林和水源涵养林建设，加大山区生态系统建设投入，完善生态建设长效机制，着力构建粤北地区生态安全新格局，努力把粤北地区建设成为人与自然和谐相处的示范区。

——山区科学发展示范区。以主体功能区规划为主导，将粤北地区划分为重点、协调和生态三类发展片区，实行生态建设优先、产业集约优先，积极探索用较少的土地面积获得较大经济社会效益的发展方式，破解山区科学发展的难题，重点在生态环境、生态产业、城乡一体、公共设施、公共服务和体制改革等关键环节取得突破，为全国山区科学发展提供先行示范。

——新兴生态型产业集聚区。充分利用珠三角地区辐射和带动功能，发挥粤北地区环珠三角的资源禀赋和后发优势和各市主导产业发展，积极主动承接珠三角地区产业转移，带动本地区的农村劳动力转移到产业承接地的城镇，以工业进园为载体，错位发展特色产业集群，打造专业分工合作的产业链。

——区域合作的桥梁和纽带。充分发挥粤北地区特有的区位优势，主动承接珠三角地区的辐射，加强与周边省区的区域合作，着力把粤北地区打造成为南融珠三角、北联内陆的重要桥梁和东承海西、西接西南的重要纽带。

【两次专题调研云浮】 2011年1月16日至17日，广东省委书记汪洋带着对农村改革发展专项调研任务来到云浮，实行考察调研。汪洋对云浮市云安县积极探索农村综合改革给予充分肯定，希望云浮认真总结有效做法，为粤北山区农村科学发展创造更多的新鲜经验。“通过农村综合改革，云安把镇一级政府从片面地追求经济增长中解脱出来，转变政府职能，加强社会建设，为基层、为群众办实事，这是落实科学发展观的积极探索。”

2011年11月1日，汪洋再次到了云浮进行专题调研。汪洋对云安县在加强社会建设方面进行的积极探索给予充分肯定。希望云浮市在切实加强基层党组织核心作用的基础上，把制度优势与传统文化有机结合起来，充分利用中华民族优秀传统文化底蕴，积极发挥乡贤作用，不断总结、完善和巩固理事会的运行机制，为全省加强社会建设创造新鲜经验。

考察结束后，汪洋主持召开座谈会，听取了云浮市工作汇报后指出，云浮认真贯彻省委十届八次、九次全会精神，围绕“十二五”开好局、起好步做了大量探索性的工作，取得了明显成效，走出了一条符合云浮实际的科学发展之路。

【粤北地区工作汇报会】 2011年3月30日至31日，省委常委、常务副省长朱小丹率省有关部门负责人对韶关、清远、河源、梅州等粤北地区四市重点项目建设情况进行调研检查，并于3月31日晚在梅州市召开粤北地区工作汇报会，回顾总结一年多来粤北四市贯彻落实现场会和工作会议精神情况，研究解决有关问题，安排部署下一阶段工作。

产业调整：筑巢引凤 劣汰优晋 生态之旅 2011年，梅州用好用活省里产业转移10亿元竞争性扶持资金，以园区建设为依托，强势推进招商引资，大力加强工业、农业、旅游、文化、房地产招商。全年引进项目300个，计划投资总额220亿元。园区首期4.03平方公里开发建设全面完成，二期开发4.5平方公里正加快推进。2010年以来，新引进品尚光电、紫晶光电、五羊摩托、珠江啤酒等一批投资亿元以上项目，目前进园企业累计达85家，计划投资总额64.8亿元。梅州打造高效政府，为企业营造良好投资环境，设立行政服务中心和中小企业服务平台，及时解决企业用地、用工、融资等难题，加大行政审批项目清理力度，削减项目187项，让外来投资者“客居梅州，如同在家创业”。

梅州大刀阔斧，淘汰落后产能238吨，着力推动烟草、电力、建材、矿业等传统工业“绿色转型”，突出发展先进制造业、电子信息产业和新能源等绿色新兴产业。2011年全市第二产业中工业增加值247.44亿元，比增18.7%，20家企业入选广东现代产业500强项目。大力发展精致高效农业，14家农业龙头企业进入“全省现代农业项目100强”。

大力培育旅游先锋产业，推动生态、文化、农业、工业与旅游相融合，推进客天下旅游产业园等重点旅游项目建设，着力打造“梅赣龙特色农产品物流圈”“梅潮山海文化生态旅游圈”，梅县被评为18个“中国最具民俗文化特色旅游目的地”之一。2010年全市旅游接待人数、旅游总收入均比增35%。

“软”“硬”兼施：交通突围，宜居城乡，文化臻善 交通目前仍是制约梅州发展的一大瓶颈。梅州近年来不断加强交通建设，打造粤闽赣三边交通枢纽中心充满期待。梅州市委书记李嘉表示，梅州坚持以大交通促进大发展，着力推进年度投资38亿元的交通重点项目建设。广梅汕铁路电气化、西环高速三期、世界客都大道、S223线改造提升、梅大高速、济广高速平兴段、汕湛高速梅州段、鹰梅铁路、浦梅铁路等项目或建成通车或处于不同阶段，正努力推进当中。

梅州狠抓生态环境建设，营造后发优势。通过深入开展“绿满梅州”大行动，积极抓好城乡绿化，梅州城区绿化覆盖率达43%，人均公园绿地面积11.8平方米，大力整治木材经营加工企业，全市森林覆盖率达69.4%，生态优势进一步巩固提升。节能减排成效显著，城市垃圾处理率、污水处理率分别达98%和65%，城区空气优良天数达100%，江河水质、饮用水源水质、备用水源地水质均达二三类水质，城乡人居环境进一步优化。

梅州认真贯彻广东省建设文化强省的决策部署，结合自身文教优势，建设文化强市与教育强市。梅州去年成功获批全国第五个国家级文化生态保护实验区，隆重举办第四届中国（梅州）国际客家山歌文化节和林风眠诞辰110周年纪念活动，大埔百侯镇获“中国历史文化名镇”称号，梅县茶山村被授予“中国历史文化名村”称号。加快创建“教育强市”，打造全省劳动力资源开发示范市和山区职教基地，完善10所国家级示范性高中建设，着力建设5所超万人、6所超5 000人职业技工学校。全市高中阶段入学率达89.34%，提前一年实现“普高”目标。

坦承差距：望融入珠三角“3小时经济圈” 2011年，梅州全力加快绿色的经济崛起，取得了引人瞩目的成效。2011年梅州市实现生产总值733.18亿元，比上年增长14.5%，增幅居全省前列；全年进出口总额13.6亿美元，比上年增长16.5%。梅州市委书记李嘉谈及梅州发展成就时喜形于色，同时又对于差距十分清醒。他坦承梅州产业基础仍薄弱，基础设施仍滞后，县域发展不平衡，区位优势不明显、资源环境约束压力大，人才支撑不足等劣势。

对于交通问题，李嘉表示，随着武广、深厦等高铁的开工建设，潮汕国际机场的建成，全省山区市及粤东地区交通越来越发达，梅州交通问题尤为突出，招商引资与招才引智难度将进一步加大。他请求加快推进广梅汕铁路扩能项目并提出希望立项建设梅县畲江至五华华阳高速公路，作为汕湛高速公路的联络线，与汕湛高速揭西博罗段同步建设，使梅州直接融入珠三角“3小时经济圈”。

李嘉指出，“十二五”时期是梅州加快绿色经济崛起的关键时期。2011年梅州集中优势兵力，打好招商引资和园区建设、交通建设、扶贫开发“双到”三场硬仗，突出宜居城乡建设、重点民生改善、文化教育事业三项重点，着力解决区位边缘化与经济发展内生力不足问题，努力提升老百姓幸福指数。

【粤北首个河峡夜游观光项目“湟川三峡夜游”启动】 2011年5月14日，由广之旅、清远市连州爱地旅游发展有限公司主办的粤北地区首个河峡夜游观光旅游项目——“湟川三峡夜游”正式启动，近千名游客参加了亮灯仪式并首次乘游船夜游“湟川”。

湟川三峡由仙女峡、楞伽峡、羊跳峡三道雄峡峙立，是连州旅游的招牌，湟川三峡已经成为游客来连州旅游的必游之地，这次夜游项目是在湟川三峡的原生态基础上，加入了现代声光电的科技手段演绎，用激光将湟川三峡两岸风景打亮，再融入瑶族古老的风俗文化元素，令夜游别具一番意境。同时，这也是粤北首创的夜游江景行程，多元素的完美结合，打破了粤北之前单一化的生态旅游概念，是粤北旅游产品的一大突破。

【粤北区域联网收费管理委员会2011年度（第一次）全体会议】 2011年5月27日，粤北区域联网收费管理委员会2011年度（第一次）全体会议在惠州龙门县南昆山十字水酒店召开。参加会议的单位有广东省路桥建设发展有限公司、广东省高速公路有限公司、广东联合电子收费股份有限公司、粤北区域管理中心、以及粤北区域内各路段成员公司。会议由粤北区域管理中心副主任秦鸿主持。

会议听取粤北区域管理中心2010年度工作总结及2011年主要工作计划，对粤北区域管理中心2010年的工作成绩表示充分肯定。会议要求粤北区域各路段公司需大力加强防逃费工作，进行多方协调合作；规范粤北区域内执行绿色通道政策标准；针对计重收费工作中存在的设备技术问题，粤北区域中心需牵头联系计重设备设计部门和生产厂家，及早提出改进方案；粤北区域中心应每年对中心固定资产台账进行公示，并定期对管理费执行情况进行明细公开；同时对值班室搬迁工程费用分摊结算方式、韶赣联网监控骨干网切换工作、更新交通厅公务车牌工作等相关事宜进行分析讨论并达成一致意见。

此次管委会议的成功召开体现了粤北区域管理中心在过去一年中的成绩。粤北区域中心作为创新型试点单位，将一如既往以“服务路段业主”为工作宗旨、以“协调联网收费”为具体内容、以“创新管理模式”为突出亮点、以“联网各方共赢”为追求目标，推进联网收费工作又好又快的科学发展。

【粤北最大的绿色环保科技产业园落户韶关】 2011年6月28日，粤北最大的绿色环保科技产业园落户韶关。动工建设的广业科技产业园位于韶关市翁源县翁城工业区，占地面积100多公顷，投资18亿元建设。该产业园是粤北地区正在建设的最大一家以绿色环保产业为主的科技产业园之一，是广东省加快产业转型升级，贯彻实施“双转移”战略，提高国有企业自主创新能力的代表性项目。

园区设有技术研发区、成果转化区、产品加工区、标准认证区、质量检测区、产品展示区、综合服务区等七大功能区，为入园企业提供技术支持、产品交易、转型升级、企业融资等全方位服务。目前，已有18家省级科研院所准备将该科技园作为自主科研成果进行产业化转化的平台，首批签约入园的有省食品工业研究所的三氯蔗糖、省石油化工研究院的精细化学品、省化学纤维所的无纺布等高科技环保型项目。

【台泥集团年产1 000万吨水泥项目落户粤北曲江】 2011年6月29日上午，广东省韶关市曲江区与台泥集团签订水泥投资项目合同，标志台泥集团年产1 000万吨水泥项目正式落户粤北曲江区。

台泥集团董事长辜成允与韶关市领导郑振涛、艾学峰、陈秋彦，曲江区领导胡书臣、吴春腾、孙江平及市、区相关部门领导参加了签约仪式。

台泥集团是目前台湾地区最大的水泥生产企业，先后在台湾和广东的英德市、广西的贵港市等地兴建了5家水泥厂。曲江区乌石镇的石灰岩资源储量十分丰富，可作为水泥原料的石灰岩矿储存量超过11亿吨。自2007年以来，在广东省台办的推荐下，该公司先后多次派人到曲江区乌石镇大坑口考察，决定在该镇境内投资兴建水泥项目，规划建设四条日产6 000吨的新型干法水泥生产线，并配套建设纯低温余热发电，总投资约36亿人民币。项目投产后，年产值可达30亿元人民币，将加速当地乃至粤北地区建材工业优化升级。

签约仪式上，台泥集团董事长辜成允表示将全力推进项目进展，促使项目尽快发挥效益。曲江区区长吴春腾说，台泥水泥项目落户曲江，必将促进曲江区水泥工业产业结构的调整和优化，淘汰当前曲江水泥工业落后的产能状况，更有利于进一步贯彻落实国家节能减排政策和措施，对加快粤北地区经济社会发展具有重要的意义。

【50亿元智能电网粤北产业园落户英红园】 2011年8月6日，中国500强和世界机械500强企业的人民电器集团正式与英德市“联姻”，计划投资50亿元在英德英红工业园粤北产业新城建智能电网产业园。英德副市长张光和人民控股集团浙江实业公司总经理包巨文代表双方签约。人民控股集团董事长郑元豹以及广东浙商联合投资控股有限公司的胡刚锋等相关负责人参加了签约仪式。

人民集团将依托英德英红工业园区的资源和优势，以建设国家级智能电网产业园为目标，引进高端、前沿、新兴产业为基础，强势打造高新技术产业集群，主要包括智能输变电、自动化智能设备、基础材料与元器件、风能光伏新能源、智能家居、智能照明与LED、电力高端智能研究院七大高新产业园区，配套综合信息物流中心及智能电网示范小区，计划总用地面积约133.33公顷亩，该项目建设周期为5年，项目总投资达50亿元人民币，项目完全投产以后将实现发电、输电、变电、用电、配电、调度六大智能化的完全统一，加之发达完善的信息通信平台，将会成为广东省乃至整个珠三角地区电力事业发展作出巨大贡献，项目全面建成投产后，预计可实现就业5 000多人，年产值60亿元，年纳税额6亿元，对当地经济和社会发展将会起到重要的作用。

项目总体规划面积为28平方公里，南接顺德清远（英德）产业特别合作区，首期启动区200公顷，定位为服务于珠三角的、振兴粤北的产业聚集片区、综合发展城市新区，集生产制造基地、展览贸易中心、物流转运中心、创意研发中心、超大型批发集散地等全产业链于一体，融现代产业与生态居住、商务办公、职业教育、商业文娱与休闲旅游为一体的城市综合发展新区。它的产业体系包括：皮革、化工等生产制造园区、创意研发园区、仓储物流园区、批发展贸园区、职业教育园区等。共分为产业发展区、配套服务区、滨江旅游区三大部分，其中规划的主题产业园区分别是皮革皮具园区、精细化工园区、综合产业园区、电工电气园区、商贸展览园区以及航运物流园区。

21个地级市经济

广州市

【简述】 2011年是“十二五”规划开局之年，也是极不平凡的一年。在世界经济复苏放缓、日本大地震和欧美主权债务危机加剧的国际背景下，面对国家宏观调控、经济有所放缓以及通胀水平较高的形势，广州市委、市政府带领全市人民审时度势，科学决策，砥砺奋进，沉着应危机，大力促发展，呈现出经济平稳增长、物价逐步趋稳、民生不断改善的发展态势，实现了“十二五”时期经济社会发展良好开局。

2011年广州市实现地区生产总值（GDP）12 303.12亿元，同比增长11.0%。其中一、二、三产业分别完成增加值203.06亿元、4 532.52亿元和7 567.54亿元，分别增长3.1%、11.5%和11.0%，对GDP增长的贡献率分别为0.5%、38.8%和60.7%。

2011年广州市实现地区生产总值（GDP）12 303.12亿元，同比增长11.0%。其中一、二、三产业分别完成增加值203.06亿元、4 532.52亿元和7 567.54亿元，分别增长3.1%、11.5%和11.0%，对GDP增长的贡献率分别为0.5%、38.8%和60.7%。

从今年情况看，全国经济增长呈放缓趋势，GDP增速由一季度的9.7%下滑至上半年的9.6%，1—3季度和全年进一步下滑至9.4%和9.2%；广东省一季度、上半年、1—3季度和全年GDP增速分别为10.5%、10.2%、10.1%和10.0%。而广州市经济克服了国内外众多不利影响，一季度、上半年、1—3季度和全年GDP增速分别同比增长11.2%、11.0%、11.0%和11.0%，虽较上年有所放缓，但GDP增速企稳，增势好于全国和全省。

【工业生产呈“先高后低再企稳”态势】 2011年，全市完成规模以上工业总产值15 806.84亿元，同比增长12.9%，增幅比一季度回落0.9个百分点，分别比上半年和1—3季度累计提高2.6个和1.6个百分点。从各月增速看，1月、2月和3月规模以上工业总产值月度增速分别为15.1%、14.9%和7.6%，4月出现了1998年以来首次月度负增长（-2.8%），5月止跌回升（5.8%），6月延续升势（15.8%），7月再度回落至7.2%，8月后稳中回升、恢复双位数增长且增速呈加快态势。

2011年，规模以上工业实现增加值4 147.71亿元，同比增长12.0%，增速低于全国（13.9%）和全省（12.6%）。分轻重工业看，重工业增加值比上年增长8.3%，轻工业增长17.1%。

【三大支柱产业增长放缓】 2011年，三大支柱产业出现了汽车制造业连续四个月负增长、电子产品制造业连续两个月负增长的严峻局面。汽车制造业受部分进口零部件供应不足而生产大幅滑坡，4月、5月、6月和7月连续四个月出现负增长，随着进口零部件逐步恢复，主要整车企业追补欠产，汽车生产从8月起恢复双位数增长。电子产品制造业7月出现自2008年3月由负转正以来首次月度负增长（-5.2%），8月降幅收窄（-2.2%），9月转正，其后各月增速回升。2011年，全市工业三大支柱产业完成产值7 580.35亿元，同比增长11.4%，增速比全市规模以上工业平均增速低1.5个百分点。汽车制造业完成产值3 066.32亿元，同比增长3.4%；电子产品制造业完成产值2 024.75亿元，同比增长11.5%；石油化工制造业完成产值2 489.28亿元，同比增长23.8%，增速比全市规模以上工业平均增速高10.9个百分点。

【高新技术工业较快增长】 2011年，全市规模以上工业实现高新技术产品产值6 353.19亿元，同比增长15.9%，快于全市规模以上工业平均增速3.0个百分点；占规模以上工业总产值的40.19%，比上年提高1.67个百分点。

【工业出口产品产值呈“高、低、稳”走势】 2011年，广州市规模以上工业出口产品产值3 201.95亿元，同比增长14.1%。2011年以来，广州市规模以上工业出口产品产值各月累计增速呈“高、低、稳”走势，一季度增速在18.1%—27.3%之间，二季度放缓至12.1%—15.0%之间，三季度在12.5%—13.1%之间低位运行，四季度增速逐步走稳，在13.9%—15.0%之间。

【消费需求依然旺盛】 随着万菱汇、太古汇、保利中环广场、万达广场和5号停机坪等购物中心的开业，商圈集聚效应明显；2011年以来精心策划组织“广州夏日美食嘉年华”、“广州（沙面）西餐文化节”和“广州（国际）美食节”等一系列餐饮文化宣传推介活动，在节假日商家主题促销活动及消费力释放带动下，消费市场保持畅旺。2011年，全市实现社会消费品零售总额5 243.02亿元，同比增长17.1%，增速分别比一季度、上半年和1—3季度累计提高1.0个、0.7个和0.2个百分点，增速高于全省（16.3%），与全国持平；扣除价格因素，实际增长11.4%。其中，批发和零售业、住宿和餐饮业分别实现零售额4 544.46亿元和698.56亿元，同比分别增长17.0%和17.8%。全市批发和零售业商品销售总额26 935.74亿元，同比增长27.0%，增幅比一季度提高8.2个百分点，比上半年提高5.6个百分点，比1—3季度累计提高1.8个百分点。

【固定资产投资增速大幅回落后逐步趋稳】 在2010年亚运累积高基数的条件下，2011年基础设施建设放缓，国有投资下降，电力、燃气及水的生产和供应业完成投资大幅下降，导致2011年1—2月固定资产投资同比下降1.2%。随着101项重点建设项目的推进和“新广州、新商机”系列招商活动投资项目的落地，固定资产投资增速3月起止跌回升、逐步回稳，2011年，全市完成固定资产投资3 413.58亿元，同比增长10.0%，增速分别比一季度、上半年和1-3季度累计提高8.8个、7.9个和4.2个百分点，增速低于全国（不含农户，23.8%）和全省（17.6%）平均增速；扣除价格因素，实际增长5.6%。其中，房地产开发投资1 306.74亿元，同比增长32.8%，占固定资产投资的38.28%。全市完成国有固定资产投资1 297.93亿元，同比下降9.8%；完成市属投资2 615.44亿元，同比增长5.7%。

【商品进出口在上年恢复性增长的基础上有所放缓】 2011年，全市实现商品进出口总值1 161.72亿美元，同比增长12.0%，增幅比一季度回落4.6个百分点，比上半年回落1.2个百分点，比1—3季度累计增长0.1个百分点。其中，出口564.73亿美元，同比增长16.7%，增幅分别比一季度、上半年和1—3季度累计回落8.4个、4.8个和1.9个百分点。出口结构进一步优化。一般贸易出口和加工贸易出口分别增长21.9%和11.4%，一般贸易出口占商品出口总值的43.72%，比重比上年提高1.85个百分点。外商直接投资实际使用金额42.70亿美元，同比增长7.3%。

【旅游市场繁荣】 2011年，广州市利用亚运会和亚残运会带来的发展机遇，整合广州丰富的文化、商贸、都市、山水、生态、休闲、亚运等旅游资源，打造以文化为引领的系列旅游精品，大力提升广州旅游形象和旅游业水平，旅游业总收入快速增长，城市接待过夜旅游者持续增长。前10个月，全市旅游业总收入规模已超上年全年水平。2011年，全市实现旅游业总收入1 630.80亿元，同比增长30.0%，增幅比上年提高4.7个百分点。城市接待过夜旅游者4 594.85万人次，同比增长2.0%。

【城市辐射功能不断增强】 2011年，新白云国际机场旅客吞吐量达到4 504.45万人次，同比增长9.9%；港口货物吞吐量44 763.31万吨，同比增长5.3%；港口集装箱吞吐量1 440.07万箱，同比增长13.4%；货运量64 722.53万吨，同比增长12.8%；货物周转量2 821.44亿吨千米，同比增长15.1%。2010年共有国际航线105条，国内航线507条，连通全球五大洲183个城市，其中国外通航国家和地区31个，国外通航城市59个。广州近年加快建设城际铁路、快速道路和快速公交线路，广州南站的交通枢纽功能日渐彰显，现代化海陆空交通体系基本形成。

【三次产业结构更优】 2011年，广州市一、二、三产业增加值占GDP的比重由上年的1.8:37.2:61.0调整为1.7:36.8:61.5，第三产业比重提高0.5个百分点。

【先进制造业和高技术制造业进一步发展壮大】 广州加快中新广州知识城、天河智慧城、科学城、国际生物岛等自主创新核心载体的开发建设，着力推动经济发展从要素驱动向创新驱动转变。以汽车、船舶及海洋装备、核电装备、数控设备、石油化工和精品钢铁等代表的先进制造业进一步发展壮大，高技术产业加快发展。2011年1—3季度，先进制造业占规模以上工业增加值的比重为59.58%。2011年，全市实现规模以上工业高技术产值2 562.82亿元，同比增长12.8%；占全市规模以上工业总产值的比重为16.21%，比上年提高0.97个百分点。

【投资进一步向第三产业集聚】

2011年，广州市一、二、三产业固定资产投资占全市固定资产投资的比重由上年的0.1:19.2:80.7调整为0.1:15.5:84.4，第三产业比重提高3.7个百分点。

【民营经济带动作用显著】 民营经济在工业、投资等多个领域增速高于全市平均水平。2011年，民营经济实现增加值4 794.46亿元，同比增长12.0%，高于全市GDP增速1.0个百分点；占全市GDP的比重达38.97%，比上年提高0.72个百分点。民营工业总产值同比增长19.8%，高于全市规模以上工业总产值增速6.9个百分点。民营投资同比增长31.9%，高于全市固定资产投资增速21.9个百分点；占固定资产投资的比重为20.25%，比上年提高3.53个百分点。

【服务性消费支出比重提高】 随着收入水平的提高，居民消费结构升级加快，居民家庭支出中的服务性消费支出增速较快，服务性消费支出比重提高。2011年，广州市城市居民人均服务性消费支出10 414元，同比增长13.8%，快于城市居民人均消费性支出1.0个百分点；占城市居民人均消费性支出的比重为36.92%，比上年提高0.33个百分点。

【自主创新能力进一步增强】 2011年，合作建设11个国家级、23个省级国际科技合作基地，建成工业技术研究院等12个产学研创新平台，形成了新型显示、节能环保、移动互联网等10个百亿级创新集群。完善人才政策，发挥留交会平台作用，引进13个国际领先科研创新团队和25名领军人才，拥有各类博士后工作站55个。知识产权创造能力进一步提升，2011年全市发明专利申请量和发明专利授权量分别达8 172件和3 146件，同比增长25.7%和58.2%；互联网普及率超过70%，政府管理和公共服务基本实现网络化，电子商务交易额居全国城市前列。2011年荣获“中国十大创新型城市”称号。

【财政收入稳步增长】 2011年，来源于广州地区的财政总收入3 978亿元，同比增长18.8%；其中，地方财政一般预算收入979.47亿元，同比增长20.5%；增速分别比一季度和上半年提高9.7个和0.4个百分点，比1—3季度回落0.2个百分点；增速低于全国(24.8%)和全省(22.1%)。其中，营业税、增值税和企业所得税分别为162.56亿元、157.38亿元和106.17亿元，合计占地方财政一般预算收入的43.50%，比重比上年下降5.85个百分点；营业税和企业所得税同比分别增长9.8%和37.8%，但增值税同比下降1.3%。

【城乡居民收入稳步提高】 2011年，广州市城市居民人均可支配收入34 438元，同比增长12.3%，增速低于全国(14.1%)；其中工资性收入增长9.4%。农村居民人均纯收入14 700元(预计数)，同比增长16.0%，增速低于全国(17.9%)；从2008年起，农村居民人均纯收入增速连续四年快于城市居民人均可支配收入。城乡居民人均收入比由上年的2.42:1缩小为2.34:1。

【工业企业利润下降、效益有待提升】

2011年，全市规模以上工业实现主营业务收入15 070.62亿元，同比增长14.9%；实现利润总额856.46亿元，同比下降9.7%，而一季度为同比增长1.6%，降幅分别比上半年和1—3季度扩大2.5个和1.9个百分点。

【财政对民生的支出加大】 广州市继续深入贯彻落实“惠民66条”和17条补充意见，全面完成2011年“十大民生实事”。2011年，全市地方财政一般预算支出1 185.73亿元，同比增长21.2%。市本级财政投入教育支出33.37亿元，占市本级财政支出的比重为6.51%，比上年提高0.96个百分点；住房保障支出35.09亿元，同比增长1.0倍，占市本级财政支出的比重为6.85%，比上年提高2.74个百分点。投入民生和各项公共事业资金390.6亿元，占市本级财政支出的比重为75.3%，比上年提高0.3个百分点。2011年，城镇登记失业率为2.35%，低于控制目标；全年安置城镇登记失业人员22.68万人，城镇登记失业人员就业率达71.73%。各项社会保险覆盖面继续扩大，保障标准不断提高。至2011年10月底，五大险种参保人数比上年增加139万人次，超额完成82万人次的年度任务。城镇居民基本医疗保险和新农合财政补助标准分别提高到200元和230元，建成基本覆盖城乡的基层卫生服务机构。筹集建设89 174套保障性住房，提前一年解决在册的7.72万户低收入家庭住房困难问题。

深圳市

【简述】 2011年，面对错综复杂的国内外经济环境，深圳市以科学发展为主题，以加快转变经济发展方式为主线，努力促转型、稳增长、提质量，完成了全年经济发展主要目标，实现了“十二五”良好开局。

据核算，2011年深圳全市生产总值为11 502.06亿元，比上年增长10.0%，经济总量迈上万亿新台阶，增长规模远高于“十一五”期间平均增长水平，经济总量在全国内地大中城市中继续保持第四位。

【经济结构继续优化】 2011年全市三次产业结构为0:46.5:53.5，其中，第三产业占整体经济比重进一步提高，由2010年的52.7%提高到53.5%。相比之下，第一产业和第二产业占整体经济比重分别下降0.1和0.7个百分点。

支柱产业支撑作用明显。在四大支柱产业中，金融业增加值1 562.43亿元，占整体经济总量13.6%；物流业增加值1 090.00亿元，占9.5%；文化产业增加值771.00亿元，占6.7%；高新技术产业增加值3 550.00亿元，占30.9%。

战略新兴产业高速发展，经济转型升级成效显现。初步统计战略性新兴产业中，生物产业增加值174.96亿元，增长24.0%；全口径互联网产业增加值1 380.72亿元，增长18.9%（发改委口径互联网产业增加值增长49.6%）；新能源产业增加值254.10亿元，增长20.7%。

【工业增长平稳】 全年规模以上工业增加值5 228.78亿元，增长12.6%，全年工业增长呈前高后稳态势。其中，受外部需求影响，外商及港澳台投资企业增速下半年以来持续回落，全年外商及港澳台投资企业增加值2 781.15亿元，增长3.3%。股份制企业增加值2 125.08亿元，增长27.7%。电子信息业比重进一步提高，通信设备、计算机及其他电子设备增加值2 820.86亿元，增长20.0%，占规模以上工业增加值53.9%，同比提高1.8个百分点。工业产品内销份额扩大，全年工业产品销售产值20 062.55亿元，其中内销产品产值占比重约为46.6%，同比提高3.5个百分点。

【固定资产投资小有起伏】 全市固定资产投资2 136.39亿元，增长10.1%。2011年的大运年有力推动了全市固定资产投资较快增长，尤其是环境、公共设施、交通运输、信息传输和体育设施场馆等项目建设顺利。进入第三季度以来全市固定资产投资增速逐渐回落，全年呈低开，走高，回稳趋势。

【内外市场需求总体较旺】 全年社会消费品零售总额3 520.87亿元，在全国内地大中城市继续保持第四位。增长17.8%，增速呈上升走势。特别是批发业增速较快，批发销售总额增长26.6%，比整体商品销售增速高2.6个百分点。在主要商品销售类别中，保值性奢侈品成为亮点，金银珠宝类销售增长52.1%；由于消费物价持续高位，吃、穿、用等商品销售快速增长，食品饮料烟酒类增长21.5%，服装鞋帽针织类销售增长18.2%，日用品类销售增长20.3%；文化办公用品类、通讯器材类热销，分别增长45.9%和28.4%；家用电器和音响器材类销售回落，仅增长7.2%；汽车类销售转负为持平。

进出口总额保持较高增速，但全年呈前高后低走势。据海关统计，全市进出口总额4 141.00亿美元，增长19.4%，其中，出口总额2 455.25亿美元，增长20.2%，进口总额1 685.74亿美元，增长18.2%。出口总额仍居全国内地大中城市第一位，保持出口十九连冠。

【财政金融运行良好】 全年地方财政一般预算收入1 339.59亿元，增长21.0%，地方财政一般预算支出1 590.64亿元，增长25.6%。年末国内金融机构各项存款余额22 782.39亿元，比年初增长13.2%，国内金融机构贷款余额15 714.96亿元，比年初增长15.4%。

珠海市

【简述】 2011年，珠海市积极应对欧债危机等国际性经济形势变化，落实国家宏观调控政策，不断推进结构调整，保持了整体经济平稳较快增长，实现了“十二五”时期的良好开局。

2011年全市实现地区生产总值（GDP）1 403.24亿元，比上年增长11.3%。其中，第一产业增加值37.70亿元，增长3.2%，对GDP增长的贡献率为0.7%；第二产业增加值786.42亿元，增长14.4%，对GDP增长的贡献率为69.5%；第三产业增加值579.11亿元，增长7.9%，对GDP增长的贡献率为29.8%。三次产业的比例由2010年的2.7:54.8:42.5调整为2.7:56.0:41.3。现代服务业增加值321.96亿元，增长8.5%，占GDP的22.9%。民营经济增加值345.35亿元，增长11.1%，占GDP的24.6%。

分区域看，香洲、金湾和斗门

三个行政区分别实现地区生产总值863.48亿元、351.27亿元和188.49亿元，分别增长10.8%、14.2%和9.0%。

全年地方财政一般预算收入143.41亿元，比上年增长22.6%。其中，税收收入112亿元，增长17.3%。在税收收入中，增值税29.03亿元，增长13.7%；营业税21.88亿元，增长15.8%；房产税5.77亿元，增长12.2%；企业所得税16.13亿元，增长15.1%。

全年财政一般预算支出190.37亿元，增长14.1%。其中，教育支出31.55亿元，增长21.5%；科学技术支出7.35亿元，增长28.9%；文化教育和传媒支出2.28亿元，增长1.7%；社会保障和就业支出16.58亿元，增长27.3%；医疗卫生支出7.42亿元，增长23.8%；节能环保支出20.78亿元，减少12.7%；教育、文化体育和传媒、医疗卫生、社会保障和就业、节能环保、农林水事务等六项民生支出合共69.6亿元，同比增长20.8%，占财政一般预算支出的40.1%。

2011年，全年居民消费价格总水平上涨5.0%。其中，食品、烟酒、衣着、家庭设备用品及维修服务、医疗保健和个人用品、娱乐教育文化用品及服务、居住的价格分别上涨10.5%、2.0%、2.4%、2.3%、5.7%、2.5%和3.7%；交通和通信的价格下跌0.6%。工业生产者出厂价格上涨3.3%。

【农业】 2011年全市完成农林牧渔业总产值65.52亿元，增长1.9%。其中农业产值10.04亿元，下降9.9%；林业产值0.10亿元，增长19.2%；牧业产值12.27亿元，增长2.9%；渔业产值36.72亿元，增长5.2%；农林牧渔服务业产值6.39亿元，增长2.6%。

全年农作物播种面积1.77万公顷，比上年减少66.7公顷。其中，粮食作物播种面积8 066.67万公顷，与上年持平；甘蔗种植面积853公顷，比上年调减33公顷。水产养殖面积3.54万公顷，比上年增加1 013万公顷。

全年粮食总产量4.34万吨，增产3.8%；甘蔗产量8.42万吨，减产12.7%；蔬菜产量15.53万吨，增产5.4%；水果产量7.77万吨，减产35.8%。

全年肉类总产量4.54万吨，增长0.7%。其中猪肉产量3.42万吨，增长0.3%；禽肉产量1.04万吨，持平。生猪饲养量77.69万头，增长1.5%。其中生猪存栏32万头，增长3.3%，生猪出栏45.69万头，增长0.3%。全年水产品产量20.5万吨，增长3.9%。其中海洋捕捞1.14万吨，减少1.7%；海水养殖2.78万吨，增长3.7%；淡水捕捞0.20万吨，减少9.0%；淡水养殖16.38万吨，增长4.6%。

【工业和建筑业】 2011年全年全部工业完成增加值736.31亿元，比上年增长14.8%。规模以上工业增加值增长15.5%；其中，国有及国有控股企业增长17.5%，民营企业增长18.7%；港澳台及外商投资企业增长13.4%，股份制企业增长20.3%，集体企业下降5.4%。分轻重工业看，轻工业增长25.1%；重工业增长8.8%。分地区看，香洲、金湾和斗门区规模以上工业增加值分别增长15.2%、16.2%和12.5%。

六大工业支柱行业增加值比上年增长11.5%。其中，生物医药、石油化工、家电电气、精密机械制造和电力能源分别增长25.0%、11.4%、20.3%、14.2%和10.6%；电子信息业下降4.0%。

高技术制造业增加值增长3.2%，其中医药制造业增长25.0%，航空航天器制造业增长12.3%，电子及通信设备制造业下降13.3%，电子计算机及办公设备制造业增长26.6%，医疗设备及仪器仪表制造业增长30.0%。

先进制造业中，装备制造业增加值增长5.4%，钢铁冶炼及加工业增长2.6%，石油及化学行业增长18.1%。装备制造业中，汽车制造业、船舶制造业、飞机制造及修理业、环境污染防治专用设备制造业分别增长8.8%、29.2%、12.3%和2.5%；钢铁冶炼及加工业中，炼钢业增长1 061.6%、钢材加工业下降0.1%；石油及化学行业中，石油加工、炼焦及核燃料加工业增长146.9%，化学原料及化学制品制造业增长10.6%，橡胶制品业增长4.8%。

传统优势产业增加值增长15.7%，其中纺织服装业下降2.9%，食品饮料业增长12.6%，家具制造业增长13.3%，建筑材料增长15.4 %，金属制品业增长11.3%，家用电力器具制造业增长20.6%。

全年实现工业总产值3 601.86亿元，比上年增长12.4%。规模以上企业实现工业总产值3 475.96亿元，比上年增长12.6%；其中，国有企业产值100.69亿元，增长14.2%；集体企业产值4.71亿元，下降14.5%；股份制企业产值1 103.96亿元，增长20.9%；港澳台及外商投资企业产值2 260.63亿元，增长8.9%，占规模以上工业总产值的65.0%。轻工业产值1 377.83亿元，增长24.6%；重工业产值2 098.12亿元，增长5.3%。规模以上轻、重工业产值的比例由上年的39.4:60.6调整为39.6:60.4。

在规模以上工业企业生产的106种产品中，产量比上年增加的有59种，其中增幅较大的有：软饮料、表、房间空气调节器、通信及电子网络用电缆、彩色电视机，分别比上年增长44.4%、28.1%、27.0%、25.1%和24.1%；产量比上年减少的有47种，其中减幅较大的有：数字激光音视盘机、化学药品原药、合成纤维聚合物和家具，分别比上年下降75.5%、35.8%、29.1%和20.7%。

全年规模以上工业企业经济效益综合指数为194.9%，总资产贡献率10.0%，资本保值增值率116.9%，资产负债率61.1%，流动资产周转次数1.9次，成本费用利润率6.0%，全员劳动生产率15.8万元/人年，产品销售率89.5%。实现利润总额200.33亿元，增长5.3%。其中，盈利企业实现盈利184.4亿元，增长3.2%；亏损企业270家，亏损面29.8%，亏损额合计15.89亿元，增长38.2%。

年末全市拥有资质等级以上独立核算总承包和专业承包建筑业企业147家，实现建筑业增加值50.12亿元，比上年增长9.2%。

【固定资产投资】 2011年完成固定资产投资638.37亿元，比上年增长28.4%。其中，房地产开发投资256.59亿元，增长42.9%。分城乡看，城镇投资631.07亿元，增长30.5%；农村投资7.29亿元，下降45.3%。分投资主体看，国有经济投资200.77亿元，增长11.3%；非国有经济投资437.6亿元，增长38.2%；其中民营经济投资169.72亿元，增长105.3%。分产业看，第二产业投资152.11亿元，增长22.7%，其中制造业投资123.18亿元，增长17.3%；第三产业484.35亿元，增长29.9%。全年在建项目684个，新开工项目337个，同比分别下降5.9%和30.1%。

在房地产开发投资中，商品房住宅投资163.60亿元，增长33.1%。全年商品房施工面积1 653.24万平方米，增长36.5%，其中商品住宅1 199.86万平方米，增长30.8%。商品房竣工面积349.08万平方米，增长65.5%，其中住宅275.26万平方米，增长60.1%。商品房销售面积240.86万平方米，下降6.4%，其中住宅209.88万平方米，下降10.1%。年末商品房待售面积53.11万平方米，增长5.2%，其中住宅32.45万平方米，增长19.9%。商品房销售额281.29亿元，增长2.2%。

【国内贸易】 2011年社会消费品零售总额567.86亿元，比上年增长18.1%。其中，批发业零售额83.08亿元，增长18.7%；零售业零售额414.35亿元，增长18.7%；住宿餐饮业零售额70.42亿元，增长14.2%。

在限额以上批发和零售业商品零售额中，石油及制品类零售额48.17亿元，增长35.9%；汽车类零售额71.82亿元，增长26.2%；粮油食品饮料烟酒类零售额41.27亿元，增长32.6%；服装鞋帽针纺织品类零售额17.47亿元，增长11.0%；家用电器和音像器材类零售额24.58亿元，增长23.8%；日用品类零售额4.7亿元，增长26.0%。

【对外经济】 2011年进出口总额516.39亿美元，增长18.8%。其中，出口239.87亿美元，增长15.0%；进口276.52亿美元，增长22.3%。

全年新批外商投资项目186宗，比上年减少12.7%；合同吸收外商直接投资17.76亿美元，增长41.3%；实际吸收外商直接投资13.38亿美元，增长9.3%。其中，制造业占53.9%，房地产业占10.0%，租赁和商务服务业占9.0%，批发和零售业占12.6%，交通运输、仓储和邮政业占4.7%。

截至2011年底，全市累计批准外商直接投资项目11 257个，合同外资额264.46亿美元，实际吸收外商直接投资140.80亿美元。工商登记注册的实有外资企业4 126家。

【交通、邮电和旅游】 2011年交通运输、仓储和邮政业实现增加值24.63亿元，比上年下降5.4%。全年主要港口完成货物吞吐量7 154万吨，增长18.1%，其中外贸货物吞吐量1 699万吨，增长1.2%。港口集装箱吞吐量81.88万标准箱，增长16.5%。

2011年末公路通车里程1 397公里，其中高速公路里程71公里，与上年末持平。年末全市民用汽车保有量达28.03万辆，增长12.2%。其中，私人汽车18.61万辆，增长17.9%。民用轿车保有量14.63万辆，增长16.0%。其中，私人轿车13.02万辆，增长17.4%。

全年完成邮电业务总量45.67亿元（2010年不变价，下同），增长8.4%，其中，邮政业务总量2.34亿元，增长19.5%；电信业务总量43.33亿元，增长7.8%。年末固定电话用户达到87.51万户，增长1.7%。

2011年接待入境旅游人数451.68万人次，增长0.7%。其中，外国人70.93万人次，增长3.8%；香港、澳门和台湾同胞380.75万人次，增长0.2%。在入境旅游人数中，过夜游客320.84万人次，下降1.3%。国际旅游外汇收入10.67亿美元，下降12.8%。接待国内游客2 161.63万人次，增长14.7%，其中过夜游客1 214.84万人次，增长15.1%。国内旅游收入153.51亿元，增长12.7%。酒店平均开房率60.2%，比上年高1.6个百分点。全年各主要旅游景点共接待游客660.39万人次，增长9.8%，营业收入5.02亿元，比上年增长11.6%。旅行社组团国内游87.22万人次，下降0.2%；出境游29.6万人次，增长30.5%。实现旅游总收入222.83亿元，增长1.6%。

【金融、证券和保险】 2011年末全市中外资金融机构本外币各项存款余额2 980.01亿元，比年初增长8.4%。其中，企事业单位存款余额1 728.74亿元，增长7.1%；城乡居民储蓄存款余额1 102.85亿元，增长12.2%。年末中外资金融机构本外币各项贷款余额1 638.21亿元，比年初增长11.3%。其中，短期贷款余额433.14亿元，增长5.9%；中长期贷款余额1 089.94亿元，增长10.2%。

截至2011年末，珠海市共有上市公司30家，在深沪上市的企业23家，比上年增加4家，香港上市企业4家，美国上市企业1家，加拿大上市企业1家，澳大利亚上市企业1家。在珠海市注册设立的证券期货经营机构有31家，其中基金管理公司3家，分属于4家期货公司的期货营业部4家，分属13家全国性证券公司的证券营业部24家。2011年，珠海市的证券期货经营机构实现股票、基金、权证、债券成交总额3 880.43亿元，比上年下降25.6%；其中，A股股票成交总额3 605.41亿元，下降25.2%。股东开户数（含机构投资户）为55.22万户，下降8.6%。

全市共有各类保险营业机构（含网点）118个，比上年增加5个。全年实现保费收入53.78亿元，同比增加8.9%。其中，寿险公司保费收入39.45亿元，增长7.9%；财产保险公司保费收入14.33亿元，增长11.7%。保险深度（保费收入占GDP比重）3.8%，比上年减少0.5个百分点。全年共赔（给）付金额9.51亿元，增长21.8%。其中，寿险公司赔（给）付支出3.71亿元，增长33.9%，财产保险公司赔款支出5.80亿元，增长15.3%。

汕头市

【简述】 2011年，汕头市人民在市委、市政府的正确领导下，认真贯彻落实党中央、国务院和省委、省政府的决策部署，深入贯彻落实科学发展观，抢抓特区扩围和发展新机遇，采取切实应对措施积极稳妥调结构，脚踏实地促转变，经济运行保持平稳较快增长，人民生活质量和水平得到新提高，经济发展内在动力和活力进一步增强，实现"十二五"时期的良好开局。

经初步核算，2011年全市生产总值1 403.44亿元，比上年增长12.2%。其中，第一产业增加值71.15亿元，增长3.5%；第二产业增加值792.22亿元，增长13.6%；第三产业增加值540.06亿元，增长11.2%。三次产业结构由上年的5.3:56.1:38.6调整为5.1:56.4:38.5，第一、三产业比重下降，第二产业比重提高。在第三产业中，批发和零售业增长11.1%，住宿和餐饮业增长5.4%，金融业增长6.3%，房地产业增长6.0%。民营经济增加值850.53亿元，增长11.9%。全市人均GDP25 958元，比上年增长10.1%。

全市地方财政一般预算收入85.58亿元，一般预算支出157.57亿元，比上年分别增长17.8%和31.5%。全年居民消费价格总水平上升5.3%。全年城镇新增就业人员8.32万人，增长0.5%；全市城镇登记失业人数1.54万人，城镇登记失业率为2.43%。

【农业】 2011年农林牧渔业总产值130.51亿元，比上年增长3.6%。其中，农业产值61.34亿元，增长3.9%；林业产值0.40亿元，增长0.3%；牧业产值30.27亿元，增长4.6%；渔业产值36.04亿元，增长2.3%；农林牧渔服务业产值2.46亿元，增长2.4%。

2011年末农业机械总动力42.47万千瓦；化肥施用量（实物量）15.36万吨；农田有效灌溉面积45.91万亩；农村用电量25.54亿千瓦时，增长7.1%。

全市乡镇企业单位数（含个体）3.08万个，其中年营业收入二千万元以上的规模以上工业企业1 605个，从业人员64.03万人，比上年下降3.6%。乡镇企业实现营业收入2 116.88亿元，增长6.9%；利润总额83.23亿元，增长5.9%；劳动者所获得的报酬123.25亿元，增长2.0%。

【工业和建筑业】 2011年全市完成工业增加值735.38亿元，比上年增长14.1%，占地区生产总值比重由上年的52.1%上升为52.4%，工业对经济增长贡献率达到60.3%。完成工业总产值3 005.94亿元，增长14.7%。其中，规模以上工业总产值2 251.16亿元，增长18.3%。规模以上工业产值占全部工业总产值74.9%，比上年提高2.0个百分点。在规模以上工业总产值中，国有及国有控股企业增长7.6%、集体企业增长19.5%、股份制企业增长20.4%、外商及港澳台商投资企业增长12.7%；大中型企业完成产值759.71亿元，增长9.3%；轻、重工业中重工业产值占规模以上工业总产值36.1%，比上年下降1.8个百分点。规模以上工业实现销售产值2 182.14亿元，增长18.7%；完成出口交货值321.08亿元，增长12.2%；工业产品销售率96.9%，比上年提高0.8个百分点。全市工业用电量91.20亿千瓦时，增长9.4%。

全市资质等级以上建筑企业完成建筑业总产值256.29亿元，比上年增长17.1%。房屋建筑施工面积2 755.35万平方米，增长15.7%，其中实行投标承包工程面积1 693.23万平方米，增长33.0%；房屋竣工面积884.94万平方米，增长38.9%。全年城镇竣工住宅面积166.82万平方米，增长65.3%；农村竣工住宅面积20.06万平方米，增长129.3%。

【固定资产投资】 2011年完成固定资产投资额438.74亿元，比上年增长44.5%。其中，城镇投资362.62亿元、农村投资76.12亿元，分别增长40.7%和66.0%。从投资经济类型看，国有经济投资84.43亿元，增长6.9%；民营经济投资275.67亿元，增长87.3%。从三次产业看，第一产业投资3.82亿元，增长119.8%；第二产业投资233.45亿元，增长42.5%。其中工业投资额229.89亿元，增长41.8%；第三产业投资201.47亿元，增长46.0%。其中房地产开发投资额74.06亿元，增长50.2%，交通运输业投资额21.82亿元，下降13.2%；在固定资产投资资金来源总计中，国内贷款28.41亿元，下降51.8%；利用外资6.67亿元，下降8.3%；自筹资金353.15亿元，增长68.3%，其中企事业单位自有资金181.11亿元，增长56.2%。全年单位投资施工项目（不含房地产）1 493个，增长47.5%。其中，新开工项目1 307个，增长61.8%，重点项目94个，增长14.6%。新增固定资产324.76亿元，增长50.1%。

商品房销售面积166.51万平方米，比上年增长2.2%，其中住宅销售面积144.05万平方米，下降3.6%。商品房销售金额85.74亿元，增长23.2%，其中住宅销售金额68.52亿元，增长10.6%。

【交通运输和邮电】 2011年交通运输、仓储和邮政业实现增加值30.43亿元，比上年增长12.5%。全年完成邮电业务总收入50.78亿元，增长7.2%。其中，邮政业务收入2.22亿元，增长10.4%；电信业务收入48.56亿元，增长7.1%。电话交换机总容量741.39万门，接入网设备容量84.52万门。全市城乡固定电话用户140.18万户，移动电话总用户（包括储值卡用户）587.29万户。每百户拥有住宅固定电话118.20户，每百人拥有移动电话（包括储值卡用户）110.93户。计算机互联网络总用户78.75万户，增长17.9%。

【国内贸易】 2011年社会消费品零售总额972.21亿元，比上年增长17.8%。其中，城镇消费品零售额686.43亿元，增长17.5%；农村消费品零售额285.78亿元，增长18.4%。分行业看，批发业、零售业、住宿业和餐饮业四大业态的零售额分别为40.79亿元、864.67亿元、7.02亿元与59.73亿元，增长13.2%、18.0%、17.2%和18.8%。

在限额以上批发和零售业商品销售分类中，粮油、食品、饮料、烟酒类销售额86.93亿元，比2010年增长57.8%；服装、鞋帽、针纺织品类18.43亿元，增长17.8%；化妆品类1.98亿元，增长3.2%；金银珠宝类13.29亿元，增长595.9%；日用品类6.25亿元，增长2.5%；五金、电料类3.20亿元，增长136.9%；体育、娱乐用品类0.26亿元，增长6.4%；书报杂志类0.26亿元，下降1.1%；家用电器和音像器材类7.82亿元，增长34.3%；中西药品类35.97亿元，增长24.4%；文化办公用品类3.41亿元，增长30.2%；家具类0.70亿元，增长68.1%；通讯器材类1.74亿元，增长6.3%；煤炭及制品类10.25亿元，增长80.3%；石油及制品类99.95亿元，增长27.7%；化工材料及制品类75.68亿元，增长59.3%；建筑及装潢材料类11.89亿元，增长10.0%；机电产品类49.62亿元，增长28.0%；汽车类68.22亿元，增长18.2%。

2011年末，全市商品交易市场信用分类监管203个；农副产品交易市场117个，其中专业批发市场18个；其它消费品市场67个，其他专业市场19个。全年商品销售总额1 753.77亿元，增长24.2%，其中批发额与零售额分别为848.31亿元和905.46亿元，增长32.0%与17.7%。

【对外贸易和旅游】 据海关统计，2011年全市进出口总额87.88亿美元，比上年增长19.3%。其中，进口总额28.35亿美元，增长16.6%；出口总额59.54亿美元，增长20.7%。在出口总额中，一般贸易出口43.80亿美元，增长22.6%；加工贸易出口15.56亿美元，增长15.5%。从经济类型看，国有企业出口3.36亿美元，增长9.0%；集体企业出口1.38亿美元，增长10.6%；外商投资企业出口22.83亿美元，增长10.1%；私营企业出口31.61亿美元，增长32.1%。从出口商品看，机电产品出口14.71亿美元，增长14.6%；服装出口14.21亿美元，增长21.4%；玩具出口8.64亿美元，增长29.5%；塑料制品出口2.51亿美元，增长38.6%；高新技术产品出口3.83亿美元，增长8.5%。从进出口的国家与地区看，进出口总额靠前的有：美国、香港、日本和台湾，分别为12.06亿美元、10.54亿美元、6.77亿美元和2.98亿美元，合计进出口额占全市总计的36.8%，同比下降2.5个百分点。

2011年实际吸收外商直接投资金额34 563万美元，增长35.3%；新签投资项目46个；其中投资规模在500万美元以上的项目9个，增长80.0%。

2011年，全市接待过夜游客903.84万人次，增长15.6%。其中国际游客14.06万人次，增长5.1%；国内游客889.78万人次，增长15.7%。组织出境游4.43万人次、国内游67.93万人次，分别增长34.0%和17.3%。实现旅游总收入104.41亿元，增长18.0%。其中旅游外汇收入5 071.18万美元，增长1.1%。全市拥有旅行社66家，星级宾馆（酒店）38家，其中三星级及以上29家。

【金融和保险业】 2011年，全市金融机构（含外资）年末本外币存款余额1 989.01亿元，比年初增加115.15亿元，比上年下降53.8%。其中，单位存款余额527.47亿元，比年初增加17.04亿元，下降82.5%；个人存款余额1 402.04亿元，比年初增加95.49亿元，下降30.5%。金融机构（含外资）年末本外币贷款余额728.18亿元，比年初增加66.66亿元，比上年下降26.8%。其中，境内贷款726.88亿元，比年初增加67.05亿元；境外贷款1.30亿元。比年初减少0.39亿元。在金融机构（含外资）人民币的中长期贷款中，个人消费贷款85.69亿元，比年初增加13.66亿元，比上年下降4.6%。银行结汇收入53.68亿美元，增长20.3%。

2011年，全市有保险公司26家，比上年增加1家；全年保费收入48.44亿元，比上年增长6.1%。其中财产险保费收入10.27亿元，增长24.4%；人寿险保费收入38.17亿元，增长2.1%。赔付支出金额11.36亿元，增长33.9%。其中财产险赔付支出金额4.86亿元，增长42.0%；人身险赔付支出金额6.50亿元，增长28.4%。

【民生建设稳步提高】 2011年，中心城区居民人均可支配收入17 473.89元，比上年增长15.1%；农村居民人均纯收入7 893元，增加1 375元，增长21.1%。至2011年底，全市企业参加职工养老保险77.88万人，增长66.0%；失业保险58.19万人，增长28.4%；工伤保险56.92万人，增长28.5%；生育保险55.11万人，增长29.1%。

佛山市

【简述】 2011年佛山市实现生产总值6 580.28亿元，比上年增长12.1%。其中第一产业增加值118.62亿元，增长4.1%；第二产业增加值4 186.13亿元，增长13.7%；第三产业增加值2 275.53亿元，增长9.6%。在第三产业中，交通运输、仓储和邮政业增长14.6%，批发和零售业增长14.2%，住宿和餐饮业增长4.5%，金融业下降1.0%，房地产业增长3.2%，其他服务业增长11.8%。三次产业结构为1.8:63.6:34.6。在现代产业中，先进制造业增加值1 263.90亿元，增长20.4 %；现代服务业增加值1 308.40亿元，增长11.4 %。民营经济增加值3 992.92亿元，占全市生产总值的比重为60.7%。

【农业】 2011年全市粮食作物播种面积20.77千公顷，比上年下降0.2%。蔬菜种植面积62.55千公顷，增长2.2%。经济作物播种面积12.48千公顷，下降3.0%。

2011年粮食产量9.74万吨，比上年增长0.4%；蔬菜产量150.49万吨，增长4.4%；水果产量5.01万吨，下降6.4%。

2011年肉类总产量27.83万吨，比上年下降2.6%，其中猪肉产量14.09万吨，下降2.3%；禽肉产量13.69万吨，下降3.0%。全年水产品产量57.08万吨，增长1.1%，其中塘鱼产量55.96万吨，增长1.4%。全年三鸟饲养量11 369万只，下降2.7%；生猪饲养量为303.24万头，下降2.4%。

【工业和建筑业】 2011年，佛山市规模以上工业完成增加值3 958.16亿元，比上年增长14.8%。国有及国有控股企业240.75亿元，增长17.0%；集体企业26.82亿元，下降3.4%；股份制企业2 185.39亿元，增长16.7%；外商及港澳台投资企业1 275.73亿元，增长11.8%。民营企业1 920.93亿元，增长17.4%。分轻重工业看，轻工业1 819.48亿元，增长12.0%；重工业2 138.68亿元，增长17.4%。轻重工业的比例为1: 1.18。

传统产业中纺织服装、化纤制造业完成增加值295.79亿元，比上年增长10.0%；食品饮料业142.12亿元，增长23.6%；家具制造业92.75亿元，增长15.1%；建筑材料业337.38亿元，增长12.1%；金属制品业307.10亿元，增长22.6%；家用电力器具制造业530.65亿元，增长6.1%。

先进制造业中装备制造业完成增加值962.83亿元，比上年增长24.4%；钢材加工业85.32亿元，增长5.7%；石油及化学制品制造业215.60亿元，增长9.9%。

高技术制造业中医药制造业完成增加值21.71亿元，增长14.5%；医疗设备及仪器仪表制造业21.25亿元，增长54.5%；电子及通信设备制造业164.41亿元，增长26.9%；电子计算机及办公设备制造业27.28亿元，下降23.9%。2011年资质等级以上建筑业企业完成建筑业总产值325.62亿元，比上年增长3.2%。

【固定资产投资】 2011年，佛山市完成固定资产投资1 936.26亿元，比上年增长16.2%。分城乡看，城镇投资1 059.55亿元，增长11.4%；农村投资876.71亿元，增长22.6%。分三次产业看，第一产业投资11.16亿元，增长89.7%。第二产业投资722.99亿元，增长20.9%；其中工业投资722.99亿元，增长20.9%。第三产业投资1 202.10亿元，增长13.2%。

2011年基础设施建设完成投资368.46亿元。其中电力、热力的生产和供应业投资38.91亿元；交通运输和邮政业投资96.35亿元；水利、环境和公共设施管理业投资193.12亿元。

2011年房地产开发完成投资599.22亿元，比上年增长23.4%。其中商品房住宅投资459.01亿元，增长31.0%。商品房施工面积3 539.87万平方米，增长25.0%，其中商品住宅2 872.24万平方米，增长22.0%。商品房竣工面积386.39万平方米，增长16.8%；商品房销售额699.46亿元，增长4.7%。商品房销售面积875.27万平方米，下降1.1%。商品房待售面积111.30万平方米，增长0.2%。

【交通、邮电和旅游】 2011年全市各种运输方式完成客运量35 078万人，比上年增长38.3%。其中公路运输34 789万人，增长38.7%；水路运输92万人，增长11.9%。完成旅客周转量108.28亿人公里，增长26.6%。其中公路运输103.99亿人公里，增长27.2%；水路运输1.11亿人公里，增长7.0%。

2011年各种运输方式完成货运量23 952万吨，比上年增长22.5%。其中公路运输19 699万吨，增长28.7%；水路运输3 797万吨，下降1.4%。完成货物周转量200.42亿吨公里，增长31.1%。其中公路运输151.33亿吨公里，增长36.8%；水路运输48.13亿吨公里，增长16.1%。

全年主要港口完成货物吞吐量5 423万吨，比上年增长0.2%。其中港口集装箱吞吐量3 024万吨，下降0.4%。

2011年末全市民用汽车保有量104.36万辆，比上年增长14.4%。其中私人汽车91.66万辆，增长15.8%。民用轿车保有量58.03万辆，增长17.4%。其中私人轿车54.67万辆，增长18.2%。

全年完成邮电业务总量128.98亿元（2010年不变价，下同），比上年增长13.4%。其中邮政业务总量6.75亿元，增长16.8%；电信业务总量122.23亿元，增长13.2%。年末本地电话用户283.57万户，增加17.54万户；移动电话用户1 188.70万户，增加112.70万户。互联网宽带用户167.90万户，增加37.36万户。

2011年接待旅游者人数3 293万人次，比上年增长16.9%。在旅游人数中，接待过夜旅游者980.65万人次，增长13.2%，其中外国人19.44万人次，增长14.5%；香港、澳门和台湾同胞105.69万人次，增长22.8%。全年旅游总收入296.45亿元，增长28.2%。

【国内贸易】 2011年全市完成社会消费品零售总额1 931.41亿元，比上年增长18.1%。分地域看，城市消费品零售额1 393.84亿元，增长18.4%；农村消费品零售额537.57亿元，增长17.1%。分行业看，批发和零售业零售额1 667.34亿元，增长18.2%；住宿和餐饮业零售额264.07亿元，增长16.9%。

在限额以上批发和零售业零售额中，粮油类零售额比上年增长27.1%，肉禽蛋类增长19.5%，汽车类增长31.8%，石油及制品类增长21.5%，家用电器和音像器材类增长15.6%，中西药品类增长23.2%，服装、鞋帽、针纺织品类增长36.6%，日用品类增长19.3%，通讯器材类下降22.4%，文化办公用品类增长58.8%，建筑及装潢材料类增长0.6%。

【对外经济】 2011年全市进出口总额达608.97亿美元，比上年增长17.9%。其中出口390.94亿美元，增长18.3%；进口218.04亿美元，增长17.1%。实现顺差172.90亿美元。

分贸易方式看，一般贸易出口总值227.42亿美元，比上年增长22.7%；加工贸易出口总值162.01

亿美元，增长13.2%。分出口企业性质看，外商投资企业出口218.11亿美元，增长15.6%；内资企业出口172.82亿美元，增长22.0%。分出口产品看，机电产品出口235.10亿美元，增长14.0%；高新技术产品出口46.41亿美元，增长9.1%。分出口市场看，对香港市场出口65.97亿美元，增长17.7%；对美国市场出口58.67亿美元，增长10.0%；对欧盟市场出口68.06亿美元，增长11.5%；对东盟市场出口37.02亿美元，增长28.2%。

2011年全年新签外商直接投资项目236个，合同外资金额32.57亿美元，分别比上年下降1.3%和增长48.7%；实际使用外商直接投资金额21.54亿美元，增长9.5%，其中制造业占70.5%，房地产业占23.6%，批发和零售业占1.9%。

【金融和保险】 2011年末全市中外资银行业金融机构本外币各项存款余额9 116.84亿元，比年初增长7.7%。其中城乡居民储蓄存款余额4 707.06亿元，比年初增长5.6%；企事业单位存款余额3 935.36亿元，比年初增长6.8%。本外币各项贷款余额5 615.15亿元，比年初增长15.3%。其中中长期贷款余额3 224.45亿元，比年初增长5.6%。

2011年保费收入146.32亿元。其中财产险保费收入52.11亿元，人身险保费收入94.21亿元。各项理赔和给付支出38.71亿元。

东莞市

【简述】 2011年，面对全球经济复苏步伐较慢、外需增长放缓、物价上涨和中小企业经营困难加大等严峻挑战，东莞市委、市政府及时采取有效措施，积极应对，通过深入推进经济社会双转型，切实抓好结构调整等工作，确保了东莞经济增长趋于平稳，全年完成地区生产总值4 735.39亿元，比上年增长8.0%。

【工业增速低位企稳】 2011年全市规模以上工业完成增加值1 797.30亿元，比上年增长7.5%。其中，轻工业增加值837.32亿元，占46.6%，增长3.1%；重工业增加值959.98亿元，占53.4%，增长8.0%。

【固定资产投资有所回升】 2011年东莞市完成固定资产投资总额1 079.77亿元，同比增长8.1%，增速比上半年提高1.5个百分点。其中，房地产开发投资373.76亿元，增长25.0%，增势强劲；全市商品房网上签约销售面积为512.20万平方米，同比增长16.6%；销售金额418.83亿元，增长25.4%。从登记注册类型看，民营经济投资460.07亿元，增长17.7%；港澳台经济投资140.12亿元，增长25.3%。从产业分布看，第二产业完成投资351.30亿元，同比增长1.9%，占固定资产投资的32.5%；第三产业完成投资727.87亿元，增长11.3%，占固定资产投资的67.4%。

【消费品零售保持平稳增长】 2011年社会消费品零售总额1 266.31亿元，比上年增长15.0%，扣除物价因素影响后，实际增长9.8%。其中批发零售业零售额1 150.61亿元，增长15.2%；住宿餐饮业零售额115.70亿元，增长13.5%。从限额以上商品零售的类别来看，服装鞋帽、针、纺织品类增长26.7%；日用品类增长12.3%；机电产品及设备类增长31.9%；汽车类增长20.3%；石油及制品类增长19.4%；食品、饮料、烟酒类增长17.8%。

【进出口增速放缓，实际利用外资持续增长】 2011年全市进出口总额1 352.24亿美元，同比增长11.2%，比前三季度回落1.3个百分点。其中出口总额783.29亿美元，增长12.5%；进口总额568.95亿美元，增长9.4%，比前三季度回落2个百分点。实际利用外资30.51亿美元，增长11.7%，比前三季度提高3.6个百分点。

【财税收入增速较快，金融运行稳健】 2011年来源于东莞的财政收入838.52亿元，比上年增长16.2%；市财政一般预算收入313.07亿元，增长18.3%。全年税收总额843.57亿元，增长17.9%。其中国税收入523.41亿元，增长19.1%；地税收入（含耕地占用税和契税）320.16亿元，增长16.0%。12月末全市各项人民币存款余额6 609.39亿元，比年初增加663.53亿元，增长11.2%；其中，城乡居民储蓄存款余额3 710.99亿元，增长9.3%。各项人民币贷款余额3716.08亿元，比年初增加386.26亿元，增长11.6%。

【内外引资水平稳步提升】 2011年全市新签外商直接投资项目1 324宗，合同外资金额35.08亿美元，增长35.1%。实际利用外资30.51亿美元，增长11.7%。其中电子及通信设备制造业实际利用外资6.57亿美元，增长8.0%；专用设备制造业实际利用外资1.99亿美元，增长27.8%。全市新签投资总额超1 000万美元项目68宗，增加22宗；新增世界500强企业投资项目5宗，世界500强企业增资4宗；新签第三产业项目合同外资5.25亿美元，占全市的15.0%，比上年提高1.1个百分点。外商进入商贸领域加快。全市新签批发和零售业项目102宗，合同吸收外资2.82亿美元，增长36.7%，占第三产业吸收外资的53.8%。

【居民收支水平有一定提高】 2011年东莞城市居民人均可支配收入39 513元，比上年增长10.7%，城市居民人均消费性支出27 495元，增长6.8%。

【物价涨幅趋稳】 2011年12月，居民消费价格总水平比上年同月上升4.6%，2011年居民消费价格总水平比上年上升4.9%。全年消费品价格指数同比上升5.7%。大类商品中，居住类上升4.3%，食品类上升11.1%，文教娱乐类上升0.3%，医疗保健类上升2.4%，交通和通信类上升0.1%，衣着类上升1.4%。商品零售价格总水平上升 4.7%。工业品出厂价格上升 2.9%。

中山市

【简述】 2011 年，中山市在市委、市政府的正确领导下，紧紧围绕“率先加快转型升级、建设幸福和美中山”核心任务，全面实施《珠江三角洲地区改革发展规划纲要（2008—2020 年）》和“十二五”规划，加快转变经济发展方式，经济增长平稳较快，社会发展稳定和谐，“十二五”时期开局良好。

据核算，2011 年中山市完成生产总值（GDP）2 190.82 亿元，按可比价格计算，比上年增长 13.0%。其中，第一产业增加值 58.38 亿元，增长 2.1%；第二产业增加值 1 223.25 亿元，增长 13.7%；第三产业增加值 909.19 亿元，增长 12.9%。三次产业结构调整为 2.7:55.8:41.5。民营经济增加值 1 010.13 亿元，增长 13.1%，占全社会 GDP 的比重达 46.1%。

2011 年居民消费价格总水平上涨 5.4%，其中，消费品价格上涨 6.5%，服务项目价格上涨 2.6%。八大类居民消费价格呈现“七升一平”态势，其中，食品、医疗保健和个人用品、家庭设备用品及维修服务、烟酒及用品、衣着、居住和娱乐教育文化用品及服务价格分别上涨 11.4%、4.2%、4.0%、3.9%、3.6%、3.3% 和 2.1%，交通和通信价格持平。工业品生产者出厂价格指数上涨 3.13%。其中轻工业价格上涨 2.96%，重工业价格上涨 3.28%。

2011 年末全市新增就业人员 5.14 万人，城镇登记失业人员 0.92 万人，城镇登记失业率为 2.2%。2011 年地方财政一般预算收入 183.22 亿元，增长 39.6%；其中税收收入 139.27 亿元，增长 16.4%。

【农业】 2011 年农业总产值 100.37 亿元，增长 2.5%。全年粮食作物播种 15 万公顷，增长 0.5%；经济作物种植 563.3 万公顷，增长 5.0%；蔬菜种植 23.9 万公顷，增长 3.4%；水果种植 6.76 万公顷，下降 3.5%。粮食总产量 7.67 万吨，增长 4.9%；蔬菜产量 51.22 万吨，增长 2.2%；水果产量 15.76 万吨，下降 10.9%。

2011 年全年出栏生猪 54.82 万头，下降 1.7%；出栏三鸟 1 050.00 万只，下降 2.6%；肉类总产量 5.06 万吨，下降 0.8%。全年水产品产量 34.60 万吨，增长 2.1%。其中海水产品 2.24 万吨，同比持平；淡水产品 32.35 万吨，增长 2.2%。

【工业和建筑业】 2011 年中山市完成工业总产值 6 314.66 亿元，增长 16.9%。其中 3 128 家规模以上工业企业完成总产值 5 772.38 亿元，增长 17.8%。其中，轻工业 3 099.82 亿元，增长 18.8%；重工业 2 672.56 亿元，增长 24.9%。其中装备制造业总产值 1 733.64 亿元，增长 17.5%。全社会工业增加值 1 164.62 亿元，增长 14.2%；工业经济对 GDP 增长的贡献率为 60.4%，拉动经济增长 7.9 个百分点。其中，规模以上高技术制造业增加值增长 16.9%；先进制造业增加值增长 12.9%；传统优势产业增加值增长 14.8%。

2011 年规模以上工业企业实现利税总额 335.61 亿元，增长 23.8%；盈亏相抵后实现利润总额 203.79 亿元，增长 20.0%。经济效益综合指数 187.88%。其中，总资产贡献率 13.29%，资本保值增值率 114.68%，流动资产周转率 3.07 次 / 年，成本费用利润率 4.05%，资产负债率 59.14%，产品销售率 95.29%，全员劳动生产率 12.75 万元 / 人。

全市建筑业实现增加值 58.62 亿元，增长 1.9%。全市建筑企业施工产值 147.11 亿元，增长 20.1%；房屋建筑施工面积 672.47 万平方米，增长 13.7%；房屋建筑竣工面积 218.34 万平方米，下降 15.4%。建筑企业按施工产值计算的全员劳动生产率 26.60 万元 / 人，增长 13.9%。

【固定资产投资】 2011 年中山市完成固定资产投资 766.79 亿元，增长 21.9%。其中房地产开发投资 310.20 亿元，增长 28.3%。从投资主体看，国有投资 98.94 亿元，下降 6.7%；集体投资 37.65 亿元，下降 4.0%；外商及港澳台投资 176.86 亿元，增长 33.3%；私人及其他投资 453.34 亿元，增长 29.2%。从产业投向看，第一产业投资 0.19 亿元，下降 24.5%；第二产业投资 264.22 亿元，增长 14.2%。其中工业投资 263.98 亿元，增长 14.7%；第三产业投资 502.39 亿元，增长 26.5%。

2011 年商品房施工面积达 2 952.43 万平方米，增长 27.0%；竣工面积 642.67 万平方米，增长 29.2%；销售面积 659.74 万平方米，下降 1.8%；销售额 390.12 亿元，增长 11.6%。年末商品房待售面积 311.96 万平方米，增长 18.8%。

2011 年全年新增固定资产 453.75 亿元，增长 12.2%；固定资产交付使用率、房屋竣工率和项目建成投产率分别为 59.2%、23.2% 和 57.1%。

【国内贸易】 2011 年中山市社会消费品零售总额 756.07 亿元，增长 16.9%。分地域看，城镇消费品零售额 689.80 亿元，乡镇消费品零售额 66.27 亿元，分别增长 17.0% 和 15.8%。分行业看，批发和零售业零售额 678.47 亿元，增长 16.7%；住宿和餐饮业零售额 77.61 亿元，增长 18.9%。

在限额以上贸易企业零售额中，全年汽车类零售额 90.98 亿元，增长 14.9%；石油及制品类零售额 77.65 亿元，增长 29.8%；食品饮料烟酒类零售额 26.66 亿元，增长 19.9%；家用电器和音像器材类零售额 19.78 亿元，增长 19.6%；服装鞋帽针纺织品类零售额 14.20 亿元，增长 16.4%；日用品类零售额 12.70 亿元，增长 28.1%。

【对外经济】 2011 年中山市进出口总值 341.98 亿美元，增长 9.9%。其中，出口 245.46 亿美元，增长 9.1%；进口 96.51 亿美元，增长 12.1%。进出口差额（出口减进口）148.95 亿美元，增长 7.2%。从贸易方式看，一般贸易出口 96.22 亿美元，增长 14.4%；加工贸易出口 147.24 亿美元，增长

4.9%，占全市出口的60.0%。从经营主体看，国有企业出口11.26亿美元，增长10.2%；集体企业出口23.68亿美元，下降11.0%；外商投资企业出口166.45亿美元，增长10.4%；私营（个体）企业出口44.08亿美元，增长17.7%。从出口商品看，机电产品出口170.01亿美元，增长10.3%；高新技术产品出口66.24亿美元，增长1.3%；服装及衣着附件出口21.73亿美元，增长2.5%。从出口市场看，对香港市场出口75.48亿美元，增长1.8%；对欧盟市场出口40.47亿美元，增长15.8%；对美国市场出口52.81亿美元，增长3.5%。

2011年新签利用外资项目264个，增长79.6%；合同利用外资10.78亿美元，增长40.1%；实际利用外资金额7.29亿美元，增长9.2%。制造业实际利用外资额5.07亿美元，占全市的69.5%；外资资金来源地主要是港澳、日本和英属维尔京群岛，全年实际投资6.12亿美元，占全市实际利用外资额的84.0%。

【交通、邮电与旅游】 2011年交通运输、仓储和邮政业增加值49.72亿元，增长34.8%。全市机动车拥有量75.61万辆，增长7.1%。其中，汽车拥有量42.64万辆，增长14.8%。其中个人汽车36.65万辆，增长16.8%。全年货物周转量94.28亿吨公里，增长45.5%；旅客周转量155.82亿人公里，增长75.1%；港口货物吞吐量5 479万吨，增长14.2%。

2011年邮电通信业务总量65.99亿元（2010年不变价），增长14.2%。年末全市移动电话用户504.53万户，增长10.9%；本地电话用户118.32万户，其中固定电话用户96.35万户，增长0.2%。全市国际互联网络用户79.51万户，增长19.6%。

2011年接待过夜海内外游客665.27万人次，增长13.2%。其中，国际游客60.82万人次，国内游客604.46万人次。旅游景点接待游客1 066.00万人次，增长4.7%；旅行社接待总人数293.92万人次，下降6.3%。组团国内游150.83万人次，增长6.2%；出境游20.73万人次，增长20.5%。全年旅游总收入151.41亿元，增长21.0%，其中旅游外汇收入2.5亿美元，下降10.4%。年末全市共有星级酒店36家，星级酒店客房数4 448间，客房开房率56.8%。

【金融、证券和保险】 2011年末全市金融机构本外币各项存款余额2 993.67亿元，比年初增长12.3%。在人民币存款中，企业单位存款和居民储蓄存款分别为842.54和1 585.74亿元，分别比年初增长8.0%和10.0%。全市金融机构本外币各项贷款余额1 626.77亿元，比年初增长18.4%。在人民币贷款中，短期贷款518.85亿元，比年初增长35.2%；中长期贷款988.26亿元，比年初增长12.2%。个人消费贷款余额506.33亿元，比年初增长12.8%。其中住房贷款463.76亿元，比年初增长12.1%。

2011年末全市共有证券营业部18家，新增1家；期货营业部5家，新增1家；境内外上市公司15家。全年证券交易额3 511.82亿元，下降1.88%。其中，股票基金成交额2 727.04亿元，下降21.6%；期货成交额3 770.50亿元，增长28.2%。年末证券市场投资额265.05亿元，增长9.6%。

2011年末全市各类保险公司40家，增加3家。保险机构全年保费收入71.27亿元，下降2.9%。其中，财产险公司保费收入19.74亿元，增长17.2%；人身险公司保费收入51.53亿元，下降8.9%。保险机构各类赔款和给付14.52亿元，增长19.1%。其中，财产险赔款支出8.94亿元，寿险赔款和给付5.58亿元，分别增长24.9%和10.8%。

惠州市

【简述】 2011年，在市委、市政府的正确领导下，惠州市深入贯彻落实科学发展观，全面实施《珠江三角洲地区改革发展规划纲要（2008—2020年）》，加快转变经济发展方式，全力推进经济结构调整，推动产业优化升级，克服了欧债危机、物价上涨等多方面不利因素影响，全市经济呈现又好又快发展的良好态势。2011年，惠州市经济呈现“前低后高、稳步上行”的良好态势，四个季度GDP累计增幅分别为：11.6%、12%、14%和14.6%。总体经济呈现“三个突破、

2011年，惠州市完成地区生产总值2 097.3亿元，增长14.6%，高于全省平均水平4.6个百分点，增幅居全省第2位，珠三角第2位。

两个好于预期、两个优化、两个提高”等特点。

【地区生产总值】 2011年，惠州市完成地区生产总值2 097.3亿元，增长14.6%，高于全省平均水平4.6个百分点，增幅居全省第2位，珠三角第2位。

【地方财政一般预算收入】 2011年，惠州市地方财政一般预算收入达162.8亿元，增长31.3%，增幅比2010年上升2.1个百分点，高于全省平均水平9.2个百分点，增幅居全省第4位，珠三角第2位。

【地税收入】 2011年惠州市地税收入136.4亿元，增长31.1%，增幅比2010年上升4.2个百分点，高于全省平均水平8.6个百分点，增幅居全省第3位，珠三角第2位。

【国税收入】 2011年惠州市国税收入437.9亿元，增长20.7%，增幅比2010年回落15.5个百分点，高于全省平均水平6.2个百分点，增幅居全省第5位，珠三角第2位。

【规模以上工业增加值】 2011年惠州市规模以上工业增加值1 012.7亿元，增长20.2%，增幅比2010年回落7.2个百分点，高于全省平均水平7.6个百分点，增幅居全省第9位，珠三角第2位。

【固定资产投资】 2011年全市完成固定资产投资1 025.2亿元，比上一年增长21.5%，增幅比2010年上升3.7个百分点，高于全省平均水平3.9个百分点，增幅居全省第12位，珠三角第4位。

【工业投资】 2011年全市完成工业投资316.3亿元，增长6.9%，增幅比2010年回落7.5个百分点，低于全省平均水平11.1个百分点，增幅居全省第17位，珠三角第6位。

【房地产开发投资】 2011年全市完成房地产开发投资377.5亿元，增长40.9%，增幅比2010年回落11.9个百分点，高于全省平均水平7个百分点，增幅居全省第11位，珠三角第3位。

【社会消费品零售总额】 2011年全市完成社会消费品零售总额684.7亿元，增长18.2%，增幅比2010年回落0.8个百分点，高于全省平均水平1.9个百分点，增幅居全省第6位，珠三角第2位。

【外贸出口】 2011年全市完成外贸出口231.2亿美元，增长14.3%，增幅比2010年回落3.7个百分点，低于全省平均水平3.1个百分点，增幅居全省第15位，珠三角第7位。

【实际吸收外商直接投资】 2011年，惠州市实际吸收外商直接投资（1—11月）14.9亿美元，增长5.8%，增幅与2010年持平，低于全省平均水平0.3个百分点，增幅居全省第13位，珠三角第6位。

【商品房销售面积】 2011年全市商品房销售面积达798.2万平方米，增长27.2%，增幅比2010年上升11.8个百分点，高于全省平均水平21.2个百分点，增幅居全省第5位，珠三角首位。

【商品房销售金额】 2011年全市完成商品房销售金额441.8亿元，增长42%，增幅比2010年上升7.9个百分点，高于全省平均水平29.2个百分点，增幅居全省第7位，珠三角首位。

【金融机构本外币贷款余额】 2011年，惠州市金融机构本外币贷款余额1 439.1亿元，比年初增长17.4%，增幅比2010年上升9.5个百分点，高于全省平均水平3个百分点，增幅居全省第11位，珠三角第3位。

【金融机构本外币存款余额】 2011年，惠州市金融机构本外币存款余额2 401亿元，比年初增长14.8%，增幅比2010年回落2.6个百分点，高于全省平均水平2.9个百分点，增幅居全省第4位，珠三角首位。

【城市居民人均可支配收入】 2011年，惠州市城市居民人均可支配收入达26 609元，比上一年增长12.9%，增幅比2010年上升2.2个百分点；剔除物价因素，实际增长7.6%。

【居民消费价格指数（CPI）】

2011年，惠州市居民消费价格指数（CPI）上涨4.9%，涨幅比2010年上升1.7个百分点，低于全省平均水平0.4个百分点，上涨幅度居全省第8位，珠三角第4位；当月同比上涨3.2%。

【工业生产者出厂价格指数（PPI）】

2011年，惠州市工业生产者出厂价格指数（PPI）上涨4%，涨幅与2010年持平，高于全省平均水平0.3个百分点；当月同比上涨1.8%。

【经济总量、工业、投资规模实现新突破】 2011年惠州市GDP突破2 000亿元。2011年全市实现GDP2 097.3亿元，增长14.6%，增幅居全省第2位，珠三角第2位。经济总量规模在2007年越过1 000亿大关后，仅用4年时间实现1 000亿到2 000亿的跨越。其中，第一产业增加值117.7亿元，增长5.0%；第二产业增加值1 245.4亿元，增长17.2%；第三产业增加值734.2亿元，增长11.8%。三次产业结构由2010年的5.9:59:35.1调整为5.6:59.4:35。

2011年惠州市工业增加值突破1 000亿元。全年规模以上工业增加值1 012.7亿元，增长20.2%，总量首次突破1 000亿元大关。电子信息行业升级步伐加快，全年电子行业增加值319亿元，增长21.3%。全市克服中海炼油、中海壳牌机器故障检修和石化原料价格指数上涨的影响，整体石化行业保持平稳增长，全年石化行业实现增加值290.5亿元，增长10.3%。两大工业支柱行业增加值各占规模以上工业增加值的30%左右，呈现电子、石化行业“双引擎”驱动的良好发展态势，引领工业实现较快增长。

2011年惠州市固定资产投资突破1 000亿元。全年固定资产投资额1 025.2亿元，增长21.5%，投资规模继续扩大，创下历史新高，经济发展后劲不断增强。惠州积极调整投资产业结构，第一产业投资自一季度以来一直保持成倍增长的态势，年底实现192.4%的增速。工业投资增长6.9%，从三季度开始成功扭转了负增长的局面，其中电子信息业投资增长31.8%，占工业投资的比重为24.5%。第三产业投资增长29.1%，增幅同比上升8.3个百分点，占固定资产投资的比重为68.9%，比2010年提高3.1个百分点，其中房地产开发投资377.5亿元，增长40.9%，拉动第三产业增长20.1个百分点，成为拉动第三产业投资增长的主要因素。

【房地产销售市场、金融形势好于预期】 房地产市场好于预期。全市商品房销售面积798.2万平方米，总量接近800万平方米，仅次于广州、佛山，居全省第3位；增长27.2%，增幅比2010年上升11.8个百分点，高于全省平均水平21.2个百分点，居全省第5位、珠三角首位。全年月平均销售面积66.5万平方米，比2010年增加14.2万平方米，在全国大部分地区房地产销售市场偏软的情况下，惠州房地产呈现“逆势上扬”的良好态势，销售市场明显好于预期。

金融市场比预期活跃。2011年惠州市成功引进招商银行、恒生银行，组建东盈村镇银行，现共有银行业金融机构17家（含3家外资银行），金融业不断发展壮大，金融服务水平不断提高，在世界经济复苏不理想、中国经济增长下行压力和物价上涨压力并存的国内外大环境下，惠州金融依然保持了良好的发展势头。12月末惠州市金融机构本外币贷款余额1 439.1亿元，比年初增长17.4%，增幅高于全省平均水平3个百分点，居珠三角第3位；本外币存款余额2 401亿元，比年初增长14.8%，增幅高于全省平均水平2.9个百分点，居全省第4位、珠三角首位。在全国金融银根偏紧的情况下，我市金融存贷款增幅居珠三角前列，形势好于预期。

【经济结构、运行质量优化】 经济结构优化。南宁、重庆、郑州等3场“广东惠州产品展销会”再次掀起“惠货全国行”的浪潮，扩内销措施成效明显，内销产品产值增长28.3%，增幅高于出口交货值增幅11.6个百分点；内外销结构为61.7:38.3，内销比重比2010年上升2个百分点。积极引进“隔墙供应”项目和石化中下游项目、精细化工项目，延伸石化产业链，规模以上轻重工业结构由2010年底的25.9:74.1调整为2011年底的23.4:76.6，重工业的比重再次提高2.5个百分点，产业结构适度重型化取得显着成效。落实扶持民营经济发展各项政策措施，完善民营企业融资服务体系，民营工业呈现快速增长的良好态势，全市规模以上民营工业增加值增长29.7%，拉动全市规模以上工业增长3.1个百分点；增幅高于外商投资企业10个百分点；占规模以上工业增加值比重为11.8%，比2010年提高0.4个百分点；规模以上民营企业中超过亿元产值的有111家，比2010年增加了35家。

经济运行质量优化。经济平稳较快增长使地方财政实力增强，全年地方财政一般预算收入162.8亿元，占GDP比重为7.8%，比2010年上升0.2个百分点；增长31.3%，增幅高于全省平均水平9.2个百分点，增幅居全省第4位、珠三角第2位。全年国税收入437.9亿元，总量突破400亿元；增长20.7%，增幅高于全省平均水平6.2个百分点。全年地税收入136.4亿元，四个季度累计增幅分别为：35.5%、32.6%、38.2%、31.1%，保持在30%以上的良好增长态势。工业企业经济效益向好，2011年1—11月，全市1 332家规模以上工业企业实现利润总额165.6亿元，增长21.3%，高于全省平均水平17.2个百分点；实现税金210.6亿元，增长24.2%，高于全省平均水平4.4个百分点；工业经济综合效益指数206.8%，同比提高20.1个百分点。

【居民收入、消费规模提高】 居民收入稳步提高。2011年，惠州市进一步加大民生财政投入，扎实推进就业和再就业、扶贫开发、福利惠民工作。城镇登记失业率控制在2.7%以内，2 742户省级贫困全部实现脱贫，人均年收入低于2 550元的困难家庭全部纳入低保范围，用工环境进一步改善，城乡居民收入稳步提高。12月末，全市城乡居民储蓄存款余额1 174.3亿元，比年初增长13.8%；其中，城镇居民存款余额908.8亿元，比年初增长12.2%；农村居民存款余额265.5亿元，增长19.7%。全年城市居民人均可支配收入26 609元，增长12.9%。

消费规模不断提高。惠州市继续落实家电下乡、以旧换新等政策措施，积极推进“万村千乡”市场工程，不断拓展文化娱乐、体育健身等消费热点，居民自主消费动力较强，全年社会消费品零售总额增速基本在16%以上。2011年社会消费品零售总额684.7亿元，增长18.2%，对经济增长的拉动作用增强。其中，批发和零售业619.4亿元，增长18.3%；住宿和餐饮业65.3亿元，增长17.1%。消费刺激政策效果显着，热点消费快速增长，其中限额以上零售企业实现汽车类商品零售额增长27.7%，综合类增长25.7%，机动车燃料类增长20.4%，家用电器类增长8.9%。

肇庆市

【简述】 2011年肇庆市实现地区生产总值GDP1 323.30亿元，同比增长14.7%。其中，第一产业实现增加值222.83亿元，增长6.0%，对GDP增长的贡献率为7.1%；第二产业实现增加值595.35亿元，增长23.1%，对GDP增长的贡献率为65.9%；第三产业实现增加值505.13亿元，增长9.8%，对GDP增长的贡献率为27.0%。三次产业结构由2010年的17.5:42.1:40.4调整为16.8:45.0:38.2。按常住人口计算，

2011年人均地区生产总值33 614元，增长13.1%。

【农业】 2011年肇庆市粮食作物播种面积20.23万公顷，与去年同期基本持平；糖蔗种植面积753.87公顷，增长3.9%；油料种植面积2.51万公顷，增长0.3%；蔬菜种植面积6.98万公顷，增长1.9%。

全年粮食产量113.91万吨，增长3.1%；糖蔗产量5.34万吨，增长4.6%；油料产量7.03万吨，增长0.5%；蔬菜产量203.61万吨，增长8.8%；水果产量111.65万吨，增长7.5%；茶叶产量0.53万吨，下降1.1%。

全年肉类总产量42.48万吨，下降1.3%。其中，猪肉产量29.82万吨，下降1.3%；禽肉产量11.38万吨，下降1.8%。全年水产品产量34.54万吨，增长5.0%。

【工业和建筑业】 2011年肇庆市完成规模以上工业企业完成总产值2 459.99亿元、增加值574.40亿元，增长均为27.9%。规模以上工业增加值中，分经济类型看，国有及国有控股企业增长6.8%，民营企业增长38.6%，外商及港澳台投资企业增长21.6%，股份制企业增长35.8%，集体企业增长48.7%，股份合作制企业增长9.4%；分轻重工业看，轻工业增长29.2%，重工业增长27.3%；分地区看，中心区增长27.0%，山区县增长32.2%。

2011年九大支柱产业增加值比上年增29%。其中，电子信息、电气机械及专用设备、石油及化学三大新兴支柱产业增长30.3%，纺织服装、食品饮料、建筑材料三大传统支柱产业增长28.8%，森工造纸、医药、汽车及摩托车三大潜力产业增长26.7%。

2011年高技术制造业增加值增长25.5%。其中，医药制造业增长58.1%，电子及通信设备制造业增长16.4%，电子计算机及办公设备制造业增长26.3%，医疗设备及仪器仪表制造业增长32.4%。

先进制造业中，装备制造业增加值增长27.9%，钢铁冶炼及加工业增长35.6%，石油及化学行业增26.9%。

2011年传统优势产业增加值增长29.8%。其中，纺织服装业增长19.1%，食品饮料业增长14.4%，家具制造业增长30%，建筑材料增长36.4%，金属制品业增31.3%，家用电力器具制造业增长35.4%。

2011年工业经济效益综合指数258.9%。资产贡献率17.1%，资本保值增值率136.6%，资产负债率50.6%，流动资产周转率4.9%，成本费用利润率4.4%，全员劳动生产19.5万元/人年，产品销售率98.6%。实现利润总额94.12亿元，增长25.7%。亏损企业亏损总额3.38亿元，增长17.0%。

2011年资质等级以上建筑企业122个，增长3.4%；实现增加值51.87亿元，增长15.8%；实现利润总额2.06亿元，下降0.5%；利税总额3.76亿元，下降15.9%。

【固定资产投资】 2011年全年固定资产投资709.79亿元，比上年增长23.2%。分城乡看，城镇投资454.67亿元，增长14.4%；农村投资255.11亿元，增长42.7%。分投资主体看，国有经济投资125.77亿元，下降6.8%；民间投资511.5亿元，增长36.7%；港澳台、外商经济投资41.2亿元，下降13.4%。分三次产业看，第一产业投资54.07亿元，增长54.3%；第二产业投资316.89亿元，增长24.6%，其中工业投资315.76亿元，增长24.1%；第三产业投资338.83亿元，增长18.2%。

2011年全年房地产开发投资142.87亿元，比上年增长56.8%。按地区分，中心区119.92亿元，增长50.4%；山区县22.95亿元，增长101.0%。按用途分，商品住宅开发投资108.80亿元，增长62.6%；办公楼和商业营业用房投资0.72亿元和13.89亿元，分别增长104.1%和46.7%。城镇保障性住房投资3.28亿元，增长467.5%。

【国内贸易】 2011年肇庆完成社会消费品零售总额389.71亿元，比上年增长19.3%，扣除价格因素，实际增长13.1%。分地域看，城镇消费品零售额256.99亿元，增长19.5%；农村消费品零售额132.73亿元，增长19.0%。分行业看，批发和零售业零售额344.44亿元，增长19.6%；住宿和餐饮业零售额45.27亿元，增长17.2%。

在限额以上批发和零售业商品零售额中，食品、饮料、烟酒类增长67.8%，服装、鞋帽针纺织品类增长36.4%，金银珠宝类增长33.2%，文化办公用品类增长23.5%，家具类增长91.5%，家用电器和音像器材类增长41.6%，中西药品类下降0.5%，通讯器材类增长49.8%，石油及制品类增长33.8%，建筑及装潢材料类增长67.4%，汽车类增长22.3%。

【对外经济】 2011年肇庆市进出口总额达57.12亿美元，比上年增长30.1%。其中，出口33.08亿美元，增长27.4%；进口24.04亿美元，增长34.0%。进出口差额（出口减进口）9.04亿美元，比上年增加1.02亿美元。

全年新签外商直接投资项目117个，合同外资金额23.21亿美元，分别比上年增长4.5%和42.6%。实际利用外商直接投资金额10.29亿美元，增长10.2%。

【交通、邮电和旅游】 2011年肇庆市货物运输总量3 342万吨，增长16.5%，其中，公路2 518万吨，增长16.7%；水路824万吨，增长15.8%。货物运输周转量45.36亿吨公里，增长17.6%；其中，公路31.02亿吨公里，增长18.6%；水路14.34亿吨公里，增长15.7%。全市旅客运输总量7 320万人，增长14.6%；旅客运输周转量39.52亿人公里，增长19.0%。港口完成货物吞吐量2 431万吨，比上年增长52.2%。港口集装箱吞吐量60.47万标准箱，增长35.7%。

2011年年末公路通车里程11 457公里，其中高速公路里程190公里。

2011年年末全市民用汽车保有量17.35万辆，其中私人汽车14.44万辆，分别比上年末增长17.7%和20.0%。

2011年完成邮电业务总量32.26亿元（2010年不变价，下同），增长16.7%。其中，邮政业务总量1.38亿元，增长11.5%；电信业务总量30.87亿元，增长16.9%。

2011年口岸入境旅游人数160.26万人次，比上年增长14.9%。其中，外国人12.87万人次，增长22.6%；香港、澳门和台湾同胞147.40万人次，增长14.3%。在城市接待旅游者中，过夜旅游者1 263.95万人次，增长19.7%。过夜旅游者中，国内游客达1 103.69万人次，增长20.5%。全市旅游总收入142.32亿元，增长38.5%。

【金融】 2011年，全市金融机构本外币各项存款余额1 210.67亿元，同比增长12.9%；各项贷款余额766.51亿元，同比增长17.6%。金融系统人民币存款余额1 197.13亿元，同比增长13.2%；其中城乡居民储蓄存款余额754.60亿元，同比增长14.7%。金融系统人民币贷款余额754.35亿元，同比增长17.5%；其中，短期贷款99.49亿元，增长27.3%，中长期贷款630.46亿元，增长12.1%。

2011年全市证券市场共有上市公司5家，市场总值109.07亿元。上市公司通过证券市场筹集资金13.90亿元，增长63.5%。

全市证券营业部8家，证券账户42.18万，股票交易额1 100.36亿元，下降19.5%。期货营业部2家，全年代理交易量75.50万手，代理交易额3 341.72亿元，分别增长28.2%和162.7%；营业收入1 587.79万元，增长76.2%；利润总额756.22万元，增长54.4%。

2011年肇庆实现保费收入20.78亿元，增长3.5%。其中，寿险业务保费收入12.92亿元，同比下降5.0%；财产险业务保费收入7.86亿元，增长21.3%；健康险和意外伤害险业务保费收入0.75亿元，下降3.6%。全年共支付各项赔款和给付6.59亿元，增长27.3%。其中，寿险业务赔付支出3.48亿元，增长24.3%；财产险业务赔款支出3.11亿元，增长35.2%。

江门市

【简述】 2011年，江门市全面实施《珠三角规划纲要》，加快转变经济发展方式，稳步推进幸福侨乡建设，成功创建“全国文明城市”，全市社会经济取得较快发展。

据核算，2011年全市实现地区生产总值（GDP）1 830.64亿元，比上年增长13.0%。其中，第一产业增加值增长4.0%，第二产业增加值增长17.2%，第三产业增加值增长8.5%。在第三产业增加值中，批发和零售业增长11.7%，住宿和餐饮业增长10.2%，金融业增长1.9%，房地产业增长2.7%，其他服务业增长9.3%。人均GDP4.1万元，增长11.7%。

2011年江门市地方财政一般预算收入119.17亿元，比上年增长20.5%；地方财政一般预算支出165.08亿元，增长24.1%。

2011年江门市税收收入276.33亿元，比上年增长18.0%，其中，国税收入176.75亿元，增长15.2%；地税收入99.58亿元，增长23.5%。

【农业】 2011年江门农业增加值137.69亿元，比上年增长4.0%。全年粮食作物种植面积19.31万公顷，下降0.03%，粮食产量91.78万吨，增长5.3%；肉类产量28.46万吨，下降0.31%，其中猪肉产量18.42万吨，增长0.06%；禽肉产量9.78万吨，下降0.84%。

【工业和建筑业】 2011年规模以上工业企业实现增加值1 130.48亿元，比上年增长19.1%，其中，轻工业增加值581.32亿元，增长17.7%；重工业增加值549.16亿元，增长20.7%。分经济类型看，国有及国有控股企业增长14.8%，集体企业增长25.7%，股份合作企业增长12.0%，股份制企业增长20.6%，外商及港澳台投资企业增长18.1%，民营企业增长21.2%。

分行业看，食品制造业增长26.9%，纺织业增长14.5%，服装鞋帽制造业增长20.2%，皮革毛皮羽毛（绒）及其制品业增长26.5%，家具制造业增长21.5%，造纸及纸制品业增长15.4%，印刷业和记录媒介的复制增长9.7%，化学原料及化学制品制造业增长16.7%，塑料制品业增长23.9%，非金属矿物制品业增长29.4%，金属制品业增长23.3%，通用设备制造业增长32.2%，交通运输设备制造业增长13.6%，电气机械及器材制造业增长14.8%，通信设备、计算机及其他电子设备制造业增长22%，仪器仪表及文化办公用机械制造业下降3.8%。

高技术制造业增加值增长22.5%，其中医药制造业增长10%，电子及通信设备制造业增长20.9%，电子计算机及办公设备制造业增长32.7%，医疗设备及仪器仪表制造业增长21.6%。

装备制造业增加值增长23.7%，其中汽车制造业增长57.2%，船舶制造业增长37.4%。

2011年工业经济效益综合指数227.39%。资产贡献率12.25%，资产负债率45.72%，成本费用利润率3.94%，全员劳动生产率166 181元/人，产品销售率95.41%。产品销售收入4 536.19亿元，增长28.2%；利润总额163.20亿元，增长12.5%。亏损企业223家；亏损企业亏损总额10.18亿元，增长100.7%。

全年资质等级以上建筑企业165个；建筑业增加值44.05亿元，增长13.2%。

【固定资产投资】 2011年江门市完成固定资产投资741.94亿元，比上年增长21.1%。分经济类型看，国有经济投资199.33亿元，下降13.9%；三资经济投资140.95亿元，增长20.1%；民营经济投资353.39亿元，增长55.1%。分产业看，第一产业投资4.61亿元，增长40.7%；第二产业投资456.04亿元，增长19.5%，其中工业投资增长19.4%；第三产业投资281.29亿元，增长23.4%。

全市房地产开发投资147亿元，比上年增长31.7%。商品房施工面积1 418.7万平方米，增长8.6%；竣工面积315.06万平方米，增长6.3%。商品房销售面积321.3万平方米，下降15.9%。

【国内贸易】 2011年江门市社会消费品零售总额759.15亿元，比上年增长16.7%。分行业看，批发零售业零售额666.04亿元，增长16.9%；住宿和餐饮业零售额93.11亿元，增长15.1%。分地域看，城镇消费品零售总额507.15亿元，增长17.7%；农村消费品零售总额252亿元，增长14.6%。

限额以上批发和零售业零售额中，电子出版物及音像制品类增长50.5%，化工材料及制品类增长34.2%，日用品类增长12.1%，化妆品类增长3.4%，石油及制品类增长39.1%，金银珠宝类增长28.1%，家用电器和音像器材类增长32.2%，家具类增长12.2%，中西药品类增长8.5%，汽车类增长20.3%。

【对外经济】 2011年江门市进出口总额达176.96亿美元，比上年增长23.4%，其中，进口总额54.42亿美元，增长38.7%；出口总额122.53亿美元，增长17.7%。分贸易方式看，一般贸易出口69.70亿美元，增长16.4%；加工贸易出口52.29亿美元，增长19.2%。分企业性质看，国有企业出口1.53亿美元，下降6.6%；三资企业出口78.54亿美元，增长19.5%；私营企业出口40.84亿美元，增长19.4%。

全年合同利用外商直接投资13.52亿美元，增长64.9%。实际利用外商直接投资7.89亿美元，下降28.8%，其中，制造业下降5.7%，电力、燃气及水的生产和供应业下降59.6%，房地产业下降45.5%。

【交通、邮电和旅游】 2011年江门市水陆货运量8 180万吨，比上年增长9.7%；货运周转量107.19亿吨公里，下降4.8%。水陆客运量19 052万人，增长5.3%；客运周转量60.55亿人公里，增长2.6%。港口货物吞吐量5 914万吨，增长19.1%。

年末公路通车里程10 006公里，比上年末增加34公里。其中高速公路378公里，一级公路741公里。

年末民用汽车保有量31.97万辆，比上年末增长14.7%，其中私人汽车26.33万辆，增长17.1%。民用轿车保有量16.42万辆，增长18.5%，其中私人轿车15.05万辆，增长19.6%。

2011江门市年邮电通信业务总量49.40亿元（2010年不变价，下同），比上年增长12%。其中，邮政业务总量2.61亿元，增长14%；通信业务总量46.79亿元，增长11.9%。年末固定电话用户112万户，移动电话用户390.23万户，互联网用户103万户。

2011年江门市旅游住宿设施接待游客1 161.74万人次，比上年增长17.2%，其中，国际游客148.64万人次，增长24.9%；国内游客1 013.11万人次，增长16.2%。全年旅游宾馆客房出租率62.6%。旅行社组织国内游85.28万人次，增长5.2%；组织国外游14.9万人次，增长26.3%。旅游总收入154.42亿元，增长28.6%，其中，国际旅游收入6.02亿美元，增长20.7%；国内旅游收入115.33亿元，增长31.5%。

【金融和保险】 2011年江门市金融机构人民币存款余额2 490.92亿元，比上年末增长12.5%，其中，城乡居民储蓄存款余额1 645.28亿元，增长12.6%；企业存款余额765.60亿元，增长8.8%；财政性存款余额51.91亿元，增长17.2%。金融机构人民币贷款余额1 133.69亿元，增长16.4%，其中，短期贷款余额404.46亿元，增长31.5%；中长期贷款余额694.92亿元，增长11.5%。

年末各类保险公司35家，保险中介机构13家。全年保费收入60.35亿元，比上年下降7.7%，其中，寿险业务保费收入45.8亿元，下降12.8%；财产险业务保费收入14.55亿元，增长13.5%。共支付各项赔款和给付14.93亿元，增长17.6%，其中，寿险业务给付7.61亿元，增长8.3%；财产险业务赔款7.32亿元，增长29.1%。

茂名市

【简述】 2011年，在市委、市政府的正确领导下，茂名市深入贯彻落实科学发展观，紧紧围绕“兴现代产业、造滨海新城、建幸福茂名”的发展思路，积极应对复杂多变的经济形势，全市经济保持平稳发展，民生得到进一步改善，实现了“十二五”时期良好开局。

2011年茂名市实现地区生产总值（GDP）1 780.31亿元，比上年增长10.8%。其中，第一产业增加值324.21亿元，增长5.1%，对GDP增长的贡献率为8.7%；第二产业增加值731.66亿元，增长13.4%，对GDP增长的贡献率为49.2%；第三产业增加值724.44亿元，增长10.8%，对GDP增长的贡献率为42.1%。三次产业结构为18.2:41.1:40.7。

全年居民消费价格总水平上涨5.0%。其中，食品类上涨11.8%，烟酒及用品类上涨1.7%，衣着类下降2.0%，家庭设备用品及维修服务类上涨0.9%，医疗保健和个人用品类上涨2.9%，交通和通信类上涨0.7%，娱乐教育文化用品及服务类下降0.1%，居住类上涨3.1%。

【农业】 2011年茂名市粮食作物播种面积达25.36万公顷，总产量148.87万吨，增长2.7%。水果面积23.49万公顷，总产量249.20万吨，增长5.8%。其中，荔枝面积9.42万公顷，总产量44.41万吨，增长6.0%；龙眼面积5.21万公顷，总产量28.45万吨，增长11.3%。

全市肉类总产量65.97万吨，增长3.1%；出栏肉猪587.70万头，增长3.3%。水产品总产量83.44万吨，增长5.3%。其中，海产品产量58.52万吨，增长3.3%；淡水产品产量24.93万吨，增长10.3%。

年末全市林业用地总面积58.86

万公顷。其中，更新造林0.5万公顷，成林抚育面积0.8万公顷。林地绿化率94.2%，森林覆盖率57.3%。年末实有速生丰产林面积4.9万公顷，木材产量26万立方米。

年末农业机械总动力162.51万千瓦，增长2.0%。化肥施用量（实物）87.38万吨，增长2.0%。农村用电量8.12亿千瓦时，增长6.6%。农田有效灌溉面积10.91万公顷，增长2.0%。

【工业和建筑业】 2011年茂名市工业完成增加值680.80亿元，增长13.1%，其中规模以上工业增加值427.67亿元，增长15.5%。全年工业经济效益综合指数500.4%，资产贡献率40.4%，资产保值增值率102.4%，资产负债率54.5%，流动资产周转次数7.6次，成本费用利润率3.7%，全员劳动生产率49.1万元/人年，产品销售率98.4%。实现主营业务收入1 655.2亿元，增长28.5%；利润总额55.51亿元，下降23.6%；税金总额137.95亿元，增长6.3%；亏损企业亏损总额1.95亿元，下降26.1%。

全年资质以上建筑企业完成施工产值178.89亿元，比上年增长34.3%；竣工产值122.09亿元，比上年增长30.4%。

【固定资产投资】 2011年茂名市完成固定资产投资217.28亿元，比上年增长43.8%。分隶属关系看，中央省属投资44.70亿元，增长30.6%；地方投资172.59亿元，增长47.6%。分产业看，第一产业投资5.89亿元，增长148.7%；第二产业投资85.89亿元，增长54.0%；第三产业投资125.50亿元，增长35.0%。全年房地产开发投资54.21亿元，增长45.6%。商品房施工面积818.76万平方米，增长22.7%；竣工面积232.17万平方米，增长50.2%。

【国内贸易】 2011年茂名市社会消费品零售总额842.86亿元，增长19.8%。分地域看，城镇消费品零售额494.52亿元，增长22.5%；农村消费品零售额348.33亿元，增长16.1%。分行业看，批发零售贸易业零售额762.64亿元，增长19.9%；住宿和餐饮业零售额80.22亿元，增长18.5%。

【对外经济】 2011年茂名市进出口总额达92 300万美元，增长15.3%。其中，出口总额59 882万美元，增长7.1%；进口总额32 418万美元，增长34.2%。

按贸易性质分，一般贸易出口总额55 465万美元，增长10.8%；加工贸易出口总额4 285万美元，增长12.7%；其他贸易出口总额132万美元，下降93.4%。

全年批准外商直接投资合同50宗，比上年增长108.3%；合同外资金额12 098万美元，增长62.7%。实际利用外资金额3 533万美元，增长13.9%。

【交通、邮电和旅游】 2011年茂名市全社会客运量达7 565万人，增长8.7%；旅客周转量74.54亿人公里，增长14.2%。其中，铁路3.95亿人公里，增长4.5%；公路70.48亿人公里，增长14.8%。全年货运量8 868万吨，增长11.8%；货物周转量147.64亿吨公里，增长21.7%。其中，铁路13.16亿吨公里，增长3.0%；公路83.79亿吨公里，增长21.4%；水路34.55亿吨公里，增长47.7%。管道运输16.13亿吨公里，增长0.1%；港口货物吞吐量2 308万吨，增长1.1%。

年末全市民用车辆拥有量130.18万辆，增长4.2%。其中私人汽车16.27万辆，增长20.6%。

全年完成邮电业务总量41.13亿元，按2010年不变价计算，增长17.3%。年末全市电话交换机总容量95.6万门，下降4.0%；全市城乡固定电话年末总数89.5万户，下降12.8%；移动电话年末户数246.3万户（有效用户），增长12.2%。

全年城市住宿设施接待过夜游客362.6万人次，增长18.3%。其中国际游客2.3万人次，增长29%；国内游客360.3万人次，增长18.2%。旅行社组团国内游31.9万人次，出境游0.69万人次。全年旅游业总收入84.4亿元，增长17.5%。其中旅游外汇收入1 263.98万美元，增长5.5%。星级宾馆开房率72.31%。

【财政、金融和保险业】 2011年茂名市财政一般预算收入达66.12亿元，增长31.2%。财政一般预算支出154.29亿元，增长26.0%。

年末全市金融机构人民币存款余额1 184.84亿元，增长15.6%。其中，城乡居民储蓄存款余额851.75亿元，增长13.5%；单位存款余额278.55亿元。年末金融机构人民币贷款余额443.71亿元，增长22.8%。其中，短期贷款127.60亿元，增长36.7%；中长期贷款313.81亿元，增长18.5%。

全市保险公司保费收入32.59亿元，增长10.5%。其中，寿险保费收入25.59亿元，增长7.5%；产险保费收入7.0亿元，增长23.4%。支付各类赔付6.46亿元，增长23.0%。其中，寿险赔付，3.05亿元，增长23.0%；产险赔付3.41亿元，增长23.0%。

湛江市

【简述】 2011年湛江市实现生产总值（GDP）1 708.22亿元，按可比价格计算，比上年增长13.0%。其中，第一产业增加值338.09亿元，增长6.2%，对GDP增长贡献率为9.9%；第二产业增加值733.59亿元，增长14.2%，对GDP增长贡献率为45.0%；第三产业增加值636.54亿元，增长15.2%，对GDP增长贡献率为45.1%。三次产业结构由上年的20.6:41.1:38.3调整为19.8:42.9:37.3。在现代产业中，先进制造业实现增加值321.07亿元，增长11.1%；高技术制造业实现增加值7.02亿元，增长32.3%；优势传统工业实现增加值191.96亿元，增长20.5%。在第三产业中，交通运输、仓储和邮政业增长20.8%，批发和零售业增长17.3%，住宿和餐饮业增长14.0%，金融业增长0.4%，房地产业增长12.3%，其他服务业增长

13.7%。

湛江市2011年的财政总收入达465.09亿元，比上年增长36.3%；地方财政一般预算收入80.03亿元，比上年增长26.4%。其中，增值税10.80亿元，减少5.8%；营业税11.09亿元，增长16.1%；个人所得税2.00亿元，增长22.7%；企业所得税3.15亿元，增长25.3%。

全市地方财政一般预算支出186.15亿元，增长25.0%。其中，一般公共服务支出29.62亿元，增长38.1%；公共安全支出12.84亿元，增长23.9%；教育支出37.64亿元，增长8.2%；社会保障和就业支出24.87亿元，增长23.9%；医疗卫生支出24.58亿元，增长81.2%；节能环保支出4.36亿元，增长48.8%；城乡社区事务支出9.13亿元，增长64.0%；农林水事务支出22.63亿元，增长43.2%；交通运输支出6.81亿元，增长8.4%。

市区居民消费价格指数比上年上涨5.1%。食品类价格上涨11.4%，其中，粮食上涨13.3%，肉禽及其制品上涨17.9%，蛋类上涨13.2%，水产品上涨9.1%，菜类下降4.8%；烟酒类价格上涨2.2%；居住类价格上涨2.3%；衣着类价格上涨1.4%；娱乐文教及服务价格上涨0.6%；交通和通讯类价格上涨1.0%；家庭用品及服务价格上涨3.5%；医疗保健个人服务类价格上涨2.2%。

【农业】 2011年湛江市完成农林牧渔业总产值538.61亿元，增长6.1%。

2011年粮食种植面积29.1万公顷，减少146.7公顷；糖蔗种植面积12.55万公顷，增加2 100公顷；花生种植面积4.92万公顷，增加713公顷；蔬菜种植面积11.94万公顷，增加2 500公顷。

2011年粮食产量147.57万吨，增产4.73万吨，增长3.4%；糖蔗产量1 065.26万吨，增产45.84万吨，增长4.5%；蔬菜产量269.34万吨，增产14.42万吨，增长5.7%；水果总产量224.78万吨，增产19.45万吨，增长9.5%。

2011年肉类总产量38.06万吨，下降1.0%。其中，猪肉产量下降1.4%，牛肉产量增长5.0%，羊肉产量增长1.4%，禽肉产量下降1.7%。全年水产品产量110.85万吨，增长6.0%。

【工业和建筑业】 2011年全部工业完成增加值665.28亿元，增长13.7%，对GDP增长贡献率为39.4%，拉动GDP增长5.1个百分点。规模以上工业企业实现增加值600.75亿元，增长14.5%；其中，国有及国有控股企业实现增加值186.92亿元，增长10.1%；股份制企业实现增加值182.49亿元，增长20.6%；外商及港澳台企业实现增加值320.98亿元，增长10.5%。按轻、重工业分，轻工业增加值199.58亿元，增长19.6%；重工业增加值401.17亿元，增长11.9%。

高技术制造业中，医药制造业增加值增长25.6%，电子及通信设备制造业增加值增长24.4%，医疗设备及仪器仪表制造业增加值增长91.2%。

先进制造业中，装备制造业增加值增长45.0%，石油及化学行业增加值下降4.8%，其中：石油和天然气开采业下降8.7%，石油加工、炼焦及核燃料加工业增长4.2%，化学原料及化学制品制造业增长21.6%，橡胶制品业增长44.7%。

传统优势产业中，纺织服装业增加值增长18.6%，食品饮料业增加值增长17.9%，家具制造业增加值增长34.2%，建筑材料增加值增长16.3%，金属制品业增加值增长113.4%，家用电力器具制造业增加值增长20.0%。

规模以上工业经济效益综合指数为439.1%。实现利税总额229.69亿元，增长1.5%，实现利润总额112.00亿元，下降11.1%。其中，外商及港澳台企业实现利税174.37亿元，下降1.5%，占工业利税总额的75.9%，实现利润91.27亿元，下降12.6%，占工业利润总额的81.5%。劳动生产率47.91万元/人，比上年增长25.6%。

在规模以上工业中，农副食品加工业、石油加工炼焦业、石油和天然气开采业、电气机械及器材制造业、电力热力的生产和供应业、木材竹藤棕草制品业、化学原料及化学制品制造业、非金属矿制品业、家具制造业、造纸及纸制品业、塑料制品业、黑色金属采矿业、专用设备制造业、金属制品业、饮料制造业等行业年产值均超20亿元，全年实现产值1 565.81亿元，占全市规模以上工业总产值的88.0%。

工业主要产品增长较快：橡胶轮胎外胎11 316条，增长91.0%；变压器108 550千伏安，增长46.4%；铝材8 448吨，增长38.9%；砖

2011年，湛江市完成工业增加值665.28亿元，比上一年增长13.7%。

（折标准砖）51 405万块，增长36.7%；发酵酒精149 008千升，增长34.5%；食用植物油246 690吨，增长32.7%；服装989万件，增长32.2%；商品混凝土1 767 760立方米，增长31.0%；涂料19 639吨，增长30.8%。

2011年资质等级以上建筑企业105家，房屋建筑施工面积2 420.1万平方米，增长24.5%；房屋竣工面积659.40万平方米，增长3.7%。

2011年资质等级以上建筑企业实现总产值204.36亿元，比上年增长21.8%；实现利润总额4.29亿元，增长14.1%。

【固定资产投资】 2011年全市500万元以上的项目的固定资产投资494.60亿元，增长28.9%。其中，基础设施投资完成143.75亿元，下降25.2%；基础产业投资完成207.28亿元，下降9.3%；房地产开发投资完成107.46亿元，增长43.2%。在500万元以上的项目的固定资产投资中，第一产业投资17.00亿元，增长131.1%；第二产业投资211.10亿元，增长84.8%；第三产业投资266.50亿元，增长1.7%。

2011年投资到位资金合计475.19亿元，增长42.6%。其中国内贷款85.20亿元，增长30.0%；自筹资金293.89亿元，增长86.5%。

2011年商品房销售面积199.95万平方米，增长34.9%，其中住宅179.29万平方米，增长28.2%；商品房销售额99.57亿元，增长60.2%，其中住宅84.28亿元，增长10.3%。

【国内贸易】 2011年批发和零售业实现增加值125.93亿元，增长17.3%；住宿和餐饮业实现增加值31.01亿元，增长14.0%。

2011年社会消费品零售总额805.59亿元，增长19.5%，扣除物价因素，实际增长13.7%。其中，城镇消费品零售额708.96亿元，占全市社会商品零售额的88.0%，增长18.2%；乡村消费品零售额96.63亿元，占全市商品零售总额的12.0%，增长30.2%。分行业看，批发业零售额73.29亿元，增长40.4%；零售业零售额631.92亿元，增长17.8%；住宿业零售额6.90亿元，增长27.3%，餐饮业零售额93.49亿元，增长16.5%。

【对外贸易】 2011年外贸进出口总额44.04亿美元，增长24.7%。其中：进口总额23.09亿美元，增长25.1%；出口总额20.95亿美元，增长24.2%。

从贸易方式看，一般贸易出口18.43亿美元，增长23.0%，占全市外贸出口总值的88.0%；加工贸易出口1.69亿美元，下降0.5%。从经营主体看，外商投资企业成为出口的主体，完成出口10.77亿美元，增长20.0%，占出口总额的51.4%；私营企业出口7.34亿美元，增长26.2%；国有企业出口2.65亿美元，增长37.1%。从出口商品看，在传统大宗商品出口中，水海产品及其深加工制品出口7.30亿美元，增长18.0%；机电产品出口3.83亿美元，增长22.1%；家具出口2.83亿美元，增长45.5%；高新技术产品出口529万美元，下降13.5%。

在主要出口市场中，对新兴市场出口保持较快增长。其中，新加坡4 464万美元，增长1.8倍；中东地区10 659万美元，增长1.1倍；马来西亚8 652万美元，增长56.8%；非洲11 266万美元，增长50.6%；东盟29 069万美元，增长50.4%；澳大利亚9 368万美元，增长36.8%；印度16 625万美元，增长32.4%。对传统市场出口增速放缓：美国49 918万美元，下降7.5%；欧盟21 289万美元，增长5.2%；香港13 660万美元，增长17.5%；英国6 336万美元，下降16.8%。

全市出口企业262家，比上年增加8家。其中，出口超1 500万美元的企业40家，比上年增加12家。在出口超1 500万美元的企业中，超2 000万美元的有28家，比上年增加8家，其中超1亿美元的企业3家，比上年增加2家。

2011年签订利用外资项目25个，比上年增长92.3%；合同外资金额3.15亿美元，增长200.2%；实际利用外资金额0.53亿美元，增长44.9%。

【交通、邮电和旅游】 2011年交通运输、仓储和邮政业实现增加值140.41亿元，增长20.8%。

全年货运总量13 403万吨，增长21.1%。其中，铁路运输2 756万吨，下降1.3%；公路运输5 688万吨，增长18.9%；水上运输3 159万吨，增长56.1%。

2011年旅客发送14 120.9万人次，增长8.9%。其中，铁路180万人次，增长1.0%；公路12 880万人次，增长7.8%；水运1 012万人次，增长27.3%；民用航空48.9万人次，增长0.9%。

全年港口货物吞吐量15 539万吨，增长13.9%，其中湛江港集团有限公司8 004万吨，增长16.7%；全年港口集装箱吞吐量37.81万标准箱，增长18.1%。

年末全市民用汽车保有量18.1万辆，比上年增长20.9%。其中私人汽车14.5万辆，增长25.2%。民用轿车保有量8.9万辆，增长28.2%，其中私人轿车7.9万辆，增长32.0%。

2011年完成邮电通信业务总量比上年增长14.6%；其中通信业务总量增长14.3%，邮政业务总量增长20.4%。年末本地交换设备容量195.6万门，减少12.6万门，下降6.1%。年末本地电话用户83.6万户，其中城市电话用户54.5万户，乡村电话用户29.1万户。年末移动电话用户495.8万户，增加107.2万户。年末全市电话用户总数579.4万户，增加102.9万户。

2011年接待境外游客人数14.23万人次，增长38.0%。其中，外国人6.66万人次，增长90.3%；香港、澳门和台湾同胞7.57万人次，增长11.2%。在国际入境旅游者中，入境过夜人数14.23万人次，增长38.0%。国际旅游外汇收入3 630.1

万美元，增长33.7%。全年出境人数0.72万人次，比上年减少10.2%。国内旅游人数达1 798.10万人次，增长28.0%；国内旅游总收入90.56亿元，增长42.7%。

【金融、证券和保险】 2011年金融保险业实现增加值24.12亿元，比上年增长0.4%。年末全市金融机构本外币存款余额1 728.19亿元，比年初增长10.4%，其中：金融机构人民币存款余额1 717.89亿元，增长10.4%。在金融机构人民币存款余额中，单位存款567.39亿元，增长6.3%；个人存款余额1 084.25亿元，增长15.2%，其中：储蓄存款1 076.41亿元，增长14.5%。金融机构本外币贷款余额868.48亿元，比年初增长20.5%，其中：金融机构人民币贷款余额847.87亿元，增长18.7%。在金融机构人民币贷款余额中，境内短期贷款382.24亿元，增长35.5%，境内中长期贷款438.38亿元，增长6.1%。金融机构消费贷款继续保持增长，年末个人消费贷款余额81.37亿元，增长24.6%。

年末全市辖区内共有证券业金融机构6家，累计证券交易额964.57亿元，比上年下降28.0%。其中，股票交易额959.98亿元，下降27.2%。

年末全市有各类保险公司25家，全年保费收入33.10亿元，比上年增长6.9%。其中，财产险保费收入7.68亿元，增长20.7%，占全年保费收入的23.2%；人寿险保费收入25.43亿元，增长3.3%，占全年保费收入76.8%。全年各类保险赔款给付支出8.73亿元，增长38.9%，其中：财产险赔款3.81亿元，增长34.3%；寿险业务给付和赔款4.91亿元，增长42.7%。

阳江市

【简述】 2011年阳江市实现地区生产总值（GDP）779亿元，同比增长16.0%。其中，第一产业、第二产业和第三产业增加值分别增长5.3%、24.9%和12.1%。三大产业比例由上年同期的21.9:42.5:35.6调整为19.5:45.9:34.6。三大产业对GDP的贡献率分别为7.3%、65.9%和26.8%，分别拉动全市GDP增长1.2个百分点、10.5个百分点和4.3个百分点。人均生产总值32 000元，增长15%。

2011年1—11月份城镇居民消费价格比上年上涨5.1%，其中，服务项目价格指数上涨0.6%，消费品价格指数上涨6.9%。从八大类别看，食品类上涨12.0%，居住类上涨3.2%，烟酒类上涨4.7%，交通和通讯类上涨2.0%，医疗保健和个人用品类上涨6.4%，家庭设备用品及维修服务类下降1.0%，衣着类下降3.2%，娱乐教育文化用品及服务类下降2.5%。

2011年全市就业人员145万人，同比增长10.7%。全年新增城镇就业人数4.41万个，完成目标任务的110%。年末城镇登记失业率2.45%。

【农业】 2011年阳江市农业总产值达272亿元，同比增长5.2%。粮食作物播种面积14.64万公顷，比上年减少26.67公顷；粮食总产量71万吨，增加2.5万吨。蔬菜种植面积58 266.67公顷，增加33.33公顷；蔬菜产量90.7万吨，增加1.5万吨。花生种植面积2.44万公顷，增加466.67公顷；花生产量5.2万吨，增加0.2万吨。水果总产量84.2万吨，增加32.5万吨，其中柑、桔、橙产量30.0万吨，增加1.3万吨。

2011年全市完成造林、更新和低改面积6 533公顷，其中用材林4 600公顷，防护林1 933公顷。森林资源保持林木总生长量大于消耗量的良性循环。全市森林覆盖率55.6%。

全年肉类总产量18.6万吨，同比增长3.2%。其中，猪肉产量14.5万吨，增长3.5%；禽肉产量3.5万吨，增长2.3%。

2011年渔业总产值107.3亿元，同比增长7.1%。全年水产品产量102万吨，增长4.1%。

【工业和建筑业】 2011年阳江市规模以上工业总产值达858亿元，同比增长30%。其中，规模以上民营工业产值505.8亿元，增长29.6%。从注册登记类型来看，国有企业、股份制企业、外商及港澳台商投资企业和其他类型企业完成产值分别增长11.7%、54.1%、13.0%和5.1%。规模以上工业增加值219亿元，增长30.5%。

2011年资质以上建筑业总产值64.3亿元，同比增长5.4%。建筑企业房屋施工面积832.5万平方米，增长11.7%，其中新开工面积270.1万平方米，下降21.5%；房屋竣工面积158.1万平方米，下降32.8%。

【固定资产投资】 2011年阳江市完成固定资产投资（新口径，统计起点为计划总投资500万元及以上项目）408.5亿元，同比增长43%。其中，城镇投资377.5亿元，增长53.3%；农村投资30.9亿元，下降21.3%。房地产开发投资76.1亿元，增长46.4%。

【国内贸易】 2011年阳江市社会消费品零售总额438.9亿元，同比增长18.0%。从地域看，城镇实现零售额323.4亿元，增长20.3%；农村实现零售额115.5亿元，增长12.0%。从分行业看，批发零售贸易业零售额399.5亿元，增长17.9%；住宿和餐饮业零售额39.3亿元，增长19.2%。

全年批发零售贸易业商品销售额683.4亿元，同比增长19.0%。其中批发额346.2亿元，增长19.4%；零售额337.2亿元，增长18.6%。

【对外经济】 2011年，阳江市外贸进出口总额达21.6亿美元，同比增长20%。其中出口19.3亿美元，增长20.1%。

2011年实际利用外商直接投资2.4亿美元，同比增长15.0%。新签利用外资合同70宗，下降17.6%；合同利用外资6.72亿美元，增长50%，平均每个合同协议利用外资960万美元，减少433万美元。截至2011年底，全市登记注册的外商投资企业350家，其中本年登记的外商投资企业 54 家。

【交通、邮电和旅游】 2011 年阳江市公路货物周转量 30.2 亿吨公里，同比增长 48%；水运货物周转量 34.3 亿吨公里，增长 76%；铁路货物周转量 1.4 亿吨公里，增长 39.2%。港口货物吞吐量 1 100 万吨，增长 37.8%。全年公路旅客周转量 28.97 亿人公里，增长 32.9%。

2011 年阳江市拥有固定电话用户 50.6 万户，同比增长 1.2%；移动电话用户 148 万户，增长 1.02%；互联网络、数据通信等新兴业务继续快速发展，年末 ADSL 用户 19.5 万户。

2011 年旅游总收入 66.3 亿元，同比增长 55.3%。其中国内旅游收入 64.9 亿元，增长 56.8%；全年接待游客总人数 899 万人次，增长 23.7%。其中，一日游游客人数 438 万人次，增长 5.2%；住宿设施接待过夜游客人数 461 万人次，增长 48.6%。在过夜游客中，国际游客 5.6 万人次，增长 6.3%；国内游客 455.4 万人次，增长 49.4%。

【金融】 2011 年全市金融机构人民币各项存款余额 638.5 亿元，同比增长 13.2%。其中，城乡居民储蓄存款余额 432.6 亿元，增长 12.2%。年末人民币各项贷款余额 348.7 亿元，增长 22.8%。其中，短期贷款余额 59.0 亿元，增长 61.5%；中长期贷款余额 288.7 亿元，增长 17.1%。

云浮市

【简述】 2011 年云浮市实现生产总值（GDP）492.09 亿元，比上年增长 14.3%。其中，第一产业增加值 122.19 亿元，增长 5.8%，对 GDP 增长的贡献率为 10.2%；第二产业增加值 218.52 亿元，增长 26.1%，对 GDP 增长的贡献率为 75.1%；第三产业增加值 151.38 亿元，增长 6.3%，对 GDP 增长的贡献率为 14.7%。三次产业结构为 24.8:44.4:30.8。在第三产业中，批发和零售业增长 7.3%，住宿和餐饮业增长 2.7%，金融业增长 5.3%，房地产业增长 6.1%。民营经济增加值 317.75 亿元，增长 15.2%。

2011 年云浮市居民消费价格指数为 105.6%，高于上年 2.4 个百分点。

2011 年全市城镇新增就业 3.47 万人，增长 4.3%；全年城镇失业人员再就业 0.99 万人，增长 0.4%；安置就业困难人员再就业 0.23 万人，增长 1.5%；城镇登记失业率为 2.8%。推进农村劳动力有序化技能化规模化转移就业，新增转移农业劳动力 6.96 万人，增长 19.2%；农村劳动力参加职业技能培训 4.06 万人，增长 14.4%。

【农业】 2011 年，全市粮食作物播种面积 11.89 万公顷，与上年持平。稻谷种植面积 9.11 万公顷，下降 0.8%；油料种植面积 1.78 万公顷，增长 1.7%；蔬菜种植面积 2.28 万公顷，增长 8.9%。

2011 年云浮市粮食产量 68.84 万吨，增长 3.4%。稻谷产量 58.27 万吨，增长 3.9%。油料产量 4.66 万吨，增长 3.4%。蔬菜产量 44.71 万吨，增长 11.7%。水果产量 66.45 万吨，增长 7.4%。茶叶产量 0.31 万吨，增长 2.7%。

2011 年云浮市肉类总产量达 29.35 万吨，下降 1.2%。其中猪肉产量 9.49 万吨，下降 1.5%；牛肉产量 0.33 万吨，增长 6.8%；禽肉产量 18.56 万吨，下降 1.6%。全年水产品产量 9.82 万吨，增长 4.1%。

【工业和建筑业】 2011 年，云浮市完成规模以上工业增加值 190.35 亿元，增长 37.2%。在规模以上工业中，按经济类型分：国有企业增加值 21.08 亿元，增长 41.6%；集体企业增加值 1.05 亿元，下降 8.9%；股份制企业增加值 84.04 亿元，增长 36.1%；外商及港澳台商投资企业增加值 74.67 亿元，增长 38.6%；国有控股企业增加值 25.53 亿元，增长 38.3%；民营企业增加值 68.02 亿元，增长 41.7%。按轻重工业分：全年完成轻工业增加值 75.33 亿元，增长 36.4%；重工业增加值 115.02 亿元，增长 37.8%。

2011 年 1—11 月规模以上工业企业经济效益综合指数 234.8%，同比提高 48.1 个百分点；资产贡献率 14.8%，同比提高 1.8 个百分点；资本保值增值率 140.8%，同比提高 19.4 个百分点；资产负债率 56.1%，同比下降 3.5 个百分点；流动资产周转次数 3.3 次，同比提高 0.4 次数；成本费用利润率 4.8%，同比下降 0.4 个百分点；全员劳动生产率 18.52 万元／人年，同比增长 54.0%；产品销售率 97.0%，同比下降 0.1 个百分点；实现工业企业利润总额 22.52 亿元，同比增长 40.1%。其中民营工业企业利润总额 10.85 亿元，同比增长 36.5%。

2011 年，全市资质等级以上建筑企业 44 个。完成房屋建筑施工面积 209.64 万平方米，同比增长 9.8%；房屋竣工面积 89.52 万平方米，同比增长 13.7%。全年完成建筑业增加值 23.11 亿元，比上年增长 16.6%；以建筑企业产值计算的劳动生产率 11.68 万元／人。

【固定资产投资】 2011 年，全市完成固定资产投资 353.4 亿元，比上年增长 26.5%。其中城镇投资 241.02 亿元，增长 37.6%；农村投资 112.38 亿元，增长 7.9%；在城镇投资中完成房地产开发投资 28.96 亿元，增长 46.7%。全年商品房销售额 27.63 亿元，增长 22.7%；商品房销售面积 72.25 万平方米，增长 12.7%。从投资主体看，全年国有经济投资 94.64 亿元，下降 17.6%，非国有经济投资 258.76 亿元，增长 57.4%。

从三次产业看，第一产业投资 7.47 亿元，增长 71.8%；第二产业投资 201.7 亿元，增长 48.7%。其中工业投资 198.38 亿元，增长 47.0%；第三产业投资 144.23 亿元，增长 3.5%。

2011 年云浮市基础设施建设完成投资 89.37 亿元，下降 22.8%。其中交通运输、仓储和邮政业完成投资 57.25 亿元，下降 23.4%；电力、燃气及水的生产和供应业投资 16.55 亿元，下降 32.5%；水利、环境和公共设施管理投资12.68亿元，下降6.9%。

【交通、邮电和旅游】 2011年，全市交通运输、仓储和邮电通信业实现增加值11.07亿元，比上年增长4.9%。

2011年，全市各种运输方式完成货物周转量43.85亿吨公里，比上年增长19.1%。其中公路27.92亿吨公里，增长14.1%；水运15.93亿吨公里，增长29%。全年公路运输方式完成旅客周转量31.92亿人公里，增长9.3%。

2011年，全市年末市民用汽车保有量达到8.57万辆，比上年增长24.7%。其中，私人汽车7.22万辆，增长28.7%；新注册私人汽车1.13万辆，比上年下降4.2%。

2011年，全市完成邮电业务总量17.0亿元，增长16.5%。其中邮政业务总量1.24亿元，增长28.4%；电信业务总量15.76亿元，增长15.6%。

2011年，全市旅游总人数801.4万人次，增长32.1%。其中，住宿设施接待过夜游客603.39万人次，增长32.4%。按国内外分，其中入境游客9.36万人次，增长31.3%；国内游客594.03万人次，增长32.4%。旅行社组团国内游3.94万人次，增长9.7%；出境游865人次，增长19.0%。全年旅游总收入86.44亿元，增长77.6%。其中旅游外汇收入2 563.24万美元，增长2.6%。

【国内贸易】 2011年，全年社会消费品零售总额167.58亿元，比上年增长17.8%。按销售单位所在地分：城镇消费品零售额157.96亿元，增长18.1%；乡村消费品零售额9.62亿元，增长12.3%。按行业分：批发和零售业零售额150.7亿元，增长18.1%，其中限额以上企业完成41.49亿元，增长34.5%；住宿和餐饮业零售额16.89亿元，增长15.4%，其中限额以上企业完成4.38亿元，增长24.7%。

在限额以上批发和零售业零售额中，洗涤用品类零售额比上年增长55.1%，化妆品类增长6.6%，体育、娱乐用品类增长57.1%，家用电器和音像器材类增长24.2%，粮油类零售额比上年增长63.8%，文化办公用品类下降13%，汽车类增长11.1%，肉禽蛋类增长70.1%，服装类下降7.1%，通讯器材类增长85.8%，家具类增长107.3%，西药类增长60.6%。

【对外经济】 2011年云浮市进出口总额13.47亿美元，同比增长41.7%。其中出口额8.13亿美元，同比增长32.1%；进口额5.34亿美元，同比增长59.3%。实现贸易顺差2.79亿美元，同比减0.02亿美元。

从贸易方式看，全年一般贸易出口3.01亿美元，增长15.4%；加工贸易出口5.84亿美元，增长5.5%。从经营主体看，国有企业出口0.09亿美元，下降6.4%；外商投资企业出口7.18亿美元，增长5.4%；民营企业出口1.58亿美元，增长28.1%。从出口商品看，全市机电产品出口5.93亿美元（主要以不锈钢制品和电子产品为主），同比增长12.4%。大宗出口商品主要是：①不锈钢制品类出口3.02亿美元，同比增长5.1%；②电机、电气类出口2.48亿美元，同比增长21.9%；③服装类出口0.72亿美元，同比下降8.8%；④石材类出口0.84亿美元，同比增长12.0%；⑤冰鲜肉类出口0.72亿美元，同比增长9.7%。

从出口市场看，香港2.57亿美元，同比增长26.3%；美国1.21亿美元，同比下降7.6%；德国0.64亿美元，同比下降6%；英国0.52亿美元，同比增长107.9%；法国0.43亿美元，同比增长139.1%。对以上5个国家（地区）合计出口5.37亿美元，占全市出口比重60.7%。

2011年云浮市新批设立外商直接投资项目31个；合同外资金额2.07亿美元，同比增长50.0%；实际吸收外商直接投资0.92亿美元，同比增长15.5%。

【财政、金融和保险业】 2011年，全市实现地方一般预算收入29.80亿元，比上年同期增收6.26亿元，增长26.6%。其中，税收收入完成17.22亿元，比上年同期增收1.62亿元，增长10.4%；非税收入完成12.58亿元，比上年同期增收4.64亿元，增长58.4%。

2011年全市金融机构本外币各项存款余额为581.65亿元，比年初增加94.73亿元，增长19.5%；其中，单位存款余额160.58亿元，比年初增加33.43亿元，增长26.3%；储蓄存款余额达396.41亿元，比年初增加52.5亿元，增长15.3%。全市金融机构本外币贷款余额333.17亿元，比年初增加54.83亿元，增长19.7%。其中，短期贷款余额90.97亿元，比年初增加5.49亿元，增长6.4%；中长期贷款余额240.93亿元，比年初增加49.21亿元，增长25.7%。

2011年各类保险业总保费收入11.50亿元，同比增长33.9%。其中，寿险保费收入7.69亿元，占总保费66.8%，同比增长38.1%；财产险保费收入3.82亿元，占总保费33.2%，同比增长22.5%。全市共赔付1.7亿元，共给付0.63亿元。其中，寿险保险赔付1 121万元，给付6 343万元；财产险赔付1.59亿元，赔付率41.6%，其中车险赔付1.16亿元，赔付率41.7%。

韶关市

【简述】 2011年，韶关市紧紧围绕加快转型升级、建设幸福广东这个核心，以科学发展为主题，以加快转变经济发展方式为主线，扎实推动韶关经济社会跨越发展，圆满完成年度经济社会发展预期目标，实现了“十二五”经济社会发展的良好开局。

据核算，2011年韶关市完成生产总值（GDP）813.95亿元，按可比价格计算，比上年增长12.1%。其中。第一产业增加值112.26亿元，增长5.9%，对GDP增长的贡献率为6.9%；第二产业增加值353.37亿元，增长14.2%，对GDP增长的贡献率为49.1%；第三产业增加值348.32亿元，增长12%，对GDP增长的贡献率为44%。按常住人口计算，全市人均生产总值2.87万元，比上年增长12.1%。分区域看：韶关市区生产总值403.89亿元、增长11.6%，占全市生产总值的50.1%，人均生产总值4.06万元；县域生产总值401.97亿元、增长12.9%，占全市的49.9%，人均生产总值2.18万元。三次产业结构为13.8:43.4:42.8。在现代产业中，先进制造业增加值79.3亿元、增长19.2%；现代服务业增加值128.54亿元、增长6.7%。在第三产业中，批发和零售业增加值增长11.1%，住宿和餐饮业增长11%，房地产业增长3.5%。民营经济增加值384.67亿元，增长13.3%，占全市生产总值的47.3%。

2011年，韶关市地方财政一般预算收入53.91亿元，增长18.9%。其中税收收入37.25亿元、增长15.3%。

韶关市区居民消费价格总水平上涨5%。其中服务项目价格上涨3.4%、消费品价格上涨5.5%。在八大类消费品价格中：食品价格上涨12.7%，居住价格上涨4%，娱乐教育文化用品及服务价格上涨2.6%，烟酒及用品价格上涨1.6%，衣着价格下降4.2%，家庭设备用品及维修服务价格下降0.7%，医疗保健和个人用品价格下降1.1%，交通和通信价格下降1.6%。全市工业品出厂价格总水平上涨8.6%。

【农业】 2011年韶关市农林牧渔业总产值183.8亿元，增长5.1%。其中，种植业增长6.9%，林业增长5%，渔业增长5.5%，畜牧业下降0.5%。

2011年粮食作物播种面积15.83万公顷，下降0.1%；甘蔗种植面积5 467公顷，增长13.5%；油料种植面积42 666.67公顷，增长1.6%；烟叶种植14 200公顷，增长1.3%；蔬菜种植7.66万公顷，增长4.7%。

年末农业机械总动力131.8万千瓦，比上年增长6%；农村用电量3.5亿千瓦时，增长6.9%；化肥施用量（折纯）11.3万吨，增长1.3%；有效灌溉面积9.23万公顷，与上年持平。

【工业和建筑业】 2011年韶关市完成工业增加值304.4亿元，比上一年增长13.6%。其中规模以上工业增加值243.03亿元、增长15.5%。在规模以上工业增加值中，国有及国有控股工业140.23亿元，增长11.1%；外商及港澳台工业39.99亿元，增长11.7%；民营工业增加值50.94亿元，增长37.8%；股份制工业91.18亿元，增长20.7%。轻工业增加值79.85亿元，增长18.8%；重工业增加值163.19亿元，增长13.3%。全市产业转移园完成工业投资53.18亿元，增长31%。产业转移园规模以上工业企业113个，全年实现工业增加值37.7亿元，增长54.3%。

七大支柱工业增加值177.2亿元，增长12.1%。其中烟草工业增长17.9%、玩具工业增长12.4%、制药工业增长16.5%、钢铁工业增长15.6%、机械工业增长20%、电力工业增长13.3%、有色金属工业下降3.4%。七大支柱工业增加值占规模以上工业增加值的72.9%。

高技术制造业增加值6.17亿元，增长5.3%。其中电子及通信设备制造业下降5.7%、医药制造业增长16.5%。

先进制造业增加值79.3亿元，增长19.2%。其中：装备制造业增加值20.4亿元，增长15.3%；钢铁冶炼及加工工业增加值37.76亿元，增长12.7%；石油及化学行业增加值21.14亿元，增长39.3%。

优势传统工业增加值71.28亿元，增长17.6%。其中，食品饮料业增长16.3%，建筑材料业增长38.3%，金属制品业增长6.4%，纺织服装业下降5%，家具制造业下降12%。

2011年韶关市规模以上工业企业资产贡献率11.72%，资产保值增值率103.41%，资产负债率68.92%，成本费用利润率3.33%。主营业务收入862.64亿元，增长16.4%；利税总额85.92亿元，增长5.8%。利润总额26.62亿元、下降17.2%，其中亏损企业亏损额22.91亿元、增长67%。

2011年建筑业增加值48.97亿元，增长18.2%。全市资质等级及以上建筑企业93个，比上年增加17个。完成建筑施工产值130.5亿元，增长28.1%；实现利润3.7亿元，增长25.4%；利税总额10.8亿元，增长62.2%。房屋施工面积952.8万平方米，增长21.9%；房屋竣工面积460.5万平方米，增长56.5%。

【固定资产投资】 2011年韶关市完成固定资产投资472.2亿元，增长16.3%。分城乡看，城镇投资445.42亿元，增长17.5%；农村投资26.78亿元，下降0.3%。分投资主体看，国有及国有控股经济投资194.56亿元，下降2.2%；外商及港澳台经济投资26.58亿元，增长0.4%；民营经济投资202.35亿元，增长52.1%。分三次产业看：第一产业完成投资23.34亿元，增长49.1%；第二产业完成投资189.3亿元，增长35.2%。其中制造业完成投资144.22亿元、增长45.6%；第三产业完成投资259.56亿元，增长3.7%。

房地产开发完成投资81.27亿元，增长27.1%。商品房销售额85.64亿元，增长13%；销售面积231.12万平方米，下降1.2%。

2011年，在建市以上重点项目60个，完成投资235.08亿元，增长12.1%。广乐高速公路韶关段、乐昌峡水利枢纽工程以及越堡水泥、佛山华夏建陶（新丰）等产业转移项目正在加紧建设中。城乡防灾减灾能力显著提高，韶关市区防洪标准由20年一遇提高到100年一遇。

【贸易和外经】 2011年韶关市批发零售贸易业商品销售额589.6亿元，增长19.8%。其中：批发业261.8亿元，增长21%；住宿餐饮业营业额52亿元，增长24.2%。消费品零售额383.98亿元，增长16.9%。其中：城镇消费品零售额335.81亿元，增长17%；乡村消费品零售额48.17亿元，增长16%。批发零售贸易业零售额345.3亿元，增长16.8%。住宿餐饮业零售额38.65亿元，增长17.6%。在限额以上批发和零售业零售额中，粮油类零售额比上年增长19%，肉禽蛋类增长12.1%，汽车类增长43%，通讯器材类增长21%，服装、鞋帽针纺织品类增长24%。

2011年韶关市新批外商直接投资项目达64个、增长52.4%。实际利用外资2.38亿美元，增长12%。首次进入中国外贸100强城市行列。海关统计全年进出口总额17.78亿美元，增长13.2%。其中，出口7.22亿美元，增长9.5%；进口10.56亿美元，增长15.8%。

按贸易方式分，一般贸易出口3.3亿美元，增长3.5%；加工贸易出口4亿美元，增长15.1%。按经营主体分：国有企业出口下降4.8%，“三资”企业出口增长14.5%，私营企业出口增长4.9%。按出口商品分：玩具出口增长10.2%，机电产品出口增长33.2%，高新技术产品出口增长6.8%，服装出口增长72.5%。按出口市场分：对香港出口增长9.6%，对日本出口增长26.3%，对美国出口增长19%，对欧盟出口增长22.3%。全年规模以上工业企业工业产品出口交货值91.34亿元，增长13%。

【交通邮电和旅游】 2011年韶关市交通运输、仓储和邮政业增加值55.29亿元，增长9.3%。公路货运周转量99.42亿吨公里，客运周转量48.54亿人公里，分别增长20.2%和20.1%。年末公路通车里程13 750公里，公路密度74.5公里/百平方公里。按路面类型分，高级、次高级路面公路9 790公里。按技术等级分，等级公路13 248公里，其中高速公路291公里、一级公路166公里、二级公路884公里。

内河航道维护通航里程386公里，其中等级航道256公里，码头6个，泊位23个，港口货物吞吐量53.44万吨，比上年增长33.8%。

2011年韶关市民用汽车拥有量11.8万辆、比上年增长18.6%，其中私人汽车9.54万辆、增长22%。民用轿车拥有量5.91万辆、增长25%，其中私人轿车5.36万辆、增长26.9%。

实有公共汽车营运车辆517辆，其中市区402辆。公共汽车客运总量5 550万人次，其中市区5 037万人次。

2011年邮电通信业务总量22.77亿元，增长13.6%。其中：邮政业务总量1.71亿元，增长2.4%；电信业务总量21.06亿元，增长14.6%。年末电话交换机总容量132.76万门，固定电话60.23万户，移动电话用户169.13万户；互联网用户30.91万户，增长18.6%。按常住人口计算，电话普及率达到每百人80.5部。

2011年接待旅游者人数1 841.33万人次、增长16.4%，其中入境过夜旅游者18.5万人次。旅游总收入129.85亿元，增长21.6%。

【金融和保险业】 2011年末韶关市金融机构各项存款（含外币）余额1 005.35亿元、增长10.8%，其中城乡居民储蓄存款余额619.79亿元、增长10.3%。金融机构各项贷款（含外币）余额425.23亿元，增长13.1%。个人消费贷款（人民币）84.48亿元，增长24.9%。其中：个人中长期消费贷款82.25亿元，增长24.8%；个人短期消费贷款2.22亿元，增长27.6%。全年证券交易额846.96亿元，下降27.9%。

2011年保险机构保费收入22.86亿元，下降0.5%。其中，财产保险保费收入5.61亿元，增长10.6%；人寿保险保费收入17.25亿元，下降3.7%。财产险赔付支出3.33亿元，增长31.6%。

清远市

【简述】 2011年清远市完成地区生产总值（GDP）1 286.2亿元，同比增长14.5%。其中第一产业增加值141.3亿元，增长6.0%；第二产业增加值748.1亿元，增长20.0%；第三产业增加值396.8亿元，增长8.0%。

【工业生产保持较快增长】 2011年全市完成规模以上工业完成增加值652亿元，同比增长23.3%。从轻、重工业看，重工业累计完成增加值470.8亿元，增长21.2%；轻工业完成增加值181.2亿元，增长29.1%。从经济类型看，民营企业发展迅速，完成增加值281.5亿元，增长43.4%；国有控股企业、外商及港澳台商投资企业生产增速有所回落，分别增长14.3%和8.2%。从34个主要行业大类看，优势传统产业增幅较大，如食品制造业增长1.5倍；饮料制造业增长1.4倍，非金属矿采选业增长59.4%。

【经济运行质量得到提升】 从2011年全年规模以上工业主要经济效益指标来看，全市工业实现利税401.3亿元，利润307.1亿元，分别增长1.4倍和1.8倍。在全市34个工业行业大类中，有31个行业利润保持同比增长势头，其中农副食品加工业、皮革制品业、文教体育制品业、非金属矿采选业、塑料制品业、有色金属冶炼加工业、非金属矿物制品业和再生资源加工业增势迅猛，实现利润达237.1亿元，占全市利润总额77.2%，同比增长2.0倍。从全市财政收入来看，来源于清远的财政总收入突破200亿大关，实现221.3亿元，同比增长29.6%；一般预算收入84.3亿元，增长21.5%，其中税收收入55.3亿元，增长21%。

【投资规模稳步增长】 2011年清远市完成固定资产投资486.1亿元，同比增长16.1%。其中，房地产开发投资168.6亿元，增长34.7%，拉动整体投资增长10.4个百分点。基础产业及基础设施投资336亿元，增长15.2%。投资结构出现积极变化，第一产业和民间投资增幅均高于同期固定资产投资增幅。民间投资增长23.7%，农林牧渔业投资增长18.3%，分别高于整体投资7.6个和2.2个百分点。文化产业投资速度加快，全年完成投资20亿元，增长13.6%。

【消费品市场保持畅旺】 2011年实现社会消费品零售总额433.7亿元，同比增长18.2%。城乡市场共同发展，城镇、乡村市场实现零售额为336.6亿元、97.1亿元，分别增长18.7%和16.4%。批发业增速较快，实现零售额增长52.8%。食品、服装等日常生活品保持较高增速，全年食品饮料烟酒类和服装鞋帽针纺织品类实现零售额同比增长41.8%和19.5%。随着国际油价的上涨，石油及制品类增长55.5%。房地产市场稳步发展，商品房销售面积和销售额为353.6万平方米和158.4亿元，分别增长8.4%和16.3%。商品房销售旺盛，也带动了建筑及装璜材料销售的走高，全年增长2.4倍。

【对外贸易发展较快】 2011年清远市外贸进出口总额45.4亿美元，同比增长20.4%。出口总额23.4亿美元，增长21.2%；进口总额22.0亿美元，增长19.5%。对外贸易结构得到优化。一般贸易出口比重上升，全年达27.7%，同比提高5.0个百分点。对欧盟、日本等地区和国家出口保持快速增长，增速分别增长38.6%和20.2%。利用外资数量和质量有明显提升。全年新签项目54个，比去年增加13个；实际利用外资3.84亿美元，增长20.1%。其中制造业实际利用外资金额占比提高 4.4个百分点。外资大项目增多，新批、增资投资总额1 000万美元以上的大项目36宗，增长1.1倍。

【转型升级稳步推进，工业现代产业得到较快发展】 2011年，全市工业现代产业企业数达到345家，实现增加值347.6亿元，同比增长26.9%，快于全部规模工业增长23.3%的水平，所占份额同比提高了0.3个百分点。其中，先进制造业企业95家，完成增加值114.5亿元，增长31.5%，快于全部规模工业增幅8.2个百分点，所占份额同比提高了0.9个百分点；高技术产业企业26家，完成增加值18.2亿元，增长18.5%；优势传统产业224家，完成增加值244.8亿元，增长26.0%，快于全部规模工业增幅2.7个百分点，所占份额同比提高了0.1个百分点。电子机械等产品产量增长加快。例如印制电路板增长1.6倍；电力电揽增长15%；交流电动机增长6.6%。

【农业生产保持平稳】 2011年，全市农林牧渔业总产值221.7亿元，同比增长8%。种植业主要产品产量平稳增长，全年粮食总产量79.4万吨，增长1.6%；蔬菜产量209.9万吨，增长6.5%。水果产量保持较快增长，产量为58.7万吨，增幅达11.7%。渔业稳定发展，水产品总产量10.3万吨，同比增长4.5%。猪禽产量供应充足，生猪出栏和猪肉产量为223.2万头和15.6万吨，分别增长13.7%和11.6%。

【民生得到明显改善】 财政对民生支持力度加大。2011年用于教育、社会保障和就业、医疗卫生、住房保障支出分别增长23.4%、24.4%、58.5%和103%，四项支出分别高于一般预算支出增幅。城乡居民收入稳步提升。全市城镇居民人均可支配收入17 668元，同比增长12%；农村居民人均纯收入7 392元，增长15.8%。城乡居民收入差距在缩小，城乡居民收入比从上年的2.47:1缩小到2.39:1。就业和用工形势总体平稳。全市城镇登记失业率为3.09%，严格控制在3.5%以内。城镇新增就业人数5.6万；实现失业人员再就业人数和就业困难人员再就业人数，分别为15 496人和1 512人，均超额完成省下达的目标任务。

河源市

【简述】 2011年，河源市实现地区生产总值（GDP）571.94亿元，比上年增长13.1%，增速比全国、全省分别快3.9和3.1个百分点，比全年经济增长预期目标高出0.1个百分点。分产业看，第一产业增加值73.54亿元，比上年增长5.9%，对经济增长的贡献率为5.7%，拉动GDP增长0.7个百分点；第二产业增加值305.92亿元，增长18.2%，对经济增长的贡献率达71.5%，拉动GDP增长9.4个百分点；第三产业增加值192.48亿元，增长8.3%，对经济增长的贡献率为22.8%，拉动GDP增长3.0个百分点，其中现代服务业增加值94.08亿元，占第三产业增加值的比重为48.9%。三次产业结构的比例由上年的12.7:51.5:35.8调整为12.8:53.5:33.7，第二产业占比提高2.0个百分点。

民营经济持续较快发展 2011年河源市民营经济实现增加值320.44亿元，比上年增长14.3%，民营经济增加值占全市生产总值的比重达56.0%。全市民营经济单位数7.19万个，从业人员35.29万人，分别增长4.1%和11.4%。

财政收入快速增长，重点支出保障有力 2011年河源市实现地方财政一般预算收入31.37亿元，比上年增长32.8%，增速排在全省21个地级以上市第3位，居山区市首位；其中税收收入23.95亿元，增长26.8%，增值税、营业税、企业所得税、个人所得税、契税、土地增值税、房产税等主体税种大幅增收，分别比上年增长28.7%、15.0%、29.0%、18.0%、26.7%、67.2%和35.1%。地方财政一般预算支出突破百亿元，达111.07亿元，增长22.3%。各项重点支出得到有效保障。其中，用于教育、社会保障和就业、医疗卫生、农林水事务等重点支出分别比上年增长19.2%、17.2%、41.0%和35.3%。

物价水平呈较快上涨态势 2011年河源市居民消费价格总水平（CPI）比上年上涨5.2%，其中居住类价格上涨9.5%，食品类价格上涨8.3%。食品类价格上涨主要是受粮食价格上涨22.5%、油脂价格上涨16.6%、肉禽及其制品价格上涨14.9%、蛋价格上涨13.2%、糖价格上涨24.1%等因素的拉动。工业品出厂价格上涨5.7%。原材料、燃料、动力购进价格上涨7.3%。固定资产投资价格上涨5.4%。农产品生产价格上涨14.9%。

【农业】 2011年河源市农林牧渔业总产值达119.87亿元，比上年增长6.5%。其中：农业产值67.30亿元，增长6.4%；林业产值12.91亿元，增长9.3%；牧业产值32.30亿元，增长5.6%；渔业产值3.70亿元，增长5.4%；农林牧渔服务业产值3.66亿元，增长7.5%。

2011年河源市粮食种植面积为

16.4 万公顷，比上年减少 161.47 公顷；糖料种植面积 301.73 公顷，减少 14.73 公顷；油料种植面积 2.44 万公顷，增加 361.53 公顷；蔬菜种植面积 3.01 万公顷，增加 1 224.33 公顷。

2011 年河源市粮食总产量 90.98 万吨，比上年增加 3.11 万吨，增长 3.5%，其中稻谷 80.99 万吨，增长 3.7%。肉类总产量 11.69 万吨，下降 1.2%。生猪出栏 97.49 万头，下降 1.6%；生猪存栏 80.59 万头，增长 4.7%。全年水产品总产量 4.12 万吨，增长 6.7%。

河源市全面落实强农惠农政策，加大支农投入力度，2011 年全市安排种粮、农机等补贴 1.66 亿元。农田有效灌溉面积达 6.78 万公顷，比上年增长 1.4%。年末全市农业机械总动力 55.34 万千瓦，比上年末增长 14.7%。农村用电量 4.46 亿千瓦时，比上年增长 9.1%。“千村脱困”政策全面落实，全市 1 117 个行政村全年共获分红款 2 700 多万元。

全市现有实施“公司 + 农户 + 基地”经营模式的各级农业龙头企业 260 家，本年新增 40 家，其中省级和市级农业龙头企业分别增加 4 家和 12 家。辐射带动农户 23 万户，户均增收 2 900 元。

2011年，河源市5个省级产业转移工业园完成工业总产值317.46亿元，比上年增长25.8%。

【工业和建筑业】 **工业生产较快增长** 2011 年河源市工业总产值突破千亿元大关，完成全社会工业总产值 1 118.70 亿元，比上年增长 20.1%，实现全社会工业增加值 273.33 亿元，比上年增长 18.7%，其中规模以上工业增加值 248.03 亿元，比上年增长 20.1%。在规模以上工业中，国有及国有控股企业增加值 19.91 亿元，增长 14.3%；股份制企业增加值 146.03 亿元，增长 24.4%；外商及港澳台商投资企业增加值 75.22 亿元，增长 13.7%；民营企业增加值 143.84 亿元，增长 24.7%。分轻重工业看，轻工业增加值 56.76 亿元，增长 18.5%；重工业增加值 191.26 亿元，增长 20.6%。

工业规模不断壮大，主导产业快速成长 2011 年河源市规模以上工业企业有 354 家，其中年产值超 10 亿元的工业企业由上年的 15 家增加到 21 家。矿产冶金、食品饮料、轻纺服装、医药制造、建材陶瓷、机械制造、电子电器等七大主导产业完成工业增加值 206.35 亿元，占规模以上工业增加值的比重达 83.2%。高技术产业实现工业增加值 32.43 亿元，比上年增长 24.3%。手机产业持续快速发展，以手机生产为主的电子及通信设备制造业实现工业增加值 28.44 亿元，比上年增长 23.5%。

主要工业产品大幅增产 2011 年河源市铁矿石原矿量、钨精矿折含量、发电量、软饮料、服装、皮革鞋靴、钢材、粗钢等产品产量增速均超 20%。化学原料药、中成药、水泥等产品产量平稳较快增长。

工业企业经济效益明显提高 2011 年，全市规模以上工业经济效益综合指数达 251.99%，比全省高出 37.93 个百分点。全市规模以上工业完成主营业务收入 994.67 亿元，实现利润 42.17 亿元，分别比上年增长 39.2% 和 19.9%。

园区经济引领全市工业发展 2011 年，全市 5 个省级产业转移工业园完成工业总产值 317.46 亿元，比上年增长 25.8%。全市“一区六园”规模以上工业投产企业 191 家，实现工业总产值 555.73 亿元，实现工业增加值 107.26 亿元，分别比上年增长 23.6% 和 19.1%，实现入库税收 10.32 亿元，比上年增长 27.5%。

建筑业平稳发展 2011 年，全市具有资质等级以上建筑施工企业 100 家，比上年增加 16 家；实现增加值 20.65 亿元，增长 10.6%。实现利润总额 9 746 万元，增长 3.0%；利税总额 23 771 万元，增长 14.4%。

【固定资产投资】 **固定资产投资较快增长** 2011 年，河源市完成固定资产投资 237.37 亿元，比上年增长 17.0%。分三次产业看，第一产业投资 7.17 亿元，增长 30.3%；第二产业投资 95.21 亿元，增长 34.8%；第三产业投资 134.99 亿元，增长 6.6%，其中信息传输、计算机服务和软件业投资 6.11 亿元，增长 96.4%，科研、技术服务和地质勘查业投资 0.40 亿元，增长 31.1%，教育投资 5.15 亿元，增长 2.9%，卫生、社会保障和社会福利投资 2.27 亿元，增长 60.5%，文化、体育和娱乐业投资 1.69 亿元，增长 1.8%，城市建设投资 17.58 亿元，增长 13.1%。分投资主体看，内源性经济投资 217.68 亿元，增长 28.1%；民营经济投资 150.59 亿元，增长 6.7%；港澳台、外商经济投资 19.69 亿元，下降 40.0%。分城乡看，城镇投资

181.75亿元，增长15.5%；农村投资55.62亿元，增长22.3%。

重点工程建设稳步推进 2011年全市共安排50个重点建设项目，其中，年投资额在1千万至5千万元的项目12个，年投资额在5千万至1亿元之间的项目12个，年投资总额1亿元以上的项目有13个，年度计划总投资额为131.51亿元，全年完成重点项目投资额76.80亿元。2011年全市计划新开工项目15个，续建项目20个，年内计划投产项目15个。经过全市上下的共同努力，20个项目完成或超额完成年度投资任务，部分生产性项目、全局性重大项目建设取得突破性进展，东江·巴登城、旗滨硅业等9个项目顺利开工建设；紫金御临门温泉二期工程、东江源休闲观光中心、客家文化公园首期工程、市卫生学校新校区、紫金县第四中学、各县（区）产业转移园基础设施建设等重点项目稳步推进；汉能薄膜太阳能电池项目首条生产线、河源市配网输变电工程、河源联通网络通信建设工程、河源市城镇保障性住房、和平县南和电子产品制造项目、龙川县城防洪二期工程等重点项目相继竣工或投产。

房地产市场快速发展 2011年全市完成房地产开发投资58.84亿元，比上年增长153.7%。全市商品房销售面积达131.64万平方米，增长46.1%；实现商品房销售额46.21亿元，增长80.7%。

保障性住房建设加快推进 2011年河源市完成城镇保障性安居工程住房投资额1.07亿元，比上年增长49.4%，保障性安居工程住房建筑面积4.53万平方米，增长43.4%。廉租房投资额0.78亿元，增长73.4%，廉租房建筑面积2.73万平方米，增长51.7%。

新增生产能力或工程效益 全年新增固定资产129.04亿元，增长27.0%，其中城镇新增固定资产90.50亿元，农村新增固定资产38.54亿元，分别增长14.9%和68.9%；建成投产项目335个。新建四级以上公路781.6公里，改造县乡公路120公里，新增水泥硬底化村道600公里；新增发电机组容量4.9万千瓦；新增11万伏及以上变电设备能力18万千伏安，输电线路长度233千米；新增移动电话交换机容量64万户。

【国内贸易】 2011年，河源市社会消费品零售总额达188.04亿元，比上年增长16.4%。分地域看，城镇消费品零售额149.50亿元，增长15.0%；乡村消费品零售额38.55亿元，增长22.4%。分企业规模看，限额以上企业实现零售额48.79亿元，增长16.0%。分行业看，批发和零售业零售额173.72亿元，增长16.4%；住宿和餐饮业零售额14.32亿元，增长17.1%。分商品类别看，家用电器和音响器材类、汽车类商品销售凸显亮点，实现零售额分别为4.4亿元和3.96亿元，分别比上年增长27.1%和28.5%。

2011年，全市共销售“家电下乡”产品14.68万台（件），比上年增长69.1%；实现销售金额3.66亿元，比上年增长93.7%。全年财政兑付“家电下乡”补贴4 419万元，比上年增长94.4%。全年共销售“以旧换新”产品7.0万台（件），销售金额2.29亿元，财政兑付补贴1 770万元，分别比上年增长70.7%、62.4%和85.1%。

【对外经济】 2011年，河源市完成进出口总额27.93亿美元，比上年增长2.8%，其中出口总额19.16亿美元，增长11.7%。“三资企业”是出口主力军，实现出口额15.82亿美元，增长12.6%，占全市出口总额的比重达82.5%；私营企业出口快速增长，实现出口额1.48亿美元，增长68.2%。在出口总值中，河源对香港、美国、欧盟、日本的出口额15.4亿美元，占全市出口总额的比重达80.3%。

截至2011年底，全市工商登记在册的外商及港澳台商投资企业1 084家，比上年增加4家。全年新签外商直接投资项目94个，比上年增加6个，全年合同利用外商直接投资1.92亿美元，比上年增长104.5%；全年实际利用外商直接投资1.79亿美元，比上年增长6.1%。

【交通、邮电和旅游】 2011年河源市交通运输、仓储和邮政业实现增加值11.48亿元，比上年增长7.9%。年末全市公路通车里程达到14 732公里。全年客货运输量（不含铁路，下同）平稳较快增长。客运量3 878万人，增长17.7%；旅客运输周转量44.11亿人公里，增长15.5%；货运量2 698万吨，增长20.2%；货物运输周转量40.74亿吨公里，增长19.8%。

2011年末，全市民用汽车保有量达9.17万辆，比上年末增长21.3%，其中私人汽车7.40万辆，增长24.9%。民用轿车保有量达4.26万辆，增长26.3%，其中私人轿车3.69万辆，增长29.3%。

2011年，河源市完成邮电业务总量（2010年不变价）20.00亿元，比上年增长14.2%。其中，邮政业务总量0.91亿元，增长22.4%；电信业务总量19.09亿元，增长13.8%。本地电话用户54.3万户，其中城市电话用户25.8万户，乡村电话用户28.5万户；移动电话用户189.47万户，新增97.33万户，其中3G移动电话用户22.92万户，新增15.39万户；年末互联网用户达19.84万户，比上年增加3.71万户。

2011年，全市接待旅游总人数1 390.25万人次，比上年增长30.5%。其中，国内游客1 385.34万人次，增长30.6%；国际游客4.91万人次，增长9.4%。旅游住宿设施接待过夜游客604.07万人次，增长37.4%。全年实现旅游总收入61.09亿元，比上年增长32.6%。旅游基础设施日趋完善。2011年末，全市各类旅行社33家；已评定的星级饭店23家，其中五星级饭店1家，四星级饭店2家；A级景区6个，其中4A景区3个。

梅州市

【简述】 2011年，梅州市生产总值733.18亿元，比上年增长14.5%，其中第一产业增加值147.97亿元，同比增长5.9%，拉动GDP增长1.2个百分点；第二产业增加值307.58亿元，同比增长20.4%，拉动GDP增长8.4个百分点；第三产业增加值277.63亿元，同比增长12.6%，拉动GDP增长4.9个百分点。经济结构进一步调整，2011年生产总值中三次产业构成为20.2:41.9:37.9，对比“十五”期末的2005年，第一产业比重下降2.9个百分点，第二、三产业比重分别上升0.8个百分点和2.1个百分点。民营经济增加值409.38亿元，增长15.5%。人均生产总值17 226元，增长13.2%。

2011年，梅州市地方财政一般预算收入46.89亿元，增长26.4%；其中税收收入32.32亿元，增长19.1%。

2011年，梅州市市区居民消费价格总指数为104.8%，上升4.8%，其中食品类价格上涨8.8%，居住类价格上涨5.8%。市区商品零售价格总指数为104.3%，上升4.3%。全市工业生产者价格指数105.0%，上升5.0%。2011年末企业景气指数为130.32%，比上年上升0.92个百分点；企业家信心指数为130.57%，比上年下降2.4个百分点。

【农业】 2011年，梅州市农业总产值241.69亿元，增长5.9%。其中种植业产值143.98亿元，增长7.5%；林业产值9.99亿元，增长5.6%；牧业产值74.02亿元，增长1.1%；渔业产值8.38亿元，增长4.3%；农林牧渔服务业产值5.32亿元，增长8.5%；

2011年，梅州市粮食种植面积达21.82万公顷，比上年减少0.1%，经济作物种植面积12.49万公顷，比上年增长3.3%。

2011年粮食总产123.28万吨，比上年增长2.8%，其中稻谷总产106.98万吨，增长2.6%；玉米3.60万吨，减少2.5%；花生3.50万吨，增长4.1%；烟叶1.24万吨，增长5.2%；茶叶总产1.22万吨，增长7.8%；水果总产108.26万吨，增长7.6%；蔬菜总产180.93万吨，增长8.7%。

2011年肉类总产27.45万吨，比上年减少1.1%，其中猪肉18.44万吨，比上年减少1.6%。当年肉猪出栏248.61万头，比上年减少1.7%，年末生猪存栏167.71万头，比上年增长2.1%。

全年渔业水产品产量达9.57万吨，比上年增长6.1%。

2011年林业更新造林面积4 983公顷；低产林改造6 470公顷，比上年增长67.0%；木材砍伐量28.0万立方米，比上年减少20.0%；2011年末森林覆盖率达71.79%。

2011年，梅州市乡镇企业营业收入达383.79亿元，比上年增长26.2%。应交税金19.85亿元，比上年增长26.2%。利润总额23.64亿元，比上年增长13.2%。

【工业和建筑业】 2011年，梅州市完成全部工业增加值247.44亿元，比上年增长18.9%。工业增加值中，规模以上工业增加值190.86亿元，同比增长21.1%。其中六大支柱产业增加值157.08亿元，比上年增长19.1%，六大支柱产业中烟草、电力、建材、电子信息、机电制造、矿业加工分别增长7.3%、7.9%、28.0%、36.8%、19.5%和51.7%。国有及国有控股企业增加值增长9.5%；集体企业增加值增长16.8%；股份制企业增加值增长25.6%；外商及港澳台投资企业增加值增长30.7%；私营企业增加值增长46.0%。从轻重工业看，轻工业增加值增长18.8%，重工业增加值增长22.9%。工业产品销售率97.9%。全年全部工业用电量42.74亿千瓦时，比上年增长4.5%。

2011年1—11月，梅州市规模以上工业综合经济效益指数为247.2%，比上年上升21.9个百分点。其中，资产负债率比上年上升3.8个百分点，全员劳动生产率比上年增长28.1%，全年实现利税总额80.07亿元，比上年增长13.8%，其中利润总额29.21亿元，比上年增长10.3%。

2011年梅州市资质等级以上建筑企业148个，比上年增加14个；实现总产值157.17亿元，增长24.3%；实现利润总额11.16亿元，增长21.0%；利税总额19.48亿元，增长29.1%。建筑施工企业房屋建筑施工面积1 257万平方米，比上年减少2.8%，房屋竣工面积528万平方米，比上年增加10.0%。

【固定资产投资】 2011年，梅州市完成固定资产投资198.57亿元（新口径），比上年增长36.2%。固定资产投资中，城镇固定资产投资175.85亿元，增长36.9%，其中，房地产开发投资42.29亿元，增长61.5%；农村固定资产投资22.72亿元，增长31.0%。固定资产投资按产业分，第一产业投资7.53亿元，比上年增长96.4%；第二产业投资65.01亿元，增长45.1%；第三产业投资126.03亿元，增长29.7%。

【交通、邮电】 2011年，梅州市交通运输、仓储和邮政业实现增加值24.85亿元，比上年增长11.4%。

梅州市各种交通运输方式完成货物周转量101.55亿吨公里，增长22.2%，其中公路91.16亿吨公里，增长25.7%；完成旅客周转量67.64亿人公里，增长22.1%，其中公路63.68亿人公里，增长23.0%。

2011年末，全市汽车拥有量13.03万辆，比上年增长22.1%。其中私人汽车拥有量11.04万辆，比上年增长24.9%。本年新注册汽车2.05万辆，增长11.0%。

梅州市实现了到汕头市、广州市、深圳市通高速公路，基本实现了村村通公路（建制村2 042个全部通公路及水泥硬底化）、通电话、通广播、通电视，实现了市区到各县（市、区）县城一小时交通圈的目标。2011年末全市公路通车里程15 901.9公里，其中高速公路通车里程259.4公里。每百平方公里公路密度为100.1公里。

2011年，梅州市邮政、电信业业务总收入19.73亿元，增长8.3%。2011年末，全市移动电话用户达292.73万户，增长15.6%；固定电话用户70.02万户，减少4.6%，其中城市电话用户35.11万户，减少0.1%；乡村电话用户34.91万户，减少8.7%。年末计算机互联网用户29.49万户，增长17.3%。据市区居民家庭住户抽样调查，每百户城市居民家庭拥有固定电话80部，移动电话219.5部，接入计算机互联网用户76.5台。

【国内贸易】 2011年，梅州市完成社会消费品零售总额372.79亿元，比上年增长18.3%。分区域看，城镇消费品零售总额266.47亿元，比上年增长18.5%；农村消费品零售总额106.32亿元，比上年增长17.9%。分行业看，批发零售贸易业实现344.35亿元，比上年增长18.3%，住宿和餐饮业零售额28.44亿元，比上年增长18.8%。

【对外经济和旅游业】 2011年，梅州市进出口总额达13.65亿美元，比上年增长16.5%。出口总额10.94亿美元，增长15.1%，其中“三资”企业出口5.58亿美元，增长8.7%，私营企业出口5.01亿美元，增长20.8%。出口总额中一般贸易出口7.87亿美元，比上年增长13.4%，占出口总额的71.9%。

2011年，梅州市新签外商直接投资项目116个，合同利用外资金额2.97亿美元，比上年增长45.3%，实际利用外商直接投资1.02亿美元（按国家商务部确认口径），比上年增长13.8%。

2011年，全市接待旅游总人数1 132.62万人次，比上年增长51.6%。其中接待过夜国内旅游人数741.44万人次，比上年增长44.2%。国内外旅游总收入116.38亿元，比上年增长59.8%。

【金融和保险业】 2011年全市金融业增加值17.73亿元，比上年同期减少1.0%。年末金融机构各项本外币存款余额946.24亿元，比年初增长12.6%。城乡居民储蓄存款余额665.74亿元，比年初增长14.3%。金融机构各项本外币贷款余额389.97亿元，比年初增长17.7%。

全年财产、人寿保险费收入19.12亿元，按同口径计算比上年增长11.9%。其中，财产保险保费收入5.15亿元，比上年增长15.9%，已决赔款2.72亿元，比上年增长8.7%；人寿保险费收入13.97亿元，比上年增长10.5%，已决赔款5.83亿元，比上年增长4.2%。

揭阳市

【简述】 2011年，揭阳市完成地区生产总值1 228.18亿元，比上年增长14.6 %。其中：第一产业增加值129.92亿元，增长4.8 %；第二产业增加值736.06亿元，增长19.9 %；第三产业增加值362.20亿元，增长8.5%。三次产业结构为10.6:59.9:29.5。在第三产业中，交通运输、仓储和邮政业增长11.5%，批发和零售业增长10.0%，住宿和餐饮业增长14.3%，金融业增长5.8%，房地产业增长4.7%，其他服务业增长6.0%。民营经济增加值883.83亿元，增长15.3%。人均地区生产总值2.08万元，增长13.6%。

2011年，揭阳市居民消费价格累计上涨4.9%。其中，食品类价格上涨9.2%，服务项目类价格上涨1.9%，居住类价格上涨4.2%，医疗保健和个人用品类价格上涨4.4 %，衣着类价格上涨0.9%，交通和通信类价格上涨0.9%。

【农业】 2011年，揭阳市粮食作物播种面积136.74千公顷，与上年持平。稻谷播种面积79.55千公顷，下降0.1%；糖蔗种植面积0.11千公顷，增长0.3%；油料种植面积7.40千公顷，增长0.2%；蔬菜种植面积54.45千公顷，增长0.8 %。

2011年粮食产量86.24万吨，增长3.6%；稻谷产量48.62万吨，增长3.4%；糖蔗产量0.88万吨，增长0.2%；油料产量2.27万吨，下降2.0%；蔬菜产量177.72万吨，增长3.6%；水果产量51.40万吨，增长3.9%；茶叶产量0.89万吨，增长8.4%。

全年肉类总产量18.52万吨，增长3.3%。其中：猪肉产量11.36万吨，增长4.1%；禽肉产量5.70万吨，增长3.6%。全年水产品产量14.8万吨，增长1.9%。其中：海洋捕捞5.6万吨，与上年持平；海水养殖1.9万吨，增长2.9%；淡水捕捞0.4万吨，与上年持平；淡水养殖6.8万吨，增

2011年，揭阳市完成地区生产总值1 228.18亿元，比上年增长14.6%。其中，第一产业增加值129.92亿元，增长4.8%；第二产业增加值736.06亿元，增长19.9%；第三产业增加值362.20亿元，增长8.5%。

长2.9%。

【工业和建筑业】 2011年揭阳市全部工业完成增加值688.97亿元，增长20.2%，其中规模以上工业完成工业增加值613.51亿元，增长29.9%。分经济类型看，国有控股企业完成工业增加值37.04亿元，增长10.6%；民营企业完成工业增加值413.50亿元，增长31.9%；外商及港澳台投资企业完成工业增加值132.34亿元，增长28.4%；股份制企业完成工业增加值324.01亿元，增长28.5%；集体企业完成工业增加值12.36亿元，增长12.4%。分轻重工业看，轻工业完成工业增加值418.10亿元，增长30.9%；重工业完成工业增加值195.41亿元，增长27.7%。分行业看，塑料制品业完成工业增加值75.65亿元，增长24.8%；纺织业完成工业增加值62.08亿元，增长30.9%；服装业完成工业增加值86.80亿元，增长29.0%；金属制品业完成工业增加值65.58亿元，增长46.7%；医药制造业完成工业增加值28.44亿元，增长45.1%。

列入规模以上工业统计的58种产品中，有35种产品产量实现增长，覆盖面达60.3%，其中服装增长4.0%，日用不锈钢制品增长11.3%。

工业经济效益综合指数245.77%。资产贡献率12.08%，资本保值增值率114.22%，资产负债率44.76%，流动资产周转次数5.79次/年，成本费用利润率2.47%，全员劳动生产率19.14万元/人年，产品销售率99.25%。实现利润总额45.20亿元，增长21.5%。亏损企业26家，下降36.6%；亏损企业亏损总额0.25亿元，下降52.9%。

2011年揭阳市实现建筑业增加值47.09亿元，增长15.2%；全市具有资质等级以上建筑企业110家，比上年增加3家。

【固定资产投资】 2011年揭阳市完成固定资产投资658.08亿元，增长28.0%。其中，城镇投资524.04亿元，增长23.5%（其中房地产开发投资43.84亿元，增长31.9%）；农村投资134.03亿元，增长49.3%。分投资主体看，国有经济投资127.25亿元，下降14.8%；非国有经济投资530.82亿元，增长45.5%，民营经济投资334.56亿元，增长61.4%。分三次产业看，第一产业投资5.59亿元，下降30.8%。第二产业投资316.35亿元，增长43.0%，其中工业投资314.90亿元，增长42.7%；第三产业投资336.13亿元，增长18.0%。

2011年，揭阳市投资额达到1 000万元以上的项目（不包括房地产开发，下同）有1 499个，其中竣工1 016个，在建483个，共完成投资592.36亿元。全年投资额达到500万元以上的工业项目877个，其中竣工639个，在建238个，共完成投资306.25亿元。

在房地产开发中，全年商品房施工面积707.94万平方米，增长50.5%，其中商品住宅629.06万平方米，增长49.9%。商品房竣工面积97.79万平方米，下降37.5%，其中住宅91.39万平方米，下降37.6%。商品房销售面积145.22万平方米，增长5.2%，其中住宅136.09万平方米，增长0.7%。年末商品房空置面积40.71万平方米，下降47.7%，其中住宅34.20万平方米，下降48.8%。

【国内贸易】 2011年揭阳市社会消费品零售总额573.45亿元，增长28.4%。分城乡看，城镇消费品零售额421.84亿元，增长35.4%；农村消费品零售额151.61亿元，增长12.3%。分行业看，批发和零售业零售额548.97亿元，增长28.5%；住宿和餐饮业零售额24.48亿元，增长27.3%。

全年新增限额以上企业商贸27家，累计达到955家。全年限额以上企业完成零售额306.36亿元，增长59.0%。

在限额以上批发和零售业零售额中，粮油类增长26.6%，肉禽蛋类增长22.0%，服装类增长18.2%，汽车类增长24.9%，石油及制品类增长38.9%，日用品类增长26.1%，文化办公用品类增长30.6%，通讯器材类增长16.5%，家用电器和音像器材类增长37.3%，建筑及装潢材料类增长55.6%，家具类增长27.6%，化妆品类增长21.1%，金银珠宝类增长46%。

【对外经济】 2011年，揭阳市进出口总额达42.24亿美元，增长16.5%。其中，出口37.92亿美元，增长23.1%；进口4.33亿美元，下降20.8%。出口大于进口33.59亿美元，比上年增加8.25亿美元。

2011年新签利用外资合同30宗，下降30.2%；合同利用外资金额4.7亿美元，增长49.8%；实际利用外资金额1.71亿美元，增长15%，其中外商直接投资金额1.71亿美元，增长15%。在实际利用外资中，制造业占74%，房地产业占21.%。

【交通、邮电和旅游】 2011年揭阳市交通运输、仓储和邮政业实现增加值14.76亿元，增长11.5%。

2011年揭阳市公路运输完成货物周转量32.55亿吨公里，增长26.2%；水路运输完成货物周转量1.53亿吨公里，增长34.1%。

2011年主要港口完成货物吞吐量1 546.71万吨，增长19.87%。

2011年末全市民用汽车保有量达到16.48万辆，增长19.9%；其中私人汽车14.47万辆，增长21.3%。民用轿车保有量达到9.10万辆，增长21.3%，其中私人轿车8.39万辆，增长22.7%。

全年完成国、省道公路建设里程为15.22公里，改建农村公路300公里，年末全市公路总里程6 352.90公里，其中高速公路201.85公里。新增本地交换设备容量2.62万门。

全年完成邮电通信业务总量35.86亿元，增长14.6%。其中，邮政业务总量1.32亿元，增长17.5%；通信业务总量34.54亿元，增长14.5%。年末本地电话用户达到97.49万户，其中城市电话用户47.54万户，乡村电话用户49.95万户。年末移动电话用户达到434.08万户，新增

72.07万户。年末互联网用户40.61万户，新增7.88万户。

2011年入境旅游人数8.01万人次，增长19.7%。其中，外国游客0.44万人次，下降8.4%；香港、澳门和台湾游客7.57万人次，增长21.9%。国内游客达1 305.25万人次，增长26.4%，其中过夜旅游者432.29万人次，增长19.6%。国内旅游收入64.78亿元，增长36.3%，国际旅游外汇收入2 679万美元，增长24.6%。

【财政、金融和保险】 2011年地方财政一般预算收入46.35亿元，增长19.9%，其中税收收入33.04亿元，增长13.8%。全年地方财政一般预算支出122.56亿元，增长29.4%，其中教育支出29.75亿元，增长20.4%。

2011年末全市金融机构本外币存款余额1 130.77亿元，比年初增长16.9%，其中城乡居民储蓄存款余额810.98亿元，增长13.4%。年末全市金融机构本外币贷款余额502.33亿元，增长23.4%，其中短期贷款余额335.48亿元，增长29.1%。在全市金融机构存、贷款余额中，全市农村信用社存款余额207.20亿元，比年初下降3.9%，贷款余额148.65亿元，比年初下降3.2%。

2011年全市实现保费收入20.25亿元，增长12.6%。其中，人身险业务保费收入13.31亿元，增长7.9%；财产险业务保费收入6.94亿元，增长22.8%。全年共支付各项赔款和给付5.99亿元，下降53.4%。其中，人身险业务赔付支出2.85亿元，增长104.7%；财产险业务赔款支出3.14亿元，增长25.0%。

汕尾市

【简述】 2011年，汕尾市经济呈现生产快速增长、社会需求稳步扩大的良好发展态势。经核算，全年汕尾市实现地区生产总值550.16亿元，同比增长14.0%。其中，第一产业增加值90.50亿元，增长5.9%，对GDP增长的贡献率为7.1%；第二产业增加值258.01亿元，增长20.7%，对GDP增长的贡献率为67.4%；第三产业增加值201.65亿元，增长9.5%，对GDP增长的贡献率为25.5%。在第三产业中，批发和零售业增长11.0%，住宿和餐饮业增长13.8%，房地产业增长7.1%。人均地区生产总值18 669元，增长13.5%。产业结构进一步调整优化，三次产业结构由2010年的16.7:45.7:37.6调整为16.4:46.9:36.7。

2011年，汕尾市食品价格上涨幅度较大，要素成本价格持续上涨，总体物价呈高位运行态势，与全国、全省保持一致。全年累计，居民消费价格总指数上涨5.4%，其中消费品价格指数上涨6.6%。居民消费价格中，食品价格上升11.2%，其中，粮食价格上涨11.2%，肉禽及其制品价格上涨14%，水产品价格上涨9.5%；居住类价格上涨5.1%，其中水、电、燃料价格上涨6.4%。

【农业】 汕尾市认真贯彻中央和省农村工作会议精神，加大农业和农村投入，促进农业产业化发展，农业生产保持基本稳定。2011年全年实现农业总产值149.57亿元，增长6.5%。

2011年，汕尾市粮食总产量达46.84万吨，增长4.9%；蔬菜产量91.94万吨，增长3.9%；水果总产量22.19万吨，增长7.3%。全年粮食作物播种面积9.56万公顷，与上年持平；蔬菜种植面积4.49万公顷，增长7.7%；油料种植面积11 967公顷，增长1.9%。

全年水产品总产量57.38万吨，增长2.0%。其中养殖产量31.10万吨，增长3.8%，捕捞产量26.28万吨，与上年持平。

全年肉类总产量10.32万吨，下降0.4%，其中猪肉产量5.69万吨，下降1.6%，禽肉产量3.82万吨，下降0.4%。全年肉猪出栏量累计76.81万头，下降1.6%，生猪年末存栏量43.52万头，增长3.2%。累计家禽出栏量2 835.9万只，增长0.2%。

全年农业机械总动力87.56万千瓦，增长4.4%；化肥施用量（折纯）6.77万吨，增长5.9%；农村用电量8.71亿千瓦时，增长7.5%；全年有效灌溉面积55.96万亩，增长7.5%。

【工业和建筑业】 2011年，汕尾市实现规模以上工业增加值147.04亿元，增长30.9%。在规模以上工业中，大中型企业实现增加值86.47亿元，增长25.2%。按经济类型分，国有企业增长6.7%，集体企业增长29.8%，股份制企业增长36.4%，外商及港澳台投资企业增长27.2%。完成规模以上工业销售产值560.97亿元，增长40.6%，其中完成产品出口交货值213.78亿元，增长24.5%，占工业销售产值的38.1%。

2011年，电力能源、通信设备、计算机及其他电子设备制造业、塑料制品、工艺品等重点行业快速发展，带动工业经济保持较快增长。其中，纺织业增长26.3%，食品制造业增长49.8%，通信设备、计算机及其他电子设备制造业增长35.8%，电力、热力的生产和供应业增长24.1%，塑料制品业增长39.2%，工艺品及其他制造业增长32.8%。

2011年，汕尾市工业化继续推进，对经济增长的拉动作用增强。工业对经济增长的贡献率达64.5%，拉动经济增长9个百分点。

全年规模以上工业经济效益综合指数为164.6%，总资产贡献率7.7%，资本保值增值率111.3%，资产负债率55.8%，流动资产周转次数5次，成本费用利润率2.0%，全员劳动生产率87 967元/人年，产品销售率97.5%。工业企业利润总额10.80亿元，增长0.4%。亏损企业亏损总额0.88亿元，下降42.1%。

全年资质等级以上建筑企业37个，实现建筑业总产值15.46亿元，增长0.17%；实现利润总额4 658万元，增长38.7%。

【固定资产投资】 汕尾市投资规模继续扩大。2011年，全市完成固定资产投资328.82亿元，同比增长28.2%。其中，城镇以上固定资产投资284.05亿元，增长23.1%；农村固定资产投资44.77亿元，增长73.8%。分产业看，一、二、三产业投资协调发展，带动全社会固定资产投资快速增长。其中第一产业完成投资26.05亿元，第二产业完成投资79.12亿元，第三产业完成投资223.65亿元，分别增长36.9%、10.7%和34.7%。投资结构不断改善，农业投入继续加大，交通、通信、能源等基础设施和基础产业继续得到加强，全年完成基础设施建设投资107.60亿元，增长1.8%。

2011年汕尾市房地产开发投资33.85亿元，比上年增长91.1%。其中，商品住宅开发投资25.46亿元，增长64.9%。

2011年，汕尾市重点项目进展顺利，全市重点建设项目33个，计划投资60.12亿元，实际完成投资额63.59亿元，完成年度计划的105.78%。华润海丰电厂、汕尾电厂一期3、4号机组、省道242线西闸至埔边段改造工程、国道324线陆丰段及海丰段路面大修二期工程、汕尾移动无线基站TD工程、汕尾市城乡电网工程等一批重点项目进展顺利。

【交通和邮电业】 2011年，全市完成货运周转量175 580万吨公里，增长30.6%，完成客运周转量717 981万人公里，增长35.5%。全年港口货物吞吐量563万吨，比上年增长15.2%。全市现有公路通车里程4 872公里。

全年邮电业务总量完成17.72亿元，增长35.5%。本地电话期末用户47.95万户，下降4.0%；年末移动电话用户132.72万户，增长15.9%。

【国内贸易】 2011年，汕尾市完成社会消费品零售额414.59亿元，同比增长18.0%。分行业看，批发零售贸易业零售额369.10亿元，增长17.9%；住宿和餐饮业零售额45.49亿元，增长18.6%。分城乡看，县及县以上消费品零售额342.41亿元，增长15.8%；县以下消费品零售额72.18亿元，增长29.4%。

【对外经济和旅游】 2011年，汕尾市累计新签合同协议18宗，合同利用外商直接投资7.67亿美元，增长45.6%，实际吸收外商直接资3.05亿美元，增长20.5%。全年完成外贸进出口总值25.04亿美元，比上年增长22.2%，其中出口总值12.77亿美元，比上年增长14.9%。从贸易方式看，一般贸易出口2.02亿美元，增长8.9%；加工贸易出口10.76亿美元，增长16.1%。

2011年，汕尾市旅游业持续快速发展。据统计，全年接待过夜游客442.22万人次，增长33.0%。其中接待国内游客438.49万人次，增长33.4%；国际游客、港澳台同胞3.66万人次，比上年下降3.13%。全市旅游总收入57.95亿元，增长36.8%。

【金融和保险业】 2011年末，全市金融机构各项人民币存款余额368.35亿元，其中居民储蓄存款余额259.39亿元，分别比年初增长12.7%和12.9%；金融机构各项人民币贷款余额156.38亿元，比年初增长20.1%，其中，中长期贷款109.78亿元，增长17.6%。

2011年，汕尾市实现保险业保费收入60 085万元，增长16.9%。其中，人身险业务保费收入40 829万元，财产险业务保费收入19 256万元，分别增长14.4%和22.6%。全年共支付各项赔款和给付16 660万元，增长11.0%。其中，人身险业务赔付支出6 756万元，下降2.8%；财产险业务赔付支出9 904万元，增长22.8%。

潮州市

【简述】 2011年，潮州市实现生产总值647.1亿元，比上年增长13%，增速比全省高3个百分点。其中，第一产业增加值47.4亿元，增长5%，对GDP增长的贡献率为2.8%，拉动经济增长0.4个百分点；第二产业增加值364.1亿元，增长17%，对GDP增长的贡献率为72.5%，拉动经济增长9.4个百分点；第三产业增加值235.6亿元，增长8.6%，对GDP增长的贡献率为24.7%，拉动经济增长3.2个百分点。在第三产业中，交通运输、仓储和邮政业增长12.9%，批发和零售业增长10.3%，住宿和餐饮业增长8.3%，金融业增长3.2%，营利性服务业增长14.3%。三次产业比例关系由上年的7.2:55.3:37.5调整为7.3:56.3:36.4。人均生产总值24 164元，比上年增长11.8%。

2011年，潮州市财税稳步增长，全市地方财政一般预算收入27.3亿元，增长17.3%，各项收入中，增值税收入8.2亿元，增长13.3%；县区财政收入全面增长，潮安县增长22.4%；枫溪区增长17.5%；湘桥区增长17%；饶平县增长16.1%。全市各项税收总收入71.5亿元，比上年增长17.6%。国税国内税收收入42.6亿元，增长18.6%，其中，工业增值税32.8亿元，增长13.3%；地税税收总收入22.9亿元，增长20.5%。

【农业】 2011年，全市农业总产值83.6亿元，比上年增长5.6%。全年农作物总播种面积6.39公顷，与上年持平。粮食播种面积4.54万公顷，与上年持平。粮食总产量27.9万吨，比上年增长3.7%。水果总产量14.7万吨，比上年增长2.6%；茶叶总产量1.15万吨，比上年增长20%；蔬菜总产量42万吨，比上年增长4.1%。全年肉类总产量7.2万吨，比上年增长2.3%。水产品产量19.2万吨，比上年增长4.4%。

2011年，全市林业用地18.74万公顷，其中有林地16.81万公顷，林木绿化率64.9%；森林覆盖率61.31%，活立木总蓄积量472万立方米，比上年增加21.3万立方米。全市已完成造林作业面积8 933公顷，封山育林4 000公顷；育苗24公顷。目前，全市有森林生态旅游示范基地4个，省级森林公园3个，省级林业龙头企业已达6家。

【工业和建筑业】 2011年，潮州市规模以上工业总产值826.6亿元，比上年增长22.6%。规模以上工业增加值217.4亿元，增长21.6%。分经济类型看，国有及国有控股企业增长

37.6%，股份制企业增长27.4%。分轻重工业看，轻工业增长18.8%，重工业增长25.1%，轻重工业增加值比例为54.6:45.4。

2011年，潮州市规模以上八大行业实现增加值134.3亿元，增长19.2%，占规模以上工业增加值的比重为61.8%。其中，陶瓷工业增加值62.1亿元，增长22.2%；食品工业增加值18.6亿元，增长12%；塑料工业增加值12.7亿元，增长11.3%；服装工业增加值10.8亿元，增长16.4%；不锈钢制品业9.9亿元，增长34.7%；印刷和记录媒介复制业增加值6.1亿元，增长25.5%；水族机电业增加值4.2亿元，增长3%。电力生产和供应业增加值44.3亿元，增长38.8%。燃气生产和供应业增加值15.8亿元，增长9.8%。

2011年，规模以上工业销售产值823.8亿元，比上年增长29.5%，其中，内销产值621.1亿元，增长29.4%；出口交货值202.7亿元，增长29.9%。工业产品销售率达99.66%，比上年提高1个百分点。规模以上工业经济效益综合指数为216.75%。规模以上工业企业利润总额为55.5亿元，比上年同期增长19.6%。

2011年全市资质以上等级建筑企业82家。实现建筑业总产值31.5亿元，比上年增长21.3%。房屋建筑施工面积为461万平方米，比上年增长29.2%。房屋建筑竣工面积为95.9万平方米，比上年增长12%。

【固定资产投资】　潮州市投资总量偏小，2011年全市固定资产投资200亿元，比上年增长12%，其中城镇投资88.5亿元，下降7.7%；农村投资87.8亿元，增长36.4%。分三次产业看，第一产业投资6.7亿元，比上年增长1.4倍；第二产业投资121.7亿元，增长24.8%。其中工业投资120.7亿元，增长23.7%；第三产业投资71.6亿元，下降8.5%。房地产开发投资23.6亿元，增长29.7%。商品房施工面积287.7万平方米，增长3%，商品房竣工面积35.4万平方米，下降15.2%；商品房销售面积59.3万平方米，下降7.7%。

【国内贸易】　潮州市2011年消费市场保持活跃，全年社会消费品零售总额287.7亿元，比上年增长17.7%。分地域看，城镇消费品零售额228.7亿元，比上年增长17.5%；乡村消费品零售额59.1亿元，增长18.1%。分行业看，批发零售业零售额262亿元，增长18%，住宿餐饮业零售额25.7亿元，增长14.6%。在限额以上批发和零售业零售额中，粮油、食品、饮料、烟酒类零售额增长46%，服装、鞋帽、针纺织品类零售额增长33%，日用品类零售额增长36%，石油及制品类零售额增长41%，汽车类零售额增长23%，家用电器和音像器材类增长31%，中西药类增长41%。

【对外经济贸易】　2011年潮州市外贸出口稳步增长，全年进出口总额41.8亿美元，比上年增长9.4%。进口总额14.7亿美元，比上年下降0.7%；出口总额27.1亿美元，比上年增长15.7%。从贸易方式看，一般贸易出口37.8亿美元，增长8.4%；加工贸易出口2.55亿美元，增长29.2%。各类商品中，陶瓷商品出口额10.3亿美元，增长9.5%，占出口总额的38%；机电产品出口额为3.8亿美元，增长11.2%；服装及纺织品出口3.7亿美元，增长24%；鞋类出口2.5亿美元，增长11.8%；食品出口2.2亿美元，增长20%。各大出口市场中，对欧盟出口5.1亿美元，增长6.6%；对美国出口4.1亿美元，增长7.7%；对东盟出口2.6亿美元，增长26.2%；对香港出口2.2亿美元，增长38%；对日本出口0.68亿美元，增长25.8%。

招商引资规模较小。全年新签利用外资合同项目32宗。实际利用外资1.26亿美元，增长12.1%，其中制造业占69%，批发和零售业占21.8%。

【交通、邮电和旅游业】　2011年，潮州市交通、仓储和邮政业实现增加值19.2亿元，比上年增长12.9%。全年货运量为2 990万吨，增长26.8%，货物周转量132.1亿吨公里，增长26.2%，客运量为2 749万人，增长31.8%；旅客周转量为33亿人公里，增长28.3%。境内等级公路通车里程为5 000公里。港口货物吞吐量935.6万吨，增长47.3%。全市年末机动车拥有量55.45万辆，比上年增长2.2%。民用汽车保有量达到12.82万辆，比上年末增长15%。其中，私人汽车11.23万辆，增长16.8%。民用轿车保有量达到6.98万辆，增长18.3%，其中私人轿车6.55万辆，增长19.4%。摩托车42.58万辆，比上年下降1.1%。

2011年潮州市邮电通信业务总量21.7亿元，增长13%。年末电话交换机总容量212.7万门，与上年持平。固定电话总用户62.22万户，比上年增长4.4%，其中城市电话32.32万户，乡村电话29.9万户。小灵通用户2.36万户，比上年下降42.7%。移动电话装机总容量307万门，比上年增长0.7%。移动电话总用户174.8万户，比上年增长5.4%。电话及移动电话普及率达到89.2部/百人。全市互联网固定用户29.8万户，比上年增长21.1%。

2011年，全市旅游收入63.5亿元，比上年增长17.2%；接待海内外游客人数418.2万人次，增长16.9%；其中，接待海外游客46.5万人次，增长15.3%，接待国内游客371.7万人次，增长17.1%；客房出租率达70%。

【金融和保险业】　2011年末，全市金融机构本外币存款余额743.2亿元，比年初增长13.8%；其中城乡居民储蓄存款余额510.2亿元，比年初增长10.6%。金融机构本外币贷款余额256.6亿元，比年初增长17%。

2011年，潮州市实现保费收入17.7亿元，比上年增长6.4%，其中，人身保险业务保费收入13.9亿元，财产保险业务保费收入3.8亿元，分别增长3.8%和17.5%；共支付各项赔款和给付5.4亿元，比上年增长30%，其中，人身保险赔付支出3.5亿元，增长32.8%；财产保险赔付支1.9亿元，增长25.2%。

对外经济与区域合作

对外经济

【综述】 广东省对外经济从2010年开始逐渐摆脱国际金融危机的负面冲击，开始进入常规增长轨道。2011年影响我国经济运行的基本因素没有发生明显变化。2011年，广东对外贸易继续保持增长态势，但增速有所回落。

【进出口增幅有所回落，外贸形势严峻】 2011年广东省外贸进出口总值为9 134.8亿美元，比2010年增长16.4%，跨越8 000亿美元直接登上9 000亿美元的新台阶，占全国进出口总值的25.1%，连续24年居全国首位，但比广东省2010年的增幅下降12.0个百分点，与全国增幅的差距继续拉大，比全国22.5%的增幅低6.1个百分点。其中，广东出口5 319.4亿美元，增长17.4%；进口3 815.4亿美元，增长15%。2011年广东外贸顺差1 504亿美元。

2011年下半年以来，广东各月的进出口增幅不断收窄，呈逐月回落之势，12月进出口增幅仅为3.7%。受欧美经济复苏的不确定性、国内经济的下行风险、原材料、劳动力等生产经营要素价格持续上涨和全球贸易保护主义抬头的因素影响，广东外贸形势依然严峻。

【高新技术产品进口平稳增长，进口关税调整将增强企业进口动力】 2011年广东进口高新技术产品1 657.1亿美元，比上年同期增长11.2%。2011年以来，除2月外，广东高新技术产品月度进口值均保持在130亿美元以上高位，且稳中有升；前3季度的月度进口增速则呈现震荡回落态势，从1月的56.2%降至8月的6.3%，9月更是出现负增长；第4季度增速有所回升，12月广东进口高新技术产品148亿美元，增长6.7%。

主要以加工贸易方式进口，一般贸易进口增速较快 2011年，广东以加工贸易方式进口高新技术产品968.4亿美元，增长10.1%，占广东进口高新技术产品总值的58.4%；同期，以一般贸易方式进口418.3亿美元，增长14.9%，占25.2%；以海关特殊监管区域物流货物方式进口179.2亿美元，增长4.3%，占10.8%。

外商投资企业为进口主力，私营企业进口增长迅速 2011年，广东外商投资企业进口高新技术产品1 120.6亿美元，增长10.5%，占广东进口高新技术产品总值的67.6%；同期，私营企业进口334.8亿美元，大幅增长24.4%，占20.2%；国有企业进口172.4亿美元，下降8.3%，占10.4%。

主要自亚洲地区进口，自欧盟进口小幅增长 2011年，广东自台湾进口高新技术产品279.6亿美元，增长3.6%；自东盟、韩国、日本分别进口273.5亿美元、261.2亿美元、170.7亿美元，分别增长7%、24%、5.1%；自上述4者进口值合计占广东进口高新技术产品总值的59.4%。同期，自欧盟进口67.1亿美元，增长2.5%。

过半为电子技术产品，计算机与通信技术产品、计算机集成制造技术产品大幅增长 2011年，广东进口电子技术产品848.7亿美元，增长7.4%，占广东进口高新技术产品总值的51.2%；同期，分别进口计算机与通信技术产品、光电技术产品和计算机集成制造技术产品469.8亿美元、188.2亿美元和73.7亿美元，分别增长22.3%、2.3%和24.9%，三者合计占总值的44.2%。

【民营企业进出口快速增长】 2011年，广东民营企业月度进出口总值保持较高水平但增速放缓，其中一般贸易进出口占7成，加工贸易进出口增速略有所放缓；机电产品出口占五成，传统劳动密集型商品出口增速较缓；废金属进口增速大幅回落，自动数据处理设备及其部件进口大幅增长。

据海关统计，2011年广东民营企业（包括集体企业、私营企业及个体工商户）进出口总值为2 412.5亿美元，比上年增长25.5%，低于上年增速14.2个百分点，但高于同期广东进出口总体增速9.1个百分点。其中，出口1 502.1亿美元，增长28.8%；进口910.4亿美元，增长20.5%。

2011年度广东民营企业月度进出口总值保持较高水平但增速放缓，12月进出口总值创新高。今年以来，广东民营企业进出口月度总值总体呈高位震荡态势，除2月份受春节假期影响进出口值偏低外，其余月份月度进出口值均保持在200亿美元左右震荡，但增速放缓，从年初的增长47.8%到年末的增长6.3%，一路放缓。12月，进出口总值为218.4亿美元，增长6.3%，创月度进出口值历史新高；其中出口138.5亿美元，增长10.9%；进口79.9亿美元，下降0.8%。

一般贸易进出口占七成，加工贸易进出口增速略有所放缓 2011年，广东民营企业以一般贸易方式进出口1 704.3亿美元，增长22.3%，占同期广东民营企业进出口总值的70.6%，其中，出口1 099亿美元，增长24.6%；进口605.3亿美元，增长18.4%。同期，以加工贸易方式进出口455.3亿美元，增长24.2%，低于上年同期增速7.8个百分点，占18.9%。其中，出口312.6亿美元，增长34.4%，低于上年同期增速3.2个百分点；进口142.7亿美元，增长6.4%，低于上年同期增速16.8个百分点。

对香港出口保持大幅增长，东盟为最大进口来源地 2011年，广东民营企业对香港出口396.3亿美元，大幅增长53.8%；对欧盟和美国分别出口

213.2亿美元和179亿美元，分别增长13.8%和10.7%；对以上三者出口合计占同期广东民营企业出口总值的52.5%。同期，广东民营企业的进口来源地为东盟、欧盟和台湾，分别进口180.5亿美元、99亿美元和94.8亿美元，分别增长30.3%、16.7%和12.5%；自日本和韩国分别进口90亿美元和82.5亿美元，分别增长23.4%和21.6%，自上述五者进口合计占同期广东民营企业进口总值的60%。

机电产品出口占五成，传统劳动密集型商品出口增速较缓 2011年，广东民营企业出口机电产品761.7亿美元，增长25.7%，占同期广东民营企业出口总值的50.7%；其中电器及电子产品出口457.4亿美元，增长29.6%。同期，纺织品、家具及其零件、鞋类三大主要传统劳动密集型商品出口增幅均低于总体，合计出口336.4亿美元，占同期广东民营企业出口总值的22.4%，比重下降2个百分点。此外，贵金属或包贵金属的首饰出口39.6亿美元，急剧增长1.2倍。

废金属进口增速大幅回落，自动数据处理设备及其部件进口大幅增长 2011年，广东民营企业进口机电产品462.5亿美元，增长22.6%，占同期广东民营企业进口总值的50.8%，其中，集成电路进口172.8亿美元，增长18.5%；进口废金属78.2亿美元，增长16.4%，低于去年同期增幅56.6个百分点；废塑料进口17.2亿美元，减少13.9%。

【广东出口家具及其零件149.3亿美元】 根据海关统计，2011年广东出口家具及其零件(家具)149.3亿美元，比上年增长10.4%，并在12月份创历史新高。2011年，广东家具月度出口值走势的季节特征非常明显，除2月外其他月份的出口规模均有不同程度的增长，其中1、3、4月的增幅都超过了30%，其他月份的增幅均低于10%。12月份当月出口达到15.4亿美元，同比增长8.7%，环比增长6.1%，创历史新高。

【广东口岸汽车进口量增加近五成】

2011年经广东口岸累计进口汽车25.4万辆，比上年同期增加47.8%，价值116亿美元，增长64.9%。2011以来，经广东口岸汽车单月进口量一路平稳上涨，其中11月份进口3.1万辆，创历史新高，同比增加56.6%。虽较2010年月度汽车进口动辄成倍增长的势头明显放缓，但各月仍均能保持两位数以上的增长，单12月进口2.6万辆，同比增加25.8%，环比减少17.2%。

自欧盟进口占近六成，自日本市场进口逐渐恢复震前水平 2011年，经广东口岸自欧盟进口汽车14.7万辆，增加85.4%，占同期经广东口岸进口汽车总量的57.8%；自日本进口6.2万辆，增加1%，占24.4%，基本恢复到地震前水平；此外，自韩国进口2.3万辆，增加31.5%。

外商投资企业进口占近8成，国有企业进口激增。2011年，外商投资企业经广东口岸进口汽车19.8万辆，增加40%，占77.9%；同期，国有企业和私营企业分别进口汽车4.6万辆和9 382辆，分别增长1.3倍和15.6%。

中等排量车是主要进口车型 2011年，经广东口岸进口排量在1.5至3升的中等排量乘用车（包括小轿车、小客车和越野车）18.7万辆，增加48%，占73.7%。同期，进口排量在3升以上的大排量乘用车3.5万辆，增加17.2%，占14%；排量在1.5升以下的小排量乘用车1.8万辆，增加4.4倍，占7.3%。

【广东汽车零部件市场出口】 2011年，全球汽车市场呈现稳定的增长态势，国际市场对汽车零件需求相应增加，同时国产汽车出口快速增加，带动相应维修零配件出口也有较快增长。据广州海关统计，2011年广东出口汽车零件26.9亿美元，比2010年增长20.9%。

汽车零件出口值连续26个月同比保持正增长 2011年12月出口值创2008年以来月度新高。2011年除2月份外，广东汽车零件月度出口值均保持在2亿美元以上的较高水平，且自2009年11月以来连续26个月出口同比实现正增长。其中，12月份出口2.6亿美元，同比增长24.6%，为2008年以来月度最高值。

一般贸易为主要出口方式，占比重超六成 2011年，广东以一般贸易方式出口汽车零件17.3亿美元，增长22%，占同期广东汽车零件出口总值的64.2%；同期，以加工贸易方式出口8.7亿美元，增长19.7%，占32.4%。

三大市场出口均实现正增长 2011年，广东对美国出口汽车零件6.3亿美元，增长23.4%；对欧盟出口3.8亿美元，增长22.6%；对日本出口3.7亿美元，增长14.1%。对上述三大市场的出口同比都实现了增长。此外，对东盟和韩国分别出口汽车零件2.3亿美元和4 793万美元，分别增长51.8%和52.4%。

外商投资企业出口占半壁江山，且快速增长 2011年，广东外商投资企业出口汽车零件15.6亿美元，增长22.4%，占同期广东汽车零件出口总值的58.1%；同期，私营企业出口7.6亿美元，增长20.3%；国有企业出口3.4亿美元，增长15.2%。

以出口车辆用零附件、车身零附件、车轮及其零附件为主 2011年，广东出口车辆用零件附件3.6亿美元，增长23.9%，占同期广东汽车零件出口总值的13.6%；出口车身（包括驾驶室）的零件附件3.4亿美元，增长29.8%，占12.5%；出口车轮及其零件附件2.9亿美元，增长10%，占10.7%。

电气照明装置和电气音响信号装置出口增长迅速 2011年，电气照明装置和电气音响信号装置分别出口1.8亿美元和0.7亿美元，分别增长52.4%和54.8%。此外，技术含量较高的汽车零件出口值仍不高，如自动变速箱仅出口2 295万美元，下降32.6%。

广东出口汽车零件保持增长的原因

2011年广东出口汽车零件保持增长的原因，一是主要汽车市场消费增长，刺激汽车零部件需求增长。2011年，全球主要汽车消费市场呈现增长态势。数据显示，2011年，美国汽车销量达到1 280万辆，同比增长10%；同期，巴西汽车销量累计343万辆，同比增长2.9%；德国汽车销量超过317万辆，同比增长8.8%。主要汽车市场的回暖直接带动了带动广东汽车零件出口保持增长。

二是我国汽车整车出口快速增长，带动维修用零件出口。据海关统计，2011年我国汽车出口82万辆，增加52.2%。我国汽车整车出口的快速增长，也从一定程度上带动了海外市场对国内生产的汽车零件的需求。

【2011年广东与东盟进出口贸易值超900亿美元】 2011年，东盟为广东第四大贸易伙伴，广东对东盟的进出口贸易值为931.5亿美元，比2010年同期（下同）增长15.5%，占同期广东进出口总值的10.2%。其中，广东对东盟出口379亿美元，增长21%，自东盟进口552.5亿美元，增长12.1%；贸易逆差为173.6亿美元，收窄3.4%。

2011年广东对东盟进出口贸易，月度进出口值保持稳定，一般贸易进出口增幅高于整体水平，保税监管场所进出境货物增幅明显。2011年，广东以一般贸易方式对东盟进出口440.6亿美元，增长21%，高于同期总体增幅5.4个百分点，占2011年广东对东盟进出口总值的47.3%;其中，出口220.2亿美元，增长26.1%，进口220.4亿美元，增长16.3%。同期，以加工贸易方式进出口375.5亿美元，增长7.1%，占2011年广东对东盟进出口总值的40.3%；其中，出口127.4亿美元，增长9.4%，进口248.1亿美元，增长6%。此外，保税监管场所进出境货物进出口72.6亿美元，增长45.4%，占7.8%。

外商投资企业进出口占逾5成，私营企业增势迅猛。2011年，广东外商投资企业对东盟进出口468亿美元，增长9.6%，占50.2%；同期，私营企业进出口305.6亿美元，增长33.7%，高于同期总体增幅18.2个百分点，占32.8%；国有企业进出口118.7亿美元，增长5%，占12.7%。

其中，马来西亚为广东在东盟的最大贸易伙伴国，对新加坡的进出口增幅最小。2011年，马来西亚、泰国和新加坡位列广东对东盟进出口贸易的前三甲，分别进出口234.3亿美元、197.3亿美元和175.4亿美元，分别增长11.8%、15.6%和1%。同期，对东盟新成员国（越南、缅甸、柬埔寨和老挝）的贸易发展增长迅速，分别进出口76.8亿美元、12.5亿美元、5.5亿美元和2亿美元，分别增长31.7%、1.9倍、64.7%和87.9%。

【广东对印度进出口贸易额突破百亿美元】 2011年广东对印度进出口105.3亿美元，比上年增长9.4%，占同期广东进出口总值的1.2%。其中，广东对印度出口85.6亿美元，增长9%；自印度进口19.7亿美元，增长11.1%；贸易顺差为65.9亿美元，同比扩大8.4%。

2011年，广东以一般贸易方式对印度进出口68.4亿美元，增长9.4%，占2011年广东对印度进出口总值的65%；其中，出口60.9亿美元，增长9.7%；进口7.5亿美元，增长3.6%。同期，以加工贸易方式进出口31.9亿美元，增长8%，占2011年广东对印度进出口总值的30.3%；其中，出口21.7亿美元，增长5%；进口10.3亿美元，增长15%。

2011年，广东外商投资企业对印度进出口43.2亿美元，增长9.7%，占同期广东对印度进出口总值的41%；同期，私营企业进出口38.3亿美元，增长28.3%，显示出较强劲的态势，占同期广东对印度进出口总值的36.4%；国有企业进出口16.1亿美元，下降6.9%，占15.3%。

广东2011年对印度出口机电产品61.5亿美元，增长6.6%，占同期广东对印度出口总值的71.8%。同期，出口值排前10位具体商品中除电话机、家具和自动数据处理设备的零件出现明显下降外，其他均保持不同程度增长。

【广东对俄罗斯贸易持续快速发展】

2011年，广东与俄罗斯双边贸易进出口总值为80.2亿美元，比上年同期（下同）增长31.9%，较同期广东外贸整体增速高出15.5个百分点。其中，对俄出口61.9亿美元，增长35.8%，较同期广东外贸出口增速高出18.4个百分点；自俄进口18.3亿美元，增长20.3%，较同期广东外贸进口增速高5.3个百分点。

2011年以来，广东对俄贸易规模持续扩大，除2月外，其余各月贸易额均维持在6亿美元以上，6月单月贸易额达8.3亿美元，为2011年年内最高值。12月当月广东对俄进出口达7.5亿美元，增长20.9%；其中，对俄出口达5.9亿美元，增长10.9%；自俄进口1.6亿美元，增长84%。此外，在国家大力扩大进口的政策影响下，粤俄贸易差额在3月增幅达到年内最高点20.7%后，呈缩小趋势，12月当月贸易顺差为4.4亿美元，缩小3%。

一般贸易占粤俄贸易总额六成以上

2011年，广东自俄罗斯以一般贸易方式进出口52.7亿美元，增长31.2%，占同期粤俄外贸总额65.7%；其中，出口42.1亿美元，增长40.2%；进口10.6亿美元，增长4.5%；分别占同期粤俄外贸出、进口总值67.9%和58.2%。同期，以加工贸易方式进出口21.2亿美元，增长29.8%；其中，出口18.6亿美元，增长28.3%，占30.1%；进口2.6亿美元，增长41.4%，占14.1%。

外商投资企业主导进、出口且增幅明显 2011年，广东外商投资企业对俄外贸总值达34亿美元，增长42.6%，占同期粤俄外贸总值42.4%；其中，对俄出口26.2亿美元，增长39.1%，占同期粤俄外贸出口总值42.3%；对俄进口达7.8亿美元，增长55.7%，占同期粤俄外贸进口总值42.6%。此外，私营企业对俄进口总值为28.5亿美元，增长20.4%，占35.6%。

机电产品出口持续增长，成品油和煤等能源产品进口增幅明显 2011年，广东对俄出口机电产品44.8亿美元，增长39.9%，占同期广东对俄出口总额的72.3%。此外，服装及衣着附件和鞋等传统劳动密集型产品出口保持较好增长态势。同期，自俄进口成品油95.8万吨，增长94.8%，进口均价每吨797.3美元，上涨32.4%；煤352.4万吨，增长2.5%，进口均价每吨116.1美元，上涨25.8%。此外，进口铁矿砂及其精矿18.4万吨，大幅增长2.3倍。

【广东召开全省外经贸工作会议】

2011年1月17日，广东省政府在广州召开全省外经贸工作会议，贯彻落实中央经济工作会议、全国商务工作会议和省委十届八次全会精神，总结“十一五”时期全省外经贸工作，研究部署“十二五”时期和2011年的外经贸工作任务。广东省委副书记、省长黄华华出席会议并作讲话，副省长刘昆主持会议。

会议指出，“十一五”时期，广东省外经贸发展呈现速度质量同步提升、结构效益日益优化、协调性稳定性不断增强、国际竞争力显著增强的良好格局，跃上历史性新台阶，为推动全省经济社会平稳较快发展作出了重要贡献。主要体现在八个方面：一是外经贸总量实现新跨越，二是进出口结构调整取得新突破，三是吸收利用外资质量实现新提升，四是加工贸易转型升级取得新进展，五是实施“走出去”战略取得新成效，六是对外经贸交流活动取得新成果，七是区域经济合作格局实现新拓展，八是口岸大通关建设迈出新步伐。

会议强调，要加快外经贸转型升级，不断增创广东省外经贸发展新优势。“十二五”时期，广东省外经贸工作要深入贯彻落实科学发展观，以科学发展为主题，以加快转变经济发展方式为主线，围绕加快转型升级、建设幸福广东的核心，坚持面向世界、服务全国，坚持出口和进口并重，坚持“引进来”与“走出去”并进，加快外经贸转型升级，加快构建并不断完善内外联动、互利共赢、安全高效的开放型经济体系，努力增强国际竞争力，建设外经贸强省。力争全省进出口贸易总额年均增长7%左右，到2015年超过1万亿美元。必须做到“四个突出”：突出稳定拓展国际市场份额，突出加快转型升级，突出提高质量效益，突出培育外经贸新增长点。

会议要求，2011年广东省外经贸工作着力抓好以下六个方面工作：一要以结构调整为主攻方向，不断提升外贸竞争力。二要以内延增值和外延拓展为途径，推动加工贸易加快转型升级。三要以提高吸收利用外资质量为目标，狠抓招商选资。积极推进招商引技、招才引智工作，创新招商方式。四要以政策引导和创新扶持为保障，推动企业加快“走出去”。五要以拓展发展空间为导向，深化区域经贸合作。六要以服务机制和体制建设为重点，不断优化外经贸发展环境。

会议强调，要重点抓好贸易结构调整优化、大项目引进以及各类载体建设工作；抓好加工贸易企业转型升级、自主品牌建设和粤港澳台合作基地建设，推动珠三角地区的外向型企业向粤东西北地区梯度转移；抓好新型外贸促进政策体系建设、粤东西北地区口岸配套设施建设以及贸易摩擦应对、外经贸发展资金落实工作。

【第109届广交会】 2011年4月15日至5月5日，第109届中国进出口商品交易会（广交会）在广州中国进出口商品交易会展馆举行。

本届广交会进口展区分两期举办，展览面积为2万平方米，共设873个展位，比上届增加26个。为提高进口展区的专业化水平，本届广交会进口展区进一步优化、压缩展品类别，整体题材数量由12个减少至7个。

出口展区由48个交易团组成，来自全国两万多家资信良好、实力雄厚的外贸公司、生产企业、科研院所、外商投资、独资企业、私营企业参展。

新兴市场增势明显 据广交会主办方的统计数据显示，109届广交会到会采购商超过20万人，来自209个国家和地区，比第108届增长3.93%，比第107届增长1.52%。

109届广交会，来自美国、欧盟、日本、香港的采购商分别下降3.6%、15.1%、9.96%、3.2%。此外，中东地区受动荡局势影响，也下降1.53%。但来自新兴市场的采购商出现了良好的增长势头，并带动本届广交会客商到会整体呈较明显增长。与会新采购商累计72 431人，比上届增长12.1%，占与会总人数的35%，较上届增加2.6%。据统计，东盟、金砖国家（巴西、俄罗斯、印度、南非）均增长21.4%。

受成本汇率影响中短单居多 109届广交会出口成交368.6亿美元，增长5.8%，其中对美国、欧盟、金砖国家分别增长12.4%、14.1%、30.1%，但对日本、东盟、香港则分别下降19.1%、3.7%、16.8%。受到政局混乱影响的中东地区更出现11.4%的下降幅度。

由于采购商对后市仍存疑虑，下单谨慎；出口企业担心政策调整和成本上升，短单占比进一步加重，不敢接长单。据广交会数据显示，本届广交会中短单占90%，长单仅占10%。以纺织产品为例，纺织品一直是我国最重要的传统大宗贸易商品之一，但在本届广交会上，纺织企业纷纷表示当前成本压力较大，尤其是汇率不稳定令其不敢接长单。

【第110届广交会】 2011年10月15日至11月4日，第110届中国进出口商品交易会（简称广交会）在广州琶洲展馆盛大开幕。中共中央总书记、国家主席、中央军委主席胡锦涛致信祝贺，中共中央政治局常委、国务院总理温家宝出席开幕式并发表讲话。

素有中国外贸“晴雨表”和“风向标”之称的广交会，在欧洲深陷债务危机、世界经济复杂多变及中国入世十周年背景下举行，仍吸引了210个国家和地区逾20万名采购商参会，人数再创历史新高，出口成交379亿美元。

实现到会出口双增长 110届广交会总体运行平稳，圆满完成了“稳增长、促平衡、提质量”三大中心任务，实现了采购商到会和出口成交双增长。110届广交会成交额达379亿美元，位列广交会历史成交数据第二位。截至2011年11月3日，110届广交会累计到会采购商209 175人，来自210个国家和地区，比第109届同期

增长1%，比第108届同期增长4.97%，创历史新高。从数据看，本届与会采购商人数最多的是亚洲，到会人数达113 375人，占总人数的54%，欧洲、美国分列第二、三位。尽管欧美与会人数增加，但成交锐减，实际成交分别下降19%和24%。

新兴市场相对活跃 相对于欧美市场而言，新兴市场相对活跃。印度、俄罗斯、巴西等新兴经济体成交增长9%。非洲、亚洲、拉美等潜力市场成交增长39%。此外，日本震后需求释放，到会采购商和成交分别增长29%和28%。

中短单占比居高不下 本届广交会中短单占比居高不下，长单比重仍然偏低。6个月以内的中、短订单占比达到88%。在中短单当中，又以1—3个月的短单为主。

【第八届中国国际中小企业博览会】

2011年9月22日，第八届中国国际中小企业博览会暨中泰中小企业博览会在广州国际会议展览中心隆重开幕。中共中央政治局委员、国务院副总理张德江出席开幕式，宣布中博会开幕，并参观了中外展馆。工业和信息化部副部长苏波、泰国工业部部长汪纳腊·参努坤在开幕式上分别致辞。开幕式由中博会组委会副主任、广东省副省长陈云贤主持。

第八届中博会得到了各级政府的高度重视，在各地中小企业主管部门和有关行业协（商）会的积极组织下，广大中小企业积极参展。展会共有展示面积10万平方米，其中境内展区展位3 561个，参展企业近2 223家；境外展区展位1 512个，有来自33个国家和地区的817家企业和机构参展。

中博会设有展馆10个。其中境内展馆7个，分别为机械电子、纺织服装、食品医药、建材家居、餐饮设备及食材辅料等行业展区，以及广东民营企业转型升级展区、中小企业服务业展区；境外馆3个，分别为泰国国家展区、亚欧和国际节能与环保技术展区、港澳台展区。参会客商近9万人。

第八届中博会主宾国泰国，以“绿色可持续生活方式”为主题，展示面积1万平方米，近200家中小企业参展参会，涉及食品饮料、化妆品、保健品、旅游、文化等领域，重点突出旅游、电影、软件、卡通等行业。第八届中博会首次设立了嘉宾国。本届嘉宾国俄罗斯有近150家企业参展参会，涵盖工业、服务、高新科技、节能环保、机械、建筑、生活消费品、食品及农产品等九大领域。

为期四天的中博会，坚持“加强合作，扩大交流，互利共赢，携手发展”的办会宗旨，以更专业的供需对接、更具针对性的活动安排，积极服务于中小企业转型升级、转变经济发展方式的需求。除了中小企业产品和技术的展示、洽谈和贸易外，还组织了旨在提高中小企业素质的一系列重要活动，如：以“创新助力成长，服务助推转型”为主题的中国中小企业高峰论坛，以“改善小企业金融环境，创新金融服务”为主题的银企对话活动，以“政府合作，推动中小企业迈向国际化”为主题的亚欧中小企业发展研讨会，“企业家素质提升与企业成长”专题培训，中小企业信息化论坛、中小企业资本市场运作以及国际贸易研讨会、建材市场趋势论坛、采购说明会等。这些活动不仅有助于中小企业开拓视野，为参展参会的中小企业带来新的发展机遇。

【广东省政府召开全省促进进口工作会议】 2011年10月25日，广东省政府在广州召开全省扩大进口工作会议，贯彻落实胡锦涛总书记、温家宝总理最近视察广东重要讲话精神和国家关于扩大进口工作的一系列决策部署，按照“稳增长、调结构、促平衡”的要求，对进一步扩大进口，促进产业转型升级和对外贸易协调发展，进行动员和部署。广东省委常委、常务副省长朱小丹出席会议并作重要讲话，副省长招玉芳主持会议。

朱小丹指出，扩大进口是我省促进经济结构调整、加快产业转型升级的迫切需要，是促进贸易平衡、实现外经贸可持续发展的内在需要，是保障我省经济安全和提高人民生活水平的现实需要，具有重大的战略意义。

朱小丹强调，当前和今后一个时期，我省的外经贸工作要牢牢抓住重要战略机遇期，实行更加积极主动的对外开放战略，要以扩大进口为突破口，坚持稳增长、调结构、促平衡的有机统一，特别要把促进进口与稳定出口结合起来，着力扩大进口规模，优化进口结构，全面提升进口的综合效益。2011年在确保实现原定进口增长8.5%的基础上，力争进口增速达到两位数。“十二五”时期，促进进口贸易方式结构、商品结构、市场结构和主体结构进一步优化，实现产业转型升级所需先进技术、先进设备和资源性产品进口有较大幅度增长，逐步实现进出口增长速度相协调，逐步缩小我省进口增幅与全国的差距，力争达到或超过全国平均进口增幅，促进进出口贸易趋向平衡、协调发展。

朱小丹要求，促进进口要着力抓好以下六个方面工作：一是加快优化进口贸易结构，坚持以扩大进口促进转型升级；二是全力加大重点进口市场开拓力度，促进进口市场多元化；三是加快进口平台和渠道建设，构建辐射能力更强的进口配套服务环境；四是加强对进出口企业的服务，提升贸易便利化水平；五是加大对扩大进口的财税、金融政策引导支持力度；六是抓好外经贸战略转型关键环节，拓展我省进口发展空间。

副省长招玉芳对贯彻落实会议精神，提出三点要求，一是加强组织领导，迅速传达贯彻落实会议精神；二是拿出工作方案，采取得力措施抓紧、抓实扩大进口工作；三是强化检查督办，确保顺利完成全年外经贸发展目标。

【智利对外贸易促进会在广州举行，向粤企伸出橄榄枝】 2011年11月8日，智利对外贸易促进会在广州举行“品味智利”系列贸易促进活动。会上，智利驻华大使路易斯·施密特·蒙特斯、智利外国投资委员会执行副主席马蒂亚斯·莫利向粤企大力推介了智利的红酒、猪肉、水果、海鲜等食品，并欢迎广东企业家到智利投资。

“2010年，智利对中国出口总额达174亿美元，较2009年增长了39%，而较金融危机之前的2008年则增长了92%。因此，中国仍然是2007年以来智利最主要的外贸出口目的地。”路易斯表示，智利与中国有着悠久和稳定的双边关系，这是促使两国关系不断增强的关键因素。

路易斯表示，广东是中国经济最发达、最有活力的省份，智利非常重视与广东的经贸关系，前不久智利刚在广州建立了驻穗领事馆。

【省府召开专题工作会议，部署明年外经贸工作】 2011年11月17日，广东省政府在广州召开专题工作会议，贯彻落实中共中央政治局委员、省委书记汪洋2011年11月2日在外贸企业负责人座谈会上的重要讲话精神，研究部署下一阶段工作和明年外经贸工作总体安排。副省长招玉芳、陈云贤出席会议并讲话。

会议强调，各地各有关部门要认真贯彻落实汪洋书记11月2日的重要讲话精神，突出重点，强化措施，加快推动全省外经贸转型升级。一是支持企业抢抓订单，大力开拓国外新兴市场。要加大对在这些新兴市场举办或组织开展贸易推广活动的政策扶持力度。二是鼓励企业开拓内销，延伸加工贸易产业链条。要加强内销平台建设，积极引导消费本省产品，简化加工贸易保税货物内销手续。三是推动企业扩大进口，加大力度促进用汇。四是支持企业转型升级，提高产业整体发展水平。五是优化外经贸发展环境，为企业发展创造良好条件。要进一步发挥行业协会作用，加大对引进人才的支持力度，优化服务。六是突出解决重点问题，切实缓解企业面临的困境。要减轻企业税费负担，千方百计解决融资难题，切实缓解企业用地难、用工难、用电难等问题。

会议要求，要紧紧围绕“转型升级”，切实做好下一阶段外经贸工作。一是着力扩内需稳外需，实现内外需协调拉动。二是着力加强技术改造，大幅提高生产效率。要引导企业用好技术改造的优惠政策，扩大先进技术和设备、原料物资和服务技术的进口。三是着力推动优势企业兼并重组，促进企业做强做大。四是着力推动企业研发创新，提高自主创新能力。要加快完善有利于创新的体制机制建设，加大创新投入。五是着力发展生产性服务业，推进产业高端化。六是着力加强和改进政府服务，增创政务环境新优势。七是着力抓好要素保障，提高经济运行调节水平。要切实抓好煤电油运等要素供应保障，把要素短缺对经济运行的影响降到最低。

【第二届世界客商大会】 2011年12月5日，近百个客属团体、1 000多名来自世界各地的知名客商参加了在梅州举行的第二届世界客商大会。中共中央政治局委员、省委书记汪洋出席开幕式并宣布开幕，全国政协副主席、中华全国工商联主席黄孟复发来贺信，中央委员、原省长黄华华为“广东客家商会”授牌，省委副书记、代省长朱小丹代表省委、省政府讲话，副省长招玉芳主持开幕式。

本届世界客商大会由省政府主办，以“彰显客商精神，共谋合作发展”为主题，共签约项目53个，投资总额831.5亿元，其中现场签约的有梅州、惠州、韶关、河源、清远5个市共22个项目，投资总额690亿元。大会期间举行了梅州市招商引资重点项目奠基动工竣工仪式、“客商研究院”挂牌揭幕仪式，进一步加强海内外客商及商会之间的联络、交流与合作，传承客家精神，展示客商风采，促进经贸合作。

汪洋、黄华华、朱小丹等还出席了梅州市招商引资重点项目奠基动工竣工仪式，为梅州市文化产业园、中国南方稀土科技城奠基培土，出席了广东赛翡科技有限公司年产2 500万片蓝宝石项目投产仪式。同时考察了梅州紫晶光电科技有限公司，该公司所运用的工艺技术和使用的专用设备均来自自身的研发和制造，填补了我国第三代可记录蓝光光盘生产的空白。在梅州举行奠基动工、竣工仪式的项目共30个，投资总额473.97亿元。

区域合作

【亚太经济合作组织工商咨询理事会（ABAC）2011年第一次会议】

2011年2月14—18日，亚太经济合作组织工商咨询理事会（ABAC）2011年第一次会议在广州举行。在ABAC广州会议新闻发布会上，ABAC主席、宝洁亚太区主席戴碧涵表示，2011年ABAC第一次会议的主题是“21个经济体，21世纪共同繁荣”。而ABAC在2011年有5大工作重点：推动区域经济一体化、加强食品与能源安全建设、为中小企业可持续发展创造更好的发展环境、促进金融政策法规一体化以及为上述4个主题制定行动计划并促进计划的落实。

戴碧涵表示，在ABAC看来，建立亚太自由贸易区应当是亚太经济合作组织（APEC）要努力达成的一个非常重要的目标。ABAC将长期致力于为亚太自由贸易区进行定义、展开规划和扫除障碍，对最终建立亚太自由贸易区很有信心。

2月17日中午，广东省贸促会为ABAC广州会议代表举办了广东投资环境报告会。

2月17日晚上，省贸促会在广州香格里拉大酒店举行2011年ABAC广州会议“贺新春、庆元宵”联谊晚会。广东省副省长招玉芳、省政协副主席汤炳权，参加ABAC广州会议的亚太经济体政府官员、经济体企业代表，外国驻广州总领事馆、外国驻广州商协会代表，广东省有关部门领导和相关企业代表等出席。晚宴前，印尼CBA亚洲集团主席John Prasetio等9位来自亚太工商界的领袖签约出任广东国际商会名誉会长。同时，广东省贸促会与秘鲁对外贸易协会、泰国商会、华南美国商会签订双边紧密合作协议。

本次ABAC会议在广东举办，云集了亚太地区各经济体一些世界著名的商界领袖，为当前广东加大招商引资力度、加快转型升级、帮助企业“走出去”、进一步促进“世界500强”企业落户广东、增强广东企业和商协会组织与国际同行交往提供了一个难得的机遇。

【《粤澳合作框架协议》在京签署】

2011年3月6日，广东省政府和澳门特别行政区政府在北京人民大会堂签署了《粤澳合作框架协议》。中共中央政治局常委、国家副主席习近平出席签署仪式，并会见了广东省省长黄华华和澳门特别行政区行政长官崔世安等出席签署仪式的粤澳双方代表。中共中央政治局委员、国务委员刘延东，中共中央政治局委员、广东省委书记汪洋，全国政协副主席廖晖、何厚铧等出席签署仪式。黄华华、崔世安分别代表粤澳双方签署协议。

黄华华在致辞中说，粤澳双方签署合作框架协议，是粤澳两地贯彻“一国两制”方针、落实珠三角《规划纲要》、《横琴总体发展规划》和CEPA、携手推进更紧密合作的重大举措。黄华华说，党中央、国务院历来高度重视粤澳合作，胡锦涛总书记、温家宝总理、习近平副主席等中央领导多次要求拓展粤澳合作的深度和广度，着力提高粤澳合作水平。国家“十二五”规划对粤港澳合作提出更明确要求。黄华华表示，广东将把框架协议作为推进粤澳更紧密合作的纲领文件，明确工作分工，落实工作责任，加强督导协调，确保取得实效，使落实框架协议的过程，成为推动广东“加快转型升级、建设幸福广东”的过程，成为促进澳门经济适度多元发展的过程，成为共同打造世界级新经济区域的过程，成为两地携手发展共惠民生、建设优质生活圈的过程。

崔世安在致辞中表示，框架协议为澳门建设世界旅游休闲中心、加快经济适度多元发展创造了更有利的条件，为广大澳门居民的就业、学习和生活，以及澳门企业的提升发展创造了崭新的机遇。澳门将与广东共同完善落实机制，并成立跨部门工作小组，有效落实框架协议。

《粤澳合作框架协议》共8章38条10 000多字，全面涵盖了粤澳经济、社会、民生、文化等各合作领域，明确了新形势下粤澳合作的定位、原则、目标，确立了合作开发横琴、产业协同发展、基础设施与便利通关、社会公共服务、区域合作规划等合作重点，提出了一系列具体、务实、可操作的合作举措，并明确了完善合作机制建设等保障机制安排。框架协议提出合作开发横琴、共建粤澳合作产业园区，并积极探索政策创新，为粤澳合作搭建了良好平台。

【省院在京签订重大合作项目】

2011年3月10日，中国科学院与广东省全面战略合作重大项目签约仪式在北京举行。中共中央政治局委员、广东省委书记汪洋，中国科学院院长、党组书记白春礼，广东省委副书记、省长黄华华，中科院副院长施尔畏出席。签约仪式由广东省副省长宋海主持。

签约仪式之前，双方就进一步推进院省全面战略合作进行了会谈。汪洋表示，自2009年广东省政府与中科院签署全面战略合作协议以来，省院全面战略合作取得了显著成效。他指出，广东科技资源相对不足，与中科院合作是着眼未来发展的战略考虑。国家“十二五”规划更加突出以科学发展为主题、以加快转变经济发展方式为主线，进一步凸显科技的支撑作用。广东希望与中科院在高层次创新人才、重大科技项目、重要创新平台、新兴学科建设等方面加强合作，实现互利共赢，广东省将在土地、资金和政策等方面给予大力支持。

白春礼对汪洋同志就院省合作提出的工作要求进行了积极回应。他说，广东市场经济活跃，对科技非常重视，有良好的创新氛围。中科院不仅与广东省在科技成果转移转化、创新平台建设和人才培训培养等方面开展了很好的合作，还重点部署了散裂中子源、大亚湾反应堆中微子实验站等大科学工程。“十二五”期间，中科院进一步加强与广东的合作，以科技支持广东转型升级，努力构建“政产学研用”紧密融合的体制机制。

会谈后，施尔畏代表中科院分别与广州市委副书记、市长万庆良签署了“加快推进广州中国科学院工业技术研究院建设合作协议”，与东莞市市长李毓全签署了“共建中国科学院东莞云计算产业技术创新与育成中心意向书”。中科院秘书长邓麦村与佛山市副市长李子甫签署了“深化院市合作加强产业技术创新与育成中心建设协议”。

此次院市双方再度签署共建广州工研院协议，将重点在新能源、新材料、电子信息、节能环保、先进制造、现代服务等6个领域，开展产业前沿技术创新、系统集成创新、工程化研发和科技成果转移转化，至2015年广州工研院科研人员将超过1 000人，服务企业600家以上，带动企业新增销售收入超过100亿元。共建东莞云计算中心则是在中科院计算技术研究所东莞分部的基础上，进一步整合科技创新资源进行建设，未来五年中心和参股公司的人员规模将达到2 000人，服务企业10 000家以上，为社会企业新增销售收入200亿元以上。深化中科院佛山市合作，是以完善院市科技合作持续投入机制，建设国家技术转移示范机构，建立中科院人才落户绿色通道，培育集聚高端人才为主要内容。

【广东与韩浦项制铁签合作备忘录】

2011年3月21日，中共中央政治局委员、省委书记汪洋，省长黄华华在广州会见了韩国驻华大使柳佑益、韩国浦项制铁会长郑俊阳，并共同出席了广东省政府与韩国浦项制铁《战略合作备忘录》的签署仪式。

根据《战略合作备忘录》，广东省政府与韩国浦项将建立工作联络、信息人员交流、项目合作等机制，共同推进节能环保产业的发展。

“十二五”期间，广东围绕“加快转型升级、建设幸福广东”这个核心任务，重点发展高端装备制造业、先进制造业，浦项制铁拥有先进的制造和管理技术、强大的研发能力，加强双方合作，既有利于广东转型发展，也为浦项优化企业战略布局、增强竞争力提供了更多机会。双方以《战略合作备忘录》的签署为契机，进一步扩大合作领域、提升合作层次。汪洋表示，今年广东省将继续在韩国举行第二届“中国广东——韩国发展经贸论坛”，希望论坛进一步增进双方交流，务实推动合作取得新的实效。

柳佑益对广东提出“加快转型升级，建设幸福广东”给予高度评价，表示韩国政府高度重视并积极推动浦项与广东的合作。郑俊阳表示浦项愿与广东在物流、环保型汽车、绿色环保产业等领域开展务实合作，在促进广东产业转型升级同时实现企业自身发展。

【广东与全国知名民企合作发展共促转型升级大会】 2011年6月28日，广东与国内知名民企合作发展共促转型升级大会在广州白云国际会议中心召开，500多家省外知名民企共1 200多人参加此次大会。全国政协副主席、全国工商联主席黄孟复，中共中央统战部副部长，全国工商联党组书记、第一副主席全哲洙，广东省委副书记、省长黄华华，省人大常委会主任欧广源，省政协主席黄龙云等出席会议。黄孟复、黄华华作重要讲话。副省长佟星主持大会和签约仪式。汉能控股集团有限公司主席兼总裁李河君、中国明阳风电集团有限公司董事长张传卫在大会上发言。

此次大会的主题是“民企相聚广东，共促转型升级”，以推动民营企业转型升级为目的，以完善产业链为重点，以各类园区为载体，以地市招商为主体，依托广东省产业配套、市场环境、政府服务三大优势，大力引进战略性新兴产业、先进制造业、现代服务业和高科技产业项目，以此加快广东省经济发展方式转变、提升全省民营经济发展水平、增强产业发展后劲，促进经济社会又好又快发展。

此次大会合作项目签约引进800多家民营企业，投资总额1万多亿元，其中投向战略性新兴产业、先进制造业和现代服务业的投资额超过七成。大会现场签约项目164个，投资总额达4 579.82亿元。

【广东经贸团携108个经贸合作项目入疆】 2011年6月28日，第七届中国新疆喀什·中亚南亚商品交易会（喀交会）开幕式在喀什国际会展中心隆重举行，广东省委常委、副省长肖志恒出席活动仪式。仪式结束后，肖志恒一行参观了喀交会广东经贸团展区并考察了部分广东对口援建项目。

本届喀交会，广东省经贸代表团共有108个经贸合作项目，项目总金额达230.61亿元。广东经贸代表团由肖志恒任团长，企业总数约155家，总人数414人，涵盖了能源、电子信息等诸多行业。

肖志恒强调，下一步开展援疆工作要注意处理好四方面的关系，一是处理好援疆指挥部与当地党政领导和群众的关系，二是处理好改善民生与发展经济的关系，三是处理好产业援疆与人才援疆的关系，四是处理好努力工作与劳逸结合的关系。

【“2011粤港经济技术贸易合作交流会”在港开幕】 2011年7月7日，“2011粤港经济技术贸易合作交流会”在香港开幕。开幕式上，双方就25个前期洽谈成熟的项目签约，涉及金额20.4亿美元；此外，广东省还推出168个重点项目寻求合作。

为期两天的交流会，是自2006年以来广东省政府和香港特区政府第六次联合主办的交流会。两地工商界逾2 000名代表汇聚一堂，共同商议如何在“十二五”开局之年抓住新机遇，落实《粤港合作框架协议》，推进粤港的大合作、大发展。

广东省副省长招玉芳出席开幕式并致辞。她说，粤港两地地缘相邻、人缘相亲，改革开放，特别是香港回归以来，粤港经贸交流日趋紧密，合作可谓高潮迭起、好戏连台。

招玉芳表示，广东愿与香港工商界及广大投资者一道，在互惠互利原则下，进一步拓宽合作领域，提升合作水平，实现更高层次上的互利共赢。

香港特区政府财政司司长曾俊华呼吁香港业界深入了解广东省的投资环境，拓展新的商机，共同为粤港两地发展“加快转型升级”作出贡献。

据活动主办方介绍，交流会除了常规的粤港对口洽谈及政策咨询外，还举办了广东省地块招商推介会。推介会聚焦“旧城镇、旧厂房、旧村庄改造用地”，希望通过展示广东“三旧”改造工作成果和政策吸引外资落户，促进广东城镇化建设和产业结构调整。据统计，签订的地块招商投资金额约109亿美元，占整个交流会签约金额2/3，为广东吸引新一轮外资找到了重要的承接载体，为“三旧”改造提供了重要的资金来源，也为粤港抢抓“十二五”发展新机遇、共促产业转型升级打造了新的重要平台。

香港目前仍是广东吸收外商直接投资的首要来源地。2010年，粤港进出口贸易额（含转口贸易）达4 592亿美元，占广东省同期进出口贸易总额的58.5%。截至2011年5月，广东省累计引进港资企业11.3万家，实际吸收港资1 611.1亿美元，占该省实际吸收外资总额的61.6%。

【第二届“韩国—广东发展经贸论坛”】 2011年9月20日，由韩国知识经济部和广东省人民政府联合主办的第二届“韩国—广东发展经贸论坛”在韩国首尔隆重举行。论坛的主题为“强化技术及能源合作，增强经济发展新动力”，是进一步增进广东与韩国的了解交流、深化双方各领域合作的重要举措。广东省人大常委会主任欧广源、韩国知识经济部部长崔重卿出席论坛并发表主题演讲。

欧广源指出，2010年5月在广州举行第一届论坛以来，双方签署的合作项目进展顺利，特别是年产45万吨的广东顺德浦项钢板有限公司高级镀锌钢板项目已于2011年3月奠基，同时，广东省政府还与韩国浦项制铁签署了《战略合作备忘录》，共同推进节能环保产业的发展。这些合作成果充分体现了举办经贸论坛的重大意义。

欧广源强调，广东与韩国的合作有着坚实的基础，面临难得的历史机遇。当前，广东正在全面贯彻落实《珠江三角洲地区改革发展规划纲要》和广东“十二五”规划，着力构建现代产业体系，这为包括韩国企业在内的外国投资者提供了不少商机。无论是新材料、新能源、新工艺，还是节能环保产业、生物医药、先进机械制造，广东都是重要的市场。欧广源建议，希望双方进一步深化合作，特别是把广东的市场优势、要素成本优势，与韩国的技术优势、创新优势和人才优势有机结合起来，不但有利于提高广东的产业竞争力，而且更有利于扩大韩国企业在中国的战略布局和市场空间。

崔重卿指出，随着各项生产成本上升、人民币升值等影响，中国包括广东在内正在积极转变经济发展方式，双方企业要适应环境的变化，积极寻找新的合作模式。他希望充分发挥韩国—广东发展经贸论坛的作用，强化韩国与广东省之间的合作，并建议扩大战略性新兴产业的合作。韩国在IT、原材料、汽车等领域具有较强的竞争力，将重点对三大领域17项新增长引擎进行研究，与中国的7大战略性新兴产业相类似，希望两国企业能共同参与有关项目。另外，建议推动韩国与广东在绿色产业方面的合作，共同应对气候变化和能源危机；希望广东企业家继续关注韩国经济，加大对韩国的投资。

会上，东莞市九丰能源有限公司与韩国SKgas株式会社签订了2.6亿美元的进口LPG框架协议，振升环保机械公司与韩国电力公司签订了有关技术开发合作的谅解备忘录。大会还举行了韩国投资环境说明会、企业对口洽谈等活动，大大丰富了论坛内容，必将对加强双方企业交流合作、促进互利共赢发挥重要的作用。

【“2011粤港时尚生活汇展”在波兰华沙举行】 2011年9月21—23日，粤港联合在波兰华沙隆重举办“2011粤港时尚生活汇展”。举办汇展的主旨是为了推广粤港企业的优质产品及原创设计，促进粤港与波兰及中东欧的产业创新合作，推动双方的贸易发展。

9月21日，展会举行了隆重的揭幕仪式，波兰国务秘书奥杰德·津考斯基、波兰国会议员欧莱霍夫斯卡和中国驻波兰大使孙玉玺以及香港贸发局副总裁周启良、广东省对外贸易经济合作厅副厅长朱泽南等为展会致辞，并共同为展会揭幕。

2011年的“粤港时尚生活汇展”是连续第三年在华沙举办。本届广东省参展企业和展位数再创新高，共有110家企业参展，较上届增加了29家，主要来自电子、家居用品、家电、服装及配饰、玩具、照明、钟表等行业；展位总数为120个，较上届增加了30个；参会的企业家代表近240人。由于展会的影响力日益扩大，以及通过波兰国内报纸杂志、户外广告、召开新闻发布会等多种渠道的有效宣传，展会受到了广大采购商和新闻媒体的高度关注。

【2011中国（广东）—奥地利经贸洽谈会】 2011年9月26日（维也纳时间），由广东省对外贸易经济合作厅和奥地利商务局、维也纳商务局、奥地利德勤公司联合主办的“2011中国（广东）—奥地利经贸洽谈会”在奥地利首都维也纳成功举办。我国驻奥地利大使馆史明德大使、经商参处夏阳参赞，奥地利商务局国际部主任龚卡先生、维也纳商务局招商部中国和亚洲项目经理张晓军女士、奥地利德勤公司CEO卡瓦先生等出席会议。

史明德大使在致辞中对广东在中奥经贸合作中的地位和作用给予了充分肯定，希望通过此次活动进一步加深双方的了解，并带动更多广东企业家与奥地利开展贸易合作和洽谈投资。广东省对外贸易经济合作厅副厅长朱泽南在演讲中向参会客商介绍了广东经贸发展情况，并对广东与奥地利经贸合作的前景进行了分析和展望。奥地利商务局龚卡主任和维也纳商务局张晓军经理则分别向参会客商介绍了奥地利和维也纳的投资环境和为外来投资者提供的服务。

随后，26家广东企业与近70位奥地利参会客商进行自由洽谈，企业普遍认为通过此次活动增进了对奥地利市场的了解，部分企业结识了有意向合作的奥地利客商，回国后将进一步跟进。

我国驻奥地利大使馆经商参处夏阳参赞在参会并与粤奥双方企业交流后表示，此次经贸洽谈会的效果非常理想，优于国内在奥举办的类似活动，相信对促进两地的经贸往来，将起到良好的示范和推动作用。

【2011中国（广东）—乌克兰经贸洽谈会】 2011年9月28日（基辅时间），由广东省对外贸易经济合作厅和乌克兰工商会联合主办的“2011中国（广东）—乌克兰经贸洽谈会”在乌克兰首都基辅成功举办。这是继2011年5月在基辅举办了一次“中国（广东）—乌克兰经贸洽谈会”后，广东省对外贸易经济合作厅在基辅主办的第二次经贸洽谈会，也是广东省迄今为止在乌克兰举办的最大规模的经贸洽谈活动。我国驻乌克兰大使馆经商处参赞栾春生先生、乌克兰工商会第一副主席Victor Yanovsy先生、乌克兰国会议员、乌克兰—中国商会联合主席Valery Konovalyuk先生出席会议并致辞。

栾春生参赞在致辞中介绍了中国和乌克兰的经贸合作情况，并对广东在中乌经贸合作中的地位和作用给予了充分肯定，他高度评价了广东省近年来在扩大与乌克兰经贸合作方面所作的卓有成效的工作。广东省对外贸易经济合作厅副厅长朱泽南在演讲中向参会客商介绍了广东经贸发展情况，并对广东与乌克兰经贸合作的前景进行了分析和展望。乌克兰工商会第一副主席Victor Yanovsy先生向参会客商介绍了乌克兰的经济发展情况及投资环境；乌克兰国会议员、乌克兰—中国商会联合主席Valery Konovalyuk先生则介绍了乌克兰与广东经济文化交往的情况及设想。

随后，24家广东企业与近80位乌克兰参会客商进行对口洽谈。企业普遍对此次活动的效果表示满意，乌克兰客商亦显示出与广东企业加强合作的强烈愿望。洽谈会引起了当地媒体的广泛关注，中央电视台、光明日报、科技日报等国内媒体驻乌克兰记者站，乌克兰第五频道、RBK电视台、STB电视台以及商务新闻等超过10家媒体到会采访。

【广东与世界500强交流会】 2011年9月29—30日，由国家商务部和广东省政府联合举办的广东省与世界500强和境外大型企业合作交流会在广州召开。280家世界500强和境外大型企业，超过500名企业高层代表相聚在美丽的白云山麓，共商合作发展大计。

中共中央政治局委员、广东省委书记汪洋宣布合作交流会开幕，省委副书记、省长黄华华，省人大常委会主任欧广源，省政协主席黄龙云，商务部副部长王超，全国政协外事委员会副主任、中国对外贸易中心理事长马秀红，省委常委、常务副省长朱小丹，省委常委、秘书长徐少华，广州市委副书记、市长万庆良，深圳市委副书记、市长许勤等出席开幕式。

会议举行了广东省与世界500强企业和境外大型企业重点合作项目签约仪式。仪式由省外经贸厅厅长梁耀文主持，共有25个签约项目，涉及外资金额为27.62亿美元，合同外资19.62亿美元。

此外，新加坡伟创力公司全球总裁麦克·迈克纳马拉在会议上与参会嘉宾分享了在广东投资发展的经验体会。

在目前国际国内经济发展正面临着新的挑战和考验的形势下，世界500强和境外大型企业相聚广东，共同探讨如何对外发展，互利共赢，具有重要的现实意义。当前中国政府正加紧实施“十二五”规划，转变经济发展方式，需要外资发挥重要作用。广东省在全国占有举足轻重的地位，也为中国的改革开放和现代化建设取得了不少宝贵经验，此次商务部与广东省联合举办交流会，就是为了帮助更多企业深入了解广东情况，挖掘更多良机。希望代表了解广东、帮助广东，与广东加强合作、共谋发展。

据统计，本次交流会共签订外商直接投资项目233个，外商出资总金额217.65亿美元。其中，“三旧”改造项目8个，签约总金额33.44亿美元。233个外商直接投资项目中，与世界500强企业签约项目56个，外商出资金额83.87亿美元，占全部项目外商出资总金额的38.53%，投资项目主要分布在化工、商业、物流、战略性新兴产业、电子信息、基础设施及园区、机械、医药和其它等行业。

【广交会采购商与广东企业家交流会】 2011年10月17日，中国对外贸易中心和广东省对外贸易经济合作厅在广州香格里拉酒店联合举办了“广交会采购商与广东企业家交流会”。这是自105届广交会起双方联合举办的第八次大型交流活动。

中国对外贸易中心副主任刘建军和广东省对外贸易经济合作厅副厅长朱泽南到会并致辞。广东省110家企业的120多名参展商，来自欧洲、美国、俄罗斯、东盟、南美、及中国香港等20多个国家和地区的260多名国际采购商，以及主办方领导和嘉宾共390多人参加了活动。

本次交流会重点推介广东省最具出口优势的家用电器和建材产品。佛山市在会上作了产业专题推介和产品展示，进一步加深了国际采购商对广东地方特色产业的了解。

交流会作为广交会期间服务采购商和参展商的一项创新活动，进一步加强了广东省与其他国家地区的区域合作，对广东省对外贸易经济发展具有重要的意义。

【2011粤港—波兰经济技术贸易合作交流会】 2011年10月27日，粤港两地政府联合在波兰华沙举办“2011粤港—波兰经济技术贸易合作交流会”。粤港两地与波兰及其他欧洲国家的高层官员、工商企业界人士近2 000人出席大会开幕式。

会上，广东省省长黄华华在主题演讲中指出，近年来粤波粤欧合作特别是经贸合作保持良好发展势头，广东对欧洲投资迈出可喜步伐，双方互利合作基础良好、潜力巨大。黄华华强调，广东经济稳健良好，产业基础雄厚，市场空间广阔，粤港澳大珠三角新一轮发展前景广阔，与波兰乃至欧洲经济互补性强，进一步加强双方合作正面临难得的历史机遇。下一步要重点加强五个方面的合作：一是扩大相互投资合作，鼓励有条件的广东企业到欧洲投资兴业；二是扩大双方进出口贸易；三是加强科技教育合作；四是深化文化旅游合作；五是完善交流合作机制，搭建各类对接交流平台。

波兰副总理兼经济部部长帕夫拉克在致辞时指出，近年来中波友好合作特别是经贸合作与双向投资取得长足发展，双方的合作更加深入、更加均衡。波兰是中国企业进入中东欧乃至整个欧盟地区的桥头堡，近年来经济发展在欧盟地区一枝独秀，与粤港两地在经贸、投资、文化旅游等领域合作潜力巨大、商机无限。香港特区政府政务司司长林瑞麟表示，香港是全球最自由、最有创新力的经济体之一，是国际金融、贸易、航运中心，是进入中国大陆的重要国际门户，与广东联系合作紧密，正携手推进大珠三角世界级城市群建设，粤港两地与波兰乃至欧盟的合作前景十分广阔。

TCL多媒体科技控股有限公司的代表就投资波兰畅谈了经验和体会，指出良好的区位、相对较低的劳动力价格和普遍较高的受教育程度等，是促使企业选择波兰布局欧洲市场的前提条件，有信心在两年内使目前在波兰的生产基地成为TCL最大的海外生产基地；在香港开展业务的胜蓝律师事务所华沙公司代表也在会上分享了投资体会，盛赞大珠三角地区良好的投资营商环境，尤其是日新月异的发展变化蕴含的巨大商机。

经过大半年的前期接触、洽谈及考察，交流会期间共签订各类经贸合作项目金额98.48亿美元，其中外商直接投资项目金额13.27亿美元，贸易成交金额56.91亿美元，对外投资合作项目金额28.3亿美元。

本次交流会是波兰有史以来规模最大的经贸交流活动，为发挥粤港更紧密合作优势，联合推介大珠三角良好的投资营商环境，增进粤港两地与波兰工商企业界的沟通交流起到了重要的作用。

【陈云贤副省长会见中非发展基金总裁迟建新】 2011年12月7日，广东省副省长陈云贤在省政府会见中非发展基金总裁迟建新一行。陈云贤副省长认真听取了迟建新总裁关于中非发展基金设立和运行情况的介绍，就加强合作和积极利用中非发展基金平台支持广东省企业“走出去”进行了探讨。

陈云贤指出，广东省是对外贸易大省，进出口贸易总额约占全国的四分之一，企业对外投资的欲望强烈。非洲以其丰富的自然资源和发展潜力，正日益成为国际投资的热土。中非发展基金作为我国专注于对非投资的股权投资基金，为企业“走出去”搭建了很好的平台，经过几年的发展，积累了非常丰富的经验，有力地促进了中国企业对非投资。加强与中非发展基金合作，对帮助广东省企业开拓新市场，扶持企业做大做强，推进产业转型升级具有积极意义。广东省要进一步加强与中非发展基金的合作，充分利用平台资源，为广东省企业对非投资搭桥牵线，积极为中非合作发展作出努力。

【《CEPA补充协议八》在港签署】

2011年12月13日，《内地与香港关于建立更紧密经贸关系的安排》（简称CEPA）补充协议八在香港签署。《补充协议八》涵盖32项服务贸易开放和便利贸易投资的措施，其中包括16个服务领域的23项开放措施，以及加强两地在金融、旅游和创新科技产业等领域的合作。双方还同意完善货物贸易原产地标准和放宽香港服务提供者的定义及相关规定。

CEPA补充协议八的32项服务贸易开放和便利贸易投资的措施中，共有6项在广东先行先试。累计到目前为止，广东对港服务业扩大开放先行先试措施已达47项。

在保险业方面，在《补充协议八》下，允许香港的保险经纪公司，以优惠条件在广东省内设立独资保险代理公司，为保险经纪公司进入内地保险中介市场提供了新契机，推动粤港两地保险中介人之间的良性互动。

在建筑领域方面，通过互认取得内地建筑专业资格的香港专业人士，可以在广东省注册执业，并享有与内地拥有相同专业资格人士同等待遇。这些广东先行先试的措施，将进一步便利香港建筑专业人员在内地开业，有助促进两地专业融合。

在旅游方面，优化现有的广东省“144小时便利签证”政策，放宽预报出境口岸的规定，并适时研究调整成团人数规定的要求。

在分销方面，对于同一香港服务提供者在内地累计开设店铺超过30家、销售来自多个供货商的不同种类和品牌的产品（包括粮食），允许试点在广东以独资形式经营。

专家表示，这些广东先行先试的措施，将进一步便利香港专业人员在内地开业，有助促进两地专业融合。

【广东宁夏两省区签署旅游战略合作协议】 2011年12月13日，广东与宁夏旅游合作座谈会在广州举行，广东省副省长许瑞生、宁夏回族自治区副主席屈冬玉出席座谈会。而为进一步深化两地的旅游交流与合作，促进两地旅游产业共同发展，会上两省区旅游局还签署了《宁夏与广东两地进一步深化旅游战略合作协议》，共同开发双方旅游市场。许瑞生还表示，希望广东宁夏两地旅游业可以开展全方位、多层次的合作，推动两地旅游产业共同发展。

【2011海峡科技论坛】 2011年12月15日，由致公党中央委员会主办，广东省科技厅、致公党广东省委、省台办、东莞市政府承办的2011海峡科技论坛在东莞举行。全国政协副主席、致公党中央主席、科技部部长万钢，广东省副省长陈云贤和国台办代表及来自台湾的嘉宾讲话。

万钢希望粤台两岸以推动产业升级为牵引，提升两岸科技合作水平，增强各自的科技创新与转化能力，提高两岸经济的核心竞争能力，更好地应对日趋激烈的国际竞争；两岸充分运用启动建立经济合作机制的有利条件，共同推进两岸科技进步和创新，将两岸由生产制造阶段的合作走向更深层次的研发设计和基础研究阶段的合作，共同建立两岸技术交流和市场发展的新规则，使两岸同胞同享合作之利，同受合作之惠。

陈云贤表示，粤台两地发达的实体经济、丰富的金融资源和较强的区域创新能力为两岸加强科技交流、服务产业转型奠定了良好基础。此次论坛不仅为两岸科技界人士搭建一个交流对话的重要平台，也为广东省借鉴经验、扩展视野提供了大好机会。

在此次论坛上，两岸学术界和产业界人士分别就“创新型产业集群建设”“科技服务模式创新”“东莞科技投融资与台资企业升级转型”展开了精彩的演讲和交流。东莞市委常委、常务副市长冷晓明作为“东莞科技投融资与台资企业升级转型”分专题论坛的主持嘉宾同两岸的专家学者和企业家，就当前经济形势、台资企业融资困境、科技投融资政策、传统产业转型升级、台资企业在大陆上市等问题进行了交流与探讨。

开发区

综述

【简述】 我国创办经济技术开发区，是在邓小平亲自倡导并积极推动下，党中央、国务院作出的重要决策，是我国推进对外开放的重大战略步骤，也是中国特色社会主义建设的成功实践和重要组成部分。1984年国务院批准设立广州、湛江经济技术开发区，到2011年，广东省通过国家审核的国家级和省级各类经济开发区共有94个。

广东省设立开发区以来，积极推进开发区的建设，充分发挥开发区的特殊功能和作用，不断改善投资环境，加强招商引资工作，促进开发区持续、快速、健康发展。开发区从无到有，从小到大，逐步走向成熟，成为广东最具活力和潜力的经济区域，为广东经济社会的发展作出了贡献。

【广东省各类开发区发展历程】

1984年国务院开始设立国家级开发区，1991年广东省人民政府开始设立省级经济开发区，各类开发区经过多年的发展，成绩突出，成为地方经济的新亮点。随后，有些地方未经省政府同意，不顾当地条件擅自设立各类所谓的开发区，造成了“开而不发”“不开不发”的现象。从2003年开始，全国进行了开发区的清理整顿，撤销和整治了各类违规设置的开发区，进一步规范了开发区管理秩序。清理整顿工作结束时，广东省一共有92个开发区通过审核，属于经济类的有91个。2007年12月国务院新批准广州保税物流园区，2008年新批准广州南沙保税港区和深圳前海湾保税港区。全省94个经济类开发区中，国家级开发区25个，省级开发区69个。

经济技术开发区 1984年4月，国务院决定进一步开放沿海14个港口城市，并且批准在沿海地区设立经济技术开发区。首批国家级经济技术开发区的设立，是在沿海开放城市划定一定的区域，由所在城市管辖并赋予当地政府的经济管理权限，实行经济特区的某些特殊政策，集中力量创建符合国际水准的投资环境，按照“三为主、一致力”（即：以工业项目为主、以吸收外资为主、以出口为主，致力于发展高新技术）的发展方针健康成长，质量和水平不断提高，发挥了窗口示范辐射带动作用，取得了令人瞩目的成效，成为中国最具活力的特定经济区域。为了进一步提高开发区发展水平，2004年12月，吴仪副总理提出将“三为主、一致力”修改为“三为主、二致力、一促进”的发展方针，即：以提高吸收外资质量为主，以发展现代制造业为主，以优化出口结构为主；致力于发展高新技术产业，致力于发展高附加值服务业；促进国家级经济技术开发区向多功能综合性产业区转变。

广州、湛江经济技术开发区是1984年国务院批准设立的全国首批经济技术开发区。1993年，国务院又批准设立惠州大亚湾和广州南沙经济技术开发区。

高新技术产业开发区 截至2010年底，广东省共有8个国家级高新区，数量居全国首位，包括：广州高新技术产业开发区、深圳市高新技术产业园区、珠海高新技术产业开发区、佛山高新技术产业开发区、惠州仲恺高新技术产业开发区、中山火炬高技术产业开发区、东莞松山湖高新技术产业开发区和肇庆国家高新技术产业开发区。其中，东莞松山湖高新技术产业开发区和肇庆国家高新技术产业开发区于2010年升格为国家级高新技术产业开发区。

高端定位力推“双提升”——广东高新技术产业开发区近年来迎来了前所未有的发展机遇，全省掀起了一股加快高新区发展的热潮。2009年，广东省委、省政府召开全省高新技术产业园区工作会议，明确以高新区作为实施“双提升”（提升产业竞争力、提升自主创新能力）的战略突破口，将广东高新区定位为——全省自主创新核心区、现代产业体系先导区、国际科技合作承载区、体制机制创新先行区、科学发展模式示范区；出台了《关于加快高新技术产业开发区发展的意见》，在政策上加大了扶持力度，包括对国家级高新区依法赋予其市级经济管理权限和相关的行政管理权限；建立专项资金，3年投入5亿元，扶持广东高新区发展等等。同时，在应对国际金融危机过程中，高新区表现突出，高新技术产业实现逆势上扬。为此，2011年年初，国家正式启动了省级高新区升级工作。

在这些“利好”政策激励下，全省高新区加快了发展步伐，成为推动自主创新能力和产业竞争力“双提升”、促进经济发展方式转变的重要引擎。

集聚科技资源打造创新高地——近年来，广东高新区积极构建创新创业服务体系，加速集聚国内外创新资源，已成为全省创新体系的重要组成部分和创新活力最强的区域。高新区集中了广东约一半的高新技术企业，大多数的国家创新型试点企业，培育扶持了一大批上市公司。同时，高新区“创新集群”的溢出效应非常明显，通过成果转化、平台建设和人才流动等方式，促进了创新要素向周边区域的流动与扩散，带动了全省自主创新能力的快速提升。例如，东莞松山湖高新区建立了广东电子工业研究院、广东华南工业设计院、东莞华中科技大学制造工程研究院、东莞电子科技大学电子信息工程研究院等九大公共创新平台，区内企业研发投入占销售收入的比重大多超过5%。

发展创新集群构建现代产业体系

——目前，广东高新区已形成电子信息、先进制造、新材料、生物医药等四大高新技术产业集群。2011年，全省高新区中这四大高新技术产业工业产值占比超过80%。同时，新能源汽车、高端新型电子信息、LED等战略性新兴产业也率先在高新区孕育成型、茁壮成长起来。这说明，广东高新区集群化、高端化、集约化发展特征明显，已成为广东建立现代产业体系的先导力量。近年来，广东多个高新区已建成国家级的产业基地，形成了高新技术产业密集区域，带动了全省产业竞争力的提升。全省建成了广州高新区国家现代服务业基地、惠州仲恺国家通信高新技术产业化基地、中山高新区国家先进装备制造业高新技术产业化基地等多个新型产业集群。

海关特殊监管区 广东省目前共有各类海关特殊监管区15个，除汕头保税区位于粤东外，其余均分布在珠三角地区。

保税区——保税区是经国务院批准设立，海关实施特殊监管的经济区域，其功能定位为“保税仓储、出口加工、转口贸易”三大功能。保税区在体制创新、对外贸易、出口加工、内外市场联结方面，发挥着重要的作用。

1987年，深圳特区沙头角镇创办的我国第一个保税工业区的雏形，1991年，经国务院批准正式设立为深圳沙头角保税区，同时获得批准设立的还有深圳福田保税区，正式揭开了广东保税区发展的序幕。1992—1996年国务院又相继批准设立广州、汕头、珠海和深圳盐田港等4个保税区。截至2011年，广东省共有深圳沙头角保税区、深圳福田保税区、深圳盐田港保税区、广州保税区、汕头保税区和珠海保税区等6个保税区。

出口加工区——2000年4月27日，国务院批准了首批全国15个出口加工区，广州、深圳出口加工区属于全国首批之列。2005年国务院新批准了广州南沙出口加工区和惠州出口加工区。至2008年12月，全国共有出口加工区60个，广东省有4个。广州南沙出口加工区2008年通过国家有关部委联合验收，正式封关运作。

保税物流园区——广东省共有深圳盐田保税物流园区和广州保税物流园区2个保税物流园区。深圳盐田港保税物流园区于2004年8月经国务院批准成立，规划面积96公顷，由原盐田港保税区所在地发展而来；广州保税物流园区于2007年12月经国务院批准设立，设立在广州保税区规划面积范围内，与黄埔新港实行区港联动规划面积50.7公顷，2008年通过国家有关部委联合验收，正式封关运作。

珠澳跨境工业区——珠澳跨境工业区于2003年12月5日经国务院批复设立，该园区位于珠海拱北茂盛围与澳门西北区的青洲之间，通过填海造地形成，首期总面积为0.4平方公里，其中珠海园区面积约0.29平方公里，澳门园区面积约0.11平方公里。珠海园区作为珠海保税区的延伸区，由海关监管，实行保税区和出口加工区政策。珠澳跨境工业区以发展工业为主，兼顾物流、中转贸易、产品展销等功能。

保税港区——国务院于2008年10月正式批准同意设立广州南沙保税港区和深圳前海湾保税港区。广州南沙保税港区规划控制面积7.06平方公里，深圳前海湾保税港区规划控制面积3.71209平方公里。

省级开发区 1991年9月23日，广东省人民政府批准建立广东省清远扶贫经济开发试验区，标志着广东省省级开发区建设正式启动。随后，广东省人民政府先后批准了一些市县，特别是经济欠发达的东西两翼和北部山区设立经济开发试验区。经国家清理整顿后，全省保留了69家省级开发区。

广东省开发区设立以来，在推动社会经济发展、体制创新、产业升级、区域协调发展等方面取得了令人瞩目的成就，充分发挥了其示范作用。广东省山区和东西两翼积极建设省级开发区和产业转移工业园，不断完善基础设施建设，主动承接产业转移。开发区已成为山区及东西两翼承接珠三角产业转移的载体，有力地促进了产业区域结构进一步完善。

国家级开发区

【广州开发区】 广州开发区成立于1984年，是首批国家级经济技术开发区之一。其位处珠江三角洲核心地带，2小时车程覆盖香港、澳门、深圳、珠海等城市。广州开发区实行广州经济技术开发区、广州高新技术产业开发区、广州保税区、广州出口加工区“四区合一”的新型管理模式，经国务院批准的规划总面积为78.92平方公里。其中：广州经济技术开发区成立于1984年，面积37.18平方公里；广州高新技术产业开发区成立于1991年，面积37.34平方公里。

经济总量 2011年，全区实现地区生产总值（下简称GDP）1 872.39亿元，比上年（下同）增长16.02%，比广州市增长速度高出4.72个百分点，占广州市GDP的15.1%，超出“十二五”全区规划目标1.02个百分点。

产业结构 2011年，第二产业实现增加值1 358.17亿元，增长15.29%；第三产业实现增加值514.23亿元，增长18.08%。三次产业结构由上年的0:73.99:26.01调整为0:72.54:27.46，第三产业比重比上年比重提高1.45个百分点。三次产业对经济增长的贡献率分别为0、69.16%和30.84%。

财政收支 2011年，全区实现财政收入471.96亿元，增长21.46%。实现税收收入376.33亿元，增长18.99%，按照征收部门分类：国税部门组织的收入276.43亿元，增长13.85%；地税部门组织的收入110.02亿元，增长55.84%。全年地方一般预算财政收入99.6亿元，增长24.13%，占广州市比重为10.2%。其中，营业税24.44亿元，增长6.71%；增值税153.98亿元，增长3.50%；企业所得税131.47亿元，增长28.8%。全年一般预算财政支出102.29亿元，增长20.87%，其中，科学技术、教育、文化体育和传媒、社会保障和就业支出分别为12.05亿元、10.33亿元、

3.41亿元、3.09亿元，分别增长1.41倍、14.03%、16.39%和下降2.17%。

工业 2011年，全区实现工业总产值4 938.16亿元，增长16.1%，全年新增工业总产值710.64亿元。其中，国有及国有控股企业增长68.41%；集体企业下降65.39%，股份制企业增长21.96%，外商及港澳台商投资企业增长17.23%；私营企业增长4.26%。

2011年，全区实现工业增加值1 292.91亿元，占全区GDP的69.05%，工业对GDP增长的贡献率达到59%，拉动全区GDP增长9.48个百分点。工业企业实现利润总额308.34亿元，下降2.38%，其中，国有及国有控股企业增长90.93%；集体企业下降86.51%，股份制企业增长0%，外商及港澳台商投资企业下降3.67%；私营企业下降2.11%。规模以上工业盈利企业占工业企业比重达到77.31%。全年工业企业经济效益综合指数为384.44%。规模以上工业企业产品销售率达到96.01%。

支柱产业 2011年，六大工业支柱产业实现工业总产值4 073.85亿元，增长15.13%，占全区工业总产值的比重为82.50%，对全区工业增长的贡献率为81.96%。其中，电子及通信设备制造业、化学原料及化学制品制造业、金属冶炼及加工业、食品饮料制造业、交通运输设备制造业、电气机械及器材制造业产值分别实现工业总产值1 546.07、1 119.25、477.58、446.04、266.16和218.75亿元，分别占全区工业总产值的31.31%、22.67%、9.67%、9.03%、5.39%、4.43%；分别实现工业增加值271.61、499.33、79.22、130.68、67.67和51.10亿元，分别占全区工业增加值的21.00%、38.62%、6.13%、10.11%、5.23%和3.95%。

高新技术产业 2011年，全区实现高新技术企业产值、高新技术产品产值分别为1 583.95亿元、2 370.32亿元，分别增长22.82%、33.11%。高新技术企业全年实现利润总额69.99亿元，增长14.34%，比全区工业利润总额增速高出16.72个百分点。装备制造业实现产值1 913.66亿元，同比增长13.24%。

第三产业 2011年，第三产业增加值达到514.23亿元，同比增长18.08%，比第二产业和全区GDP增速分别高出2.79个、2.06个百分点，占全区GDP的比重达到27.46%，比上年比重提高1.45个百分点。第三产业增加值居前三位行业是：交通运输邮电业、其他服务业、批发零售业，分别占第三产业增加值的40.90%、36.38%和19.26%。现代服务业增加值313.68亿元，增长32%，占全区GDP的比重达到16.75%，占第三产业增加值比重达到61%。

对外经济 2011年，全区新批外商直接投资项目117个，合同利用外资17.52亿美元，增长35.22%；实际使用外资11.12亿美元，下降9.32%，占广州市实际使用外资26.04%。当年新批和增资投资总额1 000万美元以上的项目68个，3 000万美元以上的项目39个，5 000万美元以上的项目27个，1亿美元以上的项目4个。截止到2011年底，共引进世界500强企业168家。2011年，全区共引进第二产业项目46个，合同利用外资8.42亿美元，增长15.3%；第三产业项目70个，合同利用外资9.1亿美元，增长60.97%。

对外贸易 2011年，全区实现进出口总值388.69亿美元，增长17.19%。其中，出口总值160.72亿美元，增长17.51%；进口总值227.98亿美元，增长16.97%。全年高新技术产品出口总值102.46亿美元，增长5.67%，占全区出口总值的63.75%；机电产品出口总值124.79亿美元，增长10.75%，占全区出口总值的77.64%。出口产品排前三位的分别是：机械器具及零件；电机、电气、音像设备及其零附件；光学、照相、医疗等设备及零附件，共实现出口总值114.02亿美元，占全区出口总值比重分别达到70.94%。

科技 2011年，全区累计认定的高新技术企业有257家。其中，认定的高新技术工业企业有153家，实现工业总产值1 583.95亿元，增长22.82%，占全区工业总产值的32.08%。2011年当年认定的高新技术企业为48家。

【广州南沙经济技术开发区】 广州南沙经济技术开发区位于广州东南部，珠江出海口虎门水道的西岸，具有毗邻港澳，地处珠江三角洲中心的区位优势和交通枢纽等优势。

1993年5月12日，国务院批准设立广州南沙经济技术开发区，开发区占地面积达2 760公顷，主导产业包括塑料、化工、电子、食品加工、船舶制造等；1996年7月23日，中华人民共和国国务院批准南沙开发区为一类对外开放口岸；1997年11月20日，国家批准在南沙开发区设立全国高技术产业化中试配套（南沙）基地；同年，南沙开发区又跻身于全国投资环境优秀开发区50强行列。得天独厚的地理位置，优越的自然条件和良好的投资环境，吸引了许多中外客商前来投资。目前，南沙开发区已迎来20多个国家和地区超过200家外商投资企业，如美国通用电器、德国巴斯夫、香港利民、胜得电路板等世界著名的跨国公司也先后落户南沙。南沙开发区正逐步成为推动珠江三角洲经济发展的一个杠杆支点。

2011年，广州南沙经济技术开发区实现地区生产总值571.06亿元，按可比价格计算，比上年（下同）增长13.05%。其中，第一产业增加值为14.85亿元，增长4.58%；第二产业增加值为459.64亿元，增长12.9%；第三产业增加值为96.57亿元，增长15.25%。三次产业增加值的比重为2.60:80.49:16.91。

2011年，广州南沙经济技术开发区实现税收总额235.31亿元，增长9.34%。其中城建税、企业所得税和营业税分别增长7.66倍、24.14%和29.47%；增值税和消费税分别下降23.85%和9.65%。全区一般预算财政收入31.25亿元，增长30.45%；一般预算支出43.84亿元，增长33.76%。全年区级财政用于改善民生的投入达13.52亿元，占本级预算支出总额的80.35%。

广州南沙经济技术开发区2011

2011年10月22日，广州南沙开发区管委会与中国科学院南海海洋研究所在广州花园酒店签署了《推进中国科学院南海海洋研究所主体迁驻广州市南沙区合作协议》。中国科学院院长白春礼、副院长詹文龙，广东省委常委、广州市委书记张广宁，广州市委副书记、市长万庆良以及广东省科技厅，广州市人民政府，中国科学院，中科院广州分院，广州市科信局，南沙开发区管委会，南沙区人民政府等单位领导出席并见证签约仪式。

年完成进出口总额106.7亿美元，同比增长5.89%，其中出口40.18亿美元，同比增长12.98%；进口66.53亿美元，增长2.02%。

【湛江经济技术开发区】 湛江经济技术开发区（简称湛江开发区）是1984年11月29日经国务院批准成立的14个沿海经济技术开发区之一，于1985年4月2日奠基，位于湛江市赤坎、霞山两个老城区之间。

湛江经济技术开发区是全国首批沿海开放城市经济技术开发区之一，是实行类似特区的优惠政策和新型管理体制的经济技术功能区。现有面积19.2平方公里，分为建成区（9.2平方公里）和东海岛新区（10平方公里）两个园区。湛江经济技术开发区是湛江市未来发展的中心区域，主导产业包括特种纸业、电子电器、通讯器材、生物医药、建筑机具、石油化工等。

建区以来，湛江经济技术开发区以国家产业政策为导向，认真贯彻落实“以提高吸收外资质量、发展现代制造业和优化出口结构为主，致力于发展高新技术产业和发展高附加值服务业，促进国家级经济技术开发区向多功能综合性产业区发展”的可持续发展方针，社会和经济各项事业得到快速发展。至今已开发的面积为9.2平方公里，累计完成工业总产值近千亿元，实际利用外资10亿美元，出口创汇25亿美元，固定资产投资67亿元。以其土地面积不及湛江市千分之一，人口不到千分之五，每年实现的工业总产值约占全市的17%，外贸出口占湛江市的三分之一，利用外资占全市的一半，高新技术企业及高新技术产值占湛江市的三分之一，财税收入在湛江市各县（市）区中总量最大，人均最高，基本形成了石油化工、特种纸业、机电通讯、纺织服装、生物医药、食品饮料、包装印刷、农海产品加工等产业为主的工业体系，成为广东西部最具活力的新兴经济区。

开发区产业结构趋向合理，三次产业的比重为9.6:56.2:34.2。从分产业看，2011年上半年，第一产业实现增加值8.91亿元，增长4.2%。第二产业实现增加值42.35亿元，增长9.6%。其中工业企业实现增加值37.11亿元，增长10.1%；建筑业实现增加值5.24亿元，增长4.1%。第三产业实现增加值24.14亿，增长11.7%。2011年，湛江经济技术开发区实现地区生产总值119.40亿元，比上一年增长38.67%。

【惠州大亚湾经济技术开发区】 惠州大亚湾经济技术开发区位于惠州市南部大亚湾，东以渡头至禾里把为界；南以渡头沿淡澳河至新屋仔、横山沥、茶头山山脚为界；西以茶头山山脚至磨岭、水口至水保站为界；北以磨岭至水口，淡澳公路，新桥水库尾至禾里把为界。

惠州市大亚湾经济技术开发区于1993年5月经国务院批准成立，面积为9.98平方公里，2006年3月经国务院批准扩大到23.6平方公里。

经济发展渐入佳境 惠州大亚湾经济技术开发区具有良好的投资环境，吸引了来自荷兰、美国、英国、日本、新加坡、德国等20多个国家和地区的客商前来投资，其中有世界500强企业12家。

2011年，全区实现地区生产总值（GDP）434亿元，增长11.5%。其中，第一产业增加值1.9亿元，增长1.4%；第二产业增加值385.7亿元，增长11.3%；第三产业增加值46.4元，增长13.2%；三次产业比重从2010年的0.5:88.1:11.4调整为0.4:88.9:10.7。工业对全区经济支撑作用明显，全年实现工业增加值373.2亿元，增长11.4%，占GDP比重达到86%，对全区经济增长的拉动贡献达84.4%。

地方财政一般预算收入 2011年，大亚湾开发区地方财政一般预算收入完成174 496万元，同比增收43 657万元，增长33.37%，占年度任务的109.47%。其中，税收收入完成160 123万元，同比增收47 984万元，增长42.79%，占一般预算收入的91.76%；非税收入完成14 373万元，同比减收4 327万元，下降23.14%，占一般预算收入的8.24%。一般预算支出238 454万元，增支69 612万元，增长41.21%，占年度任务的116.57%。

投资增速保持提升势头 2011年前三季度，全区固定资产投资总额98.3亿元，增长11.3%，增幅比上半年提升7.5个百分点。固定资产投资中，新增工业项目投资成为拉动全区投资增长的主体。分产业看，第二产业投资51.9亿元，增长20.8%；第三产业投资46.4亿元，增长2.3%，其中房地产开发投资27亿元，增长10.5%。全区12宗重点项目完成投资33.9亿元，重点项目投资进度完成率达184.8%。

港口货物吞吐量增长超过10% 作为大亚湾发展物流业主要依托的惠州港，目前已建成大小泊位28个，年吞吐能力已经超过5 000万吨。随着香港“和记黄埔”正式加盟惠州港的开发和建设二期集装箱码头以及深圳能源集团、欧德油储、中外运国际物流、荷兰孚宝、中信物流、中铁公司等一批规模较大的物流企业相继落户，在大亚湾中转的货物特别是石化产品将日益增多，大亚湾具备了成为华南地区重要物流中心的能力和条件。2011年，惠州港全年共完成货物吞吐量5 169.68万吨，比2010年增长10.64%，历史性跨入5 000万吨港口行列。其中，集装箱吞吐量共完成39.52万标准箱，比2010年增加46.93%。

石化工业区建设快速推进 惠州大亚湾石化工业区已被广东省政府列为五个重点发展的石油化工基地之一，并于2005年4月被中国石油和化工协会授予“中国石油化学工业（大亚湾）园区”荣誉。目前，石化区内已落户项目共28个，总投资额逾730亿元；在谈的石化中下游项目11个，投资额超过80亿元。其中，中海壳牌南海石化联合工厂建成投产；中国海油惠州炼油项目累计完成总进度11.2%，项目总体设计、工艺技术选择和工艺包装设计工作已完成；惠州液化天然气电厂项目1、2号机组已并网发电；华德石化项目已完成一期工程2座10万立方米原油罐及相应配套设施的建设。

汽车零部件及电子信息产业形势喜人 惠州大亚湾经济技术开发区的汽车零部件、电子信息、钢铁等产业主要集中在开发区的西部。目前，已投产工业企业78家，其中规模以上工业企业35家，主要包括东风本田、永昶电子、三洋光部品、敏华家具、海德运动器材、新华昌集装箱等。在建、筹建的项目32个，投资总额约11.09亿美元，主要包括比亚迪、三鑫玻璃、星华电子项目、中海科技项目、富达金汽车零配件项目等。在谈项目19个，投资总额约2.08亿美元，主要包括寰球水泥、高塑性镁合金材料、金润汽车塑料零配件等项目。

【广州高新技术产业开发区】 广州高新技术产业开发区（以下简称广州高新区）是1991年3月经国务院批准成立的首批国家级高新区之一，地处广州市东部。广州高新区经国家核定批准面积为37.34平方公里，逐步形成了“一区五园”的空间布局，包括广州科学城、天河科技园、黄花岗科技园、广州民营科技园、南沙资讯科技园。此外，广州国际生物岛是经国家发改委批准的广州生物产业基地的核心基地，面积1.82平方公里，由广州市政府委托广州高新区管委会开发、建设与管理。

目前，广州高新区已经逐步形成了电子信息、生物、新材料、先进制造、新能源与节能环保、知识密集型服务业六大主导创新产业集群，高新技术产业集聚效应和集群发展的态势日渐明显，涌现了一批具有自主知识产权、技术水平处于国内领先或国际领先水平的高科技企业。

电子信息产业集群 广州高新区已被列为国家电子信息产业基地，全区汇聚了微软、IBM、英特尔、索尼、松下、LG—飞利浦、卡西欧、西门子、爱立信、汤姆逊、伟创力等一批跨国公司的研发和生产基地，涌现了威创日新、京信通信、海格通信、粤晶高科、方欣科技等一批具备较强研发能力的本土民营科技企业。集群产品涉及计算机外围设备、通信设备、主机板、软件、集成电路及新型电子元器件、汽车电子及其它专用电子设备、家用视听设备等领域，在移动通讯天线、高清晰大屏幕显示技术等领域处于全国领先水平。尤其在软件研发与设计方面，涌现了方欣科技、京华网络、华南资讯、友邦资讯、超干软件、新华南方、华智软件等一批知名软件企业，成为国家十大重点软件产业基地、国家火炬计划软件产业基地和国家软件出口创新基地。

生物产业集群 广州高新区已被列为国家生物产业基地，集群产业链条较为完善，在生物医药、生物食品与保健品、生物能源、生物农业、生物环保、生物制造、生物技术与研究、生物服务等领域都拥有一批较具实力的科技企业，在生物疫苗、基因诊断测试、再生医学工程材料等技术领域位居国内或国际先进水平。特别是5个国家级的生物产业研发中心，包括中国科学院广州生物医药与健康研究院、基因工程药物国家工程研究中心、南海海洋生物技术国家工程研究中心、中山大学达安基因股份有限公司、冠昊生物科技股份有限公司的“再生型医用植入器械国家工程实验室”，为生物医药产业集群的创新发展提供了坚实研发基础。

新材料产业集群 广州高新区形成了以新型环保材料、金属新材料和化学新材料为特色的产业集群。在珠江钢铁、金发科技等一批重点企业的带动下，产业集群在轻合金材料和高性能特种工程塑料等方面具有明显优势，广州高新区成为国家火炬新材料产业基地。

先进制造产业集群 广州高新区先进制造产业集群，包括汽车与汽车零部件设计制造、冷冻设备设计制造、通信设备制造、机械制造关键工艺与装备技术、模具设计制造、超高压输变电设备、产品设计与制造数字化软件及集成化系统、控制系统及检测仪器、医疗器械关键技术及设备、船舶技术与产品等，其中部分企业在汽车零部件设计制造、冷冻设备设计制造、饮料罐装成套设备等方面居国内领先水平。

新能源与节能环保产业集群 目前，广州高新区新能源与节能环保产业集群共有节能技术、清洁生产和循环经济关键技术、城市群污染治理技术、新型能源、饮用水安全保障技术等部类，已经出现迪森热能、粤首实业、广州华德等一批具有国际先进技术水

平的行业领头企业，成为新能源产业和节能环保产业发展的重要带动力量。

知识密集型服务业产业集群 近年来，随着网易、神州数码、友邦资讯、漫友传媒、九州传媒、瑞士通标、德国莱茵、美国DHL等企业的快速成长，以及阿里巴巴华南营运总部、微软、IBM、英特尔、甲骨文、百事高等一批大型国际现代服务业项目和总部项目的入驻，广州高新区知识密集型服务业项目集聚效应进一步显现。全区的总部经济、现代物流、信息服务、科技研发与服务、商品检验检测、金融保险、文化创意、中介服务等八大类知识密集型服务业已初具规模。目前，广州高新区正大力推进位于广州科学城的现代服务业集聚区和总部经济区建设，建设国家服务外包示范区，为知识密集型服务业发展提供更完善的载体。

17家企业入选2011年广东省企业500强 近年来，广州高新区采取多项措施积极推进民营企业的发展。首先，引导和帮助企业申报上级技术改造项目资金。2010年协助企业申报上级技术改造技术创新项目71项，涉及投资12.5亿元，帮助22家企业办理30项技术改造项目，涉及投资约10亿元；其次，对企业进行贴身服务，帮助企业解决海关、检验检疫、电力供应方面的问题；第三，发挥行业协会的纽带作用，加强民营企业与区外资企业的沟通合作，促使部分企业成为业务合作伙伴；第四，协助企业做好上市融资的工作，成功帮助毅昌科技、海格通信等10余家民营企业上市。2011年广东省公布了广东省企业500强，金发科技股份有限公司、益海（广州）粮油工业有限公司等17家开发区企业入选省500强。

【深圳市高新技术产业园区】 深圳市高新技术产业园区（以下简称“深圳高新区”）始建于1996年9月，规划面积11.5平方公里，是国家“建设世界一流高科技园区”的六家试点园区之一，是“国家知识产权试点园区”和“国家高新技术产业标准化示范区”。深圳高新区被国家认定为“高新技术产品出口基地”“亚太经合组织（APEC）科技工业园区”“先进国家高新技术产业开发区”“中国青年科技创新行动示范基地”和“国家火炬计划软件产业基地”等。

2011年，深圳高新区在占全市不到0.6%的土地上，实现工业总产值3 630.12亿元，同比增长20.16%，占全市工业总产值的17.78%；工业增加值1 095.90亿元，同比增长36.78%，占全市工业增加值的21.94%；出口179.03亿美元；实现税收255.96亿元。高新区每平方公里工业总产值315.66亿元、工业增加值95.29亿元。

深圳高新区坚持自主创新，倡导“敢于冒险、勇于创新，宽容失败、追求成功，开放包容、崇尚竞争，富有激情、力戒浮躁”的创新文化，形成了“官产学研资介”相结合的区域创新体系。深圳高新区目前已成为“创业的沃土，成功的家园”，高新区企业研发生产的具有自主知识产权、自主品牌的产品在国内外具有广泛影响，成为深圳市自主创新的主要特征。2011年，深圳高新区专利申请量为12 748件，其中发明专利8 966件，占深圳市发明专利申请量的31%。

目前，高新区已形成了通讯产业群、计算机产业群、软件产业群、医药产业群、新材料产业群、光机电一体化产业群。全区产业规模不断扩大，经济效益和社会效益同步增长，汇聚和培育了一批产业优势突出的骨干企业，年销售超亿元的企业有150多家，经认定的国家高新技术企业540家。深圳高新区培育上市企业超过80家。高新区内拥有众多国内及世界知名企业：中兴通讯股份有限公司、腾讯科技（深圳）有限公司、大族激光科技股份有限公司、迈瑞生物医疗器械股份有限公司等。其中，中兴通讯股份有限公司是中国最大的通信设备上市公司，2011年实现营业收入862.54亿元，同比增长23.39%，增速位居行业首位。

深圳高新区多年来坚持以市场为导向、以企业为主体，积极探索科技和金融结合的途径和方式，较早地开展了创业投资、私募股权投资、科技投融资体系、科技金融产品创新、科技金融合作平台等创新尝试。目前，高新区聚集了由6家境内外证券交易所常驻机构、46家银行分支机构、8家证券营业部、180多家国内外知名创投私募基金公司、20多家担保评估机构、20多家律师会计师审计师事务所等组成的投融资服务体系，为企业提供多层次、全方位、多元化、一条龙的投融资服务，实现了科技与金融的渗透和融合。

面对新机遇，深圳高新区勇于迎接新挑战。2009年8月，深圳市政府制定了《深圳高新技术产业园区发展专项规划（2009—2015年）》，承担起“拓展产业空间，完善产业链条，优化产业结构”的历史重任，高新区覆盖的空间范围包括深圳湾、留仙洞、大学城、福永北—沙井南、光明、石岩、观澜、龙华、坂雪岗、宝龙、碧岭、坪山（深圳出口加工区）、葵涌、大鹏等园区以及市政府划定的其他高技术产业发展区域，总面积为185.6 km^2，其中高新技术产业用地76.1 km^2。

【珠海高新技术产业开发区】 珠海高新技术产业开发区是1992年12月经国务院批准成立，1993年3月经国家科委（现科技部）授牌并进行动态管理的国家级高新技术产业开发区，毗邻港澳，占地面积9.8平方千米，由南屏科技工业园、三灶科技工业园、新青科技工业园、白蕉科技工业园及珠海科技创新海岸组成。其中主园区设在唐家湾科技创新海岸，位于珠海市北部，京珠高速、西部沿海高速、广珠城际轻轨贯穿境内，区内环境优美，科技教育、历史人文资源优势明显。珠海高新技术产业开发区行使市一级经济管理权限，实行“一个窗口对外、一站式管理、一条龙服务”机制。

珠海高新区重点扶持电子与信息、生物工程与新医药和光机电一体化技术等产业，全面推动高新技术产业的发展。高新区自成立以来，得到了国家、省、市领导的高度重视和大力支持，在加快科技进步、提高技术创新能力方面已显示出勃勃生机。

南屏科技工业园 1999年3月6日，南屏科技工业园正式挂牌成立，是珠海国家高新技术产业开发区主要组成部分，是珠海市发展最成熟，单位产值最高的科技工业园区之一。成为珠海市发展高新科技产业、开展对外贸易的主要基地和重要的战略经济增长点。

南屏科技工业园坐落于珠海市中心城区香洲区南屏镇，位处珠海市东西主干道交通喉舌珠海大道北侧，紧连洪湾、前山两大物流中心。园区东距市区5公里，离九洲港货柜码头15公里，京珠高速公路、粤西沿海高速公路、太澳高速公路均有接驳高速通过园区。园区距珠海高栏深水港为40分钟车程，距珠海国际机场30分钟车程，交通四通八达。

园区主园区占地面积4.36平方公里，2008年7月纳入园区管辖范围的格力工业城占地面积为3.3平方公里，现园区总面积共为7.66平方公里。工业园成立至今，拥有企业533家，从业人数4万多人。

2011年，南屏科技工业园实现经济产值860.89亿元，比上一年增长13.5%。

三灶科技工业园 三灶科技工业园位于珠海金湾区机场西路南侧，现占地面积4平方公里，距珠海机场8公里，与珠海港隔海相望。园区距香港45海里，距澳门11海里，进出口、出入境十分便利。园区管委会属市政府的派出机构，行使市一级经济管理权限，享受经济特区和国家高新区的双重优惠政策。园区实行“一条龙办公、一个窗口对外、一站式管理”的新机制。

目前，已有近200家企业落户园区。落户企业既有荷兰飞利浦家电、香港联邦制药、德国博世安保、日本三井汽车配件、台湾中丰田光电科技、民营广通客车等大型企业，也有怡信科技、安和生物、仕大制衣、创鸿线路板、新里程玻璃钢等中小型企业。园区逐步形成了一个较为完善的工业体系。

三灶镇实施灵活的地方财税政策。为了支持重点企业、纳税大户做大做强，实现地方和企业双赢发展，镇政府长期坚持每年按照一定的比例，与企业共享财政收益，具体的比例由企业与镇政府协商确定。

新青科技工业园 新青工业园是国家级珠海高新区的重要组成部分，位于珠海市斗门珠峰工业走廊两旁，总面积334万平方米。新青工业园是以电子通讯及印刷线路板为主导的产业开发基地，它还将是一个品种齐全，集研制、开发、设计、生产、装配一条龙的线路板基地。

新青工业园以伟创力为龙头的电子信息产业链条不断完善，集群效应愈发明显。截至2011年底，园区内各类企业超过220家，其中90%以上的企业为电子信息产业及相关配套企业。重点企业包括拥有13家企业的世界500强之一伟创力集团，世界规模第二、亚洲最大的射频同轴电缆制造企业汉胜公司，鹏辉、光宇、欧美克、银布朗等一批投资大、科技含量高的民营企业也成为园区经济发展的重要增长点和生力军。

经过10多年的开发建设，目前新青工业园已经发展成为以电子信息产业为龙头，产业链条完整，产业特色鲜明的成熟工业园区。2011年珠海新青科技工业园工业总产值达580亿元。

白蕉科技工业园 白蕉科技工业园位于珠海大西区的中心腹地白藤湖畔，占地面积400余万平方米，是珠海经济功能区的重要组成部分。工业园毗邻港澳、环境优雅、地理位置得天独厚。园内各项市政基础设施达到“六通一平”。

工业园享受经济特区、国家高新技术产业开发区等多种优惠政策，行使市一级经济管理权限，对投资项目的招商审批和用地报建实行一条龙服务，以最高的效率、最快的速度办理完各种投资手续，使各个投资项目尽快产生经济效益。

工业园经过两年的建设，已有18家企业入园，首期开发的第一个工业区，已形成规模，9家企业在抓紧建设，厂房在建面积达20万平方米，一个花园式的工业小区即将全面建成，同时第二、第三期工业小区也已启动。

珠海科技创新海岸 珠海科技创新海岸是珠海市政府与科技部火炬中心共同创建的以电子信息、软件、集成电路、生物制药等高新技术为主导产业的高科技产业“走廊”，是珠海国家高新区五个园区之一，于2000年8月18日正式签约运作。

科技创新海岸具有明显的区位优势、优越的景观条件、雄厚的科技实力和强大的产业基础，非常适于发展高新技术产业、特别是信息产业。目前在园区中正在建设的有国家软件产业基地、广东省集成电路设计与生产基地、广东珠海民营科技园和广东珠海高科技成果产业化示范基地以及南方软件园、清华科技园、哈工大集团珠海新经济资源开发港等一批专业园区。

【佛山高新技术产业开发区】 佛山高新技术产业开发区是1992年经国务院批准建立的国家级高新区，获得了“国家火炬计划佛山自动化机械及设备产业基地”“广东省无线射频（RFID）产业基地”等称号，是具有岭南水乡特色的创新型、生态型、现代化的多功能发展区。佛山高新技术产业开发区重点发展电子信息、数码光学、光机电一体化、精密制造、生物工程、新材料、有色金属加工和绿色家用电器等高新技术产业。开发区科技创新能力较强，创新平台完善，有华南精密制造技术研究开发院、高新区创新中心等创新服务设施。区内有高新技术企业47家，销售收入亿元以上企业42家。主要企业有：普立华科技有限公司、腾龙光学有限公司、全亿大科技有限公司、日本优达佳汽配、丸一金属、丰富汽配等。

目前，佛山高新区已形成了光电显示、汽车制造及零部件、新光源、生物医药、新能源、新材料、现代服务业、高端装备制造、家电等多个产业集群，佛山物联网和云计算产业基地等5个省市共建战略性新兴产业基地，有77个项目入选广东现代产业500强，26个项目入选《广东省战略性新兴产业发展“十二五”规划》。

2011年，佛山国家火炬创新创业园一期工程已竣工并投入使用，进驻率已达到100%。与此同时，佛山高新技术产业开发区“一区六园”各园区内各具特色、体制多样的创新中心发展态势良好，其中包括中国科学院建立的五个专业技术创新与育成中心、留学人员创业园、博士后创新实践基地、大学生创业基地和技术创新转移中心等机构也吸引了来自美国哈佛大学、香港科大、清华、中科院等高科技人才。

2011年，佛山高新技术产业开发区“一区六园”实现工业总产值2 380亿元，增长22.1%，占全市工业总产值的12.3%；实现工业增加值600亿元，增长20.7%；实现利税总额148亿元，增长21.5%。

【惠州仲恺高新技术产业开发区】

惠州仲恺高新技术产业开发区（简称“仲恺高新区”）是1992年经国务院批准成立的全国56家国家级高新技术产业开发区之一，位于珠江三角洲东部、惠州市惠城区，南靠深圳，西接东莞，区内有惠深、惠河、广惠、莞惠高速公路和京九、惠澳铁路通过，地理位置十分优越，交通非常便利。

自建区来，仲恺高新区吸引了索尼、西门子、LG、住友、施奈德、可口可乐、加拿大铝业等世界500强和TCL、德赛、华阳、富绅、亿纬等国内外知名企业在内的490多家企业落户，主要产品有彩电、手机、音响、激光头、激光视盘机、汽车导航系统、高能环保电池等，已经形成了以电子信息、新能源、光机电一体化为主导的高新技术产业体系。

2001年以来，仲恺高新区陆续被认定为国家电子信息产业基地、国家（惠州）视听产品产业园、国家火炬计划惠州仲恺激光头产业基地、广东省火炬计划高能环保电池特色产业基地、广东省知识产权试点园区以及广东省教育部产学研结合惠州仲恺高新区产业化基地，并通过国家环境管理体系认证。

2010年2月，惠州市委、市政府出台了《关于进一步推动惠州仲恺高新技术产业开发区发展的决定》，赋予仲恺高新区行使市一级经济管理权限和县（区）一级行政管理权限，建立高新区一级财政管理体制。将仲恺高新科技产业园、东江高新科技产业园、惠南高新科技产业园、留学人才发展基地4个园区及陈江、惠环、沥林、潼侨、潼湖5个镇（街道）纳入管理范围。仲恺高新区面积由原来的12.9平方公里扩大至320平方公里，地域面积扩大了近25倍。管理范围和权限的扩大带动仲恺高新区体制机制的改革创新和新一轮经济大发展，仲恺高新区由此进入了一个崭新的历史发展阶段。

2011年，仲恺高新区以全面贯彻落实“调结构、促转型、抓落实、抓服务”为指导，积极开展外商投资企业联合年检工作，大力推进企业转型升级，不断提高企业服务水平，外经贸工作取得了可喜成绩，圆满完成了市政府下达的各项外经贸指标任务。据统计，2011年全区外贸进出口总值106.37亿美元，同比增长11.38%。其中，出口63.13亿美元，同比增长10.5%；进口43.24亿美元，同比增长12.8%；实际利用外商直接投资2.38亿美元，同比增长9.65%，合同利用外商直接投资3.1亿美元，同比增长40.96%。其中，仲恺高新区引进世界500强企业或境外大型企业投资新设企业1家，投资8 000万美元，已设立世界500强企业或境外大型企业合同增资2 373万美元；完成来料加工企业转型6家。

【中山火炬高技术产业开发区】　中山火炬开发区是由国家科技部、广东省政府和中山市政府于1990年共同创办，并于1991年3月经国务院批准为国家高新技术产业开发区。这片占地面积11.7平方公里的土地上，崛起了中国电子（中山）基地、中国包装印刷产业基地、国家健康科技产业基地、国家高新技术产品出口加工基地、中国技术市场科技成果产业化（中山）示范基地、国家火炬计划中山（临海）装备制造业基地、中国绿色健康食品产业基地等七个国家级基地，是全国唯一同时拥有七块国家级基地牌子的国家高新技术产业开发区。

2011年，全区实现生产总值301亿元，增长17.1%；工业总产值1 355.5亿元，增长25.1%；国地两税收入达49.9亿元，增长30.3%（其中国税31.1亿元，增长28%，地税18.8亿元，增长34.3%）；一般预算收入23.9亿元，增长30.1%；固定资产投资102亿元，增长16.1%；出口总值预计80亿美元，增长12.8%。这些主要经济指标总量都居全市首位并保持平稳较快增长速度。

2011年，在全球经济低迷和日本地震等诸多不利因素影响下，中山火炬高技术产业开发区的先进装备制造、高端电子信息、新能源、生物医药等新兴产业仍保持了较快增长，其中装备制造业产值增长22%，电子信息产业产值增长15%，新能源产业产值增长35%，生物医药产业产值增长24%。新兴产业占全区经济总量的比重达到83%。产业转移深入推进，阳西产业转移园区二期项目建设启动。现代服务业加快发展，引进广东微软技术中心、中科股权投资基金等重点现代服务业项目。成功举办第六届健康论坛、第六届装备展、第十一届电子展。内源型经济规模不断扩大，实际利用区外境内资金达17亿元，首次超过实际利用外资总额（2亿美元）。

2011年在中山市政府认定的首批50个“引进一百”项目中，中山火炬高技术产业开发区占20个，涉及投资总额455.5亿元，占全市总量的58.4%。项目平均投资强度达468.7万元/亩，平均产出强度达1 631万元/亩，税收贡献达68.2万元/亩，均大大超过中山市“引进一百”项目的入选标准。年内新增2家企业申报上市，6家企业完成改制，15家企业与券商签订协议启动改制辅导工作。中山火炬高技术产业开发区成为广东省政府向国家正式发文推荐的四个新三板试点高新区之一。

【沙头角保税区】　沙头角保税区是深圳特区三大保税区之一，于1987年12月25日经深圳市人民政府批准创办，并于1991年5月28日经国务院正式批准设立，保税区围网面积0.27平方公里，区内已开发土地面积26万平方米，完成建筑总面积60万平方米，其中工业厂房面积45万平方米，生活楼面积15万平方米。是中国创办最早的保税区，土地面积最小单位土地面积产值最大。保税区内设有中国银行、中国农业银行、中国工商银行、中国建设银行等多家金融机构。经营范围涉及电子、电器、针织服装、化工、医疗、五金、建材、食品、包装、印刷和轻工等十多个行业，产品80%外销。

2011年，沙头角保税区工业经济呈现出生产增长迅猛、效益稳步提高、出口旺盛的良好格局，企业平稳运行的态势得到巩固和加强。统计数据显示，2011年沙头角保税区工业产值为309亿元，达到历史新高，比2011年同比增加278%；实现工业增加值40亿元，同比增长207%；进出口总额162亿美元，同比增长609%，其中，出口总额为83亿美元，同比增长520%。

在传统的黄金珠宝、玩具制造、电子信息、服装加工四大支柱从业中，黄金珠宝从业仍然是独领风骚，无论是企业数量还是工业产值都遥遥领先。在309亿的工业产值中，黄金珠宝加工独占255亿，同比增长1 035%，占园区总产值的82.5%，是第二支柱产业电子信息业的6倍还多。沙头角保税区是知名的老牌黄金珠宝加工聚集区域，声名远播，吸纳融资能力强，2011年共有22家从事珠宝生产的市内外企业进驻，生产能力提升显著。

【福田保税区】 福田保税区是1991年5月经国务院及海关总署批准正式设立的一处自由贸易区（Free Trade Zone），占地面积1.35平方公里，是国内唯一陆路口岸连境外的保税区，福田保税区有专用通道直通香港，面向珠三角各港口、机场，与其它同类的保税区、监管仓、出口加工区相比，福田保税区政策更开放，是具有更多特殊优惠政策的“特区中的特区”。福田保税区低廉的成本、便利的通关、吸引了越来越多的世界知名企业加盟，如IBM、SONY、Panasonic、GPI等，福田保税区已经成为华南地区重要的物流中心。

通过福田保税区可以完成进出口核销的目的，即货物从国内、国外来往于深圳福田保税区则视同进出口，与深圳的盐田港、蛇口港、机场、香港等口岸相互通关便利，且福田保税区的进出口报关方式同皇岗口岸几乎一致。因地理位置的优势，致使许多企业选择福田保税区仓储进行加工，分拨中心，例如创新，艾美特。

福田保税区致力于发展高科技工业和现代物流业。截至2011年底，已有22个国家和地区的投资者在福田保税区内投资，产品主要为微电子、电脑及零配件、光通讯元器件、生物医药工程等。福田保税区内拥有国内外众多知名企业，如中海物流（深圳）有限公司、深圳赛意法微电子有限公司、日立环球存储科技（深圳）有限公司、光炬科技（深圳）有限公司、联想信息产品（深圳）有限公司、日通国际物流（深圳）有限公司、沃盛咨询（深圳）有限公司、深圳市福田保税区水电服务有限公司、深福保（集团）有限公司、福田保税区物业公司、深圳市福田保税区园林市政有限公司、深圳市深福保运输有限公司、深圳市万乘储运公司、深圳市福田保税区水电服务有限公司、博爵影像（深圳）智能科技有限公司等，形成了以出口加工、仓储、物流、金融、商贸等为支柱产业的格局。

【盐田港保税区】 盐田港保税区，于1996年9月经国务院批准设立，位于深圳市盐田港区中部，紧邻盐田国际集装码头，首期开发0.85平方公里，其中南片区0.71公里，北片区0.68平方公里，南片区与盐田港的作业区相连；北片区位于盐田港大道以北，紧临盐田港，南、北两片以全封闭专用高架桥连接。1999年1月8日南片区经海关总署封关验收合格，开始运作。2004年8月16日国务院批准盐田港保税区和盐田港实施“区港联动”，盐田港保税物流园区的基础上设立，盐田港保税物流园区0.96平方公里，于2005年12月30日通过海关总署等国家部委联合验收。盐田港保税区将置换到紧邻盐田港保税物流园区的后方陆域。

盐田港保税区主要从事国际贸易、转口贸易、保税仓储物流业等港口配套服务。由于其所处位置、功能齐全的设施和便捷的通关环境等优势，加之盐田国际步入了规模化发展，吸引了多家跨国物流企业以索尼为代表的世界知名大公司的加盟，这将进一步带动盐田国际以及港区腹地加工业继续向前发展。

【深圳盐田保税物流园区】 盐田港保税物流园区于2004年8月16日经国务院批准设立，与2005年12月30日正式封关运作。园区总面积0.96平方公里，分南北片区，两片区以全封闭立交桥相连，南片区0.17平方公里，北片区0.79平方公里。在地理位置上盐田港保税物流园区是在原盐田港保税区的基础上建立的，与世界十大集装箱港之一的盐田港港区浑然一体，在南片区以一条24小时开通的“绿色通道”与盐田港码头直接相连。

园区与毗邻的港区实施一体化运作，专门发展现代物流业；园区内的企业在海关、检验检疫、外汇、税收等方面享受保税区的优惠政策，实行“入区退税”，即国内货物入园区视同出口，办结出口报关手续后即可申请退税。

保税物流园区具有保税仓储、流通性简单加工和增值服务、全球采购和国际配送、国际中转和转口贸易、检测维修、商品展示等产业功能。目前，已有微软、苹果、索尼、飞利浦、富士康等一大批世界知名企业进驻园区，国内市场上许多畅销的电子产品都是从盐田港保税物流园区走向全国。

2011年，盐田港保税物流园出口额大增，其中1—10月，盐田港保税物流园进出口总额达到26.4亿美元，同比增长25.19%，在全国保税物流园区中排名第二。

【珠海经济技术开发区】 珠海经济技术开发区的前身是珠海高栏港经济开发区。珠海高栏港经济开发区是2006年由广东省政府批准设立并经国家发改委核准的省级开发区。2012年

3月，国务院同意珠海高栏港经济开发区升级为国家级经济技术开发区，定名为珠海经济技术开发区，实行国家级经济及技术开发区的政策，珠海经济技术开发区规划面积为15.88平方公里。

开发区自成立以来，特别是国务院批准《珠江三角洲地区改革发展规划纲要》实施以来，围绕“建设世界级船舶和海洋工程装备制造基地、国家级清洁能源和石油化工基地以及区域性港口物流中心”的发展目标，以“招商引资、工程建设、项目报批”三大会战为抓手，初步形成了以海洋工程装备制造、清洁能源、石油化工为主导，港口物流业为支撑的“3＋1”产业新格局，高栏港在珠江口西岸乃至整个华南临港产业版图上的地位日益突出，近三年连续在全省省级开发区综合经济实力排名第一，先后被授予广东省“环境友好贡献奖”“化工产业集群升级示范区”“循环经济工业园”，安全生产监管模式被总结为“高栏港模式”向全省推广。

截至2011年底，港区在建、筹建重点项目33个，总投资超过1 500亿元。2011年，完成地区生产总值206.06亿元，工业总产值632.23亿元，工业增加值170.24亿元，固定资产投资101.03亿元，外贸进出口总额86.45亿美元，全港货物吞吐量7 170万吨，已设立外商投资企业171家、世界500强公司17家（共投资25个项目）。

省级经济开发区

【佛山南海经济开发区】 佛山南海经济开发区位于广东省佛山市南海区狮山镇，地处广佛都市圈中心地带。开发区定位于南中国的国际化产业绿色新城，把绿色环保作为开发理念，以平板显示器件、汽车零配件、智能家电、半导体照明和风力发电设备制造五大龙头产业为主导，把软件园作为创新重心，使开发区的大、中、小企业有效结合，将研发、生产、商贸、居住、教育等多种城市功能融为一体，走出一条以生态集约和高新科技为核心的新型工业化道路。

在各级政府的大力支持下，佛山南海经济开发区先后获得“国家电子信息产业基地”“国家（佛山）显示器件产业园”“广东省火炬计划特色产业基地”“广东省知识产权试点园区”“南海·中国家用电器创新工业园”等荣誉称号。

近年来，南海区经济开发区新产业集群的崛起、传统产业的转型提升，数以万计产业工人进驻，无论在技术研发、人才培养上均面临新的需求。2011年5月13日，佛山南海经济开发区与广东省职业技能鉴定中心南海基地签署合作协议。根据双方签署的合作协议，双方共同实施产业智库战略。省职业技能鉴定中心南海基地为开发区企业提供国际先进的工业设计产品研发、工业设计成果转化等高端专业技术服务，构建产业智库，推动产业提升。南海经济开发区将委托省职业技能鉴定中心南海基地对区内企业技术人才进行重点培养深造。省职业技能鉴定中心南海基地则发挥人才聚集优势，为开发区输送顶尖的国际工业设计师等各类高端实用型人才。

2011年9月22日，佛山南海经济开发区正式升级为省级“南海高新技术产业开发区”。

【广东韶关曲江经济开发区】 为主动承接珠三角等发达地区的产业转移，打造发展新型工业的载体，加快曲江京珠高速公路经济带建设步伐，韶关市曲江区于2002年初在北江河畔创办了白土工业园。2006年经国家发改委批准为省级经济开发区，正式命名为“广东韶关曲江经济开发区”。

广东韶关曲江经济开发区可开发利用面积10平方公里，是目前粤北地区规划面积最大的工业园区之一。开发区按照“高起点规划、高标准建设、高效能管理”的要求，规划有一类工业区、二类工业区、商业区和仓储区，园区布局合理，功能齐全。

截至2011年底，开发区共引进项目82宗（其中意向6宗），已建成投产39宗，在建26宗，已签合同尚未动工11宗。合同利用资金83.21亿元，实际到位资金31.2亿元，吸纳富余劳动力13 500人。逐步形成以纺织服装、金属加工、电子、LED产业、食品加工为主的主导产业，其中纺织服装企业主要有北江纺织、新纺纺织等，电子企业主要有至卓飞高线路板厂，金属加工企业主要有金亿合金等，LED产业已有8家企业签订合同，食品加工企业有韶关娃哈哈饮料、星河生物科技等，主导产业已形成一定规模。

2011年1—10月，开发区实现规上企业工业总产值31.82亿元，同比增加36.9%；工业增加值5.71亿元，同比增加37.54%；创税1.16亿元，同比增加38.22%。

【翁源官渡经济开发区】 翁源官渡经济开发试验区于1992年8月经省人民政府批准正式设立。经过几年的艰苦 创业，目前已初具规模，形成了2.5平方公里的开发区域，开发区的路、水、电、通信等基础设施建设基本配套，投资环境日臻完善，经济和社会各项事业稳步发展。作为粤北地区对外开放的窗口，官渡开发区以其优越的地理位置，丰富的土地和劳力资源，高效优质的政府服务以及一系列吸引外商的优惠政策，赢得了海内外客商的青睐和大力支持，招商引资工作取得了可喜成绩，实现了招商工作的良性循环。建区以来共引进大小项目100多宗，广东省公安厅交警总队官渡培训基地、广东省有色金属工业第一技校、升利（美国）烟花制造燃放有限公司、宝狮（日本卡西欧）电子有限公司、翁源县华达花园家具制造有限公司等项目在此取得了良好的经济效益和社会效益。

2011年以来，官渡经济开发区紧紧围绕工作目标，加快重点项目建设，促动工、促投产、增效益，同时，进一步加强财税部门的沟通与协作，努力培植新税源，堵塞漏洞，增收节支，截至2011年10月底，官渡经济开发区（官渡区域）完成税收收入8 016.6万元，占全年任务的128%，与去年同比增长83%，提前2个月超额完成全年税收任务。

【江门新会经济开发区】 江门新会经济开发区成立于1991年5月，经国家发改委、国土资源部等三部委核定，总体规划面积为7.05平方公里，纳入长远发展规划面积15.21平方公里。

开发区依托临港优势，以临港型先进装备制造业、新能源材料产业和现代物流业为主导。目前已形成涵盖电子信息、电力材料、精细化工、钢铁深加工和五金不锈钢制品、摩托车制造、现代物流等优势产业的结构布局。

园区现有"三资"企业和民营企业172家，其中海内外上市公司投资兴办的有11家，世界500强企业投资兴办的有2家；骨干企业包括ABB新会低压开关有限公司、江裕科技园（新会）有限公司、美资的福斯特惠勒动力机械有限公司、力帆集团投资的江门气派摩托车有限公司、上海耀皮公司投资的江门耀皮工程玻璃公司、广能达电力器材公司、广东华冠钢铁有限公司和广东千色花化工有限公司，以及香港大昌行集团新会物流基地等。

开发区自2001年与新市区建设指挥部合并以来，坚持以经济建设为中心，以实施临港战略、提高综合竞争力为核心，围绕建设"三园一区一中心"（即打造"制造业工业园、民营科技园、高技术信息产业园"，建设"生态园林商住区"和"临港物流中心"）的发展思路，加大招商引资力度，加快园区创新体系建设，大力扶持企业发展，培植和壮大财税源，实现开发区经济社会和财政收入平稳较快发展。2011年，开发区地方财政一般预算收入达到2.35亿元，相比2001年的2 432万元，十年之间财政收入增长近10倍。

【湛江麻章经济开发区】 1997年4月，经省人民政府批准成立麻章经济开发区，核定规划面积8.86平方公里；2003年7月，经湛江市人民政府批准，在麻章经济开发区内设立麻章工业园，规划建设面积867公顷，由三佰洋工业区、后湾工业区、太和工业区组成，是湛江市重点规划建设的三大新兴工业园之一。

多年来，湛江麻章经济开发区以科学发展观为统领，大力优化园区投资环境，狠抓招商引资，努力构建和谐园区，有效促进了麻章工业经济快速发展。

目前入园规模以上工业企业85家，聚集形成了农海产品加工、木材加工、音像制品、电子、塑胶、包装、医药、建材等几大产业群，已发展成为湛江市重要的工业基地之一。开发区在太和工业区新征土地36.7公顷。园区与湖光农场相连，可连片开发面积达50平方公里以上，承接珠三角产业转移及对接钢铁项目上下游产业的条件相当优越。

2011年上半年，麻章经济开发区以科学发展观为主题，加快推进经济结构调整。上半年全区经济保持了平稳较快发展势头，实现了"十二五"的良好开局。全区完成生产总值27.54亿元，同比增长12.3%，增速居湛江全市第一；完成工业总产值53.03亿元，同比增长15.6%，完成工业增加值16.06亿元，同比增长13.8%，两项指标均位于湛江市各县（市、区）第二位；受晨鸣木浆项目和荣盛地产投资的带动，固定资产投资迅猛发展，上半年该区镇以上固定资产投资总额57.04亿元，同比增长25.52倍，增速湛江第一。

【清远经济开发区】 广东清远经济开发区（又称广东省清远高新技术产业开发区，以下简称开发区）位于清远市南端，与广州花都区接壤。目前区域总规划面积为165平方公里。2008年9月经清远市人民政府批准，代管龙塘镇和银盏林场的开发与建设。开发区拥有百嘉工业园、龙塘工业园、银盏工业园、大莲工业园、安丰工业园等工业园区，省示范性产业转移园佛山（清远）产业转移园也坐落在开发区内。目前区内现有企业300多家，基本形成了电子汽配、生物医药、纺织服装等产业为主的工业体系，投资者遍及美国、日本、荷兰、比利时、印尼、马来西亚、香港、澳门和台湾等国家和地区。

开发区牢固树立"招强引优抓提升，优化产业调结构"的理念，引进项目时更加注重质量和长远发展，推动招商引资工作取得新突破。2011年，全区共引进精美特种型材、金沙谷光伏、远望机床、星徽精密制造、红酒庄园等项目33个（含增资扩产项目），计划总投资金额101.17亿元。其中，工业项目29个，投资金额45.17亿元；房地产及服务业项目4个，投资金额56亿元。内资项目26个，投资金额91.82亿元；外资项目7个，投资金额9.35亿元。重点针对莲湖工业园的发展定位及区位优势，积极围绕产业规划和准入办法开展项目筛选和引进工作。同时，通过实施项目推进联席会议制度及重点项目领导挂点联系制度，先导科技、法国液化空气、爱机二期、蒙牛二期、金钰二期等一批项目相继动工。

2011年以来，开发区深入推进园区开发建设，全面加快产业转型升级，切实抓好和谐社会建设，推动全区经济社会实现持续快速发展。2011年，开发区实现地区生产总值（GDP）61.61亿元，完成规模以上工业增加值49.46亿元。2011年前三季度，全社会固定资产投资总额14.76亿元，增长17.9%；社会消费品零售总额8.75亿元，增长15.3%；地方财政一般预算收入1.16亿元，增长33.9%；外贸出口总额为53 568万美元，增长3.7%；实际吸收外资金额2 399万美元，增长30.2%；合同外资金额13 256万美元，增长4.2倍。

"十二五"期间，清远经济开发区将以"工业园区化、园区产业化、产业集聚化"发展战略为指引，以建设"两区一城一小镇"（高端产业集聚区、中央商务区、生态新城、温泉特色小镇）为目标，进一步加快发展方式转变，提高产业发展层次，增强经济发展动力，坚定走新型工业化道路，全力推动全区经济社会实现更好更快发展。

专业镇

综述

【简述】 “十一五”以来，广东不断加大对专业镇发展的支持力度，全省专业镇呈现出蓬勃发展的良好局面。目前，省级专业镇已从2005年的159个，增至2011年的326个，涵盖了机械、五金、纺织服装、家电、家具、汽配、建材、陶瓷、农业等传统产业，同时还发展了电子信息、创意设计、电子商务、生态旅游和太阳能光伏、LED等新兴产业。2011年，全省326个省级专业镇的经济总量达到1.5万亿元，同比增长约16%，已接近全省经济总量的三分之一。其中拥有工业总产值超过千亿元的专业镇2个，超过百亿元的专业镇76个。专业镇已然成为广东区县和乡镇经济发展的主力军和全省经济发展的重要增长极，对于广东经济社会发展的战略地位日益突出。

【全省专业镇转型升级现场会】

2011年1月9日，广东省委、省政府在东莞市大朗镇召开全省专业镇转型升级现场会，总结近年来全省专业镇发展情况，交流经验，推广典型，并对“十二五”时期专业镇转型升级工作进行全面部署。中共中央政治局委员、省委书记汪洋出席会议，省委副书记、省长黄华华出席会议并作重要讲话，省委常委、常务副省长朱小丹主持会议，副省长宋海宣读全省专业镇建设先进单位和先进个人名单。出席会议的领导为专业镇建设先进单位和个人代表颁奖以及为省“双提升”示范专业镇代表授牌。省科技厅和东莞市大朗镇、中山市小榄镇、佛山市北滘镇、广州市狮岭镇负责同志在会上作了发言。

会议指出，省委、省政府一直高度重视专业镇发展，特别是“十一五”以来，广东省不断加大对专业镇发展的支持和引导力度，全省专业镇呈现蓬勃发展的良好局面，发展实力明显壮大、产业结构明显优化、技术创新能力明显提高、服务环境明显改善，有力地推动了全省经济社会平稳较快发展。

会议强调，全省各地、各有关部门、各专业镇要认真贯彻省委十届八次全会精神，紧紧把握科学发展这个主题，抓住加快转变经济发展方式这条主线，围绕加快转型升级、建设幸福广东这个核心。认真梳理专业镇发展现状，对照科学发展要求找不足，立足现实条件找优势，因势利导、因地制宜，“放”“调”“投”“转”“保”五措并举，努力探索出专业镇科学发展新路。确保“十二五”期末，全省专业镇实现地区生产总值2.5万亿元，创新型专业镇达到80个，工农业总产值千亿元以上专业镇达到10个以上，百亿元专业镇达到150个。专业镇技术创新体系和产业服务体系基本建立，专业镇产业竞争力和自主创新能力显著提升，努力使广东省专业镇成为独具国际竞争力的产业集群示范区。

会议要求，要着力做好五个方面工作加快转型升级不断开创专业镇发展新局面：一要规划先行，高起点高标准谋划专业镇转型升级。确立政府牵头、企业主体、专家参谋、上下联动的工作体系，对专业镇发展进行整体谋划。要适度超前，分类指导，低碳发展，统筹兼顾。二要科技引领，推动专业镇驶入创新驱动轨道。提升产品整体技术水平，加快技术创新成果产出。三要突出特色，推动专业镇产业结构调整优化升级。着力推动高新技术产业规模化发展，加大对战略性新兴产业的培育力度，加快发展现代服务业。四要强化服务，着力提升专业镇产业集聚能力。五要品牌带动，培育一批拥有自主知识产权和国际竞争力的知名品牌。

【广东专业镇“转战”战略性新兴产业】 在改造提升专业镇传统产业“存量”的同时，注重发展战略性新兴产业、高新技术产业和现代服务业等“增量”经济，是广东科技部门2011年根据转型升级要求提出的专业镇工作新思路。除东莞市东坑镇外，2011年上半年广东专业镇还涌现出珠海三灶的生物医药、佛山三水的太阳能光伏等战略性新兴产业专业镇，而过去的佛山禅城南庄陶瓷专业镇现已蝶变为“佛山绿色能源岛”。战略性新兴产业和高新技术产业正在迅速地改变着全省专业镇特别是珠三角专业镇的产业面貌。

2011年9月，广东省科技厅有关负责人分析专业镇产业集群这种新变化时归纳出5条路径：一是产业链引进，如珠海三灶以医药（医用器械）特种物流为切入点，集聚了一批医药企业和医药器械企业，迅速形成了产业数亿元的生物医药产业集群。二是高端项目引进，如佛山乐平镇以中建集团的引进为突破口，以薄膜太阳能光伏电池为基本技术路线，兼顾多晶硅太阳能光伏电池制造，迅速形成了具有一定规模的太阳能光伏制造基地。三是重大技术突破，如东莞企石镇以光电产业上游的芯片制备为重点，加速衬底材料开发与产业化，实现了自主技术的突破，孵化出中镓等一批自主创新企业，培育发展了以具有自主技术、自主知识产权的光电集群。四是围绕传统产业培育科技服务业，如东莞大朗以毛织产业的创意设计、工艺开发和其他科技服务为重点，设立科技服务业园区，引入科技服务企业和机构，培育发展科技服务业。五是依靠科技进步实现产业跃迁。如南庄专业镇转移或淘汰落后产能，保留高端制造，发展绿色产业，实现传统产业完美转型升级。

专业镇发展

【虎门镇】 虎门镇位于珠江口东岸，面积178.5平方公里，下辖30个社区居民委员会，户籍人口12.8万人，外来人口近50万人。

虎门镇毗邻广州、深圳，北和沙田镇、厚街镇相接，东与大岭山镇、长安镇为邻，西隔珠江口与广州市南沙区南沙街道相望，南临伶仃洋。便利发达的交通为虎门镇的经济发展提供了重要的保障。

改革开放以来，敢为天下先的虎门人民抢抓机遇，团结拼搏，经济社会发展取得令世人瞩目的成就，先后获得“2005年全国首届小城镇综合发展水平1 000强（第一名）”“2008年中国乡镇综合实力500强（第一名）”“十一五规划中国综合实力百强镇”及“广东镇域经济综合实力广东十强第一名”等荣誉。

虎门镇坚持实施“内外源经济并进、工商并举”的战略，按照稳定农业、优化工业、发展壮大第三产业的工作思路，在保持工业稳步发展的同时着力打造商贸重镇，形成了工业、商贸服务业、现代物流业、旅游业、金融业共同繁荣的发展格局。截至2011年底，虎门镇形成了包括服装、电子、物流、会展、五金、塑料、玩具、彩色印刷等30多个行业，6万多个品种。

2011年，虎门镇完成地区生产总值347.38亿元，继续位居东莞市32个镇街中的榜首。在各项税收总额上，虎门镇税收总额达44.22亿元，位列全市第四。2011年虎门镇常规性可支配财政收入达20.04亿元，比上一年增长25.41%，在全市中名列榜首。2011年，虎门镇经济保持平稳发展，全镇可支配收入总额超过3 000万元的村组达163个，较2010年增加了17个，净资产超2亿元的村组达140个，较2010年增加了9个。

【长安镇】 长安镇是东莞市下辖的32个镇区之一，行政区域总面积97.87平方公里，下辖13个社区居委会，常住户籍人口4万多人，非户籍人口60多万人，旅港同胞3万多人，位于东莞市最南端，珠江口东南岸，东连深圳宝安，西接虎门古镇，地处广（州）深（圳）经济走廊中部，是广州、东莞与深圳交通往来的南大门，距深圳市区55公里，广州市区90公里，东莞市区30公里，广深高速公路、G107国道、S358省道纵横贯通全镇，水路紧临东莞市虎门港。

改革开放以来，长安镇抓紧机遇，大力发展基础设施建设，改善投资环境，引进外资和技术，走出了一条“借船出海”，以外部力量推动本地经济发展的新路子。在从计划经济到市场经济转变的过程中，经济结构发生了根本性的改变，由以农业生产为主过渡到以外源型工业生产为主。同时，商业、娱乐、饮食服务业等第三产业也迅速发展，逐步走向内、外源工商业并举，社会经济迅速腾飞，各项经济指标每年均保持着大幅增长的势头，成为闻名全国的经济强镇。

2011年，长安镇完成地区生产总值270.35亿元，比上一年增长14.0%。在各项税收总额上，长安税收总额达46.53亿元，在东莞市32个镇街中排名第三。长安镇全年常规性可支配财政收入达14.16亿元，比上一年增长9.77%。

在出口贸易方面，长安镇积极落实好帮扶企业扩大出口的各项扶持政策，组织动员企业参加境内外各种形式的展会，拓宽外销渠道，增强出口后劲，积极构建进出口孵化体系，加大工作力度，不断壮大外贸主体，实现出口稳定增长，2011年全镇出口总额达68.9亿美元，总量位居全市第一。

长安镇进一步发挥外经贸优势和产业特色，将长安镇打造成电子信息产业基地，机械五金模具产业基地以及食品、饮料产业基地等三大产业基地，致力调整、优化产业结构，促进外经贸持续健康发展。

【厚街镇】 厚街镇位于珠江三角洲东岸、穗港经济走廊中段，毗邻广州、深圳、香港、澳门，至深圳宝安机场仅30分钟车程，1小时车程可抵达珠江三角洲各主要城市。厚街现有广深高速公路、S256省道、珠三角城际轻轨、东莞轨道交通R2线、规划中的番莞高速和环莞快速路等6大交通骨干网络纵贯全境，穗港客运高速铁路新东莞站等坐落其中。近年来通过不断完善路网建设及道路升级整治，全镇16米宽以上道路总长300多公里。随着《珠三角发展规划纲要》的实施和厚街交通格局的重构，厚街作为东莞交通枢纽中心的地位更加突出。

厚街镇面积126.15平方公里，下辖23个社区居委会，户籍人口9.7万，外来常住人口28.9万。

厚街镇有“家具之都”“展览名镇”“鞋业名镇”“商务休闲之都”之称，是全国百强名镇之一和广东省专业名镇。厚街镇外向型经济发达，全镇拥有包括世界500强企业三星集团、泰科等在内的外资企业1 160多家，形成了以机电、鞋业、家具等为支柱的产业集群，优势突出。

2011年厚街镇完成生产总值225亿元，同比增长13.6%；完成工业总产值（当年价）500亿元，增长18%；镇本级可支配财政收入10.99亿元，增长17.3%；完成固定资产投资总额39.12亿元，增长7.4%。

2011年1—11月，全镇进出口总额97.34亿美元，全市排名第二，同比增长36.3%；全镇实际利用外资1.49亿美元，同比增长23.4%。

2011年，全镇新签和增资项目96宗，其中落实千万美元项目9个，引进新兴产业项目8个，培育总部形态企业8家。新增名牌产品和中国驰名商标各1个，被认定为省民营科技企业4家，获得各类专利授权972件。目前，全镇拥有自主品牌外资企业172个，拥有研发能力的外资企业183家，来料加工企业转变形态137家，开展内销业务的外资企业118家，内销金额63亿元。

2011年，厚街镇加快产业结构调整和企业产品升级，大力发展高新技术产业，拉动外贸出口和纳税总额持续快速增长。2011年1—11月，高新技术产品出口总额27.71亿美元，增长42%，全市排名第四，以高新技术引领出口逆境飘红，有力地拉动了税收的增长，全年税收总额达29.88亿元，增长21.7%。

【大朗镇】 大朗镇位于东莞市东南部，地理位置优越，交通便利，莞樟公路穿越全镇，南达深圳46公里，北距常平铁路口岸7公里。面积118平方公里，辖28个社区（村），户籍人口6.8万人，总人口近50万人。大朗镇在农业年代素有“中国荔枝之乡”美誉，近年来分别被中国纺织工业协会、中国电子商会、中央文明委、国家环保部、全国爱卫会授予“中国羊毛衫名镇”“中国电子信息产业名镇”“全国文明镇”“国家生态乡镇”“国家卫生镇”等称号。

毛织业是大朗镇富民强镇的特色产业。2011年，大朗镇规模以上毛织企业产值79亿元，出口总额6亿美元；两化融合加快推进，全镇企业使用数控织机近3万台；大朗镇成为全国数控织机生产基地和集散地，集聚了近100家数控织机生产企业和销售机构。

目前，以大朗镇为中心形成了规模庞大的毛织产业集群，仅大朗镇就有3 000多家毛织企业；以毛织贸易中心为龙头的10平方公里的大朗镇毛织商贸区内，拥有2个毛织专业市场、6个毛织生产片区和12条毛织专业街。东莞市大朗毛织服装产业基地（集群），是以东莞市大朗镇为中心，辐射涵盖周边镇街如常平镇、黄江镇、寮步镇、横沥镇等的毛织产业集群基地。

近年来，大朗镇认真贯彻落实科学发展观，积极推动产业结构调整升级，在做强做优毛织业的同时，大力引进、扶持、培育电子信息产业，电子信息产业取得长足发展，集群特色明显，成为全镇工业的重要支柱产业，形成了具有较为完善的产业链、较大规模的产业集群。

大朗镇的电子信息制造企业主要集中在通信设备、计算机、电子设备及电气机械和电子元器件制造业。目前全镇共有1 400多家企业和个体工商户从事电子信息行业的生产、销售、服务。

2011年，大朗镇生产总值超过144亿元，同比增长5%；工业总产值超过305亿元，增长4.7%；财政总收入超过23.1亿元，增长22.7%；税收总收入19.7亿元，增长29.8%；年底各项存款余额205亿元，增长13.2%；内生能力不断增强，全镇注册企业总量近4 800家，其中内资企业占89%；固定资产投资额36.5亿元。预计实际利用外资（新口径）1.3亿美元，增长9.3%；出口总额16.2亿美元，增长1%。

【中堂镇】 中堂镇位于东莞市西北部，地处穗莞深经济走廊之间。全镇面积60平方公里，下辖20个村（社区），户籍人口7.45万人，常住人口14.04万人。拥有等级公路251公里，107国道、北王公路、广深高速公路贯穿镇内，广园快速干线、五环路接驳镇内交通网，距广州市区46公里，距东莞市区12公里，素有“东莞北大门”之称。

近年来，中堂镇通过大力实施“一中心、二突破、三园区、四提升、五民生”的发展思路和推进绿色经济发展、创建服务型政府的工作要求，坚定不移谋发展，立足实际促转型，想方设法优环境，攻坚克难强管理，扎扎实实惠民生，全镇经济社会各项事业取得了新发展，较好地完成了年度制定的目标任务。

2011年，全镇完成生产总值84.55亿元，同比增长7%；规模以上工业总产值186.11亿元，增长6.3%；镇本级财政收入6.16亿元，增长10.4%；税收总额9.63亿元；全社会固定资产投资总额18.52亿元；社会消费品零售总额18.7亿元；人民币存款余额89.34亿元；农民人均纯收入13 669元。中堂镇荣获2011年度东莞市镇级工作量化考核中获综合总分二等奖、“全市维护稳定和社会治安综合治理先进镇”“东莞市创建文明镇工作先进单位”“中国民间文化艺术之乡”“广东省曲艺之乡”称号。

【寮步镇】 寮步镇是广东省中心镇，毗邻东莞市区，位于市主城区、松山湖国家级高新科技产业园、同沙生态园和东莞生态园“四位一体”大市区的核心位置，区位优势得天独厚。这里交通四通八达，G94国道、S357省道、松山湖大道、环城路、东部快速路以及在建的莞惠城际轨道交通在此交汇，基本形成了以寮步为中心的东莞半小时经济生活圈。

寮步镇总面积71.15平方公里，辖10个社区和20个村，常住人口约42万人，其中户籍人口约7万人。

改革开放以来，寮步镇抢抓机遇，开拓创新，实施推进工业化和城市化的发展战略，加快产业转型升级，经济实力明显增强，跻身全国综合实力百强镇第51位，荣膺中国电子信息产业名镇、国家电子信息产业基地、国家卫生镇、中国绿色名镇、中国汽车销售名镇、广东省教育强镇、广东省光电数码技术创新专业镇、广东省双提升示范镇、广东省园林镇等多项荣誉称号。

2011年，寮步镇积极落实市委、市政府“加快转型升级，建设幸福东莞”的工作部署，抓住“加快转型升级，建设幸福寮步”这一主线，打好“城市、产业、文化、民生”四张牌，深入推进经济社会转型发展，全镇经济社会发展呈现出“总体较快、转型加速、质量提升”的积极态势。2011年全镇实现生产总值147.1亿元，同比增长10.2%，其中进出口总值96.4亿美元，全市排名第二；全镇新签内资项目44个，协议投资额超79亿元，实际引进内资18亿元；新签外资项目48个，合同利用外资7 460万美元，实际利用外资1.03亿美元，完成年度指标的114%。

同时，寮步镇深入开展“千人扶千企”活动，帮助企业解决用工、用电、融资、人才等难题，帮扶3家企业成为市上市后备企业，累计达到6家，全市排名第一；推动41家来料加工企业转三资，协助245家企业开展内销，内销总额64.3亿元，增长36%；内销纳税总额1.8亿元，增长22%，帮助中小企业获得银行授信贷款超50亿元。

【茶山镇】 茶山镇位于东莞市中北部，坐落在东江支流寒溪河畔，距市区10公里，下辖16个村民委员会和1个居民委员会。全镇面积56.6平方公里，常住人口约15万人，其中本地户籍人口4.5万人。

茶山凭借区位优势、资源优势、政策优势和人文优势，经济发展迅速，其中以食品行业为代表更是强势崛起，在全国食品产业中具有一定的实力和地位。2008年，茶山镇荣获“中国食品名镇”和“广东省技术创新专业镇（食品类）”称号。目前，茶山镇有食品企业200多家，其中有雀巢、嘉顿等国际性品牌，也有华美、圣心等本土民营企业。还有一批大型食品物流批发企业、食品机械制造企业、食品包装企业及茶叶市场等食品配套企业。全镇食品行业产品涉及糖果、饮料、饼干、调味品等15个大类2 000多个品种。目前全镇食品企业从业人员2万多人，固定资产投资超过10亿元，食品产业完成特色产业产值41.1亿元。初步形成了以制造、销售及其他产业配套为一体的食品产业集群。至今，全镇食品行业有各类名牌称号12个，其中全国名牌产品1个、省名牌产品1个、省著名商标2个、绿色食品7个、有机食品1个。

茶山镇还拥有“中国品牌服装制造名镇”的头衔，截至2011年底，全镇现有服装企业567家，拥有自主品牌的服装企业18家，2011年服装产量达2.8亿件，产值达54.2亿元。目前茶山镇以打造“四最一精”服装制造产业基地为目标，出台并实施了一系列优惠政策，促进服装产业快速发展。

除了食品和服装产业，茶山镇在电子信息产业方面正着力推动产业做强做大，2011年全镇有电子信息企业187家，其中外资企业30家，民营企业148家，2011年产品销售总额63.8亿元，纳税总额8 874万元，成为茶山经济支柱产业之一。

2011年，茶山全镇完成生产总值72亿元，增长9.2%；各项税收总额9.1亿元，增长14%；镇本级财政收入5亿元，增长13.6%。

【常平镇】 常平镇位于东莞市东部地区，西接广州，南邻深圳、香港，北通京沪，东达粤东沿海，全镇面积108平方公里，户籍人口6万多人，外来人口30多万。常平镇是我国南方新兴的铁路交通枢纽，是京九铁路、广梅汕铁路、广深铁路的交汇处。在当今中国铁路交通网中，该镇是全国唯一设有两个大型客运站和铁路客货运口岸的镇。

据《中国京九发展年鉴（1998）》，由国家统计局、国家计委宏观经济研究院核定，常平镇在京九沿线县及县级市中，人均国内生产总值、人均财政收入、人均储蓄等多项主要经济指标均名列榜首，因而被国务院发展研究中心誉为“京九第一镇”。作为“京九第一镇”，常平镇拥有火车站、铁路口岸，区位优势明显，物流和服务业的发展优势非常明显。

常平镇未来将加快常平物流园建设，全力推动美吉特项目、世通快件中心保税物流项目、京九塑胶城项目、华南粮食加工批发项目等重点项目建设，继续引进国内外大型物流企业进园，大力引进物联网技术和第三方物流企业。

常平镇在加快发展物流的同时，坚持大力发展先进制造业、加快发展现代服务业。常平将优先发展光电产业、数字化机械制造、精密模具制造，重点发展高端消费电子产业，改造提升纺织服装、塑料制品、玩具等传统产业。常平镇在加快产业转型升级中出台了“1+8”产业扶持发展政策，设立5 000万元专项基金，全年拨出1 800多万元推动企业科技创新、转型升级；汽车贸易城建设有序推进，镇中心商业集聚区、东莞火车南站商务中心、特色商业街区等商圈加快规划。

常平镇还创新性设立镇招商办、民营工业协会和外商投资协会，建立镇重点企业季度协调工作机制，强化引优扶强、内引外联力度，2011年全年引进外资合同金额和增资合同金额同比分别增长160%、34%，规模以上民营工业总产值同比增长21.26%，私营及个体企业税收首次突破10亿元大关，协助一批企业解决了近200个问题。

2011年，常平镇生产总值182.3亿元，同比增长9.01%；镇本级可支配财政收入10.58亿元，增长11.8%；税收实现4年来首次双位数增长，总额达到23.17亿元，增长18.49%；社会消费品零售总额68.5亿元，增长17.38%；实际利用外资1.16亿美元，增长82.52%；社会各项存款余额265亿元，增长12.17%，多项经济指标增速高于东莞全市平均水平。

常平人民秉承“敢为天下先”精神，开创了众多广东乃至全国的先河。1979年，开办了全国最早之一的“三来一补”企业——常平毛织一厂；1986年建成了全国第一家镇级体育馆并分别承办了全国六运会、全国九运会的比赛项目。近年来先后荣获“全国创建文明村镇工作先进村镇”“中国电子信息产业名镇”“中国最佳物流名镇”“全国亿万农民健康促进行动示范区”“中华餐饮名镇”“广东省文明镇”“广东省卫生镇”“广东省教育强镇和”“广东省餐饮特色镇”等十多项省部级先进荣誉。2011年常平又获得“国家卫生镇”“全国文明镇”等重量级荣誉。

【小榄镇】 小榄镇是广东省获得国家级荣誉最多的的国家级重点镇，位于珠江三角洲中部，是广东省中心镇（县级），是中山市重要市辖区，在中山市经济、人口、交通、城市建设规模中占有举足轻重的地位。小榄镇总面积75.4平方公里，2011年末全镇常住人口314 190人，其中户籍人口164 234人，外来人口149 956人。

近年来，小榄镇先后被授予和评为“全国村镇建设先进镇”“国家卫生镇”“全国造林绿化百佳镇”“全国体育先进集体”“全国乡镇企业出口创汇五强镇”“全国精神文明创建活动示范点”“中国五金制品产业基地”“中国电子音响行业产业基地”“中国花木之乡”“中国民间艺术（书画）之乡”“中国菊花文化艺术之乡”等荣誉称号，被联合国开发计划署确定为“中国可持续发展小城镇试点”，还被国家发改委列为“第一批全国发展改革试点小城镇”。

小榄镇除了拥有现代高效的特色农业，其工商业发展充满活力，区域经济特色明显，是全国重点镇、广东省中心镇和中山市首批工业强镇。2011年，全镇有工业企业9 502家，其中规模以上工业企业有330家，工业总产值达510亿元，工业销售收入476.9亿元，均比上一年有所提升。

2011年小榄镇的生产总值（GDP）达202.4亿元，比上一年增长12.82%。三大产业比重由2010年的0.3:57.6:42.1调整为2011年的0.3:56.6:43.1，其中工业比重略有下降，第三产业比重有所上升。2011年全镇税收总额达37.7亿元，比上一年增长19.53%，其中国税收入24.9亿元，比上一年增长17.12%；地税收入11.83亿元，比上一年增长27.75%。固定资产投资37.3亿元，比上一年增长13.03%，其中房地产开发11.8亿元，比上一年下降25.79%。

【大涌镇】 大涌镇地处中山西南部，距城区约8公里，总面积40.5平方公里，建成区面积9.88平方公里，下辖6个社区和2个村，户籍人口2.93万人，旅外乡亲3万多人。

大涌镇经济以本土民营经济为主，在全镇7 000多户工商企业中，大涌籍的占60%以上，90%的大型企业为本土民营企业。在产业发展方面以红木家具和牛仔服装两大特色传统行业为主，拥有“中国红木雕刻艺术之乡”“中国红木家具生产专业镇”“中国牛仔服装名镇”等三个国家级区域品牌。红木家具和牛仔服装两大行业总产值占全镇工业总产值的80%左右。大涌镇依托这两大重点产业，对产业结构的进一步优化，落实名牌战略，以高新技术提升传统产业，促进内源外源经济同步发展。

2011年，大涌镇实现地区生产总值36.58亿元，比上一年增长13.4%；固定资产投资10.64亿元，比上一年增长21.40%；工业总产值89.28亿元，比上一年增长16.20%，其中，红木家具总产值19.83亿元，比增24.59%；纺织服装总产值51.13亿元，比增22%。

近年来，大涌镇财政收入保持持续、稳定增长，财政支出在保工资、保稳定、促发展等方面的作用显著增强。2011年，大涌镇财政收入3.64亿元；财政支出3.3911亿元，比上年增长37%。税收总额4.4105亿元，增长16%，其中国税累计收入2.7549亿元、地税累计收入1.4271亿元、农业二税累计收入2 285万元。

【东凤镇】 东凤镇地处广东省中山市“北大门”，是珠江三角洲经济开放区重点工业卫星镇之一，北邻顺德，南接小榄，105国道、364省道（东阜公路）和珠三角城际快速轨道、太澳高速公路贯穿境内。全镇总面积56.24平方公里，下辖2个居委会和12个村委会，全镇常住人口12.3万人，其中户籍人口7.35万人。

近年来，东凤镇经济社会同步发展，分别荣获多项国家、省、市殊荣：全国首个“中国小家电产业基地”“国家卫生镇”“国家级生态乡镇”和“广东省文明镇”“广东省教育强镇”“广东省小家电产业集群升级示范区”“广东省专业镇技术创新试点单位”“中山市工业强镇”“中山市经济强镇”等。

东凤镇通过大力实施“经济强镇”“科教兴镇”和可持续发展战略，促进经济持续快速发展。多年来，东凤镇以转变经济发展方式为主线，大力实施“双提升”战略，注重把培育大企业大项目与调整产业结构相结合，不断提升产业核心竞争力，一大批龙头骨干民营企业已成为促进经济快速发展的“加速器”。目前，全镇拥有2 900多家民营企业，逐步形成了以美的、万和等企业为代表的小家电产业，以天乙、美日等企业为代表的石油化工产业，以泰峰电气、铁将军、富山玻璃机械为代表的装备制造业和以玉峰玻璃、富华管桩、顶固金属制品为代表的玻璃建材业等四大产业集群。具有区域特色的“东凤小家电”更蜚声海内外，现已成为全球最大的电风扇制造地，全球最具规模的防盗报警系统、倒车雷达生产地，全国燃气具重要生产地。现拥有年产值2 000万以上的规模以上企业155家，其中产值超亿元企业35家，超50亿元以上企业2家；累计拥有49项省级以上名牌名标。

2011年东凤镇实现地区生产总值117.03亿元，增长19.6%；全社会工业总产值354.1亿元，增长22.4%；规模以上工业总产值327.75亿元，增长23.8%；固定资产投资37.39亿元，增长34.1%；国地两税收入13.53亿元，增长23.8%；一般预算收入4.66亿元，增长26.5%；产品自营出口6.05亿美元，增长27.4%。全镇的经济总量位居全市镇区的前列。

【黄圃镇】 黄圃镇地处中山市最北部，西北与佛山市顺德区为邻，东北与广州市番禺区隔河相望，居“珠三角”西岸都市圈发展核心板块，与广州、深圳、佛山、江门、东莞、珠海、香港、澳门八大城市同在一小时生活圈内。

改革开放以来，黄圃镇经济社会保持快速协调发展，被誉为“南国明珠”。先后获评中国食品工业示范基地、中国腊味食品名镇、中国家电产业配套创新基地、全国环境优美乡镇、中国市场名镇、中国历史文化名镇、全国文明镇、广东省现代生活电器产业基地、广东省产业集群升级示范镇、广东省专业镇技术创新试点、广东省城镇化技术集成应用试点、广东省火炬计划家电配套创新特色产业基地等。

黄圃镇工业体系较完备，逐步建立了以金属为主体的工业原材料产业为支柱产业、以家电五金产业为重点产业、以腊味为代表的食品产业为特色产业的三大工业产业体系。建立了食品、马新、大雁三大工业基地承载三大产业的发展，成立了三大工业公司运营三大工业基地和三大产业。马新工业基地主要承载家电五金、工业原材料、高新技术产业的发展。大雁工业基地主要承载家电五金、传统制造业的发展。目前，黄圃镇同时拥有各类工业企业1 100多家。

近年来，黄圃镇经济社会发展迅速。2011年，面对国际金融危机的形势，黄圃镇实现国内生产总值102亿元；实现工业总产值389亿元，增长

20.8%；国地两税收入12亿元，增长24.3%，增幅列全市前列。

在经济快速发展的同时，黄圃镇十分注重城镇基础设施建设，近年来，先后投入20多亿元建立了三大工业基地和改造建设了一批城镇基础设施，其中，投入3亿元建成中山市技师学院黄圃校区；投入1亿多元改造了南三公路兴圃大道，打造成为亮丽的快速过境干线；投入1亿多元建成了全中山市规模最大的初级中学——黄圃镇中学；投入1亿多元建成了中国（黄圃）食品贸易中心；投入5 000多万元建成了中国食品工业示范基地国际会展中心；投入3 000多万元建成了大雁桥，打通了连接顺德的交通出口。

【古镇镇】 古镇镇是闻名国内外的“中国灯饰之都”。位于广东省中山市西北面，是中山、江门、佛山市（顺德区）三市的交汇处，毗邻港澳。全镇总面积47.8平方公里，由古镇、曹步、海洲三大自然村组成，下辖12个行政村、1个居委会，户籍人口7万多人，外来人口超过8万人，历来是外商投资和发展经济贸易合作的理想宝地。

改革开放以来，古镇镇按照“工业立镇，工农商并举”的发展思路，逐步从单一的农业经济镇发展成为区域特色经济明显，以灯饰、花卉苗木两大产业为支柱的工业城镇。经济建设和社会各项事业的全面发展，为古镇赢得了各种荣誉，被授予和评为“中国灯饰之都”“中国花木之乡”“国家文明镇”“国家卫生镇”“国家火炬计划中山古镇照明器材设计与制造产业基地”“全国环境优美乡镇”“省教育强镇”“省农业现代化示范区”“省产业集群升级示范区”“省现代服务业集聚区”等一系列荣誉称号。

古镇镇经济结构、产业结构十分突出，个体、私营经济十分活跃，占经济总量的95%以上。目前，古镇镇已形成全民创业的社会氛围，全镇已登记注册的个体工商牌照超万家，超过六成的家庭成为大大小小的企业主，全民创业氛围相当浓厚。其中灯饰业是古镇的龙头行业，也是古镇的经济支柱。从1982年发展至今，已成为世界性几大灯饰专业市场之一，是国内最大的灯饰专业生产基地和批发市场。经过十几年的引导、扶持，古镇镇沿新兴大道、中兴大道了约10公里的“灯饰街”，共有灯饰铺位3 600多家。目前，全镇已登记注册的灯饰厂企八千多家，从业人员8万多人。2011年，灯饰业总产值达170.8亿元，占全国市场份额的60%以上；出口总额5.0亿美元，产品不仅畅销全国，还出口到港澳台地区、东南亚、日本、美国及欧洲等130多个国家和地区，享有较大的知名度和美誉度。

2011年，全镇实现工农业总产值231.3亿元，国内生产总值96.04亿元，人均6.7万元；国、地税收11.5亿元，农民人均收入26 577元；年末银行存款余额174.2亿元，居民储蓄余额131.1亿元。人均收入、银行存款等连续多年位居全市前列。

【板芙镇】 板芙镇地处中山市西南部，东傍五桂山，西临西江，南连珠海经济特区，北枕中山市中心城区，毗邻港澳，水陆交通方便。全镇面积82.01平方公里，辖10个村委会和1个居委会，有户籍人口3.4万人，流动人口近8万人。板芙镇先后荣获全国环境优美镇、广东省教育强镇、广东省卫生镇、广东省科技创新专业试点镇、广东省美式家具专业镇、广东省平安建设先进镇、中山市文明镇、中山市平安镇区等荣誉称号。

改革开发之后，板芙镇凭借良好的区位优势和丰富的资源优势，通过大力实施“工业强镇”战略，已由一个传统的农业小镇发展成为珠三角地区新兴的工业镇。1987年，板芙就被广东省人民政府批准为珠江三角洲经济开放区重点工业卫星镇。至上世纪末，板芙已形成家具、皮具、玩具、服装四大支柱产业，建立起以出口加工贸易为主导的工业体系。面对对外依存度过高的工业体系以及粗放型的发展方式，镇党委政府未雨绸缪，积极谋划经济转型，着力提升经济发展质量。早在2006年就提出了“巩固传统产业，发展电光源产业”的发展思路，并规划发展以节能环保为主导的电光源产业。2007年，中山（板芙）电光源产业基地被列为中山市“十一五”规划重点建设项目。

2011年，全镇实现生产总值53.98亿元，工业总产值136.21亿元，服务业总产值30.72亿元，出口总值5.89亿美元，税收总额5.84亿元。

“十二五”期间，板芙将借助港珠澳大桥、广珠西线三期高速公路开工建设以及105国道扩修的机遇，依托依山傍水、两江四岸的资源优势，坚持“两个并重”的发展思路，即坚持内外源经济并重和二三产业并重相结合，通过改造提升传统产业，加快发展电光源产业等新兴产业，努力形成传统优势产业和新兴LED产业齐头并进的工业发展格局。通过发展绿色生态农业和休闲观光旅游业，努力形成工业与服务业互为促进的发展态势。

【南朗镇】 南朗镇地理位置十分优越，位于中山市东部，东临珠江口与香港隔海相望，是珠江口西岸至香港最近的起运点，南与珠海市接壤，西倚中山城区，北连国家（中山）火炬高新技术产业开发区。南朗镇交通便利，京珠高速、中江高速、中拱公路、广珠城际轻轨和在建的中山东部快线纵横贯通，南北相邻中山港和珠海九洲港。南朗镇辖区土地面积218.86平方公里，户籍人口4万人，非户籍人口6.8万人，旅居海外侨胞近5万人，分布在世界五大洲37个国家和地区，是著名的侨乡。先后荣获中国绿色名镇、全国环境优美乡镇、国家卫生镇、广东省文明镇、广东省历史文化名镇、广东省教育强镇、广东省平安建设先进镇、广东省旅游特色镇、中山市经济强镇等称号。

近年来，南朗镇发挥丰富的资源优势，积极实施“生态立镇、经济强镇、文化兴镇”战略，推动南朗经济社会持续、快速、协调发展，综合实力不断增强。南朗镇加大力度促进转型升级，加快建设华南现代中医药城、朗城、翠亨滨海新城的“三城”发展平台，产业结构水平不断提升。同时，新能源、现代中医药、电子电器、装备制造等高技术产业和先进制造业集聚发展，文化休闲旅游、房地产、特色餐饮等现代服务业规模不断壮大，以水果、蔬菜为主体的“绿色农业”和浅海养殖捕捞等“蓝色农业”渐具特色。

2011年，南朗镇实现地方生产总值78.52亿元，比上一年增长13.6%；工业总产值234.2亿元，比上一年增长16.2%；国地两税收入14.07亿元，比上一年增长25%；外贸出口7.92亿美元，比上一年增长8.2%；固定资产投资47.06亿元，比上一年增长23.3%；农业总产值6.99亿元，比上一年增长2.2%；农民人均年纯收入15 398元，比上一年增长11.8%；财政一般预算收入4.17亿元，比上一年增长18.8%。

【三角镇】 三角镇位于中山市北部偏东，地处珠三角中心地带，交通便利，京珠高速公路贯通镇域南北，省道南三公路横穿镇境东西，与番中公路、105国道相连，往广州、深圳、珠海、佛山、东莞等周边城市均在1小时车程内，三角镇已经成为中山乃至珠江三角洲的重要交通枢纽之一。三角镇总面积72平方公里，辖1个社区居委会和7个村民委员会，截至2011年12月31日，全镇户籍人口63 132人（其中农业57 280人，非农业5 852人），非户籍人口（外来常住人口）60 862人。

三角镇是传统的农业大镇。近年来，三角镇发挥交通、资源及园区优势，完善配套设施，优化投资环境，加大招商引资力度，大力实施“工业立镇、工业强镇”战略，提高经济综合实力，实现了国民经济和社会各项事业持续快速发展。

2011年，全镇实现地区生产总值79.7亿元，比上一年增长14.1%；工业总产值为241.6亿元，比上一年增长20.3%；农业总值8.32亿元，比上一年增长6.7％；第三产业生产总值27.7亿元，比上一年增长20.5％；国地两税收入93 274万元，比上一年增长21%；外贸出口总值9.1亿美元，比上一年增长19.75%；全社会固定资产投资30亿元，比上一年增长32.3%；农村人均收入14 313元，比上一年增长15%。

在加快发展的过程中，三角镇坚持落实科学发展观，统筹发展社会各项事业，促进社会稳定和谐。近年来，三角镇先后获得“广东省卫生镇”“广东省教育强镇”“广东省可持续发展实验区”“广东省城镇化技术集成应用试点”“广东省环保技术创新专业镇”“广东省文明镇”“全国环境优美乡镇”等荣誉称号。

【东升镇】 东升镇位于中山市境西北部，北连工业重镇小榄，南接中山市政治文化经济中心石岐区。坐拥105国道和小榄水道，已建和在建的中江高速、广珠轻轨、太澳高速、中顺快速干线纵横贯通全镇，市“四高速五横六纵九加密”干线公路网中有5条道路经过东升。

东升镇是珠江三角洲重点工业卫星镇。改革开放以来，东升镇凭着特有的区位优势、完善的基础设施、良好的工业基础、廉洁高效的服务环境，赢得了诸多投资商家的青睐，给经济带来了巨大的活力。东升镇先后获得“全国乡镇企业创汇先进管理单位”“广东省卫生先进镇”“中山市文明镇”“中山市村镇建设先进镇”“工业强镇”等称号。

2011年，东升镇坚持加快转型升级，有效增强经济发展后劲，围绕打造旅游商圈、商业商圈以及轨道经济圈，重点行业和企业逆势上扬，十里堤岸旅游度假区项目快速推进，星际数码游乐主题乐园、大飞洋游艇制造厂等一批龙头项目建成投产，推动了东升镇经济的二次腾飞。

2011年，东升镇深入学习实践科学发展观，坚定不移“抓转型、促发展、保稳定、优环境、惠民生”，全力推动经济社会事业协调发展，实现了“十二五”良好开局。全年完成本地生产总值94.27亿元，比去年同期增长21％；全社会工业总产值580亿元，增长22%。服务业增加值28.7亿元，增长21.8%。三产产业结构优化调整为5.6:63.96:30.42。全镇可支配财政收入达12.3亿元。全社会完成固定资产投资30.85亿元，增长20.3%。

【新塘镇】 新塘镇是广州市增城南部工业、商业重镇、广东省中心镇、广东省“县级权限镇”试点之一。新塘镇总面积251.51平方公里，现管辖16个居委会和71个村委会，总人口40多万人其中户籍人口21万人，外来人口19万人。

新塘地理位置优越，交通发达，目前有广深高速、广惠高速、广园东快速、107国道等交通主干线与珠三角骨干交通网相连，正加速融入广佛、莞深的“半小时生活圈”。按照规划，新塘地区还将建设地铁13号线枢纽站和穗莞深城际轨道站点。珠三角城际轨道交通线网主轴线之一的穗莞深城际轨道，目前已正式在新塘定点建站，建成后新塘到广州市区只需一刻钟并成为广州东部交通枢纽中心。

“十一五”期间，新塘先后荣获“中国绿色名镇”“中国十佳和谐小城镇”“全国民营企业发展环境最佳乡镇”“中国最具发展潜力名镇”“广东省牛仔纺织服装技术创新专业镇”“广东省平安建设先进镇”“全国群众体育先进单位”“全国婚姻登记先进单位”等光荣称号。

近年来，新塘镇发挥区位、交通、资源、产业集聚的四大可持续发展优势，规划并推进了宁西、新塘环保、豪进、沙埔银沙、东凌等五大工业基地建设，引进了广州本田二厂、五羊本田摩托车两大生产力骨干项目，培育了一批科技含量高、效益好、带动性强的制造业工业项目，牛仔休闲服装和汽车、摩托车及其零部件三大支柱产业，初步形成产业聚集和组团发展。成功走出了一条“大工业、大商贸、大房产”的富民强镇之路。一些重点项目纷纷抢滩落户新塘投资置业，现有广州本田汽车、五羊——本田摩托、广州提爱思汽车内饰、广州电装、豪进摩托、康威集团、创兴牛仔、广英牛仔等一大批龙头企业。时至今日，新塘、永和、宁西、沙埔、仙村已经形成颇具特色的工业产业带。汽车、摩托车及其零配件制造业、牛仔休闲服装等三大支柱产业不断壮大，新塘镇经济产业已形成以经营牛仔休闲纺织服装、摩托车及其零配件、汽车及其零配件、建材、家具、造纸、食品、塑料、家电、制品业等19个行业为骨干的工业体系。

2011年，新塘镇完成工农业总产值912.66亿元，同比增长（下同）19.39%，其中，工业总产值898.61亿元，增长16.81%，农业总产值14.05亿元，增长3.4%；全社会固定资产投资91.34亿元，增长22.67%；服务业主营收入31.47亿元，增长20.3%；社会消费品零售总额108.01亿元，增长20.05%；两税收入44.97亿元，增长10.78%。

【狮岭镇】 狮岭镇坐落在广州市北部花都区，镇域总面积160平方公里，辖23个村（居）委，建成区面积23平方公里，总人口超过30万人，其中户籍人口7.2万人。狮岭镇位于珠三角一小时经济圈范围内，距广州市中心34公里，距新白云国际机场、花都港均15公里，京珠高速、广清高速、107国道、京广铁路纵横交错，武广铁路穿镇而过，珠三角北二环、北三环高速公路与京珠高速、广清高速、机场高速密切相连，水、陆、空立体交通网络使狮岭通达世界各地。优越的区位优势和四通八达的交通网络为狮岭发展提供了便利的条件。

经过近二十多年的发展历程，在花都区的产业发展战略的指导下，集皮革皮具、五金辅料、皮革成品批发零售为一体的狮岭皮革皮具产业集群已打造成为现代化国际皮革皮具城一狮岭国际皮革皮具城，成长为中国皮具之都。

2011年，花都区狮岭镇皮革皮具产业集群被中国县域产业集群研究院授予“中国县域产业集群竞争力百强”的荣誉，知识产权试点示范单位、广东省教育部产学研结合示范基地、中国专业市场示范镇、“中国楹联文化之乡”称号、中国RFID产业联盟应用试点单位等荣誉。

皮革皮具产业是狮岭镇的特色经济、支柱产业、富民产业。近年来，狮岭镇紧紧抓住国际皮革皮具产业转移，国内皮革皮具产业集聚的战略机遇，以市场为导向，以开放为动力，以民营为主体，以专业市场和工业园区为载体，以创建区域品牌、提高自主创新能力为目标，实现了产业跨越式发展，在实践中成功走出一条市场培育引领，产业集聚带动，农民就地就业创业，政府有为引导，区域创新发展的富民强镇新路。

近年来，狮岭镇皮革皮具产业取得了良好的发展，领跑全省全国箱包产业。2011年狮岭镇皮革皮具产品出口额6.72亿美元，同比增长30.8%。目前，狮岭生产型企业7 200家，从业人员超过30万，每年创造200亿元产值，占全国箱包市场55%以上，占欧美大众流行箱包市场70%以上，产品远销世界136个国家和地区。截至2011年末，注册地为狮岭的自主商标总数为2 283件，另外狮岭地域之外注册，但实际在狮岭生产运营的自主品牌数超5 000件。

2011年12月19日至21日，第11届中国（狮岭）皮革皮具节在花都狮岭举行。

【花东镇】 花东镇位于广州市花都区东部，西连花山镇，东、北与从化市接壤，南临白云区。辖区面积208.44平方公里，常住总人口10.83万多人，是全区行政区域最大的镇。下辖45个村民委员会和4个社区居民委员会。旅居海外华侨和港澳台同胞有15 000多人，镇内设有华侨农场，安置从印尼、越南等13个国家和地区的归侨、侨眷约5 000人。

2005年花东镇被定为省的中心镇，2008年被评为广东省技术创新专业镇，按照建成花都区东部空港重镇的目标，规划东部重点发展陆路物流业和工业、南部和西部重点发展物流业和商业、北部重点发展旅游业和房地产业、中部重点发展高新科技产业。

花东镇是花都区的一个农业大镇，花东镇对农业一直予以高度的重视，坚持“科技兴农”的方针，稳妥有序地调整农业结构，创立了一批农业品牌，名优特产李溪石硖龙眼、莘田石榴、红蜜杨桃和京塘莲藕远近闻名。

花东镇在发展农业的同时，围绕“做强工业、做大物流业、积极发展服务业”的发展思路，发挥优势，抓住重点，着力建设好工业、物流、生态休闲度假三大发展组团，形成产业集聚，推动花东新一轮大发展，建设和谐、富裕、平安新花东。目前工业产品主要有机械、陶瓷、日用制品、五金、家具等。

2011年，全镇实现地区生产总值42.05亿元，同比增长3.01%；工农业总产值76.05亿元，其中工业总产值67.59亿元，农业总产值8.46亿元；税收入库首次突破7亿元大关，达到7.73亿元，同比增长14.43%，完成年度任务104%，税收总量在全区排名第三。农民人均收入10 024元，同比增长12%。

【北滘镇】 北滘镇位于佛山市顺德区的东北部，地理位置优越，水陆交通便利，区域内有广珠西线、佛山一环，以及兴建中的广珠轻轨、广州新火车站等交通设施连接广州和港澳。全镇总面积92平方公里，下辖辖19个村（社区），常住人口30万人，其中户籍人口11万人。

改革开放以来，北滘镇历经从以农为纲，到工业立镇，再到现在的工商并举，逐步走出了独具特色的发展之路，经济取得了长足进步。目前，北滘镇形成了以家电产业为支柱产业、金属材料和机械设备制造产业等同发展的产业格局。家电制造业优势尤为显著，产业集群程度高、产业链完善，是国际级家电生产基地之一，被评为“中国家电制造业重镇”。北滘镇家电业总产值占顺德家电业总产值的四成以上，占全国的6%。镇内拥有美的、碧桂园、精艺、惠而浦、蚬华、浦项等一大批中外知名企业。北滘镇先后被评定为“广东省专业镇技术创新试点”“广东省火炬计划顺德金属材料特色产业基地核心发展园区”“国家（顺德）家用电子产品产业园信息家电产业园区”和“中国家电制造业重镇”。

2011年，全镇本地生产总值339亿元，工农业总产值1 669亿元，国地税收入55.1亿元，城镇居民人均可支配收入32 423元，农村居民人均纯收入11 880元。

“十一五”时期，北滘镇以总部经济和工业设计推动产业高端化发展，以城市经济和现代物流提升产业配套水平，初步实现了经济增长方式的转变。

“十二五”时期，北滘将大力发展都市型产业，依托现有产业优势，争取5年内建成100万平方米以上的甲级写字楼，推动总部经济发展迈进新阶段，重点引入增值型、创新型、集约型、关联性大的生产型服务业和战略性新兴产业，全力推动工业设计产业化，培育金融服务业，推动本地产业和金融资本的有效结合，为产业转型升级提供金融支持。

【陈村镇】 陈村镇地处广佛都市圈核心区域，位于广州、禅城、番禺、南海、顺德五地交汇处，距离广州南站仅5公里，佛山地铁2号线、广州地铁7号线、广佛环线等重要交通设施贯穿全镇，区位优势得天独厚。全镇总面积50.7平方公里，下辖7个村委会和8个居委会。户籍人口7.8万人，流动人口6.1万人。

陈村镇历史悠久，自古人烟稠密、物产丰富、商业兴旺、交通发达、自古即为商贾云集之地，曾与广州、佛山、东莞的石龙镇合称“广东四大名镇”，有“陈村谷埠”之称；又因盛产花卉，素有“中国花卉第一镇”的美誉。

近年来，陈村镇突出产业转型、产业融合、产城互动的经济发展思路，提升企业核心竞争力。陈村是顺德“两家一花”之中的“一花”，曾成功举办中国第五届花博会、2006中国盆景赏石博览会等一系列大型展会。2008年陈村镇被中国机械工业联合会正式授予“中国装备机械工贸名镇”称号，已形成集研发、生产、上游配套、集约销售的完备机械装备产业链。陈村镇的第三产业发展较快，万科地产、顺峰山庄、台湾太平洋集团等国内外知名企业相继落户陈村，2011年限额以上商业零售额7.06亿元。

2011年，陈村镇实现本地生产总值109亿元，工业总产值340.2亿元，全社会固定资产投资43.4亿元，税收收入13.8亿元，全镇储蓄余额108.1亿元。

在经济迅猛发展的同时，陈村镇不断提升城市化水平，加强精神文明建设，被授予了“国家卫生镇”“省文明示范镇”“省民间艺术之乡”“省教育强镇”“广东最美乡村自然生态旅游示范点”等称号。

【荷城街道】 荷城街道位于高明东部，是佛山市西江组团的重要组成部分，是高明区委、区政府驻地，全区的政治、经济、文化、金融、信息和科技中心。现荷城街道在2005年由原荷城街道、三洲街道、西安街道和富湾镇4个镇（街）经区域整合而成，总面积178.58平方公里，其中中心城区面积约25平方公里（不含富湾圩、西安圩和三洲工业区）。街道户籍人口约15万人，流动人口约8万人，下辖14个社区居委会和14个村委会。

近年来，荷城街道坚持走产业强街之路，不断做大做强传统优势产业，以海天、溢达、中油高富、佛山照明等龙头企业为重点，重点推进骨干企业增资扩产和产业转型升级工作，精心培育食品、石化、纺织、光电和塑料等五大支柱产业集聚发展，逐步打响纺织名城和调味品之都等产业品牌，并成功创建广东省技术创新专业镇和广东省塑胶材料专业镇，2010年成为佛山综合实力10强镇（街）之一。街道同时加快战略性新兴产业建设步伐，培育和发展一批支撑荷城经济发展的战略性新兴产业，世亚金属、明威专用车、佛照国轩等项目正顺利有序地推进。到目前为止，荷城街道共有各类企业830多家，其中规模以上企业260多家，超亿元企业150多家。

荷城街道大力扶持第三产业发展。“荷城商圈”已逐步建成，文昌路、文明路步行街成为群众休闲、娱乐、购物好去处。盈香、塘伙、力创等农家乐项目成为荷城旅游服务业的鲜活招牌；阮涌古村落保护和开发进入实质性阶段，有望成为街道旅游文化新乐土。富逸湾公司与全球最大酒店集团温德姆酒店集团共同打造的豪华五星级酒店——君御温德姆至尊酒店目前已建成封顶，将进一步加大街道接待服务能力，促进旅游文化有较大的提升。

荷城街道坚持“大招商，招大商”，创新思路，优化服务，大力引进大型优质项目，重点引进装备制造、汽配、三新（新能源汽车、新能源、新材料）

等新兴产业项目。“十一五”期间，街道共引进项目147个，合同投资额264亿元，其中亿元以上项目42个，占项目总数的28.6%。

作为高明一街三镇的龙头，荷城街道2011年实现地区生产总值308.5亿元，同比增长17.3%；工业总产值1 316.52亿元，同比增长18.3%；固定资产投资106.21亿元，同比增长23.9%；工商税收收入24.13亿元，同比增长18.22%。

【芦苞镇】 芦苞镇位于佛山市三水区中北部，地处珠江三角洲的腹地，是历史商埠，素有“小广州”之称。芦苞镇域总面积105平方公里，人口近5万人，其中外来人口1.5万人，现辖90个自然村、6个村委会和1个居民委员会。1986年定为珠江三角洲工业重点卫星镇，1996年定为广东省小城镇综合改革试点，2000年定为三水次中心，2001年评为广东省文明村镇、广东省体育先进镇，2002年定为广东省中心镇，2005年评为广东省教育强镇，2006年评为佛山市旅游文化专业镇，2007年评为广东省旅游文化专业镇、广东省卫生镇，2008年评为广东省旅游特色镇、广东省“全国亿万农民健康促进行动”示范镇、广东省新农村建设科技示范试点，2010年评为佛山市科学发展特色镇、国家卫生镇，2011年评为广东省生态示范镇。

2011年，芦苞镇坚持以科学发展观为指导，以建设“长寿古镇、时尚新城”为目标，经济社会取得了全面的发展。全年实现地区生产总值52.9亿元，同比增长18.6%；工业总产值212亿元，增长22.33%；农业总产值5.53亿元，增长8.43%；税收收入2.89亿元，增长34.78%，其中地税收入首次突破亿元大关；全社会固定资产投入55.73亿元；招商引资项目20个，合同引资额27.9亿元。

芦苞镇将继续坚定不移实施“三、二、一”的产业发展战略，充分利用优势资源，进一步强化芦苞的个性产业，按照“利用好、开发好、保护好”的开发原则，重点发展以旅游休闲度假为重点的第三产业，全力把芦苞打造成为服务广佛都市圈的生态卫星新城。

【大沥镇】 大沥镇位于佛山市南海区东部，东与广州市荔湾、白云区接壤，南与佛山市禅城区毗邻，西与狮山镇交界，北与里水镇相连，是广州通往佛山及西南地区的咽喉要地，素有“广佛黄金走廊”之美誉。全镇总面积125.77平方公里，户籍人口26.28万人，常住人口约61.6万人，设大沥、盐步、黄岐3个办事处，共有32个村委会和15个社区居委会。

大沥镇得改革开放风气之先，经过20多年的努力，集聚了强劲的经济实力。镇内工业发达，铝型材业、内衣业名扬海内外，获得了“中国铝材第一镇”“中国有色金属名镇”“中国再生金属物流加工基地”和“中国内衣名镇”等称号；其他如五金机械、家电、玩具、汽车和摩托车配件等行业也形成相当规模。

大沥商贸繁荣，第三产业发展势头迅猛，各类专业市场商贾云集，成交活跃，为远近闻名的商品集散地。金融保险、餐饮旅业等各种服务业齐备。万科、雅居乐、碧桂园等房地产项目带动效应明显，名优楼盘供不应求。繁荣的经济，强劲的实力为大沥镇的进一步腾飞打下了雄厚的基础。

多年来，大沥镇凭借着广佛核心区这一独特地理位置和强大的民营经济基础，积累了雄厚的发展优势，2011年全镇地区生产总值超过400亿元，而辖区内居民存款收入增幅更是超过了GDP的增长速度。

【狮山镇】 狮山镇成立于2005年1月11日，位于南海西部，是由原狮山街道、松岗镇、官窑镇、小塘镇整合而成，面积256.09平方公里，是全区地域面积最大的镇（街道）。

狮山镇地处佛山乃至珠三角的交通枢纽位置。广佛地铁开通，广三（肇）高速、珠二环、佛山一环、广茂铁路等区域性交通动脉均贯穿狮山，佛山西客站落户狮山镇，南广、贵广高铁、广佛肇、广佛环线轻轨等国家重点交通基础设施项目进入狮山，为狮山镇发展枢纽经济提供了难得的契机。

近年来，狮山镇经济发展迅速。“十一五”期间，狮山镇抓住广东产业结构转型升级的契机，实施“双轮驱动”战略，“外引内提”，大力推动现代产业体系建设。先后引入了东芝、本田变速箱、奇美电子等多个龙头项目以及燕京啤酒、TCL等国内制造业巨头，通过龙头企业和龙头项目对上下游企业的带动作用，促进了光电显示、汽车配件、智能家电等新兴产业迅速成长、形成集聚并发挥优势。通过技术革新和技术改造提升家用电器、金属材料加工及制品等传统产业。重点培育动漫创意、软件服务等新兴产业，积极开拓新材料、新能源、环保、光电、生命科学等高端产业。正是这一系列的动作，使得狮山的产业顺利地实现了转型。

2011年，全镇实现地区生产总值约520亿元，同比增长11%；规模以上工业产值1 841亿元，同比增长16%；税收收入42.5亿元，同比增长7%；批发零售和住宿餐饮业营业额111.3亿元，同比增长25%；招商引资总额达70亿元，实际利用外资3.7亿美元，同比增长45%；合同利用外资3.6亿美元，同比增长82%。

【白蕉镇】 白蕉镇位于斗门区东部，西与井岸镇隔黄杨河相连，东与中山市神湾镇隔磨刀门水道相望，南邻珠海大道，北与莲洲镇为邻，面积174.17平方公里，总人口14.7万人，其中户籍人口超过9万人。下辖32个行政村，3个居委会，是珠海市下辖行政村最多、农业人口也最多的农业大镇。

1995年原国家建设部将白蕉镇定为全国小城镇建设示范镇，2002年白蕉镇被评定为广东省中心镇，2003年被广东省科技厅确定为水产专业创新试点镇，2009年被广东省科技厅评定为广东省创新示范专业镇。

白蕉镇地处珠江出海口的咸淡水交汇处，具有独特的地理位置。镇内河道纵横，十分适合水产品养殖，因此合理开发和利用其特有的海洋型、淡水型、河口型渔业资源，在水产业的发展上有广阔前景。白蕉镇养殖四大家鱼、南美白对虾和白蕉海鲈的居民人数很多，水产养殖业是白蕉镇的特色龙头产业。2009年，白蕉镇渔业总产值达10.5亿元，首次突破10亿元大关；2011年，白蕉镇被评为“中国海鲈之乡”。

目前，白蕉镇拥有投产企业264家，支柱产业有造船、制衣、电子、食品等，企业主要是外向型、出口加工型。主要企业有珠海市第一家游艇制造企业显利（珠海）造船有限公司、世界500强企业住友化工投资的珠海东洋油墨有限公司、世界4大服装制造商之一香港罗氏集团、拥有广东省名优产品“益力”商标的斗门益力味精有限公司等。

2011年，白蕉镇实现工业生产总值45亿元，同比增长7.1%；固定资产投资总额14.14亿元，同比增长12.6%；实际吸收外商直接投资1 360万美元，同比增长188.7%；引进内资注册资本20 818万元，同比增长144.9%；外贸进出口总额44 427万美元，同比增长10.1%。除工业总产值指标基本完成任务外，其余经济指标均大幅超额完成任务。全年实现财政一般预算收入1.67亿元，同比增长13.6%；其中，地税入库总量1.61亿元，增长1.9%；国税入库总量2.94亿元，增长23.3%。

【平沙镇】 平沙镇位于珠江出海口的西侧，东接鸡啼门，西临黄茅海，北与斗门区乾务镇接壤，南与高栏港经济区相连接，面积197平方公里，是珠海港的直接腹地，也是珠海市陆地面积最大的镇。

平沙是珠海市一个迅速崛起的农业大镇、经济强镇和旅游名镇。近几年来，平沙努力改善投资环境，狠抓招商引资，坚持大办工业、办大工业、办好工业，已引进项目180多个，其中投资额在500万美元以上的项目60多个，它们分别来自美国、欧盟、日本、加拿大、韩国等十几个国家和地区。目前，平沙已形成了旅游、游艇制造和钻石珠宝加工等特色产业。

平沙园区现有游艇制造企业18家，游艇配套生产企业3家，其他游艇相关企业3家（包括南国游艇俱乐部、南国零配件交易中心、东方水星等），南国游艇零配件交易中心入驻商贸配套企业13家，在谈游艇制造企业10多家，配套制造企业6家，交易中心在谈项目30多家。钰海电力是个利用天然气发电的项目，被列入广东省“十一五”规划，首期两台35万千瓦机组投资40亿元，2010年与珠海港LNG项目同步建成投产。晓星氨纶、以华钻石和科德电子等一批企业在迅速发展壮大。

平沙镇准确把握加快西部大发展的历史性机遇，加大力度提升产业，实现三大产业协调发展，经济社会综合实力跃上新台阶。2011年完成工业总产值73.05亿元，同比增长10.7%；工业增加值18.2亿元，同比增长7.3%；固定资产投资总额17.1亿元，同比增长25.78%；实际利用外资1 145万美元，实际利用内资4 000万元，同比增长14.29%；外贸进出口总额6.56亿美元，同比增长31.2%；一般预算财政收入2.3亿元，同比增长11.5%。

【沙坪街道】 沙坪是广东省鹤山市政府所在地，是鹤山市的政治、经济、文化中心。沙坪行政区域面积41.76平方公里（占全市面积3.7%，全市镇级排第10），人口18.9万（占全市人口45%），流动人口6.9万，农业人口2.9万人（占全市12%），华侨、港澳台同胞3万多人，是全国重点侨乡之一。

2005年初，鹤山市沙坪被广东省科技厅批准为广东省专业镇技术创新试点，2005年6月又被评为“省级制鞋专业镇”。制鞋业已经成为该街道经济发展的支柱产业，制鞋产业生产总值占全街道工业产值的35%。目前，沙坪鞋业向专业化、规模化、集团化发展，开始形成规模庞大的产业群，成为沙坪街道的工业支柱和重要的经济增长点。

沙坪的工业发展逐步完善，规模效益上升到一个新档次，目前逐渐形成以制鞋、纺织、服装、电子、五金等为支柱行业的产业体系，江沙工业走廊沙坪基地镇南区（区内企业33家，员工3 000多人，规模以上企业占了一半）成为环境优美、配套设施完善的大型工业园区，全街规模以上企业111家（全市382家），制鞋的龙头企业有“必登高”等国内知名品牌，纺织服装行业等有“美雅”拉舍尔毛毯和“高质”时装，五金行业有“德兴环球电缆”和“德美”餐具等大型企业。

近年来，沙坪街道第三产业迅速崛起，经济结构将由“工业主导型”向“服务主导型”转变，形成商业、物流业、娱乐服务业、房地产业为主导产业（第三产业占国民生产总值35%）的产业格局。2011年，沙坪街道社会总产出125.9亿元，同比增长18.64%；工业总产值115.11亿元，同比增长18.42%；规模以上工业产值87.72亿元，同比增长18.39%；生产总值27.07亿元，同比增长18.62%；外贸出口总值39 502万美元，同比增长17.55%；税收总收入67 604万元，同比增长22 %；镇级财政收入2.34亿元，同比增长22.93%；用电量69 047万度，同比增长2.2%。

【陈江街道】 惠州市陈江街道是著名民主革命先驱廖仲恺先生的故乡，广东省中心镇。位于惠州市西南部，毗邻大亚湾、深圳、东莞。全街道地域总面积83平方公里，辖11个村，2个社区，总人口15万人，其中外来人口12万多人。

陈江是惠州市各镇、街道经济社会发展的排头兵之一。改革开放以来，陈江充分发挥地理和人缘优势，在经济建设中取得了令人瞩目的成就，经济实力位居惠州市前列。早在2005年，陈江工业总产值就突破百亿大关，被评为全国综合实力千强镇。陈江大力发展工业经济，积极打造“电子灯饰专业镇”，2007年被评为“广东省技术创新（灯饰产业）专业镇”。陈江辖区内有众多的知名灯饰企业，有大型的灯饰产品专业市场粤东灯具城，灯饰产品远销美欧等国家和地区。陈江还形成了以韩国三星、台湾华硕等多家世界500强企业为龙头的电子产业链。

近年来，陈江街道紧紧围绕市级公共服务次中心的城市发展定位，积极推进城市化进程，不断增强发展后劲，推动全街道经济社会又好又快发展。2011年，陈江街道实现地区生产总值71.69亿元，比增87.1%；工业总产值实现338亿元，比增116%；第三产业增加值实现5.4亿元，比增11.2%。其中，工业总产值占惠城区的35.4%。

【新圩镇】 惠州市惠阳区新圩镇是广东省中心镇，具有得天独厚的地理位置，毗邻港澳，地处惠州、深圳、东莞三地的交界地带，是深莞惠三地的地理几何中心，素有“金三角”的美誉。全镇总面积158.4平方公里，辖11个村民委员会和1个社区居民委员会，总人口12万多人，其中户籍人口2.2万人，外来人口10万多人。

近年来，新圩镇紧扣《珠江三角洲地区改革发展规划纲要》深入实施的历史发展机遇，着力推进经济、社会和城镇转型升级，加快与深莞发展对接的步伐，形成了新兴工业、商贸服务业、房地产业、生态旅游业、金融业共同繁荣的发展格局。目前，全镇共有工业企业720多家，包括服装、电子、涂料、五金、塑胶、玩具、印刷、电缆等30多个行业、3万多个品种，其中外资企业326家，内资企业400多家，规模以上企业115家；有注册个体工商户4 200多户，综合大型购物商场8家，高端商住小区8个，大型酒店8家，金融机构7家。

数字视听产业是新圩镇的特色产业。该镇的数字视听产业具有较高的科技含量，企业创新能力强，所生产的数字视听产品大都具有国际领先技术，产品附加值高。如东亚的蓝光DVD技术是当今最新、最流行的技术，是目前普通红光DVD技术储存量的6倍，在全球处于领先位置；兴茂电子生产音响及功放在高端音响市场中占据重要地位；摩德肯电子走自主创新路线，重点研发和生产高档车载液晶显示器，都极具科技含量，在同行中具有领先地位。2008年9月，新圩镇被广东省授予“数字视听专业镇”称号。

2011年，全镇完成工农业总产值107.11亿元，实现GDP37.19亿元，比增12.8%；工业增加值27.95亿元，比增13.4%；第三产业增加值7.1亿元，比增11.3%；全社会固定资产投资16.86亿元，比增42%；新签合同31宗，合同利用外资2 868万美元，比增231.9%；社会存款余额达23.78亿元；全镇税收总额3.08亿元，比增27 %，其中国税收入1.799亿元，比增26.5%，地税收入1.285亿元，比增27.7%；全镇财政收入1.2399亿元，比增21%；农民人均纯收入12 848元，增长16%；全年用电量7.4亿千瓦时，比增7.8%，其中工业用电量4.65亿千瓦时，比增8.3%。

【船塘镇】 船塘镇位于河源市东源县北部山区，与连平、和平、龙川三县交界。全镇经济以农业为主，是一个典型的山区农业镇。镇内水果以本地沙梨（1998年又引进台湾水晶梨）、李、油栗（1995年又引进“农大一号”板栗）、柿四大水果为主，是河源市的水果之乡，尤其是板栗种植，是河源市乃至广东省最大的板栗种植基地。2004年12月，经广东省科技厅批准，东源县船塘镇被定为广东省专业镇技术创新试点镇，特色产业为东源板栗。

目前全镇种植板栗面积6 400公顷，挂果面积3 300多公顷，种植农户将近1.2万户，70公顷以上的板栗基地有6个，形成了一个环绕全镇长约43公里的板栗圈。近年来，船塘镇已建立起板栗产前、产中、产后服务和产、供、销“一条龙”的配套服务体系及网络销售服务体系。目前，船塘镇年产板栗达3 000多吨，实现年产值1.2亿元，占船塘镇全年农业生产总值的23%，成为船塘镇增收致富的一大主导产业。

为搞好板栗产品的深加工，近年来，船塘镇充分利用省级龙头企业——东源板栗公司、东源茶果公司的雄厚资金和技术力量，推出了以板栗为原材料加工的“东源炒栗”、“风味炒栗”等系列食品，年加工产品1 000多吨，产值3 000多万元，既解决了板栗的销售问题，又极大程度地增加板栗的附加值。

2011年，船塘镇的板栗迎来近十年来最大的丰收年，全镇板栗总产量将突破6 000吨，可实现产值7 200万元，种植户户均可增收6 000元以上，其中板栗收入上万元的农户将超过300户。

【汤西镇】 汤西镇位于丰顺县城西郊，西与革命老苏区八乡山镇相交界，北与北斗镇，东与汤坑镇相连，南与汤南镇、埔寨镇相邻，总面积196.29平方公里，其中耕地面积2 267公顷。辖12个行政村民委员会和1个社区居民委员会。

汤西镇是农业大镇，是丰顺县的农业产业结构调整示范镇。重点培育发展以禽畜水产养殖业为主的支柱产业、特色产业，以丰顺温氏家禽有限公司为龙头，以“公司+农户”的模式，推进禽畜水产养殖产业化。迄今形成了区域化、规模化、专业化和设施规范化的生产格局，形成了引、育、繁、推相结合，科农贸一体化禽畜水产养殖的产业化发展模式。2005年8月，汤西镇被广东省科学技术厅批准为广东省技术创新试点镇和广东省养殖业专业镇。

汤西镇大力鼓励农民发展特色农业种植，已发展了甜玉米、马铃薯、香芋、蔬菜等多个种植基地，形成“一村一品”发展格局。全镇充分发挥“广东省养殖专业镇”的优势，引导群众养鸡、养猪、养鱼，形成梅州最大的禽畜水产养殖基地。

汤西镇以科学发展观为统揽，紧紧围绕“建设梅州近海临空桥头堡、打造潮汕休闲养生后花园”的发展战略，始终坚持“绿色的经济崛起”发展战略，全力建设美丽幸福新汤西。2011年，汤西镇实现工农业总产值达12.12亿元，其中工业总产值10.02亿元，农业总产值2.01亿元，农村人均收入达5 564元。

【石扇镇】 石扇镇位于梅县东北部，总面积94.3平方公里，距梅州市区16公里，辖12个村和1个居委会，总人口约2.1万人，2006年被评定为市级金柚技术创新专业镇，2007年8月被评定为省级金柚技术创新专业镇。

石扇镇按照“优势在山、潜力在山、出路在山、致富在山”的山区经济发展指导方针，采取“统一规划、逐片开发、分户承包、规模经营”的措施。截至2011年，全镇有千亩连片优质金柚基地9个，金柚种植专业村7个，小庄园5 038户，占总农户的93%。金柚生产作为石扇镇的支柱产业，也是拳头产品。

多年来，石扇镇按照“田里抓调整、水中抓优质、山上抓改造、栏里抓品改、市场抓龙头”的发展思路调整农业结构。加强金柚产前、产中、产后配套服务建设，建立产、供、销一条龙的网络化服务体系，推动农业产业化进程，从而实现石扇镇金柚种植品种优良化、管理技术规范化、产品质量标准化。多年来镇党委政府致力于重点扶持发展无公害绿色食品农产品流通的龙头企业和专业大户；提高大宗农产品的质量，使更多的农产品参与市场竞争。

2011年，全镇实现农村经济总收入达5.59亿元，比增为11%；农民人均年纯收入达5 559元，比增为8%；镇级机动财力实现160万元，比去年略有增长；村级集体经济总收入达74.3万元，比增为53%；完成税收720万元，比增为60%。

【枫朗镇】　枫朗镇位于梅州市大埔县东南部，地处西岩山麓，境内中心地带平坦宽阔，溪流蜿延，四周山峦环绕，海拔1 256米的西岩山，峰顶云雾如烟，是得天独厚的酿育西岩名茶的主产区。镇内从事茶叶生产加工销售的企业有省级农业龙头企业大埔县西岩茶叶集团公司和市级扶贫农业龙头企业大埔县拾富茶业有限公司。西岩茶叶集团公司的“西竺牌”商标，被认定为广东省著名商标，“西竺牌”乌龙茶被认定为广东省名牌产品。

枫朗镇茶叶主导产业已相当明晰，建成了岗头、南坪、北坪、上山下、隔背、墩背、三溪、上木等几个专业化程度较高的茶叶生产专业村。目前，该镇拥有茶园面积2 401公顷；茶农总数达6 000多户，1.6万多人，约占总人口的三分之一，茶叶单项收入（茶农年平均）达到了5 300多元，主要分布在上山下、墩背等村。2008年，枫朗镇被评为省级茶叶技术创新专业镇，对推动产业结构优化升级、提升特色产业的技术创新水平，形成区域优势和品牌，具有非常重要的作用。全镇除了主要产业茶叶以外，还有蜜柚、青梅、烤烟、桑蚕等种植业。

2011年全镇农村经济总收入5.4465亿元，同比增长16.5%；农村人均纯收入6 126元，同比增长16%。全镇民营企业总收入达到7 318万元，同比增长13.2%，全面完成了县下达的各项工商税收任务。现有省级农业龙头企业1家，市级农业龙头企业2家。

【彩塘镇】　彩塘镇地处韩江下游平原地带，于潮州、揭阳、汕头三市交汇处，毗邻潮安县城，潮汕公路、广梅汕铁路贯穿境内，面积约45平方公里，辖32个村委会和1个居委会，常住人口10多万人，外来人口2.5万多人。

彩塘镇是潮安县的工业重镇，工业生产以不锈钢行业为主体，鞋类、服装、印刷，电池等行业也得到较快发展。目前全镇现有企业1 000多家，其中五金不锈钢企业800多家，其中规模以上工业企业100多家，获ISO9000国际质量体系认证企业52家，通过3C认证企业58家，被认定为省高新技术企业4家。创生公司被评为广东省高新技术民营企业，涌现出“正龙”“思宝”“顺发”等3个广东省名牌产品，其中，顺发牌压力锅获得“中国名牌产品”称号。形成了品种多、规格齐、功能全的系列化产品，营造出了专业化生产的产业群，生产的五金不锈钢产品有厨餐具、建筑装饰、日用品、医疗器械、不锈型材、钟表工具及配件、汽车配件等七大类，3 000多个品种，年产值近20亿元，外贸出口3 000多万美元，占全镇工农业总产值的70%。1998年国家在彩塘镇设立了“中国不锈钢器皿分中心”，更使彩塘不锈钢制品业享誉海内外，被誉为粤东地区的“不锈钢王国”。制鞋业发展迅速，现有制鞋企业90多家，鞋类品种30多个，年产值5亿元以上，是粤东地区较大的鞋类生产基地。1996年，彩塘镇在北京专利产品博览会上被授予“不锈钢王国”称号，2004年10月中国五金制品协会授予彩塘镇“中国不锈钢制品之乡”称号。

彩塘镇深入实施“科技兴镇”战略。积极引导企业开展技改技革，引进高新技术，提高产品的科技含量，增强产品档次和市场竞争力。全年投入技改资金近5 000万元，引进1 600吨双摩擦压力不锈钢复底机等先进生产设备200多台（套），创新产品近40多个。目前，全镇有自营进出口权的企业已有10家，国家级高新技术企业1家，省级高新技术企业4家，有38家企业获国家农业部全面质量达标证书，有40家企业被市技术监督局授予产品信得过单位，有6个品牌被国家经贸委评为“中国名牌产品”，彩塘劳特斯鞋厂生产的绅士鞋获中国专利新技术新产品博览会金奖。现在，绝大多数企业也已实现了管理电脑化、销售网络化、生产自动化、品牌专利化的经营管理模式。目前，全镇已申请专利项目共438个、其中发明专利7个，实用专利100个、外观专利331个。经营品牌和科技创新，使彩塘不锈钢焕发出无穷的市场魅力。彩塘镇先后被评为潮安县工业发展先进镇，潮州市科技工作先进镇，潮州市发展乡镇企业先进镇，首批广东省中心乡镇及广东省专业镇技术创新试点镇。

2011年以来，彩塘镇经济继续保持良好的发展态势。上半年全镇工业总产值共实现44.71亿元，比去年同期增长12.0%；税收收入实现1.459亿元，比增9%。

【公平镇】　海丰县公平镇是海丰县东北部山区中心镇，公平镇面积90.81平方公里，公平镇行政区划18个行政村，6个居民区，88条自然村。海丰县公平镇常住人口6.2万人，外来人口3万多人。

海丰县公平镇从个体服装加工起步，进入全面提升发展水平，向现代企业转型的时期。民营服装企业的发展，使公平这个过去单一山区服装公司农业经济弱镇一跃成为海丰的民营经济强镇，形成了以服装为主导，资源、技术、信息相对较强的产业优势，产生了“簇群经济”效应，成为颇具特色的服装生产专业镇。

汕尾市海丰县公平镇现有服装生产企业168家，还有与服装相配套的辅料、拉链、制线、包装、塑料、绣花、洗水等企业22家，日生产服装能力达18万件（套），服装及其配套企业固定资产投资达9.6亿多元，服装生产从业人员3万多人。服装产品主要有西装、西裤、夹克、衬衣、休闲服饰等系列。市场以广州为营销中心，销往全国各大城市，并通过边贸销往俄罗斯、东南亚、中东、南非等国家和地区服装企业日益壮大，涌现出威文、百斯盾、威利、古士旗、文时特、来吉奇、永兴等一批规模厂家。

2011年，公平镇实现地区生产总产值54.21亿元，比增6%；规模工业实现产值22.66亿元，增长15%；社会固定资产投资15.7亿元，比增23.6%；国地两税收入达5 632万元，同比增长25.5%；其他各项发展指标均在全县名列前茅。新的一年，公平镇将一如既往地关心支持民营企业的发展，帮助企事业解决实际问题，积极营造投资环境，努力保持该镇经济社会的持续、健康、快速发展。

【博铺街道】　博铺街道位于湛江市吴川市东南面，全街总面积8.55平方千米，辖有香山、东岳、东江、沿江、新江、水清6个社区和37个村民小组。博铺是粤西镇域经济的一朵“奇葩”，传统的制鞋业闻名全国，有“南国鞋城”之称。2004年被广东省科技厅评为“塑料鞋科技专业镇”。2007年吴川市被国家轻工业部授予“中国塑料鞋之乡”。

博铺的鞋业发展大致经历了三个阶段：一是20世纪70年代中期至80年代中期的初创阶段，二是20世纪80年代中期至90年代末期的扩张阶段，三是进入21世纪以来的提升阶段。经过30多年的努力，博铺街道的塑料制鞋业生产从无到有，从小到大，从弱到强，从零散到集中，从家庭手工作坊到机械化流水作业，不断发展壮大，并形成了自己独特的产业优势。

博铺街道是吴川工业重镇。2011年，受国内外鞋业市场影响，博铺鞋业经济面临前所未有的考验和挑战。为此，博铺街道积极拓展销售市场，推动鞋业经济逆势增长，该街道采用“走出去、请进来、销出去”的方式，邀请广州立韵步鞋业有限公司领导来博铺考察，迅速在广州番禺岭南鞋城建成面积达500平方米的国际大型展厅，为来自世界各地客商展示该街道80多家鞋业企业200多个系列2 000多款塑料鞋产品，使参展企业销售额增长达2 400多万元。

为进一步拓宽鞋业市场，博铺街道把目光瞄准了东盟市场。2011年“七一”期间，街道领导带领党员前往广西南宁进行商务考察活动，考察了南宁（东盟）贸易展览中心和南宁鞋业市场，和南宁市龙腾鞋业贸易公司签订展销合作协议，并于2011年10月份在南宁（东盟）贸易展览会参展。至此，博铺鞋业为东南亚等国家提供鞋业批发、贸易、洽谈“一条龙”服务，正式开辟东盟市场。

【调风镇】　调风镇位于雷州市东南部。面积218.33平方公里，耕地面积8 133公顷。下辖18个管理区，122个自然村，人口约5万人。调风镇地处雷州半岛东海岸，坡地面积大，雨量充足，非常适宜造林种蔗。

2011年7月，调风镇以“农业产业专业镇”获评为“广东省技术创新专业镇”，主要特色产业为菠萝、甘蔗与加工。全镇现有菠萝种植面积3 666.67公顷，年产菠萝15万吨，农业产值1.8亿元，年加工菠萝果10万吨，产品5万吨，产值2.5亿元。甘蔗年种植面积5 000公顷产，产量40万吨，产值1.2亿元，产糖4.4万吨，产值1.5亿元。

调风镇在“十二五”期间，将提升菠萝、甘蔗特色产业规模，带动产业经济布局进一步优化，第一、二、三产业增加值占国内生产总值的比重调整为40:46:14。规模工业占全部工业的比重提高到20%，特色产业生产总值达10.3亿元，占全镇生产总值50%。建设湛江菠萝星火技术产业带，菠萝健康种植科技示范基地2万亩，甘蔗无公害种植基地1 333.33公顷；完善特色产业合作组织1个，入股农户5 000户以上；新建立技术创新服务平台1个以上，信息网络3个，每年科技培训5 000人次，科技进步将对经济增长的贡献率达45%以上。

【云城街道】　云城街道地处云浮市城区中心，是云浮市政治、经济、文化的中心，辖区总面积100.8平方公里，辖15个村民委员会和9个社区居民委员会，常住人口约13万人，流动人口约2.5万人。

全街道的主要农产品有稻谷、蔬菜、柑桔、芒果等。矿产资源有硫铁矿、锡矿、石灰石等。云城街道经济以工业为主，工业总产值占全街工农业总产值的94%以上。云城街基础设施完善，交通便利。近几年来，云城街道坚持以经济建设为中心，狠抓农业产业结构调整，强化企业内部管理，加大招商引资力度，先后开发了颖翠开发区、石洞开发区、牧羊工业区、罗沙工业区等8个开发区，吸引了大批外商前来投资。成功引进了三河洲房地产综合开发项目、永华科技园、三益大酒店等十多个招商项目。目前全街共有大小企业2 600多家，其中石材企业850多家，产值超千万元的有三和石材厂、永光石材厂、中印石材厂、三益石材有限公司等。

2005年6月，云城街道被评为广东省科技创新专业镇。近几年，云城街自成为石材机械专业镇以来，根据省专业技术创新试点镇的管理办法，着重围绕专业技术创新平台的建设，调整优化产业结构，提高技术创新能力以及产品技术品位、产品知名度和市场竞争力，使石材机械业成为该街的特色产业和重要经济支柱之一。

2011年，云城街道实现社会总产值40.73亿元，同比增长20.86%，其中农业总产值1.34亿元，同比增长11.7%；工业总产值29.56亿元，同比增长21.5%；第三产业总产值9.83亿元，同比增长8.3%。2011年全街农业人口实现人均收入8 163元，同比增加13.3％。2011年，云城街道税收入库完成1.7005亿元，同比增加33.37%，完成区政府下达年任务的107.89%。其中国税收入7 501万元，完成年任务的117%；地税收入9 504万元，完成年任务的101.65%。

【水台镇】　水台镇位于新兴县的东部，属新兴县四大革命老区之一，与开平、鹤山、高明三市接壤，毗邻珠三角经济带。全镇辖10个村（居）委会，45条自然村，其中属革命老区村40个，共3 120户，总人口1.5万人，土地面积74.8平方公里，其中有耕地1 067.2公顷，山地4 935.8公顷。

水台镇地理位置优越。近几年以来，水台镇更是抓住双转移发展机遇，积极融入珠三角一小时经济圈。而且省一级公路双和公路贯穿全镇的主干道，与环镇路连接，交通便利。水台镇拥有有利的花卉种植条件，适合大力发展花卉种植基地。全镇气候条件和坡地改良条件优越。土壤大多属红壤土及沙壤土，土地肥沃，有机质含量多在2%以上，25度以下的坡地多，经过改良后适宜种植花卉。

水台镇2007年获批云浮市专业镇技术创新试点，2008年9月被评为广东省花卉种植专业镇，此后在原有的基础上因地制宜，与华南农业大学、省林业厅花卉总站、陈村花卉研究所、深圳农科院等院校和科研单位建立了长期技术合作关系，由华农大、农科院派出专家到镇进行技术指导、技术开发和技术攻关，不断引进良种推广新技术。花卉种植是水台镇的农业特色产业和支柱产业，并逐步形成了基地化、规模化、产业化生产经营，发展前景广阔，是花卉投资的沃土。

2011年全镇实现GDP7.1亿元，同比增长25％；工农业总产值20.7亿元，同比增长40％；固定资产投资总额7.1亿元，同比增长10.9%；工商税收总额1 816万元，同比增长68.46％；地方财政一般预算收入731万元，同比增长45.62％；农村居民人均纯收入7 855元，同比增长15％；城乡居民储蓄存款余额1.9亿元，同比增长40％。其中，工商税收总额、地方财政一般预算收入等指标的增幅位居全县第一，经济发展的前景光明。

【飞来峡镇】　飞来峡镇位于清新县东部，地处北江中下游，东邻佛冈县，南接清城区源潭镇，西连笔架山林场和禾云镇，北达英德市黎溪镇。地形西北高东南低，属丘陵山区，兼有小平原地貌，常年气候温和湿润，水源充沛，非常适宜发展农业。

沙糖桔种植是清新县飞来峡镇的“一乡一品”财富。2005年8月被广东省人民政府批准为省级“沙糖桔专业镇”。飞来峡镇根据“大财富、大成长”的思路，通过实行统一规划，连片开发等有效办法，构建了镇、村、村民小组、示范户的四级网络，乐成打造了社岗、竹园村委会“万亩沙糖桔示范基地”。通过示范基地的辐射，涌现了一大批种植示范村、示范户，全镇到场沙糖桔种植的农户达12 536户，占总户数的61%。其中，该镇社岗村委会条石村民小组，全村总户数60户，人口290人，已种植沙糖桔54公顷，人均0.186公顷，2011年人均种植纯收入达1.35万元，成为本地名副其实的沙糖桔专业示范村。在飞来峡镇，像这样的示范村有16条。目前全镇已形成沙糖桔财富基地3 468公顷，本地政府还向工商部分注册了“清心蜜”沙糖桔的处所品牌商标。

飞来峡镇坚持“农业稳镇，工业立镇，旅游旺镇”发展战略，打造飞来峡镇特色的工农业、旅游业，努力把飞来峡镇建设成为清远市的后花园，近年来全镇总体经济实力显著提高。

【大塘镇】　大塘镇位于韶关市的东部，素有曲江重镇、韶关市“东大门”之称，距韶赣高速公路出口仅6公里，地理位置十分重要。现有行政区域面积175平方公里，管辖15个村委会189个村民小组，1个社区居委会，总人口3万多人。

大塘镇是曲江区的一个农业大镇，煤炭资源丰富。目前大塘镇的驻镇企业包括有：金锂矿业、三和贸易、信达矿业、温氏集团、智成食品、会达农场、北江建筑、松泽化工等。近年来，大塘镇被国家科委列入星火技术密集区建设单位，并先后被评为广东省省级中心城镇建设单位、省蔬菜专业镇、粤北工业卫星镇、省山区信息化建设示点镇、韶关市小城镇建设试点镇和农业科技示范镇，曾多次荣获省、市、区先进单位等荣誉称号。

大塘镇近年来相继成立了东岗岭无公害蔬菜产销合作社和竹园火山粉葛合作社，以科技指导大塘镇种植业的发展。东岗岭无公害大棚蔬菜基地已成为大塘镇乃至韶关市现代科技农业示范园。基地拳头产品番茄、青瓜于2008年已获国家“无公害番茄”与“无公害青瓜”认证，“东岗岭无公害蔬菜产销合作社”并被评为“广东省农村经济合作社示范点”。“火山粉葛专业合作社”已于2008年11月成立，其品牌“火山无渣粉葛”并获国家“无公害蔬菜”与“原产地”认证。另外大塘镇汤溪村委温矿泉资源丰富，将大力进行旅游资源开发，在200多公顷盆地山坡进行种植油茶，以此为基础推动全镇万亩油茶基地建设和温矿泉旅游景观的发展。

2011年，大塘镇实现生产总值达7.9亿元，增长率为17.3%；工农业总产值达6.12亿元，增长率为20%；实现财政总收入2 900万元；农民人均年纯收入为7 803元，增长率为17.3%。

南粤明珠

南粤明珠

中国华西企业有限公司

2011年5月14日，国务院国资委监事会主席解思忠、中央扩大内需促进经济增长政策落实检查组组长郭汝斌一行在陕西省建设厅、西安市建委、西安市城市建设综合开发中心领导的陪同下，视察了由中国华西西安分公司承建的西关正街A座工程项目。由中国华西西安分公司承建的该项目由西安市城市建设综合开发中心开发，中联西北设计研究院设计，陕西华营工程建设监理有限公司监理，西安市建设工程质量安全监督站监督，地下二层，地上14层，建筑总高度57.45米，建筑总面积100 491平方米。

2011年4月8日上午，由中国华西十二公司承建的西藏林芝（米林）丽沃思工布庄园工程开工典礼隆重举行。中国航天科工集团、西藏自治区、航天科工深圳集团、林芝地区、西藏林芝航天科工、米林县等单位领导、中国华西常务副总经理张河川、十二公司总经理董刘周及项目管理人员、设计代表等出席了开工典礼。

林芝（米林）丽沃思工布庄园工程项目一期工程约4.5万平方米，是西藏林芝第一家集度假休闲、建身娱乐功能为一体的五星级酒店，也是中国华西企业有限公司进驻西藏的第一个工程，项目位于西藏林芝地区米林县热嘎村黄牡丹园地块（北、东、南三面环山、西至雅鲁藏布江，地块中间有306省道穿越）。于雅鲁藏布江河谷二级阶地上，距离林芝机场约4公里，距离米林县约10公里，距离林芝地区行署所在地八一镇约60公里。

2011年 6月 9日上午，由江西省南昌市新建县建筑管理局主办的“南昌市新建县建筑施工安全质量标准化工地现场观摩会暨建筑安全生产月活动动员会”在中国华西南昌分公司承建的红谷十二庭项目举行。新建县政府、县建管局、县安监站、县质检站、尤金房地产开发公司、中国华西南昌分公司相关领导及新建县所有在建工程的相关管理人员共 220余人参加了观摩会和动员会。

2011年 5月 3日上午，由曲江大明宫建设局组织的“曲江大明宫遗址区建筑工程 2011年第一季度综合考评通报暨文明工地现场观摩会”在中国华西西安分公司明宫新城项目部召开。会上，由中国华西西安分公司承建的明宫新城项目被评为曲江大明宫遗址区 2011年第一季度综合考评第一名，并颁发了奖牌。这是明宫新城项目继获得 2010年度安全生产及消防安全工作先进基层单位后的新荣誉。

2011年 11月 17日，由广东省住房和城乡建设厅组织的特级资质实地核查专家组，对中国华西的特级资质申报进行了实地核查。核查专家组严格、认真地按照《特级资质实地核查细则》，结合《特级资质标准及实施办法》，对特级资质申报各要项进行了逐项核查，主要核查内容包括公司申报特级资质所需的各项原始材料及公司的信息化建设情况等。

南粤明珠

广州大厦有限公司

在2011年广东省企业文化建设论坛上，广州大厦总经理邝云弘作了《创建学习型企业，推动企业文化建设》的精彩演讲。

广州大厦选派一线精英选手参加岭南集团2011年度服务技能竞赛，取得了优异的成绩。

广州大厦5名管理人员参加第83期金钥匙会员资格培训班并顺利通过资格考核。至此，广州大厦已有13名“金钥匙”。

广州大厦2011—2012年度工作会议

2011年度广州大厦管理专题培训

广东省广晟投资集团有限公司

2011年 11月 24日上午，2011年广东省企业创新成果发布暨表彰大会在广州珠江宾馆隆重举行，广东省广晟投资集团有限公司荣获“2011年广东省自主创新标杆企业”荣誉称号，董事长刘闻被授予“广东省推动自主创新杰出企业家”光荣称号。2011年全省自主创新标杆企业和杰出企业家，由100多家候选企业中优选而出。广晟投资集团在众多的参评企业中脱颖而出，独揽两项自主创新重量级大奖，充分体现了广晟投资集团在体制、管理、技术等方面取得了突破性创新，得到社会各界的肯定和赞扬。图为广东省省委常委、常务副省长肖志恒（前排左）与广晟投资集团刘闻董事长（前排右）亲切握手。

2011年 12月 30日，由湖南省人民政府驻广州办事处和广东省湖南商会联合举办的“湖南省委省政府慰问在粤湘籍人士迎新联谊会”在广州东方宾馆隆重举行。广东省人大常委会主任欧广源，广东省委常委、常务副省长肖志恒，湖南省副省长何报翔出席联谊会并讲话。在粤湘籍的领导、企业代表、特邀的港澳嘉宾1 000多人出席盛会。广晟投资集团董事长刘闻获得“杰出企业家”奖并上台领奖。

2011年 5月 19日，广晟投资集团举行 2011年“凝练团队、成就卓越”拓展训练营活动。本次拓展培训活动是在集团创新经营机制和管控模式，顺利完成人员重组归建，全面实现团队作战、专业经营目标的大背景下举办的，旨在培养集团年轻员工的团队精神，增进各单位员工之间的了解和信任，提升员工的责任感和归属感。

2011年 12月 25日，广晟投资集团下属企业广东中人集团建设有限公司成功完成被誉为“西南第一爆”的昆明市东风东路 17号办公楼爆破拆除工程。昆明市东风东路 17号办公楼爆破拆除项目由该公司于 2011年 5月 5日中标所得。项目主楼——昆明原市政府大楼高 82.56米，楼层 22层，建（构）筑面积 30 911平方米，其东面距尚义街约 60米，南面距白塔花园小区约 55米，西面距金格中心约 190米，北面距东风东路约 110米。周边医院、学校、银行、商场、居民小区较多，爆破作业难度较大。合同签订后，公司第一时间组建昆明项目部负责该项目。整个爆破过程仅用时 11.2秒，倒塌方向非常准确，爆破范围控制在 50米以内。此次爆破完全按照设计方案进行，完满达到预期的效果。

广州港新沙港务有限公司

南粤明珠

2011年8月5日下午，广州港集团和股份公司领导、陈洪先董事长一行在新沙公司总经理苏兴旺及工会主席顾兴良等领导的陪同下来到公司现场。在新沙公司机械作业部候工室、煤矿作业部维修车间、码头生产现场以及汽车和集装箱堆场等地慰问公司一线员工，为他们送上100多箱清凉饮料，详细了解一线员工的工作情况，亲切地询问了员工们的作息时间和生活情况。

2011年8月19日上午，在公司办公楼三楼会议室召开新沙港区2-3#泊位后方地基改良及港池浚深工程竣工验收会议。2-3#泊位后方地基改良及港池浚深工程于2011年2月10日开工，2011年7月31日竣工，共浇注高压旋喷桩约19 749米，挖泥量约180 285立方米，工程投资额达2 920余万元，该工程的完成使2#泊位及部分3#泊位330米长岸线范围内的港池及连接水域标高由 −12.5米浚深至 −13.5米，基本满足了10万吨级散货船靠泊作业，大大改善了公司船舶停靠能力。

3月11日，新沙公司召开二届三次职工、工会代表大会。大会听取并分组审议通过了苏兴旺总经理所作的《精心谋划 实干创新 共造福祉 促进港口持续健康发展》的行政工作报告和工会顾兴良主席所作的《务实创新 积极进取 领导和团结广大职工为促进公司科学发展贡献力量》的工会工作报告，以及工会经审工作报告、职代会提案审查报告、厂务公开情况报告和《新沙港务有限公司2011年操作指标考核方案》等。大会还表彰了公司2010年度先进集体和先进劳动者。

2011年11月10日，本田（中国）有限公司庆祝首批KC车出口加拿大首航仪式在新沙7#泊位举行。本田（中国）有限公司生产部、商船三井汽车船部、船代、码头等相关方人员出席了仪式。本田（中国）有限公司本次出口的是“飞度”车型（出口名称为“KC”），该车进入美洲市场是本田（中国）有限公司向外拓展的一个重要里程碑。

南粤明珠

江门市盈江科技有限公司

2012年6月1日，第三届世界江门青年大会在马来西亚沙巴州举行，盈江科技公司受邀参加这一享誉全球的盛会。会上，盈江科技公司与马来西亚的青青环保有限公司共同投资，初定在马来西亚首都吉隆坡设立合资公司的总部，在沙巴州建立生产基地。盈江科技公司向外发展迈出了第一步，公司将以马来西亚市场为重心，让东南亚各国学校都能真正地享受到由盈江科技带来的无尘教学新环境。

2012年1月12日，盈江科技公司与五邑大学举行产学研合作签约仪式，建立了研究生工作站与产学研合作基地。公司与化学与环境工程学院尹庚明副教授领导的团队合作开展“教学笔套装”产品的研究。盈江科技公司领导与五邑大学狄剑锋副校长、尹庚明书记等领导一同参加了揭牌签约仪式。

2011年12月1日至3日，首届金砖国家友好城市暨地方政府合作论坛在本届主席国中国海南三亚召开，来自中国、巴西、俄罗斯、印度及南非等五国的友好城市及地方政府官员、协会领导人和企业代表等300余人出席了会议。盈江科技公司作为本次论坛的参与企业代表，贴合城市发展与低碳环保和人类健康的内容与金砖五国参与人员进行深切的交流，为进一步的双边或多边友好合作关系提供切实可行的方案。

2012年7月24日，江门市外事侨务局和江门侨商总会的领导到访盈江科技公司交流管理经营经验。江门市外事侨务局局长梁富鸣、江门侨商总会会长叶子轩、市委统战部副部长张国富和江门市外事侨务局副局长朱运梅先后在交流会上发言，各领导对盈江科技公司的环保理念一致认同。

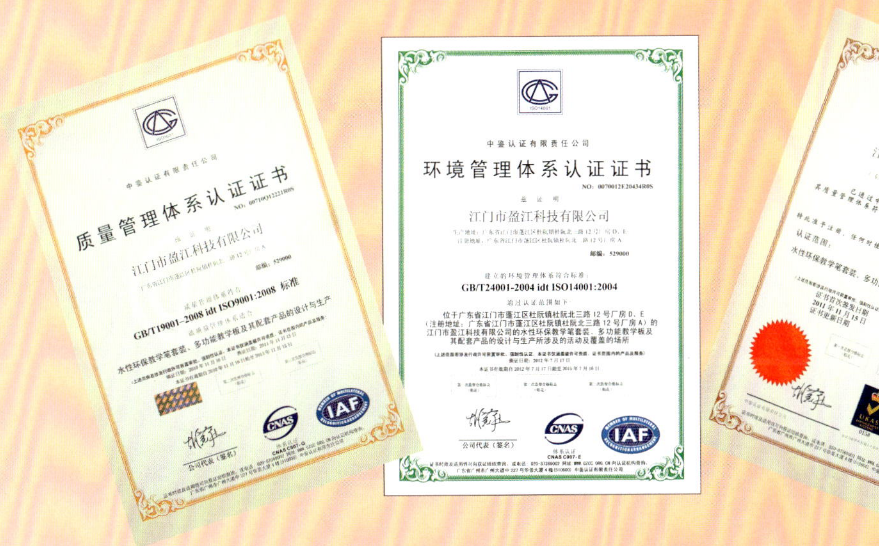

建滔（番禺南沙）石化有限公司

建滔（番禺南沙）石化有限公司办公大楼

2011年6月3日，“2011广州市南沙龙舟皮划艇国际邀请赛”在广州市南沙区蕉门河举行，来自港澳台地区和日本、法国、德国、意大利、瑞士、马来西亚等国家和当地选手共组成22支龙舟展开竞逐，为端午节祈福和助兴。建滔（番禺南沙）石化有限公司作为香港地区代表，参加了企业组男子龙舟赛的比赛，并最终获得企业组的第一名。为体现“绿色企业文化”的理念，队员们身穿由张广军总裁设计的荧光绿色比赛用服并佩戴绿色的KB字样头巾，一身醒目的穿着成为了场上的焦点。

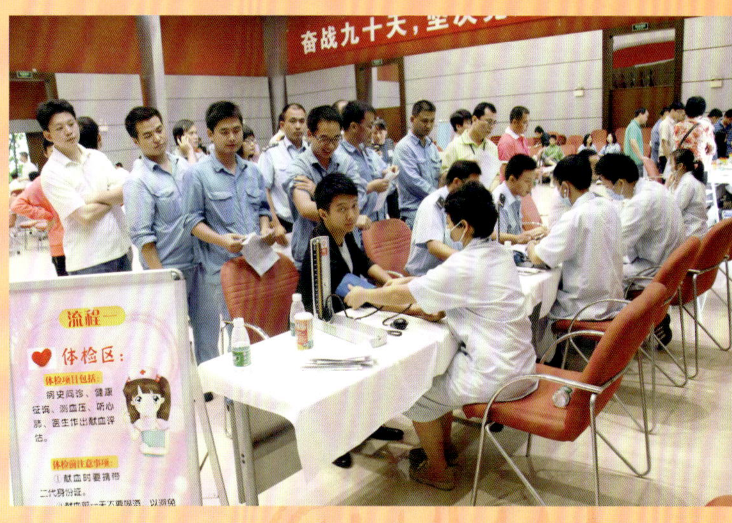

“只要人人都献出一点爱，世界将会变成美好的人间”。2011年10月14日上午，建滔（番禺南沙）石化有限公司数十名员工志愿者们踊跃报名，参与南沙区街道办事处会议中心举行的义务捐血活动。小小的献血活动体现出员工为社会作无私奉献的品德，也反映出建滔优秀的企业文化氛围。今后公司将继续参与更多的公益活动，为人类健康和救死扶伤履行应尽的义务。

2011年4月2日，广州市非公党工委书记黄健敏，广州市非公党工委办公室主任张法署，与南沙区委统战部、区非公党工委、南沙区委组织部等一行领导来到建滔（番禺南沙）石化有限公司参观指导，并对公司党支部作出的贡献以及对党支部在“两新”组织中的作用予以充分的肯定。在区委、街道党工委的带领下，建滔（番禺南沙）石化有限公司将继续摸索非公党组织在党建工作上的新思路和新方法，带领团队为公司的经济发展贡献力量，实现劳资双赢。

广东嘉达早教科技股份有限公司

2011年5月26日，嘉达公司第二届董事会第一次会议于公司四楼会议室顺利召开，陈树佳董事长主持了本次会议，高度评价了这次会议的重大意义，并代表公司股东大会对董事会和全体董事提出了若干要求。

广东嘉达早教科技股份有限公司是一家以高科技为主导，集儿童益智产品的研发、生产、贸易为一体的规模化民营科技企业。

2011年 5月 25日，汕头市澄海区区长陈少麟先生一行参加嘉达公司，对公司上市准备工作进行调研，陪同陈区长到访的还有区委常委林锐武、区企业投资管理服务中心主任谢良辉等区委、区政府领导。调研会上，陈树佳董事长向陈少麟区长等领导汇报了公司上市准备工作及公司未来发展方向构想，目标锁定将嘉达打造成中国家庭幼儿早教科技领域的领先品牌。

2011年 6月 1日，汕头市澄海区区委书记陈向光一行来到嘉达公司开展上市调研工作，调研会上，陈树佳董事长向陈向光书记等领导汇报了公司上市准备工作及公司发展方向构想。陈向光书记认真听取了陈树佳董事长的汇报，并就公司核心技术、知识产权、人员招聘、校企合作等问题提出了一系列指示。

2011年 12月 24日上午，我国高校成立的第一所校企合作的学前教育研究院——河北师范大学嘉达学前教育研究院成立暨揭牌仪式于河北省石家庄市河北师范大学新校区隆重举行。研究院的成立旨在实现产、学、研真正的有机结合，打造国内学前教育理论和应用研究权威机构，引领和推进我国学前教育事业的发展。该研究院由广东嘉达早教科技股份有限公司联合河北师范大学合作成立，院长为我国著名学前教育专家、中国蒙台梭利协会副会长、广东省高等教育学会学前教师教育专业委员会副会长、华南师范大学博士生导师袁爱玲教授。

云浮广业硫铁矿集团有限公司

2011年，云浮广业硫铁矿集团有限公司坚持以调结构转方式为主线，以生产经营和企业上市为核心，以加快项目建设为重点，以时不我待的紧迫感为动力，以企业文化建设为推力，加快第二次创业步伐，取得了较好的经济效益和社会效益，超额完成年度经营考核目标，位列广东省企业500强之第262位、广东省制造业百强之第55位。全年实现营业收入13.39亿元，同比增长39.63%；实现利润总额2.01亿元，同比增长97.23%。国有资产保值增值率为144.36%，高于行业优秀值（110.6%）；净资产收益率为18.36%，高于行业优秀值（13.5%）。全年缴纳税费2.86亿元，同比增长75.76%。

2011年11月24日，2011年广东省企业创新成果发布暨表彰大会在广州珠江宾馆举行。云硫集团董事长、党委书记黄文同志（前排右二）获“2011年广东省推动自主创新杰出企业家”荣誉称号，受到大会表彰。

在企业管理和党建及精神文明建设方面，云硫集团荣获“2011年度全国全民健身先进单位”“全国工会优秀职工书屋示范点”“全国石油和化工行业质量管理小组活动30周年特别奖”“十一五全国石油和化工行业节能减排先进单位”“2011年度全国石油和化工行业质量管理小组活动优秀企业”“广东省国资委先进基层党组织”“广东省企业文化建设十佳先进单位”“建党90周年企业文化建设先进单位”“中国化工行业党建及思想政治工作优秀单位”“2006—2011年全国化工行业群体先进单位”等称号；黄文董事长荣获“广东省优秀企业家”“广东省推动自主创新杰出企业家”“广东省优秀企业文化突出贡献领导”“2011年度全国石油和化工行业质量管理小组活动卓越领导者”和“2011年度广东省企业文化建设十佳先进个人”称号；张通同志荣获“全国五一劳动奖章”荣誉。

企业发展

国有企业

驻粤央企

【中国广东核电集团有限公司】 中国广东核电集团（以下简称中广核集团）是由国务院国有资产监督管理委员会监管的特大型清洁能源企业。中广核集团以“发展清洁能源，造福人类社会”为使命，以建设“国际一流的清洁能源集团，成为全球领先的清洁能源提供商和服务商”为目标。截至2011年底，中广核集团总资产超过2 400亿元人民币，净资产超过700亿元人民币；拥有在运核电装机611万千瓦，在建核电装机1 754万千瓦，为全球在建核电机组规模最大的企业；拥有风电控股装机300万千瓦，太阳能光伏发电项目累计投运20万千瓦，水电实现控股装机154万千瓦、权益装机350万千瓦，在分布式能源、核技术应用、节能技术服务等领域也取得了良好发展。

日本福岛核事故发生后，中广核集团认真贯彻落实国家的部署，积极开展在运和在建核电站安全自查，配合环境保护部、国家核安全局、国家能源局和中国地震局专家组完成了对在运在建机组的安全大检查；根据检查结果落实安全改进，强化核安全文化建设，核电安全运行业绩跻身全球先进行列。与此同时，中广核集团积极开展形式多样的核电科普宣传活动，建立了国内首个核电站核与辐射信息公开平台，开通了集团官方微博开展研讨和互动活动，引导各界理性看待福岛核事故，增强社会各界对核电安全的信心，普及核电安全知识，维护了国家核电发展的大局。

截至2011年12月底，中广核集团已建立与国际接轨的、专业化的核电生产、工程建设、科技研发、核燃料供应保障体系，以及风电、水电、太阳能等可再生能源开发建设、节能技术推广体系，拥有六个国家级科研机构，具备了在确保安全的基础上面向全国、跨地区、多基地同时建设和运营管理多个核电、风电、水电、太阳能及其他清洁能源项目的能力。

主要指标 2011年，中广核集团整体经营处于良好水平，各项主要经营指标均超额完成。截至2011年底，全年上网电量达到514.29亿千瓦时，首次超过500亿千瓦时，其中核电上网电量首次超过400亿千瓦时，全年上网清洁能源电量等效减排二氧化碳3 985万吨。实现营业收入283.15亿元；总资产达到2 487.35亿元，净资产达到718.31亿元，分别较去年同期增长29.74%和29.42%。

安全生产 2011年，中广核集团扎实开展“安全质量年”活动，狠抓安全三个“一”（一把手、一线班组和一流经验反馈体系），深入推进安全标准化及国际标杆创建工作，切实做好福岛核事故经验反馈和改进工作，全面开展核安全文化教育活动，不断强化员工的安全意识和行为规范，在国内率先创建与国际接轨的核电工程安全评估标准，请具有国际权威的第三方对在建核电、风电和水电项目进行安全标准化评估，推动安全生产水平稳步提高。

2011年，大亚湾核电基地在运机组安全生产持续创优，与美国104台核电机组相比，运营业绩综合指数连续八个季度排名第一；世界核营运者协会（WANO）衡量核电站运行业绩的9项指标中，五台机组45项指标中有28项达到国际先进水平，大亚湾核电站1号机组9项指标全部达到世界先进值。核电工程方面，强化“安全、质量、环境、投资、进度、技术”六大控制，坚持建设核电精品安全工程，安全核心指标优于国际中间值水平，树立核电在建工程的安全管理标杆。风电、太阳能发电、水电、铀业等安全生产形势平稳，信息系统、行政后勤服务等保障有力，安保工作到位有效。

工程建设 2011年，中广核集团在建核电机组共16台。工程线员工队伍精心组织，充分发挥集约化和规模化优势，积极加强由各参建单位组成的核电“大工程、大项目”团队建设，有效控制安全质量风险，工程建设进展顺利。

2011年8月7日，广东岭澳核电站二期工程2号机组顺利投入商业运行，并保持稳定运行，各项性能指标完全优于设计值，标志着我国自主品牌核电技术CPR1000示范项目全面建成投产。至此，中广核商运机组达到6台，装机容量达到600万千瓦。

辽宁红沿河核电项目四台机组安装工作全面展开。1号机组冷态功能试验圆满成功；2号机组冷试准备工作稳步推进；3、4号机组穹顶吊装顺利完成，全面步入安装阶段。

福建宁德核电项目四台机组建设有序推进。1号机组提前具备冷试条件；2号机组反应堆压力容器到货并安装，各项安装工作按计划推进；3号机组穹顶吊装顺利完成；4号机组土建工作稳步推进。

广东阳江核电项目1号机组压力容器、蒸发器等核岛主设备开始引入，安装工作进入最关键阶段；2号机组穹顶吊装顺利完成，机组建设进入安装阶段；3、4号机组CPR1000+示范工程建设稳步推进，钢衬里模块化、自密实混凝土、堆腔注水等多项技术改进顺利实施。

广东台山核电项目一期工程借助后发优势，成功避免国外同类项目出现的问题，并在钢衬里模块化施工等方面实现多项创新，在保证安全质量的基础上，实现高效推进。1号机组穹顶吊装顺利完成，成为全球第二个完成穹顶吊装的三代EPR项目，为打造国际标杆工程奠定了坚实基础。

广西防城港核电项目以“全面提升、全面超越”为目标，注重基础，稳扎稳打，两台机组土建工作稳步推进，1号机组BOP安装开工等重大里程碑按期实现，穹顶吊装准备工作井然有序。

走出去 铀资源保障取得重大进展。抓住国际铀市场走低的契机，周密策划，精心组织各方资源，有效平衡风险，在国家和有关方面大力支持下，在英国、澳洲资本市场要约收购纳米比亚罗辛南项目，该项目达产后的年产量有望超过6 500吨，占当前世界天然铀年产量的13%，提高了国家和集团的铀资源保障能力。在中央企业中率先与国土资源部中央地勘基金管理中心签署《铀资源勘查合作框架协议》，推动国内铀资源勘查市场化改革迈出新步伐。

国际市场开发稳步推进。中广核集团与众多目标市场国的相关政府部门、企业等建立了密切联系，并与法国EDF、AREVA等世界核电知名企业建立和保持了密切的合作关系，共同寻求在国际核电市场合作机会。通过出访推介、邀请参观、交流研讨、举办展览或专题推介会等方式，大力宣传自主研发的ACPR1000+核电技术，以及中广核集团在核电设计、设备成套与采购、施工、调试、运营以及融资等方面的核心能力，努力争取国际社会和潜在目标市场国家对中广核和ACPR1000+品牌的充分认可。

经营管理 2011年，中广核集团全力推进发展方式转变，稳步开展资本运营，加大资金保障力度，推进组织与管理改进，经营管理取得新成效。

一是资本运营成绩显著。成功借壳登陆香港资本市场，搭建铀业海外融资和业务开发平台，为利用两个市场、两种资源创造条件；美亚电力上市方案已上报国家相关部委，后续整合安排基本确定；直投平台正式成立并完成首个落地项目；核电主业重组改制及上市工作全面启动，一个符合集团业务特点和发展要求的资本运作架构初现雏形；集团历史沉淀资产梳理已经完成，为后续盘活和增值奠定了基础。

二是资金筹措保障有力。面对信贷持续收紧、贷款利率上扬、部分核电项目出现提款困难等压力，集团统筹谋划，提前布局和锁定银行信贷资源；及时召开后福岛时代核电形势沟通会，打消银行顾虑；充分发挥资金一体化运作优势，灵活调配内部资金；积极开辟股权信托、银行理财融资、保险债权计划等创新融资方式，基本满足了集团发展的资金需求，为业务推进提供了有力保证。

三是组织管理不断优化。着力构建战略管控型总部，根据工作性质及业务特点，将集团公司原有部门划分为职能部门和业务部门，理顺管理边界和接口，加强职能管控；成立财务共享中心、信息技术中心，促进集约化管理水平不断提高；同步调整成员公司分类办法及管控策略，协同效应初步显现。

科技创新 在20多年引进、消化、吸收国外核电技术的基础上，参照最新安全标准，依托阳江5、6号机组，加快开发具有三代核电特征的ACPR1000新机型，其安全指标达到核安全规划要求，有望成为“十二五”期间批量建设的堆型之一；以国际市场为目标，加快研发具有自主知识产权、完全符合三代核电标准的ACPR1000+，已经完成第一批设计输入与验证试验；设计科研、试验研究、设备研制、软件研发、知识产权保护等工作按计划顺利推进。

科技平台建设和基础研究迈上新台阶。2011年集团下属技术研究院牵头实施国家863和科技支撑计划项目，首个国家核电厂安全及可靠性工程技术研究中心落户中广核集团。以核电型号研发为牵引，依托深圳新能源（核电）产业基地，启动核电基础研发设施建设计划，大型水力学试验装置以及严重事故机理实验装备已经建成，相关实验工作已经开展。吸取福岛核事故教训和核安全大检查意见，全面分析现役核电厂预防和缓解极端事故的薄弱环节，开展核电厂抗震能力提升、超设计基准事故缓解系统研发、严重事故仿真平台研发等项目，促进核电站本质安全水平不断提高。

2011年，中广核集团科技成就硕果累累，先后获得国家能源科技奖10项（二等奖2项，三等奖8项）、中国电力科技奖3项（二等奖1项，三等奖2项）、中国核能行业协会科技奖14项（一等奖1项，二等奖3项，三等奖10项）。

对外交流 “国际一流的清洁能源集团”的定位，自然少不了国际交流与合作。集团每年都有多人次参加国际交流与合作，包括中美和平利用核技术合作、中法和平利用核能合作以及中日、中韩等国际合作，并积极参加和组织两岸核能学术交流。

2009年中广核集团董事长贺禹当选为第十一届世界核营运者协会（WANO）总裁。2001年10月，中广核集团在深圳承办第十一届WANO双年大会，国际原子能机构总干事天野之弥，WANO主席劳伦特·斯特里克，国家环境保护部副部长、国家核安全局局长李干杰，中国核能行业协会理事长张华祝，广东省委常委、深圳市委书记王荣出席会议，来自36个国家和地区、152家公司和机构的579名核电业界代表共聚深圳，共商核电发展大计。

企业文化 中广核集团明确了以“三创”（创业、创新、创优）为企业精神，以“安全第一、质量第一、追求卓越”为核心价值观，以“三实两基”（重实际、干实事、结实果，扎扎实实地“做好最基础的工作、练好最基本的功夫”）为工作作风的企业文化体系。

中广核集团在信息公开和科普宣传方面进行了诸多探索与大胆创新。福岛事故后次日，中广核集团官方微博正式开通，这是国内核电企业中首个企业微博。利用官方微博的平台，中广核通过开设科普小专栏、微博直播、邀请核电专家与网友进行“微访谈”，这在国内核电企业属于首创。

作为央企，中广核集团在全力做好安全生产的同时，积极推进企业品牌建设，履行中央企业社会责任，主动捐款促进我国民间组织参与国际活动，积极捐赠广东省慈善总会专项扶贫资金、资助希望小学等，全年合计对外捐赠680余万元人民币。

中广核集团一贯关心员工生活、

关注员工健康，积极组织丰富多彩的文娱活动，丰富员工八小时外的生活，采取多项举措解决外派员工的后顾之忧，营造和谐工作氛围。

（中国广东核电集团有限公司）

【华侨城集团公司】 2011年，华侨城集团公司（以下简称“集团公司”）积极适应国家经济发展方式的转变，牢牢把握创新发展的主题，推动各项主营业务实现快速健康发展，巩固和增强在现代服务业集聚型开发与运营领域的领跑优势。

旅游业务 华侨城旅游经过20余年的发展，目前已经形成了传统文化景区、欢乐谷主题公园连锁、生态休闲度假旅游景区和旅行社等多门类旅游产品，成为全国最强旅游集团。旅游业务已进入深圳、北京、上海、成都和武汉五个城市，除武汉项目在建外，其余四个均进入成熟运营期。以深圳东部华侨城为代表的生态休闲度假旅游景区，包括泰州华侨城、在建中的云南华侨城和天津华侨城，秉承绿色环保理念，借助优势自然资源，开发出具备观光休闲、温泉SPA、高尔夫等诸多产品于一体的大型综合项目。华侨城国际旅行社立足于深圳，已初步建成全国连锁经营网络，成为区域级渠道分销商。

多年来，各景区持续改善产品品质，推进新项目建设和老项目更新改造，在游客接纳能力和服务水平上得到明显提高。2010年，各景区接待游客首次突破2 000万人次。2011年，各景区接待游客总量2 300万人次，创出历史新高。

2011年8月9日，经过紧张的前期准备，华侨城最新一代旅游产品——深圳欢乐海岸一期在深圳大运会期间成功试业。试业当天，国家旅游局和国家环境保护部联合授予欢乐海岸“国家生态旅游示范区”称号，国家海洋局、深圳市海洋局分别为华侨城湿地挂牌“国家级滨海湿地修复示范项目”及“国家海洋公益性行业科研专项滨海湿地生态修复示范区”荣誉称号。该项目以打造“都市娱乐目的地”为目标，通过保护性开发具有滨海特色的旅游资源，建设大型的集商业、餐饮、娱乐、旅游、办公、酒店等为一体的综合性、开放式城市公共空间。项目试营业后，迅速成为深圳市民和外来游客的又一旅游胜地，被誉为深圳的“城市客厅”。

2011年，华侨城下属企业康佳在快速变化的市场环境以及激烈的市场竞争中，不断创新，推出多款引领消费潮流的新产品，智能云电视和全面升级的智能3D三大系列电视引领行业。同时，外销业务利润持续快速增长，新兴业务获得丰收，彩电、手机屡获大奖，专利工作卓有成效。

文化产业 一、文化演艺：华侨城是中国旅游演艺的开创者和领跑者，最早在旅游景区开发演艺项目，并将其打造成为倍受游客青睐的旅游产品。截至目前，华侨城在全国拥有千人以上专业剧场及表演场地23个，演职人员近2 600名（其中专业演员1 800多名），创作出了大批享誉国内外的艺术精品，其中，深圳世界之窗《天地浪漫》和东部华侨城《天禅》两个剧目被列入国家文化旅游重点项目旅游演出类名录。2011年3月24日，以表现川蜀风情文化的大型晚会《天府蜀韵》在成都华侨城正式公演。8月9日，欢乐海岸大型水秀《深蓝秘境》伴随项目一期试营业正式问世。12月5日，李长春同志在观看了北京华侨城《金面王朝》演出后，称赞艺术团“是一支非常好的队伍，表演的很有水平”，并鼓励华侨城继续加强“演艺和旅游”“文化和科技”的两种结合。

二、文化科技：2011年6月，深圳华侨城股份有限公司以增资扩股方式收购深圳市远望落星山科技有限公司，增资完成后持有其60%的股份，并将其更名为“深圳华侨城文化旅游科技有限公司”。文化科技公司主要业务为研发生产包括动漫、游戏、与主题游乐项目结合的特种电影及其他衍生产品等。此次收购不仅能够为华侨城自有景区提供丰富的主题文化内容和创意支持，更建立了数字娱乐技术平台，形成立体化、良性互动、相互支撑的华侨城旅游文化产业链。

三、儿童职业体验：2011年，集团公司向儿童职业体验产业迈出了具有实质意义的一步，旗下哈克文化有限公司所开发的儿童职业体验乐园正式命名为“麦鲁小城”，位于深圳欢乐海岸和成都欢乐谷的两家乐园已于年内先后开工，武汉乐园计划2012年3月开工，预计三家均在2012年面向市场，这标志着集团公司儿童职业体验项目开启了全国连锁经营布局。

房地产业务 多年来，房地产业务始终坚持以人本为核心理念，以科学规划为基础，以生态环境为优势，以文化为特色，致力于为广大市民提供

优质住宅产品。2011年，在整个行业受到国家政策严格调控的不利环境下，房地产业务坚持品质优先、速度为上的开发理念，全年新开工面积87.5万平米，竣工面积57.0万平米。已陆续推出的各地项目均取得了良好的市场表现。其中天津、云南为项目公司成立之后的第一次推盘，均在当地市场引起了良好反应。

酒店业务 作为中国主题文化酒店的领军企业，集团公司拥有和管理酒店近50家，客房一万余间，其中已开业酒店30家，客房约6 000间。酒店业务旗下拥有“华侨城大酒店”“威尼斯酒店”“奥思廷酒店”“城市客栈”等多个酒店品牌，从白金五星级到经济型酒店，品牌体系较为完善。

各酒店在区域市场内具备较高影响力。华侨城大酒店、威尼斯酒店和海景奥思廷酒店的入住率、间房收益等指标分别位居深圳市豪华商务酒店、商务五星级酒店、商务四星级酒店各细分市场的前列。华侨城各酒店投入参与了2011年深圳大运会的重要接待工作，圆满完成了自深圳市成立以来规模最大、规格最高、嘉宾政要最多的一次重大接待，获得了各级领导和各国贵宾的一致好评，彰显了中国服务的典范效应。

电子业务 2011年，集团公司电子业务面对复杂的经济形势，严格执行既定战略目标，扎实开展各项工作。彩电业务紧跟彩电行业的发展步伐，优化产品结构，优化供应链体系建设；白电业务通过内销、外销和代工积极拓展白电业务的销售体系建设，打造强有力的竞争品牌；手机业加大产品技术创新的投入，积极进入智能时代的生态链；新兴业务业绩实现大幅增长、盈利水平同比大幅提升；在新兴高附加值领域实现成功延伸。同时，电子业务积极调整生产产能，彩电生产基地实施了增加产能的固定资产投资，使得彩电产能由2010年1 200万台（套），调整至目前的1 520万台(套)；手机业务年产能为800万台；冰箱年产能为100万台。

纸包装业务 2011年，华力系纸包装企业通过搭建统一采购平台，提高了运营效率；在湖北、江苏等地拓展三级工厂和实时配送服务仓库，拉长市场触角，提升了对客户的响应能力；积极实施供应商管理库存模式，成功推进华力从单纯制造商向生产服务商转变。并且通过逐步加大国内市场比重，成功克服了因日本地震造成的日系客户订单减少等不利因素，全年纸包装产品产销量保持平稳增长。

未来三年，华侨城集团公司将以打造“中国文化旅游业的航空母舰”为目标，以“品质华侨城、幸福千万家”为价值指导，积极适应国家经济发展方式的转变，始终把握创新发展的主题，进一步深化和丰富现有商业模式，推动各项主营业务实现跨越式发展，巩固和增强在现代服务业集聚型开发与运营领域的领跑优势。

（华侨城集团公司）

【中国电信股份有限公司广东分公司】

2011年，中国电信广东公司认真执行省委省政府和中国电信集团公司决策部署，积极落实中国电信“新三者”（智能管道的主导者、综合平台的提供者、内容与应用的参与者）战略定位，坚持融合差异化经营，以移动、宽带和行业应用为突破口推进规模发展，收入结构进一步优化，服务水平进一步提升，竞争能力进一步增强，全面实现了“十二五”开局发展目标，企业运营步入可持续发展的健康轨道。

构建企业诚信经营体系 中国电信广东公司高度重视依法运营工作，从加强思想教育、遵守行业监管、内审内控、全面风险管理、防治腐败等方面，构建了“横向到边、纵向到底”的依法经营、诚信经营体系；通过规章制度建设、风险防范管控、合同管理创新、职业道德教育等举措，强化公司诚信经营的执行。主要有以下几个方面：

一是开展宣传教育，树立诚信意识。深入贯彻落实党的十七届六中全会和省第十一次党代会精神，加强社会主义核心价值体系建设，深化公民道德和诚实守信教育，激励全体员工为“加快转型升级、建设幸福广东”作出积极贡献；同时根据中国电信集团统一部署，深入开展“牢记企业使命，践行服务理念，实现企业价值与客户价值共同成长”大讨论活动，引导员工求真务实、诚信经营，充分尊重和维护用户的合法权益，切实对客户负责、对企业负责、对社会负责。

二是推进集约运营，提升执行效能。不断推动公司从“21个市级分公司”为基本运营单元的传统电话网运营模式向适应移动互联网发展需要的全省“一个广东公司”的集约运营模式转变，实现了全省一个营销体系、一个客服体系、一个网运体系、一个IT体系、一个财务体系、一个人力资源体系，提升了依法运营体系的全省统一执行效能。

三是完善制度体系，实践依法运营。开展制度规划，建立公司规章制度全景视图，打造“全省一个制度执行体系”；制定《广东公司运营工作规则》，作为企业基本管理制度，在此基础上相继出台《依法运营八条规定》、《廉洁从业六条规定》、《“三重一大”决策制度实施细则》、《四好班子建设六条意见》等重要制度，并全面覆盖到省、市、县分公司；目前全省执行中国电信集团公司制度572项、省公司制度419项，“用制度管人，按流程办事”成为运营管理的核心理念和员工的日常习惯。

四是创新产品应用，确保市场领先。推出天翼院线通、天翼税通、天翼羊城通/天翼公交一卡通、天翼长城卡、平安联防、网络问政、“翼健康”手机预约挂号、天翼火车通、客运通和飞机通等与民生息息相关的移动互联网新应用，促进社会管理和服务创新，提升广大人民群众生活品质；目前天翼院线通已在全省120多家影院使用，达到170万用户，公交一卡通超过60万用户，天翼税通达到35万户，潮州市网络问政平台已整体建设完成，“翼健康”可提供省内近55家医院和1万多名医生信息查询和预约挂号服务。

五是创新合作模式，实现价值共赢。积极推进以合作伙伴为主导的合作运营，共同维护“依法、诚信、规

2011年7月16日-25日，中国电信广东公司2011年新员工入职培训在广州举行，梁锋副总经理出席了开班仪式，陈德兴总经理出席了结业典礼并讲话。

范、共赢”的战略合作伙伴关系，共同培育健康的产业发展环境。2011年，在广州成功举办“中国电信天翼3G互联网手机交易会”，极大地促进了CDMA智能终端产业链的繁荣和移动互联网的发展，营造健康有序、和谐活跃的信息产业发展环境；借势“智慧广东”建设，牵头组建省云计算产业联盟，建成省物联网应用孵化扶持基地，积极参与中新知识城、禅城智慧区、南方物流平台等建设，拓展信息服务新领域；广泛引入社会合作模式，合作拓展一万个天翼3G社会网点，全省电信各类社会网点达4.7万个，销售服务能力不断提升。

构建智能信息网络体系　一是不断推动宽带网络的转型升级。2011年，按照集团公司统一部署，在连续多年实施“光进铜退”、“宽带大提速”的基础上，全面启动“宽带中国·光网城市”战略，提出“100M进家庭、1000M进企业”目标。目前，珠三角商务楼宇光覆盖率达到100%，近三年实施“提速不提价”宽带用户近800万户，全省4M以上宽带用户占比从2009年底的18%提升到62%。二是以超常规速度建成“信号好、上网快、应用多”的天翼3G移动网络。初步构建起“光纤宽带+3G+WIFI”的立体网络，3G网络已覆盖全省100%市区、县城、乡镇、高速公路、高速铁路以及沿海60公里海域。三是大力推进农村网络基础设施建设。累计投资20多亿元实施“村通”专项工程，提前两年实现全省20户以上自然村通电话，实现全省1.9万个行政村通宽带，开通广东农村党员干部现代远程教育系统，荣获“中国农村信息化杰出贡献单位”称号。

构建消费安全服务体系　一是积极落实中国电信集团“五个一”服务承诺。通过规范营业窗口服务、提升电子渠道能力、承担社会普遍服务等九大举措，狠抓执行落地。二是狠抓基础服务能力提升。聚焦消费者关心的热点难点问题，开展百日整治和费用争议等专项行动，近两年解决热点问题712个。推出“宽带五心服务我最优”活动，全面提升宽带服务质量。三是建立符合移动互联网特点的渠道服务体系。投资1亿元，对100个核心商圈营业厅完成体验式服务改造，1 900个完成体验式氛围布置；建立和完善微博、QQ客服、网厅、掌厅等新型服务渠道。四是创新推出与民生息息相关的移动互联网新应用。包括天翼院线通、天翼税通、天翼羊城通/天翼公交一卡通、天翼长城卡、平安联防，以及天翼火车通、客运通和飞机通等，提升了广大群众的生活品质。五是不断加强与新闻媒体及消费者的沟通。积极参加“民生热线”上线直播节目，共接收新闻媒体转来的群众咨询投诉95件，指定专人跟进，做到“事事有着落，件件有回音”；同时，招募1 000名“天翼首席体验客户”，随时随地与客户进行互动沟通。目前，中国电信广东公司服务总体情况良好，客户满意度不断提升。

构建企业和谐劳动关系　中国电信广东公司始终坚持“以人为本、员工最大”，切实维护员工合法权益，改善生产生活条件，拓展员工发展空间。一是畅通沟通渠道，重视倾听员工意见。每个月开展省公司管理层直接倾听员工意见的“总经理接待日”活动，每季度举办由省公司管理层与基层员工网上沟通交流的“企务直通车”，畅通员工诉求渠道，凝聚员工智慧推动企业和谐稳定发展。二是理解尊重员工，让员工共享企业发展成果。目前，广东公司出台的休假、薪酬、加班费、用工管理、职业生涯发展等涉及员工切身利益的制度、规定、办法达83项，形成了一整套以人为本、关爱关心员工的规章制度体系。企业每年增加的人工成本，全部向一线倾斜；安排专项资金，圆满完成全省1 102个农村营销服务中心的“小食堂、小浴室、小卫生间、小活动室”建设，极大地改善了基层员工的工作、生活环境；安排专项资金为县区分公司和乡镇营服中心购置2 026辆营销、装维及综合服务用车。三是深入开展困难员工关怀。坚持开展“新春送温暖”和夏季防暑降温工作，扎实开展“有困难找工会”活动；成立济难解困互助会，互助会自成立以来共向6 279名会员发放资助金1 967万元，惠及近4 000户困难员工家庭。2012年，省公司党组研究决定由互助会安排1 500多万元，覆盖5 000多名员工。四是严格执行企务公开民主管理制度。公司管理层坚持定期向员工报告企业发展的大环境、大形势，总经理每年

向职代会作工作报告，定期召开职代会审议企业重大决策事项；在广东各企事业单位和中央企业中，首家将ISO9000标准导入企务公开工作，目前二级单位的贯标认证率达70%。五是建立健全科学有效的利益协调机制、诉求表达机制、矛盾调处机制、权益保障机制。企业的劳动争议调解委员会、劳动监督委员会机制健全，切实发挥作用，把劳动关系双方发生的劳动争议解决在基层，消除在萌芽状态；制定《公司劳动合同管理办法》等制度，规范劳动关系的协调。六是深入开展员工压力疏缓工作。建立起员工动态管理体系，每季度举办1期“天翼健康讲堂”和“心理咨询专业知识”培训，推进异地任职经理人员及家属的关怀工作。2011年，中国电信广东公司荣获“全国模范劳动关系和谐企业”称号。

切实履行社会责任 圆满完成广州亚运会和深圳大运会信息通信服务保障任务，获得各级党委政府、广大用户和社会各界的好评。2011年，继续承办中国电信“天翼3G互联网手机交易会”，促进我省CDMA终端产业链繁荣，拉动信息消费需求。牢记普遍服务神圣职责，不断推动资费改革和调整，三年来整体电信资费年均下降10%以上，为控制CPI快速上涨作出了积极贡献。持续深入开展网络与信息安全专项整治，荣获“全国扫黄打非有功单位”称号。积极推进扶贫济困、共建共享、节能减排等工作，荣获“广东扶贫济困红棉杯金杯”、“全国电信基础设施共建共享先进集体奖”、“全国通信行业节能减排先进单位”等荣誉。对口帮扶130个贫困村，9 384户贫困户，募集扶贫资金1 700多万元，荣获“广东扶贫济困红棉杯金杯”。

圆满完成大运信息通信服务保障任务 中国电信广东公司积极贯彻落实“十二五”信息化战略合作框架协议，完成与21个地市政府签约。在业内首次承担综合型国际大型赛事总设计、总集成、总承建、总运行“四位一体”角色，完成大运项目586个，建设和开通光缆722条、4万多纤芯公里，建设通信管道673管孔公里；打造部署大运“三大系统”、“四张专网”和56个场馆信息技术设施；构建集团和省、市三级组织服务保障体系，实现大运信息通信服务保障万无一失，得到中央及省委领导的高度评价，荣获大运通信服务保障“先进单位”称号和“创新业务奖”。

（中国电信股份有限公司广东分公司）

【中国移动通信集团广东有限公司】

中国移动通信集团广东有限公司（简称中国移动广东公司）隶属于中国移动通信集团公司，是中国移动有限公司在广东设立的全资子公司。在地方各级政府和广大客户的大力支持下，中国移动广东公司以“正德厚生，臻于至善”的企业文化为指引，以争创世界一流通信企业为目标，不断创新发展模式，提升客户价值，促进企业从优秀到卓越的新跨越。

2011年，中国移动广东公司积极推进稳健增长、价值突破、协同发展和能力提升，实现公司的创新型增长，基本实现收入增长稳健、市场格局稳固的目标。公司大力拓展个人、家庭、集团客户三大信息化市场，继续稳步推进有序、平稳的资费调整，有效激发了话务量增长。公司主要运营指标保持稳定，客户数稳步提升，收入持续稳定增长，实现了高普及率、高基数下的平稳发展，为公司未来长远持续发展奠定了坚实基础。

2011年，数据业务作为公司发展的主要驱动力之一，继续保持良好发展势头，数据业务收入结构进一步优化。无线上网业务保持高速增长，其中WLAN业务发展迅速，为公司的移动互联网战略奠定了基础。无线音乐、12580及手机邮箱等数据业务保持较大的收入贡献；手机游戏、手机阅读、手机视频等业务快速发展并逐渐形成收入规模；移动应用商场(Mobile Market)、139社区和互联网数据中心(IDC)等不断推广应用；此外，以M2M类业务为重点，加强物联网的应用拓展，为公司业务的持续发展注入了动力。同时，公司3G网络覆盖范围不断扩大，基本实现全部县级以上城市覆盖，网络质量达到良好水平，实现2G与3G融合发展。

2011年本公司的竞争优势继续保持。截至2011年12月31日，全年运营收入769.33亿元，同比增长6.2%；净利润235.17亿元；客户总数突破7 483万户，市场占有率达76.2%，公司总资产达到1 647亿元，净资产1 190亿元。

启动“优势服务、满意100”主题活动 2011年2月28日，在公司全球通大厦国际会议厅举办了2011年八项服务举措新闻发布会，全面启动“优势服务，满意100”系列主题活动，对资费、网络、优惠、安全等方面，全方位提出新的八项服务举措。广东省委省政府、省通管局、省物价局、省消协等单位领导出席活动现场。

八项服务举措内容包括了“资费减负、关爱民生”“领先网络、深度覆盖”“免费畅享、惠及大众”“手机安全、为您保障”“电子渠道、尽享便捷”“诚信透明、消费无忧”“贴心关怀、标准升级”和“共同参与、千万感谢”，而所有的服务举措都围绕着客户，充分体现在惠民、便民、利民上，着力改善民生。

在资费方面，国内资费整体下降10%，主要国家国际漫游资费再降50%，降低公众信息通信的生活成本。在视频通话和WLAN新业务上，移动用户每月每客户可免费享受30分钟G3视频通话体验，在法定节假日和周末可免费WLAN上网。

在网络覆盖方面，承诺干道、城区、星级酒店、商业场所、风景名胜等等基本覆盖99.9%，接通率大于99.9%，全省WLAN热点覆盖达到1.5万个。所有的业务、优惠，均可通过电子渠道办理。

在服务方面，用户可发送“1111”到10086，查询业务信息，通过直接回复指令进行业务订购；用户提交订购意愿后，系统发送提醒短信，告知业务资费和退订方式；提供“0000”增值业务统一查询和退订服务。

在手机终端上，公司免费为用户提供手机杀毒软件，建设“广东移动客户服务139说客”，及时发布病毒预警、手机隐私安全等提示信息；定制终端售后服务网点受理客户服务申请后，承诺10天内解决问题，并且还设置奖励，鼓励用户举报网络黑点和垃圾短信。

为了确保服务承诺的落实，公司在内部组织“微服务，WE行动”专项主题活动，汇集五大专业线条的力量，使客户畅享所想，满意100。

圆满完成大运服务保障行动　8月12—24日，第26届世界大学生运动会在深圳举办，作为中国代表团的赞助商，公司倾全力打造不一样的精彩服务。

公司组建大运服务与业务保障小组，全面部署大运服务冲刺专项工作，逐一检查亚运现场服务网点、服务设施的准备情况，落实亚运服务应急流程，并于8月2日组织客户服务部、数据部、业务支持中心进行现场模拟操练，重点针对大运现场服务网点和服务设施、大运服务常见问题和客户解释口径、大运服务应急处理和危机应对流程进行查漏补缺，确保用专业的服务保证满意无处不在。

大运前夕，全省10086大运多语服务启动运行，提供“普通话、广东话、英语、法语、德语、日语、韩语、西班牙语、阿拉伯语、俄语”10个语种服务，与奥运会10086多语服务相比增加了俄语服务。陆续推出10086视频服务、英文网站服务等，组织320名大运服务人员开展严格的集训，深入学习国际服务礼仪和服务规范，全面提升现场服务人员的整体形象和表现能力，力求将广东公司的中国式服务提升到一个新的层次。

与此同时，深圳现场推出“沟通100”厅“大运服务专席”（优先办理通道）与20个依托U站建设。由“沟通100”服务人员、蔚蓝天使和寻梦人员共同组成专业的服务团队，为客户提供最优质的服务。

建立全面服务质量管理体系　落实集团公司“完善客户导向的全面服务质量管理体系，对内建立‘一切工作始于客户需求，并以客户感知为评价标准’的运营管理体系”的工作要求，建立全面服务质量管理体系，形成了一体化闭环管理机制，促进公司整体质量的提升。万客户投诉工单量下降至16.12，同比下降1.04，投诉工单满意度达87.91%，同比上升2.63pp，投诉处理及时率同比上升3.16pp，达93.25%。

完善业务测评机制和品质管理平台，对全省业务与营销案进行上线预审与测评，与21个地市建立了常态化的营销方案测评机制，全年开展服务预审超3 000单，业务测评323项，营销案预审率达48.3%，测评率达36.5%，市场营销投诉量从3月的24.1万下降到年底的14.2万，降幅超40%。同时，完善重大服务事件监控体系，将重大事件预警细化为1-5级通报机制，通过实时的监控预警，根据严重程度快速将预警发至各级管理人员，全年累计发布222项预警，重大质量事件同比下降13.6%。此外，建立质量分析会制度及联动机制，以总经理质量分析会为平台，促进业务快速优改，全年举行了7期总经理质量分析会，集中攻关“梦网退费专项治理、规范营销执行、系统数据一致性管理”等43个优改项目，其中28项已基本完成。

建设家庭宽带服务专席　按照集团公司的业务规划，启动家庭宽带服务工作，在客户服务（佛山）中心设立全省家庭宽带业务服务专席，全面承接自10050转接的宽带客户来电，打造“集中化、一站式、全流程”的家庭客户支撑服务体系。家庭宽带专席自7月开通以来，月均服务量达450次/月；自10050转接整体接通率保持100%；首次问题解决率保持在95%以上；前台直接解决率由开通时的30%上升到目前的50%左右；专席满意度保持在90%以上。自专席开通以来，重点推进家庭宽带业务服务规范、服务流程的制订，并完善支撑体系，探索地市联动的服务模式。

创新推广10086扩展号干线　为给客户提供更便捷的服务，公司设立了10086扩展号的多个专项服务干线。其中，1008611话费查询干线，目前全省月均呼入量达5 436万，查询成功率保持在90%；1008612 GPRS干线，目前全省月均呼入量达4 934万，套餐月均办理量达40万，表现出较好的营销优势；另外，公司在客户服务（汕头）中心和客户服务（江门）中心大力推广1008613优惠干线，汕头分公司利用1008613开展营销案宣传后，日拨打量最高达48.9万；中山公司试点实施1008613后，1008613月均呼入量较实施前增长66.7%。

制定终端售后服务标准　广东公司结合峰终理论，对终端售后的服务流程标准化，制定《中国移动广东公司售后服务规范》，从服务内容和标准、服务环境、服务流程等过程性指标颁布27条新规，从7天内退机平均周期、15天换机平均周期等18项结果性指标制定考核要求，并每月回访客户，结合客户感知评价，对终端售后服务工作进行360°管控。

经过不懈的努力，广东公司在终端售后服务水平得到提升，在接机环节新增了保修平均周期从6月的7天缩短为12月的5天，供货及时率从89%提升到93%，供货满足率从70%提升到84%。

此外，广东公司还在iPhone/iPad客户服务上，推出10086热线专席服务、维修保障服务、免费剪卡、免费换卡、网站自助服务和电话客户经理主动关怀服务，通过“四个一”（一条短彩信、一张海报、一次培训、一声问候）开展相关服务传播，提升iPhone/iPad客户的服务感知。

“杀毒先锋”为客户手机安全保驾护航　面对日益严峻的手机安全形势，公司组建专业团队研发手机杀毒软件“杀毒先锋”，并从2011年10月起向广大客户开放免费下载。

采用双引擎。“杀毒先锋”引入“云查杀”机制，并采用“恶意软件行为分析＋病毒体扫描”的双引擎侦测技术，不仅能侦测病毒库中已有的病毒和木马，而且能侦测病毒库中没有的疑似新病毒、新木马和手机内置后门等恶意软件，并通过运营商独有的网络封堵，有效遏制手机恶意软件的大规模蔓延。与业界产品比较，“杀毒先锋”在手机病毒侦测方面具有手段全、范围广、能力强、效率高四大优势。

查杀领先业界。借助于中国移动强大的网络优势，及时、全面掌握手机病毒的最新动态，因此“杀毒先锋”的查杀能力有明显优势。据统计，近1年来公司共发现流行的手机恶意软件589种，其中先于业界发现的占58%。

客户体验好。自2011年10月份开展“杀毒先锋”客户公测活动以来，“杀毒先锋”大受客户欢迎，截至2011年12月底，“杀毒先锋”注册客户数已达6.8万，月活跃用户达3.5万，共帮助1万用户清除2.8万个病毒，用户反映良好。

2011年，杀毒先锋体系先后荣获“2010年度中国移动科技进步三等奖”和“2010年度中国通信学会信息安全应用奖三等奖”。

2011年2月28日，中国移动广东公司与广东外经贸厅举行战略合作备忘录签署仪式暨“广东易发网快讯”短信服务开通新闻发布会。

推进“无线园区”建设 2011年，公司面向全省各类园区开展无线园区建设，形成一揽子信息化解决方案。一是优质的网络，积极推进具有自主知识产权的TD/LTE网络建设，搭建高速Wlan无线网络，实现园区“有线+无线”全面覆盖、无缝衔接。二是先进的技术，以移动互联网为发展方向，探索云计算、物联网、电子商务、三网融合等技术的商务应用模式。三是精彩的业务，整合无线政务、数字民生、移动办公、语音通信、数据传输等领域丰富的移动信息化应用，打造智能化的无线应用门户，形成“一键式”的掌上生活圈和“一站式”的企业应用。

通过无线园区建设，公司积极促进了园区在信息共享、人才培训、合作交流、项目对接、产业转移、招商推介等方面的转型升级，制定颁布的《广东省无线园区建设标准》被广东省经济和信息化委员会作为全省园区信息化两化融合工作的指导意见下发，有效推动了信息化与工业化两化融合，促进了园区信息化水平的提升。

China Mobile Market登陆韩国市场

2011年12月14日中国移动China Mobile Market在韩国KT品牌商店上线。MM韩国品牌店上线，标志着中国开发者能够通过中国移动应用商场(MM)将应用销往海外市场，至此，中国开发者将有更多与国际交流互动的机会，更广泛的国际应用市场销售渠道，更丰富国际应用市场信息，更多的跨国应用商城合作机会。

开展“赢在广东－大学生成长计划”

公司一直以来关注、关爱大学生成长成才，致力于搭建“授人以鱼”的“千万助学金计划”，“授人以渔”的“万名大学生勤工俭学计划”等勤工俭学平台，不断优化和完善对大学生的扶助机制，从扶贫到扶志，全面为贫困大学生创造一个崭新高效的梦想大舞台。

万名大学生“成长计划”是2011年赢在广东的社会责任营销工程之一，其目的是基于“带薪实习”计划基础上，建立可持续发展的职场成长系统，强化带薪实习计划的吸引力，创造大学生就业机会。

延续2010年的基本模式，公司连续第六年与团省委、省教育厅深度合作，继续为10 000名大学生提供参与社会实践的机会，实施一次“如何找工作”、“如何快速成长”的专题培训。组建100个精英团队，授予其具体的成长任务，组织跨界的交流和学习，实现政府、企业和大学生多赢。

截至12月31日，全省21个市公司和6个客户服务区域中心共招募21 354名大学生，完成年度计划的124%。为他们提供宝贵的社会实践机会，帮助他们更好地获得经验。

推进KHI管理及“感谢员工，成就有你”主题活动 2011年，公司正式颁布《关键和谐指标（KHI）测评管理办法》，指导各单位有效利用KHI量化管理工具，持续优化内部和谐环境。各测评单位因地制宜，制订方案，自主测评，全省形成旨在提升短板指标的管理制度及优化提升举措近100项，助力推动“KPI”和“KHI”双轮驱动的管理模式。

为打造幸福企业，营造和谐环境，公司4月份启动“感谢员工，成就有你”年度主题活动，围绕“成就篇、成长篇、关爱篇、保障篇”部署24个子项目，党群工作部、综合部、人力资源部、财务部、市场部、发展战略部、工会、员工服务中心、采购管理中心、基建统筹中心等部门联动推进一系列可感有效、贴近员工诉求的关怀项目。具体涉及“衣食住行医休学健”等各方面，有效改善员工的工作、学习、生活环境，提升员工主体意识和价值认同，实现关爱资源向基层一线覆盖、向员工家庭延伸、向精神富足升华。以KHI管理为指导，通过深入实施“感谢员工，成就有你”主题活动，省公司累计4次工作例会与季度通报、走访10个地市公司及县公司，商讨提出近20项服务支持行动。有效彰显了“像服务客户一样服务员工，像节能减排一样为员工减压减负，像创造利润一样为员工创造幸福”的人文关怀理念。在2011年KHI测评中，全省继续保持“和谐”状态，全省和谐度提升了4.82%。全省56个测评单位中，企业和谐环境状态达到“和谐”以上的单位由去年25个增加至48个。

深入扶贫开发责任工程 围绕“规划到户，责任到人”扶贫思路，全省“一盘棋”意识，在全省帮扶点中发展推广近65个种养殖基地的产业帮扶经验，并率先开展产业扶贫项目“农企对接”，落实农超产业对接项目，为贫困户的脱贫致富找到可持续发展之路；创新推出“致富宝”、“农产品安全管理系统”等24个惠农信息化帮扶应用项目，在全省范围内开展“信息服务进农村”和“信息服务兴农村”等活动达4 100多场，直接参与农民人数超过45万人，打造信息扶贫的“试验田”；全省有效推动“整村改造”幸福安居工程，推广基础设施建设模式。在政府的领导和支持下，广东公司累计为对口重点贫困村平均每村落实资金逾600万元。

公司将基层党建工作与扶贫工作有效结合，自驻村工作开展以来，公司累计在全省派驻123位专、兼职人员在帮扶点实地开展帮扶，共有28人次驻村干部入党，申请入党64人次，发展农户入党169人。挂扶期间，全省共组织1 960人次到挂扶贫困村开展党员青年志愿活动。积极组织党支部分批分次参加“结对子”帮扶活动，体验农村生活，展开农产品收购，带头履行扶贫“双到”责任。

139爱心公益平台投入使用，“139公益”品牌渐入人心， 139爱心公益平台是中国移动广东公司联合广东省扶贫办公室等政府职能部门和慈善机构以及深度合作媒体所成立的信息惠民平台，聚合了移动互联网的资源优势，开创了信息化爱心慈善帮扶公益新模式。截至2011年7月30日，中国移动广东公司已经陆续转付了35 409 829.33元的客户爱心捐款到广东省扶贫基金会。

深入开展网络不良信息治理 针对近年来手机淫秽色情和互联网低俗之风泛滥的形势，2011年公司组织开展了手机淫秽色情和互联网低俗之风整顿治理专项工作。通过运用自主研发的“网站不良信息监测系统”，对移动通信用户访问的网址进行自动解析和监测，对其内容进行不良内容识别、分析，并将有问题的IP地址同步给中央平台的封堵系统进行实时阻断，将检测结果上报上级管理部门。同时，组建了相应的管理和支撑团队，初步建立起一套针对WAP网关、IDC（因特网数据中心）和网间不良信息的全网监测机制。系统上线以来，共计处置淫秽色情网站（包括WAP网站和WWW网站）域名61 103个，IP地址986个。经治理，全年问题网站数量和重点站点的问题图片数量呈明显下降趋势。

（中国移动通信集团广东有限公司）

【广东省邮政公司】 2011年是广东邮政转型发展攻坚年。一年来，在中国邮政集团公司和广东省委省政府的正确领导下，广东邮政以质量和效益为中心，全力推进企业转型升级发展，各项工作取得良好成绩，先后获得“2011年广东省现代服务业10强”、“2011年度广东省雇主责任示范企业”、“2009—2011年度广东省最佳诚信企业”等荣誉。

三大板块业务转型获得新进展 2011年，全省邮政三大板块克服全球经济低迷、国内货币紧缩、物价高企、广东产业转移等各种因素带来的不利影响，迎难而上，奋发进取，各项业务呈现快速发展势头，无论是收入规模、发展速度，还是发展质量和效益，均开创近几年来的最好局面，全年三大板块业务收入同比增长23.8%。一是品牌业务实现了稳步发展。函件、报刊、集邮等邮务类业务加强了专业管理，促进了开放经营和业务产品创新，加大了平台支撑和总部开发力度，实现稳步发展。机要通信业务实现安全高效，万无一失。二是战略业务实现较快发展。省公司进一步明确了战略业务产品定位，着力打造立体化销售渠道，提升了战略业务的平台支撑能力和专业营销能力，邮乐业务、自邮一族、航空客票等业务发展呈现良好势头。代理保险逆市而上，全年保费增幅高达49%，市场占有率超过19%，成为6家保险公司的第一大渠道。三是金融业务实现跨越式发展。在网点销售化转型的推动下，代理金融发展势头迅猛，代理金融新增余额市场占有率达15%，同比提升8%。邮储银行围绕“普惠金融”定位，聚焦“城郊县域三农、社区居民、中小企业”三大市场，做好战略布局，整体品牌影响力显著提升，资产规模快速增长，全年储蓄余额、公司存款新增市场占有率分别排广东银行业的第3、第4位；小额和小微企业贷款新增额超过全省131家小额贷款公司之和，邮储银行在微小金融服务领域的主力军地位初步得到认可，成为全省首批中小企业融资服务示范单位的3家省级机构之一。四是速递物流业务实现快速发展。面对激烈的市场竞争，邮政速递物流坚持差异化市场策略，积极推进业务结构优化，加快切入电子商务市场，重点业务发展态势逐步向好，管控工作逐步到位，运行质量和效益持续稳步提升。

企业转型攻坚重点工作取得突破 一是推动代理金融业务转型。在全省大力推进代理金融网点销售化转型，通过引入商业银行的运作模式，逐步解决了制约业务发展的重点问题，有效提升了网点的整体客户服务能力，100个示范网点的经营效益明显提升，示范网点余额平均增长率达38%，非示范网点仅有1.6%；代理保险平均增长108%，是非示范网点的2.5倍。二是推动考核激励机制和资源配置机制转型。深入推进“预算、核算、结算”三算工作，全省营业网点利润总额同比增长18.2%；健全考核激励机制，积极推进全员绩效考核，制定了不同层级、不同岗位从业人员的绩效管理办法，加强了岗位履职考核。三是推进员工素质的提升。重点加强了两支专业队伍建设：一是在全省建立了近

1 800人的专职保险理财队伍；二是全省共组建了22个直邮团队。推进实物网络运行质量和效益的提升。顺利完成了全省出口邮件大集中处理工作；积极推进了邮政编码与基础地址库建设、集装化运邮试点等重点项目，全省共节约成本近4 000万元，盘活人员近200人，实物网络运行质量和效益显著提升。

民生服务平台构建取得阶段性进展

2011年，省邮政公司和省社科院联合开展了广东邮政构建服务民生公共平台课题研究，并通过省社科院向省委省政府和汪洋书记报交了《发挥邮政系统优势，构建民生服务公共平台》专报。省委省政府高度重视，汪洋书记和陈云贤副省长作出亲笔批示。一是网络渠道进一步延伸。网点整治加速推进，完成网点整治约400个，邮银合计新增ATM 568台；便民服务站建设快速推进，已建设超过3 000家；完成空白乡镇邮局建设选址等前期工作；全年新建和更新报刊亭数量521个；重点推进了代收代付、“新农保”、“自邮一族”及代办点联机汇款等重点信息系统建设，强化对服务民生平台的信息化支撑。二是民生服务项目拓展取得突破。承办“新农保”试点扩面服务，进一步完善了“新农保”支撑服务功能；拓展公共交通代理售卡、充值代理服务；与省旅游局再度合作，开发了《粤游粤精彩》旅游明信片册第三辑；推出“经典国学篇”、“多彩大运篇”、“革命风云篇”文化邮品；加强与广东省文化票务网的深入合作，全省共代理500多场演出售票。

和谐企业建设取得新成果　2011年，广东邮政始终坚持以人为本，努力构建和谐企业，忠实履行企业的社会责任，营造了和谐发展的企业内部和外部环境。一是圆满完成了大运服务安保工作，再次展现邮政办大事的能力和良好的服务品牌形象。广东邮政在63个比赛场馆、大运村、媒体中心和官方酒店设立了100余个服务点，在全市设立了1 300余个大运特许零售店、特许商品专柜和代办所、报刊亭，全面覆盖涉大运场所。作为大运会唯一的寄递运营商，广东邮政专门开辟了大运会专用“绿色通道”，每天在16台装有GPS装备的车辆上，实行每车双人作业，负责126个“涉大”重点场所邮件的投递工作，大运会期间共投递邮件35 130件，投递总里程101 655公里。此外，广东邮政还加强了重点部位的安全排查与防控，建立了人防、技防、物防相结合的立体反恐安全防护网，打造了人防与技防相结合、定点值守和动态巡逻相配套的大运邮政安全防范体系，圆满实现了“万无一失”的安全防控目标。二是在全省三大板块中开展“创先争优推转型促发展”主题实践活动和“为民服务创先争优”活动，发挥了基层党组织的战斗堡垒作用和党员干部的先锋模范作用，有力推动了企业转型发展。三是认真落实员工思想状况分析报告制度，广泛收集和及时处理员工的意见和建议，畅通了企业与员工沟通的渠道，维护员工队伍稳定。四是启动企业年金项目，并制定了离退休人员和劳务工补贴发放办法，切实提升了员工福利待遇水平。五是开展“职工之家”、“职工小家”升级建设和“城镇投递员之家”建设，提高了投递、司机岗位的外勤津贴标准，改善了基层员工薪酬待遇和生产条件。

（广东省邮政公司）

【中国建筑第四工程局有限公司】

中国建筑第四工程局有限公司，是世界500强企业2012年排位第100强的“中国建筑工程总公司”大型直属主力公司，A股上市企业中国建筑股份有限公司全资子公司。中建四局现拥有建筑科研开发、勘察、设计、施工、检测为一体的国家房屋建筑工程总承包特级资质，已获国家建筑最高荣誉“鲁班奖”、省部级以上优质工程奖、国家优质工程奖、全国装饰金奖等各类荣誉260多项，并连续20年被评为“全国守合同重信用企业”、“全国建筑施工企业先进管理单位”，被中国建筑业协会评为“首批全国建筑业AAA级信用企业”。

近年来，中建四局在企业改革发展中，逐步形成了“房建主业、基础设施建设、房地产开发”三大支撑的经营格局，进入了优质高速发展通道；尤其在房建领域连续承建了大量“高、大、精、尖”项目以及多个城市第一高楼，在国内超高层建筑领域成为业界领先。在广州、深圳两地，中建四局就牵头建设了广州双地标441.75米的珠江新城西塔以及539.2米的珠江新城东塔；441.8米的深圳新地标京基100国际金融大厦、广州太古汇广场；亚洲未来最大轻纺中心广州纺织博览城（85万平米）、广州亚运村媒体村等重、特大项目。在贵州贵阳、遵义等地，中建四局正在积极实施旧城改造及城市综合体建设项目。在基础设施领域，2009年5月，中建四局正式签约云南省石林至锁龙寺高速公路37.33亿元的施工承建合同，创造了“独家施工总承包全长107公里的高速公路”的云南第一、中国第一。在广东惠州淡水，由中建四局首个自主开发的46万平米房地产项目“中建•彩虹城”创下当地销售第一的奇迹。

与贵阳市首个BT合作项目建成通车

2011年9月6日，中建四局与贵阳市政府首个BT合作项目——贵阳市东二环正式建成通车。二环路建设是贵阳市的重点市政项目，东二环是其重要组成部分，是城市道路与机场空港搭接的重要路段，其南起贵阳市西南环线二戈寨立交（西南环线与富源路交叉口），往北止于新添大道（新添大道与北二环立交），与北二环衔接，道路全长13.2千米，分别位于南明区、乌当区、云岩区境内，整个工程建设分为两个分部，其中，一分部由局五公司承建，二分部由局铁路公司承建。

中建四局总经理卢遵荣表示，实施“畅通工程”和“三创一办”是贵阳进一步打造品牌和形象的重要举措，东二环就是其中的重点项目之一，同时也是中建四局在贵阳以BT方式投资建设的第一个项目。项目开工以来，四局人精心谋划、科学管理、攻坚克难、日夜奋战，努力打造一流精品工程。

贵州省委常委、贵阳市委书记李

军指出，二环路建成通车是贵阳城市建设史上的重要里程碑。二环路拉开了城市布局，将带动沿线土地开发和“棚户区”、“城中村”改造，提升城市形象；密切了环城高速公路与主城区的联系，将有效缓解中心城区交通压力，极大地方便市民出行；加强了城市片区之间的联系，将促进要素之间的流通，带动区域经济协调发展。他要求贵阳市有关部门抓紧研究相关措施，使二环路充分发挥作用，成为一条畅通路、便民路、经济路、景观路。

中建股份广东公司将并入中建四局

2011年12月22日，中建四局与中建股份广东分公司整合工作会在广州召开。中建股份有限公司副总裁王祥明出席。按照中建股份公司董事会常委会有关决定：中建股份广东公司并入中建四局管理。

中建股份城建部党委书记赖刚主持会议。中建股份公司企划部朱子民副总经理在会上宣读了有关整合方案。中建股份广东分公司2001年建立，现有员工125人，其中一级建造师16人，二级建造师24人，英国皇家特许建造师2人，教授级高工1人。根据市场经营需求，目前广东分公司下设广东、佛山、深圳等分公司。十年来累计承接合同额110亿元，独立完成产值65亿元，实现利润1.26亿元。股份广东公司至今在广东承建了深圳机场T3航站楼、深圳航天大厦、深圳中海油大厦等工程，获得2项国家优质工程鲁班奖、1项国家优质工程银质奖、第七届詹天佑土木工程大奖、2项中国建筑钢结构金奖、1项广东省金匠奖、1项五羊杯、多项省优、市优，以及年度营销铜奖、管理奖、优秀管理团队奖。据股份公司董事会常委会有关决定：整合后，中建股份广东公司所属资产、劳动关系将划归四局，并按四局下属分公司管理。

股份广东公司总经理张学森在会上表示，整合为广东分公司提供了广阔的发展平台和空间，将有效解决企业规模小、瓶颈受限等问题，为企业注入了新的发展动力。

中建四局总经理卢遵荣表示，股份广东公司整合并入四局后，将继续沿用四局整合工作中被成功证明的“约法三章”，即“收入只增不减，岗位维持不变，不新增人员下岗”。

中建四局董事长、党委书记叶浩文表示，整合后四局将加大对股份广东公司人、财、物的投入，统一标准，统一要求。他希望股份广东公司在融入四局大发展、大管理的工作中，继往开来、科学发展，争当四局优秀分公司，并在两三年后成为中建各工程局区域公司发展排头兵。

按照股份公司要求，四局与股份广东公司将在股份公司指导下，联合制定并细化重组方案报股份公司董事会批准审核。中建四局总会计师吴平健、副总经理周中原、党委副书记陈天雪、董事会秘书邹超以及四局总部部分部门负责人与股份广东公司有关领导出席此次会议。

【中交第四航务工程局有限公司】

中交第四航务工程局有限公司（以下简称四航局）始创于1951年，为中国交通建设股份有限公司（世界500强企业）的全资子公司，拥有港口与航道工程施工总承包特级资质和公路工程、市政公用工程施工与隧道工程、桥梁工程施工专业承包一级资质，主要从事海内外港口、公路、桥梁、铁路、市政工程、水利工程等大型基础设施建设，以及相关的投资、勘察设计、科研、工业造船和房地产业务。综合实力位于南方同行前列，在广东100强企业中排名第31位。2011年实现新签合同额255亿元、营业额170亿元。

四航局以质量立业，有100多项工程荣获国家、省（部）级和中交集团优质工程、优质混凝土等奖项。其中，有1项工程获“国家优质工程金质奖”、5项工程获“鲁班奖”、4项工程获“詹天佑土木工程大奖”、7项工程获“国家优质工程银质奖”和1项工程获“中国市政工程金杯奖”。同时，四航局诚信经营的品格和科学发展的成果得到上级组织和社会各界的肯定，荣获“全国重合同、守信用企业”、“全国用户满意施工企业”、“全国优秀施工企业”、“全国五一劳动奖状”和“全国先进基层党组织”等荣誉称号。

广钢环保迁建项目大型散货码头施工合同签订　2011年6月24日，广钢环保迁建项目30万吨级散货码头施工合同签字仪式在湛江举行。宝钢湛江钢铁有限公司运输项目组组长吴君樑，四航局三公司总经理何勇分别代表业主与承建单位在施工合同上签字。宝钢湛江钢铁有限公司总经理赵周礼、党委书记陆熔、副总经理盛更红、副总经理周世春、副总经理张文学，中交四航局副总经理黄焕谦、副总经理方丘泽等领导及业务部门负责人出席了签字仪式。

方丘泽代表施工单位对项目的顺利签约表示热烈祝贺。他表示，中交四航局将以此次签约作为与宝钢集团新一轮精诚合作的开始，在工程施工中坚持高起点定位、高目标导向、高水准谋划，以争创“鲁班奖”为目标，以一流的队伍、一流的管理、一流的技术、一流的设备、一流的服务为保障，确保工程安全、优质、高效推进。

广钢环保迁建30万吨大型散货码头工程采用引桥式码头布置，通过南北走向的引桥与后方陆域相连接。码头长度按同时靠泊1艘30万和1艘25万吨级散货船设计，工期610天，码头长度856米，共需沉桩742根。该码头的建成，将大大增加矿石原材料吞吐量，进一步加快广钢环保迁建项目建设的步伐，大力推动湛江经济的腾飞。

四航局与中国银行签署《银企合作协议》　2011年10月16日，中交四航局与中国银行海南省分行正式签署《银企合作协议》。海口市副市长袁光平、中交股份副总裁陈奋健、中国人民银行海南省分行行长吴盼文、中国银行海南省分行行长王一林、港航控股董事长李向阳、四航局董事长梁卓仁、中交海南区域总部总经理罗宽荣等相关领导、嘉宾出席了签约仪式。中国银行海南省分行副行长王巍和中交四航局董事、总会计师吴方红代表双方签署协议。

中国银行海南省分行在海南省金融业中历史悠久，专业化、城市化和国际化程度高。自海南建省办经济特区以来，海南中行重点支持了海南省的高新技术、交通、能源、通讯、经贸等行业，为海南省、海口市的经济社会发展都作出了重大贡献。长期以来，中交四航局在海南省的项目建设也都受到了中国银行海南省分行的大力支持，双方均期望进一步扩大与对方的友好合作，发挥各自优势，实现银企互利共赢。

本次银企合作协议，覆盖了新海乡轮渡码头、海口市马村中心港的建设、秀英港的整体搬迁，以及综合开发海口市粤海片区等项目的资金支持，银企合作协议的签署和相关工作的推进，将为项目建设资金的进一步落实打下坚实的基础。

钢铁基地项目30万吨级散货码头沉桩完成 2011年11月29日，湛江钢铁基地项目部30万吨级散货码头沉桩施工全部完成，比合同工期提前一个月。自2011年5月开始沉桩施工以来，项目部紧密安排，精心组织，成功抵御台风“纳沙”等多次强风袭击，克服季候风高浪急的影响，开展“大干60天，努力完成年度目标”的劳动竞赛活动，积极落实各项措施，使沉桩施工比原计划提前一个月完成，为完成年度目标奠定了坚实的基础。

珠海高栏港干散货码头1号泊位投入试运行 2011年12月28日，由四航局二司承建的珠海高栏港15万吨级干散货码头1号泊位成功试运行。珠海市委副书记、代市长何宁卡，市委常委、副市长赵建国，以及珠海鑫丰仓储有限公司董事长陈晓谷、四航局总经理孙国强等领导出席试运行庆典。何宁卡宣布1号泊位投入试运行。

高栏港15万吨级干散货码头是珠海实施"以港兴市"战略的重大项目，也是广东省重点项目之一。自2010年9月码头桩基施工开始，到码头1号泊位投产运行，仅用了15个多月的时间。在码头建设过程中，项目部始终认真贯彻“科学计划，强化执行，优质高效，后墙不倒”的工程建设十六字方针，精心策划，合理组织，高效施工，克服工期紧、施工现场交叉作业多等方面不利因素，安全、优质、按期顺利完成了各个节点，确保了干散货码头的顺利投产试运行，得到业主的高度赞扬。

1号泊位投产试运行，是珠海港建设华南干散货集散中心迈出的重大一步，也是珠海港发展史上的又一个重要的里程碑，标志着珠海港拥有了珠江口西岸规模最大、最专业的干散货码头，将有力推动珠海港早日建设成为亿吨大港。

【中交四航工程研究院有限公司】

2011年，中交四航工程研究院有限公司（以下简称研究院）不断创新科研体系建设，加强科研实验室建设，提高创新人才和创新意识培养，加大对技术创新的奖励，各项科技经济指标取得历史新高，新签合同额7.5亿元，完成产值4亿元，实现利润总额2 200万元（包括700万科技投入）。此外，研究院还加大对技术创新的研发投入，2011年科研投资2 604万元，占销售收入的6.2%。同时依靠技术积累，实现了科研项目经营多元化，向交通运输部、科技部、国家海洋局、中交集团、四航局、海珠区科技局等申请科研立项16项，其中省部级项目6项，新签科研项目合同金额3 486万元。由研究院主持完成的国家级课题“提高海工混凝土结构耐久性寿命成套技术及推广应用”，荣获2011年度国家科技进步奖二等奖。此外研究院还获得省部级二等奖二项、三等奖一项，四项科研成果经鉴定达到国际领先或国际先进水平；获得国家专利7项，其中发明专利4项，省部级工法2项；配合四航局编写完成的《中国水运建设六十年》（技术卷）和《水运工程施工通则》中英文面向国内外顺利发行；发表论文50篇，其中SCI收录3篇、EI收录16篇、ISTP收录5篇。

构建创新平台，打造科技品牌 研究院立足于交通部水土构筑物耐久性技术交通行业重点实验室、中交集团建筑材料重点实验室、广东省港口工程研究开发中心、博士后科研工作站等科研实体平台资源，与上海航道局、天津航道局、广州航道局、中交股份、上海振华重工等单位联合成功申报疏浚技术装备国家工程研究中心。同时，成功申报了“中交交通基础工程环保和安全重点实验室”；“广东省港口工程研究开发中心”建设通过了广东省科技厅组织的专家组验收。与科技实体平台建设同步，研究院制定了系统的科技发展战略，明确远期目标，重点建设国家重点实验室及区域性交通行业科技研发中心，成为行业领先的科技型企业。立足长远发展，该院通过制定健全的科研管理制度，建立了考核、激励等科研创新制度，同时，充分利用信息技术，在全企业内部建立了统一的网络信息技术平台，实现科研管理的全过程动态管理。

强化技术服务，支撑工程建设 作为研究院战略发展中的重要支撑板块，技术服务项目紧扣四航局的主业和战略发展需要的同时，技术支撑工程建设的步伐向行业全面迅速迈进。研究院以其自身技术优势，参与了港珠澳大桥岛隧沉管预制工程、卡塔尔多哈项目、澳门大学新校区海底专用隧道工程、贵广铁路、云桂铁路等局重点工程的技术服务，为国家大中型工程项目提供了优质技术服务。在获批桥隧专项检测资质后，迅速、成功地进入隧道、桥梁等业务领域，进一步拓展桥梁隧道技术服务市场。另外，研究院依靠技术优势，大力开拓港口码头检测评估和旧建筑物的维修加固市场，取得了显著成效，检测业务范围遍及广东、浙江、福建、广西、重庆等地区。同时，在港珠澳大桥岛隧沉管预制工程中，研究院积极参与投标策划阶段的技术方案编制、成本分析、沉管隧道的施工监控方案编制，成功经营并组建成立了“中交股份联合体港珠澳大桥岛隧工程沉管预制厂试验室”，为举世瞩目的港珠澳大桥项目质量和安全把守着关键节点。

深化产研互动，推动科技创新 研究院将软基处理、混凝土耐久性、防腐蚀技术、结构维修加固技术等领域的科研成果成功应用到行业工程建设之中。2011年，研究院岩土方面科技成果转化实现了新签合同额6.3亿元，占全院新签合同额的79%。研究院凭借自主研发出的软基处理成套技术，先后攻克了温州、连云港、天津、珠三角等地区上百万平方米软基处理中的技术难题。研究院依托工程施工，以科研开发的思维，实践产学研一体化创新方式。研究院在港珠澳大桥珠澳口岸人工岛填海工程项目中研发出来的“一种快速可靠的水下铺排新技术”已申报国家发明专利，同时依托该项目研发的“水上施工智能控制系统”获得国家计算机软件著作权。此外，研究院还在珠海港高栏港区神华煤炭储运中心一期工程开辟了“深厚复杂超软弱地基处理关键技术研究”的科研试验田，在横琴岛澳门大学新校区地基处理施工中采用夯击能高达10000kJ的异型锤高能量强夯工艺，结合工程实践，着眼于行业内重大施工技术难题开展科技攻关，为国家重大工程项目建设和行业技术发展作出了卓越的贡献。

同时，研究院凭借混凝土涂层防腐、钢结构外加电流防腐、钢结构牺牲阳极防腐和结构护甲等行业领先的多元技术，继续巩固华南地区的防腐市场，保持了在行业的领先地位，承建的莞佛高速虎门大桥辅航道桥箱梁涂装工程，是研究院继广州新电视塔面漆工程后，承接的又一高空涂装施工项目，充分展示了研究院在高空涂装施工方面的技术优势和现场管理经验。

（中交四航工程研究院有限公司）

【中海石油（中国）有限公司湛江分公司】 2011年，湛江分公司紧紧围绕“十二五”规划目标和2011年工作目标，顺利完成储量任务，超额完成油气产量任务，全面超额完成节能考核任务，在“天然气勘探、低品位油气藏开发、深水勘探”方面取得进展，精细化管理见成效，技术创新显著，各重大项目推进顺利。分公司还通过提高管理和技术水平，有效降低成本，经济效益再创新高，企业经营管理水平也迈上新台阶，科研管理、人才培养、信息化服务等各项管理工作均取得新突破和长足进步。

狠抓重点，取得良好经营业绩

2011年，湛江分公司以“增储量、上产量、降成本”为中心，全面完成年初既定工作任务，公司取得良好经营业绩，三大重点工作“天然气勘探、低品位油气藏开发、深水勘探”都取得初步进展，企业经营管理水平也迈上了新台阶。

（一）超额完成油气产量任务，精细化管理见成效。2011年，分公司共完成油气产量1 150万方油当量，大幅超额完成年初下达的考核指标。公司推行精细化生产管理，各油气田优化和完善生产作业流程，精心组织，尽全力减少生产作业对产量的影响；通过开展海上关键设施自检自查工作、检查关键设施隐患整改情况、全面推行海管完整性管理等工作，设备可用率大于98%，确保了安全生产的顺利进行；通过实施各项增产措施，增产效果明显，有效的保障了全年产量任务的完成。

（二）巩固高温高压勘探成果，打好未来油气勘探基础。2011年，分公司抓住天然气勘探取得实质性突破的良好形势，将天然气勘探重点放在莺歌海盆地，进一步巩固了莺歌海高温高压领域的勘探成果。2011年，分公司共完成自营探井21口，自营二维地震采集5 317.9km，三维4 688.6km2，合作三维5 619.1km2。全年三维地震采集量超过1万平方公里，为未来的油气勘探打下良好的基础。

创新管理，取得显著成果 创新，正日益成为企业生存与发展的不竭源泉和动力。2011年，湛江分公司通过有效的创新管理机制，在技术创新和科技创新方面取得了显著的成果。

（一）技术创新，重大项目进展顺利。2011年是湛江分公司工程项目建设的高峰年。在面临任务重、难度大、时间紧、界面复杂、协调难度大，项目实施环境变化大等诸多问题的情况下，湛江分公司优化资源配置、加大技术革新力度，有效降低了开发成本，推动了各项目按计划稳步实施。

（二）在涠洲6—9/6—10/11—2油田开发工程项目中，结合边际油田开发的特点，对小型井口平台的结构形式进行分析和研究，研发出新型的平台结构形式，并实现在中海油的首次应用。该项目还实现2项中海油的首次。

崖城13—4气田开发项目是湛江分公司走向深海油气田开发的第一步。崖城13—4气田开发工程项目通过创新，实现了整个复合海管系统国产化，使项目总体进度摆脱诸多不确定影响因素而变得可控；打造了多个中海油、乃至国内第一，收获20多项创新成果，为走向深海储备和积累了一套成功的技术和经验。

（三）科技创新，取得突出成绩。2011年，湛江分公司获得了首个发明专利，出版了3本科技专著，标准制修订计划完成率100%，科技项目计划完成率100%，获17项授权专利，受理专利15项，荣获14项次国家、省部级科技荣誉。科研项目“北部湾盆地涠西南凹陷滚动勘探开发生产理论与实践”成果获2010年度国家能源局科技进步二等奖，“莺琼盆地大-中型气田储层成因与非均质分隔模型”成果获2011年度教育部科技进步二等奖。

完善企业文化，营造和谐企业氛围

2011年，湛江分公司围绕“以人为本”的企业文化核心，以“为员工培育一个和谐的工作氛围、铺架一条职业发展的道路”为指导思想，以健康安全环保工作为重中之重，不断创新，与时俱进，持续营造了和谐的企业氛围。

（一）围绕以人为本，树立先进典型。2011年，湛江分公司紧紧围绕“以人为本”的企业文化核心，吸收员工在工作中创造的特色文化原料，注重发掘员工的闪光点，通过积极组织评先评优表彰活动，树立了一批先进典型：2011年，公司共荣获全国、中央及行业部级、总公司、湛江市、西部地区各项荣誉106项次，其中包括全国荣誉5项，中央及行业部级4项。

（二）健康绿色发展，承担企业责任。2011年，湛江分公司不断规范职业健康工作，进一步强化承包商安全管理，广泛组织各类安全环保培训、应急演练，各项健康安全环保工作顺利开展。2011年10月，分公司的健康安全环保工作获得国家七部委组织的专项检查组的好评。在做好安全生产的同时，湛江分公司注重节能减排工作。2011 年，湛江分公司共计实施节能减排技术改造 14 项，实现能源消耗量 38.78 万吨标准煤，措施节能 37 100 吨标煤，单位油（气）产量综合能耗平均值为 0.0372 吨标准煤 / 吨，全面超额完成年初下达的节能考核任务。

（中海石油（中国）有限公司湛江分公司）

【中国石油化工股份有限公司广州分公司】 中国石油化工股份有限公司广州分公司（简称广州分公司）和中国石化集团资产经营管理有限公司广州分公司（简称广州资产分公司）统称广州石化，是隶属于中国石化集团公司的特大型石油化工联合企业，厂区位于广州市黄埔区石化路，占地面积 445.59 万平方米，其前身是成立于 1973 年的广州石油化工总厂。2 000 年 3 月重组改制，分立为中国石化集团广州石油化工总厂和中国石油化工股份有限公司广州分公司，2006 年 9 月，广州资产分公司成立，原广州石油化工总厂停止运作，并于 12 月 26 日完成工商注销。

1978 年、1992 年、1997 年、2006 年，石化厂一、二期工程及“双加”改造、千万吨炼油改扩建四期工程先后建成投产；1999 年底完成广州乙烯兼并，成为炼化一体化企业。截至 2011 年底，广州分公司具备炼油一次加工能力 1 570 万吨 / 年，二次加工能力 1 320 万吨 / 年，年生产乙烯 22 万吨能力，拥有 30.5 万千瓦时装机容量的自备热电站。有主要装置 64 套，资产总额 209.68 亿元；年底在册职工 5 285 人。有主要出厂产品 33 种，其中，石油产品有汽油、柴油、航空煤油、石脑油、重油、溶剂油、液化气、道路沥青、石油焦、硫磺、聚乙烯、聚丙烯、聚苯乙烯等 19 种，固体塑料产品有聚乙烯、聚丙烯、聚苯乙烯三大类共 14 种 180 多个牌号。全年采购进口原油 1 209.87 万吨，比上年增加 2.30%，加工原油 1 201 万吨，比上年增加 2.06%，生产乙烯 20.4 万吨，比上年减少 9.17%。全年综合商品总量 1 155.40 万吨，实现工业总产值 649.21 亿元，比上年增加 21.25%，炼油主要产品产销率 100.33%，化工主要产品产销率 99.95%，实现主营业务收入 645.06 亿元，同比增长 23.01%，实现利税 166.21 亿元，同比增长 54.30%，上交税金 183.74 亿元，同比增加 10.98%。8 月 25 日，通过广州赛宝认证中心 ISO9001:2008 质量管理体系再认证。产品市场主要分布在广东、湖南、四川、江西、福建等地，成品油市场主销广东省内，汽油、航煤、沥青、塑料等多个产品出口韩国、巴西、南非、印尼等国家。

广州资产分公司年底在册职工 169 人，资产总额 5.74 亿元。2011 年实现工业总产值 1.53 亿元，主营业务收入 2.48 亿元，实现利税 0.16 亿元，上交税金 0.33 亿元。

是年，中国石化广州分公司以保持生产装置安全稳定长周期运行和产品质量稳定提高为主线，严格生产运行指挥、协调和产品质量监督、控制，加强特种设备、加热炉、防腐蚀以及电气等方面专业技术管理，抓好关键装置，要害部位和直接作业环节安全监控和管理，加强危险化学品安全管理和职业卫生管理，推进企业新一轮清洁生产工作。加强生产经营组织协调，发挥千万吨炼油改扩建装置作用，首次加工原油超过 1 200 万吨 / 年，开展关键机组特护管理、技术攻关等活动，主要装置保持长周期满负荷运行，克服装置大修及成品油价格倒挂等不利因素，努力增加汽油产量，从 2010 年 8 月广州地区开始推广粤 IV 汽油起，广州分公司粤 IV 汽油配置计划保持在 6.5 万吨 / 月；1 月和 8 月，深圳、东莞两地相继推行粤 IV 标准汽油，该公司根据市场最大需求量争取提高配置计划量，保证广东省油品供应。完成炼油 I 系列和化工板块共 30 套装置大检修工作，并同步完成 84 项技改技措项目。通过开展“比学赶帮超”活动，各项技术经济指标提升。全年综合商品率 95.49%，轻油收率 78.02%，乙烯收率 34.8%，“双烯”收率 50.2%，均创历史最好水平。

坚持践行“每一滴油都是承诺”、“质优量足，客户满意”的质量承诺，实行全过程、全方位质量管理制度，实现产品出厂合格率 100 %，国家质量监督部门等各级抽检合格率 100 %，三聚产品优一级品率达 99%，苯乙烯、甲苯、二甲苯优一级品率保持 100%，车用汽油质量可全部达到粤国Ⅳ标准，柴油质量达到国 III 标准，92 号、95 号、98 号车用无铅汽油及航空煤油、轻柴油等产品达到欧 III 标准。11 月，完成一体化管理体系整合和制度标准化改造，质量管理体系、测量管理体系、环境管理体系、职业健康安全管理体系通过第三方认证审核，年底通过中国石化总部验收。

按照“做强炼油，做精化工，做优环保，提升效益”发展规划思路，以提高柴油产品质量，降低二氧化硫排放总量，推进节能减排、资源综合利用方案，继续完善炼油 1 570 万吨 / 年的二次配套建设。全年完成固定资产投资 13.48 亿元，化工专业实现首期投产以来的发展突破。新建 8 万吨 / 年催化干气制乙苯、50 万吨 / 年气分扩能改造等项目投产；20 万吨 / 年高性能聚丙烯等项目开工建设。这一年，广州石化产品结构改善，高附加值产品增加，产品质量提升。围绕技术进步、科技创新支撑产业发展目标，加大技术投入，着力提升质量和产能，通过加大应用新技术、新设备推进清洁生产和节能减排降耗目标。全年投资 1 158 万元进行新产品开发、生产技术攻关和新技术、新设备推广应用，完成 20 项科研项目工作。首次成功生产出 50 号 A 等级沥青、粤 IV 98 号汽油；完成化工新产品 PPR4220、B1801、S960、S980 开发试产；项目“适应原料多样性的乙苯清洁生产催化技术及工业应用”获国家技术发明二等奖，项目“大型蒸馏装置高轻收深总拔低能耗成套技术开发”获中国石化集团公司科技进步一等奖，“S-Zorb 催化汽油吸附脱硫再生烟气处理技术开发及工业应用”等 5 个项目通过中国石化总部组织的技术鉴定，“含油石化废催化剂低压脱油处理及再资源化工艺研究”通过广东省科学技术厅验收；“以炼厂高硫催化碳四制取聚合级1-丁烯的方法”等3项专利获得国家专利权。

坚持持续发展方针，加强环保投入、检测和监管。建立、完善《广州分公司突发事件应急预案》、《用火作业安全管理规定》等71项HSE管理制度，搅拌“三泥”（油泥、活性污泥、浮渣）固体废物综合利用试验、污水外排检测系统等项目投用，努力完善源头控制，各项环保指标持续改善。中国石化集团公司下达的5项环保考核指标和地方政府考核指标全部达标，外排废水达标率100%，工业废水排放量同比减少24.87%，COD削减13.65%，二氧化硫排放量减少6.11%；工业废水排放总量、COD量和氨氮指标进入中国石化集团公司先进行列企业。11月，危险废物规范化工作通过广东省环保厅验收，被评为广东省危险废物规范化管理示范企业；创建清洁生产企业工作通过广州市组织的专家审核。

履行大企业的各项社会责任，积极参与地方政府及社会各项公益活动、扶危济困等活动，把企业发展成果回报社会“扶贫双到”工作得到广东省委表彰。坚持科学发展，努力挖潜增效，实现资产的保值增值为国家创造财富，抓好节能减排、安全生产和环保治理，推进企业协调可持续发展，努力为地方经济社会发展提供能源、原材料等物质保障。2011年，广州石化克服油品价格倒挂，生产越多亏损越大及部分装置已到运行末期等不利因素，保持满负荷生产，圆满完成广东地区清洁油品供应。

节能降耗成绩显著　2011年，广州分公司节能降耗、优化增效工作取得实效。在炼油专业装置及加工总量增加情况下，蒸汽单耗10.76千克标油/吨，比上年减少8.19%；化工专业蒸汽单耗98.14千克标油/吨，比上年减少4.30%；管网损失量减少21 020吨，比上年减少3.11%；炼油、化工两区装置用电量同比下降4 000万千瓦•时，热电站外供4.0兆帕蒸汽减少16.38万吨，外供1.0兆帕蒸汽减少15.18万吨，累计减少31.56万吨，约节省6 000余万元；加热炉、锅炉按实际热负荷加权平均炉效率91.26%，同比提高0.49个百分点，比年度力争目标值高0.26个百分点。2月22日，国家监管重点耗能企业2010年度暨“十一五”节能目标责任评价考核现场核查，确认广州分公司“十一五”完成节能量44.89万吨标煤，超额完成节能目标30.68%。8月，“炼油四部加氢处理装置增加新氢机无级调节系统”、“化工区乙烯总降110千伏电源系统改造”等4个项目合计节能量5 593吨标煤，获得广州市节能专项资金财政奖励128.64万元；11月，被评为广东省节能先进单位。

启动新一轮清洁生产工作　广州石化1998年开始清洁生产企业创建工作，常减压蒸馏㈠装置成为中国石化首批清洁生产示范装置，2005年通过了广东省环保局清洁生产企业验收。2011年3月23日，该公司响应地方政府号召，全面启动新一轮创建清洁生产企业工作。制定、完善《广州石化清洁生产管理》、《清洁生产奖励管理办法》等多项清洁生产、环保管理规章制度，细化清洁生产审核和持续清洁生产工作内容，明确责任，落实考核。通过开展查找身边清洁生产机会、清洁生产方案征集、清洁生产装置竞赛等活动，提高全员清洁生产意识，推进清洁生产工作。全年共收到职工清洁生产合理化建议3 196条，年内已实施242条；加强环境投入、监测和监管，搅拌油泥、活性污泥、浮渣固体废物综合利用试验项目、外排污水监测系统相继投产，各项环保和清洁生产指标持续改善。中国石化集团公司下达的5项环保考核指标和地方各级政府考核控制指标全部达标，外排废水达标率100%，工业废水排放量比上年减少24.87%，COD下降6.11%，二氧化硫排放量减少6.63%。危险废物规范化工作通过广东省环保厅验收，被评为广东省危险废物规范化处理示范单位。

新产品开发　2011年，广州分公司成功开发出粤IV98号汽油、50号A等级沥青、无规共聚管材料PP-R 4220、抗冲共聚管材料PP-B1801、高熔指注塑料S960、S980等6个石油化工新产品。全年累计生产化工新产品4.35万吨，为年度计划的114.46%，化工专用料11.7万吨，为年度计划的130.05%；生产粤IV汽油29 917吨，50号A等级沥青3 037吨。

首卷《广州石化年鉴》出版　《广州石化年鉴》（2010）是广州石化编纂出版的首卷年鉴，按企业专业条线分类，设大事记、特载、生产管理、经营管理、规划、工程、科学技术、企业文化、先进人物等8个类目。全书34.2万字，印数1 000册，有分目45个，条目596个，彩页20页，随文照46幅，表格68张，索引580条。

推进企业文化建设落地　2011年，广州石化着力推进企业文化建设落地工作。《广州石化视觉识别手册》、《广州石化员工文明礼仪行为规范》等相继出台，实行全员普及礼仪知识，营造“学礼仪、知礼仪、守礼仪、讲礼仪”氛围；出版《三十八年过去—广州石化企业文化故事》、《广州石化年鉴》等文化书籍，用故事（事迹）和企业取得的辉煌业绩传播企业文化。针对公司安全生产形势，推进基层班组文化建设，通过盘点班组安全工作的亮点和不足，总结提炼成为有特色的班组安全文化。11月，公司被广州市思想政治工作研究会、广州企业文化协会、广州市企业联合会、广州市企业家协会评为2010—2011年度广州市企业文化建设优秀单位。

首个企地合作项目签约　12月28日，中国石化广州分公司与广州市金埔化工有限公司（简称金埔化工）、黄埔区大沙街姬堂股份经济联合社(简称姬堂经联社）合作的广东金姬石化项目举行签约仪式。项目为20万吨/年15号白油产品综合利用，选址广州石化炼油区北侧黄埔区姬堂社区新围村樟头山，占地3公顷，总投资4.05亿元，由金埔化工和姬堂经联社共同出资运作，广州分公司提供原料、公用工程、火炬、污水处理设施等，金埔化工出技术、姬堂经联社出地及资金，其中，金埔化工持有股份51%，姬堂经联社持有股份49%。该项目属国家产业政策鼓励类绿色低碳项目，具有独立的知识产权及多项专利，包括高档润滑油基础油、高品质工业白油、化妆品级白油、食品级白油等4大类产品。是广州石化加强扶持改制企业的首个企地合作项目。

（中国石油化工股份有限公司广州分公司）

【中国石油化工股份有限公司茂名分公司】 中国石油化工股份有限公司茂名分公司（以下简称茂名石化）位于广东省茂名市，始建于1955年5月，经过近57年的改革发展，目前原油加工能力达到1 350万吨/年，乙烯生产能力达到100万吨/年，同时拥有动力、港口、铁路运输、原油和成品油输送管道以及30万吨级单点系泊海上原油接卸系统等完善的配套系统。是一家以炼油为龙头、石油化工为主体的大型炼化一体化企业。50多年来，茂名石化为国家和地方经济社会发展作出了重要的贡献，公司获得全国“五一”劳动奖状、全国国有企业典型、全国思想政治工作优秀企业、全国先进基层党组织、全国文明单位、全国厂务公开民主管理先进单位、全国模范劳动关系和谐企业、广东省建国60周年功勋企业等荣誉称号。

跨入“十二五”，茂名石化确立的发展目标是：打造中国石化炼化企业排头兵，率先把茂名石化建设成为世界一流大型炼化一体化企业和石油化工产业基地。总体要求是：深入贯彻落实科学发展观，加快转变发展方式，更加注重结构调整和优化提升，更加注重精细管理和节能减排，更加注重科技进步和管理创新，更加注重队伍素质提升与和谐企业建设，做优做特、做强做大，打造排头兵，融入珠三角，实现新跨越，把茂名石化建设成为资产优良、结构优化、管理卓越、技术领先、团队精干、绿色低碳、幸福和谐的世界一流大型炼化一体化企业和石油化工产业基地。

2011年，茂名石化加工原油1 450万吨，生产乙烯108.52万吨，创历史新高。实现销售收入1 107.37亿元，首次突破千亿大关。上缴税金231.42亿元，首次超过200亿。实现了“十二五”良好开局。

【广州中船龙穴造船有限公司】 广州中船龙穴造船有限公司于2006年5月25日注册成立，由中国船舶工业集团公司、宝钢集团有限公司、中国海运（集团）总公司合资经营，是华南地区最大的现代化船舶制造企业。公司位于广州市南沙区，占地253万平方米，距香港、澳门、广州、深圳、珠海等地仅需1小时车程，交通便利。公司拥有大型船坞2座，600吨龙门吊4台、泊位5个。采用先进的工艺流程和设备，规划年造船能力350万载重吨。

龙穴造船以“为世界一流船东建造一流船舶、致力成为世界航运企业的最佳合作伙伴和船舶供应商”为使命，秉承“诚信造船、平安造船、绿色造船、精益造船”的经营管理理念，全力打造“机构精简、管理高效、流程合理、设备先进、员工忠诚、效益领先”的世界一流的现代化造船企业，面向全球，为业内客户提供服务。

公司拥有一流开发设计团队和AVEVA MARINE、AVEVA NET、PDM等开发设计手段，与国内外著名设计院所合作，以“节能降耗，绿色环保，服务船东，造福社会”为理念，以客户需求为导向，不断开发用户满意的各类产品：如超大型/大型原油（成品油）轮、超大型矿砂船、大/中型散货船、大/中型集装箱船、高技术船舶、海洋工程及辅助船舶等。

造船提前一年达纲　海工项目取得进展　2011年，龙穴造船公司进入了连续生产的第三年，公司在上一年基本完成全年目标任务、实现盈利的鼓舞下，抓住“十二五”规划的启动实

2011年广州中船龙穴造船有限公司获得市级以上（含市级）荣誉统计表

序号	颁奖时间	获奖单位	荣誉称号	颁奖单位
1	4月19日	公司工会	2009—2010年度广州市工会财务工作综合竞赛先进单位	广州市总工会
2	4月19日	公司工会	广州市工会经费收缴工作竞赛特殊贡献奖	广州市总工会
3	4月	人力资源部	广州市“巾帼文明岗”	广州市妇女联合会
4	4月	组立部曲面作业区行车班	广州市“巾帼文明岗”	广州市妇女联合会
5	5月	加工部加工作业区曲面件切割工段	广东省工人先锋号	广东省总工会
6	7月	孙红建	中船集团公司优秀共产党员	中国船舶工业集团公司
7	7月	卢宇明	省直机关优秀共产党员	广东省直属机关党工委
8	7月	马可晔	省直机关优秀党务工作者	广东省直属机关党工委

施的契机，深入贯彻落实集团公司“保交船、抢订单、强管理、降成本、防风险、谋发展”的工作方针，围绕“推行均衡节奏精益造船，促进降本增效科学发展”和“坚定信心，千方百计，打赢交船接单攻坚战”的工作思路，突出攻坚克难防风险保交船的重点，深入实施生产改善和效率提升工程，加大市场营销和产品研发力度，改进和完善人力资源管理，加强员工队伍建设，有力实施预算管理、成本工程和“3030”降本增效活动，在产品研发、经营接单、造船生产、降本增效及管理改善等方面均取得了不俗的成绩。全年新开工船舶12艘、进坞15艘、出坞12艘、完工12艘，造船完工210万载重吨，较2010年完工交船153.6万载重吨又有了大幅提升，提前一年达到龙穴造船基地民船一期项目设计建设纲领。全年完成工业总产值538 511万元，同比增长3.8%，工业增加值88 732万元，实现利润约6 300万元。

公司扎实推进“双优双减”战略，优化业务结构，优化产品结构，提高竞争力。以联合广州船坞改装FPSO为契机，成立海工项目领导小组、工作推进小组，认真规划海工业务推进，建立海工质量、安全、环境体系，着手开拓海工市场，在海工项目承接、海工项目商洽方面都取得了进展。

快速生产日新月异 码头周期不断压缩 2011年，龙穴造船公司1#船坞、2#船坞均由1整船出坞1半船起浮的生产格局逐步跃升为2整船出坞2半船起浮，船坞生产节节攀升，船坞“2+2”双列串联建造已成为常态。同时，分段生产也攀上新高，最高月产分段达265个，实现了年初提出的月产分段200个提升至250个的目标。公司推进船坞、码头周期“双75天”的节奏生产取得成效，多项产品履创码头周期最短的纪录：23万载重吨矿砂船（L0013船）从出坞至试航耗时仅46天；同型的L0015船从出坞至交船仅用时53天；11月30日出坞的同型的L0016船到年底已基本具备了试航条件。

产品升级优化加速 2011年，全球经济形势依然非常严峻，欧美债务危机持续恶化使经济整体复苏受阻，融资市场持续紧缩，航运市场和新造船市场整体清淡。面对严峻的市场形势，龙穴造船公司通过加大自行研发力度及联合设计院所开展产品的研发工作，一方面开展有市场卖点，吸引船东的新船型研发工作；另一方面针对已签合同在建的产品，根据市场实际，积极组织技术改进、优化，提高船东满意度。

重点优化了23万载重吨VLOC、8.2万载重吨散货船等，研发了新型30.8万载重吨和32万载重吨VLCC、11.5万载重吨油船、25万载重吨VLOC、4800TEU和6600TEU集装箱船。储备了油船、散货船、矿砂船、集装箱船等4个系列共计10个新船型。公司独立完成的第三代8.2万载重吨散化船的优化，各项指标优于国内同型船舶。

公司大力推进科技创新，深入开展科技研究，以技术进步提升企业核心竞争力，开展的《VLCC关键技术研究》、《大型矿砂船关键技术研究》、《龙穴造船船舶设计与制造PLM数字化技术的研究》、《组建广州市超大型油船和矿砂船重点工程技术研究开发中心》等项目通过验收并获得奖项。

公司深入开展信息化建设，不断提升信息化水平，成功打造了具有业界先进水平的船舶产品PDM系统；开发或正在开发专用计算机辅助计算系统；全面实施AM系统二次开发应用，实现了所有子系统的应用，为全球首家。

2011年，龙穴造船公司申请国家专利20项，新获专利授权14项。公司研发的双丝CO2自动横焊焊接工艺为国内首创。

（广州中船龙穴造船有限公司）

【广州远洋运输公司】 广州远洋运输有限公司，成立于1961年4月27日，是中国远洋运输（集团）总公司紧密层企业，是新中国成立最早的国营远洋运输企业，是目前中国乃至世界最大的以特种专业船为主的多用途船运输公司，现为全球综合实力最强的特种货物专业运输公司之一。广州远洋积极进军资本市场，1999年12月作为主发起人成立了中远航运股份有限公司。

中远南方广州分公司揭牌 2011年2月11日，中远南方沥青运输有限公司广州分公司揭牌仪式在广州远洋大厦隆重举行。广远公司徐惠兴总经理、刘书田书记在仪式上揭牌。中远南方为广州远洋全资子公司，目前经营和管理散装沥青船舶14艘，业务遍及全球，与壳牌、埃克森、BP、中石化、SK等国际顶级石油公司及SARGEANT MARINE等世界级大沥青运输商建立了良好的战略合作伙伴关系，是目前亚洲最大的沥青海上运输专业公司。该公司在广州设立分公司，将对进一步拓展业务，扩大市场影响力有着积极的推动作用。

中远航运成立国内首家航运货运技术中心 2011年6月17日，中远航运正式成立货运技术中心，这是继上年中远航运成立营销中心后，在航运经营部门成立的又一个中心，并成为了国内乃至亚洲首家船公司成立的货运技术中心。

中远航运成立货运技术中心，一方面是落实公司倡导“以市场为导向，以客户为中心，以效益为目标”的理念，并在今后的市场开发、项目招投标、大客户维护等方面发挥积极的作用；另一方面将为中远航运经营船舶提供重大件设备、超大件工业结构总成等货物装卸技术方案，为船舶装卸现场、培训船员装卸技能等方面提供指导，提升公司服务质量，为公司实施“打造特种船运输领域最强综合竞争力”战略提供保障。此外，还可以为国内外船公司提供特种杂货，特别是重大件设备、超重大件工程结构件总成货物装卸的方案和技术咨询服务。

【宝钢集团广东韶关钢铁有限公司】 宝钢集团广东韶关钢铁有限公司（以下简称“韶钢”）始建于1966年，占地面积9.8平方公里，是集钢铁制造、物流、工贸为一体，年产钢能力650万吨规模的大型国有企业集团；是中国企业500强、广东企业50强、世界钢铁100强企业；是广东重要的钢铁生产基地、国家级高新技术企业和中国重要的船板钢、工程机械和水电站用高强钢板、建筑结构用高建板、桥梁板、锅炉和压力容器用钢板生产基地。

韶钢主要有板材、线材、棒材三大系列产品，PC钢棒、钢坯、生铁、焦炭及其化工产品达到国内或国际先进水平。韶钢船板钢通过中国、美国、德国、英国、挪威、法国、日本、韩国、意大利等九国船级社工厂认可；管线钢、国标和境外牌号锅炉压力容器钢获得了国家特种设备制造许可；高建板和低合金板获得新加坡FPC认证；桥梁钢首批获中国船级社颁发的产品认证证书。船体用结构钢板、低合金高强度结构钢板、优质碳素结构钢热轧钢板、钢筋混凝土用热轧带肋钢筋和预应力混凝土钢棒用热轧盘条获得国家冶金产品实物质量金杯奖。韶钢产品主要在珠三角及广东邻近省份销售，部分出口。众多高层建筑、重点工程、高速公路、地铁项目等指定使用韶钢产品。2011年，韶钢实现年产钢547万吨、铁540万吨、钢材523万吨，实现营业收入249亿元，年末总资产271亿元。

2011年韶钢重点工作如下：一是重组工作取得突破。2011年8月22日签订重组框架协议，韶钢正式纳入宝钢集团管理。12月28日，重组方案获国务院国资委批准，这在韶钢发展史上具有里程碑的意义。二是大部制改革有了新进展。重新优化了铁前组织结构，按照集中一贯制原则，组建了炼钢部、能源管理中心。三是执行力明显提高，市场反应速度较快。2011年9月开始，公司生产经营部门快速响应，采取措施，严控库存，使存货控制在周边钢厂较低水平；调整产品结构，阶段性压产，减少亏损；捕捉市场机遇，在较低价位采购了进口铁矿，有效缓解了钢市大幅下跌的市场冲击。四是基建技改进展顺利，初步解决了韶钢发展的合规性问题。2011年12月30日，《中国审计报》刊登了“韶关钢铁集团有限公司已按照国家工信部最新要求，完成落后产能的淘汰计划”。

2011年，钢铁行业总体形势，原燃材料价格一直处于高位，钢价总体是前高后低。年初，韶钢提出了“成本导向、营销拉动、抢占市场制高点，生产放量、增效增收、提升韶钢竞争力”的生产经营总体要求。上半年实现利润总额近1亿元。8月中旬开始，钢市下行，钢价大幅下跌，对比上半年，螺纹、线材、板材均出现不同程度下跌，公司快速、果断采取措施，经过全体员工的共同努力，最大限度减少了亏损：一是提前控制存货，9月初，韶钢及时准确地分析了市场形势，采取应对措施，11月份将存货资金控制在在周边最低水平；二是向上游传导降价压力，压住所有原燃材料价格不上涨，大幅降低地方矿采购价格；三是限产减亏；四是调整产品结构，加大有毛利或边际贡献较大的棒线材生产和销售，对亏损严重的板材实施限产；五是抓好板材促销；六是在进口矿跌至市场价格最低位时采购批量优质进口矿；七是大力拓展境内外贸易融资渠道、争取政策性补贴等措施。

为实现年度目标，韶钢创新销售模式，成立船板钢销售一贯制项目部，组织销售、生产、技术、研究、仓储、物流等相关部门到船厂学习培训，了解造船工艺和船板使用情况，船板钢直供造船厂。利用战略合作伙伴；建立板材直供渠道；发展周边重点用户，提高产品销售量，取得了较好的经济效益。

2011年，韶钢紧抓技术研发，支撑产品营销。全年新开发牌号30个，可比品种产量同比增加24.18%；实现60mm以内API系列海洋工程板批量生产能力；首次批量接单生产CSG610D高强钢板；拓宽高建板品种、厚度，最大交货厚度达到100mm，产量同比增加44.01%。成功开发生产09MnNiDR低温压力容器钢、Q690高强度结构钢、NVD36N挪威船板钢、Q370qDN桥梁钢、10B21冷镦钢、15CrMoR合金容器钢等48个新品种。

2011年，韶钢着力推进技改工程建设，建成项目达产达效。新一钢第一座转炉4月29日热负荷试车一次成功、顺产达产，采用一罐制铁水运输模式，大幅降低生产成本。棒三线比原合同计划提前1个多月投入热试。棒二线工序实施电控系统改造，实现较好经济效益。推进铁前MES系统建设，实现铁前系统计量集中一贯管理。

（宝钢集团广东韶关钢铁有限公司）

省属企业

【广东省机场管理集团公司】 广东省机场管理集团公司是直属广东省人民政府的国有大型航空运输服务保障企业，成立于2004年2月25日。集团下辖广州白云、汕头、湛江和梅县机场，其中广州白云、汕头外砂、湛江机场为省内经国家批准对外开放的航空一类口岸。目前，四机场共与27家航空公司建立了业务往来，已开通航线110多条，通达国内外100多个城市，保障机型近30种。

面对属地化改革后的新形势，广东省机场管理集团公司将以泛珠三角地区为依托，把广州白云国际机场建设成为辐射国内、东南亚和中东，连接欧、美、澳的东南亚及太平洋地区的综合性中枢机场，旅客吞吐量跻身全球20强；以汕头、湛江、梅县三个机场为平台，大力发展支线航空，建立以白云国际机场为中心的枢纽、干线、支线互补的航线网络，做大做强广东省机场业，为广州乃至广东地区的经济发展作出重要贡献。

广州白云国际机场 广州白云国际机场是广州市的一座大型民用机场，是中国大陆第三大城市广州的门户，始建于20世纪30年代，是国内三大航空枢纽机场之一，在中国民用机场布局中具有举足轻重的地位，目前为中国南方航空的枢纽机场及深圳航空的重点机场。白云国际机场占地面积为15平方公里，第一期工程飞行区两条平行跑道按4E级标准，航站区按满足2010年旅客吞吐量2 500万人次要求设计。其中，新机场一期航站楼面积为32万平方米，是国内各机场

航站楼之最，楼内所有设施设备均达到当今国际先进水平。

截至2011年底，白云机场通航航线总数超过200条，其中国际航线突破了100条，基本形成了国内、国际中转衔接航线网络。

2011年，广州白云国际机场完成旅客吞吐量45 040 340人次，已经超过既有航站楼的容量，比上一年增长9.9%，继续稳居国内第二；货邮吞吐量完成1 179 967.7吨，比上一年增长3.1%；飞机起降架次349 259次，仅次于北京首都机场，比上一年增长6.1%。

【广东省广业资产经营有限公司】

2011年是广业公司“结构调整年”，公司坚定不移调结构，脚踏实地促转型，着力提高发展质量和效益，增强持续发展能力和水平，企业改革发展各项工作有力有序，经营效益稳步提高。全年实现主营业务收入270亿元，比2010年增长9.79%；实现利润总额7.57亿元，比2010年增长27%；国有资本保值增值率110.66%；净资产收益率6.02%。年度各项目标任务圆满完成，实现了“十二五”时期的良好开局。

调整优化结构，四大产业发展取得新成效　一、“三大结构”调整初见成效。一是资本结构调整有新突破。积极拓宽资本运营渠道，采取股权置换、项目合作、发行债券、搭建平台、整合上市等举措，实现年初确定的“三个一”工作目标，成功控股贵糖股份、顺利完成宏大爆破IPO申报、成立云硫矿业控股平台。二是业务结构调整有新变化。果断退出风险高、利润薄、可控性弱的贸易业务，聚合资源发展优势业务。如投资集团借助与中石油合作的契机快速切入LNG市场，并取得重大突破。三是盈利结构调整有新改善。实施骨干企业三年盈利能力培育方案，增强了主业集团、骨干企业的盈利能力。如宏大爆破通过实施业务升级与资本优化，经营利润的稳定性和成长性进一步提升；广咨国际大力推进业务创新，开拓新型业务提升盈利能力。

二、经营规模效益稳步增长。面对复杂多变的经济形势，通过召开季度经营分析会、半年经营工作述职会、利润超千万企业座谈会、月度经营工作例会等多种形式，加强经济运行情况分析，切实解决企业生产经营存在的各种困难和问题，保持了经济平稳增长态势。如云硫集团调整优化产品结构，完善产品定价机制，全年实现营业收入、利润总额同比分别增长42%和97%。全力推动现代服务业快速发展，海洋石油服务、人力资源服务、现代商贸三项主营业务全面实现增长，营业收入、利润总额同比分别增长22%和4%。

三、产业发展质量明显提升。以公司“十二五”发展战略规划引领企业重点发展环保产业、燃化能源、矿产资源、现代服务业“四大产业”。环保集团积极推进省内东西北地区污水处理项目的运营管理与常态化发展，合计污水处理能力达到186万吨/日，综合实力位于国内前列、省内领先，被评为“2010年中国环保产业骨干企业”；粤能集团大力发展以垃圾发电、风力发电为主的清洁能源主业，与央企合作风电项目取得实质性进展；云硫集团以原矿开采为基础，开展多矿种并购前期工作，为构建资本运作平台迈出了实质性步伐。以中央直属棉库、华南棉花交易与煤炭贸易为主的物流业，以电子信息和机械设备制造为主的信息服务业，以咨询、招投标、监理和外包服务为主的咨询中介服务业等呈现良好发展态势。

转变发展方式，企业质量效益有新提高　一、重点项目建设进展顺利。省内东西北52个污水处理项目中已完工47个，45个进入商业运营；中央直属棉库项目已正式投入运营；华南棉花交易市场项目增资扩股顺利完成，逐步转入运营阶段；徐闻风电项目顺利开工建设，将在2012年上半年建成发电；云硫集团V系列技改项目建成投产，盈利能力大大增强；珠三角地区成品油供应网络项目完成了广州地区八个试点基地的选址。

二、骨干企业培植成效显著。采取股份制改造、资金支持、规模扩张、并购上市等措施，加大骨干企业培植力度，有10多家单体企业连年实现利润超1 000万元。经石油品公司积极应对市场变化，开展大宗原材料运输能源合同管理新业务；中山凯旋公司依靠出色的工艺优势，积极开拓国内

2011年10月18日，中储棉广东有限责任公司揭牌仪式在广州市萝岗区中央棉库大院隆重举行。中储棉总公司总经理、党委书记姚明烨和广东省国资委副主任张晓牧、省广业资产经营公司总经理余志良、广州开发区管委会副主任孙秀清共同为中储棉广东有限责任公司揭牌。

外市场，全年新增订单2亿多元；南油物资公司积极拓展海洋石油服务市场，保持了较为强劲的发展势头。

三、“三旧”改造扎实推进。依托广业置业公司积极推进“三旧”改造工作，取得阶段性成果。云硫建安公司蟠龙居项目开工建设，成为省属企业首个启动建设的“三旧”改造项目。

狠抓资本运作，上市培育工作取得新突破 一、资本证券化进一步加快。在省国资委指导帮助下，通过股权置换、划转的方式，成功控股贵糖股份，实现了年内控股一家上市公司的工作目标。正式向中国证监会递交了宏大爆破首发上市申报材料。组建云硫矿业公司搭建资本运营平台。

二、合作并购进一步扩大。广业公司与中储棉公司签署了共同建设中央直属棉库和华南棉花交易市场的合作协议，粤能集团与大唐集团签署了40万千瓦风电合作项目。投资集团与中石油合作，引入省汽运集团设立“深南广业”、“广业深通”两合资公司，搭建LPG业务发展平台；环保集团TOT并购6个污水处理项目，全部完成交接进入商业运营。

强化自主创新，成果产业化进一步提升 一、落实自主创新系列措施。各研究院所、高新技术企业新制订或完善了知识产权保护制度、奖励制度等相关制度，建立长效激励机制。广业系统科技投入创历年之最，获得省财政资金支持项目58项共3 752万元，获得省属企业改革发展专项资金项目3项共3 400万元；新增授权专利31项，较2010年增加13项；获得省部级以上科技奖励项目6项，其中省建材研究院与高校等单位合作的“新型聚羧酸减水剂的研究开发与应用”项目获得广东省科学技术奖一等奖。

二、搭建科技创新平台。一是创建广业科技产业园，位于韶关翁源的广业科技产业园顺利奠基，三氯蔗糖项目、省石化院生产基地等首批入园项目有序推进。二是广业科技大厦的规划、报建等前期工作，为全系统科技资源和创新活动的国际化提供更广阔平台。三是成立广业检测中心，充分发挥和聚合各科研院所检测业务的优势，做大做强科技检测业务。

三、构建科技成果转化新模式。科研成果产业化步伐加快，省工研所自主产品“速溶性阳离子聚丙烯酰胺”絮凝剂应用于35个污水处理厂；三氯蔗糖实验室产品得率从30%提高到了40%，为进一步扩大产业规模提供了技术支持。

深化改革创新，体制机制进一步完善 一、法人治理结构建设逐步完善。省国资委聘任首批4名外部董事派往广业公司，公司成为首家外部董事进驻的省属企业。公司加强对上市、控股、参股企业法人治理结构建设，完善产权代表委派和兼职董事制度，推动形成各负其责、协调运作、有效制衡的现代企业法人治理机制。

二、经营业绩考核体系更趋完善。一是推行持续发展考核。对主业集团和骨干企业实行以战略规划为导向、任期考核与年度考核相结合的办法，引导企业潜心发展有支撑作用的业务，做实做强主业。二是突出经营效益考核。增设营业收入、经营性利润超前两年最好水平给予加分的条款，取消经营者绩效年薪封顶限制，引导企业经营者挖掘盈利潜力，提高发展质量。三是引入科技创新考核。增设使用系统内技术创新成果奖励、科研投入视同利润等新举措，引导企业加大研发投入，增强自主创新能力。

三、企业改制有序推进。坚持以产权多元化推动企业改制工作，全民所有制企业公司制改造取得阶段成果，目前广业系统共有11家企业获得公司制改造预案批复，2家企业完成公司制改造，3家企业在办理工商变更。

加强企业管理，管控能力进一步加强 一、财务管理不断强化。推动财务职能向战略规划实施的导向者、预算执行的刚性约束者、成本管理模型的构建者、经营管理的影响者、资本运营的促进者转变，提高了财务管理的针对性和实效性，保障了重点项目建设和生产经营的资金需求。企业内部控制规范体系的顺利实施。按时按质完成了国资监管系统数据报送试点企业的试点任务。

二、融资能力不断增强。结算中心积极发挥结算、监督、调剂、融资、信息五大功能，全面启动信贷管理系统建设，已与14家商业银行建立了银企合作平台，全系统纳入结算中心管理的成员企业有278户，全年结算量达650亿元。

三、降本增效持续深化。深入推进全员目标成本管理，实施工资总额、管理费用与经营效益的联动机制，采取集中采购、控制费用、改进工艺等措施，优化成本发生方式。肇庆风华锂电公司加大技术攻关，提高产品批量品质，每只电芯平均销售成本降低0.05元。

四、风控体系不断完善。通过审计结果运用、审计质询、监事会日常监督等形式，深入推进全方位、全过程的监督。建立健全“信息使用、问题整改、检查评价”监督机制，完善审监信息管理系统。建立完善风险管理有机融入各项经营管理活动的长效机制，全年回收系统外逾期债权6 100多万元，诉讼案件和涉案标的大幅下降。

五、安全生产卓有成效。制定实施全年安全生产工作计划和专项考核方案，实施企业间交叉检查、上下级企业联合检查等新方式，多层次、多角度排查治理安全隐患；加强非煤矿山、危险化学品、民爆器材、建筑施工、仓储物流等重点领域的安全生产管理，做好安全防范工作，全系统安全生产形势稳定。

加强党的建设，科学发展保障作用进一步发挥 一、企业党建工作在改进中加强。大力推进以“转型升级”为主要内容的“创先争优”活动，开展党委中心组学习、举办专题培训等学习活动，提高各级班子领导企业科学发展的能力。开展形式多样的主题实践活动，党员示范岗、党员示范班组、党员身边无事故、党员责任区等活动成果进一步巩固和扩大，云硫集团、环保集团荣获省国资委“先进基层党组织”称号。

二、反腐倡廉工作在巩固中深入。完善党风廉政建设责任制的考核评价体系，强化考核结果运用。深入开展“以人为本、执政为民”为主题的纪律教育月活动，圆满完成了工程领域突出问题专项治理和防治“小金库”专项治理工作。深圳平湖垃圾发电厂升级改造工程和潮阳区污水处理厂运营成本项目获“省属企业效能监察优秀项目”。

三、企业文化建设在创新中推进。弘扬感恩精神，创新企业文化，营造和谐发展的企业氛围。发挥工会、共青团等群众组织的桥梁和纽带作用，组织开展形式多样的技能竞赛、岗位练兵以及文体活动。积极构建职工收入正常增长机制和职工医疗补充互助架构。广业公司荣获“广东省企业文化建设十大杰出贡献单位”和“广东省公众形象十佳企业”称号。

四、企业社会责任在践行中彰显。积极推进粤北煤矿棚户区改造工作，有效维护企业和社会的稳定。积极参与扶贫开发、援疆援藏等社会公益事业，在“2011广东扶贫济困日”活动中公司捐赠500万元，荣获广东扶贫济困“红棉杯金杯”；公司对口帮扶的驻点村53户贫困户全部实现脱贫，扶贫“双到”工作在省年度考核中被评为优秀；广咨国际参与建设的汶川水磨镇项目荣获“全球灾后重建规划设计最佳范例”奖。

2011年是广业公司结构调整初见成效、发展基础进一步夯实、综合实力不断增强的一年。面对复杂多变的经济形势，各级企业始终把精力放在抓经营、创效益的本质上，保持了平稳增长态势；调整优化结构、夯实发展基础是强化广业持续发展的动力，推动广业转型升级的重要抓手，也是广业公司贯彻落实科学发展观的集中体现。

（广东省广业资产经营有限公司）

▲**【深圳南联食品有限公司】** 2011年是深圳南联食品有限公司实施五年战略规划的开局年，在总公司、公司董事会和经营班子的正确领导下，全体员工团结一心，励精图治，认真贯彻落实年度工作会议精神，深入践行科学发展观，以转变发展方式为主线，以经济效益为中心，以“转型、整合、提升、突破”八字为方针，以“四通过、四争取”为工作目标，勇于面对竞争挑战，不为困难险阻所惧，不被阴霾干扰所惑，以时不我待，只争朝夕的紧迫感，以求真务实，开拓进取的态度抢抓机遇，趋利避害，“谋定而后动，知止而有得”，使各项工作均取得了进步，不但顺利完成了总公司下达的经营责任制考核指标，而且还超额完成了五年发展规划开局年所设定的经营目标，实现了良好开局，为公司可持续发展创造了条件，夯实了基础。

2011年度，南联食品公司取得的主要成绩如下：

业务经营取得良好业绩 2011年，南联食品公司主营业务收入达10 689.4万元，再次突破亿元大关，创南联新高。利润额达603.48万元，超额完成五年发展规划开局年所定500万元的目标。

制定了明确的发展方向 2010年下半年，通过与金海湾管理咨询公司合作，经过长达5个月的调研、论证、梳理及反复的研讨、修改、完善，终于精心编制了《南联2011—2015年战略发展规划纲要》，为南联食品公司未来5年乃至更长远的发展明确了路径和方向，为了使其如期实施，贯彻落实，公司经营班子多次开会研究，统一认识，更新观念，未雨绸缪，制定了科学而细致的工作计划。

全力拓展现有业务 2011年初，由南联食品公司发展部主攻的广东惠州平海发电厂员工餐厅和VIP餐厅配餐项目成功中标，工商膳食部经过一年的运营，取得了良好的效益。这使工商膳食服务项目及时得到补充，服务区域得到扩延。

1月1日，南联食品公司在中国海油南海东部石油管理局的充分信任和鼎力支持下，正式全面接手由其深综服经营的汽车租赁服务业务，使公司这项业务由原有十几辆车迅猛扩展到80辆车，至2011年年末已形成113辆车的对外服务规模。这标志着南联食品公司在南海东部区域拓展综合支持服务业务取得重大突破，为打造培育综合支持服务业务板块奠定了厚实的基础；

10月份，南联食品正式向中油海在伊朗进行海上油田钻井作业的“中油海9号”平台提供配餐和生活保障服务。这一项目的取得实现了公司主营业务走出国门，进军国际市场零的突破，开启了国外离岸服务的新篇章，具有里程碑意义。

创新经营管理模式 南联食品公司在认真总结工商膳食项目运营过往经验教训的同时，通过深入调研，反复研讨、认真论证，大胆尝试创新经营模式，于2011年6月份开始以儿童医院服务项目为试点，试行“定额利润经营责任制”考核，在确保财务和QHSE有效监控的前提下，将营运、管理、员工招聘和使用、采购等放权给项目经理，让其发挥主观能动性，充分调动服务团队的工作热情和责任心。实事证明，这种形式对于规避亏损，保证权益是十分有效的。

注重服务与安全工作 经过一年多的努力，南联食品公司成功完成了“海上配餐服务标准化管理体系”的创编工作，编制了《南联海上配餐服务标准化手册》。该手册是迄今国内海上配餐服务行业内的第一部标准化管理制度，其所涵盖的五项海上配餐服务流程标准，不仅能起到积极的示范和引导作用，而且还是一座里程碑，标志着南联的专业化配餐和生活保障服务水平将迈上一个崭新的台阶。

一年来，在公司管理层的高度重视下，南联食品公司安全工作领导小组和各级管理层均能严格按照质量安全管理体系的要求严格管理，践行制度。QHSE部在安全培训、监督执行、严查漏洞、改进防范、制度保障等方面做了大量工作。还负责起草了公司《安全营运服务管理办法》，制定了若干安全培训教材。

构建和谐企业文化 2008年，南联食品公司提出了“我是南联人，南联是我家”的口号，得到了全体员工的认同和响应。围绕这一理念，2011年南联在努力营造团结、平等、透明、和谐的工作氛围，充分调动每一位员工的积极性和创造性方面做了很多工作，包括建立团队协作机制，加强部门之间、员工之间的交流互动；举行技能比赛，开展“创先争优”活动鼓励比学赶帮；不断丰富企业文化，运用简讯、墙报等方式宣传企业，向员工通报重要事项；发挥工会作用，除了每年举行家庭日活动外，还经常开展文体活动。这些措施和举动充分营造了良好和谐的企业文化氛围。

改制工作已经启动　由工会积极筹备并于2011年7月13日召开了南联第一届职代会第一次会议，与会代表在听取了公司改制方案、职工安置方案和改制工作计划后取得了共识，给予了全票通过，充分体现了南联员工行使权利，当家作主的责任感。2011年年底，已完成了对南联清产核资审计和总经理离任审计，改制工作真正意义上开始了启动。

2011年，由于各项工作均取得了显著成效，南联以优异成绩再次被评为全国外商投资双优企业、荣获全国优秀外商投资企业质量进步奖、和谐劳动关系促进奖；被广东省市场监督管理局评为“2011年度重合同守信用”单位。

（深圳南联食品有限公司）

▲【深圳市中金岭南有色金属股份有限公司凡口铅锌矿】　深圳市中金岭南有色金属股份有限公司凡口铅锌矿位于广东省韶关市仁化县境内，距韶关市48公里，距世界地质公园丹霞山26公里，矿区面积约为6.07平方公里。

凡口铅锌矿于1958年建矿，1968年正式投产，1990年形成了日处理铅锌矿石3 000吨的生产能力，2002年以来达到日处理铅锌矿石4 500吨、年产15万吨铅锌金属量的生产能力，2009年开始形成日处理铅锌矿石5 500吨、年产18万吨铅锌金属量的生产能力。

2011年，中金岭南公司凡口铅锌矿按照公司的总体部署开展工作，以“做不到，没有理由”的企业文化核心价值观统领矿山全局，努力践行科学发展观，坚持矿产资源可持续发展、人力资源优先发展、科技兴矿战略，建设具有矿山特色的企业文化，构建和谐矿山，取得了“四个文明”建设协同发展的辉煌成绩。

科学管理　围绕全年生产经营目标，加强安全生产精细化管理和作业现场管理，运行安全标准化系统，克服了生产任务重、井下采掘面点多面广、安全环保压力大等困难，取得了安全生产、环境保护、文明建设稳步发展的成绩，再次完成了年产铅锌金属量18万吨的生产任务，顺利实现了全年各项工作目标。

居安思安　认真贯彻执行“安全第一，预防为主”的安全生产方针，继续完善安全管理制度，严格施行各项制度。2月10日，被授予“广东省2010年度企业安全生产工作先进单位”称号；凡口铅锌矿安全标准化系统和尾矿库安全标准化系统于5月份通过广东省安监局认定，均达到省三级标准；7月18日，实现了安全生产五周年；8月3日，驻矿施工单位实现了安全生产两周年；10月，完成了矿山井下安全避险“六大系统”建设设计方案。

绿水青山　以履行社会责任为己任，以建设“资源节约型、环境友好型”企业为目标，从2006年至2011年，矿“三废”综合排放达标率均达到100%，COD总量控制在指标以内，成为名副其实的“绿牌”生产企业。5月，被广东省授予“2006—2010年度环保诚信企业”；7月7日，ISO14001：2004环境管理体系顺利通过广东省中鉴认证公司的复审，同时完成了《凡口铅锌矿持续清洁生产报告》的上报工作；为适应国家新的《铅、锌工业污染物排放标准》，8月启动了尾矿库外排水氧化处理试验研究与选矿废水综合利用深度处理规划项目。

科技进步　继续致力于科技创新、科技投入，以科技进步推动企业发展，一大批自主研发的新工艺、新技术先后应用到生产中。其中“金属矿山无底柱充填联合采矿综合技术研究与应用”项目荣获中国有色金属工业协会、中国有色金属学会科技进步一等奖。2月，荣获“广东省企业创新记录金奖”。

未雨绸缪　历时两年的尾矿库扩容及并库主体工程顺利完工，增加有效容积570万立方米，解决了尾矿出路的后顾之忧，有效缓解了尾矿库外排COD的压力。

高瞻远瞩　坚持边采边探的原则，加强矿区外围、深边部的地质找矿工作，矿山接替资源探矿工作进展顺利，获得国家专项资金的支持，被国土资源部授予“全国危机矿山接替资源找矿专项先进集体”。完成了帷幕注浆截流工程第三期的计划任务，第四期工程进展顺利，整体质量及堵水效果良好，达到预期目标。

技改顺利　严格执行国家新建、改建、扩建工程安全、环保“三同时”制度。1月27日，从2005年5月开始进行的凡口矿18万吨/年铅锌金属量扩产技术改造项目通过广东省安全生产监督管理局组织的验收；3月9日，完成了新副井提升机电控及液压系统改造工程；5月，完成了ф53m浓密机工程建设任务，新建ф45m浓密池于12月开工；12月，启动选矿设备自动化、大型化工艺改造工作，审定了浮选柱的试验方案，开展碎磨大型化试验研究，积极为全面改造做准备。

提升素质　根据生产实际需要，着力提升员工的安全意识和安全技能，全力抓好新员工、转岗员工的安全培训工作，组织具有教学和实际经验的技术人员、技师自编培训教材，以“干什么学什么、缺什么补什么”的培训学习模式，坚持学用结合的原则，对全矿干部员工进行培训，全面提高员工的综合素质。按照核心能力、业绩评价、操作技能和理论知识“四个结合”的考核原则，帮助仁化县安康公司全面评价高技能人才，首次评出12名工人技师。

和谐发展　2011年凡口矿以构建和谐社会为己任，着力创建和谐矿山，取得了安全生产、环境保护、维护稳定等文明建设的丰收，先后荣获“韶关市区2009—2010年度卫生标兵单位”“2006—2010年全市法制宣传教育先进单位”“广东省先进基层党组织”“广东省第六次全国人口普查先进集体”“全国五一劳动奖状”等称号，同时通过中央文明委复核，继续保留“全国文明单位”荣誉称号；职工子弟学校被评为“全国青少年普法教育先进单位”选矿厂质检科分析仪班荣获“全国五一巾帼标兵岗”。

文明成果 6月29日晚，在文体中心隆重举行了庆祝建党90周年“颂歌献给党”歌咏晚会，全矿各单位均组队参加歌咏比赛；7月，完成了《凡口铅锌矿志》（第五卷）的编纂工作，此项工作历时一年；10月，编印了《凡口铅锌矿党群工作制度汇编》工作手册，该手册汇集了矿山党建工作各种规章制度和各种工作程序；11月10日，启动了凡口铅锌矿党群网络工作平台。

（深圳市中金岭南有色金属股份有限公司凡口铅锌矿 张秋利）

▲【广东省广晟投资集团有限公司】

2011年，是国家“十二五”规划的开局之年，是广东省广晟投资集团有限公司实施新的《战略发展规划》、落实《进一步转变发展方式实施纲要》的起步之年，也是展开“二次创业”和实现“三步走”战略目标的关键之年。一年来，在广晟公司的正确领导、统一部署和大力支持下，集团上上下下共同努力，全面贯彻落实科学发展观，遵循广晟公司《指导意见》和“转方式、调结构、强管理、创效益”专题调研组指导意见，突出科学发展主题，抓住转变发展方式主线，围绕经济效益中心，瞄准打造“广晟系”高速公路等基础设施和能源板块目标，明确战略管理导向，把握结构调整重点，激发改革创新动力，强化规范管理保障，集团上下“一盘棋”，大力推进“二次创业”，紧密围绕“三步走”战略步骤，努力破解转型升级任务繁重、债务包袱相当沉重、历史遗留问题困扰严重和转机建制任重道远等“四大难题”，集团全面建设取得了良好成绩，“四项责任制”目标任务全面完成，改革与发展局面进一步升华，实现了“十二五”的良好开局。全年的工作有以下特点：

战略管理进一步取得成效 投资集团按照年度工作的总体要求与部署，紧紧结合集团“十二五”发展规划和进一步加快转变发展方式实施纲要的任务与目标，严格进行工作任务分解，按照“任务具体、责任明确、执行到位、考核有力”的原则，全年工作有序展开与推进。打造以高速公路等基础设施和能源业务为主业的战略定位不断稳步推进。高速公路的股权划转基本落实到位，高速公路的整合管理与运营方案已完成上报，能源业务在严格管控风险的前提下经营规模大幅增长。通过广晟公司对集团“四项责任制”的检查考核与评比，党风廉政建设、安全生产、维稳、计划生育四项工作均被评为先进单位。

生产经营进一步持续发展 投资集团经营班子按照年度确定的进一步拓展经营业务，狠抓投资、施工和能源业务“三大增长”，在国际金融危机对中国经济不断产生深度影响、国内对基础设施及房地产不断深化宏观调控的复杂局势下，全年实现主营业务收入19.16亿元，完成年度指标的127.73%，同比增长23.17%；实现考核净利润914.98万元，完成年度指标的295%。围绕“三步走”发展战略，继续下大力度、费大功夫做好结构调整、转型升级文章，集团的产业结构进一步优化，核心竞争力进一步加强，高速公路全产业链的打造有序推进，房地产项目的投行模式相继实现预期，传统工程施工板块发展势头迅猛，且仍是集团的主要产值利润中心，能源板块业务平台打造初步形成，物业服务成为后起之秀，成功地进军中山、长沙、武汉市场，切入军队、银行、医疗系统。

转型升级进一步全面推进 集团近年来在转型中取得了长足的进展，集投资、建设、运营于一体的现代企业集团已初步形成。主要体现在六个方面：一是战略发展转型：从主业缺乏核心竞争力，产业离散多元化的传统集团企业向主业突出适度相关多元的现代企业集团转变。从以施工为主逐步向集投资建设运营于一体转变。二是核心业务转型：从以施工为主业的定位，向以高速公路等交通基础设施和能源业务为主业的并重转变；从单一施工业务向投资开发业务与施工建设业务并重转变。三是经营机制转型：从以个体、基本经营单位为主的挂靠、承包经营为主，向以签订经营责任状的法人经营、团队经营为主的转变。四是赢利模式转型：以申报利润、收取管理费和缴纳承包费为主要收益来源的赢利模式向以团队经营为主、以经营责任状为考核目标与约束条件，进行利润核算上缴的模式转变。五是企业管理转型：以个体利润申报的以包代管为导向的粗放的事后管理向以责任目标为导向集事前事中事后于一体的内部契约式集约化管理转变。六是全面建设转型：从以经济建设为主要导向、以离散的基本经营单位为主体和唯经济效益论向以团队经营为基础，经济建设、政治建设和精神文明建设相互倚重，致力建设幸福和谐集团为目标转变。

转机建制进一步显现活力 遵循广晟公司《指导意见》，集团不断推进经营机制转换和经营模式转变，坚定不移地走专业化管理、集约化经营之路，进一步增强了发展的内生动力。2010年成功组建了四大专业公司，进一步整合了内部资源，优化了组织结构，理顺了劳动关系，较好改变了单兵作战、散兵游勇的个体经济模式。今年通过不断探索和实践，建立了符合市场需要的经营机制和管控模式，实行“本级经营、团队作战、规范管理”，核算利润分配，成功签定了7个大项目，合同金额超过7亿元，预计将给建设公司带来4 500万元以上的利润，大大提高了市场占有率和项目利润率。以中标大型化、经营本级化、管理团队化为主导，项目规模快速增长，经济效益稳步提升，经营风险不断降低，队伍凝聚趋向稳定，发展态势更加向好。在湖北省交通厅举行的重点工程“先行号”评选活动中，中人建设公司被汉鄂高速项目公司唯一推荐为“十佳参建单位”。在大广南和汉鄂高速公路“百日大战”劳动竞赛中，大广南高速路面四标和汉鄂高速路面二标荣获先进集体，吴宁丰、张周荣、余国华、杨明、姜正平、林清、罗赣如、杨添寿、彭林保等14人被评为先进个人，受到湖北省交通重点建设领导小组办公室的通报表彰。中人建设公司被中国建筑施工管理协会评定为“全国先进施工企业”。中人爆破公司在2009年8月成功引爆中山石岐山顶花园“亚洲第一爆”后，2011年12月25日，又成功完成被喻为“西南第一爆”的昆明市政府大楼（高82.65米、22层）爆破拆除工程。中央电视台、凤凰卫视中文台、香港亚洲台、中央人民广播电台、广州日报、搜狐、新浪、腾讯等多家媒体进行了报道，再次树立了中人爆破工程在国内市场的形象和地位，为中人爆破公司拓展市场奠定了坚实的基础。

企业管控进一步严格规范 集团坚持苦练内功，规范企业管理，健全管理体系，严格内部控制，基本做到了管理制度、管控手段、风险控制、激励惩处“四个到位”。通过制订、汇编和实施一系列的管理制度与工作流程，形成了符合广晟公司的制度规定、具有投资集团特色、与市场接轨的现代企业制度流程体系，明确了企业管理的“规定动作”。进一步改变治理模式，优化和完善了企业法人治理结构，全面提升了集团的决策力、执行力、控制力、工作效率和管理水平。四大专业公司组建后，构建了适应市场需求、科学高效的组织架构和管理体系，改变了松散、粗放、无序的局面，按照《公司法》和国有企业的相关规定进行规范运作与管理。集团对下属企业的管理更加规范，从合同审批到风险防范管理等都予以全面系统约束和控制。鉴于集团及下属企业行业区分大、经营模式多样化，集团进一步加强资金管控能力，重点清理了各单位银行账户，加强建设工程项目管理，落实项目责任制，严格贸易业务管控，从而切实防范了各类经营风险、财税风险、投资风险和法律风险。

改革改制进一步加快收官 全面贯彻落实科学发展观，遵循广晟公司《指导意见》，进一步加快并深化集团的改革改制，努力破解“四大难题”。截至2011年底，集团所属正常经营企业户数为38户，其中独立法人企业17户，分公司21户。根据广晟公司开展的企业户数清理工作要求，2011年集团加大企业清理退出工作力度，完成了6户企业的改制、注销，有7户企业的国有产权退出正在进行，剩余14家企业因各种复杂的历史原因，暂停国有产权转让或注销工作，其经营现已全部中止，正在积极寻找国有产权退出的解决方案。整个改制工作得以迅速平稳进行，未引发后遗症及出现群众上访等不和谐问题，劣势企业退出进入收尾阶段。中人板块的主辅分离、辅业改制试点经验，被广晟公司推广。

遗留问题进一步得到解决 认真贯彻落实广晟公司《指导意见》，对余下的债权追收、债务清理、内部审计、诉案办理等历史遗留问题认真进行清理，采取切实可行的措施和办法，逐件加以解决，重大隐患基本排除。一年来，集团共处理遗留案件15起、标的2 548万元，避免或挽回经济损失528万元。广晟投资集团没有发生新的案件和纠纷，中人板块大的案件基本解决或已有重大突破。南阳集资诈骗案、佛山票据案、科工贸分公司纠纷案等有了新进展，其中南阳集资诈骗案涉案嫌疑人伍政明已被公安机关逮捕，案件的发展将更有利于广晟公司；其余两个案件一个处于和解谈判中，一个已通过二审等待法院判决。

全面建设进一步提速向好 集团以深入贯彻实践科学发展观活动为载体，以党建为统领的党群工等组织建设，紧紧围绕集团的实际，坚持融入大局、服务大局、推动大局。高度发挥党组织的政治核心作用，把领导班子和干部队伍建设摆在企业发展的战略位置。把党建工作融入企业发展，成为价值链一环。党组织从过去的保障作用向引领作用提升，引领企业思想，引领发展方向。坚持不懈地抓紧抓好党委中心组带机关人员学习，落实“三会一课”制度，开展庆祝建党90周年活动，进行爱国主义和革命传统教育，使其成为全体党员干部和广大员工思想建设的“加油站”。以“加强制度教育，构筑拒腐防线”为主题，坚持开展“纪律教育月”活动，使其成为全体党员干部和广大员工廉政建设的“净化站”。开展通用管理、营销手段、职业技能等多个方面的系列培训，全年组织了126个培训项目，3 033人次参加，完成总学时37 783个，使其成为全体党员干部和广大员工素质建设的“提速站”。通过学习、教育、培训，筑牢了广大党员干部廉洁从业防线，提升了职工整体素质。坚持党管干部与市场选聘人才机制相结合，采取竞争上岗、海选、民主推荐等方式，将政治、领导素质过硬、业务能力强的干部选拔到领导岗位上来。2009年至2010年连续被广晟公司评为“优秀四好班子”的基础上，今年建党90周年又被广晟公司评为“先进基层党组织”。集团创先争优活动和思想政治工作也取得可喜成效：《转型升级增活力，创先争优促发展》的事迹材料刊登在第272期《广东省深入开展创先争优活动简报》，上报中央及抄送各省市机关；刊发在省国资委《国企党建》第5期头版，供省属国企学习参考。集团开展思想政治工作的事迹材料《让党组织的政治优势转化为企业转型升级的强势》被省委宣传部推荐到中宣部。

党群工团组织进一步在稳定人心、凝聚人心方面发挥作用，在统一思想、激发斗志方面发挥作用。集团系统基层党组织、工会组织基本完善，继去年投资集团成立了党委、工会后，今年集团本部、物业公司等相继成立了工会，建设公司成立了职代会。集团坚持全心全意依靠员工办企业，大力加强企业民主管理。扎实做好稳定工作，高度重视和切实做好信访工作，变“堵”为“疏”，畅通问题反映渠道，在解决问题上下功夫，把问题解决在基层，解决在萌芽状态。切实关注民生，建设幸福和谐企业，组织开展各类关心弱势群体、扶贫帮困、座谈联欢、年节慰问活动，“广东扶贫济困日”活动中集团本级和企业员工捐款23.36万元；组织对历届劳模、病残困难员工和员工遗孀的春节慰问系列活动和各大节日活动，深入边远工地和重点工程项目生产第一线慰问员工，把集团领导的关怀落到实处；经常组织丰富多彩的文娱体育活动，篮球、足球、羽毛球队十分活跃。

投资集团2012年承继集团厚重、光荣、鼎盛的历史，继续展开“二次创业”，打好转型升级的攻坚战。

（广东省广晟投资集团有限公司）

【广东物资集团公司】 广东物资集团公司是广东省属国有企业，是国务院确定重点培育的全国15家大型流通企业之一。广物集团是一个以汽车、金属材料、煤炭、燃料油、建筑材料、木材、化工产品、林化产品、民用爆破器材、剧毒化学物品、各种再生资源等生产资料国内外贸易为主业，集市场贸易、电子商务、仓储保管、港口集散、物流配送、市场租赁、配套加工、商业地产、资本经营、专业拍卖、再生资源利用等多种业务于一体，拥有二十多家成员企业（专业公司）和多家海外分支经营机构的大型综合商贸服务企业集团。广物集团历经数十载沧桑砥砺，把自身打造成为我国华南地区生产资料贸易行业历史最长、经营规模最大、服务功能最齐的重点企业集团，铸造了强大的优势，取得了应有的市场地位，得到政府和社会各界的普遍认可，获得多项重要荣誉。

与河北钢铁集团签署战略合作协议

为贯彻广东省与中央企业战略合作的部署，广物集团与河北钢铁集团于2011年3月13日在北京签署了《2011年销售战略合作协议》，广物集团总经理、党委副书记罗维羽与河北钢铁集团唐钢公司董事长、总经理于勇代表双方企业进行签约。根据协议，双方本着“战略合作、互利共赢”的原则，建立高层互访制度、投资战略研讨机制和物资战略合作模式，将继续在金属贸易及钢材延伸加工等方面展开合作。此次战略合作协议的签署，实现了强强联手的战略格局，对广物集团提升市场话语权和影响力，开创营销新格局，落实“三年夯实基础，五年大跨越发展”的宏伟目标都具有重要意义。

与中国建材集团签订战略合作协议

2011年4月16日，广物集团与中国建筑材料集团有限公司在广州签订战略合作协议。广物集团董事长、党委书记陈良贤，总经理、党委副书记罗维羽，总经理助理王建平，中国建筑材料集团有限公司副总经理马建国，集团总经理助理兼国际合作部总经理卫锋等13人出席签约仪式。

广物集团董事长、党委书记陈良贤表示，广东物资集团公司与中国建筑材料集团有限公司进行战略合作，可以发挥省属企业和央企各自的优势，双方在钢材、煤炭、水泥等经营领域，开展更加紧密、更有深度、更富有成果的合作，实现共赢。

中国建筑材料集团有限公司副总经理马建国表示加强与广物集团建立密切战略合作关系。其表示，中国建材集团是集科研、制造、流通为一体，拥有产业、科技、成套装备、物流贸易四大业务板块的中国最大的综合性建材产业集团，集团资产总额逾1 400亿元，直接管理的全资、控股企业20家，控股上市公司6家，其中海外上市公司2家。中建集团与广物集团战略合作，实现优势互补，双方不仅在钢材、煤炭、水泥等经营领域开展战略合作，还可在更宽广、更深度的业务范围内务实合作，共同为国有企业的发展壮大作出贡献。

广东物资集团•韶关金色江湾“三旧”改造项目隆重开工 2011年9月30日，广东物资集团•韶关金色江湾“三旧”改造项目在韶关市浈江区隆重举行开工典礼。韶关市委、市政府，浈江区委、区政府等领导，在广东物资集团领导班子和广物地产经营班子的陪同下，出席了开工庆典，并集体为奠基石培土。该项目将由广物地产开发建设，此举标志着广物地产正式加盟韶关城市建设，“粤北区域中心、打造山水名城”的战略规划步入一个全新的阶段。

在开工典礼上，韶关市领导指出，金色江湾所在的韶关木材厂地处浈江区北端，紧邻浈江，拥有独一无二的江景资源，是韶关市“三旧”改造的重点。根据金色江湾的规划，该项目将打造成一座品质风格俱佳，包括豪华酒店、高端写字楼、高尚住宅、欧洲风情商业街、国际会所等，融合东西方建筑精粹与现代品质的生活大城。它的成功建设，对于进一步繁荣韶关的城市核心区域，提升城市品位，提高居民生活质量，具有重要意义。

【广东省商业企业集团公司】 广东省商业企业集团公司成立于1992年，是在广东省省级国合商业体制改革中，由广东省商业厅及其直属单位整体转制组建的大型国有商业流通企业，2000年在广东省省级国有企业资产重组中被广东省人民政府确定为国有资产授权经营的综合性大型企业集团，现为广东省人民政府国有资产监督管理委员会监管的省属大型企业之一。

商业集团以现代流通服务业为核心业务，以生活消费资料经营为主体，经营范围涉及各个领域，包括商品经销、进出口贸易、现代物流、专业市场、物业经营、酒店、旅业、拍卖、典当、房地产和会展等，形成了商品贸易、现代物流、专业市场和物业经营三大主业，在广州市拥有专业市场、物流园区、写字楼、酒店等占地面积45万平方米，有专用码头和铁路专线，物流配送零售终端1 000多家。在国内外及港澳地区建立了稳定的营销网络，构筑了现代流通服务的经营架构和发展体系，连续多年入选中国服务业企业500强。

2011年，商业集团在省国资委的正确领导和大力支持下，面对错综复杂的国内外经济形势，坚持科学发展，加快经营结构调整，大力推动自主创新，切实抓好重点项目建设，努力扩销增收，生产经营势头持续向好，取得了营业收入突破30亿元，净利润超亿元的佳绩，再创授权经营以来的历史新高，实现了“十二五”时期经营工作的开门红。

与珠光集团签订石围塘项目合作开发合同 2011年10月21日，商业集团下属企业与珠光集团在广州市举行了石围塘项目合作开发合同签约仪式。商业集团董事长郑雄、总经理周凯等领导班子成员，珠光集团总裁朱庆伊等企业领导出席了签约仪式。

石围塘项目合作开发合同的签订，为省属企业三旧改造项目的正式启动打响了第一枪。该项目地块位于广州市白鹅潭经济圈的核心区域，占据珠江上游的滨水优势，毗邻芳村茶叶市场，交通便利，区位优势明显，是广州市西联战略的桥头堡，未来将受益于广佛同城化和白鹅潭经济圈整体规划建设，具有广阔的发展前景。该地块分属于集团公司及旗下省商贸进出口公司、省华大物流总公司，目前主要用于仓储业务，根据合作计划，未来主要发展大型综合商住楼盘和亲水商业广场，打造形成高级商贸商务区和高级滨水办公商住区，以适应集团公司战略发展要求。

【广东省建筑工程集团有限公司】

2011年，建工集团在省委、省政府和省国资委的正确领导下，继续深化“六做”发展理念，扎实推进生产经营各项工作，整体发展跃上新水平：承接工程任务334.78亿元，同比增长12%，再创新纪录；实现营业收入228亿元，同比增长6.81%；利润总额同比增长24.40%；净利润同比增长49.51%；国有资本保值增值率118.77%，净资产收益率17.16%；达到国内同行业优良水平；工程质量合格率100%；全年没有发生工伤死亡责任事故，消防安全零事故，集团安全生产保持平稳态势，达到历年最佳水平。

经营工作实现新跨越　2011年度经营规模效益再创新水平，承接工程任务突破300亿元大关，再攀历史新高；区域经营实现新拓展，集团及各单位大力拓展外地、外省市场，形成了稳定扩张的区域市场，实现经营持续发展；经营质量得到新提升，大型项目数量和比重明显增加，房建、机安、市政、路桥保持强势，水利水电稳步发展，装饰装修承接大型项目取得新成绩；资质体系建设取得新成效，集团总部特级资质再就位获得首批通过；发展方式转变取得新进展，投资建设领域取得新进展，资本运营平台工作进展顺利，集团承接的BT项目进展顺利，效益回报可观。

生产管理创造新业绩　安全文明建设取得新成效，安全生产保持平稳态势，实现了全年无发生工伤死亡事故、消防安全“零”事故；施工现场管理水平稳步提升，多个项目荣获“AAA级安全文明标准化诚信工地”“广东省AA级安全文明标准化诚信工地”和“广东省安全生产文明施工优良样板工地”；深入开展“安康杯”竞赛活动，集团连续8年荣获“全国‘安康杯’竞赛活动优胜企业”，荣获“广东省安全生产先进单位”，连续3年荣获“省企业安全生产先进单位”；质量创优取得丰硕成果，获得鲁班奖3项、大禹奖1项、国家优质工程银质奖3项、“中国安装工程优质奖”2项，中国市政金杯示范工程1项、全军优质工程1项、全国建筑工程装饰奖6项、全国用户满意工程1项，获得省（市）级优良样板工程一大批，集团被评为“2011年全国工程建设QC小组活动优秀企业”，荣获全国优秀QC小组10项、全国工程建设优秀QC小组21项；诚信体系建设水平不断提高，集团总部及多个所属公司排名稳居排名前列，彰显了集团在广州地区的综合实力和专业地位。

科技创新取得新成果　科技工作荣获多项荣誉和成果，集团连续第3年荣获“广东省自主创新标杆企业”，并荣获“2011年广东省企业创新纪录工作优秀组织奖”，省一建荣获“2011年广东省自主创新标杆企业”，省基础荣获“2011年广东省企业创新纪录金奖”；华隧公司被评为“国家高新技术企业”“广东省优势传统产业转型升级示范企业”“广东省创新型试点企业”和“2011年中国最具创新性轨道交通施工企业”，华隧技术中心也通过“广东省省级企业技术中心”认定，使集团省级企业技术中心增加到3家。水电三局已通过国家高新技术企业的审核和公示；获得一批具有较大影响力的科技成果，获得国家级工法5项，广东省科学技术奖4项，国家级优秀勘察设计奖1项，广东省优秀勘察设计奖8项，广东省岭南特色规划与建筑设计奖5项；获得詹天佑奖3项，詹天佑故乡杯5项；获得专利授权39项，完成科技成果鉴定46项；科技经营取得重大突破，集团所属企业加大自主创新力度，积极抢占高端市场。

党群工作呈现新活力　加强了党的基层组织建设，开展了“创先争优党旗红”为主题的建党90周年系列活动；加强了党风廉政建设和反腐败工作，树立“大安全”理念，认真落实党风廉政建设责任制；加强了工青妇和帮困扶助工作，抓好厂务公开民主管理，打造“女子学校”“木兰计划”两个特色品牌，举办了“文明·礼仪·智慧”女职工礼仪大赛，积极开展帮困扶助系列活动。

集团连续7年跻身“中国企业500强”（2011年第348位）；第6次进入“中国承包商60强”（2010年第16位）；在首届中国建筑业企业双百强评比中获得殊荣，集团跻身2010年度“中国建筑业企业竞争力百强”（第11位），省基础公司、省四建入围“中国建筑业最具成长性企业百强”；位居“广东最大100家企业”（2010年第61位）和“广东省企业500强”前列（2011年第33位）；再次名列“广东大型企业竞争力50强”；连续17年被评为“重合同守信用单位”，集团综合实力和社会信誉进一步提升。

（广东省建筑工程集团有限公司）

【广东粤海控股有限公司】　广东粤海控股有限公司是广东省政府为重组粤海，在原粤海集团、南粤集团和广东省东深供水局基础上重新组建的省属国有资产授权经营公司，现由广东省人民政府国有资产监督管理委员会直接监管。粤海控股是目前广东省在境外规模最大的综合性企业集团。

至2011年末，粤海控股拥有资产总额516亿港元，员工总数为12 652人。属下各级营运公司逾55家，其中4家为香港联合交易所上市公司，分别是：粤海投资有限公司、金威啤酒集团有限公司、广南（集团）有限公司、粤海制革有限公司。

粤海喜来登酒店落成开业　2011年7月22日，粤海喜来登酒店落成开业。粤海喜来登酒店位于广州著名地标性商业中心天河城广场，由粤海控股属下广东天河城（集团）股份有限公司规划兴建，是严格按五星级标准设计和建设的酒店，并委托国际知名

酒店管理集团——喜达屋集团（以其旗下喜来登品牌）管理。酒店总建筑面积6.5万平方米，建筑主体总高度140.58米，地上33层，设有各种类型的客房445间，并配有风格迥异的5家中西餐饮名店。

粤海喜来登酒店，是喜来登酒店在广州的首家旗舰店。粤海喜来登酒店的落成开业，华丽跻身于广州天河区五星级酒店之中，成为广州中央商务区第六家挂牌五星级酒店。其落成开业，标志着亚运之后广州CBD核心区再掀国际高端品牌酒店发展的新高潮，对提升天河区乃至广州市的形象和以及对商贸、旅旅业的发展起到很大的促进作用。

粤海集团董事长黄小峰表示，在设计初期，粤海集团就矢志将天河城打造成购物中心、写字楼、酒店在建筑及功能上互为联接、相辅相成的“三位一体”城市综合体。如今粤海喜来登酒店开业，标志着粤海集团设计的蓝图终于圆满实现，一个集大型购物中心、超甲级写字楼、五星级酒店为一体，三大物业功能互补，具有一流质量、恢弘气势的大型商业综合体已充分展示了粤海和天河城的优良风貌。

天河城百货第五家门店——白云新城店开业 2011年11月5日，天河城百货白云新城店举行盛大开业典礼，这是继2011年4月天河城百货奥体欧莱斯名牌折扣店在广州东部商圈开业后，天河城百货在品牌战略发展蓝图中的又一重要落子，标志着天河城百货在广州北部最重要的白云新城商圈展翼起航。

广州市白云新城五号停机坪购物中心是世界上首个以航空为主题的购物中心。天河城百货白云新城店位于该中心首二层东北面，经营面积达16 000平方米，主要经营男女服饰、金饰珠宝、皮具及运动休闲服饰等众多国际国内知名品牌。天河城百货白云新城店开业将辐射带动白云新城周边地区的商贸发展，对于丰富广州北部商圈的业态、提升档次、打造品牌商圈都具有非常重大的意义。

近年来，天河城百货以多业态连锁经营模式不断发展和壮大，旗下已拥有天河城店、北京路店、番禺万博欧莱斯名牌折扣店、奥体欧莱斯名牌折扣店和白云新城店五家门店。天河城集团总裁、天河城百货董事长刘志英在致辞中说，天河城百货作为五号停机坪购物中心的主力店，对天河城百货的品牌战略发展意义重大。为了满足市场消费者的需求，天河城百货对白云新城店内的品牌组合、功能布局、服务控制等诸多环节都进行了精心地配置。白云新城店依托天河城百货15年来成功经营的资源优势，以精品百货作为市场定位，主打时尚服饰、金饰珠宝品类，以满足白云区和广大广州市民的购物需求，给顾客带来一个全新的购物体验。

【广东省铁路建设投资集团有限公司】

2011年，是国家和广东省“十二五”规划的开局之年，也是宏观经济和铁路行业环境异常复杂的一年。一年来，省铁投集团坚持以科学发展观统领工作全局，深入贯彻党的方针政策和省委、省政府的战略部署，坚决落实集团首届党代会和2011年度工作会议提出的各项要求，解放思想，求真务实，抢抓机遇，开拓进取，不断推进广东省铁路干线和城际轨道建设，不断加快沿线资源综合开发进程，不断开拓多元筹措渠道、促进企业改革发展，不断夯实企业管控和党建基础，较好地完成了省里交办的各项工作，实现了集团公司平稳健康发展目标。

截止到2011年底，11个在建国铁干线项目进展顺利，累计完成投资1 538.18亿元，占调整总投资1 907.98亿元的80.62%。其中，武广、黎湛、洛湛、广深港已开通运营。武广投入使用以来，日均发送旅客7.8万人次，全年发送旅客5 289万人次，实现营业收入114亿元，极大缓解了我省出省通道不足问题，有效促进沿途省市交流。

2011年，穗莞深、莞惠、佛肇三个项目共完成投资79.3亿元，全额完成2011年度调整计划，开累完成投资150.97亿元。广珠城际广州南至珠海北段率先在2010年底通车，成为广东省首条投入运营的城际轨道，该线开通以来，日均发送旅客4.8万人次，全年发送旅客1 430万人次，实现营业收入3亿元，极大地便利了沿线群众出行，拉动了周边经济发展。

2011年，继续面向广州地区所有中资银行拓展业务，全年有效银行授信额度维持在570亿元以上，全年共贷入资金46.85亿元，其中新增贷款30.05亿元；深化与国开行合作，与国开行广东省分行签订500亿《开发性金融合作协议》，在该框架下完成了已开工6项目合计54.54亿元征拆贷款合同的签订，并取得12.65亿元长期贷款；积极争取财政支持，获得10亿元中央代发地方政府债券资金；继续做好协助沿线市统筹贷款工作，2011年完成4大项目、5个沿线市共10.2亿元统筹贷款投放。截至2011年底，累计完成部省合作项目出资122.46亿元（其中，资本金70.82亿元、征地拆迁资金51.64亿元），完成珠三角城际出资91.85亿元，确保了项目建设和集团各项业务拓展的资金需求。

2011年，开展国内外轨道交通运营补亏专题研究，上报珠三角城际运营补亏分析报告，提出了以开发收益弥补运营亏损的思路和红线内外合作开发模式，得到省领导高度重视，有效推动了开发机制的构建；上报城轨43个站场开发商业价值的调查报告，确立了珠三角城际轨道交通项目第一批6个试点项目；协助省住建厅完成沿线土地利用普查、土地综合利用总体规划纲要、第一批17个站点周边土地的深化调查和首批6个站点的TOD综合开发规划编制；协调省里出台了珠三角城轨以站场为中心半径800米范围内土地实施规划控制的文件；上报第一批站场综合开发情况报告，争取省和沿线市在合作模式、土地出让程序、出让金定价等方面的支持；积极与沿线市沟通协调，推动首批4个红线外省市合资公司组建，并于去年底完成了首个省市合资公司——清远城际轨道实业有限公司的组建运作。

2011年，面对主业支撑弱化、

金融危机蔓延的恶劣外围环境，集团上下积极拓展业务，努力挖潜增效，不断强化管理，全力遏制经营下滑态势。截至2011年底，除地铁公司以外，其他3家所属企业均能完成年度预算净利润指标。所属企业累计完成营业收入33.9亿元，为年度预算的76.5%，同比下降1.8%；累计实现净利润-5975万元，与年度预算相差7 380万元，同比减少7 058万元。

2011年，集团法人治理结构更趋完善，部室分工更为明晰，制度法务建设与时俱进，信息化管理逐步推广，人才成长渠道更加通畅，集团内部管控水平和管理效能显著提升。集团各级党员思想认识和理论水平明显提升，内部学习氛围更加浓厚，员工思想更加稳定，廉洁从业意识进一步增强，加快我省轨道交通建设的使命感和责任感更为坚定。

（广东省铁路建设投资集团有限公司）

【广东恒健投资控股有限公司】 广东恒健投资控股有限公司是经广东省人民政府批准设立，由广东省国有资产监督管理委员会履行出资人职责的国有投资控股公司。恒健公司依托省属国资系统丰富的产业资源，不断探索创新国有资本运作方式，坚持产业为本，金融为用，在融合中促进产业资本做大做强的经营方针，推进各业务模块的协调发展，逐步形成以优势产业链为基本纽带，金融资本和产业资本有效融合、短中长期项目相结合、协调、持续发展格局。

在战略定位上，恒健公司以产业基金、策略投资、资产管理、投行服务为省属国有资本运作平台的主要手段，打造资本估价能力、资本融合能力及资本杠杆能力三位一体的平台核心竞争能力，协助省国资委推进省属国资布局结构调整，打造一批主业突出、核心竞争能力强、具有完整产业链、在国内或行业内居领先地位的大企业集团，努力发展成为广东省最大的省级投融资平台、高科技企业的孵化器和旗舰、省属最重要的金融板块和省属最重要的资本运作平台。

2011年，恒健公司注册资本为153.17亿元，拥有控股、参股公司共十多家，覆盖电力、轨道交通、电子设备、高端医疗设备、咨询等行业。

恒健质子和重离子肿瘤治疗技术产业化项目落户佛山顺德 2011年4月18日，恒健公司质子和重离子肿瘤治疗技术产业化项目签约仪式在佛山市顺德区华桂园隆重举行。中共中央政治局委员、广东省委书记汪洋专门发来贺电。广东省委常委、常务副省长朱小丹，佛山市委书记陈云贤，省国资委副主任张晓牧，佛山市委常委、顺德区委书记梁维东，顺德区委副书记、代理区长黄喜忠，恒健公司董事长、党委书记刘文通、总经理林军、黎凯生副书记、邓庆远总副经理、王健副总经理、唐军副总经理及中层以上干部出席了仪式。

恒健公司与顺德区政府签订合作协议的内容包括，公司在顺德建设高端医疗产业工业园，率先引进质子和重离子肿瘤治疗技术产业化项目，并联合国际肿瘤治疗机构，在顺德区内建设一家拥有质子和重离子肿瘤治疗装置的高端国际水平的顺德恒健肿瘤专科医院。项目投资总额为85亿元，其中5年内固定资产及研发费用投资45亿元，逐步建成集药物、医疗器械、花卉和食品辐照等产业为一体的研发及生产基地，可实现产值1 400亿元，带动相关配套产业超1 000亿元产值。

恒健质子和重离子肿瘤治疗技术产业化项目处于相关行业的产业链前端环节，列入国家及广东省鼓励类产业项目，不仅实现了顺德在高端医疗产业领域“零”的突破，更填补了国内空白，摆脱了对国外技术的依赖，对国家发展具有战略意义。

梁维东书记表示，项目将带动高端医疗产业的上下游企业在顺德集聚，在顺德形成巨大的产业聚 集和行业带动效应。他说，当前，顺德正大力调整产业结构，加快产业转型升级，通过项目雄厚的技术、人才优势，迅速占领行业制高点，成为顺德企业产业升级的典范。

恒旺公司君山公馆项目开工 2011年4日23日，广东恒旺投资发展有限公司在肇庆高新区内举行君山公馆项目开工仪式。广东恒健投资控股有限公司党委副书记、纪委书记黎凯生、肇庆高新区领导及恒健公司、高新区内相关部门领导出席仪式。

恒旺公司是广东恒健投资控股有限公司和肇庆高新区政府于2008年成立的合作平台，成立后一直致力于基础设施建设、房地产开发、股权投资等业务。君山公馆项目是恒旺公司2011年的重点项目，该项目占地5.3公顷，依山临湖，配套完善，规划建设低密度的湖景、山景别墅、洋房和金融办公区，项目建成后将成为以高新区企业家为主要服务对象的高端商务居住小区。

恒建公司党委副书记黎凯生在讲话中强调，君山公馆项目的正式动工，对于恒旺公司的长远发展意义重大。要求恒旺公司在工程建设施工期间，力争“三个第一”：安全第一、效率第一、质量第一。牢固树立“百年大计、质量第一”的意识，切实履行好各自的职责，确保工程按计划完成，努力把君山公馆建设成精品工程。

恒健资本管理、核子医疗、创业投资公司举行揭牌仪式 2011年5月16日，恒健投资公司举行广东恒健资本管理有限公司、广东恒健核子医疗产业有限公司和广东恒健创业投资有限公司揭牌仪式，广东恒健投资控股有限公司董事长刘文通、总经理林军为三家公司揭牌。仪式由公司党委副书记黎凯生主持，公司领导、监事会主席及公司全体员工参加了揭牌仪式。

仪式上，刘文通董事长在讲话中指出，资本公司、核子公司、创投公司的成立是恒健公司实施短中长战略，立足于现有资源，充分比较自身优势和劣势的基础上，贯彻落实科学发展观，创新发展思路的重要举措，是对国有资产经营公司经营模式管理模式的有效探索。三家公司成立后，恒健公司将在资金、人才、管理上给予大力支持，并为三公司的长远发展提供良好空间，创造有利环境。

与物资集团联合发起设立广物汽贸股份有限公司 2011年11月8日，广物汽贸股份有限公司创立大会在广东

汽车市场内隆重举行。广物汽贸股份公司由恒健公司与广东物资集团公司共同发起设立。其前身广东物资集团汽车贸易公司是物资集团下属最为优质的企业之一，是华南区域汽车销售和服务领域的龙头企业，年销售额超100亿元。广物汽贸股份有限公司的设立，是广物汽贸改制上市、切实转换企业经营机制，打造优势主业，进一步增强发展后劲和核心竞争力的必由之路，也是物资集团搭建资本运作平台，整合优势产业链，做大做强做优的具有战略意义的一步。

【南方联合产权交易中心有限责任公司】 南方联合产权交易中心有限责任公司成立于2006年10月16日，是广东省人民政府批准设立的综合性产权交易机构，是集全社会各类产权，包括股权、债权、物权和知识产权等交易服务为一体的全省统一市场平台。

南方联合产权交易中心接受广东省政府产权市场建设联席会议的监督管理，由广东省人民政府国有资产监督管理委员会直接领导。

南方联合产权交易中心实行会员制，通过吸纳海内外高素质的会员，为产权交易供需双方及其他相关者提供专业、优质的服务，共同拓展和繁荣产权市场。

南方产权坚持“公开、公平、公正”原则，依托广东经济强省的资金优势和毗邻港澳台的区位优势、信息优势，充分发挥交易平台“发现价格，发现买主”的市场功能；依法提供政策咨询、信息发布、项目推介、项目融资、投资引导、并购策划和产权托管等专业服务，积极推动省内外企业改革、融资和并购，成为连接东西、贯通南北、面向海内外的资本平台。

与兴业银行在穗签署战略合作协议

2011年3月18日，南方联合产权交易中心与兴业银行在广州正式签署战略合作协议。此次签约，标志着双方在十二五开局之年依托广东省 倡导低碳生活、建设幸福广东的时代机遇，在企业国有产权交易、中小企业产权服务、股权托管与流转、环境权益交易、文化版权交易、金融资产交易、碳交易、金融合作等领域强强联手、深化合作的全面启动。南方产权中心董事长高庆和兴业银行行长李仁杰出席签约仪式。广东省金融办、发展改革委的领导以及合作双方的管理业务团队出席仪式并见证签约。

签署战略合作协议共建绿色产业产权交易市场 2011年8月4日，“国际绿色能源环保产业基地（佛山绿岛）”启动仪式在佛山市禅城区南庄月映举行。在启动仪式上，南方联合产权交易中心与佛山市禅城区政府正式签署战略合作协议，双方将充分利用各自优势，实现资源共享，共同建设绿色产业产权交易市场。

绿色产业产权交易市场将以绿色低碳为核心，通过致力于排放权交易促进佛山市禅城区低碳生产、节能减排目标的实现；同时，探索佛山市禅城区经济结构中的绿色产业投融资渠道建设，开发和挖掘绿色产业项目资源和投资者资源；通过打造企业绿色低碳的核心竞争力，逐步建设成为以发展低碳新兴产业与促进节能减排为目的的绿色产业产权交易市场体系。绿色产业产权交易市场将稳步推进佛山市禅城区各类产权有序流转，建立推动当地低碳经济发展的市场化服务机制，发展循环经济，优化产业结构，促进产业转型升级。

【广东南粤集团有限公司】 2009年初，广东省人民政府为了落实中央促进澳门经济适度多元化发展的精神，推动粤澳紧密合作建设迅速发展，在重组部分广东省属驻澳门优质企业的基础上，组建了广东南粤集团有限公司，作为广东省驻澳门的窗口企业和旗舰企业。

广东南粤集团有限公司的营运总部设在澳门，沿用南粤（集团）有限公司的名称，拥有包括南粤食品水产有限公司和南方控股有限公司等二十多家企业。南粤（集团）有限公司及其下属主体企业，均于1980年在澳门成立，依托改革开放的政策春风和得天独厚的地缘优势，在食品供应、地产开发、建筑施工总承包、旅游及酒店服务等行业占有重要地位，为澳门的民生事业和顺利回归作出了重要贡献。广东南粤集团有限公司的重组，为这些企业再创辉煌提供了新的契机。在积极整合和优化资源的基础上，广东南粤集团有限公司确立了投资经营与开发建设、粤港澳环保事业、绿色食品生产和贸易、劳务归口管理与输出等四大主营业务，形成了清晰的发展思路。

与江门人社局正式签署劳务合作协议

2011年12月30日，广东南粤集团有限公司与江门市人力资源和社会保障局在江门市人力资源综合服务楼隆重举行劳务合作签约仪式。广东南粤集团有限公司董事长、党委书记曹达华，江门市人力资源和社会保障局局长顾达华分别代表广东南粤集团和江门市人社局签署协议并讲话。签约仪式由广东南粤集团副总经理、广东南粤集团人力资源有限公司董事长龙秋霞主持。

曹达华董事长在讲话时指出，江门作为广东“第一侨乡”，与港澳地区有着源远流长的血脉联系，具有开展输港澳劳务得天独厚的优势，江门外劳公司从事输港澳劳务二十余载，是一支素质过硬、管理严明、业务精良的队伍。南粤集团作为广东省驻澳门的窗口企业和旗舰企业，一直以服务粤澳合作为己任，从横琴岛澳大项目到粤港澳环保产业，无不凝聚了南粤集团对粤澳合作事业的深情耕耘。不久前，内地家佣输澳也取得重大进展，澳门特别行政区政府已向中央有关部门提交申请，在这种背景下共商合作大计，签订合作协议其意义将是深远的。

【中国华西企业有限公司】 中国华西企业有限公司（以下简称华西企业）于1982年8月在深圳特区注册成立，具有国家房屋建筑施工总承包特级资质，以建筑施工为主业，主要从事房屋建筑、市政公用工程、机电安装、钢结构、起重设备安装、装饰装修工程、机场场道和预应力工程、房地产开发等业务。公司注册资本3亿元，总资产33.88亿元；现有员工1 800余人，拥有各类专业、区域分公司及控股子公司26个，各类专家、中高级专业技术管理人员逾千人；年施工产值逾70亿元，年施工面积超过千万平方米，年上缴利税近3亿元。

2011年，是华西实企业施新的四年发展规划的第一年，在上级集团公司“持续努力，推进三大任务，打造六大板块”重要部署的指引下，公司以科学发展观为指导，围绕“扩规模、调结构、转机制、强管理”为主要思路，锐意进取，狠抓落实，通过全体员工的努力，公司生产经营规模继续保持快速增长，结构调整取得成效，机制转化积极推进，基础管理得到强化，各项工作取得新的成绩，实现了“四年规划”的良好开局，全年新签合同额、利润总额等继续大幅度增长，继续保持了快速发展的良好态势，达到了历史新的高度。

2011年，华西企业荣获2010年度广东省最佳诚信企业、广东省守合同重信用企业等称号，继续入选广东省百强企业和深圳企业100强，连续17年保持AAA资信等级认证，再次获得深圳市建筑施工企业综合评价品牌企业房建一组（房屋建筑施工总承包特、一级）金牌企业第一名，获全国用户满意企业、2011年全国（中施协）工程建设质量管理小组活动优秀企业、2011年工程建设标准化试点企业、“十一五”建设科技先进集体等荣誉称号。

生产经营规模持续快速增长。2011年，华西企业营业收入继2010年突破40亿元后，再突破60亿元，同比增长50%。华西企业继续优化“二东三西”的经营布局，巩固现有区域市场，调整山东分公司经营模式，研究厦门及周边市场，进一步提升总部经营能力，实施大市场大客户大项目战略，继续保持了与中航地产、碧桂园、雅居乐、花样年、招商地产等大型客户的长期战略合作，承接了深圳软件产业基地（8.59亿元）、深圳南科大（8.45亿元）、惠州花样年•江山花园（5.49亿元）、西安环球贸易中心（4.8亿元）等一批大型、重点、有影响的项目，全年新增经营任务84亿元，实现了经营任务连迈新台阶。

公司结构调整取得成效。在产业结构上，2011年9月，华西企业与惠州大亚湾中南联泰实业有限公司签署了大亚湾妈庙虎爪村项目合作开发协议，公司产业结构得到继续调整和推进。在承揽任务上，2011年，华西企业承接的政府工程、公共工程所占比例进一步上升，任务结构有所优化，超高层项目、大项目增多，工程承包业务平均单项合同造价从2010年的6 500万元增加到8 100万元，增幅23%，由此带动了公司全员劳动生产率的进一步提高，同时，基于重点项目、有影响项目的增加，公司社会关注度攀升，品牌知名度和影响力也显著提高。

机制转换积极推进。2011年，华西企业继续完善二级单位绩效考核办法，根据公司发展的需要，以市场为导向，按照各岗位对公司的贡献价值

2011年中国华西第七届“华西杯”登山活动。

大小，对总部及二级单位共138个职位价值分别进行了评价，明确了项目阶段考核兑现，确保了项目部考核与兑现的及时性，以此调动了项目部的积极性。

特级资质就位申报工作完成。2011年，华西企业以管理信息化建设和科技进步为重点，完成了特级资质就位的相关准备工作，2011年9月公司向住建部提交施工总承包企业特级资质申报资料，11月17日顺利接受了由住建部委托广东省住建厅组织的特级资质就位实地核查，2011年年底广东省住建厅将书面申报资料和核查意见上报住建部。2012年2月23日，住建部将建设工程企业资质审查意见在住建部网站上进行公示，同意公司房屋建筑工程施工总承包特级。

基础管理继续强化。华西企业围绕集团总体目标，在总结《中国华西2008—2010年发展规划纲要》的实施情况的基础上，制定了《中国华西2011—2014年发展规划纲要》，提出了未来四年的发展战略；根据公司发展的需要，华西企业撤销、调整部分总部部门设置及管理职能，对进一步优化资源配置、提高工作效率、顺畅管理流程、提升集约化管理水平起到重要的作用；严把项目“入口关”，健全了投标管理机制，标书编制水平和质量明显提高，新签合同额大幅增加；不断强化以制造成本测算为基础、以责任成本控制为核心的成本管理，进一步规范了公司对项目部的考核，保障了公司和分公司对项目的有效监督和控制；强化质量和安全生产就是经济效益的意识，加大质量及安全管理力度，加强施工现场管理，最大限度地杜绝了质量事故和安全事故的发生，2011年华西企业创全国AAA安全文明工地1项，荣获省级优质工程2项、省级双优文明工地4项、省级优质结构1项、市级优质工程4项，市级优质结构12项，市级双优文明工地23项；重视科技强企，积极推动科技进步，优化施工方案，倡导绿色施工，科技工作成绩显著，主编《砌体结构加固设计规范》国家标准，参编《建筑结构加固工程施工质量验收规范》，获得国家级工法4项、省级工法4项、市级工法1项，获国家授权发明专利3项，通过省级科学技术成果鉴定5项、广东省新技术应用示范工程验收1项、第二批全国建筑业绿色施工示范工程立项1项，共有11项QC成果，其中省、部级15项（次）。

企业文化建设和党建思想政治工作取得新成效。华西企业根据实际，制定了以《理念识别系统规范手册》和《视觉识别系统规范手册》为主要内容的中国华西企业有限公司文化手册并颁布实施，对推动公司的科学发展、提升华西的文化软实力、整体凝聚力和综合竞争力具有重大的意义。华西党组织建设进一步加强，创先争优工作继续推进，借中国共产党建党90年之际，通过开展表彰大会、“党旗飘扬”红歌、红诗演唱朗诵会、“光辉历程”党史知识竞赛等主题系列纪念活动，加强党员教育，充分发挥了党员积极作用，激发广大党员投身于公司的跨越发展中去。2011年华西企业融荣获深圳市“文明单位”荣誉称号，公司领导班子荣获集团“四好班子”，公司党委获得“深圳市直工委先进基层党组织”“集团创先争优先进党委”等荣誉，公司工会荣获“全国模范职工之家”荣誉称号。

（中国华西企业有限公司）

市属企业

【广州汽车工业集团有限公司】

2011年，广州汽车工业集团有限公司（下称广汽工业集团或集团）在投资企业的共同努力下全年生产汽车74.47万辆，销售74.21万辆；生产摩托车108.32万辆，销售104.85万辆；实现工业总产值1 430.47亿元；实现销售收入1 596.63亿元；实现利税总额271.85亿元。广汽工业集团工业企业利润总额占广州市工业企业总额的14.61%，居广州市第一。2011年广汽工业集团位列全国企业五百强第48位；在行业内汽车产销位居第六；工业企业销售收入位居第六位；利润总额位居第五位；反映经济效益的工业经济效益综合指数位居行业第二。

合资合作、重组整合 2011年，集团投资企业广汽本田增城工厂年产能从12万辆提升到24万辆，总产能从36万辆提升到48万辆；广汽丰田新产品逸致和第七代凯美瑞上市；集团旗下从事保险业务的众诚汽车保险股份有限公司正式成立；集团与意大利菲亚特合资的广汽菲亚特项目顺利推进；与日本三菱汽车合资的广汽三菱项目获得国家相关部委批准。

按照广汽长丰进一步重组的一揽子计划，在广汽集团换股吸收合并广汽长丰完成后，广汽集团将推进以原广汽长丰永州基地为基础的广汽乘用车永州分公司建设项目，同时与长丰集团加强合作，推进双方在零部件供应、整车销售服务和物流等领域的进一步合作。目前，广汽三菱、永州分公司与猎豹汽车项目的各项前期筹备工作正在积极推进之中。项目的实施将有助于盘活重组资源，丰富广汽集团产品线，进一步提升产业规模和竞争力。

广摩重组项目继2010年底完成五羊本田摩托的股权转让工作以来，各项产权债务清理工作正稳步推进。目前新港西路82号厂区改造为广州联合交易园区并建设大宗商品虚拟交易平台的工程已大部分完成，预计园区将于2012年上半年开业。

科技研发 广汽研究院研发体系和能力建设获得长足发展，知识工程建设取得显著成效，2011年新增专利申请82项，新授权专利48项，顺利通过了ISO9001质量管理体系认证审核，首次获得国家科技支撑计划项目和国家863计划项目各1项，开创了广汽集团获取国家级科技项目的先河，并为集团获得了“首届中国工业设计十佳创新型企业”、“广东省战略性新兴产业骨干企业”等多项资质和荣誉，进一步树立了广汽集团良好的社会形象。

党建工作 一、为生产经营提供服务与保障，是企业党建工作的根本出发点和归宿。党建工作定位于“以生产经营为载体，为生产经营提供服务与保障；融汇过程，互享成果；两

2011 年广汽工业集团主要经济指标完成情况表

指标名称	单位	全年目标	2011年完成	事业计划完成率（%）
生产汽车	万辆	93.44	74.47	79.7
销售汽车	万辆	94.09	74.21	78.9
生产发动机	万台	31.83	31.76	99.8
销售发动机	万台	28.68	30.16	105.2
生产摩托车	万辆	100.9	108.32	107.4
销售摩托车	万辆	100.01	104.85	104.8
工业总产值	亿元	1 628.03	1 430.47	87.9
工业增加值	亿元	442.81	383.02	86.5
营业收入	亿元	1 803.07	1 596.63	88.6
利税总额	亿元	358.34	271.85	75.9

相长进，共创双赢”，这是企业党建工作的根本出发点和归宿，也是企业党建工作的生命所在。在坚持这一工作定位的同时，在“服务”与“保障”上做好工作，确保企业健康发展。

二、扎实深入开展创先争优活动，是推动企业科学发展的强大动力。创先争优是新形势下加强党的建设的有效载体和有力抓手。要围绕企业发展的中心任务创先争优，把创先争优活动和企业科学发展融为一体。要组织动员基层党组织和广大党员立足本职岗位、争创一流业绩，努力使活动成为推动科学发展、促进社会和谐、服务人民群众、加强基层组织的经常性动力。

三、建设学习型党组织，是党组织永葆生机活力的重要基础。建设学习型党组织是提高党的执政能力的重要途径。当前，集团面临的形势任务十分艰巨，机遇与挑战并存。各级党组织和广大党员干部要更加重视和善于学习，不断增强学习的紧迫感、自觉性和针对性，同时在实践工作中更好地发挥主观能动性和创新能力，不断地加强学习成果的运用，增强工作本领，有效提高推动集团科学发展的能力和水平。

四、打造高素质干部队伍，是推动企业跨越发展的决定因素。集团能不能实现跨越发展，关键要看能不能不断培养造就大批优秀人才，更要看能不能让优秀人才脱颖而出、施展才华。集团坚持党管干部、党管人才，坚持五湖四海、任人唯贤，坚持德才兼备、以德为先用人标准，全面加强各级领导干部的思想、能力和作风建设，打造高素质干部队伍，形成人才辈出、人尽其才、才尽其用的生动局面，让所有优秀干部都能为集团跨越发展贡献力量。

（广州汽车工业集团有限公司）

▲【**越秀地产股份有限公司**】 越秀地产股份有限公司成立于1983年，是集规划设计、开发建设、监理咨询、中介服务和物业管理等多个产业链环节于一体的专业性房地产发展商。1992年，越秀地产在香港联交所上市（股票编码：00123.HK），随后成为摩根士丹利资本国际（MSCI）中国指数股。2011年7月，越秀地产（00123.HK）在中国内地的经营主体广州市城市建设开发有限公司正式更名为“越秀地产”。纵观三十年发展，越秀地产扎根广州，布局全国，以“成就美好生活”为己任，致力于建筑和谐人居。历年来开发了广州江南新苑、岭南湾畔、星汇文华、星汇云锦和国际金融中心、白马大厦、维多利广场等数十个优质住宅项目和商业项目。截至2011年底，越秀地产属下拥有20家行业配套完善并居于专业领先地位的全资、控股公司，企业员工数量达5 600多人（含下属公司）；年末资产总额达610亿人民币。

2011年，面对着宏观经济环境的复杂多变和国家对房地产业最严厉的调控政策，越秀地产围绕“保增长”、“调结构”和“强管理”三大工作主线，积极应对，增强各项突破能力，“销售规模”、“开发规模”、“交楼规模”和“土地储备总量”再创历史新高；融资能力在严峻的融资环境下实现新突破；资产质量和经营质量有效提升，各项管理工作扎实推进，实现了“十二五”规划的良好开局。

企业发展规模与综合效益走上新台阶

2011年越秀地产处于发展战略的调整优化期。在持续收紧的货币政策环境下，公司苦练内功、提升商业运营能力，打造核心竞争力、利用行业调整机会进行低成本扩张并进行结构优化，加快处置非持有型资产优化资产结构，持续优化管控模式，提升运营效率，有效实现了主营业务收入的稳定增长。

一、创新营销策略寻求市场突围，销售规模逆市创下新高。抓住商业地产升温的市场机遇，快速转变策略，积极创造交易条件，加快商用物业推售速度；积极应对宏调影响，加快新开盘销售速率。抓住南沙区新定位、新产业的发展机遇，积极拓展首置型和首改型客源，积极开展团购；加快工程进度，提前抢闸销售，努力减少限购政策对改善型和投资型客户的影响；面对“限购、限贷、限价”政策多重叠加影响，突破常规，通过分期付款、全力配合客户争取具备购买条件等方式创新销售手段，加快销售速率，为实现销售规模突破创造力良好的条件。全年累计商品房签约4 900多套，签约金额90亿元。

二、业务持续发展，加速全国扩张，土地储备总量再创新高。越秀地产以“巩固广州，实施战略纵深拓展”为土地战略，加快全国性战略布局。全年分别在广州、中山、沈阳、杭州等地竞得优质土地，新增土地项目建筑面积160万平方米，土地储备总量突破1 100万平方米；江门、烟台、沈阳公司项目推出销售，以广州为依托、以珠三角为核心、以长三角和环渤海及中部地区为重点的全国性战略布局基本确立。

三、全国项目全线铺开，建设规模创新高，持续增长后劲不断增强。全面加强工作节点，所有新开工和在建项目实现“拿地后一年开工一年销售”目标。施工面积450万平方米，同比增长24%。其中，新开工面积173.43万平方米，同比增长34%；施工面积和新开工面积均创历年新高，为经营规模持续增长奠定了基础。全年实现交楼面积58万平方米，同比增长70%。

四、多渠道创新融资平台，加强资金统筹管理，资产负债率控制在合理水平。发挥穗港两地融资的优势，利用香港上市公司平台，加强与金融企业的合作，为企业上规模提供资金保障。充分了解外资政策，通过境外股东投资、股权并购与增资方式，有效利用境外低成本资金；以争取开发信贷资金等方式拓宽国内多渠道融资平台；通过对土地购买、前期开发、工程建设、销售回笼等环节资金运作结构的梳理，加大资金统筹力度，逐步形成良性滚动的资金运作模式。

五、推进战略调整，资源配置持续优化，企业运营质量进一步改善。围绕“开发＋运营＋金融”商业地产大战略方向，明晰实现规划期末战略目标的路径，形成了商业运营战略平台；巩固重点区域的战略优势，积极增储土地资源，优化原有区域的项目结构；加强资金结构调整，提升资金运行质量，建立起境内外资金联动机制，深化对境内外市场融资形势的分析，充分发挥境外股权融资市场、债权融资市场和境内债权融资市场三个市场的平台优势，增加境外债权融资，扩大境外贷款份额，降低资金成本；围绕“双质量”提升的目标，加强广州国际金融中心等重点商用项目的培育；全年实现非持有型资产处置面积13.74万平方米。资产质量和经营质量稳步提升。

全国化品牌战略顺利落地 2011年，越秀地产在中国大陆的业务主体——广州市城市建设开发有限公司企业品牌名称由“城建总”“城建地产”“城建集团”“越秀城建地产”统一更名为“越秀地产”。此举是继2009年“越秀投资有限公司”更名为“越秀地产股份有限公司”，剥离交通业务，专注于房地产业务后的又一次战略性整合。统一以越秀地产进行品牌传播，使以往零散的品牌形象更具“集聚”效应；同时也可以梳通资源整合方面一系列的瓶颈，从而有利于越秀地产全国性发展战略的实现，提升品牌整体软实力。利用品牌换标的机会，加强品牌管控力度和客服职能管理，加强商标知识产权事务管理和品牌舆情监测力度；加大品牌推广力度，结合项目业务举办了“星汇中国·创享美好生活”为主题的年度系列活动；结合年度业绩报告，发布了公司第一份年度《企业社会责任报告》；以公司挂牌成立、广州以及外地项目销售推广等多层次活动为载体，品牌形象在异地逐步确立。公司全年凭借业绩持续增长、系列调整优化措施以及有效的市场运作，获得了广泛认同：首次荣获香港著名财经杂志《财资》颁发的“2011社会责任和投资者关系金奖”，成为获此金奖殊荣的8家上市公司之一；连续第三年被香港《经济一周》评为“中国杰出房地产商”，成为15家获此殊荣的房地产企业之一；被香港《资本一周》评为“杰出上市企业大奖”；公司还荣获“中国房地产行业30强”“粤派地产卓越贡献金鼎奖”等重要荣誉共计50多项，公司品牌影响力不断提升。

企业文化内涵全面提升并实现系统化

越秀地产十分重视企业文化建设，坚持以“率先垂范、公平正义、知行合一、持续优化”为原则，不断发展和升华企业文化要素。2011年6月，越秀地产将长期探索形成的文化理念加以固化和提升，明确了公司的文化理念体系。理念体系体现了企业始终如一的精神追求：“成就美好生活”的企业使命，是企业持久的向往和追求；“打造中国城市高端物业开发和经营的典范”的发展愿景，要求企业的各项经营指标保持行业领先地位；“品质、诚信、卓越”的核心价值观，体现的是公司房地产事业的最佳境界；“创造价值、创造机会、创造效益” 的企业宗旨，要求实现客户、员工、股东合作双赢；“阳光、简单、包容”的企业风格，体现的是企业的人生态度、行事作风；“责任、团队、激情”的企业精神，体现的是越秀地产打造卓越团队的最高境界和对目标的不懈追求。同时，越秀地产注重将文化理念运用于企业的改革发展实践，将企业文化建设与制度建设、绩效管理结合起来，与对员工、社会、客户履行责任义务以及企业思想政治工作等方面结合起来，优秀的文化理念在经营管理各个环节都得以严格执行。先进的企业文化激发了活力，凝聚了力量，为提升企业竞争力、促进企业发展提供了有力的支撑。

企业与社会在更高层次、更大范围内实现和谐发展 本着对企业可持续发展的前瞻视野，越秀地产一直致力于在更高层次、更大范围内谋划企业与社会的和谐发展，承担对股东、客户、员工、合作伙伴、社会、自然环境等利益相关者应负的责任。2011年，公司形成了系统化的社会责任发展战略，由此指导经营管理全过程中的责任管控，确保切实履行市场责任、社会责任以及环境责任工作。

越秀地产始终坚持“精细管理强管治、诚信经营保业绩”的理念，致力完善供应链布局，提高项目开发质量，改善客户服务。2011年，越秀地产第九次蝉联年度“广东地产资信二十强”，并多次获得权威媒体颁发的“年度最具影响力地产品牌奖”奖项，赢得良好的社会评价。

越秀地产积极倡导“智慧、绿色、低碳”理念，一直引领绿色建筑研究与实践，积极推动技术创新，助力产业转型升级，并将低碳环保技术大量应用于重点项目。2011年，越秀地产旗下广州国际金融中心获“中国最佳城市综合体”奖项，岭南湾畔获评广东省绿色住区殊荣，进一步巩固了越秀地产作为商业地产与住宅地产优秀开发商的企业形象。

越秀地产通过赞助、扶贫等多种方式，积极投身社会公益事业。2011年，越秀地产继续不遗余力的支持社会慈善公益活动，特别是在茂名和从化两地大力开展扶贫“双到”工作，累积投入帮扶资金871多万元，进一步改善了农村基础设施建设、增加农村集体收入、实施危房改造、解决贫困户增收和捐资助学等工作。有力促进区域协调发展，增强社会影响力。

越秀地产尊重员工权益，积极创造安全、健康、和谐、包容的工作环境。着力完善安全生产机制，顺利通过安全标准化并达A级达标单位标准。此外，积极优化人力资源管理体系，提升员工发展空间，为公司实现可持续发展打下了坚实的基础。

（越秀地产股份有限公司）

▲【广州港新沙港务有限公司】 随着“达丽莎艾瑞斯”轮缓缓驶离新沙3*4泊位，广州港新沙港务有限公司2011年生产完美落幕，画上圆满句号。2011年是不平凡的一年，在新沙港务领导的带领下，广大干部职工开拓创新，奋力拼搏，共装卸大船1 100艘次，累计完成货物吞吐量6 011.68万吨，同比增长6.62%，为年度生产任务5 600万吨的107%，提前27天完成年度生产任务。其中散杂货吞吐量4 624.68万吨，同比增长6.89%；集装箱吞吐量89.31TEU，同比增长18.71%%；商品车272 995辆，同比增长46.82%。

在取得骄人成绩的同时，新沙港务在卸船效率、疏运效率、单月商品车进口量、单月吞吐量、单月煤炭卸船量等方面屡创新高。

计划先行，生产与效率同步 船舶昼夜计划是整个码头昼夜生产的核心，一份计划不仅囊括众多信息，也是新沙港务对各方的承诺。为了提高计划兑现率，新沙港务加强计划的预见性，及时收集相关信息，如船舶资料、动态、货物类型、流向、潮水、堆场等资料，再根据泊位、机械、人员出勤等状况，综合考虑，仔细分析，认真制定每一艘船的作业计划，力求做到计划严密、合理、科学、可行，对每艘船舶靠泊时间、泊位、桩位、使用机械等都进行详细考虑，而且还充分考虑作业的安全和效率要求。对特殊作业、新货类作业等制定专门的安全措施，对重点船舶、重点作业进行重点布置，对某船保双流程卸、保推机、人力，堆场疏运重点等都在昼夜计划中加以明确。最大限度利用码头资源装卸来港船舶，提高卸货效率，保证船舶顺利、及时衔接，为公司创收。

2011年新沙港务严抓卸货效率，重点船舶重点布置，特别是超大型船舶和吃水超-12.5米船舶。对于此类船舶在港卸货，生产调度部积极跟踪，严密监控作业进度。在接卸“天昌海”“艾里基”“裕华”“骑士”和“珠水2”轮等大型船舶和“安龙江”等特殊船舶期间，调度、煤矿经理驻船指导装卸，会同现场管理人员和技术人员及时解决突发情况，顺利实现上述船舶在港的顺利装卸，赢得股份公司的赞扬和客户的肯定。

以疏保卸，卸船与疏运齐飞 煤矿堆场不足是新沙港务2011年面临的首要问题，而解决该问题唯一途径就是催疏，为确保催疏的有效性（即提运工具抵港后能在第一时间内疏运出去），在过去的一年半，新沙公司积极贯彻 “以疏保卸”的方针，实现疏运管理的规范化。调度每日组织现场各部门（货运、煤矿、机械和转栈作业车队）召开疏运协调会，针对船舶的卸船计划，合理利用具有卸船、装驳双重功能的通用泊位，正确处理系统堆场煤炭卸船与装驳冲突。疏运会使得堆场的整理、机械设备的调配与维修都得到有效解决，目前这一管理方式已经成为固定操作模式，并越来越规范化。另外在滚装船舶与集装箱船靠泊冲突的问题上，调度充分与分公司沟通，积极与滚装汽车作业部协调，依商品车堆存位置选择停靠泊位，在实现滚装船有序衔接的同时保证分公司作业的稳定。

见缝插针，生产与改造并举 2011年新沙港务生产繁忙，船舶持续到港，泊位与机械利用率高，机械设备高负荷运转，伴随高利用率，设备设施老化，机械设备维修、基建改造工程、港池疏浚工程项目逐步增多。合理解决生产与改造冲突，保证设备设施适用性，是新沙公司生产亟待解决的问题。一方面，生产调度部积极与机械、煤矿、基建、疏浚公司密切沟通，利用生产间隙，见缝插针，保证改造工程顺利完工。另一方面，机械、煤矿狠抓交接班设备检查、日常设备检查，通过制定详细的日检、周检、月检计划及交接班检查做到设备故障隐患早发现、早排除，避免设备带病投入生产，避免设备设施停机维修，延误生产。

2011年在保证生产的情况下，完成SR6维修皮带减速箱齿轮、SR5维修回转减速箱高速轴、SR6回转大轴承、2号分配煤仓加固改造等大型机械维修改造项目，保障了生产用机需要。基建工程方面，完成了6W44-46桩皮带廊海侧地面水泥工程，10W75-77桩码头前沿路面维修、6W42-45号桩距离皮带廊陆侧8米外道路水泥化铺设、6W45.5-47.5桩陆侧轨道梁改造、6X7W港池、5-7W连接段疏浚维护等项目，进一步提升了硬件设施，进一步增强通过能力。

（广州港新沙港务有限公司）

▲【广州南沙海港集装箱码头有限公司】 广州南沙海港集装箱码头有限公司由广州港集装箱综合发展有限公司和中远码头（南沙）有限公司共同出资组建而成，地处珠江三角洲的地理几何中心，主要经营集装箱船舶装卸、集装箱堆存以及与码头业务相关的物流和集装箱管理等综合服务。

广州南沙海港集装箱码头有限公司自投产以来，便凭借优越的地理位置、雄厚的资金和技术优势以及各级政府的大力支持，吸引了全世界的目光，绽放出璀璨夺目的光彩。

凭借地理、区位优势迅猛发展 南沙海港公司地处广州市陆域最南端的珠江出海口，距离广州市区70公里，距深圳、佛山、中山、东莞等大中城市制造基地不超过60公里，距香港38海里、澳门41海里，处于珠江三角洲的地理几何中心，公路、水路集疏运十分便利。

南沙海港公司项目总投资53.6亿元人民币，码头面积223公顷，拥有6个10万吨泊位，岸线长2 100米，前沿水深 -15.5米。借着广州南拓政策的东风、相关单位和广大客户的支持与青睐，2011年度广州南沙海港集装箱码头公司迅猛发展。2011年完成集装箱吞吐量391.4万TEU，较2010年增长27.9%。

优化生产管理体系，服务、安全、效益、效率同步稳健发展 2011年，南沙海港公司以再次创业的干劲狠抓各项工作落实，力抓优质的服务质量和安全生产效益效率两大主题工作，以“狠抓服务促营销，严控成本抓重点”、“优化流程促效率，精细管理出效益”、“抢抓机遇，稳中求变，共创美好海港家园”为工作方针，准确把握股东方引入新航线的有利条件，抢占外贸大发展战略的制高点，努力实现快速发展。实现了生产量、营业收入和利润等各个指标的全面突破，开创了公司跨越式发展的良好局面，并于2011年获得“中国港口内贸集装箱吞吐量前十名码头”荣誉。

重视安全生产，强化质量管理 2011年，南沙海港公司在主推“管理创新”活动的基础上，逐层递进开展“创新发展”活动，通过一系列的“管理提升”活动，成功推行“客户经理制”和“船舶经理”服务，同时提升口岸服务，逐步采取有效措施实现联检时间最短化，朝着“零待时”目标不断迈进，逐步实现了操作流程的优化和标准化、建立安全生产长效机制，狠抓安全生产管理，改变和调整安全管理的模式，落实安全主体责任制度和责任追究制度，开展安全管理标准化建设、实现从粗放型管理到精细化管理的过渡、引进关键指标KPI考核和绩效管理理念；通过启动ISO9001质量认证管理体系工作，将ISO体系建设工作列为公司管理提升活动的专项工作之一。

推进节能减排，打造绿色港口 近年来，伴随生产业绩的稳步增长，南沙海港公司码头大型设备利用率基本满负荷，在设备总利用率达70.23%下维护设备总完好率达99.06%，各机种设备总利用率与去年同期相比增加23%达到70.23%。

2011年，南沙海港公司大力推进场桥“油改电”项目，以期达到节能减排的效果。该项目完成后按照堆场的操作量计算，码头堆场的32个箱区的操作量占总操作量的54.45%，按照2011年计划370万TEU测算，每年节约成本超过1 000万元，共约节约1 483吨标准煤，减排约3 650吨二氧化碳，可减少产生废机油约4 000升；现第二批正全面改造中，预计2012年底投入使用。

关心基层员工，增强企业凝聚力

秉承“世界大港，服务世界”的理念和“实干创新，强港奉献”的精神。2011年，公司不断强化安全意识，提升管理能力，促进员工凝聚力，深化具有向心力的“海港家园”企业文化活动，让公司企业理念、共同愿景根深蒂固地扎根在公司每个员工脑海中，并为之共同奋斗。积极筹备“海港俱乐部”建设项目，该项目已经于2012年9月全面建成，10月份投入使用。为公司员工提供了一个集文体、阅读、球类、健身等多功能为一体的休闲活动场所，极大地焕发了职工的工作热情和工作积极性，增强了广大职工心系公司的认同感和归属感。

齐抓共管，成绩显著 在公司总经理陈宏伟等管理层的领导下，2011年，广州南沙海港集装箱码头有限公司各方面成绩显著，企业进入和谐、快速发展阶段，先后荣获“国际卫生港口”“广州市和谐劳动关系企业AAA级”“广东省企业创新纪录优秀奖”“广东省诚信示范单位”“广东省第二十一届企业管理现代化创新成果奖”“全国交通企业管理现代化创新成果奖”等荣誉。

随着公司信誉的不断攀升，在行业中地位的不断巩固，广州南沙海港集装箱码头有限公司将继续秉承“世界大港，服务世界”的理念，推进企业的诚信建设、强化优质服务、狠抓安全生产，继续与各界朋友互动、互进、互赢，打造一流港口。

（广州南沙海港集装箱码头有限公司）

▲【广州机施建设集团有限公司】

2011年，广州机施建设集团有限公司全年承接新任务40亿元，完成总包工作量28.2亿元，主营业务收入24.2亿元。

经营开拓 多元发展 一、广州市场稳定。在广州市场经营规模萎缩的情况下，机施建设集团通过留住重点、优质业主客户，开发新业主客户，开拓保障性住房市场等方法，稳固广州地区市场，保持了较好的市场份额。机施建设集团工程任务承接以重点、大型项目为主，共承接项目92个，其中1亿元以上大项目12个，造价约27.63亿元。

二、诚信排名领先。通过建立企业数据库，实时监控业绩、获奖、人员、资质等信息的有效性，专人更新诚信评价台帐，有针对性地及时做好类似业绩、获奖证书、企业基础资料入库或更新工作。及时发现企业在诚信体系评分中存在的问题，由各相关部门与各分公司、项目部及时沟通，采取纠正和预防措施。公司的诚信体系排名全年一直保持在前十名，并多次排名第一。

三、拓展外地市场。2011年，机施建设集团积极拓展省内、省外市场并有重大突破，分别在武汉、东莞、新疆等地成立分公司，取得了良好的成效。承揽了广州援疆喀什地区“广州新城”项目、安徽理工大学新校区项目、深圳大运会临时设施工程等，开拓外地了市场。

生产管理 安全优质 一、质量创优成绩显著。2011年，机施建设集团获国家市政金杯奖1项（已通过，待公示）、广东省建设工程“金匠”奖1项、广东省优良样板工程5项、广州市“五羊杯”工程3项，市级优良样板工程14项（其中广州市优良样板工程13项，佛山市市政基础设施优良样板工程1项）；荣获广州市结构优良样板工程1项。获得市装饰样板工程4项，省装饰样板工程4项。

二、安全文明施工屡获佳绩。全年获国家AAA级安全文明标准化诚信工地称号1项，广东省安全文明样板工地5项，广州市安全文明样板工地11项。

科技创新 捷报频传 机施建设集团坚持以科技打造企业核心竞争力，在科研攻关、工法研究、专利开发、规范编写等方面均取得了令人瞩目的成绩，2011年，机施建设集团顺利通过了高新技术企业申报，荣获越秀区知识产权优势企业。

一、科研攻关。全年共开展科研攻关项目15项，完成科研成果鉴定10项，其中4项科技成果达到国内领先水平，6项成果达到国内先进水平；获越秀区科技进步一等奖1项、二等奖1项。

二、规范编写。2011年机施建设集团主编国家级规范1部，广东省标准1部；公司参与编写的规范总量达到7部，其中国家级3部，省级4部。

三、工法研究。2011年获国家级工法4项，省级工法9项。机施建设集团国家级工法总数达8项，省级工法总数达41项，双双在广东省所有施工企业名列第一。

四、专利开发。2011年获发明专利1项，实用新型专利2项。公司发明专利累计达4项，实用新型专利累计达11项。其中一种暗挖隧道的加固方法获广州市发明专利优秀奖，是建筑行业唯一的一项。

五、项目科技奖申报。2011年机施建设集团施工的海心沙项目、亚运主媒体项目双双获得中国土木工程詹天佑大奖，海心沙项目还获得全国钢结构安装之星奖和2011年度广东钢结构金奖“粤钢奖”、广东省詹天佑故乡杯奖。另外，广东省博馆新馆项目也获得广东省詹天佑故乡杯奖。

六、QC小组活动。QC成果方面，获2011年度全国工程建设质量管理小组活动优秀企业，获国家级奖项1项、部级奖项4项、省级奖项7项、市级奖项19项。获部级卓越领导者1个、部级优秀推进者1个，获市优秀咨询师2个，市级优秀诊断师1个、市级优秀推进者1个。

企业文化 与时俱进 一、推进援疆工程。公司作为骨干企业参与了广州市援疆的由集团公司承建的新疆喀什“广州新城”项目的建设。为配合援疆建设，公司响应集团号召，选派优秀人才第一批进驻疏附，克服重重困难，扎实推进“广州新城”建设。进疆以来，从前期奠基仪式、样板房建设到广州新城一期工程的顺利开展，从执行者到决策者，喀什分公司都起到了“领头羊”的作用，得到各方充分肯定，获评援疆建设先进集体。

二、承担社会责任。公司以积极履行社会责任赢得社会尊重，先后参与阳江、梅州等多项扶贫资助和对口援建工作，获得“扶贫开发献爱心”企业等荣誉称号。

（广州机施建设集团有限公司）

【广州国际集团有限公司】 广州国际集团有限公司成立于2001年12月6日，是广州市委、市政府批准成立的国有独资金融综合类国有资产授权经营集团公司，注册资本20亿元人民币。集团主营业务为橡胶轮胎和纯碱无机化工，产品包括子午线汽车轮胎、摩托车胎、纯碱、芒硝、避孕套与橡胶手套、轻质陶粒与陶粒砌块的生产与销售，从事物业开发、出租和管理，涉及金融与对外投资业务。属下全资、控股企业有广州市华南橡胶轮胎有限公司、广东南方碱业股份有限公司、广州橡胶企业集团有限公司、广州钻石车胎有限公司、广州华穗陶粒制品有限公司、物业管理有限公司、广州双一乳胶厂等。

深化品牌建设加快技术升级 2011年，在全集团组织开展了“深化品牌建设年”活动，加快技术升级步伐，努力实现由产品竞争向品牌竞争的重大转变，增强了企业的核心竞争力和市场控制力。广州市华南橡胶轮胎有限公司开发大胎新产品7个、小胎新产品90个，不仅20万条安全轮胎项目通过国家科技部验收，而且自主研发了30英寸超高性能子午线轮胎，标志着在大规格、高性能轮胎的研发能力又有新的提高，此外，博士后科研工作站的博士后引进工作也顺利进行，并设立了三个课题。广东南方碱业股份有限公司被评定为省级企业技术中心，完成工信部工业循环经济重大技术示范工程等多项技术创新项目的申报，同时利用纯碱生产废弃物“白泥”制作的脱硫剂，在旺隆电厂进行了168小时脱硫试验，获得脱硫率达95%以上的好成果，为低氯白泥脱硫产业化和市场化打下坚实的基础。

推动十二五规划目标逐步落实 在对企业发展环境、企业竞争力的综合分析基础上，确立了广州国际集团战略定位是“以提升市场控制力为基本战略选择，转变经济增长方式，调整市场结构，加强科技创新，规范内部管理，重组优化资源，促进主业发展，使企业成为中国橡胶轮胎产业、绿色无机化工产业和相关产业服务业龙头企业，体现国有经济的竞争力、影响力和带动力”，科学地制订了五年期间的总体发展目标和滚动发展计划。在集团“十二五”规划目标的指引下，属下企业逐项进行分解与落实，编制完善了各企业的五年发展规划和实施方案，明确了各年度、特别是前三年的具体工作目标、计划和措施，并在实际工作中布置执行。

2011年，作为规划部署的重点建设项目有所推进，广东南方碱业股份有限公司的纯碱60万吨“清洁生产、挖潜改造”技改项目基本完工，正在进行环保分步验收，这从根本上解决了长期以来制约生存发展的环评与规模瓶颈难题，全年新增产值约3亿元，新增利润3 000多万元。广州钻石车胎有限公司首期工程已于11月顺利建成投产，使这家历史悠久的原“广州第一橡胶厂”通过旧厂关闭、异地兴建和技术升级，迸发出市场竞争活力和高端产品研发能力，圆满完成市政府下达给广州国际集团的“退二进三”重大工作任务。

加强管理积极实现降本增效 “努力创新管理思路，转变盈利模式，实现业绩提升”是广州国际集团2011年生产经营工作的重点。按照集团的要求，广州市华南橡胶轮胎有限公司明确提出92个内部挖潜增效项目，通过实施新产品推出、工艺的稳定、质量的提升、消耗的降低、材料的节约、替代材料的使用等，实现效益4 224

万元；广州橡胶企业集团加大本部人员分流力度、控制各项费用，管理费用同比下降逾30%；物业公司通过推行职工宿舍一户一表工作，相对原有运作模式，每年可节约水费25万元以上；华穗公司与发展水务公司合作，成功利用印染污泥作为添加料生产陶粒，污泥处理量由每月1 000多吨提高到3 000吨，为印染污泥寻找到综合利用的出路；双一乳胶厂成立了成本核算小组，严格控制生产成本，全年降低生产成本约210万元。

产业整合与集团重组得到推进 广州国际集团与广州橡胶集团重组工作在2011年进入收官阶段，基本完成海乐斯公司停产关闭和钻石车业公司停业清算的遗留问题处理，基本完成广州橡胶集团退休人员移交社会化管理工作，钻石车胎厂人员分流安置、物资处置工作和厂区房屋、土地评估工作也已基本完成。2011年5月6日，集团将持有的广州胶管厂产权在广州市产交所公开挂牌，并于9月26日最终完成股权公开转让。双一乳胶厂改制工作稳妥推进，经市社保局政策支持和市财局专项资金协调到位，双一乳胶厂分三批与200多名职工解除了劳动合同。

2011年7月22日，市国资委召开“广州国际集团与广州化工集团重组工作会议”。重组工作领导小组集中精力研究工作方案，落实工作任务，在两个集团的重组过程中着力实现“各类产品向三大产业链集中、中小企业向核心企业集中、生产基地向产业园区集中”的目标，积极推进“产业发展结构调整、生产区域布局调整、企业建设规模调整、主导产品类型调整”。与华南理工大学工商管理学院的专家学者进行科技项目合作，针对新集团确立的核心业务板块，结合相关产业行业分析，制定核心业务中期发展战略，提交了《国际集团与化工集团业务整合与实施方案总体思路》的研究成果，为推进两个集团重组工作提供了有利条件。

安全生产责任落实态势良好 在2011年的工作中，广州国际集团持续加强安全生产的教育、排查、整改工作，各项控制指标严格落实。先后部署了七次安全生产大检查活动，举办两期“落实安全责任”学习班，120名安全生产责任人参加脱产培训，755名班组长经过安全生产技能的综合培训颁发了考核证书，全年共开展17场各类安全生产突发事故应急救援演练，有1 500多人次参加了应急救援演练活动，提高了各企业突发事故应急救援能力和水平，14 000人次参加由集团自行编制的安全生产基本知识测试答题活动。2011年，广州丰力橡胶轮胎公司荣获“广州市安全生产示范企业”荣誉称号，广东南方碱业股份有限公司、珠江轮胎有限公司、宝力轮胎有限公司三家企业通过“安全标准化企业”的达标评审，另有四家企业通过了“应急预案评审”，集团公司及属下各企业在安全生产方面圆满实现预定工作目标。

（广州国际集团有限公司 何创、黄志红）

【广州万宝集团有限公司】 2011年，在广州市委、市政府的正确领导下，广州万宝集团有限公司一方面经受了海外日本大地震部分零部件灾区断供和欧债危机导致世界经济疲软的冲击，另一方面克服了国内房地产调控政策对家电行业的的影响，取得了来之不易的成绩，产销双双创出约200亿元历史新高，继获得2010年度中国企业500强第412位后，又在行业外部环境恶劣的2011年度仍处于中国企业500强第418位。

集团公司两大经济指标创出历史新高 2011年，集团公司实现工业总产值194.74亿元，同比增长9.24%；主营业务收入195.42亿元，同比增长10.24%；利润总额7.43亿元，同比仅下降5.59%。2011年集团公司主营业务收入逆势保持了两位数的增长，产销双双创出约200亿元历史新高，为广州市工业经济发展作出了贡献。

技术创新取得新成绩 一、创新能力平台建设基本完成。集团公司投资近1亿元，建设包括实验中心、中试车间、计量中心、培训中心和PDM平台等创新能力平台，改善了研发工作的软硬件环境，为自主产品研发提供强有力的支撑。

高技能人才评审工作扩大到8个工种，在142名参加评价的员工中，有109人通过了资格评审，其中获得高级技师任职资格6人、获得技师任职资格15人、获得高级工任职资格88人。在实施人事制度改革方面，善用社会人力资源，引入国内外行业领军人加入万宝的事业。

二、实施PLM项目。技术中心实施了PLM项目，完成搭建产品数据标准平台，实现以产品结构为中心，集中有效管理产品全生命周期各种研发数据；实现产品数据的有效性和安全性控制，保证数据和数据更改的准确性、完整性和一致性，保护企业知识资产的安全。

三、取得研发新成果。技术中心积极开展产学研合作，联合进行多项超前技术的研究开发。其中，申报省科技厅计划项目1项，市科技局计划项目6项，与高校联合申报项目3项。申报的省科技厅产学研项目“新一代高效轻型冰箱压缩机研究与开发”已获省科技厅立项。集团冰箱公司解决了酒柜产品湿度控制问题，跨越了欧盟家电产品ERP指令的门槛。做好“家电下乡”工作，全年推出55款新产品。加大海外市场拓展力度，面向欧洲市场开发17个新品，面向北美市场开发和改型6个新品。集团压缩机公司研发的ETC55A冰箱压缩机获得2011年上海家电博览会技术创新奖，ESN60冰箱压缩机获得上海家电博览会金芯奖。

2011年，集团公司和成员企业申请专利77项，其中发明专利7项，实用新型专利41项，外观设计专利29项，参加制定国家或行业标准10项。

资本运营工作取得新突破 一、短期融资券成功发行。与中国农业银行广东省分行合作，在银行间市场申请注册发行短期融资券16亿元，一期发行8亿元，为集团公司在“十二五”时期重点项目建设提供了资金的保障。

二、推进股份制改造工作。集团公司通过增资和经营者持股的方式，对广州市森宝电器有限公司进行股份制改造工作，券商、会计师、律师、评估师事务所都已完成了评审报告，年内完成股份制改造工作。

品牌营运工作得到加强 世界金融危机后，万宝牌电冰箱改变主要依赖出口美国的市场格局，实施渠道结构从出口依赖型向内为兼顾型转变；产品结构从出口抵挡品向内外销低中高端并行发展；产业布局从单一广州制造到南北制造基地合理布局发展。

万宝牌电冰箱、小家电等系列产品成功申报“2010年广东省最具影响力品牌”；万宝品牌成功申报“2010年广东省优秀自主品牌”；万宝牌制冷压缩机继电器、华光牌冰箱压缩机申报广东省名牌产品；“万宝”商标申请广州市著名商标延续认定。万宝牌太阳能热水器在中国家电博览会上获“节能锋奖”。

在国内申请商标注册106本证书，在法国、德国、意大利、澳大利亚、日本、伊朗、沙特阿拉伯、印度等注册了万宝牌电冰箱、压缩机商标，在伊朗、印度注册了华光牌压缩机商标。制定《万宝品牌提升计划》，在CCTV、中国家电网、《电器》杂志网、户外立柱牌、公交车、游船等载体上宣传万宝品牌产品，全年宣传费用超过1 300万元。做好商标保护工作，协助工商部门打假4次，协助集团冰箱公司和经销商打假各1次，向商标局提出10个商标异议和争议评审，打假维权工作取得一定的实效。

保一方平安，尽社会责任 2011年，万宝集团公司没有发生重大伤亡事故、职业病和火灾事故，千人负伤率为0.5‰，安全生产工作连续6年保持平稳的态势，集团公司被省政府授予“广东省安全生产先进单位”称号。属下合资企业松下空调公司通过明确各级安全管理人员的安全责任，完善安全责任制度，开展全员安全意识的强化活动，全年仅发生轻微伤1宗的安全管理目标，这对年产值超过70亿的特大型企业，实在难能可贵。

万宝集团推进“清洁工厂”建设，开展番禺生产基地工业园清洁生产工作，建立环保实验室定期进行监管。全年环保工作达标，环保事故为零。

万宝集团公司重视公益事业，大力给予贫困地区物质、财力扶持，并促进其“造血功能”形成。

集团公司作为市属企业产值第二大户，为地区经济发展、为保一方平安、履行社会责任发挥了应有作用。

（广州万宝集团有限公司）

▲【广州王老吉药业股份有限公司】

广州王老吉药业股份有限公司（以下简称“王老吉”）始创于1828年，是广药集团属下核心大型企业之一。2010年11月，“王老吉”品牌价值被评估为1 080亿元，成为中国目前第一品牌。历经了百多年的发展，王老吉依靠技术创新、组织创新、制度创新，经济效益与社会效益显著，现已成为我国生产企业50强之一，企业综合发展速度十分迅猛，并先后获得省市“诚信单位”“守合同重信用先进单位”“消费者满意单位”等多项荣誉称号。借助凉茶成为国家级“非物质文化遗产”的有利形势，2011年，结合公司“十二五”规划，王老吉发挥销售优势，紧贴市场，克服重重困难，取得可喜成绩，其中，盒装王老吉凉茶单品的年销售额超过20亿元，成为广州医药行业销售额最大的产品。

2011年，在国家新医改提出三年计划实施的攻关之年，王老吉完成《公司药品全国物价信息统计表》《公司药品进入目录情况表》以及药品相关物价、进入国家与各省基药、医保、新农合目录梳理、政府关系、专家网络搭建等工作，并根据实际情况及时进行更新维护。

2011年，王老吉改进了保济丸粉混合工序的生产安排，提高了产能；调整了“三花”辗转的供货运作模式，改变了提取车间水提、醇提工序；制定出新、旧版GMP全面对接计划并推行实施；推进设备自动化建设，包括保济丸高速包装机的研制、口服液外包机械化包装、痰片二期外包机械化包装；以及推进了饮料车间配套设施工程的建设。

2011年，王老吉完成了妇科调经胶囊及更年乐胶囊两个品种的研制，获得国家中药8类新药生产批件，全年公司还获得发明专利授权15项；食品方面以“凉茶重点工程技术研究开发中心”为主体，开展凉茶和食品的研究开发；公司并申报高新技术企业复审、广州市创新型企业以及重点高新技术企业。2011年10月8日，王老吉入选2011年国家火炬计划重点高新技术企业。

2011年5月，第三届“三公仔·爱子有方”公益活动正式启动，广州王老吉药业股份有限公司总裁方广宏在启动仪式上致辞。

把控产品质量 王老吉的所有成品（包括委托生产的成品）经由公司中心检验室检验，合格后发放“检验报告书”，由质量受权人审核放行后，才能办理入库手续，继而进入市场。2011年，公司所有成品均未出现不合格的情况，质量稳定可控，符合标准，无不良趋势。其中，公司生产的板蓝根颗粒被列为“2011年国家药品评价性抽验品种”，被黑龙江省食品药品检验所检测所、海南省药品检验所三亚分所抽样，由北京市药品药检所检验，检验结果全部符合产品质量标准要求规定，这都表明公司产品质量过硬，同时也是对公司质量管理工作成效的一个肯定。

此外，王老吉还贯彻“走新型工业化路子”的目标，合理利用能源，加大环境保护力度，实现绿色GDP增长。多年来，王老吉坚持在食品原料的选择、使用以及产品标识方面严格执行国家法律、法规和标准，确保产品符合相应的法律法规要求，建立产品从原料至成品的生产轨迹信息记录，帮助消费者放心了解产品从源头到餐桌的整个加工过程。通过使用利乐设备的瞬时高温杀菌技术和利乐包真空密封保鲜的特性，王老吉凉茶率先实现了不添加任何食品添加剂，这在凉茶行业乃至整个快消品行业里都是罕见的，实现了食品安全和产品质量上的一个重大提升。

革新经营机制 一直以来，王老吉秉承“食品做中国植物饮料的领头羊，药品做中国OTC中成药的领先者”的企业发展愿景，苦练内功，从硬件建设到软件培育进行全方位努力，真正实现企业物质、精神、政治、生态文明协同发展。

2011年，在食品方面，王老吉凉茶坚持品牌持续借力方针，强化王老吉还有盒装的认知并深入家庭消费引导，促进家庭消费面和量的提升。通过广告覆盖面不断增加，卫视基本覆盖全国市场，同时持续创新媒体形式，丰富媒体资源、媒体投放与区域市场发展更紧密结合。此外，通过研究二三线市场家庭消费的特点，建立家庭消费引导的模式，针对消费者差异化需求，形成差异化的产品组合，在坚持16入家庭装、24入提手装经营的同时，强化6联包的经营，完善家庭消费产品组合，满足差异化需求。2011年王老吉还继续加强团购及异业联盟合作，建立激励机制，制定标准，鼓励区域寻找更多的团购与异业联盟机会，更有效地发挥出团购与异业联盟对品牌传播的影响力。王老吉润喉糖则快速壮大销售规模，借力品牌资源，加强终端基础表现，通过纸盒与铁盒润喉糖的相互配合，很大程度上迎合了消费者的差异化需求。2011年在广东传统、广东KA、武汉、重庆、杭州、无锡、上海、西安等8个试点市场进行试点活动，进一步深化了现有的经营模式。

2011年，在药品方面，得益于集团“11X”创新模式，王老吉坚持实施“华南走下去、全国走出去”的战略，省外市场布局实施“华南发挥优势，省外拓宽渠道”策略，渠道建设初见成效。一是开展千万工程，打造10个销售过千万的外省省份，促使区外市场高速发展，此外还开展帮扶工程，帮助市场基础薄弱的省份完成市场快速增长的目标；二是坚持品牌化运作路线，集中资源重点投入推动四个亿元品项的发展，打造全国性品牌；三是实施低成本营销策略，大力推行“广告公关化”，加强公关事件营销，通过公关事件营销，整合线上线下的资源，继而进行精、准传播。

创新文化管理 在当前严峻的国际国内经济形势下，只有充分发挥思想政治工作和企业文化建设工作的优势，贴近员工、关爱员工、回报社会，才能不断增强企业的核心竞争力，促进企业持续发展。王老吉一直主导“以人为本”、以“快乐、健康”为核心的企业文化，并通过文化交流，推动企业品牌推广。

2011年初，王老吉行政班子提出“控员提效、增产升薪，建设幸福王老吉”的经营方针，大大鼓舞了员工的信心和士气，并实施54个重点项目以统筹全年的工作，积极应对“材料成本上升、人工费用上升、药品价格下降”这两升一降的较为严峻的外部环境，有效地控制了成本，确保了利润的增长。为了克服药品产能紧张的困难，公司工会组织职能部门的员工班后义务劳动支援生产第一线，以保证满足市场需求，2011年全年完成工业总产值同比2010年增长23%，创历史新高。此外，公司培训中心还组织完成销售任务的外地营销团队回广州参观厂部和进行企业文化等各模块培训，增强了外地员工的凝聚力。

2011年，王老吉的党建工作遵照经营管理和政治工作“一岗双责”的原则，对党员的高中层管理人员实行“双岗双职”“双职双能”，即党委委员和党支部书记全部兼任行政职务，确保企业党建和经济工作的双促进和双实现，党组织的向心力和凝聚力不断得到增强，企业更加充满活力，经济效益和品牌知名度持续攀升。

完善售后服务 首先，王老吉严格把关产品从原材料采购到最终到达消费者手中的各个环节，保证产品质量，确保消费者在产品质量的投诉几乎为零。

其次，王老吉建立并完善售后服务体系并形成了“销售—市场—公关”一体化的服务体系。王老吉一直沿用400、800全国咨询服务热线，及时解决了消费者的问题，极大地提高了消费者的产品满意度与忠诚度。一些大型主题活动期间，王老吉除了通过客服热线为消费者服务，还另外开通主题活动网站，多渠道全方位地为消费者提高售后服务。此外，王老吉一直沿用网上王大夫咨询信箱，由专人负责解答消费者在药物使用过程及注意事项方面中的种种疑问，解除消费者用药的后顾之忧，用药更为放心。

近年来，王老吉还积极响应广药集团“过期药品回收工程”的号召，分别在华南、华北、东北、西南、华中等地推出了“儿童用药”换药活动，深受消费者和社会各界的好评。“关爱儿童，健康用药”的家庭过期药品免费回收的义举，真正体现了王老吉人“心系健康，回报社会”的精神，王老吉等广药著名品牌深入民心。

（广州王老吉药业股份有限公司）

【广州岭南国际企业集团有限公司】

广州岭南国际企业集团有限公司（简称岭南集团）的核心产业是旅游业和食品业，两大主业均实行全产业链经营发展。集团旗下的酒店包括全国三家“白金五星饭店”之一的广州花园酒店、国际化管理的中国大酒店、上市公司东方宾馆等5家五星级酒店，共6大系列酒店品牌、60多家酒店，16 000多间客房；旅行社业有以中国驰名商标广之旅为龙头的全系列旅行社，是华南地区最大的旅游服务商，业务遍及全球100多个国家和地区；会展业有华南地区规模最大、设备最先进，集会展、演艺、酒店为一体的广州白云国际会议中心；汽车服务业以星级服务标准、广东省著名商标广骏旅汽为龙头，拥有2 600多台旅游运营车辆；主副食品业包括中国驰名商标致美斋、孔旺记、皇上皇及8字连锁店、红牡丹、东川新街市等一批家喻户晓的老字号、著名品牌等。

2011年度，按照广州市委、市政府的工作部署，在市国资委的正确领导下，在市经贸委、市旅游局等部门的指导下，集团以科学发展观为统领，按照“一个主体，两翼齐飞”的发展战略，紧密围绕“实施规划、转变方式、扩张发展、价值经营、跨越百亿”的年度工作主题，全面实施集团“十二五”发展规划，坚持“五个拉动”促进“四做”的经营方针，全集团经营业绩、品牌建设、资本运作、区域扩张、转型升级、公司治理、业绩导向型组织打造、信息化建设等方面均跃升至新的台阶，集团主业经营实现了突破，跨越了百亿目标，全面完成“十二五”发展规划开局目标。

主营收入跨越百亿，经营业绩再上新台阶　2011年，岭南集团在一体化战略引领下，紧扣年度工作部署，内促管理、外拓市场，实现集团主营收入回归与突破，历史性地跨越百亿。其中，酒店旅游业务实现主营业务收入66.6亿元，同比增长17.7%；主副食品业务实现主营业务收入35亿元，同比增长24.2%。下属花园酒店、中国大酒店、东方宾馆、白云会议中心、广之旅、旅业公司、广州宾馆、羊城之旅、东方国旅和粮食集团、食品皇上皇集团、副食品集团、蔬果集团等企业经营业绩均创近年来新高。

成为公务接待的名片　以集团化的规模与一体化的运作，集中资源形成了强大的综合接待能力，为省市两会、亚运会、UCLG、省国际咨询大会等重大政务会议活动提供全方位的服务，受到各级领导的充分肯定。岭南集团已经成为广东省和广州市公务活动最重要的载体和亮丽的名片。

2011年3月10日，岭南集团与四会绿茵房地产签署四会岭南东方酒店管理合同。

市场化推动业绩大幅增长　通过战略重构，有进有退，集中资源发展品牌引领下的核心主业。从过去的行政化经营管理，全面转向市场化产业链经营发展。到2011年底，岭南集团营业收入由成立之初的45亿元发展到102亿元，翻了一番多，相当于再造了一个岭南集团，累计上缴国家税金25亿元。

发展势头良好　以谋求在南沙新区和海珠区完善提升旅游产业链落实集团深耕广州总部战略，同时，重点向珠三角广佛肇地区实施酒店品牌输出和商业运营扩张发展，在湖南、湖北、安徽等地开展景区开发经营、酒店品牌输出以及主副食品的市场扩张，以贯彻“走出去”战略。

行业地位提升　目前，岭南集团旅游核心业务占据广州市一半以上的市场份额，成为广东省唯一一家跻身全国前十的地方性旅游集团，在中国旅游企业排行第8位，提升了广州市旅游产业在中国旅游市场的地位。

（广州岭南国际企业集团有限公司）

【广州珠江啤酒集团有限公司】

2011年是“十二五”规划的开局之年，也是广州珠江啤酒集团有限公司（简称珠江啤酒集团）乘势而上、加快发展的关键一年。珠江啤酒集团认真践行科学发展观，深入开展“第一品牌建设年”主题活动，实施“双聚焦”战略，聚焦市场、聚焦产品，推动企业持续健康发展。其中，生产经营呈现良好的发展势头：2011年，完成啤酒产量130.56万吨，同比增长7.21%；销量128.97万吨，同比增长6.71%；工业总产值45.78亿元，同比增长17.46%；营业收入36.63亿元，同比增长15.83%，其中主营业务收入35.65亿元，同比增长15.87%；利税总额7.08亿元，同比增长7.56%，其中利润总额7 376.48万元，同比下降36.41%。

以“第一品牌建设”为主线，聚焦市场、聚焦产品，提升企业盈利能力　2011年，珠江啤酒集团紧密围绕“十二五”发展规划，坚持“南固、北上、西进、

2011年12月4日，广东省男子排球队正式宣布更名为“广东珠江啤酒男子排球队”。

东拓”的全国市场战略，以“第一品牌建设”主题年活动为主线，强化珠江啤酒12个生产基地所在地第一品牌建设，深入推行深度分销模式，实现渠道下沉、掌控终端，巩固广东市场、拓展省外市场、培育潜力市场，提高珠江啤酒市场覆盖率和占有率。2011年，啤酒销量128.97万吨，同比增长6.71%。其中，北方事业部同比增长43.15%、深圳市场增长39.74%、海南大区增长20.51%、东莞大区增长18.94%。

同时，致力于产品结构的调整，摸索推行产品经理责任制，聚焦纯生和易拉罐啤酒等中高档产品的推广力度，强化收益值的考核，完善激励机制激发厂商两支队伍的积极性，提高中高档啤酒的比例，提升企业盈利水平。2011年，中高档啤酒销量同比增长25.04%，占总销量的54%，同比提高了近8个百分点，其中纯生啤酒销量同比增长27.08%、易拉罐啤酒销量增长73.74%。由于品种结构的优化，拉动工业总产值增长约1.46亿元。

此外，不断加强品牌建设，根据纯生啤酒的品牌诉求，集中资源投放纯生电视广告，开展“喝珠江纯生，赢取时尚IPAD，随时随地看亚锦赛”的促销活动，加强珠江纯生品牌推广，打造“中国第一纯生”品牌形象。2011年，珠江啤酒集团续约国家篮球队，相继在全国5省7大重点城市50所高校举办“2011珠江啤酒灌灌灌大学篮球争霸赛”；正式邀请朱芳雨出任“珠江啤酒篮球大使”，共同传播珠江啤酒“Work Hard Play Hard”的品牌主张，深入推广中国篮球运动；持续开展社区路演及社区推广活动，加强珠江啤酒品牌的推广力度，提高品牌活跃度和亲近感。

以企业技术中心为平台，加强产学研合作、推进自主创新，提升企业核心竞争力

珠江啤酒集团拥有国家级企业技术中心、博士后科研工作站，持续与比利时英博集团、中国食品发酵工业研究院、德国慕尼黑理工大学、华南理工大学、江南大学等国内外知名单位开展技术交流与产学研合作，不断提高企业技术创新能力，进一步巩固珠江啤酒在行业的技术领先优势。2011年，珠江啤酒集团共投入资金1.25亿元推进自主创新工作，新增研究开发项目15项，有5项新技术、5项新工艺转化生产应用，新增授权发明专利1件，实用新型专利1件、外观专利3件，现拥有发明专利2件、实用新型3件、外观专利50件等共57件专利；新增注册商标3件，现拥有国内注册商标共97件。此外，《优质纯生啤酒品质控制体系》技术成果经验收达到国内领先、国际先进水平，荣获中国轻工业联合会科技进步一等奖；在2名博士后顺利出站的基础上，再次引进中国食品发酵工业研究院李红博士，重点研究《提高啤酒抗老化的过程控制研究》项目；与德国慕尼黑理工大学啤酒工艺和饮料技术研究所正式启动共建“珠江啤酒国际技术研究室”，力争至2013年完成两项以上达到国际先进水平的科研项目，为公司培养至少2名酿造行业的创新领军人才、10名高水平的科研人才、30名以上高技能人才。

以加强管理为手段，节能降耗、控制成本，提升企业竞争实力 珠江啤酒集团于2011年3月24日、8月23日成功发行两期短期融资券共10亿元人民币，充实企业的流动资金，降低了公司的融资成本。同时，继续深化零基预算和工厂最优化管理，加强企业之间成本费用开支指标的横向、纵向及与国内外竞争对手对标分析，寻找存在问题与不足，落实整改措施，控制成本费用开支。在2008年节约9 529万元、2009年节约8 257万元、2010年节约7 681万元的基础上，2011年再节约费用3 922万元。

此外，珠江啤酒集团在下属企业推广使用绿色无污染的生物质燃料，可实现节能和减少污染物排放。通过以上措施，企业降本增效成果显著。2011年，珠江啤酒凭借卓越绩效管理模式荣膺首届“广州市政府质量奖”。

以项目建设为抓手，加快发展步伐、建设总部经济，促进企业做大做强 2011年，珠江啤酒集团重点推进广西、梅州、南沙三大项目建设。一是广西项目，广西首期年产20万吨啤酒项目是上市募投项目，占地面积约300亩，是珠江啤酒实施“南固、北上、西进、东拓”全国市场战略中“西进”的桥头堡，该项目已于2011年5月27日竣工投产，也为珠江啤酒立足广西、面向西南、辐射东盟奠定了坚实的基础。二是梅州项目，该项目是梅州分装公司易地改造和承接广州总部产能转移的项目，也是贯彻落实《珠江三角洲地区改革发展规划纲要》和广东省、广州市“双转移”战略的重大项目之一，更是珠江啤酒实施“南固、北上、东拓、西进”全国市场战略中“东拓”的桥头堡，占地面积346亩。根据珠江啤酒“十二五”发展规划，该项目建成后生产规模40万吨，其中首期工程20万吨/年已于2011年4月7日正式奠基，主体工程已于9月份动工建设，计划2012年6月底前投产。三是南沙项目，该项目主要承接广州总部的产能转移，占地面积约380亩，计划分期三期建设，其中首期工程30万吨/年，目前土地平整已完成，正在建设围墙、道路、供排水等基础工程，计划2012年投产。

同时，为发挥总部地理位置优势，适应琶洲会展经济的发展，珠江啤酒集团积极推进以珠江—英博国际啤酒博物馆为核心的珠江·琶醍啤酒文化创意艺术区的建设，现已建成旅游观光码头、露天无烟烧烤酒吧、啤酒文化广场等，举办了南方音乐节、珠江公益节、意大利旅游推介会、新车发布会等40多场公益及商业活动，提高知名度，接待宾客30多万人次，创收800多万元；被市民评选为海珠区十大旅游新名片，成为推广鲜啤和白啤等中高档啤酒的重要场所、传播珠江啤酒品牌的重要平台、加快转型升级的动力引擎。

以社会责任为己任，践行低碳经济、关注社会公益，塑造良好的企业形象 一直以来，珠江啤酒集团坚持以“减量化、再利用、资源化”为原则，采取切实可行措施对整个啤酒生产过程进行针对性的改造、优化，采用新技术、新工艺降低能耗物耗，促进企业可持续发展。联合国清洁发展机制（CDM）项目——沼气回收发电项目全年发电460多万度、制冷79亿千卡，创收750万元；减排CO2近2万吨，实现碳交易创收170多万元。广西公司按照“低碳、减排、环保、简明、采光”的绿色环保理念进行建设，阳江、汕头、海丰、中山、东莞等下属企业推广使用绿色无污染的生物质燃料，减少污染物排放，全面完成政府下达的节能减排目标。同时，珠江啤酒集团积极贯彻落实省委、省政府作出的扶贫开发“规划到户、责任到人”的“双到”扶贫重大决策，2011年共投入扶贫资金400多万元推进贫困村集体项目、帮扶贫困户、进行危房改造、发放奖（助）学金等，取得优异成绩，得到广州市政府的充分肯定。广州市委书记万庆良一行视察了珠江啤酒集团对口帮扶贫困村——阳江市阳西县儒洞镇南洞村，高度评价了公司的帮扶工作。岭南村被评为广州市扶贫开发“双到”工作示范村，获市帮扶资金50万元；南洞村被确定为广州市4个重点“整村推进示范村”之一，也是广州帮扶梅州、阳江、茂名三市中唯一一条由企业帮扶当选村，获市帮扶资金690万元。此外，珠江啤酒集团非常关注社会公益事业，举办“珠江啤酒慈善元宵晚会”筹集善款115万元捐助海珠区敬老事业；捐款60万元救助贫困脊柱侧弯患者和参加广东扶贫济困日活动；赞助100万元支持团省委、省民政厅等单位主办的“爱·大家”首届珠江公益节以及省委宣传部、省文化厅主办的“幸福广东 文化惠民”系列活动——二沙岛户外音乐季，组织志愿者1 020人次积极参加广州市创文活动，充分展示了珠江啤酒集团优秀企业公民形象。

（广州珠江啤酒集团有限公司 刘勇 王琳）

【广州珠江实业集团有限公司】 广州珠江实业集团有限公司（以下简称“珠江实业集团”）成立于1979年，是由广州市国资委直接授权经营管理的跨地区、跨行业的大型企业集团，目前资产总额逾100亿元。该集团以房地产开发、工程服务、物业经营为三大主业，主要从事境内外房地产投资、开发和商品房销售、经营，承包国内外工业及民用建筑建设工程及设计，建筑材料和装饰材料生产、经营及配套供应，酒店、物业投资和经营管理等业务。

2011年，在国内房地产宏观调控压力不断增大的复杂环境中，珠江实业集团在广州市委市政府和市国资委的正确领导下，在全集团干部员工的共同努力下，按照“以战略规划为导向，以创新发展为核心，突出重点做强主业”的年度总体要求，扎实推进年度预定的各项经营目标，圆满完成了2011年的总体预算指标。2011年珠江实业集团实现主营业务收入59.64亿元，同比增长28.65%；实现利润总额5.62亿元，同比增长33.40%；实现归属于母公司所有者净利润2.65亿元，同比增长20.12%。主营业务收入、归属母公司净利润等主要考核指标保持同比“双二十”的增长，净资产收益率继续保持11.08%的较高水平。主要生产经营情况为：

地产主业保持逆势发展 2011年，珠江实业集团积极应对宏观调控，按照“三加快、三加强”的部署，加快地产开发、加快资金回笼、加快项目拓展；加强形势研究、加强质量控制、加强运营管理，地产板块成功实现逆势增长，取得了不俗的成绩。2011年，珠江实业集团房地产板块实现营业收入16.70亿元，同比增长23.45%。其中，珠江璟园项目工程进展顺利，比原计划提前17天达到销售所需的100米标高结构节点。长沙珠江花城四组团开盘后获得市场认可，销售成绩在区域内名列前茅，全年珠江花城项目商品房签约580套，其中四组团签约住宅318套，签约金额22 516万元；三组团签约住宅260套，签约金额18 443万元。三亚南田度假区103亩产权式酒店别墅项目基本完成全部110栋别墅的土建施工，机电、装修施工全面铺开，其中1—4组团共41栋112间客房在元旦前后竣工并试营业。

准确研判形势赢得主动 针对宏观环境发生的深刻变化，珠江实业集团坚持稳健经营，重视宏观政策研究，广泛收集市场信息，完善决策体系建设，坚持低成本扩张的发展方针不动摇。珠江实业集团在总体上比较准确地预见了此轮宏观形势的发展，把握了市场变化的节奏。由于科学研判和稳健经营，在近一轮市场高潮时，珠江实业集团在决策是否买地或收购项目时，价值判断更明确，谈判立场更坚定，没有在高位入市，成功规避了市场风险，并储备了宝贵的资金实力，为集团在应对不断严峻的调控局面上赢得了发展主动权，在加快实现集团

跨越发展的征程中走好了关键的一步。

充分调动各单位积极性 珠江实业集团改革创新绩效考核机制，在薪酬政策上逐步向市场化接轨，充分调动各基层单位的积极性和主动性，不断增强推动“十二五”发展的内在动力，一大批单位经营业绩再创新高。属下燃料集团提出“抓紧、抓早、抓好”，积极应对困难和挑战，取得了提前三个月完成全年主要经济指标的喜人成绩，全年实现营业收入13.57亿元，同比增长68.49%。住建公司实现主营业务收入12.8亿，比上年同期增加30%，利润总额同比增加88.62%，净利润实现了翻两番，成为该集团工程板块中首先创1 000万元净利润的企业。珠江监理公司2011年新签合同额连续第三年突破2亿元大关，营业收入1.4亿元、净利润707万元均为历史新高。珠江装修公司2011年实现工程收入72 720万元、净利润330万元，达到了历史最高水平。珠江设计院2011年实现主营收入9 500万元，同比增长26%；实现净利润600万元，同比增长43%。珠江管理公司在管项目数达124个，全年实现营业收入1.66亿元，净利润首次突破800万元，在全国百强评比中，该公司净利润指标跻身全国前10强。建业控股公司作为该集团的不良资产处置平台，2011年完成小业主办证1 452户、拆迁补偿475户、物业租赁收入325万元，分别完成年度考核指标的110%、105%、118%，去年底集团将珠投公司及华自公司2户企业纳入该平台合署办公，形成了“一套人马、六块牌子”的运营模式，进一步强化了不良资产处置平台的作用。

全面提早做好资金储备 在宏观调控不断深入和银根日益紧缩的情况下，珠江实业集团准确判断市场走势，一方面严格坚持低成本扩展，控制投资规模和资金投放；另一方面加快项目建设和资金回笼，多渠道创新融资方式，全方位提早做好资金储备。2011年珠江实业集团成功发行7亿元中期票据。截止2011年年底，全集团储备的资金能力超过30亿元，良好的资金状况进一步巩固了珠江实业集团应对宏观调控、逆势发展的优势和实力。

重视加强干部队伍建设 珠江实业集团十分重视加强属下企业领导班子配备和人才队伍建设，将其作为推动集团“十二五”规划顺利落实的关键举措之一。2011年该集团对二级企业领导班子和后备干部队伍进行了全面考核，共调整干部26名，提拔使用17人；其中，中层副职提拔到中层正职的7人，提拔到中层副职的10人。调整后中层正职平均年龄由51降到44岁，中层副职平均年龄由47岁降到42岁。另外珠江实业集团还选拔任用了两名集团副职领导。经过本次干部调整，珠江实业集团中层干部队伍进一步年轻化、知识化、专业化，为该集团“十二五”发展注入了鲜活动力。

品牌影响保持不断提升 在2010年广东省企业百强、优秀自主品牌评选中，珠江实业集团同时荣获了“广东省企业500强”“广东省服务业百强企业”两个称号，标志着该集团在综合实力、品牌效益等方面成绩突出。该集团各二级单位在各自专业领域均继续保持快速发展，市场竞争力和品牌美誉度不断提升。珠江设计院在2010至2011年度共有15个项目获得30多个省市级奖项，其中广州歌剧院项目荣获全国优秀工程设计一等奖。珠江装修公司成功树立起“珠江装修”品牌的海外形象，被市外经贸局授予“2010年度外经济合作先进企业”荣誉称号，并荣获“2010年度中国建筑装饰绿色环保设计百强企业”称号。珠江监理公司荣获“深圳第26届世界大学生夏季运动会大运会场馆工程建设突出贡献企业”称号。珠江管理公司从国内6万同行业企业中脱颖而出，被授予“物业管理综合实力百强企业”，排名第23位。在亚运表彰中，珠江体育文化公司被国家人保部、国家体育总局、省委省政府授予“广州亚运会、亚残运会先进集体”荣誉称号。燃料集团荣获“全国燃料流通行业十大品牌企业”称号。

2012年是实施“十二五”规划承上启下的重要一年，珠江实业集团将全面贯彻学习广州市第十次党代会精神，以集团“十二五”战略规划为指引，努力顺应国有企业改革发展的新形势，积极应对宏观环境的新变化，抢抓机遇，迎难而上，开拓进取，努力实现主要经济指标“双二十”增长，努力实现集团经济总量上新台阶、持续发展有新动力、改革创新有新突破、竞争实力有新提升，争取实现弯道超越和逆势发展，开创集团“十二五”又好又快发展的新局面。

（广州珠江实业集团有限公司 毕绮文）

▲【广州市住宅建设发展有限公司】

广州市住宅建设发展有限公司成立于1957年，是广州珠江实业集团有限公司属下的国有控股企业，具有房屋建筑工程施工总承包、建筑装饰装修工程专业承包以及地基和基础工程专业承包一级等多项资质企业。2011年，住宅建设公司通过实施一系列自主创新工作，公司在规模、知名度、创优、科技创新和管理创新等方面取得了显著成绩。

企业规模不断做强做大 住宅建设公司2011年经营总收入达到16.2亿元，主营业务收入达到15.9亿元，实现利润1 522万元，净利润1 002万元，成为集团工程板块中首先创1 000万元净利润的企业。2011年在建施工项目达到50个，施工面积超过220万平方米，创了历史记录。2011年面对后亚运时期投资项目减少，房地产限购开发项目减少的不利市场环境下，住宅建设公司仍实现新增任务25.5亿元，超额完成年度目标。在公司全体人员的努力下，2011年广州市企业诚信综合评价体系排名中，住宅建设公司在广州2 000多家施工企业中长期排在10名以内，最好名次排在第二名，企业声誉明显提升。

值此国家大力发展保障性住房建设之机，住宅建设公司加强自主创新管理，通过承接广州市多个保障性住房项目（包括大沙东、龙归、小坪村、菠萝山、同德围等），为广州市城市发展做作出更大的贡献，为企业进一步发展壮大添砖加瓦。

企业承建项目创样板取得新突破

2011年，通过完善《项目创优管理规定》和常态化质量管理专项活动，持续强化工程项目质量管理、现场施工安全控制和文明施工示范建设等，住宅建设公司施工项目在质量创优方面不断取得新突破，为社会贡献了越来越多的优质工程、精品工程。仅2011年，住宅建设公司就获广东省安全文明施工示范工地3项，广州市建设工程质量“五羊杯”奖1项，广州市优良样板工程2项，广州市建设项目结构优良样板工程3项，广州市安全文明施工样板工地3项。2011年，公司按奖励制度规定支出100多万元奖励在项目创优和科技创新工作方面取得显著成绩的各有功人员。

企业自主科技创新取得新突破

2011年，住宅建设公司继续坚持科技兴企战略，不断加大科技投入和奖励力度，鼓励员工积极参与科技创新工作，取得了一批科技成果：（1）公司获得国家授权专利3项；（2）施工技术攻关成果通过省级科技成果鉴定6项，且全部达到国内先进水平以上；（3）2011年度获得广东省省级工法5项，累计获得省级工法23项。（4）公司在建的珠江新城L3-1、L3-3地块项目T1-T5栋住宅工程获批准为2011年度广东省建筑业新技术应用示范工程；（5）公司2011年度开展QC小组活动获得广州建筑行业优秀质量管理小组二等奖9项，三等奖1项，经向省质量协会推荐并获得广东省优秀质量管理小组4项和广东省质量协会信得过班组1项，且公司获得广州建筑行业QC小组活动优秀企业。（6）公司与高校合作申报1项政府科技计划项目并获得政府科研经费资助；1项政府资助科研项目申请结题且通过专家验收；（7）公司1项发明专利技术参加由广州市总工会组织的广州市职工发明创新大赛并获得二等奖。

企业管理创新工作不断上新台阶

（1）2011年，通过创新经营者考核机制，制定考核办法，从责任考核到指标考核并逐步进行创新和细化，并实行奖罚分明的考核，促进下属各企业结合自身实际，创新管理，确保各种经营指标完成，促进企业经济效益的提高。（2）现代社会人员流动频繁，如何解决人才问题成为企业急需面对的难题，通过不断创新人才管理工作，从人才引进、培养、提供人才发展平台以及留住人才各环节都采取了一系列的创新管理方式和方法，务必保证企业人才队伍合理发展，不断激励各类人才在各自岗位上得到充分的发挥。（3）根据市场发展和企业实际，不断创新施工现场管理，先后制定关于施工管理、顾客服务、项目创优、环境和职业健康安全管理、民工工资管理、项目部考核等管理制度，细化了现场施工管理，每一个环节都有章可循，各付其责，使公司近年企业的合同履约率不断增强，质量、信誉不断提高，从而提高了企业竞争力。（4）通过不断创新企业经营风险防范机制，形成了一套“事前防范、事中控制、事后补救”的管理体制，有效地防范企业各类风险的发生，保证企业持续健康发展。

（广州市住宅建设发展有限公司）

【广州百货企业集团有限公司】

2011年，广百集团深入贯彻落实科学发展观，围绕广州市建设国家中心城市和国际商贸中心的定位，以集团“十二五”规划为引领，坚持“大踏步快速健康发展”的战略思想，推动了零售、展贸、物流三大主业以及配套的商业地产的发展，实现了“十二五”时期的良好开局。集团全年实现经营总额和主营业务收入突破“双百亿”，分别达到200.08亿元和106亿元，同比分别增长24.3%和20.2%，利润总额4.74亿元，归属母公司所有者净利润2.49亿元，国有资产保值增值率119.23%。

狠抓大项目拓展，为三大主业的发展打好基础　集团全年成功开业和储备零售、展贸、物流项目共16个，新增经营面积超过75万平方米。其中广百股份新开GBF北京路店、广百肇庆超市店、广百湛江店、广百新一城花都凤凰广场店、广百电器精品馆、数码精品店等6家门店，新增经营面积约9.5万平方米，成功签约或基本圈定增城东汇城等5个项目，取得了全年“开六店，圈五店”的拓展成绩。省市重点项目广州国际商品展贸城一期“广州光谷”围绕打造“全球最大的LED产品展贸平台”的定位，快速建起26万平方米场馆，成功招商3万余平方米照明龙头企业，于11月16日破冰开业。物流业成功拿下近30万平方米骏盈物流园，为物流基地转移和获得长期收益打下基础。

狠抓经营能力提升，促进消费拉动内需　积极响应市政府关于增强消费拉动力的要求，强化经营能力提升，营造良好消费氛围，下功夫挖掘消费潜力，拉动消费增长，为广州商业发展贡献力量。广百股份等零售企业坚持开展“时尚购物节”“国际化妆品节”等大型文化营销活动，在广州零售市场上形成了广百特色的购物节品牌；面对零售行业增速下滑的形势，加大促销力度，全年开展大小促销活动近200次，带动销售规模持续攀升。批发业郑州日产汽车销售创开办业务15年来的新高，单店销售全国第一。物流业狠抓供应链一体化和物流金融业务，成为集团增长最快的版块。

狠抓管理服务水平提升，增强企业可持续发展能力　广百集团把2011年定为“管理标准落实年”，突出拓展、服务、安全三大重点，制定了整套覆盖面广、市场贴近度高、细致高效的标准体系，集团系统修订完善后的标准达到810项，大大提升了标准化运作水平。据2011年集团公司第四季度社会责任情况调查显示，集团系统一次性解决顾客投诉率为99.1%，做到了“不让顾客带着不满和遗憾离开”；集团系统顾客满意度为85分，为全年最高；严格遵守环保法规，倡导低碳经济，100%企业建立环境管理体系，遵守环保法规。

扎实推进“幸福广百”工程，加强企业文化建设　制定了集团人力资源机制改革实施意见，引入平衡计分卡、360度考核、KPI等科学的人力资源管理工具，刚性推进人力资源管理机制改革，为建立公正和有效的人才考核奖惩机制打下基础。加强五色文化建设，推进“幸福广百”工程落实，制定了“保障一线员工基本薪酬水平合理增长”等34条重点措施。推行社会责任目标管理制度，围绕“顾客权益、商品质量、员工权益、环境保护、安全生产、伙伴利益、社会公益”七大责任领域，引入社会监督，连续在广州日报大篇幅发布《广百集团社会责任季度报告》，如实通报社会责任履行情况、接受全社会的监督和鞭策。“先导型”履行社会责任举措引起社会广泛关注，促进了集团诚信企业形象的树立和品牌提升，受到中央党校、中国社科院及社会各界的高度赞誉。

2011年，广百集团荣获“广东省雇主责任示范企业”“广州市企业文化优秀建设单位”“中国城市核心企业”和“广东省十大和谐企业”提名奖等殊荣。

（广州百货企业集团有限公司 李孟茹、严志国）

【广州珠江钢琴集团股份有限公司】

2011年是“十二五”规划的开局之年，珠江钢琴集团全面贯彻落实科学发展观，以全球视野和战略思维应对复杂多变的市场环境，促进企业又好又快发展。

技术创新硕果累累，产品结构不断优化 2011年，在钢琴重要零部件制造技术上和新产品开发方面均取得重大突破，完成新产品开发62款，包括恺撒堡KA（艺术家）系列以及珠江、里特米勒、京珠等自主品牌的中高档琴新产品，推动珠江钢琴集团产品结构的优化升级，不断提升珠江钢琴的品质水平和市场竞争力。2011年，珠江钢琴集团获得专利授权10项，参与制定国家或行业标准2项，目前公司共拥有专利授权50多项，参与制定国家或行业标准20多项，拥有技术秘密近300项，大大增强了产品的市场竞争力。珠江钢琴集团以市场为导向，产品结构不断优化，中高档产品销售比重大幅增长，恺撒堡销售同比增长45.19%；三大系列销量同比增长49.70%；三角琴销量同比增长33.39%。

加大品牌升级力度，品牌建设成效显著 2011年，珠江钢琴集团组建了独立生产车间，以更高端的品牌定位成功研制出恺撒堡艺术家（KA）系列钢琴，打响品牌升级战略中响亮的一枪。KA系列钢琴由国际著名的钢琴设计制作大师托马先生主持设计，由欧洲资深钢琴制作技师史蒂芬•默勒进行全过程监制，装配过程完全按照欧洲顶级钢琴的工艺流程设置和进行质量控制，全部产品由史蒂芬•默勒进行成品检验并签字，为公司高端发展增添了强大后劲。同时，珠江钢琴集团成功举办了第二届的“珠江•恺撒堡”全国青少年钢琴大赛，在全国引起热烈反响，决赛评委包括刘诗昆、维阿杜等近30位国内外钢琴大师、教育家，参赛人数超过1万人，并吸引了韩国、加拿大等国外音乐爱好者参赛，该项赛事已经成为国内评委规格最高、规模最大、影响力最强、组织最好的钢琴赛事之一，大大提升公司高端品牌形象。此外，恺撒堡钢琴成为众多大型活动用琴，如中国音乐金钟奖指定用琴、2011年中央电视台元宵晚会、2011年深圳世界大学生运动会开幕式等，品牌影响力持续提升。

战略项目有序推进，新兴产业日渐成熟 珠江钢琴集团IPO上市项目、北京珠江钢琴公司项目、增城募投项目等顺利推进，珠江钢琴艺术中心形成较为成熟的运作模式，设有社区分支机构并与星海音乐学院、少年宫等机构长期合作，同时还在探索与专业音乐、艺术院校合作开办附属学历学校、培训院校；此外，珠江钢琴集团与广州电视台签订了战略合作协议，开拓文艺娱乐市场，实现主业延伸的多样化。数码乐器公司——广州艾茉森电子有限公司2011年研发并投产多款数码钢琴新产品，国内经销商数量达到120个，2011年销量同比增长67.81%，销售收入同比增长51.76%，产品和品牌逐步得到了市场认可。

注重社会责任，促进企业长期可持续发展 珠江钢琴集团关爱员工，致力于建设幸福企业。公司组织了多种形式的文娱活动，如才艺展示、“幸福珠江、劳动创造”暨“庆五一”员工茶话会、摄影培训和采风、企业文化征文、“元旦万人健步走”、“无极

2011年12月，第八届中国音乐金钟奖比赛在广州隆重举行，珠江•恺撒堡牌钢琴再度成为本届金钟奖官方指定用琴。

限2011年世界行走日”、欣赏电影、观看音乐会、参加交友联谊会等等，建立了职工图书室，不断丰富职工业余文化生活。同时，2011年珠江钢琴集团投入300多万元，开展对广东贫困地区茂名电白县和从化4条贫困村的各项帮扶工作，通过文艺演出下乡、成立“助学教育基金”、购买中巴开通公交线路、采用股份制模式建设山瑞养殖基地、集资架设桥梁等创新帮扶方式，帮助村集体经济发展和贫困村民脱困，塑造公司良好社会形象。

（广州珠江钢琴集团股份有限公司）

2011年4月1日，中国勘察设计协会王素卿理事长（右）在广东省勘察设计协会、广州市勘察设计协会的主要领导及广州市建委科技设计处领导的陪同下到广州设计院检查指导工作，听取了院领导对设计院的全面工作汇报和环保、节能、绿色建筑工作成果介绍，参观了由设计院设计的广州塔、珠江城等广州市标志性建筑，对设计院在行业内取得的成就尤其是在节能减排、绿色环保方面取得的成绩，给予了高度的赞扬和肯定。

【广州市设计院】 2011年，广州市设计院在市委、市政府和市国资委的领导下，坚持以科学发展观为统领，深入实施院“十二五”规划，开拓进取、务实创新。对外扩充业务，加大投标力度，积极拓展珠三角和内地市场；对内加强重点项目管理，全面强化质量管理，推进科技创新、设计创优，多出精品。通过全院上下的共同努力，做好了生产经营、科技创新、综合管理、党建扶贫等各项工作，总体保持了较好的发展态势。

抓经营促发展，主营收入攀新高 广州市设计院的生产经营形势整体良好，营业收入又创新高，投标、合同签订等方面再获佳绩。各承包部门、公司除完成营业收入指标外，还完成了经济承包责任书中的其它各项指标，是近年来取得的最好成绩。全院营业总收入29 292万元，比上年增长12.29%，超额完成年度生产指标和“十二五”规划开局年的目标。全院勘察设计收费比上年增长30.23%，实现了两年翻一番。参与勘察设计投标93项，中标率58%，比上年又有提高。中标的主要项目有：长隆四星酒店、惠州方直广场、上林苑（三期）、佛山高明文化中心、南方电网科研基地、华夏中央广场、东塔、保利金融中心、广州科学城（办公、酒店、住宅）、韶关酒店等。

抓质量重创新，科技成果显著 （一）质量和技术管理水平进一步提升。设计质量是立院之本、强院之基。广州市设计院全年深入贯彻执行新版质量体系文件要求，推动其理念、机制与设计全过程管理的融合，持续提升了质量和技术管理水平。

（二）科技创新取得好成绩。“绿色建筑”的研究与推广取得突破性成绩。一是将绿色建筑作为立项研究的重点方向。主持和参与的“五星级酒店绿色建筑适用型技术研究与应用集成”等5个科研项目成功在市建委立项，纳入“2011年度广州市建筑节能资金扶持项目”，占扶持项目总立项数的20%，成为立项数量最多、获扶持资金额度最大、申报成功率最高的单位。二是在项目设计中积极推广绿色建筑技术。如：白天鹅宾馆改造工程设计拟通过绿色节能技术的应用实现能耗降低30%，节能65%以上；专门成立设计大厦办公场所节能改造工作机构，投入几百万元，对院办公楼进行节能改造，要求降低能耗40%以上。三是绿色建筑设计获殊荣。广州国际体育演艺中心获得国家住建部颁发的“二星级绿色建筑设计标识证书”，是广州市设计院第一个通过绿色建筑标识认证的设计项目。这既是对广州市设计院研究和推广绿色建筑技术成果的肯定，也是对继续做好该项工作的有力促进。此外，广州市设计院有5名院总工入选为广东省绿色建筑评价标识专家委员会的第一批专家，更有利于进一步提升绿色建筑的研究水平。

技术创新成果显著。全年申报专利26项，其中发明专利13项。目前已获专利54项，有44项正在审批中。“广州体育馆大跨度空间结构关键技术研究与应用”被评为广州市科学技术奖二等奖、广东省科学技术奖三等奖；“第16届亚运会亚运场馆供配电设计导则”被确认为广州市科学技术成果；“整体倾斜相互连接结构体系关键技术”在科技成果鉴定会上获得专家一致好评；“光伏建筑一体化在高层建筑应用关键技术”等10项专利被评为2011年广东省企业创新纪录，均为国内首创。广州市设计院被评为“广东省自主创新标杆企业”，全省获此殊荣的企业仅30家。

行业的影响力进一步提升 （一）设计精品实力强、获奖多。2011年，广州市设计院先后有65个项目获国家、省、市各级奖项。其中，中国土木工程学会百年百项杰出土木工程奖1项、中国土木工程詹天佑奖1项、全国优秀工程勘察设计行业奖12项、广东省优秀工程勘察设计奖22项、广东省优秀城乡规划设计奖1项、广东省岭南特色规划与建筑设计奖1项、广州市优秀城乡规划设计奖3项、第四届广州建筑装饰设计奖5项。在房建类设计为主的单位中，广州市设计院获奖项目总量位居全国第6名、全省第2名。申报省市优秀城乡规划设计奖4项均获奖，在广州市规划专业内已崭露头角。建筑装饰工程奖首次申报，也取得了较为理想的成绩。

（二）广州市设计院注重参加行业活动，增强业内影响力。成功主办中国建筑设计行业分会六届六次中南（六省区）联席会议，有力地促进了中南地区勘察设计单位之间的沟通与合作，赢得业界的一致称赞。在北京召开的中勘协建筑设计分会第七届一次理事会上，广州市设计院继续当选为副会长单位，在全国省会城市设计院中唯一。并先后成为中勘协工程智能设计分会副会长单位、广州市科技服务业协会和高新技术企业协会首届常务理事单位。中国勘察设计协会王素卿理事长去年四月来广州市设计院检查工作时，对广州市设计院在自主创新、节能减排、绿色环保等方面取得的骄人成绩给予了高度的赞扬和充分的肯定，勉励广州市设计院要继续在这些领域充当行业排头兵。

（三）企业诚信和品牌建设获好评。广州市设计院坚持守法经营、合法用工、依法纳税、自觉履行合同，长期秉持“精心设计、顾客满意、科学管理、持续改进”的质量方针，坚持技术质量与服务质量并重，努力提高顾客满意度。2011年被评为首批“全国建筑设计行业诚信单位”、“全国设计行业优秀团队”、“广东省优秀自主品牌”、广东省最佳诚信企业（2009起连续12年）和广东省守合同重信用企业（1999—2011连续12年）。

承担社会责任 扎实开展帮扶工作

广州市设计院成立扶贫开发“双到”工作领导小组和扶贫开发监督检查工作小组，派出两名驻村干部与当地干部群众研究和开展脱贫工作。截至2011年底，投入扶贫资金共147.25万元。还积极参与“广东扶贫济困日”和“第十五届母亲节暨幸福工程救助贫困母亲”等公益捐款活动。

（广州市设计院）

【广州大厦有限公司】 2011年，广州大厦围绕“十二五”发展规划和企业年度工作计划、目标，以“自主创新、提升价值”为主线，贯彻落实科学发展观，解放思想，改革创新，锐意进取，奋勇拼搏，取得经营、管理、企业文化建设的全面丰收，出色地履行了企业的经济责任、社会责任、政治责任，在构建和谐企业，实现健康、可持续发展的征途上，又迈出了成功的一步。

提升价值，推动经营再创新高 面对错综复杂的国内外经济环境，广州大厦不断加剧的酒店业市场竞争，以及用工紧缺、成本飞涨等重重困难，广州大厦全面实施经营创新，不断做大市场、做高价值、做低成本。

（一）超额完成经济指标，出色履行企业经济责任。2011年，广州大厦通过经营结构调整，实现进一步突破经营、提高效益的目标。营业总收入达2.46亿元，连续第二年超2亿元，同比增长12%；平均开房率达82.8%，日均每房产出达380元，均领先于同类型酒店。

（二）落实“以接待为重点、以经营为基础”理念，建立健全公务接待体系。2011年，圆满完成了国家、省、市级660多批次重大接待任务，接待副部级以上领导70多批次，接待重要客人5.5万人次；并于6月、11月分别接待了省委巡视组和省委组织部换届考察组长达近3个月；圆满完成了620多场次的会议、会展和760个团队的接待，接待国内外宾客135万人次。

（三）创新品牌形象与定位，推动转型升级。在坚持“公务酒店”品牌形象的基础上，提出“广州城市中心的公务酒店”的新定位，突出广州大厦雄踞广州城市中心的地理优势、区位优势。同时，对各子公司实施科学的品牌定位和细分，山庄旅舍努力打造“白云山上的精品酒店”；鹿鸣酒家以“岭南人的鹿鸣”为定位，着力打造“粤菜旗舰店，岭南第一家”的品牌形象；广厦大酒店从低端经济型酒店向中端酒店升级，打造成为新机场周边同类型酒店的领头羊；广厦旅行社持续推动产品创新和服务升级，初具国际游旅行社资质。

2011年，广州大厦及驻外单位分别获得“广东省最具核心竞争力企业”“广东省企业文化建设示范基地”“最佳政务接待酒店”“最佳设计精品酒店”等20多个奖项，12人次获得省、市的各类表彰。

（四）创新营销理念和模式，做大市场。通过拓展以商务客、网络客为主的新市场、新客户，中高端客源比例同比提高了4个百分点。强化红棉俱乐部运作，通过开展会员服务专项培训、优化俱乐部专柜的运作、增加积分自助查询服务、对白金会员实行一对一的贴心服务等措施，突破俱乐部发展瓶颈，会员总数达3.7万名。依托自主建设、管理的企业官网、红棉网，强化网络直销渠道建设，有效开展形象宣传和网络直销。自有网站点击量首次突破12万人次；直销客房总数同比增长99%，初步形成了以传统营销为主、网络营销为辅的新的营销格局。

（五）创新服务内涵与产品，做高价值。开展“提升价值、提高效益”专项活动，整合、完善了300多项软硬件建设，实现在营销区域无线网络全覆盖，客房双网口即插即上网等，提升软件服务水平。充分挖掘了各经营单位的优势和特点，组织了“茶花节”“野生辽参美食节”等10多个主题营销活动，推出创新菜点110多款；广厦旅行社敏锐捕捉市场商机，推出华东5A精品游、男篮亚锦赛主题游、绿道游等新产品。数以百项的服务创新、产品创新，让客人感受到了广州大厦人的关爱和用心，让开业14年、并没有硬件优势的广州大厦，赢得了顾客、市场和口碑。

（六）创新预算管理与运营管控，做低成本。广州大厦依托管理信息化手段强化财务预算、预警管理，对各部门和主要项目的财务预算执行情况实施分时段、分项目监管，并按月予分析、预警、通报，有效增强预算管理的刚性和效果。贯彻落实“内控拉动”理念，提高了食品原材料综合利用率；加强采购计划管理有效应对物价上涨带来的成本压力；加强业务招待费管理，接待费同比下降4.8%；严格执行挂账管理制度，挂账金额同比下降4%。完成大厦热水交换系统温控装置、餐厅中央空调温控系统等6项节能环保改造工程，更换了一批旧式马桶和使用年限长、耗电量大的旧电器。电、天然气耗用量同比分别减少了2.9万度、2万立方米。

健全机制，推动管理再提升 广州大厦坚持管理创新，推动管理的再变革。

（一）创新管理理念，强化系统管理。2011年3月份开展了为期半个月的系统管理专题培训，200多名管理人员、大学生及骨干员工参与系统学习，收集意见及建议220多条；11月份，再次开展面向基层管理的，以案例教学为主的系列培训，进一步理清了管理思路、摸清了管理路径、掌握了管理要素和方法，提升了系统管理能力。同时，广泛开展系统管理实践活动，分部门、分项目对日常管理工作进行全面梳理，逐项建立系统管理机制和模式，实现企业“大系统”与部门“小系统”的有机结合、相互促进、同步提升。深入推行看板管理，对534项各类工作标准、程序的梳理，增加了82项新“板”，优化整合了128个“看板”，重点推出了78项“管理板”，推动了基层管理的规范化。

（二）创新管理机制，提升管理效益。创新竞争机制建设，以组织机构创新为切入点，实施精兵减政、减员增效，在整合、精减5个二级部门的基础上，组建营销、客房管理等5大中心，通过全面、深入的机构重组、工作流程再造，进一步加强沟通，缩短管理链条，提高管理效率和服务质量。健全了在岗率、上岗率和劳动生产率等“三率”联动的考核机制，牵动部门精细排班、弹性工作，平均上岗率提高了2个百分点。

创新激励机制建设，以有效激励为目标，结合市场与企业实际，及时对工资、福利、考核分配体系作出合理的调整。技术人员、基层员工、管理人员的人均工资增长率分别为33%、29%、10%，全年工资、福利总额同比提高了775万元，增长率达14.6%，让员工实实在在共享企业发展的成果。组织了20多场次的各类专题考核，通过考核，先后有30名管理人员履新，占管理人员总数的17.9%；有721名员工获得晋级、晋档，占员工总数的73.6%；其中有15名员工晋升为管理人员，有效推动了重大项目管理和队伍建设。

创新监控机制建设，依托综合管理平台健全质量检查监控体系建设。一年来，组织了专项检查、联动检查40多次，依托平台发布各类质量管理信息2 000多条，落实整改项目800多项，整改率达98.5%，有效提升安全管理、质量管理水平。

（三）创新管理信息化建设，提高管理执行力。联合中山大学管理学院、软件学院和广州慈软科技开展“产、学、研”合作，开发融知识管理、协同营销于一体的新一代综合管理平台，更快、更有效地适应未来管理、未来市场和未来营销的变化，更好地为企业未来发展提供有力的支撑。

不断提高管理信息化应用水平，全面加强专项模块、部门模块的建设，新增了15个部门、项目管理模块；实现30个二级部门交接班日志上平台；全面推行信息分类发送制度，分部门、分项目设置20个发送通道；依托会议管理模块召开各类工作会议500多场次，对下达的9 200多项工作任务进行全程跟踪、量化考核，完成率达97%。

构建了独立运行、覆盖全面、职责明确、流程公开、运作高效、管控到位的安全与应急管理平台，推动安全生产的信息化、系统化、精细化管理再上新台阶。

创新企业文化建设，推动企业全面履行三大责任 面对酒店行业的竞争从“拼资本”、“拼硬件”、“拼市场”向“拼管理”、“拼人才（队伍）”、“拼文化”等更高层面的竞争转移的发展态势，广州大厦坚持把培养和造就高素质的员工（队伍），创建和塑造先进的企业文化，作为营造企业核心竞争力的重要手段。

（一）加强党的建设，引领发展方向。临时党委把党建工作与加强企业文化建设紧密结合，坚持“出人才、出队伍、出文化”的企业文化建设目标，培育了一支有强烈的责任感、使命感的党员骨干队伍，有能力、有战斗力的员工队伍，员工队伍日趋知识化、专业化、年轻化；完成18名预备党员的考察、转正，发展了19名新党员，培育了47名入党积极分子；员工队伍的专业人员占比达28.3%，同比提高了1.3个百分点。

（二）创建学习型企业，推动企业与员工共同成长。坚持政治学习与业务培训相结合的方针，组织各类政治学习和专题、岗中培训735课时，18 375人次参培；培育专兼职教员135名，收集、整理各类教材教案324份，为企业发展提供了动力、积淀了知识。

强化班会管理，规范班会考核制度，召开了6720节班前班后会，评选、表彰了15名最佳班会主持人；强化部门交接班标准、流程建设，梳理了《交接班表》、规范了交接班表的填报、审阅制度，评选了10个最佳交接班示范部门，强化基层管理。

开展为期2个多月的年度技能竞赛活动，组织40个岗位的700多名员工开展技术大练兵1 000多课时，参与率达到97%；开展各类技能竞赛28场次，参赛率达到95%；评选出技术标兵23名、技术能手38名，进一步提升了员工的服务意识和技能。积极落实培训激励机制，鼓励员工参与脱产或业余学习、深造，一年来，增加了36名包括“金钥匙”在内的专业技术人才。

（三）构建和谐企业，演绎先进的企业文化。加强人文关怀，按约30%的比例提高各类慰问金标准，扩大探慰范围，全年筹集温暖互助基金16万多元，慰问困难员工77人次；完善福利体系建设，社保、住房公积金、员工餐等支出分别增长35%、20%、10%。健全宿舍管理机制，投入150多万元整饰员工宿舍环境，安装了磁卡门禁系统，增加了热水器、空调、电脑等设施，给予员工更多的关爱，增强员工的归属感。

全面开展“创建绿色酒店”活动，完成大厦热水交换系统温控装置、餐厅中央空调温控系统等6项节能环保改造工程；建立了完善的垃圾分类回收管理机制，垃圾分类率达70%，回收金额同比增长68%；全面开展创文、控烟工作，积极开展面向顾客、员工的宣传引导，成效显著，屡获省、市专项检查小组的好评。

积极开展扶贫开发“双到”工作，投入资金160万多元，并多方筹措、引进社会帮扶资金300多万元，实施了新农村合作医疗保险、村道硬底化建设等10多个帮扶项目，提前一年实现了对口帮扶村有劳动能力贫困户100%的脱贫率；至2011年底，23项工作考核评估指标有17项提前完成，有力地推动了帮扶村的建设和发展。

（广州大厦有限公司）

【广州造纸集团有限公司】 广州造纸集团有限公司，始建于1936年，是越秀集团旗下的大型国有骨干造纸企业，下辖广州造纸股份有限公司、广州威达高实业有限公司、广州越威纸业有限公司三大经营实体。目前公司占地面积近100万平方米，在职员工900多人，总资产近80亿元，主导产品有新闻纸、涂布白纸板，年产能80万吨，销售收入超过35亿元。

作为中国近代第一家现代化造纸企业，广纸经历了七十多年的风风雨雨而屹立不倒，始终是中国造纸行业的一面旗帜。1956年、1993年党和国家领导人毛泽东、江泽民分别亲临广纸视察。近年来，在越秀集团“调整优化发展”这一战略目标的指引下，广纸集团紧牵退二进三环保搬迁这个牛鼻子，以“创新挖潜保增长、调优减负促发展”为工作主线，保增长、调结构、转机制、促搬迁，抵御了恶劣市场环境带来的冲击，生产经营保持稳定；处置了非核心低效资产，造纸主业更加突出；建立了适应市场经济要求的运营机制，重组了组织架构、薪酬体系和员工队伍；提前关闭了有着七十四年历史的海珠厂区，百万吨环保造纸基地在南沙初具规模……2011年，广纸完成了历史上前所未有之巨变。

积极协调，深入研究，精心组织环保搬迁 在异常严峻的现实面前，环保搬迁成为了扭转局势的唯一机遇。搬迁计划与实施慎重而稳妥，体现了充分的政策把握能力、协调能力和创新精神。

（一）深刻理解政策内涵，准确把握搬迁定位。广纸在最困难的时候实施环保搬迁，既是广州市城市发展的需要，更是广纸实现振兴的必然，只有转变观念，从“要我搬”变为“我要搬”，通过环保搬迁，跳出现有空间的束缚，实现三大发展目标，才是企业长远发展、做大做强的唯一出路。

（二）立足当前，着眼长远，确立搬迁指导原则。始终坚持着“搬迁、改造、改革、改组”有机结合的搬迁原则，处理好“搬迁与稳定、搬迁与发展”的关系，重点解决好三个方面问题：一是解决好技术装备升级、规模与经济效益升级的问题；二是解决好企业结构调整、体制机制的健全与完善问题；三是解决好甩掉企业历史包袱轻装上阵的问题。

（三）积极沟通，有效协调，确保搬迁补偿规模。作为广州市“退二进三”的先行先试者，之前并无固定模式可循也无现成经验可搬，要求企业在实施搬迁过程中根据自身的情况特点合理利用政策，把握灵活性。因此，获取政府的支持是推进各项具体工作的必要途径。广纸充分发挥越秀集团在组织保障和沟通渠道的优势，保持与各级政府的紧密沟通，化不利因素为有利因素，确保搬迁补偿规模。成功趟出一条“一厂一策”、搬迁资金有充分保障的“退二进三”新路子。

狠抓落实，有效应对，全力以赴保生存 “先求生存，后谋发展”。广纸牢牢抓住“两个关键”，精心组织铺排，采取硬措施应对危机，力保生存。

（一）抓住销售能力弱的症结，稳售价、提毛利。首先，切实加强对市场动态研究，及时掌握行业形势、产品价格动态和成本状况，做出合理的价格决策。第二，下大力气，科学消化库存。第三是狠抓销售区域布局优化策略的落实。

（二）抓住资金紧张的症结，促融资、保现金流。一方面，按照公司“打好搬迁牌，保融资”的策略，营造融资的利好氛围与条件。另一方面，组织落实资金的计划和日报预警工作，抓好生产经营的资金的滚动铺排，抓好应付应收款的管理，将有限的周转资金较好地盘活。

围绕“提升毛利”，精心组织生产经营，扎实推进减亏工作 面对宏观形势复杂多变、行业总体供求失衡的严峻形势，广纸三年来作了大量扎实而细致的工作，通过进行系统统筹组织和调整，大力提升毛利率，实现减亏。

（一）以“深入挖潜、深化精细管理”推进生产组织，实现稳产提质降耗。广纸抓住从投入到产出的生产系统各重要环节，逐步进行相关调整优化。首先，结合BSC体系的构建，深入组织研究生产考核导向的调整，对主要考核指标进行了优化，如将原产品“优等品率”调整为“入库优等品率”，使其更加符合生产实际、更具针对性和正向激励作用。第二，抓住投料环节，不断完善废纸分拣业务外包模式，加强监管力度；对原料质量进行严格把关，特别是加强对化工材料的监管，广泛引入竞争，有效降低成本。第三，强化质量管理。高度关注产品客户的市场反馈，统筹好质量形成过程，将检验职能从原来部门中分离出来，成立专门的质量检验部门，确保质量的稳步提升。第四，高度重视技术研发，通过技术进步提升生产效率、获取生产效益。

（二）扎实推进战略联盟，稳定客户关系。在采购方面，广纸高度重视供应商的实力和信誉遴选，切实发挥好供应商评价小组的作用，选择实力强信誉好的供应商作为重点战略联盟对象。同时，注重实地调研考察，先后在国外、香港废纸、原煤、化工原料等方面与中南公司等构建了较为牢固的战略合作关系，联盟供应量逐年上至目前的40%左右，较好的保障了供应并有效的降低了成本。在销售方面，按集团有关部署，积极推进与广州日报、南方日报等重大客户的战略联盟，较好的稳定了市场。

（三）狠抓销售区域布局优化和直销渠道建设。第一，是高度重视市场的基础研究研究工作，努力提升自身对市场的把握和预判能力，推动销供产联动。第二，切实以量化准则引导优化市场布局和直销渠道建设。根据新闻纸区域销售、价格情况、区域量价分布、均价贡献以及区域运费的系统分析来提出重点区域、重点客户。第三，针对白板纸则要按市场细分进行直销渠道的建设，以减少中间环节。第四，加强外围的公关协调。在做好内部布局的同时，注重行业的横向沟通以及客户的纵向关系维护。

把握搬迁机遇，开拓创新 广纸利用好搬迁契机，扎扎实实推行企业内部改革，促进发展战略实施落地。

（一）创新设计，提供战略实施组织保障。成立集团公司改革专门机构，推进战略实施，落实年度计划措施。具体负责推进公司产业、创新、资产、组织、人力资源与营销战略的调整和落实，研究制定搬迁过渡期与搬迁后公司组织架构、岗位编制、薪酬激励、管理流程等调整方案以及解决实施过程有关问题的措施。

（二）着眼于管理体系的完善，提出系列创新思路。主动借助国际知名的管理咨询公司的力量，借助运用平衡记分卡等战略实施与现代企业管理工具，对公司治理与管理体系进行重构与完善。在产业链的打造方面，积极推进构筑产业战略联盟；在资产和股权结构调整方面，通过充分利用充裕的搬迁补偿金优势，精心统筹安排减债，剥离非主业资产，大幅降低资产负债率，吸收合并优化股权，进而形成优良核心资产的总体指导思想；在组织架构调整方面，通过借助专业机构的专门力量，并立足于理顺管理中的“责权利”，立足于责权清晰、精简高效来进行架构的重构；在体制机制创新完善方面，立足于新的架构的效能发挥，主导完成了薪酬体系改革、精细化生产管理模式、销供产联动机制、物流模式优化等多个领域的设计与建设。经过几年的努力，总体上已形成了具有快速市场反应能力的经验管理体系。

全面落实环保搬迁，调整优化初见成效 三年中，广纸淘汰了一批规模小、消耗高、不符合产业与环保规划或环保负荷较大的落后生产系统，关停了约20万吨落后产能，基本构建起比较完整的节能降耗、清洁生产和“三废”治理体系，整体工艺技术和装备从上世纪八九十年代跃升至本世纪初国际先进水平，产品质量与生产效率大幅提高；重点机台的搬迁结合技术改造，已初步具备了产品结构优化调整的条件。处置了一批资产，加快了解决威达高股权问题的步伐，逐步理顺关系，在南沙集中形成了核心优质资产。调整优化了人员结构和组织架构，在职员工从搬迁前的3 300多人下降到目前的960人，人均劳动生产率提高了近3倍。有效提高了应对行业复杂形势的能力与市场竞争能力，产品综合毛利率从搬迁前的-2.8%提高到目前的15%以上，实现大幅减亏。与此同时，对机制车间、外围的物业、职工医院等资产进行总体统筹，通过转让、划拨等方式，逐步分离出去。优化了结构，提升了质量，逐步缩小与行业标杆的差距，拓展了生存空间，为后续发展打下比较坚实的基础。

（广州造纸集团有限公司、广东省造纸行业协会秘书处 张翠梅）

【广州交通集团有限公司】 广州交通集团是1999年9月经市政府批准成立的国有独资运输企业集团，下属29家全资子公司，37家控股、参股公司，13家中外合作合资企业以及1家境外投资企业。业务经营范围以公路客运及站场和城市出租汽车业务为主，兼顾货运业务及汽车修理、交通拯救等经营项目。广州交通集团是华南地区最大的道路运输企业之一，拥有资产近43亿元，生产经营场地70多万平方米，具有客运一级经营资质和货运二级经营资质，经营管理14家客运站场，200多条营运班线，拥有4 000多台客货车辆，以及控股20万吨沿海运输船队。

2011年，广州交通集团在广州市委、市政府和市交委等上级部门的正确领导下，认真开展各项工作，生产经营工作持续稳健发展。

坚持以经济建设为中心，提升核心竞争力 （一）广州交通集团所属各客运单位、站场抓住春运、五一、十一等全年各重大节假日旅客疏运机遇，大力发展生产经营。

（二）积极应对轨道交通、高铁发展给道路客运市场带来的冲击，不断优化调整客运站场经营结构，积极开展差异化服务，通过推行VIP营销、优化公交配套，开通网上售票和自助售票服务等措施，不断提升站场服务水平和聚客能力。

（三）积极稳妥地推进企业内部资源整合工作。一是稳步推进道路客运班线资源整合工作，实现了统一经营管理，加强了对客运班线资源的统筹；二是推进包车客运板块整合，2011年重点完成了第26届深圳大运会、广州秋交会等交通服务保障工作。

（四）加大资源整合力度，成立出租车业务资源整合专项工作小组，积极物色目标公司进行收购或合作，出租车业务快速稳健发展。

（五）加大资金投入，通过增加区内公交及跨区班线运力、优化公交营运线网、积极推行南沙区出租车电召服务等多种措施，促进南沙区交通业务协调发展。

（六）加快货运业务统筹，深入打造“广交大件”和“广交物流”两大平台，并推进城市配送中心开发建设工作，推动货运物流转型升级。

（七）紧贴市场，抓住商机，物业租赁、汽车修理、交通拯救、油品经营、海洋货运等多元业务取得长足发展。

坚持加强基础管理，增强企业发展软实力 （一）不断强化投资管理和物资集中采购，确保国有资产保值增值。

一是加强对投资项目审核管理，完善投资决策程序和项目可行性研究分析，规范项目实施流程，有效提高投资管理工作水平；二是继续严格执行物资集中采购制度，通过实施集中采购有效降低企业经营成本。（二）加强预算管理和审计监督，促进企业健康发展。（三）大力推进品牌建设和信息化建设，提升文化软实力。（四）大力加强企业文化建设，积极开展各类文体活动，丰富职工业余文化生活。工会组织排演的大型情景剧《冰雪无情人有情》获得了第九届广州企业文化节文艺节目一等奖。

作为国有企业，承担和履行着重要的社会责任　（一）认真开展扶贫双到工作。按照广州市委、市政府提出“在今年底基本完成双到工作任务”的要求，广州交通集团组织相关单位制定完善扶贫“双到”工作规划，加大帮扶资金投入，按计划完成了扶贫“双到”工作阶段性任务。（二）在广州创建迎国检的“大考”之年，广州交通集团根据广州市委、市政府和市交委的部署，高度重视、严密组织、强化监督、落实责任，全力以赴地做好了各项迎检工作。

（广州交通集团有限公司）

【广州市自来水公司】　2011年，是“十二五”规划的开局之年，也是广州市自来水公司的“营运管理年”。在市水投集团的正确领导下，广州市自来水公司坚持以科学发展观统领供水建设全局，认真贯彻实施《珠江三角洲地区改革发展规划纲要》，围绕“向管理要效益，讲创新谋发展”的工作思路，深化供水生产、营运、服务精细化管理，为企业健康持续发展筑牢根基。

2011年，广州市自来水公司供水总量为143 608.12万立方米，净水售水量完成110 111.62万立方米，水质综合合格率99.99%、供水管网压力合格率98.85%、管网爆漏抢修及时率为99.47%。

在2011年度广东省服务型政府建设40项公共服务满意度测评中，供水服务名列第二位；在广州城市状况市民评价民意调查中，供水满意率名列第二位。广州自来水公司经理王建平获得广州亚运会亚残运会先进个人、被授予全国五一劳动奖章；西村水厂荣获全国工人先锋号；萧伟获得广州市“创争”活动标兵个人称号。

深入推进供水生产、营运、服务精细化管理　一是健全以水厂生产为主线的生产控制系统。通过对水源、水厂、加压站、供配水系统等生产全过程环节实施成本控制，在确保供水压力、水质、服务的前提下，用最优的调度方案实现成本最优化；通过水厂生产全过程监控体系信息平台，使各生产环节的全流程管理信息得到及时汇总、共享、分析和反馈，有效提高处理效率。二是健全以供水管理所为主线的营业配水管理系统。强化重点用水大户水表精确控制管理、小区总表分表差控制管理、对历史欠费及违章用水稽查管理、管网探漏控制管理、对新发展户及计量系统改造用户的规范管理等五大内容，形成一套较完整的控制管理体系。截至12月底，广州市自来水公司共对用户来件抽取9 308位用户进行回访，满意率为98.58%，同比上升1.14%。。

围绕供水总体发展规划，推进重点供水项目建设　根据广州市供水总体规划，制定广州市自来水公司供水发展“十二五”规划，重点推进与周边地区的供水资源整合，实施向花都区供水项目，推进广州知识城供水项目，实施北部水厂建设项目前期论证工作，确保项目投资体现企业经营效益。

加强科研攻关，完善安全供水应急处置及保障能力建设　在“十一五”水专项的课题研究中，广州市自来水公司承担六项子课题研究。目前，6项子课题已取得大量研究成果，部分成果已经应用到实际供水生产中，有效实现节能降耗，提高饮用水水质及用水安全；申报了国家“十二五”水专项“南方大型管网全过程安全输配及运行管理技术集成与示范”课题，通过技术研究与集成示范，将南方地区大型城市管网安全保障技术研究重点环节从市政管网拓展至取水及用户终端，形成“水源—水厂—市政管网—庭院管道—用户终端”的供水全过程安全保障技术体系。2011年7月，广州市自来水公司圆满完成支援韶关市武江乐昌段干流重金属锑污染处理任务，为应对城市突发性水源污染积累了宝贵经验。

强化供水服务建设，打造优质服务形象品牌　截至2011年12月份，广州市自来水公司居民住宅二次供水水池保洁水质送检399 208项，其中合格项数398 208项，送检水质综合合格率为99.75%。截至12月底，广州市自来水公司计量系统改造改移立管完成15 200户；原点置换完成38 300户，两项合计完成53 500户。2006年制定的5年改造计划为116.64万户，至2011年12月底已完成122.15万户，这将为实施阶梯式水价、建设节约型城市铺平了道路。

借助“水资源日”及“3.15维权日”契机，广州市自来水公司连续举办以“优质供水服务给力幸福广州”为主题的大型服务集市活动，构建起与市民沟通的良好机制；密切与社会监督员的联系，组织社会监督员开展供水服务监督工作。运用供水信息化手段，推进网上服务向深度和广度发展；通过最新公告、用户须知、用水常识等子栏目为用户解疑释惑，开通“人性化”网上水费查询系统，新增银联网上缴费、支付宝缴费平台等新的收费模式，为市民办理供水服务提供更便捷的途径。

（广州市自来水公司）

【广州建材企业集团有限公司】　广州建材企业集团有限公司前身是由广州市政府在1958年组建的广州市建筑材料工业局，于1983年改组为广州市建筑材料工业总公司，负责广州地区建材工业的统筹、协调、监督和指导工作，1996年改制为现在的建材集团，2010年建材集团整体进入越秀集团，成为越秀集团旗下建材专业板块。经过几十年的改革与发展，广州建材已成为华南区域建材综合实力最强的企业之一。

广州建材扎根广州，专注于建材的耕耘，属下有各类企业与经营机构十二个，产业涉及建材产业链各个环节。从水泥、特种水泥等传统建材到陶粒、轻质砌块、纤维硅酸盐板材等新型环保墙材；从玻璃钢复合材料到卫浴五金装饰材料，从建材的检测科研到木材等大宗建材贸易。产品广泛应用到城市建设的方方面面，广州市已建和在建的所有大型项目和标志性工程都使用了广州建材的产品和服务，体现了广州建材在行业中的专业水平和雄厚实力。

广州建材视产品安全与可靠为企业生命，一直专注于品质与品牌的建设。属下企业和机构所生产经营的产品都是各自行业中的顶尖品牌，经营规模和实力均位居行业前茅。

广州建材始终注重创新和引领行业发展，创造了广州市建材行业诸多个“第一”，为客户带来高品质的产品与技术。第一家工厂化大规模生产商品混泥土厂家；第一条全自动生产欧洲标准的轻质陶粒砌块生产线；第一家卫生陶瓷、彩釉转生产企业；第一家人造石板材与玛瑙洁具生产企业；第一家艺术木饰板和本地板生产企业。第一家引入世界建材知名品牌摩恩卫浴，埃特板材的企业等等。

广州建材将为客户创造价值作为立企之本，一直以来着力于价值创造能力的提升，竭力为客户，为城市建设创造持续带来高增值的回报。

广州建材提倡人与自然和谐共处的理念。坚持资源综合利用，努力提升研发与应用绿色、环保、节能低碳新产品的能力。属下多个先进的研发平台，为客户带来高价值的成果和服务。属下研发平台有：摩恩卫浴五金研发中心：作为高新企业的核心机构，保证了摩恩产品在行业中的领先地位；埃特建筑系统应用研发中心：是行业新技术新产品应用的领导者；陶粒技术开发中心：是新墙体资源综合利用领域的开创者； 建材产品检测研发中心：是建材产品品质与标准的守护者；建材人才教育与培训中心：是建材行业持续发展的推动者。

广州建材积极推进结构调整和转型升级，打造资源整合平台，构建集成服务体系，对接客户产业链，为客户带来持续的竞争优势，一同迈向可持续发展的未来。现代建材集成服务业由三个集成平台组成：

产品集成平台：（1）整合广州建材自身或其他品牌产品，形成高性价比的集成供应能力。（2）打造电子商务和实体交易展示平台，提供高性价比产品应用整套解决方案。

服务集成平台：（1）构建完善的物流服务体系，快速高效满足客户需求。规范、先进的信息化系统；完善、齐备的物流服务设施；专业、强大的物流服务团队。（2）整合企业内外技术服务资源，为客户创造持续增值能力。产品应用优化设计，为客户科学配置产品；产品标准化设计定制，满足客户个性化需求；产品应用创意设计展示，满足客户创新需求。（3）整合金融资源，开展物流金融增值服务。利用物流流量，配合客户开展金融增值服务。

渠道集成平台：（1）构建战略合作伙伴关系，成为增强客户产业链竞争力的重要力量。（2）整合渠道资源，提升高性价比集成产品与服务的能力，持续为客户创造增值。广州建材以回报股东、回报员工、回报社会为使命，一直加强企业社会责任体系构建，为企业发展、员工成长、社会服务担负起应尽的责任。

（广州建材企业集团有限公司）

【深圳市投资控股有限公司】 深圳市投资控股有限公司是2004年10月在原深圳市三家国有资产经营公司的基础上组建的独资有限责任公司，是一家以产权管理、资本运作及投融资业务为主业的市属国有资产经营公司，注册资本56亿元人民币。作为深圳市人民政府投融资平台之一及市国资委履行出资人职责的辅助平台，深圳投资控股公司的主要职能是根据市国资委授权对部分市属国有企业行使出资人职责；作为深圳市国有企业和行政事业单位改革、调整所剥离资产的整合处置平台；承担对市属国有企业的贷款担保业务；按照市国资委要求进行政策性和策略性投资等。

2011年，深圳投资控股公司总部员工共有116人，全系统拥有员工4万多人，所属全资、控股企业79家，主要参股企业42家。经营范围涉及房地产、金融、证券、保险、高新技术投资与担保服务、高科技工业、公用事业、环境保护、建筑设计与咨询等众多领域。自成立以来，深圳投资控股公司共完成22家一级企业、177家二级企业的改制工作，基本完成所属一般竞争性领域劣势企业的国有资本退出工作，初步形成经营资源向金融、证券、保险、房地产、高新技术、建筑设计等领域集中的战略格局；根据深圳市委、市政府、市国资委的部署，完成了部分市属国有企业和市行政事业单位改革、调整所剥离资产的资本运作和资产整合工作，上述工作为实现深圳市国有资本战略性重组和国有企业结构性调整发挥了重要作用，为公司可持续发展奠定了坚实基础。

2011年，22家并表企业共实现营业收入162.46亿元，利润总额52.45亿元，总资产1 149.27亿元，国有净资产331.37亿元。2011年，全系统共实现营业收入238.53亿元，利润总额77.06亿元。截至年底，系统总资产1 537.24亿元，净资产658.05亿元。

深圳投资控股公司先后获得“广东省企业100强”“全国文明单位”“全国扶贫开发先进集体”“广东省文明单位”“深圳市文明单位”“深圳市十大最具爱心企业”“深圳市信访工作先进集体”“深圳市先进基层党组织”“深圳市维护稳定及社会治安综合治理目标管理优秀单位”“深圳市民族团结进步集体”和深圳市国资委系统“信访工作先进单位”等荣誉。

2011年，深圳投资控股公司在产权代表大会以及经营工作会议中，提出在全投控系统大力开展自主创新工作，提升企业核心竞争力和可持续发展能力。按照深圳投资控股公司的部署和要求，系统企业积极争当深圳国企自主创新排头兵，紧紧围绕各自主营业务开展技术创新、管理创新和服务创新，加大创新投入，加强创新人才队伍建设，建立及完善创新激励机制，培育创新文化，形成产学研相结合的技术创新体系，不断推进自主创新工作，取得了显著成效，涌现出了一批自主创新先进单位。

2011年，深圳市国资委发出《关于对2011年度深圳市国有企业自主创新优秀项目进行奖励扶持的通报》，投控系统四家企业六个自主创新项目获得市国资委奖励。其中，通产丽星公司的国家级企业技术中心认定项目获得一等奖，也是唯一的一等奖；国信证券公司的国信证券算法交易系统和深纺集团的3D立体眼镜用偏光片、染料系偏光片、STN-LCD用偏光片等项目获二等奖；深圳担保集团的中小企业集合债直接融资产品项目获三等奖。深纺集团被市国资委评为自主创新先进集体。

深圳市通产丽星公司近年来十分重视自主创新工作，自成立技术中心以来，通过引进、消化、吸收、自主创新等手段研制各项技术，对国际化妆品包装市场发展的新动向、新技术进行研究探索，使产品生产工艺和技术日臻完善，产品质量不断提高，其技术处于同行业中领先地位并达到国际先进水平。经国家发展改革委、科学技术部、财政部、海关总署、国家税务总局等国家部委联合评定，被认定为国家级企业技术中心之一。深圳市通产丽星公司技术中心获得国家级认定后，将获得国家相关优惠政策和专项资金支持，有助于进一步提高自主创新能力，同时也提高了该公司的社会影响力。

国信证券公司的国信算法交易系统结合了当代数量金融和信息技术的前沿应用成果，通过海量数据分析将证券市场的运行规律模型化，可根据动态行情实时反馈和调整模型的参数估计，进而以此进行委托执行。国信算法交易系统为中国证券市场、尤其是机构投资者群体提供针对A股的算法交易解决方案，引导、培育和促进算法交易应用需求。国信算法交易系统的成功研发和应用有助于降低市场交易成本、推动行业专业能力进步、打破了国际投行的业务和技术垄断，具有良好的综合社会效益。

深圳市纺织集团紧密结合市场需求开展自主研究工作。其研发的STN-LCD用偏光片广泛用于手机、MP3、MP4、工业仪器仪表等产品领域，并打破了国外长期技术封锁，填补了国内STN-LCD用偏光片生产空白，对STN-LCD生产厂家降低生产成本、扩大生产能力起到积极的促进作用。染料系偏光片主要应用于环境较为恶劣的LCD平板显示以及对光波波段有选择性要求的仪器、仪表等领域，主要满足LCD显示器个性化需求，此项目填补了我国染料系偏光片产品系列化的空白。3D立体眼镜用偏光片是一种能够配合目前主流3D播放系统，完美呈现逼真震撼3D显示效果的偏光片，广泛应用于影院、家庭、企业、展会等需要3D影像播放的领域，具有良好的发展前景。

深圳担保集团自主创新成果——中小企业集合债市直接融资产品，主要是破解中小企业融资难问题，为中小企业债市直接融资开辟了一条新的渠道。通过发行中小企业集合票据，有效解决了单个中小企业独立发行规模小、流动性不足、信用等级不够等问题，帮助中小企业在资本市场获得资金支持降低了中小企业融资成本。

【深业集团有限公司】 深业集团有限公司（简称“深业集团”）是深圳市人民政府全资拥有，深圳市国有资产监督管理局直管的大型综合性企业集团。集团前身深业（集团）有限公司于1983年9月在香港注册成立。集团以房地产和基础设施、物流运输为主业，同时涉足金融、现代农业、高科技制造等领域。截至2011年底，集团总资产601亿元；净资产186亿元；土地储备超过1 600万平方米。同时，拥有正在运营或建设中的收费公路3条，里程数达到193公里。

深业集团现有香港上市公司1家，国内公众上市公司1家，全资、控股企业14家。深圳控股有限公司（HK.0604）是深业集团的核心企业，于1997年在香港联合交易所上市，在香港资本市场享有良好信誉和较高知名度，是香港恒生中资指数成份股和大摩中国自由指数成份股。沙河实业股份有限公司于1992年在深圳证券交易所上市，主要从事房地产开发以及配套工程开发建设。

除此之外，深业集团还是路劲基建有限公司、沿海绿色家园有限公司和中国平安保险（集团）股份有限公司等3家企业的主要股东。

长期以来，深业集团作为深圳市政府在香港的经贸代表机构，为深圳及内地引进资金、技术、项目和现代化管理经验做出了积极的贡献，在香港政商界建立了深厚的人脉关系，成为深圳市与香港政商界联系的桥梁之一。深业集团与深港两地的金融机构保持着良好的合作关系，是深圳市与国际资本市场联系的重要纽带之一，同时也是香港汇丰银行、恒生银行、中银（香港）、工商（亚洲）、渣打银行的一级客户。目前，深业集团集聚了一批具有丰富资本运作经验、熟悉香港工商金融界运作惯例的精英，拥有一批房地产、基础设施、物流运输等行业的资深经营管理人才和专业技术人才。

2011年3月25日，“2011中国房地产百强企业研究成果发布会暨第八届中国房地产百强企业家峰会”发布了2011中国房地产百强企业研究最新成果，深业集团有限公司荣获“2011中国房地产百强企业”第31位，比2010年第39位的名次向前提升了8位。

2011年9月9日，“2011中国房地产品牌价值研究成果发布会”发布了2011中国房地产品牌价值研究成果。深业集团荣获“2011中国华南房地产公司品牌价值TOP10”第五名。深业集团及旗下香港上市公司深圳控股于2008至2011年已连续四年荣获“中国华南房地产公司品牌价值TOP10”。

2011年11月25日，“2011赢销盛典”在深圳欢乐海岸创展中心隆重举行。深业集团在此次盛典中因“大运彩虹丝带”公益活动的案例，荣获了年度“最具社会责任企业”。此次活动是由南方都市报联合深圳清华大学研究院创新创业学院，牵手世界顶级广告奖艾菲奖共同举办的大型年度营销大赏活动，记录年度中成功的营销事件、具创新性的营销方式和人物，集中呈现“赢”字背后的故事，让更多企业通过创新营销实现品牌价值最大化。

【深圳市机场股份有限公司】 深圳机场（集团）有限公司成立1989年5月，1994年5月完成集团化改造，1998年4月组建上市公司，“深圳机场”股票于1998年4月20日在深交所挂牌上市。深圳市机场（集团）有限公司是深圳市国资委直管企业，又是深圳市机场股份公司的控股公司。

深圳市机场股份有限公司由深圳市市属国有大型企业——深圳机场（集团）有限公司独家，于1997年5月成立。1998年4月20日在深圳证券交易所挂牌交易。

2011年，深圳机场完成旅客吞吐量2 824.57万人次，同比增长5.7%；货邮吞吐量82.84万吨，同比增长2.4%；航班起降22.43万架次，同比增长3.4%；公司实现营业收入202 334.04万元，同比增长6.52%；公司实现利润总额85 582.78万元，归属于母公司所有者净利润65 730.95万元，分别同比下降4.45%和7.96%。

安全与服务 深圳机场坚持安全优先战略，以“安全质量管理年”为主线，完善安全管理体系，构建安全激励机制，出台《民航持续安全业绩激励暂行方法》，全面提升管理团队和员工安全管理的自觉性和积极性。2011年，综合防控系统建设进一步完善，在不停航施工持续进行、资源保障有限的压力下，深圳机场全年四项安全指标均控制在民航局规定范围内，并以安全业绩第一名成绩获民航中南地区安全责任考核优胜奖。

2011年大运会保障是深圳机场经历的一次重大服务保障任务。深圳机场上下齐心协力，挖掘服务亮点，打造精品服务，全面提升服务水平，实现了“零事故、零差错、零投诉、零延误”的目标，圆满完成大运保障任务。2011年末，在国际机场协会（ACI）旅客满意度考评中，公司ACI旅客满意度得分在全球参与测评的180个机场中排名第19名。深圳机场不断挖掘候机楼商业资源，创新经营手段，最大限度发挥资源价值，候机楼整体商业服务质量大大提升，2011年第三季度，深圳机场在ACI“客户服务满意度”测评中，“餐饮设施收费物有所值”和“商品价格物有所值”两项指标分获全球第一和第二名，取得历史性突破。

市场与业务 2011年，全国主要机场（前50大机场）完成旅客吞吐量58 534.08万人次，同比增长9.62%，货邮吞吐量1 143.86万吨，同比上升3.50%，航空器起降446.73万架次，同比增长6.27%。总体来说，中国民航及机场业呈现国内市场需求稳步增长，国际市场需求恢复缓慢的形势；在此形势下，深圳机场保持了稳健增长，在珠三角区域内市场份额得到巩固，客、货邮吞吐量市场份额达到22.21%和14.02%。

2011年，深圳机场在“十二五”发展战略指导下，克服资源约束的不利条件，通过拓展航线网络，培育引进核心客户，整合业务保障资源，加大市场推介力度，推动航空主业平稳发展，主业竞争力不断增强。2011年末，深圳机场开通航线127条，通达国内外92个城市。目前，共有31家航空公司在深圳机场运作。

2011年，深圳机场积极推进国际化战略，协助海航开通深圳—悉尼、深圳—加尔各答航线，实现了深圳机场远程客运航线零的突破。创新服务，快件集散中心战略初见成效。与联检单位协商，设立快件专用通道，确保国际邮件、快件的快速通关。全年机场快件业务增幅达17.8%。UPS亚洲转运中心集聚效应初步显现。2011年，深圳机场被世界航空货运权威杂志《Air Cargo News》评为“年度最佳货运机场”，这也是中国机场首次获得该项殊荣。

2011年，新开通惠东等4个城市候机楼，城市候机楼累计达26个，城际快线21条。全年实现城际快线运输量273.9万人次，同比增长12.2%。

经营与管理 2011年，深圳机场三大业务板块取得了良好的经营发展。航空保障与地服业务（含候机楼租赁业务）：实现营业收入130 102.48万元，同比增长4.03%；实现营业利润44 865.95万元。其中，候机楼商业租赁业务实现营业收入21 215万元。

航空物流业务：实现营业收入29 164.33万元，同比增长7.87%，实现营业利润10 381.21万元。受货运市场疲软影响，货邮增长趋缓，国内货站经营效益保持小幅增长，物流园公司因保税物流中心封关运作，经营效益稳步提升。

航空增值服务业务：实现营业收入44 214.36万元，同比增长15.00%；实现营业利润24 251.00万元。广告公司营业收入同比增长22.35%；飞悦贵宾公司营业收入同比增长14.85%，营业利润同比增长18.29%；330地面运输业务受地铁开通冲击，业绩大幅下降；港务公司搬迁至新港区运作后积极整合资源，营业收入同比增长65.79%，营业利润同比增长22.76%。

2011年深圳机场加强企业管理，规范内部治理，变革运营模式，完善管控体系，提高企业管理水平。为适应T3投入使用后大航站区管理需求，提高运行效率，逐步实现向大型管理型机场转变，深圳机场对组织架构进行较大规模的优化调整，按照“区域化管理、专业化支持”的理念，先后整合成立地面服务公司，飞行区管理部、航站区管理部和技术信息保障部，初步搭建起AOC/TOC的运行框架，在组织结构方面为运营管理模式的变革奠定坚实基础。以“管控有效、合理放权”为原则，通过梳理调整职能部门职责、规范下属公司治理、下沉部分管理权限，进一步完善公司管控体系，较好地实现了管控与效率的平衡。引进专业咨询公司，实现全面风险管理与内部控制工作的有机结合，全面梳理公司风险点，提高企业的风险应对能力和内部管控能力。建立技术序列岗位晋升机制，全面开展管理团队培训，努力打造高素质人才队伍。

【深圳市盐田港集团有限公司】 深

圳市盐田港集团有限公司成立于1985年2月26日，1994年11月15日由“深圳东鹏实业有限公司”改名为“深圳市盐田港集团有限公司”，是由深圳市政府授权经营的国有独资有限责任公司，深圳市国资局持有公司100%股权。

深圳市盐田港集团有限公司以90万元起家，27年来依托优良的自然、区位条件，利用深圳经济特区的政策优势，实施高度市场化的港口发展模式，经过创业、合资建港、快速发展等发展阶段，已成长为一个以港口码头建设投资、临港产业为主业的大型企业集团。

目前，盐田港区已完成了中港区一、二、三期集装箱码头，以及扩建工程、西港区部分泊位的建设，投入运营的集装箱泊位16个，多用途泊位3个，可停泊10万吨级以上大型集装箱船舶。大铲湾一期5个泊位也已建成投产。盐田港区和大铲湾港区的集装箱吞吐量约占深圳港的一半。盐田港作为世界单港集装箱吞吐量最高的码头之一，已成为华南地区国际集装箱远洋干线运输枢纽港。每周有30多家船公司的100多条航线挂靠盐田港区。远洋集装箱班轮密度全国第一。

“十二五”期间盐田港集团明确了“主业突破、强强联合、双轮驱动、纵横整合”四大战略，提出“二次创业，再铸辉煌”的目标，力争发展成为一个以港口码头为主营业务，以投资管理为核心，横跨物流、港口地产及拖轮等临港产业，行业地位显著，在全国范围内具有广泛影响力的综合性港口开发企业。在港口主业板块，逐步形成以盐田、大铲湾、惠州等三大片区为核心支柱，其他港口投资项目为补充的多元化港口码头布局。

盐田港集团一贯加强节能环保工作，坚持可持续性发展理念，与合资方盐田国际共建绿色港口。完成龙门吊“油改电”，减少二氧化碳排放量，“油改混合动力”，平均节省柴油消耗30%—50%；完成码头拖车“油改气”，成为第一个使用LNG拖车的中国港口企业；改造堆场和楼宇照明设施，加大太阳能使用力度，一年可节省耗电450万千瓦时，节约支出640万元。另外，通过采取污水处理、漂浮垃圾管理和海上溢油监测和反应系统三项措施，加大了海洋保护力度，取得巨大成效。

2011年，受欧债危机以及全球流动性推动的通货膨胀等因素影响，国内进出口增速放缓，对公司港口及相关产业的运营造成了一定的影响。虽然经营形势艰难，2011年盐田港区集装箱吞吐量仍取得历史最好水平，达到1 026.44万TEU。但盐田港集团联营公司盐田国际（一、二期）由于受盐田港区统筹经营分配系数下降、所得税率提高、人民币升值等因素的影响，净利润较上年同期下降13.67%；公司控股公司惠盐高速公路公司受东部沿海高速路网分流和盐田坳收费站恶意冲卡逃费影响，营业收入出现下滑。面对经营困难，盐田港集团上下共同努力，通过夯实基础、强化经营、加快发展、规范治理等措施，提升了集团的经营管控水平，加强了外沿式的扩展和经营，全面完成了2011年经营指标和工作任务。2011年内公司完成了梧桐山隧道股权转让，行使优先权增持了盐田国际2%股权，顺利完成了对唐山曹妃甸港口有限公司的股权投资，惠控项目取得国家发改委批准，西港区3#泊位延长段建成投入使用。

2011年，盐田港集团完成营业收入3.61亿元，较上年同期减少5 617.96万元，下降13.47%，收入下降的主要原因一是惠盐高速公路公司受周边路网分流、运行维护成本上升以及盐田坳恶意冲关逃费等因素影响，营业收入同比下降10.27%；二是因梧桐山隧道股权转让，盐田港集团自二季度开始不再对隧道公司进行并表，合并收入同比减少3 098.05万元。

2011年，盐田港集团实现归属于上市公司股东的净利润42 636.32万元，较上年增加1 613.62万元，增长3.93%，主要原因转让梧桐山隧道公司股权实现投资收益5 260万元，但公司主要利润来源惠盐高速公路净利润和码头投资收益同比都出现下滑。

2011年，港口装卸业务经营情况：盐田港区全年完成集装箱吞吐量1 026.44万标箱，较上年同期增长1.29%。公司联营公司盐田国际（一、二期）全年完成集装箱吞吐量290.38万标箱，较上年同期下降8.91%，营业收入142 131.86万元，较上年同期下降10.24%，净利润68 684.26万元，较上年同期下降13.67%。公司联营公司西港区码头公司全年完成集装箱吞吐量39.83万标箱，较上年同期下降8.86%，实现收入19 498.11万元，较上年同期下降10.49%，实现净利润11 079.62万元，较上年同期下降16.18%。

2011年，公路运输业务情况：由于东部沿海高速全线开通、深惠路（205国道）禁行货柜车等因素影响，对盐田港集团控股的惠盐高速公路公司车流量产生较大分流，收入同比下降。全年完成营业收入28 748.81万元，较上年同期下降10.27%，实现净利润12 764.64万元，较上年同期下降23.07%。盐田港集团控股的湘潭四航公司经营状况持续向好，2011年实现收入1 907.87万元，较上年同期增长40.24%，实现净利润-182.2万元，较上年同期减少亏损54.38%。

2011年，仓储物流业务经营情况：受国内进出口增速放缓，经营运作成本持续上涨及服务价格持续走低等因素的影响，物流业的经营压力进一步加大，盐田港集团仓储物流业绩同比上年有所下降。公司控股的深圳市盐田港出口货物监管仓有限公司报告期内实现营业收入755.79万元，较上年同期下降8.75%，实现净利润113.96万元，较上年同期下降47.12%。盐田港集团物流事业部报告期内实现营业收入1 107.88万元，实现净利润47.69万元。

【深圳能源集团股份有限公司】 深圳能源集团股份有限公司前身系深圳能源投资股份有限公司，成立于1993年1月，由深圳市能源集团有限公司（成立于1991年6月）作为发起人而募集设立。1993年9月公司股票在深圳证券交易所上市，成为全国电力行业第一家在深圳上市的大型股份制企业，也是深圳市第一家上市的公用事业股份公司。

深圳能源自成立以来，紧紧把握时代脉搏，科学选定战略方向，坚持“安全至上、成本领先、效益为本、环境友好”的经营理念，强化“清简务本、行必责实”的工作作风，优化治理、控制风险，保持有效增长、创造国际领先，全力打造“责任能源、实力能源、环保能源、和谐能源”。

深圳能源先后荣获全国先进基层党组织、广东省“四好”领导班子先进集体、广东省“五一”劳动奖章、改革开放30年广东省功勋企业、深圳经济特区30年杰出贡献企业、联合国能源与环境促进事业国际合作奖、首届低碳中国突出贡献企业、中国品牌绿色贡献奖、国家级企业管理创新成果奖、最佳战略决策董事会、最佳行业领军奖、公司治理优秀单位等荣誉称号。

截至2011年底，深圳能源总资产321亿元，净资产172亿元，控股发电装机容量604.15万千瓦，主要电厂有深圳妈湾电厂（184万千瓦）、广东河源电厂（120万千瓦）、深圳东部电厂（117万千瓦）、东莞广深沙角B电厂（70万千瓦）、东莞樟洋电厂（36万千瓦）、惠州丰达电厂（36万千瓦）、加纳燃机电厂（20万千瓦）、内蒙古风电场（16.95万千瓦）。在大力拓展电力主业的同时，深圳能源坚持最高环保标准，以垃圾处理产业为依托，积极发展能源环保产业，目前已投产的深圳南山、宝安、盐田等3个垃圾焚烧发电厂日处理垃圾能力达2 450吨，深圳、武汉等地区的筹建、在建项目投产后垃圾日处理能力将达12 250吨。深圳能源现辖20余家成员企业，初步形成以电为主，能源环保等相关产业综合发展的战略格局，在深圳市国有企业综合实力排名中位居第一，连续多年入选中国工业企业500强，在产业市场和资本市场上树立起“诚信、绩优、规范、环保”的良好形象。

2011年，深圳能源努力克服燃料价格高位运行、安全保供电和改革发展任务繁重等困难和压力，坚持“安全至上、成本领先、效益为本、环境友好”的经营理念，完善公司治理，狠抓安全生产，坚持稳健经营，深化战略转型，加快发展方式转变，很好地完成了各项生产经营指标，企业发展的质量和效益持续提升。2011年度，深圳能源实现营业总收入143.87亿元，同比增加15.42%；利润总额15.63亿元，同比减少20.97%；归属于母公司股东的净利润11.25亿元，同比减少19.88%；截至2011年12月31日，公司归属于母公司股东的所有者权益145.05亿元，比年初增长5.28%。

【深圳市燃气集团股份有限公司】

深圳市燃气集团股份有限公司（以下简称深圳燃气）是一家以城市管道燃气供应、液化石油气批发、瓶装液化石油气零售和燃气投资为主的大型燃气企业，创立于1982年，2009年12月25日，正式在上海证券交易所挂牌上市。

深圳燃气坚持“弘道养正 臻于至善”的企业核心价值观，弘扬“行之以专，律之以责；创新之途，务实为基”的企业精神，奉行“承恩于心 泽惠于人”的经营宗旨，综合实力迅速发展壮大。目前，公司拥有总资产73.6亿元，净资产25.7亿元，年销售收入超过46亿元。深圳燃气充分利用品牌优势，用户快速增长，拥有管道气用户120万户，瓶装气用户76万户，用户总数超过196万户。深圳燃气建立现代企业人力资源管理体系，组建专业化、职业化的员工队伍，燃气、管理等各类专业技术人才800余人；公司运用市场化手段，成功控股十多个异地城市的燃气项目。深圳燃气锐意创新、管理高效，领导班子被中央组织部、国务院国资委评为深圳市唯一的“四好领导班子”；2009年被全国总工会授予“全国五一劳动奖状”；2010年凭借深圳天然气利用工程创造的多项国内第一，一举夺得荣获“中国土木工程詹天佑奖”，成为华南地区首家获奖的城市燃气运营企业。

深圳燃气抓住“天然气时代”的黄金契机，全面完成深圳市天然气转换这一民生工程，目前已经建设完成天然气门站2座，调压站17座，高、中压管网超过2800公里。未来几年，深圳燃气将再投资数十亿元建设西气东输二线深圳天然气利用工程，形成全市天然气供应一张网，为深圳节能减排、促进城市可持续发展作出积极贡献。

深圳燃气的大型液化石油气储配基地华安公司拥有5万吨级海港码头，库容16万立方米的液化石油气低温常压储罐，年周转能力100万吨以上，进口液化石油气批发连续多年居全国第一。深圳燃气拥有液化石油气储配灌装站3座、瓶装气供应站35座，便民服务点147个。公司推行安全优质的品牌策略，在国内独家经营12公斤瓶装气，引进欧洲现代化灌装设备，拥有深圳市规模最大的液化气储配基地，占据深圳市最大的瓶装气市场份额。

深圳燃气奉行“安全第一，预防为主，综合治理”的安全管理方针，坚持贯彻“安全最优先权”的原则，建立了严密的安全技术管理标准体系，全面推行安全生产责任制，追求“0”责任事故，保障“100%”责任落实，隐患整改落实率和应急处置及时准确率“100%”。深圳燃气开通管道气服务“25199999”及瓶装气服务“83800000”的24小时服务热线电话；推行社会服务承诺制，积极接受市民和社会各界的监督；通过服务回访、首问负责、投诉问责、客户满意度第三方测评体系，切实满足客户需求。燃气供应服务连续多年被中国质量协会列为全国用户满意服务项目、被广东省用户委员会授予用户“三满意”荣誉称号，经广东省质量协会用户评价中心测评，深圳燃气总体服务满意率高达98.2%。

2011年，深圳燃气紧紧抓住深圳举办第二十六届世界大学生夏季运动会全社会对节能减排的高度重视以及深圳市政府出台《关于划定禁止燃用高污染燃料区域的通告》政策支持的良好机遇，大力拓展电厂、锅炉油改气等工商业用气市场，与深圳宝昌电力有限公司正式签署天然气购销协议，向深圳钰湖电力有限公司供应天然气，实现了公司向电厂用户供气零的突破；新开发深圳市华星光电技术有限公司、深圳青岛啤酒朝日有限公司、深圳信隆实业股份有限公司、鸿兴印刷（中国）有限公司、皇亿纺织有限公司、南海油脂工业（赤湾）有限公司等多家大型工业用户；2011年深圳市拓展锅炉用户改用天然气135家，改造锅炉252台，预计全部改造完成后可实现年新增9 000万立方米天然气；科学组织、积极推进深圳市天然气高压输配系统工程（西气东输二线深圳配套工程）建设，具备接收西气东输二线深港支线向深圳供气的能力；推动公司异地燃气项目的快速发展，异地（深圳以外地区）燃气用户新增4.27万户，增长22%，燃气销量1.72亿立方米，同比增加32.16%，赣州深燃、宜春深燃等异地燃气公司与中石油等管输天然气供应方签订采购协议，约定在达产期年采购天然气总量达2.74亿立方米，此外已基本落实并准备签订协议的新增采购管输天然气量预计每年4.92亿立方米；加快了异地燃气新项目拓展力度，2011年新增异地燃气投资项目达8个，使公司异地燃气投资项目达22个。新增项目具体情况如下：一是获得三个地方燃气经营权。即深汕特别合作区、安徽省定远县（盐化工业区）和江西宜春明月山温泉风景区。深汕特别合作区总面积463平方公里，其战略定位是建成现代化综合性新城区，成为广东省乃至全国区域合作创新示范区。二是新建两座天然气液化厂，即在内蒙古鄂尔多斯乌审旗和安徽省宣城设立两座液化厂，日处理天然气能力均为30万立方米。三是合资成立两家加气公司。即在湖北省武汉市合资成立湖北深捷清洁能源有限公司，主要经营湖北省长途客货运汽车液化天然气加气业务；在山东泰安合资成立泰安市泰山燃气集团耐特液化天然气有限公司，主要经营泰安市及周边地区的液化天然气公交车加气业务；四是在合肥市控股设立了安徽深燃鑫瑞天然气供应有限公司，该公司主要是为马钢（合肥）冷轧板厂项目供应天然气。

2011年，深圳燃气完成营业收入81.12亿元，同比增长23.69%，主要原因是管道天然气销量大幅增长；实现利润总额5.15亿元，同比增长29.26%；归属母公司股东净利润为4.05亿元，同比增长26.64%，主要原因是管道天然气销量大幅增长带来规模效应。

2011年，深圳燃气管道燃气业务发展良好，管道燃气用户净增加11.55万户，管道燃气用户总数达134.51万户，其中深圳市管道燃气用户110.49万户，异地管道燃气用户24.02万户；在新增用户中，用气量较大的工商用户增长速度加快，其中商业用户增加1336户，工业用户增加113户。管道燃气销量8.14亿立方米，增加2.96亿立方米，增长57.14%。由于现货天然气的采购价格及占比上升，管道天然气业务毛利率同比减少7.8个百分点，但因为销量上升使管道天然气业务毛利额同比增加1.74亿元，增长26.41%。

深圳燃气按照“适度扩张、强化管理、控制费用”的经营策略，实施梳理整顿，努力拓展瓶装液化石油气业务，在持续受到管道天然气替代冲击的不利情况下，瓶装液化石油气用户净增加10.08万户，瓶装液化石油气用户总数90.80万户；瓶装液化石油气销量13.97万吨，同比增长2.80％。瓶装液化石油气业务毛利率15.13％，同比减少2.55个百分点，减少的主要原因是受国际油气价格上涨的影响，2011年瓶装液化石油气的采购成本有所上升，销售价格上涨存在滞后效应，从而导致毛利率小幅下降。由于销量小幅上升，瓶装液化石油气业务毛利额同比基本持平。

【深圳市粮食集团有限公司】 深圳市粮食集团有限公司（简称深粮集团）是深圳市市属国有独资大型粮食企业，隶属于深圳市政府，为国资局的20家直管企业之一，是深圳市的“米袋子”工程，受政府委托，承担深圳市100%市级地方粮食储备，同时负责驻港、驻深部队的军粮供应任务。公司前身是宝安县粮食局，深圳特区成立后沿革为深圳市粮食局，1982年实行政企分开，改为企业建制。1998年经公司制改造，更名为深圳市粮食集团有限公司。现有全资法人企业5家，直属非法人分公司4家，控股、参股企业3家，员工人数624人。截至2011年底，集团总资产22.43亿元，净资产7.89亿元。

深圳市粮食集团有限公司拥有深圳市规模最大的粮食储存设施，集粮食流通、加工、储存、贸易以及相关产业经营为一体的大型国有粮食企业。经营范围包括粮油收购和销售、粮油储备和军粮供应；粮油及制品、饲料的经营和加工；粮油、饲料物流项目的投资开发、经营、管理；开办经营粮油、饲料交易市场（含电子商务市场）；仓储；普通货运、专有运输（冷藏保鲜运输等）；进出口业务；自有物业的开发、经营、管理；自有酒店的管理；国内商业、物资供销业；投资兴办实业以及其他经营业务。

深粮集团始终坚持以完成政府下达的政策性任务为核心业务，充分发挥粮食经营主渠道作用，稳定粮食市场，确保粮食安全，成为政府调控粮食市场、保障粮食供应、保证应急所需的载体。同时，公司多年来坚持以改革促发展，围绕主业，多元发展。1984年率先在全国进行粮食流通体制改革，经过十几年的改革探索，建立起了适应市场经济的粮食流通模式，集团旗下的大米、食用油、面粉等品牌产品被深圳市政府授予“放心粮油”的称号。2011年被授予广东省“十强”粮食购销企业等荣誉。

2011年是深粮集团“十二五”战略规划开局之年。一年来，集团在提升粮食储备经营水平的同时，进一步推进商业模式转型，应用领先信息技术推动管理创新，通过倡导深粮特色的企业价值观，实现了全系统、全员的提速增效，经营管理工作取得了较好的成效，并出色完成了粮食储备和大运会期间的军粮供应任务，粮食主业营业收入和经营性收益实现历史性新高，公司战略转型迈出可喜的一步，企业已步入良性运行轨道。

自2009年提出战略转型以来，经过近两年的战略实施，2011年深粮集团基本消除了亏损企业，真正实现了扭亏为盈；利润总额达4 547万元，创历史新高，实现连续三年的盈利成长，提前完成市国资委提出的“国企五年利润翻番”的任务，管理上规避了风险，经营上提升了盈利能力，品牌影响力初显，深粮集团重新站到了历史的高点。

【深圳市天健（集团）股份有限公司】

深圳市天健（集团）股份有限公司（以下简称天健集团）是深圳市国资委直接控股的市属国有股份制企业，公司原名深圳市天健实业股份有限公司，其前身为1983年9月集体转业的基建工程兵302团。1993年改制为股份制企业，1997年4月更名为深圳市天健（集团）股份有限公司。1999年7月在深圳证券交易所上市。

天健集团为综合性大型企业集团，所属深圳市市政工程总公司、深圳市天健房地产开发实业有限公司、深圳市天健投资发展有限公司为公司的三大产业中心。公司主导产业及主营业务范围是：市政工程、建筑施工、房地产开发和城市基础设施的投资开发；兼营交通运输与建材生产、房屋租赁与物业管理、投资兴办工业实业、物资供销业及饮食服务业。

天健集团具有国家建设部颁发的市政公用工程总承包特级资质、房屋建筑工程施工总承包一级资质、建筑装饰装修工程施工一级资质，公路工程施工总承包一级资质、地基与基础工程专业承包一级资质、土石方工程专业承包一级资质、公路路面工程专业承包一级资质、公路路基工程专业承包一级资质、城市轨道交通工程专业承包资质、房地产开发一级资质；深圳市建设局颁发的水利水电工程施工总承包二级资质、机电安装工程施工总承包二级资质；香港政府建筑事务监督署颁发的建筑工程BD牌照，香港特别行政区公务局颁发的渠务、马路和建筑CP牌照。

天健集团曾获得深圳市先进企业、广东省先进企业、全国先进施工企业，深圳市50家综合实力最强建筑施工企业第一名，中国建筑施工企业综合实力百强第一名、中国500家最佳经济效益建筑企业建设部系统第一名、中国500家最佳经济效益建筑企业一级第一名、全国市政施工经济效益十佳企业第一名、全国最佳施工企业、全国五一劳动奖状、全国质量效益型先进施工企业等荣誉称号。天健集团承建的深圳市滨海大道、新洲路工程、福荣西路工程、上海浦东新区世纪大道工程获中国市政工程“金杯奖”，深圳市交通枢纽控制中心大厦工程获国家建筑工程“鲁班奖”。

建筑施工业务 2011年，天健集团面对竞争激烈的建筑市场，积极开拓，重点加强对工程项目的质量、安全、进度和成本的管控。2011年，天健集团建筑施工业务实现营业收入23.51亿元，同比下降12.49%；营业成本22.15亿元，同比降低12.29%；营业毛利率5.77%，同比下降0.22%；实现净利润1 159万元，同比减少1 599万元。建筑施工业营业收入和净利润减少的主要原因是报告期内公司内部施工收入减少，相应实现净利润减少。

2011年，天健集团出色完成多个深圳市大运会应急工程，包括福强路、彩田南路改造、梅观高速南段改造、大布吉片区交通改造工程、龙岗片区交通改造工程、龙岗中心城水厂等，得到了各级政府部门的广泛认可，擦亮了天健集团尤其是市政总公司的牌子；积极推进市政总公司的“市政公用工程施工总承包特级资质”重新就位工作，完成了申报和评审。截止2011年底，在建工程52项，合同金额58.86亿元，竣工项目28项。

一年来，天健集团在工程创优方面取得了显著的成效：深圳市大工业区水厂获得深圳市优质工程、广东省市政优良样板工程和中国市政工程金杯奖。地铁2号线土建2222标段等5项获得深圳市优质结构工程。布吉污水处理厂、地铁2222标通过深圳市工程质量最高奖金牛奖的评审。宝安区深华快速路第三合同段等4项获得深圳市安全生产、文明施工优良工地。松福大道II标、布吉污水处理厂等2项获得广东省安全生产、文明施工优良工地，布吉污水处理厂同时获得AA级安全文明标准化诚信工地。另外，市政工程总公司还获得深圳市“双百”标准化管理示范企业、广东省诚信示范企业、深圳市安全先进单位。天健集团承建的深南大道、莲花山公园邓小平塑像、公司参与城建的深圳地铁工程等三个项目荣获“深圳市30年30个特色建设项目”称号。

天健集团重视科技创新的发展，2011年取得了重大科技成果。天健技术中心获得深圳市政府认证的市属唯一一家建筑施工企业技术中心；在深圳首创采用了环保节能温拌沥青技术；市政总公司参与主编的两部全国建筑施工行业标准正式出版发行；申报的3项发明专利和3项实用新型专利获得中国国家知识产权局授予的专利权；2011年天健企业博士后工作站招收一名博士后进站，开展“盾构隧道地质超前预报技术”的博士后课题研究工作。在企业科技进步方面，市政总公司一直走在深圳市属建筑企业的前列。

房地产业务 2011年，天健集团房地产业务营业收入和利润总额较2010年同比大幅增长；天健工业园片区的更新改造立项获得深圳市规划和国土资源委员会的批复；天健技术中心研发大楼（原为工业用地）已完成规划指标的调整确认工作；在区域发展战略的指导下，外埠项目逐步成为新亮点，在整体格局中发挥着重要作用。报告期内，房地产业实现营业收入11.98亿元，同比增长13.20%；营业成本6.57亿元，同比增长0.04%；营业毛利率45.17 %，同比增长7.21%；实现净利润1.47亿元，同比增加2 597.65万元。2011年，天健集团在售楼盘4个，在建项目7个（含已预售的时尚名苑项目）。天健集团立足于加快工程进度，保证工程质量，开发精品楼盘，提升品牌形象，项目建设进展顺利。

商业运营与服务 商业运营是天健集团战略性新业务。2011年，天健集团在短时间内快速启动阳光天健城商铺招商，龙岗天健威斯特酒店开业，完成了海南天健威斯特酒店的改造和重新开业，为多个在售楼盘提供星级营销服务等工作，显著提升了现有物业的市场价值，初步形成“地产＋商业＋服务”的商业模式。天健集团拥有租赁物业面积计22.32万平方米，报告期内实现租赁营业收入8 637万元，实现净利润3 291万元。

【深圳市振业（集团）股份有限公司】

深圳市振业（集团）股份有限公司是深圳市国有资产监督管理局直管的国有上市公司，成立于1989年5月，1992年在深圳证券交易所公开上市，以房地产开发经营为主营业务。拥有广西振业房地产股份有限公司、湖南振业房地产开发有限公司、惠州市惠阳区振业创新发展有限公司、天津市振业房地产开发有限公司、西安振业房地产开发有限公司等多家所属企业。

振业集团成立以来，发展迅速，资产规模与开发规模不断壮大，先后开发了振业大厦、星海名城、振业城、翠海花园、振业花园等代表性项目，产品类别涉及普通居民住宅、商用物业、Townhouse、别墅等多种类型。累计开发面积数百万平方米。

振业集团先后被授予中国房地产百强、中国上市公司百强，广东地产三十强、深圳房地产十强、深圳市首届发展循环经济十佳企业等称号。开发的星海名城、翠海花园分别荣获国家建设部颁发的“人居经典综合奖”“规划环境金质奖”；振业城以A级住宅性能认证有史以来最高分899分顺利通过建设部3A终审，被列为“国家建筑节能示范小区”。振业集团的影响力不断扩大，是深圳房地产市场重要的开发力量。

审时度势，狠抓销售，公司经营再创佳绩 2011年，振业集团始终以销售统领经营工作全局，适时调整开发节奏和销售策略，全年实现营业收入25.89亿元，利润总额5.64亿元，归属于上市公司股东的净利润4.34亿元，净资产收益率达16.51%，年末总资产83.22亿元，归属于母公司的所有者权益27.99亿元。

（一）转变思路，迎难而上，销售业绩再创新高。2011年，面对艰难的市场形势，振业集团加大对宏观形势和行业发展的研判力度，密切监控市场变化，及时调整营销策略，在严峻的市场环境下取得了较好的销售业绩，公司全年实现合同销售面积24.34万平方米，合同销售金额30.73亿元，结算面积17.46万平方米，结算金额24.85亿元，销售业绩再创新高。

（二）科学统筹，强化项目施工管理，项目开发稳步推进。2011年，振业集团同时在全国6个城市运作9个项目，在建面积达160多万平方米，对项目运作管理能力提出了更高的要求。振业集团加大项目施工管理力度，严格按计划推进设计、招投标、施工等各项工作，严把设计关，实施精品战略，并根据市场形势，科学统筹各项目的开发节奏，项目开发稳步推进。

（三）进军商业地产，资产经营整体效益再上新台阶。2011年，振业集团首个大型商业项目振业国际商务中心落成。围绕商务中心裙楼的招商工作，振业集团积极探索大型商业的运营管理模式，优选客户，创新品牌推广手段，合理布局业态，为公司发展商业地产积累了丰富的经验。在现有物业经营方面，振业集团准确把握租赁市场形势，逐步引入招标模式，努力提高租金收益，全年实现租赁收入4 200余万元，并荣获深圳市五星级“文明守法租赁单位”称号。

以内控达标工作为契机，切实提升公司管理水平 （一）精心安排，周密部署，扎实推进内控达标工作。作为深圳证监局辖区83家内控试点公司之一，振业集团立足自主，科学制定工作方案，坚持内控达标工作与制度完善、全面风险管理和地区公司管理水平提高三结合的原则，分步推进学习培训、改进落实、内部评价、完善制度、外部审计等工作。经过近一年的努力，振业集团建立起了以财务管控为重点、覆盖18项《企业内部控制应用指引》的内控体系，聘请内控审计机构完成了内部控制审计工作，公司内部控制体系健全、完善，提前完成内控达标工作。

（二）强化战略管理，增强对公司发展战略的执行力。一是加大对政策的研判力度，多次召开房地产形势分析及应对策略研讨会，提高了形势预测水平，为公司战略决策提供依据；二是对战略规划的实施进行全过程动态监管，分解落实公司战略发展目标，使之与三年滚动开发计划和年度经营计划顺利衔接；三是不断分析评价战略规划实施的过程和效果，及时调整实施措施，确保战略规划目标的顺利实现。

（三）加快产品标准化进程，提高产品市场竞争力。一是强化项目开发事前、事中和事后控制，制定了《房地产开发产品质量管理体系》，对开发各环节常见易发问题和风险源进行了识别，并提出应对措施，产品质量管理的精细化和规范化程度进一步提升；二是全力推行《建筑工程成本管控体系》，预结算管理、招投标管理规范有效；三是进一步完善户型库，编制了关键部品部件标准，产品、部品标准化程度进一步提高；四是注重项目开发环节的监管，大力推行项目质量、安全管理检查标准化体系，严格执行质量安全评比和奖惩制度。

（四）完善制度机制，人力资源管理水平持续提高。振业集团继续推进“人才强企”战略，一是制定了《人力资源管控体系》，明确了人力资源各项工作的原则、方法和程序，提高了人力资源管理的科学化、规范化水平；二是积极落实“精兵强将”计划，以社会招聘、内部竞聘上岗等多途径加强关键岗位人员的配备，通过多元化的培训方式促进员工综合素质不断提高；三是在充分调研分析的基础上，修订公司薪酬管理制度，进一步优化了薪酬福利的结构和水平。

忠实履行社会责任，促进社会和谐

振业集团始终坚持“科技环保、建筑节能”的开发理念，积极推动新技术、新工艺、新产品在房地产开发项目中的运用，坚持将“在建项目节能率达到或超过国家标准（节能率50%）”作为公司产品开发的硬性标准。

振业集团积极倡导与供应商的廉洁合作，共同承担社会责任。2011年，振业集团加大《廉政建设工作体系》的执行力度，并结合公司实际进一步创新、完善包括廉洁自律宣传教育、监督检查、评价奖惩、案件查办在内的各项工作，将廉政建设的目标落到实处。振业集团踊跃参与社会公益活动，先后组织开展了多次捐款活动，全年累计募集捐款超过120万元，被深圳市授予“扶贫济困优秀组织奖”。在深圳大运会期间，振业集团积极响应号召，认真落实迎大运的相关部署，确保公司开发项目安全文明施工，以实际行动当好东道主。

【深圳市中小企业信用融资担保集团有限公司】 2011年，深圳市中小企业信用融资担保集团有限公司（以下简称“深圳担保集团”）积极应对复杂多变的宏观经济形势，坚持融资担保为主业的高端服务业发展路径，经营业绩稳健增长，各项经营指标运行良好，风险控制能力进一步加强，代偿水平再创历史新低，保持了连续十二年的担保业务增长、经营收入增长和利润增长的态势，实现了国有资产保值增值。这一年里，深圳担保集团骨干队伍稳定、领导班子团结协调、企业文化健康向上，品牌影响力和社会影响力进一步提升和扩大，企业实现可持续健康发展。

以解决中小企业融资难为使命，业务规模稳健增长 深圳担保集团一直努力践行“探索解决中小企业融资难问题，促进中小企业健康发展”的历史使命，2011年中小企业融资难问题再度成为社会焦点，深圳担保集团为帮助中小企业渡过难关，不断创新业务品种，加大扶持力度。截至2011年底，深圳担保集团十二年累计为8 000多家中小企业提供担保867亿元、担保项目10 323单。2011年当年担保金额达204亿元、担保单数1 885单，同比增长分别为26.7%、12.5%，中小企业受益面逐年扩大。

保持零代偿，确保国有资产安全

2011年，深圳担保集团继续以紧抓风险管理为主线，通过加大风险排查力度、加强基础性风险管理、建立健全风险管理制度等方式，实现了全年风险零代偿。截至2011年底，深圳担保集团代偿余额152.08万元，累计代偿率0.01%（代偿余额/累计担保额），代偿率创历史新低，再度刷新了由担保集团保持的“中国企业新纪录”，确保了国有资产安全。

发挥国有企业“三性”作用，助力产业转型升级 作为市政府出资设立的中小企业融资服务平台，深圳担保集团积极发挥国有企业基础性、公共性、先导性作用，积极促进产业转型升级，大力扶持支柱产业、战略新兴产业的发展。

根据深圳统计年鉴相关数据测算，深圳担保集团十二年累计担保的867亿元，可为受保中小企业新增销售收入2 687亿元、新增税收231亿元、新增就业岗位108万个，产业升级带动作用明显。担保集团服务的企业100%为中小企业、97%为非公经济企业，超过80%的中小企业客户属于首次获得银行贷款，深圳市民营50强企业中的34%、深圳市“中国名牌”生产企业中的32%、深圳知名品牌的25%获得过担保集团的融资支持。服务企业中，60家中小企业客户已成功上市，247家企业正在上市准备进程中。2011年，担保集团为深圳市支柱产业、战略新兴产业提供担保43亿元、服务企业644家次，据统计，担保集团55%的客户为技术含量较高企业，紧跟政府产业导向。

深圳担保集团帮助符合条件的中小企业获得政策性扶持，积极发挥公共性平台作用，通过与市科工贸信委、各区局大力合作，助力中小企业发展。

创新业务先行，坚持高端服务业发展路径 继2007年成功发行我国第一支中小企业集合债、广东省首支中小企业集合短融和全国首支跨地域担保的黑龙江省中小企业集合票据后，截至目前，深圳担保集团已成功发行中小企业集合产品5支，担保金额11.62亿元，抢占了市场先机。2011年3月，担保集团成功组织发行了郑州市第一支中小企业集合票据，为企业募集资金2亿元。

实践表明，只有融资性担保才能真正发挥中小企业信用担保的杠杆作用，切实缓解中小企业迫在眉睫的融资难问题，同时，只有拥有高技术含量、高附加值的服务产品，锻造出企业核心竞争力，才能实现担保机构自身的健康可持续发展。深圳担保集团一直坚持以中小企业为服务对象的融资性担保为主营业务，走高端服务业发展之路。2011年深圳担保集团融资性担保占比85%，与中央政府支持融资性担保的政策保持高度一致。

骨干队伍壮大，保持增人增效 深圳担保集团一直重视人才队伍建设，建立了一整套与市场经济要求相适应的选人、用人、管人、育人、留人的机制，不断完善以动态绩效管理为核心的激励约束机制，培养了一支高素质、年轻化、复合型的员工队伍。截至2011年底，集团共有员工122人，其中，硕士研究生以上学历人员占比81%，留学归国人员占比25%，员工平均年龄不到30岁。2011年当年人均创收429万元，人均创利320万元（根据在岗时间加权平均计算，2011年员工人数为107人。），人均效益居国内同行首位。

为打造学习型组织、给员工提供一个良好的职业发展平台，深圳担保集团建立了多层次继续教育、业务培训体系。2011年8月，第二期清华·深圳担保集团青年骨干培训班开班，38名青年骨干走入清华课堂，进行了为期三个多月的课堂学习、专题调研及论文撰写，通过系统的学习和实践锻炼，将有更多优秀的年轻人脱颖而出，充实集团骨干队伍。

注重文化建设，构建和谐企业 深圳担保集团关心每一位员工的思想和生活，努力营造归属感，公司工会定期、有序地组织员工工余活动，丰富员工的业余生活，工会成立了员工摄影爱好者俱乐部、篮球队、足球队、羽毛球队等兴趣爱好小组，按月给员工集体庆祝生日。2011年公司组织了丰富多样的活动，有效增强了集体凝聚力与向心力。

自主创新获肯定，品牌建设再立新篇

2011年，担保集团品牌建设再创佳绩。集团获评“广东省中小企业融资服务示范机构（2011年第一批）”，为深圳市唯一一家入选单位；集团荣获“2010年全国担保机构三十强”“全国担保联席会议优秀组织纪念奖”，刘祖前副总经理荣获“2010年全国担保行业新人新锐奖”；集团以“中小企业信用担保高端服务的战略定位”荣获“第二十一届广东省企业管理现代化创新成果一等奖”；集团成功入围6项“广东省企业创新纪录”，均达到国内纪录水平，被授予2011年“广东省自主创新标杆企业”称号，叶小杭董事长荣获2011年“广东省推动自主创新杰出企业家”称号；2011年，担保集团服务企业数量、担保金额成功申报“广东省企业新纪录”“深圳企业新纪录”，创国内中小企业信用融资性担保机构业务规模最高新纪录。（深圳市中小企业信用融资担保集团有限公司）

【珠海华发集团有限公司】 珠海华发集团有限公司成立于1980年，是珠海市目前仅有的两家总部经济企业之一。经过30年的励精图治，华发集团不断发展壮大，逐渐形成了以房地产开发为核心，包括教育产业、投资担保、汽车销售、物业管理在内的几大主营业务体系，并向文化产业等新兴领域拓展，由此发展了包括控股1家上市公司、21家全资子公司在内的企业组织体系。

2011年，保持了总体经营平稳发展。集团全年实现营业收入59.93亿元，比上年增长2%；实现利润总额11.19亿元，比上年增长10.61%；实现归属于母公司所有者的净利润7.70亿元，比上年增长2.43%。截止2011年12月31日，集团总资产225.40亿元，比去年同期增长10.89%；归属于母公司所有者权益62.38亿元，比去年同期增长8.26%。

2011年是华发集团“立足珠海，面向全国”战略取得实质性进展的关键一年。华发集团在建以及计划开发建设的项目总建筑面积300多万平方米。一年来，珠海公司和各异地城市公司按照公司的统一部署，在各技术业务部门和单位的密切配合下，不断加强管理协调力度，全面做好项目开发各项工作，有力保障了各个项目按计划稳步推进。

珠海本地项目 2011年，华发集团在珠海本地经营的项目包括：蔚蓝堡项目工程进展顺利，完成主体封顶面积21万多平方米，地下室面积14万多平方，办理预售证面积9.4万平方米；华发新城六期工程进度基本按计划完成，主体封顶面积近14万平方米，地下室面积11万多平方米，办理预售证面积10万多平方米；斗门容闳国际幼稚园于8月份已竣工并交付使用；鸿运台别墅已按计划交付业主使用；华发山庄、四季名苑和峰景名苑均按计划逐步推进；华发集团委托的容闳学校初中部和华发会馆正加紧推进，确保按计划完成。

华发·水郡一期A区全面完工，4标段2011年3月份按计划顺利入伙移交；二期A区提前完成1、2、4标段竣工验收备案；二期B区完成两个标段5万多平方米主体结构封顶，砌体工程80%，专业分包工程50%；二期C区完成桩基础工程100%，土建工程主体框架80%；湿地公园完成资料馆100%的工程量。

异地项目 2011年，华发集团在异地经营的项目包括：包头华发新城一期1—8栋土建工程已完成封顶，住宅室内外精装完成60%；二期9—18栋主体封顶，19栋主体施工至17层，地下车库结构工程全部完成；完成三期概念设计并报规划方案；完成会所室内装修设计并展开招标准备工作。

大连华发新城一期的工程建设稳步推进，完成了现场销售中心、样板房及景观样板示范A区等工程，一期土建工程全部封顶，并着手展开精装修工程。此外，大连华发绿洋山庄和华发四季开发建设前期各项工作正按计划有序展开。

沈阳华发首府项目相继完成土地开挖、回填、桩基础设计等工程，主体结构施工完成9—10层，会所主体已封顶，并完成50%精装修；岭南荟项目相继完成场地平整、桩基础以及外展场精装修工作，创造了当年拿地当年开工的佳绩；沈北新区保障房建设一期工程17.4万平方米全部封顶，获得沈阳市委、市政府的高度赞扬。

中山华发生态庄园完成了二期二阶段景观和园林绿化工程，4、5、6标段单体竣工验收，以及样板房和相关配套工程；完成了生态庄园三期规划及产品调整和设计工作，并对三期及后续项目产品定位进行重新认证与分析；完成对中山华发广场商业部分的规划调整；完成了观山水项目整体定位、概念规划设计、景观设计等，并展开施工前期各项准备工作。

南宁华发新城项目完成了拆迁，拆除违章建筑1.4万平方米，同时地方政府出资对横跨项目用地内的一条架空高压线进行了拆除和埋地处理，清除了一期项目用地内的主要障碍，改善了周边环境。在此基础上，平整了场地，完成了地质勘察，完善了临水、临电等设施，为南宁华发新城开工做好了充分准备。

重庆华发·中讯广场项目完成了项目规划设计、前期报建、总体及商业产品定位以及品牌和项目推广前期各项工作。

盘锦华发新城完成了总体规划调整、一期规划调整和深化、一期住宅方案设计和园林设计等工作。此外，完成了办公楼整体装修以及售楼部初步设计等工作。

【珠海港控股集团有限公司】 珠海港控股集团有限公司（简称珠海港集团）是2008年7月25日组建成立的国有独资企业，主要从事港口、土地及其配套设施的开发、建设、管理和经营，注册资本30亿元人民币。

为了深入贯彻落实“以港兴市”发展战略，充分发挥港口的引擎作用和港区的龙头作用，推动西部大开发，实现珠海新一轮大发展，2008年7月，珠海市委、市政府对港口开发和建设管理体制进行改革，组建珠海市港口管理局和珠海港集团，形成港口行政管理、港口经营开发、港区建设发展既分工明确又一体联动的工作格局。珠海港集团作为港口建设的具体承担者和“以港兴市”战略的具体推动者，承担着珠海市高栏、万山、香洲、九洲、井岸、洪湾、唐家等7大港区的开发建设和经营管理任务，肩负着“经过3~5年的努力，港口吞吐量达到1亿吨，集装箱吞吐量达到300万标箱”

的目标使命。

2011年，珠海港累计完成货物吞吐量7 187.3万吨，同比增长18.68%；完成集装箱吞吐量81.49万标箱，同比增长15.96%。其中，珠海港集团完成货物吞吐量2 500.04万吨（含电厂、中化码头、鑫和码头），同比增长18.31%；集装箱吞吐量47.48万标箱，同比增长10.23%；散杂货吞吐量2 110.74万吨，同比增长17.58%。实现营业收入7.09亿元，同比增长33%；实现净利润2.28亿元，同比增长8.6%。截止2011年12月，集团共有企业43家，总资产92亿元。

控股或参股企业 珠海港集团控股或参股持有珠海港股份有限公司、珠海港高栏港务有限公司、珠海港洪湾港务有限公司、珠海国际货柜码头（九洲）有限公司、珠海国际货柜码头（高栏）有限公司、珠海港鑫和码头有限公司、中油（珠海）石化有限公司、珠海港开发建设有限公司、珠海港远洋运输公司、珠海市港龙城市基础工程开总公司、珠海港信息技术有限公司、珠海城市管道燃气有限公司、珠海中油管道燃气有限公司、珠海港普洛斯物流园有限公司、珠海市中小企业融资担保有限公司、珠海高栏报关行等22家港航服务及物流企业，业务覆盖集装箱码头、干散货码头、油气化学品仓储物流、船代、理货、报关、水上运输、专业运输、航道疏浚、供应链管理、软件开发与维护、工程建设与管理、管道燃气供应、电力能源投资、物流地产开发等，已形成以集装箱码头经营为主，干散货码头经营为辅的完备港口运营服务体系。

珠海港股份有限公司 珠海港股份有限公司作为珠海港集团控股的上市公司，积极谋划战略转型，通过产业整合、产业推进、有序退出非主导产业等手段，重塑主业，已初步形成以“港口物流、港口物流地产综合开发、电力能源投资”为主的三大业务板块。现控股持有珠海港物流发展有限公司、中国珠海外轮代理有限公司、珠海外轮理货有限公司、珠海港拖轮有限公司、珠海港置业开发有限公司、珠海高栏商业中心有限公司、珠海港晟物流有限公司、珠海市集装箱运输公司、珠海外代国际货运有限公司、珠海市珠海港报关行有限公司、珠海功控集团有限公司、珠海港电力能源有限公司、珠海经济特区电力开发（集团）有限公司、珠海富华风能开发有限公司、珠海港富物业管理有限公司、珠海富华投资有限公司、珠海港（梧州）港务有限公司等17家企业。参股持有神华粤电珠海港煤炭码头有限责任公司、珠海碧辟化工有限公司、珠海可口可乐有限公司、珠海富华复合材料有限公司、珠海经济特区广珠发电有限责任公司、广东珠海金湾天然气有限公司、珠海裕富通聚酯有限公司、武汉烽火富华电气有限责任有限公司、珠海新源热力有限公司等9家企业。

10大项目签约 2011年7月24日，珠海港集团10个重大项目集中签约，总投资金额超过110亿元，项目涵盖码头建设、能源开发、物流园建设、西江港口合作、航线开发等多个方面，合作方均为中海油、华润集团等行业内巨头。

签约的10个项目中，珠海港股份与广州发展煤炭投资有限公司、新加坡万邦集团等5家企业拟共同出资组建合资公司，投资40亿元在珠海港南水作业区建设和经营一个20万吨、一个10万吨级通用散货泊位，与中海油合作投资40亿元在高栏港建设天然气发电和管道物流项目。项目的合作方均为国内外知名行业巨头，中化化肥是我国最大的化肥生产商和进口商，华润集团是全国最大的水泥供应商和零售商。

珠海港集团相关负责人表示，10大项目中既有重大港口基础设施投资，又有物流园的开发，既有实现“通江达海”的航线与物流合作，又有依托于能源机械港的天然气发电项目，使珠海港经营实现由点到线再到面的突破。珠海港的功能和布局将进一步完善和提升，聚货能力和“通江达海”能力大为增强，在华南沿海港口群中的地位将得到显著提升。

此次10个项目签约，是珠海港集团大势已成的又一具体成果，标志着珠海港的开发建设和经营由起步打基础阶段进入了跨越突破的新时期。

【珠海航空城发展集团有限公司】

珠海航空城发展集团有限公司于2009年5月正式组建，2009年9月3日揭牌，是直属珠海市政府的国有独资企业。航空城集团立足投资融资、工程建设、资产运营、资本运作四大职能，重点包括航空产业园基础设施的投融资建设、航空展览及航空保障服务、航空产业发展及项目合作、房地产开发四大主业。主要目标任务是围绕珠海航空产业园的开发建设，开辟多种投融资渠道，成为可持续发展的航空产业基础设施投资建设的品牌企业。

航空城集团下属企业包括珠海机场集团公司、珠海市第二城市开发公司、珠海航空城工程建设有限公司、物业分公司等十多家，以及拥有珠港机场管理有限公司45%股权的相应管理权。

航空城集团围绕珠海航空产业园“四个基地，一座新城”的发展目标，航空城集团将陆续启动一批园区基础设施建设项目，包括填海造地、平整土地、市政道路、排洪渠、厂房、商务中心、酒店、小型跑道、飞机机库等基础设施，投资总额累计将达135亿元。

与中城北方公司、长春东皇集团战略合作框架协议签约仪式 2011年6月23日，珠海航空城发展集团有限公司与中城北方交通建设发展股份有限公司、长春东皇集团在航空城集团总部签署了战略合作框架协议，拟共同合作开发航空产业园区内的基础设施及其他配套建设项目。

金湾区区委书记、航空产业园党委书记吴轼、航空产业园管委会副主任李志平；珠海航空城集团总经理李国明；中城北方交通建设发展股份有限公司董事长张金澎；东皇集团董事长于黎明等领导和嘉宾出席了签约仪式。

中城北方交通建设发展股份有限公司是中国城市建设控股集团的全资子公司，公司成立于1993年4月2日，注册资金8亿元人民币；长春东皇集团是一家以住宅及商业地产经营为主，涵盖城市基本建设相关领域的大型企业集团。两家大型企业组成的联合体，参与金湾区及航空产业园的投资建设，对金湾区的城市化进程和航空产业的发展将带来积极的作用。

12个项目落户珠海航空产业园

2011年11月17日，珠海航空产业园在珠海商用航空中心举行“珠海航空产业园投资合作交流会”。在交流会上，珠海航空产业园先后与珠海中航飞行学校有限公司、东海公务机公司、利捷公务航空（香港）有限公司、珠海华翔通用航空有限公司等签订协议，共涉及通用飞机、无人机制造、通用飞机和公务机运营、通用航空产业的服务配套等领域的12个项目，项目规划总投资超过80亿元。其中，东海公务机公司将在珠海航空产业园内投资超过50亿元，设立公务机产业基地，开展公务机客舱改装维修、应急救护飞行、飞机维修人员培训等业务，力争建成亚洲最大的公务机维修基地和培训中心；利捷公务航空（香港）有限公司拟联合国内合作伙伴在珠海设立公司亚洲区总部以及公务机运营服务基地，首期注册资本2亿元。

珠海市副市长、市政府秘书长王庆利表示，发展航空产业、建设航空产业园是珠海市紧抓历史机遇、大力发展战略性新兴产业的重要举措，也是促进产业结构转型升级、建设现代产业体系的重要抓手。经过三年的开发建设，珠海航空产业园取得了显著成绩，在通用飞机制造、航空服务、无人机研发制造等领域引进了一大批要素项目，航空制造和服务产业体系初步形成。珠海市将继续全面支持航空产业园的开发建设，大力推进园区发展以通用航空为主导的航空产业，构建完整的航空产业体系。

【佛山市南海佛广交通发展有限公司】

2011年，是“十二五”规划开局之年，也是公司实施五年规划关键之年。一年来，佛广交通发展公司全面贯彻落实党的十七届四中、五中全会精神。在二汽公司及上级主管部门的正确领导下，公司全体员工团结一致，围绕“创新促发展，精细抓管理”的工作目标，以“深化改革、优化调整、安全优质、创新高效”为指导思想，精心谋划、全面落实，出色做好了佛广交通集团公司成立，南海区公交扩容，广州、佛山创建全国文明城市等重点工作，获得上级管理部门的好评。与此同时，佛广交通公司整体的经营和质量管理得到提升，南海区城市交通出行环境得到了改善。

2011年，佛广交通公司实现营业收入4.01亿，同比增长16%，实现利润226.18万元，客运量14 668万人次，同比增长24.45%。职工收入同比增长18.69%；其中公交驾驶员月均收入4 277.76元，同比增长18.99%，维修技工月均收入3 335.82元，同比增加19.8%。

加强班子队伍建设，深化廉洁、民主领导思想，实现科学领导发展企业领导班子是企业的领导核心。今年，佛广交通公司领导班子努力提高思想政治素质和业务水平，不断增强班子队伍的凝聚力和战斗力，积极发挥领导班子的核心带动作用和示范作用。在公司的各项重大工作中，领导班子始终按照《廉洁从业若干规定》，征求多方意见，先集体研究后决策。在科学的领导下，公司实现了2011年既定工作目标，甚至提前走向了集团化的发展道路。

创新机制，全员上阵，扎实做好创文明迎国检工作　一、制定了《公司创文明迎国检冲刺阶段工作实施方案》、《公司创建迎国检防护保障阶段工作实施方案》等，构建四级督查指挥调度管控系统，实现统一领导、分级管理、条块结合、整体联动，一边抓好广州创建迎国检工作，一边为“佛山市创建全国文明城市”打下基础。

二、迅速动员，全民齐参与，落实迎“国检”工作。召开全体管理人员、业务员创文工作会议7次，各创建窗口单位召开创文动员会议88场次，周例会192场次，进一步部署相关工作重点；全年共组织5 583人次出站督查，检查车辆50 258台次。

三、抓住“创文”契机，投入246.32万元加快对南海汽车站、西樵汽车站、小塘汽车站等多个建设时间较长的车站进行改造，各站场面貌焕然一新。南海车站、里水车站被列为南海“创文”窗口示范单位。

四、联系实际，围绕创文主题，加大宣传，开展系列创文活动。编制了《创文简报》18期，《每日快报》7期。组织开展创文专题活动40余场次；评选出了南海区“文明驾驶员”26名，推举出“最美公交车司机”1名，进一步把创建工作做深、做细、落实到基层。

五、巩固调整，优化提升。一是开展创建迎国检劳动竞赛活动，调动全体干部职工争先创优的热情，同时为下一阶段“佛山市创建全国文明城市”打下基础；二是鼓足干劲，做好南海区“创文”示范客运站软硬件的优化提升工作。

抓住机遇，优化调整、创新效益，不断加强经营管理　2011年，佛广交通公司不断完善各生产经营环节，并以南海公交扩容为发展契机，积极优化公交线网结构、优化线路牌资源和拓展红巴、出租、客运、站场业务，提高公司在佛山地区运输竞争力和市场占有率。

一、抓住机遇，稳步扩容，创新效益。（1）2011年南海区实施镇巴公交扩容计划，佛广交通公司完成桂城、大沥、里水、罗村等8个镇街的共65条线路的开行工作，增配运力496辆，扩容后，镇巴线路达到118条，投入LNG环保公交车辆573台。至此，公交车辆达到了1 617台，为南海区实现村村通公交，推进城乡公共服务均等化工作迈进一大步，并贯通了南海西部旅游公交，实现南海西部各旅游景点的无缝衔接。（2）抓好出租车扩容计划的落实，优化内部资源配置，合理投放运力。2011年8月，完成了九江、丹灶5台镇的投入营运工作。目前，公司拥有出租车459台，其中五区车179台；禅桂新车120台；镇的160台。（3）做好了南海至高明城巴线、南海至顺德城巴线、西樵至广宁线、西樵至东莞大朗、平洲至四会、大沥至封开线路的投入营运工作。

二、整合优化线路资源，合理调

整线网布局。（1）以禅桂新区交通一体化为契机，逐步优化线路。根据上级部门的指示精神，结合部分线路的营运实际，一是优化调整了212、232等10条线路车辆车型；二是优化了238、279等8条线路车辆配置，增加了车辆周转，提高班次密度；三是结合广佛地铁的节点情况，优化线路无缝接驳广佛地铁，强化了线路的功能定位，带动了客源的增长；四是部分线路在2010年9月开行了双班，经过一年时间的培育，夜间客源有所增长。（2）优化调整客运线路，一是调整原平洲至阳山、英德、广西贵港等班线的起点，节约了线路的经营成本；二是进行南海至顺德、高明两条佛山城巴线的大站快车改造，改善经营状况。

三、加大后勤基础设施建设。（1）做好客运站场的建设工作，一是完成里水汽车客运站投入运营、资质验收工作；二是完成丹灶客运大楼的建设；三是完成了西樵汽车客运站工程勘察、设计、项目立项等工作；四是顺利接管三山停车场、狮山公交停车场。（2）与南海燃气公司合作成立佛山市瑞兴能源发展有限公司，建成并经营大沥和西樵LNG撬装站。（3）筹备检测站迁站工作，新站建设已进入报建阶段，正在进行施工图设计阶段。

以“责任、良心”为指导，抓好“安全生产、优质服务”两个基本点，树立良好的企业形象　一、健全安全管理制度，2011年，根据佛广交通公司的安全生产经营实际情况，拟定和完善了公司《突发事件维稳应急处置预案》、《LNG燃气车辆应急处置方案》、《关于补充完善客运服务工作规范的指引》、《佛山市南海佛广出租汽车有限公司营运驾驶员安全服务奖考核办法（试行）》等。

二、创新教育模式，进行安全教育和引导，增强广大职工的安全意识。（1）对955位新入职驾驶员进行“三新”服务培训和教育。组织在岗驾驶员1 035人次开展再培训学习，进一步提高驾驶员安全行车、规范服务的意识；同时通过现场教育、课堂教育、书面教育三位一体的创新性教育模式，提高驾驶员学习的积极性。（2）开展了23场次的“面对面、心连心”的沟通交流活动。了解广大出租驾驶员和业务人员的生活、工作情况、倾听一线员工的意见和建议，更好地解决一线员工的实际困难，促进企业和谐健康发展。（3）组织开展“百日安全无事故”和“防范重特大安全事故”专项活动。按照上级部门的工作部署，根据年初的安全生产形势，组织开展了为期100天的“百日安全无事故”专项活动进一步加强了公司交通安全管理工作，提升各级安全管理人员的业务水平，规范驾驶员的安全行车操作，增强安全行车意识，有效预防和遏制各类安全事故的发生；同时组织开展了为期五个月的“防范重特大安全事故”专项行动，通过海报、宣传画帖、手机短信等形式引导广大员工安全生产。

三、以公交线路扩容服务保障工作为重心，不断提升服务水平。（1）做好 “禅桂新”公交线路大调整，镇巴新线路开通、南海公交扩容和LNG新车型投放使用时期的服务保障工作。一是做好投放前车辆服务设备设施、安全标志标识的保障工作；二是加强新入职、新线路、新车型驾驶员的安全培训教育工作；三是通过多种形式开展服务宣传和服务咨询，确保新线路、新车辆的服务质量。（2）组织参加南海区“2011年中国城市公共交通周及无车日”活动、“文明示范线路共建日”活动等，通过树立典型，以点带面，进一步营造争先创优的良好氛围，提高我司公交线路的服务质量，带动全体驾驶员树立文明服务意识，建立公司的服务品牌。（3）组织开展1 000余人参加的“责任良心伴我行”宣讲暨今冬明春安全生产动员大会。

想方设法，节能降耗，加快环保能源应用和信息化建设　一、为寻求降低国Ⅳ车辆油耗的方法，佛广交通公司实行轮胎更换节油试验。此外，为验证日本环保设备“石油泵燃料离子活性化设备”对公交车节能减排的实际效果，公司进行了为期3个月的设备安装试用实验。

二、为深化绿色环保、低碳出行的理念和落实佛山市创建全国文明城市的具体要求，佛广交通公司投入931 600元对120台禅桂新出租车进行了加装CNG气瓶。

三、完成智能调度中心的升级改造，增设了中心演示厅和出租电召中心、公交调度中心。同时，根据公司各项业务的人事管理特点和需求，自主研发了人力资源管理系统，提高了人事管理的信息化水平

加强基础管理力度，实现公司规范化、制度化、集团化管理　规范管理是公司发展壮大的基础，健全的管理制度是公司规范管理的保证。2011年，佛广交通公司逐步建立健全的规章制度，梳理各项管理流程，进一步提高了管理水平。

一、成立佛广集团公司，逐步围绕公司集团化管理，变革管理机制和管理理念，增强公司企业集团的凝聚力，为企业今后更好发展奠定坚实的基础。

二、完善公司内部管理架构，成立了预控管理部、党群工作部，充分发挥公司的战略管理、品牌管理、投资管理及经营活动协调管理的作用。

三、推行ISO质量管理体系，规范工作流程，强化企业管理。今年，完成并全面推行了公司属下站场管理中心ISO基础管理体系，使站场管理中心的制度更合理、更具操作性。

四、修订和完善公司重要的规章制度，其中对公司公文处理实施办法等进行了完善；修订了公司内部审计制度，站场管理中心投诉处理制度，佛广出租汽车公司员工考评制度等；废止了佛广出租汽车公司出租汽车经营责任管理规定。

坚持“人才强企”战略，优化人才结构，提高职工综合素质　一、优化人才结构，选拔调配优秀管理人才。通过轮岗、借调、考核等方式锻炼、培养人才，通过招聘、竞争上岗等方式引进、选用人才，优化公司人才结构。今年，通过外聘的形式提拔公司管理人员12名；通过竞争上岗的形式选拔聘任助理人员11名，车队管理人员12名；组织168人次在管理及业务人员岗位进行轮岗锻炼。

二、组织实施形式多样的教育培训，提高职工队伍综合素质。（1）为

增强公司技术队伍对LNG公交车维护保养方面的知识，公司组织了多场次LNG知识培训，并进行实地操作学习。（2）组织1 618人次参加岗前培训及军训。（3）组织员工参加各类职业技能培训。2011年，共有298人取得“高级驾驶员”职业技能证书；597人取得“初级维修工”职业技能证书；75人新考取了广东省初级安全主任上岗证；25人取得广东省人力资源管理上岗证，大大地提高了员工的职业技能水平。

发挥党工团组织优势，加强精神文明建设，强化信访维稳工作机制，构建和谐、稳定的企业氛围 一、全面发挥企业党总支的政治核心作用，促进企业和谐稳定发展。随着公司的不断发展壮大，佛广交通公司党总支部结合公司行政架构对公司党总支部组织架构进行完善，对机关党支部、佛广公汽党支部、站场管理中心党支部进行了换届选举，产生新一届支部委员会委员。同时，成立了佛广出租公司党支部、佛广修配公司党支部、佛山恒瑞公司党支部3支党支部。

二、以健康积极的活动为载体，塑造积极向上、生动活泼的和谐氛围。（1）公司工会组织丰富多彩的集体活动。在元宵节、“三八”妇女节、“六一”儿童节、“八一”建军节、“中秋节”等节日期间举办包饺子、元宵晚会、家庭趣味运动会、聚餐慰问等文娱集体活动。（2）组织大型文娱活动。佛广交通公司党总支组织员工参加由广州二汽公司党委开展的纪念建党90周年“唱司歌 颂党恩”歌咏比赛，获得一等奖；公司工会组织青年团员参加二汽公司举办的“党在我心中诗歌朗诵比赛”，取得优异的成绩；组织公司员工参加“凝聚你我 共赢未来”学习交流暨团队拓展培训活动及“2011南海百企篮球赛”“南海精英杯足球赛”等活动。通过开展系列活动，进一步营造团结、和谐、健康向上的职工队伍。（3）公司根据职工不同爱好开设兴趣小组，包括足球班、篮球班、羽毛球班、舞蹈班、诗歌朗诵艺术班、摄影爱好者协会等等，丰富了职工的业余生活，也为选拔优秀人才奠定基础。

三、抓好信访维稳工作，维护企业稳定。深刻吸取“4.18”出租车驾驶员停运事件的教训，积极做好信访维稳各项工作。一是实行领导信访接待日制度，进一步扩大职工反映情况的渠道，及时解释和解决职工当中的思想问题和存在问题；二是安排各级人员主动多到生产一线了解职工的思想动态，开展“面对面、心连心”的沟通交流活动倾听一线员工的意见和建议；三是完善突发事件应急预案、推行预评估机制，从源头上预防和减少突发事件的发生，确保公司信访维稳工作总体上保持平稳、可控的状态。（佛山市南海佛广交通发展有限公司）

【河源华冠股份有限公司】 河源华冠股份有限公司是由河源市经济技术发展总公司等四家发起人共同发起，经广东省企业股份制试点联审小组及省体改委（粤股审[1992]122号文）批准，并向社会定向募集设立的法人团体持股的股份有限公司。公司注册资金为2亿元人民币。1993年4月经河源市工商行政管理局注册登记后成立。公司的中小股东主要分布在河源、深圳和广州三个地区。公司经营范围包括工业、高新科技投资，旅游、房地产开发及房屋租赁，国内外贸易等。

华冠公司成立后，在多个投资领域进行了尝试，主要集中在房地产项目、金融、工业和旅游项目。在金融方面开办了河源市开发城市信用社；工业方面，主要兴办了河源华冠特种钢材有限公司、广东连平华冠水泥有限公司、深圳保安医疗用品有限公司；旅游方面，在山东威海刘公岛开发兴建了旅游项目——甲午海战馆，成为公司的主要利润增长点。2000年后，公司续建了鑫华广场大楼，开发了新东江花园小区。

华冠公司创立后不久，就受到房地产经济泡沫和国家宏观调控政策因素影响，致使公司积淀了大量历史遗留问题，公司经济、社会效益与股东的希望要求有较大的差距。在近二十年时间里，华冠公司走过了一条艰难曲折的路程：1996年底至1999年公司连续两次争取上市因诸多原因未获得成功；河源华冠特种钢材有限公司生产的PC钢筋，在融资3 000万元投入生产线扩建和技术改造后，出现销售市场持续低迷和产品技术改造标准较低，形成了大投入小产出的经营性亏损。后因没能力偿还债务，2003年债权人以本息5 600多万元的债权通过法院强制接管了山东威海甲午海战馆，使公司失去了主要利润来源；由于上世纪九十年代末期的金融风波影响，河源市开发城市信用社因市区其它信用社遭受挤兑破产而产生的债务无法及时偿还的波及，市政府强制性的关闭，致使公司以大量储备土地抵偿信用社的债务，使公司在河源市的二次发展中失去了核心竞争力。

基于上述情况，从2004年起公司经营班子提出“保生存、谋发展”的经营指导思想，围绕整顿清理历史遗留问题和开拓发展两个主旋律，全力清理债权债务关系，盘活存量资产，在保生存的基础上谋求进一步发展。并制定“解除历史包袱，细化经营管理，相机适度发展”十八字工作方针，加快公司资产和产业结构的整合，采取股权、资产及债务重组方式谋求公司的下一步重整。经过近几年的努力，公司基本上理顺了债权债务，实现了有限资产的保值增值；历史遗留问题亦已引起了当地政府的重视，有望在近期内得到解决，公司将在此基础上走上健康发展之路。

（河源华冠股份有限公司）

民营企业

综述

【民营企业进出口快速增长】 据广州海关统计，2011年广东民营企业（包括集体企业、私营企业及个体工商户）进出口总值为2 412.5亿美元，比上年增长25.5%，低于上年增速14.2个百分点，但高于同期广东进出口总体增速9.1个百分点。其中，出口1 502.1亿美元，增长28.8%；进口910.4亿美元，增长20.5%。

2011年度广东民营企业月度进出口总值保持较高水平但增速放缓，12月进出口总值创新高。2011年以来，广东民营企业进出口月度总值总体呈高位震荡态势，除2月份受春节假期影响进出口值偏低外，其余月份月度进出口值均保持在200亿美元左右震荡，但增速放缓，从年初的增长47.8%到年末的增长6.3%，一路放缓。12月，进出口总值为218.4亿美元，增长6.3%，创月度进出口值历史新高；其中出口138.5亿美元，增长10.9%；进口79.9亿美元，下降0.8%。

一般贸易进出口占7成，加工贸易进出口增速略有所放缓。2011年，广东民营企业以一般贸易方式进出口1704.3亿美元，增长22.3%，占同期广东民营企业进出口总值的70.6%，其中，出口1099亿美元，增长24.6%；进口605.3亿美元，增长18.4%。同期，以加工贸易方式进出口455.3亿美元，增长24.2%，低于上年同期增速7.8个百分点，占18.9%，其中，出口312.6亿美元，增长34.4%，低于上年同期增速3.2个百分点；进口142.7亿美元，增长6.4%，低于上年同期增速16.8个百分点。

对香港出口保持大幅增长，东盟为最大进口来源地。2011年，广东民营企业对香港出口396.3亿美元，大幅增长53.8%；对欧盟和美国分别出口213.2亿美元和179亿美元，分别增长13.8%和10.7%；对以上3者出口合计占同期广东民营企业出口总值的52.5%。同期，广东民营企业的进口来源地为东盟、欧盟和台湾，分别进口180.5亿美元、99亿美元和94.8亿美元，分别增长30.3%、16.7%和12.5%；自日本和韩国分别进口90亿美元和82.5亿美元，分别增长23.4%和21.6%，自上述5者进口合计占同期广东民营企业进口总值的60%。

机电产品出口占5成，传统劳动密集型商品出口增速较缓。2011年，广东民营企业出口机电产品761.7亿美元，增长25.7%，占同期广东民营企业出口总值的50.7%；其中电器及电子产品出口457.4亿美元，增长29.6%。同期，纺织品、家具及其零件、鞋类3大主要传统劳动密集型商品出口增幅均低于总体，合计出口336.4亿美元，占同期广东民营企业出口总值的22.4%，比重下降2个百分点。此外，贵金属或包贵金属的首饰出口39.6亿美元，急剧增长1.2倍。

废金属进口增速大幅回落，自动数据处理设备及其部件进口大幅增长。2011年，广东民营企业进口机电产品462.5亿美元，增长22.6%，占同期广东民营企业进口总值的50.8%，其中，集成电路进口172.8亿美元，增长18.5%；进口废金属78.2亿美元，增长16.4%，低于去年同期增幅56.6个百分点；废塑料进口17.2亿美元，减少13.9%。

【民营企业国内贷款比重仅为12%】 2011年，民营经济占全省经济总量的44%，对经济增长贡献率达52%。2011年广东民间投资总量突破1万亿，同比增长37%。民营出口同比增长32%，民营经济税收增长27%。截至2011年底，广东私营企业已突破110万户，个体工商户突破350万户，分列全国第二和第一。但是，民营经济贷款仍然困难，金融机构投向民营企业的贷款数额减少，民企国内贷款比重仅为12%，有1/5中小企业出现亏损。

民营企业发展

【广东昭信企业集团有限公司】 广东昭信企业集团有限公司（以下简称“昭信集团”）是一家以LED产业为主体的集科研、生产、销售为一体的相关多元化发展企业集团，业务覆盖欧美、加拿大、日本等国家。昭信集团先后获得中国民营500强企业、广东省企业500强、广东省百强民营企业、广东省自主创新标杆企业、广东省企业创新纪录金奖、最具实力品牌企业、2011年度LED行业最具竞争力品牌等荣誉，并建立有广东省企业技术中心、博士后工作站以及省级工程实验室。

2011年是昭信集团产业转型升级后，走向市场步入新产业走上规模化发展的一年。昭信集团紧紧围绕“以技术创新引领产业发展，以市场构建营造发展优势；创新营销管理商业模式，借势快速上规模”的指导思路，狠抓实干，在各领域做出不同的成效。

明确核心产业，优化结构，实现运营模式的转变 在技术基础管理方面，昭信集团以建立省级企业技术中心、博士后工作站为契机，分别建立了芯片外延设备研发中心、外延片及芯片研发中心、封装研发中心、灯具/隧道灯研发中心、背光模组研发中心以及电子电感研发中心等六大技术中心，为昭信从事LED产业技术研究与开发、LED专业人才输送奠定基础。

昭信集团通过对LED上游技术、LED封装技术、LED电源产品、LED下游产用照明产品等方面的管理加强，

LED 产业链生产管理。在 LED 上游技术方面，昭信集团进军 MOCVD 研发、制造和配套服务领域，同时，为了完善半导体 LED 上游高端技术，特引进一批海外高端人才，主要从事 LED 上游外延片及芯片项目的研发工作。一期投资已于 2011 年 10 月全部完成。目前 10×23mil 尺寸的芯片产品已经达到 > 24mW（100-130lm/W）（国内领先，相当于台湾最大的外延和芯片厂的技术水平），并已经申请国内专利 10 个（发明专利 8 个，实用新型专利 2 个）。在 LED 封装技术方面，昭信集团投资配置先进的自动封装生产线和相关测试技术与设备，以应用研究为导向进行大功率 LED 模块设计；为消化封装的再创新技术，昭信集团建造近两万平方米的厂房来经营 LED 背光源、导光板深加工等光电系列产品，同时从事全尺寸背光源的研发、制造、销售。在 LED 电源产品方面，昭信集团专门抽调企业的技术骨干成立 LED 电源控制产品攻关小组，引进国际一流的设计、生产和检测设备，研发生产大功率 LED 电源驱动器。在 LED 下游应用照明产品方面，昭信集团对 7 条生产线进行改造，使 LED 灯具产品生产流水线达 3 600 平方米，并建立完善的灯具研发中心，包括 LED 光源检测、分布光度测试、老化寿命、漏电起痕仪、高温、震动、喷淋等专业的检测实验室，自主研发大功率 LED 道路照明灯具、LED 户外景观照明灯具和 LED 室内商业照明灯具等产品。

在 LED 工程应用方面，昭信集团把集团 LED 产品特点以及实际工程技术要求相融合，将昭信 LED 产品迅速推广应用到室内、室外照明等各个实际工程领域。“高光效、模块式超薄 LED 路灯技术”“轻质高效模块化 LED 路灯技术”通过了科技成果鉴定，入选广东省标杆体系的认证。最近，超十公里的佛山桂澜路以东 LED 路灯改造项目成为了国家发展和改革委员会专家评审，成为国内首个批准的 LED 照明清洁发展机制项目。

倾力打造金谷光电社区，集聚绿色高新产业 昭信集团对转型升级后腾出的六万平方米旧厂房进行改造，建设成为集新光源研发、设计、生产、应用、娱乐、生活于一体的大型综合都市型、节能环保型以及高科技型的光电产业社区。该社区位于广佛交界处的佛山市南海区桂城街道平洲南港大街，紧邻广州芳村区，和佛山中心城区无缝相连；占地总面积约 400 亩，以旧厂房改造而成，首期改造厂房、公寓共 6 万平方米。金谷光电产业社区以现代都市产业为模式，以技术及商务为推动，以光电产业集聚为方向，逐步建成现代光电高科技产业孵化平台，探索、建立一个科技产业现代服务商业模式，实现光电产业的高端聚集和高端人才集聚，给人星级的服务和家的感觉。经改造后的金谷光电产业社区受到各级政府的关注，社区已先后被认定为“南海区绿色照明产业集约园区”、“南海区都市型产业载体”，凡进驻社区的企业均能享受相关的产业扶持优惠政策。目前，社区内已聚集了一批半导体材料生产设备、外延生长、晶片制造、封装模组、波导芯片、光通讯模块、背光模组、电源驱动、应用产品等企业，为光电产业的集聚发展、互动发展提供了一个平台。

坚持把党建工作与企业发展相融合，助推企业发展 昭信集团党委一直以科学发展观为指导，坚持把党建工作融入到企业的经营发展中去，积极探索创新党建方法，围绕“企业得发展，员工得实惠”大力开展创先争优活动，以党员带头组建九支专项活动分队，开展技术攻关。昭信集团党委还成立了党员志愿服务队和党员爱心基金会，通过党员志愿服务队倾听基层员工的声音，及时帮助急、危、病困的员工及家庭。昭信集团党委在引领企业转型发展、构建和谐劳资关系方面取得显著成效，2011 被评为全国先进基层党组织、广东省先进基层党组织和广东省“两新”百强党组织。

昭信集团以“执着追求，不断超越”为企业精神，以“变革、和谐、诚信”为核心价值观，致力成为一个有持续竞争力的知名企业。目前，已形成包括半导体外延装备—外延芯片材料—封装—驱动电源—应用产品在内的 LED 产业链，逐步建立以 LED 新光源产业为主体的新型产业，获得 LED 领域国内外专利技术专利过百项，本科以上从业人员近 200 人，其中博士生 11 人，硕士生 19 人。自主研发的 LED 路灯产品被入选广东省首批绿色照明示范城市推荐采购产品目录，装备、封装、驱动电源、灯具应用均获得广东省企业自主创新纪录。

（广东昭信企业集团有限公司）

【广州金鹏集团有限公司】 2011 年是广州金鹏集团有限公司（以下简称“金鹏”）在完成重组并实施战略转型的第一年，在股东及董事会的关心指导下，集团管理层围绕“战略转型”这一主题开展全年工作的。“战略转型”就是要使金鹏从一家原来以通信系统设备业务为主，涉及多领域业务的企业，逐步转变为以“数字化城市”为核心领域，以“产品 + 运营 + 服务”为立足点、并相互协同联动的专业化企业。

认真梳理、研究、完善金鹏未来五年的战略构思 为了做好战略规划这项工作，将“夯实基础、科学整合”的工作思路落到实处，2011 年年初，集团调整了总部组织结构，成立战略与投资中心、人力资源管理中心，提高战略规划和人力资源管理在金鹏整体发展转型中的地位和作用。在金鹏 2012—2016 五年战略发展规划雏形基础上，重点从客户、行业、业务关系等方面加以完善，力图使以“数字城市业务”为核心的战略构思能更清晰的指导金鹏未来五年的转型发展，促进了业务开拓、增强了信心。

结合转型需要，积极、稳妥地推进业务重组 根据围绕核心业务、“有所为有所不为”这一指导思想，至 2011 年底，金鹏已陆续将行业竞争激烈、投入产出配比不均衡以及未来发展乏力的“自有品牌终端产品”、“电子产品代工”等业务按计划实施关停并转，原有的自有品牌终端部门已经变身为集团消费电子事业部，原有电子产品加工业务的优质资产整合集中到“柔性线路板”业务中，使其能拓展下游产业链，满足客户的多样化需求，不但增强了该项业务的核心竞争力，还使金鹏源康公司成为SONY全球A级供应商，并为企业下一步的高速发展创造了更为有利的条件。2011年，金鹏还针对金鹏科技有限公司所承载的“通信增值”业务做了资本运营方面的尝试，并为下一步金鹏科技的重组整合做了大量有益的准备。

巩固核心业务优势，积极、主动地开展业务扩张和相关并购　围绕数字化城市的核心范畴，金鹏在业务区域扩张、业务模式转换、企业成长手段等方面采取实质步骤努力实现转变。

（1）金鹏继2010年在以湖北为核心的华中区域市场成功取得突破后，2011年在以江苏为核心的华东区域市场也打开了局面，在以成都为中心的西部区域市场亦开始跟进介入。数字城市业务新签合同额中，超过60%来自广东区域以外市场，不仅打开了市场空间，也为其他服务型业务进入各区域叫响了品牌、做了市场铺垫，实现了立足广东、辐射南中国的市场布局。

（2）安保运营业务作为金鹏在数字化城市服务领域未来的重要支柱型业务，经过长时间准备、筹划，已于2011年第四季度正式成立公司运作。该业务将立足于技防和人防深度结合的服务运营机制，面向行业、企业客户，走差异化道路，开创金鹏的服务业务模式，成为实现金鹏业务模式由单纯“项目”型转变为“产品+运营+服务”型的重要举措之一。

（3）在企业成长手段方面，金鹏转变思路，不仅加大产业扩张力度，还加快资本型扩张步伐。围绕数字化城市及安防这个大的核心业务范畴，金鹏正在快速进入面向企业、商户和家庭的安全业务领域。金鹏将在“政府、行业企业、商户、家庭及个人”四个不同的客户层面迅速建立数字化城市业务完整的业务格局。

具有协同潜力的非核心业务取得一定进展　金鹏消费电子产品事业部与宏图三胞合作开展的“华南消费电子采购中心”业务经过一年的努力，已经逐渐形成稳定、顺畅的业务模式，并将重点放在导航、家庭医疗以及家居安防产品等领域，业务量逐步提升，体现了金鹏与股东兄弟单位的协同效应。

新成立的房地产事业部，将立足于商业地产，借广州市“旧城改造”的契机，寻找机会参与智慧城市商业综合体的开发建设，目前已经开始多方位的合作尝试。

梳理管理制度和流程，调整和完善制度体系，为企业转型发展打基础　2011年初，金鹏设立集团领导牵头的跨部门工作组开展制度体系梳理、调整工作。顺应团业务重心由通信领域向数字城市及安防领域转移、客户由单一运营商向多层级多区域的政府机构变化、关联协同性增强的趋势，调整集团化管理架构，特别是改进财务垂直管理、人力资源分级管理、研发二级管理体系等核心管理职能，加强企业目标管理、计划管理和职能协同，梳理业务流程和权限，剔除原有制度中陈旧、冗余、与实际不符的内容，解放思想、严谨务实地修订制度体系。

加大企业宣传力度，为企业转型发展创造良好的外部环境　（1）以体现中国传统智慧的七巧板为主要设计元素的金鹏新企业标识于2011年年中正式发布启用，在员工、客户、供应商方面都获得了快速认同。2011年下半年相继于深圳、北京等多个大型安防展上精彩亮相，充分展示和提升了金鹏所具有的亲和、智慧、灵沽的品牌和企业形象。

（2）通过积极申报政府科技项目，在提升金鹏创新能力的同时扩大影响、增加企业知名度，按全年统计，政府科技项目扶持资金到账540万元。

（3）在全体员工的努力下，金鹏在2011年陆续获得了不少荣誉：4月获得“智能城市创新奖”；5月“金鹏”品牌被评为2011年全国安防用户满意产品品牌；金鹏承建的第16届亚运会组委会指挥调度中心（MOC）项目荣获2011年中国应急管理信息化成果应用奖；连续三年获得“广东省企业500强”称号，并获评广东省优秀工程中心；最令人瞩目的是，金鹏承建的全国首个全IP视频监控系统——武汉市视频监控项目，不但一次性通过公安部的验收，还成为武汉市智慧城市示范项目。

金鹏在经营管理上取得的发展和成绩是股东支持、集团管理层统筹安排以及全体金鹏人不懈努力的结果，是全体员工用汗水换取而来的，是金鹏人不怕困难、勇于挑战、不畏变革、勇于创新的精神的展现！金鹏正沿着突出效益、创新品牌和持续发展的道路快速前行！

（广州金鹏集团有限公司）

【深圳市核达中远通电源技术有限公司】　深圳市核达中远通电源技术有限公司创隶属广东核电集团，成立于1999年8月，是国家核准认定的高新技术企业（属于电子信息技术领域）。核达中远通专业致力于VAPEL品牌高频开关电源的研发、生产和销售。目前已通过ISO9001国际质量体系认证和ISO14001国际环境体系认证，成为国内最大的电源企业，是诺基亚西门子、爱立信、摩托罗拉、华为、中兴、UT斯达康等国内外知名企业的优秀供应商和指定供应商。

核达中远通总部设在深圳，现有员工1 500余人，拥有50 000多平米的开发和生产基地。公司拥有10多年开关电源设计经验的博士、硕士和在美日著名电源公司工作5年的电源专家为首的400多名的研发队伍，具有强大的新产品开发和快速响应能力，延续并跟踪国际电源大公司的先进的设计理念，针对国内外电网的实际情况，紧跟世界电源新技术的发展，推出各种满足用户需求的高性能、高可靠的VAPEL电源产品。

为了迎合目前日益激烈地市场竞争和高新科技高速发展的需要，核达中远通投入巨资建立高标准的测试实验室，配置国际先进的测试设备和采取国际先进的测试手段，进行各种元器件应力分析、高低温及其循环试验、震动试验、冲击试验、交变湿热试验、安规测试、EMC测试、MTBF分析试验、FMEA分析试验、加速老化试验等，从而保证了VAPEL电源产品的高可靠性。电源通过UL、TUV、CE、CSA、CCC等国内外的安规认证。现有3 000余种AC/DC、DC/

DC、DC/AC标准产品、非标准产品、客户定制产品的种类和系列，功率覆盖2W到10000W等级，广泛应用于通讯、电力、工业控制、仪器仪表、医疗、铁路及其他高科技领域；有通讯系统电源、GSM和CDMA无线基站电源、直放站电源、路由器电源、网络交换机电源、SDH电源、仪器仪表电源、医用电源、铁路机车电源、汽车电源、电力电源、工控电源、逆变器电源等。

在十三年的的发展历程中，核达中远通坚持“服务第一，质量第一，效率第一”管理理念，不断完善现有的管理体制，不断推行技术创新，逐渐形成了自有的开关定制电源品牌（VAPEL）和设计研发技术，目前已有40多项自主创新知识产权被国家认可，年平均完成350多项新产品项目。2011年，核达中远通实现营业收入达到10亿元，实现利润总额8 000万元、总资产7.67亿元、净资产4.3亿元，在国内3 000多家通讯电源制造企业中名列前茅。

（深圳市核达中远通电源技术有限公司）

【建滔（番禺南沙）石化有限公司】

建滔化工集团，成立于1988年，是全球最大的覆铜面板生产商，全球首五名及全中国/香港最大积层板制造商。集团主营覆铜面板、印刷线路板、化工三大业务。在中国设立多个综合性垂直生产设施，集团业务集中于发展积层板及有关项目，产品外销到世界各地，包括北美洲、欧洲、东南亚、香港及中国各地。2000年至2005年连续六年被世界权威财经杂志《福布斯》评选为“全球200家最佳中小型企业”；2004年被纳入摩根士丹利资本国际指数（MSCI）成分股；2007年获得穆迪及标准普尔评为投资级别；2008年4月28日被《福布斯》杂志评为全球2 000家优秀管理企业之一。

建滔（番禺南沙）石化有限公司隶属于建滔化工集团，位于广州市南沙区环市大道北9号，于2000年1月18日成立，投资55 000万元，注册资本25 000万元，公司总占地面积约35万平方米，现有企业职工410人。2011年工业总产值为15.59亿元，上交各种税款5 120万元。建滔（番禺南沙）石化有限公司连续多年被评为“广东省首批纳税信用A级纳税人”、“2002—2003年度纳税大户”“广东省外商双优文明企业”“2002年度超5 000万元纳税大户”“广州市2004-2005年度A级纳税人”“2008—2009年度纳税信用等级A级纳税人”“十佳优秀企业”“2009年度广东省30家最具核心竞争力企业”“2009年11月荣获广东省高新技术企业”等一系列荣誉称号。

建滔（番禺南沙）石化有限公司拥有多年环氧树脂的丰富生产经验，拥有一支实力雄厚的技术团队。主要生产产品为环氧树脂、四溴双酚A等高新电子阻燃材料。多年来，建滔（番禺南沙）石化有限公司一直致力于清洁生产、节能减排、低碳经济发展、保护环境的工作，在现有环氧树脂的基础上不断优化工艺流程、并采用先进的污水处理技术。坚持科学发展、安全发展、效益发展、生态发展、和谐发展原则，以实现安全生产为基础，以技术创新为保障，以生态文明为支撑，以安全高效为目标”的绿色生态发展新模式。以遵循提高质量、降低成本、发展循环经济的原则，依靠科技进步，动员全员参与，合理用能，节能减排，低碳经济发展，优化产业结构，以期达到最低能耗最大效益，最大程度地把对环境的影响降到最低为目标。

建滔（番禺南沙）石化有限公司于2007年便着手建立环境质量管理体系及清洁生产体系，于2008年底通过SGS的审核，顺利通过ISO14001：2004环境质量管理体系认证。建滔（番禺南沙）石化有限公司始终以“做资源节约型企业，走环境友好型道路，创和谐建滔品牌，建生态文明社会”为己任，2006年建滔（番禺南沙）石化有限公司成为广东省环保科技会员单位。此外，建滔（番禺南沙）石化有限公司还热衷于环保科教宣传，2006年被授予广东省环保宣传优秀单位，2009年被评为《环境》保护优秀企业，同时评为环境副会长单位，2010年1月被评为中华环境友好企业的荣誉称号。

近年来，建滔（番禺南沙）石化有限公司累计投资超过7 000万元用于安全、环保方面的建设与技术改造，并取得显著效果，在保障公司设备正常安全运行的情况下每年可为公司节约水、蒸汽、盐酸等资源近800万元。

在发展的道路上，建滔（番禺南沙）石化有限公司注重与当地政府、周边居民的和谐相处，在培育优秀的企业文化的同时，也积极投入到南沙地区的建设和公益慈善事业当中去。建滔（番禺南沙）石化有限公司每年为本地提供超过1 000人次的就业及培训机会，为南沙周边地区输出大量的人才。为各乡镇学校、老人院、公园等教育、文化单位累计捐赠超过300万元。每年逢年过节，建滔（番禺南沙）石化有限公司组织领导和员工代表等前往周边村民家中送上祝福及慰问金，为当地孤寡老人送上温暖。

落户南沙以来，建滔（番禺南沙）石化有限公司立足发展，积极响应政府的号召，始终将“振兴民族工业”和“以先进的生产力，打造中国最大的化工生产航母”作为企业的使命和目标，在世界和中国电子业迅猛发展的浪潮中将民族工业的大旗高高举起。

建滔（番禺南沙）石化有限公司是一个正在成长和发展中的企业，坚持紧跟时代步伐，与时俱进，始终遵循科学发展观的理念，注重科技创新、节能降耗、低碳经济发展、环境保护并重，走出一条科技含量高、经济效益好、资源消耗低、环境污染少、人力资源优势得到充分发挥的新型工业化道路，在继续深化改革的大潮里乘风破浪，成为一艘承载民族化工梦想的中国化工航母。

（建滔（番禺南沙）石化有限公司）

【江门市盈江科技有限公司】 盈江科技着力于进行无尘教学概念和品牌的推广，目的在于加强教育界对产品的认识，同时与广大的教育用户建立良好的关系。后工业社会产品强调

H•S•E（健康、安全、环保型），联合国教科文组织大力倡导“环境友好型，资源节约型”，盈江科技的产品完全秉承这一环保理念，很好地解决了现代课堂环保板书和电化教学相结合的问题，使课堂传授知识教学活动实现健康型、高效性。实质上是把人类在学校传播知识的基本工具——笔和板的结合运用推到了一个新的高度。

盈江科技不断加强企业管理，进行技术创新和管理创新，加大研发力度，增加技术和生产投入，扩大生产规模。2011年新增投资人民币2 000万元，新增厂房2 300平方米，使整个生产线更具科技化、现代化。主厂产能年产达到13.8万块教学板。

在致力于企业管理的同时，盈江科技大力开拓国内外市场。盈江科技还在四川成都、江苏无锡和河北沧州建造了三个生产基地，产能为20.5万块教学板，主厂和分厂总产能达到34.3万块教学板，2011年6月3日，在马来西亚召开的世青会上，盈江科技与马来西亚青春环保有限公司正式签署合作协议，双方共同投资，在吉隆坡设立合资公司，在沙巴州建立生产基地。第一期工程于2013年初正式开工，预计年产德康多功能教学板8万块、水性环保墨水2.5万吨。以马来西亚为中心，辐射整个东南亚市场。此次合作协议签署，东南亚十数家报刊媒体当为盛事争相报道。

当前，占地100余亩的盈江科技园的技术研发和生产形势如火如荼，呈现一派生机盎然的景象。

盈江科技力求以最好的质量、最快的速度供给学校使用、满足市场需求。盈江科技的产品逐步推广，盈江科技的营盘不断扩展。

（江门市盈江科技有限公司）

【广东新一派建材有限公司】 广东新一派建材有限公司（以下简称新一派建材）公司位于清远市清新县禾云镇云龙工业园内，总占地66.67万平方米，在职人数超过800人。它是广东新润成发展（集团）有限公司旗下重点发展的子公司，也是佛山禅城（清新）产业转移工业园重点示范企业之一。公司成立于2009年，是一家集自主研发、生产、经营于一体的多元化有限责任公司。公司本着“以质量第一为目标，以客户满意为导向，以产品创新为动力，以企业效益为中心，以创民族品牌为使命”的经营理念，实施名牌战略和品牌国际化经营战略，走民族企业国际名牌之路，努力创建具有国际竞争力的百年企业。

新一派建材在短短两年的时间内完成基建并投产。2011年是新一派建材投产的第二年，各方面的生产设施、生活配套设施在这一年里逐步完善并建成。随着新一派建材瓷片生产线的投产，标志着整个新润成陶瓷集团拥有了属于自己的瓷片生产线——抛光砖产品多样化，加上瓷片配套产品的优化组合，使得整个产品结构体系更趋完善，在瓷砖市场占有一定的地位。

新一派建材于2011年里，在各级政府领导及社会机构的大力支持与指导下，生产稳步推进，同时基建工作也在逐步完善。瓷片厂实现了从基建到投产的成功转变，抛光砖实现稳步生产，品种和产能的突破，公司的客户体系也在一步步地建立。虽然在这个过程中公司遇到了很大的困难——各方面的配套设施不完善，生活和工作环境不理想等等，但通过各级人员艰辛的付出，坚持做好各项本职工作，公司厂区的宿舍、道路、绿化、羽毛球场、篮球场、培训室等陆续建成并投入使用，使得全体员工的工作和生活环境得到较好的改善。配套设施与生产的双轮驱进，意味着新一派建材开始迈进新的台阶。

新一派建材由于建成时间不长，大部分人员对新环境的不熟悉、心态的不稳定、做事及管理思维的不全面等等都在制约着公司的凝聚力和团队协作的发展。为此，公司决定加强培训来提升企业员工凝聚力及团队协作。2011年新一派建材着重开展各个层级的员工培训。由公司高层牵头，每个月都定期组织管理人员进行的黄埔培训，着重培训管理层人员的执行及管理能力。培训由上而下，涉及到每一个岗位。为了让生产更加顺利和得到保障，车间第一责任人每月都会对本车间的各个工序的员工进行安全及技能培训，全面提高公司一线操作人员的技能及安全意识。除此之外，公司还不定时将管理人员送外参加培训，一方面提升了管理层团队的协作能力，另一方面也提高了团队干部的综合素质，进一步提高各级管理人员的管理技能。

企业的发展离不开的文化的熏陶，新一派建材的企业文化活动也在2011年里面逐步开展。公司以“立己达人”为文化宗旨，展开了员工生日会、刨西瓜比赛、篮球赛、羽毛球赛等一系列的企业文化活动——由车间和办公室人员共同组建而成的篮球队参加园区篮球赛，取得第一名的好成绩；员工生日会、刨西瓜比赛等活动的举办，不但让来自五湖四海的兄弟姐妹们拥有温馨美好回忆，同时也体现了的企业文化已初成雏形。这些看似平凡的活动不但把我们来自五湖四海的兄弟姐妹们原本距离甚远的心拉近，更让大家在欢笑声中相互认识、相互勉励、共同进步，大大提升了公司团队氛围及协作精神，让各的团队更加团结拼搏、创新创造、认真刻苦。

2011年，是新一派建材艰辛的一年，但也是充满欢声笑语的一年。新一派建材将继续秉承对员工负责、对客户负责、对社会负责的宗旨，坚持“加速加力，创新创造，实现新跨越”的精神奋进，继续加强员工培训力度及企业文化的建设，目标是把产品做到极致，为企业、为属下员工创收益；积极做好节能减排工作，积极参与社会各项活动，配合社会各方的工作，以最大的努力打造客户满意产品，用爱创建员工热爱的企业。

（广东新一派建材有限公司）

【广东星徽精密制造股份有限公司】

广东星徽精密制造股份有限公司成立于1994年，是一家集研发、制造、销售于一体的现代化工业企业，主要产品包括各种多功能、高精密的滑轨、铰链等金属连接件，产品广泛应用于家具、家居、电器、工业设备、IT等行业。星徽公司始终坚持用心做事，力求精益求精的务实精神，赢得了社会和消费者的广泛赞誉。公司先后荣获了“广东省著名商标”“广东省名牌产品”“广东省优秀自主品牌”等荣誉。

2011年，星徽公司全面高速发展，取得了一系列成果。信息化管理全面升级，Oracle ERP和PLM管理系统正式上线，形成了支撑公司经营运作和管理控制基本信息化的架构，公司管理更加精细化；引进先进自动化生产设备，生产效率提高30%以上，产品质量更加稳定，生产能力提高50%；进口大型机加工中心，模具精度、工作效率得到大幅提高；环境管理体系ISO14001获得认证通过；销售收入较上年增加24%，达到3亿多元，并连续两年获得“佛山市纳税大户”荣誉称号。

星徽公司建立了科学全面的企业管理和质量管理体系，制定了严格的生产标准。公司秉承“精制您的生活”的理念，产品具有多功能、消音降噪、隐藏式、人性化等特点，使产品更具安全、高效、环保、便利等性能。公司营销网络遍布全国各省市，产品远销欧美、日本、韩国等65个国家和地区。

实力创造荣誉，精制铸就品质。为顾客创造价值是星徽永恒的承诺。（广东星徽精密制造股份有限公司）

【深圳市大众建设集团有限公司】

在科学发展观的指引下，在国家宏观经济强势发展的带动下，中国建筑装饰行业在“十一五”期间健康快速发展，全面实现了“十一五”规划确定的发展目标，继续发挥出在国民经济和社会发展中的重要作用，并呈现出发展速度较快、发展质量较好、发展后劲较大的特点，是行业发展最好的时期之一。2011年是“十二五”规划的开局之年，在此期间，我国作为发展中的大国，仍处于城市化、工业化、市场化的快速发展时期，各种有利因素都将推动国民经济与社会发展处于一个快速发展的阶段。在国际方面，尽管还笼罩着世界金融危机和欧盟债务缠身的阴影，但各国都在探索摆脱危机、促进增长的途径，必然会保持必要的建设规模。建筑装饰行业仍面临着持续、快速发展的宏观环境。2011年同样是深圳市大众建设集团有限公司（以下简称大众集团）乘势而上、加快发展的关键一年。大众集团认真践行科学发展观，紧紧抓住提高行业产业化水平这一重点，提高企业的专业化发展能力，争取做专做精做大做强，成为具有品牌影响力的企业。

大众·经营管理 大众集团经过了十多年的发展，以立足深圳、开拓沿海，辐射内地为经营战略坚持至今，在实践工作中积累了丰富的施工管理经验。2011年，是大众集团机制改革、首尝集团式经营的第一年，现下设深圳市陆众通建筑材料有限公司、深圳大众建筑工程劳务有限公司、深圳市大众园林工程有限公司、深圳市大众通广告有限公司四大子公司，在北京、河南、成都、江西等省市均设立分公司或办事处，业务覆盖全国二十多个省市。在这加快发展的一年，大众集团认真践行科学发展观，深入开展大幅度，深层次的首席品牌建设系列活动，实施“同关注、寻发展、创品牌”战略，关注市场、关注产品，寻一切可能之发展，创大众一流品牌，继而推动企业持续健康发展。为了占领高端市场，大众集团还坚持以现代化管理优化运营体系，借鉴国内外先进企业的成功经验，及时引入“标准作业和精确管理”的管理理念，同时通过引入OA办公平台、财务软件管理系统等，实施信息化、数据化、流程化管理，力求精益求精。

大众·企业文化 诚信守约，构筑精品，作为大众集团经营理念及企业文化的核心一直秉承至今。大众从开创之始就一直怀抱诚信立本的理念，以建造优质项目，最大限度服务好客户为己任，倾力为客户创造优质的空间；提升价值，为员工创造平台，为社会创造财富，不仅如此，大众还将诚信的理念时刻贯穿于中，不仅在管理、工程、质量上讲诚信原则，在企业文化和员工教育中也将诚信作为一切的先行之本。正因如此，经过十多年坚持不懈的努力与沉淀，才铸就了大众今天的成就。守约，是诚信的前提，是诚信的本质，遵守工程质量的标准，遵守工程设计规范要求，遵守时间工期要求，遵守材料品质承诺等等，只有处处事事严格守约，才能最终造就优质的服务和精品工程。人才是大众的核心资源之一，大众以认同，参与及共享为员工的价值观，倡导创造价值。培植使命感、责任感、荣誉感和成就感，培养出一批对工作充满热情并不断完善自身的人才，在实践中学习新的思考方式，适应不断变化的环境，坚定不移全面打造企业整体实力。

大众的昨天和明天一直在构筑自己在专业上的竞争优势和实力，多年来的市场实践和科学创新能力使大众形成自成一体的设计理念和独创风格，具有鲜明的时代性，同时融入现代气息，时尚元素，更加增添了设计空间的内涵与韵味。在工程设计上大众以规范化、标准化、艺术性、实用性、功能性、鉴赏性为准则，擅长商业空间设计、办公空间设计、公共空间设计，不断为客户创造个性化创意精品项目。正是专业的工程和服务，赢得了社会各界广泛的认可。

业精于勤，精于细，做好一项精品工程，从设计构思到施工管理，与客户交流到从美观、实用、创新、规范、功能性各方面的综合设计和探索，直至每一个细小边角的微妙处理，虽然内容繁复，但却丝毫不怠。在讲求专业化，个性化和精品化的今天，建筑不仅仅需要设计师的奇思妙想，非凡创意，还需要有足够的专业经验和责任心，才能成就功能与艺术融合的装饰精品。

大众·社会责任 环保、节能、减排、低碳，以及更加严格的工艺标准，对建筑装饰装修工程的技术要求越来越高。大众集团将遵循中国建筑装饰行业“十二五”发展规划，以企业公民身份在努力做好自身业务、做大做强的同时，亦积极承担社会责任。公司通过创造良好的工作环境、提供良好的福利待遇和晋升空间保护职工权益；通过提供最佳服务、遵守商业道德、诚实经营保护公司供应商、客户和消费者权益；通过倡导绿色空间、节能减排等实现了环境保护；通过帮助贫困家庭、积极捐款等方式参与社会公益事业。在实现了企业经济利益同时，切实履行了对客户、员工、供应商、自然资源、环境等利益相关者的社会责任。

（深圳市大众建设集团有限公司）

【广东嘉达早教科技股份有限公司】

广东嘉达早教科技股份有限公司成立于1992年12月。嘉达早教科技拥有高水平的产品研发中心、现代化生产线以及标准化配套设施，现有员工1 000多人，其中高级工程师、电子工程师、动漫设计师等各种专业技术人才100多人，占地面积50亩，建筑面积5万平方米，拥有先进的现代化生产线以及完善的标准化配套设施，是一家以高科技为主导，集儿童早教用品的研发、生产、贸易为一体的规模化民营科技企业。

2011年，嘉达早教科技通过创新管理、落实生产、强化市场，企业各项工作迈上了新台阶，得到了国家、省、市、区各主管部门的高度评价，取得了良好的经营发展。2011年，嘉达早教科技携手国内著名早教专家成立广州益乐童教育投资发展有限公司，分别在广州、珠海、中山等地开设亲子教育中心；引进尖端科技人才，成立成都嘉达软件开发有限公司；构建全球营销网络，成立香港嘉达电子科技有限公司。

面对竞争日益激烈的市场环境，嘉达早教科技把握市场发展动态，了解终端用户的实质需求，抓质量、创品牌、求创新，形成一条特色鲜明、结构稳固的早教产业链。

早教理论和应用 自成立以来，嘉达早教科技致力于早教理论和应用的研究以及早教产品的研发、生产，根据早教理论和应用研究的课题成果，研发出一系列更适合于中国婴幼儿启蒙教育的产品。其中，嘉达早教学习机糅合了科学早教理念，它是早教专家根据婴幼儿不同年龄段生长发育的特点，对婴幼儿具有启蒙教育意义而量身定制开发出来的产品，对婴幼儿的身心健康发育起到重要作用。

成立学前教育研究院 2011年，嘉达早教科技与河北师范大学联合成立了我国高校第一所校企合作学前教育研究院——河北师范大学嘉达学前教育研究院，成立仪式于2011年12月24日在河北省石家庄市河北师范大学新校区隆重举行。学前教育研究院的成立旨在实现产、学、研真正的有机结合，打造国内学前教育理论和应用研究权威机构，引领和推进我国学前教育事业的发展。

嘉达早教科技从研究院的早教理论和应用研究开始，到内容规划部门的市场规划，再到技术研发部门将课题成果结合市场的需求通过各种技术手段转化成早教产品，最后到早教中心终端用户群体体验、使用反馈以优化产品，实现了早教理论及其课题成果的市场转化，使嘉达早教产品更具专业性、针对性和科学性，从而产生嘉达早教产品的核心竞争力。

加强技术创新研发 截至2011年底，嘉达早教科技已分别在成都和深圳等地建立产品研发中心。自成立以来，嘉达早教科技已取得发明专利、实用新型专利、外观设计专利和软件著作权等自主知识产权近180项，形成了一系列深受国内外客商青睐和好评的儿童益智产品。创新技术的应用，使嘉达儿童电脑学习机部分产品填补了国内同类产品的空白。

2011年12月，“JIADA”品牌经审核认定为“广东省著名商标”；2011年12月，嘉达早教科技自主研发生产的产品——儿童电脑学习机经审核认定为“广东省自主创新产品”；2011年12月，嘉达早教科技自主生产推广的产品——儿童电脑学习机经审核拟认定为“广东省名牌产品（工业类）”。同年，嘉达早教科技被评为“广东省民营科技企业”。

同时，嘉达早教科技已在全球范围内与美国、中东、南美、欧洲等二十多个国家和地区以及北京、上海、广州、成都、深圳等在内的一百多家玩具经销商建立了供销渠道关系，形成了全球化的市场布局。

（广东嘉达早教科技股份有限公司）

【广东新华粤石化股份有限公司】

2011年，广东新华粤石化股份有限公司（以下简称新华粤公司）围绕“加快转型发展”主题，把握“转变发展方式”主线，着重抓好深化内部改革，加快转型发展，提升经营绩效“三项重点工作”，积极应对国际油价持续大幅振荡、部分原料资源短缺、原料质量不稳定、部分产品滞销及产品运输受阻、错峰用电等不利因素的影响，团结带领广大员工，贯彻落实茂石化“深化精细管理”和“命运共同体”理念，深入开展“节约一分钱，管理到精细”主题教育活动，精心组织生产经营，全力保障原料供应，积极推进机构调整完善，促进资源、产品和人才的优化整合，加快转型发展步伐，公司生产经营保持了良好的发展态势，较好完成了“五大奋斗目标”，努力维护和谐稳定大局，保持了全年安全环保无事故，实现了“十二五”良好开局。

生产经营情况 一、生产经营总量超额完成，经济技术指标有所提高。新华粤公司全年采购原料39.3万吨，完成商品总量40.4万吨，经营贸易总量实现2.2万吨，完成商品销售总量39.5万吨，完成现价工业总产值37.78亿元，实现经营收入38.9亿元，实现税收总额7 558万元，为茂名地方经济的发展作出了积极贡献。

二、技术发展项目实现重大突破。全国首套国产化技术工业装置——苯乙烯抽提装置顺利建成投产，填补了国内空白，被授予“广东省现代产业500强项目”称号，苯乙烯抽提组合成套技术积极向外推广并已与多家国内石化企业达成合作意向。华信溶剂改质项目建设进入设备电气仪表安装高潮。武汉合资合作项目完成了新公司工商注册登记并破土动工，公司“T”形发展战略迈出实质性一步。

三、深化内部改革取得新成效。“新三大业务板块”的管理架构初步形成；大胆探索管理体制、用人用工分配机制、三支人才队伍通道建设和激励机制创新，特别是实行了主要经营岗位“赛场选马”竞聘上岗，在新华粤公司的选人用人机制上将具有里程碑式的深远意义，为新华粤公司加快转型升级发展激发了机制活力。

四、企业文化建设成果丰硕。新华粤公司企业文化建设基础得到夯实，“和谐活力新华粤”得到广泛认同，企业无形资产得以提升，新华粤公司上下呈现出“政通人和、团结奋斗、干事创业”的良好氛围，骨干团队和员工队伍的向心力和凝聚力显著增强，有力推动了新华粤公司的改革、发展和稳定，实现全年上访事件为零的目标。荣获广东省“资源综合利用龙头企业”、“30家最具核心竞争力企业”，公司“HY”牌乳化炸药专用复合蜡获得广东省“用户满意产品”和“名牌产品”称号。新华粤公司荣获茂名市“先进基层党组织”“工会工作优秀单位”“节能工作先进单位”荣誉称号。

主要管理情况 一、着力优化生产经营管理，主辅业协调良性运作。2011年，新华粤公司按照“活任务、活指标、强激励、硬考核”的原则要求，强化经营管理增效理念，与经济效益责任刚性挂钩，逐级落实奖惩考核机制，生产经营管理做了大量艰苦细致的工作。一是确保原料资源安全、及时保供；二是落实生产技改全过程安全责任，实现全年安全环保无事故；三是创新营销方式，产品后路基本畅通；四是主辅业协调运作，子公司任务饱满效益稳定。

二、加快推进转型发展，技术发展项目实现重大突破。新华粤公司始终抓住发展作为第一要务，坚持用发展来统一思想，凝聚力量；用发展来战胜困难，应对挑战；用发展来解决问题，促进和谐。一是苯乙烯抽提项目竣工顺利投产，该项目的成功投产标志着新华粤公司承担石化下游深加工技术创新实现了重大技术突破，对我国石化行业具有重要的示范效应和推广价值，为提升乙烯的资源综合优化利用水平开辟了一条新路，目前已有10多家石化企业与新华粤公司项目联盟洽谈合作推广应用该成套组合技术的意向，实现了劳动密集型企业向技术输出的转型；二是其它技术进步项目积极推进，华信项目做到了项目建设和经营业务两不误，创造了具有新华粤特色的合作建设新模式，武汉合资合作项目破土动工；三是发展项目及技术储备取得新成果，“一种裂解C9为原料制备石油树脂方法”国家发明专利获得“广东省专利金奖”。

三、强化管理效能，各项专业管理取得新进步。一是积极稳妥推进人力资源改革重组；二是信息优化利用进一步改进升级；三是理财专业管理水平有了新提升；四是开展“节约一分钱，管理到精细”主题教育活动初见成效；五是制度建设进一步完善。

四、重视和谐稳定大局建设，企业文化建设展现新面貌。一是注重思想引领教育；二是真心关爱员工群众；三是企业总体保持和谐稳定。

（广东新华粤石化股份有限公司）

【中山市福瑞特科技产业有限公司】
中山市福瑞特科技产业有限公司是一家专业提供电气火灾监控解决方案的供应商，是中国最早从事电气火灾监控系统研发、生产、销售、服务于一体的企业之一。旗下的“小武松”品牌电气火灾监控系统在建筑电气领域占据了半壁江山，已成为中国电气防火第一品牌。“小武松”品牌研究小组一直专注于电气火灾监控系统领域的探索与研究，多年来形成了企业自身独特的技术优势，并率先成立了行业内唯一的电气火灾成因及早期预防研究中心，是同行业独此一家荣获“国家火炬计划项目”的企业。

企业经营管理 随着电气火灾监控系统逐渐被更多人认识和认可，公司于2009年成立商学院，面向全国招生，并在全国一线重点城市设立办事处，不断增设营销网点。还联合消防职能部门作行业推广，全国多个省的公安消防总队发了《关于推介使用电气火灾监控系统的通知》进行推广。

随着《高层民用建筑设计防火规范》、《建筑设计防火规范》、《民用建筑电气设计规范》、《火灾自动报警系统设计规范》和地方的《电气火灾监控系统设计、施工及验收规范》等行业政策的推广及普及，加上公司营销网络的不断完善，品牌知名度不断增高，自2010年起企业就开始从新建项目和加装项目两个方向进行卓有成效的推广经营。

2011年出货经销商69个，新增办事处和代理商区域有天津、浙江、江西、黑龙江、辽宁等地，为2012年的销售带来了希望。经过前几年在各种销售模式上的实践，2011年取得了各类销售模式上的普遍开花。成都、重庆走设计院途径模式，武汉、南宁走消防公司合作模式，广州、济南走成套厂采购模式，深圳、江西走政府牵头行业推广模式等，都取得了可喜的成绩。传统销售优势地区成都、重庆、济南、武汉、新疆继续保持领先水平，成都办事处年度拔得头筹回款268万元；新增代理商黑龙江飞跃电子年度提货154万元“笑傲江湖”。

市场不断成熟，竞争也日趋激烈。近两年来，企业根据市场反馈情况，在产品技术上不断开发新产品，加强“小武松”品牌竞争力。营销方式上也根据市场实际情况进行调整，例如2012年推出了物联网营销模式。

创新成果 （一）成功研发了基于电信M2M平台电气火灾监控物联网平台系统。该系统运用成熟的、流行的GIS平台和数据库管理系统和后台支持系统，通过空间数据与元数据的相互关联，以网络技术、B/S应用技术为基础，进行系统集成，从而建立起基于电信M2M平台的电气火灾监控物联网平台系统。（二）申请并获得8项实用新型专利和2项外观设计专利。

企业文化 福瑞特科技公司大力实施“聚集精英、优势创新”战略，把创新落到实处，形成公司恒久的文化。公司履行“天下为公，日行一善”的理念，肩负起“科技护航，盛世安全”的使命，走“产学研”整合之路，锐意创新，研制出同行业最优质、最稳定、最适合中国国情的电气防火监控产品，成为卓越的电气防火监控解决方案供应商，为国民预测预警电气线路故障，化解电气火灾隐患，实现“心随大道，安宁天下”的企业理想。

（中山市福瑞特科技产业有限公司）

【珠海中慧微电子有限公司】 珠海中慧微电子有限公司成立于2006年12月4日，是以集成电路设计、智能仪表通讯和电能计量解决方案为一体的高新科技企业，是电能表芯片行业的领军企业。2011年，珠海中慧科技园正式开园，下半年中慧通信事业部和方案事业部相继成立，中慧从最初的十几人快速发展到近百人的规模，研发和市场能力得到大幅提升，系列化的产品不断上市，为公司上市规划奠定了良好基础。同年中慧获得了“中国芯”最具投资价值奖，倍受业界关注。

研发基础与研发团队建设 中慧微电子公司拥有多个具有博士学位和硕士学位的专业技术人员，寄此组建完整的集成电路设计精英团队。公司从2006年成立的几人发展到2010年的40余人，至2011年末，公司员工已达上百人，其中技术人员50余名，博士、硕士高级人才共14人。公司坚持自主创新，非常重视知识产权的保护，已申请专利35项，已获授权专利15项，其中授权发明专利3项，授权实用新型专利12项。已获得计算机软件著作权登记7项，获得集成电路布图设计登记证书6项。在科技专利的应用上已与中国电力科学院，华中科技大学、湖南省仪器仪表学会，长沙威胜集团，哈工大等国内主要技术单位达成合作。

2011年公司投资3 000万建立了测试中心，包括电磁兼容实验室、环境实验室、通信实验室、电力载波仿真实验室，可按国标及行业标准完成公司产品的绝大多数功能及性能测试；公司电力载波仿真实验室是国内第一个实验室配变台区电力通信仿真环境，能实现通信信号、噪声信号、路由拓扑变化、通信组网等功能的仿真。

公司2011年投入研发费用超过500万元，先后完成“SWNPI低压电力线载波通信芯片设计了低压电力载波芯片、SWNPII低压电力线载波通信芯片设计、三相SOC电能表计量平台开发、IEC62056协议芯片的研发、低功耗数据保护芯片的研发、段式存储映射驱动芯片的研发、心电监控SOC芯片的研发、第二代单相智能电能表平台等项目的研发。其中电力载波芯片在国家电网、南方电网得到广泛应用，数据保护芯片出库超过500万片，智能电表平台出库超过100万只。

生产建设 公司有样品试制车间，有近2 000平米生产场地，产品PCB加工通过外部委托加工完成，公司完成产品的后期组装、测试及质量检验，具备年500万片芯片、100万只通信模块对外出库能力。

经营与财务管理状况 在经营方面，公司有专业化的销售团队，根据市场部及招标等要求，为客户提供高性价比芯片、芯片技术咨询等服务。公司2011年全年销售额8 097万元，创造利润3 000余万元。经营团队将严格进行规范化管理，有效地发挥人力、物力等各种资源的效能，增进企业的经济效益，开拓市场，创新进取。以客户为本，实现国际化经营目标。

公司严格执行财务监督和内部审计工作。公司对于各部门的生产经营活动都实行严格的事前、事中和事后的财务监督和内部审计工作。内部审计工作正在从事后的财务收支审计，向经济效益审计、管理审计、内部控制制度评价、工程项目预(决)算审计、专项审计等领域发展。

公司经营团队进行了严格规范化管理，有效地发挥人力、物力等各种资源的效能，增进企业的经济效益，开拓市场，创新进取。以客户为本，实现国际化经营目标。2011年通过营销部向威胜发起9批合计510台国网、南网样机的生产。主导或协助外部门取得中慧载波产品在国网及南网电力部门的检测报告合计12份，有国家电网计量中心，广西电网、广东省电力公司、云南电网，以及下属的地市级电力公司计量中心的检测报告，为公司载波产品在当地的应用打下基础。

（珠海中慧微电子有限公司）

【广东长宏公路工程有限公司】 广东长宏公路工程有限公司坐落于被誉为中国最美的荔乡——广东省增城市，是我国近年来公路行业快速崛起的一颗新星。公司成立于1992年，1998年1月改制成立具备独立法人资格的股份制企业。公司目前拥有各类管理和专业技术人员1 569人。其中，具有高、中、初级职称233人。国家注册一级建造师42人。拥有土石方、桥梁、隧道、混凝土、沥青等大型施工机械设备和检验检测设备12 000余台（套），资产总计13.5亿余元。公司具有公路工程施工总承包一级、市政公用工程施工总承包一级；桥梁、隧道、路基、路面工程等专业承包一级；地基与基础专业、混凝土预制构件专业、土石方专业、预应力工程专业、环保工程专业、特种专业（结构补强）工程专业承包二级等多项施工资质。同时，拥有法人独资的一家具有公路水运、交通试验检测乙级资质的试验检测机构。

十余年来，公司先后承建了有“中国第一桥”之称的广东虎门大桥工程，广东省一次性通车里程最长的广惠高速公路工程，连接珠江三角州与广西地区的广贺高速公路，广州南沙港快速路工程，京珠高速公路广州段的北二环工程，太澳高速公路广东中山段，惠常高速公路东莞段，广河高速公路广州段和惠州段，增从高速公路，电湛高速，江珠高速，西江特大桥扩建工程，107国道广深线，105国道，205国道连平段，省道S119沥青一级公路。承建了素有连接西宝高速黄金通道的宝鸡金陵河特大桥，国家干线沪蓉高速公路重庆云万段和巫奉段，银武高速公路陕西商漫段，海南绕城快速路，西户高速公路，陕西关中公路环线等多项省内外重点工程。截至到2011年年底，两公司累计完成高等级公路378.2公里，高级路面786万平方米，大型桥梁30座，累计长度19 134延米，大小隧道21座，累计长度44.5公里，市政公用工程项目24个。实现了工程验收合格率100%、优良工程95%以上的良好成绩。近3年以来，公司年均承揽工程合同额32亿余元，年完成产值20亿余元，经营收入年均增长19.5%。

2011年，作为公司实施第2个五年发展规划的开局之年，公司上下紧紧围绕2011—2015年战略发展规划为中心，不断巩固自身在施工领域的优势地位，同时也在投资建设经营BT、BOT板块中扎实稳步推进。一年来，在行业大环境不景气的情况下，公司仍能够基本完成经营发展目标，经营业绩不仅进一步充实，在BT、BOT项目中也实现突破，市场竞争力有了新的提高，经营方向也更为明确，为新的发展规划起好了头。

2011年度，公司结合中标的东莞市虎门镇滨海大道市政工程建设项目投资建设－移交（BT）的实际情况，在东莞市虎门镇注册、组建东莞市虎门镇滨海大道建设项目有限公司。项目公司将代表公司直接对项目进行统一全面的管理，全过程统筹组织本项目的建设实施。该项目总投资约为19.82亿元。另外，由公司施工中标项目有6个，中标金额1.67亿元，分别是：1、G107线太平洋工业区段路面维修工程；2、玉G107线新好景酒店段路面维修工程；3、金融街－巽寮湾县道X210线K10+000~K12+000改建工程第二标段；4、增城大桥改造工程；5、广西公路管理局2011年危桥加固改造项目NO.6合同段；6、增城市派潭低维桥危桥改造工程。

2011年，项目公司采用制度化、程序化的管理手段，设置目标、专业、时间三维管理体系，把握建设过程中各项工作的平衡点。项目公司针对各相关部门所从事的专业和事务，编制并报批详细各类目标控制、保证措施（如质量控制措施、质量保证措施、进度控制措施、进度保证措施等），把各目标控制工作具体细化到每一工序、每一班组、每一细节。

在多年来经营发展过程中，公司屡获殊荣。其中包括：广东省企业500强、广东省守合同重信用企业（连续九年）、广东省诚信示范企业（连续两年）、广东省最具核心竞争力企业、广东省创建学习型企业先进奖、广东省优秀QC小组、通过了ISO9001、ISO14001、GB/T28001-2001“三标一体”认证。集团及其下属分支机构与中国银行、中国农业银行、广发银行、东莞银行、建设银行、湛商银行等多家银行都有良好的合作关系。2011年度，广东长宏公路工程有限公司被建设银行、中国农业银行评为AAA级信用企业，目前各银行金融机构给予公司的总授信额度达30亿元人民币。

（广东长宏公路工程有限公司）

【华为技术有限公司】 华为技术有限公司是全球领先的信息与通信解决方案供应商。华为的业务涵盖了移动、宽带、IP、光网络、电信增值业务和终端等领域，产品主要涉及通信网络中的交换网络、传输网络、无线及有线固定接入网络和数据通信网络及无线终端产品。

销售收入 华为2011年销售总收入达2 039亿元，同比增长11.7%，净利润116亿元，同比下跌53%，主要由于激烈的市场竞争和汇率变化。其中，华为在国内市场实现销售收入人民币655.65亿元，同比增长5.5%，华为表示，受主要电信运营商投资减少的影响，销售收入增长有所放缓，但进一步提升并稳固了市场地位。与此同时，海外市场成为华为收入的重要增长点，华为2011年在海外市场则实现销售收入人民币1 383.64亿元，同比增长14.9%。

公司战略 为适应信息行业正在发生的革命性变化，华为做出面向客户的战略调整，华为的创新将从电信运营商网络向企业业务、消费者领域延伸，协同发展“云—管—端”业务，积极提供大容量和智能化的信息管道、丰富多彩的智能终端以及新一代业务平台和应用，给世界带来高效、绿色、创新的信息化应用和体验。华为将继续围绕客户的需求持续创新，与合作伙伴开放合作，致力于为电信运营商、企业和消费者提供ICT解决方案、产品和服务，持续提升客户体验，为客户创造最大价值，丰富人们的沟通和生活，提高工作效率。

全球运营 华为实施全球化经营的战略，其产品与解决方案已经应用于全球100多个国家和地区，国际市场已成为华为创造收入的主要来源。经过10多年的努力拓展，华为已经初步成长为一个全球化公司，截至2011年末，华为在海外设立了22个地区部，100多个分支机构。华为在美国、印度、瑞典、俄罗斯及中国等地设立了17个研究所，每个研发中心的研究侧重点及方向不同。采用国际化的全球同步研发体系，聚集全球的技术、经验和人才来进行产品研究开发，使华为的产品一上市，技术就与全球同步。华为还在全球设立了36个培训中心，为当地培养技术人员，并大力推行员工的本地化。全球范围内的本地化经营，不仅加深了华为对当地市场的了解，也为所在国家和地区的社会经济发展作出了贡献。

2011年5月9日，华为与英国最大移动运营商Everything Everywhere（简称EE）签署合同，全面升级EE在英国的GSM 2G网络。这是华为在英国获得的首个大规模无线网络合同。该合同的签署，标志着华为在欧洲一流无线服务提供商领域取得重大突破。

研究开发 华为持续提升围绕客户需求进行创新的能力，长期坚持不少于销售收入10%的研发投入，并坚持将研发投入的10%用于预研，对新技术、新领域进行持续不断的研究和跟踪。2011年，华为研发费用支出为人民币23 696百万元，近十年投入的研发费用超过人民币100 000百万元。华为在FMC、IMS、WiMAX、IPTV等新技术和新应用领域，都已经成功推出了解决方案。

华为融入和支持主流国际标准并作出了积极贡献。截至2011年底，华为加入全球130个行业标准组织，如3GPP、IETF、ITU、OMA、ETSI、IEEE和3GPP2等。华为共向这些标准组织提交提案累计超过28 000件，并担任OMA、CCSA、ETSI和ATIS等权威组织的董事会成员，在任180多个职位。

2011年，华为在全球范围内囊获6大LTE顶级奖项，标志着华为在LTE技术研发、商用实践、标准专利、产业链整合等方面上的持续投入和巨大贡献获得业界的一致认可。

标准和专利 华为持之以恒对标准和专利进行投入，掌握未来技术的制高点。在3GPP基础专利中，华为占7%，居全球第五。华为积极参与国际标准制定，截至2011年，华为向标准组织共提交文稿18 000多篇。2011年华为累计申请中国专利36 344件，国际PCT 10 650件，外国专利10 978件。共获得专利授权23 522件，其中90%以上为发明型专利。在云计算相关技术上拥有中国专利685件、欧洲专利226件、美国专利107件，并积极参与到云计算的标准工作中，担任了DMTF的十四个董事成员之一，主导成立了IETF云计算/数据中心领域的ARDM工作组并担任主席职位，广泛参与云计算标准相关组织。

【比亚迪股份有限公司】 比亚迪股份有限公司由王传福创立于1995年，2002年7月31日在香港主板发行上市，是一家拥有IT、汽车和新能源三大产业群的高新技术民营企业。比亚迪集团目前的主营业务为包含传统燃油汽车及新能源汽车在内的汽车业务、手机部件及组装业务，以及二次充电电池业务。

2011年，受国内汽车市场增速大幅回落及自主品牌整体市场份额下降等因素影响，比亚迪集团的汽车销量较2010年有所下降。手机部件及组装业务方面，由于比亚迪集团最大客户的市场份额有所下滑，给2011年内该业务的发展带来一定影响，但比亚迪集团也积极开拓新兴智能手机厂商作为新客户并提供新产品，为未来的持续发展奠定了更为坚实的基础。二次充电电池业务方面，比亚迪集团继续保持于锂离子电池和镍电池市场的全球领导地位，并进一步加大磷酸铁锂电池于电动汽车、储能电站等领域的应用，并取得良好进展。

2011年，比亚迪集团实现营业收入488.27亿元，较上年增长0.78%；实现营业利润14.10亿元，较上年下降49.04%；归属于上市公司股东的净利润约人民币13.85亿元，较上年降低45.13%。

汽车业务 2011年，受国家宏观调控、汽车产业鼓励政策的退出和部分城市限购令等诸多因素影响，国内汽车行业大幅增长势头有所放缓。受到国内汽车市场影响，2011年比亚迪集团的汽车销量较2010年有所下降，全年共销售汽车43.7万辆，同比下降了13.33%；集团汽车业务实现销售收入约人民币239.02亿元，同比上升5.55%；毛利率21.68%，同比减少了2.06个百分点。尽管比亚迪集团汽车销量有所下降，受益于车型结构变化，集团汽车业务收入依然略有增长。

比亚迪集团自2003年进入汽车业务以来，凭借独具特色的垂直整合的经营模式打造出可持续的高性价比优势，产品获得市场的广泛认同，带动集团的汽车业务快速发展。集团坚持以技术和质量作为发展核心，于2011年内全面升级现有车型品质性能，并推出S6、G6两款新车型。然而，由于市场竞争剧烈、原材料价格波动以及劳动力成本持续上升等因素影响，汽车业务于2011年内的毛利率持续受压。

2011年5月，比亚迪集团推出首款SUV车型S6，凭借其高品质及高性价比优势，广受消费者欢迎。作为集团最新汽车质量水平的典型代表，S6吸收了全球顶级模具厂商的模具工艺，配备了比亚迪人性化、智能化的全方位电子设备，全面提升了消费者的驾驶乐趣和使用体验。根据汽车工业协会的统计数据，S6上市以来于多个省份在SUV车型中销量名列前茅，囊括多项年度SUV大奖，成为SUV领军车型之一。截至2011年年底，S6累计销售约6万辆。S6的推出不仅进一步丰富了比亚迪集团的产品组合，更成为汽车业务新的增长亮点。

2011年9月，比亚迪集团推出中高端轿车G6，G6首次配备涡轮增压直喷发动机和DCT双离合变速器，并配备了一系列电子化配置。具备优越的动力性能和智能电子科技的G6不仅证明了比亚迪卓越的研发实力，更彰显了比亚迪高效的集成创新能力。未来，集团将逐步应用涡轮增压直喷发动机和DCT双离合器于其他系列车型，显著提高产品的性价比优势和市场竞争力。

随着能源危机意识日渐提高，全球对节能环保的关注与日俱增，对新能源汽车的需求也日益旺盛。在中国，各项产业政策的推动力度不断加大，电动汽车保持着强劲的发展势头，新能源汽车已在全国多个试点城市实现规模化运营。比亚迪集团在2011年期间积极推进电动车的发展及应用。

比亚迪集团的首款纯电动汽车e6于2010年开始在深圳作为出租车示范运营，运行情况良好。截至2011年年底，共有约300台e6出租车于深圳运营。比亚迪集团的首款面向个人的纯电动车e6也已于2011年10月在深圳正式上市，迈出了发展个人用户市场的关键一步。此外，比亚迪集团的首款纯电动大巴K9于2011年1月开始在深圳作为公交车试运行，各项性能表现优异。2011年，比亚迪集团为第26届世界大学生夏季运动会独家提供200台纯电动大巴K9和250台纯电动出租车e6，作为大运会的交通用车和工作用车。两款电动车不仅协助实现大运会中心区域交通的“零排放”目标，同时也见证了集团的电动车的卓越研发能力及稳定性能表现。

除了在国内推动电动车，比亚迪集团在2011年期间积极接洽海外相关机构，以探讨在海外市场试行电动车的机会，项目取得顺利进展。比亚迪集团与戴姆勒的合资公司——深圳比亚迪戴姆勒新技术有限公司于2011年正式成立，凭借双方各自的技术优势，合资公司致力于研发针对中国市场的新能源汽车，相关项目进展良好。

手机部件及组装 在手机部件及组装业务方面，比亚迪集团为客户提供垂直整合的一站式服务，设计及生产外壳、键盘、液晶显示模块、摄像头、柔性线路板、充电器等手机部件，并提供整机设计及组装服务。比亚迪集团目前是全球最具竞争能力的手机部件及组装业务的供货商之一，主要客户包括诺基亚、苹果、HTC、摩托罗拉、华为、中兴等全球领先的电子产品制造商。

2011年，全球手机行业增速有

所放缓。面对严峻的市场形势，比亚迪集团手机部件及组装业务保持了平稳发展，全年实现销售收入约人民币199.72亿元，同比下降3.97%；受产品组合变化、主要客户销售下降、市场竞争激烈及成本上升等因素影响，2011年毛利率同比下降了0.42个百分点至13.54%。

2011年，比亚迪集团手机部件及组装业务的最大客户正逐步转型，市场份额有所下滑，给比亚迪集团的手机部件及组装业务的发展带来一定的影响。另一方面，比亚迪集团也积极开拓其他新兴智能手机厂商作为新客户、提供新产品，促进集团的客户结构和产品结构不断改善。

二次充电电池及新能源业务　比亚迪集团的二次充电电池主要包括锂离子电池和镍电池，广泛应用于手机、数码相机、电动工具、电动玩具等各种便携式电子设备；同时比亚迪集团还积极研发磷酸铁锂电池和太阳能电池产品，并致力于该等产品于新能源汽车、储能电站及光伏电站等领域的应用。

随着传统手机行业增速放缓以及笔记本计算机的市场份额下降，2011年锂离子电池的市场需求受到影响。另一方面，欧美经济的不景气直接冲击了电动工具及电动玩具的市场需求，进一步影响到上游的镍电池供货商。2011年，比亚迪集团二次充电电池业务实现销售收入约人民币49.52亿元，同比下降1.04%，其中锂离子电池业务及镍电池分别受累于传统手机需求及电动工具需求下降，销售收入在2011年均有所下降。2011年，太阳能行业受欧洲经济不景气的影响，比亚迪集团的太阳能业务表现逊于预期。

2011年，比亚迪集团进一步推进以电动汽车、太阳能电池、储能电站为主导的新能源规划，持续拓展新能源业务的商用化运营。比亚迪集团已加大投入提升磷酸铁锂电池产能，并积极拓展磷酸铁锂电池的应用领域。2011年期间，磷酸铁锂电池已大规模应用于比亚迪集团的电动汽车及储能电站，充分展现了磷酸铁锂电池的商用可靠性。

2011年，欧洲太阳能光伏市场需求受到政策调整的影响，部分欧洲国家的需求呈现下滑态势。由于欧洲太阳能光伏市场占全球装机容量约80%，欧洲市场需求下跌导致产业链出现供过于求的情况。受主要市场经济环境变化及全球太阳能产品供需影响，2011年全球光伏产品价格大幅下降，比亚迪集团太阳能业务受到较大影响，给集团的整体经营业绩带来一定的压力。

作为比亚迪集团“硅铁战略”的重要组成部分，储能电站业务在2011年期间发展良好。凭借国家对新能源开发的鼓励政策支持，比亚迪集团积极参与国家政策相关的新能源项目，并成功赢得国内外多家电网集团及商业机构的订单。比亚迪集团于2011年成功中标世界级新能源项目“国家风光储输示范工程”项目，该项目已于2011年12月在河北省张家口市张北县正式投入运营。“国家风光储输示范工程”为目前世界上规模最大的新能源综合利用平台，是集风电、光伏发电、储能及输电工程“四位一体”的可再生能源项目。比亚迪集团为此项目提供6MW/36MWh的磷酸铁锂储能系统，并已实现满功率并网运行，运行情况良好。另一方面，经过近一年的并网运行，比亚迪集团向南方电网提供的四个500kW储能分系统也已于2011年12月成功通过验收。

【深圳市腾讯计算机系统有限公司】

腾讯公司成立于1998年11月，是目前中国最大的互联网综合服务提供商之一，也是中国服务用户最多的互联网企业之一。成立十年多以来，腾讯一直秉承“一切以用户价值为依归”的经营理念，始终处于稳健、高速发展的状态。目前公司主要产品有IM软件、网络游戏、门户网站以及相关增值产品。2004年6月16日，腾讯公司在香港联交所主板公开上市(股票代号00700)。2011年7月7日，腾讯公司斥8.9亿港元投资金山软件。

2011年盈利102亿元　2011年，腾讯公司总收入为人民币284.961亿元，比上一年同期增长45.0%。其中，增长速度最快的是互联网增值服务收入，达230.428亿元，比上一年同期增长48.8%；网络广告收入则为人民币19.922亿元，比上一年同期增长45.2%。

腾讯公司公布了截至2011年12月31日的第四季度综合业绩及经审核的全年综合业绩，2011年腾讯期内盈利为人民币102.248亿元，比上一年同期增长26.0%，净利率由上一年的41.3%降至35.9%。报告显示，截至2011年底，腾讯微博注册账户数达3.73亿，日活跃账户6 800万，成为中国最大的微博；腾讯即时通信服务活跃账户数达到7.210亿，“QQ空间”的活跃账户数达5.521亿，“QQ游戏”2011年最高同时在线账户数达840万。

整体运营表现　2011年，腾讯公司在核心业务方面取得了稳健增长。尽管社区增值服务的增长因中国互联网市场用户增长速度减慢而放缓，但腾讯公司仍因市场占有率的增长而提升了在网络游戏市场的领导地位，是由于腾讯公司主要几款游戏广受用户欢迎以及新游戏的贡献所致。就移动及电信增值服务而言，在更严格的监管环境下，腾讯公司的短信捆绑套餐、手机游戏和手机阅读业务仍在2011年取得收入增长。腾讯公司的网络广告亦稳健增长，反映了腾讯公司的平台有所扩展以及腾讯公司在提升品牌和业务运营方面的努力。

2011年第四季度，尽管处于淡季，但网络游戏业务收入仍持续增长，主要反映“地下城与勇士”“英雄联盟”及“QQ游戏”的增长。腾讯公司的社区增值服务也取得收入增长，受惠于“QQ空间”的第三方和自有应用的按条收入增加及“QQ会员”用户数上升。由于手机游戏和手机阅读服务进一步受到用户欢迎，然而实收率仍不稳定，因此腾讯公司的移动及电信增值服务较上季度略有增长。由于搜索和视频广告收入增长因淡季因素有所抵销，腾讯公司的网络广告业务收入季比略微下降。

更广泛而言，凭借腾讯公司独有的跨通信、SNS及社交媒体的多平台社交网络，腾讯公司继续树立在中国整个社交网络行业的领导地位。2011年，通过持续拓展即时通信、QQ空间、朋友网、腾讯微博和QQ邮箱等主要社交平台，腾讯公司巩固了行业领导地位。"微信"自2011年初推出以来，作为移动即时通信的延伸，其用户数取得显著增长，并成为一种社交现象，深化了腾讯公司在移动社交领域的领导地位，同时提高了腾讯公司对高端智能手机用户群的渗透率。此外，腾讯公司以不同平台间单一登录帐号、关系链共享、评论可跨平台同步来强化腾讯公司的社交基础建设。这为腾讯公司的用户在不同使用场景下提供无缝衔接的用户体验，以此突显腾讯公司的差异化，并提高用户黏性。

2011年12月，腾讯公司成功完成五年期的6亿美元优先无担保票据的发行。这不止对腾讯来说是具有里程碑意义的交易，也是亚洲互联网公司首次发行国际债券。腾讯公司已获得穆迪投资者服务公司给予Baa1发行人评级及标准普尔评级服务公司给予BBB+长期企业信贷评级。腾讯公司的评级是中国非国有企业至今获得的最高国际评级。

即时通信平台 腾讯公司的即时通信平台用户群扩大，并维持其在中国领先的市场地位。截至2011年底，活跃帐户数同比增长11.3%达7.210亿，最高同时在线帐户数同比增长19.8%达1.527亿。虽然即时通信平台用户增长步伐随着行业用户增长放缓，以及"QQ农场""QQ牧场"成熟导致那些只为玩这些游戏才创建的帐户变得不活跃而持续放慢，但用户活跃度随着移动互联网的渗透率不断增加及跨平台整合增强而有所提高。

媒体平台 2011年，腾讯网巩固了其作为中国访问量最高的门户网站的地位，并在娱乐、汽车、财经及体育等主要垂直领域占据领导地位。这一年，腾讯公司深化了腾讯网与腾讯微博的整合，以加强两个平台的媒体影响力并突现腾讯公司的差异化。腾讯公司也持续改善内容和运营，以更好地迎合不同用户群的需要。

腾讯微博在2011年取得大幅增长，并于当年年底以注册帐户数达3.73亿、日活跃帐户6 800万成为中国最大的微博。这反映了腾讯公司凭借丰富内容、优化用户体验、通过市场推广提升品牌知名度以扩大用户群和提高用户活跃度的策略奏效。作为中国领先的具有影响力的社交媒体，腾讯微博已做好准备抓住未来将涌现的商机。

互联网增值服务 腾讯公司的社区增值服务收入稳步增长。2011年，"QQ空间"维持其作为中国领先SNS平台的地位，截至2011年底活跃帐户数达5.521亿。"QQ空间"也是国内最大的相片分享网站。虽然"QQ农场"和"QQ牧场"的成熟减缓了"QQ空间"活跃帐户的增长，但2011年第三方及自有应用的按条收入大幅增长从而抵销了包月收入下降的压力。由于腾讯公司注重吸引和培育更多第三方应用作为开发平台战略的一部分，所以来自按条收入的贡献一直不断增加。在实名SNS领域，"朋友网"市场份额提高并拓展其领导地位，截至2011年底活跃帐户数同比增长82.7%至2.024亿。至于其他社区类增值服务，"QQ会员"的用户数因腾讯公司改善功能、增加特权及发挥跨平台协同效应而稳步增长。"QQ音乐"维持其行业领导地位，收入取得大幅增长。

2011年，网络游戏业务再次获得丰硕成果。腾讯公司的业绩显著超过行业增长率，市场份额进一步扩大。腾讯公司主要的几款游戏"穿越火线""地下城与勇士""QQ炫舞"和"QQ飞车"，均取得大幅增长，并各据第一人称射击、动作类、音乐类和赛车类细分市场最高同时在线帐户数第一名。此外，"英雄联盟"深受用户欢迎，并在中国取得强劲的最高同时在线帐户数增长，亦继续在海外市场受到追捧。中国最大的小型休闲游戏平台"QQ游戏"稳健增长，其最高同时在线帐户数于2011年第四季度创下历史新高达到840万。

移动及电信增值服务 2011年，腾讯公司巩固了在移动及电信增值服务方面的领导地位，并继续抓紧业内的新发展机遇。在短信捆绑套餐业务日渐受欢迎和手机游戏用户迅速增加的情况下，移动及电信增值服务取得稳健的收入增长。监管层面上，中国移动于2011年初推出的"先取消后查证"政策加大了实收率的波动，并影响了收入的增长。腾讯公司预期此政策的影响将持续，而2.5G产品的新合作模式又为移动及电信增值服务行业带来政策方面新的不确定因素。

着眼于移动互联网的使用迅速普及以及未来的机遇，腾讯公司一直积极在行业价值链中作出部署。例如，腾讯公司已推出定位服务作为腾讯公司手机产品的核心功能，并将腾讯公司的社区领导地位延伸至移动互联网，这从"手机QQ"和"微信"用户大幅增长得以证明。腾讯公司也在手机浏览器和手机安全细分市场占有可观的市场份额，长远而言将具有重要战略意义。

【恒大地产集团有限公司】 恒大集团是在香港联交所主板上市，以住宅产业为主，集商业、酒店、体育及文化产业为一体的特大型企业集团。恒大集团是中国规模最大、销售面积最多的龙头房地产企业，目前在上海、天津、重庆、广州、深圳、沈阳、成都、长沙、太原、武汉、济南、郑州、石家庄、合肥、南京、长春、南昌、贵阳、西安、海口、昆明、兰州、呼和浩特、银川、南宁、哈尔滨、乌鲁木齐、福州等3个直辖市及25个省会级城市设立分公司（地区公司），在中国120多个主要城市拥有大型住宅项目200多个，覆盖中端、中高端、高端及旅游地产等多个产品系列。

多项经济指标位列国内首位，领跑中国楼市 2011年，恒大多项经济指标位列国内同行业第一，企业净利润、核心业务利润、销售面积、在建面积、销售额增长率、营业额等多项核心数据指标全国第一，规模和业绩再次实现了历史性跨越。

2011年，恒大全年销售面积1 219.9万平方米，同比增长54.7%，全国第一；在建面积3 652万平方米，同比增长52%，全国第一；实现销售额803.9亿元，同比增长59.4%，完成全年销售目标的115%，目标完成率全国第一；完成营业收入619.2亿元，同比增长35.2%，香港内房企第一；实现净利润117.8亿元，同比增长46.9%，再超万科；总资产1 790.2亿元，同比增长71.4%。恒大品牌价值达到210.18亿元，蝉联全国第一。

坚持民生地产，定位明确薄利多销

恒大之所以能在房地产调控保持高压态势、市场低迷情况下逆市飞扬、取得理想成绩，在于其定位明确、薄利多销，发展模式适应当前的市场和政策方向。

恒大的产品定位都是针对首次置业者和自住的普通老百姓的刚性需求，产品结构合理。2011年，在恒大拥有的187个项目中，中端至中高端产品占70%，旅游度假产品占15%，高端产品占15%，与老百姓需求的物业类型比例吻合，满足了不同地区、不同层次的市场需求。据统计，恒大三线城市项目自住比例86%，属于投资者购房比例仅占14%；首次置业比例是64%，二次及以上36%，符合政策导向。

在通过标准化运营与集约化管理将原材料成本和土地开发成本降低以后，本具备较大利润空间的恒大选择了让利于民，在薄利多销的基础上"以量取胜"，市场认可度极高。2011年恒大销售均价6 590元/平方米，减去1 500元/平方米的精装修，恒大全国房产均价在5 000多元/平方米，且大部分项目分布在省会城市，具有高增长潜力和吸引力。

恒大董事局主席许家印教授在各类场合多次提到："恒大的利润主要来自于超前的民生地产发展战略，来自于超强的成本控制能力，来自于战略合作伙伴（供应商、建筑商）的让利。恒大要少赚或者不赚老百姓的钱，要多建老百姓买得起的精品民生住宅。

持续高增长，恒大收获充裕现金流

从1997年开始运营至今，恒大共经历了五个三年计划，其中第四个和第五个"三年计划"（2006—2011年）增速最快，各项经济指标平均增长46倍，其中营业额由2005年的12.7亿元增长至2011年的619.2亿元，增长48倍，集团总资产由2005年的61亿元增长至2011年的1 790.2亿元，增长28倍。

2011年，尽管房地产调控重拳频频出击，限购限贷等政策给市场带来巨大影响，但是恒大却在低迷的楼市中持续保持了高增长，主要经营数据均取得了从35%到70%的增长。持续增长的业绩收入，也让恒大收获了充裕的现金流。

恒大2011年年报显示，截至2011年12月31日，恒大账上现金余额达到282亿元，同比增长41.4%，拥有未使用的银行授信额度369.1亿元，总共拥有可动用资金651.1亿元人民币，比2010年同期增加119亿元。

恒大2011年净负债率下半年比上半年锐减7.9个百分点，加之651.1亿元的可动用资金，确保了恒大发展的稳健可持续性。

调控年，稳健发展成主基调 在楼市宏观调控持续深化，房地产行业竞争呈现强者愈强、大者愈大的趋势下，凭借超前的战略布局、高周转运营模式、明确的产品定位、高性价比产品等优势，恒大从2009年上市至今，连续三年超额完成销售目标，连续三年蝉联全国销售面积桂冠。作为目前中国覆盖省会城市最多、在建面积最大的房地产企业，恒大成长性、规模性、盈利性已得到业内的充分认可。

恒大将计划核心定调为"深化管理，稳定增长"。在恒大集团2011年度工作会议上，许家印教授表示："恒大第六个三年计划的主题是深化管理、稳定增长，目标是求稳、求增，实现稳健持续增长；任务是深化管理，向管理要效益，同时要拓展商业地产、探讨文化产业并加强队伍建设。"

【广州富力地产股份有限公司】 广州富力地产股份有限公司成立于1994年，注册资金8.06亿人民币，集房地产设计、开发、工程监理、销售、物业管理、房地产中介等业务为一体，拥有国家建设部颁发的一级开发资质、甲级设计资质、甲级工程监理资质、一级物业管理资质及一级房地产中介资质，是中国综合实力最强的房地产企业之一。富力地产于2005年7月14日在香港联交所主板上市（香港联合交易所上市编号：2777），为首家被纳入恒生中国企业指数的内地房地产企业，并荣登市值最高公司之一。富力地产在2005年至2009年连续五年蝉联国家统计局评选及公布的中国房地产企业综合实力第一名。

由中房产信息集团联合中国房地产测评中心联合发布的《2011年中国房地产企业年度销售排行榜TOP50》显示，2011年富力地产以超百亿的傲人业绩继续名列广州销售金额榜单冠军。从2008至2011年，富力已连续四年蝉联广州地区销售金额冠军，并保持年均超过10%的增长率，充分证明了富力地产在广州市场绝对的龙头地位和品牌号召力。

2011年，中国监管环境对房地产业整体产生重大影响。2011年对富力地产而言为稳定的一年。截至2011年12月31日，富力地产的营业额达274亿元，同比增长11%，主要来自物业发展的约人民币253.9亿元、物业投资的人民币4.91亿元及酒店营运所得的人民币7.58亿元的收入；全年现实净利润48.35亿元，同比增长8.5%。

启动ERP助推战略升级 伴随着房地产粗放管理时代的结束，和市场竞争的加剧，富力地产逐渐转向集团化，精细化的发展道路，从论证、策划、土地取得、开发手续、设计、采购、施工、销售、交付到物业管理所有环节，实行科学规范化管理，节约管理成本。

2011年，富力地产开始在全国范围内大力推行ERP（Enterprise Resource Planing，企业资源计划）系统，充分整合地产企业产品、资金、员工、信息等内部资源和客户、供应商、合作伙伴、投资者等外部资源信息，以系统化的管理思想，为企业发展决策提供更详尽、科学依据。

着力打造高端产品 自2008年以来，富力地产已连续多年占据房企市场份额第一名。在楼市总体平淡的2011年，富力广州地区总业绩更突破百亿元。在此百亿业绩中，富力地产的高端产品表现最为突出。近几年来，富力在产品的打造上精益求精，专注于打造高端产品的经营策略已进入收获期。

2011年富力地产广州地区高端产品线全面绽放，对年度业绩贡献最大。在高端项目最为集中的珠江新城，紧邻珠江公园的高端公寓项目富力公园28，截至11月底以年度销售额15亿元牢牢占据珠江新城销冠宝座；在2011年6月份推出市场的高端超甲级写字楼项目富力盈盛广场，更是以单日8亿元的销售额创下年度销售奇迹；而2011年底在高度关注下面世的合作项目天銮，就以全城最高端的产品品质赢得火热的市场追捧。

在富力向来拥有绝对市场份额的西城区，中心城区高端流花湖景豪宅富力君湖华庭，和老城区唯一别墅豪宅社区富力唐宁花园，都以各自不可多得的稀缺卖点深受客户追捧，开盘首日均创佳绩，引爆市场抢购热点。另外还有富力泉天下、富力金港城等别墅楼盘，精致的产品品质、优越的人居环境，都是富力地产高端产品线的代表作。

富力地产近年坚持稳健经营的策略，并致力于增加产品竞争力，把品质放在首位。业内人士指，在发展商们纷纷提出要练好内功、迎接市场变化的时候，富力地产已经先行一步，抢滩市场打造高品质精品项目。

商业物业运营成熟　除了高端产品收获丰盛外，凭借过硬的产品品质、优秀的设计、精准的定位，和多年经营积累的经验和品牌效应，富力地产的商业项目在2011年大放异彩，整体呈现高速增长。如今，富力地产已发展了以超甲级写字楼、高端公寓、国际品牌五星级酒店和大型综合体为主要产品形态的高端商务平台，这成为富力战车的重要的动力来源之一。

在广州商业价值最高、市政规划配套最为成熟的珠江新城，富力地产以17个高端商业项目的巨大魄力，占领了CBD的半壁江山。2011年，富力地产在珠江新城相继推出了富力盈信大厦、盈盛广场和盈凯大厦3个超甲级写字楼项目，进一步推升了广州高端写字楼物业的价值属性。无论是入市五个月即已售罄的富力盈盛广场，还是年底上市、CBD高端多功能地标综合物业富力盈凯广场，只要带“富力”标记的商业项目销售必飘红，在广州市场乃至整个商业地产市场都很少见。

对此，相关人士分析认为，成熟商业物业运营模式让富力商业地产已经渐入佳境，在广州房产市场上其商业地产运营模式上的成熟，是其他地产企业所无法企及的。在2011年，富力商业项目还频频迎来大宗交易，富力盈信大厦、盈盛广场和盈凯广场大量整层成交的案例，还有富力公园28整层商铺的交易，都创下了广州成交额和单价的新高。

【碧桂园控股有限公司】　碧桂园控股有限公司，成立于1992年，2007年在香港联交所主板上市，是一家以房地产为主营业务，涵盖建筑、装修、物业管理、酒店开发及管理、教育等行业的国内著名综合性企业集团。

碧桂园在房地产领域开创出独具特色与核心竞争力的碧桂园开发模式。公司实行设计、建筑、物业等一体化开发模式，奉行“过程精品，人居典范”质量方针，为各区域市场提供了大量物超所值的高品质人居产品。高品质产品、优美园林环境、完善生活配套、国家一级资质物业服务等元素构成了碧桂园家园模式的基础。截至2011年底，碧桂园已在中国大陆及马来西亚拥有逾百个高品质地产项目，服务约50万业主。

房地产开发　2011年，碧桂园积极配合国家政策，应对市场变化，推出高性价比房源，取得了良好的业绩。碧桂园2011年全年共实现合同销售金额约人民币432亿元，合同销售建筑面积约687万平方米，同比分别增长约31%及15%，超额完成全年430亿元的合同销售目标，成为少数能达标的内房企业之一。全年实现交楼面积约590万平方米，同比增长约19.6%。截至2011年12月31日止，碧桂园年度总收入约为人民币347亿元，较2010年增长34.7%；确认收入建筑面积约为590万平方米，较2010年增长19.6%。

在广东省大本营，碧桂园2011年全年业绩依然稳健，合同销售金额占集团合同销售总额约66%。此外，随着近两三年来广东省外新项目的陆续交楼以及项目环境、配套设施的加快完善，碧桂园的品牌认知度也在这些区域逐步提升，不但帮助了该等新项目收入的不断上升，也为日后统筹地区长远发展奠定了良好的基础。广东省以外项目的合同销售金额占集团合同销售总额的比例，从2008年的约24%提升至2011年的约34%，印证了集团在广东省成功的营运模式在广东省以外地区的可复制性。

截至2011年12月31日，碧桂园共有103个项目处于不同发展阶段，其中广东省项目62个，已取得国土证之建筑面积约5 485万平方米，其中广东省占比约45.4%，已取得施工许可证之建筑面积约1 531万平方米。

2011年碧桂园共有16个全新项目开盘，其中广东省新开盘项目10个。新项目合同销售额共约人民币128亿元。其中，位于广东省惠州市的第二个项目碧桂园·十里银滩于2011年7月底开盘，首推5 080套单位于开盘首天认购逾70%，认购金额超过人民币30亿元；位于江苏省的第二个项目碧桂园·凤凰城（句容）于2011年5月中开盘，推出近2 500套单位，开盘首两天逾70%获认购，认购金额近人民币12亿元。这些成功的全新项目为碧桂园补充了具持续性的优质货源。

在国内稳步发展的同时，碧桂园于2011年12月23日与马来西亚知名房地产开发与投资集团Mayland订立协议，将通过合营公司收购马来西亚若干土地使用权，开发住宅及商业物业。

物业管理　2011年，碧桂园物业管理保持稳定增长，物业管理收入由2010年度的4.05亿元增加至5.12亿元，同比增长达26.2%。物业管理的增长主要归因于所管理的累计总建筑面积的增加，得益于碧桂园凤凰城、韶关碧桂园、碧桂园·银河城等物业在2011年竣工及交付所致。

酒店经营　在不断扩展物业开发

及销售的同时，碧桂园的酒店业务拓广了非住宅项目业务的经常性收入来源，使得物业收入组合更加多元化。年内酒店业务收入约人民币801.7百万元，同比增长约69.8%。截至2011年12月31日，碧桂园已有5家五星级酒店、21家五星级标准酒店及1家四星级酒店开业，共拥有客房8 352间。碧桂园大多数酒店都于物业发展项目内，项目内五星级标准酒店的建立为销售起到促进作用，提升了地产项目的附加值。碧桂园已与希尔顿、玛丽蒂姆等国际酒店管理机构签订了酒店管理协议，进一步挖掘酒店板块的长期潜在价值。

资本运作　在资本运作方面，碧桂园集团在巩固原有良好的商业银行合作关系的基础上，进一步积极探讨资本市场融资渠道，并于2011年2月成功发行9亿美元7年期优先票据，进一步巩固流动资金状况，及为集团发展提供长线资本。该次发行是当年亚洲房地产企业债券最大金额的一次性发行，获得大幅超额认购，反映出投资者对碧桂园经营模式及财务实力的信心。

截至2011年12月31日，集团的总借贷余额约为人民币289.65.9亿元，其中银行借款约为人民币138.773亿元，可换股债券负债部分约为人民币8.841亿元，优先票据约人民币142.045亿元。

【玖龙纸业（控股）有限公司】　玖龙纸业（控股）有限公司成立于1995年，为亚洲最大的包装原纸生产商，也是全球最大的包装原纸生产商之一。玖龙纸业及其附属公司主要生产卡纸（包括牛卡纸、环保牛卡纸及白面牛卡纸）、高强瓦楞芯纸，以及涂布灰底白板纸。玖龙纸业集团的业务模式有助其成为一站式生产商，生产一系列优质的包装用纸产品。玖龙纸业在中国的造纸机主要位于珠江三角洲的广东省东莞市、长江流域的江苏省太仓市、中西部枢纽的重庆市以及环渤海经济圈的天津市。集团现时并在福建省泉州市兴建一个中型的造纸基地。在华北及东北地区市场，玖龙纸业集团已开始于沈阳邻近地区筹建新基地，并收购了河北永新纸业有限公司的78.13%控股股权。除包装纸外，玖龙纸业集团也在东莞和太仓生产文化用纸，并透过一家位于内蒙的合资企业从事本色木浆的生产业务及于四川乐山拓展生产高价特种纸及竹木浆。玖龙纸业集团在2006年3月于香港联交所主板成功上市（股份编号：2689）。2008年5月，玖龙纸业于越南成立合资企业，从事卡纸制造业务。

2011年期间，玖龙纸业销售额达到126亿元，与上一年相比增加0.2%；毛利润为20.1亿元，与去年同期相比下降11.7%。反映出销售价格未如理想的市场状况。权益持有人应占纯利约为人民币8.37亿元，每股基本盈利约为人民币0.18元。

截至2011年12月31日，玖龙纸业总设计年产能达到了1 145万吨，其中包括六台于2011年完成投产和三台于2011年完成升级改造的纸机，这九台纸机之设计年产能共达333万吨。2011年底这些投产及升级改造的纸机全部均已完成优化过程，其中有多台主要为生产新产品而设计，包括食品级、医药级白卡纸、轻涂牛卡纸、环保型文化用纸等，令本集团的产品组合迈向更多样化，更能切合客户的需要，从而为集团未来的销售和盈利打造一个更庞大、更坚实的平台。

玖龙纸业援建高州“侨心居”落成

2011年3月23日，由玖龙纸业、陈戈平教育基金会等共同援建的广东省高州市“侨心居”举行了落成仪式。省侨商会秘书长赵升才代玖龙纸业(控股）有限公司董事长张茵宣读了贺信，信中对侨心居的顺利落成、灾民喜迁新居表示热烈的祝贺，表示玖龙纸业将会继续一如既往地支持慈善事业，并愿为灾区重建作出更大的努力。

此次粤西“侨心居”建设，通过省侨心慈善基金会共募得捐助款474万元，已资助茂名市、阳江市738户灾民和归侨建设“侨心居”，其中高州市的受助户数为255户。玖龙纸业在接到倡议书后，集团领导要求公司积极配合此次援建工作，终于在2011春天迎来了“侨心居”的落成。

玖龙纸业一向积极履行社会责任，坚持“没有环保就没有造纸”的绿色造纸理念，在公益事业方面不遗余力，一如既往地积极参与了各种社会公益事务。2011年，在广东省扶贫济困日活动中捐款人民币1 000万元。2011年，玖龙纸业被授予“扶贫济困红棉杯金杯奖”，以表扬其在慈善事业的贡献。

【香江集团有限公司】　2011年，在外部经济复杂多变及宏观调控措施层出不穷的行业发展环境中，香江集团公司全体员工在董事会的领导下，逆境中求进取，竞争中求发展，根据市场形势灵活调整发展节奏，扎实有序地推进各项工作，在逆市中仍然取得了较好的经营业绩。

商贸物流战略基地建设　为积极响应政府“十二五”科学规划发展大商贸、大流通的现代服务业和低碳经济的号召，2011年香江集团加大了在商贸物流基地建设上的拓展力度，集团将以国家确定的珠三角、长三角、环渤海、西南经济圈、中部经济圈、东南沿海经济圈、山东半岛经济圈、东北经济圈、西北经济圈等九大综合物流区域为依托，建设家居商贸物流战略基地，并最终形成从家居设计、制造、博览推广、大宗贸易、大物流等一条龙的商贸物流产业链。

2011年，为落实上述战略构想，香江控股按照商贸物流战略基地模式在成都推出了“香江·全球家居CBD”项目。由于项目定位明确，既顺应了国家发展大商贸、大流通现代服务业的宏观产业规划，又切合商家迫切需要大容量市场、低交易费用交易平台的实际需求，招商工作成效显著，已吸引了众多知名家居品牌入驻。

“香江·全球家居CBD”在成都的成功运营，超越了国内原有的商贸流通模式，颠覆了传统家居销售终端模式，将引发国内家居商贸格局的变化。与传统的家居卖场不同的是，全球家居CBD引进的不是代理商和经销商，而是全球家居行业的工厂总部，是消费者直接与工厂进行交易，摒弃了中间环节的厂价直供。该种模式一方面可以从根本上帮助企业开源节流，减少中间环节，从而让家具产品的销售价格普遍低于市场零售价，另一方面，对于消费者而言，也具有极大的吸引力。

房地产业务稳定发展 香江集团以打造生态自然高端环境形象社区的“锦绣香江”为品牌，开发环境优美、配套完善以及优良物业管理的高品质产品。

2011年，香江集团房地产业务在逆市中仍然取得了较好的经营业绩，集团销售收入、在建面积、新开工面积等关键业务指标稳健增长。武汉锦绣香江置业有限公司一期建设完成于7月顺利开盘，成都香江家园房地产有限公司开发的住宅项目于8月开盘，增城香江房地产有限公司开发的翡翠绿洲森林半岛五期及六期、临沂香江商贸有限公司开发的商住楼项目及连云港锦绣香江置业有限公司二期项目于10月同时开盘，广州番禺锦江房地产有限公司开发的布查特官邸三期于12月顺利开盘。以上多盘开发、多点销售，地产、建筑、教育优势互补、协同发展的良好发展格局。

物业管理及其他 2011年，香江集团完成了对武汉、株洲、广州番禺、连云港、香河、成都等十三个项目的物业管理费定价方案的拟定、测算与报审工作，为相关项目公司前期物业管理招投标工作顺利开展提供支持，积极推动各项目顺利完成交楼工作。同时根据项目物业管理费标准，积极推进收费工作，并下达物业管理费收取率，各项目都能较好的完成任务。

2011年期间，香江集团继续推动物业管理标准化的各项工作，对物业管理、制度建设、标准化、流程化建设各方面进行梳理完善，推进住宅管理手册的执行，不断提升物业服务水平，提升提高客户满意度。

【广东格兰仕集团有限公司】 格兰仕集团是一家世界级综合性白色家电品牌企业。自1978年创立至今，格兰仕由一个7人创业的乡镇小厂发展成为拥有近5万名员工的跨国白色家电集团，是中国家电业最具影响力的龙头企业之一。

2011年是国家行业和企业“十二五”开局之年，也是格兰仕集团的“系统创新元年”。在全球金融危机和后家电下乡的大背景之下，格兰仕强化“积极进攻”，坚持创新经营思想，坚持创新经营机制，坚持创新经营价值，坚持走质量效益型道路，坚持内涵式发展模式，在出口扩张的基础上扩大内需，促进内、外销两个市场协调发展，稳健推进“综合性、领先性白电集团战略”。

与日立、东芝合作，打造升级变频空调 2011年2月25日，格兰仕变频空调新品发布会暨与上海日立、日本东芝变频合作签约仪式在北京盛大召开。格兰仕与上海日立、日本东芝达成变频合作协议，将联手出击变频空调市场，打造升级变频空调。这次合作规模将超过5亿，为近期国内空调业最大规模变频合作。

格兰仕空调和上海日立、日本东芝在发布会上宣布，他们将在包括空调核心技术在内等多领域内展开深度合作，开发更高效、更节能、更环保的新型变频空调。

格兰仕是国内专注于制造业的白电龙头企业，上海日立是专业生产变频压缩机的合资企业，日本东芝是专业研发芯片的企业，三强的合作，无疑将共同创造一个新的产业制高点，共同加快在全球市场上攻城略地的步伐，深刻影响变频空调的市场版图。

发布“冠军群战略” 2011年3月初，格兰仕对外公布新兴战略业务消息，格兰仕将所有生活电器产供销资源整合，重组成新型产业群。新成立的生活电器产业群定位为冠军群，随即向外界发布了“十二五”打造7冠的“冠军群战略”。

根据“冠军群战略”规划，2011年，格兰仕将打造芽王煲、电烤箱、电开水瓶、电水壶四个单项冠军。到“十二五”结束之年，在此四个单项冠军产品基础上，格兰仕生活电器产业群还将打造包括电磁炉、电饭煲、电压力锅在内总共7个冠军品类的冠军群。这是格兰仕既微波炉成为世界冠军之后，再次发力中国市场，启动夺冠行动。

整合开创空冰洗整合营销新时代

2011年5月，格兰仕对外发布“白电航母整合起航——格兰仕空冰洗整合营销发展战略”，正式发布其全新市场攻略。

格兰仕空调产业群总兼空冰洗中国市场销售公司总经理韩伟表示：“空调、冰箱、洗衣机类产品有共通性。空调市场与洗衣机、冰箱市场实现销售互补，夏秋两季为冰箱、空调的销售旺季，而春冬两季为洗衣机的销售旺季。通过空调、冰箱、洗衣机营销上的全面整合，将有利于大力提升格兰仕空冰洗在品牌、技术、产品、管理、营销、渠道、服务等多方面的有效融合，助推格兰仕打造综合性、领先性的白电集团，在十二五期间实现千亿目标。”

业内人士表示：格兰仕通过空冰洗营销整合，实现资源优势互补，能够确保以更高的效率走完格兰仕空调、冰箱、洗衣机产业链的产品设计、仓储物流、原料采购、订单处理和终端零售，从而达到高效整合的目的，带动产业转型升级。

2011年是“十二五规划”的开局之年，也是格兰仕集团大白电战略的重要一环，格兰仕空冰洗的整合，表明格兰仕对于实现千亿目标的决心。通过空冰洗的整合满足了格兰仕高速发展的需求，使格兰仕竞争能力得到系统提升，为格兰仕调整产品结构，实现产业转型升级奠定了坚实基础。

【广东温氏食品集团有限公司】 广东温氏食品集团有限公司创立于1983年，由七户农民集资8 000元起步，现已发展成一家以养鸡业、养猪业为主导、兼营食品加工的多元化、跨行业、跨地区发展的现代大型畜牧企业集团，目前已在全国22个省（市、自治区）建成140多家一体化公司。2007年，温氏集团成功跨入广东省首家销售值百亿元级规模的农业龙头企业。2011年，温氏集团上市肉鸡7.77亿只、肉猪663.56万头、肉鸭1 191万只，实现销售收入309.93亿元。

2011年9月27日，罗定畜牧公司饲料厂投产暨办公大楼奠基仪式隆重举行。

温氏集团现有合作农户5.21万户，2011年全体农户获利31.09亿元，户均获利6.32万元。

温氏集团现有员工3万多人，其中大专以上学历的知识分子4 800多人，硕士260多人，博士40多人，外聘教授级专家30多人。温氏集团与华南农业大学、中山大学等全国十多所高等院校、科研院所建立了长期的“产、学、研”合作关系。2004年成立温氏博士后科研工作站，2007年获准组建广东省温氏研究院，承担了国家星火计划、863计划项目以及国家生物育种高技术产业化项目等重大项目的研发。2008年成功培育广东省首例体细胞克隆猪。2010年，与华南农业大学共建的国家农业动物种业工程技术研究中心通过论证，院士专家企业工作站顺利挂牌，2011年，被认定为国家级创新型企业，荣获中国产学研合作创新奖，温氏的产学研合作再上新台阶。

温氏60万头生猪基地落成 2011年4月28日，“温氏连州60万头生猪基地落成暨饲料厂投产典礼”在华农温氏连州分公司总部隆重举行。连州市委副书记、市长黄裕团、连州市市委常委邵富育等领导，集团常务副总裁严百草、华农温氏副总经理兼技术总监蓝天及华农温氏各兄弟公司代表参与了本次庆典。

连州分公司将继续秉承“精诚合作，齐创美满生活”的企业文化核心理念，用“温氏模式”不断扩大生产规模，优化经营管理，稳步推进公司发展，为连州经济发展作出更大贡献。

连州分公司截止2011年底在连州累计投资已达2.4亿元，农户收益达3 500万元，为社会提供就业岗位600余个。全部项目建成后公司年出栏猪苗量将达60万头以上，可带动更多的合作农户奔康致富，为繁荣地方经济和推进山区农业产业化做出积极的贡献。

集团与华农大签订第二期全面合作协议 2011年5月16日，温氏集团与华南农业大学全面合作签约仪式在集团总部一楼大会议室举行，在广东省科技厅副厅长刘炜、华南农业大学副校长陈志强、新兴县委书记吴伟鹏等领导的共同见证下，华南农业大学校长陈晓阳与温氏集团董事长温鹏程分别代表双方在合作协议上签字。

集团总裁温志芬在致辞中表示，与华南农业大学近二十年来的合作，为温氏集团的发展提供了强大的技术、人才支持，为集团成长为农业产业化国家重点龙头企业奠定了坚实基础，并共同创造了“高校＋公司＋农户”的农业科技产业化模式和“产、学、研”科技创新新机制。温志芬强调，温氏集团将以第二期全面合作为契机，继续深化双方的合作，依托华南农业大学的技术，不断创新、不断进取，争取更好的效益回报社会。华南农业大学副校长陈志强教授对双方的合作表示满意，他说道，“温氏集团与华南农业大学在第一期的合作中硕果累累，今天，我们在这里再次签署全面合作协议，也预示着双方未来的合作更加辉煌。”

温氏集团与华南农业大学签订第二期全面合作协议，是双方在第一次全面合作的基础上，继续寻求深化合作、提高合作层次的要求，同时也标志着双方校企合作迈入新的阶段。

罗定畜牧公司饲料厂正式投产 2011年9月27日，罗定畜牧公司饲料厂投产暨办公大楼奠基仪式隆重举行，标志着罗定公司步入发展新里程。罗定公司是桂粤养猪公司下属二级半分公司，设定年上市量为30万头肉猪，罗定饲料厂作为罗定公司的配套项目之一，总投资达3 500多万元，投产后可时产20吨、年产14万吨的成品料，可承担罗定公司所辖猪场、合作养户的饲料供应。

罗定公司总部办公大楼，计划于2012年8月完成建设，办公楼建成并启用将大大改善罗定公司的办公条件，提升企业的对外形象，同时也为企业增强综合实力、全面提升服务水平、实现可持续发展奠定更好的基础。

【广东海大集团股份有限公司】 广东海大集团股份有限公司是一家集研发、生产和销售水产饲料、畜禽饲料和水产饲料预混料以及健康养殖为主营业务的高科技型民营企业，以“科技兴农，改变中国农村现状”为神圣使命，核心业务是水产饲料、水产苗种和动保产品，向广大养户提供养殖全过程的技术服务。海大集团已经实现了在全国重点水产养殖区域的生产和销售，在全国拥有60余家下属公司和6个中试基地。2005年进入行业30强，2007年进入行业十强。

2011年，海大集团贯彻落实执行公司的经营的理念，并取得良好的经营成果。集团实现营业收入119.76亿元，同比增长55.58%；全年实现饲料销量339万吨，其中水产配合饲料销量159万吨，畜禽配合饲料销量179万吨，分别比上年同期增长42.21%、49.68%、30.35%；实现净利润3.4亿元，同比增长63.03%。

海大集团对外以客户为导向，以为客户创造利润为目标；对内，以人为本，以打造公司管理层的学习能力、以公司团队合作精神作为公司的核心竞争力。2011年，海大集团对外、对内主要以下面几点作为工作重点：

坚持做好服务营销　2011年初，海大集团在全国市场开展了声势浩大的“春雷行动”等服务营销推广活动，对公司的产品、模式、效果、公司理念等进行有组织性、广泛性、系统性、目的性的宣传，这些行动有效地扩大了公司及产品的知名度并树立起良好的市场形象。2011年，海大集团在全国各地陆续组织多个大、中、小型技术推广会，到会经销商、养殖户覆盖全国养殖市场。海大集团对参加会议经销商、养殖户宣传公司经营理念、养殖理念，对其培训养殖技术、推广科学养殖模式等，市场对于公司的各种推广会反响热烈，行动取得理想的效果。

把人才培养提升到战略层面　海大集团从招聘源头起，与多个高校合作，建立起“海大班”“海大奖学金”等高校内的机构及奖学金，维护好企校合作关系，并保证招聘的顺利进行，近两年公司招聘的应届专业生为公司稳定快速发展提供了坚实的人员基础。同时，海大集团为应届生建立起从在校生的校园沟通、企业介绍、员工招聘、员工入职培训、员工导师制服务、试用期定期跟踪、转正答辨、职业规划等制度及培训，保证每一位新员工都能快速地成为公司的专业人才。在员工薪酬、待遇、考核、培训方面，海大集团也予以充分重视，2011年公司普遍提升员工薪酬，使员工在行业中的达到较高待遇水平；2011年期间集团对高中层及公司核心骨干员工授予股票期权，使员工待遇及稳定性都得到保证。在培训方面，海大集团建立了海大学院，配备有专门的学习基地、师资力量及配套设施，使公司员工能够经常接受公司培训，在工作中不断自我提升不断进步。

打造自身产业链，提供科学养殖模式

海大集团从自身的经营目标出发，一直围绕着养殖业的需求来打造自身的产业链，为养殖户提供科学养殖模式，并不断加强在水产苗种、微生态调水产品等方面的供应能力。海大集团根据各养殖地区水质、环境、养殖品种及养殖技术等条件的差异，研发出与地区相适应的科学养殖模式，在养殖模式、养殖过程、销售方式等均作专门的技术指导，作为一套完整的养殖方案提供给养殖户。海大集团的水产苗种业务能给养殖户提供抗病毒能力强、生长速度快、饵料系数低的优质苗种，从源头上减少养殖风险、提高养殖效益。在养殖过程，海大集团提供改水、调水微生态产品，致力使养殖户从治病到防病的转变；面对2011年上半年旱情、下半年持续高温的形势，海大集团结合微生态产品给养殖户提供了很好的应对方案，使用效果良好，并得到市场一致认可。

产能持续扩张　2011年，海大集团新建项目陆续投产，截止2011年末，海大集团共有饲料产能590万吨，全年新建投产的有200万吨，其中约有80万吨是年末建成，在2011年内尚未正式规模生产。产能的有效扩张，一方面完善了集团在全国市场上的布局，另一方面也对海大集团的稳定持续发展提供支撑。

研发投入不断扩大　2011年海大集团研发投入1.1亿元，同比增长121.41%，研发投入金额超过本期利润总额的20%；公司研发团队已经扩充到668人，比去年增加361人；公司持续坚持在研发经费的投入，使公司在苗种、养殖模式、饲料添加剂技术、饲料原料替代、微生态制剂等方面都取得技术积累，部分技术已经有效转化为公司的生产力，并产生盈利，使公司产品市场竞争力、盈利能力等都得到提升。

【中山华帝燃具股份有限公司】　中山华帝燃具股份有限公司成立于2001年11月28日，其前身中山华帝燃具有限公司成立于1992年4月。华帝燃具主要从事生产和销售燃气用具、厨房用具、家用电器及企业自有资产投资、进出口经营业务。目前，华帝产品已形成灶具（燃气灶、沼气灶）、热水器（电热水器、燃气热水器和太阳能热水器）、抽油烟机、消毒柜、橱柜等系列产品为主的500多个品种，燃气灶具成为中国灶具领导品牌，燃气热水器、抽油烟机分别进入全国行业三强。

2011年，华帝燃具实现营业收入203 868.40万元，同比增长24.63%；实现净利润13 883.06万元，同比增长14.29%。2011年期间销售收入和净利润均完成年初设定的预算目标，主要是因为华帝燃具不断开拓销售渠道，强化产品推广，持续推进预算管理及精益生产，使得公司业绩实现增长。

销售稳定增长　2011年，华帝燃具顺应国家低碳经济发展趋势，凭借公司作为2011年第26届世界大学生夏季运动会、第七届全国城市运动会等多项体育赛事的燃气具及火炬供应商及成为中国帆船帆板队合作伙伴的市场影响力，持续进行“低碳产品”推广计划，有效地保证了主推灶具产品聚能灶的销量，实现单品销量近33万台，单品占嵌入式灶销售量的34.45%。华帝燃具全年在维持传统优势产品灶具销量基本稳定的基础上，加大了推广烟机和热水器的力度，2011年烟机销售额增长44.22%、热水器销售额增长20.45%。由于厨卫行业竞争日益加剧，华帝燃具部分产品在市场上的份额出现了浮动，但是总体上依然保持着稳定的市场占有率，2011年，华帝燃具灶具产品市场占有率为9.25%，烟机产品市场占有率为7.92%，燃气热水器产品市场占有率为4.52%，消毒柜市场占有率为4.45%。

拓展渠道建设　2011年，华帝燃具继续完善渠道建设，标准专卖店、乡镇网点、电子商务、房地产直营渠道多头并进，主要表现在：一、华帝燃具持续深化建设华帝产品生活体验馆，2011年共完成建设42家；二、新建和改造现有专卖店，统一专卖店新形象共计1 953家；三、重点开发乡镇网点，2011年共受理乡镇网点1971家，已装修开业1546家；四、提升KA渠道（KA渠道包括国美、苏宁、五星等家电连锁卖场，华润万家、沃尔玛等综合超市，以及百安居、红星美凯 龙等建材市场）的进店数量和门店经营质量。国美、苏宁为公司KA渠道的主要组成部分，2011年华帝燃具的国美、苏宁进店率分别为65.90%、55.70%，国美进店率较上年度增加8.60%，苏宁进店率较上年度下降5.70%，因为苏宁在2011年加快了开设门店的步伐，其2011年的门店增长率高达69%，而华帝燃具2011年仍然是以较稳健的速度进行市场的开拓，故华帝燃具在苏宁的进店数是增长的，但是进店数的增长率下降。公司KA渠道销售额增加，两大KA通路的销售同比增长17.28%。五、新兴渠道发展逐渐提速，网上销售、电视购物、家居网站团购等提货额共计4 058.73万元，公司加大了对新兴渠道尤其是电商渠道的投入，以适应当前消费方式的变化；六、房地产直营渠道扩展进度加快，2011年华帝燃具已经与中海地产、阳光100置业、龙湖地产、恒大地产等国内大型建立合作关系，并且计划在未来继续加大与大型房地产公司的合作，2011年华帝燃具对房地产直营渠道供货金额约为1 565万元，较2010年增幅达60%以上。

内部管理持续提升 2011年华帝燃具内部管理持续提升，华帝燃具预算管理、品牌运作、精益生产、产品技术开发等重点工作深入展开。一、预算管理方面，经三年的推广贯彻，预算管理已经渗透到公司各个业务部门，各个部门在其职权范围内监督预算执行情况。在华帝燃具销售额增长的同时，公司的费用支出得到合理控制，2011年期间费用率同比下降1.59个百分点；二、品牌运作方面，华帝燃具在2011年度重点推广以“聚能燃烧技术”为核心的聚能灶，结合华帝燃具作为2011年第26届世界大学生夏季运动会火炬制造商、公司成为中国帆船帆板队战略合作伙伴的优秀形象进行宣传，与各类媒体形成良好的互动合作关系，同期公司制订并推行《品牌视觉识别手册》，强化品牌输出及内外部使用的管理，有效地提升公司“低碳环保”的企业形象；三、精益生产方面，华帝燃具持续改进，订单准时交付、库存控制、生产效率等各项指标均得到提高，订单准时入库率和出库率分别较上年度末上升6.23个百分点和8.83个百分点，库存周转天数按同比口径计算由上年度的27.46天改善到本年度的24.72天；四、产品技术开发方面，华帝燃具在燃具、燃气热水器等产品上有所突破，其中“管壳式冷凝器的发明与应用”获得国家发明专利，在各类新产品分别成功应用电磁感应操控技术、无线充电防水遥控系统、蒸汽加热自动清洗控制、火力显示控制器等一系列新技术，华帝燃具良好的技术储备将推动公司新产品不断引领厨卫潮流。2011年期间，华帝燃具技术中心被认定为国家认定企业技术中心，显示出华帝燃具近年来开展行业应用基础研究、聚集和培养优秀科技人才、推动产学研结合应用等一系列措施发挥着积极的作用，同时也为公司实现产品创新、技术升级提供强劲的动力。

继续支持公益活动 2011年，华帝燃具继续支持体育公益活动和社会公益活动。2011年，华帝燃具分别成为中华人民共和国第七届城市运动会指定火炬供应商、第26届世界大学生夏季运动会火炬燃气具及火炬类供应商，第九届少数民族传统体育运动会火炬供应商、墨西哥泛美运动会火炬供应商为上述运动会提供火炬和技术保障服务。2011年，两所以华帝命名的希望小学：四川省资阳市雁江区雁江镇华帝希望小学和宁夏永宁县望洪镇宋澄华帝希望小学相继竣工落成；2011年12月华帝燃具赠送四川大英天保华帝中心学校总价值为28 800元的体育器材以丰富学生的课余活动，促进他们身心健康的发展，该华帝燃具由华帝在2010年援建；同年华帝燃具出资30万元捐建贵州省威宁县幺站镇幺站小学华帝爱心食堂。

【广东奥飞动漫文化股份有限公司】

广东奥飞动漫文化股份有限公司是中国目前最具实力和发展潜力的动漫文化产业集团公司之一，以发展民族动漫文化产业，为世界创造快乐、智慧和梦想为使命，立志做中国动漫文化产业的领导者。奥飞股份的前身为广东奥迪玩具实业有限公司。广东奥迪玩具实业有限公司正式成立于1993年，经过十余年的发展，奥迪玩具已经成长为中国玩具行业的领导品牌，是中国玩具行业第一家同时获得“中国驰名商标”和“中国名牌产品”两项殊荣的玩具企业。2011年5月13日，入选第三届“文化企业30强”。

2011年，奥飞动漫股份坚持年初目标，加快内外部合作和现有业务发展的步伐。2011年期间，奥飞动漫股份成功投资收购了广州市执诚服饰有限公司51%股权，丰富公司婴童产品品类的同时，做大做强了公司婴童产业；参股北京潘高文化传媒有限公司20%的股权，扩大了公司动漫内容源头。

2011年，奥飞动漫股份实现营业总收入10.57亿元，同比增长17.02%，实现利润总额1.53亿元，同比增长3.75%；实现净利润1.32亿元，同比增长0.95%。截至2011年12月31日，奥飞动漫股份拥有总资产16亿元，净资产13.8亿万元。

动漫卡通品牌进一步丰富，产业化能力不断加强 2011年，奥飞动漫股份制作的《火力少年王4》《铠甲勇士刑天》《雷速登闪电冲线2》《翼飞冲天》《巴啦啦彩虹心石》等动画片集超过5 000分钟，在全国73家电视台进行了播出。

2011年，奥飞动漫股份的内容版块业务呈现积极发展态势。通过外向投资合作，初步形成开放性的内容创意平台，创意形象更加丰富。“巴啦啦小魔仙”“铠甲勇士”等品牌相继推出动漫舞台剧，进一步提升了公司品牌影响力及知名度。

奥飞动漫股份动漫玩具业务于2011年继续保持良好发展态势，加大了与国际品牌公司的深度合作。产品渠道销售能力进一步提升，其中，在零售渠道建设方面成功实现TRU的直营及几大全球知名零售系统（如沃尔玛、家乐福）的总部直接对接，开拓了京东商城、淘宝、宝尊电商、唯品会等一线电子商务平台，使得公司渠道结构调整初见成效。

婴童业务推出更多品类产品上市

2011年是婴童业务产品结构完善与渠道进一步深化的一年。2011年奥飞动漫股份婴童业务加快渠道扁平化的步伐，积极开发中小型客户，逐步完善分销网点（母婴店、商超），新增分销网点2 344家，总数达到6 401家：其中母婴店新增1 948家，总数达到4 711家。同时，随着电子商务的发展，奥飞动漫股份维护了电商渠道网络零售价格的稳定性，保持销售收入的稳定增长。

奥飞动漫股份于2011年间投资收购了广州市执诚服饰有限公司51%股权，使婴童业务在原有澳贝玩具基础上新增棉品系列产品。公司与日本高端婴童品牌PEOPLE达成战略合作，开启了在婴童领域国际合作道路上的初步探索；同时，也成功为娃哈哈、宝洁、惠氏公司配套礼品市场，并逐步建立起长期合作的关系，为做大婴童业务打下坚实的基础。

嘉佳卡通频道的综合市场份额大幅提升　2011年，嘉佳卡通在全国16个重点省份和城市实现落地，分别为广东省、广西省、贵州省、海南省、湖北荆州市、湖北十堰市、湖北襄阳市、河南郑州市、福建泉州市（含晋江市）、安徽合肥市、四川成都市、四川绵阳市、四川南充市、四川资阳市、吉林长春市、吉林市，总覆盖人口达2.8亿。在玩具业务与频道产业合作的带动下，嘉佳卡通频道收视率及营收大幅增长，广东省内所有频道排名跻身第4位，同类频道处于领先地位。2011年底，嘉佳卡通在广东省内落地覆盖已实现97%，综合市场份额达2.09%；在全国71城市卫视综合市场份额排名第25位，综合市场份额为0.3%。

【广东巨轮模具股份有限公司】　广东巨轮模具股份有限公司是一家集研究开发、设计制造汽车子午线轮胎模具的专业公司，是目前国内规模最大、技术领先和第一家上市的汽车子午线轮胎模具专业开发制造企业。巨轮股份致力于汽车子午线轮胎模具、汽车子午线轮胎设备等装备和相关技术的开发、制造及销售，是国内轮胎模具制造技术的领航者。巨轮股份是国家火炬计划重点高新技术企业、国家创新技术创新示范企业、广东省百强民营企业、广东省装备制造业50家重点企业之一、广东省创新型企业。

坚持科技创新　巨轮股份坚持以自主创新、科技为先的思路，走出了不断优化强化的可持续发展路径，从而奠定了行业龙头地位。公司建立的“广东省轮胎模具工程技术研究开发中心”，是目前国内唯一一家专门进行轮胎模具科研的省级工程中心；公司的企业技术中心被国家五部委联合认定为“国家级企业技术中心”；经国家人事部批准，公司设立“博士后科研工作站”。同时，巨轮股份积极开展产学研合作，2004年与广东工业大学联合设立“轮胎模具数字化工程产学研基地”，2007年与香港理工大学联合成立“轮胎模具精光技术中心”。巨轮股份以前瞻的目光制定了“高级蓝领工程”和“产业工人知识化”目标。2005年，巨轮股份首开先河与揭阳职业技术学院开展校企联姻，每年在该院设置2个模具专业班，对学生采取“订单式”培养；与广东工业大学签订协议，连续5年，在公司开办一个工程硕士班、两个高升专、一个专升本班，为一线员工提供再就学机会。2011年巨轮股份入选首批“国家技术创新示范企业”。

巨轮股份在科研创新上硕果累累。近年获得国家发明专利20多项、实用新型专利30多项，连年获得省市科技进步奖，其中，2011年巨轮股份自主研发项目“巨型工程车子午线轮胎活络模具”项目荣获“广东省科学技术进步奖励”一等奖。多个项目被列入国家高技术推进项目、国家级“火炬”计划项目、国家重点技术创新项目、国家级重点新产品计划项目、国家重点产业振兴和技术改造项目等，在第十届、十一届和十二届中国国际模具技术和设备展览会上，公司产品分别获得“具有国际水平的模具”称号和“精模奖”一等奖。

加快结构调整和产业升级转型　2011年，巨轮股份加快结构调整和产业升级转型，公司由单一的轮胎模具主导产品，延伸至轮胎模具、橡胶机械等领域；公司在做精、做专、做强轮胎模具产业的基础上，加快向更具综合竞争实力的轮胎成套装备制造商的转型；公司“硫化机”产品顺利达产，形成年产200台的产能，并占领国内高端轮胎硫化机市场。另外，巨轮股份根据市场环境的变化，及时调整营销重点和产品结构，从而带动轮胎模具产品特别是高附加值产品销售收入的增长，2011年销售的产品结构得到优化，高端产品销售占比提升，产品综合毛利率有所提高。2011年，巨轮股份主营业务收入继续实现较大增长，整体经营业绩明显好于上年同期。2011年，巨轮股份实现营业收入7.23亿元，同比增加1.54亿元，同比增长26.96%；实现营业利润1.44亿元，同比增加3 773.89 万元，同比增长35.48%；实现净利润1.42亿万元，同比增加3 591.80万元，同比增长33.88%。

国家地方联合工程研究中心挂牌

经国家发展和改革委员会审定批准，巨轮股份下设的“广东省轮胎模具工程技术研究开发中心”被升级认定为“国家地方联合工程研究中心”，于2011年11月16日在深圳会展中心第十三届高交会上举行授牌仪式。

巨轮股份联合共建单位广东工业大学，在长期进行汽车轮胎模具、轮胎制造机械、橡胶工业研究，并积累了大量技术成果的基础上，针对我国轮胎装备制造行业的研发手段、工艺技术、关键试验检测技术各方面基础薄弱，在线检测、中试加工远程监控、智能网络化体系等建设基本空白，从而使高端产品和技术长期被国外垄断的现状，决定以广东省轮胎模具工程技术研究开发中心为依托，建设轮胎模具国家地方联合工程研究中心。通过建设模具设计开发、材料分析、结构仿真与优化、性能测试、智能中试加工等创新基础设施，形成国内一流的轮胎模具研究开发中心，建成开放、共享的国家地方联合创新平台，利用信息化手段和先进设备仪器提升前端创新能力，提高各类轮胎的开发设计能力和生产制造成水平，带动整个轮胎模具行业的技术创新能力和管理水平的提升，缩小我国模具行业与世界先进水平的差距。

联合工程中心的发展战略是整合国内外技术资源，开展自主创新，开发高端轮胎制造技术装备，打造国际一流创新平台，支持我国轮胎产业发展战略。

【国光电器股份有限公司】 国光电器股份有限公司成立于1951年，经过60年的发展，公司从一个小作坊发展成为一家在中国乃至全球电声行业具有影响力的上市公司，目前公司总资产近30亿元。国光电器成立至今一直从事电声、电子产品的设计、生产和销售，目前产品覆盖了电声配件、扬声器单元、音响系统、数字功放、聚合物锂电池等，成为目前全球最为规模化、系统化、专业化的电声产品设计和生产基地之一，产品不仅畅销国内，还出口到欧美、日本、香港等三十多个国家和地区。

2011年，国光电器紧紧围绕年度工作目标，继续着力市场开发，实施大客户战略，音响主业不断得到新老客户的新项目开发和下达新订单，消费类音响持续较高增长，专业音响取得较大突破，并且2011年公司月度订单较均衡，使得生产安排顺畅，较好地实现了均衡生产，音响主业的持续走强和增长，公司营业总收入实现稳步增长。

2011年，国光电器实现主营音响业务收入21.06亿元，比上年的17.2亿元增长了22.37%。增长主要原因为：成功开发了消费类中可长期支持公司发展的大客户；公司销往美国的专业音响在2011年放量增长，其2011年的销售金额比2010年大幅增加。其他业务（主要为厂房租金）收入4 857.34万元，比2010年的3 660.94万元增长了32.68%，主要是2011年期间租户的租金、水电费及服务费增长所致。2011年，国光电器多媒体类、消费类、电子零配件、专业类、通讯类、汽车类的销售比重分别占43.82%、37.58%、8.67%、7.45%、2.29%和0.20%，其毛利比重分别占49.14%、32.19%、3.91%、11.06%、3.66%和0.04%。

海外市场开拓 国光电器的音响主营业务目前主要是出口，在国际经济波动、人工成本上升、利息上升、汇率波动的环境下，公司的出口订单依然保持增长。其中消费类、专业类音箱的市场开拓较好，实现了较大幅度的增长，多媒体类音响保持平稳发展的势头。国光电器通过培训去提高业务人员的能力，及时锁定主要原材料钕铁硼价格及向客户要回了磁铁升价和人民币升值的合理补偿，产品开发的成功推动了销售业绩增长。

内销市场开拓 2011年，国光电器主要对销售额空白的市场和新客户进行开发，对部分代理商进行了更换，深入空白市场进行招商及二级市场的开拓。如在河北邯郸、山东东营等地的招商，同时到各重点销售地区，加强当地一线销售人员销售培训与辅导，增强了经销商及员工信心，给全国经销商起到了积极的示范带头作用，力求扩大品牌影响力与产品的市场竞争力，拓宽销售渠道。此外，国光电器成立了珠江品牌事业部，确定其品牌形象与产品定位；制定2012年市场发展计划，建立品牌网站。

130音响旗舰店的建设 截止到2011年12月31日，国光电器在全国共建有97家音响旗舰店面，营业95家，另外两家店面在装修中。店面主要分布华南、华东、西南、东北区域。2011年由于国内政策对房价调控力度的加大，房地产成交大幅回落，对房地产、建材、电器等消费市场冲击较大，国内市场销售并不理想。在全国重要省市的音响旗舰店面，主要以位于临街专卖店、购物广场、家居广场为主，店面面积均在120平米以上，拥有两个或以上私家影院和试音室，在当地对公司旗下的“爱浪”音响品牌的美誉度有很好的宣传效果，并让更多二三级城市的行业代理商及消费者认可美加音响的品牌。

拓展业务经营 2011年国光电器拓展事业部继续利用公司的土地厂房资源，引入了优质企业进驻园区，加大加快了厂房出租。2011年国光电器的拓展业务收入（主要为厂房租金）取得4 857.34万元，比上年的3 660.94万元增长了32.68%。拓展事业部在租户维护与跟踪、配套、服务工作方面做得更加细致，大部分租户对公司的服务表示满意并且在公司内的业务不断扩展。

2011年国光电器拓展事业部加强了与各级政府部门的沟通，积极学习各项政策，寻找适合途径申报公司的创新、研发、外贸等项目。在拓展事业部的努力下，国光电器与政府、专家、高校之间建立了和谐良好的关系，获得政策、资源、技术等方面的支持和合作，促进了公司的持续健康发展。2011年，国光电器共申报项目38大项，含小项目接近60个，获得各级政府奖励、补贴项目的批复资金创造了历史最好水平。

上市企业

综述

【广东创业板公司数量居首】 创业板开板不足三年，但已经成为成长型中小企业上市的重要阵地。截至2012年6月，广东已有69家创业板上市公司，而北京、江苏、浙江等地也分别有48家、33家、32家公司在创业板上市。目前创业板319家上市公司中，仅上述四地的数量合计占比已超过五成。上市公司总体数量高居榜首的广东，同样在创业板上市公司数量上处于领先地位，而其中，仅深圳地区的创业板上市公司数量就达38家，高于江苏、浙江全省的数量。

据证监会2012年5月披露的创业板IPO企业申报情况，深圳已有5家公司通过发审会，另有9家公司进入初审或已预披露。从长远来看，即使相对于北京，深圳也是后备上市资源最丰富的地区。

实际上，早在创业板2009年刚开板时，广东曾落后于北京。截至2009年底36家创业板上市公司中，仅北京公司就达8家，而广东仅有4家，其中1家来自深圳。到了2010年底，北京创业板公司有24家，而广东省已经升至34家，开始与北京拉开差距。2011年，双方差距进一步加大，广东地区的创业板家数当年增加28家，达到62家，而北京当年仅增加15家，合计为39家。

【东莞上市公司数量仅占全省3%】

2011年，广东省共有上市公司349家，深圳以174家占据半壁江山。除深圳外，上市企业数量居于前列的城市是广州、珠海、汕头及佛山，分别为54家、20家、20家和17家。2011年，东莞市共有11家A股上市企业，上市企业数量排全省第5名（不含深圳），占全省349家上市公司总数的3%。

东莞市金融工作局副局长刘凯文说，自2009年以来，东莞市共增加7家上市公司，募集资金共约60亿元。2011年，东莞市新增银禧科技、明家科技和勤上光电等3家上市公司，募集资金共17.64亿元。东莞市另有5家企业在海外上市。

据东莞市金融工作局介绍，为配合打造金融强市的规划，东莞市政府将按照“培育一批、申报一批、上市一批、做强一批”的思路，鼓励本土企业上市，并努力打造东莞板块。在已确定的58多家上市后备企业中，有两家已经通过证监会发审委的首发审核，正在等候挂牌上市。有3家上市材料已获中国证监会受理，正在等候审核。有9家企业已在省证监局辅导备案，还有一批企业正在积极进行改制和上市辅导。

【惠州力争上市企业数量两年内翻番】 近年来，惠州市积极加大对企业上市工作的宣传和推进力度，与上交所、深交所、香港联交所等联合组织了近100场上市推进会、座谈会，集中培训2 000多人次，扭转了过去企业不了解上市、不愿意上市的被动局面，形成了政府重视、部门支持、企业响应的良好势头。按照“五个一批”（储备一批、培育一批、股改一批、辅导一批、上市一批）的工作思路，“十一五”期间推进了亿纬锂能、雷士照明和中京电子等企业公开发行上市，截至2011年底，全市已有3家企业在证监会的审批程序中，4家企业正在积极改制筹备上市。2011年全市已有8家企业通过各层次的资本市场进行融资，初步形成了完善的多层次资本市场直接融资体系。

同时，针对公开发行上市门槛高、时间长、成本高的问题，惠州市金融工作局积极拓展思路，通过与天津股权交易所合作，为企业特别是中小企业，开拓了股权融资的新渠道。不到半年，博罗企业瀚源环保就成功登陆天交所科技创新板。2011年11月8日，惠州电道科技股份有限公司正式在天津股权交易所科技创新板挂牌上市，成为惠州市2011年第二家在天交所上市的企业。另有多家企业积极筹备在天交所挂牌。惠州市加强与天津股权交易所的全面合作，力争推动5—10家企业在天交所挂牌上市。

惠州市加大上市工作的宣传和推进力度，完善企业上市的“绿色通道”，对成功上市企业给予最高300万元奖励，通过不断完善企业上市政策扶持体系，惠州市推动企业上市的工作不断加速，2011年底已经形成了由60多家拟上市企业组成的上市梯队。截至2011年底，九联科技、硕贝德等20家企业进入审批辅导期和股改阶段，特别是九联科技、硕贝德无线科技和菲安妮皮具等3家企业正在等候证监会审批，惠州市力争两年内推动7家企业在各层次资本市场上市，使上市企业数量翻一番。

上市企业

【广州白云山制药股份有限公司】

广州白云山制药股份有限公司创业于1973年，1992年11月经广州市人民政府批准，由广州白云山制药总厂等五家企业通过改制成立股份制企业，1993年11月作为广州市首批上市公司之一在深圳证券交易所挂牌上市，现拥有总股本4.69亿元。2007年销售规模达36.1亿元，2008年销售规模超过40亿元。

公司专注于制药业，业务包括生产和经营多种剂型的中西成药、化学原料药、外用药、儿童药、保健药等系列药品。经过多年的发展，目前白云山属下共有12家成员企业，已全部通过了国家GMP、GSP认证，广州白云山化学药创新中心是广东省工程技术中心。

2011年，面对“两降一升”（即基药招标价下降，中标率下降，原材辅料、人工费用、融资利率等成本上升）的严峻形势，公司按照年初提出的工作思路，认真关注和研究新医改配套政策和宏观经济政策对公司经营环境带来的变化，通过调整产品结构、扩大销售规模、压缩成本、控制费用等措施，实现了收入和利润的较快增长。报告期内公司营业收入379 913.31万元，同比增长14.54%；实现利润总额32 829.21万元，同比增长27.70%；实现净利润28 021.57万元，同比增长27.92%，其中归属于母公司所有者的净利润26 108.56万元，同比增长27.52%。

广药集团与阜阳政府签订化学药战略合作协议 2011年2月12日，广药集团与安徽阜阳市人民政府共同签订战略合作意向书，这是广药集团在属下企业广州白云山和记黄埔中药有限公司2000年在阜阳建立万亩板蓝根GAP基地的基础上，双方又将在化学药领域开展更全面、更深入、更紧密的合作。本次战略合作协议的成功签订，充分体现了合作双方积极贴近党中央有关“转方式，调结构，增活力，惠民生”的要求，不断加快广州、阜阳二地在生物医药领域的经济发展，并在更广阔的领域实现优势互补强强联合，进一步促进广药集团化学药战略模块的做大做强。阜阳市人民政府市长孙云飞，阜阳市政协主席、市委秘书长亓龙，广药集团总经理、副董事长、党委副书记李楚源，广药集团副总经理施少斌、广药集团副总经理陈矛，广药集团董事会秘书黄志恩等签约双方的主要领导出席了签约仪式。

国内药企首家“转化医学研究中心”落户广药集团 2011年2月20日，由中国中西医结合学会、中国中药学会、广药集团等单位主办、广州中一药业有限公司、广州白云山和记黄埔中药有限公司承办，国家中医药管理局、中国中医科学院为支持单位的“首届国家基本药物（中成药）转化医学高峰论坛”在北京隆重举行。

在论坛上，我国以药企为主体联合全国10多家医疗单位和科研机构成立的首家“转化医学研究中心”正式落户广药集团。这是迄今为止我国医药行业中首家成立的“转化医学研究中心”。与此同时，广药集团宣布积极落实基本药物制度，对旗下12个品种率先开展转化医学研究，并且为“十二五”飞速发展而奠定基础的药物研发也进入提速期。

揭西生产基地扩产项目正式签订

2011年7月4日，广药集团白云山制药股份有限公司与广东省揭西县政府正式签订揭西生产基地扩产项目。广药集团党委书记、董事长杨荣明、广药集团总经理、副董事长、党委副书记李楚源、广药集团副总经理陈矛等集团领导，揭西县委书记邬郁敏、县委常委蔡福生、县常务副县长刘佑知等领导出席了签约仪式。陈矛、刘佑知分别代表双方签订了项目协议书。

揭西县委书记邬郁敏对双方的合作给予高度的评价和承诺。同时指出此项目是经过揭西县政府与白云山制药总厂的多次论证而得以正式启动，是一项互惠工程。揭西县政府与白云山制药总厂有良好的合作基础，揭西县政府必将此项目作为今后几年揭西县的重点项目推进各项工作，郑重承诺将大力解决项目发展中的所有问题，保证项目的顺利实施。

此次签约仪式标志着白云山制药总厂在揭西的生产基地将扩大到11.3公顷，是原来的4倍多，未来将实现产能10亿元，有效解决广药集团的产能受限问题，为不断促进企业发展、实现十二五蓝图作出重大贡献。

揭西生产基地隆重开工奠基 2011年8月16日，投资1亿元、占地11.3公顷、预计到2015年产值将超10亿元并为当地提供上千个就业岗位的广药集团白云山制药揭西生产基地在揭西县举行隆重的开工奠基仪式，这标志着广药集团在“十二五”大南药发展方面又迈出了坚定的一步，同时也是双方为进一步贯彻落实好广东省委、省政府“双转移”战略的一大举措。揭阳市代市长陈绿平、揭阳市政协主席欧汉波、揭西县委书记邬郁敏，广药集团总经理、白云山制药股份董事长李楚源，广药集团副总经理兼广州白云山制药总厂董事长陈矛等领导出席了开工奠基仪式。

广药白云山揭西生产基地的顺利开工奠基，将进一步贯彻胡锦涛总书记“七一”重要讲话精神，更好地落实省委、省政府“双转移”的战略目标，并为双方今后的加快发展、协调发展和可持续发展注入强大的动力。

【海信科龙电器股份有限公司】 海信科龙电器股份有限公司（以下简称“海信科龙”）是中国最大的白电产品制造企业之一，创立于1984年，总部位于中国广东顺德，主要生产冰箱、空调、冷柜和洗衣机等系列产品。1996年和1999年分别在香港和深圳两地发行上市。2006年底，海信成功收购科龙电器，由此诞生了中国白色家电的新航母——海信科龙。

2011年，海信科龙坚持“改善人才结构，强化技术创新，变革营销模式，提升人均效率，加速国际化进程”的经营方针，在不利的宏观经济环境下，实现了经营规模和效益的基本稳定。2011年，海信科龙实现营业收入184.89亿元，同比增长4.51%，实现归属于上市公司股东的净利润2.27亿元。全年主营业务继续保持稳健发展，其中，冰箱业务收入占主营业务收入49.24%，同比增长3.22%；空调业务收入占主营业务收入38.91%，同比增长8.98%；内销业务实现营业收入117.64亿元，同比增长5.83%，外销业务实现营业收入49.84亿元，同比增长5.72%。

在核心技术和自主创新方面，海信科龙始终坚持“技术立企”的经营理念，通过坚持不懈的技术创新使公司增强核心竞争力。

2011年，海信科龙在冰箱行业内领先的360度矢量变频技术、双制冷双循环技术的基础上，又推出了全新一代智能无霜技术，并完成了对内销产品开发平台初步整合。2011年5月，在“2011年中国冰箱行业高峰论坛”上，容声冰箱独家蝉联2010—2011年度冰箱行业节能标杆奖，海信冰箱荣获“2010—2011年度冰箱行业卓越品质奖”。2011年9月，在德国柏林举办的IFA展上，容声冰箱凭借自主研发的“全天候保鲜节能技术”获得第七届中国家用电器“2011年度技术创新奖”。

2011年，海信科龙在保持空调变频技术优势的基础上，推动空调产品在节能、健康、舒适三大技术领域的全面提升，推出了与中国疾病预防控制中心环境所联合研制的“FPA全净化”健康变频空调，将空调由注重“室内温度调节”升级为关注“空气质量调节”；海信科龙推出了DDF双核双控系统，满足了消费者快速制冷制热的需求。

通过技术立企，海信科龙的工业设计能力进一步提升，2011年在业界率先推出了大尺寸无边框设计玻璃面板、3D立体炫花的外观设计，并先后应用在公司的空调和冰箱高端产品，在2011年9月的德国柏林IFA展上，海信荷塘月色系列空调获得了第七届中国家用电器“2011年度工业设计创新奖”。

2011年，海信科龙共申请专利260项，其中PCT（专利合作条约）国际专利15项，发明专利47项；公司累计获授权专利218项，其中发明专利13项；在中国家用电器协会主办的“2011年中国家用电器技术大会”上，荣获3项中国家电科技进步奖。

【保利房地产（集团）股份有限公司】

保利房地产（集团）股份有限公司是中国保利集团控股的大型国有房地产上市公司，也是中国保利集团房地产业务的主要运作平台，国家一级房地产开发资质企业，连续五年蝉联国有房地产企业综合实力榜首，连续两年荣膺中国房地产行业领导公司品牌。2006年7月，公司股票在上海证券交易所上市，并入选“2008年度中国上市公司优秀管理团队”，2009年保利集团获评房地产上市公司综合价值第一名。

2011年，保利集团资产规模实现了稳健较快增长。截至2011年末，公司总资产达1 950.15亿元，较年初增加427亿元，增幅达28.02%。各区域子公司规模实力逐步增强，广州、上海、北京、成都、佛山、天津、浙江、江苏、重庆和武汉10个区域子公司的总资产规模均超过100亿元，较上年增加5个区域。2011年，保利集团经济效益保持快速增长，盈利能力进一步提升。集团全年实现营业收入470.36亿元，同比增长31.04%；实现利润总额100.74亿元，同比增长36.05%，首次突破100亿元；实现归属于母公司所有者的净利润65.31亿元，同比增长32.74%，为股东创造了较好的回报。2011年保利集团毛利率、净资产收益率等盈利能力指标均保持较高水平，且相比上年有较大幅度的提升，其中毛利率为37.20%，同比提高3.08个百分点；净资产收益率（加权平均）为20.20%，同比提高2.18个百分点。

保利中山港口保利城市综合体项目隆重奠基 2011年3月26日，保利中山港口镇项目正式奠基。中山市港口镇党委书记吴翘楚、镇长陈有兴、广东保利房地产开发有限公司董事长余英、总经理何思蓉、港口镇企业代表、施工方代表齐聚中山港口地块，共同见证这一重要时刻。港口镇镇长陈有兴在奠基典礼上发言，他表示，保利港口项目是中山城北第一个大型城市综合体项目，港口镇政府对保利项目给予厚望，希望该项目树立典范，建成全市形象工程。

保利中山港口项目位于港口镇中心区域，政府斥千万元建造的面积17公顷的湿地公园环绕项目四周，具备优良的生态景观资源。地处未来“城北新城”的核心区域，保利港口项目占据交通要道，紧邻中江高速、港口大道，距离广珠轻轨中山北站1公里不足，距离石岐区大信商圈仅5分钟车程。据了解，未来中山北站将开通一个24米的地下隧道，接驳港口木河迳西路，与港口的交通干道——港口大道和兴港路相连。届时，中山北站将成为中山境内交通最为便捷的轻轨站点。

港口镇项目包含酒店、购物、休闲、娱乐、居住等多元化业态，保利将以城市中心开发模式，打造中山城市之星。保利港口项目与位于火炬开发区的保利中山林语占据中山两大轻轨经济圈，必将在带来源源不断的增值效应与生活便利。

在本次奠基典礼上，保利地产领导郑重表态：港口镇发展前景良好，保利将以“和谐生活、自然舒适”的品牌宗旨和“推动城市发展”的企业公民姿态建成、建好各项配套，提升区域品质感，助力港口经济腾飞。参加奠基典礼的业内人士也表示，保利地产的进驻将加速港口镇的居住成熟度，高品质的生活配套势必提升整个区域的居住价值。

保利地产与洲际酒店集团战略合作协议签订 2011年5月26日上午，保利地产与洲际酒店集团战略合作协议、保利银滩全球发布会暨皇冠酒店管理合同签约仪式在佛山保利洲际酒店隆重举行。阳江市政府常务副市长陈华康先生，阳江市旅游局副局长张开，洲际酒店集团大中华区首席执行官柏思远，洲际酒店集团大中华区总裁黄德利，中国保利集团公司党委常委、保利房地产集团股份有限公司党委书记董事长宋广菊，中国保利集团公司总经理助理、保利房地产集团股份有限公司董事总经理朱铭新等参与并见证保利地产与洲际酒店集团全面战略合作的重要时刻。同时，保利银滩项目全球发布，皇冠假日酒店成为首家进驻的五星级酒店。

银滩项目占据岛上最优质200公顷土地资源，项目总投资约60亿元，规划包括：4家国际五星级酒店，大型体育生态公园、海景公寓、低密度住宅等多种业态，产品形态齐聚澳式、泰式、热带雨林、迈阿密等世界各地风格，真正实现一海岸一世界。

此次签署战略合作协议，开启了保利旅游地产开发新纪元，保利与洲际进入休闲度假酒店合作开发新领域。

合肥保利香槟国际开工盛典隆重举行

2011年8月11日，保利地产合肥首个项目——保利·香槟国际开工盛典隆重举行，中国保利集团党委常委、保利地产董事长宋广菊，保利地产副总经理、合肥公司董事长胡在新，中共合肥市委常委、副市长刘烈东，合肥市人大、政协以及国土局、房产局等相关领导出席。

保利·香槟国际项目规划用地面积共约18.19万平米，建筑面积约72万平方米，总投资约40亿，将建成配套有小学、幼儿园、体育俱乐部及商业设施的高品质住宅小区，是政务新区稀缺的大型纯住宅项目。

保利地产副总经理、合肥公司董事长胡在新代表保利地产表示保利地产非常认可合肥市迅猛的发展势头以及优越的政务环境，并表示除住宅地产外，保利地产还将在旅游地产、商业地产、贸易展览等领域寻找更广泛的合作机会，进一步扎根合肥，扎根安徽。保利香槟国际项目培土奠基，标志着合肥保利香槟国际项目正式开工建设。

【金发科技股份有限公司】 金发科技股份有限公司成立于1993年，是一家主营高性能改性塑料研发、生产和销售的高科技上市公司。公司注册资本26.344亿元，现拥有上海金发科技发展有限公司、天津金发新材料有限公司、江苏金发新材料有限公司、绵阳长鑫新材料发展有限公司、绵阳东方特种工程塑料有限公司等五家子公司。是中国最大的改性塑料生产企业，也是全球改性塑料品种最为齐全的企业之一。

2011年，金发科技全年共销售各类塑料产品（含贸易品）78.45万吨，比上年同期增长4.07%；实现营业收入115.47亿元，比上年同期增长12.74%；实现营业利润9.80亿元，比上年同期增长84.54%；归属于上市公司股东的净利润9.55亿元，比上年同期增长65.18%；基本每股收益为0.68元，扣除非经常性损益后的加权平均净资产收益率为17.10%，达到了公司第二期股票期权激励计划对2011年度的业绩条件的要求。2011年度，公司经营活动产生的现金流量净额为4.73亿元。截止报告期末，公司资产总额为101.63亿元，负债总额为54.27亿元，归属于母公司所有者权益总计44.97亿元，资产负债率（母公司数据）为51.56%。（注：2011年，公司因实施第二期股票期权激励计划摊销的股票期权成本为26 417.2万元。剔除股票期权成本的影响，公司2011年实现利润为1 179 741 597.08元，比上年增长104%；基本每股收益为0.84元/股，比上年增长104.88%。）

金发科技与广州威凯签署框架性合作协议 2011年4月，广州威凯检测技术研究院相关负责人到访金发科技，双方展开了亲密友好的交谈，并签署了汽车材料研发检测等领域的框架性合作协议。双方领导均看好高速成长的中国汽车市场，期待能在汽车、电器等材料的研发检测等领域展开长期互惠合作，实现资源共享和优势互补。双方技术人员还就实验室检测标样、能力验证样品、标准物质制备等方面进行了深入的交流和探讨。框架性合作协议的签署表明金发科技将在做好内部检测研发工作的基础上，抓住对外业务开展的契机，与资深专业的检测机构进行深度合作，持续提升检测技术与管理能力，使金发科技整体检测实验水平与公司的高速发展相匹配，为未来的发展开辟更广阔的天地。

金发科技完全生物降解塑料聚酯（PBSA）生产线建成投产 金发科技控股公司珠海万通化工有限公司投资建设的完全生物降解塑料聚酯（PBSA）工业化合成装置，于2011年5月10日建成并调试完毕，于5月12日投料试车。该生产线正常投产后预计将使公司新增年产3万吨完全生物降解塑料的产能，产品广泛应用于包装膜（购物袋、垃圾袋等）、纸的镀膜、医疗用品、泡沫材料、农用地膜等领域。

金发科技天津基地一期工程建成投产 2011年11月19日，天津金发新材料有限公司（以下简称天津金发）开机仪式隆重举行，天津金发一期工程生产基地正式建成投产，并生产出合格产品。天津空港经济区规划建设局局长杨爱华、物流发展局局长戴凤山，金发科技总经理李南京、副总经理聂德林、制造总监李东等领导及嘉宾、社会各界同仁、金发科技员工300多人共同见证了天津金发开机投产这一喜庆时刻。

天津金发是经公司第三届董事会2009年第一次临时会议同意投资设立的全资子公司，一期工程建设规模为新增高性能改性塑料20万吨/年，由公司以自有资金出资建设，天津金发一期工程生产基地的建成投产为金发科技18周岁生日献上一份厚礼，对于优化公司生产基地布局、缓解公司产能瓶颈、增强公司对北方市场的竞争力、完善对下游客户的市场服务、提升公司经济效益具有积极意义。

金发科技与西南科技大学签订校企合作框架协议 2011年11月26日，金发科技与西南科技大学校企合作框架协议签字仪式在金发科技102会议室举行，西南科技大学副校长罗学刚、研究生部部长刘知贵、外国语学院院长陈清贵、研究生部副部长戴亚堂，金发科技技术总经理蔡彤旻、挤出材料事业部总经理李建中、技术发展中心主任曾祥斌等出席。

为促进双方的共同发展，经友好协商，双方将遵循优势互补、利益共享、风险共担、资源共享的原则，在学科建设、技术研究平台、技术研发项目、成果推广应用、人才培养等方面采取多种方式，展开广泛深入的合作，建立起战略合作伙伴关系。

【广东生益科技股份有限公司】 广东生益科技股份有限公司创建于1985年，注册资本9.57亿元，坐落在东莞市松山湖科技产业园区北部工业园和万江经济开发区，占地面积32公顷。是一家由香港伟华电子有限公司、东莞市电子工业总公司、广东省外贸开发公司等几大股东投资建立的中外合资股份制上市企业。公司主要产品有阻燃型环氧玻纤布覆铜板、复合基材环氧覆铜板及多层板用系列半固化片。产品主要供制作单、双面及多层线路板，广泛用于手机、汽车、通讯设备、计算机以及各种高档电子产品中。

广东生益软性光电材料产研中心建成投产 2011年8月4日，广东生益软性材料部在松山湖厂区举行了软性光电材料产研中心和软性材料制造部生产二部简单而隆重的揭牌仪式。广东生益李锦董事长和刘述峰总经理分别致辞，他们在讲话中对软性材料部前期的工作给予了充分肯定并对今后的发展寄予厚望。软性材料部各主管人员及员工代表在伍宏奎经理的带领下进行了庄重的团队宣誓仪式。大家表示，将大力投入精力，将自身价值实现在软性材料的发展壮大之中，打造生益软性材料品牌，创造更高的价值。宣誓仪式后，李锦董事长和刘述峰总经理共同为软性光电材料产研中心揭牌，广东生益营运总监陈仁喜和总经理助理周嘉林一起为软性材料制造部生产二部揭牌，软性光电材料产研中心宣告正式建成投产。

广东生益与中兴化成签订业务合作协议 2011年10月20日，广东生益与中兴化成工业株式会社在广东生益松山湖厂区总办大楼举行了隆重的签字仪式，广东生益董事长李锦、总经理刘述峰、营运总监陈仁喜、物流部经理翟虹、销售部副经理林侠、物流部副经理李志扬、法务部经理唐芙云以及中兴化成社长庄野直之、销售部部长松元健、双日顾问崛越利久、电子材料部部长新田泰清等人出席了该签字仪式。

广东生益获得国家认定企业技术中心资格 2011年11月16日，国家发改委于深圳会展中心为获得第十八批国家认定企业技术中心的企业举行了授牌仪式，本次全国共有83家企业获得国家认定企业技术中心的荣誉。通过国家认定企业技术中心的企业可享受承担技术中心创新能力项目、科技专项，科技开发用品免征进口税，以及其他部门根据技术中心资格给予制定的各项优惠政策。广东生益获得国家认定企业技术中心资格，成为目前东莞市唯一一家通过国家认定技术中心的企业，此认定打破了东莞市国家级中心零的记录，也迎来了广东生益技术中心工作的新篇章。

【中远航运股份有限公司】 中远航运股份有限公司成立于1999年12月8日，2002年4月18日在上海证券交易所挂牌上市，成为中远集团（COSCO）航运主业在国内资本市场的第一家上市公司，公司按照既定目标，努力打造一支竞争力船队、拥有一批价值客户群和培育一支高素质的员工队伍。目前，中远航运是中国乃至世界最大的以特种专业船为主的多用途船运输公司之一，入选“上证公司治理板块”首批样本股。

2011年，中远航运共退役11艘老旧船舶，新接船舶12艘。截至2011年末，中远航运自有船舶62艘，135.5万载重吨，同比增加1艘18.7万载重吨，单船载重吨同比增加14%，自有船队平均船龄13.9年，同比下降4.7年，船队结构整体状况得到明显改善。2011年，中远航运实现营业收入人民币51.63亿元，同比增长17.16%；实现营业利润人民币8 742.98万元，同比下降75.73%；实现归属于母公司的净利润人民币1.52亿元，同比下降55.32%。

中远航运与奇瑞股份公司签署战略合作协议 2011年4月8日，中远航运与奇瑞汽车股份有限公司签署战略合作协议，中远航运首席执行官韩国敏、奇瑞汽车股份有限公司总经理尹同跃分别代表双方签署了战略合作协议，中远航运首席运营官郭京、中远日邮公司副总经理刘云武和奇瑞国际公司总经理周必仁、副总经理冯平等出席了签字仪式。

在签字仪式之前，中远航运CEO韩国敏向奇瑞汽车尹同跃总经理介绍了中远集团各细分船队以及中远航运汽车船、半潜船、重吊船特种船队的发展情况和中远航运防抗索马里海盗的各项举措，奇瑞汽车尹同跃总经理向韩国敏CEO介绍了奇瑞汽车出口从无到有、一步一脚印的发展历程，对中远航运与奇瑞公司的合作给予了高度的评价，并表示对双方的合作前景充满期望。

中远航运和不莱梅港BLG码头公司签署战略合作协议 2011年5月20日，中远航运副总经理杜俊明带队，在中远不莱梅公司的陪同下，参观了不莱梅港的BLG码头物流公司，并与其签署了战略合作协议。本次协议签署后，中远航运将尝试不断加大不莱梅港的挂靠力度，将其建设成为欧洲班轮航线的主要基本港之一。本次战略合作协议的签署，也是中远航运加大西北欧市场开发力度，规避北非局势动荡对中远航运欧洲线影响的重要战略举措之一。

BLG码头公司是BLG物流集团下属核心企业，不莱梅港务局持有其50%股份。同时BLG物流集团作为一个政府全资拥有的港口运营商成立于1877年。在上世纪六十年代，BLG还是欧洲第一个承运集装箱的物流公司，不来梅港目前是欧洲吞吐量最大的滚装船码头，同时还是欧洲第四大集装箱港口，也是欧洲最主要的杂货港口，BLG现已成为欧洲最重要的物流企业之一。BLG集团总部位于德国的不来梅市，旗下业务涵盖从事整车物流，汽车零配件物流，集装箱运输，港口运营等多项服务。

【TCL集团股份有限公司】 TCL集团股份有限公司创立于1981年，是中国最大的、全球性规模经营的消费类电子企业集团之一，旗下拥有三家上市公司：TCL集团（SZ.000100）、TCL多媒体科技（HK.1070）、TCL通讯科技（HK.2618）。目前，TCL已形成多媒体、通讯、家电和泰科立部品四大产业集团，以及房地产与投资业务群，物流与服务业务群。

经历了三十年的不断摸索与发展，TCL迄今发展成为中国最大的、全球性规模经营的消费类电子企业集团之一。2011年TCL品牌价值达501.18亿元人民币，继续蝉联中国彩电业第一品牌。

2011年，TCL集团实现营业总收入608.34亿元，同比增长17.28%，其中销售收入594.48亿元，同比增长18.30%，在四大产业中，多媒体电子产业实现销售收入272.52亿元，占45.84%，移动通讯产业实现销售收入88.13亿元，占14.83%，家电产业实现销售收入65.03亿元，占10.94%，华星光电在2011年10月开始进入量产，实现销售收入1.31亿元，占0.22%。此外，六大业务群中的翰林汇实现销售收入122.93亿元，占20.68%；按区域划分，国内实现销售收入371.29亿元，占62.46%，海外实现销售收入223.19亿元，占37.54%。

TCL新疆产业园签约 2011年4月1日，TCL集团加速产业升级步伐，与新疆乌鲁木齐经济技术开发区合作的新疆产业园项目正式签约，这标志着TCL成为新疆乃至中亚地区第一家平板电视生产企业。TCL集团董事长李东生出席了签约仪式。同时，新疆TCL能源有限公司也于当日举行揭牌仪式。

该项目规划3条19—47寸的LCD/LED整机生产线，全部建成后预计年产能可达105万台，产品销售将覆盖新疆及中亚五国等周边市场。而乌鲁木齐工业园也将与惠州总部工厂、成都工厂、无锡工厂一道，形成TCL集团分布中国华南、华西、华东、西北四大主要区域的液晶产业链布局，整体提升其在液晶电视制造领域的优势并加快产业升级步伐。

TCL集团董事长李东生表示，TCL希望通过乌鲁木齐产业园项目，对完善新疆及西北地区光电产业链布局，拉动地方经济的增长，辐射周边的经济发展，起到积极的推动作用。未来，TCL将把新疆作为集团发展的重点区域之一，提供资金、技术与人才的全方位支持，扎根新疆建设发展。

组建国家数字家庭工程技术研究中心 2011年5月9日，由TCL集团、中山大学联合组建的广东省加快电子信息产业发展的重大项目——国家数字家庭工程技术研究中心正式启动。该中心通过科技部批复立项，从100多家申报项目中脱颖而出，成为2010年唯一获准组建的国家级工程中心，它的启动对推动数字家庭产业发展、攻克行业共性关键技术、打破国际垄断、提升产业核心竞争力以及推动“三网融合”具有深远影响。科技部、广东省及惠州市相关领导出席了仪式。

国家数字家庭工程技术研究中心由科学技术部“国科发计【2011】5号”文件批复立项，并依托TCL集团股份有限公司及中心大学联合组建。研究中心通过专家论证，从100多家申报的中心组建项目中脱颖而出，与其他28家工程技术研究中心列入2010年国家工程技术研究中心组建项目计划，且是2010年广东省唯一一家获批组建的国家级工程中心。

国家数字家庭工程技术研究中心的启动，标志着广东省数字家庭产业立足自主创新，建立核心竞争力，主动开展产业升级迈出了重要的一步，对广东省以数字家庭产业为支撑，以重大工程带动技术突破，打造国家数字家庭应用示范产业基地和产业集群具有标志性的意义．惠州市委副书记陈仕其表示，国家数字家庭工程技术研究中心是惠州市首个国家级工程中心，惠州市将加强组织领导，为建设国家数字家庭工程技术研究中心提供有力的保障，同时依托TCL集团的技术力量，特别是科研成果的生产力转化，使惠州走出一条信息化与工业化融合的发展之路。

TCL赴意签署经贸合作大单 2011年6月15日，惠州一意大利经贸合作交流会在意大利首都罗马召开，TCL集团作为中国企业代表参与了此次两国经贸合作交流会。会上，TCL与意大利多媒体、通讯、家电3大领域共9家客户举行了经贸合作签约仪式，共签署近3亿欧元的经贸项目。此次签约是TCL集团2004年正式进军欧洲市场以来，在意大利市场所获得的最大一笔大单。

广东省委书记汪洋、中国驻意大利大使丁伟、广东省委秘书长徐少华、广东省副省长招玉芳、惠州市委书记黄业斌、佛山市委书记陈云贤等领导及意大利企业家代表出席了经贸合作交流会。作为中国企业国际化先锋，TCL集团是唯一一家与会的中国企业代表。省市领导与意大利企业家们见面，并出席了TCL与意大利商务合作签约仪式。此次经贸交流对于促进中意两国的经济技术合作，提升中国制造在意大利的影响有着重要意义。

华星光电高世代液晶面板项目正式投产 2011年8月8日，深圳市建市以来单笔投资额最大的工业项目——深圳华星光电8.5代液晶面板项目首期设备正式投产启动。华星光电项目的建成投产标志着我国完全自主创新建设的最高世代TFT-LCD生产线正式转向全面生产经营阶段。广东省副省长陈云贤、深圳市委书记王荣、深圳市市长许勤以及国家发改委、国家工信部有关领导等出席了投产启动仪式。

TCL集团、华星光电董事长李东生表示，华星光电8.5代液晶面板项目是依靠自主创新、独立建设的国内最高世代液晶面板生产线项目，它的投产将改善我国液晶彩电产业核心部件对外依赖的现状，促进中国液晶彩电产业链的形成和健康可持续发展；将带动玻璃基板、彩色滤光片、偏光片、光阻材料、液晶化学材料、LED光源等显示产业链的上下游关联行业发展，对提升我国平板显示产业的国际竞争力具有重要的意义。项目启动首期设备投产，标志着华星光电从项目建设阶段逐步转向生产经营阶段。

【广东科达机电股份有限公司】 广东科达机电股份有限公司创建于1992年，于2002年在上海证券交易所挂牌上市，是一家以生产制造陶瓷、石材、墙体材料、节能环保能源等大型机械装备及高端装备零部件高压柱塞泵为主的高科技上市公司，当前综合实力位居陶瓷机械行业世界第一地位。

2011年，科达机电共实现营业收入24.93亿元，同比增长20.72%；实现营业利润4.39亿元，同比增长102.63%；实现净利润35 613万元，同比增长47.77%。

科达机电两创新项目验收会顺利召开 2011年7月1日，顺德区经济促进局联合区财税局在科达机电办公楼一楼多功能会议室组织召开了由科达机电承担的“MODULO6800全自动液压压砖机”和“大规格超薄建筑陶瓷砖产业化装备与工艺”两项目验收会。会议由区经促局副科长李敏莉主持，科达机电副总经理许建清、国家认定企业技术中心主任周鹏、成型事业部总经理秦杰、热工事业部副总经理李振中、深加工事业部副总经理隋旭东、行政总监张峰等公司领导出席了会议。本次验收会邀请了华南理工大学教授陈帆、景德镇陶瓷学院教授张柏清、华南理工大学教授邵明等国内机械行业的权威专家组成验收专家委员会。

政府领导及验收专家组一行在科达机电领导的陪同下还参观了绿馆，详细了解了科达机电“一大三小”工程及其在节能减排、利废环保等领域所产生的积极影响和深远意义，对科达机电在建材装备行业取得的成绩予以了肯定。在随后的验收会上，专家组成员听取了项目负责人所作的工作汇报，并就有关问题进行了质询后，对科达机电的研发能力和创新能力表示了认同，一致同意通过两项项目的验收。

科达人造石技术改造项目顺利通过验收 2011年12月20日，由广东省经信委、顺德区经促局、财政局联合多位行业专家在科达机电召开了“2009年广东省省级财政挖潜改造资金装备制造业技术改造招标项目——人造石整线制造装备技术改造项目”竣工验收会，科达机电顺利通过了项目验收并获得高度评价。

验收专家委员会听取了项目工程总监艾工的项目实施情况汇报后，并考察了生产现场，经过专家组严格质询讨论，一致认为科达机电所承担的“人造石整线制造装备技术改造项目”项目实施完成后能为石材技术的研发创新提供了完善的工艺试验条件和场地，对提升国内建材装备行业的整体水平起到积极的作用。

“人造石整线制造装备技术改造项目”实施后，将大大提高人造石材生产厂家的产品品质水平、降低能耗及生产成本，满足生产厂家大规模生产“节能、环保”人造石荒料和人造石英板的迫切需求，从而推动石材产业的健康发展，确保我国在人造石材设备技术的领先优势，全面提升了我国石材设备生产行业的技术水平，对节约能源，保护环境起到了积极的促进作用，为贯彻节能环保国策起到了示范作用。

【珠海华发实业股份有限公司】 珠海华发实业股份有限公司（以下简称华发股份）成立于1992年8月，其前身始创于1980年，1994年取得国家一级房地产开发资质，2004年成为房地产上市公司。一直以来，华发股份始终坚持诚信经营的方针，取得了良好的效益和飞速的发展，综合实力不断增强，品牌形象不断提升，2004年被评为“中国房地产上市公司20强”名列第五。

2011年，华发集团实现营业收入59.93亿元，比上年增长2%；实现利润总额11.19亿元，比上年增长10.61%；实现归属于母公司所有者的净利润7.70亿元，比上年增长2.43%；基本每股收益0.94元。截止2011年12月31日，公司总资产225.40亿元，比去年同期增长10.89%；归属于母公司所有者权益62.38亿元，比去年同期增长8.26%。

华发·水郡省级湿地公园首期工程落成 2011年9月24日，珠海第一个省级湿地公园——华发·水郡省级湿地公园第一期工程示范段正式竣工，同时建成的湿地资料馆成为珠海市第一个室内湿地科普基地，也是珠三角第一个湿地物种基因库“华发·水郡湿地物种基因库”的展示馆。该项工程是南中国首个加入世界自然基金会（WWF）的房地产环保联盟成员世荣房产投资建设。

华发·水郡省级湿地公园总面积达66.7公顷，总投资8 000万元，由以保护环境与善用资源闻名于业界、同时也是香港湿地公园的规划设计机构易道公司（EDAW）担纲规划设计。华发·水郡省级湿地公园的建设充分尊重原生湿地特点，以高标准、高品位积极推进各项工程。而首期工程示范段只是整个湿地公园的雏形，全部工程完工后将成为融知识性与趣味性于一体、重视环境保护的湿地公园的典范。

华发集团与国开行签署金融合作协议 2011年12月29日，在珠海市政府与国家开发银行开发性金融合作备忘录签署仪式上，华发集团与国家开发银行签署了开发性金融合作协议，未来五年华发集团将获得总额160亿元的贷款资金。其中103.7亿元将用于十字门中央商务区开发建设，其余资金将用于广珠城轨地下换乘中心、情侣路改造项目等一批由华发集团承建的珠海城市建设重点项目。

仪式现场，国开行向十字门控股公司授予了首期金额为28.7亿元的贷款通知书，专项用于十字门中央商务区横琴片区市政基础设施建设。华发集团表示，将充分利用国开行给予的金融支持，采取切实有效的措施，加速推进以十字门中央商务区为代表的多个重点项目建设，为加快落实横琴开发国家战略，促进珠海早日实现珠海核心城市定位作出贡献。

【中炬高新技术实业（集团）股份有限公司】 中炬高新技术实业（集团）股份有限公司成立于1993年，并于1995年率先在全国53个国家级高新区中上市，成为中山市首家上市公司，其发展受到了各级政府和社会各界的广泛关注。公司以国家级高新区为依托、致力于资产经营和资本运营，投资范围涉及国家级高新区开发与招商、房地产业、健康食品业、汽车配件业、航运服务业等领域。截至2011年底，中炬高新总资产32.31亿元，公司总股本7.97亿元，营业总收入达17.35亿元。

中铁项目在京成功签约 2011年3月2日，中山市在北京召开与央企战略合作座谈会暨项目签约仪式，共与20家央企签订24个重点项目，合同与协议额近1 700亿元。开发区签约额占近3成，超500亿元，其中，由中炬高新引进的中国中铁项目签约额为30亿元。主要生产五个项目：大型桥梁钢结构、船舶和港航建设基地、工程船舶等海洋工程装备、建筑施工重型装备、铁道装备项目。市委常委、开发区党委书记冯梳胜在会上与中国中铁签订了合作协议书，中炬高新副总经理彭海泓、招商物业部有关人员共赴北京，出席了签约仪式。

两基金项目成功签约 2011年3月28日，中炬高新举行招商经贸洽谈会。会上，中炬高新新落户的2个基金项目成功签约，一个是投资20亿元的中科中山股权投资基金，一个是投资10亿元的中山中科战略性新兴产业投资基金。基金在项目投资的同时，管理人中科招商基金管理公司也在积极帮助所投企业解决上市障碍，提供各项增值服务，推动已投项目加快上市进程。基金落户于火炬开发区，将重点投资中山市尤其火炬开发区的优质企业，并为其提供上市增值服务，进一步加速中山企业改制上市进程，对完善地方金融服务体系、促进金融资本与产业资本融合发展、增加地方政府税收产生积极影响，为火炬开发区“十二五”规划的尽快实现锦上添花。

【广东美的电器股份有限公司】　美的集团创业于1968年，是一家以家电制造业为主的大型综合性企业集团，旗下拥有美的电器、小天鹅、威灵控股等三家上市公司。

2011年，面对整个行业增速的下滑与内外部环境的深刻变化，美的集团适时调整经营战略，推动战略转型，保持了公司经营的平稳运行，2011年，公司实现营业收入931.08亿元，同比增长24.88%，实现归属于母公司股东的净利润36.99亿元，同比增长18.28%，其中空调及零部件实现收入637.91亿元，同步增长32.18%，冰箱及零部件实现收入114.06亿元，同比增长14.75%，洗衣机及零部件实现收入97.60亿元，同比增长0.31%。主要因公司产品结构升级、加强成本管控及原料成本整体回落原因，2011年公司整体业务毛利率同比上涨2.09个百分点。2011年，在中国500强企业排名中，美的位列70名，“美的”品牌价值539.8亿元，位居“中国最有价值品牌”第六位。

美的宝钢深化战略合作，构建互信共赢体系　2011年5月20日，适逢美的集团与宝钢集团确立战略合作关系两周年之际，美的集团董事长何享健与宝钢集团总经理何文波及双方相关领导在美的总部大楼共同见证了“宝钢—美的家电用钢手册”签订发布、“美的—宝钢硅钢联合实验室”揭牌、“宝钢—美的大客户经理”授牌三项仪式。双方的合作从常规商务合作进一步提升到产品研发设计、用材选材优化、材料应用技术研究、新材料新技术应用、环保技术等深层次领域。

在三项仪式举行前，宝钢集团总经理何文波与美的集团董事长何享健、机电集团CEO蔡其武及相关领导，就双方关心的话题进行了亲切、友好、深入的交流。双方高层致力于提升战略合作伙伴的合作深度与层次，就商务合作、产品研发、环保技术应用和企业经营管理等诸多共同关注的问题交换了意见，同时也就宝钢湛江项目启动对华南地区资源供给、物流优化以及宝钢针对家电、汽车的价格政策体系的制定等问题进行了探讨。

此次合作项目及高层会晤为往后双方业务的进一步合作清晰了思路和方向，将进一步深化美的集团与宝钢集团的战略合作伙伴关系。美的与上游龙头企业宝钢集团的战略合作不断深化，将有助于进一步提升美的集团产业链竞争力。

转让部分股权，强化公司治理和管控

2011年10月18日，美的电器发布了控股股东美的集团部分股权转让的提示性公告。美的集团的控股股东美的投资控股有限公司拟将其所持有的美的集团15.30%的股权转让予融睿投资与鼎晖投资两家投资人。股权转让完成后，美的控股将继续持有美的集团68.70%的股权，仍属美的集团控股股东。

美的集团表示，通过部分股权转让，美的集团形成创始人股东、投资人等多方股东共同持股的多元化的股权结构，有助于进一步推动公司治理的完善、管控模式的转型。同时，此举也有利于推动美的集团形成与多元化股权结构相适应的良性股权文化，构建基于市场化、制度化、科学化相结合的公司决策与管理制度，建立更加符合现代企业治理要求的运作体系与可持续的运行机制。

美的集团董事副总裁兼新闻发言人黄晓明表示，美的集团在提升整体治理水平的同时，将以更高的视野与更长远的眼光，推动公司经营战略转型与国际化进程，强化整个美的集团的核心竞争力与提升长期战略价值。

【广东风华高新科技股份有限公司】

广东风华高新科技股份有限公司（以下简称“风华高科”）于1996年在深圳证券交易所挂牌上市，是一家专业从事新型元器件、电子材料、电子专用设备等电子信息基础产品的高科技上市公司。公司自1985年进入电子元器件行业以来，实现了跨越式的发展，现已成为国内最大的新型元器件及电子信息基础产品科研、生产和出口基地，拥有自主知识产权及核心技术的国际知名新型电子元器件行业大公司。

风华高科具有完整与成熟的产品链，具备为通讯类，消费类，计算机类，汽车电子等电子整机整合配套供货的大规模生产能力。公司致力成为国际一流的电子信息基础产品整合配套供应商，为客户提供一次购齐的信息基础产品超级市场服务和协同设计增值服务。

2011年，风华高科主营产品电子元器件产、销量分别同比下降14.81%、14.78%，其中MLCC、片式电阻器销量分别同比下降19.64%、12.80%，片式电感器销量同比上升4.21%；公司实现营业收入为20.82亿元，同比下降5.12%；实现利润总额为1.91亿元，同比下降25.36%，归属于母公司股东的净利润为1.65亿元，同比下降29.05%。2011年末，风华高科总资产为33.10亿元，归属于母公司所有者权益为22.55亿元。

2011年，风华高科成为全国同行业中唯一一家荣获“全国质量工作先进单位”称号的企业，并荣获全国电子信息行业“最具影响力企业”、国家火炬计划重点高新技术企业、广东省十大创新企业、广东省首批50家战略新兴产业骨干企业等荣誉；风华高科新增国家级检测中心、广东省高端新型电子信息材料企业重点实验室等国家及省级重点实验室投入使用；全年申请专利34项，获得授权33项。

风华高科投资高端通信设备领域

风华高科于2011年7月29日披露，拟以现金出资1 650万元，与深圳国人射频通信有限公司共同设立深圳市国华新材料科技股份有限公司，主要生产陶瓷介质滤波器，为4G基站系统核心器件。

滤波器为移动通信设备中选择特定频率的射频信号的器件，是移动通信基站系统以及其他无线通信系统核心部件之一，用于滤除接收或发射通道的干扰和杂波。目前滤波器市场上主要以空腔腔体滤波器为主，无法满足第四代移动通讯数据传输要求。陶瓷介质滤波器与传统空腔腔体滤波器相比，产品性能上损耗更小、温度特性更优，且具有体积小、重量轻、整机功耗小、数据传输速率高的特点，是目前解决LTE网络建设频谱资源瓶颈问题的最优选择，将逐渐代替传统的腔体滤波器。

风华高科两研发项目又通过成果鉴定

2011年11月10日，肇庆市科技局主持召开了风华高科自主研发的“节能宽温低损耗MnZn软磁铁氧体材料PG312的研发及产业化”（微硕公司承担）以及“高耐磨汽车传感器厚膜电阻板技术开发”（端华公司承担）两个项目的成果鉴定会。经项目鉴定委员会专家的考评、审查，两个项目一致通过市级科技成果鉴定。

节能宽温低损耗MnZn软磁铁氧体材料PG312的研发及产业化项目，各项技术性能达到国内外同类研究、同类技术领先水平，其中材料低温损耗性能指标处于国际领先水平，可取代进口磁材。高耐磨汽车传感器厚膜电阻板技术开发项目，其产品具有耐磨性能高、高精度、电压输出线性度好、设计弹性佳、成本低廉、抗硫化能力强等优点特性，是公司介入汽车电子标志性产品之一。两个项目产品成功通过鉴定，在大大提升公司技术综合实力的同时，也将成为风华高科新的经济增长点，将可创造出更大的经济效益。

【珠海格力电器股份有限公司】

成立于1991年的珠海格力电器股份有限公司是目前全球最大的集研发、生产、销售、服务于一体的国有控股专业化空调企业，2011年实现营业总收入835.17亿元，同比增37.35%；净利润52.37亿元，同比增22.48%；纳税超过53亿元，连续9年上榜美国《财富》杂志“中国上市公司100强”。格力电器一直保持快速、健康的良好发展态势，行业龙头地位稳如磐石。

国内首台自主研发集装箱空调问世

在2011年4月7日举行的中国制冷展上，格力电器展出了我国首台自主研发的专门用于集装箱冷藏运输的冷藏集装箱制冷机组。这一产品填补了国内空白，在冷藏集装箱领域中首次拥有了民族自主品牌。

格力冷藏集装箱制冷机组采用高精度控制，选用高精度的传感器，将温度感应精确到0.1℃，并保证箱内湿度控制精度在±3%以内。系统元器件均选用知名厂家产品，整机采用高耐腐蚀材料，并对各关键元器件进行多重防护处理，具有高耐腐性能。整机通过跌落、颠振、堆码等试验检测，能保证在各种恶劣的运输条件下正常工作。机组工作温度范围为-30℃至+60℃，能适应全球各种不同的气候条件。过硬的质量保证了格力冷藏集装箱制冷集装的高可靠性，得到了国内外客户的一致好评。

格力电器在美国成立分公司 2011年6月18日，中国格力电器股份有限公司美国分公司“格力美国”18日在美国南加州工业市举行成立仪式。格力电器副董事长兼总裁董明珠、美国国会华裔女众议员赵美心、中国驻洛杉矶总领馆商务参赞舒骆玫、加州众议员伍国庆、工业市市长皮雷等出席了格力电器美国分公司成立仪式。这标志着格力电器在进军美国市场和全球扩展方面迈出重要一步，成立“格力美国”是格力电器全球化战略重要组成部分，将对其全球品牌建设、业务拓展和产品国际化起到重要促进作用。同时，也为格力与国际知名企业之间的商务合作提供更多机遇，对扩大格力在国际市场上的品牌影响力和市场份额起到推动作用。

格力电器先进标准体系项目高分通过验收 2011年10月27日，广东省质监局组织专家对格力电器广东省先进标准建设试点工作进行了验收，经过充分讨论和逐项评分，格力电器最终以97分的高分通过了考核验收，成为广东首个通过验收的试点单位。

专家组认为，格力电器在试点期间主导或参与制修订了国家标准和行业标准28项、企业标准23项，收录国内外先进标准360余项，采用国际标准国外先进标准9项，1项标准获得“广东省标准创新贡献奖”，478项专利技术转化为企业标准，专利标准转化率达56%。试点期间，格力电器实现了快速发展，2011年上半年实现销售收入402.39亿元，同比增长60.03%。

格力全球首发全能型高效中央空调技术 2011年12月19日，由格力电器自主研发的“高效直流变频离心机组”经过了包括5位院士在内的专家组成果鉴定，该技术应用于中央空调领域所制造的高效中央空调的节能效率达到了国际领先水平。

冷水机组长期以来一直是全球大型公共建筑空调系统的主力机型，在很大程度上决定了空调系统的节能性。但以往的中央空调机组都无法实现全负荷运转和部分负荷运转时均实现高效节能，即在全负荷运转时节能效果强的中央空调往往在部分运转时更耗能。此次格力则有效攻克了这一技术难关，其研发的高效直流变频离心机组节能性可高达40%，在两种运行状态中均能超越国家一级能效标准10%以上。

【湛江国联水产开发股份有限公司】

湛江国联水产开发股份有限公司成立于2001年，通过构筑种苗、饲料、养殖、加工及销售纵向一体化产业链，采取规模化经营策略，凭借领先的食品安全管理能力、高效的供应效率及业内领先的产品研发与技术创新优势，业已成为全球知名的水产品供应商。

2011年，湛江国联水产实现销售收入为13.16亿元，同比上年增长7.61%；实现营业利润790万，同比上年下降89.90%；实现净利润1 172万，同比上年下降85.12%。

国联水产海水活鱼直通香港首发仪式

隆重举行 2011年8月30日，湛江国联水产海水活鱼直通香港首发仪式在公司总部隆重举行。广东出入境检验检疫局副局长黄伟明、动植处处长陈永红，湛江市副市长陈岸明，湛江出入境检验检疫局局长吴春景，湛江海关副关长米德民，湛江经济技术开发区管委会书记陈昊，湛江市政府副秘书长刘兵，湛江市外经贸局局长王小穗，湛江市农业局长陈康华、湛江市海洋与渔业局局长罗辉，国联水产高管李忠、陈汉、李国通、黄智敏、赵红梅，以及公司200余名员工一起见证了本次首发仪式。

湛江拥有丰富的海产资源。国联水产继2009年8月获得了内地首张鲜活对虾供港“通行证”，此次再度获得海水活鱼直供香港的殊荣，意义深远。目前，国联水产拥有供港活鱼注册养殖场19 760平方，产量5 000吨，充分保障了活鱼原料的稳定供应。今后，国联水产将继续严格按照香港的食品卫生标准和要求，争取多品种、高品质的鲜活水产品（如鲍鱼、石斑、金鲳、龙趸、红鱼、红友等杂鱼）直供香港，并计划每年向香港特区供应鲜活对虾和活鱼6 000吨。

国联水产沈阳形象店隆重开业 2011年12月1日，国联水产沈阳形象店正式落成，12月19日举行了隆重的开业庆典。国联水产沈阳分公司邀请了东北区域内近冻品经销商80余人，在沈阳三隆春天酒店举行了“龙霸”系列产品品尝午宴及产品推介会。国联水产集团董事长李忠从湛江总部亲临沈阳参加推介会，并与辽宁副食集团总经理刘玉东及辽宁农产品物流协会刘兆仲等应邀嘉宾一道为开幕式剪彩。

国联水产沈阳形象店是国联水产在东北地区的第一家产品直营店，专卖店的落成，标志国联水产在品牌化的道路上又迈进了一步，随着其后更多的形象店在东北乃至全国的落成，国联水产“龙霸”系列产品必将以“美味、便利、安全”的形象走进千家万户。

【广州中海达卫星导航技术股份有限公司】 广州中海达卫星导航技术股份有限公司（以下简称中海达）成立于1999年，始终专注测绘与地理信息领域，长期致力于GNSS核心技术研发，积累了大量的自主知识产权和软件著作权，是国家高新技术企业和优秀软件企业，多年来一直以前瞻的技术引领着整个行业的革新和发展。中海达于2011年2月15日在深圳创业板上市，是国内测绘地理信息技术装备领域第一家、也是迄今为止唯一一家上市企业。

2011年，中海达营业收入和利润继续保持良好的增长势头，全年实现营业收入3.10亿元，较去年同期增长25.75%；净利润6 229.41万元，较上年同期增长31.79%；扣除非经常性损益后的净利润6 301.67万元，较上年同期增长41.13%。

中海达积极推动减灾应急事业 2011年5月8—10日，“2011年北京第二届国际减灾应急技术设备博览会”在中国国际贸易中心成功举办。作为国内GNSS产业领军者，中海达应举办方邀请，与来自国内外近200家各类企业参加了本次博览会。

在本次博览会上，中海达展出了“高精度变形监测预警系统”和“GIS数据采集与应用综合解决方案”等相关技术及产品，受到了参会各方的一致好评。中海达高精度变形监测预警系统技术成熟，目前已成功应用于滑坡地质灾害监测、矿山边坡变形监测、尾矿坝变形监测、矿山采空区沉陷监测、水库大坝变形监测、大型桥梁健康监测等领域，并凭借出色的运行效果获得用户的称赞。

中海达测绘加强渠道合作 2011年7月，主题为“英雄聚首，重定九州”的广州市中海达测绘仪器有限公司代理商大会在广州召开，广州中海达卫星导航技术股份有限公司董事长廖定海、副总裁兼广州市中海达测绘仪器有限公司总经理李中球以及中海达全国经销商200多人出席会议。

廖定海董事长在会上分享了中海达创业以来一路走过的历程，中海达成功上市10年。廖定海指出，未来几年是中海达发展的关键时期，中海达将根据业已制定的发展战略，积极稳妥拓展各项业务的发展，实现成为多业务领域齐头并进的集团性企业。

李中球副总裁表示，中海达测绘将在2011年改变传统的渠道合作模式，加强渠道的扶持力度，并建立有章可循的市场机制，大力规范代理商与直属机构的市场运作行为。此外，中海达测绘还将积极投放新业务与新产品，丰富渠道的产品线。

中海达测绘副总经理李洪江对测绘及海洋产品渠道政策作了具体说明。他指出，中海达将建立专业的渠道队伍，由总公司统一管理，专门对代理商进行协调及支持，保障代理商权利；此外，中海达还将通过把渠道商分为代理商和经销商两个级别，以及规范市场价格体系等方式，保证渠道利益。

中海达副总裁朱空军、广州中海达定位技术有限公司副总经理罗树江分别就中海达GIS产品以及系统工程业务作了说明。作为中海达四大核心业务中的其中两块，GIS产品和系统工程的业务均将成为中海达未来几年市场的主要增长点，也是中海达重点投入和拓展的市场方向之一。中海达也将在这两个业务方向加强和渠道商的合作力度。

中海达启动CRM项目 2011年7月14日，中海达CRM项目启动大会召开。中海达CRM项目组领导，公司副总裁李中球、中海达各大区负责人、CRM项目领导小组成员的相关经理、骨干、部分操作人员参与了此次会议。李中球副总裁在会上表示，构建高效的营销管理系统，有助于提高公司的管理水平和营销水平。李中球副总裁还详细介绍了公司在新发展情势下重建信息化公司的总构想以及公司科学建立管理体系的决心。

CRM指客户关系管理，即企业用CRM来管理与客户之间的关系，它要求以客户为中心的商业哲学和企业文化来支持有效的市场营销、销售与服务流程。CRM系统的实施，能够给客户提供更规范和贴心的服务，实现服务标准化，即以客户为中心，完善客户资料管理，为客户提供统一的有章可循的标准化服务。

此次会议的召开，将有力地协助上市后的中海达搭建高效的信息化营销决策分析平台，也标志着中海达在科学营销管理迈向了一个新的台阶。

【广东万和新电气股份有限公司】

万和成立于1993年8月，是国家火炬计划重点高新技术企业、国内燃气具及相关配套厨卫电器产品专业制造龙头企业。万和燃气热水器市场占有率连续八年遥遥领先，消毒柜市场占有率连续十多年处于行业前两名，燃气灶、吸油烟机、电热水器的市场占有率均处于行业前列，万和燃气热水器和燃气炉具的出口量连续四年领先行业同类产品。

2011年，广东万和新电气股份有限公司在深圳证券交易所挂牌上市，迎来了新的发展，全年总体经营业绩保持快速稳定增长。尽管存在海外金融危机加剧和国内宏观调控趋严的双重影响，公司仍然实现营业总收入26.30亿元，比2010年增长14.68%；实现利润总额2.58亿元，比2010年增长7.19%；实现归属于上市公司股东的净利润2.04亿元，比上年同期增长9.91%。报告期内，公司管理层全力贯彻落实年度计划目标，基本完成全年经营管理任务。

万和获国家级企业技术中心认定

2011年11月4日，国家发展和改革委员会、科学技术部、财政部、海关总署和国家税务总局联合发布2011年第29号公告，广东万和新电气股份有限公司被认定为国家级企业技术中心。该认定要求参选企业不仅在行业中规模效益领先，更强调技术创新成果的体现。而另一方面，国家将通过资金和政策重点扶持获得认定的企业，使之成长新产品新技术的引领者、产品标准的制定者，从而推动整个行业的技术进步。这表明万和的技术创新成果已获得国家认可，具备引领行业技术发展趋势的实力。

自成立以来，“技术创新”就是贯穿万和发展的灵魂，至今，万和在燃气具领域十五次填补国内技术空白，引领中国燃气具行业技术升级换代。万和还多次主导或参与了燃气热水器、燃气灶具、消毒柜国家标准的起草和修订，取得了五百多项专利，是中国燃气具行业拥有最多专利储备的企业。此前，“广东省级企业技术中心”和“广东省节能环保燃气具工程技术研究开发中心”，以及万和与政府、高校共建行业第一个产学研结合的“节能环保燃气具研发中心”、行业唯一的“省级院士专家企业工作站”“清洁能源院士专家工作站”均落户在万和。

正是因为多年来坚持自主创新，万和多年取得了骄人的市场业绩，万和燃气热水器市场占有率连续七年位居全国第一，消毒柜市场占有率连续十多年处于行业前两名，燃气灶、吸油烟机、电热水器的市场占有率均处于行业前列；国外市场，万和燃气热水器和燃气炉具的出口量连续四年位居行业首位。

万和新实验大楼揭牌　2011年11月22日，广东万和新电气股份有限公司投资6 000万元建设的实验大楼揭牌仪式在总部举行，中国五金制品协会理事长张东立、常务副理事长石僧兰、中国五金制品协会燃气用具分会秘书长柳润峰、国家燃气用具质量监督检测中心（佛山）副主任林力、顺德经促局副局长张鹏参加了揭牌仪式。

万和实验大楼总面积2 500平方米，预计投资6 000多万元，共建有能效检测、声学振动分析、电气安全检测、环境模拟测试、工艺实验和寿命测试等6类共19套实验室，引进了一批具有国际先进水平的实验室仪器和检测设备，可以满足万和全部产品开发及检测试验需要。

万和新实验大楼的多个实验室均达国内国际领先水平，有些甚至为行业首创。其中噪音实验室是国内首个针对燃气具产品的精密级噪音实验室；焓差实验室是国内先进的可测试燃气类产品及带燃辅的能源集成热水系统在不同环境下的综合能效值的实验室；能效实验室用于评价热水器及采暖炉的能效，是国内首套通过全球权威认证机构Kiwa Gastec认可的实验室；巴西标准实验室是业内唯一根据巴西国家标准建立并获得巴西国家实验室认可的实验室，用来模拟巴西当地的气候环境及建筑结构来检测热水器的性能；而爆破实验室和水路腐蚀实验室也为业内唯一。实验大楼试运行以来，为万和研发项目提供了便利的实验条件，提高了研发质量和水平，加快了万和新产品的研发速度，使新品产业化和进入市场的时间缩短了30%。

万和新实验大楼的正式揭牌成立，表明万和在原有技术创新成果的基础上开创了一座新的里程碑。以实验大楼为依托，整合各种研发力量和资源，立足燃气、太阳能、空气能等清洁能源的开发利用，万和将向着“全球领先燃气具和生活热水系统供应商”的目标迈进。

【广东冠豪高新技术股份有限公司】

广东冠豪高新技术股份有限公司是国家级重点高新技术企业，公司于1993年筹建，1995年初建成投产，是国内首家大规模生产热敏纸的专业公司和国内目前生产设备及工艺最先进的大型无碳复写纸、不干胶标签材料生产基地。公司于2003年公开发行A股，在上海证券交易所挂牌上市。

2009年12月，冠豪高新成功向中国纸业投资总公司非公开发行6 000万股A股，引入央企控股，并于2011年11月再次成功非公开发行8 190万股A股，迎来了企业发展新的历史时期。冠豪高新迅速启动了东海岛特种纸及涂布纸产业基地项目，项目计划总投资76亿元，建成投产后年造纸能力可达75万吨，涂布能力35.5万吨，可实现工业产值80亿元。2011年11月18日，东海岛特种纸及涂布纸产业基地项目正式开工，公司的特种纸发展战略进入全面实施阶段。

2011年，冠豪高新实现营业收入9.34亿元，较上年同期增长3.45%；实现营业利润6 420.54万元，较上年同期增长36.97%；实现净利润8 526.49万元，较上年同期增长123.06%，经营效益大幅提高。

冠豪高新非公开发行A股股票项目通过审核　2011年8月10日，冠豪高新12.95亿元非公开发行A股股票的申请获得了中国证券监督管理委员会发行审核委员会审核通过。

2009年，冠豪高新成为中国诚通

集团全资子公司中国纸业投资总公司旗下的控股公司，自此，冠豪高新明确定位为中国纸业系统特种纸发展平台。在中国纸业入主后，冠豪高新于2010年内完成了与原关联上游企业湛江冠龙纸业有限公司的重大资产重组，解决了两家企业间长期存在的关联交易依存度过高的问题，进一步拓展了冠豪高新的业务平台，消除了融资障碍。2010年11月冠豪高新正式启动本次非公开发行项目，这是冠豪高新自2003年上市后首次依托实业项目进行的再融资，为公司打造中国特种纸业的航空母舰奠定了坚实的基础。

本次非公开发行完成后，冠豪高新总资产和净资产将大幅增加，资产负债率大幅下降，营运资金更加充足，充实了公司的资本实力。募集资金投向的东海岛项目一期建成后，预计将新增产值12.7亿元，新增利润总额1.7亿元，大大提高冠豪高新在国内特种纸领域的市场地位，有效提高公司的盈利水平，树立冠豪高新的行业领先地位，向“成为全球特种纸行业的领导者”的企业愿景迈出坚实的一大步。

举办非公开发行项目投资者推介会

2011年9月21日，冠豪高新非公开发行A股股票的申请获得中国证券监督管理委员会正式核准批文，并于9月22日、23日在湛江举行了非公开发行项目投资者推介会。

冠豪高新副董事长、总经理黄阳旭先生介绍了冠豪高新的历史沿革和发展历程，并重点介绍了本次非公开发行筹集资金投向项目——东海岛特种纸产业基地项目的情况，展示了项目良好的发展前景和优厚的投资回报预期，同时也介绍了冠豪高新“三旧”改造项目，以及考虑未来进一步拓宽经营方向，切入造纸原材料行业的设想等情况。

冠豪高新本次非公开发行项目将发行1.44亿股股票，预计可筹集12.95亿元资金，全部用于东海岛特种纸产业基地建设。非公开发行完成后，公司的总资产和净资产将大幅增加，市场竞争力大大增强，企业整体实力迈上新台阶。

举行特种纸及涂布纸产业基地项目开工仪式 2011年11月18日，世界最大的特种纸产业基地项目——冠豪高新特种纸及涂布纸产业基地项目开工仪式隆重举行。

中共中央政治局委员、广东省委书记汪洋，省委副书记、代省长朱小丹等广东省委、省政府主要领导，国家有关部委领导出席了开工仪式。省委书记汪洋、代省长朱小丹、湛江市委书记刘小华、湛江市代市长王中丙、诚通集团董事长马正武共同为项目开工推杆。

冠豪高新特种纸及涂布纸产业基地项目是湛江开发区规划建设的重点建设项目之一，也是省、市产业结构调整升级重点支持的项目。项目计划总投资76亿元，引进世界最先进的纸机和涂布机，建成投产后年造纸能力可达75万吨，涂布能力35.5万吨，预计可实现工业产值80亿元，利润7亿元、税收超过4亿元，具有良好的经济效益和社会效益。项目的开工上马，将为广州（湛江）产业转移工业园的建设注入强劲活力，进一步巩固冠豪高新在国内特种纸行业的领先地位，为世界特种纸产业的发展作出更大的贡献。

【康美药业股份有限公司】 康美药业股份有限公司（以下简称“康美药业”）是一家以中药饮片、化学原料药及制剂生产为主导，集药品生产、研发及药品、医疗器械营销于一体的现代化大型医药企业、国家级重点高新技术企业。康美药业先后荣获“中国100家最具成长性上市公司”“中国500强民营企业”“中国制药工业百强”以及“广东省百强民营企业”等荣誉称号。

康美药业拥有国内规模最大、起点最高、实现中药饮片规模化生产的、国内首批试点通过国家中药饮片GMP认证的大型现代中药饮片产业化示范基地，年可生产各类中药饮片1 000多种、12 000多个品规、20 000多吨。公司构筑起辐射全国的中药物流网络，拥有国内最大规模的中药材专业市场，总投资10多亿元的国内首家专业化中药物流配送中心已投入使用，产品覆盖全国各大型中医医疗机构。

2011年，康美药业实现营业收入60.81亿元，比上年同期增长83.77%，实现营业利润11.48亿元，比上年同期增长44.60%，实现归属于母公司股东的净利润10.05万元，比上年增长40.46%。

中药产业加工陇西基地举行奠基仪式

2011年8月18日，由康美药业投资15亿元、占地86.7公顷、中药材静态仓储能力达50万吨、中药饮片年加工能力达1万吨的甘肃（陇西）中药材现代仓储物流园暨中药产业加工基地在定西市陇西县隆重举行。

奠基仪式由中共定西市委副书记、市长常正国主持。出席仪式的领导和嘉宾有定西市委书记杨子兴、定西市人大主任秦素梅、定西市政协主席牛兴民、定西市委副书记马虎成等领导及市直有关部门负责人、各县区主要负责同志，普宁市委副书记、市长陈声亮，普宁市人大常委会副主任杨初裕、邱浩建，普宁市政协副主席、市政府办公室主任黄增权，康美药业董事长、总经理马兴田，副董事长、常务副总经理许冬瑾及应邀出席中国·定西第四届中医药产业发展大会的国家有关部委司局、甘肃省直有关部门及单位负责人，媒体界人士。

陇西基地项目是康美药业布局西北、掌控西北部中药材资源的又一个大手笔项目。项目总投资15亿元，主要业务为中药饮片加工、中药材和中药饮片的集中展示和现货交易、中药材物流配送、价格信息发布、第三方结算等。项目将充分利用陇西本地药材资源丰富、中药材存储自然条件好、劳动力成本低的优势，发挥康美药业在资金、管理、技术、品牌的优势，打造设施优良、管理先进、国内领先的中药材现代仓储物流园和中药产业加工基地。项目完成后，中药饮片年加工能力将达1万吨，中药材静态仓储能力达50万吨。项目将再次提升康美药业中药饮片的生产配送能力促进完善中药全产业链模式，为实现“中药陇储”、打造“西部药都”作出突出贡献。

新总部办公楼举行奠基仪式 2011

年10月19日，对康美药业具有里程碑意义的公司总部新办公楼正式奠基。全国政协港澳台侨委员会副主任、中共广东省委原副书记蔡东士，国家中医药管理局副局长于文明，广东省政协副主席陈蔚文，中共揭阳市委书记、市人大常委会党组书记陈绿平，中共揭阳市委副书记、市人民政府代市长陈东，揭阳市政协主席欧汉波，中共揭阳市委副书记杜安义，揭阳市人大常委会代理主任陈石波，康美药业股份有限公司董事长、总经理马兴田等领导出席奠基仪式，并发表讲话。奠基仪式由中共普宁市委书记、市人大常委会主任杜小洋主持。

多年来，康美药业保持了健康、快速的发展势头，随着企业规模的扩大和产业的延伸，康美药业现有总部办公场所已无法满足公司日益壮大的需求。为实现产业升级和管理升级，适应现代管理的需要，康美药业在普宁市区河滨南路（赤水路段）建设康美药业公司总部新办公楼，项目计划总投资50 000万元，总建筑面积68 000平方米。项目建成后，康美药业将秉持现代管理理念，引进现代信息化管理，实现人才、资本、资源、信息的大整合，打造高端管理平台，实现资源高集约化互补、共享及互动，为地方发展起到全新的发展管理示范作用。项目将为当地提供高端就业平台，促进地方高效、多能、全方位的中枢式经营氛围和高速发展。

【广州珠江实业开发股份有限公司】

广州珠江实业开发股份有限公司前身为广州珠江房产公司，成立于1985年4月，是广州市成立最早的房地产综合开发企业之一。公司注册资本为18 703.94万元，经营范围：经营土地开发、承建、销售、租赁商品房；实业投资、物业管理；承接小区建设规划和办理拆迁、报建，工程咨询及自用有余的建筑物业展销；车辆保管；批发和零售贸易。

1993年9月经中国证券监督管理委员会审查批准，珠江实业向社会公众发行股票。同年10月28日，公司股票在上海证券交易所上市挂牌交易，是广州市第一批上市公司之一，它标志了广州珠江实业开发股份有限公司创业的新纪元。

2011年，珠江实业实现营业总收入121 242.16万元，同比增长85.75%；实现营业利润29 732.39万元，同比增长66.69%；实现净利润22 190.36万元，同比增长68.52%；实现每股收益0.91元；净资产收益率为22.36%。截至2011年末，珠江实业资产总额279 383.18万元，比上年末增长21.43%；归属于母公司所有者权益110 340.97万元，比上年末增长25.17%；资产负债率为60.48%。

广隆项目奠基典礼 2011年4月30日，由珠实股份和香港会德丰合作开发的广隆项目，举行了奠基仪式。集团董事长郑署平、集团副总经理廖晓明、珠实股份总经理朱劲松及股份公司领导班子与香港会德丰集团副主席周安桥、执行董事吴梓源等参加了奠基仪式。

奠基仪式上，会德丰集团副主席周安桥先生介绍了会德丰及属下九龙仓公司在内地的发展以及项目的状况，广隆项目是会德丰在广州开发的首个项目，广州将是会德丰下一步重点发展的城市。

广隆项目是由珠实股份与香港会德丰于1992年签署合作协议的项目，由于历史原因，直到2008年双方才成立合作公司，正式启动项目的开发建设。从清理历史遗留问题到完善土地及开发报建手续等，珠江实业集团相关部门和股份公司都给予了大力的支持和配合；在产品定位和设计过程中，广隆公司团队对项目倾注极大的热情，在深入分析市场的前提下，对设计精益求精、反复推敲，力求打造符合股东双方气质的高端地标性项目。

广隆项目计划2011年6月1日正式开工建设，预计于2012年底正式销售，2013年底前完成竣工验收。

【新太科技股份有限公司】 新太科技股份有限公司始创于1986年，是中国最早进入电信增值业务和拥有语音增值业务产品的企业。新太科技以信息和通讯技术（ICT）领域增值业务软件开发、服务为主营业务，20多年来推出了语音增值业务平台、综合应用交换平台、企业应用构建平台、融合通信平台、多媒体呼叫中心、电信增值应用软件、视频安防监控系统等150多项自主知识产权的软件产品，在电信运营商、政府信息化、大中型企业等行业客户领域得到了广泛应用。

1999年，新太科技在国内A股上市。2007年底，通过资本市场运作，国内最大的IT分销与服务企业之一广州佳都集团有限公司和广州市番禺区国资委下属番禺管道通信投资建设有限公司成为新太科技的第一、第二大股东。新股东的入主和资源整合，为新太科技在高科技信息产业创造了稳健发展的平台。2010年，新太科技顺利完成股权分置改革及重整事项，迈入高速成长的新阶段。

2011年新太科技继续获评为国家规划布局内重点软件企业、计算机信息系统集成一级资质企业，并首次通过工信部与科技部联合发布的“核高基”项目立项审批、入选广东省战略性新兴产业骨干培育企业、广东省创新型试点企业、广东省软件和集成电路设计产业100强培育企业、广州市创新型企业行列。

2011年，新太科技实现营业收入62 609万元，较上年同期增长17.34%；同时新太科技2011年经营业务质量呈现良好上升态势，扣除非经常性损益后的净利润为3 626万元，较上年同期增长55.24%，实现净利润4 674万元，较上年同期减少80.84%（主要是由于2010年公司获得一次性大额债务重整收益2亿元）。2011年公司每股收益为0.1439元，截止2011年12月31日，新太科技每股净资产为1.0237元。

新太TS-ADSL窄宽带综合测试平台通过项目验收 2011年1月10日，由广州市科技和信息化局组织并召开的广州市科技计划项目“新太TS-ADSL窄宽带综合测试平台”项目验收会，在新太科技股份有限公司举行。广州市科技局高新处周昭旭处长、曾国兵博士，番禺区科信局综合科李红樱科长、梁少敏等一行领导专家出席了此次项目验收会议。

会议上，项目负责人彭树林向领导们汇报了项目总结与经费决算情况，并介绍了该项目所取得的成果，同时还向各位领导进行了详细的项目展示。与会代表在听取了公司项目组的项目介绍和总结以及技术报告后，经过认真讨论，验收委员一致认为，项目资金使用合理，完成了科技计划任务书的主要考核指标，同意通过项目验收。

最后，周昭旭处长作了总结性的讲话，建议新太能继续加强验收项目的推广应用力度，力求在应用中不断完善系统功能。

成立“工程技术研究院”，加大投入研发自主创新产品 2011年3月16日，新太科技股份有限公司成立“新太工程技术研究院”的揭牌仪式在新太科技大楼隆重举行。新太科技董事长刘伟、总裁梁平、副总裁张少文、何健明、张凌等出席了会议并为新太工程技术研究院揭牌，并任命公司技术带头人、副总裁张少文为第一任研究院院长，开发中心总经理赵刚任副院长。

此次成立“新太工程技术研究院”，正是新太科技为了在行业中取得更高速的发展所做出的一个重要举措。会上，新太科技副总裁张少文先生简要介绍了新太工程技术研究院的愿景使命、研究领域和方向，以及已经展开的合作和成果。院长张少文指出，新太工程技术研究院的愿景是“成为以产品和技术见长的公司的发展引擎”。通过创新和应用ICT技术，完成为公司的技术与业务发展方向保驾护航，提升公司核心竞争力，为用户创造价值等使命。新太工程技术研究院将立足于现代信息通信服务（ICT）产业，以IT信息技术和CT通信技术为两个基础技术方向，重点面向移动多媒体技术、视频图像研究、云计算虚拟化研究、轨道交通技术研究、物联网工程技术研究这五个研究领域。

新太科技董事长刘伟表示，新太工程技术研究院的成立，是新太科技发展的一个重要里程碑，它标志着新太的研发实力开始迈入一个新的发展阶段，上升到一个更高的层次。研究院作为公司的发展引擎，将会为公司的技术研究与业务发展带来全新的改变。同时，也标志着公司将会投入更大的人力、物力、财力全力支持研究院的发展。此次新太科技成立工程技术研究院，标志着新太科技已启动相关技术方向的研究部署工作。

新太科技非公开发行事项获证监会审核通过 2011年10月31日，中国证券监督管理委员会发行审核委员会审核了新太科技股份有限公司非公开发行A股股票事宜。根据会议审核结果，新太科技本次非公开发行A股股票申请获得无条件通过。

本次非公开发行A股股票数量不超过4 000万股（含本数），发行价格不低于9.81元/股。预计募集资金总额不超过3.73亿元，扣除发行费用之后，募集资金净额不超过3.51亿元。通过本次非公开发行所获得的资金，将投入移动互联网业务平台的研发及行业应用推广项目、新一代融合智能安防平台整体解决方案、云计算IT服务外包项目及智能交通系统及行业解决方案，增强新太科技在ICT业务领域的技术领先与市场领导地位，打造新太科技“电信增值”“公共安防”“IT服务”“智能交通”业务的产业布局，同时改善新太科技的资本结构，增强整体实力。

【广发证券股份有限公司】 广发证券的前身是1991年9月8日成立的广东发展银行证券部，1993年末成立公司，1996年改制为广发证券有限责任公司，2001年整体变更为股份有限公司，是国内首批综合类证券公司，2004年12月获得创新试点资格。2010年2月12日，公司在深圳证券交易所成功上市，2011年被评为A类AA级证券公司。

截至2011年12月31日，公司注册资本29.60亿元，合并报表资产总额768.11亿元，归属于母公司股东的所有者权益316.35亿元；2011年合并报表实现营业收入59.46亿元，实现利润总额25.04亿元，实现归属于母公司所有者的净利润为20.64亿元。资本实力及盈利能力在国内证券行业持续领先，总市值居国内上市证券公司前列。

广发证券旗下拥有四家全资子公司，分别是广发期货有限公司、广发控股（香港）有限公司、广发信德投资管理有限公司和广发乾和投资有限公司，并持股广发基金管理有限公司和易方达基金管理有限公司，初步形成了跨越证券、基金、期货、股权投资领域的金融控股集团架构。

广发证券社会公益基金会正式启动

2011年8月3日，广东省广发证券社会公益基金会于广州举行了启动仪式，该基金会是目前我国证券行业注册资金规模最大的企业慈善公益基金会。广东省民政厅、广东省慈善总会、广东证监局、广东省金融办和广州市金融办等有关单位领导出席了启动仪式，基金会理事长广发证券党委书记孙树明和广发证券总裁林治海出席了启动仪式并致辞。广东省金融办主任周高雄、广州市金融办主任周建军、广东证监局副局长胡伏云、广东省民间管理局长方向文、广发证券党委书记孙树明共同拉动了社会公益基金会的启动杠。标志着广东省广发证券社会公益基金会正式启动。

广发证券社会公益基金会是由广发证券股份有限公司、广发基金管理有限公司、广发期货有限公司和广发信德投资管理有限公司共同发起并出资4 300万元设立的非公募公益型慈善基金会。广发证券社会公益基金会以“广聚爱 发于心”为核心理念，接受境内外社团、企事业单位及个人的捐赠，用于社会公益事业。基金会的宗旨是关注民生，热心公益，扶贫济困，助学兴教，保护环境，推动构建和谐社会，促进可持续发展，其中助学兴教是基金会近年捐助重点领域。

广发证券20周年庆典于广州举行

2011年9月8日，广发证券于广州香格里拉大酒店举行了“一路同行，一心为您”广发证券成立二十周年庆典宴会。广东省副省长宋海、广东省政府副秘书长李捍东、广州市常务副市长邬毅敏、广东证监局局长侯外林、上海证券交易所总经理张育军、深圳证券交易所总经理宋丽萍等领导和来自省市主管部门以及银行等金融机构的嘉宾近300人出席了宴会。广发证券党委书记孙树明为晚宴致辞。

广发证券20年的发展，是与中国资本市场共同成长的历程。1991年9月8日，广发证券伴随中国资本市场重开应运而生。广发证券成立之初仅有6名员工、1 000万元运营资本和单一证券交易业务资格，在随后的发展历程中，广发证券不断壮大。在有统计数据的过去17年间，资产总额增长181倍，净资产增长692倍，营业收入增长309倍，净利润增长237倍，经营业绩连续17年稳居国内前十行列。199家营业部，覆盖了中国27个省市自治区，服务客户350多万，客户资产近6 500亿元；2010年2月12日，广发证券更成功在深交所实现了上市。市值位居上市券商前列。并于2011年8月完成了首轮增发计划，融资121.8亿元，创下当年融资额第二的纪录，资本实力大大提升。

【广东大华农动物保健品股份有限公司】 广东大华农动物保健品股份有限公司成立于2004年8月，是一家专注于兽药的研制、生产和销售的高新技术企业，是国家农业部指定的高致病性禽流感疫苗定点生产企业和高致病性猪蓝耳病灭活疫苗、活疫苗定点生产企业。

大华农现有员工1 000多人，拥有9个按农业部GMP要求组建的生产车间，150万枚SPF种蛋的实验动物中心，年产2 900万枚的非免蛋场，以及年产8 000吨的自动化中药散制车间；拥有200多个国家产品批准文号。大华农产品销售网络已覆盖全国各省市，同时出口埃及、印尼、越南等中东及东南亚地区。

2011年是大华农发展历程中具有里程碑意义的一年。公司于3月8日在深交所创业板成功上市，迎来了新的发展机遇。上市后，大华农严格按照上市公司要求规范运作，继续牢牢把握“以销售为龙头”“以关键技术及新产品为核心”的工作重心，完善和优化组织架构，全面提升分公司管理水平，深化企业文化建设，提高团队凝聚力，使公司取得了良好的经营业绩。2011年，大华农现营业收入7.16亿元，较上年同期增长16.22％；实现利润总额1.93亿元，较上年同期增长19.37％；实现净利润1.67亿元，较上年同期增长20.82％。公司资产总额21.77亿元，净资产20.53亿元，资产负债率5.71％，公司资产质量良好，财务状况健康。

省级产业技术创新项目通过验收

2011年3月31日，由大华农承担的“鸡新城疫、禽流感H9亚型二联灭活疫苗的研发与产业化”省级产业技术创新项目顺利通过了结题验收。本次验收会由云浮市经信局联合市财政局组织召开。来自仲恺农业工程学院、佛山科学科技学院、云浮市畜牧兽医渔业局等单位的5位专家教授对项目进行了验收。

专家组一行首先对项目实施现场进行了实地考察，对车间生产工艺流程进行了全面地了解。随后听取了唐秀英研究员对项目实施情况的总体汇报，审阅了技术总结、产品检测、用户使用、资金使用等验收资料，并对项目进行了讨论、质询。专家组对大华农承担该项目的贡献和意义给予了充分肯定，认为本项目实施过程中，成功开发出符合要求的项目产品，并实现了规模化生产，推广使用过程中“一针防两病”可有效降低养户的饲养成本，经济效益良好。一致同意通过项目验收。

大华农与上海兽医研究所结成战略合作伙伴 2011年6月12日，大华农携手中国农业科学院上海兽医研究所，正式签署战略合作协议，翻开了兽医药领域科技创新、产学研合作及成果快速转化的新篇章。此次与上海兽医研究所签订全方位战略合作协议，是大华农上市后新的科研里程碑，对推动新产品的上市与科技创新具有战略性意义。

根据协议，双方确定“铁凤抗球散（国家新药）”“复合型天然植物除臭剂（饲料添加剂）”“酸化剂”等4个产品的技术转让及“HP-PRRS标记疫苗”“猪瘟合成肽疫苗”“犬流感灭活疫苗”“鸡球虫三价弱毒活疫苗”“高致病性猪蓝耳病－猪瘟嵌合疫苗”“纳川株丽（国家一类抗球虫新药）”等11个科研合作项目。

此次战略合作协议的签署，使大

2011年7月12日，广东大华农动物保健品股份有限公司与中国水产科学研究院珠江水产研究所在广东新兴签署了水产药业合作意向。双方均表示将全力推动该项合作，促进水产保健品的发展，逐步逐项地出成果和效益。

华农与上海兽医研究所科研团队融合在一起，依托科研平台，发挥企业科研资金的效用，为保障畜牧业健康发展、食品安全、农民持续增收作出更大贡献。

进军水产药业领域 2011年7月12日，广东大华农动物保健品股份有限公司与中国水产科学研究院珠江水产研究所在广东新兴签署了水产药业合作意向。该项目对大华农发展新的经济增长点具有里程碑意义。中国水产科学研究院院长张显良、珠江水产研究所所长吴淑勤，大华农董事长温均生、总经理陈瑞爱等出席了当天的签约仪式。

大华农总经理陈瑞爱、珠江水产研究所所长吴淑勤均肯定了此次签约具有里程碑意义，对大华农及珠江水产研究所的业务发展及科研成果转化具有深远的影响。双方均表示将全力推动该项合作，促进水产保健品的发展，逐步逐项地出成果和效益。

番鸭细小病毒病疫苗落户大华农

2011年11月16日，广东大华农动物保健品股份有限公司与福建省农业科学院畜牧兽医研究所签订国家一类新兽药“番鸭细小病毒活疫苗及乳胶凝集试剂”专有技术转让合作协议，大华农获转让番鸭细小病病毒病疫苗专利。此次转让协议的签订，标志着大华农正式进军水禽用药产业领域，对推动大华农科技创新，优化产品布局和成果转化具有重大意义。

福建省农业科学院副院长翁伯奇在签约仪式上表示，加快科研成果的产业转化，是福建省农业科学院近阶段的重要工作，福建农科院畜牧兽医研究所与大华农签订番鸭细小病毒病疫苗转让协议，对我国水禽养殖业的疫病防控和增加养殖业农民收入，将会起到极大的推动和促进作用。

大华农副董事长、总经理陈瑞爱强调，番鸭细小病毒病疫苗的成功转让，极大的提升了大华农水禽疫苗产品的市场竞争力，丰富水禽疫苗品种，同时有效推动福建农科院畜牧兽医研究所专有技术成果的产业化转化，创造出巨大的经济效益和社会效益，为我国水禽行业和畜牧业的健康发展作出重要贡献。她希望双方不断拓宽合作领域，力争在人才培养、科技创新和成果产业化转化等方面取得新突破，实现互利共赢。

大华农与哈研所签署全面合作协议

2011年12月3日，广东大华农动物保健品股份有限公司与中国农业科学院哈尔滨兽医研究所在肇庆市签署了涵盖技术成果转让、人才培养、科技研发合作等内容的全面合作协议。哈尔滨兽医研究所副所长王笑梅、赵国辉，大华农副董事长、总经理陈瑞爱，副总经理张其武等出席了签约仪式。当天，双方还签署了关于设立“大华农奖学金”的合作协议，大华农下属企业肇庆大华农生物药品有限公司也与哈尔滨兽医研究所续签了“H5-1，-5株灭活疫苗”技术转让合同。

大华农副董事长、总经理陈瑞爱在签约仪式上强调，大华农与哈尔滨兽医研究所建立全面合作关系，对大华农产品结构优化与市场竞争力的提升具有重要的意义。陈瑞爱表示，哈尔滨兽医研究所一直引领行业的前进，此次大华农引进的新技术，将继续引领国内禽苗领域的高端产品，具有长远的市场效益，对大华农及养殖业的发展都会产生积极的贡献。

【广东鸿图科技股份有限公司】 广东鸿图科技股份有限公司成立于2000年12月，是由高要鸿图工业有限公司、广东省科技创业投资公司、广东省科技风险投资有限公司、高要市国有资产经营有限公司、广东省机械研究所等股东共同发起设立的一家国有控股企业，是国内压铸行业的龙头企业，华南地区规模最大的精密铝合金压铸件专业生产企业，广东省高新技术企业，拥有广东省唯一的省级精密压铸工程技术研究开发中心。公司具备国家汽车零部件出口基地企业资格，并已通过ISO14001、ISO9000、ISO/TS16949等国际质量体系认证。2006年12月29日，公司股票在深圳证券交易所正式挂牌上市。

2011年，鸿图科技实现主营业务收入12.88亿元，同比增长44.10%；实现归属于上市公司股东的净利润8 833.65万元，较上一年增长3.56%。汽车类及通讯类产品销售继续保持较高的增长，销售收入较去年同期分别增长50.52%和72.44%。

广东鸿图南通压铸有限公司举行奠基庆典 2011年3月17日，广东鸿图科技股份有限公司的首家全资控股子公司——广东鸿图南通压铸有限公司在江苏省南通市通州经济开发区举行奠基庆典。南通公司的成立是广东鸿图根据业务发展的战略需要，进一步开拓市场、巩固行业地位的重要一步。

通州区区长李雪峰先生、通州开发区党工委书记汪水明先生、广东省铸造行业协会常务副会长唐杰雄先生、广东风险投资集团董事长何国杰先生以及本公司董事长朱伟先生、总经理兼副董事长邹剑佳先生等董事会全体成员出席了本次奠基仪式。

广东鸿图南通压铸有限公司于2011年1月19日正式成立，注册资本5 000万元人民币，主要从事铝合金压铸件的生产销售。本次投资的项目占地10公顷，项目的建成将有利于南通公司开发长三角地区的客户，巩固和拓展国际市场，解决公司目前产能和生产场地不足的困境。

南通公司所在的通州经济开发区位于长江入海口北岸，与上海隔江相邻，以长三角经济腹地为依托，在交通、人力资源、市场、社会环境等方面都具有较好的区位优势。与此同时，通州开发区的有关领导表示，南通鸿图的落户，有利于当地完善和提升产业机构，实现双方发展的互利共赢。

自主创新标杆企业

中海石油（中国）有限公司湛江分公司
广东省建筑工程集团有限公司
中交四航工程研究院有限公司
广东省源天工程公司
广州珠江钢琴集团股份有限公司
广东华隧建设股份有限公司
广东格兰仕集团有限公司
广州王老吉药业股份有限公司
广州机施建设集团有限公司
广州造纸集团有限公司
广州市住宅建设发展有限公司
广东新一派建材有限公司
广东昭信企业集团有限公司
佛山佛塑科技集团股份有限公司
佛山市南海佛广交通集团有限公司
深圳市中金岭南有色金属股份有限公司凡口铅锌矿
深圳市金宏威技术股份有限公司
东莞晶苑毛织制衣有限公司
明珠电气有限公司
深圳市核达中远通电源技术有限公司
英辉南方造船（广州番禺）有限公司
量子高科（中国）生物股份有限公司
广东惠伦晶体科技股份有限公司
深圳市中亚联合集团有限公司
广州大运摩托车有限公司

粤企风采（一）

广东高微晶科技有限公司
广州南方电力建设集团有限公司
广东长宏公路工程有限公司

中海石油（中国）有限公司湛江分公司

2012 年 6 月 8 日，广东省科技厅厅长李兴华（前排左）来中海油湛江分公司调研，图为总经理谢玉洪（前排右）向李兴华汇报工作。

涠洲终端处理厂地处广西北海市涠洲岛，海边环境优美，安全环保。

2008年12月13日，倪维斗、陈良惠等12名中科院院士及石立英等5名中国工程院院士前往海洋石油116号生产储油轮实地参观考察，图为总经理谢玉洪正在讲解油轮概况。

2008年12月18日，涠西南油田群电力组网成功实现现并网运行。图为技术人员正在进行紧张调试。

2008年6月29日，涠洲终端在公寓楼大门前举行了一场安全技能演练竞赛。

广东省建筑工程集团有限公司

建工集团新时期发展战略体系作为重要篇章写入集团党委工作报告，并在集团第二次党代会上审议通过。

建工集团“加强企业分支机构有效管理”专题研讨会。

先进的研发及检测试验基地

公司承建的广交会琶洲会展41层综合楼

建工自行研制的特大型幕墙检测设备

中交四航工程研究院有限公司

中交集团党委副书记杨力强，四航局董事长梁卓仁等一行到项目部指导和检查工作。

研究院多项科研成果应用于深圳盐田港Ⅰ、Ⅱ、Ⅲ期的建设，并为盐田港提供了多项技术支持和服务。

中交四航公司技术制造的港珠澳大桥软基处理项目开发的大型插板船已投入运作。

研究院承担了港珠澳大桥珠澳口岸人工岛填海工程北标段软基处理工程

粤企标杆

广东省源天工程公司

2012年5月28日，由广东省源天工程公司施工总承包的广东省飞来峡水利枢纽防汛生产调度中心开工仪式盛大举行。

广东省源天工程公司办公楼

职工运动会

大型歌会、文艺晚会

亚洲最大的竖井灌流机组——四川小龙门电站1#机水下核心部位发电机组内部。

目前世界最大最先进的东深供水改造工程旗岭泵站抽芯混流式机组安装（2002年11月18日旗岭泵站首台机启动）

粤企标杆

广州珠江钢琴集团股份有限公司

2011年2月22日，珠江钢琴集团全资子公司——广州珠江恺撒堡钢琴有限公司落户增城开发区签约仪式在增城隆重举行。

2011年4月，广州珠江钢琴集团股份有限公司获首届广州市政府质量奖。

广州珠江钢琴集团股份有限公司

珠江钢琴集团三角琴生产线

2010年，珠江钢琴集团为亚运会开幕式特别研发了以广州英文字母GZ为外观造型的概念琴，又名为“海之韵”。G字母的钢琴外观设计，玲珑雅致又极富现代感，代表着广州的高贵时尚和优雅律动；Z字母的琴脚造型晶莹剔透，代表着广州的海洋文明与开放心态；琴盖像船的风帆，扬帆珠江，驶出大海，走向世界。湖水蓝色的钢琴，与潺潺珠水及万家灯火交相辉映。

粤企标杆

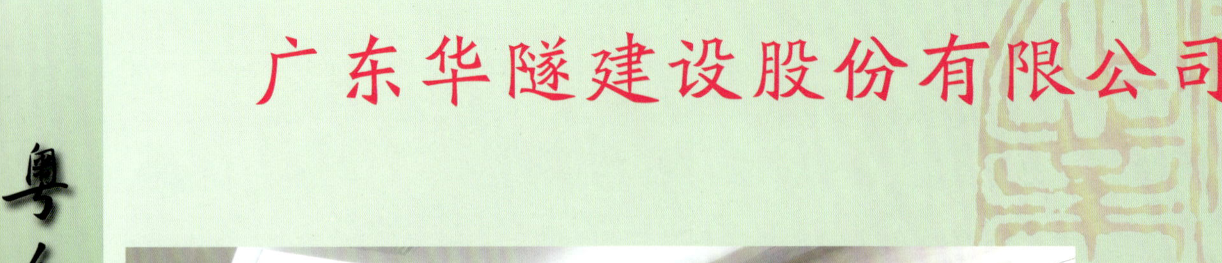

广东华隧建设股份有限公司

华隧建设是经省国资委批准、广东省建筑工程集团有限公司整合集团内部城市轨道交通工程优质资源控股成立的企业，注册资本金为2.5亿元，公司以城市轨道交通工程为主业。

华隧建设全资子公司——广州华隧威预制件有限公司是广东省规模最大、设备最先进、产能最高的管片生产厂家之一。

华隧建设 φ8.8m 盾构机率先在莞惠城际线始发成功，这标志着莞惠线项目建设正式进入了盾构施工的崭新阶段。

华隧建设研制的成型隧道内钢管运输、安装台车，应用该装置攻克了西江引水工程中世界最小管外间隙的内衬钢管铺设难题。

广东格兰仕集团有限公司

2012年6月5日，格兰仕董事长梁庆德和总裁梁昭贤接待中山市市长陈茂辉参观格兰仕。

2012 年 8 月 9 日，格兰仕总裁梁昭贤接见沃尔玛代表

2011 年 11 月 30 日，第三届佛山市民最喜爱的品牌企业颁奖晚会隆重举行。佛山市委副书记、代市长刘悦伦为格兰仕代表邹能基副总裁颁奖。

公司通过"三大计划"（向日葵计划、长青藤计划、红高粱计划）和"三项工程"（素质提升工程、员工创业工程、"种苗"培养工程）培养有知识、有抱负、有才华的产业人才。图为培训现场

广州王老吉药业股份有限公司

王老吉药业总裁方广宏（右三）向前来公司参观调研的各位领导介绍王老吉在质量控制、生产管理等环节的做法。

2011年3月，广药集团“永不过期”家庭过期药品回收活动隆重举行，王老吉药业全力以赴参加了此次活动。

王老吉药业公司在党建工作中的创新性地落实集团“11X”发展模式，与白云山总厂携手合作推行以仙草种植产业拉动扶贫项目，初现成果

2011 年 8 月，王老吉药业荣获广东省医药工业中成药制造、中药饮片加工 20 强企业的荣誉。

2011 年 10 月，王老吉药业举行横跨全国七大城市八所高校的“2012‘王’者精英召集令”大型校园招聘活动，为新一年的持续发展储备人才。

广州机施建设集团有限公司

广州机施建设集团有限公司承建的广州市珠江新城海心沙绿化改造及地下空间工程。

广州机施建设集团有限公司承建的广州大学城华南师范大学体育馆获国家优质工程银奖。

广州机施建设集团有限公司承建的亚运主媒体中心。

广州机施建设集团有限公司承建的广东省博物馆新馆工程获 2008 年度广州市结构优良样板工程。

广州造纸集团有限公司

2009 年 3 月，广东省委常委、市委书记朱小丹到广纸南沙厂区调研，指出广纸环保搬迁是“凤凰涅槃，浴火重生”。

广纸厂区厂貌——正门及行政中心大楼

2010 年 2 月，广东省委常委、市委书记朱小丹视察广纸，指示紧紧抓住环保搬迁的“牛鼻子”，高标准建设新广纸。

2011 年 7 月，在广纸集团纪委书记洪润祥、工会主席李小玲的带领下，11 个挂钩帮扶责任单位的党工团代表到帮扶的茂名市茂港区七迳镇山岚村的贫困户进行慰问。

广州市住宅建设发展有限公司

广州市住宅建设发展有限公司承建的广州市重点项目——广州新图书馆工程，时任广州市市长张广宁（前排右一）视察工地。

广州市住宅建设发展有限公司承建的广州市菠萝山保障性住房项目，广州市副市长苏泽群同志出席该项目开工仪式

广州市住宅建设发展有限公司承建的广州新图书馆工程南、北楼结构合拢仪式上，董事长崔浩江（中间）和项目管理人员合影留念。

广东省文化厅厅长方健宏（左三）与粤剧表演艺术家红线女、罗品超、罗家宝、陈小汉共同为广州市住宅建设发展有限公司承建的广东粤剧艺术中心演艺大楼工程启动开工按钮。

粤企标杆

广东新一派建材有限公司

2011年2月，广东省清远市市委副书记、市长葛长伟等领导莅临新一派建材考察指导，图为葛市长一行在公司总经理关伟华等领导陪同下到生产车间参观指导工作，全面了解新一派陶瓷生产工艺过程、节能减排等领域的情况。

新一派公司外景

新一派建材一直致力于企业文化的建设，打造和谐、温馨的家文化氛围。右图为在厂区内举行的第一场文艺晚会，新润成集团董事长关润启在晚会上感谢全体新一派人的辛勤付出，勉励大家继续再接再厉，坚持做好各项工作，以创造更加优异的成绩。

新润成集团董事长关润启一直以来都非常关心新一派建材的各项工作情况，还多次莅临清远基地现场进行工作指导，图片为关董与各部门第一责任人召开工作会议，明确要求在保证工作进度之余一定要保证各项工作的质量。

干净明亮的生产车间

广东昭信企业集团有限公司

2011 年 1 月 25 日和 6 月 29 日，现任广东省副省长、时任佛山市市委书记陈云贤亲临昭信集团公司对党建工作实地调研考察。

金谷·光电产业社区位于广佛交界处的佛山市南海区桂城街道平洲南港大街 1 号，总占地面积约 26.67 公顷，紧邻广州荔湾区（芳村），和佛山中心城区无缝相连。社区首期改造厂房、公寓共 6 万平方米，以半导体、新光源为主体，集科研、应用、营销，并兼备生活、休闲、娱乐等多种功能于一体的现代都市型产业社区。

优越地理位置、高端的产业定位、完善的产业配套服务，使其列入佛山市南海区《都市型产业载体》和《绿色照明产业集约园区》的重要地位。而金谷光电产业社区产业定位、政府扶持以及广佛两市成熟的配套，更为光电产业集聚发展以及高端人才的创业、就业提供了保障和支持。

2011年1月31日，广东省省委常委、副省长肖志恒到广东昭信平洲电子有限公司开展“南粤春暖”慰问活动。

昭信集团积极响应每年一度的“广东扶贫济困日”与“南海慈善月”活动的号召，连续十年不间断地向南海慈善会捐赠善款

粤企标杆

佛山佛塑科技集团股份有限公司

佛山杜邦鸿基薄膜有限公司（以下简称杜邦鸿基）在南庄镇战略性新兴产业基地举行了环保新能源应用双向拉伸聚酯薄膜项目奠基仪式。佛山市对外贸易经济合作局局长周志彤、市科学技术局副局长贾煊、禅城区委副书记张辉明、区委常委、常务副区长卢建华及市区镇有关领导，杜邦帝人中国有限公司总裁、帝人杜邦日本有限公司副总裁、杜邦鸿基副董事长、执行董事Dr.Gary Rhoades（路达博士），佛塑科技董事长、杜邦鸿基董事长李曼莉，佛塑科技总裁黄丙娣等领导出席了仪式。

佛塑科技总部大楼

国家安全生产监督管理局安监四司欧广司长、省国资委温国辉主任参观佛塑科技控股子公司佛山市纬达光电材料有限公司

佛山佛塑科技集团股份有限公司是国内第一家使用湿法工艺生产锂离子电池用隔膜的企业。图为锂离子电池隔膜生产线。

偏光膜生产线。车间洁净度要求高，实施全封闭式管理。

电池膜产品。公司工程技术开发中心通过自主研发，成功开发了第一代、第二代隔膜，目前正在研发第三代电动汽车用隔膜。

电工膜产品。通过自主创新研发的薄型耐高温电容器薄膜，应用于我国首条特高压输电线路，为国家电网建设作出贡献。

粤企标杆

佛山市南海佛广交通集团有限公司

2011年4月29日上午10时30分，沥桂互通公交、大沥镇巴二期及大沥公共自行车启动仪式在大沥公交总站举行。

佛广集团公司本着交通行业服务特色，创企业形象、真诚待人，努力实践“三优三化”服务，涌现出“助人为乐”“拾金不昧”“见义勇为”等好人好事3 000多宗，获各方颁授锦旗100多面，收到感谢信不计其数，培育出一批“五星级驾驶员”“文明驾驶员”等优秀驾驶员。

佛广交通环保出租车投放仪式隆重举行。佛广交通117辆新型环保出租车正式投放市场运营，新车实现实时调度和监控，并在车顶灯统一印制“佛广交通”，车身字样也统一刷成了“佛山市南海佛广出租汽车有限公司”。

深圳市中金岭南有色金属股份有限公司凡口铅锌矿

2011 年 11 月 25 日，中国有色金属工业协会副会长尚福山在凡口铅锌矿井下考察。

凡口铅锌矿认真落实“分级管理、分级负责、分级把关”的安全管理措施，实施行政第一领导的安全负责制，严格执行矿领导带班下井制度，确保矿山安全生产。图为矿长姚曙（右）、党委书记骆建辉（左）在井下检查工作。

凡口铅锌矿在注重矿山安全生产的同时，同样注重环境管理，大手笔进行矿区绿化美化工作，为员工营造了宜居的生活环境。矿区到处鸟语花香，处处洋溢着浓浓的幸福生活气息。

凡口铅锌矿努力打造管理一流、效益一流、工艺一流、设备一流矿山，先后从德国、芬兰、美国、加拿大等国家引进大量先进设备。图为进口的可视遥控铲运机在井下采场铲矿场面。

凡口铅锌矿建矿初期的生产能力为日处理 1 000 吨矿石，历经多次改造，到目前达到日处理铅锌矿石 5 500 吨、年产 18 万吨铅锌金属量的生产能力。图为选矿厂磨浮工段球磨系统。

针对矿山步入中老期资源面临枯竭的局面，凡口铅锌矿加大矿区周边部和外围的探矿工作力度，积极寻找新的资源，以增强矿山发展后劲。

深圳市金宏威技术股份有限公司

深圳市副市长陈彪（前排右二）来金宏威公司新能源产业园区参观指导。

国网领导来金宏威公司参观指导。

金宏威公司员工情系四川抗震救灾，鼎力援助，踊跃捐款。

金宏威公司发动支持世界大学生运动会的公益活动“爱心大运行”。

东莞晶苑毛织制衣有限公司

东莞市副市长贺宇参观东莞晶苑毛织制衣有限公司

客户高层访问东莞晶苑毛织制衣有限公司

国务院发展研究中心在东莞晶苑毛织制衣有限公司调研

东莞晶苑毛织制衣有限公司 A3 大楼

明珠电气有限公司

明珠电气有限公司

为打造成世界一流的输变电企业，明珠电气有限公司隆重举行更名庆典。

明珠电气有限公司蔡定国总工（左一）接待到访的乌克兰扎布罗热变压器研究所专家。

明珠电气有限公司获授高新技术企业牌匾。（左一为公司代表）

明珠电气有限公司总工蔡定国（右三）与西安交通大学电气学院签订项目合作意向书。

粤企标杆

深圳市核达中远通电源技术有限公司

2010年深圳市科工贸信委领导来公司参观，授予“深圳市级企业技术中心”称号。

深圳市核达中远通电源技术有限公司英文名：VAPEL，成立于1999年，隶属广东核电集团，是国家核准认定的高新技术企业，专业致力于VAPEL品牌高频开关电源的研发、生产和销售。

深圳市核达中远通电源技术有限公司自主研发的老化设备运用了市电回馈技术，节高效节能高可靠性，在国内电源行业内处于领先地位。

VPS48300/1600 全数字化通信电源系统，高可靠性、高功率密度（功率达到 17.4KW，效率大于 94%），全智能化监控，扩容方便，广泛应用在通信行业。

VPE4807/300-D 系列智能型嵌入式开关电源系统，是根据信息产业部行业标准，结合国内外供电状况和使用要求设计生产的高新技术产品，适用于中、小功率直流电源的场所，尤其是移动通信和接入网设备。

450W、700W、1200W 的 BMP 模块电源，具有体积小，设计精美，高效节能（效率达到 94% 以上），安全可靠等特点。

英辉南方造船（广州番禺）有限公司

英辉南方制造的“海尧”船采用了先进设计，片体设小型球鼻艏、首部隧道底部设碎浪踵，采用双机、双桨推进，具有良好的适航性，快速性和操纵性。

集行政、设计、技术、会议汇集于一体的办公综合大楼

组建技术中心，扣紧市场经营、设计技术、建造施工三个环节，推进企业转型升级。

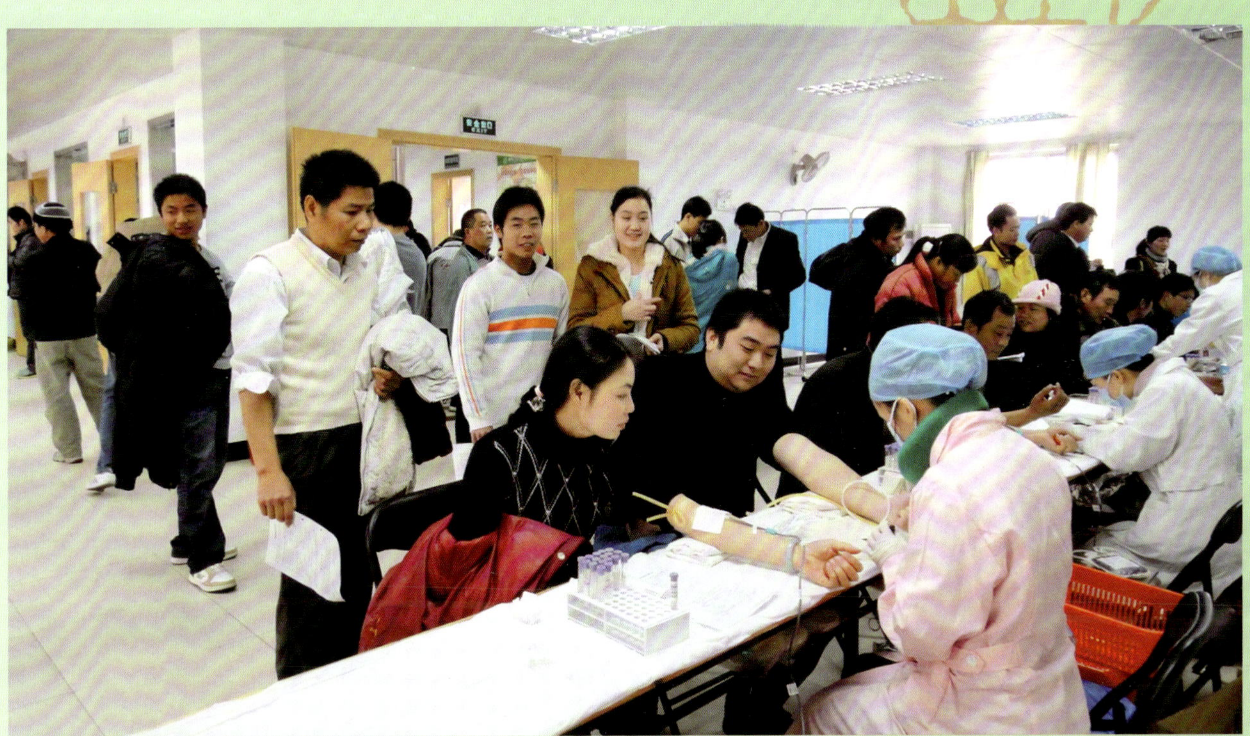

员工踊跃参加无偿献血活动用实际行动奉献爱心，展示了英辉南方员工的社会责任和博爱精神。

粤企标杆

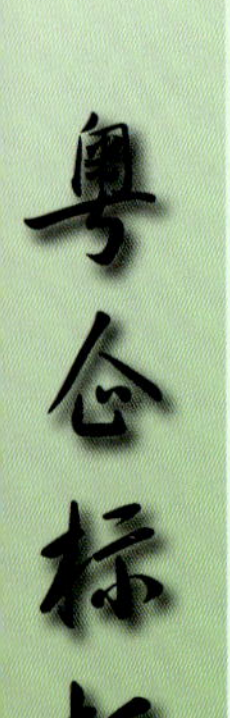

广东惠伦晶体科技股份有限公司

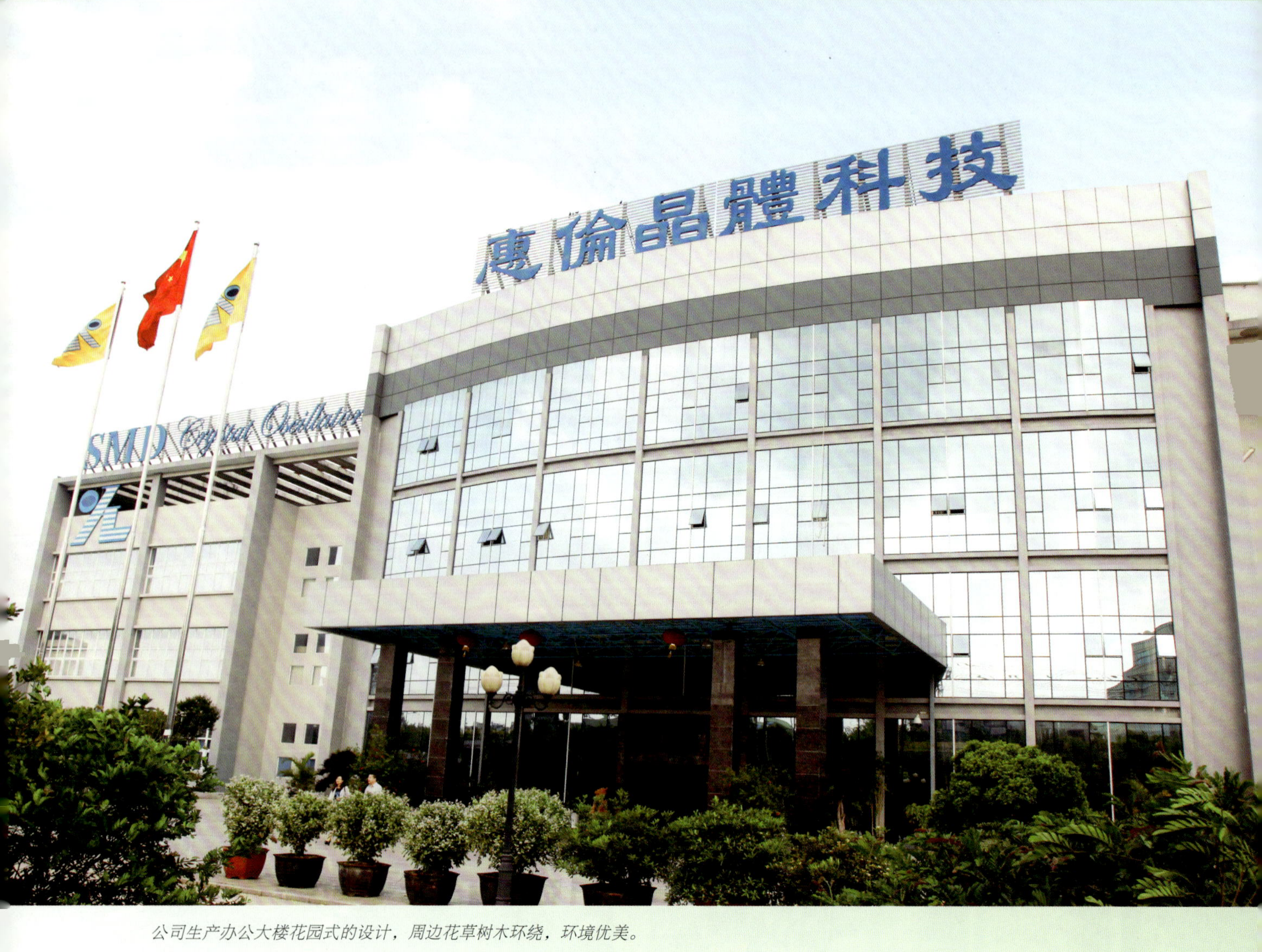

公司生产办公大楼花园式的设计，周边花草树木环绕，环境优美。

公司现拥有全球最先进的全自动生产线，产销量居国内行业首位。

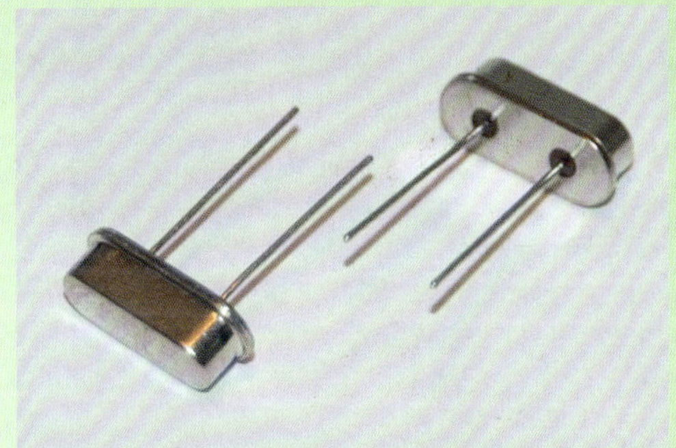
引线型产品，简称 DIP 产品

表面贴装型产品，简称 SMD 产品

2010 年“东莞市压电石英晶体元器件研究开发中心”被评为“东莞市企业工程技术研究开发中心”。

深圳市中亚联合集团有限公司

河南省省委常委、常务副省长李克和副省长张广来中亚联合集团进行参观指导工作。

湖南省省长徐明华（前排左一）参加公司奠基仪式。

4月22日世界地球日，中亚联合集团组织员工进行环保行动，从深圳湾畔经九小时抵达蛇口港，全程30多公里，捡拾垃圾总重超过两吨。

广州大运摩托车有限公司

广州大运摩托车有限公司生产车间

消音器装防烫板

发动机吊钩

公司活动

广东高微晶科技有限公司

广东高微晶科技有限公司（原河源万峰陶瓷有限公司，以下简称广东高微晶）是一家集微晶石的研发、生产、销售和售后服务为一体的大型港资企业，是国内最大产能的专业微晶石生产企业，有着十年的微晶石生产经验，掌握微晶石产品及熔块原料生产的核心技术，拥有全球最大的微晶石产品市场份额。广东高微晶先后通过CQC评审、ISO9000质量管理体系、ISO14001环境体系认证，分别荣获“广东省优秀企业”“广东省清洁生产企业”“广东省自主创新标杆企业”荣誉称号，是“广东省省级企业技术中心”授牌企业之一。广东高微晶注册资本1 135万美元，2011年实现工业总产值4.87亿元、销售收入4.31亿元，利税3 716万元，期末资产总额5.93亿元。

产品创新

2011年，是广东高微晶的“创新年”。这一年，广东高微晶加快了创新的步伐，“臻玉”、七代微晶石、3D喷墨微晶石等100多款新品研发成功，并迅速成为市场主打产品，供不应求。不仅提高了企业的技术实力和经济效益，更为2012年的扩产打下了坚实的基础。

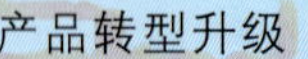

产品转型升级

2011年，中国陶瓷企业面临前所未有的危机。广东高微晶“危”中寻“机”。通过对产品结构调整和产品转型升级，强化经营管理促进产品品质提升，为2012年的“品质年”打了下扎实的基础。

节能技术改造

2011年，广东高微晶持续进行节能技术改造，完成了烧成窑综合节能技术改造、喷雾塔出风口加装闸门的技改、抛光改用金刚石磨块的技改、降低釉料生产用电单耗的技改等项目，取得了较好的节能效果。

制度、流程再造

为响应广东高微晶孕育上市的战略需要，2011年，广东高微晶进行了制度、流程再造。通过制度、流程的优化和改造，提高了工作效率，使整个管理系统运行顺畅，以及通过协调各方面的资源，建立合理有效的流程绩效考评机制，保证工作目标的实现。在人员管理、成本、质量等方面均比改造前有了明显的改进，获得的成果不仅是量的变化，更重要的是质的明显提升。

当前，广东高微晶2 300余名干部职工在吴启章总经理的带领下，秉承“务实进取、创新超越、脚踏实地、做好建材”的精神，聚众智，合众力，以创新谋划未来，以实干付诸行动，不断超越自我，为实现打造“微晶王国”的宏伟目标而努力奋斗。

广州南方电力建设集团有限公司

广州南方电力建设集团有限公司成立于1999年6月28日，注册资金2.4亿元，是广东地区大型电力建设企业，也是广东省主要的电力应急抢修施工队伍之一。南方电力集团具有220千伏及以下输变电工程勘查、设计、安装、调试的电力工程施工总承包二级资质，国家电监会颁发的承装（修、试）电力设施二级许可证。目前，公司主营业务是电缆、架空线路、变电等各专业电力工程施工以及配网工程，业务范围涉及省内外，并有国外电缆施工的经验，其中高压电缆施工是核心技术产业。

2011年11月25日，广州南方电力建设集团有限公司在广东省企业创新成果发布暨表彰大会上夺得“自主创新标杆企业”及“广东省企业管理现代化创新成果三等奖”荣誉。

近年来，受电力市场的进一步开放及工程成本不断上涨等因素的影响，电力施工企业所面临的形势越来越严峻。2011年，南方电力集团对内部组织架构进行重组，把变电部、输电部合并为主网工程部，并成立配网工程部、运维部。在做精主网、配网工程施工业务的同时，积极开拓用电租赁和托管业务，为公司利润增长开拓新路，有效地弥补了利润缺口，2011年企业利润达到3.9亿元。

面对竞争激烈的市场，南方电力集团大力加强战略规划，公司对当前经济形势进行了认真分析，制定了未来五年的发展战略，为实现企业的可持续发展指明方向。

2011年是广州南方电力建设集团有限公司成果丰厚、赢得荣誉的一年。南方电力集团被授予“广东省诚信示范企业”、“广东省自主创新标杆企业”称号；“降低搪锡对高压电缆的损伤率的质量管理实践”夺得“广东省企业管理现代化创新成果三等奖”；负责承建的220kV炭步变电站工程被评为“安全、优质、文明样板工程”及“广东省用户满意工程”。

南方电力集团公司承建的220千伏炭步变电站工程荣获“安全、优质、文明样板工程”和“广东省用户满意工程”两项殊荣。

南方电力集团将继续强化改革创新力度，积极开拓外地市场和电力相关产业的新业务，致力于打造一流的电力施工企业。

广东长宏公路工程有限公司

广东长宏公路工程有限公司坐落于被誉为中国最美的荔乡——广东省增城市，是我国近年来公路行业快速崛起的一颗新星。长宏工程公司成立于1992年，1998年1月改制成立具备独立法人资格的股份制企业。公司目前拥有各类管理和专业技术人员1 569人。其中，具有高、中、初级职称233人，国家注册一级建造师42人。拥有土石方、桥梁、隧道、混凝土、沥青等大型施工机械设备和检验检测设备12 000余台（套），资产总计13.5亿余元。长宏公司公司具有公路工程施工总承包一级，市政公用工程施工总承包一级，桥梁、隧道、路基、路面工程等专业承包一级，地基与基础专业、混凝土预制构件专业、土石方专业、预应力工程专业、环保工程专业、特种专业（结构补强）工程专业承包二级等多项施工资质。同时，拥有一家具有公路水运、交通试验检测乙级资质的法人独资试验检测机构。

截止到2011年年底，长宏工程公司累计完成高等级公路378.2公里，高级路面786万平方米，大型桥梁30座，累计长度19 134米，大小隧道21座，累计长度44.5公里，市政公用工程项目24个。实现了工程验收合格率100%、优良工程95%以上的良好成绩。近3年以来，长宏工程公司年均承揽工程合同额32亿余元，年完成产值20亿余元，经营收入年均增长19.5%。同时，长宏工程公司积极践行国际通行的BOT、BT项目特许经营模式。由长宏工程公司承建的东莞市虎门镇滨海大道市政工程BT工程总投资15.5亿元。

在多年来的工程建设中，公司受到了来自各地建设单位、主管部门的一致好评，并屡获殊荣。先后获得广东省企业500强、广东省守合同重信用企业（连续九年）、广东省诚信示范企业（连续两年）、广东省最具核心竞争力企业、广东省创建学习型企业先进奖、广东省优秀QC小组等荣誉，并通过了ISO9001、ISO14001、GB/T28001-2001“三标一体”认证。长宏工程公司主持的省级科研项目“非金属材料预应力张拉工艺技术研究”“广东省公路中小跨径桥梁维修加固技术地方规定研究”和“现浇混凝土箱梁高支模施工工法”已获交通运输部公路建设行业协会评审通过并予以推广应用。

长宏工程公司坚持“诚信履约，达标创优，持续改进，顾客满意”的质量方针，以“质量、效益、安全、进度、文明同步发展，为社会创造效益”为经营宗旨，坚持不懈地追求和践行着自己的承诺与宏图伟略，实现了十年跨越式发展，并朝着集团经营多元化方向发展。

东莞市虎门镇十项重点工程于2011年8月4日正式启动，长宏工程公司承建的项目是虎门镇滨海大道市政工程BT建设项目。

标杆典范

创新事迹

综述

【中国广东核电集团有限公司】 中国广东核电集团有限公司（以下简称：中广核集团公司）是由国务院国有资产监督管理委员会监管的特大型清洁能源企业。中国广东核电集团（以下简称：中广核集团）是由核心企业——中广核集团公司和30多家主要成员公司组成的国有特大型企业集团。

中广核集团以“发展清洁能源，造福人类社会”为使命，以建设“国际一流的清洁能源集团，成为全球领先的清洁能源提供商和服务商”为目标。中广核集团已成为我国清洁能源、特别是核电领域的重要支柱和骨干力量，在加快行业发展、推动国家转变经济发展方式中担负重要使命和责任。

真抓实干，开拓创新，实现可持续发展 中广核集团坚持科学发展，高度重视科技创新对企业发展的引领作用，强调核心竞争力的培养。近年来，中广核集团在国家技术创新活动中承担了越来越多的任务，先后承担国家先进压水堆与高温气冷堆核电重大专项，国家能源局工程示范项目、产业化项目，科技部973计划、863计划、科技支撑计划、财政部重大技术创新与产业化项目五十余项。在核电运维、施工、安全技术，以及核安全级保护系统等关键设备研制等方面取得了重大成果，部分实现工程应用，部分进入工程样机测试与考验阶段。自主品牌先进核燃料组件研发，也得到国家国防科工局、能源局以及深圳市发改委的大力支持。

科技投入逐年提高。科技活动经费从2008年的5.2亿增加到2011年的13.1亿，其中研发经费由0.32亿增加到4.8亿，分别占主营业务收入的4.5%和1.7%。

大力培养高素质科技人才队伍。中广核集团通过逐步完善人才考核、评价、激励机制，建立技术人才系列、首席专家制度，打通了科技人员的职业发展通道，营造优秀人才脱颖而出的良好环境。一大批青年科技人才在实践中快速成长，成为科技创新工作的中坚力量。此外，集团还通过多种方式引进科技人才，为科技人才搭建能发挥所长的工作平台。

积极构建科技研发平台。目前集团已拥有一个国家工程技术研究中心——国家核电站安全及可靠性工程技术研究中心和五个国家能源研发中心——国家能源核电站核级设备研发中心、国家能源核电站数字化仪控系统研发中心、国家能源先进核燃料元件研发中心、国家能源核电站寿命评价与管理研发中心、国家能源核电工程建设技术研发中心。在此基础上进一步加大科研设施建设，以深圳市龙岗（核电）新能源产业基地为依托，启动综合热工水力与安全实验室建设，随着大型水力学实验装置以及严重事故机理实验装置等一批世界一流、对核电研发具有战略意义与全局作用的重大基础性科研设施建成，将显著提升我国核电科技创新手段与能力。

中广核集团坚持从引进国外技术建设大亚湾核电站高起点起步，走“引进、消化、吸收、再创新”之路，以从国外引进的百万千瓦级核电机组为基础，结合多项重大技术改进形成了具有自主品牌的中国改进型压水堆核电技术—CPR1000，具备了集约化、专业化、规模化设计、建设和运营CPR1000核电站的能力。该技术目前仍是我国在建核电项目的主流技术。

近年来，中广核集团以引进、消化、吸收三代核电技术的方式，建设台山EPR核电站，积极参与三代核电技术AP1000引、消、吸工作，对照国际最新安全标准，借鉴国际核电领域的最新经验反馈，坚持自主创新，自主研发拥有自主知识产权的百万千瓦级三代核电技术ACPR1000+。ACPR1000+研发工作得到国家能源局、国家核安全局和同行专家的鼓励与肯定。对我国三代核电自主化建设

中广核集团大力推进自主创新，在第十三届高交会上展出的中广核正在研发中的具有自主知识产权的三代核电技术ACPR1000。

具有推动作用，并为我国核电“走出去”战略提供了有效技术支撑。

全面开展管理提升活动 创新发展是中广核集团永恒的主题。创新发展没有停留在科技创新上。科技创新提高企业技术实力，管理创新提升企业综合实力。

中广核集团从大亚湾核电站起步，立足创业、勇于创新、持续创优。在引进国际核电先进技术的同时，引进了先进的管理体系，并逐步形成一整套行之有效的管理程序，做到了“凡事有章可循、凡事有据可查、凡事有人负责、凡事有人监督”。

随着业务领域扩展、业务范围扩大，中广核集团及时调整组织架构，建立了与国际接轨的、专业化的核电生产、工程建设、科技研发、核燃料供应保障体系，以及风电、水电、太阳能等可再生能源开发建设、节能技术推广体系，具备了在确保安全的基础上面向全国、跨地区、多基地同时建设和运营管理多个核电、风电、水电、太阳能及其他清洁能源项目的能力，成长为具有核心竞争力的大型清洁能源企业。为建设国际一流清洁能源企业奠定坚实基础，为进一步加强管理，中广核集团借鉴国际上先进、成熟的绩效管理体系，实施全员绩效管理，以集团战略目标为指导，确定集团重点年度工作任务，任务层层分解、层层落实，实现了管理提升。

为进一步实现中央企业“做强做优、世界一流”的目标，中广核集团在“十二五”之初，提出树立“重实际、干实事、结实果”的工作作风，扎扎实实地“做好最基础的工作、练好最基本的功夫”（以下简称“三实两基”），不断追求卓越，在企业做大基础上进一步做强。在“三实两基”基础上，集团公司着力构建战略管控型总部，根据工作性质及业务特点，将集团公司原有部门划分为职能部门和业务部门，理顺管理边界和接口，加强职能管控；成立财务共享中心、信息技术中心，促进集约化管理水平不断提高；同步调整成员公司分类办法及管控策略，协同效应初步显现。

加强企业文化建设，提高公众认知度 中广核集团坚持以人为本，加强企业文化建设营造员工和企业共同成长的和谐文化。

经过近三十多年的发展，在积极吸收借鉴国内外优秀企业文化成果的基础上，中广核集团培育形成了符合时代要求、具有鲜明企业特征的企业文化，明确了以“三创”（创业、创新、创优）为企业精神，以“安全第一、质量第一、追求卓越”为核心价值观，以“三实两基”为工作作风的企业文化体系。

另外，中广核集团在信息公开和科普宣传方面进行了诸多探索与大胆创新。日本福岛事故后次日，中广核集团官方微博正式开通，成为国内核电企业中的首个企业微博。利用官方微博的平台，中广核通过开设科普小专栏、微博直播、邀请核电专家与网友进行“微访谈”、组织微博网友参观大亚湾核电基地“微旅游”等形式大力进行核电科普，其中微访谈、微旅游在国内核电企业中均属首次。中广核的这些创新为化解公众疑虑，坚定政府和公众对核电的信心发挥了积极的作用。

善用自然的能量，节能减排 根据“国际一流的清洁能源集团”的定位，中广核集团的品牌传播口号是“善用自然的能量”。

截至2012年3月底，中广核集团拥有在运核电装机611万千瓦，在建核电机组15台，装机1 754万千瓦；拥有风电控股装机313万千瓦，太阳能光伏发电项目累计投运20万千瓦，水电实现控股装机154万千瓦，权益装机350万千瓦。2011年中广核集团每万元产值的能耗仅为0.3703吨标准煤，远低于其他电力企业。

在新的历史阶段，中广核集团将认真落实科学发展观，坚持“安全第一、质量第一、追求卓越”的方针，充分发挥技术、人才、管理、资金等优势，持续创新，努力建设国际一流的清洁能源集团，为社会提供安全、环保、经济的电力，促进国家、企业与员工的和谐发展，为建设资源节约型、环境友好型社会，应对全球气候变化贡献力量。

（中国广东核电集团有限公司）

【中海石油（中国）有限公司湛江分公司】 中海石油（中国）有限公司湛江分公司（以下简称湛江分公司），是由中国海洋石油总公司控股的中国海洋石油有限公司下属的一家境内分公司，主要负责东经113度10分以西的中国南海海域石油天然气勘探、开发和生产业务。近年来，湛江分公司从落实国家能源战略、保障国家能源安全这一高度出发，深入贯彻落实科学发展观，紧紧围绕公司战略目标，解放思想，求实创新，不断强化改革创新意识，在工作中把握规律性，富于创造性，在技术创新、管理创新、体制机制创新等方面进行了大量的探索和实践，使公司发展始终保持旺盛的生机和活力。

思路创新，盘活全局 思路决定出路。作为中海油勘探开发生产作业执行者之一，湛江分公司最主要的任务就是找到油气储量并进行开采，然而勘探没有大的突破制约着公司的发展。转变思路，另辟蹊径，湛江分公司通过不断的尝试和探索，扭转了勘探开发的不利局面，盘活了全局，走出了一条可持续发展的新路。

滚动勘探、联合开发。在勘探没有大的突破的情况下，湛江分公司重新审视自己拥有的海域，把原来“抓大放小”的思路转变为同样重视边际油田的勘探开发，提出了“在油田内部找油田，在油田周边找油田”的滚动勘探新思路。再利用现用油气生产设施迅速新建产能，促使原来如“鸡肋”的边际小油田得以快速开发，勘探与开发互相促进，形成了滚雪球式发展的良好局面。按照这样的思路，这几年来，湛江分公司实施调整井20多口，增加油气产量100多万方。

现在，滚动勘探、联合开发更进一步向区域开发的思路发展，将原来被动地依托现有设施进行开发变为主动地、未雨绸缪地区域开发，根据将来可能的产量规模建设处理中心、电力供给、终端等设施，为未来的油气开发做好准备。从区域整体考虑，油气勘探开发的成本将大幅降低，可实现区域资源的充分利用和经济效益的最大化。

“钻机模块”变“模块钻机”。2008年，根据合同崖城13—1气田需增加供气量，而此时正值海上油气田开发建设高峰期，无法获得可保证的大型海上安装船舶，存在巨大的违约风险和经济损失。湛江分公司管理层大胆设想，提出化整为零，将“钻机模块”的整装设备变为可拆分成136块的“模块钻机”进行设计、建造、安装、调试，利用平台吊机完成作业。经过一系列技术创新和思路创新，施工作业顺利完成，成为国内首个不依赖海上大型安装船舶，完成所有海上安装工作的模块钻机项目，同时也为今后海上边际油气田的开发走出了一条新路。

技术创新，引领生产 科技驱动是中海油发展战略之一。作为子公司之一，湛江分公司锐意进取，开拓创新，积极响应和践行这一发展战略，科技成果取得多项国家级和省部级奖项，并应用于生产，取得了良好收益。

中国南海西部海域构造复杂，公司的安全快速钻井技术获2008年国家科技进步二等奖，取得了6项具有自主知识产权的创新成果技术，获得授权的专利4项，该技术的应用彻底摆脱了南海西部因海域复杂构造引发的钻井事故率高、成本高、成功率低的困境，打破部分被外国石油钻井技术垄断的局面、创造了自己的技术品牌。

文昌油田LPG回收技术在施工改造中创新应用现代工程管理理念，探索建立了海上油气田大型改造作业风险控制和安全管理模式，实现1项世界首创和3项国内首创，该项目不但对今后提高海上油气生产中的资源利用率起到了典范作用，而且为湛江分公司带来可观经济效益，海洋环境也得到了保护。项目运行五年多来，日均回收液化石油气120立方米、凝析油80立方米，经济效益、社会效益及环保效益显著。

涠西南油田群电力组网创建了国内第一个海上长距离、小机组电网系统。通过电网，可为已开发的WZ11-1N/6-9/6-10/11-2油田和拟开发的WZ6-12/12-8W等油田供电，估算节约投资约5亿元，大大节省开发工程投资；同时，大幅降低了天然气的消耗及CO_2的排放，在安全生产、节能减排、降低成本、边际油田开发等方面作出贡献。

涠西南油区注气提高采收率技术一箭四雕：第一，后评估显示，注气比注水的可采收率提高了10%以上；第二，预计整个项目将累计有10亿立方米天然气存入地下，可实现天然气的“零存整取”；第三，项目可带动周边油田的注气吞吐，其中涠洲6—1油田利用其高压气源，日产原油约450方；第四，原本放空的天然气回注到地下，每年可减排天然气1亿立方米。

勘探开发实时决策系统首创6项技术，成功研发具有完全知识产权的实时决策系统，填补国内空白，达到国际领先和先进水平。打破了国外专业服务公司的技术封锁，该系统的开发应用，带来了显著的经济效益：至今，该系统已成功应用于中海油国内以及海外区块约200口探井开发井，合计产生经济效益超过6亿元，按照目前使用的成效估算，今后本系统还将为中海油带来每年2亿元以上的经济效益。

除此之外，湛江分公司的技术创新还有很多：内外挂井槽技术的成功应用，扭转了缺乏井槽的被动局面，为调整井的实施创造了不可缺少的条件；海上复杂组分气田产供气一体化研究成果的应用，累计可产生逾10亿元的经济效益；海上平台首套火炬自动点火管理系统，彻底改变了传统的点火方式，解决了因点火系统而造成天然气放空的浪费、污染问题；国内首台引进乌克兰燃气机发电，实现国产化，打破欧美燃气机垄断；东方1—1气田时移地震技术的应用，填补国内多项空白……

管理创新，科学发展 管理创新，构建符合社会主义市场经济要求的管理体制和运行机制，关系到企业的生存和可持续发展。管理创新已成为湛江分公司谋求发展的重要环节，在管理模式、管理制度、人力资源管理等方面大胆改革、锐意创新，实现资源的优化配置，形成了与企业发展相适应的管理体制，并在实施过程中不断积极改进。

机制创新，“小项目，大支持，列车式运行”。随着公司的高速发展，投入开发的油气田大幅增加，同时，部分油气田已进入开发生产的中后期，地质认识调整挖潜和工程改造的难度加大，工作量随之倍增。对于编制精简的湛江分公司来说，面临头绪众多的工作，单纯依靠传统的条（部门）、块（作业公司、研究院、项目组）管理已不能适应发展的需要。湛江分公司结合自身实际，提出了“小项目、大支持，列车式运行”的管理模式：对尚未到总公司、有限公司级别的小项目，专门成立项目组，各条块、各部门进行“大支持”，项目实施“列车式”运行，运行到某个节点、阶段，各部门、单位全力支持，如内部资源不够，可到“兄弟单位”借调，使得很多项目可以同时进行，管理效率、生产效率得到大幅提升，勘探、开发、生产工作所亟需的人力、物力等紧缺资源发挥出协同增效的整体优势。

人力资源管理打造高质量员工队伍。湛江分公司“以人为本”的理念独具特色，即“给员工创造一个安全的工作环境、培育一个和谐的工作氛围、铺架一条职业发展的道路、提供一个施展个人才华的舞台”，并将“以人为本”与实现企业发展战略目标紧密结合，使员工成为公司发展最可靠的力量。

通过海上人员和研究人员“两大蓄水池”建设，打造素质高、业务强、具备基层经验的员工队伍。加强三支队伍人员培训发展机制建设，为分公司提供了优质的人才保障：建立了较为完善的培训体系，海上人员和研究人员可通过STEP体系的学习和培训，提升技术素质；通过MAP体系的培训，使管理人员持续提升能力、不断丰富经验。持续推进分公司人员间“6个交流”，即“合作与自营、基层与机关、油田与气田、终端与平台、研究与现场、生产与科研”，切实保障人才队伍知识架构的优化和复合型经验的积累。

全方位关爱机制营造和谐氛围。湛江分公司将“以人为本、关爱员工”全方位关爱的企业文化建设与实现公司发展战略目标紧密结合，为海油塑造具有海油精神、理解和贯彻海油文化、掌握专业技能、综合素质高的员工队伍，形成了具有湛江分公司特点的“以人为本”的全方位关爱机制。全方位关爱机制针对不同的对象，因地制宜地开展各项活动，充分体现了公司对对员工的关爱。通过全方位、多角度地为员工着想，解除员工的后顾之忧，为实现企业发展目标保驾护航。

通过思路创新、技术创新、管理创新，湛江分公司在发展过程中不断刷新纪录，创造辉煌：2004年，油气产量达到了920万方油当量，2008年达到1 000万方油当量，此后连续四年油气产量超千万方，为中国海油2010年建成“海上大庆”作出了重要贡献。

创新像一盏明灯，正引领着湛江分公司向2015年产量达到1 300万方、2020年达到2 000万方的宏伟目标进军。

（中海石油（中国）有限公司湛江分公司）

【广东省建筑工程集团有限公司】

广东建工集团成立于1953年，前身是广东省建筑工程局，1983年转制为企业，1996年改为由广东省人民政府授权经营国有资产的大型建筑企业集团，是广东省政府23家资产授权经营公司之一。

建工集团企业资质门类齐全：拥有房屋建筑施工总承包特级资质，拥有房屋建筑、市政公用、机电安装、水利水电等总承包资质，拥有地基与基础、装饰装修、钢结构、城市轨道交通、隧道、桥梁、建筑智能化等专业资质。多个专业板块在同行中占有突出优势，在地铁轨道交通、大型工业设备安装、水利水电、装饰装修等方面都具有显著优势，集团所属的省建科院是集团乃至全省的建筑科技研发中心。

作为省属建筑行业龙头企业，建工集团长期以来重视科技创新和科技成果的推广应用，集团的技术创新能力和总体科技实力不断提升，多个工程领域达到国内领先并形成较为完整具有“广东建工”特色的成套化技术。涵盖了房屋建筑、地基基础、混凝土结构施工、高性能预拌混凝土、钢结构施工、高层超高层建筑施工、大型设备安装、大型厂房及构筑物施工、水利水电工程施工、建筑节能、建筑维修与改建、室内环境检测等技术领域。这些成套技术已基本实现产业化，在集团建筑施工、工程检测等主营业务上广泛推广应用，促进了集团盈利能力的不断提升，同时也创造了良好的社会效益，促进了行业的发展，体现了集团作为省属建筑行业龙头企业的高度社会责任感。

企业科技创新体系 建工集团一直以来高度重视科技创新体系建设，加强对科研工作的领导，不断建立健全集团创新体系。依托大型工程项目，加强科研、设计、施工单位的联合与协作，广泛开展科研项目的立项、申报和实施，加强了集团的技术储备，保持了集团的技术优势，提升了集团在全省建设领域乃至国内建设领域的科技优势地位。

广东省建筑工程集团有限公司目前已经形成了以集团公司技术中心（省级）、广东省基础工程公司技术中心（省级）、广东省建筑科学研究院、广东省亚热带建筑技术公共实验室、广东省建筑工程新技术研究重点实验室、广东省新型节能建材重点科研基地、企业博士后科研工作站和岩土工程硕士点以及众多企业内部技术中心等一系列科技研发机构为基础的科技创新体系。

以建工集团省级技术中心为平台，整合了集团多个研发机构，形成了由核心技术中心、专业技术分中心、区域分中心组成的科技创新体系。集团整个技术中心覆盖了1个科研院、8个专业研究所、1个博士后工作站、1个岩土工程硕士点、2个实验室、1个建筑工程质量检测中心、10个专业分中心、3个区域分中心。设有档案资料室，建工设计院，培训中心等机构。

建工集团所属各单位十分重视科技人才队伍建设，通过制定企业人才战略，建立企业内部的用人制度和人才激励机制，营造有利于人才发展的和谐环境，拨出专项资金用于人才培养和奖励，全面提高在职人员的整体素质。目前全集团各类专业技术人员约6 000人，其中中级职称以上专业人员2 000多人，包括享受国务院政府特殊津贴专家24人，教授级高工45人，高级工程师831人，高级技师和技师214人（高级技师18人，技师196人）。在一系列科技成果的创造和施工实践过程中，广大科技工作者尤其是年轻一代科技人员得到良好的熏陶和锻炼，科技队伍日益壮大，逐步形成了年龄层次、专业结构等各方面分布较为合理的技术队伍。集团多年的技术积累，造就了一大批在国内、省内建筑界享有盛誉的专家行尊，他们是集团不可多得的宝贵财富。

科技基础平台是技术创新的支撑点，也是建工集团科技创新工作中重要的一环。长期以来，集团高度重视基础平台的建设，投入了大量的资金做好基础平台建设，为集团科技工作的发展以及人才的培养提供了良好空间。

近年来，建工集团先后投入大量资金，建设和完善了：集团A8系统信息平台、“综合项目管理系统”平台、广东省亚热带建筑技术公共实验室、广东省建筑工程新技术研究重点实验室、广东省新型节能建材重点科研基地、企业博士后科研工作站和岩土工程硕士点、企业技术中心（包括分中心）等基础平台，为集团的科技创新奠定了坚实的基础，也为广大技术干部提供了施展身手的广阔空间。

建工集团积极实行自主创新、模仿创新、合作创新等多种科技工作形式，不断提高集团自主创新能力，增强集团主业盈利能力。加强与科研、设计、施工单位的联合与协作，积极依托大型工程项目，服务一线，积极开展技术创新和技术攻关，强化新技术推广应用，及时解决施工一线碰到的技术难题，不断总结、完善和提升施工技术，形成较为完整具有“广东建工”特色的成套化技术。这些成套技术已基本实现产业化，在集团建筑施工、工程检测等主营业务上广泛推广应用，增强了集团市场竞争力，为集团的可持续发展奠定了基础。

实施科技规划战略 为更好地实现集团的战略目标，促进科技工作稳健发展，建工集团科技委员会结合集团的现状和集团主业发展前景，制订了集团科技发展规划，并且将集团的发展战略融入到科技创新的各项具体工作中去，以便更好地实现集团战略目标。

建工集团5年科技规划的总体目标是：到2014年，形成完善的科技创新体系，拥有合理的知识结构、专业结构、年龄结构的科技研发团队和工程技术团队，具有强大的科技研发能力和施工技术实力，拥有一批技术含量高、市场影响力大的新型核心技术。在高层建筑、水利水电、市政公用、公路桥梁、地基基础、机电安装、装饰装修等专业技术上继续保持省内行业优势地位；在地铁、隧道等专业技术上处于省内领先、国内先进地位；在建筑科研与设计方面，处于国内先进地位；科研—设计—施工一体化取得突破性进展，综合技术实力跃居国内同行业前列；不断推进节能减排、绿色施工技术以及其他前沿技术的研发和发展。

科技规划强调了科技工作和人才建设对集团发展的重要性，建工集团明确提出要“以科技引领集团可持续发展”，把“科技”作为拉动集团发展的一个龙头，为集团实现传统经营模式向现代建筑经营模式的转变发挥引领和支撑作用。作为集团发展战略的重要组成部分，科技规划将为实现集团战略目标发挥举足轻重的作用。

自主创新成果累累 2011年，建工集团在董事会、党委会正确领导下，认真贯彻落实党和国家的科技方针、政策和省委、省政府关于科技工作的指示精神，紧紧围绕集团总体发展目标和《五年科技发展规划》，实施“科技兴企、人才强企”战略，发扬“团结上下、拼搏纵横”的企业精神，强化科技管理，注重研发，加大投入，重视人才培养，大力推广应用“四新”技术，不断增强科技创新能力，进一步形成了“科技兴企”的良好氛围，取得了显著的科技成果。集团2011年度共获得詹天佑奖4项，詹天佑故乡杯奖5项，国家级工法5项，省级工法54项，专利授权38项，主编标准6部，软件著作权3项，省级科学技术奖6项，国家级优秀勘察设计奖1项，省级优秀勘察设计奖8项，各类行业奖项29项，完成科技成果鉴定46项。

（广东省建筑工程集团有限公司）

【中交四航工程研究院有限公司】

2012年，中交四航工程研究院有限公司（以下简称：研究院）“提高海工混凝土结构耐久性寿命成套技术及推广应用”荣获国家科技进步二等奖。作为一项打造百年工程的核心技术，提高海工混凝土结构耐久性寿命成套技术将海上桥梁、码头等构造物的寿命由过去的二、三十年延长到了50年，甚至超过100年。港珠澳大桥设计阶段，研究院提出的设计寿命120年的技术，一举破解了大桥建设的世界性难题。研究院研发的包括大桥耐久性、混凝土控裂、沉管隧道、人工岛填海筑堤及大面积软基处理等科研成果领先于国内外的先进科研成果和关键技术，为港珠澳大桥建设作出了不可或缺的贡献，彰显出科技创新对交通企业发展的巨大推动作用。

研发成果填补国内空白 科技进步和创新是推动交通行业科学发展、转变发展方式的重要技术支撑。研究院在软基处理技术、岩土生态边坡工程技术、高性能混凝土及耐久性、工程腐蚀与防护、工程检测、安全评估与施工监控技术等方面取得了卓越成绩，不少成果处于国际和国内领先水平，并创造了多项中国企业新记录，这些领先技术已转化为第一生产力，成为行业工程建设的重要技术品牌。

研究院是国内首次提出环境生态岩土工程的排水与保水相结合，特别是岩土工程与环境生态相结合考虑等新理念与新技术的单位，也是国内最早运用真空预压技术解决国内大面积围海造陆技术难题的单位。近年来，该院在大面积软基处理、高边坡防护治理、深基坑支护、隧道监控、土工合成材料、疏浚土固化改造等技术方面进行了开创性研发。获得国家级工法的“真空预压联合快速加固疏浚土施工工法”“浅表层超软弱土快速加固施工工法”，以及有效解决高地下水位条件下加固难题的“深井降水联合强夯软基加固技术”，这些技术突破常规思考和技术路线，以“1+1>2”效果，成为行业目前最领先的品牌技术，、也获得了国内外专家的肯定。

当前，国内外老旧港口码头结构病害较多，结构损伤严重，安全隐患较大。研究院率先研发的“海工混凝土结构碳纤维加固成套技术研究”，建立了一套完整、处于国际领先水平的海工钢筋混凝土结构碳纤维加固技术和施工工艺，填补了我国海港工程钢筋混凝土碳纤维加固方面的空白，该技术成功应用于澳门友谊大桥承台修葺工程和惠州港油码头修复加固工程，对促进我国港口水工建筑物技术进步发挥了重要作用。

作为行业标准规范编写的主力单位，研究院都将研发的先进科研成果和技术成功引入主编和参编的国家与行业规范，极大地推动了整个行业的科技进步。由研究院主编的《水运工程混凝土质量控制标准》和《海港工程高性能混凝土质量控制标准》，是我国首部关于水运工程混凝土和高性能混凝土应用的技术规范，有力地推动了高性能混凝土及耐久性技术在我国水运工程的广泛使用，极大地推进了行业进步，因研究院在规范编写方面的突出成绩，获得交通部“第一届水运工程建设标准突出贡献奖”。

据悉，研究院完成的《中国水运工程六十年》（技术卷），中英文版本面向全球发布，标志着中国技术规范走向国际。至此，研究院以主编和参编24部国家和行业规范，4项国家级工法和8项省（部）级工法，国家专利26项，其中发明专利13项，国家、省部级、中交集团等科技奖项50多项，科技论文350多篇，国际三大检索机构收录50多篇科技论文等显著的科技成果，持续保持着在行业内技术创新的领先优势。

品牌技术创百亿效益　研究院以自己率先研发的关键性领先技术，如抗盐污染高性能混凝土成套技术、水下混凝土材料及耐久性研究、真空预压技术、大型嵌岩钢管桩码头成套技术、海工结构防腐技术等品牌技术，积极为工程实践服务，有效解决了一个个施工技术难题，并创造了良好的经济效益和社会效益。

在深圳SCT二期码头堆场地基处理工程中，研究院采用先进地基处理技术解决了围海造地难题，使预亏近千万元的工程扭亏为盈。截止目前，研究院研发出的系列成套的软基处理新技术，以其经济、环保、符合成本效益，成为行业中最新的绿色环保品牌技术，共完成1 000多万平方米软基处理项目，累计产值数十亿元，直接经济效益超过2亿元；开发的抗盐污染高性能混凝土使用量已经超过300万立方米，以“低热低收缩”为指导原则配制的具有高抗裂性能的高性能混凝土也超过50万立方米，创造社会效益数十亿元；提供的工程检测监测所支撑的各类工程节省造价达上百亿元，各类工程技术服务相关的新市场价值更在百亿元以上。

走出国门多元发展　研究院将先进技术应用于工程建设过程中，铸造出一个个工程品牌，为四航局拿下鲁班奖、詹天佑土木工程奖、中国市政金杯奖等奖项立下汗马功劳，大大提高了企业在行业内的影响力。在沙特吉达RSGT集装箱码头工程中，研究院依据国际标准建设要求，成功解决了地基处理过程中一系列与现场施工工艺、检测验收等有关的技术难题，使进场前拖延了一年多的验收问题迎刃而解；埃及塞得东港二期水工工程中，提供了抗液化验收标准计算建议，解决了地基处理方案中的焦点问题，并将腐蚀监测新技术应用在集装箱码头工程中，解决了工程运营过程的安全维护技术难题；参与的巴基斯坦瓜达尔港水工工程建设，针对当地水泥标准低、砂的颗粒细且含泥量高等不利因素，用当地粉细砂成功配制出高性能混凝土和软基处理的排水垫层，确保了码头混凝土和地基处理工程的质量，大大缩短了工期并降低了施工成本，该工程成为获得“中国建筑工程优质奖鲁班奖”的首个海外水工工程。

研究院现拥有享受政府特殊津贴专家2名、教授级高级工程师7名、博士23名、硕士研究生111名。在此人才队伍基础上，组建了岩土工程、建筑材料工程、结构工程三大技术梯队，这些技术力量活跃在科研试验平台上，结合国家重大工程施工，持续推动技术的深层次研究。该院注重科研平台管理和建设，拥有中交集团建筑材料重点实验室，水工构造物耐久性技术交通行业重点实验室、广东省港口工程技术研发中心、国家高新技术企业、国家博士后科研工作站、疏浚技术装备国家工程中心等实验室平台，这些科研平台加快了企业技术资源、人力资源、物质资源进一步整合和优化，为工程技术深入研究开启了新的空间。

（中交四航工程研究院有限公司）

【广东省源天工程公司】　广东省源天工程公司（以下简称源天工程）是广东省建筑工程集团有限公司下属的全资国有企业，是于2001年由原广东省水电建筑安装公司与广东省水利水电机械施工公司两家“50年历史的水电世家”强强联合而诞生，具有水利水电工程施工总承包、市政工程施工总承包等多项总承包、专业承包壹级的企业。

多年来，源天工程始终坚持“以人为本、科学管理、质量第一、信誉第一、业主至上、恪守合同”的经营宗旨，积极实施做强水利水电施工、地基与基础施工、机电设备安装“三大板块”的品牌经营战略，承接了大批国家、省、市重点工程和标志性工程，打造了无数“机电精品”，在水利工程和市政工程施工一直处于国内领先地位。水利水电工程的施工在湖南耒阳市耒中水电站、湖南大洑塘水电站、广东湾头水利枢纽等项目实现真正意义（土建、机电、金属结构全部自行施工）的总承包，创造广东水利工程施工新模式；地基基础施工是广东省率先将薄壁地下连续墙施工技术成功应用于水利工程建设的水利施工企业；灯泡贯流式水轮发电机组安装技术水平和装机总容量、总台数居全国首位，市场占有率达30%，其安装技术获得广东省科学技术三等奖、广东省省级工法、国家级工法、4项国家专利授权，并编写了《灯泡贯流式水轮发电机组运行检修规范》行业规范。荣获“鲁班奖”“大禹奖”“詹天佑奖”“市政金杯示范工程”“安全生产文明施工示范工地”等国家、部、省、市级奖项，获业主和用户好评，多次受到上级主管部门、政府部门颁发的相关信用证明、称号。

资质齐全，实力雄厚　源天工程具有建设部批准的水利水电工程施工、房屋建筑工程施工、市政公用工程施工、机电安装工程施工总承包一级；地基与基础工程专业、城市轨道交通工程专业承包、消防设施工程专业承包二级；钢结构工程专业承包二级、起重设备安装工程专业承包二级、城市及道路照明工程专业承包二级及电力工程施工总承包二级；具有全国工业产品生产许可证水工金属结构（超大型平面滑动闸门、超大型平面定轮闸门、超大型人字闸门、超大型弧形闸门、超大型拦污栅、大型压力钢管、小型清污装置）、特种设备安装改造维修许可证（压力管道安装GB2、GC2、GC3）、特种设备安装改造维修许可证（起重机械A级）、承装（修、试）电力设施许可证（承接类二级、承修类二级、承试类二级）和水利工程启闭机使用许可证（中型移动式、中型固定卷扬式）等资质。是省内少见的资质齐全、实力雄厚的企业。

源天工程现有职工2 010人，技术人员453人，其中教授级高级工程师5人、高级职称人员68人，中级职称人员152人，具有一级建造师48人，二级建造师50人。

多年来，源天工程承建了广州白天鹅宾馆、花园酒店、荔湾广场、广州地铁多条线路的近十个车站的地基基础工程施工；承装了广东省内几乎所有的大型水电站的水轮发电机组和近200台省外的大型灯泡贯流式水轮发电机组。其中，广东白垢电站（国内第一座国产灯泡贯流式机组）、广西马溜滩电站（当时国内同类型单机容量最大）、广东飞来峡电站（进口机组，当时国内同类型单机容量最大，转轮直径最大）、广西京南电站（进口机组）、广西大埔电站（进口机组）、金银台电站（当时国内同类型单机容量最大）、青海尼那电站（当时国内同类型单机容量最大）、四川水龙门电站（国内当前容量最大的竖井贯流式机组）、江西省峡江水利枢纽工程（9台单机容量为4万千瓦的灯泡贯流式机组）等；新型的水利水电工程总承包模式在湖南耒阳市耒中水电站水电站、湖南大洑塘水电站、广东湾头水利枢纽等工程施工取得巨大的成功。

源天工程长期以来，遵守国家金融法规，依法按章足额缴纳各种税费，自觉接受国家有关职能部门的监督检查，连续多年无不良信贷记录。被国家工商行政管理总局授予“全国守合同重信用企业”；被广东省工商行政管理局授予“连续十七年（1994年度至2010年度）守合同重信用企业”；被中国民生银行评定信用等级为AAA级，连续七年被中国建设银行评为“AA信用单位”；荣获“2010年度广东省诚信示范企业”“广东省用户满意企业”等称号。

自主创新体制成果卓越 面对日新月异的科学技术变革，面对日益强化的资源环境约束，面对以创新和技术升级为主要特征的激烈国际竞争，源天工程确立了自主创新的指导方针——自主创新，重点跨越，支撑发展，引领未来。自主创新，就是从增强公司创新能力出发，加强施工工艺、施工设备创新和引进消化吸收再创新。重点跨越，就是坚持有所为、有所不为，选择具有一定基础和优势、关系公司发展的关键施工领域，集中力量、重点突破，实现跨越式提高公司核心竞争力。支撑发展，就是从现实的紧迫需求出发，着力突破重大关键、共性施工管理技术，降低施工成本，支撑公司的持续协调发展。引领未来，就是着眼长远，超前部署新的建筑领域及其前沿施工技术，引领未来公司的发展。

争创企业品牌，对源天工程来说科技创新是首要，2009年应广东省建筑工程集团有限公司的要求，成立广东省源天工程公司科技委员会、专家委员会和广东省建筑工程集团有限公司水电设备安装技术分中心。科技委员会由公司总经理、主管技术领导以及公司主管技术、生产、经营、财务等部门负责人组成。主要负责审定技术分中心机构设置、重大项目研发方向、重点课题、重大成果转化等关键性问题，制定年度技术创新计划，审定技术分中心的经费，对技术分中心的工作绩效进行评估，对重大事项进行建议。

源天工程近年来加大科技创新的资金投入，企业设立专项科研开发资金，按一定的产值比例投入，从2009年的110万元提升至2011年的273万元，科技创新投入从占销售收入比重从0.13%提升至0.25%，这给企业科技自主创新提供了强有力的后盾和宽裕的发展环境。其次，人才是自主创新的主体，是自主创新的第一资源，技术人才更是提高自主创新能力的关键所在。源天工程要把创造良好环境和条件，培养和凝聚各类技术人才特别是优秀拔尖人才，充分调动广大科技人员的积极性和创造性，作为自主创新工作的重要任务。源天工程近年来大力改善科技人员的待遇，从社会上广招各类专业技术人才，科技人员从2009年的300人增加至2011年的450人，科技人员占职工总数的比例从15%增加至22%，努力开创人才辈出、人尽其才、才尽其用的良好局面，努力建设一支与公司发展建设相适应的结构合理的高素质科技人才队伍，为公司施工技术发展和自主创新工作提供充分的人才支撑和智力保证。

广东省源天工程公司近年来不断深化改革、强化管理，自主创新、诚信经营，以质取胜，取得了骄人的业绩：其中在工程管理方面多次被中华人民共和国水利部授予“水利系统先进企业”和“水利系统文明单位”，被广东省质量协会授予“广东省实施卓越绩效模式先进企业”；多次获得省部级优质工程，荣获詹天佑大奖（2项）、鲁班奖、大禹奖、国家市政金杯奖各1项；被广东省工商行政管理局授予“连续十五年守合同重信用企业”等奖项。在科技进步及科研各方面获得广东省科学技术奖3项（“飞来峡水利枢纽工程建设与管理”一等奖、“特大型灯泡贯流式水轮发电机组安装技术”三等奖、“北江大堤加固达标工程关键技术研究与应用”一等奖），国家级工法1项（特大型灯泡贯流式水轮发电机组安装工法）、省级工法8项、已获得专利2项、已受理专利7项，广东省水利学会水利科学技术奖5项、广东省建筑集团有限公司科技进步奖16项等奖项，QC小组活动成果获得全国工程建设质量管理小组一等奖1个，广东省工程建设优秀质量管理小组一等奖10个，广东省优秀质量管理小组7个奖项。在创新纪录方面于2006年广东省开展的首届企业创记录获得4项创新纪录，分别为创国内同行业灯泡贯流机组装机容量最大纪录、创省内同行业水泵组装容量纪录、创省内同行业同一工程闸门制造与安装数量最多纪录、创国内同类型斜流泵组最大单机泵组纪录，获得广东省首届创新纪录优秀奖。各种奖项及科技成果推动了公司的自主创新工作，大大提升了公司的技术水平和市场竞争力。

自主创新有规划 今后十年，“自主创新，重点跨越，支撑发展，引领未来”仍然是源天工程科技工作的指导方针，保持和发展水利水电施工、地基与基础施工、机电设备安装“三大板块”的品牌，打造更多精品工程，保存国内施工、安装的领先地位，引领未来公司的发展。

到2020年，源天工程科技发展的总体目标是：每年二项科研项目立项；每年五项科学技术奖（包括省部级、行业协会、市、集团级）；每年二项省级工法；四年一项国家级工法；每年二项专利；每年十项QC成果（包括国家级、省部级、行业协会）。为公司资质升级提供技术保障，为公司发展和市场竞争提供强有力的支撑。

未来十年，源天工程科技发展的

总体部署：是立足于公司实际情况和需求，有计划地确定若干重点领域，突破一批重大关键技术，全面提升科技支撑能力。

（广东省源天工程公司）

【广州珠江钢琴集团股份有限公司】

广州珠江钢琴集团股份有限公司（以下简称“珠江钢琴”）是中国乐器行业的龙头企业，是国际乐器制品协会认定的“全球最大的钢琴制造商”，是科技部认定的“国家创新型试点企业”，是文化部认定的“国家文化产业示范基地”，是商务部、文化部等部委评定的“2009—2010年度国家文化出口重点企业”，是全国首批16家“向世界名牌进军，具有国际竞争力的中国企业”之一，是省科技厅认定的“广东省创新型企业”、广东省“百强创新型企业培育工程”示范企业、“高新技术企业”，是省知识产权局认定的“2009年广东省知识产权优势企业”，是税务部门评定的“A级纳税人”，获海关诚信企业称号，银行信用等级为AAA级。

珠江钢琴是中国乐器同行唯一一家拥有“国家级技术中心”“省级重点工程研究开发中心”的“高新技术企业”，是钢琴产品及零部件的国家和行业标准、钢琴制造技能标准和培训教材的起草单位之一，是国内钢琴制造技术的领航者，拥有珠江、恺撒堡、里特米勒京珠等三十多项商标，其中珠江牌钢琴是“中国驰名商标”，商务部重点培育的出口品牌。多年来，珠江钢琴依靠技术领先、质量经营，实现钢琴全球市场占有率达到20%，国内市场占有率超过25%，公司无论在技术水平、制造能力、还是在品牌影响力，国际竞争力、带动行业发展力、经济指标完成情况、对社会贡献水平等方面均居全国同行业首位。

珠江钢琴以创新文化为引领，建立覆盖机制创新、技术创新、管理创新的全方位创新体系，促进企业产业结构和产品结构优化升级，全面提升企业核心竞争力，使公司成长为一个拥有自主知识产权、自主品牌和持续创新能力的创新型企业。

以创新型企业文化，铸造软实力 珠江钢琴根据企业使命、愿景目标和核心价值观，确定以“基于全球视野的永恒创新”和“基于顾客导向的持续改进”为企业文化主线，营造“人人讲创新、重创新、懂创新”的环境，确立“全面开放、市场导向、国际协作”的创新三理念，从战略、制度、行为三个维度确定了创新三路线；营造鼓励创新、宽容失败的文化氛围，为企业全员参与创新提供了良好环境。

创新企业运行机制 珠江钢琴以推进股改上市为契机，不断完善企业创新机制建设，对核心人才实施股权激励等措施，从机制上根本保障企业创新活力。建立企业研发投入与销售收入挂钩的机制，技术相关部门及人员的创新专项补贴，进一步调动技术管理骨干从事自主创新活动的积极性。

创新人才成长机制，如三级质检师制、八级技工制、定期考核晋级机制，培育质量、技术、管理人才成长的土壤；创新人才培训机制，建立院校代培、师带徒制、助手制、合作培养等培训方式，营造有利于人才成长的良好环境。一系列的机制创新增强珠江钢琴持续发展能力。

持续加强技术创新力度 珠江钢琴建立了以技术中心为核心，涵盖经营决策、决策咨询、技术研发、技术管理和创新辅助平台五大功能的技术创新体系，技术委员会由公司领导班子成员及相关职能部门的负责人组成，使公司各层面全方位参与技术创新过程。同时，珠江钢琴以国际化的视野创建了国际化的创新团队，并不断完善由先进的共鸣系统、木材、击弦系统、数码系统在内的专业实验室和试制中心，从组织、人才和硬件等多方面保障技术创新体系良性运作。

珠江钢琴瞄准世界高端技术，通过自主创新不断研发具有行业带动性和自主知识产权的核心技术和高档新产品，持续优化产品结构。目前，珠江钢琴已基本掌握高档卧式钢琴研发技术，包括音质和音板震动模态分析技术、钢琴共鸣系统结构分析技术、数字音频处理技术、不和谐系数设计技术，琴弦参数平衡设计技术、实木音板设计技术，震奏检测技术等；拥有高档卧式钢琴计算机辅助设计平台，设计过程中运用CAD/CAPP/PDM等计算机软件辅助，对产品设计数据进行集中、安全、有效管理，提升设计精度和效率；拥有智能钢琴制造系统，系统大量运用数控、高频、自动化、组合加工等高新技术来完成钢琴加工的每个关键工序，如三轴联动铁板数控钻孔系统、数控弦轴钻孔压钉系统、数控弦码加工中心、计算机控制的木材干燥处理系统、音板垫弧面及肋木槽位数控加工系统等。提升珠江钢琴的核心竞争力，拉动珠江钢琴制造和质量水平整体提升，带领中国钢琴设计制造技术逐步迈向世界顶尖水平。

在此基础上，珠江钢琴于2007年推出的国内首个高档钢琴品牌恺撒堡立式钢琴系列，以高性价比的优势打破了国外钢琴品牌对高端立式钢琴市场的垄断，被列入2008—2009年国家重点新产品计划，并得到周广仁、刘诗昆、殷承宗等众多著名钢琴家的高度评价；2009年，公司最新研制的珠江·恺撒堡九尺音乐会用琴在庆祝祖国60华诞大型音乐舞蹈史诗《复兴之路》上奏响民族强音。著名钢琴家刘诗昆高度评价这台珠江·恺撒堡钢琴，认为能被入选大型音乐舞蹈史诗《复兴之路》的演出，是我国乐器工业的一大进步。珠江·恺撒堡钢琴音色很好，有很强的穿透力和演奏效果，是目前国产钢琴中的最高端产品，已接近欧洲同类产品水平。2011年，珠江钢琴又推出了恺撒堡艺术家系列钢琴，该系列产品是珠江钢琴对高档钢琴制作技术作深化研究，通过新工艺的应用，特别是大量采用高技能要求的手工加工，使其声学品质和弹奏性能取得了突破性的进展，进一步提升高档钢琴的技术内涵和品质水平，产品的卓越性能获得了广大专业人士和客户的赞赏。

多年来，珠江钢琴参与国家钢琴产品及零部件的行业标准21项，参与行业培训标准制定2项，拥有专利54项和一大批技术秘密，拥有国家、省市认定名牌、驰名商标等企业自有商标30多个。

珠江钢琴在强调自主创新的同时，坚持产学研结合和国际技术合作，完善引进、吸收与自主创新相结合的研发模式。近年来，珠江钢琴通过引进国际高端技术人才、强化产学研联合攻关、与国际顶级同行进行技术品牌战略合作、建立技术中心海外分支机构等举措，大大增强了自身技术的造血功能，培养了自己的技术人才，提升了珠江钢琴的技术水平和品牌盈利能力。

创新企业管理模式 珠江钢琴全方位实施管理创新，提高珠江钢琴科学运作水平。如在成本控制方面，通过与核心部件供应商加强战略合作，实行材料期货价格控制，实现动态采购管理，大幅降低采购成本。在资金运作方面，通过加强对汇率和国家各种金融政策的研究，适时办理银行结汇业务、出口保理业务，优化负债结构；适时变更国际业务的结算币种等，有效降低汇率风险。在市场营销管理方面，结合产品结构的优化，建立高档钢琴专卖店、形象店，策划全国大中城市巡回推介会等，积极开拓国内高中端市场。

（广州珠江钢琴集团股份有限公司）

【广东华隧建设股份有限公司】 华隧建设以“团结、诚信、廉洁、奋进”作为企业品牌核心价值，诚信守法，照章纳税，在广州市企业诚信综合评价体系中名列前茅，自2008年公司成立以来，累计利税总额22 984.21万元，实现国有资产保值增值率238.06%。

华隧建设以“奉献精品，造福社会”为己任，严把工程质量关。同时勇于承担公共责任，热心社会公益活动。公司先后7次参与广州地铁运营车站和隧道的抢险工作，受到了广州地铁总公司的高度赞扬和表彰。每逢广东省扶贫济困日，华隧建设总是响应号召，踊跃捐款，累计已达120余万元。华隧建设关注省委省政府部署的绿道网建设工作。协助举办了由省住建厅主办的“聚焦绿道·印象广东”华隧杯摄影大赛。先后获得了“广东省雇主责任示范企业”“广东省住房和城乡建设系统精神文明建设先进单位”“广东省安全文化建设示范企业”“广州市外来务工人员工作先进集体”“亚运会亚残会广州地铁外联保障服务优秀合作单位”“省国资委先进基层党组织”“全国‘安康杯’劳动竞赛广东省优胜单位”等众多荣誉。

全方位争优创佳绩 健全的创新体系、完善的创新制度，优秀的研发团队，良好的企业自主创新意识和氛围是华隧发展的基础。

华隧建设通过建立企业技术中心健全创新体系，整合企业内外资源，发挥技术经济评价与决策咨询、产学研合作与对外交流等方面优势，在战略层面上通过技术创新战略的制定与实施支持企业的发展战略，在技术层面上组织前瞻性的、系统的技术研发活动，解决投资与技术分离、技术与市场分离问题，实现企业投资收益最大化。企业技术中心既是技术研发的主体，又是促进科技成果转化的综合性机构；是企业技术创新体系的核心，也是企业制订和实施企业长期发展战略的重要支撑。

技术中心内设决策层、管理层和运作层三个层次：技术中心决策层负有把握技术中心发展方向的职责，由科技发展委员会和专家委员会组成；技术中心管理层由科技信息组、战略发展组、项目管理组、技术研发组、协作推广组、中心办公室共6个部门组成；公司技术中心运作层主要由盾构工程技术研究中心、盾构设备研究中心2个核心技术中心，地基处理及加固技术中心、泥水处理系统技术中心等11个专业技术中心和北京、成都等7个区域技术中心组成。

为了保证企业技术中心的良好运行和技术创新工作的持续开展，华隧建设建立并完善了《广东华隧建设股份有限公司技术管理制度》《广东华隧建设股份有限公司工程管理及技术类奖励制度》《广东华隧建设股份有限公司科技项目管理制度》《广东华隧建设股份有限公司技术保密管理制度》等一系列的管理制度、奖励制度，对技术中心及创新工作实行制度化、规范化管理。

华隧建设坚持“科技兴企、以人为本”的管理思想，高度重视科技队伍建设。人才队伍不断壮大，高素质人才不断凝聚。公司现有专业技术人员224人，其中，具有教授级高级职称的1人、高级职称25人、中级职称41人、博士3人，初步形成了一支由教授、高工、博士组成的、创新能力较强、人员结构合理的研发团队。

自主知识产权，引领行业发展潮流

华隧建设高度重视科技进步和技术创新，不断完善技术创新体系，增强企业自主创新能力，研究开发出多项拥有自主知识产权的技术，其中17项达到国内领先水平，3项达到国际领先水平。公司现拥有国家专利20项，其中“一种用于盾构机密闭始发及到达的装置”已在德国和日本受理发明专利。

华隧建设具有雄厚的设备实力和领先的技术。现拥有最先进的泥水盾构机和土压盾构机13台，其中2台为直径8.8米的大型盾构机。是华南地区最早同时拥有泥水和土压盾构机、掌握泥水和土压盾构施工技术的企业；也是华南地区最早进行泥水平衡式盾构机国产化改造的团队。公司在隧道工程施工技术、城市轨道交通施工技术等方面积累了丰富的施工经验，其泥水盾构施工技术处于国内同行领先水平，土压盾构施工技术在国内同行中达到先进水平。

作为“高投入、高装备、高技术、高人才管理”的公司，华隧建设一直把企业自主创新看作是企业的核心竞争力，华隧建设充分发挥专家组的作用，大力培养年青人才，做到“人无我有，人有我新，人新我精”，始终保持在国内盾构施工技术的领先地位。同时，华隧建设又以所承建和参建的工程项目为基础，有针对性地结合标志性项目、大型复杂重点项目，开展产学研合作、技改技革、技术研发和技术攻关，解决工程施工中遇到的技术难题，有效保持公司的技术优势。

坚持自主创新，成绩突出 华隧建设通过自主创新进行研究开发，以及对大型工程建设的技术总结和积累，

广东华隧建设股份有限公司研制的具有自主知识产权的4350泥水平衡盾构机成功下线。

逐步形成并不断强化了五大关键核心技术，包括：盾构工程技术、盾构设备技术、盾构辅助工法技术等，为保持华隧建设的优势技术和综合实力起到坚实的支撑作用。

华隧建设自2008年成立以来取得了一大批具有重要影响和学术水平的科技成果：有26项科研项目通过省部级技术鉴定，其中17项达到国内领先水平，3项达到国际领先水平；1个项目荣获省级科技进步奖；获实用新型专利18项，发明专利2项，其中1项发明专利已在德国和日本被受理；取得18项省级工法；1个项目被立项为省级建筑业新技术应用示范工程；1个项目荣获全国市政金杯示范工程大奖。

技术创新能力的提高促进了企业的持续、快速、健康发展，实现营业收入及利润连年保持较高增长速度。2011年，华隧建设的资产总额已由2008年的1.5亿元发展到10.49亿元，累计实现净利润达13 558.12万元，凭借持续扩大的企业规模和显著增强的综合实力，公司日渐成为华南地区轨道交通施工行业的龙头企业，并跃居“2011中国轨道交通施工企业50强”。

创新服务理念和特色　华隧建设秉承“诚信为本、科学管理、客户至上、互利共赢”的服务理念，创造精品工程，提升服务品质和市场满意度，公司先后承建了广州地铁三号线、三号线北延线、五号线、六号线、二、八号线延长线、九号线；深圳地铁二号线、五号线；珠江三角洲城际快速轨道交通广佛线、莞惠线；成都地铁二号线、广州市西江引水工程、广州大学城组团四标、广州科学中心、广州白云国际机场航站楼西三走廊及相关连接楼、广西天峨县污水处理厂配套污水管道工程等多项盾构、地铁车站及市政公用工程的建设。由于技术领先，设备精良，管理严格，各项工程均优质、高效完成，在业界享有盛誉，多次获得中国土木工程詹天佑奖、中国市政金杯示范工程、广东省及广州市市政优良样板工程、安全生产文明施工优良样板工地以及多项国家级优秀QC成果奖。

创新企业管理模式　华隧建设运用现代化企业管理制度，在行业内率先采用公司——项目部两级架构模式，实施专业化施工企业的集控管理。公司机关设经营、财务、人力资源、工程技术、材料设备、综合6个部门，人员精干高效。公司下辖5个常建制项目部，1个全资子公司，管理层级少，幅度适中，缩短了管理链条，减少了管理成本，集中了资源优势，发挥了整体协同效能，强化了过程控制，提高了公司管控能力，提升了管理效率和效益。同时公司大力推行“两个制度，一个办法”，通过标准化工作制度了保障工程项目始终优质高效，通过成本核算制度扩大了工程项目盈利空间，通过绩效考核办法调动了工程项目管理人员争创更好业绩。实现了精细化，集约化，制度化，标准化，增强了员工的执行力，提升了企业的竞争力，公司整体获利能力和人均创利水平一直居行业前沿。

华隧建设深刻认识到文化是企业的重要战略资源和宝贵精神财富，致力于营造浓郁的企业文化氛围，增强企业凝聚力，提升员工的归属感和认同感，同时通过积极履行国企的社会责任，铸就公司的信誉、形象、品牌和知名度。

华隧建设建设特色企业文化，在项目部建立党、工、团组织，直接服务生产一线，创建集工地党员活动室、职工之家、职工书屋、职工健康医疗服务站、青年园地、农民工业余学校等多种功能的学习保健平台，定期开展“集体生日会”“送温暖”“送清凉”“送健康服务”等关爱员工的活动，举办周末影院、体育赛事、节假日出游、文艺汇演等形式多样的文娱活动，丰富员工的业余生活，构建和谐、幸福华隧。公司重视文化宣传工作，利用《华隧建设》报刊、公司网站、信息报送等渠道及时把重大事项、重要动态、重要业绩、重点工作、目标任务等宣传贯彻到每个单位、每个项目、每位员工，充分调动广大职工为公司发展出谋划策、建言献智。

建设创新型企业　华隧建设充分发挥二级集控管理模式的优势，执行落实“安全第一，预防为主，综合治理”的方针政策，建立各级健全完善的安全管理架构体系网络，创新管理、扎实有效地推进生产管理工作的开展。实现了无死亡、无重伤、无火灾、无坍塌、无中毒、无重大机械设备交通事故的“六无”目标，安全工作长期处于受控状态，并获“广东省安全文化建设示范企业”荣誉。

在节能减排方面，华隧建设采取节水、节电等节能措施，同时依靠企业自主创新，研究开发先进的节能减排技术、工艺、工法，并积极推动其向工程建设标准、应用转化，企业单位工业增加值能耗低于全省平均水平。在工程的施工组织设计中有对废水、废物和污染物控制的有效措施，施工现场建立环境保护、环境卫生管理和检查制度，并做好检查记录，控制建筑过程噪声、水污染，降低建筑物建造过程对环境的不良影响。

（广东华隧建设股份有限公司）

【广东格兰仕集团有限公司】 广东格兰仕集团有限公司始创于1978年9月，是一家世界级综合性白色家电品牌企业。微波炉产品的产销量已连续十五年居全球第一，是首批中国驰名商标和中国名牌产品。2011年格兰仕总收入为3 517 642万元，出口创汇为119 941万美元，企业共纳税79 457万元。其产品已出口到世界170多个国家和地区，和200多家跨国公司进行经贸合作。

多年来，格兰仕一直坚持自主创新，致力于打造低碳经济发展模式，每年投入研发经费占企业销售额3%以上。格兰仕早已全面掌握微波炉、空调等白色家电的核心技术和核心自我配套能力，自主研发的磁控管等核心元器件都达到国际领先水平，其中自主开发的首创圆形智能微波炉获得2011顺德区工业设计奖、2011年顺德区社会发展及专业镇转型升项目、2011年度佛山市科学技术奖励项目、国家重点新产品计划项目、顺德区科学技术计划项目。高效变频光波微波炉、高效智能微波炉等创新产品成为全球家电市场的风向标。

在规模发展的同时，格兰仕不断完善独立自主的研发能力，增加产品的技术含量，掌握自主知识产权，增强品牌的核心竞争力。研发了一批具有国内先进水平的技术成果，截止2011年底，格兰仕累计申请专利1 473项，拥有授权专利1 278项，其中发明专利45项。公司“高效率低温升磁控管的技术研究”项目获得广东省科学技术进步二等奖；“高效智能电蒸炉”项目获得佛山市顺德区科学技术进步二等奖，格兰仕蒸汽光波炉、多媒体微波炉、平板热风对流微波炉等7个产品被认定为广东省高新技术产品。为格兰仕的自主创新和持续发展奠定了坚实的基础。

格兰仕属广东省高新技术企业，具有完备的基础技术研究和产品研发体系，拥有博士后工作站、广东省省级企业技术中心、广东省微波加热工程技术研发开发中心、国家创新型企业试点，广东省院士专家企业工作站，国家免检产品和重合同守信用单位，并建有国家认可实验室。2011年被评为广东省科技厅创新型（试点）企业、2011年中国企业500强。在企业高速发展的同时，格兰仕不断回报社会，积极扩大就业，为各种公益事业捐资捐物累计近亿元。

随着“十二五”规划的全面实施，格兰仕立志打造一个全球领先的综合性白色家电品牌，与时俱进推进“格兰仕科技全球共享”，造福世界百姓。

自主创新战略规划 1、公司制定了战略发展规划，结合公司积极进取，“综合领先白电战略”目标，以微波炉、空调、冰箱、洗衣机、生活电器为核心，全面发力白色家电产业。

格兰仕以“三低三高”的布局模式发展：低排放、低成本、低负债；高能效、高性价比、高增长率，即：研制低排放、高能效的低碳家电；保持生产低成本和高性价比的低碳家电；保障企业发展低负债和高增长率。以三高三低为核心的低碳经济模式，推动企业向综合性、领先性白色家电集团转型。

2、针对公司产业转型升级，优化产品结构、加快技术升级。围绕节能减排新技术、HCFC替代技术、变频技术、热泵技术、产品高档化技术开展产业升级共性关键技术研究，提高家电产品技术含量，提升产品质量水平。根据国内外消费结构升级的发展趋势和市场特点，提高绿色设计水平，开发适合不同消费需求的节能、节材、环保的家电产品。微波炉重点研究健康、高效、环保、多功能、智能化、自动化以及小型化微波炉；空调重点研究节能、环保、舒适的高能效空调；电冰箱重点研究节能、风冷型、智能型、大容量、多间室的高档次产品；洗衣机重点研究洗净度高、节能节水效果好、低噪音的全自动产品。大力提高小家电产品的工业设计和制造工艺水平，研究利用信息技术提高家电产品的智能化水平。

3、以技术升级、能效升级、产能升级为核心的三升级攻略来抢占市场，以自主创新技术增加产品附加值，提高品牌竞争力。

4、根据公司名牌发展战略要求，实现从优秀到卓越，向世界名牌进军。

5、不断完善和健全企业创新体系与创新能力建设，以创建“国家级企业技术中心”作为企业科技创新体系建设的目标和重点。

自主创新实施情况 1、为了更有力推动和落实集团“以低碳优势促进企业战略转型升级”的战略实施，集团成立低碳领导小组与低碳工作小组两个专责小组推动相关工作，由公司总裁办主任担任领导小组组长，集团高层领导和各子公司负责人为领导小组成员，树立低碳的思想和行业准则，推动节能、降耗、环保的低碳理念；设计低能耗、低排放、高能效的产品；制订企业“低碳”经济的标准。

2、公司空调生产线上只有一级能效的产品；冰箱全部达到2级能效以上，1级能效产品超过70%；自主研发的滚筒洗衣机耗电量全部达欧洲A+标准，节水25%；采用航天材料和技术，将顶极透明陶瓷运用到电磁炉上，打造出第三代彩晶板产品，将热效率提高到95%以上，加速了低碳产品的升级换代。微波炉、电烤箱、电蒸炉照明用炉灯将采用最新的节能LED灯，功耗由原来的25W降为1W；电蒸炉冷却用风扇电机将换代为直流电机，在不降低其使用效果情况下，冷却系统耗电量降低一倍。

3、公司在省级企业技术中心、省级工程研发中心、博士后科研工作站、国家重点实验室的研发平台上，建立广东省重点实验室、广东省院士工作站、广东省产学研创新示范基地，完善企业技术创新体系，提升企业自主创新能力，加快科技成果转化，深化产学研合作，有效发挥高端人才在企业重大项目研发、高层次人才培养、科技合作与交流等方面的作用，为企业实现战略目标提供强大的技术支撑。

4、公司以产学研合作为基础，进一步扩宽渠道，深化合作，借助高校、科研院所的科研设施条件、创新团队、成果优势，实现强强合作，使产学研合作向从长期合作、紧密合作、系统合作、产业技术合作转变，迅速提高公司白色家电的自主创新能力，增强全球竞争力。并与高校、科研院所建立了白色家电产学研战略联盟。

5、公司立志打造全球领先的综合性白色家电品牌，开发出一批绿色节能产品，突破一批绿色环保技术、推动绿色制造，推行产品绿色制造的方针，迅速提高公司白色家电的自主创新能力，增强全球竞争力。

6、公司不断提高自主创新能力，拥有自主知识产权核心技术，拥有了包括新一代球体微波技术、多重防微波泄露技术、磁控管延寿技术及光波家用电器技术等近千个专利专有技术。

7、2011年被评为广东省科技厅创新型（试点）企业、2011年中国企业500强。

自主创新，贯穿节能概念　在整个设备利用、生产方式从头到尾贯穿着节能减排的概念。

节能厂房。格兰仕空调工厂的采光瓦由节能透明物质构成，能有效聚集太阳光能并通过系列能量形式的转化，最终产生室内照明光。即使3万平米的超大车间，白天也不用电灯照明，使车间耗电量降低了30%。2009年9月，格兰仕投资10亿建设节能厂房，2012年将整体完工，其配套能力可以达到850万套，格兰仕寄希望集大配套，大研发、大制造于一体的全方位节能减排建设工程预建成一条世界白色家电产业链，打造世界领先的白色家电研制中心。

精益生产。格兰仕倡导精益生产模式。为了让企业每个员工了解精益生产模式并执行这种生产模式，格兰仕管理层从上到下层层宣传贯彻，并通过劳动竞赛等方式，强化员工的意识。在推行精益生产方式过程中，格兰仕坚持5S管理，为这种生产方式提供保障。提出大力推进“目标管理”、打造“绩效文化”。

技术升级。通过研发低碳技术，开发低碳产品，实现产品能效升级。2011年格兰仕全球首创圆形智能微波炉从产品原材料到研发技术，完完全全采用低碳原则，是属于新能源与高效节能领域新开发的产品。

通过精益生产、节能改造、技术创新，格兰仕产品实现了能效升级；在产量持续大幅度提高的同时，能耗仅实现小幅度增长，单位产品能耗持续下降；实现最低浪费和更高的综合效益，提升企业核心竞争力 。

自主创新，创造更大价值　格兰仕秉承“努力，让顾客感动”、“让消费者的劳动更有价值”的宗旨，以团结，拼搏，求实，创新为精神，变革，创新，速度为精髓，在涉足的领域中，力争迅猛做大、做强、做精、做透，构筑世界一流企业为战略，立志打造全球领先性综合白色家电集团。

面对新经济时代的全球化竞争，格兰仕正在从专业化向专业化集成的多元化方向转变，从内源式发展模式向外延式发展模式转变，从制造型企业向创造型企业转变，引领行业走创新之路，努力为国家、社会、消费者、合作伙伴、员工和企业创造更大价值。

（广东格兰仕集团有限公司）

【广州王老吉药业股份有限公司】

广州王老吉药业股份有限公司一贯重视技术创新与技术进步，每年年终均制定下一个年度的技术创新规划。

创新规划落在实处　近三年来，公司的技术创新抓住主要六个内容：（1）积极与高等院校合作，开展产学研合作项目3—8个；（2）开发具有自主知识产权的新药2—3项，并积极组织申报新药批件；（3）加强技术标准制定和知识产权保护，参与制定国际、国家、行业标准5项以上，争取申报专利3项以上；（4）获得经国家、省市认定的重点新产品、自主创新产品、专利新产品10项以上；（5）在完善广州王老吉药业股份有限公司技术研发中心建设的基础上，申报广州市工程技术研究开发中心——广州凉茶重点工程技术研究开发中心，并充分利用中心的装备、人才优势，积极开展产品研发、技术改进等科研活动。

近三年，王老吉投入2.2亿多元用于企业科技活动经费的支出，占销售收入4.4%以上。根据企业技术创新战略与规划的制定，企业科技人员在中药资源开发利用创新、凉茶基础性研究、名优中成药二次开发、节能降耗、清洁生产等方面做了许多工作，共开展项目39项。其中，国家科技支撑计划2项，国家“863计划”项目1项，广东省粤港关键领域重点突破项目3项，广东省科技计划项目1项，广州市科技计划项目2项，广州市白云区科技计划项目5项；产学研合作项目6项。在39个项目中，共转化成新产品19项，新工艺2项；获得发明专利22项，发明专利受理书2项，参与10个国际、国家、行业标准的制定；获得国家中药8类新药生产批件2项，药品临床研究批1件、药品再注册批件57项；获得广东省高新技术产品7项、广东省自主创新产品1项，广州市自主创新产品2项，在同行业处于领先水平，具有较强的自主创新能力与成果转化能力。

2008年12月，王老吉申报组建广州凉茶重点工程技术研究开发中心，并顺利通过广州市工程技术研究开发中心的认定。通过全体员工的共同努力，先后获得多项奖励，其中，广东凉茶“泻火”作用科学内涵与质量标准研究获“中华人民共和国教育部科学技术进步奖二等奖”，广东凉茶“泻火”作用机理研究与应用推广获“广东省科学技术厅科学技术奖二等奖”。公司并于2012年2月被认定为广州市创新型试点企业。

王老吉生产方面的创新性主要表现在，改进了保济丸粉混合工序的生产安排，提高了产能；实施委托加工降低成本的措施，调整“三花”辗转的供货运作模式、改变提取车间水提/醇提工序、推进厂内保济丸高速包装机研制、完成人丹6万箱项目、制定出新/旧版GMP全面对接计划并实施、推进设备自动化建设，口服液外包机械化包装、痰片外包机械化包装延至第二期，预计在2012年立项实施、跟进饮料车间及配套设施工程等。

创新营销模式 2011年，王老吉营销推广方面的创新主要表现在。王老吉凉茶坚持品牌持续借力方针，强化消费者对盒装王老吉的认知并深入家庭消费引导，促进家庭消费面和量的提升。通过广告覆盖面的不断增加，卫视逐渐覆盖全国市场，同时持续创新媒体形式，丰富媒体资源、媒体投放与区域市场发展更紧密结合。此外，研究二三线市场家庭消费的特点，建立家庭消费引导的模式，依据市场层次，逐步开发并进行持续的费用投入。2011年还继续加强了团购及异业联盟合作，通过建立激励机制，制定标准，鼓励区域寻找更多的团购与异业联盟机会，有效发挥团购与异业联盟对品牌传播的影响力。

2011年王老吉润喉糖快速壮大了销售规模，借力品牌资源、加强终端基础表现。王老吉润喉糖在广东传统、广东KA、武汉、重庆、杭州、上海、西安等8个试点市场进行试点活动，进一步深化现有的经营模式。

药品事业部首先坚持“华南走下去、全国走出去”，借力渠道资源。得益于集团“11X”创新模式，药品省外渠道建设初见成效，省外市场布局实施“华南发挥优势，省外拓宽渠道”策略。2011年开展千万工程，打造10个销售过千万的外省省份，促使区外市场高速发展，此外还开展帮扶工程，帮助市场基础薄弱的省份完成市场快速增长的目标；其次坚持品牌化运作路线，集中资源重点投入推动四个亿元品项的发展，打造全国性品牌；再次实施低成本营销策略，大力推行“广告公关化”，加强公关事件营销，通过公关事件营销，整合线上线下的资源，进行精、准传播。

创新售后服务 王老吉售后服务的创新性主要表现在。首先，严格把关产品从原材料采购到最终到达消费者手中的各个环节，保证产品质量，确保消费者在产品质量的投诉几乎为零；其次，建立并完善的售后服务体系并形成销售—市场—公关一体化的服务体系。王老吉一直沿用400/800全国咨询服务热线，及时地解决了消费者的问题，极大地提高了消费者的产品满意度与忠诚度。在大型主题活动期间，公司除了通过客服热线为消费者服务，另外还开通了主题活动网站，多渠道全方位地为消费者提高售后服务；第三，公司还一直沿用网上的王大夫咨询信箱，由专人负责解答消费者在药物使用及注意事项方面的种种疑问，解除消费者用药的后顾之忧。

此外，王老吉还积极响应广药集团“过期药品回收工程”的号召，分别在华南、华北、东北、西南、华中等地推出了“儿童用药”换药活动，深受消费者和社会各界的好评。

王老吉企业文化建设的创新性主要表现在，秉承“超越自我、创造一流”的企业精神，以“药食并肩、双轮驱动、科学发展”为企业发展观，立足“自足研发、行业领先”的研发理念，以“生产是为了提高社会大众的生活素质”为宗旨，准确把握中药现代化和产业规范化进程中所孕育的巨大市场机会，立足高起点，致力于观念创新、技术创新、产品创新、营销创新，积极应用现代科技和传统工艺相结合的手段，探索民族企业产业化道路，以实现“食品做中国植物饮料的领头羊，药品做中国OTC中成药的领先者”的企业愿景。大力推进群众性合理化建议活动，倡导广大职工充分发挥聪明才智，集思广益，紧紧围绕公司生产经营、挖潜增效、指标攻关、经营管理等重点工作，提合理化建议。该项活动激发了广大职工从自身做起、立足本职、创新工作热情，形成天天有建议、周周有创新、月月有金点子的氛围。

近三年，王老吉共收到员工提出的合理化建议4 815条，每百名员工年均提出合理化建议100多条，其涉及到工艺、技术改造，产品质量和工程质量改进，生产和科研有关的设备、工器具改进，节能减排、降本增效、提高劳动生产率，安全、环保改进，企业管理等管理方法创新，企业文化和精神文明建设等方面内容。其中，被采纳的建1 200多条，建议采纳实施后给公司带来直接经济效益800多万元。此外，王老吉每年都开展各类群众性技术创新活动，主要包括：质量宣传、技能竞赛、质量知识竞赛、“如何做好生产现场管理工作”为主题的演讲比赛、“SOP文件改善”、“现场质量隐患排查”质量改善提案活动、质量培训等各个方面。

（广州王老吉药业股份有限公司）

【广州机施建设集团有限公司】 广州机施建设集团有限公司成立于1960年，是广州市属国有建筑企业，经五十多年的发展壮大，该企业从一个计划经济体制的国有企业，逐步发展为今天活跃于市场的综合性大型建筑施工企业，资产总额10亿元，注册资本金3.33亿元。

近年来，机施集团参与建设广州亚运场馆、广东省博物馆、广州体育馆、广州白云国际会议中心等一批省市重点项目，赢得了良好的社会声誉，也步入高速成长期。通过市场、科技、质量、人才等几大核心竞争优势的成功打造，有力地推动了企业的大发展，企业经营规模、利润、员工收入都以年均20%以上快速增长。

自1986年起，机施集团连续25年获得广州市工商行政管理局评定的“守合同、重信用”单位称号，并先后获评全国优秀施工企业、全国用户满意施工企业、全国建筑业企业工程总承包先进企业、全国建筑业AAA级信用企业、全国工程建设质量管理优秀企业、“十一五”全国建筑业科技进步与技术创新先进企业等荣誉。

拓宽市场，树立品牌 面对日益激烈的建筑市场竞争，机施集团逐步理顺经营体系，健全激励机制，适时调整经营策略，努力提高客户服务水平和质量，积极拓展企业经营。企业经营连年创出新高，一直保持着良好的势头。

承接“高、大、难”工程。近几年，机施集团承接了一大批“高、大、难”工程，为企业树门面、打品牌。如：广州亚运会开闭幕式场馆——海心沙

“亚运之舟”、广州体育馆、广州国际会议展览中心、广州大学城广州中医药大学、广东省博物馆等，机施的综合实力得到了越来越广泛的传播，企业也实现了跨越式发展。

开拓外地市场。面对竞争日趋激烈的建筑市场，机施集团积极向外拓展，在安徽、湖北、江苏、上海、新疆等地设有立了分公司或办事处，承揽了广州援疆喀什地区“广州新城”、安徽省重点工程——安徽理工大学新校区等重点项目。2011年，机施集团外地市场份额已占企业年经营额的30%以上。

推动转型升级。为确保企业的持续发展，机施集团不断加快转型升级，摒弃单一的建筑施工经营模式，积极探索工程总承包、BT等商务模式。机施集团还开创多元经营机制，发展房地产、工程咨询、建筑劳务等业务，形成业务相关多元化发展模式，增加了企业经济增长点。机施集团市场范围不断拓展，整体竞争力和盈利能力不断增强，综合服务水平不断提高，为企业的持续发展打下了坚实的基础。

质量为上，品质卓越　机施集团历来重视工程施工质量和安全管理，把质量安全视为企业的生命。用优良工程质量和优质服务来回报用户，机施集团在质量安全管理和工程质量上不断创新，取得不俗成绩，用户对公司的满意度和忠诚度有很大的提升。

创精品工程。机施集团以争创省部级、国家优质工程为目标，制定《工程创优实施指南》，认真抓好质量创优计划的落实；推行样板引路，强化样板工序管理，狠抓工程质量通病治理和工程全过程管理，有效地促进了企业产品质量的不断提升，企业每年在建项目有近60项，工程质量一次交验合格率都达到100%。

铸安全基础。在努力推进工程质量创优的同时，机施集团不断健全和完善企业安全管理体制。机施集团连续多年未发生安全事故，获评广州市建委颁发的“三无两有”施工管理先进企业称号。

截至2011年底，机施集团共获得中国建筑工程鲁班奖、广东建设工程金匠奖、省市优良样板工程质量奖、“五羊杯”工程奖等质量奖项140余项；获国家3A级安全文明标准化诚信工地、安全生产样板工地等安全文明施工奖项80余项省市文明施工，也被广州市建委评为广州市建设工程质量创优优秀单位，企业诚信排名长期位列整个广州建筑市场前茅。

技术创新，行业领先　机施集团不断创新，锐意进取，一直致力于走技术领先之路，企业在科技攻关、技术创新、研发等方面在广东省建筑行业中均处于领先水平。

机施集团为高新技术企业，率先建立了省级企业技术中心和博士后科研工作站，企业技术中心是省级企业技术中心、市重点工程技术研发中心，也是省内唯一一家同时拥有“两技术中心、一博士后科研工作站”的高技术现代服务型建筑企业。

省内施工企业工法数量第一。机施集团拥有国家级、省级工法51项，在广东省所有施工企业名列第一；机施集团先后主编和参编国家、行业、省级标准11部；拥有专利16项。2011年，机施集团“一种暗挖隧道的加固方法”获广州市发明专利优秀奖，是广州建筑行业唯一的一项。机施集团还拥有国家、省、市新技术应用示范工程20项，科技进步奖8项。

产学研结合示范单位。在坚持自主研究的同时，机施集团积极借助“外脑”实现技术创新，与“苏州中材建筑建材设计研究院”“中国矿业大学”“华南理工大学”等单位高等院校建立了长期产学研深度合作关系，联合开发了一系列具有国际先进水平，具有辐射带动效应的科研课题，通过自主研发和引进吸收等方式提升产品技术水平，增强核心竞争力。

节能减排成绩突出。机施集团在节能减排、科技进步与技术创新领域工作成绩突出：荣获“‘十一五’全国建筑业科技进步与技术创新先进企业”和“中国施工企业管理协会科学技术奖技术创新先进企业”，成为广东省内仅3家获此殊荣的企业之一。

机施集团弘扬科技创新精神努力把优秀科技成果应用于工程建设。机施集团负责兴建的广州大学城华南师范大学体育馆荣获第二届广东省土木工程詹天佑故乡杯奖，在众多工程实践中，企业努力创造质量优、投资省、工期短、效益好、科技含量高的优秀工程项目，为广东省城乡建设作出巨大贡献。

勇担责任，社会认可　机施集团秉承“责任、服务、关爱、创新”的企业宗旨，勇于承担社会责任，为社会的和谐与发展努力贡献自己的力量。

亚运场馆“主力军”。在举世瞩目的“亚运之舟”工程建设中，机施集团用14个月时间完成了正常情况下需要3年时间的工作量，创造了广东建设史上的一个奇迹。广州亚运期间，机施集团圆满完成10个亚运项目和21个涉亚项目，为亚运会的成功举行作出了重要贡献，企业也获评广州亚运、亚残运会先进集体和突出贡献奖。

广州新城“火车头”。2011年，机施集团作为骨干企业参与新疆喀什“广州新城”项目的建设。为配合援疆建设，机施响应号召，选派优秀人才第一批进驻疏附，克服重重困难，扎实推进“广州新城”建设，得到各方充分肯定，并获评援疆建设先进集体。

与此同时，机施集团还先后参与阳江、梅州等多项扶贫资助和对口援建工作，获得“扶贫开发献爱心”企业等荣誉称号。

（广州机施建设集团有限公司）

【广州造纸集团有限公司】　广州造纸集团有限公司，始建于1936年，是越秀集团旗下的大型国有骨干造纸企业，下辖广州造纸股份有限公司、广州威达高实业有限公司、广州越威纸业有限公司三大经营实体。目前公司占地面积近100万平方米，在职员工900多人，总资产近80亿元，主导产品有新闻纸、涂布白纸板，年产能80万吨，销售收入超过35亿元。

作为中国近代第一家现代化造纸企业，广纸经历了七十多年的风风雨雨而屹立不倒，始终是中国造纸行业的一面旗帜。1956年、1993年党和国家领导人毛泽东、江泽民分别亲临广纸视察。近年，在越秀集团“调整优化发展”这一战略目标的指引下，广纸集团紧牵退二进三环保搬迁这个牛鼻子，以“创新挖潜保增长、调优减负促发展”为工作主线，保增长、调结构、转机制、促搬迁，抵御了恶劣市场环境带来的冲击，生产经营保持稳定；处置了非核心低效资产，造纸主业更加突出；建立了适应市场经济要求的运营机制，重组了组织架构、薪酬体系和员工队伍；提前关闭了有着七十四年历史的海珠厂区，百万吨环保造纸基地在南沙初具规模……2011年，广纸完成了历史上前所未有之巨变。

积极协调，深入研究，精心组织环保搬迁 在异常严峻的现实面前，环保搬迁成为了扭转局势的唯一机遇。搬迁计划与实施慎重而稳妥，体现出公司充分的政策把握能力、协调能力和创新精神。

1、深刻理解政策内涵，准确把握搬迁定位。广纸在最困难的时候实施环保搬迁，既是广州市城市发展的需要，更是广纸实现振兴的必然，只有转变观念，从“要我搬”变为“我要搬”，通过环保搬迁，跳出现有空间的束缚，实现三大发展目标，才是企业长远发展、做大做强的唯一出路。

2、立足当前，着眼长远，确立搬迁指导原则。始终坚持着“搬迁、改造、改革、改组”有机结合的搬迁原则，处理好“搬迁与稳定、搬迁与发展”的关系，重点解决好三个方面问题：一是解决好技术装备升级、规模与经济效益升级的问题；二是解决好企业结构调整、体制机制的健全与完善问题；三是解决好甩掉企业历史包袱轻装上阵的问题。

3、积极沟通，有效协调，确保搬迁补偿规模。作为广州市“退二进三”的先行先试者，之前并无固定模式可循也无现成经验可搬，要求企业在实施搬迁过程中根据自身的情况特点合理利用政策，把握灵活性。因此，获取政府的支持是推进各项具体工作的必要途径。广纸充分发挥越秀集团在组织保障和沟通渠道的优势，保持与各级政府的紧密沟通，化不利因素为有利因素，确保搬迁补偿规模。成功趟出一条“一厂一策”、搬迁资金有充分保障的“退二进三”新路子。

狠抓落实，有效应对，全力以赴保生存 “先求生存，后谋发展”。广纸牢牢抓住“两个关键”，精心组织铺排，采取硬措施应对危机，力保生存。

1、抓住销售能力弱的症结，稳售价、提毛利。首先，切实加强对市场动态研究，及时掌握行业形势、产品价格动态和成本状况，作出合理的价格决策。第二，下大力气，科学消化库存。第三是狠抓销售区域布局优化策略的落实。

2、抓住资金紧张的症结，促融资、保现金流。一方面，按照公司“打好搬迁牌，保融资”的策略，营造融资的利好氛围与条件。另一方面，组织落实资金的计划和日报预警工作，抓好生产经营的资金的滚动铺排，抓好应付应收款的管理，将有限的周转资金较好地盘活。

围绕“提升毛利”，精心组织生产经营，扎实推进减亏工作 面对宏观形势复杂多变、行业总体供求失衡的严峻形势，广纸三年来作了大量扎实而细致的工作，通过进行系统统筹组织和调整，大力提升毛利率，实现减亏。

3、以“深入挖潜、深化精细管理”推进生产组织，实现稳产提质降耗。抓住从投入到产出的生产系统各重要环节，逐步进行相关调整优化。首先，结合BSC体系的构建，深入组织研究生产考核导向的调整，对主要考核指标进行了优化，如将原产品“优等品率”调整为“入库优等品率”，使其更加符合生产实际、更具针对性和正向激励作用。第二，抓住投料环节，不断完善废纸分拣业务外包模式，加强监管力度；对原料质量进行严格把关，特别是加强对化工材料的监管，广泛引入竞争，有效降低成本。第三，强化质量管理。高度关注产品客户的市场反馈，统筹好质量形成过程，将检验职能从原来部门中分离出来，成立专门的质量检验部门，确保质量的稳步提升。第四，高度重视技术研发，通过技术进步提升生产效率、获取生产效益。

4、扎实推进战略联盟，稳定客户关系。在采购方面，高度重视供应商的实力和信誉遴选，切实发挥好供应商评价小组的作用，选择实力强信誉好的供应商作为重点战略联盟对象。同时，注重实地调研考察，先后在香港废纸、原煤、化工原料等方面与中南公司等构建了较为牢固的战略合作关系，联盟供应量逐年上至目前的40%左右，较好地保障了供应并有效地降低了成本。在销售方面，按集团有关部署，积极推进与广州日报、南方日报等重大客户的战略联盟，较好地稳定了市场。

5、狠抓销售区域布局优化和直销渠道建设。第一，是高度重视市场的基础研究研究工作，努力提升自身对市场的把握和预判能力，推动销供产联动。第二，切实以量化准则引导优化市场布局和直销渠道建设。根据新闻纸区域销售、价格情况、区域量价分布、均价贡献以及区域运费的系统分析来提出重点区域、重点客户。第三，针对白板纸要按市场细分进行直销渠道的建设，以减少中间环节。第四，加强外围的公关协调。在做好内部布局的同时，注重行业的横向沟通以及客户的纵向关系维护。

把握搬迁机遇，开拓创新，着力内部改革，构建现代经营管理体系 利用好搬迁契机，扎扎实实推行企业内部改革，促进发展战略实施落地。

1、创新设计，提供战略实施组织保障。成立集团公司改革专门机构，推进战略实施，落实年度计划措施。具体负责推进公司产业、创新、资产、组织、人力资源与营销战略的调整和落实，研究制定搬迁过渡期与搬迁后公司组织架构、岗位编制、薪酬激励、管理流程等调整方案以及解决实施过程有关问题的措施。

2、着眼于管理体系的完善，提出系列创新思路。主动借助国际知名的管理咨询公司的力量，借助运用平衡记分卡等战略实施与现代企业管理工具，对公司治理与管理体系进行重构与完善。在产业链的打造方面，积极推进构筑产业战略联盟；在资产和股权结构调整方面，通过充分利用充裕的搬迁补偿金优势，精心统筹安排减债，剥离非主业资产，大幅降低资产负债率，吸收合并优化股权，进而形成优良核心资产的总体指导思想；在组织架构调整方面，通过借助专业机构的专门力量，并立足于理顺管理中的“责权利”，立足于责权清晰、精简高效来进行架构的重构；在体制机制创新完善方面，立足于新的架构的效能发挥，主导完成了薪酬体系改革、精细化生产管理模式、销供产联动机制、物流模式优化等多个领域的设计与建设。经过几年的努力，总体上已形成了具有快速市场反应能力的经验管理体系。

全面落实环保搬迁，调整优化初见成效 三年中，广纸淘汰了一批规模小、消耗高、不符合产业与环保规划或环保负荷较大的落后生产系统，关停了约20万吨落后产能，基本构建起比较完整的节能降耗、清洁生产和“三废”治理体系，整体工艺技术和装备从上世纪八九十年代跃升至本世纪初国际先进水平，产品质量与生产效率大幅提高；重点机台的搬迁结合技术改造，已初步具备了产品结构优化调整的条件。处置了一批资产，加快了解决威达高股权问题的步伐，逐步理顺关系，在南沙集中形成了核心优质资产。调整优化了人员结构和组织架构，在职员工从搬迁前的3 300多人下降到目前的960人，人均劳动生产率提高了近3倍。有效提高了应对行业复杂形势的能力与市场竞争能力，产品综合毛利率从搬迁前的−2.8%提高到目前的15%以上，实现大幅减亏。与此同时，对机制车间、外围的物业、职工医院等资产进行总体统筹，通过转让、划拨等方式，逐步分离出去。优化了结构，提升了质量，逐步缩小与行业标杆的差距，拓展了生存空间，为后续发展打下比较坚实的基础。

（广州造纸集团有限公司）

【广州市住宅建设发展有限公司】

广州市住宅建设发展有限公司（以下简称住宅建设）成立于1957年，是广州珠江实业集团有限公司属下的国有控股企业，具有房屋建筑工程施工总承包、建筑装饰装修工程专业承包以及地基和基础工程专业承包一级等多项资质企业。早期承建了广州新爱群大厦、广州宾馆、白云宾馆等广州市地标性项目，其中的广州宾馆、白云宾馆均为当时全国最高层建筑，因此，获得国务院发展研究中心颁发的“中华之最”荣誉称号。改革开放后，又先后承建了广州电视中心、中华广场、新中国大厦、天河中心网球馆、广州新图书馆、琶洲会展中心等大型地标性建筑工程。目前正在承建广州市多个保障性住房项目和珠江实业集团、恒大集团、富力集团、雅居乐、祈福等房地产商开发的大型知名商品房、别墅群等建筑，在同行业中拥有较高的综合实力和知名度。曾获得中国建筑业最高荣誉的“中国建筑工程鲁班奖”和“中国詹天佑土木工程大奖”，并获省、市样板工程及“金匠奖”“五羊杯”奖工程项目达100多项。住宅建设还先后获得过“中国建筑业综合实力百强企业”“广州地区建筑业综合实力十强企业第一名”“广州市文明单位”“广州市优秀拆迁单位”“广州市连续22年守合同、重信用企业”等荣誉称号。住宅建设通过了双标复合质量管理体系、环境和职

广州市住宅建设发展有限公司承建的广东省中医院新门诊综合大楼荣获第六届詹天佑土木工程大奖。

业健康安全管理体系认证，成为广州市最早同时获得的双标复合认证建筑施工企业之一。

住宅建设经多年发展，通过实施一系列自主创新管理工作，住宅建设在规模、知名度、创优、科技创新、管理创新等方面取得了可喜成绩。

企业规模不断做强做大 企业过去三年营业收入年均增长超20%。2011年，经营总收入达到16.2亿元，实现利润1 522万元，成为集团工程板块中首先创1 000万元净利润的企业。2011年在建施工项目达到50个，施工面积超过220万平方米，创了历史记录。2011年面对后亚运时期投资项目减少，房地产限购开发项目减少的不利市场环境下，公司仍实现新增任务25.5亿元，超额完成年度目标。

市场知名度不断提升 住宅建设通过建立《诚信综合评价管理规定》指导、细化项目诚信综合评价管理工作。在公司上下的共同努力下，2011年广州市企业诚信综合评价体系排名中，公司在广州2 000多家施工企业中长期排在10名以内，最好名次排在第二名，企业声誉明显提升，对公司对外承接新的任务提供了有利的筹码。

项目创样板取得新突破 通过建立《项目创优管理规定》和常态化质量管理专项活动，持续强化工程项目质量管理、现场施工安全控制和文明施工示范建设等，住宅建设施工项目在质量创优方面不断取得新突破，为社会贡献了越来越多的优质工程、精品工程。仅2011年，公司就获广东省安全文明施工示范工地3项，广州市建设工程质量“五羊杯”奖1项，广州市优良样板工程2项，广州市建设项目结构优良样板工程3项，广州市安全文明施工样板工地3项。2011年，公司按规定专门拿出100多万元奖励公司在项目创优和科技创新工作方面取得显著成绩的各有功人员。

科技创新取得新突破 住宅建设坚持科技兴企战略，加大科技投入，建立激励机制，强化科技攻关工作。住宅建设于2005年成立了公司科学技术委员会，2008年成立了企业工程技术研究开发中心。历经多年发展，在企业科技人员的共同努力下，自主科技创新工作不断取得新突破，形成多项核心技术，包括有“地下室大空间逆作法施工”“大体积混凝土施工”“高支模及超大型转换层施工”“大型深基坑施工”“倾斜劲性结构施工”“高强、高性能绿色混凝土研配”等。公司取得了一大批科技成果：获得授权发明专利2项，实用新型专利3项；取得24项科技成果并全部通过了省级科技成果鉴定，其中鉴定水平达到国内先进以上18项；获得广东省省级工法数量累计达到23项；公司在建广州市重点工程广州新图书馆和珠江璟园工程获得广东省建筑业新技术应用示范工程；与高校开展合作研究科研成果获得广东省科技进步二等奖；主持和参与的政府资助科研项目4项；公司2项发明专利分别获得广州市职工发明创新大赛特等奖和二等奖；QC活动获得过全国优秀质量管理小组二等奖，广东省南粤之星银奖，广东省优秀质量管理小组，广州市建筑行业优秀质量管理小组各等级奖达50多项。

经营管理工作持续创新 企业领导者深刻认识到经营者对公司整体发展的重要性，不断创新经营者考核制度。较早就把对经营者考核放在企业体制创新的重要位置上，从责任考核到指标考核并逐步进行创新和细化，并先后制定各种考核办法，考核指标细化到经济指标、引进人才指标、质量安全指标、防范法律风险指标、技术进步指标、民工管理指标以及一些根据企业特点和任务的单项指标等，涵盖企业的方方面面，并实行奖罚分明的考核，既提高积极性，也增强紧迫感，使各下属企业工作目标更加明确，促进下属各企业结合自身实际，创新管理，确保各种经营指标完成，促进企业经济效益的提高。

现代社会人员流动频繁，如何解决人才问题成为企业急需面对的难题，住宅建设不断创新人事管理制度，通过不断创新人才管理工作，从人才引进、培养、提供人才发展平台以及留住人才各环节都采取了一系列的创新管理方式和方法，务必保证企业人才队伍合理发展，不断激励各类人才在各自岗位上得到充分的发挥。

建筑施工为主的企业，施工现场管理的好坏直接关系到企业的生存和发展，为此，近年来住宅建设根据市场发展和企业实际，不断创新施工现场管理。先后制定关于施工管理、顾客服务、项目创优、环境和职业健康安全管理、民工工资管理、项目部考核等管理制度，细化了现场施工管理，每一个环节都有章可循，各付其责，使公司近年企业的合同履约率不断增强，质量、信誉不断提高，从而提高了企业竞争力。

住宅建设创新经营风险防范历经多年发展，通过不断创新，形成了一套“事前防范、事中控制、事后补救”的管理体制，有效地防范企业各类风险的发生，保证企业持续健康发展。

多年来住宅建设因持续开展管理创新、科技创新等自主创新工作，先后在国家、省、市各类创样板工程中，以及包括核心技术开发、专利技术、工法技术研发、质量管理创新等科技创新和管理创新方面取得显著成绩而获得业界的关注和认可，提高了企业的美誉度和市场竞争力。

（广州市住宅建设发展有限公司）

【广东新一派建材有限公司】 广东新一派建材有限公司（以下简称新一派建材）是广东新润成发展（集团）有限公司属下的子公司，是集团公司的重点发展企业，成立于2009年8月。公司位于清远市清新县禾云镇云龙工业园，总占地66.67万平方米，是一家集自主研发、生产、经营于一体的多元化有限责任公司，公司本着“以质量第一为目标，以客户满意为导向，以产品创新为动力，以企业效益为中心，以创民族品牌为使命”的经营理念，实施名牌战略和品牌国际化经营战略，走民族企业国际名牌之路，创建具有国际竞争力的百年企业。

新一派建材秉承敢于创新、勇于变革的理念，不断学习先进的管理理念，以“立己达人，极致创新”为向导，于在2010年实现投产，并在短短；两年的时间里，在“管理创新、设备创新、技术创新、文化创新”的指引下，逐步成为清远当地政府的重点发展企业。

管理创新——衍生企业生命源泉

1、外包思维，站在客户角度开发产品。新一派建材一直要求各部门/工序坚持外包思维，要求每一项工作都必须以客户为中心，站在客户的角度为客户提供满意的服务，实现工作价值。公司把供应商员工、终端消费者、各工序等看成是客户，明确表示公司内部每一个工序既是消费者也是制造者，如原料车间必须为下工序的压机车间提供合格的粉料，烧成车间必须为下工序的抛光车间提供平整的砖坯，仓库、采购等服务部门必须为使用部门提供更优质的物件，并明确指出没有客户认同的工作等同是白费的。公司各部门/各工序都必须以严谨、负责的态度做好每一项工作，做好产品，最大化地实现客户满意。

2、做到极致，消除浪费。新一派建材把挑剔的客户比喻为最好的老师，扎扎实实把产品做好，依靠“极致”二字，把质量做到极致，服务做到极致，对版做到极致，损耗降低到极致，产量做到极致，时刻把客户放在心里，永远保持前进的动力，让企业永葆生存。

优化流程、做好工作=消除浪费。新一派建材一直秉承流程优化的理念，有着较强的社会责任感，要求全体人员把各项工作做到极致，从而达到消除浪费的目的。从源头抓起，每一个工序都要求做到极致，用“认真”二字锁定目标，专注重复地将成本控制到最低。从供应到生产、销售，把过程做到极致。全体人员形成节约习惯意识，依靠流程，使消除浪费制度化、习惯化，使产品质量及管理能够在做好的同时不断追求进步，坚持“该用则用、该省则省”的原则，把各项节约工作做到极致，达到消除浪费的目的。

3、建立监控系统，实现公开透明管理。建立采购物料监控系统、产品质量监控系统等信息管理系统，实现公开透明的流程化监控管理体系。通过对采购物料的监控，实现对机械备件、原材料质量使用情况实时的统计、监控；通过产品质量监控系统，实现对车间生产流程进行实时监控，对产品质量数据进行统计并通过系统进行信息的反馈，实现从原料球磨、浆料制粉、压制成型、烧成、抛光、乃至产品入库等全面生产流程进行实时监控，可实现生产线上半成品、成品的实时产质量数据的统计，并形成相应报表，实现信息的实时反馈，提高整个品管系统的管理效率。通过完善监控系统，提高了企业经营管理信息的准确性、透明性和及时性，有助于企业决策的进一步科学化，增强企业的快速反应能力，从而大大提高企业的生产经营效率和管理效率。

4、网络信息普及化，数据信息自动化。新一派建材十分重视内部基础网络建设，在信息网络基础硬件的投入配置方面，企业网络中心配置CISCO企业级路由器及防火墙接入中国电信运营商提供的光纤通信电缆，同时配置了多台H3C千兆主干交换机连接公司办公大楼的所有办公室、宿舍、各生产车间，员工个人电脑可进入公司的内部网并按照各自的权限共享Internet带宽，让公司相关研发、技术人员能及时了解相关信息，更迅捷地了解行业的发展动向，交流经验，积极跟进世界发展的步伐。

新一派建材产品的产量、质量及能耗等重要数据录入ERP系统，并实时向企业高级管理人员反映；同时公司的产品库存、财务收支情况也及时反映在ERP系统的数据库里。数据自动化让企业的决策者可根据市场情况对生产部门的排产作出适时的调整，从而优化了企业的整体资源。ERP系统有效地减少了计划需求—采购—存储—发放等环节的时间，降低材料库存量、提高了公司的生产计划、配套采购、资材管理等部门的工作效率与资金利用率，为公司带来了巨大的综合效益。

5、节能减排，环保先行。新一派建材以“节能减排，清洁生产”为目标，在煤气站进行了水煤制气综合节能改造，以陶瓷行业的水煤制气综合节能技术为研究对象，研发出一种提高煤气热值，减少煤耗，减少煤制气生产过程中的废物，提高生产效率的技术改造方法。水煤制气综合节能改造，主要对煤气站煤气发生炉进行改造，针对气化剂的调节和煤气站基础设备的完善改造，以及煤质监控与操作技能提高等，进一步挖掘原设计炉的潜力，使现在的生产工艺更加先进、完善，生产设备产能最大化。在陶瓷砖烧成窑炉产量不变甚至有所提高的情况下，仍可减少煤气发生炉运行，同时降低煤炭用量，达到节能降耗、节能减排的目的。

设备创新——注释企业发展历程

新一派建材自成立以来，不断引进大型现代化全自动生产设备，为企业生产注入新动力。40吨、100吨球磨机的投入使用，保证原材料浆料球磨充的分及均匀使用；5 000型喷雾干燥塔稳定喷粉效果，保证粉料颗粒的质量；3 600吨意大利萨克米压机保证砖坯坯体的成型效果和花式稳定；250米意大利萨克米宽体窑炉，实现了坯体产质量的稳定提升……2011年，引进全自动执砖机、自动量变形机、手动叉车等先进全自动化设备，大大降低一线人员的劳动强度及人为检测误差率，逐步实现生产系统自动化、系统化、标准化。

瓷片作为抛光砖的配套产品也逐步在稳定中成长，引进多台喷墨机设备，大大丰富了瓷片的花式效果，保证瓷片产品色号少，色彩逼真，满足不同层次客户群体的需求；干法磨边线的投入使用，大大节约了水资源，对于磨边后的粉尘经除尘系统回收粉尘，重新入球，不但减少生产车间的粉尘污染，而且将粉尘进行回收再用，节能环保。

技术创新——演绎企业生命活力

新一派建材坚持走自主开发的技术创新之路，以自主开发为主、合作开发为辅、引进消化吸收为补充的研发模式，重视对技术开发的投入，建立了完善的研发体系，在推动行业技术进步和产品升级方面发挥了重要作用。

从开发引用新材料、新工艺、新设备三位一体全面出发，降低产品的生产成本，严格控制环境污染，合理开发利用环境自然资源，追求产品与人、社会、自然环境的统一。通过不断努力，新一派建材已经成功推出砂岩石、润成臻品、石纹线石等抛光砖产品，滚筒式、喷墨式、丝网式印花等瓷片产品也逐步配套推出市场，在中高端客户群体中取得一定的信誉。

技术研发通过整合内外资源、适应市场需要，使企业的投资效益最大化。使企业技术创新体系的核心和组织得到保障，统筹管理着企业各层次技术创新活动，确保创新机制健康完善、创新体系规范合理，形成面向市场，充分调动企业内部资源、广泛利用外部资源的开放式运行机制，为企业长期发展战略提供引导、支撑和保证作用。

文化创新——丰富企业文化底蕴

“立己达人”是新一派建材企业文化的核心主题。只有客户成功，企业才能成功，客户价值观俨然已经成为新一派建材文化内涵！同时，公司一直关注员工文化生化，不定期举办的征文比赛、篮球赛、羽毛球赛等，丰富员工精神文化。

2012年，新一派建材公司更提出“用爱创建家文化”的文化理念，以公司的“大家”和各部门的“小家”相结合，互相帮助，互相关爱，为建立一个系统的“家”而努力。将家文化发扬、传承到公司每一个角落，把同事当做家人，在工作中互爱互助，齐心协力做好各项工作。

广东新一派建材有限公司自成立至今，一直以坚持不懈的决心团结奋进，紧抓机遇，因时谋变，以“立己达人”为宗旨，立足客户，把每一件工作做到好，满足客户要求，实现自我价值；公司以“极致创新”为向导，把每一项工作做到极致，创新创造、加速加力、消除浪费，实现节能减排，生产效益得到最大优化，以更好的姿态，迈向更辉煌的未来。

（广东新一派建材有限公司）

【佛山佛塑科技集团股份有限公司】

佛山佛塑科技集团股份有限公司（以下简称佛塑科技）为国有控股的深交所上市公司，是一家为现代工业、农业、科技、交通、通讯、建筑等领域提供新型材料的高新技术企业。公司始建于1988年，主要生产经营各种塑料薄膜及复合包装材料、功能性高分子新材料、塑料编织复合制品、光电材料、建筑工程与装饰材料等五大系列产品，是国内生产规模较大、品种最齐全并拥有多项国家专利技术的塑料新材料生产企业。2009年9月广新控股集团成为佛塑科技的控股股东后，公司迅速确立“成为国内新能源、新材料和节能环保产业领跑者”的发展战略和“调结构、强管理、强创新”的工作方针，瞄准国内和世界先进水平，以自主创新为动力，持续开展技术和设备改造，淘汰落后产能，推动产品的升级换代和产业的转型升级，使公司从一个以生产塑料包装材料为主的传统制造企业成功转型为新能源、新材料、节能环保等国家战略性新兴产业的高科技企业。经过多年的探索实践与积淀，特别是近几年大力增强原始创新、集成创新和关键核心共性技术创新能力，佛塑科技步入创新发展的快车道，为未来抢占技术和市场的制高点提供了有力的支撑。

科学发展、精细管理　佛塑科技始终坚持科学发展，依规守法经营、实施精细化管理，持续建立完善现代企业制度。

佛塑科技一直规范运作，诚信经营，秉承契约精神，完善内控、法务体系，从无发生侵权违法现象。公司依法照章纳税，积极履行企业公民义务。仅2009年至2011年的三年间累计纳税总额就达5.69亿元。同时与各金融机构建立良好的合作关系，多次被银行评为“优质客户”“AAA级客户”等称号。佛塑科技作为上市公司，致力于完善公司治理结构，公平对待所有股东，确保股东充分享有法律、法规、规章所规定的各项合法权益，及时、准确地将公司经营管理和投资决策方面的重大事项向公众披露，切实保护了股东和投资者的知情权。设立了监察审计部，配备专职人员对公司内部控制情况进行检查和监督，不断完善公司内部控制制度。佛塑科技的社会影响力和美誉度日益增强。

建立和完善科技创新体系　佛塑科技组建了权责明确、层次清晰的技术创新管理机构，成立以总工程师领导的“加强技术创新工作领导小组”为核心的技术创新管理体系，组建省级企业技术中心全面统筹公司的技术创新管理工作。同时建立起以省级塑料工程技术研究开发中心为主体，公司所属各经营责任体的研发中心为支撑的技术创新研发体系，逐步建立按工艺技术分类的工程实验室。按照集团公司技术创新工作中长期发展规划，“十二五”期间将完成建立国家级企业技术中心和国家级工程技术研究中心的国家级“双中心”的战略目标。佛塑科技还十分重视加强产学研合作。产学研一体化是以企业为主体将科技成果迅速转化为现实生产力的最佳途径，公司先后与华南理工大学、中山大学、中科院上海硅酸盐研究所等知名院校、科研院所建立了密切联系，搭建产学研合作平台。近年来已开展和正在开展的包括省部级产学研示范基地建设在内的产学研合作项目共18项，其中获省、市科技管理部门立项的13项。日益完备的产学研合作机制为公司创新能力的提升提供了持久的动力。

加大技术研发和技改投入　佛塑科技牢牢把握国家大力扶持发展战略性新兴产业的有利契机，进一步加大技术创新项目投入力度，开展以高性能聚合物膜材料为核心的科技成果产业化技术研究，培育新一代拳头产品和新的增长点。为实现成为新能源、新材料和节能环保产业领跑者的目标，公司加快推动新产品开发进度，2011年度新增27项研发项目，重点开展高分子基智能节能复合贴膜、锂离子电池外壳封装材料、无孔透湿材料、风能PET发泡片材、辐照PVC刚性发泡风能板材、新能源电容薄膜、高阻隔BOPA食品包装薄膜等自主开发的新产品或新技术创新项目，在建的多功能薄膜研制开发试验线和晶硅太阳能电池用PVDF膜及背板等研发项目已完成设备安装，有力地推动了科技成果的产业化进程。公司积极组织开展新能源汽车专项资金申请工作，先后通过省发改委和国家发改委的答辩与审查，分别获得省财政专项支持1 100万元和中央财政2011年结构调整专项1 361万元资金支持。与此同时稳步推进技术改造项目，提升优势产品核心竞争力。2011年在建技改项目共36项，预算总投资超一亿。公司不断加强以结构调整和产业升级为核心的企业技术改造工作，通过技术改造进一步完善研发及自主创新条件，调整产品结构、提高核心主导产品的盈利能力和市场竞争能力。“新型聚合物膜材料产业化中试设备技术改造项目”列入广东省2011年省财政挖潜改造资金民贸贴息技术改造项目计划，获得省级财政资金100万元贴息支持。

重视知识产权保护 2011年佛塑科技新增专利申请10件，其中发明专利申请8件，新增发明专利授权5件。通过举办以“发掘技术创新点”为主题的专利申请培训班，提高了研发人员的创新思维和创新能力，为公司在“十二五”期间不断强化知识产权工作打开了新局面。加强组织协调，顺利通过高新技术企业复审。深入研究国家产业政策，抓住国家和地方各级政府部门鼓励企业转型升级和发展战略性新兴产业的机会，积极申报省、市、区三级政府的科技计划项目，目前公司共有22个项目列入国家、省、市（区）各级政府科技和固定资产投资主管部门的项目计划，共获得政府资助4 995万元，各种荣誉、奖励项目9项，其中“电动汽车用锂离子电池隔膜生产技术的研究及产业化”项目、“TFT—LED配套用偏光片产业化”项目均被列入广东省战略性新兴产业专项计划。为贯彻落实省知识产权局、版权局、工商局《关于在全省推广开展“正版正货承诺”活动的通知》精神，公司积极参加佛山市知识产权局举办的“正版正货承诺”活动，成为佛山市第一批生产、销售“正版正货”企业单位，增强核心竞争力。

建立完善自主创新激励机制 为提高公司核心技术创新团队的积极性，打造与公司发展战略相适应的一流技术研发团队，公司颁布了《关于加强技术研发管理工作、进一步提高技术研发人员待遇的决定》《技术创新成果奖励制度》《技术研发专才购房借款管理暂行办法》，围绕技术创新管理加强机制建设，强化激励作用，形成一套完善的、多层次的激励机制，从物质和精神两个方面全面提高技术研发人员的待遇，吸引和留住技术研发人才，激发广大技术研发人员投身项目研发的积极性。公司敞开胸怀，广纳英才，以诚待人，从体制、生活和工作环境上确保专业技术人才“进得来，用得好，留得住”。公司创新用人理念，树立“以业绩论英雄、无功就是过、能者上、庸者下、平者让、任人唯贤、不拘一格用人才”的观念，组建起一支高境界、高素质、高技术的自主创新专业技术人才队伍。

大力弘扬优秀企业文化 公司总部和各经营责任体针对公司不同阶段的重点工作，开创企业文化建设新局面。在提升执行力、项目建设、精细化管理、安全生产管理、企业文化建设等多方面开展各种劳动竞赛活动，逐步形成了“比有目标、学有榜样、团结协作、共同提高”的良好工作氛围。启动CI系统项目导入工作，完成VI系统的设计并开始推广，整合和完善MI系统，组织编制《企业文化手册》。充分利用《佛塑导报》和各责任体内刊等企业文化宣传阵地，围绕“创先争优”劳动竞赛、“强化执行力”、“十二五”规划、党团活动、安全管理与教育等专题内容，将企业的核心价值观、精神与愿景深入到每一位员工的心中，搭建企业与员工沟通的桥梁。弘扬“创新、进取、务实、卓越”的企业精神，大力开展以“幸福佛塑，幸福员工”为主题的各种文化活动，丰富了职工文化生活，凝聚人心，共建幸福家园。畅通沟通渠道，妥善解决员工合理诉求，切实加强维权帮扶工作，建立完善以协商、共决、调处为核心的职工权益保障机制，构建企业和谐稳定的劳动关系，共享发展成果。

佛塑科技积极履行企业公民责任。在环境保护方面，坚持贯彻以“降能耗，增效益”为生产之本，以“低消耗，高产出，高利用率”为节能之策，不断完善能源管理的体系建设，成立“节能减排”工作领导小组，加强能源科学管理，提高能源利用率，增强企业竞争力。“十一五”期间总节能量达7 831吨标准煤，超额完成地方政府下达的节能目标。制定《环境保护工作管理制度》，明确目标责任管理，建立了一套较为完整的环保目标责任考核机制。在社会公益方面，积极参加所在地区，乃至全国范围内的环境保护、教育、文化、科学、卫生、社区建设、扶贫济困等社会公益活动和社会福利活动，为社会公益福利活动奉献力量。作为企业公民，佛塑科技通过持续开展自主创新工作，提升自主创新能力，为转变经济发展方式，实现经济结构的战略性调整，促进社会和谐，打造幸福广东作出了应有的贡献。

（佛山佛塑科技集团股份有限公司）

【佛山市南海佛广交通集团有限公司】

创新是民族生存和发展的灵魂。为深入贯彻落实科学发展观，推动企业经济快速健康发展，佛广集团公司始终围绕“创新促发展，精细抓管理”的工作要求，不断夯实创新基础、搭建创新平台、优化创新环境、提高创新能力、扩大创新成果。

全面打造“绿色公交” 按照“高起点、高规划、高水平”以及“低票价”的思路，佛广集团公司于大力发展LNG环保能源公交车，2008年率先在南海区开行桂城镇巴12条线路，向群众提供了车体美观、车型环保、治安良好的公交服务。随后，又相继开行了里水、丹灶、大沥、九江、西樵、狮山等镇巴，为推进佛山市各区镇内绿色公交的发展作出了重大努力。

2011年，首次在广东省范围内率先推行103辆国家尚未推行的国Ⅳ排放标准LNG环保能源公交车，并相继在各镇街投入共约600辆LNG环保能源公交车。佛广集团公司投放的LNG车辆数量之多，排放标准之高均为全省之最，为佛山市全面推行国Ⅳ标准LNG新能源公交车树立典范。

同时，佛广集团公司还稳步推进LNG加气站建设，落实车辆后勤保障工作，于2011年4月在大沥汽车客运站投资近300万元建设应急撬装式加气站；同年9月在西樵汽车客运站成功投入使用第二个LNG加气站。

建设现代智能调度系统 佛广集团公司在加强管理制度、优质服务建设的同时，致力于现代智能公交系统建设，通过不断的创新以及利用科技手段，大力提升企业的公交信息化管理能力。2008年，在公交调度管理上全面进行智能调度系统建设，改变了因区域大、线网广而管理不到位的落后状况，实现全方位的调度管理和监控。2009年初，佛广集团公司GPS监控系统成功接入南海区交通局交通控制中心，积极配合了主管部门对运营车辆的监督，有效地促进服务质量的提高。2011年初，投入20万元对智能指挥中心进行升级改造，至今全部公交车辆、出租车辆、道路运输车辆已安装车载机，成功实现对200多条线路2 000多台营运车辆的日常运营调度，迈出了企业信息化管理第一步。

积极履行社会责任 为弘扬社会正气，严厉打击公交线上盗、抢、骗等违法犯罪行为，维护客运站场和公共交通治安秩序，为群众出行提供平安、和谐的公共交通出行环境，2010年，佛广集团公司成立南海区公交反扒专业队，专职负责打击公共交通车辆及客运与公交站场中的盗窃、抢劫、诈骗等违法犯罪行为。

截至2011年11月，专业队共参与实战反扒活动8 000余次，反扒宣传防范活动20余场次，破获案件300余起，协助公安机关抓获违法犯罪嫌疑人129名，其中，扒窃团伙19个，诈骗团伙1个，刑事拘留86人，行政拘留19人，治安处罚30人，案件处理率81%，为人民群众挽回损失120万余元。佛广集团公司还积极与南海电视台、南海电台、佛山日报、广州日报、南方都市报等合作，先后播出了“公交诈骗”“公交防盗”等8期电视电台节目，先后刊发《扒手祖师爷“栽了”》等6篇新闻报道。

实现创新型，精细化管理 佛广集团公司在管理实践过程中，紧紧围绕“深化改革、优化调整、安全优质，创新高效”的指导思想，始终不遗余力地进行开拓创新。

（一）推进“节能减排”工作。为切实完成“节能减排”工作，佛广集团公司通过联合媒体，采取灵活多样的活动载体，全面调动驾驶员的节能积极性，最大范围地开展“节能减排”工作，开辟公交行业“节油降耗”的先河。2012年4月，参与佛山电视台《大师傅之超级公交司机》节目录制，在“快速抢答”“明星考场”“我最‘省’油”和“‘一碗水’功夫”四个环节的比拼中，佛广集团公司参赛选手凭借精湛的驾驶技术和优质的服务态度，一举夺得“超级公交司机”宝座。6月，举行“携手五载，喜迎司庆”节油比武大赛，得到《南方都市报》《珠江时报》《佛山电视台》等媒体的大力宣传，通过“以比赛促技能、以技能促服务”，激励全体员工积极投入到“节能减排”的工作中去，人人争做“节油先锋”，为进一步促进企业节能减排、打造绿色公交、提升城市公交形象作出积极贡献。

（二）革新驾驶员入职培训方法。自转制以来，佛广集团公司抓住机遇，快速发展，业务规模和管理模式的变化直接引起司机队伍的变化，如何逐步统一对各类驾驶员的管理方式和行为规范，将已根植在其脑海深处的“多元”价值观、管理方式、行为规范转变为有佛广特色的价值观、管理方式和行为规范，是佛广管理者要破解的重要深层次管理难题。佛广管理者按照“创新促发展”的思路，成立了面对内部员工培训的专门机构。2010年7月28日，第一批60名新入职驾驶员正式进住培训中心，标志着佛广集团“全封闭、半军事化、文体结合”的新入职培训体系正式启用，培训效果极佳。

（三）推行安全特色情感教育。为了把服务做得更好、更优，让乘客称心、满意、感动，佛广集团公司坚定不移地贯彻“安全文明，优质服务”的服务理念。每年举办千人安全宣讲大会，通过由一线驾驶员组成的宣讲团队以身边真实的案例，从不同的角度诠释“做一个更加负责任、更加有良心的交通人”的核心理念。通过点面结合、形式多样的深入分析，讲明交通事故的严重危害及遵守交规、文明驾驶的重要性和必要性，呼吁广大驾驶员为了自己和他人的生命安全和家庭幸福，要自觉遵守道路交通安全法律法规，安全出行，全力预防和减少道路交通事故的发生。

为了加大安全教育力度，对于发生事故或违章的驾驶员，佛广集团公司改变以往只是一味批评教育的做法，采取邀请家属参加“面对面，心连心”座谈会或进行家访等形式，通过亲情促使员工把“安全为天”的思想牢记在心，让每一名员工把遵章守纪、安全操作作为自觉行动。

（佛山市南海佛广交通集团有限公司）

【深圳市金宏威技术股份有限公司】

深圳市金宏威技术股份有限公司成立于2001年8月，运营总部位于深圳，在深圳设立研发中心，并在北京、广东、广西、云南、贵州、海南、湖北、新疆、江苏、四川、甘肃、黑龙江、青海、吉林、山西、湖南、天津、内蒙古、江西、陕西等省市设立代表处和办事处，在国内建立了25个销售与服务机构，是集产品研发、生产、销售、服务于一体的国家高新技术企业，公司注册资金14 763.6万元，现有员工1 100人。

金宏威公司致力于新能源、智能电网、信息服务领域的解决方案及设备提供，为全国客户提供了安全可靠、技术先进的系列电源、光伏系统、汽车充换电站、电力配网自动化、工业通信、信息网络等解决方案及产品，在获得客户广泛认可的同时，取得了经营业绩的迅猛发展。

金宏威公司已经通过了ISO9000、ISO14000以及OHSAS18000三合一体系认证，获得国家高新技术企业资质、国家信息安全服务资质、双软企业资质、国家计算机信息系统集成一级资质、电力工程施工总承包资质、安全技术防范系统设计资质等，并先后被评为中国优秀民营科技企业、广东省诚信企业、深圳市诚信企业、电力AAA诚信资质企业、广东省自主创新标杆企业等。

金宏威公司积极参与新能源、

智能电网领域产业联盟的相关活动，已成为“中国电源学会”“中国可再生能源协会”“深圳市新能源行业协会”“中国电力联合会”“深圳市智能电网联盟”等会员单位，并参与多项行业技术标准的制定。

市场开拓 金宏威公司自成立以来，一直专心致力于电力、能源等行业，曾先后荣获南方电网总部、云南电网公司、广东电网公司、广西电网公司“最满意设备供应商”名誉，并且与华能、华电、国电、鲁能、大唐、滇能等大型电力行业集团长期合作，建立了良好的关系基础。公司多个省市设立代表处和办事处，在国内建立了25个销售与服务机构，同时公司通过了国家信息产业部颁发的计算机信息系统集成一级资质认证和ISO9001质量管理体系认证，并先后被评为国家高新技术企业、中国优秀民营科技企业、广东省诚信企业等一系列荣誉称号。

金宏威公司是“中国电源学会”和“中国可再生能源协会”会员单位，是“深圳市新能源行业协会”副会长单位，并获得电力工程施工总承包及机电设备安装工程专业承包资质，安全技术防范系统——设计、施工、维修资格证（安防资质）。“服务创造品牌”是金宏威的立身之本，结合电力行业的需求及特点，金宏威以持续、高效、快捷的方式，为客户提供多样化、个性化、多层次的产品和服务。高质量地满足客户需求，是金宏威成长与发展的不懈追求。金宏威以强大的创新能力、客户为中心的服务宗旨推动着公司在激烈的市场竞争中持续高速发展。今后，金宏威将继续以高品质的技术、产品、解决方案和服务推动中国的工业控制及信息网络建设不断向前发展。

研发团队 金宏威研发中心拥有近300名工程师，已经初步形成了一支由专家、高级、中级和初级研发人员组成的研发团队。其中包括多名在国内从事电网智能化研究的专家学者，多名从事智能配电网产品开发多年的核心骨干人才，同时，每年从校园招聘的应届毕业研究生、本科生为金宏威的研发提供了坚实的后备力量。

金宏威的研发聚焦在智能电网的智能配电网产品的研发，目前电力产品开发部聚焦在开发智能配电网终端产品，包括一次和二次相关设备；工业通信产品开发部聚焦在智能配电网通信产品的开发，其中包括工业以太网交换机、无源光网络产品、中低压载波机的开发；系统软件开发部聚焦在智能配电网相关的软件开发，其中包括智能配电网主站系统，子站系统以及基于配电网复杂通信网络的综合网络管理系统等产品。金宏威研发已通过ISO9001体系认证，并严格推行基于IPD的研发管理模式。所有产品的开发均形成了跨部门的PDT团队。已经形成了一套金宏威模式的研发管理模式。

研发基地 金宏威研发中心总部设在深圳，在西安设有研发分部。研发中心拥有近300名工程师，其中硕士占30%，博士占5%，以及多位资深专家教授。拥有超过3 000平方米的办公环境。办公区域内设有300平方米的产品展示厅、独立的培训室，也专门为各条产品线配备了共8个实验室和测试室。

产品研发采用规范的IPD产品开发流程，通过了CMM3级软件质量体系认证资格。自主研发产品包括电力自动化、新能源、工业通信、系统软件等多个领域。自主研发产品涉及电力、轨道交通、煤炭、钢铁、石油、石化、教育、广播电视、军工等多个行业。获得专利27件，正在申请专利数量超过50件，取得软件著作权近百件。取得的专利涉及工业通信产品，电力监控系统，GPRS无线通信技术，电动汽车充电技术，新能源技术。系列产品通过KEMA、泰尔、3C、开普、中国电科院实验室等权威认证。

作为电力行业的专业设备供应及解决方案提供商，金宏威公司全面了解电力客户各类需求。通过与西安交通大学、华南理工大学、合肥工业大学、武汉高压所等高校及科研机构的合作，建立了产学研相结合的产品开发模式。产品研发以客户需求为导向，提供满足电力客户需求、质量好、可服务性好的产品。

金宏威公司每年在西安交通大学、华南理工大学等国内知名院校进行专场的校园招聘，选取100余名优秀的研究生和本科生。优秀的员工通过层层选拔进入技术中心，为研发队伍补充新鲜血液。

生产规模 2010年，金宏威自主研发的产品形成了规模销售，成为广州亚运会配网自动化工程的主承建商，承建广州、东莞、贵阳、南宁、珠海、遵义等配网自动化建设项目，承建南方电网2010年重要试点项目。新能源产品突破广东、广西、贵州、云南、湖北、青海、内蒙等省区，承建桂林汽车充电站，全站包括管理、营销、监控、充电桩等完整解决方案，承建广东深圳汽车充电桩、云南汽车充电桩，承建河北保定涞源、广东河源、云南楚雄、湖北黄陂等地的光伏发电项目。除自有产品的研发与销售，金宏威先后与APC、华为、H3C、Fortinet、Radware、McDATA等公司建立紧密的合作伙伴关系，连续多年是华为公司的核心代理商及重要合作伙伴，H3C公司的行业集成商和增值服务代理商。

金宏威拥有30个备件中心，总价值达5 000万元人民币。技术支持中心服务网点及备件库网络遍布在北京、广东、江苏、湖北、四川、贵州、海南、新疆、吉林、甘肃等全国二十几个省市，各网点均配有工程用车。金宏威采用统一规范、分级实施和集中监控的项目管理体系，400热线、备件、工程、客户服务等管理IT平台。技术支持中心拥有知名厂商认证工程师237名，PMP及高级项目经理58名，安全员、特种及进网电工、登高等特殊作业工程师97名，可保证365天每天24小时地不间断为客户提供工程售后服务。金宏威组建了具有五年专业培训经验的高素质的讲师队伍，定期对客户进行技术指导培训，平均客户满意度已达到94.8%。

近年来，金宏威承担的应急保障项目包括：奥运保电，价值800万设备投入，保障31个行业客户网络零故障；亚运保电，价值2 000万设备投入，获得南方电网优秀供应商称号；2009年国庆“双节”保电，涉及北京、广东等全国7个省份；2007年冰灾保电，与电网客户共同坚守通信阵地。

（深圳市金宏威技术股份有限公司）

【东莞晶苑毛织制衣有限公司】 东莞晶苑毛织制衣有限公司（以下简称晶苑公司）是晶苑集团分公司（益力坚实业有限公司）全资的附属机构，位于广东省东莞市常平镇司马管理区晶苑工业城，于1993年建厂，1995年投产。公司现有厂房、宿舍及其他设施共占地约94 000平方米，绿化面积约32 900平方米，占总用地面积35%。

经过多年的发展，晶苑公司现有员工约5 300人及缝纫机4 000台，企业投资总额3.05亿港元。内部设有中央仓库、采购部、行政部、财务部、人力资源部、品质控制部、品质保证部、物料利用分析部、生产计划及控制部、工业工程部、中央裁床、机修部、生产工场、验针中心、办房等17个部门，6个制衣工场共有生产线84条。

晶苑公司的产品主要为针织成衣，包括成人便服、儿童及婴儿服装。年产针织成衣5 000万件，年产值约8.6亿元人民币，产品远销欧美、东南亚等国家和地区。公司按客户的要求进行产品开发、采购材料；采用世界先进的生产设备和技术，实现高效率；进行系统信息化集成管理，实现高品质。2011年实现生产总值人民币8.6亿元，全年上缴税金人民币2 323万元。目前全年内销比例约占生产总值的12%，预计五年内达到50%以上。

晶苑公司主要与世界和中国知名品牌合作，如UNIQLO（日本）、J. C.Penney（美国）、Ann Taylor（美国）、Abercrombie & Fitch（美国）、美特斯邦威、森马、N+a、李宁等，在世界同行业中占领较大的市场份额。

近几年来，晶苑公司在管理层的带领下开展多项创新活动，主要体现在以下几方面：

生产管理创新 多年来，晶苑公司的管理日益完善，相继于2000年及2003年通过ISO9001质量管理体系认证和ISO14001环境管理体系认证，推行六西格玛管理与精益生产管理，并在生产与管理上不断开拓创新。

晶苑公司非常重视人才培训机制改革。面对招工难尤其是招聘管理人员困难的问题，晶苑公司通过内部培养的方式，累计培养班长168位，培养比率达95%。通过内部培养，员工投诉由原来的28次/年降到7次/年，满意度也得到提高，员工月流失率下降2%，班长平均服务年资为3.8年（公司平均年资1.7年），此项目获得晶苑集团年度唯一人才发展大奖和晶苑集团人力资源年会大奖。

随着用工成本的逐年上涨，企业生产成本压力越来越大，为了提升公司在同行中的竞争力，晶苑公司管理层经过多次讨论，最终确定了精英制方案。对所有技能性岗位的员工，采用每小时收入制定相对应的红、黄、绿灯区标准，以提升生产效率激励成为精英员工；同时通过整组员工的平均积分奖金的高低，与班长奖金相关联，以推动生产一线班长的绩效管理。精英制方案成功地降低了用工成本，提高了企业竞争力。2012年与2011年相比，总人数减少219人，整体效率提高8%，员工收入提升15%。

企业文化创新 为保持在行业中的领导地位，晶苑公司全体员工在公司管理层的带领下，开展了一系列活动，旨在培养员工的创新思维。如对广大员工进行创新思维培训，组织参观其他工厂、参观商场、开展创新项目并组织竞赛和辨论赛等，逐渐在公司形成一种创新文化，组建成一支追求“创新·高效”的队伍，成为企业发展的动力。

晶苑公司在成长发展的过程中，也关心员工的生活。为帮助员工减轻医疗负担，晶苑公司于2006年成立了互助基金会，主要作用是援助特殊人员及补充社会保险以外的费用报销。截止2012年3月，全公司共有会员人数3 363人，受益人数达1 433人。

研发技术创新 晶苑公司历来注重技术创新，为了加大研发力度，晶苑公司建立了研发中心，包括技术支援、工业工程部、数据研发中心、实验室、研发部、设备采购、VAP办房等部门。研发中心秉承创新、环保理念，不断进行自我完善，如开发测试新产品；引入新技术、新设备、新管理模式；积极研发新的辅助设备等。

2011年，投入研发经费2 000多万元，占销售收入比重超过3%。开展的研发项目包括全自动服装整烫机，坎车锁底线功能，节能马达推广，验针自动翻转设备，电脑裁床、自动吊挂系统、自动调浆系统应用等等，既降低了成本，提升了效率，又增强了企业的竞争力。

2011年，荣获国家实用新型专利一项，自主研发出一种改进型防皱针车的针板及牙齿组件。目前已研发出另两项，绣花防护罩和应用于成衣印花机的托板，正在申请国家专利，审批中，另几项在研发中。

引入先进设备 为提高产品附加值，晶苑公司斥巨资引进先进生产设备及管理系统。目前6个车缝生产车间全部使用日本祖奇牌、兄弟牌等先进的电脑缝纫机，组成现代化生产线共83条，形成年生产服装能力逾5 000万件。VAP增值车间目前拥有日本田岛自动电脑绣花机12台，美国M&R及德国裳格自动印花机10台，印花自动红外烘干流水生产线10条，各类先进洗水、干衣设备43台。此外还陆续投入、更新了大批成衣制造周边先进设备及系统，如美国格柏全自动拉布机、自动裁剪机、新加坡INA衣拿吊挂自动传输生产线、自动折衫包装机、服装电脑CAD绘图系统、美国格柏排唛系统、GPRO RFID生产数据跟踪系统、Scan&Pack验针扫描包装系统、自动对色配浆系统、德国SAP管理系统等。

从基本的裁剪、缝纫、后整理、包装工序发展到涵盖印花、绣花、洗水等全套制衣业增值工序，晶苑公司形成了完善的生产链条，产品结构由单一化向多元化转变，极大地提高了企业的竞争能力，夯实了做大做强的基础，使公司高附加值产品从原来不足30%的比例提升到70%以上。

通过引入先进设备及技术改造，极大地提高了设备的现代化程度，不但使生产效率从80%提高到90%以上，而且还令产品的品质得到6%的提升，从而实现了从传统手工工艺制造向现代自动化和系统信息化制造的转变。近年来已在多项工艺技术方面取得突破，例如：四线及骨车丝底布防起皱功能，双针车和橡根车缩筒布功能，坎车锁底线功能等等，印绣花和洗水工艺也在不断完善，近年增加了拔印、防拔印、胶浆印、订珠、硅胶印、烫金、烫石、闪粉、特殊洗水工艺等。

发展自主品牌 晶苑公司在设计及研发方面，成立了设计及技术开发部门专门进行设计及研发工作，从国外引进先进技术并高薪聘请专业技术人才指导，设计及研发投入总资金达2 000多万元人民币。设立的研发项目主要有服装技术设计、应用系统开发、调查分析、发展预测、规划建设等，为研发人员提供了广阔的发展空间。设计团队与营业部紧密联系，把握世界流行趋势，积极参与国内的纺织服装展览，长期为客户提供优秀的产品设计，自主设计新产品在2011年为企业增加了1亿元订单。此外，晶苑公司与国内外多所院校及科研机构有交流，在不同的领域项目上合作已初见成效。如与四川攀枝花服装学校开展的校企合作，学校代培养专业的制衣技术人才，现已有二百多人加入公司。

晶苑公司早已意识到国内市场的巨大发展空间，便有计划地开拓国内市场，从材料采购到产品销售，一步一步从无到有，从有到大，从大到强，先后与国内李宁、七匹狼、美特斯.邦威等多个品牌开展合作，目前全年内销比例约占生产总值的12%，预计五年内达到50%以上。在代工方面继续做大做强的同时，公司已经创立了自主品牌“瞳非是”“旮旯达达”，聘请香港名模推广品牌，通过网络销售，目前处于发展阶段。凭借国内市场的巨大空间和强劲消费能力，自主品牌将成为公司下一步发展增长的大亮点。

（东莞晶苑毛织制衣有限公司）

【明珠电气有限公司】 明珠电气有限公司（以下简称为明珠电气）成立于2009年4月，前身是1998年8月从国有企业改制为民营企业的广州市番禺明珠电器有限责任公司，属于输配电及控制设备制造业，是以研发、设计、生产各类型输配电设备为主的高新技术企业，是全国变压器标准化技术委员会委员单位、全国绝缘材料标准化技术委员会委员单位、中国电器工业协会变压器分会的理事单位、《变压器》杂志编辑委员会委员单位，主要生产经营35kV及以下干式变压器、电抗器、组合式变压器、预装式变电站，110kV及以下油浸式电力变压器等各类输变电系列产品。

明珠电气设有博士后科研工作分站，已通过ISO9001：2008质量管理体系认证、ISO14001：2004环境管理体系认证和GB/T28001-2001职业健康安全管理体系认证，被评为广东省装备制造业50骨干企业、广州市优秀民营企业、广州市安全生产达标企业，“明珠”商标被认定为广东省著名商标、广州市著名商标，“明珠”牌电力变压器荣获全国机械工业用户满意产品、广东省名牌产品，并多次获得国家、省、市级科技进步奖。

建设研究开发团队 为了加强对新技术、新产品的研究开发力度，明珠电气从2000年开始，便逐步建立起一个资金保障充分、基础设施完善、科研装备齐全、研发管理手段先进，具有良性循环发展机制的技术研究开发中心，并由公司总经理亲自挂帅担任主任，聘请多名国内电力行业知名的专家与教授任顾问，承担着企业新技术、新产品的研究和开发工作。

2002年，明珠电气被国家博士后管委会批准设立博士后科研工作分站，其技术中心被认定为番禺区首批科技型企业技术研究开发中心，更是在各级政府的大力支持和指导下，不断地加大资金投入，完善产品研发运作机制和队伍建设，并通过公司新产品的研发项目，培养和造就了一支高效精干、富于创新的高素质技术团队，加快科研成果转化，促进企业的科技进步和发展。

明珠电气现有大专以上学历的科技人员人员195人，占员工总数的32%，其中：博士1人，硕士6人，高级职称人员7人，中级职称人员20人，初级职称人员42人。从事高新技术产品研究开发的科技人员93人，占总人数的比重为15%，构成了企业自主创新、科研、生产、管理工作的骨干力量，进一步增强企业的技术力量和市场开拓能力，大幅度地提升企业的综合实力，使企业的发展充满活力。

自主创新业绩 明珠电气紧紧把握“十二五”期间我国节约资源政策所带来的契机，结合我国电力行业和电力市场的发展需要，以市场为导向，以高新技术产品为基础，以技术创新为保证，以灵活的科学管理机制为后盾，充分发挥公司的信息、技术、人才与制造优势，加强变压器的基础技术研究及产品的雷电冲击波过程分析、电磁场分析、噪声研究、短路能力研究，构建参数化设计系统，并致力于节能型输配电产品的研发，新能源电力设备的研发，电力新技术的研究及新材料应用的研究，加速产品的升级换代周期，保持企业产品技术的先进性，为企业的可持续发展奠定坚实的基础。

为了加大新工艺、新材料、新方法和工艺装备的研发力度，明珠电气提高生产效率和产品竞争力，根据自身的中长期发展规划制定出年度研究开发计划，并持续投入不低于产品销售收入3%的研究开发费用（其中2010年、2011年分别投入研发费用830万元、1 510万元），以确保企业有充足的资金开展各项科研项目的工作，为保证企业产品技术处于国内行业领先水平，成为高起点、高科技含量和高成长的输变电产品生产企业提供了资金保障。企业通过消化和吸收国内外同类产品的先进技术，实行自主创新，成功地研发出近40类市场适销对路的高效节能环保型输配电设备新产品，全部通过国家级检验机构的试验，并通过省级新产品鉴定，拥有产品核心技术的自主知识产权。

明珠电气自主研发的SCBH15-2000/10非晶合金干式电力变压器，在国内首家一次性通过国家变压器质量监督检验中心的例行、型式和特殊试验，率先成为世界上容量最大、且通过突发短路试验的非晶合金干式电力变压器，实现非晶合金干式电力变压器技术领域的新突破，达到国际领先水平；企业成功研发的35kV风力发电用组合式变压器与预装式变电站，达到国内领先水平，填补省内同类设备的空白，成为省内最大批量生产风力发电用箱变的企业；企业所研发的SBH15-M系列非晶合金油浸式变压器、S13-M•R系列卷铁心油浸式变压器等节能环保产品，促使节能环保型变压器实现系列化设计生产制造，其产业化生产居国内领先水平；特别是企业抓住我国核电发展机遇，成功研发出SCB10-E-800/6.3核电站用1E级干式变压器，成为国内首台同时符合法国RCC-E和美国IEEE标准，并在同一台样机上按照完整程序和完整结构，一次性通过国家级检测机构全部试验的核电站用1E级干式变压器，并顺利通过国家级鉴定，得到鉴定委员会给予"居同类产品国内领先、国际先进水平"的高度评价，夺取了国内同类产品的技术桂冠，使明珠电气成为国内为数不多的具备研发制造核电站用电力变压器能力的企业，进一步巩固明珠电气变压器技术研发在国内的领先地位，大幅度地提升企业在行业中的声誉、地位及品牌价值。

其中，SCBH15系列非晶合金干式电力变压器、SBH15-M系列非晶合金铁心全密封电力变压器被认定为广东省高新技术产品，ZGS(B)11-Z•F-630～2500/35风力发电用组合式变压器被认定为广东省自主创新产品、广州市自主创新产品，SCBH15系列非晶合金干式电力变压器被认定为广州市自主创新产品，SCBH15-630～2500/10系列非晶合金干式电力变压器、ZGS(B)11-Z•F型风力发电用组合式变压器获得广州市科学技术奖三等奖，明珠牌110kV及以下油浸式变压器、明珠牌树脂绝缘干式电力变压器被认定为广东省名牌产品，明珠电器数字化系统被认定为广东省信息化与工业化融合示范工程。

近年来，明珠电气在变压器技术领域所取得了显著的成绩，被全国变压器标准化技术委员会、全国绝缘材料标准化技术委员会、《变压器》杂志编辑委员会吸纳为委员单位，并被全国变压器标准化技术委员会秘书处先后推荐为现行GB/T25446-2010《油浸式非晶合金铁心配电变压器技术参数和要求》等6项国家制定、GB17467-2010《高压/低压预装式变电站》等2项国家修订、JB/T3837-2010《变压器类产品型号编制方法》等2项行业标准修订的主要起草单位。公司现有《带有挡板的非晶合金干式变压器》等14项专利获得国家知识产权局专利局授权或受理，《核电站用1E级干式变压器鉴定试验研究》等14篇技术论文相继在《变压器》杂志等国家级刊物上发表，进一步彰显出企业雄厚的技术实力。

（明珠电气有限公司）

【深圳市核达中远通电源技术有限公司】 深圳市核达中远通电源技术有限公司（以下简称核达中远通）成立于1999年8月，公司致力于通讯电源的技术创新和前沿研发，是一家高新技术企业。现有员工1 500多人，拥有300多名经验丰富的研发工程师团队，具有强大的新产品开发和快速响应能力；采用先进设计理念，紧跟国内外电源技术的发展，推出各种满足用户需求的高性能、高可靠性的电源产品，包括通信电源、电力电源、轨道交通电源、医疗电源、服务器电源、工控电源、远供电源、逆变器等。现已有5 000多个符合国际认证标准的环保节能电源产品，功率覆盖2W到5 000W，通过了UL，TUV，CE，CSA，CCC，TLC等多项国内外的权威认证，被广泛应用在通讯、电力、工业控制、节能环保等领域。

13年来，核达中远通经受了从转型起步到快速发展阶段的磨练和考验，在管理、研发及市场等方面做了很多大胆的尝试和有益的探索创新，使公司的实力、市场影响力和占有率等不断有新的突破和进步，经营业绩实现了重大突破，年销售收入由成立之初的860万元快速上升到10亿元左右，2011年向国家缴税2 425万。净资产为42 819万元，年利润近1亿。在研发技术、制造技术及企业规模上已成为国内客户定制电源领域的领头羊，在国外仅次于爱默生、台达。

注重研发投入，提升创新能力 核达中运通成立了技术中心，每年投入销售收入的10%以上的资金用于产品的设计和研发，形成了以定制电源、模块电源、系统电源为主导的多层次的系统产品研究能力；同时，在太阳能、风能等绿色新能源领域不断尝试；为产品的多元化发展的格局奠定良好的基础。

为了迎合目前日益激烈的市场竞争和高新科技高速发展的需要，核达中运通投入巨资建立了高标准测试实验室，配置国际先进的测试设备和采取国际先进的测试手段，进行各种元器件应力分析、高低温及其循环试验、振动试验、冲击试验、交变湿热试验、安规测试、EMC测试、MTBF分析试验、FMEA分析试验、加速老化试验等，从而保证了VAPEL电源产品的高可靠性。

2008年，核达中运通被列入国家火炬计划重点高新技术企业，产品也被列入国家火炬计划项目。2010年，公司技术中心建设受到了国家有关部委的关注，获得了"深圳市市级研究开发中心（技术中心）"资质认定。

技术与产品有机结合 核达中运通一直致力于新产品的创新，保持产品持续竞争力。2009年至2011年，技术中心已累计研发新产品1 102项，年均完成新产品研发数量达到350项/年；各类产品的市场竞争力逐年不断地提升，最终实现每年产品的销售目标。

在定制电源方面，核达中运通一直保持高效、节能、高可靠性的特性。至今多款电源产品在销售市场还未出现其替代产品。

系统电源方面，综合应用了高转换效率拓扑结构、休眠节能控制、均流、自动功率平衡、电池管理等先进技术，在效率、环保节能、可靠性等关键指标均处于行业领先地位。核达中运通研发的48V系统电源，容量配置为50~1000A，27V系统电源，容量配置为50~600A。

模块电源方面，功率密度达到450W/inch3，效率达到95.5%，产品从1/8转到全转系列，产品达到业界先进水平。

远供端电源方面，先后完成复合光缆大功率、双绞线RFT-C型远供局端电源开发、380Vdc/7000W直流远供电源系统开发，以及CC模式远供局端电源起机限流问题解决。

太阳能控制系统方面，MPPT最大功率点跟踪计算已研究突破，利用软件控制实现，硬件为BUCK大功率、高效率直流转换技术。公司研制的太阳能嵌入式MPPT系统已批量投入市场运营。

搭建有效的创新平台 核达中运通技术中心坚持自主开发，大力引进在通讯、模块、新能源等行业中有多年技术经验的高素质的专业人才。目前，公司技术中心团队有300多人，其中：科技研发人员有280名（均为大专以上学历），具有高级职称技术研发人员有30人，占12%，具有中级职称的技术研发人员有80人，占32%。技术中心高素质的专业队伍和高素质的研发队伍，保证了各项研发工作的顺利开展和实施。

建立了与外部的技术交流和战略平台，通过内外部技术的整合，实现技术不断创新，核达中运通已经与国际知名大公司爱立信、华为等建立了长期战略合作关系，与南京航空航天大学等高等院校、科研院所开展了技术合作；

建立研发技术激励体制，通过不断改善福利制度、奖励制度，积极营造鼓励创新、奖励创新的工作氛围。同时不断优化考核激励机制，使员工的付出与回报得到很好的匹配，极大地激发员工勇于挑战更新、更难技术课题的信心和决心。

制定了技术创新管理机制，设立了多个研发公共职能机构和研发项目部，采用矩阵式的研发管理模式，将其有效地结合起来，使公司的技术资源得到充分利用，形成了快速的、有效的研发技术创新平台。

截至2011年底，公司有自主知识产权40多项，其中：发明专利5项，软件著作权7项，实用新型专利28项，并且还有2项发明专利通过国际发明专利的PCT国际阶段，为公司又好又快发展不断增加强劲动力。

创新管理模式提升管理水平 以市场为导向，以创新为目标，经过多年的努力，核达中运通逐步建立起了先进的现代企业管理制度。2003年通过了ISO9000质量体系认证，2004年又通过ISO14000环境管理体系，并相继建立了ROHS体系、ISO27001信息安全体系、SA8000体系，与国际市场接轨。

在当今百花齐放的信息时代和快节奏的发展时代，公司全面推行信息化建设，先后实施了OA自动化办公系统、ERP系统、生产测试系统、产品追溯系统、设计研发工具平台系统等，构建了快速响应的信息化管理模式。

核达中运通组织架构齐全，拥有一支强大的技术人员队伍和管理队伍。许多著名的通信设备商、跨国公司和上市企业都成为企业长期的合作伙伴，使企业发展紧跟世界电子产品发展的潮流。

企业的发展需要团队精神和创新思维，以团队带动企业的发展。在核达中运通领导的积极推动下，先后组建了华为、中兴等大客户服务团队，半导体采购商务小组、电感变压器采购商务小组、外协采购商务小组，以及成本核算优化小组，各团队通力合作，快速反应，取得了较好的销售业绩。

加强成本控制 随着业务市场成熟发展，成本压力越来越大，核达中运通对运营成本进行全面分析，完善了采购体系，先后组建了成本规划小组、成本优化小组，以及多个器件采购商务小组，通过相互制约、相互监督的联动机制，推动降成本工作；在采购实施具体操作上，采用周期性集中招标采购，优化供应渠道等方式，重点整合单一品牌、单一渠道原料的采购。实践证明，降成本工作取得了明显成效，2011年利润率达到8.6%，保持同比增长，提升产品市场竞争力。

新产品开发与销售齐头并进 经过多年的自我积累和滚动发展，核达中运通已经连续多年荣获“南山区纳入百强企业”。2011年公司上交税金2 425万元。

良好的业绩为产品研发提供了坚强的后盾，核达中运通每年从销售收入中提取10%的费用作为研发经费，用于开发市场适销的新产品。据统计，近年来开发的新产品销售额已占到全部销售收入的13%以上，为企业开拓了新市场，提高了企业知名度。

随着通信行业的蓬勃发展，中兴、华为、爱立信等国内外通信设备制造商，以及各大运营商都面临千载难逢的好机会。核达中远通公司作为配套的核心电源生产商，也将面临巨大发展的契机，将会带动珠三角乃至全国相关产业链的发展，真正做到“起一家企业，兴一个产业，旺一方经济”的社会经济效应。

（深圳市核达中远通电源技术有限公司）

【英辉南方造船（广州番禺）有限公司】 英辉南方造船（广州番禺）有限公司（下称英辉南方）前身是南辉高速船制造有限公司，由广州海运集团属下香港南方船务企业有限公司和司徒家族在香港组建的英辉南方控股（香港）有限公司，于1992年在广州投资建厂，边建设边生产，培养了一批铝合金造船技术骨干力量，6年时间，以先进铝合金船舶建造技术优势逐步打开了国际市场，建造了十多艘铝合金船舶。目前，英辉南方在建项目五个，在建船舶七艘，手持订单三艘，是2012年中船重工属下控股造船企业中处于订单饱满状况的三家造船厂之一。在品牌建设上，英辉南方也是中国海运陆岸产业参股企业中的亮点。

在当前造船行业面临重压的形势下，英辉南方的洽谈项目持续增长。英辉南方的目标是继续迎接挑战，打造享誉全球的英辉南方品牌，成为世界知名铝合金船舶供应商。

准确定位，华丽转身 英辉南方在整个造船行业中是一个规模非常小的企业，其铝合金船舶产品在船舶细分市场中也并没有很大的市场容量，且

这一市场早已被欧洲和澳大利亚等西方国家的大公司所垄断。在这种情况下，英辉南方依靠自主创新，在市场竞争的夹缝中谋生存、求发展。

找准定位，积极应对，奏响创品牌主旋律。英辉南方有国内最好的建造铝合金船舶的设备、设施；有国际一流的铝合金船体建造质量口碑，远远好于其它国内船厂；具有优秀的建造业绩，其中K50车客渡船是在国内建造的最大型出口铝船，在国内外均享有一定的知名度。英辉南方的长远战略定位，就是实现两个转变：由亚洲最大的铝合金船舶专业建造厂家向全球铝合金船舶知名供应商转变；由外资企业向国际化公司转变。

打造自主品牌。英辉南方与国际著名的铝质高速船设计公司——澳大利亚一家设计公司建立了长期战略合作关系，开始了联合设计工作，这使得英辉南方在深圳、珠海的两个投标中顺利中标，并随即引起了国内高速船客运公司的高度关注。这两个新船型首制船试航成功并交付使用后，到英辉南方考察的高速船客运公司不下十家，纷纷开展了进一步的商洽。

积极实施可持续发展战略。英辉南方将与欧洲人合作，在荷兰设立合资设计公司，并作为英辉南方的技术研发中心和营销中心。这样既可以学习到欧洲最先进的技术，也可以让欧洲人代表英辉南方与国际市场的客户进行商务活动，从跨国经营变为跨国公司，使“英辉南方”这一精美名片，成为一个实实在在的国际品牌。

坚持创新，弯道超越 企业要持续盈利，做强做大，就必须努力加快转型升级，练好内功，及时转变经营思路，革新管理方式，创新工艺方法，更新流程再造。英辉南方做到了这一点。

经营创新。英辉南方在市场和产品开发上，积极开拓国内外两个市场，进行市场战略定位和产品结构的调整，进一步巩固扩大了生产经营规模。

实施差异化战略占领市场。专业发展是英辉南方快速崛起于全国铝合金船舶造船方阵的法宝。建立之初，就主动与国内造船厂的铝合金船建造错位发展，把豪华铝合金船舶作为发展重点，不比规模比特色。2006年起，更是集中发力，将优势集中在豪华双体铝合金客渡船、车客渡船、高速专业救助船，成为中国铝合金高速客船制造产业走向世界的唯一名片。

不断更新观念适应市场。英辉南方是业界为数不多的至今仍保持建造高质量口碑的船厂之一，在国际铝合金船舶行业中具有良好的品牌优势。2011年间，达门集团认为，英辉南方的船体建造质量已经赶上甚至超过许多欧洲同类型船厂；澳大利亚铝合金船专业设计机构判断，英辉南方的铝合金船舶制造能力综合排名世界第五。2011年一年内签下了国内7艘铝合金船的订单。

经营是龙头。在英辉南方，全员经营应对挑战，经营部门捕捉信息主导经营，了解船东的个性需求，主动出击。

生产车间节约成本，助推经营。一是改进施工工艺，增大数控下料量，快捷进行优化套料组合。二是强化管理节约材料，增加手工二次下料，使铝材利用率达到90%。三是节约用电用气，降低能耗。

质检部门从严把关、支持经营。强化三级检验制度，工作前移，设立关键工序质量控制点，增加数据测量次数，从数切下料、拼板报检、组立报检、分段合拢定位检验等进行全过程精度控制，把问题消除在萌芽状态，确保船舶建造过程质量。

（二）产品创新。英辉南方以穿浪型铝合金双体船的生产技术为基础，结合不同船型的要求，进行技术创新和工艺改良，确保船体建造质量达到世界一流水平。

国外与国内的结合。为开拓国内铝合金客船的市场，英辉南方与目前高速船设计与建造世界领先的澳大利亚一家设计公司合作，引进他们先进的设计理念，选用其设计的水动力学性能优异、外部线型优美的船型，让客户眼前一亮，别具一格的设计成功吸引船东，为成功中标打下基础。

在引进的同时，英辉南方也并没有完全抛弃国内的一些设计特色和良好的传统习惯，坚持消化吸收再创新。因为这一船型的建造要面对的是国内的船东和船检，英辉南方在国外设计的基础上，针对船东的特殊要求，以及中国船级社和海事局的规范要求，对国外的设计和图纸进行适当的修改。努力将国内外的设计优点融合在一起，让该船型在保留其原有的特色的情况下更适合国内的使用习惯。

设计与工艺的结合。为了提高生产效率，保证船舶建造周期，在详细设计阶段就将大部分生产上的工艺性问题融入其中，工人可以快捷准确地获取到针对自己施工作业的信息，提高施工效率，减少误工和返工现象，使整个车间的生产效率上了一个台阶，加快了生产进度。

工艺革新与流程控制的结合。铝合金双体客船在建造时，对主船体与上层建筑的线型控制直接关系到船舶的性能与美观。而由于铝合金在焊接过程中的变形相对于钢材更加明显且不规律，很难控制，且不能使用钢质船舶常使用的火工方法来校正变形。因此在主船体建造之前就根据该船的特点进行分段划分，并一改以往整个分段装配完成后，分段的大部分焊接都在分段上完成的施工方法。在分段结构的基础上对其进一步细化，找出其合理的焊接顺序以及方法上的特点与共性，制定详细的有针对性的工艺，合理放置焊接补偿量，将分段的许多组件在分段下的空场进行焊接，以减少整个分段的焊接量。同时，上层建筑的建造也一改以往以桁架和立柱为单位在主船体上散装的方式，将整个上层建筑在平面场地直接组装成立体大分段后吊装到主船体上合拢，充分利用施工场地，达到主船体与上层建筑共同施工的效果，缩短了建造周期。

一系列新工艺新方法的实施，在提高效率的同时也对装配和焊接精度提出了更高的要求。为此，在向施工人员严格灌输工艺要求的同时，也进一步加强了对生产流程的控制，在每道工序的施工过程中都进行三级报验，并对工艺要求中规定的相对重要工序进行整个施工过程的实施数据监控，若发现采集的数据与理论数据比对出现偏差时则暂停施工，及时检查纠正，保证各个施工环节的施工准确性，在提升效率的同时也保证了施工精度和质量。而每次收集的数据也将汇总到一起并进行分析，积累的经验也将用到其他后续船舶的建造之中。

（三）管理创新。在体制上，英辉南方建立并运行了规范的管理体系。2004年5月取得ISO9001质量管理体系认证。2005年4月，发布并试运行OHSMS18000安全管理体系文件。2006年10月，顺利取得了CCS（中国船级社）认证的质量、安全管理体系证书。2008年1月，为了进一步保护环境，更好地进入国际市场，把环境管理标准纳入管理体系之中，将质量管理、职业健康安全管理、环境管理整合成一体化的管理体系。2009年11月，取得了环境管理体系的认证证书。2010年以来，提出并推行以体系为纲，努力构建质量、环境、职业健康安全自律文化，不断改进完善管理体系，作为提升现代企业综合管理水平的重要手段，开展清洁生产，体现了强化社会责任，与国际接轨的管理理念，进一步推动公司的管理向国际化、标准化、程序化、科学化迈进。

质量是建厂之基、立厂之本。2009年，英辉南方参照《中国造船质量标准》和世界知名铝质船制造厂的标准，结合自身多年建造铝合金船舶的经验，制定了《英辉南方造船质量标准》，为进一步提升铝合金船舶产品的质量提供有力的基础保证。

在机制上，经营班子认为：只有从根本上按照现代企业制度的要求，通过制度化、程序化、标准化、系统化，建立课题研究、知识产权保护、专利申请及管理、员工激励等长效机制，才能更快地向全球知名铝合金船舶建造商的“第一阵营”靠拢。首先是班子成员要有高度的使命感、责任感，努力成为经营高手、技术权威、管理专家，同时要做带兵的模范，带出一流的人才队伍。

人才强企，持之以恒　在自主创新的背后，是英辉南方实施人才强企战略，坚持悉心培养人才队伍，一批德才兼备的生力军正在逐步成长。

（一）建设一支专业技术队伍。英辉南方的机构设置十分精简，对管理人员编制的定编是非常吝啬的。但是，对专业技术人员的配备却十分大方。2006年以来招收培养大学本科毕业生35人，至2012年5月，成才率80%，其中2006年首批进厂的四名全部续签了劳动合同。2011年底，技术中心招聘引进了六名船舶设计师，占管理人员总数的11%。目前，英辉南方拥有高级技能人才15人，各类专业技术人员50名，为自主创新提供了人力资源保障基础。

（二）打造一流技术工人队伍。英辉南方的船体建造施工，都是由本企业的技术工人完成的，在国内造船业界普遍使用外包工的状况下，显得颇为另类，这也是新时期继承传统的又一创举。

这是铝合金船舶建造厂家总量少，而国内还没有形成专业施工的劳动力市场决定了的，倒是2007年间澳大利亚的铝船厂雇主，指名从英辉南方劳务输入了六名技术骨干。

英辉南方制定年度人员配置、培训计划，形成较为完善的培训考核机制。对技术工人主要是抓好技能提高培训，每年要进行几十批次几百人次的继续教育培训、考证审证，外送培训合格率100%是年度管理目标之一。

焊工技术培训是英辉南方的一大亮点。多年来，形成一个较为系统的理论及操作考核的等级评分标准，每年组织一次焊工技术等级考试，升级之后可以进入高要求的工位作业，半年之后升级有效，作为工资调整的重要依据。由于企业标准较高，参加CCS、DNV和BV焊工持证上岗考试的平均一次通过率达到96%以上。

同时，在多年以来成功实施焊工技术等级标准的基础上，2011年实施了装配工技术等级标准，作为打造一流员工的基础性工作重点推进。经过努力，英辉南方形成了较为合理的一线人才年龄结构、技术梯次，至2012年5月，员工总数285人，平均年龄28岁，双方选择的劳动合同期限基本上都是3至6年。

迄今，英辉南方发展成为年销售收入超亿元、年造船能力全球靠前的铝合金船舶建造商，是英辉南方加快转型升级、不断自主创新、努力创品牌的写照。“十二五”期间，英辉南方要在巩固现有国内高速客渡船市场的同时，确保在国际铝合金船舶建造领域的优势地位，致力于进入全球铝合金高速船舶供应商的前列。

（英辉南方造船（广州番禺）有限公司）

【广东惠伦晶体科技股份有限公司】

广东惠伦晶体科技股份有限公司（以下简称“惠伦晶体”），是专业研发、生产、销售“频率控制与选择元器件”表面贴装型（SMD）、插件型（DIP）石英晶体谐振器，表面贴装型（SMD）振荡器的国家级高新技术企业和中国电子元件百强企业。产品广泛应用于国民经济的各个领域，是电脑及电脑网络周边产品、无线通讯设备、GPS卫星定位系统、数码视听设备、遥控装置等现代电子产品不可或缺的关键基础元器件。产品主要销往欧美、日韩、港台等地区和国家。员工总人数为694人，其中工程研发人员215人，大专及以上学历人员241人、研究生7人。

惠伦晶体建立了行业内唯一一家“压电石英晶体元器件研究开发中心”，通过“产、学、研”合作，多次承担国家、省、市科技项目，“超小型高精度无线通讯用‘频率控制与选择’表面贴装元器件（SMD3225，26MHZ）”为国家重点新产品；“精密石英晶体温补振荡器（TCXO）关键技术研究与产业化”入选广东省—中科院合作项目。公司现拥有专利23项，是“东莞市专利培育企业”和“东莞市专利试点企业”。

惠伦晶体现拥有11条全球最先进的全自动生产线，产销量居国内行业首位，且是国内唯一一家可批量生产2520、2016等小型化石英晶体元器件的企业。公司于2012年下半年进一步在国内率先批量生产目前世界上最小型化的1612系列石英晶体元器件。量子高科自成立以来，依靠研发和生产优势，业绩增长迅猛，2011年实现了同行业销售收入、利润国内第一。

表 1 惠伦晶体发展历程

年 份	发展历程和获得的主要荣誉
2002	成立外商独资东莞友晶电子有限公司，专业研发生产表面贴装型（SMD）石英晶体谐振器、振荡器晶片
	成立外商独资东莞惠伦顿堡电子有限公司，研发生产表面贴装型（SMD）石英晶体谐振器/振荡器（7050系列）
2003	扩产增资开发新产品 Seam6035、5032，产能达 8KK/月
	评为“广东省高新技术企业”
2004—2005	扩产增资开发新产品 SEAM/GLASS8045、5032 产品，产能达 11KK/月
	评为“广东省高新技术企业”
2006—2008	扩产增资开发新产品 SEAM/GLASS3225 系列产品，产能达 15KK/月
	SMD3225 26.000MHz 评为“国家重点新产品”
2009	扩产增资进行晶片生产自动化技术改造产能达 35KK/月，增加投资进一步完成 SEAM2520、2016 的试生产工作，SEAM SMD2520 产品通过批量生产认证
	被评为“国家高新技术企业”
	被评为“中国电子元件百强企业”第 92 名
	被评为“东莞市科学技术进步奖”二等奖
	建立“压电石英晶体元器件研究开发中心”
	被列入“东莞市上市后备企业”名单
2010	增加投资购置土地 38.5 亩建立净化厂房和福利设施等 26 000 平方米，引进国内首条高精度小型化全自动生产线，2520 系列实现国内首次批量生产，产能达到 31KK/月
	被评为“东莞市工程技术中心”
	被评为“中国电子元件百强企业”第 84 名
	被评为“东莞市专利培育企业”
	获得联想“2010 年度合作共赢奖”
	成为苹果 iPhone 系列产品石英晶体元器件国内唯一供应商
	被评为“消费者最信赖、质量放心品牌”
2011	增资引进高精度小型化全自动生产线，2016 系列实现国内首次批量生产，产能达到 35KK/月
	进行股份制改造，名称变更为“广东惠伦晶体科技股份有限公司”
	国内压电石英晶体行业销售收入和净利润排名第一
	被评为“东莞市专利试点企业”
	被评为“中国电子元件百强企业”第 75 名
	被评为“广东省诚信示范企业”
	被评为“广东省企业 500 强”
	被评为“广东省制造业百强企业”93 名
	被评为“消费者最信赖、质量放心品牌”
	获得联想“2011 年度合作共赢奖”
2012	增资引进全自动生产线，1612 系列实现国内首次批量生产，产能达到 38KK/月

表 2 惠伦晶体主要核心技术

序号	技术类别	核心技术	技术来源	比较状态
1	产品	超小型石英晶片的设计	自主研发	国内领先 国际先进
2	产品	多层、多金属的溅射镀膜技术	引进消化吸引再创新	行业国内领先 国际先进
3	产品	真空封装技术	与设备供应商联合开发	国内领先
4	产品	高频振荡器使用IC与晶片设计匹配技术	省院合作项目（中科院深圳先进技术研究院）	行业国内领先 国际先进
5	产品	产品电极的设计	自主研发	行业国内领先 国际先进
6	产品	真空退火技术	自主研发	行业国内领先 国际先进
7	工艺	晶片边缘处理技术	自主研发	国内领先 国际先进
8	工艺	高精度晶片的抛光技术	自主研发	国内领先 国际先进
9	工艺	高频晶片的研磨技术	自主研发	国内先进
10	工艺	高精度晶片的切割技术	与设备供应商联合开发	国内领先
11	工艺	全自动晶片清洗技术	自主研发	行业国内领先 国际先进
12	工艺	高精密点胶技术	与设备供应商日本三生联合开发	国内领先
13	工艺	离子刻蚀调频技术	与设备供应商联合开发	国内领先
14	工艺	高频连续脉冲焊接技术	与设备供应商联合开发	国内领先
15	工艺	超小型、超低频石英晶片的边缘处理技术	自主研发	国内领先
16	工艺	曲率半径加工技术	自主研发	国内领先
17	测量	高精度的频率／电阻的测量技术	自主研发	行业国内领先 国际先进

惠伦晶体已完成上市前准备，预计上市后公司将实现更大幅度的跨越式的发展。最终实现“成为本行业国内绩效最好的公司，跻身世界前五强”的企业愿景。

惠伦晶体自成立以来一直秉承“技术创新为根，管理创新为本”的理念，技术创新方面通过产品研发与设计过程以客户的需求为基础，根据市场对石英晶体元器件的需求趋势，重点开发小型化、高精度的的产品。通过不断推出新产品、新设计、新工艺，始终在行业中占领产品技术的制高点，新产品产值率逐年增加，既满足顾客个性化和多样化需求，又实现了企业赢利和持续稳定增长。在管理创新方面，公司始终坚持不懈在吸纳各类管理体系的基础上进行创新发展，优化出切合本行业及本公司实际的各类管理模式。目前公司已通过TS16949、ISO9001、ISO14001、QC080000四大管理体系认证，全面运用TQM、PDCA、卓越绩效、6σ等管理模式及方法。

产品研发及技术创新　惠伦晶体通过自主创新，构建和完善了以企业为主体、市场为导向、“产、学、研”

表 3 惠伦晶体的专利明细

序号	授权项目名称	类别	专利号	授权日期
1	200710088065.6	发明专利	压电晶体振荡元件及其使用的电极	2009.09.09
2	200820204452.1	实用新型	低老化率石英晶体谐振器	2009.08.26
3	200820204454.0	实用新型	高频石英晶体振荡器	2009.08.26
4	200820204453.6	实用新型	小型表面贴装石英晶体谐振器	2009.08.26
5	200820050200.8	实用新型	压电石英晶体谐振器表面贴装玻璃封装产品	2009.04.22
6	200820050353.2	实用新型	石英晶体谐振器	2009.04.29
7	200820050201.2	实用新型	石英晶片	2009.04.22
8	200920295767.6	实用新型	石英晶体微调机上下料装置	2010.11.17
9	200920295768.0	实用新型	激光打标机供料装置	2010.11.17
10	200920295766.1	实用新型	一种石英晶片的电极结构	2010.11.17
11	201020100338.1	实用新型	石英晶体高激励电清洗装置	2010.11.17
12	201020100336.2	实用新型	一种石英晶体测试机供料装置	2010.11.17
13	201020100340.9	实用新型	剪脚机定位传送装置	2010.11.17
14	201020100289.1	实用新型	测砣机	2010.11.17
15	201020100290.4	实用新型	石英晶体测试头装置	2010.11.17
16	201120269067.7	实用新型	一种石英晶体谐振器电极	2011.11.25
17	201120273562.5	实用新型	一种石英晶体谐振器	2011.11.28
18	201120273568.2	实用新型	一种石英晶体谐振器的微调载具	2011.11.29
19	201120273567.8	实用新型	一种具有小胶点的石英晶体谐振器	2011.11.29
20	201120271058.1	实用新型	一种石英晶振	2011.11.29
21	201120368452.7	实用新型	一种用于点胶搭载的石英晶体谐振器	2012.02.22
22	201120368453.1	实用新型	一种适用于SMD石英晶体谐振器2016的石英晶片	2012.03.01
23	201120368451.2	实用新型	一种用于粘贴石英晶片及其防护玻璃的治具	2012.03.02

结合的技术创新体系，先后获得了“国家高新技术企业”“东莞市工程技术中心”“东莞市专利培育企业”“东莞市专利试点企业”等荣誉。研发中心不断跟踪和学习新的项目管理理论、方法，运用先进的信息技术手段，不断完善过程管理、提高研发能力和效率。

1、采用先进的产品开发过程总体监控体系，使公司产品研发模式、试验标准更规范、严谨，开发成功率从原来的30%显著提高到50%；借助Minitab和CAD等信息软件技术用于产品设计，在原基础上缩短开发周期30%。

2、引进可靠性分析方法，提高试验结果和产品可靠性的评价能力和水平；通过实验设计（DOE）系统、故障报告系统、威布尔分析系统结合对顾客反馈、过程运行进行监控和产品结果分析，使研发过程从组织架构、流程以及方法上进行了全面改进。

3、公司坚持走高科技发展战略，加强研发人才队伍建设和产品技术创新能力，通过自主创新及联合开发等拥有一大批核心技术（见表2）和专利成果（见表3）。

管理创新方面 公司借助ERP系统、通过ISO/TS16949、ISO9001、ISO14001、QC080000、GJB9001B、卓越评价准则等先进的信息平台和管理系统，以PDCA循环为基础，采用6σ、QCC、8D、合理化建议、精益生产等管理方式实施持续改善。通过每周/月会议、管理评审会议等及时对改进有效性进行总结和评估。在健全及有效的机制下，发现问题、参与持续改善，已经成为了各阶层员工的工作习惯。同时，通过绩效考核体系，对各阶层员工的绩效进行定期评估和持续改进，有效地提升了员工积极性和整体绩效水平。

1、人力资源管理方面：人力资源管理的核心理念是“以人为本”，努力实现在企业中“人的自由而全面发展”来促进企业的稳定协调发展，体现出“尊重人、依靠人、服务人、鼓舞人”的基本精神，构建适应知识经济的“公平、公正、公开”的人力资源管理模式。

2、财务管理方面：根据公司中长期发展战略及年度经营目标，做好财务预测及决策；通过全面预算管理拟定公司财务控制目标并分解到各生产经营部门；建立健全相关财务管理制度及内部控制制度；以资金计划为导向，合理调配财务资源，保障关键经营指标的达成；以严格的财务核算为基础，客观反映公司经营结果；运用各类财务分析、评价方法和手段，及时发现生产经营过程中出现的问题，为公司日常生产经营决策的调整提供财务支持。

3、供应链管理：将“供应链管理过程”分成“采购管理过程”和“供应商管理过程”两个过程进行管理，以确保供方供货质量、价格满足要求及具有稳定的供货能力。公司坚持以“共同发展，长期合作”的原则建立相关方关系，不断地改进、不断地挖掘相关方潜力，增强配套协作能力，以满足公司发展战略需要。

4、技术管理方面：运用APQP方法，将产品研发过程划分为“产品策划和定义、产品设计和开发、过程设计和开发、产品和过程确认、批产与持续改进”五个子过程。运用质量管理工具和PDPC（过程决策程序图法）思路在五个子过程中形成不断优化的机制，以求产品研发过程的最佳效果。

5、产品生产过程：深化精益生产，优化生产过程管理，创出高质量的产品以实现公司快速、长远的发展。

6、销售和服务过程：通过系统的市场策划、成熟的销售和服务网络，准确高效地实施营销服务，履行向顾客提供优秀产品、优质服务的承诺，不断实现产品的价值转换，为公司持续经营提供良好的资金支持，从而实现公司的永续经营。

广东惠伦晶体科技股份有限公司一如既往的坚守“技术创新为根，管理创新为本”的理念，不断积极创新，使公司在创新中得到持续良好发展。

（广东惠伦晶体科技股份有限公司）

【量子高科（中国）生物股份有限公司】 量子高科（中国）生物股份有限公司（以下简称“量子高科）前身为江门量子高科生物股份有限公司，成立于2000年1月26日，2010年12月24日在深圳证券交易所创业板上市。

量子高科以“让千家万户拥有微生态健康”为使命，以“成为全球微生态健康领域的领军企业”为愿景，一直专注于以低聚果糖、低聚半乳糖为代表的益生元系列功能性低聚糖产品的研发、生产、应用和销售，是国家发改委宏观经济研究院所属机构——公众营养与发展中心唯一认定的低聚糖研发基地，江门市功能性低聚糖工程技术研究开发中心的依托单位。2009年公司被认定为高新技术企业；主导产品低聚果糖、低聚半乳糖被公众营养与发展中心认定为营养健康倡导产品，也被认定为广东省高新技术产品。

2009年，公司总资产为1.36亿元。随着公司在创业板成功上市，公司在实现了经营管理上质的飞跃的同时也凭借资本的力量从证券市场获得4.4亿资金，公司总资产增到2011年的6.03亿，使得公司2009—2011年间的总资产增长率达到1.67％。2009—2011年，公司实现销售额分别为9 650.87万元、1.24亿元、1.52亿，2009—2011销售增长率达到0.25％（参见表1）。

企业技术创新，研发经费，机构建设，产学研合作人才培养全面推进 1、量子高科所在领域是微生物生产应用技术领域，是将特定原料进行生物转化形成功能性低聚糖；工业化生产中还涉及到分离技术、物理和化学加工技术、产品有效成分的分析技术和产品功能性与安全性评价技术等多学科、多种类技术与它们的集成，因此处于技术新、产业新、法规缺乏和论证数据少的技术密集型新兴生物医药领域。为保证公司在这样的行业中良好经营并一直占在行业的龙头位置，公司的研发投入一直保持在较高水平（参见表2）。

2011年，量子高科根据公司发展终端产品和业务与技术拓展的需要，在原来技术部的基础上成立了由原料产品开发部、终端产品开发部、技术法规部和质保部组成的研发中心。研发中心由6位博士、教授和高级工程师主导工作，专（兼）职从事低聚果糖、低聚半乳糖、新型功能性低聚糖系列产品的开发和它们的性能、应用、分析技术、菌种和酶的研究，以及工业化关键技术的攻关。现阶段公司研发中心已拥有38名专职研发人员，属于江门市低聚糖工程技术研究开发中心，具备先进仪器设备如高效液相色谱仪、高效阴离子交换色谱（HPAEC）、细胞破碎机、低温冷却液循环泵、电动振动筛、恒温恒湿箱、5L旋转蒸发仪、双功能水浴恒温振荡器、冷冻震荡培养箱等设备。

公司上市后募投资金项目“研发中心扩建”的实施极大地加强了公司的实力，为公司在“成为全球微生态健康领域的领军企业”铺平了道路，因此公司在2011年向广东省科技厅递交了利用3年筹建“广东省功能性低聚糖工程技术研究开发中心”的申请，为建立一个在低聚果糖生产技术研究方面达到国内先进水平；具备消化、吸收国际先进技术的能力；具备强大的产业化开发能力，成为依托公司产业升级发展的动力；成为省内有影响力的专业技术研究开发机构。并积极改善公司就业环境，吸引高学历、高技术人员加入公司研发队伍。

2、创新是企业发展的根本保障。量子高科高效的创新投入—产出，为企业创造了良好的经济效益和社会效益，也将量子高科带到了行业技术创新的最前沿。酶的固定化生产低聚糖技术、酶柱的连续化生产技术、模拟移到床率先应用于生产高纯度低聚糖生产技术、真空低温带式干燥机在低聚糖干燥工艺的创新使用，以及开展高纯低聚果糖在婴幼儿临床喂养试验，无不一一走在行业的前端，为此奠定了量子高科在行业的领先龙头地位。

持续的自主创新能力是不断提高企业竞争力的核心，量子高科将健全自主创新体系作为中心工作来抓，努力构建自主创新“内外联动机制”。对外，注重与国内外著名企业、研究单位和院校合作，如：与韩国GF公司共同研究开发菌种的选育、培养技术；与华南理工大学、上海生命科学研究院合作研究菌种、酶的基因改造技术，改善改良菌种，提高酶的活力；与广西大学研究酶的固定化、酶法生产工艺技术，提高生产效率；与江南大学、中山医科大学共同开展功能性低聚糖的检测检验技术等等。对内，量子高科建立了“全员参与、重点突破”的自主创新机制，设立了研发人员绩效考核制度、《员工奖励制度》，充分调动广大职工和技术研发人员自主创新的积极性，并通过评估、奖励、实施，确保自主创新的持续、有效的运作。公司还十分注重对研发人员的培养，通过“请进来，走出去”的方式，为从事科技研发的技术人员搭建学习交流的平台，促使科研人员有更多与外界同行交流学习的机会，适时地将一些能独挡一面的科研人员推出前台，让其承担主要的技术攻关项目或与外部的技术合作项目，对品德优秀专业技能强的科研人员调至更高的领导岗位，充分发挥其主观能动作用。

目前公司职工总数为216人，其中大专以上学历科技人员87人，占公司职工总人数的40.27%；研发人员38人，占公司职工总人数的17.59%。

企业技术创新推动　研发项目及新产品开发及成果转化　1、始终坚持基础科学和实用技术并重的技术方针，采取以自己进行技术和产品开发，联合和支持有科研实力、研究内容处于领先水平的科研院所进行支持量子高科未来长久发展的基础科学技术研究的技术战略，坚持“以市场为主导，企业自主创新为根本”的研发模式，通过利用募集资金投资项目的实施，扩建了研发中心并建立其本工程技术研究开发中心，使公司的技术创新能力向高水平发展跨出了飞跃性的一步。

正在进行的工程技术研究开发主要有：

（1）低聚半乳糖国标的制定；

（2）固定化酶生产低聚半乳糖的研究（广东省江门市工业攻关计划项目）；

（3）产β-半乳糖苷酶环状芽孢杆菌发酵及下游提取研究；

（4）离子色谱法分析低聚半乳糖的研究（AOAC法分析低聚半乳糖的研究）；

（5）高活力果糖基转移酶的菌种选育及生产工艺优化研究（广东省高新区发展引导资金和计划项目）；

（6）固定化β-半乳糖苷酶生产低聚半乳糖工业化生产研究（广东省科技厅民营科技企业创新项目）；

（7）低聚果糖粉状产品在固体饮料产品中的应用研究（目前主要是低聚果糖粉与胶原蛋白粉、与植物提取物、与药食同源物质的全粉或抽提物的结合）；

（8）低聚果糖粉状产品在益生菌粉产品中的应用研究；

（9）高纤维米基颗粒产品的研发（一种获取低聚果糖的新技术、新工艺）；

（10）低聚果糖生物合成酶系及关键技术研究与开发（与中国科学院上海生命科学研究院合作研发）；

（11）广东省工程技术研究开发

表1　2009—2011总资产和销售额成长性

	2009年	2010年	2011年	增长率*
总资产（万元）	13 629.96	58 742.06	60 280.48	1.67
销售额（万元）	9 650.87	12 380.97	15 177.44	0.25

注：增长率按《高新技术企业认定管理工作指引》测算方法计算。

表2　2009—2011研发经费投入情况

	2009年	2010年	2011年	合计
总收入（万元）	9 650.87	12 380.97	15 177.44	37 209.28
总收入同比增长（%）		23.51	34.12	
研发费用投入（万元）	361.01	563.76	767.62	1 692.39
研发费用同比增长和占总收入的比例（%）		56.12	36.16	4.55
境内研发费用投入（万元）	361.01	563.76	665.22	1 589.99
境内投入占总研发投入的比例（%）				93.95

中心的建设；

正在进行的工程设计包括：

（1）研发中心扩建：终端产品研发实验室（500平方米），中试车间（950平方米），发酵工程研究室、分子微生物研究室、功效成分检测室；

（2）年产20 000吨低聚果糖扩建项目；

（3）年产2 000吨低聚半乳糖扩建项目；

（4）量子高科微生态健康产业建设项目。

2、成果转化情况：2009年至2011年，公司立项技术（产品）开发项目26项，已经完成18项，在研8项。已经完成的项目中形成公司专有的技术诀窍8个，申报发明专利2项，获得授权4项，另获得实用新型专利3项；主持和参与国家标准制定获得颁布实施的1项（GB/T 低聚果糖，2009年4月27日颁布，2009年11月1日实施）；开发原料产品5个，其中，低聚果糖高纯度粉状产品被增补为营养强化剂（卫生部2012年第6号公告）；开发终端产品8个。

3、企业创新管理体制建设情况，包括：实施自主品牌战略和知识产权战略，鼓励发明创造，建立健全企业的技术标准体系、质量保证体系、品牌建设体系和财务核算体系等。

公司一直坚持自主品牌战略和知识产权战略。公司主品牌——量子高科2010年被认定为广东省著名商标。公司对投入大量人力、物力积累起来的欧力多微生态健康技术进行商标注册、标贴的实用新型专利申报保护，还为终端业务的开展申报注册了“金领人”“欧力多”“可力可丽”等多个商标。公司对科研成果申请专利保护。这些战略的实施让公司做到品牌先行、知识产权保护先行，很好地引导公司业务在既定轨道上良好开展，并免受无品牌不被市场认可和无保护被随意侵权的干扰。

量子高科不仅注重科研人员聪明才智的发挥，更鼓励全员创新。在制订、颁发了《技术开发和产品开发管理制度》《科研项目管理制度》等专门制度的基础上，公司还颁布了《员工奖励制度》鼓励员工从各个方面创新。这些制度从立项、评审、组建实施团队、研究试验、新产品的试制到新产品的申报及审批，专利申报和知识产权保护、奖励的提出到评估和发放做出了明确的规定，确保了研究开发工作准确、有效地满足营销和其他业务活动过程中所辨识出来的对产品、技术的需求，并充分发挥和利用员工的创新能力。

量子高科建立了完善的质量保证体系，并获得了ISO9001体系证书、HACCP证书、清真食品证书等多项第三方认证。公司不断健全和完善企业的技术标准体系，对新原料、辅料、设备、工艺技术建立技术文件并及时更新。公司积极推动国家在低聚糖行业的技术进步和标准体系建立。2007年—2009年参与了《低聚果糖》国家标准的制定，2010年开始，公司又积极推动和参与食品添加剂《低聚半乳糖》国家标准的立项工作，并购置了价值100多万的高效离子色谱分析仪，做好了标准制定前检测方法的研究工作，该项目2011年已经被列入国家标准制订计划，量子高科获邀参与相关的制标工作，2012年12月完成标准草案。

量子高科根据国家和省级财务、科技、税务等多个部门的要求，制定和颁布了《研发费用管理制度》。对研究开发费用进行单独核算、归集，实行专项审批和严格管理，在保证研发工作良好开展、研发投入有效利用的同时，良好地利用了国家和广东省关于对企业研发投入给予加计扣除、高新技术企业税收优惠等政策。

创新没有止境，唯有营造健康的创新机制和环境，将创新的理念转化为企业所用的实际成果，才能助推企业持续优质发展。量子高科（中国）股份有限公司将始终自主创新放在企业持续发展的战略核心地位，把准市场脉络，在不断发展的环境中保持企业竞争优势，实现卓越发展。

（量子高科（中国）生物股份有限公司）

【深圳市中亚联合集团有限公司】

深圳市中亚联合集团有限公司（以下简称中亚联合）创于2004年，在多年的发展历程中，公司始终致力以“三农”为核心发展促进了企业的全面发展。2009年，中亚联合迈出了重要的一步，决定进行水产行业产业转移。于中部地区投资3亿元建立目前世界最大的小龙虾产业基地，年总产值达15个亿元的水产王国，为“三农经济”发展作出贡献。

中亚联合致力于在水产行业打造集育、产、销为一体的集群产业链，形成从源头的育种、养殖到物流、销售再到最后的终端销售的产业一体化，同时集团也是广东省内唯一一家以加工小龙虾为主的民营企业。集团旗下江苏盐城海腾水产食品有限公司是国内第一家出口小龙虾至欧盟的企业，作为国企出身的海腾，在小龙虾加工企业已经有了30多年的加工历史，并在欧盟连续十年获得最高质量奖、连续十年获得江苏省龙头企业、也是国内首家“六通过”企业，即：通过欧盟卫生注册、通过美国FDA对HACCP计划的验证、通过ISO9002国际质量体系的认证、通过国家对龙虾产品原产地标记的认证、首批通过江苏无公害农产品的认定。并拥有自营进出口经营权。由于全面推行ISO9002国际质量体系，严格执行HACCP质量监控标准和欧盟的各项指令，生产过程中严格实施良好作业规范（GMP）和卫生标准操作规范（SSOP），确保产品质量出口商品检验合格率一直保持在100%，产品质量上从未出现过质量争议。

整合产业链上下游资源 集团董事长、总裁李胤池经过多次慎重考察，决定在河南省信阳市潢川县建立世界最大的小龙虾产业基地。潢川县拥有得天独厚的三大优势：首先，潢川县是三大省会城市的中心点，距离郑州384公里、武汉224公里、合肥232公里。并且这里有三条高速公路贯穿，包括沪陕高速、大广高速、京珠高速。未来将围绕三大高速公路和三大省会城市中心点的优势打造中国中部地区的三小时经济圈；其次，这里地处淮河源头，有丰富的水资源和水产品种，现有水域面积385万亩，水产品80余种，包括青虾、河虾、以及当地盛产的黄鳖等；第三，小龙虾的加工企业一般集中在江苏、湖北、安徽这三个省份，有丰富的小龙虾原材料，并且价格比较低。在河南集团还是第一家以加工小龙虾为主的企业，也正是看中了这里河南中川水产项目总投资2亿元人民币，占地面积6.6公顷，于2010年正式开工建设。目前厂区内建筑已全部完工，设备也已调试完毕，预计在2012年9月中旬正式投入生产。已建有2万吨级中国中部地区最大的冷库，因为小龙虾是季节性的生物，每年只有4月到10月可以进行加工，所以依托集团2万吨级的冷库，在小龙虾旺季进行收购、贮存原材料，从而实现全年加工、全年生产。并且随着中国中部地区经济的高速发展，未来冷库仓储会成为一个发展趋势，中亚联合集团依托潢川县的地理优势和中国中部地区最大的冷库，在未来将会构架起中国中部地区最大的冷链物流中心。潢川厂区内建有9 000平方米可供2 500员工同时进行加工的加工车间、14 000平方米的员工公寓、1 700平方米的员工食堂、4 500平方米的办公大楼、4 500平方米的科研大楼，已备在未来和中国水产科学院进行合作，对小龙虾进行科学化的培育和养殖。

风险控制和企业创新　中亚联合集团在未来产业规划上主要做了四大风险控制：一、原材料风险控制。现今的小龙虾加工企业都是以加工野生小龙虾为主，但是未来随着小龙虾市场的拓宽，小龙虾的原材料的价格会不断的上涨，针对这一现状，中亚联合建立了自己的小龙虾养殖基地——潢川粤海水产养殖有限公司，现已开挖66.6公顷，未来将会扩展到10倍，以“公司＋基地＋合作社＋农户”的经营模式，集团与地方政府发起成立合作社，与农户签订养殖合同，公司统一发放虾苗，集中采购优质饲料，降低养殖成本，以合同约定回收质量及价格，即切实保障农户的核心利益，公司也从源头上保证了小龙虾的产量和质量，使多方合作共赢。二是终端市场的风险控制。目前中亚联合的产品主要以出口为主，但是在当前欧美经济壁垒体系的影响下，可能会导致一些小客户群体的流失。但是集团已经在欧洲的布鲁塞尔和美国波士顿成立了直营总部，能更好地服务大客户，力求在欧美地区树立终端品牌形象。三是人力资源风险控制。由于小龙虾加工受季节性的影响，只有每年的4月到10月可以加工，所以业内一般招收的都是临时工，但是集团依托2万吨级的冷库，可以储存足够的原材料，所以集团招收的员工都是固定工，并配备有员工宿舍和员工食堂，能让员工有很强的归属感。四是产品研发和国内市场的拓展风险控制。未来集团将会和中国水产科研院合作，对小龙虾进行科学化的育种和孵化，更好地提高小龙虾的营养含量和产量。现在国内市场小龙虾口味主要以麻辣口味为主，集团在未来将会针对国内的口味做出符合国内口味的小龙虾。

实施三大企业创新　在企业创新上，中亚联合集团主要做了三大企业创新：一是管理机制的创新。水产品加工行业90%都是以家族企业为主，普遍缺乏有效的管理机制，但是中亚联合的员工都是外部聘请，从高管到出纳都是外部员工，通过股权激励、权责划分和绩效考核，为企业的快速发展打下良好的基础。二是产品品牌的创新。当前还没有真正的小龙虾品牌，只有一些以发源地命名的小龙虾品牌。集团组建产品研发团队，打造优势产品和品牌，提升产品品质，获取品牌的溢价。并根据国内外市场、客户和需求的不同，制定相对应的产品品牌策略。三是企业文化的创新。在现今企业的经营管理中，企业文化的建设对企业发展的重要作用还远远没有体现出来。大部分企业管理人缺乏对企业文化建设的重视，企业的员工也缺乏对企业文化的认同。集团树立起了自己独特的企业文化，将企业文化贯穿企业整体运作的流程中，让企业文化深入人心。在行业中树立起集团的企业文化标志。另外，创办集团的刊物——《中亚人》半年刊和《中亚之窗》月报，分别是企业。为员工提供很好的互动、沟通平台，在这个平台上，所有的人都可以自由翱翔，让企业所有的员工可以将自己工作的心得体会和大家分享。

承担社会责任义不容辞　作为一个成功的企业，要有很强的社会责任感，企业与社会是不可分割的一个整体。首先，中亚联合集团建立了爱心基金会——《中亚爱心基金会》，在公司员工黄琳弟弟出车祸后，集团第一时间送去了问候和爱心捐助。玉树地震时，集团董事长、总裁李胤池亲自带领员工捐款158万元人民币，为灾区的人民送去中亚人的问候和关怀。公司还秉承每年捐助200名贫困儿童，每三年建立一所希望小学，为贫困的山区和儿童，送上中亚人的祝福和问候。

当前，中亚联合集团进入了历史上最好的发展时期，也是最为关键的发展阶段。集团紧紧围绕在国家“十二五”规划的改革引导下，以科学发展观统领全局，沿着既定的战略方向，继续深化改革，加强管理，加快战略的转型和实施，推动企业又好又快的发展，持续与客户实现互利双赢，为股东创造价值，为国家和社会作出更大的贡献。

（深圳市中亚联合集团有限公司）

【广州大运摩托车有限公司】　广州大运摩托车有限公司（简称“广州大运”）是中国著名的摩托车制造商和运营商。公司成立于2006年3月，由大运集团有限公司投资兴建，以摩托车、发动机等研发、制造、销售为主体，公司坐落广州市花都区，占地40万平方米，拥有资产上亿元。

广州大运拥有6条国内先进的摩托车生产线、4条成车包装流水线、4条发动机生产线、6条喷涂流水线以及激光造型机、底盘测功机、废气分析仪等一系列世界一流的摩托车制造、研发和检测的专业设备。主要研发、生产和销售40多种型号，200多个品种的“大运”牌、“大阳”牌和“风驰”牌摩托车以及多个系列的发动机等产品，具有年产150万辆整车和200万台发动机的生产能力，产品畅销全国各地及亚、欧、美、非等地区国家。

广州大运的发展得到了各级政府

的肯定与表彰，广东省、广州市、花都区以及国家发改委、广东省和广州市经贸委等各级领导和专家先后至公司视察、调研和指导；2011年10月14日，中共中央政治局常委、国务院总理温家宝在中共中央政治局委员、广东省委书记汪洋、省长黄华华等省、市、区领导的陪同下视察了大运摩托车生产基地，充分肯定了广州大运发展的业绩。

近年来，广州大运先后荣获了广东省“百强民营企业”“广州市先进集体”“守合同重信用企业”“AAA级信誉度企业”“科技进步一等奖”“中国经济百佳诚信企业”等一系列荣誉称号；大运摩托也先后获得“消费者无设诉质量放心品牌”“中国著名品牌”“中国十大行业名牌”“国家驰名省标”等荣誉。

科研技术创新，奠定发展基石　1、技术来源。广州大运一直奉行以自主开发为主、合作开发为辅、引进消化吸收为补充的研发模式，重视对技术开发的投入，建立了完善的研发体系。

2006年以来，在摩托车研发和制造领域，广州大运通过自主创新，获得的专利技术多达145项，其中实用新型专利8个，外观专利137个，均已转化成大规模的产业化生产，取得了可观的经济效益。在公司生产的40多种型号，200多个品种的“大阳”、“大运”和“风驰”牌摩托车以及多个系列的发动机等产品中，大部分产品的技术来源于自主创新。公司的自主研发成果形成了自己的主导产品和目标市场，构成了支持公司持续发展的核心竞争力。

2、开发能力。广州大运具备综合性技术创新平台。技术创新与成果转化始终是企业生存发展的“生命线”，大运摩托以“科技为本，人才第一”作为企业技术发展的核心理念，坚持“高起点、高标准、高要求”的技术方针，已成为集信息收集、设计开发、试验评价于一体的全方位综合性的技术创新平台。

广州大运具备国内一流的产品开发、设计和检测设备。公司有独立的试装线、测功系统、路试系统，先进的CAD/CAE整车设计分析软件、德国进口的ATOS三维立体扫描仪；先后投资5 000多万元，建成建筑面积近4 000平方米的检测中心，引进和购置了150多台（套）国际先进的检测设备。大运摩托不仅拥有国家要求的摩托车生产强检项目的全套设备，而且对国家非强检项目也配备先进检测设备。其中，底盘测功系统、废气分析系统、金属材料分析系统、三坐标检测仪等均属世界顶尖的摩托车质量检测和控制设备。此外，还配备圆台式等效测功发动机调试台、灯光检测室、淋雨试验箱、沙尘试验箱、整车高低温性能实验柜等完整的车检设备，大运摩托检测中心是行业最早通过国家认可的企业试验室之一，并通过“ILAS-MRA/CNAS”国际互认联合标识申请，取得开展国际认可检测工作资格。

3、技术队伍。先进的研发设备和高素质的技术人才是创新的必备条件。广州大运拥有一支由富有开拓创新精神、具备较强科研能力、理论基础扎实、实践经验丰富的工程技术团队和具有较强开发能力的技术专才队伍，共有车辆工程技术、发动机技术、电子技术、制造加工技术、材料技术、标准化技术、测试技术、计算机技术等领域的高级工程师、资深工程师80余人。其中本科以上学历研发人员占85%，具备整车、发动机、工业造型设计、电器等方面自主设计开发能力。广州大运技术中心共有专职员工186人，其中设计开发人员130名，检测试验人员46名，其他辅助人员10名。

近年来，广州大运共设计、开发、生产出了40多种型号、160多种款式的摩托车和多个系列的发动机产品。同时，广州大运还十分注重技术改进和改型工作，以确保每一款产品都符合市场需求，引领市场消费。

4、开发机制。广州大运具备科学规范的产品开发机制，通过学习借鉴世界一流摩托车企业的设计开发流程和试验评价规范，结合企业研发实际，建立了科学的开发流程，使开发出的新产品具有更胜一筹的先进性、安全性、环保性和适用性。同时，还建立了严格的产品试验评价标准，包括法规项目、整车外观及装配质量、驾驶感觉、可维修性、耐久性试验等多项标准，形成了严格的设计质量保证体系。目前，大运摩托的研发能力已进入行业的前10名。

产、学、研开发协作机制分为对外协作和内部协作两方面。对外协作主要在技术创新方面，广州大运坚持以企业为主自主创新、兼以产学研结合的方针，充分利用行业内的科研院所、设计公司、专业供应商的优势技术资源为我所用，公司与天津内燃机研究所、西安摩托车国检中心、广东广天机电研究院、汉正工业设计有限公司等科研单位建立了紧密合作关系，并且联合开发了不少新车型和新发动机。在内部协作方面，主要在制造过程，根据《产品开发控制程序》，以新产品开发实施计划为纲的矩阵式项目管理模式，组织公司相关部门按照各自的职能，各司其职，紧密合作。

自主创新成果的推广应用，不仅为企业产品的更新换代、转型发展提供了保障，也为公司带来了良好的经济效益和社会效益，提升了市场竞争力，为公司的可持续发展奠定了坚实基础。

经营创新，保障发展　1、生产规模和能力。广州大运拥有国内一流的摩托车、发动机和涂装生产线。其中，6条国内领先的悬挂式全自动同步流水线，能使零部件准确无误地送到每个工位，极大地提高了生产效率和装配质量；4条单轴同步驱动式发动机生产线，其精确的工作原理与传送方式开创了国内同行业的先河；6条全新的喷涂流水线采用首创的清洁燃料加温方式和自动喷涂传输，既保证了产品质量，又大大节省了能源。

面对激烈的市场竞争，广州大运建立了严格的质量检测和控制标准，科学的技术管理与创新体系，完善的营销与售后服务网络，先进的企业管理模式与人才激励机制。先后通过了中国进出口质量认证中心的ISO9001:2008版质量体系认证和质量技术监督总局的“3C”认证，成为首批通过国家发改委全项生产准入的企业，公司检测中心也是最早通过国家认可的企业试验室之一。

目前，广州大运已具备年产150万辆整车、200万台发动机及180万套涂装件的生产能力，能够生产直梁、弯梁和踏板等各个系列的摩托车产品。宽敞明亮的生产车间、紧张有序的作业环境、严谨清晰的物料管理、精准到位的输送设备、认真敬业的员工队伍和人性化的管理机制，在业内有口皆碑，也使得公司产品倍受青睐、深入人心。

广州大运积极响应市、区政府的号召，大力开展清洁生产和节能减排活动，确保企业生产达到环保标准要求，使“节能、降耗、减污、增效”的措施贯穿于生产流程的每个环节，并被评为“减排工作先进企业”。

2、品牌策划和市场运营。作为“大运”“大阳”两大著名品牌的制造商和运营商，广州大运十分注重品牌形象的塑造与推广，从“心随我动，大阳摩托”到“风驰天下，大运摩托”，通过高密度、大范围的广告宣传，充分展示了广州大运的强大实力和“大运”“大阳”的品牌魅力。2007年4月，大运摩托成功获得北京2008年奥运会摩托车供应商和残奥会独家供应商。

广州大运在国内市场拥有本行业最强大、最健全的营销和服务网络。4 000多个销售网点、3 000多个服务站和300多辆巡回服务车，网络全方位覆盖县、镇、乡各级行政区域，方便快捷地为消费者提供星级服务。在国际市场，公司产品还远销世界各地，在亚、欧、美、非等地区畅销。广州大运利用品牌优势和产品优势，与多家客商取得了长期稳定的合作关系，外贸量逐年稳步提高。为顺应市场，抢占先机，公司斥巨资对20余款车型进行国际认证，在100多个国家完成了“大运”品牌的国际商标注册。

管理创新铸造坚强后盾 1、企业文化建设。广州大运的决策层和管理层十分注重企业文化的塑造与宣传，提出了“诚信经营，质量第一；顾客至上，营销第一；科技为本，人才第一；持续发展，管理第一”的核心理念，创立了“标准化管理，一体化考核”的“标一”管理体系，坚持“以创新促发展，以创新增效益”的经营准则。并通过实践检验，不断修正和创新，形成了广州大阳独具特色的企业文化体系。

2、技术创新体系建设。为了规范和加强企业自主创新工作的开展，公司以研发中心、检测中心、技术处为基础成立了技术中心。

技术中心的指导思想是：坚持自主创新，培养和造就技术人才，提高研发和检测能力，加强对外合作，开发行业领先的产品，为公司和社会创造价值。技术中心自筹建以来，不断健全创新管理体系，运作理念、管理制度、设施设备建设、经费投入、人才保障等方面都日臻完善。企业重大项目在决策和实施前都需要召集专家委员会和技术委员会的成员进行项目市场分析和项目可行性研究，避免决策失误；在项目运作过程中各部门密切配合，通力合作，取得多项研发成果。已成为引领公司技术进步、增强企业综合竞争力和战略创新发展的核心团队；是公司组织与实施技术创新、自主创新的中坚力量；为企业创新战略的制定、体系建设、重大投融资决策等发挥了良好的作用，推动了企业的迅猛发展。

广州大运鼓励员工自由创新并建立有相应的激励机制，大力倡导员工，对工艺改进、技术创新、节能降耗、项目攻关等提出富于创造性的意见和建议，公司不定期地对这些意见和建议进行评定，给予适当的奖励。对那些有益于公司规范管理和发展的合理化建议以及具有创新智慧的方案，都会认真吸收并付诸实施。

广州大运和技术中心鼓励员工和技术人员利用研发平台，探索和研究摩托车领域的高端技术课题，据市场的需求和企业自身发展的需要自行研制、开发新产品、新工艺及在企业和行业内的推广应用。

企业技术中心还设立了自由创新课题奖励基金，对获得国家、省市级科研成果鉴定的研发科研人员、申请获得国家专利的科研人员以及开发的新产品投放市场获得较大的经济效益的技术人员，根据贡献大小实施不同的奖励，包括定额奖励、技术提成、晋薪晋职等，以此来充分发挥科技人员的工作积极性和自由创新的主观能动性。

广州大运坚持自主创新，在原始创新、集成创新和引进消化吸收再创新方面成绩突出。经过近年不断地科研开发，广州大运已进入新产品更新换代的良性循环，广州大运研发出多项行业内具有较大影响力和高技术含量的新产品及新技术项目。公司年产销量连年大幅攀升，年销售额已达15亿元，年利润总额已突破千万元大关，连续多年纳税2 000万元以上，位列广州市花都区第2位，为国家及地方建设作出了应有的贡献。

（广州大运摩托车有限公司）

行业发展

行业发展

电力行业

【简述】 2011年，在广东省委省政府的正确领导下，广东电力行业认真贯彻落实科学发展观，立足于广东省经济社会发展的大局，经过艰苦的努力，电网企业综合实力明显提升，品牌形象更加彰显，特别是经过创先的探索和实践，已经呈现出前所未有的良好态势。发电企业积极探索和实践低碳发展道路，资产总额、装机容量及发电量等主要经济技术指标均有大幅度提高。电力行业在创造巨大物质财富的同时，也积累了应对危机、驾驭风险、捕捉发展机遇的经验和智慧，保障了我省电力的平稳运行，为广东经济社会又快又好发展作出了贡献。

2011年，广东电网负荷六创新高，最高统调负荷高达7 475万千瓦，同比增7.45%，最大错峰负荷达到740万千瓦，同比增长105.56%。面对严峻形势，广东电网公司主动向省政府和地方政府汇报沟通，充分依靠南网大平台，积极协调云南、广西、香港等地增加电力供应，鼓励9E机组顶峰发电，争取新机组临时发电，优化运行安排。发电企业主动承担社会责任，克服煤价高企、运费增加等困难，精心组织，精心调整，确保发电机组正常运行，最大限度缓解了缺电矛盾。

2011年，全省电力职工坚守职责、甘于奉献，圆满完成了大运会保电任务。大运会期间广东电力系统全面、周密部署大运保电工作，调集精兵强将，昼夜巡查，日夜坚守，保驾护航。用责任和汗水演绎出“不一样的精彩”，兑现了“全力以赴、万无一失”的庄严承诺，向省委、省政府和全国人民交上一份出色的答卷。

【发供电情况】 2011年，广东省发购电量共4 619.74亿千瓦时，比去年同期增长9.94%。全省发电量3 696.6亿千瓦时，同比增长17.49%。其中：水电183.39亿千瓦时，同比减少20.27%；蓄能发电37.28亿千瓦时，同比减少1.51%；火电3 035.05亿千瓦时，同比增长19.75%；核电425.27亿千瓦时，同比增长27.47%；风电15.61亿千瓦时，同比增长52.89%。

2011年，全省全社会用电量4 399.02亿千瓦时，比去年同期增长8.35%。其中：第一产业用电量74.72亿千瓦时，同比增长15.48 %；第二产业用电量3 012.23亿千瓦时，同比增长6.65%；第三产业用电量689.4亿千瓦时，同比增长11.34%；城乡居民生活用电量622.66亿千瓦时，同比增长12.82%。

截止至2011年底，全省发电装机容量为7 641.98万千瓦，其中：火电5 639.38万千瓦，水电815.30万千瓦，核电612.00万千瓦，风电（含其他）95.30万千瓦，蓄能480.00万千瓦。

【经济技术指标】 2011年全省6 000千瓦及以上电厂厂用电率为5.27%，比去年同期下降0.21个百分点，其中火电完成5.6%，同比下降0.37个百分点。火电发电标准煤耗完成301克/千瓦时，比去年同期下降4克/千瓦时。

2011年广东电网频率合格率为100%，与去年同期持平；省网电压合格率为100%，比去年同期上升0.001个百分点。

【电网建设】 2011年，广东电网建设继续大踏步前进。2011年12月16日，广东电网实现了连续安全运行16周年（5 845天），创出历史新高，广东电网安全生产里程碑上再添浓厚一笔，广东电网各主要运行指标达到全国领先水平。

自1995年12月16日以来，广东电网经过了严峻电力缺口的考验，经受了历次自然灾害的侵袭，确保了广东全省的用电安全，确保了广东经济发展的电力供应。

2011年，面对严峻的电力供应形势，广东电网始终坚持以客户需求为导向，以开展为民服务创先争优活动为契机，在地市供电局全面开展了1 143场客户座谈会、“社会活动日”，先后成立1 231支服务小分队，累计走进用户5万多，共解决客户用电问题5 506个，其中涉及错峰用电等重点问题5 436个，持续提升客户服务能力，大力打造“一站妥”服务品牌。广东电网公司连续六年蝉联广东十大服务行业居民评价满意度第一，连续三年获得广东省地方政府公共服务评价满意度第一，客户服务工作得到广大客户和社会各界的充分肯定。

广东电网取得农电体制改革新胜利。2011年，广东电网公司坚决执行广东省委、省政府的决定，精心组织，统筹推进，确保人员队伍和安全生产大局稳定，按照政策要求，顺利完成人员移交、资产划转等重点、难点工作。截至2011年11月28日，广东电网公司共与86家农电机构签订接管协议，合计接收农电资产150.32亿，农电人员25 254名，为构建“城乡电网统筹发展，专业业务一体化管理”的城乡供电一体化管控模式打下坚实基础，为改善广东投资环境提供坚强保障。

广东电网公司主辅分离改革取得圆满成功。2011年12月7日，《广东电网所属分离企业国有产权无偿划转协议》在广州顺利签订，标志着广东电网主辅分离改革工作取得了圆满成功。

国资委于2011年4月在全国范围内启动了电网企业主辅分离改革工作。广东电网涉及分离的辅业单位共五家，截止2010年12月31日，五家企业资产总额79.33亿元，员工总数10 815人。按照改革明确的分离原则，五家企业将被成建制地划转给中国能源建设集团有限公司。广东电网坚决执行国资委和南网公司的决定，设法解决五家拟分离企业的58个历史遗留问题和生产经营问题，把南方电网公司提出的“扶上马、送一程”的要求落到实处，这五家企业都保持着正常的安全生产，在职员工、离退休职工情绪稳定，各项工作有条不紊。

广东首个3C绿色示范工程开工建设。2011年11月28日，广东省首个3C绿色示范工程——110千伏尖峰变电站在广州正式开工建设。该站在设计及建设方面均体现了“智能、高效、可靠”，并充分考虑节地、节能、节水、节材与环境保护的要求。尖峰站计划于2013年6月30日投产，除了具备普通变电站的功能外，它还担负着展示窗口的任务，将向公众展示南方电网近年来在建设智能、高效、可靠的3C绿色电网和一体化电网运行智能系统方面所取得的成就，届时展现在公众面前的将是一个全新概念的变电站。

两大“西电东送”国家重点工程开工。2011年12月2日，国家“十二五”重点工程——糯扎渡电站送电广东±800千伏直流输电工程和溪洛渡右岸电站送电广东±500千伏同塔双回直流输电工程（简称“两渡工程”）开工仪式在云南普洱举行。这是南方电网“十二五”期间投资最多、输电容量最大、输送距离最长的电网建设项目，将新增输电容量1 140万千瓦，约为目前南方电网西电东送规模的一半。工程建成后，每年将有400多亿千瓦时清洁水电送往珠三角负荷密集地区，减少二氧化碳排放约3 400万吨，这对于水电大规模开发利用、促进能源资源在更大范围内实现优化配置、促进五省区优势互补和协调发展具有重要的意义。

经过创建先进省级电网公司的探索实践，广东电网企业现代化管理体系基本形成，难点重点领域取得重大突破，关键环节取得重要进展，战略指标实现快速提升，安全生产局面平稳向好。

【电源建设】 2011年，广东电力在常规电源建设持续推进的同时，新能源、清洁能源的建设也取得了可喜的成绩。

2011年8月7日，位于深圳大亚湾的岭澳核电站二期2号机组正式投入商业运行。该机组比计划提前八天完成168小时稳定运行验收试验，各项技术指标符合设计要求。岭澳核电站二期拥有两台百万千瓦级压水堆核电机组，采用中广核自主品牌CPR1000核电技术建设，是我国“十五”期间唯一开工建设的核电自主化项目。

2011年6月15日，目前世界上一次性建成、装机容量最大（240万千瓦）的惠州抽水蓄能电站全面投产。电站投产后，将进一步满足南方电网容量、负荷快速增长对调峰调频电源的需要，完善电网电源结构和布局，保障国家大容量、远距离、高电压的“西电东送”能源战略工程和南方电网交直流并联运行的安全，服务风电、太阳能发电等新型绿色能源快速接入电网，有利于减少火电、核电能源消耗，为国家开发绿色能源、发展低碳经济、调整经济结构提供保障。2011年12月10日，我国“十二五”开局之年开工建设的第一座抽水蓄能电站——总装机容量120万千瓦深圳抽水蓄能电站也正式开工建设，建成后年平均发电量15亿千瓦时，每年可节省标准煤15.8万吨，节省天然气1.83万吨，减排温室气体总量约2 717吨。

2011年8月10日位于广州大学城的粤电华南理工大学光伏发电项目实现项目整体投产。该电站包括华工站和中大站，建设规模3MW，该项目建成后年发电量约300万千瓦时，是当时广东省内较大的光伏并网电站，也是当时国内最大的校园屋顶光伏电站。

2011年6月16日，广东省境内最大的太阳能光伏电站——广东国华8.1兆瓦光伏电站正式发电并网，标志着我省在新能源领域又跨出重要一步，同时它又将太阳能发电与生态农业结合起来，形成新农业与新能源的复合型开发模式，对打造我省低碳经济示范区起了有力的推动作用。

2011年11月14日广东粤电湛江生物质发电项目2号机组顺利通过72+24小时满负荷试运行，由于在此之前的8月20日1号机组已顺利投入运行，至此，世界单机容量及总装机容量最大的生物质电厂全面正式投入商业运营，该生物质电厂以生物质资源代替化石燃料，不仅减少二氧化碳、二氧化硫、氮氧化物等污染物排放，而且燃烧后产生的灰烬作为钾肥，可直接还田，是广东省乃至全国可再生能源发电的创新者和领引者。

【节能减排】 2011年，广东省电力行业积极贯彻落实国家和省节能减排工作要求，节能降耗工作取得显著成效。

2008年11月17日，经国家能源局批准，广东省正式启动节能发电调度试点工作，成为全国第二家试点省份。经过三年多的努力，广东电网公司逐步建立了一整套涵盖组织、管理、技术各方面的节能发电调度工作体系和具有国内领先水平的节能发电调度技术系统。

试点启动以来，通过积极探索，不断解决工作中的难点和问题，已经建立起一整套在确保电力系统安全稳定和连续供电的前提下，优先调度可再生能源，按机组能耗和污染物排放水平由低到高排序，依次调用化石类发电资源，最大限度地减少能源、资源消耗和污染物排放的节能发电调度方法，在取得显著的节能减排效果的同时，也极大地调动了发电企业在节能降耗和控制排放方面寻求改进的积极性，全面提升了发电行业的节能环保水平和效率。试点启动至今，全省通过实施节能发电调度累计实现节省标煤200万吨，减排二氧化碳440万吨，通过脱硫装置减排二氧化硫219万吨。截至目前，脱硫装置投运率达到100%，2011年平均脱硫效率达到94.7%。

2011年，广东省环保厅公示了《广东省环境保护局重点污染源环境保护信用管理试行办法》评定情况，在经评定的全省428家企业中，粤电集团15家燃煤电厂（省内）全部获得了诚信企业等级称号（即绿牌企业）。粤电集团系统内各燃煤电厂积极探索低碳经济下的应对策略，为持续提高企业节能减排水平打下良好基础。2011年9月28日，广东粤电湛江电力公司4号机组增容改造及锅炉改烧烟煤项目顺利通过专家组的验收，是粤电集团10台30万机组增容改造规划中首台成功实施的机组，也是国内首台同时对30万机组进行通流改造和烧烟煤改造的机组。经过改造，节能减排效益明显。一是节能降耗：在额定负荷下，实测供电煤耗比改造前降低了27.36克/千瓦时。二是机组增容：改造后机组额定出力达到了330MW的目标，机组年增加发电量1.86亿千瓦时。三是降低燃料成本：锅炉改烧烟煤后，原设计煤种由贫煤（无烟煤）改为烟煤，每年可节约燃煤成本价约为1亿元。四是提高社会效益：机组节约燃煤量每年可减少二氧化硫约735吨、氮氧化物约1 290吨和二氧化碳约112 300吨，为环境保护做出积极贡献，被国家能源局、省发改委列为综合升级改造示范机组。

深圳能源集团始终不移地以科学发展观指导企业的发展，始终坚持“安全至上、成本领先、效益为本、环境友好”的经营理念，牢牢把握国家经济结构转型的良好机遇，不断完善低碳能源供应体系，积极推行清洁生产方式，加快向低碳清洁能源供应商转型。“十一五”期间，深圳能源投资建设了多个风电和天然气发电项目，清洁能源发电容量占比从不到3%提高到43.2%；建成投产了深圳南山、盐田、宝安三座垃圾焚烧发电厂，有效推动了城市生态文明建设；投资建成了华南地区首座大容量、高参数、高效率的超超临界“废水零排放”环保示范电厂，成功实现了产业升级；取得了在环保领域的8项实用新型授权专利，其中2项属于国际授权发明专利，可广泛应用于能源、电力、化工等工业领域，有效提升了企业的核心竞争力。深圳能源集团被授予了“2011中国节能减排特殊贡献企业”称号。

作为以“发展清洁能源，造福人类社会”为使命的清洁能源集团，中广核集团拥有在运核电装机611万千瓦，风电控股装机近300万千瓦，太阳能光伏发电项目累计投运13万千瓦，水电实现权益装机350万千瓦，在分布式能源、节能技术服务等领域也取得了良好发展。在由广东省发改委、广东省低碳发展促进会、广东省建筑科学研究院和南方日报社联合主办的“南方低碳年度标杆”评选活动中，中广核集团荣获“2011南方低碳年度标杆企业”第一名。

2011年7月21日、27日，石碑山风电场、洋前风电场、深圳前湾LNG、惠州LNG等项目减排量共计137.8万吨相继获得联合国签发认可，可进行碳排放（CDM项目）交易。此外，各大发电集团在水电、超超临界、风电、生物质等方面的CDM项目上发力，长期不懈地为减少温室气体排放而努力，相关申请注册工作正有序推进。

2011年广东全省关停小火电11.7万千瓦，新建成600万千瓦燃煤机组脱硫脱硝设施，4 336万千瓦现役燃煤机组全部配套脱硫设施，1 575万千瓦燃煤机组配套了脱硝设施。

【企业自主创新能力】 广东电网调度智能指挥平台投入实用化运行。2011年9月1日，全国首个智能调度实用化平台——广东电网调度智能指挥平台正式进入单轨制运行。该平台在全国范围内第一次实现了调度指令的网络发令，开启了全新的电网调度模式，实现了传统“电话调度”向“信息化调度”的关键提升。该平台实现了电网运行操作的实时在线校核与基于状态、潮流、规则的多目标智能防误，有效提高了电网操作的安全性及运行操作效率，极大提升了调度业务的智能化、信息化水平。目前平台已全面覆盖广东电网21个地区供电局，实现了中调、地调、变电站、电厂“四位一体”的信息闭式交互。2011年平台业务申请累计8.25万次，调度指令应用12.91万次，业务应用率达到98.23%以上。

广东电网调度智能指挥平台的实用化运行，是全国电力系统调度智能化、信息化发展的一个重要里程碑，为智能电网建设奠定了坚实基础。

高级量测体系下计量终端智能化关键技术研究与应用。该项目为广东电网公司实现用户用电信息采集、负荷控制、电能损耗分析、窃电监测、与用户信息互动等方面发挥了巨大作用，在节约终端检测、调试和安装成本，节约通信流量成本，减少电能计量差错和查处违法违规用电挽回损失等产生了的直接经济效益达6亿多元。项目在实现全网错峰和有序用电、帮助用户开展用电分析、提升用户用电满意度、提高供电可靠性等方面产生了显著社会效益。同时，项目成果促进了我国智能用电与计量终端产业发展，具有长远意义。该项目获得2011年广东省科技进步成果一等奖，是广东电网公司首次突破。

我国首个自主知识产权IGCC发电项目。2011年5月20日，广东粤电华清煤气化联合循环发电有限公司举行签约暨揭牌仪式。该公司投资建设的新会IGCC发电试验平台项目采用整体煤气化联合循环发电技术，是新一代清洁煤发电技术，代表了未来煤电实现高效和接近零排放的主要技术途径。该项目作为我国唯一的具有自主知识产权重型燃机试验基地，其成果将对我国产业结构调整和优化升级具有“以点带面”的标杆示范作用。该项目第一期建成后，预计每年可转化18万吨标煤，对外供应约5.33亿千瓦时优质绿色清洁电力。

“大型火电机组负荷自适应控制优化技术”。2011年，粤电集团在沙角C电厂开展“大型火电机组负荷自适应控制优化技术”研究，该项目主要应用在火电机组自动控制领域。通过实施该项目，提高了火电机组负荷快速响应能力，改善了机组动态过程锅炉的过（再）热汽温的控制能力，实现了机组快速变负荷、深度调峰和节能降耗。该项目共有4个创新技术，部分创新技术已成功推广至省内13台同类型大型机组，每年产生经济效益超过4亿元人民币；每年可减少煤耗12万吨，分别减排二氧化碳和二氧化硫排放22万吨、2 400吨，减少粉尘2.4万吨。该技术的推广应用，对提高火力发电厂控制水平、稳定运行、稳定电网及实现节能减排都有着积极的意义。该项目获“2011年度广东省科学技术奖”，是粤电集团成立以来首个获得省最高科技奖的项目。

2×1036MW超临界发电机组自启停控制（APS）技术研究及应用项目。广东电网公司电力科学研究院以华能海门电厂一期工程为背景开展研究、实施和投运试验的“华能海门电厂一期工程2×1 036MW超临界发电机组自启停控制技术研究及应用项目”获得成功，在全国范围内首次在1000MW等级机组上实现了机组自启停控制功能（APS），被全国热控专业知名专家誉为“21世纪火电厂热控技术发展的里程碑”。APS技术成为华能海门电厂一期工程获得国家建委颁发的电力行业基建领域最高奖项“国家优质工程奖三十周年之经典工程”的主要技术亮点。该项目科研成果已获得中国电力科学技术奖二等奖、国家能源局科学技术进步奖二等奖、中国南方电网公司科学技术奖一等奖等荣誉。

（广东省电力行业协会）

电子信息行业

【简述】 2011年，由于受全球经济疲软，国内金融市场、房地产市场不景气以及原材料涨价、劳务费用提高等负面影响，广东省电子信息制造业增长乏力，呈现出低速增长、出口和效益较大回落的发展态势。

2011年，全省规模以上电子信息企业完成工业增加值4 599.47亿元，同比增长14.7%；工业销售产值18 724.18亿元，同比增长21.0%；累计主营业务收入22 758.02亿元，同比增长11.6%；实现利润775.08亿元，同比下降12.4%；税金总额354.3亿元，增长23.1%。

【工业生产平稳增长】 2011年，广东省电子信息制造业规模以上企业累计完成工业增加值4 599.47亿元，同比增长14.7%；其中，电子及通信设备制造业同比增长18.3%，计算机及办公设备制造业1.3%。全年工业生产呈现平稳增长态势，每月累计工业增加值同比增幅保持在12.6%—14.7%之间运行，增幅高低仅差2.1个百分点，但每月同比增幅明显低于上年同期。如表1所示。

【经济效益明显下降】 2011年，由于工业生产低速运行，市场竞争激烈，企业经营成本大幅增长，导致经济效益大幅下降。1—12月累计全年规模以上企业的主营业务收入22 758.02亿元，占全国电子信息制造业的30.38%，同比增长11.6%；实现利润775.07亿元，占全国电子信息制造业的23.49%，同比下降12.4%,比全省工业高2.1个百分点，但比全国电子信息制造业低29.2百分点；税金总额354.02亿元，占全国电子信息制造业的28.46%，同比增长23.1%，比全国电子信息制造业高7.9个百分点。

【主要产品产量增长不一】 受出口萎缩和产品结构优化调整等因素影响，在统计监控的25种主要产品中，累计产量同比增长的16种，其中以3G手机、光电子器件和3D电视机等高新技术产品增幅最大，分别达到87.4%、75.4%和5 874.2%；下降产品9种，降幅在5.3%—63.8%之间，其中智能卡芯片及电子标签芯片降幅最大（降幅为63.8%），由于所占规模比重不大，对行业经济总量影响也较小。

【产品进出口呈现“稳进低出”】

2011年，由于欧美发达国家受各方面不利因素影响，经济增长缓慢，我国对欧美国家电子信息产品出口形势相对低迷。

广东省电子信息产品出口额虽仍保持增长态势，但增幅同比明显下降。据海关统计，广东省电子信息产品全年出口2 727.6亿美元，占全国行业总数的41.25%，占全省工业的51.28%；同比增长13.5%，比全国行业平均水平高1.6个百分点，比全省工业低1.7个百分点，比2010年低

表1 2011年2—12月工业增加值（累计数）

月份	工业增加值（万元）		累计同比增长（±%）	
	2011年	2010年	2011年	2010年
2	5 033 025	4 100 846	12.6	21.4
3	8 243 842	6 473 577	14.1	19.2
4	11 363 314	9 443 075	13.5	19.3
5	16 072 887	12 411 346	12.7	20.0
6	19 961 842	15 494 548	12.8	19.8
7	23 689 481	18 507 298	12.7	18.1
8	27 787 938	21 576 055	13.6	20.3
9	31 785 988	24 864 820	14.4	19.0
10	36 522 036	28 396 794	14.5	18.8
11	40 975 849	32 055 067	12.9	18.9
12	45 994 738	36 147 502	14.7	18.6

10.9个百分点。

电子信息产品进口保持平稳增长，2011年广东省累计进口电子信息产品848.7亿美元，同比增长8.7%。其中：计算机与通信、光电子、计算机集成制造技术等高技术产品进口分别达到469.8、188.2和73.7亿美元，同比增长分别为22.3%、2.3%和24.9%。

【结构性调整优化凸显】 2011年，广东省通信设备制造业、电子器件制造业、计算机网络设备制造业等相对高端新型产业加快发展。据统计快报，2011年通信设备制造业增加值增长31.2%、电子器件制造业增加值增长17.6%，计算机网络设备制造业增加值增长33.2%；电子信息产品总体呈现产量增长、结构优化的态势。数字程控交换机、CRT彩色电视机、数字激光音、视盘机MP3、MP4等传统产品继续下滑，CRT彩色电视机在彩色电视机的比重只有20.3%，比上年下降了9.4个百分点。第三代（3G）移动通信产品、微型计算机、LED液晶电视机、光电子器件等高端、高附加值新产品则大幅增长，其中3G移动手机增长87.4%。微型计算机增长近41.2%。LED液晶电视机增长97.5%，光电子器件增长75.4%，成为广东省新的优势主导产品。

表2 2011年度电子信息产品产量

产品名称	计量单位	产品产量	同比增减（%）
程控交换机	万线	2 223.83	13.0
其中：数字程控交换机	万线	1 829.78	11.2
电话单机	万部	12 241.72	-5.3
传真机	万部	182.94	3.6
移动通信手持机（手机）	万台	59 284.07	27.6
其中：3G手机	万台	12 970.68	87.4
电子计算机整机	万台	5 966.99	57.4
其中：微型计算机设备	万台	4 420.71	41.2
笔记本计算机	万台	915.15	-4.1
集成电路	亿块	186.29	-8.7
智能卡芯片及电子标签芯片	万只	1 935	-63.8
光电子器件	万只（片、套）	6 256 028.30	75.4
其中：发光二极管（LED）	万只	3 952 137.10	54.3
液晶显示屏	万片	126 957.20	17.4
液晶显示模组	万套	40 666.30	7.8
电子元件	亿只	14 931.53	-1.2
彩色电视机	万台	4 862.42	9.6
其中：3D电视机	万台	246.28	5 874.2
显像管彩色(CRT)电视机	万台	973.78	-21.2
液晶（LCD）电视机	万台	2 818.47	1.6
液晶（LED）电视机	万台	812.75	97.5
等离子（PDP）电视机	万台	11.14	-1.6
数字激光音、视盘机	万台	6 834.49	-11.1
组合音响	万台	10 273.09	11.1
半导体存储器播放器（含MP3、MP4）	万个	3 632.42	-20.9

【重点企业发展不平衡】 2011年，广东省进入全国电子百强企业共22家，进入全国电子元件百强企业共27家，比上一年度均增加了2家，进入全省100强创新企业38家。

重点企业TCL表现突出，全年实现销售收入594亿元，利润16.7亿元，与上年同期相比，分别增长18.3%和253.7%，其液晶电视机出货量居全球第7位。中兴通讯股份有限公司保持稳步增长，全年主营业务收入达到862.6亿元，同比增长23.4%，其PON OLT产品全年出货量与市场分额双双跃居全球第一；广州广电运通股份公司充分发挥核心技术优势，加强技术和市场的融合，取得骄人的经营业绩，全年实现销售收入20.89亿元，利润5.69亿元，销售利润率27.2%，其银行自动柜员机（ATM）系列产品市场占有率，连续三年位居国内榜首，显示出了国产自主品牌强劲的发展实力。

但多数企业营业收入和利润总额同比增幅双回落的现象。

【投资规模大幅增长】 2011年，高端新型电子信息和半导体照明等新兴产业依然是广东省的投资热点，而且投资规模大幅增长。据统计，全行业累计完成投资591.12亿元，同比增长57.9%，新增固定资产277.1亿元，分别比全国行业平均增长水平高13.4和9.4个百分点。

新开重点投资项目（省级以上财政资金支持项目）：国家“彩电产业战略转型产业化专项”和“新型电力电子器件产业化专项”项目共10项，“信息产业发展基金”专项项目12项

（未含深圳市）第二批战略性新兴产业高端新型电子信息专项项目62项，投资项目和财政支持力度均超历史水平。重点项目实施情况良好，其中深超光电（深圳）有限公司太阳能薄膜电池项目2011年已完成投资超20亿元，佛山彩虹顺德基地OLED项目一期已经成功投产，深圳华星光电8.5代液晶面板实现量产，成为2011年广东高技术产业发展的亮点。

【科技创新成绩突出】 2011年，以企业为主体的技术创新体系建设进一步加强。全年新认定的高新技术企业134家、国家创新型试点企业1家、省级创新型企业和创新型试点企业各12家；新认定国家级企业技术中心1个，新建省级工程技术研究开发中心5个和企业技术中心29个，新组建国家地方联合工程实验室5个，国家级重点实验室2个，广东省企业重点实验室8个。

企业技术创新体系建设的不断完善和加强，有力地推动企业的自主创新能力和产业的核心竞争力；科技创新成果突出，全年新认定自主创新产品243种，"宽带移动通信容量逼近传输技术及产业化应用"技术项目获国家技术发明一等奖，"高性能移动分组核心网智能化技术创新及应用"等3项技术获得国家科学技术进步奖二等奖，"高性能LTE无线接入通信系统"获工业和信息化部2011年（第十一届）信息产业重大技术发明奖。另获广东省科学技术进步奖32项。TCL数字信息工程技术研究开发中心等8个工程技术研究开发中心被评为2011年广东省优秀工程技术研究开发中心。

【知识产权保护国内领先】 2011年度，广东省电子信息制造业，发明专利授权量继续领先国内，中兴、华为、鸿富锦居的发明专利授权量包揽了2011年度全国企业前三位，其中，中兴通讯股份有限公司凭借3 178件国内发明专利授权量和超过5 000件国内专利申请量均占国内企业榜首；广电运通被认定为"2011年广东省知识产权优势企业"，在国内ATM行业中专利总数量排名第一，全球ATM供应商国内专利申请排名第二。专利申请及授权量表明我省企业在电子信息领域已具有一定的技术优势。

【自主品牌建设进一步发展】 全年新认定国家驰名商标4件，广东省著名商标31件，广东省名牌产品56种。

（广东省电子行业协会 陈国英）

港口行业

【港口生产】 2011年全省港口完成货物吞吐量13.37亿吨，同比增长9.32%，居全国第二。其中外贸货物吞吐量4.54亿吨，同比增长7.08%；集装箱吞吐量4 614万TEU，同比增长5.83%，居全国第一。港口生产总体上保持平稳增长趋势。

港口生产运行主要特点：（一）货物吞吐量保持稳定增长，但增幅放缓。2011年全省港口完成货物吞吐量13.37亿吨，同比增长9.32%，港口货物吞吐量保持稳定增长，但增幅较2010年回落近10个百分点（2010年增幅为18.97%），低于全国沿海港口约13%的平均增长水平，增幅有所放缓。主要原因是广东省外向型经济受全球经济低迷影响较大，集装箱外贸出口大幅减少，同时国家宏观调控趋紧、2010年吞吐量基数较高等也是导致增幅下滑的原因。从内外贸来看，全年完成外贸货物吞吐量4.54亿吨，同比增长7.08%；内贸货物8.83亿吨，同比增长10.65%。从沿海内河划分，沿海港口完成11.45亿吨，同比增长8.74%；内河港口完成1.92亿吨，同比增长12.94%。港口生产总体上保持了平稳增长趋势，内贸增幅高于外贸、内河港口增幅高于沿海港口的趋势较为明显。（二）集装箱吞吐量增幅持续放缓，外贸部分尤甚。2011年全省港口完成集装箱吞吐量4 614万TEU，同比增长5.83%，较2010年大幅回落13个百分点（2010年增幅为18.52%），其中外贸集装箱完成3 249万TEU，同比增长2.68%，增幅下滑较大，是全省集装箱完成量增幅持续放缓的主因；内贸集装箱完成1 365万TEU，同比增长14.15%，继续保持较快增长趋势。从各主要集装箱港口来看，广州港集装箱运输快速发展，完成内贸集装箱吞吐量952万TEU，同比增长12.09%。广州港积极与马士基实施战略合作，南沙港区被确定为亚太地区基本港之一，国际集装箱航线由11条增加到38条，外贸集装箱完成490万TEU，同比大幅增长16.44%。省内其它主要外贸集装箱港口在全球经济低迷的不利环境下出现负增长，深圳港外贸集装箱完成2 140万TEU，同比下降0.18%；以集装箱喂给运输为主的佛山港、中山港也受到较大影响，佛山港外贸集装箱完成234万TEU，同比下降4.65%；中山港外贸集装箱完成112万TEU，同比下降2.61%。（三）重点货类吞吐量大幅增长。2011年全省港口完成货物吞吐量13.37亿吨，煤、油、矿、箱、粮食等重点货类仍占较大比重，共完成9.8亿吨，占全省货物吞吐量的73%。其中，煤炭、原油吞吐量增长较快，金属矿石吞吐量增幅略有下降，成品油吞吐量持续减少。

【港口建设】 2011年全省港口建设完成46.74亿元，同比减少1.59%，港口建设投资约占全省交通基础设施建设总投资的6.22%。沿海港口新增生产性码头泊位32个，其中万吨级以上泊位15个，新增货物通过能力3 984万吨，集装箱通过能力10万TEU。至2011年底，全省共拥有生产性泊位2 946个，其中沿海1 806个，内河1 140个；沿海万吨级以上深水泊位为259个，居全国第二；内河1 000吨级以上深水泊位为290个。全省港口年综合通过能力达到12.36亿吨，集装箱年通过能力达到4 692万TEU，其中沿海港口年综合通过能力达到10.48亿吨，集装箱年能过能力达到4 020万TEU；内河港口年综合通过能力达到1.88亿吨，集装箱年通过能力达到672万TEU。

（广东省港口协会）

机械行业

【简述】 2011年，广东机械工业规模以上（统计新口径，年销售收入2 000万元以上）企业6 107家，主要分布在广州、深圳、东莞、中山、江门、肇庆等珠三角地区，从业人员225.12万人。工业总产值完成15 752.54亿元，比上年增长17.4%；出口交货值完成3 918.43亿元，增长16.4%；流动资产6 833.01亿元，增长14.2%；资产总计10 113.66亿元，增长17.0%。

【生产发展情况】 2011年广东省机械工业完成工业总产值15 752.54亿元，增长17.4%，比上年回落10.64个百分点。完成销售产值15 321.10，增长16.9%，回落12.86个百分点。在全国统计的30个省市中，广东省总量仍居全国第三，增速居第24位。产品销售率97.3%，回落0.39个百分点。从分行业看，交通运输设备制造业、电气机械及器材制造业增速低于平均水平，通用设备制造业、专用设备制造业、仪器仪表及文化办公用品机械等五大类保持了较高的增速。

【经济效益】 全年全行业完成主营业务收入15 036.04亿元，增长17.5%。实现利润总额890.85亿元，减少3.1%。随着原材料、人力成本等各种要素成本上涨，行业利润空间进一步压缩。全行业主营业务收入利润率仅为5.7%，比上年下降1.21个百分点，且低于全国6.96%的平均水平。1—11月，规模以上企业亏损面达15.54%，比上年扩大2.66个百分点，高于全国10.7%的平均水平。

【产品产量】 2011年，82种列入

表1 2011年1—12月广东机械工业产销完成情况

项目	工业总产值（现价）		工业销售产值	
	本年累计（亿元）	增减 %	本年累计（亿元）	增减 %
广东省机械工业合计	15 752.54	17.37	15 321.10	16.91
非金属矿物制品业	210.08	49.16	200.21	43.85
金属制品业	1 342.14	31.16	1 320.60	31.66
通用设备制造业	2 268.46	24.08	2 194.76	22.79
专用设备制造业	1 153.80	23.90	1 106.07	23.22
交通运输设备制造业	4 860.94	9.29	4 785.07	9.69
电气机械及器材制造业	4 341.53	16.95	4 185.25	16.45
仪器仪表及文化、办公用机械	1 575.58	17.79	1 529.14	15.67

表2 2011年12月广东机械工业出口交货值完成情况

单位：亿元

项目	本年累计	上年同期	同比增减（%）	本月完成	上月完成	环比增减（%）
广东省机械工业合计	3 918.43	3 367.14	16.37	345.20	328.23	5.17
非金属矿物制品业	89.29	47.15	89.36	8.54	8.02	6.40
金属制品业	341.78	261.51	30.70	28.37	36.70	-22.70
通用设备制造业	434.65	396.90	9.51	44.62	26.76	66.74
专用设备制造业	166.85	148.55	12.32	17.85	12.74	40.04
交通运输设备制造业	423.61	374.83	13.02	42.78	40.48	5.66
电气机械及器材制造业	1 318.01	1 164.31	13.20	117.10	107.41	9.03
仪器仪表及文化、办公用机械	1 144.24	973.90	17.49	85.94	96.10	-10.57

统计的主要产品中产量增长的45种。有16种产品产量增速超过30%。其中：汽车整车全年完成166.97万辆，增长6.9%，高于全国2.97%的增速。主要是运动型多用途乘用车（SUV）高速增长。电气机械主要产品产量完成好坏参半。风力发电机组、电力变压器等受新能源产业拉动，产量大幅提高。交流电动机、电力电容器、高压开关

表3　2011年1—12月机械工业各省市进出口总值前20名

名次	省市名称	进出口（万美元）		进口（万美元）		出口（万美元）	
		本月止累计	同比增减（%）	本月止累计	同比增减（%）	本月止累计	同比增减（%）
1	广东省	13 887 176	14.35	5 654 670	12.24	8 232 507	15.85
2	江苏省	9 766 956	24.27	4 471 146	22.22	5 295 810	26.06
3	上海市	8 943 794	27.72	5 361 160	29.31	3 582 635	25.40
4	北京市	6 565 474	23.05	5 175 920	22.46	1 389 553	25.33
5	浙江省	5 428 077	25.23	1 008 092	19.48	4 419 984	26.62
6	山东省	3 628 533	19.58	1 332 429	6.14	2 296 104	29.07
7	天津市	2 482 527	23.33	1 590 666	28.65	891 861	14.86
8	辽宁省	1 990 910	23.77	1 071 241	24.28	919 669	23.19
9	福建省	1 716 853	26.15	653 504	18.20	1 063 349	31.59
10	吉林省	1 351 755	38.17	1 251 322	37.64	100 433	45.18
11	重庆省	867 052	42.96	321 260	42.22	545 793	43.39
12	安徽省	839 558	32.20	328 693	4.81	510 865	58.91
13	四川省	803 687	26.81	454 421	37.60	349 266	15.08
14	河北省	743 710	22.71	243 787	1.50	499 923	36.63
15	湖北省	707 129	13.20	419 158	3.64	287 971	30.77
16	河南省	509 430	64.69	254 029	99.12	255 401	40.52
17	湖南省	495 126	27.52	316 274	27.64	178 852	27.30
18	陕西省	395 339	27.32	224 663	22.74	170 676	33.89
19	江西省	354 166	42.18	137 593	19.71	216 573	61.44
20	黑龙江省	341 790	7.35	87 842	-12.30	253 947	16.37

表4　2011年1—11月广东机械工业规模以上企业亏损情况

	企业数（个）	亏损企业（个）	亏面（%）	亏损额（亿元）	同比增长(%)
广东省机械工业合计	6 107	949	15.54	39.24	84.57
其中：非金属矿物制品业	125	12	9.60	0.45	180.80
金属制品业	684	94	13.74	1.56	-26.73
通用设备制造业	1 264	138	10.92	4.88	111.58
专用设备制造	923	143	15.49	4.56	69.64
交通运输设备制造业	715	102	14.27	9.69	148.49
电气机械及器材制造业	1 951	355	18.20	14.30	71.32
仪器仪表及文化、办公用机械制造	445	105	23.60	3.80	23.60

板、铅酸蓄电池等由于市场竞争激烈，产量有所减少。以加工贸易为主的文化办公器材产量下滑明显。电工仪器仪表、分析仪器及装置等保持较快增长势头。

【发展高端装备制造业】 2011年，广东省经信委抓好装备制造业50家骨干企业和100家重点培育企业发展。推动南车和北车集团进驻广东，建立四大轨道交通装备制造基地。江门市以省市共建方式打造国家级轨道交通装备制造核心园区，17家企业签订进驻配套基地意向书。优化汽车产业结构，推进一汽大众南方生产基地（佛山）和北汽集团增城生产基地项目建设，大力发展汽车零部件产业。加快建设广州（大岗）重大装备制造基地、中船集团龙穴基地及中山明阳风电产业基地。推动中海油、三一重工、中船集团等海洋工程装备产业巨头在广东布局。广州JFE\180万吨冷轧钢板、广汽本田汽车增城二期、河源汉能薄膜太阳能光伏等一批重大项目建成试产投产。广州汽车工业集团、广东中山明阳风电产业集团、广州数控设备有限公司3家企业被中国机械工业联合会评为“装备中国功勋企业“称号；广州汽车工业集团董事长张房有被评为“装备中国功勋企业家”称号。

【科技成果及新产品】 2011年，广州机械科学研究院、广州宝力特液压密封有限公司，“高性能密封件关键技术研究”项目获中国机械工业科学技术一等奖，该课题实施期内形成13项专利成果，水平达到国内领先，部分填补国内空白；广州市科利亚农业机械有限公司的4GZ-56型切段式甘蔗联合收割机、德科摩橡塑科技（东莞）有限公司的1200T大型橡胶机、怀集登云汽配股份有限公司的氮化镀铬复合表面处理发动机气门集成技术创新新产品的推广应用项目获二等奖；广东伊之密精密机械有限公司和浙江大学合作的基于嵌入式系统的实时控制压铸机的研发和产业化、广州科利亚农业机械有限公司的4LB2系列半喂入联合收割机、广州博创机械有限公司的BU系列新型锁模结构大型板式注塑成型机、佛山水泵厂有限公司的KHP系列卧式中开高级泵、广东巨轮模具股份有限公司的巨型工程车子午线轮胎系列活络模具等获三等奖。全年组织了66家企业212项目产品通过新产品新技术鉴定（其中机械类15项，电工类197项），有11项属于国内首创、填补国内空白、或具有国际领先、国际先进水平的产品。广东海鸿变压器有限公司S13-M•RL立体卷铁心油浸式变压器通过科技部、环保部、商务部和国家质量监督检验检疫总局的联合认定，被评为“国家重点新产品”。8月，广州机械科学研究院和广东省机械研究所联合承担的“广东省机械装备公共实验室建设”项目通过了验收。广州数控设备有限公司、广州中船黄埔造船有限公司、深圳市比亚迪汽车有限公司等11家企业获得国家认定企业技术中心资格。

【质量管理】 2011年，全国机械工业第三十次质量信得过班组、质量管理小组代表大会在北京召开，广东省获全国机械工业优秀质量管理小组的有5个，二等奖有106个，三等奖38个；获全国机械工业群众性质量管理活动杰出企业3个，获全国机械工业群众性质量管理活动模范团队3个。广东省质量协会、省总工会、共青团广东省委、省科协、省妇联于8月31日在广州召开了广东省第三十一次质量管理小组代表会议，表彰2011年度QC小组活动的先进集体和个人。其中有3个企业6个班组获“广东省南粤之星优秀质量管理小组银奖”；4个企业6个班组获“广东省优秀质量管理小组“称号。2009年10月至2011年2月，有7个单位的9种产品入选全国机械工业名、优、新机电产品目录：分别是广州增特变压器有限公司35KV以下环氧树脂浇注干式电力变压器，广州市番禺财益机械工业有限公司全自动水墨印刷开槽模切堆程机，怀集登云汽配股份有限公司气门，广州市联梯电子设备有限公司电梯应急装置，东莞市精展机械五金有限公司端铣刀研磨机、超精密工具万能修整器、透视万能砂轮修整器，中国电器科学研究院发电机励磁装置，汕头华南机械有限公司激光图案压印转移机。

2011年，广东省质量技术监督局抽检了305家生产企业生产的食品机械、包装机械、热熔断体、固定式电气装置开关、摩托车等5种机械类产品共329批次，检验合格273批次，不合格56批次，产品抽样批次合格率82.48；抽查广州、深圳、佛山、江门、中山、东莞、惠州、河源、清远和肇庆共10个地市49家企业生产的铅酸蓄电池产品共50批次，合格38批次，产品抽样批次合格率为76.0%。

【产业园区】 至2011年底，广东省重要的机械工业产业园区有广州花都汽车产业基地、东莞（韶关）产业转移工业园、肇庆高新区、梅州高新技术产业园。1—11月，广州花都汽车产业基地实现工业总产值1 099.91亿元，增长15.5%，占园区工业总产值72.1%；实现税收89.6亿元。区内东风日产2011年整车产销量分别为81.41万辆和80.86万辆，分别增长20.82%和22.33%，截至2011年首季度，广州花都汽车产业基地落户及建设中企业160多家。具有日资成分的零部件企业共33家；投资额达500万美元以上的企业共42家；3 000万美元以上的企业共13家；“世界500强”投资的企业共13家。基地拥有国际化跨国汽车研发机构1个，国家级企业技术中心或研发机构3个，省级企业技术中心10个。基地带动当地及周边地区汽车零部件及相关企业1 000多家，形成规模较大、产业结构相对完整和产业成长速度较快的产业集群。

（广东省机械行业协会）

造纸行业

【简述】 2011年，广东省造纸工业机制纸及纸板产量为1 495.8万吨，比上年增长0.2%；造纸及纸制品完成工业销售产值1724.4亿元，比上年增长14.3%；完成工业增加值397.1亿元，比上年增长9%。2011年全省造纸及纸制品业规模以上企业完成利润总额52.45亿元，比上年减少16.48%，税金总额35.86亿元，同比增长9.97%；应交增值税30.48亿元，同比增长4.1%。2011年，全省造纸及纸制品业规模以上企业约1178家，其中，亏损139家，同比增长14.88%；亏损企业亏损额达7.47亿元，同比增长1.77%，造纸及纸制品业全部从业人员平均人数达25.62万人。

【主要产品产量】 2011年，广东省纸及纸板产能超过10万吨的造纸企业42家，其中100万吨以上的企业有2家（玖龙、理文），30万吨以上100万吨以下的企业有16家（广纸、建晖、金洲、中山联合鸿兴、大步、佛山诚通、珠海红塔仁恒、中发、双洲、森叶、银洲、万利达、永耀、金田、丰达、东莞振兴），10万吨以上30万吨以下企业有24家。

广东省以生产包装纸和生活用纸为主，2010年到2011年以来高明宏源、亚太纸业、湛江晨鸣等文化纸机的投产，将可改变广东省文化用纸原纸靠大量从省外和国外购进的局面。2011年广东省主要产品产量分别为：新闻纸56.5万吨，同比减少5.84%，印刷书写纸25.4万吨，同比增长51.2%，涂布纸（包括白卡和铜版纸）56.9万吨，同比增长30.8%，其中铜版纸1.7万吨，同比减少43.3%，生活用纸75万吨，同比增长2.7%，白板纸199.3万吨，同比减少11.4%，箱纸板541.3万吨，同比增长7.4万吨，瓦楞原纸403.4万吨，同比增长4.8%，特种纸和纸板（无碳复写纸、装饰纸、水印纸、邮票纸等）41万吨，同比增长7.9%，其他22万吨，同比34.2%，商品浆19.3万吨，同比减少4.9%。

【节能减排】 2011年省经信委公布了2010年我省监管重点耗能企业节能考核结果，造纸行业有8家企业纳入考核，分别是广州威达高实业有限公司、佛山诚通纸业有限公司、广东理文造纸有限公司、东莞建晖纸业有限公司、东莞海龙纸业有限公司、中山联合鸿兴造纸有限公司（含中山联兴造纸有限公司）、江门甘蔗化工厂（集团）股份有限公司和广州造纸股份有限公司，全部完成考核指标。其中，广州威达高实业有限公司超额完成考核指标，广州造纸股份有限公司由于环保搬迁停产未进行考核。

【行业荣誉】 广东省造纸行业注重品牌和企业文化建设，为不断提升企业和产品的竞争力，企业积极申报各类表彰评比，并在2011年取得了可喜的成绩。

东莞市白天鹅纸业有限公司“贝柔”商标的纸巾、卫生纸、纸制和纤维制婴儿尿裤（一次性）被评为中国驰名商标。

佛山市高明宏源纸厂有限公司的“丽确”牌复印纸、金鑫（清远）纸业有限公司的“金丝雀”牌复印纸、东莞玖龙纸业有限公司的“玖龙”牌瓦楞纸、东莞市大步纸业有限公司的“大步”牌瓦楞纸、广东冠豪高新技术股份有限公司的“冠豪”牌无碳复写纸、中顺洁柔纸业股份有限公司的“洁柔”牌纸巾纸、维达纸业（广东）有限公司的“维达”牌纸巾纸、中山市宝丽纸业有限公司的“宝丽”牌纸巾纸、东莞市华兴纸业实业有限公司的“花心”牌纸巾纸、东莞市白天鹅纸业有限公司的“贝柔”牌纸巾纸、汕头市金平区飘合纸业有限公司的“波斯猫”牌纸巾纸、广东东南薄膜科技股份有限公司的“"dongnan”牌镭射全息转移防伪纸12个产品被评为广东省名牌产品。

2011年，17个造纸及相关企业的商标被评为广东省著名商标，其中，新认定的商标有6个，延续认定的商标有11个。

2011年，共有8家企业获得“广东省清洁生产企业”称号，分别为佛山诚通纸业有限公司、广东理文造纸有限公司、中山永发纸业有限公司、中山联合鸿兴造纸有限公司（中山联兴造纸有限公司）、珠海华丰纸业有限公司、江门市新会区宝达造纸实业有限公司、江门仁科绿洲纸业有限公司、韶关南雄珠玑纸业有限公司。

经广东省经济和信息化委员会评审通过，珠海经济特区红塔仁恒纸业有限公司、东莞理文造纸厂有限公司、中顺洁柔纸业股份有限公司、广东冠豪高新技术股份有限公司4家企业获得“广东省优势传统产业转型升级龙头企业”称号，广东天章信息纸品有限公司、汕头市金平区飘合纸业有限公司、韶关南雄珠玑纸业有限公司、中山永发纸业有限公司、广东鼎丰纸业有限公司、江门中顺纸业有限公司、安兴纸业（深圳）有限公司7家企业被评为“广东省优势传统产业转型升级示范企业”。

经广东省经济和信息化委员会评审，维达纸业（广东）有限公司的“维达ORACLE ERP项目”被认定为工业生产数字化改造示范工程，中山联合鸿兴造纸有限公司的“建立动力车间DCS控制系统”项目和维达纸业（江门）有限公司的“生活用纸备浆系统”项目被认定为节能减排信息技术应用示范工程，江门市新会区宝达造纸实业公司的“新装两套分散剂自动冲泡加药设备”项目和肇庆市中盛纸业有限公司的“造纸生产自动化控制及信息化管理”项目被评为清洁生产信息技术应用示范工程。维达纸业（江门）有限公司被评为清洁生产信息技术应用标杆示范企业。珠海经济特区红塔仁恒纸业有限公司获得广东省企业家联合会组织的广东省创新纪录金奖、珠海经济特区红塔仁恒纸业有限公司总经理黄欣获得创新杰出企业家称号。

维达纸业（广东）有限公司被广东省人力资源和社会保障厅评为2011年广东省模范劳动关系和谐企业。

【行业规划】 2011年是“十二·五”规划的开局之年，政府有关部门颁布了造纸行业的有关“十二·五”规划。广东省造纸行业协会起草的《广东省造纸工业“十二五”规划研究（初稿）》，经过省经信委消费品工业处论证和修订，编制成《广东省造纸工业“十二五”发展指导意见》，并印发给各地市经信部门贯彻落实。《意见》规定了到2015年，预计我省纸及纸板产量年均增长率10%，达到2 300万吨，造纸及纸制品业销售产值年均增长率13%，带动物流、林业、包装、印刷、机械、化工等上下游产业，产业链延伸产值共可达4 900亿元。

到2015年，全省造纸行业纸及纸板企业综合能耗下降到400kgce/t，达到国内先进水平。我省造纸行业年产100万吨以上企业可达4个，30万吨以上100万吨以下的企业可达15个，10万吨以上30万吨以下的企业达到30个，年产2万吨以上的生活用纸企业达到9个，造纸企业或企业的直接母公司上市数达到10个。此外，全省造纸行业要有7个省级企业技术中心，2个国家级技术中心，30个广东省著名商标，30个广东省名牌产品，3个中国名牌或中国驰名商标。

节能减排是“十二五”期间的工作重点，《广东省“十二五”节能规划》规定了“十二五”期间的节能目标：到2015年，全省单位GDP能耗在2010年基础上下降18%，比2005年下降31.46%。即到2015年，单位GDP能耗为0.544吨标准煤/万元，机制纸和纸板综合能耗从2005年的424千克标准煤/吨，到2015年下降至400千克标准煤/吨，节能任务非常艰巨。

造纸行业作为工业节能重点领域，要重点发展中高档文化用纸、高档生活用纸、低定量高强度包装用纸，开发高技术含量、高附加值的特种纸。能耗指标执行《广东省制浆造纸行业主要产品能耗限额》(DB44/515)(国家标准出台后执行较严标准)。要大力淘汰落后制浆造纸产能。“十二五”期间淘汰年产3.4万吨以下化学制浆生产线，淘汰以废纸为原料、年产1万吨以下的造纸生产线。

（广东省造纸行业协会）

玩具行业

【简述】　中国是世界最大的玩具生产和出口国，生产世界70%以上的玩具，而广东则是中国最大的玩具生产和出口基地，生产中国70%以上的玩具产品。2011年，广东玩具出口149.83亿美元，约为全国玩具出口金额的70%。

【产业发展与行业现状】　广东玩具制造业的格局由改革开放后大量外资玩具企业、特别是香港玩具厂争相涌入珠三角，带动地方民营企业发展而形成规模。经过多年发展，广东目前约有玩具生产企业近5 000家，行业从业人员130多万，形成了珠三角的深圳、东莞、佛山、广州、中山、珠海和韩三角的汕头、揭阳这八大玩具制造集群。其中深圳、东莞港台外资企业较多，汕头则以中小型民营企业居多。据有关部门统计，广东年产值10亿元以上的大型玩具企业有10家，年产值1亿元以上的50多家。由于历史上广东玩具制造业的兴起由外资加工贸易企业涌入带动而成，从而令广东玩具出口加工贸易一直以来比例较大，2011年广东口岸以加工贸易方式出口玩具45.3亿美元，增长1.4%，占同期广东口岸玩具出口总值的58.6%。不过随着地方民营企业的不断壮大崛起，越来越多企业通过技术创新、产品创新、打造自主品牌等方式提高企业核心竞争力，行业整体慢慢开始转型升级。目前在国内上市的玩具公司已经有5家，全部是广东玩具生产企业。企业品牌意识也不断加强，截至2011年，广东玩具企业获得国家驰名商标的企业有4家，获得广东省著名商标的企业10多家。

【技术水平与产品】　大量的外资玩具企业涌入广东，不仅带来先进的玩具生产技术，也带来了先进的生产管理水平，而地方民营企业的崛起更是大大完善了产业链。广东不少地方如东莞、汕头等地，完善的产业链和配套令玩具企业可以达到生产资料零库存，这大大节约了企业的生产成本。目前广东玩具生产制造水平之先进和配套设施之完善，世界任何国家和地区无法比拟。

生产设备制造工艺技术方面　经过30多年的发展，广东玩具生产技术已处于世界领先地位，一些先进的数控机床如CNC数码加工中心、抄数机、激光快速成型机、雕刻机已被大中型企业广泛应用；生产所需的注塑机、碎料机、烘干机、移印机、喷漆设备、检测仪器、生产流水线等机械设施齐全。特别是广东玩具制造上中下游产业链完整，产业配套设施完善，玩具原材料、五金配件、模具、机械设备、检测服务等一应俱全，均能满足生产的需要。目前大部分的玩具企业都通过了ISO体系认证，截至2010年，仅是获得出口许可证的玩具生产企业便有2 000多家。

产品种类方面　由于广东玩具制造囊括了世界最先进的生产设备和技术，所以广东玩具产品大多以技术含量高的产品为主，如电子电动玩具、塑胶玩具、娃娃玩具、圣诞用品、游戏机、童车等等，基本上欧美国家技术含量高的玩具订单都在广东生产。而品牌公司如“奥飞”“星辉”等的产品更是进入一直被国外品牌玩具占领的高端市场。

【销售渠道和行业媒体】　广东发达的玩具制造业催生了兴旺的玩具销售市场，“广州国际玩具展览会”就是伴随广东玩具产业发展而成为国内最具规模的玩具专业展，广州一德路商圈则是国内有名的玩具批发零售集散地，按海关统计，2011年广东玩具出口到世界214个国家和地区。

广州国际玩具展览会　广州国际玩具展览会是国内历史最悠久、规模最大的玩具专业展，自1989年举行首届展览会以来已连续举行了24届，2011年4月8日至10日在广州保利世贸博览馆举办的“第23届广州国际玩具及模型展览会”，展览面积4万多平方米，参展企业达到812家，到会专业买家为30 850人，参展企业与到会买家持续数年以30%以上的速度增长。“广州国际玩具展览会”已经成为中国玩具尤其是广东玩具产品最具规模的展示和销售平台。

一德路玩具销售商圈　广州市一德路是广东玩具重要的批发零售集散地，一德路玩具商圈由玩具生产企业和销售商经过长期聚集经营自发形成，目前商圈内较为有名的玩具专业市场有

“德宝广场”、“国际玩具城”、“中港城”、“万菱广场”等，在这里经营的玩具企业和经营商户有近千家，是广东玩具辐射全国和出口国外的重要窗口。

玩具专业媒体 与此同时，广东兴旺的玩具市场还催生了国内最有影响力的专业玩具媒体——《中外玩具制造》和电子交流平台“中外玩具网”。《中外玩具制造》是经国家新闻出版总署和国家科技部批准出版的中国玩具业主流媒体，由广东省经济和信息化委员会主管，广东省玩具协会主办。该刊物2003正式公开发行，经过8年精心培育，发行量和影响力在国内玩具行业均排名第一，是业界公认国内最具影响力的玩具专业媒体。“中外玩具网”是经国家电信部门批准获得国家ICP经营证的专业网站，以行业资讯丰富行业信息及时闻名业界，是国内玩具业流量最大的专业网站。

【从广东制造向广东创造转型升级】

玩具产业是朝阳行业，只要有人类存在就有玩具消费需求，但玩具也是传统劳动密集型产业，近年由于世界经济危机和欧洲债务危机蔓延，以及招工难、生产成本快速上升等困难叠加影响，广东玩具行业也遇到了如何发展的问题。而对于加工贸易出口偏大的广东玩具行业来说，如何从“广东制造”向“广东创造”发展？尤其是一个迫切解决的问题。《广东玩具产业“十二五”发展思路与举措》是广东省经信委委托广东省玩具协会编制撰写的行业发展计划，明确提出了广东玩具制造业未来要通过自主创新加快转型升级的步伐。实际上，不少企业已通过产业延伸、产品创新等行之有效的办法，积极转型升级并取得良好成效。

自主创新自创品牌 尽管玩具行业永远是朝阳行业，但同样要面对招工难、劳动成本快速上升等困难，尤其是世界经济危机和欧洲债务危机的影响，令许多玩具企业意识到企业转型升级的重要性，纷纷从OEM向ODM、OBM转变。截止到2012年第一季度，广东玩具以“一般贸易”方式出口的比例，已经从上世纪90年代初的约10%上升到超过35%，并呈现持续增长的态势，广东玩具产生了4个驰名商标和10多个广东著名商标，企业的品牌意识大大加强。

从卖产品向卖文化转型升级 与文化创意产业互动发展，特别是与动漫业互动发展是广东玩具产业转型升级趋向，以“奥飞动漫”为代表的一批有实力的公司在这方面已经迈出了坚实的步子。由玩具公司独资或与动漫公司合作创作动漫故事片，通过将文化创意、动漫元素注入玩具产品提高产品附加值，显示广东玩具产业正从卖产品向“卖文化”积极转型升级。

（广东省玩具协会 梁汉坤）

环保产业

【简述】 战略性新兴产业是引导未来经济社会发展的重要力量，发展战略性新兴产业已经成为世界主要国家抢占新一轮经济和科技发展制高点的重大战略。《国务院关于加快培育和发展战略性新兴产业的决定》确定了七大战略性新兴产业，其中将节能环保产业作为一个首要行业纳入战略性新兴产业，并到2020年将发展成为支柱行业。2011年，国家环境保护部出台了《关于环保系统进一步推动环保产业发展的指导意见》，较系统地阐述了环保产业如何定位、环保产业不同时期的阶段性变化和需求，并提出要大力推进环境保护设备制造业、环境咨询服务业。

【广东省环保产业发展现状】 目前，广东省环保产业已初步形成了跨领域、跨行业、多种经济形式并存的综合性新兴产业，为广东省污染减排和生态环境改善作出了重要的贡献，对推动广东省经济结构转型升级、不断满足人民群众日益增长的环境需求，提供了物质基础和技术保障。据不完全统计，2011年，全省环保产业总产值已超过2 000亿元，有近2 000家企业创造了近10万个就业机会，其产值规模已经超过了纺织、造纸及皮革等传统工业。环保产业提供的污染控制产品和环境服务不仅创造了经济效益，而且产生了巨大的社会和环境效益。

从地域分布来看，广东省环保产业主要集中在珠江三角洲的几个城市，广州、深圳、佛山、东莞位居前列，而在粤东西北地区，环保产业发展相对滞后。

从技术领域分布来看，广东省在城市生活污水、垃圾处理、火电厂脱硫三大领域的部分技术和装备水平走在国内前列，在印染、电镀、线路板、养殖等行业废水治理拥有较为完善的技术体系。如广东省广业环保产业集团有限公司利用氧化沟技术处理城市生活污水、深圳市东江环保股份有限公司在固体废物处理、广东新大禹环境工程有限公司在电镀工业废水处理等方面都拥有自主知识产权的技术，使企业在国内市场竞争中处于有利地位。在环保装备制造方面，广州市新之地环保产业有限公司生产的污水处理厂刮吸泥机和佛山分析仪有限公司尾气检测设备在全国市场占有率60%以上；深圳市海川实业股份有限公司生产的废水消毒设备年产值达1亿元，占据全国废水消毒设备一半以上市场；深圳宇星科技发展有限公司生产的在线监测仪器设备在全国范围有较高的市场占有率。上述企业的装备制造在各自的细分领域均处于国内领先地位。

从产业结构分布来看，广东省环境服务业相对发达。特别是近年来环境基础项目特别是城市污水处理厂、垃圾焚烧厂的建设，极大地推动了我省环境保护服务业市场化、社会化、专业化机制形成。广东省广业环保产业集团有限公司、深圳市能源环保有限公司等一批以服务业为主导的环保企业快速发展，呈现规模化发展的趋势。

在2011年“广东省环保产业骨干企业”、“广东省环保产业优秀企业家”评选活动中，有42家企业获得骨干企业和35名企业家获得优秀企业家称号。2011年，广东省有13项技术获得国家级重点实用技术；有12项工程获得广东省环保优秀示范工程；

有19个产品获得中国环保产品认证，有18个产品获得广东省环保产品证书；有51个单位获得国家环境污染治理设施运营证书；有2家单位获得环境工程工程设计专项资质甲级证书，10个单位获得环境工程工程设计专项资质乙级证书；6家单位获得建设项目环境影响评价资质甲级证书，16家单位获得建设项目环境影响评价资质乙级证书。

【广东省环保产业发展趋势】 当前，全球能源资源紧缺已成为人类经济社会发展面临的重要挑战，面对当前国内外经济形势，在追求低碳与经济协同发展的背景下，环保产业无疑具有巨大的优势和发展前景，我国政府已把发展环保产业作为扩内需的一个重要手段。节能环保产业作为国家七大战略性新兴产业之首，政府将其作为重点的领域予以扶持。在2011年12月20日召开的第七次全国环境保护大会上，中共中央政治局常委、国务院副总理李克强在发表重要讲话时强调：加强环保可以倒逼经济转型，是转方式的重要内容，也是检验转方式成效的重要标志。提出“扩大内需是我国经济发展的基本立足点”，“要把扩大内需与发展节能环保产业结合起来。”节能环保产业也是广东省八大战略性新兴产业之一，2011年12月27日，广东省委、省政府在广州召开全省环境保护工作会议，省委书记汪洋在会上强调：培育壮大环保产业。建立环保产业与环境保护协调发展机制，通过财政、信贷、税收等政策，扶持引导环保产业健康发展。要着重提升环保产业规模经济水平，形成产业内适度集中、企业间充分竞争和协调发展的格局，实施骨干企业和企业集团发展战略，培育一批有实力、有竞争力的环保企业和企业集团，促进环保产业成为具有良好经济效益和社会效益的新兴支柱产业。

2011年11月4日，广东省经济和信息化委员会、广东省发展和改革委员会联合发布《关于印发广东省“十二五”节能环保产业发展规划（2011—2015年）的通知》（粤经信节能〔2011〕885号），在《广东省“十二五”节能环保产业发展规划》中提出，将节能环保产业培育成为我省新的支柱产业之一，为完成我省的“十二五”节能目标任务提供物质基础和技术支撑。重点实施节能环保产业高新技术示范工程和装备国产化项目，建立产学研技术创新联盟，研发一批拥有核心技术和自主知识产权的节能环保技术及产品，培育发展一批“专精特新”优势节能环保企业，建设10个省级节能环保产业园区和基地，提升全省节能环保产业整体实力，产业规模和发展水平居国内前列。“十二五”期间广东省节能环保产业产值年均增长20%以上，到2015年，年总产值达6 000亿元，其中，节能产业年产值达到1 800亿元，环保产业产值达到4 200亿元。着力培育若干家产业竞争力强的节能环保龙头骨干企业，到2015年，力争年产值超50亿元的企业达10家，超10亿元的企业50家以上。提出加快节能环保产业园区和基地建设、构建节能环保产业公共服务平台、 提升节能环保产业科技创新水平、壮大节能环保产业技术人才队伍、提高技术服务业在节能环保产业中的比重、加快培育节能环保产业龙头骨干企业、加强节能环保对外交流与合作等主要任务。并在大气污染防治、水污染防治、垃圾处理处置、环境污染监测、噪声污染控制、清洁生产、环保材料与药剂及环保服务业等领域提出环保产业重点发展方向。

2011年12月29日，广东省委、省政府发布《关于进一步加强环境保护推进生态文明建设的决定》（粤发〔2011〕26号），《决定》中提到：到2015年，培育10家以上环保上市公司，建设100家具有核心竞争力的环保骨干企业。

（广东省环境保护产业协会 李鸿涛 李苑彬）

房地产行业

【简述】 2011年度广东房地产开发投资持续高位运行，土地购置面积同比增长30.4%，但待开发土地面积同比下降13.2%，全年企业可开发用地储备量实际上在减少。施工面积大幅增长，意味着行业对资金的需求进一步加大。商品房销售市场量价均现小幅增长，但下半年同比增速明显回落；而待售面积创历史新高，库存压力巨大。在房地产调控政策基调保持不变的背景下，2012年房地产投资增速将有所回落，企业资金压力进一步凸显。从长计议，在新的产业环境下开拓融资新渠道，改变以住宅为绝对主体的投资结构，拓展投资新方向，调整企业发展战略与营销策略，创新房地产流通方式，对业界来说势在必行。

【完成开发投资】 2011年广东省完成房地产开发投资4 899.19亿元，同比增长33.9%，比全国总体水平高6个百分点；较1—11月份回落1.7个百分点，但仍保持较快的增长势头。但另一方面，在严厉的调控政策之下，商品房销售相对不畅，房地产企业的资金情况并不宽裕，投资高速增长或是因为企业迫于前期投入而追加的后续投资。

从近10年情况看，2011年商品住宅投资同比增加957.41亿元，接近2005年全年投资额，而其他年份同比均未超过500亿元；办公楼及商业营业用房投资虽然同比增速不低，但绝对数量同比分别仅增长69.19亿元和107.15亿元，实际增加投资额不多。从各类用房投资占总投资比重上看，住宅投资占71.3%，办公楼及商业营业用房投资分别占4.4%和9.3%，广东房地产以住宅为主体的投资结构仍未发生改变。

【开发资金来源】 全年房地产企业到位资金共6 889.45亿元，同比增长19.9%，较1—11月回落4个百分点，增速连续两个月回落。其中，企业国内贷款中的银行贷款同比全年均为负增长，而非银行金融机构至年底则同比增长63.4%，信贷政策的收紧使得企业的融资渠道受限、融资成本上升；自筹资金同比增速基本稳定在35%左右的较高水平，反映出企业资金情况较为紧张；其他资金来源中，定金及预收款同比由年初的66.6%降至年底的34.1%，而个人按揭贷款全年同比下降6.0%，则反映出严厉的信贷政策和限购措施已对销售产生抑制效应，不仅限制了投资型住房需求，同样也将相当一部分自住型需求拒之门外。数据反映，全年企业银行贷款和个人按揭贷款两项涉及银行的指标都呈现负增长。

从资金来源与完成投资情况看，在正常年份下，到位资金同比增速应略高于完成投资增速，而当前者增速越低于后者，反映出企业的资金越紧张，反之则越充裕。依此判断，2011年到位资金同比增速比完成投资增速低14个百分点，较2010年提高7.4个百分点，说明资金情况较为紧张。若将到位资金与完成投资的比值定义为资金充裕度，则2011年的资金充裕度为141%，明显低于2006、2007、2009、2010年等市场火爆的年份，但仍高于2008年及2005年之前水平。考虑到2009年及之后年份企业借贷款项有相当部分将于2012年到期，还贷压力可能较大，企业资金状况仍存隐忧。

【土地购置】 截至2011年期末，广东省房地产待开发土地面积3 500.88万平方米，比2010年期末下降13.2%。从购置情况看，上半年购置面积同比增速震荡上行，下半年开始急速回落后趋于平稳，全年购置面积2 289.69万平方米，同比增长30.4%；土地成交价款479.40亿元，同比增长28.3%。从2004年以来各年购置土地情况看，购置面积同比仅2007年和2011年实现增长，其他年份均为下降；成交价款同比增速走势大致与购置面积相反；土地成交均价则震荡上走。近年土地出让价格大幅上涨，大幅提高商品房重置成本，为了促进房价合理回调，地方政府除了增加土地供应外，也应该主动降低起拍价格。

【商品房建设】 2011年，广东商品房屋施工面积稳定增长，增幅自年初开始均维持在20%以上；新开工面积同比增速在前10个月基本保持在15%左右，至年底有所提升；竣工面积同比增速在年底的提升更为明显，一举扭转了一季度以来房屋竣工面积持续负增长的局面。全年看，全省商品房屋施工面积36 311.94万平方米，同比增长24.3%；其中新开工面积11 968.66万平方米，增长21.0%。竣工面积5 800.52万平方米，增长10.8%。

从近10年开发建设情况看，2011年商品房施工面积同比增幅首度超过20%，新增施工面积超过7 000万平方米，比全年竣工面积还多约1 300万平方米；其中新开工面积同比继上一年58%的高速增长后，仍保持21%的增速。在建工程的持续增加，意味着企业必须不断追加投入，资金状况值得关注。

【商品房交易】 2011年，广东省商品房批准预售面积8 201.00万平方米，同比增长23.3%；销售面积7 761.34万平方米，同比增长6.0%，销售率（销售面积/批准预售面积）为94.6%；销售额6 175.63亿元，增长12.8%；销售均价7 957元/平方米，增长6.4%；全年商品房销售市场总体上表现出“销量增幅持续回落，销售均价稳中有降”的运行态势。其中，商品住宅销售面积7 003.72万平方米，同比增长6.9%；销售金额5 331.46亿元，增长16.1%；销售均价7612元/平方米，增长8.6%。

从商品房待售面积看，截至12月期末，全省待售面积为2 639.78万平方米，同比增长32.8%，去库存压力骤然加大。

从近10年待售面积变化情况分析，2011年总待售面积及住宅待售面积均创下新高，住宅面积同比增速甚至高于总体增速6.3个百分点，库存压力巨大。从商品房待售年限看，待售1年以内921.13万平方米，占总待售面积34.89%，明显高于前5年水平，说明市场新推产品销售欠佳；待售1—3年1 387.29万平方米，占52.55%，较前两年有所回落；待售3年以上331.36万平方米，占12.55%，占比为历年来最低。从商品房待售用途看，商品住宅待售面积1572.44万平方米，占总待售面积59.6%；办公楼89.80万平方米，占3.4%；商业营业用房536.34万平方米，占20.3%；其他441.20万平方米，占16.7%。

（广东省房地产行业协会）

拍卖行业

【简述】 2011年，是“十二五”规划的开局之年，也是广东拍卖行业面临生存、发展严重挑战的一年。在国家房地产宏观调控、司法委托拍卖政策调整、拍卖市场环境困难增加等不利因素影响下，全省拍卖企业的经营业绩出现较大幅度的滑坡。2011年，全省共举办拍卖会8 267场，同比减少318场；拍卖成交总额442亿元，同比下降36%。多年来，广东省拍卖业拍卖成交额在全国均稳居首位，但2011年度在全国所占的拍卖业务份额，从过去的12%下滑到6%，排名跌到第4位。自2008年国际金融危机后，广东省拍卖业又一次跌入低谷。

虽然行业经营环境不容乐观，但行业队伍整体保持稳定。本年度全省拍卖企业558家（含36家分公司），其中新设立企业13家；拍卖企业员工总数6 402人，其中注册拍卖师1 623人，同比略有增加。

【房地产拍卖业务持续下滑】 广东省拍卖业务以房地产（含土地使用权）为主，其业务量占拍卖业务总量的70%左右。房地产拍卖业务持续下滑，成为2011年度全行业经营业绩大幅减少的主要原因。随着国家对房地产市场采取限购、限贷政策，房地产价格逐渐下调、交易量明显缩小，导致房地产和土地使用权拍卖业务锐减，全年成交额只有270亿元，同比减少293亿元，降幅达52%。

【市场化、专业化程度较高的拍卖业务呈上升趋势】 与房地产拍卖相反，市场化、专业化程度较高的拍卖业务呈上升趋势。2011年，文物艺术品拍卖成交额达到21亿元，同比增长244%；股权（债权）拍卖成交额为86亿元，同比增长155%；农副产品拍卖成交额达到6亿元，同比增长近35倍。虽然以上种类的拍卖业务在成交总额中所占份额不大，但都有较大的增幅，表明了经过多年的努力，全省拍卖行业市场化、专业化已取得可喜的进展。尤其是农产品拍卖成交额增长近35倍，仅东莞市一年就召开了10场储备粮拍卖会，这是前所未有的。深圳产权拍卖有限责任公司拍卖的“深圳市建设（集团）有限公司71%的股权”以16.6亿元成交，成为2011年度全省拍卖市场成交额最高的拍卖标的物。

广东文物艺术品拍卖市场一向滞后，但随着传统收藏市场向投资市场转变，上升势头较猛，参与艺术品拍卖的企业越来越多，成交率越来越高，成交金额也越来越大。至2011年底，全省参与文物艺术品拍卖的企业达37家，其中广州华艺国际拍卖有限公司、广东省拍卖行有限公司和广州市皇玛拍卖有限公司春秋两季拍卖成交率均达八成以上。中国书画，特别是岭南书画板块成为主打，开始显现广东地区文物艺术品拍卖的特色。广州华艺国际拍卖有限公司冬季拍卖成交逾6亿元，过千万元成交的拍品就有7件，其中《秋山双瀑图》以3 220万元成交，成为2011年度全省文物艺术品拍卖市场上单件成交价格最高的拍品。

表1 2010、2011年度全省拍卖行业经营情况对比（一）

单位：亿元

标的物种类	2011年度	2010年度	增长率
房地产（含土地使用权）	270.2	563.6	-52.1%
机动车	2.2	2.3	-4.3%
农副产品	6	0.17	3 458.8%
债权股权	86.4	33.9	154.9%
文化艺术品	21.3	6.2	243.5%
无形资产	14.1	30.1	-53.2%
其他	41.1	50.8	-19.1%
合计	441.5	687.2	-35.8%

表2 2010、2011年度全省拍卖行业经营情况对比（二）

单位：亿元

标的物来源	2011年度	2010年度	增长率
法院委托	182.4	160.3	13.8%
政府部门委托（包括土地、海关、公安、工商、税务、检察等）	74.9	353.8	-78.8%
金融资产机构委托（包括银行、资产管理公司等）	36.4	42.7	-14.8%
破产清算组委托	6.6	12.4	-46.8%
其他机构委托	104.6	98	6.7%
个人委托	36.5	20	82.5%
合计	441.5	687.2	-35.8%

【拍卖资源仍以法院、政府部门和金融机构委托为主】 2011年，广东省拍卖资源仍然以法院委托、政府部门和金融机构（含国有资产管理公司）委托为主，三者占委托拍资源的68%，社会机构和个人委托占32%。尽管近年来以个人委托为主的文物艺术品拍卖呈上升趋势，但在业务总量中所占比例仍很小，仅占5%，不足以整体改变以法院委托、政府部门和金融机构（含国有资产管理公司）委托为主的经营结构。拍卖资源单一，社会化、市场化程度不高，企业综合竞争力和业务开拓能力不足，已严重影响广东拍卖企业的生存和持续发展。

【拍卖业集中】 目前广东省拍卖业主要集中在珠三角地区，粤东、粤西、粤北地区相对薄弱。2011年，珠三角地区的广州、深圳、珠海、佛山、东莞、中山、惠州、江门等市有拍卖企业418家，拍卖成交额近380亿元，占全省拍卖总额的86%；而粤东地区有拍卖企业45家，拍卖成交额18亿元，占全省总额的4%；粤西地区有拍卖企业50家，拍卖成交额10亿元，占全省总额的2%；粤北地区有拍卖企业45家，拍卖成交额34亿元，占全省总额的8%。

【加强行业诚信建设，完善拍卖业务规范】 2011年是广东省经济转型、改革创新之年，拍卖行业为营造广东省公平、和谐、可持续发展的拍卖市场环境，进行了不懈努力。全省拍卖企业把加强行业自律、诚信建设作为首要任务，全省共有175家拍卖企业经相关部门审核推荐参加了“守合同重信用公示活动”。东莞、佛山、江门等地，积极探索在司法委托拍卖中借助集中拍卖平台和网络交易平台的新道路，使司法委托拍卖活动信息更加公开，监管更为有效，成交价格实现最大化。省拍卖业协会在全省各地组织了主题为“让拍卖走进社会生活”的拍卖咨询服务周系列活动，扩大宣传了行业影响力；协会还发布了《2006—2010年广东地区文物艺术品拍卖市场分析报告及十二五时期的发展目标与对策》，以推动广东省文物艺术品拍卖市场的繁荣、发展；协同省工商局成功开发了“广东省拍卖活动网上备案公示系统”并正式上线运行，有效提高拍卖业务工商报备的效率；与省国土厅联合举办土地拍卖业务培训班，规范企业土地使用权拍卖的行为；首次举行了粤港澳三地拍卖师联谊活动，拓宽了拍卖业务的视野。

2011年，在中国拍卖行业协会举办的第三届“中拍杯”大赛中，深圳市不动产拍卖有限公司拍卖师容国雄荣获“金槌奖”；广东省拍卖业协会荣获全国拍卖师大赛优秀组织奖和全国拍卖咨询服务周优秀组织奖。

（广东省拍卖业协会）

酒类行业

【简述】 2011年，广东酒类生产企业通过特色生产基地的建设，加强管理，形成生产规模，不断提高产品档次，打造高端品牌，酒品质量不断提高，企业发展势头十分良好。据统计，2011年全省地产酒产量约达454万千升。其中，白酒30万千升，啤酒418万千升，其它酒6万千升。

【白酒产销，高奏凯歌】 2011年，是广东地产白酒高奏凯歌之年。首先是1月份，佛山市被授牌为“中国豉香型白酒产业基地”，随即佛山白酒产业振兴工程十大项目也正式启动。十大项目建成后，佛山市白酒产能规模预计将超过20万吨，其中中高端酒品产量3万吨，产值将达40亿元，税收超过16亿元，佛山将打造成为名副其实的“南国酒都”。其次是12月份，梅州市被授牌为“中国客家米香型白酒生产基地”、广东长乐烧酒业股份有限公司被授牌为“中国酿酒工业协会果酒研发生产示范基地”。随着佛山市《白酒产业振兴规划》的出台以及梅州市振兴酒业相关项目的上马，广东酒业开始进入全面提升的快车道，本土市场占有率不断扩大。

2011年广东省乃至全国白酒市场的一个突出现象是涨声一片，尤其是高端白酒茅台、五粮液、国窖1 573涨势更猛。从品牌沉淀来看，茅台和五粮液、泸州老窖、剑南春、郎酒、汾酒、洋河等企业的涨价可以看作是企业战略性涨价行为，这是白酒行业发展趋势的外在凸显，是营销要素变革的体现。

目前广东白酒行业整体向好，过去广东地产酒只卖几元一瓶，现在已经开始卖几百元一瓶，未来甚至可以卖过千元，广东地产酒完全有提升的基础，只需在品牌、人才等方面再强化，未来中高端白酒市场定会有广东酒的一席之地。

【啤酒生产，更上层楼】 广东是全国啤酒产销大省。2011年，广东啤酒生产更上一层楼，位居两个全国第二：一是产量在全国排名第二。据统计，2011年，全省19家啤酒厂生产啤酒总产量为418.83万千升，比2010年增产39.2万千升，增幅为10.34%。全省啤酒产量和实际增加产量双创历史新高。二是成为全国第二个产量超400万千的省（区、市）。

在广东的啤酒生产企业中，广州的珠江啤酒厂以121.2万千升的产量业绩稳坐头把交椅。紧随其后的是来势迅猛的青岛啤酒，2011年青啤在广东投产的三个厂的总产量高达97.8万千升，已逼近百万千升的水平。排名第三的是本土品牌金威啤酒，产量已升至57万千升。金威啤酒拥有先进的现代化啤酒生产技术和设备，在中国啤酒界享有“科技金威”的美誉。

【果酒生产，前景看好】 果酒由于具有营养丰富、酒精含量较低、符合健康消费潮流，且有国家政策扶持，所以果酒的市场前景十分美好；投资果酒项目，将有良好的市场回报率。

目前，广东不少地区建有果酒厂，生产厂家20多家，生产能力在6万千升之上。其中，广东桑醇酒业有限公司、广东帝浓酒业有限公司的果酒生产已颇具规模，其产品在国内外享有一定的声誉。但总体而言，广东大多数果酒生产企业的规模还是比较小，缺乏突出的知名品牌，因此，果酒市场的潜力很大。这对于有意进军果酒生产领域的投资者来说，是一个很好的发展机遇。但广东要更好地发展果酒产业，还需采取多种措施：一要积极创新，不断提高果酒产品的科技含量；二要做好市场调研工作，把握消费需求，开发出适销对路的果酒产品；三要加强宣传工作，让更多的消费者了解果酒的特点和营养价值，引导更多的消费者来购买果酒。

【露酒产业，已露曙光】 据统计，广东大大小小的露酒厂约有上百家，产地集中在湛江、阳江、肇庆和珠三角等地。年产量约3万千升，产值2亿元，税收约3千万元。其中，湛江地区就有33家，年产量达6 255千升，产值5 125万元。

在国家的酿酒产业政策中，露酒是一个被支持鼓励发展的产业；从我国整个酿酒工业发展方向看，露酒也是一个非常有希望的朝阳产业。虽然，目前广东露酒产业在发展过程中仍然存在着许多问题，但随着我国加入世贸组织和GMP标准的实施，广东露酒企业已经开始意识到自身的不足，开始高度关注产品质量，利用可供开发的强大资源优势开发差异性产品，开始了品牌和品质的塑造。一些企业已经在酒类行业有了相当的知名度，在市场上也具有了较高的占有率。总之，露酒产业只要面对现实，正视困难，充分利用资源优势不断开发新产品，就一定能成为酒类行业中的一朵奇葩。

【振兴黄酒，前程漫漫】 据统计，目前广东黄酒厂家约有40多家，主要分布在粤东梅州、河源、惠州等地。年产量约1万千升。虽然广东的客家黄酒曾经有过非常辉煌的历史，兴宁出产的珍珠红早已家喻户晓，紫金县出品的“三谷围”牌客家黄老酒也深受广东客属消费者的偏爱。但从总体上说，目前广东黄酒的发展似乎底气不足，举步维艰。目前要振兴广东黄酒，仍前程漫漫。

【进口红酒，增长迅猛】 随着社会经济的发展和生活水平的提高，进口红酒在广东的消费增长异常迅猛。时下，中高档干红俨然已成为广东葡萄酒市场的俏货。

据海关统计，2011年我国进口葡萄酒比上年增加三成多，进口量已经占到国产葡萄酒产量的34%，占据中国葡萄酒市场1/4的份额。进口红酒的这种增长趋势，使国内产业发展遭受严重挑战。业内专家表示：现在进口葡萄酒和国产葡萄酒还没到达平衡的地位，但未来5年内双方将完成动态的平衡，进口葡萄酒或将占据40%的市场份额。葡萄酒进口量的大幅攀升以及外资品牌的急剧扩张加剧了葡萄酒行业的竞争，为处于成长初期的国内葡萄酒产业带来沉重压力，不利于自主品牌实现盈利和成长，或将进一步造成市场份额缺失和产业发展动力不足。

致使我国葡萄酒进口量价齐升的主要原因，一是国内消费需求旺盛，带动进口规模扩大；二是国际葡萄酒消费增长疲软，国外酒商积极开拓中国市场；三是葡萄酒市场投资升温，游资炒作助推价格大幅上涨。

【洋酒消费，继续升温】 随着对外交流的不断增加和广东经济影响力的提升，广东的洋酒消费继续在升温。目前在广东省市场上活跃的洋酒种类主要有葡萄酒、白兰地、威士忌、伏特加、杜松子酒、龙舌兰酒以及啤酒。其市场价从上百元到几千元甚至到上万元不等。

洋酒推销，奉行精品高端路线，活跃在夜场、酒楼和礼品市场。这些洋品牌以其优良原料、纯正口感、品牌形象和精美包装，用惊人的速度迅速“俘获”了一批批消费者。除了轩尼诗、马爹利、人头马这些法国干邑老牌子一直受青睐外，最近一个时期，法国另一著名品牌——墨高MEUKOW也格外受到消费者喜爱，2011年在广东省的销量一路攀升。

【流通情况】 广东是全国人口大省，加上流动人口和外来人口众多，市场高度开放且包容性强，经营渠道畅通，经营方式灵活，因此，酒类市场向来十分活跃。据估算，2011年，广东省市场酒类总销售额接近400亿元，约占到全国的1/10，位居全国前茅。2011年，广东酒类市场的流通情况呈现出以下特点：

中端市场，竞争激烈 近年来，由于出台限酒令，中端市场曾受严重打击，经历了一番急剧下跌之后，随着消费者对限酒令的消化，现已慢慢恢复市场元气。目前，在“茅台”、“五粮液”等高端白酒的领涨下，部分中端产品趁势涨价进入高端市场，区域品牌“稻花香”“诸葛酿”“泰山特曲”、“百年糊涂”“皖酒王”和地产酒“广东长乐烧”、清远酒厂的“飞霞液”以及广东三友酿酒股份有限公司的客家黄酒“龙乡贡”剑指中高端。但广东毕竟是全国酒类行业最早出现渠道形态碎片化的市场，各类销售终端走向均势，呈现出多元化，使得营销资源很难聚焦传统终端。传统终端的竞争早就进入了白热化、同质化。因此，中端品牌在广东的竞争十分激烈。

低端市场，总体稳定 广东省农村人口众多，农村的酒类市场潜力很大。就白酒的消费群来看，虽然占人口总量20%的城市人口白酒消费占55%，而占人口总量80%的农村人口消费占45%。而且，随着消费者收入的提高，低端白酒的消费群体比重将有逐步摊薄的趋势。但是，在乡村市场，由于消费者对地产酒消费的忠诚度很高，致使很多全国性品牌几乎无所作为，因此，在过去一年，广东酒类低端市场保持稳定。在这一块市场里，地产酒占绝大部分，其产量、销量、利税等继续保持稳定上升的势头。

流通业态，不断翻新 从20世纪80年代中期到现在，不到30年的时间，广东酒类流通业态从原始单一的批、零业迅速发展到今天连锁经营、品牌专卖店、物流配送、电子商务，甚至于品酒、休闲、体验为一体的综合销售以及会员制的酒窖销售方式等等，业态变革成绩斐然。多种流通业态群雄并起，在一定程度上创造了广东酒类流通新的发展思路。但与目前国际最大的酒类流通企业迪亚吉欧、保罗利加相比，广东省的流通业态还有相当距离，因为我们所经销的品牌还无法在全世界范围内流通。

酒类展会，目不暇接 随着消费市场的深度变革，尤其是渠道扁平化、酒类消费多元化、渠道竞争白热化的进一步加深，酒类展会经济正在广东省崛起并呈多元化发展的趋势。2011年，广东省和地市举办的各类糖酒交易会、葡萄酒展等专业的展会、国际性酒展等犹如雨后春笋般发展起来，令人目不暇接。其中，2011年6月26—28日在广州市琶洲保利世贸博览馆举行的由省经信委主办、省酒类专卖管理局和省酒类行业协会协办的2011广东国际酒类商品展销会最具代表性。该届展销会突出“专业化、国际化、大型化”的特点。业界普遍认为，目前广东主办的酒类展会现已成为我国酒类行业最专业的采购交易会之一，在国际酒类行业专业展会中占有极为重要的地位。

（广东省酒类行业协会 苏庆民 彭洪）

汽车行业

【简述】 截至2011年底，广东省共有汽车企业54家（整车制造企业8家、改装车及半挂车企业46家），摩托车企业56家，主要零部件企业800多家。汽车年生产能力约177万辆，全行业资产总计2 962亿元，行业全部从业人员平均人数32.95万人。

【生产经营】 2011年，广东省汽车整车产量166.96万辆，全国排名第三；乘用车产量149.67万辆，全国排名第二；摩托车产量920.83万辆，全国排名第二。2011年，广东省汽车工业实现工业总产值4 869.16亿元，工业销售产值4 793.19亿元；主营业务收入4 821.39亿元，利润总额441.46亿元。全年汽车产销量分别达到166.96万辆和165.86万辆，同比分别增长6.83%和7.0%，其中轿车产销量分别为131万辆和120万辆，同比分别下降1.3%和1.23%，占全国轿车销售总量的11.85%。摩托车产销量分别为920.83万辆和898.49万辆，同比产量增长0.3%，销量下降0.64%。2011年，广东省商用车和改装车产销量与全国比较，所占比例依然很小，据27家商用车、改装车企业统计数据，销售量同比下降的企业有16家，同比增长的有11家，其中增幅40%以上的有4家，增幅30%以上的有1家，增幅10%以上的有4家，增幅10%以下的有2家。2011年，广东省摩托车产销量分别占全国总量的34.1%和33.4%。在汇总的38家企业中，亏损企业占10家，亏损额同比增长147.5%，28家企业销量有不同程度的下降。

【市场发展】 2011年，广东汽车行业继续加快创建自主品牌、创新推进资本运营、深入拓展合资合作、积极开展并购重组、调整产业布局及产品结构等方面均取得了重要突破。

广汽集团全年生产汽车74.47万辆，销售汽车74.21万辆，汽车产销位居全国第6；完成工业总产值1 430.47亿元，工业增加值381亿元，销售收入1 407亿元，利税总额265亿元，综合经济效益指数位居全国汽车行业第二，在2011年中国企业500强中位列第48位。广汽集团工业企业利润总额占广州市工业企业总额的14.61%，稳居广州市第一。6月27日广汽集团股东大会顺利通过换股吸并广汽长丰方案。12月30日，中国证监会工作会议有条件审核通过了广汽集团股份有限公司换股吸收合并广汽长丰公司的方案。广汽集团将于2012年A股上市。2010年首款自主品牌乘用车“传祺”成功下线后，广汽乘用车公司2011年全面推出1.8L和2.0L两种排量，共10款车型，11月21日，广州国际汽车展览会上，广汽乘用车公司首款SUV——传祺GS5全球首发。

东风日产乘用车公司全年汽车产销量分别为81.41万辆和80.85万辆，同比增长分别为20.82%和22.31%。营业收入超过990亿元，同比增长超过17%。7月16日，东风日产高端SUV车型MURANO“楼兰”在国内首次公开亮相进军高端SUV阵营，9月8日在北京正式上市。11月21日，广州国际车展，东风日产正式发布了东风日产双品牌战略，宣布东风日产正式进入了NISSAN与启辰双品牌运营的新阶段，启辰首款量产车展出定名为D50。为充分满足市场需求，2010年东风日产启动了工厂扩建项目，项目总投资50亿元，2011年底主体厂房等已建设完成，预计2014年全部建成达产，届时东风日产的总产能将从目前的46万辆/年提升至70万辆/年。另外配套的发动机扩建项目已于2009年启动，项目总投资22亿元，2011年底开始土建施工，项目建成后将形成年产4个系列乘用车发动机48万台的生产能力。

广汽本田汽车有限公司全年汽车产销量为36.9万辆和36.2万辆，同比下降分别为4.3%和6.1%。其中第八代雅阁全年销量超过16万辆，连续四年夺得中高级轿车年度销量冠军，累计产销突破120万辆。4月17日，广汽本田自主品牌理念的首款车型S1正式上市。2010年5月正式启动的广汽本田增城工厂能扩工程已于2011年10月下旬顺利完成，目前，广汽本田已形成48万辆/年的产能。

广汽丰田汽车有限公司全年汽车产销量为27.2万辆和27.4万辆，同比增长分别为1.52%和1.85%。其中，凯美瑞销量超过13.52万辆，居中高级车销量前列；汉兰达销量超过9万辆，成为2011年车市增速最快的SUV车型之一；广汽丰田逸致6月22日在北京上市并公布售价。8月，广汽丰田正式进入乘用车“百万辆俱乐部”。在国内以中高级轿车为主力产品的车企中，广丰以投产5年的最短时间完成100万辆规模。9月20日，广汽丰田发布“心悦二手车”品牌，宣布正式进军二手车市场。11月8日，上海黄浦江畔，广汽丰田第七代凯美瑞宣布正式发布。

深圳市比亚迪汽车有限公司全年汽车销量48.5万辆，同比下降6.7%，在全国乘用车排名第10（其中深圳产量20万辆，西安产量28.5万辆），全年销售收入212亿。7月18日，比亚迪动力总成生产基地在深圳坑梓工业园正式投产，该生产基地主要生产发动机、变速器、离合器三大汽车零部件。10月25日，比亚迪股份有限公司北美总部在洛杉矶落成。

【中外合作与结构调整】 近年来，国家有关部门出台制定了相关政策，鼓励发展节能、环保型汽车，并鼓励汽车生产企业之间的跨地区、跨部门联合重组。广东汽车企业通过与国外整车企业合资合作及国内企业联合与重组，拓展了国内外市场，提升了合作层次。

中外合作 2011年3月1日，由戴姆勒集团与比亚迪股份有限公司以50：50比例注资的合资公司深圳比亚迪戴姆勒新技术有限公司获发营业执照，该合资公司将在中国研发电动车。计划于2012年推出一个全新品牌，2013年推出首款新能源汽车。

由广汽集团和菲亚特集团汽车股份公司共同投资的广汽菲亚特汽车有限公司整车工厂正在建设中，预计2012年中正式投产。2011年9月14日，广汽菲亚特旗下高端精品小车——菲亚特500正式在华上市。2012年，广汽菲亚特将推出基于菲亚特全球最新平台设计制造的国产车型C-medium。

2010年，广汽集团在长沙与湖南省政府、三菱汽车、长丰集团分别签订了合作备忘录。根据备忘录，广汽集团将发起对广汽长丰的要约收购或吸收合并，同时广汽集团和三菱汽车拟以广汽长丰为平台成立各持50%股份的新合资企业；广汽集团和长丰集团则在整车、零部件、服务贸易方面进行全面合作。预计将在2012年广汽集团A股上市后，正式成立以广汽长丰为平台的广汽集团和三菱汽车各持50%股份的合资企业。

由长安汽车集团和法国标致雪铁龙集团(PSA)共同发起的长安标致雪铁龙汽车有限公司初期将投资84亿元人民币，建设年产20万辆汽车和20万台发动机的生产能力，11月20日，长安标致雪铁龙汽车有限公司成立暨奠基仪式在深圳举行。计划于2013年中期实现量产。初期引入雪铁龙品牌高端产品DS系列车型，未来长安标致雪铁龙生产的汽车品牌包括双方母公司旗下品牌，以及合资公司的自主品牌。

结构调整 2010年，广汽吉奥汽车有限公司正式挂牌。2011年广州国际汽车展览会上，广汽吉奥作为广汽集团旗下品牌，携三款新车亮相车展，其中奥轩G5 2.0L全国首发。

2010年7月，众诚保险获得保监会批筹，2011年6月22日，众诚汽车保险股份有限公司在广州举行开业仪式。公司注册资本为人民币五亿元，由广汽集团、广东粤财、粤科风投等六家广东企业共同发起设立。众诚保险是首家总部设在广州、面向全国的中资保险法人机构，也是我国首家由汽车集团控股的保险公司。

北汽（广州）汽车有限公司于2011年6月22日奠基，项目总投资50亿元，将分两期建成年产能为30万辆、冲压、装焊、涂装、总装四大工艺齐全的整车制造企业；一期工程规划年产能15万辆，主要产品为SUV、MPV等北汽集团自主品牌中高端乘用车。

2010年一汽—大众汽车有限公司广东项目签约，落户佛山市南海区，预计总投资达133亿元，产能从15万辆扩大至30万辆。2011年5月，一汽大众佛山工厂项目正式获得国家发改委同意备案，预计将于2013年下半年建成投产。

【大力发展新能源汽车】 *政府积极推动新能源汽车发展* 2010年12月底，广东省发改委发出组织申报2011年省战略性新兴产业专项资金新能源汽车产业项目的通知，并明确指出，广东省在2011年安排3亿元专项资金，支持省内新能源汽车产业发展。2011年3月评选出第一批战略性新兴产业发展专项资金新能源汽车专项项目，包括重大生产项目、研发及产业化项目、公共平台项目、示范应用项目等共计22个项目。8月广东省发改委发出“关于组织申报第二批战略性新兴产业发展专项资金新能源汽车项目的通知”，10月评选出第二批战略性新兴产业发展专项资金新能源汽车专项项目，包括产业集群项目、研发及产业化项目、检测平台项目、示范应用项目等共计13个项目。

广东省发改委、广东电网公司、中信国安盟固利、北汽福田与广东省中山市人民政府于5月联合签约，决定由五方联手在中山市建设我国南方最大的大容量锂离子动力电池暨新能源汽车生产基地。

根据协议，广东省发改委、广东电网公司、中信国安盟固利、北汽福田与中山市人民政府等五方将展开强强联合，进一步整合资源。其要点是：一由中信国安盟固利投资150亿元，建设与新能源汽车相关的动力电池正负极材料、单体电池、系统集成项目，形成年产20亿安时锂离子电池的能力，年销售额预计500亿元；二由北汽福田投资12亿元建设新能源汽车及其零部件生产项目，建成后将形成1万辆新能源商用车和2万辆环卫、邮政运输等专用车的产能，年销售额达200亿元；三由广东省发改委组织力量，支持中山市发展新能源汽车及核心零部件的研发、生产和示范推广应用，并在产业发展上给予支持；四由南方电网在广东省内积极推进充电站（桩）等新能源汽车基础设施的投资和建设，积极探索新能源汽车商业运营模式；五由中山市在其火炬开发区临海工业园建设总投资约400亿元的新能源汽车产业基地。在这一基地内将集纯电动汽车整车及核心零部件、锂电池、充电站设施设备生产于一体，预计年产值将达1 000亿元。

企业大力发展新能源汽车 在乘用车领域，广汽集团加快推进混合动力轿车、插电式混合动力轿车及纯电动“传祺”，2011年广州国际汽车展览会上，展出广汽新能源汽车——小型纯电多功能概念车“E-linker”，以及增程式纯电动、油电混合动力、插电式四驱混合动力传祺等。东风日产加快研发新能源轿车，计划2012年推出纯电动概念车。2011年1月，在底特律第四届北美国际车展上，比亚迪携全球首发的2012 e6-Eco、S6DM以及F3DM低碳版和纯电动大巴K9亮相。2010年广汽丰田首发国内中高级车乘用车唯一量产的新能源车——混合动力凯美瑞，2011年继

表1 2011年广东省汽车工业主要经济指标

单位：亿元

工业总产值	主营业务收入	工业销售产值	利润总额
4 869.16	4 821.39	4 793.19	441.46

表2 2011年广东省汽车、摩托车产销量

单位：万辆

主要产品种类	产量	同比增长（%）	销量	同比增长（%）
汽车	166.96	6.83	165.86	7.0
其中：改装车	5.59	58.35	5.55	58.57
乘用车	149.67	10.61	148.64	10.76
摩托车	920.83	0.35	898.49	-0.64

续推出2011版混合动力凯美瑞。11月21日，广州国际汽车展览会上，Honda电动车、混合动力车CR-Z、FIT Hybrid等多款新能源产品亮相，上述三款新能源车将相继导入广汽本田。

在商用车领域，广汽客车在新能源领域继续推进混合动力城市客车、电动城市客车开发生产，2010年向广州亚运会提供纯电动公交车、混合动力公交车、无障碍客车共计1 000余辆，2011年该批车辆已投入广州市公交线路全面运营。

【产品出口】 2011年，广东省出口摩托车364万辆，汽车3.31万辆，其中乘用车出口3.05万辆，商用车出口0.26万辆；2011年，广东省汽车工业实现出口交货值229 517万美元，其中汽车（包括整套散件）47 894万美元，摩托车181 623万美元。

（广东省汽车工业协会 罗兴安 魏恒）

物流行业

2011年广东省物流运行形势总体良好，物流需求明显增加，物流业增加值有所增长，物流运行总体保持平稳较快增长态势，为保证国民经济平稳较快发展，发挥了重要的支撑和保障作用。

据统计，2011年广东省社会物流总额128 681.8亿元，同比增长15.3%，实现较好增长。全年交通运输、仓储和邮政业实现增加值2 035.20亿元，比上年增长9.5%。港口完成货物吞吐量133 704万吨，比上年增长9.4%；其中外贸货物吞吐量45 403万吨，增长6.9%。港口集装箱吞吐量4 614.36万标准箱，增长5.8%。

2011年全省社会物流总费用7 774.62亿元，同比增长16.39%。物流业增加值为3 528.80亿元，占全省现代服务业增加值的比重为26.34%。

2011年全省社会物流总费用与GDP的比率为14.76%，同比上升0.07个百分点，可以看出，广东省社会经济运行的物流成本仍然较高，但物流运行效率稍有提升。

（广东省物流行业协会 马仁洪 谢诚杰）

家电行业

【简述】 家电行业是我国改革开放以来新兴发展的行业。改革开放以前，广东省仅有几家生产电风扇、电饭锅、黑白电视机的小工厂，当时的产业基础十分薄弱。经过三十多年的发展，广东省家电行业已经取得了辉煌成就，广东不仅发展成为全国家电制造大省，形成了科研、生产和营销为一体的产业链，而且正在向着家电创新大省发展。

2011年，广东主要家电制造企业已经超过3 000家，生产的家用电器包括有以空调器、电冰箱、冷柜、洗衣机、微波炉、电饭锅、电压力锅、电磁炉、电水壶、电风扇、电烤炉、豆浆机、消毒碗柜、吸油烟机、燃气灶具和热水器、吸尘器等产品为主的白色家电；有以彩色电视机、组合音响、家庭影院、影碟机、高清播放器、计算机等产品为代表的视听家电（也称黑色家电）；有以新能源和新光源电器、光电LED等产品为代表的“绿色家电”。

【抓住全球产业转移机遇，成就家电制造大省地位】 迈入二十一世纪，特别是在“十一五”时期，广东家电行业及时抓住了全球产业转移的历史机遇，承接了世界家电制造业转移的接力棒，使很多家电产品在国际市场中的竞争力大大提高。经过努力，广东家电的优势已十分明显，产品种类繁多，质量可靠，性价比高。格力空调，美的电风扇、电饭锅、洗碗机和饮水机，格兰仕微波炉，德豪润达面包机和电烤箱，万和燃气热水器，康宝消毒碗柜等产品的产销量雄踞世界第一；广东生产的彩电、组合音响、家庭影院、空调器、电冰箱和空气能热水器等多种大家电产品竞争力居全国首位。在小家电领域，广东已发展成为全球最大的制造和出口基地，微波炉、电饭锅、电压力锅、电磁炉、电吹风、电暖器、电风扇、电水壶、电咖啡机、吸油烟机、电熨斗、豆浆机、消毒碗柜等30多种产品的出口量更是占据全球销售总量的半壁江山。

目前，广东家电产品已远销210多个国家和地区。2011年度广东家电产品的销售总额已超过5 600亿元，占全国家电产品累计销售总额10 840亿元的52%，生产经营创出了历史最好水平。在出口方面，2011年度广东家电行业出口值为271.4亿美元，比上年增长13%，约占全国家电行业累计出口值的57.46%。

【建立完整家电产业体系，不断提升自主创新能力】 广东家电是以市场为导向，不断开发新产品，扩大生产规模，满足广大消费者不断需求而发展，现已形成较为完整的产业链。随着8.5代液晶面板生产线、LED背光源芯片的投产，广东省已实现打通液晶电视全产业链的战略目标。变频压缩机、变频电机等关键零部件生产国产化，打破国际垄断，提升空调器和冷柜、电冰箱产业核心竞争力。

在“十一五”期间，广东家电行业更是以技术创新作为驱动力，重视新技术、新工艺、新材料的应用，走出了一条引进、消化、吸收、再创新的道路。一大批家电企业还拥有产学研相结合的研发队伍，建立了与国际标准接轨的生产体系，具备了较强的自主创新能力，攻克了行业不少共性的关键技术。

【注重节能环保，为发展循环经济作出贡献】 广东家电行业从上世纪90年代初期就开展了节能环保工作。在吸取发达国家经验基础上，依靠自己的力量，全省已在2007年全面淘汰了臭氧消耗CFCs物质，获得国际间的高度评价。在制冷行业不懈努力下，空调器、电冰箱、冷柜的能效水平快速提高，格力、美的、志高、科龙、格兰仕、TCL等品牌空调器的生产水准已达到国际先进水平。粤产电冰箱日耗电量由上世纪90年代中期的平均1.5度，降到目前的平均0.5度以下；电冰箱和冷柜压缩机的能效系数COP值原从0.9提高到今天的2.0以上。

近年来，我国家电行业相继制定的一系列节能环保标准，都离不开广东家电企业的参与。目前，广东省生产的各种空调器、电冰箱、洗衣机、电热水器、电饭锅等产品均实施了能效标识制度。具有自主知识产权的空气源热泵热水器在“低碳、节能”呼声中，市场势如破竹发展。还有节能效果显著的LED彩电和多种新能源电器的创新技术研究，已走在全国同行业前列。《废弃电器电子产品回收处理管理条例》于2011年1月1日正式实施后，资源再利用和绿色设计理念更是受到众多家电企业的重视。

【建成多个家电产业区域，促进区域经济更快发展】 广东家电行业在发展中，有着自己的特色。由于紧紧抓住“加快行业转型升级，建设广东家电强省”这个核心，企业不断优胜劣汰，产业集中度越来越高，规模越来越大。在依托大品牌家电企业发展的珠江三角洲，聚集着众多中小型家电制造厂、配套厂和服务商，形成了我国最大的家用电器生产基地。仅是佛山市顺德区这个“中国家电之都”，伴随着市场经济的大潮，一直在竞争中保持优势。2011年生产的家电产品销售额已超5 600亿元。其中，在顺德区105国道由北向南约12公里的范围内，就有美的、万家乐、科龙、容声、万和、格兰仕6个清一色家电品牌的中国驰名商标，这里是中国名牌家电产量最大的地方。

与佛山市顺德区仅有一桥之隔的中山市南头镇，已建立了一个完整的家电产业体系。南头镇自2002年10月被广东省科技厅认定为“广东省专业镇（家电）技术创新试点单位”以来，经过精心培育和打造，全镇家电制造及配件生产企业的数量猛增，由2002年的287家增加到目前的600多家。这里既有空调、彩电、冰箱等大家电生产，又有各类配套齐全的小家电生产，现代家电特色产业经济优势明显。为此，这个以家电产业为主导而发展起来的新兴工业镇，今年再度被国家有关部门授予“中国家电产业基地”的荣誉称号。

目前，广东形成的家电产业区域，并被国家有关部门授予殊荣的还有：中国电饭锅生产基地湛江市、中国电饭锅之乡廉江市、中国小家电产业镇中山市东凤镇、中国家电产业配套创新基地中山市黄圃镇、中国灯饰之都中山市古镇等。广东形成家电产业群的主要地区还有深圳和珠海，惠州市、东莞市和佛山市南海区等地。

【家电出口增长放缓】 据海关统计，2011年，广东省出口家用电器（包括电扇、空调、冰箱、家用电动器具、影碟机、洗衣机、微波炉、电视机、数字式相机等，以下简称家电）271.4亿美元，比2010年增长13%，低于上年增幅8.8个百分点。2011年广东家电出口有如下主要特点：

一是出口增速逐步放缓，下半年出口值亦呈下行之势。从2011年1月起，广东省出口家电增速逐步下行，11月份结束了连续25个月同比增长的局面，连续2个月出口出现下降。同时，单月出口值在5月份创出26.6亿美元的历史高峰后亦逐步向下。12月份当月出口19亿美元，同比微降0.04%，环比下降6.6%。

二是以加工贸易出口为主，一般贸易出口增速快于总体水平。2011年，广东省以加工贸易方式出口家电181.2亿美元，小幅增长6.7%，占同期广东省出口家电总值的66.8%；同期，以一般贸易方式出口78.8亿美元，大幅增长30.1%，快于同期广东省出口家电总体增速17.1个百分点，占29%。

三是近5成出口至美欧日等传统市场，对香港出口下降。2011年，广东省对美国出口家电59.6亿美元，小幅增长3%；对欧盟出口42.9亿美元，增长13.8%；对日本出口31亿美元，大幅增长25.5%。对以上3个市场出口合计占同期广东出口家电总值的49.1%。同期，对香港地区出口22.6亿美元，下降14.8%。

四是外商投资企业为最大出口主体，私营企业出口增长较快。2011年，广东省外商投资企业出口家电166.9亿美元，增长13.2%，占61.5%；私营企业出口58.8亿美元，快速增长24.7%，高出同期广东省出口家电总体增幅11.7个百分点；国有企业出口43.8亿美元，基本与2010年持平。

2011年广东省出口家电主要品种统计表

商品名称	数量（万台）	同比增长（%）	美元值（亿）	同比增长（%）	均价[美元/台（个）]	同比增长（%）
空气调节器	3 163	14.0	67.0	33.7	212	17.3
彩色电视机	3 058	5.3	46.8	13.5	153	7.8
DVD播放器	11 454	1.1	46.0	6.3	40.2	5.1
数字式相机	5 535	-8.3	34.1	-9.0	61.5	-0.9
电扇	39 578	8.6	25.6	17.0	6.5	7.8
微波炉	4 154	0.5	17.5	14.5	42.1	14.0
冰箱	813	4.4	5.9	13.1	73.5	8.3
洗衣机	114	7.1	2.6	3.5	229.9	-3.4

五是白色家电出口表现优于黑色家电，空气调节器出口快速增长。2011年，空调、电扇等白电出口均保持2位数的快速增长，其中空调出口67亿美元，增长33.7%；电扇出口25.6亿美元，增长17%。同期，彩色电视机和数字式相机等黑电出口表现差于白电，其中彩色电视机出口46.8亿美元，增长13.5%；数字式相机34.1亿美元，下降9%。

化工行业

【简述】 2011年国内化工行业市场走势高开低走。尽管经济增长放缓、地缘政治、紧缩货币政策等限制了化工行业需求，但鉴于上游原料如原油、煤炭、矿业等价格一路上升，给化工行业提供了坚实的成本支撑，上半年化工整体走势仍表现理想；下半年国内外经济增速持续回落，化工行业需求减弱态势愈发明显，且原料成本亦有降低，在供需矛盾明显、宏观大环境欠佳的背景下，化工行业整体形势不乐观。但由于上半年国际原油和国内煤炭价格上涨拉动了石化产品跟涨，整体来看，2011年中国化工行业盈利情况相比去年依然呈上升趋势。

从广东地区来看，2011年1—10月全省化工行业经济运行较为平稳，其中化学原料及化学制品累计完成工业增加值1 122.28亿元，比上年同期增长7.5%；完成工业销售产值4 030.03亿元，比上年同期增长30.6%；橡胶制品累计完成工业增加值85.62亿元，比上年同期增长8.6%；完成工业销售产值361.23亿元，比上年同期增长18.8%。综观今年广东省石化行业，受国际原油价格高位运行，广东省内炼油工业效益大幅下降64.6%，创历史降幅新低，但化学原料及制品、橡胶等效益提高，弥补了炼油效益下降，带动着全年化工经济效益的上升。

2011年1—11月，广东省化工行业进口贸易额达3 481 666万美元，同比增长9.3%；出口贸易额达1 739 953万美元，同比增长14.7，进出口贸易均居全国第二位。

【整体涨幅明显】 全年广东地区化工市场价格走势，基本处于震荡局面，但相比2010年，整体涨幅仍较明显。进入2011年1月，因春运、天气、节前后需求增加、外缘政治刺激原料原油上涨，且“十二五”规划各分支行业细则的陆续发布，对部分行业行情走势也起到了助推作用等综合因素影响，促使国内化工产品价格缓慢上行，市场成交较旺；6—11月，一方面国际原油多空交织，下游化工市场失去支撑，国内外化工市场缺乏持续性行情契机，且国内货币政策不断收紧，部分中小企业资金链面临断裂，部分持货商集中抛货，对市场带来较大冲击，使得市场在多重利空下行情走跌；另一方面限电政策及部分企业计划内泊车检修来临影响，国内部分地区企业开工率低，造成广东地区省外货源送到减少，行情在货紧的情况下随行就市上调。故此在这几个月中，市场在多重因素的影响下，行情呈震荡局面，直到10月末进入尾声；11月之后，国家对房地产加大调控，加之冬季来临，部分下游企业陆续停车，化工市场需求进一步弱化，在出货不畅情况下，全省化工产品价格跌多涨少，整体呈现弱势下行局面。

【广东临海大石化产业带布局完成】

2011年，广东把加速大项目谋篇布局、打造亚洲石化基地作为重中之重，呈现出许多亮点。

2011年初，中科合资广东炼化一体化项目获得国家核准，标志着广东已完成了由惠州大亚湾石化基地、广州石化基地、茂（名）湛（江）石化基地组成的临海大石化产业带布局，为广东“十二五”打造亚洲石化基地的构想打下坚实根基。

2011年11月18日，总投资590.13亿元的中科合资广东炼化一体化项目在湛江东海岛开工奠基，首期总投资约90亿美元，规划炼油1 500万吨/年、生产乙烯100万吨/年。该项目是目前全国最大的合资炼化项目之一，将利用科威特石油资源生产高附加值的石化产品，这无疑为广东打造世界级石化基地增添了一个分量十足的筹码。目前，湛江市已经为此规划了30平方千米的石化园区，到2015年，湛江炼油能力将扩大到2 000万吨。

广东地区新建、在建、扩建的炼油项目中，还包括中海油惠州炼油项目二期工程、中委合资南海（揭阳）石化2 000万吨/年炼油项目、茂名石化2 000万吨/年炼油改扩建工程等，2011年项目进展顺利。在惠州，总投资507亿元的中国海油惠州炼油二期工程建设正在推进中，力争到2020年全市石化产值达到4 500亿元；茂名市争取在“十二五”时期将茂名石化的炼油能力提高到4 000万吨/年，乙烯产能提高到200万吨/年，并新建一套100万吨/年芳烃装置。按照这一发展势头，到2012年，广东全省炼油能力可达1亿吨以上，石化行业总产值将达7 300亿元。

表1 2011年1—10月广东省化工经济效益数据

指标行业	主营业务收入（亿元）		利润总额（亿元）		税收总额（亿元）	
	1—10月累计	同比增长（%）	1—10月累计	同比增长（%）	1—10月累计	同比增长（%）
化学原料及化学制品	3 858.73	29.4	289.96	19.8	171.10	19.7
橡胶制品	353.42	21.9	8.42	/	5.32	22

2011年10月23日，高栏港中国海油南海天然气陆上终端平基工程全面完工，终端项目进入全面建设阶段。中海石油气电集团珠海热电联产项目是广东省“十二五”规划重点项目之一，也是中国海油能源战略的重要组成部分，该项目规划10年内建设12套燃气——蒸汽联合循环机组，总装机容量约为468万千瓦。项目2013年投产后，对于发展清洁能源、缓解我国天然气供应紧张等具有重要战略意义。连同深水海洋工程装备制造、LNG接收站、天然气热电联产及精细化工园项目，中国海油在珠海高栏港的五大项目总投资将超过600亿元，高栏港将成为我国南海油气开发战略重要基地。

除此之外，高栏港在临港石化产业方面，首期投资3亿美元的路博润润滑油添加剂、全球规模最大的壳牌润滑油（脂）和华南地区最大的华润聚酯项目正在抓紧建设；总投资超过10亿美元的大型工业乙醇和甲醇制烯烃项目正在全力推进。预计到2015年，高栏港经济区工业总产值将超过2 000亿元，全港货物吞吐量超过2亿吨。

广东在打造亚洲石化基地重点项目的谋划布局中，一是突出科学性，发挥重点项目在推动产业转型升级和区域协调发展、促进节能减排的引领带动作用；二是突出前瞻性，紧跟国内外产业技术发展的新趋势，引进一批对行业整体水平提升具有关键作用的重大项目，加快推动新兴产业发展成为全省先导性、支柱性产业。重大石化项目的建设与布局，凸显出广东加快转型升级、区域协调发展的新动向，将为广东经济持续健康发展注入新的活力。

2011年以来，广东省包括石化项目在内的重点项目建设呈现“三个加快”的趋势：一是现代产业项目进展快，特别是新兴产业项目呈加速发展之势；二是绿色生态项目进展快，循环经济项目和再生资源产业基地建设进展顺利，已完成年度计划的90%；三是民生保障项目进展快。

【2011年广东化工市场影响因素】

1、国内经济增速放缓，化企资金压力明显

2011年上半年，存款准备金率屡次上调，大中型金融机构存款准备金率甚至达到21%的历史高位，直接造成国内企业资金短缺，2011年11月底，伴随稳定物价系列措施逐步见效，考虑到货币供给增速、经济热度不断下滑、大宗商品市场上升受诸多限制等因素影响，央行宣布：从12月5日起下调存款类金融机构人民币存款准备金率0.5个百分点，大约可释放约4 000亿资金。此消息一出，广东省至全国部分化工产品如纯苯、苯乙烯、乙二醇、PTA等纷纷上涨，在一定程度上支撑了部分资金压力较大的小化工企业信心。这是央行近三年来首次

表2 2011年1—10月广东省化工主要产品产量

产品名称	计量单位	1—10月累计	同比增减（%）
天然原油	万吨	956.05	-8.6
天然气	亿立方米	70.55	10.9
硫酸（100%）	万吨	211.59	14.7
盐酸（30%）	万吨	42.93	27.2
纯碱	万吨	40.73	23.8
烧碱（100%）	万吨	26.62	16.8
离子膜碱（100%）	万吨	19.89	22.3
硫铁矿（折S 35%）	万吨	291.14	10.3
化肥总计（折纯）	万吨	45.42	-6.2
涂料	万吨	187.51	5.1
化学农药（折含100%）	万吨	3.13	-1.9
乙稀	万吨	186.41	10.2
纯苯	万吨	32.20	-2.2
合成树指	万吨	420.09	9.5
合成橡胶	万吨	30.70	4.6
塑料制品	万吨	894.83	17.2

表3 2011年化工行业成本增加情况

名称	事件	处理结果	对化工产业影响	对具体行业的影响
电价	电力供应紧张，由往年的局部电荒演变成全国电荒	两度上调电价	生产成本上升	高耗能企业，如氯碱或对电价敏感度较高的行业
运输	国际原油暴涨暴跌背景，根据国内经济实际情况	两度上调成品油价格，一次下调成品油价格(总体涨多跌少)	运输成本上升	流通量较大的化工

下调存款准备金率，预示着货币政策将由从紧转为适度微调，同时今年的中央经济工作会议也很好地贯彻了“维稳”政策。预计2012年经济增速将会有一定放缓，但仍将保持较高的增速。

2、国际原油宽幅震荡

作为国内主要消费大省，加之港口交通便利等因素影响，广东省化工行业呈现“进口多，自供少”，此背景使得省内化工行情变动受国际原油、外盘等行情走势影响尤为明显。2011年在利比亚内战、伊朗局势紧张等地缘政治和欧债危机等全球经济系统性风险爆发影响下，全年原油价格整体处于宽幅震荡格局，投资者对消息面反应及其敏感。从2011年2月开始，中东部分地区出现动荡，国际油价急剧上升，于4月中旬左右升至两年内高点，4月下旬后，受产油大国沙特阿拉伯承诺增产弥补供应缺口，且国际能源署声明抛储，国际原油价格急剧回落，之后国际油价多围绕欧债危机及美国经济变化而变动。4月份，纽约商品交易所轻质低硫原油首月期货每桶结算均价109.802美元，比3月均价上涨7.245美元，当月最高结算价113.93美元/桶，最低106.25美元/桶，盘中最高每桶114.83美元，最低每桶105.31美元。

3、大力调控房地产，化工产品终端需求萎缩

2011年中国政府不断加大房地产市场调控，面临多方挑战的房市在下半年局部地区开始出现回落，成交量萎缩。据统计，2011年1—11月，广州十区二市商品住宅签约成交总量776.5万平方米，月均70.5万平方米，比去年同期减少6.6%。十区商品住宅签约总量513.54万平方米，月均46.7万平方米，比去年同期减少13.3%。成交量下跌引发市场对化工相关产品产生一定限制，使得与房地产息息相关的板材、建材、室内装饰用品、胶黏剂等用量大幅缩减。并且从国家政策层面和宏观经济运行环境看，预计2012年国内房地产行业的调控力度仍不会放松，意味着2012年相关化工行业仍面临较大的销售阻力。

4、成本上涨

2011年全国化工行业不仅原材料水涨船高，而且在生产、运输成本上，也因国家上调电价、油价等决定而同步上调。

5、油荒带动调油原料水涨船高

一方面2010年上海世博会、广州亚运会等重大事件较多，当年保障用油超出预期；另一方面国内两大石油公司供应减少，导致2011年油荒局面延续。特别进入10月，全国如江浙、西南、安徽、武汉、石家庄、济南等多个地区出现无油可加局面。虽期间广东除民营油站柴油略微紧张外，中石油、中石化旗下的加油站均有柴油可加，未出现油荒，但在其它地区油荒及短期利益诱导带动下，全国包括广东成品油市场在第一季度大幅上涨，调油原料如混合芳烃、MTBE、甲苯/二甲苯、新兴调油原料如碳酸二甲酯、甲缩醛、醋酸仲丁酯等产品就随行就市上调，除此之外，其它相关化工产品行情受阶段性需求带动，也呈现拉升态势。

家具行业

【简述】 2011年，广东省家具行业总产值为2 800亿元，比2010年2 450亿元增长14.3%，占全国总额10 100亿元的27.7%；比2010年占全国比重28.2略有减少0.5%。2011年比2007年总产值1 600亿元增长75%，五年平均递增率达到15%。

而2011年广东家具内销总额1 820亿元，比2010年1 540亿元增长18.2%，占全国家具内销总额7470亿元的24.4%。比2007年995亿元增长82.9%，五年平均递增率达到16.3%，同样继续稳居国内龙头地位。

据省统计部门统计，2011年我省家具行业规模以上企业总产值1 302.9亿元，比2010年1 106.2亿元增长17.8%。其中：木制家具750.6亿元，比2010年增长21.12%；金属家具277.0亿元，比2010年增长11.4%；竹藤家具35.1亿元，比2010年增长8.4%；塑料家具31.9亿元，比2010年增长19.0%；其他家具208.3亿元，比2010年增长13.1%。

2011年，广东家具产业完成产销总额约3 257.2亿元；其中规模以上企业总产值1 302.88亿元，同比2010年增长17.8%。

【进出口贸易】 据海关统计，2011年广东省家具出口总额149.3亿美元，比2010年135.3美元增长10.4%，占全国出口总额388.8亿美元的38.4%。比2007年89.7亿美元增长66.4%，五年平均递增率达到13.6%，广东家具出口继续稳居全国龙头地位。其中，木制家具出口实物量完成6 922.39万件，比上年下降了1.39%。2011年，广东家具月度出口值走势的季节特征非常明显，除2月外其他月份的出口规模均有不同程度的增长，其中1、3、4月的增幅都超过了30%，其他月份的增幅均低于10%。12月份当月出口达到15.4亿美元，同比增长8.7%，环比增长6.1%，创历史新高。

广东家具出口以一般贸易出口为主，加工贸易出口小幅下降。2011年，广东以一般贸易方式出口家具118.1亿美元，增长15.6%，占同期广东家具出口总值的79.1%。同年，以加工贸易方式出口28.1亿美元，下降8.2%，占18.8%。

私营企业出口增长较快，占半壁江山。2011年，广东私营企业出口家具78.7亿美元，增长18.2%，占同期广东家具出口总值的52.7%。同年，外商投资企业出口55.7亿美元，增长2.2%，占37.3%；国有企业出口11.7亿美元，增长4.1%，占7.8%。

广东家具的主要出口地为美国和西欧国家，2011年下半年后，美国和西欧等国受债务危机的影响，国家的购买力持续下降，相应地，其对木制家具的需求量不断减少，致使广东省木制家具出口的增长受到较大冲击。据国家海关统计，2011年下半年以来，各大木制家具进口国家都减少了进口量，如美国木制家具实物量共进口6 360.52万件，比上年同期下降了5.78%，进口金额为33.68亿美元，

同比下降0.67%。

进口家具方面，随着房地产业的发展、人民生活水平的不断提高以及人民币汇率不断升值的影响，2011年广东省木质家具的需求量持续上升，进口木制家具金额为3 973.16万美元，比上年同期增长7.91%。

2011年广东省家具制造和进出口尽管形势较好，但无论内销和进出口企业都受到劳动力成本、原材料价格和汇率三大因素不断上升的困扰，利润率受到较大影响，特别是一些以出口为主的企业，部分企业利润率同比下降达40%以上。

广东家具出口在较为恶劣的国际市场环境下尚能保持增长，主要原因是欧美市场经济和消费状况出现好转带动广东家具出口在年末出现大幅回升。海关统计显示，2011年广东对美国出口家具在经历了连续6个月的下降后，11月停止跌势、12月增长13.5%；与此同时，12月对欧盟出口亦由降转升，增长14.7%。对两大传统市场出口好转为整体增速加快作出了较大贡献。

此外，中国一东盟自贸区成为拉动家具出口生力军。2010年《中国一东盟全面经济合作框架协议》制定后，中国一东盟自由贸易区全面启动，开始步入零关税时代。“中国一东盟自贸区”的零关税优惠以及自贸区所提供的一系列便利政策，极大地降低了我国家具的出口成本；同时还由于其便利的海运条件、对出口家具产品的贸易限制较少，成为拉动广东家具出口大幅增长的生力军。广东对东盟出口家具除2月外其余月份基本保持3成以上增势。

服装行业

【简述】 2011年，广东拥有服装企业3万多家，规模以上3 000家左右，产品涵盖衬衣、西服、时装、牛仔服、休闲服、羽绒服、婚纱、晚礼服、真丝、针毛织服装、内衣系列、运动服、皮革服装、童装等十几大类，形成了门类较齐全、具有相当规模的工业生产体系。同时，产业集群化发展优势明显，形成了虎门女装、沙溪休闲装、新塘牛仔、潮州婚纱晚礼服、南海内衣、大朗毛织等27个服装特色产业集群，其经济总量占全省纺织工业的80%。

【增长明显放缓】 2011年前10月，广东省服装生产仍然保持全国第一服装生产大省的地位，但增幅显著放缓，同比增幅剧降14.25个百分点，比全国平均增幅低2.31个百分点。而在2011年上半年，广东服装业的经济增长速度就大大低于预期，尽管仍然维持了12.17%的增长，但增速明显放缓，同比增幅降低8.36个百分点，比全国平均增幅低0.34个百分点。

2011年，广东服装业出口增幅也落后于全国水平，2011年前三季度，广东省出口服装及衣着附件258.37亿美元，同比增长16.35%，而全国同比增长21.37%，广东增幅低于全国总额增幅5个百分点。

2011年，广东省规模以上服装企业累计完成服装产量59.80亿件，占全国总量的23.52%，其中针织服装27.87亿件，梭织服装31.92亿件，与2010年同期相比分别提高了4.44%、-1.64%和10.39%。广东省仍然保持全国第一服装生产大省的地位，但增幅显著放缓，同比增幅剧降近16个百分点，比全国平均增幅低3.7个百分点。2011年11月起针织服装开始出现同比负增长。2011年广东省出口服装及衣着附件314.34亿美元，同比增长13.59%，增幅低于全国总额增幅4.75个百分点，占全省纺织品服装外贸出口总额的72.67%，超过2/3。

【产业技术和装备水平低】 广东服装企业技术装备水平参差不齐，关键技术装备总体相对落后，机电一体化水平、数字化、信息化和智能化水平都有待进一步提高，总体平均水平相对落后于江苏和浙江一带。世界服装工业的发展趋势是高度自动化、信息化、数字化、集约化，而广东服装业的电脑过程控制系统和电脑辅助设计系统拥有率低，有些快速反应设备如吊挂传输系统鲜见应用，物流、设计和营销一体化系统以及现代仓储设备等更显不足。缝制设备自动化水平不高，功能性附件也不多见，企业创新能力弱，导致最终产品缺少创新，与国际上高质量、高档次、快速交货、多品种的要求矛盾越来越明显。

此外，随着广东省服装专业市场的转移和全国其他地区服装专业市场的崛起，尤其是广州、深圳等作为国际化大都市对于城市规划和商贸中心建设要求，广东省部分区域和市场开始面临被“区域边缘化、城市边缘化、商圈边缘化、品牌边缘化”的压力。这将导致大多数的社会群体未能被纳入城市社区服务的范围内，部分区域服装产业被挤到外围。

【电子商务助推广东服装行业转型升级】 2011年，广东大部分服装企业都开始实行了电子商务化。即使是经营传统渠道的服装企业，也会一方面建立官网展示企业形象，另外一方面借助第三方商城做在线零售。目前购物类网站很多，对于广东服装业来说，大多数仍然集中在第三方平台销售。借助电子商务不仅可以提升企业利润，还可以帮助企业改变过去批量化的生产模式，将经营重点转移到产品的服务、品牌和创新上来，进一步提升产品附加价值，助推企业转型升级。

国际经济形势不稳、国内经济增速趋缓倒逼广东服装业转型升级。而服装行业的电子商务化是未来发展趋势，互联网的销售渠道将成为传统服装企业转型升级的关键手段。广东省经济和信息化委员会副巡视员孙鮀生指出，广东省正在大力实施“信息化与工业化融合”“生产服务业与制造业融合”的发展战略，着力推动经济转型升级，迫切需要发挥电子商务在创新经营管理模式、提高产业组织效率、激发市场活力中的积极作用。随着经济发展水平提升、城镇化进程加快、人均收入的增长、扩大内需政策的深入实施以及社会结构和消费观念的改变，广东省服装电子商务将迎来更广阔的发展空间。

创新成果

自主创新

综述

【自主创新技术自给率升至65.3%】

在2011年这个"十二五"起步之年，广东省围绕"加快转型升级，建设幸福广东"核心任务和"双转移""双提升"战略部署，把自主创新作为加快转变经济发展方式的核心推动力，加快集聚国内外创新资源，令科技对经济社会发展的支撑引领作用不断增强。2011年发明专利申请和授权都增长三成左右，分别位居全国第二位和第一位。国际专利申请量更是占据全国半壁江山。一向被称作"制造大省"的广东省，对外技术依存度已降至34.7%。

2011年，广东省创新能力综合排名连续4年位居全国第二，创新绩效则排在全国首位。全省加快实现从对外技术依赖型向技术自给型转变，技术自给率上升到65.3%，对外技术依存度降至34.7%。

广东省继续加大科技投资力度，2011年全省研发经费突破1 000亿元，占GDP比重上升至1.85%，首次超过全国平均水平。创新人才队伍不断发展壮大，研发人员达38万人，比上年增加3.5万人。广东省获得国家各类科技经费突破40亿元，再创历史新高。专利产出稳步增长。2011年1—11月，广东省发明专利申请44 742件，授权16 604件，分别增长28.6%和31%，分别位居全国第2位和第1位。全省专利密度位居全国第一，是全国平均水平的2.4倍。而国际专利申请量连续八年高居全国榜首，占据全国半壁江山。

广东省在获得国家科技奖励方面，也继续取得好成绩。全省有34项/人成果获得国家科学技术奖，以广东为第一完成单位及完成人的获奖项目有16项/人。其中获得国家自然科学二等奖4项，为历年之最。

广东省继2010年首批引进11个创新科研团队后，2011年又引进20个创新科研团队，汇聚了150多位国内外高层次人才。入选团队包括诺贝尔奖获得者、诺贝尔奖评委、欧盟笛卡尔奖获得者各1名，以及两院院士8名，"千人计划"入选者、长江学者、国家杰出青年共17名。这两批引进的创新科研团队，为广东省带来了一大批关键核心技术和高层次人才，一批创新成果有望在2—3年内实现产业化，预计产生数千亿元的产值。

全省高新技术产业继续保持快速增长，已拥有省级以上高新区21家，其中国家级高新区9家，数量位居全国第一。2011年，全省高新区实现工业总产值达1.5万亿元，增长约20%。另外，全省共有高新技术企业5 400多家，规模居全国前列；高新技术产品产值达3.4万亿元，增长17%。

全省产学研创新平台建设也取得重要进展，共派出5 100多名企业科技特派员，组建起54个产学研创新联盟，形成特派员创新团队联动效应，为2 820多家企业排忧解难。全年省部省院产学研合作项目达5 700多项，增长18.7%，新增产值2 760多亿元，增长32.3%，新增利税310多亿元。截至2011年底，省部、省院产学研合作累计实施项目2万多项，新增产值1.1万亿元，新增利税1 500亿元，获得专利超过2.5万项，培养各类人才近8.3万人。

【自主创新能力增强】 2011年，广东省在全国率先推动出台实施自主创新促进条例。企业创新主体作用增强，开放型区域创新体系进一步完善。深化省部院产学研合作，全年合作项目5 700多项，新增产值2 760亿元。开展国家技术创新工程试点，在技术创新重点领域和关键环节实施科技专项152项。新增一批国家重点实验室、质检中心、企业技术中心、工程实验室和科技孵化器。质量强省建设取得新成效，制造业质量竞争力指数居全国前列。发明专利授权量、有效发明专利拥有量、获中国专利奖金奖数和驰名商标数均居全国第一，《专利合作条约》（PCT）国际专利申请受理量占全国的50%以上。高新技术产品产值约占工业总产值的30%。专业镇转型升级加快。引进第二批创新科研团队和领军人才。

【现代产业体系建设取得新成效】

2011年是"十二五"开局之年，是广东省转型升级与改善民生互促共进、推动科学发展取得新成绩的一年。广东省大力推进自主创新和产业转型升级，现代产业体系建设取得新成效。深入实施自主创新战略，推动产业结构调整和优化升级，经济增长质量效益有所提升。

产业结构调整步伐加快 以500强项目为引领，加快构建现代产业体系。三次产业比重调整为5.1:49.7:45.2。先进制造业增加值占制造业增加值的53.4%。积极推进广州、深圳国家服务业综合改革试点，现代服务业集聚区建设扎实推进，现代服务业增加值占服务业增加值比重达56.3%，提升0.3个百分点。战略性新兴产业呈现技术提升、规模扩大、集聚发展的良好态势，形成新型显示、软件、新材料和新一代通信等4个年产值超千亿元的新兴产业集群。推动信息化与工业化深度融合，优势传统产业改造提升步伐加快。海洋经济总量居全国首位。旅游总收入占全国1/5强。

农业农村经济稳步发展 粮食等主要农产品实现全面增产。农业基础设施得到改善，现代标准农田建设加快。民生水利建设扎实推进，城乡水利防灾减灾工程基本完成。农技推广示范县、农技试验示范基地建设取得新成效，农业科技装备建设得到加强。

扶持一批农业龙头企业和农民专业合作社，农业产业化水平提升。农产品质量安全监管和动植物疫情防控有力有效。林业产业发展势头强劲。现代渔业快速发展。

节能减排和节约集约用地成效明显

国家低碳省试点工作稳步开展。实施重点节能减排工程，推行合同能源管理，加快淘汰落后产能。单位生产总值能耗和化学需氧量、氨氮、二氧化硫、氮氧化物排放量可望完成年度指标。节约集约用地试点示范省建设成效突出，超额完成国家下达的年度补充耕地任务。“三旧”改造有力推进，节地率达48%。

环境保护和生态建设扎实有效

全省环境质量保持稳定，集中式饮用水源地水质和地级以上市城市空气质量全部达标，主要江河及珠三角河网区干流水质进一步改善，地质灾害防治力度加大。林业生态工程有效推进，森林覆盖率达57.2%。

【高新区推动自主创新发展】 广东高新区的建设始于1991年国家批准成立广州、中山等第一批高新区。经过20年的不断探索和开拓创新，广东高新区从小到大，由弱变强，得到了超常规的发展，取得了举世瞩目的成就，探索出了一条以企业为主体、市场为导向、产学研相结合、以开放式自主创新为核心的高科技产业发展道路，引领着广东高科技产业发展的方向；在多个方面取得了历史性的突破，创造了多个全国第一，成为广东省以自主创新推进经济发展方式转变的一面旗帜。近年来，广东高新区大力推进“双提升”战略的实施，产业竞争力和自主创新能力大幅提升，在全省经济社会发展中的战略地位日益突出。

在全省发展大局中的战略地位突出 建区以来，高新区主要指标增速均高于全省平均增速。2011年，全省21个高新区实现工业总产值1.57万亿元，工业增加值4 038.45亿元，分别比上年增长了25.7%、30%；工业增加值率达到25%，比2008年增加3个百分点。高新区以占全省0.2%的土地面积，创造了全省1/6的工业增加值、1/6的出口额、1/3的高新技术产品产值。

经济效益实现大幅提升 2011年，广东省国家级高新区以实际开发面积162.35平方公里，创造了1.39万亿的工业产值，单位面积产出高达85.6亿元/平方千米，单位产出是全省平均水平的数十倍；高新区企业的劳动生产率水平大约是全省规模以上工业企业全员劳动生产率的1.4倍。

高新区成为各市经济社会发展的“金字招牌”和“闪亮名片” 各地市政府切实把高新区作为各市经济转型和科学发展的“龙头”和排头兵。深圳市委市政府将高新区作为创新的核心区。2011年，深圳高新区PCT专利申请，研发投入强度（5.95%），单位面积工业总产值、增加值、税收等指标均居全国高新区第一位，单位面积产出已超过我国台湾新竹科技园，正大步向世界一流园区迈进。肇庆市委市政府把高新区作为带动肇庆经济和高新技术产业发展的“引擎”，2011年肇庆高新区实现工业总产值587.68亿元，多年保持了40%以上的年均增速。河源市委市政府把高新区作为探索山区高端产业集群发展新路子的先导区，2011年，河源高新区工业总产值达到250.01亿元，工业增加值率达到26.8%，达到国家级高新区平均水平。

初步形成特色鲜明的创新型产业集群 近年来，广东省以高新区为载体，通过制度建设和机制创新，以科技资源带动各种生产要素集聚，形成以科技型中小企业、高新技术企业和创新人才为主体，以创新组织网络、商业模式和创新文化为依托的创新型产业集群。目前，建有各类高新技术产业特色集群20多个，多个位居国内领先水平；如位于世界领先水平的深圳高新区新一代互联网产业集群、国内领先的中山健康科技产业集群、规模超千亿元的惠州高新区智能终端和云计算应用产业集群等均已列入国家创新型产业集群建设试点。粤东西北地区高新区产业集群加速形成，清远光电产业、汕头航天产业、河源光伏产业正向集群化方向发展。2011年，国家高新区高新技术产业产值占园区工业总产值的85%。

广东省战略性新兴产业快速发展。目前，高新区已成为广东省战略性新兴产业发展的先导区和核心区，形成了高端电子信息、新能源、新材料、高端装备等主导产业。据不完全统计，2011年全省国家高新区战略性新兴产业实现工业总产值6 000亿元，约占全省战略性新兴产业工业总产值的40%。

高新区成为广东自主创新的核心区

科技型企业实力强效益好。2011年，全省高新区拥有规模以上企业6 660家；其中高新技术企业约1 620家，占全省高新技术企业总数的30%。近年来，广东省高新区企业单位从业人员创收能力明显增强，2011年人均创收达到101.8万元/人；2011年高新区人均工业增加值24.6万元/人，高于全国国家高新区22.4万元/人的平均水平。

科技创新能力不断提升。通过高新区引导专项资金以及将科技厅重大科技专项、产学研合作专项、粤港招投标专项等资源向高新区倾斜和集中，引导企业和社会的研发投入。全省高新区研发经费投入占产品销售收入比重稳步提高，2011年达到2.6%。

产学研结合紧密。截止到2011年，全国共有400多家高校和科研院所的近万名专家、教授在高新区开展了形式多样的产学研合作。截止到2011年，高新区企业参与组建了30多个创新联盟，涉及50多所国家重点高校、30多所科研院所和400多家企业，攻克了一批产业核心技术和关键共性技术。来自200多所高校和科研院所的3 000多名企业科技特派员，带领近1万名应届毕业生入驻到2 000多家企业开展技术创新工作。

高端人才加速集聚。近年来，通过推进创新科研团队、领军人才引进以及各高新区的人才计划，全省高新区呈现高端人才加快集聚的趋势，我省引进的31个创新科研团队，有18个落户高新区；引进的领军人才占全省的1/5。东莞松山湖高新区依托科研平台，引进以李泽湘教授为带头人的运动控制与先进装备制造技术国际研究团队、以黄铠教授为带头人的云计算产业研究团队、以惠宏襄博士为带头人的代谢医学研发团队等8个省创新科研团队。深圳市引进的22名海外高层次人才列入中央“千人计划”，其中15人落户深圳高新区。

【广州市】 广州市不断加大研发投入，2011年科技创新取得突破。2011年全社会研发投入占地区生产总值比重达2.25％，比2006年提高0.55个百分点。合作建设11个国家级、23个省级国际科技合作基地，建成工业技术研究院等12个产学研创新平台，形成了新型显示、节能环保、移动互联网等10个百亿级创新集群。完善人才政策，发挥留交会平台作用，引进13个国际领先科研创新团队和25名领军人才，拥有各类博士后工作站55个，比2006年增长111.5％。知识产权创造能力进一步提升，2011年全市发明专利申请量和发明专利授权量分别达8 172件和3 146件，同比增长25.7％和58.2％，是2006年的3.0倍和4.5倍。全市信息化发展指数达到0.946，互联网普及率超过70％，政府管理和公共服务基本实现网络化，电子商务交易额居全国城市前列。2011年荣获“中国十大创新型城市”称号。

2011年，广州市大力实施科技创新工程，着力推进国家创新型城市建设。加快推进战略性创新平台引进和建设，发展战略性新兴产业创新集群，培育科技小巨人企业，扶持创新型骨干企业发展，组织重大关键共性技术攻关，促进重大科技成果转化，引进创新创业团队和领军人才，培育珠江科技新星，开展重大国际科技合作，推进科技金融创新，集聚创新资源，全面提升城市创新能力。

【深圳市】 2011年，深圳市自主创新实现了“四个领先”：全社会研发投入占GDP比重3.66%，居全国前列；PCT国际专利申请全球五强企业深圳市占据两席，企业创新水平全国领先；新一代移动通信、超材料、基因测序和基因组分析等技术全球领先；高新区单位面积产值、税收均居全国首位。基础创新能力建设加速，新增国家级创新载体数量接近此前的总和。获2011年度中国十大创新城市第一名。

2011年，深圳市着眼于构建可持续的竞争优势，提升自主创新能力。一是重大科技基础设施建设取得突破，有力地提升了深圳在国家创新体系中的战略地位。国家超级计算深圳中心投入运行，运算速度全球第四；国家基因库挂牌成立，将为开发利用基因信息资源奠定基础。二是加快建设创新载体，基础创新能力显著增强。新增国家、省、市级重点实验室、工程实验室、工程研究中心和企业技术中心134家，其中国家级20家。三是全方位支持处于科技前沿的新型研究机构加快发展，突破核心技术、关键技术和共性技术。华大基因分别与国际水稻所、美国加州大学戴维斯分校开展国际创新合作，光启研究院在超材料领域一年内申请国内专利和PCT国际专利超过1 000件。四是完善自主创新支撑服务体系。加大创新投入，市财政科技投入增长30.6%。大力发展创业投资，新注册超材料、新能源国家创业投资基金等各类股权投资、风险投资基金951家，超过“十一五”注册数总和；创投机构数量和管理资本规模超过全国1/3。中小板、创业板新上市企业分别占全国新增总量的1/10和1/8。落实高层次人才政策，启动人才安居工程，实施“孔雀计划”，引进10个海外高层次创新团队。探索建设专业化、国际化特色学院，华大基因学院挂牌成立。成功举办第十三届高交会和第十届国际人才交流大会。

深圳市坚持战略性新兴产业和现代服务业双轮驱动，加快新一轮产业转型升级。一是超前布局战略性新兴产业。出台新材料、文化创意和新一代信息技术产业规划及政策，与生物、互联网、新能源形成六大战略性新兴产业规划政策体系。启动建设12个战略性新兴产业基地和11个集聚区，促进新兴产业集聚发展。整合技术、资本、产业等要素资源，组建基因工程、超材料、移动互联网、云计算和新材料等产学研资联盟，推进新兴产业协同创新。坚持以应用促发展，组织实施示范工程，新一代移动通信TD-LTE规模试验启动，基因诊断和新能源汽车等开始规模化应用。二是大力发展现代服务业，积极开展国家服务业综合改革试点。金融业资产规模、效益指标、本外币存贷款余额居全国前列，银行业利润增长26.1%，跨境人民币业务增长2.8倍；证券业资产、利润指标全国第一；深交所新上市公司243家，IPO家数连续两年全球第一；中国资本市场学院启动建设；保险业机构数量和资产总量居全国前列；引进法人金融机构8家；物流业向供应链管理方向发展，顺丰、怡亚通等领军物流企业迅速壮大，深圳港集装箱吞吐量保持全球第四。

【珠海市】 2011年，珠海市围绕“省部产学研结合示范市”建设目标，加快建立以企业为主体、市场为导向、产学研相结合的技术创新体系，多措并举建设现代产业体系，推动经济发展加速转向内生增长、创新驱动的轨道。

集聚发展优势高端产业。制定实施先进装备制造、生物医药、新能源汽车等一系列重点产业发展规划及扶持政策，推动产业高端集聚发展。全市24个工业园（片）区调整为8大特色园区，三灶生物医药等5个产业集群被评为省产业集群升级示范区。做大做强电子信息、家用电气、石油化工等优势支柱产业，全市6大主导产业五年累计完成增加值2 209亿元，占全市规模以上工业增加值的79.1%。加快发展高端新型电子信息、生物医药、新能源及新能源汽车等战略性新兴产业，先进制造业实现“上天入海”重大突破，中航通用飞机珠海制造基地、中海油深水海洋工程装备制造基地等重大项目进展顺利，珠海航空产业园成为国家高技术产业基地和国家新型工业化产业示范基地，填补了全省空白，抢占了产业发展制高点。加快发展“两少两有两高”为主的高新技术产业。

加快建设区域创新体系。实施创新驱动战略，推动出台《珠海经济特区科技创新促进条例》，强化“1+N”自主创新政策的集成效应，不断提升自主创新能力。2007年至2011年全市财政一般预算安排科技支出累计达21.9亿元，全社会研发投入占地区生产总值的比重由1.3%提高到1.9%。

产学研合作不断深化，新增各级公共实验室、企业技术中心和工程中心160家，总数达222家。质量强市建设深入推进，知识产权保护不断加强，在全国率先设立知识产权法庭和检察室。累计专利申请量、授权量比前五年分别增长109%和163%，2011年每百万人口年发明专利申请量居全省第三位，连续六次被评为国家科技进步先进市。

2011年，珠海市有2个项目获得国家科技进步二等奖，两个项目分别为格力电器股份有限公司独立完成的“变频空调关键技术的研究及应用”项目，以及珠海市妇幼保健院与南方医科大学、广州市妇女儿童医疗中心等单位共同完成的“α和β地中海贫血的遗传分析及其在临床和人群预防中的应用”项目。

【汕头市】　近几年，汕头市大力发展自主创新，全市专利申请量增长势头强劲。2011年汕头市专利申请量首次突破万件大关，达到12 671件，其中发明专利申请和PCT国际专利申请倍增，实现了历史性跨越，涌现出华兴冶金、奥飞动漫、金刚玻璃、拉芳等一大批以自主知识产权为内在支撑的知名品牌和企业，在国内甚至国际同行业中都处于领先地位，成为汕头市经济的亮点。仅2011年，在市知识产权部门实施知识产权提升工程中，就有10家知识产权培育企业、13个专利技术孵化项目在扶持期间新增专利申请2 395件，销售额年均增长幅度都达到两位数。2011年汕头市有3家企业被认定为省知识产权优势企业，8家企业被确定为市知识产权优势培育企业，年申请专利60件以上和发明专利10件以上的单位分别达到31家和29家。专利在保护企业创新成果的同时，也能促进企业产品结构的优化升级。2011年，全市有7个具有较强市场竞争力的发明和实用新型专利技术的项目被列入市专利技术实施孵化工程。

【佛山市】　佛山市坚持科学发展，着力推进“两转型一再造”，产业转型成效显著。农业精细发展。2007—2011年五年时间共建现代农业园区17个，新增市级农业龙头企业18家，2011年农地产出率预计达1.9万元／亩。工业优化提升。实施“三个一批”和“双转移”战略，推动传统产业转型升级，五年关停“三高一低”企业约700家。培育发展战略性新兴产业和先进制造业，引进一批龙头项目，光电显示和光照明产业链日趋完整，汽配产业成为重要经济增长点，机械装备跃升为第一支柱产业。服务业发展提速。金融业集聚效应明显，全国性股份制银行全部落户佛山，广东金融高新区初步建成为现代金融后援服务基地。现代物流业发展迅速，创意设计产业快速崛起，总部经济发展态势良好。招商引资有效促进产业结构调整，五年共引进超千万美元项目332个，总投资175.44亿美元。民营经济继续成为推动佛山市经济又好又快发展的中坚力量。

佛山市把增强创新能力作为发展重要支撑，以更大力度鼓励支持创新，使创新成为全市发展主旋律和原动力。着力打造创新平台和高端载体，加大创新研发投入，发挥企业在创新中的主体作用，促进创新思维持续迸发、创新成果不断涌现。2011年佛山专利申请总量达20 391件，比2010年的17 846件增长14.3%。2011年，佛山获授权专利共有16 353件，较上年同期的16 946件相比，下降3.5%。其中，获授权发明专利972件，同比增长42.7%；实用新型专利授权6 655件，同比增长13.3%；外观设计专利授权8 726件，比上一年下降16.0%。作为衡量核心竞争力风向标之一的发明专利，表现进一步向好。2011年全市发明专利申请2 773件，在总申请量20 391件中占比十分之一强；全市发明专利授权量为972件，在16 353件的授权总数中所占比例为6%左右。尽管整体数字不大，但两项所占比例均较上年有不同程度增长。

【东莞市】　2011年，东莞市自主创新能力持续增强。市财政每年投入10亿元，2011年提高到20亿元，深入实施“科技东莞”工程。全市研发经费增长2.4倍，新增各类创新平台105个，企业参与各类标准修订223项。拥有国家高新技术企业415家、省级以上名牌名标528个，省创新科研团队数量和专利授权量居全省第二，社会创新意识和企业创新能力不断增强。招商引资和企业培育有新进步。深化与港台地区的经贸合作，拓展对日韩欧美的重点招商，2007—2011年五年累计实际利用外资128.4亿美元，引进超千万美元项目430宗、世界500强项目44宗。2008年以来实际引进内资694亿元、超亿元项目278宗。现代产业体系“四个30项目”、民营50强企业不断壮大，新增上市企业8家，年主营业务收入百亿元企业实现零的突破。现代服务业和战略性新兴产业加快发展。

推动珠三角新兴物流城市建设，积极打造电博会、外博会、漫博会、台博会等品牌展会，推进“大麦客”等商业模式创新，金融、物流、会展、动漫等产业蓬勃发展，生产性服务业加快集聚，农业产业园建设扎实推进，三大产业比例从0.5:57.3:42.2调整为0.3:50.5:49.2。设立战略性新兴产业培育资金，启动五年倍增计划，新增全省战略性新兴产业基地3个。产业和劳动力“双转移”积极推进。市财政投入3亿元建设莞韶、莞惠产业转移园。全市新接收粤东西北地区劳动力23万人。

【中山市】　中山市深入贯彻落实科学发展观和自主创新战略，坚持推进科技的全面进步和自主创新能力的大幅提升，不断增强依靠科技进步支撑引领经济社会和谐发展、科学发展的自觉性和主动性，努力为调结构、促转型，构建“三个适宜”的创新型城市，为中山经济建设提供更加强大的科技支撑。

2011年中山科技进步工作继续保持快速增长，市财政投入7.2亿元用于科技创新，获得国家、省科技经费突破亿元大关，达到1.2607亿元，风电、健康医药和LED产业关键核心技术攻关获得千万元级的经费支持，隆成公司“婴儿车”荣获第十三届中国外观设计金奖、2011年度广东专利金奖，实现了国家和省专利金奖“零”的突破，国家级科研平台、创新科研团队和高端领军人才的引进和培育取得重大突破。2011年，中山顺利通过了2011年全国科技进步考核，并被评为“2011年全国县（市）科技进步考核科技进步市”，这是中山连续10年五届获得此殊荣。

【惠州市】 2011年惠州市全社会R&D投入总量达42亿元，比上年增长110%，其占GDP的比重连续4年高速攀升，从2008年的0.65%上升到2011年的2.0%。同时，惠州市不断完善的科技创新政策体系，优化的科技发展环境，营造企业开展自主创新活动和引进培育科技人才的良田沃土。近年来，惠州市先后出台了《惠州市推进专利工作实施意见》《关于建设省部产学研结合示范市与广东省技术创新工程试点市的意见》《惠州市科技发展“十二五”规划》《惠州市LED产业发展规划》等一批政策规范性文件，大幅度提升财政科技投入力度，2011年市本级财政科技支出达1.62亿元，占本级财政一般预算支出比例高达3.3%，为企业开展技术研发创新，引导企业成为研发投入主体起到了积极的作用。

为了激励发明创造，进一步增强惠州企业自主创新能力，2011年9月，惠州市政府重新出台《惠州市科学技术奖励办法》，规定在市科学技术奖中增设专利类奖，分为金奖、专利优秀奖两个等级，授予专利技术对促进本领域的科技创新有突出作用且在实施中取得显著经济效益的专利权人。

2011年惠州市共获得国家科技项目19项，立项数比2010年全年增长1倍，获得省级科技项目119项，共获国家、省科技扶持资金首次突破1亿元，达1.17亿元，比上年增长35.5%，在2010年获国家、省科技扶持资金8 402万的基础上再创新纪录。

产学研合作的深化，“点线面”有机融合的产学研结合体系的进一步完善，已成为惠州市提高自主创新能力和企业竞争力的重要手段和最有效途径，成为惠州市产业结构调整、经济转型升级的强有力的支撑。截止2011年底，惠州市共有100多家企业与全国60多个高校和科研院所建立了紧密的产学研合作关系，实施了360多个产学研结合项目，其中107项获得省部院产学研专项资金支持，获得资助经费6 326万元，组织实施市级产学研项目250多项，累计下达专项经费1亿多元。

2011年惠州市新获得6项国家级火炬计划项目、2项国家重点新产品计划项目，新认定25家国家高新技术企业。目前，全市共有国家高新技术企业111家，国家火炬计划高新技术企业9家，国家创新型（试点）企业2家，省创新型（试点）企业21家，省民营科技企业138家。科技创新型企业不断发展壮大，推动惠州市经济进入创新驱动的发展道路。2011年，惠州市高新技术产业增速保持快速增长。全年高新技术产品产值2 219亿元，同比增长22.5%；占规模以上工业产值比重为45.6%，占比连续多年位居全省第二。

至2011年底，全市共有专业技术人才18.4万人，占全市在岗职工总数的23%，其中中高级人才达8.1万人；科技研发人员达1.09万人，比上年增长30%；全市已引进企业科技特派员298名，入驻全市133家科技型企业。

【肇庆市】 2011年，肇庆市申报省级以上科技项目91项，35家企业与高等院校和科研院所签订产学研合作项目，肇庆新型电子元器件产业成为省市共建战略性新兴产业基地，中巴软件园被认定为首批省级现代服务业集聚区和省“两化”融合创新中心。新认定高新技术企业19家，新建省级企业重点实验室和工程技术研发中心各1家，鸿特精密在创业板上市，风华高科等7家企业被认定为省战略性新兴产业骨干企业和培育企业，星湖科技被评为省自主创新标杆企业。2011年，肇庆市和端州、鼎湖、高要获评全国科技进步先进市（区），肇庆大华农生物药品有限公司的“禽流感动物模型、免疫机理及疫苗研制与推广应用”项目荣获“2011年度广东省科学技术奖”一等奖。

2011年肇庆市专利申请数达1 466件，同比增长93.15%，其中，发明、实用新型、外观设计专利申请数分别为266件、805件、395件；专利授权数达889件，同比增长61.64%，其中，发明、实用新型、外观设计专利授权分别为56件、492件、341件。

【江门市】 2011年，江门市专利申请量7 697件，同比增长31.69%。其中发明专利申请821件，实用新型专利申请2 100件，外观设计专利申请4 776件。专利授权量5 309件，比上一年略有下降。其中发明专利授权212件，实用新型专利授权1 549件，外观设计专利授权3 547件。

从2007年到2011年，江门市各级核心工业园区累计引进项目超千个，江门高新区晋升为国家级高新技术开发区。广东南车、台山核电、富华重工等大项目建设进展顺利，美的、海信、康师傅、普利司通、星辉造纸等大企业成功落户，成为省市共建绿色光源、轨道交通装备基地。江门市着力提升自主创新能力，创建摩托车、半导体光电产品、机械装备等国家检测中心和检测重点实验室。以旅游、物流、金融为重点的现代服务业加快发展。“碉楼、温泉、海岛”等旅游品牌进一步打响，旅游总收入突破150亿元。新引进银行、保险、证券等金融机构38家，2家公司在境内挂牌上市，2家农信联社成功改制为农村商业银行。

【茂名市】 近年来，茂名市不断大力发展科技和自主创新，产业建设取得重大成效。2007年至2011年全市累计新增规模以上工业企业224家，2011年规模以上工业增加值增长15.5%。

强化与茂名石化的战略合作关系，茂名石化建成国内首个百万吨乙烯，炼油改扩建工程进展顺利，2011年加工原油1 447万吨，生产乙烯108万吨，实现销售收入1 108亿元，均创历史新高。石化工业区被认定为省级高新技术开发区。首期投资10亿元的联塑集团茂名生产基地即将投产。投资20亿元的化州海螺水泥前期工作进展顺利。天津渤海商品交易所茂名石化产品交易中心建成开业。

截至2011年底，茂名市新认定国家级高新技术企业达19家，2011年与19家著名高校、科研院所签订产学研合作协议，五年累计专利授权1发展175项。全市共有中国驰名商标1件、中国名牌产品1个、广东著名商标52件、广东名牌产品43个。茂名市农业产业化经营卓有成效。全市现有省级以上农业龙头企业14家、省级以上农业名牌产品30个，农民专业合作社823家，荣获“中国罗非鱼之都”“中国化橘红之乡”称号。此外，茂名市两度荣获“中国城市信息化50强”称号。

【湛江市】 2011年，湛江市专利申请及授权取得了良好的发展。全年专利申请量达1 052件，同比增长28.92%。其中发明专利申请225件，实用新型专利申请426件，外观设计专利申请401件。专利授权量747件，比上一年略有下降。其中发明专利授权110件，实用新型专利授权329件，外观设计专利授权308件。2011年，湛江市新增9家国家级高新技术企业，认定3家省级、16家市级自主创新企业；实施高新技术项目105项，其中获得科研成果奖51项。

“十二五”期间，湛江市着眼于产业发展需要，重点围绕“五大五新五特”产业，即大钢铁、大石化、大纸业、大旅游、大物流产业，新海洋、新能源、新电子、新医药、新材料产业，特色农业、特色家电、特色家具、特色食品、特色文化产业，以高新技术产业开发区、各类工业园区、博士后工作站、研发机构等创业创新载体为依托，面向国内外引进和培养一批产业领军人才或创新团队，推动产业人才队伍升级，从而促进一批具有自主知识产权的重大科技成果实现产业化，孵化一批高成长性科技型企业，推动一批传统优势产业转型升级，形成一批与重大项目相配套的产业链，带动一批现代服务业快速发展，催生一批战略性新兴产业，加快形成具有较强自主创新能力的现代产业体系。

【阳江市】 2011年，阳江市加强特色产业技术创新公共平台建设，扶持组建一批省、市级企业技术中心和工程技术研究开发中心，新建一批国家实验室。提高企业自主创新能力，开展特色优势行业科技提升行动。充分发挥国家刀剪及日用金属工具质量监督检验中心的作用，培育一批名牌产品和驰(著)名商标，提高产品竞争力。2011年，国家刀剪及日用金属工具质量监督检验中心顺利建成；全年实施科技项目31项；新增高新技术企业1家。

2011年，阳江市专利申请量达1 332件，同比增长6.39%。其中发明专利申请73件，实用新型专利申请250件，外观设计专利申请1 009件。专利授权量855件，比上一年有所下降。其中发明专利授权10件，实用新型专利授权204件，外观设计专利授权641件。

阳江市加强农业科技创新。以特色种植业、生态养殖业和农产品加工业为重点，组织实施一批农业科技试验示范、科技攻关和重大农业技术推广项目，加大研究应用健康种养和标准化技术的力度，加强农业新品种及关键技术的研发创新。2011年，全市特色经济作物19.41万公顷，新建成3个面积共200公顷的现代农业园区。培育发展了一批国家和省级重点农业龙头企业，2家企业被授予全国农产品加工示范基地。农机装备及作业水平明显提高，水稻耕种收综合机械化水平达60.3%。海洋渔业蓬勃发展。渔业总产值107.3亿元，增长7.1%，水产品总产量102万吨，增长4.1%。

【云浮市】 2011年，云浮市自主创新能力显著增强。2007年至2011年累计共创建省级以上工程技术研究开发中心等创新载体22个，组建云浮石材研究院、物联网研究院等研发机构6所。获批省级以上科技项目374项，其中省部产学研合作项目99项；被批准为全省第一批产学研合作示范市，2010年获中国产学研促进奖，2011年被评为全国科技进步先进市。建成国家石材产品质量监督检验中心（广东）和五金制品、石材产品省级检验站，省级五金制品和石材专业标准化技术委员会先后落户。五年共有15个产品获广东省名牌产品称号，有8个特色产品成为国家地理标志保护产品；新增广东省著名商标25件、驰名商标和地理标志证明商标各2件。

【韶关市】 2011年，韶关市着力推进专利产业化，企业知识产权工作成效显著。全市专利申请量1 245件，同比增长33.87%，专利授权量668件，同比增长19.71%。专利申请量排山区市首位。截至2011年底，韶关市拥有国家级高新技术企业23家，其中8家于2011年通过复审；拥有省级民营科技企业73家。

2011年，韶关市继续扎实推进“双转移”，现代产业体系框架初步形成。2008至2011年，全市累计承接产业转移项目1 507个，到位资金360亿元、年均增长17%；省级产业转移工业园规模以上工业增加值年均增长34%，占全市规模以上工业比重由6.8%提高到15%，装备制造、精细化工等主导产业集聚发展。2011年全市完成农村劳动力技能培训3.1万人，转移就业7.5万人。2011年韶关市成为广东省优先扶持的承接产业转移重点区域之一。

【清远市】 2011年，清远市深入推进改革创新，科技工作开创了新局面，2011年全市专利申请量625件，专利授权量289件，分别比2006年增长2.68倍和2.01倍。产学研合作领域不断拓宽，品牌创建成效突出，共组建省级工程技术研发中心5家、省火炬计划特色产业基地3个，拥有自主创新产品13个、省名牌产品19个、中国驰名商标4件。清远市被评为全国科技进步考核先进市，清城区、清新县、阳山县被评为全国科普示范县。

清远市积极实施农业"两品"（品质、品牌）工程，2011年共获得无公害农产品认证215个、有机食品认证17个、绿色食品认证46个、国家地理标志产品12个。

【河源市】 2011年，河源市加快自主创新，推动产业转型升级，产业结构明显优化，三大产业结构由2006年的14.8:48.4:36.8优化为13.0:53.1:33.9，并初步建立了以新兴产业为主导的现代产业体系。2011年，园区建设实现新突破，"一区六园"完成工业总产值635亿元，五年增长2.18倍，成为全市经济发展重要增长极。成功创建5个省级产业转移园，成为全省最多的市。其中中山（河源）产业转移园实现工业总产值250亿元，五年增长3.3倍，两次竞得省扶持资金共10亿元，连续多年被省评为优秀等次，被列为"省手机产业集群升级示范区""省首批外贸转型升级专业型示范基地""省市共建河源太阳能光伏产业基地"。2011年手机产量达4 439万台、产值155亿元。落户园区的广东汉能薄膜太阳能电池项目试产，中兴通讯、旗滨光伏玻璃等项目动工建设。现代农业取得新成效。2011年，农林牧渔业实现总产值121亿元，五年增长24.7%。新增省级以上农业标准化示范区18个、农业龙头企业134家，创建了"广东省供港鲜活农产品外贸转型升级专业型示范基地"。生态旅游呈现新亮点。"五大"旅游品牌知名度明显提升，2011年接待游客1 336万人次，旅游总收入59亿元，五年分别增长1.67倍和1.64倍。创建国家4A级旅游景区2家；新建五星级酒店1家、四星级3家，在建五星级3家。现代服务业实现新发展。2011年，第三产业实现增加值195.3亿元，五年年均增长11.7%。科技创新能力得到新提升。建成国家通讯终端产品质量监督检验中心等一批公共技术服务平台。

【梅州市】 近年来，梅州高新技术产业得到快速发展，国家级高新技术企业逐年增加，目前全市有40家企业迈进国家高新技术企业行列。科技创新能力进一步提高，五年共获得国家科技部重点科技专项立项35项，实施省部产学研合作项目70项，荷树园电厂循环项目获省科技进步特等奖。

2011年梅州市专利申请取得历史性突破，专利申请量988件（其中发明111件，实用新型317件，外观设计560件），比2010年增长71.83%，增幅在全省地级市中位列第四；专利授权量692件（其中发明29件，实用新型225件，外观设计438件），比2010年增长30.32%，增幅在全省地级市中位列第六。自1985年《专利法》实施至2011年底，梅州市累计专利申请量3 953件，授权量2 650件。

【揭阳市】 近年来，揭阳市自主创新能力逐步提高，2007年至2011年累计新增中国高新技术企业43家、国家级技术创新示范企业1家、省级民营科技企业54家、省级工程技术研发中心14家、省级以上企业技术中心18家，实施国家和省科技项目324项、专利授权量3 352件，注册商标26 795件、中国驰名商标10件、省著名商标57件、省名牌产品59个。2011年，全市专利申请量1 683件，比2010年增长62.45%，增幅位列全省第六；专利授权量1 340件，比2010年增长75.16%，增幅位列全省第三。

改造提升优势特色产业，五金机械、纺织服装和精密装备制造被列为省市共建产业，荣获"中国塑料时尚鞋之都"称号，建成国家不锈钢制品质量监督检验中心，获准筹建国家纺织品服装产品质量监督检验中心（广州）揭阳服装产品分中心，揭东经济开发区被列为"国家新型工业化产业示范基地"，五年以来新增规模以上工业企业785家、限额以上商业企业1 176家、上市公司2家。商贸服务产业稳步发展，金属材料城、玉都广场、国际服装城、国际商品城首期建成开业，连续成功举办5届玉器节、3届五金不锈钢制品博览会和3届普宁衬衣节。

【汕尾市】 近年来，汕尾市产业集聚效应日益凸显，科技创新能力持续增强，产业结构不断优化，三次产业结构由2006年的20.6:43.2:36.2调整为2011年的16.3:46.1:37.6，形成以工业为主导、三次产业协调发展的格局。2011年，全市高技术产业产值达105亿元。全市拥有电子信息企业20多家，电子信息产业成为支柱产业，完成工业产值占规模以上工业产值比重的两成；信利、五丰水产等5个项目列入省现代产业500强。电力能源基地初具规模。汕尾电厂四台机组建成投产，全市电源装机容量达到276万千瓦，陆丰核电、华润海丰电厂等重点项目获国家核准。

汕尾市自主创新能力不断增强。目前形成省级专业镇6个，市级专业镇12个，海丰敏兴、城区万盛等毛纺企业已拥有6 000多台数控织机。通过内生、外引、合作等多方努力，推动以企业为主体的自主创新。五年全市累计专利授权量1 322项，年均增长20%，突破性获得4项省级科技进步奖、2项省专利优秀奖；建立了"广东省液晶及有机显示工程技术研究开发中心"。

【潮州市】 2007年至2011年，潮州市技术改造和创新步伐加快，科技创新服务平台建设加强。全市实施技术改造项目773个，完成技改投资85.5亿元。实施市级以上科技项目762项，新认定高新技术企业38家，新增省级工程技术研发中心14家、省级以上企业技术中心31家、省级专业镇8个，列入省现代产业500强项目23个、省自主创新100强企业4家、省战略性新兴产业项目2个。潮州陶瓷研究院、韩山师院陶瓷学院建成发挥作用，省市共建陶瓷先进制造业基地初见成效。全市专利申请量和授权量连年稳居全省第10位。2011年，专利申请量3 038件，比2010年增长64.48%，增幅位居全省第五；专利授权量1 877件，在全省居于第十位。

潮州市工业发展水平显著提升，陶瓷、服装、食品、不锈钢等优势特色产业不断发展，电子、信息、生物等新兴产业逐步形成，长城集团、雅士利集团相继上市。截至2011年，潮州市质量强市战略得到了较好实施，国家陶瓷质检中心和6个省级质检机构建成运营，国家食品软包装产品及设备质检中心获得批准筹建，61个单位主导或参与了49项国家标准、26项行业标准和17项地方标准制修订，建成省级产业集群和特色产业基地11个，荣获国家级区域品牌32项、省级以上名牌名标355项。

重大科技专项

【中广核集团军民结合技术创新示范基地揭牌】 2011年1月10日，中国广东核电集团有限公司在大亚湾核电基地隆重举行“广东省军民结合技术创新示范基地”揭牌仪式，这是广东省第二个军民结合技术创新示范基地，该基地标志着广东省在核能利用方面迈出新步伐。广东省科技厅副厅长龚国平、中广核集团公司总工赵华、科技与生产管理部总经理邹勇平、中科华核电技术研究院院长杨忠勤等出席了揭牌仪式。

会上，赵华介绍了中广核集团在和平利用核能、风能、太阳能等新能源方面取得的成绩，并表示将在省科技厅领导的支持下，进一步大力推动军民结合工作的发展；省科技厅高新处副处长李荣华宣读了《广东省科技厅关于认定广东省军民结合技术创新示范基地的通知》；龚国平副厅长作了重要讲话。龚国平副厅长指出，在广东省国民经济发展中，科技发挥了重要的支撑作用。军民结合技术创新示范基地的建设是当前实现国民经济建设转型的必然要求，也是新时期贯彻落实科学发展观的重要举措，将极大地促进军工技术资源和地方科技资源的紧密结合，希望中广核集团发挥强大的技术优势，进一步加大科研投入、加强人才队伍建设、完善科技创新平台建设，为军民结合事业作出新的贡献。

【《共建广州北航新兴产业技术研究院框架协议书》在京签署】 2011年3月21日，在卫生部副部长刘谦，国务院国资委副主任黄丹华，省委常委、广州市委书记张广宁等国家有关部委、省市领导的共同见证下，广州市市长万庆良、北京航空航天大学校长怀进鹏在人民大会堂金色大厅举行的“新广州、新商机北京推介会”上，共同签署了《共建广州北航新兴产业技术研究院框架协议书》。签约仪式由广州市常务副市长邬毅敏主持。工信部电子信息司副司长刁石京，科技部国际合作司参赞阮湘平，北京航空航天大学副校长王建中，中国科学院院地合作局处长田永生等23个国家有关部委和重要科研院所的负责人，以及广州市政府副市长贡儿珍，广州市科信局局长谢学宁、副局长詹德村和广州市有关部门的领导出席了签约仪式。

此次广州与北京航空航天大学签署《共建广州北航新兴产业技术研究院框架协议书》，将充分发挥广州国家中心城市的综合优势和北京航空航天大学科技与人才培养优势，加速推进广州国家创新型城市建设和战略新兴产业发展。

广州北航新兴产业技术研究院将瞄准国家战略新兴产业重点发展方向，面向广州市、广东省乃至华南地区战略新兴产业，着眼企业重大技术需求，重点开展共性关键技术创新研发、实施北航国家级成果的集成转化、培养企业高端工程技术人才、孵化高新技术企业、培育新兴产业，将研究院打造成为具有国际水准的高技术创新基地、高技术成果转化基地和高端人才培养基地。研究院将以航空航天、信息技术、卫星导航、高端制造等北航重点优势学科为核心领域，结合广州市战略新兴产业重点方向开展创新研发、成果产业化、高端人才培养。

【增城LED外延片、芯片项目签约】

2011年3月26日，广州增城举行了LED外延片、芯片项目签约仪式。广州市市长万庆良、广州市委常委徐志彪、晶元光电股份有限公司董事长李秉杰、台达电子工业股份有限公司副总裁郑平、创维数码控股有限公司董事局主席兼CEO张学斌以及有关镇街、市直有关部门领导等代表参加了会议。会议由徐志彪同志主持。

LED外延片、芯片项目由台湾晶元光电股份有限公司、台达电子工业股份有限公司和创维集团共同投资。晶元光电股份有限公司是世界知名的LED外延片和芯片制造公司，是台湾第一家开发完成氮化铟镓蓝光、绿光二极管的厂商，拥有最先进的LED产品技术，也是全球目前最大的红光LED生产厂、第四大蓝光LED生产厂，技术力量雄厚。创维集团成立于1988年，是生产消费类电子、网络通讯、安防产品等显示产品的大型高科技公司，2000年在香港主板成功上市，是世界十大彩电品牌和中国电子百强第十三位，旗下拥有深圳创维-RGB电子公司、创维海外发展公司、创维数字技术公司、创维液晶器件公司、创维平面显示科技公司等十多家产业公司。

项目主要生产、销售LED背光源，在广州增城国家级经济技术开发区申请用地120亩，总投资6亿美元，其中：首期投资3.6亿美元，拟投入30台MOCVD设备；二期投资2.4亿美元，增加MOCVD设备30台。项目预计年经营收入12.8亿元，年税收2亿元。

【广东新光源产业化基地核心园区二期项目启动】 2011年3月28日，佛山市南海区广东省新光源产业化基地核心园区举行了周年庆典，并启动二期项目建设。广东省科学技术厅副厅长龚国平、发展规划处副处长云丹平以及国家工业与信息化部相关司局、佛山市、南海区领导、国家半导体照明工程研发及产业联盟的有关负责人出席了活动。

佛山市南海区“广东省（南海）新光源产业化基地”由广东省科学技术厅2009年5月授牌成立，在不到2年的时间里，吸引了旭瑞光电、国星半导体等一批具有自主知识产权、填补省内的空白的项目入驻，建成了近60万平方米规模的电光源交易市场——华南（国际）电光源灯饰城，迅速建立了从外延芯片、封装、配件、半成品到成品应用的完整半导体照明产业链。截至目前，南海新光源产业化基地的建设已经投入超过50亿元。基地二期项目总投资将达到25亿元，本期共有33家优质企业强势进驻，国星光电外延芯片项目和中国赛宝（佛山）实验室作为二期的重磅项目签约进驻基地核心园区，未来三年基地新光源产业将实现产值200亿元。

【国家数字家庭工程技术研究中心启动】 2011年5月9日，国家数字家庭工程技术研究中心启动仪式在惠州仲恺高新技术产业开发区TCL液晶产业园举行，广东省副省长宋海出席了仪式并发表了重要讲话。共同出席会议的有科技部副司长刘敏、副司长杨咸武，惠州市党委副书记陈仕其、常务副市长张瑛，省科技厅纪检组长陈夫尧，TCL集团董事长李东生以及来自各高校、科研院所及新闻媒体的有关代表。会议由惠州市常务副市长张瑛主持。

国家数字家庭工程技术研究中心由TCL集团、中山大学联合组建，通过科技部批复立项，从100多家申报项目中脱颖而出，成为2010年获准组建的国家级工程中心，它的启动对推动数字家庭产业发展，攻克行业共性关键技术，打破国际垄断，提升产业核心竞争力以及推动“三网融合”具有深远影响。

宋海表示，发展数字家庭产业是广东省加快建设现代产业体系，抢占未来产业发展制高点的重大战略。此次“国家数字家庭工程技术研究中心”的启动，标志着广东省数字家庭产业立足自主创新，建立核心竞争力，主动开展产业升级迈出了重要的一步，对广东省以数字家庭产业为支撑，以重大工程带动技术突破，打造国家数字家庭应用示范产业基地和产业集群具有标志性的意义。

【2011年ASPAC大会在广东科学中心隆重开幕】 2011年5月18日，第11届亚太科学中心协会（ASPAC）年会在广东科学中心隆重开幕。国际博物馆协会主席Hans-Martin Hinz，亚太科学中心协会主席Mamoru Mohri，中国科协书记处书记程东红，广东省副省长宋海，中国科协副主席、中国工程院院士韦钰，中国自然博物馆协会理事长徐善衍，广东省科技厅党组书记、厅长李兴华，美国密歇根大学社会研究所科学素养促进国际中心的主任Jon D. Miller，美国政府海洋学研究拨款项目教授，俄勒冈州立大学理学院自然科学与数学教育系Lynn D. Dierking出席开幕式。开幕式由ASPAC总议员、省科技厅党组成员、广东科学中心主任王可炜主持。同时出席的还有广东省政府有关部门及广东科学中心的领导。

宋海副省长首先代表广东省人民政府致辞。他说，广东目前，已成为中国经济最活跃、生产力最发达、科技实力最雄厚、投资吸引力最强的地区之一。广东经济社会的发展离不开科技创新和进步，而科技馆事业是开展科技教育、传播和普及，提升公众科学文化素质的神圣事业，对推动我省乃至全国的科技创新和进步具有举足轻重的作用。年会选择在广东科学中心召开，必将进一步推动我国科技馆界的国际学术交流，促进科普事业的发展，对提升我省科普品牌具有十分重大的意义。同时，希望大家充分利用这次难得的机会，进一步加强科技馆界的交流与合作，共同开创科技馆事业的新篇章。

亚太科学中心协会主席毛利卫、中国科协书记处书记程东红、国际博协主席汉斯-马丁辛茨分别致辞。最后，汉斯-马丁辛茨主席、毛利卫主席、程东红书记、宋海副省长等9位领导嘉宾共同启动开幕典礼，寓意着国内外社会各界同心协力，共同推动科技馆事业发展。

ASPAC年会是亚太地区科技馆和博物馆界的顶级盛会。本次大会是历届规模最大的一次，共有来自亚太地区20多个国家或地区的50多个科技馆及博物馆的近400位代表、嘉宾参加，主题是“现代科学中心/科技馆的使命：机遇与挑战”。大会将持

2011年5月9日，国家数字家庭工程技术研究中心启动仪式在惠州仲恺高新技术产业开发区TCL液晶产业园举行。

续到5月20日结束，期间将举行4场主旨报告、14场次平行会议、1次馆长论坛和1次展览市场推广会，其中最大的亮点是主旨报告与馆长论坛。

在开幕式之前，宋海副省长在省科技厅、省财政厅和广东科学中心有关领导的陪同下亲切会见了国内外嘉宾，向嘉宾介绍了广东的经济、社会、文化、科技发展有关情况，并表达了良好祝愿。开幕式之后，嘉宾们参观了广东科学中心的“走近诺贝尔奖”主题展览。

【广东华南科技资本研究院挂牌】

2011年7月8日，广东华南科技资本研究院暨广州红土科信创业投资有限公司挂牌仪式在广州番禺天安节能科技园举行。广州市委常委、副市长邬毅敏，省科技厅党组成员、副厅长叶景图出席仪式并讲话。

省科技厅副厅长叶景图代表省科技厅对广东华南科技资本研究院和广州红土科信的挂牌成立表示祝贺。他指出，战略性新兴产业源于科技创新，成于金融创新。科技和金融的结合，是战略性新兴产业发展的重要推动力。他勉励广东华南科技资本研究院和广州红土科信创业投资有限公司不断开拓、精心服务、创出佳绩，为广东科技金融结合工作积累有益的经验，为我省产业转型升级和建设幸福广东作出应有的贡献。

挂牌仪式上，广东华南科技资本研究院与意向合作单位进行了签约。

广东省科技厅近年来积极推动科技与金融结合工作。广东华南科技资本研究院的建立，是广东省科技金融工作又一次经验探索和机制创新。该研究院将探索科技资源与金融资源对接的新途径，对科技资本市场、企业资本运营和重点发展领域的行业进行研究，搭建政府、企业、券商、投资银行及创投资本之间的桥梁，为广东省科技型企业策划和设计上市方案，推荐中介机构，帮助引入企业战略投资者，推动广东科技型企业积极走向国内外资本市场，实现跨越式发展。

广州市及番禺区有关部门领导，广东华南科技资本研究院理事单位成员，以及深圳市创新投资集团有限公司等企业代表共200多人出席了仪式。

【广东省半导体照明产业联合创新中心签约仪式】 2011年9月1日，广东省半导体照明产业联合创新中心暨广东省半导体照明产业技术服务集聚区（孵化器）签约仪式在南海举行。广东省科技厅副厅长叶景图、佛山市政府副市长麦洁华、南海区政府副区长万志康等相关领导以及相关协会、发起企业代表约120人出席并见证这一历史时刻。

叶景图副厅长发表了热情洋溢的讲话，对联合创新中心的成立表示衷心的祝贺，并简要回顾了联合创新中心成立的背景和过程。叶景图副厅长着重从全省LED产业发展的高度肯定了联合创新中心建设的重要意义，号召相关建设单位齐心协力，以“广东速度”和“广东效率”加快建设以企业为主体、市场为导向、政产学研相结合、覆盖产业创新链各环节的LED产业技术创新平台，为广东实现由LED大省向LED强省转变提供服务支撑和创新引领。叶景图副厅长结合全省发展LED产业的工作部署，对联合创新中心建设提出三点要求：一是突出重点，体现特色。项目要立足广东LED产业的现状与特点，适应市场化主体创新、创业的重大需求，加大对广大企业尤其是中小企业创新的服务和支撑力度，不断完善多层次的创新服务体系。二是虚实结合，整合资源。以平台建设成本最小化、架构设置最优化、创新成效最大化为目标，坚持虚实结合，集中力量办大事，全面整合各类创新资源，提高资源配置效率，提升管理和服务水平。三是创新机制，完善服务。以市场化为导向，推行激励创新、灵活高效的制度安排，充分发挥政产学研等各类建设主体的积极性、主动性和创造性，努力探索战略性新兴产业服务体系建设的新机制和新模式。

广东省科技厅、佛山市政府、南海区政府三方代表签署战略合作框架协议，共同启动广东省半导体照明产业联合创新中心建设。叶景图副厅长等领导还一同为联合创新中心建设指挥部揭牌。

【中国科学院过程工程研究所纳米材料产业园奠基仪式】 2011年9月5日，中国科学院过程工程研究所纳米材料产业园奠基仪式在佛山市顺德区杏坛镇隆重举行，广东省政府副秘书长、中科院广州分院院长陈勇，省科技厅副厅长刘炜，中科院广州分院常务副院长黄宁生，中科院过程工程研究所党委书记陈运法，佛山市政府副秘书长李昌群，以及顺德经济促进局、杏坛镇相关负责同志、过程所和企业代表200多人参加了仪式。

中国科学院过程工程研究所陈运法书记表示，产业园的建设得到了广东省科技厅、佛山市政府及佛山市科技局的大力支持，目前已逐步进入了产业化的一些前期工作。产业园完成了前期项目的研究，并且与顺德企业合作承担了国家863计划、国家发改委高新产业化的相关项目，实现了部分项目的产业化以及后续的行业推广。相信产业园一定会快速健康发展，为广东省经济社会的发展增添新的动力。

广东省政府副秘书长、中科院广州分院院长陈勇表示，纳米材料产业园的奠基，标志着广东省与中国科学院全面战略合作又取得了新的、重要的进展。中国科学院广州分院作为中科院的院属机构，将一如既往地支持和帮助中科院过程工程研究所等在内的中科院机构在广东开展研发及产业化的工作，并一如既往支持纳米产业园的建设和发展。

刘炜副厅长在讲话中指出，中科院过程工程研究所纳米材料产业园在顺德奠基，将有力促进顺德区及全省纳米材料相关的战略性新兴产业的快速发展。

中国科学院过程工程研究所纳米材料产业园计划投资3亿元，占地66 604平方米，将实施承担来自国家发改委、科技部、广东省及中科院的产业化项目，主要开展纳米功能材料、复合材料、环境材料等高新技术产品的研发和生产。预计项目达产后年产值可达10亿元，年纳税1.3亿元。

【南海省级高新技术产业开发区挂牌】

2011年9月22日，南海高新技术产业开发区隆重举行省级高新区挂牌仪式，佛山市委副书记、代市长刘悦伦，省科技厅副厅长龚国平，佛山市委常委、南海区区委书记邓伟根等出席了挂牌仪式，并发表了讲话。

南海高新区整合了南海经济开发区和南海工业园两个园区，面积共7.54平方千米，致力于发展光电产业、高端装备制造业、汽车零部件产业和节能环保产业，加强创新创业载体建设，构建开放型创新体系，营造了良好的产业发展和创新创业环境。于2011年1月向省政府申请建立省级高新区并于2011年8月获省政府批复同意，成为省首个县域范围省级高新区。

省科技厅副厅长龚国平指出，目前我省拥有国家级高新区9家，省级高新区12家，数量位居全国第一。高新区已成为我省高新技术产业发展和经济建设的引领区。南海是经济与社会和谐发展的先进城市，作为“科学发展，先行先试”，广东省机制体制改革的先行区、内源型经济的重要代表，南海区委区政府抓住“两转型，一再造”的重要机遇，承上启下，启动高新区的建设，成为我省首个县域省级高新区。希望南海高新区以此为契机，围绕市、区中心工作，借鉴和吸收其他先进高新区的经验和做法，努力拼搏、真抓实干，大力发展创新型产业集群，积极集聚高端创新资源，完善科技服务体系，打造人才和技术创新高地，真正成为科学发展的试验区和示范区，树立我省区（县）域经济发展的典范。

刘悦伦指出，在南海建立省级的高新技术产业开发区可以说是实至名归，条件成熟，水到渠成。因为这里已经有比较好的领头项目、产业集聚、科技创新集聚以及科技创新服务体系。但是，他认为建一个省级高新区不是南海的最终目的，而是把目光放得更高一点，建一个国家级的、全国一流的、有世界影响力的高新技术产业开发区。

挂牌仪式上，省科技厅高新处处长王韧宣读了省政府关于设立南海省级高新区的批文。

【广东省科技馆研究会正式成立】

2011年9月28日，广东省科技馆研究会成立大会暨第一次会员大会在广东科学中心隆重召开。省科技厅党组成员、广东科学中心主任王可炜，省科技厅副巡视员廖兆龙，原国际博协执委、原中国科技馆馆长、中国自然科学博物馆协会名誉理事长李象益，省民政厅民间组织管理局副处长徐祖平，以及来自全省30家科技馆及相关领域的单位代表出席了本次大会。

广东省科技馆研究会是由广东科学中心、广东科学馆、东莞市科学技术博物馆、深圳市科学馆和佛山科学馆等五家发起单位的共同努力和各会员单位的积极支持下应运而生。作为一个新成立的非营利性社团组织，此研究会旨在通过研究科技馆行业的发展规律，探讨科技馆发展中所遇到的重大问题，学习、考察、交流并总结国内外科技馆的发展经验，为行业交流搭建一个更广阔、更规范、更高层次的平台。研究会立足广东，着眼全国，面向世界，广泛合作，扩大影响，将从理论研究、资源共建共享和科普能力建设等各方面开展工作，不断推进广东省科技馆事业发展向更宽领域、更高层次、更广空间迈进，带动全省科技馆发展迈向新的台阶。

廖兆龙副巡视员首先对广东省科技馆研究会的成立表示衷心的祝贺。他指出，广东作为我国的经济大省，正迎来科技馆建设和发展的新高潮，除了政府和企事业单位的大力支持外，还需要社会团体发挥协调、辅助和补充功能，因此成立广东省科技馆研究会是非常必要的。广东省科技馆研究会将是全省科技馆及相关领域的共同平台，希望有越来越多的科技馆（科学馆）及其他相关联的单位加入研究会，构建协同合作和创新平台，在这个平台的带动、推动、引导下，共同推进我省科技创新和转型升级，建设幸福广东。

李象益理事长指出，广东省科技馆研究会的成立是全省科技馆界久久期盼、众望所归的大喜事，将为广东省科技馆同行建立一个属于自己的大家庭。它将在推动科技馆界的学术交流、人才培训、国际交流，加强广东省科技馆创新能力建设等方面发挥重要作用，今后还将承担政府职能转变所交付的任务。他对该研究会选择广东科学中心作为发展基地给予了高度的评价。他认为，广东科学中心作为规模最大、最好、最有发展空间和前景（二期正待建设）的科学中心，必将为广东省科技馆研究会的发展发挥积极的领衔和阵地作用。

【《广佛肇产学研科技创新合作协议》正式签署】　2011年10月19日，在肇庆市召开的“肇庆市产学研技术合作洽谈会”上，《广佛肇产学研科技创新合作协议》正式签署，建立了三市科技行政主管部门联席会议机制的管理模式，确定三市共同组织产学研用科技项目、共建共用公共科技服务平台、促进科技人才交流等三个方面的合作内容。

为加快推动广佛肇经济圈产业合作发展，推进三地产业转型升级，形成结构高级化、发展集聚化、竞争高端化现代产业体系，携领产学研跨地区合作一体化发展，肇庆市积极开展广佛肇产学研科技创新合作。2011年8、9月份，广、佛、肇三市科技管理部门在省科技厅的指导下，多次召开工作会，研究讨论三市产学研科技创新合作的方式和内容。

此次协议的签署，标志着三市的产学研科技创新合作正式拉开序幕，同时将加快广州、佛山、肇庆三个城市的科技合作步伐，促进三市科技成果产业化，推动产学研跨地区的一体化。

【中科院东莞云计算产业技术创新与育成中心签约揭牌仪式举行】　2011年10月20日，2011年东莞市科学技术奖励大会暨中科院云计算产业技术创新与育成中心签约揭牌仪式在东莞市会议大厦举行。中科院秘书长邓麦村、中科院广州分院院长陈勇，省科技厅副厅长刘炜，东莞市领导刘志庚、袁宝成、刘树基、黄双福、冷晓明、甄瑞潮、王道平、冯同恩、邓志广、梁海卫等出席了大会。

刘炜副厅长在致辞中充分肯定东莞的科技发展工作，他表示东莞在加强产学研合作，组建科技创新平台，引进创新人才，促进科技与金融结合等方面取得了显著成效，为东莞推动加工贸易转型、产业调整升级以及经济的持续发展提供了有力支撑，也为全省科技工作提供了新鲜经验，成为我省地方科技工作的一面旗帜。刘炜副厅长希望，东莞能全方位营造创新创业的良好环境、高起点建设创新平台、大手笔引进创新团队、系统化构建与产业链融合的区域技术创新体系，为东莞乃至全省产业转型升级提供强大的科技支撑。

中科院广州分院院长陈勇表示，中国科学院将组织更多的相关研究机构和创新资源向东莞云计算育成中心汇聚，把云计算中心业务发展纳入中科院“十二五”院地合作规划和支撑服务国家战略性新兴产业科技行动计划，全力支持云计算中心的建设和发展。

东莞市委书记刘志庚在致辞中表示，东莞市将以更大的力度实施“科技东莞”工程，“十二五”期间市财政每年安排20亿元、连续五年共100亿元，重点支持企业科技创新和扶持战略性新兴产业发展，并以云计算产业技术创新与育成中心等创新平台的组建为契机，加快产业前沿技术的创新，加速创新成果在东莞的孵化和转换。

会上隆重举行了中科院东莞云计算产业技术创新与育成中心签约揭牌仪式，东莞市政府袁宝成代市长与中科院邓麦村秘书长签署了《共建中科院东莞云计算产业技术创新与育成中心协议书》，邓志广副市长与中科院计算所、软件所等7大研究所负责人签署了相关合作协议书。

中科院东莞云计算产业技术创新与育成中心是东莞市政府与中科院为抢占国际云计算产业制高点，促进科技成果产业化而联合共建的公共科技创新平台。该中心通过整合中科院本部及其下计算所、电子学所、声学所、遥感所、自动化所、软件所、网络信息中心等七大研究所在云计算领域的前沿技术创新力量，结合东莞市云计算产业的基础，努力建设成为我国云计算产业技术源头的创新基地、新兴产业育成基地和高层次创新创业人才的培养基地。

【中科院南海海洋研究所主体迁驻南沙签约仪式】 2011年10月22日，中科院南海海洋研究所主体迁驻南沙签约仪式在广州举行，中国科学院院长、党组书记白春礼，省委常委、广州市委书记张广宁，广州市委副书记、市长万庆良，中科院副院长詹文龙出席了签约仪式。中国科学院广州分院院长陈勇、常务副院长黄宁生，省科技厅副厅长刘炜，广州市委常委、市委秘书长陈如桂，副市长贡儿珍，市政府秘书长谢晓丹，中科院南海海洋所、广州南沙开发区管委会等单位负责同志参加了仪式。

会上，广州南沙开发区管委会与中国科学院南海海洋研究所在签署了《推进中国科学院南海海洋研究所主体迁驻广州市南沙区合作协议》。按照此次签订的协议，2015年将在南沙的高新技术产业园区内建立国立海洋科学综合型研究所主体园区、科考基地和科普基地，并完成科研主体搬迁工作。

中科院南海海洋研究所是我国规模最大的综合性海洋研究机构之一，成立于1959年，为中国科学院知识创新工程序列单位。按照计划，2015年迁驻南沙后，主体园区工作人员将有1 600—2 000人（其中“973”项目首席科学家4—6人），每年培养硕、博士研究生超过100人，产出重大成果3—5项，争取国家重大项目经费约2至3亿元，孵化2家以上战略性新兴海洋领域企业，创造社会经济效益超300亿元。该所研发的科技成果将优先在南沙使用、示范和产业化。南海海洋研究所将按不低于日本冲绳水族馆的规模和水平，协助南沙打造国际一流的现代化海洋水族馆。该所将联合有关技术单位、借助中科院科研实力提供全方位的技术支撑，同时为海洋水族馆提供热带海洋鱼类、植物及标本，在馆内开展各项科普教育和宣传推广等。

【穗港两地签署企业孵化合作意向协议】 2011年10月31日，在香港举行的“新广州新商机”香港推介会上，广州生产力促进中心与香港创优中心、香港纳米及先进材料研发院有限公司、广州广一大气治理工程有限公司共同签署了“穗港企业孵化合作意向协议”。

协议明确依托广州生产力促进中

2011年10月22日，中科院南海海洋研究所主体迁驻南沙签约仪式在广州举行。广州南沙开发区管委会与中科院南海海洋研究所签署了《推进中国科学院南海海洋研究所主体迁驻广州市南沙区合作协议》。

心与香港创优中心合作搭建的穗港科技创新服务平台，面向穗港两地企业提供企业孵化等科技服务，围绕企业的内部治理、团队建立、技术引进、市场拓展和融资上市等，综合利用穗港科技合作与技术服务资源，引进纳米及先进材料研发院有限公司的先进技术服务，实现国际先进纳米技术的产业化转移，提升本地企业的研发技术水平。

该协议的签订，标志着穗港两地的科技服务合作取得新的进展。下一步协议四方将进行深入合作，共同推进穗港两地的科技合作与技术交流，树立穗港科技合作典范。

【河源高新产业投产奠基仪式】

2011年11月19日，河源的广东汉能硅基薄膜太阳能电池项目和中兴通讯河源制造研发基地分别举行投产、开工仪式。这是河源着力培育的“四新”产业（新能源、新材料、新电子、新医药产业）的两大代表项目。中共中央政治局委员、省委书记汪洋出席活动宣布汉能项目投产，并为中兴通讯河源基地挥铲奠基。省委常委、秘书长徐少华，副省长陈云贤，河源市委书记陈建华，河源市长彭建文等同时出席投产、开工仪式。

投资210亿元的广东汉能硅基薄膜太阳能电池研发制造基地是广东最大的光伏项目，分两期建设，全部投产后年产能1GW（1 000兆瓦），产值可实现100亿元，利税超10亿元，创造5 000余个就业岗位，并带动上下游关联产业。

中兴通讯河源基地是由中兴通讯投资100亿元在河源打造其全球最大的生产基地，主要承担公司手机产品、有线产品、无线产品等移动通讯系统及其软件的生产，是集生产、研发及培训为一身的综合性生产基地。项目将于2013年6月投产，2014年产值就将达到1 000亿元，税收每年达5亿元以上。该项目的落户将带动100多个生产配套项目落户河源，产值达500亿元以上，税收10亿元以上。

【广东现代服务业研究基地挂牌】

2011年11月28日，由广东省发改委和华南理工大学合作共建的广东现代服务业研究基地正式挂牌，将加速广东现代服务业和先进制造业“双轮驱动”的现代产业体系格局进一步形成。

近年来，广东省政府十分重视产业结构的调整。《珠江三角洲地区改革发展规划纲要》更是提出广东要构建现代产业体系，优先发展现代服务业，努力成为世界先进制造业和现代服务业基地，并力争要把服务业增加值比重在2012年提高到53%，在2020年达到60%。

按照双方的商议内容，省发改委和华工将按照“政府支持、学校为主、优势互补、合作共建”的原则，共同建设广东现代服务业研究基地。由省发改委发挥服务业综合管理部门的优势，指导基地建设，每年根据全省现代服务业发展要求提出研究任务，并以委托研究课题的形式给予一定的经费支持。

华南理工大学则以该校先前挂牌成立的现代服务业研究院为依托，由该校经济与贸易学院牵头，组织多学科专家队伍，加快建设包括国内外服务业发展统计数据、政策法规、研究成果、机构与专家、重要案例等内容在内的现代服务业数据库。

【全省27个基地成首批省级外贸转型升级示范基地】 2011年11月30日，广东省外贸转型升级示范基地培育工作领导小组发布“关于首批省级外贸转型升级专业型示范基地的公告”，全省27个基地成为“首批省级外贸转型升级专业型示范基地”。

从地域上划分，基地主要分布在广州、珠海、中山、东莞等14个城市或区域。其中，广州拥有基地数量最多，共4个基地，具体包括广州市花都狮岭皮革皮具基地、增城新塘牛仔纺织服装基地、番禺灯光音响基地、番禺沙湾镇珠宝首饰基地。珠海、中山仅次于广州，各拥有3个基地。珠海的3个基地为金湾区生物医药基地、高新区软件和集成电路基地、香洲区打印耗材基地。中山的3个基地为灯饰基地、小榄镇锁具基地、沙溪镇休闲服装基地。作为加工贸易重镇以及转型升级先锋，东莞只占据2个基地的份额，分别是大朗毛织服装基地、松山湖电子信息基地。除了广州、珠海、中山、东莞等沿海工业重镇外，广东东西两翼欠发达地区也有不少基地列入名单，如河源市手机基地、梅州市大埔县陶瓷基地等。

从产业类型划分，27个基地大多数分布在传统产业领域，如皮革皮具、家具、玩具礼品、毛织服装、灯饰等。不过也有少量以生物医药、软件和集成电路为主题的基地，如珠海市金湾区生物医药基地。

【广东率先推广数控一代机械产品创新应用】 2011年12月8日，广东省数控一代机械产品创新应用示范工程动员大会在广州隆重召开，也标志着广东在全国率先启动该工程，并将为全国探索数控一代机械产品创新应用经验。“十二五”期间，国家将组织开展“数控一代机械产品创新应用示范工程”，着重针对数控技术推广应用自身的特点，在纺织机械、印刷和包装机械、轻工机械、建材机械、塑料机械及其他行业机械全面推广应用数控技术，提高我国机械产品的附加值，大力推进机械产品的科技进步。

中国工程院院长周济在会上指出，“数控一代”是我国工业设备实现由电气化向数控化转变的一项重大技术改造工程，该工程计划用5~8年时间，利用信息技术对传统工业设备进行更新换代改造，为实现工业设备的智能化奠定基础。这既是技术工程也是产品创新工程，必须进行“有组织的创新”。

广东省科技厅副厅长龚国平表示，广东将积极并配合国家数控一代机械产品创新应用示范工程的实施。“十二五”期间，省科技厅将整合资源，设立数控一机械产品应用示范工程科技专项，加大对共性关键技术的攻关力度，大力支持数控技术在典型行业的应用示范，并在条件成熟的高新区和专业镇等产业集群和区域中推行区域示范，以高新区、专业镇为组合方式，推进数控技术在区域支柱产业链中的推广和应用。高新区着力发展数控技术研发设计、核心生产环节和公共技术服务平台，专业镇重点开展应用示范，带动区域内相关数控产业链的形成。

【“十城万盏”半导体照明试点工作现场会在广州隆重召开】 2011年12月15日，由国家科技部联合住房城乡建设部共同组织召开的“十城万盏”半导体照明试点工作现场会在广州隆重召开。全国政协副主席、国家科技部部长万钢，住房城乡建设部副部长仇保兴，国家标准委副主任方向，广州市副市长贡儿珍，广东省科技厅副厅长叶景图等领导出席会议，全国37个试点城市代表共166人共同参加了会议。

万钢在会议上发表重要讲话，他指出，半导体照明是革命性的技术，是21世纪的战略性新兴产业，是节能减排的有效手段和调整产业结构的良好契机，在产业不断向前发展的同时也带来了很多的新的气象。两年多来，“十城万盏”试点工作迈出了坚实的步伐，取得了瞩目成绩，对技术创新与产业发展起到了积极的推动作用。万部长充分肯定了广东省“十城万盏”工作取得的成绩，对广东LED路灯推广上采取的EMC合同能源管理模式和路灯标杆体系的创新举措表示了赞扬。

作为“十城万盏”试点示范城市代表，广州市贡儿珍副市长在会上发言时表示，近年来，广州市委、市政府将LED产业列为重点发展的战略性新兴产业，将发展LED产业作为产业转型升级的重要抓手，大力推动LED照明产品在城市绿色照明改造和农村路灯建设中的应用。目前，广州推广应用LED路灯的总数约10万盏，LED照明产品的推广应用催生和集聚一大批LED企业蓬勃发展。花都、番禺、萝岗、南沙等区域呈现产业集群化发展的态势，LED产业产值保持了年均20%以上的增长速度，产业规模日益壮大。

“十城万盏”试点工作开展以来，得到了国家有关部门和地方政府的积极关注和大力支持，取得了阶段性的成绩。为了进一步扩大“十城万盏”试点工作的内涵，下一步科技部将联合国家发展改革委、财政部、住房城乡建设部、国家标准委等部门共同推进试点工作，出台国家层面的“十城万盏”试点工作指导意见。采取定期发布合格推荐产品目录、技术要求和供应商目录等措施，加强对试点示范工作的指导，同时将继续加强技术研发和产品创新应用力度。

在会上，国家有关部门还发布了LED产业相关一系列重要的政策性指导文件，包括“十城万盏”试点工作指导意见实施方案(征求意见稿)、“十城万盏”示范工程合同能源管理等商业模式的指导意见（征求意见稿）、半导体照明科技发展“十二五”规划等，以及由国家半导体照明联盟编制的10余项半导体照明产品技术规范。

【“首都科技条件平台广州区域合作站”授牌仪式举行】 2011年12月19日，由北京市科学技术委员会与广州市科技和信息化局共建的“首都科技条件平台广州区域合作站”授牌仪式在广州华泰宾馆举行。出席仪式的有北京市科学技术委员会副主任伍建民和广州市科技和信息化局副局长王桂林等领导，北京市科委和广州科技和信息化局相关业务处室领导，以及来自全国各地和广州本地的科技界人士100多人参加了授牌仪式。

会上，“首都科技条件平台广州区域合作站”的承接单位北京市可持续发展科技促进中心和广州生物工程中心进行了战略合作协议签约。首都科技条件平台广州区域合作站成立后将进一步发挥北京首都科技条件平台的资源优势及京穗两地在产业结构上的互补优势，共同探索两市科技资源共享模式，促进京穗两地科技和经济的合作交流与共同发展。

伍建民和王桂林在致辞中均对建立首都科技条件平台广州区域合作站的意义和作用给予了充分肯定，认为该合作站的建立，对充分利用首都科技资源优势、推广首都科技条件平台的先进经验和促进京穗科技资源合作共享等有重要的意义，也对加快珠三角经济一体化及穗港澳台合作步伐、发挥广州在科技资源配置中的主导作用和强化广州区域科技创新中心地位等有积极的作用。王桂林副局长要求首都科技条件平台广州区域合作站要采用“企业主导，政府支持，市场运作”的方式，在机制创新方面要学习“北京模式”，加强首都科技条件平台开放科研成果在区域内的推广和转化，促进该平台在广州发挥示范带头作用。

【广东省新材料产业基地启动】

2011年12月19日，广东省新材料产业基地签约暨启动仪式在南海举行。基地核心区总体规划为200多公顷，由A、B、C三个区组成。其中一期规划66.7公顷，总建筑面积120万平方米，主要规划建设产业区、科技研发区（包括企业研发中心、公共检测平台、公共服务平台）、孵化器、生活配套区等。并重点发展新能源材料、新型金属材料、新型显示材料、高性能复合材料、功能陶瓷材料、生物医用材料等6大新材料。

新材料产业是国家确定的七个重点发展的战略性新兴产业之一，也是广东省重点培育的八大战略性新兴产业之一，2011年广东省批准了17个省市共建战略性新兴产业基地，广东新材料产业基地是其中之一。

政府将计划投资15亿元用于基地建设，包括进行基础设施、孵化器、公共平台等建设。佛山市副市长宋德平表示，佛山将集中资源、集中力量，省市联手推动新材料产业基地的建设，力争把新材料产业基地打造成为国内一流具有国际竞争力的产业基地。

广东省经济和信息化委员会处长兰亚平表示，作为省市共建基地之一，经信委今后在基地产业发展及规划、园区建设、重点项目建设、招商引资引技、关键技术突破、产业化示范、重大创新平台建设、技术改造和技术创新、产业链建设、标准制定、人才支撑、投融资体系建设以及市场拓展等方面给予大力支持。

新材料产业基地将以产业“集约化、集群化、尖端化”为目标，以金融、科技、产业融洽发展为动力，以“龙头企业＋技术平台＋特色园区”为发展模式，按照“高起点规划、高标准建设、高效能管理、高水平引资”的原则，重点发展新能源材料、特种金属功能材料，培育发展生物医用材料、稀土材料等，努力打造成为国内一流并具有国际竞争力的新材料产业集群。随着区域内产业逐渐形成集聚效应，预计到2015年，新材料产业基地将可培育销售收入超10亿元新材料企业1—2家，销售收入超5亿元新材料企业2—3家。

【“蓝宝石晶体”中山研发成功】

2011年12月底，在中山市科技局组织召开的中山兆龙光电有限公司“LED级蓝宝石晶体生长”技术鉴定会上，该公司的“LED级蓝宝石晶体生长”项目通过技术鉴定。经过3个多月的奋战，由中山兆龙光电研发的“蓝宝石晶体”终于在中山成功问世。

专家一致认为该项目产品各项技术指标符合LED衬底要求，生长LED级蓝宝石晶体技术达到国际先进水平，具备了实施产业化的能力。蓝宝石晶体试产成功，充分彰显兆龙光电在LED蓝宝石技术方面具备相当的实力，标志着中山市在做大做强LED照明产业进程中，抢占产业链高端迈出了重要的一步。

蓝宝石材料是氮化物半导体衬底、集成电路衬底的首选材料，是目前LED照明外延片和芯片产品最重要的基础材料，属于当前国际高端LED芯片产业的上游技术产品，在LED产业链的各个环节中是典型的技术和设备门槛极高的资金密集型产业。中山兆龙光电的核心技术团队通过优化晶体生长炉热场，改造真空系统、机械和控制系统，优化泡生法蓝宝石晶体生长的下种、放肩、等径、收尾和降温的工艺参数，成功摸索出一套35公斤级符合LED衬底要求的蓝宝石晶体生长工艺。该设备核心部件和工艺技术完全拥有自主知识产权。

专利与知识产权

【全省知识产权保护长效机制建设研讨会】 2011年6月20日，全省知识产权保护长效机制建设研讨会在佛山召开，广东省人民政府江海燕副秘书长出席会议并讲话，省高院、检察院、经信委、公安厅、农业厅、文化厅、工商局、版权局、林业厅、质监局、药监局、知识产权局、海关总署广东分署、广东出入境检验检疫局等省“打击侵犯知识产权和制售假冒伪劣商品专项行动”（以下简称“双打”）领导小组成员单位代表及广州、深圳、汕头、佛山市“双打”办相关负责人与会。省知识产权局副局长朱万昌主持会议。

江海燕副秘书长在讲话中指出，广东省自开展“双打”行动以来，在省委、省政府的领导和高度重视下，各单位通力合作，取得了显著成效。江海燕强调，作为全国改革开放的前沿省份，广东要加快知识产权保护的长效机制建设工作，坚持不懈地做好打假保知工作，认真总结经验，在全国起到探索和探路的作用。同时要求各部门继续做好广东省“双打”行动最后阶段的各项工作。

各与会代表围绕广东省知识产权保护长效机制建设，并结合自身工作和经验展开了热烈讨论，提出了许多宝贵的建议和意见，为进一步加快和完善广东省知识产权保护体系的建设起到了积极的促进作用。

【粤港知识产权与中小企业发展（肇庆）研讨会】 2011年6月23日，由广东省知识产权局、肇庆市人民政府、香港特别行政区政府知识产权署和香港贸发局联合主办，肇庆市知识产权局承办的“粤港知识产权与中小企业发展（肇庆）研讨会”在肇庆成功举行。国家知识产权局保护协调司副司长武晓明、广东省知识产权局副局长朱万昌、肇庆市副市长孙德、香港知识产权署助理署长彭淑芬、香港贸易发展局中国内地推广主管梁国浩先生出席了研讨会并致辞。

国家知识产权局保护协调司武晓明副司长在致辞中表示，充分发挥知识产权制度的作用，对于我国转变经济发展方式，提升国家核心竞争力，具有重要意义。中国一贯重视知识产权工作，自2008年6月5日国务院颁布《国家知识产权战略纲要》以来，中国的知识产权工作迈上了一个新的台阶，社会创新活动得以激发，企业创新主体地位得以确立，保护知识产权日益成为全社会共识。广东毗邻香港，多年来，粤港两地在知识产权领域开展了卓有成效的合作，积极推动了CEPA的贯彻落实，国家知识产权局将一如既往地支持粤港进一步深化知识产权合作。

广东省知识产权局副局长朱万昌在致辞中强调，广东省政府一直高度重视知识产权工作，不断加强知识产权法制建设，完善知识产权工作体系，推动知识产权事业迅速发展。多年来，广东知识产权事业的发展为广东经济社会的进步作出了突出的贡献。他指出，香港是广东最大的贸易伙伴地区之一。2010年，广东对香港的进出口贸易总额达到1 587.6亿美元，占广东全部进出口总额的近五分之一。粤港两地知识产权部门不断加强合作，在知识产权的保护、执法、宣传、培训、信息交流与问题研究等方面，开展了一系列卓有成效的合作活动，为营造两地良好的经贸合作与经济发展环境作出了积极的贡献。朱局长在致辞中同时感谢国家知识产权局对粤港知识产权合作的大力支持。

本次研讨会以“知识产权提升企业竞争力”为主题，邀请香港和内地的专家、学者、企业代表就香港和内地的知识产权保护状况、企业进军海外市场的知识产权保护、展会知识产权保护等问题进行解读和研讨。来自肇庆市及珠三角地区企业、中介机构、高校和科研院所共200余人参加了会议。

【粤港保护知识产权合作专责小组第十次会议】 2011年7月28日，粤港保护知识产权合作专责小组第十次会议在广州成功召开。会议总结了第九次专责小组会议以来，知识产权合作项目的完成情况，讨论确定了下一阶段的合作项目，并相互通报了两地知识产权保护的最新进展。这次会议进一步强化了2003年开始确立的粤港知识产权合作机制，明确了下一阶段知识产权合作的目标和任务，对在新的形势下推动粤港知识产权合作向纵深发展有着重要意义。广东省知识产权局局长陶凯元、香港知识产权署署长张锦辉分别率领粤港双方代表团出席会议。省知识产权局朱万昌副局长、海关总署广东分署陈建文副主任、省工商局姜海平副局长、省版权局钱永红副局长，以及省公安厅、省外经贸厅、省港澳办和香港知识产权署、香港海关共25位代表参加了会议。

陶凯元局长在会上表示，在粤港双方的共同努力下，两地知识产权合作环境不断优化，合作领域不断拓展，合作力度不断加强，合作成果不断扩大，社会影响力不断增强。加强粤港知识产权的合作对于提升粤港两地企业的竞争力以及管理和运用知识产权的能力具有重要并且积极的推动作用。张锦辉署长在会上表示，2011年专责小组其中一个新项目是双方推动粤港知识产权贸易概念和趋势，邀请有兴趣机构提供知识产权信息，创造知识产权贸易基本条件，借此积极协助企业抓紧机遇，开拓商机，推进企业转型升级。

专责小组会后举行了新闻发布会，陶凯元局长代表专责小组向记者及社会公众发布了粤港知识产权合作的进展及下阶段合作计划，粤港保护知识产权合作专责小组成员单位的代表共同回答了来自粤港两地新闻媒体记者的提问。

【全省知识产权工作座谈会暨广东省专利奖励大会】 2011年8月18日，广东召开全省知识产权工作座谈会暨广东省专利奖励大会。会议由省政府副秘书长江海燕主持，省政府宋海副省长出席会议并作重要讲话。省知识产权局陶凯元局长作工作报告。来自全省21个地级以上市、顺德区的代表200余参加了会议。

宋海副省长在讲话中充分肯定了“十一五”期间全省知识产权工作取得的显著成绩。他指出，“十一五”期间，知识产权工作围绕省委、省政府中心工作，创新思路，改革方法，不断激励自主创新成果显著，促进知识产权转化运用，充分发挥企业主体地位，优化法制环境，提升管理水平，在推动广东省经济社会发展方面，积累了好的经验和做法。宋海强调，“十二五”时期是广东省实现科学发展，加快转型升级、建设幸福广东的关键时期，各级政府和知识产权管理部门要紧密结合广东这一主线，全面提升知识产权创造、运用、保护、管理和服务水平，在增强自主创新能力，构建现代产业体系，维护公平有序市场秩序，营造良好知识产权社会环境，拓展知识产权服务五个方面更加有为，取得新的突破。宋省长要求，下一阶段，各级有关部门要切实加强组织领导，加强改革创新，加强队伍建设，狠抓落实，乘势而上，认真谋划知识产权事业发展的新蓝图，推动我省从知识产权大省向强省的跨越。

省知识产权局局长陶凯元在会上作全省知识产权工作报告。在报告中，陶局长传达了全国知识产权局局长会议的主要精神，总结了前一阶段全省知识产权工作，并从加强知识产权政策研究，加强知识产权统筹协调，推进“十二五”规划和《珠三角规划纲要》实施，激励知识产权创造和有效运用，加大知识产权保护力度，提升知识产权管理和服务水平，推进知识产权文化建设，加大知识产权人才培育力度，促进知识产权交流合作，推动区域知识产权协调发展等10各方面对下一阶段的工作进行了部署。

会议对广东省获得第十二届中国专利奖的单位和2011年广东专利奖获奖单位进行了表彰奖励。

【《广东省知识产权事业发展“十二五”规划》新闻发布会】 2011年9月15日，广东省人民政府新闻办公室召开《广东省知识产权事业发展“十二五”规划》新闻发布会。《规划》编制工作领导小组副组长、省知识产权局局长陶凯元介绍《规划》编制的相关情况。发布会由省政府新闻办公室信息中心邓鸿副主任主持。省农业厅、工商局、版权局、林业局、质监局、知识产权局及省法院、海关广东分署等8个部门代表出席发布会并回答记者提问。《规划》编制领导小组成员单位代表，港澳驻穗新闻媒体代表，中央驻粤和广东各新闻单位代表等共约60人参加新闻发布会。

陶凯元局长介绍，《规划》是我省第一次集专利、商标、版权、商业秘密、植物新品种和地理标识等知识产权于一体编制的五年规划，对此，省政府高度重视，成立了由宋海副省长担任组长，由省经济和信息化委、工商局等14个知识产权职能单位及相关单位组成的《规划》编制工作领导小组，并第一次经省政府审定以办公厅名义印发实施。《规划》本着“坚持以科学发展观为指导、坚持继承与发展、坚持突出重点”的原则进行编制，包括“发展基础与形势”“指导思想和发展目标”“主要任务”和“保障措施”四大部分内容，主要具有六个方面的亮点：一是紧扣广东省“十二五”期间对知识产权事业发展的要求，二是体现知识产权工作的“整体性”，三是强化宏观指导和具体实施的结合，四是强调知识产权创造、运用、保护和管理全面发展，五是突出知识产权对战略性新兴产业的引导和扶持，六是推动知识产权运用和服务向高端发展。

会上，新华社、中国日报、南方网等省内外主流媒体记者，分别就区域国际品牌试点工程、地理标志对县域经济的促进、版权兴业工程、战略性新兴产业自主知识产权推进及重大专利产业化等问题向省工商局、质监局、版权局、知识产权局等有关部门提问。

【广东省政府与国家知识产权局合作共建专利审查协作广东中心】

2011年9月22日，广东省人民政府与国家知识产权局在广州隆重举行国家知识产权局专利局专利审查协作广东中心共建协议签署和揭牌仪式。广东省委副书记、省长黄华华和国家知识产权局局长田力普共同签署共建协议并为中心揭牌，广东省副省长宋海、广州市市长万庆良，国家知识产权局副局长贺化、杨铁军参加会见并出席仪式。

黄华华在致辞中指出，省委、省政府一直高度重视知识产权工作，改革开放以来特别是近年来，在国家知识产权局的有力指导下，广东省知识产权事业蓬勃发展。2011年1—7月，全省发明专利申请量和授权量同比分别增长31.4％和37.6％。PCT国际专利申请受理量为4 757件，占全国总量的56.4%。在第十二届“中国专利奖”评选中，广东省获得的中国专利金奖和中国外观设计金奖数均位居全国第一。知识产权事业的重大进步，为广东省建设创新型广东、推动经济社会平稳较快发展作出了重要贡献。国家知识产权局与广东省共建专利审查协作中心，为广东省推动知识产权事业再上新台阶提供了难得机遇。共建协议的签署是广东省和国家知识产权局深化高层次战略合作、共同推动经济发展方式转变的重大举措，也是广东省建设知识产权强省、提高自主创新能力的一件大事。广东省将认真落实共建协议的各项内容，不断完善工作机制，强化协调联动，狠抓建设进度，确保各项共建工作如期推进。黄华华相信，在双方的共同努力下，省部知识产权高层次战略合作一定能够取得丰硕成果。

田力普在致辞时指出，国家知识产权局与广东省人民政府共建国家知识产权局专利局专利审查协作广东中心是新时期国家局和省合作、工作创新的新尝试，是实现相互合作、优势互补、资源共享的战略决策，必将成为我国知识产权事业发展史上的重要里程碑。审协广东中心的建立，不仅能够实现专利审查能力的突破，为建设创新型国家服务，还将带动广东省知识产权服务相关配套第三产业的发展，推动广东省经济结构调整和产业升级。

在仪式上，黄华华、田力普签署了《关于共建国家知识产权局专利审查协作广东中心合作框架协议》。根据协议，国家知识产权局和广东省政府在中新广州知识城合作共建国家知识产权局专利局专利审查协作广东中心，该中心于2011年正式成立并开始运转，至2015年末，将形成2 000名左右的专利审查员和120名管理人员的队伍规模，年审查发明专利申请约11万件。宋海、杨铁军和广州市政府及广州开发区管委会负责同志签署了《关于共建国家知识产权局专利局专利审查协作广东中心任务分工协议书》。

【广东省建设专利联盟促进产业转型升级经验推广会】 2011年9月27日，广东省人民政府在顺德区举行“全省建设专利联盟促进产业转型升级经验推广会”。广东省副省长宋海出席会议并作重要讲话，广东省政府副秘书长江海燕主持会议。

宋海副省长在讲话中充分肯定了广东知识产权事业及专利联盟建设取得的成绩。宋副省长强调，在当前全省上下认真学习胡锦涛总书记视察广东讲话精神，加快推进经济发展方式转变的关键时刻，加快专利联盟建设，有利于实现发展方式的创新驱动，降低知识产权风险，进一步提升区域产业的竞争力。宋海副省长要求，要进一步明晰形势，把握机遇，加强引导，深化服务，放眼长远，开拓创新，深入推动专利联盟建设，充分发挥联盟给力产业转型升级的作用，促进产业可持续、高端化、内涵式发展。

省知识产权局陶凯元局长在会议上总结了近年来广东省建设专利联盟促进产业转型升级的工作情况和有益经验，剖析了当前广东省专利联盟建设存在的主要问题，并研究部署了今后一段时期的工作任务。

来自省直有关部门、全省专业镇、企业、行业协会、高校、科研院所、各地市知识产权主管部门的代表约300人参加了会议。来自专利联盟和知识产权管理机构的代表在会上介绍了各自推动专利联盟建设的成功做法和实践经验。

目前广东已建立知识产权（专利）联盟21个，分布在广州、深圳、汕头、佛山、中山、顺德等地区，涵盖数字家庭、LED、新能源等战略性新兴产业和陶瓷、红木家具、电压力锅等传统产业。各专利联盟结合产业发展的实际要求，建立良好运行架构，通过知识产权信息沟通、许可交易、保护调解和优化发展机制，对内自律、对外维权，不断完善开放式知识产权创造、运用及保护体系，集成知识产权资源，催化知识产权应用，在谋求共赢发展、推动产业升级等方面初现成效。

【第110届广交会知识产权保护工作情况】 第110届广交会于10月15日至11月4日在广州琶洲会展中心举办。在本届广交会上，广东知识产权局组织了广州、深圳、汕头、佛山、东莞、惠州等市局50多人的专利联合执法队伍驻会开展知识产权保护工作；国家知识产权局专利复审委员会继续派出6名资深专家到会指导。全体驻会人员齐心协力，圆满地完成本届广交会知识产权保护的各项工作任务。

投诉增加，侵权减少 本届广交会共有展位5.87万个，境内外参展企业2.4万余家，与上届基本持平。大会知识产权投诉站共受理投诉653宗，比上届的616宗增加了6%；被投诉企业834家，比上届的826家增加了0.97%；认定涉嫌侵权企业484家，比上届的486家减少了0.41%。在专利、商标和版权三类案件中，专利类案件最多，共受理486宗，其中发明10宗，实用新型83宗，外观设计393宗，共占知识产权案件总数的74.43%；商标类案件其次，共受理114宗，占总数的17.46%；版权类案件最少，共受理53宗，占总数的8.12%。

领导重视，组织有力 为做好广交会知识产权保护工作，广东知识产权局提前一个月就开始进行各项筹备工作：一是领导高度重视，局长陶凯元，党组书记、副局长马宪民，副局长唐毅等主要领导均高度重视驻会筹备工作，并亲临会场进行检查指导。二是成立驻会工作小组，精心制定工作方案，对各项工作进行周密安排。三是组建精干驻会队伍，选派五十多名业务骨干驻会，并邀请国家知识产权局专利复审委员会6名专家到会予以指导。四是加大业务培训力度，不断提高驻会人员的业务能力和办案水平，并针对展会经济迅猛发展的趋势，组织部分区县的同志驻会参与案件办理，培养后备执法力量。

加强协作，形成合力 为加强各方面的协调和配合，形成保护合力，广东知识产权局采取了以下措施：一是加强委局协作，充分发挥专利复审委专家队伍在技术审查上的专业优势。二是坚持案件合议制度，对于疑难案件，还由国家局专利复审委、省局和市局的业务骨干组成的案件合议组进行合议。三是充分发挥自律作用，由各交易团、行业商会对参展产品进行专项检查，协助大会处理案件。

完善措施，提升服务 广东知识产权局严格遵循“知识产权要为广交会保驾护航”的宗旨，实实在在解决参展企业遇到的各种问题。一是进一步完善服务指引，规范投诉案件处理和操作程序，提高办案质量。二是建立投诉处理绿色通道，将涉外权利人、品牌企业、各地重点企业的投诉列为重点案件，优先进行处理。三是遵循打击侵权与帮扶企业发展相结合的原则，组织复审委专家为企业的技术创新、知识产权战略出谋划策。广东知识产权局在本届广交会上的知识产权保护工作深受各界好评，英国戴森有限公司向广东知识产权局赠送了“专利卫士、保护有力”锦旗。

【第十三届中国专利奖颁奖大会】

2011年11月8日，国家知识产权局和世界知识产权组织在北京国家会议中心隆重举行了“第十三届中国专利奖颁奖大会”，表彰第十三届中国专利奖获奖者，为有关获奖项目代表颁奖。世界知识产权组织官员、有关部委及行业协会领导、院士、各地方知识产权局领导及获奖项目代表参加了大会。

在2011年的第十三届中国专利奖评选活动中，广东省华为技术有限公司的“一种网络设备的管理方法”等五项发明或实用新型专利，中山市隆成日用制品有限公司的“婴儿车”外观设计专利，共六项专利被国家知识产权局和世界知识产权组织授予中国专利金奖。广东永力泵业有限公司的“一种单级离心泵”等23项发明或实用新型专利，珠海和佳医疗设备股份有限公司的“体外高频热疗机”等11项外观设计专利，共34项专利被国家知识产权局授予中国专利优秀奖。金奖项目数量连续第二年居全国首位。同时，广东省连续第二次成为唯一一个发明、实用新型和外观设计三种专利均有项目获得金奖的省（市）。

在前八届中国专利奖评选活动中，广东省累计有2个项目获得金奖、38个项目获得优秀奖。2004年，广东省政府出台重奖政策，对获得中国专利金奖、优秀奖的单位分别予以每项100万元、50万元的一次性奖励，并于当年首次对广东省获得第八届中国专利奖的项目进行隆重表彰和奖励。至今，省财政共安排专项奖励资金6 550万元用于重奖和表彰中国专利奖获奖单位。重奖政策的实施，极大地激发了广东省公众发明创造的积极性和主动性。在第九至十二届中国专利奖评选活动中，广东省共有个18项目获得金奖、89个项目获得优秀奖。

多年来，广东省委、省政府高度重视知识产权工作，广东省知识产权工作一直走在全国前列。2008年，省委、省政府提出了广东省要实现“从知识产权大省到知识产权强省跨越”的目标。同年，广东省政府与国家知识产权局建立了知识产权高层次战略合作关系，有效推动了全省知识产权事业的新发展，为实现建设强省目标奠定了坚实的基础。截止到2011年底，广东省发明专利授权量为18 242件，居全国首位。

【广东省专利奖励办法制定研讨会】

2011年11月14—15日，“广东省专利奖励办法制定研讨会”在广州召开，这是广东省开展专利奖励工作近十年以来，首次召开的专门研究专利奖励工作的会议。研讨会总结交流了广东省专利评奖工作的经验，研究讨论了《广东省专利奖励办法》（初稿）和《广东专利奖评价指标体系》。省知识产权局副巡视员刘在东出席会议并讲话，省知识产权局规划发展处、政策法规处，广州、深圳、珠海、汕头、佛山、惠州、东莞、中山、茂名等九个已开展市级专利奖励工作的地级以上市知识产权管理部门和深圳市有关单位代表参加了研讨会。

刘在东在讲话中充分肯定了广东省专利奖励工作的成绩，认为广东省专利奖励工作成效明显，发挥了专利制度对经济社会发展的助推器作用。刘在东指出，广东省知识产权事业不断迈上新台阶，专利奖励和表彰工作也越来越受到省委、省政府的重视。2010年12月1日颁布实施的《广东省专利条例》，明确规定省人民政府设立广东专利奖，将广东专利奖由政府部门奖升格为省政府奖，要求大家以贯彻落实《条例》为契机，进一步规范专利奖励工作，制定更加科学的、能反映专利特点的评价指标体系。

会上，各地代表畅所欲言，交流本市开展专利工作的经验和做法，并对《广东省专利奖励办法》（初稿）及其评价指标体系提出了很多有针对性、有借鉴意义的意见和建议。刘在东副巡视员最后要求规划处的同志对大家提出的意见和建议进行梳理和认真研究，进一步修改完善奖励办法和指标评价体系，尽快完成《广东省专利奖励办法》的制定。

【全国知识产权首次人才工作会议】

2011年11月22日，全国知识产权系统首次人才工作会议在广州隆重召开。国家知识产权局副局长甘绍宁、广东省政府宋海副省长出席会议并讲话。会议简要总结了“十一五”期间全国知识产权人才工作情况，分析研究了当前人才工作面临的新形势，并对“十二五”加强知识产权人才工作进行了部署。来自全国个31省、自治区、直辖市和新疆生产建设兵团知识产权局的代表参加了会议。

宋海在致辞中指出，长期以来，广东省委、省政府高度重视知识产权工作，知识产权创造能力名列前茅，支撑作用显著提升，运用水平显著增强，保护力度持续增强，管理工作屡有创新，知识产权事业实现跨越式发展。宋海副省长强调，知识产权人才是人才工作的重要组成部分，也是知识产权事业发展的重要基石，宋海副省长要求全省知识产权系统以此次会议的召开为新起点，进一步解放思想，开拓进取，努力开创知识产权人才工作的新局面。

会议由国家知识产权局人事司司长徐治江主持，中央人才工作协调小组办公室专门给会议发来贺电。会议表彰了全国知识产权人才培训工作先进集体和先进个人，来自全国各省市区的100多名会议代表就《知识产权人才"十二五"规划》的实施的问题展开深入讨论，广泛交流各自经验。

【2011中国（广东）知识产权投融资项目对接大会】 2011年12月14日，2011中国（广东）知识产权投融资项目对接大会在佛山市南海区成功举行。此次会议旨在充分发挥金融对资源的配置作用和知识产权对经济的引领作用，促进知识产权投融资政银企多方合作与交流，对推动知识产权、金融资本与实体经济融合发展具有重要作用。

广东省知识产权局纪检组长严小宜出席会议并讲话。严小宜在讲话中指出，佛山市南海区具有"创新融资需求性强、金融资本密集度高、服务资源综合质优"三大优势，具备促进知识产权与金融、产业融合发展的产业基础、金融需求、政策配套、金融服务、资本供给等各方面条件。近年来，作为广东省唯一的金融高新技术服务区，各类金融机构、金融项目、风险投资基金、私募基金正在加速集聚，金融创新资源聚合能力不断增强。金融高新区的建设为南海建设国家知识产权投融资综合试验区、推动知识产权、金融、产业融合发展打下了坚实的基础。作为国内较大的中小企业产业集群地之一，近年来，南海逐渐形成了一批战略性新兴产业集群，涌现了一批拥有核心知识产权的上市公司。发展潜力巨大的企业集群，对运用金融手段促进知识产权转化和运用产生了巨大的需求。严小宜表示，省知识产权局将全力支持南海建设"国家知识产权投融资综合试验区"，整合资源，不断推动经济智慧型增长和产业内涵式发展。

会上，中国政法大学蔡吉祥教授、深圳市创业投资同业公会常务副会长王守仁教授、台湾产经界智慧财产领军人陈省三博士与参会代表们一起分享了各自对于知识产权投融资独到的见解；面向全省征集的42个知识产权投融资项目进行了展示及交流，当场，有5家创投公司与7个项目签署了10份合作协议。

【百所千企知识产权服务对接工程系列活动】 2011年12月15日，由广东省知识产权局主办、中山市知识产权局和中山市半导体照明行业知识联盟协办的"2011百所千企知识产权服务对接工程"系列活动在中山市小榄镇举行，来自全省的16家专利代理机构、中山市部分LED照明生产企业共100多位代表参加对接互动活动，广东知识产权局政策法规处处长杨友东、小榄镇人民政府副镇长李家浩出席会议。

杨友东处长在致词中指出："百所千企知识产权服务对接工程"已成为全省知识产权的一项重点工作，并列入"十二五"规划，工程的主要内容就是做好"搭台、服务、提升"三项工作。他希望各级政府要加强服务，创新对接模式，扩大宣传，以质取胜，推进这项工作，使全省知识产权服务水平有较大提升。

对接活动作了两场专题讲座，广东省知识产权研究与发展中心陈宇萍部长以《专利信息利用及LED产业分析》为主题，围绕全省专利信息化建设与服务的工作计划，专利信息分析方法简介、专利分析流程和案例逐一进行宣讲。广州粤高专利商标事务有限公司陈卫总经理以《企业专利侵权启示》为主题，结合典型案例，主要针对企业感兴趣的专利侵权、无效对抗、专利规避几个方面进行了讲解。

当日下午，省、市知识产权局、小榄镇科技办共同组织部分专利代理机构到中山品上照明有限公司、帝光汽配实业有限公司进行座谈、参观。座谈中，企业方面先介绍公司的发展历程，重点反映其在知识产权方面遇到的各种问题和困难，各代理机构针性地进行解答和支招。

省部产学研

【物联网信息技术及产业化省部院产学研创新联盟成立】 2011年1月6日，"物联网信息技术及产业化省部院产学研创新联盟"成立仪式在广东工业大学举行，广东工业大学校长陈新、省科技厅副厅长刘炜出席仪式并讲话。省科技厅产学研结合处处长卢进、副处长张志彤、副处长李政访、梁宇宁调研员，广东工业大学副校长章云、副校长郝志峰、校长助理王成勇，联盟成员单位有关负责人和专家教授近70人参加了仪式。

刘炜副厅长首先代表省科技厅对物联网产学研创新联盟的成立表示祝贺，指出联盟各成员单位要整合创新资源，把联盟建成技术联盟、标准联盟和产业联盟，解决产业发展的重大共性技术问题、制定重大技术标准、研发重大自主创新产品。同时希望联盟成员通力合作，共同构建物联网产学研创新联盟的开放体系，不断在体制机制上创新和突破，通过联盟发展孵化出一批产业化基地，推动我省物联网信息技术及产业化快速发展。

陈新校长在致辞中表示广东工业大学将认真履行理事长单位的义务，为联盟的建设发展提供全力支持，努力将联盟发展成为引领广东省物联网产业发展的重要力量。仪式期间，广东工业大学分别与云宏公司、原尚物流、联想中望等企业签订依托联盟共建云计算联合实验室、智能交通联合实验室、物联网设备与软件测试联合实验室等六个共建实验室协议。

2011年1月6日，"物联网信息技术及产业化省部院产学研创新联盟"成立仪式在广东工业大学举行。

"物联网信息技术及产业化省部院产学研创新联盟"是2010年12月经省部院产学研办批准成立的第35个省部院产学研创新联盟。目前，联盟首批会员共33家单位，理事长单位设在广东工业大学。依托联盟成立共建实验室6个，共有广东工业大学、华南理工大学、北京大学、清华大学深圳研究生院、深圳大学、香港大学、北京邮电大学等10所高校和6家研究机构和17家企业参与组建。

【日本中部产官学联合组织代表团来粤交流产学研合作】 2011年1月5日，广东省科技厅副厅长刘炜在省科技厅17楼会议室会见了来访的日本中部产官学联合组织代表团一行8人，就广东省产学研合作及日本中部产官学合作情况进行交流。省科技厅合作处曾路调研员，省科技厅产学研结合处梁宇宁调研员，电动汽车联盟项目总监助理周玉山、黄一峰等相关人员出席了会议。

刘炜副厅长首先介绍了广东省产学研合作的发展情况，并表示在三部两院一省联合推动下，省部院产学研合作在政策体系、推动机制、模式创新等方面大胆探索、先行先试，取得良好的成效。日本中部产官学联合组织代表团团长、日本国立丰桥技术科技大学专任教授岩本容岳先生介绍了日本产官学联合组织的情况，并希望通过访问和交流寻求合作。岩本容岳先生表示通过此次会谈，对广东省产学研合作情况有了进一步的了解，为今后实现具体项目合作打下良好基础。广汽研究院的黄河副院长参加会谈，并就其新产品、新技术的总体发展规划及研发工作作了介绍。

【深圳市成功举办第二届产学研高层沙龙】 2011年4月15日，深圳市科技工贸和信息化委员会在平安银行大厦举办了深圳市第二届产学研高层沙龙。本届沙龙由深圳市当代骏盛投资有限公司承办、平安银行协办，来自政府机关的有关领导、高校及企业的代表近50人出席了本次沙龙。

本届沙龙的主题为"如何将产学研资引入中小企业"。围绕本届沙龙的主题，深圳市创新投资集团有限公司创业投资发展研究中心乔旭东副总经理、深圳市嘉达高科产业发展公司熊永强董事长以及中兴移动通信有限公司总经理助理芦东昕博士分别就风险投资如何助推科技型中小型企业的成长、嘉达公司产学研经验分享、高校互联网种子期项目的筛选等作了主题报告。

本次沙龙提出了发起"123天使基金"的倡议，并对基金的运作模式、组织框架等作了说明。相关人员还就基金可能支持的项目情况进行介绍，如感光新材料、互联网手机电子导游、手机打折网、手机心电图远程实时传输、可食鲜花、教育机器人及保安机器人等。

平安银行谢永林副行长、深圳科工贸信委刘锦副主任分别作了总结讲话。谢永林认为，本届沙龙形式新颖、内容充实，不仅为"管产学研资介"提供了一个沟通交流的平台，同时还有效整合了各类科技资源，有利推动了深圳市科技事业的发展。他表示对沙龙介绍的项目很感兴趣，希望有机会参与项目合作。刘锦副主任指出，本次沙龙内容丰富、特色鲜明、成效显著，为与会人员开拓了一个全新的视野；她要求在今后的工作中，要本着开发创新、跨越发展、高端引领的原则，在建设深圳国家创新型城市的大体系下，群策群力，把每一届沙龙都办出实效、办出新意，为促进深圳市产业发展作出贡献。

【"基于可信架构的宽带无线接入系统"粤港招标（产学研）项目顺利通过验收】 2011年4月21日，广东省科技厅组织专家对广州杰赛科技股份有限公司、中太数据通信（深圳）有限公司、中山大学和华南理工大学联合承担的粤港关键领域重点突破项目"基于可信架构的宽带无线接入系统开发及其产业化"进行验收。专家组听取了项目承担单位的工作总结、技术总结和经费审计等报告，审阅了项目实施的有关资料，实地考察了现场，经质询与讨论，一致认为该项目完成了各项合同指标，产学研结合成效显著，同意通过验收。

"基于可信架构的宽带无线接入系统开发及其产业化项目"是以无线宽带接入技术及其市场发展为导向，从国家信息安全角度出发，立足我国自主知识产权的"虎符TePA"可信架构，构建"安全的、可管理可运营的"无线宽带接入网，通过充分挖掘产学研合作模式的效能，发挥各方优势和特长，借助高校技术储备开展了全软件OFDM/OFDMA基带信号处理、MIMO多天线系统和算法、多通道高线性度射频技术、安全架构等关键技术的研究，依托企业促进产品研发，形成了支持“虎符TePA”可信架构的无线城域网基站、认证服务器、网管系统，以及TePA/WAPI无线局域网无线接入点、无线网桥、接入控制器（AC）、认证服务器（AS）等系列产品。项目的实施过程中，共申请发明专利26件，其中已获授权3件；获得计算机软件著作权2项；发表论文11篇；培养标准化专家、博士、硕士多名，同时参与了一批与本项目密切关联的国际标准、国家标准、指导性技术文件的制定。由杰赛科技参与起草并积极推进的“虎符TePA”国际标准还成为我国在信息安全技术领域的第一个国际标准（ISO/IEC 9798-3:1998/Amd 1:2010）。相关产品已成功应用于2008北京奥运会、国内电信运营商WAPI网络等场合，为广东省及全国范围内电信运营商的宽带无线接入网络建设提供了有效的技术支持和服务。该项目通过制定标准促进产业化，实现了标准规范、核心技术、关键产品、宽带运营的有机融合，达到多边共赢的可喜效果，取得了良好的社会效益和经济效益。

【华南师范大学产学研结合现场会】　2011年4月26日，华南师范大学产学研结合现场会暨“华南师范大学—广州市金洋水产养殖有限公司产学研结合示范基地”揭牌仪式在广州市番禺区海鸥岛举行，省科技厅刘炜副厅长、刘庆茂副巡视员，华南师范大学胡社军书记、刘鸣校长、朱竑副校长，广东省生产力促进中心黄炳贺主任、侯穗副书记等领导出席了会议。会议由华南师范大学朱竑副校长主持。

会上，刘鸣校长介绍了华南师范大学的科研概况，特别是产学研合作方面的情况。华南师范大学—广州市金洋水产养殖有限公司产学研结合示范基地负责人潘淦副教授介绍了基地的概况。示范基地依托华南师范大学生命科学学院和广东省水产健康安全养殖重点实验室，总规模达18.86公顷，总投资3 000多万元，年产优质种苗20亿尾，年产值约3 000万元，带动社会效益达10亿元。

刘炜副厅长充分肯定了华南师范大学近年来产学研结合工作所取得的成绩，希望华南师范大学大胆创新体制机制，大力吸引国内外优秀创新团队和领军人才，将推进产学研结合作为学校发展的重大战略贯穿到学校人才培养、学科建设、服务经济社会发展等重点工作中，为广东省经济发展方式转变、创新型广东建设作出更大贡献。刘庆茂副巡视员也希望华南师范大学能进一步深化产学研合作，推动华南师范大学的学科建设和科学研究等各项事业的发展，提高华南师范大学服务经济社会发展的能力。

【温氏集团与华农大签署全面战略合作协议】　2011年5月16日，广东温氏集团与华南农业大学全面合作签约仪式在云浮温氏集团总部举行，华南农业大学校长陈晓阳、副校长陈志强，省科技厅副厅长刘炜，云浮市市委常委、宣传部长、新兴县委书记、县人大主任吴伟鹏，温氏集团和云浮市科技局有关负责同志出席了仪式。

温氏集团与华南农业大学自1992年就开展了产学研合作，2006年11月，为了拓宽合作领域，双方签订了为期五年的全面合作协议。此次合作是双方在第一次全面合作的基础上，继续深化合作、提高合作层次的重要举措，标志着双方合作迈上了新的台阶。

刘炜副厅长在致辞中充分肯定了温氏集团和华南农业大学近年来产学研合作所取得的丰硕成果，并希望温氏集团充分利用华南农业大学等高校的优势创新资源，紧紧围绕广东省“十二五”发展规划要求，开展更加紧密的产学研合作，培育出更多更好的科技成果。刘炜副厅长同时也希望华南农业大学大胆创新体制机制，将推进产学研结合作为学校发展的重大战略贯穿到学校人才培养、学科建设、服务经济社会发展等重点工作中，为我省经济发展方式转变、创新型广东建设作出更大贡献。

【“光场及交互式立体视频的研究”项目通过验收】　2011年6月14日，广东省科技厅组织专家对清华大学深圳研究生院与TCL集团股份有限公司联合承担的“光场及交互式立体视频的研究”省部产学研结合示范基地建设项目进行验收，省科技厅产学研结合处副处长张志彤、副处长李政访，深圳市科工贸信委处长王立新、副处长于英普以及有关单位的负责同志参加了会议。

湖南大学计算机与通信学院院长李仁发教授、东南大学信息科学与工程学院吴乐南教授等7位专家对项目承担单位进行了实地考察，并对项目成果汇报进行了认真严谨的分析论证，专家组一致认为项目成功完成了各项合同指标，为深圳市的立体视频领域的发展作出了重要贡献，一致通过验收。

“光场及交互式立体视频的研究”项目搭建了多种立体采集与实时处理系统，实现了立体采集系统从研究到应用的跨越，提出并实现了多种平面视频立体化、高性能的立体视频压缩编码以及客户端立体视频的高效、高质重构等方法，开发了全自动平面视频立体化软件，突破了3D电视关键技术，形成系列技术体系，使我国在3D电视领域占领国际前沿阵地，对国内彩电企业完善产业链布局、应对国际竞争具有重要作用。截至2011年6月，项目已有15款3D电视实现了批量生产和销售，累计销量3.03万台，收入1.9亿，经济与社会效益显著。两年来，项目开发的系统已成功在上海世博会中国国家馆、世博园区电信营业厅等地方亮相，并多次主办和参与3DTV国际会议。项目还参与了关于立体视频在无线通信方面的关键技术与标准化工作，共培养了长江学者讲座教授1人，博士后4人（优秀博士后2人）、博士5人和硕士24人，产学研效果良好。

【省部产学研结合重大项目及省重大科技专项项目通过项目验收及成果鉴定】　2011年6月14日，广东省科技厅组织专家对由深圳清华大学研究院、深圳力合数字电视有限公司、深圳力合视达科技有限公司联合承担的广东省重大科技专项（产业共性技术）项目“基于地面数字电视技术的应急无线视频传输系统研发与产业化”及由深圳清华大学研究院、深圳力合数字电视有限公司、清华大学和广州数字电视工程技术中心有限公司联合承担的广东省部产学研项目“基于国标的数字电视关键应用技术研发及产业化”的项目进行验收并召开科技成果鉴定会。广东省科技厅产学研结合处副处长张志彤、副处长李政访，深圳市科工贸信委处长王立新、副处长于英普及有关单位的负责同志参加了会议。

专家组听取了项目实施工作总结报告，认真审核了项目成果有关资料，考察了现场并进行了质询，经充分讨论，一致同意两个项目通过验收。专家组认为项目成果均达到国际先进水平，项目的成功实施为深圳市的数字电视领域的发展作出了重要贡献。

“基于国标的数字电视关键应用技术研发及产业化”项目开发了地面数字电视双向互动增值服务网络系统平台——紫荆神网系统，实现了多种地面数字电视终端，填补了多项市场空白。项目所开发的新型车载接收终端产品催生了新公司——深圳华盛威科技有限公司，专注于“车载前装标准的国标数字电视接收设备”研发与产业化；此外，项目开发的基于图像传输的应急指挥系统获得国家重点新产品称号，并在2008抗击雪灾、奥运安保、抗震救灾等场合中得到应用，为构建和谐社会作出了突出贡献。同时，项目还组建了广东省数字电视产学研创新联盟，建立了广东省数字电视系统重点实验室，并被科技部确定为“数字电视及音频公共技术研发中心”。目前服务企业已达几十家。

“基于地面数字电视技术的应急无线视频传输系统研发与产业化”项目开发的系统产品攻克了数字电视地面广播领域多项关键共性技术，系统可在公共应急现场、单兵摄像前端或应急布控摄像前端与指挥中心之间实现实时多媒体互动，获得了2008年度深圳市科技创新奖。项目所研发系统已成功应用于2008年“抗雪灾，保春运”深圳西客站安全监控、深圳龙岗区地铁三号线拆迁保障、江苏武进太湖旅游节现场应急布控、四川汶川地震灾区灾民安置前端监控、奥运火炬传递的安全保障以及各地区公安部门、油气开采部门的应急监控，广受用户好评。

【“基于可信计算的嵌入式安全终端的研究”项目通过验收】 2011年6月15日，广东省科技厅组织专家对深圳市华威世纪科技股份有限公司与电子科技大学联合承担的省部产学研结合重点项目“基于可信计算的嵌入式安全终端的研究”进行了验收，湖南大学计算机与通信学院院长李仁发教授、东南大学信息科学与工程学院吴乐南教授等7位专家对项目承担单位进行了实地考察，并对项目成果汇报进行了认真严谨的分析论证，专家组一致认为该项目成功完成了各项合同指标，一致通过验收。

“基于可信计算的嵌入式安全终端的研究”项目开发的嵌入式可信计算终端产品采取TPM、BIOS和安全增强型操作系统三者软硬件相结合的计算机安全体系结构，创建了一条可信嵌入式计算平台从硬件、BIOS、操作系统、应用软件到网络服务的信任链传递链，集安全增强设计的CRTM、网络身份认证、安全增强的操作系统等创新点一身，从根本上解决现有计算机体系结构产生的病毒和安全问题，有利于保障国家信息安全、发展民族产业，社会效益显著。项目研发的产品被中国国际软件协会评为“2011年最具竞争力产品奖”，并已初步在公共安全管理、环境监控、制造工业等行业应用，得到用户的充分肯定。

【“广东省机电产业产学研创新平台建设”通过验收】 2011年6月22日，广东省科技厅组织专家对广东广天机电工业研究院有限公司、江门市蓬江区科技局和天津大学联合承担的省部产学研结合示范基地建设项目“广东省机电产业产学研创新平台建设”进行了验收。广东省机械研究所副总工程师赖建康等五位专家对项目承担单位进行了实地考察，并对项目成果汇报进行了认真严谨的分析论证，专家组一致认为项目成功完成了各项合同指标，一致同意通过验收。省科技厅产学研处副处长张志彤、江门市科技局副局长李健群及有关单位负责同志参加了会议。

广东广天机电工业研究院有限公司结合所在地区的产业特点，开展机电产业创新平台建设，平台通过建立产品三维数字化模型、结合工程专业知识，进行产品结构设计、虚拟装配、性能分析与仿真，为企业提供产品的全方位解决方案；通过引进加工中心（CNC）、快速成型设备等，提高了新产品快速试制能力和设计效率。通过迅捷的技术交流和高效率的技术服务，平台已为企业设计开发了多款新型的两轮摩托车和三轮摩托车、自行车、电动车及各种配件，提高了机电行业（特别是摩托车行业）的自主开发能力和技术创新能力，并创造了良好的经济和社会效益。平台的建立对江门乃至整个珠三角地区的机电产业发展发挥重要作用。

【广东省产学研结合创新平台工作座谈会】 2011年7月7日，广东省产学研结合创新平台工作座谈会在东莞市松山湖召开。来自全省各地市的二十九个产学研结合创新平台，以及省科技厅、中科院、相关地市、高校科技管理部门的负责人等出席了会议。广东省科技厅副厅长余健、刘炜出席会议并发表讲话。

余健副厅长在座谈会上指出，广东省产学研结合创新平台的建设必须围绕着建设创新型广东这一中心，在省部产学研合作以及省院全面战略合作框架下，紧紧围绕广东支柱产业和战略性新兴产业的发展需求，不断引入高校、科研院所的创新资源，提升高校及科研院所服务产业发展的能力，增强广东省对接和承载国家创新资源的能力。在推进创新平台建设的过程中，要不断提升平台的创新能力，加强创新型人才的聚集，特别要引进全国、全世界一流的人才到广东创新、创业；要不断创新工作机制，尤其是竞争机制和评价机制；要不断优化创新环境，形成良好的创新文化氛围。此外，要注重提升平台建设对区域经济发展的支持作用，结合广东产业发展的实际，走出一条平台建设的品牌之路，为全国提供一种新的模式；同时要加强科技和金融资本的结合，构建多元化的投入体系，不断激发平台发展的生机。

刘炜副厅长提出，广东省产学研创新平台在未来的发展中，要成为国家创新平台的立足地，各类创新资源的集聚地，产业技术创新的策源地，高新技术人才、成果、企业的孵化地，以及高新技术产业、战略性新兴产业的战略发展地。他进一步建议平台在今后的发展中，首先要紧紧依靠高校和科研院所的力量，使其成为创新的源头；要搭建开放的平台，用海纳百川的姿态吸引全世界的创新人才到平台创业发展；要建立灵活的人才激励机制，催生更多“知识资本家”；要真正建立科技和金融的结合机制，多方面引入社会资本，增强平台发展后劲；要注重“长短结合”，短期以及中长期的研发项目要合理配置，要有当前企业亟需技术的储备，又要有产业先导技术的布局；要大力支持广东省专业镇的转型升级，全面提升产业集群区的自主创新能力；要建立平台之间的互动和共享机制，共促发展。

座谈会上，各创新平台的负责人认真总结了其平台发展的经验和做法，并提出了对平台今后发展的意见和建议，大家在平台的目标定位、发展形式、运行机制，以及相关立法等问题上进行了有益的探讨。本次会议必将对广东产学研结合工作向深度和广度发展起到积极的作用。

【深圳市产学研高层论坛】 2011年7月12日，深圳市产学研高层论坛——“新材料产业国家级重大项目走进深圳暨新材料产学研创新联盟发起仪式”在深港产学研基地举行。广东省科技厅副厅长余健出席了论坛并致辞。广东省、深圳市科信部门及各有关高校、科研院所、新材料产业企业的200名高层领导、代表出席论坛，并围绕“新材料产业国家级重大项目走进深圳”这一主题进行深入研讨，力推深圳新材料产业的新一轮规划和发展。

深圳市目前形成了较为完善的产学研合作体系。在此次论坛上，由深圳光启高等理工研究院、中科院深圳先进院、北京大学、清华大学、哈尔滨工业大学、西安交通大学、华中科技大学、西北工业大学、深圳大学、深圳职业技术学院等在内的大批从事新材料产业相关的科研机构、高校，与深圳市的近百家新材料企业，共同发起组建一个全新的“新材料产学研创新联盟”，携手推动深圳新材料和新兴战略性产业做大做强。

余健副厅长代表省科技厅对论坛的举办表示祝贺，并指出，深圳向来是我国改革开放的先行地区，也是我国自主创新的重点基地，近年来在推进产学研合作上更是成绩斐然，在积极探索有深圳特色的产学研结合新途径、新方法、新机制方面取得了一系列突破，成为广东省乃至全国产学研合作最为活跃的地区之一。此次论坛的召开就是创新产学研交流共商机制很好的尝试，同时也将促进深圳市新材料产业的快速发展。进入“十二五”新时期，希望深圳能继续发挥创新高地的优势，不断探索和创新产学研合作的新模式、新机制，在更高的层次上配置创新资源，为构筑广东未来的核心竞争力作出更为积极的贡献。

【广佛肇地区产学研结合工作座谈会】

2011年8月18日，广佛肇地区产学研结合工作座谈会在佛山召开。此次会议的主旨是为了更好地整合广州、佛山、肇庆三市现有的创新平台、联盟、基地及人才资源，加强科技创新资源的共享，更好的发挥科技部门在产业转型升级中的作用，促进广佛肇地区共同推进产学研合作，加速广佛肇一体化建设。省科技厅副厅长刘炜出席会议并讲话，广州市科信局、佛山市科技局、肇庆市科技局及广佛肇三地平台和企业代表近40人参加了会议。

刘炜副厅长指出，省部院产学研合作经过五年多的发展取得了显著成绩，为珠三角地区的产业转型升级发挥了重要的作用。“十二五”期间，省部院产学研合作将在更高的层次上配置创新资源，从构建产业链技术创新体系着手，建立更多大型的产学研创新平台，支撑我省产业转型升级。刘炜副厅长希望，广佛肇三地科技管理部门加强沟通协调，制定有利于推进产学研合作的新机制，营造良好的创新环境，共同推进广佛肇地区的产学研合作，推动产业转型升级。要尽快建立广佛肇产学研合作信息共享平台，促进三地科技资源的有效共享。要不断整合三地平台、联盟、基地、人才等科技创新资源，结合产业发展优势，联合开展关键共性技术攻关，实现广佛肇三地优势互补，加速一体化建设。

座谈会上，广州市科信局、佛山市科技局和肇庆市科技局有关负责同志，分别就各自地区的产学研合作情况作了介绍。部分创新平台和企业代表踊跃发言，就共同推进广佛肇地区产学研合作提出了意见和建议。

【珠中江地区产学研结合工作座谈会】

2011年8月23日，珠中江地区产学研结合工作座谈会在中山市召开。此次会议的目的是为更好地整合中山、珠海、江门三市的创新资源，尤其是促进创新平台、联盟、基地及人才资源的共享，加强三地的产业科技合作，为共同培育战略性新兴产业带提供科技支撑，实现优势互补、共赢发展，加速珠中江一体化建设。省科技厅副厅长刘炜出席会议并讲话，中山市科技局、珠海市科技局、江门市科技局及珠中江三地平台和企业代表近40人参加了会议。

刘炜副厅长指出，省部院产学研合作经过五年多的发展已形成了“三部两院一省”良好的格局，为珠三角地区提升自主创新能力，推动经济转型升级发挥了重要的作用，也为珠三角改革发展规划的实施提供强大的科技支撑。“十二五”期间，省部院产学研合作将从构建产业链技术创新体系着手，结合区域产业特点，在更高的层次上配置创新资源，支撑广东省产业转型升级。刘炜副厅长建议，珠中江三地科技管理部门要加强沟通协调，建立三地的联席会议制度，充分利用三地地域相近、产业相连的优势，联合推动三地创新资源的共享和创新平台的共建，选择产业链互补性强、前景广阔的产业进行合作，开展共性技术的联合攻关，全面提升区域的自主创新能力，促进区域产业转型升级。

座谈会上，中山市科技局、珠海市科技局和江门市科技局有关负责同志，分别就各自地区的产学研合作情况作了介绍。部分创新平台和企业代表踊跃发言，就共同推进珠中江地区产学研合作提出了意见和建议。

【深莞惠地区产学研结合工作座谈会】 2011年8月25日，深莞惠地区产学研结合工作座谈会在惠州市召开。这是之前召开“广佛肇”和“珠中江”地区产学研结合工作座谈会后的第三场系列会议。此次召开深莞惠地区产学研结合工作座谈会的目的，就是共同探讨如何进一步深化深莞惠三地的产学研结合工作，实现三地产学研创新资源的共享共建，推动三地的区域科技创新体系建设，加快三地的一体化进程。省科技厅刘炜副厅长出席会议并讲话，深圳市科工贸信委、惠州市科技局、东莞市科技局及深莞惠三地平台和企业代表近40人参加了会议。

刘炜副厅长指出，深莞惠地区在下一步共同推进产学研合作的过程中，要有海纳百川、互利共赢的理念，要从产业链技术创新体系的建设上去有效配置创新资源，要整合全国、全世界的科技创新资源为我所用，要联合各个部门共同推进产学研向深度和广度发展。他建议，深莞惠三地要实现产业的合作，选择关联性与互补性强的产业联合进行共性技术攻关，打造区域特色产业链；要实现平台的合作，共享创新平台资源，基于相关产业技术需求的基础上共建大型的创新平台；要实现园区的合作，加强高新区、孵化器等的交流和对接，共同发展；要充分利用产学研的创新资源，从延伸产业链和打造产业链技术创新体系的高度促进专业镇的转型升级；要创建覆盖深莞惠三地的产学研创新联盟，共同推动相关产业的长足发展；要促进深莞惠三地科技中介的合作，共同为三地科技企业提供高效服务；通过举办相关的技术推介会、产业论坛等，促进三地相关共性技术的推广和应用；要建立有效的沟通协调机制，打造信息的共享平台，出台相关的保障和激励政策，制定中长期规划，真抓实干，共同提升深莞惠地区的自主创新能力，促进区域产业转型升级。

座谈会上，深莞惠三地的科技管理部门、平台及企业代表踊跃地为如何共同推进深莞惠地区产学研合作建言献策，分别就三地平台共建、人才交流、科技金融合作、产业链打造等问题进行了有益的探讨。

【惠州市大力推进省部产学研结合示范市建设】 2011年9月2日，惠州市政府出台了《关于推进省部产学研结合示范市与广东省技术创新工程试点市建设的实施意见》（以下简称《实施意见》）。这是惠州市深入实施自主创新战略，加快转变经济发展方式，促进产业结构调整升级的又一重要举措。

《实施意见》的制定以加快转变经济发展方式为主题，以提升企业自主创新能力和产业竞争力为主线，大力推进产学研结合，构建产业技术创新联盟，加强关键技术攻关，全力组织培育创新型企业，加快技术创新平台和服务平台的建设，突出抓好科技创新人才、自主创新政策和科技金融服务，培育战略性新兴产业，加速科技园区创新发展，充分发挥科技创新支撑未来经济社会发展的重要作用，为建设创新型城市提供有力保障。

《实施意见》明确设立创新型企业培育专项资金和产学研专项资金。从2011年起，惠州市财政每年安排产学研结合专项经费1 000万元，仲恺高新区、大亚湾开发区每年各安排500万元，惠城区、惠阳区每年各安排300万元，博罗县每年安排200万元，惠东县每年安排150万元，龙门县每年安排50万元作为各县、区的产学研结合专项经费，引导带动其他经费投入和企业经费投入，切实推动我市产学研合作工作。新认定的国家级、省级创新型企业，按市政府的规定由市财政分别一次性给予30万元和10万元资助；新认定的国家高新技术企业，按市政府的规定由市财政一次性给予5万元资助。

【“医用镁合金产业技术创新战略联盟”成立大会】 2011年9月17日，“医用镁合金产业技术创新战略联盟成立大会暨可降解生物镁合金产业发展高峰论坛” 在东莞市松山湖科技产业园区举行，省科技厅副厅长刘炜出席了论坛并在大会上致辞。该联盟由东莞宜安科技股份有限公司牵头，首批加入联盟的单位有29家。其中包括有北京大学、清华大学、上海交通大学、北京理工大学、中科院金属所、西北有色金属研究院、中国人民解放军总医院、重庆三峡中心医院在内的国家知名大学、研究机构、医院和企业。出席会议的还有中国产学研合作促进会常务副会长石定寰、副会长王建华，科技部高技术研究发展中心副巡视员卞曙光，东莞市政府副秘书长朱斌华，以及省、市有关部门的领导、相关院校的专家学者等100多人。

刘炜副厅长代表省科技厅对联盟的成立表示祝贺，他在致辞中表示，目前省部院产学研合作已逐步构建起以派驻企业科技特派员为点、以建设产学研创新联盟为线、以建立产学研结合区域示范基地为面的产学研合作推进架构，并形成“三部两院一省”共同推进产学研合作的全新局面。省部院产学研合作为我省转变经济发展方式，调整产业结构，提升自主创新能力发挥了重要作用。医用镁合金产业技术创新战略联盟的成立正是省部院产学研合作的又一重要成果。他希望该联盟的成立能围绕医用镁合金产业技术创新链开展集成创新，突破行业的关键共性技术，赢得医用镁合金产业发展的主动权；同时希望联盟能真正建立起利益的共享机制，通过体制机制的创新实现资源的共享和开放，整合更多国内外的创新资源，不断发展、壮大。

【中山市与武汉大学签约共建“中山珞珈产学研基地”】 2011年9月20日，中山国家高技术产业开发区（以下简称“开发区”）与武汉大学共建“中山珞珈产学研基地”签约仪式在开发区国际会议中心隆重举行，中山市人民政府副市长司徒伟湛、武汉大学副校长蒋昌忠、火炬开发区党委书记、管委会主任侯奕斌，中山市科技局局长徐小莉，武汉大学校产业部部长闫平及开发区企业代表100余人参加了签约仪式。

此次合作是建设协同创新平台、以科技支撑产业发展、探索政产学研用为一体的技术转移模式的一次新尝试。作为国家级开发区，火炬开发区连续多年经济总量保持中山全市第一，园区正处于产业升级转型的关键阶段，先进装备制造、高端电子信息、新能源和节能设备、生物医药、包装印刷等新兴产业正逐步成为园区发展的主导产业。通过产学研合作搭建创新平台，借脑引智发展成为支撑园内企业顺利实现产业结构调整的核心要素与重要抓手。“中山珞珈产学研基地”的建立将推动武汉大学科技、人才、信息等资源与开发区产业结合，加速一批先进实用技术产业化，发挥科技的支撑引领作用，推动开发区在新一轮产业发展中继续领跑。

本次签约是贯彻落实2011年“3.28”中山市与武汉大学签署全面合作协议的重要举措，协议签定以来，武汉大学在中山市迅速成立了中山市武汉大学技术转移中心，并结合中山产业发展重点调集各类学科资源，在新材料、环保、海洋工程等多个产业广泛布局，同时充分发挥武汉大学在高端人才培养、人文社科领域的优势，开展公共科技创新平台建设专题调研，主动融入地方经济建设，积极尝试产学研合作新模式，构建起了市镇区三级联动的产学研合作网络，有效地促进了中山的产业转型升级。

【广佛肇产学研结合工作会】 2011年9月20日，广州、佛山、肇庆三市科技主管部门在广州中国大酒店联合召开广佛肇产学研结合工作会。会议由广州市科信局弓鸿午副局长主持，佛山市科技局胡英副局长、肇庆市科技局谢炳权副局长及广州产学研结合处负责同志参加了此次工作会。

三地与会代表在会上一致同意积极谋划三市产学研合作发展新思路，充分发挥各自优势和特色，坚持优势互补、互利互赢、互相学习、平等协商、先行先试的原则，以实在、共赢、实惠的精神，以《广佛肇经济圈建设推进科技创新合作协议》为基础，制定广佛肇产学研科技创新合作协议，共同推动三市产学研合作，拓展区域发展空间，将三市打造成引领区域发展、参与国际竞争的主阵地，实现产学研跨地区合作一体化。

【珠中江产学研联席会议】 2011年9月22日，珠海、中山、江门三市科技主管部门在中山市科技局会议室联合召开珠中江产学研联席工作会议。珠海市科工贸信局李绪鹏副调研员、中山市科技局林俊副局长、江门市科技局李健群副局长及三市相关业务科室负责人参加了此次工作会。

三地与会代表在会上一致同意积极谋划三市产学研合作发展新思路，在“推进珠中江区域科技合作框架协议”的基础上，本着优势互补、互利共赢、互相学习、平等协商的原则，根据珠中江区域产业发展特点，修改并完善《珠中江产学研合作框架协议（初稿）》，共同推动三市的产学研合作，拓展区域发展空间。

会议同意建立三市产学研联席会议制度，由分管产学研工作的局领导作为会议召集人，原则上每季度召开一次会议，制定有利于推进产学研合作的沟通制度，共建共享珠中江科技信息资源，建设优势互补，合作共赢的区域科技创新体，实现产学研跨地区合作一体化。

【2011年高校产学研工作座谈会】

2011年11月26日，广东省省部院产学研办在广州组织召开了2011年高校产学研工作座谈会。省科技厅余健副厅长、刘炜副厅长，省部院产学研办、省产学研促进会的相关负责同志，以及来自全国近30所高校、部分高校驻粤研究院及分支机构的代表参加了会议。座谈会上，省部院产学研办系统总结了“十一五”期间省部院产学研工作的开展情况，并向高校代表介绍了“十二五”期间省部院产学研合作下一步工作思路；与会的高校代表纷纷为进一步深化省部院产学研合作建言献策，并结合自身高校的情况提出了相关的工作计划。

“十一五”期间，省部院产学研合作取得累累硕果，省财政累计投入16亿元，带动地市财政投入80多亿元；企业实施产学研合作项目总计1.5万多项；五年累计新增产值8 000多亿元，新增利税1 200多亿元；获得专利2万多件，为企业培养技术和管理人才多达7.4万人。截止目前，组建了35个产学研创新联盟，大型综合创新平台20多个，中小型创新平台1 500多个，产学研结合示范基地219个；累计派驻企业科技特派员5 190名，吸引了来自全国312所高校，332所科研机构的1万多名专家来粤开展产学研合作。

刘炜副厅长在座谈会上表示，“三部两院一省”产学研合作不仅对广东提升科技综合实力和区域创新能力作出了重大贡献，同时也让广东省成为全国各高校学者、专家创新创业的一方热土，尤其为省外相关高校在东南沿海地区布局创新资源提供了良好的契机。省部院产学研合作要在原有的基础上取得更大突破，要加大力度建设更多综合性、高水平的产学研合作创新平台；要不断聚集更多高水平、多学科的创新团队和领军人才；要着力建设重大的成果产业转化基地（园区），引进、孵化重大创新成果；同时加快推进产学研国际化进程。

余健副厅长在讲话中进一步强

调，省部院产学研合作在下一步工作中，要加强科技成果、人才等创新资源向产业集群的配置，大力实施“一校一镇”战略。高校与地方要围绕产业集群大力共建更多的区域性的大型创新平台，尤其是专业镇创新平台，围绕专业镇转型升级集聚更多高水平的创新团队和领军人才。

高新技术及产业

【简述】 2011年，广东高技术制造业呈现良好的发展态势，全省高新技术产业总产值将突破3.3万亿元。其中，医药产业、电子及通信产业增长较快，有力地拉动广东工业的增长，并促进了广东工业结构的调整优化。

高技术制造业保持较快增长态势

2011年，广东高技术制造业生产走势先降后升，全年增速高于全省工业平均增速。一季度，规模以上高技术制造业增加值增长14.9%；二季度，受日本地震、电力资金紧张影响，生产增速下行至13.3%；下半年，随着日本地震影响减弱、战略性新兴产业加快推进，高技术制造业生产向好，三季度累计增长14.6%，全年完成增加值5 185.35亿元，同比增长14.7%。从全年看，高技术制造业增速均快于全省工业，四个季度的累计增幅分别高于全省工业0.9个、0.2个、1.6个和2.1个百分点。高技术制造业对规模以上工业增长的贡献率达到25.5%，拉动工业增长3.2个百分点。

高技术产业实力增强，产品在全国占有重要地位 广东高技术主要产品产能和产量继续提高，主要产品在全国占有较高比重。2011年，广东规模以上工业企业共生产程控交换机2 223.83万线，增长13.0%，占全国的73.3%；手机5.93亿台，增长27.6%，占全国的51.9%；计算机整机5 964.12万台，增长57.3%，占全国的17.0%；集成电路176.07亿块，增长2.0%，占全国的23.1%；电子元件14 931.53亿只，下降1.2%，占全国的62.1%；彩色电视机4 862.42万台，增长9.6%，占全国的39.1%。

高技术制造业加快发展助推广东工业产业高级化 2011年，广东高技术制造业占规模以上工业增加值的比重为21.5%，比2010年提高0.3个百分点。其中，通信设备制造业、电子器件制造业、计算机网络设备制造业等相对高端新型产业加快发展，通信设备制造业增加值增长31.2%、电子器件制造业增加值增长17.6%，计算机网络设备制造业增加值增长33.2%。佛山彩虹顺德基地OLED项目一期已经成功投产，2011年生产OLED显示屏214.76万片，深圳华星光电8.5代液晶面板实现量产，这些项目成为广东高技术产业发展的亮点。与医疗相关的产业也获得较快发展，医药制造业增加值增长14.4%，医疗设备及器械制造业增加值增长22.1%。

【广佛肇合力打造广东高新技术产业带】 2011年10月19日，“广佛肇产学研科技创新合作协议”在肇庆签订。以打造广东高新技术产业带为目标，三市将共建共用公共科技服务平台，重点组织“产学研用”项目，加快推动高科技成果产业化。

协议明确，将以促进科技产业化为核心，成立专项资金，实施错位发展，共建跨地区产学研联盟的创新体系。最终形成“结构高级化、发展集聚化、竞争高端化的现代产业体系”。三市合作的主要内容包括，共建共用公共科技服务平台，重点组织开展产学研用科技项目，促进科技人才交流，共同提升自主创新能力和产业竞争力。三方为此建立了科技行政主管部门联席会议机制，每年分别在三地各召开一次例会，以确保提高工作效率、加快资金落实，大力培育和发展高新技术产业。

具体实施中，三方将根据广佛肇社会经济的发展要求，引导三地企业、高校或科研院所和最终用户，共同组织实施产学研结合项目；共同组织高水平、高产出、高效率的项目，向国家科技部和省科技厅申报各类产学研结合重大专项，合力打造创新型城市的核心引擎。

为推进实施共建共用公共科技服务平台，三市科技主管部门负责人承诺：建立信息网络资源共享平台，定期发布公共科技服务资源目录，整合三市服务、经济技术信息资源，组织供需见面会；在公共实验室、公共创新平台、大型科研仪器设备等方面，推进资源共享；政府部门将以采购方式，支持大型企业的先进检测设备为中小型企业服务。同时在知识产权保护、技术产权交易、创新驿站、人才引进等方面，建立创新中介服务共享平台。此外，还将面向企业、高校或科研院所和最终用户，开办三市人才交流对接会，建立人才交流平台，加快推动形成广佛肇共同聚焦创新发展的格局，构建广东新型创新圈。

“目的就是要加快促进科技成果产业化。同时通过整合资源，扩大三市共同利益。”省科技厅副厅长刘炜说，省科技厅将全力支持三市先行先试、重点突破。

【MIIT-CSIP-DUT赛纳科技创新中心成立】 2011年9月16日，由珠海赛纳打印科技股份有限公司联合工信部软件与集成电路促进中心、大连理工大学在珠海举行的“MIIT-CSIP-DUT赛纳科技科技创新中心”成立，广东省科技厅副厅长余健出席了成立仪式，工信部软件与集成电路促进中心邱善勤主任、珠海市政府王庆利副市长等领导出席了本次活动。

余健副厅长在致辞中指出，赛纳科技公司依靠自主创新，打破日美打印巨头近30年的技术垄断，研发出来我国第一台拥有自主核心技术的激光打印机并实现产业化，迈出了我国打印产业转型升级的关键一步，意义重大。赛纳科技创新中心的成立，引入国家级软件与集成电路创新平台、大连理工大学的创新资源，将进一步为珠海及广东省的打印机产业添加强力的技术支撑。他希望赛纳科技公司以科技创新中心为载体，深化产学研合作，加快形成具有自主知识产权优势的打印机产业集群。

2011 年广东省自主创新产品

产品名称	单位名称	产品型号 / 规格 / 版本号
电子信息（计算机及应用设备、现代化办公设备、集成电路及专用设备、新型元器件）		
Digicom Ark 多屏处理器	广东威创视讯科技股份有限公司	310SP；1208；1210；1216；1224
Digicom Magic 多屏处理器	广东威创视讯科技股份有限公司	3102；3103；3104；301；302
Digicom XLAN 服务器	广东威创视讯科技股份有限公司	600C
Visionpro 显示单元	广东威创视讯科技股份有限公司	C-DX501；C-DX503；C-DX601；C-DX673；C-SX673
液晶显示单元	广东威创视讯科技股份有限公司	LF-WX4602；LF-WX4603
光纤电流互感器	广东中钰科技有限公司	ET6-FOCT
红外热成像仪	广州彼岸思精光电系统有限公司	IRPS5 型；CV200 型
FINE1200 舞台灯具	广州彩熠灯光有限公司	WASH；SPOT；SPOT HPE;PERF
多媒体数字灯	广州彩熠灯光有限公司	FINE DM Ⅰ；FINE DM Ⅱ；FINE OM Ⅰ；FINE MS Ⅰ
代代星体感游戏套装	广州代代星电子科技有限公司	GM-902
穿墙（大堂）式现金循环自动柜员机	广州广电运通金融电子股份有限公司	H68N（L）
循环机芯	广州广电运通金融电子股份有限公司	CRM9250
乐庚多媒体录播系统	广州乐庚信息科技有限公司	V1.0
全高清录播系统	广州市奥威亚电子科技有限公司	PROPRE-4HD；PROPRE-6；PROPRE-6HD
全高清数字庭审系统	广州市奥威亚电子科技有限公司	TWS-6；TWS-6HD；PWS-F2000；PWS-M2000
LED 全彩显示屏	广州市风之帆光电科技有限公司	alpha12；alpha18；alpha20；fly board
TERBLY UHP 效果灯	广州市浩洋电子有限公司	JT160-E；JT160B-E；V160-E；V160B-E；V160S-ER
高稳定性高传输速度的防水连接器	广州市恒吉电子科技有限公司	YWS-RFZS/YWS-RT1；YWS-RFZS1/YWS-RT1
交换机	广州市华谱电子科技有限公司	数字程控交换机；无线程控交换机；TDMx 综合语音业务控制软件 V2.05.02
表面安装的恒温晶体振荡器	广州市天马电讯科技有限公司	OX2415
低噪声倍频恒温晶体振荡器	广州市天马电讯科技有限公司	OX3267
高频高稳定晶体振荡器	广州市天马电讯科技有限公司	OX3234
宽温小型模拟压控温补晶体振荡器	广州市天马电讯科技有限公司	TX2109
大功率 LED 模组光源	晶科电子（广州）有限公司	LLEL-MNGB
易星陶瓷贴片 LED	晶科电子（广州）有限公司	ESG-XXXX-XXXX-XXXX
蓝盾防火墙软件	蓝盾信息安全技术股份有限公司	V2.0

（续上表）

可信计算密码模块安全芯片	国民技术股份有限公司	SSX44
Quidway NetEngine 高端路由器	华为技术有限公司	NE40E-X3；NE40E-X8；NE40E-X16
二层交换机	华为技术有限公司	S2700-9TP-EI；S2700-52P-EI；S2700-18TP-EI；S2700-26TP-EI；S2700-26TP-PWR-EI
核心汇聚三层交换机	华为技术有限公司	S9303；S9306；S9312
三层百兆交换机	华为技术有限公司	S3700-52P；S3700-28TP；S3700-28TP-EI-24S；S3700-52P-PWR；S3700-52P-EI-24S
三层交换机	华为技术有限公司	S7703；S7706；S7712
三层千兆交换机	华为技术有限公司	S5700-52C；S5700-48TP；S5700-28C-EI-24S；S5700-28C；S5700-52C-PWR
微机监控高频开关直流电源系统	深圳奥特迅电力设备股份有限公司	GZDW 型高频开关直流电源柜
宝德高密度节能服务器	深圳宝德科技集团股份有限公司	PR2760T
高可用性绿色服务器	深圳宝德科技集团股份有限公司	PR2310N
1/10 英寸 30 万像素 CMOS 图像传感器（BF3703）	深圳比亚迪微电子有限公司	BF3703
高精度小功率开关电源控制芯片	深圳比亚迪微电子有限公司	BF1502
监控领域模拟输出 CMOS 图像传感器	深圳比亚迪微电子有限公司	BF3003
中压 MOSFET	深圳比亚迪微电子有限公司	BF975NF75；BF975NF75A；BF960N75
自电容式触摸控制芯片	深圳比亚迪微电子有限公司	BF6922C；BF6923C
光伏并网逆变器	深圳科士达科技股份有限公司	光伏并网逆变器（GSL0250-GSL0500）
超高性能 2528 椭圆 LED	深圳雷曼光电科技股份有限公司	R：LL2528SPHR4-B02；G：LL2528SPPG4-B02-01；B：LL2528SPBL4-B02-01
DFT ES 磁盘阵列	深圳市迪菲特科技股份有限公司	DFT ES 磁盘阵列
DFT VTL 虚拟带库	深圳市迪菲特科技股份有限公司	DFT VTL 虚拟带库
DFTGS 磁盘阵列	深圳市迪菲特科技股份有限公司	GS 磁盘阵列
DFTNAS 磁盘阵列	深圳市迪菲特科技股份有限公司	迪菲特 NAS 磁盘阵列
DFTRS 磁盘阵列	深圳市迪菲特科技股份有限公司	DFTRS 磁盘阵列
学生安全管理系统	深圳市丰泰瑞达实业有限公司	AOGE-FTRDXS001
智能景区管理系统	深圳市丰泰瑞达实业有限公司	FTRD-ZNJQ1.0
智能化故障设置系统	深圳市风向标科技有限公司	FXB-SG-003
基于环境分析实现现场智能联动高速球型智能摄像机	深圳市景阳科技股份有限公司	SN-WP687PTA

（续上表）

010 高亮侧发光二极管	深圳市聚飞光电股份有限公司	01.JT.CB004ZE-B/3.8*0.9*0.4
020 高亮侧发光二极管	深圳市聚飞光电股份有限公司	01.JT.CB003ZC-B
笔记本电脑	深圳市神舟电脑股份有限公司	QTP6/19Vdc
金属加密键盘	深圳市怡化电脑有限公司	YH5020；YH5010
现金出纳机	深圳市怡化电脑有限公司	CDS220
立体数码照相机	深圳市掌网立体时代视讯技术有限公司	SDC 820
闯红灯自动记录系统	深圳市中盟科技股份有限公司	ecop490
高性能 MCA 移动网络信息终端	研祥智能科技股份有限公司	MCA-1001
R46	中国长城计算机深圳股份有限公司	R46
长城至翔	中国长城计算机深圳股份有限公司	长城至翔 S320 服务器
世恒 S	中国长城计算机深圳股份有限公司	世恒 SII
便携式音视频编解码双核多媒体处理器芯片	炬力集成电路设计有限公司	ATJ2259；ATJ2259A
新型银行自助设备	珠海金联安警用技术研究发展中心有限公司	JLA—ADM0901
智能型微机变压器综合保护装置	珠海瑞捷电气有限公司	RD100T 变压器保护装置；RDS200T 变压器保护装置；RD300T 变压器保护装置；RDS500T 变压器保护装置；RD600T 变压器保护装置
智能型微机电动机综合保护装置	珠海瑞捷电气有限公司	RD100M1 微机电动机保护装置；RDS200M1 微机电动机保护装置；RD300M1 微机电动机保护装置；RDS500M1 微机电动机保护装置；RD600M1 微机电动机保护装置
激光打印机	珠海赛纳打印科技股份有限公司	P1000；P1050；P2000；P2050
儿童电脑学习机	广东嘉达电子科技股份有限公司	NO:JD20273；NO:JD20275；NO:JD20277；NO:JD20278；NO:JD20280
高反压功率晶体管	佛山市蓝箭电子有限公司	3DD13003K1G；3DD13003L5；3DD13005DT7
高压大电流肖特基二极管	佛山市蓝箭电子有限公司	2CZ10100CT
车载一键通语音导航系统	佛山市三水科多盈电子科技有限公司	K-8240
交互式电子白板	佛山市智力科技有限公司	ZL-8020
发票一体机自助终端	广东金赋信息科技有限公司	KF-D1100
自助办税服务终端	广东金赋信息科技有限公司	ATS-2200-T；ATS-3100-T
多功能现场执勤声像记录仪	惠州市恒诺实业有限公司	执勤仪 DPD800
精拍仪	东莞光阵显示器制品有限公司	WJ1001；WJ1004
LEDT8 灯管	东莞市贻嘉光电科技有限公司	T8 四尺 264/264 颗 3528LED
大功率 LED 隧道灯	东莞市贻嘉光电科技有限公司	YJ-SDD84

（续上表）

大功率 LED 支架	广东宏磊达光电科技有限公司	大功率 LED 支架；全彩大功率支架；密集型大功率支架；带热沉贴片支架；TOP 支架
编码器	广东升威电子制品有限公司	EC121102X2D-HA1-021；EC162102HIE-HA2-000；EC110201M2F-VH1-068
片式超亮发光二极管	木林森股份有限公司	数码管小屏贴；M-408BCBSC00-4800；M-M3CC2SC40-15；发光二极管（MLS-D3528HR02）；LED 灯
佳时大尺寸互动式触控电子白板	中山佳时光电科技有限公司	JTI-7601B；JTI-9601W；JTI-1061W；JTE-8201B
BP-900K 专业存折打印机	新会江裕信息产业有限公司	BP-900K 专业存折打印机
CP-9000K 高速高负荷宽行针式打印机	新会江裕信息产业有限公司	CP-9000K 高速高负荷宽行针式打印机
FP-570KII 新一代高性能票据打印机	新会江裕信息产业有限公司	FP-570KII 新一代高性能票据打印机
LQ-600K 高速滚筒窗口票单打印机	新会江裕信息产业有限公司	高速滚筒窗口票单打印机
RP-600 速度型窗口票据打印机	新会江裕信息产业有限公司	RP-600 速度型窗口票据打印机
新型压电陶瓷发声元件	肇庆捷成电子科技有限公司	PD-15N40
小规格、高频绕线型片式电感器	肇庆市宏华电子科技有限公司	HHW0603/0805UC
高清便携影音播放器	清远市佳的美电子科技有限公司	P82/8 英寸 1 280x768 1080P 多格式 /V1.0.7；P86/8 英寸 1 280x768 1080P 多格式 /V1.0.8
高多层刚挠结合印制板	广东成德电路股份有限公司	高多层刚挠结合印制板
智能型电镀整流机	广东金顺怡科技有限公司	SMA50A/12V；SMA100A/12V；SMA200A/12V
电子信息（通信产品、广播电视技术产品）		
无线环保公共广播系统	广州市迪士普音响科技有限公司	WEP2364R；WEP9115T
相控阵声柱	广州市迪士普音响科技有限公司	DSP1501；DSP1502
智能广播主机	广州市迪士普音响科技有限公司	MAG1189
使用非轴对称音盆的扬声器	国光电器股份有限公司	410416 00301；410416 00802；410416 00303；410416 00304
京信高铁无线覆盖 RRU 设备	京信通信系统（中国）有限公司	GRRU：GRRU-1022/1023；WRRU：S-9170
京信数字微波 PTN 设备	京信通信系统（中国）有限公司	ML-08155；ML-3000；ML-600；ML-13155
京信无线通信 3G 直放站设备	京信通信系统（中国）有限公司	TD-SCDMA:M-3300；WCDMA:DR-3122；CDMA:DFR-3210

（续上表）

DMR 手持数字通讯终端	海能达通信股份有限公司	PD780
TETRA 手持数字通讯终端	海能达通信股份有限公司	PT580
传送网 MSTP 产品	华为技术有限公司	OptiX OSN 9560；OptiX OSN 7500；OptiXOSN 3500；OptiX OSN 2500；OptiX OSN 1500
传送网 SDH 产品	华为技术有限公司	OptiX OSN 7500II；OptiX OSN 3500II；OptiX OSN 550；metro 1000
多点控制单元 MCU	华为技术有限公司	ViewPoint8660；ViewPoint8650；ViewPoint8650C
华为多媒体联络中心平台	华为技术有限公司	UAP2100；UAP3300；UAP6500；UAP8100
会议电视终端	华为技术有限公司	ViewPoint9030；ViewPoint9035A；ViewPoint9036；ViewPoint9039S；ViewPoint9039A
接入路由器	华为技术有限公司	AR3260；AR2240；AR2220；AR1220
可视电话	华为技术有限公司	MC850；MC851
一体化无线传输系统	华为技术有限公司	RTN 605；RTN 620；RTN 950；RTN 980；RTN 910
智能波分产品	华为技术有限公司	OptiX OSN 8800；OptiX OSN 6800；OptiX OSN 3800；OptiX OSN 1800
智能省电型对讲机 PT558	科立讯电子（深圳）有限公司	智能省电型对讲机 PT558
不间断电源	深圳科士达科技股份有限公司	Epower（10KVA-400KVA）
会议电视系统多点控制单元（MCU）	深圳市迪威视讯股份有限公司	迪威—腾博 MCU 4500
会议电视终端	深圳市迪威视讯股份有限公司	迪威—腾博 C20；迪威—腾博 C60
TD-SCDMA/GSM 双模无线数据终端（模块/数据卡）	深圳市华域无线技术有限公司	TD500；TD688；T920
有线数字电视交互机顶盒	深圳市九洲电器有限公司	DTT9102CO（国外）；DTT9103SKD(国外)；DTC5603(国内)；DTC8808（国内）；DVCI-2188（国内）
入户光缆	深圳市特发信息光网科技股份有限公司	GJI（F）H；GJI（F）BH；GJ（F）HA；GJX（F）H；GJX（F）V
SDC 宽带频率合成式下变频器	深圳市统先科技股份有限公司	SDC
嵌入式数字硬盘录像机	珠海安联锐视科技股份有限公司	D9004V；D9008V；D9104B；D9108B；D9216HG-H

（续上表）

液晶电视机	珠海经济特区金品电器有限公司	L3201
高清网络摄像机	广东领域集团有限公司	LW-ISC33
3G 远程电调基站天线	佛山市健博通电讯实业有限公司	KBT90DP14-045；KBT90VP14-09P；KBT90DP15-055；KBT90DP17-18AE；KBT30DP21-1820AE
WLAN 宽带双极化微波抛物面天线	佛山市健博通电讯实业有限公司	TDJ-5158P9A×2；TDJ-5158P6A×2；TDJ-5158P12A×2；TDJ-4958P9A×2；TDJ-4958P6A×2
多系统宽带高增益室内分布天线	佛山市健博通电讯实业有限公司	TQJ-0825XDA；TQJ-0825XDA1；TQJ-0825XDA2；TQJ-0825XTS3；TQJ-0825XTSL
车载网络信息公共技术平台	广东好帮手电子科技股份有限公司	CA133-A 车载影音机；CA138 车载影音机；K6048 车载影音机；K104-A 车载影音导航机；CA3633A 车载影音导航机
射频监控一体化 EGSM 900M 干线放大器	广东盛路通信科技股份有限公司	SL35092；SL35096
2.4G 校讯通	广东天波信息技术股份有限公司	HA6966TI（LCD）
社会信息采集系统	广东天波信息技术股份有限公司	HA6966TI（LCD）-C；HA6966TI（LCD）-G
大屏幕液晶监视器	TCL 新技术（惠州）有限公司	ML65F；ML70F；ML82F
液晶拼接监视器（大屏幕系统单元）	TCL 新技术（惠州）有限公司	ML40D（X）；ML46D（X）；ML46S
PCB 钻头、铣刀	超美精密工业（惠州）有限公司	STC1.25 STC1.3 STC1.35 STC1.4 STC1.45
新一代无线通信终端	德赛电子（惠州）有限公司	TD-169（J）
智能关爱通信终端	德赛电子（惠州）有限公司	M289
高清晰度有线数字电视机顶盒	广东九联科技股份有限公司	HDC-2100
12 毫米双扫描户外 LED 显示屏	惠州市兆光光电科技有限公司	Pi12-ER
视话通	东莞光阵显示器制品有限公司	SH1001；SH1007；SH1010
“智慧宝”LED 灯具无线控制器	东莞勤上光电股份有限公司	KS-LED-C1；KS-LED-C2；V1.8
大功率 UPS 低谐波泄放整流装置	东莞市光华实业有限公司	GH-EP160K-12P11F；GH-EP200K-12P11F；GH-EP400K-12P11F；GH-EP600K-12P11F
TD 电调一体化美化天线	东莞市晖速天线技术有限公司	592311-YJS-R002；592311-YFZ-R002；592311-YYZ-R001

（续上表）

MU 专业扬声器系统	东莞市亿达音响制造有限公司	MU215T
XH 专业扬声器系统	东莞市亿达音响制造有限公司	XH12T
可调节箱体的 LED 显示屏	中山市山木显示技术有限公司	P16
触摸屏控制数字视频会议系统	恩平市海天电子科技有限公司	HT-9100 9100c 9100d 9100Ac 9100Ad；HT-9200 9200c 9200d；HT-9300 9300c 9300d
多功能会议系统	恩平市海天电子科技有限公司	HT-7300 7200c 7200d 7300c 7300d；HT-7300 7800c 7800d 7800Ac 7800Ad 7800BCc7800Bd； HT-7200 7900c 7900d 7900Ac 7900Ad；HT-7100 8200c 8200d；HT-7100B 7700c 7700d
一种带防盗和音响功能的摩托车载装置	江门市奥威斯电子有限公司	摩托车音响 MT-728；摩托车音响 MT-729；摩托车音响 MT-460
电子信息（软件）		
建筑幕墙门窗热工性能计算软件（粤建科 MQMC 软件）	广东省建筑科学研究院	粤建科 MQMC2010
基于语言云计算的问果（英文 Winguo）智慧平台	广东国笔科技股份有限公司	2.0
灏瀚科技医疗信息资源平台	广东灏瀚科技有限公司	V1.0
兰贝斯会计管理平台服务系统	广东兰贝斯信息科技有限公司	V5.0
兰贝斯物价监测管理信息平台	广东兰贝斯信息科技有限公司	V1.0
终端安全保护系统	广东南方信息安全产业基地有限公司	V1.0
基础地理信息公共服务平台	广州海维空间信息系统技术有限公司	V1.0
ITSM 运维管理系统	广州华南资讯科技有限公司	V3.1
华南资讯基于 ITIL 的机房监控系统软件	广州华南资讯科技有限公司	V1.0
华南资讯基于物联网技术的人员区域定位中间件软件	广州华南资讯科技有限公司	V1.0
警务综合应用平台系统	广州华南资讯科技有限公司	V1.11.1
社会保险综合业务管理和服务系统	广州华南资讯科技有限公司	V1.1
联奕共享数据中心平台系统	广州联奕信息科技有限公司	V1.0
联奕统一身份认证平台系统	广州联奕信息科技有限公司	V1.0
联奕统一信息门户平台系统	广州联奕信息科技有限公司	V1.0
E 审通风险导向审计软件平台系统	广州铭太信息科技有限公司	E 审通内部风险审计管理系统
铭太 E 财通集团财务综合监管信息系统	广州铭太信息科技有限公司	v1.0
铭太 E 审通社会审计协同作业系统	广州铭太信息科技有限公司	v1.0；v3.21；v4.0
世安移动存储安全交换系统 V3.0	广州世安信息技术有限公司	34.8cm*23.8cm*18.5cm；v3.0

（续上表）

区域卫生信息平台	广州市慧通计算机有限公司	V1.0
医院信息系统集成平台	广州市慧通计算机有限公司	V2.0
品高电子政务采购监管软件	广州市品高软件开发有限公司	V1.0
品高电子政务采购执行软件	广州市品高软件开发有限公司	V1.0
友迪 Infonewtech 数字监狱综合管理平台 V1.0	广州市友迪资讯科技有限公司	v1.0
友迪心理矫治管理系统 V1.0	广州市友迪资讯科技有限公司	v1.0
友迪应急指挥管理系统 V1.0	广州市友迪资讯科技有限公司	V1.0
社区综合应用平台	广州市中智软件开发有限公司	V1.0
数据网关	广州市中智软件开发有限公司	V2.0
应急管理信息系统	广州智能科技发展有限公司	ZNDL-YJ-GLXT-V1.0
中望 3D 平台设计软件	广州中望龙腾软件股份有限公司	中望 3D 设计系统（ZW3D）V2010；中望 3D 平台设计软件 V2011
蓝盾 DDOS 防御网关系统	蓝盾信息安全技术股份有限公司	BD-DDOS-GW-5000
蓝盾安全扫描系统	蓝盾信息安全技术股份有限公司	BDSCANNER-5000
蓝盾内网安全保密及审计系统	蓝盾信息安全技术股份有限公司	BD-SECSYS5000
蓝盾入侵防御系统	蓝盾信息安全技术股份有限公司	V2.0
蓝盾入侵检测系统	蓝盾信息安全技术股份有限公司	V2.0
蓝盾数据库及业务应用安全监控审计系统	蓝盾信息安全技术股份有限公司	BD-DAA VA1.0
蓝盾统一威胁管理平台系统	蓝盾信息安全技术股份有限公司	V2.0
蓝盾网页防篡改保护系统	蓝盾信息安全技术股份有限公司	BD-WebGuard v3.0
蓝盾信息安全管理审计系统	蓝盾信息安全技术股份有限公司	S3000
蓝盾帐号集中管理与审计系统	蓝盾信息安全技术股份有限公司	BD-AMA V1.0
PC2M 应用移动化中间件	联想中望系统服务有限公司	PC2M1.0
华为网络视频监控系统软件	华为技术有限公司	华为网络视频监控系统软件 V1.0
B-HIS999 基层医院信息系统软件 V5.00	深圳九明珠信息科技有限公司	B-HIS999 基层医院信息系统软件 V5.00
环保移动执法系统	深圳市博安达软件开发有限公司	V2.0
环境业务协同管理系统	深圳市博安达软件开发有限公司	V2.0
国泰安金融实验室	深圳市国泰安信息技术有限公司	大屏展示类；高端金融研究类；实训产品类；教学辅助类
国泰安量化投资研究平台	深圳市国泰安信息技术有限公司	套/1/V1.0
国泰安数据中心服务软件	深圳市国泰安信息技术有限公司	CSMAR 数据库查询系统软件 V4.0
新一代证券集中交易系统（高级并行优化版）	深圳市金证科技股份有限公司	V5.4
营销服务一体化系统	深圳市金证科技股份有限公司	V2.0
远望应急指挥值守管理系统软件	深圳市龙岗远望软件技术有限公司	v1.0
深信服上网行为管理软件	深圳市深信服电子科技有限公司	V2.0

（续上表）

视高协同视频会议系统软件	深圳市视高科技发展有限公司	V3.0；V4.0
永兴元协同办公系统软件	深圳市永兴元科技有限公司	V1.0
公路车辆智能检测记录系统	深圳市中盟科技股份有限公司	ecop620
社会保障智能卡（简称：社保卡）	东信和平智能卡股份有限公司	Turbo COS/SS SHC1216 1610 16K；Turbo COS/SS CIU51G16F 3.0 16K；Turbo COS/SS CIU92L16 3.0 16K；Turbo COS/SS CIU51S32F 4.0 32K；Turbo COS/SS DMT-CTSB32A4 5.0 32K
同望 iOA 协同办公平台软件	广东同望科技股份有限公司	V5.0
同望 iPES 项目执行控制系统 V1.0	广东同望科技股份有限公司	V1.0
同望网上行政审批系统	广东同望科技股份有限公司	V1.0
非接触式智能卡操作系统	珠海市金邦达保密卡有限公司	GemGold EZ V2.0
分级控制集中管理式数字档案馆	珠海泰坦软件系统有限公司	v1.0
够快 GPS 管理系统	广东够快物流信息科技有限公司	够快 GPS 管理系统 V2.0
新锐智能建站工具软件	广东新美锐科技有限公司	V2.0
自动工作站	惠州市世海电子有限公司	SH-RTU-1
汉字应用能力在线培训与考试系统	广东开心信息技术有限公司	V1.0
XL-M 型电气火灾监控探测器	福瑞特国际电气（中山）有限公司	XL-M080000；XL-M020600；XL-M010304
集中抄表系统	广东汇海华天科技有限公司	V1.0.2
动易 BizIdea（商务智能）企业电子商务系统	佛山市动易网络科技有限公司	V3.0
动易 SmartGov 政府网站管理系统	佛山市动易网络科技有限公司	v3.0
动易 SmartSchool 学校网站管理系统	佛山市动易网络科技有限公司	V3.0
微电脑快速电热开水器	广东裕豪厨具电器有限公司	HZK-30A2
	先进制造	
立体三角形卷铁心油浸式变压器	广州华成电器股份有限公司	S13-M.RL-500/10；S13-M.RL-630/10；S13-M.RL-800/10；S13-M.RL-1000/10；S13-M.RL-1250/10
数控机床维修实训设备	广东三向教学仪器制造有限公司	SX-606BMS-GS
变容式流动舞台车	广东信源物流设备有限公司	GDY5048XWTLE；GDY5200XWTDA
活动厢式舞台车	广东信源物流设备有限公司	GDY5045XWT；GDY5048XWT
满足智能电网的电能表集中抄表系统	广东中钰科技有限公司	Zy-1000
逆变悬挂焊机	广州（从化）亨龙机电制造实业有限公司	DB3-25；DB3-55；DB3-110
新型锁模结构大型二板式注塑成型设备	广州博创机械有限公司	BU3000

（续上表）

全自动轻量化瓶吹灌旋一体机	广州达意隆包装机械股份有限公司	DCGS 型
车厢可卸式垃圾车	广州广日专用汽车有限公司	GR5060ZXX；GR5080ZXX；GR5122ZXX；GR5164ZXX；GR5252ZXX
中小型分体式垃圾压缩站	广州广日专用汽车有限公司	SPFH3200A；SPMB2100；SPMB1060A
便携式全天候双摄像激光测速举证设备	广州恒宇智能系统科技有限公司	ATOM-III；ATOM-II
红外热像仪 G90/G95/G96	广州飒特电力红外技术有限公司	G90；G95；G96
一步法注拉吹中空成型机	广州市佳速精密机械有限公司	ISB800-3
ZN05A 智能型电抗器接地综合保护装置	广州市宁志电力科技有限公司	ZN05A
XH403 远程输水系统	广州市协宏森林消防器材有限公司	XH403
全天侯大功率 14000kW 海洋救助船	广州中船黄埔造船有限公司	天侯大功率 14000kW
一种吊装作业中用的双层圆筒外套	建峰索具有限公司	JFRES01-20；JFREE01-20
一种集装箱防台风卸扣	建峰索具有限公司	JF20001；JF20020；JF20050
随钻伽玛定向测量系统	中天启明石油技术有限公司	ZT-DGWD 测量系统
WT-51 农产品质量安全快速测定仪	深圳市安鑫宝科技发展有限公司	WT-51A；WT-51B
嵌入式动态分配多通道数字拼接显示屏	深圳市保千里电子有限公司	TM 型
电能质量在线监测装置	深圳市奇辉电气有限公司	QPM101；QPM103；QPM106；QVC303
六关节喷涂机器人	深圳市荣德机械设备有限公司	RD-01
彩神平台式数码喷绘机 PP1816UV	深圳市润天智图像技术有限公司	PP1816UV
彩神轻型宽幅数码喷绘机 LJ320P	深圳市润天智图像技术有限公司	LJ320P
民航自助行程单打印终端	深圳市新达通科技股份有限公司	NT1110
智能吸尘器（清洁机器人）	深圳市银星智能电器有限公司	M-288；M-788；XR210
集装箱制冷机组	珠海格力电器股份有限公司	TJZ60/A
螺杆式盐水机组	珠海格力电器股份有限公司	YSBLG*DJ/A（*代表制冷量）
螺杆式乙二醇机组	珠海格力电器股份有限公司	YCBLG*/A（*代表制冷量）；YCBLG*J/A（*代表制冷量）
CWBS 微机防止电气误操作系统	珠海华伟电气科技股份有限公司	CWBS-Ⅰ；CWBS-Ⅱ
SSLC 智能一匙通系统	珠海华伟电气科技股份有限公司	SSLC
公务船	珠海江龙船舶制造有限公司	消防船；执法船
旅游客船	珠海江龙船舶制造有限公司	游览船；客运船
分支线路接地保护智能开关柜	珠海许继电气有限公司	VSR3-12/D630（F）；FDR-140
智能解锁钥匙管理机	珠海优特电力科技股份有限公司	UT051；UT059
耐候性多层复合地板	广东省宜华木业股份有限公司	耐候性多层复合地板 910*125*15mm；耐候性多层复合地

（续上表）

		板 750*122*14mm
超声工业检测仪	汕头市超声仪器研究所有限公司	CTS-602；CTS-703；CTS-9006；CTS-9008；CTS-9009
双共轭凸轮驱动的翻转模热成型机	汕头市明发机械有限公司	SEFZ-720/350
直流无刷无槽无油润滑空气压缩机	佛山市广顺电器有限公司	ZW200Z2
液压自动压砖机	佛山市恒力泰机械有限公司	YP4000 型液压自动压砖机；YP3500 型液压自动压砖机；YP2500 型液压自动压砖机
自动纸箱彩盒数控切割机	广东瑞洲科技有限公司	RZCRT-1410；RZCRT-1813；RZCRT-2516；RZCUT-2516；RZCAM-2516
节能活塞平衡式水泵控制阀	广东永泉阀门科技有限公司	YQ20006-10Q
超高压数控万能水切割机	佛山市永盛达机械有限公司	YD2015
新型十四头圆弧抛光机	佛山市永盛达机械有限公司	YH-1200
菱王牌交流变频调速无机房乘客电梯	广东菱王电梯有限公司	LTW 1000/1.0-VF；LTW 800/1.0-VF；LTW 1000/1.6-VF；LTW 1350/1.75-VF；LTW 630/1.6-VF
菱王牌永磁同步无齿轮曳引式节能型小机房乘客电梯	广东菱王电梯有限公司	LTK 1000/1.0-VF；LTK 800/1.0-VF；LTK 1000/1.6-VF；LTK 1000/2.0-VF；LTK 1600/4.0-VF
GD 包装机 CV 条盒透明纸吸风输送装置	广东省韶关烟草机械配件厂有限公司	THX
多功能超高压支撑器	韶关市赛力乐液压件制造有限公司	DWD-80KNΦ50
多功能数控金属旋压机（板式旋压机）	惠州市博赛数控机床有限公司	PS-CNCXY250；PS-CNCSXY550；PS-CNCXY1250；PS-CNCSXY1450
自动功能沙发	敏华家具制造（惠州）有限公司	自动功能沙发 8202 单人位；自动功能沙发 8557 单人位
BDR 蓝光光盘生产设备	东莞宏威数码机械有限公司	BDR HTL-Ⅱ
BD 蓝光光盘生产设备	东莞宏威数码机械有限公司	Smart BD Ⅲ
真空线性源蒸镀系统	东莞宏威数码机械有限公司	WEG-OFILM
全自动多功能高精密模切机	东莞市飞新达精密机械科技有限公司	D200 全自动多功能高精密模切机；D300 全自动多功能高精密模切机
便携式轮胎充气机	东莞市瑞柯电机有限公司	RCP-A；RCP-A3B；RCP-B31B
自动光学检测设备	东莞市神州视觉科技有限公司	ALD510；ALD520；ALD 620；ALD700；ALD600
微区激光剥离设备	东莞市中镓半导体科技有限公司	MALLO 5000
电火花成形机	东莞盈拓科技实业有限公司	DF435；TH1800

（续上表）

X 光检查机	广东正业科技股份有限公司	XG3000
剥离强度测试仪	广东正业科技股份有限公司	BL12
离子污染测试仪	广东正业科技股份有限公司	LZ12
乘客电梯	快意电梯有限公司	Metis/5.0m/s；Joymore/1.75m/s；Buildingeye/2.5m/s；Vamb/1.75m/s；Atlas/1.75m/s
单相多速泳池泵	广东凌霄泵业股份有限公司	SCPA200－Ⅱ；SCPA250－Ⅱ；SCPA300－Ⅱ
冰冻粘贴鱼去皮机	雷州半岛水产设备厂	LZ023
TFT－LCD 自动光学检测设备	肇庆中导光电设备有限公司	ZDHS2530；ZDHS3580；ZDHS4520；ZDHS6020
474Q 汽车发动机气门油封	揭阳市天诚密封件有限公司	5.5*11.5*9.3
薄锯条静压排锯	佛山市科达石材机械有限公司	SJP20E；SJP23E；SJP25E；SJP32E；SJP36E
石板材定厚机	佛山市科达石材机械有限公司	SDZ16B/8；SDZ21B/8；SDZ12B/6；SDZ16B/8
复合绝缘子橡胶专用注射成型机	佛山伊之密精密橡胶机械有限公司	YL－AT550L；YL－AT660L;YL－AT880L；YL－AT1100L；YL－AT1800L
J84 肘杆式精密压力机	广东锻压机床厂有限公司	J84－250；J84－400；J84－630；J84－800；J84－1200
JH31 闭式单点压力机	广东锻压机床厂有限公司	JH31－200；JH31－300；JH31－400；JH31－630；JH31－800
SSP 闭式快速高性能压力机	广东锻压机床厂有限公司	SSP－63；SSP－80；SSP－110；SSP－160；SSP－200
“超越”型剑杆织机	广东丰凯机械股份有限公司	“超越”型剑杆织机
“飞越”型高速剑杆织机	广东丰凯机械股份有限公司	“飞越”型高速剑杆织机
F22 型高速喷气织机	广东丰凯机械股份有限公司	F22 型高速喷气织机
彩虹布料车	广东科达机电股份有限公司	KL04021；KL04022；KL04023；KL04024
干法磨边机	广东科达机电股份有限公司	DGBS600/40+4；DGBL600/40+4; DGBS1000/44+4; DGBL1000/44+4；DGBL600/48+4
宽体节能辊道窑	广东科达机电股份有限公司	KYG3.1/226.6Q;KYG3.1/253.0Q；KYG3.0/156.2Q；KYG3.1/237.6Q；KYG2.9/277.2Q
纵切压线修边机	广东万联包装机械有限公司	ZC25；WL；1800
无刷直流电机	广东威灵电机制造有限公司	RD－12－2－8E；RD－140－38－8B；

（续上表）

		D-140-33-8；RDN-280-41-8；RD-280-100-8A
航空航天		
飞行参数记录系统	广州航新航空科技股份有限公司	XFS-4D；XFS-4F
综合维修检测系统	广州航新航空科技股份有限公司	MTS-3010
安托山 AMT 涡喷发动机	深圳市安托山特种机械有限公司	ATSAMT 25 涡喷发动机
现代交通		
GERI 收发卡机	广东省电子技术研究所	GERI-KJ-04-WA-ZF；GERI-KJ-N-SF
无线视频传输设备	广州恒宇智能系统科技有限公司	PERM-G-6；PERM-G-5；PERM-G-1；PERM-G-3；PERM-G-2
地铁自动售检票系统	广州新科佳都科技有限公司	AFC V2.0
综合监控软件	广州新科佳都科技有限公司	ISCS V1.0
汽车防盗器	广东小飞将防盗设备有限公司	886B
电动汽车电驱动系统（永磁同步电机及控制器）	中山大洋电机股份有限公司	BOMM（K）130/170-Ⅰ/130KW 永磁同步电机/控制器；BOMM（K）060/110-Ⅰ/60KW 永磁同步电机/控制器；YTD030W01/KM6025W01/30KW 永磁同步电机/控制器
防拷贝的汽车防盗器	中山市宏茂电子有限公司	HT-800；HT-400；HT-900
中重型车用循环球式助力转向器	江门市兴江转向器有限公司	DY85；GX100D；GX110C；ZJ120；ZJ120C
生物医药与医疗器械		
气血通络治疗仪	广州丰得利实业公司	HZ-600
猪链球菌 2 型灭活疫苗	广东永顺生物制药有限公司	20 头份/瓶；100 头份/瓶
猪瘟活疫苗（传代细胞源）	广东永顺生物制药有限公司	10 头份/瓶；20 头份/瓶；40 头份/瓶；50 头份/瓶；100 头份/瓶
丹红化瘀口服液	广州白云山和记黄埔中药有限公司	10ml×6×100
骨仙片	广州白云山和记黄埔中药有限公司	72s×200
绞股蓝总甙片	广州白云山和记黄埔中药有限公司	80s×200
胶原蛋白海绵	广州创尔生物技术有限公司	3.0cm×3.0cm×0.5cm；4.5cm×4.5cm×0.2cm；4.5cm×4.5cm×0.5cm；6.0cm×8.0cm×0.5cm；8.0cm×12.0cm×0.5cm
输液泵	广州华玺医疗科技有限公司	HX-801B 滴速式；HX-801C 容积式；HX-801D 容积式；HX-801E

（续上表）

		双模式
注射泵	广州华玺医疗科技有限公司	HX-901A
益肾化湿颗粒	广州康臣药业有限公司	10克每袋
血液透析干粉	广州康盛生物科技有限公司	KC200101；KC200102
血液透析浓缩液	广州康盛生物科技有限公司	KC200401；KC200402；KC200403；KC200405
医用电动椅	广州康盛生物科技有限公司	KC330B
门冬酰胺酶（欧文）	广州市微生物研究所	10g/瓶
人绒毛膜促性腺激素(HCG)电子检测笔	广州万孚生物技术有限公司	人绒毛膜促性腺激素(HCG)电子检测笔
心梗心衰荧光定量分析仪及配套试剂	广州万孚生物技术有限公司	仪器：控制器/检测器：WM102B-CM；试剂：25人份/盒
喘可治注射液	广州万正药业有限公司	中药注射剂/2ml/CKZ
第三代一次性使用静脉采血针	广州阳普医疗科技股份有限公司	笔式针；蝶翼式针
第三代真空采血试管	广州阳普医疗科技股份有限公司	血清类采血管；血浆类采血管；全血类采血管
全自动真空采血管脱盖机	广州阳普医疗科技股份有限公司	DC-Ⅰ型
一次性使用微生物拭子	广州阳普医疗科技股份有限公司	Ameis不带碳；Ameis带碳；Cary-Blair；Stuart；无培养基（YP/S0000）
注射用唑来膦酸	深圳海王药业有限公司	4mg
半自动生化分析仪	深圳雷杜生命科学股份有限公司	RT-9100；RT-9200
全自动洗板机	深圳雷杜生命科学股份有限公司	RT-3000；RT-3100；RT-3900
高性能高端全自动生化分析仪	深圳迈瑞生物医疗电子股份有限公司	BS-800；BS-820；BS-800M；BS-820M
全自动三分类血液细胞分析仪	深圳迈瑞生物医疗电子股份有限公司	BC-3000Plus；BC-1800；BC-2900
全自动血液细胞分析仪	深圳迈瑞生物医疗电子股份有限公司	BC-5300；BC-5100；BC-5380；BC-5180
光子治疗仪	深圳普门科技有限公司	Carnation-66；Carnation-33
厢式X射线机	深圳市艾克瑞电气有限公司	AKHX-50/200A；AKHX-50/200B；AKHX-50/200C
电子血压计	深圳市金亿帝科技有限公司	BP101H；BP101G；BP204；BP205；BP210
高端微量智能全自动血细胞分析仪	深圳市普康电子有限公司	PE-6000；PE-6100；PE-6800
高端自动清洗全自动生化分析仪	深圳市普康电子有限公司	PF-100；PF-220；PF-260；PF-300；PF-350
手持自动验光仪	深圳市斯尔顿科技有限公司	HAR-800
眼科光学相干断层扫描仪	深圳市斯尔顿科技有限公司	OSE-1200

（续上表）

Maglumi1000 全自动化学发光测定仪	深圳市新产业生物医学工程有限公司	Maglumi1000
Maglumi2000plus 全自动化学发光测定仪	深圳市新产业生物医学工程有限公司	Maglumi2000plus
无线实时心电监护系统 XYS.WRM-1E	深圳市新元素医疗技术开发有限公司	XYS.WRM-1E
远程无线排尿日记监测系统 XYS.WRM-1PN	深圳市新元素医疗技术开发有限公司	XYS.WRM-1PN
全棉水刺非织造产品	稳健实业（深圳）有限公司	一次性手术用非织造布；全棉手术衣；全棉卫生巾
人乳头瘤病毒基因分型检测试剂盒（PCR-反向点杂交法）	亚能生物技术（深圳）有限公司	25 人份
注射用鼠神经生长因子	丽珠集团丽珠制药厂	30μg
等离子电切系统	珠海市司迈科技有限公司	SM10
胆石通胶囊	广东万年青制药有限公司	中成药胶囊剂
全自动自毁式安全注射器	汕头华尔怡医疗器械有限公司	1ml；3ml；5ml；10ml；20ml
精密医疗器械用高性能微型无油空气压缩机	佛山市广顺电器有限公司	WX400S1A1-90/2；WX60S1Z123-11/1
消炎利胆片	广东罗浮山国药股份有限公司	每片重 0.26g（薄膜衣片）；每片重 0.5g（薄膜衣片）；每片重 0.26g（糖衣片）；每片重 0.5g（糖衣片）
膜式氧合器	东莞科威医疗器械有限公司	膜式氧合器 6000ml/min；膜式氧合器 3000ml/min；膜式氧合器 1500ml/min；膜式氧合器 800ml/min
板蓝根颗粒	中山市恒生药业有限公司	10g/袋*20袋/包
复方丹参片	中山市恒生药业有限公司	60片/瓶
小儿七星茶口服液	中山市恒生药业有限公司	10ml/支*10支/盒
银翘解毒颗粒	中山市恒生药业有限公司	15g/袋*10袋/包
壮腰健肾片	中山市恒生药业有限公司	100片/瓶/盒
颌面骨电动手术器械装置	中山市沙溪镇环球通医疗器械厂	DSQ-3A.SDL；DSQ-3L.ZD；DSQ-3L；DSQ-3A2
益母草片	中山市中智制药有限公司	每片含盐酸水苏碱 7.7 毫克
银黄颗粒	中山市中智制药有限公司	每袋装 4 克
妇血安片	广东德鑫制药有限公司	妇血安片/片剂
妇炎康片	广东德鑫制药有限公司	妇炎康片/妇炎康片（薄膜衣片）
金匮肾气片	广东台城制药股份有限公司	每片重 0.27g
止咳宝片	广东台城制药股份有限公司	每片重 0.35 克
喉舒宁片	广东南国药业有限公司	每片重 0.25g
普伐他汀钠原料药	丽珠集团新北江制药股份有限公司	10kg/桶
多维蔬果配方奶米粉	广东东泰乳业有限公司	528g/罐；225g/盒

（续上表）

阿胶归芪颗粒	广东环西生物科技股份有限公司	20g/包
鸡新城疫、传染性支气管炎、禽流	广东大华农动物保健品股份有限公司	100ml/瓶；250ml/瓶；500ml/瓶
感（H9亚型）三联灭活疫苗（La Sota株+M41株+SS/94株）泰乐欣	广东大华农动物保健品股份有限公司	50g/瓶X90瓶/箱
	新材料	
纸保ZP（造纸专用杀菌剂）	广东迪美生物技术有限公司	ZP301S；ZP303S；ZP308S；ZP608；ZP901S
有机可焊保护剂	广东东硕科技有限公司	OSP5903(HX2)；OSP5903(HX)；OSP5903（H）；OSP5903（T）
高性能三元真空镀层滑动轴承	广州安达汽车零部件股份有限公司	A30
高性能长寿命夹布密封件	广州机械科学研究院	D7；M1；R35；R37；组合V形圈
环保型金属加工水基清洗剂	广州机械科学研究院	LQ-1；LQ-2
疏水型气相二氧化硅	广州吉必盛科技实业有限公司	HB-215；HB-615；HB-620；HB-630；HB-720
CTF混凝土增效剂	广州市三骏建材科技有限公司	CTF混凝土增效剂产品
丙烯酰胺交联共聚物乳液	广州天赐高新材料股份有限公司	TC-305；TC-305G；AQUAGEL 35
抗干扰纸张增强剂	广州星业科技股份有限公司	PS-110；PS-210；PS-215M；PS-220MX；PS-660
耐划伤高性能聚丙烯	金发科技股份有限公司	AIP；API；ABP
UV辐射固化涂料	深圳市嘉卓成科技发展有限公司	GAP-UV12；GAP-UV15
高流平仿蒸汽模UV固化涂料	深圳市嘉卓成科技发展有限公司	GAP-UV10；GAP-UV11
真空电镀UV辐射固化涂料	深圳市嘉卓成科技发展有限公司	GIP-VD10；GIP-VD11；GIP-VD12
铝钛硼（碳）中间合金	新星化工冶金材料（深圳）有限公司	ϕ9.5mm
新型节能空调用高效内螺纹铜管	广东龙丰精密铜管有限公司	Sϕ6×0.22×0.13mm；JCϕ7×0.31mm；ϕ5×0.20×0.15mm
网络变压器用漆包线	广东睿胜超微线材股份有限公司	Q UEW/180
高性能电子级氨基磺酸镍	广东光华科技股份有限公司	电子级
高阻隔塑料食品包装容器	广东华盛塑料有限公司	BXH-710ML；YLB75-175ML；JX80-215ML；TY140-420ML；ZB109-71
防火防爆玻璃幕墙冷弯型材	广东金刚玻璃科技股份有限公司	ST-50-01；ST-50-02；ST-50-03；ST-50-04；ST-50-05
用于AS塑料的黑色母粒	广东美联新材料科技有限公司	黑色母粒UN2014
激光全息转移纸防伪印刷品	汕头东风印刷股份有限公司	条盒；小盒；软标
激光全息转印防伪印刷品	汕头东风印刷股份有限公司	条盒；小盒；软标
高精度激光全息防伪纸	汕头市鑫瑞纸品有限公司	平张纸；卷筒纸

（续上表）

无版缝全息防伪膜	汕头市鑫瑞纸品有限公司	卷筒膜
高纯氨水	西陇化工股份有限公司	高纯试剂
高纯硫酸	西陇化工股份有限公司	高纯试剂
高纯盐酸	西陇化工股份有限公司	高纯试剂
防透水全抛釉瓷片	佛山百利丰建材有限公司	300X600mm；300X450mm；300X300mm
微型电路用干式感光阻隔聚酯薄膜	佛山杜邦鸿基薄膜有限公司	G2H/15μm；G2H/15.5μm；G2H/16μm；G2H/18.5μm
瘦高齿内螺纹铜管	佛山市华鸿铜管有限公司	SΦ7.00×0.25＋0.18；Φ7.94×0.26＋0.20；Φ7.94×0.26＋0.21；Φ9.52×0.28＋0.15
“明珠玉”抛光砖	佛山市萨米特陶瓷有限公司	600mm×600nn；800mm×800mm；1000mm×1000mm
“梦芭蕾”釉下彩抛光内墙砖	佛山市三水新明珠建陶工业有限公司	300mm×300mm；300mm×600mm
数控刀涂 PVC 仿羊绒鞋材面料	佛山市天安塑料有限公司	P7AGC4/+E70CN
垂直排列液晶显示器用偏光片	佛山纬达光电材料有限公司	HN1821VR 55/220⊥；HN1821VR 0/220
古风Ⅲ	广东金意陶陶瓷有限公司	570；571；572
凌质	广东金意陶陶瓷有限公司	574；576；577
纯棉亚丝光针织面料	广东溢达纺织有限公司	100% cotton knitted fabric
纯棉智能温控衬衫	广东溢达纺织有限公司	120x80 40x40
亲水除臭纯棉色织免烫衬衫	广东溢达纺织有限公司	100%cutton
微晶玻璃陶瓷复合板（微晶石）	河源万峰陶瓷有限公司	400X400mm；500X500mm；600X600mm；800X800mm；1000X1000mm
高性能永磁铁氧体汽车电机磁瓦	广东省梅州市磁性材料厂	FB6B 铁氧体磁瓦
环保型高硬度高柔韧性自交联型复合改性聚氨酯水性涂料	澳达树熊涂料（惠州）有限公司	单组份水性透明底漆 W-009D；单组份水性透明哑面 W-006YZ；双组分水性透明底 TW-009D；双组分水性透明哑面 TW-01YZ
新型高耐候耐磨塑木地板	惠东美新塑木型材制品有限公司	MK01；BH-1；BH-2；RJ01;RJ07
耐高温防粘冷封胶复合软包装膜	惠州宝柏包装有限公司	BOPP/MPET/COLDSEAL
医疗器械无菌包装袋	惠州宝柏包装有限公司	Tyvek&PET/PE
复合型不饱和低气味 PE 树脂	惠州市长润发涂料有限公司	YTM-2008；YTM-2010A
净味环保型 PU 双组聚氨酯木器漆	惠州市长润发涂料有限公司	SR-360-X；SR-361-X；SR-362-X；SR-207；SR-208
紫外光固化实色亮光木器漆	惠州市长润发涂料有限公司	CU-L902；CU-P702； CU-L901；CU-L900；CU-P708

（续上表）

干式潜水衣	中潜股份有限公司	抗高水压高保暖海绵干式潜水衣
氯丁橡胶海绵（CR 橡胶海绵）	中潜股份有限公司	高性能耐热抗老化氯丁橡胶海绵
渔猎服	中潜股份有限公司	新材料鱼猎服
硅橡胶 UV 保护油墨	东莞市贝特利新材料有限公司	BT-23**；BT-26**；BT-28**
ABS 装饰封边条	东莞市华立实业股份有限公司	厚 0.4mm ~ 3mm
氮化镓 / 蓝宝石复合衬底	东莞市中镓半导体科技有限公司	SG-2T-015-N2；SG-2T-015-N3
图形化蓝宝石衬底	东莞市中镓半导体科技有限公司	2×1；1.5×1；2.5×1.5；3×2；4×1.2
电热膜大面积彩晶玻璃发热基板	泰阳电子（东莞）有限公司	TYEVG/P400-450W/220V/800X500；TYEVG/R317-380/230V/500×300×5；TYEVG/P250W/230V/528×328×5；TYEVG/R90/12V/30×110×1；TYEVG/700×350
高性能环保墙面漆	广东巴德士化工有限公司	BD-6800；AAB-9003；M600；AAB-2900；BD-3900
聚氨酯哑光白面漆	广东巴德士化工有限公司	AAB-1701A；AAB-1801A；AAB-411A；BJ-1881A；BJ-881A
抗压耐候型压纹胶商标纸	中山金利宝胶粘制品有限公司	HTYL50(EB)；HTYL75(EB)；HTLSMB75(EB）；HTLW100(EB)J(D0803)
铝箔水煮聚氨酯胶粘剂	广东国望精细化学品有限公司	UF3160DK/20kg/ 桶 /Q/GDGE 1-2011
海藻泥全能净全效乳胶漆	嘉宝莉化工集团股份有限公司	JRM9050
水性全效底得宝	嘉宝莉化工集团股份有限公司	BB4020
新型耐磨造纸网用聚酯单丝	江门市新会区新华胶丝厂	600U；621U；612U；613U；614U
汽车铝合金车轮涂料	江门四方威凯精细化工有限公司	JS202 闪光漆；JS203 闪光漆；JS300 清漆；高亮银；电镀银
有机硅耐高温氟碳防腐涂料	江门四方威凯精细化工有限公司	GW560；GW600
环保陶瓷菜刀	广东银鹰实业集团有限公司	CW8415-187；TC8315-187；TC8615-187
电动汽车动力系统关键零部件	广东鸿图科技股份有限公司	出水管零件 Part of OUTLET WATER；端盖零件 Part of Cover；外观零件 Appearance part；支架零件 Part of Bracket；电器零件 Part of electric appliance
环保型特种性能凹版复合塑料薄膜油墨	广东油墨厂有限公司	CS82 白；PCF81 特白；PC82 白
高性能高温高饱和磁通密度 MnZn	广东肇庆微硕电子有限公司	PG182A

（续上表）

软磁材料 PG182A		
耐温耐压耐腐蚀铁氟龙管	四会市生料带厂有限公司	DN6Φ8；DN8Φ10；DN9Φ11.5；DN10Φ12；DN13Φ15
热塑性聚氨酯用新型环保无卤阻燃剂	广东聚石化学股份有限公司	EPFR-400（+）
二氧化硒	清远先导稀有材料有限公司	二氧化硒（纯度 99.95%）
硒酸钡	清远先导稀有材料有限公司	硒酸钡（纯度 99.5%）
亚硒酸钡	清远先导稀有材料有限公司	亚硒酸钡（纯度 99.5%）
法蒂玛玻化砖（仿大理石大斑团块纹理）	清远南方建材卫浴有限公司	800×800mm；600×600mm；1000×1000mm；1200×1200mm；600×1200mm
新型高效增稠剂快洁素 68	清远市灵捷制造化工有限公司	快洁素 68
日用玻璃陶瓷	潮州市三元陶瓷（集团）有限公司	1-168 头餐饮器皿
中草药香精	广东铭康香精香料有限公司	中草药香精 25kg-200kg
±800kV 特高压直流线路钢芯铝绞线	广东吉青电缆实业有限公司	JL/G3A/ 900/40-72/7
高晶体结构堇青石－莫来石耐火制品	广东热金宝特种耐火材料实业有限公司	CMA；CMB；CMC；CME；CMF
高速铁路接触网专用铝材	佛山市鸿金源铝业制品有限公司	折弯定位器；矩形管；Φ55×6；Φ42×4；Φ70×6
金刚石排锯	广东奔朗新材料股份有限公司	L4350×2.5×180;L4400×2.0×180
金刚石绳锯	广东奔朗新材料股份有限公司	ϕ7.2；ϕ9；ϕ 11
树脂金刚石精修轮	广东奔朗新材料股份有限公司	Φ250x40x12；Φ200x25x12 HD/DD
水敏保护纸产品	广东达美新材料有限公司	中粘
AS 型耐擦刮保护薄膜	广东德冠包装材料有限公司	AS12~50um
TV 型强化膜	广东德冠包装材料有限公司	TV20~55um
MDI 聚氨酯环保固化剂	广东华润涂料有限公司	V64008
强力交叉层压膜自粘防水卷材	广东科顺化工实业有限公司	APF-3000 I 型 /1.2mm*1m*20m；APF-3000 I 型 /1.5mm*1m*20m；APF-3000 II 型 /1.2mm*1m*20m；APF-3000 II 型 /1.5mm*1m*20m
三层共挤式防排水板	广东科顺化工实业有限公司	QF0807/0.7mm*2.15m*20m 凸台高度 8mm；QF0808/0.8mm*2.15m*20m 凸台高度 8mm；QF0810/0.8mm*2.15m*20m 凸台高度 8mm；QF1207/0.7mm*2.15m*20m 凸台高度 12mm；QF1208/0.8mm*2.15m*20m 凸台高度 12mm

（续上表）

新能源与高效节能		
立体卷铁心树脂绝缘干式电力变压器	广州华成电器股份有限公司	SCB11-RL-500/10；SCB11-RL-630/10；SCB11-RL-800/10；SCB11-RL-1000/10；SCB11-RL-1250/10
高压 IGBT 变频器	广州东芝白云菱机电力电子有限公司	TMdrive- MV-11kV/10kV；TMdrive- MV-6.6kV/6kV；TMdrive- MVG-11kV/10kV；TMdrive- MVG-6.6kV/6kV
LED 路灯	广州广日电气设备有限公司	EFG-LD-80W02-001；EFG-LD-100W02-001；EFG-LD-120W02-001；EFG-LD-140W02-001；EFG-LD-160W02-001
轻质下送风架空组合地板	广州汇安科技有限公司	HA-X-K-I；HA-X-J-I；HA-X-F-I
空气源热泵热水器	广州金抡电器有限公司	MD20D；MD50D；MD100D；MD200D；MD300D
干式非晶合金铁心配电变压器	广州骏发电气有限公司	SCBH15-30~2500/10
空气源热泵热水机（商用热泵热水机）	广州科力新能源有限公司	K(S)RS-40II-FX(Y)/380V~50HZ；K(S)RS-100II-FX(Y)/380V~50HZ；K(S)RS-20II-FX(Y)/380V~50HZ；K(S)RS-30II-FX(Y)/380V~50HZ；K(S)RS-100II-FX(Y)/380V~50HZ
新型自适应模具快速加热炉	广州内达电子科技有限公司	NDJR-XMII；NDJR-XMIII；NDJR-DMII；NDJR-DMIII
新型直接/间接教室照明系统	广州市施亮照明科技有限公司	SL-D/I/S-FF136；FF136AP；SL-D/I/AS-FF236
LED321 大功率投光灯（YG-LED321）	广州市雅江光电设备有限公司	LED321；YG-LED321
LED 大功率单/双向可调角度泛光灯的产业化及示范应用	广州市雅江光电设备有限公司	AM722
SY 城市照明自动化监控管理系统	广州正力通用电气有限公司	SY2000；ZL3000；ZLZ501；ZLZ601；ZLZ631
户外超高亮、低功耗椭圆 LED 全彩显示屏	深圳雷曼光电科技股份有限公司	P16；P20
K9 纯电动城市客车	深圳市比亚迪汽车有限公司	CK6120LGEV
磷酸铁锂锂离子电池	深圳市东方华联科技有限公司	磷酸铁锂锂离子电池 602786-1000mAh

（续上表）

分体承压式二次换热太阳能热水系统	深圳市嘉普通太阳能有限公司	P-J-F-2-080/1.4/0.6-2；P-J-F-2-110/1.9/0.6-2；P-J-F-2-110/1.9/0.6-3；P-J-F-2-150/2.8/0.6；P-J-F-2-200/3.8/0.6
平板型太阳能集热器	深圳市嘉普通太阳能有限公司	P-G/0.6-T/L-1.9；P-G/0.6-T/HG-1.9-1；P-G/0.6-T/JD-1.9-2；P-G/0.6-T/HG-1.4；P-G/0.6-T/JD-2.0
太阳能储换热水箱	深圳市嘉普通太阳能有限公司	P-J-F-2-080/1.5/0.6-J/T；P-J-F-2-110/2.0/0.6-J/T；P-J-F-2-150/3.0/0.6-T；P-J-F-2-200/4.0/0.6-T；P-J-F-2-300/6.0/0.6-T
户外高压智能快速真空断路器	深圳市金博联电力技术有限公司	AB-3S-12/630；AB-3S-24/1250；AB-3S-40.5/1250
全年候空气源热泵三用机组	珠海博佳冷源设备有限公司	螺杆式空气源热泵三用机组；涡旋式空气源热泵三用机组；整体模块式空气源热泵三用机组；空气源热泵热水机组
分体式基站空调机组	珠海格力电器股份有限公司	JZF（R）*-N2（*代表制冷量）；JZF7.5-N1
风冷单元式空气调节机	珠海格力电器股份有限公司	L（R）F26W/A-N5；L（R）F28W/B-N5; L(R)F28WY/B-N5;L（R）F28WY/B-N2
高效离心式冷水机组	珠海格力电器股份有限公司	LSBLX*（H）T（*代表制冷量）
户式地暖中央空调	珠海格力电器股份有限公司	HLRfD*WSZ（*代表制冷量）；HLRfD*WZ（*代表制冷量）；HLRf*s（*代表制冷量）
螺杆式水冷机组	珠海格力电器股份有限公司	LSBLG*H（*代表制冷量）
热回收模块式空调机组	珠海格力电器股份有限公司	LSQWRF*M/R（*代表制冷量）
商用空气能热泵热水机组	珠海格力电器股份有限公司	KFRS-18/AS；KFRS-*S/AS（*代表制冷量）；KFRS-39ZM/BS
水冷单元式空调机组	珠海格力电器股份有限公司	L（D）32/C-N1；L（D）*S/C-N1（*代表制冷量）
水源热泵螺杆机组	珠海格力电器股份有限公司	SSD*（D）H（*代表制冷量）
水源热泵涡旋机组	珠海格力电器股份有限公司	SSD *（D）W（*代表制冷量）；SSD*（D）WT（*代表制冷量）
自由配直流变频多联空调机组	珠海格力电器股份有限公司	GMV-Pd*W/NaFB-N1（*代表制冷量）

（续上表）

LED 筒灯	珠海市珈玛灯具制造有限公司	M1039；M1036
太阳能热水器专用恒温衡压龙头	珠海市舒丽玛温控卫浴设备有限公司	TITLM11D；TITLM13；TITLM12；TITLM17；TITLM18
液冷式光伏光热一体化组件	珠海兴业新能源科技有限公司	PV-M/120-G/0.6-L/LM-2.0/2.0×1.0/2010
100Ah 磷酸铁锂动力电池	珠海银通新能源有限公司	YT181181194
电动汽车用电机及其控制器	珠海银通新能源有限公司	电机 KAM280HF/ 控制器 KAM90C
工业微电脑变频电磁加热器	汕头高新区贝多电磁科技有限公司	DCR3K-220V/11.6A/50Hz-1005；DCR4K-220V/16.5A/50Hz-1005；DCR5K-220V/22.7A/50Hz-1005；DCR10K-380V/15A/50Hz-1005；DCR15K-380V/22.5A/50Hz-1005
LED 矿工灯	佛山市国星光电股份有限公司	KL1.4LM（A）
LED 筒灯	佛山市国星光电股份有限公司	NS-TD4；NS-TD6；NS-TD8
全数字化控制中小功率高频在线式不间断电源	佛山市新光宏锐电源设备有限公司	ST1K；ST2K；ST3K；ST6K；ST10K
太阳能电池组封装胶膜生产装备	广东仕诚塑料机械有限公司	SC/EVA-ϕ80 -1400mm 太阳能电池组封装胶膜生产装备；SC/EVA-ϕ125-1800mm 太阳能电池组封装胶膜生产装备；SC/EVA-ϕ150-2300mm 太阳能电池组封装胶膜生产装备；SC/EVA-ϕ95 -2400mm 太阳能电池组封装胶膜生产装备
环保节能型空气源热泵采暖机组	广东西屋康达空调有限公司	KAWH008；KAWH010；KAWH014；KAWH017;KAWH021
满液式地源螺杆热泵机组	广东西屋康达空调有限公司	KWS500；KWS800；KWS1000；KWS1200；KWS1400
大功率 LED 路灯	广东昭信灯具有限公司	RFLEDL220/70;RFLEDL220/105；RFLEDL220/140；RFLEDL220/175;RFLEDL220/196
远程调光控制系统的大功率 LED 驱动电源	广东昭信平洲电子有限公司	PZ-LED050350-10011
高效环保制冷剂正弦波直流变频空调	广东志高空调有限公司	KFR-26GW/ABP（100/107/109/119/120/129）+3A；KFR-26GW/ABP（99/96/107/119）+2A；KFR-36GW/ABP（73/89/100/

（续上表）

		107/109/119/120/129）+3A；KFR－36GW/ABP（99/96/107/119）+2A；KFR－51LW/（A/B/C）BP（37/38/42）+3A
高效节能健康定频空调	广东志高空调有限公司	KF（R）－（25/32/35/51）GW/A96+N1；KF（R）－23GW/B96+N1；KF（R）－（51/72）LW/C36+N1
渐变式胶体电池	广东中商国通电子有限公司	DFS100AH；DFS500AH；DFS1000AH；DFS2000AH；DFS3000AH
LED 灯管	惠州比亚迪实业有限公司	BOL－T8WBB－A01；TB－0815－00A；TB－086A－00A
LED 灯泡	惠州比亚迪实业有限公司	GL－06
LED 吸顶灯	惠州比亚迪实业有限公司	CL－60
激光刻线机	东莞宏威数码机械有限公司	P1 Laser Scriber；P2 Laser Scriber；P3 Laser Scriber V2.0
节能环保双显数码型电热、蒸汽两用蒸柜	东莞市东田厨具设备有限公司	ZFG2－10；ZFG2－12；ZFG2－24；ZFG3－36；ZFG4－48
环—环防掉串 ±800 千伏直流复合绝缘子	东莞市高能电气股份有限公司	FXBW3－±800kV/550(530)－EE；FXBW3－±800kV/420（400）－EE；FXBW3－±800kV/300－EE；FXBW3－±800kV/240－EE；FXBW3－±800kV/210(180－160)－EE
高效节能空气能热泵热水器	东莞市蓝冠环保节能科技有限公司	KF－115/150－LG；KF－115/200－LG；LG－KFB－5
无线电能监控器	东莞市瑞柯电机有限公司	RCS－S0PE
多功能环保空气能热泵热水器	东莞市新时代新能源科技有限公司	XSD－10H－D
LED 三基色室内照明灯	东莞市友美电源设备有限公司	WM－5W；WM－6W；WM－12W；WM－7W；pharox400 6W220V
单颗多晶大功率 LED 路灯	东莞市友美电源设备有限公司	WM－ST120WE40
无荧光粉室外 LED 照明灯	东莞市友美电源设备有限公司	WM－ST36W
大功率 LED 透镜	广东宏磊达光电科技有限公司	大功率 LED 配套光学透镜；多点光源组合式大功率 LED 光学透镜；大功率 LED 路灯透镜；多点光源组合式大功率 LED 路灯透镜；大功率 LED 偏光路灯透镜

（续上表）

新型超薄节能筒灯	广东亮迪照明有限公司	MD-LD-301
MY1.5MW 风力发电机组	广东明阳风电产业集团有限公司	MY1.5se；MY1.5s
聚能燃气灶具	中山华帝燃具股份有限公司	聚能灶 BH806A；聚能灶 BH806C；聚能灶 BH806D；聚能灶 BH806E
多角度可调的大功率 LED 路灯	中山市鸿宝电业有限公司	HB-080-80W；HB-080-120W；HB-080-160W；HB-080-200W
组合式模组化连接 LED 灯具	中山市鸿宝电业有限公司	HB-078-60W；HB-078-80W；HB-078-120W；HB-078-160W；HB-078-200W
LED 大功率投光灯	中山市华艺灯饰照明股份有限公司	HY06-306001；HY06-303001
大功率足功率三基色荧光灯	中山市欧帝尔电器照明有限公司	YPZ220/45-ODBE 45W；YPZ220/55-ODBE 55W
智能化排气灯	中山市欧帝尔电器照明有限公司	BPT10-22-01；BPT10-22-02
聚能燃烧器	中山炫能燃气科技股份有限公司	RS3.5A-0Y；RS3.5A-0T；RS3.5A-O（10T）；RS3.5A2-0Y；RS3.5A2-0T
环保节能卤钨灯	鹤山市广明源照明电器有限公司	ECO30 220-240V18-40W；ECO30 220-240V42-50W；ECO30 220-240V53-70W；ECO30 120V18-40W；
空气能热水器	江门菲普森电器制造有限公司	PWH032A；PWH052E；PWH110E；PWH220E
一种吹风式喷丸喷砂机	江门市福斯特金属表面处理技术发展有限公司	FST-B-1200-2008
甘蔗装载机	广东广垦机械有限公司	GZ4.0×800
铠装移开式户内交流金属封闭开关设备	广东北江开关厂有限公司	KYN28-12/T4000-40
模块式高压防窃电计量装置	广东北江开关厂有限公司	PJBK1-12
高精度流量自动平衡阀	广州新菱（佛冈）自控有限公司	SPV02F65；SPV02F80；SPV02F100；SPV03G20;SPV03G32
LED 路灯	广东凯乐斯光电科技有限公司	MODLLD30/40；MODLLD60；MODLLD90；MODLLD120；MODLLD150
LED 射灯	广东凯乐斯光电科技有限公司	MODLD-SD-123；MODLD-SD-124；MODLD-SD-118；MODLD-SD-120
家用燃气快速热水器	广东美的厨卫电器制造有限公司	JSQ20-10JB
嵌入式不锈钢熄保双灶	广东美的厨卫电器制造有限公司	JZY-Q636(20Y)；JZT-Q636(12T)

（续上表）

涡旋动态速热电热水器	广东美的厨卫电器制造有限公司	F50-21C4；F50-21B1（遥控）；F50-21B1（数显）；F50-15A1
美的独立式直流变速中央空调	广东美的暖通设备有限公司	MDV-*W/DSN1-890（*×100W代表制冷量）；MDV-*W/DSN1-880（*×100W代表制冷量）；MDV-*W/DSN1-890（G）（*×100W代表制冷量）；MDV-*W/DSN1-880（G）（*×100W代表制冷量）
美的多联机通用室内机	广东美的暖通设备有限公司	MDV-D*T2-C/T2-CS（*×100W代表制冷量）；MDV-D*Q4/Q2/Q1（*×100W代表制冷量）；MDV-D*T3/T2/T1（*×100W代表制冷量）；MDV-D*G（*×100W代表制冷量）；MDV-D*DL（*×100W代表制冷量）
美的多联式直流变速中央空调	广东美的暖通设备有限公司	MDV-*（#）W/DSN1-890（*×100W为制冷量）（#为匹数）；MDV-*（#）W/DSN1-880（*×100W为制冷量）（#为匹数）；MDV-*（#）W/DSN1-890（G）（*×100W为制冷量）（#为匹数）；MDV-*（#）W/DSN1-880(G)（*×100W为制冷量）（#为匹数）
美的基站空调	广东美的暖通设备有限公司	KF-*LW/CX-JZ1（R2）（*代表制冷量）；KF-*LW/CX-JZI（R2）（*代表制冷量）；KF-*LW/SC-JZI（R2）（*代表制冷量）；KF-*LW/SC-JZ1（R2）（*代表制冷量）
美的精密机房空调	广东美的暖通设备有限公司	MAD*WL（T1/T2）R1S1（*代表制冷量）
美的空气能中央热水机组	广东美的暖通设备有限公司	KRSJF-V*/（S）N1-610（*×100W代表制冷量）；RSJ-*/（M）S-820-(C)（*×100W代表制热量）；RSJ-*/M（S）-540V（*×100W代表制热量）；RSJ-*/SN1-540V-D（*×100W代表制热量）；RSJ-*/SN1-820-D（*×100W代表制热量）
美的三管制热回收直流变速模块式	广东美的暖通设备有限公司	MDV-*（#）W/D1SN1T-890

（续上表）

多联机		（*×100W 为制冷量）（# 为匹数）；MDV-*（#）W/D1SN1T-890（G）（*×100W 为制冷量）（# 为匹数）
美的小多联直流调速家用中央空调	广东美的暖通设备有限公司	MDV-V*W/(S)N1-310(*×100W 代表制冷量)；MDV-V*W/（S）N1-520/510（*×100W 代表制冷量）；MDV-V*W/（S）N1-610/611（*×100W 代表制冷量）；MDV-V*W/(S)N1-720(*×100W 代表制冷量)
高效节能空调器	广东美的制冷设备有限公司	KFR-(23/26/32/35/50/51/72/120)GW/BP2DN1Y-IA（2）；KFR-(23/26/32/35/50/51/72/120)GW/BP2DN1Y-GC（2）；KFR-(23/26/32/35/50/51/72/120)(G/L）W/BP2DN1Y-L（2）；KF（R）-(51/72/120)QW/（S）（D）（N1）（N）Y-B（R1）；KF（R）-(26/35/51/72/120)(G/L)W/（S）（D）N1（N）Y-GC（R1）
太阳能空调器	广东美的制冷设备有限公司	KFR-26GW/BP2DN1GY-K（2）；KFR-35GW/BP2DN1GY-K(2)
恒温恒湿机	广东申菱空调设备有限公司	H9；HF7N；HF205N；HF20N；H200
洁净机	广东申菱空调设备有限公司	HJ62AH；HJ42；RFJ270；HJ28；HJ70
冷水机组	广东申菱空调设备有限公司	LSQRF135G；LSQF135G；LSQF85；LSQF60；LSQRF27
全预混冷凝式燃气热水器	广东万和新电气股份有限公司	JSQ40-24B/JSQ40-20P1/JLG24-B64A1（L24BL1）
树脂绝缘干式电力变压器	顺特电气设备有限公司	SC（B）11-30~2500/10
树脂绝缘干式空心并联电抗器	顺特电气设备有限公司	66kV 及以下；40000kvar 及以下
树脂绝缘干式铁心并联电抗器	顺特电气设备有限公司	35kV 及以下；10000kvar 及以下
树脂绝缘双电压干式变压器	顺特电气设备有限公司	SC（B）10-50~2500/20（10）
中性点小电阻接地成套装置	顺特电气设备有限公司	DZSCG-10~35；DZSCF-10~35；DZDCG-10~35；DZDCF-10~35
	环境保护	
泉来牌 JC-1000A 型净水器	深圳市诚德来实业有限公司	JC-600A；JC-1000A；JC-E；JC-2600A；JC-G

（续上表）

YX-AQMS 环境空气质量在线自动监测系统	宇星科技发展（深圳）有限公司	YX-AQMS
YX-CODcr-Ⅱ化学需氧量水质在线自动分析仪	宇星科技发展（深圳）有限公司	YX-CODcr-Ⅱ
YX-CODuv 紫外吸收法水质在线监测仪	宇星科技发展（深圳）有限公司	YX-CODuv
YX-CYQ 水质等比例自动采样器	宇星科技发展（深圳）有限公司	YX-CYQ
YX-NH3-N-Ⅱ氨氮水质在线自动监测仪	宇星科技发展（深圳）有限公司	YX-NH3-N-Ⅱ
YX-SFM 超声波明渠污水流量计	宇星科技发展（深圳）有限公司	YX-SFM
YX-TMS 烟尘烟气在线连续监测系统	宇星科技发展（深圳）有限公司	YX-TMS
YX-TNP 总磷总氮水质在线自动监测仪	宇星科技发展（深圳）有限公司	YX-TNP
YX-TP 总磷水质在线自动监测仪	宇星科技发展（深圳）有限公司	YX-TP
YX 重金属水质在线监测系统	宇星科技发展（深圳）有限公司	YX-Mn；YX-Zn；YX-Cd；YX-Cu；YX-Cr
富米特光催化水处理系统	佛山市顺德区都围科技环保工程有限公司	DW-W040；DW-W5M540
	现代农业	
碧力源	广东碧德生物科技有限公司	碧力源
五优 308	广东省金稻种业有限公司	国审稻 2008014；粤审稻 2006059；梅审稻 2004005
粤桑 11 号	广东省农业科学院蚕业与农产品加工研究所	250g 塑料袋包装
黑优 2 号冬瓜	广东省农业科学院蔬菜研究所	黑优 2 号冬瓜种子；50g/ 包
秋盛芥兰	广东省农业科学院蔬菜研究所	50g 罐装
对虾多矿预混料	广东海大集团股份有限公司	302
塘虱鱼预混料	广东海大集团股份有限公司	B802
小猪矿预混料	广东海大集团股份有限公司	小猪矿
鱼特快预混料	广东海大集团股份有限公司	1#
鱼预混料	广东海大集团股份有限公司	B501
普乐宝	广东希普生物科技股份有限公司	鸡用普乐宝 /25kg；猪用普乐宝 /25kg；普乐宝Ⅱ /2×10kg/ 箱；水产用普乐宝 /25kg；反刍用普乐宝 /25kg
鸡苗	广东粤禽育种有限公司	商品代鸡苗
金菊黄	广州立达尔生物科技股份有限公司	金菊黄 15；金菊黄 20
蛋鸭配合饲料	广州市番禺区大川饲料有限公司	208 蛋鸭料 /3.8/Q/DCSL1-2010；208 红心蛋鸭料 /3.8/Q/DCSL1-

（续上表）

		2010；288 蛋鸭料 /3.8/Q/DCSL1-2010；208S 红心蛋鸭料 /3.8/Q/DCSL1-2010；228 蛋鸭料 /3.8/Q/DCSL1-2010
环保型肉鸭配合饲料	广州市番禺区大川饲料有限公司	209 肥鸭料 /3.8/Q/DCSL1-2010；203 肥鸭料 /3.8/Q/DCSL1-2010；216 快大肥鸭料 3.8/Q/DCSL1-2010；207 番鸭料 3.8/Q/DCSL1-2010；202 肥鸭料 3.8/Q/DCSL1-2010
太阳能智能灭虫器	深圳市富巍盛科技有限公司	FWS-DBL-0-AC；FWS-DBL-0；FWS-DBL-1；FWS-DBL-2；FWS-SP05-12/2
电动喷雾器、电动喷雾机	博罗县东田实业有限公司	3WBD-15 型；3WBD-22 型；3WBD-16G；3WBD-16 型；3WBD-200 型
保得微生态制剂	东莞市保得生物工程有限公司	10g/ 包；20g/ 包；100g/ 包；1000g/ 包；2kg/ 包
保得微生物叶面增效剂	东莞市保得生物工程有限公司	20g/ 包
氨基酸育藻素	鹤山市新的生物制品有限公司	一代；二代；三代
畜禽动物保健汤料	鹤山市新的生物制品有限公司	HD1 号；HD2 号；XD1 号；XD3 号
海水鱼配合饲料	广东恒兴饲料实业股份有限公司	9983；9984；9985；9986；9926
南美白对虾配合饲料	广东恒兴饲料实业股份有限公司	962-20；9131；9132；9133B；9163B
虾配合饲料	湛江粤华水产饲料有限公司	宜海草虾开口料 /0/1/2/2L/3 号 /20Kg/ 包；宜海南美白对虾 0/1/2/2L/3 号 /20Kg/ 包；晨海草虾 0/1/2/2L/3 号 /20Kg/ 包；晨海南美白对虾 0/1/2/2L/3 号 /20Kg/ 包
鸡粉	广东佳隆食品股份有限公司	佳隆鸡粉 1Kg*12 罐 *1 件
	其他高新技术	
水质理化快速检测试剂盒	广东环凯微生物科技有限公司	30 至 100 次每盒
灵芝孢子油	广东粤微食用菌技术有限公司	500mg 软胶囊
维力康胶囊	广东省农业科学院蚕业与农产品加工研究所	250mg/ 粒
霸王防脱洗发液	霸王（广州）有限公司	200ml
霸王乌发固发洗发液	霸王（广州）有限公司	200ml；400ml；1L
霸王滋补盈润洗发精华素	霸王（广州）有限公司	200ml；400ml；1L
人造草	广州爱奇实业有限公司	曲棍球草
TERBLY LED 摇头灯	广州市浩洋电子有限公司	LSP45；LSP91S

（续上表）

高光泽、耐划伤平板电视机壳	广州毅昌科技股份有限公司	电视机机壳(3218E)；电视机机壳（3230）；电视机机壳(3240)；电视机机壳(2016D)；电视机机壳(4723U)
钢琴（京珠牌）	广州珠江钢琴集团股份有限公司	BUP120H | BUP126 | BUP130B | BUP125A | BGP150A
钢琴（恺撒堡）	广州珠江钢琴集团股份有限公司	UH121A | UH123A | GH148 | GH160 | GH188A
钢琴(里特米勒)	广州珠江钢琴集团股份有限公司	R8 | R9 | UP120R3 | UP118R2 | UP120R
钢琴（珠江牌）	广州珠江钢琴集团股份有限公司	P3 | P6 | T3 | T5 | T6
珠江纯生啤酒	广州珠江啤酒股份有限公司	8° P珠江纯生啤酒；9° P珠江纯生啤酒；10° P珠江纯生啤酒；11° P珠江纯生啤酒
E-NVS嵌入式网络视频系统	金三立视频科技（深圳）有限公司	ST-NTMS
彩色摄像机	金三立视频科技（深圳）有限公司	ST-CC6350；ST-CC6150；ST-CC6050；ST-CC4095；ST-CC4032
室外高速球	金三立视频科技（深圳）有限公司	ST-CC8269；ST-CC8309；ST-CC8369
室外高速球机	金三立视频科技（深圳）有限公司	ST-CC8189；ST-CC8189C；ST-CC8229；ST-CC8229C；ST-CC8239
网络高速球型摄像机	金三立视频科技（深圳）有限公司	ST-NT8309H；ST-NT8189H；ST-NT9229H；ST-NT8269H
网络摄像机	金三立视频科技（深圳）有限公司	ST-NT1062H；ST-NT6032H；ST-NT5042H；ST-NT6062H；ST-NT9062H
网络视频服务器	金三立视频科技（深圳）有限公司	ST-NT200HD；ST-NT202HD；ST-NT204HD；ST-NT208HD
M6乘用车	深圳市比亚迪汽车有限公司	QCJ6480M3；QCJ6480M；QCJ6480MJ；QCJ6480M3J
镭射卡	珠海市金邦达保密卡有限公司	Gemfoil
户外高压交流六氟化硫负荷开关	珠海盈源电气有限公司	FLW-12/T630-20(RM28)
全绝缘共箱式环网开关设备	珠海盈源电气有限公司	XGN-12(FL)/T630-20(YRN6)；XGN-12(FL.R)/80-31.5(YRN6)
四通航模飞机	广东飞轮科技实业有限公司	FX025；FX027；FX028；FX030
多油机组合式方舱通信电源电站	广东西电动力科技股份有限公司	TC（29kw-200kw）/TP（7.2kw-1600kw）
极寒地带通讯基站智能循环充电一体化装置	广东西电动力科技股份有限公司	TC（29kw-200kw）/TP（7.2kw-1600kw）

（续上表）

鲜啤	广东燕京啤酒有限公司	鲜啤
分体式紫外线吸尘器	广东龙的集团有限公司	NK-186 / NK-187
双层防烫电热水壶	广东龙的集团有限公司	NK-850/LD-1961
高氨基酸态氮和全氮酱油	广东美味鲜调味食品有限公司	厨邦酱油 /410ml（500g）；厨邦美味鲜酱油 /1.68L（2kg）；厨邦酱油 /1.63L（2kg）；厨邦酱油 /820ml（1kg）；厨邦美味鲜酱油 /360ml（430g）
酱油粉高值蛋白饲料	广东美味鲜调味食品有限公司	25kg
即热式波轮全自动洗衣机	中山东菱威力电器有限公司	XQB60-6022A
9212 叶片空转锁	中山市金点原子制锁有限公司	9212 型
乳液泡沫泵	中山市联昌喷雾泵有限公司	L501；L201；L701；L600；L100
两轮摩托车	鹤山国机南联摩托车工业有限公司	节能减排两轮摩托车
水冷发动机	江门气派摩托车有限公司	1P39QMA
豪爵迪爽两轮摩托车	江门市大长江集团有限公司	HJ150-9；HJ150-9A
豪爵普通跨骑式两轮摩托车	江门市大长江集团有限公司	HJ125-2A；HJ125-2C
豪爵普通弯梁式两轮摩托车	江门市大长江集团有限公司	HJ110-A
豪爵太子两轮摩托车	江门市大长江集团有限公司	HJ125-8C；HJ125-8D；HJ125-8E
豪爵天鹰两轮踏板摩托车	江门市大长江集团有限公司	HJ125T-16C；HJ125T-16D
豪爵喜运两轮摩托车	江门市大长江集团有限公司	HJ110-2C；HJ110-2D
豪爵喜之星两轮踏板摩托车	江门市大长江集团有限公司	HJ100T-7C
豪爵银豹两轮摩托车	江门市大长江集团有限公司	HJ125-7E；HJ125-7F；HJ150-3A
豪爵宇钻两轮踏板摩托车	江门市大长江集团有限公司	HJ125T-10；HJ125T-10A
豪爵悦冠两轮摩托车	江门市大长江集团有限公司	HJ125-16C；HJ125-16D；HJ150-6A
豪爵悦星两轮踏板摩托车	江门市大长江集团有限公司	HJ125T-9C
新型无机—有机复合高分子脱色絮凝剂	江门市慧信净水材料有限公司	TS-09
豆浆机	江门市竞晖电器实业有限公司	KF-818P 300w~600W 6950412800092
学生公寓床	江门市科益五金家具制造有限公司	ED-16；ED-22
XO 酱	李锦记（新会）食品有限公司	XO 酱 20g/80g/220g/350g；特辣 XO 酱 20g/80g/220g/350g；海皇酱 20g/80g/220g/350g
茶风味酱油	李锦记（新会）食品有限公司	双茶老抽 500ml/ 瓶；茶香老抽 500ml/ 瓶；双茶老抽 115ml/ 瓶；茶香老抽 250ml/ 瓶
陈皮酱油	李锦记（新会）食品有限公司	陈皮生抽 500ML/ 瓶；陈皮生抽 250ML/ 瓶

（续上表）

蒸鱼豉油	李锦记（新会）食品有限公司	蒸鱼豉油 207ml/ 瓶；蒸鱼豉油 410ml/ 瓶；蒸鱼豉油 115ml/ 瓶；蒸鱼豉油 500ml/ 瓶；蒸鱼豉油 750ml/ 瓶
三层 138 节距维达卫生卷纸	维达纸业（江门）有限公司	V4028 维达卫生纸　180g/ 卷 138mmX108mmX3 层； V4078 维达卫生纸　200g/ 卷 138mmX104mmX3 层； V4073 维达卫生纸　200g/ 卷 138mmX104mmX3 层
维达低定量柔软纸面巾	维达纸业（江门）有限公司	V2165；V2166；V2182
燃气烧烤炉	阳江市新力工业有限公司	XLGP-2BG；XLGP-3BG；XLGP-4BG；XLGP-5BG；XLGP-6BG
茶道杯	广东海利集团有限公司	TP-160；TP-200；TP-757；TP-787；K-01
新型家具缓冲装置	广东东泰金属制品有限公司	S10-450-H；M01500；G10-450-H；M01-400；G10-400-H
近吸式吸油烟机	广东美的厨卫电器制造有限公司	CXW-200-DJ08
两轮摩托车	广东银河摩托车集团有限公司	BW250-A

广东省节能技术服务单位（第五批）

序号	单位名称	主要节能业务及技术产品
1	广州宇阳电力科技有限公司	节能评估、节能优化、能源审计、EMC，新能源发电技术、洁净燃煤技术、烟气脱硫脱硝技术等
2	广东环能节能环保工程技术有限公司	能源审计、节能规划、节能量审核、节能评估、EMC
3	广东清华中邦热能科技有限公司	热能动力设备（各种锅炉、窑炉）的节能技术综合改造及设备销售
4	广州利科节能科技有限公司	节能、智能、环保产品的技术研究及开发、机电设备的安装及技术咨询
5	广州市优华过程技术有限公司	建筑物复合能量系统、企业管理咨询、能源审计、节能规划、节能量审核、EMC 等
6	广州联高能源科技有限公司	能源审计报告、节能规划、节能资金申请报告、节能改造
7	广州市亿东节能科技有限公司	节能产品、节能技术研究开发
8	广东群洲节能科技有限公司	照明系统节能改造、绿色照明工程实施
9	广东卡特能源科技有限公司	节能投资服务、节能项目改造、能源审计、节能监测、节能评估等

（续上表）

10	广东建扬节能投资有限公司	中央空调、换热站、工业冷却水水循环系统节能技术改造
11	广东海力节能技术服务有限公司	节能技术服务、研究、咨询，节能量审核、合同能源管理、能源审计报告编制
12	深圳鹏达信环保科技有限公司	环保设备的设计和技术开发、环境影响评价、节能技术环保产品的研发和销售
13	深圳国能环保节能科技有限公司	能源审计、节能评估、咨询培训；合同能源观念里和清洁生产审核
14	深圳市绿创人居环境促进中心	开展低碳经济研究交流、促进环保节能技术发展、开展节能技术服务
15	中广核中电能源服务（深圳）有限公司	能源效益咨询、审计；节能减排技术服务及改造、合同能源管理系统开发
16	深圳深循节能技术服务中心	企业资源管理培训、企业节水、节能咨询、企业水资源、能源利用现状评估、能源审计
17	深圳市深港产学研环保工程技术股份有限公司	清洁生产审核、生态环境规划、环境科学研究、工程环境监理
18	深圳市科冷商用设备有限公司	机电设备的购销、安装维护、节能技术改造
19	惠州市际恩节能环保技术有限公司	电子产品、环保节能产品、机电配件、五金制品；节能环保产品技术服务等
20	惠州大亚湾亚太科技有限公司	能源审计、合同能源管理项目、耗能设备检测、节能评估及节能融资咨询服务
21	东莞市环境科学学会	环境评估、清洁生产技术咨询、节能减排技术咨询、宣讲
22	东莞市众诚节能技术服务中心	余热回收技术、电能质量管理以及节能灯源设计评测、施工
23	广东中硕能源科技有限公司	风能源、胶体蓄电池技术研发、咨询；能源管理节能环保产品
24	广东汇嵘节能服务有限公司	节能技术研发、咨询、节能方案设计、改造、节能投资
25	江门市诺诚工程咨询有限公司	节能评估、合同能源管理，节能技术咨询服务
26	茂名华粤建筑安装工程有限公司	节能技术服务，节能改造，绝热节能技术、蒸汽节能（高效蒸汽疏水阀）、交流变频调速电机
27	揭阳市昊威科技有限公司	节能评估，能源审计、节能量审核，合同能源管理、节能改造
28	南方电网综合能源有限公司	节能减排相关咨询诊断，节能改造，节能规划，合同能源管理，节能技术研发。 技术产品：伺服电机、伺服控制器、纳米红外电热圈、智能干燥机等产品
29	华南师范大学环境科学研究所	能源咨询、节能改造、节能方案设计与论证、能耗测试、节能培训和运行维护等；炉窑余热利用技术，

（续上表）

		空压机余热回收系统改造，节能灯节能应用，变频技术应用
30	广州赛宝认证中心服务有限公司	节能评估、能源审计、能源规划等
31	广东电网公司电力科学研究院	能源审计、节能量审核、节能评估、节能检测、节能规划、节能诊断与论价等
32	广东省国际工程咨询公司	节能评估，节能咨询与评审
33	广东中鉴认证有限责任公司	能源管理体系认证、合同能源管理、节能改造、节能方案设计及论证、节能评估、能源审计、节能量审核等

2011年第一批广东省资源综合利用产品（工艺）认定名单

序号	企业名称	综合利用资源名称	综合利用产品名称
1	中国石油化工股份有限公司广州分公司	低压余热	热力（低压蒸汽）
2	中国石油化工股份有限公司广州分公司	工业炉气（催化烟气）	热力（中压蒸汽）
3	中国石油化工股份有限公司广州分公司	炼油废气（酸性气）	硫磺
4	中国石油化工股份有限公司广州分公司	化工废气（苯乙烯尾气）	氢气
5	中国石油化工股份有限公司广州分公司	化工废气（聚乙烯尾气）	轻烃（液化石油气）
6	中国石油化工股份有限公司广州分公司	化工废气（低压甲烷）	可燃气（液化石油气）
7	广州市明冠轻质环保建材有限公司	粉煤灰、脱硫石膏	蒸压加气混凝土砌块
8	广州市航峰新型建材有限公司	粉煤灰	蒸压加气混凝土砌块
9	珠海泰达建材有限公司	粉煤灰	蒸压加气混凝土砌块
10	广东兆丰能源技术有限公司	农作物秸秆、树皮废渣	热力（蒸汽）
11	佛山市三水金晖建筑材料有限公司	粉煤灰	蒸压加气混凝土砌块
12	佛山市顺德区顺创展建材实业有限公司	粉煤灰	蒸压加气混凝土砌块
13	佛山市三水北江实业有限公司	粉煤灰、硫酸渣、煤矸石、脱硫石膏	32.5R复合硅酸盐水泥
14	广东五联木业集团有限公司	锯末、树皮、枝丫材	人造板（中密度纤维板）
15	乐昌市圣大木业有限公司	枝丫材	人造板（中密度纤维板）
16	兴宁市亿强通轮胎翻新有限公司	废旧轮胎	翻新轮胎（翻新子午线轮胎）
17	蕉岭东江木业有限公司	锯末、树皮、枝丫材	人造板（刨花板）
18	惠州市斯瑞尔环境化工有限公司	化工废液（酸洗废液）	铁盐（三氯化铁）
19	江门市长建混凝土有限公司	粉煤灰、采矿选矿废石碎屑	商品混凝土
20	江门市金桥水泥有限公司	粉煤灰	32.5R复合硅酸盐水泥
21	江门市江海区嘉诺化工发展有限公司	废生物质油	生物柴油
22	开平五联人造板有限公司	枝丫材	人造板（中密度纤维板）
23	阳江五联人造板有限公司	锯末、树皮、枝丫材	人造板（中密度纤维板）
24	阳东绿源人造板有限公司	锯末、树皮、枝丫材	人造板（中密度纤维板）

2011年第二批广东省国家鼓励的资源综合利用产品（工艺）认定名单

序号	企业名称	综合利用资源名称	综合利用产品名称
1	中国石油化工股份有限公司广州分公司	火炬气	可燃气
2	广州市盈坚建材科技发展有限公司	粉煤灰	砂浆
3	广东润江混凝土有限公司	粉煤灰、废石碎屑	混凝土
4	广州天河奥特农化新技术有限公司	化工废液（味精发酵废液）、造纸废渣	肥料
5	广州市越堡水泥有限公司	粉煤灰、脱硫石膏、采矿选矿废渣（废石）	P.O42.5R普通硅酸盐水泥
6	佛山市华通混凝土有限公司	废石碎屑、粉煤灰	混凝土
7	佛山市东灏塑料金属有限公司	废塑料	塑料制品
8	佛山市高明顶丰油脂有限公司	废生物质油	工业油料
9	佛山市南海佳顺木业有限公司	锯末、树皮、枝丫材	人造板
10	佛山市南海康盛木业有限公司	锯末、树皮、枝丫材	人造板
11	佛山市顺德区添龙木业有限公司	锯末、树皮、枝丫材	人造板
12	广东省始兴县华洲人造板厂	锯末、树皮、枝丫材	人造板
13	韶关昌山水泥厂有限公司	煤矸石、硫酸渣、粉煤灰	P.042.5普通硅酸盐水泥、P.C32.5复合硅酸盐水泥
14	乳源瑶族自治县鑫源环保金属科技有限公司	工业废渣（含铜、含镍污泥）	铁合金料
15	南雄市建筑安装工程公司建材综合厂	采矿选矿废渣（碎屑）	蒸压灰砂砖
16	亚洲创建（惠州）木业有限公司	锯末、树皮、枝丫材	人造板
17	惠州市东江环保技术有限公司	化工废液（含铜、含镍）、化工废渣（含镍）	盐
18	东莞市利鹏建材有限公司	粉煤灰	轻集料混凝土小型空心砌块
19	东莞市铅江建材有限公司	粉煤灰	蒸压加气混凝土砌块
20	东莞市圳联墙材有限公司	粉煤灰	蒸压加气混凝土砌块
21	中山市起湾混凝土制品公司	粉煤灰、采矿选矿废渣、淤沙	混凝土
22	中山市之荣板业有限公司	锯末、树皮、枝丫材	人造板
23	台山市坚隆混凝土有限公司	粉煤灰、废石碎屑	混凝土
24	台山市威利邦木业有限公司	锯末、树皮、枝丫材	人造板
25	遂溪县吉城墙体材料有限公司	粉煤灰	蒸压粉煤灰砖
26	茂名市宏开环保建材有限公司	粉煤灰	蒸压加气混凝土砌块
27	茂名石化胜利水泥有限公司	硫酸渣、粉煤灰、脱硫石膏、磷石膏	P.C32.5复合硅酸盐水泥、P.042.5普通硅酸盐水泥
28	茂名实华东成化工有限公司	化工废气（丙烯原料气）	轻烃
29	肇庆北新建材有限公司	脱硫石膏	墙板
30	肇庆市鼎湖区莲花镇福日升建材厂	粉煤灰	非粘土烧结多孔砖
31	清远市榕兴新型环保建材有限责任公司	粉煤灰	蒸压加气混凝土砌块
32	连州市永盛环保砖有限公司	建筑垃圾	混凝土普通砖、混凝土多孔砖
33	清远市上兴人造板有限公司	锯末、树皮、枝丫材	人造板

2011年第三批广东省国家鼓励的资源综合利用产品（工艺）认定名单

序号	企业名称	综合利用资源名称	综合利用产品名称
1	广州发展环保建材有限公司	粉煤灰	商品粉煤灰
2	广州恒达资源综合利用有限公司	粉煤灰	商品粉煤灰
3	广州市美路墙体材料有限公司	粉煤灰	普通混凝土小型空心砌块
			轻集料混凝土小型空心砌块
4	广州迪森热能技术股份有限公司	农作物秸秆、树皮废渣、粮食壳皮等	热力
5	广东明科环保节能有限公司	树皮废渣	热力
6	珠海旺龙建材有限公司	粉煤灰	蒸压加气混凝土砌块
7	佛山市华实建材有限公司	粉煤灰、脱硫石膏	蒸压加气混凝土砌块
8	佛山市顺德顺龙中密度纤维板有限公司	枝丫材	人造板
9	佛山市三水利路水泥粉磨有限公司	粉煤灰、脱硫石膏	P.C32.5R复合硅酸盐水泥
10	佛山市南海科明达混凝土有限公司	废石碎屑	商品混凝土
		粉煤灰	
11	佛山市南海盐步有望灰砂砖有限公司	粉煤灰	粉煤灰砖
12	广东宝丽华电力有限公司煤灰渣综合利用建材厂	粉煤灰	煤灰渣砖
13	惠州凯美特气体有限公司	工业废气（化工废气）	二氧化碳
14	汕尾市仁裕轻质砖厂有限公司	粉煤灰	蒸压加气混凝土砌块
15	东莞市粤丰新型建材有限公司	粉煤灰	蒸压加气混凝土砌块
16	东莞市创建新型建材有限公司	粉煤灰	蒸压加气混凝土砌块
17	东莞市百大新能源股份有限公司	树皮废渣	热力
18	中山市中恒生物燃料有限公司	农作物秸秆、树皮废渣	热力
19	中山市东高新型建材有限公司	废石、粉末	免装饰混凝土砖
20	江门市蓬江区建都混凝土有限公司	废石碎屑	商品混凝土
		粉煤灰	
21	江门市江海区华源混凝土有限公司	废石碎屑	商品混凝土
		粉煤灰	
22	江门市新会区金裕新型墙体有限公司	粉煤灰	蒸压加气混凝土砌块
23	江门市南建新型墙体材料有限公司	建筑垃圾（管桩废浆渣）	蒸压加气混凝土砌块
		粉煤灰	
24	江门市新会区睦泽新型建材有限公司	粉煤灰	蒸压加气混凝土砌块
25	中国石油化工股份有限公司茂名分公司	火炬气	燃料气
26	中国石油化工股份有限公司茂名分公司	火炬气	燃料气
27	中国石油化工股份有限公司茂名分公司	工业余热	热力（低压蒸汽）
28	中国石油化工股份有限公司茂名分公司	工业余热	热力（中压蒸汽）
29	中国石油化工股份有限公司茂名分公司	工业余热	热力（中压蒸汽）
30	中国石油化工股份有限公司茂名分公司	炼油废气（酸性气）	硫磺
31	中国石油化工股份有限公司茂名分公司	工业余热	热力（中压蒸汽）

（续上表）

32	茂名市大地水泥有限公司	粉煤灰、废石、脱硫石膏	P.C 32.5 复合硅酸盐水泥 P.C 42.5 复合硅酸盐水泥
33	大亚木业（茂名）有限公司	三剩物、次小薪材	木纤维板
34	德庆顺龙木业有限公司	枝丫材	人造板
35	怀集顺龙木业有限公司	枝丫材、树皮、锯末	人造板
36	四会市汇隆木业有限公司	枝丫材、树皮、锯末、次小薪材	中高密度纤维板
37	大亚木业（肇庆）有限公司	次小薪材、三剩物	中密度纤维板
38	阳山顺龙木业有限公司	枝丫材、树皮、锯末	人造板
39	连州吉森木业有限公司	枝丫材	人造板
40	揭阳市巨轮轮胎科技有限公司	废旧轮胎	翻新轮胎
41	普宁市新华捷建材有限公司	粉煤灰	蒸压加气混凝土砌块

2011年第一批广东省资源综合利用电厂（机组）认定名单

序号	单位名称	综合利用资源名称	产品（工艺）
1	广州威立雅资源利用有限公司	沼气	电力（利用垃圾填埋场产生的沼气进行发电）
2	广州市西环电力实业有限公司	余热余压	电力（利用广州发电厂1#-4#机组发电做功后的余热余压进行发电）
3	英德海螺水泥有限责任公司	高温烟气	电力（利用水泥熟料生产过程中产生的高温烟气，经余热锅炉吸收产生蒸汽进行发电）
4	廉江市美达尔化工有限公司	高温烟气	电力（利用硫酸生产过程中焙烧硫铁矿产生的高温烟气，经余热锅炉吸收产生蒸汽进行发电）
5	广东省华海糖业发展有限公司华丰分公司	蔗渣	电力（利用制糖生产所产生的蔗渣作为燃料供锅炉燃烧产生蒸汽发电）
6	云浮市创利发电有限公司	高温烟气	电力（利用硫酸生产过程中焙烧硫铁矿产生的高温烟气，经余热锅炉吸收产生蒸汽进行发电）
7	云浮市金泰化工有限公司	高温烟气	电力（利用硫酸生产过程中焙烧硫铁矿产生的高温烟气，经余热锅炉吸收产生蒸汽进行发电）
8	云浮市创东化工有限公司	高温烟气	电力（利用硫酸生产过程中焙烧硫铁矿产生的高温烟气，经余热锅炉吸收产生蒸汽进行发电）
9	云浮市易世达余热发电有限公司	高温烟气	电力（利用水泥熟料生产过程中产生的高温烟气，经余热锅炉吸收产生蒸汽进行发电）

科学技术成果

全国科学技术奖

【2011年国家科学技术奖励大会】

2011年国家科学技术奖励大会在北京人民大会堂召开，表彰为我国科学技术进步、经济社会发展、国防现代化建设作出突出贡献的科学技术人员和组织。

根据《国家科学技术奖励条例》的规定，经国家科学技术奖励评审委员会评审、国家科学技术奖励委员会审定和科技部审核，国务院批准并报请国家主席胡锦涛签署，授予谢家麟院士、吴良镛院士2011年度国家最高科学技术奖；授予“流体力学与量子力学方程组的若干研究”等36项成果国家自然科学奖二等奖，授予“有机发光显示材料、器件与工艺集成技术和应用”等2项成果国家技术发明奖一等奖，授予“后期功能型超级杂交稻育种技术及应用”等53项成果国家技术发明奖二等奖，授予“青藏高原地质理论创新与找矿重大突破”国家科学技术进步奖特等奖，授予“玉米单交种浚单20选育及配套技术研究与应用”等20项成果国家科学技术进步奖一等奖，授予“高性能移动分组核心网智能化技术创新及应用”等262项成果国家科学技术进步奖二等奖，授予德国数学家德乐思等8名外国专家中华人民共和国国际科学技术合作奖。

能源资源领域成果获大奖　2011年度国家科技奖获奖项目一大特点就是，涌现出一批能源资源领域成果，有力支撑了国家重点工程建设和经济社会发展。其中，国家科技进步奖特等奖项目“青藏高原地质理论创新与找矿重大突破”，系国土资源部中国地质调查局集数千地质工作者10多年奋战雪域高原得来的成果，通过大规模细致的地质调查，创新性地建立了两大地质理论，并在自主创新理论指导下，实现了青藏高原找矿的重大突破，发现了3条巨型成矿带、7个超大型矿床和25个大型矿床，大幅增加了我国大宗矿产的储量，改变了我国矿产资源勘查开发格局，为中央在西藏地区建设五大资源基地奠定了坚实的资源基础。科技进步奖一等奖项目“难冶钨资源深度开发应用关键技术”，确保了我国钨资源使用年限由原来的不足5年延长到25年以上，解决了我国航空航天等重大工程的亟需。科技进步奖一等奖项目“环烷基稠油生产高端产品技术研究开发与工业化应用”，攻克了稠油深加工这一国际性难题，创制出系列高等级沥青替代进口，形成了自主知识产权的成套技术，实现了我国稠油深加工技术从空白到国际先进的历史性跨越。

自然科学奖获奖成果连续3年增多

国家自然科学奖在2009年有28项，2010年有30项，2011年达到了36项，其中生命科学、纳米科学领域的成果分别占获奖项目总数的19.4%（7项）和22.2%（8项），表明我国基础研究能力提升较快。例如获得自然奖二等奖的“稀土纳米功能材料的可控合成、组装及构效关系研究”，是北京大学研究的化学科学组项目。该项目建立了基于配位化学原理，可控制备稀土纳米功能材料的方法，揭示了材料的发光、催化等性质与纳米结构间的关联性。这一研究成果还为我国稀土资源的高效和高值化利用、拓宽稀土功能材料的应用领域提供了可能途径。此外，香港科技大学教授叶玉如研究的“受体酪氨酸激酶介导的信号通路在突触发育和可塑性中的作用”项目在生物学学科组中获得了自然奖二等奖。叶玉如长期专注于探索神经系统的工作原理，她近期的研究表明，脑部的神经细胞可以通过多种方式进行沟通，从而对神经系统的功能进行调整。这些成果进一步解释了学习和记忆等认知过程的分子机制，也为老年痴呆症等神经退行性疾病的治疗提供了重要依据。

国家科技合作奖获奖人数创历年之最　在2011年度国家科技奖中，8位外籍知名科学家获得中华人民共和国国际科技合作奖，获奖者遍及6个国家、7个学科领域，获奖人数创历年之最。8位获奖者分别是德国籍国际知名数学家德乐思、法国籍知名医学家戴宇阁、日本籍国际冶金知名专家江见俊彦、英国籍食用菌生理和活性物质研究专家约翰·巴士威、日本籍中药及保健品功能研发专家栗原博、美国籍国际著名地质学家斯蒂芬·波特、日本籍传染性疾病与病毒学专家岩本爱吉、澳大利亚籍纳米材料专家逯高清。

科技进步奖通用项目企业占七成

在科技进步奖获奖名单中，武汉邮电科学研究院、海尔集团公司等企业的创新成果榜上有名。据国家科学技术奖励工作办公室主任邹大挺介绍，2011年度科技进步奖通用项目中，企业参与完成的项目占71.56%（2009年占66.67%，2010年占68.22%），中小型科技企业创新能力进一步增强，参与完成项目的比例从过去的不到30%提高到44.04%。

2011年度科技进步奖二等奖获奖项目“光通信核心技术研发与产业化技术创新工程”，是武汉邮电科学研究院以转制为契机，推动我国光通信行业快速发展的成果。通过创新工程，武汉邮科院掌握了大规模集成电路设计技术、嵌入式系统和应用软件设计技术、光电子设计与制造工艺技术、光纤工艺设计与制造技术等光通信核心技术，突破了超高速超大容量等光通信前沿技术，创造了光通信领域一系列中国第一和世界第一。创新工程形成的核心技术、专利和标准，先进的系统设备、光纤光缆及器件有力支撑了基础通信网重大工程建设，保障了国家通信安全，推动光通信网90%以上采用国内品牌产品；使中国11亿电话和4亿互联网用户在使用其承建的网络或技术中充分享受科技进步带来的福音。该单位还是中国光通信标准主要制定者，在国际标准组织中担任多个重要职务，为我国赢得光通信国际标准话语权。

战略性新兴产业核心技术收获多个奖项 在获奖项目中，一批涉及移动通信技术、特高压输电技术等战略性新兴产业领域的核心技术收获多个奖项。技术发明奖一等奖项目“宽带移动通信容量逼近传输技术及产业化应用”提出了广义多载波技术、普适MIMO传输技术、双涡轮接收技术等，获39项发明专利，理论成果获通信国际学术界最有影响的IEEE RICE（美国电器电子工程师学会赖斯奖）最佳论文奖，18项提案被3GPP主流国际标准化组织采纳。技术发明奖一等奖项目“有机发光显示材料、器件与工艺集成技术和应用”突破了OLED（有机发光显示器）高效率、长寿命、高精密制造的技术难题，自主设计、建成了国内首条OLED大规模生产线，产品广泛应用于国防和航天领域。科技进步奖一等奖项目“高压直流输电工程成套设计自主化技术开发与工程实践”，首次建立了高压直流输电集成技术体系，实现了直流输电技术的集成创新。科技进步奖一等奖项目“深海高稳性圆筒型钻探储油平台的关键设计与制造技术”，突破传统，首次采用圆筒形整体结构设计技术，成功建造成世界首座抗巨大风浪能力的圆筒型超深海钻探储油平台，其作业水深、钻井深度和平台甲板可变载荷均为世界第一。

大批民生项目获奖 在获奖项目中，一大批涉及农业科技、重大疾病防治、食品安全等惠及民生的科技成果摘取多个奖项。科技进步奖一等奖项目“玉米单交种浚单20选育及配套技术研究与应用”，在种质创新和品种选育有重大突破，使我国玉米产业的核心竞争力显著提升。科技进步奖一等奖项目“新发传染病综合防控技术体系的建立与应用”，在抗击SARS、阻击禽流感、应对甲型HINI流感等新发传染病防控方面取得了重要成果。还有科技进步奖的项目，如“工业产品中危害因子高通量表征与特征识别关键技术与应用”，为提高我国食品安全性评价技术与方法提供了有效途径；“结构性心脏病介入治疗新技术研究与应用”，促进了我国结构性心脏病介入治疗器材国产化及介入技术的发展与提高，其产品价格仅为进口器材的1/3，一般患者家庭均可承受。

【广东34个项目获2011年度国家科技奖】 广东省共有34个项目获得2011年度国家科学技术奖。其中，国家自然科学奖5项，国家技术发明奖5项；国家科技进步奖23项；1名科技专家获得国际科学技术合作奖，这是广东省继2006年首揽该奖之后，第二次获奖。获奖项目中广东省作为第一完成单位的有16项。

“十一五”期间，广东科技工作实现跨越式发展，带动全省获得的国家科学技术奖数量较“十五”期间增长了77.2%，以第一完成单位完成的项目较“十五”期间增加了62.8%。2011年是“十二五”的开局之年，全省区域创新能力继续稳居全国第一梯队，创新绩效等指标排名全国首位，科技综合实力和自主创新能力稳步快速提升，获得大批创新成果。

基础研究水平和原始创新能力建设方面成果突出 广东科技历来重视基础研究工作，通过加大力度支持广东联合基金、省自然科学基金等手段，不断提升基础研究水平和原始创新能力。在省自然科学基金、广东联合基金等的前期培育下，2011年基础研究工作继续呈现出厚积薄发的可喜局面。继2009、2010连续两年获得大丰收之后，2011年，再获11项国家973计划首席科学家项目。三年来，全省累计获得国家973计划首席科学家项目达29项。2011年，获得国家自然科学研究基金突破10亿元，跃居全国第三，基础研究能力大幅度提升。在本年度的获奖项目中，共有5项获得国家自然科学奖，为历年来最多，表明广东省基础研究水平和原创性能力建设实现了飞跃。在5项获得国家技术发明奖中，有1项获得一等奖。该项由华为技术有限公司的孙立新和罗毅参与的“宽带移动通信容量逼近传输技术及产业化应用”成果，是通信领域迄今获得的第一个国家技术发明一等奖，该项目不仅获得了30多项授权的国内外发明专利，而且相关技术也被主流国际标准化组织采纳。

全省产业技术水平快速提升 近几年，广东省科技工作集中优势力量，在重点领域和关键环节狠抓重点科技攻关，通过深化省部省院产学研合作、组织实施省重大科技专项等有力措施，加快提升产业技术水平，科技支撑引领现代产业体系建设成效显著。在国家科技进步奖中，广东省有23项获奖，作为第一完成单位的有10项。由南方电网科学研究院有限公司完成的“高压直流输电工程成套设计自主化技术开发与工程实践”项目获得一等奖，这是广东省自2001年度获得该奖后，第二次作为第一完成单位获得。该项目首次建立了高压直流输电集成技术体系，实现了直流输电技术的节能创新，推动了我国直流输电技术的跨越式发展。

民生科技成绩突出 近年来，广东省科技工作突出民生主题，积极发展民生科技。在2011年获奖项目中，有多个涉及到民生科技领域，为保障和改善民生作出突出贡献。如获奖项目“2型糖尿病新治疗方案研究与临床应用”明确初诊2型糖尿病患者用胰岛素治疗可改善其胰岛分泌功能，阐明了炎症因子调节肝脏糖脂代谢关键基因的机制，提高了临床个体化诊治水平；“α和β地中海贫血的遗传分析及其在临床和人群预防中的应用”针对我国南方最常见的出生缺陷性疾病——α和β地中海贫血（地贫）展开了分子遗传学和人群预防控制研究，研发了一套适合于中国人群的地贫临床诊断技术，实施了国内最早的大规模α和β地贫人群监控预防计划，通过产前诊断降低了地贫患儿的出生率，对我国优生优育计划生育具有重大意义。

国际科技合作再次取得新突破

近年来，广东省创造性构建“哑铃型”国际科技合作模式，有效集聚了海外创新资源，吸引了越来越多的高层次人才来粤开展科技合作、创业，引起重大反响。今年获得国家科技合作奖的栗原博是日本中药及保健品功能研发专家。2003年，栗原博从日本带来先进仪器设备，建立暨南大学白兰氏基金会健康科学研究中心，展开国际合作研究。来华后，栗原博建立了多种中药活性及功能评价方法，增进了中药的国际化。

广东科学技术奖

【2011年度广东省科学技术奖励大会】 2012年3月27日，广东省委、省政府在广东大厦召开广东省科学技术奖励大会暨全省科技工作会议。中共中央政治局委员、省委书记汪洋，省委副书记、省长朱小丹，省委常委、副省长徐少华，省委常委、秘书长、办公厅主任林木声，省人大常委会副主任王宁生，副省长陈云贤，省政协副主席覃卫东等省领导出席会议。徐少华主持大会，陈云贤宣读《关于颁发2011年度广东省科学技术奖的通报》。

会议颁发2011年度广东省科学技术奖共计272项，其中特等奖2项、一等奖30项、二等奖87项、三等奖153项。其中，300MW煤矸石CFB发电机组及资源循环利用工程项目和深港西部通道工程建设创新实践项目获得特等奖。中国科学院院士、中山大学肿瘤防治中心主任、中山大学附属肿瘤医院院长曾益新，荣获2011年度广东省科学技术奖突出贡献奖。

陈云贤在作全省科技工作报告时指出，2011年全省科技工作取得了显著成绩。广东科技综合实力继续稳居全国第一梯队，区域创新能力综合排名连续4年位居全国第二，创新绩效等指标位居全国首位。全省发明专利申请量和授权量分别达52 012件和18 242件，增长27.3%和33.2%，位居全国第2位和第1位。全省专利密度位居全国第一。

基础研究成果“井喷” 2011年，广东省多方式、多层次推进科技创新工作，一方面通过加大力度支持广东联合基金、广东省自然科学基金等手段，不断提升基础研究水平和原始创新能力；另一方面，不断优化自主创新环境，加大产学研、省部院等合作，积极构建“政府为引导，企业为主体”的自主创新服务体系。2011年度广东省科学技术奖的获奖成果，突出反映了广东省自主创新的新突破和新成就，全省的基础研究成果呈现“井喷”现象。2011年，全省新增国家重点实验室6个，获得国家973计划（含国家重大科学研究计划）经费3.7亿元，位居全国第三；获取国家自然科学基金经费10.6亿元，比2010年翻一番。

2011年度全省获奖成果共发表论文5 623篇，其中，被国际重要学术刊物收录1831篇。30个一等奖成果中，有43%的项目获得过国家和省的自然科学基金等的资助培育，特别是无机化学、分子遗传学、材料科学等领域的成果水平显著提高。而且，许多项目的产业化前景喜人。如由中山大学完成的《金属酶模型化合物的结构、生物功能和作用机制研究》一等奖项目，成功解决了黑曲霉在高浓度金属离子下难以生长的难题。技术成果已部分产业化，实现了从基础理论到工程技术的应用。

授权发明专利大幅增长 2011年，广东省出台了我国首部自主创新地方性法规——《广东省自主创新促进条例》，激发科技人员的创新热情。2011年全省发明专利申请量和授权量分别增长三成左右。因此，在这次的获奖项目中，共有授权发明专利521项，比2010年的项目增加了35%。获奖企业共获得授权发明专利464项，占获奖项目发明专利的89%。此次获奖项目中有154项科研成果涉及农业科技、重大疾病防治、食品安全、环境保护、防灾减灾等领域，占获奖项目总数的57%，其中环境保护和生态建设项目46项，比上年的34项增加了26%。由广东宝丽华电力有限公司等单位完成的《300MW煤矸石CFB发电机组及资源循环利用工程》特等奖项目，采用了国内首台具有自主知识产权300MW循环流化床锅炉，并研发出全内燃高掺量粉煤灰烧结砖等多项自主研发技术，实现了我国清洁煤发电整体技术的重大突破。

推动大型基础建设 在获奖项目中，有多项是大型基础建设项目。由深圳和香港多家单位合作完成的《深港西部通道工程建设创新实践》特等奖项目，项目集交通、口岸、市政建设于一体，涉及参建的两地单位达140余家。该项目解决了两种体制下

由深圳和香港多家单位合作完成的《深港西部通道工程建设创新实践》特等奖项目，解决了两种体制下的技术标准、环境保护、建设管理等领域问题，其建成有效地缓解了跨境流量快速增加的压力，大大提高了粤港之间口岸的通关效率。

的技术标准、环境保护、建设管理等领域问题，其建成有效地缓解了跨境流量快速增加的压力，大大提高了粤港之间口岸的通关效率。由广东省北江流域管理局等单位完成的《北江大堤加固达标工程关键技术研究与应用》一等奖项目，创新了治水思路，又解决了堤围建设中普遍存在的突出问题。经过加固达标建设，北江大堤的防洪标准由原防御50年一遇洪水提高到防御100年一遇洪水，在我省防灾减灾工程建设中有着重要的推广意义。

科技惠及企业和民生　在272个获奖项目中，企业独立承担或参与完成194项，占获奖项目的71.3%，其中企业以第一完成单位完成的项目120项，占企业获奖项目的61.9%，较上年提高2.7%；属于产学研合作项目的97项，占企业获奖项目的50%。这些项目涵盖了新材料、新能源、电子信息、生物制药等技术领域，累计产生经济效益达910.6亿元。

科技创新为广东省民生工程的建设发展提供了有力支撑。本年度获奖项目中，属于农业科技、重大疾病防治、食品安全、环境保护、防灾减灾等民生领域的项目，占获奖项目总数的57%，如《帕金森病治疗新靶标的研究》《禽流感动物模型、免疫机理及疫苗研制与推广应用》

《高品质酱油啤酒苏氨酸高效发酵与代谢调控关键技术》《猪健康养殖关键营养技术研究与应用》《污染物在土壤中的环境化学行为与修复机理研究》等。另外，环保和生态的项目比上年度增加了26%。

【2011年广州市科学技术奖励大会】

2012年5月23日，广州市科学技术奖励大会暨全市科技和信息化工作会议在市委礼堂隆重召开。万庆良、陈建华、张桂芳、凌伟宪、陈国、张骥、余明永等省市领导和省科技厅李兴华厅长出席了会议。广州市委、市人大、市政府、市政协有关部门主要负责同志，市创新型城市建设领导小组、市信息化领导小组成员，各区、县级市主要负责同志，广州地区高等院校和科研院所有关负责同志，高新技术产业园区、高新技术企业代表，2011年度广州市科学技术奖获奖单位代表等约1 000余人参加了会议。大会表彰了2011年广州市科学技术奖获得者，并为获奖代表颁发了证书。

2011年广州市科技奖励共评出80个获奖项目，包括突出贡献奖2人，获得者为来自番禺珠江钢管有限公司的陈昌和来自广州市农业技术推广中心的黄邦海；科技进步奖78项，包括一等奖14项、二等奖32项、三等奖32项，涵盖了机械、电子信息、化工材料、建筑交通、农林、生物医药、医疗卫生等行业领域。

2011年广州市科技奖获奖项目具有如下特点：

一是突出企业技术创新主体地位。近年来，广州市企业的技术研发能力显著提高，企业创新主体地位不断增强，以市场为导向、产学研紧密结合的开放型区域创新体系逐步形成。2011年广州市科学技术奖体现了这一发展趋势。在科技进步奖全部获奖项目中，企业独立承担或参与完成的59项，占获奖项目总数的75.64%；企业为第一完成单位的有50项，占获奖总数的64.10%；应用技术类成果有71项，占获奖总数的91%。据统计，所有获奖项目累计新增产值55亿元、新增利税11亿元，取得了比较明显的经济与社会效益。

二是科技成果创新水平大幅提升。近年来，广州市通过加强科研基础能力和队伍建设，大力提升科技研究水平和原始创新能力。2011年获奖项目共发表论文375篇，其中在国际上发表33篇，被SCI收录21篇；已申请专利、版权等知识产权保护263项，获授权105项。京信通信技术有限公司完成的一等奖项目“TD-SCDMA天线产品系列化开发及产业化”，已形成核心技术授权专利22项，成为全球唯一的行业技术标准；广汽集团自主研发的“传祺”系列中高级轿车和相关技术实现了广州市汽车产业从“广州制造”向“广州创造”的跨越，先后获得最佳（自主）首发新车奖、最佳自主创新设计大奖。

三是科技创新更加注重惠及民生。科技创新成果惠及民生是广州市科技创新工作的重要出发点和归宿。2011年获奖项目中，有33项科研成果涉及农业科技、重大疾病防治、食品安全、环境保护、防灾减灾等领域，占获奖项目总数的41%，这些成果有效解决了社会民生领域中的一批重点、难点问题。例如，广州医学院第一附属医院广州呼吸疾病研究所等取得的支气管镜介入诊疗技术临床应用及创新研究成果，创新性地把冷冻技术应用于经可弯曲支气管镜摘取气道异物上，方法简单、安全、成功率高，为难治性气道异物提供了一种全新的方法。

四是科技创新支撑大工程建设的能力不断增强。随着基础设施的高速发展，支撑保障重大工程建设效率、安全和质量是科技创新的重要使命。2011年获奖项目中，与重大建设工程直接相关的项目有10项。其中由广州市建筑集团有限公司和市第一建筑工程有限公司联合完成的一等奖项目“大型公共建筑场馆施工关键技术研究与应用”，在广州亚运城综合体育馆、广州国际会展中心等多项大型公共建筑场馆建设中应用。广州市地下铁道总公司、广东工业大学和中铁三局等共同完成的一等奖项目“大型近接暗挖换乘地铁车站施工关键技术研究”，成功解决了地面复杂狭小场地条件下修建大跨度暗挖隧道的施工技术难题，已成功应用于广州地铁五号线和六号线多个站点的施工建设。

五是助推一批优秀的创新人才脱颖而出。近年来，广州市积极利用国家、省、市的人才引进计划，加快科技创新人才聚集，同时通过科技创新项目培育骨干人才，取得了积极成效。此次获奖项目中，牵头或参与科研攻关的45岁以下中青年科技人员达264人次，占38.09%；本次获得突出贡献奖的陈昌、黄邦海同志也是通过重大科技创新实践成长起来的领军人物。广州市已逐步形成了以科技创新项目为平台，培育造就优秀中青年科技创新骨干力量的良好环境。

2011年度广东省科学技术奖获奖名单

项目编号	项目名称	承担单位
特等奖（2项）		
B04-0-特-01	300MW煤矸石CFB发电机组及资源循环利用工程	广东宝丽华电力有限公司
		广东省电力设计研究院
		东方电气集团东方锅炉股份有限公司
		广东电网公司电力科学研究院
		广东火电工程总公司
B11-0-特-01	深港西部通道工程建设创新实践	深圳市深港西部通道工程建设办公室
		香港特别行政区政府路政署
		香港特别行政区政府建筑署
		深圳市城市规划设计研究院有限公司
		深圳市建筑设计研究总院有限公司
		上海市政工程设计研究总院（集团）有限公司
		同济大学
		深圳中航电脑系统工程有限公司
		中铁四局集团有限公司
		深圳市勘察研究院有限公司
一等奖（共30项）		
A01-0-1-01	量子仿真和量子计算研究	华南师范大学
		香港大学
A02-0-1-01	金属酶模型化合物的结构、生物功能和作用机制研究	中山大学
A02-0-1-02	污染物在土壤中的环境化学行为与修复机理研究	华南理工大学
		仲恺农业工程学院
		中国科学院地球化学研究所
		广东省生态环境与土壤研究所
A03-0-1-01	杂交稻育性控制的分子遗传机理研究	华南农业大学
A04-0-1-01	JNK/c-Jun和GSK-3作为帕金森病治疗新靶标的研究	中山大学
		南方医科大学
A06-0-1-01	纳米电催化材料的功能定向生长和催化机理研究	中山大学
B01-1-1-01	控释肥料产业化关键技术创新、集成及应用	华南农业大学
		施可丰化工股份有限公司
		三原圃乐特控释肥料有限公司
		全国农业技术推广服务中心
B02-1-1-01	猪健康养殖关键营养技术研究与应用	广东省农业科学院畜牧研究所
		中国农业大学
		广东温氏食品集团有限公司
		深圳市农牧实业有限公司

（续上表）

		湖南农业大学
		广东新南都饲料科技有限公司
		广东科邦饲料科技有限公司
B02-1-1-02	禽流感动物模型、免疫机理及疫苗研制与推广应用	肇庆大华农生物药品有限公司
		广东省实验动物监测所
		广东大华农动物保健品股份有限公司
B02-2-1-01	深水抗风浪网箱装备研制与应用	中国水产科学研究院南海水产研究所
		中山大学
		广东省水产技术推广总站
		深圳华油实业发展有限公司
B02-2-1-02	附壳造型珍珠和优质海水珍珠养殖及加工技术的研究与应用	广东海洋大学
		广东绍河珍珠有限公司
		三亚海润珠宝有限公司
		湛江龙之珍珠有限公司
		广东岸华集团有限公司
B03-0-1-01	热带海洋软体动物功能蛋白肽的关键利用技术及其产业化	中国科学院南海海洋研究所
		广东海大集团股份有限公司
		广东兴亿海洋生物工程有限公司
		广州市祺福珍珠加工有限公司
		佛山市安安美容保健品有限公司
B03-0-1-02	高品质酱油啤酒苏氨酸高效发酵与代谢调控关键技术	华南理工大学
		佛山市海天调味食品股份有限公司
		广州珠江啤酒股份有限公司
		广东肇庆星湖生物科技股份有限公司
		广东珠江桥生物科技股份有限公司
		广东美味鲜调味食品有限公司
B04-0-1-01	高级量测体系下计量终端智能化关键技术研究及应用	广东电网公司电力科学研究院
		深圳市科陆电子科技股份有限公司
		长沙威胜信息技术有限公司
B04-0-1-02	大型火电机组负荷自适应控制优化技术	广东省粤电集团有限公司沙角C电厂
		广东电网公司电力科学研究院
		广东省粤电集团有限公司
		广州粤能电力科技开发有限公司
B05-0-1-01	超宽带城域网关键技术研发与应用	中国电信股份有限公司广东研究院
		华为技术有限公司
B05-0-1-02	SingleRAN统一无线接入网解决方案	华为技术有限公司
B05-0-1-03	DRA多声道数字音频编解码技术应用研发及标准化	广州广晟数码技术有限公司
B07-0-1-01	手写人机交互核心技术及云应用	华南理工大学
		广东开心信息技术有限公司

（续上表）

B07-0-1-02	基于图像内容的肿瘤类型辨识系统的研究与应用	南方医科大学
B09-0-1-01	汽车用高性能环保聚丙烯关键技术的开发	金发科技股份有限公司
B10-0-1-01	新型聚羧酸减水剂的研究开发与应用	华南理工大学
		广东省建筑材料研究院
		江门市强力建材科技有限公司
B11-0-1-01	北江大堤加固达标工程关键技术研究与应用	广东省北江流域管理局
		广东省水利电力勘测设计研究院
		广东水电二局股份有限公司
		广东省水利水电第三工程局
		广东省源天工程公司
		深圳市东深电子股份有限公司
		深圳市鸿和达电子有限公司
		中国安能建设总公司
B11-0-1-02	建成环境使用后评价理论与方法及其应用	华南理工大学
		浙江大学
B13-0-1-01	T细胞受体重排分析技术在职业病及相关血液病诊治中的应用研究	暨南大学
		广州市第十二人民医院
B14-0-1-01	青少年近视机理和防控的系列研究及应用	中山大学中山眼科中心
B14-0-1-02	小肠消化内镜技术的临床应用研究	南方医科大学
B15-0-1-01	结直肠炎症与肿瘤的基础与临床系列研究	中山大学附属第六医院
B15-0-1-02	前列腺癌的分子诊断与微创治疗	中山大学附属第三医院
B15-0-1-03	渗出期脊柱结核的外科治疗	南方医科大学
	二等奖（共87项）	
A01-0-2-01	解析函数空间及相关算子理论研究	汕头大学
A01-0-2-02	数值代数若干问题的研究	华南师范大学
A03-0-2-01	丛枝菌根真菌生态生理及提高植物抗逆性研究	广东省微生物研究所
		中国科学院环境生态研究中心
		华南农业大学
A04-0-2-01	胃癌遗传、发病机制及化学预防研究	中山大学附属第一医院
A04-0-2-02	听觉离皮层系统调节作用的方式与意义	南方医科大学
		香港理工大学
A05-0-2-01	复杂拓扑结构混沌吸引子的生成、实现与应用	广东工业大学
		香港城市大学
A07-0-2-01	典型工程结构损伤检测方法与加固技术	暨南大学
		太原理工大学
B01-1-2-01	甜、糯玉米系列新品种选育及产业化配套技术研究与应用	广东省农业科学院作物研究所
		广州市农业科学研究院
		广东省农业科学院土壤肥料研究所
		广东省农业科学院植物保护研究所

（续上表）

		华南农业大学
		广东省农业科学院蚕业与农产品加工研究所
		广东省农作物技术推广总站
B01-1-2-02	节瓜、冬瓜抗枯萎病种质创新及新品种选育研究	广东省农业科学院蔬菜研究所
		华南农业大学
		华南师范大学
		暨南大学
B01-1-2-03	园林废弃物与生活污泥资源化关键技术研究与应用	广州市园林科学研究所
		华南农业大学
		广州市园科绿化有限公司园林基质厂
		广州市绿化公司白云苗圃
B01-1-2-04	特色茶资源食品加工技术研究与创新产品开发	广东省农业科学院茶叶研究所
		北京市食品工业研究所
		华南师范大学
B01-2-2-01	广东森林生态系统定位观测网络及服务功能评估	广东省林业科学研究院
		中国林业科学研究院森林生态环境与
		保护研究所
B01-2-2-02	观赏植物水培技术创新与产业化应用	广东省农业科学院花卉研究所
		东莞市农业科学研究中心
		华南农业大学
		东莞市生物技术研究所
B01-2-2-03	应用友恩蚜小蜂和黄蚜小蜂控制松突圆蚧技术研究	广东省森林病虫害防治与检疫总站
		广东省林业科学研究院
		信宜市林业局
		罗定市林业局
		惠东县林业局
		高州市林业局
		电白县林业局
B02-1-2-01	优质鸡分子改良方法建立及其在新品种培育中的应用	华南农业大学
		广东温氏南方家禽育种有限公司
		广州市权诚生物科技有限公司
		鹤山市墟岗黄畜牧有限公司
		广州宏基种禽有限公司
		佛山市南海种禽有限公司
		佛山市高明区新广农牧有限公司
B02-2-2-01	淡水鱼类种质分子鉴定研究与应用	中国水产科学研究院珠江水产研究所
B02-2-2-02	微胶囊化晶体氨基酸的开发及其在水产饲料中应用	广东省农业科学院畜牧研究所
		广州飞禧特水产科技有限公司
		广东智威农业科技股份有限公司

（续上表）

B03-0-2-01	进出口食品安全技术保障措施研究及应用	广东出入境检验检疫局检验检疫技术中心
B03-0-2-02	内燃机用高效率、长寿命空气过滤材料	华南理工大学
B03-0-2-03	新型童车的结构创新设计及应用	中山市隆成日用制品有限公司
B03-0-2-04	香辛料抗菌和抗氧化成分的开发利用关键技术与应用研究	广东工业大学
		广州百花香料股份有限公司
		东莞市百味佳食品有限公司
		广东江大和风香精香料有限公司
B03-0-2-05	优质纯生啤酒关键控制技术体系的建立与应用	广州珠江啤酒股份有限公司
		中国食品发酵工业研究院
B03-0-2-06	基于平行流换热器节能型低成本家用空调的开发及其产业化	广东志高空调有限公司
		华中科技大学
		郑州轻工业学院
		中华人民共和国南海出入境检验检疫局
B03-0-2-07	纸浆性质软测量原理与技术	华南理工大学
B03-0-2-08	二次复合酶法水解蛋白质生产复合氨基酸技术研究	广东环西生物科技股份有限公司
B04-0-2-01	基于广义状态监测的设备新型状态检修体系的研究与应用	广东电网公司电力科学研究院
		广东电网公司广州供电局
		广东电网公司佛山供电局
		西安交通大学
B04-0-2-02	直流输电系统对交流电网设备的影响及防范措施的系统研究	广东电网公司电力科学研究院
		武汉大学
		华中科技大学
		保定天威保变电气股份有限公司
B04-0-2-03	280kA 大电流低压电器短路试验系统	东莞市广安电气检测中心有限公司
B04-0-2-04	大型发电机故障联合诊断关键技术研究	广东电网公司电力科学研究院
		广州粤能电力科技开发有限公司
B04-0-2-05	风力发电专用绿色环保型箱式变电站	顺特电气设备有限公司
B05-0-2-01	超短波高性能网络化传输新技术研究及应用	广州海格通信集团股份有限公司
B05-0-2-02	新一代通信综合接入户外平台的开发与应用	中国联合网络通信有限公司广东省分公司
		艾默生网络能源有限公司
B05-0-2-03	基于数据流快速调度的 GPRS 承载效率提升研究与实践	中国移动通信集团广东有限公司
B05-0-2-04	TD-SCDMA 系统 C-RAN 集中式基带池组网技术	中国移动通信集团广东有限公司
B06-0-2-01	多层刚挠结合印制线路板及材料	珠海元盛电子科技股份有限公司
		电子科技大学
B06-0-2-02	集成可变光衰减器和光功率监测器的全光纤光功率监控器件	暨南大学
		广州宇航通讯公司
B06-0-2-03	新一代移动通信超小型厚膜片式电阻器研制和产业化	广东风华高新科技股份有限公司
B06-0-2-04	波形控制能量负反馈激光焊接机技术及产业化	深圳大学
		深圳市联赢激光设备有限公司

（续上表）

B06-0-2-05	新型基板大功率LED及其应用	佛山市国星光电股份有限公司 华南理工大学 珠海市荣盈电子科技有限公司
B07-0-2-01	中国电信综合业务配置平台	中国电信股份有限公司广东研究院 中国电信股份有限公司广东分公司 广东亿迅科技有限公司
B07-0-2-02	蓝盾网络安全云关键技术	蓝盾信息安全技术股份有限公司 华南师范大学 广东工业大学
B07-0-2-03	基于知识管理的农业信息服务关键技术研究与应用	广东省农业科学院科技情报研究所 中国科学院地理科学与资源研究所 上海海洋大学 中国农业大学
B07-0-2-04	JOYO卓越防误综合操作系统	珠海优特电力科技股份有限公司
B07-0-2-05	面向互联网的新媒体业务融合平台	华南理工大学 广州市电视台 广州市汉融软件有限公司
B07-0-2-06	基于1x EvDO的GPS+GPSOne车载定位调度监控系统	深圳信息职业技术学院 深圳市国脉畅行信息技术有限公司
B08-0-2-01	Dolphin 57设计和建造	广东中远船务工程有限公司 上海船舶研究设计院
B08-0-2-02	基于永磁同步电机的新型车用驱动系统	中山大洋电机股份有限公司 北京理工大学
B08-0-2-03	水轮机转轮直径7.2米GZ995型灯泡贯流式水轮发电机组开发应用	广东明珠集团韶关众力发电设备有限公司
B08-0-2-04	大型数控龙门式镗铣床	广东领航数控机床股份有限公司
B08-0-2-05	粮食干燥水分在线检测技术及自适应控制系统研究与应用	华南农业大学
B09-0-2-01	惠州炼油项目整厂能量优化	中海石油炼化有限责任公司惠州炼油分公司
B09-0-2-02	轻石脑油馏分油的综合应用研究及生产工艺参数优化	中海油能源发展股份有限公司惠州石化分公司
B09-0-2-03	工业化学品安全评价与监控技术研究	广东出入境检验检疫局检验检疫技术中心
B09-0-2-04	螺旋隔板强化管换热器的研究开发	华南理工大学 桂林新艺制冷设备有限责任公司 中山大学 佛山神威热交换器有限公司 湖北壮志石化设备科技有限公司 广州赫尔普化工有限公司
B10-0-2-01	高性能新型铝合金材料的研发及其在激光打印机上的应用	中山市金胜铝业有限公司
B10-0-2-02	波音737-700/800型飞机刹车副制造技术和材料研究及产业化	汕头市西北航空用品有限公司

（续上表）

B10-0-2-03	GaN 基及 AlGaInP 基 LED 的研制	华南师范大学
B10-0-2-04	碱性锌锰电池用无汞锌粉产业化	深圳市中金岭南科技有限公司
		中南大学
B10-0-2-05	高品质高中碳宽带钢制造成套技术研究及其应用	广州珠江钢铁有限责任公司
		广钢集团 CSP 应用技术研究所
		武汉科技大学
		黑旋风锯业股份有限公司
B10-0-2-06	全釉薄胎陶瓷技术的研究与应用	大埔县桃源昌隆陶瓷工艺厂
		华南理工大学
B10-0-2-07	特种玻璃幕墙专用防火精密冷弯型钢生产技术与产品开发	广东金刚玻璃科技股份有限公司
		北京科技大学
B11-0-2-01	珠江黄埔大桥建设成套技术研究	广州珠江黄埔大桥建设有限公司
		广东省长大公路工程有限公司
		华南理工大学
		中南大学
		中铁大桥局集团有限公司
		广州交通投资集团有限公司
		中交公路规划设计院有限公司
B11-0-2-02	泄水建筑物阶梯消能技术研究与工程应用	广东省水利水电科学研究院
B11-0-2-03	大型科技场馆土木建筑工程灾害防护研究应用	广州大学
		广东科学中心
		中南建筑设计院股份有限公司
		浙江东南网架股份有限公司
		中国建筑科学研究院
		广东省建筑科学研究院
		广东省基础工程公司
B11-0-2-04	大跨屋盖结构风效应的关键技术研究及应用	广州大学
		暨南大学
B11-0-2-05	大型冰蓄冷站施工技术	广东省工业设备安装公司
B11-0-2-06	桥梁健康监测应用技术研究	广东省建筑科学研究院
B12-0-2-01	石碌式铁多金属矿床成矿规律与找矿预测	中国科学院广州地球化学研究所
		海南省地质勘查局资源环境调查院
		海南矿业股份有限公司
B12-0-2-02	南海南部海域常规油气资源评价	广州海洋地质调查局
		国土资源部油气资源战略研究中心
		中国地质大学（武汉）
B13-0-2-01	临床试验的灰关联方法学研究	汕头大学医学院第一附属医院
		华中科技大学
B13-0-2-02	有机化学毒物快速检测技术研究与应用	广东省测试分析研究所

（续上表）

B14-0-2-01	人脐带华尔通胶和脐血来源的间充质干细胞分化为神经细胞研究	汕头大学医学院第二附属医院 潮州市中心医院 汕头大学医学院 汕头大学医学院第一附属医院
B14-0-2-02	以血管内介入诊疗技术为核心的缺血性脑卒中综合治疗体系的研究	广东省人民医院（广东省医学科学院） 广东省心血管病研究所
B14-0-2-03	多层螺旋CT在先天性心脏病诊断及治疗决策制定中价值的系列研究	广东省人民医院（广东省医学科学院） 广东省心血管病研究所
B14-0-2-04	γ-谷氨酰半胱氨酸合成酶在COPD发病中的作用与机制研究	广州医学院
B14-0-2-05	血小板分型库的建立和临床应用	广州血液中心
B15-0-2-01	青春期妇科内分泌相关问题的临床与实验研究	中山大学孙逸仙纪念医院
B15-0-2-02	寰枢椎脱位后路钉棒固定治疗的基础研究与临床应用	广州军区广州总医院 南方医科大学
B15-0-2-03	心血管外科体外循环技术改进的系列研究	广东省心血管病研究所 广东省人民医院
B16-0-2-01	中医舌苔的现代生命科学原理及其微观辨证规律系列研究	深圳大学 深圳市老年医学研究所
B16-0-2-02	田基黄药材及田基黄注射液色谱指纹图谱研究及产业化应用	中山大学
B16-0-2-03	健脾化瘀解毒法防治慢性萎缩性胃炎的分子生物学机制研究	广州中医药大学
B17-0-2-01	超声造影诊断及微创射频凝固治疗闭合性肝外伤的实验和临床应用研究	广州军区广州总医院
B17-0-2-02	柞蚕抗菌肽抗菌抗肿瘤生物活性及其在医药和动物饲料领域的研究和应用	中国人民解放军第四二一医院 华南农业大学 暨南大学医药生物技术研究开发中心 南方医科大学
B18-0-2-01	产业技术路线图的制定与应用	广东省科学技术情报研究所
B18-0-2-02	珠三角发展改革科技规划战略研究	华南理工大学
B20-0-2-01	高效板管式蒸发式冷凝空调制冷设备关键技术及应用	广州市华德工业有限公司 清华大学 华南理工大学
	三等奖（共153项）	
A02-0-3-01	聚合物材料挤出过程中流动行为的研究	华南理工大学
A02-0-3-02	基于氮、氧杂原子金属配合物的可控合成与性能的研究	华南师范大学
A04-0-3-01	过氧化物酶体增殖物激活受体γ抑制白血病细胞增殖的基础研究	中山大学附属第三医院
A04-0-3-02	卵巢癌分子标志物应用基础研究	中山大学附属第一医院 中山大学肿瘤防治中心
A04-0-3-03	肺癌相关基因与环境因素的相互作用及生物标志物的分子流行病学研究	广东药学院

（续上表）

		南方医科大学
		中山大学附属第一医院
		广东药学院附属第一医院
A04-0-3-04	胚胎干细胞向肝系细胞诱导分化及移植应用的实验研究	中山大学附属第一医院
		暨南大学
		华中科技大学同济医学院附属协和医院
A04-0-3-05	尾加压素 II 促进心肌重塑和血管重塑的作用和机制研究	汕头大学医学院第一附属医院
		北京大学第一医院
A07-0-3-01	矛盾问题求解的理论与方法	广东工业大学
B01-1-3-01	口岸检疫性实蝇风险预警与监测关键技术及其应用	广东出入境检验检疫局检验检疫技术中心
		中国农业大学
B01-1-3-02	集约化养殖禽畜粪农用安全性研究	广东省农业科学院土壤肥料研究所
		华南理工大学
B01_1-3-03	优质常规稻野籼占 8 号的选育及推广应用	惠州市农业科学研究所
B01-1-3-04	潮州柑新品种（汕优蕉柑）及标准化栽培技术集成推广	汕头市果树研究中心
		广东省农业科学院果树研究所
B01-1-3-05	“雄银白果”银杏新品种的选育、推广与银杏资源开发	仲恺农业工程学院
		南雄市农业局
B01-1-3-06	珠江三角洲地区切花百合高效栽培新技术研究	东莞市农业种子研究所
		仲恺农业工程学院
		惠州芊卉种苗有限公司广州分公司
B01-1-3-07	沙糖桔生理调控与安全丰产栽培技术研究与示范推广	广东省郁南县林业科学研究所
		广东省农业科学院植物保护研究所
		郁南县科学技术局
B01-1-3-08	茄子新品种的选育及无公害栽培技术的研究	惠州市惠城区人民政府菜篮子工程办公室
B01-2-3-01	木麻黄抗逆境良种选育研究	广东省林业科学研究院
		汕头市林业科学研究所
		湛江市林业科学研究所
B01-2-3-02	环保型硼防腐剂与防腐技术的研究	广东省林业科学研究院
		华南农业大学
B01-2-3-03	杜鹃红山茶种质资源保存、良种选育及园林推广应用	阳江市林业科学研究所
B02-1-3-01	广东温氏动物防疫产学研结合示范基地	广东温氏食品集团有限公司
		华南农业大学
		中山大学
B02-1-3-02	富硒益生菌促进动物生长及免疫研究与应用	广东省农业科学院兽医研究所
		南京农业大学
		广东省农业科学院植物保护研究所
		广东省前沿动物保健有限公司
B02-1-3-03	鱼类及其养殖水体传带禽流感病毒的研究	珠海出入境检验检疫局

（续上表）

		华南农业大学
B02-1-3-04	五种重大动物疫病关键检测技术及应用	深圳市检验检疫科学研究院
B02-1-3-05	鸽禽I型副粘病毒病防制技术研究及其应用	广东省家禽科学研究所
		广东科贸职业学院
		广州市良田鸽业有限公司
B02-2-3-01	宝石鲈苗种繁育及养殖技术研究与应用	中国水产科学研究院珠江水产研究所
		广东省佛山市南海区农林技术推广中心
		广州市一帆水产科技有限公司
B02-2-3-02	对虾健康养殖与绿色加工技术研究	阳江市谊林海达速冻水产有限公司
		华南农业大学
		广东省农业科学院科技情报研究所
B03-0-3-01	岭南水果的蜜饯加工副产物高值化综合利用关键技术	广东康辉集团有限公司
		华南理工大学
		中国康辉国际集团有限公司（香港）
B03-0-3-02	数字化单锭单控高速空气包覆纱机的研制	中山市宏图精密机械制造有限公司
		电子科技大学中山学院
B03-0-3-03	造纸法再造烟叶生产过程中废水处理技术研究与开发	华南理工大学
		广东省金叶烟草薄片技术开发有限公司
		中国烟草总公司广东省公司
B03-0-3-04	高性能锦纶6差别化新型纤维的技术开发及产业化	广东新会美达锦纶股份有限公司
B03-0-3-05	新型高效不锈钢换热器燃气热水器	广东万和新电气股份有限公司
B03-0-3-06	宽幅高频提花起绒针刺机	汕头三辉无纺机械厂有限公司
B04-0-3-01	电力系统动态稳定分析及其控制系统优化关键技术研究与应用	广东电网公司电力科学研究院
		上海交通大学
B04-0-3-02	加强线路绝缘对变电站绝缘配合影响及雷电侵入波在线监测研究	广东电网公司电力科学研究院
		武汉大学
		武汉三相电力科技有限公司
B04-0-3-03	分散控制系统(DCS)性能测试关键技术	广东电网公司电力科学研究院
		广东省粤电集团有限公司沙角C电厂
		广州粤能电力科技开发有限公司
B04-0-3-04	基于DSP的带功率因数校正绿色节能工频不间断电源	广东易事特电源股份有限公司
B04-0-3-05	广东省节能发电调度技术研究开发及应用	广东省电力调度中心
		北京清软创新科技有限公司
B04-0-3-06	SCB11-RL立体卷铁心树脂绝缘干式变压器	广东海鸿变压器有限公司
B04-0-3-07	CPR1000核电站核岛穹顶整体吊装技术研究及应用	广东火电工程总公司
		广东力特工程机械有限公司
B04-0-3-08	高电压电磁式电压互感器全系列产品	广东四会互感器厂有限公司
B05-0-3-01	华为IP微波	华为技术有限公司
B05-0-3-02	手机恶意软件多维度侦测系统	中国移动通信集团广东有限公司

（续上表）

		广东华工九方科技有限公司
B05-0-3-03	面向3G/LTE和FMC的分组传送平台Packet transport platform targeting 3G/LTE and FMC	中兴通讯股份有限公司
B05-0-3-04	基于Parlay\ParlayX的能力开放及业务创新平台	中兴通讯股份有限公司
B05-0-3-05	WCDMA移动通信直放站	京信通信技术（广州）有限公司
B05-0-3-06	千兆无源光网络终端设备	深圳市共进电子有限公司
B05-0-3-07	辐射型漏泄同轴电缆	珠海汉胜科技股份有限公司
B05-0-3-08	WiMAX系统的关键技术研究及应用开发	中国联合网络通信有限公司东莞市分公司
		中山大学
B06-0-3-01	监控与宽带视频SOC芯片及解决方案	深圳市海思半导体有限公司
B06-0-3-02	先进的系统HDI板制造技术	珠海方正科技多层电路板有限公司
B06-0-3-03	大型建筑与工业的智能用电关键技术及应用	深圳市中电电力技术股份有限公司
B06-0-3-04	动力电池化成分容及性能检测关键技术	中国电器科学研究院有限公司
		广州擎天实业有限公司
B06-0-3-05	食品安全快速检测仪系统	广东省测试分析研究所
B06-0-3-06	CIS精密检测设备	广州广电运通金融电子股份有限公司
B06-0-3-07	基于GNSS的高精度GIS数据采集处理系统	广州市中海达测绘仪器有限公司
B06-0-3-08	依托互联网服务的数字电视信息终端互动平台	深圳创维-RGB电子有限公司
B06-0-3-09	通用配屏技术	TCL王牌电器（惠州）有限公司
B06-0-3-10	非制冷红外热像仪	广州飒特电力红外技术有限公司
		广州飒特红外科技有限公司
B07-0-3-01	特种计算机及安全保障关键技术	研祥智能科技股份有限公司
B07-0-3-02	运用云计算与数据挖掘的企业数据仓库系统	深圳天源迪科信息技术股份有限公司
B07-0-3-03	广东省农村合作医疗信息管理系统	中山市锐旗软件科技有限公司
B07-0-3-04	WLD6000-SCADA监控系统	珠海万力达电气股份有限公司
B07-0-3-05	日化行业生产流程管理控制系统	广州中浩控制技术有限公司
B07-0-3-06	农产品质量安全监测管理信息系统	广东省农业机械研究所
		广州市健坤网络科技发展有限公司
		广东省兽药与饲料监察总所
B07-0-3-07	基于J2EE和SOA架构的国民旅游休闲公共信息服务平台与创新管理系统	广东益民旅游休闲服务有限公司
B07-0-3-08	佛山公安“一搜通”智能警务系统	佛山市公安局
B07-0-3-09	系统隐患和风险评估基础理论方法研究之基于组合评估法的信息系统安全风险评估研究	工业和信息化部电子第五研究所
B07-0-3-10	全球卫星网络相结合的防盗定位车载终端系统	广东伽利略卫星导航股份有限公司
		广州北斗大三通导航科技有限公司
B08-0-3-01	大型游乐装备关键技术及产业化	中山市金马科技娱乐设备有限公司
		中山市金马游艺机有限公司
B08-0-3-02	高速大推力永磁同步直线电机	深圳市大族电机科技有限公司

（续上表）

B08-0-3-03	GKG-G 系列全自动视觉印刷机	东莞市凯格精密机械有限公司
B08-0-3-04	M3B-1300Q 无机粉体环保石头纸专用吹塑设备	广东金明精机股份有限公司
B08-0-3-05	铝合金汽车发动机盖罩类压铸件的研究和应用	广东鸿特精密技术股份有限公司
B08-0-3-06	精密滚动直线导轨副关键生产技术	广东高新凯特精密机械股份有限公司
B08-0-3-07	高效节能单级不锈钢离心泵	阳江市新力工业有限公司
B08-0-3-08	大型球罐和压力容器在线检验关键技术研究及应用	广东省特种设备检测院
B08-0-3-09	高阻隔复膜片材机组的研发及应用	广东隆兴包装实业有限公司
B09-0-3-01	生物发酵生产 L-脯氨酸的研究及产业化应用	广东肇庆星湖生物科技股份有限公司
B09-0-3-02	高性能鞋用水性聚氨酯胶粘剂	佛山市南海霸力化工制品有限公司
		中山大学
		广州化工研究设计院
B09-0-3-03	大型炼油加热炉工厂模块化研制	茂名重力石化机械制造有限公司
B09-0-3-04	化妆品皮肤毒性检验的壁垒性替代技术方法建立和标准制订	广东出入境检验检疫局检验检疫技术中心
		广东省实验动物监测所
B09-0-3-05	硅溶胶改性核壳结构 ACR 抗冲改性剂新工艺	广东高科达科技实业有限公司
		广东工业大学
B09-0-3-06	高性能电力电缆附件用有机硅新型材料的开发与应用	广东标美硅氟新材料有限公司
B09-0-3-07	电子级高纯六水合硫酸镍	广东光华科技股份有限公司
		华南理工大学
B10-0-3-01	无镉环保银基电接触材料关键技术与产业化研究	佛山通宝精密合金股份有限公司
		中南大学
B10-0-3-02	超白浮法玻璃	深圳南玻浮法玻璃有限公司
B10-0-3-03	免压蒸高耐久性 PHC 管桩的研制	广东三和管桩有限公司
B10-0-3-04	高性能聚酰亚胺薄膜挠性覆铜板	广东生益科技股份有限公司
B10-0-3-05	环保型无铅化耐高温有机可焊保护剂的开发及工艺研究	广东东硕科技有限公司
B10-0-3-06	磷石膏在硅酸盐水泥生产中的应用	广东省建筑材料研究院
		湛江市顺华贸易有限公司
B10-0-3-07	电子电器产品无铅化共性技术研究与应用	高新锡业（惠州）有限公司
		广东工业大学
B10-0-3-08	湿式弱酸性介质球磨机衬板材料的研究开发	广州有色金属研究院
B11-0-3-01	高速公路电子不停车收费系统技术研究与推广应用	广州新软计算机技术有限公司
		新粤有限公司
B11-0-3-02	大跨径钢桥桥面铺装关键技术研究	广东省交通集团有限公司
		广东省路桥建设发展有限公司
		广东省长大公路工程有限公司
		华南理工大学
		广东华路交通科技有限公司
B11-0-3-03	地铁进口交流传动车辆大修体系和技术创新	广州市地下铁道总公司

（续上表）

B11-0-3-04	《广东省建筑节能工程施工质量验收规范》	广东省建筑科学研究院
		广东省建设工程质量安全监督检测总站
		广州市墙体材料革新与建筑节能管理办公室
		华南理工大学
		广州市建筑科学研究院有限公司
B11-0-3-05	西江干流及珠江三角洲河床演变分析研究	广东省水利电力勘测设计研究院
B11-0-3-06	多功能轻质高强混凝土桥面铺装层新材料应用研究	广东省长大公路工程有限公司
		北京科技大学
B11-0-3-07	二次张拉钢绞线技术应用于箱梁腹板竖向预应力的标准化研究	广东省公路建设有限公司
		湖南大学
		广东省公路勘察规划设计院股份有限公司
B12-0-3-01	高强度露天采石爆破技术研究	广东宏大爆破股份有限公司
B12-0-3-02	广东省云安县高枨矿区铅锌银矿详查	广东省地质调查院
B13-0-3-01	血吸虫病疫情复燃危险因素研究及控制	广东省疾病预防控制中心
		广东省清新县疾病预防控制中心
		广东省四会市疾病预防控制中心
B13-0-3-02	中小城市医院实验室标准化建设关键技术的研究及应用	中山市人民医院
		广东省中医院（广州中医药大学第二附属医院）
		中山大学
B13-0-3-03	种植窗口期子宫内膜形态与子宫内膜容受性的系列研究	广东省计划生育科学技术研究所
B13-0-3-04	江门市卫生系统反应性综合评价系列研究	江门市中心医院
B14-0-3-01	儿童支气管哮喘防治方案的临床和应用基础研究	广州医学院第一附属医院
B14-0-3-02	基于区域性危重新生儿转运治疗效果的中、远期随访网络模式的建立和应用	广东省妇幼保健院
		广州市妇女儿童医疗中心
		中山市博爱医院
		广州医学院第三附属医院
B14-0-3-03	支气管镜介入诊疗技术临床应用及创新	广州医学院第一附属医院
		广州呼吸疾病研究所
		广州医学院第二附属医院
B14-0-3-04	医院获得性急性肾脏损伤早期诊断和规范化治疗体系的建立和应用	广东省人民医院（广东省医学科学院）
B14-0-3-05	老年综合征评估及护理系列研究	南方医科大学
B14-0-3-06	GC-MS 技术在遗传代谢缺陷病诊断中的应用研究	广州市儿童医院
B14-0-3-07	吉西他滨为基础联用疗法治疗胰腺癌的临床和实验研究	广州市第一人民医院
		中山大学孙逸仙纪念医院
		广州市南沙中心医院

（续上表）

B14-0-3-08	粤西地区首个肾脏病理诊断平台的建立及推广应用	广东医学院
B14-0-3-09	围产高危儿系统管理	广州市妇女儿童医疗中心
B14-0-3-10	潮州地区异常血红蛋白复合地中海贫血的实验研究	潮州市中心医院
B15-0-3-01	粤东农村地区青少年近视防治规律的战略性研究	汕头大学·香港中文大学联合汕头国际眼科中心
B15-0-3-02	ORK-CAM引导的准分子激光非球面切削个体化手术优化设计方案的研究	广州市第一人民医院
		上海交通大学
B15-0-3-03	B超介导内膜修整术提高超排周期子宫内膜容受性相关技术的应用	北京大学深圳医院
B15-0-3-04	亲属活体供肾移植临床系列研究	广州医学院第二附属医院
B15-0-3-05	防治肾移植术后钙调磷酸酶类免疫抑制剂肾毒性的基础和临床研究	广州市第一人民医院
		中山大学附属第一医院
		南方医科大学
B15-0-3-06	生物器官体积和组织密度检测及其体积密度仪的研发应用	汕头大学
		四川大学
B15-0-3-07	银屑病的发病机制及治疗的基础与临床研究	广州市皮肤病防治所
		东莞市慢性病防治院
		南方医科大学南方医院
		广东省第二人民医院
B15-0-3-08	虚拟手构建及其在（冠状面）纵形断指再植术的临床解剖学研究	东莞市厚街医院
B15-0-3-09	器官移植后移植物长期存活基础与临床研究	南方医科大学
B15-0-3-10	无痛舒适医疗服务的系列研究与应用	广东省第二人民医院
		南方医科大学珠江医院
		中国人民解放军第四二一医院
B16-0-3-01	颈椎推拿的作用机理及优化研究	江门市五邑中医院
		南方医科大学
B16-0-3-02	敷脐透肠治疗肝硬化难治性腹水方案及应用	深圳市中医院
B16-0-3-03	羌银解热汤治疗病毒性上呼吸道感染的基础及临床研究	中山市中医院
		中山市黄圃人民医院
		广东省疾病预防控制中心
B16-0-3-04	活血通络法（活血灵片）防治髋关节置换术后异位骨化的临床与实验研究	东莞市中医院
B16-0-3-05	中医益气活血法治疗慢性肾脏病的相关研究	广州中医药大学
B17-0-3-01	微创植入医疗器械——腔静脉滤器系统	先健科技（深圳）有限公司
B17-0-3-02	多肽药物规模制备技术及其产业化应用	深圳翰宇药业股份有限公司
B17-0-3-03	产科监护系统	深圳市理邦精密仪器股份有限公司
B17-0-3-04	阿莫西林原料药及其制剂的技术创新	珠海联邦制药股份有限公司
B17-0-3-05	聚酯类药物载体的合成、降解机理及缓释性能规律研究	南方医科大学

（续上表）

B17-0-3-06	一种头孢新型制剂的研制与产业化——头孢丙烯分散片	广州白云山制药股份有限公司
B17-0-3-07	中成药和保健食品中添加盐酸西布曲明的快速筛查方法	广东省药品检验所
B17-0-3-08	活性医用胶原工业化制备的关键技术及其在胶原贴敷料开发中的应用	广州创尔生物技术有限公司
B18-0-3-01	城市重大交通组织关键技术研究及应用	广州市交通规划研究所
		广州市公安局交通警察支队
		广州至信交通顾问有限公司
B18-0-3-02	创建民营医院"四力合一"经营模式实证研究	广州复大医疗股份有限公司复大肿瘤医院
		广东省卫生系统思想政治工作研究会
		广东省第二人民医院
B18-0-3-03	珠三角地区高技术服务业发展战略研究	广东省科学技术情报研究所
		北京市海淀区诚信科技发展中心
B18-0-3-04	生物塑化专利技术在传承和弘扬岭南历史文化方面的应用研究	广东药学院
		广东省文物考古研究所
		东莞市博物馆
		佛山市南海区博物馆
B18-0-3-05	广东省建设国家低碳省试点实施方案研究	广东省技术经济研究发展中心
B19-0-3-01	污水反硝化除磷新技术研究与应用	华南理工大学
		广州市大坦沙污水处理厂
B19-0-3-02	废弃电路板及含重金属污泥（渣）的微生物法金属回收工艺和成套设备	惠州市雄越保环科技有限公司
		上海第二工业大学
B19-0-3-03	国防工程内部环境有害物质净化装置	广州军区工程科研设计所
		广东美的环境电器制造有限公司
B19-0-3-04	饮用水源水质安全管理技术与应用研究	广东省环境监测中心
		中国环境科学研究院
		广东省环境信息中心
B19-0-3-05	东莞市土壤污染状况探查及其控制对策研究	东莞市环境保护监测站
		广东省生态环境与土壤研究所
B19-0-3-06	重金属污泥循环利用的零排放处理工艺及其产业化实施	惠州大亚湾惠绿环保服务有限公司
		华南理工大学
B19-0-3-07	东莞市城市扩张与生态环境变化遥感动态监测研究	东莞市地理信息与规划编制研究中心
		中山大学
B19-0-3-08	污染源信用评价与管理体系研究及应用	广东省环境监测中心
		广东省环境信息中心
B20-0-3-01	多功能太阳能热泵系统	广东五星太阳能股份有限公司
		中国科学技术大学
B20-0-3-02	大型生物质气化装置	东莞市百大新能源有限公司

企业创新纪录

综述

【简述】 近年来，广东省科技进步、科技创新包括自主创新等方面都取得了显著成就，广东推动经济已由要素驱动向创新驱动转变。

2012年，“十二五”已经进入发展高峰阶段，自主创新已成为企业经营发展的主旋律。面对机遇和挑战并存的新形势，广东省第十一次党代会提出：加快转型升级必须把创新作为核心推动力。广东省必须继续牢固树立和落实科学发展观，坚定不移地实施科教强省战略，准确把握世界新一轮科技和产业革命的发展趋势。实践证明，提高企业自主创新能力将成为广东继续充当全国科学发展和自主创新排头兵的突破口。

【推动企业创新】 广东省近年来推出创新政策构建了创新的发展磁场。在科技创新工作中，广东省始终把创新平台建设作为工作的重要抓手，努力打造创新平台“强磁场”，让科技创新引领发展“新引擎”的作用不断凸显。全省企业呈现出创新争优的新风貌。

为提高全省企业的自主创新能力，广东省推出了一系列政策方案，以推进企业创新。出台相关法律条文——《广东省自主创新促进条例》，保障自主创新促进工作的落实和推进；增加自主创新引导资金，带动企业创新投入；组建产学研平台，构建崛起高地，为广东企业创造更大的发展空间；打造信息技术产业集群，大力发展高新产业区，开拓创新的沃土，促使企业进入发展快车道，推动了全省经济“火车头”的发展。

【企业创新纪录稳步增长】 为推动全省企业自主创新发展，广东省企业联合会创新纪录办公室自2006年开始，于每年度开展全省创新纪录评审工作。自开展企业创新纪录评审工作以来，广东省企业创新不断跨越新台阶，七年以来保持了稳步增长的趋势。

截至2012年，广东省企业创新纪录审定委员会累计发布了企业创新纪录2 899项。其中，世界和亚洲级创新纪录323项，占创新纪录的11.14%；国家级创新纪录2 229项，占创新纪录的76.89%；省级创新纪录347，占创新纪录的11.97%。

企业创新纪录

【简述】 “十一五”期间，广东省创新纪录工作取得了丰硕成果，五年来全省共发布了1 965项创新纪录。2011年，广东省共有219家企业申报了463项创新纪录。

2012年3月1—2日，2012年广东省企业创新纪录工作在南海正式启动，得到了全省广大企业的积极响应和申报。截至2012年10月，全省共有331家企业申报了659项创新纪录，企业申报户数和申报纪录数量比上一年都有所增长，并创历年之最。

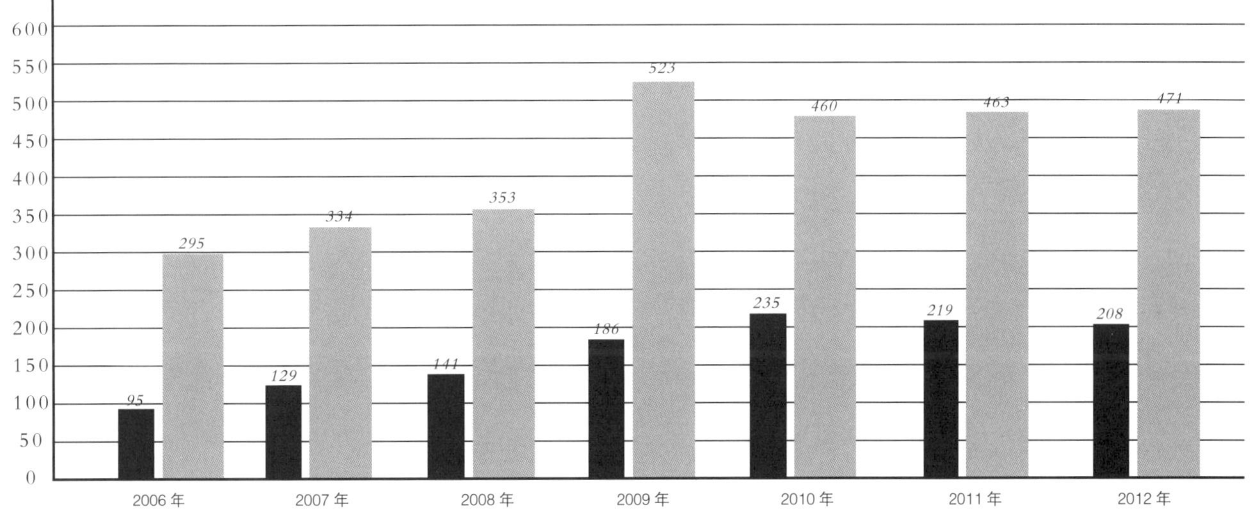

2011年11月24日，2011年广东省企业创新成果发布暨表彰大会在广州珠岛宾馆胜利召开。广东省委常委、常务副省长肖志恒等领导出席会议。会上发布了由219家企业创造的463项企业创新纪录。同时表彰了一批为自主创新做出突出贡献的企业和企业家。

2012年，广东省208家企业创造了471项纪录，继续保持稳定持续增长的势头。在471项企业创新纪录中，有318项属于首创纪录，153项为新纪录，另有438项达到国家级或国际级以上水平，约占创新纪录的93%，其中最能体现广东省企业技术尖端的亚洲与世界级水平纪录有55项纪录。

【地区分布】 全省21个地级市，除阳江、清远、潮州、揭阳和云浮五市外，各地市均获得有企业创新纪录。从地区来看，2012年广东省企业创新纪录主要集中在珠三角经济圈，珠三角九市共获得了452项企业创新纪录，占全省的96%，充分彰显了珠三角强大的自主创新能力，同时也凸显出区域发展的不平衡。东西两翼和粤北地区只有零星分布，主要是由于这些区域缺乏新兴产业和大型企业。

全省企业创新纪录呈金字塔分布，其中广州、深圳位于金字塔尖。广州、深圳、佛山作为创新能力最强的三个地市，囊括了全省八成以上的企业创新纪录。与2011年相比，广州、佛山、东莞的企业创新纪录保持了增长趋势，深圳、惠州则有所下降。

2012年世界级和亚洲级企业创新纪录全部分布在广州、深圳、佛山、珠海四地。这主要源于以上地区聚集了全省高端人才、先进技术和大型企业。

【行业分布】 从行业分布来看，一方面，企业创新纪录涉及的行业分布广泛。2012年广东省发布的企业创新纪录涵盖了农业，制造业，电力、燃气及水的生产和供应业，建筑业，交通运输、仓储和邮政业，信息传输、计算机服务和软件业，批发和零售业，金融业，房地产业，科学研究、技术服务和地址勘查业，文化、体育和娱乐业，居民服务和其他服务业等行业。另一方面，企业创新纪录行业分布不均。制造业、建筑业和信息产业占据了主导地位，三大行业的创新数量占了全省的87%以上。作为国内改革开放的前沿阵地，广东省的制造业依然占据了不可代替的重要位置，推动和引领着广东企业自主创新的发展，其转型升级的成功与否势必对全省科技创新的发展产生重大影响。

在世界和亚洲级的创新纪录中，制造业和信息产业占了90%以上。信息产业的企业创新纪录数量比上一年增长20%多，充分显示出信息产业在广东省发展迅猛的势头。

此外，电力、燃气及水的生产和供应业、交通运输、仓储和邮政业和金融业均保持了良好的发展态势。

【创新项目】 2012年广东省企业创新纪录涉及技术创新、新技术应用、新产品、新工艺、专利、经营规模、市场规模等二十多项内容。新产品和技术创新取得的创新纪录尤为突出，成为广东企业自主创新的重要引擎。广东省企业把开发新产品和研发新技术作为提升自主创新水平和核心竞争力的重要手段。2012年全省企业新产品和技术创新占了创新纪录的三分之二，成为争创产业优势和企业品牌的重要平台。

2012年全省技术创新取得了瞩目成就，共获得了110项技术创新纪录，比上一年增长44.7%。这主要得益于广东省发达的制造业，同时高新技术产业的蓬勃发展也助推了技术创新的进步。创新产品作为企业创新纪录的重大项目，广东省企业在建立打造品牌也取得了不菲成绩，2012年全省共发布了206项新产品，同比增长57.3%。此外，最高端技术水平的创新纪录仍然是以新产品和技术创新为主，充分表明广东省在产品开发和技术研发方面的成果位居全国前列。

【创新企业】 从获得471项创新纪录的208家企业来看，广东省2012年的创新纪录主要集中在高新技术产业企业和重大基建工程企业，如家电行业中的TCL集团股份有限公司、创维集团有限公司、珠海格力电器股份有限公司等，央企中的广东电网公司、广州中船黄埔造船有限公司、华侨城集团公司等，基建工程中的中国建筑第四工程局有限公司、广东省建筑装饰工程有限公司、广东华隧建设股份有限公司等，高新技术产业中的广东南方数码科技有限公司、华为技术有限公司、腾讯公司等。

2012年广东省企业创新纪录创造单位（共208家）

TCL集团股份有限公司
宝钢集团广东韶关钢铁有限公司
步步高商业连锁股份有限公司
长园集团股份有限公司
创维集团有限公司
大亚湾核电运营管理有限责任公司
东莞宝熊渔具有限公司
东莞晶苑毛织制衣有限公司
东莞凯裕光电科技有限公司
东莞南玻太阳能玻璃有限公司
东莞诺华家具有限公司
东莞市博康五金制品有限公司
东莞市凯华电子有限公司
东莞市智造生物科技有限公司
杜邦太阳能（深圳）有限公司
番禺珠江钢管有限公司
佛山佛塑科技集团股份有限公司
佛山市南海万兴材料科技有限公司
佛山市邦普循环科技有限公司
佛山市川东磁电股份有限公司
佛山市井田陶瓷科技有限公司
佛山市凯西欧灯饰有限公司
佛山市科皓燃烧设备制造有限公司
佛山市南海佛广交通集团有限公司
佛山市南海赛威科技技术有限公司
佛山市顺德区都围科技环保工程有限公司
佛山市顺德区威林工程塑料有限公司
广东碧德生物科技有限公司
广东长宏公路工程有限公司
广东达诚机械有限公司
广东电网公司
广东电网公司中山供电局
广东发展银行
广东光达电气有限公司
广东国华新能源投资有限公司
广东国华粤电台山发电有限公司
广东海纳川药业股份有限公司
广东红海湾发电公司
广东宏宇陶瓷有限公司
广东华隧建设股份有限公司
广东汇卡商务服务有限公司
广东嘉俊陶瓷有限公司
广东金刚玻璃科技股份有限公司
广东柯杰外加剂科技有限公司
广东美芝制冷设备有限公司
广东南方数码科技有限公司
广东欧珀移动通信有限公司
广东省第一建筑工程有限公司
广东省基础工程公司
广东省建筑装饰工程有限公司
广东省四〇一厂
广东省粤电集团有限公司
广东省中山食品水产进出口集团有限公司
广东双利电缆有限公司
广东台山核电站
广东万和新电气股份有限公司
广东万家乐股份有限公司
广东新华粤石化股份有限公司
广东一九在线科技信息有限公司
广东一力集团有限公司
广东易事特电源股份有限公司
广东鹰牌陶瓷集团有限公司
广东昭信灯具有限公司
广东志高空调有限公司
广东中人集团建设有限公司
广东中烟工业有限责任公司
广发证券有限责任公司
广汽本田汽车有限公司
广汽日野汽车有限公司
广州奥鑫通讯设备有限公司
广州港股份有限公司西基港务分公司
广州港南沙港务有限公司
广州港新沙港务有限公司
广州广船国际股份有限公司
广州广电运通金融电子股份有限公司
广州瀚信通信科技股份有限公司
广州好莱客创意家居股份有限公司
广州机床厂有限公司
广州康臣药物研究有限公司
广州浪奇实业股份有限公司
广州南沙海港集装箱码头有限公司
广州市白云化工实业有限公司
广州市洁源电器有限公司
广州市益维电动汽车有限公司
广州市住宅建设发展有限公司
广州天源生物科技有限公司
广州文冲船厂有限责任有限公司
广州医药集团有限公司
广州造纸集团有限公司
广州中长康达信息技术有限公司
广州中船黄埔造船有限公司
广州中船龙穴造船有限公司
广州中海达卫星导航技术股份有限公司
海信科龙电器股份有限公司
华侨城集团公司
华为技术有限公司
惠州华阳集团有限公司
惠州市更顺科技有限公司
珈钰（中国）服装设计顾问机构
金蝶国际软件集团有限公司
金蝶软件（中国）有限公司
金蝶中间件有限公司
金雅福集团

康佳集团股份有限公司
莱恩精机（深圳）有限公司
罗西尼表业有限公司
美的集团有限公司
美律电子（深圳）有限公司
日立电梯（中国）有限公司
日立电梯电机（广州）有限公司
深圳安博电子有限公司
深圳创维数字技术股份有限公司
深圳光韵达光电科技股份有限公司
深圳广田装饰集团股份有限公司
深圳海王星辰连锁药店有限公司
深圳恒信华天环保科技有限公司
深圳华大基因研究院
深圳华美板材有限公司
深圳华意隆电气股份有限公司
深圳雷柏科技股份有限公司
深圳良田科技有限公司
深圳麦博电器有限公司
深圳麦格米特电气股份有限公司
深圳茂硕电子科技有限公司
深圳南联食品有限公司
深圳鹏程人力资源配置有限公司
深圳日海通讯技术股份有限公司
深圳桑达国际电子器件有限公司
深圳圣诺医疗设备有限公司
深圳市阿尔法变频技术有限公司
深圳市安邦信电子有限公司
深圳市奥拓电子股份有限公司
深圳市邦彦信息技术有限公司
深圳市宝福珠宝首饰有限公司
深圳市长江力伟股份有限公司
深圳市长运通光电技术有限公司
深圳市德方纳米科技有限公司
深圳市东鹏印刷厂
深圳市泛海三江电子有限公司
深圳市奋达科技股份有限公司
深圳市高新投集团有限公司
深圳市广聚泰塑料实业有限公司
深圳市海斯比船艇科技股份有限公司
深圳市洪涛装饰股份有限公司
深圳市华路德电子技术开发有限公司
深圳市华星光电技术有限公司
深圳市华盈泰科技有限公司
深圳市环球数码科技有限公司
深圳市慧康医疗器械有限公司
深圳市加力尔电子科技有限公司
深圳市建恒测控股份有限公司
深圳市建筑装饰（集团）有限公司
深圳市金宏威技术股份有限公司
深圳市景田食品饮料有限公司
深圳市警报电子科技有限公司
深圳市聚作实业有限公司
深圳市联和安业科技有限公司
深圳市联建光电股份有限公司
深圳市联腾科技有限公司
深圳市量能科技有限公司
深圳市龙威盛电子科技有限公司
深圳市脉山龙信息技术股份有限公司
深圳市奇信建设集团股份有限公司
深圳市日上光电有限公司
深圳市三利谱光电科技股份有限公司
深圳市商贸通供应链管理有限公司
深圳市特发信息股份有限公司
深圳市通普科技有限公司
深圳市味奇生物科技有限公司
深圳市欣天科技有限公司
深圳市亚塑科技有限公司
深圳市亿思达显示科技有限公司
深圳市易行网交通科技有限公司
深圳市元征软件开发有限公司
深圳市中深装建设集团有限公司
深圳市中小企业信用融资担保集团有限公司
深圳市众冠生物能源科技有限公司
深圳万润科技股份有限公司
深圳文科园林股份有限公司
深圳信立泰药业股份有限公司
深圳中集天达空港设备有限公司
台山核电合营有限公司
泰豪科技（深圳）电力技术有限公司
深圳市腾讯计算机系统有限公司
万科企业股份有限公司
威林工程塑料有限公司
英辉南方造船（广州番禺）有限公司
湛江德利化油器有限公司
湛江电力有限公司
中国建设银行广东省分行
中国建筑第四工程局有限公司
中国南玻集团股份有限公司
中国南方电网有限责任公司
中国南方电网有限责任公司调峰调频发电公司
中国南方航空股份有限公司
中国移动通信集团广东有限公司
中交四航工程研究院有限公司
中山爱科数字科技有限公司
中山嘉誉塑胶制品厂
中山市超人电器有限公司
中山市福瑞特科技产业有限公司
中信海洋直升机股份有限公司
中兴通讯股份有限公司
珠海宝丰堂电子科技有限公司
珠海格力电器股份有限公司
珠海世纪鼎利通信科技股份有限公司
珠海天威飞马打印耗材有限公司
珠海新市节能环保科技有限公司

2012年广东省企业创新纪录
地区分布

地区	数量	首创	新纪录	世界和亚洲级	国家级	省级
广州市	148	95	53	8	119	21
深圳市	190	134	56	36	154	
珠海市	26	10	16	4	21	1
汕头市	3	2	1		3	
佛山市	55	40	15	7	46	2
韶关市	10	9	1		5	5
湛江市	2	1	1		2	
肇庆市	1		1		1	
江门市	4	3	1		3	1
茂名市	1		1		1	
惠州市	3	3			3	
梅州市	1	1			1	
汕尾市	1	1			1	
河源市	1		1			1
东莞市	16	13	3		15	1
中山市	9	6	3		8	1
总计	471	318	153	55	383	33

2012年广东省企业创新纪录
行业分布

项目	数量	首创	新纪录	世界和亚洲级	国家级	省级
农、林、牧、渔业	1	1			1	
制造业	303	214	89	29	261	13
电力、燃气及水的生产和供应业	23	9	14		18	5
建筑业	47	42	5	2	36	9
交通运输、仓储和邮政业	14	4	10	1	8	5
信息传输、计算机服务和软件业	60	38	22	21	38	1
批发和零售业	2		2		2	
金融业	10	4	6		10	
房地产业	2		2		2	
科学研究、技术服务和地质勘查业	6	5	1	1	5	
居民服务和其他服务业	1	1			1	
文化、体育和娱乐业	2		2	1	1	
总计	471	318	153	55	383	33

2012年广东省企业创新纪录
内容分布

内容	数量	首创	新纪录	世界和亚洲级	国家级	省级
出口创汇	1		1			1
技术创新	110	104	6	10	88	12
新技术应用	15	10	5	1	11	3
新产品	206	171	35	30	173	3
新工艺	11	11			11	
专利	4		4	2	2	
经营规模	8		8		7	1
市场规模	27		27	7	17	3
技术改造	2	1	1		2	
节能降耗	3	1	2		2	1
社会信用度	10		10		9	1
产品检定	5		5	1	3	1
产品质量	1	1			1	
劳动生产效率	5		5		2	3
工程效率	1		1		1	
管理创新	9	7	2		9	
设备水平	9	2	7	2	6	1
工程水平	7		7		5	2
科研能力	8	1	7		8	
利税	7		7	1	6	
经营创新	10	6	4		9	1
引进新设备	1		1		1	
人均效益	1		1		1	
安全生产	1		1		1	
其他	9	3	6	1	8	
总计	471	318	153	55	383	33

2012 年广东省企业创新纪录（471 项）

编号	单位	项目	内容
农、林、牧、渔业			
GDJL12182638	广东省中山食品水产进出口集团有限公司	国内首创“淡水鱼质量安全可追溯体系的建立和示范”	2012 年 8 月研发的“淡水鱼质量安全可追溯体系的建立和示范”项目，通过对养殖基地和养殖水面的环境、鱼产品，进行产前、产中、产后全过程安全质量监控五大关键控制点，建立淡水鱼加工质量安全控制措施和主要参数，完整监控整个生产质量安全问题，保证淡水鱼养殖基地及养殖户经营模式生产出安全、优质、营养的水产品，为国内同行业首创。
制造业			
GDJL12062441	宝钢集团广东韶关钢铁有限公司	省内首创大焦炉脏煤气节能型流量检测技术	2011 年 1 月应用的大焦炉脏煤气节能型流量检测技术，采用了先进的毕托巴作为传感器的全能型流量检测装置，解决了因焦炉煤气脏污而致使检测不准确、不可靠的技术难题，为省内同行业首创。（推荐单位：广东省钢铁工业协会）
GDJL12062442	宝钢集团广东韶关钢铁有限公司	省内首创高炉喷煤半导体激光分析系统	2009 年 1 月开发的高炉喷煤激光分析系统，采用半导体激光吸收光谱气体测量技术和针对喷煤特别设计的预处理系统，实现对高炉喷煤氧含量的安全实时监测，为省内同行业首创。（推荐单位：广东省钢铁工业协会）
GDJL12062443	宝钢集团广东韶关钢铁有限公司	国内首创冷钢板夹送矫直技术	2010 年研发的冷钢板夹送矫直技术，解决了冷钢板板型不良问题，并在此技术基础上提高了产品合格率和命中率，降低了产品降级改判损失，为国内同行业首创。（推荐单位：广东省钢铁工业协会）
GDJL12062444	宝钢集团广东韶关钢铁有限公司	省内首创全自动在线超声波探伤技术	2010 年研发的全自动在线超声波探伤技术，实现了钢板一次性通过全幅自动超声波探伤结果评测，大大提高了探伤板的生产效率，降低了人工成本，提高了产品质量控制水平，为省内同行业首创。（推荐单位：广东省钢铁工业协会）
GDJL12062445	宝钢集团广东韶关钢铁有限公司	省内首创 120 吨精炼炉底吹一体式气体流量调节控制技术	2010 年应用于 120 吨精炼炉底吹流量调节用的一体式气体流量调节控制技术，把流量检测、流量调节功能、流量反馈集成一体，提高流量调节能力，提高品种钢生产能力，为省内同行业首创。（推荐单位：广东省钢铁工业协会）
GDJL12062446	宝钢集团广东韶关钢铁有限公司	国内首创线材轧机组及其轧机的补压式密封机箱	2010年研发的线材轧机组及其轧机的补压式密封机箱，有效地解决了高速线材精轧机组的机箱密封系统吸气进水问题，保证高速线材精轧机组的高速稳定轧制、提高机时产量，为国内同行业首创。（推荐单位：广东省钢铁工业协会）
GDJL12062447	宝钢集团广东韶关钢铁有限公司	国内除尘风机安全运行天数最高	截至 2011 年 5 月 20 日，3 号转炉 120 吨一次除尘风机安全运行无故障时间超过 28 个月，达到 850 多天，远超此前国内钢厂同类型风机设备在线安全运行 11 个月的最好成绩，创国内同行业除尘风机安全运行天数最高新纪录。（推荐单位：广东省钢铁工业协会）

（续上表）

GDJL12062448	宝钢集团广东韶关钢铁有限公司	国内首创热风炉炉顶耐火砖砌筑转动规控制技术	2010年研发的热风炉炉顶耐火砖砌筑转动规控制技术，解决了弧型炉顶耐火砖传统砌筑方法不能测量数据仅靠经验或目测等方法来控制砖砌体及灰缝的平、直度的技术难题，杜绝了因质量问题而出现返工情况的发生，为国内同行业首创。（推荐单位：广东省钢铁工业协会）
GDJL12062449	宝钢集团广东韶关钢铁有限公司	国内首创企业三维仿真数字地图管理平台	2010年研发的企业三维仿真数字地图管理平台，以企业地域范围为蓝本，三维仿真城市地图为表现载体，实现企业管理与地理位置相关的集成化管理，刷新了企业信息化管理手段，为国内冶金行业首创。（推荐单位：广东省钢铁工业协会）
GDJL12062450	宝钢集团广东韶关钢铁有限公司	省内首创转炉全自动炼钢技术	2011年8月在转炉上开发应用转炉全自动炼钢技术，过程包括静态、动态数学模型的二级计算机控制系统及副枪数据处理系统，实现转炉一键式自动化炼钢，为省内同行业首创。（推荐单位：广东省钢铁工业协会）
GDJL12012485	广州中船黄埔造船有限公司	世界首艘综合性工程勘察船	2011年12月成功建造并交付3 000米水深工程勘察船“海洋石油708”，船总长105米，垂线间长92.9米，型宽23.4米，型深9.60米，具备深水工程物探调查、最大3 000米水深下钻探600米钻井、最大150吨起吊等能力，并取得挪威船级社(DNV)的NAUTOSV(A)&(T)和COMFV(3)C(V)入级符号，为世界首艘集勘探、钻井、起重等功能于一体的综合性工程勘察船。（推荐单位：广州船舶工业公司）
GDJL12012486	广州中船龙穴造船有限公司	世界VLCC舱容最大的原油轮	2011年研制的32万载重吨超大型原油轮（VLCC），是新一代环保、经济、安全的VLCC，32万吨的载重量为国内最大，货舱舱容36万立方米创世界VLCC舱容最大新纪录。（推荐单位：广州船舶工业公司）
GDJL12012487	广州中船龙穴造船有限公司	省内同行业年产量最高	2011年实现交船12艘，交船总量210万载重吨，创省内同行业年产量最高新纪录。(推荐单位:广州船舶工业公司)
GDJL12012488	广州中船龙穴造船有限公司	国内首个基于大型船舶设计系统AVEVAMARINE平台的专业产品数据管理系统	2011年开发的GLS-PDM系统，是基于大型船舶设计系统AVEVAMARINE平台的专业产品数据管理系统，具有先进性、扩展性和灵活的架构，能完全满足公司船舶生产设计产品数据管理及提高AM出图效率与质量具体需求，实现船舶产品数据管理，为国内首个基于大型船舶设计系统AVEVAMARINE平台的专业产品数据管理系统。（推荐单位：广州船舶工业公司）
GDJL12012489	广州中船龙穴造船有限公司	省内同级船舶生产周期最短	2011年11月30日出坞的L0016船（23万吨超大型矿砂船），于2012年1月6日到10日试航，并于2012年1月16日顺利签字交船，创造了出坞后37天试航和码头建造周期47天的省内同级船舶生产周期最短新纪录。（推荐单位：广州船舶工业公司）
GDJL12012490	广州中船龙穴造船有限公司	国内首次成功开发的全面国产化T型材双面双丝高速高效焊生产线装备	2010年开发的T型材双面双丝高速焊生产线装备与工艺关键技术，综合节能30—45%，焊速从1m/min提至1.5—1.8m/min，实现班产T型材从7—8件提至20—28件，为国内同行业首次成功开发的全面国产化T型材双面双丝高速高效焊生产线装备。（推荐单位：广州船舶工业公司）

（续上表）

GDJL12012491	广州中船龙穴造船有限公司	国内首次自主研制大功率电站试验装置	2011年研制的大功率电站试验装置，是船舶建造过程中船舶电站试验和发电机调试必备的重要设备，能够满足VLCC单船电站容量（三台2000kW主发电机），采用PLC自动化控制保障施工人员的安全和极大程度降低施工人员劳动强度，为国内同行业首次自主研制的大功率电站试验装置。（推荐单位：广州船舶工业公司）
GDJL12012492	广州中船龙穴造船有限公司	国内首创改性天然气替代乙炔、丙烷使用	2011年7月全面完成改性天然气（天然气母气混配添加剂）替代传统切割燃气乙炔、丙烷气体作为切割、烘烤气体使用，在满足生产使用要求的同时，取得可观的经济效益。改性天然气全面替代乙炔、丙烷使用为国内同行业首创。（推荐单位：广州船舶工业公司）
GDJL12012493	广州中船龙穴造船有限公司	国内首创上船动能转接平台	2010年12月设计建造的上船动能转接平台，上船动能采用动力转接平台集中供应，可免去坞边（码头）至船甲板电力电缆和气体管网的重复敷设工作，减少重复敷设过程电缆及管网的损耗，实现安全、可靠、快速的动力（风、电、气）供应，上船动力管网和电缆供应与船舷高空生产设备的工作互不影响，上船动能转接平台为国内同行业首创。（推荐单位：广州船舶工业公司）
GDJL12012502	广汽本田汽车有限公司	年度销量和单代车型销量为国内中高级轿车最高	2011年生产的第八代雅阁销量达到160 735辆，并连续四年夺得年度销量冠军，年度销量和单代车型销量均创国内同行业中高级轿车最高新纪录。
GDJL12012503	广汽本田汽车有限公司	国内合资汽车企业首个自主品牌的首款量产车型	2011年3月26日正式生产下线自主品牌车型理念S1，并于同年4月17日在全国470多家广汽本田特约销售服务店同步上市，为国内合资汽车企业首个自主品牌的首款量产车型。
GDJL12012504	广汽本田汽车有限公司	国内唯一持续九届举办售后服务技术技能竞赛的汽车厂家	截至2011年已成功举办九届售后服务技术技能竞赛，为国内同行业唯一持续九届举办售后服务技术技能竞赛的汽车厂家。
GDJL12012505	广汽本田汽车有限公司	国内售后服务满意度指数最高分	在2011年J.D.Power中国售后服务满意度指数研究（CSI）中，总体售后服务满意度指数得分为896分，超出行业平均分63分，创国内同行业售后服务满意度指数最高分新纪录。
GDJL12012506	日立电梯电机（广州）有限公司	国内电梯制动器线圈环氧真空灌胶线生产自动化程度、设备集成度最高	2011年研发的电梯制动器线圈环氧真空灌胶线，将生产线与加热炉、灌胶机集成设计，实现预热、灌胶、高温固化全自动作业，高真空度状态下注胶精度达±1%，生产效率提高5倍，创国内同类产品生产自动化程度、设备集成度最高新纪录。（推荐单位：广州广日集团有限公司、广州机电行业协会）
GDJL12012507	日立电梯电机（广州）有限公司	国内最大功率曳引机上线装配	2011年研发的20—43kW大功率曳引机总装线，采用自主研发的重型缓冲止动装置、大型气动移载机、零能耗回板系统，实现了自重达0.9—2t的大功率曳引机总装配流水线作业，使总装效率提高到原来的2.6倍，创国内同行业最大功率曳引机上线装配新纪录。（推荐单位：广州广日集团有限公司、广州机电行业协会）

（续上表）

GDJL12012508	日立电梯电机（广州）有限公司	国内首创地面静载模拟测试系统	2011年研发成功的地面静载模拟测试系统，模拟电梯曳引机静态负载不同水平，采用应力测试仪，检测电梯曳引机静态负载应力分布情况，为评估电梯曳引机安全性提供有效数据，为国内同行业首创。（推荐单位：广州广日集团有限公司、广州机电行业协会）
GDJL12012509	日立电梯电机（广州）有限公司	省内曳引机速度最高、功率最大、提升高最大、同功率中极数最多	2011年研发的68kW永磁同步曳引机，综合性能优良，曳引机功率为68kW，额定速度为6m/s，提升高为250m，极数为40极，创省内同行业曳引机速度最高、功率最大、提升高最大、同功率中极数最多新纪录。（推荐单位：广州广日集团有限公司、广州机电行业协会）
GDJL12012510	日立电梯电机（广州）有限公司	国内可测试功率最大的高精度转矩脉动试验台	2011年自行设计的大型永磁同步曳引机转矩脉动试验台采用国际先进测试技术以及仪器，可为33-150kW永磁同步曳引机提供转矩脉动测试、反电动势测量以及反电势谐波分析，为国内同行业可测试功率最大的高精度转矩脉动试验台。（推荐单位：广州广日集团有限公司、广州机电行业协会）
GDJL12012511	日立电梯电机（广州）有限公司	国内首创大型永磁同步曳引机负载试验台	2011年自行设计的大型永磁同步曳引机负载试验台采用安全可靠的机械结构，构成智能化电机测试系统，具有能量双向回馈能力，可为功率达33~150kW永磁同步曳引机产品提供负载测试，为国内同行业首创。（推荐单位：广州广日集团有限公司、广州机电行业协会）
GDJL12012512	广汽日野汽车有限公司	亚洲第一条采用冷冲压焊接桥壳技术的重卡驱动桥生产线	2012年1月7日新开发的16mm钢板冷冲压焊接桥壳重卡驱动桥顺利下线，填补了“16mm钢板冷冲压焊接桥壳”领域的国家技术空白，是全亚洲第一条采用冷冲压焊接桥壳技术的重卡驱动桥生产线。（推荐单位：广东省汽车行业协会）
GDJL12022513	深圳中集天达空港设备有限公司	国内年销售额最高	2011年实现销售收入57 103万元，在全国登机桥行业排名第一，创国内同行销售额最高新纪录。（推荐单位：深圳市企业联合会）
GDJL12022514	深圳中集天达空港设备有限公司	国内首家通过ISO9001、ISO14001、OHSAS18001三体系认证的单位	截止至2011年12月已通过ISO9001、ISO14001、OHSAS18001三体系认证，为国内同行业第一家通过ISO9001、ISO14001、OHSAS18001三体系认证的单位。（推荐单位：深圳市企业联合会）
GDJL12022515	深圳中集天达空港设备有限公司	世界首创双向夹持轮胎式搬运技术	2008年2月自主开发的双向作业的夹持轮胎式车辆搬运方式，既保留了梳齿式搬运器的双向、可重列运行的优点，又有夹持轮胎所需高度空间小的特点，从根本上避免了之前车辆搬运器搬运巷道宽的缺陷，为世界同行业首创。（推荐单位：深圳市企业联合会）
GDJL12022516	深圳中集天达空港设备有限公司	国内唯一一家四项产品获得“国家重点新产品”认定的单位	截止2010年生产的旅客登机桥、航空货物处理系统、持轮胎式巷道堆垛立体停车库、智能旅客登船桥均被认定为国家重点新产品，为国内同行唯一一家获得四项“国家重点新产品”认定的企业。（推荐单位：深圳市企业联合会）

（续上表）

GDJL12022517	深圳中集天达空港设备有限公司	世界同行业内获专利最多的单位	截止至2012年7月共申请专利213项，授权125项，境外专利（含PCT）申请总量54项，创世界同行业获专利数最多新纪录。（推荐单位：深圳市企业联合会）
GDJL12022518	深圳中集天达空港设备有限公司	国内首次在立体车库行业内采用远程诊断及自动通知的新技术	2011年12月在立体车库控制系统中，使用了远程诊断及自动通知的新技术，只要市话通讯线路接入到了控制室，便可在公司内拨号接通控制PLC，进行远程诊断并给出对策或修改程序。如果控制系统接入到小区局域网或通过其它途径能接入Internet, 则可自动侦查故障，并向预先指定的联系人发送短信息及E-mail，为国内首次在立体车库行业内采用远程诊断及自动通知的新技术。（推荐单位：深圳市企业联合会）
GDJL12052521	广东昭信灯具有限公司	省内首创可替换模块化LED路灯技术与传统路灯造型相结合的LED路灯	2011年研究的将可替换模块化LED路灯技术与传统路灯造型艺术相结合的具有独特城市韵味的道路照明用LED路灯，在节能的同时还体现了城市的文化内涵，颠覆了之前LED路灯造型单一缺乏美感的形象，为省内同行业首创。(推荐单位：广东省昭信企业集团有限公司、佛山市照明灯具协会）
GDJL12012528	广州造纸集团有限公司	国内历时最短、规模最大的大型造纸企业迁建	截至2011年12月底顺利完成“退二进三”环保搬迁项目，新旧厂址运输距离65千米，搬迁建设三条生产线，共搬迁设备及配套设施8 000多吨，仅用不到一年时间完工并复产，创国内大型造纸企业异地迁建历时最短、规模最大新纪录。（推荐单位：广东省造纸行业协会）
GDJL12012529	广州造纸集团有限公司	国内首创采用浆钙提高新闻纸灰分保留技术	2011年7月研发成功的采用浆钙提高新闻纸灰分保留技术，采用浆钙代替轻质碳酸钙添加到纸机成浆中，实现了新闻纸成纸灰分的提高，为国内同行业首创。（推荐单位：广东省造纸行业协会）
GDJL12012530	广州造纸集团有限公司	国内首创新闻纸机非稀释水流浆箱改造成稀释水流浆箱的技术集成	2011年7月研发成功的新闻纸机非稀释水流浆箱改造成稀释水流浆箱技术及相关技术集成，在五号纸机现有流浆箱中采用新的稀释水装置，并研发配备稀释水阀执行器控制系统和稀释水横向定量控制系统，实现了纸页横幅定量分布的明显改善，为国内同行业首创。（推荐单位：广东省造纸行业协会）
GDJL12012531	广州造纸集团有限公司	国内首创造纸污泥废弃物干燥回收利用技术	2011年12月研发成功的造纸污泥废弃物干燥回收利用技术，利用物理化学方法综合处理造纸脱墨污泥，使污泥干度达到65%后作为主要燃料掺入部分燃煤进行供热发电，实现了废物资源化和再生资源回收利用，为国内同行业首创。（推荐单位：广东省造纸行业协会）
GDJL12052532	广东双利电缆有限公司	国内首创高强度耐热铝合金架空输电导线制造方法	2007年4月成功研发适用于大跨越输变电线路设计、使用要求达到：抗拉强度255Mpa，最小伸长率3.0%、导电率55%IACS、强度残存率90%、长期使用温度150℃的高强度耐热铝合金架空输电导线制造方法，为国内同行业首创。（推荐单位：佛山市高明区杨和镇经济促进局）

（续上表）

GDJL12022533	深圳市金宏威技术股份有限公司	国内首创基于DSP控制的高效智能变电站电源技术	2011年10月研发的基于DSP控制的高效智能电源技术，全面支持太阳能、核能、风能、生物质能、储能电站、新能源以及智能电网等领域的科研，提高电源开关的产品效率、功率因数，使其智能化，实现对新能源的开发利用和对传统能源的新技术变革，为国内同行业首创。
GDJL12022534	深圳市海斯比船艇科技股份有限公司	国内首创19米级最高速多功能巡逻执法艇	2011年设计建造成功的19米级航速在45节以上的公务执法艇，在国内同尺度船艇中快速性最高，为国内同行业首创。（推荐单位：深圳市船舶行业协会）
GDJL12022535	深圳市海斯比船艇科技股份有限公司	国内首艘6米级常规桨推进的多功能快艇	2011年研制成功的PB190多功能快艇，采用标准化、模块化设计，从而可以装入20英尺集装箱，在5至6米尺度艇上采用大功率柴油舷内机，是国内首艘6米级常规桨推进的多功能快艇。（推荐单位：深圳市船舶行业协会）
GDJL12022536	深圳市海斯比船艇科技股份有限公司	国内首艘6米级工作救助一体化多用途小型高性能工作救助艇	2011年研制成功的SD638型船载艇，船艇双层壳体内设有永久浮力体，满足全船进水不沉，是国内首艘6米级海上执法、兼具救助功能，适应多种吊放方式的多用途小型高性能工作救助艇。（推荐单位：深圳市船舶行业协会）
GDJL12022537	深圳市海斯比船艇科技股份有限公司	国内首艘多功能一体化的高速巡航救助艇	2011年研制成功的24米级多功能高速艇，抗风力不低于蒲氏9级风并满足任意一舱进水不沉，主机在最大转速航行时，最高航速不低于40节，是国内首艘集环境保护、安全监管、海事搜救、指挥等多功能一体化的高速巡航救助艇。（推荐单位：深圳市船舶行业协会）
GDJL12012538	广州好莱客创意家居股份有限公司	国内首创欧式铝框掩门	2011年研发的欧式铝框掩门，采用铝钛合金代替传统中纤板原料，用金属边框实现实木斜直工艺效果，打破原有欧式掩门的尺寸限制，结构坚固耐用，寿命超长，生产周期短，质量稳定，材料搭配丰富，结构分割不受限，为国内同行业首创。（推荐单位：全国工商联家具装饰商会衣柜专委会）
GDJL12022539	深圳南联食品有限公司	国内首部关于海上配餐的完整战略管理体系标准手册	2011年5月编写完成《南联海上配餐服务标准化管理手册》，对28年海上配餐服务运营管理中所积累的经验进行整理、归纳和提炼，进一步提升配餐品牌价值、项目运营管理绩效以及客户满意度，为国内首部关于海上配餐的完整战略管理体系标准手册。（推荐单位：中国南海石油联合服务总公司、深圳市餐饮企业服务协会）
GDJL12012540	英辉南方造船（广州番禺）有限公司	国内螺旋桨推进型铝合金船舶高速最节能省油	2011年5月研发制造的198客位铝合金双体高速豪华客船，总长35米，宽9米，采用两台MTU16V2000M70主机，总功率1050*2千瓦，双螺旋桨推进。当主机功率为百分之九十，航速为27节已满足设计要求，可抗蒲氏7级风，抗波高4米，投入运营节省燃油达5%，创国内同行业螺旋桨推进型铝合金船舶高速最节能省油新纪录。（推荐单位：广州市番禺区经济贸易促进局）

（续上表）

GDJL12052542	广东嘉俊陶瓷有限公司	国内首创4D水晶玻璃陶瓷复合砖技术	2012年4月成功研发出第六代4D水晶玻璃陶瓷复合砖，运用数控立体基底微粒布料与二次煅烧复合工艺，采用“核磁共振”深层肌理仿真扫描成像技术，逐点逐层扫描名贵原石，在原三维基础上增添了线条动感、水晶光感和视觉触感，形成高清逼真的四维空间效果，为国内同行业首创。
GDJL12052548	广东柯杰外加剂科技有限公司	世界C100超高性能混凝土411米超高泵送	2008年12月16日在广州国际金融中心施工中，使用自主研发成功的具有独特梳状分子结构的聚羧酸系KJ-JS高性能减水剂，供广州市粤秀混凝土有限公司配制的C100高性能混凝土成功泵送至411米，创世界同行业超高性能混凝土超高泵送新纪录（推荐单位：佛山市经济和信息化局）
GDJL12052549	佛山市南海万兴材料科技有限公司	国内首创高温旋转窑烧成陶瓷色料技术	2011年1月研发成功的高温旋转窑烧成陶瓷色料技术，改变陶瓷颜料煅烧技术，设计出煅烧温度能达到1 200℃以上的煅烧窑，实现了陶瓷颜料煅烧无匣钵技术，提高产能，达到节能减排的效果，为国内同行业首创。
GDJL12032550	珠海新市节能环保科技有限公司	国内首创垃圾裂解净化设备处理技术	2011年11月研发的垃圾裂解净化设备处理技术，设计独特、构思新颖，应用超高频涡流加热的裂解技术，并采用了航天材料，在全密闭、负压、贫氧的高温（850℃～1 250℃）环境下，对垃圾进行烘干、裂解、粉碎，实现了低碳、节能、环保的三重功效，为国内同行业首创。（推荐单位：珠海市科技工贸和信息化局）
GDJL12012551	广州天源生物科技有限公司	国内首创有机极润霜系列化妆品	2011年研发成功的有机极润霜系列化妆品，选用国际认证有机原料，优化组合，工厂生产和管理体系符合有机产品生产标准，产品符合天然、绿色、环保的发展方向，并获国家有机产品认证，为国内同行业首创。（推荐单位：广东省孕婴童用品协会）
GDJL12012552	广州天源生物科技有限公司	国内首创中草药代替化学合成的防腐剂	2011年开发中草药代替化学合成的防腐剂，将中草药应用在化妆品中，为国内同行业首创。（推荐单位：广东省孕婴童用品协会）
GDJL12012553	广州天源生物科技有限公司	国内首创生产现场数据实时录入管理系统	2011年研发的生产现场数据实时录入管理系统，应用生产线上动态产品质量实时监督和数量统计，具备纠错报警装置，为国内同行业首创。（推荐单位：广东省孕婴童用品协会）
GDJL12052554	佛山市凯西欧灯饰有限公司	世界首创“情调照明”灯具设计理论	2009年提出“情调照明”以人的需求来设计灯具这一设计理论，彻底打破了一百多年来灯光只有照明功能的局限性。该理念以环保、健康、智能化，艺术化为基础，坚持以人为本，革命性的创新设计，打破了设计理论长期被国外垄断的局面，指引了LED未来发展的方向，“情调照明”灯具设计理论为世界照明行业首创。
GDJL12172555	东莞晶苑毛织制衣有限公司	省内首家实施能源在线监控企业	2010年11月实施能源在线监控系统，对能源消耗进行实时监控，以减少人为浪费和即时排除设备故障。该系统节电率5%，2011年为公司节电34.61万千瓦，节省电费约27.69万元，为省内同行业首家实施能源在线监控企业。

（续上表）

GDJL12172556	东莞晶苑毛织制衣有限公司	国内首创会员制互助基金会	2006年成立了会员制互助基金会，用于援助特殊人员及补充社会保险以外的费用报销。截止2012年3月，共有会员人数3 363人，占全厂人数65%；公司缴费金额达至474 734元，会员缴费金额达至837 582元。互助基金自成立以来受益人数达1 433人，资助总金额高达1 135 788元，为每位受益者节省医疗费792.6元，会员制互助基金会为国内同行业首创。
GDJL12172557	东莞晶苑毛织制衣有限公司	国内首创精英管理机制	2011年3月1日推行精英管理机制，对所有技能性岗位的员工，采用每小时收入制定相对应红、黄、绿灯区标准，以提升生产效率激励成为精英员工；同时班长奖金与整组员工的平均积分奖金关联，以推动一线班长的绩效管理，实施后，总人数减少219人，整体效率提高8%，员工收入提升15%，有效降低了用工成本，提高企业竞争力，精英管理机制为国内同行业首创。
GDJL12172558	东莞晶苑毛织制衣有限公司	国内首创班长培养机制	截至2011年12月底通过班长培养机制累计培养选拔班长168位，培养比率达95%，员工投诉由28次/年降到7次/年，员工月流失率下降2%，班长平均服务年资提升为3.8年，为公司节省因员工流失而导致的成本345.6万元，班长培养机制为国内同行业首创。
GDJL12172559	东莞晶苑毛织制衣有限公司	国内首创以公司实际需求自主研发的定型蒸布机	2011年8月对现有市场的定型蒸布机进行深入研究和开发，不仅实现原有蒸布机的功能，而且在送布，喷水，烘干等多方面都做了技术革新，部分单用蒸布代替了洗水工艺，极大地降低了机器成本和提高了蒸布速度，减少了操作员工，同时减少了洗水废水产生和处理，以公司实际需求自主研发的定型蒸布机为国内同行业首创。
GDJL12172560	东莞晶苑毛织制衣有限公司	国内首创半自动扫粉点位机	2012年4月自主研发的半自动扫粉点位机，比手动扫粉点位更准确，速度更快，品质更加有保障，极大地减少了点位人员及提升了产能，每年为公司节省成本7.2万，为国内同行业首创。
GDJL12172561	东莞晶苑毛织制衣有限公司	国内首创肯车肯褶技术	2011年12月对传统缩褶方法进行研究与改良，在肯车上装置了一个缩褶工具，实现了一次性完成肯车缩褶，在工序和时间上都节省了将近一半，每年为公司带来经济效益23.4万元，肯车肯褶技术为国内同行业首创。
GDJL12052562	佛山市顺德区都围科技环保工程有限公司	国内首创新型光催化水处理装置	2007年研发的新型光催化水处理装置，无需任何药物，使水得到高效消毒和净化，并且不会产生二次污染，为国内同行业首创。（推荐单位：广东省环境保护产业协会）
GDJL12052563	佛山市顺德区都围科技环保工程有限公司	国内首创新型光催化水处理系统	2007年研发的新型光催化水处理系统，首次采用三维结构泡沫镍光催化材料组装成循环水处理系统，对循环水中的细菌杀灭率达到99.9%，军团菌的杀灭率达到100%，为国内同行业首创。（推荐单位：广东省环境保护产业协会）

（续上表）

GDJL12102564	广东新华粤石化股份有限公司	国内首套国产化苯乙烯抽提装置	2011 年上半年成功建成投产的苯乙烯抽提装置，采用裂解汽油苯乙烯抽提蒸馏技术和“裂解 C8、C9 分离技术”及“裂解 C8 苯乙炔选择性加氢技术”整合技术，实现了苯乙烯抽提组合成套技术工程应用的“四大突破”，为国内首套国产化苯乙烯抽提装置。（推荐单位：茂名市经济和信息化局）
GDJL12012565	广州广船国际股份有限公司	省内最大的土压平衡式盾构机	2011 年研制的 Φ8 780mm 土压平衡式盾构机，具有施工安全、快速、工程质量高、地面扰动小、劳动强度低等优点，为省内同行业最大的土压平衡式盾构机。（推荐单位：广州船舶工业公司）
GDJL12052566	佛山市南海赛威科技技术有限公司	国内首创高性能全数字控制绿色功率因子校正（PFC）芯片	2011 年 6 月研发的高性能全数字控制绿色功率因子校正器（PFC）芯片，在降低系统总成本的基础上，大幅度 PFC 系统的转换效率（可实现全负载范围内功率转换效率高达 96% 以上），优化了 EMI 性能，轻松让计算机电源系统实现美国最新能效标准“能源之星 2.0”，符合国家节能环保的政策与发展趋势要求，为国内同行业首创。（推荐单位：佛山市经济和信息化局）
GDJL12052567	广东海纳川药业股份有限公司	国内首创将微囊技术用于制备畜禽产品生产技术	2007 年 10 月研发成功的“微囊技术”用于畜禽产品制备技术，对于很多易挥发、不稳定、有特殊气味的产品均可借助该技术制备成缓释微囊剂型，为国内同行业首创。（推荐单位：佛山市经济和信息化局、佛山市高明区经济促进局）
GDJL12122568	广东省四〇一厂	国内首创乳化炸药 5 人生产线技术	2011 年 11 月实现乳化炸药生产线工业炸药油相和水相材料自动供料系统、全自动化包装技术和皮带输送系统，在线人数不多于 5 人、在线药量 1.5t，连续化自动化程度高的生产线技术，为国内同行业首创。（推荐单位：梅州市经济和信息化委员局）
GDJL12022570	深圳安博电子有限公司	国内首创“集成电路芯片自动视觉分类系统”光机电一体化高速智能设备	2011 年 10 月研发成功的“集成电路芯片自动视觉分类系统”光机电一体化高速智能设备，具有自动高速跟踪识别功能，成功地将光学成像、Wafer（晶圆）表面缺陷数据、WaferMap 定位，高精度高速运动控制、逻辑控制与实践经验相结合，为国内同行业首创。（推荐单位：深圳市半导体行业协会、深圳工业总会）
GDJL12052571	佛山市川东磁电股份有限公司	国内首创 −80℃～280℃高精度磁敏温度控制器	2009 年研发成功的高精度磁敏温度控制器，通过选用高纯度配方材料、筛选预烧参数和干预性定量掺杂，混合细化形成微调添加物等创新工艺，将铁氧体的居里温度拓展到 −80℃—280℃；同时改进磁敏温控器的结构和工艺，提高了温控器断开温度的精度，为国内同行业首创。（推荐单位：佛山市经济和信息化局、佛山市高明区经济促进局）
GDJL12022572	创维集团有限公司	国内同行业三项指标第一	2011 年 1 月至 12 月整体彩电零售量、液晶彩电零售量和偏光式 3D 彩电零售量市场占有率分别为 15.1%、16.7% 和 38.6%，三项指标均名列国内同行业第一。

（续上表）

GDJL12022573	创维集团有限公司	世界首创酷开智能3D双向单芯片一体机	2011年7月推出上市的酷开智能3D双向单芯片一体机，产品由一颗芯片解决解码和显示，同时兼容酷开、3D、智能平台、高清直播业务、高清互动业务、健康游戏等的一体机，可以为消费者提供更多内容支持、更强大体验，为世界同行业首创。
GDJL12052574	佛山市邦普循环科技有限公司	国内首创电池循环再生技术	2010年7月研发的电池循环再生技术，通过循环技术生产三元复合材料（镍钴锰酸锂）和循环技术生产的三元前驱体（镍钴锰氢氧化物），将所有类型的废旧电池，通过湿法浸出、萃取净化和化学除杂等系列工序，转为电池原料——镍钴锰复合材料，并能直接作为锂电池正极原料，任何废旧电池均可实现循环再生，为国内同行业首创。
GDJL12042575	广东达诚机械有限公司	国内首创“石头纸”专用生产设备	2010年与四川大学、吉林有关企业合作研发生产的“石头纸”专用生产设备，采用石头粉为原料制造纸张，将石头的主要成分碳酸钙研磨成超细微粒后吹塑成纸，产品比一般纸张更有韧性，不易撕破，可防水防油，在阳光照射下3个月降解，埋在地下1年可以降解，降解后成为石头粉末，为国内同行业首创。
GDJL12052576	广东宏宇陶瓷有限公司	国内首创高清三维胶辊印刷技术	2010年研发的高清三维胶辊印刷技术，采用软硬双层橡胶辊筒结构和软胶浅雕技术，配置相应开发的印刷油墨，可在凹凸位高度差最大为6mm的瓷砖表面实现高清高速印刷，分辨率可达600—700目，为国内同行业首创。
GDJL12052577	广东宏宇陶瓷有限公司	国内首创超耐磨高硬度的全生料高温面釉	2012年4月研发的超耐磨高硬度的全生料高温面釉，开出与面釉相适应的底釉，同时采用小网格方形凸起的背纹设计，提高产品耐污性能。经过检测，耐磨度达6 000转4级，莫氏硬度达到6级，显微硬度高达487n/mm^2，符合GB/T4100-2006标准中附录G及GB6566-2010标准中A类装饰材料的要求，为国内同行业首创。
GDJL12052578	广东宏宇陶瓷有限公司	国内首创隐形光学浮雕技术	2011年4月研发成功的隐形光学浮雕技术，具有比普通印花釉更高的折射率和表面张力的特殊印花釉，能够形成折射率高于其他印花釉的图案，通过采用分段保温烧成，可将特殊印花釉隐形于普通印花釉之中；同时在特殊印花釉的印油印刷辊筒方面进行了研究和改进，促进了该项技术的产业化，为国内同行业首创。
GDJL12052579	广东宏宇陶瓷有限公司	国内首创负压布料技术	2012年5月研发的负压布料技术，利用负压抽吸原理，使得图案纹理、色彩与深浅均可以灵活调整，还应用了粉料密度均化技术，通过耙式密度均化装置，对初次填料后的粉层进行穿插，然后再进行二次填料，有效地提高粉料在周边和边角部位的堆积密度，减少砖坯切边量50%以上，改善产品的平整度，为国内同行业首创。
GDJL12052580	广东宏宇陶瓷有限公司	国内首创一辊多色多图立体印花技术	2012年7月研发的一辊多色多图立体印花技术，实现了在一片3D釉面砖上，一辊同时完成两个或两个以上不同颜色、不同图案的印刷，实现了单片凹凸瓷砖表面上多色多图案的效果，为国内同行业首创。

（续上表）

GDJL12012581	日立电梯（中国）有限公司	国内首创电梯医用运行控制技术	2011年12月研发的医用运行控制技术，通过电梯逻辑的最优控制，结合简便的操作，实现了医生在抢救过程中快速召唤电梯及快速到达目的楼层，为患者争取了时间，为国内同行业首创。（推荐单位：广州广日集团有限公司）
GDJL12012582	日立电梯（中国）有限公司	国内首创担架电梯	2011年12月开发的担架电梯，电梯轿厢采用深轿厢设计，对重架采用侧后置布置，井道部件布置合理紧凑，电梯占用井道尺寸小，满足了担架进出轿厢的需求，整个产品配置为国内同行业首创。（推荐单位：广州广日集团有限公司）
GDJL12012583	日立电梯（中国）有限公司	省内首创电梯专用空调系统技术	2011年开发的电梯专用空调系统技术，采用电梯专用一体式空调，结合公司主流梯种的轿架结构，解决安装空间、防凝露、电源配置等问题，实现忙时开启，闲时自动关闭，从而达到节能的目的，为省内同行业首创。（推荐单位：广州广日集团有限公司）
GDJL12012584	日立电梯（中国）有限公司	国内首创专业电梯井道图辅助设计系统	2008年研发的电梯井道图辅助设计系统，通过继承合同系统（ECCS）参数自动生成井道图，将图纸自动上传，提高井道图的出图效率和质量，为国内同行业首创。（推荐单位：广州广日集团有限公司）
GDJL12012585	日立电梯（中国）有限公司	国内首创电梯3D参数化设计系统	2009年研发的电梯3D参数化设计系统，实现电梯订单的设计自动化，提升设计效率50%以上；同时集成3D-CAD软件，实现钣金零件展开图的自动化生成，提升生产工艺准备效率近50%，为国内同行业首创。（推荐单位：广州广日集团有限公司）
GDJL12012586	日立电梯（中国）有限公司	国内首创自动扶梯或人行道乘降口安全装置（梳齿灯）	2010年研发的用于扶梯或人行道的乘降口安全装置，利用传感器检测靠近自动扶梯或人行道的乘客，控制设置在梳齿板上的LED照明体，提醒乘客，提高出入口处乘梯安全，为国内同行业首创。（推荐单位：广州广日集团有限公司）
GDJL12012587	日立电梯（中国）有限公司	国内首创自动扶梯机械自诊断技术	2009年12月研发成功的自动扶梯机械自诊断技术，采用检测传感器对扶梯重要部件（如驱动链、扶手带驱动链、传动皮带和制动器）进行起动时的运行自诊断，预知部件的运行故障趋势，为国内同行业首创。（推荐单位：广州广日集团有限公司）
GDJL12012588	日立电梯（中国）有限公司	国内首创自动扶梯区域检测功能	2011年6月研发成功的自动扶梯区域检测功能，该功能是当进入扶梯的乘客上躯体危险地探出扶手带外时，区域检测装置对其检测并发布警示语音，劝告乘客不要探出扶梯外。该区域检测方式为国内同行业首创。（推荐单位：广州广日集团有限公司）
GDJL12012589	日立电梯（中国）有限公司	国内首创FMS5自动化生产线	2011年将钣金FMS柔性自动生产线应用于轿壁、轿门、层门的生产，该柔性自动生产线生产效率高，自动化程度高，可使整个加工工艺流程实现自动化、少人化、轻劳化生产，为国内同行业首创。（推荐单位：广州广日集团有限公司）

（续上表）

GDJL12012590	日立电梯（中国）有限公司	国内首创机器人自动化生产技术应用	2011年在层门生产加工过程中应用机器人自动化生产技术，通过机器人自动焊接码垛系统，实现少人化、自动化、轻劳化生产，属国内同行业首创。（推荐单位：广州广日集团有限公司）
GDJL12012591	日立电梯（中国）有限公司	国内首创自动复合加工系统	2011年与设备厂家共同开发的两套安全部件自动化加工单元投入生产。新的自动化加工单元是由自动上料仓系统、桁架式机器人上下料系统、NC数控加工系统、自动液压夹具系统、下料道系统组成的一套由数控程序控制的自动复合加工系统，该系统具有自动化程度高，生产效率高等特点，可实现自动化、少人化、轻劳化生产，为国内同行首创。（推荐单位：广州广日集团有限公司）
GDJL12012592	日立电梯（中国）有限公司	国内首创中厚板钣金加工自动化生产技术	2012年首创中厚板钣金加工自动化生产技术，是应用先进的光纤激光生产线、机器人辅助折弯技术、粉末喷涂自动线取代了钣金传统工艺，实现中厚板自动化生产，使生产达到自动化、少人化、轻劳化，为国内同行业首创。（推荐单位：广州广日集团有限公司）
GDJL12012593	日立电梯（中国）有限公司	国内首创“湿碰湿”水性漆静电涂装新工艺技术	2010年在电梯层门、轿厢产品中开发应用“湿碰湿”环保水性静电涂装新工艺技术，降低废气VOC排放90%以上，实现一级企业清洁生产水平，为国内同行业首创。（推荐单位：广州广日集团有限公司）
GDJL12022594	深圳信立泰药业股份有限公司	国内首创新型抗凝血药物比伐芦定及其制剂	2011年通过消化吸收再创新，完成新型抗凝血药比伐芦定及其制剂临床研究及产业化，国内首家获得新药证书和生产批件，产品用于接受经皮冠状动脉介入（PCI）手术和接受PCI治疗的HIT/HITTS患者或高危险群及患有不稳定心绞痛行经皮冠状动脉成形术（PTCA）等用途的抗凝剂，疗效显著，出血率与肝素相比明显降低，能抗凝血且能溶解血，为国内同行业首创。（推荐单位：深圳工业总会）
GDJL12052597	佛山市井田陶瓷科技有限公司	世界首创前虹吸式（前后）蹲便器	2011年12月发明的前虹吸式（前后）蹲便器，运用前虹吸式技术，与传统座便器管道结构相反，形成前虹吸式；喷射孔后置离水箱距离比传统的座便器缩短近30多厘米，水箱不再采用两个按钮，每次冲洗不超过3升，以达到真正的超洁净和节省水资源，为世界同行业首创。
GDJL12052598	佛山市井田陶瓷科技有限公司	国内首创公共卫生间环保无声冲洗系统	2012年2月自主开发的公共卫生间环保无声冲洗系统，在连接水管的垂直管道上增设一个蓄水和排水阀门，让垂直部分的管道充满水，处于真空状态，实现了水箱上无开关、水箱内无任何内置配件，只保留一个进水阀门，将所有的开关设置在蹲便器的后面，可以达到消除85%噪音，为国内同行业首创。
GDJL12052600	广东万家乐股份有限公司	国内首创“人机智能对话”电热水器	2011年推出的“人机智能对话”电热水器D20-HV10F，实现了人机对话功能，可根据用户的设置状态，将剩余热水、热水温度等进行语音汇报，智能浴按键可满足一家人不同的沐浴要求，提供不同的热水解决方案，为国内同行业首创。

（续上表）

GDJL12052628	美的集团有限公司	国内首创直热承压式商用空气能热水机	2012年3月发布的直热承压式商用空气能热水机，采用直热承压式热水技术，解决了工程上存在的冷热水压力平衡难以解决的问题，并且在相同水箱容量的情况下，储水量相对常规系统多出至少20%，为国内同行业首创。
GDJL12022630	深圳市德方纳米科技有限公司	国内首创“自热蒸发液相法合成纳米磷酸铁锂正极材料”技术	2008年研发的“自热蒸发液相法合成纳米磷酸铁锂正极材料”技术应用于电池正负极材料，使磷酸铁锂产品体积电阻率更低、极化更小、有效提高循环寿命和大倍率光放电性能，为国内同行业首创。（推荐单位：佛山市经济和信息化局、佛山市高明区经济促进局）
GDJL12022631	深圳恒信华天环保科技有限公司	国内首创垃圾衍生燃料HX-RDF5制备与发电集成技术	2009年9月通过鉴定的垃圾衍生物燃料HX-RDF5制备与发电集成技术，能使“垃圾绿色衍生燃料RDF-5”燃烧烟气中二恶英类的原始浓度达<0.019ng/Nm3TEQ，比欧盟的最终排放标准还低5倍以上，为国内同行业首创。（推荐单位：中国节能协会/深圳工业总会）
GDJL12072634	湛江德利化油器有限公司	国内首创摩托车喷油器流量特性试验台	2011年研发的摩托车喷油器流量特性试验台，可以对测试喷油器的动态流量、静态流量和无效喷射时间等工作特性进行检测，为摩托车喷油器的精确故障判断和选型开发工作提供了依据，结构简单，控制测试精度高，适用范围广，为国内同行业首创。
GDJL12022637	深圳茂硕电子科技有限公司	国内首创高效智能控制电路	2011年7月研发的高效智能控制电路，通过检测输出的电位变化来精确调整反馈电路的控制基准，调整时间快，能根据终端需求得到理想的输出电压，整个过程智能控制，高效延长电源使用寿命，为国内同行业首创。
GDJL12022640	深圳麦格米特电气股份有限公司	国内首创三电平半桥软开关直流变换电路	2011年7月研发的三电平半桥软开关直流变换电路，保留了原有传统三电平半桥软开关电路的基本特性，有效地抑制了输入电容中点电压漂移，相对较小感量的谐振电感即可保证滞后关断管软开关的顺利实现，占空比损失小，为国内同行业首创。
GDJL12052641	广东万和新电气股份有限公司	国内生产规模最大的新能源热水器产品生产基地	2012年8月完工并投产的佛山新能源热水器产品生产基地一期工程，规划占地53.3公顷，一期开发23.3公顷，生产面积13万多平米，将实现年产能包括：空气能热水器15万台，平板太阳能板70万平方米，电热水器300万台，能源集成热水系统30万套配套能力，为国内生产规模最大的新能源热水器产品生产基地。
GDJL12022642	杜邦太阳能（深圳）有限公司	国内面积最大的单个屋顶型薄膜太阳能光伏发电系统	2010年11月与中国光大国际有限公司合作的屋顶型并网光伏发电项目正式开始运作。项目装机容量约1.3MW（兆瓦），采用13 000块杜邦太阳能生产的高性能非晶硅薄膜光伏组件，平均每年可发电148万度，总面积约23 000平方米，是国内面积最大的单个屋顶型薄膜太阳能光伏发电系统。
GDJL12022643	深圳市景田食品饮料有限公司	国内矿泉水年销量第一	2011年矿泉水销售突破10亿元，增幅50%，为国内同行业矿泉水销量第一。

（续上表）

GDJL12022644	深圳万润科技股份有限公司	国内首创高效节能大功率LED路灯	2009年6月通过鉴定的高效节能大功率LED路灯，采用镂空式对流散热板及自行设计的不对称LED反光杯，照度均匀性超过国家标准，无不良眩光，散热良好，电源转换效率达到90%，满足室外（路灯）环境可靠性要求，使用寿命达到5年，为国内同行业首创。
GDJL12012645	广州浪奇实业股份有限公司	国内首个“产品碳足迹标识”项目	2011年10月与国际认证机构SGS（瑞士通用公行证）签订了低碳战略合作协议，在国内日化行业启动了“产品碳足迹标识”项目。项目是由企业机构、活动、产品或个人引起的温室气体排放的集合，即把“碳耗用量”的配方成分与比例在产品上作标记，是国内首个“产品碳足迹标识”项目。
GDJL12052646	美的集团有限公司	国内首创热泵式干衣机	2012年1月通过新产品技术鉴定的热泵式干衣机，采用热泵循环低温（低于70℃）烘干及冷凝除湿、无湿热排放的全封闭风道结构设计、基于温湿度传感的智能控制（衣干即停）、收集并储存冷凝水的双水路及三层过滤等技术，为国内同行业首创。
GDJL12022647	深圳万润科技股份有限公司	国内首创高效节能LED灯管技术	2011年12月通过鉴定的高效节能LED灯管技术，采用灯具散热一体化设计，在散热体中间设置导热片使产品温升降低，整灯光效达到84.5Lm/W，灯管中所用LED在1 000小时持续点亮后光通量无衰减，并且采用旋转安装接头设计，两端插头可360度旋转，匹配所有的灯管接口，为国内同行业首创。
GDJL12022648	深圳雷柏科技股份有限公司	世界首创多点触控的2.4G无线耳机	2011年9月发布的无线触控耳机H8020，采用2.4G无线传输技术，在耳机内置锂电池供电并在音量调节、上／下一曲等功能上应用了触控操作设计，为世界同行业首创。
GDJL12022649	深圳雷柏科技股份有限公司	世界最小的USB音频发射器	2011年推出的第三代Nano音频发射器，采用USB插头设计，尺寸仅为18×5×7mm，丢失和折断的问题能基本消除，为世界最小的USB音频发射器。
GDJL12022650	深圳雷柏科技股份有限公司	世界首创太阳能24小时聚光储能发电机组	2011年10月奠基的太阳能24小时聚光储能发电机组是与深圳市劲通实业有限公司共同研发，采用先进的储能方式，结合低温发电技术、可调的太阳追踪系统，实现24小时不间断发电，为世界同行业首创。
GDJL12022652	深圳市警报电子科技有限公司	国内首创分频分功率分码发送的感应式汽车进入方法	2011年研发的分频分功率分码发送的感应式汽车进入方法，使无匙汽车进入系统具备了抗干扰和多功能的特点，功能设置上更加人性化，性价比也更高，为国内同行业首创。
GDJL12022653	深圳市易行网交通科技有限公司	国内屏幕尺寸最高	2011年完成建设的深圳市综合交通运行指挥中心大屏幕尺寸为30米×6米，创国内屏幕尺寸最高新纪录。（推荐单位：深圳市智能交通行业协会、深圳工业总会）
GDJL12022654	深圳市安邦信电子有限公司	国内首创AM300电流矢量变频器	2010年12月研发成功AM300电流矢量变频器，采用国际先进的电流矢量控制技术，保证电机在低噪音、超高平稳性、低频扭矩大、响应速度快等场合的使用，为国内同行业首创。（推荐单位：深圳市软件行业协会、深圳工业总会）

（续上表）

GDJL12112655	惠州市更顺科技有限公司	国内首创具有压圈压刀一体化的铁圈装订	2011年研发的具有压圈压刀一体化的铁圈装订机，有打孔和压铁圈两种功能，结构简单、操作方便，为国内同行业首创。
GDJL12022656	深圳市阿尔法变频技术有限公司	国内首创ALPHA6800无感伺服驱动器	2012年4月改造完成的ALPHA6800无感伺服驱动器，自动检测来自于注塑机电脑板给出的伺服压力及流量信号，经处理后，输出不同的扭矩，调节马达功率及速度控制，消除了原系统的高压溢流能量的损失，为国内同行业首创。（推荐单位：深圳市信息行业协会、深圳工业总会）
GDJL12022657	深圳市奥拓电子股份有限公司	国内首创LED显示屏运行监控方法和系统	2009年7月成功研制的涉及通信技术的LED显示屏远程管理方法和系统，提供了一种替代现场人工操作设备的方法和系统，克服现有技术效率低，可靠性差的缺陷，为国内同行业首创。（推荐单位：深圳市高新技术产业协会、深圳工业总会）
GDJL12022658	深圳市奥拓电子股份有限公司	国内首创用于LED显示的温度补偿装置及控制方法	2009年8月成功研制的涉及控制的用于LED显示的温度补偿装置及其控制方法，能克服因系统设计选材造成系统设计局限性的缺陷，根据温度状态控制电源模块对接收卡加热的启动，为国内同行业首创。（推荐单位：深圳市高新技术产业协会、深圳工业总会）
GDJL12022659	深圳市奥拓电子股份有限公司	国内首创LED彩色显示控制方法和系统	2007年12月成功研发的LED彩色显示控制方法和系统，安装、维护简便，稳定性高、实用性强，技术含量高，为国内同行业首创。（推荐单位：深圳市高新技术产业协会、深圳工业总会）
GDJL12022660	深圳市奥拓电子股份有限公司	国内首创带加密电子签章功能的票据打印系统	2008年12月成功研发的票据打印系统，采用加密电子签章的方式，在账单生成时直接将印章打印到票据上，解决了票据需要加盖公章的问题，具有操作简单、成本低、效率高的优点，为国内同行业首创。（推荐单位：深圳市高新技术产业协会、深圳工业总会）
GDJL12172661	东莞市智造生物科技有限公司	国内首创高清洁甲醇汽油	2010年研发的高清洁甲醇汽油，利用了甲醇辛烷值高、含氧量高、燃烧充分等优点，与汽油混合使用能稳定地燃烧，可减少汽车尾气一氧化碳、碳氢化合物和氮氧化合物排放，并具有耐吸水性，抗溶胀性和抗腐蚀性的优点，可替代90#、93#、97#汽油，在汽油机动车中使用，为国内同行业首创。
GDJL12022662	深圳市奥拓电子股份有限公司	国内首创屏幕可翻转的显示设备	2009年1月研发的屏幕可翻转的显示设备，可以允许用户将屏幕横向放置或者竖向放置，并根据所放置的方式，自动调整显示画面，为国内同行业首创。（推荐单位：深圳市高新技术产业协会、深圳工业总会）
GDJL12022663	深圳市宝福珠宝首饰有限公司	国内首创新型铂金条制作方法及铂金条模压装置	2011年发明了铂金条制作方法并对铂金金条生产机械设备重点部分进行30多项创新，改进发明出全新的铂金条模压装置，为国内同行业首创。（推荐单位：深圳市黄金珠宝首饰行业协会、深圳工业总会）

（续上表）

GDJL12022664	深圳市宝福珠宝首饰有限公司	国内首创黄、铂金饰品焊接方法	2011年发明的无需添加辅助焊药即可对黄、铂金饰品进行焊接的无污染、简单易操作、结构牢固、焊接部美观的焊接方法，为国内同行业首创。（推荐单位：深圳市黄金珠宝首饰行业协会、深圳工业总会）
GDJL12032666	珠海格力电器股份有限公司	省内首个通过试点工作验收的单位	2011年10月以97分的高分通过了广东省质监局组织专家对广东省先进标准建设试点工作的验收考核，成为省内同行业首个通过验收的试点单位。
GDJL12032667	珠海格力电器股份有限公司	国内首创32A（安）大电流安全插座	2011年6月推出的32A（安）大电流安全插座，选用高阻燃、高绝缘性塑胶材料，运用防拉弧，隔弧设计和灭弧技术，可承受32A的电流强度，为国内同行业首创。
GDJL12032668	珠海格力电器股份有限公司	国内家电行业年内各项税费第一	2010年各项税费为33.15亿元，位列国内家电行业第一。
GDJL12022669	深圳市长运通光电技术有限公司	国内首创去电源高压LED照明解决方案	2011年12月制定的去电源高压LED照明解决方案，降低了LED灯具设计成本，转换效率从传统开关电源的80%提升到90%，产品发热更少、更加稳定可靠，为国内同行业首创。（推荐单位：深圳市半导体行业协会、深圳工业总会）
GDJL12022670	深圳市东鹏印刷厂	国内首创多级烫金防伪技术和MR磁共振技术共同使用的防伪票证	2011年自主研发出基于多级烫金防伪技术和MR磁共振技术共同使用的防伪票证，成功产业化应用在深圳市地方税务局饮食娱乐防伪发票上，其防伪能力强、仿制难度大，为国内同行业首创。（推荐单位：深圳市印刷协会、深圳工业总会）
GDJL12022671	深圳市泛海三江电子有限公司	国内首创A1800视频监控系统	2011年研制的A1800视频监控系统，集中监控主机，集编码、解码、存储、监视等功能于一体，可接驳模拟摄像机和网络高清摄像机，采用超五类线为前端视频传输介质，具有数字解码单元，可直接将视频送至电视墙，为国内同行业首创。（推荐单位：深圳市安全防范行业协会、深圳工业总会
GDJL12022672	深圳广田装饰集团股份有限公司	国内首创内墙抹灰砂浆及施工方法	2011年研发的内墙抹灰砂浆及施工方法，能有效解决灰浆机堵泵、堵管、堵枪等问题，确保机械化施工的顺利进行，提高施工效率，为国内同行业首创。（推荐单位：深圳市装饰行业协会、深圳工业总会）
GDJL12022673	深圳广田装饰集团股份有限公司	国内首创温湿灰刀	2011年研发的温湿灰刀，灰刀水箱的水可持续供给蓄水槽，从而保持灰刀刀面与所抹砂浆间的界面润湿状态，使施工工序简单快速，提高施工效率，为国内同行业首创。（推荐单位：深圳市装饰行业协会、深圳工业总会）
GDJL12022674	深圳广田装饰集团股份有限公司	国内首创用于弧形墙面抹灰收光的灰刀	2011年研发的用于弧形墙面抹灰收光的灰刀，对圆弧形墙面进行施工时能够保证墙面弧度，收光效果更为理想，效率更高，有效减少工程成本，为国内同行业首创。（推荐单位：深圳市装饰行业协会、深圳工业总会）
GDJL12022675	深圳广田装饰集团股份有限公司	国内首创抹灰冲筋模板	2011年研发的抹灰冲筋模板，可以调节冲筋高度、保证冲筋硬度和水平度，便于配合机械化施工，为国内同行业首创。（推荐单位：深圳市装饰行业协会、深圳工业总会）

（续上表）

GDJL12022676	深圳广田装饰集团股份有限公司	国内首创抹灰冲筋模板（夹子）	2011年研发的抹灰冲筋模板（夹子）能保证墙面在抹灰时找平的平整度、水平度，作业效率高且能与机械化施工配合使用，为国内同行业首创。（推荐单位：深圳市装饰行业协会、深圳工业总会）
GDJL12022677	深圳广田装饰集团股份有限公司	国内首创多功能灰刀	2011年研发的能作为普通抹灰收光用、又能为二次抹灰拉毛、还能为石材瓷砖贴片做拉毛处理等用途的多功能灰刀，为国内同行业首创。（推荐单位：深圳市装饰行业协会、深圳工业总会）
GDJL12022678	深圳广田装饰集团股份有限公司	国内首创使用建筑废料石粉制作的腻子	2011年研发的腻子是采用建筑垃圾的废料石粉制作而成，其材料循环利用，提高了经济、生态和社会效益，为国内同行业首创。（推荐单位：深圳市装饰行业协会、深圳工业总会）
GDJL12022679	深圳光韵达光电科技股份有限公司	国内首创FG激光模板	2012年9月研发的FG激光模板，开口精度小于0.01mm，孔壁粗糙度小于0.5um，为国内同行业首创。（推荐单位：广东省电子学会SMT专委会、深圳工业总会）
GDJL12022680	深圳光韵达光电科技股份有限公司	国内首创纳米涂层激光模板	2012年9月研发的纳米涂层激光模板，孔壁光滑，提升了锡膏脱模质量；表面张力强，减少了钢网清洁频率、提高生产效率并节约成本，使用寿命长，为国内同行业首创。（推荐单位：广东省电子学会SMT专委会、深圳工业总会）
GDJL12022681	深圳市慧康医疗器械有限公司	国内首创多功能泌尿外科影像手术床	2004年成功研制的多功能泌尿外科影像手术床，填补了国内专业大型泌外诊断、手术、腔镜介入治疗等综合性设备领域空白，为国内同行业首创。（推荐单位：深圳市医疗器械行业协会、深圳工业总会）
GDJL12022682	深圳市华路德电子技术开发有限公司	国内首创泊车式充电桩	2010年11月研发的泊车式充电桩，能满足燃油车路边停车计时收费，又能满足电动汽车停车+充电的双重需求，可有效解决电动车充电难的问题，为国内同行业首创。（推荐单位：深圳市软件行业协会、深圳工业总会）
GDJL12022683	深圳市环球数码科技有限公司	国内首创数字电影独立式媒体模块	2011年推出的独立式媒体模块SX-3000，无需外置的放映管理服务器和文件服务器而通过远程接入实现数字影院到放映机的内容实时播放，为国内同行业首创。（推荐单位：中国电影发行放映协会、深圳工业总会）
GDJL12022684	深圳日海通讯技术股份有限公司	国内首创多芯光纤连接器	2010年研发的多芯光纤连接器能简化连接器的结构，使得连接器的体积大大减小，为国内同行业首创。
GDJL12022685	深圳市洪涛装饰股份有限公司	国内首创剧场静压箱隔音保温结构	2011年研发的剧场静压箱隔音保温结构，是应用在剧场静压箱中使静压箱的隔音保温效果得到显著提升的隔音保温层状结构，为国内同行业首创。（推荐单位：深圳市装饰行业协会、深圳工业总会）
GDJL12022686	深圳市洪涛装饰股份有限公司	国内首创洪涛装饰工程算量软件V1.0	2011年研发的洪涛装饰工程算量软件V1.0，是专门为工程设计与施工人员设计的，集成的三维几何造型与工程量计算的软件，通过精细高效的三维建模，实现装修方案查看和进行精准的平面铺砌、场地设计、几何体属性计量等，为国内同行业首创。（推荐单位：深圳市装饰行业协会、深圳工业总会）

（续上表）

GDJL12022687	深圳华意隆电气股份有限公司	国内首创ARC-200（PFC）逆变式焊机	2011年10日研发成功的ARC-200(PFC)逆变式焊机，采用TI先进的功率因素校正控制器件UCC28070，功率因素高PF>0.98，最大输出额定功率达到8KW，为国内同行业首创。（推荐单位：中国电器工业协会电焊机分会、深圳工业总会）
GDJL12022688	深圳华意隆电气股份有限公司	国内首创等离子切割机CUT-30T	2012年5月研发成功的抢险急救用储能逆变式空气等离子切割机CUT-30T，采用高能铁锂电池储能蓄电，适合在抢险现场特殊、复杂的环境中快速切割金属构件，高效快速抢救生命，为国内同行业首创。（推荐单位：中国电器工业协会电焊机分会、深圳工业总会）
GDJL12022689	深圳华意隆电气股份有限公司	国内首创ZX7-315AH逆变式手工焊机	2010年11月研发成功的ZX7-315AH逆变式手工焊机，采用初级电流反馈，单管IGBT20KHz中频逆变技术，无电抗器、无分流器，机器体积小、重量轻、节能节材、成本低、效率高，可以焊接4.0以下焊条，为国内同行业首创。（推荐单位：中国电器工业协会电焊机分会、深圳工业总会）
GDJL12022690	深圳市建恒测控股份有限公司	国内首创楼层能量（流量）监控系统	2012年3月推出的楼层能量（流量）监控系统，采用了通用网络传输技术与超声波流量技术结合，将楼层的能量和流量数据集中管理，可显示每台流量计的瞬量流量，流速和累积流量，为国内同行业首创。（推荐单位：深圳市仪器仪表与自动化行业协会、深圳工业总会）
GDJL12022691	深圳市建筑装饰（集团）有限公司	国内首创装饰墙面木饰面板结构工艺	2008年研制的装饰墙面木饰面板结构新工艺，在装饰施工工程上应用效果好、成本低，获得了实用新型专利，为国内同行业首创。（推荐单位：深圳市装饰行业协会、深圳工业总会）
GDJL12022692	莱恩精机（深圳）有限公司	国内首创单体式伺服冲压机械手	2011年研发的单体式伺服冲压机械手，可用于铸造、锻造、冲压、切削加工、喷漆、装配等各种工艺过程中的自动化设备，在自动化车间中用来运送物料，从事焊接、喷漆、装配等工艺操作，为国内同行业首创。（推荐单位：深圳市机械行业协会、深圳工业总会）
GDJL12022693	深圳市联和安业科技有限公司	国内首创基于OBD技术的车辆驾驶行为分析管理系统	2012年3月完成的OBD技术的车辆驾驶行为分析管理系统，包括硬件终端和软件监管平台两部分核心内容，通过指导车主改善自身的驾驶行为，从而达到车主安全行车，经济驾驶的目的，为国内同行业首创。（推荐单位：深圳市智能交通行业协会、深圳工业总会）
GDJL12022694	深圳市联和安业科技有限公司	国内首创T360-269B主机软件	2012年4月完成开发的T 360-269B主机软件，具有国标一体机汽车行驶记录仪的关于行驶记录仪的全部功能，能响应定位指令、返回位置信息并按设定时间定时回传位置信息；统计里程数，输出控制油路和恢复油路信号等，是一款具有定位查询、语音通话、安全报警、语音播报、车辆调度、图像等功能的卫星定位行驶记录仪，为国内同行业首创。（推荐单位：深圳市智能交通行业协会、深圳工业总会）

（续上表）

GDJL12022695	深圳市联和安业科技有限公司	国内首创GPS监控运营服务系统软件	2011年9月开发的GPS监控运营服务系统软件，满足了部标JT796行业标准的技术，能接收车载终端通过GPRS上传的数据报文并解析分发到各客户端并记录数据处理日志，提供一定的行业管理和信息化功能，为国内同行业首创。（推荐单位：深圳市智能交通行业协会、深圳工业总会）
GDJL12022696	广东光达电气有限公司	国内首创无源串联调谐滤波装置	2011年8月研发的无源串联调谐滤波装置，增加了进线感抗和出线感抗使得滤波感抗和滤波电容工作更加稳定，并且在滤波感抗上串联电阻，有效防止在谐波电流增大时造成滤波装置过载而导致其他用电设备不能正常工作的问题，为国内同行业首创。
GDJL12022697	深圳市量能科技有限公司	国内首创三电极体系锂离子动力电池、电池组及电源管理系统	2012年9月获得专利并开始中试的三电极体系锂离子动力电池、电池组及电源管理系统，运用三电极体系实现对充放电过程准确控制，具有环保、一致性高、安全、寿命长等优点，为国内同行业首创。（推荐单位：深圳市高新技术产业协会、深圳工业总会）
GDJL12022698	深圳良田科技有限公司	国内首创多领域高清度环保高拍仪	2010年研发出的多领域高清度环保高拍仪，可随处进行纸质文件或其他实物的快速数字化扫描，具有低耗能、高清度、携带方便等优点，为国内同行业首创。（推荐单位：深圳市投资商会、深圳工业总会）
GDJL12022699	深圳市龙威盛电子科技有限公司	国内首创具有电池修复功能的移动电源	2011年研发的具有电池修复功能的移动电源，具有自动修（恢）复电池容量功能，能有效地延长电池的使用寿命。内建短路、过充、过放、过温等多项安全保护功能，能自动识别手机类型并选择最优的充电方式进行充电并且支持同步充放电和外接太阳能设备充电功能，为国内同行业首创。（推荐单位：深圳市电子行业协会、深圳工业总会）
GDJL12022700	深圳市龙威盛电子科技有限公司	国内首创智能万用LED路灯电源电路	2011年自主研发的智能万用LED路灯电源电路，具有自动光控电路控制功能，能根据光照强度、车流与人流的多少自动调整需求亮度，自动感知LED灯温度与工作状态来调整灯的亮度，为国内同行业首创。（推荐单位：深圳市电子行业协会、深圳工业总会）
GDJL12022701	深圳市龙威盛电子科技有限公司	国内首创LCD显示多功能可移动电源	2008年研发的LCD显示多功能可移动电源，采用MCU微电脑芯片控制，能自动侦测切换显示电压，可实时检测电量，有效掌握可支配电源，适用于笔记本电脑、手机、数码相机、PDA、MP3、MP4、iPad等多种数码产品充、供电；具有多重安全保护，为国内同行业首创。（推荐单位：深圳市电子行业协会、深圳工业总会）
GDJL12032702	珠海格力电器股份有限公司	国内首台集装箱制冷机组	2011年4月推出的集装箱制冷机组，专门用于集装箱冷藏运输，能在全球各种气候条件下安全工作，适用于国际贸易中畜牧产品、水产品、蔬菜、水果、鲜花、冰淇淋、珍宝文物、医疗用品等等对温湿度有特殊要求的货物，为国内首台集装箱制冷机组。

（续上表）

GDJL12032703	珠海格力电器股份有限公司	国内空调业唯一的“世界名牌”产品	截止至2012年3月已经在全球200多个国家和地区建立了销售和服务网络，并将“格力”牌产品成功打入英国、法国、巴西、俄罗斯、澳大利亚、菲律宾、沙特、印度等100多个国家和地区的家电市场，为国内空调业唯一的“世界名牌”产品。
GDJL12032704	珠海格力电器股份有限公司	国内首创变频空调两年免费包换	自2012年1月1日起实施的变频空调两年免费包换政策，即购买特定系列变频空调，因产品本身任何质量问题，两年内免费包换，为国内同行业首创。
GDJL12032705	珠海格力电器股份有限公司	冷气机品种规格、种类居国内同行首位	截止至2012年3月独立研制开发出包括家用冷气机、家庭中央冷气机和商用中央冷气机在内的20大类、400多个系列、7 000多个品种规格的产品，冷气机品种规格、种类均位居国内同行首位。
GDJL12022706	深圳市龙威盛电子科技有限公司	国内首创可单独对笔记本电脑电池充电的电源适配器	2008年研发的可单独对电池充电的电源适配器，可单独对笔记本电脑电池进行充电，并可对笔记本电脑及液晶电视等设备进行供电。拥有20余款可更换式DC头，适用于百余款笔记本电脑，同时具有过温、过压、过流、短路及充电限时等保护功能，为国内同行业首创。（推荐单位：深圳市电子行业协会、深圳工业总会）
GDJL12022707	深圳麦博电器有限公司	国内首创无箱体音箱技术	2011年12月研发的无箱体音箱技术，主要针对传统多媒体音箱在近场听音时产生的弊端，基于Hi-end理念，使用无箱体架构，对电子电声技术进行技术改革，从而提高音箱的音效和声音质量的一种技术创新型的多媒体音箱技术，为国内同行业首创。（推荐单位：中国电子音响工业协会、深圳工业总会）
GDJL12022708	深圳市脉山龙信息技术股份有限公司	国内首创IT远程服务平台	2007年推出的IT远程服务平台，通过“远程发现、现场解决”的服务模式打破了传统IT服务的局限，极大地提升了服务的实时性和专业性，降低了客户的服务购买成本，为国内同行业首创。（推荐单位：深圳市软件行业协会、深圳工业总会）
GDJL12032709	珠海格力电器股份有限公司	世界首创双级高效永磁同步变频离心式冷水机组	2011年12月成功下线的双级高效永磁同步变频离心式冷水机组，将大功率高速永磁同步变频调速技术应用于离心机组，直接驱动双级叶轮做功，比普通离心式冷水机组节能40%以上，机组效率提升65%以上，为世界同行业首创。
GDJL12032710	珠海格力电器股份有限公司	上半年营业收入位居国内同行业第一	截止2012年6月30日上半年营业收入483.03亿元，同比增长20.04%，净利润28.71亿元，同比增长30.06%，位居国内同行业第一。
GDJL12032711	珠海格力电器股份有限公司	上半年市场占有率居国内同行业第一	截止2012年6月30日上半年，中央空调以14%的市场占有率位居国内同行业第一。
GDJL12022712	深圳市奇信建设集团股份有限公司	国内首创新型板状建筑装饰材料	2011年研发的新型板状建筑装饰材料，是在瓷砖、地板、或夹板为基材的面板材料外表面上包覆一层棉绒层，具备较高的耐磨、防滑、隔音、能缓冲碰撞的优点，为国内同行业首创。（推荐单位：深圳市装饰行业协会、深圳工业总会）

（续上表）

GDJL12022713	深圳市奇信建设集团股份有限公司	国内首创砌墙挂线架	2011年自主研发的砌墙挂线架，可自行调整挂线长架的垂直度，墙体的水平度，砌层厚度等，每个墙角可以同时施工，具有操作简单，经济适用的优点，为国内同行业首创。（推荐单位：深圳市装饰行业协会、深圳工业总会）
GDJL12022714	深圳市奇信建设集团股份有限公司	国内首创建筑保温装饰板	2011年自主研发的建筑保温装饰板，采用厚度为10-120cm酚醛树脂制成的塑料板压合固定在装饰面板上，具有较高的阻燃性，使得保温板在燃烧时不会释放浓烟等有毒有害气体，为国内同行业首创。（推荐单位：深圳市装饰行业协会、深圳工业总会）
GDJL12022715	深圳市日上光电有限公司	国内首创硅胶产品LED照明结合二次光学透镜上的应用	2011年7月研究和开发的硅胶产品LED照明结合二次光学透镜上的应用，解决了亚克力透镜在LED照明上的缺点，用新材料和新工艺代替传统工艺，符合LED照明的对环境和气候的要求，为国内同行业首创。（推荐单位：深圳市LED产业联合会、深圳工业总会）
GDJL12022717	深圳市三利谱光电科技股份有限公司	国内首条自主研制的宽幅（1 490mm）TFT型偏光片生产线	2011年8月建成的宽幅（1 490mm）TFT型偏光片生产线，是国内首条具有自主知识产权和掌握核心技术的TFT宽幅偏光片生产线。（推荐单位：深圳市平板显示行业协会、深圳工业总会）
GDJL12022718	深圳圣诺医疗设备有限公司	国内企业研发的第一台全数字乳腺DR	2011年8月获得注册认证的自主研制的数字乳腺X线成像系统，已获得2项发明专利授权，为国内企业自主研发的第一台全数字乳腺DR。（推荐单位：深圳市医疗器械行业协会、深圳工业总会）
GDJL12022719	深圳市通普科技有限公司	国内首创LED环形灯管	2010年研发的LED环型灯管，采用环形全扣位，是一种高效、节能、寿命长、显色指数高、环保、安全型、安装没有限制的环形LED日光，为国内同行业首创。（推荐单位：深圳市LED产业联合会、深圳工业总会）
GDJL12022720	深圳市洪涛装饰股份有限公司	国内首创剧院音乐厅用反声顶罩	2011年研发的剧院音乐厅用反声顶罩，是应用在剧场音乐厅中可以升降的反声顶罩，为国内同行业首创。（推荐单位：深圳市装饰行业协会、深圳工业总会）
GDJL12022721	深圳市味奇生物科技有限公司	国内首创大豆渣不溶性膳食纤维奶米粉产品	2012年4月研发成功的大豆渣不溶性膳食纤维奶米粉产品，采用新型乳化均质设备工艺技术，首次将大豆渣不溶性膳食纤维用于婴幼儿奶米粉产品的生产，改善产品质量，拓宽了大豆渣不溶性膳食纤维的应用领域，为国内同行业首创。（推荐单位：深圳市食品科学技术学会、深圳工业总会）
GDJL12022722	深圳市欣天科技有限公司	国内首创用于射频结构件的自动切槽机	2011年研发出用于射频结构件的自动切槽机，利用特殊的切槽技术，并采用单片机控制，具备全自动送料、两刀切槽、切割与去毛刺一体化的流水式全自动化加工，达到一体化交给方式，为国内同行业首创。（推荐单位：深圳市高新技术产业协会、深圳工业总会）
GDJL12022723	深圳市亚塑科技有限公司	国内首创PS再生料制作高韧性缓燃HIPS	2006年3月研发的PS再生料制作高韧性缓燃HIPS，具有优异的高韧性和阻燃性，主要应用于电视机/显示器后壳等各种电器壳体，为国内同行业首创。（推荐单位：深圳市塑料行业协会、深圳工业总会）

（续上表）

GDJL12022724	深圳市亿思达显示科技有限公司	国内首创视频眼镜	2005年推出中国第一款“视频眼镜”，具有存储播放功能的数字眼镜电视，为国内同行业首创。（推荐单位：中国电子视像行业协会、深圳工业总会）
GDJL12022725	深圳市亿思达显示科技有限公司	国内首创IMV260眼镜影院系列	2010年发布的IMV260眼镜影院系列，能支持RM、FLV等主流影音格式，采用非常轻巧的TFT-LCD显示屏，实现2米远50英寸大屏幕的视野，同时支持将目镜保护片更换为近视眼镜片、支持观看红蓝立体图像，为国内同行业首创。（推荐单位：中国电子视像行业协会、深圳工业总会）
GDJL12022728	深圳创维数字技术股份有限公司	国内有线机顶盒年出货量首位	2011年有线机顶盒出货量达582万台，占国内有线机顶盒市场出货量的18.47%，位居国内有线机顶盒出货量首位。（推荐单位：深圳市软件行业协会、深圳工业总会）
GDJL12022729	长园集团股份有限公司	国内同行业年销售收入、利税、净利润首位	2011年实现销售收入194 069.35万元，利税81 998.32万元，净利润69 120.60万元，销售收入、利税、净利润连续十二年居国内热缩材料行业和电力电缆附件行业首位。（推荐单位：中国电器工业协会热缩材料分会、深圳工业总会）
GDJL12022730	金雅福集团	国内首家黄金财富管理中心	2011年12月成立的黄金财富管理中心，为国内首家黄金财富管理中心。（推荐单位：深圳市黄金珠宝首饰行业协会、深圳工业总会）
GDJL12022731	深圳市聚作实业有限公司	LED室内照明系列产品在日本市场占有率位居国内首位	截止2011年底，自主研发的LED室内照明系列产品占全日本LED照明产品零售市场13%的份额，在日本市场占有率位居国内同行首位。（推荐单位：深圳市半导体照明发展促进会、深圳工业总会）
GDJL12022732	深圳市联建光电股份有限公司	国内LED全彩显示屏销售收入最高	2011年在LED全彩显示屏年销售收入49 477万元，创国内上市公司LED全彩显示屏销售收入最高新纪录。（推荐单位：中国光学光电子行业协会发光二极管显示应用分会、深圳工业总会）
GDJL12052734	佛山佛塑科技集团股份有限公司	国内首创TPE无孔防水透湿膜	2011年1月推出的TPE无孔防水透湿膜，对特殊功能高分子材料进行复配改性、挤出成膜加工，使产品具有超高透湿率、可呼吸二氧化碳及氧气，同时具有模拟皮肤的触感，完全阻隔液体细菌并且防风、耐高水压、耐高温、可消毒、可洗涤，可与各种涤纶、尼龙布料共同回收，为国内同行业首创。
GDJL12022735	深圳市洪涛装饰股份有限公司	国内首创玻璃纤维加强石膏板的无缝连接结构	2011年研发的玻璃纤维加强石膏板的无缝连接结构，是用连接螺栓将装饰板材连接在一起的连接结构，为国内同行业首创。（推荐单位：深圳市装饰行业协会、深圳工业总会）
GDJL12012736	珈钰（中国）服装设计顾问机构	国内服务服装企业最多的设计顾问机构	截止到2012年9月累计服务各种服装品牌企业超过300家，创造产值超过1 000亿元，是国内服务服装企业最多的专业化设计顾问机构。
GDJL12012737	珈钰（中国）服装设计顾问机构	国内首创设计托管新模式	2008年创建的设计托管新模式，利用知名设计师常驻企业的方式，成功解决服装企业管人管事的困扰，为国内同行业首创。

（续上表）

GDJL12172738	东莞南玻太阳能玻璃有限公司	国内首家采用脱硝技术的太阳能玻璃生产企业	2012年2月投产的650T/D一窑五线项目，采用了脱硝技术，为国内首家采用脱硝技术的太阳能玻璃生产企业。
GDJL12012739	广州广电运通金融电子股份有限公司	国内ATM市场年占有率首位	2011年度以23.3%的国内ATM市场占有率，位居为国内同行业首位。
GDJL12022749	深圳市华星光电技术有限公司	国内最大4.5代FPD研发试验线	2012年6月投资建设的4.5代FPD（FlatPanelDisplay平板显示器）研发试验线项目正式进入设备的安装与调试阶段。4.5代FPD研发试验线主要从事超高分辨率TFT-LCD显示技术和产品、金属氧化物半导体、低温多晶硅（LTPS）以及下一代新型显示技术和产品、新型关键材料等的研发试验工作，是国内最大的4.5代FPD研发试验线。
GDJL12012753	番禺珠江钢管有限公司	国内首创海底油气管道用直缝埋弧焊接钢管开发与应用项目	2012年4月通过成果鉴定的海底油气管道用直缝埋弧焊接钢管开发与应用项目，实现了炼钢、板卷轧制和钢管制造全部国产化，为国内同行业首创。
GDJL12172759	东莞市博康五金制品有限公司	国内首创基于冷锻的LED高效散热片	2011年11月成功配套勤上光电人民大会堂项目的LED高效散热片，是利用高性能水冷CPU散热片的先进技术开发出的基于冷锻的LED高效散热片，为国内同行业首创。
GDJL12032760	珠海格力电器股份有限公司	世界同行业获节能奖次数最多	2011年连续第八年获巴西政府颁发的最高节能认证“A级能源标签证书”和“节能之星”奖杯，创世界同行业获节能奖次数最多新纪录。
GDJL12032761	珠海格力电器股份有限公司	空调产能世界第一	截止至2012年1月拥有中国珠海、重庆、合肥、郑州、武汉，以及巴西、巴基斯坦、越南八大生产基地，家用空调年产能5 000万台套，商用空调年产能550万台套，居世界同行业第一。
GDJL12182762	中山市福瑞特科技产业有限公司	国内首创防火漏电报警器	2009年研发的“小武松”防火漏电报警器，具有多种通讯功能，可实现多用户联网，在一台电脑上能对数百台“防火漏电报警器”实现在线远程监控，随时可接通或分断各用户供电线路，从而达到把电气火灾消灭在萌芽状态的效果，为国内同行业首创。
GDJL12052764	美的集团有限公司	国内最薄的变频空调	2011年9月推出的智薄变频空调，内机厚度仅有15厘米，采用了创新的过滤网易拆卸结构设计，导风叶配置了新型智能摇摆电机系统，一体化导风叶设计实现上下左右立体送风，无级调速技术实现风速1%～100%之间精确调节，为国内最薄的变频空调。
GDJL12052765	美的集团有限公司	世界首创太阳能空调	2010年12月推出的Q-HAP太阳能空调，采用由“准直流并网技术”、“高效转换技术”、“自适应MPPT技术”和“太阳能优先使用技术”等多项技术集合的Q-HAP太阳能空调技术，拥有13项发明专利，为世界同行业首创。

（续上表）

GDJL12052766	美的集团有限公司	国内首款隐形嵌入式空调	2010年1月推出的天扬系列隐形嵌入式空调，采用双导风板设计，气流组织循环优化，风道系统设计采用大直径斜叶片不等距贯流风轮，利用CFD优化风道曲线设计；室内机吊装、进风面板和送风面板的设计兼顾了装拆室内机的要求，装拆室内机，不会破坏吊顶装修，完全隐藏于室内装修内，是国内首款隐形嵌入式空调。
GDJL12022768	深圳市洪涛装饰股份有限公司	国内首创装饰玻璃反声板	2011年研发的装饰玻璃反声板，是用透光材料制成的反声板，为国内同行业首创。（推荐单位：深圳市装饰行业协会、深圳工业总会）
GDJL12172770	东莞市凯华电子有限公司	国内首创黄轴机械键盘开关	2010年自主研发的黄轴机械键盘开关PG1511，尺寸为14×15.5mm，采用一体式卡片设计，由轴芯、弹簧、金属簧片等部分构成弹簧长度约13毫米，弹簧直径0.2毫米，节圆直径4毫米，有效圈数8，为国内同行业首创。
GDJL12022771	深圳雷柏科技股份有限公司	国内首创采用黄轴机械键盘开关的机械键盘	2011年4月发布的黄轴机械键盘，采用黄轴机械键盘开关，其单轴寿命5 000万次，2mm触发行程，50g触发压力，为国内同行业首创。
GDJL12022772	深圳雷柏科技股份有限公司	国内首款多点触控鼠标	2010年8月推出雷柏T1多点触控鼠标，采用2.4G无线传输技术、支持多点触控操作、智能连接、1000DPI光学引擎等技术，为国内首款多点触控鼠标。
GDJL12022773	深圳雷柏科技股份有限公司	国内首创将5G技术引入无线外设领域的技术	2011年成功研发的5GICR58技术，利用5.0-5.9GHz频段（5G技术）进行无线信号传输，能大幅提升无线外置设备产品的无线性能，使产品有更快速的响应能力，更强的信号抗干扰能力及穿透力，为国内同行业首创。
GDJL12032774	珠海格力电器股份有限公司	变频空调累计销量国内同行业第一	2011年8月至2012年7月变频空调累计销量1 266.40万台，位居国内同行业第一。
GDJL12032775	珠海格力电器股份有限公司	国内同行业研发投入最大	2011年用于空调相关技术研发的费用投入超过30亿元，为国内同行业研发投入最大。
GDJL12032776	珠海格力电器股份有限公司	变频空调累计销量国内同行业第一	2012年1月至7月变频空调累计销量684万台，位居国内同行业第一。
GDJL12012777	广州文冲船厂有限责任有限公司	国内首创大型挖泥船建造技术平台建设项目	2012年8月通过验收的大型挖泥船建造技术平台建设项目，是通过依托工程85m挖深大型耙吸挖泥船的成功建造，优化了关键制造技术工艺，建立了大型耙吸挖泥船建造技术平台，为国内同行业首创。
GDJL12052779	广东志高空调有限公司	世界能效比最高的全直流变频空调	2011年推出的3D全直流变频空调将直流变频技术升级到3D全直流变频技术，按GB/T7725-2004的检验标准进行检测，完全直流变频空调季节能效比达到8.6，与相同匹数的新国标1级能效定速空调相比，省电量高达59%，是世界能效比最高的全直流变频空调。
GDJL12112780	TCL集团股份有限公司	国内首创全模式数字电视一体机	2009年6月推出的全模式数字电视一体机，无需有线电视机顶盒，同时支持地面、有线、标清、高清的电视讯号接收方式，为国内同行业首创。

（续上表）

GDJL12022781	创维集团有限公司	世界首创隐藏式音箱	2012年5月推出的霹雳神隐藏式音箱，分为背挂式及挂架式两种。背挂式音箱重量不过3斤，背挂于电视机的背面；挂架式音箱，先把音箱挂在墙上，再把电视直接挂在音箱上面。整个音箱厚度不到5公分，通过专业的无源重低音输出接口直接与电视机相连接，采用八阶音箱设计方案，为世界同行业首创。
GDJL12022782	创维集团有限公司	世界首创Android4.0电视	2011年12月推出的Android4.0电视，该电视采用Android4.0智能操作系统，整体软件基于ARM架构开发，支持多任务运行和操作。用户可以随时查看任务和流量，进行任务和流量管理，也能以缩略图形式多任务列表查看，并可直接预览、切换和停止。Android4.0电视能支持网络标签，最多可同时打开16个标签页，为世界同行业首创。
GDJL12052783	广东万和新电气股份有限公司	国内第一套集成式家用燃气中央热水系统	2009年5月研发的集成式家用燃气中央热水系统，采用预热循环技术，能节省大量的生活用水，并且可以根据进水温度自动选择不同的火力加热，节省燃气，为国内同行业首创。
GDJL12052784	广东万和新电气股份有限公司	国内首创热效率达70%的合金泡沫节能灶	2011年9月推出的合金泡沫节能灶，采用红外线节能技术，在燃烧器上使用合金泡沫新型材料及工艺，燃烧时发射出红外线高能光波，热效率最高可达70%，同时比普通节能灶具热流量提升10%以上，并且具有自动熄火保护装置，遇上意外熄火即自动切断供气，为国内同行业首创。
GDJL12022785	创维集团有限公司	世界首创65寸LED-3D立体智能液晶屏	2011年11月推出的65寸LED-3D立体智能液晶屏，采用LED—3D智能教学终端，可提供在线视频影音资源；整机重量比同尺寸液晶轻31%，厚度减少50%，采用DTS数字化影院系统的解码技术立体声设计，应用LED背光自主调节发光亮度和开闭，整机功率节能50%，为世界同行业首创。
GDJL12022786	创维集团有限公司	国内首创后装车机车载导航电视	2011年2月推出的晶彩系列后装车机车载导航电视，具有播放1 080P全高清视频、支持3G上网功能，高亮度高清数字屏，支持真3D导航地图等功能，为国内同行业首创。
GDJL12022787	创维集团有限公司	世界首创具有闪联功能的电视机	2008年研发的L08系列酷开电视，可作为投影设备与具有闪联功能的电脑、摄像机、电话、手机等设备进行无线连接，支持1 080高清标准，为世界同行业首创。
GDJL12022788	创维集团有限公司	世界首创3D数字一体机	2011年3月推出的3D数字一体机，采用了高集成单芯片解决方案，支持全高清、H.264、MPEG-2、VC-1、AVS、RMVB、FLV等编码格式支持3DTV节目播放及3DUI，支持有限数字电视节目指南、节目编辑、喜欢收藏等功能和多种主流条件接收系统，支持不同运营商客户化版本定制、交互式数字电视业务和支持互联网、在线视频点播等，为世界同行业首创。

（续上表）

GDJL12022789	深圳市洪涛装饰股份有限公司	国内首创隐藏式剧场舞台灯光悬挂杆	2011年研发的隐藏式剧场舞台灯光悬挂杆，是在不需要悬挂灯光设备的时候挂杆可以被拆卸下来的剧场舞台灯光悬挂杆，为国内同行业首创。（推荐单位：深圳市装饰行业协会、深圳工业总会）
GDJL12052790	广东万家乐股份有限公司	国内首创整套厨电解决方案	2011年11月推出的整套厨电解决方案，具备新婚型、旧房重装型、新房乔居型、小户型和敞开式五种套装，将万家乐创新专利技术“双高速”吸油烟机、“双高火”燃气灶具与360+1°消毒柜有机组合，为国内同行业首创。
GDJL12052791	广东万和新电气股份有限公司	国内首创热效率达到107%的全预混冷凝式燃气热水器	2010年推出的全预混冷凝式燃气热水器，采用“全预混纯火燃烧技术＋高效冷凝换热技术”，结合全封闭强化燃烧室＋强制换热技术＋VAI智能恒温技术＋智能自动分段燃烧技术＋无氧铜高效环保水箱等5项常规节能燃烧技术，热效率高达107%，为国内同行业首创。
GDJL12082792	广东一力集团有限公司	国内首个中药渣制备生物有机肥料基地	2010年落户的中药渣制备生物有机肥料基地，利用中药制剂后的废渣生产有机化肥，以年处理2万吨中药材的提取量计算，每年产生的药渣多达5—10万吨，可生产的有机化肥达15万吨，可创造9 000万元的年产值，为国内首个中药渣制备生物有机肥料基地。
GDJL12052793	广东万家乐股份有限公司	国内首创燃气热水器铜制热交换器节能环保表面处理技术	2010年研发的燃气热水器铜制热交换器节能环保表面处理技术，是采用先进的新型、防腐、导热涂料对热交换器进行表面处理的技术。具有绿色环保、高导热、耐腐蚀、耐高温等优点，适用于热交换器表面处理，有效解决了传统工艺在生产过程中高耗能、高污染等问题，为国内同行业首创。
GDJL12012794	广州医药集团有限公司	国内首个转化医学研究中心	2011年2月落成的转化医学研究中心，用于转化医学研究，为国内同行业首个转化医学研究中心。
GDJL12032796	珠海世纪鼎利通信科技股份有限公司	国内首创无线网络通信基站天线性能监测装置	2011年研发的无线网络通信基站天线性能监测装置，可进行大面积基站天线性能监测，不需测试人员进行现场测量，保证了测量数据的精度并且避免了人为误差，所采集姿态信息和小区性能参数信息对于天线性能的准确分析和评估提供了可靠的数据，为国内同行业首创。
GDJL12052797	广东美芝制冷设备有限公司	国内首创旋转式压缩机	2010年研发的旋转式压缩机通过活塞内的压力与气缸压缩腔内的压力之间的压差引起圆板浮动，活塞和圆板之间设置有用于防止气体泄漏的密封圈或弹性件，可有效改善从旋转式压缩机活塞的内部向气缸压缩腔泄漏的高压气体损失，提高压缩机的能效，为国内同行业首创。
GDJL12022801	中国南玻集团股份有限公司	国内首条全氧燃烧超薄电子玻璃生产线	2011年11月点火的全氧燃烧超薄电子玻璃生产线，具备生产0.33mm超薄电子玻璃产品的能力，为国内首条全氧燃烧超薄电子玻璃生产线。
GDJL12012803	广东碧德生物科技有限公司	国内首创岩原鲤用颗粒饲料	2011研发的岩原鲤用颗粒饲料，适口性好，成本低廉，能满足岩原鲤规模化人工养殖的需要，配方中不使用任何激素和违禁药物，对养殖对象及养殖水体无污染，是一种安全卫生环境友好型人工配合饲料，为国内同行业首创。

（续上表）

GDJL12182805	中山嘉誉塑胶制品厂	国内首创塑胶防水袜套结构	2011年研发的塑胶防水袜套结构，是在鞋面层与鞋内里层之间设置一层塑胶防水套，此结构无需裁切、无边角废料、无须与鞋面及内里车缝，有利于不同鞋型制作专用防水袜套，可自由与鞋面材料及内里材料组合，同时做到花色、式样的多样化，为国内同行业首创。
GDJL12022808	深圳文科园林股份有限公司	国内首创城市建筑园林生态立体绿化系统	2010年研发的城市建筑园林生态立体绿化系统，由墙壁架设系统、生长基盘、植物、垂直滴灌系统以及自动控制系统构成，结合工程设计与艺术设计方法，安装于城市建筑垂直表面，实现系统的持续使用和智能化管理，为国内同行业首创。
GDJL12022809	深圳桑达国际电子器件有限公司	国内首创LED可控硅电源及恒流控制电路	2011年研发的LED可控硅电源及恒流控制电路，通过采用电流采样单元、基准电压生成单元、滤波单元、运算放大单元以及电流反馈单元和电流供给与调整电路相配合，实现了对LED负载工作电流的恒流控制，解决了现有LED可控硅驱动电源存在的无法实现恒定电流输出的问题，为国内同行业首创。
GDJL12172810	广东欧珀移动通信有限公司	国内首创手机拍照特效模式	2011年研发的手机拍照特效模式，是通过预览和成像两方面进行设置，使用手机对准某个场景拍照，演变出多个不同角度的场景，突出所需要某些元素，从而提升手机拍照的可玩性，为国内同行业首创。
GDJL12052812	佛山市科皓燃烧设备制造有限公司	国内首创多段式电动执行器	2011年研发的多段式电动执行器是通过设置驱动线路板及编码器，实现电机及主轴的角度、时间、运动方式可设置的智能控制，产品结构简单紧凑，动作较普通执行器更为精确稳定，为国内同行业首创。
GDJL12022813	深圳市众冠生物能源科技有限公司	国内首创农林废弃物裂解制取可燃气的方法及专用装置	2011年研发的农林废弃物裂解制取可燃气的方法及专用装置，是基于微波加热技术的特点，结合真空泵抽取可燃气所产生的负压吸入空气与物料发生不完全燃烧反应，产生可燃气体效率高，提高生产能力，为国内同行业首创。
GDJL12012814	广州市益维电动汽车有限公司	国内首台锂离子电池混合电力电动汽车	2011年10月与华南理工大学广东省燃料电池技术重点实验室合作研发的锂离子电池混合电力电动汽车，是使用作为燃料的氢在汽车搭载的燃料电池中与大气中的氧发生化学反应，产生电能启动电动机驱动汽车，能量转化效率能达到60%，燃料电池汽车没有尾气排放，唯一的排放物是水，对大气不造成任何污染，只需建设加气站加入氢气即可，为国内首台锂离子电池混合电力电动汽车。
GDJL12012816	广东中烟工业有限责任公司	国内首创卷烟机钢印油墨传动设备	2011年研发的卷烟机钢印油墨传动设备是在匀墨辊组件中的传动辊在轴套装置与活动键配合设置的长槽，因而使传动辊与传动轴固定得更加稳固，有效提高传动辊的平衡性，彻底避免传动辊上油墨不均的现象，为国内同行首创。
GDJL12052817	海信科龙电器股份有限公司	世界首款无包边设计柜机空调	2010年12月推出的VL、VN柜机，综合采用电子膨胀阀节流控制技术、FC第三代自动清洁技术、双高效专用压机等技术，以钢化玻璃作为面板材料，使面板整体没有任何遮挡，为世界首款无包边设计柜机空调。

（续上表）

GDJL12022818	深圳市华星光电技术有限公司	国内首创减小串扰和无亮度衰减的液晶显示器	2011年研发的液晶显示器是通过控制主像素或次像素的开启达到减小观看3D图像时的串扰现象和观看二维图像时无亮度衰减的效果，为国内同行业首创。
GDJL12172819	东莞诺华家具有限公司	国内家具行业第一个提出全新网络经销概念和运营模式的企业	2012年3月启用的诺华生活网电子商务平台，实现从单一的售卖产品获取差价的盈利方式转变为通过推广品牌在当地的知名度、为产品提供区域物流配送服务获利的盈利方式。是国内家具行业第一个提出全新网络经销概念和运营模式的企业。
GDJL12052820	广东万和新电气股份有限公司	国内首个精密级噪音实验室	2011年11月建成的噪音实验室，为国内首个针对燃气具产品的精密级噪音实验室。
GDJL12052821	广东万和新电气股份有限公司	国内首套通过全球权威认证机构认可的实验室	2011年11月建成的能效实验室，用于评价热水器及采暖炉的能效，是国内首套通过全球权威认证机构KiwaGastec认可的实验室。
GDJL12052822	广东万和新电气股份有限公司	国内同行唯一拥有巴西标准实验室的企业	2011年11月建成的巴西标准实验室模拟巴西当地的气候环境及建筑结构来检测热水器的性能，是国内同行业唯一根据巴西国家标准建立并获得巴西国家实验室认可的实验室。
GDJL12022824	泰豪科技（深圳）电力技术有限公司	国内首创光伏汇流箱	2011年8月研发的光伏汇流箱，对多个光伏支路的电参数进行实时监测，从而能够及时发现光伏串列故障，有效避免电力损失及浪费，为国内同行业首创。
GDJL12022825	深圳市广聚泰塑料实业有限公司	国内首创耐高温无卤阻燃聚苯乙烯及其制备方法	2011研发的耐高温无卤阻燃聚苯乙烯及其制备方法，提高了无卤聚苯乙烯的耐温性和无卤聚苯乙烯的阻燃性能，阻燃效果可达到UL-945VA级，热变形1.82Mpa可达85℃以上，扩展了聚苯乙烯的应用范围，为国内同行业首创。
GDJL12052826	美的集团有限公司	国内首创恒温增容电热水器	2010年12月推出的恒温增容电热水器，在电热水器进出水管口安装高灵敏度感温电子恒温阀，感知出水口水温的变化，推动阀内的阀芯移动，自动调节冷热水比例，从而使出水口水温稳定，达到恒温洗浴及充分利用热水的目的，为国内同行业首创。
GDJL12052827	美的集团有限公司	国内首创超薄电磁炉	2011年9月推出的超薄电磁炉，采用1级能效复式线盘技术，热效率达90%以上，厚度只有3.5厘米，为国内同行业首创。
GDJL12052828	美的集团有限公司	世界首创多功能净饮机	2010年4月推出的多功能净饮机，将净水、饮水、制冷、制热功能融于一体，为世界同行业首创。
GDJL12022829	深圳市华星光电技术有限公司	世界最大的四倍全高清3D液晶显示屏	2012年2月研发成功的中华之星，集成了HVA技术，4倍高清分辨率4K*2K，主动式3D技术，多点触控技术，智能动态背光技术；超高亮度800nits，超高色域NTSC92%等一系列规格，显示面积达3.34平方米，110寸尺寸，为世界最大四倍全高清3D液晶显示屏。
GDJL12182831	中山市超人电器有限公司	国内首创内旋速热灶	2010年8月推出的内旋速热灶，炉头采用耐高温、耐腐蚀的黄铜材料，炉头密封结构，出气孔出口与母线成70度内旋，可提高火苗高度，达到普通旋火2倍，增加与锅底接触面积，集中热能，降低热散失，整体热效率达60%以上，为国内同行业首创。

（续上表）

GDJL12012832	广州奥鑫通讯设备有限公司	国内首创用于光纤耦合器耦合区在线张力筛选的机构	2011年研发的用于光纤耦合器耦合区在线张力筛选的机构，通过光纤固定座分别固定光纤耦合区的两侧并通过动力装置带动两侧的光纤固定座向两侧运动，在一定的运动距离内，若光纤未被拉断，则该光纤耦合区产品为合格产品，此类张力筛选装置可有效进行光纤耦合区产品的筛选，所筛选出的耦合区产品质量可更为可靠，为国内同行业首创。
GDJL12022836	深圳华美板材有限公司	国内同行首创辐射管	2011年研发的辐射管在辐射管上焊接增设陶瓷片，对比现有结构中减少陶瓷片之间的距离，增强了辐射管两端的陶瓷强度，避免陶瓷片强度不够而引起的电阻丝热变形，从而降低电阻丝的接地几率，延长了辐射管的使用寿命，降低了运营成本，为国内同行业首创。
GDJL12022837	深圳市奋达科技股份有限公司	国内首创可消除耳廓及头部疼痛感的头戴式耳机	2011年研发的具有消除耳廓及头部疼痛感的头戴式耳机，通过在头挂架的内侧设置抗压体，有效消除了因长时间使用耳机使耳廓及头部受到压迫而产生的疼痛感，为国内同行业首创。
GDJL12022838	深圳茂硕电子科技有限公司	国内首创带外置气囊的LED电源散热与防水外壳	2011年研发的带外置气囊的LED电源散热与防水外壳，采用能够形变的外置气囊来平衡外壳内部的绝缘液体的热胀冷缩的压力，结构简单，散热防水良好，为国内同行业首创。
GDJL12172841	东莞宝熊渔具有限公司	国内首创卷线器的线轮离心刹车结构	2011年研发的卷线器的线轮离心刹车结构，通过利用刹车环的内环面呈倾斜延伸状，利用限位轴分布于轮座的两个不同层面上，使得刹车环内环面与离心套的接触点相对轮座之旋转轴线的距离改变，以调整刹车环内环面与离心套之间的滚动摩擦力，扩大线轮转速的调节范围，为国内同行业首创。
GDJL12022842	深圳市特发信息股份有限公司	国内最大芯数光缆	2011年7月研发的1 200芯（12芯带）骨架式光纤带光缆，光缆芯数48~1 200芯，缆径小、重量轻、抗侧压性能好，中途可以随时下纤，施工安装方便，光纤密集度高（体积小），干式结构无油膏污染，为国内最大的芯数光缆。
GDJL12052844	佛山市顺德区威林工程塑料有限公司	国内首创高灼热丝点燃温度无卤阻燃PA66材料	2010年9月研发的高灼热丝点燃温度无卤阻燃PA66材料，满足欧盟IEC60695标准中的750℃灼热丝无人看管电器要求，具备韧性好、强度高、可快速成型等优点，能满足微动开关、接插件、熔断器等电子电气及家用电器产品的要求，为国内同行业首创。
GDJL12052845	广东万和新电气股份有限公司	国内中标产品型号最多的燃气热水器企业	2012年6月旗下的高效节能燃气快速热水器和燃气采暖热水炉共有35个型号70款产品入围《节能产品惠民工程高效节能家用热水器推广企业和目录（第一批）》，为国内同行业中标产品型号最多的燃气热水器企业。
GDJL12052846	广东万和新电气股份有限公司	国内首创具有能效实验室的实验大楼	2011年11月揭牌的电气总部实验大楼，具有能效实验室，可用于热水器及燃气采暖热水炉的能效测评，为国内同行业首创。

（续上表）

GDJL12112848	惠州华阳集团有限公司	国内首创专车专用影音导航	2011年11月发布的基于A8平台、支持陀螺仪功能的专车专用影音导航，在A8的架构下，能更大程度上适应车内苛刻震动等恶劣环境，专用DVD导航支持陀螺仪功能能在失去GPS信号后，系统仍能通过自主推算来继续导航，为国内同行业首创。
GDJL12032849	珠海格力电器股份有限公司	空气能（热泵）热水器占有率居国内首位	2012年上半年空气能（热泵）热水器以27%的市场占有率位居国内同行业首位。
GDJL12032850	珠海格力电器股份有限公司	国内首创GMV5全直流变频多联空调机	2012年6月发布的GMV5全直流变频多联空调机，采用超高能效全直流变频技术、新一代节能运行操纵技术、静音操纵技术、率先冷冻机油循环操纵技术，使用GIMS智能管理系统，可通过GPRS无线通讯网络和Internet互联网络，对GMV5机组进行监控与维护，最低噪音值可低至45分贝，为国内同行业首创。
GDJL12022854	深圳市加力尔电子科技有限公司	国内首创胎压监控系统车辆智能调试方法、服务器及调试仪	2010年研发的胎压监控系统车辆智能调试方法、服务器及调试仪，通过操纵杆控制服务器向胎压监控系统主机发送相应的检测命令，实现对胎压监控系统中制动阀、主机与分机匹配以及系统出厂初始化设置的各项指标进行调试，对调试过程进行智能化监控，有效地实现了胎压监控系统产品在整车生产线的智能化调试，提升了生产效率及可靠性，为国内同行业首创。
GDJL12022855	深圳市加力尔电子科技有限公司	国内首创胎压监测模块唤醒终端	2010年研发的胎压监测模块唤醒终端，实现了胎压监控系统中对胎压监测模块进行唤醒，对调试过程智能化监控，实现产品在整车生产线的智能化调试，提高了系统调试可靠性和生产效率，为国内同行业首创。
GDJL12052856	威林工程塑料有限公司	国内首创快速测试改性塑料组分析出的方法	2011年研发的快速测试改性塑料组分析出的方法，是利用高温可以降低添加剂的黏度、提高添加剂的活性，进而加速析出速度。该方法可在材料的研发和生产阶段就对材料是否析出组分进行快速检测，为国内同行业首创。
GDJL12042857	广东金刚玻璃科技股份有限公司	国内首创防火玻璃幕墙	2012年4月研制的防火玻璃幕墙，能经受严苛的近1 000摄氏度烈火双面测试，以及四性试验（风压变形性能、空气渗透性能、雨水渗透性能和平面内变形性能）和盐雾试验，为国内同行业首创。
GDJL12032858	珠海宝丰堂电子科技有限公司	国内首创软性电路板夹持治具及固定机构	2011年研发的软性电路板夹持治具及固定机构，用于对软性电路板进行等离子处理，可将软性电路板的边缘完全夹持，避免了软性电路板在装夹过程及等离子处理过程中出现皱褶、脱落或翘起等问题，为国内同行业首创。
GDJL12032859	珠海格力电器股份有限公司	国内首创换热器连接装置及微通道换热器	2010年研发的换热器连接装置及微通道换热器，可实现任意长度的两部分微通道换热器的相互连接，从而不受折弯半径的约束，节省微通道换热器安装时所需的空间，并且可以实现两部分微通道换热器以锐角等各种小角度的连接，可以适应现有空调壳体的结构，使得微通道换热器可应用的场合更加广泛，在国内同行业首创。

（续上表）

GDJL12032860	珠海格力电器股份有限公司	变频空调年累计销量国内第一	2011年1月至12月变频空调累计销量627.20万台，为国内同行业第一。
GDJL12032861	珠海格力电器股份有限公司	国内首创GIMS智能管理系统	2011年9月成功研发的GIMS智能管理系统，由“格力远程智能服务中心”、“格力远程监控系统”、“格力分户计费系统”、“格力楼宇管理系统”、“格力群控系统”五大系统组成，提供故障预警、运行诊断、运行数据统计分析、维护保养提醒等服务，24小时值班的远程智能服务中心可以实现5秒知晓出现故障机组，在30分钟内作出相应反馈，为国内同行业首创。
GDJL12032862	珠海格力电器股份有限公司	年度营业总收入为世界同行第一	2011年度营业总收入835.17亿元，同比增长37.35%，为世界同行业第一。
GDJL12022866	深圳市长江力伟股份有限公司	国内首创硅基液晶微型虚拟显示芯片设计、制造及其液晶屏封装生产线	2011年11月建成投产的硅基液晶微型虚拟显示芯片设计、制造及其液晶屏封装生产线，其生产的硅基液晶显示技术的应用产品，达到传统平面显示技术无法体现的影像信息，广泛应用于通讯、娱乐、医疗、教育、安防、治安和涉及国家安全等特殊领域，为国内同行业首创。
GDJL12022867	深圳茂硕电子科技有限公司	国内首创小功率低成本LED电源功率因数校正电路	2011年7月研发的小功率低成本LED电源功率因数校正电路，利用可编程MCU的PWM驱动引脚同时驱动PWM电路和PFC电路，单路PWM控制输出实现高PF值与高效率的小功率LED驱动电路，为国内同行业首创。
GDJL12032872	珠海天威飞马打印耗材有限公司	国内首创粉盒密封结构	2011年研发的粉盒密封结构，采用能发泡的密封胶注入粉盒需密封的部位使作业实现自动化，发泡密封胶能长时间保持粘着性、伸缩性和最佳密封效果，且实施不需调整现有生产工艺顺序，为国内同行业首创。
GDJL12052874	广东万和新电气股份有限公司	国内同行业唯一拥有爆破实验室的企业	2011年11月建成的爆破头验室，为国内同行业唯一拥有爆破实验室的企业。
GDJL12052875	广东万和新电气股份有限公司	国内同行业唯一的拥有水路腐蚀实验室的企业	2011年11月建成的水路腐蚀实验室，为国内同行业唯一拥有水路腐蚀实验室的企业。
GDJL12022879	创维集团有限公司	世界首创具有健康管理系统的云电视	2012年3月推出的“云健康”系统电视，采用“云健康”系统，其应用包括体重、脂肪、血压、视力、色盲和心理等六大测试模块、家庭四大健身计划，测量的数据能保存到云平台的个人数据库中，并可以随时查看历史数据变化曲线，为世界同行业首创。
GDJL12052880	广东万家乐股份有限公司	国内首创智能热水器	2012年5月推出的UK8系列智能热水器，有舒适、经济、浴缸和果蔬四种模式，根据用户的需求拥有从36℃到60℃不同温度，从5L-10L不同水量的组合，为用户提供多达456种解决方案，实现一机多用，实现了±0.5℃的精控恒温，为国内同行业首创。
GDJL12052881	广东万家乐股份有限公司	燃气热水器年销量和销售额为国内同行第一名	2011年“万家乐”燃气热水器销量和销售额为国内市场同类产品第一名，也是其连续第22年占据燃热市场销售冠军的位置。

（续上表）

GDJL12052882	广东万家乐股份有限公司	国内首创营养匀温灶	2011年推出的营养匀温灶，应用了五环聚能燃烧和双高匀火燃烧两项专利技术，在温度达到100℃时，锅底之间平均温差为3.8℃；而构成的内环15°+外环30°黄金出火角度，132个主出火孔，配合96个稳焰空，火焰可以均匀包覆锅底，使锅中的菜肴均匀受热，为国内同行业首创。
GDJL12052883	广东万家乐股份有限公司	国内燃热市场销售首位	2010年度以超过25%的市场份额位居国内燃热市场首位，也是连续第21年占据国内燃热市场销售首位。
GDJL12172884	东莞凯裕光电科技有限公司	国内首创LED灯的PCB板	2011年研发的LED灯的PCB板，是在正面设有LED芯片的正负极焊接片，背面设有散热片，板正面和背面上对应焊接片之间的位置设有独立的导热片，和设有穿透该导热片与PCB板的散热孔。该PCB板可以使LED灯工作时的热量能够及时有效地散发出去，改善LED灯的工作环境，进而延长其使用寿命，为国内同行业首创。
GDJL12012886	广州机床厂有限公司	国内首创机床主轴分度装置	2008年获批发明专利的机床主轴分度装置，采用了新的驱动机构结构，定位精度高，分度盘和定位压块均为外齿轮，加工简单、方便，为国内同行业首创。
GDJL12022887	美律电子（深圳）有限公司	国内首创微型化电容式麦克风	2011年研发的微型化电容式麦克风，是通过金属环电镀绝缘部分于其上，有利于微型化的制作和具有较好的电性性能，符合目前电容式麦克风微型化趋势，为国内同行业首创。
GDJL12052889	海信科龙电器股份有限公司	国内首创双模空调	2009年研发的双模空调，具有“高效省电”和“长效节能”两种运行模式，独创“双模”运转设计理念和方法以及超低频10赫兹运行控制技术等，为国内同行业首创。
GDJL12022890	康佳集团股份有限公司	国内首创在线支付的电视产品	2011年11月与中国银联、东方传媒集团合作发布的智能云电视8000系列（银联电视），开创新媒体平台与电子商务、金融支付相结合的电视支付平台新模式，为国内同行业首创。
GDJL12022891	康佳集团股份有限公司	世界首款双通道同步云电视	2012年7月推出的X8100系列同步云电视，搭载Android4.0平台、囊括康佳同步云电视所有卓越的智能体验与云功能，在三大同步技术的基础上进行了功能拓展与技术延伸，包括同步看、同步玩、同步社交、同步交互等；同时具备“双通道”功能，不同内容同一屏幕同时显示，主次画面声音分别输出，通过两幅眼镜可以同时看到不同信号全画面显示，为世界首款双通道同步云电视。
GDJL12022892	康佳集团股份有限公司	国内智能3D电视首次直播3D赛事	2011年6月联合百视通在深圳中心城中庭组织的本年度NBA总决赛——热火对小牛赛事的全国首场在线高清3D直播，是国内智能3D电视首次直播3D赛事，为国内同行业首创。
GDJL12022893	创维集团有限公司	世界首创UHD超高清电视	2012年8月推出的UHD超高清云电视，屏幕的物理分辨率达到3 840×2 160（4K×2K），有炫黑IPS硬屏，云账号，支持广域网内多设备互动，具备NUI自然人机交互系统，支持全程云服务，为世界同行业首创。

（续上表）

GDJL12022894	创维集团有限公司	世界首创DIY电视	2012年6月推出的E7C系列DIY电视，硬件、软件配置以及电视机的外观装饰条均可由消费者自行定制，为世界同行业首创。
GDJL12032895	珠海罗西尼表业有限公司	国内首家涉足运动品牌的钟表企业	2011首次对外发布专属运动品牌，成为国内首家涉足运动品牌的钟表企业。
GDJL12012896	广州市白云化工实业有限公司	国内唯一通过消防产品型式认可的防火密封胶产品	2011年10月推出的DJ-A3-SS607防火密封胶产品，阻燃性能达到GB/T2408-2008标准的V-0级，耐火性能达到GB23864-2009标准的A3级，燃烧时不会放出浓烟或有毒气体，固化后在-50℃的低温下仍不会变脆、硬化或开裂，在+1 000℃的高温下，能阻燃三小时左右，为国内同行业唯一通过公安部消防产品合格评定中心消防产品型式认可的防火密封胶产品。
GDJL12052897	广东鹰牌陶瓷集团有限公司	国内首创微晶陶瓷复合板	2011年9月推出的微晶陶瓷复合板，采用特殊坯釉料均衡配方及创新型的烧制曲线，产品中莫来石晶相增高；1 200度的高温烧制提升耐磨度，莫氏硬度达到6，可直接用于铺地，为国内同行业首创。
GDJL12012898	广州市洁源电器有限公司	国内首创风力机转速跟踪控制系统及包含该系统的混合发电控制器	2011年研发的风力机转速跟踪控制系统及包含该系统的混合发电控制器，提供了一种具有最大功率追踪(MPPT)的小型风力、太阳能的混合发电控制器，相比其它的追踪系统在小型风力发电和小型太阳能光伏发电应用上更简单、有效、可靠，为国内同行业首创。
GDJL12012899	番禺珠江钢管有限公司	国内唯一掌握深海管线核心技术并能批量生产的企业	2011年12月下线的Φ558.8×27mmSMYS450F直缝埋弧焊管，可用于1 500米深海海底，为国内同行业唯一一家掌握深海管线核心技术并能批量生产的企业。
		电力、燃气及水的生产和供应业	
GDJL12022451	大亚湾核电运营管理有限责任公司	国内首创重大设备状态监测与信息平台开发及应用	2009年3月研发成功的重大设备状态监测与信息平台，独创了动态基准、车辙对比、实时与离线数据曲线混显技术，实现了状态监测、智能预警与信息集合功能，为国内同行业首创。（推荐单位：中国广东核电集团）
GDJL12022452	大亚湾核电运营管理有限责任公司	国内首创核级K3类电气、仪控设备认证体系建立与可靠性分析方法	2009年12月在国内首次成功的建立了核级K3类电气、仪控设备认证体系建立与可靠性分析方法，项目研发的核级K3试验导则、试验程序、试验方法和可靠性评估方法为国内同行业首创。（推荐单位：中国广东核电集团）
GDJL12022453	大亚湾核电运营管理有限责任公司	国内首创堆芯内直接抽取控制棒技术	2009年4月利用专门设计的控制棒水下操作工具和贮存容器，实现了从压水反应堆堆芯的燃料组件内直接抽取卡涩控制棒，并将控制棒传送至乏燃料水池长期贮存的解决方案，成功解决了堆芯控制棒卡棒和反应堆无法卸料的问题，为国内同行业首创。（推荐单位：中国广东核电集团）

（续上表）

GDJL12022454	大亚湾核电运营管理有限责任公司	国内首个对900MW压水堆型核电站进行系统优化事故规程体系的企业	2007年6月完成对现有的事故规程体系的完善、补充与优化，拓展了事故规程的应用范围，提高了大亚湾、岭澳电站的事故管理水平，是国内首个对900MW压水堆型核电站进行系统优化事故规程体系的企业。（推荐单位：中国广东核电集团）
GDJL12092484	台山核电合营有限公司	国内首创核电站轻量级三维可视化Web平台	2011年3月研发成功的核电站轻量级三维可视化Web平台，采用B/S架构、三维图形引擎与客户端技术，实现了核电站三维设计模型的快速查询、浏览、在线审查及设计参数数据集成关联功能，为国内同行业首创。
GDJL12092595	广东国华粤电台山发电有限公司	省内首创电厂级AGC调度模式研究与应用	2012年7月首创的电厂级AGC的研究与应用是根据电厂发电单元下辖各机组的装机容量、上下限负荷、调节步长、调节速率、损耗情况等的不同，在保证单元总负荷目标值不变的情况下，经过严格验证的数学模型计算进行机组负荷优化分配，实现火电厂内部各机组的最佳经济负荷分配，同时在一定程度上降低各机组的维修成本、提高使用寿命，为省内同行业首创。
GDJL12092596	广东国华粤电台山发电有限公司	国内首创亚临界600MW汽轮机高压主汽门直连改造技术	2011年12月研究并实施成功的亚临界600MW汽轮机高压主汽门直连改造技术，采用锥面套筒结构和适当增加弹簧力的技术，消除了高压主汽门关闭时间超标的重大隐患，为国内同行业首创。
GDJL12172629	广东易事特电源股份有限公司	国内首创15KW三相光伏并网逆变器	2011年8月研发的15KW三相光伏并网逆变器，在滤波主板上设置有可翻转的屏蔽盖，从而提高空间利用率，解决电池兼容及抗干扰问题，为国内同行业首创。
GDJL12092636	台山核电合营有限公司	国内首次将4D模拟技术应用于核电施工领域的企业	2012年6月在核电项目上应用4D模拟技术对施工过程进行全程模拟，成功实现压力容器和高压加热器的引入就位，完成蒸汽发生器、稳压器及主管道引入的前期模拟工作，是国内首次将4D模拟技术应用于核电施工领域的企业。
GDJL12012639	中国南方电网有限责任公司调峰调频发电公司	国内首创三个《报告》	2011年牵头制定的《分布式储能电站在智能电网中的作用及应用前景》、《储能电站综合效益研究分析报告》和《南方电网深圳宝清电池储能站综合效益评估报告》通过对电池储能站的实例分析，有效验证了储能技术作为智能电网的关键要素，解决了南方电网存在的一系列问题，展示和验证了储能功能作用与效益综合体系与基于容量配比的储能效益综合效益分析方法的全面性和有效性，为国内同行业首创。
GDJL12012651	中国南方电网有限责任公司	省内首个全自动电池交换电动车体验中心	2011年12月落成的全自动电池交换电动车体验中心，占地1 900平方米，以快速更换电池为理念，内设有BetterPlace电池交换装置展示系统、影视厅与接待中心，提供的自动电池更换服务过程不超过五分钟，单独电池更换的时间更不到60秒，为省内首个全自动电池交换电动车体验中心。

（续上表）

GDJL12012752	广东省粤电集团有限公司	国内最大的单体建筑屋顶光伏项目	2012年6月29日广东粤电南沙开发区光伏发电项目启动试运，是省内第一个完工的国家2011年“金太阳”示范项目，是省内已建成的首个10MW级屋顶光伏项目，也是国内最大的单体建筑屋顶光伏项目。
GDJL12142754	广东国华新能源投资有限公司	省内单体最大的地面太阳能光伏项目	2011年6月投建的地面太阳能光伏项目—广东国华河源光伏电站成功并网发电。一期项目总投资约2.3亿元，利用山坡面积8万平方米，总装机容量为8.1兆瓦，总计安装了33 748块太阳能电池板，年均发电量约1 000万千瓦时。据测算，此项目每年可以减排二氧化碳8 000多吨，节约标煤3 500多吨，是省内单体最大的地面太阳能光伏项目。
GDJL12182756	广东电网公司中山供电局	省内首个采用三面出线的格构式全联合装配构架的500千伏变电站	2009年9月竣工并投入使用的500千伏桂山变电站，采用三面出线的格构式全联合装配构架，与常规的构架形式相比，节省投资200多万元，节省占地56%，与钢管柱式联合结构相比减少了电网建设阻力，是省内第一个采用三面出线的格构式全联合装配构架的500千伏变电站。
GDJL12012767	广东省粤电集团有限公司	国内最大的利用大学校园屋顶建设的光伏并网电站	2011年并网发电的粤电华南理工大学光伏发电项目，年发电量约300万千瓦时，与相同发电量的火电厂相比，每年可减排CO_2约3 000吨，减少SO_2排放约23吨，减少NO_x排放约7.67吨。该项目是省内最大的光伏并网电站项目，也是国内最大的利用大学校园屋顶建设的光伏并网电站。
GDJL12072769	湛江电力有限公司	国内首台对30万机组进行通流改造和烧烟煤改造的机组	2011年9月4号机组增容改造及锅炉改烧烟煤项目顺利通过专家组的验收，是粤电10台30万机组增容改造规划中首台成功实施的机组，也是国内首台同时对30万机组进行通流改造和烧烟煤改造的机组。
GDJL12012839	广东电网公司	可靠性金牌企业数量国内同行业第一	2009至2011年连续三年囊括南方区域供电可靠性金牌企业名额，可靠性金牌企业数量连续三年国内同行业第一。
GDJL12012840	广东电网公司	国内省级电网公司城市用户平均停电时间指标第一	2011年城市用户平均停电时间2.12小时，比2010年减少2.54小时，降幅达54.55%；农村用户平均停电时间7.71小时，比2010年减少4.89小时，降幅达38.81%，为国内省级电网公司城市用户平均停电时间指标第一。
GDJL12012863	广东电网公司	国内第一个统调负荷突破八千万的省级电网	2012年8月9日统调最高负荷达8 005.1万千瓦，为国内第一个统调负荷突破八千万的省级电网。
GDJL12182864	广东电网公司中山供电局	国内城市用户供电可靠性最高	2011年城市用户供电可靠率为99.9924%，同比去年提高了0.0095个百分点，为国内城市用户供电可靠性最高。
GDJL12182865	广东电网公司中山供电局	国内城市停电时间最短	2011年城市用户平均停电时间为0.66小时，同比去年减少了0.83小时，降幅达55.9%，为国内城市停电时间最短。

（续上表）

GDJL12012871	广东电网公司	省内十大服务行业居民评价满意度第一	2011年度供电服务第六年蝉联广东十大服务行业居民评价满意度第一，也是连续三年获得广东省地方政府公共服务评价满意度第一。
GDJL12132878	广东红海湾发电公司	国内首创电厂燃煤全过程智能调度平台系统	2009年投入使用的电厂燃煤全过程智能调度平台系统，是针对火力发电厂多煤种混烧工艺过程的“堆、配、取、送、烧”全流程，建立以经济、安全、环保为目标，基于低燃煤成本、煤场自燃防范、制粉系统防爆、炉膛防结渣、脱硫效率最优、低NO_x排放、低粉尘排放等多目标自动优化技术的协同优化决策系统，为国内同行业首创。
		建筑业	
GDJL12012437	广东省第一建筑工程有限公司	国内首创悬挂组装式高大型活动隔断（屏风）制安技术	2011年开发的悬挂组装式高大型活动隔断（屏风）制安技术，通过采用A级防火材质作为隔断（屏风）材料，以固定在梁上的路轨系统（采用挤压成型钢路轨及钢制高强度滑轮）为移动轨道，并在转弯处设置弧型自动转弯系统，以实现大空间建筑内置隔多用、收展灵活、轻便移动及美观实用的活动隔断墙功能，为国内同行业首创。（推荐单位：广东省建筑工程集团有限公司）
GDJL12012438	广东省第一建筑工程有限公司	国内首创竖向粗径钢筋CO_2气体保护焊连接技术	2011年开发的竖向粗径钢筋CO_2气体保护焊连接技术，通过将钢结构采用的CO_2气体保护焊应用于钢筋焊接接头及施工工艺，利用CO_2作为保护气体的熔化极电弧，在电弧周围造成局部气体保护层，对铁锈敏感性小，焊缝含氢量少，使后续工程预留受力钢筋接头焊接质量稳定可靠，工效高，且对母材的热影响小，有效解决了后续工程的钢筋连接接头高效、优质、低成本相互协调的难题，为国内同行业首创。（推荐单位：广东省建筑工程集团有限公司）
GDJL12012439	广东省第一建筑工程有限公司	国内首创带钢塑格栅的超长TC桩软基处理技术	2011年开发的带钢塑格栅的超长TC桩软基处理技术，通过应用塑料套管混凝土桩综合治理技术实现软土半刚性化，利用钢塑格栅把刚性桩体与软土地基形成一个半刚性的复合地基进行联合承载，对地形的适用性强，处理深度厚、并且节省造价、简化施工、节约工期，同时易于控制后期沉降量，为国内同行业首创。（推荐单位：广东省建筑工程集团有限公司）
GDJL12012440	广东省第一建筑工程有限公司	国内首创体育运动场馆弹性木地板施工技术	2011年开发的体育运动场馆弹性木地板施工技术，采用国际FIBA认证的进口枫木地板，坚韧度较高，表面耐磨性好，且配备薄型泡沫塑料吸震底垫，大大提高室内球馆地板的弹性和防水性，且兼顾日后维修保养方便，能简化施工工序、加快工程进度，有效提高场馆的防护使用寿命，为国内同行业首创。（推荐单位：广东省建筑工程集团有限公司）
GDJL12012455	广东华隧建设股份有限公司	世界首创应用盾构密闭接收装置的到达接收施工技术	2008年12月研发成功的应用盾构密闭接收装置的到达接收施工技术，采用自主研发的盾构密闭接收装置，在地质条件复杂且没有进行地层加固的情况下成功接收盾构机出洞，为世界同行业首创。（推荐单位：广东省建筑工程集团有限公司）

（续上表）

GDJL12012456	广东华隧建设股份有限公司	国内首创盾构机整体吊装施工技术	2010年6月研发成功的盾构机整体吊装施工技术，通过提升架上的提升装置和液压顶升塔完成盾构机本体的提升与下放，为国内同行业首创。（推荐单位：广东省建筑工程集团有限公司）
GDJL12012457	广东华隧建设股份有限公司	世界首创管外间隙最小的隧道内衬钢管铺设施工技术	2010年8月研发成功的管外间隙最小的隧道内衬钢管铺设施工技术，通过自主研发、制造并采用了电瓶车作为牵引动力的钢管运输台车，实现在曲线隧道内紧贴式大直径钢管的快速铺设，为世界同行业首创。（推荐单位：广东省建筑工程集团有限公司）
GDJL12012458	广东华隧建设股份有限公司	国内首创结合滚轮托架的盾构暗挖过站施工技术	2009年4月研发成功的结合滚轮托架的盾构暗挖过站施工技术，采用滚轮托架结合轮轨的过站方式，实现了盾构机在暗挖车站和暗挖隧道内安全、快速、准确移动，为国内同行业首创。（推荐单位：广东省建筑工程集团有限公司）
GDJL12012459	广东华隧建设股份有限公司	国内首创泥水盾构在复合地层气压开仓换刀施工技术	2009年6月研制成功的泥水盾构在复合地层气压开仓换刀施工技术，通过气压使刀盘前泥水浸透区域的厚度不断增加，渗透抵抗力逐渐增强，最终与渗透力平衡，达到稳定开挖面的目的，为国内同行业首创。（推荐单位：广东省建筑工程集团有限公司）
GDJL12012460	广东华隧建设股份有限公司	国内首创适合含孤石群且不具备开仓条件的地质条件的施工技术	2009年6月研发成功的针对含孤石群地层，结合土压盾构特点，通过设备、刀具处理、操作控制、监测等技术，形成一套适合含孤石群且不具备开仓条件的地质条件的施工技术，为国内同行业首创。（推荐单位：广东省建筑工程集团有限公司）
GDJL12012461	广东华隧建设股份有限公司	国内首创小半径曲线盾构施工技术	2009年12月研发成功的小半径曲线盾构施工技术，采用对盾构机的铰接装置与千斤顶的组合选用、注浆量、掘进参数及管片选型的控制来确保盾构在曲线掘进的姿态，为国内同行业首创。（推荐单位：广东省建筑工程集团有限公司）
GDJL12012462	广东华隧建设股份有限公司	国内首创盾构快速测量技术	2010年12月研发成功的盾构快速测量技术，主要包括竖井联系测量快速测量技术、盾构及管片姿态快速测量技术、PDA盾构快速测量程序开发及应用，为国内同行业首创。（推荐单位：广东省建筑工程集团有限公司）
GDJL12012463	广东华隧建设股份有限公司	国内首创盾构隧道内衬钢管外包混凝土施工技术	2010年8月研发成功的盾构隧道内衬钢管外包混凝土施工技术，采用分层、分仓浇筑和阶梯式的流水施工，以及可泵性和自流性良好的低强度自密实混凝土配合比设计和灌浆孔、观察孔的设计，保证了混凝土浇筑的匀质性和密实度，为国内同行业首创。（推荐单位：广东省建筑工程集团有限公司）
GDJL12012464	广东华隧建设股份有限公司	国内首创泥水盾构穿越既有桩基础施工技术	2010年10月研发成功的泥水盾构穿越既有桩基础施工技术，对地质情况研究分析，采用合适的刀具配置，制定合理的盾构掘进参数，确保泥水盾构顺利安全通过既有桩基础，为国内同行业首创。（推荐单位：广东省建筑工程集团有限公司）

（续上表）

GDJL12012465	广东华隧建设股份有限公司	国内首创素砼连续墙端头加固施工技术	2009年1月研发成功的素砼连续墙端头加固施工技术，采用素砼连续墙配合搅拌桩与旋喷桩进行端头加固施工的技术，实现了安全性高、加固质量好的端头加固体，为国内同行业首创。（推荐单位：广东省建筑工程集团有限公司）
GDJL12012466	广东华隧建设股份有限公司	省内首创应用绳锯拆除深基坑混凝土支撑施工技术	2010年4月研发成功的应用绳锯拆除深基坑混凝土支撑施工技术，采用先进的绳锯切割设备，快速、环保、高效地完成了深基坑混凝土支撑拆除施工，为省内同行业首创。（推荐单位：广东省建筑工程集团有限公司）
GDJL12012467	广东华隧建设股份有限公司	国内首创泥水盾构防泥饼施工技术	2010年9月研发成功的泥水盾构防泥饼施工技术，采用制定合理的施工工艺参数和控制措施，提高盾构土仓渣土的输送效率和刀盘中心渣土流动性，实现有效预防泥水盾构泥饼产生，为国内同行业首创。（推荐单位：广东省建筑工程集团有限公司）
GDJL12012468	广东华隧建设股份有限公司	省内首创土压盾构过粘土卵石层施工技术	2010年10月研发成功的土压盾构过粘土卵石层施工技术，采用自行设计的宽刃滚刀、刀具耐磨处理、渣土改良、设置保护刀具及掘进参数和模式，实现了在无换刀情况下安全、快速、顺利地完成施工，为省内同行业首创。（推荐单位：广东省建筑工程集团有限公司）
GDJL12012469	广东华隧建设股份有限公司	国内首创土压盾构在膨胀岩土地层施工技术	2010年10月研发成功的土压盾构在膨胀岩土地层施工技术，采用对岩土特性分析，通过选择刀盘开挖直径和控制土仓加水量和泡沫量等措施，有效解决膨胀性岩土中盾构施工难题，为国内同行业首创。（推荐单位：广东省建筑工程集团有限公司）
GDJL12012470	广东华隧建设股份有限公司	国内首创回填式盾构平衡始发施工技术	2010年12月研发成功的回填式盾构平衡始发施工技术，通过始发工作井结构的优化设计，和采用盾构平衡掘进施工原理，在盾构工作井范围采用砂、混凝土及水三层材料进行回填，并在管片与反力墙连接处采用密封防水措施等技术，实现了盾构始发等同于常规掘进施工，为国内同行业首创。（推荐单位：广东省建筑工程集团有限公司）
GDJL12012471	广东华隧建设股份有限公司	国内首创回填式盾构平衡到达技术	2011年1月研发成功的回填式盾构平衡到达技术，根据平衡原理，盾构机在回填后的工作井内到达后，再进行开挖和盾构机解体、吊出，彻底消除了盾构到达施工过程中的风险，为国内同行业首创。（推荐单位：广东省建筑工程集团有限公司）
GDJL12012472	广东华隧建设股份有限公司	国内首创小坦克整体平移盾构机施工技术	2011年6月研发成功的小坦克整体平移盾构机施工技术，采用自主设计研发的小坦克在导槽内整体平移盾构机至始发位置，顺利完成盾构始发，为国内同行业首创。（推荐单位：广东省建筑工程集团有限公司）
GDJL12012473	广东华隧建设股份有限公司	省内首创渣土改良施工技术	2011年3月研发成功的渣土改良施工技术，采用适当比例的分散剂与水、泡沫剂有效结合形成改良剂，以实现改良，能有效解决土仓和刀盘结泥饼问题，为省内同行业首创。（推荐单位：广东省建筑工程集团有限公司）

（续上表）

GDJL12012474	广东华隧建设股份有限公司	省内首创盾尾密封保护施工技术	2011年9月研发成功的盾尾密封保护施工技术，采用对盾尾刷安装质量的控制、盾尾油脂首次涂抹和掘进后进行程序化的盾尾油脂注入、正确控制盾构姿态等一系列的技术措施来确保对盾尾密封获得有效的保护，为省内同行业首创。（推荐单位：广东省建筑工程集团有限公司）
GDJL12012475	广东华隧建设股份有限公司	省内首创盾尾刷检查及更换技术	2011年8月研发成功的盾尾刷检查及更换技术，采用过程控制进行研究和分析，有效地解决了在土压盾构施工过程中盾尾刷的检查及更换的难题，为省内同行业首创。（推荐单位：广东省建筑工程集团有限公司）
GDJL12012476	广东华隧建设股份有限公司	省内首创地铁车站施工中的岩溶地层处理技术	2011年11月研发成功的地铁车站施工中的岩溶地层处理技术，采用在连续墙体内预埋注浆管对岩面与连续墙接触面处注浆处理及对基坑底部分仓加固的处理技术，防止基坑底部出现突涌，为省内同行业首创。（推荐单位：广东省建筑工程集团有限公司）
GDJL12012477	广东华隧建设股份有限公司	省内首创既有基坑加宽施工技术	2010年12月研发成功的既有基坑加宽施工技术，采用锚索支撑体系替换原有钢支撑体系，快速拆除旧有结构，顺利安全完成既有基坑加宽施工，为省内同行业首创。（推荐单位：广东省建筑工程集团有限公司）
GDJL12012478	广东华隧建设股份有限公司	国内首创素混凝土连续墙防水接头施工技术	2011年10月研制成功的素混凝土连续墙防水接头施工技术，在相邻两幅连续墙接头处采用反弧形接头桩保证接头桩与两侧连续墙二次结合质量，从而达到素混凝土连续墙整体止水帷幕效果，为国内同行业首创。（推荐单位：广东省建筑工程集团有限公司）
GDJL12012479	广东华隧建设股份有限公司	省内首创基坑岩层爆破开挖施工技术	2010年4月研发成功的基坑岩层爆破开挖施工技术，采用先进的爆破施工技术，制定合理的防护措施，有效地加快基坑施工进度，确保施工安全环保，为省内同行业首创。（推荐单位：广东省建筑工程集团有限公司）
GDJL12012480	广东华隧建设股份有限公司	国内首创ϕ4 350mm复合地层泥水平衡盾构机	2011年10月研制成功的ϕ4 350mm复合地层泥水平衡盾构机，采用大开口率刀盘的设计方法，通过更换各种不同的配置刀具适合各种地层施工；采用的耐磨设计适应长距离的施工要求；采用模块设计，可以适应分体始发、斜向始发以及各种狭窄的场地；采用主动搅拌式采石箱等均为国内同行业首创。（推荐单位：广东省建筑工程集团有限公司）
GDJL12012481	广东华隧建设股份有限公司	国内首创专业化施工企业的集控管理模式	2011年2月研发成功的专业化施工企业的集控管理模式，通过管理架构创新，减少层级，确保队伍精干；通过集中资源，发挥整体协同效能；通过强化过程控制，提高管控能力，为国内同行业首创。（推荐单位：广东省建筑工程集团有限公司）

（续上表）

GDJL12012482	广东华隧建设股份有限公司	国内首创复杂地质条件下的泥水盾构施工技术	2006年8月研发成功的复杂地质条件下的泥水盾构施工技术，通过工程实践总结形成了包括盾构掘进施工技术在内的成套技术，在复杂的地质条件下的工程施工中，可有效地控制地表深降，保护地面建筑物的安全，安全、快速、高效地完成施工任务，为国内同行业首创。（推荐单位：广东省建筑工程集团有限公司）
GDJL12012483	广东华隧建设股份有限公司	国内首创上软下硬地层盾构掘进施工风险控制技术	2009年6月研发成功的上软下硬地层盾构掘进施工风险控制技术，首次系统地分析盾构施工的风险产生环节，并针对施工过程中的高风险环节，进行深入分析，还针对不同的风险源，提出风险控制的对策和措施，对盾构施工起指导作用，为国内同行业首创。（推荐单位：广东省建筑工程集团有限公司）
GDJL12012519	广州市住宅建设发展有限公司	国内首创释放倾斜劲性混凝土结构钢连杆强约束应力施工技术	2009年研发成功的释放倾斜劲性混凝土结构钢连杆强约束应力施工技术，采用留设后浇段和逆作法施工相结合，解决两单体倾斜建筑采用钢连杆焊接对接合拢产生的强约束应力释放难题，确保工程结构安全，为国内同行业首创。（推荐单位：广州珠江实业集团有限公司）
GDJL12012520	广州市住宅建设发展有限公司	国内首创增大地下室逆作法土方开挖空间的方法和支护结构施工技术	2002年研发成功的增大地下室逆作法土方开挖空间的方法和支护结构施工技术，采用钢管斜撑对顶支撑系统和阶梯式土方传递连续出土方法，形成地下室大空间开挖和连续出土，加快施工进度，为国内同行业首创。（推荐单位：广州珠江实业集团有限公司）
GDJL12012522	广东省建筑装饰工程有限公司	国内最大跨度新型自锁模块式脚手架	2007年在北京首都国际机场T3B航站楼大空间脚手架搭设工程中，创新应用新型自锁模块式脚手架技术，完成了横21m×纵65m×高50m超大跨度脚手架搭设，创国内最大跨度脚手架新纪录。（推荐单位：广东省建筑工程集团有限公司）
GDJL12012523	广东省建筑装饰工程有限公司	国内首创超大跨空间复杂曲面网架度屋面吊顶技术	2007年研制的超大跨空间复杂曲面网架屋面吊顶技术，实现了吊顶组件间“关节”式铰接及多级三维方向调节功能，解决了吊顶适应大跨空间钢结构变形的难题，成功应用于北京首都国际机场T3B航站楼，为国内同行业首创。（推荐单位：广东省建筑工程集团有限公司）
GDJL12012524	广东省建筑装饰工程有限公司	国内大跨空间钢结构吊顶规模最大	2007年承建的首都国际机场T3B航站楼吊顶工程，连续吊顶面积10万平方米，核心区双曲穹拱形屋顶高42米，平面布置呈“Y”飞行体状，屋顶为大跨度单、双曲面网架，吊顶造价达1.2亿元，创国内大跨空间钢结构吊顶规模最大新纪录。（推荐单位：广东省建筑工程集团有限公司）
GDJL12012632	广东长宏公路工程有限公司	国内首创“混凝土桥梁结构耐久性研究及应用”	2010年10月以在役混凝土桥梁结构为主要研究对象，对钢筋锈蚀到混凝土开裂的过程进行了研究。在确定碳化和氯离子共同作用下，提出了判断钢筋初锈的简化方法和基于Monter Carlo模拟的PPM模拟方法。实现了在碳化、氯离子侵蚀和两者联合作用下钢筋锈蚀率、构件锈胀裂缝和承载能力的预测，为国内同行业首创。（推荐单位：广东广田丰投资集团有限公司）

（续上表）

GDJL12012633	广东长宏公路工程有限公司	国内首创“高流态砼在大跨预应力砼桥梁中的应用”原理和应用方案	2010年12月提出的“高流态砼在大跨预应力砼桥梁中的应用”原理和应用方案，形成了高流态砼在大跨预应力砼桥梁中的应用工法，将无接触电阻率分析技术用于研究掺PAM水泥浆体的电阻率变化，为国内同行业首创。（推荐单位：广东广田丰投资集团有限公司）
GDJL12012635	广东中人集团建设有限公司	西南地区爆破拆除楼层最高	2011年12月采用大体量结构稳定高层楼房爆破拆除技术完成对昆明市东风东路17号办公楼爆破拆除。该楼高82.65m，混凝土强度最高C40，单体体量31 950 ㎡，爆破危害控制有效，无飞石，震动值仅0.19cm/s，创西南地区爆破拆除最高新纪录。（推荐单位：广东省广晟投资集团有限公司）
GDJL12022726	深圳市中深装建设集团有限公司	国内首创建筑装饰灯具	2011年3月研发的建筑装饰灯具，与外部电路连接后可以使灯泡控制发光，壳体上设有的透明平面盖板可保护壳体内的结构并可使其嵌入在地面、墙壁等多种建筑结构，增加装饰的多样性，为国内同行业首创。（推荐单位：深圳市装饰行业协会、深圳工业总会）
GDJL12022727	深圳市中深装建设集团有限公司	国内首创建筑外墙装饰挂板	2011年2月研发的建筑外墙装饰挂板，利用扣勾使挂板之间相互连接，挂板的弯折部的侧壁和下壁具有气孔，能在高层建筑使用时减少高层负压风对建筑外墙的损坏与其和墙壁之间的撞击响声，从而降低噪音，为国内同行业首创。（推荐单位：深圳市装饰行业协会、深圳工业总会）
GDJL12012750	中国建筑第四工程局有限公司	国内同行业建筑速度最快	2012年5月16日承建的国内最大生态主题酒店珠海长隆横琴湾酒店工程正式封顶。该工程总建筑面积达257 840平方米，共19层，在施工上涉及大跨度、高支模和高强度混凝土等技术难点，从开工到封顶，仅用了10个月时间，创国内同行业建筑速度最快新纪录。
GDJL12012830	广东省基础工程公司	国内首创用于动水条件下砂层地基的注浆处理方法	2011年9月被认定为国家专利的用于动水条件下砂层地基的注浆处理方法，成本低，流动性、抗渗性好，结石率高等优点，为国内同行业首创。
GDJL12012876	广东省基础工程公司	国内首创预应力钢绞线穿束波纹管装置	2011年9月被认定为国家专利的预应力钢绞线穿束波纹管装置，是利用集束器将预应力钢绞线的钢芯集束起来并一次全部穿过波纹管，免除了以往繁琐的捆扎、分批牵引的步骤，节省了施工人员数量和施工时间，结构简单，穿束快捷方便，可广泛用于桥梁施工中预应力钢绞线穿束波纹管的工序作业中，为国内首创。
GDJL12022877	万科企业股份有限公司	国内房地产业务年度销售过千亿的唯一的企业	2011年年销售1 215.4亿元，是国内房地产业务年度销售过千亿的唯一的企业。
交通运输、仓储和邮政业			
GDJL12012429	中国南方航空股份有限公司	年内旅客运输量亚洲最多	2011年旅客运输量为8 067万人次，连续33年居国内各航空公司之首，旅客运输量创亚洲最多新纪录。

（续上表）

GDJL12012430	中国南方航空股份有限公司	机队规模位居国内各航空公司第一	截至2011年底，经营包括波音777、747、757、737，空客380、330、321、320、319在内的客货运输飞机444架，机队规模位居国内各航空公司第一。
GDJL12012431	中国南方航空股份有限公司	国内首家运营超大型客机的企业	2011年10月引进空客A380，是世界上最大的宽体客机，拥有双层客舱，与现有最大机型相比，载客量多出40%，具有载客（货）量大、航程长、单位油耗低、舒适度高等特点，为国内首家运营超大型客机的企业。
GDJL12012494	广州南沙海港集装箱码头有限公司	国内首创ERTG过转场和节能系统项目	2011年5月投入使用的ERTG过转场和节能系统项目，解决了ERTG在转场和过街时控制系统和夜间照明灯重启的问题。通过该系统有能量缓冲的削峰填谷作用和吸收并储存吊具下降的势能，可以提供额外的电能，节省大量电能，为国内同行业首创。（推荐单位：广州港股份有限公司、广东省港口协会）
GDJL12012495	广州南沙海港集装箱码头有限公司	国内首创集装箱轮胎吊“自动纠偏”系统	2011年11月完成安装调试并投入使用的集装箱轮胎吊“自动纠偏”系统是通过在大车两侧行走鞍梁安装激光检测限位、系统模块及相关的辅助开关，然后利用在控制中建立的轮胎吊行走数学模型，精确地分析和判断出轮胎吊行走的大车方向纠偏量与偏差的关系，实现自动纠偏的功能。可以有效地避免碰箱事故的发生，大大降低司机劳动强度，为国内同行业首创。（推荐单位：广州港股份有限公司、广东省港口协会）
GDJL12012496	广州南沙海港集装箱码头有限公司	国内首创集装箱场桥“自动轨迹”系统	2011年5月完成安装调试并投入使用的集装箱场桥“自动轨迹”系统是采用小车和起升编码器作为位置传感元件，当RTG在某一箱位集中作业一遍以后，记忆下该箱位的轮廓线，并可以根据学习记忆自动算出允许安全运行的空间轨迹，检测小车和起升运行趋势，自动学习、记忆、更新集装箱堆场内吊具安全运行高度轮廓，为国内同行业首创。（推荐单位：广州港股份有限公司、广东省港口协会）
GDJL12012497	广州港南沙港务有限公司	国内首家通过国家级服务业标准化试点验收的集装箱码头企业	2011年12月8日顺利通过国家级现代服务业标准化试点评估验收，成为全国首批服务业标准化试点单位，同时也是国内首家通过验收的集装箱码头企业。（推荐单位：广州港股份有限公司、广东省港口协会）
GDJL12012498	广州港新沙港务有限公司	省内接卸进口商品车数量月度最高	2011年11月接卸进口商品车28 427台，创省内同行业单月接卸进口商品车数量历史最高新纪录。（推荐单位：广州港股份有限公司、广东省港口协会）
GDJL12012499	广州港新沙港务有限公司	省内散装粮食单船日卸船效率最高	2012年5月22日接卸进口散装粮食“恒达”轮，单船卸船效率2.6万吨/天，创省内散装粮食单船日卸船效率历史最高新纪录。（推荐单位：广州港股份有限公司、广东省港口协会）
GDJL12012500	广州港股份有限公司西基港务分公司	省内散装煤炭日接卸效率最高	2011年10月16日卸货效率达97 203吨/天，创省内同行业散装煤炭接卸效日率最高新纪录。（推荐单位：广州港股份有限公司、广东省港口协会）

（续上表）

GDJL12012501	广州港股份有限公司西基港务分公司	省内专业化煤码头年卸船量最多	2011年全年卸煤量16 021 573吨，创省内专业化煤码头年卸船量最多新纪录。（推荐单位：广州港股份有限公司、广东省港口协会）
GDJL12052541	佛山市南海佛广交通集团有限公司	省内投放LNG车辆数量最多、排放标准最高	2011年率先推行103辆国家尚未推行的国Ⅳ排放标准LNG环保能源公交车，并相继在各镇街投入共约600辆，创省内同行业投放LNG车辆数量最多、排放标准最高新纪录。
GDJL12022716	深圳市商贸通供应链管理有限公司	国内首创货物出入库管理系统	2009年至2011年先后完成了货物出入库管理系统、电子商务办公软件、客户关系管理系统、综合物流信息系统、企业设备资源管理软件、商务综合管理软件等系列软件及服务平台，为国内同行业首创。（推荐单位：深圳市物流与供应链管理协会、深圳工业总会）
GDJL12022763	中信海洋直升机股份有限公司	国内首个使用机务ERP系统的通航企业	2012年5月开通的中信海直机务维修管理信息系统，是国内首个使用机务ERP系统的通航企业。
		信息传输、计算机服务和软件业	
GDJL12022748	中兴通讯股份有限公司	国内首创峰值速率100M的LTE四模终端	2012年8月推出的四模LTE无线猫MF820S2，可同时兼容TD-LTE、FDDLTE、TD-SCDMA、EDGE，在TD-LTE网络下具备68M的峰值下载速度，在LTEFDD网络下具备100M的峰值下载速度，为国内同行业首创。
GDJL12012543	广东南方数码科技有限公司	国内首创国土开发组件平台	2012年5月研发成功的国土开发组件平台，提供适合于多种GIS应用领域的应用系统快速构建技术的基础组件，为多领域应用系统的集成及功能复用提供手段；实现多源异构数据的统一、层次化管理；支持应用方案的集成搭建和配置可视化，为开发地理信息应用系统提供基础支撑，为国内同行业首创。
GDJL12012544	广东南方数码科技有限公司	国内首创基于不稳定网络的无线互联通讯技术	2011年5月研发成功的基于不稳定网络的无线互联通讯技术，采用异地多级缓存方法，网络智能感知及消息队列技术，实现了移动设备在复杂的无线网络环境（无线信号时有时无，无线信号小区域内无覆盖等）中，保证数据的完整性与及时性，为国内同行业首创。
GDJL12012545	广东南方数码科技有限公司	国内首个个人住房信息系统应用案例	2011年9月研发成功的个人住房信息系统，以城市住房信息系统建设为重点，以房屋登记数据为基础，建立部、省、市三级住房信息系统网络和基础数据库，实现全国住房信息共享和查询，2011年应用的陕西铜川市个人住房信息系统为国内首个应用案例。
GDJL12012546	广东南方数码科技有限公司	国内测绘成图软件产品销售首位	截止至2012年3月自主研发的测绘成图软件产品CASS，软件销量超过26 000套，市场占有率达90%，位居于国内同行销售首位。
GDJL12012547	广东南方数码科技有限公司	省内唯一通过评测的专业房产测绘软件	2006年6月，房测之友BMF软件通过了广东省软件评测中心的鉴定，功能性、稳定性、安全性、易用性、可操作性、计算结果的精确性等性能得到认定，是省内唯一通过广东省软件评测中心评测的专业房产测绘软件。

（续上表）

GDJL12012601	中国移动通信集团广东有限公司	世界首创手机病毒侦测技术	2011年成功研制出的手机病毒侦测技术，在网络侧实现对手机病毒的主动侦测，并在终端侧进行查杀，为用户打造绿色安全的手机使用环境，为世界同行业首创。
GDJL12012602	中国移动通信集团广东有限公司	国内首家取得网络侧和终端侧手机病毒防治产品合格证的企业	2011年构筑的手机病毒防治体系“手机恶意软件多维度侦测系统”和终端侧云查杀软件“杀毒先锋”，通过国家计算机病毒防治产品检验中心的检测，取得手机病毒防治产品检验合格证，成为国内首家也是同时取得网络侧和终端侧手机病毒防治产品合格证的企业。
GDJL12012603	中国移动通信集团广东有限公司	世界首创手机病毒防治体系	2011年构筑的手机病毒防治体系“手机恶意软件多维度侦测系统”采用恶意软件行为多维度分析算法及双引擎侦测技术（恶意软件行为分析引擎+病毒体扫描引擎），能侦测病毒库中已有的病毒和木马，同时侦测病毒库中没有的疑似新病毒、新木马和手机内置后门等恶意软件，并通过网络封堵，有效遏制手机恶意软件的大规模蔓延，为世界同行业首创。
GDJL12012604	中国移动通信集团广东有限公司	国内首家实现以移动运营商为主导的手机杀毒新模式的企业	2011年构筑的手机病毒防治体系——终端侧云查杀软件“杀毒先锋”，结合“手机恶意软件多维度侦测系统”，进一步清除终端侧的恶意软件，可通过与云端服务结合，在移动互联网上进行分析并主动发现手机中毒情况，并在终端侧对病毒进行精准查杀，为国内首家实现以移动运营商为主导的手机杀毒新模式的企业。
GDJL12012605	中国移动通信集团广东有限公司	国内首创“中国移动·优学地带”广东青工学堂	2011年5月12日与共青团广东省委员会共同创办的“中国移动·优学地带”广东青工学堂是以中国移动139社区、12590300手机电台为依托，专门开设了“掌上学堂”官方移动微博，并以微博、手机广播方式，让广大青年工人通过手机短信就可以接收到学习和成才的信息，为国内同行业首创。
GDJL12022606	中兴通讯股份有限公司	国内年发明专利授权量首位	2011年发明专利授权量3 178件，位居国内发明专利授权量首位。
GDJL12022607	中兴通讯股份有限公司	国内年专利申请量首位	2011年国内专利申请量超过5 000件，位居国内专利申请量首位。
GDJL12022608	中兴通讯股份有限公司	国内首创深T级别干线PTN设备	2012年8月推出的深T级别干线PTN设备——ZXCTN6500，采用300mm深的“薄机身”设计，支持1.28T的接入容量，交换容量高达4.8T，独家支持CEP功能，支持40GE高速接口，提供了L3VPN解决方案，具备高效的L2和L3内桥接技术，满足城域核心和汇聚层PTN及干线PTN应用需求，为国内同行业首创。
GDJL12022609	中兴通讯股份有限公司	CDMA世界市场份额首位	截至2012年一季度CDMA产品累计无线容量3.5亿线，累计基站出货量34万台，CDMA产品在全球70多个国家120多家运营商大规模商用，以32.6%的市场份额居CDMA世界市场首位。

（续上表）

GDJL12022610	中兴通讯股份有限公司	国内首创LTE BeamHop有源天线解决方案	2012年6月推出LTE BeamHop有源天线解决方案，实现了‘一次部署，两网建设，灵活覆盖’，提升了基站发射功率和接收机的灵敏度，可以改善网络容量和覆盖，帮助运营商直接完成2/3G网络向LTE的平滑演进而无需增加天面的安装空间，节省了建设成本，加快了网络的商用时间，为国内同行业首创。
GDJL12022611	中兴通讯股份有限公司	世界首创TD-LTE/TD-SCDMA/GSM多模双待智能终端机	2011年8月16日联合中国移动研发的TD-LTE/TD-SCDMA/GSM多模双待智能终端机，采用3.5寸FWVGA（FullWideVGA，分辨率可达854×480）电容触摸屏，搭载Android2.3操作系统平台，配备3D加速OpenGLES2.0和一个800万像素带有面部自动对焦功能摄像头，实现更加逼真的影像拍摄并且支持多模高速无线通信，可以实现用户在TD-LTE、TD-SCDMA、GSM三网之间自动漫游，为世界同行业首创。
GDJL12022612	中兴通讯股份有限公司	国内首家通过CMVP认证的厂商	2011年8月统一平台密码库和UEP密码模块成功通过Atsec信息安全公司的测试，获得根据FIPS140-2标准的CMVP密码模块验证体系的安全验证，成为国内首家通过CMVP认证的厂商。
GDJL12022613	中兴通讯股份有限公司	国内首创运营级小型化OLT产品	2012年6月推出的运营级小型化OLT产品ZXA10C320，其特点为小型化、高密度、低功耗，主要应用于低密度区域的PON网络建设，适用于运营商新建网络先期快速抢点、已有网络的无缝化覆盖补漏等，为国内同行业首创。
GDJL12022614	中兴通讯股份有限公司	世界首创LTEFDD/TDD双向PS切换测试	2012年5月完成LTEFDD/TDD双向PS切换测试。LTEFDD/TDD双模数据卡在LTE网络中进行FTP下载时，连续进行LTEFDD/TDD网络间的双向切换成功率高达100%，切换过程中用户无感知，为世界同行业首创。
GDJL12022615	中兴通讯股份有限公司	世界首创近距离通信技术	2012年2月发布的近距离通信技术“E触即联”，以NFC技术为基础，融合蓝牙和WIFI近场通信技术，包括服务发现协议、连接管理、应用服务协议、等核心协议，实现了设备间的服务发现、管理和传输功能，为世界同行业首创。
GDJL12022616	中兴通讯股份有限公司	国内双天线单小区上行HSUPA吞吐率纪录最高	2012年5月在商用网络双天线接收场景下采用先进RAKE接收机(ARAKE接收机）并结合干扰抵消技术，通过两部支持上行16QAM（QuadratureAmplitudeModulation正交幅度调制）调制的终端同时进行数据上传，刷新了行业双天线单小区上行HSUPA吞吐率纪录，平均吞吐率提高到15.04Mbps，峰值吞吐率达到16.02Mbps，创国内同行双天线单小区上行HSUPA吞吐率纪录最高新纪录。
GDJL12022617	中兴通讯股份有限公司	国内同行业年营收首位	2011年营收862亿元，增速23%，位居国内同行业首位。
GDJL12022618	中兴通讯股份有限公司	PONOLT年出货总量世界首位	2011年全年PONOLT出货总量达180万线，位居世界首位。

（续上表）

GDJL12022619	中兴通讯股份有限公司	PONOLT 占全球市场份额世界首位	2011 年全年 PONOLT 占全球市场份额的 40.9%，位居世界首位。
GDJL12022620	中兴通讯股份有限公司	世界首次完成 VAMOSII 业务演示	2012年4月16日与瑞萨移动(RenesasMobileCorporation)在中国移动研究院成功完成了 VAMOSII 业务演示。通过引入新的调制方式和上行解调算法，在基站的一个时隙上同时支持 2 个语音用户，实现网络容量翻倍。如果和半速率技术结合，则最大可以使网络容量增加 4 倍，为世界首次完成 VAMOSII 业务演示。
GDJL12022621	中兴通讯股份有限公司	IPTV 中间件年全球市场份额居国内首位	2011 年度 IPTV 中间件全球市场份额 11%，位居国内同行首位。
GDJL12022622	中兴通讯股份有限公司	世界首创发射功率高达 80W 的 3.5GHzTD-LTE 分布式基站	2012 年 3 月发布的发射功率高达 80W 的 3.5GHzTD-LTE 分布式基站，射频模块支持 4 端口天线，每端口天线发射功率为 20W，是目前业界同类产品两倍。在性能方面，大功率配合多天线、干扰抑制、载波聚合等先进功能，站点覆盖范围提升 25% 以上，为世界同行业首创。
GDJL12022623	中兴通讯股份有限公司	PCT 年国际专利申请量为世界第一	2011 年 PCT 国际专利申请量 2 826 件，为世界第一。
GDJL12052624	中兴通讯股份有限公司	世界首创“双向互动及接入网关为一体的高清 DVB 机顶盒 ZXHNH712”以及相应解决方案	2012 年 3 月推出“双向互动及接入网关为一体的高清 DVB 机顶盒 ZXHNH712”以及相应解决方案，采用了高清 SoC(systemonachip) 解码芯片，在提供标准的以太网数据接口的基础上可配置成 EoC 或 CableModem 上行模式，并对用户侧提供多个 LAN 或 WiFi 接口，实现 CNU(Cablenetworkunit)、接入网关及机顶盒功能合一，支持 Android 智能操作系统及基于 Android 平台的互联网应用，规划有基于 DLNA 架构的家庭网络应用，为世界同行业首创。
GDJL12022625	中兴通讯股份有限公司	世界首创 LTE-A 异频双载波商用基站	2012 年 2 月 27 日发布的 LTE-A 异频双载波商用基站，基于其领先的 SDR 硬件平台，20M2.6G 频段和 20M1.8G 频段下两个不同频段载波的聚合，可以使单一用户的峰值速率翻倍。实现的单个射频单元（RRU）聚合 2 个频段，为世界同行业首创。
GDJL12022626	中兴通讯股份有限公司	世界首创安全网方案	2011 年 10 月推出的安全网方案，包含预警系统、紧急联动（CERS）、集群调度（GoTa）三大主要部分，采用基于 CDMA 技术的 GoTa 专业数字集群系统，可提供 GoTa 集群呼叫、视频监控和视频会议等集成业务，具备高速数据传输、定位、指挥调度、应急联动、智能分析能力，为世界同行业首创。
GDJL12022627	中兴通讯股份有限公司	国内首创 TD-LTE 四通道 RRU	2011 年 9 月推出的 40MHz 工作带宽、80W 发射功率的 TD-LTE 四通道 RRU，能支持 2 个 20MHz 的 TD-LTE 应用、4 通道 80W 的发射功率，提升边缘频谱效率 30% 以上，大幅提升了频谱效率、网络覆盖、更好地支持 LTE 的后向演进，帮助不同类型的运营商降低 TCO，为国内同行业首创。

（续上表）

GDJL12022665	深圳市邦彦信息技术有限公司	国内首创一体化信息融合通信系统及解决方案	2011年基于MicroTCA技术标准平台，应用新一代信息技术成功开发的一体化信息融合通信系统及解决方案，实现多手段、多网络、多业务融合，是一个集指挥调度、视频指挥调度、数据通信、组网通信、信息处理为一体的综合信息传输控制平台，为国内同行业首创。（推荐单位：深圳市特种技术装备协会、深圳工业总会）
GDJL12012740	广州广电运通金融电子股份有限公司	国内首个推出iPhone应用ATMFinder的企业	2011年11月推出的iPhone应用ATMFinder，能通过“按地址”和“按银行”两种检索方式，提供“找ATM”和“找银行网点”的功能，快速寻找各大银行的网点位置及银行布置在营业网点、商场、饭店、机场等任何地点的ATM，并提供服务时间及手续费提示、网点联系电话等信息，能对指定银行或地点进行搜索，在地图上查看具体位置及提供路线导航，为国内首个推出iPhone应用ATMFinder的企业。
GDJL12012741	广州广电运通金融电子股份有限公司	国内首个推出ATM定制化操作系统的企业	2011年9月推出的ATM定制化操作系统，能实现统一的集成化管理，借助WindowsEmbedded平台，在沿用WindowsXP系统的优点的同时，将各项系统性能指标明显优化，有效提高系统的稳定性、安全性、通用性和安装易操作性，提高银行业ATM的管理效率，为国内首个推出ATM定制化操作系统的企业。
GDJL12022742	华为技术有限公司	世界首个TD-LTE电力智能网	2012年8月完成了首个采用TD-LTE技术的智能电网的部署。该部署是业界第一个将TD-LTE技术应用在电力行业的智能网，具有非视距传输能力强、抵抗自然灾害能力强、传输距离远、带宽大、不受限于地面线路结构等诸多优点，为世界首个TD-LTE电力智能网。
GDJL12022743	华为技术有限公司	世界首个TierIV等级的集装箱数据中心	2012年8月落成的TierIV等级的集装箱数据中心，使用IDS1000集群式集装箱数据中心解决方案，可提供36机柜、1620U安装空间、7kW/Rack，PUE1.4的数据中心，为世界首个TierIV等级的集装箱数据中心。
GDJL12022744	华为技术有限公司	世界首创LTE150M高速MobileWiFiE5776	2012年7月推出的LTECategory4多模MobileWiFi产品E5776，是全球LTE网络下载速度最快的终端，最大下载速度可以达到150Mbps，支持Wi-Fi2×2的MobileWiFi终端，最多可同时支持10个带Wi-Fi接入的设备接入LTE网络，支持10个小时工作时间的大容量电池，可以同步满足市面上95%以上电池供电设备通过Wi-Fi连接上网，为世界同行业首创。
GDJL12022745	华为技术有限公司	世界首创即插即连数据卡HiLinkE303Cs	2012年7月在印度推出的即插即连数据卡，只要用户将HiLinkE303Cs插入USB端口后，15秒内即可自动连接上网，而无需安装任何驱动程序或进行手动配置，为世界同行业首创。
GDJL12022746	华为技术有限公司	世界首个完成LTECategory4商用网测试的企业	2012年5月4日完成基于商用LTE网络的Category4测试。该测试呈现了完美的LTE性能，数据下载速率达到理论值的150Mbps，为世界首个完成LTECategory4商用网测试的企业。

（续上表）

GDJL12022747	华为技术有限公司	世界LTE商用网络部署量第一	2012年4月根据GSA（全球移动设备供应商协会）发布的LTE演进报告，全球已经发布的64个LTE商用网络中，有31个采用华为SingleRANLTE解决方案，其部署了世界近50%的LTE商用网络，位居世界同行业第一。
GDJL12022778	深圳市联腾科技有限公司	国内面积最大的户内P4高清显示屏	2012年1月完工的广州白云机场户内P4高清显示屏，总面积达303平方米，共分为6块，分别有30.6L×1.89H和19L×1.89H两种尺寸，厚度仅为8cm，采用前维护设计，有利于工程安装，为国内同行业首创。
GDJL12022795	金蝶软件（中国）有限公司	国内首创获取、反编译图形用户界面属性信息的方法	2010年研发的获取、反编译图形用户界面属性信息的方法，通过执行预设操作调用添加到界面代码或基类代码内的获取界面属性信息代码，从而实现在软件的应用阶段，利用简单的操作获取界面属性信息目的，解决了获取GUI属性信息的操作过程繁琐的问题，为国内同行业首创。
GDJL12022798	金蝶软件（中国）有限公司	国内首创软件概念产品的生成方法、装置及ERP生成系统	2010年研发的软件概念产品的生成方法、装置及ERP生成系统，克服了现有技术尚无有效的软件概念产品生成方法，导致软件概念产品的生成效率低的问题，为软件概念产品的生成提供了有效的生成方法，提高了软件概念产品的生成效率，为国内同行业首创。
GDJL12012799	广州中海达卫星导航技术股份有限公司	国内首创RTK智能设备iRTK	2012年3月推出的海星达智能iRTK，采用了Linux智能操作系统，结合最新的3G通讯网络优势，提供传统RTK的功能与服务外，还提供智能语音操作提示、智能播报、智能化故障自我诊断，远程智能网络升级注册服务等多种个性化功能与服务，为国内同行业首创。
GDJL12022800	华为技术有限公司	世界首创LTETDD/UMTS/GSM/CDMA多模数据卡E392	2011年7月研发的LTETDD/UMTS/GSM/CDMA多模数据卡E392，为USB直插形态数据卡，采用流线型磁悬浮列车ID造型，支持LTETDD，融合了LTEFDD技术，向下兼容UMTS/GSM/CDMA等多种网络模式，拥有100M的下载速率，为世界同行业首创。
GDJL12182806	广东汇卡商务服务有限公司	国内首创基于SD卡的支付方法及装置	2011年研发的基于SD卡的支付方法及装置，用户利用SD卡智能芯片读取银行账户信息与银联支付服务器交互，进行支付并显示交易结果信息，无须另外输入银行卡号，随时随地直接支付，方便快捷，为国内同行业首创。
GDJL12182815	中山爱科数字科技有限公司	国内首创数字传感网络系统	2011年研发的数字传感网络系统，传感节点和交叉节点内设有上行控制装置和下行控制装置，传感节点和交叉节点的下行控制装置通过独立的网络线连接以实现来自主机的指令传递，为国内同行业首创。
GDJL12022823	金蝶国际软件集团有限公司	国内首创基于ERP的赋码接口程序	2010年8月发布的基于ERP的赋码接口程序，能够帮助企业在赋码系统与K/3ERP之间进行数据的无缝对接，为国内同行业首创。

（续上表）

GDJL12022833	深圳市腾讯计算机系统有限公司	国内首创冰激凌智屏	2012年8月与TCL共同发布的iCESCREEN冰激凌智屏，采用26寸屏幕，搭载独立的操作系统，集可移动大屏、极速视频播放、个性音乐相册、高清视频通讯于一体，为国内同行业首创。
GDJL12012843	广州瀚信通信科技股份有限公司	国内首创GSM网络覆盖优化系统	2011年研发的GSM网络覆盖优化系统，能够自动并及时地对网络进行覆盖优化，提高网络的承载能力，达到了网络动态覆盖均衡的目的，为国内同行业首创。
GDJL12012847	广州中长康达信息技术有限公司	国内首创视频语义网关	2011研发的视频语义网关，实现在网络上和视频库中基于内容的检索，不需要资源提供者提供基于内容语义的检索接口，能够提高视频分析的可靠性和视频检索的速度和效率，为国内同行首创。
GDJL12022851	深圳市华盈泰科技有限公司	国内首创手持车辆信息管理终端	2011年研发的手持车辆信息管理终端，通过录入装置和读取装置与车载终端进行通信，可在远距离的情况下或车辆处于动态时快速获取车辆的身份信息，并可与后台服务器连接，快速调取、查阅各种规费的缴欠费信息、违章记录等，为国内同行业首创。
GDJL12022852	深圳市华盈泰科技有限公司	国内首创车辆身份信息采集终端	2011年研发的车辆身份信息采集终端，可安装在高速公路的入口或出口、限行限速路段、城市交通管理采集点或者临时交通管制路段，对过往车辆进行身份认证，还可以实时监控车流路况及天气信息，并向周围附近的车辆发送交通信息，同时将该监控信息通过网络上传到后台数据服务器保存，给网络服务平台车辆管理及智能交通管理提供有效数据，为国内同行首创。
GDJL12022853	深圳市华盈泰科技有限公司	国内首创车辆电子身份识别信息网络系统	2011年研发的车辆电子身份识别信息网络系统，可对过往的车辆实时进行车辆身份检查，当监察到非法车辆时，自动报警。可随时抽检车辆身份信息，与服务器相连接，可调取、查阅车辆的各种规费的缴欠费信息、违章记录等，为国内同行业首创。
GDJL12012869	广州康臣药物研究有限公司	国内首创磁共振成像造影剂的制备方法	2010年研发的磁共振成像造影剂的制备方法，是以二乙烯三胺和氨基二乙醇作为起始原料，经取代、环合、烷基化等反应和脱盐、离心、纯化等工序制成钆布醇或钆多利道，与现有技术相比，该方法原料来源广泛、低廉，对仪器设备要求较低，工艺操作简单，合成总收率高，为国内同行业首创。
GDJL12012870	广东一九在线科技信息有限公司	国内首创美酒银行	2012年3月在线推出的美酒银行，是依据其自身在酒行业所具有的品牌、销售、专业的储存等优势，向客户提供白酒、洋酒等销售、储存、代销等一揽子专业、保障、贴心的酒产品管家服务，是国内酒类专业的投资平台，为国内同行业首创。
GDJL12022873	金蝶中间件有限公司	国内首创元素出队序列设置方法及装置	2010年研发的元素出队序列设置方法及装置，仅需建立一个队列，不需要根据元素优先级设置多个列表或额外的进程周期性地扫描、变更元素优先级，从而减少对系统资源的占用，提升系统效率，为国内同行业首创。

（续上表）

GDJL12022888	深圳市元征软件开发有限公司	国内首创带电位器的汽车仪表步进电机	2011年7月研发的带电位器的汽车仪表步进电机，能解决汽车点火仪表归零时的堵转问题，消除仪表归零过程中仪表指针振动、噪声、步进电机的寿命减小的缺陷，为国内同行业首创。
		批发和零售业	
GDJL12022755	深圳海王星辰连锁药店有限公司	门店数居国内医药零售行业首位	2011年以2 883家门店（含持股的健之佳门店488家）居国内医药零售行业中首位。
GDJL12022868	步步高商业连锁股份有限公司	国内超市行业率先推出4008服务热线的企业	2012年7月推出的4008服务热线，在接到顾客疑问或者投诉后，客服人员将直接联系该项目负责人了解情况，并且提供解决方案，及时回馈给顾客，对于顾客所反映的问题，客服人员将在十分钟内解决，重大事件也将在24小时内处理完毕，为国内超市行业第一个推出4008服务热线的企业。
		金融业	
GDJL12022525	深圳市中小企业信用融资担保集团有限公司	国内中小企业信用融资性担保机构业务规模最大	截至2011年底累计服务企业9 000家，担保项目10 323个，担保金额867亿元，服务企业数量、担保金额创国内中小企业信用融资性担保机构业务规模最大新纪录。
GDJL12022526	深圳市中小企业信用融资担保集团有限公司	国内同行业代偿率最低	截至2011年底自主创建的“四全”风险管理体系在累计担保金额867亿元的基础上，代偿率为0.01%（代偿余额/累计担保额），创国内同行业代偿率最低新纪录。
GDJL12022527	深圳市中小企业信用融资担保集团有限公司	国内融资性担保机构人均效益最高	2011年公司共有员工107人，实现收入4.6亿元、实现利润3.4亿元，人均创收429万元、人均创利320万元，创国内融资性担保机构人均效益最高新纪录。
GDJL12022569	深圳市高新投集团有限公司	国内担保机构工程担保业务规模最大	截至2012年5月末，累计实现工程担保额459亿元，累计服务项目8 865个，其中2011年度实现工程担保额104亿元。工程担保的累计额、服务项目数量以及年度担保量均创国内担保机构工程担保业务规模最大新纪录。（推荐单位：深圳市信用担保同业公会、深圳工业总会）
GDJL12012599	中国建设银行广东省分行	国内首创“短信锁”业务	2010年推出的“短信锁”业务，把账户是否开通资金支出交易的决定权交给客户，让客户自行控制自己账户办理资金支出业务开放权限，避免了客户遗失卡（折）或卡（折）信息被盗导致资金损失的潜在可能，为国内同行业首创。
GDJL12012802	广发证券有限责任公司	国内证券行业注册资金规模最大的企业慈善公益基金会	2011年8月3日启动的广东省广发证券社会公益基金会是与广发基金管理有限公司、广发期货有限公司和广发信德投资管理有限公司共同发起并出资4 300万元设立的非公募公益型慈善基金会，是国内证券行业注册资金规模最大的企业慈善公益基金会。

（续上表）

GDJL12012804	广东发展银行	国内首家24小时智能银行	2012年7月推出的24小时智能银行，可以通过远程视频和客服进行交流，远程申办储蓄卡和信用卡；通过智能填单台轻松填写申办储蓄卡开户和挂失单据，业务信息马上就能传到柜台，既环保又能减少因为一点小的填写错误而重复填单的麻烦，为国内首家24小时智能银行。
GDJL12012807	广东发展银行	国内首创加息赢智能储蓄产品	2011年7月推出的加息赢智能储蓄产品，在国内央行加息时自动触发，银行在加息日当天将自动为客户签约账户内每笔独立定期测算转存收益，当测出转存收益大于原存款时，则自动按新利率执行转存操作（提前结息的部分按活期利息计算），否则继续保持原有存款不改变，为国内同行业首创。
GDJL12012811	广东发展银行	国内首创天天智能通智能储蓄产品	2011年7月推出的天天智能通智能储蓄产品，把账户中暂时没有投资需求但需要保持活期灵活性的资金转入指定的储蓄账户，签订相关产品协议，将根据签约储蓄账户内余额变动情况给予相应档次的存款利息，每月结息，为国内同行业首创。
GDJL12012885	广东发展银行	国内首创先进客户管理系统（CRM）	2012年7月推出的先进客户管理系统（CRM），以客户为核心，所有资产达标客户名下的所有广东发展银行借记卡皆可通过广东发展银行全辖网点配备的智能叫号机取得贵宾号；客户在到达网点刷卡取号时，其专属理财经理即可收到相应的手机短信，知道客户已经来到网点，广东发展银行理财经理会即时主动迎接出来为贵宾客户提供贴身服务，为国内同行业首创。
房地产业			
GDJL12022757	万科企业股份有限公司	国内首个获得住建部绿色三星认证的住宅项目	2009年深圳万科城四期获得住建部绿色三星认证，成为国内首个获得住建部绿色三星认证的住宅项目。
GDJL12022758	万科企业股份有限公司	国内第一家加入联合国全球契约的房地产企业	2011年10月通过联合国全球契约的评审，成为国内第一家加入联合国全球契约的房地产企业。
科学研究、技术服务和地质勘查业			
GDJL12012432	中交四航工程研究院有限公司	国内首创真空预压联合强夯快速加固疏浚土施工工法	2008年8月研发的真空预压联合强夯快速加固疏浚土施工工法，有机结合真空预压和强夯动力固结两种方法的优点，实现真空联合强夯法的集成创新，2009年获得国家级工法，为国内同行业首创。
GDJL12012433	中交四航工程研究院有限公司	国内首创浅表层超软弱土快速加固施工工法	2008年5月研发的浅表层超软弱土快速加固施工工法，针对吹填淤泥的工程特性，对真空预压施工工艺实现创新性的技术革新，首次提出无砂垫层排水系统、塑钢板+浮桥的分隔帷幕、编织布和土工布水上铺设、塑排板插设新装置等工艺技术，为国内同行业首创。

（续上表）

GDJL12012434	中交四航工程研究院有限公司	国内首创高桩码头浪溅区高性能混凝土施工工法	2008年6月研发的高桩码头浪溅区高性能混凝土施工工法，依据高桩码头浪溅区混凝土施工的特点，研究出海工高性能混凝土原材料的控制、配合比设计、生产、浇注、养护等，着重强调不同于普通混凝土的环节及影响因素，同时配套使用以提高混凝土表面质量和耐久性为目的的透水模板，保证混凝土的工程质量，提高混凝土结构的耐久性，2009年获得国家级工法，为国内同行业首创。
GDJL12012435	中交四航工程研究院有限公司	国内首创混凝土结构剩余寿命分析系统技术	2007年9月研发的混凝土结构剩余寿命分析系统，通过所述参数测量系统测量混凝土保护层质量的综合评定参数和钢筋表面状态情况并经混凝土结构剩余寿命计算分析系统计算，由预警系统发出预警指令，体现了多学科交叉理论在耐久性研究中的应用趋势，2009年获得国家发明专利，为国内同行业首创。
GDJL12012436	中交四航工程研究院有限公司	国内首创解决桥头跳车问题的方法及其结构的技术	2010年8月研发的解决桥头跳车问题的方法及其结构的技术，在刚性桥台与柔软路基之间设置过渡区域，在过渡区域设置可调式箱体结构，当路基发生不均匀沉降时，通过可调支座调整过渡段箱体结构上方盖板坡度（线形），能迅速、便捷地使过渡区域与路基衔接处路面平顺，以消除由刚性桥台与柔软地基的不均匀沉降引起的桥头跳车的隐患，为国内同行业首创。
GDJL12022751	深圳华大基因研究院	世界首例转基因手工克隆绵羊	2012年3月26日与深圳华大方舟、中科院遗传发育所、石河子大学生命科学学院联合开展的“农业部绵羊转基因新品种培育重大专项”第一头转基因手工克隆羊已诞生，是世界上首例采用“手工克隆”技术获得的转基因克隆绵羊。
居民服务和其他服务业			
GDJL12022733	深圳鹏程人力资源配置有限公司	国内首创就业指数发布模式	2010年研发并首发的就业指数发布模式，每个季度在就业指数网上发布，供政府部门、企业以及就业人员了解深圳季度就业形势，为国内同行业首创。（推荐单位：深圳工业总会）
文化、体育和娱乐业			
GDJL12022834	华侨城集团公司	国内首个水陆狂欢节	2012年7月举行的“2012华侨城狂欢节”，有水陆大巡游及水上表演等节目，吸引了数十万人参与，带来了巨大的品牌效应和经济效益，为国内首个水陆狂欢节。
GDJL12022835	华侨城集团公司	主题公园游客量增长率世界第一	2010年华侨城主题公园游客量达到1 930万人次，同比增长22.2%，增长率为世界同行业第一。

企业经营与管理

企业经营

综述

【广东规模以上工业企业盈利水平降低】 2011年，广东工业受生产经营成本增加、物价上涨、人民币汇率升值等多种因素的影响，工业企业盈利水平较2010年降低。

工业经济总体效益保持良好 2011年，广东工业经济效益综合指数为214.06%。其中，全员劳动生产率达到16.83万元/人，比上年增长20.7%，是拉动经济效益综合指数上升的主要因素；总资产贡献率13.3%，下降0.8个百分点；资本保值增值率118.9%；资产负债率58.2%，下降1.4个百分点；流动资产周转次数2.71次，与上年持平；成本费用利润率5.2%，下降0.9个百分点；产品销售率97.2%，下降0.1个百分点。分轻重工业看，重工业经济效益综合指数244.75%，轻工业186.67%；分经济类型看，国有控股工业经济效益综合指数497.07%，股份制企业232.59%，外商及港澳台商投资企业195.88%，股份合作企业182.50%，集体企业169.38%。

企业盈利水平降低，企业亏损呈现“面降、额升”态势 全省3.75万家规模以上工业企业实现利润4 609.33亿元，比上年增长2.4%，全年各月的利润增幅基本维持在10%以内的较低水平。工业企业销售利润率为4.8%，比上年降低0.9个百分点。亏损企业5 140家，亏损面为13.7%，比上半年下降4.4个百分点。亏损企业亏损额369.85亿元，增长56.6%。其中，亏损额在5 000万元以上的企业有108家，占亏损企业的2.1%；亏损额188.63亿元，占亏损企业亏损额的51.0%。

分区域看，珠三角和西翼企业利润下降，东翼和山区企业利润增长。2011年，珠三角9市企业利润下降3.2%，西翼3市企业利润下降1.9%，东翼4市企业利润增长12.6%，山区5市企业利润增长84.4%。

四大主导行业利润下降 2011年，广东的电子、汽车、电力、家电四大主导行业中，除电气机械及器材制造业实现利润415.95亿元、增长2.3%外，其他三个行业利润有不同程度的下降。其中，通信设备、计算机及其他电子设备制造业实现利润691.94亿元，下降13.8%；交通运输设备制造业实现利润477.06亿元，下降9.8%；电力、热力的生产和供应业实现利润310.18亿元，下降16.6%。全年四大行业共实现利润1 895.13亿元，占规模以上工业利润的41.1%，下降10.2%，拉低工业利润增速4.8个百分点。

分行业看，37个工业大类行业中，有11个行业企业利润出现不同程度的下降，分别是石油加工炼焦及核燃料加工业（-82.7%）、化学纤维制造业（-46.2%）、水的生产和供应业（-25.1%）、黑色金属冶炼及压延加工业（-24.6%）、电力热力的生产和供应业（-16.6%）、造纸及纸制品业（-16.5%）、通信设备计算机及其他电子设备制造业（-13.8%）、交通运输设备制造业（-9.8%）、烟草制品业（-5.5%）、橡胶制品业（-4.1%）、医药制造业（-2.3%）。上述11个行业利润总额1 749.51亿元，占全省工业利润的38%。

外商及港澳台投资企业利润下降，民营企业利润增长较快 2011年，外商及港澳台投资企业实现利润2 456.08亿元，占全省工业利润53.3%，比上年下降1.3%，拉低工业利润增速0.7个百分点。民营企业实现利润1 359.92亿元，增长34.5%；股份制企业实现利润1 728.58亿元，增长9.0%；国有控股企业实现利润770.70亿元，下降15.4%。

大型企业利润下降，中小型企业利润实现增长 2011年，大型工业企业实现利润1 460.30亿元，下降12.0%；中型工业企业利润1 693.63亿元，增长0.8%；小型工业企业利润1 455.39亿元，增长25.2%。

【广东部分企业经营困难】 2011年，珠三角一些中小企业出现了生产经营困难的情况，并且有逐渐加重的趋向。企业生产的综合成本上涨较大、流动资金的缺口加大；有些企业存在有订单不敢接的现象；也有部分行业的企业由于利润下降，甚至出现亏损、歇业。

2011年，广东省中小企业存在一定的资金压力，也遇到了一些新的困难。这些新压力、新困难可以归纳为“一减一增”，“减”是资金的供应减少，“增”是融资的成本增加。但就全省而言，广东并没有出现中小企业“倒闭潮”。广东省中小企业整体还处于持续平稳发展的势头。据省统计部门提供的数据显示，与广东省中小企业经营状况相关的数据有4个增加：2011年第一季度广东省民营经济单位数同比增长了3.5%，私营企业数增长了14.7%；2011年1—5月份，广东中小企业完成的增加值保持了两位数的增长，而且增加值比全省的平均水平超出11%；中小企业投资进出口增加；四是中小企业税收增加。

另外，据人民银行提供的信贷投放数据，2011年1—5月，广东新增的人民币贷款，其中中小型企业同比增长了29%，特别是小型企业新增贷款比重同比上一年提高了9.6%。由此可以看出，银行支持中小企业和民营经济的力度在不断增大。

针对中小企业经营困难的现状，广东省各级政府采取积极措施，在努力扶持已有中小企业成长壮大的同时，亦正在着力培育具有高技术含量、高附加值的新兴中小企业，为未来经济增长培养新生力量。由于微型企业面临的困难更多，广东出台了一些相应政策措施向这部分企业倾斜。广东省鼓励一些发展比较好的个体工商户转登为企业，以使其享受相应的政策优惠。截至2011年6月，广东省以中小企业为主体的私营企业户数达100.92万户，比上一年末增长6.44%，个体工商户338.87万户，比上年末增长1.27%。

【广东省中小企业融资的总体情况】

广东省中小企业的融资环境总体有所改善 近年来，在各级政府部门和金融监管部门的共同努力和社会各界的呼吁下，特别是中国人民银行、银监会、证监会、保监会出台《关于进一步做好中小企业金融服务工作的若干意见》和中国银监会出台《关于支持商业银行进一步改进小企业金融服务的通知》后，银行金融机构服务中小企业的积极性明显提高，对中小企业的支持力度有所加大，中小企业贷款呈增长趋势，广东省中小企业的融资环境明显改善。2011年上半年，广东省银行业金融机构大、中、小型企业贷款余额分别为12 654.3亿元、10 200亿元和8 635.2亿元，同比增速分别为3.1%、8.7%和52.4%，小企业贷款增速远高于各项贷款增速。以广东省中小企业最为集中的佛山市和东莞市为例，2011年上半年新发放贷款主要投向了中小企业。截至2011年6月底，两地的中小企业贷款余额分别为2 603.9亿元和1 843.34亿元，同比分别增长23.32%和15.15%，比同期人民币贷款平均增速快6.92和3.92个百分点，比大型企业贷款增速快19.71和11.08个百分点。

企业融资难问题再度加剧 国家实施稳健货币政策以来，特别在人民银行2011年六次提高存款准备金率和三次加息后，银行金融机构的信贷规模明显减少、贷款利率上升、贷款审批周期拉长，新增贷款增速放缓，造成广东省银行信贷资金紧张，中小企业融资难问题再度加剧，企业资金状况转紧。根据人民银行广州分行的调查显示，2011年二季度，广东省中小企业支付能力指数和资金周转状况指数较一季度分别下降2.8%和4.8%，同比分别下降0.5%和1.9%。在被调查的382家中小企业中，67%上半年存在资金缺口，42.7%的资金状况与2010年同期相比趋紧。同时，2011年上半年，近六成的中小企业表示融资成本较2010年同期有所增加，贷款利率为基准利率1.3—1.5倍和1.5—2.0倍的企业分别从8.6%升至26.7%，从2.6%上升至10.6%。

企业经营发展和生存压力明显加大

2011年以来，在原材料价格持续上涨、用工荒及薪酬上升、用电紧张和人民币升值等众多因素的叠加影响下，各地企业的生产经营成本都显著上升，直接导致了企业资金需求明显加大，在整体信贷规模压缩的情况下，企业融资难的问题更加突出；而企业融资成本的同时上升，更进一步加重了企业的经营困难问题，使广东省许多中小企业，特别是加工贸易型、劳动密集型或处于事业初创期的企业经营陷入严重困境。

小微企业融资困难情况严重 在广东省中小企业中，中型企业与小微型企业的融资难度差别很大。中型企业大多具有持续的经营记录和稳定的订单，管理较为规范，都拥有银行认可的抵押物，从商业银行获得贷款的难度相对较低，但这类企业也普遍反映近期银行对其贷款的额度有所减少，新批贷款额度往往只有往年的50%！70%；审批周期较长，贷款周期从原来的1—2个月增加到3—4个月，甚至更长；利率相应提高，而且需要支付财务顾问费用，加大企业的融资成本；而小微型企业由于规模小、经营风险大、管理不完善以及缺乏不动产抵押物等原因，一直都很难从商业银行获得稳定的贷款，这些问题近期更为严重，银行条件越来越苛刻，基本上难以通过银行融资。以上情况造成了广东省部分中小企业在急需短期周转资金时，借道小额贷款公司甚至民间借贷等途径，以高成本融资。

【广东省中小企业融资困难的主要原因】 广东省中小企业融资难，除受当前特殊宏观政策和经济环境影响外，还有以下原因：

企业的原因 虽然广东省中小企业整体保持着健康持续发展，但从具体来看，小微企业的素质缺陷仍然影响其融资的有效性，造成银行对小微企业不敢放贷或要以高风险成本放贷。一是企业内部管理不规范，产权关系模糊，财务制度不健全，财务信息不透明，无法提供真实可靠的财务报表，影响银行对企业经营状况的评估；二是缺乏信用记录，或企业资信评级低，使银行难以对企业的信用状况进行评估；三是小企业缺乏可用于担保抵押的财产。小企业大多缺乏足够的固定资产，导致申请贷款的抵押物不足，而且抵押的程序繁杂、评估费用高，中小企业通过自身资产抵押获得银行贷款相当困难。

市场的原因 一是中小企业贷款风险相对较高。中小企业受规模、经营水平影响，抗风险能力较弱，中小企业贷款风险相对较高，银行信贷管理严格，出于审慎考虑，“为不错贷，宁可不贷”；二是中小企业贷款的管理成本相对较高。由于小企业内部管理不规范、财务制度不健全，使得银行对中小企业贷款的管理成本相对较高。同时，中小企业要求的贷款额度小、期限短，但银行审贷和放贷程序与大企业、大项目贷款是一样的，造成银行对中小企业贷款的单位成本和监督费用高于大企业、大项目贷款；三是以中小企业为主要服务对象的地方中小金融机构数量和力量不足。目前，广东省农信社是服务中小企业和“三农”的主力军，但受自身历史包袱、盈利水平制约，金融服务水平和信贷支持力度还不足以满足中小企业发展需求。村镇银行和小额贷款公司等地方金融机构还在发展初期，资本金规模及服务能力有待提高，制约了对广东省中小企业金融服务。地方政府部门和中小企业纷纷要求加快农村商业银行、村镇银行和小额贷款公司等地方金融机构组建工作，引导民间资本在政府监管下为中小企业提供合法融资的服务。

另外，我国资本市场还不健全，直接融资门槛高、难度大、周期长，造成了中小企业直接融资难度极大，资金基本通过银行间接融资和民间融资获得；社会中介服务体系不健全、社会征信体系尚不完善等也是造成中小企业融资难的重要原因。

政策的原因 一直以来，中央驻粤金融监管部门和地方政府、金融工作部门都千方百计通过各种途径解决中小企业融资难问题，但由于职能所限，尚未形成监管合力。主要表现在以下方面：一是中央金融监管部门主要承担业务监管职能和发挥政策引导作用，如不能得到地方政府财政、土地、工商、环保等部门的配套政策支持，金融政策难以在中小企业融资上发挥更大作用。二是大部分地方政府的工作部门对解决中小企业融资还未真正形成合力；地方金融工作部门受职能所限，缺乏充分整合各类金融机构力量服务中小企业的能力。三是目前“一刀切”的金融监管政策削弱了地方金融机构服务中小企业的能力。目前，金融监管差异化措施仅体现在机构准入门槛、资本充足率等少数监管指标上，在现场监管和非现场监管等方面仍按照对大中型企业授信特点来实施监管，客观上抑制了银行为小企业提供金融服务的积极性。此外，金融监管部门对地方金融机构的存贷比、存款准备金率等关键监管指标没有实施差异化监管，在目前信贷规模收紧、存款准备金率持续提高的情况下，面对中小企业旺盛的融资需求，这类金融机构却出现无款可贷的困局。四是对中小企业融资的财税扶持政策不够完善。目前，中央和广东省支持中小企业发展的财政资金分散由多个部门管理，使用中“撒胡椒面”行政救济式的拨付行为，无法投入到支持中小企业发展的关键领域。而且，部分扶持政策短期化，缺乏连续性，政策的导向作用和激励效果未能充分发挥出来。

【支持中小企业融资的政策措施】

近年来，广东省通过建立协调和政策支持机制，完善金融服务体系，加大银行业金融机构对中小企业发展的信贷支持力度等措施，切实改善和缓解中小企业融资难问题。

一是积极出台支持中小企业融资的政策，着力解决中小企业融资难问题。针对2011年以来中小企业融资难出现的新情况新问题，按照广东省领导讲话精神和批示要求，广东金融办在全省范围内对中小企业融资和发展情况进行了专题调研，起草了《关于支持中小企业融资的若干意见》，并提交2011年9月份召开的全省金融监管工作会议审议。下阶段，将按照《关于支持中小企业融资的若干意见》提出的各项措施和目标，重点解决中小企业的融资难问题。

二是积极发展村镇银行、农村商业银行、小额贷款公司、融资性担保公司等地方中小金融机构，建立多层次的金融服务体系，满足中小企业的资金需求。同时，协调和鼓励金融机构设立中小企业专营机构，专人专门服务中小企业，针对不同行业和业务种类制定专门的客户评价标准和准入范围，缩短中小企业信贷业务审批周期。广东省出台了《广东省小额贷款公司管理办法（试行）》《广东省〈融资性担保公司管理暂行办法〉实施细则》《广东省2009年—2011年新型农村金融机构组建实施工作方案》等一系列政策措施，并不断完善各类配套政策，鼓励和引导民营企业和民间资本投资村镇银行、小额贷款公司、融资性担保公司等各类地方中小金融机构，截至2011年三季度，广东省已有14家村镇银行开业，有2家批准筹建；有7家农信联社改制为农村商业银行，有13家已获省政府批准改制；有小额贷款公司178家，融资性担保机构342家。这些地方中小金融机构有效引导和规范了民间投融资行为，有力支持了广东省中小企业的发展，各地民间资本投资金融机构的积极性也被充分调动起来。

三是完善金融服务，引导和支持金融机构优化中小企业信贷投向，建立适应中小企业特点的信贷管理和贷款评审制度，简化贷款审批程序，提高贷款发放速度，不断开发适合中小企业转型升级特点的金融产品和服务。2010年10月，广东省政府批准广东省融资再担保公司代表省政府出资1 000万元与省建行、阿里巴巴公司共同组成风险池，开展网络银行信贷业务试点工作。在短短几个月时间里，网络银行信贷业务实现了跨越式发展，社会效益显著，企业反响强烈，有力地扶持了一大批过往难以直接从银行获得贷款的中小企业。截至2011年三季度，网络银行业务累计投放贷款112亿元，支持了2 045户中小企业，至今未发生不良贷款。政府仅用1 000万元政策性资金就撬动了超过112亿元的中小企业贷款投放，开辟了一条通过政府引导方式有效解决中小企业融资难题的新渠道。

四是支持保险机构根据中小企业特点，积极研发各类保险产品和服务。发挥中央、地方财政专项资金的扶持作用，支持中小企业投保相关信用保险，进一步提高企业信用保险的覆盖率。同时，积极推进小额贷款保证保险试点工作，探索银保合作新模式。鼓励有条件的地方投入一定的财政资金，支持开展小额贷款保证保险试点，通过保证保险与贷款相捆绑的模式，借助保险手段有效分担银行放贷风险，促进中小企业获得小额贷款。

五是探索设立广东科技发展银行。进一步完善高新技术企业金融服务体系，促进战略性新兴产业的科技创新，支持中小企业尤其是中小型高新技术企业的发展，促进产业结构的转型升级。

【各地应对企业融资难的对策】

针对中小企业融资难，广东各个地市都积极想办法应对，支持中小企业发展。

广州市建立中小企业投融资平台，截至2011年5月16日，该平台注册中小企业用户达6 819家，融资需求总额近59亿元；进驻金融机构34家，发布中小企业融资品种126个。此外，2011年起，市财政扶持中小企业信用担保体系建设专项资金从每年1 500万元增加到3 000万元。

佛山市积极搭建政、银、担、企合作平台。目前共有8家小额贷款公司开业，截至2010年末，累计发放贷款39.08亿元。先后成立3家本土创投机构，累计募资2.6亿元，带动民间资金成立股权投资公司。佛山南海实现企业“零费用”上市，除上市成功奖励100万元外，还拿出300万元补贴企业支付上市费用。

东莞进一步巩固金融危机以来系列帮扶政策，实施自融资支持计划，2008年11月安排10亿元“重点中小工业企业和加工贸易企业融资支持专项资金”。至2010年底，累计为2 317家重点企业发放贷款1 852.62亿元，向逾1 500家次重点企业拨付贴息2.58亿元。此外，中山加大对金融服务机构的扶持力度，鼓励其向中小企业贷款。江门2007年起连续三年安排300万元用于担保公司的保证金和风险补助，安排300万元贴息以扶持市区物流企业等。

企业经营

【粤电集团2011年经营状况】 *粤电首个百万机组项目建设圆满完成*

2011年4月28日，平海发电公司2号机组顺利通过168小时试运行，并正式移交生产。平海发电公司2号机组的顺利投产是继1号机组于2010年10月5日投产后的又一胜利成果，标志着粤电集团首个2×1 000MW机组项目建设圆满完成。

自2008年8月28日动工以来，平海发电公司充分发扬艰苦奋斗、勇于拼搏的精神，全体员工团结一心，积极推进工程项目建设，确保了项目工程质量安全可靠。其中，1号机组整组启动至168h调试完成仅用时18天，创造了国内百万机组整组启动调试时间最短记录；2号机组锅炉安装工程更是创造了月完成焊口22 058道、一次合格率99.46%的优异成绩，工程总体质量、工期控制均处于行业领先水平，机组试运期间的各项经济、技术指标优良。

粤电与北方电力签订煤矿投资合作备忘录 2011年7月8日，粤电集团与内蒙古北方联合电力有限责任公司（以下简称“北方电力”）在内蒙古自治区呼和浩特市签订了内蒙古高头窑、吴四圪堵等煤矿项目投资合作备忘录，粤电集团副总经理李明亮，北方电力董事长吕慧、副总经理郝光平等出席了签字仪式。高头窑、吴四圪堵等煤矿项目是粤电参股投资北方电力20%股权后与北方电力进行合作的首批煤矿项目。

北方电力作为内蒙古规模最大的发电企业，在资源、区位、央地结合等方面都具有较强的发展优势。此次投资合作备忘录的签订，标志着粤电集团上下游协同发展能力进一步增强，并为粤电集团参与内蒙煤炭资源开发开辟了更为广阔的发展空间。

粤电与神华签署进口煤供需备忘录

2011年8月18日，广东省电力工业燃料有限公司与神华销售集团有限公司在广州签订了《进口煤炭供需备忘录》。神华销售集团总经理兼神华香港国际贸易公司董事长李景平与粤电集团副总经济师兼广东省电力工业燃料有限公司总经理祝德俊在备忘录上签字，粤电集团董事、总经理李灼贤出席并见证了签约仪式。

近年来，粤电和神华在国内煤供需方面建立起相互信任、相互支持、互惠互利的良好合作关系，本次《进口煤炭供需备忘录》的签订，将进一步开拓双方煤炭供需合作关系，共同开拓国际市场，实现利益共享、共同发展、双赢互利。

粤电投运首台世界单机最大的生物质发电机组 2011年8月20日，广东粤电湛江生物质发电项目（2×50MW）1号机组顺利通过72+24小时满负荷试运行，试运期间平均负荷率达93.6%，各项技术参数指标优良，创造了国内生物质发电领域新纪录。该项目是迄今为止全世界单机容量及总装机容量最大的纯燃生物质发电项目。

在准备试运期间，广东粤电湛江生物质发电公司在没有成熟经验可以借鉴的情况下，攻克了单机容量大、生物质燃料给料困难、燃料成分复杂多变、燃料组织难度大等多个技术难关，实现了1号机组的安全、优质投产，标志着粤电集团在新能源发电领域又迈出了坚实的一步。

粤电与中石化广东公司签署战略合作协议 2011年12月12日，粤电集团与中石化广东石油分公司签署了战略合作协议书。粤电集团董事、总经理李灼贤，副总经理李明亮，中石化销售公司副总经理、广东石油分公司总经理夏于飞，以及相关负责人出席并见证了签约仪式。粤电集团董事、副总经理高仕强与广东石油分公司副总经理李继从分别代表双方签字。

此次粤电与中石化广东石油分公司签署战略合作协议，是双方整合各自最优势的行业资源，进行跨行业的强强联合、建立长期战略合作伙伴关系的良好开端，必将为双方的企业发展、品牌战略以及提升企业竞争力等注入持续而强劲的驱动力。

【珠江啤酒2011年经营业绩】

2011年珠江啤酒实现营收35.61亿 广州珠江啤酒公布2011年度业绩快报，2011年度实现营业收入356 130.27万元，同比增长16.65%；营业利润3 427.49万元，同比下降69.23%；利润总额7 093.75万元，同比下降38.52%；归属于上市公司股东净利润5 139.61万元，同比下降43.71%。

收入增长和利润下降的主要原因：珠江啤酒2011年继续推行深度分销模式，进一步优化产品结构，报告期内营业收入同比增长16.65%；由于原材料、人工成本上涨，以及税费增加，使营业利润、利润总额和归属于上市公司股东的净利润同比下降。

珠江啤酒梅州生产基地年产40万千升项目奠基 2011年4月7日，在广东省省长黄华华、广州市副市长甘新和梅州市委书记李嘉、市长朱泽君等领导的共同见证下，珠江啤酒梅州生产基地年产40万千升项目正式奠基。奠基仪式由梅州市政府朱泽君市长主持，珠江啤酒集团董事长、总经理方贵权介绍珠江啤酒梅州生产基地年产40万千升项目情况。

方贵权董事长指出，梅州是粤赣闽三省的经济转承地带、交通枢纽和物流集散地，也是广东省沟通华南、华中等内陆地区的重要门户。近年来，梅州以“推动绿色崛起，实现科学发展”为目标，以“双转移”工作为抓手，以重大项目建设为主线，着力创建“三名城一基地”，全力谋求“绿色的经济崛起”，尤其是广州梅州两市积极探索广州（梅州）产业转移工业园的共建模式，吸引了国内外众多著名的企业来此投资兴业。珠江啤酒早在1998年就在梅州设立了分装公司，至今已产销啤酒20多万吨，为当地经济建设作出了应有的贡献。珠江啤酒梅州生产基地是梅州分装公司易地改造项目，也是贯彻落实《珠江三角洲地区改革发展规划纲要》和广东省、广州市“双转移”战略的重大项目之一，更是珠江啤酒实施“南固、北上、东拓、西进”全国市场战略中“东拓”的桥头堡。根据珠江啤酒“十二五”发展规划，珠江啤酒梅州生产基地生产规模40万吨，其中首期工程20万吨/年，预计2012年6月底前投产，为梅州的经济发展和“绿色崛起”作出积极贡献。

【南玻集团项目稳步发展，生产线成功投产】 **南玻集团佛冈项目签约仪式隆重举行**　南玻集团佛冈项目签约仪式于2011年3月10日上午在清远市清雅园隆重举行。清远市委副书记、市长葛长伟，清远市委常委、副市长温镜潮，清远市副市长王得坤，以及佛冈县委书记、县人大主任李玉楷等清远市佛冈县两级政府及有关部门领导；集团董事长、CEO曾南，集团副总裁张凡、吴国斌、丁九如以及该项目筹备组相关人员出席了签约仪式。曾南和李玉楷、葛长伟分别在仪式上发表了讲话。

南玻集团佛冈项目将投资建设两条年产64万吨的节能材料基板生产线和一条年产17万吨的光伏封装材料生产线，项目投产后将显著提高南玻集团节能环保材料和光伏封装材料的市场份额，提高南玻集团的盈利能力，对南玻集团今后的发展有着重要的意义。

南玻集团国内首条全氧燃烧超薄电子玻璃生产线成功点火　2011年11月18日，河北视窗玻璃有限公司一线点火庆典隆重举行。南玻集团董事长、CEO曾南及集团总裁部领导，廊坊市人大主任张素珍、副市长饶贵华、政协主席寇德松等领导出席点火仪式。在礼炮齐鸣声中，曾南与张素珍等领导共同触摸水晶球，这标志国内首条全氧燃烧超薄电子玻璃生产线正式点火，其即将生产的0.33mm超薄电子玻璃产品将填补国内超薄电子玻璃的空白。

南玻集团董事长、CEO曾南在致辞中说，选择这个时机举办河北视窗中国第一台全氧燃烧的150T/D超薄电子玻璃生产线的点火仪式，有着特殊的意义，它标志着勇于创新、敢为天下先的南玻人率先进入了超薄电子玻璃市场，使中国具备了0.33mm超薄电子玻璃的生产能力，具备与日本旭硝子、美国康宁同台竞争的实力，同时将带动整个行业的升级换代，提升南玻的综合竞争能力。

廊坊市副市长饶贵华对河北视窗的点火表示祝贺。他指出，作为又一龙头企业的河北视窗的顺利点火，将为廊坊市的项目建设乃至经济发展注入了新的活力，为南玻集团向超薄电子玻璃基板领域进军奠定了坚实基础。

全氧燃烧超薄电子玻璃生产线的超薄浮法玻璃将主要应用于多种工业和科技领域，如平板显示器件、盖板玻璃、太阳能集热发电、复印机、传真机及各类编码器用玻璃、显微镜、医用玻璃等。

【明阳风电集团获国开行金融授信50亿美元】　2011年10月15日，广东明阳风电产业集团有限公司（以下简称明阳风电）与国家开发银行股份有限公司（以下简称国开行）签订《开发性金融合作协议》和《规划合作协议》，签约仪式在北京钓鱼台国宾馆举行。

根据《开发性金融合作协议》，明阳风电获国开行合作融资50亿美元。国开行重点将在项目融资、贸易融资等基础上，优化融资方案，争取优惠条件，支持明阳风电扩大海外及国内市场销售；通过提供本外币流动资金贷款、票据融资等业务，满足明阳风电营运资金需求；支持明阳风电在国内外的产业整合，提升产业集中度，完善产业链，拓展包括碳纤维叶片、永磁发电机、风光储系统、蓄能电池、电控系统等产业；借助国银租赁的平台优势，支持明阳风电开展融资租赁业务等。

根据《规划合作协议》，明阳风电和国开行建立规划合作运行机制和信息共享机制，围绕明阳风电发展重点，利用国开行融资优势，双方合作系统设计市场、制度、信用和融资体系；通过国际规划合作、中长期发展战略规划合作、系统性融资方案设计等，推动双方共同业务发展。

明阳风电的发展得到了广东省委省政府的大力支持，2011年以来，中共中央政治局委员、广东省委书记汪洋率珠三角九市产业转型升级巡回检查组到明阳风电调研，关注明阳创新发展，鼓励明阳做强新能源产业；广东省委常委、常务副省长朱小丹召开专项工作会议，助推南方电网、广东电网、粤电集团、明阳风电组建联合体，共同推进海上风电发展。明阳风电先后与广东中山、广东阳江、河北省政府、贵州六盘水、江西赣州、三峡集团等签订战略合作协议，完善大产业布局和高端产业链建设。明阳风电全面整合资本、金融、市场及产业资源，持续推进商业模式创新，联合工银租赁、建信租赁，全面开展融资租赁，成功实施大唐向阳、华能珠日河等项目的融资租赁业务。明阳风电全方位启动海外战略，现已实现包括保加利亚、印度、南非、美国等海外市场的突破与开发。

【华发集团与国开行签署金融合作协议】　2011年12月29日，在珠海市政府与国家开发银行开发性金融合作备忘录签署仪式上，华发集团与国家开发银行签署了开发性金融合作协议，未来五年华发集团将获得总额160亿元的贷款资金。国家开发银行总行监事长姚中民，监事冷向洋，评审总监樊海斌，国家开发银行广东省分行行长吴德礼，珠海市委副书记、代市长何宁卡，市委常委、常务副市长刘小龙，市人大常委会副主任李建平及华发集团董事长袁小波、总经理李光宁等领导出席了仪式。

华发集团获得的总额160亿元的贷款资金，其中103.7亿元将用于十字门中央商务区开发建设，其余资金将用于广珠城轨地下换乘中心、情侣路改造项目等一批由华发集团承建的珠海城市建设重点项目。仪式现场，国开行向十字门控股公司授予了首期金额为28.7亿元的贷款通知书，专项用于十字门中央商务区横琴片区市政基础设施建设。

华发集团董事长袁小波表示，自2009年12月正式启动以来，十字门中央商务区各项建设工作成果显著：会展商务组团已进入主体施工阶段；横琴片区首期十七条道路施工进展顺利，预计明年基本建成通车，商务区范围内园林景观、桥梁堤岸等各项基础设施也已全面展开建设；招商引资方面，众多央企、外资企业、港资企业纷纷来访，表达了强烈的投资意向。未来两年将是十字门中央商务区全面建设、加速推进的关键时期，在当前的金融形势下，国开行的金融支持对推进十字门中央商务区建设，加快横琴新区开发，具有十分重要的战略意义。

华发集团表示，将充分利用国开行给予的金融支持，采取切实有效的措施，加速推进以十字门中央商务区为代表的多个重点项目建设，为加快落实横琴开发国家战略，促进珠海早日实现珠海核心城市定位作出贡献。

【华隧建设多项市政工程进展顺利】

华隧建设市政项目部自2010年成立以来，经过一年多时间的努力，经营成效显著，先后承接了9个市政道路项目和一个盾构隧道项目，合同量累计达26 233万元。目前各项目均进展顺利。

在众多项目中，机场高新科技产业基地高新路工程尤为突出。通过精心策划、统筹安排、科学管理，大大提高了工作效率，目前已完成了主体部分的施工，力争在春节前竣工。项目部始终强调进度就是效益，合理安排工期，在保证工程质量、安全的前提下，确保了工程进度，获得了业主的好评。本工程在二次经营方面也获得成功，先后与业主签订了101万元的增加合同，为公司创造了经济效益。

狮岭污水处理系统支管完善工程——胡屋河（广商学院周边地区）截污完善工程及现状管网缺漏补充工程，为公共市政基础设施项目，包括管道敷设、顶管施工、开挖土方及修复等。由于广商学院周边地区环境复杂，学生较多，不便于采取钢板桩支护明开挖的施工方式，经过与设计院协商，由明开挖变更为顶管施工的方式进行。该工程自2011年11月8日起开工，分3个工点同步施工，目前已完成合同量的50%，有望在120天的合同工期内提前完工。

【源天公司逐步实施区域化经营】

2011年11月3日，广东省源天工程公司贵阳分公司揭牌仪式在贵州省贵阳市隆重举行。公司总经理、党委副书记杨峻、副总经理钟兆坤、党委副书记、纪委书记、工会主席赖冠军、贵州北源电力股份有限责任公司、中铁五局路桥公司、贵州大唐贸易公司、中水顾问集团贵州水电勘测设计研究院、越峰水电投资有限公司等单位领导、公司总部有关部门领导和贵阳分公司部分职工出席了揭牌仪式，公司总经理杨峻先后为广东源天贵阳分公司剪彩和揭牌，并在揭牌仪式座谈会上讲话。

杨峻总经理表示，贵阳分公司正式挂牌的成立，对于未来的发展，既有赖于贵阳分公司全体员工的努力，也得益于社会各界友人的支持和帮助。源天公司也会全力支持贵阳分公司的全面发展，同时希望贵阳分公司能够不断做强做大，发展成为贵州地区更好的施工企业，并加强与贵州各界的合作，达到共赢发展。

贵阳分公司的成立，是源天公司“逐步实施区域化经营”建设的又一重要举措。贵阳分公司作为广东省源天工程公司在贵州省的分支机构，受托负责承接工程任务和施工管理工作。在贵州地区承接的工程有：贵州芙蓉江清溪水电站机电安装、贵州芙蓉江牛都水电站机电安装及压力钢管制造、安装和贵阳市下坝水电站机电设备安装工程等。在前期的工作中，贵阳分公司出色地完成了部分工程的施工任务，取得了当地政府和有关单位的肯定。

【湛江港集团公司实现8 000万吨历史新跨越】 截止2011年12月31日18时，湛江港（集团）股份有限公司2011年完成货物吞吐量8 004.6万吨，比上年同期增加1 144.8万吨，增长17%，超额完成了集团提出的全年吞吐量7 600万吨的任务，是建港55年以来年吞吐量增幅最多的一年，首次年净增长超过1 000万吨，为湛江市做大做优港口经济作出了积极贡献。

2011年，集团公司紧紧围绕“抓基础、挖潜力、保平稳、促发展”的经营主线，转变观念，改革创新，努力开拓市场，加强过程管理，强化成本管控，加快港口建设，企业经营效益和港口核心竞争力得到了全面提升，各方面的工作均取得了较好成绩，圆满完成了股东会、董事会提出的工作目标。港口生产快速增长，全年接卸船舶5 000多艘次，同比增长9.8%，主要货类船天效率、月度吞吐量、铁路集疏运等各项指标多次刷新了历史纪录；成本管控卓有成效，节约成本超过1亿元，单位吞吐量可控成本比去年下降5.6%；对外合作成绩显著，实现了与招商局的全方位合作，完成与中外运、中石化、中燃油等大型企业战略合作；企业发展和谐稳定，帮扶救助困难员工超过500人次，招聘首批重症员工子女18人，为劳务工及协警员办理社会保险，加大环保投入，改善工作环境，积极营造了平安、祥和、稳定的氛围。

【万和实验大楼揭牌，技术创新再上台阶】 2011年11月22日，广东万和新电气股份有限公司投资6 000万元建设的实验大楼揭牌仪式在其总部举行，中国五金制品协会理事长张东立、常务副理事长石僧兰、中国五金制品协会燃气用具分会秘书长柳润峰、国家燃气用具质量监督检测中心（佛山）副主任林力、顺德经促局副局长张鹏参加了揭牌仪式。

万和实验大楼总面积2 500平方米，共建有能效检测、声学振动分析、电气安全检测、环境模拟测试、工艺实验和寿命测试等6类共19套实验室，引进了一批具有国际先进水平的实验室仪器和检测设备，可以满足万和全部产品开发及检测试验需要。

万和投资建设实验大楼的初衷就是为了建立行业首屈一指的技术创新与产品研发平台，因此创造了众多第一。噪音实验室是国内首个针对燃气具产品的精密级噪音实验室，不仅能测试产品噪音，同时也可进行噪音源的识别与分析，为产品降噪提供依据；拥有的水路腐蚀实验室、爆破实验室、巴西认可实验室均为行业唯一，其中，巴西认可实验室是根据巴西国家标准建立的燃气热水器检测室，主要是模拟巴西当地的气候环境及建筑结构来检测热水器的性能，并通过了巴西国家实验室的认可；能效实验室也是国内首套实验室，用于评价热水器及燃气采暖热水炉的能效，试验能力通过了全球权威认证机构Kiwa Gastec的认可，能缩短公司产品认证的周期。

【海能达数字产品成功应用铁路行业】 2011年10月，海能达中标广铁公安数字产品采购项目。海能达数字产品及系统将在广珠线首批试点应用。此次是广铁客户第一次使用数字产品，也是海能达数字IP互联技术首次在铁路行业的成功应用。

海能达提供的数字系统所附带的GPS定位、短信管理等功能可以根据实际需求进行增减。该数字IP互联系统按需提供产品和方案，满足现场指挥调度需求的同时，也降低了资金成本压力。此外，该系统还能实现全工区互联互通；保障工区内两组人同时施工、同时通话；并实现个呼、组呼、全呼、发送短信息、GPS定位及虚拟集群功能。

该套数字通信系统根据铁路公安的需求量体裁衣、定制而成，是海能达数字产品在广铁公安数字IP互联项目中的一大成功运用，为数字产品更好地服务于铁路交通行业打下了良好的基础。

【佛山市德方纳米科技有限公司首期工程投产仪式顺利举行】 由深圳市德方纳米科技有限公司投资的全资子公司——佛山市德方纳米科技有限公司首期工程投产仪式于2011年11月15日顺利圆满举行，两院院士师昌绪，国务院发展研究中心原党组书记、副主任陈清泰，国务院发展研究中心研究员、著名经济学家吴敬琏，佛山市、高明区、明城镇相关领导以及新能源产业多位技术专家、企业家应邀出席投产仪式，佛山德方纳米首期项目建成投产后将形成年产3 000吨纳米磷酸铁锂的生产能力。

当天下午还举行了新能源材料产业化研讨会，两院院士师昌绪，国务院发展研究中心原党组书记、副主任陈清泰，国务院发展研究中心研究员、著名经济学家吴敬琏等国内一流专家、学者出席。研讨会由吴敬琏主持。

【广新集团与中国信保签署战略合作协议】 2011年10月20日，广新集团与中国出口信用保险公司在集团总部签订战略合作协议。集团李成董事长等领导、总部各部室负责人、各企业董事长、总经理以及中国信保广东分公司陈连从总经理、总经理助理向宇、古雯等参加了签约仪式。

战略合作协议的签订，标志着双方站在一个新的起点，新的高度，共同构建相互信任、相互支持、相互配合的合作伙伴关系。双方拟在风险保障、风险管理、资信评估、商账追收等方面进一步加强合作，集团将借助中国信保在上述方面的资源和经验优势，在复杂多变的国内外经济形势中完善全面风险管理体系，加强自保，并促进各企业借助这一保障工具，提升市场开拓能力，从而推动集团业务经营的持续、健康、稳定发展。

【英威达纤维（佛山）有限公司二期工厂开工庆典】 2011年4月27日，佛山佛塑科技集团股份有限公司的参股企业英威达纤维（佛山）有限公司在三水区西南佛塑工业园举行了英威达纤维（佛山）有限公司二期工厂开工庆典活动。三水区委书记卢立湃、佛山市政府副秘书长潘志文等领导、英威达服饰业务全球总裁David Trerotola、亚太区副总裁Dan Kotkin先生、佛塑科技集团总裁李曼莉、副总裁刘亚军以及市、区相关领导出席本次庆典。

英威达公司是广东省纤维行业最大的国外投资商。自2005年英威达公司进入佛山，短短几年时间创造了优异的成绩。二期工厂的投产将使英威达佛山公司的产能增加到2.4万多吨。李总裁在致辞中强调，佛塑致力于新能源、新材料、节能环保产业的发展，与英威达公司有着共同的价值观与经营理念。在今后的发展中，我们将继续紧密合作，共同推动英威达佛山公司和佛塑科技的共赢。

【东信和平RF-SIM卡产品叩开印尼市场大门】 2011年7月，印尼主要移动通讯运营商Telkomsel在雅加达正式推出了Tap-Izy产品，该产品采用在SIM卡上集成RF技术的方式实现非接触移动支付功能，用户可以在雅加达主要超市、连锁商店、火车站等使用手机购买商品，体验便捷快速的支付方式，目前成为印尼最为创新的移动支付应用方式。

Telkomsel的RF-SIM卡产品由东信和平提供，这是东信和平首次为印尼客户提供RF-SIM卡产品。东信和平移动支付解决方案有：2.4GHZ RF-SIM卡、13.56MHZ NFC-SIM卡、13.56MHZ贴片卡，均是通过无线射频信号实现信息传输。其中13.56Mhz NFC-SIM卡在国际上应用比较广泛，天线嵌入手机，商户无需更新POS机；2.4Ghz RF-SIM卡则易于移动运营商推广移动支付应用，适用于远、中、近端通讯，用户无需更换手机便能在多种环境下使用。移动通讯运营商可以根据移动网络和用户特点挑选以上最为合适的方案。

东信和平RF-SIM卡产品成功进入印尼市场为公司更好服务于东南

亚市场打下良好基础。

【福地电子粤港关键领域重点突破招标项目通过验收】 2011年8月25日，东莞市科技局主持召开了由东莞市福地电子材料有限公司承担的2009年粤港关键领域重点突破项目（东莞专项）“LED大功率芯片制备技术研究及产业化”项目验收会，市经信局、财政局有关领导、行业专家及项目负责人参加了验收会。

与会领导和专家听取了项目的工作总结报告、检测报告、专项审计报告和项目监理报告，审阅了项目相关材料，进行了现场考察和质询，经过充分讨论后认为：该项目改进了大功率芯片的散热和出光率制备技术，研制出新型GaN基LED大功率芯片，所开发产品经检测达到项目合同书的要求，并已形成产业化规模，一致同意通过验收。

从2006年开始，东莞开始设立粤港招标东莞专项，每年招标一次，旨在引导企业加大投入，加快技术研究及成果产业化，促进企业做大做强。福地电子所承担的“LED大功率芯片制备技术研究及产业化”项目主要研究GaN基蓝光LED大功率芯片的制造技术，通过对制造过程的关键技术研究和制造工艺开发，最终形成一套先进、完整的制造工艺，并在此基础上实现产业化。项目产品大功率LED芯片的量产，将打破国外芯片垄断国内高端应用领域的困境，为国内广大LED封装企业和LED灯具企业提供高品质、低成本的照明芯片，带动珠三角乃至全国LED市场的快速发展，具有很强产业示范和集聚效应。

【香江集团将在深圳前海投资建设金融商务中心】 在广东省委常委、深圳市委书记王荣等领导和各界代表的共同见证下，2011年6月28日，“深圳市与全国知名民企招商项目签约仪式”在深圳香格里拉酒店举行。香江集团总裁翟美卿出席本次签约仪式，并代表香江集团与深圳签署合作协议，共同在深圳前海合作区设立香江金融商务中心。

深圳市委书记王荣在签约仪式上表示，民营经济是国民经济的重要组成部分，在经济社会发展中发挥着重要的支撑作用。深圳不仅要继续培育壮大本地民营企业，也需要通过积极开展民企招商，引进一批国内优秀民营企业和优质项目，从而进一步形成规模效应，完善产业链关键环节，提升深圳产业的整体档次和水平。

香江集团早在1990年就在深圳宝安开设了第一家家具卖场，从此走上创业之路。本次招商活动上，香江集团能与深圳市前海管理局合作，也得益于深圳市政府对发展民营经济的重视和所营造的良好的政策法规环境与公平的营商环境。

前海深港合作区被称为“特区中的特区”，它是目前开放层次最高、政策最优惠、功能最齐全的特殊经济区域，是一个具有“自由贸易港”雏形的保税港区。香江集团计划在前海合作区与前海管理局合作设立香江金融商务中心，以投资基金、微金融中心、电子商务及配套流通业为主体先行进入前海合作区，打造创新金融和电子商务产业基地。并通过依托香江集团家居流通产业链基础，开展不动产质押、物权质押、消费者信贷，组建香江电子商务融资及信用平台，为中小企业提供融资服务，实现金融与实业的有效互动。香江金融商务中心是香江集团本年度最主要的投资项目之一，它的设立不仅给香江集团在金融投资领域的业务拓展带来机遇，也将对促进深圳市的经济转型产生一定效果。

【澄海国际玩具商贸物流城开工建设】 2011年11月24日，由奥飞动漫与宝供物流联合投资建设的“澄海国际玩具商贸物流城”在汕头市澄海区举行了开工奠基仪式。

中国物流与采购联合会会长何黎明、中国玩具和婴儿用品协会理事长石晓光、中国国际贸易学会会长王俊文、省发改委副主任鲁修禄、省经信委副巡视员冯惠钊、广东省玩具协会常务副会长李卓明，市领导郑人豪、邢太安、郑家汉、周镇松、蔡婵英，汕头市纪委副书记宋荣生及公司董事长蔡东青等出席仪式并为项目开工启动吉祥杆。副董事长蔡晓东、副总裁蔡立东、副总裁李凯、董事会秘书郑宇东、监事会主席罗育民、总裁助理曹永强等陪同参加了仪式。

此次奥飞联合投资兴建的“澄海国际玩具商贸物流城”占地40公顷，规划建筑面积约75万平方米，总投资超过20亿元，是广东省重点建设项目，也是广东省人民政府和国家开发银行开发性金融合作协议支持的项目之一。项目规划建设大型货运中心、进出口商品监管中心、高标准现代化立体仓库、交叉理货平台和玩具、毛织品原辅材料、商品展示交易中心以及玩具文化创意设计园、电子商务服务中心、供应链金融服务中心、国际会展中心等。

项目建成后，将有助增强奥飞物流供应链的能力，由此节约公司产品配送产生的物流成本。与此同时，通过把项目建设成中国玩具行业、毛织品的国际采购和销售中心，亦有助于巩固和增强奥飞行业领导者地位，提升行业领导力。

为保证项目的高起点、高水平，项目前期策划工作委托了国际物流业发展顾问“四大行“之一的戴德梁行进行项目开发定位咨询研究，还聘请了具有甲级规划资质的广东省建筑科学设计院进行项目规划设计。

企业管理

综述

【简述】 2011年，中国实体经济正在受到持续通胀的威胁，成本的上涨给企业管理带来了前所未有的挑战。面对经济危机和市场萎缩，诸多企业在经营管理中步履维艰；不少企业不断思考、变革、创新，抓住新机遇，创造了成功的管理模式。转型管理成为中国经济和中国公司未来五年和下一个十年最艰辛的挑战和考验。

广东企业根据自身状况，探索有效的管理方式，努力提升社会价值，更多地思考和经历致力于推动管理模式的创新。企业管理层按照外部环境的变化，对企业产品方向、事业结构、商业模式、管理体制、运行机制发展的体制机制大范围地进行彻底的调整和转化。

从广东企业的管理来看，发展途径由低成本规模化的扩张向差异化的战略转型；价值管理由产品经营向价值链经营转型；管理方式由粗放管理向经济管理转型；管理范畴由物质管理向人文管理转型；由单向管理方法应用向系统化、规范化、信息化管理转型；管理目标由股东利益向相关利益者共赢和和谐管理转型；管理重点由单纯注重硬实力的建设向兼顾硬实力和软实力相结合转变；西方管理思想和东方自成一家思想管理体系转型；商业道德由道德失衡向真正的诚信、守信转型等等。

在企业管理中，广东企业通过自主创新、降低成本、战略布局、拓展品牌、加强内部控制等有效途径，走出了一条符合自身发展之路。

企业管理

【大亚湾核电全面实现“自主设计、自主制造、自主建设、自主运营”】 2011年08月26日，来自全国政协、国务院国资委、国家能源局、国家核安全局、国家国防科工局、中国核能行业协会、广东省和深圳市以及我国核电领域各企业的代表会聚深圳，参加在这里举行的大亚湾核电基地建设经验总结大会。会议总结了大亚湾核电基地工程建设和自主运营的经验，听取了岭澳核电站二期工程自主设计、自主制造、自主建设情况的汇报，反馈和分析了福岛核事故的教训。会议指出，以岭澳核电站二期的全面建成投产为标志，大亚湾核电基地实现了中国核电技术“高起点起步，引进、消化、吸收、再创新”的全过程，形成了自主品牌的中国改进型百万千瓦级压水堆核电技术CPR1000，全面实现了我国百万千瓦级核电站的“自主设计、自主制造、自主建设、自主运营”，走出了一条中国核电自主发展的成功之路。

全国政协常委、全国政协经济委员会副主任张国宝，国家能源局副局长钱智民，国务院国资委监事会主席张德霖，中国核能行业协会理事长张华祝，深圳市副市长唐杰，中广核集团公司董事长贺禹出席会议，为岭澳核电站二期全面建成投产剪彩并发表讲话。

会议宣读了中共中央政治局常委、全国人大委员长吴邦国对岭澳二期投产的重要批示。吴邦国在批示中对岭澳核电站二期2号机组投入商业运行表示祝贺，要求广大核电建设运营工作者更加注重核电安全。

张德霖在会上向中广核集团的管理工作提出了三点希望和要求：一是进一步切实做好核安全的工作；二是进一步加强人才建设，打造一流的核电人才队伍；三是进一步完善公司的治理和管控结构。钱智民在讲话中希望中广核集团广大干部员工坚定信心、克服困难，坚持“安全第一、质量第一”的方针，齐心协力为我国核电事业的健康、持续、高效发展而努力。张国宝在会上希望广大核电建设者总结经验，珍惜我国核电发展取得的成就；着眼未来，坚定我国核电发展信心；正视困难，夯实我国核电发展基础，全方位做好安全保障工作，系统开展福岛核事故的经验反馈和改进，抓住当前时机进一步培育核心能力，为核电发展创造良好的舆论环境。

贺禹在讲话中从两方面总结了大亚湾核电基地建设的成就和经验，一是完整实现了核电技术“引进、消化、吸收、再创新”的全部过程，形成了我国自主品牌的核电技术——CPR1000；二是全面实现了百万千瓦级核电站的自主设计、自主制造、自主建设和自主运营，基本形成了我国核电完整的工业体系。贺禹指出，经过三十多年的发展，大亚湾核电基地走出了一条中国核电自主发展之路，集中体现了党中央、国务院的高瞻远瞩和英明决策，充分证明中国核电建设者完全有能力把核电站建设好、运营好，确保长期安全，努力为我国核电安全高效发展作出更大贡献。

【新沙港务公司因时制宜，创新管理模式降低成本】 2011年以来，广州港新沙港务有限公司由于生产繁忙，堆场紧张，流动机械的斗车、推耙机一直处于高利用率状态，其故障也比较多、维修压力大。机修站在公司领导下，认清生产形势因时制宜、创新管理机制，为公司的生产发展提供了有力的保障。

优化服务质量，实行错峰上班

为了提高机修服务质量，机修站制定了以提高维修效率，保证维修质量，端正服务态度为中心的服务承诺。维修工承诺接到报修任务后，5分钟内开始工作，车辆修复后5分钟内通知验收使用；并承诺无特殊原因台修不过夜，项修、二保不过周，大修不过月。服务承诺制度的实施，对大家既是压力，也是动力，促进了维修服务质量的提升。

一般流动机械的维修在每天9:30以后才进入高峰期，到正常下班时，还有部分工作未能完成需要继续抢修的情况。对此，机修站利用部分员工长住集体宿舍的有利条件，各班每天安排一组维修人员推迟1.5小时上班并顺延1.5小时下班的“弹性工作、错峰上班”工作制，既能及时抢修设备，满足生产需要，也使临时加班减少了70%，充分利用了人力资源。

成立攻关小组，以人为本培育人才

在以往的工程机械维修过程中，如果遇到疑难故障往往需要几天甚至几个星期的时间才能找到故障、解决问题。这严重影响维修效率，进而影响生产。鉴于此，机修站由经验丰富的技师、高级技师为主成立了攻关小组。当班组成员在维修过程中遇到疑难故障时，帮助维修人员进行故障排查，准确快速地确定故障源。

同时，攻关小组通过不断的技术改造，完善设备性能，降低设备故障率，减少维修费。先后组织的技术改造有：流动机械新型LED应用改造、流动机械电气改造、D5G卡特推耙机水箱一体化改造、SB13山推前机罩改造、SB13山推液压油箱座改造等12项技术改造，这些改造大大提升了设备性能，降低设备故障率，减少维修费。

成立专修小组，降低维修成本 为了提高维修工对发动机和液压系统的维修、检查和维护保养技能，培养专家型的维修人才，机修站在机械作业部的大力支持下以高级技师和技师为主分别在斗车班和推耙机班成立了发动机专修小组和液压系统专修小组。当发动机和液压系统中的液力变矩器、液力变速箱出现故障需要大修或出现相关的疑难故障时，由相应的专修小组负责维修或检测。近一年来，发动机和液压系统专修小组共大修好发动机17台，变速箱13台、变矩器15台，总价值约468万余元，解决疑难故障35次，有效地降低了维修成本，提高了维修质量和维修效率。发动机和液压系统专修小组的成立，使斗车、推耙机等工程机械的几大核心部件，因专业维修而提高维修质量、延长使用寿命、降低故障率。据统计，2011年1—11月，推耙机发动机的大故障维修下降近50%，斗车变速箱、变矩器故障下降近30%，节约材料费用近40万元。

修旧利废、节能降耗 机修站坚持“能修好的不换新、能自制的不外购”的原则，积极开展“修旧利废、节能降耗”活动。据统计：2011年1—11月，斗车班和推耙机班共修复油缸、耙刀、链带、拉杆、制动器、消声器等濒临报废的部件682件，主动排查并整改的故障隐患1 309项，原价值达411.792万元。这些备件的及时修复，不仅节约了大量的维修费用，更为设备抢修提供了充足的“弹药”，使站内在设备抢修时可以采用总成互换的快速维修方式，在节约维修成本的基础上大大节约了维修时间，有力地保障了现场生产的需要。

机修站还坚持每季度将职工在修旧利废、技术改造、交流学习活动中，有突出贡献或提出合理化建议的表现，作为每月机修站优秀维修工评比的重要依据。对于评上月度优秀维修工的，除了给予适当的奖金奖励，并在机修站和班级公告栏上贴出他们的相片和主要表现，予以精神鼓励。同时，每月把班组交流培训学习的效果、修旧利废、故障隐患、安全隐患的整改治理情况等，纳入到机修站每月优秀班组评比考核之中。对于优秀班组，给予适当的奖金奖励。

【比亚迪全球战略布局】 **比亚迪北美总部在洛杉矶落成** 洛杉矶当地时间2011年10月24日（北京时间2011年10月25日），比亚迪股份有限公司北美总部（BYD Motor Inc.）在洛杉矶落成。洛杉矶市市长Antonio Villaraigosa、不远万里前往洛杉矶的深圳市市长许勤、中国驻洛杉矶总领事邱绍芳、伯克希尔•哈撒韦公司副主席查理•芒格先生等政府及企业领导出席了这一盛典，并与来自全球各地的多家主流媒体朋友共同见证了比亚迪的这一辉煌时刻。

比亚迪股份有限公司北美总部坐落在美国第二大城市洛杉矶市，其办公及展厅面积35 000平方英尺（约为3 100平方米）。目前，比亚迪北美总部员工约20人。北美总部致力于比亚迪新能源车在北美地区的销售，是比亚迪在北美地区的市场及品牌建设中心、新能源车研发中心，同时，也是比亚迪北美地区太阳能和LED业务的市场、销售、技术支持、本土产品设计、培训和售后服务的中心。

比亚迪总裁王传福在落成典礼上

2011年10月24日，致力于开发电动车技术和高效清洁能源技术的比亚迪，作为中国首屈一指的全球性绿色高新科技企业，在洛杉矶举行了隆重的北美总部落成典礼

阐明比亚迪今后特别是在美国的战略方向时表示："在未来的18个月中，比亚迪会重点发展车队销售业务——这一业务主要面向公共大巴、政府和商用车队、汽车分享和汽车租赁车队。"比亚迪已于去年12月，向美国洛杉矶住房局(HACLA)交付双模电动车F3DM，标志着比亚迪公司新能源汽车正式在美国运行使用。此外，全球最大的机场租车品牌赫兹公司，宣布采用比亚迪纯电动大巴在洛杉矶国际机场提供服务。此前，比亚迪已经与赫兹公司联手在中国推出了纯电动车租赁服务。

美总部立足加州，辐射整个北美洲，她的成立，将完善比亚迪全球布局，对比亚迪开拓北美市场具有重大的战略意义。

比亚迪汽车在欧洲花园国度乌克兰成功上市 乌克兰当地时间2011年10月26日及27日，比亚迪汽车在乌克兰首都基辅登陆，并召开了新闻发布会及经销商大会，宣布比亚迪汽车在乌克兰正式登陆上市。

中方出席的重要领导有：中国驻乌克兰大使馆领导夏参赞、中国大使馆商务部第一秘书陈有进、比亚迪汽车产业群出口贸易事业部总经理李竺杭、比亚迪汽车产业群出口贸易事业部销售四部经理李昌盛、代理商IMCG（Iberia Motor Capital Groupe）董事会成员，来自中国主流媒体CCTV、新华社记者、中国科技日报记者、乌克兰及波兰多家主流媒体朋友参加了新闻发布会。

乌克兰是欧洲及CIS市场中具有潜力的汽车市场，在发布会现场中国驻乌克兰大使馆商务处第一秘书陈有进先生说"比亚迪是中国发展最快的企业，是绿色技术的倡导者和引导者，我们全力支持像比亚迪这样的优秀企业进驻乌克兰市场，更加希望比亚迪的绿色能源产品快速引入该市场"。

备受世界瞩目的2012年欧洲杯（UEFA）将在乌克兰和波兰举办，比亚迪股份有限公司与代理商派出优秀经销商代表驾驶比亚迪e6前往每一个UEFA举办赛事的城市，比亚迪的绿色科技引发了中欧国家的绿色革命。

【创维大力拓展自有品牌电视业务】

虽然国内众多彩电企业海外市场处境艰难，但进军海外市场仍是彩电巨头执著的梦想。创维集团知难而进，经过不懈探索，2011年，创维迎来了在全球市场拓展自有品牌电视业务元年，将销售重点圈定在南亚、东南亚及澳洲组建创维营销分公司，分别布局在印度、泰国、菲律宾、印度尼西亚及澳大利亚。

创维海外营销总部精心规划，在半年时间内，组建、新建创维营销分公司的工作取得了重大的进展：印度、泰国、菲律宾和澳大利亚四个分公司都已注册完成，印度尼西亚分公司尽管面临重重困难，但已推进到实质性阶段，海外公司总体情况进展顺利。其中，推进最快的当属印度分公司和菲律宾分公司。印度分公司于2011年4月份开始调研和筹备，经过短短两个月，就完成了公司注册、人员招聘、办公仓库租赁、物流报关签定、下单海运清关等一系列的工作。印度分公司团队约有二十名成员，绝大部分为印籍员工，印籍员工还担任全国销售总监。

2011年6月份，印度分公司在安德拉邦转战六个城市，连续举行了六场新闻媒体发布会及六场经销客户会，一时间创维的品牌在各媒体的传播中进入到全印度各地民众的视野，安得拉邦各地彩电经销商也对创维表达了强烈的合作意愿，客户纷纷提前交空白支票要求成为印度分公司的第一个客户；7月份创维实现销售500多台LED；8月份销售2 500多台LED，9、10月份销量持续上升到月销售5 000台LED，2012年，印度分公司将覆盖整个印度南部，月销售将达到1万台LED，剑指印度南部市场LED电视No.4，并蓄势北上西进东拓全印度市场。

具有多年印度工作经验的印度分公司总经理祁勇表示："创维印度分公司设立在印度南部安德拉邦的省会城市海德拉巴，该邦的面积相当于广东和福建两个省之和。根据规划，今年我们主要做这个邦的市场，站稳脚跟打好基础后再向印度全国市场进军。"

印度分公司的成功设立极大鼓舞了创维海外营销总部在菲律宾等其他国家开办分公司的信心。菲律宾分公司总经理万智在内销摸爬滚打多年，积累了丰富的为人处事经验，加上学

2011年7月12日，创维集团与陕西广电网络传媒股份有限公司在西安召开发布会，宣布联合推广创维双向单芯片一体机及陕西广电网络高清双向业务。这是中国首次电视终端厂商与广电网络运营商结成联盟，双方的合作推广，开创彩电市场区域市场营销新模式和内容业务发展新思路。

习能力极强，菲律宾团队在他的带领下，逢山开路遇水搭桥，一路稳步推进，从开始调研到实现出货用了约大半年时间，目前该分公司万事俱备，正处在开发渠道的进程中。该公司设立在菲律宾首都马尼拉的闹市区，目前共有员工十多人，其中大部分也都是当地人，符合创维实现员工主体本土化的规划。

创维海外营销总部品牌业务部总监刘东云表示："起步阶段必须脚踏实地看稳抓准，宁可走慢点，也绝不冒进跃进；路况摸清了，车子玩熟了，以后自然就能想开多快就开多快。开拓阶段应具备良好的心理素质：抵得住诱惑，耐得住寂寞，顶得住压力，抗得住打击！"

创维集团副总裁、彩电事业本部总裁杨东文表示："2010年，创维内外销资源整合后，逐步解决了制约海外业务发展的机制、体制等核心问题，提升了效率，新营运和管理模式已经确立，目前正快速、稳步推进自有品牌业务。"

2011—2012年，创维提出海外彩电市场全年的彩电销售目标200万台，比2010年增加25%。创维海外营销总部总经理孙伟中表示："海外市场潜力巨大，目前在拉美、东欧、南亚、东南亚、非洲等市场，创维海外业务稳定提升；南美洲、日本、非洲等片区销售额、毛利率表现良好，前景乐观，创维将不遗余力开拓海外市场，确定创维在海外的自主品牌地位。"

【省基础工程防范企业风险，强化内部控制】 2011年11月9日，广东省基础工程公司在天龙大酒店13楼会议厅举办了以"防范企业风险，强化内部控制"为主题的第六届企业管理论坛。公司领导班子部分成员、司属各单位领导、机关各部室负责人及部分管理骨干代表共100多人参加了本次论坛。

防范企业风险，强化内部控制，这既是企业自身长远发展的需要，也是企业面对市场竞争与挑战的需要。近年来，广东省基础工程公司高度重视这方面工作，不断加强企业内部管理和风险防范，建立健全内部控制机制和风险防范机制，取得了很好的成效。本次论坛是为了总结推广公司及司属各单位在企业内控中的成功经验，探讨强化企业内控的方法和途径，以进一步提高企业经营管理水平和风险防范能力，促进企业科学发展。

论坛中，广东省基础工程公司总会计师张万鑫同志首先作主题发言。他阐述了企业内部控制涉及的范围，指出不论哪个层面和环节都必须围绕关键控制点、控制目标和控制措施三个基本点去完善内控，并着重从筹资、投资和运营三方面对资金的控制问题进行了分析。随后，司属多个单位代表围绕论坛主题，发表了观点鲜明、内容详实的主题演讲。

在自由发言阶段，与会者踊跃发言，气氛热烈。广东省基础工程公司党委副书记、纪委书记、工会主席沈棣辉同志率先发言，就如何防范企业风险、强化内部控制提出了四点措施，一是落实"三重一大"决策制度，构建企业惩防体系；二是加强企业的制度建设，以内部的规范应对外部的不规范；三是认真贯彻集团及公司的"大安全"理念，加强监督和管理，保证企业信誉的安全及人的政治安全和人身安全；四是加大科技创新力度。其他与会者也紧随其后围绕论坛主题发表了各自的观点。

广东省基础工程公司总经理钟晓晖阐明了企业内部控制的内容和目标，指出其内容主要是管理控制和财务控制，目标是确保单位经营活动的效率性和效果性、资产的安全性、经营信息和财务报表的可靠性，并从控制环境、会计系统和控制程序三方面解读了内部控制的构成要素。对于今后如何贯彻落实内部控制措施，他提出要抓好以下七个重点：一是抓好组织结构与职责分工，二是规范授权，三是做好会计记录，四是内部制度的建立与有效执行、监督检查，五是员工素质的提高，六是预算管理与审计，七是报告制度的建立，特别是经济分析报告和效益分析报告。

最后，张宁书记总结讲话，他重申了本次论坛主题，强调防范风险是目标、加强内部控制是手段，用正反事例论述了风险防范和内部控制在企业中的重要地位和作用。同时，张书记肯定了本次论坛所取得的成绩，王冬雪希望与会单位与部室借论坛之机，取他人所长，弥自身之短，大胆创新，在今后的工作中不断提高企业风险防范能力和内部控制能力，促进企业健康、持续、稳步发展。

【欣旺达强化自主品牌建设，打造基业长青企业】 2011年3月24日，深圳市宝安区品牌创建暨第五届宝安区质量奖表彰大会在区政府附楼会议室召开，欣旺达电子股份有限公司荣获区政府品牌创建的表彰，并获得政府奖励30万元。欣旺达品牌营销中心万莉、人力资源中心李章溢等一行参加了表彰大会。在这次品牌创建表彰中，区政府对荣获中国驰名商标、省名牌产品及著名商标的企业代表进行了表彰。"欣旺达"商标于2010年被认定为"广东省著名商标"，成为这次获表彰企业之一。

加强自主品牌建设，一直是欣旺达坚持的发展方向。品牌是一个企业核心竞争力的体现，关系着企业的持续发展与长期盈利能力，如何在风云变幻的市场中立于不败之地，品牌竞争力的优化和提升成为了关键。张备区长在会议上指出，做好质量和品牌工作是落实"深圳质量"的重要举措，也是企业的生命和核心所在，企业要始终抓住质量这个永恒的主题，视质量为生命，不断提高产品的质量水平。在欣旺达，企业自主品牌更是被赋予更多质量、技术、服务、社会责任的要求。欣旺达是国内最早专注于锂离子电池模组研发生产的企业之一，产品以过硬的质量、创新技术和尽心服务得到了世界500强客户的认证和肯定，在市场上树立了良好的口碑。

欣旺达目前已成立实力强大的品牌营销中心，现有品牌建设与拓展专职人员二十多人，全面负责自主品牌建设以及市场拓展等。欣旺达自主品牌的建设，有赖于企业每一位员工的共同参与，承担起更大的社会责任，强化守法意识、公民意识、质量意识、家园意识和安全意识。欣旺达打造基业长青的自主品牌，除了有长期的品牌战略规划，还有对质量有近乎苛刻的要求、完善的质量保障和服务体系、领先的技术创新能力以及持之以恒的自我改善能力等。

【德豪润达2011年经营管理年会】 2011年4月30日下午，广东德豪润达电气股份有限公司（以下简称德豪润达）在北师大珠海校区京华苑大酒店国会厅召开2011年经营管理年会。集团董事长王冬雷、总裁姜运政等公司领导出席了会议。公司中高层管理人员共计287人参加了会议。

姜运政总裁在《工作报告》中指出，目前德豪润达正处于第四次战略转型和二次创业时期。第四次战略转型主要表现在五个方面：一是主导产业转型：由多系列小家电产品链向LED多产业链转型，包括LED外延及芯片、LED封装及模组、LED应用（照明和显示）、LED电源、LED材料、LED装备等等。二是经营模式转型：在市场空间布局上，由以海外市场为主向国内外两个市场并重转变；在管理方式上，由经验性、习惯性向专业化、规范化、制度化转变；在经营策略上，由成本领先向成本控制、利润领先转变，由OEM/ODM向品牌经营、资本运作并行转变。三是组织管理框架转型：直线职能制向矩阵型事业部制转变。四是经营管理队伍转型：生产管理型向经营管理型转变。五是企业文化转型：由OEM文化（追求第一，标准化，打工观念）向创新型文化（追求第一、多元包容、激发活力和创造性，团队精神、主动性、归属感与成就感）转变。

王冬雷董事长对公司3到5年发展规划作了重点强调。他指出，公司计划利用未来3到5年时间，成为全球领先的小家电和半导体照明制造商和服务提供商。他进一步指出，要实现公司的发展目标的关键因素是规模（高速增长模式）、技术（跟随与再创新模式）和人才（专业化模式）。同时，王冬雷董事长还对新形势下需要重点关注的经营转型、LED基地建设、成本控制、队伍建设、品牌运作、激励机制、安全工作以及企业文化作了重点强调。希望公司全体干部认清形势、把握大局、转变思想、努力工作，为德豪润达的腾飞贡献自己的一份力量。

【韶铸集团"抢滩"日本市场，打破外国垄断】 2011年上半年，韶铸集团旗下华德公司的建筑物基板产品凭借过硬的质量，成为日本大地震后重建过程中日本政府唯一认可的中国同类产品生产厂家。韶铸"抢滩"日本铸锻基板市场只是韶关市铸锻企业通过技术创新提升竞争力的一个缩影。目前，韶关市铸锻行业通过加快转变发展方式，不断做大做强，为促进全市经济社会发展发挥了重要作用。

韶关市"老字号"铸锻企业韶铸集团2010年以来实施了被列入广东省现代产业500强的"大型高端铸锻件（韶关）生产基地技术改造项目"，项目一期投产后，韶铸一跃成为华南地区大型高端铸钢件生产基地及全球最大的高端轴承套圈生产基地。2011年以来，韶铸集团大刀阔斧的技术创新让企业发展蒸蒸日上。韶铸承载着韶关人打造全省机械装备制造业基地的憧憬，目前，铸、锻已经成为拉升韶关市装备制造产业水平的一双有力"翅膀"。

【佛塑科技举办首届海外市场（日本）重点客户交流会】 为实现佛塑科技"国内领先、亚洲有位、世界知名"的愿景，2011年11月17日，佛山佛塑科技集团股份有限公司进出口部协同综合办及经营管理部组织开展了佛塑科技首届海外市场（日本）重点客户交流会。此次交流会邀请了来自日本各大商社（三井物产、双日、住友、丸红、CBC、昭光通商等）共25位客户。各经营责任体的总经理及相关技术人员参加了本此会议，进行了产品宣传演讲。

交流会由佛塑科技集团进出口部总经理杨润棠主持，王磊副总裁首先发表致辞，他向各位来宾的到来表示热烈的欢迎，并向一直关心和支持佛塑科技发展的贵宾客户们表示衷心的感谢。他指出，本次交流会的主旨是"交流信息，共享资源，促进合作"，希望通过这次交流会，推动佛塑科技集团与日本各大商社的合作事宜。接着进出口部副总经理周小芳简单介绍了公司的基本情况，向与会客户展示了佛塑科技集团的实力及产品形象。随后，东方分公司郑少华总经理分享了包装行业的发展现状，东方分公司技术经理伍杰锋、工程技术中心副总经理李永鸿、工程技术中心销售经理甘兰凤分别介绍了BOPE、PE-Xc管、TPE产品。最后，通过分组产品交流讨论，客户进一步了解了佛塑科技集团的各项产品。

通过本次交流，佛塑科技集团与日本各大商社的联系日益密切，为实现优势互补，强强联合打下了坚实基础。客户反映此次交流会内容丰富，演讲精彩，受益良多，尤其是对新产品BOPE、PE-Xc管及TPE兴趣浓厚，会进一步了解并及早展开合作。

【世纪鼎利积极开拓海外市场】 珠海世纪鼎利通信科技股份有限公司根据公司战略发展规划及市场发展情况，为了海外市场销售网络的建设和市场的开拓，同时为了进一步提高募集资金的使用效率，于2011年5月6日召开第二届董事会第六次会议。审议通过了《关于公司使用超募资金对香港全资子公司增资，用于海外销售网络建设及海外市场开拓的议案》。议案决定：拟使用超募资金等值于港币7 800万元的人民币现金对香港全资子公司"鼎利通信科技（香港）有限公司"进行增资，其中港币6 000万元用于海外市场销售网络建设及海外市场开拓，港币1 800万元以收购股权和增资的方式对瑞典AmanziTel AB公司进行投资，通过此次交易，香港鼎利将取得瑞典AmanziTel AB公司51%的股权。

文化强省

文化建设

综述

【简述】 广东的文化强省建设，很大程度上是"文化民生"的建设。随着基础文化设施的配套齐全，在政府重视、市场关注、社会支持的良好发展环境下，广东省文化产业规模不断壮大，效益不断提升，文化产业多项指标位居全国首位。

广东拥有富裕的经济环境、开明的政治风气、包容的文化氛围等天然优势，为多元化的文化建设提供了有利的条件。2011年，广东在文化建设中收获了许多可喜的成绩：截至2011年底，广东提前9个月实现"农家书屋"覆盖全省所有行政村的总目标，并且超额完成建设1 521家；农村电影放映工程全年总放映296 509场，观影人次超过7 210万；全省县级以上公共图书馆达标107个、文化馆102个、县级以上博物馆58个、乡镇综合文化站1 159个、城乡社区"五个有"文化站6 328个。

2011年，广东的文化建设取得了良好的发展，极大地丰富了人民的文化生活。2011年第十届"百歌颂中华"歌咏活动，共有2 000多支合唱队、近20万人参加，观众达110万人次，规模和水准均创历届之冠；2011南国书香节暨羊城书展盛况空前，广州主会场7天内总入场人数达81.6万，累计销售额近4 000万元，展场面积、入场人数、活动项目、图书销售等多项指标均创历史之最，已跃升为全国规模最大、入场人数最多的图书展；首届粤港澳青年电影盛典巡回展映了40部优秀国产影片，共为大学生和外来工放映204场，惠及观众近20万人次。

【2011年全省文化工作会议】 2011年2月22日，全省文化工作会议在广州市召开。会议传达学习了省委十届七次、八次全会、全国、全省宣传部长和全国文化厅局长会议精神，总结回顾了"十一五"时期和2010年文化工作情况，对"十二五"时期特别是2011年文化工作进行了研究部署。省有关部门领导、各地级以上市和各县（市、区）以及东莞、中山两市中心镇的文化部门、省文化厅机关各处（室、局）和厅直属各单位主要负责人共200多人参加了会议。省政府副省长雷于蓝、省委宣传部副部长顾作义出席会议并作讲话。

雷于蓝副省长在讲话中充分肯定了"十一五"时期特别是2010年文化工作取得的成绩，认为全省文化系统认真贯彻中央和省的重大决策部署，紧紧围绕文化强省建设的各项目标任务，抢抓机遇，奋发有为，文化工作亮点纷呈，在完善公共文化服务体系、提升文艺精品创作水平、改善文化产业发展环境、加大文化遗产保护力度、拓宽文化交流合作领域、深化文化体制机制改革等方面取得了新进展、新突破、新成就，为广东省经济社会全面协调发展提供了有力的文化支撑。雷于蓝副省长要求，全省文化系统要把握机遇、科学谋划，努力开创文化强省建设新局面，为广东省实施"十二五"规划开好局、起好步，重点抓好文化发展"十二五"规划实施、公共文化服务体系构建、文艺精品创作、文化产业和文化市场发展、文化遗产保护、文化交流合作深化等六方面工作，为建设幸福广东添砖加瓦，以优异成绩迎接建党90周年。

省委宣传部顾作义副部长在讲话中要求全省文化系统进一步加强公共文化服务体系建设，大力改善文化民生，让人民群众享受更多文化成果。省文化厅厅长方健宏在会上全面总结回顾了"十一五"时期特别是2010年全省文化系统取得的主要成绩，深入分析了当前文化工作的形势和任务，对做好"十二五"时期和2011年文化工作进行了部署和提出了明确要求。广州、河源、惠州、云浮罗定市文化部门和东莞市长安镇、广东省文化馆等单位代表围绕2010年特别是贯彻落实省委十届七次全会精神、推进文化强省建设的工作情况作了经验交流发言。会议代表还在会前参观考察了广东省博物馆新馆、广州大剧院、广州塔等近年来广州市新落成的标志性文化设施。

【2011年广东对外对港澳台文化交流】 2011年12月23日，广东省2011年对外对港澳台文化工作点评会在河源召开。来自全省各地级市文化部门对外文化工作的有关负责人出席并参加讨论。根据文化部通报，2011年广东省对外对港澳台文化交流项目数和人数均位居全国第一，超过了第二、三位省（市）的总和。2011年广东省双向文化交流数字再创新高，截至当日广东对外、对港澳双向文化交流达954批13 461人次，其中，出访为370批5 720人次，分别比2010年增加了2.8%、12.5%；来访为584批7 662人次，比2010年分别增加了27.2%、3.5%，继续保持全国前列。

广东省文化厅副厅长程扬在点评会上作主题报告时指出，2011年以来，广东省各地积极主动挖掘地方特色文化，打造了特色鲜明的对外文化交流品牌，呈现出亮点纷呈的可喜局面。如"广东现代舞周""广州三年展"第16届"广州国际艺术博览会""首届广州国际演艺博览会""连州国际摄影年展"等活动成功举办；中山市利用辛亥革命百年纪念契机加强对台文化交流工作，积极建设两岸文化产业园；东莞市精心打造《蝶》《爱上邓丽君》《三毛流浪记》和《王牌游戏》等四部音乐剧，其中《蝶》在国内外巡演200多场，《爱上邓丽君》在韩国大邱国际音乐剧节上荣获最高奖项；

云浮市打造音乐剧《六祖惠能》参加上海国际音乐节演出，擦亮了禅宗六祖文化名片。

广东省注重结合国家外交大局以及省委、省政府中心工作需要，进一步加强了央地合作，圆满地完成了一批规格高、影响大的文化交流活动项目，得到了文化部和省委、省政府的高度肯定。2011年春节期间，广东省成功组织了4批文艺团组参加文化部海外“欢乐春节”活动，包括广东歌舞剧院赴美国演出、佛山龙狮团赴意大利演出、珠海汉胜艺术团赴新加坡“春到河畔”春节演出及以梅州市、广东粤剧学校为主的广东艺术团赴留尼旺演出等，被文化部授予“优秀组织奖”。2011年5月，广州市木偶艺术剧院有限公司赴西雅图参加国际儿童艺术节演出并顺访加拿大演出，受到当地欢迎。2011年7月，省歌舞剧院、省民乐团和珠海艺术团参加南太平洋岛国慰问演出，克服各种困难，在停电的情况下仍然坚持演出，这种敬业精神深受当地政府和民众所感动，也得到文化部和外交部的赞扬。2011年10月，在珠海市成功举办了文化部东盟“10+3”文化人力资源合作培训班。广州交响乐团赴新加坡演出获得成功，新加坡总理出席观看演出，评价较高。而2011年底组派的汕头市魔术杂技团赴泰国演出，也受到泰国各界的好评。

近年来，广东省还不断深化粤港澳文化合作，积极落实《粤港澳文化交流合作发展规划（2009—2013）》的合作内容，举办了粤港澳文化合作第十二次会议，达成了48个合作项目，签订了3个合作意向书。2011年广东省的16个粤港澳文化交流合作示范点开展交流合作项目100多项，成为对港澳文化交流的主力军。特别是非物质文化遗产领域的交流，深受港澳民众欢迎，广东粤剧院赴港澳交流及演出项目多达数十个，广东粤剧学校全年为港澳同胞开设了五期粤剧粤曲艺术培训班，受训人数近300人。

继2010年台湾广东周文化交流取得重大突破后，2011年以纪念辛亥革命百年为主题继续组织广东文化登入宝岛台湾。期间，广东省选派了广州杂技团《西游记》、东莞音乐剧《爱上邓丽君》、广东民族乐团大型民乐音乐会赴台巡演，均受好评。组织参加首届“两岸文创论坛”活动和“海峡两岸文化创意产业展”，协助组团赴台参加“2011两岸三地青少年管弦乐团”交流演出，配合第五届海峡两岸客家高峰论坛举办了“两岸和谐·客家同欢”山歌晚会，组织台湾200多名青少年参加2011海峡两岸舞蹈交流研修夏令营、“1+1——两岸四地艺术交流计划”、“辛亥革命风云人物墨迹展”等活动，邀请台湾木偶剧团参加了广东省第十一届艺术节演出，节目新颖，层次高，艺术性强。这些丰富多彩的文化交流活动，有力地促进了两岸同胞的沟通了解，扩大了广东文化的影响力。

文化产业

【简述】 近年来，广东省文化产业一直保持良好的发展势头，“十一五”期间，广东文化产业增加值年均增长为12.6%，高于同期GDP的增长水平。除总量规模较大外，广东文化产业还具有区域优势明显、新业态蓬勃兴起、投资主体多元、民营文化企业活跃、拥有一批在全国有一定影响力的知名企业和自主品牌等特点。

2003—2010年，广东省文化产业增加值年均增长率为12.6%，高于同期全省GDP增长水平。文化产业增加值占全省GDP比重保持在5.5%以上，约高出全国平均水平一倍。2010年7月，省委十届七次全会专题讨论文化建设，在广东历史上尚属首次。《广东省建设文化强省规划纲要（2011—2020年）》在会上通过，建设“文化大省”的提法正式刷新为打造“文化强省”。按照纲要规划，今后10年，全省文化及相关产业增加值实现年均增长12%以上；到2015年，全省文化及相关产业增加值超过4 500亿元；到2020年，全省文化及相关产业增加值超过8 000亿元。

为夯实文化大省的基础，广东提出文化建设“七大工程”：全面实施提高公民素质工程、文化精品工程、文化改革创新工程、公共文化服务体系建设工程、文化产业提升工程、文化“走出去”工程、高端文化人才培养和引进工程等。

尽管广东省文化产业建设取得了一定的成就，但目前仍然存在着产业结构和布局不合理、文化市场体系不健全和制约文化产业进一步发展的深层次问题。广东应把发展文化产业放在重要战略位置上，从加强宏观规划和政策、优化文化产业布局等五个方面入手。进一步加快文化产业发展步伐，实现由文化大省向文化强省的跨越。

【文化区域扩展重在产业升级】

当前，广东的文化体制改革在许多重要领域和重点环节取得了新的突破，保持了全国领先地位；文化产业迅速发展，规模总量持续位居全国各省市首位。值得一提的是，广东的文化产业区域布局日趋合理，初步形成了区域协作、优势互补的新格局。以广州、深圳为中心的珠三角大步发展的同时，东西两翼和粤北山区也依托地方特色文化资源，大力发展区域特色文化产业，承接珠三角地区产业转移，初步形成了以汕头、潮州的工艺美术和动漫玩具业，梅州、韶关的文化旅游业为代表的区域特色文化产业群，全省文化产业高度集中于珠三角的局面得到改变，文化产业从集中珠三角到区域均衡。

广东在文化产业方面要重点发展文化创意、平面传媒、广播影视、出版发行、演艺娱乐、文化旅游、文化会展等八大文化服务业，着力培育文化领域战略性新兴产业，提升文化制造业发展水平，推进新闻出版、广播影视、演艺等文化资源的数字化，建设文化和媒体数字资源库。广东要建设全省连锁经营、覆盖城乡的出版物发行网络、广电网络、数字电影院线和演出院线网络；规划建设若干个全国性和区域性的各类文化产品交易市场；积极开发以网络和移动媒体为载体的新兴文化市场；建设一批版权和其他无形文化资产交易、文化信息和技术交易市场；开展“文化消费补贴计划”和“国民文化消费卡工程”试点，拉动文化消费。

作为政策保障，广东也在加紧制订和落实文化产业政策法规，下一步将要出台《广东省文化产业促进条例》《关于加快文化强省建设若干文化经济政策的意见》，根据广东实际，从财政、税收、土地、工商管理、人员分流安置、社会保障和人才培养等各个方面对文化产业发展给予政策支持，最大限度地发挥政策效应。

【文化与金融合作战略】 由于文化产业本身的特殊性，文化企业和文化产品融资较为困难，影响了文化产业发展的后劲。为解决这一困境，按照广东省委省政府的要求，积极探索建立广东文化产业投融资体系，设立了2亿元的广东省文化产业发展专项资金。2009年共有48个项目获得资助支持，2010年共有52个项目通过了专家初评。从2011年开始专项资金每年增加4 000万元，到2015年将达到4亿元的规模。此外，全省还有深圳、东莞、珠海、中山等七个市设立了文化产业发展专项资金。

除了政府渠道，广东还在力推“文化与金融合作战略”，初步建立了文化产业与金融机构的战略合作机制。据不完全统计，2011年各金融机构为全省文化企业实际提供贷款近50亿元。

组建广东文化产权交易所和筹备设立50亿元规模的“广东文化产业投资基金”，成为广东为文化企业拓展投融资方式的新亮点。目前广东建立了文交所，通过挂牌交易，引导资金前来参与竞投，也可借此规范版权交易，与国际版权界接轨，为上市的文化企业建立退出机制。广东在努力探索适应文化产业发展的信贷模式。

目前广东有上市的文化企业4家，另有广东出版集团、南方报业集团、南方广播影视传媒集团、珠影集团以及一批民营文化企业也正在积极推进上市融资工作，股份制改造和上市辅导已基本完成。广东已建立重点文化企业档案，争取每年新增2~3个文化上市公司。下一步，广东将大力推进文化企业的资源重组和股改上市。

【专项资金扶持文化产业】 从2011年开始，广东省进一步加大对文化产业的扶持力度，“广东省文化产业发展专项资金”将在2亿元基础上每年递增4 000万元，到2015年达到4亿元的资金规模。此外，广东还将力争每年有2至3家文化企业上市。

据广东省委宣传部副部长杨健介绍，广东省2010年文化产业增加值为2 524亿元，占全省GDP比重5.6%，占全国文化产业比重超过1/4，已连续八年位居各省市首位。2006至2010年，广东省文化产业增加值年均增长12.6%，高于同期全省GDP增长水平；占全省GDP比重保持在5.5%以上，约高于全国平均水平一倍。

2011年广东拥有包括奥飞动漫在内的4家上市的文化企业，为筹措更多的资金来源做大文化产业，广东将重点推动文化企业上市。2011年上半年，规模50亿元广东省文化产业投资基金将完成组建，以重点扶持文化企业的兼并重组、股改上市等。

【广东文化产业投资基金挂牌】

2011年12月1日，广东文化产业投资基金在广州正式挂牌成立，其目标是争取2013年底达成总体规模50亿的募集额。省委常委、省委宣传部部长林雄，中山大学党委书记郑德涛，省委宣传部副部长、省文资办主任赖斌，南方报业传媒集团管委会主任、南方日报社社长杨兴锋，南方报业传媒集团总经理黄晓东等近300人参加了揭牌及现场签约仪式。

为深入贯彻落实《广东省建设文化强省规划纲要》，进一步完善广东文化产业投融资体系，省委宣传部经过充分论证、多方协商，由南方报业传媒集团、南方影视传媒集团和广东中大科技创业投资管理有限公司共同组建成立了广东文化产业投资管理有限公司，由该公司发起并募集资金成立了广东文化产业投资基金。

文化产业投资基金将按照企业化管理、市场化运作方式进行投资运作，文化产业投资基金整体规模为50亿元，将按照70%的资金投向广东省内项目、70%的资金投向文化产业的原则，重点关注广东省文化产业的发展。按照计划，基金在2011年完成首期10亿资金募集规模的基础上，2012年中期达到募集资金30亿，2012年底募资40亿，计划在2012年底前投30亿元参与我省文化产业建设。基金主要面向广东省内文化新业态、新媒体、传统平面媒体、广播影视业、出版发行和版权服务业、旅游文化服务业以及演艺娱乐业等一批国家、省重点扶持的文化产业项目，重点投资的领域包括省直大型文化企业战略性重组项目、科技型创业型中小文化企业或项目、岭南文化精品项目、文化产品和服务出口类项目等。

随后，广东文化产业投资管理有限公司与南方出版传媒股份有限公司、珠江影业传媒股份有限公司、广东南方影视传媒控股有限公司、广东省广播电视网络股份有限公司、广州酷狗计算机科技有限公司等文化企业签订了投资协议。

【广东省动漫产业发展情况新闻发布会】 广东省动漫产业发展情况新闻发布会于2011年8月16日在深圳市政府新闻发布厅举行，广东省文化厅党组成员、副巡视员王业群在发布会上介绍了“广东省动漫产业发展情况”并答记者问。

据王业群介绍，目前广东省动漫产业管理涉及文化、广播电影电视、新闻出版等多个政府管理部门。其中，省文化厅主要负责动漫相关的产业规划、产业基地、项目建设、会展交易和市场监管等；省广播电影电视局负责对影视动漫和网络视听中的动漫节目进行管理；省新闻出版局负责在出版环节对动漫进行管理。

广东动漫产业目前发展的总体势头较好，产品数量与质量迅速提升，涌现出一批优秀的动漫企业和动漫品牌，动漫产业链条日趋完善，运营模式不断成熟，动漫“走出去”步伐加快，政府管理服务工作不断加强，广东已初步成为国内动漫产业发展门类最齐全、产业链较完整的省份之一，主要呈现以下几方面特点：

一是动漫产业规模较大，发展态势良好。2009年，广东省动漫核心产业产值23亿元，动漫总产值（不含动漫主题公园）达75.9亿元；2010年，动漫核心产业产值达到32.2亿元，动漫总产值（不含动漫主题公园）达106.26亿元，比2009年增长42%（全国平均增长27.79%），约占全国动漫产业产值的35.32%。2010年全省共生产电视动画片54部、30 660分钟，位居全国第三。

二是优秀动漫企业逐步涌现，竞争力显著增强。如被誉为“中国动漫第一股”的广东奥飞动漫文化股份有限公司，经过十余年的发展，已拥有从内容设计、形象授权、媒体传播到产品创作、市场营销的完整产业链，2010年主营收入超过9亿元。国家重点动漫企业广州漫友文化科技发展有限公司，2010年发行的动漫读物发行量达1 354万册，占全国总量的30%，连续5年居全国之首。广东原创动力文化传播有限公司创作的“喜羊羊与灰太狼”已成为国内最具知名度的动漫形象，其授权及参与拍摄的《喜羊羊与灰太狼》系列电影，连续三年蝉联全国动画电影的票房冠军。

三是原创动漫精品不断涌现，传播渠道逐步拓展。如深圳华强数字动漫有限公司，2010年生产动画片12 818分钟，原创电视动画片产量居全国第二，其动漫产品已销往100多个国家和地区（累计出口达数万分钟），在境外有较高收视率，多次在国际电视节中获奖。2010年，广东原创动力文化传播有限公司以“嘉年华”形式将“喜羊羊与灰太狼”带至台湾，首次将大陆的动漫形象输入宝岛；2011年初，该公司正式与美国迪士尼公司签订战略伙伴关系，授权迪士尼全球代理《喜羊羊与灰太狼》衍生产品，《喜羊羊与灰太狼》由此迈入了国际品牌之路；最新100集动画片《喜羊羊与灰太狼之羊羊快乐的一年》，通过迪士尼的渠道在亚太地区52个国家和地区播映。

四是专业动漫会展活跃，影响力日益扩大。如东莞市借助全国最大动漫衍生产品制造基地的产业优势（拥有动漫衍生产品生产企业超过1 000家，国际知名的芭比娃娃、米老鼠、Hello Kitty等，几乎都是东莞生产），连续两年举办中国国际影视动漫版权保护和贸易博览会。2010年的博览会展览面积7平方米，共吸引来自境内外506家企业、机构参展，签约项目125个，成交金额38亿，促进了动漫文化创意产业与传统制造业的有效对接，推动了东莞传统制造业的转型升级。又如广州的中国国际漫画节，已连续举办三届，2010年展会包括动漫版权交易会、漫画家大会、金龙奖评选、ACG穗港动漫游戏展、中国大学生动漫作品大赛等活动，展览面积1.2平方米，共吸引300多家国内外企业、机构参展，评选出获奖动漫作品98个，推出动漫新人近100人，漫画节总收益超过27亿元，取得了良好的经济效益和社会效益。

五是区位优势日益凸显，对外合作不断深化。广东动漫内容的创作、制作主要集中在广州、深圳，动漫衍生品的生产、加工主要集中在制造业较为发达的珠三角及粤东潮汕地区，具有集聚效应。随着珠三角区域经济一体化和粤港澳合作的深入推进，粤港澳文化创意产业的深度合作，为广东动漫产业提升竞争力和推动产品服务走出去提供了重要平台。如位于广州从化的广东动漫城，已与香港及多家境外公司建立了合作关系；香港文化传信集团拟投资在珠海横琴建设文传亚洲3D梦工厂项目，包括创意产品产权交易、3D技术研发和技术服务、3D动漫影视制作等内容。

六是民营动漫企业活跃，产业链条日趋完善。广东动漫产业投资主体多元化，民营企业已成为了主力军，特别是以广东原创动力、奥飞等为代表的民营动漫企业，成为全国动漫行业的领军企业和代表中国文化产业发展水平的亮丽品牌。随着广东省内图书、杂志、音像制品、玩具、文具、服装等行业的发展壮大，各种传统产业与动漫产业加速融合、互相对接、相得益彰。网络动漫、手机动漫、动漫演出等新业态发展迅速，动漫衍生产业蓬勃兴起，形成了日趋完善的动漫产业链条。

【广东“中华文化旅游主题年”在新兴启动】 2011年3月4日，广东2011“中华文化旅游主题年”暨禅宗六祖文化新兴游启动仪式在新兴县六祖故里旅游度假区盛大举行。该活动由广东省旅游局和云浮市人民政府联合主办，新兴县人民政府、云浮市旅游局协办。

启动仪式为期两天，以“幸福广东、心悦禅宗、赏阅新兴”为主题，活动将贯穿全年，持续升温。启动仪式期间，举行“幸福新兴，魅力禅都”旅游推介会、禅文化与旅游开发论坛、打造“中国禅都”战略合作签约仪式、专题文艺晚会以及新兴精品线路考察等一系列活动。

在新兴县举办的该项活动，将突出文化引领这一主题，充分挖掘丰富的禅宗文化旅游资源，推动禅宗文化旅游产品及线路的开发与利用，实现文化与旅游的协调发展。这次活动的举行，将进一步提升广东旅游的发展水平，提高旅游产品的文化含量，打造广东旅游品牌，把“广东禅宗六祖文化游”打造为国内知名，辐射东南亚和港澳台地区的文化旅游品牌线路，有力地推动中华优秀传统文化的传承与弘扬。

【广东启动组建首只文化产业投资基金】 2011年3月17日，广东省文资办与工商银行广东分行签订广东文化与金融战略合作协议。继建设银行、光大银行和民生银行之后，工商银行正式成为省文资办第四家战略合作银行。同时，工商银行广东分行、南方报业传媒集团、南方广播影视传媒集团、工银国际投资管理有限公司共同签订了广东文化产业投资基金组建备忘录，正式启动了广东文化产业第一只投资基金的组建工作。时任省委常委、宣传部长林雄出席签约仪式并讲话。

为进一步完善广东文化产业投融资体系，经过长达半年的组织策划，由南方报业传媒集团、南方广播影视传媒集团与工商银行广东分行作为主要发起人，共同筹建广东文化产业投资基金。组建该基金，一是有利于打破过去文化企业单一依靠政府拨款和商业贷款的传统模式，创新文化产业发展的投融资体制；二是有利于将我省国有重点文化企业培育成大型龙头文化企业和战略投资者；三是有利于引导社会资本关注支持文化产业。该基金将按照企业化管理、市场化运作方式组建，重点关注广东省文化产业的发展壮大。

林雄对基金的组建提出要求，一要严格按照法律法规组建，做好登记备案等工作。二要立足为建设文化强省服务，重点关注广东省内文化企业。三要成立专门的筹建工作组，力争在6月底之前挂牌成立。四要科学引导，加强风险管控，提升基金的核心竞争力和盈利能力。

【2011年“书香岭南”全民阅读活动】

2011年4月23日，“书香岭南”全民阅读活动启动仪式在广东省立中山图书馆广场举行。省委常委、宣传部长林雄，广东省副省长雷于蓝，省委宣传部副部长、省文明办主任顾作义，省教育厅党组成员、巡视员李小鲁，南方日报传媒集团管委会主任、南方日报社社长杨兴锋，省作家协会主席、党组书记廖红球等领导出席，省文化厅副厅长杜佐祥主持仪式。

省委常委、宣传部长林雄宣布“2011年‘书香岭南’全民阅读活动启动”。省委常委、宣传部长林雄，广东省副省长雷于蓝等领导推开“书香之门”。

省委宣传部副部长、省文明办主任顾作义在仪式上讲话，强调全民阅读活动是我省建设文化强省、助推“幸福广东”的重大举措，也是开启民智、文化惠民的重要工程。2011年的全民阅读活动，将重点围绕学习型社会建设进行，有五个突出特点：一是更加注重时代性；二是更加注重全民性；三是更加注重惠民性；四是更加注重品牌性；五是更加注重创新性。省图书馆学会刘洪辉常务副理事长宣读了《在全省图书馆开展全民阅读活动的倡议书》。

随后，省委常委、宣传部长林雄，广东省副省长雷于蓝为省捐赠换书中心揭牌，并参观了省捐赠换书中心。这是中国首个省级捐赠换书中心，内设捐书和捐资认购书平台、换书区、图书漂流区、多媒体展示区，将长期接受社会各界和个人图书捐赠、图书捐资认购，同时为群众提供免费天天换书服务，并定期将受赠图书统筹配送至全省有需求的地区和广大群众。

该中心的具体实施办法为：读者可携带八成新以上的社科、文学、经管、哲学、生活类图书入场，按原书价的八折换算成自己可以使用的金额，填写在现场办理的“换书证”上。然后在场内一次性挑选自己中意的图书，同样将书价以八折后计算，使用换书证上的金额予以“购买”。入场图书均可以循环进行交换。

在图书漂流书区，林雄、雷于蓝等领导为《幸福的方法》、《对我们生活的误测——为什么GDP增长不等于社会进步》等书籍签写寄语并放漂。领导和嘉宾还参观了少儿图书绘本制作活动、4.23世界读书日邮票展、3G学堂现场展示等展览。

【第四届中国国际漫画节】 第四届中国国际漫画节于2011年9月29日在广州中山纪念堂拉开帷幕。本届漫画节围绕“新广州、新商机、新漫展”的主题，以“漫画给力文化产业发展、助力世界文化名城建设”为口号，活动包括第四届中国国际漫画节开幕式暨第8届“金龙奖”原创漫画动画艺术大赛颁奖典礼及系列活动、动漫版权交易会、第五届ACG穗港澳动漫游戏展、光辉历程·红色记忆—庆祝建党90周年宣传画藏品选展、第四届中国国际漫画节闭幕式暨2011全国大学生原创动画大赛颁奖典礼等。

本届漫画节含动漫版权交易会交易及签约额约30.2亿元，比上届增加12%；金龙奖收到来自世界各地的投稿7 453份，比上届增加10%；穗港澳动漫游戏展吸引300个参展商参展，5天参观人数达24万，比上届增长24%；大学生原创动画大赛吸引大陆、香港和台湾近200所高校参与，参赛作品达1 268件；庆祝建党90周年宣传画藏品选展展出中国版本图书馆独家收藏的以中国共产党历史题材为内容的宣传画藏品190幅，入场总人

2011年8月19—25日，“2011南国书香节暨羊城书展”在广州琶洲会展中心举行。主会场迎客81.6万人次，累计总销售额4000万元，举办了百余场高端主题文化活动。

数达 6 000 人。

本届漫画节逐步凸显国际性，包括首次举办了拥有目前全球最高额奖金的大型国际电子竞技比赛——“英特尔极限大师杯全球挑战赛”（Intel Extreme Masters）。这是该项赛事首次设站广州，并落户第五届穗港澳ACG动漫游戏展；举办了欧洲连环画/漫画作品邀请展，法国漫画家首次组团参加等。

2011（第六届）全国大学生原创动画大赛是本届漫画节的主体活动之一，设有二维动画短片、三维动画短片、Flash动画、手机动画、Motion Graphics、概念设定、漫画类作品、动漫衍生产品、单项奖等九大类奖项，总奖金超过40万元。共有来自全国近200所高校的1 268件作品参与角逐。经过初评和终评，大赛共颁出98个奖项。中国美术学院《拾黄金》获二维动画金奖、广州美术学院《FAT》获三维动画金奖、广东文艺职业学院《这个冬天不太冷》获FLASH动画金奖、东北师范大学《成语新解》获漫画类作品金奖，南京艺术学院《涂鸦》获Motion Graphics金奖，广州美术学院《追乐》获手机动画金奖，其他奖项由40多所高校摘取。大赛评选委员会专家们认为，今年参赛作品较往年无论在数量或质量上都有很大的突破，总体上代表了全国在校大学生相关专业最高创作水平。

【2011广东国际旅游文化节】

2011年广东国际旅游文化节于2011年11月4日在广东韶关盛大开幕。本次活动由首届中国素食文化大会、首届中国国际素宴烹饪大师邀请赛、2011韶关佛教祈福灯会、韶关国际美食节暨韶关国际生态名优特产品展览会等一系列活动组成。由中国烹饪协会、中国公共关系协会、韶关市人民政府联合主办，由韶关市经济和信息化局、韶关市农业局和韶关市民族宗教局协办，由广东全游通电信服务发展有限公司、东方美食国际传媒集团共同承办。

这是一次深入探讨中国素食文化的高端学术论坛，是中国烹饪大师汇聚一堂展示创意素食的盛宴，也是展现独具中国韶关禅宗文化底蕴的美食盛会，力争打造韶关“中国素食文化之都”的美食品牌形象。中国烹饪协会以本次活动作为中国素食产业的一次新的起点，韶关将成为中国首个素食产业开发基地，使韶关快速成为素食文化从理论到实践、产品到产地的成为中国素食的权威交流平台。

韶关有良好的自然生态农副产品基地，为开拓韶关素食产业奠定了坚实的基础，根据广东产业双转移的战略，通过发挥韶关的生态资源优势和禅宗文化的影响力，本次活动为打造具有粤菜特色的健康、生态的素食品牌，进行行全新的尝试。为韶关旅游产业注入活力，同时希望由此带动韶关生态产业的发展，推动当地餐饮产业链上下游供应体系的良性互通，增加当地农副产品附加值，对韶关食品加工业起到腾笼换鸟的产业提升。

中国素食文化大会会馆的建成，将开拓韶关会展旅游新的起点，带动韶关旅游的酒店、餐饮、娱乐、购物等行业的发展，丰富韶关旅游行业的积极联动，提升韶关作为广东重点旅游城市的服务品质，推动韶关旅游产业持续、快速发展。

【第十一届广东省艺术节】 2011年11月11日，第十一届广东省艺术节在广州友谊剧院拉开了帷幕。广东省委常委、宣传部长林雄，广东省副省长雷于蓝，广东省政协副主席徐尚武，广东省政协副主席周天鸿，广东省政府副秘书长江海燕，文化部艺术司副司长陶诚，广东省委宣传部副部长顾作义，广东省文化厅领导方健宏、杜佐祥、程扬、杨树、凌曲刚、杨伟时、胡振国及粤剧艺术名家红线女等出席开幕式。广东省委常委、宣传部长林雄宣布第十一届广东省艺术节开幕，广东省副省长雷于蓝和文化部艺术司副司长陶诚分别在开幕式上讲话，广东省文化厅厅长方健宏主持开幕式。

本届艺术节共有55台剧节目参演参评（演出60场），其中35台为参评剧目，一台新疆喀什的歌舞晚会，一台广东省话剧院有限公司参演话剧。作为主会场的广州上演33台剧目；分会场东莞上演8台剧目。此外，还包括大型国内外美术展文物博物类展览4个，高层艺术论坛1个，艺术讲座3个。本届艺术节首次推出“万票免费活动”，让更多的群众能走进剧院，除粤剧文化广场、中山大学有18场免费演出外，其他每场演出将有120~150张免费票主要馈赠给需要关爱和帮助的社会群体。

本届艺术节在办节模式等方面大胆创新：一是突出重点主题，为纪念辛亥革命一百周年，特别创设了“百年辛亥”这一重点板块，推出5部反映辛亥革命题材的优秀作品。二是创设特别板块。除创设主要戏曲板块、稀有剧种板块、话剧板块、音舞板块等外，还创设特别板块，如喜剧、音乐剧、“百年辛亥”、港澳台及新疆等。三是扩大参演范围。四是加强文艺交流。五是尝试网上直播。由广东省文化艺术信息中心牵头组织，对重点演出场次进行网上视频直播，观众只需对参评剧目进行网上评议，即有机会免费获取相关演出的门票。通过网上直播和观众评议，增加关注度，吸引更多的观众参与，扩大优秀剧目的影响力。六是增设暖场活动。

【第六届深圳客家文化节】 2011年12月17日，“创意十二月”第六届深圳客家文化节在深圳隆重举行。本届客家文化节由深圳市委宣传部、深圳市文联等单位联合主办，由市民间文艺家协会、杨宏海客家文化与艺术工作室等承办。

本届文化节分为“创意舞台”“专家论坛”“艺术下乡”“传媒新风”4个板块共9方面内容，旨在表现深圳海纳百川的胸怀和岭南文化创新的尝试。将3种岭南文化的精华荟萃一台演出，在广东省同类型晚会上尚属首次。为传承、创新、发展优秀传统文化，客家文化节本着“抢救原生态，精品留后代；创新原生态，吸引新一代”的原则，先后联手深圳大学、梅州嘉应学院、广东省流行音乐家协会等机构，整合海内外客家文化资源，开展了诸如“客家文化进校园”“客家文化进社区”等一系列群众喜闻乐见的活动，客家文化节已使深圳成为全球创新客家文化的一个窗口。

来自商界、政界、学界的近百位客家精英齐聚一堂，探讨客家文化传承的新思路，共谋客家精神的弘扬之道。广东省民间文艺家协会副主席、深圳市民间文艺家协会主席杨宏海，广东省客家商会常务副会长杨汉军，华南理工大学客家文化研究所所长谭元亨，深圳大学经济学院教授钟杏云等分别在研讨会上发言。与会专家学者从当前客家文化传承现状出发，围绕客家文化自身特征与新媒体优势展开深入讨论，就如何利用新媒体更好地服务客家文化传承这一议题各抒己见。

来自台湾、江西、以及广东省内广州、梅州、惠州等地的客家歌手悉数登台，争相献艺。在参与表演的演员中，既有深圳的也有梅州和汕头的，还有江西赣州和台湾的。客家文化如同纽带，将各地客家人以及非客家人连结在一起。发挥民间的力量推动传统文化的传承和发展，也就有了更加扎实的基础。

研讨会上，也有专家强调，在当下全球经济一体化的文化语境下，实现民族文化多样性的共生共荣，是全世界面临的共同挑战。因此，在通过政府倡导和扶持的基础上，通过产业化开发、市场化推广，同样是推进传统民族文化保护和传承的重要方面。

【第四届瑶族文化艺术节】 2011年12月19—20日，中国（连南）第四届瑶族文化艺术节在广东省连南瑶族自治县隆重举行。本届瑶族文化艺术节由中国民间文艺家协会、文化部民族民间文艺发展中心、广东省文联、广东省民宗委、广东省民间文艺家协会、清远市人民政府主办，连南县委、县政府承办。

本届艺术节的主题是：文化惠民，幸福穿越。艺术节由“一歌一舞”颁奖仪式、“中国瑶族刺绣艺术之乡”授牌仪式、连南招商引资及特色文化旅游项目签约推介、瑶族服饰表演、瑶绣产业发展研讨会、瑶族特色文艺晚会和南岗千年瑶寨耍歌堂等部分组成。

艺术节的的重头戏“耍歌堂”于12月20日在中国瑶族第一寨——连南县南岗千年瑶寨举行。“耍歌堂”是连南排瑶纪念祖先、感恩祖先、追忆历史、喜庆丰收、崇拜英雄、传播知识的隆重活动，同时也是男女青年谈情说爱和人们会亲结友的的民间盛会。“耍歌堂”期间，瑶家男女老少都穿上五彩缤纷的节日盛装，倾寨而出，尽情娱乐。耍歌堂活动的主要内容有拜祭盘王、过九州、游神、长鼓舞、瑶族民歌联唱、追打黑面人等。当天的“耍歌堂”活动吸引了国内外众多游客观摩，并与瑶胞同歌共舞，共同分享传统瑶族节庆文化活动的喜悦。

2011年11月6日，2011广东国际旅游文化节乳源分会场暨瑶族“十月朝”活动瑶族风情文艺晚会在乳源县政府广场隆重举行。

连南作为广东省3个少数民族自治县中少数民族人口最多的自治县，全国乃至全世界唯一的排瑶聚居地，被誉为诗画瑶山、歌舞之乡。连南瑶族“耍歌堂”与“长鼓舞”被列入国家级非物质文化遗产名录。连南拥有“万山朝王”“板洞天湖”“瑶山锦绣”等优美的自然风光，素有“广东小桂林”之称。

连南通过举办本届瑶族文化艺术节，充分挖掘和展示《瑶族舞曲》的故乡及国家级非物质文化遗产品牌和瑶族原生态歌舞、瑶族历史文化的内在魅力和艺术价值，培养社会建设的和谐心态，进一步加大连南的对外宣传力度，合力打造民族特色文化旅游品牌，加快“幸福瑶山·醉美连南”建设的步伐。

【第二届中华砚文化学术研讨会】 2011年12月28日，第二届中华砚文化学术研讨会在“中国砚都”广东省肇庆市举行。来自端砚、歙砚、洮河砚、澄泥砚、松花砚、鲁砚、辽砚、红丝砚、苴却砚、淄砚等各个砚种的代表、制砚大师，高等院校的专家教授，书画界、收藏界、新闻传播界以及台湾、日本等地的嘉宾共200多人参加研讨会。砚文化学术研讨会围绕“弘扬中华砚文化，提升国家软实力”这一主题展开交流，对砚文化的创新发展进行深入研究和探讨。

研讨会上，全国各类砚种的代表人士、制砚艺术大师、专家学者先后进行了主题发言，从多个角度、不同层面对“弘扬中华砚文化、提升国家软实力”提出了各自的意见和建议，对推进中华各大名砚的可持续发展、中华砚文化的繁荣兴盛将起到积极的指导和推动作用。

原广东省委副书记、广东省政协副主席、全国政协港澳台侨委员会副主任蔡东士，中国人民武装警察部队原副司令员、中将、中华砚文化发展联合会会长刘红军，以及中国文房四宝协会会长郭海棠等人参加研讨会并作了主题发言。

本次研讨会由肇庆市人民政府、中国文房四宝协会主办，广东省社科院、广东省社科联、广东省珠江文化研究会支持举办。主办方表示，举办本次研讨会，旨在深入贯彻落实党的十七届六中全会精神，全面推进社会主义文化建设，推进中华各大名砚的可持续发展，推动中华砚文化的发展与繁荣。

【第二届英德英石文化节】 第二届中国（英德）英石文化节暨英德市文化旅游经贸系列活动于2011年12月31日在英德市隆重举行。英德市的主要市领导表示，去年英德首次成功举办“2010中国·英德英石文化节暨英德市重点项目签约、动工、竣工仪式活动”后，英德的英石文化进一步得到弘扬，英石经济迅速成为当地特色经济发展的一大亮点。

英石是英德特有、经自然力长期作用而形成的石灰石，“瘦、皱、漏、透”的自然特性赋予它极高的观赏和收藏价值。经申报，英德荣获“中国英石之乡”称号，英石获“国家地理标志产品”保护。多年来，英德依托资源优势，积极引导和支持当地农民从事英石开发。目前，沿英曲公路、英阳公路已形成一条有大小奇石展位100多个、绵延30多公里的奇石展销长廊，而市区大小奇石店如雨后春笋般冒出，建成“Z”字型的奇石一条街。为做大做强英石特色经济，英德曾先后四次举办英石展销会。其中，2010年开始以政府名义高规格举办“中国（英德）英石文化节”，促其成为当地特色经济发展的又一亮点。

英石行业的产业链延伸至奇石开采销售、几案石加工、假山园林建筑、山水盆景制造及园林苗木等多个领域，所产英石远销日本、美国、新加坡、台湾等50多个国家和地区，成为了全国乃至亚洲最大的奇石交易集散地。

近年来，英德市“以石为财，点石成金”，建成了中国最大的园林景石集散地，各类产品远销日本、美国、新加坡、台湾等50多个国家和地区。2011年英德市与石头相关的产业年产值突破60个亿元人民币，比2010年猛增超10亿元。在2011年初省发布的《广东县域经济综合发展力研究报告》中，英德经济“综合发展力”在全省山区县（市）中再次排位第二。取得如此可喜成绩，主要得益于做活石头文章。

此外，英德市还将举办砂糖桔节、旅游美食嘉年华、文艺晚会及重点项目庆典等系列活动，进一步展示和提升英德新形象，推动英德经济加快发展。

未来该市将利用石头资源建新型水泥基地、设奇石展销长廊、兴溶洞峰林旅游，促进县域经济跨跃式发展，使英德的石头会“唱歌”。此次举办英石文化节就是英德市推动英石文化产业发展的重要举措。

文化建设

【省文化市场管理暨文化市场综合执法工作会议】 2011年1月20日，广东省文化市场管理暨文化市场综合执法工作会议在广州召开。会议由副省长、省文化市场管理工作领导小组副组长雷于蓝主持，省委常委、宣传部长、省文化市场管理工作领导小组组长林雄同志作了讲话。省政府副秘书长江海燕，省文化厅厅长、省文化市场管理工作领导小组成员方健宏，省文化厅党组成员、省文化市场综合执法局局长、省文化市场管理工作领导小组办公室主任胡振国出席会议。省文化市场管理工作领导小组各成员单位、各地级以上市文化市场管理工作领导小组办公室、文化广电新闻出版（文体旅游）局、文化市场综合执法机构的相关负责人参加了会议。

省文化市场综合执法局被文化部评为“全国文化市场综合执法十大先进单位”，省文化厅、东莞、广州、佛山、汕尾、深圳、中山等文化市场行政执法大队、总队分别被评为先进单位，广州、东莞被评为办案先进单位。

2011年是中国共产党成立90周年，是“十二五”规划开局之年，广东地处改革开放的前沿，思想文化领域面临的形势更加严峻，对文化市场管理和综合执法工作提出了新的更高的要求。林雄要求大家要从战略高度，充分认识新时期文化市场管理与文化市场综合执法工作的重要性，准确把握当前广东省文化市场管理与文化市场综合执法面临的新形势和新任务，进一步增强责任感和使命感；要认识到加强文化市场管理和综合执法是提升国家文化软实力的必然要求，是维护国家文化安全和社会稳定的迫切要求，是扎实推进文化强省建设的必要手段，是满足人民群众精神文化生活需求的重要保证；要紧紧抓住建设文化强省的重大历史机遇，进一步增强政治意识，大局意识、责任意识、忧患意识，明确工作的方向、目标和重点，创新工作方法，不负使命，有所作为。

雷于蓝强调，省文管办要加强与省文管领导小组各成员单位的协调和沟通，完善和落实成员单位联席会议制度、联络员沟通机制，建立信息及时沟通平台。省文化市场综合执法局要充分发挥广东省文化市场综合执法体制机制方面的优势，履行好工作职责，进一步加强对各市文化市场综合执法机构的执法监督和指导力度，努力在全省打造一支作风过硬、业务精湛、廉洁高效的综合执法队伍，全力推进各项工作落到实处。各地各部门要把文化市场管理和综合执法工作摆到更加突出的位置，做好工作规划，抓住重点问题，创新工作方法，突出工作实效，建立长效机制，确保广东文化市场健康繁荣，为广东省建设文化强省作出新的更大的贡献。

【广东五招促粤澳文创产业合作】

2011年3月，省委外宣办召开专题新闻发布会，在谈到粤港澳文化创意产业合作时，省委宣传部副部长、新闻发言人、省广电局局长杨健表示，广东将从五个方面工作来推进粤港澳文化创意产业合作：一是共同建设文化创意产业基地和园区。鼓励港澳企业参与在广州东圃和南沙、深圳前海、珠海横琴新区、东莞松山湖、惠州汝湖等地建设“粤港澳文化创意产业试验园区”，形成以文化产品和服务出口为主的外向型产业集群。二是大力推动港澳企业在广东投资兴办政策允许的文化创意企业。鼓励广东文化企业到港澳投资，共同培育具有国际竞争力和自主知识产权的知名品牌文化企业。三是支持粤港澳文化创意产业合作，鼓励三地企业组建广播影视演艺节目营销网络，开展影视机构合作、协作拍摄制作影视节目和电视动漫节目。共同构建以广州、深圳为核心，面向全国、通过港澳辐射东南亚的传输快捷、覆盖广泛的现代文化流通网络。四是鼓励支持三地企业与三地高校、科研院所合作，建立文化产业研发机构。五是通过港澳平台和展会系统、国际经验，推进广东的文化企业、文化产品、文化服务走出去。

【金融创新助力文化企业发展高层研讨会】 2011年4月11日，广东省文化产业促进会与浦发银行广州分行在省博物馆学术报告厅举行战略合作签约仪式暨金融创新助力文化企业发展高层研讨会。省文化厅、省文联、省文化产业促进会、省金融服务办公室和浦发银行广州分行的领导及相关部门负责人出席了活动，东莞、中山、顺德、南海等市、区文化行政部门、行业协会的负责人以及省文化产业促进会40余家会员单位主要负责人或财务负责人共100多人与会。

活动首先由省文化厅方健宏厅长和浦发银行广州分行余辉行长致辞。方厅长对该会作为文化产业社团组织直接与金融机构对接，为会员企业寻求直接便捷的投融资渠道的做法表示肯定，并代表省文化厅对签约表示祝贺，对合作结出硕果寄予厚望。余行长在致辞中表示银行正在积极探索文化产业领域金融服务的新思路、新模式，为文化企业提供有特色的金融产品。

省文化产业促进会王业群会长和浦发银行广州分行马振地副行长签署了合作协议，方健宏厅长、余辉行长和省文联徐南铁副主席、省文化厅文化市场与产业处龙家有处长、省金融服务办公室资本市场处温镇西处长、摩根士丹利华鑫证券有限公司姜山董事总经理等见证了签约。

【粤港澳合作促进会文化专业委员会成立】 2011年4月11日，广东省粤港澳合作促进会在广州成立文化专业委员会。文化专业委员会是继广东省粤港澳合作促进会成立金融专业委员会和咨询委员会后的第三个专业委员会。粤港澳合作促进会会长李文岳表示，文化专业委员会主要为加强粤港澳三地文化界沟通联系，努力整合三地文化资源，促进三地文化交流与合作。

广东省粤港澳合作促进会文化专业委员会将在广东省粤港澳合作促进会的领导下，贯彻落实《珠三角规划纲要》和粤港、粤澳合作框架协议，积极围绕推进粤港澳三地文化界更紧密合作开展工作。一是为粤港澳三地政府提供粤港澳文化产业合作的决策咨询；二是开展粤港澳岭南文化的发掘、研究的交流与合作，丰富岭南文化内涵；三是协助推进文化产业与金融的对接工作，引进并提升港澳金融机构及金融配套服务对广东文化强省建设的参与与扶持；四是协助完善民营文化企业专业服务平台，拓宽民营文化企业直接融资渠道，推动优秀民营文化企业赴香港上市融资。

此次成立大会上，专家就三地文化与资本的对接、如何借用三地的文化、经济能量，加快经济发展方式的转变，促进经济发展的升级转型、加快将珠三角打造为亚太地区最具活力和国际竞争力的世界级城市群等热点问题进行讨论，畅论三地文化合作构想，为粤港澳三地的文化合作提供思路。

【珠三角地区文化共建共享工作座谈会】 2011年5月27日，珠三角地区文化共建共享工作座谈会在广州召开。会议认真总结了近年来珠三角地区贯彻落实《珠三角规划纲要》、推动文化共建共享工作情况，并根据省委、省政府关于实施《珠三角规划纲要》、实现珠三角地区“四年大发展”的部署要求，以及珠三角各市产业转型升级检查讲评会精神，研究部署加快推进珠三角文化共建共享、打造全国公共文化建设示范区的工作措施。省文化厅负责人，厅机关各处（室）、局负责人，珠三角九市文化部门负责人及实施珠三角文化共建共享项目单位负责人参加了会议。副厅长杜佐祥主持会议。

广东省文化厅厅长方健宏同志在会上系统总结了全省文化系统贯彻落实《纲要》取得的主要成绩，深入分析了当前珠三角地区文化建设面临的形势和任务，对开展珠三角文化共建共享、推进珠三角地区公共文化服务一体化进行了具体意见。会议要求珠三角各市文化部门和各有关单位统一思想、提高认识，坚持改革创新，积极先行先试，选准突破口，抓好具体项目落地，加强协作、密切配合，不断探索推进珠三角文化一体化的新思路新举措，为促进珠三角地区经济社会协调发展、建设文化强省和幸福广东作出应有的贡献。

会上，珠三角九市文化部门负责同志、珠三角文化共建共享项目牵头实施单位负责同志就近年来本地区本单位贯彻落实《珠三角规划纲要》、推动文化共建共享工作情况和下一步工作打算先后发言，进一步交流了情况、总结了经验。

【文化遗产日广东分会场活动】

2011年6月11日是我国第六个文化遗产日，广东省文化厅和佛山市人民政府于6月11日在佛山祖庙联合主办中国文化遗产日广东分会场活动。

在启动仪式上，省文化厅副厅长杜佐祥、香港康乐及文化事务署助理署长吴志华博士、澳门文化局文化财产厅厅长张鹊桥、佛山市副市长麦浩华分别致辞，广东省委宣传部副部长顾作义宣布仪式启动，佛山市政府张开机副秘书长主持仪式。

本次活动内容包括广东文化遗产图片展、广东省第三次全国文物普查成果图片展、“华彩岭南”——广东非物质文化遗产展览展示活动、非物质文化遗产舞台展演、专家文物鉴定、“广东文化遗产保护的现状与未来”讲座及非物质文化遗产讲座等。

祖庙内的“华彩岭南”——广东非物质文化遗产展览展示活动，荟萃了广府、客家、潮汕和广东少数民族传统文化，遴选20多项国家级、省级非物质文化遗产名录项目100多件珍贵实物进行展示，并邀请国家级、省级代表性传承人及工艺大师现场演示，包括粤剧、十番飞跋、花灯、八音锣鼓柜等，动静结合，呈现了“百越古风”之精美、“岭南明珠”之魅力。

【第十二次粤港澳文化合作会议】

2011年6月22—23日，第十二次粤港澳文化合作会议在广州召开。广东省文化厅厅长方健宏、香港民政事务局局长曾德成、澳门文化局代局长王世红率三地文化界人士共120多人出席会议，文化部港澳台事务办公室董俊新主任到会指导。

粤港澳三地代表围绕演艺人才交流和节目合作、文化资讯交流、文博合作、图书馆交流合作、非物质文化遗产合作、文化（创意）产业合作等多个文化领域的交流合作进行了深入探讨和交流。会议签署了粤港澳“加强粤剧艺术人才培训交流”“联合举办粤港澳文物大展”“合作创编现代舞作品”三个合作意向书，并期望三地进一步加强合作，实现文化互利共赢。

为了进一步深化三地的文化交流合作，广东省文化厅厅长方健宏提出四点建议：一是深化文化各领域合作，促进三地文化共建共享。二是合理培育三地共同参与打造的文化创意产业园区、国际性文化艺术项目、舞台艺术作品、文化交流活动等文化品牌，提升大珠三角洲地区整体文化形象。三是深入开展文化创意产业合作，加强文化产业建设，不断提升三地产业结构转型升级。四是进一步加强文化交流示范点合作联动，提高整体水平。

香港民政事务局局长曾德成认为，粤港澳文化源于一脉，又保持各自特色。粤港澳加在一起，在全国范围内，是经济实力最强、开放程度最高的地区。国家“十二五”规划十分重视粤港澳合作，支持香港优势产业如文化创意产业发展，拓展合作领域和服务范围，香港特区政府对此表示非常欢迎，并决心把握这一重大机遇，以战略性目光推进文化艺术发展。在具体措施上，香港将大力推动作为香港十大基建项目之一的西九文化区建设，并持续投入资源，采取措施保护和弘扬传统文化，鼓励创新和多元创作，朝发展艺术节目、推动艺术教育、加强人才培训、拓展观众和促进文化交流等方向，结合旅游产业，打造文化精品市场，推动香港都会文化登上新台阶。

澳门文化局代局长王世红表示，粤港澳三地长期坚持信息交流、市场沟通、优势互补、资源共享，在文化各个领域取得了丰硕的成果，促进了区域文化发展。澳门具有丰富的旅游资源，她建议三地集中力量搞好几个有代表性的文化合作项目，树立标杆推动全局，同时以各自的区域优势和特色成果与其他两地互补，为珠三角地区实现一体化作出建树。

文化部港澳台办董俊新主任在会上高度肯定了粤港澳三地文化合作会议的意义。他认为，粤港澳文化合作开展十年以来，内容丰富，形式灵活，卓有成效。粤港澳三地文化发展面临着难得的发展机遇。三地必须长期共建大珠三角洲优秀文化圈。

十年以来，粤港澳三地通过高效务实的文化交流与合作，取得了丰硕的成果。一是演艺活动交流加强。三地以共同举办重大文艺活动为抓手，实现优秀资源共享，提高了艺术创作水平。二是公共图书服务深入合作，为三地读者提供了共同的网上咨询服务平台等。三是文物博物领域合作拓展，联动举办“国际博物馆日”“文化遗产日”活动丰富多彩。四是非物质文化遗产交流活跃。三地在粤剧、潮剧、地方稀有剧种、木偶等非物质文化遗产领域开展的交流项目达上百项。五是文化信息资讯实现共建共享。如举行了粤港澳文化资讯网标志设计大赛，打破地域限制搭建了三地演出购票平台。六是文化创意产业合作日益密切，如鼓励港澳企业参加广东动漫城建设，积极协助珠海建设粤港澳文化创意产业园等。七是三地文化交流合作示范点成效显著。据不完全统计，仅广东省16个示范点2010年开展的港澳文化交流合作项目已逾183个。

【首届广东社区文化节】 2011年7月16日，“幸福广东，和谐家园”首届广东社区文化——2011“快乐署假”外来工子女文化夏令营启动仪式在佛山市禅城区弼唐小学举行，此后，佛山市及其他城市将全面举行各类文化夏令营。

本次本届社区文化节是在省委、省政府的高度重视下，在中共中央政治局委员、省委书记汪洋等领导的直接关心下，按照《广东省建设文化强省规划纲要》的总体部署，由中共广东省委宣传部、广东省文化厅、广东省民政厅、广东省妇女联合会、广东省残疾人联合会、南方报业传媒集团、羊城晚报报业集团、南方广播影视传媒集团联合举办，是活跃社区群众文化生活、保障人民群众基本文化权益、建设文化强省的重要举措。自6月22日在东莞市启动以来，历时近两个月时间。期间，先后成功举办了“全省农民文艺大汇演”、“全省社区健身舞蹈大赛”、“网络文化社区”、“残疾人系列文化活动”等12项系列文化活动，引领全省各地社区文化活动蓬勃开展。“文化志愿者在行动”、“外来工子女文化夏令营”、“社区文化大讲坛”等活动仍在继续开展。

本届社区文化节从策划至实施，始终坚持将城乡社区最基层的群众作为活动参与主体和主要受众，紧紧围绕建设幸福广东、打造和谐家园的主题，坚持“便民、惠民、利民”的宗旨，活动内容丰富，形式多样，贴近社区实际，贴近群众生活，有效地吸引了社区老、中、青、少各年龄阶段的人群参与，受到广大社区群众的普遍欢迎。以各级文化馆、站为主体开办的外来工子女文化夏令营活动，免费为我省外来工家庭子女提供了免费接受艺术教育、免费观摩高雅艺术活动的机会；“残疾人系列文化活动”、“文化志愿者在行动”等活动的开展，并专门举办了残疾人文化节，组织了文化志愿者送戏下基层，将公共文化服务的重点对准残疾人等弱势群体，有效地改善了他们的文化生活质量，增强了社会各界文化扶贫的意识。

【加强文化援疆，推进文化交流】 2011年7月29日，广东省委常委、宣传部长林雄到新疆维吾尔自治区喀什地区考察广东宣传文化援疆工作。林雄指出，积极开展文化援疆，推进两地文化交流，是广东宣传文化战线贯彻省委省政府援疆工作部署的一项重要任务。

7月29日上午，林雄一行首先参加了广东省援建疏附县有线电视光缆改造和无线电视覆盖系统启动仪式。接着考察了喀什疏附县行政综合服务中心，对创新援疆工作机制表示了肯定。在农三师41团东莞援建项目点，援建学校、安居房等项目正在紧张地施工当中。林雄指出，民生连着民心，民生凝聚人心，要下工夫把这些顺民意、暖民心的工程干好。

下午的捐赠仪式上，广东省宣传文化系统向喀什地区、农三师宣传文化系统捐赠部分资金和一批文化设备。林雄听取了省对口援疆工作前方指挥部的工作汇报。林雄表示，省对口援疆工作前方指挥部进驻喀什，在一年多时间里，做了大量工作。他指出，广东在推进各项援疆工作的同时，要注重文化援疆，增进民族团结。

【首届广东省图书馆暨书房博览会开幕】 2011年8月19日，首届广东省图书馆暨书房博览会开展仪式在广州交易会琶洲展馆举行。仪式上，还同时举行了“首届广东省图书馆暨书房博览会创意创新优秀奖”及“首届广东省幸福成长绘本制作大赛”颁奖仪式及“广东省手机图书馆＋手机书房”启动亮灯仪式。

开展仪式的举行，标志着首届广东省图书馆暨书房博览会正式揭开帷幕，博览会将与南国书香节其他展馆一起，持续展出至8月25号。读者可以在互动体验、快乐阅读和便捷服务中享受“文化＋科技”所带来的图书馆和书房互动建设成果，享受阅读带来的乐趣，更爱图书馆、更爱书房、更爱阅读，更具文化幸福感。

首届广东省图书馆暨书房博览会是在省委宣传部指导下，由省文化厅、省经济和信息化委员会、省科技厅共同主办，既是2011南国书香节活动的重要组成部分，也是广东首届、中国首创的“图书馆＋书房”类唯一专业展会。它以“文化＋科技”引领未来“图书馆＋书房”为主题，以“专业化、特色化、品牌化”为主线，以“信息交流、体验互动、产品展示”作为展会方式，来凸显“图博会”、“书香节”的合展优势，推进图书馆与书房互动，打造图书馆事业发展链，提升图书馆和书房的文化内涵、科技含量和阅读品味。

本次博览会主要内容体现在“三区三活动”。“三区”即主体展区、书房设计制作展区和“图书馆＋书房”设备产品展区。“三活动”是指广东省图书馆暨书房博览会创意创新优秀奖评选活动及颁奖仪式、广东省“手机图书馆＋手机书房”启动仪式、广东省幸福成长图书绘本制作大赛活动及颁奖仪式。

本次博览会的主要特色、亮点是：一是中国“图书馆＋书房”类唯一专业展会，广东首届，全国首创。二是全省文化元素、科技元素、图书馆元素、书房元素的资源整合和元素融合，其中，主体展区的“未来区域”运用全息投影、隔空互动、多点触控等多媒体演示技术呈现未来数字图书馆的虚幻场景，成为博览会最大的展示亮点。三是信息交流、体验互动、产品展示平台。四是专业化、特色化、品牌化荟萃。五是广东省图书馆行政管理模式从以“点”为主走向以“业”为主，并着力打造全省图书馆事业链的标志。六是博览会采用“政府主导，社会力量参与”的方式举办，既大大调动了社会团体、企业等参与公共文化事业的积极性，又增加了博览会内容的丰富性和影响的广泛性。

【深圳市文化创意产业协会揭牌成立】 2011年9月23日，深圳市文化创意产业协会在大中华喜来登酒店举行隆重的成立揭牌仪式。深圳市委市政府、市委宣传部、市文体旅游局等部门领导及协会300多家会员代表出席。市老领导李灏、厉有为、李海东为协会成立题词祝贺。

2011年9月23日，深圳市文化创意产业协会成立大会在大中华喜来登酒店举行。

深圳市文化创意产业协会由深圳出版发行集团、A8音乐集团、深圳华强文化科技集团、深圳雅图数字视频技术有限公司、深圳市宜搜科技发展有限公司等8家主要发起单位联合200多家文化创意企业申请成立。协会主管部门为深圳市委宣传部，业务指导部门为市文体旅游局，是深圳市文化创意产业综合性服务平台和国内外交流平台，涵盖创意设计、动漫游戏、文化软件、数字出版、新媒体及文化信息、文化旅游、影视演艺、高端印刷、高端工艺美术等九大行业门类。

【广东演艺设备产业集群授牌成立】 2011年9月27日，由省内演艺设备行业的11家龙头企业和1家研究院发起筹建的广东演艺设备产业集群授牌仪式在广州东方宾馆隆重举行。广东省文化厅厅长方健宏，党组成员、副巡视员王业群，文化市场与产业处处长龙家有，广东省科技厅党组成员、副巡视员蔡炎等领导出席次授牌仪式。

广东省文化厅党组成员、副巡视员王业群在授牌仪式上指出，广东省演艺设备业快速发展，已发展成为国内乃至全世界规模最大、最集中的专业灯光音响舞台设备产业基地，广东现有专业灯光音响舞台设备厂家大约2 000家，约占全国66.7%。演艺设备出口占全国总量的70%以上。广东演绎专业灯光音响舞台设备在奥运会、世博会、亚运会和大运会等重大活动上大放异彩。广东演艺设备产业集群的成立，有利于加强企业的沟通和合作，加强与产业相关部门的政府部门、企事业单位、行业组织以及科研、教学、咨询、金融等服务辅助机构的互动互补，整体提升产业的竞争优势。

在授牌仪式现场，广东省文化厅厅长方建宏认为，广东演艺设备产业集群的成立体现了广东文化产业由分散向集中发展、企业由单体走向联合的产业发展趋势，符合企业和政府双方的“希望”。广东演艺设备产业集群挂牌后，将加紧组织产业重点企业的评选活动，树立表率，打造品牌，鼓励创新，进一步推动广东文化产业的发展和升级。

【省市政府签订笔架山潮州窑遗址保护合作框架协议】 2011年9月28日下午，广东省文化厅和潮州人民政府在潮州迎宾馆隆重举行笔架山潮州窑遗址保护合作框架协议签约仪式。广东省文化厅厅长方健宏同志、中共潮州市委书记许光同志、潮州市人民政府代理市长李庆雄同志、广东省文物局局长苏桂芬同志等出席签约仪式。

广东省文化厅方健宏厅长和潮州市人民政府李庆雄代理市长一同签署了《广东省文化厅、潮州市人民政府笔架山潮州窑遗址保护合作框架协议》。确定在“十二五”期间，广东省文化厅、潮州市人民政府将积极协作，形成合力，共同推动笔架山潮州窑遗址保护和利用工作，充分发挥该遗址在加强潮州市历史文化名城保护、促进地方经济、社会、文化协调发展和文化惠民方面的积极作用，将笔架山潮州窑遗址建设成为我省大遗址保护的示范点。

《协议》明确了双方的职责，同时成立了共建工作委员会，委员会主任由省文化厅厅长和潮州市人民政府市长担任；副主任由省文物局局长和潮州市人民政府分管副市长担任；成员由省文物局和潮州市人民政府有关部门的主要负责人组成；省文物局和潮州市文物旅游局负责日常工作和协调联络。这是广东省文化厅关心支持潮州文物保护工作的一件大事，也是潮州市文物保护研究工作的一件大喜事。

仪式上，广东省文化厅方健厅长在讲话中指出，这既是广东省文化厅、潮州市人民政府深入贯彻落实《广东省建设文化强省规划纲要（2011—2020年）》的重要举措，也开创了我厅首次与地方人民政府开展文物保护、利用和传承合作先例，意义重大且影响深远。他强调要扎实做好笔架山窑大遗址保护各项工作，进一步推动全省文化遗产保护事业可持续发展；要敢为人先，致力于将笔架山窑遗址打造成国家级的考古遗址公园，创新我省有中国特色的大遗址保护展示体系。

【文化强省建设掀起新高潮】 2011年11月28日，广东省文化改革发展工作会议在广州召开。省委书记汪洋出席会议并作重要讲话，省委副书记、代省长朱小丹主持会议。省领导朱明国、黄先耀、王荣、周镇宏、张广宁、王宁生、雷于蓝、宋海、林木声、招玉芳、徐尚武等出席会议。会议的主要任务是学习贯彻党的十七届六中全会和胡锦涛总书记重要讲话精神，总结一年多来广东省文化强省建设取得的成效和经验，分析新形势下推进文化强省建设的新挑战、新机遇、新目标和新任务，并对下一步广东省文化改革发展工作作出新的部署。

汪洋在会上充分肯定了省委十届七次全会以来我省文化强省建设取得的显著成效。汪洋认为，我省文化强省建设形成共识，文化建设提出新思路；改制和重组步伐加快，文化体制改革取得新进展；文化企业做大做强，文化产业发展迈出新步伐；文化惠民工程稳步推进，公共文化服务实现新突破；财政投入力度逐步加大，文化硬件建设呈现新亮点；群众文化活动广泛开展，文艺精品创作结出新硕果。

汪洋指出，进一步推进文化强省建设必须坚持改革开放，不断完善文化改革发展体制机制，切实增强文化建设的活力和动力。要加快推进国有经营性文化单位改革，今年年底前完成市县新华书店、电影公司以及重点新闻网站的转企改制，明年全部完成非时政类报刊和市县国有文艺院团的改革工作。要不断创新群众性文化活动的体制机制，组织各种群众性文化文艺比赛，对各级各类群众性文化团体进行科学的评价评级。要积极探索社会力量兴办文化的体制机制，积极引导社会资金以多种方式投入文化建设，实现公共文化服务供给由文化系统的“内循环”到市场和社会的“大循环”。要大力提升文化开放水平，深化粤港澳文化交流合作，重点培育一批外向型文化出口企业和产业基地。要着力打破文化产业发展的所有制界限，打造富有活力的文化产业发展新格局。

汪洋指出，进一步推进文化强省建设必须坚持创新引领，做大做强文化产业，切实增强文化经济的整体实力和竞争力。要充分发挥和扩大我省文化产业的优势，加快发展文化创意、动漫游戏、数字出版、网络音乐、多媒体广播影视、高清互动电视、数字娱乐等具有一定优势的文化领域战略性新兴产业。要促进文化与科技融合发展，突破和掌握一批文化产业核心技术，抢占文化产业发展的制高点。要创新文化产业商业模式，创新公益性文化事业运营模式，用熟悉市场经济的人才去投资或经营博物馆、美术馆、文化馆等公共文化活动场所。要积极实施扶优扶强战略，打造一批全国一流的文化“航母”。要加快建设文化产业园区，重点建设南方传媒文化创意产业园、羊城创意产业园、广东国家数字出版基地、广东国家音乐创意产业基地、国家数字家庭应用示范产业基地，优化园区发展的“软”、“硬”环境。

汪洋指出，进一步推进文化强省建设必须坚持以人为本，充分发挥人民群众在文化建设中的主体作用，切实提高公共文化服务水平和文化精品创作生产能力。要不断扩大群众性活动的覆盖面，扩大文化公共服务，鼓励和引导创作群众喜闻乐见的文化精品，最大限度地调动人民群众参与文化建设的积极性和主动性，让人民群众在文化建设中当主角、唱大戏，真正做到群众关心文化、参与文化、享受文化，真正做到文化发展为了人民、文化发展依靠人民、文化发展成果由人民共享。

汪洋强调，文化强省建设的目标任务去年已经确定和部署，党的十七届六中全会进一步指明了我省文化建设的方向。我们要按照中央精神和李长春同志最近视察广东就贯彻落实好全会精神提出的要求，再动员、再部署、再落实，进一步掀起全省文化强省建设的新高潮。各级党委、政府必须切实加强组织领导，加快人才队伍建设，加大文化财政投入力度，形成各地各部门和全社会文化建设的强大合力，确保各项任务和工作措施落到实处。

【文化改革发展新举措：未来四年25亿元支持14项重点项目】 2011年12月1日，广东省委宣传部、省文化厅联合召开新闻发布会，介绍广东文化强省建设一年多来的进展和成效以及贯彻落实十七届六中全会精神、加快推进文化强省建设的新思路、新举措。

广东省委宣传部副部长、省广电局局长杨健介绍，从2012年至2015年，广东省财政将在原已安排的文化建设经费基础上，再拿出25亿多元专项资金支持14项文化改革发展重点工作项目。在未来四年里，广东省财政支持的14项文化改革发展重点工作项目，除了加强社会思想道德建设、加大投入推进基层公共文化设施建设、加大省财政对欠发达地区乡镇文化站的补助力度、推动广泛开展群众性文化活动之外，还包括对农村文化协管员予以补助、鼓励民办博物馆建设，并实行文化消费补贴、支持加快文化产品走出去。

作为广东省文化改革发展重点工作项目之一，打造“理论粤军”成为各界关注的热点。杨健表示，广东省将建立社会科学研究网络系统，设立“南方智库论坛”，成立广东哲学社会科学国际学术交流培训中心，举办国际人文名家对话会，并建设10大基础学科研究基地、10个实践科学发展观与决策研究基地、10个广东地方特色文化研究基地。

广东文化改革发展工作还提出加快培养岭南文化名家，支持整合全省市县新华书店，加快建设覆盖全省大中小城市和大部分乡镇、层次多样的数字影院网络，同时还将组建广东省文化产业投资控股集团有限公司。

除了财政方面的扶持，广东省还将推动落实支持文化改革发展的5项政策措施。其中明确指出，将建立公共文化投入稳定增长机制、落实两个“百分之一”，即落实文化事业经费不得低于财政支出1%，并从城市住房开发投资中提取1%的经费用于社区公共文化基础设施建设。而另外四项政策措施则涉及创新文化人才激励机制、加大对文化创意产业的政策支持力度、鼓励社会捐赠文化公益事业建设、制定文化新业态专业人员职称评定办法等方面。

【广东首家国际玉文化博物馆落户四会】 2011年12月16日，占地50亩的汇玉堂国际玉文化博物馆在四会开业，这是全球首个玉文化博物馆，也是目前全球最专业的碧玉博物馆。

据张锦洪馆长介绍，此博物馆的玉石原料来自俄罗斯、新西兰、加拿大和中国，旨在弘扬中国玉文化的同时融合中西文化，化有限的资源为无限的创意，使之成为一个世界级玉文化的交流平台，推动玉文化的国际化发展。博物馆一直致力于与全球权威的中国地质大学（北京）珠宝学院、北京大学地球与空间科学院等学术单位合作，携手并进，弘扬简约而不简陋的玉文化，共同研究碧玉评级标准，并免费提供“香港珠宝学院实习基地”，为行业发展源源不断输送人才。

博物馆的数百件玉器产品出自中国、美国、英国、德国、荷兰、新西兰等世界各地的100多位设计师之手，所设计出来的款式既吸收了各国各民族的文化元素，又反映了当代人不同的个性和生活追求。团队内的设计师各尽所长，融入各国的文化元素，作品都以大自然为蓝本，以简单流畅的线条为主导，充满了浪漫和摩登色彩，因此在国际玉器领域独树一帜，引领潮流。

粤企文化

综述

【中国企业文化促进会2011年会】　“中国企业文化促进会2011年会”于2011年9月19—22日在河南郑州举行，来自全国近50个行业的300余家知名会员企业代表，及清华大学、中科院、社科院等单位特邀专家和部分中央、地方新闻媒体的代表出席大会。中国企业文化促进会会长张光照作工作报告。会议提出，在激烈的市场竞争中，文化是企业永远不可替代的软实力。企业靠文化与人才取胜，已成为当今世界的共识。我国企业文化建设必须以科学发展观为指导思想，按照社会主义先进文化前进方向的要求，以诚信文化、安全文化、社会责任文化为建设重点，以服务企业员工为着眼点，发挥企业文化在提高企业经营管理水平、推动经济结构调整、转变发展方式和实现企业可持续发展中的引导作用。

会议围绕企业文化建设重点深入研讨与交流、“企业文化建设示范基地”专题片展播、召开四届三次理事会、修改并通过中国企业文化促进会《企业文化建设优秀单位与人物考核体系》和《企业文化建设示范基地考核与管理办法》，在本届年会上没有表彰及颁发奖牌证书，为改变当前社会上一些不良会风带了个好头。

为实现打造企业特色文化的理念，中国企业文化促进会始终坚持“以人为本、铸造和谐、诚信为基、创新为魂、打造特色、彰显个性、积极引导、逐步推进”的32字方针，经过严格的考评和调研，慎重认定了2011年的三个“企业文化建设示范基地”，其中山西潞城司马煤业有限公司从“理念渗透、行为养成、形象塑造、管理推进”四个方面，建立企业文化建设新格局；江西邮政公司誉企业文化为“一把手工程”，发挥企业文化作为一项柔性管理手段的优势，推进公司健康持续发展；众泰集团企业文化建设工作做到有领导、有计划、有制度、有载体、有活动、有台帐、有考核、有奖惩，每年把企业文化建设经费纳入预算，专款专用，保证企业文化建设有充足的经费来源。这几家企业的企业文化建设特色明显、个性突出、成效显著。

协会认为在企业文化建设工作中提倡四要四不要，即：要实干，不要摆花架子；要创新，不要做表面文章；要优秀；不要“作秀”；要求真，不要索取不实的奖牌和荣誉，并希望与会企业在《2011—2015年中国企业文化建设工作实施指导意见》的指导下，努力发掘、培育和发展与现代企业相适应的具有中国特色的社会主义企业文化。

广东省第六届企业文化节于2011年11月3日在广州中山纪念堂隆重拉开帷幕。

【广东省第六届企业文化节】　为充分发挥广大粤企中的文化创造活力，广东省企业联合会、广东省企业家协会、广东省企业管理咨询协会主办的广东省第六届企业文化节于2011年11月3日在广州中山纪念堂隆重拉开帷幕。省人大常委会副主任、省总工会主席邓维龙，副省长雷于蓝，广东省人民政府副秘书长江海燕，中共广东省委宣传部副部长阎静萍以及有关部门领导，与广东企业的3 000多名企业代表出席了这场文化盛宴。会上隆重表彰了为广东省企业文化作出突出贡献的广东电网公司深圳供电局、广东省公路建设有限公司、广东中烟工业有限责任公司梅州卷烟厂、佛山市南海新润成发展有限公司、湛江市邮政局等30名先进单位和个人。

企业文化节以“幸福广东，魅力粤企”为主题，由《魅力展风华》《幸福创和谐》《辉煌向明天》三个篇章组成，中间穿插播放了由广东省水电集团有限公司选送的《红河水电交响曲》、广东电网公司江门供电局选送的《立塔擎天，决胜千里》以及大亚湾核电运营管理有限责任公司选送的《光影大亚湾》等十佳企业形象短片，广州万宝集团有限公司、深圳市广前电力有限公司、珠海汉胜科技股份有限公司以及广东肇庆星湖生物科技股份有限公司等企业员工用优美的舞姿，嘹亮的歌声唱响科学发展主旋律、谱写粤企文化新篇章，充分展现了粤企业弘扬中华文化、建设文化强省的决心与信心。

粤企文化建设

【广东电网公司】 *以企业文化凝聚员工* 2011年10月24日，广东电网公司党委书记金基民主持召开中心组学习扩大会议，认真学习贯彻党的十七届六中全会精神，广东电网公司党委中心组成员、本部各部门负责人参加会议。

会议强调，要积极推进企业文化建设向科学化、专业化、体系化、一体化发展，努力形成与公司发展相适应、硬实力相匹配的文化软实力。通过企业文化建设统一员工的思想和行动，塑造员工健康向上的道德品格，激发员工干事创业的才俊和智慧，真正使企业文化成为员工自觉行为，为公司改革发展创造良好文化环境。

南方电网公司董事长赵建国在10月20日公司党组中心组会议强调，贯彻落实党的十七届六中全会精神，关键是要大力弘扬简单管用的企业文化，促进公司中长期发展战略落地，早日实现“服务好、管理好、形象好”的国际先进水平电网企业的目标。会议要求高度重视企业文化建设，要切实加强党对企业文化的领导。

会上，广东电网公司党委中心组还学习了中央企业科技人才工作会议精神和广东电网公司党组务虚会议工作要点等有关文件。

《广东电网新闻联播》正式开播

根据广东电网公司的统一部署，由公司新闻中心制作的电视新闻栏目《广东电网新闻联播》已于2011年11月29日在公司本部及各基层单位LED及楼宇电视同步开播。12月1日起，企业信息门户(EIP)专门开设网络电视专栏进行播出，对外门户网站(http://www.gd.csg.cn)也同步播出。

《广东电网新闻联播》旨在通过喜闻乐见的报道形式让员工直接了解公司最新动态、重点工作及企业文化。开播初期每月播出两期，并将逐步过渡到每周一期。首期播出的内容，有囊括领导动态、公司层面重要会议、重点工作落实情况及大型活动等的“公司要闻”；对工作部署焦点进行专题报道的“重点关注”；报道基层工作情况的“基层动态”。

据悉，新闻联播的开播在员工中引起强烈反响，得到了普遍认同。接下来，公司新闻中心将进一步丰富新闻内容，逐步开辟新板块，增强对基层员工业余文体生活的挖掘报道，策划系列专题报道等，将《广东电网新闻联播》打造成一个“弘扬企业文化，贴近员工生活”的多媒体宣传平台。

广东电网公司参加“迎新杯”羽毛球赛 2011年12月28日，南方电网第四届“迎新杯”羽毛球比赛在综合活动馆举行。广东电网公司本部和南方电网公司总部、调峰调频发电公司、超高压公司等四支队伍共60多名选手参加比赛。本次比赛由南方电网公司直属工会主办，广东电网公司本部工会承办。广东电网公司领导于俊岭、张卓、顾广平作为选手参加了本次比赛。

比赛旨在加强交流、切磋球技，活跃干部职工文化生活。比赛现场气氛热烈、赛事精彩纷呈、扣人心弦，经过激烈角逐，超高压公司获冠军、南网总部获亚军、广东电网公司本部和调峰调频发电公司获季军。

【中国平安保险公司】 *中国平安携手“百万森林”种下万亩沙棘树*

2011年10月21日，“中国平安环保林”在甘肃省通渭县马营镇揭幕，以植树形式开启此次666.7公顷沙棘林捐赠活动。作为“百万森林”计划最大的爱心合作伙伴，中国平安已连续两年通过“低碳车主”公益活动向“百万森林”计划捐赠沙棘树苗，累计捐赠110万棵，捐赠面积过万亩，年吸收二氧化碳可达1 760吨。

来自“百万森林”项目方气候组织代表、通渭县林业局领导、当地农户，以及包括平安邀请的10余位低碳车主代表在内的爱心企业的客户参加了揭幕活动，并与当地农户一起在海拔2 000多米的荒山上进行了植树活动。平安产险副总经理卢跃代表平安集团向当地村民赠送了沙棘树苗，向当地的孩子赠送了防寒手套，大家一起种下了今年的第一批树。

此次百万森林项目将再次在甘肃通渭县落地666.6公顷沙棘林，此次种树时间将持续一个月，主要工作由当地的受益农民来完成。通渭位于甘肃省定西干旱地带，常年缺水少雨，是国家级重点贫困县。适合当地生态环境的沙棘树不但有助于保持水土，防风固沙，并且能为当地农民带来可观的经济收入。通过“百万森林”项目，每个贫困农户家庭将获赠5亩沙棘树苗，预计5年之后每年可以增加3 000元左右的收入。

平安产险副总经理卢跃表示，作为低碳100行动公益方面重要项目，中国平安携手“百万森林”计划发起“低碳车主”活动，希望通过企业与NGO的联手，推动广大客户及公众对环境议题的关注，并身体力行地参与环保。平安车险电话销售本身就是环保低碳的，今年有50万车险电销客户参与“低碳车主”活动，平安非常感谢这些客户的支持，并希望通过这样的活动呼吁更多的车主选择环保的购买行为，饯行低碳的驾车理念。未来，平安还将积极尝试多种方式，为更多的客户提供参与机会，一起建设环保低碳可持续发展的社会。

百万森林是联合国环境规划署全球10亿绿树的一部分，由气候组织联合中国绿化基金会、联合国环境规划署（UNEP）共同发起，旨在向公众倡导低碳生活，并且通过5块钱1棵沙棘树的捐赠活动，支援西部气候贫困地区的人民改善当地生态环境，增加收入。通过这个活动，贫困农户家庭将无偿得到沙棘树苗，果实所得收入归农户所有。

中国平安从2010年3月起就开始启动了主题为“绿色承诺，平安中国”的低碳100行动，主要内容是将

100条具体的低碳举措贯彻至企业的经营管理、业务发展、日常办公等各个环节，并从运营、业务和公益等维度，全方位、多层次地开展绿色行动。“低碳车主”活动正是其中的一项重要行动。

中国平安“微公益”活动获评最具公众影响力大奖 2011年中国平安再掀公益项目创新浪潮。2011年11月，在中国公共关系网、公益时报社主办的最具公众影响力企业社会责任事件评选中，由中国平安公益微博“爱心公社”发起的“一次转发一瓶水”公益活动获评2011最具公众影响力企业社会责任事件奖。该活动倡导大众关注身边的社会需求，从点滴做起，在短时间内获得超过23万次转发量，掀起各界人士参与微公益的热潮。

2011年6月，我国长江流域持续干旱。旱情对长江流域的农业生产和百姓生活造成了严重影响，特别是地处长江流域偏远山区的平安希望小学也用水告急。为了帮助解决重庆、湖南、湖北、江西、贵州、江苏、浙江等旱灾严重地区21所平安希望小学万余名师生的饮水问题，中国平安联合中国青少年发展基金会，在新浪、腾讯平安爱心公社公益微博上发起了主题为“一次转发一瓶水”，向旱区平安希望小学捐水的公益活动。该活动获得了包括平安客户、员工、社会热心人士的积极参与，活动期间微博转发超过23万次，并得到了新浪微博超过140位认证名人和明星，包括海清、宁财神、刘若英、舒淇、范玮琪、林心如、桂纶镁等两岸三地演艺明星的支持与参与。最终，中国平安共计送出28.5万支品牌饮用水，同时根据学校的一些具体需求，又另行赠送了价值约40万元的雨衣、教辅书籍和课桌椅等。

参与奖项评选的资深专家表示，“一次转发一瓶水”微博公益活动具有鲜明的“微公益”特色。项目以“微博”为引导、互动平台，通过网络转发简单、易操作的举动，发动社会热心人士的积极参与，让社会各界更多地一起来关心贫困地区孩子的生活状况，提升了公益本身的影响力。根据网友的投票结果显示，“微公益”项目中邀请网友监督捐赠结果，晒出捐赠过程的方式，提升了项目的公信力、影响力，为社会公众创造了参与公益项目的机会，使受众参与公益事业热情高涨。

在颁奖典礼中，中国平安有关负责人表示，“一次转发一瓶水”活动通过微博平台的扩大，使爱心的影响力呈几何级数地扩大，创造了一个奇迹，它不仅传递了中国平安企业社会责任的理念，也整合社会资源放大公益的力量，将福祉惠及更多群体，创造了新型的公益模式。未来，平安仍将不懈努力，探讨更多的简单、易行的公益模式，继续积极履行平安的企业社会责任。

【广州汽车工业集团有限公司】

广州集团帮扶三大工程十六项目启动 2011年12月1日，广州汽车工业集团有限公司帮扶从化市温泉镇龙新村“三大工程十六项目”在龙新村紫竹寮社道正式启动。广汽工业集团董事长、党委书记张房有，从化市委书记、市人大常委会主任黄河鸿等领导出席了启动仪式。

2011年初，广州市委、市政府全面启动了市内农村扶贫开发“规划到户、责任到人”工作。广汽工业集团高度重视，对定点对象之一的从化市温泉镇龙新村开展帮扶工作，近一年来集团领导到村18人次，干部员工到村93人次，自筹帮扶资金和物资共242.47万元，帮扶措施稳步推进，帮扶工作初见成效。

此次的“三大工程十六项目”是广汽工业集团针对龙新村发展集体经济工程、帮扶贫困户脱贫工程、公益工程等启动的三大工程共十六个项目，总投资约226万元，主要用于改善龙新村村容村貌、耕作条件、交通环境以及帮助龙新村贫困户脱贫和增加村集体收入。

冠名赞助2011—2015年亚洲杯乒乓球赛 2011年9月9日，广汽工业集团与亚洲乒乓球联盟在花园酒店举行了广汽工业集团冠名赞助2011—2015年亚洲杯乒乓球赛协议签署仪式暨新闻发布会。国家体育总局副局长、亚乒联主席蔡振华和广州市副市长甘新、市体育局局长刘江南、副局长张桦、广汽集团董事长张房有、总经理曾庆洪和来自全国各地的30多家媒体朋友共同见证了签约仪式。

一年一度的亚洲杯乒乓球赛由亚乒联盟主办，是亚洲重要的体育赛事之一，比赛设男女单打项目，有来自中国、日本、韩国、新加坡、中国香港等亚洲国家和地区的乒乓球运动员参加。根据本次赞助协议，广汽工业集团冠名赞助2011年至2015年连续五届亚洲杯乒乓球赛。

签约仪式上，广汽工业集团表示，企业的本质是创造财富，承担社会责任，只有“取之社会，回报社会”的企业才能真正实现企业自身与社会的共同发展。长期以来，广汽工业集团以“成为对社会高度负责的企业公民”作为自己努力的目标，积极投身体育运动、文化教育、环境保护、慈善事业等各种社会公益活动。这次牵手亚乒赛，是广汽工业集团继赞助亚运会、世乒赛之后又一次在亚洲大舞台上展现自己独特的风采，也是广汽工业集团“人为本、信为道、创为先”企业文化的又一次诠释和升华。

国家体育总局副局长、亚乒联主席蔡振华和广州市副市长甘新在签约仪式上分别代表亚洲乒联和广州市政府讲话，对广汽工业集团积极履行企业社会责任进行了充分肯定。甘新副市长希望，借助亚乒赛这个平台，广汽工业集团能够带动更多的广州企业走出国门、走向世界，为亚洲乃至世界的体育事业发展作出更大贡献！

捐款4亿元建设乡镇路灯 2011年10月14日，广州市市长万庆良一行前往增城市调研乡镇路灯建设工作，并出席在增城金叶子酒店举行的乡镇路灯移交及资金捐赠协议签订仪式。广州市委常委、常务副市长苏泽群、广州市委常委、增城市委书记徐志彪、副市长陈国、市发改委、财政局、建委等有关部门负责同志陪同调研。广汽工业集团张房有董事长参加调研活动并出席资金捐赠仪式。

广汽工业集团积极响应市委、市

政府关于“加快转型升级、建设幸福广州”的统一部署，向市政府捐款4亿元人民币用于广州乡镇路灯建设，这是广汽工业集团为促进广州城乡区域协调发展，改善民生做出的又一善举。

广汽工业集团及投资企业始终以“成为对社会高度负责的企业公民”为己任，热心支持社会公益事业，为促进社会和谐发展、人民健康幸福作出不懈努力。

【广东美的电器股份有限公司】 美的集团自创立以来，一直高度重视企业文化建设工作，坚持把企业文化建设作为一项长期工作来抓。美的集团一直致力于各项社会公益事业，积极担当社会责任。据不完全统计，至2011年6月，美的集团及员工向社会公益事业累积捐赠金额超过5亿元，行善义举遍及教育、文体、民生、赈灾、慈善等领域。

“广东扶贫济困日”美的再捐3 000万元 2011年6月30日，2011年“广东扶贫济困日”启动仪式在广州举行。众多企业单位、社会人士积极响应省委号召奉献爱心，认捐善款。美的集团向扶贫济困慈善活动捐款3 000万元，其中1 000万定向捐赠顺德区。这是美的集团继2010年向“广东扶贫济困日”活动捐款3 000万后，连续第二年参与“广东扶贫济困日”捐赠活动。

“广东扶贫济困日”由中共中央政治局委员、省委书记汪洋倡导设立，旨在鼓励对口帮扶部门以及社会各界深入贫困地区。经国务院批准，自2010年起，每年6月30日设定为“广东扶贫济困日”。2011年是“广东扶贫济困日”活动的第二年，其主题为“人人奉献爱心，共建幸福家园”。

美的集团相关负责人表示，美的作为中国乃至全球白色家电的领导品牌，长期以来积极履行企业的社会责任，以回报社会为己任。“扶贫济困”一直是美的开展公益活动的主要方向，美的希望通过参与“济困日”活动，借鉴其它优秀企业公民的做法，结合企业自身特点开展公益活动，更好地回报社会。

作为伴随改革开放成长起来的企业，美的集团一直致力于各项社会公益事业，积极担当社会责任，不断创新发展企业文化。截至2010年12月，美的为赈济灾害、社会福利、科教文卫、体育事业等累计捐赠超过4亿元。根据新一个五年规划，美的集团将在新形势下继续坚持“为社会创造价值”的经营理念，致力于低碳环保、企业可持续发展这一绿色发展战略。奉献爱心、履行企业责任，是美的实施这一战略的具体企业行为。

美的捐助河北贫困学子完成学业 2011年7月14日，“天之骄子·美的明天——美的助力河北贫困学子腾飞计划”启动仪式在石家庄美的制冷产品销售有限公司举行。石家庄美的制冷产品销售公司号召公司员工及全社会共同行动起来，为贫困学子奉献爱心，为公益事业贡献力量。

本次公益助学活动从7月14日开始，截止8月25日，由美的销售公司与河北省青少年发展基金会联合发起，除了会在全省范围内为数十名品学兼优，家境贫困的学子每位捐助5 000元助学金外，还会针对河北省青少年发展基金会以往捐助过的学子优先提供就业机会。

美的一直关注社会的公益事业，多次参与和组织了大型公益活动，并积极倡导公益行为，通过自身的影响力号召更多的人参与公益活动，传递公益精神。此次制冷河北销售公司联手河北青少年基金会开展的“天之骄子，美的明天”助学腾飞活动不仅彰显了美的大企业的风范，更传播了爱心，将唤起全民慈善教育的热情，弘扬中华民族感恩互助的传统美德。

石家庄美的制冷产品销售有限公司总经理杨武表示，美的是一家有高度社会责任感的企业，愿意回馈社会，为社会作出应有的贡献。在未来，美的还将参与和举办更多的公益活动，将公益行为作为公司的一项长期工作进行下去。

【中国南方航空股份有限公司】

举办丰富多彩活动庆祝建党90周年 在建党90周年纪念日前夕，南航在广州隆重召开了庆祝建党90周年暨“一先两优”表彰大会、庆祝建党90周年座谈会，举行了“颂歌献给党”歌咏大赛，并登门看望慰问了离退休老党员。南航各分子公司、营业部、办事处、驻场单位、机关部室等也纷纷以唱红歌、看红色电影、上党课、读党史等各种活动，庆祝建党90周年。

2011年6月27日上午，在庆祝建党90周年暨“一先两优”表彰大会上，南航集团总经理司献民为获得南航集团、股份“先进基层党组织”的代表颁奖。南航集团党组书记、股份公司总经理谭万庚在讲话中回顾了中国共产党90年的光辉历程和丰功伟绩，并总结了南航改革发展的成果和经验：科学发展迈上新台阶，改革创新实现新突破，品牌形象有了新提升，党的建设取得新成效。谭万庚说，以改革创新精神加强和改进党的建设，把党的政治优势、组织优势转化为南航的发展优势、竞争优势，是南航攻坚克难、取得胜利最根本的原因，也是南航科学发展、和谐发展最宝贵的经验。南航将进一步加强和改进党建工作，更加坚定党的理想信念，更加注重治企能力建设，更加重视基层组织建设，更加紧密联系员工群众，努力实现南航科学发展新跨越。

当天下午，在主题为“永远跟党走，再创新辉煌”的南航庆祝中国共产党成立90周年座谈会上，10名来自不同部门和岗位的党员代表发言。他们当中，有参加过解放战争的离退休老同志，有飞行和机务维修管理干部，也有地面和空中一线服务人员，还有劳务工党员代表。代表们表示，将充分发挥党员干部的模范带头作用，为南航的发展壮大添砖加瓦。谭万庚代表集团党组和股份党委，向南航2万多名党员和2 000多名党务工作者致以节日的祝贺和慰问，并提出要进一步发挥党组织和党员的政治优势，将之转化为南航的核心竞争力。要紧密围绕“四强”党组织要求，充分发挥党组织的政治核心和战斗堡垒作用；紧密围绕“四优”共产党员要求，充分发挥党员的先锋模范作用；紧密围绕“四个表率”的要求，充分发挥党务工作者的示范作用。

当天晚上，“颂歌献给党”南航庆祝建党90周年歌咏大赛在广州举行，南航领导领唱的一曲《没有共产党就没有新中国》拉开了比赛的序幕。来自南航集团、股份各单位的19支参赛队以充满激情的歌声，表达了对党的深情厚谊，讴歌了在党的领导下南航发展取得的巨大成果。比赛精彩纷呈，气氛热烈，把南航庆祝建党90周年系列活动推向了高潮。

6月28日，南航领导登门看望慰问了住在广州的离退休老党员。他们来到原南航党委书记韩马章家，给他送上鲜花和水果，并与他亲切交谈，感谢他为南航作出的贡献。他们先后又到原南航总会计师朱德慈及老飞行员刘学彦家，送上鲜花和水果，并祝他们健康长寿。这3位老同志虽然年事已高，但仍关心着南航的发展，对南航现在取得的业绩给予了很高评价。

此外，南航各分子公司也积极行动起来，为党的90岁生日献礼。南航汕头公司客舱部组织党员参观毛泽东故居，并在主席铜像前重温入党誓词；新疆分公司地服部党总支组织党员开展了庆祝建党90周年系列活动；珠直分公司举办了“九十载光辉历程”党课培训；海口航空食品厂组织党员前往冯白驹将军纪念馆参观；南联食品公司制作大型生日蛋糕，为建党90周年献礼；北方分公司组织党员参观“九·一八”历史博物馆，重温入党誓言；北京、湖北分公司举办红歌赛；湖南分公司开展党员承诺制、党员身边无差错和党员先锋岗主题活动；大连分公司开展“重温党史、增强党员先进性”主题活动；海南、河南分公司以部门为单位组织红歌会，以红歌吹响战旺季号角；南京营业部开展看一部红色电影、上一次党课、读一本党史的“党史教育三个一”学习交流活动；南航中免公司组织了“创先争优”实践、90周年图片展、表彰座谈会等“五个一”活动。

成为悉尼文化节首个外国大型企业赞助商　2011年7月21日，南航集团公司党组书记兼南航股份公司总经理谭万庚与澳大利亚新南威尔士州州长Barry O'Farrell先生在广州共同宣布，南航将以官方合作伙伴身份加入悉尼文化节，成为该文化节首个外国大型企业赞助商和2012年悉尼文化节的官方独家航空赞助商，这将进一步提升南航在澳洲的知名度和影响力。新南威尔士州政府表示将继续大力支持南航在当地的发展。

悉尼文化节（Sydney Festival）是由新南威尔士州（以下简称“新州”）政府牵头以商业模式运作，历史超过17年，规模最大的艺术、音乐、文化类主流活动。该节在每年1月份举办持续三个星期，云集世界级艺术表演团队，悉尼文化节每年吸引了全澳洲超过100万主流社会人群，观看和参与109场艺术文化活动。同时活动受到主流媒体的极大关注，著名媒体《每日电讯报》和电视台Channel Nine均是活动官方合作伙伴。

在成为悉尼文化节官方合作伙伴的同时，南航还将为文化节中的悉尼大型音乐会悉尼剧场系列巡演（或悉尼交响乐团演出），以及澳洲国庆日花船竞速巡游等分项活动提供赞助。作为回报，悉尼文化节将向南航提供一套为期3个月的整合推广方案，对提升南航在澳洲主流社会和消费者中的品牌认知度和影响力具有重要意义。

【中国移动通信集团广东有限公司】

创新推进“红段子”网络文化

2011年2月，中国移动广东公司收到中国企业联合会的正式发文，广东移动申报的《通信企业“红段子”网络文化的创建与管理》，荣获全国第十七届企业现代化管理创新成果一等奖，且为全国通信行业获荣的唯一一项一等奖。在2010年全国通信行业三项活动表彰大会上，中国移动广东公司又以第一名的成绩获得一等奖，徐龙总经理被授予“通信行业组织开展管理创新活动优秀领导”的光荣称号。

会上，中国移动广东公司王征宇副总经理表示，科学规范是企业可持续发展的基础，创新是企业可持续发展的动力。创新推出“红段子”网络文化管理，在取得良好经营成效的同时，也在客户服务、管理创新、网络创业模式等方面取得了持续进步，有利于实现企业软实力的全面提升。

从文化创意到文化创业，从政企携手到全省联动，从转发分成到建立长效机制，中国移动广东公司一直未停止过创新推进“红段子”网络文化品牌全面发展的步伐，从而进一步促进网络文化建设、推动社会的和谐发展。

网络文化建设再度引发社会关注

随着移动通信和互联网技术快速发展，网络文化尤其是基于手机的移动互联网文化建设引起了国内外重点关注。前不久召开的十七届六中全会也全面部署了深化文化体制改革、推动社会主义文化大发展大繁荣的各项工作，强调要发展健康向上的网络文化。广东移动公司作为国内网络文化发展的“先锋官”，积极探索出以“群众创造、群众分享、群众传播”为特点的红段子网路文化创新模式，并充分运用移动应用商场、移动微博等移动互联网业务推动网路文化创新创业的大发展，得到社会各界的关注与认可。

2011年10月18日，《光明日报》在头版及文化专版的位置，整篇幅报道了《广东红段子为什么这样红》《移动微博创新社会管理》，全面深入地报道了广东移动公司在积极健康网络文化建设方面的创新举措与突出成效。这在全国引起了广泛关注，新华网、光明网、人民网、求是理论网、中国经济网、搜狐网、21CN网等40多家媒体予以转载。

【珠海格力电器股份有限公司】　用歌声唱响20年发展主旋律　2011年10月15日，由珠海市龙头企业、空调业老大格力电器举办的“歌声激荡20年——纪念格力电器成立20周年歌咏比赛”决赛在珠海大会堂落幕。13支队伍、上千名职工集体打造了一场慷慨激昂的音乐盛典。活动从8月中旬启动以来，先后经过单位选拔、公司初赛等环节，共有10 000多名员工参与。这是由珠海本土企业自发举办的规模较大的歌咏比赛之一。

担任本次比赛的广东省音乐协会

2011年10月15日，格力电器举办“歌声激荡20年——纪念格力电器成立20周年歌咏比赛”。

资深评委表示，企业举办如此大型的歌咏比赛，在广东省是少有的。此次比赛既是一场音乐的盛典，更是一次文化的创新，展现了珠海市在新一轮经济建设大潮的精神风貌。

格力电器自创立起20以来一直专注空调领域，坚持自主创新，以艰苦奋斗的实干精神克服了发展道路上的重重阻碍，取得了辉煌的业绩。“格力速度”离不开广大员工的辛勤劳作和无私奉献，2011年是格力电器成立20周年，也是国家“十二五”规划的开局之年，格力电器举办歌咏比赛，意在以全员参与的方式继续唱响“奋进”的主旋律，让老一辈无产阶级革命者艰苦奋斗、坚韧不拔、顽强向上的大无畏精神继续飘扬在格力人新的征程中，以昂扬的斗志投身到产业报国的洪流中去，推动“中国制造”向“中国创造”转变。

歌咏比赛对于格力电器所有员工而言不仅是一次精神的洗礼，更是一次文化的熏陶，它点燃了企业员工对工作和生活的激情！”

援建巴西贫困学校　2011年7月，格力（巴西）有限公司援建帕约尔学校的签字仪式在巴西圣保罗州皮拉波拉－杜邦热苏斯市举行。格力负责人张征虎代表公司向这所贫困学校捐赠价值10万元人民币（约合15 460美元）的物资，并与该校签署了长期援建协议。中国驻圣保罗总领事馆副总领事胡英及商务参赞李海通出席签字仪式，与约200名学校师生和当地居民一起见证了这一时刻。

张征虎在仪式上致辞说，格力（巴西）有限公司已累计向巴西政府纳税4.5亿雷亚尔（约合2.87亿美元），为巴西员工发放4 500万雷亚尔（约合2 874万美元）的工资和福利，为当地社会作出了企业应有的贡献。公司秉承格力总部“责任让爱心前行”的奉献精神，希望更多人能分享格力发展的成果，特别是那些生活在最底层的居民。格力（巴西）有限公司今后还会逐步扩大奉献社会的范围，使更多人感受到关爱。

胡英在发言中表示，中国企业回馈巴西社会是融入巴西的一种表现，也是企业社会责任的一部分，希望更多中国企业加入到回馈当地社会的行列中，为中巴关系发展和两国人民幸福作出贡献。帕约尔学校的学生以巴西战舞、桑巴舞、演唱等节目向捐赠者表示感谢。

格力（巴西）有限公司这次向帕约尔学校捐赠了空调和电暖器产品，用来帮助改善学生学习环境。与该校签署的长期援建协议主要内容是长期物资捐赠，格力员工以义工形式为学校教学服务，以及资助贫困家庭子女上学等。

格力（巴西）有限公司是中国珠海格力电器股份有限公司投资2 000万美元建设的海外空调生产基地，2001年竣工投产。凭借领先技术、卓越品质和优良服务，格力（巴西）有限公司获得巴西国家民意调查局授予的“巴西最满意品牌”奖，连续7年获巴西政府颁发的“节能之星”奖。

【广汽本田汽车有限公司】　**青少年汽车安全科普展厅正式启用**　2011年4月26日，广汽本田青少年汽车安全科普展厅启用仪式在广州中学生劳动技术学校举行，广州市教育局、广州市公安交警部门有关领导出席了仪式。广汽本田青少年汽车安全科普展厅是广州市青少年交通安全教育基地的重要组成部分，是企业与政府在中学生交通安全教育方面的新合作形式。该展厅的建立是广汽本田在青少年交通安全教育中迈出的第一步，也为广汽本田在青少年层面的安全普及事业奠定了基础。

在广州市教育局、市公安交警支队、广汽本田汽车有限公司等多方合作下，广州市青少年交通安全教育基地目前顺利完成了基地二期工程建设。该基地集交通安全宣传、交通知识科普、安全文明出行行为培养等诸多功能于一体，借助于现代科学的技术，以现场体验、互动的形式向中小学生开展交通安全教育。其中，汽车相关的安全科普展厅由广汽本田着手建造。

广汽本田的企业安全理念是“为了所有人的安全”。作为汽车制造企业，一直以来广汽本田从这个企业安全理念出发，努力投身于建设和谐有序的交通社会，积极履行社会责任，致力于推动建设“安全共存”的汽车社会。

广汽本田青少年汽车安全科普展厅作为广州市青少年交通安全教育基地的一部分，承担了为所有广州市中学生普及汽车科普知识及汽车安全知识的职责，预计每年将有10万左右的中学生在此接受教育。广汽本田青少年汽车安全科普展厅是广汽本田与广州市教育部门的第一次合作；今后，广汽本田还将参与教育局交通安全基地的第三期工程建设。同时，面向全国青少年的安全系列主题活动也在酝酿之中，加之面向顾客开发的喜悦安驾特约店体系以及面向公众长年开展的“安全驾驶体验营”活动，广汽本田的安全普及事业成功实现三管齐下，将持续为构筑和谐的交通社会作出积极贡献。

内蒙兴和植树公益活动正式展开

在环境问题日益严重的今天，广汽本田始终秉承“关爱自然、奉献爱心、回报社会”的理念，积极开展环保公益事业，践行企业公民的社会责任。为了更广泛地传播环保理念，2011年8月26日，广汽本田携全国8所知名高校——中国人民大学、中国传媒大学、复旦大学、浙江大学、武汉大学、四川大学、中山大学、暨南大学的多余名学生前往内蒙古兴河县植树造林。

从2001年开始，广汽本田已于河北省丰宁县开展了首个植树项目，经过十年的不懈努力，共完成造林174.67公顷，并在细心养护下，生长为一片自然生态林，使河北省丰宁县周边地区的沙漠化现象得到大大改善。丰宁公益林项目完成后，2008年广本又立刻启动了内蒙古兴和县的联合造林项目作为环保活动的另一个新起点。近年来，兴和县地区荒漠化趋势日益扩大，生态环境非常脆弱，整个地区植被盖度不足30%，水土流失严重，沙尘暴肆虐，影响到整个华北地区的气候环境。广汽本田在内蒙兴河的植树项目预期为五年、计划投资1 000万元，累计植树面积将达466.67公顷，持续改善兴和县环境，并将陆续组织员工、车主、特约店、供应商、社会公众等共同参与植树活动。2008—2011年，广汽本田在内蒙古兴和开展了植树项目，共完成植树253.3公顷并顺利通过验收，成活率高达95%以上，有力地改善了该地区的沙化现象，工程完成情况还多次受到上级林业部门及同仁的高度赞扬。2011年是该项目的第四年，本年植树120公顷。

广汽本田于2010年发布了“让孩子的天空更蔚蓝”的企业环保口号，并围绕企业环保宣言明确了有利于实际工作开展的环保方针。广汽本田希望通过自身的行动让社会各方更多关注环保事业，并汇聚更多的力量共同铸造属于大家的绿色未来，让孩子的天空更加蔚蓝。

向“广东扶贫济困日暨广州慈善日”活动捐款200万元 2011年6月30日，“2011年广东扶贫济困日暨广州慈善日电视募捐晚会”在广州举行，众多单位、企业及个人积极认捐善款。晚会上，广汽本田汽车有限公司捐款200万元，这是广汽本田继2009年向“广州慈善日”活动捐款、2010年向“广东扶贫济困日”活动捐款后，连续第三年参与省市组织的慈善活动日，为本地区扶贫济困工作提供了有力的支持。

出席募捐晚会的广汽本田企业负责人表示，作为对社会负责的企业公民，其存在的价值不仅是创造经济效益，也应该为社会发展作出自己应有的贡献。广汽本田成立13年以来，一直围绕安全、环保、节能以及公益等领域持续开展社会活动，致力于成为社会期待存在的企业。作为本地企业，广汽本田一直感恩于广东为企业发展所创造的良好政策环境，更感恩于广东人民的支持和信赖，多年来始终积极参与广东的社会公益事业。此次“广东扶贫济困日”活动，广汽本田第一时间给予大力支持，希望能够通过实际行动帮助更多有困难的人，同时也发挥企业的表率作用，呼吁全社会继续为贫困地区的人民奉献爱心。

【万科企业股份有限公司】 **共筑磐石质量，同当绿色先锋，勇担社会责任**

2011年4月15日，万科集团合作伙伴大会在深圳大梅沙万科国际会议中心召开，中建二、三、四、五、八局、上海建工、中铁建设、中天建设、日立电梯中国、通力电梯、博西家用电器、三菱重工、阿克苏诺贝尔漆油、海福乐五金、圣象集团、STO、科勒、上海平大咨询等众多合作企业代表出席了会议。

会议围绕“质量”、“绿色”、“社会责任”三个主题展开了热烈讨论，在各自领域领先的多家优秀合作伙伴分享了产品质量管理、技术创新、绿色产品等方面在万科项目的最佳实践。与会各方均表示未来将进一步加大合作力度、深化合作模式，共同承担应尽的责任，共同打造国内住宅行业最高质量标准。

万科对质量的关注由来已久，2004年万科就启动了旨在提升产品质量的“磐石行动”。万科每年对产品质量最优的项目颁发工程质量方面的专项奖励，而在2011年万科更是设立了《主席质量大奖》作为全集团的最高荣誉。近年来，万科根据国家标准及客户对工程质量的认知习惯，建立起了一套独特的产品质量评价体系，就其取样、测量、数据处理等具体步骤进行了细致而可量化的规定。目前万科所有在建项目，要求施工单位对所有工作面按照该标准进行全方位的测量，并建立分户分层实测档案，以确保每一户住宅的施工全过程质量数据化并具备质量的可追溯性。

在合作伙伴大会上，万科总裁郁亮除“质量”外提到最多的，就是“绿色”，这也成为了会议的另一个核心议题。近年来万科在住宅节能环保方面的努力有目共睹。2009年，深圳万科城四期成为国内首个获得住建部绿色三星认证的住宅项目。2010年万科落实的绿色三星住宅占全国总量的54%，而据郁亮介绍，2011年6月开始万科所有具备规划条件的新开工项目，都将参照不低于绿色一星的标准来设计和建造。

此次万科合作伙伴大会还特别关注了劳务工的困难救助问题。十年前，万科即与施工单位合作伙伴共同推行劳务工工资保证金制度，确保劳务工工资的优先偿付。此次会议上，万科决定将从股东大会批准的企业公民专项费用中拨出五百万元人民币，用于实施“春天里行动”。“春天里行动”包括两个主要内容：一个是为那些因贫困无力承担自身或其子女的大病治疗费用、或因贫困致其子女无法完成教育的劳务工提供救助；另一个是协助与支持合作伙伴建立劳务工互助共济制度。

万科赛艇队参加2011年47届查尔斯河赛艇计时赛 2011年10月22—23日，万科赛艇组队参加在美国波士顿举行的“第47届查尔斯河赛艇计时赛”。此项赛事由剑桥船艇俱乐部发起，自1965年创办以来迄今已成功举办了46届，已成为世界范围内最大规模的赛艇盛事。此项赛程为三英里（合4.828千米）的长距离比赛在查尔斯河上进行。比赛共包括轻量级、锦标赛、校友赛、俱乐部、大师赛等56个组别。由来自多个国家五百多个船艇协会、划艇俱乐部的近万名运动员参赛。万科参加了大师赛（Master）中男子四人单桨（M4+）、八人单桨（M8+）两个项目。

年轻的万科队同经验丰富、实力强大的国际大师尚有差距，虽然最终未获得奖牌，但万科队员以努力拼搏、众志成城的高昂斗志均创造了万科赛艇队的最好成绩，通过国际大赛提高了成绩，达到了赛艇大师的国际参赛水平，并作为中国人参赛的首次有效成绩纪录在查尔斯河畔。

万科文化在嘉兴 2011年6月4日，嘉兴端午民俗文化节在七一广场盛大开幕。万科在上海公司副总经理傅明磊、嘉兴事业部总经理陈江鸣领衔下参加了龙舟赛。

万科的龙舟队伍，清一色纯白帽子显得整齐有致，万科的精神亦在他们身上展露无遗。万科一直有自己的运动队伍，包括各种体育运动和娱乐项目，万科文化里有这样重要的一条：核心价值观——创造健康丰盛的人生。因为这样的价值观，所以万科能够拥有更多更出色的人才，能够永远给客户提供理想生活的美，将绿色带进建筑，将健康带进建筑，将幸福带进建筑。

作为全程赞助的嘉兴万科，在子胥庙会上进行了精心的布置。美食街上分类垃圾箱的安置，让嘉兴市民感受到了万科的绿色环保理念，广场上的许愿树则更体现了万科的品牌精神，是一种感恩于心，真诚行动，回馈社会的精神。万科的绿色行动不仅仅是万科自己在行动，也在动员嘉兴市民一起行动，将绿色留在嘉兴，将健康留给市民。

【恒大地产集团】 企业文化建设是恒大地产集团快速稳健发展的重要法宝。恒大地产集团不断创新企业文化，在生产经营实践中经常性地适时开展形式新颖、特色鲜明的大型活动，增强企业文化的辐射力和吸引力，把员工的积极性和创造力最大限度地发掘和释放出来，有效地增强了团队的战斗力和凝聚力。恒大地产集团把以人为本的价值观贯彻到企业文化中，大大增强了了企业的社会影响力。

帮扶增城正果镇 2011年5月26日，广州市天河区、恒大集团帮扶增城市正果镇扶贫开发项目启动仪式，在正果镇人民政府门口广场举行。

恒大集团投资2.4481亿元，主要帮扶建设包括正果特色街、卫生院、文化中心、安置房等涉及民生福利和公共文化设施。其中投资2.02亿元建设的正果特色街，建设规模56 000平方米，将结合当地特色商贸形态和客家民俗风情，着力打造集生态旅游、文化娱乐、餐饮购物等休闲体验于一体的名镇特色步行街，并规划建设一座按照五星级标准打造的大型休闲旅游酒店。投资1 348万元建设的正果卫生院，建设规模5 750平方米，将全面提升当地的卫生医疗条件；投资1 628万元建设的正果影剧院工程，将全面完善镇区文化娱乐设施建设；投资1 305万元建设的安置房工程，确保当地拆迁居民的妥善安置。

恒大集团创下增城市多个扶贫之最：特色街建设成就首个突破2亿的“造血”项目，成为规划面积最大的（56 000平方米）、商谈次数最多、一期投资总额最多的项目。

翻开恒大集团的发展史和集团董事局主席许家印慈善史，此次正果扶贫开发之善举在意料之中。恒大集团成立10多年以来，一直积极投身慈善公益事业，共捐款100余次达10多亿元，是中国企业中慈善捐赠额最大的企业之一，慈善行为多次受到国家及行业的认可。

三千万成立贫困大学生助学基金 2011年7月26日，恒大集团贫困大学生助学基金成立仪式在人民大会堂举行。“恒大集团贫困大学生助学基金”是继2009年恒大集团一次性捐助3 000万开展“慈善万人行”活动后，再度向中国扶贫资金会捐资3 000万大规模开展公益慈善活动。本次助学基金的成立，一年将惠及全国100所高校的1.3万至1.4万名品学兼优、经济困难的大学新生。一次性捐赠金额之大，覆盖范围之广，受助学生数量之多均为罕见。

恒大集团在仪式启动前就已将三千万元捐赠款项足额划拨至中国扶贫基金会，双方将在各环节推行公正透明的运营机制，在机制建设和监督体系上下大功夫，确保该基金项目顺利运营，接受社会各界的监督。为了让贫寒学子真正受益，该基金在流程设计上，严格推行透明化评选，而为了确保发放环节的及时性和准确性，恒大方面在时间节点上提出了严格要求，并将委派专人进入校园、进行现场监督。此外，恒大助学基金将形成内部监督、外部监督、捐赠人监督三位一体的监督体系，全面高效地监督整个项目的运营。

恒大集团作为中国具领导地位的大型住宅物业开发商，在抓好企业经营发展的同时，不断提升社会责任感，率先在业内倡导企业公民理念，致力于从更高的层面上提升企业的道德价值，在中国广大的企业中树立了责任典范。

【广东省粤电集团有限公司】 *新版粤电之歌《风雨同路》正式发布* 粤电集团自2001年8月成立以来，十年间，各方面均取得了长足的发展，产业布局、经营环境、发展要求以及分布的地域发生了很大变化。2008年底，颁布了企业文化大纲，确定了“合和共生，守正出新”的企业哲学和“厚德善能，益邦惠民”“专业、高效、协同、诚信”等价值理念。为了更好地适应发展的要求，深刻体现企业文化理念，优化品牌形象，进一步激励员工，增强公司凝聚力，粤电集团决定重新创作“粤电之歌”已成为形势发展的需要。2011年7月13日，新版粤电之歌正式发布，命名为《风雨同路》。歌词具有鲜明的粤电特色，体现了粤电集团悠久的历史传承和丰富的文化内涵；体现了产业特点和远大的志向抱负。曲调节奏明快，旋律优美，刚柔并济，抒发着粤电人风雨同路、奋发向上的情感，整首歌曲极富感染力，琅琅上口。

企业歌曲是企业精神的结晶，粤电集团党委要求系统各单位要把《风雨同路》作为公司听觉形象的重要传播载体，在各类典礼仪式和宣传工作中广泛使用；要以《风雨同路》振奋员工、凝聚团队，认真组织员工学习传唱，做到粤电节前人人会唱，激励全体粤电人，在“成为具有国际竞争力的能源集团”的征途上风雨同路，奋勇向前！

劳模先进事迹巡回报告会 2011年6月20日、22日，粤电集团劳动模范先进事迹巡回报告会第三、四场分别在新丰江发电公司、韶关电厂举行。粤电集团党委副书记、纪委书记、工会主席钟伟民出席了报告会。来自粤东、粤北片区系统单位的职工参加了报告会。

本次粤电集团劳动模范先进事迹巡回报告会分为四场，先后共有36个单位、2 000多名员工亲临现场。会上，六名劳模代表曾强、吴二涛、李赟、刘其常、张修华、孙文惠，虽然来自不同的工作岗位，有着不同的人生经历，但是他们用朴实的语言、亲身的体会，饱含热情地向在场员工作了生动而富有感染力的报告。在场员工深受教育，倍受鼓舞，纷纷表示要以先进人物为榜样，坚定信念，扎实工作。

粤电集团要通过劳动模范先进事迹巡回报告会，进一步弘扬劳模精神，掀起“尊敬劳模，学习劳模，争当劳模”的热潮，把劳模精神化作迎接挑战、克服困难、提振士气的动力；号召广大职工要把劳动和创造作为崇高的使命，进一步坚定理想信念，切实增强主人翁责任感和使命感，不断提高思想道德和科学文化技术素质，广泛开展“创先争优、建功立业”劳动竞赛活动，积极投身“当好主力军、建功‘十二五’”行列之中，最大限度地激发劳动热情和创造活力，在推动科学发展、促进社会和谐中展示工人阶级的时代风采。

【广东格兰仕集团有限公司】 *第十三届格兰仕文体艺术节* 为推动格兰仕厂区的特色文化，丰富员工业余文化生活，格兰仕于2011年4月至5月在中山厂区举办了第十三届格兰仕文体艺术节活动。文艺节自4月25日开幕以来，进行了包括体育、文艺、趣味3个大类17项活动，共计300多场比赛，颁发各种奖项65个，参与员工超过2 200多人次，成为中山厂区一年中持续时间最长、参与人数最多的文化盛会，为活跃员工文化生活、普及文化艺术知识、陶冶精神情操、增强员工健康体魄发挥了积极的作用。

格兰仕文体艺术节立足于发掘员工的文艺潜能，提供各种文艺场所表演机会，鼓励员工展示才华。格兰仕文体艺术节已持续举行了十三届，对公司企业文化发展的效果已逐渐显现。文体艺术节的确立从一开始就得到集团公司的高度重视和全力支持，并把这一活动作为提升员工文化素养、普及艺术知识、培养员工文明习惯，进而夯实企业文化建设基础的系统工程来抓。

本届文体艺术节活动种类多、形式更为新颖、参与人数广。在活动组织上分阶段、分篇章、分步骤稳步推进，尝试项目化管理，“以我为主、整合资源，形成合力”的做法，做到科学立项，展示了许多新作品、新亮点、新成果，提升活动质量。为员工提供了一个施展才华、张扬个性的舞台，提供了一个放松大脑、放飞心情的空间。极大地活跃了企业文化，丰富了员工业余文化生活，开阔了员工视野，加强了厂区间的横向交流，有力地推动了公司精神文明建设，促进了公司文化的良性互动，同时对于构建和谐厂区也具有积极意义。

【华侨城集团公司】 *纪念五四运动92周年系列活动* 2011年5月5日，由华侨城集团团委主办的纪念辛亥革命100周年、中国共产党建党90周年、五四运动92周年的“青春如此多娇”——华侨城集团青年纪念五四运动92周年系列活动启动仪式暨“我与华侨城共奋进”活动在华侨城大酒店宴会厅拉开帷幕，集团及股份公司领导刘平春、苏征、侯松容、吴斯远，股份公司总裁助理栾倩、各直属党委分管领导、中央企业团工委办公室主任周林及华侨城集团各企业近800名青年员工参加了活动。

活动在集团新一届团委委员表演的微话剧《穿越100年》中开始，现场通过视频短片的形式启动了“青春如此多娇”华侨城集团青年纪念五四运动92周年系列主题活动，该活动以8个直属团委为单位于2011年5—11月开展系列融入中心工作的主题实践活动，活动旨在贯彻落实任克雷总经理提出的“品质华侨城，幸福千万家”的重要指示，引领广大华侨城青年牢记华侨城发展理念、坚定华侨城战略目标、坚守华侨城文化与品质，将集团经营发展目标与广大青年的个人理想与追求融合起来，大力弘扬“想干、敢干、快干、会干”的新时代精神。

“我与华侨城共奋进”主题宣讲环节，由集团公司党委常委吴斯远作了《华侨城面临的发展机遇和挑战》的讲话；“青春面对面”访谈环节，特别邀请集团公司刘平春、侯松容、吴斯远三位领导同台访谈，三位领导分别从华侨城旅游、华侨城度假、康佳电子的产业升级等方面向青年代表进行有关问题的解答并分别从自身的生活工作感受与青年们进行了交流。

2011年华侨城社区文化节 2011年11月5日，华侨城物业公司在华侨城中学体育场隆重举办2011年华侨城社区文化节启动仪式暨趣味运动会。作为隶属于中央企业华侨城集团的下属单位，华侨城物业公司始终积极践行社会责任。华侨城物业公司抓住机遇，根据华侨城社区具体实际，同时挖掘整合社区内部资源，自觉搭建社区文化活动平台，适时举办了这场感恩社区业主、活跃社区氛围、繁荣社

区文化的狂欢盛会。

当天上午十点，启动仪式璀璨开幕，充分彰显了中国文化与华侨城特色。随后，华侨城社区一百多位业主上场表演太极拳，认真展示着中华文化太极拳柔中带刚、修身悟道的玄妙。两个环节紧紧相扣，演绎出华侨城居民生活的安泰与幸福，也充分彰显了中国气派的哲学文化和独具华侨城特色的创想文化。

华侨城物业公司通过开展简单健康、生动有趣的体育项目，来激发业主们的文化创造力，依靠社区业主发展社区文化，并将文化发展成果由所有华侨城居民共享，愉悦了居民身心，增进了业主间交流，和谐了邻里关系，激发广大社区业主共同构建幸福华侨城家园的饱满热情，进而推动华侨城社区文化大发展大繁荣。

华侨城社区文化节自2004年以来成功主办过6届，已成为传承和弘扬整个华侨城文化品质，满足业主多样化精神文化需求的重要途径，也是传递和践行华侨城幸福生活的直接方式和重要平台。华侨城物业公司始终把社区文化建设提升到物业服务的战略性位置。公司党委书记凃国勇表示，华侨城物业公司党委将借十七届六中全会春风，解放思想、乘势而上、不断创新，继续加强对社区文化建设的领导，努力搭建业主文化活动平台，不断推出贴近实际、贴近生活、贴近业主的社区文化，不断发展和谐社区文化建设，不断满足社区居民的精神文化需求，争当新时期社区文化建设排头兵，开创社区文化建设新局面。

【广东省丝绸纺织集团】**“幸福丝纺，青春给力”主题演讲比赛**　为促进丝纺集团“十二五”战略规划的推进，激发广大团员青年爱岗敬业、锐意创新的热情，丰富集团员工的文化生活，2011年11月15日下午，广东省丝绸纺织集团团委在集团本部14楼礼堂举行了一场以“幸福丝纺，青春给力”为主题的演讲比赛，来自不同子集团和子公司的13位选手参加了角逐。

本次比赛采取自行命题演讲方式，参赛选手们结合各自工作、生活的亲身经历，讴歌了中国共产党成立90年来取得的光辉成就，抒发了自己爱党、爱国、爱企业的真挚情感。选手们饱含激情的演讲，打动了在场观众。选手和听众在彼此的述说和聆听之间，感受着丝纺集团的文化熏陶，更坚定了对丝纺事业的热爱与信念，坚定了建设“幸福丝纺”的决心。经过激烈的角逐，来自丝丽兆丰公司的何淡佳获得一等奖，纺织股份的黄家欣和医保公司的黄婕获得二等奖，丝丽服装公司邹创俊、丝丽泓泰公司王希华、丝源集团金鹏飞获得了三等奖，其余选手获得优秀奖。

五四青年活动暨表彰大会　为庆祝“五四青年节”，表彰先进，进一步弘扬“五四”精神，丰富团员青年文化活动，增强团队意识，激发团员青年工作积极性和创造性，2011年5月10日，广东省丝绸纺织集团团委组织全体团员青年到珠海开展“创先争优 青春榜样”——省丝绸纺织集团“五四”青年活动暨表彰大会。集团党委副书记、纪委书记林树汉同志、党群工作部部长张永文同志出席了会议。林树汉副书记在会上作了热情洋溢的发言，他对集团团委过去一年的工作予以充分的肯定，对广大青年团员提出了殷切的期望。他号召广大青年员工要在学习成才上创先争优、在岗位工作上创先争优、在塑造品格上创先争优，解放思想、敢于创新、勤学苦干、奋发进取，为“建设幸福丝纺”作出新的更大的贡献。

大会宣读了集团团委《关于表彰2010—2011年度五四红旗团委、五四红旗团支部、优秀共青团干部、优秀共青团员的决定》，授予广东省丝绸纺织集团有限公司团委“五四红旗团委”称号，授予金丝达公司团支部等5个单位“五四红旗团支部”称号，授予陈莹等9名同志“优秀共青团干部”称号，授予吴乐勇等21名同志“优秀共青团员”称号。大会还对获得省国资委评先活动中获奖的先进集体和个人进行了颁奖。

【广州市建筑集团有限公司】　**集团员工企业文化节上展风采**　2011年11月，广州市思想政治工作研究会、广州市企业文化协会等4个单位联合举办第九届广州企业文化节。广州市建筑集团系统选送了三个职工文艺节目参加文化节文艺目选拔赛，并在全市38个企业送出的52个节目中脱颖而出。市政集团歌舞《和谐中国》、恒盛公司歌舞《红旗飘飘》获得二等奖，国际公司相声《趣谈语言》获得优秀奖。11月23日晚，市政集团歌舞《和谐中国》更参加了市委宣传部、市国资委在中山纪念堂主办的“新起点、新跨越、新辉煌”第九届广州企业文化节文艺晚会，显示了广州建筑的企业形象。

文化节活动期间，表彰了全市思想政治工作、企业文化建设的一批新成果。广州市建筑集团政研会送出的《浅谈加强国有建筑企业思想政治工作的四个着力点》获得“庆祝建党90周年暨思想政治工作创新”征文活动优秀奖，并入选由广州出版社出版的《思想政治工作与建设幸福广州》一书。

职工书屋建成　农民工足不出宿舍，就可以读书、看报、上网浏览。广州市建筑集团工程管理部设在农民工宿舍区的首个职工书屋建成开放。职工书屋所在的材料物资科石牌宿舍生活区，居住着物资科11个班组约150名工人。书屋由原来的一间工人宿舍改建装修而成。书屋拥有近千册图书，包括生产技术、法律法规、党史知识、生活常识、趣味杂志；配置了书柜、桌椅等设施。书屋内还配有两台上网电脑，方便员工查阅图书咨讯及读书交流。尽管书屋不大，却洋溢着浓浓的文化氛围，为住在这里的工人们提供了丰富的精神食粮，成为他们班后休闲的好去处。

集团工程管理部开展学习型企业和学习型员工队伍建设，把职工书屋作为丰富员工精神文化生活、推进“学习型企业”建设的一件大事来抓，依托农民工业余学校，通过出资购书、组织捐书等方式，把一些专业技能、健康向上的书籍提供给工地农民工学习。工会主席赵伟文表示，希望通过创建职工书屋以及读书交流活动为员工“加油”，引导员工养成读书好习惯，增加企业的文化底蕴。目前，工程管理部职工书屋已经申报全国工会“职工书屋”示范点。

【广东省广晟资产经营有限公司】

参加“清风颂廉”廉洁文化书画摄影大赛　2011年5月至8月，广东省国资委主办了广东省国资系统“清风颂廉”廉洁文化书画摄影作品大赛活动，此次活动省国资委共收到参赛的书画摄影作品1 491件，经省国资委组织专家评委进行评审，共评定出金奖作品6件、银奖作品15件、铜奖作品30件，优秀作品147件，组织工作奖5名。

为庆祝建党90周年和配合开展纪律教育学习月活动，深入推进企业廉洁文化建设，广东省广晟资产经营有限公司积极参加竞赛活动，公司各级都比较重视，积极做好组织发动工作，广大干部员工踊跃参赛，共报送参赛作品161件，其中荣获金奖作品2件、银奖作品1件、铜奖作品1件、优秀作品15件，公司纪委获得优秀组织工作奖。

【日立电梯（中国）有限公司】

携手市总工会举办“金秋助学”活动　2011年8月18日，日立电梯（中国）有限公司携手广州市总工会在天一酒店举行2011年“金秋助学”活动暨学生座谈会。市总工会陈伟光主席、易利华副主席，日立电梯（中国）有限公司张国强副总裁等领导和嘉宾出席了本次活动，并与受资助的学生和家长进行了深入的交流。

2011年受资助的首批大学生有177名，共获得助学金44.1万元，两项数字均创“金秋助学”活动举办以来的新高。在当天的活动仪式上，日立电梯（中国）有限公司副总裁、党委书记张国强发表了讲话。他真诚地鼓励在座的学子们克服困难不断学习，早日投身祖国的建设，成为栋梁之才。同时，张书记表示，除了在经济上资助大学生完成学业外，日立电梯也会优先录取合资格的受助学生，为他们提供职业发展的平台。

为弘扬民族优良传统文化，大力发展企业文化，从2006年起日立电梯每年都参与广州市总工会组织的“金秋助学”活动。六年来，日立电梯共捐赠了75万元，帮助超过880名的贫困学子解决了上学困难的问题。

日立电梯志愿者探访东山福利院

2011年10月29日，日立电梯（中国）有限公司的志愿者来到广州市越秀区东山福利院，为福利院的老人家送去爱心与温暖。

日立电梯的志愿者除了为老人家带去冬日慰问品，还带着老人家练习“手指操”，为老人家唱歌表演。伴着久违的欢乐与轻松，许多老人家和着旋律打着节拍，轻轻哼唱，眉眼都挂着笑意。福利院的林部长说，志愿者的到来，让平日清静的福利院增添了一些活跃的气氛，志愿者一声简单的问候、一个轻柔的拥抱，都能为老人家带来像亲人般的关怀，让他们感受到，夕阳依旧美丽。

通过组织不同形式的志愿服务，日立电梯希望让更多的员工加入到志愿服务的队伍，让志愿服务成为一种社会力量，成为一种生活习惯，并将员工的爱心转化成行动，实实在在地去温暖身边的每一个人。日立电梯的志愿者则认为，通过这样的服务活动，能让他们以更加积极、更加乐观的心态面对工作和社会的压力，在付出的过程中也收获了幸福感和满足感。

【广州珠江啤酒集团有限公司】

免费邀广大市民欣赏户外音乐会

2011年9月28日，由广州珠江啤酒集团有限公司冠名支持的“珠江啤酒之夜——二沙岛户外音乐季”在二沙岛演艺大楼户外草坪精彩上演，珠江啤酒集团党委书记廖加宁等领导与上千名羊城市民一起席地而坐，欣赏了由广州交响乐团担纲演奏的高雅音乐盛宴。珠江啤酒集团党委书记廖加宁在致辞中表示，珠江啤酒冠名“二沙岛户外音乐季”，一方面是为建设幸福广东贡献力量，彰显企业社会责任；二是继续深入音乐营销策略，提升珠江啤酒品牌的知名度和美誉度，让市民群众更喜爱珠江啤酒品牌。

“二沙岛户外音乐季”由中共广东省委宣传部、省文化厅主办，是省委、省政府开展的“幸福广东、文化惠民”系列活动中的一项内容，也是企业回馈社会、文艺工作者服务人民的重要平台。本系列活动将从2011年9月21日开始至2012年3月28日，每周三晚上19:30由广东民族乐团、广州交响乐团、星海音乐学院管乐团等国内知名艺术团体分别为市民免费奉上共15场音乐盛宴。

“二沙岛户外音乐季”自9月21日开幕后，9月28日是第一场正式演出。该场音乐会由珠江啤酒冠名支持，免费向广大市民开放。由于受到市民的热情追捧，赠票在开派第一天已被领取完毕。当晚，广州交响乐团为大家演奏了耳熟能详的《欢庆序曲》、《太阳出来喜洋洋》、《对花》、《春之声圆舞曲》等中外名曲，同时，音乐会还邀请了常安、张学㯳等广东省知名歌唱家，演唱了《新不了情》《长江之歌》等深受广大观众喜爱的歌曲。为市民献上了一场高水平的户外音乐会。

【广州岭南国际企业集团有限公司】

培育独特的企业战略文化，集聚广大员工的向心力和凝聚力，是企业发展获得永不枯竭的动力源泉。2008年，岭南集团明确提出了将“为股东创造价值，为消费者提供安全优质产品和服务，为员工提供发展平台，为和谐社会作出贡献”作为集团的核心价值观。三年来，岭南集团始终将上述核心价值观与岭南集团战略理念的具体实施纲要，贯穿于企业文化建设的全过程，逐步形成了带有鲜明岭南烙印的独特战略文化，并通过企业文化引导和宣传贯彻，逐步在广大员工中形成“为社会、为企业、为家庭作出贡献，为职业生涯良性发展不断努力”的员工价值观，使员工拥有了统一的精神支柱和精神追求，迸发出前所未有的动力，主动将自身的发展与集团的发展融为一体。

构建岭南集团核心价值体系，建设幸福岭南　岭南集团进一步加强企业文化建设、核心价值体系的培育力度，将集团的经营理念、价值理念和社会责任观念融入到集团的价值观体系，

构建“为股东创造价值，为消费者提供安全优质产品和服务，为员工提供发展平台，为和谐社会作出贡献”的企业核心价值体系和“为社会、为企业、为家庭作出贡献，为职业生涯良性发展不断努力”的员工价值观。加强文化兼容，发挥文化的向心力和凝聚力作用，为集团扩张发展提供文化支撑。积极营造安全、和谐、融洽、平等的工作环境，塑造“简单、坦诚、阳光”的组织氛围，一年来在规范用工、改善薪酬福利、维护身心健康、关注职业发展、开展职业生涯规划等方面，继续采取有效措施，改进了劳资关系，提升了员工价值，实现了员工与企业的共同成长。

加强工会建设，做好信访维稳工作，建设和谐岭南 岭南集团坚持党建带工建，以职工素质工程为抓手，积极组织“安康杯”竞赛、酒店企业技能竞赛等创先争优活动，引导员工争做创新能手，鼓励员工岗位成才。努力维护职工权益，协调劳动关系，加强人文关怀，改善用工环境，增强员工的归属感和幸福感。严格按照省市关于信访工作的一系列部署要求，认真贯彻落实领导包案责任制，积极开展全面排查调处信访维稳工作，建立了信访维稳日常工作机制，变上访为下访，有效地化解了企业突出的信访问题和不稳定因素，促进了信访形势的好转，为全集团健康稳定发展创造了和谐的环境。

强化企业安全生产，建设安全岭南

岭南集团认真贯彻国务院《关于进一步加强企业安全生产工作通知》精神，落实安全生产“一岗双责”制度，强化企业安全生产主体责任，夯实了安全生产管理基础，落实建设项目安全设施“三同时”工作，加大消防安全和车辆交通安全隐患排查与整改力度，强化建筑施工现场安全管理，确保全集团全年不发生重大生产安全责任事故，保持了企业安全生产形势持续稳定。扎实加快推进企业安全生产标准化达标工作，努力完成全集团标准化达标率95%的既定目标，力争所有直属企业完成应急预案的修订及备案。将安全生产台帐管理、隐患排查整改、危险源监管、突发事件应急管理等内容纳入信息管理范围，建立应用系统平台，为安全生产管理信息化建设夯实基础。

进一步发挥好国有企业的社会责任，建设责任岭南 岭南集团以实际行动为社区的公益、教育、赈灾救助和环保等作出积极贡献。高度重视“扶贫双到”开发工作，进一步加大扶贫开发资金的投入，2011年投入扶贫开发资金650多万元。勇于承担社会责任，积极参与社会救助活动，全年共支出费用超过500万元，树立岭南集团良好的国企形象。出色完成省市下达的武装、征兵和执勤任务，多次重大政务接待和服务工作，得到了省市领导和上级部门的嘉奖。关注弱势群体、关爱困难职工，发挥党、工、团和妇女组织的优势，开展系列帮扶和慰问工作，为弱势群体和困难职工排忧解难，使其真正感受到岭南集团大家庭的温暖。

高度重视食品安全管理工作，保障社会食品安全 岭南集团始终将不断提升产品和服务质量，为消费者提供更加优质、安全、环保、人性化的产品和服务，作为企业重要的经营理念。进一步建立健全了以一把手负责的食品安全管理机制和组织机构，组织开展各项食品安全检查，深化宣传教育，加强流程管理、制度建设，建立应急机制，落实食品安全演练，形成了较为有效的食品安全管理监控流程，发挥了国有企业主渠道供应商在保障社会食品安全、构建和谐社会中的重要作用。

（广州岭南国际企业集团有限公司）

【广州市自来水公司】 2011年，广州市自来水公司高举邓小平理论和“三个代表”重要思想的伟大旗帜，深入贯彻落实科学发展观，重点学习党的十七届六中全会精神，积极探索新时期工作开展的新形势和新特点，企业文化建设工作不断在改进中加强，在创新中提高，不断增强企业的凝聚力和战斗力，为公司经营改革发展提供强大的精神动力、思想保障和良好的氛围。

一、贯彻六中全会精神，着力形成新的企业文化建设成果

广州市自来水公司始终坚持理论研讨、企业文化要服务于安全优质供水这一大局，落实科学发展观，努力反映对实践的指导和推动的作用。一是组织创先争优理论研讨，并择优推荐15篇理论研讨文章。公司党委撰写的《在西江引水工程建设中创先争优》被评为“广州市学习贯彻胡锦涛总书记重要讲话精神暨创先争优理论研讨会获奖论文”。二是主动参与“两会”活动。2011年，公司先后组织职工代表共126人次参加省、市举办的政研和企业文化建设活动6次，认真听取和虚心学习了其他单位的成功经验的值得借鉴的做法，并加强与上级政研组织和各兄弟单位的信息沟通和交流学习。参加省委宣传部主办的“广东十大和谐企业”的评选。积极参加“庆祝建党90周年，推动思想政治工作创新”政研征文活动，其中《做好经济民警思想政治工作的几点思考》一文获得优秀奖。三是坚持开展“水带微笑送万家”为主题的供水服务进社区活动，现场倾听市民群众对供水服务的意见和建议等，在具体的活动过程中开展调研与思考。

二、进一步总结和发扬西江引水精神

广州市自来水公司派出的代表入选参加广州亚运精神暨亚运先进事迹宣讲活动，在省内多个城市宣传西江引水工程建设的成果和事迹。2011年4月份，公司又在内部组织开展“铭记西江精神”演讲比赛，宣扬“敢想会干为人民，同心聚力有担当”的西江精神，激发广大员工的主人翁精神。筹备以“大任显风流”为题的西江引水工程文集，为广州百年供水事业积累新的精神财富。

三、不断深化形式多样的社会宣传活动，提升企业正面形象

截至2011年11月份，广州市自来水公司通过报刊、电台、宣传横幅、客户短信、大型服务集市活动、科学论坛等多种形式，全方位开展社会宣传活动共16次。天河、海珠、白云、

荔湾、越秀等五大城区举办“优质供水服务，给力幸福广州”大型服务集市，以现场展示、游戏互动、现场用优质水泡茶、亲子绘画活动、骑车溯源以及百名市民参观西江引水工程等一系列活动，与市民面对面交流，树立了企业良好形象；以“广州饮水安全和水资源保护”为主题，与南方都市报共同策划的小谷围科学论坛，并组织水资源、水处理、卫生学等方面的专家就广州的饮用水质现状、水质标准、水源地保护、水源受污染的隐忧和严防二次供水污染等方面，为公众答疑解惑并进行深入的互动。

四、认真做好创建文明城市的宣传教育工作

将文明创建与争先创优、庆祝建党90周年等相关主题实践活动紧密结合起来，及时宣传文明创建的新精神新成果，全面提高全体职工的知晓率与支持率。2011年，广州市自来水公司范围内共制作了“创文”的宣传标语54条、主题墙报86幅、柜台宣传卡座50个、印制并发放知识卡片4 000张。此外，还在公司网站、各区供水管理所服务大厅的电子屏、办公大楼电梯间等媒介宣传“创文”要求和知识，在企业内外形成了“创文”的浓厚氛围。

五、积极参与，勇创佳绩，大力开展多元文化活动

（一）结合建党90周年开展系列党建特色活动。根据公司党委部署，制定下发《广州市自来水公司庆祝建党90周年系列活动方案》。2011年6至10月，广州市自来水公司组织开展知党史、念党恩、强党性”知识竞赛、党内评先表彰、“流水欢歌颂党恩”红歌会、主题墙报评比评优、革命历史教育主题日活动等八项活动，掀起创先争优活动新的高潮。

（二）重视发挥企业报、企业网站的作用。企业宣传平台围绕中心，不断拓展宣传报道的广度和深度，不断增强内部信息平台的服务效能。截至2011年11月，《广州供水建设》共出版14期。企业报采编工作更趋成熟，“服务案例大家谈”“严控产销差”等专栏分享企业经营管理的优秀经验；办好“我们自来水人”等栏目展示了职工身边的先进标兵和优秀集体的亮点。

（三）开展丰富职工文娱生活，形成健康向上的企业文化。广州市自来水公司组织文艺节目《破茧化蝶——我美丽的大广州》艺术表演唱参加广州市女职工创造发明和技能技巧成果展览展示演出，选送的9项成果均获得优秀成果奖；参加“翩翩起舞颂党恩”全省职工排舞电视大赛获得银奖；参加省水协举办的粤北片区职工羽毛球比赛获得团体季军；参加集团足球比赛、羽毛球、游泳、乒乓球比赛，均赢得了冠军。2011年，公司还举行了第七届职工运动会，历时6个月，分别举行了羽毛球比赛、游泳比赛、网球比赛等活动，共约2 500人次参加了各项比赛。

（四）围绕中心参与建设，蓬勃开展劳动竞赛。广泛开展具有广州自来水特色的“水带微笑送万家”“安康杯”“合理化建议”“创建巾帼文明岗”等多项劳动竞赛活动，做到有组织、有计划、有检查、有评比，积极鼓励职工参加“较真功、展才华”，营造出比、学、赶、帮、超的浓厚氛围，捷报频传。公司获得了广东省十项工程劳动竞赛模范集体、广州亚运会亚残会先进集团、广东省“五一劳动奖章”等荣誉称号。南洲水厂化验组获市巾帼文明示范岗，西村水厂净水组获省“巾帼文明岗”，西村水厂荣获全国“工人先锋号”。公司党委书记、经理王建平同志获得全国五一劳动奖章、广州亚运会、亚残运会先进个人。

六、以宣传思想工作、企业文化建设成果为纽带，提高企业的社会知名度和美誉度

（一）把握重点，着力做好公司重点工作及重大新闻的发布。紧紧围绕供水服务重点工作开展宣传工作，积极利用媒体阵地做好企业形象宣传。截至2011年11月，公司共在市以上媒体发布消息类新闻171次，组织媒体现场采访活动37次。

（二）抓住机遇，着力宣传典型人物。抓住媒体开展“走基层、转作风、改文风”活动的契机，与南方电视台、广东电视台、广州日报、信息时报、广州电台等6家省、市媒体合作，先后宣传了供水战线上不同岗位的10个先进个人及集体。其中，西江引水管线巡查员、自来水管道探漏员、美声巡查哥、自来水精细化服务片管员、水厂水质员等典型的报道在社会和市民用户中得到正面的积极反响，牢固树立了自来水人与企业“优质供水 诚信服务”的良好形象。

（三）大力宣传供用水法规及常识。一是截止2011年11月底，在处理的媒体反映共90余次终端用水问题中，切实对城市供水法律法规进行社会普及宣传。二是与广东省消费者委员会合作，制作2011年版《居民用水指引》系列宣传手册，并加入广东省消委会消费维权网成为理事单位。手册分健康饮水知识、供水设施使用维护、供水故障应对、水费计量缴纳等四方面内容，共印6万册放至各供水管理所，提供市民免费取阅。同时，此手册内容已制成电子杂志刊物刊登在广东省消委会消费维权网。三是与国家城市供水水质监测网广州监测站按精细化管理的要求，共同制作海珠区水质报告，免费派发，加大水质公开公示的力度。

（四）官方微博逐步形成科学化、正规化管理。2011年，公司官方微博完成认证手续，并出台了微博管理规定，进一步规范官方微博的使用和管理，并有专人负责监测管理，形成了公司动态新闻、涉水信息的综合发布新的重要平台。目前，官方微博已拥有固定的粉丝群体近9 000人，含广州日报、南方都市报、信息时报、新快报、南方网等媒体粉丝；相关评论转发已过万条，其信息覆盖面、社会影响力正不断扩大。

（广州市自来水公司）

【广东长城集团股份有限公司】

2011年，广东长城集团股份有限公司通过一系列的文化投入正将其建成深圳又一个文化地标企业。从与国家首批EMBA办学高校华中科技大学EMBA中心携手，到开展系列主题文化论坛，从大手笔打造陶瓷和艺术品

收藏、拍卖、展销平台长城艺术馆，到成立汇聚深圳高端文化品位阶层的会员俱乐部“长城世家会”，逐步打造顶尖文化产业。长城集团董事长蔡廷祥表示：“文化的境界是永无止境的，我们以奋斗者为核心，勇攀文化和艺术的高峰。”

知名学者开讲，孕育深圳文化地标企业 长城集团作为艺术产业、文化创意企业，希望文化这一名片吸引深圳的精英人群，通过知名文化学者、艺术大师的号召力以及学术魅力铸造平台凝聚力，吸引主流人群和精英人士，共同打造文化领域的新平台。另一方面，仅依靠展示艺术品，让大家走马观花似的欣赏艺术品是不够的。长城集团了解并服务好每一位对艺术感兴趣，爱好收藏、投资艺术品之人，建立艺术文化的交流平台。比如，开展知名财经评论员叶檀博士的经济类、著名国学大师赵士林教授的国学类、著名管理学家廖建桥教授的管理类等多种类型讲座，吸引了大批主流人群和高端人士。

长城集团用文化魅力凝聚社会精英人群。从2011年年初与国家首批EMBA办学高校华中科技大学EMBA中心携手，长城集团着力打造深圳为数不多的系列高端文化论坛，论坛对当前国内投资形势，黄金、原油、大宗商品价格趋势，企业所面临的问题，圆融的中国智慧究竟包含了哪些思想的国学盛宴，以及中国式绩效管理等热点议题进行了探讨，吸引了千余名各界精英人士与专家共研。

缔造独特文化生活空间，服务精英人群 让每一位长城世家会俱乐部成员不仅享受到艺术作品的魅力，并成为深谙艺术品鉴赏和投资理财的资深人士，这是长城集团建立俱乐部和打造高端文化论坛的目的所在。

2011年，长城集团成立了长城世家会高端俱乐部，通过高端俱乐部、打造高端文化系列活动服务精英人群。长城世家会为因艺术与文化而相聚的艺术大师、企业家、商界精英、学界领袖及现当代艺术品爱好者提供鉴赏、交流、沟通、合作的平台，通过各类精心安排的主题活动、高品质第三方资源，缔造一个独特的文化生活空间和交流圈。通过举办主题展览，会员可优先获得展品资讯，享受预展专场，并且跟特邀的艺术家近距离地交流。此外，长城艺术馆举办的拍卖会是为了满足会员对艺术名家、大家作品的收藏需求。拍卖会前期，世家会会员将收到精美的拍品图书以便了解拍品信息。

2011年，长城艺术馆已举办多场展览、拍卖会等，而依托长城艺术馆这一对外窗口而成立的长城世家会，未来将拓展更多具有创意、形式更为丰富的活动，如艺术鉴赏、沙龙、主题论坛等。

借力设计之都，发展文化创意产业

通过深圳运营中心这个平台，长城集团将进一步弘扬中国的陶瓷文化，让更多的消费者通过参观和体验，了解中国陶瓷文化发展历程，了解长城瓷这个现代陶瓷文化品牌。长城集团文化艺术领域的大手笔布局中，位于深圳创意文化产业园的长城艺术馆是浓墨重彩的一笔。长城艺术馆的建立是基于长城集团的理念，是中国首家集现当代陶瓷艺术大师作品和中国现当代艺术品于一体的收藏、拍卖、展销平台，长城艺术馆拥有近2 000平米的展厅、230平方米的多功能拍卖大厅，先后举办了著名书画家西乐群画展、当代潮州刺绣展、中国现当代艺术展、景德镇大师教授陶瓷艺术作品展以及2011秋季艺术品拍卖会等活动。

（上接：第598页）名店”“中国粤菜名店”等称号。

广州大厦《首创公务酒店的品牌形象》的公关案例获得中国第四届最佳公共关系案例大赛金奖；《公务酒店品牌经营战略的实施》获得广东省第十二届企业管理现代化优秀成果奖；《首创酒店综合管理协同平台》获得了“广东省第十九届企业管理信息化创新成果一等奖”，入选“2008年度全国十佳企业管理案例”。

三、坚持文化领先、持续发展

广州大厦历经十四年，已经开始进入成熟期，要追求健康可持续发展，就必须坚持与时俱进、文化领先，以先进的企业文化促进企业不断创新、不断发展。

与时俱进，就是要牢固树立发展的理念，自觉地、经常地审视企业正在变化的实际情况，寻找企业“老化”的迹象、麻木的环节、失灵的机制，真正把握企业的脉搏，推动其连续创新。

文化领先，就是要通过企业文化建设，增强企业文化的时代性与先进性，引导企业居安思危、应变求进，积极应对不断发展变化的内、外形势，在不断变化的形势中更新企业文化，求得企业的发展进步。

企业文化既要促进应变求进理念的树立，增强“不进则退”“居安思危”的意识，提升企业应变求进的欲望和责任感；还要促进应变求进能力的提高。应变求进光有愿望不够，必须要有能力，要掌握和运用更多的新理念、新知识、新技术，开发新产品、新市场；创造新工艺、新流程，设计新机制、新制度，不断提高企业应变求进的能力。

与时俱进、文化领先，要求一个成熟的企业在努力提高企业经营效益，不断提高企业职工物质待遇的基础上，更加注重加强企业文化建设，不断满足职工日益增长的精神文化需要；不断努力使企业的文化价值理念与员工个人的精神价值理念相融合，从而不断增强企业的凝聚力、竞争力，让企业健康可持续发展。

广州大厦将坚持与时俱进、文化领先，通过培育有鲜明的时代特色的先进的企业文化，推动企业进一步朝着健康可持续发展的方向前进。

企业文化是企业可持续发展的原动力

广州大厦有限公司总经理　邝云弘

摘要：先进的企业文化是企业核心竞争力的重要组成部分，是企业健康可持续发展的精神支柱和原动力。

广州大厦以贯彻落实科学发展观、自主创新作为企业文化建设的出发点，在实践中培育了以发展、创新、和谐为核心的先进的企业文化，形成了企业内在的动力与凝聚力。

广州大厦将企业文化贯穿于经营管理的方方面面，落实到日常工作的每一个环节中，通过实施品牌形象创新、经营创新、管理创新，营造独特的竞争优势，较好地履行了企业的经济责任、社会责任、政治责任，推动企业全面、综合发展。

面对新的时代、新的环境、新的竞争，广州大厦将坚持与时俱进、文化领先，通过培育有鲜明的时代特色的先进的企业文化，推动企业进一步朝着健康可持续发展的方向前进。

先进的企业文化是企业核心竞争力的重要组成部分，是企业健康可持续发展的精神支柱和原动力。

广州大厦将企业文化建设贯穿于经营管理的方方面面，落实到日常工作的每一个环节中，通过实施企业文化建设创新，营造独特的竞争优势，推动企业健康可持续发展。

一、培育驱动企业可持续发展的先进文化

广州大厦以贯彻落实科学发展观、自主创新作为企业文化建设的出发点，在实践中培育了以发展、创新、和谐为核心的先进的企业文化。

发展、创新、和谐构成了广州大厦企业文化的主旋律，包含了企业的核心价值和使命；发展、创新、和谐构成了广州大厦人共同的目标、理想和追求，形成了企业内在的动力与凝聚力。

发展是企业的首要任务。有什么样的发展观，什么样的发展文化，就会有什么样的发展道路、发展模式和发展战略，就会对发展实践产生什么样的影响。

广州大厦以发展为第一要务，坚持以科学发展观统领全局，树立“永远追求更高的目标”的企业精神，不断创新发展理念和发展模式，培育不断进取、积极向上的企业发展文化。

广州大厦制定了以“认真履行企业的经济责任、社会责任、政治责任，实现企业健康可持续发展”为主要内容的企业发展战略，通过经营发展、管理发展、文化发展，推动企业健康可持续发展。

创新是企业文化的核心，是驱动企业求生存、求发展的法宝。企业只有高扬创新的旗帜，才能紧跟时代发展的步伐，在进取中求胜。

广州大厦把自主创新作为企业发展战略的基点、企业文化建设的关键，通过体制创新不断扫除生产力发展和企业进步的障碍，走出一条事业单位实施企业管理，自主经营、自负盈亏的发展之路；通过经营管理理念创新，不断突破旧观念、旧体制、旧模式，逐步建立健全了以竞争机制、激励机制、制约机制为主的现代管理机制；通过企业文化理念创新，不断调整企业文化建设的目标、模式和手段，开拓了一条属于自己的发展之路。

有创新才有发展，有创新才有和谐，是创新推动了广州大厦的和谐；是创新推动了广州大厦的可持续发展。

发展是和谐之基，创新是和谐之魂，和谐是个人、企业、社会共同的追求。广州大厦以构建和谐企业为目标，培育兼顾国家、集体、个人三者利益的和谐文化，培育兼顾自然、环境的绿色文化，培育全面履行企业经济责任、社会责任和政治责任的企业文化。

广州大厦自觉承担构建和谐社会、和谐企业的历史使命，通过建立健全和谐的劳动关系、合理的分配体系；通过帮助员工和企业共同发展，实现企业与员工价值的最大化，实现企业内部的和谐。

广州大厦通过有效的品牌经营、诚信经营，通过参与社会公益活动，参与社会公共关系构建，不仅培育了优秀的品牌文化，还塑造了优秀的企业形象，较好地维护了企业与顾客、与社区、与社会良好的关系，实现了企业外部的和谐。

广州大厦通过卓有成效的绿色经营和绿色管理，建立了一个“绿色的家”、一个“绿色的市场”，实现了企业与自然环境的和谐。

广州大厦积极追求经济效益、社会效益与政治效益相统一，通过发展促和谐、创新求和谐，实现了企业与个人、企业与社会、企业与自然环境的和谐，推进了企业健康、协调、持续发展。

发展、创新、和谐是广州大厦企业文化的核心，是广州大厦求生存、求发展的旗帜，激励着广州大厦人践行科学发展观，追求企业的健康可持续发展。

二、以先进的企业文化促进企业持续发展

企业在发展的实践中生成自己的企业文化，企业文化又反作用于企业的发展，周而复始地贯穿于企业生命的全过程。

广州大厦以先进的企业文化促进企业实施品牌形象创新、经营创新和管理创新，推动企业全面综合、可持续发展。

（一）实施品牌形象创新

广州大厦将品牌建设作为企业决胜市场的“核武器”，通过规划品牌符号、培育品牌风格、传播品牌形象、提升品牌价值，塑造独树一帜、个性鲜明的公务酒店品牌形象，提升公务酒店的品牌资产，走出了一条有自身特色的公务酒店品牌建设之路。

广州大厦秉承广州、广州市政府的文化内涵，把握市场的需求和发展趋势，根据自身的特点，把自己定位为广州市精神文明和经济文明建设的一个缩影、改革开放的一个窗口和广交中外朋友的一座桥梁。用“公务酒店”这个名称，为自己的品牌找到了一个全新的名字，为企业经营找到了一条通路、一面旗帜、一个市场。在这条路上，广州大厦既跳出了接待型酒店的传统模式，又超越了一般商务酒店的运行轨迹，“跳出酒店做酒店”，走属于自己的自主经营之路；在这面旗帜下，广州大厦超越了传统的竞争形式，摈弃了“平面竞争”的习惯思维和作法，以公务酒店独有的风格和内涵，发挥自己的优势去打造属于自己的公务酒店品牌；在这个市场上，广州大厦通过挖掘、营造和拓展一系列与“公务”相关的服务项目，为顾客创造了一个新产品，塑造了一个崭新的品牌形象。

（二）实施经营创新

广州大厦紧紧抓住发展经营这一根本点，以市场为导向，实施经营创新，“跳出酒店做酒店”，不拘一格求生存，认真演绎和落实“把实惠送到客人手里”的营销理念和“把尊重送到客人心里”的服务理念；认真履行“给您一个绿色的家”的服务承诺；做稳、做活、做大了属于自己的市场，创造了良好的社会效益和经济效益。

广州大厦创新服务理念，确立“尊重”就是服务最重要的内涵，就是服务的最高目标，也是服务的最高境界，提出了“把尊重送到客人心里”的服务理念。

广州大厦创新营销理念，在充分把握市场、把握顾客消费心理的基础上，提出了“把实惠送到客人手里”的营销理念。广州大厦人理解的“实惠”，不是狭义的“让利”“低价格”，不是商场上经常上演的一幕幕恶性竞争、竞相降价的大戏；而是建立在企业和消费者双赢基础上的、长久的、实实在在的好处；是建立在优质的出品和服务基础上的对消费者的回报。

广州大厦坚持品质优先、服务优先的营销，郑重地向客人提出“给您一个绿色的家”的服务承诺，并依托ISO国际质量、环境管理体系，开展创建绿色酒店的专项工作，研制和推广绿色产品，营造绿色环境，做出了一个“绿色的家”、一个“绿色的市场”。

（三）实施管理创新

广州大厦实施管理创新，以建立健全现代企业制度为目标，通过建立健全竞争机制、激励机制、监控机制，实现组织机构、人事制度、考核制度创新，实现人力、物力资源的有效整合，强化组织建设、队伍建设。

广州大厦以有利于企业战略的实施、有利于经营管理的发展、有利于企业资源的有效整合为目标，先后实施了三次大规模的组织机构变革，构建了科学、合理的“矩形网状方阵式”组织机构，成为同类型、同规模酒店中，管理机构最精简、管理层级最少、管理人员最少、管理效率最高的酒店之一。

广州大厦实施人事管理制度创新，一方面通过内部人事用工制度的改革，实施竞争上岗、考核聘用，不拘一格地启用人才；另一方面通过实施考核聘用制，大张旗鼓地从企业外部引进人才，组建一支高素质、专业化的队伍。

广州大厦实施分层次考核、个人考核与部门考核相结合、专项考核与综合考核相结合等一系列行之有效的人事考核方式，把考核与物质激励、精神激励挂钩，使各种形式的考核真正成为企业的“人才筛选机”“人才试金石”；成为实施企业战略的“助推器”；为强化队伍建设、完善企业管理、推动企业发展服务。

广州大厦实施激励机制建设创新，从健全企业战略目标、营造先进的企业文化等多方面入手，通过实行总经理责任制，强化目标管理，落实以责、权、利为核心的企业责任制，把企业目标层层分解到部门、责任人，使每个层次、每个部门、每个岗位都分担企业经营管理指标，都履行企业职责、分享企业成果。

广州大厦本着公平、竞争、激励的原则，贯彻分配向管理倾斜、向技术倾斜、向一线倾斜的理念，将员工的劳动报酬与岗位责任、劳动技能、劳动强度紧密联系起来，制定了以重能力、重绩效为主的全员考核浮动工资制，其中包括高职管理人员年薪制、计时、计件、提成工资制等多种分配形式，构建了一个符合企业实际的、有自身特色的、综合型的薪酬管理体系，并在此基础上，建立健全了形式多样的专项奖励制度、专项津贴制度，从不同的角度丰富了激励的形式、内容和手段。

广州大厦建立健全激励机制，以合理的物质激励为基础，通过强化精神激励、发展激励，构建完善的激励体系，实施有效的全面激励。实实在在的激励计划管理，与企业目标相一致的统筹运作；与经营、管理、企业文化建设同步的激励机制建设与发展，确确实实地发挥了为企业健康、可持续发展保驾护航的作用。

多年来，广州大厦的业绩受到了多方的肯定和赞扬，分别通过了ISO9001和ISO14001国际质量、环境管理体系以及“绿色饭店”认证，被评为“全国用户满意服务企业”“全国绿色餐饮企业”，荣获“中国商业服务业改革开放30周年卓越企业奖”，当选“中国百佳创新示范企业”“第六届全国巾帼文明岗”“首届南粤女企业家优秀企业”“广东省企业文化建设十大示范基地”“广东省创建学习型企业优秀单位”“广州市富有竞争力企业”等；属下的山庄旅舍荣获“广东十大最具魅力酒店”“最佳生态园林酒店”“中国最佳设计精品酒店”等称号，鹿鸣酒家荣获“国家特级酒店”“中华餐饮（下转：第596页）

经济论坛

经济论坛

综述

【2011广东LED照明产业发展高峰论坛】 2011年1月9—10日，广东省照明电器协会“新产业孕育新机遇”2011广东省LED照明产业发展高峰论坛暨年会在江门市金凯悦酒店隆重举行。广东省经信委、广东省科技厅、广东省民政厅、广东省工业技术研究院、江门市政府等相关领导嘉宾，以及行业协会、产业联盟、专业委员会的会员企业，人民日报、南方日报、广州日报、江门日报、江门电视台、各行业媒体等近20家新闻单位的负责人，约300多位代表出席了本次大会。

在1月10日的论坛上，省经信委、省科技厅和江门市相关主管领导分别致辞、讲述了扶持产业政策，省照明电器协会半导体照明（LED）专业委员会主任、华南理工大学教授文尚胜发表主题为“半导体照明产业技术发展趋势及我国企业的发展思路”的演讲，姚日晖博士主题演讲“LED照明光学设计技术”，南方日报郑丹晖策划总监演讲“LED企业品牌建设”，广州大学现代产业学院蔡洪波执行院长发表了“新产业孕育新机遇”的演讲。

大会提出了2011年的工作计划。广东省照明电器协会将继续加强与省经信委、科技厅等产业规划管理部门密切沟通，切实为企业排忧解难，推进广东半导体照明产业平稳发展；积极协同政府推进产业结构升级和调整；积极推进企业科技创新、管理创新和品牌建设，提升企业国际竞争力；充分发挥行业协会“服务企业、规范行业、发展产业”的作用，提高行业服务形象；主动做好与省工商部门的沟通工作，协助企业做好广东省著名商标的评选工作。努力通过各种渠道，加强协会与省级和国家级科技厅（部）、发改委等政府部门的沟通，及时掌握各级政府对半导体照明领域的政策走向及科技立项信息，并为广东省LED照明企业争取政府科技立项牵线搭桥，为企业争取更多的科技项目资金，推动半导体照明产业标准的进程，巩固和加强广东作为半导体照明大省的地位。

本次论坛大会得到江门市政府大力支持和江门市江门金华房地产“五邑锦绣豪庭”、四川·成都巅峰投资有限公司、江门市奥瑞源城市文化传媒有限公司的热情赞助；同时得到华南理工大学材料学院、广州大学现代产业学院的鼎力支持与协助。大会汇聚了全省照明行业的各大企业与各路精英，共同探讨、相互交流、携手合作。此次盛会对照明产业具有重大而深远的意义，一定会产生巨大的影响。

【2011首届广东创意设计产业高峰论坛】 2011年3月26日，2011首届广东创意设计产业高峰论坛暨创意设计及营销技能人才交流会于广州美林国际饰品采购中心大厅举行。论坛以“创意设计、给力时尚”为主题，旨在引领广东创意设计潮流，以实用性和创意性作为基本原则，着力打造创意设计学术与成果的交流平台，发挥创意设计在广东省产业结构调整、经济发展方式转变中的先导作用。论坛议题主要包括：广东创意设计产业的发展趋势、用设计构筑时尚、创意经济与转变经济发展方式、高校创意设计人才培养模式浅析、营销技能在创意设计中的运用等。

会上，美林基业集团代表许一明总经理发表演讲，他直接指出市场在创意设计及营销技能两职能方面所出现的人才缺失情况。同时，许一明指出，饰品作为精神品而非必需品，没有创意就没有饰品行业，广东的饰品生产和销售占据全国的70%~80%，而中国饰品则占据全球的60%。

对于现今人才的培养模式，广东数码艺术研究会会长蔡恭亦教授指出，高校在培养创意设计人才方面，应打破封闭式教育模式，并以此提出了“一个依托，三种合作模式”及“承上启下，1+1+1”的人才培养模式。蔡恭亦教授解释说，高校应更多地以政府为依托，更好地用好政府资源，加强学校

2011年3月26日，首届广东创意设计产业高峰论坛暨创意设计及营销技能人才交流会于美林国际饰品采购中心大厅举行。

与学校、学校与协会、学校与企业之间的紧密合作，并加强师资、设备等方面的资源共用及学生在顶岗实习、出国留学等方面的继续学习，逐步建立起一套立体式的人才培养模式。

在论坛最后，广东创意经济研究会会长张耀辉教授指出，中国未来的经济发展要靠创意，创意则靠创意产业。广东作为全国发展的经济前沿地带，而现今的经济发展速度却落后于其他地区，原因在于产业结构没有调整为以创意产业为主导的产业发展结构。最后，张耀辉教授充分地肯定了营销在创意中所起到的重要作用。

本届活动由广东数码艺术研究会、国际商业美术设计协会中国总部、美林基业集团及千龙网企业频道南方新闻中心联合主办。

【2011中国玩具及婴童用品营销论坛】

2011年4月7日，2011中国玩具及婴童用品营销论坛在广州召开。“玩具厂商如何创造利润”和“婴童玩具及用品市场及消费需求将如何发展变迁”两大议题成为160业界人士热烈讨论的话题。

据主办方介绍，中国玩具产业快速发展30余年，已成为全球规模最大、配套最完善、技术领先的产业集群，世界玩具市场80%以上的产品由中国制造出口。但近两年来，国内外市场环境急剧变化，玩具企业面临着种种严峻挑战。

广东星辉车模股份有限公司董事、副总经理刘渝玲认为，高成本高通胀压力下，“开源节流两不误”是持续获得利润的法宝。“开源”最有利的方法是创新，其中包括技术创新、商业模式创新、营销创新。“节流”的利器是削减成本。

韶关光华塑胶五金制品有限公司总经理李景哲建议，玩具企业若要创造利润取得持续发展，首先从观念入手，改变玩具在家长心目中的地位；再有就是当好消费者（家长）的顾问，由促销型转变为顾问型，引导家长如何在玩具方面培育小孩。

作为连通生产厂家与终端零售商的中间渠道商，上海君轶贸易公司董事长周玉英表示，产业需要发展，就需要生产企业、批发商、经销商、渠道卖场等多方的能力合作，实现多方共赢是理想的状态。

据了解，持续至2015年的第四波“婴儿潮”促成了一个庞大而且充满潜力的需求市场。目前，中国已经成为仅次于美国的第二大婴童产品消费大国，中国婴童经济年增长率超过30%。

玩具与婴童用品这两个行业的实际使用客户群体交汇重叠，有着先天的联系和融合。玩具与婴童服装、鞋帽、食品、日用品等一样，同是婴童产品的构成类别。而随着生活水平的不断提高，人们的消费意识的不断转变，家长在关注婴童产品实用性的同时，也希望其兼备娱乐性、教育性、潜能开发、机能锻炼等种种功能，这就促使玩具与婴童用品有了很好的交融点，双方的合作也就顺利成章。

鉴于上述原因，与会专家认为，未来中国婴童用品专卖店将出现快速扩张的趋势，而未来玩具市场发展将呈现两大主流：直接诉求于孩子的幻想玩具，以动漫文化引领的玩具消费模式；诉求于成年人的益智玩具，以玩具教育文化引领的、被孩子家长普遍希望的玩具销售模式。而未来玩具的两大关键因素是消费理念的改变和消费能力的提升。

【2011年广东企业信息化年会】

2011年4月22日，由用友软件股份有限公司、中山大学岭南学院、广东省现代信息服务行业协会联合主办的“幸福广东·幸福企业——2011广东企业信息化年会”在广州白云国际会议中心成功举办。年会由上午的主题大会、下午的高峰论坛和全天的信息化体验三部分组成。

主题大会由广东省现代信息服务行业协会副秘书长黄跃珍主持，由广东省经济和信息化委员会总工程师叶元龄先生、中山大学岭南学院党委书记张文彪书记、用友软件股份有限公司高级副总裁和广东区总经理朱铁生先生致辞。

叶元龄总工程师在致辞中指出：2011年是“十二五”规划的开局之年，也是广东省加快转型升级，建设幸福广东的重要一年，今年广东企业信息化年会，将讨论转型升级下的企业能力创新等议题，紧贴当前形势很有意义。希望议会各方广泛交流，共同分享对推动“两化融合”的真知灼见，分享典型企业，分享幸福企业，为推动幸福企业创建，推动幸福广东献计献策。

在主题大会上，广东省经济和信息化委员会党总成员总工程师叶元龄先生、广东省中小企业局戴怡富秘书长、广东省经济和信息化委员会高亚华科长、中山大学岭南学院党委书记张文彪先生、用友软件股份有限公司总裁李友先生、用友软件股份有限公司广东区总经理朱铁生先生、幸福企业代表东莞市都市丽人实业董事长程祖明先生共同启动了“幸福广东·幸福企业”。“幸福广东·幸福企业”在本次年会的正式启动，标志着广东省地市信息化建设以及信息化与工业化的融合将迎来崭新的高潮。

在年会主题大会上，来自中山大学岭南学院的博士生导师张建琦教授就“转型与升级下的企业家能力创新”这个主题展开了深入浅出的阐述，从管理学原理到经营实战案例，从企业的创新能力到实现幸福的关键因素，张教授的主题演讲让各位参会嘉宾受益匪浅。

随后，用友软件股份有限公司执行总裁李友先生发表了“信息技术创建幸福企业”的主题演讲，从企业在转型升级的10年所面临新的环境变化、黄金十年企业经营理念的转变、信息化怎么样驱动企业进行转型升级、用友如何作为企业的战略伙伴这几大方面为参会嘉宾进行综合阐述，涵盖了宏观经济层面到信息技术的实施落地，有最前沿的企业“云战略”，有创新的管理思想。

本届年会特设“集团企业管控高峰论坛”“南中国制造业信息化高峰论坛”“信息技术驱动流通服务企业信息化论坛”“优化人力资本，提升组织绩效—人力资源管理信息化论坛”“建筑与房地产企业信息化高峰论坛”以及“U8ALL-IN-ONEV10.0发布体验暨绿色服务发布会”六大高峰论坛。在下午的高峰论坛上，涵盖从集团管控到人力资源管理等信息化应用领域，也涵盖了从制造业、服务流通到建筑地产等广东省几大重点行业，数十位来自各个领域与行业的信息化专家、管理学者为参加年会的嘉宾们带来了十分精彩而专业的演讲。

【广东电镀协会第二届（2011）国际电镀技术论坛】 2011年5月10日，由广东电镀协会主办、广东电镀协会专家委员会主持的广东电镀协会第二届（2011）国际电镀技术论坛——电镀废水处理新技术主题研讨会在广州珠江宾馆会议中心隆重举行，吸引了近百名专家、学者和企业代表参加。

广东省环保厅环境技术中心的郑泽雄总工程师作了题为“最新电镀废水排放标准解读及其对电镀行业的影响”的报告。郑总工程师列举了现行国标GB3838-2002《地表水环境质量标准》、GB21900-2008《电镀污染物排放标准》和广东省地方标准DB44/26-2001《水污染物排放限值》中的一些指标作为对比，讲解了其执行原则，即以严为准、以新为准，有毒重金属执行特殊标准，特殊区域执行更严格标准限制要求。他指出，新项目的环评都必须审核单位产品基准排水量，而且已经停批向河流排放汞、镉、六价铬等重金属或持久性有机污染物的项目。据郑总工程师介绍，广东省政府办公厅颁布的《印发〈珠江三角洲环境保护一体化规划（2009—2020年）〉的通知》规定了电镀行业自2012年开始执行GB 21900-2008标准中水污染物特别排放限制要求，届时珠三角地区的电镀企业将面临更大的环保压力。另外，根据环保部《重金属污染综合防治“十二五”规划》和《广东省重金属污染综合防治规划（2010—2015年）》，重点地区Pb、Cd、Cr、As、Hg五类重金属污染物减少15%，其余地区零增长。这意味着要上新项目，就必须削减旧企业的排放量。

香港大任科技有限公司的哈马•大卫及蔡荣先生分析了表面处理漂洗水监控的重要性，介绍了一款基于电导测量的非接触式漂洗水控制器RT-10。该仪器的探头与控制仪是分开的，即开即用，可节约用水量50%~80%。他目前还有意实现控制仪与探头一体化。

本次研讨会上有关膜技术的报告最多，广州虎辉照明科技公司、杭州水处理技术研究开发中心有限公司、厦门市威士邦膜科技有限公司、上海雅沁环保设备有限公司和北京古林惠泰环境科技有限公司与代表们分享了各自在应用或开发基于膜技术的废水处理工艺中的心得体会。上海雅沁的董事长山卫东先生很坦诚地说，从目前的水价和重金属价格来看，回用水及回收重金属的收益不会太大。他认为环保就是要花钱的，国外的产品都包含了大量的环保成本，但国内对这方面尚欠考虑。另外，他认为从技术经济的角度看，没有必要做到所谓的“零排放”。北京古林惠泰的董艳强先生在报告中也指出，零排放所需的蒸发设备，无论用电还是用蒸汽，成本都太高。他介绍说，松花江边某厂为了实现“零排放”，不得不为了处理最后5%的废水而投入巨大的成本。上海雅沁承担过多家外资企业的水处理项目。据山卫东先生介绍，国外企业进驻中国后也会因应本地的环保要求来设计，不会过分提高相关指标，其基本理念就是，当他们走的时候，周边环境的水质与他们来的时候是一样的。

思捷环保科技有限公司介绍的除油液再生回用系统中采用了一种吸油纤维棉，可延长除油液寿命达半年甚至9个月。而广东新大禹环境工程有限公司对电镀工业园区的废水集中处理有丰富的经验。这些都引起了与会代表的广泛关注。

【2011广东茶产业发展论坛】 2011年5月26日，广东省茶学（协）两会与各级单位携手，在2011春季中国（广州）国际茶业博览会期间，成功举办了“重振粤茶雄风之——2011广东茶产业发展论坛”。本次论坛旨在促进广东省茶产业不断发展升级，推动广东茶文化发展延伸，助推广东名茶和品牌占领市场，促进广东茶产业经济发展。

广东省的茶叶主管部门领导、茶叶学会、协会领导、众多专家和企业家，以及全国茶叶流通协会的领导，出席了本次论坛。本次论坛由广东省茶叶学会常务理事、广东省茶业行业协会副会长谢伟光主持。论坛围绕广东茶叶生产、加工、科研、贸易（包括内销和出口）、茶叶市场、企业品牌及茶文化等方面展开了热烈的讨论。

中国茶叶流通协会吴锡端秘书长作了关于“国内外茶叶生产发展概况及我国‘十二五’茶叶发展规划设想”的报告，为今后在茶业方面的发展提供了一个明确的指引；广东省农业厅种植业管理处郑如钦副处长作了“加快转变发展方式，推动茶产业科学发展”的发言，提出了广东省茶产业今后要重点推进规划引导、科技支撑、机制创新、质量意识、市场导向等几个方面的工作；广东省农业科学院陈栋副院长作了“中国红茶产业的现状与我省红茶振兴的思考”的主题发言，详细介绍了当今中国红茶产业的整体发展情况，同时为广东省红茶发展提出了许多宝贵的意见和建议，为广东红茶的振兴和英德红茶的复兴带来很大的帮助；广东省茶叶学（协）会理事长、会长穆有为作了“充分发挥茶叶学会、协会优势和服务功能，助推广东茶产业经济发展”的发言，阐述了两会在促进广东省茶叶科技交流、产业和经济繁荣发展所起到的重大作用；广东省农科院茶科所赵超艺所长谈到“发挥科技优势，推进广东茶叶质量安全体系建设”的问题，简要阐述了广东省茶科所在关系国计民生的茶叶质量安全方面所做的工作和取得的成效；湛江农业局龙锦贤副局长以“给力培育龙头，助推茶业发展”为题，介绍湛江市茶业生产现状及发展思路；潮州农业局种植业管理科翁鹏程科长提出“强化引导，振兴潮州单丛茶产业”，对潮州单丛茶生产向标准化、优质化、产业化程度方向发展起到很大作用；梅州农业局温桂新副局长以

"梅州多管齐下，精心打造优质茶品牌"为题，介绍梅州如何通过"五个结合"，更好地推进茶业发展；英德农业局赖展称副局长作关于"发挥文化优势，培育名牌产品，打造顶尖红茶"的发言，提出发展英德茶叶思路及主要做法；凤凰镇政府刘维明书记作关于"加强扶持，规范运作，合力推进凤凰茶叶专业合作社建设"的发言，介绍了凤凰镇党委、政府高度重视农民专业合作社的发展，增加茶农入，提升凤凰茶产业发展水平的构思和做法。

省内高等院的专家在论坛上纷纷发言。华南农业大学园艺学院茶学系王登良教授介绍了"发挥高校优势，加强产学研结合，促进我省茶产业发展"的做法，华农大在产学研各方面培养了大量科技人才，今后除了一如既往加大这一方面的工作外，将重点加强与茶企业的合作，以科技服务服务我省茶产业的发展；广东科贸职业学院伍锡岳教授提出"以茶文化及现代营销理念打造广东茶品牌"的理念。

企业代表介绍了各自发展经验。广东茗皇茶业有限公司李裕南董事长介绍了广东茗皇茶业有限公司"公司+基地+农户"模式及品牌营销的成功经验；广东飞天马茶业有限公司罗锡元董事长介绍本企业"坚持走现代农业综合性发展道路，促进公司稳步健康发展"的发展经验，提出建立现代农业综合性发展的新思路；广州益武国际展览有限公司李广韬总经理，精辟地概括了重振粤茶雄风，是"广州茶博会与广东名茶的完美结合"。

主讲嘉宾从不同角度，总结了广东省各地区、各部门茶产业发展的经验，找出存在问题，并提出今后发展的对策和建议。论坛吸引了众多茶业界专业人士、省内各大茶叶市场领导、各茶产地企业代表、各大报社、电视台等主流媒体，以及广东省茶叶学会、协会会员、企业代表等200多人参加，起到强烈的社会反响和宣传效果，为振兴广东茶产业打响了第一炮。

【2011创新中国高峰论坛】 2011年6月26日，2011创新中国高峰论坛在深圳举行。全国人大常委会副委员长严隽琪出席并发表主题演讲。本次论坛主题为"变革世界中的中国再创新"，聚焦制度创新、创业创新等话题。

此次高峰论坛，邀请了日本管理学大师大前研一等知名专家作演讲交流。大前研一发表了题为"中国创新之路上的新动力"的演讲。复旦大学张军教授则从"为什么要鼓励创新"的角度来谈中国企业的创新之路，而中欧国际工商学院教授丁远博士则以一场关于"我们如何去创新"的演讲，分析了目前中国创新之路的背景和紧迫性。

严隽琪在题为《论创新文化》的主题演讲中指出，中国目前必须从投资驱动型转向创新驱动型发展，而中国要走创新驱动的道路，必须努力培育、发展和弘扬创新文化。创新文化将保护、培养、激发创新的兴趣，宽容创新的失败，激发创新者担当重任的决心。同时，社会要为创新者设计适合的创新机制，给自由创造、潜心研究者充分的时间和文化环境。

深圳市市长许勤出席论坛并发表致辞说，作为首个国家创新型城市，深圳制定了一系列的法规、规划和政策，打造自主创新的政策和产业高地，深圳构建了以企业为主、以市场为导向，以产学研资相结合的创新体系，营造了浓厚的创新氛围和独特的创新文化，取得了丰硕的创新成果。目前，深圳提出要在深圳速度的基础上，创造具有鲜明科学发展内涵的"深圳质量"，以质量引领未来。深圳市市长许勤表示，打造"深圳质量"更要依靠自主创新，深圳把坚持科技进步和创新作为加快经济发展方式转变的最重要的手段，到2015年，深圳科技进步贡献率要达到60%以上，高技术产业的增加值占GDP比重要达到35%以上，自主创新的优势要更加的突出。

【2011广东县域经济转型升级高峰论坛】 2011年7月6日，由南方日报社、广东省委党校、广东县域经济发展研究与促进会主办，四会市委、市政府协办的"2011广东县域经济转型升级高峰论坛"在肇庆市四会举行。来自国内、省内知名专家学者，省直有关部门、行业协会领导与省内大部分县市领导面对面"论剑"县域经济，共谋"十二五"广东县域经济发展新路径，掀起转型升级促县域经济发展新浪潮。

省政府副秘书长江海燕，肇庆市委书记、市人大常委会主任徐萍华，南方报业传媒集团党委书记、管委会主任、南方日报社社长杨兴锋，省发改委区域经济处处长魏济章等在大会上致辞。肇庆市委常委、四会市委书记梁志强在大会上阐述了四会《三箭齐发促转变》的先进做法。

江海燕在致辞中说，共同研讨广东县域如何突破发展瓶颈，在推动转型升级的大潮中探索实施科学发展的方向和举措具有重要意义。截至2010年，广东经济总量连续22年位居全国首位。虽然我省整体经济实力出众，但县域经济却落后于其他兄弟省份。近年来，江苏、浙江等省份与广东经济总量的差距不断缩小，这与它们快速发展有很大关系。

江海燕指出，区域发展不平衡成为制约我省欠发达地区乃至整个广东未来发展瓶颈。"加快转型升级，建设幸福广东"是十二五时期我省经济社会发展的核心目标。与这个目标最直接、最贴近的就是最贴近广大群众生活区域的67个基层县市，它们无疑是构建幸福广东最重要的平台之一。与会领导为"十大创新范例"县（市）颁奖。这次选择的时机和议题非常好，希望与会专家学者集思广益、畅所欲言，贯彻落实科学发展观要求，总结我省一些县域经济发展好的先进做法。

徐萍华代表中共肇庆市委、肇庆市人民政府对论坛的举行表示祝贺，对一直以来关心、支持肇庆经济社会发展的各级领导、各方专家和南方日报社等媒体表示衷心感谢。徐萍华说，近年来，肇庆市坚持以科学发展观为统领，认真贯彻落实省委、省政府一系列重大决策部署，狠抓发展第一要务，经济综合实力大幅提升。

徐萍华表示，肇庆市将充分运用这次高峰论坛的成果，坚持以工业化、城镇化为方向，进一步加大招商引资力度，以项目作带动，以投资促发展；进一步加大园区建设力度，推动产业集聚发展，增强发展后劲；进一步加大技术、人才引进力度，推动企业自主创新，提升发展水平；进一步加大功能区划和产业布局力度，实现经济快速发展与生态环境保护并举。通过加快县域经济转型升级，做大做强县域经济，推动全市科学发展、加快发展，努力把肇庆建设成为能够代表珠三角科学发展成果的城市。

大会组委会在全省67个县市中，评选出十大县域经济发展创新范例。四会市、增城市、南雄市、云安县、廉江市、台山市、东源县、梅县、博罗县、普宁市10个县市入选，受到大会表彰奖励。四会、云安、廉江、台山、南雄、普宁6县市代表分别作经验介绍。

随后，国务院参事石定环对县域经济发展创新典型立足本地资源优势的特色发展进行点评，建议县域重视科技创新带动经济发展、产业优化升级和培育新兴产业、第三服务业与制造业有机结合以及制定相应的金融激励政策。

省委党校副校长陈鸿宇、中国产学研合作促进会知识产权与法律中心副主任邵男、中山大学社会科学高等研究院院长王珺、华南农业大学经济管理学院院长罗必良、省委党校省情研究中心主任蔡兵、广东鞋业厂商会会长何贵玲先后作主题演讲。众专家从各自的专业角度，为广东县域经济转型升级“支招”，剖析当前发展难题和破解策略。最后，专家学者与县市领导围绕县域经济转型升级的具体问题进行互动对话，思想的交锋碰撞出激烈的“火花”。

【2011广东印染行业节能环保论坛】

2011年7月8日，2011广东印染行业节能环保论坛于顺德喜来登酒店举行。本次会议召开旨在讨论2011年广东省印染行业的节能环保工作及发展方向，以“德美”化工为中心展开了一系列印染行业的节能环保新技术、新理念、新管理。会议开始由陈南联教授主持，德美化工董事长黄冠雄、国家工业和信息化部曹学军处长、中国纺织工程协会学术委员会卢润秋主任以及佛山市顺德区领导等为本次节能环保会议致辞，为本次会议顺利召开拉开帷幕。

会议上，国内著名的印染行业专家、中国印染协会环保专业委员会奚旦立教授、东华大学朱泉教授、德美精细化工李世琪博士、美国棉花公司庄德华先生等纷纷发表了演讲，共同探讨2011广东节能环保的发展方向及现状，提出了节能环保的新技术、理念、管理和产品，为2011年广东节能环保工作起到良好的驱动作用。

中国印染协会环保专业委员会奚旦立教授在论坛上讲述了纺织行业低碳、节能的现状和潜力，提出了节能减排要引进新的“技术，管理，理念”。东华大学朱泉教授讲述涤棉针织物练染同浴工艺开发应用，东华大学与德美化工共同研究的涤棉针织物练染同浴工艺开发应用，以及需要注意的细节问题。美国棉花公司庄德华先生讲述棉织物泡沫加工技术，在棉织物加工过程中引进新的技术，以及需要注意的问题。广东溢达纺织有限公司邱孝群博士讲述了印染节能减排实践及展望未来。邱孝群博士深刻地提出了节能减排工作的执行及发展趋势，为本次会议主题增色不少。

【2011两岸新兴产业合作暨经济转型升级高端论坛】 2011年9月6日，2011两岸新兴产业合作暨经济转型升级高端论坛在广东省惠州市召开，论坛由广东省政府和国务院台湾事务办公室联合主办，惠州市政府和广东省台办承办。

时任广东省省长黄华华在论坛开幕式上表示，粤台两地目前都已进入加快产业结构调整和经济转型升级的攻坚时期，省财政将集中安排220亿元资金，重点推动高端新型电子信息、新能源汽车、LED三大产业率先突破，力争到2015年全省战略性新兴产业规模突破2万亿元，建设国家战略性新兴产业发展示范区。而台湾经济科技实力雄厚，高端人才储备充足。2011年，台湾也提出了“黄金十年”中长期经济发展构想，规划发展医疗照护、观光旅游、生物科技等六大新兴产业，云计算、智能电动车等四大新兴智能型产业。这些与广东新兴产业发展方向一致、优势互补，为促进两地合作带来十分广阔的前景。

黄华华指出，将着力加强粤台新兴产业全方位对接，广东将提出一系列服务措施，包括优化台资企业发展环境，千方百计为台资企业加快转型升级解难题、创条件；加大对台资企业的融资支持，积极搭建台资企业融资担保平台，鼓励在粤台资企业在境内上市融资，支持经营效益好、偿债能力强的台资企业探索发行企业债券；帮助台资企业缓解用工难问题；切实维护台商和台资企业的合法权益，支持台商医院、台商子弟学校及台协会馆等建设。

当天下午，论坛分为石化、光电和现代服务业三个专题进行学术交流，来自海峡两岸的专家学者为两岸的新兴产业合作暨经济转型升级出谋献策。

改革开放30多年来，广东已成为台胞投资最早、台资企业最多、台资经济发展最快的省份之一。截至2011年上半年，在粤台资企业达2.4万多家，全省累计实际利用台资493.3亿美元，居大陆各省区市首位。

【广东家电行业转型升级战略高峰论坛会】 2011年9月13日，广东省家电商会在省委珠岛宾馆隆重召开“广东家电行业转型升级战略”高峰论坛会。TCL集团、美的集团、格力电器等10家年销售额超百亿元的大型家电企业领袖，以及顺德家电商会会员广东万和集团、中山东菱威力、容声电器等137家企业的领导齐齐相聚本次高峰论坛，共商“加快行业转型升级，建设广东家电强省”大计。

本次高峰论坛会，得到了省委、省政府的高度重视，广东省副省长陈云贤、省政府副秘书长林英、省经济和信息化委员会主任杨建初、广东省外经贸厅副巡视员陈育明、广东省工商联副主席李阳春等领导到会莅临指导。省家电商会会长、TCL集团董事长李东生，省家电商会执行会长、省二轻工业集团董事长舒海波，省家电商会副会长，中国电器科学研究院院长马坚，广东长虹电子有限公司侯宗太，艾美特电器公司副董事长蔡正富，美的集团副总裁黄晓明，省家电商会执行副会长兼秘书长谢德盛等商会领导出席了会议。出席会议的还有省家电商会副会长代表，南方日报、南方都市报、广州日报、羊城晚报、新快报、信息时报、广东电视台等多家媒体的记者也到会采访报道。

会议由商会执行会长、省二轻工业集团董事长舒海波主持。商会会长、TCL集团董事长李东生作《广东家电行业最新竞争力分析》报告。报告指出，广东家电是广东省改革开放33年来发展最快的新兴产业。在改革开放前的1978年，广东仅有几家生产电风扇、电饭锅、黑白电视机和收音机的小工厂，当时广东家电行业的基础十分薄弱。现在，广东不仅发展成为全国家电制造大省，形成了科研、生产和营销为一体的产业链，而且正向着家电创新大省和制造强省发展。

陈云贤副省长在会上作了讲话。陈云贤认为下午召开的广东家电行业转型升级战略高峰论坛会非常符合党中央、国务院、省委、省政府关于当前转型升级的战略建设。陈云贤副省长指出，目前广东家用电器有一部分还是属于传统产业。要实现转型升级，就要通过信息产业和传统产业的有效结合，来改造和提升传统产业。同时，也要大力培植新兴产业的发展。陈云贤副省长在讲话中还希望省家电商会在广东省各个制造业商（协）会中能独树一帜，起模范带头的先行先试的重要作用。既对传统产业改造提升，又培植发展信息产业，从而变成智能家电制造的标准，占领国内国际市场，将新兴产业和家电行业发展有效结合。从而在“十二五”转型发展中，起一个领先带头的好作用。

陈云贤副省长的讲话使参会代表受到了极大的鼓舞，大家对进一步做好广东家电行业转型升级有了更大的信心。会议围绕着如何开展、落实和部署“广东家电行业转型升级战略”这个主题展开，艾美特电器副董事长蔡正富、志高空调常务副总裁郑祖义、格兰仕集团副总裁陆骥烈分别发表了《践行低碳追求未来》《开拓创新，战略整合全球产融资源》《格兰仕：从“全球制造”走向“世界品牌”》的精彩演讲，赢得了代表们阵阵掌声。

最后，李东生会长对会议作小结。他认为，从整个行业、产业发展趋势来看，广东家电产业转型升级已经到了一个关键的时期和阶段。首先从广东区域优势的变化趋势来看，转型升级是必不可少的。广东家电除了产业技术转型升级之外，还要在管理技术上提高，进一步提高劳动生产效率，提高企业运营速度也是当务之急。如何使得广东家电制造优势能够持续保持，也是广东家电企业面临的另一个挑战。

【2011全国纺织服装标准与质量论坛】 2011年11月3—4日，“2011全国纺织服装标准与质量论坛”在广东西樵召开，来自国家工业信息化部和工商行政管理局的领导、纺织服装各行业协会的领导、国家和地区质检机构的专家、国内外知名纺织服装企业的品质控制代表齐聚面料名镇西樵，共同探讨纺织服装质量管理、标准与检测等热点问题，为提升我国纺织服装整体质量献策献计。

本次会议参会总人数达到了220余人，国内外知名服装品牌品质控制管理的相关人员悉数到场：李宁、卡帕、七匹狼、柒牌、探路者、劲霸、凡客诚品、Levi’s、派克兰帝、太子龙、贵人鸟、雅莹等等；广大纺织印染企业、化工企业和检测机构代表也都积极参与其中。

中国纺织工业协会副会长张莉女士及国家工业和信息化部科技司副司长韩俊先生分别从行业层面和国家对标准质量管理的要求进行了演讲。张莉副会长表示：希望通过行业公共检测这样的平台不仅可以集中优势力量树立纺织服装标准化，提供专业高效服务，更能大大节约整体检测成本，从而提高行业竞争力，起到更重要的行业支撑作用，承担整个纺织产业更新技术和升级产业重任。

中国纺织工业协会检测中心主任伏广伟博士从战略角度对纺织服装行业质量监管的有效性进行了精彩的演讲。他指出，纺织品服装的质量保证体系涉及产业链全部环节，整体提升质量水平需要企业、行业和国家质量监管部门共同努力。企业诚信守法，行业自律监督，国家有效监管才能建立全面、有效的质量保证体系。

本次论坛还特邀了中国纺织工业协会科技发展部标准处孙锡敏先生和北京市工商行政管理局周晓梅女士进行专题演讲。为各纺织服装品牌企业提供如何参与国家、行业标准制定过程提供了直接渠道，并对近年来流通领域商品质量监测情况进行了分析。

来自七匹狼实业股份有限公司的曹勇先生，跟参会者分享了七匹狼公司内在品质控制模式及颜色控制等方面的经验。来自ITS和江苏出入境部门的相关专家介绍了国内外最新法律法规的内容，并就出口产品遇到的典型问题进行了分析，为纺织服装企业产品出口的质量保证给予了很好的指导作用。

每年会议最热门的环节就是专家答疑解惑的讨论环节。本次论坛专家答疑解惑环节由中国纺织工业协会检测中心副主任杨萍女士主持，答疑嘉宾包括：孙锡敏、杨志敏、张士连、唐祖根、邢志贵、丁友超。庞大的专家团队对各参会代表提出的问题进行了详尽的解答，就当前标准与检测方面存在的难点和争论点进行了交流，直到会议结束参会者还意犹未尽。

全国纺织服装标准与质量论坛自2007年召开以来，已经连续举办了5次。备受海内外知名标准与检测专家、学者、企业家、国家相关部门领导的关注和参与，传播国内外最先进的质量管理模式和技术，解决行业存在的困惑或难题，为提高纺织服装企业的质量管理水平和效率作出了重要贡献，被誉为纺织服装行业质量和标准的学术盛会。

【2011中国经济特区论坛】 2011年11月5日，由教育部人文社科研究基地——深圳大学中国经济特区研究中

心主办的“2011中国经济特区论坛：‘经济特区与中国道路’国际学术研讨会”在深圳大学国际会议厅召开。

中央相关部门领导，教育部社科司副司长张东刚，广东省学位委员会副主任、省教育厅巡视员罗远芳，吉林大学党委副书记、副校长王胜今，深圳市副市长吴以环，深圳市委宣传部副部长、深圳市社科院院长吴忠，深圳大学校长章必功，副书记陶一桃，副校长李凤亮等出席了会议，著名学者高放、胡培兆、黄亚生、蔡继明、杨瑞龙等100多位来自美国、日本、英国、非洲、香港等国内外高校、研究机构和经济特区的专家学者，深圳大学400多名师生参加了本次论坛的开幕式、大会主题演讲和分组研讨。

中央相关部门领导在致辞中高度肯定深圳大学的经济特区研究，认为中国经济特区研究中心，作为中国唯一研究经济特区问题的学术机构已引起中央相关部门的关注与重视。可以说，中国经济特区中心在有关特区问题的研究上不仅在全国走在了前列，而且还具有相当的理论影响。

吉林大学党委常务副书记、副校长王胜今教授在开幕式上致辞。他认为中国经济特区建立已经30多年，经济特区在中国的发展，从点到面，成为中国区域社会经济的重要发展方式和途径，在改革开放和现代化转型中发挥了重要作用。在这个历史节点上，召开“中国经济特区论坛”，研讨“经济特区与中国道路”，具有独特的学术价值和实践意义。

在大会主题演讲中，中国人民大学高放教授作了题为“认清当代资本主义世界的新发展”的演讲，厦门大学经济研究所胡培兆教授作了题为“创新与保守都是效益”的演讲，深圳市委宣传部副部长、深圳市社会科学院院长吴忠作了题为“建设文化强国的特区使命”的演讲，深圳大学党委副书记、中国经济特区研究中心主任陶一桃教授作了题为“不能以发展取代改革”的演讲，麻省理工大学斯隆管理学院黄亚生教授作了题为“中国模式有多独特？”的演讲，非洲柯加发展公司执行主席Paul Jourdan作了“新南非的经济特区发展”的演讲。

此外，上海市社会科学院港澳研究中心主任尤安山，清华大学政治经济学研究中心主任蔡继明教授，中山大学港澳珠三角研究中心主任陈广汉教授，国家发改委宏观经济研究院李琨研究员，南开大学经济研究所贺京同，中山大学岭南学院副院长李胜兰教授，厦门大学台湾研究中心副主任李非教授，暨南大学经济学院冯邦彦教授，厦门市委宣传部副部长、文产办主任林起，中共汕头市委副秘书长、市委政研室主任吴启煌，陕西师范大学西北历史环境与经济社会发展研究中心主任侯甬坚教授，华南理工大学经贸学院副院长田秋生教授。日本熊本学园大学经济系金荣绿教授、助理教授浪本浩志，埃塞俄比亚驻广州总领事G. Michael G. Tsadik，澳大利亚驻广州总领事馆政策研究主任Warwick Clark等专家学者，分别参加了分组讨论，就经济特区与中国道路研究的相关议题展开充分探讨交流。

出席本届中国经济特区论坛的代表们达成的共识是，无论改革开放、体制转型还是经济发展方式的转变，说到底都是深刻的社会制度变迁。经济特区是中国制度变迁的突破口。创办经济特区作为强制性制度安排，打破了传统体制下导致普遍贫穷的一般均衡，使非均衡发展的社会变革成为中国社会达到共同富裕、实现包容性增长的最佳路径选择。创办经济特区开启了中国社会通往科学发展的道路。以深圳为典型代表的中国经济特区曲折而成绩卓越的改革开放的实践，揭示了一条实现现代化的有特色的中国道路产生的路径与主要特征。

【2011广东装备制造业国际高峰论坛】

2011年11月8日，由广东省经济和信息化委、广东省外经贸厅、东莞市人民政府及韶关市人民政府联合主办，莞韶产业园管委会承办的2011广东装备制造业国际高峰论坛在韶关市举行。东莞市副市长邓志广率东莞代表团出席论坛，并在论坛上讲话。著名经济学家、中国体制改革研究会名誉会长高尚全及省市有关部门负责人在论坛上发表演讲。

本次论坛由东莞和韶关合作共建的莞韶园一手主导，作为广东十大重点产业转移工业园区之一——莞韶园将园区主导产业定位为机械装备，并提出“打造广东装备制造业基地”的口号。此外，本次论坛的举办，也是莞韶两市年度工作目标中提及的一项重点工作。

邓志广在会上介绍说，莞韶产业园历经两年多建设，如今已经成为设施完善、功能齐全、定位准确、特色鲜明的新型工业园区，开发建设硕果累累，建园以来，东莞已投入1.5亿元用于园区建设，园区累计完成固定投资82.4亿元，工业总产值273.5亿元，工业增加值63亿元，落户项目300多个，园区连续两年获全省目标责任考核优秀等级，成功竞得5亿元竞争性扶持资金和1亿元专业性扶持资金，被认定为省级高新技术产业开发区，被列为全省十大重点园区之一，展现出良好的发展前景。邓志广希望各方以本次论坛为契机，深切体会园区蓬勃的发展活力，充分感受园区浓厚的创业氛围，切实把握园区蕴含的产业机遇，激发思想碰撞，深化信息交流，探讨趋势良策，拓展产业合作，实现共赢发展。

高峰论坛上，专家学者官方共同为装备制造业建言献策。著名经济学家、中国体制改革研究会名誉会长高尚全出席论坛并作主题为“中国未来十年的改革方向”的演讲，广东省经济和信息化委员会副主任彭平就广东省“十二五”装备制造业规划布局进行阐述，中国机械工业集团有限公司对行业现状及前景进行探讨。

主办方表示：“我们希望通过论坛活动，全面展现国家机械装备行业发展的现状和趋势，掀起中国机械装备制造行业的一股头脑风暴，刮起一阵小旋风。从而推动机械装备行业品牌的再创造。”也有与会嘉宾对论坛的举办表示赞许：“政府搭建这样的平台，让我们整个行业有交流有碰撞，有碰撞才有火花，有火花才有合作的可能。

【2011海峡科技论坛】 2011年12月15日，由中国致公党中央委员会主办，广东省科学技术厅、中国致公党广东省委员会、广东省人民政府台湾事务办公室、东莞市人民政府承办的2011海峡科技论坛在东莞举行。全国政协副主席、致公党中央主席、科技部部长万钢，科技部党组成员、科技日报社社长王志学，致公党中央副主席、广东省政协副主席王珣章，广东省副省长陈云贤等出席会议。省科技厅李兴华厅长和叶景图、龚国平、余健副厅长出席了会议。

万钢部长在开幕式上的讲话指出，两岸以推动产业升级为牵引，提升两岸科技合作水平，增强各自的科技创新与转化能力，提高两岸经济的核心竞争能力，更好地应对日趋激烈的国际竞争；两岸充分运用启动建立经济合作机制的有利条件，共同推进两岸科技进步和创新，将两岸由生产制造阶段的合作走向更深层次的研发设计和基础研究阶段的合作，共同建立两岸技术交流和市场发展的新规则；两岸继续推动以民间科技交流为主体的合作，在涉及民生的多种领域开展合作研究，从而使两岸同胞同享合作之利，同受合作之惠。

海峡两岸关系协会驻会副会长李炳才代表国台办对论坛的召开表示祝贺。他说，两岸科技交流与合作是两岸关系的重要组成部分，不仅有利于两岸科技的发展，而且有助于实现两岸互惠双赢，增强中华民族整体竞争力。他希望两岸科技和产业界人士携起手来，加强科技交流与合作，为两岸关系谋发展，为两岸同胞谋福祉，为民族经济谋振兴。

广东省副省长陈云贤代表省政府对论坛的召开表示祝贺。他说，广东是台胞投资最早，台资企业最多、台资经济发展最快的省份之一。粤台两地发达的实体经济、丰富的金融资源和较强的区域创新能力为两岸加强科技交流、服务产业转型奠定了良好基础。此次论坛不仅为两岸科技界人士搭建一个交流对话的重要平台，也为广东省借鉴经验、扩展视野提供了大好机会。

台湾嘉宾华聚产业共同标准推动基金会董事长陈瑞隆和财团法人亚太综合研究院董事长王仁宏分别在开幕式上致辞。他们对中国致公党搭建科技交流平台表示感谢。他们表示，大陆已成为台湾最大的贸易伙伴、顺差来源与投资地区。两岸的和平发展为台湾繁荣提供了必要条件，两岸的科技合作则有助于提升台湾经济的核心竞争力。ECFA后两岸签署了多项协议，要充分运用好这些机制，从两岸经济的各自特点和条件出发，加强科技交流合作，增强各自经济发展的活力和内在动力。

海峡科技论坛是在两岸签署经济合作框架协议（ECFA）的背景和机遇下，由中国致公党中央委员会发起举办的海峡两岸科技交流盛会。2010年8月首届论坛在福建省福州市召开，本次论坛为第二届。论坛开辟了海峡两岸科技交流与合作的新渠道，受到了两岸科技界和产业界的欢迎。

500多位来自两岸学术界和产业界的专家、学者和企业家代表出席论坛，他们分别就“创新型产业集群建设”“科技服务模式创新”“东莞科技投融资与台资企业升级转型”展开了精彩的演讲和交流。论坛结束后，代表们还参观了东莞松山湖高新技术产业园区、东莞台湾科技园区以及相关企业。

【第二届广东建筑发展论坛】 2011年12月15日，2011第二届广东建筑业发展论坛暨2010—2011年度广东最具竞争力建筑企业颁奖典礼在广州举行。论坛由广东建设报社和中国建筑第三工程局联合主办，主题为“建筑企业的社会责任”，广东国有建筑企业、民营建筑企业、外省驻粤建筑企业的企业家与会。会议认为建筑企业最基本的社会责任是提供优质的建筑产品，同时要强化社会责任承担者的形象。

2011适逢国家“十二五”规划开局之年，广东省委、省政府作出了“建设幸福广东”的战略部署，第二届广东建筑业发展论坛围绕“建筑企业的社会责任应当如何体现”的议题，一方面肯定了勇于承担社会责任的建筑企业在推动社会发展、工程质量、社会公益上的积极作用；另一方面探讨了在“十二五”规划中，在国家加大保障性住房建设，在建设幸福广东的行动中，建筑行业和企业还应承担什么责任，怎么去承担社会责任。与会行业人士认为，建筑企业最基本的社会责任是提供优质的建筑产品。同时不忘承担更多社会责任，为抗洪抢险、灾区重建及其它重要的国家建设活动贡献最大的力量。作为企业的的引领者，建筑企业家承担着带领企业发展，为社会提供就业机会，依法纳税等责任。

“2010—2011年度广东最具竞争力建筑企业”颁奖典礼同期举行，表彰了近两年为广东建设事业发展作出贡献的代表性企业。中建工业设备安装有限公司、中国建筑第八工程局有限公司（粤）、中国建筑第三工程局有限公司、广东省航盛建设集团等24家建筑企业获奖。

【GDFA2011广东特许经营高峰论坛】 2011年12月15日，由广东省连锁经营协会主办、广东股权投资协会和台湾连锁加盟促进协会协办的GDFA2011广东特许经营高峰论坛暨特许广东·年度品牌盛典在广州祈福酒店隆重召开。

广东省经济和信息化委员会副巡视员冯惠钊、广东省民间组织管理局副调研员陈炯生、宁夏回族自治区银川市人民政府副秘书长杨延全、广东省连锁经营协会会长孙雄和常务副会长汤涓、广东省消费者委员会指导部主任林晓菲、广东股权投资协会副秘书长谢帼望、台湾连锁加盟促进协会常务理事兼驻大陆区办事处代表柯建中、广东省网商协会副秘书长马科出席论坛及盛典晚会。此外，广东车联网信息科技服务有限公司总经理林明忠、北京市奕明律师事务所涂志、中国政法大学特许经营研究中心常务副主任李维华、广州保税区国际酒类交易中心董事长吴小武、广东岭南职业技术学院副校长朱敏、以及流行美、黄振龙、尚品宅配、汤臣倍健、东方金钰、上官燕、易站、龙浩天地等200多家省内特许经营及相关单位的400名代表出席会议。

广东省经济和信息化委员会副巡视员冯惠钊和广东省连锁经营协会会长孙雄在高峰论坛上分别致辞。论坛开始，在众多领导嘉宾的见证下，首先举行了广东省连锁经营协会和广东车联网信息科技服务有限公司签署战略合作备忘录的签约仪式。

高峰论坛上，来自省内外各位特许经营专家高层围绕“挑战与趋势模式与创新价值与资本”的主题，结合各自的实践，从不同角度充分发表了独到精辟的见解，为论坛讨论主题建言献策。嘉宾的精彩演讲引发了参会代表们的激烈反响，论坛现场交流活跃，气氛热烈，共同打造了一次特许经营行业的交流盛宴。

盛典晚会举行了“2011特许广东•年度十大品牌”“2011特许广东•最具影响力品牌”“2011特许广东•最具投资价值品牌”的颁奖仪式。

【广东新兴产业发展规划及政策论坛】

2011年12月20—21日，由江门市经信局联合广东省照明电器协会、江门市江海区人民政府、江门市高新技术开发区共同举办的“广东省新兴产业发展规划以及政策论坛暨2011广东省照明电器协会年会”在江门市举行，广东光博汇投资发展有限公司与省照协举行签约，结为战略合作伙伴，省市相关领导、照明行业专家学者齐聚，针对LED等新兴产业发展规划及政策走向、PE投资进入光电领域、光电照明行业营销创新模式、江门如何发展LED产业等议题进行研讨。

2015年LED应用产值将达5 000亿元 中国光协光电器件分会（LED协会）资深专家张万生在会上介绍说，全球产业格局呈垄断局面，LED产业已形成以美国、亚洲和欧洲三大区域为主导的三足鼎立的产业分布与竞争格局。我国已经成为LED应用大国，目前进入LED应用的企业有1 000多家，今后5年，我国LED应用产品将以40%~50%高速增长，预计到2015年LED应用产品的产值将达到5 000亿元。

张万生也指出，当前LED市场目前表现并不如预期，产业整体处于无序发展的状态，具体表现为衬底外延芯片投资过热产能过剩、LED封装的毛利率大幅下降、产业园竞相招商引资重复建设等。对此他建议，要加强LED核心技术的研究开发，建立有自主产权的原创性技术，整合LED产业，参与国际市场竞争，推进LED照明领域的应用，加快LED照明标准的制定和检测平台的建设，加快设备、仪器、原材料的国产化，提高国产自给率。

培育战略性产业基础人才 广州市博弘教育集团王彦保在论坛上介绍说，广东省LED产业发展机遇广阔，产业集群效应逐步显现，但同时面临着劳动力成本优势不再、企业自身科研创新能力欠缺、产业结构调整带来的宏观经济风险等挑战，LED行业人力资源也呈现出高学历人才缺乏，人员结构不合理、企业老总择人标准偏重当前利益、人员补给困难，企业人才全线告急等现象，这些都制约了LED产业的发展。

为此，王彦保建议广大LED企业制定人才开发路线图计划、培育战略性产业基础人才、加快引进产业稀缺人才、创新专业技术人才管理激励机制、营造有利于人才成长的良好环境。

光博汇是上市目标 在本届论坛上首次向公众推介的江门市重点建设项目光博汇——中国（江门）国际绿色光源博览交易中心与省照协签订了战略合作协议。光博汇立足珠三角LED产业重镇，面向全球，是集股权投资、项目策划、广告传媒、电子商务、国际物流及产业人才培训于一体的多元化产业服务体，总投资约30亿元人民币、建筑面积90万平方米、项目入驻商家约4 000家。

省照明电器协会半导体分会秘书长郭修表示，光博汇将重点打造节能照明产品展示交易、研究开发、分析测试认证、资源共享、成果转化、人才培训等6大公共服务平台，项目建成后将是全球最大的绿色照明交易博览中心。郭修还介绍说，光博汇项目已开始动工建设，目前已和30多家LED百强企业签订了战略采购协议，将以高端投资市场为主导，拟把光博汇建设成为国家级的阳光采购示范中心。

江门市经济信息化局副局长任安良也表示，目前有十多家照明企业正在筹划上市，而江门光博汇也是上市目标，任局长还表示，今年LED市场的需求量呈增长趋势，尽管出现了波动，江门LED企业发展势头依然看好。

最后，与会成员还实地考察了江门市高新技术开发区和光博汇项目。

【第八届中国家具行业发展高峰论坛】

2011年12月20日，一年一度备受行业内外瞩目的广东家居业年会暨第八届中国家居业发展高峰论坛在中国家具之都——东莞厚街盛大举行。政府领导、行业专家、最具影响力的企业领袖等上千人出席盛会现场，汇聚高端思维，共议发展大计。

本次年会在广东省经济和信息化委员会、广东省工商联、全国工商联家具装饰业商会鼎立支持下，由广东省家具商会、广东省家具产业研究院、东莞名家具俱乐部共同主办，并得到了中润欧洲城、金盛集团、西安明珠国际集团、深业家之福家居机构等行业企业的合作支持。

广东省家具商会会长何循证在开幕致辞中指出，本次年会及论坛是在行业面对国内国际双重宏观经济形势下行风险、市场消费持续低迷下召开的最高级别、最大规模家居行业领袖峰会。同时，也是国内家居业首次试行家具、建材行业与房地产行业实现面对面合作对接的商业价值峰会。

全国工商联副秘书长、经济学博士王忠明在主题演讲中指出，虽然2012年中国及世界经济充满很多不确定性，但对于家居产业而言也孕育着巨大的机遇。

与会企业家在现场普遍认为，虽然2011年中国家居产业整体上开始真正进入寒冬，国际金融危机深层次影响仍未消除，国家经济通胀预期正面临着内忧外患的双重狙击；与此同时，国内房地产市场调控力度不断加大，消费者扩大内需需求不断受到抑制，原材料及劳动力价格持续上涨，市场租金增长压力增大，企业利润增长进一步受到抑制甚至下降，但是，家具产业作为民生产业、朝阳产业的基本面未有任何改变，行业总体上还是充满较大机遇。

同时，与会企业家也强烈希望政府能够理解民营企业特别是家具企业目前面临的融资、成本控制等方面的困难，进一步为企业营造良好的政务环境。

当天晚上年会现场，大会重点发布了2011年度广东家居业重点保护品牌榜单，并举行盛大的行业“诺亚方舟”祈愿与启航仪式。通过家居业2012“诺亚方舟”号登船仪式，显示了行业抱团取暖、共赢未来的力量与信心。

有专家指出，“第八届中国家居业发展高峰论坛”，经过连续7年的发展、沉淀，已经成为了引领中国家居业发展方向的一面旗帜，已经成为业界领袖、专家学者、政府部门就中国家居重要事务进行对话的最高层次平台。

2011年12月29日，中国（南方）智库论坛在广州举行了“广东转型升级之路”的讨论会。

【2011中国（南方）智库论坛】

2011年12月29日，由广东省委宣传部、省社会科学界联合会主办的中国（南方）智库论坛在广州珠岛宾馆开幕，来自全国的专家学者就“广东转型升级之路”发表真知灼见，论坛还发布了“珠江共识”。中共中央政治局委员、省委书记汪洋，中国社会科学院常务副院长王伟光发来贺信，省政协副主席温思美、省政府原副省长宋海出席论坛。

汪洋在贺信中指出，当前广东正处于加快转型升级的关键时期，本次论坛以“加快转型升级与增创科学发展新优势”为主题，贯彻了中央精神和省委部署，切中时代发展的脉搏。希望论坛系统总结广东近年来在加快转型升级、推动科学发展方面的探索实践和理论贡献，深入探讨下一步发展的思路和对策，为广东在新起点上谋划科学发展、提升核心竞争力提供理论支撑和智力支持，努力把论坛办成国内一流的思想盛会，为广东加快转型升级、建设幸福广东，当好推动科学发展、促进社会和谐的排头兵作出积极贡献。

王伟光在贺信中指出，2011年中国（南方）智库论坛及时总结广东转型升级、科学发展新经验，探讨国际金融危机下广东转型发展新思路、新举措，不仅为广东的转型发展提供理论支撑，对全国各地的转型发展也具有重要借鉴意义。

受省委常委、宣传部长林雄委托，省委宣传部副部长蒋斌对与会专家学者表示热烈欢迎。他指出，广东已经处于经济发展转型期，加快转型升级有助于提升经济发展质量，跳出中等收入陷阱，促进区域经济协调发展，提高广东经济发展的整体竞争力和核心竞争力，为广东新一轮大发展奠定坚实基础。无论是成功的经验还是探索中的困难，广东经验都将对全国其他地区提供有利启示。

国家行政学院副院长周文彰从文化角度为广东转型升级建言献策。他认为，文化消耗自然资源少，环境污染少，附加值高，在民生幸福体系当中现在占有不可或缺的作用，是加快转型升级的理想选择。

中国国际经济交流中心秘书长魏建国在致辞中表示，智库在决策者决策过程中发挥着不可替代的巨大作用，广东大学众多，人才济济，可充分发挥民间智库的力量。

中国经济体制改革研究会名誉会长、北京大学博导高尚全，中国经济体制改革研究会会长、广东省综合改革发展研究院院长宋晓梧，中国国际经济交流中心资深研究员牛铁航，中国社科院研究员郭克莎，中国（海南）改革发展研究院院长迟福林，美国克莱蒙亚洲研究中心主任汤本等知名专家学者出席论坛并发表演讲。

会议还发布了2011中国（南方）智库论坛“珠江共识”。共识认为，广东转型升级取得了明显成效。率先主动转型升级是增创科学发展新优势的必由之路，危机倒逼转型升级是增创科学发展新优势的必然选择，改革创新转型升级是增创科学发展新优势的动力源泉，全面系统转型升级是增创科学发展新优势的内在要求，以人为本转型升级是增创科学发展新优势的目标和归依。会议一致认为，以产业和劳动力双转移为契机的转型升级是思想解放和战略创新的重大成果。广东是改革开放、率先发展的试验区，转型升级必定会提出更多的战略问题和理论课题，也必定会创造出更加广阔的思想发展空间。

企业家论坛

综述

【2011 中国（深圳）IT 领袖峰会】

2011 年 3 月 28 日，2011 中国（深圳）IT 领袖峰会在深圳举行。本届峰会以“转型发展：IT 新使命”为主题，紧扣时代发展脉搏，与产业发展重点相结合，与招研、引资、引智相联动，不仅有利于推进全国 IT 产业的发展，也将对深圳 IT 产业高端化、集聚化发展产生重要推动作用。

深圳市市长许勤主持了峰会开幕式。全国政协常委、教科文卫体委员会主任徐冠华，广东省委常委、深圳市委书记王荣，国家工信部副部长刘利华，广东省副省长佟星，国家发改委高技术司副巡视员徐建平，数字中国主席吴鹰等出席峰会并致辞。

阿里巴巴集团主席马云、腾讯公司 CEO 马化腾、百度 CEO 李彦宏、联想集团 CEO 杨元庆、创新工厂总裁李开复、新浪网 CEO 曹国伟等中国 IT 界的领军级人物，金融、创投机构的企业家、专家和政府官员等 70 多名代表齐聚深圳。开幕式结束后，代表们围绕互联网竞争与发展进行高端对话、思想碰撞。峰会还设有绿色 IT 与云计算、多媒体移动终端、IT 产业投融资新热点、移动互联网与 4G 时代 4 个分论坛，举行了闭门会议和数字中国联合会年会。

本届峰会上，嘉宾主要围绕云计算云服务以及移动互联网的发展两个话题进行热烈讨论。其中，“云计算”的概念在峰会上被多次阐述，中国宽带产业基金董事长田溯宁等多位专家认为，“云计算”就是共享服务，其目的就是让企业家降低创业及创新的成本。例如新一代的企业，通过租用服务和计算，透过提供平台服务的公司分销创意并展开自己的事业。云的概念强化了整个网络的支撑功能、计算功能和存储功能，使得服务更方便更便宜。深圳市市长许勤在接受采访时表示，深圳正在制定相关计划，全面推进云计算的各方面应用以及基础设施建设。云计算和网络的集合，会使互联网产业有更深层次的发展。

在讨论中，无论是终端运营商、内容提供商还是金融投资商，都纷纷看好移动互联网的发展。点击科技总裁王志东表示，现在媒体、厂家、资本都去重视移动互联网，是必须的选择。曹国伟认为，未来互联网趋势是社交 + 本地化 + 移动。他说，未来要考虑的问题是“怎么样把社交网络跟搜索结合得更好，怎么样把社交网络结合电子商务平台，从而在规模平台上建立用户关系，更好地向各个应用去延伸，向各种各样市场需求去延伸，去更好满足用户需求。”杨元庆站在运营商的角度预计，手机支付的时代即将来临。

北极光风险投资公司总经理邓锋认为，发展非常快的微博、团购等新业态已深入每个人生活，宣告“应用时代”的到来。电子商务彻底改变了人类做生意的方式，SNS 则改变了人们交流的方式，互联网已渗透到人们衣食住行各方面。在这个形势下，放眼来看，中国互联网行业没有泡沫。深港产学研创投董事长厉伟则强调了物联网的机会，随着移动互联网的深入，加上物联网和 RFID 的突破，从网上到地面实体空间的距离不复存在。他认为以物联网为代表的网下和网上的整合，会给人类生活带来极其大便利，是互联网行业未来最值得关注的投资方向。“比如说移动支付，很可能将会呈非常巨大的爆发式增长。”

除了了解业界的新动向外，与会嘉宾更加关注政府在进一步推进信息产业发展的举措。在 2011 年 3 月闭幕的十一届全国人大四次会议中，审议通过了《国民经济和社会发展十二五规划纲要》，明确将新一代信息技术发展作为重要内容，这是未来五年我国经济和社会发展的宏伟蓝图。“十二五”时期信息通信业的产业规模继续扩大，技术水平继续提高，国际影响力也将与日俱增。在把握技术和产业发展的客观规律的基础上，以新一代信息技术和信息网络发展为契机，推动融合型技术和业务的发展，提升信息服务能力，结合产业发展的新情况、新趋势，刘利华在峰会上提出了四点意见：一是进一步加快宽带网的发展，二是加强对移动互联网的研究，三是促进智能终端产业的长期健康发展，四是要更加注重互联网网络信息安全。

国家发改委一直高度重视信息产业融合发展的新趋势、新特点、新问题。徐建平介绍，发改委在会同相关部门积极推进相关产业发展，结合“十二五”规划编制和落实，从产业布局、政策引导、投资扶持等方面加强统筹引导和协调，支持信息产业创新能力建设，支持关键技术研发和产业化，支持重点企业掌握关键核心技术，支持企业谋划国内合作，整合网络资源，走国际化发展道路。

王荣在峰会中认为，深圳的发展当前正处在新的历史起点上。胡锦涛总书记在深圳经济特区建立 30 周年庆祝大会上发表重要讲话，赋予深圳“当好推动科学发展、促进社会和谐排头兵”的新使命。王荣说，在新形势下，深圳将以科学发展为“主题”，以加快转变经济发展方式为“主线”，大力推进创新发展、转型发展、低碳发展、和谐发展，努力当好推动科学发展、促进社会和谐的排头兵。在这一进程中，深圳建设国家创新型城市、低碳城市、智慧城市、发展战略性新兴产业等，都与 IT 产业密切相关，拥有巨大的发展机会。

王荣表示，在新的发展时期，深圳市政府将一如既往地高度重视、大力支持 IT 产业在深圳做大做强，与广大企业和科研机构携手努力，不断推动中国IT产业转型发展、创新发展、抢占国际制高点，使深圳成为IT产业拥有最佳服务、最佳环境、最佳业绩的城市。

【2011中国饮料行业企业家论坛】

2011年11月5日，一场以“创新、管理、产品、效益”为主题的2011中国饮料行业企业家论坛在上海世博洲际酒店成功举行。全球饮料著名品牌公司包括百事、可口可乐以及汇源、康师傅、维他奶、香飘飘、银鹭等中国饮料代表品牌的高管人士共200多人参加了论坛。

本次论坛是与第五届中国国际饮料工业展同期举行的行业高端论坛，是一次饮料行业专家、企业家的智慧碰撞，是推动未来饮料行业发展的潮流所在。中国轻工业联合会步正发会长、中国饮料工业协会赵亚利理事长作了开幕致辞。百事公司全球董事长兼首席执行官卢英德女士（Ms. Indra Nooyi）、可口可乐大中华区及韩国区执行副总裁鲁大卫先生分别作主题演讲。

步正发会长对如何转变发展方式、提升饮料行业可持续发展能力提出了方向性的建议：“要开发适应不同消费需求的健康饮品，主导产品应各具特色，做精做好差异化的小品种，在产品开发和市场推广上要避免过渡的扎堆，形成以加工相匹配的原料基地，企业与农业和谐共赢有机的体系，优化产业布局，形成区域协调，大中小企业上下游企业共同发展的产业组织结构，加大对中西部地区的投资力度，不断推进饮料生产的规模化，科学化和节约化。”

百事公司全球董事长兼首席执行官卢英德在演讲中深刻表达了她对创新的理解，她认为：“作为饮料行业而言，创新是我们的天性，创新是我们这个行业生存的关键，正是由于创新我们才能够根据市场的趋势及时作出调整，在座的每一家企业都以不同的方式通过对消费需求的把握和创新性的营销模式进行创新，及与制造经验完美结合，将创新的思路和科技转化为实实在在的产品。”

对于中国饮料业的创新思路，卢英德提出了中肯的建议：“中国未来的创新不应该仅仅停留在跨国企业将国外的创新成果引进到中国来，中国的创新我认为应该是从本土消费者的特点出发，实现本土化的技术突破，满足本土经济，本土环境和本土消费者的特殊需求，本土创新，本地创新，也就意味着建立符合中国国情的全新的创新模式。”

卢英德还说：“中国还要创造更加有利于高附加值的积极环境，它需要具有真正创新意义的想法，实现中国制造向中国创新的转变，要做到这一点唯一的办法就是加大投入，努力提高本地人才的素质和技能，制定合理的激励措施，保证他们获得应有的回报，我们要创新环境，实现与工业化相匹配的工业革命，同时我们还要避免陷入技术民族主义的陷阱，不要在中国的创新空间周围设置篱笆，中国必须把源于中国的创新思维和世界其他地区的优秀理念结合起来。”

可口可乐大中华区及韩国区执行副总裁鲁大卫用流畅的汉语分享了可口可乐在中国的发展、创新历程和未来的思路。他提出：“和消费者进入深度的沟通，通过营销方式的不断创新，给消费者带来难忘的消费体验，也是可口可乐保持旗下品牌活力的秘诀。营销本身，作为125年的老品牌，怎样对每一代新的年轻人，每一个不同的文化因地制宜，给大家提供新鲜品牌的感觉，也是我们创新的话题。”

论坛嘉宾就饮料企业在中国的发展潜力以及企业创新话题进行了热烈的讨论交流。最后，国际著名精益管理专家西蒙·诺斯科特（Mr. Simon Northcott）为论坛嘉宾作了一场《国际级精细化管理》的专题报告。

【中国企业权益保护高峰论坛】 2011年11月27日，由中国市场学会保护企业合法权益专业委员会和北京市盈科律师事务所共同主办的中国企业权益保护高峰论坛暨“保企中国行”广东站于广州举行。

中央政法委原秘书长束怀德，最高人民法院原副院长、大法官刘家琛，中国市场学会保护企业合法权益专业委员会主任张国学，公安部原经侦局局长胡安福，最高人民检察院检查委员会原委员、控告厅厅长姚世根，最高人民法院立案庭原副庭长马迎新，中国政法大学原副校长、博士研究生导师赵相林等在京领导，盈科律师事务所党支部书记郝惠珍以及广东省公安厅原副厅长石宗崑，广东省司法厅原副厅长、广东省法学会顾问胡克顺，广东省公安干部管理学院原党委副书记、副院长马文元等当地领导以及有关部门领导与近五百位知名企业家及行业代表参与了峰会。

会上举行了保企中国行广东站启动仪式，并授予盈科律师事务所为中国市场学会保护企业合法权益专业委员会中国企业权益保护战略合作机构、保企中国行全国指定法律服务机构。此外，为新加入中国市场学会保护企业合法权益专业委员会的十余家企业颁发了重点服务单位和保企中国行活动荣誉牌匾。与会领导及企业嘉宾，法学专家等围绕企业维权和发展的焦点问题，特别是企业的权益保护、企业风险防范与仲裁、民营企业常见的法律风险、企业法律智慧与风险回避等一系列重要话题进行了深入研讨，为企业健康发展提供思路。

当天下午，中国国际经济贸易仲裁委员会仲裁研究所副主任、研究员、仲裁员曲竹君，保企会专家委员会委员、中国政法大学民商经济法学院教授、中国商法学研究会理事、副秘书长李建伟，著名律师、北京盈科（广州）律师事务所合伙人陈北元分别作了题为《企业风险防范与仲裁》《当前民营企业常见的法律风险问题及应对》《企业法律智慧与风险规避》的专题演讲。就企业家所关注的焦点、难点问题进行现场解析、沟通和交流。企业家也将自身遇到的法律难题、管理瓶颈、经营风险与专家互动，答疑解惑。

中国市场学会保护企业合法权益专业委员会、盈科律师事物所作为本次活动的发起单位，为维护企业权益，防范风险尽责尽力。广州分所作为盈科律师事务所的华南区总部，此次积极参与“保企中国行”广东站的公益活动，体现了盈科广州分所关注社会的社会责任感。

中国企业权益保护高峰论坛暨“保企中国行”广东站的举办。获得与会企业家的高度评价。企业家通过参加此次高峰论坛，提高了自我保护能力和防范风险的能力，为企业创新发展与合作共赢提供了更多更好的契机。

【2011年环球企业家论坛】 2011年12月1日，以“可持续繁荣：驾驭政经周期”为主题的“2011环球企业家高峰论坛”在北京万达索菲特大饭店盛大举行。此次峰会是由《环球企业家》杂志社主办、《21世纪经济报道》联合主办，并联合了中国科学院研究生院管理学院、清华大学经管学院、中欧国际工商学院、中国人民大学商学院、香港科技大学商学院、北大国际（BIMBA）等国内高端学术机构，得到了中央电视台财经频道、新浪财经、和讯网等多家主流媒体的支持，邀请了最具国际视野、全球思维的政界要员、学界泰斗、商界领袖共聚21世纪第二个十年之初，共同探讨中国商业在全球商业格局中如何实现驾驭政经周期，实现可持续繁荣。

针对“中国商业在全球商业格局中如何驾驭政经周期”等系列问题，此次峰会邀请了专家、学者、企业界领袖和媒体界精英就时下备受关注的话题作出精彩的主旨演讲。其中，峰会的演讲嘉宾有：原全国人大常委会副委员长、中国科学院虚拟经济与数据科学研究中心主任、中科院研究生院管理学院院长成思危、韩国国家竞争力委员会主任委员、首尔大学教授赵东成、TCL集团股份有限公司董事长兼首席执行官李东生、杉杉控股有限公司董事局主席郑永刚、中国民生银行行长洪崎、北京产权交易所董事长兼党委书记、北京金融资产交易所董事长兼总裁、中国技术交易所董事长熊焰、红杉资本中国基金创始及执行合伙人沈南鹏、格力电器股份有限公司副董事长兼总裁董明珠女士、中国美国商会主席狄安华等行业领军人物。

为进一步解读“可持续繁荣”，峰会还设置了多场主题论坛，论坛主题分别是：“和而不同的‘中国梦’”“豪华车的中国现象”“绿色创想——企业责任与共同行动”“镀金年代——电子商务的疯狂”“新合资时代：跨国公司与本土公司的共生系统重塑”“金融创新与新银行体系”。在各场论坛中，来自各行业的国内外行业领袖们就相关话题展开了激烈、开放的对话与交锋。

在2011环球企业家高峰论坛的现场，同时还发布了《2011中国人眼中跨国公司》调查报告。报告由《环球企业家》杂志社携手全球第三大市场研究集团益普索（Ipsos）公司强势打造，旨在倾听普通中国公众的声音，从中见微知著，解读跨国公司在中国市场整体形象和市场影响力的变化，寻找真正为中国未来商业发展提供永动能量的跨国公司楷模。报告显示，诺基亚是中国消费者最信任的跨国公司，肯德基和必胜客的母公司百胜集团是中国人眼中本土化最成功的跨国公司；与此同时，跨国公司在中国市场的整体美誉度有所下降，尤其是相对于中国本土企业的产品和服务，跨国公司的优势正在减弱。

峰会主办方《环球企业家》杂志社以“推动中国商业国际化”为使命，秉持国际视野、专业精神，18年来，《环球企业家》始终致力于运用比较分析框架，提供全球化背景下的一流商业故事和见解，搭建中外商业人士的无边界社区。随着国际化成为中国商界的最热门话题，且中国市场日益成为跨国企业的重要战略支点，《环球企业家》已被广泛誉为中国最具影响力的主流商业杂志之一。其主办的一年一度的“环球企业家高峰论坛”更成为中外商业精英探讨国际和中国商业趋势的聚会首选。

“环球企业家高峰论坛”紧扣国际化主题，专为在加速的全球化进程中相互融合的中外商业精英所设计，迄今已成功举办七届，皆以全球视野对文化、商业、社会等领域进行探讨与思辩，始终致力于成为国内顶尖的商界领袖和跨国企业管理者汇聚智慧和交流的最佳平台，是目前国内高端商业会议中以国际化为特色的规格最高的论坛。

【第三届珠三角工商领袖（粤港合作）峰会】 2011年6月10日，广东省民企招商深圳推介会暨第三届珠三角工商领袖（粤港合作）峰会在深圳君悦酒店隆重举行。本次活动围绕粤港金融合作展开，汇聚政府、专家、企业三方代表共同探讨粤港合作竞争力的提升。全天峰会吸引了企业观众近1 000人次，50多家主流财经媒体以网络、视频、文字等形式对活动进行报道。

本次峰会在广东大型系列招商活动组委会秘书处、深圳市人民政府指导下，由广东省中小企业发展促进会主办，G2亚洲投资有限公司、香港粤财控股与21世纪经济报道、广东高科技产业商会协办，得到广东省中小企业局、广东省民营经济发展服务局、深圳市中小企业服务中心支持，并得到福布斯私人资本集团（亚洲）、香港中文大学工商管理学院等机构的大力支持。

时任广东省人民政府副省长宋海在致辞发言中表示，为加快转型升级，转变经济发展方式，促进产业现代发展，2011年广东省委省政府决定开展大型系列招商活动。作为招商活动的重要组成部分，民企招商活动意义重大，它既是促进我省加快转型升级的重要举措，又是进一步提升我省民营经济发展水平，争创发展新优势的新契机。本次活动是民企招商活动的深圳专场，希望深圳能以本次活动为契机，通过实现现代服务业与先进制造业、高新技术产业的对接与联合，以良好的投资环境，为广大民营企业提供更好的发展机遇和广阔的实战舞台。

深圳市政府副市长袁宝成谈到，深圳抓住毗邻香港的区位优势，不断加大自主创新力度，已成为全球最有创新活力的城市之一。深圳市委市政府将继续发挥经济特区先行先试的重要作用，把创造深圳质量作为加快转变经济发展方式，推动科学发展的核心理念，进一步优化创新发展环境和政府服务功能，为我省全面扩大粤港合作，促进民营经济新发展作出重大的贡献。

广东省经济和信息化委员会党组成员、省中小企业局、省民营经济发展服务局局长张文献表示，本次民企招商深圳专场的主题是粤港合作与创新，随着国际国内市场的变化，粤港合作的发展势力现在已经有了新的发展区域，企业的转型发展对于粤港合作也提出了更高的要求。民企招商要找准重点，突出特色，错位发展，完成重点领域的突破。

香港特别行政区政府驻粤经济贸易办事处主任郑伟源发言强调，希望可以借助香港深厚的服务业基础、成熟的金融市场以及在专业服务方面的优势，协助广东省的企业进一步提升产业结构，发展高增值产业，并增加广东省企业在各级市场的支持力度，促进广东省企业与国际接轨。

广东省中小企业发展促进会秘书长谢泓作为主办方代表，发言指出通过粤港两地的合作，构建投融资平台，使科技发展成为推动产业进步的推动力，使金融服务成为推动科技发展的拉动力，并以此全面构建深圳、乃至珠三角地区新的区域竞争优势，并期待能成为推动粤港两地交流合作的重要的民间力量。

福布斯家族代表Miguel. R. Forbes在发言中表示，中国经济持续增长的关键是产生一个庞大的中产阶级群体，为实现这一目标，中国应考虑采取一些微观措施，让中国相对不富裕及弱势群体拥有创业的机会。他将中国视为“福布斯”的重要市场，只有中国经济持续增长才有可能实现这一目标，他期待与中国企业家们为共同实现这一目标而努力。

G2投资集团创办人J. Todd Morley表示，随着现在越来越多的公司将目光瞄准了发达国家的诱人市场，中国目前来说面临着两个重要的挑战，但这个挑战目前来说已经得到缓解，那就是人力资源储备和品牌认知度。为保证可持续的经济增长，中国企业必须全球化，目前当世界正处于疲软时期时要抓住市场份额。

摩根大通常务董事Troy Duncan发言表示，摩根大通在中国投资已有十年之久，但是在过去的三年，摩根接触过数百家企业，寻求有合作意愿的企业，公司的重点在中国大区，这些合作公司来自中国各地，他相信，广东省是一个让他们进行最大的投资非常理想的地方。

高新科技和新的商业模式都需要资本的推动形成规模，发挥资本对科技与新模式的撬动力，创新型企业更要求配套良好的金融服务，推动科技产业化。珠三角对高新产业、创新模式企业的投资增长势头迅猛，并已经形成有利于创新型企业成长发展的金融生态环境，新技术、新模式与资本的有效互动和嫁接将成为粤港经济发展的重要方面，成为推动包括香港在内的大珠三角经济转型发展的新引擎。上午的圆桌论坛上讨论了“新技术、新模式如何搭上资本快车”专题。

主办方广东省中小企业发展促进会与协办方G2亚洲投资有限公司现场签署战略合作协议，对今后服务广东省中小企业的合作达成一致：为企业打造更高价值的经济合作平台，引进更多香港及国际金融财团和服务机构，为广东企业提供与国际接轨的咨询、融资服务；为企业开辟更多融资渠道，让企业在与国际金融机构的交流对接中了解更多融资规则、优化企业资源配置；成立人民币基金，关注本土成长型企业，扶持具有发展潜力的创业者，通过基金为企业提供资本、技能以及经验等，帮助企业寻找适合的商业模式，积极推进新兴产业发展，协助企业在中国经济结构转轨期实现转型，走向世界。

随着国际国内市场的变化，企业的转型发展对粤港合作提出了更高的要求，在这样的背景下，广东金融服务业发展面临着前所未有的机遇，珠三角要依托区域优势，与香港优势互补，提升广东金融国际化水平，打造横跨珠三角、贯穿全省的金融产业链。

为加强与珠三角地区的国际商会、贸易和投资促进机构的交流和合作，峰会特设国际合作交流会活动，邀请了比利时、澳大利亚、西班牙等国驻广州总领事经济商务处负责人，以及瑞典、韩国、马来西亚等国投资促进机构负责人及美国、西班牙等国商会组织，共计20多人参加国际合作交流会。

（上接：第618页）训激励。要根据绩效考核结果，对全盘工作进行分析、梳理，找到发展的薄弱环节，作为培训的重点；要建立健全培训机制，完善培训管理，搭建育人的平台；要通过开展专题培训、岗中培训，帮助员工提高综合素质。

其次，要实施成长激励。要把帮助员工成长制度化，制定《员工晋升、晋级管理规定》等系列制度；要建立健全员工成长机制，应用绩效考核结果，及时启用、培养人才，加速员工成长。

第三，要建立企业与员工共同发展的机制。要通过推动企业发展、实现品牌延伸、做好做大企业，为员工拓展成长的平台，让考核优胜者及时挑起企业发展的大梁。

企业持续发展，需要创新绩效管理，需要完善与之相匹配的激励机制建设；只要这两者有机关联、有效互动，就一定能帮助员工成长、推动企业发展。

乘新一轮思想解放、改革创新的东风，广州大厦将进一步贯彻落实科学发展观，实施自主创新，通过推行科学的绩效管理，推动员工与企业共同发展。

把握行业发展新趋势，促进中国汽车产业可持续发展

广州汽车工业集团有限公司董事长 张房有
（2011年10月11日）

二十一世纪的前10年，中国汽车企业果断抓住加入WTO之后全球汽车产业进一步开放融合发展的历史机遇，实现了年均23%复合增长率，2010年汽车产销量一举突破1 800万辆，再次巩固了中国作为世界第一汽车产销大国的地位。然而，我们也必须清醒地认识到，中国还远远没有成为一个汽车强国，如何把握中国汽车产业在新世纪第二个十年以及未来发展的新趋势，在国内汽车市场规模不断扩大的基础上，提升中国汽车企业的综合实力和竞争力，是摆在我们面前的新课题。结合广汽集团多年来的发展经验及体会，我认为中国汽车企业只有在未来发展过程中把握战略性并购重组、利用资本市场做大做强、主业相关多元化经营、节能与新能源汽车等行业发展新趋势，才能促进中国汽车产业实现可持续发展。

一、适时推进战略性并购重组是促进中国汽车产业可持续发展的客观要求

汽车行业是一个资本和技术密集型的行业，也是一个全球性市场竞争的行业，随着国内汽车市场的日趋饱和，巨额的研发费用、居高不下的零部件采购、制造和营销成本，以及产能过剩的风险，将直接导致了汽车产业的大规模重组。从国际汽车产业发展现状来看，一些年产销100万辆的汽车公司已经不能单独生存，产销200万辆规模的公司也面临重组的局面。因此，适时推进战略性并购重组，发挥汽车企业之间的优势互补作用和战略协同效应将是我国汽车企业不可回避的课题。

我们要通过战略性并购重组突破中国汽车产业的发展瓶颈。当前中国汽车产业面临产业分散、竞争力弱、产品结构不合理、自主创新能力不强、核心技术对外依存度高等深层次矛盾，能源、环保、城市交通等制约也日益显现。这要求我们找准产业结构调整和优化升级的方向，通过战略性并购重组解决当前产业结构中技术含量低、资源消耗高、环境污染大等问题，实现产业的可持续发展。

我们要通过战略性并购重组做大做强中国汽车产业。企业竞争能力的获得取决于规模的扩张以及技术实力的提高，这都需要大量的投入。单纯依靠自身发展很难在竞争激烈的汽车行业中迅速做大做强，而战略性并购重组却为企业做大做强提供了一条很好的途径。整车生产企业及汽车零部件骨干企业通过实施全国性和区域性的兼并重组，有利于整合要素资源，提高产业集中度，增强市场竞争力，提升市场份额，实现汽车产业组织结构优化升级。

近年来，广汽集团根据自身发展需求，重点关注具有产品结构互补性、地域互补性、规模效益互补性的企业，适时并购具有核心技术的关键零部件企业。2009年，我们控股了广汽长丰，增加了年产SUV和皮卡10万辆的产能规模丰富了广汽集团的产品线；2010年，我们并购了吉奥汽车，在长三角地区和环渤海地区增加3个生产基地，增加微客、皮卡车型，进一步完善公司产品结构。在零部件领域，我们先后收购了上海日野发动机和杭维柯变速器部分股权。填补了广汽集团在汽车发动机、变速箱产品领域的空白，增强了核心汽车零部件生产能力。

二、切实提高资本运营能力是促进中国汽车产业可持续发展的重要途径

当企业发展到一定的规模，资本运营能力的高低将成为企业实现更高战略目标的关键。中国汽车企业要在激烈的市场竞争中保持和放大自己的优势实现可持续发展，就必须在资本运营方面寻求扩大发展的新思路和新方法，比如通过产业整合优化资源配置，通过投资寻求新的产业发展机会，通过公司海内外上市实现权益的增值与变现等。

在快速发展的过程中，广汽集团深刻意识到，中国汽车企业现在要真正实现做大做强，除以生产经营为基础、以经营业绩最大化为目的，努力做好资产经营外，还必须树立资本经营的理念，在发展战略中对资本运营的主要任务、重点模式作出明确的设置与规划，通过资本的流动运营，发挥协同效应，优化资源的配置，努力实现由资产经营向资本运营的跨越。因此，通过境内外整体上市，搭建资本运作平台、拓宽集团融资渠道、增强集团资本实力、提高集团品牌影响力成为广汽集团的目标。

2010年8月30日，广汽集团H股通过介绍上市形式在香港联交所主板成功挂牌上市。现阶段，我们正在着手广汽集团发行A股及换股吸收合并广汽长丰实现A股整体上市的筹备工作，预计年底前可以完成。届时，广汽集团将成为国内第一家成功实现A+H股主板整体上市的大型国有汽车企业集团。A+H整体上市为广汽集团搭建了一个链接国际、国内资本市场

的融资平台，有利于整合国内外资源，提高企业管理运营作效率；有利于全球范围内的投资者分享广汽集团的发展成果。

三、主业相关多元化经营是促进中国汽车产业可持续发展的现实需要

在中国积极融入全球经济的今天，市场不断对外开放，依赖原始资源（廉价劳动力、原材料等）为主的单一发展模式必将被淘汰，企业能否围绕自身所处的产业价值链，捕捉相关多元化的市场机会，对中国汽车产业来说意义重大。据统计显示，全球100家销售额最大的公司有75%是多元化经营公司。当前国际上汽车集团之间的竞争已经不再是单纯的整车厂之间的竞争，而是围绕整车厂所形成的相关产业链的竞争。我们认为，主业相关多元化经营是未来中国汽车企业发展的重要方向，也是促进中国汽车产业可持续发展的重要途径。

当前，中国汽车产业的发展阶段和市场环境为我们企业开展多元化经营提供了良好的时机。一方面是具备了必要的市场机会。当前，我国汽车产业仍处于初级阶段，产业的发展重心和利润来源更多地局限在整车制造环节，在汽车时代到来之际，我们看到的是一个处于充满机遇的市场。零部件工业及配套产业呈现出集中度低、规模小，产出成本高、经济效益差，生产工艺滞后、产品竞争力差的“弱势”状态。包括维修、保养在内的售后服务、汽车金融、保险以及二手车业务等汽车后价值链产业仍存在着大量的市场空白，为中国汽车企业围绕主业开展相关多元化经营提供了必要条件。另一方面是具备了充分的经营能力。中国汽车企业在多年的合资合作与自我发展的过程中，积累了丰富的经验、具备了较强的整合能力和管理能力，有能力站在市场的高度，迎合市场的发展，满足消费者不断提升的需求，现阶段正亟需扩大企业规模，实现企业规模化成长。不仅有赢的精神，也具备赢的模式和赢的能力，这是中国汽车企业实行主业相关多元化战略的充分条件和坚实基础。

近年来，广汽集团大力推进主业相关多元化发展战略，积极主动，率先推进先进制造业和现代服务业的有机融合发展，形成了以制造业发展带动服务业发展，以服务业发展保障制造业发展的互动产业格局，迈开了建设现代产业体系的坚实步伐，并取得了一定的成效。

我们在抓好主业（汽车主机厂）发展的同时，积极探索汽车金融、汽车保险、汽车物流、汽车租赁等新兴产业领域的布局和发展。2010年7月，由广汽集团和法国东方汇理个人金融股份有限公司合资成立了广东省首家汽车金融公司广汽汇理汽车金融有限公司；2011年6月，由广汽集团等6家企业发起设立的国内第二家专业汽车保险公司众诚汽车保险公司获得保监会批准开业。随着众诚汽车保险公司的建立，广汽集团成为了中国汽车行业首家拥有保险经纪、汽车金融、汽车保险三块金融牌照的大型汽车企业集团。广汽集团的产业结构正朝着更加合理的方向优化发展。

四、大力发展节能与新能源汽车是实现中国汽车产业可持续发展的战略方向

节能环保是未来汽车发展的必然趋势，近年来世界主要汽车生产国都把大力发展节能与新能源汽车作为提高产业核心竞争力、保持社会经济可持续发展的重大战略举措，可以预见未来5~10年将是我国节能与新能源汽车产业发展的关键时期。

一方面，汽车产业发展面临石油资源和环境的双重压力。根据《BP世界能源统计（2010》的统计，全球石油储产比平均仅为46.2，按照目前的开采速度，46.2年后将无油可采（前提是不发现新的原油储量），而全球57%的石油消费在交通领域（国际能源组织（IEA）统计数据）。我国政府承诺到2020年中国单位GDP CO2排放比2005年下降40%—45%，这将对我国汽车工业提出严峻的挑战。另一方面，新能源汽车已上升为国家战略。2009年3月，《汽车产业调整和振兴规划》提出实施新能源汽车战略，推动纯电动汽车、充电式混合动力汽车及其关键零部件的产业化。2010年10月，国务院下发的《关于加快培育和发展战略性新兴产业的决定》，确定了包括新能源汽车在内战略性新兴产业发展的重点方向、主要任务和扶持政策。因此，不论是从国家的政策导向，还是从企业和产业的可持续发展需要，大力发展更加节能与新能源汽车产业都是汽车企业今后发展的重要的战略方向。

作为具有高度社会责任感的国内大型汽车企业集团，广汽已经制定了节能和新能源的发展战略。目前，我们正根据国家的有关政策要求，通过电动汽车产学研联盟等多种形式加强全产业链合作，按“混合动力/插电式车型为近期工作重点，纯电动车型为主要战略取向，其他新能源车型持续跟进”的原则部署自主研发，着力突破关键技术与平台技术，掌握或控制“三电”的研发及生产技术并实现节能与新能源汽车的产业化，形成核心竞争力，全面提升集团可持续发展能力。“十二五”期间，广汽集团的新能源汽车规划的总体目标是：到2015年建成一个电动汽车国家工程实验室，实现产销节能和新能源汽车20万辆，形成电机、电池、控制器三大产品制造能力，掌握整车控制、电机系统集成、电池管理技术、电池系统集成技术及燃料电池技术等五大核心技术。

今年是中国加入世界贸易组织的十周年，入世十年来，中国汽车产业经历了历史上发展最快、最好的十年。展望未来，我们将密切关注汽车行业发展的新趋势，为促进中国汽车产业可持续发展共同努力。

创新绩效管理 推动企业发展

广州大厦有限公司总经理 邝云弘

“绩效”是当今各行各业管理中普遍关注的问题，而“绩效考核”已是人们耳熟能详的词句，是企事业机关单位普遍应用的管理模式。广州大厦在十多年的发展历程中，取得了显著的经济和社会效益，连续多年位居广州地区酒店十强之列，主要经济技术指标领先于同行，得益于较好地实施了绩效考核。

但是，十多年后的今天，当我们站在科学发展的新起点上，满怀忧患的意识，寻找管理的差距，寻求新的发展时，我们发现，原有的“绩效考核”的理念、模式已经不能适应继续发展的需要了，我们需要进一步创新绩效管理，才能持续推动企业发展。

2008年始，广州大厦有组织、有计划地启动了解放思想学习实践活动，特别是精心组织策划了关于绩效管理的专题调研，从贯彻落实科学发展观、坚持自主创新的高度对企业绩效管理中存在的问题作了深入、细致的分析，提出了破解难题的思路和对策。

一、创新绩效管理须破解的难题

现代企业全面实施绩效管理，是强化管理，推动企业发展的重要环节和手段。广州大厦在多年的实践中，逐步建立了具有自身特色的绩效考核体系、绩效考核机制，但是，当我们进一步解放思想，并站在科学发展的新的起点上时，我们找到了新的差距，发现了新的问题：

（一）绩效管理的概念不清晰

具体工作中，常常把绩效考核等同于绩效管理，忽略了两者间的重要差别：

1、绩效管理贯穿于企业活动的全过程，是一个系统的理念，是一个有机的链条；绩效考核仅仅是绩效管理中的一个环节，一个子系统。

2、绩效管理以企业战略目标为导向，面向未来；绩效考核主要面向过去，重在对以往形成的业绩的核实和评判。

3、绩效管理突出对考核全过程的管理，包括事前的计划、事中的指导、事后的沟通反馈；而绩效考核只侧重于“裁判”的角色。

4、绩效管理的指导思想是帮助员工提升业绩、帮助企业发展，引导企业重视职业培训、重视企业文化建设；绩效考核则缺乏对企业培训的引导、与企业文化建设的相融。

（二）绩效考核目标体系不健全

建立全面、系统的绩效考核体系，是实施绩效考核管理的基础，可在实施的过程中，往往顾此失彼：

1、以经济指标为主，片面追求经营利润，忽略了企业的社会责任、政治责任；忽略了企业对全面、综合、可持续发展目标的追求。

2、以对经营部门的考核为主，忽略了对职能部门综合职能的考核；影响了企业各方面工作的均衡发展。

3、以对高层管理人员的考核为主，忽略了对中、基层管理骨干、基层员工的考核；忽略了调动全体员工的积极性，忽略了团队的建设。

这种不成体系的考核，影响了员工综合素质的提高，影响了企业全面、综合发展。

（三）绩效考核方式不科学

绩效考核方式方法的不规范、不合理将直接影响考核的效果，例如：

1、只关注考核结果、侧重于“以往”，忽略了“现时”的效果，以及对“未来”的影响和推动。

2、侧重于事后考核，忽略了事前与事中管理，没有将考核贯穿于工作的全过程，缺乏对工作过程的有效掌控。

3、没有对具体部门的具体职责、不同的工作岗位作科学的分类、量化，缺乏对绩效考核指标的有效分解；缺乏分层次的差异性考核以及有效的驱动。

4、没有建立完善的绩效考核指标体系，没有形成统一关联的、方向一致的综合目标以及考核指标的量化链。

5、考核指标的制定缺乏相融性与相关性，导致部门与部门、上级与下级、员工与员工之间的考核缺乏内在的关联性。

（四）绩效考核作用不明显

不健全的考核体系，不科学的考核方式，使绩效考核未能发挥应有的作用。

1、不成体系的绩效考核指标，导致中高层管理人员片面追求经营业绩，忽略了全面履行职责。

2、考核结果与激励脱钩，导致员工普遍对考核不重视，应付了事，没有发挥弘扬先进、鞭策后进以及调动员工工作积极性的作用。

3、考核过程的公开度、透明度、员工参与度不够，导致员工对考核不信任，甚至认为考核是领导的事，是上级在找下级的“茬”，影响了团结。

二、创新绩效管理的思路与对策

只有进一步解放思想，调整思路、创新模式，建立科学的绩效考核体系、营造公平的绩效考核环境、强化绩效考核过程的管理、改进绩效考核方法、加强绩效考核结果的应用，才能真正完善绩效管理，使绩效管理成为帮助员工成长、企业发展的助推器。

（一）建立科学的绩效考核体系

为了规避绩效考核重经营、轻管理；重效益、轻文化；重企业、轻员工，片面强调经营指标，忽略员工成长、企业发展的做法，就要以企业战略目标为主导，建立全方位、立体式的绩效考核体系。

1、建立与企业战略目标相融的绩效考核体系

企业战略是企业发展的方向、目标与追求。全面实施绩效管理，要以企业战略为主导，建立与企业战略目标相融的，有利于推动企业战略目标实现的绩效考核体系。

绩效考核指标的制定，要从企业全面履行经济责任、社会责任、政治责任的高度出发，从经营、管理、企业文化建设的全局工作入手，科学、系统地制定与企业发展总目标、分目标、子目标相匹配的，多层次、分类别、综合、系统的考核指标体系，并通过系列考核指标的有机融合、有效量化，推动企业全面履行责任、个人全面履行职责。

2、建立与部门目标相融的绩效考核体系

企业战略目标的实现，以部门、员工为依托，是靠部门、员工创造的绩效来体现的。绩效考核指标体系的建立，要重视部门的作用，要设立与部门目标相统一、与部门利益相匹配的、具体的考核指标。

部门的职能不同，考核的内容就应该有别，一线经营部门侧重于经营业绩；后勤保障部门侧重于职能履行。要把绩效考核指标的设计与企业各方面的工作联系起来、与各部门不同类别的工作联系起来，特别是要与部门的目标、利益联系起来，并实实在在地把握其重点、难点，从而设立符合企业实际的、能牵动部门利益的系列考核指标，形成一个系统的、有机的考核循环“链”，真正调动部门的积极性并发挥其作用。

3、建立与员工个人目标相融的绩效考核体系

“人”是绩效管理的主体。企业绩效考核体系的制定，不仅要顾及员工在考核中的作用和个人的需求，还要把员工个人的利益，特别是个人的成长、进步与企业的发展紧密结合起来，在激励员工创造优异的业绩、实现自我提升的同时，促进企业整体目标的实现，确保企业与员工共同发展。

为达到此目的，不仅要关注员工的分配、奖惩，还要帮助员工提高效率、提升业绩，并把员工纳入考核的范围、利益的范畴，通过考核，体现效率优先、业绩优先；体现多劳多得以及个人与集体的联动关系，提高员工参与创业、参与考核的主动性和积极性。

（二）营造公平的绩效考核环境

营造一个公开、公平、公正的考核环境，是有效实施绩效考核的基础。广州大厦通过实施管理信息化建设，创建综合管理平台，不仅构建了虚拟的、可控的管理模型，实现零时管理、远程管理，还营造了透明、公开的绩效考核环境。

1、公开绩效考核信息

综合管理平台所具有的独特的“零时沟通”、“透明互动”的功能，为企业建立了畅通无阻的沟通平台与公开、公平、公正的工作环境。

通过综合管理平台公开考核方案、计划，不仅可以让考核的项目、内容、指标、数据完整地呈现在员工面前，还可以实现双向沟通，吸引更多的员工共同参与。其次，通过开发专项管理模块，可以有效地固化考核流程，使考核过程规范化、程序化、透明化。第三，利用综合管理平台储存信息的真实性，可以诚实地记录考核过程中所有的数据，杜绝弄虚作假、违章操作等不良作风。

公开，是公平、公正的前提。依托管理信息化手段，公开考核方案、考核过程、考核结果，有助于实现考核在“阳光下操作”，提高考核的公信度。

2、量化绩效考核指标

考核指标的量化，是实施考核的先决条件，其中又以管理目标、企业文化建设目标的量化为难点。

依托综合管理平台实施绩效考核，一是可以通过经营栏目分类、分层次设置各类考核指标，并对指标的完成情况进行全时段、全天候的全程跟踪、监控、预警。二是通过专项工作管理模块，可以对各项工作实施组织、检查、监控、反馈，并通过量化管理，实现日查、月评、季奖以及百分制考核，构建完整的专项工作管理子系统。三是通过任务管理模块，可以构建个人网上考核系统；可以通过计划、分工、检查、统计，实现对管理职能的考核，促进管理人员“自我净化”。

考核成果量化机制的建立，让员工的工作、学习成果能够在平台上得以体现，为考核营造了良好的环境，为员工拓展了成长的空间，让员工从“要我做”转变为“我要做”，从而提升了企业的凝聚力和向心力。

3、沉淀绩效考核结果

利用综合管理平台具有的保存信息、沉淀知识功能，便于做好绩效考核信息的累积、汇总；便于绩效考核数据库的建立；便于为个人设立完善的考核档案；便于通过文字、图表、声像等对绩效管理的全程予客观记录，并随时再现，有效地避免了绩效考核的片面化以及“一次考核定终身”的问题，为人才培育、成长提供了科学的支撑。

（三）强化绩效考核过程的管理

绩效管理是一个有机、循环的系统，不能只管结果、不管过程；不能只管事后，不管事前、事中，必须把绩效管理贯穿于企业活动的全过程，把绩效管理与日常工作有机地结合起来，做到经营管理的范围有多大、项目有多少，绩效考核的内容就有多少、范围就有多大。

1、绩效考核的“事前”管理

组织绩效考核，要以目标管理、计划管理为基础，制定明确的战略目标、具体的工作计划并有效分解；让绩效考核跟着目标“走”、计划“走”；让绩效考核有明晰的方向、具体的内容。

对经营的考核，要围绕市场、价值、成本制定营业额、价格、成本率、费用率、能耗率等系列考核指标；对管理的考核，要以建立健全竞争机制、激励机制、制约机制为目标，制定全面质量管理、安全管理、节能管理、工程管理等专项工作指标；对企业文化建设的考核，要以培育优秀的人才、有战斗力的团队、先进的企业文化为目标，制定队伍建设、培训管理、发

展激励等方面的工作指标，做到事事有计划，项项有考核，使考核涵盖企业管理的方方面面。

2、绩效考核的“事中”管理

绩效考核的事中管理，要以对各项工作的布置、检查、考核、指导、跟踪、反馈、整改、推进等诸多环节的掌控为主，通过对管理环节的管理和开发，提高工作效率和效益。

绩效考核的事中管理，要把企业活动的全过程纳入管理的范畴，通过对考核项目的全程跟踪，通过与项目主持人全方位的沟通，以及有效的指导、协调、反馈，真正把绩效考核落到实处，实现通过考核完善管理的目的。

绩效考核的事中管理，要依托各级部门有组织、有计划地从建立健全各项规章制度入手，从日查、月评、季奖切入，对各个项目的循环过程予以跟踪、考核，保证每一项工作都有专人管理、专人负责；保证日日有统计、月月有分析，并有机地与季度、年度考核相结合，使管理的全过程都在相关领导的掌控中。

3、绩效考核的“事后”管理

绩效考核的事后管理，是绩效管理中重要的一环，它是通过对绩效考核结果的应用，把绩效考核落到实处的过程。

要把绩效考核的结果变为成果，首先要对绩效考核的结果予深入地分析、细致地梳理，去伪存真、“为我所用”；其次要以“裁判员”的眼光扮演好“教练员”的角色，对考核项目提出具体的意见和建议，并予指导和牵引；第三就是要把考核结果与培训工作相结合，指导培训工作的有效开展。

绩效考核的事后管理，还有重要的一环，就是要建立健全与考核机制相匹配的激励机制。要根据考核的结果，分层次、分类别地实施全方位的激励，促进优秀人才的成长、优秀团队的建设、先进文化的培育。

（四）创新绩效考核的方法

为了更好地体现绩效管理的全面性、综合性、有效性，还要在实践中不断创新绩效考核的方式方法，实现：

1、经济考核与职能考核相结合

企业经营管理的整体活动是相互关联、相互影响、不可分割的。绩效考核指标的制定要充分整合各类经营指标、各项管理目标，让各类指标自成体系又相互支撑、相互推动，形成一个综合、全面的考核指标体系，构成一个可循环的链条，牵动各级管理人员全面履行各自的职责。

绩效考核可实行百分制，让经营指标占考核总分的40%，管理目标、企业文化建设目标各占考核总分的30%；通过总分的有机构成和有效“权重”，体现企业对全面、综合、可持续发展的追求。

2、个人考核与部门考核相结合

企业管理以部门为单位。绩效考核要强调“部门好，个人才好”的理念，把对个人的考核放到更宏观、更客观的背景上去，把对管理人员的考核与其所在部门的考核紧密结合起来，把部门考核成绩与管理人员的考核成绩实施捆绑。其中部门考核成绩占部门直接责任人（正职）的40%；占其他管理人员（副职）的30%。捆绑考核，有利于调动管理人员参与部门经营管理的积极性；有利于强化合作精神、团队精神。

3、定期考核与不定期考核相结合

有计划的定期考核与灵活的不定期考核相结合，有利于对管理人员进行长期的、经常的、全面的、多种形式的绩效考核，形成绩效考核的长效机制。

定期考核按时间划分为月度、季度、年度考核。月度考核以经营指标考核为主，与每月的工资分配直接挂钩；季度考核以专项管理工作考核为主，在实行日查、月核的基础上实行季奖；半年考核以部门综合考核为主，帮助部门总结经验，以利再战；年度考核在部门考核的基础上，对个人实施全方位的综合考核。

不定期的考核，是指为了推动某专项管理工作而临时、专门设置的考核。临时性的专项考核既着眼于解决某一部门、某一项目的重点、难点问题，也为强化某一专项管理工作服务，充分体现考核的针对性、及时性，与定期考核形成互补。

（五）强化绩效考核结果的应用

有效的绩效考核，要与有效的激励机制建设相匹配，才能真正触动每一个参与考核的人，才能真正发挥考核的作用。

建立与绩效考核相匹配的激励机制，要从多方面入手：

1、绩效考核结果与物资激励挂钩

实施与绩效考核结果相匹配的物资激励，首先要把考核结果与薪酬挂钩；把各项经营指标的考核与部门工资总额挂钩，通过实施全员考核浮动工资制，体现高效益、高报酬。

其次，要把考核结果与奖惩挂钩，特别是要把对各项职能工作的考核与专项奖惩挂钩，向部门、个人兑现单项奖惩，通过奖勤罚懒、奖优罚劣，弘扬先进、鞭策后进。

三是要把考核结果与专项津贴挂钩，在建立健全福利保障体系的同时，根据实际情况分别设置管理创新、技术创新、培训管理等多门类的专项津贴，强化对有突出贡献、技术专长、管理能力的员工的特别尊重和激励。

2、绩效考核结果与精神激励挂钩。

实施与绩效考核结果相匹配的精神激励，首先要给考核优胜者荣誉激励。要把考核成绩的优劣作为部门、个人评先的依据，让先进部门、优秀个人在考核中脱颖而出，并给予奖励、授予荣誉，大张旗鼓地表彰、宣传，塑造先进典型形象。

其次，要给考核优胜者参与激励。要邀请考核优胜者参加企业内外的各类活动、会议，参与企业的决策和管理，为他们提供发表自己的意见，展示自己的才华的机会，激发他们的聪明才智，培育他们的责任感、归属感和成就感。

第三，要给考核优胜者任务激励。要根据考核优胜者的特长、爱好和能力，派予额外的、富有创造性、挑战性的任务，委以更大的责任，牵动他们的好奇心，满足他们的好胜心，帮助他们不断超越自己。

3、绩效考核结果与发展激励挂钩

培训是帮助员工成长的重要手段，实施与绩效考核结果相匹配的发展激励，首先要实施培（下转第613页）

先进企业

2011年度广东纳税百强企业

序号	企业名称	地区
1	中海石油炼化有限责任公司惠州炼油分公司	惠州
2	中国石油化工股份有限公司茂名分公司	茂名
3	广东中烟工业有限责任公司	广州
4	广汽丰田汽车有限公司	广州
5	中国石油化工股份有限公司广州分公司	广州
6	东风汽车有限公司东风日产乘用车公司	广州
7	中国移动通信集团广东有限公司	广州
8	招商银行股份有限公司	深圳
9	中国石化湛江东兴石油化工有限公司	湛江
10	广州宝洁有限公司	广州
11	广东电网公司	广州
12	安利(中国)日用品有限公司	广州
13	广东中烟工业有限责任公司梅州卷烟厂	梅州
14	广发银行股份有限公司	广州
15	华为技术有限公司	深圳
16	深圳烟草工业有限责任公司	深圳
17	广汽本田汽车有限公司	广州
18	广汽本田汽车有限公司增城工厂	广州
19	广东中烟工业有限责任公司韶关卷烟厂	韶关
20	珠海格力电器股份有限公司	珠海
21	中信证券股份有限公司	深圳
22	中国南方航空股份有限公司	广州
23	中海石油(中国)有限公司深圳分公司	广州
24	中国平安人寿保险股份有限公司	深圳
25	深圳发展银行股份有限公司	深圳
26	岭澳核电有限公司	深圳
27	深圳华侨城房地产有限公司	深圳
28	腾讯科技(深圳)有限公司	深圳
29	广州农村商业银行股份有限公司	广州
30	广东电网公司深圳供电局	深圳
31	中海石油(中国)有限公司湛江分公司	湛江
32	箭牌糖果(中国)有限公司	广州
33	广东电网公司广州供电局	广州
34	广东电网公司东莞供电局	东莞
35	广东烟草广州市有限公司	广州
36	无限极(中国)有限公司	江门
37	中海壳牌石油化工有限公司	惠州
38	东风本田发动机有限公司	广州
39	鸿富锦精密工业(深圳)有限公司	深圳
40	广发证券股份有限公司	广州
41	中国平安财产保险股份有限公司	深圳
42	深圳招商房地产有限公司	深圳
43	广州万达广场投资有限公司	广州
44	完美(中国)有限公司	中山
45	中国移动通信集团广东有限公司深圳分公司	深圳
46	广东中烟工业有限责任公司湛江卷烟厂	湛江
47	广东国华粤电台山发电有限公司	江门
48	广州风神汽车有限公司	广州
49	中国石化销售有限公司华南分公司	广州
50	国信证券股份有限公司	深圳
51	康菲石油中国有限公司	广州
52	广东核电投资有限公司	深圳
53	广深铁路股份有限公司	深圳
54	招商银行股份有限公司深圳分行	深圳
55	广东烟草东莞市有限公司	东莞
56	平安银行股份有限公司(平安银行)	深圳
57	广东烟草佛山市有限责任公司	佛山
58	深圳市腾讯计算机系统有限公司	深圳
59	广州番禺雅居乐房地产开发有限公司	广州
60	广深珠高速公路有限公司	广州
61	招商证券股份有限公司	深圳
62	华为终端有限公司	深圳
63	东莞农村商业银行股份有限公司	东莞
64	中国建设银行股份有限公司深圳市分行	深圳
65	广东大唐国际潮州发电有限责任公司	潮州
66	深圳妈湾电力有限公司	深圳
67	中国南方电网有限责任公司超高压输电公司	广州
68	广州尚岑服饰有限公司	广州
69	广东省珠海发电厂有限公司	珠海
70	广州银行股份有限公司	广州
71	恒大地产集团有限公司	广州
72	佛山顺德农村商业银行股份有限公司	佛山

（续上表）

序号	企业名称	地区	序号	企业名称	地区
73	广东大顶矿业股份有限公司	河源	87	富泰华工业（深圳）有限公司	深圳市
74	东莞市中信康华房地产开发有限公司	东莞	88	保利房地产（集团）股份有限公司	广州
75	深圳中信红树湾房地产有限公司	深圳	89	广州富力地产股份有限公司	广州
76	惠州三星电子有限公司	惠州	90	雪佛龙中国能源公司	广州
77	中海石油湛江燃料油有限公司	湛江	91	中国银行股份有限公司广东省分行	广州
78	增城市碧桂园物业发展有限公司	广州	92	深圳航空有限责任公司	深圳
79	深圳红树西岸地产发展有限公司	深圳	93	中国银行股份有限公司深圳市分行	深圳
80	中海地产（佛山）有限公司	佛山	94	中国石油化工股份有限公司广东石油分公司	广州
81	美赞臣营养品（中国）有限公司	广州	95	江门市大长江集团有限公司	江门
82	平安信托有限责任公司	深圳	96	周大福珠宝金行（深圳）有限公司	深圳
83	中国烟草总公司深圳市公司	深圳	97	深圳市海思半导体有限公司	深圳
84	珠海碧辟化工有限公司	珠海	98	合众服饰（深圳）有限公司	深圳
85	中国对外贸易中心（集团）	广州	99	百事（中国）有限公司	广州
86	深圳中海信和地产开发有限公司	深圳	100	深圳市水榭花都房地产有限公司	深圳

2012年广东省自主创新标杆企业

中国广东核电集团有限公司
中海石油（中国）有限公司湛江分公司
广东省建筑工程集团有限公司
中交四航工程研究院有限公司
广东省源天工程公司
广州珠江钢琴集团股份有限公司
广东华隧建设股份有限公司
广东格兰仕集团有限公司
广州王老吉药业股份有限公司
广州机施建设集团有限公司
广州造纸集团有限公司
广州市住宅建设发展有限公司
广东新一派建材有限公司
佛山佛塑科技集团股份有限公司
佛山市南海佛广交通集团有限公司
深圳市金宏威技术股份有限公司
东莞晶苑毛织制衣有限公司
明珠电气有限公司
深圳市核达中远通电源技术有限公司
英辉南方造船（广州番禺）有限公司
量子高科（中国）生物股份有限公司
广东惠伦晶体科技股份有限公司
深圳市中亚联合集团有限公司
广汽本田汽车有限公司
广州大运摩托车有限公司
广东众和化塑有限公司
广东华威化工集团有限公司
东莞宜安科技股份有限公司
广州杰赛科技股份有限公司
中国南玻集团股份有限公司

2012年广东省企业创新纪录金奖企业

中国南方航空股份有限公司
广东省第一建筑工程有限公司
广州中船龙穴造船有限公司
日立电梯电机（广州）有限公司
广州天源生物科技有限公司
广东新华粤石化股份有限公司
深圳市中小企业信用融资担保集团有限公司
深圳中集天达空港设备有限公司
广东国华粤电台山发电有限公司
深圳南联食品有限公司
广州南沙海港集装箱码头有限公司
宝钢集团广东韶关钢铁有限公司
广东长宏公路工程有限公司
日立电梯（中国）有限公司
深圳市海斯比船艇科技股份有限公司

广东省 2011 年第一批高新技术企业

广东岭南制药有限公司
广东晟世有色金属仓储物流有限公司
广州市娇兰化妆品有限公司
广州威信信息科技发展有限公司
广州飞瑞敖电子科技有限公司
广州睿慧新电子系统有限公司
广州市一杰医药科技有限公司
广州市润杰医疗器械有限公司
广州植物龙生物技术有限公司
广东蓝岛生物技术有限公司
广州森纳士仪器有限公司
广州晨扬通信技术有限公司
广州华英信息技术有限公司
广州市有福数码科技有限公司
广州市恒发水产有限公司
优拓电子（广州）有限公司
广州运维电力科技有限公司
广州市芯德电子技术有限公司
广州佳禾化妆品制造有限公司
广东中大环保科技投资有限公司
广州迪森热能设备有限公司
广州西维尔计算机系统有限公司
广东天拓资讯科技有限公司
广州市暨嘉信息科技有限公司
广州悠乐无线科技有限公司
广州东海敏孚汽车部件有限公司
广州捷能电力科技有限公司
广州晶绘实业有限公司
广州科方生物技术有限公司
广州市博善生物饲料有限公司
广东国鸿资讯科技有限公司
广州市森锐电子科技有限公司
广州鑫誉蓄能科技有限公司
广州市恒吉电子科技有限公司
广东浪潮创新计算机科技服务有限公司
广州市汉和信息技术有限公司
晶科电子（广州）有限公司
广州光亚网络科技有限公司
广州嘉崎智能科技有限公司
广州市花都丰圣树脂有限公司
广州凯因科技有限公司
广州睿博电子科技有限公司
广州南海机器厂有限公司
广州华创化工材料科技开发有限公司
广州市凯米瑞化肥有限公司
广州蓝钥匙海洋生物工程有限公司
珠海市恒源信息技术有限公司
珠海汇金科技有限公司
珠海华伟电气科技股份有限公司
珠海博康药业有限公司
珠海市运泰利自动化设备有限公司
珠海市广浩捷精密机械有限公司
珠海亚泰电子科技有限公司
珠海纵横创新软件有限公司
珠海欧美克微粉技术有限公司
珠海兴业新能源科技有限公司
珠海全志科技有限公司
汕头市金光高科有限公司
广东绍河珍珠有限公司
西电（汕头保税区）动力设备有限公司
广东南粤电气有限公司
佛山市禅城区九龙机器厂
佛山市华联有机硅有限公司
佛山市南海必得福无纺布有限公司
佛山市南海区欣源电子有限公司
佛山市东承汇机电设备有限公司
佛山市高明祥新电子科技有限公司
佛山市南海里水里塑塑料有限公司
广东东兴风盈风电设备制造有限公司
佛山市南海科西亚数码电气有限公司
佛山市粤众天创信息技术有限公司
佛山市三叶环保设备工程有限公司
韶关市擎能设计有限公司
韶关市雅鲁环保实业有限公司
河源市中创实业有限公司
维图通讯有限公司
旺兴达（丰顺）电子有限公司
大埔县特陶科技有限公司
梅县金象铜箔有限公司
梅州市志浩电子科技有限公司
惠州元晖光电有限公司
惠州市惠阳区美思奇实业发展有限公司
广东立沃信息科技有限公司
惠州市东江园林工程有限公司
东莞市维峰五金电子有限公司
东莞市奔迪包装有限公司
东莞宇隆电工材料有限公司
东莞市开泰激光科技有限公司
东莞市朗普工程塑料科技有限公司
东莞市天益生物工程有限公司
东莞市箭冠汽车配件制造有限公司
广东大族粤铭激光科技股份有限公司
东莞市凯昶德电子科技有限公司
东莞安达电机有限公司
东莞荣成塑胶五金制品有限公司
东莞南玻太阳能玻璃有限公司
东莞山本电子科技有限公司
东莞市艾炜特电子有限公司
东莞市双胞胎饲料有限公司
东莞市松庆自动化设备有限公司
良特电子科技（东莞）有限公司
东莞市巨冈机械工业有限公司
东莞市安达自动化设备有限公司
东莞市金铮自动冲压设备有限公司
东莞市凯华电子有限公司
东莞宝迪环保电镀设备有限公司
东莞市西屋电气设备制造有限公司
东莞巨扬电器有限公司
广东日丰电缆股份有限公司
广东辛美来亚科技实业有限公司
快意（江门）压缩机有限公司
江门杰富意磁性材有限公司
开平帛汉电子有限公司
广东富华重工制造有限公司
江门市亚泰机电科技有限公司
江门安磁电子有限公司
台山平安五金制品有限公司
广东新会美达锦纶股份有限公司
广东德鑫制药有限公司
广东恒兴饲料实业股份有限公司
广东风华邦科电子有限公司
高要市金田电热有限公司
肇庆市京欧机械制造有限公司
肇庆迪彩日化科技有限公司
肇庆市金鹏实业有限公司
清远海贝生物技术有限公司
饶平县旺达河马电器有限公司
广东金源照明科技有限公司
潮州翔鹭钨业有限公司
广东亿海机械制造有限公司
广东金顺怡科技有限公司
佛山市顺德区丰明电子科技有限公司

广东省2011年第二批高新技术企业

爱华特（广州）通讯有限公司
达尔嘉（广州）标识设备有限公司
德高（广州）建材有限公司
广东达安工程项目管理有限公司
广东华拿东方能源有限公司
广东建安自动化系统工程有限公司
广东科利亚现代农业装备有限公司
广东拉多美化肥有限公司
广东南方碱业股份有限公司
广东诺博尔电子科技有限公司
广东欧派家居集团有限公司
广东荣晖信息工程有限公司
广东省城乡规划设计研究院
广东省通信产业服务有限公司
广东索弗电子实业有限公司
广东信源物流设备有限公司
广东亚太天能信息识别技术有限公司
广东意维高玻璃技术有限公司
广州安特激光技术有限公司
广州奥迪通用照明有限公司
广州奥翼电子科技有限公司
广州澳捷科技有限公司
广州百田信息科技有限公司
广州超前计算机科技有限公司
广州达博生物制品有限公司
广州大学城华电新能源有限公司
广州德昊电子科技有限公司
广州电装有限公司
广州顶津食品有限公司
广州鼎甲计算机科技有限公司
广州栋方日化有限公司
广州番禺旭东阪田电子有限公司
广州高金技术产业集团有限公司
广州高清视信数码科技股份有限公司
广州广富装卸箱机械有限公司
广州广日电梯工程有限公司
广州广日智能停车设备有限公司
广州国灵空调有限公司
广州浩胜食品机械有限公司
广州禾信分析仪器有限公司
广州衡纬科技有限公司
广州华韩电子有限公司
广州华南信息技术有限公司
广州华玺医疗科技有限公司
广州华讯通信技术有限公司
广州辉远电子技术有限公司
广州汇达信息科技有限公司
广州绘宇智能勘测科技有限公司
广州基业长青化工有限公司
广州捷游信息科技有限公司
广州精标信息科技有限公司
广州隽康生物科技有限公司
广州凯盛电子科技有限公司
广州康和药业有限公司
广州康利达信息技术有限公司
广州柯兰特热能科技有限公司
广州科城环保科技有限公司
广州科佳环保设备有限公司
广州宽度信息技术有限公司
广州蓝梵信息科技有限公司
广州蓝月亮实业有限公司
广州力方信息科技有限公司
广州历康信息科技有限公司
广州良业照明工程有限公司
广州领步电气技术有限公司
广州南部工程塑料有限公司
广州澎湃通信科技有限公司
广州普星药业有限公司
广州瑞姆节能设备有限公司
广州睿捷网络科技有限公司
广州赛福节能科技发展有限公司
广州三川控制系统工程设备有限公司
广州三孚新材料科技有限公司
广州市阿尔创通信技术有限公司
广州市傲派自动化设备有限公司
广州市奥吉斯新材料有限公司
广州市奥赛钢线科技有限公司
广州市澳锝林电子有限公司
广州市澳键丰泽生物科技有限公司
广州市邦尔福鞋材有限公司
广州市博兴化工科技有限公司
广州市电力工程设计院有限公司
广州市番禺金鑫宝电子有限公司
广州市番禺粤新造船有限公司
广州市格宁电气有限公司
广州市海科顺表面处理有限公司
广州市浩图信息科技有限公司
广州市和兴隆食品科技有限公司
广州市恒盛建设工程有限公司
广州市宏通机器制造有限公司
广州市华瑞保环保科技有限公司
广州市环境卫生机械设备厂
广州市惠润医疗设备有限公司
广州市嘉鸿信息技术有限公司
广州市建筑机械施工有限公司
广州市建筑科学研究院有限公司
广州市捷众科贸有限公司
广州市锦路电气设备有限公司
广州市京龙工程机械有限公司
广州市九安光电技术股份有限公司
广州市凯昌电子有限公司
广州市凯诺生物科技有限公司
广州市科密化学有限公司
广州市科密科技发展有限公司
广州市乐得瑞科技有限公司
广州市立秋电子科技有限公司
广州市亮智信息科技有限公司
广州市灵通新技术有限公司
广州市明森机电设备有限公司
广州市铭成橡塑科技有限公司
广州市铭汉电子科技有限公司
广州市南方科能信息产业有限公司
广州市千城计算机科技有限公司
广州市千钧网络科技有限公司
广州市水晶球信息技术有限公司
广州市思普达电子科技有限公司
广州市四月天信息科技有限公司
广州市穗凌电器有限公司
广州市索爱数码科技有限公司
广州市泰基工程技术有限公司
广州市天赐三和环保工程有限公司
广州市天珩通通信设备有限公司
广州市天奕信息科技有限公司
广州市微尔数码科技有限公司
广州市信联智通实业有限公司
广州市兴世机械制造有限公司
广州市旭龙条码设备有限公司
广州市旭昇电子有限公司
广州市夜太阳舞台灯光音响设备有限公司
广州市易纬电子有限公司
广州市毅航通信技术有限公司
广州市宇宝数码科技制品有限公司
广州市元镁计算机科技有限公司
广州市章和电气设备有限公司
广州市至润油脂食品工业有限公司
广州穗通金融服务有限公司
广州太普软件科技有限公司
广州泰阳能源科技有限公司
广州天诚伟业通信科技有限公司
广州铁路经济技术开发总公司广州电

务工厂
广州同辰计算机科技有限公司
广州同方瑞风空调有限公司
广州万迅电脑软件有限公司
广州威尔宝酒店设备有限公司
广州薇美姿个人护理用品有限公司
广州伟度计算机科技有限公司
广州玺明机械有限公司
广州像素数据技术开发有限公司
广州鑫南数控科技有限公司
广州星辉电子制造有限公司
广州依利安达微通科技有限公司
广州亿阳信息技术有限公司
广州易迩达电子有限公司
广州易积网络科技有限公司
广州益方田园环保科技开发有限公司
广州益善生物技术有限公司
广州因孚网络科技有限公司
广州盈正信息技术有限公司
广州友田机电设备有限公司
广州粤亮信息科技有限公司
广州长嘉电子有限公司
广州兆威电子科技开发有限公司
广州至拓网络科技有限公司
广州智择电子科技有限公司
广州中科诺泰技术有限公司
广州众恒光电科技有限公司
国际纸业舒尔物德包装（广州）有限公司
皇家空调设备工程（广东）有限公司
捷荣航材（广州）有限公司
金鹏源康（广州）精密电路有限公司
赛沃纳如（广州）鞋材有限公司
实达科技（广州）医疗系统有限公司
四维尔丸井（广州）汽车零部件有限公司
增城华栋调味品有限公司
中天启明石油技术有限公司
纵横天地电子商旅服务有限公司
艾伦塔斯电气绝缘材料（珠海）有限公司
光库通讯（珠海）有限公司
广东坚士制锁有限公司
广东赛能科技有限公司
统赢软性电路（珠海）有限公司
希格玛电气（珠海）有限公司
长园电力技术有限公司
珠海保税区谷原软件有限公司
珠海保税区光联通讯技术有限公司
珠海贝索生物技术有限公司
珠海德凌电子科技有限公司
珠海方正科技高密电子有限公司
珠海飞扬化工有限公司
珠海富华复合材料有限公司
珠海格力节能环保制冷技术研究中心有限公司
珠海共同机械设备有限公司
珠海汉格能源科技有限公司
珠海华宇金属有限公司
珠海华粤离合器有限公司
珠海汇达丰通信有限公司
珠海金鸿药业有限公司
珠海精讯电子科技有限公司
珠海蓝冠电子科技有限公司
珠海雷克斯电子科技有限公司
珠海启世机械设备有限公司
珠海铨高机电设备有限公司
珠海嵘泰有色金属铸造有限公司
珠海三威注塑模具有限公司
珠海森龙生物科技有限公司
珠海市鸿瑞信息技术有限公司
珠海市集利发展有限公司
珠海市晶芯有限公司
珠海市科立鑫金属材料有限公司
珠海市绿色照明科技有限公司
珠海市赛纬电子材料有限公司
珠海市时代经典化妆品有限公司
珠海市司迈科技有限公司
珠海市惟达电子有限公司
珠海市新德汇信息技术有限公司
珠海市雅力实业有限公司
珠海思创电气有限公司
珠海思美亚碳粉有限公司
珠海松田电工有限公司
珠海万通化工有限公司
珠海越亚封装基板技术有限公司
珠海长先化学科技有限公司
珠海政采软件技术有限公司
广东奥林磁电实业有限公司
广东邦领塑模实业有限公司
广东嘉达电子科技股份有限公司
广东晶华科技有限公司
广东利浩信息科技有限公司
广东迈科医学科技有限公司
广东树业环保科技股份有限公司
广东仙乐制药有限公司
汕头高新区航宇电子技术有限公司
汕头三辉无纺机械厂有限公司
汕头市安德利环保科技有限公司
汕头市高雄海包装机械有限公司
汕头市双骏生物科技有限公司
汕头市微补植物营养科技有限公司
汕头市新青罐机有限公司
汕头市信达彩印包装材料有限公司
正大康地（澄海）有限公司
佛山鋐利电子有限公司
佛山惠福化工有限公司
佛山金葵子植物营养有限公司
佛山奇正电气有限公司
佛山市佰特科技有限公司
佛山市柏克电力设备有限公司
佛山市大明照明电器有限公司
佛山市东方医疗设备厂有限公司
佛山市国电电器有限公司
佛山市合璟节能环保科技有限公司
佛山市衡龙科技有限公司
佛山市华一模具塑料有限公司
佛山市京奥电子科技有限公司
佛山市科富科技有限公司
佛山市立本机械设备有限公司
佛山市利铭蜂窝复合材料有限公司
佛山市南海佳科风机制造有限公司
佛山市南海九洲普惠风机有限公司
佛山市南海科泰实业照明有限公司
佛山市南海里水诺信专业涂装有限公司
佛山市普拉迪数控科技有限公司
佛山市三水日明电子有限公司
广东澳特利灯光有限公司
广东柏华容器有限公司
广东华凯特种纤维板科技有限公司
广东捷成工机械有限公司
广东科域资讯有限公司
广东明华机械有限公司
广东三浦重工有限公司
广东生之源数码电子有限公司
广东新南达电缆实业有限公司
广东雄塑科技实业有限公司
广东医联网科技有限公司
广东亿龙新材科技有限公司
广东金亿合金制品有限公司
韶关市力冉农业科技有限公司
韶关市普点信息科技有限公司
韶关市赛力乐液压件制造有限公司
广东国医堂制药股份有限公司
河源市金源绿色生命有限公司
河源正信硬质合金有限公司

劲达技术（河源）有限公司
景旺电子科技（龙川）有限公司
西可通信技术设备（河源）有限公司
广东绿园环境保护工程有限公司
广东明珠流体机械有限公司
龙宇电子（梅州）有限公司
梅州佳视通高新科技有限公司
梅州市汇胜木制品有限公司
梅州永利机械设备有限公司
TCL瑞智（惠州）制冷设备有限公司
TCL显示科技（惠州）有限公司
诚信漆包线（惠州）有限公司
高锋科技（惠州）有限公司
高威尔电子（惠州）有限公司
格林精密部件（惠州）有限公司
惠州超声音响有限公司
惠州大景照明控制有限公司
惠州海格电气有限公司
惠州科锐半导体照明有限公司
惠州市宝丰信息科技有限公司
惠州市标顶空压技术有限公司
惠州市恒睿电子科技有限公司
惠州市康力电子有限公司
惠州市明晶玻璃制品有限公司
惠州市日月明实业有限公司
惠州市赛能电池有限公司
惠州市斯科电气照明有限公司
惠州市沃特新材料有限公司
惠州市新科华实业有限公司
惠州市正源微电子有限公司
汕尾市快捷通导设备有限公司
艾利和电子科技（中国）有限公司
东莞安尚崇光科技有限公司
东莞宝元数控科技有限公司
东莞大宝化工制品有限公司
东莞鸿宝锂电科技有限公司
东莞华宝鞋业有限公司
东莞积信电器有限公司
东莞建永数码科技有限公司
东莞金富亮塑胶颜料有限公司
东莞锦弘精密机械有限公司
东莞钜升塑胶电子制品有限公司
东莞朗诚模具有限公司
东莞雷笛克光学有限公司
东莞立德电子有限公司
东莞联茂电子科技有限公司
东莞领航电子有限公司
东莞令特电子有限公司
东莞龙光电子集团有限公司
东莞美维电路有限公司
东莞启益电器机械有限公司
东莞勤增实业有限公司
东莞日进电线有限公司
东莞锐发智能卡科技有限公司
东莞三联热缩材料有限公司
东莞森玛仕格里菲电路有限公司
东莞市爱克斯曼机械有限公司
东莞市爱玛数控科技有限公司
东莞市安美润滑科技有限公司
东莞市安拓普塑胶聚合物科技有限公司
东莞市奥源电子科技有限公司
东莞市澳星视听器材有限公司
东莞市百大新能源股份有限公司
东莞市贝特电子科技有限公司
东莞市倍嘉电池科技有限公司
东莞市楚东电子科技有限公司
东莞市创丰科技发展有限公司
东莞市东田厨具设备有限公司
东莞市高鑫机电科技服务有限公司
东莞市冠佳电子设备有限公司
东莞市光宇实业有限公司
东莞市广海大橡塑科技有限公司
东莞市华联环保工程有限公司
东莞市华业龙图信息技术有限公司
东莞市捷伟讯电子有限公司
东莞市金昶电线制造有限公司
东莞市金业电子科技有限公司
东莞市锦润电子有限公司
东莞市钜大电子有限公司
东莞市康捷塑胶模具有限公司
东莞市莱硕光电科技有限公司
东莞市蓝威实业有限公司
东莞市良展有机硅科技有限公司
东莞市绿通高尔夫观光车有限公司
东莞市妙达电动工具制造有限公司
东莞市铭普实业有限公司
东莞市纳明新材料科技有限公司
东莞市欧谛特光电科技有限公司
东莞市平波电子有限公司
东莞市普赛特电子科技有限公司
东莞市启天自动化设备有限公司
东莞市锐升电线电缆有限公司
东莞市山力高分子材料科研有限公司
东莞市数夫家具软件有限公司
东莞市苏普尔电子科技有限公司
东莞市天尚太阳能有限公司
东莞市威迪膜科技有限公司
东莞市祥鑫汽车模具制品有限公司
东莞市芯飞电子科技有限公司
东莞市新望包装机械有限公司
东莞市新志密封技术有限公司
东莞市星河精密压铸模具有限公司
东莞市星擎电子科技有限公司
东莞市亚美精密机械配件有限公司
东莞市奕东电子有限公司
东莞市意普万工程塑料有限公司
东莞市优富利电子有限公司
东莞市宇佳电子实业有限公司
东莞市长原科技实业有限公司
东莞天意电子有限公司
东莞万泰橡胶有限公司
东莞鑫佑光电科技有限公司
东莞永腾电子制品有限公司
东莞洲磊电子有限公司
东泰机械工具（东莞）有限公司
广东富林木业科技有限公司
广东欧科空调制冷有限公司
广东新诚智软件科技有限公司
广东中德电缆有限公司
嘉力时灯光设备（东莞）有限公司
捷荣模具工业（东莞）有限公司
快捷达通信设备（东莞）有限公司
鹏驰五金制品有限公司
日本电产三协电子（东莞）有限公司
兴科电子（东莞）有限公司
亚士吉灯饰（东莞）有限公司
永磁电子（东莞）有限公司
安士制药（中山）有限公司
蒂森克虏伯扶梯（中国）有限公司
格力电器（中山）小家电制造有限公司
广东华兹卜化学工业有限公司
广东嘉豪食品股份有限公司
广东建华管桩有限公司
广东亮迪照明有限公司
新高电子材料（中山）有限公司
中山奥凯华泰电子有限公司
中山博锐斯塑胶新材料有限公司
中山科成化纤有限公司
中山联昌电器有限公司
中山美加音响发展有限公司
中山品高电子材料有限公司
中山市爱美泰电器有限公司
中山市镖臣防盗设备有限公司
中山市创达物流自动化系统有限公司
中山市创志建材科技有限公司

中山市富迪电器有限公司
中山市恒辰光电科技有限公司
中山市鸿宝电业有限公司
中山市华明泰化工材料科技有限公司
中山市华志模具精密设备科技有限公司
中山市晶艺光电科技有限公司
中山市雷震子安防科技有限公司
中山市美斯特实业有限公司
中山市纳普工程塑料有限公司
中山市能龙软件科技有限公司
中山市胜龙锻压机械有限公司
中山市天键电声有限公司
中山市网龙数字都市网络科技有限公司
中山市芷君电器有限公司
中山市中台精密数控车床有限公司
中山市紫丁香日用品有限公司
中山台光电子材料有限公司
中山泰腾灯饰有限公司
中山天贸电池有限公司
中山微视显示器有限公司
中山伟强科技有限公司
中山炫能燃气科技股份有限公司
中山永辉化工有限公司
广东彩艳股份有限公司
广东绿岛风室内空气系统科技有限公司
广东万丰摩轮有限公司
江门富祥电子材料有限公司
江门市安诺特炊具制造有限公司
江门市宝德利水溶性塑料有限公司
江门市彩立方光电科技有限公司
江门市得实计算机外部设备有限公司
江门市慧信净水材料有限公司
江门市江海区嘉诺化工发展有限公司
江门市江海区凯辉光电器材厂有限公司
江门市力源电子有限公司
江门市丽比特照明有限公司
江门市蓬江区大盈机电设备有限公司
江门市三七电池实业有限公司
江门市侍卫长汽车防盗有限公司
江门市欣蒙电子有限公司
江门市盈德钢化玻璃制品有限公司
江门市中建科技开发有限公司
开平柏斯高卫浴有限公司
开平太平洋绝缘材料有限公司
开平依利安达电子第三有限公司
台山市恒东音响科技有限公司
阳江市纳丽德工贸有限公司
广东百如森羽绒制品有限公司
广东恒光电器有限公司
广东华强电器集团有限公司
广新柏高中纤板（湛江）有限公司
湛江恒立捷尔达科技有限公司
湛江市博泰生物化工科技实业有限公司
湛江运城塑业有限公司
广东众和化塑有限公司
茂名鲁华化工有限公司
茂名市力奇制药有限公司
广东精英纺织有限公司
广东肇庆市科华食品机械实业有限公司
坚毅机械工程（高要）有限公司
肇庆北新建材有限公司
肇庆顶力视听科技有限公司
肇庆华兴华为劳保用品制造有限公司
肇庆俊富纤网材料有限公司
肇庆匹思通机械有限公司
肇庆千江高新材料科技有限公司
肇庆市飞南金属有限公司
肇庆市丰驰精密金属制品有限公司
肇庆市衡艺实业有限公司
肇庆市振华真空机械有限公司
肇庆鑫盈装饰材料有限公司
广东博华陶瓷有限公司
广东聚石化学股份有限公司
广东盈泉钢制品有限公司
金鑫（清远）纸业有限公司
清远电力设计有限公司
清远市宏保环保科技有限公司
清远市进田企业有限公司
清远市青山不锈钢有限公司
日丰（清远）电子有限公司
英德广农康盛化工有限责任公司
广东金瑞不锈钢有限公司
广东金鑫陶瓷实业有限公司
广东梦佳陶瓷实业有限公司
广东无穷食品有限公司
广东柏堡龙股份有限公司
广东博洲药业有限公司
广东达华节水科技股份有限公司
广东世信药业有限公司
广东中宝炊具制品有限公司
广东铁塔电气科技有限公司
新云石业（云浮）有限公司
佛山金皇宇机械实业有限公司
佛山市简氏依立电器有限公司
佛山市科润达机械有限公司
佛山市顺德乐星金属制品有限公司
佛山市顺德区东南海业环保材料有限公司
佛山市顺德区恒兴微电机有限公司
佛山市顺德区弘光电力工程有限公司
佛山市顺德区名健电器制造有限公司
佛山市顺德区亿龙电器科技有限公司
佛山市顺德区永丰机电设备实业有限公司
佛山市顺德区圆融新材料有限公司
佛山市顺容电气有限公司
佛山市索奥斯玻璃技术有限公司
佛山市托维环境亮化工程有限公司
佛山市毅科塑胶制造有限公司
佛山市中辰钢结构有限公司
佛山伊之密精密橡胶机械有限公司
广东常青树化工有限公司
广东成德电路股份有限公司
广东汇盈电力工程有限公司
广东明晖气动科技有限公司
广东日美光电科技有限公司
广东顺德浦项钢板有限公司
广东盈钢机械有限公司
广东裕豪厨具电器有限公司
顺特电气设备有限公司
松柏（广东）电池工业有限公司

广东省第一批战略性新兴产业骨干企业

TCL 集团股份有限公司
彩虹（佛山）平板显示有限公司
广东威创视讯科技股份有限公司
华为技术有限公司
中兴通讯股份有限公司
宇龙计算机通信科技（深圳）有限公司

京信通信技术（广州）有限公司
深圳市远望谷信息技术股份有限公司
东信和平智能卡股份有限公司
深圳宝德科技集团股份有限公司
广州网易计算机系统有限公司
广州海格通信集团股份有限公司
广东瑞图万方科技股份有限公司
珠海金山软件有限公司
广州市京华网络有限公司
炬力集成电路设计有限公司
国民技术股份有限公司
广东风华高新科技股份有限公司
惠州市华阳多媒体电子有限公司
潮州三环（集团）股份有限公司
国光电器股份有限公司
佛山市国星光电股份有限公司
广州鸿利光电股份有限公司
深圳茂硕电源科技股份有限公司
惠州市纯英半导体照明科技有限公司
广州汽车集团股份有限公司
深圳市比亚迪汽车有限公司
惠州亿纬锂能股份有限公司
揭阳中诚集团有限公司
深圳市拓日新能源科技股份有限公司
东莞宏威数码机械有限公司
东方电气（广州）重型机器有限公司
南方风机股份有限公司
广东双林生物制药有限公司
珠海联邦制药股份有限公司
广东环西生物科技股份有限公司
丽珠医药集团股份有限公司
广州白云山和记黄埔中药有限公司
深圳迈瑞生物医疗电子股份有限公司
广东明阳风电产业集团有限公司
广东生益科技股份有限公司
金发科技股份有限公司
西陇化工股份有限公司
广东富远稀土新材料股份有限公司
广东科达机电股份有限公司
海信科龙电器股份有限公司
汕头华兴冶金设备股份有限公司
广州迪森热能技术股份有限公司
宇星科技发展（深圳）有限公司
广东润科生物工程有限公司

广东省第一批战略性新兴产业骨干培育企业

信利半导体有限公司
广东中显科技有限公司
深圳市洲明科技股份有限公司
广东响石数码科技有限公司
广州市广哈通信有限公司
德赛电子（惠州）有限公司
广州杰赛科技股份有限公司
西可通信技术设备（河源）有限公司
广东通宇通讯设备有限公司
中经汇通有限责任公司
东莞市太平洋计算机科技有限公司
安防科技（中国）有限公司
广东宏景科技有限公司
广东金宇恒科技有限公司
广州广晟数码技术有限公司
广州市动景计算机科技有限公司
深圳市迅雷网络技术有限公司
广州南方测绘仪器有限公司
广州中海达卫星导航技术股份有限公司
广东好帮手电子科技股份有限公司
方欣科技有限公司
远光软件股份有限公司
广东亚仿科技股份有限公司
广州中望龙腾软件股份有限公司
珠海欧比特控制工程股份有限公司
深圳创维-RGB电子有限公司
深圳市佳创视讯技术股份有限公司
深圳市三诺电子有限公司
惠州市德赛集团有限公司
深圳市宇阳科技发展有限公司
广州视源电子科技有限公司
广东汕头超声电子股份有限公司
研祥智能科技股份有限公司
广州市广晟微电子有限公司
广州数控设备有限公司
广州广电运通金融电子股份有限公司
肇庆中导光电设备有限公司
旭瑞光电股份有限公司
东莞市中镓半导体科技有限公司
晶科电子（广州）有限公司
广东昭信半导体装备制造有限公司
东莞市科磊得数码光电科技有限公司
木林森电子有限公司
东莞勤上光电股份有限公司
广东金源照明科技有限公司
珠海市广通汽车有限公司
深圳市天骄科技开发有限公司
东莞新能源科技有限公司
珠海银通新能源有限公司
广州市鹏辉电池有限公司
中山大洋电机股份有限公司
深圳市比克电池有限公司
东莞南玻太阳能玻璃有限公司
广东爱康太阳能科技有限公司
珠海兴业绿色建筑科技有限公司
广东金刚玻璃科技股份有限公司
茂名重力石化机械制造有限公司
广州白云电器设备股份有限公司
深圳市海普瑞药业股份有限公司
广东肇庆星湖生物科技股份有限公司
广东五洲药业有限公司
广州倍绣生物技术有限公司
广东天普生化医药股份有限公司
珠海亿邦制药有限公司
中山白灵生物技术有限公司
广东立国制药有限公司
广州医药集团有限公司
康美药业股份有限公司
广州立达尔生物科技有限公司
肇庆大华农生物药品有限公司
中山大学达安基因股份有限公司
汕头市超声仪器研究所有限公司
广东冠昊生物科技股份有限公司
广东东兴风盈风电设备制造有限公司
乳源东阳光精箔有限公司
广州天赐高新材料股份有限公司
广东东方锆业科技股份有限公司
广东新会美达锦纶股份有限公司
江门市科恒实业股份有限公司
广东嘉宝莉化工集团有限公司
广东榕泰实业股份有限公司
广东上九生物降解塑料有限公司
清远先导稀有材料有限公司
广东嘉维化工实业有限公司

广州华工百川科技股份有限公司
深圳市新星化工冶金材料（深圳）有限公司
佛山塑料集团
河源富马硬质合金股份有限公司
广东万和新电气股份有限公司
广东万家乐燃气具有限公司
广东美的暖通设备有限公司
广州市华德工业有限公司
广东五星太阳能股份有限公司
阳江市宝马利汽车空调设备有限公司
河源市雅达电子有限公司
广东海鸿变压器有限公司
广东奥美特集团有限公司
广州市新之地环保产业有限公司
深圳市能源环保有限公司
深圳航天东方红海特卫星有限公司

第二批广东省战略性新兴产业骨干企业

广东宏景科技有限公司
方欣科技有限公司
广州广电运通金融电子股份有限公司
广州新科佳都科技有限公司
广州中海达卫星导航技术股份有限公司
腾讯科技（深圳）有限公司
金蝶软件（中国）有限公司
深圳莱宝高科技股份有限公司
广东汕头超声电子股份有限公司
西可通信技术设备（河源）有限公司
惠州市德赛集团有限公司
肇庆中导光电设备有限公司
广东响石数码科技有限公司
潮州市创佳电子有限公司
云浮市物联网研究院有限公司
广东昭信企业集团有限公司
旭瑞光电股份有限公司
惠州雷士光电科技有限公司
东莞市中镓半导体科技有限公司
木林森股份有限公司
鹤山丽得电子实业有限公司
珠海银通新能源有限公司
中山大洋电机股份有限公司
广东正龙股份有限公司
广州数控设备有限公司
广州擎天实业有限公司
中航通用飞机有限责任公司
广东巨轮模具有限公司
佛山市顺德区震德塑料机械有限公司
广州市合诚化学有限公司
广东东方锆业科技股份有限公司
佛山佛塑科技集团股份有限公司
广东炜林纳功能材料有限公司
乳源东阳光精箔有限公司
河源富马硬质合金股份有限公司
嘉宝莉化工集团股份有限公司
广东新会美达锦纶股份有限公司
广东先导稀材股份有限公司
广州市浩蓝环保工程有限公司
广东美的制冷设备有限公司
深圳信立泰药业股份有限公司
汕头市超声仪器研究所有限公司
广东华银集团有限公司
广东五洲药业有限公司
广东肇庆星湖生物科技股份有限公司
康美药业股份有限公司
广东大华农动物保健品股份有限公司
珠海兴业绿色建筑科技有限公司
广东爱康太阳能科技有限公司
广东志成冠军集团有限公司

第二批广东省战略性新兴产业培育企业

联想中望系统服务有限公司
广东高新兴通信股份有限公司
新太科技股份有限公司
广州代代星电子科技有限公司
广州珠江数码集团有限公司
深圳市迪威视讯股份有限公司
深圳市赛格导航科技股份有限公司
珠海元盛电子科技股份有限公司
珠海安联锐视科技股份有限公司
珠海全志科技股份有限公司
梅州博敏电子有限公司
广东九联科技股份有限公司
广东长虹电子有限公司
揭阳市广福电子实业有限公司
广东物联天下物联网信息产业园有限公司
广东云山汽车有限公司
广东鸿图科技股份有限公司
广州市雅江光电设备有限公司
广东顺祥节能照明科技有限公司
中天启明石油技术有限公司
广州达意隆包装机械股份有限公司
广州中船黄埔造船有限公司
广州航新航空科技股份有限公司
广州中车轨道交通装备股份有限公司
深圳和而泰智能控制股份有限公司
汕头市西北航空用品有限公司
广东海利集团有限公司
广东骏丰频谱实业有限公司
东莞市保得生物工程有限公司
广东环球制药有限公司
广州博创机械有限公司
广东益德环保科技有限公司
佛山市邦普循环科技有限公司
广东明杰环保科技有限公司
江门市长优实业有限公司
顺特电气设备有限公司
广州智光电气股份有限公司
深圳南瑞科技有限公司
深圳市劲拓自动化设备股份有限公司
珠海优特电力科技股份有限公司
广州市儒兴科技开发有限公司
广州吉必盛科技实业有限公司
广州慧谷化学有限公司
佛山市日丰企业有限公司
佛山市钜仕泰粉末冶金有限公司
广东新劲刚超硬材料有限公司
梅县金象铜箔有限公司
广东彩艳股份有限公司
潮州翔鹭钨业有限公司
广东热金宝特种耐火材料实业有限公司

广东省优势传统产业转型升级示范企业（含100家龙头企业）

广州珠江啤酒集团有限公司
广州双桥股份有限公司
广州纺织工贸集团有限公司
国光电器股份有限公司
广州飞达音响专业器材有限公司
互太（番禺）纺织印染有限公司
广东珠江桥生物科技股份有限公司
广州医药集团有限公司
广州市越堡水泥有限公司
广州白云山和记黄埔中药有限公司
广州食品企业集团有限公司
广州市华侨糖厂
广州毅昌科技股份有限公司
广州双鱼体育用品集团有限公司
广州锦兴纺织漂染有限公司
广州皇上皇集团有限公司
广东宝桑园健康食品研究发展中心
建峰索具有限公司
广州市红日燃具有限公司
广州市番禺区珠江灯光音响实业有限公司
广州丽盈塑料有限公司
广东欧派家具集团有限公司
广州市信联智通实业有限公司
特百惠（中国）有限公司
广州天创鞋业有限公司
广州文华羽绒制品有限公司
广州市百利文仪实业有限公司
广州市香雪制药股份有限公司
广州市南方面粉股份有限公司
深圳创维-RGB电子有限公司
艾美特电器（深圳）有限公司
深圳市富安娜家居用品股份有限公司
深圳纺织（集团）股份有限公司
深圳华特容器股份有限公司
深圳市联创科技集团有限公司
深圳长江家具有限公司
深圳市左右家私有限公司
深圳市联创三金电器有限公司
深圳大富豪实业发展有限公司
深圳市华源轩家具股份有限公司
珠海格力电器股份公司
珠海威丝曼服饰股份有限公司
珠海中富实业股份有限公司
红塔仁恒纸业有限公司
广东天章信息纸品有限公司
珠海市斗门名匠工艺制品有限公司
珠海双喜电器有限公司
金品电器有限公司
广东德豪润达电气股份有限公司
珠海普乐美厨卫有限公司
广东金刚玻璃科技股份有限公司
凯撒（中国）股份有限公司
广东奥飞动漫文化股份有限公司
广东星辉车模股份有限公司
汕头市东风印刷股份有限公司
广东鸿泰实业有限公司
广东省宜华木业股份有限公司
广东实丰玩具实业有限公司
广东潮宏基实业股份有限公司
广东骅威玩具工艺股份有限公司
广东伽懋毛织时装有限公司
广东宏杰内衣实业有限公司
广东华隆文具有限公司
广东群兴玩具股份有限公司
广东飞轮科技实业有限公司
广东省金叶烟草薄片技术开发有限公司
广东小白龙动漫玩具实业有限公司
汕头市金平区飘合纸业有限公司
汕头冠华薄膜工业有限公司
汕头市粮丰集团有限公司
广东爱华毛织工艺有限公司
汕头市澄海区灿辉塑胶玩具有限公司
广东富味制果厂有限公司
广东雄兴业实业有限公司
广东邦领塑模实业有限公司
广东太安堂药业股份有限公司
广东溢达纺织有限公司
佛山市海天调味食品有限公司
广东志高空调有限公司
佛山欧神诺陶瓷股份有限公司
广东坚美铝型材厂有限公司
广东蒙娜丽莎陶瓷有限公司
广亚铝业有限公司
佛山佛塑科技集团有限公司
广东新明珠陶瓷集团有限公司
广东东鹏陶瓷股份有限公司
广东省九江酒厂有限公司
佛山市国星光电股份有限公司
佛山石湾鹰牌陶瓷有限公司
广东金意陶陶瓷有限公司
广东石湾酒厂有限公司
广东联邦家私集团有限公司
广东宏陶陶瓷有限公司
佛山市NO.1实业有限公司
广东新润成陶有限公司
广东兴辉陶瓷集团有限公司
广东阳晨厨具有限公司
佛山南海东兴塑料制罐有限公司
广东华兴玻璃（集团）有限公司
广东燕京啤酒有限公司
佛山市安东尼针织有限公司
佛山维尚家具制造有限公司
佛山市华全电气照明有限公司
佛山市杰豪家具有限公司
佛山市中格威电子有限公司
佛山市三水佳利达纺织染有限公司
广东生之源数码电子有限公司
佛山德众药业有限公司
佛山市立笙纺织有限公司
佛山瑞龙纺织有限公司
广东正野电器有限公司
广东雅洁五金有限公司
广东联塑科技实业有限公司
广东万和新电气股份有限公司
广东美的制冷设备有限公司
广东格兰仕集团有限公司
广东万家乐燃气具有限公司
广东东泰金属制品有限公司
广东德冠包装材料有限公司
海信科龙电器股份有限公司
广东顺威精密塑料股份有限公司
佛山市顺德甘竹罐头有限公司
佛山市鸿金源铝业制品有限公司
广东威博电器有限公司
广东顺德酒厂有限公司
广东康宝电器有限公司
广东亿龙电器股份有限公司
佛山市简氏依立电器有限公司
广东奥特龙电器制造有限公司
佛山市顺德区瑞德电子实业有限公司
广东东方管业有限公司
广东达美新材料有限公司
广东恒基金属制品实业有限公司
广东翁源县茂源糖业有限公司
广东信达茧丝绸股份有限公司
广东五联木业有限公司
韶关娃哈哈恒枫饮料有限公司
韶关市顺昌布厂有限公司
广东金友集团有限公司
乐昌市恒发纺织企业有限公司

鸿伟木业集团有限公司
韶关南雄珠玑纸业有限公司
河源海川科技有限公司
广东霸王花食品有限公司
广东省聪明人集团有限公司
河源市万峰陶瓷有限公司
紫金县华丰国际食品企业有限公司
广东塔牌集团股份有限公司
广东长乐烧酒业股份有限公司
广东威华股份有限公司
广东嘉和微特电机股份有限公司
丰顺县凤山茶业发展有限公司
广东宝丰陶瓷科技发展股份有限公司
梅州市飞龙果业有限公司
广东新大地生物科技股份有限公司
TCL 集团股份有限公司
惠州市德赛视听科技有限公司
惠州市华阳多媒体电子有限公司
TCL 通力电子（惠州）有限公司
惠州华力包装有限公司
广东菲安妮皮具股份有限公司
惠州市海纳粮油食品有限公司
广东省博罗先锋药业集团有限公司
惠州市四季鲜绿色食品有限公司
中潜股份有限公司
美盛隆制罐（惠州）有限公司
惠州市老铭人服饰有限公司
惠东县裕顺鞋业有限公司
广东罗浮山国药股份有限公司
东莞理文造纸厂有限公司
东莞超盈纺织有限公司
东莞德永佳纺织制衣有限公司
广东众生药业股份有限公司
东莞市百分百科技有限公司
东莞市智乐堡儿童玩具有限公司
东莞锦泰食品有限公司
东莞龙昌数码科技有限公司
广东万里马投资实业有限公司
东莞石龙津威饮料食品有限公司
东莞光润家具股份有限公司
东莞华宝鞋业有限公司
东莞市圣旗路时装有限公司
东莞市金业电子科技有限公司
东莞益海嘉里粮油食品工业有限公司
东莞市华美食品有限公司
东莞晶苑毛织制衣有限公司
广东佳彩数码科技有限公司
东莞市城市之窗家具有限公司
中顺洁柔纸业股份有限公司
广东美味鲜调味食品有限公司
中山市隆成日用制品有限公司
中山市高利锁业股份有限公司
中山益达服装有限公司
中山庆琏金属制品有限公司
格力电器（中山）小家电制造有限公司
中山市咀香园食品有限公司
中山市毅马五金有限公司
中山侨光纺织有限公司
中山市华艺灯饰照明股份有限公司
广东乐美达集团有限公司
中山四海家具制造有限公司
广东亮迪照明有限公司
中山东菱威力电器有限公司
正业包装（中山）有限公司
中山品上照明有限公司
广东鹰唛食品有限公司
中山市红古轩家具有限公司
中山永发纸业有限公司
中山福溢家具有限公司
中山市通伟服装有限公司
中山市霞湖世家服饰有限公司
广东新会美达锦纶股份有限公司
广东彩艳股份有限公司
广东嘉士利食品集团
开平富琳纺织制衣有限公司
广东嘉俊陶瓷有限公司
广东德塑科技有限公司
必登高鞋业皮具有限公司
江门中顺纸业有限公司
江门健威家具装饰有限公司
开平欧标水暖器材有限公司
安兴纸业（深圳）有限公司
鹤山市美雅实业发展有限公司
开平奔达纺织有限公司
广东天地壹号饮料有限公司
鹤山市华山泉食品饮料有限公司
鹤山市广明源照明电器有限公司
开平吉星卫浴实业有限公司
台山港益电器有限公司
江门市金羚排气扇制造有限公司
阳江十八子集团有限公司
广东银鹰实业集团有限公司
广东羽威羽绒实业有限公司
阳江市新力工业有限公司
广东康力日用品有限公司
阳江市谊林海达速冻水产有限公司
广东绿业工业集团有限公司
阳江市万事达海洋食品有限公司
永光刀剪集团有限公司
广东鸿基羽绒制品有限公司
广东冠豪高新技术股份有限公司
广东威立电力器材有限公司
湛江鸿智电器有限公司
广东百如森羽绒制品有限公司
广东浩特电器有限公司
廉江一品木业有限公司
广东省信威家居发展有限公司
湛江市国溢水产有限公司
广东威王集团有限公司
信宜市江东电子有限公司
茂名市金信米业有限公司
广东肇庆星湖生物科技股份有限公司
肇庆俊富纤网材料有限公司
肇庆天富新合纤有限公司
肇庆市福加德面粉有限公司
肇庆市昆庆毛绒厂有限公司
广东鼎丰纸业有限公司
肇庆市高润发展有限公司
广东天弼陶瓷有限公司
广东鹏运实业有限公司
广东瑞源科技股份有限公司
广东高乐玩具股份有限公司
广东热金宝特种耐火材料实业有限公司
广东海兴塑胶有限公司
广东东泰乳业有限公司
广东佳隆食品股份有限公司
康美药业股份有限公司
广东环西生物科技股份有限公司
普宁市丽达纺织有限公司
广东华能达电器有限公司
广东康辉集团有限公司
广东雅士利集团有限公司
广东长城集团股份有限公司
广东四通集团有限公司
广东金潮集团有限公司
广东真美食品集团有限公司
广东华业包装材料有限公司
广东海利集团有限公司
潮州市金嘉德服饰有限公司
广东永金兴集团有限公司
广东联和不锈钢企业有限公司
广东无穷食品有限公司
潮州市三元陶瓷（集团）有限公司
潮州市创佳电子有限公司
广东博宇集团有限公司
潮州市安琪婚纱礼服有限公司
潮州市兴业陶瓷有限公司

广东顺祥陶瓷有限公司
广东富能达不锈钢实业有限公司
郁南县永光集团有限公司
广东凌丰集团有限公司
中材（亨达）水泥有限公司
广东省丝丽国际集团股份有限公司
广东省广弘食品集团有限公司
广东省金属回收公司
广东省建筑工程集团有限公司
广东物资集团汽车贸易公司
广东广粮实业有限公司
广东华隧建设股份有限公司
广东广弘医药有限公司

第12批广东省省级企业技术中心

蓝盾信息安全技术股份有限公司
广州市嘉诚国际物流股份有限公司
中经汇通有限责任公司
广州广日电梯工业有限公司
广州飒特电力红外技术有限公司
广州市好迪化妆品有限公司
久泰能源（广州）有限公司
广州阳普医疗科技股份有限公司
广州市珠江灯光音响实业有限公司
志圣科技（广州）有限公司
广东欧派家居集团有限公司
广州市星业科技发展有限公司
广州市锐丰建业灯光音响器材有限公司
广州万孚生物技术有限公司
广州市雅江光电设备有限公司
路翔股份有限公司
广州天王动物保健品有限公司
广州中车轨道交通装备股份有限公司
珠海润都民彤制药有限公司
珠海天威飞马打印耗材有限公司
珠海市金邦达保密卡有限公司
珠海经济特区红塔仁恒纸业有限公司
珠海健帆生物科技有限公司
广东溢多利生物科技股份有限公司
珠海赛纳科技有限公司
广东东方锆业科技股份有限公司
广东润科生物工程有限公司
佛山塑料集团股份有限公司
南方风机股份有限公司
广东新润成陶瓷有限公司
广东广特电气有限公司
佛山市华全电气照明有限公司
广东西屋康达空调有限公司
佛山市广顺电器有限公司
佛山市中格威电子有限公司
广东一方制药有限公司
广东省翁源县茂源糖业有限公司
河源市雅达电子有限公司
西可通信技术设备（河源）有限公司
广东宝丰陶瓷科技发展股份有限公司
广东九联科技股份有限公司
广东省博罗先锋药业集团有限公司
信利半导体有限公司
广东理文造纸有限公司
广东力优环境系统股份有限公司
东莞超盈纺织有限公司
东莞市金翔电器设备有限公司
东莞华宝鞋业有限公司
东莞市太平洋计算机科技有限公司
东莞市石龙富华电子有限公司
广东欧亚包装股份有限公司
木林森股份有限公司
中山东菱威力电器有限公司
广东腾骏动物药业股份有限公司
中山市美图塑料工业有限公司
舜宇光学（中山）有限公司
中山市泰峰电气有限公司
格力电器（中山）小家电制造有限公司
中山市海湾华业制造有限公司
广东金莱特电器股份有限公司
广东台城制药股份有限公司
台澳铝业（台山）有限公司
广东威王集团有限公司
广东五洲药业有限公司
广东华林化工有限公司
肇庆理士电源技术有限公司
广东铭康香精香料有限公司
潮州市创佳电子有限公司
潮州宏业陶瓷制作厂有限公司
广东恒洁卫浴有限公司
广东骏晟陶瓷有限公司
揭阳市天阳模具有限公司
普宁市瑞源织造有限公司
广东华声电器股份有限公司
广东奔朗新材料股份有限公司
广东欧浦钢铁物流股份有限公司
广东东箭汽车用品制造有限公司
广东新粤建材有限公司
广东万联包装机械有限公司
广东华钿勇士汽车用品有限公司

2011年度广东省最佳诚信企业

中国移动通信集团广东有限公司
中国电信股份有限公司广东分公司
中国石油化工股份有限公司广州分公司
中铁二十五局集团有限公司
中铁港航局集团有限公司
广东省邮政公司
广东省中国旅行社股份有限公司
深圳市振业（集团）股份有限公司
广州亚虎电力有限公司
佛山佛塑科技集团股份有限公司
东莞市亚洲制药有限公司
广东电力发展股份有限公司沙角A电厂
中国华西企业有限公司
深圳市特发集团有限公司
深圳市中邦（集团）建设总承包有限公司
珠海水务集团有限公司
深圳市宝鹰建设集团股份有限公司
惠州大亚湾市政基础设施有限公司
广州银联网络支付有限公司
广东红海湾发电有限公司
广州市设计院
广东水电二局股份有限公司
广东珠光集团有限公司
广东省佛开高速公路有限公司
广东林安物流发展有限公司
广州水产集团有限公司
深圳市广前电力有限公司
中建三局第二建设工程有限责任公司华南分公司
深圳经济特区房地产（集团）股份有限公司
深圳市奇信建设集团股份有限公司

2011年广东省软件和集成电路设计100强培育企业

广州

广州广电运通金融电子股份有限公司
广东威创视讯科技股份有限公司
广州海格通信集团股份有限公司
广东省电信规划设计院有限公司
广州杰赛科技股份有限公司
广州从兴电子开发有限公司
蓝盾信息安全技术股份有限公司
方欣科技有限公司
广东亿迅科技有限公司
新太科技股份有限公司
广东安居宝数码科技股份有限公司
京华信息科技股份有限公司
广州城市信息研究所有限公司
广州日滨科技发展有限公司
广东凯通软件开发有限公司
金鹏电子信息机器有限公司
广州银联网络支付有限公司
广东宜通世纪科技股份有限公司
广州市慧通计算机有限公司
广东高新兴通信股份有限公司
广州市动景计算机科技有限公司
广东宇天科技有限公司
安凯（广州）微电子技术有限公司

深圳

金蝶软件（中国）有限公司
深圳市金证科技股份有限公司
深圳市银之杰科技股份有限公司
深圳市金蝶中间件有限公司
深圳国微技术有限公司
深圳市海云天科技股份有限公司
深圳市永达电子股份有限公司
深圳华强数码电影有限公司
深圳和而泰智能控制股份有限公司
深圳市永兴元科技有限公司
深圳市迪威视讯股份有限公司
深圳天源迪科信息技术股份有限公司
深圳市脉山龙信息技术股份有限公司
深圳南瑞科技有限公司
任子行网络技术股份有限公司
深圳联友科技有限公司
国民技术股份有限公司
深圳市海思半导体有限公司
深圳芯邦科技股份有限公司
深圳市天微电子有限公司
天利半导体（深圳）有限公司
深圳市芯海科技有限公司

珠海

远光软件股份有限公司
珠海金山软件有限公司
珠海优特电力科技股份有限公司
东信和平智能卡股份有限公司
珠海派诺科技股份有限公司
珠海安联锐视科技股份有限公司
珠海网博信息科技有限公司
炬力集成电路设计有限公司

佛山

佛山市安讯智能科技有限公司

东莞

广东易事特电源股份有限公司
广东大族粤铭激光科技股份有限公司
广东志成冠军集团有限公司
东莞市依时利科技有限公司
广东开普互联信息科技有限公司

中山

广东全通教育股份有限公司

广东省2011年国家火炬计划重点高新技术企业

广州海格通信集团股份有限公司
广州市京华网络有限公司
广州御银科技股份有限公司
广州市动景计算机科技有限公司
广州达意隆包装机械股份有限公司
广州白云电器设备股份有限公司
广州飒特电力红外技术有限公司
广州博创机械有限公司
广州市宁志电力科技有限公司
广州（从化）亨龙机电制造实业有限公司
广州白云山和记黄埔中药有限公司
广州王老吉药业股份有限公司
广州立达尔生物科技有限公司
金发科技股份有限公司
广州机械科学研究院
广东东硕科技有限公司
广州秀珀化工股份有限公司
广州市高澜水技术有限公司
珠海方正科技多层电路板有限公司
珠海优特电力科技股份有限公司
珠海健帆生物科技有限公司
广东光华化学厂有限公司
广东金刚玻璃科技股份有限公司
汕头华兴冶金备件厂有限公司
广东盛路通信科技股份有限公司
佛山市恒力泰机械有限公司
佛山石湾鹰牌陶瓷有限公司
佛山塑料集团股份有限公司
广东坚美铝型材厂有限公司
佛山市金辉高科光电材料有限公司
佛山市日丰企业有限公司
惠州华阳通用电子有限公司
惠州市德赛西威汽车电子有限公司
惠州市硕贝德通讯科技有限公司
联合铜箔（惠州）有限公司
惠州雷士光电科技有限公司
惠州市雄越保环科技有限公司
东莞市科磊得数码光电科技有限公司
广东志成冠军集团有限公司
广东易事特电源股份有限公司
广东众生药业股份有限公司
东莞宜安电器制品有限公司
东莞市华立实业股份有限公司
东莞市康达机电工程有限公司
东莞新能源科技有限公司
中山达华智能科技股份有限公司
广东长虹电子有限公司
广东嘉宝莉化工（集团）有限公司
阳江市新力工业有限公司
广东风华高新科技股份有限公司
广东环西生物科技股份有限公司
广东万家乐燃气具有限公司

第13批广东省省级企业技术中心

广州慧谷化学有限公司
广东南方碱业股份有限公司
广州江河幕墙系统工程有限公司
广州合诚实业有限公司广州市高士实业有限公司
广东高新兴通信股份有限公司
广州建筑股份有限公司
广州珠江电信设备制造有限公司
珠海市讯达科技有限公司
长园电力技术有限公司
广东汤臣倍健生物科技股份有限公司
广东省宜华木业股份有限公司
凯撒（中国）股份有限公司
广东自动化电气集团有限公司
广东兴发铝业有限公司
广东新昇电业科技股份有限公司
广东东方精工科技股份有限公司
佛山市源田床具机械有限公司
佛山分析仪有限公司
广东菱王电梯有限公司
广东宏陶陶瓷有限公司
伊戈尔电气股份有限公司
广东阳晨厨具有限公司
广东精达里亚特种漆包线有限公司
广东新劲刚超硬材料有限公司
佛山新长盛塑料薄膜有限公司
广东星联精密机械有限公司
韶关液压件厂有限公司
广东立国制药有限公司
梅州博敏电子有限公司
广东长乐烧酒业股份有限公司
惠州宝柏包装有限公司
惠州硕贝德无线科技股份有限公司
广东红墙新材料股份有限公司
东莞虎彩印刷有限公司
东莞市高能电气股份有限公司
东莞市保得生物工程有限公司
东莞盈拓科技实业有限公司
东莞南玻光伏科技有限公司
东莞市奕东电子有限公司
东莞锦泰食品有限公司
环球石材（东莞）有限公司
东莞市光华实业有限公司
广东玉兰装饰材料有限公司
广东大族粤铭激光科技股份有限公司
快意电梯有限公司
东莞市精丽制罐有限公司
广东明阳风电产业集团有限公司
中山益达服装有限公司
广东建华管桩有限公司
中山市樱雪集团有限公司
中山四海家具制造有限公司
广新海事重工股份有限公司
广东巴德士化工有限公司
中山市美斯特实业有限公司
中山盛兴股份有限公司
中山市澳克士照明电器有限公司
广东三才石岐制药有限公司
广东亮迪照明有限公司
中山市港联华凯电器制品有限公司
威斯达电器（中山）制造有限公司
维达纸业（江门）有限公司
江门市南洋船舶工程有限公司
江门市地尔汉宇电器股份有限公司
江门四方威凯精细化工有限公司
阳江市飞轮金属制品有限公司
湛江华丽金音影碟有限公司
广东信威家居发展有限公司
广东科茂林产化工股份有限公司
广东忠华棉纺织实业有限公司
潮州市汇能电机有限公司
广东名瑞（集团）股份有限公司
广东省潮州市思科拓展实业有限公司
广东复兴食品机械有限公司
广东无穷食品有限公司
广东名鼠股份有限公司
广东开盛钢铁实业有限公司
揭阳市大立模具厂有限公司
广东华能达电器有限公司
揭阳市广福电子实业有限公司
中材亨达水泥有限公司
云浮市惠沄钛白有限公司
广东奥特龙电器制造有限公司
广东科顺化工实业有限公司
广东东方管业有限公司
中交第四航务工程局有限公司
中铁港航局集团有限公司
广东火电工程总公司
华润水泥投资有限公司
广东省粤晶高科股份有限公司
广州新软计算机技术有限公司
广东华隧建设股份有限公司

第十一批广东省清洁生产企业

广州市（9家）
本田汽车（中国）有限公司
中国南方航空股份有限公司（广州总部）
广州关西涂料有限公司
卡尔蔡司光学（中国）有限公司
建峰索具有限公司
广州光明乳品有限公司
广州百事可乐饮料有限公司开发区分公司
广州百事可乐饮料有限公司
广州太平洋马口铁有限公司

深圳市（19家）
深圳玛斯兰电路科技实业发展有限公司
深圳金威啤酒酿造有限公司
深圳市顺安金德实业制品来料加工厂
深圳市银星电力电子有限公司
深圳市深联电路有限公司
富葵精密组件（深圳）有限公司
爱普生技术（深圳）有限公司
日东精密回路技术（深圳）有限公司
深圳市龙岗区坪山碧岭正一电子电缆厂
展辰涂料集团股份有限公司
南塑建材塑胶制品（深圳）有限公司
深圳市龙岗区平湖伟力高玩具厂
中海石油（中国）有限公司深圳分公司珠海终端
亚能生物技术（深圳）有限公司
深圳市贝特瑞新能源材料股份有限公司
深圳市海滨制药有限公司
深圳太太药业有限公司
深圳太太基因工程有限公司

瑞声声学科技（深圳）有限公司

珠海市（12家）

广东珠海金湾发电有限公司
珠海紫翔电子科技有限公司龙山分公司
珠海紫翔电子科技有限公司
珠海华丰纸业有限公司
珠海粤裕丰钢铁有限公司
广东龙丰精密铜管有限公司
珠海茂丰纺织有限公司
联业织染（珠海）有限公司
珠海市乐通化工股份有限公司
珠海碧辟化工有限公司
中材天山（珠海）水泥有限公司
珠海亿邦制药股份有限公司

汕头市（2家）

广东光华科技股份有限公司
深圳市深宝华城科技有限公司汕头分公司

佛山市（27家）

佛山市广成铝业有限公司
佛山市唐朝木业有限公司
佛山市三水凯利莱工艺制品有限公司
佛山市几何陶瓷有限公司
佛山市顺德区中服纺织印染有限公司
佛山诚通纸业有限公司
佛山市顺德区骏达电子有限公司
广东琅日特种纤维制品有限公司
广东飞腾针织服装有限公司
佛山市鸿金源铝业制品有限公司
广东美的生活电器制造有限公司
佛山市三水区大塘镇利达隆农副产品种植场
佛山市汇利农业发展有限公司
佛山市三水区澳农蔬菜种植有限公司
佛山市南海冠旺龙纺织有限公司
佛山市南海威竣纺织有限公司
佛山市南海区源志诚织造有限公司
佛山市黛富妮家饰用品有限公司
佛山市南海西樵科丽达针织印花有限公司
佛山市顺德区龙江镇伟纶经编织造有限公司
佛山市锦利针织有限公司
佛山市顺德区龙江镇佳利染整实业有限公司
佛山市顺德区均安镇星槎印染有限公司
佛山市顺德区威龙织染有限公司
佛山市顺德区新盈染整有限公司
广东新元素板业有限公司
奥瑞金包装股份有限公司佛山分公司

韶关市（5家）

广东省韶铸集团有限公司
韶关南雄珠玑纸业有限公司
乐昌市粤北化工有限公司
韶关市广宝化工有限公司
广东韶钢松山股份有限公司

河源市（8家）

河源市贝嘉利陶瓷有限公司
富顺宝嘉染整兴业（河源）有限公司
河源市污水处理厂
源城区对外加工装配服务公司源力塑胶玩具厂
河源市市区城南污水处理厂
广东霸王花食品有限公司
广东大顶矿业股份有限公司
科伦电子科技（河源）有限公司

梅州市（5家）

梅州市志浩电子科技有限公司
梅州五洲电路板有限公司
平远县宏兴木业制品有限公司
梅州金塔水泥有限公司
梅县南口镇金蔡煤灰砖厂

惠州市（13家）

惠州罗浮山旋窑水泥有限公司
广东中航特种玻璃技术有限公司
广东红墙新材料股份有限公司
惠州三良木业有限公司
惠州中京电子科技股份有限公司
惠阳区新圩联丰电镀厂
惠州三星电子有限公司
广东太古可口可乐惠州有限公司
惠州深宝科技有限公司
惠州市东江环保技术有限公司
中海油能源发展股份有限公司惠州石化分公司一厂
中海油能源发展股份有限公司惠州石化分公司二厂
中海油能源发展股份有限公司采油技术服务惠州分公司

东莞市（5家）

东莞运城制版有限公司
广濑电机（东莞）有限公司
东莞长安品质电子制造厂
东莞晶苑毛织制衣有限公司
广东理文造纸有限公司

中山市（21家）

中山市东凤镇华昊洗水服装厂
中山市东凤镇大骏服装厂
英商马田纺织品（中国—中山）有限公司
广兴（中山）纺织印染有限公司
中山市黄圃镇泰和食品有限公司
中山市得福肉食制品有限公司
中山市黄圃银华腊味有限公司
中山市黄圃镇创格肉类制品厂
中山市佳信电路板有限公司
广东兴达鸿业电子有限公司
台鹏电子表面处理（中山）有限公司
中山市荣昌金属塑胶制品有限公司
中山市美新金属表面装饰有限公司
中山市皇冠包装制品有限公司
中山市欧普照明股份有限公司
中山骏伟金属制品有限公司
创尔特热能科技（中山）有限公司
广东三和管桩有限公司
中山市三乡镇宝元制鞋厂
中山永发纸业有限公司
中山联合鸿兴造纸有限公司（中山联兴造纸有限公司）

江门市（8家）

鹤山市世运电路科技有限公司
江门市新会区凯德金属制品有限公司
乔登卫浴（江门）有限公司
江门市迪豪摩托车有限公司分公司
江门市新会双水拆船钢铁有限公司
江门市新会区宝达造纸实业有限公司
江门仁科绿洲纸业有限公司
江门市风尚皮革有限公司

阳江市（2家）

阳江市碧珠宾馆有限公司
阳东绿源人造板有限公司

肇庆市（20家）

肇庆市大旺礼尚亨涂料机械有限公司
四会市华泰纺织染整有限公司
肇庆市大旺永华染织厂

肇庆市宏盈纺织染整有限公司
肇庆市永丰针织染整有限公司
高要市康成五金有限责任公司
高要市金渡镇汉华五金表面处理厂
高要市辉豪家具配件有限责任公司
高要市金永利电镀制品厂
四会市金达五金制品厂
四会市南业金属塑料制品有限公司
肇庆市大旺大丰金属制品有限公司
肇庆市宝信金属实业有限公司
肇庆市联力化工有限公司
广东同步化工股份有限公司
肇庆市礼荣实业有限公司
广东肇庆星湖生物科技股份有限公司
怀集登云汽配股份有限公司
肇庆华锋电子铝箔股份有限公司
肇庆乐华陶瓷洁具有限公司

清远市（10家）

清远市新陶星陶瓷有限公司
广东家美陶瓷有限公司
清远南方建材卫浴有限公司
东鹏陶瓷（清远）有限公司
连州吉森木业有限公司
广东清远蒙娜丽莎建陶有限公司
广东天弼陶瓷有限公司
佛冈盈泰纺织品染整有限公司
清远市信和实业有限公司
清远市上兴人造板有限公司

潮州市（1家）

广东长城集团股份有限公司

揭阳市（3家）

广东秋盛资源股份有限公司
深圳百事可乐饮料有限公司揭东分公司
广东利泰制药股份有限公司

2011年广东省第一批软件企业

广州市万企网络信息有限公司
广州国润信息科技股份有限公司
广州市科传计算机科技股份有限公司
广州智网信息技术有限公司
广州超前计算机科技有限公司
广州连众科技有限公司
广州市保达计算机软件科技有限公司
东莞市思特电子技术有限公司
佛山市数苑科技信息有限公司
珠海博迈杰生物科技有限公司
珠海祺利通信科技有限公司
珠海理想科技有限公司
珠海宏利来电子工程有限公司
佛山达安医疗设备有限公司

2011年广东省第二批软件企业

广州优必电子科技有限公司
广州市三好计算机科技有限公司
广州海昇计算机科技有限公司
广州汇达信息科技有限公司
广州诚旭电子科技有限公司
广州市城智电子科技有限公司
广东和天电气科技有限公司
广州春晓信息科技有限公司
广州宏天软件有限公司
广州纳斯威尔信息技术有限公司
广州市致卓电脑科技有限公司
广州掌动通信有限公司
广州合明软件科技有限公司
广州市华冠计算机科技有限公司
广州慧睿思通信息科技有限公司
广州加辰通信科技有限公司
广州联纲电子科技有限公司
广州绿字阳信息技术有限公司
广州如加网络科技有限公司
广州羿安信息科技有限公司
广州市捷成信息科技有限公司
广州粤亮信息科技有限公司
广州中科旗信软件科技有限公司
东莞志鸿国际金融科技孵化中心有限公司
东莞市凯普软件科技有限公司
东莞市虎门港网络系统有限公司
东莞市颂雅信息科技有限公司
东莞市慧通信息技术有限公司
广东古田智能科技有限公司
佛山络威网络技术有限公司
广东超倬科技有限公司
佛山市医网天下科技有限公司
广东健康在线信息技术有限公司
清远市新时空导航科技有限公司
广东够快物流信息科技有限公司
珠海宝迪软件技术有限公司
广东腾晖信息科技开发有限公司
珠海智晟企业管理咨询有限公司
珠海永泰卫信软件科技有限公司
珠海德茵电气有限公司
珠海市华远自动化科技有限公司

2011年广东省第三批软件企业

广东源恒软件科技有限公司
广州市力锦电子科技有限公司
广东汇卡商务服务有限公司
广州市华纬计算机科技有限公司
广州胜亿交通信息软件有限公司
广州飒特红外系统软件有限公司

广州迈安信息科技有限公司
广州德圆软件运维服务有限公司
广州越微信息科技有限公司
广州航用计算机科技有限公司
高亚科技（广州）有限公司
广州灵川计算机软件有限公司
广州中科恺盛医疗科技有限公司
广州市铭汉电子科技有限公司
广州易通天下信息科技有限公司
广州泰明科技有限公司
云浮南风数字科技有限公司
广州三品软件科技有限公司
广州市云景信息科技有限公司
广州中交宇科空间信息技术有限公司
广州山地计算机软件开发有限公司
广州金色软件科技有限公司
广州创讯软件有限公司
广州德昊电子科技有限公司
广州欢网科技有限责任公司
广州市嘉鸿信息技术有限公司
广州市绘天信息科技有限公司
广州市贯鸿软件科技有限公司
爱迪（广州）医疗电子有限公司
广州直真信息工程有限公司
广州鼎飞企业管理咨询有限公司
广州精标信息科技有限公司
广东中原迈达威信息科技有限公司
广州市朗辰软件技术有限公司
中山市协成信息科技有限公司
惠州市飞讯软件服务有限公司
东莞龙为电脑工程有限公司
广东凌康科技有限公司
东莞市华兴信息科技有限公司
东莞市点亮软件有限公司
珠海龙码科技有限公司
珠海普威软件科技有限公司
珠海国能鼎信科技有限公司
珠海港信息技术有限公司
珠海市新德汇信息技术有限公司
珠海美华医疗科技有限公司
珠海中慧微电子有限公司
珠海云游科技有限公司
珠海市中广电信息技术有限公司

2011 年广东省第四批软件企业

广州易凯软件技术有限公司
广东优迈信息通信技术有限公司
广东省科学院自动化工程研制中心
广州市卓业信息技术有限公司
广州市成易计算机软件有限公司
广州元峰智略电子科技有限公司
广州市三川田数码科技有限公司
广州市喜银电子科技有限公司
广州华迪信息科技有限公司
广州鑫晟信息科技有限公司
广州市西美信息科技有限公司
广州幻象引擎网络技术有限公司
广州万户网络技术有限公司
广州傲海计算机科技有限公司
广州市龙睿网络科技有限公司
广州易上信息科技有限公司
广州亿通天下软件开发有限公司
广州江潮信息科技有限公司
广东鑫锘影视文化传播有限公司
广州市阿尔创通信技术有限公司
广州山锋测控技术有限公司
广州政通信息科技有限公司
广州薪火网络科技有限公司
广州鲲鹏信息技术有限公司
广州市拓比信息科技有限公司
广州拓欣信息技术有限公司
广州汉微网络科技有限公司
广州国信达计算机网络通讯有限公司
广州赢典信息科技有限公司
广东广新信息技术产业发展有限公司
广东浪潮创新计算机科技服务有限公司
广州睿启电子科技有限公司
艾酷电子科技有限公司
东莞市顺景软件科技有限公司
东莞市远峰科技有限公司
东莞市泰斗微电子科技有限公司
东莞市蓝天电脑软件咨询有限公司
东莞铭宇科技有限公司
佛山市慧城信息科技有限公司
珠海三昌电器有限公司

2011 年度广东省优秀企业

中国石油化工股份有限公司广东石油分公司
中国烟草总公司深圳市公司
广东电网公司东莞供电局
华能国际电力股份有限公司汕头电厂
中国人民解放军第四八零一工厂
广东省建筑科学研究院
广东金东海集团有限公司
深圳市宝鹰建设集团股份有限公司
梅州市邮政局
广东长实通信股份有限公司
中交四航工程研究院有限公司
深圳市广前电力有限公司
东莞发展控股股份有限公司
深圳市中金岭南科技有限公司
佛山市顺德区乐从供销集团有限公司
广东建信集团有限公司
东莞农村商业银行股份有限公司
广州信联智通实业股份有限公司
广东省水利水电第三工程局
广州市广骏旅游汽车企业集团有限公司
中建三局装饰有限公司
广东南粤银行股份有限公司
深圳市方正颐和科技有限公司
广州市黄埔建筑工程总公司
广州轻出集团有限公司
广东喜之郎集团有限公司
广州文冲船厂有限责任公司
深圳市恒路物流股份有限公司
佛山市海天（高明）调味食品有限公司
长天科技有限公司广州分公司

广东省2011年第一批通过复审高新技术企业

安凯（广州）微电子技术有限公司
北明软件有限公司
番禺珠江钢管有限公司
方欣科技有限公司
高威电信（广州）有限公司
广东安居宝数码科技股份有限公司
广东昂扬信息科技有限公司
广东奥迪动漫玩具有限公司
广东宝桑园健康食品研究发展中心
广东碧德生物科技有限公司
广东德生科技有限公司
广东迪美生物技术有限公司
广东东方思维科技有限公司
广东东硕科技有限公司
广东飞达交通工程有限公司
广东芬尼克兹节能设备有限公司
广东高新兴通信股份有限公司
广东公诚通信建设监理有限公司
广东冠昊生物科技股份有限公司
广东光泰激光科技有限公司
广东国光电子有限公司
广东海大集团股份有限公司
广东和新科技有限公司
广东华际友天信息科技有限公司
广东华南水电高新技术开发有限公司
广东华讯工程有限公司
广东环凯微生物科技有限公司
广东汇香源生物科技股份有限公司
广东金腾电子有限公司
广东凯通软件开发有限公司
广东兰贝斯信息科技有限公司
广东蓝图信息技术有限公司
广东铭鸿数据处理有限公司
广东南方数码科技有限公司
广东南方通信全球通智能卡系统有限公司
广东南方信息安全产业基地有限公司
广东南航易网通电子商务有限公司
广东启明科技发展有限公司
广东省电力设计研究院
广东省电信工程有限公司
广东省公路勘察规划设计院股份有限公司
广东省机械研究所
广东省石油化工研究院
广东省水利电力勘测设计研究院
广东省粤晶高科股份有限公司
广东时代网络电子有限公司
广东数字证书认证中心有限公司
广东塑料交易所股份有限公司
广东天普生化医药股份有限公司
广东拓奇电力技术发展有限公司
广东拓思软件科学园有限公司
广东威创视讯科技股份有限公司
广东新大禹环境工程有限公司
广东新南都饲料科技有限公司
广东新支点技术服务有限公司
广东轩辕网络科技股份有限公司
广东宜通世纪科技股份有限公司
广东永顺生物制药有限公司
广东宇天科技有限公司
广东粤微食用菌技术有限公司
广东智慧电子信息产业股份有限公司
广东中大讯通软件科技有限公司
广州（从化）亨龙机电制造实业有限公司
广州爱斯佩克环境仪器有限公司
广州奥格智能科技有限公司
广州八通电子实业有限公司
广州白云电器设备股份有限公司
广州白云蓝天电子科技有限公司
广州白云山和记黄埔中药有限公司
广州白云山明兴制药有限公司
广州白云山天心制药股份有限公司
广州白化香料股份有限公司
广州邦讯信息系统有限公司
广州宝力特液压密封有限公司
广州北羊信息技术有限公司
广州彼岸思精光电系统有限公司
广州博创机械股份有限公司
广州博冠信息科技有限公司
广州博济医药生物技术股份有限公司
广州陈李济药厂有限公司
广州晨新自控设备有限公司
广州城市信息研究所有限公司
广州创想科技股份有限公司
广州从兴电子开发有限公司
广州达意隆包装机械股份有限公司
广州迪森热能技术股份有限公司
广州电子口岸管理有限公司
广州东芝白云电器设备有限公司
广州东芝白云菱机电力电子有限公司
广州多益网络科技有限公司
广州番禺电缆集团有限公司
广州番禺巨大汽车音响设备有限公司
广州飞达音响专业器材有限公司
广州丰江电池新技术股份有限公司
广州复旦奥特科技股份有限公司
广州高澜节能技术股份有限公司
广州广船国际股份有限公司
广州广电运通金融电子股份有限公司
广州广哈通信有限公司
广州广日电梯工业有限公司
广州广有通信设备有限公司
广州滚石移动网络有限公司
广州国联通信有限公司
广州海格通信集团股份有限公司
广州海鸥卫浴用品股份有限公司
广州海特天高信息系统工程有限公司
广州海维空间信息系统技术有限公司
广州瀚阳工程咨询有限公司
广州航新电子有限公司
广州航新航空科技股份有限公司
广州皓竹软件有限公司
广州合诚三先生物科技有限公司
广州合诚实业有限公司
广州合立正通信息网络集成有限公司
广州赫尔普化工有限公司
广州红帆电脑科技有限公司
广州宏昌胶粘带厂
广州宏仁电子工业有限公司
广州华工百川科技股份有限公司
广州华南资讯科技有限公司
广州华炜科技有限公司
广州华研精密机械有限公司
广州化工研究设计院
广州汇智通信技术有限公司
广州机械科学研究院
广州健新自动化科技有限公司
广州健迅科技有限公司
广州江南科友科技股份有限公司
广州杰赛科技股份有限公司
广州捷宝电子科技发展有限公司
广州金电图腾软件有限公司
广州金升阳科技有限公司
广州金拓电子有限公司
广州敬修堂（药业）股份有限公司
广州聚能生物科技有限公司
广州凯笙数字影像设备有限公司
广州科讯技术有限公司
广州科苑新型材料有限公司

广州科韵信息股份有限公司
广州蓝科科技股份有限公司
广州乐庚信息科技有限公司
广州立白企业集团有限公司
广州立达尔生物科技股份有限公司
广州励丰声光科技有限公司
广州联奕信息科技有限公司
广州鹿山新材料股份有限公司
广州洛图终端技术有限公司
广州美络信息科技有限公司
广州明动软件有限公司
广州铭太信息科技有限公司
广州南方测绘仪器有限公司
广州南方电力集团科技发展有限公司
广州南珠电控技术有限公司
广州潘高寿药业股份有限公司
广州普金计算机科技股份有限公司
广州奇星药业有限公司
广州诠星网络科技有限公司
广州日滨科技发展有限公司
广州锐得森特种陶瓷科技有限公司
广州瑞信计算机科技有限公司
广州赛唯热工设备有限公司
广州三瑞医疗器械有限公司
广州三业科技有限公司
广州市埃特斯通讯设备有限公司
广州市奥杰信息技术有限公司
广州市白云泵业集团有限公司
广州市白云化工实业有限公司
广州市邦普电脑技术开发有限公司
广州市波斯塑胶颜料有限公司
广州市铂亚计算机有限公司
广州市东洋科技有限公司
广州市动景计算机科技有限公司
广州市番禺奥迪威电子有限公司
广州市番禺区珠江灯光音响实业有限公司
广州市海维饲料有限公司
广州市汉粤净化科技有限公司
广州市合诚化学有限公司
广州市恒力安全检测技术有限公司
广州市红日燃具有限公司
广州市鸿利光电股份有限公司
广州市华德工业有限公司
广州市华南橡胶轮胎有限公司
广州市华软科技发展有限公司
广州市慧通计算机有限公司
广州市健坤网络科技发展有限公司
广州市今健医疗器械有限公司

广州市金税信息系统集成有限公司
广州市金禧信息技术服务有限公司
广州市久邦数码科技有限公司
广州市聚晖电子科技有限公司
广州市敏嘉制造技术有限公司
广州市鹏辉电池有限公司
广州市品高软件开发有限公司
广州市容川饲料有限公司
广州市儒兴科技股份有限公司
广州市锐丰音响科技股份有限公司
广州市瑞联技术开发有限公司
广州市三地信息技术有限公司
广州市三孚化工有限公司
广州市晟龙电子科技有限公司
广州市食品工业研究所有限公司
广州市希力电子科技有限公司
广州市香雪制药股份有限公司
广州市信佰信息技术咨询有限公司
广州市怡文环境科技股份有限公司
广州市友迪资讯科技有限公司
广州市圆方计算机软件工程有限公司
广州市远正智能科技有限公司
广州市知微科技有限公司
广州市智益信息技术有限公司
广州市中海达测绘仪器有限公司
广州市中智软件开发有限公司
广州数控设备有限公司
广州数园网络有限公司
广州双桥股份有限公司
广州太平洋电脑信息咨询有限公司
广州天赐高新材料股份有限公司
广州天至环保科技有限公司
广州通易科技有限公司
广州图创计算机软件开发有限公司
广州万孚生物技术有限公司
广州王老吉药业股份有限公司
广州网易互动娱乐有限公司
广州维力医疗器械股份有限公司
广州协商科技有限公司
广州新科佳都科技有限公司
广州新软计算机技术有限公司
广州新展有机硅有限公司
广州星群（药业）股份有限公司
广州星业科技股份有限公司
广州秀珀化工股份有限公司
广州阳普医疗科技股份有限公司
广州易达建信科技开发有限公司
广州毅昌科技股份有限公司
广州银联网络支付有限公司

广州宇阳电力科技有限公司
广州御新软件有限公司
广州御银科技股份有限公司
广州元亨计算机科技有限公司
广州粤建三和软件有限公司
广州粤腾通信科技有限公司
广州长川科技有限公司
广州致远电子有限公司
广州智光电机有限公司
广州智光电气股份有限公司
广州智特奇生物科技有限公司
广州中大中鸣科技有限公司
广州中软信息技术有限公司
广州中望龙腾软件股份有限公司
广州中一药业有限公司
广州中长康达信息技术有限公司
广州珠江啤酒股份有限公司
广州珠源信息技术有限公司
国光电器股份有限公司
海华电子企业（中国）有限公司
宏昌电子材料股份有限公司
金发科技股份有限公司
京华信息科技股份有限公司
京信通信技术（广州）有限公司
蓝盾信息安全技术股份有限公司
路翔股份有限公司
诺卫环境安全工程技术（广州）有限公司
日立电梯（中国）有限公司
天讯瑞达通信技术有限公司
托肯恒山科技（广州）有限公司
万宝冷机集团广州电器有限公司
长讯通信服务有限公司
志圣科技（广州）有限公司
中科院广州电子技术有限公司
中科院广州化学有限公司
中山大学达安基因股份有限公司
中数通信息有限公司
东信和平智能卡股份有限公司
广东宝莱特医用科技股份有限公司
广东德豪润达电气股份有限公司
广东同望科技股份有限公司
广东溢多利生物科技股份有限公司
炬力集成电路设计有限公司
丽珠集团丽珠制药厂
丽珠医药集团股份有限公司
远光软件股份有限公司
珠海艾派克微电子有限公司
珠海保税区丽达药业有限公司

珠海保税区丽珠合成制药有限公司
珠海保税区天然宝杰数码科技材料有限公司
珠海迪尔生物工程有限公司
珠海福尼亚医疗设备有限公司
珠海格力电工有限公司
珠海格力电器股份有限公司
珠海国佳高分子新材料有限公司
珠海汉胜科技股份有限公司
珠海和佳医疗设备股份有限公司
珠海宏桥高科技有限公司
珠海华冠电子科技有限公司
珠海华尚汽车玻璃工业有限公司
珠海金电电源工业有限公司
珠海经济特区生物化学制药厂
珠海九通水务有限公司
珠海联邦制药股份有限公司
珠海凌达压缩机有限公司
珠海南自电气系统工程有限公司
珠海欧比特控制工程股份有限公司
珠海派诺科技股份有限公司
珠海润都制药股份有限公司
珠海赛迪生电气设备有限公司
珠海市鸿瑞软件技术有限公司
珠海市佳讯实业有限公司
珠海市金邦达保密卡有限公司
珠海市可利电气有限公司
珠海市银科医学工程有限公司
珠海市长陆工业自动控制系统有限公司
珠海双喜电器有限公司
珠海天威飞马打印耗材有限公司
珠海天威技术开发有限公司
珠海拓普智能电气股份有限公司
珠海万力达电气股份有限公司
珠海威瀚科技发展有限公司
珠海西格医疗设备有限公司
珠海兴业绿色建筑科技有限公司
珠海许继电气有限公司
珠海银邮光电技术发展股份有限公司
珠海优特电力科技股份有限公司
珠海元盛电子科技股份有限公司
珠海粤科京华电子陶瓷有限公司
广东奥飞动漫文化股份有限公司
广东达诚机械有限公司
广东东方锆业科技股份有限公司
广东东南薄膜科技股份有限公司
广东东研网络科技有限公司
广东光华科技股份有限公司
广东骅威玩具工艺股份有限公司
广东金刚玻璃科技股份有限公司
广东金明精机股份有限公司
广东猛狮电源科技股份有限公司
广东名臣有限公司
广东群兴玩具股份有限公司
广东润科生物工程有限公司
广东汕头超声电子股份有限公司
广东天际电器有限公司
广东星辉车模股份有限公司
广东粤华医疗器械厂有限公司
汕头超声印制板（二厂）有限公司
汕头华兴冶金设备股份有限公司
汕头市超声仪器研究所有限公司
汕头市华鹰软包装设备总厂有限公司
汕头市龙华珠光颜料有限公司
汕头市美宝制药有限公司
汕头市奇佳机械厂有限公司
西陇化工股份有限公司
佛山德众药业有限公司
佛山电力设计院有限公司
佛山电器照明股份有限公司
佛山冯了性药业有限公司
佛山欧神诺陶瓷股份有限公司
佛山市川东热敏磁电有限公司
佛山市广顺电器有限公司
佛山市国星光电股份有限公司
佛山市恒力泰机械有限公司
佛山市华贝软件技术有限公司
佛山市康思达液压机械有限公司
佛山市监萷电子有限公司
佛山市蓝天网络科技有限公司
佛山市联动科技实业有限公司
佛山市麦尔电器有限公司
佛山市南电开关有限公司
佛山市南海金刚新材料有限公司
佛山市南华仪器股份有限公司
佛山市日丰企业有限公司
佛山市正典生物技术有限公司
佛山市中格威电子有限公司
广东东方精工科技股份有限公司
广东福迪汽车有限公司
广东海纳川药业股份有限公司
广东好帮手电子科技股份有限公司
广东吉熙安电缆附件有限公司
广东金赋信息科技有限公司
广东金宇恒科技有限公司
广东瑞洲科技有限公司
广东省佛山水泵厂有限公司
广东新劲刚超硬材料有限公司
广东雪莱特光电科技股份有限公司
广东伊立浦电器股份有限公司
广东溢达纺织有限公司
广东昭信平洲电子有限公司
广亚铝业有限公司
南方风机股份有限公司
广东韶钢松山股份有限公司
广东省韶关烟草机械配件厂有限公司
丽珠集团利民制药厂
乳源东阳光磁性材料有限公司
韶关液压件厂有限公司
广东雅达电子股份有限公司
河源富马硬质合金股份有限公司
河源普益硬质合金厂有限公司
BPW（梅州）车轴有限公司
广东富兴摩托车实业有限公司
广东富远稀土新材料股份有限公司
广东华威化工集团有限公司
广东嘉和微特电机股份有限公司
广东嘉应制药股份有限公司
广东嘉元科技股份有限公司
广东南丰电气自动化有限公司
广东省四〇一厂
广东新大地生物科技股份有限公司
兴宁市金雁电工有限公司
广东九联科技股份有限公司
广东智冠实业发展有限公司
惠州华阳通用电子有限公司
惠州三华工业有限公司
惠州市德赛工业发展有限公司
惠州市德赛汽车电子有限公司
惠州市德赛西威汽车电子有限公司
惠州市九惠制药股份有限公司
惠州市蓝微电子有限公司
惠州亿纬锂能股份有限公司
联合铜箔（惠州）有限公司
东莞丰裕电机有限公司
东莞光阵显示器制品有限公司
东莞虎彩印刷有限公司
东莞佳鸿机械制造有限公司
东莞玖龙纸业有限公司
东莞勤上光电股份有限公司
东莞生益电子有限公司
东莞市奥莱克电子有限公司
东莞市百分百科技有限公司
东莞市邦泽电子有限公司
东莞市保得生物工程有限公司
东莞市贝特利新材料有限公司
东莞市东方科技有限公司

东莞市福地电子材料有限公司
东莞市高能电气股份有限公司
东莞市华立实业股份有限公司
东莞市开关厂有限公司
东莞市康达机电工程有限公司
东莞市科达机电设备有限公司
东莞市科隆威自动化设备有限公司
东莞市蓝冠环保节能科技有限公司
东莞市南兴家具装备制造股份有限公司
东莞市前锋电子有限公司
东莞市瑞柯电机有限公司
东莞市神州视觉科技有限公司
东莞市石龙富华电子有限公司
东莞市星火机电设备工程有限公司
东莞市永强汽车制造有限公司
东莞市友美电源设备有限公司
东莞信易电热机械有限公司
东莞宜安科技股份有限公司
东莞宇宙电路板设备有限公司
东莞正阳电子有限公司
东华机械有限公司
广东百思维信息科技有限公司
广东大众农业科技股份有限公司
广东宏远集团药业有限公司
广东华南药业集团有限公司
广东科旺电源设备有限公司
广东洛贝电子科技有限公司
广东明家科技股份有限公司
广东生益科技股份有限公司
广东正业科技股份有限公司
广东智通人才连锁股份有限公司
广东众生药业股份有限公司
品翔电子塑胶制品（东莞）有限公司
实盈电子（东莞）有限公司
先锐模具配件（东莞）有限公司
信义汽车玻璃（东莞）有限公司
TCL 空调器（中山）有限公司
广东奥马电器股份有限公司
广东达进电子科技有限公司
广东顶固集创家居股份有限公司
广东汇海华天科技有限公司
广东美味鲜调味食品有限公司
广东明阳龙源电力电子有限公司
广东欧亚包装股份有限公司
广东全通教育股份有限公司
广东三和化工科技有限公司
广东腾骏动物药业股份有限公司
广东天富电气集团有限公司
广东通宇通讯股份有限公司
广东长虹数码科技有限公司
皆利士多层线路版（中山）有限公司
科星（中山）汽车设备有限公司
舜宇光学（中山）有限公司
威斯达电器（中山）制造有限公司
裕东（中山）机械工程有限公司
中山达华智能科技股份有限公司
中山国安火炬科技发展有限公司
中山华帝燃具股份有限公司
中山环亚塑料包装有限公司
中山杰士美电子有限公司
中山凯旋真空技术工程有限公司
中山力劲机械有限公司
中山利堡科技有限公司
中山联合光电科技有限公司
中山市读书郎电子有限公司
中山市公路钢结构制造有限公司
中山市汉仁电子有限公司
中山市华艺灯饰照明股份有限公司
中山市金胜铝业有限公司
中山市科力高自动化设备有限公司
中山市美捷时喷雾阀有限公司
中山市南方新元食品生物工程有限公司
中山市泰峰电气有限公司
中山市新宏业自动化工业有限公司
中山市信通通信有限公司
中山市盈信科技有限公司
中山市正洲汽门有限公司
中山市佐敦音响防盗设备有限公司
中山银利自动化系统设备有限公司
中山粤海饲料有限公司
中山中炬森莱高技术有限公司
棕榈园林股份有限公司
广东国望精细化学品有限公司
广东海鸿变压器有限公司
广东江粉磁材股份有限公司
鹤山丽得电子实业有限公司
嘉宝莉化工集团股份有限公司
江门市地尔汉宇电器股份有限公司
江门市芳源环境科技开发有限公司
江门市兴江转向器有限公司
江门市长优实业有限公司
无限极（中国）有限公司
新会江裕信息产业有限公司
广东凌霄泵业股份有限公司
广东冠豪高新技术股份有限公司
广东双林生物制药有限公司
广东同德药业有限公司
广东粤佳饲料有限公司
湛江鸿智电器有限公司
中海石油湛江特力电信技术有限公司
广东新华粤石化股份有限公司
茂名市茂港电力设备厂有限公司
茂名重力石化机械制造有限公司
广东风华高新科技股份有限公司
广东鸿图科技股份有限公司
广东科茂林产化工股份有限公司
广东四会互感器厂有限公司
广东天龙油墨集团股份有限公司
广东肇庆爱龙威机电有限公司
广东肇庆德通有限公司
广东肇庆星湖生物科技股份有限公司
怀集登云汽配股份有限公司
肇庆海特电子有限公司
肇庆华锋电子铝箔股份有限公司
肇庆市风华锂电池有限公司
肇庆市羚光电子化学品材料科技有限公司
佛冈国珠吹瓶设备有限公司
清远先导稀有材料有限公司
潮州三环（集团）股份有限公司
潮州市三江电子有限公司
潮州正龙电池工业有限公司
广东华业包装材料有限公司
广东响石数码科技有限公司
广东宝山堂制药有限公司
广东高乐玩具股份有限公司
广东海兴塑胶有限公司
广东吉青电缆实业有限公司
广东吉荣空调有限公司
广东佳隆食品股份有限公司
广东京汕密封件有限公司
广东巨轮模具股份有限公司
广东利泰制药股份有限公司
广东热金宝特种耐火材料实业有限公司
广东榕泰实业股份有限公司
广东深展实业有限公司
广东天银化工实业有限公司
广东威孚包装材料有限公司
康美药业股份有限公司
广东凌丰集团股份有限公司
广东温氏食品集团有限公司
佛山市公信数字会议设备有限公司
佛山市科达石材机械有限公司
佛山市绿之彩印刷有限公司
佛山市顺德区阿波罗环保器材有限公司
佛山市顺德区创格电子实业有限公司
佛山市顺德区鸿昌涂料实业有限公司

佛山市顺德区骏达电子有限公司
佛山市顺德区瑞德电子实业有限公司
佛山市顺德区瑞能科技有限公司
佛山市顺德区小太阳砂磨材料有限公司
佛山市顺德区依信嘉实业有限公司
佛山市顺德区震德塑料机械有限公司
广东奔朗新材料股份有限公司
广东必达保安系统有限公司
广东大盈化工有限公司
广东德冠包装材料有限公司
广东锻压机床厂有限公司
广东多纳勒振华汽车系统有限公司
广东丰凯机械股份有限公司
广东富华工程机械制造有限公司
广东富信电子科技有限公司
广东冠邦科技有限公司
广东恒基金属制品实业有限公司
广东宏兴机械有限公司
广东鸿昌化工有限公司
广东华隆涂料实业有限公司
广东华润涂料有限公司
广东环球制药有限公司
广东锦力电器有限公司
广东精艺金属股份有限公司
广东康宝电器有限公司
广东科达机电股份有限公司
广东力源液压机械有限公司
广东联塑机器制造有限公司
广东联塑科技实业有限公司
广东美涂士建材股份有限公司
广东美芝制冷设备有限公司
广东欧浦钢铁物流股份有限公司
广东申菱空调设备有限公司
广东圣都模具股份有限公司
广东世创金属科技有限公司
广东顺达船舶工程有限公司
广东顺威精密塑料股份有限公司
广东松下环境系统有限公司
广东天乐通信设备有限公司
广东万和新电气股份有限公司
广东万联包装机械有限公司
广东威灵电机制造有限公司
广东伊之密精密机械股份有限公司
广东长菱空调冷气机制造有限公司
广东正力精密机械有限公司
海信容声（广东）冰箱有限公司
赛特莱特（佛山）塑胶制品有限公司

广东省2011年第二批通过复审高新技术企业

珐玛珈（广州）包装设备有限公司
广东超讯通信技术有限公司
广东大丰植保科技有限公司
广东东松三雄电器有限公司
广东恒联食品机械有限公司
广东宏景科技有限公司
广东九博电子科技有限公司
广东九城科技有限公司
广东骏丰频谱实业有限公司
广东南方海岸科技服务有限公司
广东南方通信建设有限公司
广东启明教育发展有限公司
广东省电信规划设计院有限公司
广东省电子技术研究所
广东省金稻种业有限公司
广东省南方环保生物科技有限公司
广东省前沿动物保健有限公司
广东省信息工程有限公司
广东太平洋互联网信息服务有限公司
广东新粤交通投资有限公司
广东鑫程电子科技有限公司
广东旭普空间信息技术产业发展有限公司
广东迅通计算机有限公司
广东怡创通信有限公司
广东亿迅科技有限公司
广东易美图数码影像科技有限公司
广东因豪信息科技有限公司
广东盈嘉科技工程发展有限公司
广东用友软件有限公司
广东智威农业科技股份有限公司
广东中大讯通信息有限公司
广东中科药物研究有限公司
广州爱联科技有限公司
广州爱奇实业有限公司
广州安必平医药科技有限公司
广州安达汽车零部件股份有限公司
广州保赐利化工有限公司
广州博济新药临床研究中心有限公司
广州呈和科技有限公司
广州达安临床检验中心有限公司
广州大凌实业股份有限公司
广州德旺塑料制品有限公司
广州迪克医疗器械有限公司
广州地铁设计研究院有限公司
广州鼎坚资讯科技有限公司
广州丰江微电子有限公司
广州广日电气设备有限公司
广州浩宇化工科技有限公司
广州合晟科技有限公司
广州赫尔普复合材料科技有限公司
广州红鹰能源科技有限公司
广州宏晟光电科技有限公司
广州华工信息软件有限公司
广州华工信元通信技术有限公司
广州华银医药科技有限公司
广州慧谷化学有限公司
广州慧扬科技投资有限公司
广州吉必盛科技实业有限公司
广州集泰化工有限公司
广州交通信息化建设投资营运有限公司
广州金南磁塑有限公司
广州金鹏科技信息系统有限公司
广州金域医学检验中心有限公司
广州凯恒科塑有限公司
广州康臣药业有限公司
广州康瑞德生物技术股份有限公司
广州康盛生物科技有限公司
广州科易光电技术有限公司
广州联正达通信科技股份有限公司
广州亮美集灯饰有限公司
广州绿色盈康生物工程有限公司
广州美电贝尔电业科技有限公司
广州敏视数码科技有限公司
广州摩讯计算机科技有限公司
广州南天电脑系统有限公司
广州擎天实业有限公司
广州飒特电力红外技术有限公司

广州赛宝计量检测中心服务有限公司
广州赛意信息科技有限公司
广州三零盛安信息安全有限公司
广州商科信息科技有限公司
广州市澳视光电子技术有限公司
广州市白云区津晖电子厂
广州市贝讯通信技术有限公司
广州市城市规划勘测设计研究院
广州市达志化工科技有限公司
广州市电信设计有限公司
广州市番禺区大川饲料有限公司
广州市高科通信技术股份有限公司
广州市高士实业有限公司
广州市光机电技术研究院
广州市国迈科技有限公司
广州市昊志机电股份有限公司
广州市浩云安防科技工程有限公司
广州市花都联华包装材料有限公司
广州市环境保护工程设计院有限公司
广州市暨华医疗器械有限公司
广州市精一规划勘测科技有限公司
广州市聚赛龙工程塑料有限公司
广州市科利亚农业机械有限公司
广州市龙泰信息技术有限公司
广州市路由通讯技术有限公司
广州市诺信数字测控设备有限公司
广州市市政工程设计研究院
广州市天河弱电电子系统工程有限公司
广州市微生物研究所
广州市玄武资讯科技有限公司
广州市易杰数码科技有限公司
广州市殷雷信息技术有限公司
广州市优华过程技术有限公司
广州市志趣信息技术有限公司
广州市中南民航空管通信网络科技有限公司
广州市尊网商通资讯科技有限公司
广州视源电子科技有限公司
广州泰邦食品添加剂有限公司
广州微点焊设备有限公司
广州维德科技有限公司
广州翔宇微电子有限公司
广州新晨信息系统工程有限公司
广州新莱福磁电有限公司
广州新龙浩工业设备有限公司
广州鑫源恒业电力线路器材有限公司
广州兴华玻璃工业有限公司
广州逸信电子科技有限公司
广州优利康沛科技有限公司
广州优唛装饰科技有限公司
广州友益电子科技有限公司
广州裕立宝生物科技有限公司
广州远洋通信导航有限公司
广州正力通用电气有限公司
广州智能科技发展有限公司
广州中大电讯科技有限公司
广州中浩控制技术有限公司
广州忠信世纪玻纤有限公司
广州珠江电信设备制造有限公司
广州珠江钢琴集团股份有限公司
金鹏电子信息机器有限公司
蓝鸽集团有限公司
联想中望系统服务有限公司
美晨集团股份有限公司
斯凯文软件技术（广东）有限公司
速达软件技术（广州）有限公司
新太科技股份有限公司
新邮通信设备有限公司
中交四航工程研究院有限公司
中山大学附属眼科医院验光配镜中心
中水珠江规划勘测设计有限公司
广东睿胜超微线材股份有限公司
广东亚仿科技股份有限公司
建荣集成电路科技（珠海）有限公司
奈电软性科技电子（珠海）有限公司
长园共创电力安全技术股份有限公司
中丰田光电科技（珠海）有限公司
珠海得米化工有限公司
珠海高凌信息科技有限公司
珠海慧生能源技术发展有限公司
珠海金山软件有限公司
珠海经济特区海泰生物制药有限公司
珠海经济特区伟思有限公司
珠海联迪软件系统有限公司
珠海纳思达电子科技有限公司
珠海世纪鼎利通信科技股份有限公司
珠海市广通汽车有限公司
珠海市精钰科技设备有限公司
珠海市乐通化工股份有限公司
珠海市魅族科技有限公司
珠海市舒丽玛温控卫浴设备有限公司
珠海市太川电子企业有限公司
珠海市庭佑化妆配件有限公司
珠海市讯达科技有限公司
珠海泰坦科技股份有限公司
珠海泰坦软件系统有限公司
珠海泰坦新能源系统有限公司
珠海翔翼航空技术有限公司
珠海一多电气自动化有限公司
珠海亿邦制药股份有限公司
珠海亿胜生物制药有限公司
珠海英伟特电子科技有限公司
珠海远方软件有限公司
珠海运控电机有限公司
珠海赞同科技有限公司
广东澳利坚建筑五金有限公司
广东韩江轻工机械有限公司
广东金南方电器实业有限公司
广东金颖电气设备有限公司
广东太安堂药业股份有限公司
广东天亿马信息产业有限公司
广东万年青制药有限公司
广东卫伦生物制药有限公司
广东粤东机械实业有限公司
广东壮丽彩印股份有限公司
广东自动化电气集团有限公司
汕头保税区三宝光晶云母科技有限公司
汕头大中三联制漆有限公司
汕头乐凯胶片有限公司
汕头市贝斯特科技有限公司
汕头市虹桥包装实业有限公司
汕头市金海湾包装机械有限公司
汕头市远东轻化装备有限公司
佛山分析仪有限公司
佛山佛塑科技集团股份有限公司
佛山华永科技有限公司
佛山神威热交换器有限公司
佛山市艾科电子工程有限公司
佛山市安讯智能科技有限公司
佛山市宝索机械制造有限公司
佛山市佛软信息技术服务有限公司
佛山市富士宝电器科技股份有限公司
佛山市广成铝业有限公司
佛山市海航饲料有限公司
佛山市健博通电讯实业有限公司
佛山市南方包装有限公司
佛山市南海奔达模具有限公司
佛山市南海华达模具塑料有限公司
佛山市南海天雨智能灭火装置有限公司
佛山市勤联医疗器械有限公司
佛山市塑兴母料有限公司
佛山市唯艺金属制品有限公司
佛山市沃德森板业有限公司
佛山市新鹏陶瓷机械有限公司
佛山市永盛达机械有限公司
佛山特种医用导管有限责任公司
广东百合医疗科技有限公司

广东博德精工建材有限公司
广东电缆厂有限公司
广东华南特种气体研究所有限公司
广东坚美铝型材厂有限公司
广东金意陶陶瓷有限公司
广东京安交通科技有限公司
广东科艺普实验室设备研制有限公司
广东蒙娜丽莎新型材料集团有限公司
广东三源生活电器有限公司
广东盛路通信科技股份有限公司
广东天波信息技术股份有限公司
广东通威饲料有限公司
广东炜林纳功能材料有限公司
广东信诚达科技有限公司
广东阳晨厨具有限公司
广东一方制药有限公司
广东志高空调有限公司
广东珠江开关有限公司
南海朗肽制药有限公司
伊戈尔电气股份有限公司
乐昌市安捷铁路轨枕有限公司
韶关宏大齿轮有限公司
深圳市中金岭南有色金属股份有限公司
丰顺县培英电声有限公司
广东超华科技股份有限公司
广东富农生物科技股份有限公司
广东省梅州市磁性材料厂
TCL 通力电子（惠州）有限公司
TCL 王牌电器（惠州）有限公司
创乐电子实业（惠州）有限公司
德赛电子（惠州）有限公司
广东东方电讯科技有限公司
广东省博罗先锋药业集团有限公司
惠州 TCL 环境科技有限公司
惠州 TCL 王牌高频电子有限公司
惠州 TCL 移动通信有限公司
惠州 TCL 照明电器有限公司
惠州宝柏包装有限公司
惠州科锐光电有限公司
惠州市博赛数控机床有限公司
惠州市大亚湾天马电子机械有限公司
惠州市德赛视听科技有限公司
惠州市华星集团有限公司
惠州市华阳多媒体电子有限公司
惠州市华阳光学技术有限公司
惠州市纳伟仕视听科技有限公司
惠州市雄越保环科技有限公司
惠州市正牌科电有限公司
惠州艺都文化用品有限公司
达创科技（东莞）有限公司
东莞奥美佳电子有限公司
东莞泛亚太生物科技有限公司
东莞富强鑫塑胶机械制造有限公司
东莞光群雷射科技有限公司
东莞海龙纸业有限公司
东莞市弘明空调服有限公司
东莞宏威数码机械有限公司
东莞华科电子有限公司
东莞华仪仪表科技有限公司
东莞科威医疗器械有限公司
东莞普思电子有限公司
东莞泉声电子有限公司
东莞市 TR 轴承有限公司
东莞市大兴化工有限公司
东莞市德生通用电器制造有限公司
东莞市东兴铝材制造有限公司
东莞市东阳光电容器有限公司
东莞市光华实业有限公司
东莞市广安电气检测中心有限公司
东莞市广大制冷有限公司
东莞市华兰海电子有限公司
东莞市环宇激光工程有限公司
东莞市晖速天线技术有限公司
东莞市金河田实业有限公司
东莞市金翔电器设备有限公司
东莞市理士奥电源技术有限公司
东莞市迈科科技有限公司
东莞市迈科新能源有限公司
东莞市日新传导科技股份有限公司
东莞市杉杉电池材料有限公司
东莞市太平洋计算机科技有限公司
东莞市特尔佳电子有限公司
东莞市万科建筑技术研究有限公司
东莞市新雷神仿真控制有限公司
东莞市银华生物科技有限公司
东莞市英科水墨有限公司
东莞市英芝堂生物工程有限公司
东莞市源殿电子科技有限公司
东莞市至诚涂料有限公司
东莞市中大科教网络科技有限公司
东莞运城制版有限公司
东莞泽龙线缆有限公司
广东东阳光药业有限公司
广东福利龙复合肥有限公司
广东广益科技实业有限公司
广东宏磊达光电科技有限公司
广东开普互联信息科技有限公司
广东力优环境系统股份有限公司
广东升威电子制品有限公司
广东万濠精密仪器股份有限公司
广东万维博通信息技术有限公司
广东五星太阳能股份有限公司
广东信力特种橡胶制品有限公司
广东星河生物科技股份有限公司
广东易事特电源股份有限公司
广东银禧科技股份有限公司
广东志成冠军集团有限公司
广东中成化工股份有限公司
领亚电子科技股份有限公司
台达电子（东莞）有限公司
台达电子电源（东莞）有限公司
泰阳电子（东莞）有限公司
智嘉通讯科技（东莞）有限公司
福瑞特国际电气（中山）有限公司
格兰仕（中山）家用电器有限公司
广东巴德士化工有限公司
广东富山玻璃机械有限公司
广东红日太阳能有限公司
广东三才医药集团有限公司
广东三和管桩有限公司
广东三怡电器有限公司
广东铁将军防盗设备有限公司
广东小飞将防盗设备有限公司
广东玉峰玻璃集团股份有限公司
广东长宝信息科技有限公司
广东长虹电子有限公司
国碁电子（中山）有限公司
好来化工（中山）有限公司
路桥华南工程有限公司
木林森股份有限公司
小田（中山）实业有限公司
英特韦特安防科技（中山）有限公司
中山大洋电机股份有限公司
中山生物工程有限公司
中山圣马丁电子元件有限公司
中山盛兴股份有限公司
中山市奥美森工业有限公司
中山市澳克士照明电器有限公司
中山市巴斯基化工有限公司
中山市东波金融设备有限公司
中山市东溢新材料有限公司
中山市恒生药业有限公司
中山市宏茂电子有限公司
中山市华星电源科技有限公司
中山市环保实业发展有限公司
中山市杰和兴电子有限公司
中山市今科信息科技有限公司

中山市金马游艺机有限公司
中山市晶明光电科技有限公司
中山市钜通机电技术有限公司
中山市凯得电器有限公司
中山市乐美达儿童用品有限公司
中山市丽音电子有限公司
中山市明阳电器有限公司
中山市欧普照明股份有限公司
中山市琪朗灯饰厂有限公司
中山市山木显示技术有限公司
中山市世宇动漫科技有限公司
中山市松德包装机械股份有限公司
中山市太力家庭用品制造有限公司
中山市铁神锁业有限公司
中山市新辉化学制品有限公司
中山市伊达科技有限公司
中山市樱雪集团有限公司
中山市中智制药有限公司
中山市中智中药饮片有限公司
中山市卓梅尼控制技术有限公司
中山市紫方环保技术有限公司
中山盈亮健康科技有限公司
中山长虹电器有限公司
中山中炬精工机械有限公司
中山中粤马口铁工业有限公司
广东彼迪药业有限公司
广东德康化工实业有限公司
江门科隆生物技术股份有限公司
江门市制漆厂有限公司
江门天钇金属工业有限公司
开平市三威微电机有限公司
联新（开平）高性能纤维有限公司
新会康宇测控仪器仪表工程有限公司
阳东金恒实业有限公司
阳江鸿丰实业有限公司
阳江市宝马利汽车空调设备有限公司
阳江市顺和工业有限公司
阳江市新力工业有限公司
广东浩特电器有限公司
广东恒立电子科技有限公司
广东鸿基羽绒制品有限公司
广东省湛江市家用电器工业有限公司
广东五洲药业有限公司
广东湛江吉民药业股份有限公司
湛江安度斯生物有限公司
湛江高压电器有限公司
湛江国联水产开发股份有限公司
湛江恒兴特种饲料有限公司
湛江华丽金音影碟有限公司
广东康尔美医疗器械有限公司
茂名高岭科技有限公司
茂名市科达化工有限公司
广东鼎湖山泉有限公司
四会市达博文实业有限公司
肇庆大华农生物药品有限公司
肇庆恒港电力科技发展有限公司
肇庆捷成电子科技有限公司
肇庆市志成气动有限公司
广东北江开关厂有限公司
广州新菱（佛冈）自控有限公司
清远市佳的美电子科技有限公司
清远市灵捷制造化工有限公司
清远市友迪资讯科技有限公司
约克广州空调冷冻设备有限公司
中科华飞（清远）管业有限公司
潮州凯普生物化学有限公司
潮州市城西吉街工艺美术彩瓷厂
潮州市华中陶瓷实业有限公司
潮州市泽洲陶瓷有限公司
广东博宇集团有限公司
广东海利集团有限公司
广东凯普生物科技股份有限公司
广东隆兴包装实业有限公司
广东铭康香精香料有限公司
广东顺祥陶瓷有限公司
广东长兴科技保健品有限公司
广东澳得科技股份有限公司
广东澳力丹润滑油有限公司
广东鹏运实业有限公司
广东大华农动物保健品股份有限公司
广东省天宝生物制药有限公司
广东万事泰集团有限公司
云浮市新富云岗石有限公司
佛山市顺德区泛仕达机电有限公司
佛山市顺德区格兰仕微波炉电器有限公司
佛山市顺德区华泰金属制品有限公司
佛山市顺德区精艺万希铜业有限公司
佛山市顺德区乐从镇盛昌油墨有限公司
佛山市顺德区伦教胜业电器有限公司
佛山市顺德区美的洗涤电器制造有限公司
佛山市顺德区美的饮水机制造有限公司
佛山市威灵洗涤电机制造有限公司
佛山市顺德区奥特龙电器制造有限公司
广东本邦电器有限公司
广东必达电器有限公司
广东陈村花卉世界有限公司
广东东箭汽车用品制造有限公司
广东泓利机器有限公司
广东华钿勇士汽车用品有限公司
广东俊朗松田电器有限公司
广东凯华电器实业有限公司
广东康富来药业有限公司
广东科龙模具有限公司
广东科顺化工实业有限公司
广东乐善机械有限公司
广东美的制冷设备有限公司
广东锐亚机械有限公司
广东瑞图万方科技股份有限公司
广东省顺德开关厂有限公司
广东顺峰药业有限公司
广东万昌印刷包装有限公司
广东万家乐燃气具有限公司
广东威博电器有限公司
广东威特真空电子制造有限公司
广东新宝电器股份有限公司
广东亿龙电器股份有限公司

第一批广东省资源综合利用龙头企业

珠海天威飞马打印耗材有限公司
广东奥美特集团有限公司
亚洲创建（惠州）木业有限公司
广东秋盛资源股份有限公司
广州市万绿达集团有限公司
佛山市东灏塑料金属有限公司
广东树业环保科技股份有限公司
江门市长优实业有限公司
广州迪森热能技术股份有限公司
佛山市沃德森板业有限公司
广州发展环保建材有限公司
广州绿由工业弃置废物回收处理有限公司
广东新华粤石化股份有限公司
潮州绿环陶瓷资源综合利用有限公司
中材天山（云浮）水泥有限公司

2011年度广东省企业500强

广东电网公司
中国平安保险（集团）股份有限公司
华为技术有限公司
广州汽车工业集团有限公司
美的集团有限公司
中国石油化工股份有限公司广东石油分公司
招商银行股份有限公司
中国南方航空股份有限公司
中兴通讯股份有限公司
珠海格力电器股份有限公司
华润万家有限公司
中国移动通信集团广东有限公司
中国长城计算机深圳股份有限公司
万科企业股份有限公司
中国国际海运集装箱（集团）股份有限公司
广东省广新控股集团有限公司
TCL集团控股有限公司
广州铁路（集团）公司
广东物资集团公司
广东省粤电集团有限公司
广汽本田汽车有限公司
广发银行股份有限公司
广东省广晟资产经营有限公司
广东格兰仕集团有限公司
碧桂园控股有限公司
华侨城集团公司
广州医药集团有限公司
广东温氏食品集团有限公司
广州市建筑集团有限公司
深圳发展银行股份有限公司
腾讯控股有限公司
中国广东核电集团有限公司
广州富力地产股份有限公司
广东省广业资产经营有限公司
中信证券股份有限公司
创维集团有限公司
玖龙纸业（控股）有限公司
广东省建筑工程集团有限公司
广州万宝集团有限公司
天虹商场股份有限公司
深圳市中金岭南有色金属股份有限公司
海信科龙电器股份有限公司
广州越秀集团有限公司
广州轻工工贸集团有限公司
中国联合网络通信有限公司广东省分公司
中铝佛山国际贸易有限公司
国药集团一致药业股份有限公司
招商局地产控股股份有限公司
广东粤海控股有限公司
广东电力发展股份有限公司
深圳能源集团股份有限公司
广深铁路股份有限公司
人人乐连锁商业集团股份有限公司
深圳市神州通投资集团有限公司
广州发展集团有限公司
广东建华管桩有限公司
深圳市爱施德股份有限公司
江门市大长江集团有限公司
广东海大集团股份有限公司
中国宝安集团股份有限公司
广东蓝粤能源发展有限公司
金发科技股份有限公司
深圳市中汽南方投资集团有限公司
广州立白企业集团有限公司
广州发展实业控股集团股份有限公司
广州百货企业集团有限公司
广州岭南国际企业集团有限公司
日立电梯（中国）有限公司
志高控股有限公司
惠州市华阳集团有限公司
广州纺织工贸企业集团有限公司
佛山市顺德区乐从供销集团有限公司
益海（广州）粮油工业有限公司
中国南玻集团股份有限公司
深圳市燃气集团股份有限公司
珠海华发集团有限公司
深圳华强集团有限公司
深圳市年富实业发展有限公司
网易公司
深圳市怡亚通供应链股份有限公司
广州汽车集团商贸有限公司
东莞农村商业银行股份有限公司
珠海秦发物流有限公司
广州东凌粮油股份有限公司
广州电气装备集团有限公司
广州无线电集团有限公司
广州有色金属集团有限公司
中国华西企业有限公司
广州钢铁股份有限公司
广州珠江实业集团有限公司
深圳市飞马国际供应链股份有限公司
宇龙计算机通信科技（深圳）有限公司
广发证券股份有限公司
广东生益科技股份有限公司
广东核电合营有限公司
深圳市神舟电脑股份有限公司
侨兴集团有限公司
深圳迈瑞生物医疗电子股份有限公司
深圳广田装饰集团股份有限公司
华润三九医药股份有限公司
五羊－本田摩托（广州）有限公司
深圳市海王生物工程股份有限公司
佛山佛塑科技集团股份有限公司
中远航运股份有限公司
众业达电气股份有限公司
广东金马旅游集团股份有限公司
广东恒兴饲料实业股份有限公司
广东新明珠陶瓷集团有限公司
广州大优煤炭销售有限公司
东莞市宏川化工供应链有限公司
维达纸业（广东）有限公司
广东东阳光铝业股份有限公司
广州港集团有限公司
天马微电子股份有限公司
广东新会美达锦纶股份有限公司
广州轻出集团股份有限公司
深圳市普联技术有限公司
深圳市兆驰股份有限公司
广州友谊集团股份有限公司
深圳三星视界有限公司
广州白云国际机场股份有限公司
茂名石化实华股份有限公司
广东省塔牌集团股份有限公司
广州佳都集团有限公司
佛山华新包装股份有限公司
广东水电二局股份有限公司
广东新协力集团有限公司
康美药业股份有限公司
深圳市中邦（集团）建设总承包有限公司
广州白云山制药股份有限公司
安科智慧城市技术（中国）有限公司
广东省广告股份有限公司
中航地产股份有限公司
广州珠江啤酒集团有限公司
深圳市大族激光科技股份有限公司
珠海中富实业股份有限公司
深圳市天健（集团）股份有限公司

广东宝丽华新能源股份有限公司
广东苏宁电器有限公司
广州恒运企业集团股份有限公司
广东省外贸开发公司
广铝集团有限公司
广东汕头超声电子股份有限公司
泰康人寿保险股份有限公司深圳分公司
广东奥马电器股份有限公司
潮州华丰集团股份有限公司
丽珠医药集团股份有限公司
广东省肇庆土产进出口有限公司
康舒电子（东莞）有限公司
广东德豪润达电气股份有限公司
深圳市建艺装饰集团有限公司
广东雅士利集团有限公司
深圳高速公路股份有限公司
广东天河城百货有限公司
中航三鑫股份有限公司
广州南菱汽车股份有限公司
广州市第二公共汽车公司
广东省宜华木业股份有限公司
广东省轻工进出口股份有限公司
深圳市振业（集团）股份有限公司
飞亚达（集团）股份有限公司
深圳立讯精密工业股份有限公司
中国航空技术广州有限公司
广东精艺金属股份有限公司
深圳市建筑工程股份有限公司
中国深圳对外贸易（集团）有限公司
深圳市海普瑞药业股份有限公司
棕榈园林股份有限公司
广东科达机电股份有限公司
广东金盛卢氏集团有限公司
深圳市酷动数码有限公司
深圳南山热电股份有限公司
中山大洋电机股份有限公司
深圳市龙岗区对外经济发展有限公司
广州造纸集团有限公司
珠海汉胜科技股份有限公司
深圳市芭田生态工程股份有限公司
深圳劲嘉彩印集团股份有限公司
广东省食品进出口集团公司
珠海兴业绿色建筑科技有限公司
佛山电器照明股份有限公司
深圳市德赛电池科技股份有限公司
广东省水利水电第三工程局
广州市宏佳伟业发展有限公司
广州毅昌科技股份有限公司
深圳市洪涛装饰股份有限公司
国光电器股份有限公司
广东韶能集团股份有限公司
广东省第四建筑工程公司
广州广电运通金融电子股份有限公司
广东南洋电缆集团股份有限公司
广东风华高新科技股份有限公司
广州市浪奇实业股份有限公司
中山华帝燃具股份有限公司
深圳市机场股份有限公司
金蝶国际软件集团有限公司
深圳市同洲电子股份有限公司
广东开平春晖股份有限公司
长园集团股份有限公司
深圳市长城投资控股股份有限公司
中顺洁柔纸业股份有限公司
广东海印集团股份有限公司
深圳市奔达康电缆股份有限公司
深圳市金证科技股份有限公司
广东长宏公路工程有限公司
广州市自来水公司
广东蓝海海运有限公司
中炬高新技术实业（集团）股份有限公司
深圳市实益达科技股份有限公司
深圳市桑达实业股份有限公司
深圳赤湾港航股份有限公司
广东益华百货有限公司
深圳市恒波商业连锁股份有限公司
深圳市广前电力有限公司
深圳世联地产顾问股份有限公司
路翔股份有限公司
东方电气（广州）重型机器有限公司
广东宏大爆破股份有限公司
深圳市大众建设集团有限公司
深圳市奇信建设集团股份有限公司
深圳诺普信农化股份有限公司
广东华声电器股份有限公司
汕头东风印刷股份有限公司
广东盐业集团有限公司
深圳市得润电子股份有限公司
东江环保股份有限公司
汕头市创美药业有限公司
深圳市金新农饲料股份有限公司
广州海鸥卫浴用品股份有限公司
佛山市三水健力宝贸易有限公司
深圳信立泰药业股份有限公司
深圳市广聚能源股份有限公司
广东省八建集团有限公司
深圳市富安娜家居用品股份有限公司
宏昌电子材料股份有限公司
茂名市明湖百货有限公司
深圳市物业发展（集团）股份有限公司
广东顺威精密塑料股份有限公司
广东昭信企业集团有限公司
广东广弘控股股份有限公司
太平人寿保险有限公司深圳分公司
广州金鹏集团有限公司
深圳信隆实业股份有限公司
广州新星实业公司
方大集团股份有限公司
佛山星期六鞋业股份有限公司
深圳成霖洁具股份有限公司
吴川市建筑安装工程公司
东莞劲胜精密组件股份有限公司
深圳日海通讯技术股份有限公司
深圳市中装设计装饰工程有限公司
深圳市康达尔（集团）股份有限公司
千禧之星珠宝股份有限公司
深圳市百佳华百货有限公司
广东榕泰实业股份有限公司
广东潮宏基实业股份有限公司
湛江国联水产开发股份有限公司
深圳瑞和建筑装饰股份有限公司
广东联冠实业集团有限公司
广州普邦园林股份有限公司
深圳香江控股股份有限公司
广州市中新塑料有限公司
西陇化工股份有限公司
七喜控股股份有限公司
深圳市特发信息股份有限公司
深圳欧菲光科技股份有限公司
海能达通信股份有限公司
深圳市卓翼科技股份有限公司
深圳莱宝高科技股份有限公司
广州杰赛科技股份有限公司
广东长青（集团）股份有限公司
广东华兴玻璃有限公司
广州珠江钢琴集团股份有限公司
百灵时代传媒集团有限公司
深圳市齐心文具股份有限公司
广东省韶铸集团有限公司
广东睿胜超微线材股份有限公司
深圳市科陆电子科技股份有限公司
广东德联集团股份有限公司
广东坚朗五金制品股份有限公司
东莞市搜于特服装股份有限公司
肇庆理士电源技术有限公司
广州大运摩托车有限公司

广东省高速公路发展股份有限公司
佛山市国星光电股份有限公司
广东凌丰集团股份有限公司
惠州市罗浮山水泥集团有限公司
广东肇庆星湖生物科技股份有限公司
广东奥飞动漫文化股份有限公司
深圳市汇川技术股份有限公司
广东粤新海洋工程装备股份有限公司
广东德美精细化工股份有限公司
欣旺达电子股份有限公司
深圳经济特区房地产（集团）股份有限公司
索菲亚家居股份有限公司
广州海格通信集团股份有限公司
深圳市大富科技股份有限公司
深圳市俊旭实业发展有限公司
中信海洋直升机股份有限公司
东莞市盛和化工有限公司
深圳拓邦股份有限公司
珠海华润银行股份有限公司
深圳市兴森快捷电路科技股份有限公司
广东鹰唛食品有限公司
深圳市新纶科技股份有限公司
广东南方物流集团有限公司
广州白云电器设备股份有限公司
深圳科士达科技股份有限公司
广东冠豪高新技术股份有限公司
东信和平智能卡股份有限公司
深圳市通产丽星股份有限公司
广州珠江化工集团有限公司
深圳市格林美高新技术股份有限公司
广东威创视讯科技股份有限公司
广东江粉磁材股份有限公司
深圳市香缤投资集团有限公司
佛山市奥园置业投资有限公司
深圳中恒华发股份有限公司
广东德冠包装材料有限公司
东莞晶苑毛织制衣有限公司
珠海水务集团有限公司
黑牛食品股份有限公司
华夏银行股份有限公司广州分行
深圳市天威视讯股份有限公司
深圳市宇顺电子股份有限公司
深圳市美盈森环保科技股份有限公司
深圳市漫步者科技股份有限公司
东莞宏远工业区股份有限公司
广东天农食品有限公司
深圳市铁汉生态环境股份有限公司
宝安鸿基地产集团股份有限公司
深圳市奋达科技股份有限公司
广东银禧科技股份有限公司
广东省广前糖业发展有限公司
中山公用事业集团股份有限公司
深圳市长盈精密技术股份有限公司
东莞勤上光电股份有限公司
深圳市瑞凌实业股份有限公司
广东众生药业股份有限公司
南海发展股份有限公司
广东伊立浦电器股份有限公司
广州御银科技股份有限公司
广州保科力医药保健品进出口有限公司
中材天山（云浮）水泥有限公司
广东伊之密精密机械股份有限公司
广州市珍奇味食品有限公司
广东巨轮模具股份有限公司
深圳市索菱实业股份有限公司
东莞发展控股股份有限公司
广东大华农动物保健品股份有限公司
深圳市纺织（集团）股份有限公司
深圳振鹏达实业集团有限公司
深圳市中惠福实业有限公司
广州市半径电力铜材有限公司
深圳市英威腾电气股份有限公司
深圳市证通电子股份有限公司
广州达意隆包装机械股份有限公司
锦胜集团有限公司
广州风行发展集团有限公司
汤臣倍健股份有限公司
深圳新宙邦科技股份有限公司
美晨集团股份有限公司
深圳市沃尔核材股份有限公司
远光软件股份有限公司
广东省佛山水泵厂有限公司
汕头万顺包装材料股份有限公司
佳都新太科技股份有限公司
广东长实通信股份有限公司
深圳市宇阳科技发展有限公司
广州市香雪制药股份有限公司
广东宏基管桩有限公司
广东冠雄建设工程有限公司
博创机械股份有限公司
深圳珈伟光伏照明股份有限公司
深圳市佳士科技股份有限公司
深圳市凯中精密技术股份有限公司
深圳中集天达空港设备有限公司
深圳市新亚电子制程股份有限公司
深圳雷柏科技股份有限公司
广州信联智通实业股份有限公司
深圳茂硕电源科技股份有限公司
深圳顺络电子股份有限公司
广东世荣兆业股份有限公司
广东东方锆业科技股份有限公司
广州市鸿利光电股份有限公司
广东天地壹号饮料有限公司
惠州市卫康中西药业有限公司
广东省化州市海利集团有限公司
珠海市乐通化工股份有限公司
深圳市洲明科技股份有限公司
广东鸿特精密技术股份有限公司
深圳达实智能股份有限公司
深圳浩宁达仪表股份有限公司
广州市广利船舶人力资源服务有限公司
广东宜通世纪科技股份有限公司
广州智光电气股份有限公司
深圳市联建光电股份有限公司
深圳金信诺高新技术股份有限公司
深圳和而泰智能控制股份有限公司
深圳市华测检测技术股份有限公司
广东群兴玩具股份有限公司
珠海和佳医疗设备股份有限公司
深圳市申朗讯电气设备有限公司
骅威科技股份有限公司
惠州亿纬锂能股份有限公司
深圳市英唐智能控制股份有限公司
广东雪莱特光电科技股份有限公司
广州包装印刷集团有限责任公司
深圳市中安保实业有限公司
广州卡奴迪路服饰股份有限公司
中山大学达安基因股份有限公司
深圳市科彩印务有限公司
深圳市比克电池有限公司
珠海港股份有限公司
南方风机股份有限公司
广东星辉车模股份有限公司
珠海罗西尼表业有限公司
深圳神彩物流有限公司
深圳赛格股份有限公司
深圳市深信泰丰（集团）股份有限公司
广州秀珀化工股份有限公司
深圳市长方半导体照明股份有限公司
深圳市彩虹精细化工股份有限公司
深圳天源迪科信息技术股份有限公司
广东太安堂药业股份有限公司
广东超华科技股份有限公司
凯撒（中国）股份有限公司
深圳统信电路电子有限公司
惠州中京电子科技股份有限公司

广东长城集团股份有限公司
深圳市特力（集团）股份有限公司
广东猛狮电源科技股份有限公司
广州奇星药业有限公司
广州市卓越里程企业有限公司
广州市锐丰音响科技股份有限公司
广州市恒发水产有限公司
广东盛路通信科技股份有限公司
深圳市捷顺科技实业股份有限公司
广州迪彩化妆品有限公司
深圳市理邦精密仪器股份有限公司
惠州市裕元华阳精密部件有限公司
深圳万润科技股份有限公司
海丰县海发食品贸易公司
广州英格发电机股份有限公司
深圳市惠程电气股份有限公司
深圳市迈科龙电子有限公司
广东东方精工科技股份有限公司
清远市汽车运输集团公司
深圳海联讯科技股份有限公司
深圳英飞拓科技股份有限公司
广东高乐玩具股份有限公司
深圳雅昌彩色印刷有限公司
深圳市通宝莱科技有限公司
广州市创兴服装集团有限公司
深圳市新国都技术股份有限公司
广州市牛奶公司
广东九州阳光传媒股份有限公司
广东祯州集团有限公司
广州科腾信息技术有限公司
广州市白云化工实业有限公司
东莞宜安科技股份有限公司
广东名臣有限公司
中山市邦太电器有限公司
广东惠伦晶体科技股份有限公司
广州市东方宾馆股份有限公司
广东环球制药有限公司
广州中海达卫星导航技术股份有限公司
广东大哥大集团有限公司
深圳市凯盛科技工程有限公司
广东鼎龙实业集团有限公司
惠州金泽集团有限公司
深圳市瑞丰光电子股份有限公司
广东佳隆食品股份有限公司
广东中钰科技有限公司
深圳市特尔佳科技股份有限公司
广州市广骏旅游汽车企业集团有限公司
深圳丹邦科技股份有限公司
广东精创机械制造有限公司
深圳雷曼光电科技股份有限公司
广东金明精机股份有限公司
广东罗浮宫国际家具博览中心有限公司
惠州硕贝德无线科技股份有限公司
广州阳普医疗科技股份有限公司
深圳市联合利丰供应链管理有限公司
深圳圣廷苑酒店有限公司
深圳市风火创意管理股份有限公司
惠州金华悦国际酒店有限公司
广州珠江工程建设监理有限公司
广州金夫人婚纱艺术摄影有限公司
广东核力工程勘察院
广州市宝生园有限公司
广东无穷食品有限公司
广州市品高软件开发有限公司
广州市铂亚计算机有限公司
广东南方数码科技有限公司
广东鑫程电子科技有限公司
广东睿江科技有限公司
广州红海人力资源集团股份有限公司
阳东县高科农牧有限公司
汕尾市利群生态农业有限公司

第四批广东省创新型企业

广州汽车集团股份有限公司
广州万孚生物技术有限公司
蓝盾信息安全技术股份有限公司
广州广电运通金融电子股份有限公司
广州合诚实业有限公司
广州中船黄埔造船有限公司
广州彩熠灯光有限公司
广州阳普医疗科技股份有限公司
白云电气集团有限公司
广州市锐丰音响科技股份有限公司
深圳市汇川技术股份有限公司
深圳康泰生物制品股份有限公司
深圳市北科生物科技有限公司
深圳创维-RGB电子有限公司
深圳宝德科技集团股份有限公司
深南电路有限公司
珠海健帆生物科技股份有限公司
珠海润都制药股份有限公司
长园共创电力安全技术股份有限公司
珠海世纪鼎利通信科技股份有限公司
广东德豪润达电气股份有限公司
广东粤东机械实业有限公司
广东润科生物工程有限公司
佛山石湾鹰牌陶瓷有限公司
广东天波信息技术股份有限公司
广东盛路通信科技股份有限公司
佛山市天安塑料有限公司
佛山欧神诺陶瓷股份有限公司
广东和平君乐药业有限公司
广东嘉元科技股份有限公司
惠州华阳通用电子有限公司
惠州中京电子科技股份有限公司
惠州市德赛西威汽车电子有限公司
联合铜箔（惠州）有限公司
广东省博罗先锋药业集团有限公司
快意电梯有限公司
东莞市华立实业股份有限公司
东莞市迈科科技有限公司
木林森股份有限公司
中山华帝燃具股份有限公司
中山市读书郎电子有限公司
广东海鸿变压器有限公司
广东台城制药股份有限公司
广东粤佳饲料有限公司
湛江鸿智电器有限公司
广东双林生物制药有限公司
茂名重力石化机械制造有限公司
广东鸿特精密技术股份有限公司
肇庆大华农生物药品有限公司
广东鸿图科技股份有限公司
清远市佳的美电子科技有限公司
广东北江开关厂有限公司
广东华业包装材料有限公司
广东吉青电缆实业有限公司
广东热金宝特种耐火材料实业有限公司
广东深展实业有限公司
广东海兴塑胶有限公司
广东万和新电气股份有限公司

2012年广东省企业创新纪录金奖企业

广东省第一建筑工程有限公司
广州中船龙穴造船有限公司
日立电梯电机（广州）有限公司
广州天源生物科技有限公司
广东新华粤石化股份有限公司
深圳市中小企业信用融资担保集团有限公司
广东国华粤电台山发电有限公司
深圳南联食品有限公司
广州南沙海港集装箱码头有限公司
广东长宏公路工程有限公司

粤企风采（二）

广东华润涂料有限公司
台山核电合营有限公司
广州金夫人婚纱艺术摄影有限公司
广东中财融资担保投资有限公司
深圳市大众建设集团有限公司
深圳市巨银诚信投资发展有限公司
东莞市愉景实业集团有限公司
广州市实华园林绿化装饰工程有限公司
广州众信实业有限公司
广州市德山信息咨询有限公司

企业调研

先行先试　创新无限
——广东省自主创新标杆企业与推动自主创新杰出企业家调研纪略（一）

广东省第一建筑工程有限公司

企业科技概况

（一）科技投入情况

广东省第一建筑工程有限公司非常重视企业科技实力的发展。2011年以来，公司在科技方面的投入继续加大，2011—2012年，公司工程营业收入为21亿元，科技投入为357万元，科技投入占工程营业收入的比例为0.17%，呈增长趋势。

（二）研发机构情况

广东省第一建筑工程有限公司成立的钢—混凝土组合结构技术分中心，主要研究方向为工业与民用建筑钢—混凝土组合结构施工技术、地下室钢结构逆作法施工技术、钢管柱或异型钢构柱内高强高性能混凝土施工技术等，工程项目有广州名盛广场钢—混凝土组合结构施工、带约束拉杆异形钢构柱施工、地下室钢结构逆作法施工、以及广州合银广场钢管柱C80高性能混凝土研制和施工，滨江东路商住楼转换层大跨度钢箱梁施工等。

（三）获得奖励情况

2011—2012年，广东省第一建筑工程有限公司在科技创新类，共获得省级工法6项，市（集团）级科技进步奖6项。在工程质量技术项目类，共获得中国土木工程詹天佑大奖1项、广东省詹天佑故乡杯奖1项、广东省建筑业新技术示范工程4项、全国优秀QC小组奖4项。

（四）科技人才队伍情况

广东省第一建筑工程有限公司拥有一批素质高、业务精、能力强的管理人才和科技人才，组成了一支可信任、有战斗力的科技队伍。目前全公司635名管理人员中，各类专业技术人员达到402人，占职工总人数的63.3%，其中高级职称工程技术人员75人，占职工总人数的11.8%；中级职称工程技术人员114人，占职工总人数的18%，初级职称工程技术人员201人，占职工总人数的31.8%。在高级职称工程技术人员中，有教授级高工2人，硕士指导老师1人，广东省高评委专家6人，建筑工程鲁班奖评审专家1人，广东省优良样板工程评审专家3人，广东省工法及新技术应用示范工程评审专家1人，广州市科技委建设科技评审专家库专家2人，广东省建设厅建筑施工安全技术专家库专家2人，广州市优良样板工程评审专家2人，广州市交易中心专家库专家15人。

科技成果及产业化情况

近五年来，广东省第一建筑工程有限公司紧紧围绕科技发展规划，以提高企业综合竞争力为目标，全面加强建筑业新技术的推广应用，特别是以重大工程项目为平台，进行技术攻关，研发新技术，通过公司所承建的工程项目为平台取得了一定的科技成果。在施工中将推广应用建筑业新技术与工程质量通病防治、工程质量创优相结合，将推广应用建筑业新技术与提高施工效率、降低工程成本相结合，取得良好的成效，获得1项工程获得国家詹天佑奖，省市、集团优良样板工程一批。

科技和自主创新的主要措施

（一）企业发展战略与科技发展规划的融合情况

广东省第一建筑工程有限公司的科技发展规划是根据公司的发展战略而制定，公司在实施和评价企业发展战略时，亦会对公司科技发展规划的适应性进行评价，确保科技创新为企业发展提供支撑作用。

（二）科技投入稳定增长的长效机制情况

广东省第一建筑工程有限公司制定了《广东省第一建筑工程有限公司2010—2014年科技发展规划》《广东省第一建筑工程有限公司科技创新奖励办法》，并经公司第二届三次职工代表大会审议通过。《2010—2014年科技发展规划》明确规定科技投入从2010年起，要有计划的逐年按比例递增，至2014年公司对科技的投入占总收入的比例要达到0.3%以上。公司《科技创新奖励办法》规定，对在科技创新工作中取得重大成绩的单位和个人实行重奖。此外，公司还制定了科技工作考核办法，每年对司属各单位进行考核，对未完成任务的进行处罚。

（三）科技基础平台建设情况

广东省第一建筑工程有限公司成立了公司技术委员会和钢—混凝土组合结构技术分中心。公司技术委员会是公司科技工作的领导和决策机构，由公司董事长、总工程师、工程技术部负责人、各分公司主任工程师组成，负责公司科技发展总体规划、科技投入的制订及科技评审工作，重点处理公司科技研发、技术创新、新技术推广应用和解决重大技术

2011年12月，广东省第一建筑工程有限公司承建的广州天河体育中心综合改造及扩建工程荣获第十届中国土木工程詹天佑奖。

难题。公司钢—混凝土组合结构技术分中心由决策层、管理层和运行层组成。此外，公司还成立重大工程项目技术攻关小组，对其中的重大技术难题进行技术攻关。

（四）技术创新体系建设情况

（1）技术创新管理架构情况。广东省第一建筑工程有限公司建立了三级技术管理组织架构，健全了相关的技术责任制，使到公司各级技术管理人员各司其职，各负其责，充分发挥公司工程技术人员的积极性和创造性，为企业的技术管理和技术进步工作发挥各自应有的作用。

（2）健全技术管理制度。为使公司技术管理工作有章可循，技术管理工作做到规范化、制度化，广东省第一建筑工程有限公司制定了《施工技术管理手册》《企业施工工艺标准》《工程项目管理办法》《广东省第一建筑工程有限公司工程技术管理办法》《工程项目施工组织设计（或施工方案）编制、审查的管理办法》《工程项目基础检测的管理规定》等有关管理规定和办法。

通过建立和健全完善的规章制度，并予以执行，使公司各级工程技术人员在施工技术管理活动中有了一个可遵循的工作守则，使公司的施工技术管理水平得到了进一步的提高。

（五）人才培养机制

广东省第一建筑工程有限公司牢固树立科学的发展观和人才观，坚持不懈地加强科技人才队伍建设，一是完善人才激励机制、考评竞争机制和培养机制，促进人才资源的开发利用，制定了《科技创新奖励办法》，对在科技创新工作中取得重大成绩的工程技术人员给予重奖；二是极力营造尊重知识、尊重人才的良好环境，促进人才的健康成长；三是有目的地发掘人才、吸纳人才，优化人才结构，壮大人才队伍；四是加大人才的培养力度，制订员工定期培训计划，将内部培训与外部培训相结合，进一步提高技术骨干的技术素质和技术水平；五是提供锻炼平台，对高、大、难、新等技术含量高的工程项目，集中公司技术骨干进行管理，并安排新招收的大中专毕业生锻炼，确保做到"建一个项目，创一个精品，出多项成果，培养一批人才"；六是做好后备人才的招收及培养工作，每年有计划地招收研究生、大中专毕业生30名左右，研究生、大学本科毕业生原则上要求国家211工程、985工程大学毕业生，大专及中专毕业生原则上要求招收省重点技术职业学院、重点技工学校的毕业生，对新招收的毕业生实行一对一（即师父带徒弟）的责任培养，为其创造良好的条件，提供锻炼平台，使其尽快成才；七是有计划地引进公司急需的人才，并充分发挥其作用。

（广东省第一建筑工程有限公司）

金奖企业

广州中船龙穴造船有限公司

广州中船龙穴造船有限公司（简称龙穴造船公司）于2006年5月25日注册成立，是中国三大造船基地之一——中船龙穴造船基地的核心企业，是目前我国在华南地区最大的现代化大型船舶总装骨干企业，由中国船舶工业集团公司、宝钢集团有限公司、中国海运（集团）总公司等三大中央特大型企业集团合资经营。

龙穴造船公司占地面积253万平方米，拥有大型船坞2座、泊位4个、600吨龙门吊4台。公司采用先进的工艺流程和设备，规划设计年造船能力达350万载重吨。

龙穴造船公司的产品定位为超大型油轮（VLCC）、苏伊士型油轮、阿芙拉型油轮、巴拿马型油轮，超大型矿砂船（VLOC），超好望角型和好望角型散货船、超巴拿马型及巴拿马型散货船，大型集装箱船，高新技术船舶（如LNG等民用船舶）。

2011年6月3日，公司举行了远航集团23万吨矿砂船M.V.“OCEAN WORLD”(L0009)命名暨交接船签字仪式，该船创造了省内同级船舶生产周期最短新纪录。

创新战略规划的制定

（一）创新战略规划制定的指导思想。龙穴造船公司抓住和用好重要战略机遇期，以提高核心竞争力和自主创新能力为根本出发点，对标国际先进水平，着眼船型设计开发中的重大薄弱环节和长远发展的方向性问题，以集成创新和引进消化吸收再创新为主要手段，以开发船型为目标，以突破关键基础共性技术为重点，强化设计技术基础，突出精细化设计，实施品牌战略，增加技术储备，全面提升船型设计与开发能力，为实现世界造船强国目标提供有力的技术支撑。

龙穴造船公司在科技发展的指导思想上逐步实现两个转变：一是从着眼急需，以提高现实竞争力为主逐步向着眼长远，以提升自主发展能力为主转变，二是支持重点从具体船型开发向面向应用的基础共性、关键技术及前瞻性技术研发和船型开发相结合转变。

（二）创新战略的目标。争取到“十二五”末，使公司船舶研发水平显著提高，三大主流船型研发设计实现系列化、规范化、标准化、科学化，形成一批具有国际竞争力的品牌船型，高技术高附加值船舶和海洋工程装备开发取得突破。

创新战略规划的实施

（一）精心打造“精品船型”，狠抓产品优化和研发，为公司经济增长提供技术支持。2011年，龙穴造船公司一方面坚持以超大型油船、矿砂、散货船、集装箱船为主要的产品开发方向，不断提高自主设计和研发能力，通过研究生产设计管理的“规范化、正常化和标准化”，继续打造公司的精品船型；另一方面针对公司经营目标和发展方向的制定与调整，成立公司新船型开发领导小组，组织和领导公司开发团队开展新船型研发工作，建立船型研发的长效运作机制。一年来，公司狠抓产品优化和研发，积极配合经营工作。重点优化设计了23万载重吨VLOC、第二代8.2万载重吨散货船、第三代8.2万载重吨散货船等；研发了30.8万载重吨和32万载重吨新型VLCC、25万载重吨VLOC、节能型4800TEU和6600TEU集装箱船等。通过与SDARI、MARIC等单位合作开发，储备了油船、散货船、矿砂船、集装箱船等4个系列共计10个新船型。为公司产品更新换代和形成新的经济增长点提供技术支持。

（二）积极推进海工业务技术，加快发展海洋工程装备。龙穴造船公司积极探索开拓非船业务，推进海工业务技术准备，参与主动研发的方式起步，加大技术改造力度，加强关键技术和新产品研究开发，提高船用配套设备水平，发展海洋工程装备，逐步形成自身的海工项目研发设计能力，提高国际竞争力。

（三）加强制造技术的研究，提高建造水平和经济效益。龙穴造船公司基本形成以中间产品组织生产为主要特征的总装造船模式，中间产品实现成品化、专业化生产。管理精细化和信息集成化水平明显提高，形成连续、均衡、有节拍的流水线生产。全面推行分段总组建造法，大力推广精度造船、先进预舾装和先进涂装技术，达到提高生产效率和造船周期国内领先。

（四）完善科研管理体制，促进科研成果与生产紧密结合。龙穴造船公司自2007年开展科技项目研究以来，研究内容涵盖新船型开发、工艺工法研究、基础技术研究、计算机技术研究等。项目研发成果均达到了行业先进的水平，为公司的技术水平的提高起到了良好的推动作用。与科研院所合作的两项科技成果："30.8万载重吨超大型原油船研制""23万吨矿砂船开发设计和建造技术"均获得集团公司2011年科技进步奖一等奖。技术中心作为科研项目管理的机构，必将继续完善和改进以技术中心为核心的科研管理体制，促进科研成果与生产的紧密结合。

（五）知识产权成果显著。截至2011年12月，龙穴造船公司有效专利总数达到30项，在申请专利29项，版权登记6项，知识产权成果显著，知识产权工作的开展对于公司技术研发、成果保护、专利技术的应用和转化实施，以及构建一支高素质的、稳定的科技人才队伍，提高公司整体实力，有着十分重要的支撑作用。

年内获得多项创新纪录

（一）2011年研制的32万载重吨超大型原油轮（VLCC），是新一代环保、经济、安全的VLCC，32万吨的载重量为国内最大，货舱舱容36万方创世界VLCC舱容最大新纪录。

（二）2011年实现交船12艘，交船总量210万载重吨，创省内同行业年产量最高新纪录。

（三）2011年开发的GLS-PDM系统，是国内首个基于大型船舶设计系统AVEVA MARINE平台的专业产品数据管理系统，具有先进性、扩展性和灵活的架构，能完全满足公司船舶生产设计产品数据管理及提高AM出图效率与质量需求，实现船舶产品数据管理，为国内同行业首创。

（四）2011年11月30日出坞的L0016船（23万吨超大型矿砂船），于2012年1月6日到10日试航，并于2012年1月16日顺利签字交船，创造了出坞后37天试航和码头建造周期47天的省内同级船舶生产周期最短新纪录。

（五）2011年开发的T型材双面双丝高速焊生产线装备与工艺关键技术，综合节能30%—45%，焊速从1m/min提至1.5—1.8m/min，实现班产T型材从7—8件提至20—28件，为国内同行业首次成功开发的全面国产化T型材双面双丝高速高效焊生产线装备。

（六）2011年研制的大功率电站试验装置，是船舶建造过程中船舶电站试验和发电机调试必备的重要设备，能够满足VLCC单船电站容量（三台2000KW主发电机），采用PLC自动化控制保障施工人员的安全和极大程度降低施工人员劳动强度，为国内同行业首次自主研制。

（七）2011年7月全面完成改性天然气（天然气母气混配添加剂）替代传统切割燃气乙炔、丙烷气体作为切割、烘烤气体使用，在满足生产使用要求的同时，取得可观的经济效益。改性天然气全面替代乙炔、丙烷使用为国内同行业首创。

（八）2010年12月设计建造的上船动能转接平台，上船动能采用动力转接平台集中供应，可免去坞边（码头）至船甲板电力电缆和气体管网的重复敷设工作，减少重复敷设过程电缆及管网的损耗，实现安全、可靠、快速的动力（风、电、气）供应，上船动力管网和电缆供应与船舷高空生产设备的工作互不影响，上船动能转接平台为国内同行业首创。

（广州中船龙穴造船有限公司）

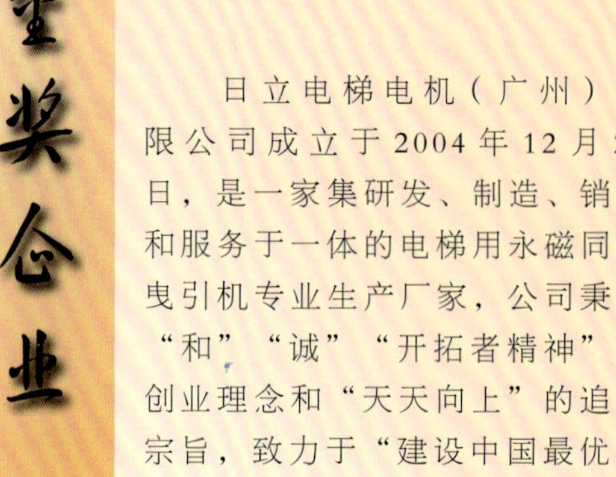

日立电梯电机（广州）有限公司

日立电梯电机（广州）有限公司成立于2004年12月29日，是一家集研发、制造、销售和服务于一体的电梯用永磁同步曳引机专业生产厂家，公司秉承“和”“诚”“开拓者精神”的创业理念和“天天向上”的追求宗旨，致力于“建设中国最优秀的电梯曳引机研发、生产厂家”。

公司位于番禺区石楼镇，占地面积4.9万平方米，建筑面积2.7万平方米。为适应市场需求，公司已在广州开发区科学城购置11万平方米的地块，拟新建厂房7.5万平方米，预计2013年初竣工投产。公司现有员工近550人，其中，管理人员占4.5%，技术人员占9.1%，质管人员占9.6%，专业人员占8.9%，操作人员占67.9%。

日立电梯电机（广州）有限公司于业内率先通过ISO9001-2008质量管理体系，在快速发展的同时，公司积极致力于环境保护和员工职业健康，先后通过ISO14001-2004环境管理体系、OHSAS18001-2007职业健康安全管理体系认证，并荣获2011年度日立集团海外“超级环保工厂”的称号。

研发机构建设　成创新保障

日立电梯电机（广州）有限公司自成立以来，始终把技术创新作为企业发展的“引擎”，2010年10月，成立了企业技术中心，目前公司已形成“一个技术中心，四大职能部门”的组织模式。技术中心由技术决策委员会、顾问专家组以及产品开发科、工艺装备与试制科、试验中心、信息资料科四个部门构成。技术中心主任由公司总经理亲自担任。同时聘请了华南理工大学钟汉如教授（中国软件协会嵌入式系统分会第二届理事会理事）、广东工业大学黄开胜教授（电机电磁研究专家、电机专业硕士研究生导师）、广州日滨科技发展有限公司贾宇辉博士（教授级高工）作为公司技术顾问。以矩阵式项目管理方法，将各部门优势人力整合到每个开发项目中，有效地提高了公司自主创新和科技转化能力。

公司目前已形成了以Ansoft、SolidWorks和AutoCAD、Vmware和存储设备、工作站、个人终端等软硬件为核心的研发平台；以数控加工中心、自动绕线机、浸漆设备等29台套为主体的试制设备；以金相显微镜、冲击试验机、万能材料试验机、大中型负载、脉动试验台、静载试验台为主体的材料试验平台和曳引机检测试验平台，已初步具备国家认可曳引机试验室的功能。

2012年8月，日立电梯电机（广州）有限公司技术中心通过广州市经贸局专家组评审，并获得广州市企业技术中心称号。

通过近几年的研发能力建设，公司拥有了独立的自主知识产权，研发能力稳居同行业前列，其中节能型超高速大载重68kW永磁同步曳引机产品，属国内同行业首创产品；小功率曳引机环形自动化装配线属国内曳引机生产厂家集成性自动化程度最高的生产线；高精度大功率曳引机负载试验台研发属国内同行业最大的负载试验台，大载重超高速曳

日立电梯电机（广州）有限公司

引机地面静载模拟试验台研发成功后，属国内第一家进行曳引机静载试验的厂家。凭借强大的研发能力，2011年度公司产品在国内稳居国内第二位置，2012年上半年，公司新产品市场占有率已基本接近第一的水平。

健全科技人才培养

近几年，日立电梯电机（广州）有限公司利用储备体系国企转制等机会，吸纳了一批有经验的电机开发和试验人才；通过电机英才网、南方人才市场、猎头公司等渠道，吸纳了一批有经验的研发人才；多次到开设有电机专业的哈尔滨工业大学、华中科技大学、南昌大学等高校招聘电机设计和机械专业的应届生，并与广东工业大学建立了长期的研究生培养合作关系，与湖南工程学院建立了电机专业本科生卓越工程师培养计划，与广州南洋理工职业学院建立了产品试制类人才培养协议。

公司设立了高级工程师、主任工程师、工程师、初级工程师、研修实习生等技术类岗位体系。每个项目以项目经理牵头，以资深工程师以上技术人员挑大梁，初级工程师、研修实习生相搭配，整合入高级工程师至研修实习生等各层次研发人员，不仅充分发挥核心技术人员的能力水平，也给研修和初级人员带来学习提高和实践的机会。形成了良性的晋升和人员培训、储备体系。

同时，对技术人员建立了多渠道多层次的培训体系，采取海外研修、内部讲授、现场指导、讨论总结与内外部学习等多种方式并行，充分利用国内外技术资源，广泛吸收大学和科研院所的最新技术成果，给科技人员提供一个良好的人才互动、技术交流平台。

产学研合作成果丰硕

日立电梯电机（广州）有限公司在大力提升自身技术创新能力的同时，积极利用外脑，主动与高校进行产学研合作，充分利用高校的科研成果和科研力量，利用公司科技转化能力和生产条件，提升公司研发及科技转化能力。2010年与广东工业大学共同对永磁同步曳引机电磁计算及控制系统等软件进行开发研究；2011年与华南理工大学共同开发开关磁阻电机及控制系统；2011年与广东工业大学共同对永磁同步曳引机振动分析进行研究，为曳引机的结构优化提供方案和理论依据；2012年与广东工业大学合作开展电机绕组浸漆干燥工艺及设备开发项目。以上开发项目取得了丰硕的成果。目前已编写完成电机核心设计及控制软件5项，并申请了软件著作权；电机绕组浸漆干燥工艺及设备开发项目已于2012年6月通过广州市科信局专家组评审。

自主创新发展　频创新纪录

日立电梯电机（广州）有限公司始终坚持走自主创新之路，努力提高产品的新技术研发及制造水平，主要研发的永磁同步曳引机系列产品应用了领域内最前沿的绿色环保永磁同步技术，这种技术代表了全球最先进的电梯驱动技术，较传统技术节能30%以上，效率达88%—94%，可为终端用户节电5亿度/年。

近三年，公司先后进行了20个项目的研发，其中产品类项目11项，覆盖了57个规格的产品；关键部件类项目2项；工艺及试验装备类项目5项；设计软件及方法类产学研项目2项。多个产品、工艺装备创多项国内、省内新纪录。

在研发活动中，还注重专利申请和转化。目前已获得专利6项，软件著作权5项，正申请专利10余项。同时还参与国家标准的制定，编制的国家标准包括：GBT24478-2009《电梯曳引机》。公司永磁同步曳引机产品为主要客户有日立电梯（中国）有限公司、日立电梯（上海）有限公司、日立楼宇设备（天津）有限公司、日立电梯（成都）有限公司、广州广日电梯工业有限公司等，通过以上公司在全国范围内的营销，日立电梯电机（广州）有限公司永磁同步曳引机产品占有率稳居国内同行业第二位。

曳引机地面静载模拟测试系统——模拟电梯曳引机静态负载不同水平，采用应力测试仪，检测电梯曳引机静态负载应力分布情况，为评估电梯曳引机安全性提供有效数据，为国内同行业首创。

日立电梯电机（广州）有限公司通过技术创新，促进了公司快速发展。公司产能由2009年的20 000万台快速增至目前的45 000台/年，预计2015年达100 000台/年。营业收入由2009年的2亿元增到2011年底13亿元，预计2015年将增至21亿元。

金奖企业

广州天源生物科技有限公司

广州天源生物科技有限公司成立于2009年，是一家集研发、生产、销售为一体的化妆品OEM企业。公司位于广州市花都区雅瑶镇，厂房面积12 000多平方米，目前共有员工150多人，建立了一支优秀的研发队伍：高级工程师2人、中级工程师4人、技术员4人。天源生物公司现有从国外引进的先进生产乳化设备和全自动灌装生产线，与南方医科大学、上海医药工业研究院、广东工业大学等国内著名院校共同研究开发，运用一流的管理模式，生产出高质量的产品正源源不断地供向各地市场。天源生物公司在发展过程中严格按照化妆品生产规范管理操作，取得了欧洲和美国两个GMPC认证、获得中国有机化妆品认证。

自成立以来，天源生物公司研发及生产的产品主要包括孕婴童洗护产品和天然有机化妆品，天源生物公司研发并生产的法国婴姿坊孕婴童产品在国内销量排名第四，生产的其他婴童产品均取得了较好的销售业绩。公司研发和生产的广州韩后有机产品引领了国内有机化妆品的发展方向。

天源生物公司秉承“努力创新，质量第一，客户至上”的经营理念，始终严格把握产品质量，竭诚满足客户的需求，始终如一地恪守商业信誉，主动而客观地阐明产品利弊，悉心分析产品卖点或市场切入点，着实做好产品的对比度、合理组合设计，认真做好售后的跟踪服务，精心打造了诸多品牌产品体系。天源生物公司公司不断加强创新发展，努力开发更高端先进、新颖独特的有机天然产品，致力于把人类的健康美容事业继续向前推进。

广州天源生物科技有限公司

有机化妆品华丽转身

2007年，天源生物公司凭借在化妆品行业中打拼了十余年的丰富经验，以敏锐的目光洞悉到化妆品未来发展的趋势——从化学合成材料研制转身向立足于天然植物发展，返璞归真地转向大自然，追求安全、天然的来源。几年来，天源生物公司不断与国外同行交流，结合国际和国内的相关法规，于2010年首次通过了我国有机产品认证。为了更好地服务于国内的消费者，天源生物公司继续努力，于2011年率先使用我国的有机产品标准研发出高于国际各有机认证标准的中国有机化妆品，顺利通过国家的审查，2011年成为国内化妆品首个使用国内相关标准取得中国有机产品（化妆品）认证证书的企业。

天源生物公司按标准研发的有机化妆品，解决了国内诸多企业在产品天然有机方向的各自经营的混乱局面。为了带动行业有

天源生物公司到韩国进行考察选择天然有机原料。

机化妆品的研发，天源生物公司报请广东省民政厅批准成立了广东有机化妆品(研究)专业委员会，并将办公地点设在天源生物公司，积极参与此委员会的企业有逾百家，充分显示了广东化妆品行业各企业向着天然、有机、植物、安全、环保发展的信心，与广东省企业转型、产业升级的政策相吻合，由广东制造向广东创造转型。

天源生物公司积极与国内外科学家合作，并到国外进行考察选择天然有机原料，研究开发中国的有机化妆品，获得了国家颁发的有机产品认证证书。

尽管国内有机化妆品在近期会有艰难漫长的路要走，但天源生物公司与行业内各企业一同进步，致力于化妆品向着天然、有机方向努力发展。

首创中草药植物原料代替化学合成的防腐剂

化妆品使用的原料在日常存放中会滋生细菌，为了保证产品的质量，防止产品变质，天源生物公司经过与国内相关高等院样合作，优选了几味良好的中药植物材料成份，经过科学筛选与配伍，成功地研发出中草药植物防腐方案替换现在行业中使用的化学合成材料的防腐方案。确保该防腐方案的具有安全、绿色、环保的特点。

持创新、安全、环保、关爱理念

天源生物公司根据生产质量把控要求独立开发出一套管理系统，实现了在线计算产品数量并称重，对产品包装进行识别，一旦发现异常便会自动报警并纠错。有效地防止了少装、漏装或错装混装其他产品等情况，保证产品的质量，提高生产效率。

天源生物公司秉承科技、创新、安全、天然、有机、环保、关爱的理念，不断发展壮大，当选为广东孕婴童用品协会副会长、理事单位、花都区食品药品质量管理协会常务理事单位，获得GMPC证书，并按GMPC体系要求运行。2011年获得中国有机产品认证证书，2012年获得年广东省创新成果金奖荣誉。

（广州天源生物科技有限公司）

金奖企业

广东新华粤石化股份有限公司

广东新华粤石化股份有限公司前身为茂名石化华粤企业集团公司，成立于1980年。2003年12月26日，经茂名市政府和茂名石化公司批准，由茂名石化华粤企业集团公司改制为广东省茂名华粤集团有限公司。随着企业内部改革的进一步深化，经茂名市工商行政管理局核准登记，新华粤石化股份自2009年6月8日起，由原来的“广东省茂名华粤集团有限公司”更名为“广东新华粤石化股份有限公司”。

广东新华粤石化股份有限公司（以下简称新华粤石化），原是中石化茂名石化公司主办的集体所有制企业，成立于1980年1月，2003年底整体改制为股份制民营企业。新华粤石化链接茂名石化产业链，以石化产品深加工和后加工为主业，主营特种蜡、石油树脂和白油等三大核心业务，兼营塑料编织袋（包装物）制作、二氧化碳提纯、进出口贸易、建筑安装、防腐清洗、园林绿化、蜡烛制品、机电设备、劳保用品加工等业务。主要产品有：特种石蜡，工业白石蜡，乳化复合炸药蜡，凡士林，润滑油基础（调和）油，浅色、棕色、深色石油树脂，芳烃溶剂油，食品级、工业级和化妆级白油，工业萘、混合甲基萘、古马龙一焦油树脂、重焦油，塑料编织袋，食用级、工业级二氧化碳，燃料油，蜡烛，防爆器材，服装等。

广东新华粤石化股份有限公司自行建造的全国首套国产化技术工业装置——苯乙烯抽提装置。

新华粤石化坚持以市场为导向。走产学研合作与企业自主创新并举之路，加快技术进步项目建设，推进产业优化升级，加速企业全方位转型，促进了企业稳健有效发展，初步建成了加工处理乙烯裂解C9馏份为主的乙烯后加工生产基地和加工处理重质蜡膏、含蜡馏份油、白油料为主的炼油深加工生产基地，分别建成了5万吨/年闪蒸油加氢、5万吨/年石油树脂连续压力热聚、6万吨/年调合油、4万吨/年复合炸药蜡橡胶防护蜡等特种蜡，5万吨/年白油窄馏分切割、10万吨/年焦油提萘、10万吨/年溶剂脱臭、1万吨/年白油磺化等10多套生产加工装置，形成了80万吨/年的石化产品深加工和后加工能力，是目前粤西地区最大的一家炼化产品深加工后加工企业。

近年来，新华粤石化的企业规模和主营业务收入分别以18%和28%的速度快速增长，主营业务收入超过12亿元/年。新华粤石化建立了以资产纽带为关联特征的全资、控股、参股的三类企业管理模式。目前，新华粤石化属下有15个单位，其中3家合资公司，拥有资产总额3.2亿元，每年上缴国家税金2 500多万元，社会贡献率达到37%以上，是茂名市地方企业中重点纳税大户之一。新华粤石化机关设置7个职能部门，全公司现有员工近2 000人。新华粤石化先后被认证为国家大型（一档）企业，被广东省列入首批70家重点扶持发展的大型企业集团之一，是茂名市12家龙头企业之一，被认定为“广东省企业技术中心”和“广东省高新技术企业”，注册的“HY”被评为“广东省著名商标”，“华粤牌”石油树脂获中国“石油树脂质量十大知名品牌”“广东省名牌产品”和“广东省用户满意产品”等荣誉称号。“HY”商标乳化炸药复合蜡被全国经济联合会和全国经济事务所评为全国同行业“十大名牌”，直供国内炸药生产企业100多家，产品约占国内市场58%份额，成为中国民爆行业最高价值的知名品牌，并出口到日本、西欧等地区；食品级二氧化碳多年来一直成为可口可乐、百事可乐、健力宝、珠江啤酒等国内驰名饮料公司的主要合作伙伴，在华南地区占有重要份额。新华粤石化先后被评为“全国劳动服务先进单位”，荣获“广东省先进集体”荣誉称号，连续多年被茂名市评为“突出贡献工业企业”、茂名市“50强民营企业”、茂名市“A级纳税人企业”和茂名市“重合同守信用企业”。

新华粤石化的3万吨/年裂解汽油苯乙烯抽提项目

为落实茂名市委、市政府加快转变经济增长方式、加快推动茂名市石化产业发展和把茂名市建设成为世界级石化基地的宏伟规划和要求而设。新华粤石化着力链接茂名石化产业链，以广东省茂名石化工业区暨珠海（茂名）产业转移工业园为依托，投资约1.6亿，在2011年5月建成投产了世界第三套、国内第二套、国产化第一套的“3万吨/年裂解汽油苯乙烯抽提项目”。

该项目被列入广东省石化产业调整、振兴规划重点实施项目和“广东省现代产业500强”项目，列入“茂名市2009—2010年度的重大项目计划”，纳入“茂名市主要重大项目责任分工”统一管理。该项目系“产学研”合作重大创新项目，装置位于茂名石化工业区，紧邻茂名石化乙烯厂区，占地面积2.87公顷，年处理量28万吨，年产苯乙烯约3万吨。

苯乙烯抽提项目作为全国首套国产化技术工业装置，是新华粤石化打造国内石化下游产业基地具有深远意义的项目。新华粤石化打破常规，攻坚破难，解决了项目建设中的诸多难题，2011年4月6日项目顺利中交，5月30日装置一次开车成功，顺利产出苯乙烯合格产品，创造了同类项目建设速度最快、技术最先进、国产化率最高、开车时间最短、总体投资最省等多项新纪录，实现了苯乙烯抽提组合成套技术工程应用的“四大突破”，填补了国内空白，打破了该技术被国外少数工业发达国家垄断的局面。该项目的成功投产标志着新华粤石化承担石化下游深加工技术创新实现了重大技术突破，对我国石化行业具有重要的示范效应和推广价值，为提升乙烯的资源综合优化利用水平开辟了一条新路。该装置投产以来，实现“开得起、稳得住、长周期”的目标，累计产出优质和合格的苯乙烯产品逾2.5万吨，后路基本畅通。同时，该项目在节能减排、与骨干企业专业化协作生产方面起到了很好的示范作用。

裂解汽油苯乙烯抽提装置的建成投产，对茂名石化及新华粤石化带来“双赢”局面。一方面既极大地优化了茂名石化100万吨乙烯相关装置的生产，为茂名石化公司每年节约氢气消耗1 000万元，催化剂寿命可延长1倍左右，茂名石化下游的芳烃抽提装置及其二甲苯精制塔的能耗可分别减少7%和35%，年节能降耗初步估算达7 000万元，极大地提升了其混合二甲苯的价值；另一方面，又使新华粤石化进一步强化了与茂名石化公司的上下游协同生产、一体化优化的协作关系，实现了乙烯资源综合利用效益的最大化；此外，由于苯乙烯作为一种重要的有机化工生产原料和基础化工产品，还很好地延伸了新华粤石化的下游产业链，为新华粤石化下步的产业发展拓宽了资源选择空间。

（广东新华粤石化股份有限公司）

深圳市中小企业信用融资担保集团有限公司

深圳市中小企业信用融资担保集团有限公司（以下简称“深圳担保集团”）成立于1999年12月，是广东省业务规模最大、服务企业最多的融资性担保机构，也是全国最早成立和最早获得行业最高资信评级AAA级的一批中小企业信用担保机构。公司业务立足深圳，辐射广东，面向全国，为广大中小微企业提供贷款担保、委托贷款、集合票据担保、政府专项资金担保、投资、保函、典当、小额贷款、上市融资担保、委托评审、融资顾问咨询等融资担保服务，是全国为数不多的能够综合提供信贷市场担保、工程市场担保和资本市场担保业务的担保机构。

深圳担保集团以缓解中小微企业融资难为己任，坚持融资性担保为主业，通过业务、管理、服务模式等创新优化客户服务，完善企业内部管理，拓宽中小企业融资渠道，以创新助推企业发展，闯出了一条中小企业信用担保高端服务发展之路，创下多项全国行业纪录。2011年，深圳担保集团的管理创新成果《中小企业信用担保高端服务的战略定位》荣获第二十一届广东省企业管理现代化创新成果一等奖。

创建“四全”风险管理体系，风险控制水平业内领先

深圳担保集团高度重视风险管理，自成立起即着手建立风险管理体系，提出了全面风险管理的理念，即全面的风险意识、全员参与的风险管理、全过程的风险控制、全新的风险管理手段，逐渐形成了一整套适用于中小企业信用担保机构的管理制度和操作规程。2003年，深圳担保集团凭借《“四全”风险管理体系》荣获深圳市企业管理现代化创新成果一等奖。2004年凭借《中小企业信用担保风险管理体系的构建》荣获国家级企业管理现代化创新成果一等奖，是中小企业及信用担保行业在国内企业管理最高奖项上的首次突破。在该体系保障下，深圳担保集团风险控制水平创下第十三批“中国企业新纪录”，2011年获得“广东省企业新纪录”和“深圳企业新纪录”的荣誉。

创新业务模式，引领信用担保行业发展

（一）开拓中小企业资本市场融资新渠道。在传统信贷市场担保基础上，深圳担保集团积极

第四届中小企业诚信榜揭榜授信仪式暨深圳市中小企业信用担保中心有限公司成立十周年庆典

开拓资本市场高端业务品种：中小企业集合债担保、中小企业集合票据担保。2006年，针对中小企业独立发行规模小、流动性不足、信用等级不足等问题，深圳担保集团在充分调研的基础上提出“中小企业捆绑发债”的构想，研究设计了“统一冠名、银行担保、独立负责、分别反保、集合发行”的发行方案，最终促成全国首支中小企业集合债——“07’深中小债”成功发行，发行规模10亿元，联合发行企业20家，这标志着中小企业以“集合亮相”的方式登上债市直接融资舞台，也标志着信用担保机构迈入直接融资领域。深圳担保集团为其中12家中小企业提供了5.72亿元担保，占总发债规模的60%。

迄今，深圳担保集团成功组织发行了5支中小企业集合票据。深圳担保集团是全国首家成功实施、具备跨地域担保能力的地方性担保机构，也是广东省组织发行中小企业集合产品最多的担保机构，共为34家中小企业担保11.62亿元。

深圳担保集团积极探索，创新增信模式，成功为全国首批中小企业私募债中的“12拓奇债”提供信用增进，使债项评级达A-1，为本批中小企业私募债中最高资信评级。深圳担保集团为中小企业私募债增信，实现了中小微企业与证券市场直接融资的有效对接，为解决中小企业融资难开拓了新的途径。

（二）开创担保机构为企业授信先河。为褒奖诚信企业，深圳担保集团在业内率先开展“中小企业诚信榜”活动，对优秀、诚信的企业进行授信，免抵押、免质押、免留置予以担保，每家上榜企业可获得200万元至2 000万元不等的授信额度。“诚信榜”开创了担保机构为企业授信先河。迄今，“中小企业诚信榜”已开展四届，共为486家“诚信中小企业”授信77亿元，未出现风险坏帐。“诚信榜”活动有利于降低中小企业融资成本，使中小企业从中认识到诚信“有价”。通过褒奖诚信，深圳担保集团以点带面推动了社会信用体系建设。

创新合作模式 拓展服务平台

（一）开创风险共担的银保合作新模式

信用担保行业在我国发展之初，代偿风险由担保机构完全承担，这既不利于银保长期、健康合作，也不符合国际惯例。基于此，深圳担保集团在全国率先提出“八二”风险分担的银保合作模式，即发生代偿时深圳担保集团与银行对未受偿部分实行“八二”风险共担，该风险分担比例为深圳唯一。“八二”风险共担的银保合作不是谈判的结果，也不是政府强制规定的结果，而是在实际工作中逐渐形成的共赢合作模式。

良好的业务运作能力赢得了合作伙伴的信任，目前银行推荐项目占深圳担保集团项目来源的45%，推荐项目一次通过率达96%。迄今，深圳担保集团与深圳市所有商业银行建立了合作关系，900多个合作服务网点遍布全市，无一例外均按照风险“八二分担”的原则。风险共担的银保合作模式为全国各地的信用担保机构在与银行谈判时提供了现实依据，在深圳担保集团的示范作用下，全国其他担保机构在与银行合作时，逐渐尝试提高贷款银行所承担的风险分担比例。

（二）发挥服务平台作用，受托管理财政资金

2002年，深圳市政府首次将原本直接审批发放的产业技术进步资金委托深圳担保集团管理，深圳担保集团作为第三方机构对政府推荐项目按照市场化原则进行独立评审。通过评审、符合财政资金免息借款条件的企业，可按项目完成情况享受免息、一到两年资金使用期限的优惠政策，深圳担保集团免收企业评审费和担保费。这种模式确保了财政资金的使用安全，发挥了资金放大的杠杆效应，扩大了中小企业的受益面。在此示范作用下，深圳市科技三项费用参照产业技术进步资金的管理模式，委托深圳担保集团管理，各区政府均与担保集团建立了扶持中小企业发展的专项合作。2010年，集团与宝安区贸工局合作4年5 000万撬动37.8亿元中小企业贷款。这是深圳担保集团这些年与各区局合作服务中小企业的一个缩影。

促进担保体系建设，推动行业整体发展

2003年，深圳担保集团作为发起单位之一，创建了全国中小企业信用担保机构负责人联席会议，如今联席会议已发展为行业年会，深圳担保集团连续担任了十届联席会议召集人单位，承担了更多的责任。2007年，深圳担保集团作为主编单位，为全国担保行业培训编纂了《信用担保实务案例》（经济科学出版社，ISBN 978-7-5058-6772-7），填补了我国信用担保案例教材的空白。2010年，深圳担保集团根据前10年探索实践的阶段性总结出版《中小企业信用担保规制与探索》（经济科学出版社，ISBN 978-7-5141-0010-5），为行业贡献制度范本。此外，作为国家发改委指定的全国中小企业信用担保机构孵化服务基地，深圳担保集团肩负行业人才培养责任，受国家部委、协会和高校邀请，担任中小企业信用担保培训主讲。

（深圳市中小企业信用融资担保集团有限公司）

金奖企业

广东国华粤电台山发电有限公司

广东国华粤电台山发电有限公司（简称“台电公司”）成立于2001年3月28日，由中国神华能源股份有限公司出资80%、广东省粤电集团有限公司出资20%共同组建而成。公司地处广东省西南沿海著名侨乡台山市铜鼓湾，厂址三面环山，南面临海，港口条件优良，沿海高速、新台高速交汇通过，交通便利，且靠近珠三角电力负荷中心，是建设大型火力发电厂的天然良址。

台电公司工程分两期建设，一期工程5台机组总容量为3 000MW（5×600MW），二期工程4台机组总容量为4 000MW（4×1 000MW），预留2台1 000MW机组场地，最终容量可达9 000MW，是目前国内规划建设规模最大的火力发电公司。一期工程1—5号机组已相继于2003—2006年投产；二期工程6号机已并网发电，正在积极推进建设工作。

神华国华台电一期五台机组于2003—2006年相继投产。机组陆续投产以来，台电公司充分发挥神华集团矿、路、电、港、油、化一体化优势，确保了煤炭供应，大大缓解了广东省用电紧张局面，圆满完成奥运、60周年国庆、大运会等保电、维稳任务，特别是在2008年初南方冰雪灾害期间，在西电东送全面中断、省内火电机组电煤严重紧缺的情况下，台电公司五台机组满负荷运行，为支撑电网和满足社会用电发挥了重要作用。公司成立以来先后获得2005年度全国“五一劳动奖状”、全国“安康杯”竞赛优胜企业三连冠，在全国火电大机组竞赛中多次获奖，1、2号机组还获颁中国建筑工程最高奖鲁班奖、中国电力行业优质工程等荣誉称号。公司的良好发展也得到了各

广东国华粤电台山发电有限公司

级领导的好评。2004年2月29日，中共中央政治局委员、国务院副总理、时任广东省委书记张德江在视察台电时说：“台山电厂不但经济效益好，社会效益也好，是中央大型企业集团与地方集团公司成功合作的典范！”2004年8月30日，广东省省长黄华华视察台电时说：“台山电厂建设速度快，投产后运营好，效益显著，最重要的是，为缓解电力紧张的局面做出了很大贡献。”截止到2009年底，已发电857亿千瓦时，履行了企业应尽的社会、政治、经济、生态责任。

台电公司重视科技发展，以建五型企业为重点，建立了以总工程师为核心的科技管理体系，以提高机组可靠性、经济性、环保为核心开展科研工作，全面开展小品质、小革新、QC等活动，尊重人才，充分发挥广大员工的积极性，解决生产问题，提升机组竞争力。

台电公司荣获国家级科研成果15项，其中管理成果3项。火电厂燃用神华技术研究及应用获得一等奖，为全国安全、稳定、持续燃用神华煤及防结渣方面作出了重大贡献，国华台电港口适航水深研究确定的适航水深标准重度值已经写进交通部颁布的《淤泥质海港适航水深应用技术规范》（JTJ/T325-2006）中，为其他港口的应用推广提供了新标准。建立以经济可靠性为中心的设备管理体系、基于预控式的风险应急管理平台研究和设备寿合管理等研究降低了各种风险，提高设备稳定性，为机组大负荷长周期运转打下了坚实基础。以人为本的人力资源管理模式研究充分调动人员主动性，提高了工作效率，降低人力成本。1 000MW机组自主化DCS系统的研发与应用，为国内电力行业1000MW级机组首次应用国产DCS系统，打破了国外技术的垄断。2011年度台电公司开展广东电网厂级AGC调度模式研究与应用开启了广东省综合调度的先河，实现火电厂内部各机组的最佳经济负荷分配，在降低各机组的煤耗、维修成本、提高使用寿命的同时，实现节能减排的新要求。国内首创亚临界600MW汽轮机高压主汽门直连技术研究与应用，消除了高压主汽门关闭时间超标的重大隐患为国内同行业首创。

南海之滨，铜鼓湾畔，台电公司以“创国际一流”大型火力发电厂为目标，深入践行科学发展观，全体员工艰苦奋斗、开拓务实，努力建设“本质安全型、质量效益型、科技创新型、资源节约型、和谐发展型”五型企业。（广东国华粤电台山发电有限公司）

广东国华粤电台山发电有限公司码头

深圳南联食品有限公司

深圳南联食品有限公司成立于1983年5月，是最早投资深圳的百家三资企业之一，是中国境内注册的第一家中外合资专业配餐公司，是中国首家从事海上油田配餐及生活保障服务的专业公司。南联食品公司担任深圳外商投资企业协会常务副会长单位、广东省外商投资企业协会常务理事单位、广东省石油学会副理事长单位、深圳市海洋石油服务企业协会常务副会长单位、深圳市饮食服务企业协会理事单位等职务。

由首创海上油田服务到沿海业务的拓展创新之路

南联食品公司目前的主要业务是为参与中国海洋和陆地石油、天然气勘探开发的中外石油公司、承包公司、钻井/采油平台、船舶、基地、外籍人员生活区及外国驻华机构、大型能源和工程项目、三资企业、酒店、宾馆、旅游区、体育娱乐场所等提供配餐、食品、生活用品、办公用品、船用物料、设备配件、咨询、培训、劳务、生活区管理等多项服务并经营超级市场、俱乐部、食品加工、承办大型烧烤会、自助餐会等。近三十年来，南联先后为20多个国家、地区的上百家跨国企业、石油公司、钻井公司、大型能源项目和核电项目以及上千家国内大小企业提供高标准、高质量的服务，见证了中外合作勘探、开采海洋石油资源诞生、发展、壮大、成熟的历史。

南联食品公司的客户主要是海上、陆地石油公司、钻井公司和船舶公司等，主要包括：中石油、中石化、中海油、英国石油公司（BP）、埃索（Esso）、英国壳牌（Shell）、阿科（Arco）、美国康菲石油公司、雪佛龙、德士古、丹文、加拿大哈斯基、泛华、澳大利亚洛克、挪威国家石油、CACT作业者集团等等。

南联食品公司成功地把海上服务的经验移植到陆地，为广东大亚湾核电站、浙江秦山核电站三期项目、中海壳牌石油化工有限公司惠州大石化项目等提供营地配餐、外籍专家村综合生活服务管理。在北方地区，南联设立了天津塘沽分公司，主要负责环渤海区域相关业务的营运及开拓；在广东惠州主要围绕惠州大石化园区的超大型企业项目，进行工商膳食业务的拓展和营运。

深圳南联食品有限公司海上工作平台

积28年经验，成就标准化管理

“南联配餐”从无到有、从小到大、始弱而强，进而从优秀到卓越，风风雨雨走过了28年了。南联食品公司站在改革发展的高度，在认真总结南联28年来为海洋石油勘探开发提供专业配餐和生活保障服务实践的基础上，更加关注行业发展潮流以及更加注重流程和细节管理，从而着眼于培育并建立战略性竞争优势，提升差异化竞争实力。2011年6月，南联食品公司完成了《南联海上配餐服务标准化管理手册》的编撰，凝聚了几代南联人心血、智慧和汗水，对将近三十年的海上配餐服务运营管理中所积累的经验进行整理、归纳和提炼，成为进一步提升配餐品牌价值、项目运营管理绩效以及客户满意度的行动规范和指南，是国内首部关于海上配餐的完整的战略管理体系标准手册。

工商膳食业务广东惠州平海电厂举办“夏日美食节”活动。

《南联海上配餐服务标准化管理手册》涵盖了配餐服务流程的五项标准，包括员工管理标准、出品质量标准、安全卫生标准、流程操作标准和管事工作标准。设定标准就是要规范行为，形成有组织、有目的、有序的工作流程，从而不断地提升管理水平和服务质量，强化客户的满意度和支持度，最终实现“南联配餐”品牌的价值最大化。

标准化的实施，目前已经逐步落实到了海上配餐服务的流程当中。根据《手册》的要求，首先是出品的标准化。南海区域各平台每天按照统一的菜单、统一的配料、统一的份量，归范了服务模式，统一了出品，为客户提供最专业、最专心的、最安全、最具南联特色的“三心”（优质服务让客户称心，诚信服务让客户欢心，安全服务让客户放心）服务和出品，赢得了客户的高度认可和好评。

其次是安全卫生标准化。ISO体系的贯彻，SSOP规程的执行以及安全手册的培训及实施，都严格要求每位配餐人员必须做到卫生、整洁、大方。工服洁白无污渍，头发不过耳，不留胡须，不戴首饰，不留指甲，严格按照卫生标准操作规程的要求，进行生、熟食品、半成品的加工、处理，防止食物的交叉污染。

第三，清洁洗衣服务标准化。标准的清洁、洗衣流程已拍摄制作成录像，用于对每一位新员工及在岗员工的上岗前培训及强化培训。清洁的效果必须达到：桌面、镜面、公共区域无灰尘、无污渍，地面无积水、无油污。床上用品整齐有序，被子有棱有角，床单平整洁净。

《南联海上配餐服务标准化管理手册》与《员工手册》《配餐服务人员行为操守手册》《健康安全环保手册》并称为公司的管理四册，不仅具有积极地示范和引导作用，更具有里程碑意义，标志着南联的专业配餐和生活保障服务水平将迈上一个崭新的台阶。南联食品公司制定“标准化”旨在使从管理层到一线员工高度重视，充分理解，规范行为，更要自觉遵规守矩，身体力行，持之以恒，做一名善于创新改善、忠诚执行标准化的践行者。

战略规划与国际化接轨

面对复杂的市场环境、激烈的生存竞争和多变的客户需求，南联食品公司建立一个包括战略规划、战略执行及战略评估和调整在内的完整的战略管理体系，遵循标准化管理的原则，致力于让员工更加称职与尽责、让服务出口更加安全健康与高效、让运营管理更加精细与精确，使“南联配餐”成功踏上“质量强企”的康庄大道，最终在激烈的市场竞争中立于不败之地，持续发展。

南联食品公司在董事总经理尉东东的带领下，用了近一年的时间，编写完成了《南联五年发展战略规划》，其目的就是要为南联的未来规划出一条通道，设定明确的方向，并不断发展壮大。

南联食品公司倡导创新厨艺，尊崇品质，竭诚服务，保障安康，坚持以人为本，成为南中国海较早取得ISO9001国际质量体系认证和HACCP国际食品安全认证的公司；优质高效的服务使南联所获奖项不计其数。

经过近三十年的发展，目前，南联食品公司已形成了立足南海市场，北拓渤海油田，南依惠州石化，扩展海外业务，面向社会服务的经营格局。随着《南联海上配餐标准化管理手册》的出炉，并已开始在海上平台各项目点实施，南联踏上了迈向国际、享誉四海之路。

（深圳南联食品有限公司）

广州南沙海港集装箱码头有限公司

广州南沙海港集装箱码头有限公司于2006年6月9日注册成立，由广州港集装箱综合发展有限公司和中远码头（南沙）有限公司共同出资组建而成，地处珠江出海口、珠江三角洲的地理几何中心，公路、水路集疏运十分便利，主要经营集装箱船舶装卸、集装箱堆存以及与码头业务相关的物流和集装箱管理等综合服务。

广州南沙海港集装箱码头有限公司先后被广州市政府评定为“2007—2009年度文明口岸”“2008—2009年度纳税信用等级A级纳税人”；获得中国港口协会颁发的“2009年度中国港口内贸集装箱吞吐量前十名码头”称号；获得2010广东省企业创新纪录优秀奖；获得广东省企业联合会、广东省企业家协会颁发的“2010—2011连续两年广东省诚信示范企业”“广州市劳动关系和谐企业AA级”；获得“广东省企业管理现代化创新成果三等奖”“全国交通企业管理现代化创新成果三等奖”等荣誉。

广州南沙海港集装箱码头有限公司在推进企业的诚信建设、强化优质服务的同时，公司还特别重视企业的自我创新，不断提升自身的先进性和竞争力。在2011年度先后完成了ERTG过转场和节能系统项目、集装箱场桥“自动轨迹”系统项目、集装箱轮胎吊“自动纠偏”项目三个创新项目，这三个项目均为国内同行业首创。

ERTG过转场和节能系统项目

ERTG（使用市电的场桥）节能环保，过转场时操作复杂，原来的柴油机还不能完全取消，冷机启动需要暖机，而且过转场时还会冒烟。在市电和柴油机电源切换时，会造成RTG控制设备重启，夜间作业时照明灯也会重启。在提重箱时线路压降大，损耗大。ERTG过转场和节能系统全面彻底解决了以上问题。该系统为ERTG提供40分钟（取决于动力电池的容量）过转场时动力能量。将集装箱下降作业时和大小车减速刹车工作状态时的动能和位能全部回收到动力电池组。可以在平时起升作业中为起升电机提供能量，这样在起升作业时的能量可以来自动力电池组或部分来自动力电池组。可以使供电设备的容量大大下降，由于缓冲的功能使得供电负载趋于平稳、冲击大大减小，使得供电质量得到提高。为了避免在过转场时RTG的控制系统重启和夜间照明灯重启，提供一个小的AC/3相/380V/220V/50Hz的连续供电电源。这样就解决了ERTG在转场和过街时重启的烦恼。

现场技术人员在检查集装箱轮胎吊“自动纠偏”系统运行情况

通过该系统有能量缓冲的削峰填谷作用和吸收并储存吊具下降的势能，可以提供额外的电能，节省大量电能，取得巨大的经济效益和社会效益。

集装箱场桥“自动轨迹”系统项目

集装箱场桥“自动轨迹”系统，采用小车和起升编码器作为位置传感元件，当RTG在某一箱位集中作业一遍以后，记忆下该箱位的轮廓线，并可以根据学习记忆自动算出允许安全运行的空间轨迹。实时地检测小车和起升运行趋势，自动学习、记忆、更新集装箱堆场内吊具安全运行高度轮廓，当起升的高度小于前方安全运行空间轨迹的高度时，对小车进行限速，当起升的高度大于前方安全运行空间轨迹的高度时，不对小车限速，则小车可以在允许的安全空间轨迹内以最佳路线进行作业，并可以防止撞箱事故的发生。

通常情况下，集装箱堆场内集装箱堆放错落有致、高低不齐。吊装中间稍有不慎，就会撞翻集装箱，发生所谓的“打保龄球”现象，并可能导致严重的安全事故。

为了安全，起重机在吊装过程中往往要求司机把吊具起吊垂直升降到最高点，高于堆场内所有可能的集装箱高度，即吊具运行在集装箱堆场内达到绝对安全运行高度轮廓里时再移动小车让吊具水平快速移动（所谓的“门字形”运动），才可以保证吊装的安全运行，有效地避免吊具在有集装箱和无集装箱时的运动过程中与堆场集装箱发生严重碰撞和翻箱事故，但“门字形”运动增加了运行距离，可能导致吊装时间增加，效率下降，同时也增加了吊车油耗和机械磨损。

装箱堆场吊装途径中的捷径自然是两点之间尽可能走直线，如果集装箱堆场吊装途径中没有集装箱阻挡，理论上司机可以操作起吊和小车同时运行，让吊具走“直线”或“抛物线”而不是“门字形”，这样做有作业效率高、节约能源、减少机械磨损等优点，但也容易由于运动速度、视觉障碍、疲劳驾驶、操作失误等人为因素，造成吊具和堆场集装箱发生严重碰撞导致翻箱事故。为安全起见，司机吊装过程中如果不走“门字形”曲线而选择走捷径，即走“直线”或“抛物线”，通常会限制起重机运行速度，自动进行减速或慢速运行（通常20%的最大速度），以免发生碰撞或严重碰撞导致翻箱事故。

通过“自动轨迹”控制系统可以提高工作效率，不需要提升到最高点就可以在安全区域内的“最佳轨迹”里高速走小车，从而大大节约下降距离和时间，另外系统采用自动减速方式，每次减速距离都很优化，从而每次小车和起升的停靠时间都较人工操作短4—5秒。可以有效帮助司机在集装箱吊装过程中提高效率（装卸过程中一倍）、节能减排（装卸过程中节能30%以上，即使考虑待机的平均状况，提高总效率25%，节能22.5%以上），并且由于投入成本低，回报非常高。特别可以帮助司机避免由于驾驶技术、目测估计错误等原因，造成的碰箱意外事故（俗称打保龄球事件），非常安全可靠。

集装箱轮胎吊“自动纠偏”项目

集装箱轮胎吊“自动纠偏”系统，通过在大车两侧行走鞍梁安装激光检测限位、系统模块及相关的辅助开关，然后利用在控制中建立的轮胎吊行走数学模型，精确地分析和判断出轮胎吊行走的大车方向纠偏量与偏差的关系，实现自动纠偏的功能。可以有效地避免碰箱事故的发生，大大降低司机劳动强度。

轮胎吊高25—30m，长25m，宽7m，轮胎高度是1.8m，宽度0.6m。8个承重轮，车身重达200—300吨，轮胎吊行使的路径线与其内部的最外侧集装箱（现在油改电，对于低架结构往往到滑触线最外端）距离约30—70cm，也就是说行驶中的轮胎偏差最大为30—70cm，轮胎吊的最大行驶速度一般是2m/s，假定当前大车内侧离集装箱的距离为30cm，则在全速的条件下大车在行使方向上只要偏8.6度，1秒的时间就会碰撞。而一旦发生，由于轮胎吊的巨大重量和惯性，将会造成严重的事故，带来巨大的经济损失。因此轮胎吊大车运动控制的前后偏差一般要求在±10cm。采用轮胎吊“自动纠偏”控制系统后，可以对其起到有效控制。

鉴于集装箱码头的轮胎吊的驾驶要求其沿着行径路线准确驾驶，防止意外碰撞造成重大损失；且行驶速度快，有助于集装箱的高效吊装。特别是引入低架油改电后，轮胎吊的行使道路变窄，驾驶越来越困难，轮胎吊“自动纠偏”控制系统采用激光测距系统检测轮胎吊行走中的位置和方向偏差，然后利用在控制中建立的轮胎吊行走数学模型，精确地分析和判断出轮胎吊行走的大车方向纠偏量与偏差的关系。从而自动调整大车行走方向，达到自动纠偏。

通过项目创新，广州南沙海港集装箱码头有限公司不仅提高了码头工作的效率，更提高了操作的安全性；不仅取得了巨大的经济效益，更取得了巨大的社会效益，赢得了广大客户的赞誉。

（广州南沙海港集装箱码头有限公司）

金奖企业

广东长宏公路工程有限公司

广东长宏公路工程有限公司（以下简称长宏公司）自创立以来，注重管理改革和自主创新，大力加强科研项目的研究开发。长宏公司秉承“创建优良、树立品牌”的质量方针，弘扬“创精品工程、铸时代丰碑”的企业精神，实现质量、效益、科技同步发展，积极开拓建筑市场，为社会创造效益。长宏公司目前在自主创新方面取得了“混凝土桥梁结构耐久性研究及应用”和“高流态砼在大跨预应力砼桥梁中的应用”的科研成果。

广东长宏公路工程有限公司

混凝土桥梁结构耐久性研究及应用

“混凝土桥梁结构耐久性研究及应用”为广东省交通厅2008年度计划内科研项目，项目编号：2008-12。

（一）技术原理和应用领域

技术原理：采用基于Monte Carlo模拟的PPM模拟方法和可靠度理论相结合，实现了在碳化、氯离子侵蚀和两者联合作用下钢筋锈蚀率、构件锈胀裂缝和承载能力的预测，并把这些方法集成当相应的计算机软件中，为工程应用提供了方便。

应用领域：混凝土桥梁结构耐久性评估及预测。

（二）性能指标

1、提出了确定碳化和氯离子共同作用下，判断钢筋初锈的简化方法和基于Monte Carlo模拟的PPM模拟方法；

2、实现了在碳化、氯离子侵蚀和两者联合作用下钢筋锈蚀率、构件锈胀裂缝和承载能力的预测；

3、分析研究了混凝土强度和保护层厚度随时间变化的基本规律，建立了混凝土桥梁碳化深度的计算模型和由于碳化引起钢筋锈蚀、混凝土保护层开裂和结构性能退化时间的计算模型；

4、提出混凝土桥梁构件耐久性设置目标和主要参数以及基于钢筋锈蚀和保护层开裂的耐久性模型方程；

5、把计算方法集成当相应的计算机软件中，为工程应用提供了方便。

（三）取得成果

混凝土桥梁结构耐久性研究及应用以在役混凝土桥梁结构为主要研究对象，在分析混凝土碳化和氯离子侵蚀对钢筋锈蚀的影响的基础上，对钢筋锈蚀到混凝土开裂的过程进行了研究。在确定碳化和氯离子共同作用下，提出了判断钢筋初锈的简化方法和基于Monter Carlo模拟的PPM模拟方法。实现了在碳化、氯离子侵蚀和两者联合作用下钢筋锈蚀率、构件锈胀裂缝和承载能力的预测。

1、课题从材料和构件两个层面明确定义相关的耐久性极限，提出了耐久性正常使用状态和承载能力极限状态两个设计概念。基于不同的耐久性极限状态，设计相应的耐久性极限状态使用寿命。

2、研究混凝土桥梁构件耐久性变化过程，并进行耐久性寿命设计，从而对耐久性的大小进行了量化，达到基于使用性能进行结构设计的目的，健全了混凝土桥梁结构的耐久性的理论分析和方法。

3、基于抗力衰减的构件安全耐久性，对时变抗力系数进行了修正，提出了简化计算方法，进行锈蚀后钢筋混凝土受弯构件变形验算和承载力验算。对于受弯构件，进行挠度验算和裂缝宽度验算。

4、运用理论分析工程实例，进行验证及效果评定。依据研究成果，用相应的计算机程序分析了典型公路桥梁的耐久性问题，预测了这些桥梁的钢筋锈蚀程度、构件表面裂缝宽度和构件承载能力降低系数，预测结果与现场检测结果具有很好的一致性。

研究成果除有一定的理论价值外，还有其明显的针对性和实际可操作性。在实际维护中应用，可延长桥梁使用寿命，降低桥梁生命周期成本。更具深远意义的是：全面推广，能改进和优化我国桥梁健康管理思想和方法，提高桥梁健康管理水平，全面取得我国桥梁健康管理的经济效益和社会效益。

高流态砼在大跨预应力砼桥梁中的应用

“高流态砼在大跨预应力砼桥梁中的应用”是广东省交通运输厅2008年度计划内科研项目，项目编号：2008-14。

（一）技术原理和应用领域

技术原理：高流态砼配制原理是掺入化学外加剂和掺合料，以达到自密实效果；高流态混凝土（自密实混凝土）既要提高流动性，又要保持匀质性，这二种性质的矛盾解决方法之一是用化学外加剂和矿物掺合料双掺，其二还可以掺入增稠剂；减水剂与水泥和矿物掺合料具有相容性问题，用水泥净浆流动度试验筛选减水剂，方便快捷，由此确定减水剂用量饱和点能指导混凝土配比设计；粉煤灰、矿粉单掺复掺对混凝土性质的影响；解决了高流态砼配制中的关键技术，在技术上取得了突破，圆满完成了计划项目合同的技术指标。

应用领域：高流态砼可广泛用于桥梁工程、隧道、海港码头、房屋建筑、水利工程等混凝土工程中，对于钢筋密集、截面复杂狭窄的混凝土结构，可以提高砼工程质量，同时具有较高的后期强度和较好的耐久性。

（二）性能指标

1、自密实混凝土（SCC）与传统的混凝土相比，具有很高的工作性，即高流动性，高抗分离性，高间隙通过能力和高填充性，良好的体积稳定性和耐久性等；

2、SCC能够在结构复杂断面或密集钢筋结构中完成混凝土的浇注工作，保证工程量，减少混凝土缺陷，减少日后工程修复费用；

3、SCC不需要震动捣实，简化了混凝土浇注过程，施工速度快，节省劳动力，减少了施工噪声，改善施工环境；

4、通过化学外加剂和矿物掺合料双掺技术，能在不改变现有混凝土生产技术和施工技术前提下生产出C40、C50扩展度大于等于550mm的自密实混凝土；

5、自密实混凝土的成功配制需要以合适的高效减水剂为前提，聚羧酸盐系减水剂效果好，可利用水泥净浆流动度试验检验与水泥、掺合料的相容性，确定减水剂用量饱和点；

6、掺入粉煤灰能改善混凝土和易性，粉煤灰的掺入提高了混凝土的粘聚性和抗离析能力，保证混凝土的可泵性和匀质性，但是掺量过大时会增加混凝土坍落度的经时损失，使用粉煤灰时需选择性能好的品种，且需要通过实验研究来确定合适掺量，以充分发挥粉煤灰的作用；

7、磨细矿粉的掺入提高了混凝土的流动性，使混凝土有较高的坍落度和扩展度。磨细矿粉增加了混凝土的泌水，可以将矿粉与粉煤灰复掺，或矿粉与增稠剂复掺，利用粉煤灰的保水能力和增稠剂的增稠效果来降低混凝土泌水；

（三）取得成果

经过两年多的研究，该项目提出了高流态砼在大跨预应力砼桥梁中的应用原理和应用方案，解决了减水剂与水泥和矿物掺合料具有相容性问题，粉煤灰、矿粉单掺复掺对混凝土性质的影响。取得了如下成果：

1、应用水泥净浆流动度方法检验减水剂与水泥、矿物掺合料的适应性，确定掺量饱和点，具有操作简单、速度快捷的特点；

2、通过改变砂率、减水剂种类和掺量、增稠剂掺量、矿物掺合料种类和掺量等，研究了混凝土配合比设计参数对自密实混凝土工作性和强度的影响，为设计自密实混凝土确定了配合比范围；

3、系统研究了增稠剂PAM对水泥水化过程的影响，国内第一次将无接触电阻率分析技术用于研究掺PAM水泥浆体的电阻率变化，并对机理进行了分析；

4、分析了矿物掺合单掺和复掺对混凝土抗氯离子渗透性能的影响，通过化学外加剂和矿物掺合料双掺技术，能配制耐久性能好的自密实混凝土，也为配制自密实高性能混凝土奠定了基础；

5、形成了高流态砼在大跨预应力砼桥梁中的应用工法。

（广东长宏公路工程有限公司）

广东华润涂料有限公司

广东华润涂料有限公司，创立于1991年，是中国领先的专业生产建筑装饰装修材料、木器涂料、水性涂料及高科技工业涂料系列产品的国际化集团企业。

十几年来，华润涂料始终坚持诚实正直的经营理念、严谨科学的工作作风和为社会负责的企业态度，为广大消费者和客户、合作伙伴提供切实可信的专业产品与服务，赢得了消费者和客户的信赖。

凭借良好的品牌形象、优异的产品质量和扎实的服务能力，华润涂料不断发展壮大，现拥有占地12万平方米的建筑涂料生产基地和7万平方米的木器涂料生产基地，产品产销量长期位居国内前列，木器涂料更是居国内行业龙头地位。无论是产品质量，还是企业信誉，华润涂料在同行业中都处于领先地位。

2011年，在世界经济不景气、中国经济发展特别是房地产市场调控的宏观环境下，华润涂料逆势增长，圆满完成了各项经济指标。建筑涂料、家具涂料等全线产品的销售指标比2010年都增长20%以上，再次通过了国家“高新技术企业”认定，获得了广东省“捐资助学突出贡献奖”和人民网“2011年度最佳企业公益传播案例奖”，并跻身"中国化工100强"。社会效益和经济效益全面提升。

2011年9月，广东华润涂料有限公司第九次跻身中国化工500强，第三次进入“中国化工百强榜”，在获奖涂料企业中排名首位。2011年9月，“华润漆”荣获“2011消费者最喜爱的绿色商标”，这是广大消费者对华润漆节能环保的充分肯定。

2011年，华润涂料为广东省教育基金会捐助50万人民币，用于广东汕尾护东小学的新建和翻修，这是广东华润涂料所捐助的第10所捐助学校。12月，华润涂料“持续多年关注山区教育事业案例”荣获人民网“2011年度最佳企业公益传播案例奖”，这是对华润涂料多年来坚持践行企业社会责任的认可。至2011年底，华润涂料已为广东省各偏远乡村捐建了10座教学楼及教师宿舍楼。

广东华润涂料有限公司

台山核电合营有限公司

台山核电合营有限公司（以下简称“台山核电”）由中国广东核电集团与法国电力公司（EDF）共同投资设立，全面负责台山核电站一期项目工程建设和生产运营。台山核电站位于广东省台山市赤溪镇，规划建设六台新型压水堆核电机组。一期工程建设两台单机容量为175万千瓦的欧洲第三代压水堆EPR核电机组，工程总投资502亿元人民币，分别计划于2013年底和2014年底投入商业运行。一期工程两台机组建成后，年上网电量约260亿千瓦时。每年可减少电煤消耗1050万吨，减少温室气体排放约2275万吨。

台山核电一期工程的设计、采购和建造（EPC）责任分别由国内外不同专业单位承担。法国阿海珐公司承担核岛设计采购责任，法国阿尔斯通和东方电气联合承担常规岛主设备及汽轮机设计采购责任，中广核工程有限公司和中广核设计有限公司及国内外百余家承包商参与了该项目建设。

台山核电依托中广核集团成熟的信息化经验成果，凭借三代核电技术优势，基本完成了满足工程建设、生产准备及经营管理需要的信息化体系建设，实现了信息技术对公司各项业务的全力支持。

为配合三代核电技术特有的三维设计系统使用，台山核电采购了一定数量的三维模型浏览软件NavisWorks，该途径部分解决了设计承包商、业主与安装承包商之间三维设计数据的传输问题以及部分用户的模型查看问题，但由于三维设计系统License价格昂贵、操作复杂、培训周期长等特点，系统的应用与推广遇到极大障碍，可能导致三维设计信息数据未能得到充分利用，难于对工程建设业务发挥其应有的作用。因此台山核电信息化团队通过反复的研究实践，确定了基于AVEVA VPD/VPE系统及三维模型浏览软件NavisWorks技术路线，设计并实现轻量级三维可视化Web平台。在系统架构上，为突破传统C/S架构的局限，三维可视化Web平台考虑采用B/S架构，通过后台的数据转换支撑，并基于富客户端技术（Rich Internet Applications，RIA）进行相应的数据集成和功能模块移植与开发，在服务器上进行部署，从而实现轻量化三维可视化Web平台。该系统平台的投用为上游设计承包商的设计信息数据进行转换与集成，使设计信息摆脱三维设计系统的局限向更多用户延伸和扩展，从而使大规模、宽领域、多渠道地利用三维设计信息成为可能。

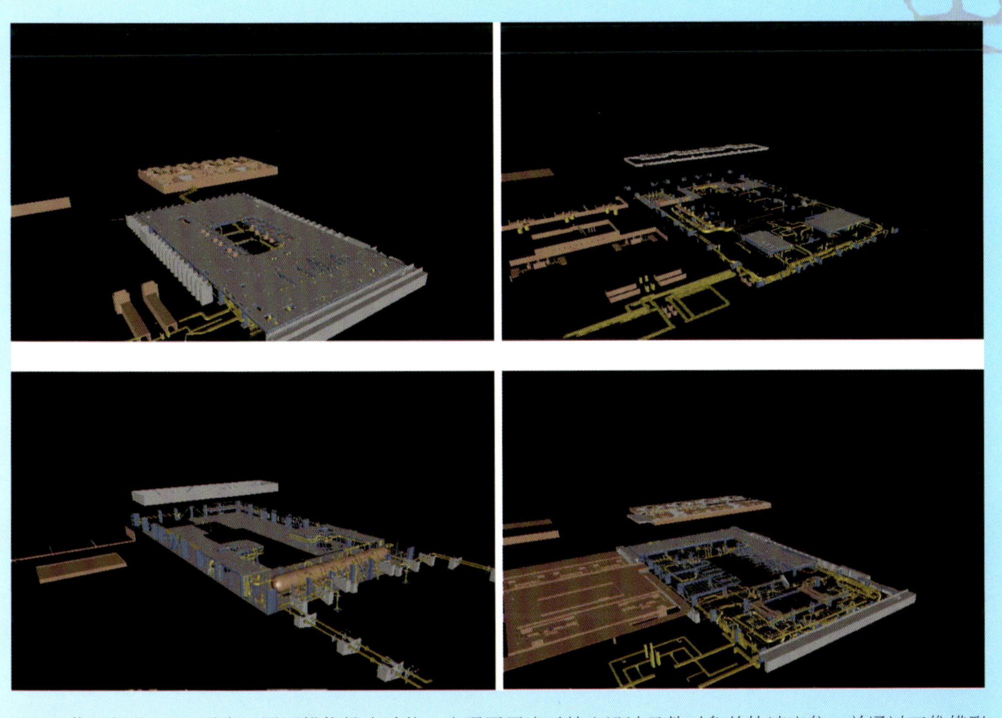

三维可视化Web平台设置了模糊搜索功能，实现了用户对特定设计元件对象的快速定位，并通过三维模型与二维P&ID的关联关系，找到相应的P&ID图，进行工艺流程与三维布置的比对校核。

广州金夫人婚纱艺术摄影有限公司

中国金夫人集团旗下机构——广州金夫人婚纱艺术摄影有限公司成立于1996年3月28日，位于广州市小北路200号。

国际摄影网络大赛

广州金夫人担任广东省企业联合会、广东省企业家协会的常务理事单位，广东省诚信公约成员单位，广东省人像摄影协会副会长单位，广州民营经济发展研究会副会长单位等职务。曾获得了“中国婚纱摄影企业精萃”“全国诚信示范单位”“消费者信得过单位”“3.15重点保护信誉企业”“广州市十大最受欢迎影楼”“最具影响力婚纱摄影品牌”“广东省诚信示范企业”等殊荣。2006年1月，广州金夫人通过ISO9001国际质量管理体系认证，成为摄影行业屈指可数的通过国际质量管理体系实现顾客满意度的企业。

广州金夫人秉承“至尊、至善、至美”的经营理念和“追求卓越，永远领先”的企业精神，正逐步引领着羊城婚纱产业的发展。15年来，广州金夫人不断倾注智慧，情感和心血，成为广州婚纱业界的一个标杆型企业。“金夫人”品牌发展成为中国十大影响力品牌和摄影行业唯一一个中国驰名商标。

广州金夫人高度重视人才资源，成立教育、摄影、造型研究中心等专业机构，拥有高水准的摄影师、化妆造型师、后期数码设计师及高素质服务人员。同时不断引进尖端技术，提升婚纱摄影品质；不断采集先进资讯，创新化妆、造型理念；定期举办婚纱摄影展示会及各类名家讲座，有规模、有系统地推广婚纱摄影艺术发展，以锐意进取的精神传播金夫人理念，以诚挚爱意为社会作出贡献。

随着广州金夫人的不断发展，广州金夫人成为华南金夫人总部：2006年5月，营业面积超过3 000平方米的（中国）金夫人集团华南总店在新人们的祝福声中举行了开业大典；巴黎婚纱、婴爱儿童摄影、广州大学城玛雅摄影工作室、广州花都金夫人、广州番禺金夫人、广州中山金夫人、唯一视觉、卡卡影像、康达数码设计中心、相册、相框装裱制作中心、金夫人华南总部管理中心以及全国最大拍摄基地——摄影创意产业园等旗下机构陆续成立。标志着广州金夫人从单店经营模式逐步发展成为现在的集团化发展模式。经过短短几年时间，广州金夫人跃居羊城婚纱摄影之首，给新人们带来全方位的高端服务。

“拍婚纱照到金夫人”不只是金夫人员工的口号，更是新人给金夫人最好的肯定。广州金夫人一直以创意的设计、唯美的风格、热忱的服务和华丽的店堂服务于广大新人，以“一流服务，一流设备，一流技术，一流质量”成为羊城新人心目中婚纱摄影的代名词，以高端的硬件设施、热情周到的服务和卓越的品质赢得了“拍婚纱照到金夫人”的良好口碑。

广东中财融资担保投资有限公司

广东中财融资担保投资有限公司经广东省人民政府金融服务办公室批准和广东省工商行政管理局及湛江市工商行政管理局核准成立于2006年1月24日，注册资金1.38亿元。广东中财融资担保投资有限公司是湛江市第二家成立的专业融资性信用担保机构，是湛江市中小企业信用融资促进会副会长单位和广东省信用担保协会会员单位。经营业务范围包括：为企业及个人提供贷款担保、票据承兑担保、贸易融资担保、项目融资担保、信用证担保等融资性担保；兼营诉讼保全担保、履约担保业务，与担保业务有关的融资咨询、财务顾问等中介服务。

中财公司实施以股东大会、执行董事、监事、总经理、项目评审委员会、顾问委员会为主体的治理体系，下设业务管理部、风险管理部、业务拓展部、综合管理部、法律事务部、财务会计部等6个职能部门。公司现有21名员工，学历大多为本科以上，专业涵盖经济、金融、财会、法律、评估等，来源大部分为工行、中行、农行、建行、广发行、农信社等银行机构的业务骨干，是一支知识化、年轻化、专业化、实践经验丰富的专业队伍。

2010年，中财公司被湛江市政府有关部门联合评为“湛江市文化建设十佳标兵单位”，荣获“广东省守合同重信用企业”称号；2011年，荣获“广东省诚信示范企业”称号，于第四届中国投资担保业高层峰会暨中国投资担保业影响力品牌公益评选中获得“中国最佳信用担保机构”“中国最佳诚信服务品牌机构”“中国最具综合实力融资担保机构”荣誉称号；2012年，荣获“广东省中小企业融资服务示范机构”荣誉称号。

中财公司以“专业高效、诚信敬业、开拓创新、共创辉煌”为企业精神，以“管理规范、风险可控、做强做大、持续发展”为战略目标，以“服务取胜、审慎合规、追求效益、发展共赢”为经营理念，定位于以融资性担保业务为主业，大力扶持中小企业的发展，致力为广大中小企业及个人提供全方位的融资担保服务，努力打造一个良好的融资平台，为促进湛江社会经济的稳健发展积极作出了应有的贡献。

广东中财融资担保投资有限公司

东莞市愉景实业集团有限公司

东莞市愉景实业集团有限公司是一家以高端房地产开发与投资为主，兼营物业管理、五星级酒店、矿产开发等多元化业务的民营企业。集团注册资金超过3亿元人民币，资产规模达60亿元。愉景实业集团在房地产投资方面主要开发豪华别墅、高档公寓、高档商业区等项目。迄今为止，集团已积累了二十年的房地产开发经验，成功开发了庆峰花园、愉景花园、愉景新时代广场、愉景东方威尼斯广场等多个精品项目，成为东莞市乃至广东省资深的房地产开发商之一。同时，集团实施多元化投资战略，近年来开始涉足五星级酒店经营、矿产开发等领域。截至2011年底，集团的广州日航酒店项目、老挝矿产项目以及西安广陶建材城项目正在开发建设之中，有望成为公司新的经济增长点。

在公司领导的关怀以及公司员工的不断努力下，愉景集团在精神文明建设方面取得突破性的进展，并得到相关部门的嘉奖。近年来相继获得"基层工作先进单位""纳税大户""先进党组织"等荣誉称号。诚信是愉景实业一贯崇尚的商德。在市场激烈竞争中，愉景集团一直诚信为本的原则，坚持重合同，守信誉，以诚待人，以诚取信，期盼友好合作，谋求长远发展；与广大商业合作伙伴取得共赢，并得到社会各界的广泛赞扬与肯定。2012年4月，广东省企业联合会、广东省企业家协会授予公司"广东省诚信示范企业"荣誉称号，成为自2008年以来，连续四年获得该荣誉称号。

在经营发展的过程中，愉景实业集团以促进当地社会经济发展为己任，同时不遗余力地斥巨资参与公益事业，积极捐助社会福利事业、教育事业，累计为灾区、公共设施建设、残疾人救助、贫困地区建设等公益事业捐助慈善款3 000多万元，赢得社会广泛尊重。

面对新的市场环境和发展机遇，愉景集团将品质与服务作为企业长远发展的根本，实施科技创新和管理创新。同时，将以房地产开发为主业，积极向相关行业渗透和向外拓展，不断向多元化经营、集约化管理的集团型企业方向迈进。

广州市实华园林绿化装饰工程有限公司

广州市实华园林绿化装饰工程有限公司于1999年10月成立，拥有园林绿化、市政公用工程、装饰装修工程、物业管理和清洁服务五大主营业务，主要从事园林绿化工程的设计、施工与养护管理、市政公用工程、室内外装饰工程、物业管理以及苗木生产、花卉租摆、垃圾收集、清洁消杀服务等业务。

实华园林公司技术力量雄厚、机械设备充足。现有各类专业技术人员46人，其中高中级技术人员15人，初级技术人员31人，绿化养护和卫生保洁人员近350人；拥有装载机、载重汽车、洒水车、工作用车和剪草机、打孔机、绿篱机、喷药机、抽水机、树枝粉碎机、地板冲洗机等一大批园林绿化机械和清洁设备。

公司具有完整的施工管理体系，拥有《城市园林绿化二级企业资质证书》《市政公用工程施工总承包叁级资质证书》《广州市市容环境卫生经营性服务B级企业资质》《广州市消杀服务资质证书》《物业管理三级企业资质》等专业证书。为适应社会发展的需要，提高公司的市场竞争力，实华园林公司已于2001年10月顺利通过了ISO9001:2000国际标准化质量管理体系认证，成为广州市首批通过这一认证的园林绿化企业之一。2011年，由实华园林公司负责设计、施工的广州石化污水处理场绿化改造、广州石化化工区绿化改造、中国石化股份有限公司广州分公司厂容厂貌等工程项目的设计与施工均得到了委建单位的好评。特别是实华园林公司所负责的厂容厂貌整治项目，从设计着手，在施工中结合化工厂区特殊环境，通过公司技术人员的攻关，引进培育了优良的抗有害气体树种——伊朗紫硬胶，该品种树形优美，抵抗力强，取得了良好的社会效应，系统地解决了化工生产类企业厂区生产与绿化美化的关系，厂区的美化与安全生产有机的结合，使客户单位中国石化股份有限公司广州分公司也屡次被评为“花园式单位”。

实华园林公司始终坚持“团结、务实、开拓、进取”的企业精神，科学管理，规范施工，为客户提供优质的产品和服务。

广州众信实业有限公司

湖北汉川市委书记叶贤林到集团考察指导工作

众信集团是由香港众信控股有限公司在大陆投资设立的企业集团，中国大陆地区总部位于广州市番禺区。众信集团在中国大陆地区各工厂总占地面积 45 万平方米，厂房面积 18 万平方米，员工 2 000 多人，年销售额近 20 亿。大型生产制造基地分布于广州、肇庆、佛山、湖北汉川、仙桃等地区。

2002 年，众信集团旗下首家主营汽车空调制造的公司成立，并迅速成为桂林大宇汽车的空调系统供应商。2004 年，众信集团开始进军家用空调领域，迅速在华南和华中地区投资了多个工厂，产品涉及换热器、数控五金件、三维管路件、液压三通、彩色包装等，主要客户有格力空调、美的集团、TCL 集团、志高空调、科龙电器、长虹电器、格兰仕、冠捷、富士通、松下等国际国内知名企业、世界 500 强企业。2011 年起，众信集团再整合兼并多家产业链关联企业，开始启动产业链战略，实现发展模式的转型与升级，通过“产品 + 品牌 + 资本”的策略，打造更强大的众信。

迄今为止，众信集团已发展成为一家集研发、生产、销售为一体的现代化高新技术企业集团，在舒适家居气候系统、高新农业设备、工业节能加热设备、空气能源、人工环境、智能控制、家电配套、贸易进出口等相关领域形成了较强的竞争能力。在研发方面，集团已取得受理实用新型专利 16 项、发明专利 1 项。

众信集团研发的主要产品之一为“舒适家居系统”。产品包含家用中央空调系统、中央冷暖联供系统、中央新风系统、中央除尘系统、中央水处理系统、中央热水系统、太阳能、空气能、智能家居系统。目前空气能热泵一体机、泳池热水机、中央冷暖联供系统已经远销英国、法国、荷兰、比利时、西班牙、意大利、南非、澳大利亚等国家。其他主要产品如“高新农业设备”“工业节能加热设备”等，已应用于不同领域。

众信集团于 2011 年收购的番禺工厂，成为集团在大陆的核心基地之一，并投入资金约 5 亿元，其中设备投资超过 1.5 亿元，包含换热器生产线 10 条、数控冲压生产线 3 条、三维数控弯管设备 150 余台、空气能热泵热水器试制生产线 2 条、综合性能实验室 1 套，年生产能力可达 7 亿元。

随着“舒适家居系统”逐步研发试制完成，众信集团决定再投资 5 亿元，启动建设“百万整机生产基地”计划，充分利用集团内部的配套资源以及领先同行的新产品理念和技术，形成年产整机 100 万套，销售额 20—30 亿元的新生产基地。

众信集团将以创新为导向，不断提升核心技术创新能力，不断丰富产业形态，提升企业综合竞争能力，使众信成为多元化经营的企业航母。

广州市德山信息咨询有限公司

广州市德山信息咨询有限公司是一家集科技咨询、工程咨询、投融资服务、管理咨询、财务培训、培训会展、专利申请代理等为一体的综合型科技中介服务机构。德山公司建立了完善的现代企业制度，并制定了相应的科技服务业务管理制度、内部控制管理制度及员工激励制度等。截至2011年底，德山公司指导400多家企业建立起科技创新体系，促使300多家中小企业与科研院所、高校建立了产学研合作，促成500多项科研项目成功实施与转化，为近1 000家企业提供了各类科技咨询服务解决方案。

德山公司树立了“客户需求为中心，问题解决为导向”的服务宗旨，建立了“一对一，个性化”的服务模式，制定了“问题诊断、方案制定，有效执行”的现代咨询服务流程，构建了“专业团队，专家智库，战略联盟”的服务团队。德山公司还搭建了4大服务平台，制定了6大企业运营系统解决方案，可为从种子期到上市的不同阶段高科技企业提供“一站式，一体化”的一条龙服务。

2011年是德山公司发展过程中具有里程碑意义的一年。3月，德山公司为了业务发展需要，成立了东莞分公司；5月，启动了内部架构改革，优化了组织结构、完善了内部管理；10月，开启了成都、西安、武汉、长沙等内地著名大学的校园招聘，充实了德山公司人才队伍；11月，作为广州科技服务业协会的副理事长单位，参加了广州科技服务业协会成立大会。

2011年也是德山公司硕果累累的一年。德山公司相继获得广东省现代服务业联合会第一届理事会常务理事单位、广东省雇主责任示范企业、广东省管理咨询行业十佳机构、广东省科技服务业百强企业、广东省现代服务业十强企业；郭丹丹总经理被授予了“广东省现代服务业优秀企业家”称号。

今后，德山公司将一如既往地坚持“诚信创业、追求卓越”的经营理念，再接再励，为社会作出更大贡献。

2011年3月13日，广州市德山信息咨询有限公司东莞分公司成立。

先行先试 创新无限

——广东省自主创新标杆企业与推动自主创新杰出企业家调研纪略（一）

2012年3月1日至2日，广东省企业创新纪录工作会议在南海顺利召开。来自全省各地级市经信局、行业协会、省（市）属大企业集团等领导领导出席了会议，标志着2012年广东省企业创新纪录工作全面展开。

广东省企业创新纪录办公室根据企业申报材料进行初步筛选，对候选企业进行实地调研，了解企业创新情况。截止9月初，调研组一行先后到广州、深圳、佛山、珠海、中山、肇庆、惠州、东莞、湛江、江门等候选单位进行了调研。经评审委员认真评审、投票表决：中国广东核电集团有限公司等30家企业获得"2012年广东省自主创新标杆企业"；中海石油（中国）有限公司湛江分公司总经理谢玉洪等20位企业家获得"2012年广东省推动自主创新杰出企业家"。以下为部分单位调研情况。

大事记

2011年广东大事记

1月

1月4日，国家测绘局、省国土资源厅、广州市政府在广州大厦共同签署《数字广州地理空间框架建设示范合作协议书》。国家测绘局副局长李维森，市委常委、常务副市长苏泽群出席签署仪式。

1月5日，珠三角省立绿道网全线贯通暨“青年记者绿道行”启动仪式在生物岛举行。中央政治局委员、省委书记汪洋，省委副书记、省长黄华华，省人大常委会主任欧广源，省政协主席黄龙云，省委常委、广州市委书记张广宁，广州市委副书记、市长万庆良等出席启动仪式。

1月5日，广州市委副书记、市长万庆良会见国务院侨办主任李海峰，双方就共同推进暨南大学发展，加快学校建设交换意见。国务院侨办副主任马儒沛，市政协副主席、市规划局局长王东参加会见。

1月5日，广州市政协主席林元和就加快天河区东北部发展进行专题调研，先后视察中国移动南方基地、天河科技园东部孵化器首期工程和中国电信互联网信息中心，并召开调研座谈会。广州市政协副主席刘平等参加调研。

1月6日，广东召开省委十届八次全会，广东省委书记汪洋在开幕式上发表讲话要求，今年将组织三场重大招商活动，年初与国家国资委联合面向大型央企招商；年中与全国工商联联合面向国内龙头民企招商；下半年与商务部联合面向世界500强招商。

1月7日，广东省首条城际轨道——广州至珠海城际铁路在广州火车南站举行开通运营仪式。省委副书记、省长黄华华，铁道部副部长彭开宙，省委常委、常务副省长朱小丹，副省长佟星，广州市委副书记、市长万庆良，铁道部总工程师、中国工程院院士何华武，铁道部副总工程师兼运输局局长张曙光等领导出席开通仪式。此次开通运营的线路为广州南至珠海北段，线路全长93公里，江门支线长27公里，运营车站共广州南、北滘、顺德、容桂、小榄、东升、中山北、中山、南朗、珠海北、古镇、江门、新会站13个。

1月8日，广州市天河区、黄埔区、萝岗区和增城市共同签订《广州市天河区、黄埔区、萝岗区和增城市共同推进东部高新技术产业带建设合作框架协议》，主要内容涵盖统筹规划、协同创新、基础设施建设、社会事务管理、生态环境保护和合作机制等方面，提出建立三区一市联席会议制度，共同创建区域创新体系，全面加强合作，联合打造科技金融、创新载体、创新中介服务、产学研服务和信息网络资源五个共享平台，打造广州东部高新技术产业带、广州东部山水新城和广州东部滨江新城。

1月10日，广州首个区域工资集体协商协议——《广州开发区、萝岗区工资集体协商协议》签订，覆盖广州开发区、萝岗区企业联合会所有成员企业，有效期为1年。协议约定，在满足正常出勤要求的情况下，职工最低工资收入高于广州市最低工资标准3%；企业要通过协商确定法定工作时间内的劳动定额、计件单价标准和加班时间。

1月11日，广州首个由保障房和限价房合建的小区及首个大型公租房小区——龙归保障房示范小区开工仪式在白云区太和镇举行。广东省委常委、广州市委书记张广宁，广州市委副书记、市长万庆良出席仪式并讲话。广州市人大常委会主任张桂芳，广州市领导苏泽群、陈如桂、简文豪出席仪式。

1月14日，在中共中央、国务院于北京举行的国家科学技术奖励大会上，以广州大学为第一完成单位、广州大学工程抗震研究中心主任周福霖

2011年1月7日，广东省委副书记、省长黄华华，铁道部副部长彭开宙，广东省委常委、常务副省长朱小丹，副省长佟星，以及广州市市长万庆良等省部市领导出席了在广州南站举行的开通仪式并剪彩。广州至珠海城际铁路全长142公里，其中主线116公里，小榄至新会支线26公里。

院士主持完成的成果《大型复杂结构隔震减震关键技术及工程应用》，广州市刑事科学技术研究所主持的科研项目——《STR法医学应用基础信息及关键技术》，及广州医学院与暨南大学、南方医科大学南方医院合作的科研项目《肾结石及其慢性肾功能不全外科治疗新技术的建立与应用》获2010年国家科技进步二等奖。

1月17—19日，中共广州市委九届十次全会举行。广东省委常委、广州市委书记张广宁主持会议并代表市委常委向全会报告工作。会议审议通过《中共广州市委关于制定国民经济和社会发展第十二个五年规划的建议》《广州市依法治市第五个五年规划（2011—2015年）》《关于加强街（镇）党委书记职级配备的实施意见（试行）》和《广州市处级党政领导干部交流工作实施办法(试行)》《中共广州市委、广州市人民政府关于简政强区（县级市）事权改革的决定》《广州建设文化强市和世界文化名城规划纲要（2011—2020年）》和《中国共产党广州市第九届委员会第十次全体会议决议》。

1月21日，白云山风景区获国家旅游局批复，正式成为国家5A级旅游景区，也成为广州市风景区行业的第一家5A级旅游景区，以及全市目前唯一同时拥有“全国文明风景旅游区”“国家5A级旅游景区”两项荣誉的景区。

1月21日，全国首个志愿者展览馆——“广州亚运志愿者展览馆”在亚运城文化村举行揭幕仪式及展览活动。

1月24日，中共广州市委在东方宾馆举行高层次、小范围谈心会，广州市委领导与各民主党派、工商联主要领导及无党派人士代表就如何做好2011年和“十二五”工作听取意见和建议，共商多党合作事业，加快建设国家中心城市和全省宜居城乡的“首善之区”。

1月25日，在美国交通运输研究委员会（TRB）年度会议上，广州市因成功实施中山大道BRT(快速公交)系统、公共自行车系统、绿道系统等，获“2011年可持续交通奖”，成为中国首个获该荣誉的城市。

2月

2月10日，广东省委常委、广州市委书记张广宁会见新疆喀什地委书记史大刚率领的喀什地区党政代表团，双方就全力做好对口援助疏附县工作交换意见。喀什地委及广东省对口援疆工作前方指挥部领导李水华、黎明、贾立新、叶林、曾存、李新全，市领导苏泽群、陈如桂等参加会见。

2月10日，广州中山大道BRT公交系统开通运营成立1周年。截至该日，BRT累计载客26 988.12万人次，成为全亚洲单线客流量最大的BRT公交。

2月10日，农业部通报表彰2010年全国农垦种植业高产创建和畜牧业高产攻关活动先进单位，广东农垦广前公司、海鸥猪场、五一猪场榜上有名。

2月11日，省委常委、市委书记张广宁率市四套班子领导以及十区二市和相关市直部门主要负责同志到广州北部山区的8镇（花都区梯面镇，增城市小楼、派潭、正果镇，从化市鳌头、吕田、温泉、良口镇）展开实地调研和现场办公，督促检查广州市“一区带一镇”加快北部山区发展战略部署的落实推进情况。

2月12日，广州市委、市政府召开广州市建设低碳城市工作会议，认真贯彻落实广东省开展国家低碳省试点工作启动大会精神，研究部署广州建设低碳城市工作。省委常委、市委书记张广宁，市委副书记、市长万庆良出席会议并讲话。

2月12日，广州市政府与中山大学共建“广州南沙中山大学科技创新产业基地”签约仪式在花园酒店举行。

2月17日，广州市首个劳动争议诉讼白皮书——《广州劳动争议诉讼情况白皮书（2008—2010）》正式发布。

2月20日，广东省青商会与东盟5国在广州举行贸易合作座谈会。会上，泰国商务部对外项目合作中心与广州兆龙环保有限公司等几家省青商会会员签订企业双边贸易协议，协议金额超过1亿美元。

2月23—25日，国家突发事件应急管理行政问责调研组到广东省调研网站建设等情况。调研组充分肯定广东突发事件应急管理问责工作，认为广东突发事件应急管理问责工作领导重视、起步较早、制度健全、工作扎实、效果明显，有效防范和应对了突发事件，创造的相关经验和做法值得其他兄弟省（区、市）学习借鉴，为国家出台相关的管理办法提供了有益的参考。

2月25日，穗版新“国八条”正式实施，对十区严格限购，已拥有2套及以上住房的本市户籍居民家庭、拥有1套及以上住房的非本市户籍居民家庭不得购买住房。

2月28日，广州首家农副产品平价商店——广州新供销购物广场黄边店正式挂牌，农产品价格低于市价20%。“农超对接”新模式，减少流通环节，既能稳定价格、保障供给，又能减轻消费者负担，增加农民收入。

2月28日，广东省对外贸易经济合作厅与中国移动广东公司在广州举行战略合作备忘录签署仪式暨“广东易发网快讯”短信服务开通新闻发布会，双方签署了《战略合作备忘录》，并共同启动“广东易发网快讯”短信服务。各地级以上市外经贸主管部门、广东移动公司各分公司负责人共100多人参加签署仪式。

3月

3月1日，广州市区企业职工最低工资标准上调至1 300元/月，暂列全国第一。广州市区（番禺、花都、南沙、从化、增城除外）企业职工最低工资标准执行省一类地区标准，低保标准获大幅提高。

3月6日，广东省政府和澳门特别行政区政府在北京人民大会堂签署了《粤澳合作框架协议》。中共中央政治局常委、国家副主席习近平出席签署仪式，并会见了广东省省长黄华华和澳门特别行政区行政长官崔世安等出席签署仪式的粤澳双方代表。中共中央政治局委员、国务委员刘延东，中共中央政治局委员、广东省委书记汪洋，全国政协副主席廖晖、何厚铧等出席签署仪式。黄华华、崔世安分别代表粤澳双方签署协议。

3月7日，国家工业和信息化部、广东省、广州市、深圳市《协同开展中国软件名城创建工作备忘录》签署仪式在北京举行。中央政治局委员、广东省委书记汪洋，国家工业和信息化部部长苗圩，广东省委副书记、省长黄华华，广东省委常委、广州市委书记张广宁，广东省经信委主任杨建初，广州市副市长贡儿珍等，工业和信息化部软件服务业司等有关部门出席仪式。工业和信息化部副部长杨学山、广东省副省长佟星、广州市市长万庆良、深圳市市长许勤在合作备忘录上签字。

3月14日，“广东省与中央企业战略合作座谈会暨签约仪式”在北京举行，这次面向央企的招商为广东省引入70家中央企业，204个合同协议项目，总投资20 852亿元。

3月15日，第七届广州民俗文化节暨黄埔“波罗诞”千年庙会在黄浦区南海神庙开幕，21日结束。市委常委、宣传部长王晓玲，市政协副主席刘平，法国、古巴、印度尼西亚等9国驻广州总领事馆领事官员及多位民俗专家参加开幕式。

3月18日，广东省委常委、广州市委书记张广宁会见中山市委书记、市人大常委会主任薛晓峰率领的中山市党政代表团，双方表示按照省委、省政府决策部署，深入实施《珠江三角洲地区改革发展规划纲要》，全面加强交流合作，加快推动转型升级，实现互利共赢发展。

3月24日，2011年世界城市和地方政府组织（UCLG）中国大陆会员工作会议在广州举行。中国人民对外友好协会会长陈昊苏，广州市委副书记、市长万庆良出席会议并讲话。

3月24—26日，由广东省旅游局和广州市旅游局指导，汉诺威米兰展览（上海）有限公司主办的2011年广州国际旅游展览会在锦汉展览中心举行，共接待专业卖家及公众超过6万人。广州市副市长曹鉴燎，省、市旅游局领导及越南、巴基斯坦、希腊等8国驻广州总领事馆领事官员出席开幕式。

3月26日，广州市增城经济技术开发区LED外延片、芯片项目落户签约仪式举行。广州市委副书记、市长万庆良出席仪式并讲话。

3月31日，广州市天河中央商务区（天河CBD）管委会揭牌暨进驻项目签约仪式在珠江新城西塔举行。广州市委副书记、市长万庆良出席仪式并讲话。

4月

4月1日，广州市政府召开全市住房保障工作会议，贯彻落实中央和省住房保障工作会议精神，部署2011年全市住房保障工作，并正式公布《广州市2011年住房保障工作方案》。广州市委副书记、市长万庆良，省住房和城乡建设厅厅长房庆方出席会议并发表讲话。

4月1日，广州《城市生活垃圾分类管理暂行规定》正式施行。这是内地第一部城市生活垃圾分类管理方面的政府规章。广州16条街道、6个社区和部分生活小区等地是垃圾分类的先行区域。条例树立的目标是，2011年垃圾分类率力争达50%。

4月7日，港置地产第一季度全民大会在特区报会堂拉开帷幕，全体港置精英齐聚会堂，共同分享第一季度港置地产所取得成就。港置地产（中国部）董事廖玉娟女士及营业董事陈鹏对市场的形势和港置的发展作了全面而详细的分析。对港置新政执行所取得的成果给予充分肯定。

4月8日，广东省委常委、广州市委书记张广宁到北京拜会中国社会科学院党组副书记、常务副院长王伟光，双方围绕推动广东、广州科学发展的话题进行交流，并就以深化广州南沙新区规划定位研究为切入点开展院市战略合作达成共识。市委常委、常务副市长邬毅敏，中国社会科学院城市与竞争力研究中心主任倪鹏飞参加会见。

4月8日，华南地区首家低碳研究机构——广州中英低碳合作研究中心在南沙成立。

4月10日，广东省反腐倡廉宣传教育工作现场经验交流会在广州召开。广东省委副书记、省纪委书记朱明国，广东省委常委、广州市委书记张广宁出席会议并讲话。广州市委副书记、市纪委书记苏志佳出席会议。

4月11日，广州市番禺区、敏捷

2011年4月8日，由广州市城市规划勘测设计研究院、创新方法研究会、广东省环境科学研究院、天河区国家级可持续发展实验区与英国南安普敦大学、英国伦敦大学学院、合作成立的中英低碳合作研究中心在广州正式挂牌成立。

地产集团和增城市帮扶派潭镇28个扶贫开发项目启动仪式在增城市派潭镇派潭广场举行。省委常委、市委书记张广宁出席仪式。

4月11日，广州大学人权研究中心获教育部批准设立国家级人权教育与培训基地，这是国内首次在高校设立国家级人权教育与培训基地。

4月11日，广东省首个长者综合服务中心在越秀区成立，可为老人提供日托等直接服务或转介服务。

4月14日，第109届中国进出口商品交易会（广交会）开幕招待会在香格里拉酒店举行。广交会主任、省委副书记、省长黄华华，广交会副主任、商务部副部长姜增伟出席招待会并讲话。

4月15，在广东省对口援疆工作从启动试点阶段转向全面推进阶段的关键之年，新一轮广东援疆项目启动仪式于4月13至14日在新疆维吾尔自治区喀什地区和新疆生产建设兵团农三师举行。广东省委常委、常务副省长朱小丹率广东省政府代表团赴喀什地区出席了启动仪式。新疆维吾尔自治区党委常委、常务副主席黄卫，新疆生产建设兵团党委常委、组织部长刘向松等领导出席启动仪式。

4月19日，广州亚运先进事迹首场报告会在市委礼堂举行。广东省委常委、广州市委书记张广宁出席报告会并讲话。

4月19日，广州市政府与澳门特别行政区政府正式成立穗澳合作专责小组，并签署《穗澳共同推进南沙实施CEPA先行先试综合示范区合作协议》。

4月19日，“广州—肇庆医疗保险异地就医即时结算启动暨签约仪式”在广州举行。广肇两市人力资源和社会保障部门、两市医保经办部门的有关负责人及两市异地医保定点机构代表参加了本次仪式。此次广肇医保异地结算正式启动，标志着广州参保人异地就医即时结算的范围进一步扩大。

4月19日，在2011年粤澳合作联席会议期间，粤澳双方在珠海市横琴新区举行了粤澳合作中医药科技产业园启动仪式。广东省委副书记、省长黄华华，澳门特别行政区行政长官崔世安出席并致辞，国务院港澳事务办公室副主任周波，中央人民政府驻澳门联络办公室副主任高燕，副省长招玉芳，澳门特别行政区立法会主席刘焯华、经济财政司司长谭伯源、社会文化司司长张裕、运输工务司司长刘仕尧等出席仪式。

4月24日，首批49个“西关小屋”赛后重新开放仪式暨志愿者上岗誓师大会在珠江新城广州市第二少年宫广场举行。“西关小屋”的官方名称由“新生活驿站”正式更名为“幸福广州城市志愿服务站”。

4月29日，《中国社会科学院与广州市政府战略合作框架协议》签署仪式在广州举行，双方重点在穗港澳合作、产业转型升级、国际商贸中心建设、城市和社会管理、南沙新区等区域发展战略、科技教育发展战略、地方特色领域和公共服务体系建设、开放型现代文化建设等方面开展合作。

4月30日，“健康共享、幸福广东——2011年广东省（广州市）全民健身绿道行系列活动”启动仪式在广州大学城体育中心自行车馆举行。中央政治局委员、省委书记汪洋宣布系列活动开始。省委副书记、省长黄华华向环珠三角绿道巡游自行车队授旗。省委常委、市委书记张广宁出席仪式并讲话。

5月

5月5日，广佛肇经济圈第二次市长联席会议在佛山举行，会议研究审议了《广佛肇经济圈发展规划（2010—2020年）》和《广佛肇经济圈2011年度重点工作计划（送审稿）》，听取市长联席会议办公室关于《广佛肇经济圈2009—2010年度重点工作计划》执行情况以及交通运输、产业协作、环境保护、旅游合作和教育培训五个专项规划编制情况和建立重大新闻联合发布制度情况汇报，并部署下一阶段工作。

5月6日，广州亚运会、亚残运会总结表彰大会在广州中山纪念堂隆重召开，中共中央政治局委员、国务委员刘延东出席并讲话，中共中央政治局委员、广东省委书记汪洋主持大会，中共中央政治局委员、中央军委副主席郭伯雄，全国人大常委会副委员长桑国卫，全国政协副主席罗富和出席大会。广东省海洋渔业局党组成员、副局长，广东省渔政总队总队长刘物开参加了会议。

5月9—10日，珠三角9市产业转型升级巡回检查讲评会走进珠海、中山、江门，实地检查三市实施《珠江三角洲地区改革发展规划纲要》特别是产业转型升级相关工作，总结经验，分析问题，研究部署下一步工作。中共中央政治局委员、省委书记汪洋，省长黄华华出席会议并讲话。

5月13日，广州市委副书记、市长、市对口支援新疆工作领导小组组长万庆良主持召开市对口支援新疆工作领导小组会议，听取市援疆办、市规划局的工作汇报，审议并通过《广州市对口支援新疆2010年工作总结和2011年工作计划》、《广州市对口支援新疆疏附县2011年建设项目计划》和《广州市对口支援新疆疏附县总体规划》。

5月14日，广东国家数字出版基地在广州举行揭牌仪式，挂牌广州天河软件园，由广东省新闻出版局牵头组织、有关单位联合运营。新闻出版总署副署长蒋建国、副省长雷于蓝出席揭牌、签约仪式并讲话。

5月15—18日，广东省委常委、常务副省长朱小丹率广东省政府代表团赴西藏林芝地区参加广东省对口支援西藏2011年第一批启动项目奠基仪式，进行相关考察工作。广东省政府代表团还与林芝地委、行署进行了座谈。西藏自治区党委常委、常务副主席吴英杰出席启动项目奠基仪式和座谈会，并陪同考察。

5月16日，广东省对口支援西藏2011年第一批启动项目奠基仪式在林芝地区举行。朱小丹宣布广东省2011年第一批援藏项目开工，并代表广东分别向林芝县、察隅县、波密县授予了4 250万元、1 600万元和3 450万元的援助资金支票。2011年首批援藏项目共16个，包括保障改善民生项目9个、加强基础设施建设项目5个、发展特色优势产业和加强生态环境保护项目各1个，总投资达1.3767亿元，共分两种方式进行援建，其中“交支票”项目8个，“交钥匙”项目8个。

5月16日，中国物流与采购联合会授予花都区狮岭镇“中国专业市场示范镇”荣誉称号，授予狮岭（全球）皮革五金龙头市场“中国重点培育专业市场”荣誉称号；中国环境保护产业协会正式向9家《环境标志产品技术要求——箱包》标准编制成员企业和13家《环境标志产品技术要求——皮革和合成革》标准编制成员企业颁牌。

5月19—20日，珠三角九市产业转型升级巡回检查讲评会在广州、佛山、肇庆举行。省委书记汪洋、省长黄华华出席会议并讲话。会议强调，要以广佛同城化为示范，推动珠三角区域经济一体化。

5月21日，珠三角各市产业转型升级巡回检查讲评总结会在广州举行。广东省委书记汪洋、省长黄华华出席会议并讲话。会议要求以更大的胆识和智慧，着力加强法治建设，完善地方立法，深化依法行政，推进公正司法，依法保护市场主体的合法产权、合法经营和合法权益，努力把人情社会变成法治社会，为加快转型升级和提升软实力提供法治支撑。

5月23日，广东省名镇名村示范村建设示范县启动仪式在清远市佛冈县举行。作为全省首个示范县，佛冈将着力打造具有广东特色的生态宜居和产业发展并举的名镇名村示范村，建设全省乃至全国最美的乡村，为全省名镇名村示范村建设探索先进经验。副省长刘昆出席仪式并宣布建设工作启动。

5月25日，广州市委副书记、市长万庆良就全市水环境治理工作情况进行调研，先后视察猎德涌珠江新城段和海珠湖施工现场；并召开广州市水环境治理工作领导小组会议，成立由万庆良任组长，常务副市长邬毅敏、苏泽群任副组长的专项协调小组。

5月25—27日，省委全委会产业转型升级第一专题组围绕“加快现代产业500强项目建设”主题，先后到河源、广州两地10个现代产业500强项目开展调研。27日下午，专题组召开座谈会，强调推进现代产业500强项目建设，强调要强化500强重大项目是转型升级重要引擎的理念，突出创新驱动、生态保护和改革创新三个重点，做好推进项目进度、推进项目管理、推进项目融资、推进项目服务和解决存在问题五方面的工作。

5月27日，广州南沙开发区管委会分别与中国科学院所属的软件研究所、沈阳自动化研究所、深圳先进技术研究院三家科研机构签署共建广州中国科学院软件应用技术研究所、广州中国科学院沈阳自动化研究所分所、广州中国科学院先进技术研究所合作协议。

5月27日，广州轨道交通六号线二期和九号线工程可行性研究报告获国家发改委正式批复。六号线二期西起于一期长湴站，东至香雪站，长17.6公里共设10座车站，总投资91.26亿元。九号线西起飞鹅岭站，东至三号线高增站，长20.1公里，两线均为地下线，共设9座车站。

5月28日，广州南沙开发区管委会与中国科学院所属的软件研究所、沈阳自动化研究所、深圳先进技术研究院三家科研机构在广州分别签署了共建广州中国科学院软件应用技术研究所、广州中国科学院沈阳自动化研究所分所、广州中国科学院先进技术研究所合作协议。广东省委常委、广州市委书记张广宁，中国科学院副院长施尔畏，中国科学院广州分院院长陈勇，华南理工大学校长李元元，广州市委常委、秘书长陈如桂，副市长、南沙区委书记、南沙开发区党工委书记、管委会主任陈明德等出席签约仪式，并为三个共建科研机构揭牌。

5月30日，广州市政府与中国电信广东公司在广州签署“加快转型升级，建设无线城市、智慧广州”十二五信息化合作框架协议。广东省委常委、广州市委书记张广宁，市委副书记、市长万庆良，中国电信广东公司总经理陈德兴，市委常委、秘书长陈如桂，副市长贡儿珍等出席仪式。

5月31日，“幸福广州群众论坛”暨社会心理辅导体系启动仪式在省博物馆新馆举行，来自北京和广州地区的专家学者以及各界群众代表400余人就“城市发展与幸福广州”、“寻找幸福的方法”等话题进行讨论，并为两个试点街道（越秀区建设街和海珠区的江南中街）“幸福聊天室”举行授牌仪式。市委常委、宣传部部长王晓玲出席论坛并讲话。

6月

6月7日，广东省委组织部和省扶贫办联合召开电视电话会议，动员部署全省扶贫开发“双到”工作交叉检查工作。省牵头组成10个检查组展开本次大规模检查，全省3 409个贫困村全部纳入交叉检查范围。

6月7—10日，中共中央政治局委员、广东省委书记汪洋率广东省代表团在德国进行访问，广东代表团围绕广东加快转型升级进行了密集的考察调研，学习借鉴德国经济社会发展的成功经验和做法，推介广东加快转型升级、推动科学发展的思路和举措。

6月9—10日，广东省委常委、广州市委书记张广宁率广州市代表团对国际友城南非德班市进行友好访问。双方就深化友城合作达成了共识，广州、德班要积极探索在经济发展与贸易投资、体育和青年事务、社会提升和消除贫困、环境保护和绿色科技、文化艺术和旅游、医疗卫生、教育培训、公共安全、基础设施和交通建设等9大领域展开务实交流与合作，进一步拓展经贸往来，实现互利共赢。

6月14日，以林伟伦为组长的省委第一巡视组在汕头市领导邓大荣、李学同、郑人豪等的陪同下，参观调研了汕头市部分重点项目建设情况。巡视组一行首先参观了汕头市城乡规划展示厅，随后到东海岸新城项目施工现场、华能海门电厂、南山湾科技园以及广澳港区等市重点项目建设现场进行考察。

6月15日，第三届广东外商投资企业产品（内销）博览会（简称“外博会”）在东莞开幕。省长黄华华出席开幕式并宣布第三届外博会开幕，省委常委、副省长肖志恒，商务部部长助理俞建华致辞。本届外博会汇集了1 000多家广东和香港、澳门、湖南、广西、海南等泛珠省区的外资企业参展，共展出家电电子、玩具礼品、家居用品、体育用品、服装鞋帽、食品饮品、餐厨用品等7大类上万种优质商品。

6月17日，广东南车轨道交通车辆修造基地在江门新会打下第一根桩，这标志着广东南车项目已从大面积的软基处理，进入地面厂房建设阶段。南车南京浦镇车辆有限公司党委书记陶云南，新会区领导邓浓乐、吴振鹏，广东轨道交通车辆有限公司总经理余江及施工方代表出席了打桩仪式。

6月18日，广州市政协、广州地区政协香港委员联谊会联合举办纪念辛亥革命100周年系列活动——穗港澳三地醒狮表演赛。市政协林元和主席出席活动并致辞，简文豪副主席，原副主席、广东省辛亥革命100周年纪念活动筹备办公室常务副主任郭锡龄，秘书长李维杰，广州地区政协香港委员，香港各界人士代表，香港青少年代表近两百人出席了活动。

6月21日，由团省委、省人力资源和社会保障厅共同主办的“见习助就业•牵手毕业生”——2011年广东省促进青年就业创业系列活动启动仪式在广东省技师学院隆重举行。团中央城市青年工作部副部长马兴民、省人力资源和社会保障厅副厅长葛国兴、团省委副书记陈小锋、惠州市人民政府市长助理范中杰等领导出席了本次活动。深莞惠见习基地代表、见习学生代表以及在校大中专学生共500人参加了启动仪式。

6月21日，广东省政府召开外资企业参与扶贫济困日活动座谈会，副省长招玉芳在座谈会上动员全省外资企业踊跃为广东贫困地区捐款献爱心。省政府副秘书长刘晓捷、省外经贸厅、民政厅、珠三角九市和顺德区外经贸主管部门主要负责人、省外商投资企业协会、以及70多家外资企业代表近150人参加了会议。

6月26日，广东•中山国内知名民企招商会在广州白云国际会议中心举行。此次招商会以战略性新兴产业、现代服务业、先进制造业、传统优势产业转型升级等为重点，围绕转型升级及重点突破的产业领域，瞄准一批具有核心技术和自主品牌的龙头民企定向招商，围绕加强产业配套，实施产业链招商。当天共有168个国内知名民企项目签约，总签约额逾2 000亿元。

6月27日，“新广州新商机”圣彼得堡推介会上，广州市科信局与乌克兰国家科学院签订科技合作框架协议，中方表示支持乌克兰国家科学院在广州成立分中心。中国广州—乌克兰国家科学院科技合作联合委员会第一次会议的召开，拉开了中国广州与乌克兰国家科学院科技合作的新篇章。

6月28日，由广东省人民政府与中华全国工商业联合会共同举办的广东与全国知名民营企业合作发展共促转型升级大会暨合作项目签约仪式在广州白云国际会议中心举行。本次招商引进民营企业800多家，投资总额1万多亿元，其中大会现场签约项目164个签约4 579.82亿元。

6月29日，广东省庆祝中国共产党成立90周年大会在省委礼堂召开。中共中央政治局委员、广东省委书记汪洋在会上发表了重要讲话。会议由广东省委副书记、省长黄华华主持。广东省委副书记、省纪委书记朱明国在会上宣读了《中共广东省委关于表彰先进基层党组织和先进个人的决定》。会上表彰了广东省先进基层党组织和先进个人。

7月

7月1日，广州市副市长贡儿珍率领市政府代表团到英国伯明翰举行“新广州—新商机”推介会暨中国留学人员广州科技交流会推介会。

7月4日，“阔阔真公主号”仿古船入港仪式在海心沙亚运公园安保码头举行。广州市委副书记、市长万庆良出席仪式并宣布“阔阔真公主号”正式落户海心沙。广州副市长许瑞生参加活动。

7月5日，广东省委常委、广州市委书记张广宁到中山大学广州大学城校区调研，考察光电材料与技术国家重点实验室、有害生物控制与资源利用国家重点实验室和蒋庆教授实验室，并就强化市校战略合作与中大领导班子和学科带头人进行座谈。

7月5日，广东省委常委、广州市委书记张广宁会见联合国副秘书长、人居署执行主任华安•克洛斯一行，双方就推进城市绿色低碳生态发展、改善人居环境特别是进城农民工居住生活环境、加强双方合作等进行交流。

7月5日，广州市“三旧”改造工作领导小组会议在市政府1号楼306会议室召开，审议并通过《关于进一步规范城中村改造有关程序的通知》、《广州市“城中村”改造成本核算指引（试行）》、海珠区沥滘村改造方案等有关事项。

7月6日，广州南车城市轨道装备有限公司首列地铁车辆下线仪式在番禺区举行，服务于广州地铁三号线。省委副书记、省长黄华华，省委常委、常务副省长朱小丹，省委常委、市委书记张广宁，市委副书记、市长万庆良出席仪式。

7月6日，首届珠中江科协论坛暨珠中江科协合作框架协议签约仪式在中山举行。中山、珠海、江门三市科协负责人共同签订了《珠中江科协合作框架协议》，标志着三地将在科技资源共享与协作方面展开更广泛、更深入的合作与交流。

7月10日，由广州市委宣传部主办，广州市软件（动漫）产业发展领导小组办公室、市文化广电新闻出版局、市科技和信息化局承办的“弘扬亚运精神 建设文化广州”——广州优秀剧目全国巡演动漫巡演在市第二少年宫启动。

7月14日，广州市政协主席林元和率教科委部分委员来到位于天河区的广州软件园，视察了两家从事信息和通信技术增值业务开发服务的企业，参观了亚运会安保智能信息系统和地铁智能系统等产品展示，观看了智慧能源控制和智慧RFID感知演示。林元和对两家企业在现代信息通信服务方面所具有的发展潜力和前景给予充分肯定。

7月18日，2011年穗澳合作会议在南沙举行，双方签署《广州澳门加强会展业合作协议》、《穗澳加强旅游合作备忘录》、《2012澳门—广州名品展合作备忘录》、《关于举办“2011年穗澳商协会联席会暨行业合作对接洽谈会”的合作协议》四项合作协议，全面推进双方在经贸、旅游、会展、文化产业等方面的合作，共同推进南沙实施CEPA先行先试综合示范区建设。澳门特别行政区行政长官崔世安，市委副书记、市长万庆良出席会议并讲话。

7月18日，南沙游艇会正式落成，并获英国游艇码头协会授予的5个金锚奖，成为国内首个获得国际游艇行业最高级别奖项认证的游艇会。国际奥委会主席罗格，亚奥理事会总干事侯赛因-穆萨拉姆，澳门特别行政区行政长官崔世安，国家体育总局副局长于再清，省委常委、市委书记张广宁，市委副书记、市长万庆良，市政协主席林元和等市领导出席落成仪式。

7月25日，广州市政府和省对外贸易经济合作厅主办的广东省珠江三角洲地区与日本经贸合作交流会在东京举行。广州市委副书记、市长万庆良出席会议作主旨演讲，并出席当天下午举行的交流会系列活动中的中新知识城推介会和“新广州—新商机”穗日名优产品信息交流会。

7月28—31日，由广州市政协、广州日报报业集团、澳门穗协联谊会主办，澳门民政总署、南源永芳艺术基金会协办的《纪念辛亥革命100周年图片展》在澳门综艺馆举行，展览包括《孙中山在广州》图片展、《辛亥革命美术作品展》和《孙中山的革命活动》图片展三部分。市政协主席、广东省纪念辛亥革命100周年筹备工作小组常务副主任林元和出席开展仪式并讲话。

8月

8月3日，广州市政府在白云国际会议中心召开“新广州 新商机”重点建设项目专题对接会，广州各区（县级市）政府、各部门、各项目单位面对面进行洽谈。广州市委副书记、市长万庆良出席会议并讲话。会上宣读了《广州市重点建设项目优质服务承诺书》，各区（县级市）政府、市直部门、有关企业等36家单位负责人现场向万庆良递交承诺书。

8月3日，广东省委常委、广州市委书记张广宁，广州市委副书记、市长万庆良会见西班牙皇家马德里足球俱乐部主席弗洛伦蒂诺·佩雷斯一行，双方就进一步加强体育产业合作进行交流。市领导陈如桂、许瑞生参加会见。

8月5日，第一批广东省廉政教育基地正式获命名，第一批广东省廉政教育基地共有五个，分别是：广州市宝墨园，佛山市三水荷花世界廉洁文化主题公园，韶关市党风廉政建设、干部任前法纪教育暨预防职务犯罪教育基地，湛江市清风林，清远市“尚清园”廉洁文化园区。

8月12日，第二十六届世界大学生夏季运动会在广东省深圳市隆重开幕。国家主席胡锦涛出席开幕式并宣布本届大运会开幕。

8月13—15日，中共中央总书记、国家主席、中央军委主席胡锦涛到广州考察，深入企业和社区，与广大干部群众共商率先全面建成小康社会大计。另外，胡锦涛还接见驻广州部队师以上领导干部。中共中央政治局委员、广东省委书记汪洋，省委副书记、省长黄华华，省委常委、广州市委书记张广宁，市委副书记、市长万庆良，广州军区司令员徐粉林、政治委员张阳等分别陪同考察。

8月17日，在成都举行的第七届泛珠三角省会城市市长论坛上，广州市委副书记、市长万庆良与其他泛珠省会城市市长和香港、澳门特别行政区官员围绕“加快城市化进程中的城乡统筹”进行交流与探讨，并发表《建设宜居城乡 创造幸福生活》的演讲。

8月17日，广州开发区与迪士尼国际全面合作备忘录签订仪式举行，迪士尼公司在中新广州知识城设立全国销售的采购总部和迪士尼英语培训业务华南运营中心两个项目。省委常委、常务副省长朱小丹，迪士尼全球国际业务主席安迪·博德，广州市领导凌伟宪、邬毅敏等出席仪式。

8月19日，广东省纪委筹建的广东省首个反腐倡廉教育基地在广州市番禺监狱举行奠基仪式。省委副书记、省纪委书记朱明国出席仪式并讲话。

8月23日，粤港合作联席会议第十四次会议在香港隆重召开。广东省省长黄华华和香港特别行政区行政长官曾荫权分别率领粤港代表团出席会议并作主题讲话。会议上，粤港双方代表团共同回顾了粤港合作的成果和经验，并对下一步推进粤港紧密合作工作重点作了部署。

8月23日，第26届世界大学生夏季运动会闭幕式在深圳世界之窗景区隆重举行。中共中央政治局委员、国务委员刘延东出席闭幕式并宣布深圳大运会闭幕。中共中央政治局委员、广东省委书记汪洋，国际大学生体育联合会主席克劳德·加利安等出席闭幕式。

8月24日，由广东省科技厅主办，广东农村信息直通车工程实施办和广东村村通科技有限公司承办的“广东农村信息直通车工程动植物医院中心医院授牌仪式”在广东省农科院兽医所兽医大楼隆重举行，会议主题为“远程把脉农业科技支撑生产”。

8月26—29日，广州市政府和中国对外贸易中心主办的2011年广州博览会在中国进出口商品交易会展馆举行。市委副书记、市长万庆良出席开幕式并讲话。开幕式由副市长曹鉴燎主持。圣何塞市市长、UCLG联合主席乔尼·阿拉亚·蒙赫，国内46个省市、境外23个国家（地区）参展参会代表团领导和嘉宾，各国驻穗总领事及领事官员、商贸团嘉宾，14个国际友城嘉宾共3 000多人出席开幕式。

8月26日，广州市委副书记、市长、UCLG联合主席万庆良会见并宴请圣何塞市市长、UCLG联合主席乔尼—阿拉亚—蒙赫等国际友好城市代表，就加强国际友城合作，进一步发挥广博会作用等话题交换意见。

8月26日，广州市餐厨垃圾生态

循环园暨首座生态驿站揭牌仪式在广州市城市管理技术研究中心举行。

8月27日，广州开发区管委会、中新广州知识城管委会、萝岗区政府在广州香格里拉酒店举行43个重点项目签约仪式。省委常委、广州市委书记张广宁，市委副书记、市长万庆良，市委常委、广州开发区党工委书记、管委会主任、萝岗区委书记凌伟宪，市委常委、常务副市长邬毅敏，市政协副主席潘胜燊出席仪式。

8月29日，中共中央政治局委员、广东省委书记汪洋到广州市黄埔区怡港社区就社会管理创新、加强文化建设进行专题调研，先后考察怡港社区居委会、警务室、“黄埔人家”仿古船、南湾社区和南湾涌，观看出租屋管理员采集人员信息现场演示以及社区家庭综合服务中心现场招聘义工情况，听取有关工作情况汇报。省委常委、市委书记张广宁，副省长雷于蓝等陪同调研。

8月29日，四川省委常委、成都市委书记李春城，成都市市长葛红林会见广州市委副书记、市长万庆良，并签署《成都市—广州市战略合作框架协议》，双方进一步强化主导产业、金融、旅游、经贸、文化等领域的合作，共同努力搭建优质平台，推动两个城市合作深度发展、互利共赢。

8月31日，中国人民对外友好协会和澳大利亚友好交流协会共同主办的中澳经贸友好交流会议在从化市从都国际会议中心举行，来自中澳双方的政界和商界代表就如何加强双方经贸领域的合作、促进低碳经济发展展开讨论。澳大利亚副总理兼财长韦恩•斯旺和广东省副省长招玉芳等人士出席了会议。

8月，国务院正式批复同意珠海横琴实行比经济特区更加特殊的优惠政策，加快横琴开发，构建粤港澳紧密合作新载体，重塑珠海发展新优势，促进澳门经济适度多元发展和维护港澳地区长期繁荣稳定。

9月

9月1日，全球首座最高的横向摩天轮在广州塔450~454米塔顶平台上启动运营。由16个“水晶”观光球舱组成的摩天轮围绕倾斜的椭圆形塔顶缓缓旋转，每个球舱可载6人，运转一周需20分钟。坐在透明球舱内，能360度细品极致珠水美景，广州全貌和璀璨夜色尽在眼底。

9月2日，广州市委副书记、市长万庆良率市代表团在西安凯宾斯基大酒店举行“新广州新商机”西安推介会，并作题为《创新引领发展》的主题推介。陕西省政府副秘书长陈国强，西安市委常委、常务副市长岳华峰，广州市领导邬毅敏、甘新、贡儿珍等500多人参加推介会。广州、西安战略合作框架协议签署仪式同时举行。

9月6日，全国最大的冷热电三联供分布式能源站——广州大学城华电新能源公司能源站正式落户。

9月6日，广州市对外贸易经济合作局举办了广州企业走进非洲——埃塞俄比亚、肯尼亚、南非投资环境推介会，非洲三国驻华大使在会上亲自讲解了本国营商环境，力邀广州企业前往投资。目前广州企业已在埃塞俄比亚等非洲国家开展境外投资，涉及轻工纺织、机械制造、机械制造、资源开发、生物医药、贸易等领域。

2011年9月8日，广州市在港口中心举行了“广州航运交易所成立仪式”。

9月7日，广州开发区管委会、中新广州知识城管委会与海航集团在广州香格里拉大酒店举行战略合作协议签署仪式，签约双方将在高端产业、商贸、金融等领域开展深度合作。市委副书记、市长万庆良会见海航集团董事长陈峰并见证仪式。

9月8日，华南地区首家航运交易所——广州航运交易所揭牌仪式在广州港口中心举行。该交易所设在广州港口中心内，为广东、华南地区乃至泛珠三角地区的航运交易提供场所、设施、信息等服务。广州成为继上海、重庆之后，中国内地第三个具有航运交易所的城市。

9月8日，广州呼研所医药科技有限公司主导建设的全国首个“呼吸疾病国家重点实验室产学研基地”奠基仪式在广州科学城自主创新产业园举行。

9月8日，国内首个涵盖地铁工程建设、运营、设施保护的城市轨道交通应急平台——广州地铁安全预警与应急平台正式上线启动。

9月17—18日，国家发展改革委地区司司长范恒山率调研组就《珠江三角洲地区改革发展规划纲要》落实情况和南沙新区规划建设问题到广州调研，并于18日召开座谈会。广东省委常委、广州市委书记张广宁，市委副书记、市长万庆良，市领导邬毅敏、陈如桂、陈明德、王东等参加活动。

9月20日，广州港集团与招商局集团、马士基集团合作的南沙港区三期集装箱码头合作项目签约仪式举行。广州市委副书记、市长万庆良，市委常委、常务副市长邬毅敏，副市长甘新，市政府秘书长谢晓丹，广州港集团董事长陈洪先，招商局集团总裁李建红，马士基集团亚太区总裁纪奕信，中央及省、市有关单位负责人等出席仪式。

9月20日，中山国家高技术产业开发区（以下简称“开发区”）与武汉大学共建“中山珞珈产学研基地”签约仪式在开发区国际会议中心隆重举行，中山市人民政府副市长司徒伟湛、武汉大学副校长蒋昌忠、火炬开发区党委书记、管委会主任侯奕斌，中山市科技局局长徐小莉，武汉大学校产业部部长闫平及开发区企业代表100余人参加了签约仪式。

9月22日，广东省政府与国家知识产权局在广州举行“国家知识产权局专利局专利审查协作广东中心”共建协议签署和揭牌仪式。中共中央政治局委员、广东省委书记汪洋，省委副书记、省长黄华华，国家知识产权局局长田力普、副局长贺化、杨铁军，副省长宋海，市委副书记、市长万庆良，市领导凌伟宪、许瑞生等出席活动。

9月22日，广东省委常委、广州市委书记张广宁会见英国太古集团有限公司主席何礼泰、太古地产有限公司主席白纪图。市领导陈如桂、甘新等参加会见。

9月22日，南海高新技术产业开发区隆重举行省级高新区挂牌仪式，佛山市委副书记、代市长刘悦伦，省科技厅副厅长龚国平，佛山市委常委、南海区区委书记邓伟根等出席了挂牌仪式。这是广东省首个县域省级高新区，南海拟在未来5年投入不少于100亿元，大力发展高新技术产业和战略性新兴产业，力争用5~8年左右的时间跻身全国国家级高新区10强。

9月27日，广东省科技厅政策法规处梁丽娟副处长一行到韶关民科园进行实地调研，了解韶关民科园的发展历程、建设情况和园区内民营科技企业的发展状况。梁副处长充分肯定了韶关民科园的建设成效，并对韶配动力机械有限公司稳定人才队伍，以创新求发展的做法，对丹霞生物制药有限公司克服重重困难和压力，坚持不懈的朝着企业发展目标迈进的精神予以了高度的评价。

9月28日，花城广场暨广州塔配套商业项目花城汇开业典礼举行；同时，塔顶“云霄488”观景平台正式开放。广东省委常委、广州市委书记张广宁，市领导方旋、苏泽群、陈如桂出席典礼。花城汇是广州最大的地下商城，建筑面积达15万平方米。

9月29日，省内首个外交服务建设项目——广东外交服务大楼落成典礼在广州赤岗领事馆区举行。广东省委副书记、省长黄华华，副省长招玉芳，广州市委副书记、市长万庆良，省政府秘书长唐豪，北京外交人员服务局局长钱洪山，外国驻穗领团团长、新加坡驻穗总领事洪齐全等出席典礼。

9月29日，南方广播影视创意基地工程建设项目启动仪式在广州大观路航天奇观景区举行。国家广电总局副局长李伟，广东省委常委、宣传部部长林雄，省政府副秘书长江海燕，省委宣传部副部长、省广电局局长杨健，市委常委、宣传部部长王晓玲等出席仪式。

9月29日，由国家商务部和广东省政府联合举办的广东省与世界500强和境外大型企业合作交流会在广州开幕。280家世界500强和境外大型企业，超过500名企业高层代表相聚在美丽的白云山麓，共商合作发展大计。会议还举行了广东省与世界500强企业和境外大型企业重点合作项目签约仪式。仪式由省外经贸厅厅长梁耀文主持，共有25个签约项目，涉及外资金额为27.62亿美元，合同外资19.62亿美元。

9月29—30日，“广东省与世界500强和境外大型企业合作交流会”在广州举行，大会吸引了534家境内外知名企业和机构共906人参会，为广东带来外商直接投资项目233个，外商出资总金额217.65亿美元。

9月30日，全国首座孙中山戎装雕像在广州市海珠区孙中山大元帅纪念广场举行揭幕仪式。市委常委、宣传部部长王晓玲出席仪式并讲话。

9月30日，广州市最大的公路主枢纽客运站场——广州南汽车客运站在广州南站东广场举行奠基仪式。该客运站是广州首个采用全下沉方式设计的公路主枢纽客运站，建成后可实现高铁、城铁、地铁、公路客运和公交的无缝接驳换乘。

10月

10月8日，由广东省政协、广州市政协联合举办的广东省各界纪念辛亥革命100周年大会在中山纪念堂隆重召开。广东省政协主席黄龙云主持大会，中共中央政治局委员、省委书记汪洋出席会议并作重要讲话，省政协副主席、民革广东省委会主委周天鸿代表广东省和广州市各民主党派、无党派人士发言，共青团广州市委书记魏国华代表广东省和广州市各人民团体发言。

10月14日，第110届中国进出口商品交易会（广交会）开幕式暨中国加入世界贸易组织10周年论坛在广州隆重举行。中共中央总书记、国家主席、中央军委主席胡锦涛致信祝贺，中共中央政治局常委、国务院总理温家宝出席开幕式并发表讲话。第110届广交会于10月14日至11月4日在琶洲展馆分三期举办，共有2.4万家企业参展。

10月19日，在肇庆市召开的“肇庆市产学研技术合作洽谈会”上，《广佛肇产学研科技创新合作协议》正式签署，建立了广州、佛山、肇庆三市科技行政主管部门联席会议机制的管理模式，确定了三市共同组织产学研用科技项目、共建共用公共科技服务平台、促进科技人才交流等三个方面的合作内容。

10月20日，深莞惠首届农产品交易会高峰论坛在我市举行，惠州市副市长李选民出席论坛并致辞。此次高峰论坛以“加快农业转型升级，促进农产品流通”为主题，对贯彻落实深莞惠第五次联席会议有关产业发展合作精神和积极促进深莞惠产业一体化具有重要意义。

10月22日，广州南沙开发区管委会与中国科学院南海海洋研究所在广州花园酒店举行《推进中国科学院南海海洋研究所主体迁驻广州市南沙区合作协议》签署仪式。中国科学院院长、党组书记白春礼，广州市委书记张广宁，市长万庆良等出席仪式。

10月24日，中央创先争优活动领导小组办公室《深入开展创先争优活动简报》以《广东省农垦集团突出“四个融入”创先争优推进企业科学发展》为题，登载了广东农垦创先争优活动经验做法。

10月28日，广东省第一只广电产业投资基金——广东广电基金，在广州市正式挂牌成立，该基金一期规模50亿元。省委常委、宣传部长林雄、副省长雷于蓝，中国经济体制改革研究会名誉会长高尚全等领导出席揭牌仪式。

10月31日，“新广州—新商机”香港推介会在香港会议展览中心会议厅举行。市委书记张广宁，香港特别行政区政府政务司司长林瑞麟出席推介会并讲话。市长万庆良出席推介会并作题为《兄弟同心，其利断金》的主题推介。两地共签订合作项目46个，总投资额达115.19亿美元。

11月

11月1日，“新广州—新商机”澳门推介会在澳门旅游塔会展中心举行。广州市委书记张广宁出席推介会并讲话。市长万庆良出席推介会并作题为《广州等你来》的主题推介。会上，穗澳两地共签订项目23个，总投资额达3.91亿美元。

11月1日，增城市增江画廊水利风景区入选“全国第十一批国家水利风景区”，成为2011年广东省唯一获此称号的水利风景区和广州市首个国家水利风景区。增江画廊中心景区起点于增江下游的初溪水利枢纽工程、终点于湖心岛景区，全长约35公里。

11月7日，加拿大卑诗省相关部门分别与广东省农业厅及省海洋渔业局签订合作备忘录。卑诗省省长简蕙芝、广东省副省长刘昆出席并见证了签约仪式。卑诗省分别和广东省农业厅、省海洋渔业局签署合作备忘录，内容包括农业技术、法规知识，农产品贸易，海洋、渔业科技交流等方面。中国电信股份有限公司广东分公司与广东未来信息技术有限公司、加拿大皆能科研有限公司签订协议，用于开展电力移动设备及其他行业的移动办公业务领域合作。

11月8日，辛亥革命纪念馆开馆典礼在广州市黄埔区长洲岛举行。广东省委书记汪洋、省长黄华华、省人大常委会主任欧广源、省政协主席黄龙云、广州市委书记张广宁、市长万庆良、市人大常委会主任张桂芳、市政协主席林元和等省、市领导出席典礼。该馆于2010年8月底正式施工，2011年9月30日全面竣工，占地面积77 338平方米，主体建筑面积为18 227.5平方米，其中展厅总面积6 350平方米。

11月8日，广东装备制造业国际高峰论坛暨莞韶产业园2011年投资洽谈会在韶关举行。东莞企业密集度高，产业链完善，与韶关合作潜力巨大，此次论坛的召开，是莞韶产业园打造装备制造业总部基地的重要里程

2011年11月1日，“新广州—新商机”澳门推介会在澳门举行。

碑。莞韶产业园计划通过推进“三扩”工作，全力打造 “广东装备制造业总部基地”。

11月9日，以“新能源、新电力、新技术”为主题的第132场中国工程科技论坛——电力发展论坛暨直流输电国际研讨会在广州召开。中国工程院院长周济、国家电监会副主席王野平、副省长陈云贤等出席开幕式。

11月9日，广东省社会主义新农村建设试验区启动，副省长刘昆等参加了启动仪式。试验区位于清远市佛冈县城石角镇西面龙南片区，总面积118平方公里，包括6个行政村、154个村民小组，总人口为1.86万人。该区有木制品等加工工业企业8家、农业龙头企业两家和房地产企业一家。

11月11日，国家电梯质量监督检验中心（广东）揭牌仪式暨广东省特种设备检测院南海检测基地落成仪式在广东佛山南海区举行。国家质检总局刘平均副局长、广东省政府陈云贤副省长等领导出席了仪式。与会领导与专家共同见证了仪式并参观了实验室。

11月15日，广东省政府与德国弗劳恩霍夫协会在广州签署了《广东省人民政府与弗劳恩霍夫协会战略合作框架协议》。协议的签署将进一步深化双方在新兴产业领域的全面合作，积极推动“创新广东”建设。根据该框架协议，广东省科技厅负责统筹全省科研机构、高校及高新技术企业与弗劳恩霍夫协会开展全面合作，并将成立联合工作小组，制定具体实施方案。双方将在智能（节能）建筑、工业自动化、环境保护、健康食品等优先领域推进务实合作。

11月15日，广东省政府与广西壮族自治区政府在广州签署《“十二五”时期广东广西扶贫协作计划纲要》。根据协作计划纲要，“十二五”期间，两省区将在八个方面加强协作力度，加快广西贫困地区经济社会发展和贫困人口的脱贫致富步伐，实现两广互利共赢、共同发展：继续做好城市之间的结对协作；开展建设扶贫开发示范村项目建设；加强地区经贸合作；加强劳务合作；继续做好干部培训与交流；实施新一轮的教育协作；加强交通协作；进一步整合区域旅游资源，加强旅游协作。

11月18日，广东农村信息直通车工程江西试点正式启动，广东省将依托直通车工程相关服务平台建设江西省三农信息网站群及相关平台，全面提升江西农业和农村科技服务能力，实现两省技术、人才、科技成果等资源共享和交流。

11月18日，总投资590亿元、目前我国规模最大的石化合资项目之一的中科合资广东炼化一体化项目在湛江开工。项目建成后将形成1 500万吨炼油能力，可为下游年产100万吨乙烯和其他精细化工产品，对带动湛江的上下游产业链发展具有历史性意义。

11月18日，河源市战略性新兴产业投资环境推介会暨省市共建太阳能光伏产业基地框架协议签约仪式在河源举行。广东省经济和信息化委员会副主任蔡勇与河源市人民政府签署了共建战略性新兴产业基地（河源太阳能光伏产业）框架协议。根据协议，省市将联手做大做强河源光伏产业，力争到2012年，使河源太阳能光伏产业基地实现产值80亿元以上，到2015年，产值将突破500亿元，成为河源发展战略性新兴产业的主要载体和经济增长极。

11月19日，汉能硅基薄膜太阳能电池投产仪式和中兴通讯（河源）基地奠基仪式在河源举行，中共中央政治局委员、省委书记汪洋出席了仪式。中兴通讯（河源）建成后将成为中兴通讯在全球规模最大、整体布局与规划最完备、环境最好的综合性基地之一，预期产值将超千亿元，可满足中兴通讯未来10年的发展需求。

11月19日，河源着力培育的“四新”产业（新能源、新材料、新电子、新医药产业）的两大代表项目广东汉能硅基薄膜太阳能电池项目、中兴通讯河源制造研发基地分别举行投产、开工仪式。中共中央政治局委员、广东省委书记汪洋出席活动宣布汉能项目投产，并为中兴通讯河源基地挥铲奠基。省委常委、秘书长徐少华，副省长陈云贤，河源市委书记陈建华，河源市长彭建文等同时出席投产、开工仪式。

11月20日，东莞松山湖、肇庆高新区升级为国家级高新区授牌仪式在广州举行。授牌仪式由副省长宋海主持，中共中央政治局委员、广东省委书记汪洋出席授牌仪式，科技部副部长杜占元宣读国务院《关于同意东莞松山湖高新技术产业园区升级为国家高新技术产业开发区的批复》和《关于同意肇庆高新技术产业园区升级为国家高新技术产业开发区的批复》。李学勇、杜占元向东莞、肇庆国家级高新区授牌。

11月21日，“广东斜拉第一桥”江顺大桥BT工程项目在江门市蓬江区棠下镇天河顶南侧举行了动工誓师大会，建设正式启动。项目路线全长约3.58公里，贯通广佛都市圈，力争2014年建成通车。项目将对进一步完善珠中江地区交通网络、优化投资环境，推进珠三角《规划纲要》的实施、加快珠三角一体化进程、扩大广佛经济圈的辐射面有十分重要的意义。

11月25日，广东省政府、广州市政府、国防科技大学、中山大学共建高效能计算机系统合作协议暨市政府与国防科技大学战略合作协议签约仪式在广州珠岛宾馆举行。广东省副省长陈云贤、广州市长万庆良、国防科技大学校长杨学军、中山大学校长许宁生签署《广东省政府、广州市政府、国防科技大学、中山大学共建高效能计算机系统合作协议》，万庆良和杨学军签署《广州市政府与国防科技大学战略合作协议》。

11月29日，广州科技服务业协会成立大会暨第一次会员大会在广州大厦举行。广州科技服务业协会当前共有398个会员单位。协会会员中，科学研究与技术开发机构和新兴专业技术服务机构所占比例最大，分别为32%和43%。

11月30日，广州隆重举行花莞高速公路奠基暨广河高速公路广州段通车仪式。广州市委书记万庆良出席仪式，市委副书记、代市长陈建华致辞。花莞高速公路奠基暨广河高速公路广州段通车是广州交通基础设施建设取得的又一重大成果，对不断完善全市路网结构、促进沿线地区及珠三角城市群的共同发展具有重要作用。

11月30日，广东省外贸转型升级示范基地培育工作领导小组发布"关于首批省级外贸转型升级专业型示范基地的公告"，全省27个基地成为"首批省级外贸转型升级专业型示范基地"。基地主要分布在广州、珠海、中山、东莞等14个城市或区域。27个基地大多数分布在传统产业领域，如皮革皮具、家具、玩具礼品、毛织服装、灯饰等。

12月

12月1日，由农业部和广东省政府共同主办的中国绿色食品2011广州博览会在琶洲展馆隆重开幕。绿博会有来自全国各省市、港澳台以及东南亚等国家和地区的上千家企业参加，参展产品达2 000多种，包括粮、油、果、蔬、茶、畜、禽、蛋、奶、水产等。参展产品以绿色食品为主，部分有机食品、无公害农产品、地理标志农产品和地方名特优产品参与展示。

12月1日，广东省农垦总局与广东省机械设备成套局签署"共建惩防体系、规范招标采购"合作框架协议。广东省农垦总局党组书记、局长赖诗仁，广东省机械设备成套局党组书记、局长阮日生分别代表双方在协议上签字。

12月1日，一汽大众佛山分公司成立仪式在佛山南海区基地举行。这是继轿车三厂后，一汽大众又一座重要生产基地，也是该公司在华南地区的首家整车制造厂，其成立带动了全系列的产业链，包括优质的、世界500强的零部件供应商纷纷落户佛山，将使佛山具备从整车到汽配到原材料供应的完整、丰满的产业链。

12月7日，国家重点基础研究发展计划项目（973计划）"高性能LED制造与装备中的关键基础问题研究"在深圳清华大学研究院正式启动实施，来自全国各地的13位院士专家、教育部、省科技厅、深圳市科工贸信委及项目实施单位代表100多人出席了项目启动会。

12月16日，省政府在揭阳市隆重举行揭阳潮汕机场通航庆典仪式。中国民用航空局向省机场集团公司颁发机场使用许可证，广东省原省长黄华华和广州军区副政委兼广州军区空军政委王玉发共同为揭阳潮汕机场揭牌，中国民用航空局局长李家祥致辞，广东省省长朱小丹致辞并宣布揭阳潮汕机场落成通航。

12月19日，由北京市科学技术委员会与广州市科技和信息化局共建的"首都科技条件平台广州区域合作站"授牌仪式在广州华泰宾馆1号会议室举行。

12月19日，由北京市科学技术委员会与广州市科技和信息化局共建的"首都科技条件平台广州区域合作站"授牌仪式在广州华泰宾馆1号会议室举行。首都科技条件平台广州区域合作站成立后将进一步发挥北京首都科技条件平台的资源优势及京穗两地在产业结构上的互补优势，共同探索两市科技资源共享模式，促进京穗两地科技和经济的合作交流与共同发展。

12月21日，首届中国（广州）国际创新博览会在中国进出口商品交易会馆举行开馆仪式。广州市委副书记、代市长陈建华出席并致辞，向海内外创新团队、投资集团、创业精英发出了交流与合作的盛情邀请。科技部副部长张来武、中科院副院长詹文龙，广州市副市长贡儿珍、市政府秘书长谢晓丹等出席了仪式。

12月22日，广州市人民政府和乌克兰国家科学院在中国广州组织召开了中国广州—乌克兰国家科学院科技合作联合委员会第一次会议。同时，中国广州—乌克兰国家科学院科技合作联合委员会秘书处揭牌。

12月23日，广东现代服务交易中心暨番禺区科技金融促进会成立仪式在番禺节能科技园举行。番禺节能科技园与广东东奥信息科技公司签订了广东现代服务交易中心建设协议，番禺区科信局、兴业银行广州分行签订了兴业银行授信10亿元支持番禺科技金融发展的框架协议。广东省科技厅厅长李兴华，番禺区区委书记卢一先、区长楼旭逵等领导参加了揭牌成立仪式。广东现代服务交易中心将着重发展融资投资、科技服务、品牌建设、咨询培训、物流管理、人才服务、展会展览、企业信息化、企业家服务等业务，促进现代服务业资源集聚。

12月26日，广深港高铁广深段正式开通运营。广深港高铁广深段起自广州南站，沿线设庆盛、虎门、光明城等3个车站，止于深圳北站，线路全长102公里。运营初期最高时速300公里，广州南站至深圳北站最快运行时间为35分钟。

12月27日，广东省海上搜救中心在新址——广东海事局办公大楼举行挂牌仪式，交通运输部党组成员何建中、广东省副省长刘志庚共同为新址揭牌。

12月27日，广东省首家由省人力资源和社会保障厅与中山市政府共建的省级创业园——广东中山留学人员创业园揭牌仪式在中山市正式启动。揭牌仪式后还举行了落户广东中山留创园创新创业的8名高层次留学人才代表现场签约仪式。迄今为止，广东中山留创园已聚集了20多家留学人员科技创业企业，拥有1个综合孵化器和5个专业孵化器。

2011年广东企业大事记

1月

1月10日，广晟资产经营有限公司与广东省工业技术研究院（广州有色金属研究院）在广州凯旋华美达大酒店签署《矿产资源开发和综合利用战略合作协议书》。

1月13日，由《深圳商报》联合市物流办、市物流与供应链管理协会等六家行业协会举办的“2010深圳物流业龙虎榜”评选结果揭晓，深圳市怡亚通供应链股份有限公司喜获“年度最具竞争力品牌奖”，董事长周国辉先生被评为“年度风云人物”。

1月14日，在深圳市第四届“深圳十大书香企业”颁奖典礼上，长城开发科技股份有限公司从众多优秀企业中脱颖而出，被授予“深圳十大书香企业”称号，公司党委副书记、监事会主席、工会主席宋建华代表公司参加了颁奖典礼并作了重要发言。

1月15日，“广东省劳动用工守法优秀企业表彰大会暨和谐劳动关系高峰会”在白云国际会议中心隆重召开，广州白云山制药总厂荣膺“2010年广东省用工守法标杆企业”称号，成为首批获奖的38家全省“标杆”企业之一。

1月17日，广东省经济和信息化委员会发布了2011年省首批战略性新兴产业骨干企业培育和认定的名单，惠州市华阳多媒体电子有限公司被认定为省战略新兴产业骨干培育企业，高清数字视听关键技术研发及产业化项目入选2011年省战略性新兴产业专项资金高端新型电子信息产业拟扶持项目。

1月18日，2010年CCTV中国经济年度人物颁奖典礼在北京举行，珠海格力电器副董事长兼总裁董明珠从20位极具实力的候选人中胜出，荣获“2010CCTV中国经济年度人物创新奖”。此次创新奖不仅是对董明珠个人的认可，更是对格力电器多年来始终如一坚持自主创新，引领空调行业技术发展潮流的最佳赞誉。

1月18日，广东省人力资源和社会保障厅、广东省总工会和广东省企业联合会发文，表彰广东省百家和谐劳动关系先进企业。深圳共有九家企业获得表彰，其中长城开发科技股份有限公司发榜上有名。

1月20日，在刚刚公布的2010年度深圳金牌经销商评选获奖榜单上，深圳市鹏峰汽车（集团）有限公司从众多汽车经销商中脱颖而出，获评年度本土杰出汽车集团荣誉称号。

1月20日，中远航运股份有限公司与广船国际股份有限公司、广州中船黄埔造船有限公司，在广州龙穴造船基地隆重举行50 000吨半潜船祥云口轮命名交接仪式。中国远洋运输（集团）总公司总裁魏家福以及中国船舶工业集团公司总经理谭作钧两大集团的掌门人亲自出席本次命名交接仪式。本次交付的“祥云口”轮是目前世界上能够承运单件货物重量的最大、设备最先进的船舶之一。

1月21日，广东省“院士专家企业工作站”经验交流会在广州市广东科学馆举行。广东生益科技股份有限公司等12家单位被广东省科协授予“广东省院士专家企业工作站”牌匾。广东生益科技股份有限公司企业科协秘书长王猛、工程师康云峰出席会议并代表公司领取了“广东省院士专家企业工作站”的牌匾。

1月21日，中远航运股份有限公司与中远台湾代理中国远洋企业股份有限公司签署了战略合作框架协议，航运部总经理吴亮明、中国远洋企业股份有限公司运务部总经理陈国展分别代表双方在协议上签字。此次框架合作协议的签署，将进一步完善中远航运的营销网络，有利于台湾市场的开发和客户维护工作，进一步扩大中远航运在远东地区的市场份额。

1月24日，由北京大学管理案例研究中心和经济观察报主办的“中国最受尊敬企业十年成就奖”获奖企业名单正式公布。TCL作为中国家电行业的代表之一，与联想、华为、腾讯、万科、招商银行等25家优秀企业共同上榜。

1月24日，中广核节能产业发展有限公司正式挂牌运作。中广核集团公司总经理张善明、中广核集团副总经理兼总会计师、中广核节能公司董事长施兵出席揭牌仪式，并共同为公司揭牌。

1月25日，随着国家863计划项目在广州正式启动，“王老吉凉茶功能性食品安全性评价与功能因子关键检测技术”项目也被正式入选国家高技术研究发展计划（863计划）。这也是迄今为止参加国家863计划的首个凉茶项目和植物饮料项目。

1月25日，中国国际海运集装箱（集团）股份有限公司与中国建设银行深圳分行举行了国际租赁项目融资合作庆祝仪式。2011年，双方将在项目融资、应收账款卖断、海外项目授信等多个领域加强合作，进一步探索业务创新，推进双方合作的广度和深度。

1月25日，南航“SKYTRAX四星航空公司”颁奖典礼在广州香格里拉大酒店隆重举行。颁奖仪式上，SKYTRAX机构主席Edward Plaisted宣布了评选结果，并将“SKYTRAX四星航空公司”证书授予南航股份公司总经理谭万庚，此举标志着南航服务已跻身世界先进航空公司行列，再次创下国有航空公司最优服务纪录。

1月25日，首家100%采用南玻自有品牌的太阳能组件建成的电站项目——德国肯普腾市ENERGIEBAUERN电站项目的落成仪式隆重举行。该电站项目的落成标志着南玻太阳能组件产品获得了国际市场的高度认可。

1月26日，广州市越秀集团与茂

名市政府签署扶贫“双到”、产业开发战略合作框架协议，双方计划在扶贫“双到”、房地产开发、交通基础设施建设、金融证券、战略性新兴产业等领域开展合作。省委常委、常务副省长朱小丹出席签署仪式。

1月26日，深圳九新药业有限公司收到法国卫生安全和健康产品委员会颁发的无菌制剂GMP证书，成为国内首家通过法国GMP认证的无菌粉针制剂的生产企业。该认证在欧盟国家共同有效。此前，法国卫生安全和健康产品委员会（AFSSAPS）欧盟GMP认证专家组专程来到九新药业，进行了为期一周的严格现场检查。

1月27日，南玻集团下属企业东莞光伏公司获得德国莱茵TÜV实验室颁发的单晶无框组件认证证书，该证书涵盖组件功率范围为180W到200W。该证书的获得，进一步丰富了南玻光伏组件的产品类型，对南玻集团进一步开拓市场、提升产品的综合竞争力具有重要的促进作用。

2月

2月12日，华侨城集团与下属单位责任书签订仪式在华侨城集团办公楼负一楼会议室举行。任克雷总经理和郑凡书记分别代表华侨城集团和集团党委与下属企业负责人签订了年度经营业绩责任书、安全管理责任书、党风廉政建设及惩防体系建设责任书。责任书的签订代表着对华侨城事业的忠诚和做人的正直、对华侨城的责任和承诺。

2月11日，广州中船龙穴造船有限公司1#船坞内23万吨矿砂船L0009、8.2万吨散货船L0019两艘整船同期出坞，23万吨矿砂船L0014同期完成半船起浮作业，首次实现两整船出坞及一半船起浮的高效生产、快速造船的崭新格局。

2月15日，在南方周末报社主办的“2010中国企业社会责任评选”的活动中，广东韶钢松山股份有限公司名列“2010中国国有上市企业社会责任榜”第32强。

2月16日，利乐中国大中华区高层一行到访王老吉药业，并就双方合作的情况交换了意见，双方高层除了探讨未来更广泛的合作外，还就采购两套目前国内最先进饮料灌装线——利乐A3型高速罐装生产线进行合同签约仪式。

2月18日，由深圳市企业联合会与深圳商报共同主办的“2010深圳企业100强”排序日前正式公布。天马微电子股份有限公司继续入围榜单，位列第51名，比2009年的第67位排名提升了16位。

2月20—22日，“第七届广州国际汽车改装服务业展览会”在广州琶洲国际会展中心举办，中国汽车电子领军品牌——华阳集团携多款新品重磅亮剑，并抢先发布了A8系列新品。

2月22日，国家主席胡锦涛同哈萨克斯坦总统纳扎尔巴耶夫在北京人民大会堂出席了双边合作协议签字仪式。在胡锦涛与纳扎尔巴耶夫的见证下，中国广东核电集团有限公司（简称“中广核集团”）与哈萨克斯坦国家原子能工业公司签署了合作备忘录。中广核集团公司总经理张善明代表集团在备忘录上签字。

2月22日，珠江钢琴集团全资子公司——广州珠江恺撒堡钢琴有限公司落户增城开发区签约仪式在增城隆重举行。

2月25日，中远航运股份有限公司新接的50 000吨半潜船祥云口轮，首航在新加坡顺利下潜浮装了两艘大型海洋工程船前往非洲。该两艘海洋工程驳船各长118.8米，宽30.40米，重量分别为16 558吨和14 615吨，共重31 000多吨，是中远航运经营半潜船以来单船、单航次装载重货量最大的航次。

2月25日，中山市质量技术监督局召开了2010年广东省名牌产品企业表彰会议，榄菊日化实业有限公司蚊香产品再次顺利通过复评，获得“广东省名牌产品”荣誉称号。

2月28日，中国移动广东公司与广东省对外贸易经济合作厅举行战略合作备忘录签署仪式暨“广东易发网快讯”短信服务开通新闻发布会，双方签署《战略合作备忘录》，共同启动“广东易发网快讯”短信服务。

3月

3月9日，中远航运股份有限公司半潜船泰安口轮在韩国马山港，采用滚装方式，成功滚装装载二台港口集装箱桥吊。这是中远航运半潜船首次在南韩装载这样大型整体的港口集装箱桥吊。

3月9日，珠江啤酒股份有限公司与世界顶尖的技术院校——德国慕尼黑理工大学啤酒工艺和饮料技术研究所共建的“珠江啤酒国际技术研究室”正式启动。中国酿酒工业协会理事长王延才、珠江啤酒集团董事长兼总经理方贵权、慕尼黑理工大学托马斯•贝克尔教授等参加了启动仪式。

3月10日，南玻集团佛冈项目签约仪式于在清远市清雅园隆重举行。南玻集团佛冈项目将投资建设两条年产64万吨的节能材料基板生产线和一条年产17万吨的光伏封装材料生产线。

3月15日，中国出口信用保险公司广东分公司第六届信用风险管理评级发布。惠州华阳集团因内部信用管理体系建立、制度建设、意识培训、事前控制、出险处理等方面表现突出，经综合评估获得中国信用保险公司2010年度风险管理最高级别“AAA”级企业。

3月16日，广州五羊（南沙）工业园在南沙经济开发区隆重举行奠基典礼。南沙区委常委熊文辉、广汽工业集团董事长张房有、副总经理李章群、党委副书记魏筱琴、副总经理许建生等领导以及集团系统相关企业和员工代表出席了奠基仪式。

3月18日，广东省人民政府、中国电信集团公司，“加快转型升级、建设幸福广东”十二五信息化战略合作框架协议签约仪式在广州举行。中共中央政治局委员、广东省委书记汪洋，省委副书记、省长黄华华，中国电信集团公司总经理王晓初，副总经理杨杰，广东分公司总经理陈德兴等出席了签约仪式。

3月21日，广州市在人民大会堂金色大厅隆重召开“新广州新商机一北京推介会”，广州港集团与国投交通公司签署了战略合作框架协议，双方将在巩固现有合作成果的基础上，进一步拓宽合作领域，建立更紧密的战略伙伴关系。“十二五”期间，双方将共同致力于多个煤码头的建设。

3月21日，广药集团和广东华南新药创制中心在广州大厦联合举办新闻发布会，宣布广州医药工业研究院获国际AAALAC认证。

3月21日，中国平安集团旗下平安银行宣布其中山分行正式开业。这是平安银行在全国范围内开设的第10家分行，标志着该行在珠三角经济区域布局的进一步加强，是平安银行跨区域发展的又一里程碑。

3月21日，中海石油（中国）有限公司湛江分公司文昌19-1A至15-1平台海上柔性直流输电系统成功投入运行。该系统是亚洲首个柔性直流输电系统，全部采用国产化直流输电设备，打破了海油、中国乃至亚洲的电力科技记录。

3月23日，榄菊日化实业有限公司首条蚊香自动包装线验收合格，标志着蚊香生产领域全新生产模式的树立，成为集团公司自动化生产进程中的又一个重要里程碑。

3月25日，“2011中国房地产百强企业研究成果发布会暨第八届中国房地产百强企业家峰会”在北京钓鱼台国宾馆举行，万科集团荣获“2011中国房地产百强企业综合实力TOP10”。

3月26日，国内首个合资企业自主品牌广汽本田理念（EVERUS）的第一款量产车型——理念S1在广汽本田黄埔工厂正式下线。广汽本田率先在汽车合资企业中启动自主品牌战略，并通过自身的努力研发、制造出了首款量产车型，这是中国汽车自主之路上的一个重要里程碑事件。

3月28日，在美国无线通信展期间，中兴通讯股份有限公司凭借其推出的首款CDMA多载波超小型“ZTE Gecko”基站脱颖而出，一举荣获由北美最具权威的电信组织CTIA（美国无线通信和互联网协会）颁发的“CTIA 2011年新兴技术奖”。中兴通讯作为唯一的中国厂家首次获得此项殊荣。

3月30日，采用本田全球开发、全球仕样、全球采购的战略踏板车型KZL（优客110）全球首发仪式在五羊—本田公司隆重举行。

4月

4月7日，在广东省省长黄华华、广州市副市长甘新和梅州市委书记李嘉、市长朱泽君等领导的共同见证下，珠江啤酒梅州生产基地年产40万千升项目正式奠基。

4月8日，日立电梯（中国）有限公司与花样年集团（中国）有限公司签订了新一轮的战略合作协议。花样年集团总裁潘军和日立电梯（中国）有限公司总裁潘胜燊代表合作双方，分别在战略协议上签字。协议期内，日立电梯将继续为花样年集团旗下众多房地产项目提供具有一流国际化品质的电梯、扶梯产品。

4月8日，中远航运股份有限公司与奇瑞汽车股份有限公司签署战略合作协议，中远航运股份有限公司首席执行官韩国敏、奇瑞汽车股份有限公司总经理尹同跃分别代表双方签署了战略合作协议，中远航运首席运营官郭京、中远日邮公司副总经理刘云武和奇瑞国际公司总经理周必仁、副总经理冯平等出席了签字仪式。

4月8日，广州珠江钢琴集团股份有限公司获首届广州市政府质量奖。

4月10日，《神华粤电珠海港煤炭码头有限责任公司合资协议》签署仪式在珠海举行。粤电集团董事、副总经理高仕强出席了签署仪式。珠海港煤码头项目预算总投资43亿元，计划两年后建成投运。合作各方所占的股份比例为：中国神华能源股份有限公司40%，广东粤电发能投资有限公司30%，珠海港股份有限公司30%。

4月11日，广东省科学技术奖励大会暨全省科技工作会议在广州召开。广东省丝绸纺织集团属下广东省蚕业技术推广中心的《优质高产桑蚕新品种粤枫三号的选育与推广》项目，荣获2010年度广东省科学技术奖三等奖。

4月15日，广东省名牌产品评价中心公布了2010年度广东名牌产品（工业类）最终评选名单（粤名牌评价〔2011〕1号），南玻集团“南玻”牌“建筑安全与节能玻璃”凭借过硬的产品质量和优秀的品牌信誉，被评定为“广东省名牌产品”。

4月15日，由广东省工商局审核推荐，经社会各界考察、评价，广州白云山制药总厂被广州市工商局评定为连续24年“广东省守合同重信用企

2011年3月26日，国内首个合资企业自主品牌广汽本田理念（EVERUS）的第一款量产车型理念S1在广汽本田黄埔工厂正式下线。

业”，成为广东省内37家获此荣誉的企业之一。

4月19日，在2011年上海车展上，中国移动广东公司与广州汽车集团股份有限公司联合发布全新车载终端业务“悦行100”，率先在国内开展基于中国移动2/3G优势通信网络和广汽集团自主创新品牌。

4月19日，中广核集团与乌兹别克斯坦地质和矿产资源委员会签署了深化和扩大双方在铀资源开发领域合作的框架协议。

4月25日，中国电信集团与江苏省政府在南京签署《“十二五”信息化战略合作框架协议》。江苏省省长李学勇、中国电信集团公司总经理王晓初代表双方签字。

4月28日，长城开发惠州投资项目正式落户仲恺高新区惠南高新科技产业园。深圳长城开发科技股份有限公司副总裁陈朱江与惠南高新科技产业园管委会主任罗志成，代表双方进行了签字仪式。

5月

5月6日，中国南方航空股份有限公司和西澳大利亚州政府在广州签署战略合作协议，双方将进一步扩大和深化合作领域，实现互惠双赢。

5月9日，省委汪洋书记率领省委、省政府、省人大、省政协等有关领导和珠三角九市主要负责同志一行，到广东南车轨道交通车辆有限公司建设现场进行专题调研。

5月12日，广州港股份有限公司与华粮集团北良有限公司在港口中心签订了战略合作框架协议，广州港股份公司总经理江常开、副总经理蔡锦龙等出席仪式。

5月13日，在中宣部主办的文化产业发展座谈会上，广州传媒控股有限公司获中国第三届“文化企业30强”称号，这是广州传媒公司连续第二年获得此称号。

5月13日，中国轻工业联合会第三次会员代表大会，在北京友谊宾馆召开。大会发布了2010年度中国轻工业十强企业评价结果公告，广东新明珠陶瓷集团以96.28分遥遥领先，荣获“中国轻工业陶瓷行业（瓷砖）十强企业”第一名的殊荣。十届全国人大副委员长顾秀莲亲自为新明珠陶瓷集团颁发奖牌。

5月14日，由广州金鹏集团承建的第16届亚运会组委会指挥调度中心（MOC）建设项目获得了中国信息协会颁布的“中国应急管理信息化成果应用奖”。金鹏集团是亚运会和亚残运会工程的设计者和承建者之一，承担了亚运会“大脑”系统——主运行中心（MOC）和亚运会场馆安保视频监控统一平台的设计和建设，把指挥调度中心中的各平台兼容技术运用到超大型运动会上在国内尚属首次。

5月16日，广东温氏集团有限公司与华南农业大学全面合作签约仪式在云浮温氏集团总部举行，华南农业大学校长陈晓阳、副校长陈志强，省科技厅副厅长刘炜，云浮市市委常委、宣传部长、新兴县委书记、县人大主任吴伟鹏，温氏集团和云浮市科技局有关负责同志出席了仪式。

5月18日，南沙海港公司自主研发的场桥节能辅助电源装置获得国家知识产权局颁发的实用新型专利证书，这是该司首次获得的国家专利。这种节能装置在港口行业的集装箱龙门起重机均可应用，具有很高的推广价值。

5月20日，广东省企业家活动日在广州隆重举行。广东省企业联合会、广东省企业家协会公布了2010年度广东省优秀企业、优秀企业家、最佳诚信企业等名单，深圳华强集团有限公司荣获“广东省优秀企业”荣誉称号。

5月20日，广东新华粤石化股份有限公司与招商银行广州分行合作，签署综合授信协议。该协议的签署，标志着新华粤石化打破了以本地四大银行为主要对象的融资局面，进一步拓展了公司筹资渠道。

5月23日，第十届“广东地产资信20强”榜单出炉。珠海华发实业股份有限公司凭借在资信、社会责任等方面的突出贡献，第七次荣膺“广东地产资信20强”。十年间七次以上入选“广东地产资信20强”的企业共有包括华发股份在内的11家广东省知名房地产企业，华发股份也是唯一一家获此殊荣的珠海房地产企业。

5月23日，旭瑞光电股份有限公司LED外延芯片项目在佛山市南海经济开发区举行开业典礼。5月27日，中国广东核电集团有限公司与台山市政府、法中电力协会在台山市签署了《关于共同推进台山清洁能源（核电）装备产业园发展的合作框架协议》。

5月30日，华南地区第一条现代化冷轧薄板生产线——广州JFE钢板有限公司二期180万吨冷轧项目在南沙建成投产，项目达产后年产值将超120亿元，广州汽车外板等高端钢板将可改变主要依赖进口的局面，实现本地生产。市委常委、常务副市长邬毅敏，副市长陈明德、甘新出席投产仪式。

5月31日，中国移动广东公司举办“创新·开放·共赢”的手机通宝合作计划发布会，推出手机通宝能力认证平台，首次对外公布“手机通宝身份认证平台开放合作计划”。

6月

6月1日，英国电信（British Telecom）与中兴通讯正式宣布展开“开放创新”合作。这是中兴通讯与英国电信首次进行“开放型”创新合作。英国电信与中兴通讯将共同致力于开发促进全球通讯系统互联融合的国际电信标准，研发合作项目涉及下一代固网、无线及移动通讯业务等领域。

6月3日，深圳能源集团股份有限公司与盐田港集团有限公司在海港大厦就“惠州深能投资控股有限公司定向增资协议”和“能源物流公司股权转让合同”举行了签约仪式。

6月3日，广州中船龙穴造船有限公司举行了远航集团23万吨矿砂船M.V.“OCEAN WORLD”（L0009）命名暨交接船签字仪式，这是龙穴造船公司向境外企业出口的第一艘船。

6月3日，江门盈江科技有限公司富江多功能“无尘环保教学设备”，经专家评审鉴定和部分学校使用，认为该产品性能稳定、安全、环保，有效避免了粉尘灰对师生健康的危害，同时也有利于室内设备的维护和保养，实现现代技术课堂教学。湖南省教育生产装备处、湖南省教学仪器设备行业协会向各市县市区教育部装备部门和各级学校推荐使用。

6月8日，广州风神汽车有限公司迎来了第200万辆乘用车下线，同时，为表彰东风日产和广州风神所作出的成绩和贡献，广东省总工会授予广州风神总装车间“广东省工人先锋”光荣称号。

6月12日，由广东新华粤石化股份有限公司与山东淄博鲁华泓锦化工股份有限公司和武汉博达石化有限公司三方共同投资兴建的合资合作项目——“C5、C9、C10综合开发利用一体化联合装置”在武汉正式举行签约仪式。

6月14日，中国移动广东公司承办的“无线城市·智慧广东——中国无线城市论坛暨无线城市发布会”在广州召开，标志着无线城市建设由基础网络建设向丰富无线应用的高层次延伸。

6月16日，中广传播集团有限公司主办的“第三届CMMB睛彩终端产业论坛”在深圳召开。深圳市爱施德股份有限公司在本次论坛会议上与中广传播集团现场签署了渠道战略合作框架协议，双方达成就中广急需建设的定制终端、业务内容、渠道建设、终端采购平台、用户付费支付五大方面开展深度合作。

6月17日，TCL集团旗下TCL多媒体的全资子公司TCL王牌电器（惠州）有限公司（简称TCL王牌）与呼和浩特市人民政府正式签约，TCL多媒体设立TCL内蒙工业园液晶电视生产基地，由TCL王牌设立独资公司方式建设由中游背光模组至下游整机的一体化制造项目。

6月22日，众诚汽车保险股份有限公司在广州举行开业仪式。众诚保险是首家总部设在广州、面向全国的中资保险法人机构，也是我国首家由汽车集团控股的保险公司。

6月24日，华为被CDG（CDMA Development Group，CDMA发展组织）授予CDMA领域两项重量级大奖——网络技术创新奖和移动应用创新奖。这是继2010年获得“网络技术创新”大奖后，华为在CDMA技术创新和应用创新方面又一次获得业界的高度认可。

6月25日，惠州华阳通用电子有限公司与英特尔公司在郑州签署了战略联盟协议，共同宣布，双方将在车载信息娱乐系统领域结成战略联盟，共同研发基于最新英特尔®凌动TM处理器的车载信息娱乐系统。

6月28日，500千伏库湾输变电工程首期主体工程提前3个月顺利投运。库湾输变电工程总投资109 277万元，本期建设2台100万千伏安变压器；500千伏出线3回，220千伏出线8回，是迄今广东电网公司在清远投资和建设规模最大的输变电工程项目。该工程是广东500千伏主网架、粤北电力南送的通道，对缓解广东电网迎峰度夏的电力供应压力十分关键。

6月，广东昭信企业集团有限公司党委先后被评为：全国先进基层党组织、广东省先进基层党组织、佛山市红旗基层党组织、佛山市两新组织“先进党员志愿服务队”和“党建工作示范点”、南海区先进基层党组织、桂城街道先进基层党组织。

7月

7月1日，华强集团旗下深圳华强物流发展有限公司与沃尔玛百货有限公司旗下（中国）投资有限公司签定了沃尔玛家电仓库租赁、仓库管理及宅配运输外包系列合同，双方正式建立了战略合作关系。

7月1日，长城开发全资子公司惠州长城开发科技有限公司（以下简称“开发惠州”）获颁营业执照，这标志着开发惠州正式成立，长城开发珠三角产业布局日趋完善。

7月4日上午，广药集团白云山制药股份有限公司与广东省揭西县政府正式签订揭西生产基地扩产项目。广药集团和揭西县双方领导出席了签约仪式。广药集团副总经理陈矛、揭西县常务副县长刘佑知分别代表双方签订了项目协议书。

7月6日，在龙穴岛南沙粮食码头后方的物流园区内，由广钢集团和广州港集团合作建设的广州南沙钢铁综合物流园举行了奠基仪式。

7月6日，广州市协作办、广州市驻阳江“双到”工作队举办了“广州市帮扶阳江市‘扶贫开发献爱心’村企共建企业捐赠仪式”。阳江珠江啤酒分装有限公司、广东海大集团股份有限公司啤酒槽干燥分厂分别捐赠了35万元和20万元，用于南洞村、石桥村、上塘村的养猪场项目、荔枝果园项目、石桥小学校园升级改造等集体项目。

7月7日，广州港集团与黄埔区政府签订了关于黄埔老港港区建设发展战略合作框架协议。协议旨在加快推进集团黄埔老港港区优化发展、转型发展，双方通过建立长期、紧密、有实效的全面合作关系，将进一步推动黄埔的产业升级和城市转型，进一步提升黄埔的城市品位。

7月8日，中远航运股份有限公司和中特物流有限公司举办了南车株洲机车有限公司马来西亚动车组出口项目签约仪式。中远航运航运部总经理吴亮明先生和中特物流副总裁丁仁兵先生分别双方在合同上签字。按照合同约定，中远航运将承担南车株机公司228辆动车组出口马来西亚的海运任务。本次签约是中远航运开拓高铁和机车物资出口市场的又一成功案例。

7月8日，广州市政府与中国南方电网公司在广州签署战略合作框架协议，广州市副市长甘新和南方电网公司副总经理肖鹏代表双方签字。

7月12日，由怡亚通牵头，10多家协会和30余家知名企业共同发起的“非核心业务外包中国行动·全球联盟计划”启动仪式在深圳丽思卡尔顿酒店成功举行。

7月13日，日立电梯应邀出席“博鳌·21世纪房地产论坛”。论坛期间第十一届“中国地产金砖奖”揭晓，日立电梯（中国）有限公司荣获“2011年度最佳房地产战略供应商品牌大奖”。

7月14日，中国房地产行业首部

社会责任报告《2010年度广东省房地产企业社会责任报告》(绿皮书)发布。珠海华发实业股份有限公司与万科、中信、恒大等十二家房地产企业荣获“2010年度广东省房地产企业社会责任示范企业”称号，华发股份也是唯一获此殊荣的珠海本土房地产企业。

7月21日，铁道部陆东福副部长和朱小丹常务副省长主持召开部省加快铁路建设协调小组第十三次会议，关于研究佛山西站、深圳至茂名铁路、广州至汕尾铁路、南沙疏港铁路及珠三角城际轨道交通项目前期工作问题。

7月21日，广东省企业联合会、广东省企业家协会组织了2011年广东省企业500强、广东省制造业百强和广东省服务业百强的排序发布会。广东核电合营有限公司荣获2011年广东省企业500强（排名第85名）和广东省制造业百强企业称号（制造业排名第21名）。

7月22日，“中兴通讯集团财务有限公司开业庆典暨同业合作签约仪式”在深圳华侨城洲际大酒店隆重举行。

7月23日，中共中央政治局委员、国务委员刘延东在广东省省长黄华华、深圳市委书记王荣、市长许勤的陪同下视察了深圳大运会主运行中心(MOC)和技术运行中心(TOC)。听取了中国电信集团公司副总经理张继平和广东公司陈德兴总经理在现场汇报了深圳大运会信息通信服务保障情况。

7月27日，“广东省中小企业融资服务示范机构（2011年第一批）”评选结果揭晓，深圳担保集团成为深圳市唯一一家入选单位。

7月28日，“小武松”电气防火监控系统推介会在华南理工大学建筑设计研究院召开，参会的有设计院20余名电气设计师，其中包括设计院总工及各设计室主任等专家。

7月28日，雅居乐地产在增城标志性建筑挂绿广场隆重举行了品牌概念馆揭幕暨雅居乐地产东广州首个项目首发仪式，正式向市场揭晓东广州首个品牌项目——增城雅居乐御宾府。

7月29—30日岭南集团旗下的广州市致美斋酱园有限公司与北京二商集团旗下的六必居食品有限公司、金狮龙门食品有限公司签订了合作协议，拉开了双方实际性合作的帷幕。

7月31日，由广东省基础工程公司施工的珠三角城际快速轨道广佛地铁桂城站过街隧道项目隧道掘进机顺利到达接收井，这是省基础公司首次采用自主研发设计的矩形顶管机进行隧道施工并顺利贯通，标志着省基础公司顶管机研发又出新的成果，顶管施工拓展了新的领域。

8月

8月1日，财政部公布了今年第一批金太阳示范项目目录，粤电南沙开发区光伏发电项目（10MW）榜上有名，成为2011年广东省唯一入选的10MW级集中连片光伏示范项目。

8月4日，广汽丰田迎来了历史上又一个重要的里程碑，第100万辆整车——一辆蓝色凯美瑞混合动力，从位于南沙的工厂驶下生产线，在以中高级轿车为主力产品的车企中，广汽丰田也成为最快实现百万辆下线的企业之一。

8月4日，广东省政府与中国长江三峡集团公司在广州举行战略合作框架协议签署仪式，省委常委、常务副省长朱小丹与中国三峡集团总经理陈飞代表双方签署战略合作框架协议。在签署仪式上，中国三峡新能源公司与明阳风电集团也签署了战略合作框架协议。

8月4日，广东生益软性材料部在松山湖厂区举行了软性光电材料产研中心和软性材料制造部生产二部简单而隆重的揭牌仪式。软性光电材料产研中心宣告正式建成投产。

8月4日，五羊—本田首款出口日本的50cc商务踏板车“Benly”在公司总装车间正式下线。本田广州分公司、上海分公司领导、本田技术研究所专家、五羊—本田经理室、该车型项目组和员工代表出席了“Benly”下线仪式。

8月6日，由深圳赛格股份有限公司投资开发的江苏省首家IT MALL——南京赛格数码广场盛大开幕，这标志着南京市IT商业新地标的崛起，并将给整个珠江路IT商圈带来全新变革。

8月7日，岭澳二期2号机组比计划提前8天正式投入商业运行。至此，大亚湾核电基地以总装机612.2万千瓦成为目前我国最大的核电基地。

8月8日，由品牌中国产业联盟和中国国际商会联合主办第五届中国品牌节在北京人民大会堂隆重举行，并揭晓年度品牌中国总评榜，格力电器荣获2011年“华谱奖”。

8月8日，广州海港房地产开发有限公司在港口中心副楼三楼举行了隆重、简朴的挂牌仪式，广州港集团董事长陈洪先、总经理周小溪、副总经理黄勇为该公司揭牌。

8月8日，深圳市建市以来单笔投资额最大的工业项目——深圳华星光电8.5代液晶面板项目首期设备正式投产启动。华星光电项目的建成投产标志着我国完全自主创新建设的最高世代TFT-LCD生产线正式转向全面生产经营阶段。广东省委常委、深圳市委书记王荣，广东省副省长陈云贤、深圳市市长许勤以及国家发改委、国家工信部有关领导等出席了投产启动仪式。

8月10—11日，岭南集团董事长、党委书记冯劲率领相关领导及工作人员与长阳县政府领导在清江画廊度假村举行了关于岭南集团投资长阳旅游产业战略合作项目的洽谈会议。随后，岭南集团与长阳县正式签订了《长阳县岭南集团旅游产业开发战略合作框架协议》。

8月11日，中远航运股份有限公司与中特物流有限公司在北京签署战略合作协议，中远航运航运部总经理吴亮明和中特物流副总裁丁仁兵分别代表双方在协议上签字，中远航运及中特物流相关人员出席了签字仪式。本次长期战略合作协议的签署，将进一步深化双方的紧密合作关系。

8月11日，广州中船龙穴造船有限公司建造的首艘8.2万吨散货船“NORD AQUARIUS”轮(L0017)签字交船，该船是龙穴造船公司首艘

PSPC标准实船，也是龙穴造船公司首艘自主进行生产设计的船舶。

8月16日，中兴通讯联合中国移动研发的全球首款TD-LTE/TD-SCDMA/GSM多模双待智能终端样机亮相深圳大运会，成功演示语音通话、高速上网、在线视频等业务，成为本届大运会的一大科技亮点。

8月16日，广药集团白云山制药总厂广东揭西生产基地隆重举行了开工奠基仪式。该项目投资1亿元，新建占地170亩，预计于2013年底建成投产。广药集团白云山制药揭西生产基地是在现白云山威灵药业有限公司基础上扩产建设的新厂，揭西生产基地开工奠基，标志着广药集团在“十二五”大南药发展方面又迈出了坚定的一步。

8月17日，广州太古汇Ole’店盛装开幕。太古汇Ole’店为广州消费者带来更多元和国际化的生活品质和购物体验，开业首日即创下了Ole’开店历史最高销售记录。

8月17日，广州南沙海港集装箱码头有限公司举行1 000万标准箱庆典仪式。

8月20日，日立电梯（中国）有限公司与深圳盈超地产开发集团在惠州签订了战略合作协议，跨入双方合作的新里程。协议期间，日立电梯将为盈超地产开发集团的地产项目提供广泛的住宅智能化解决方案，包括先进的节能安全环保电梯产品，优秀的工程服务团队以及个性化的售后服务等，双方互惠共赢，实现市场价值最大化。

8月21日，中远航运50 000吨半潜船祥瑞口轮首航在大连成功浮装深水铺管作业船往挪威。该轮首航装载的深水铺管作业船“DEEP ENERGY”，是TECHNIP公司的专业深水铺管作业船，船长194米，宽31米，高45米，重达17 000吨。

8月23日，中远航运股份有限公司与中海石油（中国）有限公司携手合作的崖城13—4气田开发工程项目作业及支持船舶服务合同签字仪式在广东湛江市举行。交通运输部上海打捞局、中国船级社湛江分社、中远航运、中海石油（中国）有限公司等有关领导，以及崖城13—4气田开发工程项目双方有关负责人等40多人出席了签字仪式。

8月24日，深圳茂业（集团）股份有限公司与日立电梯（中国）有限公司签订了高速电梯战略合作协议。茂业集团董事长黄茂如、日立电梯总裁潘胜燊出席了本次签约仪式。根据协议，日立电梯将为茂业集团旗下的沈阳茂业中心以及无锡茂业城二期项目提供高速电梯产品，合作金额超过1亿元。

8月26日，“第四届中国优秀信托公司颁奖典礼暨财富管理高峰论坛”在深圳举行。凭借在信托业务收入、净利润、不良资产率、净资产状况、市场化程度及金融创等方面的综合领先优势，平安信托再度摘得“中国优秀信托公司奖”，同时其旗下的“平安财富·睿石系列全功能房地产基金集合资金信托计划”和“平安财富·佳园19号集合资金信托计划”分别摘得最具投资价值信托理财产品和最佳房地产信托计划两大奖项。

8月31日，广汽本田华南区域水性油漆钣喷技能竞赛在广汽本田东莞龙成4S店举行，参加本次钣喷技能竞赛的72名钣金喷漆精英来自华南区域36家广本特约店。鹏峰集团共有鹏峰本田、宝安本田、晨峰本田、汇峰本田4家广汽本田店的8名选手参加了此次大赛，获得了两项大奖。

8月31日，亚洲最大的航空公司中国南方航空股份有限公司全资子公司——南航天合信息科技有限公司正式揭牌运营。今后，信息公司将本着“立足南航，面向社会”的经营策略，以市场化机制、产业化方向加速推进信息化发展，全面提升南航信息化的整体水平。南航集团党组书记、股份公司总经理谭万庚等领导出席揭牌仪式。

9月

9月2日，“新广州·新商机”广货西部行西安推介会在大明宫国家遗址公园举行，日立电梯（中国）有限公司与西安曲江圣唐物资供应有限公司现场签订了电梯采购项目。

9月6日，中远航运与中远乌拉圭公司在广州举行了揽货代理协议签字仪式，中远航运经营部总经理吴亮明与中远乌拉圭公司总经理杜燕标分别代表双方在协议上签字。这标志着中远全球营销网络建设又取得了阶段性成果，将进一步扩大中远在南美市场的影响力。

9月7日，首届2011中国（广东）国际旅游产业博览会在广州琶洲保利国际世贸博览馆隆重开幕。在开幕式上，广州岭南国际企业集团有限公司与湖北省长阳县签订了“旅游产业开发战略合作框架协议”。

9月7日，中兴通讯宣布已推出业界首款40MHz工作带宽、80W发射功率的TD-LTE四通道RRU。该款产品能够大幅提升频谱效率、提升网络覆盖、更好地支持LTE的后向演进，帮助不同类型的运营商降低TCO。

9月8日，在呼吸疾病国家重点实验室产学研基地奠基典礼上，广药集团与钟南山院士领衔的广州呼吸疾病研究所（简称呼研所）签署了两项合作协议。其中，广药集团广州白云山制药总厂与其签署了慢性阻塞性肺疾病（COPD）一类创新药BYS03研究项目合作协议，该项目也成为首批进驻呼吸疾病国家重点实验室产学研基地的项目之一。

9月9日，国务院发展研究中心企业研究所、清华大学房地产研究所、中国指数研究院联合发布《2011中国房地产品牌价值TOP10报告》，恒大品牌价值蝉联中国房企TOP10第一。

9月10日，第二届中国暖通品牌节暨2011中国暖通产业领袖年会在深圳隆重举行，格力中央空调凭借自主创新中央空调系统解决方案，荣获2011年中国暖通品牌“最佳节能减排”奖，再次凸显国产中央空调第一品牌的综合实力。

9月，中海石油（中国）有限公司湛江分公司管理著作《勤耕蓝疆》荣获第21届全国石油石化企业管理现代化创新优秀著作（行业部级）二等奖。

9月上旬，深圳南联食品有限公

司总经理尉东东陪同上级公司中国南海石油联合服务总公司董事长、党委书记叶青一行赴京、津、鲁三地拜访中石油、中海油、中石化三大能源央企的高层领导，双方分别就各区域业务合作发展作了交流。

9月15日，国际领先的综合性品牌战略顾问和设计公司Interbrand在2011年夏季达沃斯论坛期间揭晓"2011最佳中国品牌价值排行榜"，中国平安凭借强大的品牌认知度、品牌资产与品牌份额位列前六甲，蝉联非国有企业第一，继续保持领先。

9月19日，深圳市赛格集团物业经营分公司成立揭牌典礼。集团公司董事长孙盛典、副董事长黄俊民、总经理王立、副总经理胡建平、部分兄弟单位、集团职能部门等嘉宾参加了揭牌典礼。

9月21日，在全国人大委员长吴邦国和乌兹别克斯坦议会上院主席萨比罗夫的共同见证下，中广核集团与乌兹别克斯坦地矿委联合签署了双方在铀资源领域全面合作的备忘录。中广核铀业发展有限公司董事长周振兴、乌兹别克斯坦地矿委主席图拉姆拉托夫代表双方在合作备忘录上签字。

9月23日，"中国银行2011第四届深圳汽车风云榜上榜典礼"在深圳广电集团演播厅隆重举行深圳市鹏峰汽车（集团）有限公司，荣获"深圳汽车行业领先品牌企业"称号。

9月23日，中国机械工业联合会组织的以"中国装备、装备中国、走向世界"为主题的宣传活动在京启动，旨在表彰过去十年里为中国工业作出卓越贡献的企业的和企业家，树立榜样的力量。格力电器副董事长兼总裁董明珠成为家电行业唯一获评"装备功勋企业家"称号的商业领袖。

9月26日，第五届"中国食品工业协会科学技术奖"颁奖大会暨第八届全国食品工业科技进步工作会议对2009—2010年度食品工业科技领域表现优秀的单位和个人颁奖，珠江啤酒喜获7个奖项。

9月26日，全球领先的信息与通信解决方案供应商华为宣布，其FBB（Fixed Broadband）创新实验室已成功研制出业界首个40G传输速率的PON样机系统。

9月27日，罗定广东温氏畜牧有限公司饲料厂投产暨办公大楼奠基仪式隆重举行，标志着罗定公司步入发展新里程。

9月27日，中石化中海燃供广州物供在深圳蛇口友联船厂顺利为外籍远洋油轮"NEW VICTORY"轮供应长城保税润滑油。这是广州物供首次为远洋船舶供应保税润滑油，也是首次跨关区供应作业，标志着广州物供保税润滑油供应业务成功开局。

9月28日，2011年"亚洲品牌500强"排行榜在香港揭晓。华阳集团继2010年度之后再度入选，排名392位。而此次是华阳继上届入选该榜单后，再度做为中国汽车零部件行业唯一上榜企业。

10月

10月1—6日，在2011年法国戛纳秋季电视节Mipcom上，深圳华强数字动漫有限公司凭借优质的动画作品得到热烈追捧，完成洽谈约40场，并与10多个国家的采购平台达成合作意向。另外，其最新作品三维喜剧动画片《笨熊笨事》还成功获得"儿童评审团"KIDS' JURY大奖，得到专业评委与观众的一致好评。

10月10日，省科技厅副厅长刘炜在广州市科技局局长张才明、副局长杨日葵及产学研结合科的陪同下到广东金友集团公司调研，对广东金友现代农业科技特派员工作站的建立进行指导。金友集团总经理康小松、副总经理刘波以及技术部、项目部等相关人员陪同调研。

10月12日，五羊—本田GGPA、KZLK下线仪式隆重举行。本次下线仪式得到了五羊—本田公司股东双方领导的高度重视，本田技研工业株式会社专务取缔役、二轮事业本部本部长大山龙宽先生以及广汽集团副总经理、公司董事长李少先生等嘉宾领导出席活动，对五羊—本田新车下线表示祝贺，对五羊—本田的事业运营给予了肯定。

10月13日，广东电网公司信息化评测实验室揭牌。2011年8月底，该实验室比原计划提前半年通过CNAS认可，标志着实验室的硬件设施、管理水平和检测能力均达到国际认可水平，其出具的检测报告将获得50多个国家地区的认可机构承认。

10月13—14日，中共中央政治局常委、国务院总理温家宝在出席第110届广交会开幕式期间，就经济形势尤其是当前外贸企业情况进行了调研，并重点考察了花都区的国光电器股份有限公司和大阳摩托车有限公司，详细了解企业经营、研发和产品出口等情况。

10月14日，广东电网公司与佛山市政府签订了"十二五"战略合作框架协议。按照协议，"十二五"期间，广东电网公司将在佛山市投资电网建设168亿元，接近全省的1/10，新建变电站50座。

10月15日，广东明阳风电产业集团有限公司与国家开发银行股份有限公司签订《开发性金融合作协议》和《规划合作协议》，签约仪式在北京钓鱼台国宾馆举行。广东省委书记汪洋、省长黄华华等领导及国开行董事长陈元、行长蒋超良等相关领导和明阳风电董事长张传卫、执行董事王宪等出席签约仪式。

10月15日，广东省人民政府与国家开发银行高层联席会议暨"十二五"开发性金融合作备忘录签约仪式在北京举行。国开行广东分行与省铁路建设投资集团签署了《开发性金融合作协议》和《规划合作协议》，融资总量为500亿元。

10月18日，珠海华发集团有限公司对口帮扶广东省揭阳市惠来县惠城镇山美村的又一重点民生工程，占地面积约20亩、总投资约180万元华发公园正式落成。华发集团领导徐荣、林悟彪以及揭阳市市委副秘书长曾谷等领导和村民代表三百多人参加了公园落成典礼。

10月19日，广州汽车集团股份有限公司与中国石油化工股份有限公司签署了战略合作框架协议。根据协议，双方将在产品车用油品供应、共建加油站、加油卡推广及其它相关领域进行合作。

10月19日，广汽集团与中国石油化工股份有限公司签署了战略合作框架协议。根据协议，双方将在产品车用油品供应、共建加油站及其它相关领域进行合作。

10月20日，广东生益与中兴化成工业株式会社在广东生益松山湖厂区总办大楼举行了隆重的签字仪式，广东生益董事长李锦、总经理刘述峰以及中兴化成社长庄野直之、销售部部长松元健、双日顾问崛越利久、电子材料部部长新田泰清等人出席了该签字仪式。

10月21日，国际权威的“2011全球竞争力品牌·中国TOP10”活动在美国硅谷揭晓，中石化、TCL等10家公司从众多候选企业中脱颖而出，成功入选“2011全球竞争力品牌－中国TOP10”榜单，TCL也是第二次获此殊荣。

10月21日，华隧建设在下属华隧威预制件有限公司举办了隆重的下线仪式。经过8个月的组装生产，华隧建设首台自主研发的直径4.35米泥水平衡盾构机顺利通过调试验收，成功下线。

10月21日，华隧建设首台自主研发直径4.35米盾构机胜利下线。华隧建设召开技术发布会，举行了隆重的揭幕仪式。集团丘小广董事长、史吉新副总经理、陈建达副总经理拨冗莅临，倾情祝贺，来自政府部门和业主、设计、监理等十余家单位的领导和嘉宾出席观摩。

10月25日，广发银行和广州市政府隆重举行签约仪式，双方就共同为广州市政府部门、企事业单位和广大市民提供全方位的优质金融服务达成框架合作协议，标志着双方正式建立长期稳定的战略合作关系。

10月28日，鞍钢钢材加工配送（广州）有限公司、广州京建物流有限公司、湛江德利化油器有限公司、潞铁投资（北京）有限公司、湛江市华夏消声器有限公司、广州市德晟机械有限公司、广州市大环汽车净化设备有限公司7家企业签约落户花都汽车城赤坭园区仪式在区府紫薇苑举行。

10月29日，新明珠陶瓷集团萨米特禄步生产基地投产五周年暨办公大楼落成举行庆典仪式。该基地仅用5年时间，已跻身肇庆首届50强工业企业前三甲，成为产业转移的成功范例。

10月，王老吉药业入选2011年国家火炬计划重点高新技术企业。

11月

11月1日，宇商网创新融资项目——现货质押融资平台正式上线运营。该平台上线，为中小企业提供了全新的融资模式，也为中小企业融资难带来了实质性的突破。

11月1—6日，中远航运股份有限公司与哥伦比亚的货运代理公司CTR COLFLETAR签订了营销网点揽货协议。本次协议签署后，CTR公司将作为中远航运美洲线的营销网点之一，为中远航运在美洲地区开展市场营销和客户开发提供服务。

11月3日，广州港集团帮扶从化市鳌头镇横岭村集体经济项目——叉车租赁在黄埔公司举行了投产仪式。集团党委书记、董事长陈洪先，市派驻从化扶贫工作队领导黄卫平、集团党委副书记莫东成及集团“双到”办、纪委办、鳌头镇、黄埔公司等领导和横岭村“两委”干部，黄埔公司职工代表约100人参加了仪式。

11月7日，住建部、中国建筑业协会在北京人民大会堂颁发了2010—2011年度中国建设工程“鲁班奖”（国家优质工程），华发绿洋山庄（二期）工程获得殊荣。继2001年中山大学珠海校区教学实验楼后，时隔十年珠海再获这一代表中国建筑工程质量最高荣誉的奖，绿洋山庄也是珠海首个获得该奖的住宅项目。

11月8日，广州新成混凝土有限公司举行挂牌揭幕仪式。公司副总经理林朝庆和新世纪混凝土公司（广东省基础工程公司的全资子公司）总经理詹国良一起为新成公司挂牌揭幕。新成公司由公司与新世纪混凝土公司共同出资设立，在原新世纪混凝土公司人和分公司的基础上组建而成。

11月8日，本田电动车项目广州验证实验启动仪式在广州海心沙举行。广州市副市长甘新、省、市政府有关部门领导、本田公司、广汽集团和广汽本田的有关领导共同出席了该仪式。这是继在美国和日本后，本田公司首次在中国开展电动车项目的验证实验。

11月8日，第十三届中国专利奖颁奖大会在北京隆重召开。广州广晟数码技术有限公司凭借“多声道数字

2011年11月8日，“华南树脂”（包括：聚乙烯茂名、聚丙烯茂名）在渤海商品交易所上市交易，同期，举行了“华南树脂”上市交易暨茂名石化物流中心启动仪式。

音频编码设备及其方法”这一专利荣获“中国专利金奖”。国家知识产权局和世界知识产权组织WIPO授予了广晟数码“中国专利金奖”获奖证书及奖牌。

11月8日，“华南树脂”在渤海商品交易所上市交易，同期，举行了“华南树脂”上市交易暨茂名石化物流中心启动仪式，天津市、广东省、中央部委的领导，以及天津渤海商品交易所会员单位企业家们一起，共同见证了这一开创性的历史时刻。

11月8日，中国电信广东公司光网战略全面启动暨天翼3G手机用户超500万发布会在广州·电信广场举行。广东省副省长陈云贤、省政府副秘书长林英，省通管局局长古伟中、省经信委吕德培巡视员出席了发布会并共同启动光网按钮。

11月10日，为庆祝本田首批KC车从广州港新沙港务公司出口，本田公司KC车出口加拿大首航仪式在我司7#泊位隆重举行。本田公司、商船三井、船代和新沙港公司等相关人员出席了仪式。

11月11日，广发银行与星马集团签订《银企战略合作协议》，标志着双方正式建立起全面战略合作伙伴关系。根据合作协议的约定，双方未来将在工程机械按揭、厂商银、资金结算、现金管理和投资银行等业务领域开展深入合作。广发银行将向星马集团提供10亿元的授信额度。

11月11日，南方电网公司重点工程——500kV惠茅线改造工程HGIS设备在惠州顺利完成集中签约。500kV惠茅线改造工程是南网电网公司重点工程，也是广东电网公司为解决粤东电力外送“瓶颈”、在2011至2012年度实施的“天字一号”工程。

11月14日，由中国物业管理协会评定的“全国物业服务企业综合实力百强”日前揭晓，华发物业榜上有名，位列第33位。作为珠海物业服务企业的标杆，华发物业正向全国一流的大型物业服务品牌跨越。

11月15日，中国明阳风电集团有限公司与广东省粤电集团有限公司签署了战略合作协议，双方将共同致力于促进广东省海上风电的发展以及兆瓦级风力发电机组的本地化生产。根据双方签署的战略合作协议，明阳风电将为粤电集团在湛江徐闻的海上风电技术示范项目提供3MW、5MW和6MW的超紧凑型风力发电机组。

11月16日，广发银行广州分行与花都汽车城管委会合作签字仪式在汽车城管委会举行。花都汽车城管委会主任林志斌分别与广发银行广州分行行长罗建、广州分行副行长吴洪涛签订了合作协议；广发银行广州花都支行也分别和万信达企业集团、广州川坂汽车零件有限公司签订合约。

11月17日，华润万家有限公司与万科企业股份有限公司在深圳大梅沙万科天琴湾举行了2011年度战略合作签约仪式。双方签署了2011年度项目合作框架协议、子品牌战略合作协议、深圳樟树布村项目租赁合同和北京金隅万科项目租赁合同。

11月17日，TCL集团董事长兼CEO李东生到访位于美国硅谷的斯坦福研究院（SRI），并签署了战略合作备忘录。通过该合作，TCL将获得最新的创新理念及管理模式，并与SRI未来在智能电视用户体验，通信技术及相关方向的研发展开合作。

11月18日，经广东省广东电网直供直管范围农电体制改革工作联席会议批准，珠海局举行了广东电网公司接管珠海市市郊供电公司和珠海市斗门农电管理总所签字仪式。

11月18日，第三届A股上市公司社会责任报告论坛暨上市公司社会责任报告评级授牌典礼在北京举行。万科2010年企业社会责任报告因完整性、创新性、内容性、技术性、行业性等评级指标表现优异，获得A+级别。

11月21日，1 500匹拖轮“广船拖1”正式交船投入使用，该拖轮为目前广船国际最大马力的拖轮，船上设备与生活设施均为现代化配套。该船的正式投入，将在广船国际新船舶下水、出坞、移船或分段运输工作方面起着关键作用。

11月21日，中兴通讯股份有限公司自主研发的LTE一体化微基站ZXSDR BS8920荣膺全球知名咨询公司Informa授予的“2011 LTE最佳应用技术大奖”。该微基站是一款基于中兴通讯Uni-RAN统一平台开发的一体化LTE微基站，也是业界首款商用的LTE微基站。

11月22日，长城开发科技股份有限公司的全资子公司深圳开发光磁科技有限公司（下简称开发光磁）荣获澳大利亚客户Seeley international授予的“全球改善最优供应商奖”，开发光磁项目经理江柱于澳大利亚接受了由Seeley董事长Frank Seeley颁发的此项荣誉。

11月25日，《内蒙古粤电蒙华新能源有限责任公司合资合同》及《内蒙古粤电蒙华新能源有限责任公司章程》签订仪式在广州举行，粤电集团副总经理李明亮与内蒙华电总经理陈学国分别代表股东双方签字。

11月26日，第四届中国保险文化与品牌创新论坛在深圳揭晓并颁发了中国保险创新大奖评选奖项。中国平安保险（集团）股份有限公司凭借过去一年在市场表现、客户服务、品牌创新等方面的持续进步得到专家和市场的认可，荣获“2011年最具影响力保险品牌”荣誉。

11月30日，美的与开利的拉美合资企业成立。美的集团董事长何享健、开利公司全球总裁戴杰儒等双方高层出席了巴西里约热内卢举行的成立庆典。

11月30日，中国电信东莞分公司行“智慧东莞·光网城市”全面启动发布会。广东省副省长兼东莞市委书记刘志庚、东莞市代市长袁宝成、副市长邓志广以及广东公司陈德兴总经理、张国新副总经理，东莞分公司杨一鸣总经理等出席了启动仪式并共同启动了光网按钮。

12月

12月1日，一汽一大众汽车有限公司佛山分公司成立仪式在佛山市举行。省委副书记、代省长朱小丹，副省长陈云贤，中国第一汽车集团董事长徐建一，德国大众汽车集团董事长文德恩博士、奥迪汽车股份公司总裁兼CEO施泰德先生出席仪式。

12月1日，首届金砖国家友好城市暨地方政府合作论坛在本届主席国中国海南三亚召开。江门市盈江科技有限公司作为本次论坛的参与企业代表，贴合城市发展与低碳环保和人类健康的内容与金砖五国参与人员作了深切谈话，为进一步的双边或多边友好合作关系提供切实可行的方案。

12月7日，广东电网公司与中石化广东石油分公司签署战略合作框架协议。双方表示将立足新起点，加强在能源供应保障、新能源开发等领域的战略合作，促进优势互补，实现互利共赢。

12月7日，华为技术有限公司在民航信息化发展论坛的黄金时段，成功演示民航地空无线宽带通信技术，实现了天地互动，此次成功演示标志着民航进入空中互联网时代。

12月8日，第七代凯美瑞在广汽丰田下线。广州市副市长陈明德、日本驻广州总领事田尻和宏、广汽集团董事长张房有、丰田汽车公司社长丰田章男等领导共同参加了下线仪式。

12月13日，广东电网公司计量中心在广东电科院正式揭牌成立。广东电网副总经理罗辑出席揭牌仪式。计量中心主要负责开展公司电能计量量值传递和计量认证、省网关口电能计量运维和计量技术监督、计量自动化系统运行维护及电能量数据管理等工作。

12月14日，广州燃供在广州顺海船舶制造实业有限公司建造的“大庆226”轮试航成功。大庆226轮是广州燃供新建造的两艘2980吨沿海供应油轮中的第一艘，是广州燃供目前装载吨位最大、航速、供应泵速最快、可供应品种最多的供应船。

12月14日，广州南沙海港集装箱码头有限公司完成集装箱吞吐量3700068 TEU，提前16天完成了370万标箱的年度生产任务。

12月15日，广东省丝绸纺织集团有限公司与中国信保广东分公司签订《战略合作协议》。中国信保广东分公司陈连从总经理、纺织集团副总经理朱明艺等领导和嘉宾出席并见证了本次签约仪式。

12月18日，由格力电器自主研发的“高效直流变频离心机组”经过了专家组成果鉴定，该技术应用于中央空调领域所制造的高效中央空调的节能效率达到了国际领先水平，成为全球首发全能型高效中央空调技术。

12月19日，在广州市“新广州、新商机”推介会上，举行了首届广州市保护知识产权市长奖颁奖典礼，广药集团广州白云山制药总厂在十家入选企业中拔得头筹，获得唯一的一等奖殊荣，并获奖金50万元。

12月19日，广州南沙海港集装箱码头有限公司油改电作业系统节能减排工程试投产。

12月20日，TCL通讯于上海举行了智能云手机战略暨新品发布会，明确提出智能云手机战略定位，同时发布12款智能云终端新系列，目标是力争在中国市场实现“弯道超车”，成为智能手机领跑者。

12月20日，第三届2011年中国教育装备行业十大评选颁奖典礼在北京钓鱼台国宾馆盛大举行。江门盈江科技有限公司荣获十大用户推荐企业的奖项，证明了其产品和理念受到了教育行业的一致认可和支持。

12月21日，东风日产花都第二工厂竣工投产仪式隆重举行。中央委员、原省长黄华华，省委副书记、代省长朱小丹，副省长刘志庚，广州市委书记万庆良，东风汽车公司董事长、党委书记徐平，东风汽车公司总经理朱福寿，日产汽车公司执行副总裁西川广人等参加仪式。

12月23日，广东中烟工业有限公司第300万箱双喜卷烟下线仪式在新落成的广州卷烟厂举行。代省长朱小丹、副省长刘志庚、国家烟草专卖局局长姜成康、国家烟草专卖局副局长何泽华出席下线仪式，共同启动广东中烟双喜第300万箱产品下线。

12月23日，2011广东企业领袖高峰会暨“第八届广东上市公司10强、广东房地产10强”发布会在广州召开。南玻集团凭借自身在营业收入、品牌价值、公众形象、社会责任、诚信经营及竞争优势等方面的突出表现荣登榜单，荣获“2011广东上市公司综合实力10强”“2011广东上市公司诚信经营10强”两项大奖。

12月23日，由中广核集团所属中科华核电技术研究院堆工中心严重事故研究所负责申报的2012—2013年IAEA技术合作项目获国际原子能机构核准。这是中广核集团多年来第一个IAEA合作项目。

12月26日，中广核集团台山风电场第一台风机顺利实现并网发电。启动前，台山风电场制定了详细的启动方案，组织了专门的启动小组对启动方案进行多次讨论及模拟操作，并对升压站的电气设备状态一一进行了检查，确保了第一台风机的顺利并网发电。

12月28日，“南沙新区重大项目联合签约仪式”在中国大酒店举行，岭南集团与南沙区政府共同签订了4个项目合作合同。

12月28日，由金鹏承建的中国第一个特大城市级全数字、全高清城市视频监控系统——武汉智慧之眼项目通过专家验收并正式启用。该系统不仅处于国内最先进水平，在国际上也处于领先地位。该系统的建成提升了国内平安城市系统建设的总体水平。

12月29日，在珠海市政府与国家开发银行开发性金融合作备忘录签署仪式上，珠海华发集团有限公司与国家开发银行签署了开发性金融合作协议，未来五年华发集团将获得总额160亿元的贷款资金。

12月29日，中远航运股份有限公司新造27 000吨多用途船吉祥松轮在广州命名交船，中远航运高管及有关部门人员参加了仪式。该轮是中远航运向广州中船黄埔造船有限公司订造4艘27 000吨多用途船的首制船。

12月31日，《每日经济新闻》报社主办的“首届2011上市公司口碑榜评选结果颁奖仪式”在深圳落下帷幕，南玻集团荣获“最具社会责任”奖。

低碳经济

低碳与广东

综 述

【低碳经济的提出】 传统化石能源的大量消耗使大气中二氧化碳浓度不断升高，导致温室效应加剧、带来全球气候变化已是不争的事实。2011年全球二氧化碳排放量比2010年增长3.2%，达到316亿吨，创历史新高。预计到2030年全球二氧化碳排放量将达到400亿吨。其中，中国、印度等新兴国家的排放量增长迅速。

在这样的大背景下，如何取代传统高碳能源、如何摈弃传统发展方式，越来越受到世界各国的关注，而“碳足迹”“低碳经济”“低碳技术”“低碳生活方式”“低碳发展”“低碳社会”等一系列新概念、新政策也应运而生，日益成为国际社会应对大量消耗化石能源、大量排放二氧化碳引发气候灾害性变化的解决之道。“低碳经济”一词在上世纪90年代末的文献里已出现，但直到见诸于英国的能源白皮书《我们能源的未来：创建低碳经济》后，才开始流行起来。近几年来，“低碳经济”更是成为了全球热门词汇。

【低碳经济的内涵】 “低碳经济”作为一个新的理念，目前国内外对其含义还没有一个明确界定。根据各方从不同角度对“低碳经济”所作阐释，它应该包括以下内涵：低碳经济是含碳燃料所排放的二氧化碳显著降低的经济，是以低能耗、低污染、低排放为基础的经济模式；它是人类社会为解决全球气候变化问题，从根源上重新审视各种经济和社会活动，力图在发展中实现最少的温室气体排放，同时获得最大的总体社会产出而提出的；发展低碳经济需要以低碳能源系统、低碳技术体系和低碳产业结构为基础，并建立相应的法律政策体系和市场调节机制，以重构与低碳发展相适应的生产方式、消费模式、观念意识等，其核心是技术创新和制度创新。

【低碳经济的发展状况】 1992年由150多个国家制定的《联合国气候变化框架公约》（简称《框架公约》），为应对全球气候变化的国家合作奠定了法律基础。自1995年《框架公约》首次缔约方大会在柏林举行以来，缔约方每年都召开会议。其中，1997年第3次缔约方会议通过的《京都议定书》，对2012年前主要发达国家减排温室气体的种类、减排时间表和额度等作出了具体规定；2007年第13次缔约方会议通过的《巴厘岛路线图》，启动了加强《框架公约》和《京都议定书》全面实施的谈判进程。联合国开发计划署于2007年6月启动了“千年发展目标碳机制”，旨在帮助发展中国家更好地利用国际碳交易市场拓展融资渠道，促进千年发展目标和可持续发展的实现。联合国环境规划署将2008年6月5日世界环境日的主题定为“转变传统观念，推行低碳经济”，号召政府部门、公司、团体、个人都加入到推行低碳经济的全球责任中来。2008年7月，G8峰会上八国表示将寻求与《框架公约》的其他缔约方一道，共同达成到2050年把全球温室气体排放减少50%的长期目标。

【中国发展低碳经济的对策和建议】

一、大力推动经济发展方式的转变。首先，应加快构建可持续发展的能源对策框架。应加快我国能源消费从传统以煤炭为主向现代以石油和天然气为主的结构转变。同时，还应大力开发、利用和普及可再生能源和新能源。其次，要坚持不懈地实施节能减排政策措施。应继续以政府为主导、市场为基础、企业为主体，通过综合采取税收减免、财政补贴、政府采购、绿色信贷等各项措施，在全社会共同参与下，全面深入推进各项节能减排工作，如加快淘汰落后产能、积极发展高能效产业、推进节能减排科技创新、倡导日常工作生活中节能等等。其三，促进“低碳经济区”的发展。低碳经济区可以成为中国经济转型政策的试金石。当前，可以世界自然基金会在大陆推出的“低碳城市”示范项目为基础，及时总结并向全国推广试点城市在节能产品制造与应用、可再生能源、建筑节能等方面的成功经验；同时还应尽快在西部地区选择适宜城市，开展低碳经济区试点。其四，应充分发挥碳汇潜力。通过土地利用调整和实施林业措施等将大气温室气体储存于生物碳库，也是发展低碳经济的一种有效途径。为减少我国碳排放总量，未来需通过扩大造林面积、改进森林管理、提高单位产量等措施，有效发挥森林碳汇潜力。

二、促进低碳前沿技术和相关产业的发展。随着国家对碳排放越发严格的限制，将促使更多企业增加对低碳技术的需求，在这一背景下，政府应通过税收优惠、融资优惠等激励机制，引导并带动企业增加对低碳技术的研发投入，以推动低碳技术及其产业的发展，并促使低碳技术市场的兴起和壮大。而针对世界主要国家将提高能源效率作为应对气候变化能源战略的核心目标之一，我国应将清洁能源技术和高效能源技术作为低碳领域技术创新重点，以有效的政策措施推动相关技术研发和推广，如对节能和清洁能源、可再生能源、核能、碳捕获和贮存等低碳前沿技术加大投入力度，并尽快改善国内能源技术和装备大部分依靠引进的状况。同时，随着我国在低碳领域自主创新能力的提高，国家应大力推动成熟低碳技术的产业化应用，使其在电力、石化、冶金、建材等行业得到及时推广，并促进具有低碳经济特征的新兴产业群发展，以及带动国家外贸出口向低碳方向转型和提升。

三、加快转变消费模式和生活方式。我国向低碳经济转型应该是生产方式和生活方式的全面变革，这意味着在日常生活中，也应积极引导公众摒弃那些浪费资源能源和增加碳排放的不良嗜好，加快转变消费模式和生活方式，使之与“低碳经济”发展相适宜。要继续大力提高全民、全社会节约资源能源、注重生态环保、以及切实采取行动的意识，树立全社会绿色消费意识和绿色生活观念。

2011年11月10—24日，第四督查组对浙江、广东、广西等三省区贯彻落实国务院节能减排各项政策措施情况进行了监督检查。

【广东节能减排任务高于全国平均值】 2011年8月31日，国务院印发《“十二五”节能减排综合性工作方案》。按照《方案》，到2015年，我国节能环保产业总产值预计将超过3万亿元，占GDP的8%左右。《方案》显示：到2015年，全国万元国内生产总值能耗下降16%。

按照《方案》，沿海地区面临较大减排压力，山东、江苏、广东等省降幅指标远超全国平均。其中，到2015年，广东单位GDP能耗在2010年基础上拟下降18%，高出全国平均16%的目标。同时，到2015年，广东提出单位工业增加值能耗在2010年基础上下降20%，比工信部要求的18%亦高出两个百分点。因此，据相关行业人士估计，空气能热水器等新能源行业将会有更大的发展空间，并很有可能取得快速发展。

此外，根据《广东省节能减排综合性工作方案》，广东省在“十二五”期间，将在全省政府采购中实施强制绿色采购。对空调、计算机、打印机、显示器、复印机等办公设备和照明产品、用水器具，由同等优先采购改为强制采购高效节能、节水、环境标志产品。

广东低碳经济

【全国节能减排工作电视电话会议】 2011年9月27日，国务院召开全国节能减排工作电视电话会议，全面动员和部署“十二五”节能减排工作。国务院总理温家宝作重要讲话，他强调，要从战略和全局高度认识节能减排的重大意义，全面落实节能减排综合性工作方案，下更大决心、花更大气力，打赢节能减排持久战和攻坚战，建设资源节约型、环境友好型社会。

国务院副总理李克强主持会议，国务院副总理张德江、王岐山出席会议。国务委员兼国务院秘书长马凯在会上宣读了《国务院关于对“十一五”节能减排工作成绩突出的省级人民政府给予表扬的通报》。

温家宝指出，“十一五”时期，我国节能减排取得显著成效，我们以能源消费年均6.6%的增速支撑了国民经济年均11.2%的增长。节能减排工作有力促进了产业结构调整和技术进步，为应对全球气候变化作出了重要贡献。当前，节能减排形势还相当严峻。必须充分认识节能减排的极端重要性和紧迫性，增强忧患意识、危机意识和责任意识，以科学发展观为指导，坚持节能减排思想不动摇，工作不松懈，力度不减弱，步伐不放缓，全面落实“十二五”节能减排综合性工作方案，务求取得预期成效。

会议提出了“十二五”期间节能减排的主要目标：到2015年，全国万元国内生产总值能耗下降到0.869吨标准煤（按2005年价格计算），比2010年的1.034吨标准煤下降16%，比2005年的1.276吨标准煤下降32%；“十二五”期间，实现节约能源6.7亿吨标准煤。2015年，全国化学需氧量和二氧化硫排放总量分别控制在2 347.6万吨、2 086.4万吨，比2010年的2 551.7万吨、2 267.8万吨分别下降8%；全国氨氮和氮氧化物排放总量分别控制在238.0万吨、2 046.2万吨，比2010年的264.4万吨、2 273.6万吨分别下降10%。

【广东每年3 000万元支持低碳发展】 广东国家低碳省试点启动以来，着力建立健全工作机制，完善低碳发展政策体系。广东省财政从2011年开始每年安排3 000万元低碳发展专项资金，重点支持低碳发展基础性和示范性工作开展。

一直以来，广东作为全国经济大省、人口大省，资源环境面临着巨大的压力。为破解发展道路上的高碳迷局，2010年11月，广东启动国家低碳省试点工作。2011年1月，中国领导人访英期间，国家发展改革委与英国能源和气候变化部签署了关于低碳合作的理解备忘录，广东有幸列入“首先关注的地区之一”。

广东积极探索低碳发展之路，先从机制上进行“破局”。2010年，广东成立省应对气候变化及节能减排工作领导小组，2011年正式建立了开展国家低碳省试点工作联席会议制度。同时，编制完成《广东省开展国家低碳省试点工作实施方案》，从而给广东的低碳发展以制度保障。

此外，广东积极培育碳排放交易市场。目前，广东碳排放交易所已经明确由南方联合产权交易中心进行组建，包括提出碳排放权总量测算分配方案、建立交易登记注册系统等一系列动作正在加快执行。碳排放交易所将于2012年6月建成。

“碳排放交易市场”是低碳发展的一大市场平台，战略性新兴产业是低碳经济的主体。目前，广东大力发展核电装备、汽车、轨道交通装备、飞机、船舶、新能源汽车等新兴产业，重点发展金融、物流、信息服务等现代服务业，产业结构的调整优化为产业低碳化发展增添了“生力军”。

广东省发改委副主任鲁修禄表示，广东低碳省试点要坚持以探索创新低碳发展体制机制为中心，重点推进以下四个重点，一是要抓好规划编制，明确低碳技术和低碳产业促进发展的重点，为财政专项资金支持项目的选择并为引导社会资金投资提供依据和指导。二是要建立减少碳排放的市场机制，推动节能、减碳约束性指标的完成。三是要开展低碳产品认证，一方面支持出口产品应对碳关税、碳壁垒，另一方面能够引导低碳消费。四是要开展低碳城市、园区的示范试点，以点带面推动试点工作。

【广东低碳经济发展的建议】 一、更新政策理念、严格政策标准、创新政策工具。首先，牢固确立低碳发展模式的大理念。可以预见的是，哥本哈根会议后，中国控制温室气体排放的力度将进一步加大，节能减排形势更加严峻。广东正处于经济社会的重大转型期，经济结构转变的重要内容之一就是从传统的高碳模式向低碳模式的转变。全球经济危机对原有的高碳经济发展模式带来了很大冲击，但也为加速经济向低碳的、绿色的、又好又快的模式转变提供了机遇，也是广东可以在将来的世界低碳经济大格局中占据一席之地的契机。因此，不能将节能减排看成是对资源环境压力的被动反应，而应转变观念，树立节能减排也是生产力的新政策理念，加快推进向新经济发展模式的战略转型。其次，严格执行相关政策及标准。严格环评是控制市场准入门槛、优化调整产业结构的关键，是能否走节能环保新道路的“试金石”。必须彻底杜绝环境保护为GDP让路的现象，继续提高环保标准，从严履行环评工作，把好环评关，使环评工作为保持经济平稳较快发展做好服务，以防止“两高一资”项目借机扩张。

二、继续推动产业结构调整，注重发挥环保工业园的作用。首先，理顺“两高一资”企业的退出机制。制定中长期的“两高一资”企业退出时间表，在此基础上按年度目标分解、严格实施，以使企业稳定预期，不会因临时的调整而打乱生产经营计划。其次，加快传统产业的绿色化改造。加工制造等传统产业在我省产业结构中占据相当比重。对那些比较优势强、具有地方特色、就业贡献大的传统产业，强化环保产业和新能源技术的渗透作用，实施就地绿色化改造和技术升级，是一种现实的选择。再次，全力打造新型环保工业园区。环保工业园不仅有助于更为简便地监督企业的能耗与排放情况，而且通过资源的循环利用与污染物的统一处理等，能够极大提高节能减排的效率。必须严格环保工业园的准入标准，对入园企业采取规范管理。大力推广各种能源综合应用技术与综合减排技术的应用，尽量发挥规模经济与范围经济效应。重点加强东西两翼与粤北山区转移工业园的排污网管建设，加快建设园区环境基础设施，打造生态绿色环保园区。

三、解决环保能力短板问题，重点提升东西两翼与粤北山区的节能减排能力。继续加大东西两翼与粤北山区的节能减排硬能力的投入，加强各地对污水、垃圾等急需解决的环境问题的基础设施建设。对于已经建成的设施，加强配套的网管建设，监督运行。严肃对待产业转移与新项目上马给这些地区带来的资源环境效应，进行科学评估，合理安排新能源与环保项目的布局。全面提升节能减排软能力。加强东西两翼与粤北山区的环保监测能力、环保监管能力等的建设，增加人员编制，提供经费保障。加大培训力度，提升落后地区环保工作人员的能力，重点加强对突发性污染事件的应急处置能力等的培训力度。

四、加大节能减排的科技支撑力度，推动相关科技成果的应用。首先，加强对节能减排技术研发的支持力度。坚持以世界眼光谋划广东节能减排科技工作，充分发挥科技的支撑与核心驱动作用，全面提升自主创新能力，为建设资源节约型、环境友好型社会，争当节能减排工作排头兵提供强有力的科技支撑。其次，着重加强重点行业与重点企业的节能减排工作。加快节能减排技术产业化示范和推广，重点解决钢铁、电力、造纸、印染等重污染行业的节能减排相关前沿技术、适用技术的推广与应用。

【广东首次发布低碳发展年度报告】

2011年2月21日，广东首份低碳发展年度报告——《2010年广东低碳发展报告》正式发布。报告披露，“十一五”期间广东在调整优化产业结构、优化能源结构、发展低碳能源等方面取得明显成效，淘汰钢铁、水泥、小火电等落后产能，超额完成国家下达的目标任务。

2011年是广东省开展低碳试点工作的起步之年。报告提出“十二五”广东低碳发展的目标：到2015年，力争全省单位GDP二氧化碳排放比2005年下降35%左右；到2020年，力争全省单位GDP二氧化碳排放比2005年下降45%以上。

2011年将开展广东省碳排放权交易体制机制研究，提出控制温室气体排放指标任务和分解方案。推动建立国家碳排放权交易所，建立控制温室气体排放的市场机制。此外，编制广东省低碳发展“十二五”规划也是今年的重点之一。

【粤大力推进国家低碳省试点工作】

2011年2月21—22日，全国发展改革系统应对气候变化工作会议在广州召开，国家发改委副主任解振华在会上讲话，省委常委、常务副省长朱小丹出席会议并致辞。

解振华在讲话中指出，为落实我国2020年控制温室气体排放行动目标，推动我国低碳绿色发展，“十二五”规划提出了2015年单位生产总值二氧化碳排放下降、非石化能源占一次能源消费的比重、新增森林面积、森林蓄积量等具体指标。实现这些目标，需要各方共同努力。

朱小丹在致辞中指出，在“十二五”开局和国家低碳试点工作全面起步的关键时刻，国家发改委召开全国发改系统应对气候变化工作会议，意义十分重大。这次会议在广东召开，充分体现了国家发改委对广东应对气候变化工作的支持和重视。同时，也为广东学习借鉴兄弟省市应对气候变化和推动低碳发展的先进经验提供了一次难得的机会，必将对广东加快转变经济发展方式，扎实开展国家低碳省试点工作起到巨大的推动作用。

朱小丹表示，“十一五”期间广东积极应对气候变化，探索低碳发展道路，取得明显成效。广东省委、省政府将继续按照国家的工作部署，加大力度推进国家低碳省试点工作，确保实现“十二五”控制温室气体排放目标。

【广东新能源汽车生产项目签约仪式举行】 2011年5月21日，广东（中山）新能源汽车生产项目签约仪式在广州举行，福田汽车与广东省发展和改革委员会、中山市人民政府、广东电网公司以及中信国安盟固利动力科技有限公司共同签订了《广东（中山）新能源汽车产业发展战略合作框架协议书》。

根据协议，福田汽车将在中山火炬开发区投资12亿元，建设新能源专用车及其零部件的生产项目，建成后将形成2万辆新能源专用车生产产能。广东省省委常委、常务副省长朱小丹出席签约仪式，并考察了福田欧V混合动力客车、纯电动客车等部分福田新能源汽车产品。

中山市作为广东乃至珠三角地区新能源电动汽车产业布局的重要节点，也在新能源汽车的普及和推广，以及产业化发展方面付出了巨大的努力。据了解，在2011年3月28日的中山招商经贸洽谈会上，中山市政府就已经向福田汽车采购了14辆欧V纯电动公交车。目前，该批车辆在投放中山市场一个多月以来，运营情况良好，普遍得到了运营单位和市民的认可，纯绿色出行已经成为中山市一道靓丽的风景线，为这座宜居城市的环境保护作出了贡献。

福田汽车作为中国新能源汽车产品系列最全、应用范围最广、投入运营数量最多的整车制造商，将全力支持广东省的新能源汽车发展规划，加速推进新能源汽车在广东省的本地化生产。福田汽车已计划在原有南海汽车工厂的基础上，扩建新能源客车整车及其零部件生产项目，并规划在广东省建设电动环卫车、邮政车等专用车及其零部件的生产项目。预计项目达成后，福田汽车将在广东省形成年产200亿元左右的销售额，并为当地提供更多的就业岗位。签约仪式上，福田汽车表示将与中山市一起，为把中山市发展成为广东省乃至全国重要的新能源商用汽车生产和应用基地而共同努力。

福田汽车作为我国最大的自主品牌商用车生产企业，一直积极响应国家节能减排的号召，将绿色环保视为重要的企业责任，以科学优化的产业布局，致力于新能源汽车的研发，并加快科技成果转化步伐，以应用促发展，以打造世界汽车品牌为己任。截至目前，福田汽车已经累计销售新能源汽车30 000多辆，涵盖混合动力客车、纯电动客车、纯电动环卫车、纯电动出租车等，当之无愧地成为我国新能源汽车市场的销量冠军，成为我国新能源汽车推广应用的领导者。目前福田汽车生产的新能源汽车在北京、济南、昆明、杭州、广州、长沙、义乌、台湾等地的运营状况良好，同时，在美国、俄罗斯、埃及、英国、泰国、波兰等国家也开展了试运行。

【2011年首届国际（广东）节能展】

2011年6月9—11日，2011年首届国际（广东）节能展在广州保利世贸博览馆举行。此次展会展览面积22 000平方米，设政府形象、领馆商会形象、节能技术服务和合同能源管理、惠民工程、电动节能汽车、节能及旅游体验、绿色照明工程、行业特色和工业节能专题展区等。

国际（广东）节能展是广东省委、省政府深入贯彻科学发展观，把广东省节能减排工作推向高度的一项重要举措。本届节能展以“政府搭架、企业唱戏、优势互补、共赢未来”原则和“节能、低碳、未来”为主题，提出“给力节能，幸福广东”、“节能，让广东前行更有力”和“节能，广东9 600万人在行动”等口号，为节能领域搭建“成果展示、项目洽谈、技术推广、信息交流、资本对接、国际合作、品牌展示、政策指引”和帮助企业走出国门，迈向国际的平台。国际（广东）节能展是一个“节能技术与产品”的国际性专业展会，重点展示节能产品、项目、技术、服务和广东省“十一五”节能减排成果和宣传“十二五”节能规划。

本届节能展吸引了全球1 000余家企业参展和近10万观众、专业买家参会。有关领导、专家学者、城市规划部门领导、高耗能企业负责人、绿色基金、金融机构代表、设计机构决策者、代理商、NGO组织代表参与了展会，展会成为企业透视国家政策、把握市场趋势、破解技术难题的最佳机会。

应邀来自耗能行业企业、电力电工行业、大型基础建设项目、工矿企业、各类工商业活动场所、建筑行业等多个领域的用户和国内外的采购商，为参展企业带来需求信息和订单。在企业展出各自的技术和产品的同时，反映广东省在“十一五”期间节能减排主要的成果，以“低碳生活体验”

和“惠民工程”向市民展示。

为推动节能产业发展，大会还组织“节能技术成果转让”和“企业与金融机构对接”等活动。本届节能展与2011年广东省节能宣传周活动同时进行。节能展发挥政府优势资源，汇聚企业的积极性，邀请各行业的专家、优秀企业代表、知名媒体，就节能、低碳等诸多热点课题展开高端对话。

【省区共建佛山绿岛】 2011年8月4日，由省科技厅、佛山禅城区共建的国际绿色能源环保产业基地（以下简称“佛山绿岛”）正式启动建设，标志着南庄这个建陶重镇大步迈向绿色环保产业岛。

佛山绿岛首批启动项目中，既有战略性新兴产业重点项目的签约，又有国家级科研机构的挂牌，还有产业引导基金等平台的启动，这也让佛山绿岛成为禅城内涵丰富、动力强劲的加快转型升级的坚实载体。省科技厅将在产业、资金、政策等方面对佛山绿岛进行扶持，并将其纳入广东省科技“十二五”规划。

近年来，禅城大力推动产业结构调整，将八成左右的低端陶瓷企业转移迁出，留下的陶企全部实现清洁生产。与此同时，该区相继引进世纪互联、神州数码、杜邦鸿基等新兴产业龙头项目。佛山绿岛主打的绿色环保产业，正是禅城新兴产业的发展重点。

目前该区的生物质能源、LED、新IT、汽车新能源等产业已经初具规模，佛山绿岛将以建设模式创新进一步加速战略性新兴产业集聚，主要发展生物质能源、LED、汽车新能源、太阳能光伏、清洁陶瓷装备以及生态旅游业，其建设内容包括国际化产业社区、绿色生态园、生物质能源技术与装备产业园、汽车新能源（太阳能光伏）产业园、LED产业园等，组成“一区四园”的格局。

绿色产权交易平台 为了推动绿色产业的发展，禅城目前与广东省唯一的省级产权交易平台——南方产权交易中心（以下简称“南方产权中心”）签约合作，在南庄建设绿色产权交易平台，促进岛内资源和项目与资本有效对接，为岛内环保产业、低碳产业、节能产业等绿色企业提供专业的融资服务。依托该平台，双方将开展CDM（清洁发展机制）项目及合同能源管理、自愿减排交易等CDM相关项目，利用市场化手段促进南庄产业的低碳经济。

绿色产权交易平台是在省内首个区级行政区域内实行绿色产权交易试点的项目。该项目将从整个绿色产业链的构建出发，采取以股权融资为核心的直接融资、产权管理、引进战略投资者、降低融资成本、解决企业短期以及中长期资金需求、提供绿色低碳节能环保等领域的交易机制培训等多种形式，为区内企业设计并提供专业的系列配套服务。

六大产业构筑绿色环保产业高地

“佛山绿岛”根据自身产业的发展基础，最终锁定生物质能、LED、汽车新能源、太阳能光伏、清洁陶瓷装备、生态旅游六大产业，构成“一区四园一城”的布局。

南庄计划至2012年，生物质能、LED、汽车新能源、太阳能光伏、清洁陶瓷装备、生态旅游等产业生产规模将发展至450亿元，年增长率达30%。国际化产业社区、生物质能源技术与装备产业园、汽车新能源（太阳能光伏）产业园、LED产业园办公大楼、基础设施和管理服务体系基本建成，绿色能源环保产业初步呈现集群发展态势。

六大产业当中，生物质能、LED、汽车新能源、太阳能光伏、清洁陶瓷装备等产业并非只是孤立的制造业，“佛山绿岛”还将打造全球绿色环保产品市场。南庄镇政府有关负责人表示，通过建设海盛东方国际环保城，南庄要打造工业及环保设计、认证等环保产品于一体的大型环保商城，推动中国低碳环保产业运营专业化、产业化和市场化。

【全省节能减排工作电视电话会议】 2011年9月27日，国务院召开全国节能减排工作电视电话会议，部署“十二五”节能减排工作，确保实现“十二五”节能减排目标。广东省委副书记、省长黄华华在重庆分会场出席会议，省委常委、常务副省长朱小丹在国务院主会场参加会议，副省长林木声在广东分会场参加会议，副省长陈云贤在重庆分会场参加会议。全国会议结束后，广东省立即召开全省节能减排工作电视电话会议，贯彻落实全国会议精神，林木声出席会议并讲话。

根据国务院会议精神，林木声要求，全省各地区、各部门要切实把思想和行动统一到中央和省的决策部署上来，全力以赴抓紧抓好我省的节能减排工作，确保实现“十二五”节能减排约束性目标任务。

“十一五”期间，广东省单位GDP能耗下降16%的目标顺利实现，多项指标均超额完成“十一五”减排任务。2011年是“十二五”的开局之年，广东将进一步加大节能减排工作力度，确保全年全省单位GDP能耗下降3.43%，化学需氧量和二氧化硫减排分别下降2.5%和2%，氨氮和氮氧化物分别下降2.8%和3.2%。

林木声强调，“十二五”时期广东省节能减排工作要着力在“六个突出”上下工夫：一是突出强化节能减排目标责任。进一步落实各级政府对本行政区域节能减排负总责、政府主要领导是第一责任人的工作要求，将全省节能减排目标合理分解到各地区、各行业及重点用能单位、重点排污企业。二是突出调整优化产业结构。进一步提高行业准入门槛，加大淘汰落后产能力度，积极推进低碳试点省建设，加快建立与节能减排相适应的产业体系。三是突出实施节能减排重点工程。加大节能减排技术产业化示范和推广应用，实施万企节能工程及节能产品惠民、节能信息化等节能工程。大力发展循环经济。四是突出推进重点领域节能减排。要在抓好工业领域节能减排的同时，大力抓好建筑、交通、公共机构、农村、商业和民用等重点领域节能减排工作。五是突出加快节能减排市场化和法制化进程。深化节能减排相关价格改革，加强节能减排监督检查，完善节能减排法规标准。六是突出提高节能减排管理能力和全民参与程度。建立健全节能管理、监察、服务“三位一体”的节能管理体系，建立健全省、市、县三级减排监控体系。

【省政协专题议政推进国家低碳省试点工作】 2011年9月27日，广东省政协十届十六次常委会议在广州召开。会议围绕“推进国家低碳省试点工作”议题进行专题议政。广东省政协黄龙云主席主持会议。会上，广东省政府副省长雷于蓝作“关于推进国家低碳省试点工作”相关情况的通报，广东省政协专题调研组作“推进国家低碳省试点工作”的调研情况汇报。

为做好这次常委会专题议政，2011年5、6月份，广东省政协组织部分委员，并邀请有关部门、高校和科研院所的专家，在副主席覃卫东率领下，先后听取了省直有关部门的情况介绍，并赴广州、深圳、珠海、河源、惠州、江门、云浮等市开展调研。调研组了解到，近年来，广东省认真贯彻落实科学发展观，积极探索低碳发展之路。2010年被确定为国家低碳省试点之后，工作开局良好。目前，试点实施框架和工作格局已初步建立，产业调优升级和低碳发展态势良好，企业节能减排、能源结构优化成效显著，碳汇林业发展初具规模，低碳交通、低碳建筑、低碳生活推广引导初见成效。

目前推进国家低碳省试点工作还存在一些亟待解决的问题，如促进低碳发展的体制机制还不健全；“十二五”时期节能减碳形势十分严峻；低碳发展技术自主创新能力不强；碳汇能力还有待加快发展；低碳生产、生活方式推广宣传力度不够等。为此，调研组建议：一是加强领导，抓紧建立和完善与低碳试点工作密切相关的体制机制；二是作好总体规划布局，确保低碳省试点工作扎实推进；三是狠抓节能和新能源开发，促进能源结构低碳化；四是突出技术自主创新和引进高端人才，提升低碳发展核心竞争力；五是探索利用市场机制解决低碳发展问题；六是大力发展碳汇林业，提高碳汇能力；七是加强宣传，大力营造促进低碳发展的社会氛围。

【“绿色创新，低碳发展”论坛在穗举行】 2011年11月9日，在刚刚开幕的2011中国国际绿色创新技术产品展上，以“绿色创新低碳发展”为主题的论坛在广交会展馆召开。广东省代省长朱小丹、商务部国际贸易谈判代表兼副部长高虎城出席论坛并致辞。

高虎城指出，中国正在实施的“十二五”规划明确提出，要加强资源节约型、环境友好型社会建设，继续走绿色、低碳、可持续发展道路，积极推动节能环保和循环经济发展，促进新兴科技与新兴产业深度融合。要努力把绿色产业培育成国民经济的支柱产业和先导产业。以支持重大节能环保装备制造，太阳能、风能、生物质能等新能源集成应用，新能源汽车、绿色高性能新材料等产业化发展为重点，在贸易、投资政策上积极推动绿色低碳产业的集约化、规模化和国际化发展。

朱小丹在致辞中表示，“十一五”期间，广东单位生产总值能耗和二氧化碳化学需氧量等约束性指标均如期完成，单位GDP能耗处于全国先进水平，圆满实现绿色亚运、绿色大运的目标。广东将以绿色创新展为契机，扎实推进国家低碳省市试点工作，大力推进低碳核心技术，着力推进绿色发展合作，全力推进节能减排行动，加快建设资源节约型和环境友好型社会。

【深圳首家新能源创新产业园开园】

2011年11月17日，深圳市首家新能源创新产业园正式开园。该产业园是全市首个新能源产业方面的专业孵化器，并设立“深圳市外国人创新创业中心”和“深港青年创新创业基地”，为国内外多家新能源企业提供服务。在开园仪式上，金宏威、汇益德、力函科技、韩国纳米等新能源企业正式签约入驻。深圳市政府副秘书长李廷忠、南山区政协副主席陈康侯等出席了开园仪式。

深圳市新能源创新产业园位于科技园北侧，属于“大沙河创新走廊”的核心区域和主力园区，是全市首个新能源产业方面的专业孵化器。该产业园依据南山区“大孵化器”科技创新战略而建立，是经南山区科技创新局认定的专业性科技企业孵化器，也是南山区建设“大沙河创新走廊”的重要支撑。园区占地面积10 197.9平方米，建筑面积28 227.63平方米，建筑高度36米，地上7层，地下2层，拥有多功能会议厅，培训教室，员工餐厅，安防系统，人防系统，车库管理系统，消防联动系统等配套设施，地面停车位48个，地下室停车位180个，乘客电梯4部，载货电梯1部（载重2 000kg），园区绿化覆盖率达32.5%。作为新能源产业方面的特色产业园，它将为新能源领域相关企业提供优良的办公环境及相应的配套服务。同时园区还将规划出5 000平方米设立“深圳市外国人创新创业中心”，规划2 000平方米设立“深港青年创新创业基地”。

新能源创新产业园作为新能源产业基地和研发基地，以聚集效应吸引新能源企业、服务机构和公共平台入驻，为新能源产业开辟技术交易、技术转让、技术服务、产品推荐、人力资源招聘、辅助专利申请等项目对接市场；园区将加强技术转移和项目孵化工作，协助更多的新能源企业发展壮大。

【广东省“十二五”节能减排与转变经济发展方式高峰论坛】 2011年11月29日，由广东省经信委作为指导单位，广东省节能协会、广东经济投资促进会、华夏银行联合主办的广东省“十二五”节能减排与转变经济发展方式高峰论坛在广州举行。省经信委副主任毕志坚出席会议并讲话。

会上，毕志坚副主任就广东省“十二五”节能形势，特别2011年的形势作了分析，并着重强调了“十二五”期间节能减排工作的“六个突出”：突出确保完成2011年节能减排目标任务，突出强化节能减排目标责任，突出调整优化产业结构，突出实施节能减排重点工程，突出加快节能减排市场化和法制化进程，突出提高节能减排管理能力和全民参与度。华夏银行专家介绍了世界银行、法国开发署节能转贷业务。与会的专家、企业家还就节能企业融资模式等问题进行了深入的交流探讨。

毕志坚表示，“十二五”时期，随着一批重化项目陆续建成投产，城镇化进程加快以及居民消费结构升级，用能消费需求以及排污都将呈现刚性增长。其表示，“十二五”期间，国家不仅新增加了氨氮、氮氧化物两项污染减排指标，而且给广东下达的节能减排目标高于广东的预期水平和全国的平均水平。因此，“十二五”时期广东节能减排任务比“十一五”还要艰巨。根据分阶段目标，2011 年，广东年度节能目标定为单位 GDP 能耗下降 3.4%，单位工业增加值能耗目标为下降 4%。但国家正式下达给广东“十二五”节能目标总任务为 18%，按此计算，能耗平均每年下降率要达到 3.89%。

【广东成为锂电池生产大省】 2011 年 12 月 3 日至 6 日，全球锂电行业技术顶级峰会暨 2011 第六届华南锂电国际高层论坛在深圳召开。

锂电池作为新能源汽车的重要组成部分，目前已成为全球经济发展的新热点。锂电池具有较高的能量及环保性，已经开始全面取代传统的铅酸、镍氢和镍镉电池，成为 21 世纪最重要的储能元件。其发展速度将直接影响全球新能源产业的发展进程。广东目前已成为锂电池产业的重要聚集地，2010 年广东锂电池产业产值超过 150 亿元，占全国 50% 以上。

自 2001 年以来，我国锂电池产业随着深圳比亚迪公司、深圳邦凯电子有限公司等锂电池企业的迅速崛起而步入快速发展期。2006 年至 2009 年，我国锂电池产业每年以 20%~30% 的速度快速发展。广东目前已成为我国锂电池产业的重要聚集地，聚集了锂电池产业链中多家大型高端企业。产业主要以电芯、电池材料、设备制造、组装配套等为主。其中深圳聚集了大量的锂电企业总部，有相对完整的充电电池产业链，电池产品多样，其锂电池生产量占广东全省的 3/4。

华南锂电产业联盟主席高萍在此次论坛上指出，深圳作为我国重要的锂电产业生产基地之一，目前正在着手降低锂电池生产成本，希望未来 3 年内将锂电池生产成本下降 30%。

与会专家表示，锂电池将成为 21 世纪电动汽车的主要动力电源之一。目前发展新能源汽车已上升为国家战略，随着一系列新能源汽车扶持政策的出台，我国新能源汽车在“十二五”期间将快速发展，届时将带动锂电池行业进入新一轮快速增长期。

【广东省十二五节能环保产业发展规划】 2011 年公布的《广东省十二五节能环保产业发展规划》为“十二五”期间节能环保产业设定了目标：节能环保产业产值年均增长 20% 以上，到 2015 年，年总产值达 6 000 亿元，其中，节能产业年产值达到 1 800 亿元，环保产业产值达到 4 200 亿元（环保设备及服务业产值 1 500 亿元，资源循环利用产业产值 2 700 亿元）。值得注意的是，10 个省级节能环保园区和 10 个省级以上企业技术中心、工程技术研发中心或工程实验室也将在“十二五”期间建成。

早在几年前，广东已经开始摸索节能环保的良方。2010 年广东省环保节能产业总产值达 2 400 亿元，占当年全省生产总值的 5.28%。2011 年广东省节能环保产业总产值近 2 880 亿元，增长 20% 以上。

《规划》指出，政府对节能环保产业的资金支持。除了采取补助、贴息、奖励等形式支持节能环保产业重点项目建设外，还将搭建政府、企业和金融机构间的沟通合作平台以引导和鼓励社会资本和境外资本进入节能环保行业。为更好地推动节能环保产品的市场效益，“十二五”期间政府将扩大节能环保产品采购范围，并建立和完善技术和产品出口服务平台以让更多优秀的节能环保产品走出国门，扩大经济效益。

在资金具备、市场完善的基础上，广东省已经开始探索制约节能环保的技术因素。除了传统的引进来和自主创新平台的搭建，广东省还将搭建信息交流平台，定期发布节能环保产业发展的重大信息。网络也将发挥作用，电子商务平台将为节能环保技术和设备而打造，日后对于节能环保技术和产品都将通过网络轻松完成交易。

广东省节能产业的区域分布多以地区特点为依据。广州、珠海、佛山因其在空调行业的基础实力雄厚将担负起节能制冷、节能空调等产品研发和生产基地的重任。中山、湛江等由于家用电器产业集群优势，也将在“十二五”期间建设成为节能家电研发中心和生产基地。

污水、垃圾还有各种废弃物的回收一直是环保产业亟需解决的问题。在《规划》中布局遵循着同样的思路：因地制宜。广州和佛山在水处理方面技术较为悠久，因而两市将重点建设 2~3 个水处理装备研发基地。广州和深圳在处理垃圾问题上经验丰富，因而 2 个垃圾焚烧装备的研发生产基地将以广深的骨干企业为依托建成。肇庆也将在环保产业上大有作为，据了解，亚洲金属资源再生工业基地、华南再生资源基地将落户肇庆，承担起金属资源和各种废弃物的回收工作。

【广东将形成新能源空气能完整产业链基地】 《广东省十二五节能环保产业发展规划》于 2011 年底出台，明确提出将扶持与发展新能源产业，以响应国家的“节能减排”号召与可持续发展的基本国策。空气能热水器作为新兴的新能源产业，聚集于广东省的企业占 65% 以上，而整个广东省企业的产能则达到全国的 75% 以上。基于全球节能环保的发展大势与地方政府对新能源产业的支持，加入这个行业的企业仍在继续增长，产业集群于广东省珠三角区域的形势更为明显。有行业专家分析，在未来的三到五年发展中，广东省有望形成新能源空气能完整产业链生产基地。

广东省作为最早的经济开发区之一，具有天然务实的商业人文精神，为脚踏实地做事准备了基础和实力。新能源空气能热水器以空调技术作为基础而得以发展，作为“家电王国”的广东省集聚了大批强有实力的空调企业、家电企业，这为空气能热水器的发展奠基了非常深厚的技术基础、渠道基础、市场基础。且广东省常年气候湿润温暖，具有空气能热水器的最适环境温度，空气能热水器在广东蓬勃发展，齐集“天时”、“地利”，使广东省逐渐趋向形成完善产业链基地似乎是一种必然。

随着空气能热水器产业近几年发展，有远见的企业纷纷发现，只有全行业共同的发力，才有整个行业更为美好的明天。于是作为个体的企业既勇于迎接良性的产品品质竞争、技术竞争，也在坚持不懈地进行发力，持续为企业的发展与空气能热水器企业的壮大而付出各种努力。到2011年，空气能热水器行业内有有7家企业品牌推广进驻央视，广东省空气能热水器企业占了6家，为空气能热水器行业的认知度的提升与低碳节能理念的普及起到了重要的作用。实力企业勇于担当产业发展重任的良好表现也带动了一大批跟随者争相举办各种活动、进行网络、纸媒、地方电视台推广，形成整个行业争先恐后、百花齐放的好局面。这其中广东省空气能热水器所起的引领作用不言而喻，因此广东省作为产业基地，其空气能产业链的完善是随着产业的成熟，追求行业利益最大化、成本最小化的一种必然的发展趋势。

此外，广东省周边省份市场广阔，空气能热水器能在这些地域有着最合适的应用、广泛的市场需求与发展空间，为广东省的空气能热水器企业的长远发展提供了非常好的外在拓展条件。在市场需求与产业发展需求的召唤下，广东省打造并形成空气能热水器产业链基地，将随着企业的进一步发力与行业的成熟而得到实现。

【全省节能减排工作领导小组扩大会议】 2011年12月8日，广东省节能减排工作领导小组扩大会议在广州召开，总结“十一五”全省节能减排工作情况，分析节能减排面临的形势和任务，研究部署“十二五”时期广东省节能减排工作。广东省委副书记、代省长朱小丹出席会议并作重要讲话。副省长刘志庚主持会议。会上，省经济和信息化委、环境保护厅主要领导代表省政府分别与各地级以上市政府签订了“十二五”节能目标责任书和主要污染物总量减排责任书。

朱小丹指出，“十一五”时期，我省以能耗年均8.5%的增速支撑了经济年均12.4%的增速，全面完成国家下达我省节能减排的目标任务。2010年，全省单位GDP能耗下降到0.664吨，比2005年累计下降16.42%；化学需氧量、二氧化硫排放总量分别减少到85.83万吨和105.05万吨，累计减排18.88%和18.81%，污染减排受到全国通报表扬。单位GDP能耗、单位工业增加值能耗分别居全国第二低和第一低，五年实现节能量约4 372万吨标准煤，相当于减少原煤消费约5 600多万吨。同时，所有地级以上市空气质量均达到国家二级标准，重要流域水质持续改善。节能减排工作成效显著，重点领域节能减排工作取得重大进展，节能减排重点工程建设成效突出，节能减排长效机制不断健全，循环经济工作有效推进。

朱小丹强调，节能减排工作关系全局、关系长远、关系人民群众根本利益。“十二五”期间，全省各地、各部门一定要把思想认识和行动统一到党中央、国务院和省委、省政府对形势的科学判断和决策部署上来，不断增强节能减排工作的紧迫感、责任感和使命感，始终把节能减排作为调整产业结构、加快经济发展方式转变的重要抓手，作为推动科学发展的重要标准，迎难而上，攻坚克难，全力以赴，坚持不懈地做好节能减排工作，努力确保“十二五”节能减排目标任务顺利完成。要着重抓好以下方面工作：一是全力确保完成今年节能减排目标任务。各地、各部门要抓紧将目标任务层层分解到所属县（市、区）和重点企业，层层签订节能减排目标责任书。二是强化节能减排目标责任制，完善节能减排考核体系。三是坚持以结构调整促进节能减排，进一步健全节能减排相关制度标准，加大重污染行业等落后产能淘汰力度，对未按期完成淘汰任务的地区，暂停项目环评、供地、核准和审批。四是大力推进节能减排重点工程建设，加快节能减排共性和关键技术研发，加大节能减排技术产业化示范和推广应用，实施节能工程。五是全面加强节能减排管理，合理控制能源消费总量，实现节能指标和能源消费总量指标“双控”；强化重点用能单位节能管理，积极推进交通领域节能减排。六是加快节能减排市场化和法制化进程，积极探索建立具有广东特色的能源消费总量、节能量、排污权和碳排放权交易制度。七是扎实推进循环经济发展，加快循环经济立法进程，全面推进循环经济工业园建设和清洁生产工作。八是不断提升节能减排管理能力和全民参与度。

【广东省绿色能源技术重点实验室通过验收】 2011年12月23日，广东省科技厅组织验收专家组对依托华南理工大学建设的“广东省绿色能源技术重点实验室”进行了现场验收，学校科技处、电力学院以及实验室相关负责人参加了验收会。

以广州机械科学研究院陈雪梅教授级高级工程师为组长的5名验收专家认真听取了实验室主任杨苹教授的建设验收报告，审阅了实验室的验收总结材料，并进行了现场考察和质询。验收专家组一致认为：实验室购置了一批先进的仪器设备，确立了电力系统的优化运行与节能降损关键技术、能源的洁净利用与固体废弃物的能源化利用、可再生能源的发电控制及其优化利用、可再生能源并网技术及基于分布式可再生能源的微电网技术、工业装备与民用电器的节能技术等五个研究方向，组建了五个研究方向的科研团队，建设了相应的实验平台，并开展了相关的基础理论和工程化技术研究，取得了一批重要的科研成果；建立了实验室的一系列制度和管理规范，设立了开放基金，为省内的企业和科研机构提供了技术服务。

项目建设期间，实验室承担了国家、省、市级项目30项，横向技术开发项目61项；申请专利46件，其中获得授权专利40件（授权发明专利15件）；获得省部级科学技术奖3项，实现成果转化4项；发表论文154篇，其中进入三大索引93篇，出版专著13部。项目取得了显著的社会和经济效益。项目经费使用合理，符合相关要求。验收专家组一致认为，该项目已完成了合同书规定的各项建设内容，达到了预期的目标，同意通过验收。

【省出台最严格水资源管理制度实施方案】 2011年12月26日，广东省政府下发《广东省最严格水资源管理制度实施方案》（以下简称《方案》）以2015年为阶段控制目标，制定了广东省各地市用水总量，包括地下水开采量和非农业用水量控标，开始实施最严格的水资源管理制度。

《方案》建立了水资源开发利用、用水效率和水功能区限制纳污三大控制红线。到2015年，全省用水总量控制在480亿立方米以内，其中地下水控制在22.4亿立方米以内，工业和生活用水控制在258亿立方米以内；全省万元工业增加值用水量较现状降低30%以上，农田灌溉水有效利用系数提高到0.48以上；水功能区水质达标率提高到70%以上，城镇供水水源地水质达标率达到95%以上，跨地级以上市河流交接断面水质达标率达到88%以上。

为实现“三大红线”的目标任务，《方案》提出了严格取水总量控制管理、加快制订水资源分配方案、严格地下水保护和开发利用管理、严格实施取水许可制度、强化水资源《方案》统一调度等举措。

《方案》要求，严格取水许可审批，控制不合理增长，从严控制工业、农业用水增长；积极推进地下水保护行动，对划定的湛江市霞山区、赤坎区和硇洲岛等3个地下水超采区实施限采和压采，缩减地下取水量，压减取水井，实现地下水采补平衡；建立全省取水许可管理登记信息台账；建立工作协调与协商机制，落实水资源调度地方行政首长负责制，积极开展供水水源、城市水系、河湖（库）连通、生态修复、突发事件处理等水资源调度。

《方案》同时强调了加强水资源保护工作。指出到2015年，基本完成珠江三角洲主干河涌整治与生态修复，全力推进粤东、粤西重点河流综合整治；完成珠江三角洲城市应急备用水源建设，提高突发水污染等事件的应急处置能力。大力开展城市饮用水源地一级保护区隔离防护工程、二级保护区面源污染治理工程，加强饮用水水源安全保障。

粤企在行动

【广东明阳风电集团100亿投资阳江发展风电产业】 2011年4月1日，广东明阳风电产业集团有限公司与阳江市政府签订风电开发战略合作框架协议书，由该公司投资100亿元对阳江的风电产业进行投资和开发，使阳江的风电产业发展再添“新绿”。

根据协议，广东明阳将在阳江注册风电公司，斥资100亿元进行风电产业的投资和开发，其中风电场开发与建设90亿元，风电装备产业投资10亿元，将把国际领先技术的风机投放到阳江风电设备制造基地生产。

阳江市市长魏宏广表示，随着社会发展，人们对清洁能源的需求越来越迫切。阳江近年来在清洁能源开发上取得长足发展，风电发展条件日益成熟。常务副市长陈华康也表示，阳江正在规划海上风力资源的开发和利用。

来自阳江市发改局的消息显示，在“十一五”期间，阳江新能源产业发展迅猛，核电、火电、风电、抽水蓄能、太阳能、天然气、海浪发电等各类能源投资建设相继开花，阳江正朝着打造广东电力能源基地的目标跨越式迈进。

【格兰仕启动能效升级促进节能减排】 2011年4月12日，格兰仕宣布，从即日起，将在全国范围逐渐淘汰4、5级变频空调。这是目前国内首家宣布淘汰4、5级变频空调的企业。格兰仕尊系列于4月隆重上市，标志着格兰仕力挺变频3级以上的战略正式实施。以此为契机，格兰仕全面停产销售4、5级能效变频空调，此举受到业界高度关注。

格兰仕空调产业群总裁韩伟表示，节能减排是每个企业应尽的责任，淘汰4、5级变频空调，力推3级以上变频空调是格兰仕下一步的战略。

对于格兰仕在变频空调领域的战略调整，中国家电研究院院长郝旭卫表示，变频空调作为节能高效产品，家电院作为第三方检测科研机构，将积极响应节能、倡导变频能效升级，建议能有更多的空调企业联合加入。

根据中怡康数据统计分析，预计今年变频空调市场份额将突破50%，部分大城市将突破60%。美的提出3年内停止定频空调的生产，全面主推变频空调；格力提出5年内变频取代定频空调；而格兰仕更是在今年全面淘汰4、5级变频空调，主推3级以上变频空调。

随着格兰仕、格力、美的等品牌对变频空调的投入逐步加大，变频空调新格局初步形成。在2011年“3•15”空调旺季首战之后，变频空调逐步形成了格兰仕、格力、美的三大流派。格力G101赫兹低频技术、美的超微感变频、格兰仕变流科技变频共同推进变频空调的升级。

【中国平安：以实际行动倡导低碳理念】 2011年8月9日，由国家发改委、国务院国资委、国务院新闻办、北京市政府指导，中国新闻社与《中国新闻周刊》主办的“中国低碳榜样”推选活动在北京揭晓。国家发改委、国资委、国新办、北京市政府等单位领导、清华大学等机构领导出席了颁奖典礼。中国平安凭借在低碳领域的优异表现，博得各方的广泛认可，从400余家参选企业中脱颖而出，成为5家当选企业之中唯一的金融公司。

2011年，气候变化持续异常，自然灾害愈加频发，能源危机不断升级。从哥本哈根到坎昆，应对气候变化，践行低碳发展已经成为全球关注焦点和世界各国共识。“中国低碳榜样”是唯一由国家部委指导支持的低碳推选活动。此活动本着公开、公正的宗旨，坚持打造活动权威性和奖项数量的精准性，旨在面对全国政府部门、企业和个人寻找低碳榜样，以他们的成功理念、模式及事迹带动和引领中国的低碳发展低碳生活。颁奖仪式上主办方宣布：“为深入践行‘低碳100行动，中国平安严格履行每一项庄严承诺，从运营、业务和公益等维度落实100项低碳举措，全方位开展绿色行动，成功打造了综合性绿色金融平台。”据了解，为了以实际行动参与应对气候变化，通过金融产品及服务创新促进社会可持续发展，2010年，中国平安成功推出“绿色承诺平安中国中国平安低碳100行动”，将100项低碳举措贯彻和落实到企业经营管理、业务发展、员工日常办公等环节中，从业务、运营和公益等角度，全方位开展绿色行动，建设低碳企业，推动绿色金融。截至2010年底，在公司运营方面，平安自有物业人均能耗较2009年减少10%；在业务服务方面，电子保单、电子账单的推出后，共节约纸张用量约89.2吨，物流运力也相应减少；在公益活动方面，平安为60万车险VIP客户捐赠沙棘树苗，用于西部干旱地区的种植，捐赠款项达300万元。2011年，平安继续深入推进“低碳100”行动，初步建立了碳足迹管理平台，并在自有物业中实施碳管理；持续推进可持续金融产品开发；通过形式多样的低碳环保公益活动带动公众对环境问题的关注。

【粤电大埔电厂落户低碳经济县，助推绿色经济】 2011年10月9日，广东粤电大埔电厂2×60万千瓦“上大压小”燃煤发电工程项目取得了国家能源局的批准文件，即将开展前期建设工作。这是大埔县招商引资工作的重大突破，对该县实施“低碳经济县”发展思路，打造电力产业基地，壮大县域特色经济，加快推动绿色的经济崛起将起到重大作用。

据了解，粤电大埔电厂工程项目选址位于三河镇汇东村，梅江、汀江和梅潭河的交汇处。首期建设2台60万千瓦超超临界燃煤发电机组，配套建设高效除尘、脱硫和脱硝装置、废水再利用、干除灰等环保设施，建成投入运行后，将成为国内一流、国际先进、绿色环保的全省特大型火力发电企业和南方电网主力电厂之一。

大埔电厂工程项目首期投资50亿元，项目建成投产后，年产值可达33亿元，年创造税利约9亿元。项目将于2014年建成投产，大埔电厂项目的建设将为推动梅州市和大埔县绿色的经济崛起作出巨大贡献。

【广州浪奇启动国内日化行业首个“碳足迹”项目】 2011年10月18日，广州浪奇实业股份有限公司MES技术获得广东省轻工工业科技专家认证，确认MES项目整体技术达到国内领先水平，并通过2011年科技成果鉴定。同时，公司与全球检验、鉴定、测试及服务权威机构SGS签订战略合作协议，在中国日化行业启动首个“碳足迹”产品标识项目。

在绿色环保呼声渐高的大环境下，广州浪奇顺势而为，进入MES、淀粉基表面活性剂、生物酶等与绿色未来产业息息相关的新材料应用性研发领域，利用技术形成成本差异化，为市场开发提供强大的技术支持，并率先成为国内首家生产MES产品的企业。与权威机构SGS的合作，启动国内日化行业首个“碳足迹”项目则为浪奇实施绿色可持续发展战略奠定了强有力的基础。

广州浪奇总经理傅勇国介绍，MES技术的成熟将使公司产品在性能以及成本上具有一定优势，进而提高公司的利润率，同时，“碳足迹”作为最直观的环保新指标，是对浪奇理解和落实循环经济提出的更高实践标准，而低碳经济则是这种指标的具体落实，这也是浪奇为了更好履行企业社会责任，为解决环境问题贡献的一份力量。

【世界首台太阳能24小时发电机组举办安装奠基仪式】 2011年10月23日，由深圳阳能科技和深圳劲通实业共同投资开发的世界首台太阳能24小时聚光储能发电机组在深圳LED太阳能硅谷举办了安装奠基仪式。据此，利用太阳能进行24小时不间断发电首先在深圳将得以实现，在奋斗了多年以后，整个太阳能应用行业终于引来变革性的一刻，此成果将让太阳能应用行业迎来崭新的发展阶段，进入超速发展的阶段，引发国内外强烈关注。

一直以来，经过太阳能发电行业经过多年摸爬滚打，仍然停留在太阳能光伏发电的阶段。一方面由于我国并不具有光伏发电的核心技术，发展受限。另一方面，太阳能光伏发电成本高居不下，而且对环境有一定的影响，最关键的是，太阳能光伏发电不能实现24小时不间断发电，这成为其大规模应用瓶颈。深圳阳能科技和深圳劲通实业在其科学家团队攻克了多项技术难题后，终于得以实现，成功打破了太阳能光热发电的技术瓶颈。

而太阳能聚光储能发电机组则通过高效储热和独特的低温发电模式，成功实现了24小时不间断发电，这最终为太阳能发电的大规模应用扫清了技术障碍，举行安装奠基仪式当日将是载入历史的关键时刻，此举将推动太阳能应用进入超常规发展阶段，人类大规模应用太阳能将就此实现。

太阳能24小时聚光储能发电一旦进入大规模应用阶段，包括居民、工厂在内的多项民用设施都能实现独自供电，不仅成本更低，而且完全清洁无污染，其应用将十分广泛，人类对于太阳能的利用将进入新阶段，而其对整个人类的能源利用、环境将产生巨大的改变，应用前景十分广阔。

【粤电企业参加首届国际绿色创新技术展】 2011年11月9日，首届中国国际绿色创新技术产品展在广州开幕，粤电集团系统内的石碑山风能公司、太阳能分公司作为近年来粤电致力于绿色发展的成果代表，参加了该会展。

作为首届中国国际绿色创新展，

此次会展得到了联合国、中国政府和海内外企业的高度重视：联合国秘书长潘基文、国务院总理温家宝分别发来贺电，中共中央政治局委员、广东省委书记汪洋出席了开幕式。共有超过500家中外企业参展，其中包括中国移动、美国通用电气、德国西门子等世界500强企业以及大型国有企业和知名民族品牌企业，集中展示了绿色创新、低碳技术转型发展方面的先进技术、产品及服务。131家国家级开发区和部分省市展出了其绿色发展项目。

此次代表粤电参展的两家公司，均在绿色创新发展方面做出了相当的成果。其中，建成投产于2007年的石碑山风电场，是粤电进军新能源的一个重要项目，为全国首批两家风电场特许权招标示范项目之一。该风电场的建设，为一次能源缺乏的广东省利用风能解决能源瓶颈进行了积极探索，也为国家对大规模开发风电、提高设备国产化率提供了宝贵的实践经验；参展的另一粤电代表——太阳能分公司则专注于光伏发电等新能源项目的投资与开发。自去年1月成立后，该公司在短短一年时间里，投资建成了粤电华南理工大学光伏发电并网电站，实现了粤电集团在太阳能发电领域零的突破。且华南理工大学光伏发电并网电站还与该公司后来投资建设的湛江生物质光伏项目和南沙东方重机光伏项目获批列入了国家住建部光电建筑一体化及金太阳示范项目。

“十二五”期间中国在节能减排产业的投入将超过3.4万亿元人民币，中国数十万家企业的节能减排改造、各级政府节能减排约束性指标的实现，蕴含着巨大的市场空间和发展机遇。

【南方电网建成南方五省区首家电动车体验中心】 2011年12月12日，由南方电网与美国BetterPlace公司合作的首个配备全自动换电系统的电动汽车体验中心在广州珠江新城正式亮相。广州也因此成为包括广东、广西、贵州、云南和海南南方五省区电动汽车换电网络建设的首发点。

作为中央企业电动车产业联盟成员之一，南方电网公司坚持适度超前、因地制宜开展电动汽车充换电设施建设。2011年3月，南方电网与BetterPlace在广州签署战略合作框架协议，共同为中国电动汽车基础建设服务。作为一家电动汽车服务领域的全球公司，BetterPlace在大规模推广电动汽车解决方案和商业运营方面已拥有较成功经验。

目前南方电网公司已与广东、广西、贵州等省政府签订了《电动汽车充电设施建设战略合作框架协议》，与广州、深圳、南宁、海口等地市签订相关合作协议。南方电网全网已建成充电站14座、充电桩2 901个，今年前11个月累计充换电4.5万次、电量206万千瓦时。广州赛马场电动汽车换电客户体验中心是南方五省区第一个以快速更换电池为理念的新型电动汽车体验中心，是广州新能源汽车示范推广工作重要设施之一。

【格力提升国际节能标准】 2011年12月17日，中央空调领域的最新科研成果——全球首台双级高效永磁同步变频离心式冷水机组（以下称“高效直流变频离心机组”）在珠海格力电器通过了包括多名院士在内的专家委员会的技术鉴定。

据专家鉴定组介绍，冷水机组一直是大型公共建筑空调系统的主力机型，在某些大型或超大型的建筑空调和工艺应用场所，冷水机组甚至成为了中央空调方案的唯一选择。

目前，我国有近5亿平方米的大型公共建筑采用中央空调。而随着我国经济的发展和城市化进程的加快，大型公共建筑以每年3 000万至4 000万平方米的速度飞速增长。高能耗指标的大型公共建筑占城镇建筑总面积的比例越来越大，造成建筑用电量的增长速度高于建筑总量的增长速度。因此研究降低大型公共建筑空调系统能耗，对于建筑节能乃至整个国家的能源战略，有着非常重要的意义。

清华大学江亿院士介绍：“格力高效直流变频离心机组可以大幅降低建筑能耗，不仅节能效果显著，同时通过采用了新型的环保冷媒R134a，大大降低了臭氧层消耗、减少温室效应，改善人们的生活环境。我们希望以此来对未来公共建筑空调系统的可持续发展起到良好的示范与促进作用，推动建筑节能工作迈向一个新的台阶，为国家的能源战略作出应有的贡献。”

中国建筑学会暖通空调分会名誉理事长吴元炜在高效直流变频离心机组鉴定会上表示：“与现在的建筑能耗相比，如果将现有15%建筑的空调主机改造为格力高效直流变频离心机组，可以实现年节约电能5~8亿度；到2020年，我国还要建设大约100亿平方米的公共建筑，如果其中20%采用格力高效直流变频离心机组，每年可节省的电能总计为10亿度，综合经济效益可节约资金8亿元，新增产值50亿元。”

【佛山照明进军新能源电池领域】

2011年12月24日，佛照国轩动力电池有限公司新厂在高明奠基，项目计划总投资1.3亿元，2012年5月底建成投产，年产值约10亿元左右。此次奠基仪式标志着佛山照明将生产电动汽车电池。

佛照国轩动力电池公司由佛山照明与合肥国轩高科动力能源有限公司共同出资设立，主要从事锂离子电池及其控制系统的研发生产。开建的首期项目投资额达1.3亿元，占地面积8 640平方米，将专业生产磷酸铁锂动力电池以及各类电动汽车专用电池模块、电动自行车、电动摩托电池UPS备用电源及相关应用产品。

节能成果

综述

【简述】 2011年广东省节能和循环经济工作取得了显著成效，实现了“十二五”节能和循环经济工作的良好开局。2011年全省节能和循环经济工作，可概括为“十个突出、十个强化”：一是突出统筹协调，强化组织领导；二是突出规划政策制定，强化宏观工作指导；三是突出指标分解，强化节能目标责任制；四是突出节能评估审查，强化源头节能；五是突出重点工程，强化政府主导、企业主体工作机制；六是突出合同能源管理，强化运用市场化节能机制；七是突出监督检查，强化依法节能机制；八是突出监测分析，强化节能预警机制；九是突出试点带动，强化循环经济示范体系建设；十是突出宣传培训，强化全社会节约意识。

【能源消费主要情况】 2011年，广东能源消费总量保持平稳增长。单位GDP能耗、单位工业增加值能耗和单位GDP电耗同比均呈下降。但高耗能行业能耗增长相对较快，单位GDP能耗降幅与全年节能目标值仍有差距，节能形势依然严峻。能源消费呈现以下特点：（1）能源消费量保持平稳增长；（2）单位能耗主要指标均呈下降；（3）工业能源消费量增幅回落；（4）重工业和高耗能行业能耗增速快于工业能耗增速；（5）珠三角以外地区工业能耗增速快于全省能耗增速；（6）用电量增速低于GDP增速。

【广东单位工业增加值能耗位列全国最低】 国家统计局、国家发改委和国家能源局三部委前日联合发布公报称，2011年我国单位GDP能耗下降4.59%，单位工业增加值能耗下降8.43%，单位GDP电耗下降3.30%。其中，单位GDP能耗北京最低，广东居于次席。

2011年，广东省单位GDP能耗0.79吨标准煤/万元，单位GDP电耗1 195.3千瓦时/万元，单位工业增加值能耗1.08吨标准煤/万元，广东单位工业增加值能耗在全国位列最低。

【工业生产能耗水平继续降低】

2011年，广东省规模以上工业综合能源消费量15 236.7万吨标准煤，同比增长6.8%，单位工业增加值能耗比2010年下降5.1%。六大高耗能行业生产速度放缓是工业能耗水平降低的一个重要因素。2011年六大高耗能行业增加值增长11.3%，比规模以上工业增速低1.3个百分点，占规模以上工业增加值比重从2010年的23%降低至2011年的22.8%。

【能源消费存在问题】 2011年，广东能源消费总量保持平稳增长。单位GDP能耗、单位工业增加值能耗和单位GDP电耗同比均呈下降。但高耗能行业能耗增长相对较快，单位GDP能耗降幅与全年节能目标值仍有差距，节能形势依然严峻。

一、节能形势依然严峻。2010年，为了确保完成“十一五”节能目标，各市采取了一系列强制措施，限制水泥、陶瓷等高耗能项目生产，暂缓了一批水泥、陶瓷、玻璃、电厂项目的建成投产。随着限制措施的逐步解除，这些高耗能项目将于今年集中投产，原有企业也可能加大生产力度，全省高耗能行业能源消费将存在大幅度反弹的可能。另外，建筑、交通、商贸、公共机构等重点领域的节能虽然在“十一五”期间取得了一定成效，但在短时间内尚不能取得大的突破，对全社会节能的贡献率十分有限。

二、结构节能受阻。2011年第一季度，规上工业增加值增长14.0%，增速快于GDP的速度，其中，重工业增加值同比增长14.4%，速度较轻工业高0.9个百分点。从用电量来看，第一季度重工业用电量同比增长12.5%，比轻工业用电量增幅高出9.6个百分点。第一季度，重工业综合能源消费量为2 666.79万吨标准煤，占全部规上工业企业能源消费量的81.7%。六大高耗能行业综合能源消费量为2 450.92万吨标准煤，占全部规模以上工业企业能源消费量的75.1%。重工业和六大高耗能行业综合能源消费量比重均高于去年各期水平。因此，工业经济结构的重型化将是广东今后能源消费快速增长的重要原因，同时也给节能降耗工作带来较大的压力。

三、非重点耗能工业企业能源消费量增长较快。2011年第一季度，重点耗能工业企业综合能源消费量2 693.42万吨标准煤，同比增长7.4%，低于全部工业企业综合能源消费量增幅1.6个百分点。但非重点耗能工业企业能源消费增长较快。剔除1 060家年综合能源消费量万吨标准煤以上重点企业，其余非重点耗能工业企业综合能源（下转：第720页）

2010年以来重工业和六大高耗能行业能源消费量比重

行业	综合能源消费量所占比重（%）				
	2010年1—3月	2010年1—6月	2010年1—9月	2010年1—12月	2011年1—3月
重工业	79.5	79.9	79.9	79.2	81.7
高耗能行业	72.5	72.9	72.0	71.3	75.1

广东省最严格水资源管理制度实施方案

粤府办〔2011〕89号
（2011年12月26日印发）

为认真贯彻落实《中共中央国务院关于加快水利改革发展的决定》（中发〔2011〕1号）、《中共广东省委广东省人民政府关于加快我省水利改革发展的决定》（粤发〔2011〕9号）和中央水利工作会议、省水利工作会议精神，进一步强化我省水资源节约保护工作，省人民政府决定在全省实行最严格的水资源管理制度，突出抓好水资源开发利用控制、用水效率控制、水功能区限制纳污红线管理。现制定以下方案：

一、指导思想、基本原则与目标任务

（一）指导思想。

深入贯彻落实科学发展观，按照中央水利工作会议、省水利工作会议和中发〔2011〕1号文、粤发〔2011〕9号文关于实行最严格水资源管理制度的要求，围绕"加快转型升级、建设幸福广东"的核心任务，把实行最严格水资源管理作为加快转变经济发展方式的战略举措，以水资源配置、节约和保护为主线，建立水资源开发利用控制、用水效率控制、水功能区限制纳污红线等水资源管理控制指标体系和监控体系。严格执行水资源管理责任制，逐步建立符合我省实际的水资源合理配置和高效利用体系，以水资源可持续利用促进经济社会全面协调可持续发展。

（二）指导原则。

——民生优先，人水和谐。坚持以人为本，以建设现代化民生水利为目标，着力解决群众最关心最直接最现实的水资源问题。尊重自然规律和经济社会发展规律，正确处理好经济社会发展和水资源开发利用、保护的关系，做到以水定需、量水而行、因水制宜。

——统筹兼顾，突出重点。统筹安排好生活、生产和生态用水，促进流域与区域、城市与农村、上下游、左右岸、干支流的水资源协调利用。重点推进水资源"三条红线"管理，落实最严格水资源管理考核制度，全面加强水资源配置、节约和保护。

——政府主导，社会参与。坚持各级政府在水资源管理中的主导作用，加强部门之间的协同配合，组织动员社会各方力量参与实行最严格水资源管理。

（三）目标任务。

建立水资源开发利用控制红线，严格实行用水总量控制；建立用水效率控制红线，坚决遏制用水浪费；建立水功能区限制纳污红线，严格控制入河排污总量。到2015年，全省用水总量控制在480亿立方米以内，其中地下水控制在22.4亿立方米以内，工业和生活用水控制在258亿立方米以内；全省万元工业增加值用水量较现状降低30%以上，农田灌溉水有效利用系数提高到0.48以上；水功能区水质达标率提高到70%以上，城镇供水水源地水质达标率达到95%以上，跨地级以上市河流交接断面水质达标率达到88%以上。初步建立最严格水资源管理制度，节水型社会格局初步形成，水资源得到合理配置，用水效率和效益不断提高，经济社会发展用水保障能力显著增强。

2011年7月27日，广东省韩江流域管理局在广州市组织召开了《广东省韩江流域水资源保护规划》（以下简称《规划》）技术咨询会，专家组一致认为：为贯彻落实最严格的水资源管理制度，保障韩江流域可持续发展，开展广东省韩江流域水资源保护规划工作是十分必要的和迫切的；《规划》编制依据充分，指导思想正确，遵循原则合理，水平和规划范围较合适，规划目标基本可行，技术路线合理，基础资料翔实，内容较全面；为进一步提高《规划》报告质量和水平，建议补充和完善有关内容。

二、明确重点任务

（一）实施用水总量控制。

1、严格取水总量控制管理。严格控制流域、区域取水许可总量，将取水许可总量控制作为落实用水总量指标的重要控制手段。严格取水许可审批，控制不合理增长，对已经达到用水总量指标的地区，停止审批新增取水；对接近用水总量指标的地区，限制审批新增取水。从严控制工业、农业用水增长，大力节约生活用水，鼓励各地在原有基础上继续提高用水效率。

2、加快制订水资源分配方案。根据国家对跨省河流分水方案编制工作进展，力争到2015年完成韩江等全省主要江河流域水资源分配工作。跨地级以上市的流域水资源分配方案由省水利厅组织制订，报省人民政府批准实施；其他跨县（市、区）河流水资源分配方案由地级以上市水行政主管部门组织制订，经同级人民政府批准后实施，并报省水利厅备案。

3、严格地下水保护和开发利用管理。城市公共供水管网能够满足用水需求时，建设项目自备取水设施严禁取用地下水。根据《广东省地下水保护与利用规划》，加快建设全省特别是雷州半岛的地下水监测体系。积极推进地下水保护行动，对划定的湛江市霞山区、赤坎区和硇洲岛等3个地下水超采区实施限采和压采，缩减地下取水量，压减取水井，实现地下水采补平衡。

4、严格实施取水许可制度。建立全省取水许可管理登记信息台账。力争在2012年，将各地依法应办理取水许可证的取水户全部登记入库，并实现取水许可审批和发证率达100%，非农业取水户计划用水管理率达100%，大中型灌区取用水计划管理率达80%。到2015年，实现大中型灌区取用水计划管理率达100%。

5、强化水资源统一调度。加强流域水资源调度工作机构建设，建立工作协调与协商机制，落实水资源调度地方行政首长负责制，规范调度工作。重点推进东江、鉴江、韩江、北江等流域水资源统一调度，积极开展供水水源、城市水系、河湖（库）连通、生态修复、突发事件处理等水资源调度。

（二）加快推进节水型社会建设。

1、推进水价改革和节水示范建设。充分发挥水价调节作用，合理提高非农业用水价格，稳步推行居民生活用水阶梯式水价制度，落实好超定额取水累进加收水资源费政策。积极开展水资源费征收标准调整政策执行情况的跟踪评估。完成东莞市国家级节水型社会建设试点工作，大力开展县级行政区节水型社会建设试点工作。强化和完善节水管理制度，制定地方用水标准，全面推进节水型社会建设。

2、加强节水监督管理。强化取用水大户的用水总量控制和定额管理，重点抓好年用水量100万立方米以上非农业取用水大户的取水在线监管，推进重要灌区尤其是大中型灌区的取水计量管理和自备水源取水户计划用水管理，逐步将公共供水用户纳入计划用水管理。推进建设项目节水设施“三同时”管理制度，对新建、改建、扩建项目进行节水评估，并要求配套建设节水设施。推进用水定额动态管理体系建设，研究制订我省计划用水和节约用水管理办法，加快《广东省用水定额》的修订。

3、推进节水改造和节水型器具推广使用。加大国家有关节水技术政策和技术标准的贯彻执行力度，实施节水技术改造和示范工程。积极推进大、中、小型灌区续建配套与节水改造任务以及小型农田水利重点县建设。水资源不足地区严格限制高耗水型工业项目建设和农业粗放型用水。加快节水技术和节水器具推广，公布有关节水型工艺、设备、器具名录，建立市场准入制度，推动节水器具标准化建设和管理。

4、鼓励非常规水源利用与节水。鼓励应用海水、微咸水、再生水、雨水等非常规水源。开展雨水蓄积利用示范工作。针对不同地区的自然状况和水资源特点，制定相应的非常规水源利用规划，大力推广中水回用。出台优惠政策，鼓励节水减污，建立节水激励机制，促进节水事业和节水产业发展。

（三）加强水资源保护。

1、加快推进水功能区和入河排污口监测体系建设。以建设全省水资源管理系统为主线，推进各流域水量水质监控系统建设。加强跨地级以上市河流交接断面的水量水质监测能力建设。加强对重要取用水户取、退水计量和入河排污口监控设施建设。2012年，完成省级取水户监管系统建设和东江流域水资源水量水质监控系统的建设。2013年，开展全省重要流域及珠江三角洲河网区污染源风险评价工作及全省重点入河排污口排放达标考核方案编制工作。2014年，完成各地级以上市水功能区的确界立碑；研究制订我省水功能区和入河排污口监督管理办法。2015年，基本完成省水资源管理系统建设，初步建立满足最严格水资源管理要求的水量水质监测站网体系。

2、加强饮用水水源安全保障。抓紧开展重要饮用水水源地达标建设。2013年，完成《广东省饮用水源地安全保障规划》修编，并指导各市编制相应规划；开展农村水源地综合整治试点工作。2012年底前，各地级以上市完成饮用水源地突发污染事件应急预案编制，完善饮用水水源应急监管体系。2013年底前，各地级以上市完成备用水源建设规划编制。2015年，完成珠江三角洲城市应急备用水源建设，提高突发水污染等事件的应急处置能力。大力开展城市饮用水源地一级保护区隔离防护工程、二级保护区水源污染治理工程。

3、加快水生态系统保护与修复。维持河流合理基流和湖泊、水库以及地下水的合理水位，维护河湖生态健康。2012年，开展河湖健康评估试点，定期发布重要河湖健康状况报告；组织编制《珠江三角洲河涌整治与生态修复规划》；开展雷州半岛地下水超采区的水量和水质保护工程建设。2013年，组织编制《广东省水生态系统保护与修复规划》；开展重点水库蓝藻治理工程和水库清淤及污染物整治、水生态保护与修复试点工作。2015年，基本完成珠江三角洲主干河涌整治与生态修复，全力推进粤东、粤西重点河流综合整治；研究制订重要江河湖库水量、生态适宜性评估方法和河湖健康评估方法。

三、保障措施

（一）加强组织领导。实行最严格的水资源管理制度，是应对日益严峻的水资源形势、保障经济社会可持续发展的重大举措。各地、各部门要高度重视，切实增强责任感和紧迫感，精心组织，周密部署，强力推进。要按照国家和省实行最严格水资源管理制度的要求，建立和推行最严格水资源管理考核制度。我省实行最严格水资源管理考核办法和水资源开发利用控制、用水效率控制、水功能区限制纳污红线指标体系由省水利厅会同省有关部门研究制订，报省人民政府批准后实行。各地级以上市、县（市、区）人民政府要切实把水资源管理工作纳入重要议事日程，及时将省下达的各项水资源管理控制指标分解到县（市、区），并逐年确定年度目标和任务，报省水利厅备案。各有关部门要充分发挥职能作用，加强协调配合，做好最严格水资源管理制度的实施。

（二）严格落实责任。各地级以上市人民政府对本行政区域内水资源管理控制指标的落实负总责，并把完成情况作为领导干部综合考核评价的重要依据。省水利厅负责最严格水资源管理制度组织实施的具体工作，组织对各地级以上市落实年度目标和重点任务情况进行监督检查，并会同省有关部门对各地级以上市年度目标和重点任务完成情况进行年度评估考核。省发展改革委负责将最严格水资源管理制度建设纳入经济社会发展总体规划，牵头推进规划水资源论证制度建设。省经济和信息化委负责推进水资源综合利用和促进产业优化升级改造。省财政厅负责为实行最严格水资源管理制度提供经费保障。省环境保护厅负责加大水污染治理力度，严格控制水污染排放。省农业厅负责制订节水农业发展规划和组织实施。其他相关部门按照各自的职责分工，共同推进实施最严格水资源管理制度。

（三）加大资金投入。省加大对水资源节约与保护资金投入。各地要拓宽投资渠道，建立长效、稳定的水资源管理投入机制，不断加大公共财政对水资源管理的投入，保障水资源节约、保护和管理的工作经费。按照《取水许可和水资源费征收管理条例》（国务院460号令）要求，将水资源费主要用于水资源的节约、保护和管理，重点加强水资源管理系统建设、地下水超采区治理、水资源监测计量设施建设、节水技术推广与应用、水库水资源保护、水生态修复、执法监督等工作。

（四）完善政策机制。加快修订《广东省实施〈中华人民共和国水法〉办法》和《广东省水资源管理条例》，研究制订实施最严格水资源管理制度的政策性文件，推进取水许可、水资源论证和水资源配置、节约、保护、管理以及水资源费征收使用等配套法规体系建设，保障最严格水资源管理制度的实施。完善水资源费征收使用管理制度。

（五）加大宣传力度。各地、各部门要进一步加大对实行最严格水资源管理制度的宣传力度，提高全民节水意识和水资源保护意识。逐步将节水知识纳入基础教育，在幼儿园、学校广泛开展节水型学校建设活动，强化对学生的教育引导，倡导节约用水的文明生活方式。充分利用报纸、电视、广播、网络等各种媒体形式开展全方位、多层次的宣传。进一步提高水资源管理和决策的透明度，积极完善公众参与机制，通过听证、公开征求意见等多种形式，广泛听取意见，建立公众参与的管理和监督制度。

（上接：第717页）消费量同比增长17.4%，高于规模以上工业企业综合能源消费量增幅8.3个百分点，拉动能耗增幅2.6个百分点。为此，扩大重点工业耗能企业监管范围十分必要。

四、部分产品单耗高于全国平均值。2011年第一季度，全省列入统计的65项产品单耗指标中，有46项产品能耗较上年同期下降，下降面达70.8%，主要集中在原油加工、造纸、化工、建材、钢铁、有色、电力等几大高耗能行业。虽然主要耗能工业企业单位产品能耗下降形势趋好，但部分产品单耗高于全国平均值。从纺织行业来看，万米布混合数综合能耗和万米印染布综合能耗分别超出国家平均值1 086.0、2 079.7千克标准煤。每吨锦纶综合能耗和每吨涤纶综合能耗（长丝）分别超出国家平均值105.1和41.0千克标准煤。传统行业发展优势不在，发展先进制造业和高新技术产业成为必然。从建材行业的水泥制造来看，吨水泥熟料综合能耗和吨水泥综合能耗分别超出国家平均值1.7和4.6千克标准煤。水泥生产企业为耗能大户，还需要加快淘汰落后产能，进一步挖掘企业的节能潜力。有色行业，在金属材料加工方面，广东省产品单耗接近全国平均水平，但在金属冶炼方面，受制于企业数量和规模，产品单耗与全国平均水平相比有较大差距。

双转移战略

双转移·双提升

综述

【简述】 在广东持续推进的“双转移”战略中，产业转移是一个非常重要的组成部分。在过去的三年多里，产业转移工作已经取得阶段性成效，较好地完成了“三年初见成效”的目标。三年以来，数千亿元资金涌入“双转移”战略的载体——省产业转移工业园。2011 年，全省 36 个省产业转移工业园工业总产值 3 468.31 亿元，同比增长 77.5%；创造税收达 137.39 亿元，同比增长 26.2%。

省产业转移工业园催生了一批新的经济增长极加速崛起。河源是典型的例子，2008 年以来，河源积极实施“双转移”战略，建立了 4 个省级产业转移园，数量居全省首位。2011 年，“一区六园”完成工业总产值 635 亿元，五年增长 2.18 倍，成为全市经济发展重要增长极。河源成功地创建了 5 个省级产业转移工业园，成为全省最多的市。

在一大批产业转移园等新兴龙头的带动下，形成了一条距离广州、深圳、佛山等珠三角核心区 100 多公里距离内的区位优势突出、产业转移园密集的环珠三角快速增长带。在这个增长带上，清远、河源、汕尾等经济增速新星相继涌现。而 2011 年广东省经济增速排在前列、达到 15% 以上的清远、肇庆、揭阳、云浮、阳江等 5 个地市，也均落在这一隆起地带之上。

在“双转移”等政策的驱动下，东西北地区发展提速，经济增长速度持续高过珠三角地区，广东省区域经济格局出现重大变化，东西北地区在全省经济总量中的比重不断增大。“双转移”的有力推进，在促使东西北地区强势崛起的同时，珠三角地区也通过腾笼换鸟迎来了自主创新能力和产业竞争力“双提升”的良机，经济增长质量明显提升。

目前，产业转移在取得成就的同时，依然面临一些问题亟待解决：一是产业转移园用地指标严重不足和低水平利用同时存在。用地指标紧缺已成为制约园区加快发展的主要因素之一，多数园区出现了项目等土地的状况；而另一方面，园区已开发土地的利用管理仍较为粗放，广东省目前园区单位面积投资强度和产出强度平均分别为 166.74 万元 / 亩和 97.17 万元工业增加值 / 亩，节约集约用地工作有待进一步加强。二是融资难问题仍未缓解。尽管省财政不断加大资金支持力度，但在货币政策收紧的大环境下，园区和企业融资难问题愈加凸显，省财政相关扶持资金放大使用效应受限，园区建设资金缺口仍比较大，使得园内基础设施如环保等设施建设仍然滞后。三是入园项目质量有待提高。目前投资大、带动性强、经济社会效益好的入园项目还不多；部分园区产业集聚度不高、产业集群发展不快；园内产业上下游配套不足和服务平台建设不够完善也一定程度影响了招商引资的质量和进度。四是区域合作机制仍需进一步理顺和落实。珠三角共建方的主体责任意识仍不强，合作共建的主观能动作用尚未充分发挥；同时也存在推动产业转出办法不多、导向性不强、利益协调困难等问题，影响了“腾笼换鸟”的进度和跨区域产业合作的深入推进。

在未来的产业转移发展中，广东省将以全面实现双转移“五年大见成效”为总目标，以胡锦涛总书记视察广东及汪洋书记在韶关考察和在省政协产业转移专题协商会议上的重要讲话为指导，认真落实胡总书记“四个新”、“四个进一步”和省委省政府优先扶持“三重”发展的工作要求，真抓实干，加大力度，努力推动产业转移工作实现新突破。一要集中资源优先扶持重点区域、重点园区、重点产业发展。二要坚持用城镇化理念推进转移园区建设。三要深入探索园区合作共建新机制。四要进一步加大对珠三角企业转移的引导力度。五要坚持“大转移”和“小转移”一起抓。六要严把产业准入关。

【“加快产业转移园建设，推动双转移重大突破”专题协商会】 2011 年 8 月 25 日，广东省政协“加快产业转移园建设，推进‘双转移’实现重大突破”专题协商会在广州召开。中共中央政治局委员、广东省委书记汪洋出席会议并讲话，省政协主席黄龙云主持会议。广东省委常委、秘书长徐少华，省政协副主席汤炳权、陈蔚文、温兰子、温思美、徐尚武、覃卫东等参加了会议。根据省委十届八次全会要求，从 2011 年 4 月起，省政协抽调 100 多名在粤全国政协委员和省、市政协委员，分赴全省 15 个市 35 个产业转移园开展实地调研视察。

会上，副省长陈云贤通报了省委、省政府关于加快推进“双转移”工作的相关情况。汪洋说，这次专题协商会对进一步深化实施“双转移”战略提出了针对性、前瞻性和可行性都较强的解决办法。省委、省政府将认真研究吸纳省政协视察报告和专题协商会的意见建议。

汪洋要求各地各部门以这次专题协商会为契机，坚定不移推进“双转移”工作：一要对“双转移”工作进行集中反思和工作调整。各级党委政府要认真总结三年多来“双转移”工作的成败和得失。积极引入竞争机制，坚持末位淘汰制，不断完善政策，用不平衡战略去解决发展不平衡问题。二要加强进园入区工作的衔接指导。切实发挥政府作用，积极搭建平台，实现园区、企业、政府的良性互动。三要提高单位土地的产出率。关键是端正指导思想，不能只片面追求引进项目数量和资金，而忽视质量和效益。

四要更加重视劳动力的转移。既要做好劳动力的培训，也要做好劳动力的转移，要像规划转移园区那样规划区域劳动力的转移。该项工作将纳入考核范畴。五要坚持市场的导向作用。坚定不移推进“双转移”工作过程中，在尊重市场规律、充分发挥市场主体的积极性的同时，政府也要发挥积极作用。六要注意解决“双转移”过程中产生的各类社会问题，努力促进广东科学发展、社会和谐。

【省推进产业转移和劳动力转移工作领导小组第七次会议】 2011年10月8日，广东省委常委、常务副省长朱小丹，省委常委、副省长肖志恒，副省长陈云贤主持召开省推进产业转移和劳动力转移工作领导小组第七次会议，深入学习领会汪洋书记在省政协加快产业转移园建设、推进双转移实现重大突破专题协商会和全省双转移工作会议上的重要讲话精神，听取省有关部门前一段工作情况汇报，研究部署深入推进全省双转移工作。

会议要求，各地、各有关部门要按照全省双转移工作会议的部署，针对双转移工作新情况、新问题和新形势，不断提出创新性举措，推动双转移工作深入发展，近期要着力抓好八方面重点工作：一是认真落实省政府《关于优先扶持产业转移重点区域重点园区重点产业发展的意见》（粤府〔2011〕100号），切实加大对重点区域、重点园区、重点产业的扶持力度，集中优势资源推动重点园区在短期内取得重大突破。二是抓紧制订省产业转移工业园重点产业规划布局方案，引导产业转移重点园区产业集聚，避免企业无序盲目转移。三是在原定奖励资金额度内，调整完善《广东省珠三角地区企业产能转移奖励资金管理办法》，增强奖励资金的激励和引导作用。四是抓紧对接和联合有关行业协会，开展面向省产业转移重点园区重点产业的定向招商活动，引导推动产业链整体转移。五是抓紧制订劳动力转移布局规划，进一步创新农民工培训激励机制，加强对劳动力培训转移的统筹和引导。六是扎实推进“乡贤回归工程”，引导符合条件的港澳台资企业根据产业转移布局规划有序向粤东西北地区转移。七是积极推进园区融资平台建设，帮助入园企业解决融资难问题。八是加强节约用地和低碳示范园区建设，依托省产业转移工业园建设用地和低碳经济示范园区，完善集约用地的激励机制，积极推进重点园区低碳发展。

【产业转移座谈会】 2011年10月13日，省经济和信息化委主持召开产业转移专题座谈会。广州（湛江）产业转移工业园等十个产业转移重点园区、省电子行业协会等26个行业协会的负责同志参加了会议。

会议传达学习了汪洋书记9月14日全省产业转移和劳动力转移工作会议和8月25日省政协“加快产业转移园建设，推动双转移实现重大突破”专题协商会上的重要讲话精神；交流了解了各重点园区当前面临的热点、难点问题及行业协会与省产业转移工业园合作对接情况；研究讨论了建立政府、行业协会、省产业转移工业园“三结合”工作机制以及推进省市联合定向招商、“乡贤回归工程”等工作的具体措施。各参会代表踊跃发言，提出大量推进产业转移工作的意见和建议。

会议要求，各单位要认真贯彻落实省委省政府推进“双转移”工作的最新工作部署，深入领会“双转移”优惠政策，勇于创新工作思路，建立健全政府、行业协会、省产业转移工业园“三结合”的工作机制，形成政府大力引导支持、行业协会深入发动、企业主动参与的工作合力，共同推动“双转移”工作实现新突破。

【全省产业转移经验交流会在阳江召开】 2011年12月8日，广东省经济和信息化委员会在阳江市组织召开全省产业转移经验交流会暨“双转移”学习研讨会，深入贯彻落实8月25日省政协“加快产业转移园建设，推动‘双转移’实现重大突破”专题协商会和9月14日全省产业转移和劳动力转移工作会议（以下简称“两次会议”）精神，总结交流各地、各园区推进产业转移和加快园区开发建设的经验和做法，研究探讨“双转移”相关热点、难点问题，加快推进“双转移”工作再上新水平。省经信委杨建初主任、林位超副主任、孙鮀生副巡视员同志出席会议。各地经济和信息化部门分管产业转移工作的负责同志、36个省产业转移工业园主要负责人、省工业园区协会以及省有关院校和科研机构的专家学者及阳江市副市长陈芝岳等

2011年9月14日，全省产业转移和劳动力转移工作会议在佛山隆重举行。

近90人参加会议。

当前，全省产业结构优化调整工作稳步推进，珠三角地区和粤东西北地区的产业合作对接机制不断完善，产业转移扶优扶强政策出台，为省产业转移工业园实现跨越式发展提供了机遇、创造了条件，同时也给全省产业转移工作提出了新要求、新任务。这次会议正是在贯彻落实“两次会议”精神和省政府《关于优先扶持产业转移重点区域重点园区重点产业发展的意见》的大背景下召开的，将有助于各地各园进一步把握形势，理清思路，加快推进园区开发建设工作，提升产业发展水平。

会上，来自珠三角产业转出地、粤东西北产业承接地以及省产业转移工业园的15个代表分别就前一阶段产业转移工作所取得的成果和经验进行了介绍和交流。从内容上看，有的是立足于产业结构优化升级，突出产业转移的“腾笼换鸟”作用；有的是以完善产业转移软硬环境为突破口，开展富有成效的“筑巢引凤”活动；有的是围绕园区开发建设，把特色发展、集约节约发展、低碳环保发展作为推动园区可持续发展的强大动力和有力保障；有的是把政府引导与市场运作有机结合起来，通过加强体制机制建设促进产业转移工作的稳步推进等，这些经验为进一步做好全省产业转移工作提供了宝贵的借鉴和参考。同时，来自省有关院校和科研机构的专家针对各地各园提出的热点、难点、重点问题提出了有益的意见和建议，帮助理清了产业转移工作的努力方向和思路。

会上，省经济和信息化委杨建初主任作了主题发言，全面总结了近年来广东省产业转移工作的基本经验和具体做法，深入分析了目前产业转移工作面临的新形势，并就当前和今后一个时期产业转移工作的主要任务进行了部署。杨建初主任指出，2011年是我省产业转移工作“三年初见成效”的收官之年，也是产业转移工作迈向“五年大见成效”的开局之年。下阶段，各地各园要继续努力、不断推动产业转移工作实现新突破。主要做好八项工作：一是深入贯彻落实“两次会议”精神和工作部署；二是集中资源扶优扶强，加快产业转移“三重”发展；三是创新体制机制，建立和完善园区合作共建长效机制；四是强化倒逼机制，促进珠三角产业转型升级；五是加大招商引资力度，提高园区产业发展水平；六是加强节约集约用地和低碳环保，促进园区高效可持续发展；七是加强沟通指导，依法依规拓展省产业转移工业园发展空间；八是加强统筹协调，合力共推产业转移取得重大突破。

会议代表一致认为，这次会议促进各地各园进一步认清了产业转移工作面临的新形势，明确了产业转移工作的方向和目标，增强了抓产业转移工作的紧迫感和责任感。会议代表纷纷表示，将认真学习借鉴产业转移典型经验，把会议精神渗透到产业转移工作的各个领域和各个环节，将拿出百倍的信心和勇气，拿出不甘人后、力争上游的气魄，拿出强有力的、超常规的举措，切实推动全省“双转移”工作尽快再上新水平、再出新成效。

【产业转移联合定向招商活动启动仪式】 2011年12月15日，由广东省经济和信息化委员会主办的广东省产业转移联合定向招商活动暨乡贤回归工程启动仪式在广州举行。省经信委主任杨建初出席活动并讲话。出席启动仪式的还有省委台办、省人力资源和社会保障厅、省外经贸厅、省侨办、省港澳办，省工商联等省直部门有关负责同志。10个重点园区负责人以及重点园区所在地市、广州、深圳、珠海、佛山、东莞、中山市和顺德区经济和信息化主管部门，有关行业协会（商会），企业和投资机构代表和媒体记者约200多人参加了活动。

杨建初主任在讲话中指出，近年来，在省委、省政府的正确领导下，全省各地始终坚持把推进产业转移作为破解区域协调发展难题和转变经济发展方式的重要举措，把产业转移工业园开发建设作为加快推进产业转移的主要抓手和拉动欠发达地区经济快速增长的重要突破口，制定实施了一系列配套政策，狠抓园区基础设施建设，狠抓产业规划和招商引资，园区发展日新月异。

杨建初主任强调，当前“双转移”工作“三年初见成效”阶段性目标已顺利实现，“五年大见成效”的攻坚战已经打响，产业转移工业园新一轮大发展的序幕业已拉开。目前，省产业转移工业园的基础设施建设初步完善，招商引资的平台已经搭建，省政府也出台了《关于优先扶持产业转移重点区域重点园区重点产业发展的意见》。今后，省产业转移工业园十大重点园区将成为广东省未来产业转移工作的重心和突破点，将作为实施“三结合”，联合定向招商和乡贤回归的试点工程，着力打造成为园区高水平发展的典范园区。

杨建初主任对下一步产业转移工作提了四点要求。一是要求政府、园区、协会继续把握好这千载难逢的发展机遇，创新合作理念，不断加大工作力度，共促园区合作发展。二是要求政府部门切实发挥好在产业转移工作中组织领导作用，认真做好统筹、规划、引领、协调和督促指导工作。三是要求省产业转移工业园真正发挥在产业转移工作中的平台功能，履行好产业转移政策措施具体执行者的职责，加大力度做好园区开发建设、招商引资、宣传推广等具体工作，尤其是要继续加大招商力度，主动走出去、请进来，积极发动海内外乡贤回乡投资兴业、回馈家乡，善用各项资源，广结各方力量，推动园区加快发展。四是要求行业协会和商会切实发挥好产业转移工作中的桥梁和纽带作用，充分发挥熟悉行业政策的优势，积极了解企业的经营情况和发展动向，发挥好向政府、园区反映企业诉求、向企业提供政策引导和支持、推动园区、企业共赢发展的重要作用。他同时希望政府、省产业转移工业园、行业协会、商会要进一步加强合作，创新合作模式，共同构建“政府引领、园区搭台，协会牵线、企业唱戏”的良好机制，形成优势互补、良性互动、互利共赢的发展新局面。

会上，广州（湛江）产业转移工业园代表重点园区宣读了目标责任状。

深圳（汕尾）、佛山顺德（英德）、东莞（韶关）、中山（河源）、中山（肇庆大旺）、广州（湛江）、广州（梅州）、广州（阳江）和江门产业转移工业园、汕头产业转移工业园等十个重点园区与行业协会签订了合作框架协议，并向杨主任递交了产业转移目标责任状。

全省产业转移

【简述】 自2005年广东省设立第一批省产业转移工业园开始，产业区工业园区在广东省强有力的支持和引导下，开拓创新、锐意进取，切实发挥了产业转移工作主要载体的作用，推动产业转移工作不断深入开展。由于产业转移园区得到省委省政府的高度重视和大力支持，首创珠三角与粤东西北政府合作共建机制，设立了良好的督促检查机制，配套了各有关部门的扶持政策，集中了各地特色的贴心服务，这些优点有利地支撑广东省产业转移工作取得良好成效。

近年来，广东产业园区形成了全面布局、错位发展的良好局面。截至2011年，全省共设立省产业转移工业园35个，15个欠发达地市均至少设立一个园区。设立75亿元产业转移竞争性扶持资金，重点扶持13个园区建设省示范性产业转移工业园。设立8亿元专业性产业转移工业园建设竞争性扶持资金，扶持8个园区走产业集聚和专业化发展的道路。截至2010年底，省财政共直接拨付产业转移专项资金达131.6亿元，带动园区开发建设投资超过500亿元，各园区基础设施建设加快推进，均已具备企业入驻条件。

广东省依托产业园区形成了一批新的产业集群。各地产业转移工业园结合当地特色优势产业，坚定不移走产业集聚发展的道路。全省多数园区主导产业（≦2个）建成项目数、投资额、产值、工业增加值、税收等指标占比在50%以上，集聚效应明显。目前，全省产业转移工业园已经形成了中山（河源）产业转移工业园手机产业、中山（肇庆大旺）产业转移工业园金属精加工产业、珠海（茂名）产业转移工业园石化中下游产业、佛山（云浮）产业转移工业园石材产业、东莞大岭山（南雄）产业转移工业园精细化工产业、佛山顺德（廉江）产业转移工业园小家电产业、广州白云江高（电白）产业转移工业园水产品加工产业等一大批初具规模的产业集群，园区对区域产业的辐射带动能力逐步增强。

【产业转移的主要内容】 产业转移是产业升级战略的一部分。国家发改委制定的《珠江三角洲地区改革发展规划纲要（2008—2020）年》在规划广东产业升级时，提出要“淘汰一批落后企业，转移一批劳动密集型企业，提升一批优势企业，培育一批潜力企业”。广东省经济贸易委员会在2008年制定的《广东省产业转移区域布局指导意见》中，对转移企业的类型、接收企业的标准以及禁止承接的产业作出了更具体的规定。

广东省政府鼓励及禁止向东西两翼及粤北山区转移的产业有：（1）鼓励产业：①传统劳动密集型产业，如服装、五金、玩具、制鞋、包装等；②资源型产业，如陶瓷、水泥等建材工业，家具产业，再生金属冶炼产品、有色金属合金冶炼或压铸产品等有色金属产业；③资本密集型产业中的加工制造环节，如IT产品制造、家电制造等产业；④对转出地其它产业带动功能较弱或带动后劲不足的产业，如农产品加工等产业；⑤在转入地存在主要的原材料供应基地的行业，如塑料制品、涂料、油漆等石化产业下游产品行业；⑥在转入地存在比较成熟的产业集群或者生产基地的行业，如工艺玩具、音像制品生产、食品生产等产业。（2）禁止承接的产业：①不符合有关法律法规和产业政策、严重浪费资源、不具备安全生产条件的工艺技术、装备及产品。②国家和省已明确淘汰的生产工艺技术、装备和产品。③严重破坏生态环境特别是水资源的项目，如排放致癌、致畸、致突变物质和恶臭气体的项目；废水排放标准不符合东西两翼和粤北山区水域水质要求的项目；存在事故隐患且无法确保周边饮用水源安全的项目。

【广州湛江共推产业转移园区建设】

按照广东省的部署，广州与湛江于2008年签订了两市共建产业转移园协议。此后，两市齐心协力，务实推进“双转移”各项工作，取得显著成效。2011年，广州（湛江）产业转移园实现五个“新进展”：一是广州园区经济增长有新进展。2010年园区完成工业总产值436.5亿元，比上年增长50%。2011年1—9月，园区完成工业总产值386亿元，同比增长23.4%。至2011年6月，广州（湛江）产业转移园累计引入项目147个，计划投资额1 605.6亿元。二是入园重点项目有新进展。中科炼项目是我国最大的合资炼化项目之一，原拟选址广州南沙，后项目迁址湛江东海岛，2011年3月，正式获得国家发展改革委核准。2008年6月，宝钢重组广钢、韶钢，在湛江东海岛投资建设广钢环保迁建湛江钢铁基地项目。以上两个项目的配套工程正在顺利推进。三是转移产业集聚有新进展。广州、湛江联手将一批钢铁、石化中下游配套企业转移到园区，在园区已初步形成以钢铁、石化产业为主导的产业集群。四是园区环境建设有新进展。广州出台了鼓励企业转移落户产业转移工业园的14项措施，调动企业参与共建的积极性。五是目标责任考评有新进展。园区2009年在全省产业转移目标责任考评中获得第一名的好成绩，被评为省产业转移示范园区，去年被评定为省循环经济工业园，并在全省产业转移目标责任考评中再次获得“优秀”考评等次。2011年6月，该园区在全省26个重点园区遴选中又脱颖而出，以第一名的成绩获得省重点园区称号。

对下一阶段产业转移工作，时任广州市市长万庆良强调，要坚决贯彻落实省委、省政府的工作部署，大力推进产业转移园区建设再上新台阶，力求取得“五个新突破”：一是在招商引资上取得新突破。联合搭建招商平台，充分利用好“广交会”“广博会”“泛珠洽谈会”等经贸合作平台，联手举办招商引资活动，推动转移项目落户园区。推进广钢环保迁建、中科炼化一体化两大项目建设和上下游配套企业招商，加强跨区域产业对接。结合化工和钢铁两大配套园区的规划建设，实行项目向园区集聚、投入向园区集中、政策向园区倾斜，加快特色产业发展和产业集群培育。二是在政策保障上取得新突破。在积极争取省加大支持力度，增加财政扶持的同时，可采取多种融资形式，加大资金投入。积极协助湛江做好扩园规划编制、报批手续办理等工作，争取拓展园区发展空间。抓紧落实配套措施，从财政政策、产业政策、土地开发政策、基础设施建设、技术支持等方面为承接产业创造优越的条件。三是在生态保护上取得新突破。坚持“既要金山银山，又要绿水青山”的理念，按照“突出主导产业、完善产业配套、发展循环经济、实现产业集聚”的方针推进产业转移工业园的建设。园区建设严格执行环境影响评价制度，大力发展循环经济。四是在公共服务上取得新突破。搭建产业转移政务服务平台，实行各类行政许可“一站式”服务，进一步提高服务效率，切实帮助入园企业克服困难、解决问题。优化投资和营商环境，提升产业转移园金融服务水平。加强劳务合作和人才支持，帮扶湛江市农村劳动力转移就业，在园区引进高端人才方面给予帮助。五是在合作机制上取得新突破。进一步完善联席会议制度，加大力度协调和解决产业转移工业园开发建设和管理中的困难和问题，协调各方，形成工作合力。积极发动社会各界力量参与产业园建设、交流和合作，为企业提供信息、中介服务，吸引更多企业到产业转移园发展。

【肇庆产业转移带动产业结构提升优化】 近年来，肇庆市把壮大工业经济总量和促进产业转型升级作为主攻方向，突出把承接产业转移作为招商引资的主渠道、发展工业的主阵地。其中，园区作为产业转移的载体和平台，已成为带动经济发展的助推器。至2011年6月，中山（肇庆大旺）产业转移工业园区累计入园企业共211家，总投资712.36亿元，主导产业为金属新材料、生物制药、装备制造和电子信息，其中已投产项目113个，投资额212.39亿元；目前顺德龙江（德庆）产业转移工业园已开发79.53公顷，入园项目33个，总投资36.62亿元；中山大涌（怀集）产业转移工业园已投产项目14个，投资额7.96亿元，其中在建项目18个，投资额28.8亿元。

日臻成熟的工业园区吸引了一大批投资强度大、产业带动力强、创税能力强、生态环保的大项目落户肇庆。中恒医药、理士电池、中导设备检测、大华农生物、立得LED、科威电子等等企业纷纷瞄准肇庆这块宝地。新思路带来新出路，在产业转移的带动下，肇庆市产业结构不断优化提升。目前，全市先进制造业、高新技术制造业和优势传统产业增长速度均在30%以上，其中电子信息、汽车零配件、金属加工、食品饮料、生物制药、林产化工六大支柱产业实现工业总产值764亿元，占全市规模工业总产值的43.8%，比上年增长32%。

产业转移有力地支撑了肇庆市工业经济的大发展，同时也有力地推动了全市经济社会发展。2011年，肇庆市地区生产总值超过1 300亿元，同比增长14.7%，高于全省平均水平4.7个百分点，保持了较快的发展速度。

【江门产业转移成效显著】 2011年，江门市产业转移工作成效显著，全年江门产业转移工业园区规模以上工业增加值17.22亿元，同比增长215.1%。2011年，江门产业转移工业园区累计引进工业项目173个，计划总投资319.3亿元，已建成27个项目。其中2011年新引进项目45个，超过10亿元的项目或产业关联项目组团共5个。另外，计划投资1.5亿美元的联新高性能项目和计划投资3亿元的日本普利司通公司高机能项目两个世界500强项目的落户，标志着江门产业转移园区招商引资工作实现了历史性突破，将进一步优化园区的产业结构，对园区的今后发展具有非常重要的意义。

为了加大推进产业转移的力度，加快江门产业转移工业园的建设，江门市成立了专门的工作领导小组，并严格执行省、市的相关文件要求。对产业转移工业园的工业投资项目，把新设立和运营过程中涉及的行政事业性收费、经营服务性收费项目纳入“零收费”范围，实现对企业“零收费”，共涉及57个项目。

【河源实施新举措推动产业转移】 河源市地处粤东北部，是广东省战略扶贫计划重点扶持的七个欠发达地区之一。实施产业转移，是广东省战略扶贫计划的延续，是全省产业转型升级，实现区域协调发展的重大举措。近年来，河源市深入贯彻广东省委、省政府“双转移”战略部署，积极争取“珠三角”兄弟城市支持，立足地域生态优势，确立环境和人文建设同步发展定位，以产业转移工业园建设为抓手，坚持低耗、高效和可持续原则，践行“反传统、反梯度、反周期”理念，扎实推进产业转移和劳动力培训转移就业，促进产业集聚升级，推动了经济社会快速、协调、健康发展。

2011年，河源市在发展产业转移工业园方面推出新举措：一、突出园区配套建设，拓展发展空间。重点在推进园区扩规模、强配套上下功夫，增强园区发展功能。一是提升园区承接能力。通过创新经营土地、经营项目、工业地产等方式，吸引金融资金、社会资金投入园区建设，重点是加快推进园区二、三期建设。二是提升园区综合配套能力。推动园区绿化、美化和管理上档次，完善园区商业、金融、教育、医疗等服务上水平，促进园区信息、技术、人才、物流等公共服务平台上台阶。三是提高项目“四率”（签约率、动工率、竣工率、投产率）。重点跟进建设项目领导挂钩服务，做好入园项目建设进度汇总通报，协调解 决好在建项目遇到的困难和问题，促进项目发展。

二、突出发展“四新”产业，提升集聚水平。深入开展产业调研，科学编制产业规划，加快出台产业扶持政策，积极培育产业龙头，重点发展新一代移动通讯、集成电路等新电子产业，太阳能、风能、抽水蓄能、生物质能等新能源产业，硅材料、生态建材、金属新材料、电子新材料等新材料产业，现代中药、化学制药、生物制药、医疗器械等新医药产业，为河源市打造环珠三角新兴产业集聚地谋好篇、布好局。

三、突出引进重大项目，提高招商成效。进一步创新招商方式，拓展招商渠道，提高招商成效，努力在重大项目招商上实现新突破。通过建立“四新”产业企业信息库，加大宣传推介力度，深入开展重点攻关招商，完善项目评估机制，促进园区引进更多实力雄厚、市场大、效益好、辐射带动能力强的龙头骨干项目。

四、突出抓好目标责任考核，增强园区效益。通过认真实施《工业园区目标责任考核评价办法》，以考核为导向，推进园区科学发展。加快国家级园区和省优秀园区创建工作，促进转移园实现良性循环，不断增强园区综合效益，使之成为地区经济发展的重要增长极。

2011年，河源市产业转型升级加快，产业转移工业园区建设实现新突破。2011年，“一区六园”完成工业总产值635亿元，五年增长2.18倍，成为全市经济发展重要增长极。成功创建了5个省级产业转移园，成为全省最多的市。其中中山（河源）产业转移园实现工业总产值250亿元，五年增长3.3倍，两次竞得省扶持资金共10亿元，连续多年被省评为优秀等次，被列为“省手机产业集群升级示范区”“省首批外贸转型升级专业型示范基地”“省市共建河源太阳能光伏产业基地”。2011年手机产量达4 439万台、产值155亿元。落户园区的广东汉能薄膜太阳能电池项目试产，中兴通讯、旗滨光伏玻璃等项目动工建设。

【深圳高端化集聚化发展推动产业转移】 深圳市罗湖黄金珠宝产业集群升级示范区，集聚了1 500多家黄金珠宝类生产经营单位，是全国黄金珠宝首饰的生产制造中心、信息交流中心和展示交易中心。该集群在产业集聚、品牌建设、产业高端化、产业转移等四个方面均取得了突出的成效。一是产业集聚发展效应突出。目前，示范区黄金、铂金、钻石加工量约占上海黄金、铂金、钻石交易所全年交割量的70%；香港珠宝企业已有约1/5到中国内地发展，其中大部分都选择在示范区设立机构；国内知名珠宝企业也不断涌入示范区。二是品牌建设成效明显。目前示范区共拥有13个珠宝类“中国驰名商标”，23个珠宝类“中国名牌”，占全国的44%；18个珠宝类“广东省名牌”。“深圳珠宝”区域品牌共有38家成员单位，有31家企业总部在示范区，所占比例超过80%。三是产业发展呈高端化态势，珠宝加工制造环节逐步外迁，产业链呈现向研发设计、展示交易、文化创意等产业链高端延伸的趋势。四是产业转移初现成效，积极引导企业在区外建立珠宝产业园，以承接区内珠宝生产加工环节转移，为示范区发展总部办公、设计研发和展示交易等高端产业链腾出更多空间。

【中山五大举措促新一轮产业转移】

自实施“双转移”战略以来，中山市及时抓住国际国内结构调整和产业升级转移的时机，遵循政府引导、企业自愿的原则，引导企业向市内、粤东西北和省外有序转移，形成良好开局。中山市于2010年底出台了《关于进一步推进我市产业转移工作的实施方案》（以下简称“方案”），将分三阶段采取五大措施，形成倒逼机制，推动产业转移工作再上新台阶。力争到2012年，全市产业结构明显优化，产业竞争力明显提升。推动40个以上项目进入中山市参与共建的产业转移园，进一步提升中山河源产业转移园、中山肇庆（大旺）产业转移园建设水平，积极发挥省级产业转移示范园带动作用。

一是明确产业转移标准。通过对本市工业企业全员劳动生产率、土地产出率、工业税负、能耗等生产情况进行综合分析，明确劳动密集型、资源依赖型、环境容量需求型等“三型”企业的全员劳动生产率、土地产出率、万元工业增加值综合能耗等量化转移标准，如规定全员劳动生产率低于同行业平均水平30%或低于全市平均水平40%的劳动密集型企业将纳入转移范围。同时，对各项标准指标进行动态管理，根据实际情况和产业结构高级化的要求适时调整。

二是建立转移企业名库。对市内“三型”企业进行调查摸底。根据企业产值、利税、用工、能耗等基本情况，对照产业转移标准，列出产业转移重点行业企业名单，按照工业企业总数1%的比例建立转移企业名库，并将转移任务分解至各镇区。各镇区在充分了解企业转移意向和需求的前提下，遵循“分类指导、先易后难、分期分批”的原则，从转移企业名库中选择转移企业，并研究确定转移时间、转移规模等。

三是推动目标企业转移。对列入产业转移企业名库的企业，原则上不安排专项资金扶持，不给予免错峰用电，同时依法对其加强税款征收与税务监管、加强安全隐患巡查等，促其就地转型或异地转移。对污染严重企业、国家明令禁止和淘汰的落后产能企业，坚决依法予以淘汰。

四是定期梳理转移情况。强化对产业转移工作的组织领导和统筹协调。各镇区指定专人负责每月向市推进产业转移工作领导小组报送产业转移信息，认真梳理产业转移工作情况和遇到的问题，及时与市推进产业转移工作领导小组进行沟通，确保转移工作稳步、有序地开展。

五是建立目标考核制度。制定《中山市产业转移目标责任评价试行办法》。各镇区根据被列入产业转移企业名库的企业数量，按每年一定比例的进度制定转移计划，有序安排企业分步转移或就地升级。每年对各镇区进行产业转移目标责任考核评价，并将该考核列入市对镇区年终统一考核指标。

中山市新一轮产业转移工作分三个阶段有序推进。一是调查摸底阶段，对全市“三型”企（下转：第736页）

产业转移工业园

综述

【简述】 2011年，广东省经济和信息化系统、省产业转移工业园“双转移”战略“三年初见成效”的目标如期实现，各项工作取得新进展。

2011年，全省36个省产业转移工业园工业总产值3 468.31亿元，税收137.39亿元，同比增长77.5%和26.2%，超额完成年初确定的全年产值3 000亿元，税收130亿元的目标。2011年东西两翼和山区规模以上工业增加值同比分别增长20.0%、14.8%和19.5%，比全省高7.4个、2.2个和6.9个百分点，工业增加值合计占全省的17.9%，比2010年高0.2个百分点。6个产业转出市累计转出企业5 983家，淘汰关停企业约7.22万家，平均单个企业投资额83万元；新引进的企业约1.47万家，平均单个企业投资额7 044万元，为前者的84倍，其中先进制造业、高技术制造业和现代服务业企业占55%，较好地实现了产业转移工作“三年初见成效”的阶段性目标。

【广东出台产业转移工业园升降级暂行办法】 2011年4月11日，广东省政府出台《广东省产业转移工业园升降级暂行办法》。按新规定显示，在评分中即便已达到设立示范园区标准，但仍然排最后一名的示范园，广东省政府将给予黄牌警告，并在全省范围内通报。对排名在最后两名的非示范园区，亦给予同样的警告与通报批评。若示范园连续两年考评在示范园中排名最后一名，则由广东省经济和信息化委会同省财政厅发文明确取消省产业转移工业园资格，降格为非示范园区，除全省通报外，该园区不再享受省财政的补贴，同时所在的县（市、区）两年内不得提出设立省产业转移工业园的申请。而非示范园区排名第一的则转为示范园区，享受政策优惠。

今后被取消省产业转移工业园资格的园区，不能再享受的优惠政策主要分两部分，一部分是资金奖励，这里面包括产业技术研究与开发资金、产业转移工业园企业外贸发展专项资金、战略性新兴产业发展专项资金、节能专项资金、结构调整与挖潜改造资金、现代信息服务业发展专项资金、中小企业发展专项资金、企业技术中心专项资金等。以上资金的年规模约为15亿元，由广东省财政厅拨付。另一部分是用地计划指标，目前广东省对产业转移园的用地总规划面积为25.4万亩，仍有超过10万亩地待批，目前各地用地之争激烈，根据新的规定，只有考评排名靠前的园区将获得更多的用地支持。

【省政府公布省产业转移工业园重点园区遴选结果】 2011年7月26日，省推进双转移工作领导小组办公室经省政府同意印发《关于公布省产业转移工业园重点园区遴选结果的通知》，公布了10个省产业转移工业园重点园区遴选结果。10个重点园区名单：深圳（汕尾）产业转移工业园、佛山顺德（英德）产业转移工业园、东莞（韶关）产业转移工业园、中山（河源）产业转移工业园、中山（肇庆大旺）产业转移工业园、江门产业转移工业园、广州（湛江）产业转移工业园、广州（梅州）产业转移工业园、广州（阳江）产业转移工业园和汕头市产业转移工业园。

目前，省有关部门正抓紧研究优先扶持产业转移重点区域、重点园区、重点产业的相关工作措施，并拟出台《广东省人民政府关于优先扶持产业转移重点区域重点园区重点产业发展的意见》作为深入推进我省“双转移”工作的纲领性文件。下一步，省有关部门将以“扶优扶强”为导向，集中政策、资金、土地等各方面的资源，优先扶持10个重点园区加快发展，促进全省双转移工作尽快上新水平、出新成效。

【省产业转移工业园重点园区座谈会】 2011年8月16日，省经济和信息化委组织召开省产业转移工业园重点园区座谈会。深圳（汕尾）、佛山顺德（英德）、东莞（韶关）、中山（河源）、中山（肇庆大旺）、江门、广州（湛江）、广州（梅州）、广州（阳江）和汕头等10个省产业转移工业园重点园区主要负责人参加会议。

会上，各重点园区分别汇报了近两年发展目标、项目、用地、融资等方面情况，提出了下一步工作措施及需省协调解决的事项和相关建议。会议同时交流了各地解决园区用地难、资金难、招商难等“三难”问题的经验做法，对将来推进重点园区开发建设工作思路进行了研究探讨。

会议指出，省政府即将出台《广东省人民政府关于优先扶持产业转移重点区域重点园区重点产业发展的意见》，作为指导下一步我省双转移工作的纲领性文件。省有关部门将以“扶优扶强”为政策导向，集中政策、资金、土地等各方面的资源，优先扶持10个重点园区加快发展。10个重点园区作为扶持重点，将享受省市各级资源优先扶持，同时承担着艰巨的工作任务，责任十分重大。按照《意见》的工作要求，重点园区定位于发展成为区域经济增长极，要力争实现“2012年经济总量较2010年基本翻一番；2015年经济总量较2010年翻两番，打造一批产值规模超500亿元的园区；园区管理体制改革率先推进，科学发展水平进一步提高，成为科学管理、环境保护、集约用地、循环经济的示范园区”的目标。

会议强调，各地、重点园区要深刻认识优先扶持“三重”加快发展的重要意义，切实增强责任意识和工作主动性，尽快建立主要领导亲自抓的工作机制，强化省市间的纵向联系及横向配合，制订并组织实施优先扶持重点园区、重点产业发展的配套政策和工作方案，将市一级掌握的土地、资金等资源向重点园区、重点产业倾斜，进一步优化办事程序，提高政府服务水平和效率，形成合力推动重点园区加快发展。同时，各地、各重点园区要充分把握机遇，掌握和运用好省委省政府优先扶持重点园区的政策资源，抓紧抓好园区基础配套设施建设、招商引资等各项工作，全力推进重点园区加快发展，力争实现产业转移“一年新突破、两年翻一番，五年大跨越”的工作目标。

【省政府印发《关于优先扶持产业转移重点区域重点园区重点产业发展的意见》】 2011年8月30日，省政府印发《关于优先扶持产业转移重点区域重点园区重点产业发展的意见》（以下简称《意见》）。《意见》提出了扶持重点及扶持原则，围绕重点区域、重点园区、重点产业三个层面，从加大项目布局扶持力度、加大土地政策扶持力度、加大财政政策扶持力度、加大金融服务力度、强化基础设施保障、强化环境资源保障、强化人力资源保障、强化体制机制保障、加强组织领导等10个方面提出了20项针对性扶持措施。

《意见》是着力解决目前产业转移工作中遇到的瓶颈问题，进一步推动产业转移工作实现新突破的重大举措，是“双转移”政策体系的深化和延伸，是指导下一步我省“双转移”工作的纲领性文件。省里实施产业转移扶优扶强政策，就是要以扶持重点区域、重点园区和重点产业发展为突破口，优先解决突出问题，集中政策、资金、土地等各方面的有限资源，围绕重点区域、重点园区、重点产业加大投入，尽快形成快速发展的势头，推动“双转移”工作不断取得重大突破，增强对全省改革发展的示范带动效应。

【省产业转移工业园招商引资工作掀起新热潮】 2011年以来，东莞凤岗（惠东）产业转移工业园招商引资工作迈上新台阶，一批龙头项目陆续入园，带动园区产业聚集效应不断增强。其中，京兰动力、光耀集团、信义玻璃、彩丽电子等4宗项目的投资额均达10亿元以上，中科照明、汇源果汁、佳隆股份、马士基集团等项目的投资额分别达2亿元以上。

2011年9月，立本节能科技园项目正式落户佛山顺德（英德）产业转移工业园。该项目占地约11.3公顷，由广州立本电器制造有限公司投资建设，主要从事立本节能科技园和立本电器生产车间的开发建设，计划投资5亿元人民币，预计达产后年产值10亿元人民币。立本节能科技园项目的落户对提升园区建设水平，完善园区基础设施和产业配套有重要意义，也是园区落实省战略性新兴产业政策的重要举措。

9月20日，深圳、汕尾两市政府在深圳市五洲宾馆隆重举行深汕特别合作区首次招商推介会。本次招商推介会吸引了企业和社会各界的高度关注，腾讯、华大基因、美国空气化工、国家开发银行深圳分行等260家企业和机构参会，38家企业和机构与深汕特别合作区管委会签订战略合作框架协议、投资协议或投资意向协议，签约总额达114.36亿元人民币，项目涉及金融、基础设施（燃气、电信、工业地产等）、电子信息（云计算、手机、LED等）、机械制造、新材料、生物工程以及生态农业等多个产业。

10月11—12日，中山市副市长冯煜荣一行组成的产业转移考察团赴阳江市参观考察，详细了解中山火炬（阳西）产业转移园的总体规划和开发建设情况。同时，来自中山市的广东美味鲜调味品有限公司与阳西县政府、中山火炬（阳西）产业转移园正式签订了总投资额16亿元的项目。

【各市携手共商省产业转移工业园发展大计】 2011年9月13—14日，广东省委常委、广州市市委书记张广宁率领广州市党政代表团和经贸代表团赴梅州市，深入企业及省产业转移工业园考察“双转移”工作，并与梅州市共同举办投资环境介绍会和工作座谈会，共同研究两市合作发展的新举措。双方表示，广州（梅州）产业转移工业园是全省首批示范性省产业转移工业园，是推动梅州“绿色崛起”的重要载体。之后两市将合作做好四项工作：一是进一步加大园区招商引资宣传推介力度，带动一批产业链配套项目入园发展；二是着力推动广州、梅州两市优势互补，将广州的资本、管理、技术等与梅州的土地、劳动力等资源优势有机结合起来，通过产业链跨地域对接实现共赢；三是善于发现、总结、推广“双到”和“双转移”中涌现出来的先进典型；四是切实做好协调服务工作，加大力度研究解决项目建设中存在的突出问题，为项目顺利实施创造良好条件。

10月18日，珠海市委书记、市人大常委会主任甘霖，市委副书记、代市长何宁卡率市党政代表团到茂名市考察，共同研究如何加快产业转移工业园建设。双方表示，下来要强化组织保障，建立高层联席会议制度，查漏补缺、主动跟踪、主动汇报，共同推动珠海（茂名）产业转移工业园发展。强化空间保障，把扩园作为近期工作重点，扩展园区空间，提高融资能力和开发速度。强化服务保障，共同优化园区发展环境，共同搭建平台，开展好对接服务，做好企业进入园区的衔接工作，更好地服务企业。牢牢抓住招商引资这个关键，加大宣传推介力度，抓好联合招商活动，以项目引进的大突破推动省产业转移工业园的大发展。

10月19—21日，广州市市长万庆良率广州市代表团分别考察了广州（湛江）、广州（阳江）产业转移工业园及有关企业，并与当地政府召开座谈会，探讨加强两市合作的新思路。60多家国有、民营企业主要负责人分两批参加了考察活动。万庆良市长表示，广州市将大力助推省产业转移工业园建设再上新台阶，力求取得“五个新突破”：一是加强跨区域产业对接，在招商引资上取得新突破；二是抓紧落实配套措施，在政策保障上取得新突破；三是坚持“既要金山银山，又要绿水青山”的理念，在生态保护上取得新突破；四是搭建产业转移政务服务平台，在公共服务上取得新突破；五是进一步完善联席会议制度，在合作机制上取得新突破。

产业转移工业园

【东莞大朗（信宜）产业转移工业园】

东莞大朗（信宜）产业转移工业园是信宜市人民政府与东莞市大朗镇政府根据《关于我省山区及东西两翼与珠江三角洲联手推进产业转移的意见试行》（粤[2005]22号）文件精神，双方于2005年5月签订共建东莞大朗（信宜）产业转移工业园合同，2006年9月获广东省人民政府同意认定为广东省产业转移工业园，是目前广东35个省级产业转移园区之一。

该工业园总体规划建设面积666.7公顷，计划投入基础设施建设资金12亿元，建设期为2020年底全部完成，按能源供应区、特色资源加工区、毛纺织业区、加工装配区、五金电子加工区等产业特征分区建设，分步实施，预计产业园全部建成后，年可增加工业产值200亿元，实现工业增加值50亿元，创税6亿元。园区的主导产业是毛纺织、机械制造、电子电器。

截至2011年底，产业园累计已投入基础设施建设资金4.5亿元，已开发面积1 366.7公顷，入园企业有33家，其中23家已建成投产，实现就业人员达2 835人。2011年，园区规模以上工业增加值为5亿元，同比增长速度为54.7%，占全市工业增加值增量的25%。

【东莞（韶关）产业转移工业园】

东莞（韶关）产业转移工业园位于韶关市西南部，于2008年底在原省认定的中山三角（浈江）产业转移工业园、韶关工业园区和曲江经济开发区的基础上整合而成，分为浈江、沐溪—阳山、甘棠—乌泥角、曲江白土四个片区。2009年8月，经省政府认定为省级产业转移工业园，与广东韶关工业园区合署办公，实行“两块牌子、一套人马”，作为市政府的派出机构，代表市政府行使市一级的管理权限，行使园区规划、项目审批等权利，统一推进四个片区的开发和管理工作。园区规划总面积2 863.11公顷，首期规划面积937.56公顷。

园区在装备制造等主导产业的基础上，着力发展生物制药、新材料、新能源等新兴产业。签约引进50个机械装备项目，58个新材料项目，15个生物制药项目，落户园区的机械类产业81个，生物制药项目18个，新材料项目88个，LED光电产业项目8个。装备制造、玩具等主导产业总产值占园区工业总产值的53.5%。

园区不断加强推介力度，围绕大项目、税源型项目、特色产业项目开展招商。2011年共签订项目合同及协议157个，投资总额114.79亿元，同比增长40.59%；实际到位资金32.40亿元，增长93.60%；到位外资3 929万美元，同比增长20.48%。全年引进超亿元项目14个，包括中国镁业项目、汉鸿高密度纤维板项目、广州钢构项目、深圳市深华龙科技实业LED项目等。

近年来，园区基础设施建设逐步完善，继续掀起园区基础设施建设高潮，2011年完成基础设施建设投资10.28亿元，同比增长49.53%；完成征地面积291.49公顷；不断加快园区道路、管网、供水、供电等基础设施建设，完成道路建设19公里；三个污水处理厂动工建设，两个空气质量自动监测站已建成，投入监测使用；高新技术创业服务中心大楼建设进展顺利，2011年建成投入使用。园区综合实力明显提升。在全省15个省级示范产业转移工业园目标责任考核中，莞韶产业园名列第二；韶关工业园区成功申报为省级韶关高新技术产业开发区；在省专业性产业竞争扶持资金评审中又竞得1亿元扶持资金。

2011年，园区全年完成工业总产值86.43亿元，同比增长39.21%；完成工业增加值19.48亿元，同比增长28.30%；完成固定资产投资34.52亿元，同比增长47.5%；外贸出口2.6亿美元，同比增长20.02%；税收3.7亿元，同比增长25.39%。落户园区的项目有300多家，员工人数4万多人，形成以机械装备制造、玩具为主导的产业。

【珠海（揭阳）产业转移工业园】

珠海（揭阳）产业转移工业园2008年6月经省政府同意建设，工业园总体规划面积28.36平方千米，首

珠海（揭阳）产业转移工业园

期控制性详细规划面积6.22平方千米里。2009年2月正式铺开建设，同年7月申报省示范性产业转移工业园成功。

园区处于大粤东1小时经济圈中心，辐射闽西南、粤东、赣东南经济协作区。交通畅通便捷，距离揭普高速霖磐出入口14千米，潮惠高速棉湖出入口13千米，到揭阳潮汕机场、厦深铁路潮汕中心站45千米，往揭阳港半个小时，汕头港和惠来港1个多小时车程，海陆空立体交通网络优势明显，已成为海内外大型企业抢夺战略制高点的首选地。园区主要发展五金不锈钢、机械电子和战略性新兴产业，全力打造揭阳产业转型升级示范区；力争十年再造“一个揭阳”，建成揭阳西部新型工业城市。

截至2011年10月底，园区基础设施建设已到位资金11.98亿元，支出11.74亿元，完成土地平整500公顷，招商服务厅、供水设施、污水处理厂、西部4.3公里路网和11万伏变电站已建成交付使用；建筑面积10.5万平方米的生活配套区已动工，北部路网、南部路网（部分）已动工10.5千米，汽车站、南部路网和人工湖开工前期准备工作正在紧张进行。

目前，珠海（揭阳）产业转移工业园进园企业（项目）61个，其中商业项目4个，计划投资总额299.96亿元，预计总产值超过500亿元。已建成投产企业25家，在建企业25家，待建企业11家。

【中山火炬（阳西）产业转移工业园】

中山火炬（阳西）产业转移工业园由阳西县政府与中山火炬高技术产业开发区于2005年合作开发建设，是首批获得省产业转移工业园认定的3个园区之一。园区规划用地总面积733.7公顷，首批开发100公顷，预计投资80亿元。园区建成后，预计年工业总产值300亿元左右，可提供就业岗位8万个以上。园区产业定位以发展轻纺、五金、电子、食品加工等为主。

中山火炬（阳西）产业转移工业园位于粤西中部、紧靠粤西区域中心城市——湛江市，近邻北部湾及东盟自由贸易区。园区地处广湛高速阳西出口处。受惠于广湛高速、沿海高速、洛湛铁路、325国道阳阳铁路、阳江港、等便利的交通条件。工业园区邻近的粤西、广西等地区是传统的劳动力输出地，具有丰富的劳动力资源。产业转移园远期规划用地866.7公顷，预计总投资达100亿（人民币），将形成300亿元（人民币）的工业总产值；可以解决10万人的就业。整个园区分三期建设，首期建设用地为266.6公顷，其中：首期的100公顷亩已完成三通一平，整个园区预计用八年左右的时间建成。

2011年下半年以来，阳西、中山火炬开发区两地新一届领导班子达成新的共识，对园区发展进行重新定位，采取了一系列加大支持力度的举措。阳西方面，该县明确县城范围内只搞一个工业园，从用地指标、财政、政策等各方面全力支持园区的发展，并一次性将133.3公顷的用地指标提供给中山火炬（阳西）产业转移工业园作为二期延伸开发。

截至2011年底，已有入园项目51个，其中已建成项目35个，在建项目8个，筹建项目8个，投资总额超过20亿元。2011年园区实现工业产值20.99亿元，创税2 829.1万元，解决就业岗位7 067个，逐步显现出良好的经济效益和社会效益。

【中山（河源）产业转移工业园】

近年来，广东省中山（河源）产业转移工业园坚持走新型工业化道路，依托良好的区位、生态、资源、后发等优势，实施反梯度发展战略，积极承接珠三角产业转移，着力引进“高技术、高成长、高效益、污染少、能耗少、占地少”的“三高三少”项目，努力培育“新电子、新能源、新材料、新医药”产业，开发建设取得了骄人的成绩。

六年以来，园区共引进工业项目145个，投资总额达530多亿元。中山（河源）产业转移工业园正以“加速度”，成为河源工业发展的“主战场”。2011年10月14日，中山（河源）产业转移园共建工作联席会议暨考察交流座谈会在河源市召开，中山市副市长冯煜荣与河源市副市长温文斐签订了中山（河源）产业转移园扩园补充协议。记者获悉，该园区将由15平方千米扩至50平方千米，并争创国家级高新技术开发区。

六年来，该转移园着力引进技术含量高、带动能力强的优质龙头项目，拉动上下游产业聚集发展，改变了建设发展初期以服装制造、五金塑胶等低端加工制造产业占主导的局面，形成了以手机为主的电子信息、以模具为主的精密机械制造和太阳能光伏三大特色主导产业。经过六年的开发建设，中山（河源）产业转移工业园已成为“广东省手机生产基地”和全球四大模具机械制造中心之一。已引进工业项目145个，投资总额达530多亿元。其中，手机及配套生产企业44家，投资总额154.18亿元；模具机械制造企业15家，投资总额18亿元；太阳能光伏企业2家，投资总额240亿元。

2011年1—8月份，该园区实现工业总产值135.72亿元，同比增长22.9%。其中，以手机为主的电子信息产业发展态势良好，实现工业总产值83.83亿元，同比增长31%。

【顺德龙江（德庆）产业转移工业园】

顺德龙江（德庆）产业转移工业园是省政府认定的“省级产业转移工业园”，是由顺德区龙江镇人民政府同德庆县人民政府贯彻落实省政府《关于我省山区及东西两翼与珠江三角洲联手推进产业转移的意见》，推进全省土地资源共享，实现珠江三角洲资金、管理、信息、品牌与山区及东西两翼土地、自然资源等方面优势互补而设立的产业转移工业园。工业园成立了管理委员会，制定了《顺德龙江（德庆）产业转移工业园管理办法》以及相关配套优惠政策，吸引更多企业入园投资置业。

顺德龙江（德庆）产业转移工业园总体规划433.3公顷，至2011年4月底止已投入开发建设资金15.34亿元（其中政府投入资金2.49亿元），开发面积133.3公顷，实现了“五通一平”（即路通、水通、电通、排水、通信、平土等）。开发用地产业布局为精细化工、林产工业。目前已有27家来自珠三角地区的产业转移企业落户园区，其中已建23家，在建4家。现有员工5 000多人。

【深圳罗湖（河源源城）产业转移工业园】 深圳罗湖（河源源城）产业转移工业园是深圳市罗湖区与河源市源城区贯彻落实省政府推进珠江三角洲产业向山区及东西两翼转移政策精神，联手共建的省级产业转移工业园。深圳罗湖（河源源城）产业转移工业园总规划面积32平方千米，主要引进承接手机、电子、电器项目，重点培育和发展手机及电子、电器两大主导产业。

产业转移园一直以来都把推进项目建设作为园区发展的生命线和突破口来抓，通过坚持落实项目跟踪责任制，加强项目的跟踪服务，有效地推动了一批项目的开工、竣工和投产。2011年产业转移园已引进项目48个，合同投资总额67.89亿元，其中竣工投产项目31个，投资总额47.9亿元；在建项目12个，投资总额15.59亿元；筹建项目5个，投资总额4.4亿元。

【深圳（潮州）产业转移工业园】

深圳（潮州）产业转移工业园于2009年3月经省政府批准整合认定，规划为“一园三区”，即在深圳南山（潮州）产业转移工业园的基础上，整合潮州临港产业转移工业园、潮州市径南产业转移工业园而设立的。园区总面积为2 457.1公顷，已开发面积792.3公顷，未开发面积多达1 931.5公顷，土地储备充足，发展回旋余地大，成为目前粤东最大、全省第二大且具发展潜力的产业园之一。

园区致力发展电子信息、先进制造业、能源工业及优势传统产业，以构筑具有创新性、开放性、融合性、集聚性和可持续性的新型产业体系，打造承接珠三角、台湾、海峡西岸经济区产业转移的共同载体。目前，园区道路四通八达，供电、通讯、供水、排水、排污等基础设施建设也在不断完善，投资环境日趋改善。随着径南分园首期300公顷开发建设项目（总投13.2亿元，已投超6亿元）、临港分园一期89.1公顷土地储备项目（总投4.8亿元），潮州港进港大道（总投4.79亿元，已投超3.5亿元）等基础设施项目动工建设，产业转移园的投资环境进一步优化。至2012年底，园区基础设施投入超24亿元。

园区自成立以来投入基础设施建设资金已超过15亿元。目前，园区已开发面积792.3公顷，其中南山产业园已开发390公顷，临港产业园已开发120公顷，径南产业园也正加紧开发首期的282.3公顷土地。

由于各项基础设施逐步完善，园区投资环境得到进一步优化，产业转移园也越来越受到企业的青睐。至2011年底，深圳（潮州）产业转移工业园园区已办理入园手续企业99家，计划投资总额726亿元。其中，已建成投产项目52个，投资总额176亿元。仅2011年一年，园区就实现工业总产值155.8亿元。

【江高（电白）产业转移园】 广州白云江高（电白）产业转移工业园位于电白县城北部，2006年6月获得省政府认定，园区总体规划面积400公顷，首期100公顷已经开发完毕，第二期300公顷正在规划建设。为更好地发挥电白是海洋大县、农业大县，水产品资源丰富，南药种植历史悠久，烟用香精占全国市场份额70%以上的优势，电白县抓住产业转移的大好机遇，明确提出了江高（电白）产业转移工业园的发展定位：立足基础，挖掘优势，规划引导，突出特色，大力开展水产品和香精香料相关项目的招商引资，努力培育形成根植性企业，不断提升园区综合服务功能、聚集功能、辐射带动功能和产业承载功能，努力打造全省水产品加工业航母基地和香精香料产业基地。

园区先后投入资金1.5亿元，已经实现建成区的“八通一平”，设有供电、供水、排水、排污、道路、路灯、电信、有线电视等公共设施系统。目前，园区落户企业62家，总投资15亿元，形成了水产品加工、香精香料两大主导产业，兼顾发展乙烯后续加工、轻工等产业。经过几年来的大给力发展，园区的产业集聚程度逐步提高，初步形成了以服装制衣、水产品加工、香精香料三大支柱产业体系。园区水产加工企业已发展到7家，香精香料企业近10家，其中“华晨”年产值1.5亿元，对全县200多家香精香料企业产生了巨大的辐射带动、吸引集聚作用，纷纷要求入园。园区促进了产业转移。落户园区的62家企业当中，产业转出地属深圳的有10个、广州7个、东莞6个、海南1个、湛江1个。

2011年，广州白云江高（电白）产业转移园实现生产总值22.5亿元，增长51%，实现增加值7亿元，增长57%，工业税收达8 000万元，增长58%。在2011年全省产业转移目标责任考核评价中，该园区获得省经信委的通报表扬。2011年，园区企业用工人数达7 000人，其中本地5 600人。园区促进了劳动力转移，加快了城镇化进程。该园区的发展，不但提高了全县工业化水平，还有效地加快了县城“东扩北移”发展战略，促进人流、物流等要素向县城集聚，而且带动城市房地产业良性发展，进一步刺激了市场消费。

广东省产业转移工业园升降级暂行办法

（2011年4月11日）

第一条 为加强对省产业转移工业园的考核管理，强化激励效果，根据省委十届八次全会关于建立省产业转移工业园升降级制度的要求和《广东省产业转移目标责任考核评价办法》有关规定，制订本办法。

第二条 根据省产业转移工业园在省产业转移目标责任考核评价中的得分情况，对各园区实施升降级；省对各园区的考核评价采取统一考核、分类评比的方式进行，按照示范园和非示范园两种类型分别确定考评排名及等次。

第三条 本办法所称示范园，是指省产业转移竞争性扶持资金中标园(即省示范性产业转移工业园）；本办法所称非示范园，是指除示范园外其他经省认定的产业转移工业园。

第四条 在省组织的产业转移目标责任考核评价中已达标但排名最后1名的示范园和排名最后两名的非示范园，由省政府给予黄牌警告，并在全省通报。

第五条 示范园在省组织的产业转移目标责任考核评价中有以下情形之一者，取消其省示范性产业转移工业园资格并在全省通报：

（一）考评不达标；

（二）连续两年考评在示范园中排名最后1名。

第六条 非示范园在省组织的产业转移目标责任考核评价中有以下情形之一者，取消其省产业转移工业园资格并在全省通报：

（一）考评不达标；

（二）连续两次考评在非示范园中排名最后两名。

第七条 取消省示范性产业转移工业园资格，由省经济和信息化委会同省财政厅发文明确；取消省产业转移工业园资格，由省经济和信息化委发文明确。

第八条 示范园被取消省示范性产业转移工业园资格的，降格为非示范园，由当年考评排名第一的非示范园递补为示范园，但递补的示范园不再享受过去已实施的示范园有关资金政策；非示范园被取消省产业转移工业园资格的，该名额可依照《广东省产业转移工业园认定办法》和《广东省产业转移工业园管理办法》等有关规定，择优认定递补新的省产业转移工业园。

第九条 由省示范性产业转移工业园降格为非示范园的，按照非示范园有关要求进行管理，不再享受现有及以后出台的示范园相关政策，但可以享受现有和以后出台的非示范园相关政策，并按照非示范园要求接受考评。

第十条 被取消省产业转移工业园资格的，不再享受现有及以后出台的省产业转移工业园相关政策，所在县（市、区）两年内不得提出设立省产业转移工业园的申请。

第十一条 在省组织的产业转移目标责任考核评价中获得优秀等次的产业转移园，省政府予以通报表彰，并给予以下奖励和扶持：

（一）省政府给予适当的资金奖励，具体奖励数额及奖励办法由省财政厅会省经济和信息化委另行制订。

（二）省政府根据实际情况适当奖励土地利用计划指标，具体奖励办法由省国土资源厅会同省经济和信息化委另行制订。

（三）省各有关部门掌握安排的产业技术研究与开发资金、产业转移工业园企业外贸发展专项资金、战略性新兴产业发展专项资金、节能专项资金、结构调整与挖潜改造资金、现代信息服务业发展专项资金、中小企业发展专项资金、企业技术中心专项资金等各类资金优先予以扶持。

（四）省举办的相关招商引资活动优先予以推介。

第十二条 本办法自发布之日起执行。

珠海（茂名）产业转移工业园

关于优先扶持产业转移重点区域重点园区重点产业发展的意见

粤府〔2011〕100号
2011年9月30日

各地级以上市人民政府，各县（市、区）人民政府，省政府各部门、各直属机构：

为深入贯彻落实省委、省政府关于加快推进产业转移和劳动力转移的重大战略部署，着力破解目前产业转移工作中遇到的瓶颈问题，进一步推动产业转移工作实现新突破，现就优先扶持产业转移重点区域、重点园区和重点产业发展提出以下意见。

一、扶持重点和扶持原则

（一）扶持重点。

——重点区域：以韶关、河源、汕尾、江门、肇庆、清远市为承接产业转移的重点扶持区域，力促区域整体经济发展速度持续高于全省其他地区，培育发展1~2个区域产业合作新机制的示范典型。

——重点园区：以东莞（韶关）、佛山顺德（英德）、深圳（汕尾）、中山（肇庆大旺）、中山（河源）、广州（阳江）、广州（梅州）、广州（湛江）以及江门、汕头等10个省产业转移工业园为重点扶持园区，力争园区经济总量2012年比2010年基本翻一番，2015年比2010年翻两番，打造一批产值规模超500亿元的园区。

——重点产业：以各重点园区的主导产业为重点扶持产业（详见附表），力争2012年重点产业占园区产值比重总体达到或超过50%，2015年发展成为园区所在地级市支柱产业，形成若干个产值规模超百亿元的产业集群。

（二）扶持原则。

——突出重点，扶优扶强。集中资源要素优先扶持重点区域、重点园区、重点产业加快发展，实现重点突破，以点带面促进产业转移工作再上新台阶。

——政府主导，市场运作。遵循市场规律，运用宏观调控手段，引导资源要素向重点区域、重点园区、重点产业集聚。

——省市联动，协调推进。加强省的统筹协调，强化地市、园区主体职责，形成合力，共同推进。

——创新机制，共建共赢。推动重点区域、重点园区合作共建体制机制改革创新，构建利益共享长效机制。

——完善政策，强化支持。完善重点区域、重点园区、重点产业扶持政策体系，加大政策支持力度，促进重点区域、重点园区、重点产业率先加快发展。

二、加大项目布局扶持力度

（三）根据重点区域、重点园区的主导产业规划，支持省级重点项目优先落户重点区域和重点园区，具体布局方案由省发展改革委牵头制订。根据重点园区产业发展定位，开展省市联合定向招商活动，引进符合重点园区产业发展方向的优质项目，具体招商方案由省经济和信息化委牵头制订。在同等条件下，省将重点园区重点产业项目优先列入省重点项目予以支持。

（四）积极引导战略性新兴产业项目向重点园区集聚，以重点园区为平台，省市共建一批省战略性新兴产业基地，支持重点园区大力发展知识技术密集、物质资源消耗少、成长潜力大、综合效益好的战略性新兴产业和本地资源禀赋型优势特色产业。

三、加大土地政策扶持力度

（五）加强土地利用计划指标管理，对急需发展用地的重点区域，省在制定全省年度土地利用计划指标时予以倾斜；省专项统筹安排重点园区的年度土地利用指标（不占已分配各市的年度用地计划指标），单列定向下达重点园区。

（六）在符合城乡规划和土地利用总体规划的前提下，支持重点园区根据发展需要依法进行调整或拓展园区空间。省有关部门要按职责分工切实提高审查审批效率，对园区用地审批、调整及拓园等工作依法开辟绿色通道，予以优先办理。国土资源部门要加强对重点区域、重点园区集约节约用地的指导和监督，促进单位土地产出率进一步提高。

四、加大财政政策扶持力度

（七）省财政在“十二五”期间安排20亿元资金，其中3亿元专项用于支持重点园区建设，每个园区3 000万元，在明确资金使用方向的前提下可一次性集中使用；其余17亿元，连同珠三角合作共建市和顺德区在“十二五”期间相应安排的13亿元配套资金（不含粤府〔2009〕54号文要求的珠三角各市每年安排不少于1亿元用于合作共建产业转移园建设的资金），省市共30亿元资金用于支持重点产业的贷款贴息等。珠三角合作共建市和顺德区的配套资金根据各市财力和合作共建情况合理分担，具体方案由省财政厅会省经济和信息化委制订。

（八）省发展改革、经济和信息化、科技、财政、人力资源社会保障、外经贸等有关部门要在本部门掌握的激励型财政资金使用用途范围内，对重点区域、重点园区、重点产业予以倾斜，每年制订具体扶持计划，并报省双转移工作领导小组办公室。

五、加大金融服务力度

（九）支持省级融资担保机构、珠三角合作共建地级以上市（含顺德区）与重点园区联合建立融资担保平台，为园区融资提供担保支持。鼓励金融机构在重点园区设立金融服务机构，加大对园区建设的信贷支持力度。支持重点园区根据实际需要依法依规成立投融资公司，按国家有关规定将园区基础设施存量资产以及财政历年投入形成的实物资产通过划转、授权等方式注入投融资公司，通过投融资公司拓宽园区建设资金来源。

（十）支持重点园区符合条件的企业通过改制上市和发行企业债券、中期票据、产业基金等方式直接融资，加强对园区企业上市改制报审工作的指导，依法减免企业改制涉及的税费，降低企业上市成本，推动一批重点产业的企业上市。

六、强化基础设施保障

（十一）以完善重点区域基础设施及配套保障系统建设为突破口，着力解决重点区域、重点园区承接产业转移的制约因素。切实提高基础设施项目审批效率，加快推进重点区域交通运输、邮电通信、电力能源等基础设施建设；对重点区域已纳入省“十二五”规划和其他省级以上综合或专项规划的重点基础设施项目，依法优先办理项目审批核准备案手续，加快开工建设。

（十二）重点园区管理机构及所在地级市政府要加快推进园区环保基础设施尤其是污水处理厂和管网建设。各级环保部门要加强指导和专项督查，确保各重点园区在2012年底前全部按要求建成污水处理厂及管网，并开始正常运营。

七、强化环境资源保障

（十三）推进重点园区按照“减量化、资源化、再利用”原则发展循环经济，实施清洁生产和资源综合利用，推动一批基础较好的重点园区建设成为省循环经济工业园。支持重点园区的相关项目申报国家及省循环经济、节能减排等有关奖励资金，落实资源综合利用税费优惠等政策。

（十四）加强重点区域、重点园区环境保护工作，积极推进节能减排，根据发展实际和环境容量，科学合理设置污染物排放总量控制指标。节能环保部门要积极做好重点产业重大项目的节能、环保政策法规咨询服务，并切实加强日常监管，为促进重点区域、重点园区的可持续发展提供有力保障。

八、强化人力资源保障

（十五）加强重点区域、重点园区农村劳动力职业技能培训，并按规定落实相应的补贴。鼓励各重点园区打造服务本园区重点产业的农村劳动力培训品牌。进一步完善各地人力资源社会保障基层服务平台相关功能，为本地重点园区企业提供针对性强的就业服务。探索建立职业资格证书、行业从业资格证书、特种职业上岗证书互认互通制度。围绕重点产业发展需要，研究制定新职业和专项职业能力标准。

（十六）各重点区域要依托现有培训资源，打造集职业培训、职业技能鉴定于一体的省级农村劳动力转移就业职业技能培训示范基地。支持在重点园区设立职业技术院校、技工学校或与技工院校合作成立分校、分教点，推广工学交替、“校企双制”的技工和职业技术教育。支持重点区域、重点园区与高校、科研机构等进行合作，积极引进重点产业发展所需国内外人才。鼓励高校和科研机构科技人员通过专职、兼职等形式，在重点园区创办科技型企业或从事科技成果转化活动。重点园区要研究制订鼓励大中专院校、技工院校毕业生就业创业的政策措施。

（十七）加强珠三角地区与重点园区开展干部交流，省按规定组织重点园区管理干部到珠三角地区和省有关部门挂职锻炼，同时从珠三角地区和省有关部门、高等院校、科研院所选派优秀干部到重点园区挂职。对挂职期间表现优秀、成绩突出的干部，按干部管理规定予以提拔使用。

九、强化体制机制保障

（十八）创新重点园区合作共建机制，鼓励和引导重点区域与珠三角地区开展多种形式的合作共建，通过利益共享构建园区建设发展长效机制。对条件较好的重点园区经批准依法赋

2011年10月12日，广东美味鲜公司与阳西县政府以及阳江市中阳联合发展有限公司三方达成合作意向，在阳西县成功签订了“美味鲜厨邦食品（阳西）生产基地项目”投资协议。

予市级经济管理权限和相关的行政管理权限，并赋予更大的改革创新自主权，鼓励在相关领域先行先试。鼓励重点园区探索建立管理新体制，实行合作共建双方分权管理模式，建立灵活高效的运营机制。

（十九）充分利用市场机制推动珠三角地区各级政府、社会团体和企业加强与重点园区的产业合作，在重点园区打造产业配套基地。鼓励珠三角地区企业为重点园区提供商贸、物流、研发、设计、金融、法律、财会、审计、信息化等配套服务，在重点园区设立专门配套服务机构的，可参照工业项目申报享受产业转移有关资金政策扶持。

（二十）强化珠三角地区产业转移倒逼机制，珠三角产业转出地级以上市和顺德区要根据本地区产业发展需要，于2011年底前向社会公布分行业环保、最低工资、土地产出率等标准。珠三角地区要适当提高产业准入门槛，并通过分类引导、奖励补偿等形式完善企业退出机制。结合本地区企业产值、利税、用工、能耗、排污等情况，确定年度拟转出产业目录，引导相关企业以产业链或组团形式向重点园区转移。

十、加强组织领导

（二十一）在省双转移工作领导小组框架下，建立以省政府副秘书长为召集人，省有关部门、重点园区所在地级市和珠三角地区合作共建市(含顺德区）分管领导为成员的省产业转移扶优扶强工作联席会议制度，加强对重点区域、重点园区、重点产业扶持工作的统筹协调。省各有关部门要密切配合，把扶持重点区域、重点园区、重点产业有关工作列入部门工作重点，按职责分工研究制定具体配套政策和实施方案，有关情况于每年1月15日前报省双转移工作领导小组办公室。

（二十二）重点园区所在地级市和珠三角地区合作共建市（含顺德区）要把扶持重点园区、重点产业发展工作纳入市政府工作重点，由主要领导亲自挂帅，创新思路，狠抓落实。要从重点园区、重点产业中选取需要着力推进的重点项目，列入市政府年度工作要点，细化工作方案，明确部门职责，限时推进项目建成投产，有关情况于每年1月15日前报省双转移工作领导小组办公室。

附件：重点产业列表

序号	重点园区名称	重点发展产业
1	东莞（韶关）产业转移工业园	机械装备、玩具制造
2	佛山顺德（英德）产业转移工业园	五金电器、通信设备、电气机械及器材制造
3	深圳（汕尾）产业转移工业园	平板显示、微电子、模具装备
4	中山（肇庆大旺）产业转移工业园	金属材料、显示设备、LED
5	江门产业转移工业园	视听设备、LED、太阳能光伏、五金机械
6	中山（河源）产业转移工业园	通信产品、薄膜太阳能光伏
7	广州（阳江）产业转移工业园	食品医药、金属制品
8	汕头市产业转移工业园	专用设备制造、能源
9	广州（梅州）产业转移工业园	交通运输设备制造业、通信设备计算机及其他电子设备制造业
10	广州（湛江）产业转移工业园	钢铁、石化

（上接：第727页）业进行调查摸底，摸清产业转移的需求和方向；二是建立机制出台政策阶段，市政府出台《中山市产业转移目标责任评价试行办法》，各镇区出台相应的产业转移配套政策；三是组织实施阶段，市镇（区）联动，引导企业转移到适合发展地区或促进企业就地转型升级。

此外，市政府每年安排2 000万元作为市产业转移专项资金，用于补贴转移至对口共建省级共建园区的企业。通过倒逼机制和补贴机制的双重推进，形成政府引导、市场运作、企业自愿的产业转移态势，使产业转移工作走上良性正轨。

雇主组织工作

雇主组织

省雇主组织

【省企业联合会任省劳动人事争议仲裁委员会副主任单位】 2011年1月14日，经省政府批准，成立广东省劳动人事争议仲裁委员会，由人力资源社会保障行政部门、干部主管部门、军队文职人员聘用单位、工会、企业联合会等20个单位共23位代表组成。广东省劳动人事争议仲裁委员会的主要职责是：聘任、解聘专职或者兼职仲裁员、处理劳动人事争议案件、讨论重大或者疑难的劳动人事争议案件、对仲裁活动进行监督等。广东省企业联合会、广东省企业家协会会长罗佛光出任广东省劳动人事争议仲裁委员会副主任。

【省企业联合会提出《2011年广东省雇主工作指导意见》】 为有计划、有重点、有步骤地推进全省雇主工作科学发展，进一步发挥雇主组织在构建和谐广东，促进社会建设又好又快发展的突出作用，省企业联合会于2011年2月21日提出了《2011年广东省雇主工作指导意见》，并以省雇主工作联席会议名义下发至各委员单位。

《2011年广东省雇主工作指导意见》中提出2011年广东省雇主工作的八项重点内容：深入开展劳动关系调查研究；积极推进集体协商工作；强企业维权工作；做实广东省雇主责任示范工程；联合发布《广东省良好雇主行为指引》；提升雇主组织影响力；办好《广东雇主组织》；密切联系和交流。

【省企业联合会开展雇主组织专访】

2011年5月16日，省企业联合会对深圳企业联合会、东莞企业联合会、佛山市企业联合会等21家省内雇主组织进行专访，了解到目前广东省已初步形成雇主工作有序发展的新格局，但也存在社会各界对雇主组织缺乏足够认识，雇主组织自身能力和专业化程度不够等问题，建议进一步加大对雇主组织建设的力度。

【省雇主工作联席会议表彰"广东省先进雇主组织"】 为提高雇主组织参与社会管理和公共服务的主动性和积极性，省雇主工作联席会议办公室于2011年5月20日开展了2010年度广东省先进雇主组织评选工作。在广东省企业家活动日上由省委领导对深圳市企业联合会、广东省女企业家协会、广东省汽车行业协会、广东省建筑材料行业协会、广东省环境保护产业协会、广东省侨商投资企业协会、佛山市企业联合会、湛江市企业联合会、湛江市私营企业协会、深圳市福田区企业联合会共十家先进雇主组织进行表彰。

【省政府加强社会建设专题座谈会】

2011年6月15日，省委副书记、省长黄华华主持召开征求意见专题座谈会，听取省直部门和有关单位对广东省加强社会建设、创新社会管理以及对即将召开的省委十届九次全会关于加强社会建设有关文件稿的意见和建议。省委常委、常务副省长朱小丹，副省长刘昆等出席座谈会。省企业联合会会长罗佛光作为唯一社会组织代表和省直有关部门、单位主要负责同志参加了座谈会。

黄华华指出，省委、省政府历来高度重视社会建设和管理，特别是近年来先后作出一系列重要决策部署，推动我省社会建设各项工作取得明显成效。社会建设是中国特色社会主义事业的重要组成部分，省委、省政府作出加强社会建设的部署，目的是为加快转型升级、建设幸福广东创造更好的社会环境，为广东省当好推动科学发展、促进社会和谐的排头兵提供重要的社会支撑。

【广东省劳动人事争议仲裁委员会第一次全体会议】 2011年7月20日，广东省召开劳动人事争议仲裁委员会第一次全体会议。会议由中共广东省委组织部副部长、省人社厅厅长、省劳动人事争议仲裁委员会主任欧真志主持，省仲裁委员会委员共20余人参加了会议，省企业联合会会长罗佛光作为省劳动人事争议仲裁委员会副主任出席了会议。本次会议是省劳动人事争议仲裁委员会自2011年1月14日经省政府批准成立以来的第一次全体组成人员会议。会议听取了省劳动人事争议仲裁委员会工作报告，审议了《广东省劳动人事争议仲裁委员会议事规则》和《广东省劳动人事争议仲裁委员会聘任仲裁员名单》，讨论并原则通过了《关于在省直机关事业单位开展人事争议调解工作试点的意见》等。

【"2011年广东省雇主责任示范工程"正式启动】 2011年7月28日，"2011年广东省雇主责任示范工程"正式启动。为落实省政府《关于加强人文关怀改善用工环境的指导意见》，彰显和宣传广东省企业关爱员工履行雇主责任的先进经验，引导全省企业自觉构建和谐劳动关系，促进广东省企业在人力资源市场树立优秀雇主品牌，劳动关系协调部启动了2011年度"广东省雇主责任示范企业"认定与服务工作。

认定对象为在广东运营的各种性质的企业，数量包括中央驻粤企业、省属企业在内全省共100家。认定程序分为申报、审定、公示备案、发布、授牌五个阶段，将从依法用工、劳资协调、人文关爱、社会责任四个方面综合评价。认定通过的企业将在《南方日报》、《南方企业家》（国内外公开发行）、广东雇主组织网等省级媒体发布宣传，示范企业先进经验和做法编入《广东雇主组织》，专报省委省政府及省直有关部门，抄送全省各类大专院校、技工院校及沃尔玛、百佳、华润等全球采购商驻粤总部和各示范企业，宣传企业优秀雇主品牌形象，帮助广东省企业在全球人力资源市场赢得口碑。同时，应企业构建和谐文化之需，省雇主工作联席会议领导将赴企业召开员工大会，颁发“广东省雇主责任示范企业”荣誉牌匾和证书并发表讲话，增强全体员工的凝聚力和工作热情。

【广东省乡镇企业加快转型升级现场会】 2011年8月31日，广东省乡镇企业加快转型升级现场会在广东昭信企业集团举行，省企业联合会会长罗佛光出席并讲话。罗佛光指出，在全省上下认真贯彻落实省委十届八次全会“加快转型升级、建设幸福广东”战略目标、“十二五”开局之年广东经济发展转型的关键时刻，省乡镇企业协会举行广东省乡镇企业加快转型升级现场会暨科技项目推介会，具有极其特殊的意义。近年来，我省乡镇企业面对国内外经济形势的深刻变化，积极思考转型升级问题，不遗余力地投入结构调整的实践。

罗佛光还深入分析了当前国际国内经济形势，就美国、欧洲经济体债务危机的影响和广东省企业在转型升级过程中就业、汇率、成本等问题与到会的乡镇企业家们进行了交流。他指出，转型升级是企业做精做强、提高社会声誉、获得更高附加值的必由之路，并希望全省乡镇企业家们，继续发挥敢为人先的优良传统和与时俱进的创新精神，坚持梦想、敢于担当，为我省率先转型升级、实现广东“十二五”规划蓝图作出新的、更大贡献。会议由省乡镇企业协会游汉铨会长主持，中国乡镇企业协会副秘书长曹广明、省中小企业局副局长蔡锦洲以及全省100多名乡镇企业家参加了会议。会上，昭信集团董事长梁凤仪分享了转型升级的经验和体会，省中小企业局蔡锦洲副局长就转型升级政策措施进行了解读，会议还对部分高校的科技项目进行了推介。

【省企业联合会参加2011年全国雇主工作会议】 2011年9月16日，全国雇主工作会议在山西省太原市召开。中国企联执行副会长陈兰通、副理事长刘鹏等领导出席了会议，全国27个省、自治区、直辖市、中心城市和部分县（区）企联雇主工作负责人160余人参加了会议，广东省、深圳市、广州市企联雇主工作人员参加了会议。

本次会议的主题是：“把握发展机遇、切实履行职责”。会上，中国企联雇主工作部副主任程多生传达了学习全国构建和谐劳动关系先进表彰暨经验交流会精神及中央调研情况。陈兰通副会长就如何努力提高企联系统雇主工作的能力和水平，提出了五点要求：一要抓住机遇，加强企联系统组织建设，加大三方机制参与力度；二要进一步贯彻实施“两个专项计划”；三要加强服务，认真做好企业维权工作；四要健全机制，努力提高企业经营者队伍素质；五要提升能力，加强企联组织自身建设。

【2011年广东省雇主工作会议成功召开】 2011年9月26日，2011年广东省雇主工作会议在广州成功召开。省企业联合会、省法学会、省汽车行业协会、省钢铁工业协会、省物流行业协会、省造纸行业协会、省服装服饰行业协会和广州、佛山、东莞、珠海、清远、茂名等市30余家雇主组织领导共40余人出席了会议。会议由省企业联合会会长罗佛光主持。

会上，罗佛光会长首先传达了全国构建和谐劳动关系先进表彰暨经验交流会、全国企联会长会和全国雇主工作会议精神。罗佛光指出，习近平同志在出席全国构建和谐劳动关系先进表彰暨经验交流会时强调，要正确把握我国劳动关系形势，充分认识构建和谐劳动关系的重大意义；要突出重点、突破难点，切实做好构建和谐劳动关系的工作；要加强组织领导，提高构建和谐劳动关系工作水平。张德江在全国和谐劳动关系先进表彰暨经验交流会总结讲话中强调，构建和谐劳动关系是一项艰巨而光荣的任务，各地区、各部门、各单位要按中央的要求，把这次会议的决策部署落到实处，加快建立规范有序、公正合理、互利共赢、和谐稳定的劳动关系，为促进经济长期平稳较快发展和社会和谐稳定作出更大的贡献。王忠禹在全国企联会长会上强调，构建和谐劳动关系是我们当前必须抓好的一项紧迫而重要的政治任务。要加强组织领导，提高认识，务必要把构建和谐劳动关系作为企业联合会、行业协会等组织的切身职责。陈兰通在全国雇主工作会议上强调，维护企业和企业家合法权益，营造有利于企业家发挥才能、健康成长的社会环境，是关系经济发展、社会和谐的大事。

为贯彻落实国家三个重要会议精神，积极响应省委十届九次全会对加强社会建设、创新社会管理提出的新要求，会议提出了下一步广东省雇主工作联席会议重点工作措施：一是联合发布《广东省良好雇主责任指引》。二是共同开展“广东省雇主责任示范企业”认定与服务工作。三是共同开展转型期广东企业发展和谐劳动关系调查。四是开展委员单位内部工作人员培训。

在总结讲话中，罗佛光指出，当前我省劳动关系总体是和谐的，协调劳动关系工作也走在了全国前列，各雇主组织一要进一步提高对劳动关系工作的重视程度，深入会员企业和各行业，开展企业劳动关系状况调查研究，为政府部门决策提供有价值的参考。二要积极参与劳动关系立法工作，认真反映会员企业劳动关系领域的意见和建议，从源头上维护企业和企业经营者合法权益。三要加大服务力度，创新服务模式，真正做到有“为”，才有雇主组织的“位”，全面推进我省企业构建和谐劳动关系和雇主工作再上水平。

会上，部分委员单位领导对当前各单位的重点工作、行业劳动关系现状和发展趋势、维护企业合法权益、提升雇主工作水平和组织地位等问题进行了积极研讨。广州市企业联合会副会长兼秘书长刘建民就加强劳动关系立法、提升雇主的代表性畅谈了自己的做法；省服装服饰行业协会副会长刘宪生提出了服装行业现状和员工小群体及职业经理人对企业带来的影响；省物流行业协会秘书长马仁洪对当前物流行业的劳动关系现状进行了剖析，并提出物流企业劳动用工规范问题和留人问题；省钢铁工业协会副秘书长董荔生就社会责任与责任社会的辩证关系发表了看法；省造纸行业协会专职副会长吕永松就协会如何潜移默化引导企业、参与政府授权发表了意见。省律师协会、省纺织行业协会、省再生资源行业协会、省造纸行业协会等还提出了完善广东省雇主工作的书面意见。

【省企业联合会开展企业转型升级专题调研】 2011年9月28日，省企业联合会赴广东昭信企业集团开展转型升级成功经验专题调研，实地考察平洲电子公司的自动生成线和金谷·光电社区的建设情况。集团董事长梁凤仪向专家组详细汇报了昭信这几年来在转型升级方面的思路与做法。省企业联合会总结归纳了加快转型升级过程中，广东省企业发展和谐劳动关系的经验和做法，以及遇到的问题和障碍，有针对性提出对策建议，形成《广东昭信企业集团转型升级成功经验及情况反映调研报告》。

【省企业联合会与江门市企业联合会筹备组进行交流】 2011年10月24日，江门市企业联合会筹建组负责人、江门市科技局原纪检组长甘小姬一行拜访省企业联合会，汇报了江门市企业联合会前期筹备情况和下一步工作计划，全军副会长接待来访。双方就江门市企业联合会的组织结构、成立大会筹备工作及成立后如何发挥服务政府、服务企业及履行好三方机制中企业组织代表的职能作用等事项进行了深入探讨。

【广州市雇主工作联席会议】 2011年11月29日，广州市雇主工作联席会议在广州中一药业有限公司召开，省企业联合会会长罗佛光出席会议并讲话。广州市企业联合会会长王东胜、广州市人社局副局长陈建龙、广州市总工会副巡视员周健麟等领导出席会议，32家行业协会负责人及广州市企业联合会全体领导参加了会议，广州市企业联合会副会长兼秘书长刘建民主持会议。罗佛光对广州市雇主工作联席会议的工作给予充分肯定。他强调，劳动关系已成为当前社会关注的焦点。中央和省委省政府对劳动关系工作高度重视。职工的来源和稳定问题，也越来越成为企业雇主关切的主要问题，希望广州市雇主工作联席会议探索有效的运作模式和工作内容，引导企业着重增强劳资互动沟通，因应职工需求、改进用工管理，有效防范和妥善处置劳动争议。

【江门市企业联合会成立大会】

2011年12月12日，江门市企业联合会成立大会在江门逸豪酒店隆重召开，省企业联合会、省企业家协会长罗佛光出席会议并致辞。省经信委副巡视员陆建生，省企业联合会、省企业联合会副会长孟云娟，江门市委书记刘海，江门市委副书记、代市长庞国梅，江门市人大常委会常务副主任梁清兆，江门企联第一届会长汪南东等领导出席会议，各地市企联、行业协会代表，有关专家学者，企业代表和江门企联全体成员、顾问逾500人参加会议。罗佛光会长对成立江门市企业联合会给予了高度赞赏，充分肯定了两年多来各方对推动江门企联成立所作出的努力。强调企业联合会在协调劳动关系三方机制中担负重要作用，政府把这一重要任务交给企联系统承担，是对企联的信任和肯定，是政府转变职能、发挥企业联合会参与社会管理职能的重要举措，并表示省企联近年来不断充实和创新企业服务职能，倡导雇主责任、表彰粤企楷模、颂扬先进文化、激发自主创新活力、提升企业管理水平、增强诚信经营氛围，密切联系各大行业协会和地方企联，推动全省雇主工作的科学发展，与省人社厅、省总工会一道，致力于积极推进全省劳动关系的和谐稳定工作。

罗佛光会长对江门市企业联合会今后的工作提出希望：第一，以科学发展观为指引，在市委市政府的正确领导下，在市经信局的指导和市有关部门的支持下，围绕全市中心工作，服务经济和社会发展大局。第二，主动参与协调劳动关系三方机制工作，积极反映企业和雇主的合理诉求，认真研究劳动关系的现状和发展趋势，推动全市和谐劳动关系的发展，为党委政府分忧分劳。第三，充分发挥桥梁纽带作用，协调好企业、政府、劳动者、社会之间的关系。第四，积极

2011年12月12日，江门市企业联合会成立大会在江门逸豪酒店隆重召开，广东省企业联合会、广东省企业家协会会长罗佛光（左一）出席会议。

拓展服务能力和服务网络，加强工作机构的思想建设、组织建设、业务建设和作风建设，有效提高服务水平。加快组织建立县级企联组织，实现好、维护好、发展好企业和企业家的合法权益，促进江门经济更好更快的发展。

【举办首届南方雇主高峰论坛，发布《广东省良好雇主责任指引》】

2011年12月26日，经过严密的筹备工作，省企业联合会成功举办以“雇主责任与共赢未来”为主题的首届南方雇主高峰论坛。省人大原副主任、省企业联合会名誉副会长佀志广，省雇主工作联席会议主任、省企业联合会、省企业家协会会长罗佛光，省人力资源和社会保障厅副厅长杨红山，省总工会纪检组长廖汝捷，省社科联专职副主席李旭明以及有关部门领导出席论坛。论坛以“雇主责任与共赢未来”为主题，省雇主工作联席会议主任、省企业联合会会长罗佛光和出席论坛的领导共同发布了《广东省良好雇主责任指引》。

《广东省良好雇主责任指引》是全国第一个指导企业履行雇主责任的指引文本。根据《中共广东省委广东省人民政府关于加强社会建设的决定》“规范有关机构和雇主的责任、义务”的要求，省雇主工作联席会议依据国内、国际劳动用工规则，紧贴广东实际情况，在广泛征求全省雇主组织和企业意见的基础上，制定了《广东省良好雇主责任指引》。《指引》从稳健发展、依法用工、劳资协调、人文关爱、社会责任五个方面共31条，对企业如何履行良好雇主责任进行具体指导。《指引》的发布有效地推动了全省企业积极履行雇主责任，促进员工体面劳动，实现企业可持续发展。

论坛邀请了中企联雇主工作部副主任程多生、省劳动人事争议调解仲裁院院长林景青、华南理工大学教授李敏、长城计算机总裁周庚申、东莞嘉吉粮油总经理周宇、亚虎电力董事长李立新、海印集团人力资源总监郑桂梅等嘉宾就当前用工形势判断与预测、履行雇主责任经验分享、雇主责任与赢得变革、持续发展的关系进行对话，探讨新时期企业用工形势，分享先进用工理念，厘清雇主责任与企业发展的关系，促进全省企业自觉发展和谐劳动关系。在论坛上发布了2011年度“广东省雇主责任示范企业”名单，广东卫视、南方日报、羊城晚报各主流媒体作深入报道，人民网、新浪网、网易、优酷、搜狐、环球网、大洋网、21CN、法治广东网等多家网站转载。

地方雇主组织

【2011年广东省中小企业服务推广日（中山站）圆满结束】 2011年1月7日，由广东省中小企业局、中山市人民政府主办，广东省中小企业发展促进会、中山市经济和信息化局、中山市小榄镇人民政府、中山市中小企业服务中心共同承办的“2011年广东省中小企业服务推广日（中山站）——‘省市共建民营企业自主创新能力提升工程’揭牌仪式暨工业设计大赛颁奖典礼活动”在中山市小榄展览中心隆重举行。广东省中小企业局张文献局长、中山市人民政府冯煜荣副市长、中山市经济和信息化局谢克球局长、小榄镇人民政府彭志辉镇长以及省市各有关部门领导出席了该活动。

“广东省中小企业服务推广日”是由广东省中小企业局牵头，联合各地市中小企业主管部门共同举办的盛会。活动主要整合了中小企业技术创新、人才服务、工业设计、企业管理、环保节能、市场拓展、信息咨询、投融资等方面的生产性服务资源，通过展览、论坛、推介会、培训会等方式，有效地推动了现代服务业与传统制造业的对接与合作。自2008年始，广州、佛山、东莞、清远、顺德等产业集群区或园区内举办了相关专题服务活动。本届服务推广日活动的主题是“搭建工业设计展示平台·服务中小企业”，延续了以往服务日内容的同时，增加了不少创新的元素。

开幕式上，张文献局长、冯煜荣副市长、谢克球局长、彭志辉镇长等领导为“省市共建民营企业自主创新能力提升工程”揭牌，同时还举行了中山市工业设计大赛及首届“小榄杯”工业设计大赛的颁奖仪式。

本届服务推广日活动内容包括：中小企业服务供需对接会、“省市共建民营企业自主创新能力提升工程”揭牌仪式、工业设计大赛颁奖典礼、工业设计大赛获奖作品展示、工业设计论坛等。

当天下午，香港理工大学设计学院副院长李德志教授为到会的中小企业负责人带来了一场名为“战略设计驱动企业创新”的论坛，介绍了香港及国外先进的战略设计和产品企划理念，帮助企业借鉴成功经验和运用新商业模式加快转型升级步伐。

【省雇主工作联席会议与东莞企业联合会携手走访东莞企业】 2011年4月26日，受省政府相关部门委托，由省雇主工作联席会议一行3人组成的雇主维权调研组来莞，东莞市企业联合会、东莞企业家协会常务副秘书长蔡林岑陪同走访了东莞企业，并就推进企业劳资关系和谐发展等问题与企业进行了深入交流。

调研组先后走访了塘厦科苑城内劳动密集型企业。针对企业劳资关系面临的突出难点；企业工资协商机制及劳资纠纷解决机制的建立；面对非理性劳资纠纷企业的具体做法，企业如何维护自己合法权益等若干问题与企业方代表交换了意见。

省雇主工作联席会议办公室主任张峰表示：当前我省正处于加快转变经济发展方式的关键时期，及时有效化解劳资矛盾、建立应急反应与协商机制、努力构建和谐劳动关系、促进企业职工队伍和社会稳定，是广大企业发展的重大课题，也是实现企业利益最大化的根本保证。

【汕头工商联积极组织、引导非公经济人士参与社会建设】 2011年7月19日，汕头市工商业联合会（总商会）召开第十三届十二次主席会议，传达学习汕头市委九届十一次全会精神，市政协副主席、市委统战部部长张泽华传达了全会报告和决议精神。

张泽华指出，工商联是党领导的人民团体和商会组织，要积极发挥作用，组织和引导全市的民营企业家参与社会建设，为加强和创新社会管理，促进社会和谐，建设幸福汕头作出新贡献。希望担任市工商联主席、副主席的民营企业家在贯彻落实市委九届十一次全会精神，参与加强社会建设中起带头示范作用，带动更多的民营企业家投身到这项活动中来，为建设幸福汕头建功立业。

会议还传达学习省、市关于做好工商联换届工作的有关文件精神，讨论、研究了筹备工作实施方案和有关工作。

同日上午，汕头市工商联党组马上组织党组成员和驻会领导班子成员进行传达学习，并召开了工商联机关全体干部、职工会议，党组书记肖少平传达了全会精神，要求机关的全体人员要认真学习贯彻，结合工商联的工作任务，工作性质和职能、作用，结合本部门和个人的工作实际，提出贯彻落实的措施。会后，机关各部室组织了学习讨论活动。

【广州市中小企业服务推广日活动暨小企业创业基地授牌仪式】 2011年8月5日，广州市中小企业服务推广日活动暨小企业创业基地授牌仪式在广州白云国际会议中心隆重举行。本次活动由广东省中小企业局、广州市中小企业局主办，广州工业经济联合会、广州市企业联合会、广州市企业家协会、广州市中小企业服务中心承办。活动主要是根据省中小企业局有关开展中小企业系列服务活动工作要求而举办。为加强和改善对中小企业服务，加强中小企业服务体系建设，2010年省中小企业局印发了《广东省中小企业局关于开展中小企业服务推广日活动的指导意见》（粤中小企[2010]40号），指导意见提出“在中小企业产业集聚的区域或行业内每年开展省级服务日活动5场以上，3—5年内省、市服务日活动50场以上，1 000家以上中小企业服务机构参与服务对接活动，10万户以上的中小企业参与服务日活动；服务日活动特色突出、影响力不断提升，一大批中小企业通过服务日活动受益，逐步形成中小企业服务推广日活动品牌”的工作目标。为切实推动服务日活动开展，省中小局每年制定年度计划指导各地开展服务日活动。从2010年开始，省中小企业局、广州市中小企业局联合举办大型服务日活动，对服务广州中小企业，促进企业提升发展发挥了积极作用。

本次活动结合当前中小企业发展中遇到的突出问题，以“创新引领转型，升级推动发展”为活动主题。2011年是“十二五”规划的开局之年，也是广州市深入贯彻落实珠三角规划纲要重要的一年，更是广州市借助亚运会成功举办，极大提升城市环境和国际知名度后迎来新广州新商机关键的一年，也将是广大中小企业迎难而上，创新发展关键的一年。2011年上半年，广州市实现GDP5700亿元，同比增长11.0%，以中小企业为主体的民营经济增加值增长14%，高于全市3个百分点，规模以上工业总产值7 067.02亿元，同比增长10.3%，其中，中小企业规模以上工业总产值3 889.58亿元，同比增长13.6%，高出全市工业经济增幅3.3个百分点。广大中小企业为全市经济增长，尤其是工业经济增长作出了重要贡献。广州市中小企业保持了良好的发展势头，但用工难、用地难、融资难等问题仍然不断困扰中小企业，特别是央行连续多次提高存款准备金率和存贷款利率，使中小企业融资难问题进一步凸显。因此，实现企业的可持续发展，必须大力推进机制体制创新、管理创新、技术创新、经营方式创新、资本运营模式创新等等，创新是实现我市中小企业转型升级的助推器，创新更是促进广州市中小企业发展壮大的力量源泉。

本次活动通过主题演讲活动和分专题对接活动进行。活动邀请了著名学者、业内专家，从金融、知识产权、企业信息化等角度，介绍国内外企业在“转型”“创新”方面的实践经验。上午主题活动以中小企业转型方向和战略思考、技术创新为主题，邀请相关专家学者主讲。下午专题活动分为三大专题进行：专题一是产业资本与金融资本对接，主要为广州市小企业创业基地、高成长性新兴产业企业融资座谈对接；专题二是利用资本市场做强做大，主要由金融机构介绍帮助中小企业利用资本市场做强做大的成功经验；专题三是掌握新技术，促进企业成长，主要由相关专家介绍企业技术创新与智力资本经营、传统企业利用电子商务转型的成功经验。

本次活动中还举行小企业创业基地授牌仪式。2011年全省有17家单位被省中小企业局评为第二批“广东省小企业创业基地”，广州市有3家单位入选，分别是广佛数字创意园、广州TIT纺织服装创意园和白云创意园。（2010年和2011年，省中小企业局分别评出了第一批和第二批“广东省小企业创业基地”，第一批27家，广州占4家；第二批17家，广州占3家）。此外，本次活动中现场开展服务机构与中小企业的专题对接沟通环节，活动还安排了一些针对性强的专项展示，为有需要的中小企业提供现场咨询服务。

【省中小企业发展促进会率领企业参加2011年广东产品（泰国曼谷）展览会】 2011年9月22—24日，由广东省中小企业发展促进会协办的2011广东产品（泰国曼谷）展览会在曼谷IMPACT国际会展中心HALL 3展厅顺利召开。本次，展会面积近5 000平米，展品包括消费类电子、灯饰及照明、汽车及摩托车配件、玩具、家具以及家居用品等。省中小企业发展促进会成功带领了8个企业共24人参展，参展商纷纷表示，在主办方和协办方促进会的安排下，此次展会的展会设施及各项服务都非常满意，为企业在泰进行贸易提供了良好的交流平台。

第二届广东产品（泰国曼谷）展览会主打“品牌”，旨在扭转国外企业对中国“重生产、轻品牌”的刻板印象，吸引了众多买家和媒体的关注。为期3天的展会共有共35家媒体，

2011年9月22-24日，由省中小企业发展促进会协办的2011广东产品（泰国曼谷）展览会在曼谷IMPACT国际会展中心顺利召开。

64名记者参观报导，共有13 950名专业买家及观众到现场观展洽谈及采购，人数比上届增长33%。展会现场气氛热烈，不少参展商已经找到了泰国的经销商并签订了代理协议，满载而归，如佛冈县顺达家具有限公司（家具类）获得了300万元人民币的订单额，惠州市纳伟仕视听科技有限公司（消费类电子）签订了200万元人民币的订单额等。

展会组委会与泰华农业银行进行战略合作，在展会现场举行研讨会，为有意与中国进行贸易的泰国买家提供详细资讯和案例分享。广东省对外贸易经济合作厅副厅长陈育民先生作了主题为“与广东进行商务贸易合作的机遇与最佳方式”的推介会；东莞名家具俱乐部海外部部长王庆良先生则向泰国以及海外买家推介广东省的家具行业。推介会的举行，不仅吸引了泰国当地协会和企业前往参观展会，更为中泰行业协会的合作搭建了沟通的桥梁。

【惠商论道之品牌建设专题活动成功举办】 2011年9月26日，由惠州市中小企业局主办，惠州市民营企业家联合会、惠州市民营企业家联合会青年分会、惠州市中小企业服务中心联合组织举办的“惠商论道一品牌建设”专题活动落下帷幕。惠州市中小企业局局长邓文辉、副局长蔡光祥，联合会常务副会长吴长江、副会长钟振芳、副会长邹庆严、青年分会会长吴宏等30多人参加了活动。本次活动旨在进一步推进惠州市名牌带动战略工作，推动民营企业自主创新，帮助民营企业创建自主品牌，促进惠州市民营经济健康、快速发展。

活动期间，参加人员一行参观了惠州市华阳集团有限公司、侨兴集团有限公司、广东省九联科技有限公司，并在广东省九联科技有限公司会议室召开了品牌经验交流座谈会。

座谈会上，富绅集团、侨兴集团、华阳集团、雷士照明、九联科技等公司有关负责人分别介绍了企业品牌建设的经验，并同与会人员进行了交流互动，探讨企业品牌建设的良方妙引。富绅准确定位打造品牌、侨兴借上市推进品牌建设、华阳整合传播塑造品牌形象、雷士十年磨一剑坚持做品牌如做口碑、九联信誉为先持之以恒创品牌，企业结合成长历程畅谈品牌建设历程及心得体会，给大家留下了深刻印象。

会后，邓文辉局长对活动作了总结。他指出，惠州市民营企业在品牌建设中发挥了重要作用，全市六个国家驰名商标中民营企业就占了四个，本次活动的举办说明了民营企业对品牌建设的重视。他希望全市民营企业要充分利用联合会、联合会青年分会这个平台，加强交流和学习，推广好的经验，积极参与“论道”活动，助推民营企业成功创建更多的自主品牌，从而有效提升惠州市民营企业的竞争力，促进惠州市民营经济健康、快速发展。

【广州市中小企业服务中心与澳门中小企业协进会开展交流活动】 2011年10月14日，广州“三会”（广州工业经济联合会、广州市企业联合会、广州市企业家协会）会长王东胜带队走访澳门中小企业协进会，澳门汇业财经集团主席、澳门汇业银行主席、澳门中小企业协进会理事长区宗杰出席并进行交流。双方就如何推进粤澳两地中小企业开展交流合作进行交流探讨。区宗杰主席就当前中小企业的发展问题发表了自己的看法。他指出，目前大陆与澳门的中小企业同样面临困难，但困难不一样：大陆中小企业面临宏观调控、融资难、劳工缺及成本高等问题；澳门中小企业面临空洞化及与大企业难以竞争等问题。希望大陆与澳门中小企业开展多种多样的交流活动，加强合作，共拓商机。王东胜会长表示，希望今后将重点突出中小企业服务中心服务中小企业的职能，多组织活动，多创造条件，以推动广州与澳门中小企业互动合作交流。同时，王东胜会长正式向区宗杰主席发出担任广州“三会”名誉会长的邀请，以增进广州“三会”、广州市中小企业服务中心与澳门中小企业协进会的紧密合作和交流。

【佛山市促进小微型企业融资工作交流对接会】 2011年11月30日，佛山市企业联合会、佛山市企业家协会协助佛山市经贸局、金融工作局和银监局招集佛山市中小微型企业在佛山假日皇冠酒店召开“佛山市促进小微型企业融资工作交流对接会”，会议通过交流对话的形式进行，使现场企业即时提出问题，即时解决。会议促进了佛山市中小企业融资工作，生动地搭建了政银企沟通对接平台，总结全市拓宽企业融资渠道的经验做法，推广更多、更好解决小微企业融资的可操作性措施。

协调劳动关系三方机制

协调劳动关系

【广东隆重表彰和谐劳动关系先进企业】 2011年1月18日，广东省和谐劳动关系先进企业表彰大会在广州召开，隆重表彰全省100家生产文明、关爱职工、尊重劳动表现突出的和谐劳动关系先进企业。广东省委书记汪洋、省长黄华华接见了会议代表，对受表彰的先进企业代表表示热烈的祝贺，对他们在构建和谐劳动关系中付出的巨大努力表示衷心的感谢。省委常委、副省长肖志恒出席表彰大会并讲话。

汪洋说，和谐的劳动关系是和谐社会的重要基础，是建设幸福广东的重要内容。每家企业虽然生产的产品不同、工作的领域不同，但在建立和谐劳动关系方面所做的努力证明了你们都是遵纪守法的模范，是人文关怀的模范，是构建和谐社会的模范。今年是“十二五”开局之年，刚刚结束的省委十届八次全会明确提出“十二五”期间我省要加快转型升级，建设幸福广东。无论是加快转型升级，还是建设幸福广东，都需要企业认真履行建立和谐劳动关系的职责，以促使企业实现更好的发展，并推动广东再创新辉煌。

汪洋对建立和谐劳动关系提出了三点希望：一是希望企业审时度势，更加重视和谐劳动关系建设。2010年在广东出现的富士康用工问题、部分企业停工事件等充分说明，如果企业不善于处理新形式下的劳动关系，不充分认识当前工人队伍发生的结构性变化，不能适应民主法制建设不断加强的要求，企业的发展就会遇到严峻挑战。企业要顺利发展，就必须遵守劳动法律法规、加强人文关怀，充分激发员工的主体性、能动性和创造性。促进企业形成以人为本、关爱员工的良好氛围。二是希望企业员工提高自身的职业道德和法制意识，自觉运用法律手段维护自己的合法权益。三是希望各级党委、政府、各有关部门把为构建和谐劳动关系创造良好的社会氛围和制度环境。

会议强调，当前广东省正处于加快转变经济发展方式的关键时期，全省上下要紧紧围绕“加快转型升级，建设幸福广东”这一核心，继续同心协力，扎实工作，共同构建更加和谐的劳动关系。一是广大企业要主动转变发展方式，加强人文关怀。二是广大职工要全面提升自身素质，坚持依法维权。三是工会、企业联合会等社会组织要依法维护职工和企业的合法权益，积极主动协调劳资双方关系。四是政府和有关部门要坚持依法行政，着力构建和谐劳动关系长效机制。五是社会各界要共同营造构建和谐劳动关系的良好氛围。

2011年1月18日，广东省和谐劳动关系先进企业表彰大会在广州召开。

【省企业联合会参与研究全省最低工资增长幅度】 在结合广东省经济发展状况基础上，省企业联合会于2011年1月18日提出2011年全省最低工资增长幅度控制在18%左右，经省三方机制讨论研究后，广东省最低工资标准定为全省增长18.6%，并于2011年3月1日开始执行。广东这次上调最低工资标准，是自1994年广东建立最低工资标准制度以来第10次调整，本次调整全省平均提高18.6%，其中第一类提高18.2%，增加200元；第二类提高19.6%，增加180元；第三类、第四类分别提高17.3%、19.7%，增加140元。调整后大部分地区的最低工资水平接近或超过当地职工平均工资的40%。第一类地区1 300元/月的最低工资，为全国最高标准。

【省企业联合会开展创建和谐劳动关系示范区工程督导调研】 为贯彻落实广东省政府《关于加强人文关怀改善用工环境的指导意见》，省人力资源和社会保障厅、省总工会、省企业联合会于2010年8月联合下发了《关于全面推进创建和谐劳动关系示范区工程的意见》。为进一步掌握情况，推进创建工程的开展，由省人力资源和社会保障厅、省总工会、省企业联合会等单位组成的创建工程督导组，于2011年3月7日起，分赴全省21各地市和顺德区开展督导调研工作。省企业联合会带队负责赴惠州、汕尾、揭阳、潮州、汕头五个地市的督导调研工作。各地高度重视创建工程工作，均成立了组织领导机构，制定了具体目标任务和详细的实施方案，以创建工程“十个全面”为依据均已选择示范点。督导调研工作通过座谈会、与示范点负责人交谈、走访示范点企业等方式，对创建工程的背景和目的作了详细说明，对地方协调劳动关系三方和企业开展创建和谐劳动关系示范区工程遇到的难点问题进行了详细了解，并就相关疑问作了解答。在省督导调研总结会议上，省企业联合会就如何做实创建工程提出建议，一是尽快制定科学合理并可量化的创建工程指标体系，明确指引各市创建工程的具体开展；二是尽快选择优秀示范点召开现场观摩培训会，交流各市创建经验；三是建议创建工程增加对示范点企业的服务功能。各组督导调研报告汇总后将呈报省委省政府。

【中央构建和谐劳动关系调研座谈会】

2011年5月4日，由中宣部、中央政策研究室、人力资源和社会保障部、全国总工会、中国企业联合会等单位组成的联合调研组来广东省进行构建和谐劳动关系调研。调研组由中央政策研究室党建研究局副局长唐方裕带队一行5人，省委办公厅副主任郭跃文主持会议，省雇主工作联席会议主任、省企业联合会会长罗佛光及省有关部门领导出席调研座谈会。会上，罗佛光会长就当前广东省雇主组织构建和谐劳动关系的主要工作及成效、存在问题以及进一步发展和谐劳动关系的对策建议作了发言。近年来，广东雇主组织主要开展了五个方面的工作：一是全国率先开展和谐劳动关系创建工作；二是全国率先探索雇主组织发展和谐劳动关系新模式，成立并发挥广东省雇主工作联席会议在构建和谐广东、参与社会管理的重要作用；三是以雇主责任示范工程为平台推动雇主在构建和谐劳动关系中的主导作用；四是以工资集体协商为抓手推进企业和谐机制建设；五是开展多项调研促进企业构建和谐劳动关系经验交流。

罗佛光强调，当前广东省协调劳动关系工作主要存在协调劳动关系三方机制的作用尚未充分发挥，缺乏工作经费制约雇主工作深入开展，针对雇主、职业经理人的培训严重不足等问题。同时对广东省协调劳动关系工作提出建议：一是协调劳动关系三方共同介入调处重大劳动纠纷事件，充分发挥协调劳动关系三方机制应有职能；二是将企业联合会纳入党政编制序列，形成在中国共产党领导下的中国特色社会主义协调劳动关系三方机制；三是建立健全政府主导的雇主工作培训体系等。

【广州市协调劳动关系三方会议】

2011年4月21—22日，广州市召开“广州市协调劳动关系三方会议”。广州市人力资源和社会保障局陈建龙副局长、三方会议主席、广州市总工会易利华副主席、三方会议副主席，广州市企业联合会/广州市企业家协会卢多荣常务副会长、三方会议副主席，以及三方会议各单位有关部门的部门领导共21人出席了会议。

会议总结了三方前期工作，研究部署了全年重点工作，同时还讨论协商了《讨论三方会议议事规则》《创建联席会议成员名单》《关于建立市创建和谐劳动关系示范工程联席会议的请示》等重要事项和文件。这次会议为广州市协调劳动关系的协调、深入发展迈出了重要的一步，使今后的协调发展有了更加扎实的基础。

【表彰先进，促进劳动关系和谐稳定】

2011年6月10日，清远市人力资源和社会保障局、市总工会和市企业联合会组成协调劳动关系三方机构授予清远华能制药有限公司等38家企业“清远市和谐劳动关系先进企业”称号，隆重表彰了全市38家和谐劳动关系先进企业。清远市人力资源和社会保障局局长张展辉宣读表彰决定，金鑫（清远）纸业有限公司、英德白石窑水电厂和佛冈县国珠塑胶有限公司三家企业代表作了大会发言，介绍了各自在构建和谐劳动关系的经验和做法。清远副市长廖迪娜出席会议，为受表彰企业颁奖，并作重要讲话。清远市委、市政府副秘书长梁思主持会议。市创建和谐劳动关系示范区联席会议成员单位负责人，各县（市、区）人力资源和社会保障局、经信局、工会有关负责人及企业代表160多人参加了表彰会。

2011年1月，清远市政府建立了由16个部门组成的“市创建和谐劳动关系示范区工程联席会议”，明确了各成员单位的职责分工，统筹协调，全面推进清远市创建和谐劳动关系示范区工程建设。清远市创建工作的目标是：各县（市、区）选定一个以上工业园作为示范试点，以点带面，逐步扩大创建工程覆盖区域。计划到2013年，全市参加创建工程的企业达到50%，符合和谐劳动关系示范区创建标准的示范点达到30%。到2015年，全市参加创建工程的企业达到70%，符合和谐劳动关系示范区创建标准的示范点达到60%。到2020年，全市参加创建工程的企业达到90%，符合和谐劳动关系示范区创建标准的示范点达到80%。为扎实推进清远市和谐劳动关系深入发展，副市长廖迪娜在会议上要求突出抓好以下几方面工作：一是进一步健全劳动合同制度，力争2到3年内实现全市各类企业普遍签订劳动合同。二是进一步完善工资福利增长机制，健全企业民主管理制度和劳动关系协调机制。三是进一步扩大社会保障覆盖面，改善职工劳动条件。四是进一步加强企业和谐文化建设，强化职工主体地位，积极营造和加快形成尊重劳动、尊重职工的文化氛围。五是进一步加强企业工会组织建设和企业党组织建设。

副市长廖迪娜强调，各有关部门要把和谐劳动关系作为企业评优评先的重要依据，通过政策倾斜、服务优先等方式对获得“和谐劳动关系”殊荣的企业在政治、经济上给予一定的优惠，提高“和谐劳动关系”创建活动的含金量，增强企业的参与积极性。此外，要加监督检查，对各类违法违规问题要及时通过媒体予以曝光，营造社会监督氛围，依法维护劳动者权益。

【全国构建和谐劳动关系先进表彰暨经验交流会】 2011年8月15日，全国构建和谐劳动关系先进表彰暨经验交流会在北京人民大会堂召开，党和国家领导人习近平、王兆国、刘云山、张德江出席表彰大会。广东省由省委常委、副省长肖志恒带队，省人社厅厅长欧真志、省总工会常务副主席陈宗文、省企业联合会会长罗佛光、省工商联党组书记杨浩明及广州、深圳两地协调劳动关系三方负责人和受表彰企业代表参加了会议。

习近平强调，构建和谐劳动关系，要坚持以人为本，把解决广大职工最关心最直接最现实的利益问题，切实维护他们的经济权益、政治权益、文化权益、社会权益，作为根本出发点和落脚点；要坚持促进企业发展和维护职工权益相统一，同时调动劳动关系主体双方的积极性、主动性，推动企业与职工群众协商共事、机制共建、效益共创、利益共享；要从不同类型企业的实际出发，把构建和谐劳动关系必须遵循的总的共同要求与具体的具有差异性的措施结合起来，统筹兼顾、分类指导，既整体推进，又突出重点、突破难点。当前和今后一个时期，要着重抓好进一步完善劳动法律法规并保障其实施、合理调节企业工资收入分配、加强企业民主管理建设、努力化解劳动关系矛盾、加强企业党组织建设、支持和促进企业健康发展等工作，以构建和谐劳动关系的新进步更好地推动科学发展、促进社会和谐。

习近平指出，经过这些年的探索和实践，构建和谐劳动关系工作已初步形成党委领导、政府负责、社会协同、企业和职工参与的工作格局，要在坚持中进一步明确各方职责，使党政力量、群团力量、企业力量、社会力量紧密结合和统一起来，共同推进构建和谐劳动关系。各级党委宣传部门和新闻媒体要把构建和谐劳动关系作为宣传报道的经常性任务，坚持正确舆论导向，引导和促使各类媒体共同营造构建和谐劳动关系的良好舆论氛围。要继续大力推进和谐劳动关系创建活动，丰富创建内容，规范创建标准，改进创建评价，完善激励措施，不断把创建活动取得的成果转化为构建和谐劳动关系的长效机制。

中共中央政治局委员、国务院副总理张德江在总结讲话中指出，要认真贯彻落实习近平同志重要讲话和本次会议精神，高度重视构建和谐劳动关系工作，努力形成职工得实惠、企业得效益、经济得发展、社会得稳定的和谐劳动关系新局面。要高度重视当前劳动关系领域的突出问题，着重解决好部分企业损害职工合法权益的问题，部分职工特别是劳动密集型企业一线职工工资偏低问题，部分企业忽视职工发展需要问题和劳动关系基层基础工作薄弱问题。要创新和谐劳动关系体制机制，加快和谐劳动关系制度建设，重点健全劳动合同制度、集体协商和集体合同制度、协调劳动关系三方机制、劳动关系矛盾调处机制。

【清远市“三方”组织调研劳动关系和谐“示范区、示范企业”】 为贯彻落实《关于加强人文关怀改善用工环境的指导意见》和《关于全面推进创建和谐劳动关系示范区工程的意见》的有关要求，进一步推进全市创建全省和谐劳动关系示范区工程工作，清远市人力资源和社会保障局、市总工会、市企业联合会“三方”组成督导组，在市人力资源和社会保障局刘龙山副局长带领下于2011年8月15、16到阳山、连州、连南、连山开展督导工作。

督导组的主要内容：一是查看创建工程组织领导机制的建立情况；二是当地推进创建工程的主要措施、时间进度和具体工作方案；三是各县选定的示范点基本情况；四是2011年下半年推进创建工程工作的重点和有关意见。督导组到了各县区分别召开了座谈会，听取各县人力资源社会保障部门、总工会、经信局的工作汇报；刘龙山副局长就示范点的选定、工会建设、集体工资协商、仲裁院建设与各县区进行了深入的探讨并提出重要建议。

督导组还分别深入了示范点阳山顺龙木业有限公司、连州建滔集团、连南荣鑫化工厂、连南顾地丰生物技术厂，与示范点负责同志、企业代表座谈，就工资、社保、合同、人员流动情况、人文关怀、高温补贴问题进行了探讨。经过调研发现了部分县区的组织领导机制建设还不健全；部分示范区企业用工环境情况和工会建立情况有待改善；仲裁院制度不健全。各县（区）相关单位经过与市督导组的深入探讨和交流，表示要积极地开展各项工作，更好更快地创建和谐劳动关系示范区工程工资集体协商工作。

【和谐的劳动关系与人事管理论坛】 2011年11月29日，佛山市人力资源和社会保障局联合佛山市企业联合会、佛山市企业家协会在佛山市科学技术学院举办“和谐的劳动关系与人事管理论坛”，论坛邀请了中国科学院研究生院管理学院教授、中国科学院心理研究所研究员、中国人民大学心理学系和中山大学管理学院教授、博士生导师时勘教授亲临授课，来自佛山各区人社局、镇街道公务人员及佛山市企业联合会、佛山市企业家协会从事人事、劳资关系的企业代表300多人参加本次论坛。论坛内容丰富、生动，时勘博士以多年的研究和实践，详尽地为现场企事业单位代表讲解了“心理学与员工管理”“人事管理的理论与依据”“员工援助师的能力要求”及“讲课型组织的发展建设”等话题内容，并与现场企事业单位代表互动交流，气氛热烈。各企业事业单位代表纷纷发言提问，时勘教授现场“言传身教”，以简洁、朴实而幽默的语言赢得现场企事业单位代表的阵阵掌声。佛山市企业联合会、佛山市企业家协会副秘书长梁伟雄代表两会出席了本次论坛。

【全省构建和谐劳动关系先进表彰暨经验交流会】 2011年12月31日，广东省构建和谐劳动关系先进表彰暨经验交流会在广州隆重召开。中共中央政治局委员、省委书记汪洋作重要讲话，省委副书记、代省长朱小丹主持会议，省委副书记朱明国宣读表彰通报，省领导肖志恒、邓维龙、覃卫东出席了会议。省企业联合会罗佛光会长出席会议，并和省领导一起与受表彰企业代表合影，孟云娟副会长参加会议。

汪洋代表省委、省政府向受表彰的单位和个人表示热烈祝贺。他说，广东是经济大省，也是用工大省。广东省劳动关系具有企业数量众多、经济成分多元、用工方式各异、劳工规模巨大、关系复杂多样等显著特点。近年来，广东省坚持以维护职工权益和促进企业发展相统一为基本准则，以依法治理为根本保障，以完善工资正常增长机制为重中之重，以加强人文关怀、改善用工环境为基础工作，以完善政府、工会、企业三方协调机制为有效手段，以加强矛盾纠纷排查调处为关键环节，努力开展劳动关系和谐企业与工业园区创建活动，推动构建和谐劳动关系工作不断打开了新局面、取得了新突破、形成了新经验。

汪洋强调，各级党委、政府要坚持以人为本，切实把促进劳资利益均衡和实现共赢发展结合起来，把企业转型发展与职工素质提升结合起来，把政府主导与发挥各方能动性结合起来，扎实推进构建和谐劳动关系工作。要坚持统筹兼顾、分类指导，既整体推进，又突出重点、突破难点；既着眼长远，注重长效机制建设，又立足当前，注重解决紧迫问题。从长远来看，要推进三项工作，即：着力调整产业结构，加快转型升级；改革收入分配制度，提高劳动报酬；完善劳动关系制度，强化法制保障。从当前来看，要加强四大建设，即：加强企业家和职工素质建设，企业文化和劳动文化建设，外来务工人员公共服务和融入城市机制建设，企业党组织、工会组织和企业代表组织建设。

2011年12月31日，广东省构建和谐劳动关系先进表彰暨经验交流会在广州隆重召开。

朱小丹在主持会议时强调，要贯彻落实会议精神，扎实推进和谐劳动关系建设，以劳动关系和谐促进企业和谐、社会和谐。元旦春节将至，要重点做好农民工工资支付督查、农民工安全有序返乡和留粤过节农民工节日生活保障等工作，确保农民工过上一个欢乐、祥和的节日。

（上接：第748页）薪年休假以及其它所有法定假期，在条件允许的情况下，雇主应提供其它自有的假期，以更多给予员工舒展身心及与家人、朋友相聚的机会；

5、不断拓展员工发展空间，加强员工素质教育和技能培训，提高广大职工参与竞争的能力，这样既稳定了职工队伍，又提高了整体职工队伍的素质，对企业发展起到支撑的作用；

6、建立合理的激励制度，激发员工身上的某种潜能和闪光点，引导、鼓舞和推动职工对学习、工作和生活的执着与热情；

7、尽力帮助员工解决工作、生活、学习等方面的实际困难，营造出团结、互助、关爱的人文环境；

8、建立健全心理辅导机制，营造舒心健康的工作氛围。加强对员工心理辅导，缓解员工心理压力，促进员工心理健康；

9、鼓励员工在追求卓越表现及良好业绩的同时，引导不要忽略个人生活与健康；

10、鼓励员工参与志愿者活动，帮助社会中需要帮助的人。

社会责任

雇主履行社会责任可能需要花费时间和金钱，但研究表明，履行社会责任能够带来高于平均水平的增长率和收益。

1.建立并执行适于本企业的清洁生产和环境保护管理体系、节能措施，定期公开具可信度的信息，包括可能造成的环境、健康和安全影响、预防措施、应急反应、对员工的环境教育与培训等信息；

2、尊重消费者权益，确保提供安全与质量优先之商品及服务；

3、力所能及地参与社会公益事业和慈善活动，造福社会；

4、严禁为商业利益等而产生的行贿或受贿行为。

我们在此指引中尽量列举出所有作为良好雇主的重要原则，我们深信大部分雇主均明白实施本指引在商业及道德层面上的意义。只是如何推行指引是个别雇主的选择，也相信每个雇主在实际执行指引时会有很大的差异，然而，最重要的是雇主在对待人才这最宝贵资产时所持的态度和精神。毕竟，人才是经营能否成功的关键。

衷心希望本指引能对广东的持续繁荣有所贡献。

广东省良好雇主责任指引

（广东省雇主工作联席会议办公室，2011年12月）

为指引全省企业践行良好雇主责任，促进员工体面劳动，实现劳资共赢，推动企业可持续发展，广东省雇主工作联席会议依据国内国际劳动用工规则，锐意紧贴广东实际情况，制定本指引。

随着市场经济的深入发展，社会经济成分、就业方式、分配形式和利益关系的多元化，劳资纠纷事件呈上升趋势，企业劳动用工行为已成为社会关注的焦点。作为全国用工大省，广东企业在构建和谐劳动关系方面积极探索，为全国创造和积累了宝贵的经验。在此背景下，系统科学地明确良好雇主责任的基本原则尤为必要。

本指引不仅体现了广东省雇主工作联席会议的信念，也引证了世界各地的研究结果——企业经营业绩取决于员工的认识及努力。我们深信，只有持之以恒地履行良好雇主责任才能吸引及留住优秀的员工，企业执行本指引，将会更有效地激发员工潜能，取得更好的业绩。

这是一套前瞻性市场化的指引，雇主自愿决定是否采纳。我们建议广东企业率先采纳并践行指引列举的内容，以支撑企业永续发展。

稳健发展

稳健发展不仅表现为企业持续、稳定、健康的发展，还表现为企业发展与自然环境、社会发展的和谐统一。

1、尽最大的努力拓展业务，为表现优异的员工提供更稳定的就业岗位；

2、建立新型技术创新体系和机制，加大科技和人才资源开发力度，改进资源和能源利用效率，促进技术进步，开发应用高新技术，创新产品及服务，鼓励无害环境技术的发展与推广；

3、实施民主科学管理，不断审视改进管理制度，积极构建促进企业组织良好运作的规则。

依法用工

依法用工，促进平等和反对歧视，不强迫劳动，是企业发展的前提。

1、认真执行《劳动法》、《劳动合同法》及其实施条例，依法全面签订劳动合同；

2、认真执行《广东省工资支付条例》，有完善、透明的工资支付制度，工资及时足额发放；

3、认真执行《社会保险法》，依法办理社会保险登记，足额缴纳社会保险费；

4、认真执行《女职工劳动保护条例》、《禁止使用童工规定》，加强女职工、未成年工特殊劳动保护，不使用或者支持使用童工；

5、认真执行《职业病防治法》，具备避免各种工业与特定危害的知识，采取足够的措施，降低工作中的危险因素，为员工提供安全健康的工作环境，尽量防止意外或健康伤害的发生；

6、认真执行《安全生产法》。提供恰当的工具、安全措施和环境，以便员工安全有效地工作。建立安全文化，制定并实施相应的安全规章和操作规程，向员工提供必须的安全培训及安全指引，以提高职工安全生产技能。

劳资协调

采纳积极、开放及坦诚沟通的雇主，通常遇到较少劳资问题及享有较高的生产效率。

1、编写、印制及定期更新员工手册，清楚说明聘用条款及其他与员工有关的信息，以减少员工的疑问及投诉，并通过各种有效渠道告知员工；

2、建立日常沟通机制、制订处理员工申诉的程序，畅通沟通渠道，任何管理阶层均应明确与员工沟通过程中所扮演的角色及责任；

3、依法订立书面公平公正的纪律处分细则，并及时告知员工；纪律处分须与员工所犯错误的程度相符，亦应给予员工向更高管理层反映的机会；

4、对直接涉及员工切身利益的规章制度和重大事项决定应依照法定民主程序制定，并实行公示告知制度；

5、除因员工行为严重失当需要根据劳动合同法即时解除劳动合同外，对表现欠佳或犯错的员工，雇主应给予足够机会及合理时间改正；

6.了解员工的需求、期望、抱负、意见及信念，并给予应有的尊重；

7、建立良好的协商机制，由管理层及员工代表组成劳动争议调解组织，及时化解劳资矛盾；

8、若遇上有可能发展成严重劳资纠纷的情况，应尽早寻求企业联合会、行业协会等雇主组织及工会组织的协助及调解，以避免双方的争执发展到冲突的地步。

人文关爱

人文关爱已成为现代企业管理中的一种管理方式，它能提高员工的主观能动性，增强企业凝聚力和竞争力。

1、构建以人为本的企业文化，创造奋发、进取、平等、和谐的工作氛围；

2、为员工提供舒适卫生的生活环境，包括干净的浴室、洁静安全的宿舍、卫生的食品等；

3、开展利于员工身心健康的文体活动，如组织外出参观学习或大众体育活动，开展联谊，健康体检，过节慰问等活动，激发广大员工爱集体爱企业情怀；

4、给予员工带（下转：第747页）

企业家活动日

企业家活动日

综述

【2011年广东省企业家活动日】 2011年5月20日，由广东省企业联合会、广东省企业家协会主办的2011年全省“企业家活动日”在广州举行。活动的主题是：率先转型升级，建设幸福广东——“十二五”时期广东企业家的使命。广东省人民政府副省长佟星，省委王衍诗副秘书长及省经信委、省国资委、省人力资源和社会保障厅、省总工会、省司法厅、省社科联等单位的领导，与来自全省的1 000多名企业家代表出席了会议。

会议表彰了一批2010年度广东省优秀企业、优秀企业家、最佳诚信企业、诚信示范企业、先进雇主组织。佟星，希望全省企业和企业家要在四个方面切实担当起社会责任。一要坚持清洁生产，绿色发展，承担起生态环境责任；二要依法生产，承担起质量安全责任；三要坚持以人为本的管理理念，切实保障员工的合法权益；四要积极参与社会公益事业和慈善事业活动，为建设幸福广东作贡献。

【湛江企联召开2011年度工作总结表彰大会】 2012年3月31日上午，湛江市企业联合会、湛江市企业家协会在湛江皇冠酒店召开2011年度工作总结表彰大会。湛江市委常委陈岸明、市人大副主任梁涛、市政协副主席廖旭材，湛江农垦局局长蔡泽祺，市政府副秘书长、市经济和信息化局局长黄寒，有关部门负责人、有关专家、学者和来自湛江、珠三角、大西南等地的湛江籍企业家共300多人出席了会议。会议由广东华德力电气有限公司董事长虞建仁主持。

会议总结了2011年度的工作情况，提出了2012年工作要点，审议通过了2011年度财务收支报告，表决通过了2012年会费收取办法议案，先后表彰了“首届湛江市杰出企业家、2011年度湛江市优秀企业家”和“2011年度湛江市优秀企业、湛江市最具核心竞争力企业、湛江市企业文化建设标兵单位”。

湛江市委常委陈岸明在会上发表重要讲话，他对受表彰的企业和企业家给予了充分的肯定，希望受表彰的企业家能够再接再厉，锐意进取，为“全力推动五年崛起，加快建设幸福湛江”作出更大的贡献。陈岸明说，根据《湛江市产业与产业园区布局规划（2011—2015）》的要求，未来湛江将着力发展大钢铁、大石化、大纸业、大旅游、大物流等“五大”产业与新海洋、新能源、新电子、新耗材、新医药“五新”产业。除此之外，还将发展特色农业、特色家具、特色家电、特色食品、特色文化等“五特”产业。他呼唤各企业要狠抓机遇，在此大发展的背景下适时调整发展战略与产业方向，力争把企业做大做强，为实现湛江五年经济崛起的宏伟目标作出贡献。

陈岸明指出，近年来，“企业两会”为加强企业与企业、企业与政府、企业与社会之间的联系发挥了重要的作用，为维护企业和企业家的合法权益、推动湛江市企业家队伍建设、凝聚企业和企业家力量等做了大量卓有成效的工作。他希望“企业两会”继续发挥“桥梁”和“纽带”作用，加强与涉企部门的联系与沟通，积极反映企业的意见和诉求，努力维护企业和企业家的合法权益，为“实现五年崛起、建设幸福湛江”提供强有力的支撑。

陈岸明最后提出三点要求：一、作为湛江市广大企业和企业家的“娘家”，他希望主管单位市经信局能够加大力度支持“企业两会”发展，使其不断完善机构和制度建设，提高工作和服务水平，积极投身到“推动五年崛起”的大潮中贡献力量。二、“企

2011年5月20日，由省企业联合会、省企业家协会主办的2011年广东省“企业家活动日”在广州举行。30家对广东经济社会发展做出突出贡献的企业获得了2010年度的“广东省优秀企业奖”。副省长佟星出席活动。

业两会”要不断优化结构，提升工作水平，加强与外界的交流和合作，办得更加有声色、有活力，并能为政府提一些“题目”，比如：产品出口难、企业融资难、信息难等等问题，政府将协调有关部门帮助扶持企业。三、“企业两会”要不断充实活动内容，如多开展企业家培训或松散型的企业管理论坛讲座，政府可以出资邀请著名专家为湛江市企业家进行免费培训，努力提高企业家们的整体素质和经营管理水平，促进湛江市企业实现跨越式的发展，给力湛江五年崛起。

【清远市委市政府表彰优秀企业、优秀企业家】 2011年4月28日，清远市在清远国际会展中心举行企业家活动日活动，2009—2010年度清远市优秀企业家、优秀企业。市委副书记、市长葛长伟、市委副书记何炳华、市人大、市政府、市政协分管领导以及相关的副秘书长、经济开发区、各县（市区）分管领导、经信局负责人、市直相关部门负责人出席了会议；市企业家协会会员单位代表、相关企业代表以及有关协会的负责人160多人参加了会议。市委常委、副市长温镜潮主持会议。市委副书记何炳华宣读市政府的表彰决定：广东新亚电缆实业有限公司等20家企业荣获2009—2010年度优秀企业；赖坤洪等20位同志荣获2009—2010年度优秀企业家殊荣。清远市企业家协会会长陈小焕代表优秀企业和企业家发表了感言，他表示：这次表彰大会不仅是市委、市政府对广大企业和企业家所取得的成绩和为清远经济社会作出贡献的充分肯定，同时，也给广大企业和企业家提出了更高要求和希望。

葛长伟市长作了重要讲话，对清远市各界的企业和企业家们为清远发展作出的贡献给予了充分的肯定，为企业未来的发展寄予殷切的期望，并提出四点希望：一是希望企业大力推进自主创新，加快自身核心竞争力，为清远更好更快发展再立新功；二是希望企业加快建立现代企业制度，不断提升经营管理水平，不断使自己的能力始终适应时代发展的要求；三是希望企业认真履行社会责任，努力推进幸福清远的建设；四是要进一步加强学习研究，提高为企业服务的水平和能力。葛市长希望各区政府相关部门要为企业的发展营造良好的环境，进一步完善产业政策引导，进一步规划基础建设，进一步改进工作作风，提高工作服务质量和工作水平，更好地服务经济发展的需要。

温镜潮副市长在总结时指出：葛市长的讲话非常全面，具有很强的针对性和可操作性，希望与会的同志们要认真学习，深刻领会，抓好落实，为加快建设幸福清远作出新的更大的贡献。为了贯彻好、落实好葛市长的讲话精神，再强调三点意见：

一、要进一步统一思想，本次会议表彰先进，分析形势，明确了目标，为增强企业竞争力推动我市产业结构的调整，优化升级，确保完成全年的工作任务，打下了很好的基础，希望各个单位要认真学习，贯彻落实好葛市长提出的要求，把思想统一到葛市长的讲话精神上，进一步加强领导、落实责任，并以此为动力，加大招商引资的力度，积极主动听取企业的意见，彻底解决好遇到的问题和困难，推动企业做大做强做优，为全市加快发展作出新的贡献。

二、要进一步优化发展环境，清远经济发展能保持良好的发展态势，主要是不断地优化了社会投资环境，引进了一大批企业家来清远投资置业，有利地促进全市社会经济的发展。同时也应该清醒地认识到，目前，清远们的基础设施还不够完善，要进一步的完善，服务水平还要进一步地提升，还要在人才、融资、财税、土地、技术合作方面为企业发展提供良好的竞争导向和竞争环境，有益于企业发展的良好氛围，努力为企业创造更好的发展环境。

三、要进一步培养更多企业家，本次会议的目的很明确，就要为企业家们加油、鼓劲，希望广大企业家再接再励、志存高远，敢于创新，创出品牌，向知名企业学习，敢于竞争，建立自己品牌优势和一定社会地位。同时，要坚决遵守国家税收，增强法律法规意识，增强社会责任感，树立企业报效社会的良好社会形象。

【2011佛山市企业家活动日暨企业创意产品展示会】 2011年11月17日，2011佛山市企业家活动日暨企业创意产品展示会在佛山市南海区保利水城•洲际酒店隆重举行。本次活动的主题是“和谐合作，同建幸福之城”。目的是展示企业创意、创新，推动企业融合发展，加快企业转型升级，促进工商业繁荣。佛山市领导、市有关部门的负责人、协会顾问、企业家会员、省市各地企联、行业协会、媒体等近600多人出席了本次活动。

本次活动分为保利水城企业创意产品展示区和保利洲际酒店2011佛山市企业家活动日宴会两部分进行。企业创意产品展示区主要展示佛山市53家企业具有特色的创意性产品，宴会举行盛大联谊，汇聚佛山市领导、协会名誉会长、顾问和会员企业家济济一堂，畅谈佛山经济发展的机遇与挑战。宴会以协会工作总结为引线，同时还进行会员企业文化汇演等，别具一格。

一年来，佛山市企业联合会、佛山市企业家协会根据会员企业的需求和经济发展的需要，在积极发展会员的同时不断地提升为企业服务的质量，并通过组织各种形式的活动为企业与政府以及职能部门搭建沟通交流的平台，促使协会充分发挥桥梁和纽带的作用。2011佛山市企业家活动日既是协会为企业会员提供有效服务的一次大聚会，而举办企业创意产品展示也是为企业转型升级、创新发展提供一个更新观念、共同学习的大舞台。通过活动促进会员企业家在协会这个大家庭里加强交流、和谐合作、资源共享、互为互利、共谋发展。为佛山的新一轮经济持续发展以及创建文明幸福城市作出企业家们应有的贡献。

在 2011 年广东省企业家活动日大会上的讲话

广东省人民政府副省长 佟星
（根据录音整理）

各位领导、同志们、朋友们：

今天很高兴参加 2011 年广东省企业家活动日大会，与大家欢聚一堂，畅述友谊，共谋发展。在此，我代表广东省人民政府向全省广大企业家致以亲切的问候，向受到表彰的优秀企业和企业家表示热烈的祝贺！

刚刚过去的十一五时期是我省改革开放和现代化建设取得新的重大成就的五年。五年来，我省深入贯彻落实科学发展观，全面实施珠三角规划纲要，大力推进三促进、一保持，推动经济发展方式转变取得明显成效，经济社会保持平稳较快发展。2010 年全省生产总值达到 4.5 万亿元，比上年增长了 12.2%，是 2005 年的 2 倍，先后超过新加坡、香港和台湾，人均生产总值达到 7 000 美元，特别是规模以上工业企业实现利润 4 000 亿元，比上年增长了 36.5%，是 2005 年的 3.4 倍，涌现出粤电、交通、华为、美的、广汽等一批资产和销售收入超千亿元的大型骨干企业集团。今年第一季度，我省主要经济指标增长平稳，国内需求保持稳定，外需回升较快，全省生产总值同比增长 10.5，规模以上工业增加值增长 14%。全社会固定资产投资，社会消费品零售总额和进出口总额分别增长 15.9、15.4、和 31.3，经济社会保持了平稳较快发展的良好态势。这些成绩的取得是在党中央国务院的正确领导下，省委省政府带领全省人民开拓创新、共同奋斗的结果，同时，也凝聚着全省企业家的智慧与汗水，借此机会，我向为广东经济社会发展作出巨大贡献的广大企业家们表示衷心的感谢！

十二五时期是我省深化改革开放，加快经济转变发展方式的攻坚时期，省委省政府顺应广东经济社会发展转型的内在要求，提出了“加快转型升级，建设幸福广东”的核心任务，这为我省今后发展进一步指明了方向。作为市场经济的主角，支撑我省经济社会发展的中坚力量，全省企业家们肩负着重要的历史责任。本次企业家活动日以“率先转型升级，建设幸福广东”为主题，符合中央和省委精神，切合广东实际，导向明确，针对性强，很有意义。借此机会，我对全省的广大企业家谈几点希望。

第一，希望企业家们把握有利条件，在加快转型升级中抢占先机。十二五是广东迈入工业化中后期发展的新阶段，加快转型升级是贯穿整个十二五的核心任务。广东经济发展到现阶段，迫切需要在过去 30 多年做大蛋糕的基础上进一步做精蛋糕，通过异地转移，就地转型和招商引资等多种方式，推动产业结构优化升级。目前我省正在围绕转型升级的关键环节开展重大项目和产业链招商，特别是战略型新兴产业、现代服务业，先进制造业和高新技术产业，发展潜力巨大，希望全省广大企业家认清形势，牢牢把握广东转型升级带来的机遇，及时调整发展战略和产品结构，大力推动企业增长方式加快转变，早日做优做强，实现又好又快发展。

第二，希望企业家们加强自主创新，为加快转型升级提供有力支撑。企业的创新能力决定企业的经营能力，只有保持强劲的创新能力，才能在转型升级中赢得主动，发展壮大。希望全省企业家们用足用好国家和省里的支持企业创新发展的有关政策，充分发挥企业在自主创（下转：第 754 页）

广东省人民政府副省长佟星在 2011 年广东省企业家活动日上讲话。

在2011年广东省企业家活动日上的致辞

广东省企业联合会、广东省企业家协会会长 罗佛光
（2011年5月20日，广州）

尊敬的佟星副省长，各位领导、各位企业家和嘉宾：

今天我们高兴地迎来了全省企业家欢聚一堂的盛大节日——2011年广东省企业家活动日。首先，我代表广东省企业联合会、企业家协会对省领导及有关部门领导的关怀和支持表示衷心的感谢，对各位嘉宾、各界朋友的光临表示诚挚的欢迎，向为我省经济社会发展作出卓越贡献的全省企业家们致以亲切的问候和美好的节日祝福，向当选为2010年度广东省优秀企业、优秀企业家、最佳诚信企业和诚信示范企业以及先进雇主组织的单位与个人表示热烈的祝贺和崇高的敬意！

广东省企业联合会、广东省企业家协会会长罗佛光在2011年广东省企业家活动日上致辞。

根据党的十七届五中全会和省委十届八次全会精神，以及当前社会经济协调发展新形势，我们把今年企业家活动日的主题定为“率先转型升级，建设幸福广东——十二五时期广东企业家的使命”，号召全省企业家紧紧围绕十二五时期发展的主题主线，明确新使命，担当新责任，为建设幸福广东建功立业，创造更加富裕、民主、文明、和谐的美好新生活。

2010年，面对极为复杂的国内外经济环境，全省企业在省委、省政府的正确领导下，坚定不移调结构，脚踏实地促转变，为实现国内生产总值增长12.2%作出贡献，在科学发展轨道上迈出了可喜步伐。“十二五”时期是我国乃至我省推动科学发展大有可为的重要战略机遇期，也是加快转变经济发展方式攻坚克难的关键时期。省委十届八次会议提出的加快转型升级、建设幸福广东这一核心任务，是“十二五”时期全省企业家肩负的更加艰巨而光荣的使命。

一、企业率先转型升级、建设幸福广东责无旁贷

全省企业及企业家作为加快转型升级、建设幸福广东的生力军，以实际行动率先转型升级，服务推动幸福广东建设责无旁贷。

抢抓科学发展战略新机遇，率先转型升级。“十二五”时期，我省将深入实施扩大内需、自主创新、人才强省、区域协调发展、绿色发展、和谐共享等六大战略，为全省企业创造了科学发展的战略新机遇。我们应抢抓新机遇，制定科学有效的企业发展战略，积极主动调整、转变发展模式，自觉承担转型升级的崇高使命，通过率先转型升级积极化解各类约束性指标，有效应对未来各种风险及不确定性，实现企业可持续性发展。

乘社会改革发展新浪潮之机，建设幸福广东。全省企业及企业家作为建设幸福广东的基石与主体，肩负着构建和谐社会的历史重托。在建设中国特色社会主义社会管理体系进程中，企业承担的基层社会管理和服务职责是履行社会责任的有机组成部分，我们要主动增强社会管理和服务意识，自觉履行职责，积极发挥作用，着力提高自主创新能力，加快建设现代产业体系，为建设幸福广东创造物质基础。

二、坚持以人为本，实现企业发展与员工成长和谐共赢

在企业发展过程中，要始终秉承“以人为本”理念，全面树立雇主责任意识，注重实现企业发展与员工成长和谐共赢。

精心培育企业核心价值理念，塑造良好社会责任形象。温家宝总理强调，当前文化建设特别是道德文化建

设，同经济发展相比仍然是一条短腿，并痛心疾首地指出，恶性食品安全事件足以表明诚信的缺失、道德的滑坡已经到了何等严重的地步。我们呼吁，全省企业家要注重企业经营与社会责任协调发展，防止片面追求经济利益而忽视履行企业社会责任，努力实现社会效益与经济效益的有机统一。严格内部监控流程，主动建立健全保护消费者权益的内控机制，确保产品安全，杜绝失范失序行为，致力于打造基业长青、企业诚信形象永葆的百年老店。

树立责任雇主意识，推进企业劳动关系和谐稳定发展。要积极履行雇主责任，加强人文关怀改善用工环境，把实现人的价值作为企业发展的根本。要强化企业转型升级的目的依归和价值导向，把为员工谋幸福作为企业发展的出发点和落脚点，通过为员工创造发展机会，让员工分享企业发展成果，提高员工的幸福感和满意度，争当构建和谐劳动关系的典范。

三、共建共享幸福广东，增创经济繁荣社会和谐新优势

汪洋书记指出，人人是创造幸福的主体，个个是享受幸福的对象。因此，广大企业家既是幸福广东的建设者，也是幸福广东的分享者。我们应该紧跟社会经济发展新趋势，发展绿色经济，积极参与环境保护事业，着力建设资源节约型、环境友好型社会，实现自然与企业和谐发展。根据2010年我省经济发展初步统计数据，单位工业增加值能耗0.753吨标煤/万元，下降6.9%，化学需氧量排放量85.83万吨，下降6.0%，二氧化硫排放量105.06万吨，下降1.9%。相比国家十二五时期的排放指标——单位国内生产总值能耗和二氧化碳排放分别降低16%和17%，主要污染物排放总量减少8%至10%还有一定的差距，这要求我们在增强科技创新能力、推广使用低碳技术的同时，要大力发展循环经济，积极调整经济结构，促进经济社会发展与人口资源环境相协调。要以高度的责任感参与到推动全省民生事业发展中去，把发展经济和改善民生紧密结合起来，实现经济、社会协调发展，增创我省经济繁荣社会和谐新优势。

全省企业家们！“十二五”的宏伟画卷已经开篇，让我们紧密围绕党中央、国务院以及省委省政府的战略部署，围绕加快转型升级、建设幸福广东这一核心任务，深入实施《广东省十二五规划纲要》，率先转型升级，切实当好落实科学发展观、促进社会和谐的排头兵，为建设幸福广东作出新的更大贡献！

谢谢大家！

（上接：第752页）新体系中的主体作用，真正把提高自主创新能力作为企业第一经营力，舍得在引人才、搞研发上下本钱，要加大技术改造和产品研发力度，重视提高工业设计水平，进一步提升品牌的市场占有率和竞争力。

第三，希望全省企业家们敢于担当，积极履行社会责任。社会责任是企业增强核心竞争力的重要组成部分，一个没有社会责任感的企业，从长期来讲，是会被市场和顾客所抛弃的。要坚持诚信经商，把为社会提供合格安全的产品和服务作为自己的天职，做到合法经营，诚实自立，积极构建诚信社会，坚持绿色发展，重视保护生态环境，合理开发利用资源，走可持续发展之路。要坚持以人为本，切实维护企业员工的合法权益，建立利益共享的和谐劳动关系。坚持回报社会，积极参与和支持社会公益慈善事业，共同树立起粤商良好形象。作为企业，力争做到两大最大化，一是效益最大化，二是社会责任最大化，把两者统一起来企业一定能够赢得市场，赢得发展。南粤企业家是社会的宝贵财富，是广东的响亮品牌，企业家的成长既需要企业家自身的努力，也需要各级党委政府和社会各界的关心和支持。省委省政府历来高度重视和大力支持企业的发展和企业家的成长，全省各级党委政府及有关部门要继续完善和落实各项扶持政策，进一步改进对企业的服务和管理，全力营造更加优越的生态经营环境，为企业加快转型升级、创新发展、早日实现战略目标创造良好条件。省企业联合会要充分发挥好桥梁和纽带作用，积极反映企业与企业家的呼声和要求，切实帮助企业研究解决转型升级中的现实困难，共同为企业家能干事业、干成事业营造良好的社会氛围。

最后祝企业家活动日取得圆满成功，祝全省广大企业在十二五深化改革开放，加快转变经济发展方式的大潮中再创辉煌。谢谢大家！

行业协会

广东行业协会

广东省电力行业协会

【简述】 广东省电力行业协会的前身为广东省电力企业管理协会，2002年4月更名为广东省电力行业协会。广东省民间组织管理局是广东省电力行业协会的登记管理机关。广东省电力行业协会是广东省电力行业各企事业单位(组织)自愿参加的、自律性的、非营利性组织，接受广东省人民政府相关部门的业务指导。

协会机构 广东省电力行业协会是独立的社团法人，现有会员单位187家，涵盖了发电、供电、电力建设、科研、设计、院校等专业类型。行业协会最高权力机构为会员大会，领导机构是广东省电力行业协会理事会，工作机构是理事会秘书处。分支机构有发电、供电、电建、燃机四个专委会。行业协会自成立以来，认真贯彻国务院办公厅《关于加快推进行业协会商会改革和发展的若干意见》、《广东省行业协会条例》和《中共广东省委、广东省人民政府关于发挥行业协会、商会作用的决定》等文件精神，在民间组织管理局和省政府有关部门的指导下，在会员单位的支持配合下，逐步向“五自”、“三无”现代行业协会的要求迈进。即“自愿发起、自选会长、自筹经费、自聘人员、自主会务”、“无业务主管、无行政级别、无行政事业编制”，初步实现了行业协会的民间化、自治化。2009年首批被广东省民政厅授予5A级行业协会。

协会职能 广东省电力行业协会的宗旨是为会员提供服务，维护电力行业及会员单位的合法权益和共同的经济利益，维护电力市场秩序和公平竞争。现阶段主要业务范围是调查研究、制定行业标准、协调企业、政府、社会之间的关系、反映会员诉求、维护行业和会员合法权益、电力工程的前期论证，行业的评先评优、行业职业技能鉴定与技能竞赛等。

协会作用 协会按照章程的规定，紧紧围绕广东电力工业改革与发展的中心工作，坚持以邓小平理论、“三个代表”重要思想和科学发展观为指导，按照“‘一个目标’不动摇、‘两个规范’是保障、‘三个而为’建和谐、‘四个服务’是宗旨、‘五个优势’要发挥”的工作思路，不断改进和加强服务能力建设，努力构建协会与会员单位之间以及会员单位之间的和谐关系，进一步加大在履行职能、服务会员、规范管理的深度、广度和力度，为维护电力系统的安全稳定运行、构建和谐广东电力，为广东经济社会又好又快发展作出了积极的贡献。

【2011年主要工作】 2011年，在广东省委、省政府及有关部门的正确领导下，广东省电力行业协会继续深入学习实践科学发展观，围绕“服务当先、自律诚信、努力建设现代行业协会”的目标，强化服务企业、服务行业、服务政府、服务社会的理念，全面落实年初工作安排，积极提升发展能力，各项具体工作成效明显，协会影响力进一步增强，为保障广东电力供应、促进广东电力工业发展作出了应有贡献。

（1）召开第三届会员大会。2011年11月25日，广东省电力行业协会在广州召开第三届会员大会。168位会员代表出席了会议，中国电力企业联合会、广东省经济和信息化委员会、国家电力监管委员会南方监管局和广东省民间组织管理局的领导参加了会议。大会还收到中国电力企业联合会、广东省经济和信息化委员会、国家电力监管委员会南方监管局和广东省民间组织管理局以及46个省、市、地区行业协会发来的贺信。中国电力企业联合会办公厅田卫东副主任、广东省经济和信息化委员会吴锋副主任和广东省民间组织管理局黎建波副局长分别在大会上作讲话。大会选举出新一届领导机构即第三届理事会和监事会，广东电网公司总经理廖建华当选为第三届理事会会长，粤电集团董事长潘力当选为第一副会长。

（2）开展广东省电力行业协会科技创新成果奖评审。按照《广东省电力行业协会科技创新成果奖评选办法》精神，2011年7月，广东省电力行业协会科技创新成果奖申报工作正式启动，共收到会员单位申报科技创新成果奖项目52个。按照“公开、公平、公正”的原则，评审委员会组织了评审专家对52个项目进行了严格评审，最终有14个项目获2011年度广东省电力行业协会科技创新成果奖。同时，协会还开展广东省优质工程评审。经过严格评审，有12个项目评为2011年度广东省电力优质工程。

（3）开展电力行业职工职业技能竞赛。2011年，通过努力争取，获广东省职工职业技能大赛组委会批准，成功举办广东省电力行业热工工种职业技能竞赛，共有26支代表队、近200人次参加了选拔赛和决赛。本次竞赛，是协会首次面向基层举办的大规模技能竞赛，并纳入广东省职工职业技能大赛的范围。获竞赛前五名的选手分别被授予“广东省技术能手”、“广东省经济技术创新能手”等荣誉称号，获第一名选手由广东省总工会将按程序授予广东省“五一”劳动奖章。

（4）组织调研、考察和采访活动。针对我省电力行业开展创优质工程等活动，2011年5月23日，广东省电力行业协会组织了会员单位对河南送变电建设公司进行调研考察，全面考察了河南送变电建设公司以建优质工程、精品工程为目标，创新管理理念，强化机制创新、科技创新、工艺创新，突出目标管理、风险管理，注重过程控制等各方面的创优经验，并编写了《建优质工程创“鲁班奖”殊荣》的考察报告。本次考察，对我省电力行业创优质工程等工作起到了积极的推动作用。

对广东粤电湛江生物质发电有限公司的采访活动，是广东省电力行业协会新闻宣传工作的一大尝试。广东粤电湛江生物质发电项目是目前国内乃至全世界最大的生物质发电项目，为及时宣传报道我省电力行业在新能源发展方面所取得的成绩，给力我省新能源发展，2011年10月9日，协会组织采访团赴广东粤电湛江生物质发电有限公司进行考察采访，并编写了《变废为宝，纯生物质发电开创我省新能源发展新局面》的考察报告，在《广东电力行业信息》和网站刊登，同时在《中国电力企业管理》杂志2012年第一期上刊登。

（5）扎实开展全面质量管理活动。2011年，协会以“优质服务”为宗旨，以“开拓创新、积极进取”为指导思想，团结协作、全员参与，在质量管理领域大胆创新，积极推进，积极组织会员单位参与各级组织机构开展的，在全国或全省具有较大影响力的评优荐优活动。先后组织有关会员单位申报2011年全国电力行业用户“四满意”；推荐2011年全国电力行业实施卓越绩效模式先进企业；组织有关企业申报2011年度中国电力建设科学技术成果奖；鼓励和协助有关会员单位申报2011年全国电力行业质量奖。

2011年举办发电、供电、电建类QC成果发布会共3场，39家单位87个成果参加发布。其中，推荐被评为全国电力行业优秀QC小组12个、QC小组活动卓越领导者1名、质量信得过班组1个、QC小组活动优秀企业1个、QC小组活动优秀推进者1名；另有34项QC成果及一批先进个人和先进集体推荐至广东省质协。协会连续7年被省质协评为优秀推进质协单位。

（6）持续加强教育培训。2011年，协会一切从实际出发，根据会员单位的需求和电力行业发展的需要，有的放矢地举办各种不同类型的培训班，相继举办了“2011年全国农村电网优化设计与升级改造关键技术应用高级研讨班”、“广东省10kV及以下设备技术、设备选型、竣工检验三项规范宣讲培训班（共四期）”、“国家注册安全工程师执业资格考前培训班”和“质量管理小组骨干培训暨省级诊断师考评班”等，共有1 300多人参加了培训班，进一步提高了员工的技能和专业水平。

（广东省电力行业协会）

广东省电子行业协会

【简述】　广东省电子行业协会成立于1996年11月，是在原广东省电子机械厅组织下，在业界专家和知名企业家的倡导下，由广东省各地市电子信息行业管理部门、企事业单位、科研院所、大专院校等自愿组成的行业性、区域性、非营利性的省级行业社会团体组织，经广东省民政厅登记批准，具有独立法人资格，业务主管单位是广东省政府相关职能部门。

【2011年重点工作】　一、树立科学实践发展观，研究解决电子行业发展思路问题

认真学习领会中央经济工作会议精神，解读和分析国家发改委《外商投资产业指导目录（2011年修订）》、《当前优先发展的高技术产业化重点领域指南（2011年度）》、产业结构调整指导目录(2011年本)、工信部《产业关键共性技术发展指南（2011年）》，广东省委、省政府《广东省国民经济和社会信息化“十二五”规划》等行业相关政策制度，积极协助省市各职能部门、企事业单位制订相应的地方实施意见和行业标准，进一步为调整和发展全省电子产业结构，促进我省电子企业转型升级，为我省电子产业做大做强再立新功。

二、充分发挥协会优势，坚持服务政府，积极当好政府的参谋助手

（一）接受政府委托，承接政府职能。分别受省经信委和外经贸厅的委托，圆满完成了2011度电子信息产业行业信息统计月报、年报的上报工作，建立广东省战略性新兴产业发展专项资金（高端新型电子信息）项目后续管理机制和具体各项实施工作，对相关企业引进项目进口贴息申报进行资格审查、统计和类分评估以及国家鼓励外商投资产业项目确认审查意见，得到相关部门的肯定。

（二）密切关注行业动态，积极为政府建言献策。先后参与经信委、外经贸厅和财政厅等政府部门关于战略性新兴产业重点产品和指导服务目录、广东省高端新型电子信息产业标准化行动计划、广东省鼓励进口产品和技术目录、日本地震灾害对我省产生的中长期影响、2011年关税税目税率调整意见和工信部电子信息产品污染控制管理办法专项检查等项目的编制和调研，并提出相应的建设性意见。大力支持花都区音响发展规划的调研及授牌花都区中国音响之都的工作。协助恩平市经信局筹建成立恩平市电声行业协会，恩平市政府筹办广州国际专业音响灯光展暨恩平麦克风展。参与省质监局广东省专业标准化技术委员会的筹建工作，并成为省电子设备用阻容元件标准化技术委员会（GD/TC26）副主任委员，省电器电子产品绿色制造标准化技术委员会（GD/TC26）委员。多次参与省经信委各地转移工业园情况调研，参加产业转移政府协会园区“三结合”暨定向招商专题座谈会，并与佛山顺德（英德）产业转移工业园、广州（梅州）产业转移工业园、汕头产业转移工业园等签订协作园区招商合作协议。

三、坚持服务会员，构建合作交流平台，增强协会为社会服务的能力

（一）积极响应并参与省经信委关于“广东省优势传统产业转型升级示范企业”推荐工作，所推荐的国光电器、飞达音响、珠江灯光等单位，得到主管部门的一致认可。积极协助

会员企业加大实施名牌带动战略的工作力度，经协会有效分析筛选，为省工商局推荐多个获“广东省名牌产品”“广东省著名商标”“国家驰名商标推荐”等称号的企业产品。大力支持会员单位参与中电企协关于“全国电子信息行业优秀企业”评选活动，经协会推荐的风华高科荣获“最具影响力企业”，国光电器、海格通信、东信和平、广晟数码、中大微电子等荣获“优秀创新企业”，粤晶高科和广电运通则荣获“优秀企业”等称号，为企业提高知名度作出极大的努力。

（二）协会为广东交通职业技术学院与国光电器院企合作牵线搭桥，并进一步促进双方在课题和项目上合作。参与学院的专业服务产业发展能力重点建设项目论证，为学院作“电子行业人才需求”专题报告，为学生就业形势分析提供了的有效帮助。

（三）加强同各地市电子行业协会的交流，多次组织协会秘书处深入会员单位进行调研，了解企业经营情况和遇到困难，尽可能做到为企业排忧解难，加强会员间的交流。

四、加强自身建设，全面提升服务社会能力

（一）协会第三届会员代表大会于2011年6月29日在广州东方宾馆举行，总结第二届会员大会以来的工作，修改协会章程，选举新一届的会长、副会长、理事和监事，并在当天下午召开三届一次理事会，组建了新的秘书处领导班子。

（二)成立党支部。2011年12月，经省社会组织党工委同意，协会正式成立广东省电子行业协会联合党支部。党支部的成立，为协会贯彻落实社会组织学习实践科学发展观活动和创先争优活动精神，加强党建工作，提升队伍及服务能力建设，提供了强有力的政治保障。

（三）编撰《电子信息产业政策法规汇编和项目申报指南》，全书共收集现行政策法规100个，国家与省各类项目申报指南64类，是目前国内最新最全的行业性产业政策和项目申报指南汇编书，为会员和行业企业申报各类项目提供咨询、指导和专业服务。

（广东省电子行业协会 陈国英）

广东省港口协会

【简述】 广东省港口协会是广东省全省性的港口行业协会，是由省内港口企业和相关服务企业为维护共同的合法经济利益而自愿组织的行业性、非营利性社会组织，是经广东省民间组织管理局注册登记的社团法人。

协会设有《广东港口》杂志编辑委员会、生产经营委员会、工程技术委员会、政策法规委员会和港口安全管理、港口设施保安专业委员会等5个专业委员会；建立完善的专家库，拥有一批具有高级职称的各类工程技术、经济管理、法律专家；聘任了资深的行业相关领导和大学教授为顾问。协会设立秘书处，并下设办公室、综合服务部、资讯部三个部门。协会制度健全，管理规范。

协会主要业务包括：组织港口有关专业评价、评审、咨询、培训，开展课题研究论证、港口行业调研、港口数据分析；主办《广东港口》期刊杂志；组织每年出版的《中国港口年鉴》（广东版）的组稿编辑工作；在互联网设立《广东省港口协会》网站。

协会自1984年10月创立以来，在省交通运输厅和省民间组织管理局的指导下，经过历届理事会的努力和在广大会员单位的积极支持下，在推动本行业发展、促进广东经济社会发展中发挥了积极作用，得到省交通管理部门的信任与支持，得到会员、行业的广泛好评，正朝着建设现代新型港口协会的方向努力迈进。现拥有会员单位90多个。

协会坚持以服务港口行业、服务会员、维护会员合法权益、促进港口经济发展为宗旨，通过诚信建设和行业自律，维护港口正常秩序，形成公平、有序的竞争环境，树立港口行业良好形象，努力成为政府部门与行业、会员以及行业、会员与公众联系紧密、服务便利、特色鲜明的行业协会。

【2011年主要工作】 2011年，协会坚持“服务会员、服务行业、服务港口经济”的办会宗旨，牢牢抓住“树形象、强服务、谋发展”的工作思路，坚持创新，以建设新型民间协会为目标，使服务工作迈上新台阶，业务工作扎实开展，自身建设不断加强。

注重发挥作用，致力于做好服务 一是积极征集会员和行业相关单位对省交通运输厅印发的《广东省“十二五”沿海港口发展意见（征求意见稿）》等五个重要文件的意见，及时向省厅反馈，其中不少意见和建议得到省厅的采纳。二是围绕珠三角港口一体化、港口行业面临的困难与挑战、港口建设费征收等行业热点问题开展广泛和深入的调研，写出调研报告及时呈送政府相关部门。受省交通运输厅的委托，对全省水路运输服务业的现状及其对水运业的影响进行深入调研，写出《广东省省水路运输服务业调查报告》送省厅。这些工作的开展，有效地协助政府部门及时、全面、准确地了解行业的运行和发展情况，更好地进行决策。三是继续加强信息数据库建设，信息数据库的信息不断充实，较好地为业界开展各项工作提供支撑。四是继续做好危险货物运输岸上人员、港口管理部门和港口企业安全知识等各种培训工作。五是继续办好《广东港口》期刊和网站。不断改进《广东港口》的编辑工作，突出港口行业和本协会的特色。网站开通了协会培训信息栏；加大了推介会员的力度；增加了信息量。

加强能力建设，业务工作扎实开展 一是受省交通运输厅的委托，做好《2010年广东省港口与航运发展报告》（简称《白皮书》）的组编工作，受到省交通运输厅领导的肯定，得到业界、会员的高度关注，为港航经济发展提供了重要参考依据。二是受省交通运输厅港口管理部门的委托，对广州港出海航道调度管理公平性情况进行跟踪调研；编制《广州港出海航道水域调度总计划公平性分析报告》，得到出海航道相关港口管理部门和企业的好评。三是受省交通运输厅委托，参与组织编制《广东省危险货物码头安全监督指南》的工作。四是协助省港口管理部门制订了《广东省水路客运旅客随身携带行李物品安全检查办法》。完成了省交通运输厅交办的《2010年中国港口年鉴》广东部分的组稿和编写工作。六是继续做好港口危险货物码头专项安全评价评审工作，帮助港口企业解决实际问题，协助各市港口行政部门共同为企业服务，得到普遍的认可。七是与华南理工大学等单位承接省交通运输厅《珠江内河航运物流发展对策研究》的课题研究，研究报告已通过了评审验收。

完善内部管理，自身建设不断加强 一是按照改革发展要求，做好协会等级评估工作。按边评估、边完善、边整改、边提高的工作思路，抓紧抓好规范管理，完善各项制度。二是落实党建工作，完善协会党组织架构。三是增加会员覆盖面，共发展11个新会员，扩大了协会的影响力。

（广东省港口协会）

广东省机械行业协会

【简述】 2011年，广东省机械行业协会在各级政府部门的关心支持和广大会员单位的积极参与下，坚持科学发展主题主线，紧密围绕我省机械行业转型升级，工作取得了一定的成绩。

【加强协会三大服务平台建设取得新进展】 *加大了行业统计调查与信息交流服务平台建设* （1）对协会网站进行了全面升级改版。秘书处投入了近5万元，对网站进行了升级改版，新增了7个模块，共13个一级栏目，51个子栏目，可为协会会员和行业企业及时传递行业最新动态、政策法规、标准规范、企业黄页、产品供求、二手设备调剂、设备维修改造、技术交流与合作、技能培训等信息，还增加了“在线咨询”、“在线留言”等互动功能。

（2）加强了行业统计与经济运行分析工作。与省经信委经济运行处签订了合作协议，以购买服务方式，每月由协会提供行业经济运行分析报告，同时摘要在协会网站和会刊上发布。为提高经济运行分析报告质量，每季度末在秘书处召开运行分析会，对热点和倾向性问题进行分析，对近期走势进行预测预警。

（3）加强了行业热点和重大信息交流。从秘书处实际出发，明确了各业务部和办公室承担业务范围内信息的收集整理发布职责，对行业发展中的重大和热点信息及时发布和交流，扩大网站信息量和及时性。

成功举办了两个重点行业的信息交流会。2011年初春节过后，在开平市召开了全省变压器行业春茗联谊会，共80多名会员企业和单位代表参加。会上请省电网公司介绍了2011年电网改造对变压器产品需求情况和设备招标要求，开平海鸿变压器厂介绍了S14节能变压器开发情况。同时，借助春节气氛，进一步加强了会员单位间的联系，营造既公平竞争又相互合作的氛围。2011年底前，在广州召开了全省开关行业信息交流会，64家开关企业的80多名负责人和代表参加了会议。秘书处在会上作了《“十二五”开关行业发展趋势》的报告，省电力设计研究院、省电网公司科研院、国家中低压输配电设备质量监督检验中心、顺开电气集团等单位的特邀专家分别介绍了广东省海上风电、国内配电设备、高压开关设备发展现状和趋势，以及高低压开关设备标准修订和试验认证要求等。与会代表反映交流会内容丰富、信息及时。

积极扩大与专业展览公司合作和组织企业参加大型展览展销会 （1）继续支持和参与中山亚联展览公司举办的“2011年第7届中国（中山•小榄）轻工机械展”。（2）组织部分企业先后参加了由陕西省政府与中机联举办的“2011年第12届中国西部国际装备制造博览会”、福建省政府与国台办举办的“2011年第二届海峡两岸电机电器博览会”、以及“第十三届上海国际机床展”和“2011年华南国际机床展览会”等。

努力拓展行业技术交流合作与服务领域 （1）2011年5月，意大利对外贸易委员会广州代表处和意大利施耐尔（SCHNELL）集团中国区总裁一行4人到协会拜访，共同交流了建筑工程用自动钢筋加工设备生产及技术发展情况。

（2）为应对日趋严重的国际贸易保护主义，组织部分企业参加了由广东省知识产权局、美国国际贸易委员会联合主办的“美国337调查及应对策略国际研讨会”。

（3）在广泛征询有关专家、省电网公司、电力设计院和省内变压器生产企业意见基础上，向国家能源基础与管理标准化技术委员会秘书处制订的《三相配电变压器能效标准（修订草案）》提出了有关变压器产品能效等级划分和损耗值误差率标准的意见。

（4）推荐名牌产品和著名商标。根据省名牌产品评价中心的要求，结合国家鼓励发展产品和我省现代产业发展指导目录，推荐了属重要领域关键基础零部件的塑料机械螺杆挤筒等3项产品作为2011年省名牌产品（工业类）新增评价目录建议产品，GSK系列数控系统等9项产品为复评评价目录建议产品。同时，为广东吉青电缆实业有限公司等38家企业向省工商局提出了推荐著名商标的意见及证明文件。

（5）完成了一批新产品新技术鉴定。2011年协会共组织了66家企业212项目产品通过新产品新技术鉴定(其中机械类15项,电工类197项)，其中有11项属于国内首创、填补国内空白、国内领先、或具有国际领先、国际先进水平的产品。

（6）召开省机械行业职业技能鉴定工作会，传达了《国家职业分类大典》修定工作情况。省机械职业技能鉴定分中心下属4个鉴定站的负责人交流了如何加强职业教育与企业用工需求联系，以及提高企业和职工参与技能培训积极性的意见。

（7）积极参与了省现代职业教育体系建设。为深化广东职业教育改革，加快建设现代职业教育体系，省教育厅成立了《广东省职业教育改革创新指导委员会》，由省直有关部门、部分行业协会和重点职业院校共同组成，省机械行业协会以委员单位名义参加了该委员会。与此同时，协会还参与了由广东机电职业技术学院牵头，14所职业院校、56家工业企业、7家省市专业行业协会共同组建并于9月29日正式成立的广东省机电职业教育集团。

【完成了省重大战略产业发展专项课题《广东省数控机床产业发展战略研究》】 这是迄今为止协会承接政府部门委托最大的一个招标课题项目，秘书处组织了有省内外9位行业资深专家参与的课题组。从年初开始，历时半年，经过资料收集、调研座谈、咨询研究、报告撰写、征求意见、报告修改等，形成了研究报告。11月下旬，省发改委在广州召开了课题研究报告的专家评审会，对研究报告给予了充分肯定，认为报告“资料丰富翔实，发展思路清晰，目标定位合理，发展重点明确，意见措施可行。”

【努力完成政府部门交办的工作任务】

积极参与省重点产业转移园区招商引资活动 为着力解决目前省产业转移园区招商和集聚发展的瓶颈问题，省委、省政府提出了建立各级政府、行业协会和省级产业转移工业园区“三结合”工作机制的要求。省经信委正在制订具体的“三结合”工作指导意见，以加快推动我省产业转移工作实现新突破。

经过一段时间的相互沟通、调研，全省10个重点省级产业转移园中，已有韶关市莞韶产业转移园、汕头市产业转移园两个省级重点园区在2011年12月25日“省产业转移联合定向招商活动暨乡贤回归工程启动仪式”上和协会签订了合作协议。协会代表在会上作了发言，表示要积极发挥协会的桥梁纽带作用，统筹协会资源，为推动广东省产业转移深入开展作出新贡献。会后，清远市顺德（英德）产业转移工业园管委会到协会拜访，希望和协会签订合作协议，邀请秘书处尽快组织安排到园区进行考察。

努力完成政府部门交办的有关行业发展咨询工作 2011年参与省有关部门组织的重点产业发展规划和重大项目评审会4个，产业结构调整和产业政策意见咨询会5个。

协会受东莞市经信局委托，对该市的先进制造业“十二五”发展规划组织了两次评审会。为云浮市经信局组织了一批机械装备制造业技术改造和技术创新项目的竣工验收审查。协会秘书长受珠海市发改局聘任为专家顾问，参与该市的“十二五”社会经济发展规划咨询和评审。

2011年11月8日，协会秘书长受邀参加在韶关市举行的由省经信委、省外贸厅和韶关市、东莞市政府联合举办的“广东装备制造业国际高峰论坛”，主持了汽车零部件及工程机械专题研讨会，反应热烈，受到了论坛组织方的赞许。

一年来，在省政府有关部门和协会会员等各方关心支持下，协会秘书处全体工作人员按照新一届协会的发展思路和目标，加强学习，努力工作，协会的各项工作取得了新的成绩。在队伍建设、能力建设，尤其是思想观念的转变，还要更加适应建设现代行业协会的要求。

2011年3月，在中机联三届三次会员大会上，省机械行业协会被评为“先进协会”。7月，广东省社会组织党工委授予了机械行业协会联合党支部为“广东省社会组织先进党组织”称号。

（广东省机械行业协会）

广东省造纸行业协会

【简述】 广东省造纸行业协会成立于1996年11月，原为广东省造纸协会，于2011年经广东省民政厅批准更名为广东省造纸行业协会，并于2011年1月被广东省民政厅评为“AAAAA行业协会”，是目前行业协会的最高荣誉。协会以“作为联系政府和企业之间、企业和企业之间的桥梁和纽带；团结全体会员，为企业服务；加强企业管理，促进造纸技术进步，为振兴和发展我省造纸行业；维护我省造纸企业和企业经营者合法权益”为宗旨，一如暨往地真心、诚挚为企业服务。

协会现有会员140多家，下设有包装用纸、文化办公及信息用纸、特种纸、技术、家庭用纸、质量及一次性卫生用品等七个专业委员会和肇庆办事处。协会还成立了广东省造纸行业协会党支部，有完善的党员工作、学习、管理等制度，并积极开展各种活动，定期与企业党支部交流，学习先进的党支部发展经验。由于党组织建设完善和工作出色，陈竹同志在省民政厅和中共广东省社会组织工作委员会开展的“全省社会组织先进党组织、优秀党务工作者、优秀共产党员评选表彰活动”中被评为“优秀党务工作者”。

秘书处工作人员全部毕业于造纸专业或长期从事造纸行业管理工作，对造纸行业的生产和管理熟悉。两位工作人员参加了国家清洁生产审核师培训，并获得国家清洁生产审核师证书，具备国家清洁生产审核师的资质。

【完成换届选举，迎接新发展】

广东省造纸行业协会第四届理事监事会于2011年进行换届。在“2011年广东省造纸行业协会年会”上，采用无记名投票方式选举出第五届会长、秘书长、理事、总监事和监事。并在“广东省造纸行业协会第五届第一次理事会暨监事会会议”上，选举出了常务理事、副会长和副总监事。

广东省造纸行业协会不断提升自身能力和自律建设，提高为政府和企业服务的水平。2011年协会全力配合广东省纪委、省监察厅、省财政厅、省审计厅、省民政厅和省政府国有资产监督管理委员会联合开展的“小金库”治理工作，提交报告3份，并组织协会财务人员参加省民间组织总会举办的全省社会组织财务管理培训，巩固“小金库”治理成果，提高协会财务人员政策和业务水平。

为保护协会的利益不受侵犯，秘

书处为协会商标和会徽进行了注册和版权登记。

【为政府部门提供服务】 节能减排是“十二五”期间的工作重点，《广东省“十二五”节能规划》节能目标规定：到2015年，全省造纸行业的机制纸和纸板单位综合能耗由2010年的424kgce/t下降至400kgce/t，节能任务非常艰巨。造纸行业是广东省能耗较大的行业，促进行业转型升级和节能减排效果如何对广东省实现十二五节能减排目标意义重大，为此，广东省造纸行业协会做了大量工作。

协会对省经信委制定的“十二五”广东省造纸行业重点用能单位名单提出了修改意见，使其更符合造纸行业实际情况。根据省经信委要求，提供了2011—2012年广东省重点行业新上高耗能项目的情况汇总，协助省经信委加强节能监测分析。为国家环保部起草的《造纸行业污染防治最佳可行技术指南（征求意见稿）》征集专家意见，并将意见整理汇总反映给环保部。

为配合广东省造纸行业节能减排工作，秘书处加强对广东省造纸行业清洁生产审核及验收体系与能耗体系研究工作。

协会于2010年向省经信委申报的节能专项资金项目——《广东省造纸行业清洁生产审核及验收体系研究》，经过调研、论证，向省经信委提交了《广东省造纸行业清洁生产审核及验收体系研究报告》。为了促进制浆造纸行业转型升级，确保完成“十二五”国家下达给广东省的节能约束性目标，协会还向省经信委申请了2011年节能专项资金项目——《广东省造纸行业能耗体系进行研究》。

【为政府制定行业规划出谋划策】

受广东省经信委委托，协会组织专家对秘书处起草的《广东省造纸工业“十二五”规划研究（初稿）》进行论证，最终将《规划》编制成《广东省造纸工业“十二五”发展指导意见》，并印发给各地市经信部门贯彻落实。协会还参加了东莞市产业技术

2011年11月21至23日，2011年广东省造纸行业协会年会在佛山高明碧桂园召开。

进步“十二五”规划的专家论证会，为东莞市“十二五”造纸行业发展提供了专业指导意见。

【向部门反映行业情况，为行业争取利益】 协会根据经营者集中反垄断审查相关规则，配合省外经贸厅调查企业并购情况，为政府的正确决策提供了依据。答复政府部门对造纸技术有关问题的咨询。向财政部门反映对关税调整的意见及对国内废纸收购的税收意见。为广州市质监局标准化专家库提供标准化专家。参加有关部门开展的科技成果鉴定会，提供专业意见。

积极配合省有关部门编制《广东年鉴》和《广东企业年鉴》，提供我省造纸行业及协会的年度总结情况；为国家造纸行业相关部门撰写《中国造纸年鉴》的广东部分。

【为企业搭建交流、展示和信息共享平台】 举办第八届广州国际纸业展览。广州国际纸展经过八届积累，每届展会规模都得到不断扩充，同时凭借专业性强、国内外观众对口、会议规格高等特色，不断地推动了中国纸张贸易消费，业已成为国内外纸张行业融交流、推广、合作为一体的造纸行业年度盛会。同期还举办了“国际造纸技术年会2011”论坛，邀请行业知名专家和著名企业的代表出席了论坛并作了报告，分析未来中国及全球造纸技术发展的趋势及有关节能环保的最新热点；并召开了“广东省家庭用纸和一次性卫生用品交流会”，分析了中国卫生纸、卫生巾、纸尿裤等产品的市场发展、质量分析、消费需求及趋势。

参与主办了第二中国（厦门）卫生用品博览会，并组织企业前往参展和参观，开拓广货市场。组织企业赴山东考察学习，参加了山东省轻工机械协会联合广东省及其他地区共十省区共同召开“十省区造纸装备新产品、新技术交流会”，调研山东省造纸行业的清洁生产水平。组织企业参观“2011广州国际水展”、“第七届广州国际品牌叉车及配件展览会”、“2011广州年历、节庆礼品展览会、2011广州文化礼品展览会”和“第7届中国（东莞）国际特种纸、包装纸展览会”，了解纸及纸制品在相关行业的使用情况，以引导广东省造纸企

业转型升级，并开发新市场。对协会网站进行升级改版后，开设了专门针对会员开放的会员专区，为每个会员单位提供网站账号和密码。

【为企业服务，提高企业竞争力】

组织企业参加有关培训及各类评比表彰活动。组织企业申报省经信委开展的“广东省优势传统产业转型升级示范企业”申报工作，经协会组织推荐，造纸行业共有4家企业被评为“广东省优势传统产业转型升级龙头企业”，7家企业被评为“广东省优势传统产业转型升级示范企业”。组织企业参加省经济委信息化推进处组织的“2011年省信息化与工业化融合‘4个100’示范工程”的评选，5家企业的有关工程项目被认定为“4个100”示范工程，维达纸业（江门）有限公司被认定为清洁生产“4个100”标杆示范企业。成功推荐珠海经济特区红塔仁恒纸业有限公司申报广东省企业联合会开展的企业创新纪录和自主创新标杆企业、杰出企业家评选，并荣获奖项；帮助玖龙纸业（控股）有限公司集团环保节能部成功获得“全国工人先锋号”称号。组织企业申报中国造纸协会和中国财贸轻纺烟草工会开展“全国造纸行业节能减排立功竞赛活动”，并协助企业申报。

参加企业的安全评估、清洁生产审核、验收科技项目，为企业论证项目等，并提供建设性意见，帮助企业顺利通过验收。

引荐金融机构与企业建立联系，为企业解决资金问题。2011年期间，协会已成功推荐金融机构为几个企业引进了资金。

为及时掌握行业发展动态，秘书处工作人员每周至少到企业调研考察一次。

与主流新闻媒体如央视网环保频道、中国环保频道和广东电视台等建立了联系，为全面展示广东造纸行业优秀品牌和产品以及企业良好形象打下了基础。

【积极推荐名优品牌，培育名牌企业】

为广东省名牌产品中心修改《2011年申报广东省名牌产品（工业类）实物质量指标》中造纸部分的个别实物质量指标，客观地对产品进行评价；指导企业申报广东省名牌产品，为企业出具协会证明。2011年，广东省造纸行业共有12个产品被评为广东省名牌产品。

配合广东省工商行政管理局填写《行业部门对申请广东省著名商标企业情况评价表》，对申请广东省著名商标企业进行评价，并指导企业申报，为企业出具协会证明。2011年，广东省造纸行业共有17个造纸及相关企业的商标被评为广东省著名商标。其中，新认定的商标有6个，延续认定的商标有11个。

广东省造纸行业与兄弟协会及相关机构建立了紧密的联系与合作关系，以拓宽服务范围，扩大行业影响力，为我省造纸企业发展拓展更大空间。协会还加入广东省雇主工作联席会议及广东省粤港澳合作促进会文化专业委员会，履行更多的社会责任。

（广东省造纸行业协会）

广东省特种设备行业协会

【简述】 广东省特种设备行业协会成立于2001年9月，是由本省区域内与锅炉、压力容器（含气瓶）、压力管道、电梯、起重机械、客运索道、大型游乐设施和场（厂）内机动车辆等特种设备生产（包括设计、制造、安装、改造、维修）、使用相关的企事业单位、科研院所和社会组织自愿结成，是全省行业互益性的非营利社会组织，经广东省民间组织管理局注册登记，具有法人资格，接受广东省民间组织管理局的监督管理和广东省质量技术监督局等广东省人民政府相关职能部门的业务指导，是广东省首批4A等级社会组织之一。

本会现有会员单位507家，设有会员（代表）大会、理事会、常务理事会和监事会，现任会长胡立义、监事长刘序仁。秘书处是本会的办事机构，下设综合部、信息与调研部、科技服务部、鉴定评审部和考试中心，有专职工作人员29人。

【2011年要业绩】 2011年在上级机关的关心指导下，在行业企业特别是广大会员单位的大力支持下，广东省特种设备行业协会认真贯彻党和国家、省委省政府的有关部署和要求，按照章程和既定宗旨，努力践行职能，积极贯彻理事会的各项决议，全面落实协会的三年发展规划提出的主要任务，工作有成效，能力有加强，影响有提升。

一、积极履行职能，应有作用得到发挥

2011年，广东省特种设备行业协会按照“提供服务、反映诉求、规范行为”职能要求，在服务会员、服务行业、服务政府和服务社会等方面做了大量的工作，有创新、有成效。

1、科技服务持续深入。一是组织专家深入特种设备相关企业开展个性化服务，指导企业合理配置生产资源、改进生产质保体系、提高产品质量，全年共完成了12家企业的专项技术服务。二是联合省机械工程学会举办了“2011省特种设备技术应用与发展论坛”，并结集出版优秀论文。三是组织专家对多起特种设备有关质量纠纷案件进行产品质量鉴定，为有关部门的调解或司法判决提供有力技术支撑。

2、分专业活动亮点突出。2011年组织了锅炉制造、锅炉水处理、无损检测、电梯、起重机械等多次专业活动，主题明确，效果良好。尤其是：围绕锅炉水处理工作的规范开展，协会组织编写、发布了《锅炉化学清洗监督检验导则》、《锅炉水处理系统运行检验导则》和《锅炉内部化学检验导则》，促进国家有关安全技术规范顺利实施，得到了省局的认可；围绕电梯安全存在的热点、难点问题，组织124家电梯维保企业就电梯维保的安全质量，在省内主流媒体向社会作出公开承诺，同时联合省物管协会、协调有关地市协会，利用社会各方力量共同规治我省电梯维保行业。

3、服务内容和方式有转变。通过总结近些年来气瓶检验机构鉴定评审工作，针对存在的带普遍性的问题，举办了两期气瓶检验质量管理培训班，不仅有助于提高气瓶检验单位的法纪与安全责任意识，也有利于进一步规范气瓶定期检验行为，提高我省气瓶检验质量管理水平。

4、鉴定评审和考试工作有所突破。在保证评审和考试质量的基础上，克服时间紧、任务重、工作量大的困难，通过科学安排，有效组织，满足了行业的需求。全年完成295个单位共328个项目的鉴定评审，完成324期共16 364人次特种设备从业人员的考试，在业务数量上双双突破了历史记录。

5、积极支持公益、慈善事业。2011年协会在广东省“扶贫济困日”捐款56 580元，还向省教育基金会、省慈善总会分别捐款20 000元和10 000元，用于扶持广东省贫困山区中小学教育事业。2011年6月，省教育基金会领导还专程到协会赠送“捐资助学功垂千秋”荣誉牌匾及荣誉证书，表彰协会对广东省革命老区、边远贫困山区发展教育事业作出的积极贡献。

二、加强自身建设，服务能力得到加强

1、深化和落实规范治理有加强。2011年协会依照章程和制度规定定期召开了理事会（常务理事会）、监事会和本届第二次会员代表大会，对协会的重要事项和重要制度的制修订进行民主决策，共审议通过了2010年度工作总结和2011年工作计划、2011年度财务预算、秘书处重大人事变动方案、协会十周年纪念活动方案、会员入会申请，以及协会《评审员管理办法》、《考评员管理办法》和《章程》修改草案等。

2、会员和专家管理有加强。协会全年共发展了22家企业入会，同时对20家不依章缴纳会费、不参加协会活动或其它原因的原会员单位作了自动退会处理。结合召开会员代表大会和举办协会成立十周年纪念活动，以及会刊发行信息的反馈，对现有会员资料进行了一次全面梳理，与近90%的会员单位取得了联系，落实了会员信息，为今后会员活动和管理打下了良好的基础。2011年协会首次开展了专家业绩考核，有近80%的专家参加了自评，评选出了行业技术服务一等奖11名，二等奖、三等奖若干，并予以公开表彰和奖励。通过开展考评和公开表彰奖励，专家的工作热情和积极性明显提高。

3、鉴定评审和考试机构能力建设有加强。2011年协会制定实施了《鉴定评审员管理办法》和《考评员管理办法》，对评审员和考评员管理进一步进行了规范。先后派出41人次（58人项）参加国家质检总局主办的锅炉压力容器制造安装、压力管道设计制造安装、移动式压力容器充装项目鉴定评审员资格考核，进一步充实了评审员队伍。在考试机构基础建设方面，重点进行了题库编修改和教案编写工作，并确定了下一步考试机构建设的方向和目标。与此同时，按照“理论考试机考化、实操技能考试模拟仿真化”的要求，着手开发电梯作业人员实操考试仿真系统，建立了相应的实操考试题库。

4、办事机构建设有加强。随着协会三年发展规划的进一步实施，秘书处上下服务观念发生了显著变化，思想逐渐统一。2011年几次重大活动的举办和大量卓有成效的工作反映出专职工作人员的思想意识和业务能力有了普遍提高。秘书处领导班子向年轻化、专业化又迈进了一步，办事机构的领导力和执行力明显加强。秘书处党支部积极开展创先争优活动，对秘书处工作人员政治理论水平提高和行风廉政建设起到了重要保障作用，被省质监局机关直属党委、省社会组织党工委分别评为“先进基层党组织”和“广东省社会组织先进党组织”。

三、加大宣传力度，影响力得到提升

通过协会网站、《特种设备》会刊和其它外界媒体的立体宣传，组织和参与在行业内有影响力的重要活动，协会的发展理念逐渐得到了上级机关、省内外同行的认同。全年更新协会网站新闻206篇，发行会刊4期共4 100份，报纸、杂志、电视台、电台、互联网等各类媒体刊登、播出反映协会动态、重大活动的文章共计55篇，拍摄制作专题电视宣传片和纪念册，参与举办了两次全国性的重要会议（即：全国24个特种设备相关地方协会近40人参加的专题研讨会和近300人参加的中国锅炉水处理协会第四届会员代表大会）。特别是2011年9月举办的本协会成立十周年纪念大会，国家质检总局、国家及兄弟省市相关协会、省内有关部门和相关协（学）会以及本协会会员单位等近600名代表出席，气氛热烈，效果很好。不仅比较全面地总结、展示了协会十年来工作和建设的成绩和发展，而且提升了协会形象、增强了协会凝聚力和影响力。

2011年协会分别当选中国特种设备安全与节能促进会第一届副会长单位，广东省社会组织总会新一届常务副会长单位，中国锅炉水处理协会第四届副理事长单位。

（广东省特种设备行业协会 杨理栋 钟玲仪）

广东省玩具协会

【简述】 广东是我国乃至世界最大的玩具产地，现有玩具生产企业近5 000家，生产世界约50%的玩具产品，2011年广东玩具出口149.83亿美元，约为全国玩具出口金额的70%。

广东省玩具协会是广东省玩具行业的社团组织，成立于1988年。协会在众多企业支持下经过20多年发展，已成为国内同行业中最具实力、凝聚力和影响力的行业组织之一。广东省玩具协会目前有专职工作人员30人，全部拥有大专以上学历，是一个年轻化的专业团队，下设有：信息部、展览部、策划部、会员部、杂志社、网络媒体部。全部电脑化运作，无纸化办公，规范化管理，有自主产权的办公场地350平方米。

协会成立24年来，积极为企业服务，为社会服务，为政府服务，创建了在国内外玩具业界有广泛影响力的三大服务平台：每年一届的广州国际玩具展、是国内最负盛名的玩具专业展；《中外玩具制造》杂志是国内玩具行业最具影响力的主流媒体；《中外玩具网》是国内流量最大的玩具专业网站。

【2011年主要工作】 为应对行业发展的需要，广东省玩具协会近年加大为会员、政府提供市场信息和调研服务，发挥协会的桥梁和纽带作用，积极配合国家产业转型升级的调整政策，为政府各相关部门开展了大量的调研工作，对企业进行了大量的政策法规宣传、技术培训等。协会2011年工作主要如下：

一、积极向政府反映行业情况争取政策扶持。2011年7月7日，在广东省财政厅“关于做好2011年关税调整方案建议座谈会上”，协会继续提出应该提高玩具出口退税率，从15%提高到全额退税17%，并将建议交省财政厅向国家财政部呈送反映。7月28日，应广东省外经贸厅邀约专程汇报行业情况，反映企业正遇到世界经济危机爆发后又一轮新困难，希望政府切实解决存在问题。省外经贸厅对协会反映的情况和建议非常重视，表示会根据情况出台相关扶持政策，特别是对一些有出口优势的龙头企业给予支持等。

二、积极开展技术培训帮助企业应对技术壁垒。2011年4月8日，广东省玩具协会与深圳华测检测技术有限公司在广州共同主办“欧美玩具产品召回及法规更新研讨会”，有100多家企业300多人参加会议。6月22日，与美国消费品安全委员会(CPSC)在广州美国领事馆共同主办“输美玩具安全要点培训”。由CPSC消费品安全参赞何杰福先生和执法办公室主任布拉修斯先生主讲。并首次尝试通过“中外玩具网”图文直播，这次活动十分成功，全国各地4 000多人上网接受培训和讲解。9月16日，与加拿大卫生部消费品安全司、广东省检验检疫局三方在广州共同主办“加拿大消费产品安全法规介绍会”，到会企业有100多人。11月9日，由国家质检总局、美国消费品安全委员会、欧盟企业和工业总司在东莞主办玩具安全培训研讨会，研讨会由省质检局和广东省玩具协会作为具体承办单位。这次研讨会是一个高层次、高规格的国际性会议，中美欧三方指定协会主办的“中外玩具网”进行现场全程视频直播。会议现场250人座无虚席，全国各地业界观众在“中外玩具网”上收视率达到6 589人，现场、网上向演讲嘉宾提问题互动十分热烈。

三、积极做好信息服务工作。为帮助会员更好应对不断变化的市场，协会除积极办好《中外玩具制造》杂志、“中外玩具网”，为整个行业提供最新行业动态外，每季度并向会员发布专项市场研究分析报告。目前《中外玩具制造》和“中外玩具网”已成为国内玩具产业最有影响力的信息平台，季度报告也大受会员赞赏。

四、积极办好展览会帮助企业拓展市场。广州国际玩具展经过多年培育，已成为中国内地最有影响力的专业玩具展，每年参展企业到会买家都快速增长。2011年4月8日至10日在广州保利世贸博览馆举办的“第23届广州国际玩具及模型展览会”和“第2届广州国际婴童用品展览会”，参展企业达到812家，到会专业买家为30 850人，参展企业与到会买家双双实现30%以上的增长。

（广东省玩具协会 梁汉坤）

广东省环境保护产业协会

【简述】 广东省环境保护产业协会成立于1986年，接受省民间组织管理局的监督管理和省环保厅及省人民政府其他相关职能部门的业务指导，现有会员单位500多家。

协会宗旨是贯彻执行国家和省的环保产业政策，维护会员单位的合法权益，全力促进环保产业的发展，为保证环境和经济协调发展服务。

协会办有刊物《广东环保产业》和行业网站“广东环保产业网”，运营管理“泛珠三角区域环保产业合作网”、“广东省清洁生产网”，宣传环保产业政策法规、标准及有关规划，及时发布环保项目、技术、人才信息，是我省环保产业经验技术交流的重要阵地。

【2011年协会主要工作】 2011年，协会在广东省环境保护厅等政府相关部门的正确领导和广大会员企业的关心支持下，以科学发展观为指针，以“5A”级协会为标准，坚持协会服务的宗旨，做到尽职的服务、到位的服务、有效的服务，用高效优质的服务为广大会员服务，为政府服务，取得了较好的成绩。

一、配合政府相关部门开展工作，充分发挥政府和企业之间的桥梁作用。2011年，协会加大与政府相关部门的配合力度，在政府与企业之间真正的发挥了极其重要的桥梁作用。其中，协会配合省、市工商局开展评选2010年度环保领域的企业“重合同守信用”申报工作；配合省发改委，开展2011年环保重大技术装备和产品产业化中央预算内投资备选项目申报工作；配合省环保厅启动开展我省环保产业调查工作以及根据省经信委和省发展改革委的部署，完成了十二五节能环保产业规划的编制工作等等。

二、推动产业发展，召开行业技术交流等活动。协会始终以推动产业发展为己任，召开了形式多样的技术交流活动。例如主持召开了“2011年广东环保产业对外交流工作座谈会”；配合省经信委在召开广东省生态设计研讨会；召开广东省蚀刻液回收利用政策及技术应用座谈会、广东省生物质成型燃料交流座谈会；11月协会承办了在湖南省长沙市召开的“第四届泛珠三角区域环保产业技术交流洽谈会”等。

三、发挥行业优势，组织或参加多次行内展会。2011年3月，协会组织20多家环保企业参与“2011年澳

2011年7月8日，广东省环境保护产业协会会员代表大会在广州珠江宾馆隆重召开。

门国际环保合作发展论坛及展览”；6月，协会组织22家企业参加北京“十一五”环保成就展暨第十二届中国国际环保展览会；10月，组织30多家环保及相关企业组成考察团参观在香港举办的“第六届香港国际环保博览”；11月，协会组织了60多家企业参加了在广州举行的首届“中国国际绿色创新技术产品展”等等。

四、开展推荐与评优工作，推动行业品牌发展。在2011年，协会开展“广东省环保产业骨干企业”、“广东省环保产业优秀企业家”评选活动，共评出42家骨干企业和35名优秀企业家，并编印了《2010广东环境保护产业骨干企业暨优秀企业家》一书。协会还积极发动、推荐会员单位向中国环保产业协会国家申报重点示范工程，2011年我省有13项技术获得国家级重点实用技术，向国家推荐了国家示范工程共19项；有19个产品获得中国环保产品认证，有18个产品获得广东省环保产品证书，有12项工程获得广东省环保优秀示范工程。

五、运用培训品牌效应，为企业提供培训服务。协会严格程序，认真办学，2011年共举办了17期环境污染治理设施运营现场管理人员和操作人员的培训班，有1 631名学员参加了培训。为我省的环保职业技能培训作出了重要的贡献。得到了政府部门、全省环保企业、环保设施运营单位、污水处理厂及有关单位的肯定和欢迎。积极开展清洁生产宣传培训工作。共组织了10期国家清洁生产审核师培训班，共有601人参加；举办了7期广东省清洁生产审核师培训班，共有659人参加；组织了5期清洁生产审核师远程培训考试，共有268人参加。

六、关心环保毕业生，组织专场招聘。2011年，协会搭建平台为促进高校毕业生就业，推动环保产业发展以及促进产学研合作等方面都发挥了积极的作用。其中在1月和12月，协会在广州大学城广州大学校区分别举办了两届广东省环保企业专场招聘会，来自全省各地合计240余家次环保企业及相关环保单位踊跃参与供需见面会，为应聘者提供了2 500多个岗位，吸引了近10 000多人次环保相关专业毕业生前来求职应聘。

（广东省环境保护产业协会 曾苑汕 李苑彬）

广东省房地产行业协会

【简述】 广东省房地产行业协会是广东省内从事房地产及相关产业的单位、社团自愿参加组成的全省性、行业性和非营利性社会组织。接受广东省民间组织管理局的监督管理和广东省建设厅省的及其他有关职能部门的业务指导。

【2011年主要工作】 按照广东省房地产行业协会五届一次理事会确定的工作思路及2011工作计划要点，协会秘书处坚持突出会员服务，继续提升和拓宽思路，为会员提供全面、高效、优质的服务。通过加强与行政主管部门的联系与沟通，反映行业及会员的诉求，规范会员经营行为和行业维权等方面发挥了作用。

一、密切关注市场变化，强化会员服务

1、连续第十一年举行“广东房地产市场景气分析会”，邀请专家解读市场形势，为行业析疑解难；同步首发《2011广东房地产蓝皮书》，全面反映我省房地产发展现状与趋势。召开品牌房企新闻发布会，营造房地产市场良好的气氛，实现政府、企业和消费者三方共赢。每两周编写一期《热点·专题》，专供会员和政府职能部门参阅。

2、继成功举办“走进龙湖”后，“广东房地产寻找标杆”系列活动之“走进万科”在广州成功举行，万科高管毫无保留地与同行分享了万科在建筑施工质量精细化管理、设计品质管控、绿色建筑及工业化规划等方面的经验。编印《会员通讯》，以最快速度向会员传递协会动态、法规、土地等信息，加强信息交流。坚持会员走访制度，通过走访和召开座谈会，深入了解各地市场态势和会员单位的近况、对行业发展提出意见和建议。

二、参与立法咨询，维护行业权益

1、就省物价局发来的《广东省供电工程安装维修服务价格管理办法》（征求意见稿）回复书面意见，建议有关部门要加强对供电等部门的监管，敦促其严格执行三不指定规定，开放市场，不得干预用户的选择，供电部门不得以任何借口阻挠或延迟其通过验收；就《广东省供气工程安装维修服务价格管理办法（送审稿）》，结合房地产行业的实际回复书面修改意见。

2、就省住建厅转发省“两会”代表《关于全省推广全装修商品房的建议》、《加快推进住宅产业化，实现广东建筑业节能减排》等提案进行分析，结合行业的实际及今后的发展方向，从促进行业健康平稳发展的角度，向住建厅提交书面报告。

3、就《广东省商品房销售明码标价规定（征求意见稿）》关于商品房公示价格时间及价格变动申报等方面提出建议意见。编写《广东省商品房销售明码标价指引》，从实际操作层面对《规定》进行解读，供会员和行业参考使用。

4、针对《广东省公共文化服务促进条例（草案二稿征求意见稿）》中关于“新建城市居民住宅小区的，应当从住房开发投资中提取百分之一经费，用于建设社区公共文化设施”的规定，明确地提出反对意见。

5、受省住建厅委托，开展《广东新建住房价格控制目标、限购政策和问责机制》课题研究。研究报告提出，根据各地房地产和经济发展、居住水平的差异，将全省分三类地区，建立年度新建商品住房价格控制目标体系，建议省政府分类指导、区别对待。

三、履行社会责任，政府支持、企业拥护

编撰并发布了我国首部省级房地产业界社会责任报告——《2010年度广东省房地产企业社会责任报告》（绿皮书），得到了省住建厅和民间组织管理局的高度肯定，认为省房协引导房企开展社会责任工作具有较高的政治号召力，符合中央和省关于推进社会建设的精神要求，对于加强行业自律和企业诚信意义非凡。经省住建厅批准、省民间组织管理局备案，授予万科等12家房地产企业“2010年度广东省房地产企业社会责任示范企业”称号。

四、绿色住区深受界内欢迎，引领行业可持续发展。

经过近9年扎实工作，“绿色住区”已成“燎原之势”，全年共有14个住宅小区通过“绿色住区”认定，对于引导我省房地产开发建设节能省地型住宅，实现可持续发展起到积极作用。经省质量监督局和住建厅批准，《广东省绿色住区标准》被列入2010年度省地方标准制修订计划项目（粤质监标函[2010]172号）。目前，协会已联合省建筑科学研究院等机构对“绿色住区标准”按地方标准要求进行修订，“绿色住区标准”作为地方标准将于2012年出台。

五、珠三角房博会平台大，赢先机促发展效果佳

2011珠三角房博会以“城际轨道，宜居生活”为主题，来自广州、肇庆、清远、佛山、惠州、中山、云浮等市上百楼盘参加了展示，各大品牌等房企将旗下珠三角地区楼盘悉数推出，肇庆更是以组团参展的方式来宣传城市品牌。本届房博会是新政后广东首个大型房地产展销会，受到社会各界广泛关注。据不完全统计，近6万人次到场参观。

六、成立党支部，推动自身建设

为进一步加强党对行业的领导、带动行业党建工作，经省社会组织党工委批准，省房协党支部正式成立。党支部的成立，标志着在创建现代化协会的道路迈出了坚实的一步。将以“密切联系并服务于协会和行业工作”为思路，加强支部内部建设、带动行业党建工作，发挥党员先锋模范作用，为促进我省房地产行业平稳健康发展发挥作用。

七、20周年庆典探讨企业转型，给力广东地产美好明天

2011年是省房协20周年华诞，协会以“绿色·责任——粤派地产再超越”为主题，对粤派地产杰出企业和代表表彰、出版发行《敢为天下先——粤派地产》、编制《广东省房地产行业协会发展规划纲要（2011—2020》、编辑省房协20周年纪念专刊、举办“粤派地产”再超越高峰论坛和广东房地产金色嘉年华暨广东房协20周年庆典等一系列活动，深入总结回顾粤派地产和广东房协20年发展历程，重新全面诠释粤派地产，延续、深入、扩展探讨新时代粤派地产精神，探讨新形势下广东房企转型之路，擦亮“粤派地产”品牌，引领广东房地产实现再超越。

（广东省房地产行业协会）

广东省孕婴童用品协会

【简述】 广东省孕婴童用品协会成立于2010年6月，经广东省民政厅正式批准具备社团法人登记证书的省级协会。协会成立后，在政府各有关

2011年广东省名牌产业（工业类）名单（广东省孕婴童用品协会企业）

序号	产品名称	商标	企业名称	所属地市
1	孕妇服装	今生宝贝·准妈咪	广州市今生宝贝服装实业有限公司	广州
2	婴幼儿服装	英氏	广州英爱贸易有限公司	广州
3	婴幼儿服装	圣宝度伦	东莞市三苑宜友制衣有限公司	东莞
4	婴幼儿服装	哈贝比	广州市泽远贸易有限公司	广州
5	益智玩具	澳贝	广东奥飞动漫文化股份有限公司	汕头
6	益智玩具	邦宝	广东邦领塑模实业有限公司	汕头
7	益智玩具	星月图形	东莞市星月实业有限公司	东莞
8	益智玩具	ISL	东莞英德玩具塑胶电子有限公司	东莞

部门的支持关心下，在行业广大企业及全体会员的支持帮助下，协会工作积极活跃卓有成效，会员组织不断壮大，并且逐步凝聚起以优秀品牌的生产制造商和连销经营商的领军地位，为全国孕婴童行业发展起到了积极的推动作用。据国内有关研究中心公布的数据显示，婴童市场将继续“牛市”二十年。2011年中国0~12岁婴童用品市场消费总额已达1.15万亿元左右。国家统计局预测，自2005年开始到2020年中国将面临第4次的人口出生高峰期，预计出生率将于2016年达到最高峰，消费市场将保持在15%的高速增长，那么2016年将达到2万亿元。广东拥有雄厚的产业基础，在孕婴童行业广阔的发展商机和强劲的消费市场中需要继续发挥优势，为全国以及世界的人口未来作出贡献。

【2011年主要工作】 一、积极推进名牌带动战略，组织企业申报工作，并取得了重大成绩

广东省孕婴童用品协会从2010年成立后，把行业品牌的建设和提升作为比较重要的工作来抓。协会多次举办了为企业申报的学习班和座谈会，一家家企业上门动员，跟踪辅导做资料等工作。广东省名牌产品评价中心按照《广东省名牌产品（工业类）管理办法》规定程序，经过严格审议并向社会公示征求意见后，以粤名牌评价[2012]4号文发布“2011年广东省名牌产业（工业类）名单公告”，广东省孕婴童用品协会一共有8家企业产品获得2011年广东省名牌产品称号：

二、正常召开理事会和会员大会及开展活动

（一）根据工作需要，协会在2011年2月春节后，在广州T.I.T创意园召开了协会成立后第二次理事会和会员新春联谊会，组织大家参观创意园和广州塔，大家对行业新的一年发展寄以了希望。

（二）2011年8月，协会第三次理事会在番禺召开，主要组织了理事单位和部分生产企业代表参观广州丰田汽车有限公司，学习精益生产管理的经验，理事会大家发言热烈，对行业未来的发展作了分析，行业并购、加盟，行业洗牌不断加剧，不少企业根据自身的情况做好了应对的计划和措施。

（三）2011年11月17日，协会组织了全体会员单位代表参观由协会和新之联展览公司举办的第三届广州国际孕婴童用品·服饰展览会及晚宴颁奖大会，大家欢聚一堂，互相交流，提高了品牌的知名度和加强了生意上的互通往来。

三、举办各种专业知识培训班，提高行业人员总体素质

（一）协会与广州市医协职业培训学校合作，去年经省民间组织管理局批准，同意协会分支机构——广东省孕婴童用品协会人才培训专业委员会成立。去年举办了多期育婴师和营养师培训班；

（二）2011年7月28—29日，与广东省轻工职业技术学校合作，举办“婴童门店运营管理人员培训班”，学习连锁门店的管理和市场营销以及育婴知识等。

（三）2011年8月25日，协会邀请一位多年在日本企业工作的精益生产管理专家程亚辉老师给协会30多位代表作了现代化企业生产管理系统专题演讲和培训，为企业改进工作流程，实现节能减排，提高产品质量和生产效益带来一定的帮助。

四、开展各种交流学习活动，组织企业走出国门考察世界婴童行业市场

（一）2011年九月，协会组织了二十多人的考察团前往欧洲多个国家进行参观学习，协会多家企业老总以及专业人员重点参观了德国科隆国际婴幼儿·少年儿童用品展览会（K+J），在外期间还考察多个孕婴童服装及用品商场、购物场，开阔了视野，不同程度得到了收获。

（二）2011年8月初，协会组织了会员企业100多人参观香港荷花集团举办的第十九届国际婴儿、儿童用品博览会。

（三）2011年8月31日，协会与广东鞋业厂商会在广州联合举办“婴童鞋市场发展与合作交流会”，出席交流会有18家企业27人，会上大家发言热烈，就目前婴童鞋行业市场发展情况进行了分析和交流，会后促进了不少企业的合作和生意往来。

五、举办孕婴童用品·服饰展览会和展销会，凝聚和提升行业影响力

（一）由省轻工协会、省孕婴童用品协会和新之联展览公司共同主办的“2011广州国际孕婴童用品展览会”已是第三届。经过几年的努力，尤其是这一届展览会，无论是规模，参展品牌和参观人气都比以前两届明显好，大部分参展商、经销代理采购商及老百姓都比较满意，组织评选活动得到了省民间局的批准和支持，企业积极性空前高涨，晚宴和颁奖活动取得了很大成功，协会的影响力和凝聚力充分显示出来。从2010年到2011年，协会的企业参展数由十几家增加到近四十家，得到会长单位和各会员单位的鼎力支持。

（二）2011年12月圣诞节前，协会联合广州医协学校、荔湾区计生委、广州妇儿用品公司，响应市政府号召，共同举办上下九步行街中心广场“幸福家园嘉年华、婴童用品展销会”，参加企业14家，2天的展销活动基本收到了预期的效果，妇幼医院专家为孕婴作专业咨询，知识问答抽奖活动以及商品销售，对品牌宣传提升起到了很好的作用。

六、加强协会自身建设和提高为企业服务的水平，发展会员企业，壮大协会组织

（一）2011年6月份，协会召开各会员企业报名的通讯员工作会议，组建通讯员队伍，建立通讯机制，半年来，许多企业的通讯员积极投稿，反映企业和公司的新气象，新产品和企业文化，协会及时选登在协会网站和会刊上。

（二）加强协会网站建设和维护，及时更新网站信息，目前协会的网站在行业中已逐步产生较好的影响力；协会的会刊采取不定期出版，从内容、编排到印刷水平都有进步，为行业的交流、宣传、学习起到了促进作用。

（三）主动与政府有关部门联络、汇报工作，学习兄弟协会经验，走访各地协商会、展览会、增进交流学习。

（广东省孕婴童用品协会）

广东省墙体材料行业协会

【简述】 2011年，广东省墙体材料行业协会在省民间组织及政府有关部门的指导下，坚持以“服务、维权、自律”为宗旨，面向企业，切实做好各项服务工作，较好地发挥了在政府与企业之间的桥梁和纽带作用，取得了较好的工作成效。

【配合政府部门，当好助手角色】

1、协助企业，开展清洁生产工作。墙体材料行业协会积极响应省、市政府关于“千家企业开展清洁生产”的号召，发动会员企业分期分批实施清洁生产。与具备审核资格的单位——广州弘禹科技发展有限公司合作，先易后难，对条件较成熟的广东新元素板业有限公司、广州华穗陶粒制品有限公司等企业先行开展清洁生产，并顺利通过了考核验收，其他企业也按清洁生产的要求进行了不同程度的整改。在开展清洁生产工作过程中，协会积累了一定的经验，为进一步推进此项工作奠定了实践基础。

2、配合政府部门做好行业“十二五”发展规划的编制工作。

（1）根据广东省经信委的要求，协会草拟了《广东省墙体材料行业十二五发展思路》。详细分析了行业现状和发展环境；阐明了行业十二五发展思路；提出了行业持续发展所需对策及保障措施。通过对广东省墙体材料行业“十二五”规划的编制，引导行业加快转变发展方式，推进行业转型升级。

（2）配合省经信委编制《广东省建材工业“十二五”发展规划》。协会收到《广东省建材工业发展“十二五”规划》（征求意见稿）之后，召开会员大会进行了讨论，并征求相关企业意见，大家对该规划（征求意见稿）在原则同意的基础上，建议在如下方面加大力度：①加大禁止生产粘土实心烧结砖的力度，杜绝使用粘土实心烧结砖，大力促进绿色环保墙体材料发展及做好相关工作的宣传。②希望做好垃圾分拣工作，在处理城市建筑废弃物方面有新的突破。③对处理利用废陶瓷淤泥、建筑垃圾和疏竣河道淤泥等工业、建筑固体废弃物以及生活废渣等资源综合利用的生产企业要有明确扶持措施，在政策上给予优惠。

3、支持相关部门做好《蒸压加气混凝土砌块自承重墙体技术规程》（以下简称《规程》）的编制工作。根据广东省住房和城乡建设厅粤科函[2009]394号文的要求，协会在人力、物力方面给予了大力支持。该部《规程》在2011年6月16日正式发布，同年10月1日在行业中开始实施。11月份，协会在东莞召开的加气混凝土制品分会会议上，广州发展环保建材有限公司副总经理、高级工程师任宪德对该《规程》进行了宣讲，使加气混凝土企业较好地掌握了该《规程》的技术标准。

4、为关税调整方案积极做好调研工作。广东省财政厅《关于做好2011年关税调整方案建议工作的通知》的通知下发后，协会征询了有进出口业务单位的意见，对广州市广易实业有限公司提出的调整进出口暂定税率的建议，协会及时汇总，向省财政厅汇报，为制定调整关税政策提供参考依据。

【做好服务工作，促进行业发展】

1、配合广州建材企业集团有限公司做好“十二五”的战略规划。以融入越秀集团战略为导向，按照“高端化、高成长、高绩效”的发展理念，以“调结构、转方式”为主线，以房地产产业链为切入点，完成了该集团公司的“十二五”战略规划，并逐步付诸实施。经研究，广州建材企业集团有限公司将以现代服务业及商业经营为主业，力争到“十二五”末，企业经营收入和财务利润均有较大幅度的增长，使该集团进入快速发展阶段。广东省墙体材料行业协会将继续为广州建材集团的发展提供更多的服务。

2、联合广州市建材行业协会等单位举办高峰论坛及家装行业颁奖大会。广东省墙体材料行业协会与广州市建材行业协会、中国流通协会、中国建材报驻广东记者站于2011年6月18日在佛山市共同举办了“企业自主创新与品牌建设高峰论坛”及“中国家装行业十大品牌暨使用等级颁奖大会”。国家建设部、科技部、商业部等政府部门及企业代表300余人出席了会议。会上作了系列专题报告，并对获奖单位颁发了奖牌和证书。荣获“全国保障性住房建设用材优秀供应商”及“中国家装行业十大品牌”的单位有：广州建材企业集团有限公司、广州市东浦建材有限公司、广州市海珠区广绿建材厂、广州市绿宇建筑材料有限公司、佛山市南海水电灰砂砖厂、广东金意陶瓷有限公司。

3、帮助企业技术改造项目的审核验收工作。在协会专家小组的帮助下，以下三个技改项目顺利通过了审核验收：（1）7月份，李思远会长带领专家小组会同佛山市经贸局、佛山市经贸局、财政局、南海区经贸局完成了对广东新元素板业有限公司“轻质、高强、防火、无石棉硅酸钙墙板生产线项目”的验收工作。该项目完成后产品质量已达到国际先进水平。（2）8月份，协会专家小组主持了广州锦盈建材有限公司“陶瓷生产线节能技术改造项目”的验收工作。对陶瓷生产线节能技术改造项目作出了总体评价，认为该项目通过增添一批新的生产设备，改进了生产工艺，实现了节能降耗的目的，单位能耗符合国家标准，陶瓷砖产能已达到160万平米/年。（3）12月份，协会专家小组对广东新元素板业有限公司负责的“2010年无石棉增强硅酸盐轻质板的研发及产业化”项目进行审核验收。经专家组审核后认为该项目“无石棉增强硅酸盐轻质板”生产技术达到了国内同行的先进水平，项目专利核心技术（采用天然植物纤维替代普通硅酸盐板所用的石棉纤维，及利用硅酸盐品种进行二次结晶）属国内领先，有关技术性能指标超过了国际标准。

4、组织会员企业参与国外技术合作交流活动。2011年10月份，广东省墙体材料行业协会组织广州华穗陶粒制品有限公司、南海水电灰砂砖厂等单位参加比利时国经济代表团在广州举办的技术合作交流活动。比利时专家向会员代表详细介绍了节能、可再生新型轻质混凝土材料的有关国际专利技术，与会企业代表对这方面的技术表现了极大的兴趣。通过这次交流活动，代表们既拓宽了视野，又了解到新的专业知识。

5、实施名牌战略，支持企业自主创新。广东省墙体材料行业协会推荐广州市广易实业有限公司“玉羊”牌纤维水泥瓦产品延续“广州市著名商标”和“广东省著名商标”称号，使“玉羊”牌纤维水泥瓦成为广州市质量技术监督局免检产品。该产品从1998年起连续获得广州市质量技术监督局“信得过”的产品称号。近年该公司参与制订的《纤维水泥瓦》国家标准（GB/T9772-2009）已实施。

6、支持会员企业拓展销售渠道及相关工作。协助会员单位进行产品宣传，并推介南方嘉华水泥和东望加气混凝土制品等产品参与广州地区部分较大建筑工程项目的投标工作；协助广州华穗陶粒制品有限公司等单位编写技改项目可行性报告；协助广东新元素板业有限公司拓展外贸业务等多项工作；参与省、市政府有关部门对多家企业进行了能源审核。

【强化协会工作，提高服务效能】

1、围绕协会中心工作，做好行业管理。2011年2月初，协会在广州市顺峰山庄召开正副会长、理事和加气混凝土制品分会正副会长扩大会议，会议肯定了协会在行业管理、技术服务、节能减排等方面的咨询服务及开展协会等级评估方面工作的积极作用。2011年3月初，协会在顺德区召开了加气混凝土制品分会会议。协会副会长兼秘书长马浩然总结了加气混凝土制品分会前阶段的主要工作：①制订了“广东省加气混凝土制品企业诚信自律公约”；②制订了“加气混凝土制品分会会费收费标准”；③开展了加气混凝土制品企业诚信自律活动；④研讨了对《蒸压加气混凝土砌块应用技术规程》的广东省标准编制；⑤协会全员配合，积极做好协会等级评审工作。

2、分析经济发展态势，认真探讨行业内的应对措施。面对房地产市场的变化，组织会员企业分析了广东房地产市场对墙体材料产销的影响，共同探讨了应对办法：（1）加强企业自律，控制产量，保持供求平衡；（2）加强产品质量管理，解决目前加气砌块存在格价低质量差的现象；（3）提高企业资金运行率，缩短借贷结算时间，切实做好自身各项管理。

3、加强行业管理，促进行业健康发展。8月份，加气混凝土制品分会及广州市建材行业协会墙体材料专业委员在花都召开了加气混凝土制品分会工作会议。广州市墙革办副主任肖宇东、省建材院监测站常务副站长严玉梅、省墙材协会会长李思远、广州市建材行业协会会长梁英梅等有关领导出席了会议。会上通报了省建材院对全省加气混凝土砌块质量的抽检情况。各位领导分别就有关政策、市场形势、产品质量、行业自律等问题作了讲话。最后经大家讨论达成了“确保产品质量，规范销售价格”的共识。

4、深入企业，进行工作交流。协会工作人员经常走访会员企业，与企业交流生产经营情况，为企业提供有关政策信息、市场信息及技术信息等。其中，协会在8月份安排人员参加了中山、江门、珠海三个区域加气混凝土生产企业活动小组会议。马浩然副会长在会上通报了下阶段政府有关部门将到建筑工地进行产品抽检等相关信息，并要求企业力争完成广东省“十二五”规划提出的能源下降20%的节能指标。关飞虹副会长分析了行业当前的形势，就资源综合利用方面的工作对企业提出建议和意见。12月下旬，协会组织南海水电灰砂砖厂、顺德力途灰砂砖厂领导到高要市永业建材厂进行技术交流，对该厂的生产工艺、设备改造、产品质量等进行了商讨，希望该厂通过改造设备，研发新产品，促进企业的持续发展。

5、积极争取政府部门的支持，做好承接政府职能转移的准备。上半年，协会向省民间组织管理局呈送了“关于进一步发挥行业协会作用的意见”的书面报告，争取政府部门授予行业协会相应的工作职能，如参与政府部门制定行业发展规划，促进行业发展；委托协会组织开展国内外行业之间的生产、科技及相关业务工作的交流与合作，开展业务培训，推进名牌战略的工作；指导协会实施行业自律；授权协会进行行业统计、收集、分析和发布行业信息等。

6、努力办好《墙体材料》会刊，为服务政府和企业提供宣传平台。利用《墙体材料》会刊的媒介作用，为会员单位提供更多的学习与交流内容，并在现有栏目内容的基础上，相应增加生产设备和经营管理方面的知识，以满足企业的需求，拓宽读者的视野。力争将会刊办成为“宣传政府法规和最新产业政策，反映行业动态和精神面貌，促进企业自主创新，推动行业发展”的宣传窗口。

（广东省墙体材料行业协会）

广东省酒类行业协会

【简述】　广东省酒类行业协会成立于2003年12月9日，迄今已走将近9个年头了。协会是全国第一个在业内将生产、流通、科研、文化整合在一起的协会。近年来，在政府各有关部门的指导下，在理事会领导和各副理事长、理事和会员单位的大力支持下，广东酒协本着服务第一的宗旨，发挥桥梁、纽带的作用，积极为会员、行业和政府服务，推动行业自律和规范酒类市场等工作深入开展，为构建和谐社会作出积极的贡献。由于绩效突出，广东酒协先后被国家和省有关部门授予了改革开放30周年“卓越组织奖”“杰出贡献组织奖”“广东省先进雇主组织”和“广东省社会评估4A级协会”等光荣称号。

【2011年主要工作】 2011年，广东酒协经过全体工作人员和广大会员的艰苦努力，克服了各种困难，做了大量工作，取得了较好的成绩。其中，比较突出的有十件：

一是积极协助中国酿酒工业协会于2011年1月12—15日在广州市召开2010全国酒协秘书长座谈会，促进国家和地方协会的沟通和交流。由于后勤接待工作深入细致，服务周到，广东酒协深获主办单位和与会代表的一致好评。

二是成功召开2011年广东省酒业年会，全面总结2010年广东酒类行业的基本情况，提出2011年酒协工作的思路和计划，表彰了年度先进单位和个人以及荣获“2010年度广东酒类市场最佳品牌产品”奖的企业。本次年会获得有关领导的高度肯定，也赢得了与会代表的一致称赞。

三是为贯彻落实省委省政府《关于实施扩大内需战略的决定》精神，推进广东省酒类行业发展，保障酒类食品安全，积极协助省经信委于6月26—28日在广州市琶洲保利世贸博览馆成功举办2011广东国际酒类商品展销会，在业界引起强烈反响。

四是积极配合《东方酒业》杂志社于7月28日在广州市圣丰索菲特大酒店隆重举办《东方酒业》2011年市场营销高峰论坛”，并取得圆满成功。

五是为贯彻落实汪洋书记关于“要加强面向民营企业的人才队伍建设，实施企业家素质提升工程，争取5年内对民营骨干企业的高层经营管理人员轮训一遍”的指示，根据省中小企业局的要求，积极开展调查研究，编制《广东省酒类行业民营骨干企业高级管理人员轮训五年规划》，为广东省民营酒企做实实在在的服务工作。

六是与各个地方政府全力合作打造广东地产酒品牌。在各方努力下，2011年1月13日，佛山市正式被授予“中国豉香型白酒生产基地”，佛山市政府也出台了关于如何加快佛山市白酒产业发展的有关决定。并且将签署十个项目，发展地产酒产业。省酒协授予了佛山市“南国酒都”牌匾，以此带动广东地产酒的全面发展。此外，协会的专业技术人员，经常深入生产基地，帮助基地生产企业解决生产技术问题，为基地企业提供技术服务，全力扶助特色香型白酒生产基地的升级和发展，做好佛山“中国豉香型白酒生产基地”的后续工作，协助梅州申报“中国客家米香型白酒生产基地”，并获得批准。

七是啤酒分会积极组织学术交流与研讨，推动行业科技进步。2011年3月上旬该分会在广州举办“啤酒低碳酿造技术研讨会”，组织与会代表参观“中国国际啤酒、饮料及液态包装工业展览会”；6月下旬在广西桂林召开“啤酒产业理瓶机应用技术研讨会”；10月下旬又在广州组织召开“第二十届啤酒学术交流会”，会后编印出版学术交流论文集，在全国啤酒行业发行，拓展学术交流的成果。

八是以培训提高整个行业素质。培训是广东酒协的重要职能之一，是提高整个酒类行业素质的一种重要手段。2011年，广东酒协除了开展常态的从业人员、锻造工、品（评）酒师和其他工种技能等培训之外，培训工作的一个亮点是开辟新的培训渠道，与北京有关部门和协会共同举办国家葡萄酒三级品酒师培训和中国酒业高级营销师培训。据统计，至目前止，广东酒协已举办各类培训班12期，广东省酒类行业将近1 298人受到培训。通过培训，不断提高企业从业人员的素质。

九是随着酒类市场持续升温，多元化与个性化的消费需求日益明显，消费者越来越注重从酒类产品中获得的精神愉悦体验，由此衍生出对酒类包装、酒具酒器的更高要求，因此，广东酒协顺应消费潮流，主办首届酒具、酒械发展与文化研讨会，研讨成立酒具、酒械分会有关事宜。

十是加强与国内省级、省内地市级酒类协会的沟通和联系，与山东、河北、河南、江苏四个省酒类协会成立“五省联盟”。联盟将通过定期不定期的各种会议，进行信息交流，针对酒类产、供、销动态，国家及各级政府的相关政策风向共同研讨经营策略，将各自成功的经验上线分享。

广东酒协积极完成政府部门交办的其他工作任务，承担政府转变职能委托的工作。

（广东省酒类行业协会 苏庆民 彭洪）

广东省邮政企业管理协会

【简述】 广东省邮政企业管理协会成立于2000年5月，经省民政厅批准同意，并获得了省民政厅颁发的社会团体法人登记证书。广东省邮政企业管理协会是在广东省邮政公司及中国邮政集团公司企业协会的指导下，由热心和致力于邮政企业经营管理的人员自愿参加的社会团体，是广东省加强邮政企业经营管理工作的研究、咨询、服务机构，是非营利性社会组织；协会的常设机构在广东省邮政公司。

【2011年工作基本情况】 2011年是广东省邮政转型发展的攻坚之年。一年来，在省公司党组的正确领导下，省邮政企协紧紧围绕企业的中心任务，扎实推进企业管理创新、质量管理小组活动、用户满意企业评选、评优推先、调研等各项工作，取得了可喜的成绩。主要体现在以下六个方面：

（一）企业管理创新工作取得新成绩

2011年，省邮政企协继续深入推进企业管理创新工作，重点是开展企业管理现代化创新成果评选活动。

一是建立了“优质项目、重点培育”的前期培育机制。2011年初，省邮政企协结合全省邮政工作会议精神，提出了2011年管理创新成果的选题重点，要求各单位结合实际，有针对性地选择课题；然后对各单位上报的创新成果进行初步梳理，对涉及全省性的、具有普遍推广价值的项目，深入基层进行现场调研、指导，重点培育，进一步提升项目的创新性、实践性和效益性，为这批成果获得省部级奖项打下了良好的基础。

二是建立了“程序严谨、标准严格”的评选机制。在创新成果评选方面，坚持“自愿申报、限额推荐、专家审定”原则，坚持材料审查、现场调研、专家初审、综合评审等标准程序，使评选工作实现了规范化、制度化，确保了评选工作的公平公正。2011年，全省邮政共推荐上报管理创新成果41篇，经省公司管理创新成果评审小组的初评和综合评审，广州市邮政局上报的《基于客户区域商圈的直邮模式实践》等38篇成果荣获2011年度广东省邮政企业管理现代化创新成果奖，其中一等奖8篇、二等奖15篇、三等奖15篇；广州邮区中心局和广州市邮政局荣获组织奖。在此基础上，省邮政企协又推荐了部分优秀成果上报集团公司、广东省企业联合会和中国交通企协，均取得可喜成绩：4篇成果获得第七届（2011）年全国邮政企业管理现代化创新成果奖，其中一、二等奖各1篇，三等奖2篇；8篇成果获2011年广东省企业管理现代化创新成果二等奖；1篇成果获全国通信行业企业管理现代化创新成果一等奖；2篇成果获全国交通企业管理现代化创新成果二等奖。

三是建立了“系统推广、全网共享”的推广机制。省邮政企协积极做好优秀成果在全省邮政的推广与应用，通过举办培训班、报告会、讲座等形式对优秀成果进行广泛宣传，继续编辑出版了《广东邮政企业管理现代化创新成果汇编》，发往全省邮政各基层单位，充分发挥优秀成果的示范和导向作用，进一步提高成果的经济效益和社会效益。

（二）质量管理小组活动取得新进步

质量管理小组活动（以下简称QC小组活动）是广大员工参与质量改进的一种有效方式，也是提高邮政企业经营管理水平和服务质量的有效途径。2011年我省邮政QC小组活动呈现以下三个方面的特点：

一是加强管理，常抓不懈。加强管理是QC小组活动顺利开展的重要保障。一年来，省邮政企协将推进QC小组活动作为部门的一项主要工作、常规性工作来抓，积极推进，常抓不懈。年初结合省公司今年的工作重点，下发了QC小组活动的主要课题，供各基层单位参考，并要求各基层单位注重做好QC小组的日常管理工作，在登记、注册、选择课题、成果评审、发表等方面建章立制，使QC小组工作逐步实现制度化、规范化。11月份召开了全省邮政QC小组活动推进会和优秀成果演示会，会上组织了优秀小组发表成果，通过优秀成果演示这种形式，不仅在全省邮政树立了一批标杆，还营造了一种“比、学、赶、帮、超”的良好氛围，起到了互相学习、共同进步的作用。年终通报表彰了全省QC小组活动取得的成绩，并对获奖单位和个人给予了表彰和奖励。

二是强化培训，注重实效。强化培训是QC小组取得成效的助推器。一年来，全省大部分市局都举行了QC小组活动骨干培训班，并选择了一批年轻、热爱QC工作、具有潜力的人员参与省质协、中国交协组织的QC小组培训班。通过层层培训，在全省邮政培养了一支既懂理论知识、会用统计方法，又能指导QC小组活动的人才，通过他们带动和促进了各地QC小组活动的顺利开展。

三是成效显著，硕果累累。2011年，广东省邮政QC小组活动取得可喜成绩：全省邮政共有600个QC小组开展活动，选送了115份QC小组活动成果材料，经层层选拔和各级评审部门评审，广州市邮政局客户服务中心语音部QC小组、广州市邮政局昌岗路支局营业部QC小组、广州市邮政局石牌支局营业组QC小组、珠海市邮政局柠溪邮政营业厅QC小组、珠海市邮政局营业分局大客户部QC小组、珠海市邮政局电子商务局11185客户服务中心QC小组等6个小组被中国质量协会、中华全国总工会、中国科学技术协会、共青团中央、中华全国妇女联合会联合授予“全国优秀质量管理小组”称号；广州市邮政局11185客户服务中心支持部、广州市邮政局石牌支局营业组被评为“全国质量信得过班组”；广州市邮政局被评为“全国通信行业开展质量管理小组活动先进单位”，省公司企协陈佳同志被评为“全国通信行业质量管理小组活动优秀推进者”；广州邮区中心局邮件处理中心QC小组等18个小组被评为“全国交通运输行业优秀质量管理小组”；广东省机要通信局广州分局登记组QC小组等20个小组被评为 “广东省优秀质量管理小组”称号；广东省邮政企业管理协会被评为“广东省质量管理小组活动优秀推进质协”，广东邮政速递物流有限公司物流集散中心集散平台QC小组等40个小组被评为“广东省邮政系统优秀质量管理小组”。其中，珠海市邮政局柠溪邮政营业厅QC小组连续15年获得“国优”小组称号，珠海市邮政局大客户部QC小组连续6年获得“国优”小组称号；珠海市邮政局营业分局、广州市邮政局客户服务中心等单位高度重视，长期坚持开展QC小组活动，成为了全国邮政系统开展QC小组活动的标杆。

（三）“用户满意企业”评选工作获得新突破

为了持续做好邮政服务工作，提高用户对邮政服务的满意度和邮政综合竞争能力，2011年集团公司继续开展“全国邮政用户满意企业”评选活动。省邮政企协认真落实集团公司部署，积极组织我省邮政企业参加该项活动。为了严格把关，确保申报企业服务质量符合集团公司要求，省邮政企协多次到申报企业调研考察，通过深入邮政营业网点、投递站点实地考察，发现了部分问题，并要求企业及时进行整改。经过省邮政企协的积极指导，今年我省的湛江市邮政局和汕头市邮政局双双被评为“全国邮政用户满意企业”；阳江市邮政局被评为“全国用满意企业”，成为全国邮政系统获此殊荣的三家单位之一，标志着我省邮政“用户满意企业”评选工作取得新的突破。

（四）调研工作取得新收获

2011年，省邮政企协紧紧围绕省

公司党组的中心工作，开展了两项调研活动：

一是服务质量专题调研。结合集团公司开展的“全国邮政用户满意企业”评选活动，省邮政企协多次深入阳江、湛江、汕头、江门、茂门等局调研，通过深入网点查看、召开座谈会等途径，了解各局服务方面的总体情况，总结了各局提高服务质量的经验，发现了基层邮政营业、投递工作普遍存在的问题和面临的困难。今年3月份，省邮政企协还参加了集团公司组织的“用户满意企业”服务调研，赴广西、海南等省调研，学习了同行的先进经验，据此撰写的调研报告获得中国邮政集团公司企协领导高度评价。

二是管理创新专题调研。管理创新调研是提高管理创新成果质量的关键。今年，省邮政企协多次到基层单位进行管理创新调研，帮助基层单位发现、总结、提炼了一批管理创新成果，同时对有全网推广价值、效益较好的一批重点成果，深入现场调研，全面掌握成果整体情况，随时提供指导，确保了这批成果获得省部级奖项。

（五）评优推先工作取得新成果

2011年省邮政企协广开门路，多方努力，为邮政企业争取了系列荣誉，提升了广东邮政美誉度，树立了广东邮政新形象：一、省邮政公司先后获得2009—2010年度“广东省最佳诚信企业”“2010年度广东省劳动用工守法标杆企业”“2011年度广东省雇主责任示范企业”“2011年广东省现代服务业10强”等荣誉。二、广州市邮政局荣获“2010年度广东省优秀企业”“2011年度广东省自主创新标杆企业”等荣誉；广州市邮政局局长周贤胜荣获“2011年广东省推动自主创新杰出企业家”殊荣；深圳市邮政局局长郑森海荣获“2010年度广东省优秀企业家”称号；湛江市邮政局荣获“2011年度广东省优秀企业文化突出贡献单位”；阳江市邮政局荣获“2011年度广东省优秀信用企业”称号。三、“自邮一族”和“网商创业园”两个品牌上榜“2010年度广东省优秀自主品牌”，其中“自邮一族”荣登榜首。

（六）对外交流沟通取得新进展

近年来，省邮政公司先后加入了中国企业联合会、中国交通运输协会、中国直邮协会、广东省企业联合会、广东省交通运输协会、广东省国防交通协会、广东省商业联合会、广东省中小企业发展促进会、广东省现代服务业联合会、广东省对外经济合作企业协会等协会，成为上述协会的副会长单位、理事单位或会员单位。省邮政企协代表省邮政公司，与上述协会保持着密切联系，积极参加上述协会举办的会员大会和各种专业会议，加深了广东邮政与各协会、各企业的沟通联系，宣传了邮政业务，树立了邮政品牌，提升了广东邮政的知名度和美誉度。

（七）《现代邮政》发行实现新突破

《现代邮政》是中国邮政集团公司主管、邮政企协与邮政科学研究规划院联合主办的月刊杂志，是中国邮政企业协会的会刊。《现代邮政》杂志立足邮政、宣传邮政、服务邮政，贯彻落实集团公司的中心工作，交流推广邮政企业在生产经营与管理方面的先进经验和创新成果，探讨邮政企业发展改革的新思路，是邮政企协组织交流信息、沟通联络的重要平台，是邮政系统宣传报道先进的企业管理理念、科学的管理方法、最前沿的邮政科学技术的主流媒体。2011年，省邮政企协积极协助办好《现代邮政》，积极为杂志投稿、组稿，并组建了一支通讯员队伍；同时不断健全发行网络，《现代邮政》在我省的发行量近1 000份，居全国首位，实现了稳中有升的目标。

（广东省邮政企业管理协会）

广东省物流行业协会

【简述】　广东省物流行业协会是由广东省从事物流行业企事业单位及其相关经济组织，按照自愿的原则经依法登记独立的社团法人，是行业性、自律性、非营利性的新型民间组织，是全国先进社会组织和AAAAA级行业协会，多次荣获国家、省党、政先进称号。

协会下设10个专业工作委员会（法律、冷链、教育、危化、园区、联运、装备、散料、空港、供应链），8个专业服务中心（信息、传媒、人才、策划、工程、技术、智能、咨询），10个专业服务平台（培训、招商、媒体、保险、策划、评估、会展、担保、融资、研发）、编辑部（五网、五刊、一报），全方位向会员、社会各界和政府部门提供物流相关的各类服务。下设广东省南方物联网信息中心、广东省南方物流研究设计院（甲级）、广东省南方停车研究设计院、海外办事处等多个面向国内外市场的服务部门。

广东省物流行业协会负责全省物流行业数据统计及物流企业景气指数调查（LBCI）信息发布，负责物流行业驰名商标和著名商标的预核审。

【2011年主要工作】　2011年，协会继续秉承“解放思想，科学发展，努力打造全省物流行业的创新型协会”的发展战略，按照省政府“十二五”规划的要求，面向全体会员，坚持服务会员、服务社会、服务政府的宗旨，认真落实国家、省相关文件的精神，充分发挥协会的桥梁作用，进一步扩大协会在行业中的影响力和公信力，在政府有关部门的指导下，通过广大会员的共同努力，协会圆满完成了2011年度的工作任务。

（一）协会创新发展，服务功能有所突破

协会通过不断地努力，充分利用自身的资源优势，完善了各类服务职能，拓展了服务领域，应对了不断变化的新形势、新机遇，切实地做到全心全意为会员服务。

1、发挥资源优势，突出服务重点

一是由于油价上涨、路桥费等问题的出现，严重影响着物流企业的正常运作。协会积极为会员反映诉求，将会员单位、物流企业的问题和建议，统一汇总，向国家、省有关部门积极反映；二是协会在上半年里，共举办跨省、跨区、业务对接会16场，会员收获甚多；三是圆满举办了大小18场论坛，成功举办了“2011佛山（国际）现代服务业暨第八届佛山（国际）物流合作洽谈会”、“2011国际物流装备展览会”等；四是成功组织慕尼黑、泰国等地进行实地考察，成功举办“粤泰物流合作推介会”，组织了42家会员前往泰国，有27家企业拿到了业务订单，为会员开拓跨国业务提供平台；五是协会“五网三刊”为会员企业开展宣传的作用已取得实效，成功地搭建了协会对外的交流平台；六是已经与东盟物流博览会建立联系，协助完成博览会的顺利召开，会员与东盟地区的交流合作得到了加强；七是物联网技术在会员企业中的应用得到了很大的推广；八是推动会员单位向外发展，先后为外省市政府举办了15场投资推介会，取得了实质性的快速进展；九是对外交流不断扩大，组织会员参与国际各类展会、交易、洽谈和对口互访，加强与粤港澳台之间的物流合作。十是积极开展行业诉求，先后向省市政府递交或起草了《广东省突发事件物流应急建议》、《建设广东智慧物流实施意见》等32份策划或建议书。

2、强化创新，提供专业服务

一是信息中心承担协会的“二网一刊”工作取得良好成效，并组织了各类相关活动，得到会员的好评；二是教育培训工作委员会成功举办“广东省首届院校物流创新大赛”，得到了省教育、质监、科技和知识产权等部门的好评；编写的高职物流9本教材已经出版发行，28本中职物流教材已在陆续出版；协会杂志出版社加快培育《广东物流》品牌，出版质量不断提高；三是冷链物流专业委员会成功举办了第二届中国冷冻食品与冷链物流产业发展研讨会等活动、社会食品培训体系基本建立；四是协会研究设计院承接的项目已延伸到国外，基本达到国际水平，为会员及社会共计完成66项各类策划、规划、设计等任务；五是经理人俱乐部的高层次的活动也深受广大物流企业的欢迎；六是国际传媒中心组织的温州、井冈山等多场商务之旅，使会员受益匪浅，品牌效应不断提高；七是石化、空港、园区等委员会积极为会员提供专业化的服务，受到会员单位的欢迎；八是多式联运专业委员会推动企业合作，为中小企业解决融资；九是停车、装备、散料委员会正在加快筹备，上述各部门的工作都得到了广大会员单位的充分肯定，也得到了社会的认可。

3、加快企业升级，促进向外发展

协会借助国家和省对促进物流产业发展的新政策，运行推动会员企业走出去的发展战略，一是加快开辟跨省、跨区、跨国的物流大通道力度，打通了区域间的物流通道，为会员单位创造了新的发展空间。粤苏皖赣四省物流大通道工作进展顺利，并取得实质性的进展。二是推动会员单位向外投资工作开展顺利。河南省新乡市、河北省唐山市、江苏省响水县、安徽省铜陵市、江西省定南县5个区域政府的整体招商工作加快进行，海南海口、重庆龙头山、江西瑞金等地整体合作工作接近尾声，湖北鄂州、河南新区的合作已经启动，与江苏连云港、江西景德镇、黑龙江大庆、内蒙古乌市等地政府的合作正在积极协商之中。

4、积极自律，推动标准建设

广东省物流标准化技术委员会和广东省综合评估办公室，积极推动物流行业服务标准的宣传和制定，出版《物流及相关标准汇编》，6月份，成功召开标委会第一届一次年会暨虎门港国家物流服务业标准化试点专家研讨会，9月份向省质监局递交12项与物流有关的标准化（起草）申报项目，南沙港物流服务标准化试点（二类）顺利通过验收。由会员单位参与的一批国家、行业、地方物流标准通过评审实施。

广东省物流综合评估工作全面展开，新增一批A级企业，全省A级物流企业达到103家，物流AAA级信用企业19家；同时今年省政府与行业协会将共同启动物流诚信单位评选工作。使会员单位对自身的企业形象起到很好的宣传作用，扩大了企业在行业中的影响力。

（二）创新服务方式，积极拓宽发展思路

1、协会积极向政府提出建议，为会员创造更多的发展机会。向省交通部门提交了《关于推进广东省甩挂运输工作的思路和建议》、向各地级市提出了《借助物联网、加快推进物流转型升级的建议》、《关于油价上涨的诉求建议》、《开展物流寄递行业禁毒堵源截流建议》等。

2、强化协会联合的力量，由我协会会同江苏、安徽和江西协会联合推动了“粤苏皖赣四省物流大通道”项目，并向国家交通运输部提交了《关于构建基于串式甩挂运输的粤苏皖赣四省物流大通道的请示》，并向国家政协调研组作了专题汇报。

3、协会借助为政府相关部门编制规划、开展园区项目策划等契机，积极推广物流新兴业态，宣传无水港、虚拟空港、公共外库、物流创新等新概念，为会员提供发展机会，有效地推动广货北上的战略实施。

4、协会创新开办外省市“政府物流招商培训班”，课程由双方有意向合作的会员单位领导主讲，通过为外省市政府招商人员的培训达到快速招商的目的。

5、推动会员企业实现强强联合，2011年，协会促进番禺交投集团和佛航集团组建新的公司，推动三家会员单位成立物流港集团，策划筹备公路物流集团等工作都取得了成效。

6、配合会员单位开展模式创新，林安物流开通全国首家公路物流交易所；太东集团斥巨资成立惠州华南石化交易中心；南方物流大宗商品交易中心投入运营，推动会员进行模式创新成为协会为会员服务的重要手段。

7、通过为政府提供服务的契机，为会员创造更好的发展大环境，协会起草的《广东省农产品冷链发展规划》由省政府正式发布，对我省农产品冷链物流的发展将起到积极作用。协会还完成了一批省内外政府部门委托的各类项目策划和整体物流规划。

8、协会通过自身研究院的力量，积极为企业开展项目策划工作，先后为20多家会员单位开展了项目策划，例如：弘森开展了《打造华南地区快递集聚区的策划》、海新沙《构建广东临空国际综合物流园的策划》、清远瑞隆《清远农产品冷链物流基地的策划》、金鹏《全国名优农产品交易中心策划》、《广佛肇空港综合物流园策划》等。

（三）塑造品牌，协会队伍不断壮大

伴随着“十二五”规划的发展，协会确立了第二届理事会领导班子，进一步完善了协会会员大会和理事会的制度，新入会的会员共有32家，其中理事及理事以上的有11家。企业要求入会的意愿强烈。协会努力打造广东省“物流企业之家”，切实做好三个服务，得到会员、行业和政府的认可，行业中的影响力和公信力不断提高。

截止2011年，全省省级物流龙头企业12家，中国物流实验基地、示范基地12家，全国物流行业先进集体6家，全国劳动模范34人、全国先进工作者6名，全国物流企业税收试点100家。2011中国物流企业50强名单中，广东省5家企业榜上有名。协会党支部获得了“广东省社会组织先进党支部”。

随着物流社会化的分工，协会的专业委员会数量也在逐年递增，协会协助梅州、汕头成立了地方物流协会，协会的专业化服务能力和水平也在不断提高。

广东省物流行业协会开展的南方物联网示范工程被授予“广东省现代产业500强项目”。

（四）加大示范工程应用，使企业获得实惠

物联网和物流是两个关联度最强的产业，也都是国家率先发展的两个新兴产业。协会落实省政府将借助物联网技术打造“智慧广东”和“智慧物流”的战略，协会起草完成了《加快广东智慧物流行动方案》；主动开展南方物联网公共信息平台和南方物联网示范工程的建设，协会创新提出“五位一体”的物联网应用，在全国开创了物联网和信息化技术应用的先河。

目前，南方物联网示范工程已经在惠州、广州、肇庆、江门、佛山、东莞、无锡、徐州等城市的部分物流企业展开，8个示范工程（危化品、医药、物流与制造业融合、快递集聚区、城市快速配送、食品溯源、车货仓对接、智慧港）深入展开，示范效应在不断加快。

协会组织会员积极开展农超物流对接示范工程，推动农村蔬菜和水果基地直接进入社区家庭，在天河销售店举行了记者招待会，效果和影响明显。

（五）开展物流统计，为决策提供依据

协会充分发挥自身的桥梁作用，深入开展全省物流统计工作，为企业、行业及政府决策提供参考依据，一批物流数据在各级政府的工作中得到使用，数据的真实性受到了社会的认同。随着物流统计核算工作的不断深入，全省物流统计网络逐步扩大，协会物流统计核算能力也在不断增强，协会连续五年开展了全社会统计核算工作，并出版了“广东省物流统计年 报”。

协会在开展全省物流统计工作的同时，加大开展企业在政策、运营、仓储、人才等四个方面的问卷调研，积极筹备广东省物流企业景气指数的分析工作，组织实施发布办法，扎实做好我省物流行业的基础工作。

（六）加强党建、发挥堡垒作用

协会被中央组织部确定为广东省唯一的“创优争先”试点单位，协会继续坚持开展行业创新工作，加大推进两个试点工程，使试点工作不断深入。

在协会的建设和发展中，始终把创建先进基层党组织、争做优秀共产党员作为创先争优活动的主要内容，努力做到“五个好”，推动党员努力做到“五带头”。协会的党建工作不断壮大，一批新党员入党，党员在基层生产中发挥作用。

在中国共产党诞辰90周年的喜庆日子，党支部提出“让党旗在基层高高飘扬，让党徽在祖国大地永远闪光”的口号，号召全体党员与全体会员一道，深入开展党员先锋作用的活动，组织举办全体党员观看《建党伟业》影片、参加协会红歌比赛会，开讲党课，表彰先进党员活动。组织部分党员参加《井冈山红色之旅》活动，粤东、粤西党小组活动开展得有声有色，一批年轻人积极申请入党，党员的先锋作用不断加强。

协会党支部在组织党员活动的同时，坚持不懈地开展党员学习活动，全年共挑选了全国各地党组织创先争优先进材料92篇作为学习材料，刊登在协会《物流快讯》首页供大家学习，收到了较好的效果。

（七）面对新形势，迎接新挑战

2011年，物流业界称作“政策年”，3月，全国人大通过的《“十二五”规划纲要》中，突出强调“大力发展现代物流业”，共有20多处提及物流业发展的内容。6月，国务院常务会议专题研究支持物流业发展的政策措施。8月，《国务院办公厅关于促进物流业健康发展政策措施的意见》（国办发【2011】38号）印发，被业内称为“国九条”。10月，国务院常务会议决定，从2012年1月1日起，在上海市开展交通运输业和部分现代服务业营业税改征增值税试点。12月，国务院办公厅发出国办函【2011】162号《关于印发贯彻落实促进物流业健康发展政策措施意见部门分工方案的通知》，把（国办发【2011】38号）文（即“国九条”）细化为47项具体工作，落实到31个部门和单位。

2012年，“国九条”提出的政策措施将逐步落实。物流企业土地使用税调整方案基本形成，降低物流业土地使用税政策可望近期出台。中央和地方财政先后对农产品冷链物流、粮食物流、服务业功能集聚区、城市共同配送系统和农村流通体系建设等重点物流项目给予资金支持。20多个省市正在酝酿出台落实“国九条”的实施细则。

十二五期间是物流快速发展的机遇时期，《广东省现代物流中长期发展规划》、《广东省物流园区规划》等一批规划正在起草之中；全省30个省级培育物流园区工作已经启动；南方物联网（物流）示范工程全面展开；一系列利好政策将会陆续出台。为此，协会将牢牢把握历史机遇，加快企业转型升级，实现第二次跨越发展，做强企业，做大行业，为广东省经济和社会作出贡献。

（广东省物流行业协会 马仁洪 谢诚杰）

人物

先进人物

经济风云人物

【2011年广东十大经济风云人物】

谢　勇：广东中科招商创业投资管理公司董事总经理

梁耀铭：广州金域医学检验中心有限公司董事长兼总经理

黄建平：广东唯美陶瓷有限公司党委书记、董事长、总裁

吴　松：广州汽车集团乘用车有限公司总经理

陆志峰：广州越秀集团有限公司党委书记、董事长

乔建葆：中国联通广东省分公司党委书记、总经理

刘　伟：广东省汽车运输集团党委书记、董事长

司献民：中国南方航空股份有限公司董事长

边　程：广东科达机电股份有限公司总经理

王万年：广东中旅（集团）有限公司党委书记、董事长

【谢勇：广东中科招商创业投资管理公司董事总经理】　谢勇，现任中科招商集团董事执行副总裁和广东中科招商董事总经理，是中科招商集团的创始人之一，全面管理广东地区业务。同时，谢勇兼任中国股权投资基金50人论坛执行副秘书长、深圳创业投资同业公会副会长、天津（中国）股权投资基金协会发起人理事等职务。

谢勇拥有15年股权投资和企业上市服务工作经验，熟悉信息产业、新能源、新材料、生物制药和医疗、金融服务、建材及装备机械等行业。过去11年先后亲自组织了60多亿元人民币对省内的传统行业龙头企业和战略新兴产业项目进行战略性投资：广州香雪制药、广州杰赛电子、佛山东方精工、惠州中京电子、深圳彩虹精华、深圳中青宝网、深圳塞维智能、珠海粤富华等一批省内企业已经在A股市场成功上市。其他包括广东省广电网络、惠州华阳集团、广东燕塘乳业、广州立达尔生物、广州星业科技、广州友田机电、广州绿茵阁、广州华炜科技、中山通宇通讯、中山三和管桩、中山樱雪电器、中山大雅科技、惠州硕贝德科技、梅州富农食品、梅州鸿源水电设备、深圳航盛电子、深圳销帮物联、深圳福恒新材料等一大批广东省内的行业龙头企业和战略新兴项目等在他的组织运作中也将于近几年在国内资本市场发行上市。

广东中科招商是中科招商集团唯一控股子公司，2009年根据汪洋书记指示，作为广东省首支大型备案制股权投资基金中科白云股权投资基金的发起人和管理人落户广州。在谢勇的带领下，公司旗下发起设立并受托管理中科白云基金50亿元、广东省首支地市级备案制股权投资基金中科中山基金30亿元、全国客属地区首支股权投资基金梅州中科客家基金10亿元、广东省首批镇区级股权投资基金10亿元（中科板芙基金、中科南头基金、中科阜沙基金、中科东凤基金、中科港口基金、中科三乡基金）、佛山市首支备案制股权投资基金中科金禅智慧产业基金50亿元以及湖南中科岳麓基金、中科浏阳河基金和中科广电项目基金、中科华阳项目基金等共计18支，受托管理基金规模突破100亿元，已进入人民币股权基金管理行业全国前十。

谢勇十分重视管理队伍的建设。广东中科招商目前拥有60多人的专业化投资管理团队，过去两年已投资了近50多个项目，重点投资大型行业龙头企业的改制重组上市和具有自主创新能力的战略新兴产业项目。其中，所投资的瑞普生物、香雪制药、东方精工已相继在中国A股成功过会上市。据统计，仅广东中科招商在2011年就有8家已投企业将上报发审。

谢勇统管这么多行业且资金不菲的项目向来兢兢业业，逐个落实，一丝不苟。为加速企业进入资本市场，支持实业做强做大，积极推动广东产业转型升级和战略新兴产业发展作出了积极贡献。

【梁耀铭：广州金域医学检验中心有限公司董事长兼总经理】　梁耀铭，广州金域医学检验中心有限公司董事长兼总经理。他带领的金域检验开启了我国公共医学实验室先河，建立了中国最早的公共医学实验室，成为中国第三方医学检验服务发展模式的开创者，是中国最早进入医学检测服务外包领域的企业，也是中国首家同时通过美国CAP认可和ISO15189认可的医学实验室。

梁耀铭以海外留学人员组建病理专家和高端检验人才的骨干团队，将高端仪器设备与中国丰富的人力资源结合，聚合终端医院的海量检测需求，建立了集约化24小时连续作业，具备突出性价比的公共检验医学平台。可为各级医疗机构提供专业检测服务，大量减少医疗机构检测设备的重复购置，解决高水平检验人才和病理专家缺乏的制约，大大提高了诊断水平，尤其是可为偏远落后地区以在线远程服务方式提供当地急缺的检测服务。

梁耀铭关心中国普遍存在的“看病难”以及公共医疗服务领域城乡资源配置失衡的现象，他领导金域检验依托中国市场的巨大潜力成为国际医疗检测行业的龙头企业，力求做到检测服务减少医疗垃圾产生，降低因废物分散处理而造成的环境污染和碳排放，切实解决公众看病难、看病贵的问题。

2011年，金域在全国19个省及直辖市、港澳地区拥有中心实验室，开展生化、免疫、微生物、基因诊断、食品卫生检验、新药临床试验、科研

教学等13个业务学科，提供1 400多项高新检验技术服务。公司服务8 000多家医疗机构，其中三甲医院700多家，二甲医院2 200多家，仅广东省内服务客户超过1 200家，还有诺华、默克、辉瑞、罗氏等国际500强医药公司。目前金域年检测标本数已经超过600万例，服务网络深入到乡镇一级，80%的项目可以在24小时内进行发单。近三年来每年业务增长超过60%，2011年集团预期营业额达6.7亿元，稳居行业第一，是中国第三方医学检验服务行业中规模最大和产值最高的领军企业。

梁耀铭重视与国际高标准接轨。金域有13个学科通过被誉为医学实验室国际最高标准的美国病理学家协会CAP认证，通过认证的数量全国第一，其中6个学科国内仅有金域通过认证，其临床初诊断、检测能力已与国际最高标准接轨，是目前国内通过国际认证最多、规模最大、开展学科最多的第三方公共医学实验室。CAP主席称："金域是我见过的最好的中国的医学实验室！"金域还与美国综合排名第四的克里夫兰医学检验中心签定战略联盟合作协议；与美国匹兹堡大学医学中心共同组建"金域－匹兹堡大学医学中心国际远程数字病理会诊中心"（上海），通过全球整合为国内医疗患者提供海外顶尖医疗专家的检测服务。

经梁耀铭领导的金域创造的第三方集中检验方式，每年可为各级医疗机构和患者节省数十亿元医疗支出，为广大患者健康筛查、疾病确诊带来保障和巨大方便，不仅有利于基层诊断水平的提高，还可推动解决流行病防治等公共卫生问题，为切实解决广东省公众看病难、看病贵的问题和促进区域性医疗卫生资源的优化配置作出了重大贡献，取得了经济效益和社会效益双重收获。

【黄建平：广东唯美陶瓷有限公司党委书记、董事长、总裁】 黄建平，毕业于华南理工大学，现任广东唯美陶瓷有限公司党委书记、董事长及总裁。黄建平1988年加入唯美陶瓷，二十年不懈努力把一度濒临破产的企业打造成建陶行业的名牌企业，企业资产由零增长到17.55亿，拥有广东东莞、广东清远、江西丰城三大生产基地。

近年来，黄建平带领企业先后研发出世界首创套色印花浮雕防滑砖、全国首家应用辊道窑裸烧广场砖、全国首家推广哑光内墙瓷片、全国首家提出防滑耐磨概念并生产出防滑耐磨砖、全国首家制造陶瓷文化石产品、全国首家采用彩印包装箱、全国首家采用特殊尺寸等，并第一个提出"厂商一体化，合作长久化"的营销模式，第一个打造建陶行业的自主品牌，第一个在行业引入"体验式营销"。在产品设计理念上，黄建平充分发掘中国传统文化的优势，将中国古诗词及书画艺术的元素融入瓷砖中，第一个研发生产亚光仿古瓷砖。唯美公司引入刀笔艺术大师陈复澄教授，将中国古诗词及书画艺术通过刀笔书法融入瓷砖中，使艺术陶瓷与建筑陶瓷有机结合起来，创造出全新的文化产品，产品的附加值和企业的影响力大幅提升。马可波罗·中国印象系列，是中国建陶行业迄今为止运用中国元素、创造中国风格的最新产品，在倡导个性化装饰风格和仿古韵味的哑光仿古瓷砖领域，基本保持每年推出近200余种新产品的频率。产品推出后销售量占据了行业的半壁江山，冲出了建陶行业"同质化"和低价竞争的重围。同时，在生产中推行标准化、自动化生产，做到生产规模化、自动化和环保化，使公司以每年30%的速度快速增长。

通过科技创新和文化创新，黄建平的企业已拥有国家专利400多项，2008年为北京奥运场馆提供40多个品类、35万多平方米产品。旗下马可波罗品牌被评为"中国名牌产品""中国驰名商标""国家免检产品""中国最具价值的品牌500强"。马可波罗陶瓷品牌价值已达50.26亿元，连续入选全国最具品牌价值500强。公司第二品牌L&D品牌2011年也跻身到500强的行列，品牌价值为24.46亿元。2011年，唯美公司作为国内规模最大的建筑陶瓷制造商和销售商之一，位列中国工业企业500强和中国建材行业百强企业，为广东省高新技术企业和省民营科技企业，下辖四个子公司和三个制造工业园。

近年来，企业引进目前最先进的喷墨打印生产设备和技术，建立全新的生产线，实现优质、高产、环保生产。研发新一代仿古砖系列，使公司"仿古至尊"的地位更加巩固，近期推出的地理石、微晶石等均在国内处于领先地位。2009年唯美公司获得"仿洞石瓷砖及其制备方法"和"一种艺术瓷砖的制作工艺"两项国家发明专利。唯美研发中心被广东省科技厅、广东省发改委、广东省经贸委认定为"广东省瓷质釉饰建筑陶瓷工程技术研究开发中心"。

黄建平创导的陶瓷文化还在不断升华。唯美公司斥资3 000万兴建了全国第一家企业建筑陶瓷博物馆，并于2007年升级为中国建筑陶瓷博物馆，不断将文化与实业结合，打造企业独特竞争力。

【吴松：广州汽车集团乘用车有限公司总经理】 吴松，现任广汽集团党委委员、副总经理，广州汽车集团乘用车有限公司董事、总经理。吴松于2007年4月开始挑起广汽自主品牌项目的筹备工作重担。经过短短4年时间，吴松带领一支全新的队伍，精诚团结，奋力拼搏，开拓创新，突破了项目申报、产品技术、工厂建设、工艺同步工程、供应链体系打造、品牌塑造、销售网络建设等一系列难题，探索出了"国企的平台、民企的效率、合资的流程"的新型国企管理模式，获得了国家、省、市各级领导的高度肯定和赞扬。

在吴松主持下，广汽集团创造性地建立了"三三制"管理流程，将招标实施、决策、监督三分离，除采购部门外，使用部门、财务、纪检监察三参与，形成交叉监督、互相制约、集体决策的联合工作机制。通过全球优势采购资源的充分竞争，项目基础设施投资节约3亿元，设备采购降低投资6—7亿元，整个项目投资共计节省10余亿元，最终只用28亿就造就了国际先进水平的汽车工厂。

吴松对企业管理有独特的理念。在用人机制上，建立了“公平、公开、公正”的人才选拔体系，实行“双推双考”的考核机制，使广汽乘用车凝聚了一批优秀人才，在车型开发、工厂建设、公司营运等方面取得了引人注目的成绩。

尤其在2011年，吴松领导下的广汽自主品牌的工厂成绩卓著。工厂一次规划、分期实施，已建成年产10万辆整车、10万台发动机的规模，未来可在不停产的情况下分阶段达到年产整车40万辆、发动机45万台规模。厂区内采用风光互补照明系统、排污净化处理系统、冲压全封闭降噪防尘生产线、涂装100%的水溶性环保材料，以及国内领先的随动式尾气排烟装置等等节能环保的方式，尽可能地降低能耗和对环境的影响，以促进社会绿色低碳和谐发展。

2011年，广汽研究院聚拢了通用、福特、菲亚特、大陆、李尔等世界级企业服务多年的专家团队，投入近30亿元专门用于产品开发，在充分消化引进技术精髓的基础上，分别在发动机和整车领域进行了500多项和600多项技术创新，仅整车领域就进行了7个阶段、17大类、近200辆样车的详尽试验，从而保证了传祺世界级的品质水准。2010年12月正式上市的传祺已荣获包括北京车展、广州车展、主流媒体联盟在内的各项大奖共70多项。2011年4月，在C-NCAP安全碰撞测试中，传祺以48.8高分获得五星评价。

2011年，传祺平台推出全新自主城市SUV，该车在各种测试中表现优越，性能指标超越国内多款主流合资品牌。今后，广汽乘用车将以每年一款新车快速完善产品序列，覆盖全系细分市场。同时，广汽在上海车展发布新能源战略，今后每一款关键车型都同步开发新能源版本。

“十二五”期间，广汽乘用车将在研发上继续投入超过70亿元，形成每年同时开发2—3款新车、关键零部件系统集成和基础研究的研发能力，到2015年形成40万产能、30万销量的规模。这些都与吴松带领团队决策、管理、创新分不开。

【陆志峰：广州越秀集团有限公司党委书记、董事长】 陆志峰，曾任广州汽车工业集团总经理、广州本田董事长，主导并亲自参与了广汽集团的重组，为广东乃至中国汽车工业的发展作出了突出贡献，2004年被评为“中国汽车工业50年•50位杰出人物”之一，2008年被评为“纪念改革开放30周年中国汽车工业杰出人物”。2008年7月，陆志峰临危授命调任越秀集团党委书记、董事长，开始第二次大型国企改造之旅，谋划并主导了越秀集团“三年调整优化发展”战略的实施，将原有地产、交通、证券、酒店、水泥、造纸、电池和国际经贸等八大产业，“瘦身”为以房地产、交通基建、金融证券等三大产业为核心的“3 + X”产业体系，实现了向现代服务业的整体转型。他还理顺资本关系、完善集团管控和公司法人治理结构，重塑企业文化，打破国企薪酬和用人机制的禁区，推进市场化薪酬体系和职业经理人团队建设，三年“再造”一个越秀。

在他的带领下，越秀集团从一家战略方向不清晰、产业基础薄弱、上市平台不健康的传统国企成长为一家战略定位清晰、主业全国性布局、具有较强市场竞争力和可持续发展能力的现代国际化企业；并成为广州市属国有企业中首家总资产超千亿企业，广州市属国有企业中第二家利润超过百亿的企业。2011年底，越秀集团现代服务业的总资产从2008年的700亿元提升到1 100亿元，营业收入从2008年的85亿元提升到150亿元，利润总额从2008年的32亿元提升到102亿元，创造了越秀集团20多年来的历史性增长记录。

陆志峰紧抓主业优势，以珠三角为核心，布局长三角、环渤海、中部地区为，新增超过600万平方米优质土地储备，总土地储备达到1 100万平方米，业务拓展到全国9个城市，进入中国房地产上市公司最具成长能力的前十名。截至2011年6月，越秀地产商业地产资产规模行业排名第二，仅次于华润置地。

越秀交通基建近三年投资超过100亿元，收购5个高速公路项目和1个港口码头，控股项目由2个增至8个，分布于七个省份（包括广东、广西、湖南、湖北、陕西、天津、河南），控股高速公路里程由62.5公里增至约250公里，增长300%，成为扩张速度最快且实现全国性布局的香港高速公路类上市公司。

越秀金融已拥有证券、期货、基金、信托、PE等业态及穗港两地金融平台，“大金融”格局初具雏形。

2011年，越秀集团各板块核心企业凭借优异表现获得社会广泛认可：越秀地产重返摩根士丹利资本国际（MSCI）中国指数股，2009—2011年连续三年荣获“中国杰出房地产商”称号以及2011年香港“杰出上市企业大奖”；越秀交通基建作为恒生香港中资企业指数成分股，2010年荣获“香港杰出企业”奖项，2010—2011年连续两年获得香港“杰出上市企业大奖”；越秀房地产投资信托基金是全球首只投资中国内地物业的房地产投资信托基金，2008—2011年连续四年被评为“香港杰出企业”，2011年获得香港“杰出上市企业大奖”；广州证券在“2011中国区优秀投行评选”和21世纪“中国券商奖”两项大奖评选中，各摘得“最佳IPO项目”大奖和“2010年度中国最具成长性证券公司”两项殊荣。

【乔建葆：中国联通广东省分公司党委书记、总经理】 乔建葆，现任中国联通广东省分公司党委书记、总经理。他紧抓3G时代的难得机遇，通过实施“3G领先与一体化创新战略”，带领公司摆脱长期以来的低位徘徊，2008年到2010年公司年均复合增长率达到15%，并于2010年一举突破百亿收入大关。2011年，乔建葆领导广东联通以高于行业20个百分点的速度继续增长，市场占有率累计提升2个百分点，史无前例地位居联通全国绩效考核第一名，晋身“中国通信产业榜评选”全国省级运营商50佳，地方运营商转型能力TOP10排名中位居全国第2，全年通信服务收入超过146亿元，迎来了3G时代广东联通公司的爆炸性增长，本人荣获“广东省五一劳动奖章”。

在无线互联网的热潮中，乔建葆为广东联通确立了独特的核心竞争力和3G领域的优势地位，以南粤大地“信息生活的创新服务领导者”为目标，带领公司跻身“广东省企业百强”和“广东省服务业百强”，行业“三分天下”的理想蓝图正在逐步变为现实。

2011年，广东联通全年实现通信服务收入预计超146亿元，完成集团公司预算的105%，其中3G收入、用户规模保持全国第一，3G用户规模较2010年实现翻番，收入规模在2011年进入全国联通三甲，成为当之无愧的市场领头羊。

2011年7月份，由通信产业报社、中国管理案例联合中心和新浪网联合主办的“中国通信产业榜评选活动”中，广东联通以总分81.9分晋级为全国省级运营商50佳，以绝对优势位据中国通信产业榜第二位；在地方运营商转型能力TOP10排名中，广东联通以新服务、新业务、新技术、新管理方式为考评维度的“转型能力”综合得分排名全国第二，成为全国通信行业观摩学习的典型单位。

2011年，广东联通面向大众消费者推出各类创新业务品牌，不断巩固移动互联网的优势地位，其中和新浪微博联合推出的“红围脖”品牌，独有语音微博和视频微博功能，粉丝超过80万，下载客户端人数超过300万，超过5 000万次网络传播，成为移动微博领域第一品牌。与工行联合推出“牡丹•沃银”卡服务，能在交通、校园、企业和商家进行手机卡支付，也能实现远程支付，极大丰富了用户的体验。

2011年，广东联通还利用WCDMA3G的技术优势，在政府执法、交通物流、物联网应用及电子商务等重点领域推出了多项领先的行业应用产品，为广东省各级政府部门、社会各行业的信息化建设提供了创新性解决方案，广泛提升了省内各行业的信息化水平和政务效率，为“智慧广东”的建设作出巨大贡献。

【刘伟：广东省汽车运输集团党委书记、董事长】 刘伟，工商管理硕士，高级经济师。现任广东省汽车运输集团有限公司党委书记、董事长。曾就读于北京交通管理干部学院、美国国际东西方大学，曾先后在广东省交通厅，香港威盛运输企业有限公司任职，1997年到广东省汽车运输集团工作至今。刘伟带领广东省汽运集团利用自身的道路客运企业一级资质优势，利用企业品牌的吸引力、号召力，抓住省内地级市汽车运输企业进行改制的机遇，走出了一条并购—整合—增长管理创新之路。

刘伟对广东省汽运集团的经营注重企业内部管理的加强和内外资源的整合，他带领公司2002年率先导入ISO9001国际质量管理体系，规范管理流程，提高全员质量管理意识，公司整体质量管理水平得到显著提高；2004年带领团队利用自身的规模优势、网络优势、资金优势，创建了“粤运”数据仓库管理系统，优化了管理流程，创新管理控制理念；并不断整合企业内外部资源争创效益。2009年，刘伟获评“辉煌60年中国道路运输60位旗帜人物”。

“十一五”期间，广东省汽运集团公司资产从14.29亿元增加到30.18亿元，增长了1倍多；主营业务收入从7.57亿元增长到20.16亿元，增长了1.66倍；公司拥有的车辆从1 034台增加到3 289台，三级以上客运站场从11个增加到33个，经营业务和资产规模呈现几何级增长。“十一五”期间，公司累计投入5.8298亿元用于新项目的合作或收购，完成了阳江汽运集团、梅州粤运公司、佛山粤运公交、增运公司、增城汽车客运站、汕头客运中心站、中山机场快线等项目的成功并购（或合作），这些项目的成功实施使广东省汽运集团获得了大量的站场、线路、车辆等核心运输资源，与原有资源形成合力，企业实力大幅增强，市场规模和经营效益得到了大幅提升，规模效应开始凸显，企业核心竞争力显著提高。2011年，广东省汽运集团的净资产达到18.39亿元，同比增长5.88%，2011年1—9月累计实现净利润9 852.53万元，同比增长24.04%。

2004年以来，广东省汽运集团公司将企业的资源与资产都向运输主业集中，推进统一的技术标准、统一的管理规程、统一的采购、统一的车辆维修、统一的行车保险，并作为一种管理模式不断深入推进。“五统一”的推行使公司集中采购、集中维修、规范管理，所辖公司采购成本、维修成本、保险费用、油料消耗、线路车辆的利用率得到优化，实现了协同效应，市场竞争力进一步增强。

刘伟一贯积极推行品牌战略，广东省汽运集团公司不断加大品牌运作和管理力度。目前，已在广东省内逐步构建起包括线路、站场、快件和汽车修理、公交等分支品牌在内的“粤运”品牌体系，并不断提升品牌的服务质量，以服务促发展。其中公司主打品牌“粤运快车”2007年被评为“广东省著名商标”，成为省内首个获此殊荣的道路运输品牌。2011年，中国道路运输百强诚信企业排名中，广东省汽运集团名列第二。

【司献民：中国南方航空股份有限公司董事长】 司献民，清华大学工商管理硕士。1975年参加民航工作。2009年1月起担任中国南方航空集团公司总经理，中国南方航空股份有限公司董事长。其管理的集团拥有上市公司中国南方航空股份有限公司等8家成员企业和39个分子公司、国内营业部，53个国外办事处，在北京、澳大利亚设立飞行学院，在珠海设立模拟机飞行训练中心和航空发动机维修中心。统领如此庞大的集团公司，非一般的魄力方可胜任。

2011年，中国南方航空集团公司作为国家三大骨干航空集团之一，主营航空运输业务，兼营航空客货代理、进出口贸易、金融理财、建设开发、传媒广告等相关产业，运营总资产达1 500多亿元人民币。现有机队规模居亚洲第一、全球第六，经营先进运输机、直升机445架；航线网络位居亚洲第一、全球第五，全面辐射亚洲，链接欧美澳非洲，通达全球916个目的地，连接169个国家和地区。司献民知道，安全是民航运输的质量保证，长期以来狠抓空防安全这一环节不放松。2008年7月16日，南航荣获中国民航局颁发的飞行安全最高奖“中国民航飞行安全五星奖”，成为国内安全星级最高、安全业绩最好的航空公司，在国际上也处于领先地位。

2011年，南航实现旅客运输量8 067.7万人次，位列亚洲第一、全球第三，已连续33年居国内各航空公司之首，是亚洲唯一进入世界航空客运前五强，国内唯一连续7年进入世界民航客运前十强的航空公司。

2011年，南航已累计安全飞行875万小时，连续保证了208个月的空防安全，安全运输旅客累计近7亿人次，安全管理水平在国内、国际均处于领先地位。

2011年，南航实现净利润50.75亿元，全年共完成运输总周转量144.61亿吨公里，同比增长10.4%；实现旅客运输量8 067.7万人次，同比增长5.5%；实现货邮运输量113.51万吨，同比增长1.6%。年中，在国资委对央企的考评中，南航被评为A级企业。

2011年1月，中国南方航空集团公司荣膺SKYTRAX四星航空公司，是国有大型航空公司中目前唯一获得此项荣誉的公司，标志着南航已经跻身世界先进航空公司行列。

司献民带领南航不断创优，引领中国民航正式迈入“大飞机”时代。2011年10月15日，中国国内首家空客A380超大型双层客机落户南航。A380素有“空中巨无霸”“绿色巨人”等称号，拥有低油耗、低噪音、新材料三大节能减排优势。目前，南航A380已投入北京、广州、上海三大城市的商业运营中，南航A380也成为广州、广东，乃至整个中国民航的“新名片”。

在积极履行社会责任方面，南航一直走在前列，2011年已向广东等地区贫困群众捐款600多万元，并出色完成利比亚撤侨、日本地震撤侨等重大任务，在社会上树立了良好的品牌形象。

【边程：广东科达机电股份有限公司总经理】 边程，工商管理研究生毕业、高级经济师，先后就职于河南省政府经济发展研究中心、佛山市经济委员会、广东佛陶集团、特地陶瓷、广东科达机电股份有限公司，现任广东科达机电股份有限公司总经理。

2002年就任科达机电总经理至今，边程积极拓展海内外市场并逐步为公司建立了一套科学、高效的管理体系，研发出诸多中国第一的陶瓷机械装备，开创中国陶瓷机械制造的先河，推动了中国建筑陶瓷装备行业的技术进步，在世界范围内对建材陶瓷机械行业技术进步起到了关键和引领作用，成为全球陶瓷机械输出最大的供应商，综合实力雄踞行业世界冠军。

边程带领企业主动转型升级，引领行业向绿色、节能、环保、废料循环利用领域发展，先后推出清洁煤气化技术、大规格陶瓷薄板技术、粉煤灰等固体废弃物制砖技术、人造石材生产技术等为代表的一批在节能、减排、具有革命意义的新技术与装备，为人类社会可持续发展作出突出贡献。

边程先后获得中华全国工商联合会、中国民营科技实业家协会共同授予的“中国优秀民营科技企业家”称号；陶瓷工业协会授予“中国陶瓷行业杰出企业家奖”；2009年至2011年期间，分别荣列“福布斯中国上市公司最佳CEO榜48位、38位和31位”。

从2002年起，科达机电针对行业与社会发展的需要，不断寻找新的突破点，完成了从“抄”到“超”的蜕变。2011年实现营业收入24.93亿元（含税），净利润3.56亿元，较2002年上市时的营业收入和净利润两项指标比均实现了十几倍的增长，综合实力行业排名中国第一，世界第二。

科达机电自主开发的产品连续多次填补国内外陶瓷机械行业的空白，在与国际陶瓷机械巨头竞争中，成功完成了从单一设备供应商向建筑陶瓷整套技术与装备提供者转型，成为国内唯一能够提供陶瓷整厂整线技术与装备的企业，是全球陶瓷机械输出最大的供应商。目前中国70%、全球50%的陶瓷机械深加工设备，中国50%的陶瓷压机，都是由科达机电制造的，国内几乎所有建筑陶瓷企业都有科达机电制造的装备。

边程主动调整创新方向，在完成陶机装备技术创新的历史任务后，科达机电面对陶机装备市场容量的“天花板”，转型研发国计民生急需的清洁能源和节能减排技术。如今这些项目的推广应用已经进入市场化、规模化、产业化，数以万亿计的市场容量为科达机电持续创业开辟了广阔的市场空间。

科达机电近三年来快速稳步发展，年复合增长率近40%，成为广东省创新企业二十强中唯一的佛山地区企业；排名中国股市20年100只牛股中第15位；中国建材机械十强；中国机械500强；国家级高新技术企业；中国诚信示范企业；质量信誉AAAA等级企业；被银行评定为具有AAA级资信度企业。

【王万年：广东中旅（集团）有限公司党委书记、董事长】 王万年，省社会科学院在职研究生学历，高级政工师。1992年转业到广东中旅，历任广东中旅集团副总经理、总经理，现任广东中旅集团董事长、党委书记，中国旅行社协会副会长、中国中旅集团理事会副会长、广东省企业联合会副会长。

王万年组织中旅员工通过一系列的改制和创新，将14年前负债14.2亿元的企业于2007年成功完成债务重组。广东中旅现有资产总额已超26亿，净资产9亿，年销售额超过18亿。

王万年率先在全国提出旅游产业园概念，并在珠三角、粤东、粤西等地区初步完成产业集聚发展的战略布局。在他的带领下，广东中旅在2010年全国百强旅行社排名中超越多家央企跃居全国第一。王万年主持建设的南海西岸旅游产业园获国家旅游局授牌全国首个“国家旅游产业集聚（实验）区”，实现了广东旅游业历史性的新突破，积极推动广东旅游强省和全国旅游综合改革示范区建设，引领旅游行业创新发展，进一步促进了旅游产业的优化升级，为中国这个旅游资源大国向旅游文化强国、旅游产业强国迈进探索了新的路径。

2011年，广东中旅作为拥有近60年历史的知名品牌，连续十多年名列“全国国际社百强”全国前十、广东第一，并连续四年名列全国利税十强旅行社。现拥有省内外控股旅行社23家，门市部100多个，比其接任董事长前增长30%；设立并运营英国、德国、比利时、加拿大、丹麦、阿联酋等6家签证申请中心，比接任前增长50%；拥有旅游客运、长途客运、空港快线和粤港澳直通车营运车辆600余台，比接任前增长30%；拥有华厦大酒店、华厦国际连锁商务酒店等高星级全资酒店3家，受托管理酒店14家，大大超出同业平均水平，已成为华南地区网络规模最大、服务最齐全的旅游分销商。

2011年，广东中旅建立的佛山南海西岸旅游产业园已初具规模，并成为集团拓宽旅游主业产业链的新经济增长点。该园规划总面积约566.67公顷，投资总额68亿元，至2013年预计年生产总值6亿元，可为南海区带来每年超过30亿元生产总值的增长；增加就业岗位3 000多个，二三期完工后可为南海区带来每年超过130亿元生产总值的增长。同时，集团还开发梅州客天下旅游产业园，规划总占地面积近2 000公顷，总投资30亿元。两园都被列为广东省现代产业500强和现代服务业100强项目。园区将集休闲、度假、商务、会议、文化创意、教育培训、演艺展览、艺术鉴赏、娱乐运动、农耕体验、高端超市、居住为一体，既是旅游经济开发园区、低碳旅游示范区，又是“双转移”现代服务业功能配套基地和社会主义新农村建设的示范区，实现社会、经济、生态综合发展。

2011年，广东中旅获得了国家劳动人事部和国家旅游局颁发的“全国旅游系统先进集体”奖、国家工商总局颁发的“中国守合同重信用企业”、全国总工会授予的“工人先锋号”以及“中国出境游十大批发商”“社会公认满意单位”“广州地区最受欢迎旅行社”“中国旅行社业十大质量品牌”、“全国文明诚信单位”等众多荣誉。

全国五一劳动奖章

【周伙荣：中国华融资产管理公司广州办事处总经理】 周伙荣，中共党员，硕士学历，1974年8月参加工作，现任中国华融资产管理公司广州办事处总经理。曾连续三年获得广发银行特殊贡献奖，并先后荣获深圳市国资委系统优秀共产党员、全国金融系统职工职业道德建设十佳标兵、全国金融五一劳动奖章等荣誉称号，2011年获得全国五一劳动奖章。

2009年4月，周伙荣加入中国华融后担任广州办事处负责人。在此之前，广州办事处处于严重亏损状态。他到任后，立下了实现跨越式发展目标的军令状，表达了其对华融事业高度负责的决心和气魄。3年来，他抓住“发展是硬道理、利润是硬任务、风险是硬约束”三条主线，率领员工冲锋陷阵。2009年，周伙荣就带领广州办事处扭亏为盈，改革取得了立竿见影的效果，实现利润700多万，摘掉了之前连续3年亏损的帽子，效益考核排名跃居公司系统第3位；2010年，周伙荣晋升为办事处总经理，带领广州办事处一举拿下1.33亿元的利润，稳居30家办事处、营业部首位；2011年广州办人均创利464万元，连续第二年经营效益居公司系统办事处（营业部）之首。作为领军人物，周伙荣作出了重要贡献，他领导的中国华融广州办事处被授予全国金融五一劳动奖状，被中国华融两次荣记一等功，成为中国华融转型发展中的一面旗帜。

周伙荣不断创新管理模式，破解转型难题。随着转型步伐的不断深入，中国华融广州办事处的发展遇到了很多新的难题。在这种情况下，周伙荣将科学发展观的精髓融入到日常管理工作当中，创新发展理念。周伙荣提出“用特别的思路解决特别的出路”“变坐商为行商”“到市场找米做饭”等新理念，带领办事处全体员工在困境面前不等、不靠、不要，创新出以资产管理为平台、投资银行及金融服务为手段、提升资产价值为核心的主营业务，探索出风险可控、可持续发展的盈利模式，得到业界的充分肯定。

2011年，周伙荣结合广东市场民营企业实力强、资金充裕，但资产管理能力弱的特点，率先提出广州办事处要大力发展“脑袋经济”，用智力经济赚钱。回顾华融广州办的转型道路时，周伙荣感叹道：“如果按照常规的思维、常规的手段，面对激烈的市场竞争，实在很难取得成功，通过近两年来特别思路的探索和艰苦努力，才使得华融广州办获得了超常规的发展。”其中，“脑袋经济”更是功不可没。

2011年5月，周伙荣获得了全国总工会授予的“全国五一劳动奖章”荣誉，体现了国家对其领导能力和所作贡献的高度肯定。

【卢如西：广东威创视讯科技股份有限公司总工程师】 卢如西是教授级高级工程师，国务院政府特殊津贴专家，广东威创视讯科技股份有限公司总工程师、中共党支部书记、研究院院长，兼任广州市科学技术协会第九届委员会常务委员。他是个科技型干部，取得了丰硕的科技成果，曾主持国家创新型试点企业工作并最终获准通过，获国家级科技进步奖1次，中国专利金奖1次，省级科技进步奖5次，省级专利金奖1次，市级科技进步奖2次。

勇于带头开拓，不断研发创新 卢如西自2006年起全面负责创新型试点企业的技术创新工作，先后完成了“广东省大屏幕显示系统工程技术研究开发中心”和“广东省企业技术中心”的技术创新工作，并亲自担任工程中心主任和技术中心副主任一职。他主持推行并完善了“专利申报流程”“知识产权管理制度”“科技创新奖励管理制度”“威创公司知识产权中长期发展规划”等制度，使公司近年来发

明专利申请量大幅度提升，由2006年的9件发明专利发展到2010年的152件，截至2011年末公司累计申请专利600多件。卢如西在专利申请方面也是个实干家，起到了模范带头作用，他作为独立发明人或共同发明人共申请专利85件，其中发明专利63件；共获得专利49件，已获授权发明专利27件，美国授权发明专利1件。尤其是发明专利“一种基于服务器端结构远程显示处理方法”于2009年12月获中国专利金奖，卢如西是第一发明人；他参与该领域国家行业标准制定4项，其中3项已发布实施；发表专业论文10篇。并于2007年被评为全国企事业知识产权管理先进工作者。

他主持推进品牌建设，核准注册商标10余件，其中VTRON商标于2006年、2009年被评为广东省著名商标，“大屏幕拼接显示系统”于2007年被评为广东省名牌产品。

作为党委书记的卢如西十分注重加强创新环境与文化氛围建设，大力推行公司合理化建议制度；鼓励个人才干和创造；鼓励员工终生学习，与时俱进，不断创造有价值的技术；鼓励冒险，容忍犯错。

卢如西借助公司研究院的平台，积极推动新技术的研究，通过积极引进优秀人才，创造人才创新的机制和环境，带领工作团队，潜心致力于新技术的研究，促使公司处在行业的技术领先位置。

卢如西主持的系列创新工作取得了极大的成效，大大提升了公司的自主创新能力，公司的业务已遍布国内外，超高分辨率数字拼接墙系统持续多年保持中国市场占有率第一，全球综合排名前三位。经过严格考核，公司被国家科技部、中华全国总工会、国务院国资委三个部门联合授予国家创新型企业，成为广州市创新型企业典范。在2009年和2010年的公司年度绩效考核中，卢如西获得的评定等级都是为A，并荣获2008年度广州市唯一的突出贡献奖。

攻克大屏幕拼接显示难题，填补国际空白 从2002年起，卢如西同志开始从事大屏幕拼接显示技术的研究开发工作。卢如西作为项目负责人，项目第一完成人，主持开发了最关键的网络处理技术、主从处理器原型机、颜色及亮度自动调整技术、分块网点扫描侦测技术等。在卢如西的带领下取得了多项拥有自主知识产权的国际领先科研成果，该技术领域的代表项目“超高分辨率数字显示拼接墙系统”及“100M像素特高清晰巨屏显示系统”分别于2009年12月获国家科技进步二等奖、2006年5月获广东省科技进步一等奖。上述项目成果通过了由多位院士组成的科技成果鉴定委员会的鉴定，确认有7项技术达到国际领先水平，填补了国际空白，第一次使国内大屏幕拼接显示技术超过发达国家的科技发展水平。在国家4 000多个重大工程项目中获得了推广应用，产品出口到15个国家和地区，创造了极大的经济效益和社会效益，胡锦涛总书记、温家宝总理到公司亲自体验了创新产品的功能后，分别留下了“卓越威创”和“引领未来，世界名牌”的题词。

卢如西还主持完成的两个项目的研究开发工作，并申请了绝大部分发明专利，首次实现了18个人同时在484英寸的大屏幕上书写和触摸，在大尺寸多点触摸交互技术方面处于国际领先水平。其代表项目“交互式平板电脑背投一体机”获2008年度广州市科技进步一等奖，“大屏幕交互显示技术及其应用”项目于2010年3月获广东省科技进步二等奖。这些项目在奥运期间被应用于中央电视台新闻频道24小时奥运直播节目《一起看奥运》，开启了点评节目新的播报形式，受到了广大观众的一致好评。

热心参加社会活动，关心困难员工生活 卢如西积极参加各种社会公益活动，关心困难员工的生活并经常向他们伸出援助之手；关注国家、省、市科技事业的发展，现兼任广州市科协常委、广州软件行业协会副会长、中国计算机学会高级会员及其协会计算专业委员会委员、广东光学学会常务理事、广东省和广州市科技评审专家等职务，曾担任中国计算机行业协会副会长和中国电子视像行业协会大屏幕投影显示设备分会副会长等社会职务，为国家科技事业的发展出谋划策。

【卜育才：广东中远船务工程有限公司主任设计师】 卜育才，1988年毕业于西安交通大学动力机械工程系内燃机专业。2007年8月之前在中央企业广船国际股份有限公司从事技术工作，此后入广东中远船务工程有限公司，为该公司第一位主任设计师。

卜育才先后参与多型多种船舶的设计与建造，其中包括被国际航运界称为“广船型”的35 000吨系列成品油轮、被称为“中国第一船”的2万吨客滚船、被称为“亚洲第一船”的18 000吨半潜船以及广东中远船务57 000吨系列散货船等各种各样的船舶近百艘。

立足本职，爱岗敬业成楷模 卜育才负责57 000吨系列船轮机重要工程的设计和技术，除轮机系统原理图和舾装图主要由他校审外，轴舵系方面的技术工作基本由他一人承担。他既要负责与零部件生产单位进行技术勾通，更要全力解答他们的技术疑难，协助处理问题，又要负责公司内部的技术工艺，图纸设计，编制重要工艺，还要指导现场生产，工作十分忙碌。但他从来都是任劳任怨、工作尽职尽责，是公司技术部门加班加点最多的员工之一。

在公司首制船N155船进入拉线望光工艺后，生产进入紧要关头，为了保证技术与现场的精确结合，卜育才从早到晚奋战在现场。哪里出了难题，他就跑到哪里，及时给现场作业作出最详尽的指导。在该船整个水下工程30多天安装期间，他经常夜以继日地工作，自愿通宵加班加点达十四天之久，几乎每次都是干到次日凌晨2、3点，稍微休息几个小时又马上投入到工作中，国庆和中秋佳节的大部分假期都在通宵达旦的工作中过去，在他的努力下，终于确保了下水节点，为该船的完工立下头功。

随着公司船舶建造产量的增大，他的工作更多，更加刻苦。在过去的1年多里独立完成十多艘船的水下工程技术工作。

生产研制，工装技术克难关 初涉造船领域的广东中远船务工装技术十分薄弱，部分工装几近空白。卜育才急公司所急，主动请缨承担起轮机生产工装的研制任务。在繁重的工作之余，他挤时间完成了十数种工装的研制，涵盖各种工装油缸、工装顶丝、拉线望光工装以及各种其他用途工装，如艉管轴承压装工装、主机地脚螺栓孔平面坑刮削装置、舵机地脚螺栓孔绞刀、轴舵系螺母打紧板手等等，共绘制了大大小小百多张图纸，实现了众多工装技术零的突破。这些工装被及时应用到首制船N155船等各项竞赛工程的生产过程中，确保了生产顺利进行，在实践中取得了良好效果。该批工装的研制获集团公司年度科技成果奖。

致力创新，科技引导当先锋 卜育才是一个攻关能手，他所负责的船舶轴舵系工程是船舶建造的重点工程之一，技术含量最高，所以常常需要技术攻关与创新。他集从事船舶技术工作二十多年的技术基础，每年都要参加技术攻关与创新，硕果累累。

如在N155水下工程安装过程中，他解决了舵系安装过程中出现的技术难题，首创下水后舵系校零度。这是我国造船界极少采用的工艺，有许多细节需要攻关。通过不懈钻研，他圆满完成了这一高难度工作，不仅确保了N155船下水节点，更完成《转叶舵下水后安装工艺》创新研究。该项成果获集团公司年度科技成果奖。

为了解决N181船转叶舵安装过程中存在施工误差，消除定子与转子零度角之间的安装偏差角。他摒弃将船舶入坞对舵系进行调正处理的传统方法，研究出水下施工校正转叶舵安装偏差角的新工艺，不仅节约了工期，还节省了较大费用，此创新方法倍受船东称赞。该项成果获集团公司年度科技成果奖。

为了解决57 000吨系列船ROLLS-ROYCE转叶舵机安装问题，他研制出液压安装工装架，并创新工艺，该项成果也获集团公司年度科技成果奖。

卜育才不仅善于技术攻关与创新，而且善于总结和提升。最近三年多的时间内，在攻关与创新成果基础上，他独立申报了12项专利，其中“大型螺母旋紧扭力计量装置”“万用中心校正架”等发明专利和“ROLLS-ROYCE转叶舵机液压安装工装架”等其他6项实用新型已经获得国家专利局正式受权。“大型螺母旋紧扭力计量装置”还被评为东莞市优秀专利。他的这些专利技术已部分运用到生产实践中，提高了效率，有效促进了生产。

卜育才勤奋努力，兢兢业业奋战在造船技术创新第一线，为公司船舶建造作出了赫赫贡献。他先后被评为公司“岗位标兵”、集团公司“创新贡献奖”。2009年被广东省总工会授予广东省“五一”劳动奖章，2010年又获得交通运输部授予“交通运输行业优秀科技人员”称号，2011年被授予全国全国五一劳动奖章。

【廖进华：广东嘉和微特电机股份有限公司研发技术部主任】 廖进华，毕业于湖南大学电气工程系，从事电机工作20多年。作为一名工程技术负责人，廖进华勇于承担公司赋予的责任，时刻把握微电机行业新技术新工艺的动态，坚持“干就要达标准，做就要做成精品”的宗旨。廖进华根据嘉和公司的实际情况，制定了一套全方位的科学管理措施，为企业技术创新作出了积极贡献，让企业提效益、降成本，让员工得实惠。

2006年至今，廖进华负责公司研发技术部的管理工作，为实现节能降耗，提高产品竞争力，他主持并完成了HD45系列电机铝合金支架代替锌合金支架的设计工作、漆包线线头除漆皮工艺的改善工作、HC88系列电机增大功率后增强支架强度结构的设计工作以及重新完善并规范电机的制造工艺等工作，降低了产品成本，帮助公司减轻了因电机原材料价格持续上涨带来的冲击和影响，提高了产品质量和竞争力。

为提高生产效率，嘉和公司从2011年3月份起成立生产模式改善小组，由廖进华担任组长，将原来的流水拉作业模式改为国际上比较先进的U形拉作业模式，生产效率提高了近25%。

廖进华是一个不折不扣的技术“狂人”，在员工眼里，他是一个可亲可敬的“贴心人”。

在机器与图纸面前，廖进华对自己的要求近乎严苛，无法容忍哪怕一丁点的错误，但是在员工面前，他却显得热情与随和，无论工作还是生活都给予员工们无微不至的关怀，一点都没有居高临下的领导架子。他还担任公司工会副主席，经常送温暖送爱心到困难职工家中，让员工们深受感动。

廖进华是一个技术型的劳模，为了解决企业技术问题，他孜孜不倦、废寝忘食地研究技改问题，为企业技改作出了积极贡献。

廖进华，作为嘉和电机股份有限公司研发技术部负责人，荣获17项国家实用新型专利和发明专利，先后3次荣获梅州市科技进步奖，2011年获得全国五一劳动奖章。尽管获得了这么高的荣誉称号，但廖进华仍然非常谦虚与低调，当谈及为何会孜孜不倦地不断创新突破时，他的回答简单而有力：一是兴趣，二是责任。“企业让我有归属感，这里是我安身立命之所在，我也对企业有高度的忠诚和责任感，这是我不断研发新产品的动力源泉，我将在技术创新的路上继续努力前行。”

【黄家武：广州市好迪化妆品有限公司董事长、总经理】 黄家武，于1992年创建广州市好迪化妆品有限公司，现任公司总经理，先后获得“中国优秀民营科技企业家”“全国关爱员工优秀民营企业家”“广东省光彩事业铜奖”“广东省劳模”等荣誉，并担任全国青年联合会委员、中国工商联美容化妆品业商会副会长、广东省日化商会会长、广东省青年联合会常委、广州市人大代表、广州市青年联合会副主席等社会职务。

在黄家武的带领下，好迪现已发展成为厂房占地4万多平米，拥有现代化生产车间及研发中心，年纳税额超数千万元的纳税大户。这些年，好迪每年都保持了两位数以上的平稳增长速度，在黄家武看来，只有为消费者提供物美价廉的产品，让消费者从中获得真正的实惠，企业才能获得真正的发展；只有与员工一同进步，才能建立和谐高效的内部团队；只有诚信经营，企业才能可持续发展并获得长期盈利；只有在和谐的社会里，企业才能健康稳定。

黄家武非常注重技术创新。在“自主开发，内外结合”的研发思路的指引下，好迪与多所高校建立科研合作关系，充分借用“外脑”的资源优势为科研工作提供更多建设性意见。2004年底，第三期生产基地竣工，好迪在生产设备与技术上以三次变革与洗礼完成自我更新和迈步，优良的产品品质、准确的市场定位和强势的品牌宣传，为企业进一步的发展奠定了坚实的基础。2005年，公司正式组建“好迪工程技术研究开发中心”，将科研工作向纵深推进，进一步提升了企业综合科研能力。

黄家武带领好迪坚持与客户利益共享的原则，营造“双赢”甚至“多赢”的发展空间。近几年，好迪投入大量的经费，组织经销商分别到四川大学、清华大学和北京大学学习，在业内和社会都引起了极大的关注和反响。黄家武的理念是：努力使每一款新产品都能给用户带来惊喜，把科技含量和时尚、潮流等新鲜元素糅合到产品中，不断赋予经销商和消费者全新的视觉冲击与使用感受。

多年来，好迪公司被评为“广东省百强民营企业”“广东省优秀企业”“中国优秀民营科技企业”“广东省百家和谐劳动关系先进企业”，获得“国家免检产品”“中国洗发护发十大影响力品牌”“广东省名牌产品”“广东省著名商标”等一系列荣誉，黄家武本人也获得“中国优秀民营科技企业家”“全国关爱员工优秀民营企业家”“广东省光彩事业铜奖”“广东省劳动模范”“广州市劳动模范”“广州市优秀民营企业家”“2005广东十大经济风云人物‘品牌创新’奖”“热心青少年工作突出贡献奖”“扶贫助学活动贡献奖”等荣誉，并被授予社会公德公益——“诚实守信之星”称号。2011年，黄家武被授予2011年广东省全国五一劳动奖章的荣誉。

科学技术奖突出贡献奖获得者

【曾益新：中山大学附属肿瘤医院院长】 2012年3月27日，广东省召开2011年度广东省科学技术奖励大会。中国科学院院士、中山大学肿瘤防治中心主任、肿瘤医院院长曾益新荣获2011年度广东省科学技术奖突出贡献奖。曾益新院士主要从事恶性肿瘤发病机理和生物治疗研究，带领团队针对鼻咽癌防治的关键问题，取得相关领域的重要突破，促进了我国肿瘤学科的发展。

曾益新多年来带领团队重点研究有“广东癌”之称的鼻咽癌的发病机理，找到了几十个鼻咽癌易感基因，曾益新从EB病毒感染和遗传因素两个方面入手，对高发于我国南方地区的鼻咽癌进行了系统而深入的研究。通过研究，首次明确了鼻咽癌致病相关EB病毒，有利于阐明其致病机制，研发病毒疫苗，实现鼻咽癌的人群预防。测定了第一株来自鼻咽癌病人的EB病毒全序列，分析了EB病毒编码的主要基因的变异及其与鼻咽癌发生的关系。明确了家族性鼻咽癌的遗传模式，并通过对鼻咽癌高发家系进行全基因组扫描连锁分析、精细定位及单体型分析，将鼻咽癌的遗传易感基因定位于4号染色体4p11-p14区，并发现位于该区的基因LOC344967启动子区功能性变异-32G/A与高发家系中的鼻咽癌病例紧密连锁。他的这一发现，对鼻咽癌防治作出重大贡献。明确了鼻咽癌遗传易感基因，为鼻咽癌发病风险预测，进行鼻咽癌高发人群的筛选和监测打下基础。曾益新称，在广东，鼻咽癌的高发地带主要是西江流域、珠三角地区。“以前说过量食咸鱼会导致鼻咽癌高发，现在研究发现吸烟也是一个促进因素。”现在曾益新的科研团队正在研发鼻咽癌的预测芯片，将检测几十个基因位点，“十二五”期间争取上市。

曾益新在人才培养方面，注重学术队伍科研思维能力及创新能力的培养，制订出有效的科研激励政策和高科技人才培养计划。由他领衔的团队先后培养了3位国家杰出青年科学基金获得者和5位教育部新世纪人才。近年来，中山大学肿瘤学学科快速发展，先后成为省、国家重点学科，并经科技部批准成功组建“华南肿瘤学”国家重点实验室，这也是广东省第一个医科类国家重点实验室。

由于在医疗卫生领域的突出贡献，曾益新还是国务院医改专家咨询委员会副主任，担任中国科学院“我国医疗体制改革的建议”咨询项目负责人、“健康中国2020”战略规划“医学模式转换与医疗体系完善”研究组首席专家，组织专家编写了《我国医疗体制的现状和改革的建议》和《医学模式转变与医疗体系完善研究报告》，为完善医改方案和我国医疗卫生事业发展作出重要贡献。

【陈昌：番禺珠江钢管有限公司董事长兼总经理】 番禺珠江钢管有限公司董事长陈昌荣获2011年广州科技突出贡献奖，是首个荣获广州市科技进步奖突出贡献奖的民营企业家。虽然他并没有科学家的头衔，却不比科班出身的技术专家差。他主持多项技术创新并申请专利，为我国的能源发展作出了突出贡献。

陈昌是一个敢于创新、勇于开拓的企业家。自1985年以来，他先后成功创办广州市珠江机床厂、番禺珠江钢管有限公司、香港光中集团有限公司、广州富菱达电梯有限公司、广州市番禺区珠江贸易进出口有限公司、广州珍珠河石油钢管防腐有限公司、广州珍珠河石油钢管有限公司、番禺珠江钢管（珠海）有限公司、番禺珠江钢管（连云港）有限公司、广州市珠江水之宝锦鲤养殖有限公司等十多家公司。他一手创办的番禺珠江钢管有限公司，在短短的20年时间内，已成为中国直缝焊管行业的龙头企业，创造了国内多个第一，填补了多项行业空白，产品出口50多个国家和地区。公司先后荣获“国家重点高新技术企业”“国家级企业技术中心”“全国钢铁工业先进集体”“连续15年冶金实物质量金杯奖”“广东省百强民营企业”“连续17年广东省守合同重信用企业”“广东省模范劳动关系和谐企业”“广东省政府质量奖”“广州市政府质量奖”“广州市创新型企业”等荣誉。

在陈昌的带领下，珠江钢管的研发成果，改写了我国不能生产UOE钢管的历史，有力地平抑了进口UOE钢管的价格，使其在国内售价降幅近三分之一，也让珠江钢管具备了参与国际竞争的实力。在海南环岛管线和上海春晓气田国际招标中，珠江钢管成功击败包括新日铁、欧洲钢管在内的世界多家著名钢管公司而中标，终结了我国在高性能焊管的国际采购中受制于欧、美、日的时代。2009年，公司研发的钢管产品成功中标国家电网“皖电东送”长输电网（1000KV等级）建设项目，是世界电压等级最高的交流输电工程之一，也是我国第一条1000KV等级的双回路特高压输电工程。该工程在国内首次大规模采用钢管塔输电。珠江钢管公司凭借过硬的技术力量，一举中标该项目所需钢管总量的50%（约10万吨），开拓了焊管产品应用的一个全新领域。珠江钢管在不断的飞速发展过程中，先后被认定为“国家高新技术企业”“全国钢铁工业先进集体”“广东省百强民营企业”“广东省就业工作先进单位”“广东省装备制造业100重点培育企业”“AAAA级标准化良好行为企业”等荣誉称号。

陈昌不仅是优秀的开拓者和管理者，还是技术创新带头人。他是中国直缝焊管行业的引领者，率先从美国引进UOE和JCOE大口径直缝焊管机组和生产技术，并带领研发团队对引进的大口径直缝焊管机组进行大规模的技术改造，消化吸收再创新形成具有自主知识产权、核心技术的大口径直缝焊管生产技术，实现生产线设备国产化率90%以上；他带领研发团队，自己设计、自己建设新的JCOE生产线，并成功生产用于海底，产品质量达到国际先进水平。他先后组织和主持完成了多项国家、省、市科技攻关、产学研项目，获得广州市科技进步一等奖、陕西省石化行业科学技术进步奖一等奖和广东省科技进步一等奖等荣誉。个人获得授权发明专利5项、实用新型专利4项，外观专利1项，主持制定了1项国家标准——“焊接钢管尺寸及单位长度重量”的起草，目前已颁布实施。还曾获得“2008年广州市抗震救灾先进个人”“国际焊管行业权威专家”“广州市优秀中国特色社会主义事业建设者”“广州市劳模”“广州市优秀企业家”等荣誉称号。

民企突出贡献人物

【陈云香：2011年度广东十大民企突出贡献人物】 陈云香是广东科美实业有限公司董事长，她于1980年在海珠区琶洲创业开办五金加工厂起，经过三十多年的艰苦奋斗，企业不断发展壮大，如今，一个以广东科美实业有限公司为龙头的家族企业不仅在我国摩托车配套行业充当着重要的角色外，还开发了节能式的客车，生产出的客车已在梅州地区使用。

科美实业属下有广州市新兴涂装有限公司、广州五羊新兴摩托配件有限公司、广州五羊新兴摩托配件有限公司广州分公司、深圳新兴涂装有限公司、中山新兴实业有限公司、江门市新兴涂装有限公司等涂装生产企业、广州南方制漆有限公司、上海星焰印刷有限公司、广东云山汽车有限公司、广东富兴摩托车有限公司、香港中东化工有限公司、南美巴西富兴摩托车有限公司等企业。拥有资产超过二十多亿元，共有员工5 000多人。

在陈云香的带领下，科美实业多次获得“先进民营企业”“文明企业”“守合同、重信用企业”等荣誉，并连续十年荣获“广州最具诚信企业”等称号。陈云香本人也多次荣获广东省、广州市“三八”红旗手、中国杰出创业女性、“巾帼建功”先进个人、“育才济困、捐资助学”爱心妈妈、广州市番禺区爱心慈善家、广州市第

2011年，广东科美实业有限公司董事长陈云香荣获广东十大民企突出贡献人物。

一、二届优秀中国特色社会主义事业建设者、广东省建设社会主义新农村优秀民营企业家、广州市民营企业抗灾救灾先进个人、广州市公益百星“诚实守信之星”、优秀共产党员等光荣称号，并获得全国妇联“第六届全国文明家庭”，当选为广州市第十三届人大代表。

陈云香一贯坚持党的基本路线，带领企业遵守国家的法律法规，尊重和保护职工的合法权益。在她的领导下，企业成功升级成为管理先进的学习型企业，是摩托车配件行业的佼佼者。

从一名农村妇女历练成为一名成功的企业家，陈云香经历了其创业、扩大发展、持久经营的艰苦历程，也是走向辉煌的历程。在建厂初期陈云香和村里的几个人租了一间十几平方的房间，开始了艰苦的创业。6个月后，其他的几个人看见生产的效益不好，陆陆续续离开了这个小工厂，只剩下陈云香一个人，又没有足够的资金，可是她凭着决不放弃的精神，到银行贷到了八千元，把自己家里的人组织起来，继续她的创业。是这种决不放弃的精神，让她在努力创业中有了自

己的第一桶金。当她的事业有了进展时，我国的改革开放政策深入人心，陈云香适时地抓住这个契机，将产品转型，将企业扩大，使小小的工厂上升了一个台阶。十年后五羊一本田（广州）有限公司成立，已经掌握了一定的涂装技术的陈云香又抓住这个机会，为五羊一本田摩托车配套，这么一干就是近二十年。这二十年中，陈云香用她那决不放弃的精神，一次又一次为企业解决了一个又一个的困难。使企业一步一步地走向光明。现在企业里员工中工龄最长的有近二十年，为了提高员工的法律意识，让他们知道职工的合法权益，陈云香专门聘请了法律顾问来给员工讲授有关的法律知识，还派出有关的工作人员去参加法律、法规的学习班，为企业营造一个学法、懂法、守法的团队。企业在生产过程中会使用油漆等较易燃烧的材料，为使员工有一个安全的生产环境和安全意识，陈云香安排有关人员去参加省里举办的安全主任学习班，并把学到的知识用到企业管理上，制订了安全生产的规章制度及应急预案，组织企业员工进行安全生产消防比赛，通过科学管理和激励的方式，调动员工的积极性，让员工做守法、懂法、有安全意识的合格员工。由于基础工作做得好，陈云香带领的企业几十年来没有发生一起重大工伤事故，也没有发生重大劳动争议案。

广东科美实业有限公司在2002年就成立了党支部，陈云香亲自任支部书记，带领新兴公司党支部的党员认真学习、贯彻落实党的十七届五中全会和“十二五”规划精神，紧密联系企业实际，使支部建设与企业发展联系在一起，在创先争优活动中发挥了党组织和党员的先锋作用，也促进了企业的和谐发展。早在九十年代公司就成立了工会，陈云香一直坚持与职工签订劳动合同，按国家规定为员工参保，工会与企业间签订的集体合同。凡企业的规章制度都必须经过各个管理层、基层人员的认真讨论、确认后才进行实施。对于薪酬制度、人事制度的制定，她专门聘请了有经验的人力资源总监，为企业制定有关的各项制度并予以实施，使员工能清晰地明白自己一天所做的工能得到多少工资，是否合法。让员工能多劳多得，陈云香组织工会举行技术操作比赛，通过比赛，提高工人的技术水平，让工人能在最短的时间制造出有质量有水平的产品，既增加了个人的收入也增加了企业的知名度。同时，在企业开展技术操作比赛，可以提高员工的工作热情，增强班组的团结和班组间的公平竞争。企业工会在帮助困难职工减轻经济负担时发挥了重要作用，汶川地震，企业有几位员工家里受灾，工会组织捐款；2011年，一位员工的孩子被火烧伤，工会马上组织捐款，为能及时抢救孩子伸出了援助之手，虽然孩子因伤势太重而过早离开人世，但企业和工友的爱心温暖了受灾员工的心，使员工感到企业就像自己的家，老板、工友就像自己的兄弟姐妹。企业工会每年都有计划组织活动让员工参加，根据企业的生产情况安排各项有益的活动如消防灭火比赛、文体活动、旅游等。

在新的历史时期，作为一个农民企业家，应该怎样继续开创新的辉煌，怎样回报社会，陈云香已经用自己的实际行动做到了。近几年来协助国企改制，陈云香的企业吸收了约300名的下岗工人，为社会减轻了就业负担，也为下岗人员提供了就业机会。在协助广州市南方制漆厂、广州五羊摩托油箱厂、广州五羊塑料厂三个国企单位进行体制改革、企业转型时，不仅收购了机器设备，还接收了所有的人员，为了让国有企业能够平稳过渡、让人员适应非公有企业的机制，以人为本，先做好人的思想工作，调整一线工人的工资，合理地制定工人计件的工资计算办法，既提高了工人的工作积极性，又稳定了人心，使企业转型顺利进行。2009年陈云香在兴宁建成的云山汽车厂，生产的节能客车已在兴宁地区使用，相信在不久的将来，由客家农民企业家生产的汽车会走向世界，为我们中国人增光。最近几年来，陈云香平均每年向社会捐款、资助贫困儿童上学约计人民币一百万元左右，博大胸怀、大爱之心像涓涓细水。

2011广东上市公司十大杰出企业家

姓 名	所在单位及职务	姓 名	所在单位及职务
马蔚华	招商银行股份有限公司行长	董明珠	珠海格力电器股份有限公司总裁
曾　南	中国南玻集团股份有限公司董事长	吴　旭	广州发展实业控股集团股份有限公司行政总裁
刘壮青	广东省宜华木业股份有限公司总经理	余子权	广东韶钢松山股份有限公司董事长
黄　平	佛山佛塑科技集团股份有限公司董事长	李粉莉	深圳市拓日新能源科技股份有限公司总经理
陈政立	中国宝安集团股份有限公司董事局主席	赵友永	广州广电运通金融电子股份有限公司董事长

2011年广东省全国五一劳动奖章获得者（广东企业）

姓 名	所在单位及职务
卢如西	广东威创视讯科技股份有限公司总工程师
凌京蕾 女	广州广重企业集团有限公司技术中心副主任
刘圣庆	中国联通广州市分公司动力维护室主任
黄家武	广州市好迪化妆品有限公司董事长、总经理
陈 灏	广州广船国际股份有限公司副总设计师
周国丰	中科华核电技术研究院有限公司主任助理
邱韶华	深圳市盛波光电科技有限公司副总经理
李振宇	深圳远洋运输股份有限公司总经理
欧大江	深圳市燃气集团股份有限公司总裁
肖礼理	富士康科技集团组长
李爱华 女	珠海金山软件有限公司质量总监
王 东	中国建设银行股份有限公司汕头市分行人力资源部经理
黄礼伟	广东韶关钢铁集团有限公司第三炼钢厂工段长
徐 毅	深圳市中金岭南丹霞冶炼厂厂长
黄文中	广东电网河源和平供电局总工程师
何全君	广东鸿源集团有限公司监事
梁志强	中国移动通信集团广东有限公司惠州分公司总经理
钟 期	惠州市百业品高装饰材料有限公司策划部主任
王 平 女	乐金电子（惠州）有限公司安全主管
祁沛枝	东莞市东江水务有限公司抢修队队长
许玉英 女	东莞新洲印刷有限公司薪酬主管

姓 名	所在单位及职务
黄深言	中国移动通信集团广东有限公司中山分公司业务员
崔汉彬	广东省九江酒厂有限公司技术部经理
李培涛	广东昭信平洲电子有限公司部长助理
胡乃元	中石化茂名分公司化工分部乙二醇车间主任
崔真基	广东正域投资集团有限公司董事长
黄凯文	中海石油（中国）有限公司湛江分公司钻采专家
钟文辉	中国电信股份有限公司肇庆分公司市场部经理
张国辉	中国铁建十六局集团二公司项目经理
吴克新	揭阳市富新旧村改造投资有限公司“三旧”改造项目办公室主任
张 通	云浮广业硫铁矿集团有限公司磨浮车间主任
刘景进	广东康宝电器有限公司五金包装车间主任
谭立心	广东省长大公路工程有限公司项目经理
卜育才	广东中远船务工程有限公司主任设计师
张潇潇 女	广东省拱北中旅集团有限公司导游
陈劲松	广东省输变电工程公司队长
黄润怀	中国电信广东分公司企业信息化运营中心应用开发室经理
姚淑琴 女	广州白云国际机场股份有限公司安检护卫部分队长

2011年度广东省十大杰出经理人

姓 名	所在单位及职务
陈 岚 女	万泽集团有限公司党委书记兼董事常务副总经理
傅 洁 女	佛山市集成金融集团总裁兼集团理事
金在镒	浦项（佛山）钢材加工有限公司总经理
李正希	广州交易所集团有限公司董事长兼总裁
刘志永	深圳研祥智能科技股份有限公司执行总经理

姓 名	所在单位及职务
梅荣能	佛山市丽星实业有限公司董事总经理
吴克新	广东宏和集团总经理
许福荣	艾迪耐斯（中国）集团有限公司首席执行官
钟水权	广东远光电缆实业有限公司董事兼总经理
赵淑洲	广东敬海律师事务所高级合伙人

2012 年广东省推动自主创新杰出企业家

姓 名	所在单位及职务	姓 名	所在单位及职务
谢玉洪	中海石油（中国）有限公司湛江分公司总经理	姚一鸣	广汽本田汽车有限公司执行副总经理
丁昌银	广州机施建设集团有限公司董事长、总经理	黄志平	广东省四O一厂厂长
方广宏	广州王老吉药业股份有限公司总裁	吴建平	深圳市友利通电子有限公司董事长、总裁
崔浩江	广州市住宅建设发展有限公司董事长、党委书记	韦竟金	中山市福瑞特科技产业有限公司董事长兼总经理
杨 峻	广东省源天工程公司总经理	刘东文	广东南丰电气自动化有限公司总经理
陈 谨	广州金鹏集团有限公司总裁	梁克难	珠海中慧微电子有限公司董事长
林昭远	广州造纸集团有限公司董事长	赵 虎	广州市敏嘉制造技术有限公司总经理
蓝俊铭	广州南方电力建设集团有限公司总经理	叶荣崧	广东嘉俊陶瓷有限公司董事长
郑祖华	深圳中集天达空港设备有限公司总经理	邓建球	深圳金粤幕墙装饰工程有限公司董事、总经理
吴育林	佛山市凯西欧灯饰有限公司总经理	吴木生	广东鼎湖山泉有限公司董事长

2011 年度广东十大民企突出贡献人物

姓 名	所在单位及职务	姓 名	所在单位及职务
张立全	广州健龙食品实业有限公司董事长	张亦玉	揭阳市德隆投资有限公司董事长
何志明	广东汀大生物科技有限公司总经理	王 森	佛山国星光电股份有限公司总经理
欧阳华金	东莞市天福连锁商业（集团）有限公司总裁	李威良	广州睿慧新电子系统有限公司董事长
陈云香 女	广东科美实业有限公司董事长	戴 坤	广州会易佳商旅信息咨询有限公司总经理
方 颂	广州华新集团有限公司副总裁	吴燕薇 女	广州新穗巴士有限公司副总经理

2011 年度广东省优秀企业家

姓 名	所在单位及职务	姓 名	所在单位及职务
廖加宁	广州珠江啤酒集团有限公司党委书记	刘 农	广东恒福糖业集团有限公司副总裁
陈 桦	深圳市巨银诚信投资发展有限公司董事长	王炳文	英德市文德实业发展有限公司董事长
黄清汉	惠州大亚湾市政基础设施有限公司董事长	蔡考群	群达模具（深圳）有限公司集团总裁
乔鲁予	深圳劲嘉彩印集团股份有限公司 董事长	R L Bandy	利盟打印机（深圳）有限公司总经理
黄 平	佛山佛塑科技集团股份有限公司董事长	姜天恩	珠海双喜电器有限公司董事长
黎法兴	广东家利房地产有限公司董事长	冯顺权	洋紫荆油墨（中山）有限公司总经理
刘连军	广东红墙新材料股份有限公司董事长	温奕区	深圳市绿宝佳实业有限公司董事长
李显斌	广州众信实业有限公司董事长	卢 列	广东金盛卢氏集团有限公司董事长
陈明志	东莞市邮政局局 长	黎名准	广州华南汽贸广场董事长
龚 海	中交四航局第二工程有限公司总经理	叶建强	深圳国际文化产业博览交易会有限公司总经理
梁国湛	潮州华丰集团股份有限公司董事长	卢础其	广东万和新电气股份有限公司董事长
谢熹煌	深圳市龙岗区对外经济发展有限公司董事长	林小庆	广东富睿实业集团有限公司 总 裁
陈 建	清远盛兴集团董事长	李利民	华视传媒集团有限公司董事局主席
简 亮	广州二运集团有限公司董事长	于景辉	广州医药有限公司总裁
许冬瑾	康美药业股份有限公司副董事长	蒋丽苑	震雄机械（深圳）有限公司董事长

2012年广东省推动自主创新杰出企业家

谢玉洪　中海石油（中国）有限公司湛江分公司总经理

丁昌银　广州机施建设集团有限公司董事长、总经理

方广宏　广州王老吉药业股份有限公司总裁

崔浩江　广州市住宅建设发展有限公司董事长、党委书记

杨　峻　广东省源天工程公司总经理

陈　谨　广州金鹏集团有限公司总裁

林昭远　广州造纸集团有限公司董事长

蓝俊铭　广州南方电力建设集团有限公司总经理

郑祖华　深圳中集天达空港设备有限公司总经理

吴育林　佛山市凯西欧灯饰有限公司总经理

黄志平　广东省四〇一厂厂长

吴建平　深圳市友利通电子有限公司董事长、总裁

韦竟金　中山市福瑞特科技产业有限公司董事长兼总经理

刘东文　广东南丰电气自动化有限公司总经理

梁克难　珠海中慧微电子有限公司董事长

赵　虎　广州市敏嘉制造技术有限公司总经理

企业调研

先行先试　创新无限

——广东省自主创新标杆企业与推动自主创新杰出企业家调研纪略（二）

杰出企业家

改革推动发展 创新成就辉煌

——中海石油（中国）有限公司湛江分公司总经理谢玉洪

谢玉洪于1982年进入中国海洋石油工作，先后担任南海西部石油特普公司总经理、党委书记，中海石油（中国）有限公司湛江分公司（下称中海油湛江分公司）副总地球物理师、副总经理、总经理兼党委书记等职。他兢兢业业为中国海洋石油工业奉献了30个春秋，他见证并参与了中国海洋石油在改革开放大潮中，从对外合作、蹒跚学步到自主开发经营、步入世界500强、建成“海上大庆”的过程。在这个波澜壮阔的舞台上，谢玉洪从一名一线技术人员成长为一名卓越的管理者，他凭借勤恳务实的工作作风和锐意进取的创新精神，推动南海西部油田的油气储量稳步增长、成本有效控制、自主研发水平大力提升，使企业获得了又好又快发展。

善经营、懂管理的企业家

谢玉洪思路清晰、目标明确。作为中海油一家分公司的总经理，他将企业明确地定位为五种角色，即勘探开发生产的组织者、经营成本的控制者、石油合同的执行者、专业人才的塑造者、协调发展的践行者。他带领全体员工积极扮演好这五种角色，紧紧围绕“产量、储量、成本”这三大中心任务开展工作，使得中海油湛江分公司取得了飞速发展，企业在油气产量、经济效益、国有资产增值保值、企业管理等方面取得了长足进步。2004年，中海油湛江分公司油气产量达到了920万方油当量，2008年达到1 000万方油当量，此后连续四年油气产量超千万方，南海西部油田成为名符其实的千万方级规模的油区。2011年，谢玉洪又高瞻远瞩，审时度势，为湛江分公司制定了到2015年油气产量达到1 300万方、2020年达到2 000万方的宏伟战略目标。

中海油湛江分公司取得如此瞩目的业绩，除了严格执行党和国家的政策方针外，与谢玉洪等主要领导班子求真务实、开拓进取、勇于创新，在油气勘探、开发、生产，企业经营管理等方面大胆实施一些重大举措是分不开的。

有思想、精业务的专业带头人

滚动勘探，引领勘探走出低谷。2004年前后，中海油湛江分公司油气勘探工作陷入低谷。在北部湾海域，地质状况复杂，构造破碎，成藏条件复杂，连续几年，公司均无大的油气发现，储采比降至很低的水平。

谢玉洪通过对北部湾地质状况的深入分析，认为北部湾油气田成群成带，物性好，产能高，虽然单个油气田规模较小，但这个圈闭拥有类型众多的复式富含油气区。谢玉洪带领勘探工作者们大胆地提出了实施滚动勘探开发的策略——在油田内部找油层、油田周边找油田，即采用勘探开发生产紧密结合的方式，充分运用各项适用技术和已有的生产设施，并依据运行中出现的新情况不断调整勘探开发部署，高速高效扩大探明储量，在生产中获得最高回报的勘探开发动态运作程序。

“十一五”期间，凭借“滚动勘探”思路的指导，南海西部油田原油三级地质储量增加33 306万方；天然气三级地质储量增加1 619亿方，一举成功的走出了油气勘探困境，为湛江分公司的可持续发展打下了良好基础。

一体化管理，优化资源配置。谢玉洪常说“企业最终要解决两个方面的问题：一个是战略性问题（即发展方向的问题）、一个是战术性问题（即具体流程的优化的问题），而最常见的是战术性问题，即流程优化的需要。随着开发生产的发展，各油气田间的生产和管理工作不断趋同。基于这种情况，谢玉洪提出一体化的管理模式：下游的设施为上游的设施服务、地面为地下服务、旧设施为新设施服务，实现资源共享，提高规模效应。

在谢玉洪的“一体化”理念指导下，中海油湛江分公司立即采取了一系列创造性的具体管理措施：建造移动的修井平台，集中为北部湾油田群进行修井服务，避免了为每个简易生产平台配置修井机而带来的重复投资，极大地降低了开发投资成本；将北部湾各油田的电站进行联网，把中心移至陆地，降低了发电机的闲置率，提高电站运行的安全性；在涠洲岛建立北部湾油田群的综合支持服务中心，即信息中心、配餐中心、维修维护中心、培训中心、仓储和后勤供应中心，使油田管理前移，逐步减少对总部的依赖，节省了油田运营成本。

攻难关、闯新路的科技工作者

谢玉洪深知科技对海洋石油发展的重要性，他大力倡导科技驱动发展的先进理念，不但鼓励专业人员解放思路、大胆创新，也亲自牵头重要课题，与专业人员一起进行研究，破解了勘探开发生产中的一个又一个难题。

“十一五”期间，中海油湛江分公司共开展综合科研26项，生产科研78项；获得国家科技成果奖1项、广东省科学技术奖1项、总公司科技进步奖17项，并应用于生产实际中，效果显著。

通过产学研相结合，公司大大提升了自主创新能力，成功将科技转化为生产力。如生产支持实时决策系统的建成，首创6项技术，这些具有完全知识产权的成果，填补了国内空白，使企业跨入国际能源行业先进行列；内外挂井槽技术的成功应用，扭转了缺乏井槽的被动局面，为调整井的实施创造了不可缺少的条件；海上复杂组分气田产供气一体化研究成果的应用，累计可产生逾10亿元的经济效益；海上平台首套火炬自动点火管理系统，彻底改变了传统的点火方式，解决了因点火造成天然气放空的浪费、污染问题；国内首台引进乌克兰燃气机发电，实现国产化，打破欧美燃气机垄断；东方1-1气田时移地震技术的应用，填补国内多项空白……等等。

特别是谢玉洪牵头的研究成果“中国南海西部海域复杂构造安全快速钻井技术”荣获2008年度国家科技进步二等奖，该技术的应用彻底摆脱了南海西部海域复杂构造钻井事故率高、成本高、成功率低的困境，同时打破部分被外国石油钻井技术垄断局面，独创出高新技术品牌。

负责任、促和谐的爱心大使

作为一家国企负责人，谢玉洪在追求为企业创造经济效益的同时，还时刻铭记社会责任和为国家输送人才的重任。

2002年，文昌13-1/2油田投产后，每天产出大量的伴生气，因为没有伴生气回收装置，每天生产的约10万方天然气通过火炬进行燃烧放空。为了碧海蓝天，要想回收LPG，首先要在已遍布设备、管线、电缆及仪表的狭小甲板面上再塞进一批总重达1 900吨的处理设施及储罐。谢玉洪毅然决定进行不停产伴生气回收改造。经过两年多艰苦卓绝的努力，项目终获成功，实现工程方面的1项国际首创、3项国内首创。该项目投入生产后，每年减排温室气体14.72万吨，每年节约7~9万吨标煤；每年回收LPG 65 700方，回收凝析油40 150吨，产值超过2.4亿元。

创新机制，为国家塑造输送专业人才队伍。谢玉洪提出了有特色的以人为本理念，即“给员工创造一个安全的工作环境、培育一个和谐的工作氛围、铺架一条职业发展的道路、提供一个施展个人才华的舞台”，并将“以人为本”与实现企业发展战略目标紧密结合，使员工成为公司发展最可靠的力量。

通过海上人员和研究人员“两大蓄水池”建设，打造素质高、业务强、具备基层经验的员工队伍。加强三支队伍人员培训发展机制建设，为分公司提供了优质的人才保障：建立了较为完善的培训体系，海上人员和研究人员可通过STEP体系的学习和培训，提升技术素质；通过MAP体系的培训，使管理人员持续提升能力、不断丰富经验。持续推进分公司人员间“6个交流”，即“合作与自营、基层与机关、油田与气田、终端与平台、研究与现场、生产与科研”，切实保障人才队伍知识架构的优化和复合型经验的积累。

“十一五”期间，中海湛江分公司两大人才蓄水池共培养185名一线主操、218名技术骨干，并向海洋系统输送136名技术人才，不仅满足了中海油湛江分公司自身发展过程中对人员数量和质量的要求，更为海洋石油工业的发展提供了有力的人才保障。

谢玉洪坚持在创新中发展企业，用科技驱动发展。站在中海油湛江分公司中长期发展战略规划图面前，谢玉洪踌躇满志，他说“三十年，又是一个新的起点，我将为海洋石油事业、为国家能源事业作出毕生贡献。”

走科技创新之路 创建筑标杆企业

——广州机施建设集团有限公司董事长、总经理丁昌银

丁昌银，1963年2月出生，工学博士，教授级高级工程师，国家一级项目经理，一级建造师，国际杰出项目经理，全国优秀项目经理，现任广州机施建设集团有限公司董事长及总经理。同时担任中国建筑业协会施工专业委员会委员、中国建筑金属应用技术专家委员会专家、广东省空间学会副理事长、省土木建筑协会施工专业委员会主任等社会重要职务。

近年来，丁昌银主持广州亚运开闭幕式场馆等近40项省市重点项目，主编国家标准、省级以上工法、专利57项，获科技进步奖8项，曾获国际杰出项目经理、茅以升科学技术奖、全国建筑业优秀总工程师、广州亚运会亚残运会杰出贡献奖。

开拓经营，保障企业持续发展

丁昌银以突破性的经营理念赢得广阔发展市场。展望企业未来发展思路，丁昌银多次强调不能停留于过去的经验和已有的成绩上，必须不断注入新的动力，顺应社会发展趋势进行自我调整、自我更新，走持续发展新路。面对日益激烈的建筑市场竞争，丁昌银带领机施建设集团员工不断探索新的经营模式，全力拓宽市场。逐步理顺机施建设集团经营体系，健全激励机制，适时调整经营策略，努力提高客户服务水平和质量，积极拓展企业经营。除承揽传统的施工总承包工程外，还积极扩展高端市场，向特大型工程、复杂工程方向发展，并着力探索BT、BOT等新的经营方式。

2011年，机施建设集团在丁昌银的领导下，取得了良好的经营业绩，赢得了广阔的发展市场。机施建设集团全年共承接新任务营业额达40亿元，完成总包工作量28.2亿元，主营业务收入24.2亿元。同时，机施建设集团积极拓展省内、省外市场并有重大突破，分别在武汉、东莞、新疆等地成立分公司，取得了良好的成效，承揽了广州援疆喀什地区“广州新城”项目、安徽理工大学新校区项目、深圳大运会临时设施工程等，开拓了外地市场。至2011年，机施建设集团外地市场份额已占企业全年经营额的30%以上。

优质服务赢得四方客户。为发展和留住更多的重要客户与合作伙伴，丁昌银带领机施建设集团逐步建立全面的“一体式”服务系统，完善主业的服务功能，为业主提供优质的产品；同时拓宽经营与服务范围，为顾客提供超值的相配套的服务，如搭建材料设备供货渠道、劳务市场，以优质的服务为公司赢得了更多的合作者、分包商的青睐。

创新管理，确保企业管控高效

丁昌银把建设一支一流的员工队伍作为自己的奋斗目标，以务实性的管理思维建立高效管控体系。他在公司内不断强化以人为本的管理理念，不断完善人才引进、使用和奖励等制度。关注员工的需求，在大幅提高员工收入的基础上，根据员工的能力安排员工接受工作上所需的各种培训和教育，使员工技能、素质不断提升，在岗位和责任上发挥所长，亦使员工能够忠诚于企业，不断提高自身服务质量，以卓越的能力和积极热情的工作态度，为企业、为企业的外部客户提供

最优质的服务。

在项目管理方面，丁昌银以专业素质打造标准化项目管理模式，致力于施工总承包管理模式的改进。2009年4月，丁昌银亲任亚运开闭幕式场馆海心沙岛建设工程项目指挥长，在这个项目的实施过程，丁昌银从全局的高度把握整个项目的运作，协调处理好项目部内、外各方面的关系，在整个项目营造一个和谐、团结的工作氛围，并在该项目的推进过程中，积极探讨施工总承包的管理方法，对项目各方面的管理工作进行了精心的策划，制定相关的战略战术，完善各种管理措施和制度并落实到位，并积极推广和应用“四新”技术，该项目的圆满完成，为亚运开幕献上了一份厚礼。

科技创新，做技术进步领路人

在技术方面，丁昌银也是行业内的佼佼者。近年来，丁昌银主持参与了广州亚运场馆、广东省博物馆、广州体育馆、广州国际会议中心、广州大学城广州中医药大学等一批省市重点项目的建设；丁昌银一直坚持走科技创新道路，带领企业深入开展科技研发工作，先后建立了省级企业技术中心、市级重点工程研发中心、博士后科研工作站，创建高新科技企业，使企业树立了行业科技先行者的形象。企业每年研发的科研成果基本达到20项以上，在广东省建筑行业中处于领先地位。

丁昌银先后主持了《地铁专用盾构管片预制施工工法》《一种隧道防水系统的施工方法》《一种承重水上舞台》等16项专利的研究和申报，其中获发明专利5项、实用新型专利11项。

丁昌银作为主编人主持编写了《乡村建设用混凝土圆孔板和配套构件》、《电力电缆用承插式混凝土导管》等国家标准，作为主要完成人参编了《预制混凝土衬砌管片》国家标准和《钢塑共挤节能门窗》广东省省级标准。

丁昌银主持和组织完成了51项省部级以上的工法编写，其中获得国家级工法8项，省级工法43项。另外还主持完成了39项科技成果鉴定，其中23项科技成果达到了国内领先水平。

丁昌银积极在项目上推广应用“四新”技术，先后组织完成并获得全国建筑业新技术应用示范工程1项、省市级新技术应用示范工程22项。丁昌银深入研究课题，组织成果申报，先后获市、区各类科技进步奖6项。丁昌银积极结合项目开展活动，近几年共组织完成QC成果200多个，并获得省、部级以上QC活动成果40项。本人多次获得省、市QC活动优秀领导者。丁昌银善于总结施工过程中各类成果，先后在《施工技术》《施工企业管理》等杂志发表科技论文、项目管理论文16篇。

勇担责任，社会认可

丁昌银一直倡导，企业作为国家和社会的一分子，对社会负有不可推卸的责任。机施建设集团秉承“责任、服务、关爱、创新”的企业宗旨，勇于承担社会责任，为社会的和谐与发展努力贡献自己的力量，努力做最好的企业公民。

在举世瞩目的“亚运之舟”工程建设中，该项目工期紧、压力大，许多施工技术在国际上都是首次使用，丁昌银带领项目人员充分发挥特长，精心策划、科学安排、合理布局，用创新的思维和方法克难攻关，解决了施工过程中出现的无数管理和技术难题。机施完成10个亚运项目和21个涉亚项目，用14个月时间完成了正常情况下需3年左右的工作量，创造了广东建设史上的一个奇迹。为亚运会的成功举行作出了重要贡献，企业也获评广州亚运、亚残运会先进集体和突出贡献奖。

2011年，机施建设集团作为骨干企业参与新疆喀什“广州新城”项目的援疆建设，丁昌银多次前往喀什，洽谈项目事务，组织制定施工方案，并选派优秀人才第一批进驻疏附，克服重重困难，扎实推进“广州新城”建设，获评援疆建设先进集体。与此同时，机施还先后参与阳江、梅州等多项扶贫资助和对口援建工作，获“扶贫开发献爱心”企业等荣誉称号。

以人为本，和谐管理

丁昌银推进企业文化建设，提升企业向心力。倡导把“员工快乐地生活，快乐地工作，社会和谐地发展”作为企业发展的目标，倾力推行企业文化建设，将文化作为企业未来的核心竞争力。丁昌银坚持人本观念，关爱员工，让职工分享企业经济发展的成果，使职工收入逐年递增，年平均增长率达到16％左右。并通过组织职工疗养、体检、举办体育运动会和文艺汇演等增进员工身心健康的各种企业文化体育活动，增强沟通交流，营造公司团结和谐的人际关系，积极向上的精神面貌和争做贡献的良好作风，构建了和谐安定的机施家园。

在丁昌银的带领下，广州机施建设集团驰骋于建筑大市场，走科技创新之路，努力创建建筑标杆企业。

锐意进取 务实创新

——广州王老吉药业股份有限公司总裁方广宏

方广宏同志，原广州王老吉药业股份有限公司副总裁、营销中心总经理。现任广州王老吉药业股份有限公司总裁，自2011年初任王老吉公司总裁以来，工作锐意进取、务实开拓，凭借在企业管理、营销等方面的丰富经验及驾驭市场变化等复杂局面的出众才能，为企业的现代化及发展壮大作出了贡献。2011年，在董事会的正确领导下，王老吉药业股份公司上下拧成一股绳，全体干部职工认真履行岗位职责，紧紧围绕公司“控员提效、增产升薪、建设幸福王老吉”的经营方针，积极推进各项工作，实现了销售收入19.3亿元，同比增长24.49%，创历史新高，较好地完成了年初制定的各项任务，为推进王老吉药业股份公司“十二·五”规划打下了良好的基础。使王老吉药业的经营状况保持了稳定增长、运行质量高的良好发展态势。

营销创新和品牌建设新招频出

方广宏注重营销创新和品牌建设，食品营销结合各地风俗习惯，紧抓销售时机，开展了形式多样的节日主题活动、夏日主题活动、公益活动等行销活动，并强化广告有效投入及终端形象包装建设支持，提升销量同时持续提升各类产品渗透率和消费者认知。通过卖场换购、移动积分兑换、移动充值赠送、体育彩票、海沙节、爱心助考、维络城网购等异业联盟合作，以及特通团购、网购等多渠道、多方式的营销模式，加强了品牌宣传与终端提醒。

药品方面，方广宏坚持品牌建设工作，从消费者引导、渠道拓宽、终端铺货活动、公关活动、爱子有方活动等多方面进行营销，“爱子有方”项下整合大课堂、绘画比赛、3.13换药活动以及终端主题买赠活动等四大模块内容，透过网络软文、官网报道、媒体投放等媒介渠道，坚持“小事件，大传播”的公关思维，打造公益形象效应，扩大品牌影响力，为客户忠诚度的积累打下坚实基础。

得益于集团的11X模式，王老吉药业药品省外渠道建设初见成效，进行省外市场布局，实施“华南发挥优势，省外拓宽渠道”策略，2011年开展“千万工程”项目，打造10个销售过千万的外省省份，促使区外市场高速发展。

从2011年全年销售完成情况来看，省外市场销售份额占比同比提升近4%。今年还开展帮扶工程，帮助市场基础薄弱的省份完成市场快速增长的目标，如山东、山西、陕西等三个市场。此外，努力节省营销费用，激励团队节约营销费用，推出了完善的节约激励方案，2011年节约的营销费用高达近3 500万元。

媒体投放方面，方广宏大量采用低成本的媒体投放形式，一方面，加强了平面媒体投放，且随着合作深入，植入广告、关联传播、特定专题等模式的不断采用，深度教育做得越来越好。另一方面，倡导“广告公关化”，有效节约费用，以公益、科技、热点事件等带动消费者参与，公关引导美誉，新闻广告加以宣传，促销刺激购买。通过公关事件营销，整合线上线下的资源进行有效传播。

面对近年销售势头迅猛的情况，方广宏迅速组织生产安排以应销售情况作出调整，尽力配合销售需要。一方面根据销售需求及时调整生产计划和加强生产调度；另一方面加强生产物料衔接，避免物料供应不足影响生产。同时，为提高生产效率，逐步推进生产自动化，王老吉药业聘请专家顾问协助推进生产自动化，提升生产效率及降低人工成本。王老吉药业新置了口服液生产线，购进了微波干燥设备，增加立式沸腾干燥设备及外包装自动生产线，成功提高厂内保济丸高速包装机速度，引进了外包流水线代替大台包装提升产量及人工效能；启动了“小儿七星茶颗粒外包自动化”“口服液外包自动化”“引进颗粒超高速包装机”“丸剂机械制丸工艺改革”等自动化项目。2011年，王老吉药业生产总产值达到20亿元，同比增加20%。

面对凉茶产能依然不足的情况，王老吉药业一方面加快厂区内自有饮料车间的建设，目前主体建筑及相关配套设施已基本完工并于2012年第一季度投产；一方面与品质优良、具有一定品牌知名度的代工厂洽谈，建立战略合作伙伴关系。

加强成本控制，冲销外来压力

面对外围经营环境不明朗以及受通胀影响，原材料价格普遍上涨，人工成本上升的双重压力，方广宏带领公司领导班子果断地提出控制成本费用的思路。在原材料采购成本控制方面，方广宏创新采购模式，要求采购人员深入分析原料行情，若原材料价格处于下降趋势则分批采购，若处于上升趋势则一次性锁定采购量；与供应商建立战略合作伙伴关系；与供应商进行商业谈判；发展原料基地种植等创新采购模式。在生产成本控制方面，方广宏注重过程控制，提高产品收得率。在销售费用控制方面，依据产品的定位特点和销售模式，对促销活动进行有效的预算控制，每月促销活动要有完整的行动计划及费用计划，通过计划和预算，事先确定控制目标，以实现前瞻控制，避免支付的随意性而导致失控，同时完善费用管理制度与支出权限，收紧促销费用审批额度，严控每项活动的投入产出比例，使费用支出更为严谨。在管理费用控制方面，王老吉药业通过领导带头、全员参与，加强监督和控制管理。通过一系列成本控制措施，使凉茶外包装利乐纸采购净价同比下降6.74%、营销费用节约4.4%、管理费用节约5%。

加大自主创新，入选高新技术企业

为更好地满足市场需求，方广宏带领王老吉药业加大了自主创新力度，企业可持续发展能力不断得到增强。食品方面以“凉茶重点工程技术研究开发中心”为主体，开展凉茶和食品的研究开发。在产品储备方面开发了无糖型王老吉牌凉茶饮料、低糖型王老吉牌凉茶饮料、凉茶固体饮料、龟苓膏、果冻、胶基糖果通过省卫生厅审批，完成标准备案。药品科研方面，完成妇科调经胶囊及更年乐胶囊2个品种的研制，均获得国家中药8类新药生产批件；获得发明专利授权15项；保济片获得临床批件，正开展临床研究；克感利咽口服液获中保办批准通过中药保护品种续保。王老吉药业顺利通过2011年高新技术企业资格复审，并于2011年10月8日入选2011年国家火炬计划重点高新技术企业。

打造核心竞争力，不遗余力

2012年初，方广宏同志出任王老吉公司的行政总裁，他提出了“全员营销，打造王老吉核心竞争力”的经营方针，并通过布置和落实15个公司级重点项目工作的引领，使得公司的生产经营保持快速发展的良好态势。2012年，是广州市率先实现转型升级、建设幸福广州、智慧广州、低碳广州的关键一年，也是广药集团转型升级、打造战略性新兴产业龙头企业、实现销售400亿元的重要时期，王老吉公司将紧密围绕广药集团“转型超越136工程”，强化目标管理机制，强化责任落实意识，确保完成全年29.23亿元的销售目标，为公司完成“十二五规划”奠定良好基础。

锐意创新，促进企业快速发展

——广州市住宅建设发展有限公司董事长、党委书记崔浩江

崔浩江于1998年1月至2011年11月担任广州市住宅建设发展有限公司董事长、总经理；2011年11月至今任广州市住宅建设发展有限公司董事长、党委书记。崔浩江在领导住宅建设集团两个文明建设中，深入贯彻落实科学发展观，积极推进企业科技建设和管理创新工作，他根据各个时期不同特点，准确把握国内外动态及市场经济脉搏，带领公司全体干部职工创造了显著的经济效益和社会效益，企业规模逐年壮大，企业经济发展不断上新台阶。曾先后获得“1999年度广州市建设系统先进工作者”、“广州市安全生产先进个人”、广州珠江实业集团有限公司“先进生产工作者”、“优秀共产党员”等荣誉称号，2011年获得“2008—2010年度广州市优秀企业家”的称号。

广州市住宅建设发展有限公司董事长、党委书记崔浩江（左）与广州市市长陈建华（右）合影。

锐意进取，缔造企业辉煌

广州市住宅建设发展有限公司隶属于广州珠江实业集团有限公司，是经广州市人民委员会批准成立的拥有50多年历史的国有建筑企业，具有国家建设部核定的房屋建筑工程施工总承包一级、市政公用工程和机电安装工程施工总承包二级以及多项专业承包资质。早期承建了广州新爱群大厦、广州宾馆、白云宾馆等广州市地标性项目，其中的广州宾馆、白云宾馆均为当时全国最高层建筑，因此，获得国务院发展研究中心颁发的“中华之最”荣誉称号。改革开放后，又先后承建了广州电视中心、中华广场、新中国大厦、天河中心网球馆、广州新图书馆、琶洲会展中心等大型地标性建筑工程。目前住宅建设集团正在承建广州市多个保障性住房项目和珠江实业集团、恒大集团、富力集团、雅居乐集团、祈福集团等房地产商开发的大型知名商品房、别墅群等建筑，在同行业中拥有较高的综合实力和知名度。住宅建设集团在崔浩江董事长的带领下屡获佳绩，曾获得中国建筑业最高荣誉的“中国建筑工程鲁班奖”和“中国詹天佑土木工程大奖”，并获省、市样板工程及“金匠奖”“五羊杯”奖工程项目等达100多项。住宅建设集团还先后获得过“中国建筑业综合实力百强企业”“广州地区建筑业综合实力十强企业第一名”“广州市文明单位”“广州市优秀拆迁单位”“广州市连续22年守合同、重信用企业”等荣誉称号。

企业规模不断壮大

崔浩江就职于住宅建设集团负责人后，通过一系列管理创新、科技创新的运作，企业规模持续壮大，企业营业收入从刚入职时的1亿元发展到现在的16亿元。建筑业作为传统产业之一，且广州市建筑市场较早就对全国开放，一大批全国大型建筑施工企业涌入广州建筑市场。面对竞争加大，生存压力加剧的情况下，崔浩江没有半点退缩，而是带领住宅建设集团在充分市场竞争环境下不断前进，最终取得了快速的发展，

过去三年营业收入年均增长超20%。其中，2011年在建施工项目达到50个，施工面积超过220万平方米，项目遍及珠三角地区，并辐射至海南、湖南、陕西、山西、安徽等省份，营业收入达到16亿元，实现利润1 522万元，在市属同级及同类企业中名列前茅。住宅建设集团在2011年广州市企业诚信综合评价体系排名中，长期排在10名以内，最好名次排在第二名，明显提高了企业的市场竞争力。

科技创新工作取得突破

在崔浩江董事长带领下，住宅建设集团坚持科技兴企战略，不断加大科技投入、建立激励机制，强化科研攻关。崔浩江特别重视科技工作的组织建设和制度建设，先后成立了企业科技委、技术研发中心，安排公司领导担任上述科技机构负责人，并制定企业科技工作五年规划，每年召开科技工作会议，布置年度科技工作任务，表彰奖励企业科技工作有功人员。在企业科技人员的共同努力下，住宅建设集团科研工作尤其是自主创新不断取得新突破，许多新成果均在同行业中处于领先地位，成为了企业的核心技术，大大增强了企业竞争力，有力地促进了企业经济发展。在开展企业科研攻关和自主创新工作中，崔浩江注意发挥员工的主观能动性，通过提高科研技术人员待遇、设立专项奖励基金等各种方式鼓励员工积极参与科技创新工作。

近年来，住宅建设集团科研工作的成果显著：共获得授权发明专利2项，实用新型专利3项；取得24项科技成果并全部通过了省级科技成果鉴定，其中鉴定水平达到国内先进以上18项；广东省省级工法数量累计达到23项；住宅建设集团在建广州市重点工程广州新图书馆和珠江璟园工程被评为广东省建筑业新技术应用示范工程；与高校开展合作研究科研成果获得广东省科技进步二等奖；主持和参与的政府资助科研项目4项；住宅建设集团2项发明专利分别获得广州市职工发明创新大赛特等奖和二等奖；QC活动获得过全国优秀质量管理小组二等奖、广东省南粤之星银奖、广东省优秀质量管理小组、广州市建筑行业优秀质量管理小组各等级奖达50多项。另外，住宅建设集团，通过了双标复合质量管理体系、环境和职业健康安全管理体系认证，成为广州市最早同时获得的双标复合认证建筑施工企业之一。

经营管理工作持续创新

崔浩江特别重视下属经营者对公司整体发展的重要性，很早就把对经营者考核放在企业体制创新的重要位置上，从责任考核到指标考核逐步进行创新和细化，并先后制定各种考核办法，考核指标细化到经济指标、引进人才指标、质量安全指标、防范法律风险指标、技术进步指标、民工管理指标以及一些根据企业特点和任务的单项指标等，涵盖企业的方方面面，一系列奖罚分明的考核，既提高下属经营者积极性，也增强紧迫感，使各下属企业工作目标更加明确，促进下属各企业结合自身实际，创新管理，确保各种经营指标完成，促进企业经济效益的全面提高。

现代社会人员流动频繁，如何解决人才问题成为企业亟需面对的难题。崔浩江通过创新人才管理工作，从人才引进、培养、提供人才发展平台以及挽留人才各个环节都采取了一系列的创新管理方式和方法，力求做到务必保证企业人才队伍合理搭配，不断激励各类人才在各自岗位上得到才能的充分发挥。

崔浩江不断创新施工现场管理。施工现场管理的好坏直接关系到建筑施工企业的生存和发展。崔浩江根据市场发展和住宅建设集团的实际情况，不断创新管理，先后制定了施工管理、顾客服务、项目创优、环境和职业健康安全管理、民工工资管理、项目部考核等管理制度，细化了的现场施工管理，使得每一个环节都有章可循。住宅建设集团所有员工各施其职，使公司近年的合同履约率不断上升，质量、信誉不断提高，从而提高了住宅建设集团在市场的竞争力。

崔浩江不断创新企业经营风险防范机制，在他的推动下，住宅建设集团经营风险防范工作历经多年发展，通过不断创新，形成了一套"事前防范、事中控制、事后补救"的管理体制，有效地防范企业各类风险的发生，保证企业持续健康发展。

近年来，住宅建设集团在崔浩江的带领下持续开展管理创新、科技创新等自主创新工作，先后在国家、省、市各类创样板工程中，以及包括核心技术开发、专利技术、工法技术研发、质量管理创新等科技创新方面取得显著成绩而获得业界的关注和认可，提高了企业的美誉度，不少业主、开发商以及同行业企业主动上门要求合作，提高了企业整体的市场竞争力。

引领创新 无私奉献

——广东省源天工程公司总经理杨峻

杨峻，中共党员，大学本科学历，教授级高级工程师，现任广东省源天工程公司总经理、党委副书记、法定代表人。

2001年11月广东省水电安装公司与广东省水电机施公司合并成立广东省源天工程公司后，杨峻在广东省源天工程公司任总经理。2009年3月至今，杨峻除任在广东省源天工程公司任总经理外，还是法定代表人。

“火车跑得快，全靠车头带”。广东省源天工程公司正因有了杨峻同志这样大公无私、有胆有识、拼搏不辍、将全部心血都投入企业建设中的强有力的“车头”才得以不断向更高发展。

数年来，在杨峻的带领下，广东省源天工程公司坚持以“诚信为源、品质为天”的企业经营思路，诚信经营，以质取胜，以“现场赢得市场”，承建的工程一次交验合格率始终保持100%，优良品率逐年上升。截止目前，广东省源天工程公司已荣获詹天佑大奖、大禹奖、全国市政金杯奖各1项，省级优质样板工程多项，省、市级优质、文明工程、用户满意工程一批。

广东省源天工程公司目前已发展成为具有建设部批准的水利水电工程施工总承包二级、机电安装工程施工总承包一级、市政公用工程施工总承包一级、地基与基础工程专业承包一级、城市轨道交通工程专业承包、房屋建筑工程施工总承包一级、消防设施工程专业承包一级、钢结构工程专业承包二级、起重设备安装工程专业承包二级、城市及道路照明工程专业承包二级、电力工程施工总承包二级资质及水利工程启闭机使用许可证及全国工业产品生产许可证（水工金属结构）、承装（修、试）电力设施许可证（二级）、特种设备安装改造维修许可证（压力管道安装、起重机械安装）等专项资质的大型综合性建筑施工企业，业务市场以广东为基础，覆盖湖南、江西、广西、福建、四川、青海等全国十六个省市地区。境外的工程也布及到巴基斯坦、缅甸、印尼、印度等国家。

管理创新和科技自主创新

2009年，杨峻任广东省源天工程公司总经理，带领广大职工，开拓经营，锐意进取，经过企业制度创新，公司机构重新整制，建立了一整套较为完善和行之有效的管理体系，包括经营、生产、技术、质量、安全等内部管理的相关制度。总部机构精简从原来的17科室整改成9大部室，二级单位调整改革，企业从粗放型管理正逐渐向集约型管理迈进，形成依制度办事，以制度管理的制度化建设体系，取得了较好的效果。杨峻提出公司以“开拓市场、强化管理、自主创新工作”为主题，以提高企业综合实力为根本，严格按照市场规律办事，促进企业的良性发展，坚持以市场为导向，实现企业规模的有序扩张，不断增强企业的核心竞争力。全面实施了企业“四步走”的五年发展方针，抢抓机遇，深化改革，适时调整战略布局，保持了企业持续稳定和快速发展的良好态势。企业综合竞争实力得以进一步提升。

特别是在科技和自主创新发展方面，广东省源天工程公司在杨峻的带领导下，以“自主创新，重点跨越，支撑发展，引领未来”为指导方针，自主创新，增强公司创新能力，加强施工工艺、施工设备创新和引进消化吸收再创新。在资金方面加大科技和自主创新的资金投入，企业设立专项科研开发资金，按一定的产值比例，投入资金进行科技和自主创新，从2009年的110万元提升至2011年的273万元，科技创新投入从占销售收入比重从0.13%提升至0.25%，这给企业科技和自主创新提供了强有力的后盾和宽裕的发展环境。公司大力改善科技人员的待遇，从社会上广招各类专业技术人才，科术人员从2009年的300人增加至2011年的450人，科技人员占职工总数的比例从15%增加至22%，努力建设一支与公司发展建设相适应的结构合理的高素质科技人才队伍，为公司施工技术发展和自主创新工作提供充分的人才支撑和智力保证。在管理机构方面2009年应广东省建筑工程集团有限公司的要求，成立广东省源天工程公司科技委员会、专家委员会和广东省建筑工程集团有限公司水电设备安装技术分中心。科技委员会由公司总经理、主管技术领导以及公司主管技术、生产、经营、财务等部门负责人组成。杨峻总经理任命科技委员会主任，技术分中心主要负责审定技术分中心机构设置、重大项目研发方向、重点课题、重大成果转化等关键性问题，制定年度技术创新计划，审定技术分中心的经费，对技术分中心的工作绩效进行评估，对重大事项进行建议。

广东省源天工程公司近年来在杨峻的带领导下不断深化改革、强化管理，自主创新、诚信经营，以质取胜，取得了骄人的业绩：其中工程管理方面多次被中华人民共和国水利部授予“水利系统先进企业”和“水利系统文明单位”，被广东省质量协会授予“广东省实施卓越绩效模式先进企业”；多次获得省部级优质工程，荣获詹天佑大奖、鲁班奖、大禹奖、国家市政金杯奖各1项；被中华人民共和国建设部及共青团中央联合授予“全国青年文明号”；被广东省工商行政管理局授予“连续十五年守合同重信用企业”等奖项。在科技进步及科研各方面获得广东省科技进步奖2项（特大型灯泡贯流式水轮发电机组安装技术、北江大堤加固达标工程关键技术研究与应用），国家级工法1项（特大型灯泡贯流式水轮发电机组安装工法）、省级工法8项、已获得专利2项、正在申请专利7项，广东省水利学会水利科学技术奖5项、广东省建筑集团有限公司科技进步奖16项等奖项，QC小组活动成果获得全国工程建设质量管理小组一等奖1个，广东省工程建设优秀质量管理小组一等奖10个，广东省优秀质量管理小组7个等奖项。在创新纪录方面于2006年广东省开展的首届企业创记录获得4项创新纪录，分别为创国内同行业灯泡贯流机组装机容量最大纪录、创省内同行业水泵组装容量纪录、创省内同行业同一工程闸门制造与安装数量最多纪录、创国内同类型斜流泵组最大单机泵组纪录，获得广东省首届创新纪录优秀奖，各种奖项及科技成果推动了公司的自主创新工作，大大提升了公司的技术水平和市场竞争力。

在施工管理上，杨峻高度重视标准化管理，以国家推行的标准来管理，广东省源天工程公司建立了质量管理体系、环境管理体系和职业健康安全管理体系的“三合一体系”，经过不断地探索和实践，形成了一整套适合公司实际和发展的管理标准（三合一体系管理手册和程序文件）和管理办法，并且根据企业的发展适时的调整修改、补充完善了相关的管理办法。

在财务管理上，杨峻引领公司建立了财务决算中心，并完善相关制度建设，实现了资金统筹调配，提高了现金流量，加大了资金使用效率。

杨峻综合利用各类管理技术，实现企业的动态全方位管理，使公司的项目管理、安全质量管理、成本管理、合同管理等多项管理有机地结合起来，实现了安全、质量、进度、信誉、经济效益的协调发展，从而为谋求企业更大和长远的发展奠定了坚实的基础。

企业社会责任

杨峻任广东省源天工程公司总经理期间以社会责任为己任，多年来一直致力于承担社会责任，从不推诿，从不逃脱。

广东省源天工程公司每年都按照有关税收制度要求，依法纳税，诚实纳税，保证税款及时、如实缴纳。

广东省源天工程公司在生产经营活动中带头保护生态环境和资源，加快以节约资源、降低能耗、减少和治理污染为目标的技术改造，注重水资源的合理利用和科学开发，为建设资源节约型、环境友好型社会作出贡献。

广东省源天工程公司致力于社会公益事业，常年开展献爱心送温暖活动，建立帮困扶贫长效机制。在2008年初的抗冰抢险中，接到命令后公司组织人员第一时间赶赴现场，参与电力线路的抢修。在四川汶川大地震、青海玉树大地震、“南粤甘泉”等灾难中，杨峻领导全体员工充分发扬中华民族“一方有难，八方支援”的优良传统，以大局为重，尽其所能积极提供财力、物力和人力等方面的支持和援助。2009年，广东省三防序列中增加了广东省源天工程公司的名字，广东省三防机动抢险四队挂牌成立。制定有效的规章制度和应急预案。听从省三防总指挥部命令，以高度责任感、拼搏奉献精神和严密的组织纪律全力以赴，认真履行三防职责。

广东省源天工程公司不仅每年都吸纳四十名以上的高等院校应届毕业生，还根据工程任务的需求，合理招收一批农民工并及时与他们签订劳务用工合同，从不拖欠农民工工资。

坚持科技创新，打造核心竞争力

——广州金鹏集团有限公司总裁陈谨

广州金鹏集团有限公司总裁陈谨（左二）获 2008—2012 年度“广州市优秀企业家荣誉称号”。

陈谨，研究生（MBA）学历，1991 年参加工作，现任广州金鹏集团有限公司总裁。

陈谨拥有丰富的运营投资及企业管理经验，善于突破工作瓶颈，以“别人无我有，别人有我精”的创新理念，不断在工作岗位上实现管理创新，技术创新。自 2007 年担任广州金鹏集团有限公司总裁以来，陈谨围绕业务方向梳理，推动业务及管理的转型，整合资源，发挥协同效应，明确提出将“数字化城市”及“安保运营服务”作为金鹏的主要发展方向，坚持科技创新，打造企业的核心竞争力。经过几年的努力，使金鹏从传统通信领域转型从事专有领域的公安 110 社会联动系统开发及数字化城市运营服务业务，发展成为拥有了大型城市级的数字化城市管理平台、城域级的社会治安视频监控平台和城市级的智能交通管理平台及众多成功案例的安防信息行业知名企业。

在陈谨的带领下，金鹏不断开拓发展道路，借助管理创新和科技创新的力量，在为城市、政府、社区的安全和安康保驾护航的同时也实现了销售及利润总额的同步平稳增长，企业品牌形象及社会影响力得到不断提升。在数字化城市业务领域，金鹏已成为国内颇具实力的系统解决方案提供商。目前，金鹏已形成专利及软件著作权超过 130 项，先后承担国家、部委及省市项目七十多项。先后有一项成果获得广东省科学技术三等奖，两项成果获广州市科技进步二等奖，四项成果获广州市科技进步三等奖，多项成果获得广州经济技术开发区科技成果奖及科技成果产业化奖。在广州的“平安城市”建设中，金鹏除主持整体设计外，累计中标的项目已超过 50%，成为广州市最大的“平安城市”承建商，并已拓展到济南、西安、湖南郴州、内蒙古鄂尔多斯、武汉、贵阳、盐城、无锡、南京等多个城市。目前金鹏安防监控系统已经成功应用于平安城市、可视化智能交通管理、公安 / 军警可视化应急指挥、智能大厦 / 园区的保安管理、核心机密部门等领域；

由金鹏自主研发的“金鹏数字城管系统V3.0”于2009年9月获广东省自主创新产品称号，并入选2009年第一期《广东省政府采购自主创新产品清单》，该系统先后在广州、济南、武汉、贵阳、西安、无锡等省会级城市数字城市管理平台建设项目中成功应用，取得了良好的业绩。

由于在行业领域的突出表现，近年来，金鹏先后获得了一系列荣誉：2009—2011年连续三年上榜广东省企业500强和广东省制造业百强企业；金鹏“KingM视频监控联网管理平台”获得“2009中国安防最具影响力十大品牌”荣誉；2010年度建设领域信息化突出贡献奖、第二届平安城市建设推荐品牌；“公路车辆智能监测记录系统”获2010年中国安防十大新锐产品称号；广东省平安城市建设突出贡献奖；中国安防DVR及视频服务器类最具影响力十大品牌；2011年，金鹏荣膺广东省优秀工程中心；荣获中国信息协会“2011中国城市信息化卓越企业奖”；高清卡口荣获2011年安博会金鼎奖；“视频监控管理平台”获平安城市建设优秀安防产品奖；金鹏还获得了2011年“智能城市创新奖”等等。

尤其值得一提的是，2010年，陈谨带领金鹏组织精英力量全面参与了第16届广州亚运会安全保障建设和运维服务的规划设计，承担了亚运会总指挥部运行指挥信息中心（简称MOC平台）和重要场馆、涉亚酒店、新闻中心、运动员中心、开闭幕式现场、重要交通路段等76个涉亚功能区域的3万多个治安视频摄像头的视频监控建设和运维工作，为亚运会的平安顺利召开作出了贡献。其中金鹏应急指挥产品因成功应用于亚运会总指挥部运行指挥信息中心MOC平台应急指挥项目，荣获第16届亚运会组委会、广州市科技和信息化局共同颁发的“第16届广州亚运会信息技术与通讯保障证书”及中国信息协会颁发的“2011中国应急管理信息化成果应用奖”。

陈谨善于激发创新思路，在激烈的市场竞争中，他前瞻性地看到了企业区域外围的商机。2011年，在他的带领下，金鹏业务规划走出广东、拓展省外市场并取得丰硕成果。同年底，由金鹏承建的我国第一个特大城市级全数字、全高清城市视频监控系统武汉“智慧之眼”项目顺利通过专家验收并正式启用。武汉城市视频监控系统采用圈、块、格、点布局，最大限度发挥功效，系统本着边建设，边使用的原则，在试运行阶段就在侦查破案中建功，2011年轰动全国的武汉市12.1建设银行特大爆炸案的侦破中，武汉城市视频监控系统发挥了至关重要的作用，得到了武汉市政府、公安干警以及广大市民的高度肯定。武汉市市长唐良智，市委常委、政法委书记胡绪鹍，市委常委、市公安局党委书记赵飞等武汉市领导，项目验收专家组成员均参加了系统启动仪式，共同见证了金鹏的辉煌成就。由中国科学院工程院院士李德仁、中国工程院院士赵梓森、公安部科技信息化局副局长谭晓准等9位国内顶级安防专家组成的专家组一致认为武汉城市视频监控项目非常成功，系统具备了很高的水平，特别是对该系统在多路高清视频流并发处理能力、高效的运维管理平台以及与公安业务应用深入结合等方面所作出的成绩给予了很高的评价。以武汉项目为标志，金鹏初步完成了开拓华中、华东、西部市场的战略布局，为下一步企业市场拓展打下了坚实基础。

作为金鹏的领军人，陈谨坚持以邓小平理论和“三个代表”重要思想为指导，深入贯彻落实科学发展观，大胆开拓、锐意创新、以强烈的事业心和高度的社会责任感，发挥模范带头作用，带领金鹏全体员工，在市场竞争加剧的情况下，不断探索工作新模式，狠抓经营发展，推动企业转型升级，引领企业不断巩固、发展和壮大，走上了持续健康、快速发展的道路。

陈谨坚持以人为本，重视企业党团工会工作、企业文化建设和构建“和谐企业”。多年来企业热心参与捐资助教、抗震救灾、扶贫济困等慈善公益事业，树立了良好的品牌和公众形象。2009年金鹏被广州开发区劳动和社会保障局、区总工会、区企业联合会评选为“AA级劳动关系和谐企业”，2011年，金鹏正式成立公司共青团团委，为广大团员青年搭建了一个施展才华、实现价值的舞台，为公司做好青年工作、全面实施“党工团一体化”提供了组织和制度上的有力保障。同年，金鹏党总支属下一个党支部被评为先进基层党组织。

在工作之余，陈谨还积极投身行业及社会活动，自觉承担社会责任，为促进地方经济发展和行业发展贡献力量。在担任广州青年企业家协会副会长、广州三会（广州工业经济联合会、广州市企业联合会、广州市企业家协会）常务理事、广州开发区电子及通信行业协会副会长以及广州计算机学会副理事长期间，为开发区乃至广州市的经济社会发展献言献策。由于其突出的贡献，2012年2月，陈谨荣膺广州工业经济联合会、广州市企业联合会、广州市企业家协会联合授予的2008—2010年度“广州市优秀企业家”荣誉称号。

依托环保搬迁 实现科学发展

——广州造纸集团有限公司董事长林昭远

林昭远现任广州越秀集团副总经理，广纸集团董事长、党委副书记，南沙区人大代表。在广纸“三年调整优化发展”过程中，林昭远以高度的使命感和责任感，充分发挥企业带头人的作用，以高屋建瓴的全局观和开拓创新、求真务实的实干精神，紧密联系广纸实际，准确把握环保搬迁的历史契机，扭转了广纸生产经营的被动局面，走出了生存危机，实现了运作模式的深度变革，基本构建起“新广纸”的雏形。

实践科学发展，依托环保搬迁，确立中长远规划发展方向，落实三年调整优化

2009年，广纸在行业低潮以及金融危机的冲击下，面临空前困境。同年7月，林昭远临危受命，被任命为广纸集团董事长。

面对困局，林昭远清醒地认识到，当务之急必须以越秀集团主要领导现场调研广纸时的指示精神为指引，借助学习实践科学发展观的活动契机，运用科学的理论指导，针对所面临复杂的内外形势，从发展的目标、观念、动力和模式等方面重新进行全面审视，对症下药，从科学分析存在问题入手，探寻全面系统的解决办法。他团结组织新班子一班人，召开采购、销售、生产多条线的内部调研工作会议，多渠道多形式，广泛深入沟通，掌握情况，查清症结，统一认识，初步理清了方向。

林昭远紧密结合当前实际，以“先求生存、后谋发展”为指导原则，集中精力与资源应对眼前危机，牢牢把握环保搬迁的历史机遇，突破思维定势，切实转变观念，注重组织结构、资产结构、资本结构的调整优化，注重体制机制的转变，注重规模、质量和效益的协调统一，将结构的问题、机制的问题、资产的问题全部纳入环保搬迁的“笼子”一揽子加以解决。同时，林昭远着力抓好公司中长期战略发展规划的编制工作。在统筹规划过程中，他要求坚持两个原则，一是搬迁计划与实施方案必须与战略规划同步推进，两者相互结合，相互衔接，对未来几年的搬迁、减亏和改革工作目标、步骤进行系统铺排；二是要求内部管理核心的深度参与，力排众议，放弃以往委托专业机构编制的做法，采取自主研究编制的形式，使主要管理骨干深刻认识所面临的形势和主要存在问题，并清晰地理出对策思路，使编研过程同时成为宣贯过程，极大提升战略实施的针对性和可执行性。在长达半年的编研过程中，他多次主持召开各种研讨会，深度参与指导，尤其对如何实现“产业升级、财务健康、节能环保”的三大目标，从总体战略发展思路、结构调整布局、实施落地等方面提出了重要的指导意见。该规划的出台，为广纸未来发展明确了方向，规划了路线，制定了措施。

积极协调，深入研究，筹划搬迁实施方案制定与审批，实现公司利益最大化

在异常严峻的现实面前，环保搬迁成为了扭转局势的唯一机遇。搬迁计划与实施方案的制定必须慎重而稳妥。以林昭远为核心的领导班子在方案的制定上体现了充分的政策把握能力、协调能力和创新精神。

林昭远对“退二进三”、环保搬迁之于广纸的意义具有深刻的认识。他理智地分析：广纸在最困难的时候实施环保搬迁，既是广州市城市发展的需要，更是广纸实现振兴的必然，正如张广宁书记所说，“让一些企业搬迁，也是为了企业能发展得更好”。广纸只有转变观念，从“要我搬”变为“我要搬”，通过环保搬迁，跳出现有空间的束缚，实现三大发展目标，才是企业长远发展、做大做强的唯一出路。

林昭远立足当前，着眼长远，通过有关形势与政策的充分研究，确立搬迁方案指导原则。在方案具体编制时，结合越秀集团的有关要求逐步落实。林昭远认为，广纸的搬迁必须坚持“搬迁、改造、改革、改组”有机结合原则，处理好“搬迁与稳定、搬迁与发展”的关系，重点解决好三个方面问题：一是解决好技术装备升级、规模与经济效益升级的问题；二是解决好企业结构调整、体制机制的健全与完善问题；三是解决好甩掉企业历史包袱轻装上阵的问题。

在搬迁方案实施过程中，林昭远十分重视政策解读与沟通机制的建立，争取政府及各主管部门的支持。林昭远要求保持与各级政府的紧密沟通，充分发挥越秀集团在组织保障和沟通渠道的优势，化不利因素为有利因素，确保搬迁补偿规模。在具体方案制定涉及的资金筹措、人员安置、项目报批、土地征用、环境评估等一系列棘手的问题上，他亲自组织有关骨干逐个与市国资委、经贸委、发改委、规划局、财政局、社保局、环保局、国土局、土地中心、南沙区政府等政府部门进行协调沟通。最终在越秀集团的正确领导下，方案成功获得市政府常务会议审议通过，取得搬迁补偿资金保底的重要支持，成功趟出一条企业搬迁新路子。

把握搬迁机遇，开拓创新，着力内部改革，构建现代经营管理体系

林昭远利用好搬迁契机，扎扎实实推行企业内部改革，促进发展战略实施落地。在企业调整、改革等方面进行了深入的思考，整体运筹，创新设计，倾注了大量心血。

提供为战略实施组织保障。他成立集团公司改革专门机构，推进战略实施，落实年度计划措施。他还具体负责推进公司产业、创新、资产、组织、人力资源与营销战略的调整和落实，研究制定搬迁过渡期与搬迁后公司组织架构、岗位编制、薪酬激励、管理流程等调整方案以及解决实施过程有关问题的措施。

林昭远着眼于管理体系的完善，提出系列创新思路。在充分运用现代企业管理理论，紧密结合广纸管理体系实际的基础上，主动借助国际知名的管理咨询公司的力量，借助运用平衡记分卡等战略的实施与现代企业管理工具，对公司治理与管理体系进行重构与完善。就产业链的理顺和现代管理体系的构建，他从价值链打造、结构调整、体系完善、机制创新、文化建设等企业经营管理范畴进行总体设计、布局和具体指导。在产业链的打造方面，他深刻领会越秀集团的指示，积极推进构筑产业战略联盟；在资产和股权结构调整方面，他提出通过充分利用充裕的搬迁补偿金优势，精心统筹安排减债，剥离非主业资产，大幅降低资产负债率，吸收合并优化股权，进而形成优良核心资产的总体指导思想；在组织架构调整方面，林昭远一贯坚持须借助专业机构的专门力量，并立足于理顺管理中的“责权利”，立足于责权清晰、精简高效来进行架构的重构；在体制机制创新完善方面，林昭远立足于新的架构的效能发挥，主导完成了薪酬体系改革、精细化生产管理模式、销供产联动机制、物流模式优化等多个领域的设计与建设。经过几年的努力，广纸集团总体上已形成了具有快速市场反应能力的经验管理体系。

三年来，林昭远为广纸发展作出了突出贡献。不仅按市政府与集团要求全力推进环保搬迁，确保如期完成，还着力推动内部结构调整、体制机制改革、企业文化建设等一系列重大工作，取得了显著成效，初步实现了“产业升级、节能环保、财务健康”三大发展目标，开启了企业发展一个新的跨越。至2011年底，企业现代经营管理体系日趋完善，生产效率大幅提高，人均营收达标杆企业的两倍，市场把握与驾驭能力显著提升，造血机能逐步恢复，亏损大幅收窄，逐步走向良性、健康、持续的发展轨道。

大胆改革 勇于创新

——广州南方电力建设集团有限公司总经理蓝俊铭

广州南方电力建设集团有限公司是广东地区大型电力企业，具有220千伏及以下电压等级输变配电工程总承包二级企业资质，主营业务是电缆、架空线路、变电等各专业电力工程施工及配网工程和通讯、路灯工程施工。公司总经理蓝俊铭是一名年轻的企业家，“善于审时度势，具备高度的市场洞察力，富有强烈的创新精神及社会责任感”，这是南方电力建设集团全体员工对他的评价。自担任广州南方电力建设集团有限公司总经理以来，蓝俊铭始终围绕“把企业做大做强”的目标做文章，他大胆改革、锐意进取，依靠管理机制和技术创新，企业竞争力得到进一步增强。目前，广州南方电力建设集团有限公司拥有注册资本2.43亿元，年均完成产值达4亿元。

与时俱进，创新企业发展思路

随着国家电力体制改革开放政策的不断深入，除了全面推行电力建设工程项目招投标制外，还彻底打破了地域性的限制与约束，越来越多的外地企业渗入到广州市场，令本市电力建设市场的竞争更趋激烈。广州南方电力建设集团有限公司原有的市场份额势必受到严重冲击，企业发展形势相当严峻。

蓝俊铭总经理深知，在市场经济发达的今天，品牌已超越纯经济的范畴，成为企业竞争力的体现。广州南方电力建设集团有限公司在电缆专业施工方面具有较强的优势，拥有领先的、专业的、高效的施工技术和体系，多年来已在电力建设行业内逐渐形成自己的品牌。蓝俊铭提出，要以优势明显的电缆专业为企业的拳头产品，推动变电、线路、配网进一步发展，让公司成为“一专多能”的电力施工企业。

面临失去属地保护，广州电力建设市场被众多企业所瓜分，仅依靠属地市场将难以保持之前的市场占有份额的局面。蓝俊铭不愧为视野开阔的企业家，他认为，电力市场的进一步开放，企业在本地竞争压力增大的同时，电建市场将更趋规范、公开、公平，竞争环境更加透明、优化，也一定为有实力的施工企业带来前所未有的发展空间。他立即启动了“走出去”的方针。实施“立足广州本土区域，面向广东乃至全国”的战略布署，大力发展对外电力工程，努力提高外地市场占有率。南方电力建设集团还率先在佛山、深圳两地设立办事处，以这两个城市作为外拓的试点。

创新和完善企业经营管理架构

2011年，广州南方电力建设集团有限公司对内部组织架构进行重组，把变电部、输电部合并为主网工程部，并成立配网工程部、运维部。在做精主网、配网工程施工业务的同时，积极开拓用电租赁和托管业务，为公司利润增长开拓新路。

公司过去在工程项目中实行专业管理制度，即每项工程都按电缆、变电、线路等不同专业分别配置一名管理人员。此种专业化分工有利于技术管理，但有可能在各专业管理人员间出现职责不明、推诿扯皮、管理缺位等现象。蓝俊铭自担任该企业总经理伊始，就全面推行项目负责制。项目经理从工程开工至投产送电，实行全过程一贯制负责。这样操作有利于对项目进度、质量、安全实施全面系统控制，从而大大提升了施工整体效率及管理水平。

对施工单位而言，安全是赖以生存和发展的基础、生命线。虽然近年，广州南方电力建设集团有限公司安全生产基础不断得到夯实，但以蓝俊铭为首的领导班子在总结以往安全管理经验的基础上，积极开展安全风险体系建设工作。该体系从风险控制出发，在每项工作前，首先对设备、参加人员、作业环境、劳动保护装备等方面进行风险评估，确保所有风险都在可控范围内。在他的大力推动下，职工逐步树立起“一切事故都可以预防”的安全理念，并自觉远离“违章、麻痹、不负责任”三大安全敌人。企业的安全管理水平实现质的飞跃。

重视技术创新，大力推进QC小组活动

技术创新是竞争力的源泉，蓝俊铭总经理一向重视技术创新与QC工作，在他的大力倡导下，南方电力建设集团各部门、班组均成立了技术创新小组与QC小组，定期开展活动，并且在工程施工中加大成果的应用力度。“220千伏芳昌线”电缆工程施工中采用创新技术解决了鹤洞大桥远距离桥梁敷设高差大、伸缩、振动等因素影响电缆安全运行的技术难题，该技术为省内同行业首创。“电缆人QC小组”开展的《降低搪锡的返工率》课题研究，有效地解决了电缆施工返工率偏高的难题，降低了施工人员的劳动强度，减少材料损耗，大大提高了工作效率和经济效益。该公司在近年先后荣获了“广东省自主创新标杆企业”、“广东省企业管理现代化创新成果三等奖”、“广东省质量管理小组活动优秀企业”、“广东省质量优秀QC小组”等多个奖项，而蓝俊铭总经理因在QC小组活动中成绩显著，被授予“QC小组优秀推进者”光荣称号。

落实科学发展观，超前战略策划

蓝俊铭组织人员对内外部环境、公司资源能力进行了详细的分析，根据公司的特点超前制定未来五年的发展战略，并通过战略计划层层分解职能指标、明确战略措施和实施步骤，为企业更好更快发展指明方向。

从人力资源着手，努力打造管理的核心竞争力

21世纪的竞争说到底就是对人才的竞争，人才聚，企业兴；人才强，企业强。蓝俊铭总经理抓着竞争制胜之道，从建设规范化的人力资源管理体系着手，采取培训与引进相结合的方式，加强经营管理人才、专业人才、一线的施工人才三支队伍建设，为公司发展提供人力资源保障。

公司在2010年建立了包括：招聘机制、评价机制、用人机制、激励机制、培训机制等在内的一整套完善的人力资源管理机制，企业的人力资源管理水平得以迅速提高。

蓝俊铭认为：内部培训是培训体系中最重要的组成部分，务实性的培训应多采用内部培训。广州南方电力建设集团有限公司充分利用内部资源，从各部门挑选技术及业务骨干组建培训师队伍，开办技术类、管理类培训班，为员工搭建极具针对性的培训平台。内部培训机制在降低培训成本、缩短培训周期的同时，更贴近企业实际的培训需要，大大地提高了培训效果。

为了丰富企业的人力储备，南方电力建设集团根据公司人才需求计划，通过人才市场、网络和校园招聘等多个渠道开展有重点、分层次的人才引进工作。目前，广州南方电力建设集团有限公司的经营管理人才、专业人才、一线的施工人才结构合理、素质上乘。

以企业为平台，承担社会责任

作为一个大型企业的负责人，蓝俊铭总经理有强烈的责任意识，他把积极履行社会责任，作为体现人生和企业价值的重要途径。2010年亚运会召开期间，广州南方电力建设集团有限公司承担了“亚运会、亚残运会”保供电任务，蓝俊铭是该公司保供电工作的总指挥，参与了策划、组织和实施整个过程的工作。为了做好保供电任务，他带领公司的干部职工放弃休假，坚守工作岗位。蓝俊铭总经理指挥，各部门精英参与了应急抢修值班工作与奥林隧道内电缆线路的巡守工作。通过全体干部职工的共同努力，广州南方电力建设集团有限公司圆满地完成了“亚运会、亚残运会保供电”工作，获得了社会各界的高度认可和好评。蓝俊铭总经理被广州亚运会组委会、亚残运会组委会授予“2010年广州亚运保供电突出贡献奖”。

蓝俊铭不愧是个敢于创新、视野开阔、运筹帷幄的企业家，广州南方电力建设集团有限公司在他的带领下取得了优良的业绩和良好的市场信誉，企业品牌形象得到明显提升，年轻有为的蓝俊铭赢得了广大干部职工的高度信任与支持。

引领创新管理 制定战略发展

——深圳中集天达空港设备有限公司总经理郑祖华

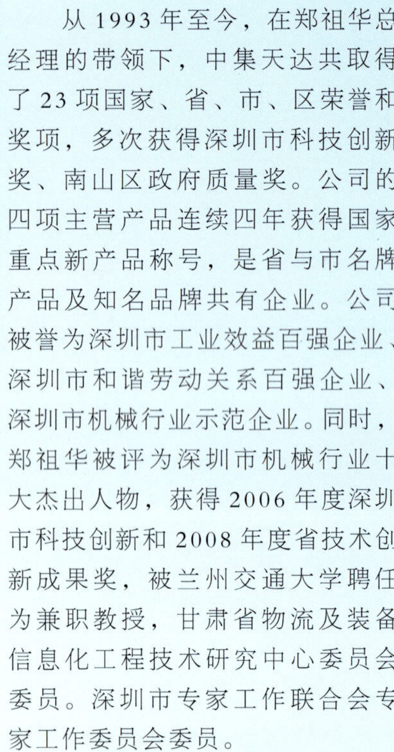

从1993年至今，在郑祖华总经理的带领下，中集天达共取得了23项国家、省、市、区荣誉和奖项，多次获得深圳市科技创新奖、南山区政府质量奖。公司的四项主营产品连续四年获得国家重点新产品称号，是省与市名牌产品及知名品牌共有企业。公司被誉为深圳市工业效益百强企业、深圳市和谐劳动关系百强企业、深圳市机械行业示范企业。同时，郑祖华被评为深圳市机械行业十大杰出人物，获得2006年度深圳市科技创新和2008年度省技术创新成果奖，被兰州交通大学聘任为兼职教授，甘肃省物流及装备信息化工程技术研究中心委员会委员。深圳市专家工作联合会专家工作委员会委员。

郑祖华致力于研发设计和产品创新，加大企业在技术、研发方面的投入，推动技术创新的步伐。中集天达拥有世界上最先进的大型机场设备研制设备，2009年公司研发投入2 706.46万元；2010年投入2 706.46万元；2011年投入3 500万元。中集天达成为国内行业完全拥有自主知识产权的龙头企业。截止2011年，中集天达专利申请总数204项，专利授权总数120项。参与国际及国内行业标准的编制共计3项，公司的专利成果及专利数量行业内全球领先。

技术创新

中集天达的登机桥和航空货运处理系统技术，对整个中国的机场设备技术水平的提升起到了非常关键的作用，以郑祖华为主的中集天达研发团队在该领域的水平，在一定程度上就代表了中国在该行业基础工业的地位。

截至2011年底，郑祖华还任职于公司的研发中心主任，这支重要的研发队伍从建厂初期的几个人，壮大到目前的140人，这支研发队伍从机电控制系统到系统工程、机械设计、机械制造、有限元分析计算、焊接技术、自动控制工程、液压系统技术、计算机软件技术、模拟仿真及虚拟现实等诸多专业技术人才济济。研发队伍经过了起步初期的高速发展阶段，有过初次走出国门面临国外技术门槛的艰辛经历，更有掌握核心的技术后，被世界高端客户所接受的成就。2008年，郑祖华带领的研发队伍被深圳市政府评为市级企业技术中心。

以登机桥为例，郑祖华带领的研发队伍是目前世界上唯一能够同时生产液压、机电和机液混合三种驱动方式登机桥的制造商；完全自主开发的服务于A380高桥，采用行走机构双点支撑，四轮独立驱动的新技术，其性能与运行稳定性居全球领先水平；同时，将技术和经验应用于新的领域－豪华游轮的登船桥之中，制造出了中国第一台登船桥，是国内唯一成功生产出登船桥的制造商。

在航空货物处理系统设备中，郑祖华带领团队工程师们苦苦钻研，经过不断创新发展，终于自主研发出国际领先水平的航空货物处理系统，借助于在该领域取得的成功，将机场的物流技术应用到机场之外，相继开发出立体停车库系统、自动化立体仓库以及物流系统信息管理软件。目前，中集天达的物流自动化和立体停车领域都处于国内领先的集团之中。承担过多个国家重点新产品计划。2008年成功承揽上海浦东全球第二大航空货物处理系统的工艺设备系统。

除此之外，郑祖华还带领中集天达技术团队成功研发出自动化立体停车系统、飞机自动泊位引导系统等大型智能设备，产品遍及美国洛杉矶、印度、丹佛、日本等，综合实力位居世界前三。

同时中集天达技术研发中心的眼光也在关注国内比较有技术特色的企业，寻求双方的有效合作，通过中集天达的全球市场网络，将这些具有技术特色的国内技术推广到全球市场当中，这些合作项目在2008年中已经相继展开，典型的有国内的“机场跑道标志清除车”，该车在国际市场的价格比较昂贵，国内的产品性能已经可以满足相关要求，具备很强的市场竞争能力。

郑祖华在组织内建立了完善的知识产权保护体系，设置专职的知识产权工程师，工程师在中集集团的知识产权部门的指导下，负责对日常项目和研发项目过程中的查新检索、专利挖掘、专利维权的调查取证工作，形成自有的、系统的专利体系，对自己的创新成果予以保护，也避免侵犯同行的专利技术。目前，中集天达拥有核心自主知识产权共120项，其中登机桥专利拥有量同行业排名第一。中集天达通过不断地自主创新，在旅客登机桥、登船桥、航空货物处理系统、 立体车库等知识产权领域都获得了不菲的成绩。公司被深圳市政府评为“市级知识产权优势企业”。

战略发展

郑祖华对中集天达国际化战略的制定始于5年前。起步之时，中集天达并没有走多数中国企业从发展中国家突破的模式，而是直接出击难度最大的欧洲市场。不到4年时间，中集天达在欧洲已交付和待交付的旅客登机桥数量超过百台。这一历史性的突破，标志着中集天达从此敲开了被欧美厂商长期垄断的欧洲市场大门，也标志着“中国制造”的大型设备在国际市场的成功定位。

在中集的竞争对手中，既有德国克虏伯、韩国现代这样的大型装备制造商，也有瑞典FMT、荷兰NKI这样的机场地面设备专业制造商。面对如此严峻的竞争市场，郑祖华经常说的一句话：“我们能够战胜他们，一定能够，凭的就是比他们要更专一，更专注，最终做到更专业！不久的将来。我们要让走在异国他乡的中国人，第一步踏上的就是深圳制造的登机桥。”正因如此，中集登机桥能够在做了几十年登机桥的行业巨头中脱颖而出。

为了加快公司的发展，拓展公司的产品市场，2008年，郑祖华与公司管理团队制定了“向相关技术领域拓展的战略目标”，随后，成功研发出的产品“军品专用平台车”，与中国人民解放军成功签署产品制造合同。公司自主研发的仓储物流管理系统，为更多的客户群体提供了专业化的服务。公司的立体停车系统，被北京市科学技术委员会评为示范工程。

创新竞争战略

郑祖华提倡，要适应知识经济全球化趋势，中集天达实施竞争战略，必须做好以下工作：（1）管理创新战略。具体包括人才管理、策略联盟、科学决策、品牌战略、资金战略等方面的创新。（2）制度创新战略。中集天达以改革的精神强化内部管理，使自身的管理架构更适应业务多样化的要求；在管理体制上引入内部承包制；管理技术和管理方法上全面利用信息技术优化流程管理，提升管理效率，适应行业发展的规模，能够根据生产技术和经营发展新趋向进行决策。（3）技术创新战略。技术创新战略是中集天达最核心的创新战略之一，执行中主要关注了以下方面：一是强化对自主研发的政策倾斜和资源投入，健全技术管理委员会的职能，提升知识管理能力；二是运用激励机制发挥现有技术队伍的作用，创造鼓励技术创新的氛围；三是与大专院校、科研机构、其他公司及海外权威机构等合作、研究和引进先进技术；四是以收购合作方式购买先进技术并吸收消化为中集天达所用；五是重视自身科技队伍的培育。

创新管理

中集天达的快速发展带来了更广阔的空间，同时，相应的关于行业的分析与管理的相关措施也在逐步运行，郑祖华针对这一方面，提出了“卓越绩效管理模式”。

2008年，“卓越绩效模式”引领了公司的管理创新，尤其在提升公司国际竞争力方面发挥了重要作用，无论是国际、国内客户，对中集天达的“卓越绩效模式”的应用纷纷赞叹，评价“卓越绩效模式”是中集天达的管理语言。在“卓越绩效管理模式”下，公司资产、利润、销售2009年实现了10%以上的增长。

郑祖华还根据公司行业特点，组织公司领导，确定了绩效分析的主要内容，针对各类指标的性质和特点，进行趋势、比较、相关、因果、成本/收益（综合）分析，通过系统分析和比较，获得可行动的信息，形成整体评价。

中集天达以各种形式进行定期的评审分析。绩效评审包括公司级（战略）、部门级和专题类三大类，评审形式主要包括每年一次的战略规划评审会议，每月一次的月度管理层绩效评审会议和专题会议、每年一次的管理评审会议、日常评审会议等，这些都取得行之有效的结果。

以创意之心 完美明亮生活

——佛山市凯西欧灯饰有限公司总经理吴育林

吴育林现任佛山市凯西欧灯饰有限公司总经理，同时担任广东省照明电器协会半导体照明（LED）专业委员会副主任、佛山市照明灯具协会会长、佛山市工业设计学会副理事长、佛山市知识产权协会副理事长。2009年，获得佛山市禅城区十佳科技人物称号；2012年，荣获“佛山创业领军人才”荣誉称号。在照明行业内提出“五化”建设，并引导制定佛山LED筒灯标准，获中国照明行业 “十大风云人物”称号。

吴育林热爱发明创新，将全副身心投入于科技研发工作当之中，他的主要业绩从几个方面得到全面体现。

以发明与专利技术为企业发展之根

与大多数企业家视产品销售为生命线不同，吴育林心中有一个这样的排位表，第一位技术研发、第二位市场销售、第三位产品生产。以技术出身的吴育林在成立凯西欧公司之初就奠定下了以研发、设计作为企业发展核心竞争力的基调。在吴育林看来，研发的理念就是树的根，只有根系发达旺盛，树才能长大直至枝繁叶茂，他一直以这个理念来经营着凯西欧这棵树。

如何做研发，吴育林有一套理论和方法，他颠覆传统模式在照明行业内提出“五化”理论，即研发合作化、外观时尚化、应用智能化、销售全球化、生产机器化。

吴育林自2002年开始申请灯具有关的专利技术，至今在国内申请专利173项，授权150项，其中专利“照射角度可调的灯泡”荣获2009年佛山市禅城区发明优秀奖，专利“具有空气净化功能的照明灯”荣获2010年佛山市禅城区发明优秀奖，专利“具有良好散热性能的天花孔灯” 获2011年佛山市禅城区发明优秀奖，专利“嵌入式天花灯（圆面板）”荣获2011年广东专利优秀奖及中国专利优秀奖。（见后表）

创新照明行业理论，以人为本

2009年吴育林在国内外灯饰业首次提出“情调照明”的理念。将节能环保及多彩的LED与现有的灯具进行完美的融合，打造出多系列的情调照明灯具，通过不同光线色彩的组合迎合使用者独特的个性品味。按吴育林的解释，情调照明是以人的情感为出发点，从人文的角度去创造一种意境般的光照环境。从而做到以人为本，以人的情感为本。情景照明以场所为出发点，旨在营造一种漂亮、绚丽的光照环境，去烘托场景布置效果，使人感觉受到场景氛围。吴育林认为，现代医学和绘画理论早已证实，色彩和光线一样，也会对人的生理、心理产生影响。它不但影响人的视觉神经，还进而影响心脏、内分泌机能、中枢神经系统的活动。 西方心理学家也指出，赤橙黄绿青蓝紫等颜色对人的生理有不同的影响。目前情调照明已融合了心理学、病理学、健康学、艺术学等专业领域的研究，将来还会向更深更广的方向探索。

“情调照明”以人的需求来设计灯具这一设计理论，彻底打破了一百多年来灯光只有照明功能的局限性。该理念以环保、健康、智能化，艺术化为基础，坚持以人为本，革命性的创新设计，打破了设计理论长期被国外垄断的局面，掀起照明行业的革命，更指引了LED未来发展的方向，受到照明业界人士及社会的广泛关注，成为国际照明行业首创。情调照明灯具推出后在欧洲灯具市场受到广泛关注，产品畅销意大利、德国、西班牙、法国、美国等高端市场。而《情调照明》一书已被国内600多家图书馆收藏。

除了在情调照明的设计领域引领潮流，吴育林还在国内外首次提出灯光防盗新理论，采用雷达等先进技术，进行准确定位和分析，在现有防盗技术水平如无线电，红外线的基础上提高了报警准确率，并在监控时节省大量的人力物力。

技术融合与应用，得心应手

全球环境日益恶化，特别是空气污染和室内装修污染，严重影响人类身体健康，吴育林与福州大学光催化研究所合作研究开发光触媒系列灯具。这种新型灯具能够产生强烈催化降解功能，能有效地降解空气中有毒有害气体，杀灭多种细菌，并能将细菌或真菌释放出的毒素分解及无害化处理；同时还具备除臭、抗污等功能。此项目现正计划申请国家产学研发展项目，并与福州大学光催化研究所共同申请两项国内实用新型专利。在负氧离子灯具研发方面，也取得了一定的成绩，现正计划申请相关专利。

成立科研机构，增进国内外合作

为更好地将情调照明、灯光防盗、空气净化等技术服务于社会，佛山市凯西欧灯饰有限公司于2009年6月16日成立佛山市灯具智能化（凯西欧）研发中心。该研发中心以佛山软件园为平台，推动智能化灯具的发展，为佛山灯具行业产业升级作出贡献。

为了更好地整合科技力量，致力提升研发项目水平，汇集中国南方各大院校半导体照明人才及科研成果作为支撑，整合科技力量，提升技术创新和产业化水平，为佛山市、广东省乃至全国半导体产业发展提供平台支持，成立了佛山市中南半导体照明研究院。

吴育林领导下的佛山市凯西欧灯饰有限公司荣获了广东省知识产权优势企业、广东省民营科技企业、佛山市禅城区知识产权强企培育单位、佛山市禅城区首批知识产权试点企业等荣誉称号。其公司国内品牌“凯迅”获得了“LED十大应用品牌”，“最具影响力品牌”等荣誉称号；其领导的佛山市照明灯具协会获得中国照明行业“十大功勋（商）协会”称号。

凯西欧灯饰公司主要生产LED光源、LED商业照明、LED家居照明、LED灯光防盗等产品，产品畅销欧美国家，与世界灯饰巨头PHILIPS、NLC等公司建立了良好的合作关系，与美的照明开始战略性合作，将凯西欧的设计、生产与美的的品牌、资金、渠道等优势互补开拓国内市场，并与国星光电、蓝箭电子均保持良好合作关系。

吴育林自2002年开始申请灯具有关的专利技术，至今在国内申请专利173项，授权150项，分布如下：

年份	发明		实用新型		外观设计		申请数合计	授权数合计
	申请数	授权数	申请数	授权数	申请数	授权数		
2002	0	0	2	0	0	0	2	0
2003	0	0	0	2	0	0	0	2
2004	0	0	2	0	1	0	3	0
2005	0	0	3	2	5	2	8	4
2006	0	0	3	2	14	4	17	6
2007	1	0	7	4	20	16	28	20
2008	0	0	6	7	2	13	8	20
2009	4	1	23	7	22	25	49	33
2010	1	0	19	28	0	4	20	32
2011	3	0	23	24	3	3	29	27
2012	0	0	9	6		0	9	6
合计	9	1	97	82	67	67	173	150

积极开拓创新 提升科技能力

——广东省四〇一厂厂长黄志平

黄志平，广东省梅县梅西镇人，华南师范大学企业管理专业毕业，2007年攻读清华大学高级工商管理总裁研修班EMBA，火力工程高级工程师，享受梅州市政府津贴高层次人才，现任广东省四〇一厂董事长兼厂长职务，并受聘梅州市警察协会副会长、《梅州市名优企业·梅州工商指南》顾问委员。黄志平“十一五”期间，带领全体员工团结拼搏、开拓创新，企业得到快速发展，从单一炸药产品企业发展至目前拥有近30多个子公司和分公司的集团公司。其下属子公司均属国家鼓励发展的行业科技型企业，发展前景良好。黄志平多次被省、市、县授予科技进步奖获得者、模范共产党员、安全先进个人、优秀职工之友等多项荣誉称号。黄志平有近30多年民爆企业工作经验，并取得民爆行业主要负责人任职资格证书，是民爆企业中综合素质较高的领导者。

实践出真知

黄志平1977年12月至1989年12月在梅县矿务局从事炸药采购运输工作。1990年至1999年被聘任为广东省四望嶂矿务局四〇一厂供销科科长，负责铵梯油炸药的试用和推广应用工作，曾组织并领导本厂工程技术人员深入矿山试验推广，采集了上百个实验数据，试验用户遍及粤东地区，收集并完成了三十多家用户签名认可的《铵梯油炸药用户试用调查表》，为铵梯油炸药生产鉴定及推广应用打下了坚实的基础。完成了对炸药的性能、生产、使用理念不断提升的过程。

2000年至2004年，黄志平被聘任为广东省四〇一厂经营副厂长，参与了铵梯油炸药防结块问题研究工作，通过与多家助剂生产厂家联手合作，终于成功解决了铵梯油炸药结块问题；1999年负责膨化硝酸铵炸药的试用和推广应用工作，曾起草了4 000余字，几百个实验数据的《煤矿许用型膨化硝酸铵炸药井下实验报告》，为本厂煤矿许用型膨化硝酸铵炸药生产线的顺利验收和井下应用的推广作出了突出的贡献。

管理科学化

2005年至今，黄志平被聘任为广东省四〇一厂厂长，他着重领导主持该厂的安全生产许可证和ISO9001：2000质量管理体系认证工作，工厂质量管理工作朝着科学化、标准化不断迈进，使工厂安全管理工作更加扎实有效。由于有了安全和质量的保障，企业从2006年2 000多万元的销售收入增加到目前的8 000多万元，经过多年来不断加大投入、科技创新、结构调整，现已发展成集

"生产、销售、运输、研发"为一体的经营模式。于2005年被省科技厅认定为广东省民营科技企业，2011年通过复审；2007年被省加强企业领导小组认定为省级先进企业，同年被广东省安全生产监督管理局评为2007年度企业安全生产工作先进单位；同年被广东省科学技术厅认定为高新技术企业；2008年通过全国统一的国家级高新技术企业的认定，于2011年通过复审；2009年获得广东省科学技术厅、广东省发展和改革委员会、广东省经济和信息化委员会联合审核批准组建"广东省民用爆破器材和包装设备工程技术研究开发中心"，同年，企业的技术中心被广东省经济和信息化委员会、广东省财政厅、广东省国家税务局、广东省地方税务局、中华人民共和国海关总署广东公署联合审核批准认定为"省级企业技术中心"；2011年获得省人力资源和社会保障厅、省总工会、省企业家联合会联合授予"广东省和谐劳动关系先进企业"称号。连续18年评为广东省守合同重信用企业，连续获得地方政府授予先安全生产企业、先进民营企业、文明单位、模范纳税户、绿色企业等荣誉称号。

2007年，黄志平成立梅州振声包装技术有限公司，并担任董事长，于2011年改制为广东振声科技股份有限公司。在黄志平董事长犀利独到的长远战略眼光、超前的创新意识和强有力的领导下，公司于2008 年7月通过了国家人力资源和社会保障部的审核批准设立博士后科研工作站，他本人并兼任站长；2009年成为通过全国统一考核认定的高新技术企业；同年，黄志平领导主持广东省教育部科技部产学研结合示范基地、广东省民用爆破器材和包装设备工程技术研究开发中心以及省级企业技术中心的建设工作；2010年通过广东省科技厅、发改委、经信委、国资委、知识产权局、总工会的联合评审，振声科技股份有限公司确定为"广东省创新型试点企业"；2011年通过广东省知识产权局的考核，被认定为"知识产权优势企业"；同年，领导建设了广东振声科技股份有限公司研究院、广东省科技厅批准的企业科技特派员工作站，该站有科技特派员3名。

黄志平十分重视企业创新能力的建设，为提升企业科技创新能力，公司与北京航空航天大学、南京理工大学、华南理工大学、广东工业大学、武汉工业学院、北京五洲研究设计院、河北石家庄开发区成功科技有限公司等单位有着广泛深入的技术合作和交流。

创新出成果

由于科技力量太厚，黄志平领导旗下企业承担实施多项政府科技项目硕果累累：

2007年，主持"工业炸药自动包装设备"项目，该项目被列为2008年省部产学研项目和2009年国家科技部科技型中小企业技术创新基金项目，获得梅州市、梅县科学技术奖一等奖、广东省科学技术奖三等奖、中国包装联合会科技创新奖三等奖以及中国爆破器材行业协会科学技术奖三等奖。

2008年，黄志平领导主持省部产学研项目——工业炸药自动化包装成套设备及民用包装设备产业化以及"爆破器材保管箱"研发项目，四〇一厂是广东省内唯一具有公安认可资质的生产商，获得梅州市科学技术奖三等奖。

2009年度，领导主持省部产学研企业科技特派员行动计划专项项目——提升工业炸药中包自动化包装设备工作效率的研究及产业化。

2010年，领导主持了"乳化炸药生产线两低两高技术创新"项目，本项目属于广东省建设现代产业体系技术创新滚动计划项目。通过本项目的实施，使公司生产线实现了"在线人数远低于行业规范限额，在线药量远低于行业规范限额，自动化、连续化程度高"的"两低两高"生产工艺技术创新，提前达到了工信部安【2010】227号文件中对乳化炸药生产技术提出的三期目标要求；主持广东省科技厅立项的"工业炸药包装成套设备远程智能监控系统研究及产业化"项目，属于广东省科技工业攻关计划项目，使该设备能够智能化、自动化生产。

目前，广东省四〇一厂拥有24项核心自主知识产权，其中19项获得授权，包括1项发明，17项实用新型，1项外观设计，5项发明专利受理。黄志平主张科研人员不仅要有实践能力，而且要提高论理总结水平。厂科研人员在中国兵工学会主办的《爆破器材》专业刊物发表《基于RFID和条形码的工业炸药实时监控信息系统研究》（2010年12月刊）论文1篇。

广东振声科技股份有限公司拥有18项核心自主知识产权，同时在中国兵工学会主办的《爆破器材》专业刊物发表有《工业炸药中包裹包工艺研究》（2008年6月）、《工业炸药裹包装置上翻包机构的图解法设计》（2009年8月）；《基于混合函数的KICA－LSSVM故障分类方法及应用》（化工自动化仪表，2010,37（3））、《基于RFID的工业炸药实时监控信息系统研究》（2010年8期，计算机光盘软件与应用）论文4篇。

四大创新理念引领企业发展

——深圳市友利通电子公司董事长、总裁吴建平

吴建平，现任深圳市友利通电子公司董事长兼总裁，另担任深圳市政协委员、深圳市福田区政协委员、深圳市工商业联合会理事、深圳市浙江商会常务副会长等职务。1997年创办企业以来，吴建平秉持“诚实守信、依法经营”的经营理念，用诚信守法、技术创新赢得广大同行和客户的尊重和信任。他团结带领员工，努力寻找新的增长点，迎难而上，破解制约企业发展的瓶颈，推进企业持续健康协调发展。吴建平带领全体员工勤勉经营，友利通公司不断发展扩大，持续稳健成长。

自主创新，创建企业自主品牌

吴建平注重公司的自主创新，建立企业的核心竞争力。修工科技术的他，在友利通公司除担任董事长外，还担任技术负责人，亲自负责技术开发和技术项目的引进。经过长期努力，友利通公司于2005年自主开发生产的《GSM双频视频摄像移动电话》顺利通过国家科技部成果鉴定。他所创办的友利通公司，商标“UNITONE”在国内和全球80多个国家已进行商标注册。友利通公司通过近16年的经营发展，UNITONE（友利通）品牌先后被评为“深圳知名品牌”、中国手机行业“最喜爱的品牌”、“中国手机行业最具互联网商业价值品牌”。2008年2月友利通荣获福田区政府“2007年度科技创新重点资助企业”称号。董事长吴建平获“1997—2007中国手机行业最具创新力人物称号”。因吴建平重视企业技术创新且成绩显著，深圳市友利通电子公司2005年被深圳市科技局评为“深圳市高新技术企业”，2009年评为“国家级高新技术企业”。

诚实守信，合法经营

吴建平始终把质量和信誉视为企业的生命，友利通公司产品获“全国质量检验稳定合格产品”称号。无违法违规经营，依法纳税，重视签约合同的履行。为保证合同的履行，企业设置专门部门和人员加强合同管理。合同的签订有严格的程序，签订前要认真审查内容，全面分析其真实性、合法性、可靠性，分析双方的履约能力，力争从源头上杜绝无效合同。2011年公司签订了10多亿元的合同，合同履约率也达到了100%。因吴建平重视企业信誉，2010年荣获“中国诚信企业家”等称号。

产品理念：以“快”制胜，做手机就像做“海鲜”

产品“海鲜论”：友利通公司的成功，很大程度上得益于坚持了吴建平的产品“海鲜论”。在市场竞争日益激烈的今天，吴建平认为，手机作为当今时尚前卫的产品，就好比海鲜，时效性强，变化快，对手机企业而言，就要像做海鲜生意一样，节奏“快”和“活”，不断保持企业快速、高效、灵活。在产品决策、设计、生产、销售等各环节必须“快”和“活”。看谁能赢得市场的主动权，产品新鲜，当鱼“活蹦乱跳”的时候就是“香饽饽”、“皇帝女儿不愁嫁”，自然也就能卖好价钱，一旦鱼“死”了，就别想钱赚，当鱼“臭”了，就得赔本。友利通近16年来，正是坚持了吴建平的“海鲜”战术，确保产品“快”和“活”，才在商战中立于不败之地。

内外结合，模块化经营。友

利通公司目前拥有控股或直接参股公司共9家，业务覆盖手机模具、五金、天线、电池、按键等。吴建平将它们进行模块化运作。在友利通生产体系中，对友利通而言，每个手机生产配套企业，对外都是一个独立的自负盈亏的战斗体，对内又是友利通统一作战的有机体，在业务繁忙时，优先给母公司友利通生产加工，避免因生产紧张而产生延期现象，这样便牢牢掌握了生产的主动权。在资金使用和调配上，友利通又像一个“资金蓄水池”，可根据各模块不同时期的需要，进行灵活调配。正是坚持“模块化经营”和“海鲜”战术，使整个友利通经营系统收放自如，确保友利通在经营中始终在同行中“快人一步”，这些都归功于吴建平在企业管理上运筹帷幄，游刃有余，牢牢掌握了市场的主动权。

品质理念：品牌是船，品质是水

在品牌和产品品质关系上，吴建平形象地比喻为“品牌是船，品质是水”，没有品质“水”的支撑，品牌这只“船”就不可能远航，没有好的产品品质，就不可能有好的品牌；反之，好的品牌又能促进产品品质的提升。

吴建平在公司近16年市场打拼中，深深体会到产品品质的重要性，友利通公司也曾有过因忽视品质而付出沉痛代价的教训。产品友利通公司确定了2010年为品质之年，实行全员品质。并由吴建平本人亲自主抓。专门成立品质管理部，从国内一流企业聘请资深品质部经理，确保品质管理体系的有效运行。要求从项目立项、产品设计、开发、原材料采购，组装等各个环节设立关键质控点，层层把关，确保品质的提升。目前产品直通率稳定在90%或以上，产品返修率和客户投诉率均有大幅度下降，产品品质明显得到了提升，赢得了各经销商和广大客户的好评。

加强品质建设的基础上，公司自2008年起成功签约了《功夫之王》等电影大片，运用片中成龙与李连杰明星肖像权，推出友利通“功夫之王”等系列超长待机产品。一系列活动的开展，大大加强了友利通终端品牌形象建设，增强了全国各经销商和商家的信心。正是因为友利通在品质和品牌建设上的努力，公司通销售情况持续好转，销售量稳步增长。

文化理念：以人为本，有你通天下

俗话说，得人心者得天下。友利通的成功，很大程度上是坚持了吴建平的以人为本的企业理念。吴建平说，“商道就是人道，做生意就是做人，要诚实守信”。细心的客户都会发现，友利通对外的广告语是“有你通天下”，此广告语是从全体员工中公开征名而来的，充分体现了友利通“以人为本”的经营理念。“有你”强调的是“人”，泛指广大客户、合作伙伴、全体员工及社会各界所有与友利通有关的人士。“通天下”，除强调手机的沟通功能，而且更深层次的寓意在于体现友利通人定胜天、事在人为，更多的是强调人在组织中的作用。正因为有了社会各界的支持，所以自然就是“友利通的天下”了，彰显了友利通对事业执着而必胜的理念。吴建平也是从普通打工族中成长起来的，深谙以人为本的企业文化对企业的成长和发展的积极作用。友利通正因为坚持了“以人为本”的经营理念，所以众多销售商、供应商及合作伙伴愿意与友利通长期合作。多少年来，无论电子通信市场风云如何变幻，竞争对手多么强大，友利通始终拥有忠实的合作伙伴，他们坚定地与友利通站在一起，不离不弃，彼此肝胆相照。跟随友利通12年的河南省经销商黄雪冬动情的说“与友利通在一起已12个年头了，一直跟着友利通做，是一个不悔的选择！”

海纳百川：聆听世界的声音

中文友利通取名源自“友联天下，利通四海”之意。英文UNITE是“联合”、“国际”的意思，TONE是“声音”的意思，UNITONE合起来就是”世界的声音”、“聆听世界的声音”。UNITONE寓指做企业要就像做人，博采众长，海纳百川，多听别人的意见，虚怀若谷。同时要有大局观，山高人为峰。吴建平经常教育公司管理人员树立大局观念，他说，只有站得高，才能看得远，比如你的眼睛是1.5的视力，你站在山脚下看远方，而别人的眼睛只有0.1的视力，站在山顶上看远方，请问到底谁看得远？做人办企业不但要低调、要务实、谦虚谨慎，还要常常“照镜子”，要善于听并多听别人意见，不断修正自已，不要认为自已总是对的。这些理论在友利通内部管理人员中被称为“高低理论”，“镜子论”，在各位管理人员中耳熟能详，成了新员工入职的必修课。

友利通公司近16年一路走来，步伐从容而稳健，这得益于吴建平一系列富有创新而又富有哲理而实用的理论指导。“大道以正立，惟健行而达”。在当今人心浮躁的手机业内，吴建平带领友利通公司这艘巨轮以一贯务实包容、低调稳健的企业风范，在竞争激烈的市场大潮中，乘风破浪、披荆斩棘，保持了企业的持续健康发展！

漫漫创业历程 打造民营品牌

——中山市福瑞特科技产业有限公司董事长兼总经理韦竟金

韦竟金于1984年参加工作，在工作期间参加实践家知识管理集团的《商道》、《我爱钱更爱你》、《催眠式销售》、《创新中国》、《知识改变命运》、《决策力》、《点醒》、《超级执行力》、《超级行动力》、《企业家商学院》、《菁英讲师团》、美国马修·赛伯博士创办的《Money &You》、行动成功国际教育集团举办的《赢利模式》、《销售领导人特训营》证书、香港坤烨国际教练机构举办的《九型人格》、《管理教练》证书……等一系列的课程培训，相继在企业的发展规划、经营管理、策略运用、销售技巧、企业文化等领域上获得了很大的提升，由贸易→制造→创造，一路走来，努力打造民营企业自主品牌。

创业历程

1995年4月，韦竟金创立了中山市立顺丝印材料有限公司，自创立至今一直担任董事长。他携同公司领导带领全体员工努力开拓PCB材料供应市场，并将公司从原来注册资金60万元人民币增资至现在的1000万元人民币，并取得进出口经营权，随着业务的拓展需要，公司于2005年3月更名为中山市立顺实业有限公司。主要业务是以加工、贸易为主，主营世界各国名牌丝印器材，客户多为港资、台资企业。在韦竟金的带领下，公司实力不断增强，朝着多元化方向经营发展。韦竟金组织人力、物力专门从事用电保护器的研发，伴随着技术的成熟，于2005年3月再次引进港资，成立中外合资企业“福瑞特国际电气(中山)有限公司”(2011年12月更名为“中山市福瑞特科技产业有限公司”)，担任董事长和总经理，全力从事安全用电产业。

中山市福瑞特科技产业有限公司位于中山市火炬开发区高新区，注册资本为1 000万人民币，是一家专业提供电气火灾监控解决方案的供应商，是中国最早从事电气火灾监控系统研发、生产、销售、服务于一体的企业之一。旗下的“小武松”品牌电气火灾监控系统在建筑电气领域占据了半壁江山，已成为中国电气防火第一品牌。

科研成果

韦竟金非常重视自主创新和科技研发工作，带领公司科研队伍成功研制出“小武松”电气火灾监控系统，并于2005年6月正式投入生产。系统采用传感和微电脑控制技术，对电气线路、设备设卡进行检测和监控，全天候实时监控电气线路设备上的漏电、超负荷、短路和接触电阻过大、温度、电火花及电弧等的变化情况。若上述故障异常达到预警值，系统马上发出声光报警，并向有关监控人员自动拨号电话报障，准确定点定位显示故障情况，及时通知监控人员排除故障，同时可与消防监控中心联动。若监控人员延误处理，该系统也可设定在电气火灾发生前切断故障电路电源，避免电气火灾事故的发生。相比之下，“小武松”电气火灾监控系统与传统的各类电气保护设备，如漏电开关、空气开关、保险丝等的功能截然不同，后者是当电气线路、设备故障在电气火灾发生后才动作，将线路断开，但已无法防止灾害的发生；而前者为电气火灾发生前智能监控预警及切断电源，避免电气火灾发生，杜绝意外情况的发生，为彻底解决电气事故提供完整的“电气火灾监控系统”方案，更为有效地保护生命与财产。

“小武松”电气火灾监控系统以其质量过硬、技术领先、服务周全的优势，在业界享有盛誉。目前，小武松电气火灾监控系统已先后被大庆油田、深圳宝安国际机场、成都市政府大楼、中石油部分加油站、北京大饭店、温州香格里拉酒店、广州地铁项目等全国各省市 1 000 多个重点工程项目中采用。在这些工程项目中，小武松电气火灾监控系统精准的预报、预警电气火灾隐患，查出电气火灾隐患多处，并及时通知相关人员排除了火灾隐患，对预防电气火灾起到了至关重要的作用，有效地化解了电气火灾隐患。随着“国家高层建筑设计规范”的政策出台，“小武松”产品已批量投入市场，现在“小武松”电气火灾监控系统产品已经在全国各地很多重点工程起着关键的用电安全保护作用，成为防火漏电产品的领头羊。业务正遍及中国广大地区的大中小城市。

“小武松”电气火灾监控系统取得了近二十项专利、国家消防证书、电信行业证书及3C证书。产品执行中华人民共和国国家标准的GB14287-1993《防火漏电电流动作报警器》、GB14287-2005《电气火灾监控系统》、GB50045-2005《高层民用建筑设计防火规范》、GB-50016-2006《建筑设计防火规范》、GB14048.2-2001《低压开关设备和控制设备低压断路器》。

时至今天，福瑞特科技科研上取得了重大的突破，小武松相关项目先后获得《中山市科技计划项目》、《国家火炬计划项目》、国家高新产业的《重大项目立项奖》，福瑞特科技也因此获得了“广东省高新技术企业”“广东省民营科技企业”“中国信用企业认证体系示范单位”等荣誉证书。韦竟金成为中国电气防火专业委员会委员、全国消防技术标准化技术委员会火灾报警及探测分技术委员会(SAC/TC113/SC6)通讯委员、《国家高层建筑设计规范》参编专家组成员，作为专家参与国家以上行业标准的制定和修订。

人才组建

韦竟金以务实的工作作风、勇于创新的拼搏精神、科学发展的理念和“以人为本”“科技创新”的战略思想，紧紧围绕企业经济和社会事业、精神文明和物质文明协调发展大局，创建了一支强有力的科技人才队伍。

对研发人员，韦竟金采用多方位的激励创新政策，包括提高福利待遇、进行培训提升、特殊人才激励、新秀评选等，形成了一套对技术人员和研发人员进行激励岗位创新一系列完整政策。同时还对产品开发、技术研究工艺创新、质量改进等技术创新项目进行表彰奖励。这些项目也作为研发人员或者技术人员进行岗位晋升非常重要的参考。在韦竟金的倡导下，公司每两年举行一次科技创新大会，并拿出高额奖金用于奖励重大科技项目和科技创新人才，同时也对表现突出的个人也进行奖励，个人奖励包括技术创新和技术创新新秀等。在韦竟金的领导下，公司形成了一股意气风发的创新氛围。

企业文化建设

企业文化是支撑企业持续、健康、快速发展的精神支柱，韦竟金充分意识到企业在快速发展的同时，需要持之以恒的企业文化建设作为企业发展的精神力量。在他的大力倡导下，福瑞特公司逐步塑造起企业和员工共同认可的“心随大道、安宁天下”的核心价值观与“天下为公，日行一善”为消灭电气火灾不懈努力的经营理念；肩负起“科技护航，盛世安全”的企业使命，最大限度地发挥了企业文化导向、约束、激励作用，烘托出企业文化最深层次、催人奋进的企业精神，打造出了具有“小武松”人特色的企业文化，为福瑞特公司持续、健康、快速发展提供了坚实的文化支持、思想保证和精神动力。

同时，韦竟金高度重视公司员工工作生活环境，不断加大员工工作及生活区改造方面投资，对工作区、生活区环境进行改造和全方位的绿化、美化工作，营造厂区和谐、文明、健康的生活氛围，激发了员工与企业同兴衰、共命运的主人翁意识。公司还开展了“生日联欢会”系列活动，举办了公司“员工齐修身课程”等一系列新活动，丰富了公司员工的文化生活，增强了员工的凝聚力和向心力。

创新争一流，无私谋发展

——广东南丰电气自动化有限公司总经理刘东文

刘东文，1997年毕业于华南理工大学工业企业电气自动化专业，1998年放弃在广州工作的机会，回家乡梅州兴宁创业，现任广东南丰电气自动化有限公司副总经理，全面负责公司新产品的研究与开发；同时兼任中国能源行业小水电机组标准化技术委员会委员一职。多年来，刘东文竭诚奉献，辛勤工作，出色地完成了公司产品技术创新目标，为推动企业的跨越式发展作出了贡献。2011年被评为兴宁市十大杰出青年民营企业家。

勤于学习思考，自觉实践锻炼，不断提高科研水平

作为公司的副总经理，刘东文利用自己所学专业的特长，根据市场的需求，致力于电气产品的软件开发。刘东文十分注重知识的更新，通过业余时间学习并掌握了数字电子技术、电力电子技术和模拟电子技术等方面的专业知识。理论知识的充实和专业知识的积累，为其带领公司成功研发多项高新技术产品奠定了基础。

经过艰苦的努力，刘东文先后研制成功WKL系列同步发电机微机励磁装置、微机型发电机转速信号装置、微机型发电机同期并网装置、智能型直流电源装置、智能型配电装置、水电站计算机监控系统、电力系统稳定装置（PSS），上述装置全部转化为企业的主导产品，并拥有全部自主知识产权，共计获得软件著作版权8项、实用新型专利2个。广东南丰电气自动化有限公司也于2011年被延续核准为国家级高新技术企业，成为兴宁市重点骨干企业。

截至2011年底，刘东文参与和承担了以下省级科技项目：

2004年，主导研制的微机励磁装置获行业主管部门中国电器工业协会水电设备分会“质量可信产品”称号和广东省优秀新产品奖。

2006年，主导研制2006年度广东省科技计划项目“水电站计算机监控保护系统”，编号为：20061100040，该项目于2011年12月23日通过省级科技成果鉴定，其技术水平达到国际先进水平。

2007年，负责研究的广东省科技计划项目水泥机械设备自动化取得成功，产品销往全国各地，得到用户一致好评。

2009年，主导研制的水电站计算机监控系统获“广东省名牌产品”称号。

2010年，承担国家创新基金项目“带PSS功能的小型水电站励磁系统”的研发，立项代码：11C26214403090。

2010年，承担广东省省部产学研项目“配电网智能控制及保护系统产业化”的研发，编号为：2010B090400243；

2010年，承担省级财政产业技术研究与开发项目“静止型动态无功补偿及谐波治理装置”的研发。

2011年，承担中央地方特色产业中小企业发展资金项目“智能设备产业化”的研发。

2011年，承担广东省产学研项目“基于智能电网的继电保护系统”的研发；编号为：2011A090200031。

2011年，承担广东省战略性新兴产业发展专项资金新能源汽车发展项目“电动汽车电机控制系统的研发与应用”的研发。

2011年，承担广东省循环经济发展专项资金项目“高压动态无功补偿及谐波治理装置研发及应用示范”的研发。

乐于奉献爱岗敬业，全身心争创一流工作成绩

2009年10月，国家电网公司为确保电网安全稳定，提出单机容量超过6.3MW（或整个电站总装机容量超过20MW）的发电机的励磁调节器都必须增加PSS功能（电力系统稳定功能），否则不能并网发电。刘东文带领公司科研所成员仅用了三个月的时间就拿下了这个产品，并通过了国家电网公司的现场测试，解决了用户的燃眉之急。目前该产品正在云南等省大面积推广，收到了较好社会效益和经济效益。

除了认真抓好高新技术产品的开发以外，刘东文还一丝不苟抓好产品质量。广东南丰电气自动化有限公司于1999年通过了ISO9001质量管理体系认证，并获得广东省采用国际标准产品认可证书和标志证书。凡是国家实行强制认证由广东南丰电气自动化有限公司生产的产品，都已取得了相应的认证证书，如高压成套开关设备获得PCCC认证、低压成套开关设备获得3C认证。由于重视产品质量，广东南丰电气自动化有限公司生产的微机励磁装置连续荣获中国电器工业协会“质量可信产品”称号。2006年，广东南丰电气自动化有限公司注册的“NFEA”商标被评为广东省著名商标。

2011年，刘东文主持负责研发的NF-2000水电站计算机监控系统进行了省级科技成果鉴定，参会专家详细听取了研发的单位的研究工作总结，查验了国际国内科技查新报告、权威部门出具的功能性能测试报告和国内外用户反馈意见，认为该产品关键技术性能指标全部优于国际和国内相关技术的规定，技术水平已达到国际同类产品先进水平。

上述高新技术产品的投产极大地提高了企业的市场占有率，产品远销全国各省、市、自治区，并出口至巴基斯坦、尼泊尔、土耳其、马达加斯加、塞拉利昂、缅甸、泰国、吉尔吉斯斯坦和越南等国家，受到用户的一致好评。广东南丰电气自动化有限公司从2008年起已经成为兴宁市纳税大户，2011年销售额已达到9 200万元，进一步成为梅州市纳税大户。公司的经济效益指数在全国68家水电设备重点企业中一直排名前10位，2001—2004年度和2005—2008年度连续两届荣获中国电器工业协会水电设备分会先进企业称号。

坚持以人为本，积极构建和谐企业

刘东文把企业的整体利益与职工的根本利益作为企业一切工作的出发点和落脚点，引导职工树立正确的观念，共同为企业谋发展。刘东文坚持对员工进行科学文化知识和业务技能培训，每年都派出工程技术人员到大专院校或有关企业学习，挖掘员工的学习潜力，提高员工的技术水平和思想文化素质，为员工个人发展拓展了巨大的新空间，同时根据员工的个人能力安排相关的工作，做到实现企业利益的同时实现员工个人价值。

公司同时利用各种活动场所，积极开展有益于员工身心健康的各项活动。连续多年举行“南丰杯”足球赛，篮球、羽毛球、乒乓球等活动，并设置了阅报栏、读书室、电视室和文体活动室，大大丰富了员工的业余生活，员工在工作之余能充分享受到生活的乐趣，深受广大员工的一致好评。使公司员工热情投入企业建设和科技创新，形成了企业得发展，员工得实惠的双赢格局。2010年企业被评为“先进职工之家”称号。

做好党建工作，发挥党员模范作用

刘东文于2004年加入中国共产党员，2007年被选为广东南丰电气自动化有限公司的党支部书记。他认真学习和贯彻“深入学习实践科学发展观活动”在多年的企业管理工作中深刻认识到，没有党的正确路线的指引，就没有民营企业兴旺发达的今天与明天。因此他带领支部一班人，充分发挥党支部在民营企业中的作用。他根据当前党组织在民营企业中的工作特点，提出了“三同时”的党建新模式，即分析党建工作形势的同时分析经济工作形势，研究党建工作的同时研究公司业务工作，规定党建工作计划的同时制订企业发展规划，在他的带领下，党支部的建设与企业发展呈现出相互促进，同步推进的良好态势。

在公司生产过程中，他倡导用党的先进性理论来指导岗位练兵，以岗位为依托，以活动为载体，开展争当“五优”即：思想品德优、业务素质优、工作业绩优、工作作风优、遵纪守法优的党员评比活动。以及比学习、比技术、比贡献、和“三有三无”等活动，充分调动了党员的积极性和创造性，促进党员在各自的岗位上发挥先锋模范作用，使企业党组织始终保持蓬勃的朝气。

在刘东文的带领下，广东南丰电气自动化有限公司多次被上级党组织评为红旗基层党组织和先进党组织。而其也连续多次被评为优秀共产党员。

六年历程路，创新铸辉煌

——珠海中慧微电子有限公司董事长梁克难

兢兢业业，引领企业创辉煌

梁克难于2006年12月在珠海投资成立了珠海中慧微电子有限公司，2009年再投资千万余元创建"中慧科技园"。2011年7月，中慧科技园在珠海国家高新区建成开园，成为中慧发展的里程碑。

梁克难是一位睿智的决策者，善于解读国家的政策和精神，善于把握企业发展的形势和机遇。在智能电网和物联网高速发展的今天，他带领他的团队致力于电力计量相关产品的研发与新技术推广。梁克难坚持"以人为本，科技是第一生产力"为宗旨，紧紧围绕"集成电路设计与算法应用专家"为核心的创新发展目标，带领着一支高素质、年轻化的人才团队积极进取，扎实工作，取得了辉煌的业绩：2007年第一款SW172X系列复位芯片问世，目前已达到每年300万片的销量；2008年2月自主研发出SW1726芯片（专利号10500304.2），目前广泛应用于智能电表电源监控及控制芯片监控和复位领域；2009年依托自有的雄厚科研力量研发出首款E3芯片（专利号9500490.4）；2011年3月自主研发SW1623芯片（专利号08500135.x），被广泛应用于智能电表产品的显示系统；2011年3月SWNPII低压电力线载波通信芯片的成功开发，为电力行业或其他公共事业部门提供了一种最佳的AMR解决方案，同时也大大增强了公司的核心竞争力；2011年下半年中慧通信事业部和方案事业部相继成立，研发和市场服务能力得到大幅提升，系列化的产品不断上市，为中慧公司未来两年上市规划及快速发展打下了坚实的基础。2011年，中慧公司销售额达8 097万元，同比增长192%。这些成绩都来源于中慧公司拥有一位思维超前、作风过硬、真抓实干的企业领军人物——董事长梁克难。

精细管理，独辟蹊径擎旗人

在企业创新发展过程中，梁克难不断创新经营方式和管理理念，在他直接领导下的公司董事会及经营班子是具有着专业化管理经验的优秀管理团队，团队建设了完善的管理流程，配置现代化了管理工具，如ERP、PLM、信息安全系统。中慧公司实行项目经理负责制，研发采用IPD管理模式，同时形成了以多名博士为核心的研发团队，积累了大量行业知识和经验。中慧微公司运营以研发设计为主，产品采用外协加工模式，通过严格的IQC、QA检测流程和质量监督管控实控制。公司与哈工大、国防科大、湖南大学、广州大学、中国电力科学院等院校及科研机构密切配合，在电力计量、通信领域进行高端合作，在研和已经产品化的项目有十多个，包括复位芯片、触控芯片、微功率无线通信模块、电源模块等，产业下游的威胜集团是中国领先的能源计量设备、系统和服务供应商，于2005年12月在香港主板上市(HK3393)，是中国首家在境外上市的能源计量与能效管理专业集团，是湖南省首家在境外主板上市的公司。2011年造纸集团实现销售近30亿元，缴纳税收过亿元，产品目前已出口至10多个国家。威胜集团是中慧的战略合作伙伴和产品验证基地，与中慧合作密切，在智能计量及通信领域有多个联合项目在研。

注重经营管理实际需求，进一步创新“质量管理模式”更是梁克难经营理念的核心思想。2010年中慧公司通过ISO9001认证，积极引进和推广6s精益化管理，以构建系统化、标准化、精细化运维体系为平台，强力推动研发新产品。创新、流程优化、组织再造。在管理创新中改进和完善内部制度体系、责任体系、保证体系和“企业文化”内涵，全面提升企业综合管理水平和核心竞争力；结合员工行为规范、岗位职责、工作任务、安全责任制定细化标准，全面开展安全质量标准化建设和目标责任成本管理，使企业经营有章可循，均按规范操作。与此同时，中慧公司还结合企业科技创新实际，充分发挥企业自主创新优势，自主承担智能电网通信网络产业化——电力线载波及配套系统产品研发及产业化开发研究相关课题，先后与广州大学开展产学研，与中国电力科学研究院通信与用电技术分公司签订战略合作，该项目申报珠海市战略性新兴产业专项资金重大项目——高端新型电子信息产业评审通过，使中慧公司科技创新得到国家政府的支持，公司科研水平又创一新高。

目前中慧公司在梁克难的引领下已成为一家领先的智能计量的解决方案供应商。通过集成电路设计、计量算法、通信及路由算法的整合应用，提供包括核心芯片、智能表计方案、采集终端方案以及AMR/AMI系统解决方案，全方位为智能计量市场服务。

自主创新，贡献行业作表率

梁克难非常重视企业自主创新发展，大力建设研发团队。中慧公司拥有多个具有博士学位和硕士学位的专业技术人员，寄此组建完整的集成电路设计精英团队。中慧公司从2006年成立的几人发展到2010年的40余人，至2011年末，公司员工已达上百人，其中技术人员50余名，博士、硕士高级人才共14人。

2011年中慧公司投资3 000万建立了测试中心，包括电磁兼容实验室、环境实验室、通信实验室、电力载波仿真实验室，可按国标及行业标准完成公司产品的绝大多数功能及性能测试；公司电力载波仿真实验室是国内第一个实验室配变台区电力通信仿真环境，能实现通信信号、噪声信号、路由拓扑变化、通信组网等功能的仿真。

中慧公司2011年投入研发费用超过500万元，先后完成“SWNPI低压电力线载波通信芯片设计了低压电力载波芯片、SWNPII低压电力线载波通信芯片设计、三相SOC电能表计量平台开发、IEC62056协议芯片的研发、低功耗数据保护芯片的研发、段式存储映射驱动芯片的研发、心电监控SOC芯片的研发、第二代单相智能电能表平台等项目的研发。其中电力载波芯片在国家电网、南方电网得到广泛应用，数据保护芯片出库超过500万片，智能电表平台出库超过100万只。

中慧公司建立了样品试制车间，并且拥有近2 000平米生产场地，产品PCB加工通过外部委托加工完成，公司完成产品的后期组装、测试及质量检验，具备年500万片芯片、100万只通信模块对外出库能力。

中慧公司严格执行财务监督和内部审计工作。公司对于各部门的生产经营活动都实行严格的事前、事中和事后的财务监督和内部审计工作。内部审计工作正在从事后的财务收支审计，向经济效益审计、管理审计、内部控制制度评价、工程项目预（决）算审计、专项审计等领域发展。

梁克难十分重视在经营方面的管理。中慧公司着力建设有专业化的销售精英团队，根据市场及招标等要求，为客户提供高性价比芯片、芯片技术咨询等服务。公司经营团队进行了严格的规范化管理，有效地发挥人力、物力等各种资源的效能，增进企业的经济效益，以客户为本，开拓市场，创新进取。实现国际化经营目标。2011年通过营销部向威胜发起9批合计510台国网、南网样机的生产。主导或协助外部门取得中慧载波产品在国网及南网电力部门的检测报告合计12份，有国家电网计量中心，广西电网、广东省电力公司、云南电网，以及下属的地市级电力公司计量中心的检测报告，为中慧公司载波产品在当地的应用打下基础。公司2011年全年销售额8 097万元，创造利润3 000余万元。

经过6多年来的创新创业，以梁克难董事长为核心的中慧公司目前已经在行业逐步实现了由“中慧研发”向“中慧产品”的转变。在2012年里中慧公司将加快进军电子信息技术市场的步伐，实现产品研发、产品市场、技术市场、资本市场与国际的全方位接轨，力争为集成电路设计与算法应用可持续发展继续做好行业龙头的贡献和表率。

创新立业 领航霸主地位

——广州市敏嘉制造技术有限公司总经理赵虎

2001年，赵虎与他人合作创办了广州市敏嘉制造技术有限公司，他任总经理，兼任公司技术中心主任。赵虎一直把新产品开发放在第一位，敢于创新，走出了一条创新立业的道路。赵虎是公司技术研发的总体方案制定者和关键技术掌管者，具备很强的研发组织能力。他带领技术人员，紧紧围绕先进制造技术进行攻关。至今，主持研发了80多项新产品，获得40项国家专利授权（是单独或主要发明人），其中有7项获得国家发明奖，有1项获得广州市专利优秀奖。近十年来，敏嘉制造公司承揽了14项国家、省、市、区技术创新项目，多项成果获广东省和广州市科技进步奖。尤其是2011年，敏嘉公司作为责任单位，获得了一项国家重大科技专项立项，该项目具有国际先进水平。在所有的科技项目中，赵虎都是担任项目总负责人。

目前，在赵虎的执掌下，敏嘉公司在复合加工、多轴加工领域，已处于国内领先水平。在滚动功能部件和空调压缩机两大行业的设备市场，敏嘉公司更是处于无可争议的霸主地位。

赵虎从事机床工作已经20多年，是数控机床方面的专家，具备丰富的产品设计和机床制造工作经验，擅长机床总体结构的把握。因此，2010年，他被广东省科技厅选为广东省基础装备及数控机床专家组成员。赵虎是中国机床工具协会滚动功能部件分会理事、广东省机械工程学会理事等担任了行业和技术社会团体的社会职务10余个，致力于机械行业的共同进步和发展。

滚珠丝杆和直线导轨是数控机床的关键功能部件，以前生产这些关键功能部件最先进的加工设备基本上被欧洲和日本企业生产垄断。赵虎带领敏嘉技术团队在该技术领域持续创新研究，从2003年开始，陆续推出了车铣复合中心、外圆端面内螺纹复合中心、数控外螺纹磨床、内外螺纹复合磨削中心、以车代磨螺母加工专用机床、滑块加工专用数控机床、导轨加工专用数控机床等成系列、成套加工设备。使敏嘉公司成为国内甚至全世界在该领域产品系列最多、唯一可以生产成套加工设备的企业。通过敏嘉公司长期努力，这些设备已经推广到国内绝大多数滚珠丝杆和直线导轨生产企业，彻底改变了该行业生产设备落后、个别先进设备靠进口的状况。该行业使用的专用数控机床，大多数由敏嘉公司提供，产品还销售到日本、德国、台湾等国家和地区的相关先进企业。

广州市副市长甘新（右二）在赵虎总经理（左一）的陪同下，率领市各局委的负责人来到敏嘉调研。

在研发产品的过程中，赵虎除了制定产品发展方向和总体设计方案，还在关键技术的突破方面，提出了许多创新思路和方案。

2003年，在国内率先推出车铣复合加工中心；率先提出复合加工的工艺技术。

2004年，完成广东省和广州市技术创新项目（经委）：研制SMK100内螺纹磨削中心。

2005年，在国内率先开发出基于极坐标插补原理的涡旋加工中心。

2006年，承担广州市科技攻关项目：研制CXK205五轴联动高速车铣复合加工中心。该项目具有国内领先水平。

2006年，承担番禺区科技攻关项目：研制XK204四轴联动超精密蜗旋压缩机转专用数控铣床。该项目填补国内空白，国内领先水平。

2007年，承担番禺区科技项目：五轴螺纹磨削中心，是滚珠丝杆的关键加工设备。该项目获得专利，专利号ZL200910038371.8，并先后获得国家发明金奖和广州市首届专利优秀奖。

首先提出把直线电机技术用于数控滚珠丝杆磨床，该项目获得粤港关键领域重点突破项目的立项，敏嘉公司生产出了世界首台直线电机驱动的丝杆磨床。并获得专利，专利号ZL200620065381.2

本年度，在国内首次提出用天然花岗岩作为精密数控磨床的床身和柔性三点支撑技术，设计了独特的床身结构，满足使用要求。该技术在敏嘉螺母磨削中心、动柱型数控平面磨床、数控螺纹磨床、数控曲轴磨床、以车代磨的螺母专机等高端数控机床得到广泛应用。

2008年，提出用薄膜变形作为微动导向元件的设计思路，解决了电主轴锁紧零间隙导向的关键技术，该技术在国内领先，获得发明专利的授权（专利号ZL200810219980.9），并在敏嘉生产的车铣复合机床和五轴数控螺纹磨削中心产品上得到应用。

广州市敏嘉制造技术有限公司总经理赵虎（右）与THK社长合影

2009年，提出一种独特的主轴气帘密封的结构，大大降低了以前气帘密封技术用气量大的问题，彻底解决了精密主轴轴端密封的问题，该技术在国内领先，在敏嘉的数控磨床主轴上得到广泛应用。

2010年，提出用实体回转轴线代替虚拟轴线、用滚珠丝杆传动代替解蜗轮蜗杆传动技术方案，解决传统螺纹磨床砂轮带动轴回转精度不高的问题。该技术在国内领先，并在敏嘉新一代数控螺纹磨床产品上得到应用。

切点跟踪曲轴磨床磨削曲轴连杆颈时的随动检测技术，是切点跟踪曲轴磨床的核心技术难题之一，目前世界上只有意大利马波斯公司有类似产品，一个检测装置价格接近100万元。赵虎提出一种新的检测原理和结构，成本不到5万元，就解决了这个问题，该技术已申请了专利(申请号:201120550905.8)，在国际上也处于领先位置。

所研制的高精度的数控磨床系列，打入了行业内世界顶级企业——日本THK公司。

2011年，敏嘉公司成功申请国家重大科技专项——刀库换刀机构弧面凸轮加工工艺及弧面凸轮五轴加工中心、弧面凸轮六轴磨削中心。在研究弧面凸轮磨削技术时，提出变径砂轮磨削技术原理和实现砂轮变径的方法，该技术可以将现有加工技术的效率提高十倍以上，国内外还没有这样的理论和技术，该项技术已经申请了5项专利，其中3项已获得专利证书，另2项还在审批中。作为项目负责人，赵虎带领技术准备申报材料　参加了项目答辩的主讲，最终获得项目。

大导程滚珠螺母干涉磨削技术是世界性难题，赵虎提出一种用三维设计软件，计算砂轮轮廓的方法，可以比较简单地解决问题，这个方法已经得到验证。目前属国内领先。

由于赵虎在数控机床行业取得了卓越成就，2011年，广州市通过选拔将其列入“121人才梯队工程”享受政府特殊津贴后备管理。

2012年3月1日至2日，广东省企业创新纪录工作会议在南海顺利召开。来自全省各地级市经信局、行业协会、省（市）属大企业集团等领导出席了会议，标志着2012年广东省企业创新纪录工作全面展开。

广东省企业创新纪录办公室根据企业申报材料进行初步筛选，对候选企业进行实地调研，了解企业创新情况。截止9月初，调研组一行先后到广州、深圳、佛山、珠海、中山、肇庆、惠州、东莞、湛江、江门等候选单位进行了调研。经评审委员认真评审、投票表决：中国广东核电集团有限公司等30家企业获得“2012年广东省自主创新标杆企业”；中海石油（中国）有限公司湛江分公司总经理谢玉洪等20位企业家获得“2012年广东省推动自主创新杰出企业家”。以下为部分单位调研情况。

先行先试 创新无限

——广东省自主创新标杆企业与推动自主创新杰出企业家调研纪略（二）

品质为源